LANGENSCHEIDTS
TASCHENWÖRTERBÜCHER

LANGENSCHEIDT

DICIONÁRIO DE BOLSO

DAS LÍNGUAS PORTUGUESA E ALEMÃ

Tomo Primeiro

Português-Alemão

pelo

DR. FRIEDRICH IRMEN

LANGENSCHEIDT

BERLIM · MUNIQUE · VIENA · ZURIQUE

LANGENSCHEIDTS TASCHENWÖRTERBUCH

DER PORTUGIESISCHEN UND DEUTSCHEN SPRACHE

Erster Teil

Portugiesisch-Deutsch

von

DR. FRIEDRICH IRMEN

LANGENSCHEIDT

BERLIN · MÜNCHEN · WIEN · ZÜRICH

Inhaltsverzeichnis

Índice

Auflage: 16. 15. 14. 13. 12. | Letzte Zahlen
Jahr: 1984 83 82 81 80 | maßgeblich

Druck: Graph. Betriebe Langenscheidt, Berchtesgaden/Obb.
Printed in Germany · ISBN 3-468-10270-4

Vorwort

Wie jede lebende Sprache ist auch das Portugiesische einem ständigen Wandel unterworfen. Sein Wortschatz erneuert sich unaufhörlich. Täglich ersetzen neue Wörter andere, die ungebräuchlich geworden sind, und Ausdrücke, die der familiären Sprache angehörten, gehen in die Umgangssprache über.

Die vorliegende Fassung des portugiesisch-deutschen Taschenwörterbuches berücksichtigt diese Entwicklung. Sie enthält den Wortschatz der lebenden Sprache, wobei entsprechend ihrer heutigen Bedeutung die Bereiche der Wirtschaft, des Verkehrs und der Technik, des Rechtswesens und der Verwaltung, der Naturwissenschaften und des Sports bei gleichzeitiger Aufnahme zahlreicher Neologismen besonders eingehend dargestellt sind.

Angesichts der ständig wachsenden Bedeutung der wirtschaftlichen und kulturellen Beziehungen zwischen Brasilien und den deutschsprachigen Ländern hat der brasilianische Wortschatz — so beispielsweise *radioteatro* (*Hörspiel*), *telespectador* (*Fernseh...*), *teletipo* (*Fernschreiber*) — besondere Berücksichtigung erfahren. Hierbei kam dem Verfasser ein auf Einladung der Brasilianischen Regierung erfolgter halbjähriger Studienaufenthalt in Brasilien sehr zustatten.

Die Aussprachebezeichnung ist in der Lautschrift der Association Phonétique Internationale gegeben. Zugrunde gelegt wurde die offizielle Aussprache Portugals. Abweichungen und Besonderheiten der brasilianischen Aussprache dagegen sind in einem besonderen Kapitel des Vorbogens beschrieben. Trotz der ständig wachsenden Bedeutung der Sprache Brasiliens erschien dies wegen des uneinheitlichen, offiziell noch nicht festgelegten Charakters der brasilianischen Aussprache die angemessene Lösung.

Im Anhang sind in besonderen Verzeichnissen zusammengestellt: die wichtigsten in Portugal und in Brasilien gebrauchten Abkürzungen und Eigennamen, Konjugationsmuster der portugiesischen regelmäßigen und unregelmäßigen Verben, Tabellen der portugiesischen Zahlwörter, Maße und Gewichte.

Für zahlreiche Anregungen und Hinweise ist der Verfasser den Herren W. H. Kistemaker und Alberto Pimenta zu besonderem Dank verpflichtet.

Verfasser und Verlag

Prefácio

Como todas as línguas vivas, também, o Português está sujeito a transformações contínuas. Constantemente se renova o seu vocabulário, sendo as palavras caídas em desuso substituídas por palavras novas e passando para a linguagem corrente certo número de locuções familiares.

A presente edição do Dicionário portátil português-alemão, tomando em consideração tal desenvolvimento, apresenta o vocabulário da língua portuguesa actual. Além de numerosos neologismos, abrange, de acordo com a sua importância na vida de hoje, os campos da economia, do trânsito e da técnica, da administração pública e do direito, das ciências e dos desportos.

Dada a crescente importância das relações económicas e culturais entre o Brasil e os países de língua alemã, prestou-se especial atenção ao léxico brasileiro, incluindo palavras de uso exclusivo ou preferido no Brasil, como p. ex. *radioteatro* (*Hörspiel*), *telespectador* (*Fernsehteilnehmer*), *teletipo* (*Fernschreiber*). Pôde o autor aproveitar-se, para tal efeito, de uma permanência de meio ano a convite do Governo Brasileiro e da Faculdade de Filosofia, Ciências e Letras da Universidade de São Paulo.

As indicações fonéticas, que seguem as normas da «Association Phonétique Internationale», procuram transcrever a pronúncia oficial portuguesa, explicando-se, num capítulo especial da Introdução, as diferenças e particularidades da pronúncia brasileira. Apesar da crescente importância da língua do Brasil, pareceu esta a solução indicada, dado o carácter pouco uniforme da pronúncia brasileira, que carece ainda de normas oficialmente estabelecidas.

A título de suplemento abrange a presente edição, tal como as anteriores, listas dos nomes próprios e abreviaturas de uso corrente em Portugal e no Brasil, os paradigmas de conjugação dos verbos regulares e irregulares assim como quadros dos numerais e dos pesos e medidas portugueses.

Aos srs. dr. Alberto Pimenta e W. A. Kistemaker, sente-se o autor especialmente obrigado pelas muitas e valiosas indicações com que desinteressadamente lhe valeram.

O AUTOR E A EDITORA

Sorgfältige Beachtung des Inhaltes der Seiten 7–24 erschließt erst den vollen Wert des Wörterbuches
A leitura cuidadosa des páginas 7–24 é imprescindível para a valorização e o aproveitamento integral do Dicionário

Bemerkungen über die Einrichtung des Wörterbuches

Notas referentes à organizãçao do Dicionário

1. Die alphabetische Reihenfolge ist überall streng eingehalten. Die gebräuchlichsten Abkürzungen und wichtigsten Eigennamen sind in besonderen Listen am Schluß des Wörterbuches zusammengestellt.

2. Rechtschreibung. Für die Schreibung der portugiesischen Wörter war der von der «Academia das Ciências de Lisboa» zusammen mit der «Academia Brasileira das Letras» ausgearbeitete, im Jahre 1947 herausgegebene «Vocabulário Ortográfico Resumido da Língua Portuguesa» maßgebend, worin die in dem «Acordo Ortográfico Luso-Brasileiro» des Jahres 1945 niedergelegten Grundsätze für eine einheitliche portugiesisch-brasilianische Rechtschreibung angewandt sind. Die Schreibung der deutschen Wörter folgt den amtlichen Regeln für die deutsche Rechtschreibung (Duden).

Die moderne portugiesische Rechtschreibung unterscheidet sich beträchtlich von den älteren. Um dem deutschen Benutzer das Auffinden von Wörtern, die ihm in einer veralteten Schreibung entgegentreten, zu erleichtern, sind die wichtigsten Neuerungen in dem Kapitel „Besonderheiten der modernen portugiesischen Rechtschreibung" zusammengestellt (S. 19).

3. Wörter gleicher Schreibung.

a) Gleichgeschriebene, aber verschieden ausgesprochene Wörter sind getrennt aufgeführt und mit ^{1}, ^{2} usw. bezeichnet.

1.º A ordem alfabética ficou rigorosamente estabelecida. As abreviaturas mais usadas assim como os mais importantes nomes próprios encontram-se reunidos em listas suplementares no fim deste dicionário.

2.º Ortografia. Para a grafia dos vocábulos portugueses serviu de norma o «Vocabulário Ortográfico Resumido da Língua Portuguesa», organizado, com a «Academia Brasileira das Letras», pela «Academia das Ciências de Lisboa» e editado em 1947, que obedece às instruções para a unificação ortográfica da Língua portuguesa, resultantes do Acordo Ortográfico Luso-Brasileiro de 1945. A grafia dos vocábulos alemães segue as normas oficiais da ortografia alemã (Duden).

A moderna ortografia portuguesa difere bastante das antigas. A fim de facilitar ao estudioso alemão a tarefa de encontrar, neste dicionário, os vocábulos que se lhe apresentarem com uma grafia antiquada, as mais importantes inovações encontram-se explicadas no capítulo «Particularidades da moderna ortografia portuguesa» (p. 19).

3.º Homógrafos

a) Os de pronúncia diferente encontram-se separados e marcados com os números ^{1}, ^{2} etc.

b) Gleichgeschriebene und gleichgesprochene Wörter von verschiedener Abstammung sind aus Gründen der Platzersparnis nicht getrennt aufgeführt, jedoch wird auf die Verschiedenheit der Abstammung durch die Bezeichnung der jeweiligen Wortbedeutungen mit den Buchstaben **a**), **b**), **c**) usw. hingewiesen.

b) Os homónimos de etimologia diferente não puderam, por falta de espaço, ser tratados isoladamente. No entanto, alude-se às diferenças etimológicas, fazendo preceder os respectivos significados pelas letras **a**), **b**), **c**), etc.

4. Leicht ableitbare Wörter sind vielfach weggelassen worden. Insbesondere betrifft dies

a) die *Adverbien auf -mente*, die im Deutschen meist durch die Bedeutungen der zugehörigen Adjektive wiederzugeben sind;

b) die *weibliche Form der Adjektive*, die sich leicht aus der männlichen bilden läßt;

c) die *Verkleinerungs- und Vergrößerungsformen* (auf -[*z*]*inho*, -[*z*]*ito*; -[*z*]*ão*; -[*z*]*ola*, -[*z*]*ote* usw.), die nur dann aufgeführt werden, wenn sie eine Sonderbedeutung haben.

4.º Palavras de derivação fácil muitas vezes foram excluídas. Trata-se, especialmente,

a) dos *advérbios em -mente*, cujo significado em alemão é, quase sempre, igual ao dos adjectivos correspondentes;

b) da *forma feminina dos adjectivos*, que deriva regularmente da masculina;

c) dos *diminutivos e aumentativos* (em -[*z*]*inho*, -[*z*]*ito*; -[*z*]*ão*, -[*z*]*ola*, -[*z*]*ote*, etc.), que não se mencionaram senão no caso de apresentarem um significado especial.

5. Partizipien werden nur dann gesondert aufgeführt, wenn sie eine eigene Bedeutung haben, die aus den Bedeutungen des zugehörigen Infinitivs nicht ohne weiteres zu entnehmen ist.

5.º Dos **participios** mencionaram-se apenas os que, além dos significados verbais indicados nas respectivas formas infinitivas, têm função adjectiva com significado especial.

6. Reflexive Verben. Bei den meisten portugiesischen Verben ist die dazugehörige, mit **...-se** bezeichnete reflexive Form nur dann angeführt worden, wenn sie eigene, von der transitiven Form abweichende Bedeutungen aufweist. In diesen Fällen werden nur die abweichenden Bedeutungen gegeben.

6.º Verbos reflexos. Na maior parte dos verbos portugueses, só se menciona a respectiva forma reflexa, indicada por **...-se**, quando apresenta significados próprios, diferentes dos da forma transitiva. Não se mencionam senão estes significados.

7. Geschlecht und Zahl der portugiesischen Substantive sind stets angegeben (*m*, *f*; *sg.*, *pl.*), ebenso bei den deutschen Übersetzungen.

Die Bezeichnung *su.* (= *substantivo*) bei portugiesischen Wörtern bedeutet, daß das betreffende Wort sowohl weiblich wie männlich gebraucht wird.

7.º O **género** e o **número** dos substantivos portugueses indicaram-se sempre (por *m*, *f*; *sg.*, *pl.*) assim como os dos substantivos alemães.

A indicação *su.* (= *substantivo*) em vocábulos portugueses quer dizer que a respectiva palavra é usada em ambos os géneros.

8. Flexion der Verben. Bei jedem portugiesischen Verb weisen die in runden Klammern stehenden Zahlen und Buchstaben — (1a)

8.º Flexão dos verbos. Os números e letras que, postos entre parênteses, acompanham cada verbo português — (1a), etc. — referem-

usw. — auf das entsprechende Konjugationsmuster am Schluß des Wörterbuches hin (s. Anhang, S. 613 ff).

9. **Die Rektion** ist angegeben, wenn sie in beiden Sprachen verschieden ist. Bei den deutschen Präpositionen wird der Kasus nur für diejenigen bezeichnet, die zwei Fälle regieren können, z. B. *lembrar-se de* sich erinnern an (*ac.*).

10. **Bedeutung und Übersetzung.** Um dem Benutzer die Auswahl der passenden Bedeutung zu erleichtern, sind den deutschen Bedeutungen der portugiesischen Wörter besondere Zeichen sowie Abkürzungen und sonstige Hinweise in kursiver Schrift beigegeben. Grundsätzlich ist zu merken, daß alle kursiv gedruckten Wörter und Abkürzungen lediglich der Erläuterung dienen, für die Übersetzung eines portugiesischen Wortes also nur die normal gedruckten deutschen Wörter zu benutzen sind. Im einzelnen ist folgendes zu beachten:

a) *Bildliche Zeichen* (F, ⚡, ⚖ usw.), *Abkürzungen* (*ast.*, *biol.* usw.) und *mit Doppelpunkt versehene Wörter* (*Radio*:, *Sport*: usw.), die einem portugiesischen Wort beigegeben oder einer deutschen Bedeutung vorangestellt sind, bezeichnen das Lebensgebiet, dem diese Wörter angehören.

b) Die *einem deutschen Verb vorangestellten kursiven Wörter ohne Doppelpunkt* bezeichnen das Objekt, worauf das betreffende Verb sich beziehen kann.

c) Die *einem deutschen Substantiv vorangestellten und durch Bindestrich angeschlossenen kursiven Wörter* bezeichnen den Anwendungsbereich dieses Substantivs. Gleichzeitig soll ausgedrückt werden, daß und in welcher Weise die entsprechenden portugiesischen Ausdrücke im Deutschen durch ein zusammengesetztes Wort wiederzugeben sind.

-se ao paradigma de conjugação a que o respectivo verbo obedece e que se encontra no fim do dicionário (v. Apêndice, pág. 613 ss.).

9.º **A regência** está indicada sempre que seja diferente nos dois idiomas. Das preposições alemãs só levam a indicação do caso as que podem reger dois casos diferentes, p. ex., *lembrar-se de* sich erinnern an (*ac.*).

10.º **Significados e tradução.** A fim de facilitar ao estudioso a escolha do termo exacto, acrescentaram-se aos significados alemães dos vocábulos portugueses, diversos sinais simbólicos, assim como numerosas abreviaturas e demais indicações em itálico. O estudioso partirá sempre do princípio de que todas as palavras e abreviaturas em itálico são meramente explicativas e que, para traduzir uma palavra portuguesa, só deve utilizar as palavras alemãs impressas em caracteres normais. Devem observar-se as seguintes particularidades:

a) *Os símbolos* (F, ⚡, ⚖, etc.), as *abreviaturas* (*ast.*, *biol.*, etc.) e as *palavras seguidas de dois pontos* (*Radio*:, *Sport*:, etc.), que acompanham uma palavra portuguesa ou antecedem um significado alemão, indicam o ramo de vida a que essa palavra ou significado pertence.

b) As *palavras em itálico que antecedem um verbo alemão*, sem serem seguidas de dois pontos, designam os complementos que esse verbo pode ter em alemão.

c) As *palavras em itálico que antecedem um substantivo alemão* estando ligadas a este por meio do *hífen*, delimitam o campo de aplicação desse substantivo e exprimem, simultaneamente, que e de que maneira as correspondentes expressões portuguesas devem ser traduzidas em alemão, por uma palavra composta.

d) *In Klammern nachgestellte kursive Wörter* bezeichnen bei Verben das Subjekt, von dem die durch das Verb ausgedrückte Tätigkeit ausgeübt werden kann, bei Substantiven und Adjektiven bezeichnen sie den Anwendungsbereich dieser Wörter.

e) *Verschiedenartige Bedeutungen* wurden durch ein *Semikolon, sinnverwandte Wörter* durch ein *Komma* getrennt. Bei Redewendungen sind stark abweichende Bedeutungen durch die Buchstaben a), b) usw., bei Präpositionen durch die Zahlen 1., 2. usw. voneinander geschieden.

d) *Palavras em itálico entre parênteses, pospostas* a um verbo, designam o sujeito da acção expressa pelo verbo; a seguir a um substantivo ou adjectivo indicam o campo de aplicação dessas palavras.

e) *Significados divergentes* estão separados pelo *ponto e vírgula*; *palavras sinónimas*, apenas por uma *vírgula*. Nas locuções e expressões idiomáticas, os significados muito diferentes distinguiram-se por meio das letras a), b), etc., nas preposições, pelos números 1., 2., etc.

Erklärung der Zeichen und Abkürzungen

Explicação dos sinais e abreviaturas

1. Zeichen — Sinais

~, ~, ~, ~ Tilde oder Wiederholungszeichen. Abgeleitete und zusammengesetzte Wörter sind zwecks Raumersparnis oft zu Gruppen vereinigt.

Der senkrechte Strich (|) im ersten Stichwort einer solchen Gruppe trennt den Teil ab, der allen folgenden Wörtern dieser Gruppe gemeinsam ist.

Die fette Tilde (~) vertritt entweder das ganze erste Stichwort einer Gruppe oder den vor dem senkrechten Strich (|) stehenden Teil dieses Stichworts. Die einfache Tilde (~) vertritt das ganze, unmittelbar voraufgegangene Stichwort, das selbst schon mit Hilfe der Tilde gebildet sein kann. In der Aussprachebezeichnung vertritt die einfache Tilde (~) die Aussprache des ersten Stichworts einer Gruppe oder die seines ersten Teils.

Nach dem Gleichheitszeichen (=) ersetzt die einfache Tilde den vor dem senkrechten Strich stehenden Teil des ersten Stichworts einer Gruppe. Es handelt sich dann um einen Verweis auf ein anderes Wort innerhalb der gleichen Gruppe.

Wenn sich der Anfangsbuchstabe ändert (groß zu klein od. umgekehrt), steht statt der Tilde die Tilde mit Kreis ~, ~.

Beispiele: **abaf|ação, ~adela** [ɐβɐfɐ'sɐ̃u, ~ɐ'δɛlɐ] *f* = *~amento*; **~adiço** [~ɐ'δisu] stickig. — **padre** ['paδrə] *m* Priester; *o Santo* ~ (= *Padre*) der Heilige Vater.

~, ~, ~, ~ til ou sinal de repetição. A falta de espaço impõe muitas vezes a reunião num só parágrafo, de palavras derivadas ou compostas.

O traço vertical (|) separa do primeiro vocábulo a parte comum a todos os outros reunidos no mesmo parágrafo.

O til carregado (~) substitui por inteiro o primeiro vocábulo de um parágrafo ou representa a primeira parte desse vocábulo, separada pelo traço vertical (|). O til simples (~), pelo contrário, substitui, por inteiro, o vocábulo imediatamente anterior e que, ele próprio, pode ser formado por meio do til. Na transcrição fonética, o til simples (~) representa a pronúncia do primeiro vocábulo de um parágrafo ou da sua primeira parte.

Depois do sinal de igualdade (=), o til substitui a parte separada pelo traço vertical, do primeiro vocábulo de um parágrafo. Trata-se, então, de uma chamada para uma outra palavra do mesmo parágrafo.

A transformação de maiúscula em minúscula ou vice-versa é indicada pelo sinal ~, ~.

Exemplos: **abaf|ação, ~adela** [ɐβɐfɐ'sɐ̃u, ~ɐ'δɛlɐ] *f* = *~amento*; **~adiço** [~ɐ'δisu] stickig. — **padre** ['paδrə] *m* Priester; *o Santo* ~ (= *Padre*) der Heilige Vater.

F familiär, *familiar*; Umgangssprache, *linguagem corrente falada.*

P populär, *linguagem popular.*

V vulgär, unanständig, *indecente.*

† veraltet, *antiquado.*

✧ selten, *raro, pouco usado.*

⊞ wissenschaftlich, *termo científico.*

♀ Pflanzenkunde, *botânica.*

⊕ Technik, Handwerk, *tecnologia.*

⚒	Bergbau, *minas.*
⚔	militärisch, *termo militar.*
⚓	Schiffahrt, *navegação.*
☤	Wirtschaft und Handel, *economia e comércio.*
🚂	Eisenbahn, *caminhos de ferro.*
✈	Flugwesen, *aviação.*
📯	Postwesen, *correios.*
♪	Musik, *música.*
△	Bauwesen u. Baukunst, *construção civil e arquitectura.*
⚡	Elektrotechnik, *electrotecnia.*
⚖	Rechtswissenschaft, *jurisprudência.*
∢	Mathematik, *matemáticas.*
⚘	Landwirtschaft, Gartenbau, *agricultura, horticultura.*
⚗	Chemie, *química.*
⚕	Heilkunde, Medizin, *medicina.*
=	gleich, *igual a.*
⛉	Wappenkunde, *heráldica.*

2. Abkürzungen — Abreviaturas

a.	auch, *também.*
ac.	*acusativo*, Akkusativ, 4. Fall.
a/c.	*alguma coisa* (= etwas).
adj.	*adjectivo*, Adjektiv.
adv.	*advérbio*, Adverb.
alg.	*alguém* (= jemand).
allg.	allgemein(er), *significado (mais) geral.*
anat.	*anatomia*, Anatomie.
angl.	*anglicismo*, Anglizismus.
art.	*artigo*, Artikel.
ast.	*astronomia*, Astronomie, Sternkunde.
atr.	*atributivo*, attributiv.
auto.	*automobilismo*, Kraftfahrwesen.
biol.	*biologia*, Biologie.
bras.	*brasileiro*, brasilianisch.
bsd.	besonders, *especialmente.*
cat.	*católico*, katholisch.
cir.	*cirurgia*, Chirurgie.
cj.	*conjunção*, Konjunktion.
comp.	*comparativo*, Komparativ.
conj.	*conjuntivo*, Konjunktiv.
cul.	*culinária*, Kochkunst.
dat.	*dativo*, Dativ, 3. Fall.
depr.	*depreciativo*, verächtlich.
dtsch.	deutsch, *(em) alemão.*
dim.	*diminutivo*, Verkleinerungsform.
ea.	einander, *um (uns) ao(s) [outro(s).*
e-e	eine, *uma.*
ehm.	ehemalig, ehemals, *antigo, antigamente.*
eigtl.	eigentlich, *sentido primitivo.*
e-m / e-m	einem, *a um.*
e-n / e-n	einen, *um.*
entspr.	entspricht, *corresponde a.*
e-r / e-r	einer, *a uma, de uma.*
e-s / e-s	eines, *de um.*
esgr.	*esgrima*, Fechtkunst.
et. / et.	etwas, *alguma coisa.*
etc.	*et cetera*, und so weiter.
f	*feminino*, weiblich.
farm.	*farmácia e farmacologia*, Arzneikunde u. Apothekerkunst.
fig.	figürlich, *em sentido figurado.*
fil.	*filosofia*, Philosophie.
fís.	*física*, Physik.
fot.	*fotografia*, Photographie.
f/pl.	*plural feminino*, weiblich in der Mehrzahl.
fr.	*francês*, französisch.
fut.	*futuro*, Futurum, Zukunft.
gal.	*galicismo*, Gallizismus.
geogr.	*geografia*, Erdkunde.
geol.	*geologia*, Geologie.
ger.	*gerúndio*, Gerundium.
Ggs.	Gegensatz, *antónimo.*
gram.	*gramática*, Grammatik.
h.	haben, *ter.*
hist.	*histórico*, geschichtlich.
imp.	*imperativo*, Imperativ.
impf.	*pretérito imperfeito*, Imperfekt.
ind.	*indicativo*, Indikativ.
inf.	*infinito*, Infinitiv.
infan.	*linguagem infantil*, Kindersprache.
int.	*interjeição*, Ausruf.
interr.	*interrogativo*, Fragewort.
inv.	*invariável*, unveränderlich.
irón.	*irónico*, ironisch, scherzhaft.
irr.	*irregular*, unregelmäßig.
j.	jemand, *alguém.*
j-m / j-m	jemandem, *a alguém.*
j-n / j-n	jemanden, *alguém (ac.).*
j-s / j-s	jemandes, *de alguém.*
l.	lassen, *deixar, mandar, fazer.*

lat.	*termo latino*, lateinisch.
lit.	*ciências literárias*, Literaturwissenschaft.
m	*masculino*, männlich.
m.	machen, *fazer*.
met.	*meteorologia*, Wetterkunde.
min.	*mineralogia*, Mineralogie.
mit.	*mitologia*, Mythologie.
mont.	*montaria*, Jagdwesen.
mor.	*moral*, moralisch.
m/pl.	*plural masculino*, männlich in der Mehrzahl.
mst	meistens, *em geral*, *habitualmente*.
n	*neutro*, sächlich
nom.	*nominativo*, Nominativ.
n/pl.	*plural neutro*, sächlich in der Mehrzahl.
od.	oder, *ou*.
ópt.	*óptica*, Optik.
örtl.	örtlich, *relativo ao lugar*.
our.	*ourivesaria*, Goldschmiedekunst.
P.,*Pers.*	Person, *pessoa*.
parl.	*termo parlamentar*, parlamentarischer Ausdruck.
pint.	*pintura*, Malerei.
pl.	*plural*, Plural, Mehrzahl.
poét.	*termo poético*, poetisch.
pol.	*política*, Politik.
port.	*português*, portugiesisch.
p.p.	*particípio passado*, Partizip des Perfekts.
pred.	*predicativo*, prädikativ.
pron.	*pronome*, Pronomen, Fürwort.
prot.	*protestante*, protestantisch.
prov.	*provincialismo*, Provinzialismus.
prp.	*preposição*, Präposition, Verhältniswort.
prs.	*presente*, Präsens.

pt.	*pretérito perfeito*, Perfekt.
rel.	*religião*, Religion.
ret.	*retórica*, Redekunst.
s.	siehe, *veja*.
s-e, s-e	seine, *sua(s)*, *seus*.
sg.	*singular*, Singular, Einzahl.
s-m, s-m	seinem, *ao seu*.
sn	sein, *ser*, *estar*.
s-n, s-n	seinen, *seu (ac.)*, *aos seus*, *às suas*.
s-r, s-r	seiner, *da(s) sua(s)*, *dos seus*.
Stv.	Stammveränderung, *modificação da raiz*.
su.	*substantivo*, Substantiv.
sup.	*superlativo*, Superlativ.
taur.	*tauromaquia*, Stierkampf.
tea.	*teatro*, Theater.
tel.	*telegrafia e telefonia*, Telegraphie u. Fernsprechwesen.
tip.	*tipografia*, Buchdruck.
u.	und, *e*.
univ.	*universidade*, Hochschulwesen, Studentensprache.
usw.	und so weiter, *et cetera*.
v.	von, *de*.
vet.	*veterinária*, Tierheilkunde.
vgl.	vergleiche, *compare*.
v/i.	*verbo intransitivo*, intransitives Zeitwort.
v/t.	*verbo transitivo*, transitives Zeitwort.
w.	werden, *ser*, *ficar*, *tornar-se*.
z.B.	zum Beispiel, *por exemplo*.
zeitl.	zeitlich, *relativo ao tempo*.
zo.	*zoologia*, Zoologie.
zs.	zusammen, *juntos*.
Zssg(n)	Zusammensetzung(en), *palavra(s) composta(s)*.

Die Aussprache des Portugiesischen

Die Aussprachebezeichnung ist in der Lautschrift der Association Phonétique Internationale wiedergegeben.

Die Zeichen **b, d, f, g, k, l, m, n, p, t** haben für die portugiesische Aussprache annähernd den gleichen Lautwert wie im Deutschen. Sie werden deshalb in der Tabelle der Aussprachezeichen nicht besonders erwähnt. Es muß jedoch darauf aufmerksam gemacht werden, daß **p, t, k** ohne jeden Hauch (Aspiration) und **b, d, g** durchaus stimmhaft zu sprechen sind.

Auf eine besondere Bezeichnung langer und kurzer Vokale wird verzichtet, da das Portugiesische Vokale mit voller Länge (wie z.B. in deutsch Grüß im Gegensatz zu Küß) nicht besitzt. Zwar ist in betonter Silbe der Vokal im allgemeinen länger als in unbetonter, jedoch kennt das Portugiesische grundsätzlich nur Vokale von mittlerer Dauer.

Das Zeichen ˈ steht vor der betonten Silbe, das Zeichen ˌ vor einer Silbe mit Nebenton.

Die Aussprachebezeichnung ist jeweils in eckige Klammern gesetzt.

Zeichen	Wert des Zeichens	Beispiele
	A. Einfache Vokale	
a	rein und offen wie in dtsch. H**a**se, aber etwas kürzer; vor den Hintergaumenlauten [ɫ] und [u] dunkler gefärbt	*cá* [ka] *hier*; *mal* [maɫ], *mau* [mau] schlecht
ɐ	geschlossenes **a**, dessen Lautwert zwischen denen des englischen **a** in m**a**n, s**a**d einerseits und b**u**t, s**o**n andererseits liegt	*cana* [ˈkɐnɐ] *Rohr*
ɛ	noch offener als in V**ä**ter, aber nicht ganz so lang	*pé* [pɛ] *Fuß*; *director* [dirɛˈtor] *Leiter*
e	geschlossen, wie in S**ee**	*pena* [ˈpenɐ] *Feder*
ə	schwachtoniges **e** wie etwa in dtsch. Mitt**e**l, das vor **r** und **l**, zwischen stimmlosen Konsonanten und in der Mittelsilbe oft nur sehr schwer hörbar ist. Im Unterschied zum Deutschen wird es ohne Lippenrundung gesprochen	*dever* [dəˈver] *Pflicht*; *pessoa* [p(ə)ˈsoɐ] *Person*; *parecer* [pɐr(ə)ˈser] *scheinen*

Zeichen	Wert des Zeichens	Beispiele
i	geschlossen, wie in **Sie**; vor Hintergaumen-**l** und flüchtigem **u** dunkler gefärbt, wie etwa in Sch**i**ff	*fita* [ˈfitɐ] *Band*; *silvar* [siłˈvar] *zwischen*; *viu* [viu] *sah*
ɨ	mit einer mittleren Zungenstellung zwischen der von **i** und **u** und auseinandergezogenen Lippen zu sprechender **i**-Laut. Er entsteht aus schwachtonigem [ə] in der Nachbarschaft palataler Konsonanten [ʃ, ʎ, ɲ, ʒ].	*fechar* [fɨˈʃar] *schließen*; *melhor* [miˈʎor] *besser*; *senhor* [sɨˈɲor] *Herr*; *tejolo* [tɨˈʒolu] *Ziegel*
j	halbkonsonantisches, sich eng an den folgenden Vokal anschließendes **i**, ähnlich dem j-Laut in dtsch. **j**ung, Rad**i**um	*pátio* [ˈpatju] *Hof*; *iodo* [ˈjoðu] *Jod*
ɔ	offenes **o**, wie in S**o**nne, aber etwas länger	*avó* [ɐˈvɔ] *Großmutter*
o	geschlossenes **o**, wie in **O**fen, aber etwas kürzer	*avô* [ɐˈvo] *Großvater*; *solto* [ˈsołtu] *los*; *rouco* [ˈʀoku] *heiser*
u	reines **u**, wie in D**u**	*puro* [ˈpuru] *rein*
w	halbkonsonantisches, sich eng an den folgenden Vokal anschließendes **u** wie in engl. **w**ell	*quatro* [ˈkwatru] *vier*

B. Diphthonge (zwei Vokale auf eine Silbe)

ai	Jeder der beiden Vokale behält seinen ursprünglichen Wert. Darauf ist besonders bei den mit ei, ɛu und eu umschriebenen Diphthongen zu achten (Gegensatz zum Deutschen!). Beide Bestandteile werden in einer Silbe gesprochen, der erste betont, der zweite stark verkürzt und sehr flüchtig. NB. Der mit ei wiedergegebene Diphthong kann auch offener gesprochen werden und klingt dann, vor allem in Lissabon, fast wie ɐi (jedoch nie wie ai oder ɛi!). — Der Doppellaut ɐu begegnet nur in der Verbindung der Präposition *a* mit dem Artikel *o*(*s*) zu *ao*(*s*). — Der Diphthong *ou*, z. B. in *sou*, *touca*, ist im Wörterverzeichnis als geschlossenes **o** umschrieben [so, ˈtokɐ], wie es der offiziellen Aussprache entspricht. Er wird jedoch vielfach, besonders in Nordportugal, als regelrechter Diphthong gesprochen [sou, ˈtoukɐ].	*pai* [pai] *Vater*
ɐi		*caiar* [kɐiˈar] *kalken*
ɛi		*anéis* [ɐˈnɛiʃ] *Ringe*
ei		*lei* [lei] *Gesetz*
ɔi		*sóis* [sɔiʃ] *Sonnen*
oi		*boi* [boi] *Ochse*
ui		*cuidar* [kuiˈðar] *vermuten*
au		*pau* [pau] *Holz*
ɐu		*ao pau* [ɐuˈpau] *dem Holz*
ɛu		*céu* [sɛu] *Himmel*
eu		*meu* [meu] *mein*
iu		*riu* [ʀiu] *lachte*

C. Nasalierte Vokale

Zeichen	Wert des Zeichens	Beispiele
ɐ̃	Alle nasalierten Vokale sind geschlossen! Hierauf ist besonders bei den Nasallauten ɐ̃, ẽ und õ zu achten (Gegensatz zum Deutschen!). Die Nasalierung ist nicht so vollständig wie im Französischen, sondern entspricht eher der deutschen in Wörtern wie D**ing**, D**ung**, l**ang**, jedoch kommt es außer vor **k** und **g** nicht zur Bildung des nasalen Verschlußlautes ŋ. **m** vor **b**, **p** und **n** vor **d**, **t** bleiben deutlich hörbar. NB. Durch die Verbindung von *a* (Präposition oder Artikel) oder *à* mit nachfolgendem nasalierten **a** entsteht ausnahmsweise ein offener nasalierter Vokal [ã], z. B. in *à antiga* [ãn'tigɐ] nach alter Weise.	*lã* [lɐ̃] *Wolle*; *branco* ['brɐ̃ŋku] *weiß*; *antes* ['ɐ̃ntɨʃ] *vor*
ẽ		*lenço* ['lẽsu] *Tuch*; *bengala* [bẽŋ'galɐ] *Stock*; *tempo* ['tẽmpu] *Zeit*
ĩ		*rim* [ʀĩ] *Niere*, *zinco* ['zĩŋku] *Zink*; *vinte* ['vĩntə] *zwanzig*
õ		*som* [sõ] *Ton*; *bronco* ['brõŋku] *roh*; *sombra* ['sõmbrɐ] *Schatten*
ũ		*um* [ũ] *ein*; *nunca* ['nũŋkɐ] *nie*; *junto* ['ʒũntu] *bei*

D. Nasalierte Diphthonge

Zeichen	Wert des Zeichens	Beispiele
ɐ̃i	Sowohl der betonte erste wie auch der unbetonte zweite Bestandteil werden als Ganzes nasaliert. Es kommt nicht zur Bildung des nasalen Verschlußlautes -ŋ	*mãe* [mɐ̃i] *Mutter*; *bem* [bɐ̃i]
ɐ̃u		*pão* [pɐ̃u] *Brot*
õi		*limões* [li'mõiʃ] *Zitronen*
ũi		*muito* ['mũintu] *viel*

E. Konsonanten

Zeichen	Wert des Zeichens	Beispiele
β	Lippenreibelaut, etwa wie **w** in süddeutsch **W**ein	*lobo* ['loβu] *Wolf*
δ	sehr weiches **d**, fast wie der engl. Reibelaut **th** in fa**th**er. Die Zunge berührt gleichzeitig die oberen und unteren Schneidezähne	*fado* ['faδu] *Geschick*
ɣ	sehr weiches, als stimmhafter Reibelaut zu sprechendes **g** (stimmhaftes **ch**!)	*lago* ['laɣu] *See*

Zeichen	Wert des Zeichens	Beispiele
ł	Hintergaumen-**l**: dunkler, im hinteren Mundraum gesprochener Laut, wobei die Zungenspitze gegen das Zahnfleisch der oberen Schneidezähne gehoben wird. Ähnlich ist der **l**-Laut in engl. ha**ll**	*mal* [mał] *schlecht*; *sol* [sɔł] *Sonne*; *soltar* [sołˈtar] *losmachen*
ʎ	**ein** Laut, wie italienisch **gl**: mit der Zungenlage eines **j** gesprochenes **l**, bei dem die Zungenspitze hinter den unteren Schneidezähnen liegen bleibt	*filho* [ˈfiʎu] *Sohn*
ɲ	**ein** Laut, wie französisch **gn**: mit der Zungenlage eines **j** gesprochenen **n**, bei dem die Zungenspitze hinter den unteren Schneidezähnen liegen bleibt	*ninho* [ˈniɲu] *Nest*
ŋ	wie das auslautende **ng** in dtsch. la**ng** gesprochener nasaler Verschlußlaut	*brincar* [brĩŋˈkar] *spielen*
r	einfaches, mit einem Schlag der Zungenspitze gegen das Zahnfleisch der oberen Schneidezähne hervorgebrachtes Zungenspitzen-**r**	*caro* [ˈkaru] *teuer*
ʀ	entweder stark gerolltes Zungenspitzen-**r** oder (stimmloses) Zäpfchen-**r**. Beide Aussprachen sind gleichermaßen zulässig	*rua* [ˈʀuɐ] *Straße*; *carro* [ˈkaʀu] *Wagen*
s	stimmloses, dem deutschen **ß** entsprechendes **s**	*sal* [sał] *Salz*; *cego* [ˈsɛɣu] *blind*; *isso* [ˈisu] *das*
z	stimmhaftes **s**, wie in Rose	*rosa* [ˈʀɔzɐ] *Rose*; *zelo* [ˈzelu] *Eifer*
ʃ	fast wie deutsches **sch**, aber schwächer und ohne die Lippen vorzustülpen	*chá* [ʃa] *Tee*; *peixe* [ˈpeiʃɨ] *Fisch*
ʒ	stimmhaftes **sch**, etwa wie das **g** in **G**enie oder das **j** in **J**alousie	*génio* [ˈʒɛnju] *Geist*; *já* [ʒa] *schon*; *desde* [ˈdeʒdə] *seit*

Das portugiesische Alphabet

a (a), b (be), c (se), d (de), e (ɛ), f (ˈɛfə), g (ʒe, ge), h (ɐˈga), i (i), j (ˈʒɔtɐ), l (äł), m (ˈɛmə), n (ˈɛnə), o (ɔ), p (pe), q (ke), r (ˈɛʀə, ʀe), s (ˈɛsə), t (te), u (u), v (ve), x (ʃiʃ), z (ze).

Die Buchstaben k [ˈkapɐ], w [veðuˈβraðu], y [iˈɣreɣu] gehören nicht zum portugiesischen Alphabet und werden nur in wenigen, von ausländischen Eigennamen abgeleiteten Fremdwörtern verwendet.

Die brasilianische Aussprache

weicht hauptsächlich in folgenden Punkten von der portugiesischen ab:

1. Die unbetonten Vokale werden in Brasilien nicht so weit abgeschwächt wie in Portugal. Dies bedeutet im einzelnen:

   a) Das Brasilianische kennt das geschlossene a [ɐ] des Portugiesischen meist nur unmittelbar vor den Nasalkonsonanten m und n und als nasaliertes [ɐ̃]. Sonst hört man, auch in unbetonter Silbe, im allgemeinen das reine, offene a: abacaxi [aβaka'ʃi]. Im Auslaut schwankt die Aussprache zwischen [ɐ] und [a]: capa ['kapa] oder ['kapɐ].

   b) Das schwachtonige, vielfach nach i hin klingende e [ə oder ɨ] findet sich meist nur am Ende des Wortes, sonst hört man auch in unbetonter Silbe geschlossenes e: perguntar [pergun'tar].

   c) Unbetontes o, das in Portugal wie u gesprochen wird, spricht der Brasilianer häufig als geschlossenes o, und zwar immer im Wortanfang: orelha [o'reʎa], meistens in der Vortonsilbe: começar [kome'sar], seltener im Auslaut: fato ['fatu, selten 'fato].

2. Bei den betonten Vokalen ist der Unterschied zwischen „offen" und „geschlossen" nicht so bedeutend wie im Portugiesischen. Vor den Nasalkonsonanten n und m werden betonte Vokale, die in Portugal offen sind, durchweg geschlossen und statt mit dem Akut ['] mit dem Zirkumflex [^] bezeichnet: port. antónimo [ɐ̃n'tɔnimu], bras. antônimo [ɐ̃n'tonimu].

3. Vokalgruppen oder Diphthonge werden häufig vereinfacht: paciência [pɐ'sjẽsjɐ wird zu pa'sjẽsa]; brasileiro [brɐzi'leiru, ~'lɐiru wird zu brazi'leru]; bem [bɐ̃i wird zu bẽi oder bẽ].

4. Silbenschließendes s und z werden nur in Rio de Janeiro als [ʃ] oder [ʒ] gesprochen, sonst im Auslaut und vor stimmlosem Konsonant als [s], vor stimmhaftem Konsonant als [z]: assaz [a'sas]; bastante [bas'tɐ̃ntə]; trasbordar [trazbor'dar].

5. Auslautendes l (in Portugal ɫ) wird meist zu flüchtigem u vokalisiert: Brasil [bra'ziu]; Portugal [portu'gau].

6. [ʀ] wird in Brasilien durchweg uvular, als stimmloses Zäpfchen-r gesprochen, dabei oft so weit zurückverlagert, daß es einen Lautwert zwischen dtsch. ch wie in Bruch und dtsch. h [h oder ɦ] annimmt. Diese Aussprache gilt nicht nur für Anfangs- und Doppel-r wie in rua ['ʀu-a] und carro ['kaʀu], sondern auch für silbenschließendes r, das im Wortauslaut häufig verstummt: porta ['pɔʀta], dever [de've(ʀ)].

7. Auslautendes t und d vor e und i klingen in Südbrasilien wie [tʃ, dʒ], wobei folgendes e meist wie i lautet: noite ['noitʃi]; bonde ['bõndʒi].

8. Statt [ʎ] hört man häufig nur flüchtiges [j]: barulho [ba'rujo].

Besonderheiten der modernen portugiesischen Rechtschreibung

In der gesamten älteren, vor 1947 gedruckten Literatur weicht die Rechtschreibung des Portugiesischen oft erheblich von der modernen ab; sie ist im privaten Schriftverkehr auch heute noch vielfach willkürlich und folgt selbst in Presse und Buchdruck nicht immer den neuesten amtlichen Vorschriften. Der Benutzer des Wörterbuches muß also bei allen Wörtern, die er nicht an der Stelle findet, wo er sie sucht, mit der Möglichkeit rechnen, daß er es mit veralteter oder fehlerhafter Rechtschreibung zu tun hat. Die nachstehenden Bemerkungen haben den Zweck, ihm das Auffinden solcher falsch geschriebenen Wörter zu erleichtern.

I. Allgemeine Hinweise

1. Der Gebrauch der **Tonzeichen oder Akzente** (´, `, ^) wurde stark eingeschränkt. Das **Trema** (¨) ist völlig verschwunden. Der **Apostroph** bleibt nur in einigen Eigennamen und zusammengesetzten Wörtern, vor Titeln und groß geschriebenen Fürwörtern erhalten.

2. **Doppelkonsonanten** mit Ausnahme von **cc, rr,** und **ss** sind endgültig verschwunden.

3. Die Buchstaben **k, w** und **y** wurden abgeschafft und ersetzt, und zwar *k durch qu oder c, w durch u oder v* und *y durch i,* also nicht *kilo, kiosque, wagon, sandwich, yacht, syndicato,* sondern **quilo, quiosque, vagão, sanduiche, iate, sindicato** usw.

II. Bemerkungen zu einzelnen Buchstaben

a

1. *Den Doppelllaut* **ae** [ai] schreibt man außer in Eigennamen *heute* **ai.** Dies gilt insbesondere für die Pluralform der Wörter auf *-al*: nicht *canaes,* sondern **canais** Kanäle.

2. *Den nasalierten Doppellaut* **ãi** [ɐ̃i] schreibt man *heute* **ãe**: nicht *mãi,* sondern **mãe.** *NB.* Die Schreibung *ãi* tritt heute an die Stelle des als nasalierter Doppellaut gesprochenen *aim,* also:

3. *Den nasalierten Doppellaut* **aim** [ɐ̃i] schreibt man *heute* **ãi**: nicht *caimbra,* sondern **cãibra** Krampf.

4. *Die Endung* **an** [ɐ̃] schreibt man *heute* **ã,** nicht *afan,* sondern **afã** Anstrengung.

c

1. Statt **c, ç** *heute vielfach*

a) im Anlaut **s**: nicht *ceira,* sondern **seira** Stroh-tasche, -korb;

b) im Inlaut **ss**: nicht *alvíçaras, docel,* sondern **alvíssaras** Finderlohn, **dossel** Thronhimmel.

NB. Manchmal sind beide Schreibungen üblich, aber mit verschiedener Bedeutung!: **celha** Wimper, **selha** Kübel; **concerto,** Konzert, **conserto** Flicken.

2. **cc** *vor a, o, u oder vor Konsonant* schreibt man *heute* **c**: nicht *occultar,* sondern **ocultar**; nicht *acclimar,* sondern **aclimar.**

3. *Das stumme* **c** *in* **cc** (*vor* e, *i*), **cç** und **ct** ist

a) *in vielen Wörtern verschwunden*: nicht *funccionar, restricção, dictar,* sondern **funcionar, restrição, ditar**;

b) *in vielen Wörtern erhalten geblieben* (dies ist besonders im Unterschied zum BRASILIANISCHEN zu beachten, wo die Tendenz besteht, das stumme c niemals zu schreiben!): **nicht** *colecionar, ação ato,* sondern **coleccionar** sammeln, **acção** Handlung, **acto** Akt. *NB.* Manchmal sind beide Schreibungen üblich, jedoch handelt es sich dann um Wörter verschiedener Bedeutung und das *c* kann, um den Unterschied deutlich zu machen, auch gesprochen werden: **facto** ['fa(k)tu] Tatsache; *fato* ['fatu] Anzug.

ch

1. Wie *k* gesprochenes *ch* ersetzt man *heute*

a) vor e und *i* durch **qu**: nicht *cherubim, chímica* usw., sondern **querubim, química**;

b) in allen anderen Fällen durch **c**: nicht *christão, téchnica* usw., sondern **cristão, técnica.**

2. Das [ʃ] gesprochene *ch* muß heute vielfach **x** geschrieben werden: nicht *chícara, fachina* usw., sondern **xícara** Tasse, **faxina** Reisigbündel. Bei Bedeutungsunterschieden bestehen auch hier beide Schreibungen nebeneinander: **chá** Tee, **Xá** Schah; **cheque** Scheck, **xeque** Scheich, Schach.

e

Siehe die Bemerkungen zu *i*; über die Doppellaute *ae, ãe s.* **a** (1.—2.).

g

Vor **e** und *i* schreibt man *heute in einigen Wörtern* **j**: nicht *geito, grangeio* usw., sondern **jeito, granjeio**. In einzelnen Fällen sind beide Schreibungen beibehalten, aber mit verschiedener Bedeutung: **giga** Korb; **jiga** ♪ Gigue.

gn

Das g ist in allen Fällen *weggefallen,* in denen es *stumm* ist: nicht *assignar, signal* usw., sondern **assinar** unterschreiben, **sinal** Zeichen.

h

1. *Im Anlaut* ist es *in vielen Wörtern verschwunden*: nicht *herva, hombro,* sondern **erva** Kraut, **ombro** Schulter. *NB.* Viele Wörter werden auch heute noch mit *h* geschrieben!: nicht *úmido,* sondern **húmido** feucht.

2. *Im Inlaut* ist es (außer in *ch, lh, nh*) *gänzlich verschwunden*: nicht *deshumano,* sondern **desumano** unmenschlich. *NB.* In zusammengesetzten Wörtern, die mit Bindestrich geschrieben werden, bleibt das *h* erhalten **anti-humano, pré-histórico**.

i

Der häufige *i*-Klang des tonlosen e sowie des nasalierten e (*em, en*) im Anlaut bringt es mit sich, daß in der Schreibung *i* und e oft miteinander verwechselt werden. Besonders häufig geschieht dies im Anlaut (*i, im, in* statt e, *em, en* und umgekehrt), in den Vorsilben *des* und *dis,* sowie bei e und *i* vor Vokal. Es würde zu weit führen, Beispiele zu bringen. Der Benutzer des Wörterbuches möge aber stets an diese Möglichkeiten denken. Über die Doppellaute *ai, ãi (aim)* s. **a** (1.—3.).

m

Ist *im Inlaut vor Konsonant* (außer vor *b, p, n*) durch **n** ersetzt: nicht *bemdito, circumferência, comsigo* usw., sondern **bendito** gesegnet, **circunferência** Kreis, **consigo** mit sich (vgl. auch die Bemerkungen zu **p** und **ph**). *Aber*: *comboio, compor, cumprimento* usw. *NB.* In Zusammensetzungen mit Bindestrich bleibt *m* vor allen Konsonanten erhalten: **bem-dizer** gut sprechen von, **bem-vindo** willkommen usw.

mn

Das *m* ist

a) *vielfach weggefallen*: nicht *ómnibus, gymnásio* usw., sondern **ónibus, ginásio**;

b) *in vielen Wörtern erhalten geblieben*: nicht *anistia, onipotente* usw. (BRASILIANISCHE Schreibung und Aussprache!), sondern **amnistia** Amnestie, **omnipotente** allmächtig.

o

Die Aussprache des *o* in unbetonter Silbe (in Portugal = u) und vor betontem Vokal [= w] führt zu Verwechslungen zwischen *o* und *u* in der Schreibung, ähnlich wie zwischen e und *i*; vgl. die Bemerkungen zu **i**. *NB.* Der Doppellaut **ao** ist überall zugunsten von **au** aufgegeben worden; **oe** schreibt man überall **oi**: nicht *Paolo, heroe, lençoes*, sondern **Paulo, herói, lençóis.**

p

Das stumme *p* vor *c, ç* und *t* ist

a) in vielen Wörtern *verschwunden*; dabei verwandelt sich vorausgehendes *m* in *n*: nicht *absorpção, descriptivo, prompto*, sondern **absorção** Aufsaugung, **descritivo** beschreibend, **pronto** fertig;

b) *in vielen Wörtern erhalten geblieben*: nicht *exceção, batizar, ótimo* (BRASILIANISCHE Schreibtendenz!), sondern **excepção** Ausnahme, **baptizar** taufen, **óptimo** vortrefflich.

ph

Heute überall durch **f** ersetzt, wobei vorangehendes *m* zu *n* wurde: nicht *philosophia, symphonia*, sondern **filosofia, sinfonia.**

rh

Das *h* wird *weggelassen*: nicht *rhetórica*, sondern **retórica.**

s

1. Statt *s im Anlaut* (*ss im Inlaut*) *heute vielfach* **c** (**ç**): nicht *setim, assúcar* usw., sondern **cetim** Satin, **açucar** Zucker. Vgl. auch die Bemerkungen zu **c** 1.!

2. Zwischen Vokalen und im Auslaut in betonter Silbe werden *s* und *z* gleich gesprochen. Die Verwechslung beider Konsonanten in der Schreibung liegt also nahe, und der Benutzer des Wörterbuches, dem die amtliche Rechtschreibung eines Wortes unbekannt ist, muß stets an diese Möglichkeit denken. Man schreibt nicht *comesinho, deslisar, gosar, assás, gis* usw., sondern **comezinho, deslizar, gozar, assaz, giz.** *Dagegen*: **profetisa, gás, aguarrás, inglês, Thomás.** Vielfach haben die Wörter verschiedene Bedeutung, je nachdem ob sie mit *s* oder *z* geschrieben werden: **cozer** kochen, **coser** nähen.

3. Verwechslungsmöglichkeiten bestehen auch zwischen *s* und *x*, siehe **x** 1.

sc

Im Anlaut schreibt man *heute c*: nicht *sciência, scena*, sondern **ciência** Wissenschaft, **cena** Szene. Auch in den Ableitungen ist das *s* verschwunden: nicht *enscenação*, sondern **encenação** Inszenierung. Sonst aber bleibt es im Inlaut erhalten: nicht *conciência, inconciente* (BRASILIANISCHE Schreibtendenz!), sondern **consciência** Bewußtsein, **inconsciente** unbewußt.

th

Das *h* wird *weggelassen*: nicht *theatro*, sondern **teatro.**

u

Siehe die Bemerkungen zu o. — Der Doppellaut **ue** wird *heute überall* **ui** geschrieben: nicht *azues*, sondern **azuis** (*pl.* von *azul*).

x

1. Vielfach in **s** verbessert: nicht *juxtapor, mixto*, sondern **justapor** nebeneinander stellen, **misto** gemischt.

2. Vgl. **ch** 2.

z

Vgl. die Anmerkung **s 2.**

Besonderheiten der brasilianischen Rechtschreibung

Die brasilianische Rechtschreibung folgt weiterhin den am 12. 8. 1943 von der ACADEMIA BRASILEIRA DE LETRAS einstimmig angenommenen „Instruções para a Organização do Vocabulário Ortográfico da Língua Portuguesa". Der Benutzer des Wörterbuchs muß also bei Wörtern, die er nicht an der Stelle findet, wo er sie sucht, damit rechnen, daß brasilianische Rechtschreibung vorliegt. Die nachstehenden Hinweise haben den Zweck, das Auffinden brasilianisch geschriebener Wörter in einem Wörterbuch, das den in Portugal geltenden Rechtschreiberegeln folgt, zu erleichtern.

1. Besondere Schwierigkeiten für die alphabetische Einordnung ergeben sich aus der unterschiedlichen Behandlung von c und p vor c, ç und t.

a) Grundsätzlich gilt in beiden Ländern die Regel, den Konsonant nur zu schreiben, wenn er gesprochen wird, also: ficçao [fik'sɐ̃u]. Diese Regel gilt in Portugal in der Weise, daß c und p in jedem Fall auch geschrieben werden, wenn ihre Aussprache fakultativen Charakter hat. Dagegen läßt die brasilianische Rechtschreibung hier zwei Schreibweisen zu, neben der in Portugal allein zulässigen mit c oder p eine zweite, in der diese Konsonanten fehlen, also neben

aspecto (pg. [ɐʃ'pɛtu], bras. [as'pɛktu]) — bras. aspeto [as'pɛtu].

contacto (pg. [kõn'tatu], bras. [kõn'taktu]) — bras. contato [kõn'tatu].

recepção (pg. [ʀəsɛ'sɐ̃u], bras. [ʀesɛp'sɐ̃u]) — bras. receção [ʀesɛ'sɐ̃u].

optimismo (pg. [ɔti'miʒmu], bras. [ɔpti'mizmu]) — bras. otimismo [ɔti'mizmu].

corrupção (pg. [kuʀu'sɐ̃u], bras. [koʀup'sɐ̃u]) — bras. corrução [koʀu'sɐ̃u].

sumptuoso (pg. [sũn'twosu], bras. [sũmp'twosu]) — bras. suntuoso [sũn'twosu].

b) In zahllosen Fällen werden c und p vor c, ç und t in Portugal auch in Wörtern geschrieben, in denen sie in der ganzen Sprachgemeinschaft verstummt sind. In diesen Fällen sind c und p als rein phonetische Zeichen für die Öffnung des Vokals in unbetonter Silbe zu werten: actual [a'twał, nicht: ɐ'twał], afectivo [ɐfɛ'tivu, nicht: ɐfə'tivu], adoptar [ɐδɔ'tar, nicht: ɐδu'tar]. Diese Schreibung wird dann auch auf Wörter der gleichen Wortfamilie ausgedehnt, in denen der Vokal in der Tonsilbe steht, eines besonderen Öffnungszeichens also nicht bedürfte: acto ['atu], afecto [ɐ'fɛtu], adopto [ɐ'δɔtu].
Demgegenüber kennt das Brasilianische in allen Wörtern, in denen c und p immer stumm sind, im Unterschied zum Portugiesischen nur die Schreibung ohne c oder p: atu, atual, afeto, afetivo, adoto, adotar, elétrico (pg. eléctrico), diretor (pg. director), fator (pg. factor),

noturno (pg. nocturno), batizar (pg. baptizar), ótimo (pg. optimo) usw. Die Aussprache ist in beiden Ländern die gleiche.

2. In einzelnen Fällen ist die Behandlung der Gruppen mn und nn in den beiden Ländern verschieden. In Brasilien werden beide Gruppen in Aussprache und Schreibung vereinfacht, in Portugal häufig nicht, z. B.:

   pg. amnistia [ɐmnəʃ'tiɐ], bras. anistia [ɐnəs'tiɐ]; pg. indemne [ĩn'dɛmnə], bras. indene [ĩn'dɛnə]; pg. connosco [kõ'noʃku], bras. conosco [ko'nosku].

   Aber gleichlautend in beiden Sprachen: ginásio [ʒi'nazju], ónibus, bras. ônibus ['ɔ-, 'oniβuʃ], usw.

3. Der Gebrauch der TONZEICHEN oder AKZENTE in der brasilianischen Rechtschreibung unterscheidet sich in drei Punkten von der portugiesischen.

   a) Vor den Nasalvokalen erhalten betontes o und e den Zirkumflex [ˆ]: antônimo [ɐ̃n'tonimu], convênio [kõ'venju]. In portugiesischer Schreibung erhalten diese Wörter den Akut [']: antónimo [ɐ̃n'tɔnimu], convénio [kõ'vɛnju].

   b) In vielen Wörtern erhalten geschlossenes e oder o den Zirkumflex [ˆ] zur Unterscheidung von anderen gleichgeschriebenen Wörtern oder Wortformen, in denen diese Vokale offen sind. Die portugiesische Rechtschreibung kennt mit wenigen Ausnahmen diese Unterscheidung nicht, schreibt die betreffenden Wörter also ohne Akzent. Brasilianisch ist beispielsweise die Schreibung

acêrto [e] (Treffer)	im Unterschied	zu	acerto [ɛ] (< acertar); *pl.* acertos [e].
govêrno [e] (Regierung)	„	„	„ governo [ɛ] (< governar); *pl.* governos [e].
enfêrmo [e] (krank)	„	„	„ enfermo [ɛ] (< enfermar); *pl.* enfermos [e].
êsse [e] (dieser); *pl.* êsses	„	„	„ esse, esses [ɛ] (das S).
êste [e] (dieser); *pl.* êstes	„	„	„ este, estes [ɛ] (Osten).
aquêle [e] (jener); *pl.* aquêles	„	„	„ aquele, aqueles [ɛ] (< aquelar).
êle [e] (er); *pl.* êles (sie)	„	„	„ ele, eles [ɛ] (das L).
fôro [o] (Zins)	„	„	„ foro [ɔ] (Forum); *pl.* foros [ɔ].
fôra [o] (< ir, ser)	„	„	„ fora [ɔ] (draußen).
sôbre [o] (auf)	„	„	„ sobre [ɔ] (< sobrar).
côrte [o] (Hof); *pl.* côrtes	„	„	„ corte, cortes [ɔ] (Schnitt).
côr [o] (Farbe); *pl.* cores	„	„	„ cor [ɔ] (Herz).

   c) Der Gebrauch des Akuts weicht in Brasilien in folgenden Fällen von dem der portugiesischen Rechtschreibung ab:

   c_1 — Die Endungen -eia und -eico erhalten in Brasilien den Akzent, in Portugal nicht: pg. ideia — bras. idéia, pg. epopeia — bras. epopéia, pg. epopeico — bras. epopéico.

   c_2 — Die 1. Pers. Pl. des Perfekts der 1. Konjugation erhält in Brasilien keinen Akzent, unterscheidet sich also nicht von der 1. Pers. Pl. des Präsens:

pg. amámos (wir haben geliebt) — bras. amamos.

4. Das TREMA [¨] wird nur in brasilianischer Schreibung, und zwar zur Unterscheidung des gesprochenen von stummem u in den Verbindungen gu und qu vor e oder i verwendet:

agüentar [ɐgwẽn'tar], argüir [ɐr-'gwir], eloqüente [ɨlu'kwẽntə], tranqüilo [trẽŋ'kwilu] im Unterschied zu freguês [frɛ'geʃ], águia ['agjɐ], quente ['kẽntə], equilíbrio [əki'liβrju].

Auch als Hinweis darauf, daß zwei aufeinanderfolgende Vokale nicht als Diphthong, sondern zweisilbig zu sprechen sind, kann in brasilianischer Schreibung das Trema dienen: saüdade [sɐ-u'ðɐ-ðə], vaïdade [vɐ-i'ðaðə].

In der modernen portugiesischen Rechtschreibung wird das Trema überhaupt nicht verwendet.

A

A, a [a] *m* A, a *n.*

a¹ [ɐ] **1.** *art. f* die (der, das); **2.** *pron. f* sie (ihn, es); Sie; die(-), der(-), das (-jenige).

a² [ɐ] *prp.* **1.** *örtl., Nähe*: an (*dat.*); bei; *Richtung, Ziel*: nach *Lissabon, Spanien, Hause*; zu (*z.B. zum Arzt, zur Post*); in (*z.B. ins Konzert, in den Garten*); an (*z.B. ans Fenster, an die Wand*); *Entfernung*: *a poucos passos* (*de aqui*) wenige Schritte von hier; *aos 50 metros* nach 50 Metern; *ao norte de* nördlich von; *Gegenüberstellung*: *dois a um* zwei gegen einen; **2.** *zeitl.*: *aos doze minutos* nach zwölf Minuten; *à noite* (*a três de Março, aos trinta dias*) am Abend (dritten März, dreißigsten Tage); *às três* um drei (Uhr); *às quartas-feiras* mittwochs; *ao entrar* beim Eintreten; *ao fazer isso* als er (*od.* ich *usw.*) das tat; *ao tempo dele* zu seiner Zeit; *aos trinta anos* mit dreißig Jahren; *de hoje a oito* (*dias*) heute über (in) acht Tage(n); **3.** *Art und Weise*: *à* (*maneira*) *inglesa* auf englische Art; *a pé* (*cavalo*) zu Fuß (Pferd); *a galope* im Galopp; *a rir* lachend; **4.** *Aufeinanderfolge*: *folha a folha* Blatt um (*od.* für) Blatt; *três a três* zu dreien; = *a três e três* je (*od.* immer) drei auf einmal; *aos centos* zu Hunderten; *ser o primeiro* (*segundo etc.*) *a fazer a/c.* als erster (zweiter *usw.*) et. tun; **5.** *Mittel, Werkzeug*: mit; **6.** *Preis*: zu; **7.** *Vergleich*: *saber* (*cheirar*) *a vinho* nach Wein schmecken (riechen); **8.** *begleitender Umstand*: *ao sol* in (an) der Sonne; *ao vento e à chuva* in (bei) Wind und Wetter; **9.** *vertritt den deutschen Dativ od. Akkusativ*; **10.** *vor inf.*: zu; um ... zu.

á [a] *m Name des Buchstaben a*; *pl. ás od. aa.*

à [a] *Zssg der prp. a mit dem art.* (*od. pron.*) *f.*

aba [ˈaβɐ] *f Rock*-Schoß *m*, *Hut*-Krempe *f*; Klappe *f*; Rand *m*, Saum *m*; *Fluß*-Ufer *n*; ⊕ Flansch *m*; **~s** *pl. Stadt*-Rand *m*; *fig.* Schutz *m.*

abacaxi [ɐβɐkɐˈʃi] *m* (süße) Ananas *f*; *bras.* F Mist *m*; Schund *m.*

ábaco [ˈaβɐku] *m* Rechenbrett *n* (*mit Kugeln*); ⩓ *Säulen*-Deckplatte *f.*

abad|e [ɐˈβaðə] *m* Abt *m*; *allg.* Pfarrer *m*, Pastor *m*; **~essa** [ɐβɐˈðesɐ] *f* Äbtissin *f*; **~ia** [ɐβɐˈði-ɐ] *f* Abtei *f.*

abaf|ação, ~adela [ɐβɐfɐˈsɐ̃u, ~ɐˈðɛlɐ] *f* = *~amento*; **~adiço** [~ɐˈðisu] stickig; kurzatmig; *fig.* aufbrausend; **~ado** [~ˈfaðu] dumpf (*Luft, Ton*); schwül, drückend (*Wetter*; *a. fig.*); eng (geschlossen) (*Kleidungsstück*); *fig.* bedrückt; *morrer* (*de*) ~ ersticken; *vinho m* ~ Süßwein *m*; **~ador** [~ɐˈðor] *m* Kaffee- (*od.* Tee-)wärmer *m*; ♪ Dämpfer *m*; ⊕ Schalldämpfer *m*; **~amento** [~ɐˈmẽntu] *m* Erstickung *f*; Dämpfung *f*; Schwüle *f*; Luftmangel *m*; **~ar** [~ˈfar] (1b) ersticken; *Gefühl* unterdrücken; *Ton* dämpfen; *Speisen, j-n* zudecken; (warm) einhüllen; die Gärung *des Weins* unterbrechen; *fig. Dokument usw.* unterschlagen; *Skandal* totschweigen; *Aufstand, Prozeß* niederschlagen; *j-n* zum Schweigen bringen; ⚓ *Segel* reffen; *bras.* F verschwinden l.; mitgehen heißen; **~ar-se** sich (gut) zudecken *od.* (warm) einhüllen; sich bedecken (*Himmel*); **~o** [ɐˈβafu] *m* = *~amento*; *um* ~ etwas Warmes, warmes Zeug *n*; *~s maternos* mütterliche Liebe *f.*

abaix|a-luz [ɐβaiʃɐˈluʃ] *m* Lampenschirm *m*; **~amento** [~ɐˈmẽntu] *m Temperatur*-Rückgang *m*; **~ar** [~ˈʃar] (1a) *v/t.* senken (*a. fig.*); her-, hin-unterl.; *Bild* tiefer hängen; *Augen* niederschlagen; *Mauer* niedriger m. *od.* niederreißen; *Berg* abtragen; ⚒ *Lot* fällen; *fig.* demütigen, erniedrigen; *v/i.* sinken; **~ar-se** sich herabl.; **~o** [ɐˈβaiʃu] **1.** *adv.* unten; *as escadas* ~ die Treppe hin-, her-unter; *rio* ~ flußabwärts; *ir(-se)* ~, *vir* ~ herunterkommen (*a. fig.*);

(ein)stürzen; zs.-brechen; nicht durchhalten; aussetzen, versagen (*Motor usw.*); (ab)sinken (*Temperatur usw.*); aus-, durch-brennen (*Batterie, Sicherung*); sich zerschlagen (*Projekt*); abgerissen w. (*Gebäude*); *deitar* ~ niederreißen; *Regierung* stürzen; *o* ~ *assinado* der Endesunterzeichnete *m*; **2.** *int.* nieder!; **3.** *prp.*: ~ *de* unter(halb); **~o-assinado** [~uɐsiˈnaðu] *m* Eingabe *f*.

abaju(r) *gal.* [ɐβɐˈʒu(r)] *m* Lampenschirm *m*.

abal|ada [~ˈlaðɐ] *f* Aufbruch *m*; Flucht *f*; Strich *m der Zugvögel*; *de* ~ im Fluge; *estar de* ~ im Aufbruch begriffen sn; nur vorübergehend da sn; **~ado** [~aðu] locker, wacklig; *fig.* unsicher; **~ador** [~lɐˈðor] erschütternd; dröhnend (*Explosion*); angreifend (*Krankheit*).

abalançar [~lẽˈsar] (1p) wiegen; treiben (zu *a*); **~-se** *a* sich stürzen auf (*ac.*); sich wagen an (*ac.*).

abalar [~ˈlar] (1b) *v/t.* lockern; ins (*od.* zum) Wanken bringen (*a. fig.*); erschüttern (*a. fig.*); *fig.* unsicher m.; angreifen (*Krankheit*); *zu Tränen usw.* rühren; ~ *a* bewegen *od.* treiben zu; *v/i.* (*a.* ~*-se*) sich lokkern; wackeln, wanken; unsicher w.; *fig.* aufbrechen, sich davonm.; ~ *contra* angreifen (*ac.*); ~ *de* verlassen (*ac.*).

abaliz|ado [~liˈzaðu] hervorragend; **~ar** [~ar] (1a) *v/t.* abstecken; bezeichnen; *fig.* auszeichnen; **~ar-se** sich hervortun.

abalo [ɐˈβalu] *m* Erschütterung *f*, Stoß *m*; Anstoß *m*; Aufbruch *m*; *dar* (*od. fazer*) ~ *a od.* *em* e-n Stoß versetzen; beeindrucken (*ac.*); erschüttern (*ac.*).

abaloar [ɐβɐˈlwar] (1f) blähen; bauschen; *Leib* auftreiben.

abalofar [~luˈfar] (1e) (auf)lockern; *fig.* zu Kopf steigen (*dat.*); **~-se** locker w.; (auf)quellen; aufgehen (*Teig*); *fig.* angeben, großtun.

abalr|oa [ɐβałˈʀoɐ] *f* Enterhaken *m*; **~oação** *f*, **~oamento** *m* [~ʀwɐˈsɐ̃u, ~ʀwɐˈmẽntu] Zusammenstoß *m*; **~oar** [~ˈʀwar] (1f) entern; rammen; *fig.* anrempeln; *v/i.* zs.-stoßen; *fig.* an-ea.-geraten.

aban|ação, ~adela [ɐβɐnɐˈsɐ̃u, ~ɐˈðɛlɐ] *f* Fächeln *n*; Wedeln *n*; Schütteln *n*; *dar uma* ~ *a* = *~ar*; **~ador** [~ɐˈðor] *m* Wedel *m*; **~a-moscas** [~ɐˈmoʃkɐʃ] *m* Fliegenwedel *m*; *fig.* Lappalie *f*; *de* ~ lächerlich.

abananar [~ɐˈnar] (1a) verwirren, F verdattern.

aban|ão [~ˈnɐ̃u] *m* Ruck *m*; Stoß *m*; **~ar** [~ar] (1a) *v/t.* fächeln; wedeln mit; schütteln; rütteln an (*dat.*); *an den Ohren* ziehen; *Fliegen* verscheuchen; *fig.* abbringen; ~ *as orelhas* abwinken; *andar a* ~ *moscas* Fliegen fangen; *v/i.* wedeln; (ab)winken; schwanken; *com as* (*od. de*) *mãos a* ~ mit leeren Händen.

abancar(-se) [ɐβɐ̃ŋˈkar(sə)] (1n) sich setzen; sich niederlassen.

abandalhar(-se) [ɐβɐ̃ndɐˈʎar(sə)] (1b) verderben; verlottern.

abandon|adamente [~duˌnaðɐˈmẽntə] rückhaltlos; halt-, zügellos; **~ar** [~ˈnar] (1e) verlassen; im Stich l.; *Mädchen* sitzenlassen; *Plan usw.* aufgeben; ~ *a bandeira* fahnenflüchtig w.; ~ *o campo* den Kampf aufgeben; **~ar-se** verwahrlosen; sich hingeben; sich *e-m Laster* ergeben; **~o** [~ˈdonu] *m* Verlassen *n*; Aufgabe *f*; Verlassenheit *f*; Verwahrlosung *f*; Hingabe *f*.

aban|icar [ɐβɐniˈkar] (1n) fächeln; **~ico, ~o** [~ˈniku, ɐˈβɐnu] *m* Fächer *m*; Wedel *m*.

abaratar [~rɐˈtar] (1b) = *baratear*.

abarba|do [ɐβɐrˈbaðu] überlastet; **~r** [~r] (1b) erreichen; *fig.* plagen; = ~*(-se) com j-m* ebenbürtig sn; gleich hoch sn; *fig. e-r Gefahr* ins Auge sehen.

abarcar [~ˈkar] (1n, *Stv.* 1b) = *abranger*; *fig.* begreifen; an sich reißen; = *açambarcar*; *querer* ~ *o céu com as pernas* hoch hinaus wollen.

abarrac|amento [ɐβɐʀɐkɐˈmẽntu] *m* Barackenlager *n*; Budenstadt *f*; **~ar** [~ˈkar] (1n; *Stv.* 1b) *v/t.* Baracken (*od.* Buden) aufschlagen in *od.* auf (*dat.*); in Baracken unterbringen; *v/i. u.* **~ar-se** in Baracken kampieren (*od.* wohnen).

abarrancar [~ʀɐ̃ŋˈkar] (1n) *Gelände* aufreißen; *fig.* behindern, erschweren; ins Gedränge bringen (**~-se** kommen).

abarrotar [~ʀuˈtar] (1e) vollstopfen.

abast|ado [ɐβɐʃˈtaðu] wohlversorgt;

wohlhabend; **~amento** [~tɐ'mẽntu] *m* Versorgung *f*; Vorrat *m*; **~ança** [~ẽsɐ] *f* Überfluß *m*; Wohlstand *m*; **~ar** [~ar] (1b) versorgen (mit).
abastardar [~tɐr'dar] (1b) *v/t.* verderben; *v/i. u.* **~-se** entarten.
abastec|edor [~əsə'ðor] **1.** *m* Lieferant *m*; **2.** *adj.* Versorgungs...; **~er** [~'ser] (2g) versorgen, beliefern (mit *de*); auf-, ein-füllen; **~imento** [~i'mẽntu] *m* Versorgung *f*; *posto m de ~* Tankstelle *f*.
abate [ɐ'βatə] *m* Schlachtung *f*.
abat|edor [ɐβɐtə'ðor] *m*: *~ (de gado)* Schlächter *m*; **~edouro** [~ə'ðoru] *m bras.* Schlachthof *m*; **~er** [~'ter] (2b) **1.** *v/t.* niederschlagen (*a. fig.*); *Baum* fällen; *die Fahne* senken (*als Ehrenbezeugung*); *Flagge* streichen; *Haus* niederreißen; *j-n* niederstrecken; *Kräfte* lähmen; *Namen, Posten* abschreiben, streichen; *Preis* herabsetzen; *Stolz* demütigen; mitnehmen, angreifen (*Krankheit usw.*); *Tiere* ab-schlachten (*od.* -schießen); *Vieh* schlachten; **2.** *v/i.* sich senken (*Boden*); einstürzen (*Gewölbe*); niederstürzen; nachlassen (*Wille, Wind*); abschlagen (*Preis*); ⚕ abmagern; ⚓ abtreiben; **~ido** [~'tiðu] *physisch* abgespannt; *psych.* niedergeschlagen; *carne -a* Frischfleisch *n*; **~imento** [~i'mẽntu] *m Preis*-Abschlag *m*, Senkung *f*; Einsturz *m*; Niedergeschlagenheit *f*; Abgespanntheit *f*; ⚓ Abtrift *f*; = *abate*; **~is** *m bras.* [aβa'tis] **a)** *mst.* **~es** *pl.* ⚔ Schanze *f*; **b)** Geflügelklein *n*.
abatocar [~u'kar] (1n; *Stv.* 1e) (zu)spünden.
abaul|amento [ɐβaulɐ'mẽntu] *m* Wölbung *f*; **~ar** [~'lar] (1q) wölben.
abcesso [ɐβ'sɛsu] *m* Abszeß *m*.
abcissa ⩓ [~'sisɐ] *f* Abszisse *f*.
abdic|ação [~dikɐ'sɐ̃u] *f* Abdankung *f*; Aufgabe *f*; Amtsniederlegung *f*; Verzicht *m*; **~ar** [~'kar] (1n) *ein Recht* aufgeben, *Amt* niederlegen; *v/i.* abdanken (zugunsten [*gen.*] em); *~ de* verzichten auf (*ac.*).
abd|ome, ~ómen [~'dɔmə, ~men] *m* Unterleib *m*, Bauch *m*; **~ominal** [~dumi'nał] Unterleibs...; *cavidade f ~* Bauchhöhle *f*.
abeberar [ɐβəβə'rar] (1c) tränken; **~-se** sich vollsaugen.
abecedário [~sə'ðarju] **1.** *m* Abc-Buch *n*, Fibel *f*; Alphabet *n*; **2.** *adj.* alphabetisch.
abeg|ão [~'ɣɐ̃u] *m* Ochsenknecht *m*; Großknecht *m*; **~oaria** [~ɣwɐ'riɐ] *f* Ochsenstall *m*; Geräteschuppen *m*.
abeirar [ɐβei'rar] (1a) nähern (*dat.*).
abelha [ɐ'βeʎɐ] *f* Biene *f*; *fig.* schlaue Person *f*; *~-mestra* Bienenkönigin *f*.
abelh|ão [ɐβɨ'ʎɐ̃u] *m* Hummel *f*; **~eira** [~'ʎeirɐ] *f* Bienennest *n*; **~eiro** [~'ʎeiru] *m* Imker *m*; *zo.* Meise *f*; **~udo** [~'ʎuðu] vorlaut.
abemolado [ɐβəmu'laðu] *adj.* ♪ in b-moll; *fig.* sanft, weich.
Abencerrage, ~m [ɐβẽsə'ʀaʒɨ, ~ʒɐ̃i] *m*: *último ~* letzte(r) Vertreter *m* (*od.* Vorkämpfer *m*) *e-r Idee usw.*
aben|çoador [~swɐ'ðor] **1.** *m* Segenspender *m*; **2.** *adj.* segensreich; **~(di)çoar** [~(di)'swar] (1f) segnen.
aberr|ação [ɐβiʀɐ'sɐ̃u] *f* 🕮 Aberration *f*, Abweichung *f*; *fig.* Verirrung *f*; *Sinnes*-Täuschung *f*; **~ar** [~'ʀar] (1c) abweichen; sich (ver-) irren.
abert|a [ɐ'βɛrtɐ] *f* Öffnung *f*; *Wald*-Lichtung *f*; *vorübergehende* Aufhellung *f des Wetters*; blaue(r) Fleck *m am Himmel*; Pause *f*; *fig.* Gelegenheit *f*; **~o** [~u] **1.** *p.p. v. abrir*; **2.** *adj.* offen; *em ~* offen; *ficar ~* aufbleiben; *estar ~* auf sn, offenstehen; **~tura** [ɐβər'turɐ] *f* Öffnung *f*; Eröffnung *f*; Anfang *m*, Beginn *m*; Lücke *f*, Bresche *f*; ♪ Ouverture *f*; *~ da estação Radio*: Sendebeginn *m*.
abespinhar-se [ɐβɨʃpi'ɲarsə] (1a) aufgebracht w., sich aufregen.
abeto [ɐ'βetu] *m* (Weiß-)Tanne *f*.
abexim [ɐβə'ʃĩ] **1.** *m* Abessinier *m*; **2.** *adj.* abessinisch.
abibe [ɐ'βiβə] *m* Kiebitz *m*.
abicar [ɐβi'kar] (1n) (an-, zu-)spitzen; ⚓ anlaufen, anlegen.
abism|al [ɐβiʒ'mał] abgrundtief, abgründig; **~ar** [~'mar] (1a) (hinab)stürzen; *fig.* bestürzen, erschrecken; **~ar-se** versinken, *fig. a.* sich versenken; **~o** [ɐ'βiʒmu] *m* Abgrund *m*; *Meeres*-Tiefe *f*.
abiss|al [~'sał] Tiefsee...; **~o** [ɐ'βisu] *m* Tiefsee *f*.
abjec|ção [ɐβʒɛ'sɐ̃u] *f* Abscheulichkeit *f*; Abscheu *m*; Niedertracht *f*; **~to** [~'ʒɛtu] **1.** *adj.* abscheulich; niederträchtig; **2.** *m* F Scheusal *n*.
abjudic|ação ⚖ [~ʒuðikɐ'sɐ̃u] *f* Ab-

erkennung *f*; **~ar** [~'kar] (1n) aberkennen.
abjur|ação [~ʒurɐ'sɐ̃u] *f* Widerruf *m*; Abschwörung *f*; Lossage *f*; Ableugnung *f*; **~ar** [~'rar] (1a) widerrufen; *e-m Glauben, Laster* abschwören; sich lossagen von; *Tat* ableugnen.
ablação [~lɐ'sɐ̃u] *f* Ablation *f*; *cir.* operative Entfernung *f*; *praticar a ~ de a/c. et.* entfernen.
ablact|ação [~laktɐ'sɐ̃u] *f* Entwöhnung *f*; **~ar** [~'tar] (1b) entwöhnen.
ablução [~lu'sɐ̃u] *f* Waschung *f*.
abneg|ação [~nəɣɐ'sɐ̃u] *f* Entsagung *f*, Selbstverleugnung *f*, Opferwilligkeit *f*; **~ado** [~'ɣaδu] selbstlos, aufopfernd; **~ar** [~'ɣar] (1o; *Stv.* 1c) verzichten auf (*ac.*); entsagen (*dat.*).
abóbada [ɐ'βɔβɐδɐ] *f* Gewölbe *n*; *~ cilíndrica, ~ de berço* Tonnen-, *~ de arestas* Kreuz-gewölbe *n*.
abobadar [ɐβuβɐ'δar] (1b) (über-) wölben.
abob|ado, ~alhado *bras.* [aβo'βaδu, ~βa'ʎaδu] närrisch, dumm; **~ar** [~'βar] (1e) närrisch m.; **~ar-se** närrisch w.; sich dumm stellen.
abóbora [ɐ'βɔβurɐ] *f* Kürbis *m*; *fig.* Schwächling *m*.
abobor|al [ɐβuβu'rał] *m* Kürbisfeld *n*; **~ar** [~'rar] (1e) *bras. Plan* reifen l.; **~eira** [~'reirɐ] *f* Kürbispflanze *f*.
aboc|ado [~'kaδu] firn (*Wein*), schmackhaft (*Speise*); nahe; **~anhar** [~kɐ'ɲar] (1a) nagen an (*dat.*); schnappen nach; *fig.* durchhecheln; *bras.* ergattern; **~ar** [~'kar] (1n; *Stv.* 1e) an (*od.* in) den Mund nehmen; schnappen nach; ⚓ einlaufen (in [*ac.*]); ⚔ *Waffe* richten auf (*ac.*); *taur.* bei den Nüstern packen; *bras.* rufen.
aboiar [ɐβoj'ar] (1k) **1.** *v/t.* a) anbojen; *Holz* flößen; b) *bras.* arbeiten mit; *Vieh* (an)treiben; **2.** *v/i.* a) treiben; b) *bras.* mit Ochsen arbeiten; Ochsen treiben; schreien.
aboiz [ɐ'βwiʃ] *f* (Vogel-)Schlinge *f*.
aboleimado [ɐβulei'maδu] plump.
abolet|amento [~lətɐ'mẽntu] *m* Einquartierung *f*; Quartier *n*; **~ar** [~'tar] (1c) Quartier geben (*od.* zuteilen); einquartieren.
abol|ição [~li'sɐ̃u] *f* Abschaffung *f*, Aufhebung *f*; **~ir** [~'lir] (3f) abschaffen, aufheben.
abolorecer [~lurə'ser] (2g) verschimmeln.
abomb|ado [ɐβõm'baδu] abgetrieben; **~ar** *bras.* [~'bar] (1a) nicht weiterkönnen; *v/t.* überanstrengen.
abomin|ação [ɐβuminɐ'sɐ̃u] *f* Greuel *m*; **~ar** [~'nar] (1a) verabscheuen; verdammen; **~ável, ~oso** [~'navɛł, ~'nozu] abscheulich.
abon|ação [ɐβunɐ'sɐ̃u] *f* Bürgschaft *f*; Beleg *m*; Vertrauenswürdigkeit *f*; Billigung *f*; Vergütung *f*; **~ado** [~'naδu] vertrauenswürdig; glaubwürdig (*Zeuge*); **~ador** [~ɐ'δor] *m* Bürge *m*; **~ançar** [~ɐ̃'sar] (1p) (sich) aufheitern (*Wetter*); sich beruhigen (*Meer*); sich legen (*Sturm*); **~ar** [~'nar] (1e) gutsagen (*od.* bürgen) für; für *j-n* sprechen, *j-n* herausstreichen; gutschreiben; *Geld* vorstrecken, *j-n* bevorschussen; *Dienste* vergüten; *am Gewicht* etwas zugeben; *fig.* verbürgen; gutheißen; stützen (auf [*ac.*] em); **~ar-se** *de* sich rühmen (*gen.*); sich berufen auf (*ac.*); **~atório** [~ɐ'tɔrju] verbürgend; **~o** [ɐ'βonu] *m* Bürgschaft *f*, Gewähr *f*; Vorschuß *m*; Zugabe *f*; = *~ação*; *~ de família* Familienzulage *f*; *em ~ fig.* zugunsten.
abord|ar [ɐβur'dar] (1e) anborden; entern; *j-n* ansprechen; *Frage* anschneiden; *v/i.* anlegen; landen; **~ável** [~avɛł] zugänglich; Anlege...; **~o** [ɐ'βordu] *m* Landung *f*; *de fácil ~* leicht zugänglich.
aborígene [ɐβu'riʒənə] **1.** *adj.* einheimisch; **2. ~s** *m/pl.* Ureinwohner *m/pl.*
aborrec|er [ɐβuʀə'ser] (2g) verabscheuen; ärgern, verdrießen; langweilen; **~er-se** sich langweilen; *~ de* sich ärgern über (*ac.*); überdrüssig w. (*gen.*); sich scheuen vor (*dat.*); verabscheuen (*ac.*); **~ido** [~'siδu] langweilig; ärgerlich, unangenehm; mißmutig; *~ da vida* lebensmüde; *~ com* ungehalten über (*ac.*); böse auf (*ac.*); **~imento** [~si'mẽntu] *m* Abscheu *m* (vor [*dat.*] de); Unannehmlichkeit *f*; Ärger *m*; Mißmut *m*; Langeweile *f*; Überdruß *m*; **~ível** [~'sivɛł] abscheulich.
aborrido [~'ʀiδu] = *aborrecido*.
abort|amento [ɐβurtɐ'mẽntu] *m* = *~o*; *~ criminoso* Abtreibung *f*; **~ar** [~'tar] (1e) *v/t.* vor der Zeit gebären; abtreiben; *fig.* (*fazer*) ~

zum Scheitern bringen; *v/i.* eine Fehl- (*od.* Früh-)geburt h.; *vet.* verwerfen; *fig.* fehlschlagen; **~ivo** [~'tivu] *m* Abtreibungsmittel *n*; **~o** [ɐ'βortu] *m* Früh-, Fehl-geburt *f*; *fig.* Ausgeburt *f*; Fehlschlag *m.*

abotoar [ɐβu'twar] (1f) zuknöpfen; ⚘ knospen; *bras.* packen; ~-*se com* sich *et.* aneignen.

abraç|adeira [ɐβrɐsɐ'δeirɐ] *f* Klammer *f*; *Vorhang*-Schlinge *f*; **~ar** [~'sar] (1p; *Stv.* 1b) umarmen; umfassen, -schlingen; *Beruf* ergreifen; *Aufgabe* in Angriff (*od.* unter-) nehmen; sich *Ideen* zu eigen m., annehmen; sich *e-r Partei* anschließen; **~ar-se** *com* (*em, a*) sich halten (*od.* klammern) an (*ac.*); = *~ar*; **~o** [ɐ'βrasu] *m* Umarmung *f*; ⚘ Ranke *f*; △ Rankenwerk *n*; *dar um ~* umarmen.

abrand|amento [ɐβrẽndɐ'mẽntu] *m* Nachlassen *n*; Abschwächung *f*; **~ar** [~'dar] (1a) erweichen; *fig.* abschwächen; besänftigen; *Schmerz* lindern; *Ton* dämpfen; *Fahrt* verlangsamen; *v/i. u.* **~ar-se** sich beruhigen; nachlassen.

abranger [ɐβrẽ'ʒer] (2h) umfassen, -schließen; enthalten; er-, be-greifen.

abras|ado [ɐβrɐ'zaδu] glühend (*em, de* vor [*dat.*]); glutrot; **~ador** [~zɐ'δor] sengend; verzehrend; **~amento** [~zɐ'mẽntu] *m* Glut *f* (*a. fig.*); **~ar** [~'zar] (1b) ausglühen; in Brand setzen; versengen; verwüsten; *fig.* entflammen; verzehren; **~ar-se** verbrennen; *fig.* entbrennen.

abrasileir|ado [~zilei'raδu] brasilianisch; **~ar** [~ar] (1a) zum Brasilianer (*od.* brasilianisch) m.

abrasivo [~'zivu] *m* Schleifmittel *n.*

abre-cartas (**-latas**) [ˌaβrə'kartɐʃ, ~'latɐʃ] *m* Brief- (Büchsen-)öffner *m.*

abren|unciar [ɐβrənũ'sjar] (1g) entsagen (*dat.*), sich lossagen von; **~úncio!** [~'nũsju] (Gott) bewahre!

abrevi|ação [ɐβrəvjɐ'sɐ̃u] *f* Abkürzung *f*; **~adamente** [~ˌvjaδɐ'mẽntə] in Kürze; in gekürzter Form; kurz; **~ar** [~'vjar] (1g) (ab-, ver-)kürzen; *~ razões* sich kurz fassen; **~atura** [~ɐ'turɐ] *f* Abkürzung *f*, Kürzel *n.*

abric|ó, ~ote *bras.* [aβri'kɔ, ~'kɔtə] *m* Aprikose *f*; **~oteiro** [~ko'teiru] *m* Aprikosenbaum *m.*

abrid|eira [ɐβri'δeirɐ] *bras. f* Aperitif *m*; ⊕ Wolf *m*; **~ela** [~'δɛlɐ] *f* Gähnen *n*; **~or** [~'δor] *m* ⊕ Öffner *m.*

abrig|ada [~'ɣaδɐ] *f* = **~adoiro, ~adouro** [~ɣɐ'δoiru, ~-oru] *m* Unterschlupf *m*; Schutzhütte *f*; **~ar** [~'ɣar] (1o) Zuflucht gewähren (*dat.*), schützen; *Gefühle* hegen; **~ar-se** Zuflucht suchen; sich unterstellen; **~o** [ɐ'βriɣu] *m* Zuflucht(sort *m*) *f*; Schutz *m*; Schutzhütte *f*; Wartehäuschen *n*; ⚔ Unterstand *m*; *~ antiaéreo* Luftschutzkeller *m*, -bunker *m*; *ao ~ de* geschützt vor (*dat.*); im Schutz (*od.* Rahmen) (*gen.*).

Abril [ɐ'βriɫ] *m* April *m.*

abrilhantar [ɐβriʎẽn'tar] (1a) (erhöhten) Glanz verleihen (*dat.*); *fig.* verschönern.

abrir [ɐ'βrir] (3b; *p.p. aberto*) **1.** *v/t.* öffnen, aufmachen; *Buch, Bett* aufschlagen; *erstmalig* eröffnen; *Weg* bahnen; *Straße, Hafen* anlegen; *Tunnel, Brunnen* bohren; *Graben* ausheben; *Land* umbrechen; *Wettbewerb* ausschreiben; *Buchstaben* schneiden *od.* stechen; *~ o apetite, ~ a vontade de comer* (sich) Appetit m.; *~ caminho, ~ passagem* den Weg freigeben; *~ mão de* aufgeben (*ac.*); *~ as mãos fig.* die Hand aufhalten; **2.** *v/i.* sich öffnen; aufgehen; aufblühen (*Blume*); beginnen (*Konzert*); anbrechen (*Tag*); sich aufhellen (*Wetter*); **3.** *~-se com alg.* sich j-m anvertrauen.

ab-rog|ação [ɐβʀuɣɐ'sɐ̃u] *f* Aufhebung *f*, Abschaffung *f*; **~ar** [~'ɣar] (1o; *Stv.* 1e) aufheben, abschaffen.

abrolho [ɐ'βroʎu] *m* ⚘ Sterndistel *f*; *~s pl. fig.* Klippen *f/pl.*

abrum|ado [ɐβru'maδu] neblig, trübe; **~ar** [~'mar] (1a) einnebeln; trüben; verfinstern; bedrücken.

abrunh|eiro [ɐβru'ɲeiru] *m* Zwetschgenbaum *m*; *~ bravo* Schlehdorn *m*; **~o** [ɐ'βruɲu] *m* Zwetschge *f.*

abrupto, *bras.* **ab-rupto** [ɐ'βruptu, ɐβ'ʀuptu] steil, abschüssig; plötzlich; rauh, unfreundlich.

absc|esso, ~issa *bras.* = *abcesso, -issa.*

absconso [ɐβʃ'kõsu] verborgen.
absenteísmo *bras.* [aβsẽnte'izmu] *m* = *abstencionismo.*
abside ⚠ [ɐβ'siðə] *f* Apsis *f.*
absolto [~'sołtu] *p.p. irr. v. absolver.*
absolut|amente [~su,lutɐ'mẽntə] durchaus; ~ *nada* gar nichts; **~ismo** [~lu'tiʒmu] *m* Absolutismus *m*; **~o** [~su'lutu] unumschränkt (*Gewalt*); unbedingt, völlig; unabhängig; *fil. u.* 🕮 absolut; *em* ~ durchaus, ganz und gar; **~ório** [~'tɔrju]: *sentença f -a* Freispruch *m.*
absolv|er [~soł'ver] (2e) freisprechen; *fig.* entbinden; *rel. j-n* lossprechen; *Sünde* vergeben; **~ição** [~vi'sɐ̃u] *f* Freispruch *m*; *rel.* Lossprechung *f*, Absolution *f.*
absor|ção [~sur'sɐ̃u] *f* Aufsaugung *f*; Aufnahme *f*; Inanspruchnahme *f*; 🕮 Absorption *f*; **~to** [~'sortu] *in Gedanken* versunken; versonnen.
absorv|edoiro, ~edouro [~survə'ðoiru, -oru] *m* Abzug *m*; Strudel *m*, Schlund *m*; **~ente** [~'vẽntə] **1.** *adj. fig.* verzehrend, aufreibend; **2.** *m* Absorptionsmittel *n*; **~er** [~'ver] (2e) aufsaugen; aufnehmen; absorbieren; *fig.* ganz in Anspruch nehmen; *Problem* ganz erfassen; **~er-se**: ~ *em fig.* sich versenken (*od.* vertiefen) in (*ac.*).
abstémio [ɐβʃ'tɛmju] **1.** *adj.* enthaltsam, mäßig; **2.** *m* Abstinenzler *m.*
absten|ção [~tẽ'sɐ̃u] *f* Enthaltung *f*; Enthaltsamkeit *f*; ~ *eleitoral* = **~cionismo** [~sju'niʒmu] *m* Wahlenthaltung *f*; **~cionista** [~sju'niʃtɐ] *m* Nichtwähler *m.*
abster [~'ter] (2zb): ~ *de* abhalten von, hindern an (*dat.*); **~-se** *de* sich enthalten (*gen.*); Abstand nehmen von; verzichten auf (*ac.*).
abstin|ência [~ti'nẽsjɐ] *f* Enthaltsamkeit *f*; *rel.* Abstinenz *f*; *dia m de* ~ Fasttag *m*; **~ente** [~'nẽntə] enthaltsam.
abstr|acção [~tra'sɐ̃u] *f* Außerachtlassung *f*; Verallgemeinerung *f*; *fig.* Geistesabwesenheit *f*; *fil.* Abstraktion *f*; *fazer* ~ *de* = *~air de*; *por* ~ abstrakt; **~acto** [~'tratu] *adj.* abstrakt, begrifflich; *fig.* geistesabwesend; *em* ~ abstrakt betrachtet.
abstrair [~trɐ'ir] (3l) wegdenken; entrücken; *v/i.* ~ *de* abstrahieren (*od.* absehen) von; **~-se** sich entziehen; in Gedanken versinken.
abstruso [~'truzu] verworren.
absurdo [ɐβə'surðu] **1.** *adj.* unsinnig, abgeschmackt; **2.** *m* Unsinn *m.*
abúlico [ɐ'βuliku] willenlos.
abund|ância [ɐβũn'dɐ̃sjɐ] *f* Fülle *f*; Überfluß *m*; **~ante** [~'dɐ̃ntə] reichlich, üppig; reich (an [*dat.*] de); **~ar** [~'dar] (1a) reichlich da (*od.* vorhanden) sn; ~ *de* reich sn an (*dat.*); überquellen von; gespickt sn mit; ~ *em e-e Ansicht* teilen.
aburgues|ado [ɐβurɣə'zaðu](spieß-)bürgerlich; **~ar** [~ar] (1e) verbürgerlichen.
abus|ar [ɐβu'zar] (1a) (*de*) mißbrauchen (*ac.*); Mißbrauch treiben (mit); übertreiben (*ac.*); zuviel trinken (*od.* essen) (*ac.*); **~ivo** [~'zivu] mißbräuchlich; übertrieben; sprachwidrig; **~o** [ɐ'βuzu] *m* Mißbrauch *m*; Unsitte *f*; übertriebene(r) Gebrauch *m*; Übergriff *m.*
abutre [ɐ'βutrə] *m* Geier *m.*
acab|ado [ɐkɐ'βaðu] fertig; tadellos; *fig.* erledigt; verbraucht; ~ *de chegar* (*imprimir*) soeben (*od.* frisch) angekommen (gedruckt); ~ *de fazer* nagelneu; *produto m* ~ Fertigware *f*; **~adote** F [~βɐ'ðɔtə] klapprig; **~amento** [~βɐ'mẽntu] *m* Beendigung *f*; Fertigstellung *f*; Ausführung *f*; Nachbearbeitung *f*; Appretur *f*; *de bom* ~ gut ausgeführt; **~ar** [~'βar] (1b) **1.** *v/t.* beenden; fertig-m.; fertigstellen; verarbeiten; nach-(be)arbeiten; appretieren; **2.** *v/i.* enden; aufhören; zu Ende (*od.* fertig) sn; ein Ende nehmen; *estar a* ~ zu Ende gehen; fast fertig sn; ~ *com* abschaffen (*ac.*); ein Ende (*od.* den Garaus) m. (*dat.*); Schluß m. mit; ~ *com alg.* (*que*) j-n davon überzeugen *od.* dazu überreden (daß); ~ *de* vollends (*od.* zu Ende) *et. tun*; *et.* fertigmachen; aufhören zu; soeben *et. getan h.*; fertig sn mit; = ~ *por* (*od. com, em*) *fazer*, ~ *fazendo* schließlich *et.* tun; ~ *em bem* gut ausgehen; ~ *mal* ein böses Ende nehmen; *é coisa de nunca* ~ das nimmt kein Ende; *um nunca* ~ *de* nicht endenwollend; zahllos; **3. ~ar-se** zu Ende sn; *acabou-se!* jetzt ist's genug!; aus!
acabrunh|ado [~βru'ɲaðu] bedrückt; trübsinnig; **~amento**

[~ɲɐ'mẽntu] *m* Niedergeschlagenheit *f*; Trübsinn *m*; **~ar** [~'ɲar] (1a) be-, nieder-drücken; quälen.
aca|çapar, ~chapar [~sɐ'par, ~ʃɐ'par] (1b) ducken.
acácia [ɐ'kasjɐ] *f* Akazie *f*.
acacular *bras.* [akaku'lar] (1a) vollstopfen.
acad|emia [ɐkɐðə'miɐ] *f* Akademie *f*; Studentenschaft *f*; **~émico** [~'ðɛmiku] **1.** *adj.* akademisch; **2.** *m* Akademiemitglied *n*; Student *m*.
acafetado [ɐkɐfə'taðu] kaffeefarben.
açafrão [ɐsɐ'frɐ̃u] *m* Safran *m*, Krokus *m*.
açaim|ar [ɐsai'mar] (1a) = *açamar*; **~e, ~o** [ɐ'saimə, -u] *m* = *açame*.
acaju *bras.* [aka'ʒu] *m* Akajou *m*, Akaja *m* (*Mahagoniart*).
acalcanhar [ɐkałkɐ'ɲar] (1a) mit Füßen (*od. Absätze* schief) treten.
acalentar [~ɐlẽn'tar] (1a) erwärmen; *Kind* wiegen; *allg.* beschwichtigen; *Hoffnung* hegen; *j-n* bestärken; *canção f de ~* Wiegenlied *n*.
acalm|ar [ɐkał'mar] (1a) beruhigen; besänftigen; *Schmerz* lindern; *v/i.* sich legen (*Wind usw.*); **~ia** [~'miɐ] *f* Ruhe(pause) *f*.
acalor|ado [ɐkɐlu'raðu] hitzig, heftig; **~ar** [~'rar] (1e) erhitzen; *fig.* auf-, er-regen; begeistern.
acamar [~'mar] betten; schichten; legen; zu Boden drücken; *v/i.* liegen.
açamar [ɐsɐ'mar] (1a) e-n Maulkorb anlegen (*dat.*); *fig. a.* zügeln.
acamaradar-se [ɐkɐmɐrɐ'ðarsə] (1b) sich verbrüdern; sich zs.-tun.
açambarc|ador [ɐsɐ̃mbɐrkɐ'ðor] *m* Hamsterer *m*; Schieber *m*; **~amento** [~kɐ'mẽntu] *m* Aufkauf *m*; Hamstern *n*; **~ar** [~'kar] (1b) aufkaufen; hamstern.
açam|e, ~o [ɐ'sɐmə, -u] *m* Maulkorb *m*.
acamp|amento [ɐkɐ̃mpɐ'mẽntu] *m* (Zelt-)Lager *n*; **~ar** [~'par] (1a) lagern, zelten (lassen).
acanh|ado [ɐkɐ'ɲaðu] beengt; eng; *Auftreten*: blöde, schüchtern; *Charakter*: kleinlich, engherzig; *Intelligenz*: beschränkt; **~amento** [~ɲɐ'mẽntu] *m* Enge *f*; Blödigkeit *f*, Verlegenheit *f*; Engherzigkeit *f*; **~ar** [~'ɲar] (1a) ein-, ver-schüchtern; **~ar-se** verlegen w., Angst bekommen.
acanto [ɐ'kɐ̃ntu] *m* ⚘ Bärenklau *m*; △ Akanthus *m*.
acanton|amento ⚔ [ɐkɐ̃ntunɐ'mẽntu] *m* *Truppen*-Unterkunft *f*, Standort *m*; **~ar** [~'nar] (1e) kantonieren; *~ em, por* verteilen auf (*ac.*); legen nach; *v/i.* Quartier beziehen.
ação *bras.* [a'sɐ̃u] = *acção*.
acare|ação [ɐkɐrjɐ'sɐ̃u] *f* Gegenüberstellung *f*; **~ar** [~'rjar] (1l) *Zeugen* gegenüberstellen.
acaric|iador [~risjɐ'ðor] schmeichlerisch; **~iar** [~'sjar] (1g) liebkosen, streicheln; schmeicheln (*dat.*); *fig.* liebäugeln mit.
acarinhar [~ri'ɲar] (1a) verwöhnen; streicheln; schmeicheln (*dat.*).
ácaro ['akɐru] *m* Milbe *f*.
acarretar [ɐkɐʀə'tar] (1c) anfahren; (herbei)schaffen; zs.-tragen; *fig.* mit sich bringen, verursachen.
acasalar [~zɐ'lar] (1b) (sich) paaren.
acaso [ɐ'kazu] **1.** *m* Zufall *m*; *ao ~* aufs Geratewohl; *por ~* von ungefähr; aber, doch; wirklich; = **2.** *adv.* zufällig; etwa, vielleicht.
acastanhado [ɐkɐʃtɐ'ɲaðu] bräunlich.
acat|adamente [ɐkɐˌtaðɐ'mẽntə] ehrerbietig; folgsam; **~amento** [~tɐ'mẽntu] *m* Ehrerbietung *f*; Befolgung *f*; **~ar** [~'tar] (1b) (ver-)ehren, achten; befolgen.
acaudilhar [ɐkauði'ʎar] (1a) (an-)führen, befehligen.
acautel|ado [~tə'laðu] vorsichtig; **~ar** [~'lar] (1c) warnen (vor [*dat.*] *de*); schützen; **~ar-se** sich vorsehen *od.* in acht nehmen (vor [*dat.*] *com*).
acavalar [ɐkɐvɐ'lar] (1b) bespringen (l.); *fig.* aufea.-packen; überea.-wachsen (*Zähne*); = **~-se** *em* springen *od.* sich setzen auf (*ac.*).
acção [a'sɐ̃u] *f* **a)** Handlung *f*, Tat *f*; Leistung *f*; Eingreifen *n*; Vorgehen *n*; ⚗ *usw.* Wirkung *f*; *feierlicher* Akt *m*; *homem de ~* tatkräftige(r) Mensch *m*; *liberdade de ~* Handlungs-, Bewegungs-freiheit *f*; *não ter ~ de* keine Freiheit h. zu; *pôr em ~* ins Werk setzen; *entrar em ~* in Tätigkeit (*od.* in Aktion) treten; *em ~ resultante de* auf Grund von (*dat.*); **b)** ⚔ Unternehmen *n*; Gefecht *n*; *de ~ retardada* mit Spät-

zündung; **c)** ⚖ Klage *f*, Verfahren *n*; ~ *civil* Zivilklage *f*; ~ *penal* Strafverfahren *n*; *pôr* (*od.* *instaurar*) *uma* ~ ein Verfahren anstrengen; **d)** ✝ Aktie *f*; ~ *sem prioridade* Stamm-, ~ *de preferência*, ~ *de prioridade*, ~ *privilegiada* Vorzugs-, ~ *de fundador* Gründer-, ~ *nominativa* Namens-, ~ *ao portador* Inhaberaktie *f*; ~ *de minas* Kux *m*; *rel.* ~ *de graças* Dank-feier *f*, -gebet *n*.

accionamento ⊕ [asjunɐ'mẽntu] *m* Antrieb *m*; *mecanismo m de* ~ Triebwerk *n*; **~ar** [~'nar] (1e) verklagen; ⊕ antreiben; in Gang setzen, anlaufen l.; *ret.* gestikulieren; **~ista** [~'niʃtɐ] *m* Aktionär *m*.

aced|ência [ɐsə'ðẽsjɐ] *f* Einverständnis *n*; Entgegenkommen *n*; **~er** [~'ðer] (2c) beistimmen, einverstanden sn mit; beitreten; *Wunsch* gewähren, erfüllen.

acéfalo [ɐ'sɛfɐlu] *fig.* führerlos.

aceir|ar [ɐsei'rar] (1a) = *acerar*; **~o** [ɐ'seiru] stählern, Stahl...; *fig.* stark, heftig.

aceit|ação [ɐseitɐ'sɐ̃u] *f* = **~amento** [~ɐ'mẽntu] *m* Annahme *f*; Anerkennung *f*; Hinnahme *f*; Wohlwollen *n*; *ter* ~ angenommen w.; Anklang finden; **~ante** ✝ [~'tẽntə] *m* Akzeptant *m*; **~ar** [~'tar] (1a) annehmen; aufnehmen; *fig.* anerkennen; zulassen, hinnehmen; ✝ akzeptieren; **~ável** [~'tavɛɫ] annehmbar; **~e** [ɐ'seitə] *m* Akzept *n*; = **~o** [ɐ'seitu] **1.** *adj.* angenehm, willkommen; **2.** *p.p. irr. v.* *~ar*.

aceler|ação [ɐsələrɐ'sɐ̃u] *f* Beschleunigung *f*; **~ado** [~'raðu] **1.** *adj.* schnell, rasch; *marcha f -a* = **2.** *m* Laufschritt *m*; **~ador** [~rɐ'ðor] *m auto.* Gashebel *m*; *Film*: ~ *automático* Zeitraffer *m*; **~ar** [~'rar] (1c) beschleunigen; **~ar-se** sich beeilen.

acelga ⚘ [ɐ'sɛɫgɐ] *f* Mangold *m*.

acém [ɐ'sɐ̃i] *m*; (*carne f do*) ~ Kamm(stück *n*) *m*.

acenar [ɐsə'nar] (1d) winken; (zu-)nicken.

acend|edor [ɐsẽndə'ðor] *m* Anzünder *m*; *fig.* Erreger *m*; ~ *automático* Feuerzeug *n*; **~er** [~'der] (2a) an-zünden, -machen, -knipsen; *fig.* entzünden, erregen; **~er-se** angehen, brennen; *fig.* entbrennen; ausbrechen (*Krieg*); erwachen (*Wunsch*); *vor Scham* erglühen; **~ido** [~'diðu] glühend; flammend (*Farbe*); ~ *em ira* zornentbrannt.

acendrar [~'drar] (1a) läutern.

aceno [ɐ'senu] *m* Wink *m*; Nicken *n*.

acento [ɐ'sẽntu] *m* Akzent *m*; Ton (-fall) *m*; Betonung *f*; Klang *m*; ~ *tónico* Hauptton *m*; ~ *secundário* Nebenton *m*.

acentu|ação [ɐsẽntwɐ'sɐ̃u] *f* Betonung *f*; Zunahme *f*; Verschärfung *f*; **~ado** [~'twaðu] markant; **~ar** [~'twar] (1g) betonen (*a. fig.*); akzentuieren; *fig.* verstärken; verschärfen.

acepção [ɐsɛ'sɐ̃u] *f* Sinn *m*, Bedeutung *f*; ~ *original*, ~ *primitiva* Grundbedeutung *f*; *sem* ~ *de pessoas* ohne Ansehen der Person.

acepilhar [ɐsəpiʎar] (1a) abhobeln, schlichten.

acepipe [ɐsə'pipə] *m* Leckerbissen *m*; **~s** *pl.* Vorspeise *f*.

acéquia [ɐ'sɛkjɐ] *f* Bewässerungsgraben *m*.

ácer ['asɛr] *m* Ahorn *m*.

acer|ado [ɐsə'raðu] stählern; scharf, beißend; **~ar** [~'rar] (1c) (an-, ver-) stählen; schärfen; *fig. a.* reizen.

acerb|ar [ɐsər'bar] (1c) verbittern; verschärfen; **~idade** [~bi'ðaðə] *f* Herbheit *f*; Härte *f*; Schärfe *f*; **~o** [ɐ'serbu] herb; *fig.* bitter; scharf.

acerca [ɐ'serkɐ]: ~ *de* über (*ac.*).

acercar(-se) [ɐsər'kar(sə)] (1n; *Stv.* 1c): ~ *de* sich nähern (*dat.*).

acérrimo [ɐ'sɛʀimu] *sup. v. acre*.

acert|ado [ɐsər'taðu] treffend, richtig; geschickt; **~ar** [~'tar] (1c) *v/t.* treffen; (heraus)finden; *Uhr usw.* richten; *fig. a.* berichtigen; *não* ~ *o tiro* (*golpe*) daneben-schießen (-schlagen); *v/i.* (das Richtige) treffen; ~ *com* herausfinden (*ac.*); Glück h. mit; erraten (*ac.*); *acertou!* getroffen!; **~o** [ɐ'sertu] *m* Treffer *m*; Richtigkeit *f*; Erfolg *m*; Geschicklichkeit *f*; *com* ~ treffend, geschickt; *de* ~, *por* ~ zufällig, von ungefähr.

acervo [ɐ'sɛrvu] *m* (Erb-)Masse *f*.

aceso [ɐ'sesu] **1.** *p.p. irr. v. acender*; **2.** *adj.* brennend; *fig.* erregt; *estar* ~ brennen; ~ *de*, ~ *em* begierig auf (*ac.*).

acess|ão [ɐsə'sɐ̃u] *f* Zustimmung *f*; Beitritt *m*; Zuwachs *m*; **~ível** [~ivɛɫ] zugänglich (*a. fig.*); erschwinglich (*Preis*); **~o** [ɐ'sɛsu] *m* Zutritt *m*, Zugang *m*; Beitritt *m*; ⚕ Anfall *m*; ~ *de choro* Weinkrampf *m*; *~s pl. od. material m de* ~ Zubehör *n*; *canal* (*rua*) *de* ~ Zufahrtskanal *m* (-straße *f*); *cano m de* ~ Zufuhrrohr *n*; *de fácil* (*difícil*) ~ leicht (schwer) zugänglich; **~ório** [~ɔrju] **1.** *adj.* zugehörig; zusätzlich; nebensächlich; Neben...; **2.** *m* Zubehör *n*, Zutat *f*; Nebensache *f*; ⊕ Ersatzteil *m*; *~s pl.* Zubehör *n*; *tea.* Requisiten *n/pl.*

acetato [ɐsə'tatu] *m* Azetat *n*; ~ *de alumínio* essigsaure Tonerde *f*.

acético [ɐ'sɛtiku] Essig...

acetilen|e, ~o [ɐsəti'lɛnə, -u] *m* Azetylen *n*.

acetinado [~ti'naδu] satiniert; glatt, glänzend, Glanz...

acetona [~'tonɐ] *f* Azeton *n*.

acha ['aʃɐ] *f* Scheit *n*; † Streitaxt *f*.

achac|adiço [ɐʃɐkɐ'δisu] anfällig; = **~ado** [~'kaδu] kränklich; **~ar** [~'kar] (1n; *Stv.* 1b) anfällig sn; erkranken; *v/t.* bemäkeln; vorwerfen; belästigen; vorschützen.

achad|o [ɐ'ʃaδu] **1.** *m* Fund *m*; **2.** *adj. não se dar por* ~ sich dumm stellen; **~oiro, ~ouro** [ɐʃɐ'δoiru, -oru] *m* Fundstätte *f*.

achaparrado [ɐʃɐpɐ'ʀaδu] untersetzt; plump; verwachsen.

achaque [ɐ'ʃakə] *m* Unpäßlichkeit *f*; Anfall *m*; *fig.* üble Angewohnheit *f*; *~s pl.* ⚕ Beschwerden *f/pl.*; *allg.* Unannehmlichkeiten *f/pl.*

achar [ɐ'ʃar] (1b) finden; ~ *bom* für gut befinden; **~-se** sich befinden.

achat|adela [ɐʃɐtɐ'δɛlɐ] *f* Beule *f*; Scharte *f*; *fig.* F Abreibung *f*; **~ado** [~'taδu] *fig.* geknickt; **~ar** [~'tar] (1b) abplatten; platt-drücken, -walzen; *fig.* einschüchtern; F zs.-stauchen; **~ar-se** platt w.

achega [ɐ'ʃeɣɐ] *f* Beitrag *m*; Beihilfe *f*; Zutat *f*; **~do** [ɐʃə'ɣaδu] nah(estehend); **~r** [ɐʃə'ɣar] (1o; *Stv.* 1c) nähern.

achicar ⚓ [ɐʃi'kar] (1n) lenzen.

achinado [ɐʃi'naδu] chinesenhaft.

achincalh|ar [ɐʃĩŋkɐ'ʎar] (1b) verspotten; hänseln; **~e, ~o** [~'kaʎə, -u] *m* Spott *m*; Hänselei *f*.

achocolatado [ɐʃukulɐ'taδu] schokoladenbraun; Schokoladen...

aciano [ɐ'sjɐnu] *m* Kornblume *f*.

acicat|ar [ɐsikɐ'tar] [1b] anspornen; *fig. a.* an-, auf-stacheln; **~e** [~'katə] *m fig.* Ansporn *m*; Stachel *m*.

acid|ade [~'δaδə] *f* = *acidez*; **~ado** [~'δaδu] sauer; **~ar** [~'δar] (1a) = *acidificar*.

acidência [~'δẽsjɐ] *f* Zufälligkeit *f*.

acident|ado [~δẽn'taδu] hügelig (*Gelände*); uneben (*Boden*); holprig (*Straße*); bewegt; *bras.* verunglückt; **~al** [~'taɫ] zufällig, unerwartet; unwesentlich; akzidentell; **~e** [~'δẽntə] *m* Zufall *m*; Unglück *n*; *Verkehrs*-Unfall *m*; *fil.* Akzidens *n*; ♪ Versetzungszeichen *n*; Unebenheit *f* (*Gelände*); P Anfall *m*; ~ *primário* ⚕ Primäraffekt *m*; *por* ~ zufällig.

acid|ez [ɐsi'δeʃ] *f* Säure *f*; Säuregehalt *m*; **~ificação** [~δəfikɐ'sɐ̃u] *f* Säurebildung *f*; Sauerwerden *n*; **~ificar** [~δəfi'kar] (1n) (an)säuern, sauer m.; **~ificar-se** sauer w.

ácido ['asiδu] **1.** *adj.* sauer; *fig.* bissig; **2.** *m* Säure *f*; ~ *clorídrico* Salz-, ~ *fénico* Karbol-, ~ *fórmico* Ameisen-, ~ *nítrico* Salpeter-, ~ *silício* Kiesel-, ~ *úrico* Harn-säure *f*.

acidul|ado [ɐsiδu'laδu] säuerlich; *fig.* ärgerlich; bissig; **~ar** [~'lar] (1a) (an)säuern.

acídulo [ɐ'siδulu] säuerlich; *águas f/pl. -as* Sauerbrunnen *m*; *vinho m* ~ Säuerling *m*.

acima [ɐ'simɐ] **1.** *adv.* her-, hinauf; nach oben; aufwärts; *escadas* ~, *escadas abaixo* treppauf, treppab; ~ *mencionado* obenerwähnt; *os nomes* ~ die obigen Namen; **2.** *prp.* ~ *de* über (*ac. u. dat.*), oberhalb (*gen.*); *estar* ~ *de a/c.* stehen über (*dat.*); **3.** *int.* aufwärts!, hinauf!; ~ *corações!* die Herzen hoch!

acint|e [ɐ'sĩntə] **1.** *m* Absicht *f*; Bosheit *f*; *por* ~ vorsätzlich; = **2.** *adv.* = **~oso** [ɐsĩn'tozu] absichtlich; boshaft.

acinzentado [ɐsĩzẽn'taδu] aschfarben, gräulich.

acirr|ado [ɐsi'ʀaδu] halsstarrig, hartnäckig; **~ar** [~'ʀar] (1a) (auf-) reizen, anstacheln; **~ar-se** gereizt w.

aclam|ação [ɐklɐmɐ'sɐ̃u] *f* Zuruf *m*; Wahl *f durch Zuruf*; *-ões pl.* Beifall *m*; Jubel *m*; *dar* (*od. fazer*) *-ões* zujubeln; **~ar** [~'mar] (1a)

zujubeln (*dat.*); *zum König* ausrufen, durch Zuruf wählen zu.
aclar|ação [~rɐ'sɐ̃u] *f* Aufklärung *f*; Erhellung *f*; Aufhellung *f*; Erklärung *f*; **~agem** ⊕ [~'raʒɐ̃i] *f* Klärung *f*; **~ar** [~'rar] (1b) erhellen; hell (*od.* klar) m.; erklären; *j-n*, *Geheimnis* aufklären; *Wahrheit* ans Licht bringen; *Farbe* aufhellen; *Wein usw.* klären; *Wald* lichten; *v/i. u.* **~ar-se** klar (*od.* hell) w.
aclim|a(ta)ção [ɐklimɐ(tɐ)'sɐ̃u] *f* (Ein-)Gewöhnung *f*; **~a(ta)r** [~-'mar(-mɐ'tar)] (1a [1b]) akklimatisieren; gewöhnen (an [*ac.*] *a*); **~ar-se** sich eingewöhnen.
aclive [ɐ'klivə] **1.** *adj.* steil; **2.** *m* Hang *m*; em ~ ansteigend.
acne ⚕ ['aknə] *f* Pickel *m/pl.*, Akne *f*.
aço ['asu] *m* Stahl *m*; ~s *m/pl.* Stahlwaren *f/pl.*; ~ *fundido* Fluß-, ~ *eléctrico* Elektro-stahl *m*; ~ *de espelho* Spiegelbelag *m*; *de* ~ stählern, *fig.* stahlhart; *ser um* ~ hart wie Stahl sn.
acobardar [ɐkuβɐr'ðar] (1b) Angst einjagen; **~-se** verzagen.
acobertar [~βər'tar] (1c) (be-, zu-) decken; *et.* verschleiern; **~-se** *com, em* sich verstecken hinter (*dat.*).
acocorar-se [~ku'rarsə] (1e) sich (nieder-)hocken, (-)kauern; *fig.* sich ducken; kriechen (vor [*dat.*] *diante*).
açod|ado [ɐsu'ðaðu] hastig; **~ar** [~'ðar] (1e) antreiben, hetzen.
acogular [ɐkuɣu'lar] (1a) vollpacken; (an-, auf-)häufen.
acoimar [ɐkoi'mar] (1a) bestrafen; tadeln; ~ *de* schimpfen, nennen (*ac.*); bezichtigen (*gen.*); *v/i.* sich rächen.
açoit... s. *açout...*
acoitar [ɐkoi'tar] (1a) Zuflucht (*od.* Obdach) gewähren; aufnehmen; schützen; **~-se** Zuflucht suchen.
acolá [ɐku'la] da, dort.
acolchetar [ɐkolʃə'tar] (1c) ein-, zuhaken; zs.-fügen.
acolcho|ado [~'ʃwaðu] *m* Polster *n*; Steppdecke *f*; **~ar** [~'ʃwar] (1f) polstern, wattieren; (durch)steppen.
acolh|edor [ɐkuʎə'ðor] gastlich, einladend; **~er** [~'ʎer] (2d) aufnehmen; empfangen; Gehör schenken (*dat.*); **~er-se** Schutz (*od.* Unterkunft) suchen, sich flüchten; **~ida** *f*, **~imento** *m* [~'ʎiðɐ, ~ʎi'mẽntu] Aufnahme *f*; Zuflucht *f*.
acolitar [ɐkuli'tar] (1a) begleiten; folgen (*dat.*); assistieren (*dat.*).
acólito [ɐ'kɔlitu] *m* Gehilfe *m*; Gefährte *m*; *rel.* Meßdiener *m*.
acomet|er [ɐkumə'ter] (2c) anfallen, angreifen; in Angriff nehmen; befallen (*Krankheit*); **~ida** [~'tiðɐ] *f* = **~imento** [~ti'mẽntu] *m* Angriff *m*; Inangriffnahme *f*.
acomod|ação [ɐkumuðɐ'sɐ̃u] *f* Anpassung *f*; Bequemlichkeit *f*; Unterbringungsmöglichkeit *f*; ⚖ Vergleich *m*; ⚕ *u. fís.* Akkomodation *f*; **~adiço** [~ɐ'ðisu] = *~atício*; **~ado** [~'ðaðu] bequem, geeignet; genügsam; mäßig (*Preis*); **~amento** [~ɐ'mẽntu] *m* Unterbringung *f*; = *~ação*; *política f de* ~ Kompromißpolitik *f*; **~ar** [~'ðar] (1e) *Haus* (bequem) einrichten; *Dinge* zurechtmachen (für [*ac.*] *a*), anpassen; gewöhnen (an [*ac.*] *a*); *j-n* mitea. aussöhnen, vergleichen; unterbringen (*in Wohnung od. Stellung*); *et.* ein-, aufräumen; *Koffer* verstauen; **~ar-se** es sich *irgendwo* bequem m.; ~ *a* sich anpassen (*dat.*), sich fügen in (*ac.*); **~atício** [~ɐ'tisju] anpassungsfähig; willig; **~ável** [~'ðavɛɫ] anpaßbar, brauchbar.
acompanh|ador [ɐkõmpɐɲɐ'ðor] *m* Begleiter *m*; **~amento** [~ɐ'mẽntu] *m* Begleitung *f*; Geleit *n*; ~ (*fúnebre*) Leichenzug *m*; **~ar** [~'ɲar] (1a) begleiten; *Ereignisse* verfolgen.
aconcheg|ado [ɐkõʃə'ɣaðu] gemütlich; **~ar** [~'ɣar] (1c) schmiegen (an, in [*ac.*] *a*); gemütlich m.; **~o** [~'ʃeɣu] *m* Gemütlichkeit *f*.
acondicion|amento ✝ [ɐkõndisjunɐ'mẽntu] *m* Verpackung *f*; **~ar** [~'nar] (1f) ausstatten; aufheben, verwahren; *Waren* verpacken.
aconselh|ado [ɐkõsɨ'ʎaðu] besonnen; **~ar** [~'ʎar] (1d) *j-n* beraten; *j-m et.* (an)raten; **~ar-se** *com* zu Rate ziehen (*ac.*); **~ável** [~'ʎavɛɫ] ratsam.
acontec|er [ɐkõntə'ser] (2g) sich ereignen, geschehen; vorkommen; **~imento** [~si'mẽntu] *m* Ereignis *n*; Vorfall *m*; Erlebnis *n*.
acopl|amento [ɐkuplɐ'mẽntu] *m* Kupplung *f*; *Radio*: Kopplung *f*; **~ar** [~'plar] (1e) kuppeln; koppeln.
açor [ɐ'sor] *m* Habicht *m*; **~ar** [ɐsu'rar] (1e) betören.
açorda [ɐ'sorðɐ] *f* Brotbrei *m*.

acordado [ɐkur'ðaðu] wach; *fig.* wachsam; geweckt; *estar* ~ wachen.
acórdão ⚖ [ɐ'kɔrdɐ̃u] *m* Spruch *m*.
acord|ar [ɐkur'dar] (1e) **1.** *v/t.* **a)** (auf-)wecken; *Gefühle* erwecken; **b)** in Einklang bringen; gewähren; **2.** *v/i.* **a)** auf-, er-wachen; *não* ~ *a horas* sich verschlafen; **b)** übereinkommen, beschließen; **~ar-se** sich einigen; **~e** [ɐ'kɔrdə] **1.** *m* ♪ Akkord *m*; Zs.-klang *m*; **2.** *adj.* = *concorde*; **~eão** [ɐkur'djɐ̃u] *m* Ziehharmonika *f*; **~o** [ɐ'kordu] *m* Übereinstimmung *f*; Einverständnis *n*; (gemeinsamer) Beschluß *m*, Übereinkommen *n*; Abkommen *n*, Vertrag *m*; *de* ~ einverstanden; *de* ~ *com* im Einverständnis mit; in Übereinstimmung mit, gemäß (*dat.*); *estar de* ~ *com* übereinstimmen mit; *de comum* ~ einmütig; *chegar a* (*um*) ~ zu einer Einigung kommen; *pôr-se de* ~ übereinkommen, sich einigen; *estar no seu* ~ bei sich sn; *não dar* ~ (*de si*) kein Lebenszeichen von sich geben; *ter pronto* ~ geistesgegenwärtig (*od.* schlagfertig) sn.
açoriano [ɐsu'rjɐnu] **1.** *adj.* der (*od.* von den) Azoren; **2.** *m* Azorianer *m*.
acoroço|ado [ɐkuru'swaðu] beherzt, mutig; **~ar** [~'swar] (1f) ermutigen.
acorrentar [ɐkuʀẽn'tar] (1a) anketten; ketten (an [*ac.*] *a*).
acorrer [ɐku'ʀer] (2d) (herbei)eilen; kommen, sich einstellen; zu Hilfe eilen (*od.* kommen), helfen; *e-m Übel* steuern; *e-m Ruf* Folge leisten.
acossar [ɐku'sar] (1e) hetzen; (vor sich her) treiben; bedrängen.
acost|ar ⚓ [ɐkuʃ'tar] (1e) anlegen; = *encostar*; **~ável** [~'tavɛł]: *cais m* ~ Anlegekai *m*, Pier *m*.
acostum|ado [~tu'maðu] gewohnt, üblich; *bem* (*mal*) ~ gut (schlecht) erzogen; (un)gesittet; **~ar** [~'mar] (1a) gewöhnen an (*ac.*).
acotovel|amento [ɐkutuvəlɐ'mẽntu] *m fig.* Gedränge *n*; **~ar** [~'lar] (1c) (an)stoßen; ⊕ kröpfen; **~ar-se** *fig.* sich drängen.
açougada [ɐso'ɣaðɐ] *f* Lärm *m*, Geschrei *n*.
açougu|e [ɐ'soɣə] *m* Schlachthaus *n*; Metzgerei *f*; *fig.* Blutbad *n*; **~eiro** [ɐso'ɣeiru] *m* Metzger *m*.
acoutar [ɐko'tar] (1a) = *acoitar*.
açout-, açoit|ar [ɐso-, ɐsoi'tar] (1a) (aus)peitschen; geißeln; züchtigen; **~e** [ɐ'sotə, ɐ'soitə] *m* Geißel(-) *f*, Peitsche(n-hieb *m*) *f*; F Schläge *pl.*; **~eira** *bras.* [aso'teira] *f* Peitsche *f*.
acre ['akrə] **1.** *adj.* herb; *fig.* scharf, schroff; **2.** *m* ✓ Morgen *m*.
acredit|ado [ɐkrəði'taðu] angesehen; glaubwürdig; **~ar** [~'tar] (1a) Ansehen verleihen; verbürgen; glaubhaft (*od.* annehmbar) m.; *pol.* akkreditieren; ~ (*em*) *et. od. j-m* glauben; ~ *em Deus* an Gott glauben; **~ar-se** sich Ansehen verschaffen; **~ável** [~'tavɛł] glaubhaft.
acresc|entar [ɐkrɨʃsẽn'tar] (1a) (hin)zu-fügen, -setzen; zugeben; vermehren; *Gehalt* erhöhen; *Suppe* verlängern; *v/i. u.* **~entar-se** zunehmen, wachsen; hinzukommen; **~er** [~'ser] (2g) vermehren; hinzufügen; *v/i.* hinzukommen; **~ido** [~'siðu]: ~ *de* vermehrt um; zuzüglich (*gen.*); ~ *a* zs. mit.
acréscimo [ɐ'krɛʃsimu] *m* Steigerung *f*, Erhöhung *f*; Zunahme *f*; Zuwachs *m*; Zusatz *m*.
acriançado [ɐkrjɐ̃'saðu] kindisch.
acrim|ónia [ɐkri'mɔnjɐ] *f* Herbheit *f*; *fig.* Schärfe *f*; **~onioso** [~mu'njozu] herb; *fig.* scharf, heftig.
acrisol|ado [ɐkrizu'laðu] lauter; **~ar** [~'lar] (1e) läutern.
acrob|acia [ɐkruβɐ'siɐ] *f* Akrobatik *f*; ✈ Kunstfliegen *n*; **~ata** [~'βatɐ] *m* Akrobat *m*; ✈ Kunstflieger *m*; ~ *contorcionista* Schlangenmensch *m*; **~ático** [~'βatiku] akrobatisch; **~atismo** [~ɐ'tiʒmu] *m* Akrobatik *f*.
acromático *ópt.* [~'matiku] achromatisch.
acta ['atɐ] *f* Protokoll *n*; Bericht *m*; Urkunde *f*.
activa [a'tivɐ] *f* Aktiv *n*.
activ|ação [ativɐ'sɐ̃u] *f* Aktivierung *f*; **~ar** [~'var] (1a) in Tätigkeit (*od.* in Gang) setzen; in Schwung bringen; aktivieren; **~idade** [~i'ðaðə] *f* Tätigkeit *f*, Wirksamkeit *f*; Tatkraft *f*; *esfera f de* ~ Wirkungsbereich *m*, *fig.* -kreis *m*; **~ista** [~'viʃtɐ] **1.** *m* Aktivist *m*; **2.** *adj.* aktivistisch; **~o** [a'tivu] **1.** *adj.* tätig, rührig; tatkräftig; wirksam; aktiv; *oficial m em serviço* ~ aktive(r) Offizier *m*; *gram. voz f -a* = *activa*; **2.** *m* ✝ Aktiv-masse *f*, -posten *m/pl.*
acto ['atu] *m* Akt *m*; Tat *f*, Hand-

lung *f*; *tea.* Aufzug *m*, Akt *m*; *univ.* Schlußexamen *n*; ♀s *pl. Apostólicos* (*od. dos Apóstolos*) Apostelgeschichte *f*; ~ *de presença* persönliche(s) Erscheinen *n*; *no* ~ *de* im Augenblick (*gen.*); ~ *contínuo* sofort, unverzüglich.

ac|tor [a'tor] *m* Schauspieler *m*; *allg.* Akteur *m*, Beteiligte(r) *m*; **~triz** [a'triʃ] *f* Schauspielerin *f*.

actu|ação [atwɐ'sɐ̃u] *f* Betätigung *f*, Wirksamkeit *f*; Wirkung *f*; Rolle *f*; **~al** [a'twał] gegenwärtig, derzeitig; aktuell; **~alidade** [~ɐli'ðaðə] *f* Gegenwärtigkeit *f*, Wirklichkeit *f*; Gegenwart *f* (*Epoche*); Aktualität *f*; Gegenwartsbedeutung *f*; ~*s pl.* Neues *n* vom Tage; *Film*: Wochenschau *f*; **~alizar** [~ɐli'zar] (1a) aktualisieren; **~ante** [a'twɐ̃ntə] wirksam; diensttuend; **~ar** [a'twar] (1g) wirken; einwirken (auf [*ac.*] *sobre, em*).

acuar [ɐ'kwar] (1g) *Feind* stellen, einkreisen; *v/i.* sich stellen; zurückweichen; *zum Sprung* ansetzen; sich ducken; bocken (*Pferd*).

açúcar [ɐ'sukar] *m* Zucker *m*; ~ *areado* feiner (*od.* Grieß-)Zucker *m*; ~ *branco* klare(r) Zucker *m*; ~ (*em*) *bruto* Roh-, ~*-cândi* Kandis-, ~*-cristal(izado)* Kristall-, ~ *de beterraba* Rüben-, ~ *de cana* Rohr-, ~ *em cubos* Würfel-, ~*-pilé* Grieß-, ~ *mascavado* Roh-, ~ *em pó* Staubzucker *m*; *pão m de* ~ Zuckerhut *m*; *sem* ~ ungesüßt.

açucar|ado [ɐsukɐ'raðu] süß, süßlich (*a. fig.*); Zucker...; **~ar** [~'rar] (1b) süßen, zuckern; *fig.* versüßen; **~eiro** [~'reiru] **1.** *adj.* Zucker...; **2.** *m* Zuckerdose *f*.

açucena [~'senɐ] *f* (weiße) Lilie *f*.

açud|ar [~'ðar] (1a) stauen; **~e** [ɐ'suðə] *m* Wehr *n*, Staudamm *m*; Schleuse *f*; Mühlteich *m*.

acudir [ɐku'ðir] (3h) zu Hilfe eilen, helfen; *Bedürfnis* abstellen, befriedigen; *e-m Übel* steuern; sich einstellen, kommen; befallen; s-e Zuflucht nehmen (zu *a*); *fig.* entgegnen; *acudam!* zu Hilfe!

acuidade [ɐkwi'ðaðə] *f* Schärfe *f*; Empfindlichkeit *f*; Schwierigkeit *f*; *envolver* ~ heikel sn.

açular [ɐsu'lar] (1a) (*fig.* auf-, ver-) hetzen.

aculeado [ɐku'ljaðu] stachelig.

acumul|ação [ɐkumulɐ'sɐ̃u] *f* Speicherung *f*; (An-)Häufung *f*; Ansammlung *f*; **~ador** *fís.* [~ɐ'ðor] *m* Speicher *m*; ~ *eléctrico* Stromspeicher *m*, Akkumulator *m*, F Akku *m*; **~ar** [~'lar] (1a) (an)häufen; *Energie* (auf)speichern; *Erfahrung* sammeln; *Ämter* vereinigen; **~ar-se** auflaufen (*Schulden*); sich ansammeln (*Leute*).

acurado [ɐku'raðu] sorgfältig.

acus|ação [ɐkuzɐ'sɐ̃u] *f* Anklage *f*, Beschuldigung *f*; *Empfangs*-Bestätigung *f*; **~ado** [~'zaðu] *m* Angeklagte(r) *m*; **~ador** [~ɐ'ðor] **1.** *adj.* = ~*atório*; **2.** *m* Ankläger *m*; Kläger *m*; ~ *público* Staatsanwalt *m*; **~ar** [~'zar] (1a) anklagen, beschuldigen; *Empfang* bestätigen; *e-n Zustand* erkennen l., verraten; *Spiel* ansagen, *Karte* melden; **~ativo** [~ɐ'tivu] *m* vierter Fall *m*, Akkusativ *m*; **~atório** [~ɐ'tɔrju] Anklage...; anklägerisch; **~ável** [~'zavɛł] klagbar.

acústic|a [ɐ'kuʃtikɐ] *f* Akustik *f*, Schallehre *f*; **~o** [~u]: *tubo m* ~, *trombeta f -a* Höhrrohr *n*.

acutângulo [ɐku'tɐ̃ŋgulu] spitzwinklig.

acutilar [ɐkuti'lar] (1a) aufschlitzen; (er)stechen; zs.-hauen; verwunden.

adágio [ɐ'ðaʒju] *m* Sprichwort *n*, Spruch *m*; ♪ Adagio *n*.

adamado [ɐðɐ'maðu] weibisch; *vinho m* ~ Süßwein *m*.

adamascado [ɐðɐmɐʃ'kaðu] damastartig; *linho m* ~ Leinendamast *m*; *pêssego m* ~ Aprikosenpfirsich *m*.

adapt|ação [ɐdaptɐ'sɐ̃u] *f* Anpassung *f*; Umarbeitung *f*; Umstellung *f*; 🕮 Adaptation *f*; *Film*: Bearbeitung *f*; **~ar** [~'tar] (1a) anpassen; einrichten; umarbeiten (für *a*); *für den Film* bearbeiten; **~ar-se** *a* sich umstellen auf (*ac.*); **~ável** [~'tavɛł] anpassungsfähig; brauchbar.

ade|ga [ɐ'ðeɣɐ] *f* Weinkeller *m*; **~gar** [ɐðə'ɣar] (1o; *Stv.* 1c) einkellern; **~gueiro** [ɐðə'ɣeiru] *m* Kellermeister *m*.

adej|ar [ɐðɨ'ʒar] (1d) flattern; **~o** [ɐ'ðeʒu] *m* Geflatter *n*, Flug *m*.

adeleiro *m*, **-a** *f* [ɐðə'leiru, -ɐ] Trödler(in *f*) *m*.

adelgaçar [ɐðɛłɣɐ'sar] (1p; *Stv.* 1b) dünner m., verdünnen; verringern; verkleinern; abnutzen; abschleifen.

adelo *m*, **-a** *f* [ɐ'δɛlu, -ɐ] Trödler (-in *f*) *m*.
ademanes [ɐδə'mɐnəʃ] *m/pl.* Getue *n* (*de ternura* zärtliches).
adenda [ɐ'δẽndɐ] *f* Nachtrag *m*.
adens|ado [ɐδẽ'saδu] dicht; **~ar** [~'sar] (1a) verdichten; verdüstern.
adentro [ɐ'δẽntru] hinein; drinnen; *terra* ~ landeinwärts; *de* (*od. das*) *portas* ~ im Innern (des Hauses).
adepto [ɐ'δɛptu] *m* Anhänger *m*.
adequ|ado [ɐδə'kwaδu] angemessen, zweckmäßig; adäquat; **~ar** [~'kwar] (1m) an-gleichen, -passen; anwenden.
adereç|ar [ɐδərə'sar] (1p; *Stv.* 1c) (zu-, her-)richten; (aus)schmücken; **~o** [~'resu] *m* Zierde *f* (*a. fig.*); Schmuck *m*; *~s pl.* Zierat *m*, Ausstattung *f*; (Pferde-)Geschirr *n*; *tea.* Requisiten *n/pl.*
ader|ência [ɐδə'rẽsjɐ] *f* Haftfestigkeit *f*; (Anea.-)Haften *n*; Anhänglichkeit *f*; Anhängerschaft *f*; *~s pl.* ⚕ Verwachsungen *f/pl.*; **~ente** [~'rẽntə] **1.** *adj.* haftend; *estar* ~, *ser* ~ (an)haften; **2.** *m* Anhänger *m*; **~ir** [~ir] (3c) haften (an [*dat.*] *a*); *fig.* sich anschließen; beitreten.
adernar ⚓ [ɐδər'nar] (1c) Schlagseite haben (*od.* bekommen).
ades|ão [ɐδə'zɐ̃u] *f* Haftkraft *f*; Anschluß *m*; Beitritt(serklärung *f*) *m*; Sympathieerklärung *f*; *fis.* Adhäsion *f*; **~ivo** [~ivu] **1.** *adj.* klebend; klebrig; **2.** *m* Heftpflaster *n*.
adestr|amento [ɐδiʃtrɐ'mẽntu] *m* Schulung *f*; Dressur *f*; **~ar** [~'trar] (1c) *j-n* (ein)schulen; *Tier* abrichten.
adeus [ɐ'δeuʃ] **1.** *int.* ade!, auf Wiedersehen!; *als Begrüßung*: grüß Gott!; *ora*, ~! F aber hör(en Sie) mal!; **2.** *m* Abschied *m*; *o último* ~ das letzte Lebewohl; **~inho!** [ɐδeu'ziɲu] Wiedersehen!
adiamento [ɐδjɐ'mẽntu] *m* Aufschub *m*; Verschiebung *f*; Vertagung *f*.
adiant|adamente [ɐδjẽn,taδɐ'mẽntə] im voraus; vorschnell; **~ado** [~'taδu] fortschrittlich; fortgeschritten; frühreif (*Kind*); *dinheiro m* ~ Vorschuß *m*; *estar* ~, *andar* ~ vorgehen (*Uhr*); **~amento** [~ɐ'mẽntu] *m* Fortgang *m*, Fortschritt *m*; Vorwegnahme *f*; Übereilung *f*; Vorschuß *m*; Vorrücken *n* *der Uhr*; **~ar** [~'tar] (1a) *v/t.* vorwärtstreiben; *Schüler* vorwärtsbringen; *Uhr* vorrücken; *Geld* vorschießen; *Kopf* vorstrecken; *Meinung* äußern; *Nachricht* melden; *v/i.* vorwärtskommen, Fortschritte m.; vorgehen (*Uhr*); nützen; *não adianta* (*nada*) das nützt nichts, hat keinen Sinn; **~ar-se** vortreten; sich verfrühen; vorgehen (*Uhr*); vorschnell *et.* tun; sich übereilen; zu weit gehen; ~ *a alg.* j-m zuvorkommen, j-n überflügeln.
adi|ante [ɐ'δjẽntə] vorwärts, weiter; da vorn; ~ *de* vor; *mais* ~ weiter vorn, *in Büchern*: weiter unten; *pelo tempo* ~ im Laufe der Zeit; *passar* ~ weitergehen, *Sport*: vorstoßen; *passar* ~ *de* überholen (*ac.*); *levar* ~ vorwärts treiben; ~! ~! weiter!; **~ar** [ɐ'δjar] (1g) auf-, verschieben; vertagen; **~ável** [ɐ'δjavɛɫ] auf-, ver-schiebbar.
adição [ɐδi'sɐ̃u] *f* Beifügung *f*; Zusatz *m*; Beigabe *f*; ⅍ Addition *f*.
adicion|al [~sju'naɫ] **1.** *adj.* zusätzlich, Zusatz...; Zuschlag...; *rendimento m* ~ Nebeneinkommen *n*; **2.** *m* Zuschlag *m*; **~amento** [~ɐ'mẽntu] *m* Beifügung *f*, Zusatz *m*; **~ar** [~'nar] (1e) hinzu-, bei-fügen; zu-gießen, -legen; bei-mengen, -mischen; hinzusetzen; dazurechnen; zs.-zählen; daraufschlagen.
adicto [ɐ'δi(k)tu] ergeben, zugetan; *e-r Behörde* zugeteilt.
adido [ɐ'δiδu] *m* Attaché *m*; ~ *aéreo* Luft-, ~ *comercial* Handels-, ~ *de imprensa* Presse-, ~ *militar* Militär-, ~ *naval* Marine-Attaché *m*.
adipose ⚕ [ɐδi'pɔzə] *f* Verfettung *f*.
adit|amento [ɐδitɐ'mẽntu] *m* Zusatz *m*, Ergänzung *f*; *pol.* Zusatzantrag *m*; **~ar** [~'tar] (1a) **a**) = *adicionar*; **b**) beglücken; **~ivo** [~'tivu] zusätzlich, Zusatz...; *sinal m* ~ Pluszeichen *n*.
adivinha [ɐδə'viɲɐ] *f* Rätsel *n*; Wahrsagerin *f*.
adivinh|ação [~viɲɐ'sɐ̃u] *f* Wahrsagung *f*; Vorhersage *f*; Ahnung *f*; Rätsel *n*; **~ão** [~'ɲɐ̃u] *m* Wahrsager *m*; **~ar** [~'ɲar] (1a) wahrsagen; vorhersehen, ahnen; voraussagen; *Gedanken* erraten; *Rätsel* lösen; *Geheimnis* enträtseln; *adivinhou!* erraten!
adivinho [~'viɲu] *m* Wahrsager *m*.

adjac|ência [ɐdʒɐ'sẽsjɐ] *f* Nachbarschaft *f*; **~s** *pl.* Umgebung *f*; **~ente** [~'sẽntə] angrenzend; *Ilhas f/pl.* **2s** angeschlossene Inseln *f/pl.*
adjectiv|ação [~tivɐ'sɐ̃u] *f* Adjektivierung *f*; Ausschmückung *f* (mit Beiwörtern); **~ado** [~'vaδu]: *estilo m* ~ an Beiwörtern reicher (*od.* wortreicher) Stil; **~ar** [~'var] (1a) in ein Beiwort verwandeln, adjektivieren; mit e-m Beiwort versehen, qualifizieren; *Rede usw.* mit Beiwörtern schmücken; *fig.* anpassen; *v/i.* zs.-stimmen, sich vertragen; **~o** [~'tivu] **1.** *m* Beiwort *n*, Adjektiv *n*; **2.** *adj.* adjektivisch; zusätzlich.
adjecto [ɐd'ʒɛtu] beigefügt.
adjudic|ação [ɐdʒuδikɐ'sɐ̃u] *f* Zuerkennung *f*; Zuschlag *m*; *Auftrags-*Vergebung *f*; **~ar** [~'kar] (1n) zuerkennen, -sprechen; *bei Versteigerungen*: zuschlagen; den Auftrag für *die Lieferung usw.* vergeben; **~atário** [~ɐ'tarju] *m* rechtmäßige(r) Besitzer *m*; Berechtigte(r) *m*; Auftragsempfänger *m*; **~ativo, ~atório** [~ɐ'tivu, ~ɐ'tɔrju] Zuerkennungs..., Zuschlags..., Auftrags...
adjun|ção [ɐdʒũ'sɐ̃u] *f* Beifügung *f*; Zuteilung *f e-s Beamten*; Anschluß *m e-r Dienststelle an e-e andere*; **~to** [~'ʒũntu] **1.** *adj.* beigefügt; Hilfs...; angeschlossen; **2.** *m* Gehilfe *m*; Assistent *m*; *médico m* ~ Assistenzarzt *m*.
adjurar [ɐdʒu'rar] (1a) beschwören.
administr|ação [ɐδmənistrɐ'sɐ̃u] *f* Verwaltung *f*; Verabreichung *f*; Spendung *f od.* Austeilung *f der Sakramente*; ~ *da justiça* Rechtspflege *f*; **~ado** [~'traδu] *m*: *o* ~ *de alg.* der unter j-s Verwaltung Stehende; **~ador** [~ɐ'δor] *m* Verwalter *m*; **~ar** [~'trar] (1a) verwalten; *Amt* bekleiden; *Arznei* verabreichen; *Sakramente* spenden; ~ *justiça* Recht sprechen; **~ativo** [~ɐ'tivu] Verwaltungs...
admir|abilíssimo [~miraβi'lisimu] *sup. v.* ~*ável*; **~ação** [~ɐ'sɐ̃u] *f* Bewunderung *f*; Verwunderung *f*; *ponto m de* ~ Ausrufungszeichen *n*; **~ado** [~'raδu]: *ficar* ~ = ~*ar-se*; **~ador** [~ɐ'δor] *m* Bewunderer *m*, Verehrer *m*; **~ar** [~'rar] (1a) bewundern; (ver)wundern, erstaunen; *não admira* kein Wunder!; **~ar-se** *de* sich wundern über (*ac.*); **~ativo** [~ɐ'tivu] verwunderlich; bewundernd; **~ável** [~'ravɛɫ] bewundernswert.
admiss|ão [~mi'sɐ̃u] *f* Zulassung *f*; Aufnahme *f*; Annahme *f*; **~ibilidade** [~siβəli'δaδə] *f* Zulässigkeit *f*; Zulassungsreife *f* (*z.B. v. Schülern*); **~ível** [~'sivɛɫ] zulässig, statthaft; zulassungsreif.
admitir [~mə'tir] (3a) zulassen; *Gäste, Diener* (auf)nehmen; *Möglichkeit* annehmen; *Gedanken* übernehmen; *Wahrheit* zugeben; *Handlung* dulden; *não* ~ (*z.B. Ungezogenheit*) sich verbitten; ~ *a hipótese* den Fall setzen.
admoest|ação [ɐδmwɨʃtɐ'sɐ̃u] *f* Ermahnung *f*; Verweis *m*; **~ar** [~'tar] (1c) ermahnen, rügen.
adobe [ɐ'δoβə] *m* Luftziegel *m*.
ado|çar [ɐδu'sar] (1p; *Stv.* 1e) süßen; *fig.* versüßen; abschwächen; ⊕ (ab)schleifen; ~ *a boca a alg.* j-m um den Bart gehen; **~cicado** [~si'kaδu] süßlich; **~cicar** [~'kar] (1n) versüßen; ~ *as palavras* flöten.
adoecer [ɐδwɨ'ser] (2g) krank w., erkranken (an [*dat.*] *de*).
adoent|ado [ɐδwẽn'taδu] unpäßlich, kränkelnd; *estar* (*od. andar*) ~ kränkeln; **~ar** [~'tar] (1a) krank m.
adolesc|ência [ɐδuliʃ'sẽsjɐ] *f* Jugend(alter *n*) *f*; **~ente** [~'sẽntə] **1.** *adj.* jugendlich; **2.** *m* Jüngling *m*; **3.** *f* junge(s) Mädchen *n*; **~er** [~'ser] (2g) zum Jüngling (*od.* zur Jungfrau) w., heranwachsen.
adop|ção [ɐδɔ'sɐ̃u] *f* Annahme *f* an Kindes Statt, Adoption *f*; Übernahme *f*; Anwendung *f*; **~tar** [~'tar] (1a) an Kindes Statt annehmen, adoptieren; *allg.* an-, übernehmen, sich zu eigen m.; anwenden; *Maßnahme* ergreifen; ~ *como base* zugrunde legen; ausgehen v.; **~tável** [~'tavɛɫ] annehmbar; anwendbar; **~tivo** [~'tivu] Adoptiv...
ador|ação [ɐδurɐ'sɐ̃u] *f* Anbetung *f*; glühende Verehrung (*od.* Liebe) *f*; *ter* ~ *por* anbeten, verehren (*ac.*); *é a minha* ~ (das) ist mein ein und alles; **~ador** [~ɐ'δor] *m* Anbeter *m*, Verehrer *m*; **~ar** [~'rar] (1e) anbeten; verehren; abgöttisch lieben; **~ável** [~'ravɛɫ] anbetungswürdig; wundervoll.
adorm|ecer [ɐδurmə'ser] (2g) einschläfern; *v/i.* einschlafen; **~ecido**

[~ə'siδu] schlafend; **~entador** [~ẽntɐ'δor] einschläfernd, Schlaf...; **~entar** [~ẽn'tar] (1a) einschläfern.

adornar [ɐδur'nar] (1e) (aus-) schmücken, verzieren; **~o** [ɐ'δornu] *m* Verzierung *f*; Schmuck *m*, Zierat *m*; *fig.* Zier(de) *f*.

adquir|ente, ~idor [ɐδki'rẽntə, ~kəri'δor] *m* Erwerber *m*; **~ir** [~kə'rir] (3a) erwerben; (für sich) gewinnen; *Krankheit* sich zuziehen; **~ível** [~kə'rivɛł] erwerblich.

adrede [ɐ'δreδə]: (*de*) ~ ausdrücklich; absichtlich; vorsätzlich.

adriça [ɐ'δrisɐ] *f* Hißtau *n*; *a meia* ~ halbmast.

adro ['aδru] *m* Kirchplatz *m*.

adstring|ente [ɐdʃtrĩ'ʒẽntə] adstringent; herb (*im Geschmack*); **~ir** [~'ʒir] (3n) adstringieren, zs.-ziehen.

adstrito [~'tritu] **1.** *p.p. v. adstringir*; **2.** *adj.*: ~ *a* abhängig von; angewiesen auf (*ac.*); gebunden an (*ac.*); verpflichtet zu.

aduan|a [ɐ'δwɐnɐ] *f* Zoll *m*; **~ar** [ɐδwɐ'nar] (1a) verzollen; **~eiro** [ɐδwɐ'neiru] **1.** *adj.* Zoll...; **2.** *m* Zollbeamte(r) *m*.

adub|ação, ~agem [ɐδuβɐ'sɐ̃u, ~'βaʒɐ̃i] *f* Würzen *n*; Düngung *f*; **~ar** [~'βar] (1a) *Speisen* würzen (*a. fig.*); *Erde* düngen; *Leder* gerben; **~o** [ɐ'δuβu] *m* Würze *f* (*a. fig.*); Dung *m*, Düngemittel *n*; ~ *químico* Kunstdünger *m*.

adução [ɐδu'sɐ̃u] *f* Zufuhr *f*.

aduela [ɐ'δwɛlɐ] *f* Daube *f*; ⚠ Gewölbestein *m*; *ter uma ~ a* (*od. de*) *menos* F e-n Vogel haben.

adufa [ɐ'δufɐ] *f* Jalousie *f*; Schleuse *f*.

adul|ação [ɐδulɐ'sɐ̃u] *f* Lobhudelei *f*; **~ador** [~ɐ'δor] **1.** *adj.* kriecherisch; **2.** *m* Lobhudler *m*, Kriecher *m*; **~ar** [~'lar] (1a) lobhudeln (*dat.*); umschmeicheln.

adulter|ação [ɐδułtərɐ'sɐ̃u] *f* (Ver-) Fälschung *f*; Panschen *n*; Verballhornung *f*; **~adamente** [~ˌradɐ'mẽntə] fälschlich; **~ador** [~rɐ'δor] *m* (Ver-)Fälscher *m*; **~ar** [~'rar] (1c) (ver)fälschen; verderben; *Wein, Milch* panschen; *Wort* entstellen, verballhornen; *v/i.* die Ehe brechen; **~ar-se** verderben; **~ino** [~'rinu] **a**) ehebrecherisch; *filho m* ~ Kind *n* des Ehebruchs; **b**) gefälscht; verderbt.

adult|ério [~'tɛrju] *m* **a**) Ehebruch *m*; *cometer* ~ die Ehe brechen; **b**) (Ver-)Fälschung *f*; **~er(i)oso** [~tə'r(j)ozu] *adj.* = **adúltero** [ɐ'δułtəru] **1.** *adj.* ehebrecherisch; **2.** *m*, **-a** *f* Ehebrecher(in *f*) *m*.

adulto [ɐ'δułtu] erwachsen.

adunco [ɐ'δũŋku] hakenförmig, krumm; *nariz m* ~ Hakennase *f*.

adurente ⚕ [ɐδu'rẽntə] **1.** *m* Ätzmittel *n*; **2.** *adj.* ätzend; brennend.

adustível [ɐδuʃ'tivɛł] brennbar.

adu|tor [ɐδu'tor] **1.** *m* Wasserleitung *f*; **2.** *adj.* Zuleitungs...; *conduta f ~a, linha f ~a* Zuleitung *f*; **~zir** [~'zir] (3m) beibringen; anführen; *Wasser, Strom* zu-führen, -leiten.

ad valorem *lat.* [ɐδvɐ'lorɐ̃i]: *direitos m/pl.* ~ Wertzoll *m*.

ádvena ['aδvənɐ] *m* Fremde(r) *m*; Zugewanderte(r) *m*; Fremdling *m*; *multidões f/pl.* ~*s* Mengen von Fremden; *expressão f* ~ Fremdwort *n*.

adven|tício [ɐδvẽn'tisju] **1.** *adj.* zugewandert, fremd; zufällig; (auf-) kommend; nahend; **2.** *m* Ankömmling *m*; Eindringling *m*; **~to** [ɐδ'vẽntu] *m* Ankunft *f*; Aufstieg *m*; Aufkommen *n*; Nahen *n*; ♀ *rel.* Advent *m*.

adverbial [ɐδvər'βjał] adverbial.

advérbio [ɐδ'vɛrβju] *m* Umstandswort *n*, Adverb *n*.

advers|ão [ɐδvər'sɐ̃u] *f* Gegnerschaft *f*; **~ário** [~arju] **1.** *adj.* gegnerisch; **2.** *m* Gegner *m*; *poét.* Widersacher *m*; **~ativo** [~sɐ'tivu] entgegensetzend, gegensätzlich; **~idade** [~si'δaδə] *f* Widrigkeit *f*; Mißgeschick *n*; **~o** [ɐδ'vɛrsu] widrig; zuwider; gegnerisch; *ser ~ a* sein gegen.

advert|ência [ɐδvər'tẽsjɐ] *f* Hinweis *m*; Warnung *f*; Benachrichtigung *f*; Vorsicht *f*; **~ido** [~'tiδu] vorsichtig, klug; *mal* ~ unklug, unbedacht; **~ir** [~'tir] (3c): ~ *de* aufmerksam m. (*od.* hinweisen) auf (*ac.*); warnen vor (*dat.*); in Kenntnis setzen (*od.* benachrichtigen) von; ~ *alg. de não fazer a/c.* j-n davor warnen et. zu tun.

adv|indo [ɐδ'vĩndu] *p.p. v.* **~ir** [~'vir] (3x) geschehen; sich ergeben (aus *de*); hinzukommen (zu *a*).

advoca|cia [ɐδvukɐ'siɐ] *f* Anwalt-

schaft *f*; **~tório** [~'tɔrju] Anwalt...
advog|ado *m*, **-a** *f* [~'γaδu, -ɐ] *allg.* Anwalt *m*; ⚖ Rechtsanwalt *m*; ~ *de defesa* Verteidiger *m*; **~ar** [~'γar] (1o; *Stv.* 1e) als Rechtsanwalt tätig sn; *v/t.* verteidigen; eintreten für (*ac.*); ~ *que* den Standpunkt vertreten (*od.* dafür eintreten), daß.
aer|ação, ~agem [ɐɛrɐ'sɐ̃u, ~'raʒɐ̃i] *f* (Be-)Lüftung *f*.
aéreo [ɐ'ɛrju] luftartig; Luft..., luftig; *fig.* eitel, nichtig; *ser* ~ ein Luftikus sn; *por via -a* auf dem Luftwege; *caminho* ~, *transportador* ~ Seil-, Schwebe-bahn *f*.
aerodinâmic|a [ɐɛruδi'nɐmikɐ] *f* Aerodynamik *f*; **~o** [~u] aerodynamisch; ~ *od. de forma -a* stromlinienförmig, schnittig; *linha* (*forma*) *f -a* Stromlinie(nform) *f*.
aeródromo [ɐɛ'rɔdrumu] *m* Flugplatz *m*.
aero|fagia [ɐɛrufɐ'ʒiɐ] *f* Luftmagen *m*; **~fobia** [~fu'βiɐ] *f* Luftangst *f*.
aeró|fobo [ɐɛ'rɔfuβu] luftscheu; **~lito** [~litu] *m* Meteorstein *m*; Sternschnuppe *f*; **~metro** [~'mətru] *m* Luftdichtigkeitsmesser *m*.
aeromoço *m*, **-a** *f* [ɐɛro'mosu, -ɐ] Steward(eß *f*) *m*.
aero|motor [ɐɛrumu'tor] *m* Windmotor *m*; **~nauta** [~'nautɐ] *su.* Luftschiffer(in *f*) *m*; **~náutica** [~'nautikɐ] *f* Luftfahrt *f*; **~náutico** [~'nautiku] Luftfahrt..., aeronautisch; **~nave** [~'navə] *f* Luftschiff *n*; **~plano** [~'plɐnu] *m* Flugzeug *n*; **~porto** [~'portu] *m* Flughafen *m*; **~stática** [~ʃ'tatikɐ] *f* Aerostatik *f*; **~stático** [~ʃ'tatiku]: *balão m* ~ Luftballon *m*.
aeróstato [ɐɛ'rɔʃtɐtu] *m* Luftballon *m*; ~ *cativo* Fessel-, ~ *livre* Freiballon *m*.
aero|tecnia [ɐɛrutɛk'niɐ] *f* Lufttechnik *f*; **~técnico** [~'tɛkniku] **1.** *adj.* lufttechnisch; **2.** *m* Lufttechniker *m*; **~terapia** [~tərɐ'piɐ] *f* Lufttherapie *f*; **~terápico** [~tə'rapiku]: *tratamento m* ~ Luftkur *f*; **~via** [~'viɐ] *f* Luft-weg *m*, -korridor *m*.
afã [ɐ'fɐ̃] *m* Anstrengung *f*, Mühe *f*; Eifer *m*; *com* ~ angestrengt; eifrig.
afabilidade [ɐfɐβəli'δadə] *f* Freundlichkeit *f*.
afadig|ado [~δi'γaδu] erschöpft, übermüdet; anstrengend; **~ar** [~'γar] (1o) ermüden, anstrengen; belästigen; **~ar-se** sich abmühen; **~oso** [~'γozu] anstrengend.
afag|ar [~'γar] (1o; *Stv.* 1b) streicheln, hätscheln; glattstreichen, glätten; schmeicheln (*dat.*); *Hoffnung* hegen; *cul.* abschmelzen; **~o** [ɐ'faγu] *m* Liebkosung *f*.
afam|ado [ɐfɐ'maδu] berühmt; *mal* ~ berüchtigt, verrufen; **~ar** [~'mar] (1a) berühmt m.; rühmen; **~ar-se** berühmt w., sich e-n Namen m.
afan|adamente [afɐˌnaδɐ'mẽntə] angestrengt, eifrig; **~ado** [~'naδu] in Anspruch genommen; müde, erschöpft; **~ar** [~'nar] (1a) anstreben; *v/i. u.* **~ar-se** sich abmühen (bei, mit *em*); **~oso** [~'nozu] anstrengend.
afasia [ɐfɐ'ziɐ] *f* Sprachlähmung *f*.
afast|adamente [ɐfɐʃˌtaδɐ'mẽntə] zurückgezogen, abseits; **~ado** [~'taδu] fern; entfernt (*Verwandter*); **~amento** [~tɐ'mẽntu] *m* Entfernung *f*; Abstand *m*; **~ar** [~'tar] (1b) entfernen; weg-schieben, -schikken; ab-, zurück-stoßen; **~ar-se** *fig.* sich zurückziehen; abweichen (*vom Weg usw.*).
afável [ɐ'favɛɫ] freundlich, nett.
afaz|er [ɐfɐ'zer] (2v) gewöhnen (an [*ac.*] *a*); **~eres** [~'zeriʃ] *m/pl.* Geschäfte *n/pl.*, Verpflichtungen *f/pl.*; *ter muitos* ~ viel zu tun h.
afear [ɐ'fjar] (1l) verunstalten, entstellen; verschlimmern; häßlich m.
afecção ⚕ [ɐfɛ(k)'sɐ̃u] *f* Reizung *f*; Erkrankung *f*; Affekt *m*.
afec|tação [ɐfɛtɐ'sɐ̃u] *f* Geziertheit *f*, gekünstelte(s) Wesen *n*; **~tado** [~'taδu] gekünstelt, affektiert; *bras.* schwindsüchtig; ~ *de* behaftet mit; **~tar** [~'tar] (1a) (er)heucheln, zur Schau tragen; ⚕ angreifen, befallen; *allg.* in Mitleidenschaft ziehen, beeinflussen; betreffen; **~tivo** [~'tivu] liebevoll; Gefühls...; **~to** [ɐ'fɛtu] **1.** *adj.* gewogen; nahestehend; *bem* (*mal*) ~ gut (übel) gesinnt; ~ *a* abhängig von, gehörig zu; ~ *de* befallen von; **2.** *m* Zuneigung *f*; Liebe *f*; **~tuosidade** [~twozi'δaδə] *f* Anhänglichkeit *f*; Zärtlichkeit *f*; Liebefähigkeit *f*; **~tuoso** [~'twozu] herzlich; zärtlich.
afeiç|ão [ɐfei'sɐ̃u] *f* Zuneigung *f*, Freundschaft *f*; Liebe *f*; *tomar* ~ *por* liebgewinnen (*ac.*); **~oado** [~'swaδu] **a**) zugetan; **b**) passend,

nach Maß; **~oar** [~'swar] (1f) **a**) einnehmen *od.* gewinnen (für *a*); **b**) formen; anpassen; **~oar-se** *a* liebgewinnen (*ac.*), sich befreunden mit.

afeito [ɐ'feitu] *p.p. v. afazer.*

afer|ição [ɐfəri'sɐ̃u] *f* Eichung *f*; Eichstempel *m*; *posto m de ~* Eichamt *n*; **~ido** [~'riðu] *m* Oberwassergang *m*; **~idor** [~ri'ðor] *m* Eichmaß *n*; ⊕ Stellvorrichtung *f*; *fig.* Maßstab *m*; *~ de pesos e medidas* Eichinspektor *m*; **~ir** [~'rir] (3c) eichen; *fig.* ermessen; *~ por fig.* messen an (*dat.*).

aferr|ado [ɐfə'ʀaðu] hartnäckig, verbissen; *~ a* verrannt in (*ac.*); **~ar** [~'ʀar] (1c) festmachen; packen; ⚓ *Hafen* anlaufen; *Segel* reffen; *Fisch* harpunieren; *allg.* angreifen, anfallen; **~ar-se** *a* sich klammern an (*ac.*); festhalten an (*dat.*); sich verbeißen in (*ac.*); **~etar** [~ʀə'tar] (1c), **~etoar** [~ʀə'twar] (1f) brandmarken; **~o** [ɐ'feʀu] *m* Hartnäckigkeit *f*; *~ a* Festhalten *n* an (*dat.*); Liebe *f* zu; **~oar** [~'ʀwar] (1f) (an)stacheln (*a. fig.*); sticheln, ärgern; **~olhar** [~ʀu'ʎar] (1e) *Tür* verriegeln; verblokken; *Dieb* einsperren; *Geld* ein-, weg-schließen.

aferv|entar [ɐfərvẽn'tar] (1a) abkochen; aufkochen l.; *fig.* = **~orar** [~u'rar] (1e) in Wallung bringen; anfeuern; begeistern; **~orar-se** sich ereifern.

afi|ação [ɐfjɐ'sɐ̃u] *f* Schleifen *n*, Wetzen *n*; Schärfe *f*; Schliff *m*; **~ado** [ɐ'fjaðu] scharf; geschliffen (*Stil*); *~ na malícia od. maldade* boshaft, bösartig; *~ contra* aufgebracht gegen; **~ador** [ɐfjɐ'ðor] *m* Schleif-, Abzieh-apparat *m*; Wetzstein *m*, -stahl *m*; Streichriemen *m*.

afiambrado [ɐfjɐ̃m'braðu] gekocht; *fig.* geschniegelt.

afianç|ado [ɐfjɐ̃'saðu]: *estar ~ em* verbürgt w. durch (*ac.*); *ser ~ com* (*cem contos*) e-e Sicherheit von (hundert Conto) leisten müssen; *tesoureiro ~* Kassierer *m* mit Sicherheit; *~ por um ano* mit einjähriger Garantie; **~ador** [~ɐ'ðor] *m* Bürge *m*; **~ar** [~'sar] (1p) *für j-n* Bürgschaft leisten; bürgen für (*ac.*), verbürgen (*ac.*); versichern; *~ alg. em* (*cem contos*) e-e Sicherheit von (hundert Conto) für j-n leisten; **~ar-se** Sicherheit leisten (*em* e-e ... von); *~ em alg.* auf j-n vertrauen; **~ável** [~'savɛɫ] kautionsfähig.

afiar [ɐ'fjar] (1g) schleifen, wetzen; schärfen (*a. fig.*); *Rasiermesser* abziehen; *Sense* dengeln; *Bleistift, Pfeil* spitzen; *fig.* (aus)feilen.

aficionado [ɐfisju'naðu] *m* Liebhaber *m bsd. des Stierkampfes.*

afidalg|ado [ɐfiðaɫ'ɣaðu] vornehm; **~ar** [~ar] (1o) adeln; **~ar-se** geadelt w.; *allg.* vornehm w. (*od.* tun).

afigurar [ɐfiɣu'rar] (1a) vorstellen; darstellen; **~-se** (er)scheinen.

afil|ado [ɐfi'laðu] dünn, fein; spitzig; **~ar** [~'lar] (1a) **a**) (aus-, ver-) dünnen; auszupfen; **b**) = *aferir*; **c**) *Hunde* hetzen; = *afiar*; **~ar-se** spitz zulaufen.

afilhado *m*, **-a** *f* [ɐfi'ʎaðu, -ɐ] Patenkind *n*; Schützling *m*.

afili|ação [ɐfiljɐ'sɐ̃u] *f* Aufnahme *f* (*in e-n Verein*); Mitgliedschaft *f*; **~ado** [~'ʎaðu] **1.** *adj.*: *associação f -a* Zweigverein *m*; **2.** *m* Mitglied *n*; **~ar** [~'ʎar] (1g) aufnehmen; **~ar-se** Mitglied w.

afim [ɐ'fĩ] verschwägert; *fig.* verwandt; zs.-hängend (mit *a*).

afin|ação [ɐfinɐ'sɐ̃u] *f* Verfeinerung *f*; letzte Hand *f*; Feineinstellung *f*; Läuterung *f*; ♪ Stimmen *n*, (Ton-) Reinheit *f*; *Radio*: Abstimmung *f*; F gereizte Stimmung *f*; **~ador** [~ɐ'ðor] *m* ♪ Stimmschlüssel *m*; Stimmer *m*; ⊕ Feinmechaniker *m*.

afinal [ɐfi'naɫ] schließlich; also, nun; kurz und gut; *~ de contas* zu guter Letzt; letzten Endes; *que queres ~?* was willst du eigentlich?

afinar [ɐfi'nar] (1a) verfeinern; letzte Hand legen an (*ac.*); ⊕ genau einstellen, *Radio*: *a.* abstimmen; *Metall* läutern; *Instrument* stimmen; *v/i.* ♪ rein singen (*od.* spielen); zs.-stimmen; F böse w.

afinc|ado [ɐfĩŋ'kaðu] nachdrücklich, hartnäckig; *com as mãos -as na cabeça* händeringend; **~ar-se** [~'karsə] (1n): *~ em* mit Nachdruck betreiben (*ac.*); bestehen auf (*dat.*), sich versteifen auf (*ac.*); **~o** [ɐ'fĩŋku] *m* Nachdruck *m*; Hartnäckigkeit *f*.

afinidade [ɐfəni'ðaðə] *f* Verschwägerung *f*; *allg.* Verwandtschaft *f*, Affinität *f*; *~s electivas pl.* Wahlverwandtschaften *f/pl.*

afirm|ação [ɐfirmɐ'sɐ̃u] *f* Bejahung *f*; Behauptung *f*; Versicherung *f*; **~ar** [~'mar] (1a) bejahen, bestätigen; behaupten; versichern; **~ar-se** sich erweisen; sich durchsetzen; sich vergewissern (*gen.*); **~ativa** [~ɐ'tivɐ] *f* Behauptung *f*; Zusage *f*; *gram.* Bejahung(ssatz *m*) *f*; **~ativamente** [~ɐˌtivɐ'mẽntə]: *responder* ~ zustimmen; zusagen; **~ativo** [~ɐ'tivu] bejahend, zustimmend; *resposta f* ~ zustimmende Antwort *f*, Zusage *f*; (*no*) *caso* ~ bejahendenfalls.

afivelar [ɐfivə'lar] (1c) an-, festschnallen.

afix|ação [ɐfiksɐ'sɐ̃u] *f* Anschlag *m*; **~ar** [~'sar] (1a) befestigen; *Plakat* anschlagen.

afleumar [afleu'mar] (1a) *bras.* sich entzünden.

afli|ção [ɐfli'sɐ̃u] *f* Kummer *m*, Schmerz *m*; Not *f*; F Aufregung *f*; *causar -ões* zu schaffen m.; = **~gir** [~'ʒir] (3n) quälen, bekümmern; F aufregen; **~tivo** [~'tivu] schmerzlich; angstvoll; aufregend; *pena f -a* Leibesstrafe *f*; *gritos m/pl.* ~*s* Schmerzens- (*od.* Angst-)geschrei *n*; **~to** [ɐ'flitu] *p.p. irr. v. afligir.*

aflor|ação [ɐflurɐ'sɐ̃u] *f* = **~amento** [~ɐ'mẽntu] *m* Berührung *f*; Auftauchen *n*; ⚒ Aufschluß *m*; **~ar** [~'rar] (1e) *v/t.* streifen; streichen über (*ac.*); ~ *com* ⚠ bündig m.; *v/i. fig. in die Augen usw.* treten; ~ *à tona de água* auftauchen; an der Oberfläche schwimmen (*od.* sich befinden).

aflu|ência [ɐ'flwẽsjɐ] *f* Zufluß *m*; Zustrom *m*, Andrang *m*; Besuch *m*; ~ *de palavras* Wortschwall *m*; **~ente** [~ẽntə] **1.** *adj. fig.* überströmend, reich; **2.** *m* Zufluß *m*, Nebenfluß *m*; **~ir** [~ir] (3i) zu-strömen, -fließen; zs.-fließen; *fig.* herbei-, zs.-strömen; ~ *a* fließen in (*ac.*); *fig.* strömen (*od.* sich drängen) zu; **~xo** [ɐ'fluksu] *m* Zustrom *m*; Reichtum *m*; ⚕ *Blut*-Andrang *m*.

afob|ação *bras.* P [afoβa'sɐ̃u] *f* Aufregung *f*; Hetze *f*; **~ar** *bras.* P [~'βar] (1e) aufregen; (ab)hetzen.

afocinhar [ɐfusi'ɲar] (1a) *mit der Schnauze* (nieder)stoßen; anfallen; = *foçar*; *v/i.* bocken (*Pferd*, *Esel*); auf die Nase fallen; stürzen; ✈ abkippen; ⚓ stampfen.

afofar [ɐfu'far] (1e) (auf)lockern; *Kissen* aufschütteln; *fig.* aufplustern.

afog|adela [ɐfuɣɐ'ðɛlɐ] *f* Ersticken *n*; Ertrinken *n*; Ertränken *n*; Hast *f*; **~adiço** [~ɐ'ðisu] kurzatmig; erstickend, stickig; **~adilho** [~ɐ'ðiʎu] *m*: *de* ~ hastig; **~ado** [~'ɣaðu] hochgeschlossen (*Kleid*); *morrer* ~ ertrinken; *estar* ~ *com* (*od. em*, *de*) ertrinken in (*dat.*); **~amento** [~ɐ'mẽntu] *m* = ~*adela*; *fig.* Beklemmung *f*; **~ar** [~'ɣar] (1o; *Stv.* 1e) ersticken (*a. fig.*); erdrosseln; *im Wasser* ertränken; *Fleisch* schmoren; **~ar-se** ersticken; ertrinken; sich ertränken; **~o** [ɐ'foɣu] *m* Beklemmung *f*; Drang *m*; Zwang *m*; Ärger *m*.

afogue|ado [ɐfu'ɣjaðu] feurig, flammend; glühend; **~ar** [~'ɣjar] (1l) anzünden; verbrennen; *fig.* entflammen; **~ar-se** aufflammen, sich entzünden; *fig.* erglühen.

afoit-, afout|ar [ɐfoi-, ɐfo'tar] ermutigen; **~ar-se** sich erkühnen; **~eza** [~'tezɐ] *f* Kühnheit *f*; Energie *f*; **~o** [ɐ'foitu, -otu] kühn; energisch.

afonia [ɐfu'niɐ] *f* Stimmlosigkeit *f*.

afónico, áfono [ɐ'fɔniku, 'afunu] stimmlos; tonlos.

afons|inho, ~ino [ɐfõ'siɲu, -inu] *fig. do tempo dos* ~*s* vorsintflutlich; *em tempos* ~*s* in alten Zeiten.

afora [ɐ'fɔrɐ] außer.

afor|ado [ɐfu'raðu] Pacht..., pachtzinspflichtig; **~amento** [~rɐ'mẽntu] *m* Erbpacht *f*; Pacht(zins *m*) *f*; Verpachtung *f*; Einführung *f*; **~ar** [~'rar] (1e) in (Erb-)Pacht geben (*od.* nehmen), (ver)pachten; bevorrechten; berechtigen; *Neuigkeit* einführen; **~ar-se** *de* (*od. em*) sich *et.* anmaßen, sich als *et.* aufspielen.

aforismo [ɐfu'riʒmu] *m* Aphorismus *m*, Gedankensplitter *m*.

aformosear [ɐfurmu'zjar] (1l) verschönern.

aforquilh|ado [ɐfurki'ʎaðu] gabelförmig; **~ar** [~'ʎar] (1a) aufgabeln, abstützen; *gabelförmig* spalten.

aforr|ado [ɐfu'ʀaðu] (schulden-)frei; **~ar** [~'ʀar] (1e) **a**) *Geld* ersparen; *Ärmel* aufkrempeln; **b**) = *alforriar*; **c**) = *forrar*; **~ar-se** sich den Rock ausziehen; **~o** [ɐ'foʀu] *m* Ersparnisse *f/pl.*

afortunado [ɐfurtu'naðu] vom Glück begünstigt; *mal* ~ unglücklich.
afout... *s. afoit...*
afrances|ado [ɐfrẽsə'zaðu] **1.** *adj.* französisch (gesinnt); nach französischer Art; **2.** *m* Französling *m*; **~ar** [~'zar] (1c) dem Französischen nachmachen; **~ar-se** französisch w.
afregues|ado [ɐfrɛɣə'zaðu] gut gehend (*Geschäft*); gut besucht; *estar* ~ *com* (*od.* em) Kunde sn bei; **~ar** [~'zar] (1c) Kunden werben für (*ac.*); *j-n* als Kunden werben; **~ar-se** Kunde w. (bei em).
áfrica ['afrikɐ] *f* P Heldentat *f*; *meter uma lança em* ♀ Großes leisten.
afric|anista [ɐfrikɐ'niʃtɐ] **1.** *adj.* Afrika...; **2.** *m* Afrika-kenner *m*, -reisende(r) *m*; Geschäftsmann *m* mit Afrikainteressen; *ele é* ~ er hat Geschäftsinteressen in Afrika; **~ano** [~'kɐnu] **1.** *adj.* afrikanisch; **2.** *m* Afrikaner *m.*
afroi... *s. afrou...*
afronta [ɐ'frõntɐ] *f* Schimpf *m*; Beleidigung *f.*
afront|adamente [ɐfrõn͵taðɐ'mēntə] schimpflich; **~ado** [~'taðu] ärgerlich; erhitzt; unpäßlich; **~amento** [~tɐ'mēntu] *m* Beleidigung *f*; ⚕ Hitze *f*; Unpäßlichkeit *f*; **~ar** [~'tar] (1a) beschimpfen, schmähen; die Stirn bieten (*dat.*), trotzen (*dat.*); erblicken; ⚕ beklemmen, quälen; **~ar-se** sich beschimpft (*od.* ⚕ unpäßlich) fühlen; sich entrüsten; ~ *com alg.* j-m gegenüberstehen, -treten; **~oso** [~'tozu] schimpflich.
afroux-, afroix|adamente [ɐfro-, ɐfroi͵ʃaðɐ'mēntə] schlaff, kraftlos; **~amento** [~ʃɐ'mēntu] *m* Erschlaffen *n*; Lockerung *f*; Verlangsamung *f*; **~ar** [~'ʃar] (1a) lockern; abspannen; entlasten; *Schmerz* vermindern; *Geschwindigkeit* verlangsamen; *fig.* schwächen; *v/i. u.* **~ar-se** erschlaffen, nachlassen.
aft|a ⚕ ['aftɐ] *f* Mundfäule *f*; Aphthe *f*; **~oso** [ɐf'tozu]: *febre f -a vet.* Maul- und Klauenseuche *f.*
afugentar [ɐfuʒēn'tar] (1a) *Feinde* in die Flucht schlagen; *allg.* verjagen, verscheuchen.
afund|amento [ɐfūndɐ'mēntu] *m* Versenkung *f*; Untergang *m*; Vertiefung *f*; **~ar** [~'dar] (1a) versenken; *Brunnen* vertiefen; *Problem* ergründen; *v/i. u.* **~ar-se** versinken (*a. fig.*), untergehen.
afunilado [ɐfuni'laðu] trichterförmig.
agá [ɐ'ɣa] *m* **1.** *Name des Buchstaben h*; **2.** Aga *m* (*türk. Offizier*).
agachar-se [ɐɣɐ'ʃarsə] (1b) sich ducken (*a. fig.*); *bras.* ~ *a* anfangen zu.
agadanhar [~ðɐ'ɲar] (1a) packen; (zer)kratzen; F klauen.
agaiatado [ɐɣɐjɐ'taðu] jungen-, lausbuben-haft; *rapaz m* ~ Lauser *m.*
agalegado [ɐɣɐlə'ɣaðu] *fig.* ordinär.
agaloado [ɐɣɐ'lwaðu] betreßt.
ágape ['aɣɐpə] *su.* Liebesmahl *n*; *allg.* Festessen *n.*
agarotado [~ru'taðu] = *agaiatado.*
agarra! [ɐ'ɣaʀɐ] *int.* haltet ihn!
agarr|adiço [ɐɣɐʀɐ'ðisu] zudringlich, lästig; **~ado** [~'ʀaðu] knauserig; *ser* ~ *ao dinheiro* am Gelde hängen, geizig sn; ~ *às suas opiniões* rechthaberisch; **~amento** [~ɐ'mēntu] *m bras.* Knauserei *f*; Liebesverhältnis *n*; **~ar** [~'ʀar] (1b) packen, ergreifen, fassen; **~ar-se** sich (an)klammern (an [*ac.*] *a*); ~ *com unhas e dentes a* sich verbeißen in (*ac.*).
agasalh|ar [ɐɣɐzɐ'ʎar] (1b) (freundlich) aufnehmen; laben; warm anziehen; (ein)hüllen; *Gedanken* hegen; **~ar-se** unterschlüpfen; Wohnung nehmen; ~ *do frio* sich warm anziehen; **~o** [~'zaʎu] *m* (freundliche) Aufnahme *f*; Aufmerksamkeit *f*; Schutz *m* vor Kälte; warme Kleidung *f*; *dar* ~ *a* = *~ar.*
agast|adiço [ɐɣɐʃtɐ'ðisu] reizbar; **~ado** [~'taðu] ärgerlich; verhärmt; **~ar** [~'tar] (1b) reizen; ärgern; **~ar-se** sich grämen; sich ängstigen.
ágata ['aɣɐtɐ] *f* Achat *m.*
agatanh|adela, ~adura [ɐɣɐtɐɲɐ'ðɛlɐ, ~ɐ'ðurɐ] *f* Kratzer *m*; **~ar** [~'ɲar] (1a) (zer)kratzen; klettern.
agaturrar *bras.* [aɣatu'ʀar] (1a) ergreifen.
agauchado *bras.* [aɣau'ʃaðo] Gaucho...
agência [ɐ'ʒēsjɐ] *f* Agentur *f*; Vertretung *f*; Provision *f*; Tätigkeit *f*; Fleiß *m*; ~ *de casas para alugar* Wohnungsnachweis *m*; ~ *de colocações* Stellenvermittlungsbüro *n*;

~ *de correios* Posthilfsstelle *f*; ~ *de informações* Auskunftei *f*; ~ *de publicidade* Werbebüro *n*; ~ *de transportes* Speditionsgeschäft *n*; ~ *de turismo* Reisebüro *n*; ~ *funerária* Beerdigungsinstitut *n*; ~ *telegráfica* Telegraphenamt *n*.

agenci|ar [ɐʒẽ'sjar] (1g) sich rühren; *Geschäfte* (be)treiben; (sich) verschaffen, erwerben; *j-m et.* besorgen (*od.* vermitteln); **~oso** [~'sjozu] betriebsam, rührig.

agenda [ɐ'ʒẽndɐ] *f* Terminkalender *m*; ~ (*de bolso*) Taschenkalender *m*.

agente [ɐ'ʒẽntə] **1.** *adj.* wirkend, wirksam; **2.** *m* wirkende (*od.* treibende) Kraft *f*; Mittel *n*; ⚕ (Krankheits-)Erreger *m*; ✝ Agent *m*, Vertreter *m*; Vermittler *m*; ~ *propulsor* Antrieb *m*; ~ *transmissor* (Krankheits-)Übertrager *m*; ~ *de ligação* Verbindungsmann *m*; ~ *marítimo* Schiffsmakler *m*; ~ (*de polícia*) Polizist *m*; Polizeiagent *m*; ~ *provocador* Lockspitzel *m*; Haupthetzer *m*; ~ *de transportes* Spediteur *m*; ~ *de venda* Verkäufer *m*, Vertreter *m*.

agigant|ado [ɐʒiɣẽn'taδu] riesig; **~ar** [~'tar] (1a) *fig.* übertreiben; **~ar-se** über sich hinauswachsen.

ágil ['aʒił] gewandt, flink; geschickt.

agilidade [ɐʒəli'δaδə] *f* Gewandtheit *f*, Behendigkeit *f*.

ágio ['aʒju] *m* Agio *n*, Aufgeld *n*.

agiot|a [ɐ'ʒjɔtɐ] *m* Börsenspekulant *m*; Wucherer *m*; **~agem** [ɐʒju'taʒɐ̃i] *f* Agiotage *f*; Arbitrage *f*; Börsenspekulation *f*; *allg.* Wucher *m*; **~ar** [ɐʒju'tar] (1e) spekulieren; *allg.* Wucher treiben.

agir [ɐ'ʒir] (3n) handeln; wirken; eingreifen; vorgehen.

agit|ação [ɐʒitɐ'sɐ̃u] *f* Unruhe *f*; Auf-, Er-regung *f*; *pol.* Gärung *f*; ~ *do mar* Seegang *m*; **~ado** [~'taδu] unruhig; **~ador** [~ɐ'δor] *m* Aufwiegler *m*; ⊕ Rührwerk *n*; **~ar** [~'tar] (1a) bewegen; schwenken, schütteln; auf-, er-regen; beunruhigen; *pol.* aufwiegeln; **~ável** [~'tavεł] beweglich; *fig.* erregbar.

aglomer|ação [ɐɣlumərɐ'sɐ̃u] *f* Anhäufung *f*, Ansammlung *f*; Zs.-ballung *f*; (Menschen-)Auflauf *m*; *Industrie- usw.* Zentrum *n*; **~ado** [~'raδu] **1.** *adj.*: *cortiça f -a* Preßkork *m*; **2.** *m geol.* Agglomerat *n*; ⊕ künstliche(r) Marmor *m*; Füllstoff *m*; ~ *de carvão* Brikett *n*; **~ar** [~'rar] (1c) zs.-ballen, -binden; zs.-, an-häufen; **~ar-se** sich ansammeln.

aglutin|ação [ɐɣlutinɐ'sɐ̃u] *f* Agglutination *f*; (Zs.-)Ballung *f*; **~ante** [~'nɐ̃ntə] *m* Bindemittel *n*; Klebstoff *m*; **~ar** [~'nar] (1a) 🕮 agglutinieren; zs.-ballen; zs.-schließen, vereinigen; zs.-kleben.

agoir... *s. agour...*

agongorado [ɐɣõŋgu'raδu] schwülstig.

agon|ia [ɐɣu'niɐ] *f* Todeskampf *m*, Agonie *f*; *fig.* Angst *f*, Not *f*; Übelkeit *f*; *nas vascas da* ~ in den letzten Zügen; *rel. horto m da* ~ Ölberg *m*; **~iado** [~'njaδu]: *estou* ~, *sinto-me* ~ mir ist übel; **~iar** [~'njar] (1g) Übelkeit verursachen (*dat.*); quälen; **~iar-se** sich ängstigen; *agoniei-me* mir wurde übel (*od.* schlecht).

agónico [ɐ'ɣɔniku]: *estado* (*estertor*) *m* ~ Todes-kampf *m* (-röcheln *n*); *morte f -a* langsame(r) Tod *m*.

agoniz|ado [ɐɣuni'zaδu] todesbang; erlöschend; **~ante** [~'zɐ̃ntə] *su.* Sterbende(r *m*) *m*, *f*; **~ar** [~'zar] (1a) *v/i.* mit dem Tode ringen; in den letzten Zügen liegen; ersterben; *v/t.* quälen, peinigen.

agora [ɐ'ɣɔrɐ] **1.** *adv.* jetzt, nun; ~..., ~... jetzt..., dann (wieder)...; ~ *mesmo* gerade, jetzt eben; *ainda* ~ eben erst, *interr.* jetzt erst?; *por* ~ fürs erste, vorläufig; *de* ~ von heute, heutig; *essa* ~! nein, so was!; *essa* ~ *é boa!* das ist aber gut!; *já* ~! jetzt ist's schon gleich!; **2.** *cj.* aber; ~ *que* jetzt da, jetzt wo.

àgora! [a'ɣɔrɐ] wahrhaftig?; na!

agorafobia [ɐɣurɐfu'βiɐ] *f* Platzangst *f*.

Agosto [ɐ'ɣoʃtu] *m* August *m*.

agour-, agoir|ado [ɐɣo'r-, ɐɣoi'raδu]: *bem* (*mal*) ~ glückverheißend (unheilvoll), (Un-)Glücks...; **~ar** [~'rar] (1a) verkünden, verheißen; mutmaßen; **~eiro** [~'reiru] **1.** *adj.* prophetisch; (unheil)verkündend, Unglücks...; **2.** *m* Schwarzseher *m*; **~entar** [~rẽn'tar] (1a) Unheil verkünden; unken; **~ento** [~'rẽntu] unheilvoll; zeichengläubig; **~o** [ɐ'ɣoru, -oiru] *m* Vorzeichen *n*, Vorbedeutung *f*; *de bom* (*mau*) ~ *s.* ~*ado*.

agraciar [ɐɣrɐ'sjar] (1g) begnadigen; schmücken; ~ *com j-m et.* gewähren *od. Titel, Orden* verleihen.

agrad|ar [ɐɣrɐ'ðar] (1b) gefallen, zusagen; **~ar-se** *de* Gefallen finden (*od.* sein Wohlgefallen h.) an (*dat.*); **~ável** [~'ðavɛɫ] angenehm.
agradec|er [ɐɣrɐðə'ser] (2g) danken (*od.* sich bedanken) für; dankbar aufnehmen; **~ido** [~'siðu] dankbar; *muito ~!* herzlichen Dank!; *ser ~* Dankbarkeit finden; **~imento** [~i'mẽntu] *m* Dank *m* (*dar* sagen); Dankbarkeit *f*; *muitos* (*mil*) *~s* herzlichen (tausend) Dank; **~ível** [~'sivɛɫ] dankenswert.
agrado [ɐ'ɣraðu] *m* Wohlgefallen *n*; Beifall *m*; Annehmlichkeit *f*; Reiz *m*; Nettigkeit *f*; (*não*) *ser do ~ de alg.* j-m (miß-) ge-fallen.
agrafe, -o [ɐ'ɣrafə, -u] *m* ⚕ (Wund-) Klammer *f*; ✝ (Brief-)Heftklammer *f*; *~de canto* Eckheftklammer *f*.
agrário [ɐ'ɣrarju] Acker...; Ackerbau..., Agrar...
agrav|ação [ɐɣrɐvɐ'sɐ̃u] *f* = **~amento** [~ɐ'mẽntu] *m* Erschwerung *f*; Verschärfung *f*; ⚕ *u. allg.* Verschlechterung *f*, -schlimmerung *f*; **~ante** [~'vɐ̃ntə] **1.** *adj.* strafverschärfend; *testemunha f ~* Belastungszeuge *m*; **2.** *m* Beleidiger *m*; ⚖ Appellant *m*; **3.** *f* belastende(r) (*od.* erschwerender) Umstand *m*; **~ar** [~'var] (1b) *v/t.* erschweren; be-, über-lasten; *Zustand* verschlimmern, verschlechtern; *Strafe usw.* verschärfen; *j-n* beleidigen; *v/i.* ⚖ Berufung einlegen (gegen *de*); **~ar-se** sich zuspitzen (*Lage*); *~ de* sich beklagen über (*ac.*); **~o** [ɐ'ɣravu] *m* Beleidigung *f*; Schaden *m*; ⚖ Berufung *f*; = *~ação*; *sem ~ de ninguém* ohne j-m zu nahe treten zu wollen.
agr|az [ɐ'ɣraʃ] sauer, herb; **~e** ['aɣrə] = *acre, agro.*
agredir [ɐɣrə'ðir] (3d) angreifen, anfallen.
agreg|ação [ɐɣrəɣɐ'sɐ̃u] *f* Zs.-schluß *m*; Anschluß *m*; *fís.* Aggregat(zustand *m*) *n*; **~ado** [~'ɣaðu] *m* Aggregat *n*; *~ de cortiça* Preßkork *m*; **~ar** [~'ɣar] (1o; *Stv.* 1c) zs.-schließen; hinzufügen; anschließen; beigesellen; *Beamten* zuteilen.
agrem|iação [ɐɣrəmjɐ'sɐ̃u] *f* Zs.-schluß *m*, Vereinigung *f*; *bsd.* Fachschaft *f*, Berufsgenossenschaft *f*; **~iar** [~'mjar] (1g) zs.-schließen.
agress|ão [ɐɣrə'sɐ̃u] *f* Angriff *m*, Überfall *m*; **~ividade** [~səvi'ðaðə] *f* Angriffslust *f*; herausfordernde Haltung *f*; **~ivo** [~'sivu] angriffslustig, herausfordernd; Angriffs...; angreifend; **~or** [~'sor] *m* Angreifer *m*.
agreste [ɐ'ɣrɛʃtə] ländlich; rauh, wild; grob; *flor f ~* Feldblume *f*.
agrião [ɐ'ɣrjɐ̃u] *m* Brunnenkresse *f*.
agrícola [ɐ'ɣrikulɐ] **1.** *adj.* landwirtschaftlich; ackerbautreibend; Acker...; **2.** *m* Landwirt *m*.
agricult|or [ɐɣrikuɫ'tor] *m* Landwirt *m*; **~ura** [~'turɐ] *f* Landwirtschaft *f*; Ackerbau *m*.
agridoce [ɐɣri'ðosə] süßsauer.
agrilhoar [ɐɣri'ʎwar] (1f) fesseln; anschmieden.
agrimens|or [ɐɣrimẽ'sor] *m* Feld-, Land-messer *m*, Geometer *m*; *cadeia f de ~* Meßlatte *f*; **~ura** [~'surɐ] *f* Feldmessung *f*; Geodäsie *f*.
agrisalhar [ɐɣrizɐ'ʎar] (1b) ergrauen l.; **~-se** ergrauen.
agro ['aɣru] **1.** *adj.* sauer; bitter (*a. fig.*); rauh, wild; **2.** *m* Acker *m*.
agro|nomia [ɐɣrunu'miɐ] *f* Landwirtschaftskunde *f*; *Instituto m Superior* (*Escola f*) *de* ♀ landwirtschaftliche Hoch- (Landwirtschafts-) schule *f*; **~nómico** ['nɔmiku] landwirtschaftlich.
agrónomo [ɐ'ɣrɔnumu] *m* Agronom *m*, Diplomlandwirt *m*.
agropecuária [ɐɣrupə'kwarjɐ] *f* Land- und Viehwirtschaft *f*.
agrup|amento [ɐɣrupɐ'mẽntu] *m* Gruppierung *f*; Vereinigung *f*; Gruppe *f*; **~ar** [~'par] (1a) gruppieren; zs.-schließen, vereinigen.
agrura [ɐ'ɣrurɐ] *f* Säure *f*; Bitterkeit *f*; Rauheit *f*; Härte *f*.
água ['aɣwɐ] **1.** *f* Wasser *n*; Regen (-wasser *n*) *m*; *de primeira* (*od. da melhor*) *~* vom reinsten Wasser; ⚓ *~* (*aberta*) Leck *n*; *abrir* (*fazer, meter*) *~* leck w. (*od.* sn); *tomar uma ~* ein Leck stopfen; *tomar ~* Wasser einnehmen; *por ~* zu Wasser, auf dem Wasserwege; *ficar aquém da ~* aufsitzen; *~ abaixo* stromabwärts; *ir por ~ abaixo fig.* zu Wasser w.; *~ acima* (*od. arriba*) stromaufwärts; *negócio m de ~ arriba* schwierige Sache *f*; *a ~ o dá* (*deu*), *a ~ o leva* (*levou*) wie gewonnen, so zerronnen; **2.** **~s**

pl. Gewässer *n*; Heilquellen *f/pl.*, Bad *n*; Wässerung *f* (*in Geweben usw.*); ⚓ Kielwasser *n*; ⚕ Fruchtwasser *n*; P Urin *m*; *fig.* Anzeichen *n/pl.*, Absicht *f*; ~ *vivas* Springflut *f*; *tomar* (*od. fazer uma cura de*) ~ e-e Trinkkur m.; ~ *territoriais* Hoheitsgewässer *n/pl.*; *telhado m de duas* (*quatro*) ~ Sattel- (Walm-) dach *n*; *ir* (*navegar*) *nas* (*mesmas*) ~ *de alg.* in j-s Kielwasser segeln; *navegar em duas* ~ zwei Herren dienen; Wasser auf beiden Schultern tragen; *verter* ~ P sein Wasser abschlagen.

agua|çal [ɐɣwɐ'sał] *m* Pfuhl *m*; **~ceiro** [~'seiru] *m* (Regen-)Schauer *m*, (-)Bö *f*; *fig.* Gewitter *n*; **~da** [ɐ'ɣwaδɐ] *f* ⚓ Wasservorrat *m*; Wasserstelle *f*; *met.* (Regen-)Guß *m*; *pint.* Aquarell *n*; Wasserfarbe *f*; *tip.* Buchbinderleim *m*; *fazer* ~ ⚓ Wasser einnehmen.

água-de-colónia [ˌaɣwɐδəku'lɔnjɐ] *f* Kölnischwasser *n*.

agua|deiro *m*, **-a** *f* [ɐɣwɐ'δeiru, -ɐ] Wasser-träger(in *f*) *m*, -verkäufer (-in *f*) *m*; **~dilha** [~'δiʎɐ] *f* (Wund-) Wasser *n*; **~do** [ɐ'ɣwaδu] wäßrig; *ficar* ~ ins Wasser fallen (*Projekt*); **~dor** [~'δor] *m* Gießkanne *f*.

água-|forte [ˌaɣwɐ'fɔrtə] *f* Scheidewasser *n*; *pint.* Radierung *f*; **~fortista** [~fur'tiʃtɐ] *m* Radierer *m*; **~furtada** [~fur'taδɐ] *f* Mansarde *f*; *águas-furtadas pl.* Mansardenstock *m*; **~mãe** [~'mɐ̃i] *f* Mutterlauge *f*; **~marinha** [~mɐ'riɲɐ] *f* Aquamarin *m*; **~pé** [~'pɛ] *f* Tresterwein *m*.

aguar [ɐ'ɣwar] (1m) *Feld* bewässern, begießen; *Boden* ab-, auf-waschen; *Milch* wässern; *fig.* ver-wässern, -derben; ~ *por* sich verzehren nach.

aguardar [ɐɣwɐr'δar] (1b) erwarten; *et.* abwarten; *j-m* aufwarten; *aguardando a sua resposta* in Erwartung Ihrer Antwort.

aguardente [ɐɣwɐr'δẽntə] *f* Branntwein *m*; ~ *alemã* Jalapentinktur *f*; ~ *canforada* Franzbranntwein *m*; ~ *de cereja* Kirschwasser *n*.

água-régia [ˌaɣwɐ'ʀɛʒjɐ] *f* Königswasser *n*.

aguarel|a [ɐɣwɐ'rɛlɐ] *f* Aquarell *n*; Wasserfarbe *f*; **~ar** [~rə'lar] (1c) *v/t.* (mit Wasserfarben) (an)malen *od.* tönen; *v/i.* aquarellieren; **~ista** [~rə'liʃtɐ] *su.* Aquarellmaler(in *f*) *m*.

aguarrás [~'ʀaʃ] *f* Terpentinöl *n*.

água-|ruça [ˌaɣwɐ'ʀusɐ] *f* Olivenbrühe *f*; **~tinta** [~'tĩntɐ] *f* Aquatinta *f*; **~vai** [~'vai] † *int.* Achtung!; *sem dizer* ~ mir nichts, dir nichts.

aguazil [ɐɣwɐ'ził] *m* Büttel *m*.

aguç|adeira [ɐɣusɐ'δeirɐ] *f* Schleif-, Wetz-stein *m*; *fig.* Anregung *f*; Anstoß *m*; *passar pela* ~ = **~ar**; **~ado** [~'saδu] scharf; spitz; **~adura** [~ɐ'δurɐ] *f* = **~amento** [~ɐ'mẽntu] *m* Schleifen *n*; Wetzen *n*, Abziehen *n*; Schliff *m*; **~ar** [~'sar] (1p) schleifen, wetzen; *Sense* dengeln; *Bleistift, Ohren* spitzen; *Verstand, Blick* schärfen; *fig.* reizen, (an-) stacheln; *Lage* zuspitzen; **~o** [ɐ'ɣusu] *m* spitze(r) Gegenstand *m*.

agud|eza [ɐɣu'δezɐ] *f* Schärfe *f*; Spitze *f*; Sehschärfe *f*; Scharfsicht *f*, -sinn *m*; **~o** [ɐ'ɣuδu] **1.** *adj.* spitz; *fig.* scharf; ♪ schrill; ⚕ akut; *gram.* auf der letzten Silbe betont; ~ (*de entendimento*) scharfsinnig, F hell; *acento m* ~ Akut *m*; *tornar*(*-se*) ~ (sich) verschärfen; **2.** *m* ♪ *os* ~*s* die hohen Töne *m/pl.* (*od.* Lagen *f/pl.*).

agueira *f*, **-o** *m* [ɐ'ɣweirɐ, -u] Rinne *f*.

aguentar [ɐɣwẽn'tar] (1a) halten, tragen, stützen; aus-, durchhalten; standhalten (*dat.*); er-, vertragen; ~ *com* aushalten (*ac.*); **~-se** durchhalten.

aguerr|ido [ɐɣə'ʀiδu] kriegsgeübt; kriegerisch; **~ir** [~'ʀir] (3c) an den Krieg gewöhnen; abhärten.

aguia ['aɣjɐ] *f* Adler *m*; *poét.* Aar *m*; *fig.* Genie *n*, Geistesgröße *f*; ~ *imperial* Reichsadler *m*; ⚘ Adlerfarn *m*.

aguieiro [ɐ'ɣjeiru] *m* Dachbalken *m*.

aguilh|ada [ɐɣi'ʎaδɐ] *f* Ochsenstachel *m*; **~ão** [~'ʎɐ̃u] *m* Stachel *m* (*a. fig.*); *respingar* (*od. dar couces*) *contra o* ~ wider den Stachel löcken; **~oada** [~'ʎwaδɐ] *f* Stich *m*; *dar* ~*s a* = **~oar** [~'ʎwar] (1f) (an-, auf-) stacheln.

agulha [ɐ'ɣuʎɐ] *f* Nadel *f*; Kompaß *m*; 🚂 Weiche *f*; ⚔ Zündnadel *f*; *zo.* Hornfisch *m*; △ *Turm*-Spitze *f*; *cabina f* (*od. posto m*) *de* ~*s* Stellwerk *n*; *trabalho m de* ~ Handarbeit *f*; *vinho m* ~ pricklige(r) Wein *m*; *ter* ~ prickeln; ~ *ferrugenta fig.* Ohrenbläser *m*.

agulh|ada [ɐɣu'ʎaδɐ] *f* Nadelstich

m; **~ão** [~'ʎɐ̃u] *m* Hornfisch *m*; ⚓ *Steuer*-Kompaß *m*; **~eiro** [~'ʎeiru] *m* Nadelschmied *m*; Nadel-büchse *f*, -kissen *n*; Öffnung *f*; 🚂 Weichensteller *m*; *~s pl.* Abflußlöcher *n/pl.*; **~eta** [~'ʎetɐ] **1.** *f* Durchziehnadel *f*; Metallspitze *f*, Stift *m*; Mundstück *n*; Strahlrohr *n*; **2.** *m* Spritzmeister *m*.

ah [a] *m* Ach *n*; Ah *n*; *~!* ach!, ah!, oh!; *~! ~!* aha!; *~! ~! ~!* haha!

ai [ai] *m* Ach *n*; *~s pl.* Ach und Weh *n*; *num ~* im Nu; *~ de* weh (*dat.*); *~!* ach!, au! (*Schmerz*); ei! (*Tadel*); *~ Jesus!* ach Gott!, herrje!

aí [ɐ'i] **1.** *m bras.* Faultier *n*; **2.** *adv.* da; *de aí = daí*; *até ~* bis dahin; *eis ~* da sehen Sie (sieh, seht), da haben Sie (hast du, habt ihr); (*eis*) *~ está* das ist's eben; *~ está porque* das ist der Grund, weshalb; *por ~* hier (herum *od.* irgendwo); *e por ~ se compreende* und so versteht man; *por ~ além* toll; *espere ~!* Moment mal!

ai-jesus [ˌaiʒə'zuʃ] *m* Liebling *m*, Augenstern *m*; *~!* ach herrje!

ainda [ɐ'ĩndɐ] noch; *~ hei-de ser rico* ich werde noch einmal reich; *~ como* ich esse noch weiter (noch mehr); *~ assim s. assim*; *~ bem* gottlob!; *~ bem que* gut, daß; *~ por cima* noch dazu; *~ quando* selbst wenn; *~ que* wenn auch.

aio ['aju] *m* Hofmeister *m*, Hauslehrer *m*; Kammerdiener *m*.

aipo ['aipu] *m* Sellerie *m*.

airado [ai'raδu] leichtsinnig; liederlich; *vida f -a* lockere(s) Leben *n*.

airoso [ai'rozu] anmutig; frisch.

aiveca [ai'vɛkɐ] *f* Streichbrett *n*.

ajaezar [ɐʒɐə'zar] (1c) anschirren; *fig.* schmücken.

ajantarado [ɐʒɐ̃ntɐ'raδu]: *almoço m ~* üppiges Mittagessen *n*.

ajardin|ado [ɐʒɐrdi'naδu] gartenartig; **~ar** [~'nar] (1a) in e-n Garten verwandeln; mit (Grün-)Anlagen versehen; bepflanzen.

ajeit|ado [ɐʒei'taδu] handlich; passend, geeignet; geschickt; *fig.* zierlich; **~ar** [~'tar] (1a) zurecht-legen, -m.; glattstreichen; besorgen; zs.-bringen; *j-n* bearbeiten; **~ar-se** *a* sich richten nach (*dat.*), sich fügen in (*ac.*); *~ com* zurechtkommen (*od.* sich abfinden) mit.

ajoelh|ado [ɐʒwɨ'ʎaδu] kniend; *ver alg. ~* j-n knien sehen; **~ar**(**-se**) [~'ʎar(sə)] (1d) (sich) (nieder)knien.

ajornalar [ɐʒurnɐ'lar] (1b) dingen; **~-se** sich verdingen.

ajouj|amento [ɐʒoʒɐ'mẽntu] *m* Verbindung *f*; ⊕ Kupplung *f*; **~ar** [~'ʒar] (1a) (zs.-)koppeln; verbinden; ⊕ kuppeln; *fig.* be-, nieder-drücken; **~ar-se** sich beugen; sich ver-einigen, -sammeln; **~o** [ɐ'ʒoʒu] *m* Koppelriemen *m*; Koppel *f*; *bras.* Auslegerboot *n*.

ajuda [ɐ'ʒuδɐ] *f* Hilfe *f* (*prestar* leisten); Bei-, Nach-hilfe *f*; Unterstützung *f*; Stütze *f*; *dar ~*(*s*) (nach-) helfen; *ir* (*vir*) *em ~* zu Hilfe kommen; *para mais ~* zudem; *~ de custo* Aufwandsentschädigung *f*.

ajud|ância *bras.* [ɐʒu'δɐ̃sjɐ] *f* Gehilfen-, Assistenten-stelle *f*; **~anta** [~'δɐ̃ntɐ] *f* Hilfe *f*, Helferin *f*; Assistentin *f*; **~ante** [~'δɐ̃ntə] *m* Gehilfe *m*; Assistent *m*; ⚔ Adjutant *m*; ⊕ Stützbalken *m*; *Meß*-Diener *m*; *Küchen*-Junge *m*; **~ar** [~'δar] (1a) (nach)helfen (*dat.*); unterstützen; **~ar-se** *de* sich helfen mit; (be)nutzen (*ac.*).

ajuiz|ado [ɐʒwi'zaδu] verständig; **~ar** [~'zar] (1q) *v/t.* (be)urteilen; halten für (*ac.*); ⚖ vor Gericht bringen; *fig.* zur Vernunft bringen; *v/i.* Vernunft annehmen; *~ de, ~ sobre* sich ein Urteil bilden über (*ac.*).

ajunt|adeira [ɐʒũntɐ'δeirɐ] *f* Schuhnäherin *f*; **~amento** [~ɐ'mẽntu] *m* An-, Ver-sammlung *f*; Verbindung *f*; Mischung *f*; *Menschen*-Auflauf *m*; *com o ~ de* unter Zusatz von; *fazer ~ de* = **~ar** [~'tar] (1a) = *juntar*; *~ ao carro* an den Wagen spannen; *~ o dia com a noite* die Nacht zum Tage m.; *v/i.* sparen.

ajurament|ação [ɐʒurɐmẽntɐ'sɐ̃u] *f* Vereidigung *f*; **~adamente** [~ˌtaδɐ'mẽntə] unter Eid; **~ar** [~'tar] (1a) vereidigen; beschwören; **~ar-se** sich verschwören.

ajust|ado [ɐʒuʃ'taδu] **1.** *adj.* passend; *fig. a.* angemessen; ♪ rein, treffsicher (*Stimme*); *~ ao corpo* anliegend; *estar ~* passen; **2.** *m* Abmachung *f*; *ir pelo ~* sich an die Abmachung halten; *não faltar ao ~* Wort halten; **~ador** ⊕ [~tɐ'δor] *m* Richtmeister *m*, Justierer *m*; Stellvorrichtung *f*; **~agem** [~'taʒɐ̃i] *f*

Richten *n*, Justieren *n*; Einstellung *f*; **~amento** [~ɐ'mẽntu] *m* Anpassung *f*; Einrichtung *f*; Abmachung *f*, Vergleich *m*; Ausgleich *m*; Abrechnung *f*; **~ar** [~'tar] (1a) **1.** *v/t.* (ein)richten, ein-, an-, zs.-passen; ⊕ *a.* justieren; einstellen, regulieren; *Hand, Ohr* legen an (*ac.*); *Verkauf* abschließen; *Preis usw.* ab-, aus-m., vereinbaren; *Vertrag* aushandeln; *Arbeiter* dingen; *Künstler* verpflichten, engagieren; ~ (*as*) *conta(s)* abrechnen (*a. fig.*); **2.** *v/i.* (zu-ea.-, zs.-)passen; ~ *bem* (*ao corpo*) dicht anliegen; **3. ~ar-se** sich einigen, sich vergleichen; sich verdingen; sich richten (nach *com*); passen (zu *a*); **~e** [ɐ'ʒuʃtə] *m* = *~amento*; ⊕ = *~agem*; ~ *de contas* Rechnungsausgleich *m*, Abrechnung *f* (*a. fig.*); *salário m por* ~ Akkordlohn *m*; *cunha f* (*roda f*) *de* ~ Stell-keil *m* (-rad *n*).

ala ['alɐ] **1.** *f* Flügel *m*; Reihe *f*; ⚔ Glied *n*; *abrir* (*od. fazer, formar*) *~s* Spalier bilden; *dar* ~ *a* freien Lauf l.; **2.** ~ *arriba!* ho ruck! (*Fischerruf*).

alabarda [ɐlɐ'βarðɐ] *f* Hellebarde *f*.

alabastr|ino [~βɐʃ'trinu] Alabaster-...; **~o** [~'βaʃtru] *m* Alabaster *m*.

alabregado [~βrə'ɣaðu] bäurisch.

ala|da [ɐ'laðɐ] *f* Flügelschlag *m*; **~o** [~u] ge-, be-flügelt; *fig.* beschwingt.

alag|ação *bras.* [ɐlɐɣɐ'sɐ̃u] *f* Überschwemmung *f*; **~adiço** [~ɐ'ðisu] sumpfig; **~ado** [~'ɣaðu] (trief)naß; *blut-, schweiß*-überströmt; **~ar** [~'ɣar] (1o; *Stv.* 1b) unter Wasser setzen; überschwemmen; versenken; *mit Wasser usw.* übergießen, *mit Erde usw.* bedecken; wegschwemmen, zerstören, niederreißen; *fig.* verschwenden; ruinieren; **~ar-se** sich in e-n See verwandeln; untergehen; naß w.; einstürzen.

alamar [ɐlɐ'mar] *m* Litze *f*; *~es pl.* Schnüre *f/pl.*; **~ado** [~mɐ'raðu] (mit Schnüren) besetzt.

alambaz|ado [ɐlẽmbɐ'zaðu] gefräßig; feist.

alambi|car [~bi'kar] (1n) destillieren; *fig.* ausklügeln; drechseln; **~car-se** geziert, geschraubt w. (*od.* tun); **~que** [~'bikə] *m* Destillierapparat *m*; Retorte *f* (*a. fig.*).

alameda [ɐlɐ'meðɐ] *f* (Pappel-) Allee *f*, (-)Wäldchen *n*; Park *m*.

álamo ['alɐmu] *m* Espe *f*; ~ *branco* Silberpappel *f*.

alancear [ɐlẽ'sjar] (1l) verletzen.

alanhar [ɐlɐ'ɲar] (1a) aufschlitzen; zerfetzen; peitschen; *fig.* verletzen.

alano [ɐ'lɐnu] *m* **a)** Alane *m*; **b)** = *alão*.

alanzoar [ɐlẽ'zwar] (1f) schwadronieren.

alão [ɐ'lɐ̃u] *m* Bullenbeißer *m*.

alap(ard)ar-se [ɐlɐp(ɐr'ð)arsə] (1b) sich (nieder)ducken; sich verstecken.

alar [ɐ'lar] (1b) hissen; erheben; hochziehen; **~-se** aufsteigen.

alaranjado [ɐlɐrẽ'ʒaðu] orange (-farben); Apfelsinen...

alard|e [ɐ'lardə] *m* Prahlerei *f*; Ruhm(estitel) *m*; Renommierstück *n*; *fazer* ~ *de* großtun mit; **~ear** [ɐlɐr'djar] (1l) **a)** zur Schau tragen; prahlen mit; **b)** = *lardear*.

alarg|ador [ɐlɐrɣɐ'ðor] *m* ⊕ Reibahle *f*; Krauskopf *m*; **~amento** [~ɐ'mẽntu] *m* Erweiterung *f*; Verbreiterung *f*; Ausdehnung *f*; Lokkerung *f*; **~ar** [~'ɣar] (1o; *Stv.* 1b) **1.** *v/t. u. v/i. Enges*: (sich) erweitern, (sich) dehnen; *Schmales*: (sich) verbreitern; *Spannung*: (sich) lockern; *in Raum und Zeit* (sich) ausdehnen; ~ *a bolsa* in den Geldbeutel greifen; ~ *a língua* s-r Zunge freien Lauf l.; ~ *a mão* zu weit gehen; ~ *o passo* e-n Schritt dazu tun; ⚔ ~ *passo!* ohne Tritt!; **2. ~ar-se** *fig.* sich verbreiten; sich entfernen; ~ *em* sich *in Schulden* stürzen; *viel Geld* ausgeben.

alarido [ɐlɐ'riðu] *m* Geschrei *n*, Lärm *m*; *fazer* (*causar*) ~ *fig.* Staub aufwirbeln.

alarma [ɐ'larmɐ] *m* = *alarme*.

alarm|ante [ɐlɐr'mẽntə] beunruhigend; **~ar** [~'mar] (1b) alarmieren; *fig.* beunruhigen, in Aufregung versetzen (*~-se* geraten); **~e** [ɐ'larmə] *m* Alarm(vorrichtung *f*) *m*; Unruhe *f*, Aufregung *f*; *falso* ~ blinder Lärm *m*; *dar o sinal de* ~ Alarm blasen, Lärm schlagen; 🚂 *sinal m de* ~ Notbremse *f*; **~ista** [~'miʃtɐ] *m* Gerüchtemacher *m*.

alarv|ado [ɐlɐr'vaðu] bäurisch, roh; plump; **~aria** [~ɐ'riɐ] *f* Tölpelei *f*; Gefräßigkeit *f*; **~e** [ɐ'larvə] *m fig.*

Bauer *m*, Grobian *m*; Tölpel *m*; Vielfraß *m*; **~ice** [~'visə] *f* = *~aria*.

alastr|adeira [ɐlɐʃtrɐ'ðeirɐ] *f*: *planta ~* Kriechpflanze *f*; **~ador**, **~ante** [~ɐ'ðor, ~'trẽntə] schleichend, fressend; **~amento** [~ɐ'mẽntu] *m* Ausbreitung *f*; **~ar** [~'trar] (1b) *v/t.* = *lastrar*; *fig.* bestreuen, bedecken; *v/i. u.* **~ar-se** sich ausbreiten, um sich greifen (in [*dat.*] *por*); weiterfressen (*Geschwür*); einreißen (*Unsitte*); *~ a* übergreifen auf (*ac.*).

alaúde [ɐlɐ'uðə] *m* Laute *f*.

alavanca [ɐlɐ'vẽŋkɐ] *f* Hebel *m* (*de comando* Stell-, *de governo* Steuer-); *~ de ferro* Brecheisen *n*.

alazão [ɐlɐ'zẽu] *m* (*u. adj. cavalo ~*) Fuchs *m*; *~ requeimado* Rot-, *~ rocilho* Licht-, *~ tostado* Kohlfuchs *m*.

albanês [alβɐ'neʃ] **1.** *adj.* albanisch; **2.** *m*, **-esa** *f* Albaner(in *f*) *m*.

albarda [al'βardɐ] *f* Packsattel *m*.

albard|ão [alβɐr'dẽu] *m* Saumsattel *m*; *bras.* Bergkette *f*; *Berg*-Sattel *m*; **~ar** [~'dar] (1b) den Packsattel auflegen, satteln; *fig. j-n* unterkriegen; P unmöglich anziehen; *Arbeit* hinsudeln; *cul.* in Ei wälzen; **~eiro** [~'deiru] **1.** *adj.*: *agulha f -a* Sattlernadel *f*; **2.** *m* (Saum-)Sattler *m*; *fig.* P Pfuscher *m*.

albatroz [alβɐ'trɔʃ] *m* Albatros *m*.

alberg|ar [alβər'gar] (1o; *Stv.* 1c) beherbergen; *v/i. u.* **~ar-se** herbergen; einkehren; **~aria** [~ɐ'riɐ] *f* Herberge *f*, Gasthaus *n*; Hospiz *n*.

alber|gue [al'βɛrgə] *m* Hospiz *n*, Asyl *n*; Herberge *f*; *~ nocturno* Schlafstätte *f*; **~gueiro**, **~guista** [alβər'geiru, ~'giʃtɐ] *m* Herbergsvater *m*, Gastwirt *m*.

albornoz [alβur'nɔʃ] *m* Burnus *m*.

albufeira [alβu'feirɐ] *f* **a**) Lagune *f*; ⊕ Talsperre *f*; Staubecken *n*; **b**) Olivenwasser *n*.

álbum ['alβũ] *m* *Poesie-*, *Photo-*Album *n*; Stammbuch *n*.

albumina ⚗ [alβu'minɐ] *f* Eiweiß *n*.

albumin|ado [~mi'naðu] eiweißhaltig; **~ato** [~'natu] *m* Eiweißverbindung *f*; **~óide** [~'nɔiðə] **1.** *adj.* Eiweiß...; **2.** *~s m/pl.* Eiweißkörper *m/pl.*; **~oso** [~'nozu] = *~ado*; **~úria** [~'nurjɐ] *f* Brightsche Nierenkrankheit *f*.

alburno [ɐl'βurnu] *m* Splint(holz *n*) *m*.

alça ['alsɐ] *f* *Hemden*-Träger *m*; *Topf*-Henkel *m*, Anfasser *m*; Öse *f*; ⚓ Stagring *m*; *allg.* Unterlage *f*; *~ de mira* (Blatt-)Visier *n*; Kimme *f*.

alcá|çar, **~cer** [al'kasar, ~sɛr] *m* *hist.* Burgschloß *n*, Alkazar *m*.

alcachofra [~kɐ'ʃofrɐ] *f* Artischocke *f*.

alcáçova [~'kasuvɐ] *f* Burg *f*; ⚓ *hist.* Achterkastell *n*.

alcaçuz [alkɐ'suʃ] *m* Süßholz *n*; Lakritze *f*.

alçada [al'saðɐ] *f* Macht(bereich *m*) *f*; Zuständigkeit *f*; *não é da minha ~* dafür bin ich nicht zuständig; *estar debaixo da ~ de alg.* j-m (*od.* j-s Machtbereich) unterstehen.

alçado [~'saðu] *m* Aufriß *m*.

alcaide [al'kaiðə] *m* *spanischer* Alkalde *m*; † Burgvogt *m*; Gerichtsdiener *m*; *bras.* Plunder *m*; Klepper *m*; Vogelscheuche *f*.

álcali ['alkɐli] *m* Alkali *n*.

alcal|in(iz)ar [alkɐlin(iz)'ar] (1a) alkalisieren; **~ino** [~'linu] laugig, laugenartig; alkalisch; *sal m ~* Laugensalz *n*; **~óide** [~'lɔiðə] *m* Alkaloid *n*.

alcanç|adiço [alkẽsɐ'ðisu] leicht erreichbar; **~ado** [~'saðu] verschuldet; *~ em meios* verarmt; **~ar** [~'sar] (1p) **1.** *v/t.* erreichen; einholen; erlangen, bekommen; reichen bis; *j-m et.* verschaffen; sehen; begreifen; kennen(lernen), erleben; *~ um quilómetro* e-n Kilometer weit reichen (*od.* tragen); *tudo quanto a vista alcança* soweit das Auge reicht; **2.** *v/i.* (hin)reichen; *~ a fazer a/c.* dazu kommen et. zu tun; et. tun können; **3.** **~ar-se** *uns aos outros* rasch aufea. folgen, ea. jagen; *~ em* unterschlagen (*ac.*)

alcance [~'kẽsə] *m* Reichweite *f*; Tragweite *f* (*a. fig.*); Sicht-, Hörweite *f*; Bereich *m*; Fassungskraft *f*; Fehlbetrag *m*; Unterschlagung *f*; *~ visual* Sehschärfe *f*; *ao ~ de* erreichbar für, zugänglich (*dat.*); *ao ~ de todos* leichtverständlich; *ao ~ da bala* (*da voz*) in Schuß- (Ruf-)weite; *de (grande) ~* weittragend; Fern...; *estar fora do ~ de* unfaßbar (*od.* uner-reichbar, -schwinglich) sn (*dat. od.* für); *pôr ao ~ de* zugänglich m. (*dat.*); *ir no(s) ~(s) de* (auf dem Fuße) folgen (*dat.*); *ter outro ~* auf et. anderes abzielen.

alcandor|ado [~kẽndu'raδu] hoch (-sitzend, -liegend); ~ *em* oben auf (*dat.*); **~ar-se** [~'rarsə] (1e): ~ *em* sich setzen (*od.* stellen) auf (*ac.*); sich erheben zu.
alcantil [~kẽn'tił] *m* Steilufer *n*; Klamm *f*; Steilhang *m*; Fels *m*; *Berg*-Zinne *f*; **~ado, ~oso** [~kẽnti'laδu, ~'lozu] (hoch)ragend; steil abfallend; tief eingeschnitten; felsig.
alçapão [~sɐ'pɐ̃u] *m* Falltür *f*; Bodenklappe *f*; ~ (*falso*) Falle *f*.
alcaparra [~kɐ'paʀɐ] *f* Kapernstaude *f*; Kaper *f*.
alça|pé [~sɐ'pɛ] *m* Fußangel *f* (*für Vögel*); *fig.* Fallstrick *m*; **~-perna** [~'pɛrnɐ] *f* Beinstellen *n*; **~prema** [~'prɛmɐ] *f* Brecheisen *n*; *cir.* Zahnzange *f*; **~premar** [~prə'mar] (1d) heben; *fig.* erheben; quälen.
alçar [~'sar] (1p) (hoch)heben, in die Höhe halten; auf-, er-richten; *fig.* erheben; *j-n* erhöhen; preisen; *Segel* hissen; *Land* umpflügen; *Strafe usw.* (zeitweilig) aufheben, aussetzen; ~ *a voz fig.* sich auflehnen; **~-se** aufsteigen; sich auflehnen; *fig.* sich überheben; *bras.* durchgehen (*Vieh*).
alcaravão [~kɐrɐ'vɐ̃u] *m* Rohrdommel *f*.
alcaravia [~'viɐ] *f* Feldkümmel *m*.
alcateia [~kɐ'tɐiɐ] *f* Rudel *n*; Bande *f*, Schar *f*; *estar de* ~ auf der Hut sn.
alcatif|a [~kɐ'tifɐ] *f* Teppich *m*; **~ar** [~ti'far] (1a) (mit Teppichen) aus- (*od.* be-)legen; bedecken.
alcatra [~'katrɐ] *f* Schwanzstück *n*.
alcatr|ão [~kɐ'trɐ̃u] *m* Teer *m*; ~ *vegetal* Holzteer *m*; **~oado** [~'trwaδu] teerig; *papelão m* ~ Dachpappe *f*; *sabonete m* ~ Teerseife *f*; **~oar** [~'trwar] (1f) teeren; asphaltieren.
alcatruz [~kɐ'truʃ] *m* Bagger-, Schöpf-eimer *m*.
alce ['ałsə] *m* Elch *m*, Elen *n*.
alcear [ał'sjar] (1l) unterlegen, richten.
alcião [ał'sjɐ̃u] *m* Eisvogel *m*.
alcofa [ał'kofɐ] **1.** *f* Henkelkorb *m*; **2.** *su.* Kuppler(in *f*) *m*.
álcool ['ałkwɔł] *m* Alkohol *m*; ~ (*desnaturado*) (Brenn-)Spiritus *m*; ~ *canforado* Kampferspiritus *m*; ~ *amílico* Amyl-, ~ *etílico* Äthyl-, ~ *metílico* Methyl-alkohol *m*; ~ *solificado* Trockenspiritus *m*; ~ *vínico* Weingeist *m*.
alcoó|latra [ał'kwɔlɐtrɐ] **1.** *su.* Trinker(in *f*) *m*; *asilo m para* ~*s* Trinkerheilanstalt *f*; **2.** *adj.* trunksüchtig; **~lico** [~liku] **1.** *adj.* alkoholisch; **2.** *m*, **-a** *f* Alkoholiker(in *f*) *m*.
alcool|ismo [ałkwu'liʒmu] *m* Alkoholismus *m*, Trunksucht *f*; **~izado** [~li'zaδu] betrunken; *um tanto* ~ benebelt; **~izar** [~li'zar] (1a) rektifizieren; alkoholisieren; mit Alkohol versetzen; *fig.* unter Alkohol setzen; **~izar-se** *fig.* sich betrinken.
alcorão [~ku'rɐ̃u] *m* Koran *m*.
alcorça [~'korsɐ] *f* Zuckerguß *m*.
alcova [~'kovɐ] *f* Alkoven *m*; *fig.* Schlupfwinkel *m*.
alcovit|ar [~kuvi'tar] (1a) (ver-)kuppeln; *allg.* verführen; *v/i.* Kuppelei treiben; *allg.* intrigieren; klatschen; **~aria** [~ɐ'riɐ] *f* Kuppelei *f*; Zuhälterei *f*; **~(eir)ice** [~(eir)'isə] *f* Klatscherei *f*, Intrige *f*; = ~*aria*; **~eiro** *m*, **-a** *f* [~'teiru, -ɐ] Kuppler(in *f*) *m*, Hurenwirt(in *f*) *m*; Zuhälter *m*; *fig.* Klatschbase *f*; Intrigant(in *f*) *m*.
alcunh|a [~'kuɲɐ] *f* Spitz-, Spottname *m*; Beiname *m*; **~ado** [~ku'ɲaδu] mit dem Spitz- (*od.* Bei-)namen; **~ar** [~ku'ɲar] (1a): ~ *alg. de* ... j-m den Spitz- (*od.* Bei-)namen ... geben, j-n ... nennen.
ald|eano [ał'djɐnu] *m* = **~eão** *m*, **~eã** *f* [~'djɐ̃u, ~'djɐ̃] **1.** *su.* Dörfler (-in *f*) *m*; *allg.* Bauer *m*, Bäuerin *f*; **2.** *adj.* dörflich, ländlich, bäurisch; **~eia** [~'deiɐ] *f* Dorf *n*; *na* (*para a*) ~ auf dem (aufs) Land; **~eola, ~eota** [~'djɔlɐ, -tɐ] *f* Dörfchen *n*, Weiler *m*.
aldraba, -va [ał'draβɐ, -vɐ] *f* (Tür-)Drücker *m*; Klopfer *m*.
aldrab-, aldrav|ada [ałdrɐ'β-, ałdrɐ'vaδɐ] *f* Schlag *m* (mit dem Klopfer); **~ão** *m*, **~ona** *f* [~ɐ̃u, ~onɐ] *fig.* P Pfuscher(in *f*) *m*; Schwindler(in *f*) *m*; **~ar** [~ar] (1b) versperren; (an)klopfen (an [*ac.*] *a*, *em*); *fig.* P hinsudeln; (be)schwindeln; quasseln; **~ice** [~isə] *f* P Schwindel *m*; Pfuscherei *f*.
aleatório [ɐljɐ'tɔrju] vom Zufall abhängig; zufällig; *contrato* ~ Vertrag *m* mit Zufallsklausel.
alecrim ⚘ [ɐlə'krĩ] *m* Rosmarin *m*.
aleg|ação [ɐləγɐ'sɐ̃u] *f* Anführung *f*; Behauptung *f*; Darlegung *f*; Be-

gründung *f* (*a.* ⚖); -ões *pl. finais* (Schluß-)Plädoyer *n*; **~ante** [~'ɣẽntə]: *partes f/pl.* ~*s* streitende(n) Parteien *f/pl.*; **~ar** [~'ɣar] (1o; *Stv.* 1c) *Stelle, Tatsache* anführen, sich berufen auf (*ac.*); *Beweisgründe* vorbringen; *Sachverhalt* darlegen; *v/i.* behaupten; argumentieren.

aleg|oria [~ɣu'riɐ] *f* Sinnbild *n*; **~órico** [~'ɣɔriku] sinnbildlich; **~orizar** [~uri'zar] (1a) versinnbildlichen.

alegr|ão [ɐlə'ɣrɐ̃u] *m* F Heidenspaß *m*; **~ar** [~ar] (1o; *Stv.* 1c) (er-)freuen; auf-, er-heitern; verschönern; erfrischen (*Regen, Tau*); *Mauerfugen* ausputzen; F anheitern (*Alkohol*); *taur.* reizen; *v/i.* froh m.; **~ar-se** sich freuen; F sich einen antrinken; **~e** [ɐ'lɛɣrə] froh; fröhlich, heiter, lustig; angeheitert (*v. Alkohol*); frei, locker (*Anekdote, Lebenswandel*); *festas* ~*s!* frohe Festtage!; **~ete** [ɐlə'ɣretə] **1.** *adj.* fröhlich, lustig; F angeheitert; **2.** *m* (Blumen-)Beet *n*; **~ia** [~'ɣriɐ] *f* Freude *f*; Fröhlichkeit *f*, Heiterkeit *f*; Belustigung *f*; ⚘ Sesam *m*; **~o** ♪ [ɐ'lɛɣru] *m* Allegro *n*.

aleij|ado [ɐlei'ʒaðu] *m* Krüppel *m*; **~amento, ~ão** [~ʒɐ'mẽntu, ~'ʒɐ̃u] *m* Verstümmelung *f*; Verkrüppelung *f*; Gebrechen *n*; Fehler *m*; Scheusal *n*; **~ar** [~'ʒar] (1a) verstümmeln (*a. fig.*), verkrüppeln; verletzen.

aleiloar [~'lwar] (1f) versteigern.

aleit|amento [~tɐ'mẽntu] *m* Milchernährung *f*; **~ar** [~'tar] (1a) Milch geben (*dat.*); mit Milch großziehen (*od.* ernähren).

aleiv|e [ɐ'leivə] *m* = **~osia** [ɐleivu'ziɐ] *f* Heimtücke *f*; Verleumdung *f*; Verrat *m*; **~oso** [~'vozu] heimtückisch, falsch.

aleluia [ɐlə'lujɐ] *f* Halleluja *n*, Lobgesang *m*; Jubel(gesang) *m*; Osterzeit *f*; ⚘ Sauerampfer *m*; *Sábado m de* ~ Karsamstag *m*.

além [ɐ'lɐ̃i] da drüben, dahinten; ~ *de* jenseits (*gen.*); außer (*dat.*); ~ *disso*, ~ *de* (*od. do*) *que*, ~ *do mais* außerdem; ~ *de sessenta* über sechzig; *para* ~ *de* über (... hinüber, -aus); *passar* ~ darüber hinweggehen; = *ir* ~ weiter- (*od.* hinaus-)gehen (über [*ac.*] *de*); *isso está* ~ *das minhas forças* das geht über meine Kräfte; *de* ~ jenseitig; *o* ~ das Jenseits.

alem|ã [ɐlə'mɐ̃] *s.* ~*ão*; **~ânico** [~'mɐniku] alemannisch; **~anismo** [~ɐ'niʒmu] *m* Deutschheit *f*, deutsche(s) Wesen *n*; **~ão** [~'mɐ̃u] **1.** *adj.* deutsch; **2.** *m*, -*ã f* Deutsche(r *m*) *m, f*; **3.** *m* Deutsch *n*; *alto* ~ (*moderno*) (Neu-)Hochdeutsch *n*; *baixo* ~ Nieder-, Platt-deutsch *n*.

além-mar [ɐlɐ̃i'mar] **1.** *adv.* in (*od.* nach) Übersee; **2.** *m* Übersee *f*.

alent|ado [ɐlẽn'taðu] stark; mutig; **~ador** [~ɐ'ðor] herzerhebend; **~ar** [~'tar] (1a) *v/t.* stärken, ermutigen; *v/i.* atmen; **~ar-se** Mut fassen.

alentejano [~tə'ʒɐnu] **1.** *adj.* aus dem Alentejo; **2.** *m* Alentejaner *m*.

alento [ɐ'lẽntu] *m* Hauch *m*, Atem *m*; Kraft *f*, Stärke *f*; Mut *m*, Tüchtigkeit *f*; Stärkung *f* (*Speise, Trank*); ~*s pl.* Nüstern *f/pl.*; *tomar* ~ Atem holen, aufatmen; *cobrar* ~ zu Atem kommen, Mut fassen; *o último* ~ der letzte Hauch (*od.* Atemzug).

alergia [ɐlər'ʒiɐ] *f* Allergie *f*, Überempfindlichkeit *f*.

alérgico [ɐ'lɛrʒiku] allergisch.

alerta [ɐ'lɛrtɐ] **1.** *adv.* wachsam, aufmerksam; auf der Hut; ~*!* Achtung!; **2.** *m* Alarm *m* (*tocar* blasen); **~r** [ɐlər'tar] (1c) alarmieren, beunruhigen.

aleta [ɐ'letɐ] *f* ⊕ Rippe *f*; ✈ Klappe *f*; ⚠ Joch *n*; *anat.* Nasenflügel *m*.

aletria [ɐlə'triɐ] *f* Fadennudeln *f/pl.*

alexandrino [ɐləʃɐ̃n'drinu] **1.** *adj.* alexandrinisch; **2.** *m* Alexandriner *m*.

alfa ['ałfɐ] *m* Alpha *n*; *o* ~ *e* (*o*) *ômega* Anfang und Ende.

alfabet|ação [ałfɐβətɐ'sɐ̃u] *f* alphabetische Ordnung *f*; Be- (*od.* Aus-)zeichnung *f* mit Buchstaben; **~ar** [~'tar] (1c) alphabetisch ordnen; mit Buchstaben be- (*od.* aus-)zeichnen.

alfabético [~'βɛtiku] alphabetisch.

alfabet|izar [~βəti'zar] (1a) Lesen u. Schreiben lehren; *allg.* einschulen; **~o** [~'βɛtu] *m* Alphabet *n*; Abc(-Buch) *n*.

alfac|e [ał'fasə] *f* (Kopf-)Salat *m*; *fresco como uma* ~ F frisch wie ein junger Gott; **~inha** [~fɐ'siɲɐ] *f* Lissabonner(in *f*) *m* (*eigtl. Salatesser*).

alfafa [ał'fafɐ] *f* Luzerne *f*; Klee *m*.

alfageme [~fɐ'ʒɛmə] *m* Waffenschmied *m*.

alf|aia [aɫ'fajɐ] *f* Gerät *n*; *fig.* **~s** *pl.* Schmuck *m*; **~aiar** [~ɐ'jar] (1b) ausstatten; *fig.* schmücken.
alfaiat|aria [~fɐjɐtɐ'riɐ] *f* Schneiderei *f*; **~e** [~fɐ'jatə] *m* Schneider *m*.
alfândega [~'fɐ̃ndəɣɐ] *f* Zollamt *n*.
alfandeg|agem [aɫfɐ̃ndə'ɣaʒɐ̃i] *f* = **~amento** *bras.* [~ɐ'mɐ̃ntu] *m* Zollabfertigung *f*, -aufbewahrung *f*; **~ar** [~'ɣar] (1o; *Stv.* 1c) verzollen; zollamtlich abfertigen (*od.* einlagern); zur Zollstation m.; **~ário** [~'ɣarju] Zoll..., *direitos m/pl.* **~s** Zoll *m*.
alfanje [aɫ'fɐ̃ʒə] *m* Krummsäbel *m*.
alfarr|ábio [~fɐ'ʀaβju] *m* Schmöker *m*; **~abista** [~ʀɐ'βiʃtɐ] *m Buch-*Antiquar *m*; (*loja f de*) **~** Antiquariat *n*.
alfarroba [aɫfɐ'ʀoβɐ] *f* Johannisbrot *n*.
alfavaca [~'vakɐ] *f* Basilienkraut *n*.
alfazema [~'zemɐ] *f* Lavendel *m*.
alféloa [aɫ'fɛlwɐ] *f* Zuckerguß *m*.
alfenide [~fə'niðə] *m* Neusilber *n*.
alfenim [~fə'nĩ] *m* Zuckerwerk *n*; *fig.* Zimperling *m*.
alferça *f*, **-ce** *m* [~'fɛrsɐ, -sə] Hacke *f*.
alferes [~'fɛrɨʃ] *m* Fähnrich *m*; *fazer pé de* **~** den Hof m.
alfinet|ada [~finə'taðɐ] *f* (Nadel-) Stich *m* (*a. fig.*); **~ar** [~'tar] (1c) feststecken; *Beule* aufstechen; *fig.* sticheln; **~e** [~fi'netə] *m* Stecknadel *f*; (Ansteck-)Nadel *f*, Brosche *f*; Hutnadel *f*; *zo.* Kornwurm *m*; **~s** *pl.* Nadelgeld *n*; **~** *de segurança* Sicherheitsnadel *f*; *fechar* (*prender*) *com* **~** zu- (fest-, zs.-)stecken; **~eira** [~'teirɐ] *f* Nadel-büchse *f*, -kissen *n*.
alfobre [~'foβrə] *m* Mistbeet *n*.
alfombra [~'fõmbrɐ] *f* Teppich *m* (*a. fig.*); **~do** [~fõm'braðu]: *terreiro m* **~** Rasen-fläche *f*, -platz *m*; **~r** [~'brar] (1a) = *alcatifar*.
alforj|ada [~fur'ʒaðɐ] *f* Sack(voll) *m*; **~ar** [~'ʒar] (1e) einsacken; einstecken (*a. fig.*); **~e** [~'fɔrʒə] *m* Quersack *m*; Ranzen *m*; *a* **~s** sackweise.
alforra ✓ [~'foʀɐ] *f* Meltau *m*.
alforr|ia [~fu'ʀiɐ] *f* Freigabe *f*; *allg.* Freiheit *f*; *carta f de* **~** Freibrief *m*; *dar carta de* **~** = **~iar** [~'ʀjar] (1g) freigeben; loskaufen; befreien.
alfurja [~'furʒɐ] *f* Spelunke *f*; Hinterhof *m*.
alg|a ['aɫɣɐ] *f* Alge *f*; **~s** *pl.* Tang *m*; **~áceo** [aɫ'ɣasju] algenartig.
algália [aɫ'ɣaljɐ] *f* **a)** ⚕ Katheter *m*; **b)** Bisam *m*; Zibetkatze *f*.
algaliar [~ɣɐ'ljar] (1g): **~** *a bexiga* e-n Katheter ansetzen.
algarav|ia [~ɣɐrɐ'viɐ] *f* arabische Sprache *f*; *fig.* Kauderwelsch *n*; = **~iada** [~'vjaðɐ] *f* Stimmengewirr *n*; Geschrei *n*; **~iado** [~'vjaðu] wirr, unverständlich; **~iar** [~'vjar] (1g) kauderwelschen.
algarismo [~ɣɐ'riʒmu] *m* Ziffer *f*; Zahl *f*.
algarv|iense, ~io [~ɣɐr'vjẽsə, -'viu] **1.** *adj.* aus dem Algarve, algarvisch; **2.** *su.* Algarve *m*, Algarvin *f*.
algazarra [~ɣɐ'zaʀɐ] *f* Lärm *m*, Radau *m*; Freudengeheul *n*, Hallo *n*.
álgebra ['aɫʒəβrɐ] *f* Algebra *f*.
algébrico [aɫ'ʒɛβriku] algebraisch.
algem|a [~'ʒemɐ] *f* Handschelle *f*; *allg. u. fig.* Fessel *f*; **~ar** [~ʒə'mar] (1d) Handschellen anlegen; fesseln.
algeroz [~ʒə'rɔʃ] *m* Traufe *f*.
algibebe [~ʒi'βɛβə] *m* Konfektionsschneider *m*, Kleiderhändler *m*.
algibeira [~ʒi'βeirɐ] *f Kleider-*Tasche *f*; *pergunta f de* **~** verfängliche Frage *f*; *ciência f de* **~** Halbwissen *n*; *andar de mãos na* **~** müßig gehen; *meter os pés* (*od. as mãos*) *na* **~** *j-n* zum besten haben.
álgido ['aɫʒiðu] eisig, kalt; Eis...
algo ['aɫɣu] **1.** *pron.* etwas; **~** *de belo* etwas Schönes; **2.** *adv.* ein wenig; **3.** *m* Habe *f*; *homem m de* **~** reiche(r) Mann *m*; *filho m de* **~** † Adlige(r) *m*.
algod|ão [aɫɣu'ðɐ̃u] *m* Baumwolle *f*; ⚘ Flaum *m*; *met.* Haufenwolke *f*; **~** *em rama* Rohbaumwolle *f*, ⚕ Watte *f*; **~** *hidrófilo* Wundwatte *f*; (*tecido m de*) **~** *cru* Nesseltuch *n*; **~ão-pólvora** [~'pɔlvurɐ] *m* Schießbaumwolle *f*; **~oado** [~'ðwaðu] watteartig; **~oar** [~'ðwar] (1f) wattieren; **~oeiro** [~'ðweiru] **1.** *adj.* Baumwoll...; **2.** *m* Baumwollstaude *f*.
algoz [~'ɣɔʃ] *m* Henker *m*, Folterknecht *m*; Unmensch *m*.
alguém [aɫ'ɣɐ̃i] jemand.
alguergue [~'ɣɛrɣə] *m* Mosaikstein *m*.
alguidar [~ɣi'ðar] *m tiefe* Schüssel *f*.
algum, ~a [aɫ'ɣũ, aɫ'ɣumɐ] **1.** *pron.* (irgend)eine(r, -s); **2.** *adj.* (irgend-) ein(e); ein wenig, etwas; **~a** *coisa* etwas; **~** *dia* eines Tages; **~** *tanto* ein bißchen; **~** *tempo* einige Zeit;

~a vez einmal; *in negativen Sätzen*: kein(e), keinerlei; *de maneira* (*od. forma*) *~a, de modo ~* keineswegs; *alguns, -mas* einige, manche; *~as vezes* manchmal; *alguns quinhentos* etwa fünfhundert; **3. ~a** *f* e-e Dummheit *f*; *fizeste ~?* hast du etwas angestellt?

algures [~ˈɣuriʃ] irgendwo(hin); *de ~* irgendwoher.

alhada [ɐˈʎaðɐ] *f* Knoblauchgericht *n*; *fig.* dumme Geschichte *f*.

alhe|ação [ɐʎjɐˈsɐ̃u] *f* = *alienação*; **~ado** [ɐˈʎjaðu] geistesabwesend; außer sich, selbstvergessen; **~amento** [~ɐˈmẽntu] *m* Entfremdung *f*; Entziehung *f*; Abwendung *f*; *bsd.* Geistesabwesenheit *f*; = *alienação*; *manifestar ~ em inf.* sich weigern (*od.* davon Abstand nehmen) zu; **~ar** [ɐˈʎjar] (1l) entfremden; entfernen; abwenden; *j-m ein Recht usw.* entziehen; = *alienar*; **~ar-se** (in Gedanken) versinken; *~ (de si)* außer sich geraten, sich selbst vergessen; **~ável** [ɐˈʎjavɛɫ] = *alienável*.

alheio [ɐˈʎeiu] **1.** *adj.* fremd; *~ de* entfernt (*od.* fern) von; unvereinbar mit; abhold (*gen.*); unbekannt mit; *estar ~ a* nichts zu tun h. mit; nicht achtgeben auf (*ac.*); *~ ao mundo* welt-fremd, -abgewandt; *~ de si* geistesgestört; = *alheado*; *meter-se com a vida -a* sich in fremde Angelegenheiten mischen; **2.** *m* fremde(s) Eigentum *n*; *amigo m do ~* Dieb *m*.

alheira [ɐˈʎeirɐ] *f* Knoblauchwurst *f*.

alheta [ɐˈʎetɐ] *f* ⊕ Rippe *f*; = *encalço*.

alho [ˈaʎu] *m* Knoblauch *m*; *dente m de ~* Knoblauchzehe *f*; *cabeça f de ~ chocho* F zerstreute(r) Professor *m*; *misturar ~s com bugalhos* alles durchea.-werfen; *contente como um ~* F quietschvergnügt; *ser um ~* schlau sn; **~-porro** [~ˈpoʀu] *m* Lauch *m*.

ali [ɐˈli] da; (da)hin; *por ~* da herum; *para ~* dahin; *de ~* = *dali*.

ali|ado [ɐˈljaðu] *m* Verbündete(r) *m*, Alliierte(r) *m*; **~ança** [ɐˈljɐ̃sɐ] *f* Bündnis *n* (*contrair* schließen); Bund *m*; Verbindung *f*; *~ (de casamento)* Trauring *m*; *~ de noivado* Verlobungsring *m*; *fazer ~ com* sich verbünden mit; **~ar** [~ar] (1g) verbinden; **~ar-se** sich verbünden; sich zs.-tun; sich anschließen.

aliás [ɐˈljaʃ] *adv.* übrigens; sonst; ohnehin; *als Verbesserungsformel*: beziehungsweise.

alicate [ɐliˈkatə] *m* (Draht-)Zange *f*; *~ combinado* Kombinationszange *f*; *~ para tubos* Rohrzange *f*; *~ de unhas* Nagelschere *f in Zangenform*.

alicer|çar [~sərˈsar] (1p; *Stv.* 1c) (be)gründen; **~ce(s)** [~ˈsɛrsə(ʃ)] *m* (*pl.*) Unterbau *m*; Grundlage *f*; *lançar os ~s* den Grundstein legen.

alici|ação [~sjɐˈsɐ̃u] *f* Verführung *f*; **~ar** [~ˈsjar] (1g) (an sich, an)locken; *~ a, ~ para* verlocken (*od.* F beschwatzen) zu; locken in (*ac.*), nach; **~ente** [~ˈsjẽntə] **1.** *adj.* verlockend, verführerisch; **2.** *m* Lockmittel *n*; Lockung *f*.

alidade [~ˈðaðə] *f* Diopter *m*.

alien|abilidade [ɐljenɐβəliˈðaðə] *f* Veräußerungsrecht *n*; Übertragbarkeit *f*; **~ação** [~ɐˈsɐ̃u] *f* Veräußerung *f*; Übertragung *f*, Abtretung *f*; Entfremdung *f*; Geisteskrankheit *f*; *~ mental* geistige Umnachtung *f*; **~ado** [~ˈnaðu] **1.** *adj.* zerrüttet; geisteskrank; **2.** *m* Geisteskranke(r) *m*; *hospício m de ~s* Irrenanstalt *f*; **~ador** [~ɐˈðor] *m* Veräußerer *m*; **~amento** [~ɐˈmẽntu] *m* = *~ação*; *~ (dos sentidos)* Verzückung *f*; **~ar** [~ˈnar] (1d) veräußern; abtreten, übertragen; außer sich bringen, verrückt m.; = *alhear*; **~ar-se** außer sich geraten; wahnsinnig w.; **~atário** [~ɐˈtarju] *m* Erwerber *m*, Empfänger *m*; **~ável** [~ˈnavɛɫ] veräußerlich; übertragbar; **~ígena** [~ˈniʒənɐ] **1.** *adj.* fremd; **2.** *su.* Ausländer(in *f*) *m*.

aligeirar [ɐliʒeiˈrar] (1a) erleichtern; mildern; *Schritt* beschleunigen; **~-se** schneller fließen.

alígero [ɐˈliʒəru] ge-, be-flügelt; leichtbeschwingt.

alij|ação *f*, **~amento** *m* [ɐliʒɐˈsɐ̃u, ~ɐˈmẽntu] ⚓ Leichten *n*; *allg.* Erleichterung *f*; **~ar** [~ˈʒar] (1a) ⚓ leichten; (ab-, hinaus-)werfen; *allg.* erleichtern; **~ar-se** sich frei m.

alimária [ɐliˈmarjɐ] *f* unvernünftige(s) Tier *n*; *bsd.* Esel *m*; *fig.* F Hornochse *m*.

aliment|ação [ɐlimẽntɐˈsɐ̃u] *f* Ernährung *f* (*forçada* künstliche); Verpflegung *f*; ⊕ *u.* ⚡ Speisung *f*;

~ador [~ɐ'ðor] **1.** *adj.* Speise...; **2.** *m* ⚡ Speisekabel *n*; **~ando** ⚖ [~'tẽndu] *m* Unterhaltsempfänger *m*; **~ar** [~'tar] **1.** *adj.* = ~*ício*; **2.** *v/t.* (1a) ernähren, beköstigen; speisen; *fig.* nähren, hegen; **~ário** [~'tarju] **1.** *m* Unterhaltsberechtigte(r) *m*; **2.** *adj.* = **~ício** [~'tisju] nahrhaft; Nähr...; *géneros m/pl.* ~*s* Nährmittel *n/pl.*; *indústria f* (*importação f*) -*a* Nahrungsmittel-industrie (-einfuhr) *f*; *matéria f* -*a* Nährstoff *m*; *pensão f* -*a* Kostgeld *n*; **~o** [~'mẽntu] *m* Nahrung(smittel *n*) *f*, Speise *f*; Brennstoff *m*; ~*s pl.* Alimente *n/pl.*

alimpa [ɐ'lĩmpɐ] *f* Ausputzen *n*; Säuberung *f*; Worfeln *n des Maises.*

alimp|adura [ɐlĩmpɐ'ðurɐ] *f* Säuberung *f*; ~*s pl.* Überbleibsel *n/pl.*; Spreu *f*; **~ar** [~'par] (1a) = *limpar.*

alind|amento [ɐlĩndɐ'mẽntu] *m* Verschönerung *f*; **~ar** [~'dar] (1a) verschönern; putzen; **~e** [ɐ'lĩndə] *m* Schmuck *m*; = ~*amento.*

alínea [ɐ'linjɐ] *f* Absatz *m*, Alinea *f*.

alinh|ado [ɐli'ɲaðu] tadellos; **~amento** [~ɐ'mẽntu] *m* Aufstellung *f*; Aus-, Gleich-richtung *f*; Angleichung *f*; Gleichschaltung *f*; Begradigung *f*; Regulierung *f*; ⚠ Fluchtlinie *f*; *fig.* Tadellosigkeit *f*; *fazer o* ~ *de* = **~ar** [~'ɲar] (1a) aufstellen; in Reihen anordnen; ausrichten, gerade- (*od.* gleich-) richten; *Straße* begradigen, regulieren; *fig.* gleichschalten; an-, aus-gleichen; schmücken; *Stil* feilen; *Haar* kämmen; ~! richtet euch!; *v/i. u.* **~ar-se** *fig.* sich putzen; ~ *por* sich richten nach; sich angleichen an (*ac.*); ~ *ao lado de* auf *j-s* Seite treten.

alinhav|ar [ɐliɲɐ'var] (1b) zs.-reihen; anea.-heften; *fig.* entwerfen, umreißen; hin-sudeln, -schmieren; **~e, ~o** [~'ɲavə, -u] *m* Reihen *n*, Heften *n*; Heftstich *m*; (erster) Entwurf *m*; ~*s pl. fig.* Geschmiere *n*.

alinho [ɐ'liɲu] *m* Ausrichtung *f*; Richtschnur *f*; Ordnung *f*, Sauberkeit *f*, Sorgfalt *f*; Schmuck *m*.

al|iquanta Ꞩ [ɐli'kwẽntɐ] nicht aufgehend; **~íquota** [ɐ'likwotɐ] aufgehend; *sons m/pl.* ~*s* ♪ Obertöne *m/pl.*

alis|ado [ɐli'zaðu] glatt, schlicht; *ventos m/pl.* ~*s* Passatwinde *m/pl.*; **~ador** [~ɐ'ðor] *m* Glättholz *n*; Polierstahl *m*; Rohrputzer *m*; Schlichthammer *m*; **~ar** [~'zar] (1a) schlichten, glätten; *Haare* strählen.

aliseu, alísio [ɐli'zeu, ɐ'lizju] *m*: (*vento*) ~ Passat(wind) *m*.

alist|amento [ɐliʃtɐ'mẽntu] *m* Einschreibung *f*; Aufstellung *f*; ⚔ Anwerbung *f*; Aushebung *f*; **~ar** [~'tar] (1a) *in e-e Liste* einschreiben; e-e Liste aufstellen von; ⚔ anwerben; ausheben; **~ar-se** sich anwerben l.; *ins Heer* eintreten.

aliter|ação [ɐlitərɐ'sɐ̃u] *f* Stabreim *m*; **~ante** [~'rẽntə]: *rima f* ~ Stabreim *m*; **~ar** [~'rar] (1c) alliterieren.

aliviar [ɐli'vjar] (1g) *v/t.* erleichtern, befreien; entlasten; *Schmerz* lindern; *Seil* lockern; ~ *a roupa* sich leichter anziehen; ~ *o luto* Halbtrauer anlegen; *v/i.* aufheitern (*Wetter*).

alívio [ɐ'livju] *m* Erleichterung *f*; Entlastung *f*; Trost *m*; Erholung *f*.

alizar(**es**) [ɐli'zar(ɨʃ)] *m*(/*pl.*) *Tür-*, *Fenster-*, *Wand-*Verkleidung *f*; Schutzleiste *f*; Besenschrank *m*.

alizarina [~zɐ'rinɐ] *f* Krapprot *n*.

aljava [ał'ʒavɐ] *f* Köcher *m*.

aljôfar, aljofre [ał'ʒofar, -frə] *m* (Samen-)Perle *f*; Tau *m*; Träne *f*.

aljube [~'ʒuβə] *m* Kerker *m*; *bsd.* Untersuchungsgefängnis *n*.

alma ['ałmɐ] **1.** *f* Seele *f* (*a.* ⚔, ♪); Herz *n*, Gemüt *n*; Geist *m*; ♪ *a.* Stimmstock *m*; Steg *m an T-Eisen*; Brandsohle *f*; (Knopf-)Form *f*; ~ *de Deus!* Menschenskind!; ~ *danada m* böse(r) Geist *m*; ~ *de mil diabos*, ~ *do diabo* Teufelsseele *f*; ~ *penada*, ~ *do outro mundo* Gespenst *n*; *minha* ~! mein Herzchen!; *por* (*pela salvação da*) *minha* ~ bei meinem Seelenheil; *de* ~ *e coração* von ganzem Herzen, mit Leib und Seele; *com* ~ herzlich, lebhaft; *sem* ~ herz-, gewissen-los; *nem viva* ~ *s. vivalma*; *dia m das* ~*s* Allerseelen (-tag *m*) *n*; *abrir* (*od. descobrir*) *a* ~ sein Herz ausschütten; *dar* ~ *a* Leben verleihen (*od.* einhauchen); *dar a* ~ *a Deus* s-n Geist aufgeben; *dar vida e* ~ *por* alles tun für; *ter* ~ *para* das Herz h. zu; **2.** *m* Halma *n* (*Brettspiel*).

almaço [ał'masu] *m*: *mst papel m* ~ Kanzleipapier *n*.

almagra [~'maɣrɐ] *f* Rötel *m*.

almanaque [~mɐ'nakə] *m* Almanach *m*; Kalender *m*.
almanjarra [~mɐ̃'ʒaʀɐ] *f* Göpel (-stange *f*) *m*.
almarg|e, ~em [~'marʒə, ~ɐ̃i] *m* Weide *f*; Futtergras *n*; **~eal** [~mɐr'ʒjał] *m* Weideland *n*; **~io** [~'ʒiu] auf der Weide lebend; Weide...
almécega [~'mɛsəɣɐ] *f* Mastixgummi *m*; Klebstoff *m*.
almejar [~mə'ʒar] (1d) ersehnen; ~ *por* sehnsüchtig darauf warten zu.
almir|anta [~mi'rɐ̃ntɐ] *f* Admiralschiff *n*; **~antado** [~ɐ̃n'taðu] *m* Admiralität *f*; **~ante** [~'rɐ̃ntə] *m* Admiral *m*; ♀ Admiralsbirne *f*; (*navio m*) ~ Flaggschiff *n*.
almíscar [~'miʃkar] *m* Moschus *m*.
almiscar|ado [~miʃkɐ'raðu] nach Moschus duftend; *rato* ~ Bisamratte *f*; **~eira** [~'reirɐ] *f* Bisamblume *f*; **~eiro** [~'reiru] *m* Moschustier *n*.
almoç|adeira [ałmusɐ'ðeirɐ] *f* Frühstückstasse *f*; **~ado** [~'saðu]: *depois de* ~ nach dem Frühstück (*od.* Mittagessen); *venho* ~ ich habe bereits gefrühstückt (*od.* gegessen).
almocafre [~'kafrə] *m* Keilhaue *f*.
almoç|ar [~'sar] (1p; *Stv.* 1e) frühstücken; *mst* zu Mittag essen; **~o** [~'mosu] *m* Frühstück *n*; *mst* Mittagessen *n*.
almocreve [~'krɛvə] *m* Esel-, Lasttier-treiber *m*.
almoed|a [ał'mwɛðɐ] *f* öffentliche Versteigerung *f*; *pôr em* ~ = **~ar** [~mwɛ'ðar] (1a) öffentlich versteigern; feilbieten.
almof|aça [ałmu'fasɐ] *f* Striegel *m*; **~açar** [~ɐ'sar] (1p; *Stv.* 1b) striegeln.
almofada [~'faðɐ] *f* Kopfkissen *n*; Kissen *n*, Polster *n*; Unterlage *f*; (Tür-)Füllung *f*; ⚠ Spiegel *m*, Feld *n*; ~ *de ar*, ~ *pneumática* Luft-, ~ *eléctrica* Heiz-kissen *n*.
almofad|ão [~fɐ'ðɐ̃u] *m* Sofakissen *n*; **~ar** [~'ðar] (1b) mit Kissen (*od.* Füllungen) versehen; in Felder einteilen; polstern; **~ilha** [~'ðiʎɐ] *f* (Säulen-)Wulst *m*; **~inha** [~'ðiɲɐ] **1.** *f* Näh-, Nadel-kissen *n*; Tragpolster *n*; Riechsäckchen *n*; **2.** *m bras.* Stutzer *m*.
almofariz [~fɐ'riʃ] *m* Mörser *m*; *mão f de* ~ Stößel *m*.
almofate [~'fatə] *m* Pfriem *m*.
almôndega [ał'mõndəɣɐ] *f* (Fleisch-) Klößchen *n*, Klops *m*.
almotolia [ałmutu'liɐ] *f* Ölkanne *f*.
almoxa|rifado [~ʃɐri'faðu] *m bras.* Materiallager *n*; **~rife** [~'rifə] *m* Lagerverwalter *m*; † königliche(r) Rentmeister *m*.
almude [ał'muðə] *m* Almude *f* (*Flüssigkeitsmaß früher = 12 Kanaden, jetzt = 20 od. 25 l*).
alô [ɐ'lo] *int.* hallo!
alocução [ɐluku'sɐ̃u] *f* Ansprache *f*.
alodial [~'ðjał] Allodial..., freieigen; *allg.* lastenfrei; **~idade** [~ðjɐli'ðaðə] *f* Lastenfreiheit *f*.
aloés, áloes [ɐ'lwɛʃ, 'alwɛʃ] *m* Aloe *f*.
aloir-, alour|ado [ɐloi'r-, ɐlo'raðu] ins Blonde spielend (*Haar*); knusprig (*Brot, Huhn*); **~ar** [~'rar] (1a) *cul.* anbräunen; braun (*od.* knusprig) braten *od.* backen; *Haar* aufblonden; *v/i.* blond w.; braun w.
alois... *s. alous...*
aloj|amento [ɐluʒɐ'mẽntu] *m* Unterbringung *f*; Unterkunft *f*, Wohnung *f*; Quartier *n*; ⊕ Gehäuse *n*, Lager *n*; **~ar** [~'ʒar] (1e) *v/t.* unterbringen; *j-n bei sich* aufnehmen; ⊕ einbetten, lagern; *v/i.* Quartier m.; **~ar-se** absteigen, Wohnung nehmen; ⚔ sich einquartieren; *fig.* sich festsetzen.
alomb|ado [ɐlõm'baðu] lahm; *bras.* faul; **~ar** [~ar] (1a) (ab)hetzen.
along|ado [ɐlõŋ'gaðu] länglich; **~amento** [~ɐ'mẽntu] *m* Verlängerung *f*; (Aus-)Dehnung *f*; Längung *f*; **~ar** [~'gar] (1o) verlängern; (aus-) dehnen; längen; entfernen; hinaus-, ver-zögern; *Hals* recken; *Blick* schweifen l.; ~ *o passo* e-n Schritt dazu tun; **~ar-se** *em fig.* sich verlieren in (*ac.*), verweilen bei.
alopatia [ɐlupɐ'tiɐ] *f* Allopathie *f*.
aloucado [ɐlo'kaðu] leicht verrückt.
alour... *s. aloir...*
alous-, alois|ado [ɐlo'z-, ɐloi'zaðu] schiefergedeckt; **~ar** [~'zar] (1a) mit Schiefer(platten) decken.
alpaca [ał'pakɐ] *f* **a**) Kamelziege *f*; Alpaka(wolle *f*) *n*; *manga de* ~ Ärmelschoner *m*; *fig.* Schreiberseele *f*; **b**) Alpakka(silber) *n*.
alpar|ca [~'parkɐ] *f* = **~cata, ~gata** [~pɐr'katɐ, ~'ɣatɐ] *f* Spargatte *f*, Bastschuh *m*.
alpendr|ada [~pẽn'draðɐ] *f offene* Säulenhalle *f*; **~ado** [~aðu] mit Vor-

(*od.* Schutz-)dach versehen; vor-(*od.* schutz-)dachähnlich; **~e** [~'pẽndrə] *m* Vordach *n*; Schutz-, Wetterdach *n*; *offener* Schuppen *m*.
alper|ce, ~che [~'pɛrsə, -ʃə] *m* Aprikose *f*; **~ceiro, ~cheiro** [~pər'seiru, -'ʃeiru] *m* Aprikosenbaum *m*.
alp|estre [~'pɛʃtrə] Alpen...; bergig; rauh; **~inismo** [~i'niʒmu] *m* Bergsport *m*; **~inista** [~i'niʃtɐ] *m* Bergsteiger *m*; **~ino** [~'pinu] **1.** *adj.* Alpen..., Berg...; alpin; ⚔ *caçador* ~ Gebirgsjäger *m*; **2.** *m*: *os ~s* die Alpini *m/pl.* (*italienische Alpentruppe*).
alpista, -e [~'piʃtɐ, -ə] *f* Kanariengras *n*; Vogelfutter *n*.
alpor|ca [~'pɔrkɐ] *f* ⚕ P Skrofel *f*; ↗ = *~que*; **~car** [~pur'kar] (1n; *Stv.* 1e) absenken; Absenker m. von; **~que** [~kə] *m* Absenker *m*.
alquebr|ado [~kə'βraðu] *fig.* gebrochen; gebeugt; **~amento** [~ɐ'mẽntu] *m* Durchbiegung *f*; Krümmung *f*; *fig.* Schwäche *f*; **~ar** [~'βrar] (1c) ⚓ sich durchbiegen; *fig.* zs.-brechen; *v/t.* zermürben.
alqueire [~'keirə] *m* Scheffel *m* (*als Trockenmaß jetzt meist 20 l, als Flächenmaß etwa 2,5 ha*).
alqueiv|ado [~kei'vaðu] Brach...; **~ar** [~'var] (1a) brachen; **~e** [~'keivə] *m* Brache *f*, Brachfeld *n*.
alquifa *f*, **-fol** *m* [~'kifɐ, ~ki'fɔɫ] Bleiglanz *m*.
alquil|ador [~kilɐ'ðor] *m* Tierverleiher *m*; **~ar** [~'lar] (1a) *Last- und Zugtiere* (ver)leihen; **~aria** [~ɐ'riɐ] *f* Tierverleih *m*.
alquim|ia [~'miɐ] *f* Alchimie *f*; **~ista** [~'miʃtɐ] *m* Alchimist *m*.
alquitara [~ki'tarɐ] *f* Destillierapparat *m*.
Als|ácia [~'zasjɐ]: *lobo m de* ~ Schäferhund *m*; **~aciano** [~ɐ'sjɐnu] **1.** *adj.* elsässisch; **2.** *m* Elsässer *m*.
alta ['aɫtɐ] *f* **a**) ✝ *Preis- usw.* Erhöhung *f*; Hausse *f*; Höhe *f*, Hochstand *m*; *fig. die* vornehme Gesellschaft *f*; ~ *dos preços* Teuerung *f*; *sofrer uma* ~ e-e Preiserhöhung erfahren; *a* ~ *do custo da vida* (*dos salários*) die hohen Lebenshaltungskosten (Löhne); *a* ~ *do açucar* der hohe Zuckerpreis *m*; *para* (*a*) ~ nach oben; steigend; **b**) Oberstadt *f*; **c**) Entlassungsschein *m*; *dar* (*ter*) ~ entlassen (w.); ⚔ Rückmeldung *f* zum Dienst; Rückmeldeschein *m*; **d**) ⚔ Halt *n*; **~mente** [ˌaɫtɐ'mẽntə] in hohem Maße, höchst.
altan|aria [aɫtɐnɐ'riɐ] *f* **a**) Hochmut *m*; **b**) Falkenjagd *f*; **~eiro** [~'neiru] hochfliegend (*Vögel, Pläne*); hochragend (*Baum, Turm*); *fig.* stolz.
altar [~'tar] *m* Altar *m*; **~-mor** [~'mɔr] *m* Hochaltar *m*.
alta-roda [ˌaɫtɐ'ʀɔðɐ] *f die* vornehme Gesellschaft *f*.
alte|amento [aɫtjɐ'mẽntu] *m* Erhöhung *f*; Erhebung *f*; **~ar** [~'tjar] (1l) *v/t.* erheben; erhöhen; *alteou o peito* seine Brust hob sich; *v/i.* (an)wachsen.
alteia [~'tejɐ] *f* Eibisch *m*.
alter|abilidade [~tərɐβəli'ðaðə] Veränderlichkeit *f*; Verderblichkeit *f*; Reizbarkeit *f*; **~ação** [~ɐ'sɐ̃u] *f* (Ver-)Änderung *f*; Umstellung *f*; Fälschung *f*; Verderben *n*; Verfall *m* (*der Sitten usw.*); Störung *f*; Aufregung *f*; Empörung *f*; Ärger *m*; Aus-ea.-setzung *f*; *geol.* Verwitterung *f*; ♪ Versetzung *f*; ~ *da moeda* Abwertung *f*; *sem* ~ unverändert; **~ador** [~ɐ'ðor]: *sinal m* ~ ♪ Versetzungszeichen *n*; **~ar** [~'rar] (1c) (ver)ändern; *Betrieb* umstellen; *Note* versetzen; *Wahrheit* entstellen; fälschen; verderben; *Ruhe usw.* stören; *fig.* aufregen; empören; ärgern; **~ar-se** verderben; **~ável** [~'ravɛɫ] veränderlich; verderblich.
alterc|ação [~tərkɐ'sɐ̃u] *f* Wortwechsel *m*; Streit *m*; **~ado** [~'kaðu] umstritten; heftig; **~ar** [~'kar] (1n; *Stv.* 1c) (sich) streiten (über [*ac.*]).
altern|ação [~tərnɐ'sɐ̃u] *f* Abwechslung *f*; Wechsel *m*; ⚡ Polwechsel *m*; **~adamente** [~ˌnaðɐ'mẽntə] wechselweise; = **~ado** [~'naðu] (ab)wechselnd; umschichtig; gegen-ea. versetzt; *corrente f -a* ⚡ Wechselstrom *m*; *rima f -a* Kreuzreim *m*; **~ador** ⚡ [~ɐ'ðor] *m* Wechselstrom-dynamo *m*, -generator *m*; **~ância** [~'nɐ̃sjɐ] *f* (regelmäßiger) Wechsel *m*; **~ante** [~'nẽntə] (ab)wechselnd; unregelmäßig (*Puls*); **~ar** [~'nar] (1c) *v/t.* abwechseln; umkehren; ~ *o trabalho com o descanso* abwechselnd arbeiten und ausruhen; *v/i. u.* **~ar-se** sich ablösen; **~ativa** [~ɐ'tivɐ] *f* Ablösung *f*, Wechsel *m*; Alternative *f*, Entweder-Oder *n*; **~ativo** [~ɐ-

'tivu] (ab)wechselnd, wechselweise; Wechsel...; alternativ; **~o** [~'tɛrnu] abwechselnd; ♀ wechselständig; Wechsel... (*a.* ⚡, ⚗).

alteroso [~tə'rozu] hoch(aufragend, -gelegen); stürmisch (*See*); *fig.* hoch(gestellt); stolz, erhaben.

alteza [~'tezɐ] *f* Höhe *f*; Hoheit *f*; *Titel a.* Durchlaucht *f*.

alti|baixo [~ti'βaiʃu] *m mst* ~*s pl.* unebenes Gelände *n*; Unebenheiten *f/pl.*; Unbeständigkeit *f des Glücks*; Auf und Ab *n*, Hin und Her *n*; **~loquência** [~lu'kwẽsjɐ] *f* erhabene Ausdrucksweise *f*; Schwung *m*; **~loquente** [~lu'kwẽntə] erhaben; schwungvoll.

altímetro [~'timətru] *m* Höhenmesser *m*.

altíssimo [~'tisimu] **1.** *adj.* höchst; **2.** *m*: *o* ♀ der Allerhöchste (*Gott*).

altissonante, altíssono [~tisu'nẽntə, ~'tisunu] hochtönend, laut; hochtrabend.

altista [~'tiʃtɐ] **1.** *m* ♪ Bratschist *m*; ✝ Haussier *m*; **2.** *adj.* preissteigernd.

altitude [ałti'tuδə] *f* Höhe *f* (über dem Meeresspiegel); ~*s pl.* Hochland *n*, -luft *f*; *das* ~*s* Höhen...

altiv|ez [~'veʃ] *f* Stolz *m*, Hochmut *m*; **~o** [~'tivu] hoch; selbstbewußt; stolz, hochmütig.

alto ['ałtu] **1.** *adj.* hoch; groß; laut; tief (*Stille*); *o* ~ *Reno* der Oberrhein; *o* ~ *Douro* der obere Douro; *os* ~*s Alpes* die Hochalpen; ~ *dia*, ~ *sol* heller (*od.* am hellichten) Tag; *-a manhã* früh am Morgen; *-a noite* tief in der Nacht; *-a finança f* Hochfinanz *f*; *-a sociedade f* vornehme Gesellschaft *f*; **2.** *adv.* hoch, oben; laut; ~ *e bom som* laut und deutlich; rundheraus; *por* ~ obenhin; *ler por* ~ überlesen; *passar por* ~ überfliegen, -gehen, -sehen; *fazer as contas por* ~ überschlagen; **3.** *m* a) Höhe *f*; Anhöhe *f*; ⚓ hohe See *f*, offene(s) Meer *n*; ~*s e baixos pl.* = *altibaixos*; *os* ~*s da casa* die oberen Teile (*od.* der Oberstock) des Hauses; *casa com* ~*s e baixos* mehrstöckige(s) Haus *n*; *no* ~ *de* oben auf *od.* an (*dat.*); *ao* (*do*) ~ in die (aus der) Höhe, nach (von) oben; *mãos* (*coração*) *ao* ~! Hände (Kopf) hoch!; b) Halt *m*; *fazer* ~ halten; ~! halt!; *de* ~ *lá com ele*(*s*) *od. ela*(*s*) F außergewöhnlich.

alto-|alemão [~ɐlə'mẽu] *m* Hochdeutsch *n*; **~falante** [~fɐ'lẽntə] *m* Lautsprecher *m*; **~forno** [~'fornu] *m* Hochofen *m*; **~frequente** [~frə'kwẽntə] hochfrequent; **~mar** [~'mar] *m* hohe See *f*; **~relevo** [~ʀə'levu] *m* Hochrelief *n*.

altrui|smo [ał'trwiʒmu] *m* Selbstlosigkeit *f*; **~sta** [~ʃtɐ] **1.** *adj.* selbstlos; **2.** *m* selbstlose(r) Mensch *m*.

altura [ał'turɐ] *f* Höhe *f*; Größe *f*; Anhöhe *f*; *geistiges* Niveau *n*; Zeitpunkt *m*; *ter 2 m de* ~ 2 m hoch sn (*Ding*), 2 m groß sn (*Lebewesen*); *em que* ~ *está*(*d*)*o seu trabalho?* wie weit ist Ihre Arbeit gediehen?; *a* (*od. em*) *que* ~ zu welchem Zeitpunkt, wann; *a certa* ~ auf einmal; schließlich; *nessa* ~ zu jener Zeit, damals; da; *na* ~ seinerzeit, damals; = *nesta* ~ im Augenblick, jetzt; *na* ~ *em que* (zu der Zeit,) als *od.* wenn; *na* ~ *de* zur Zeit (*gen.*); bei; *estar à* ~ *da situação* die Lage beherrschen; *cair das* ~*s* aus den Wolken fallen; *nas* ~*s* in der Höhe, im Himmel.

aluado [ɐ'lwaδu] leicht verrückt.

alucin|ação [ɐlusinɐ'sẽu] *f* Sinnestäuschung *f*, Wahn(vorstellung *f*) *m*; **~ado** [~'naδu] verblendet, besessen; wahnsinnig (vor [*dat.*] *de*); **~ador** [~ɐ'δor] = **~ante** [~'nẽntə] betörend, hinreißend; **~ar** [~'nar] (1a) (ver)blenden; betören; *v/i. u.* **~ar-se** sich täuschen.

alude [ɐ'luδə] *m* Lawine *f*.

alud|ido [ɐlu'δiδu] (oben) erwähnt; *o* ~ der Vorerwähnte; **~ir** [~'δir] (3a): ~ *a* anspielen (*od.* hinweisen) auf (*ac.*), andeuten (*ac.*); erwähnen (*ac.*).

alugar [ɐlu'ɣar] (1o) vermieten; verleihen; *et.* mieten, *j-n* dingen; *aluga-se* zu vermieten.

aluguel, -er [~'ɣɛł, -ɛr] *m* Vermietung *f*; Verleih *m*; Miete *f*; *casa f de* ~ Mietshaus *n*; *carro m de* ~ (Auto-)Droschke *f*, Mietwagen *m*; *tomar* (*dar*) *de* ~ (ver)mieten.

alu|ído [ɐ'lwiδu] locker; wackelig; **~ir** [~ir] (3i) *v/t.* rütteln an (*dat.*); erschüttern; lockern; *Erde* auf-, *Gebäude* unter-wühlen; zum Einsturz bringen, niederreißen; *v/i. u.* **~ir-se** sich ausleiern (*Maschine*); ein-, zs.-stürzen (*Gebäude*).

alúmen [ɐ'lumen] *m* Alaun *m*.

alumiar [ɐlu'mjar] (1g) *j-m* leuchten; = *iluminar.*
alumina [~'minɐ] *f* reine Tonerde *f.*
alumin|agem [~mi'naʒɐ̃i] *f* Alaunbad *n*; **~ato** [~atu] *m* Aluminat *n*; **~ífero** [~ifəru] alaunhaltig, Alaun...
alumínio [~'minju] *m* Aluminium *n.*
alumin|ita, -e [~mi'nitɐ, -ə] *f* Alaunstein *m*; **~(i)oso** [~'n(j)ozu] alaunartig; = *aluminífero.*
alunagem [~naʒɐ̃i] *f* Mondlandung *f.*
aluno *m*, **-a** *f* [ɐ'lunu, -ɐ] Schüler (-in *f*) *m*; Zögling *m*; ~ (-*a*) *universitário* (-*a*) Student(in *f*) *m.*
alus|ão [ɐlu'zɐ̃u] *f* Anspielung *f*; Hinweis *m*, Andeutung *f*; *fazer* ~ = *aludir*; **~ivo** [~ivu]: ~ *a* anspielend auf (*ac.*); betreffend (*ac.*); *cartaz m* ~ Spruchband *n.*
aluvi|al, ~ano [~'vjaɫ, ~'vjɐnu] Schwemm...; alluvial; **~ão** [~ɐ̃ũ] *m* angeschwemmte(s) Erdreich *n*; = *terra f de* ~ Schwemmgebiet *n.*
alva ['aɫvɐ] *f* Tagesanbruch *m*, Morgendämmerung *f*; *rel.* Meßhemd *n*, Albe *f*; *das* Weiße *im Auge.*
alvacento, -dio [aɫvɐ'sẽntu, -'ðiu] weißlich; weiß.
alvado [~'vaðu] *m* Flugloch *n am Bienenstand*; Öhr *n an Werkzeugen.*
alvaiade [~vɐ'jaðə] *m* Bleiweiß *n.*
alvar [~'var] weiß; *fig.* albern.
alvará [aɫvɐ'ra] *m* Erlaubnis(schein *m*) *f*, Konzession *f.*
alvedrio [~ə'ðriu] *m* freie(r) Wille *m*, Willkür *f.*
alveiro [~'veiru] weiß; *moinho m* ~ Weizenmühle *f.*
alveitar [aɫvei'tar] *m* Viehdoktor *m.*
alvejar [~ɨ'ʒar] (1d) **1.** *v/t.* a) weißen, bleichen; b) zielen auf (*ac.*), aufs Korn nehmen (*ac.*); **2.** *v/i.* schimmern; weiß w.
alvenaria [~ənɐ'riɐ] *f* Maurerhandwerk *n*; Mauerwerk *n.*
álveo ['aɫvju] *m* (Fluß-)Bett *n*; Furche *f*; Grube *f.*
alveol|ar [aɫvju'lar] **1.** *m* Zahndammlaut *m*; **2.** *adj.* Zell...; Zahnfach...; = **~(ar)iforme** [~(ɐr)i'fɔrmə] zell-, waben-förmig.
alvéolo [~'vɐulu] *m* (Waben-)Zelle *f*; Zahnfach *n*; (Samen-)Kapsel *f.*
alvião [~'vjɐ̃u] *m* Kreuzhacke *f.*
alvíssaras [~'visɐrɐʃ] *f/pl.* Finderlohn *m*, Belohnung *f*, Botenlohn *m.*
alvíssimo [~'visimu] schneeweiß.
alvitr|ar [aɫvi'trar] (1a) vorschlagen; annehmen, meinen; **~e** [~'vitrə] *m* a) Vorschlag *m* (*propor* m.); Meinung *f*; b) = *arbítrio.*
alvo ['aɫvu] **1.** *adj.* weiß; rein; **2.** *m* a) Weiße *f*; *o(s)* (~*s*) das Weiße *im Auge*; b) Ziel(scheibe *f*) *n*; *tiro m ao* ~ Scheibenschießen *n*; *dar no* ~ ins (*od.* das) Ziel treffen.
alvor [aɫ'vor] *m* Weiße *f*; Glanz *m*; *o(s)* ~(*es*) das Morgengrauen.
alvor|ada [~vu'raðɐ] *f* Morgendämmerung *f*; Morgen-lied *n*, -ständchen *n*; *fig.* Lebensfrühling *m*; ⚔ = *toque m de* ~ Wecksignal *n*, Reveille *f*; **~ar** [~ar] (1e) = **~ecer** [~rə'ser] (2g) Tag w., tagen; *fig.* erwachen; **~ejar** [~rɨ'ʒar] (1d) *v/t.* weißen; *v/i.* schimmern; = *~ecer.*
alvoro|çar [~vuru'sar] (1p; *Stv.* 1e) aufregen; aufschrecken; aufwiegeln; freudig erregen, begeistern; **~çar-se** sich empören; sich freuen (über [*ac.*] *com*); **~ço** [~vu'rosu] *m* Auf-, Er-regung *f*; Aufruhr *m*; Freude *f*, Begeisterung *f*; Hast *f*; **~tar** [~'tar] (1e) = *~çar*; **~to** [~vu'rotu] *m* Lärm *m*; Erregung *f*; Tumult *m.*
alvura [~'vurɐ] *f* (leuchtende) Weiße *f*, Reinheit *f*; ⚘ Splint *m.*
ama ['ɐmɐ] *f* Amme *f*; Herrin *f*; Haushälterin *f.*
amabil|idade [ɐmɐβəli'ðaðə] *f* Liebenswürdigkeit *f*; *falta f de* ~ Unfreundlichkeit *f*; **~íssimo** [~'lisimu] *sup. v. amável.*
amacacado [~kɐ'kaðu] affenähnlich; affig.
amachuc|ado [~ʃu'kaðu] knautschig; *fig.* (nieder)gedrückt; unpäßlich; *ficar* ~ *com a/c.* sich et. zu Herzen nehmen; **~ar** [~ar] (1n) (ver)knautschen; zs.-knüllen; *fig.* zusetzen (*dat.*); nahegehen (*dat.*).
ama|ciamento [~sjɐ'mẽntu] *m*: *em* ~ *bras. auto.* plombiert; **~ciar** [~'sjar] (1g) geschmeidig m.; glätten; mildern; besänftigen; ~ *o génio* sich zs.-nehmen.
amada [ɐ'maðɐ] *f* Geliebte *f.*
amad|or [ɐmɐ'ðor] *m Kunst*-Liebhaber *m*; *Radio*-Bastler *m*; *Sport*: Amateur *m*; **~orismo** [~u'riʒmu] *m* Liebhaberei *f*; *Sport*: Amateurwesen *n.*
amadur|ar [ɐmɐðu'rar] (1a) = **~ecer** [~ə'ser] (2g) zur Reife bringen; *v/i.* reifen; **~ecido** [~ə'siðu] reif; gar; **~ecimento** [~əsi'mẽntu] *m* Reifen *n*; Reife *f.*

âmago ['ɐmɐɣu] *m* ♀ Mark *n*; *fig.* Kern *m*; Wesen *n*; Innere(s) *n*.
amainar [ɐmai'nar] (1a) (die Segel) einziehen; *fig.* beschwichtigen; *v/i.* nachlassen; sich beruhigen.
amaldiçoar [ɐmałdi'swar] (1f) verfluchen.
amálgama [ɐ'małɣɐmɐ] *m* Amalgam *n*; Verquickung *f*; Gemisch *n*.
amalgam|ar [ɐmałɣɐ'mar] (1a) amalgamieren; verquicken; verbinden; vermengen.
amalhar [ɐmɐ'ʎar] (1b) *Vieh* eintreiben, einpferchen; *fig.* in die Enge treiben.
amalucado [ɐmɐlu'kaðu] leicht verrückt.
amamentar [ɐmɐmẽn'tar] (1a) (an der Brust) großziehen; *Kind* säugen; *allg.* nähren.
amanceb|ado [ɐmẽsə'βaðu] in wilder Ehe lebend; **~ar-se** [~arsə] (1c): ~ *com* zs.-leben mit; *fig.* sich an *ein Laster* gewöhnen.
amaneir|ado [ɐmɐnei'raðu] gespreizt; kitschig; **~ar** [~ar] (1a) verkitschen; **~ar-se** manieriert w.; ein gespreiztes Wesen annehmen.
amanhã [amɐ'ɲɐ̃] morgen; ~ *ou depois* später; *de hoje para* ~ von heute auf morgen; *guardar para* ~ aufschieben; *o (dia de)* ~ der morgige Tag.
amanhar [ɐmɐ'ɲar] (1a) *Feld* bestellen; *Boden* bearbeiten (*a. fig.*); *et.* (her)richten; zs.-bringen; **~-se** *a* sich anschicken zu; sich (zurecht-) finden in (*dat.*); zurechtkommen mit (*a. com*).
amanhecer [~ɲə'ser] (2g) **1.** *v/i.* tagen, Tag w.; anbrechen (*Tag*); aufgehen (*Sonne*); beim Morgengrauen ankommen; am Morgen sn (*od.* sich befinden); erwachen (*a. fig.*); **2.** *m* Tagesanbruch *m* (*ao* bei).
amanho [ɐ'mɐɲu] *m* *Feld*-Bestellung *f*; Herrichtung *f*; ~ *da casa* Hauswirtschaft *f*; ~*s pl.* Gerät *n*.
amans|amento [ɐmɐ̃sɐ'mẽntu] *m* Zähmung *f*; Beruhigung *f*; Nachlassen *n*; **~ar** [~'sar] (1a) *v/t.* bändigen, (be)zähmen; *Pflanzen* veredeln; *Durst, Schmerz* stillen; *Erde* bebauen; *v/i. u.* **~ar-se** zahm w.; sich legen (*Sturm*); sich beruhigen.
amante [ɐ'mẽntə] **1.** *adj.* liebend; liebreich; ~ *da paz* friedliebend; *ser* ~ *de* gern h., lieben (*ac.*); **2.** *su.* Liebhaber(in *f*) *m*; Geliebte(r) *m*; ~*s pl.* Liebende(n) *pl.*, Liebespaar *n*.
amanteigado [ɐmẽntei'ɣaðu] butterartig, -farben; Butter...
amantíssimo [~'tisimu] alliebend.
amanuense [ɐmɐ'nwẽsə] *m* (Amts-) Schreiber *m*.
amar [ɐ'mar] (1a) lieben; *fazer-se* ~ sich beliebt m.
amar|ado [ɐmɐ'raðu] voll Wasser; *fig.* tränenreich; **~agem** ✈ [~'raʒɐ̃i] *f* Wasserlandung *f*, Wasserung *f*.
amaranto [~'rẽntu] *m* Amarant *m*; Tausendschön *n*.
amarar [~'rar] (1b) ✈ wassern; **~-se** sich mit Wasser füllen.
amarel|ado [~rə'laðu] gelblich; blaß, bläßlich; **~ecer** [~ə'ser] (2g) gelb färben (*od.* w.); vergilben; *fig.* immer blasser w.; **~ejar** [~ɨ'ʒar] (1d) gelb(lich) schimmern; = ~*ecer*; **~ento** [~ẽntu] **1.** *adj.* gelblich, vergilbt; fahl, bleich; **2.** *bras.* *m* Gelbfieberkranke(r) *m*; **~idão, ~idez** [~li'ðɐ̃u, ~li'ðeʃ] *f* Blässe *f*.
amarelo [~'rɛlu] gelb; blaß; gezwungen (*Lächeln*).
amarf|alhar [ɐmɐrfɐ'ʎar] (1b) = **~anhar** [~ɐ'ɲar] (1a) zerknittern; *fig.* ducken; deprimieren; *o* ~ *do carácter* Duckmäuserei *f*.
amarg|ar [ɐmɐr'ɣar] (1o; *Stv.* 1b) *v/t.* verbittern; bitter büßen; *v/i.* bitter schmecken; **~o** [ɐ'marɣu] **1.** *adj.* bitter; **2.** *m bras.* ungesüßte(r) Mate *m*; ~*s pl.* bittere Arzneimittel *n/pl.*; ~*s pl. de boca fig.* Verdruß *m*; **~or** [~'ɣor] *m* = ~*ura*; **~oso** [~'ɣozu] bitter; **~ura** [~'ɣurɐ] *f* bittere(r) Geschmack *m*; *fig.* Bitterkeit *f*; Erbitterung *f*; *de* ~, *da* ~ Leidens...; ~*s pl.* Verdruß *m*; **~urado** [~ɣu'raðu] bitter; **~urar** [~ɣu'rar] (1a) er-, ver-bittern, vergrämen; **~urar-se** sich grämen.
amaricado [ɐmɐri'kaðu] weibisch.
amarilho *bras.* [~'riʎu] *m* ⚕ Verband *m*.
amarílico *bras.* [~'riliku] Gelbfieber...
amaro [ɐ'maru] bitter.
amarotado [~ru'taðu] spitzbübisch.
amarra [ɐ'marʀɐ] *f* Anker-tau *n*, -kette *f*; Trosse *f*; Halte-seil *n*, -tau *n*; *ter boas* ~*s* gute Beziehungen h.
amarr|ação [ɐmɐʀɐ'sɐ̃u] *f* Vertäuung *f*; Verankerung *f* (*a.* ⚓); *fig. bras.* Verliebtheit *f*; = ~*adoiro*;

~ado [~'ʀaδu] *m* Bündel *n*; **~adoiro, -ouro** [~ɐ'δoiru, -oru] *m* Anlege-, Anker-platz *m*; **~ador** [~ɐ'δor] **1.** *adj.* Halte...; **2.** *m* Vertäuer *m*; **~adura** [~ɐ'δurɐ] *f* Trosse *f*; Vertäuung *f*; **~ar** [~'ʀar] (1b) ⚓ verankern, -täuen, sorren; *allg.* an-, fest-binden, -ketten; festhalten; *Paket* ver-, zs.-schnüren; *bras. fig.* ab-, fest-m.; *Sport:* wetten; *v/i.* festm. (*Schiff*); *fig.* halten, stehenbleiben; **~ar-se** sich binden; ~ *a* sich klammern an (*ac.*); **~eta** ⚓ [~'ʀetɐ] *f* Schlepptau *n*; Ankertau *n*.

amarrotar [~ʀu'tar] (1e) *v/t. u.* **~-se** ver-, zer-knittern, -knüllen; *fig.* F verbläuen; zs.-stauchen.

amaru|gem [~'ruʒɐ̃i] *f* leichte Bitterkeit *f*; **~jado** [~ʀu'ʒaδu] leicht bitter; **~jar** [~ʀu'ʒar] (1a) herb schmecken; **~jento** [~ʀu'ʒẽntu] herb.

ama-seca [ˌɐmɐ'sekɐ] *f* Kinderfräulein *n*, -frau *f*.

amásia [ɐ'mazjɐ] *f* Geliebte *f*, F Bettschatz *m*.

amass|adeira [ɐmɐsɐ'δeirɐ] *f* Backtrog *m*; Knet- *od.* Misch-maschine *f*; **~adela** [~ɐ'dɛlɐ] *f fig.* Beule *f*; Hiebe *m/pl.*, F Abreibung *f*; *dar uma* ~ (durch)kneten; *fig.* F zs.-stauchen; **~adoiro, -ouro** [~ɐ'δoiru, -oru] *m* Kalkgrube *f*; Knet- *od.* Misch-brett *n*, -platte *f*, -stein *m*, -trog *m*; **~ador** [~ɐ'δor] *m Töpferei:* Kollergang *m*; = *~adoiro*; ~ *mecânico s. ~adeira*; **~adura** [~ɐ'δurɐ] *f* Teig *m*; *Zement*-Mischung *f*; *Maurer*-Speise *f*; *fig.* F Abreibung *f*; = **~amento** [~ɐ'mẽntu] *m* Kneten *n*, Mischen *n*; **~ar** [~'sar] (1b) *Teig* kneten; *Zement usw.* mischen; *Finger* quetschen; *Gesicht* platt drücken; *Kleider* zer-knittern, -knüllen; *mitea.* ver-mischen, -mengen; *fig. j-n* zs.-stauchen; *j-n* verhauen; **~aria** [~ɐ'riɐ] *f* Backstube *f*; **~ilho** [~'siʎu] *m* zum Verbacken bestimmte Mehlmenge *f*; = *~adeira*; *fig.* Mischmasch *m*.

amável [ɐ'mavɛł] liebenswürdig; *pouco* ~ unfreundlich.

amavios [ɐmɐ'viuʃ] *m/pl.* Liebestrank *m*; Zauber *m*.

amaz|ona [ɐma'zonɐ] *f* Amazone *f*; (Kunst-)Reiterin *f*; Reitkleid *n*; **~onense** [~zu'nẽsə] **1.** *su.* Bewohner (-in *f*) *m* des Amazonasgebietes; **2.** *adj.* = **~ónico, ~ónio** [~'zɔniku, ~'zɔnju] Amazonas...

âmbar ['ɐ̃mbar] *m* **a)** Bernstein *m*; ~ *gris*, ~ *pardo* gelber Bernstein *m*; **b)** Amber *m* (*Riechmittel*).

ambi|ção [ɐ̃mbi'sɐ̃u] *f* Ehrgeiz *m*, Streben *n*; Verlangen *n*; Bestrebung *f*; **~cionar** [~sju'nar] (1e) erstreben, streben nach; verlangen nach; **~cioso** [~'sjozu] ehrgeizig; strebend, verlangend.

ambidestro [~'δɛʃtru] gleich geschickt mit beiden Händen.

ambiência [~'bjẽsjɐ] *f* Umgebung *f*, Umwelt *f*, Atmosphäre *f*, Stimmung *f*.

ambient|ar [~bjẽn'tar] (1a) e-e Atmosphäre schaffen für; **~ar-se** sich eingewöhnen; sich ein-arbeiten, -singen, -spielen *usw.*; **~e** [~'bjẽntə] **1.** *adj.* umgebend; **2.** *m die* umgebende Luft; *fig.* = *ambiência*.

ambiguidade [~biɣwi'δaδə] *f* Zweideutigkeit *f*.

ambíguo [~'biɣwu] zweideutig; zweifelhaft.

âmbito ['ɐ̃mbitu] *m* Umfang *m*; Umkreis *m*; *no* ~ *de* im Rahmen (*gen.*).

amblígono [ɐ̃m'bliɣunu] stumpfwinklig.

ambos, -as ['ɐ̃mbuʃ, -ɐʃ] beide; ~ (*a, de, e, os*) *dois* alle beide.

ambr|ósia [ɐ̃m'brɔzjɐ] *f* Ambrosia *f*; ⚘ Ambrosienkraut *n*; **~osíaco** [~u'ziɐku] ambrosisch, köstlich; **~osiano** [~u'zjɐnu]: *canto m* ~ ambrosianische(r) Lobgesang *m*.

âmbula ['ɐ̃mbulɐ] *f* Phiole *f*; *rel.* Ölfläschchen *n für geweihtes Öl*.

ambul|ância [ɐ̃mbu'lɐ̃sjɐ] *f* Feldlazarett *n*; Sanitätsdienst *m*; *bsd.* Krankenwagen *m*, Sanitätsauto *n*; 🚃 Postwagen *m*; **~ante** [~ẽntə] Wander...; fahrend; fahrbar; *vendedor m* ~ Hausierer *m*, Straßenverkäufer *m*; **~atório** [~ɐ'tɔrju] **1.** *adj.* unstet; ⚕ ambulatorisch; **2.** *m* Chorumgang *m*; ⚕ Ambulanz *f*.

ameaça [ɐ'mjasɐ] *f* Drohung *f*; bedrohliche(s) Anzeichen *n*; *fazer* ~ *de* beabsichtigen, wollen.

ameaç|ador [ɐmjɐsɐ'δor] drohend, bedrohlich; **~ar** [~'sar] (1p; *Stv.* 1b) bedrohen; ~ *de j-m* drohen mit; *j-m et.* androhen; **~o** [ɐ'mjasu] *m* Drohung *f*; *Krankheits*-Anzeichen *n*.

amealhar [~'ʎar] (1b) (zs.-)sparen.
ameba [ɐ'mɛβɐ] *f* = *amiba*.
amedront|ador [ɐmədrõntɐ'ðor] schrecklich; **~ar** [~'tar] (1a) (er-)schrecken; (ver)ängstigen; **~ar-se** erschrecken.
ameia [ɐ'mejɐ] *f* Zinne *f*.
ameigar [ɐmei'ɣar] (1o) liebkosen, hätscheln; besänftigen, begütigen.
amêijoa [ɐ'meiʒwɐ] *f* Herzmuschel *f*.
ameixa, amêixoa [ɐ'meiʃɐ, -ʃwɐ] *f* Pflaume *f*; *fig.* F blaue Bohne *f*.
ameix(i)eira, -oeira [ɐmei'ʃ(j)eira, -'ʃweirɐ] *f* Pflaumenbaum *m*.
ameloado [ɐmə'lwaðu] Melonen...
amém, ámen [ɐ'mɐ̃i, 'amen] *m* Amen *n*; *dar* (*od.* *dizer*) *o(s)* ~(*s*) *a* Ja und Amen sagen zu; *num* (*od.* *em menos de um*) ~ im Nu.
amêndoa [ɐ'mẽndwɐ] *f* Mandel *f* (*confeita[da]* *od.* *coberta* Zucker...; *torrada* gebrannte).
amendo|ada [ɐmẽn'dwaðɐ] *f* Mandelmilch *f*; Mandel-kuchen *m*, -pudding *m*; **~ado** [~aðu] Mandel...; **~eira** [~eirɐ] *f* Mandelbaum *m*; **~im** [~'dwĩ] *m* Erdnuß(baum *m*) *f*.
amenidade [ɐməni'ðaðə] *f* Lieblichkeit *f*; Anmut *f*; Heiterkeit *f*; Milde *f*.
ameninado [~ni'naðu] kindlich; kindisch.
amen|izar [~ni'zar] (1a) verschönen; ausschmücken; *Unangenehmes* abschwächen; aufheitern; *v/i.* milder (*od.* wärmer) w.; **~o** [ɐ'menu] lieblich; anmutig; heiter; mild.
amentilho ⚘ [ɐmẽn'tiʎu] *m* Kätzchen *n*.
amercear-se [ɐmər'sjarsə] (1l) sich erbarmen.
américa *bras.* [ɐ'mɛrikɐ] *f* dolle Sache *f*.
american|ice [ɐmərikɐ'nisə] *f*: *é uma* ~ das ist typisch amerikanisch; **~ista** [~'niʃtɐ] *m* Amerikakenner *m*; **~izar** [~i'zar] (1a) amerikanisieren; **~o** [~ri'kɐnu] **1.** *adj.* amerikanisch; **2.** *m*, **~a** *f* Amerikaner(in *f*) *m*.
ameríndio [ɐmə'rĩndju] **1.** *adj.* indianisch; **2.** *m*, **-a** *f* Indianer(in *f*)*m*.
amesendar(-se) [ɐməzẽn'dar(sə)] (1a) es sich bequem m., sich setzen; *fig.* sich gut betten.
amesquinh|ador [ɐməʃkiɲɐ'ðor] kleinlich; **~ar** [~'ɲar] (1a) verkleinern; ängstigen, quälen; verächtlich (*od.* herunter-)m.; **~ar-se** klagen; knausern.
amestr|ador [ɐmɨʃtrɐ'ðor] *m* Zureiter *m*; Dresseur *m*; **~amento** [~ɐ'mẽntu] *m* Dressur *f*; **~ar** [~'trar] (1c) dressieren, abrichten; *Pferd* zureiten; *j-n* anlernen, (ein-)schulen; **~ar-se** sich üben; sich ausbilden.
ametista [ɐmə'tiʃtɐ] *f* Amethyst *m*.
amial [ɐ'mjał] *m* Erlengebüsch *n*.
amianto [ɐ'mjɐ̃ntu] *m* Asbest *m*.
amiba [ɐ'miβɐ] *f* Amöbe *f*.
amibiano [ɐmi'βjɐnu] Amöben...
amical [ɐmi'kał] freundschaftlich.
amicíssimo [~'sisimu]: ~ *de* sehr zugetan (*dat.*); eng befreundet mit.
amida ⚗ [ɐ'miðɐ] *f* Amid *n*.
amido [ɐ'miðu] *m* Stärke(mehl *n*) *f*.
amieiro [ɐ'mjeiru] *m* Erle *f*.
amig|a [ɐ'miɣɐ] *f* Freundin *f*; **~ado** [ɐmi'ɣaðu] = *amancebado*; **~ar-se** [ɐmi'ɣarsə] (1o) *fig.* sich einlassen (*od.* zs.-leben); **~ável** [ɐmi'ɣavɛl] freundschaftlich.
amígdala [ɐ'miɣdɐlɐ] *f* Mandel *f*.
amigdal|ina ⚗ [ɐmiɣdɐ'linɐ] *f* Amygdalin *n*; **~ino** [~inu] Mandel...; **~ite** ⚕ [~itə] *f* Mandelentzündung *f*.
amigo [ɐ'miɣu] **1.** *m* Freund *m*; ~ *leitor* geneigte(r) Leser *m*; *o fiel* ~ der Getreue (*iron. für Stockfisch*); ~ *de Peniche* F falsche(r) Freund *m*; *cara f de poucos* ~*s* mürrische(s) Gesicht *n*; **2.** *adj.* freundschaftlich; zugetan; Freundes...; *pessoa f -a* Bekannte(r *m*) *su.*; *ser* (*muito*) ~ *de* (eng) befreundet sn mit; (sehr) lieben (*ac.*); ~ *de música* musikliebend; *tornar-se* ~ *de* sich anfreunden mit; liebgewinnen (*ac.*).
amiláceo [ɐmi'lasju] stärkehaltig; (stärke)mehlartig; ~*s* *m/pl.* stärkehaltige Nährmittel *n/pl.*
amim|alhar [ɐmimɐ'ʎar] (1b) verhätscheln, verziehen; **~ar** [ɐmi'mar] (1a) verwöhnen.
amistoso [ɐmiʃ'tozu] freundschaftlich, wohlgemeint; wohlmeinend.
amiud|ado [ɐmju'ðaðu] häufig, wiederholt; *-as vezes* oft; **~ar** [~ar] (1q) (sich) (oft) wiederholen; aufea. folgen (l.); genau nehmen (*od.* sn).
amiúde [ɐ'mjuðə] häufig.
amizade [ɐmi'zaðə] *f* Freundschaft *f* (*travar* schließen); Liebe *f*; Freundlichkeit *f* (*fazer* erweisen).

amn|ésia [ɐm'nɛzjɐ] *f* Gedächtnisschwund *m*; **~ésico** [~ɛziku] gedächtnisschwach.

âmnio(s) ['ɐmnju(ʃ)] *m* Embryohülle *f*, Amnion *n*; **amniótico** [ɐm'njɔtiku]: *bolsa f -a* Embryohülle *f*; *líquido m ~* Fruchtwasser *n*.

amnist|ia [ɐmnəʃ'tiɐ] *f* Amnestie *f*; Straferlaß *m*; **~iar** [~'tjar] (1g) amnestieren; begnadigen; verzeihen.

amo ['ɐmu] *m* Herr *m*; Besitzer *m*.

amodernar [ɐmuδər'nar] (1c) modernisieren.

amodorr|ado [ɐmuδu'ʀaδu] schläfrig; schlaftrunken; **~ar** [~ar] (1e) einschläfern; einlullen; **~ar-se** schläfrig w.; *~ em* versinken in.

amoedar [ɐmwe'δar] (1c) münzen; *fig.* zu Geld machen.

amofin|ado [ɐmufi'naδu] verdrießlich; langweilig, qualvoll; **~ar** [~ar] (1a) verdrießen; ärgern; quälen.

amol|ação [ɐmulɐ'sɐ̃u] *f fig. bras.* Aufdringlichkeit *f*; lästige (*od.* langweilige) Sache *f*; **~adeira** [~ɐ'δeirɐ] *f* Schleif-stein *m*, -maschine *f*; **~adela** [~ɐ'δɛlɐ] *f* = *~ação*; *fig. a.* Denkzettel *m*; *dar uma ~* = *~ar*; **~ado** [~'laδu] scharf; *fig.* erstklassig; *bras.* verärgert, verstimmt; **~ador** [~ɐ'δor] *m* Schleifer *m*; *fig. bras.* aufdringliche(r) Kerl *m*, Ekel *n*; **~adura** [~ɐ'δurɐ] *f* Schleifen *n*; Schliff *m*; **~ante** [~'lɐ̃ntə] aufdringlich; lästig, langweilig; **~ar** [~'lar] (1e) schleifen; *fig.* F lästig fallen (*dat.*), belästigen (*ac.*); langweilen; *não me amoles* F steig mir den Bukkel hinauf.

amoldar [ɐmɔɫ'dar] (1a) formen, modeln; gestalten; *~-se a, com* sich anpassen an (*ac.*).

amolecar *bras.* [ɐmolɛ'kar] (1n) verächtlich behandeln, lächerlich m.

amolec|er [~lə'ser] (2g) *v/t.* aufweichen; *Wasser* enthärten; *fig.* erweichen; rühren; schwächen; *v/i. u.* **~er-se** weich w. (*a. fig.*); *fig.* schwach (*od.* schwächer) w.; erschlaffen; **~imento** [~si'mẽntu] *m fig.* Erschlaffung *f*; *~ cerebral* Gehirnerweichung *f*.

amolentar [~lẽn'tar] (1a) = *amolecer*.

amolg|adela [ɐmɔɫɣɐ'δɛlɐ] *f* = *~adura*; **~ado** [~'ɣaδu] verbeult; schartig (*Messer*); **~adura** [~ɐ'δurɐ] *f* Beule *f*; Scharte *f*; **~ar** [~'ɣar] (1o) *v/t.* aus-, ein-, ver-beulen; *fig.* zusetzen (*dat.*); zs.-hauen; *v/i. u.* **~ar-se** Beulen bekommen; *fig.* nachgeben.

amónia [ɐ'mɔnjɐ] *f* Salmiakgeist *m*.

amoníaco [ɐmu'niɐku] **1.** *m* Ammoniak *n*; = *amónia*; **2.** *adj.* Ammoniak...; *sal m ~* Salmiak *m*.

amónio [ɐ'mɔnju] *m* Ammon(ium) *n*; *carbonato m de ~* Hirschhornsalz *n*.

amont|oa [ɐmõn'toɐ] *f* Häufelung *f*; **~oação** [~twɐ'sɐ̃u] *f* (Auf-, Zs.-)Häufung *f*; Haufen *m*; **~oadamente** [~ˌtwaδɐ'mẽntə] haufenweise; **~oado** [~'twaδu] *m* Haufen *m*; *~ de escórias* Schlackenhalde *f*; **~oador** [~twɐ'δor] *m* Häufelpflug *m*; **~oamento** [~twɐ'mẽntu] *m* = *~oação*; **~oar** [~'twar] (1f) (an-, auf-, zs.-)häufen; häufeln.

amor [ɐ'mor] **1.** *m* Liebe *f*; Liebschaft *f*; *meu ~* F mein Schatz; *pelo* (*od. por*) *~ de Deus* um Gottes willen; *por ~ de* wegen (*gen.*), um ... zu (*inf.*); *por ~ de mim* (*de ti usw.*) um meinet- (deinet- *usw.*) willen, mir (dir *usw.*) zuliebe; *ter ~ a* lieben (*ac.*); *com ~* liebend gern; **2.** *~es pl.* Liebesverhältnis *n*; Liebesgötter *m/pl.*; *estação f dos ~es* Zeit *f* der Liebe; *com mil ~es* mit tausend Freuden.

amora [ɐ'mɔrɐ] *f* Maulbeere *f*; Brombeere *f*.

amorável [ɐmu'ravɛɫ] zärtlich; liebenswert; lieblich.

amordaçar [ɐmurδɐ'sar] (1p; *Stv.* 1b) knebeln; *fig.* mundtot m.

amoreira [ɐmu'reirɐ] *f* Maulbeerbaum *m*.

amorenado [~rə'naδu] bräunlich, dunkel.

amorfo [ɐ'mɔrfu] form-, gestalt-los; amorph.

amoricos [ɐmu'rikuʃ] *m/pl.* Liebelei *f*.

amornar [ɐmur'nar] (1e) anwärmen.

amoroso [ɐmu'rozu] liebevoll; Liebes...; zart; weich; sanft, mild.

amor-|perfeito [ɐˌmorpər'feitu] *m* Stiefmütterchen *n*; **~próprio** [~'prɔprju] *m* Selbstachtung *f*.

amortalh|ador *m*, **-eira** *f* [ɐmurtɐʎɐ'δor, -eirɐ] Leichenwäscher (-in *f*) *m*; **~ar** [~'ʎar] (1b) ins Leichentuch hüllen; *allg.* (ein)hüllen; *Zigarette* drehen.

amortec|edor [~təsə'ðor] *m* Stoß-*od.* Schwingungs-(*~desom* Schall-) dämpfer *m*; Puffer *m*; Prellvorrichtung *f*; **~er** [~'ser] (2g) *v/t.* abschwächen, dämpfen; abtöten; *Licht* abblenden; *v/i.* erlöschen (*Licht, Farbe*); **~ido** [~'siðu] erstorben; **~imento** [~i'mẽntu] *m* Abschwächung *f*, Dämpfung *f*; Schwäche *f*.
amortiz|ação [~tizɐ'sɐ̃u] *f* Tilgung *f*; Amortisation *f*; Abschreibung *f*; **~ador** [~ɐ'ðor]: *prestação f -a* Tilgungsrate *f*; **~ar** [~'zar] (1a) tilgen; amortisieren; *~ por depreciação* abschreiben; **~ável** [~'zavɛł] tilgbar.
amostra [ɐ'mɔʃtrɐ] *f* Muster *n*; Probe *f*; *de ~* als Muster, zur Probe.
amotin|ação [amutinɐ'sɐ̃u] *f* Aufwiegelung *f*; ⚓ *u.* ⚔ Meuterei *f*; *sonst*: Aufstand *m*; **~ado** [~'naðu] **1.** *adj.* aufständisch, meuternd; **2.** *m* Meuterer *m*; **~ar** [~'nar] (1a) auf-hetzen, -wiegeln; **~ar-se** sich empören; meutern.
amoucado [ɐmo'kaðu] schwerhörig.
amov|er [ɐmu'ver] (2d) = *remover*; **~ível** [~ivɛł] ab-, ver-setzbar; widerruflich; ⊕ abnehmbar.
ampar|ar [ẽmpɐ'rar] (1b) schützen, schirmen; (unter)stützen; **~ar-se** *a* sich stützen auf (*ac.*); sich halten an (*ac.*); s-e Zuflucht nehmen zu; **~o** [ẽm'paru] *m* Schutz *m*; Hilfe *f*; Stütze *f*; Unterstützung *f*; *em ~* zum Schutz; zur Stütze.
amperagem [ẽmpə'raʒɐ̃i] *f* Stromstärke *f*, Amperezahl *f*.
ampere, ampério [ẽm'pɛrə, -'pɛrju] *m* Ampere *n*; **~-hora** [~'ɔrɐ] *m* Amperestunde *f*.
amperímetro, -ómetro [ẽmpə'rimətru, -'rɔmətru] *m* Amperemeter *n*.
amplexo [~'plɛksu] *m* Umarmung *f*.
ampl|iação [~pljɐ'sɐ̃u] *f* Erweiterung *f*; *fot.* Vergrößerung *f*; **~iador** [~jɐ'ðor] *m* Vergrößerungsapparat *m*; **~iar** [~'pljar] (1g) erweitern; *fot.* vergrößern; **~iável** [~'pljavɛł] erweiterungs-, vergrößerungsfähig; **~idão** [~i'ðɐ̃u] *f* Weite *f*; = *amplitude*.
amplific|ação [ẽmpləfikɐ'sɐ̃u] *f* Erweiterung *f*; Vergrößerung *f*; *Radio*: Verstärkung *f*; **~ador** [~ɐ'ðor] *m Radio*: Verstärker *m*; **~ar** [~'kar] (1n) erweitern, ausdehnen; vergrößern; *Radio*: verstärken; **~ável** [~'kavɛł] ausdehnungs-, vergrößerungs-fähig.
amplitude [ẽmpli'tuðə] *f* Weite *f*, Ausdehnung *f*; Umfang *m*; *fís.* Amplitude *f*; *Radio*: Schwingungsweite *f*; *~ magnética* Abweichung *f*.
amplo ['ẽmplu] weit; geräumig; weitläufig; weitgehend; umfassend (*Kenntnisse usw.*); *informações f/pl. mais -as* nähere Auskunft *f*.
ampola [ẽm'polɐ] *f* Ampulle *f*; Blase *f*; *~ eléctrica* Glühbirne *f*; *~ de raios X* Röntgenröhre *f*.
ampulheta [ẽmpu'ʎetɐ] *f* Sand-, Eier-uhr *f*.
amput|ação [ẽmputɐ'sɐ̃u] *f* Abnahme *f*; **~ar** [~'tar] (1a) abnehmen.
amu|ado [ɐ'mwaðu] F eingeschnappt; **~ar** [~ar] (1g) *v/i.* maulen; F einschnappen; *fazer ~* beleidigen.
amuleto [ɐmu'letu] *m* Amulett *n*.
amulherado, -rengado [ɐmuʎə'raðu, -rẽŋ'gaðu] weibisch; zimperlich.
amuo [ɐ'muu] *m* Schmollerei *f*.
amura ⚓ [ɐ'murɐ] *f* Hals *m* (*pl.* Halsen); **~da** [ɐmu'raðɐ] *f* Reling *f*.
anã [ɐ'nɐ̃] *f* Zwergin *f*; *s. anão*.
anabaptista [ɐnɐβɐ'tiʃtɐ] *m* Wiedertäufer *m*.
anacoreta [~ku'retɐ] *m* Einsiedler *m*.
ana|creôntico *lit.* [~'krjõntiku] anakreontisch; **~crónico** [~'krɔniku] anachronistisch; **~cruse** ♪ [~'kruzə] *f* Auftakt *m*.
anais [ɐ'naiʃ] *m/pl.* Jahrbücher *n/pl.*; Annalen *pl.*
anal [ɐ'nał] After…
analecta *f*, **-o(s)** *m(/pl.)* [ɐnɐ'lɛktɐ, -u(ʃ)] Auswahl *f*, Sammlung *f*.
analéptico ⚕ [~'lɛptiku] stärkend.
analfab|etismo [ɐnałfɐβə'tiʒmu] *m* Analphabetentum *n*; **~eto** [~'βɛtu] **1.** *adj.* des Lesens und Schreibens unkundig; unwissend; **2.** *m* Analphabet *m*.
analg|(es)ia [~ʒ(əz)'iɐ] *f* Schmerzlosigkeit *f*; Unempfindlichkeit *f* gegen Schmerzen; **~ésico** [~'ʒɛziku], **análgico** [ɐ'nałʒiku] **1.** *adj.* schmerzstillend; schmerzunempfindlich; **2.** *m* schmerzstillende(s) Mittel *n*.
analis|ador [ɐnɐlizɐ'ðor] **1.** *adj.* kritisch; **2.** *m* Prüfgerät *n*, Prüfer *m*; Analysator *m*; *fig.* kritische(r)

Mensch *m*; **~ar** [~'zar] (1a) analysieren; zergliedern, zerlegen; ⚗ *a.* darstellen; **~ável** [~'zavɛɫ] analysierbar; zerlegbar; darstellbar.

análise [ɐ'nalizə] *f* Analyse *f*; Bestimmung *f*; Probe *f*; *em última* ~ letzten Endes.

anal|ista [ɐnɐ'liʃtɐ] *m* **a)** Analytiker *m*; **b)** Annalenschreiber *m*, Chronist *m*; **~ítico** [~'litiku] analytisch.

analogia [~lu'ʒiɐ] *f* Analogie *f*, Entsprechung *f*; Ähnlichkeit *f*.

analógico, análogo [~'lɔʒiku, ɐ'naluɣu] analog; entsprechend; gleich.

analogismo [~lu'ʒiʒmu] *m* Analogieschluß *m*; Analogiebildung *f*.

anamnese, -nesia [ɐnɐm'nɛzə, -nə'ziɐ] *f* ⚕ Krankheitsgeschichte *f*.

ananás [ɐnɐ'naʃ] *m* Ananas *f*.

anão [ɐ'nɐ̃u] **1.** *m* Zwerg *m*; **2.** *adj.* zwergenhaft, zwergig.

anarquia [ɐnɐr'kiɐ] *f* Anarchie *f*.

anárquico [ɐ'narkiku] anarchisch.

anarqui|smo [ɐnɐr'kiʒmu] *m* Anarchismus *m*; **~sta** [~ʃtɐ] **1.** *m* Anarchist *m*; **2.** *adj.* anarchistisch; **~zar** [~ki'zar] (1a) in Anarchie stürzen, desorganisieren; aufwiegeln.

anátema [ɐ'natəmɐ] *m* Bannfluch *m*.

anatematizar [ɐnɐtəmɐti'zar] (1a) den Bannfluch schleudern gegen; verfluchen.

anat|omia [ɐnɐtu'miɐ] *f* Anatomie *f*; **~ómico** [~'tɔmiku] anatomisch; **~omista** [~u'miʃtɐ] *m* Anatom *m*; **~omizar** [~umi'zar] (1a) sezieren; zergliedern, kritisch untersuchen.

anca ['ɐ̃ŋkɐ] *f* Hinterbacken *m*; Hüfte *f*; **~s** *pl.* Gesäß *n*; *Tier-*Kreuz *n*; *Pferde-*Kruppe *f*, *Frosch-*Schenkel *m/pl.*; *ir às* **~s** hinten aufsitzen.

ancestr|ais [ɐ̃sɨʃ'traiʃ] *m/pl.* Voreltern *pl.*; **~al** [~aɫ] (ur)alt; **~almente** [~aɫ'mẽntə] von alters her.

ancho ['ɐ̃ʃu] breit; weit; geräumig; *fig.* aufgeblasen; stolz.

anchova [ɐ̃'ʃovɐ] *f* Anschovis *f*, Sardelle *f*.

anci|anidade [ɐ̃sjɐni'ðaðə] *f* hohe(s) Alter *n*; **~ão** [ɐ̃'sjɐ̃u] **1.** *adj.* alt, hochbetagt; **2.** *m*, **~ã** *f* Greis(in *f*) *m*.

ancilos|ar [ɐ̃silu'zar] (1e) steif m. (*od.* w.); **~e** [~'lɔzə] *f* Gelenksteife *f*.

ancinho [ɐ̃'siɲu] *m* Rechen *m*.

âncora ['ɐ̃ŋkurɐ] *f* Anker *m*.

ancor|ação [ɐ̃ŋkurɐ'sɐ̃u] *f* Ankern *n*; = **~adoiro, -ouro** [~ɐ'ðoiru, -oru] *m* Reede *f*; **~agem** [~'raʒɐ̃i] *f* Verankerung *f*; = *~ação*; **~ar** [~'rar] (1e) vor Anker gehen (*od.* liegen); verankern (*a. fig.*); ~ *em fig.* begründen mit; stützen (*od.* gründen) auf (*ac.*); **~eta** *f*, **~ote** *m* [~'retɐ, ~'rɔtə] Wurfanker *m*; Fäßchen *n*.

andad|eiras [ɐ̃ndɐ'ðeirɐʃ] *f/pl.* Gängelband *n*; **~eiro** [~eiru] gangbar; = **~or** [~or] **1.** *adj.* gut zu Fuß; gängig (*Pferd*); **2.** *m* Bote *m*; (Almosen-)Sammler *m*; **~ura** [~urɐ] *f* Gang *m*; Gangart *f des Pferdes*.

andaim|ada, ~aria [~dai'maðɐ, ~mɐ'riɐ] *f* Baugerüst *n*; **~ar** [~'mar] (1a) mit e-m Gerüst versehen; *fig.* austüfteln; **~e** [~'daimə] *m* (Bau-) Gerüst *n*, *bsd.* Hängegerüst *n*.

andamento [~dɐ'mẽntu] *m* Gang *m*; Fortgang *m*; Verlauf *m*; ♪ Taktart *f*, Tempo *n*; *Sonaten-*Satz *m*; *com o comboio em* ~ während der Fahrt; *dar* ~ *a fig.* in Fluß bringen (*ac.*); *estar em* ~ laufen (*a. fig.*); 🚗 fahren; *pôr em* ~ in Gang setzen (*od. fig.* bringen); an-laufen, -fahren l.

andan|ça [~'dɐ̃sɐ] *f* Schererei *f*; Plackerei *f*; Abenteuer *n*; **~te** [~'dɐ̃ntə] **1.** *adj.* wandernd; unstet; fahrend (*Ritter*); **2.** *m* ♪ Andante *n*.

andar [~'dar] (1a) **1.** *v/i.* gehen; fahren; laufen (*a.* fliegen, fließen, schwimmen *usw.*); sich befinden, sn; ~ + *adj.* sn, *z.B.* ~ *desesperado* (*triste*) verzweifelt (traurig) sn; ~ *a fazer a/c.*, ~ *fazendo a/c.* damit beschäftigt (*od.* dabei) sn et. zu tun; et. tun; ~ *a* + *su.* herum... + *inf.*, *z.B.* ~ *às apalpadelas* (*aos saltos*) herum-tappen (-springen); ~ *à pancada* sich herumschlagen; *oft passivisch*: ~ *aos encontrões* herumgestoßen w. (*Sonderbedeutungen s. bei den betr. Substantiven*); ~ *com* haben (*ac.*); passen zu; mit *j-m* verkehren (*od.* Umgang h.); ~ *de* + *su.* gehen an (*dat.*); *mst durch ein Verb zu übersetzen, z.B.* ~ *de rojos* kriechen; ~ *de* (*automóvel etc.*) mit (dem Auto *usw.*) fahren; ~ *de avião* fliegen; ~ *bem* (*mal*) gut (schlecht) gehen *od.* stehen (*Unternehmen*); gut (schlecht) sn (in [*dat.*] de, em); sich richtig (falsch) benehmen (*od.* gut [schlecht] abschneiden) (bei *od.* in [*dat.*] em); (nicht) gut daran tun (zu em); (nicht) in Ordnung (*od.* auf der Höhe) sn (mit de); ~ *mal de dinheiro* schlecht bei Kasse sn; ~ *mal de saúde* gesundheitlich nicht auf der Höhe sn; *como anda?* wie geht's?; *vou* (*od. vamos*) *andando* es geht so; *para aqui ando!* man lebt halt!; *ando bem* (*mal*) es geht mir gut (schlecht); ~ *por*, ~ *em* gehen in die ...; stehen auf etwa ... (*Preis usw.*); ~ *nos quarenta* in den Vierzigern sn; *não saber a quantas anda* nicht wissen, woran man ist; *anda!*, *anda lá!* geh!, los!; weiter!; *anda cá!* komm her!; *pôr a* ~ in Gang setzen (*od.* bringen); *pôr-se a* ~ sich in Bewegung setzen, sich fortmachen; **2.** *v/t.* gehen; durchwandern; **3.** *m* Gang *m*; Gangart *f*; Fahrt *f*; Geschwindigkeit *f*; Stock (-werk *n*) *m e-s Hauses*; *a todo o* ~ eiligen Schrittes; mit voller Geschwindigkeit, ⚓ mit Volldampf; *levar grande* ~ schnell gehen (*od.* fahren); *com o* ~ *dos tempos* im Laufe der Zeit.

andarilho [~dɐ'riʎu] **1.** *m* Fußgänger *m*; Bote *m*; **2.** *adj.* wanderlustig.

andas ['ɐ̃ndɐʃ] *f/pl.* Stelzen *f/pl.*

andebol [ɐ̃ndə'βɔł] *m* Handball *m*.

andej|ar [~dɨ'ʒar] (1d) herumlaufen; sich herumtreiben; **~o** [~'deʒu] unruhig, unstet; *homem* (*mulher*) ~ (*-a*) Herumtreiber(in *f*) *m*.

andino [~'dinu] Anden...

andiroba *bras.* [~di'rɔβɐ] *f* Andiroba *n* (*Edelholz*).

ândito ['ɐ̃nditu] *m* Gehweg *m*.

andor [ɐ̃n'dor] *m* Traggerüst *n*.

andor|inha [~du'riɲɐ] *f* Schwalbe *f*; *bras.* Möbelwagen *m*; Dampfbarkasse *f*; *~-do-mar f* Seeschwalbe *f*; *cabeça f de* ~ Leichtfuß *m*; **~inhão** [~duri'ɲɐ̃u] *m* Turmschwalbe *f*.

andr|ajo [~'draʒu] *m* Lumpen *m*; **~ajoso** [~drɐ'ʒozu] zerlumpt.

andu *bras.* [~'du] *m* Andubohne *f*.

aned|ota [ɐnə'ðɔtɐ] *f* Anekdote *f*; Witz *m*; **~ótico** [~'ðɔtiku] anekdotenhaft.

aneiro [ɐ'neiru] vom Wetter abhängig; unsicher; nur ein übers andere Jahr Frucht tragend.

anejo [ɐ'neʒu] jährig.

anel [ɐ'nɛł] *m* Ring *m*; *Ketten*-Glied *n*; *Haar*-Locke *f*; ~ *de gaxeta* (*od. guarnição*) Dichtungs-, ~ *de apoio* (*od. base*) Spur-ring *m*.

anel|ação [ɐnəlɐ'sɐ̃u] *f* Atemnot *f*; **~ado** [~'laðu] lockig; ringförmig; **~ante** [~'lɐ̃ntə] keuchend; lechzend; **~ar** [~'lar] (1c) **a**) ringeln, kräuseln; **b**) *v/i.* keuchen, schwer atmen; ~ *por* lechzen (*od.* sich sehnen) nach; *v/t.* ersehnen.

anélito [ɐ'nɛlitu] *m* **a**) Hauch *m*; **b**) = **anelo** [~u] *m* (Herzens-) Wunsch *m*.

anemia [ɐnə'miɐ] *f* Bleichsucht *f*, Blutarmut *f*; Anämie *f*.

anémico [ɐ'nɛmiku] bleichsüchtig, blutarm; *fig.* blutleer, farblos.

anemó|grafo, **~metro** [ɐnə'mɔɣrɐfu, ~mətru] *m* Windmesser *m*.

anémona [ɐ'nɛmunɐ] *f* Anemone *f*; ~ *do mar* See-anemone *f*, -rose *f*.

anestes|ia [ɐnɨʃtə'ziɐ] *f* Anästhesie *f*, Betäubung *f*; **~iar** [~'zjar] (1g) betäuben, einschläfern; anästhesieren.

anesté|sico [~ʃ'tɛziku] **1.** *adj.* Betäubungs...; **2.** *m* Betäubungsmittel *n*; **~tico** [~tiku] = *~sico*.

anete [ɐ'netə] *m* Ankerring *m*.

aneto ⚘ [ɐ'nɛtu] *m* Dill *m*.

aneurisma [ɐneu'riʒmɐ] *m* (Schlagader-)Erweiterung *f*.

anex|ação [ɐnɛksɐ'sɐ̃u] *f* Annexion *f*, An-, Ein-gliederung *f*; Beifügung *f*; **~ar** [~'sar] (1a) annektieren; an-, ein-gliedern; beifügen.

anexim [ɐnə'ʃĩ] *m* Spruch *m*.

anexo [ɐ'nɛksu] **1.** *adj.* angeschlossen; an-, bei-liegend; *edifício m* ~ Anbau *m*; **2.** *m* Zubehör *n*; An-, Beilage *f*; Anhang *m*; Anbau *m*.

anfíbio [ɐ̃'fiβju] **1.** *adj.* amphibisch; *avião m* ~ Landwasserflugzeug *n*; **2.** *m* Amphibie *f*, Landwassertier *n*.

anfibólio [ɐ̃fi'βɔlju] *m* Hornblende *f*.

anfigúrico [~'ɣuriku] unverständlich.

anfiteatr|al [~tjɐ'trał] amphitheatralisch; **~o** [~'tjatru] *m* Amphitheater *n*; ~ *anatómico* Seziersaal *m*.

anfitrião [~'trjɐ̃u] *m* Gastgeber *m*.

anfractu|osidade [ɐ̃fraktwozi'ðaðə] *f* Krümmung *f*, Windung *f*; *Boden*-Einbruch *m*; Rauhigkeit *f*; Unregelmäßigkeit *f*; **~oso** [~'twozu] krumm, gewunden; rauh, felsig (*Gelände*); unregelmäßig (*Wunde, Bruch*).

angari|ação [ɐ̃ŋgɐrjɐ'sɐ̃u] *f* Werbung *f*; Beschaffung *f*; Erlangung *f*; **~ador** [~'ɐðor] *m* Werber *m*; (Werbe-)Agent *m*; **~ar** [~'rjar] (1g) wer-

ben; beschaffen; erlangen, erzielen; ~ *simpatias* sich beliebt m.
angarilha [~'riʎɐ] *f* Flechtwerk *n um Flaschen usw.*; Flaschenkorb *m.*
ang|élica [ẽ'ʒɛlikɐ] *f* ⚘ Engelwurz *f*; **~elical, ~élico** [ẽʒəli'kał, ẽ'ʒɛliku] engel-haft, -rein; *rel.* englisch.
angina [ẽ'ʒinɐ] *f* (eitrige) Mandelentzündung *f*, Angina *f*; ~ *membranosa* Diphtherie *f*; ~ *de peito* Brustbräune (Angina pectoris) *f.*
angli|canismo [ẽŋglikɐ'niʒmu] *m* Hochkirche *f*; **~cano** [~'kɐnu] **1.** *adj.* anglikanisch; **2.** *m* Anglikaner *m*; **~cismo** [~'siʒmu] *m* Anglizismus *m.*
anglo-americano [ˌẽŋglɔɐməri'kɐnu] angloamerikanisch.
angló|filo [ẽŋ'glɔfilu] **1.** *adj.* englandfreundlich; **2.** *m* Englandfreund *m*; **~fobo** [~fuβu] *adj.* englandfeindlich.
anglo-|saxão [ˌẽŋglɔsɐ'ksẽu] **1.** *m* Angelsachse *m*; **2.** *adj.* = **~saxónico** [~sɐ'ksɔniku] angelsächsisch.
angol|ano [ẽŋgu'lɐnu] = **~ense**; **~ar** [~ar] *m* Angolar *m* (*Münzeinheit in portug. West-Afrika*); **~ense** [~ẽsə] **1.** *adj.* angolanisch; **2.** *m* Angolaner *m.*
angra ['ẽŋgrɐ] *f* Bucht *f.*
angu *bras.* [ẽŋ'gu] *m* Maisbrei *m* (*Art Polenta*); *fig.* = **~-de-caroço** [~δɨka'rosu] *m* F Schlamassel *m.*
angul|ado [ẽŋgu'laδu] = *anguloso*; **~ar** [~ar] wink(e)lig, Winkel...; eckig; *pedra f* ~ Eckstein *m*; **~ário** [~arju] *m* Winkelmaß *n.*
ângulo ['ẽŋgulu] *m* Ecke *f*, Kante *f*; Knick *m*; ⩘ Winkel *m* (*agudo, obtuso, recto* spitzer, stumpfer, rechter); *fig.* Blickwinkel *m*, Gesichtspunkt *m*; ~ *contíguo*, ~ *adjacente* Nebenwinkel *m*; ~ *abarcador fot.* Bildwinkel *m.*
anguloso [ẽŋgu'lozu] (viel-)winkelig; eckig, kantig; *fig.* knochig.
angústia [ẽŋ'guʃtjɐ] *f* Angst(gefühl *n*) *f*; Qual *f com* ~ angstvoll.
angusti|ado [~guʃ'tjaδu] angsterfüllt; **~ador, ~ante** [~tjɐ'δor, ~'tjẽntə] beängstigend; **~ar** [~'tjar] (1g) ängstigen; quälen; **~oso** [~'tjozu] angsterfüllt; beängstigend.
anho ['ɐɲu] *m* Lamm *n.*
aniagem [ɐ'njaʒẽi] *f* Sackleinen *n.*
anichar [ɐni'ʃar] (1a) stellen, legen; einnisten; **~-se** sich hocken.
anídrico [ɐ'niδriku] wasserfrei.
anidr|ido ⚗ [ɐni'δriδu] *m* Anhydrid *n*; ~ *carbónico* Kohlengas *n*; **~ita, -e** [~'δritɐ, -ə] *f* Anhydrit *m.*
anil [ɐ'nił] *m* Indigo(blau) *n*; Blau *n.*
anilado [ɐni'laδu] blau.
anilh|a [ɐ'niʎɐ] *f* Ring(elchen *n*) *m*; **~o** [~u] *m* (Gardinen-)Ring *m*; Öse *f.*
anilina [ɐnə'linɐ] *f* Anilin *n*; ~*s pl.* Anilinfarben *f/pl.*
anim|ação [ɐnimɐ'sẽu] *f* Beseelung *f*; Belebung *f*; Aufmunterung *f*; Auftrieb *m*; Lebhaftigkeit *f*; Betrieb *m*; (angeregte) Stimmung *f*; **~ado** [~'maδu] lebhaft; rege; angeregt; hoffnungsvoll, mutig; *desenhos m/pl.* ~*s* Trickfilm *m*; **~ador** [~ɐ'δor] **1.** belebend; aufmunternd, ermutigend; **2.** ~ *m* Conférencier *m.*
animadversão [~mɐδvər'sẽu] *f* Abneigung *f*; Mißbilligung *f*; Rüge *f.*
animal [~'mał] **1.** *adj.* tierisch; *reino m* ~ Tierreich *n*; **2.** *m* Tier *n*; *bras.* Pferd *n*; *fig.* Rindvieh *n.*
animal|aço, ~ão [~mɐ'lasu, ~'lẽu] *m fig.* F Hornochse *m*; **~ejo** [~'leʒu] *m fig.* F Hammel *m*; **~esco** [~'leʃku] tierisch; **~idade** [~i'δaδə] *f* Tierheit *f*; = **~ismo** [~'liʒmu] *m* Tiernatur *f*; **~ista** [~'liʃtɐ] *m* Tierdarsteller *m*; **~izar-se** [~i'zarsə] (1a) vertieren.
anim|ar [ɐni'mar] (1a) beseelen; beleben; an-, er-regen; beschleunigen; *j-n* aufmuntern; ermuntern (zu *a*); **~ar-se** lebhaft w.; in Stimmung kommen; Mut (*od.* sich ein Herz) fassen (zu *a*); **~ato** ♪ [~'matu] lebhaft.
anímico [ɐ'nimiku] seelisch.
ânimo ['ɐnimu] *m* Geist *m*; Gemüt *n*; Gesinnung *f*; Mut *m*; Lust *f*; Absicht *f*; ~! nur Mut!, auf!, los!; (*re*)*cobrar* (*o*) ~ (neuen) Mut fassen; *ter* ~ *de* willens sn zu; *ter* ~ *para* fähig sn zu; *estar de* ~ Lust h.
anim|osidade [ɐnimuzi'δaδə] *f* **a**) Tatkraft *f*; **b**) Abneigung *f*, Groll *m*; **~oso** [~'mozu] beherzt; tatkräftig.
aninar [~'nar] (1b) einlullen.
aninhar [~'ɲar] (1a) *v/t.* ins Nest legen; beherbergen; verbergen; *v/i.* nisten, horsten; F hausen; **~-se** sich (nieder)hocken; sich kauern; sich einnisten; zu Nest gehen.
aniquil|ação *f*, **~amento** *m* [~kilɐ-

ˈsɐ̃u, ~ɐˈmẽntu] Vernichtung *f*; Vertilgung *f*; **~ar** [~ˈlar] (1a) vernichten; aus-, ver-tilgen; **~ar-se** zu Grunde gehen; zs.-brechen.
anis [ɐˈniʃ] *m* Anis *m*.
anis|ado [ɐniˈzaδu] Anis...; **~ar** [~ˈzar] (1a) mit Anis versetzen (*od.* würzen); **~eta** [~ˈzetɐ] *f* Anisette *f*.
aniversari|ante *bras.* [~versaˈrjɐ̃ntə] **1.** *adj.* Jubiläums...; Geburtstags...; **2.** *m* Geburtstagskind *n*; **~ar** *bras.* [~ˈrjar] (1g) den Jahrestag begehen; Geburtstag feiern.
aniversário [~vərˈsarju] **1.** *adj.* Jubiläums...; Geburts...; **2.** *m* Jahrestag *m*; Stiftungsfest *n e-s Vereins*; Jubiläum *n*; ~ *natalício* Geburtstag *m*.
anj|inho [ɐ̃ˈʒiɲu] *m* Engelchen *n*; **~s** *pl. hist.* Daumenschrauben *f/pl.*; **~o** [ˈɐ̃ʒu] *m* Engel *m*; ~ *custódio*, ~ *da guarda* Schutzengel *m*.
ano [ˈɐnu] **1.** *m* Jahr *n*; ~ *económico* (*escolar*, *novo*) Rechnungs- (Schul-, Neu-)jahr *n*; *votos m/pl. de* ~ *bom* Neujahrswünsche *m/pl.*; *dar os bons* ~*s* zu Neujahr gratulieren; *o* ~ *em que andamos*, *o* ~ *que corre* das laufende Jahr; *uns* ~*s por outros* im (Jahres-)Durchschnitt; *de há muitos* ~*s* langjährig; *vai* (*agora*) *em dez* ~*s* es ist etwa 10 Jahre her; (*seja*) *por muitos* ~*s!* Glück zu!; **2.** ~*s pl.* Lebensjahre *n/pl.*; *dia m de* ~*s* Geburtstag *m*; *fazer* ~*s* Geburtstag h.; *fazer* (*ter*) *trinta* ~*s* 30 Jahre alt w. (sn); *quantos* ~*s tem?* wie alt sind Sie?; *entrado em* ~*s* bejahrt; *carregado de* ~*s* hochbetagt.
anódino [ɐˈnɔδinu] unschädlich; schmerzstillend.
anódio, ânodo [ɐˈnɔδju, ˈɐnuδu] *m* Anode *f*.
anoit-, anoutecer [ɐnoit-, ɐnotəˈser] (2g) Nacht (*od.* dunkel) w.; bei Einbruch der Dunkelheit ankommen (*od.* sich befinden); *ao* ~ bei Einbruch der Dunkelheit.
anoj|ado [ɐnuˈʒaδu] trauernd, in Trauer; traurig; **~ar** [~ar] (1e) = *enojar*; **~ar-se** trauern.
anomalia [ɐnumɐˈliɐ] *f* Abweichung *f*, Anomalie *f*; Fehler *m*.
anómalo [ɐˈnɔmɐlu] abweichend, fehlerhaft; krankhaft, abnorm.
an|onimato [ɐnuniˈmatu] *m* Anonymität *f*; **~ónimo** [ɐˈnɔnimu] **1.** *adj.* anonym; *sociedade f -a* Aktiengesellschaft *f*; **2.** *m* ungenannte(r) Verfasser *m*; Unbekannte(r) *m*.
anorgânico [ɐnurˈɣɐniku] *s. inorg...*
anorm|al [ɐnurˈmał] anomal; ungewöhnlich; = *anómalo*; **~alidade** [~mɐliˈδaδə] *f* Abnormität *f*.
anot|ação [ɐnutɐˈsɐ̃u] *f* Anmerkung *f*; Vermerk *m*; **~ar** [~ˈtar] (1e) mit Anmerkungen versehen; aufschreiben, vermerken.
anseio [ɐ̃ˈseju] *m* Unruhe *f*, Sorge *f*; Sehnsucht *f*; Streben *n*.
anserino [ɐ̃səˈrinu] Gänse...
ânsia(s) [ˈɐ̃sjɐ(ʃ)] *f/pl.* Übelkeit *f*.
ansi|ado [ɐ̃ˈsjaδu] angstvoll; übel; *ele está* ~ ihm ist übel; **~ar** [~ar] (1h) ängstigen, quälen; schlecht bekommen (*dat.*); ~ (*por*) sich sehnen nach; brennen auf (*ac.*); **~ar-se**: *ele ansiou-se* ihm ist übel geworden; **~edade** [ɐ̃sjeˈδaδə] *f* (Seelen-)Angst *f*, innere Unruhe *f*; Sehnsucht *f*; Begierde *f*; *com* ~ = **~osamente** [ɐ̃ˌsjɔzɐˈmẽntə]: *desejar* ~ = ~*ar*; **~oso** [ɐ̃ˈsjozu] unruhig, angstvoll; sehnsüchtig; ~ *de* begierig (zu *inf.*; nach [*dat.*]); *estar* ~ *por* = ~*ar* (*por*).
ant|a [ˈɐ̃ntɐ] *f* **a**) Elen(antilope *f*) *n*; *bras.* Tapir *m*; **b**) Hünenstein *m*; ⚠ Eckpfeiler *m*.
antag|ónico [ɐ̃ntɐˈɣɔniku] gegensätzlich, widerstreitend; **~onismo** [~uˈniʒmu] *m* Gegensatz *m*; **~onista** [~guˈniʃtɐ] *m* Gegner *m*; Gegenspieler *m*.
antálgico [~ˈtałʒiku] schmerzstillend.
antárctico [~ˈtartiku] antarktisch; *polo m* ~ Südpol *m*.
ante [ˈɐ̃ntə] vor (*ac. u. dat.*); angesichts (*gen.*).
ante|acto [ɐ̃ntəˈatu] *m* Vorspiel *n*; **~braço** [~ˈβrasu] *m* Unterarm *m*; **~câmara** [~ˈkɐmɐrɐ] *f* Vor-zimmer *n*, -kammer *f*.
antece|dência [~səˈδẽsjɐ] *f* Vorangehen *n*; ~*s pl.* Vorgeschichte *f*, Antezedenzien *n/pl.*; *com* ~ im voraus; frühzeitig; **~dente** [~ˈδẽntə] **1.** *adj.* vorhergehend, vorig; **2.** *m* Antezedens *n*; Präzedenzfall *m*; *Logik*: Vordersatz *m*; ~*s pl.* **a**) Vorfahren *m/pl.*; **b**) Vorleben *n e-r Person*; Vorgeschichte *f e-r Sache*; ~*s penais* Vorstrafen *f/pl.*; *de maus* ~*s* vorbelastet; *atestado m de bons* ~*s* Unbescholtenheitszeugnis *n*; *sem*

~s beispiellos; **~der** [~'ðer] (2c) vorher-, voraus-gehen; = **~der-se** zuvorkommen; vorgreifen; **~ssor** *m*, **-a** *f* [~'sor, -ɐ] Vorgänger(in *f*) *m*; ~es *m/pl.* Vorfahren *m/pl.*

antecip|ação [~sipɐ'sɐ̃u] *f* Vorausnahme *f*; Vorwegnahme *f*; ✝ Vorauszahlung *f*; *com* ~ = **~adamente** [~ˌpaðɐ'mẽntə] im voraus; **~ado** [~'paðu] vorherig; vorzeitig; *pagamento m* ~ Vorauszahlung *f*; **~ar** [~'par] (1a) voraus-, vorweg-nehmen; verfrühen; vorverlegen; ~ *alg.* (*em*) j-m zuvorkommen (bei *od.* in [*dat.*]); ~ *os agradecimentos* im voraus danken; **~ar-se** vorhergehen; zuvorkommen; sich verfrühen; früher kommen (als *a*); vorauseilen; vorgreifen; **~o** *bras.* [~'sipu] *m* Vorschuß *m*.

antedat|a [~'ðatɐ] *f* Vordatierung *f*. *pôr* ~ *em* = **~ar** [~ðɐ'tar] (1b) vordatieren.

ante|diluviano [~ðilu'vjɐnu] vorsintflutlich; **~face** [~'fasə] *m* Gesichtsschleier *m*; Larve *f*; **~firma** [~'firmɐ] *f* Schlußformel *f im Brief*.

antegost|ar, ~o [~ɣuʃ'tar, ~'ɣoʃtu] = *antegoz|ar*, ~*o*.

antegoz|ar [~ɣu'zar] (1e) im voraus (*od.* vorher) genießen (*od.* schmekken); sich freuen auf (*ac.*); **~o** [~'ɣozu] *m* Vorgeschmack *m*; Vorfreude *f*.

ante|lóquio [~'lɔkju] *m* Vorrede *f*; **~manhã** [~mɐ'ɲɐ̃] *f* (*od. adv.*) (im) Morgengrauen *n*; **~mão** [~'mɐ̃u]: *de* ~ im voraus; **~meridiano** [~məri'ðjɐnu] vormittägig.

antena [ɐ̃n'tenɐ] *f* ⚓ Rahe *f*; *zo.* Fühlhorn *n*, Fühler *m*; *Radio*: Antenne *f*; ~ *dirigida* Richtstrahler *m*; ~ *aérea*, ~ *livre* Hoch-, ~ *emissora* Sende-, ~ *exterior* Außen-, ~ *de fios paralelos* Käfig-, ~ *interior* Zimmer-, ~ *de quadro* Rahmen-, ~*-terra* Erd-, ~ *tubular* Röhren-antenne *f*.

ante|nome [ɐ̃ntə'nomə] *m* Vorbenennung *f*, Titel *m*; **~nupcial** [~nup'sjał] vorehelich; **~olhos** [~'ɔʎuʃ] *m/pl.* Scheuklappen *f/pl.*; **~ontem** [~'õntɐ̃i] vorgestern; **~pagar** [~pɐ'ɣar] (1o; *Stv.* 1b) voraus(be)zahlen.

antepar|a [~'parɐ] *f* ⚓ Schott *n*; = ~*o*; **~ar** [~pɐ'rar] (1b) schützen; vorbeugen (*dat.*), steuern (*dat.*); ab-sperren, -schirmen; *Lücke* schließen; **~ar-se** sich vorsehen; **~o** [~'paru] *m* Schutz *m*; (spanische) Wand *f*; Windfang *m*; (Lampen-, Ofen-)Schirm *m*.

ante|passado [~pɐ'saðu] *m* Vorfahr *m*; **~pasto** [~'paʃtu] *m* Vorspeise *f*; **~penúltimo** [~pə'nułtimu] vorvorletzt, drittletzt; **~por** [~'por] (2zd) voranstellen; vorziehen; **~porta** [~'pɔrtɐ] *f* Vortür *f*; Türvorhang *m*; **~porto** [~'portu] *m* Außenhafen *m*; **~posição** [~puzi'sɐ̃u] *f* Voranstellung *f*; **~posto** [~'poʃtu] **1.** *p.p. v.* ~*por*; **2.** *adj.* vorgelagert; **~projecto** [~pru'ʒɛtu] *m* Vor-entwurf *m*, -projekt *n*.

antera [ɐ̃n'tɛrɐ] *f* Staubbeutel *m*.

anteri|or [ɐ̃ntə'rjor] vorhergehend; vorig; früher; Vorder...; **~oridade** [~rjuri'ðaðə] *f* Vorzeitigkeit *f*; Vorzug *m*, Vorrang *m*; *com* ~ = **~ormente** [~ˌrjor'mẽntə] vorher; früher.

anterrosto [~'ʀoʃtu] *m* Schmutztitel *m*.

antes ['ɐ̃ntɨʃ] **1.** *prp.* ~ *de* vor (*dat.*); ~ *de mais nada* (*ninguém*) vor allem (allen anderen); ~ *de partir* vor meiner Abreise, bevor ich abreis(t)e; ~ *de terminado o espectáculo* vor Schluß der Vorstellung; ~ *que cj.* bevor, ehe; P selbst wenn; **2.** *adv.* (*em*) ~ vorher, zuerst; eher; früher; lieber; *in Wunschsätzen*: nur; ~ (*pelo contrário*) vielmehr; *de* ~ = *dantes*; *quanto* ~ so bald wie möglich; *quanto* ~ *melhor* je eher desto besser.

antessala [ɐ̃ntə'salɐ] *f* Vorzimmer *n*.

ante|ver [~'ver] (2m) vorhersehen; **~véspera** [~'vɛʃpərɐ] *f* der vorvorige Tag; *na* ~ zwei Tage vorher.

anti... [ɐ̃nti..., ɐ̃ntə] *in Zssgn* **1.** *mit Subst.* Anti..., Gegen..., ...-gegner; Mittel *n* gegen ...; **2.** *mit Adj.* anti..., ...feindlich; (gut) gegen ...

anti|ácido [~'asiðu] säurebeständig; **~aéreo** [~ɐ'ɛrju] Luftschutz..., Fliegerabwehr...; *defesa f* -*a* (*abrigo m* ~) Luftschutz(keller) *m*; *artilharia* (*peça*) *f* -*a* Flakartillerie *f*, -geschütz *n*; **~biótico** [~'βjɔtiku] *m* keimtötende(s) Mittel *n*; **~cefálgico** [~sə'fałʒiku]: (*medicamento*) ~ *m* Kopfwehmittel *n*; **~clerical** [~klǝri'kał] antiklerikal, kirchenfeindlich; **~congelante** [~kõʒə'lẽntə] *m* Frostschutzmittel *n*;

~constitucional [~kõʃtitusju'nał] verfassungswidrig; **~corrosivo** [~kuʀu'zivu] = *~ferruginoso*.
anticrist|ão [~kriʃ'tɐ̃u] **1.** *adj.* anti- (*od.* un-)christlich; **2.** *m* Gegner *m* des Christentums; **~o** [~'kriʃtu] *m* Antichrist *m*.
anti|democrático [~δəmu'kratiku] undemokratisch; **~deslizante** [~δəʒli'zɐ̃ntə] **1.** *adj.* Gleitschutz...; **2.** *m* Gleitschutz *m*; **~detonante** [~δətu'nɐ̃ntə] klopf-frei, -sicher.
antídoto [ɐ̃n'tiδutu] *m* Gegengift *n* (gegen *a*); Gegenmittel *n*.
anti|económico [ɐ̃ntiku'nɔmiku] unwirtschaftlich; **~estético** [~ʃ'tɛtiku] unästhetisch, unschön; **~fascista** [~fɐ'ʃiʃtɐ] **1.** *adj.* antifaschistisch; **2.** *su.* Antifaschist(in*f*) *m*; **~ferruginoso** [~fəʀuʒi'nozu] rostverhütend; *tinta f -a* Rostschutzfarbe *f*; **~flogístico** [~flu'ʒiʃtiku] (gut) gegen Entzündung.
antífona [ɐ̃n'tifunɐ] *f kirchlicher* Wechselgesang *m*; Eingangsvers *m*.
antig|alha [ɐ̃nti'ɣaʎɐ] *f* = *~ualha*; **~amente** [~ɐ'mɐ̃ntə] früher, ehemals, vormals; **~o** [ɐ̃n'tiɣu] **1.** *adj.* alt, früher, ehemalig; antik; *à -a* in antikem Geschmack; **2.** *m*: *os ~s* die Alten *m/pl.*; die Vorfahren *m/pl.* **~ualha** [~'ɣwaʎɐ] *f* = *antiqualha*; **~uidade** [~ɣwi'δaδə] *f* Altertum *n*; *die* alte Welt, Antike *f*; (Dienst-)Alter *n*; *~s pl.* Antiquitäten *f/pl.*; altertümliche Einrichtungen *f/pl.*
anti-|higiénico [ɐ̃nti'ʒjɛniku] unhygienisch; **~incrustador** [~ĩŋkruʃtɐ'δor] (gut) gegen Kesselstein.
antílope [ɐ̃n'tilupə] *m* Antilope *f*.
antimagnético [ɐ̃ntimɐɣ'nɛtiku]: *relógio m ~* magnetfreie Uhr *f*.
antim|ónio [ɐ̃nti'mɔnju] *m* Antimon *n*; **~onita** [~mu'nitɐ] *f* Grauspießglanz *m*.
antinódoa [~'nɔδwɐ] *f* Fleckenmittel *n*.
antin|omia [ɐ̃ntinu'miɐ] *f* Gegensatz *m*; Widerspruch *m*; **~ómico** [~'nɔmiku] unvereinbar; widersprüchlich, gegensätzlich.
antipapa [~'papɐ] *m* Gegenpapst *m*.
antip|atia [ɐ̃ntipɐ'tiɐ] *f* Abneigung *f*; Widerwille *m*; **~ático** [~'patiku] unsympathisch; unausstehlich; (ea.) abstoßend; unverträglich (*Farben*); **~atizar** [~ɐti'zar] (1a): *~ com alg.* j-n unsympathisch (*od.* unausstehlich) finden; j-n nicht mögen.
antípoda [ɐ̃n'tipuδɐ] *m* Antipode *m*.
antiqu|ado [ɐ̃nti'kwaδu] altfränkisch; **~alha** [~aʎɐ] *f* alte Scharteke *f* (*Buch*); *allg.* F alte Klamotte *f*; Zopf *m*; *~s pl.* Plunder *m*; **~ar-se** [~arsə] (1m) veralten; **~ário** [~arju] **1.** *m* Antiquar *m*; **2.** *adj.* = *~ado*; **~íssimo** [~isimu] uralt.
anti-|religioso [~ʀəli'ʒjosu] religionsfeindlich; unreligiös; **~rugas** [~'ʀuɣɐʃ] knitterfrei.
anti-semit|a [~sə'mitɐ] **1.** *adj.* judenfeindlich; **2.** *m* Antisemit *m*; **~ismo** [~mi'tiʒmu] *m* Judenhaß *m*.
anti-|séptico [~'sɛptiku] keimtötend, antiseptisch; **~social** [~su'sjał] asozial; unsozial; **~spasmódico** [~ʃpɐʒ'mɔδiku] krampflösend.
ant|ítese [ɐ̃n'titəzə] *f* Antithese *f*, Gegensatz *m*; **~itético** [~i'tɛtiku] gegensätzlich, antithetisch.
anti|tóxico [~'tɔksiku] **1.** *adj.* entgiftend; **2.** *m* Gegengift *n*.
anto|jar [ɐ̃ntu'ʒar] (1e) (sich) vor Augen halten; (an)sehen; (sich) vorstellen; wünschen; begehren; Lust haben auf (*ac.*); **~jar-se** (er-)scheinen; **~jo** [ɐ̃n'toʒu] *m* Wunsch *m*; Begierde *f*; Laune *f*; *dão-me ~s de inf.* ich habe Lust zu *inf.*; **~lhar** [~'ʎar] (1e) = *~jar*; **~lhos** [~'ɔʎuʃ] *m/pl.* Scheuklappen *f/pl.* (*a. fig.*).
antologia [~lu'ʒiɐ] *f lit.* Blumenlese *f*; Sammlung *f*, Anthologie *f*.
antónimo [ɐ̃n'tɔnimu] **1.** *adj.* entgegengesetzt; **2.** *m* Gegenteil *n*.
antr|acite [ɐ̃ntrɐ'sitə] *f* Anthrazit *m*; **~az** ⚕ [~'traʃ] *m* Karbunkel *m*.
antro ['ɐ̃ntru] *m* Höhle *f*.
antrop|ofagia [ɐ̃ntrupufɐ'ʒiɐ] *f* Menschenfresserei *f*; **~ófago** [~'pɔfɐɣu] *m* Menschenfresser *m*; **~óide** [~'pɔiδə] **1.** *adj.* menschenähnlich; **2.** *m* Menschenaffe *m*; **~ologia** [~pulu'ʒiɐ] *f* Menschenkunde *f*, Anthropologie *f*; **~ologista, ~ólogo** [~pulu'ʒiʃtɐ, ~'pɔluɣu] *m* Anthropologe *m*; **~omorfo** [~pu'mɔrfu] = *~óide*.
anual [ɐ'nwał] jährlich; Jahres...; **~idade** [ɐnwɐli'δaδə] *f* Jährlichkeit *f*; Jahres-beitrag *m*, -einkommen *n*, -ertrag *m*, -rate *f*.
anuário [ɐ'nwarju] *m* Jahrbuch *n*; *~ comercial* Adreßbuch *n*.

anuência [ɐ'nwẽsjɐ] *f* Zustimmung *f*.

anuidade [ɐnwi'ðaðə] *f* Annuität *f*, Jahresrate *f*; = *anualidade*.

anuir [ɐ'nwir] (3i): ~ *a* zustimmen (*dat.*); einwilligen in (*ac.*); einverstanden sn mit.

anul|ação [ɐnulɐ'sɐ̃u] *f* Aufhebung *f*; Nichtigkeitserklärung *f*; **~ar** [~'lar] **1.** *v/t.* (1a) rückgängig m., aufheben; für null und nichtig erklären; zunichte m.; ✝ *Order* annullieren; **2.** *adj.* ringförmig; *dedo m* ~ Ringfinger *m*.

anunci|ação [ɐnũsjɐ'sɐ̃u] *f rel.* (Mariä) Verkündigung *f*; **~ador** [~'ðor] **1.** *m* Verkünder *m*; **2.** *adj.* = **~ante** [~'sjẽntə] **1.** *adj.* anzeigend; **2.** *su.* Inserent(in *f*) *m*; **~ar** [~'sjar] (1g) anzeigen, ankündigen; verkünden; bekanntmachen; inserieren; *Radio*: ansagen; *Besuch* anmelden.

anúncio [ɐ'nũsju] *m* Anzeige *f*, Bekanntmachung *f*; Ankündigung *f*; *Radio*: Ansage *f*; Zeitungsanzeige *f*, Inserat *n*; ~ *luminoso* Lichtreklame *f*; *pôr (um)* ~ inserieren; ~*s pl. económicos* kleine Anzeigen *f/pl.*

anúria ⚕ [ɐ'nurjɐ] *f* Harnverhaltung *f*.

ânus ['ɐnuʃ] *m* After *m*.

anuviar [ɐnu'vjar] (1g) = *nublar*.

anverso [ɐ̃'vɛrsu] *m* Vorderseite *f*.

anzol [ɐ̃'zɔł] *m* Angelhaken *m*; *fig.* Fallstrick *m*; *cair nos -óis de alg.* j-m ins Netz gehen; *morder* (*od. tragar*) *o* ~ anbeißen; darauf hereinfallen.

ao [ɐu, *bras.* au] *Zssg der prp. a mit art. od. pron. demonstr. o.*

aonde [ɐ'õndə] wohin; ⚔ wo.

aorta [ɐ'ɔrtɐ] *f* Hauptschlagader *f*.

apadrinhar [ɐpɐðri'ɲar] (1a) Patenstelle annehmen bei; Zeuge sn bei; *fig.* begünstigen.

apag|ado [ɐpɐ'ɣaðu] dumpf (*Ton, a. fig.*); *fig.* bescheiden, still; **~ador** [~ɣɐ'ðor] *m* Löschhorn *n*; Löscher *m*; **~ar** [~'ɣar] (1o; *Stv.* 1b) (aus-)löschen; *Licht* ausm.; ausschalten; *Ton, Farbe* dämpfen; *fig.* beruhigen, besänftigen; *Regung* ersticken, unterdrücken; *Wort* aus-löschen, -radieren, -kratzen; **~ar-se** erlöschen; verklingen (*Ton*).

ápage! ['apɐʒə] *int.* hinweg!

apainel|ado [ɐpainə'laðu] *m* Paneel *n*; **~amento** [~ɐ'mẽntu] *m* Täfelung *f*; **~ar** [~'lar] (1c) täfeln.

apaixon|ado [ɐpaiʃu'naðu] **1.** *adj.* leidenschaftlich; verliebt; **2.** *m*, **-a** *f* Liebhaber(in *f*) *m*; **~ar** [~ar] (1e) verliebt m.; (leidenschaftlich) erregen; **~ar-se** *por* sich verlieben in (*ac.*); sich begeistern für.

apalavr|ado [ɐpɐlɐ'vraðu]: *estar* ~ zugesagt (*od.* versprochen) sn; **~ar** [~ar] (1b) besprechen; verabreden; *j-n* verpflichten; *et. od. j-n* versprechen; sich *ein Kaufobjekt* sichern; **~ar-se** übereinkommen.

apalermado [~lɐr'maðu] verdreht.

apalp|ação [ɐpałpɐ'sɐ̃u] *f* ⚕ Abklopfen *n*; = *~adela*; **~adeira** [~ɐ'ðeirɐ] *f* Untersuchungsbeamtin *f*; **~adela** [~ɐ'ðɛlɐ] *f* Abtasten *n*; (Tast-)Griff *m*; *às ~s* tastend; *fig.* aufs Geratewohl; *andar às ~s* (herum-, daher-)tappen; **~ar** [~'par] (1a) (ab-, be-)tasten; belästigen.

apanágio [ɐpɐ'naʒju] *m* Merkmal *n*.

apanha [ɐ'pɐɲɐ] *f Oliven*-Ernte *f*.

apanh|ação [ɐpɐɲɐ'sɐ̃u] *f bras.* = *apanha*; **~adeira** [~ɐ'ðeirɐ] *f Obst*-Pflückerin *f*; Ährenleserin *f*; Maschenaufnehmerin *f*; Kehrblech *n*; **~ado** [~'ɲaðu] **1.** *m* Zusammenstellung *f*, Übersicht *f*; Inhaltsangabe *f*; *Kleider*-Falte *f*; **2.** *adj. bem* ~ gut gesagt, gut getroffen; F witzig; **~ador** [~ɐ'ðor] *m* Pflücker *m*; Sammler *m*; **~a-gotas** [~ɐ'ɣɔtɐʃ] *m* Tropfenfänger *m*; ⊕ Tropfschale *f*, Ölschiff *n*; **~a-moscas** [~'moʃkɐʃ] *m* Fliegenfänger *m*; ⚘ Fettkraut *n*, Sonnentau *m*; **~ar** [~'ɲar] (1a) aufheben; (er)greifen, fassen, packen; *Obst usw.* pflücken, ernten; *Ähren usw.* (auf)sammeln; *Kleid* raffen; *Maschen* aufnehmen; *Ball, Fisch* fangen; *Dieb* (ab)fassen; *j-n bei et.* ertappen; *Regen* abbekommen; *Krankheit usw.* bekommen, F kriegen; *j-n* einholen, treffen; stehlen; ~ (*uma sova*) Hiebe bekommen; ~ *com a/c.* et. (ab)bekommen; **~o** [ɐ'pɐɲu] *m* = *apanha*.

apaniguado [~ni'ɣwaðu] *m* Anhänger *m*; Schützling *m*.

apara [ɐ'parɐ] *f* Schnitzel *n*; Span *m*; Abfall *m*; **~-charutos** [~ʃɐ'rutuʃ] *m* Zigarrenabschneider *m*.

aparador [ɐpɐrɐ'ðor] *m* Anrichte *f*.

aparafusar [~fu'zar] (1a) an-, fest-, ver-, zs.-schrauben.

apara-lápis [ɐ͵parɐ'lapiʃ] *m* Bleistiftspitzer *m*.
aparar [ɐpɐ'rar] (1b) *Ball, Hieb* auffangen, parieren; beschneiden, behauen; *Bleistift* spitzen; *Bart usw.* stutzen; *fig.* zurechtstutzen; *Holz usw.* abhobeln, glätten; *Stil* (aus-) feilen; *fig. Zumutung* dulden.
aparato [~'ratu] *m* Aufwand *m*; Apparat *m*; *Polizei- usw.* Aufgebot *n*.
aparat|osamente [~rɐ͵tɔzɐ'mẽntə] mit großem Aufwand; **~oso** [~'tozu] prächtig; aufsehenerregend.
aparec|er [~rə'ser] (2g) erscheinen; *Krankheit usw.* auftreten; hervortreten, zutage treten, zum Vorschein kommen; **~imento** [~i'mẽntu] *m* Erscheinen *n*; Auftreten *n*; Zutagetreten *n*; Erscheinung *f*.
aparelh|ado [~rə'ʎaðu] bereit *od.* geeignet (zu *para*); **~ador** [~ɐ'ðor] *m* Unterwerkmeister *m*; **~agem** [~'ʎaʒɐ̃i] *f* Gerätschaften *f/pl.*; Einrichtung *f*; Anlagen *f/pl.*; **~amento** [~ɐ'mẽntu] *m* Zurüstung *f*; = *~agem*; **~ar** [~'ʎar] (1d) (aus-) rüsten; (aus-, zu)richten; zurechtm.; *Steine* behauen; *Holz* hobeln; *Pferd* anschirren; *v/i.* ⚓ auslaufen; **~o** [~'reʎu] *m* **a**) Apparat *m*; Vorrichtung *f*; (Pferde-)Geschirr *n*; ⚓ Takelung *f*; ⊕ Flaschenzug *m*; *Tee-, Koch-*Geschirr *n*; *Jagd- usw.* Gerät *n*; ⚕ *chirurgische* Instrumente *n/pl.*; **b**) Zurüstung *f*, Richten *n*; Behauen *n*.
aparência [~'rẽsjɐ] *f* Schein *m* (*salvar* wahren); Anschein *m*; Äußere(s) *n*; *as ~s enganam* der Schein trügt.
aparent|ado [~rẽn'taðu] verwandt; **~ar** [~ar] (1a) vor-spiegeln, -täuschen; aussehen wie, scheinen; **~ar-se a**) sich stellen (*adj. od.* als ob); spielen (*ac.*); *~ com* ähneln (*dat.*); **b**) sich verschwägern; **~e** [~'rẽntə] anscheinend; scheinbar, Schein...
aparição [~ri'sɐ̃u] *f* Erscheinung *f*; *fazer a sua ~* in Erscheinung treten.
aparo [ɐ'paru] *m* Beschneiden *n*; Spitzen *n*; *bsd.* Schreibfeder *f*.
apart|ação [ɐpɐrtɐ'sɐ̃u] *f* Scheidung *f*; *taur.* Einstallung *f der Kampfstiere*; **~ado** [~'taðu] **1.** *adj.* abgelegen; einsam; **2.** *m* ✉ Postfach *n*; **~amento** [~ɐ'mẽntu] *m* **a**) Trennung *f*, Scheidung *f*; Absonderung *f*; Entfernung *f*; Zurückgezogenheit *f*; **b**) *gal.* Appartement *n*; **~ar** [~'tar] (1b) beiseitelegen, -setzen, -stellen; trennen, scheiden; ab-, aus-sondern; entfernen; *Augen* abwenden; *~ de* abbringen von; **~ar-se** zur Seite treten; sich zurückziehen, sich abwenden; *vom Wege* abweichen; *Vertrag* nicht einhalten.
aparte [ɐ'partə] *m* Zwischen-bemerkung *f*, -ruf *m*; *teat.* zur Seite Gesprochenes; **~ar** *bras.* [apar'tjar] (1l) einwerfen, dazwischenrufen; unterbrechen.
apartidário [ɐpɐrti'ðarju] parteilos.
aparv|alhado, ~oado [ɐpɐrvɐ'ʎaðu, ~'vwaðu] verdutzt, ratlos; dumm, blöde; **~alhar** [~'ʎar] (1b) = **~oar** [~'vwar] (1f) aus der Fassung bringen, F verdattern; dumm m.
apascentar[ɐpɐʃsẽn'tar](1a)weiden.
apatia [~'tiɐ] *f* Teilnahmslosigkeit *f*, Gleichgültigkeit *f*.
apático [ɐ'patiku] teilnahmslos, stumpf.
apátrida [ɐ'patriðɐ] staatenlos.
apavorar [ɐpɐvu'rar] (1e) erschrekken, entsetzen.
apazigu|ador [~ziɣwɐ'ðor] *m* Friedensstifter *m*; **~amento** [~ɐ'mẽntu] *m* Befriedung *f*; Beruhigung *f*; **~ante** [~'ɣwẽntə] friedfertig; **~ar** [~'ɣwar] (1m) befrieden; beruhigen.
ape|adeiro [ɐpjɐ'ðeiru] *m* 🚂 Haltepunkt *m*, (Eisenbahn-)Station *f*; **~ar** [ɐ'pjar] (1l) *v/t. j-m* (herunter-) helfen; *j-n* aussteigen l.; herunternehmen; abwerfen; *j-n s-s Amtes* entheben, absetzen; *fig.* herunterm.; *v/i. u.* **~ar-se** absitzen; ab-, aussteigen.
a-pedido *bras.* [ape'ðiðu] *m* Eingesandt *n*; *~s pl.* Zuschriften *f/pl.* aus dem Leserkreis; Briefkasten *m*.
apedrej|amento [ɐpəðrəʒɐ'mẽntu] *m* Steinigung *f*; **~ar** [~'ʒar] (1d) steinigen; (mit Steinen) bewerfen; mit Steinwürfen vertreiben.
apeg|ado [~'ɣaðu] anhänglich, zugetan; **~ar-se** [~arsə] (1o; *Stv.* 1c) *~ a* Zuneigung fassen zu; sich klammern (*od.* halten) an (*ac.*); hängen an (*dat.*); **~o** [ɐ'peɣu] *m* Anhänglichkeit *f*, Zuneigung *f*.
apeiro [ɐ'peiru] *m* Zuggeschirr *n*; Gerät *n*; Werkzeug *n*.
apel|ação [ɐpəlɐ'sɐ̃u] *f* ⚖ Be-

rufung *f*; *sem ~ nem agravo* ohne Revisionsmöglichkeit, *fig.* unwiderruflich; **~ante** [~'lẽntə] *m* Berufungskläger *m*; **~ar** [~'lar] (1c) *v/i.* *~ a, ~ para* appellieren an (*ac.*); anrufen (*ac.*); zurückgreifen auf (*ac.*), benutzen (*ac.*); *~ de* ⚖ Berufung einlegen gegen; **~atório** [~ɐ'tɔrju] Berufungs...; **~ável** [~'lavɛɫ] revisionsfähig.

apelid|ar [~li'ðar] (1a) nennen (*doppelter ac.*); **~o** [~'liðu] *m* Zu-, Familien-name(n) *m*, Beiname(n) *m*.

apelo [ɐ'pelu] *m* Aufruf *m*, Appell *m*; ⚖ Berufung *f*; *sem ~* unwiderruflich.

apenas [ɐ'penɐʃ] **a)** nur; *zeitl.* erst; **b)** kaum.

apêndice [ɐ'pẽndisə] *m* Anhang *m*; Zusatz *m*; *~ (cecal od. vermicular)* Wurmfortsatz *m*.

apendicite [ɐpẽndi'sitə] *f* Blinddarmentzündung *f*.

apens|ar [ɐpẽ'sar] (1a) bei-, hinzufügen; **~o** [ɐ'pẽsu] **1.** *adj.* beigefügt; **2.** *m* Anlage *f*; Zusatz *m*.

aperceb|er [ɐpərsə'βer] (2c) **a)** wahrnehmen; **b)** vorbereiten; ausrüsten, versehen (mit *de*); **~er-se a)** *~ de a/c.* et. (be)merken; **b)** sich rüsten; sich vorsehen; **~ido** [~'βiðu] bereit; **~imento** [~i'mẽntu] *m* Vorbereitung *f*; Ausrüstung *f*.

apercepção *fil.* [~sɛp'sɐ̃u] *f* Apperzeption *f*, Wahrnehmung *f*.

aperfeiço|amento [~feiswɐ'mẽntu] *m* Vervollkommnung *f*; Vollendung *f*; Weiterbildung *f*; *curso m de ~* Fortbildungskursus *m*; **~ar** [~'swar] (1f) vervollkommnen, verbessern; vollenden; **~ar-se** sich weiterbilden.

aperitivo [ɐpəri'tivu] **1.** *adj.* appetitanregend; **2.** *m* Apéritif *m*.

aperrar [ape'ʀar] (1c) spannen.

aperre|ado [ɐpɛ'ʀjaðu] kümmerlich; knapp bei Kasse; eingezwängt (*em* in); **~amento** [~ʀjɐ'mẽntu] *m* Klemme *f*; **~ar** [~'ʀjar] (1l) mit Hunden hetzen; *fig.* plagen, quälen; bedrängen; kurz halten.

apert|ada [ɐpər'taðɐ] *f* Engpaß *m*; Gedränge *n*; **~adeira** [~tɐ'ðeirɐ] *f* Zwinge *f*; **~ado** [~'taðu] **1.** *adj.* eng, knapp; beengt, bedrängt; drückend; dringlich; strikt, genau; knauserig; **2.** *bras. m* Engpaß *m*; Klamm *f*; **~ador** [~tɐ'ðor] *m* Klammer *f*; (Haar-)Spange *f*; Schnalle *f*; Korsett *n*; **~a-livros** [ɐˌpɛrtɐ'livruʃ] *m* Bücherstütze *f*; **~ão** [~'tɐ̃u] *m* heftige(r) Druck *m*; Gedränge *n*; **~ar** [~'tar] (1c) *v/t.* zs.-drängen; (zs.-)drücken, -pressen; (zs.-) schnüren; *Schwamm* ausdrücken; *Kleid* enger m.; *Rock* zuknöpfen; *Gürtel* enger (*od.* zu-)schnallen; *Schraube* an-, *Knoten* zu-, *Netz*, *Bericht* zs.-ziehen; *Hand* drücken, schütteln; *Schritt* beschleunigen; *Herz* bedrücken, zs.-schnüren; *Disziplin* verschärfen; *fig. ~ alg.* j-m (hart) zusetzen, *bsd.* j-n ausfragen; *~ alg. com* j-n bedrängen (*od.* j-m zusetzen) mit; *~ as mãos na cabeça* die Hände ringen; *~ as despezas* (*a bolsa od. os cordões à bolsa*) sparen; *v/i.* enger w.; zs.-rücken, sich zs.-schließen; drängen (*Zeit*, *Not*); stärker (*od.* schlimmer) w. (*Hitze usw.*); sich zs.-ziehen (*Gewitter*); *~ com alg.* j-m zusetzen; *bras. ~ na boca* den Mund zs.-ziehen; **~ar-se** *a* sich drängen (*od.* hängen) an (*ac.*).

apert|o [ɐ'pertu] *m* Druck *m*; Gedränge *n*; Enge *f*; Verengung *f*; Engpaß *m*, Klamm *f*; *fig.* Bedrängnis *f*, Not *f*; Verlegenheit *f*, F Klemme *f*; Drang *m der Geschäfte usw.*; Strenge *f e-s Befehls*; Knauserei *f*; ⊕ Verspannung *f*; *parafuso m de ~* Klemm-, Spann-schraube *f*; *no maior ~ do inverno* im strengsten Winter; *com ~* inständig; **~ura** [ɐpər'turɐ] *f* = *~o*; *~s econômicas bras.* wirtschaftliche Schwierigkeiten *f/pl.*, Geldsorgen *f/pl.*

apesar [ɐpə'zar] trotz (*gen.*); *~ disso* trotzdem; *~ de que* obgleich.

apessoado [~'swaðu]: (*bem*) *~* von gutem Aussehen; gut aussehend.

apetec|er [~tə'ser] (2g) begehren; *v/i.* zusagen; (*não*) *me apetece* ich habe (keine) Lust auf (*ac.*) *od.* zu (*dat.*); **~ível** [~'sivɛɫ] begehrenswert.

apetência [~'tẽsjɐ] *f* Begierde *f*, Lust *f*.

apetit|e [~'titə] *m* Eßlust *f*, Appetit *m*; Begierde *f*; Trieb *m*; **~ivo** [~ti'tivu] begehrend; *afecto m ~* Begehren *n*; = **~oso** [~ti'tozu] appetitlich; schmackhaft; begehrenswert; begehrlich.

apetrech|amento [~trəʃɐ'mẽntu] *m* Ausstattung *f*, Ausrüstung *f*; **~ar** [~'ʃar] (1d) versehen; aus-statten,

-rüsten; **~o(s)** [~'treʃu(ʃ)] *m(pl.)* Gerät(schaften *f/pl.*) *n*; Zubehör *n*.
ápice ['apisə] *m* Gipfel *m* (*a. fig.*); Spitze *f*; *~s pl.* Trema *n*; *num ~* im Nu; *por um ~* um ein Haar.
apicult|or [ɐpikuɫ'tor] *m* Imker *m*; **~ura** [~'turɐ] *f* Bienenzucht *f*.
apiedar [ɐpje'ðar] (1c) erbarmen.
apiment|ado [ɐpimẽn'taðu] pikant, scharf; **~ar** [~'tar] (1a) pfeffern (*a. fig.*); würzen.
apinh|ado [ɐpi'ɲaðu] dicht besetzt, überfüllt; F gesteckt voll; **~ar** [~ar] (1a) = **~oar** [~'ɲwar] (1f) (auf-)häufen; (zs.-)drängen.
ápiro ['apiru] feuerfest.
apisoar [ɐpi'zwar] (1f) walken.
apist|eiro [ɐpiʃ'teiru] *m* Schnabeltasse *f*; **~o** [ɐ'piʃtu] *m* Kraftbrühe *f*.
apit|ar [ɐpi'tar] (1a) pfeifen; **~o** [ɐ'pitu] *m* Pfeife *f*; Pfiff *m*; *estar com ~s* F e-n Bärenhunger h.
aplacar [ɐplɐ'kar] (1n; *Stv.* 1b) besänftigen, beruhigen; *Hunger* stillen; *Feuer* eindämmen; **~-se** sich legen.
aplainar [ɐplai'nar] (1a) (ab-)hobeln; schlichten; *fig.* = *aplanar*.
aplan|ação [~ɐnɐ'sɐ̃u] *f* Ebnen *n*; Einebnung *f*; Abflachung *f*; **~ado** [~'naðu] eben; flach, platt; **~amento** [~ɐ'mẽntu] *m* = *~ação*; **~ar** [~'nar] (1a) ebnen (*a. fig.*); einebnen; abflachen; *Schwierigkeit* beheben.
aplau|dir [~au'ðir] (3a) feiern; loben; billigen; *v/i.* Beifall klatschen; **~so(s)** [ɐ'plauzu(ʃ)] *m(pl.)* Beifall *m*.
aplic|ação [ɐplikɐ'sɐ̃u] *f* An-, Verwendung *f*, Gebrauch *m*; Verabreichung *f*; Auf-legen *n*, -tragen *n*; Fleiß *m*; *Kleider*-Besatz *m*; *~ de raios* ✕ Röntgenbestrahlung *f*; *ponto m de ~* Angriffspunkt *m*; **~ado** [~'kaðu] fleißig; **~ar** [~'kar] (1n) an-, ver-wenden; *Lippen* anlegen; *Pflaster* auflegen; *Marke* aufkleben; *Lack* auftragen; *Arznei* verabreichen, (ein)geben; *Schlag* versetzen; *j-n zu e-r Strafe* verurteilen; **~ar-se** *a* sich befleißigen (*gen.*); sich widmen (*dat.*); passen (*od.* gehören) zu; **~ável** [~'kavɛl] an-, ver-wendbar.
Apocal|ipse [ɐpukɐ'lipsə] *m* Apokalypse *f*, Offenbarung *f* Johannis; **ℒíptico** [~'liptiku] apokalyptisch; dunkel, geheimnisvoll.
apócrifo [ɐ'pɔkrifu] unecht.
apodar [ɐpu'ðar] (1e) aufziehen, hänseln; *~ de* nennen (*dopp. ac.*).
apoder|ado [~ðə'raðu] *m taur.* Manager *m*; **~ar-se** [~arsə] (1c) sich bemächtigen (*gen.*); ergreifen (*ac.*).
apodíctico [~'ðiktiku] unwiderleglich; keinen Widerspruch duldend.
apodo [ɐ'poðu] *m* Spitzname(n) *m*; *witziger* Vergleich *m*; Spötterei *f*.
apodr|ecer [ɐpuðrə'ser] (2g) (ver-)faulen, verwesen; verderben; *v/t.* verderben; **~ecimento** [~əsi'mẽntu] *m* Fäulnis *f*; Verwesung *f*; *fig.* Verderbtheit *f*, Verderbnis *f*.
apófise [ɐ'pɔfizə] *f* (Knochen-)Fortsatz *m*.
apogeu [ɐpu'ʒeu] *m fig.* Höhepunkt *m*, Gipfel *m*.
apoi|ado [ɐpo'jaðu] **1.** *int. ~!* bravo!, sehr richtig; **2.** *m* Beifall *m*; **~ar** [~ar] (1k) (unter)stützen; (an-)lehnen; ⊕ lagern; **~ar-se** *em* sich stützen (*od.* berufen) auf (*ac.*); (be-)ruhen auf (*dat.*); den Nachdruck legen auf (*ac.*); *~ a, ~ contra* sich lehnen an (*ac.*); *~ sobre uma nota* e-n Ton aushalten.
apoio [ɐ'poju] *m* Stütze *f*; Halt *m*; Unterstützung *f*, Hilfe *f*; Beifall *m*; (Auf-)Lager *n*; Lagerung *f*; *dar ~ a* unterstützen (*ac.*); *ter o ~ de* unterstützt w. von; *tomar ~* sich stützen.
apólice [ɐ'pɔlisə] *f* Police *f*; Anteilschein *m*; *~ aberta* Pauschalpolice *f*; *~ de carga* Frachtschein *m*; *~ flutuante* Charterpartie *f*; *~ de seguro* Versicherungs-police *f*, -schein *m*.
apolítico [ɐpu'litiku] unpolitisch.
apolog|ético [ɐpulu'ʒɛtiku] Rechtfertigungs…, Verteidigungs…; Lob-…; **~ia** [~iɐ] *f* Rechtfertigungs-, Verteidigungs-, Lob-rede, -schrift *f*; Ehrenrettung *f*; *fazer a ~ de* = *~izar*; **~ista** [~iʃtɐ] *m* Verteidiger *m*; Verfechter *m*; Lobredner *m*; **~izar** [~ʒi'zar] (1a) rechtfertigen, verteidigen; verfechten; loben.
apont|ado [ɐpõn'taðu] spitz (zulaufend); *ele é ~ a dedo* man zeigt mit dem Finger auf ihn; **~ador** [~ɐ'ðor] *m* Zeiger *m*; Aufseher *m*; Kontrollbuch *n*; ⚔ Richtschütze *m*; *tea.* Souffleur *m*; **~amento** [~ɐ'mẽntu] *m* Hinweis *m*; Notiz *f*, Vermerk *m*; Eintragung *f*; Aufzeichnung *f*; Nachschrift *f*; Auszug

m; ⚔ Richten *n*; *tomar* ~*s* sich Notizen m.; **~ar** [~ar] (1a) *v/t.* **a)** bezeichnen, anstreichen; zeigen; (hin-)weisen auf (*ac.*); zu verstehen geben; *Spitze, Gewehr* richten (auf [*ac.*] *para*), anlegen; **b)** *j-n* (*od.* sich *et.*) aufschreiben; *et.* vermerken; *Wechsel* eintragen; *Sachverhalt* aufzeichnen; *Vorlesung* nachschreiben; **c)** (an-, zu-)spitzen; *fig. a.* schärfen; *v/i.* auftauchen; anbrechen (*Tag*); durchbrechen (*Zahn*); sprießen (*Bart, Knospe*); *in die Augen* treten (*Tränen*); herausstehen (*Knochen*); *allg.* auf-, hervor-treten; ~ *para* zeigen, weisen auf (*ac.*) *od.* nach.

apontoar [ɐpõn'twar] (1f) reihen, (zs.-)heften; *fig.* anführen.

apopl|éctico [ɐpu'plɛtiku] **1.** *adj.* schlagflüssig; *ataque m* ~ Schlag(-anfall) *m*; **2.** *m* Apoplektiker *m*; **~exia** [~plɛk'siɐ] *f* (Hirn-)Schlag *m.*

apoquent|ação [~kẽntɐ'sɐ̃u] *f* Verdruß *m*, Sorge *f*; Plackerei *f*; **~ado** [~'taðu] verdrießlich; besorgt; **~ador** [~ɐ'ðor] lästig, beschwerlich; **~ar** [~'tar] (1a) plagen, belästigen; quälen; **~ar-se** sich ärgern.

apor [ɐ'por] (2zd) an-, bei-fügen; (dar)auf-legen, -drücken; *Zettel* anschlagen; *Pferd* spannen (an [*ac.*] *a*).

aportar [ɐpur'tar] (1e): ~ *a* anlaufen (*ac.*); ~ *em* einlaufen in (*ac.*); geraten an (*ac.*), in (*ac.*) *od.* nach.

aportugues|amento [ɐpurtuɣəzɐ'mẽntu] *m* Portugiesierung *f*; portugiesische Form *f*; **~ar** [~'zar] (1c) *Worte* portugiesieren; *j-n* zum Portugiesen m. (**~ar-se** w.).

após [ɐ'pɔʃ] **1.** *prp.* nach; hinter [*dat.*] (...her); (*ano*) ~ (*ano*) ... für ...; **2.** *adv.* danach; hinterher.

aposent|ação [ɐpuzẽntɐ'sɐ̃u] *f* Versetzung *f* in den Ruhestand, Pensionierung *f*; Ruhestand *m*; **~ado** [~'taðu] **1.** *adj.* i. R. (im Ruhestand); **2.** *m* Ruhegehalts- (*od.* Renten-)empfänger *m*; **~adoria** [~ɐðu'riɐ] *f* Altersversorgung *f*; = ~*ação*; *direito m a* ~ Pensionsberechtigung *f*, Rentenanspruch *m*; **~ar** [~'tar] (1a) zur Ruhe setzen, pensionieren; *Professor* emeritieren; **~o** [~'zẽntu] *m* Gemach *n*; Wohnung *f.*

após-guerra [ɐpɔʒ'ɣɛʀɐ] *m* Nachkriegszeit *f.*

aposs|ar [ɐpu'sar] (1e): ~ *alg. de* j-n einsetzen in (*ac.*); **~ar-se**: ~ *de* sich in den Besitz ... (*gen.*) setzen, Besitz ergreifen von.

aposta [ɐ'pɔʃtɐ] *f* Wette *f* (*fazer* abschließen); *de* ~ um die Wette; **~r** [ɐpuʃ'tar] (1e) wetten (um *em*, *como* daß); verwetten; in Frage stellen; *a* ~! was gilt's!; **~r-se** sich verpflichten, sich entschließen (zu *a*).

apostasia [ɐpuʃtɐ'ziɐ] *f* Abfall *m* (vom Glauben); Abtrünnigkeit *f.*

apóstata [ɐ'pɔʃtɐtɐ] abtrünnig.

apostatar [ɐpuʃtɐ'tar] (1b) (vom Glauben) abfallen; abtrünnig w.

apostema ⚕ [~'temɐ] *m* Abszeß *m.*

aposti|la, ~lha [~'tilɐ, -ʎɐ] *f* Randbemerkung *f*; Nachtrag *m*; Erläuterung *f*; *rel.* Postille *f*; **~lar, ~lhar** [~ti'lar, ~ti'ʎar] (1a) mit Randbemerkungen versehen; erläutern.

aposto [ɐ'poʃtu] **1.** *p.p. v. apor*; **2.** *adj.* stattlich, schmuck; sauber; **3.** *m gram.* Beisatz *m*, Apposition *f.*

apostol|ado [ɐpuʃtu'laðu] *m* Apostelamt *n*; Jüngerschaft *f*; Sendung *f*; **~ar** [~ar] (1e) (das Evangelium) verkündigen; predigen.

apostólico [~'tɔliku] apostolisch.

apóstolo [ɐ'pɔʃtulu] *m* Apostel *m*, Jünger *m.*

apostrofar [ɐpuʃtru'far] (1e) (feierlich) anreden; apostrophieren; anfahren; beschimpfen, verfluchen; ~ *alg. de* j-n schimpfen (*ac.*).

apóstrof|e [ɐ'pɔʃtrufə] *f* Apostrophe *f*; Beschimpfung *f*, Verwünschung *f*; **~o** [~u] *m* Apostroph *m.*

apoteose [ɐpu'tjɔzə] *f* Apotheose *f.*

apouc|ado [ɐpo'kaðu] gering; klein(-lich); zurückgeblieben; ängstlich; **~ador** [~ɐ'ðor] *m* Lästerer *m*; **~amento** [~ɐ'mẽntu] *m* Verminderung *f*; Verächtlichmachung *f*; Erniedrigung *f*; Ängstlichkeit *f*; **~ar** [~ar] (1a) vermindern, verkleinern; *fig.* herabsetzen, verächtlich m.; **~ar-se** sich erniedrigen; sich klein machen.

apraz|amento [ɐprɐzɐ'mẽntu] *m* Befristung *f*; Frist *f*; Anberaumung *f*; Festsetzung *f*; Verabredung *f*; **~ar** [~'zar] (1b) befristen; *Sitzung* anberaumen; *Datum* festsetzen; *j-n* vorladen, bestellen; verabreden.

apraz|er [ɐprɐ'zer] (2s) gefallen, freuen, angenehm sn; **~imento**

[~i'mẽntu] *m* Gefallen *n*, Vergnügen *n*; Zustimmung *f*; **~ível** [~ivɛɫ] gefällig; angenehm, erfreulich.
apre! ['aprə] pfui!
apreçar [ɐprə'sar] (1p; *Stv.* 1c) den Preis *e-r Sache* festsetzen; einschätzen, taxieren.
apreci|ação [~sjɐ'sɐ̃u] *f* Schätzung *f*; Beurteilung *f*, Bewertung *f*; Würdigung *f*; *entrar na* (*od. fazer a*) ~ *de* = *~ar*; **~ador** [~ɐ'ðor] *m* Beurteiler *m*; Liebhaber *m*; *ser ~ de* = **~ar** [~'sjar] (1g) schätzen, zu würdigen wissen; würdigen; genießen; beurteilen, bewerten (nach *por*); **~ativo** [~ɐ'tivu]: *juízo m ~* Werturteil *n*; **~ável** [~'sjavɛɫ] schätzbar, beachtlich; wesentlich.
apreço [ɐ'presu] *m* (Wert-)Schätzung *f*, Achtung *f*; Wert *m*; *dar ~ a* Wert legen auf (*ac.*); *ter em grande ~* hochschätzen; *em ~* fraglich.
apreen|der [ɐprjẽn'der] (2a) *j-n* festnehmen; *et.* beschlagnahmen, ⚔ erbeuten; *fig.* erfassen; *fil.* wahrnehmen; *Tod* fürchten; *v/i.* (nach-) grübeln (über [*ac.*] *em*); **~são** [~jẽ'sɐ̃u] *f* Festnahme *f*; Beschlagnahme *f*; Erbeutung *f*; Befürchtung *f*, Sorge *f*; *fil.* Wahrnehmung *f*; *fazer a ~ de* = *~der*; *de fácil ~* leicht verständlich; **~sível** [~jẽ'sivɛɫ] faßlich, verständlich; **~sivo** [~jẽ'sivu] besorgt, ängstlich; nachdenklich.
aprego|ador [ɐprəγwɐ'ðor] *m* (öffentlicher) Ausrufer *m*; Marktschreier *m*; **~ar** [~'γwar] (1f) ausrufen; bekanntmachen; (an)preisen; *j-n* aufbieten; *~ por* preisen (*od.* verdächtigen) als; **~ar-se** sich erklären (für [*ac.*] *por*); sich rühmen (*gen.*) (*de*).
aprend|er [ɐprẽn'der] (2a) lernen; erfahren; *Lehre* beherzigen; **~iz** [~iʃ] *m* Lehrling *m*; **~izado** *m*, **~izagem** *f* [~i'zaðu, ~i'zaʒɐ̃i] Lernen *n*; Lehre *f*; *certificado m de ~* Lehrbrief *m*.
apres|amento [ɐprəzɐ'mẽntu] *m* Wegnahme *f*; Aufbringung *f*; Prise *f*; **~ar** [~'zar] (1c) packen; erbeuten, wegnehmen; ⚓ aufbringen.
apresent|ação [~zẽntɐ'sɐ̃u] *f* Vorstellung *f*; Auftreten *n in der Öffentlichkeit*; Einführung *f*; (schriftliche) Empfehlung *f*; Vorschlag *m*; Beibringung *f*; Einreichung *f*; Meldung *f*; Vorlage *f*; Vor-weisung *f*, -zeigung *f*; Vorführung *f*; Aussehen *n*, Äußere(s) *n e-r Person*; ✝ Aufmachung *f*, *Buch*-Ausstattung *f*; *rel.* Mariä Opferung *f* (*21. Nov.*); *fazer a ~ de* = *~ar*; *ter boa ~* gut aussehen, gut aufgemacht (*od.* ausgestattet) sn; **~ado** [~'taðu]: *bem* (*mal*) ~ gut (schlecht) aufgemacht; gut (schlecht) aussehend (*Person*); **~ar** [~'tar] (1a) vorstellen; *Redner* einführen; an-, dar-bieten; *Sachverhalt* darstellen, *Frage* stellen, *Behauptung* aufstellen; *Lösung* vorschlagen; *parl. Gesetzesvorschlag* einbringen; *Beschwerde* einreichen; *Bitte, Vorschlag* unterbreiten; *Bericht, Papiere* vorlegen; *Beweis, Bürgen* beibringen; *Ausweis* vorweisen, -zeigen; *Modell* vorführen; *Wechsel* präsentieren; *Beglaubigung* überreichen; *Grüße* entbieten; *Entschuldigung* ausdrücken; *Waren* aus-legen, -stellen, herausbringen; *Schwierigkeit* bieten, h.; *Spuren* aufweisen, zeigen; ⚔ *~ armas* das Gewehr präsentieren; **~ar-se** erscheinen; sich *zum Dienst, zur Prüfung, als Zeuge* melden; *als Kandidat usw.* auftreten; *~ bem* (*mal*) gut (schlecht) aussehen; *apresenta-se-me* es scheint mir; **~ável** [~'tavɛɫ] gut aussehend.
apress|ado [~'saðu] eilig, schnell; übereilt; **~ar** [~'sar] (1c) beschleunigen, abkürzen; drängen, antreiben; **~ar-se** sich (be-) eilen.
apressur|ado [~su'raðu] hastig; **~ar** [~ar] (1a) hetzen; beschleunigen; **~ar-se** hasten.
aprest|ar [~ʃ'tar] (1c) herrichten; (aus-, zu-)rüsten; fertigm.; **~ar-se** *a, para* sich bereitmachen (*od.* anschicken) zu (*od.* für); **~o** [ɐ'prɛʃtu] *m* Ausrüstungsgegenstand *m*; *~s pl.* ⚓ Ausrüstung *f*; *~s da viagem* Reisevorbereitungen *f/pl.*
aprimor|ado [ɐprimu'raðu] vollkommen; hervorragend; **~ar** [~ar] (1e) vervollkommnen; verfeinern, verschönern; **~ar-se** sich bilden.
aprisco [ɐ'priʃku] *m* (Schaf-)Stall *m*; *fig.* Schoß *m* (der Kirche).
aprision|ado [ɐprizju'naðu] gefangen; **~amento** [~ɐ'mẽntu] *m* Gefangennahme *f*; Aufbringung *f*; **~ar** [~ar] (1e) gefangennehmen; gefangenhalten; ⚓ aufbringen.

aproar [ɐ'prwar] (1f) *Schiff* drehen; *v/i.* zusteuern (auf [*ac.*] *para, a*).
aprobativo, -tório [ɐpruβɐ'tivu, -'tɔrju] beifällig; zustimmend.
aprofund|amento [~fũndɐ'mẽntu] *m* Vertiefung *f*; vertiefte(s) Studium *n*; **~ar** [~'dar] (1a) vertiefen.
aprontar [ɐprõn'tar] (1a) richten; fertigmachen.
apropinquar [ɐprupĩŋ'kwar] (1m) nähern.
aproposit|adamente [~puzi,taδɐ'mẽntə] im rechten Augenblick; an der rechten Stelle; **~ado** [~'taδu] gelegen; geeignet; passend; *mal ~* ungelegen; unpassend.
a-propósito [~'pɔzitu] *m* Apropos *n*.
apropri|ação [~prjɐ'sɐ̃u] *f* Aneignung *f*; Anpassung *f*; Umwandlung *f*; **~ado** [~'prjaδu] geeignet, richtig, angemessen; zweckmäßig; **~ar** [~'prjar] (1g) anpassen; herrichten (für *a*); anwenden (auf [*ac.*] *a*); **~ar-se** *de* sich aneignen (*ac.*).
aprov|ação [ɐpruvɐ'sɐ̃u] *f* Billigung *f*, Genehmigung *f*; Beifall *m*; Bestehen(lassen) *n im Examen*; **~ado** [~'vaδu] bestanden; *ser* (*od. ficar*) *~ no exame* die Prüfung bestehen; **~ar** [~'var] (1e) gutheißen, billigen; genehmigen; *e-n Schüler* bestehen (*od.* durchkommen) l.; **~ativo** [~ɐ'tivu] = *aprobativo*; **~ável** [~'vavɛɫ] lobenswert.
aproveit|ado [~vei'taδu] flink, F fix; haushälterisch; fleißig (*Schüler*); nutzbar; **~amento** [~ɐ'mẽntu] *m* Benutzung *f*; (Aus-)Nutzung *f*; Verwertung *f*; Nutzbarmachung *f*; Nutzen *m*; Fortschritt *m*; **~ar** [~ar] (1a) benutzen, gebrauchen; (aus-) nutzen, verwerten; nutzbar m.; *Gelegenheit* wahrnehmen; sich freuen an (*dat.*); *v/i.* nützen; vorwärtskommen; *~ com* Vorteil h. von, F profitieren von *od.* bei; **~ar-se** *de* sich zunutze m. (*ac.*), benutzen (*ac.*); **~ável** [~avɛɫ] (be)nutzbar; brauchbar; ⚒ abbaufähig.
aprovision|amento [~vizjunɐ'mẽntu] *m* Versorgung *f*; Verproviantierung *f*; **~ar** [~'nar] (1e) versorgen, ausstatten; verproviantieren.
aproxim|ação [ɐprɔsimɐ'sɐ̃u] *f* Annäherung *f*; Heranziehung *f*; ungefähre Schätzung *f*, Überschlag *m*; Trostpreis *m in der port. Lotterie*; **~adamente** [~,maδɐ'mẽntə] etwa; nahezu; **~ado** [~'maδu] Näherungs...; = *~ativo*; **~ar** [~'mar] (1a) (an)nähern; näher bringen; *et. zum Vergleich* heranziehen; in Verbindung bringen mit; **~ar-se** *de* nahen; näher kommen (*dat.*); *fig.* näherkommen; sich nahekommen, sich ähneln; **~ativo** [~ɐ'tivu] annähernd, ungefähr; *cálculo m ~* Überschlag *m*.
aprum|ado [ɐpru'maδu] senkrecht; *fig.* korrekt; überlegen, stolz; **~ar** [~ar] (1a) senkrecht stellen; gerade (*od.* auf)richten; *fig.* stolz m.; **~ar-se** (senkrecht) stehen; überlegen tun; **~o** [ɐ'prumu] *m* senkrechte Stellung (*od.* Anordnung) *f*; *fig.* Sicherheit *f*; Korrektheit *f*.
aptidão [ɐpti'δɐ̃u] *f* Eignung *f*; Fähigkeit *f*; *~ para línguas* Sprachbegabung *f*; *ter -ões para* begabt sn (*od.* sich eignen) für.
apto ['aptu] fähig; tauglich.
apunhalar [ɐpuɲɐ'lar] (1a) erdolchen, erstechen; mit dem Dolch anfallen; *fig.* verletzen; quälen.
apup|ada [ɐpu'paδɐ] *f* Gezisch *n*, Gepfeife *n*; Geschrei *n*; **~ar** [~ar] (1a) aus-pfeifen, -zischen; laut verhöhnen; **~o** [ɐ'pupu] *m* Schrei *m* (*dar* ausstoßen); *~s pl.* = *~ada*.
apur|ação [ɐpurɐ'sɐ̃u] *f* = *~amento*; **~ado** [~'raδu] sorgfältig; gewählt (*Geschmack*); fein (*Benehmen*); klar (*Tatbestand*); schwierig (*Lage*); ungeduldig; dick, sämig (*Suppe*); *dinheiro m ~* Einnahme *f*; *ter* (*od. estar com*) *a paciência -a* am Ende s-r Geduld sn; *ser ~ campião do mundo* Weltmeister w.; *ser* (*od. ficar*) *~ para o serviço militar* tauglich geschrieben w.; **~amento** [~ɐ'mẽntu] *m* Klärung *f*; Verfeinerung *f*; Ermittlung *f*; Klarstellung *f*; (Aus-)Zählung *f*; *Rechnungs*-Abschluß *m*; **~ar** [~'rar] (1a) klären; verfeinern; vervollkommnen; *Streitfrage* ins reine bringen; *Tatbestand* klarstellen; *e-m Problem* auf den Grund gehen; *Wahrheit* ermitteln; *Stimmen* (aus)zählen; *Kandidaten* wählen; *Geld* einnehmen; *Betrag* aus-, be-rechnen; *Geist* schärfen; *Geduld* erschöpfen; *j-n* ungeduldig m.; *Suppe* einkochen l.; **~ar-se** *no traje* sich sorgfältig kleiden; **~o** [ɐ'puru] *m* Vollkommenheit *f*; Feinheit *f*, Ge-

wähltheit *f*; Sorgfalt *f*; ~(s) (*pl.*) unangenehme Lage *f*, F Patsche *f*; ~*s pl.* Tageseinnahme *f*; *tea. ensaio m de* ~ Kostümprobe *f*.

aquário [ɐ'kwarju] *m* Aquarium *n*; *ast.* Wassermann *m*.

aquartel|ado [ɐkwɐrtə'laðu]: *estar* ~ liegen; **~amento** [~ɐ'mẽntu] *m* Kasernierung *f*; Einquartierung *f*; *Truppen*-Standort *m*; Kaserne *f*; Quartier *n*; **~ar** [~ar] (1c) kasernieren; einquartieren; stationieren.

aquático [ɐ'kwatiku] Wasser...

aquec|edor [ɐkɛsə'ðor] *m* Heizkörper *m*; Heizplatte *f*; Tauchsieder *m*; Badeofen *m*; *in Zssgn* ...erhitzer, ...wärmer; **~er** [~'ser] (2g; *Stv.* 2a) (er)wärmen; erhitzen; *Kaffee* aufwärmen; *Zimmer* heizen; *fig.* erregen; ~ *o ânimo j-n* aufbringen; *v/i.* wärmen; warm w. (*a. fig.*); warmlaufen (*Maschine*); **~imento** [~si'mẽntu] *m* Erwärmung *f*; Heizung *f*; *fig.* Erregung *f*; ~ *central* Zentralheizung *f*; **~ível** [~'sivɛɫ] heizbar; erregbar.

aqueduto [ɐkə'ðutu] *m* Wasserleitung *f*.

aquela [ɐ'kɛlɐ] **1.** *pron. s. aquele*; **2.** *f* Getue *n*; Fimmel *m*; Idee *f*; Riecher *m*; *sem mais* ~ mir nichts, dir nichts.

àquela [a'kɛlɐ] *Zssg v. a u. aquela.*

aquele, -a [ɐ'kelə, -ɛlɐ] jene(r, -s); der, die, das (da); der(-), die(-), das(-jenige); *-a casa* das Haus da; *quem é* ~ (*od. -a*)? wer ist das?

àquele [a'kelə] *Zssg v. a u. aquele.*

aqueloutro, -a [ɐkə'lotru, -ɐ] der (die, das) andere (da).

aquém [ɐ'kẽi] diesseits (*gen.*); unterhalb (*gen.*); *ser* (*od. ficar*) ~ *de* zurückbleiben hinter (*dat.*); **~-fronteiras** [~frõn'teirɐʃ] diesseits der Grenze; **~-mar** [~'mar] hier in Europa; *de* ~ europäisch.

aquentar [ɐkẽn'tar] (1a) = *aquecer.*

aqui [ɐ'ki] hier; (hier)her; jetzt; ~ *há oito dias* vor (etwa) acht Tagen; *por* ~ hier (herum); *para* ~ hierher; ✝ *posto* ~ ab hier.

aquiesc|ência [akjeʃ'sẽsjɐ] *f* Zustimmung *f* (zu *a*); ~ *a um pedido* Erfüllung *f* e-r Bitte; **~er** [~er] (2g) zustimmen.

aquietar [ɐkjɛ'tar] (1a) (sich) beruhigen.

aquilatar [ɐkilɐ'tar] (1b) = *quilatar*; *fig.* läutern; *Wert* bestimmen; *Wesen* kennzeichnen; *Eigenschaft* hervorheben, würdigen.

aquilino [~'linu] Adler...; adlerhaft.

aquilo [ɐ'kilu] das(jenige).

aquinhoar [ɐki'ɲwar] (1f) ver-, zuteilen; *fig.* beschenken; ausstatten; empfehlen; **~-se** teilhaben.

aquisi|ção [ɐkəzi'sɐ̃u] *f* Erwerb(ung *f*) *m*; Anschaffung *f*; Gewinn *m*; **~tivo** [~'tivu] Erwerbs...; *capacidade f -a* Kaufkraft *f*.

aquista [ɐ'kwiʃtɐ] *m* Bade-, Kurgast *m*.

aquoso [ɐ'kwozu] wäßrig; Wasser...

ar [ar] *m* **a**) Luft *f*; ⊕ Wind *m*; ~*es pl.* Luft *f*, Klima *n*; *corrente f de* ~ Durchzug *m*, Zugluft *f*; *golpe m de* ~ Luftzug *m*; *falta f de* ~ Atemnot *f*; *ao* ~ *livre* ins (*od.* im) Freie(n); *no* ~ ins Blaue hinein, unüberlegt; in der Schwebe, ungewiß; *feito no* ~ unüberlegt (*od.* voreilig); *andar com a cabeça no* ~ zerstreut (*od.* fahrig) sn; *atirar com tudo pelos* ~*es* wild w.; *estar no* ~, *ir ao* ~ *bras. Radio*: übertragen w.; *fazer pelos* ~*es* im Fluge *et.* tun; *ir aos* (*od. pelos*) ~*es* in die Luft fliegen (*fig.* F gehen), explodieren, platzen; *tomar* (*od. mudar de*) ~*es* e-e Luftkur m.; **b**) Anschein *m*, Miene *f*; Gestalt *f*, Haltung *f*; *ter* ~(*es*) *de* zu sn scheinen (*ac.*); *dar* ~(*es*) *de* aussehen wie; ähneln (*dat.*); *dar-se* ~*es de* sich aufspielen als, auftreten wie; *beber* (*os*) ~*es por* Feuer und Flamme sn für.

árabe ['arɐβə] **1.** *adj.* arabisch; **2.** *m* Araber *m*.

arabesco [ɐrɐ'βeʃku] *m* Arabeske *f*.

aráb|ias [ɐ'raβjɐʃ] *f/pl.* F: *homem m das* ~ tolle(r) Kerl *m*; *mulher f das* ~ tolle(s) Weib *n*; **~ico, ~igo, ~io** [~iku, ~iγu, ~ju] arabisch.

arabutã [araβu'tɐ̃] *f* Brasilholz (-baum *m*) *n*.

araca [ɐ'rakɐ] *f* Arrak *m*.

arad|a [ɐ'raðɐ] *f* Acker *m*; Joch *n* Land; = *aradura*; **~o** [~u] *m* Pflug *m*.

arad|or [ɐrɐ'ðor] *m* Pflüger *m*; *zo.* Krätzmilbe *f*; **~ura** [~urɐ] *f* Pflügen *n*.

aragem [ɐ'raʒɐ̃i] *f* Lufthauch *m*, kühles Lüftchen *n*.

aragonite [ɐrɐγu'nitə] *f* Eisenblüte *f*.

arame [ɐ'rɐmə] *m* Messing *n*; *bsd.*

Draht *m*; *fig.* P Pinke *f*; ~ *farpado* Stacheldraht *m*; *pêlo m de* ~ Drahthaarterrier *m*; *ir aos* ~*s* F hochgehen.

aranha [ɐ'rɐɲɐ] *f* Spinne *f*; Kronleuchter *m*; Dogcart *m*; ⊕ Armkreuz *n*, Radstern *m*; ⚓ Hahnepot *f*; *fig.* Tölpel *m*; ~ *cruzeira* Kreuzspinne *f*; ~ *do mar* Spinnenkrebs *m*; *teia f de* ~ Spinnwebe *f*; *fig.* Hirngespinst *n*; *tirar as teias de* ~ *a alg.* j-m den Standpunkt klarmachen; *andar* (*od. estar*) (*fazer*) *às* ~*s* F ganz konfus sn (m.); *ver-se em papos* (*od. palpos*) *de* ~ F in der Klemme sitzen.

aranh|ento [ɐrɐ'ɲẽntu] voll Spinnen; Spinnen...; **~iço** [~isu] *m fig.* spindeldürre Person *f*; ~*s pl.* △ Gewölberippen *f/pl.*; **~oso** [~ozu] spinnen-, spinnweb-artig.

aranzel [ɐrɐ̃'zɛɫ] *m* dumme(s) Geschwätz *n*, Litanei *f*.

arão ♀ [ɐ'rɐ̃u] *m* Aronstab *m*.

arapuca *bras.* [ara'pukɐ] *f* Vogelfalle *f*; *fig.* Bude *f*; Falle *f*.

arar [ɐ'rar] (1b) (durch-, um-) pflügen; *Wellen* durchfurchen.

arara *bras.* [a'rarɐ] *f zo.* Ara *m*, Arara *f*; *fig.* Lüge *f*, Schwindel *m*.

araucária ♀ [arau'karjɐ] *f* Araukarie *f*, Nordfolk- (*od.* Chile-)tanne *f*.

arauto [ɐ'rautu] *m* Herold *m*; Ausrufer *m*; Bote *m*.

arável [ɐ'ravɛɫ] pflügbar, Acker...

aravela [ɐrɐ'vɛlɐ] *f* Pflugsterz *m*.

aravia [ɐrɐ'viɐ] *f* Kauderwelsch *n*.

arbitr|agem [ɐrβi'traʒɐ̃i] *f* Schiedsspruch *m*; ⚕ (Wechsel-)Arbitrage *f*; *comissão f de* ~ Schlichtungsausschuß *m*; **~al** [~aɫ] schiedsrichterlich; *laudo* (*convénio*) *m* ~ Schiedsspruch (-vertrag) *m*; **~amento** [~ɐ'mẽntu] *m* Schieds-gericht *n*, -spruch *m*; *por* ~ schiedsgerichtlich; **~ar** [~ar] (1a) e-n Schiedsspruch fällen; *schiedsrichterlich* entscheiden; *j-m* zusprechen; *Sport*: *Wettspiel* beaufsichtigen, leiten; **~ariedade** [~trɐrje'ðaðə] *f* Willkür *f*; willkürliche(s) Vorgehen *n*; **~ário** [~arju] willkürlich.

arbítrio [ɐr'βitrju] *m* Gutdünken *n*; Willkür *f*; Schiedsspruch *m*; Mittel *n*, Ausweg *m*; *livre* ~ freie(r) Wille *m*.

árbitro ['arβitru] *m* Schiedsrichter *m*; Schlichter *m*; *fig.* oberste(r) Richter *m*.

arbóreo [ɐr'βɔrju] baumartig; *vegetação f -a* Baumwuchs *m*.

arbori|cultor [ɐrβurikuɫ'tor] *m* Baumzüchter *m*; **~cultura** [~kuɫ'turɐ] *f* Baumzucht *f*; **~zação** [~zɐ'sɐ̃u] *f* Bepflanzung *f*; **~zar** [~'zar] (1a) mit Bäumen bepflanzen; aufforsten.

arbust|áceo, arbústeo [~uʃ'tasju, -'βuʃtju] strauchartig; Strauch...; ~*s m/pl.* Sträucher *m/pl.*; **~iforme** [~i'fɔrmə] staudenförmig; *erva f* ~ Staude *f*; **~o** [~'βuʃtu] *m* Strauch *m*.

arca ['arkɐ] *f* Truhe *f*, Kasten *m*; Schrein *m*; ~ *da aliança*, ~ *santa* Bundeslade *f*; ~ *de Noé* Arche *f* Noah.

arcaboiço, -ouço [ɐrkɐ'βoisu, -osu] *m* Brustkorb *m*; Gerippe *n*.

arcabuz [~'βuʃ] *m* Hakenbüchse *f*.

arcada [ɐr'kaðɐ] *f* Säulen-, Bogengang *m*; (Gewölbe-)Bogen *m*; ♪ Bogenführung *f*; (Bogen-)Strich *m*.

arca|ico [ɐr'kaiku] altertümlich, archaisch; **~ísmo** [~kɐ'iʒmu] *m* altertümliche Ausdrucksweise *f*; veraltete(r) Ausdruck *m*; Archaismus *m*; **~izar** [~kai'zar] (1q) altertümeln, archaisieren; **~izar-se** veralten.

arcanjo [~'kɐ̃ʒu] *m* Erzengel *m*.

arcano [~'kɐnu] **1.** *adj.* geheim(nisvoll); **2.** *m* Geheimnis *n*.

arção [~'sɐ̃u] *m* Sattelbogen *m*.

arcar [~'kar] (1n; *Stv.* 1b) *Faß* bereifen; = *arquear*; *v/i.*: ~ *com* ringen, kämpfen mit; (er)tragen (*ac.*).

arca|ria [~kɐ'riɐ] *f* Tragwerk *n*, Gewölbe *n*; *Faß*-Bereifung *f*; **~tura** △ [~'turɐ] *f* Blendbogen *m/pl.*

arcebisp|ado [~səβiʃ'paðu] *m* Erzbistum *n*; **~o** [~'βiʃpu] *m* Erzbischof *m*.

arch|eiro [~'ʃeiru] *m* Bogenschütze *m*; **~ote** [~ɔtə] *m* (Pech-)Fackel *f*.

arco ['arku] *m* Bogen *m* (*a.* △ *u.* ♪); Reifen *m*; Ring *m*; *bras. Sport*: Tor *n*; *gram.* Rundklammer *f*; ~ *formeiro* Schild-, ~ *mestre* Gurt-, ~ *ogival* Spitz-, ~ *voltaico* Licht-bogen *m*; *colocar* ~*s em* bereifen (*ac.*).

arco|botante [arkuβu'tẽntə] *m* Strebe-, Schwib-bogen *m*; **~-da-velha** [~ðɐ'vɛʎɐ] *m* Regenbogen *m*; *coisas f/pl. do* ~ tolle Sachen *f/pl.*; **~-íris** [~'iriʃ] *m* Regenbogen *m*.

árctico ['artiku] nördlich, Nord...

ard|ência [ɐr'dẽsjɐ] *f* Glut *f*, Feuer *n*; beißende(r) Geschmack *m*; ⚘

Brennen *n* (*im Halse usw.*); **~ente** [~'dẽntə] feurig (*Temperament*); blitzend (*Schwert usw.*); beißend (*Geschmack*); *espelho m* ~ Brennspiegel *m*; *capela f* ~ Totenkapelle *f*; *câmara f* ~ Sterbezimmer *n*; **~entia** [~ẽn'tiɐ] *f* Meeresleuchten *n*; **~entoso** [~ẽn'tozu] Brenn...; **~er** [~'der] (2b) *v/i.* (ent)brennen; (er)glühen; blitzen; beißen (*Geschmack*); leuchten (*Meer*); verfliegen (*Reichtum*); wüten (*Krieg usw.*); ~ *por inf.* darauf brennen zu (*inf.*); *v/t.* verbrennen; verzehren; **~ido** [~'diðu] brennend; verdorben; feurig, kühn.
ardil [ɐr'diɫ] *m* List *f*; Kniff *m*.
ardil|eza [~di'lezɐ] *f* = *ardil*; **~oso** [~ozu] (hinter)listig.
ard|imento [ɐrdi'mẽntu] *m* Kühnheit *f*; = *ardência*; **~or** [~'dor] *m* Glut *f*, Hitze *f*; Feuer(eifer *m*) *n*; Begierde *f*; beißende(r) Geschmack *m*; ⚕ ~(es) (*pl.*) Brennen *n* (*auf der Haut usw.*); **~oroso** [~u'rozu] brennend, glühend; feurig, hitzig.
ardósia [~'dɔzjɐ] *f* Schiefer *m*.
ardosieira [~du'zjeirɐ] *f* Schieferbruch *m*.
árduo ['ardwu] steil; schwierig, mühevoll; hart.
are ['arə] *m* Ar *n*.
área ['arjɐ] *f* Gelände *n*; Fläche *f*; Gegend *f*; *Arbeits*-Feld *n*; *Interessen*-Gebiet *n*; ⩗ Flächeninhalt *m*; *astr.* Hof *m*; *bras.* ⚠ Licht-hof *m*, -schacht *m*; ~ *central da cidade* Stadtmitte *f*; ~*s pl. residenciais* Wohnbezirke *m/pl*.
are|al [ɐ'rjaɫ] *m* Sand-boden *m*, -fläche *f*, -grube *f*; (Sand-)Strand *m*; **~ar** [~ar] (1l) *v/t.* mit Sand bedecken (*od.* bestreuen); scheuern; *Zucker* raffinieren; *v/i.* versanden; **~eiro** [~eiru] *m* 🚃 Sandkasten *m*; Sandschiff *n*; Streusandbüchse *f*; = ~*al*; **~ento** [~ẽntu] sandig.
areia [ɐ'rejɐ] *f* Sand *m*; ⚕ Blasengrieß *m*; *fig.* Unsinn *m*; ~ *cega*, ~ *movediça* Flugsand *m*; F *ter* ~ e-n Vogel haben.
arej|ado [ɐrə'ʒaðu] luftig; **~amento** [~ɐ'mẽntu] *m* Lüftung *f*; **~ar** [~ar] (1d) (aus)lüften; *v/i.* Luft schöpfen; ⚘ (ein)trocknen; **~o** [ɐ'reʒu] *m* Lüftung *f*; Luftzug *m*; böse(r) Blick *m*; ⚘ Trockenwerden *n*.
arena [ɐ'renɐ] *f* Arena *f*.
arenga [ɐ'rẽŋgɐ] *f* *feierliche* Ansprache *f*; Streit *m*, Auseinandersetzung *f*; ~(*s*) (*pl.*) Geschwätz *n*.
aren|gar [ɐrẽŋ'gar] (1o) eine Ansprache (*od.* Reden) halten (an [*ac.*]); *fig.* streiten; **~gueiro** [~'geiru] streitsüchtig.
aren|ífero [ɐrə'nifəru] sand-haltig, -führend; **~ito** [~itu] *m* Sandstein *m*; **~oso** [~ozu] sandig, Sand...
arenque [ɐ'rẽŋkə] *m* Hering *m*; ~ *defumado* Bück(l)ing *m*; ~ *enrolado* Rollmops *m*; ~ *salgado* Salzhering *m*.
aréola [ɐ'rɛulɐ] *f* *ast.* Hof *m*; ⚕ ringförmige Entzündung *f*; ⚘ (Rund-)Beet *n*; *anat.* Brustwarzenring *m*.
areómetro [ɐ'rjɔmətru] *m* Senkwaage *f*, Aräometer *m*.
areoso [ɐ'rjozu] sandig.
aresta [ɐ'rɛʃtɐ] *f* Kante *f*, Rand *m*; *Berg*-Grat *m*; ⚘ Granne *f*; Faser *f*; Flöckchen *n*.
arestim *vet.* [ɐrəʃ'tĩ] *m* Mauke *f*.
aresto [ɐ'rɛʃtu] *m* Rechtsfall *m*; Entscheidung *f*; *fig.* Lösung *f*.
arestoso [ɐrəʃ'tozu] kantig, zackig.
arfa|da, ~gem [ɐr'faðɐ, ~ʒɐ̃i] *f* ✈ Querschwingung *f*; ⚓ Stampfen *n*; **~r** [~'far] (1b) keuchen; klopfen (*Herz*); sich heben (*Brust*); schwanken; sich biegen; ⚓ stampfen.
argamass|a [ɐrgɐ'masɐ] *f* Mörtel *m*, Speise *f*; **~ado** [~mɐ'saðu]: *cal f -a* Mörtelkalk *m*; **~ar** [~mɐ'sar] (1b) *bras.* anmengen.
argent|ão [ɐrʒẽn'tɐ̃u] *m* Neusilber *n*; **~ar** [~ar] (1a) versilbern; **~aria** [~ɐ'riɐ] *f* Silber-besatz *m*, -stickerei *f*, -geschirr *n*; **~ário** [~arju] *m* Plutokrat *m*; Silberschrank *m*.
argênteo [~'ʒẽntju] silbern, Silber..., silberhell (*Ton*); silbergrau.
argent|ífero [~ʒẽn'tifəru] silberhaltig; **~ino** [~inu] **1.** *adj.* a) = *argênteo*; b) argentinisch; **2.** *m*, *-a f* Argentinier(in *f*) *m*; **~ita** *min.* [~itɐ] *f* Silberglanz *m*.
argila [~'ʒilɐ] *f* Ton *m*; ~ *branca*, ~ *pura* Porzellan-, ~ *figulina* Ziegelerde *f*; ~ *friável* Bolus *m*; ~ *gorda*, ~ *plástica* Töpferton *m*; ~ *de moldagem*, ~ *para moldes* Formlehm *m*.
argil|eira [~ʒi'leirɐ] *f* Tongrube *f*; **~oso** [~ozu] tonhaltig; tonig, lehmig; *terra f -a* Lehmboden *m*.
argol|a [ɐr'gɔlɐ] *f* Ring *m*; Ohrring *m*; Türklopfer *m*; **~inha** [~gu'liɲɐ]

f Ringelchen *n*; *cul.* Suppennudel *f*; (*jogo m da*) ~ *hist.* Ringstechen *n*.
arg|úcia [~'gusjɐ] *f* Scharfsinn *m*; Spitzfindigkeit *f*; **~ucioso** [~gu'sjozu] scharfsinnig; spitzfindig.
argueiro [~'geiru] *m* Splitter(chen *n*) *m*; Strohhälmchen *n*; *Sonnen*-Stäubchen *n*; *fig.* Kleinigkeit *f*.
argu|ente [~'gwẽntə] *m* Redner *m*; **~ição** [~i'sɐ̃u] *f* Beschuldigung *f*; Beweisführung *f*; **~ido** [~iðu] *m* Beschuldigte(r) *m*; **~idor** [~i'ðor] *m* Ankläger *m*; **~ir** [~ir] (3p) beschuldigen, anklagen; ablehnen, tadeln; schließen, folgern; *v/i.* arguieren; streiten; = *argumentar*.
argument|ação [~gumẽntɐ'sɐ̃u] *f* Beweisführung *f*; Gedankengang *m*; **~ador** [~ɐ'ðor] *m* (Streit-)Redner *m*; **~ar** [~'tar] (1a) den (*od.* s-n) Beweis führen, argumentieren; den Schluß ziehen; den Satz verfechten; folgern; begründen; *für, gegen j-n* sprechen; **~o** [~gu'mẽntu] *m* (Beweis-)Grund *m*; Beweis *m*; Thema *n*; *tea.* Handlung *f*; **~s** *pl.* Gründe u. Gegengründe.
arguto [~'gutu] spitzfindig; geschickt; witzig; hell (*Stimme*).
ária ['arjɐ] **a**) *f* Arie *f*; Lied *n*; **b**) **1.** *adj.* arisch; **2.** *m* Arier *m*.
ariano [ɐ'rjɐnu] = *ária* b).
aridez [ɐri'ðeʃ] *f* Dürre *f*.
árido ['ariðu] dürr, trocken.
aríete [ɐ'riətə] *m* ⊕ Widder *m*; Ramme *f*.
arisco [ɐ'riʃku] sandig (*Boden*); spröde (*Mädchen*); scheu (*Tier*); rauh; unliebenswürdig, F borstig.
aristocr|acia [ɐriʃtukrɐ'siɐ] *f* Aristokratie *f*; **~ata** [~'kratɐ] *m* Aristokrat *m*; **~ático** [~'kratiku] vornehm.
aritmétic|a [ɐrit'mɛtikɐ] *f* Rechenkunst *f*; **~o** [~u] Rechen...; *progressão f -a* arithmetische Reihe *f*; *sistema m* ~ Zahlensystem *n*.
arlequim [ɐrlə'kĩ] *m* Hanswurst *m*, Harlekin *m*.
arma ['armɐ] *f* Waffe *f*; *bsd.* Gewehr *n*; Waffengattung *f*; ~ *anticarro* Panzerabwehr-, ~ *de fogo* Schuß-, ~ *branca* Stich-waffe *f*; blanke Waffe *f*; **~s** *pl.* Wappen *n*; *Stier*-Hörner *n/pl.*; Krallen *f/pl.* (*od.* Zähne *m/pl.*) *des Raubtieres*; *sobre* **~s** unter Waffen; *às* **~s**! zu den Waffen!, ans Gewehr!; *descansar* (*ombro*) **~s**! Gewehr ab (über)!; *passar pelas* **~s** erschießen; *tomar* (*as*) **~s** zu den Waffen greifen.
arm|ação [ɐrmɐ'sɐ̃u] *f* Bewaffnung *f*; Ausrüstung *f*; Ausstattung *f*; Dekoration *f*; ⚠ Holz-, Fach-werk *n*; *Dach*-Stuhl *m*; *Brillen- usw.* Gestell *n*; *Maschinen*-Rahmen *m*; *Schiffs*-Gerippe *n*; *Bürsten*-Joch *n*; ⊕ Armatur *f*; *Laden*-Einrichtung *f*; Netz *n* (*Sardinenfang*); Stangenwerk *n* (*Zelt*); *Hirsch- usw.* Geweih *n*; ⚓ Takelung *f*; Navigationsgeräte *n/pl.*; -ões *pl.* Beschläge *m/pl.*; **~ada** [~'maðɐ] *f* (Kriegs-)Flotte *f*; *bras.* Lasso *n*; **~adilha** [~ɐ'ðiʎɐ] *f* Falle *f*; **~adilho** [~ɐ'ðiʎu] *m* Gürteltier *n*; **~ador** [~ɐ'ðor] *m* ⚓ Reeder *m*; *bsd.* Leichenbestatter *m*; **~adura** [~ɐ'ðurɐ] *f* Rüstung *f*; ⚠ Balkenwerk *n*; Drahtgeflecht *n im Eisenbeton*; ⚒ Gestell *n*; ⊕ Panzer *m*, Armierung *f*; ⚡ Belag *m*, Armatur *f*; *Magnet*-Anker *m*; **~amento** [~ɐ'mẽntu] *m* Bewaffnung *f*; Kriegs-, Aufrüstung *f*; ⚓ Bestückung *f*; *indústria f de* **~s** Rüstungsindustrie *f*; **~ão** [~'mɐ̃u] *m* Protze *f*; Deichselarm *m*; **~ar** [~'mar] (1b) bewaffnen; befestigen; ⚓ bestücken; *allg.* ausrüsten; *Laden* einrichten; *Zimmer* ausstatten, dekorieren; *Gerüst* aufschlagen; *Bett* aufstellen; *Falle* stellen; *Feder* spannen; *Tat* aushecken; *Ränke* schmieden; *Verleumdungen* ausstreuen; *Streit* anfangen; ~ *a* haschen nach; **~ar-se** (sich) rüsten; *fig.* sich wappnen; im Anzug sein (*Sturm*); **~arinho** *bras.* [~a'riɲu] *m* (*loja f de*) ~ Kurzwarenhandlung *f*; **~ário** [~'marju] *m* Schrank *m*.
armaz|ém [ɐrmɐ'zɐ̃i] *m* Lager *n*; Lager-haus *n*, -raum *m*, -schuppen *m*; Waren-, Kauf-haus *n*; Magazin *n*; **~enagem** [~ə'naʒɐ̃i] *f* Lagergebühr *f*, -zeit *f*; = **~enamento** [~ənɐ'mẽntu] *m* (Ein-)Lagerung *f*; **~enar** [~ə'nar] (1d) (ein)lagern; aufspeichern; **~enista** [~ə'niʃtɐ] *m* *bras.* Lagerverwalter *m*.
armeiro [~'meiru] *m* Waffen-händler *m*, -schmied *m*; -schrank *m*.
arminho [~'miɲu] *m* Hermelin *m* (*zo. n*).
armistício [~məʃ'tisju] *m* Waffenstillstand *m*.
arnela [~'nɛlɐ] *f* Zahnstumpf *m*.
arnês [~'neʃ] *m* Harnisch *m*.
aro ['aru] *m* Reif(en) *m*; Ring *m*;

Rad-Kranz *m*, Felge *f*; ⊕ *a.* Scheibe *f*; Band *n*; Blendrahmen *m* (*Fenster*).

arom|a [ɐ'romɐ] *m* Duft *m*; Bukett *n* (*Wein*); **~ático** [ɐru'matiku] wohlriechend; würzig, Würz...; **~atizar** [ɐrumɐti'zar] (1a) würzen.

arp|ado [ɐr'paδu] gezahnt, gezackt; **~ão** [~ɐ̃u] *m* Harpune *f*; Bootshaken *m*; **~ar** [~ar] (1b) = **~ear** [~jar] (1l) harpunieren; **~éu** [~ɛu] *m* Enterhaken *m*; Boots-, Fischhaken *m*; **~oar** [~war] (1f) harpunieren; festhaken; packen; **~oeira** [~weirɐ] *f* (Harpunen-)Leine *f*.

arque|ação [~kjɐ'sɐ̃u] *f* **a**) Krümmung *f*; **b**) Eichung *f*; ⚓ Lastigkeit *f*; **~ado** [~'kjaδu] bogenförmig, geschwungen; **~adura** [~ɐ'δurɐ] *f* = **~amento** [~ɐ'mẽntu] *m* (Bogen-) Wölbung *f*; **~ar** [~'kjar] (1l) **a**) (rund)biegen; (aus)wölben; **b**) das Fassungsvermögen bestimmen, eichen.

arqueio [~'keju] *m* = *arqueação*.

arqueiro [~'keiru] *m* **a**) Kastenmacher *m*; **b**) Reifenmacher *m*; Faßbinder *m*; **c**) *bras. Sport*: Torwart *m*.

arquej|ante [~kɨ'ʒẽntə] außer Atem; **~ar** [~ar] (1d) keuchen; sich heben; lechzen (nach *por*); **~o** [~'keʒu] *m* Keuchen *n*, Atemzug *m*.

arque|ologia [~kjulu'ʒiɐ] *f* Altertumskunde *f*, Archäologie *f*; **~ólogo** [~'kjɔluɣu] *m* Archäologe *m*.

arqueta [~'ketɐ] *f* Kästchen *n*; Sammelbüchse *f*; Opferstock *m*.

arquétipo [~'kɛtipu] *m* Urform *f*; Schablone *f*.

arqui... [ɐrki...] Erz..., Haupt...; **~ducado** [~δu'kaδu] *m* Erzherzogtum *n*; **~duque**(**sa** *f*) [~'δukə, ~δu'kezɐ] *m* Erzherzog(in *f*) *m*; **~episcopal** [ɐrkjepiʃku'pał] erzbischöflich; **~pélago** [~'pɛlɐɣu] *m* Inselgruppe *f*, Archipel *m*.

arquitect|ar [~tɛ'tar] (1a) errichten; erdenken, (sich) ausdenken; ~ *fantasias* sich etwas einbilden; **~o** [~'tɛtu] *m* Architekt *m*; *fig.* Urheber *m*; **~ónico** [~ɔniku] baukünstlerisch, architektonisch; **~ura** [~urɐ] *f* Baukunst *f*, Hochbau *m*, Architektur *f*.

arquitrave [~'travə] *f* Architrav *m*.

arquiv|ar [~'var] (1a) ins Archiv nehmen; aufbewahren; *Briefe* abheften, -legen; *Tatsachen* festhalten, niederlegen; *Prozeß usw.* niederschlagen, *ad acta* legen; **~ista** [~'viʃtɐ] *m* Archivar *m*; **~o** [~'kivu] *m* Archiv *n*; Briefordner *m*; Kartothek *f*.

arrabalde [ɐʀɐ'βałdə] *m* Vorort *m*.

arraia [ɐ'ʀajɐ] *f* **a**) = *raia* b); **b**) ~ (*miúda*) Plebs *m*, Pöbel *m*.

arraial [ɐʀa'jał] *m* Lager *n*; *fig.* Fest-, Rummel-platz *m*; Volksfest *n*; *bras.* Flecken *m*, Siedlung *f*.

arraig-, arreig|ada [ɐʀai-, ɐʀei'ɣaδɐ] *f Zungen*-Wurzel *f*; *Glied*-Ansatz(stelle *f*) *m*; ⚓ *Mast*-Spitze *f*; **~ado** [~aδu] ansässig; eingesessen, bodenständig; verwurzelt; **~ar** [~ar] (1o) einwurzeln; *v/i.* Wurzel schlagen, wurzeln; **~ar-se** *fig.* ansässig w.; sich einleben.

arrais [ɐ'ʀaiʃ] *m* Bootsführer *m*.

arranca [a'ʀɐ̃ŋkɐ] *f bras.* Maniokernte *f*.

arranc|ada [ɐʀɐ̃ŋ'kaδɐ] *f* Ruck *m*; Satz *m*; plötzliche(s) Losstürmen *n*; Losfahren *n*; Anlaufen *n*; ⚒ urbar gemachte(r) Boden *m*; ⚔ Vorstoß *m*; *duma* ~ mit e-m Schlag; *de* ~ plötzlich; stürmisch; **~ador** [~ɐ'δor] *m* Kartoffelhacke *f*; ⊕ Anlasser *m*; **~ão** [~ɐ̃u] *m* heftige(r) Ruck *m*; **~a-pregos** [~ɐ'prɛɣuʃ] *m* Nagelheber *m*; **~ar** [~ar] (1n) *v/t.* (aus-, ent-, heraus-, los-, weg-)reißen, -brechen; *Baum* entwurzeln, *Geständnis* entlocken; *Zugeständnis* abnötigen; *v/i.* los-gehen, -stürmen (auf [*ac.*] *para*); anziehen (*Zugtier*); losfahren (*Wagen*); starten; anlaufen (*Maschine*); ausgehen *von e-m Punkt*; sich losreißen.

arranchar [ɐʀɐ̃'ʃar] (1a) in Gruppen einteilen; zs.-legen; beherbergen; *v/i.* zs. essen; = **~-se** sich zs.-tun; sich einquartieren.

arranco [ɐ'ʀɐ̃ŋku] *m* Ruck *m*; Satz *m*, Sprung *m*; Ungestüm *n*; plötzliche(r) Entschluß *m*; Anwandlung *f*; Ausbruch *m*; *s. a. arranque*.

arranh|a-céus [ɐʀɐɲɐ'sɛuʃ] *m* Wolkenkratzer *m*; **~adela, ~adura** *f*, **~ão** *m* [~ɐ'δɛlɐ, ~ɐ'δurɐ, ~'ɲɐ̃u] Kratzer *m*, Schramme *f*; **~ar** [~'ɲar] (1a) kratzen, schrammen; scheuern; F *Sprache* radebrechen; ♪ klimpern.

arranj|adela [ɐʀɐ̃ʒɐ'δɛlɐ] *f* kleine (*od.* flüchtige) Reparatur *f*; *dar uma* ~ *a* F zurechtbiegen (*ac.*); **~ado** [~'ʒaδu]: *bem* (*mal*) ~ (un)ordentlich aussehend; *estar* ~ in Ordnung gehen (*od.* sn); aufgehoben (*od.* fein heraus) sn; *estar bem* ~ *iron.* F aufgeschmissen sn; **~amento** [~ɐ'mẽntu] *m* = ~*o*; ♪ Bearbeitung *f*; ~ *para piano* Klavierauszug *m*; **~ar** [~'ʒar] (1a) in Ordnung bringen; (an)ordnen; (auf-, ein-, weg-)räumen; zurechtm.; *j-m et.* besorgen; kommen zu; *schwer Erhältliches* auftreiben, bekommen; *Stellung* finden; *Zeit* erübrigen; sich *e-e Krankheit usw.* zuziehen; sich *et. Unangenehmes* einbrocken; *Mädchen* unter die Haube bringen; **~ar--se** in Ordnung kommen; sich machen l.; e-e Anstellung finden; sich verheiraten; sich durchschlagen; ~ *com* sich einrichten mit, auskommen mit; sich mit *j-m* einigen; *arranje-se!* sehen Sie zu, wie Sie zurechtkommen!; **~ista** [~'ʒiʃtɐ] *m* geschäftstüchtige(r) Mensch *m*; **~o** [ɐ'ʀɐ̃ʒu] *m* (An-)Ordnung *f*; Instandsetzung *f*; Verschönerung *f*; Aufmachung *f*; Einrichtung *f*; Abmachung *f*; Einigung *f*; Machenschaft *f*; ~ *da casa* Hausarbeit *f*; ~*s pl.* Aufräumungsarbeiten *f/pl.*; *fazer* ~ passen, F zupaß kommen; *ter* ~ ordentlich sn.

arranque [ɐ'ʀɐ̃ŋkə] *m* = *arranco*; ⊕ Anspringen *n* (*Motor*), Anlaufen *n* (*Maschine*); Anfahren *n* (*Fahrzeug*); *Sport*: Anlauf *m*; Start *m*; *taur.* Ausfall *m*; ⩓ Gewölbeansatz *m*; ~ (*automático*) Anlasser *m*; *manivela f de* ~ Anlaßkurbel *f*; *por* ~*s sucessivos* ruckweise.

arras|ado [ɐʀɐ'zaδu]: ~ *de água od. lágrimas* tränen-erfüllt, -überströmt; *estar* ~ erledigt sn; **~amento** [~ɐ'mẽntu] *m* Einebnung *f*; Zerstörung *f*; Schleifen *n*; Abtragen *n*; **~ar** [~ar] (1b) (ein-)ebnen; *bsd.* dem Erdboden gleichmachen; *Festung* schleifen; *Gebäude* abtragen; (bis zum Rande) füllen; *fig.* niederschmettern; zugrunde richten; ~ *de lágrimas os olhos de alg.* j-n zu Tränen rühren; *arrasam--se-lhe os olhos de lágrimas* (*od. água*) er weint heiße Tränen.

arrast|ado [ɐʀɐʃ'taδu] schleppend; langsam; mühsam; armselig (*Leben*); **~ão** [~ɐ̃u] *m* Ruck *m*; *rede f de* ~ Schleppnetz *n*; *levar de* ~ mit sich reißen; nach sich ziehen; **~ar** [~ar] (1b) *v/t.* (hin-, mit-, nach-, ver-, weg-)schleppen, (-)ziehen; mitnehmen, -reißen; hinreißen (zu *a*); ~ *a voz* schleppend sprechen; ~ *os pés* schlurfen, schlappen; ~ *a asa* eine Liebschaft h.; *v/i. u.* **~ar-se** kriechen; **~o** [ɐ'ʀaʃtu] *m*: *rede f de* ~ Schleppnetz *n*; *vida f de* ~ armselige(s) Leben *n*.

arrátel [ɐ'ʀatɛł] *m ehm. Gewicht v. 459 g, entspr. dtsch.* Pfund *n*.

arrazo|ado [ɐʀɐ'zwaδu] **1.** *m* Rede *f*; Darlegung *f*; Überlegung *f*; *depr.* F Geschwafel *n*; **~ador** [~ɐ'δor] *m* Redner *m*; **~ar** [~ar] (1f) darlegen; erörtern; *j-m* e-e Rede halten; *v/i.* reden; diskutieren; F schwafeln.

arre! ['aʀə] **a**) verdammt (noch mal)!; zum Teufel!; **b**) hott!, hü!

arre|amento [ɐʀjɐ'mẽntu] *m* Hausrat *m*; **~ar** [ɐ'ʀjar] (1l) *v/t.* **a**) anschirren; *Haus* einrichten; schmükken; **b**) *Flagge, Segel* streichen, einholen; *Tau* nachlassen; *v/i. fig.* es aufgeben; zurückschrecken.

arrebanhar [ɐʀəβɐ'ɲar] (1a) zs.-treiben, -raffen; **~-se** sich zs.-rotten.

arrebat|ado [ɐʀəβɐ'taδu] ungestüm, jäh; jähzornig; gewalttätig; *pessoa f -a* Heißsporn *m*; **~ador** [~ɐ'δor] hinreißend; **~amento** [~ɐ'mẽntu] *m* Ungestüm *n*; Jähzorn *m*; hinreißende Kraft *f*; Begeisterung *f*; **~ar** [~ar] (1b) entreißen, rauben, hinreißen; außer sich bringen (~*-se* geraten).

arrebentar [~βẽn'tar] (1a) = *rebentar*.

arreb|icado [~βi'kaδu] anspruchsvoll; hochtrabend; **~icar** [~i'kar] (1n) herausputzen, aufdonnern; **~icar-se** F Staat m.; **~ique** [~'βikə] *m* Schminke *f*; Verzierung *f*; Schnörkel *m*; ~*s pl.* Kinkerlitzchen *n/pl.*, Plunder *m*; Putz *m*, F Staat *m*.

arrebit|ado [~βi'taδu] *fig.* hochnäsig; naseweis; *nariz m* ~ Stups-, Himmelfahrts-nase *f*; **~ar** [~ar] (1a) auf-, um-stülpen; um-biegen, -nieten; hochbiegen; *Ohren* spitzen; **~ar-se** auftrumpfen.

arrebol [~'βɔł] *m* Morgen-, Abendröte *f*.

arrecada [~'kaδɐ] *f* Ohrring *m*; ~(*s*) (*pl.*) *fig.* Schmuck *m*.

arrecad|ação [~kɐδɐ'sɐ̃u] *f* Abstellraum *m*; Gewahrsam *m*; Sicherstellung *f*; Aufbewahrung *f*; ✝ Eintreibung *f*; Steuereinnahmen *f/pl.*; **~ado** [~'δaδu] sparsam, haushälterisch; **~ar** [~'δar] (1b) verwahren; abstellen, aufbewahren; sicherstellen; in Gewahrsam bringen; ✝ *Schulden, Steuern* ein-treiben, -ziehen; einnehmen; *fig.* erreichen, erlangen.

arreda! [ɐ'ʀɛδɐ] zurück!; weg da!

arred|ado [ɐʀə'δaδu] entlegen, entfernt; **~ar** [~ar] (1c) entfernen; wegschaffen; beiseite legen; *Schwierigkeit* beheben, überwinden; *fig.* beiseite bringen; abbringen *od.* abhalten (von *de*); **~ar-se** zurückweichen; abweichen (von *de*); **~io** [~iu] fern; flüchtig; *andar ~* umherirren.

arredond|ado [~δõn'daδu] rundlich; *canto m ~* stumpfe Kante *f*; **~ar** [~ar] (1a) (ab-, auf-)runden.

arredor [~'δɔr] **1.** *adv.* (rings)umher; **2.** *adj.* umliegend; **3.** *m* ~(es) (*pl.*) Umgebung *f*.

arrefec|er [ɐʀəfə'ser] (2g) *v/t.* (ab-)kühlen, abschrecken (*a. fig.*); *v/i.* (sich) abkühlen, kalt w.; *fig.* erkalten, nachlassen; **~ido** [~iδu] kühl, kalt; **~imento** [~i'mẽntu] *m* Abkühlung *f*; *fig.* Erkalten *n*.

arregaçar [~γɐ'sar] (1p; *Stv.* 1b) auf-, um-schlagen; *Rock* (auf-, hoch-)schürzen; *Ärmel, Hose* auf-, hoch-krempeln, zurückstreifen.

arregal|ado [~γɐ'laδu]: *olhos m/pl. ~s* große Augen *n/pl.*; **~ar** [~ar] (1b): *~ os olhos* große Augen m., *j-n* drohend anblicken.

arreganh|ar [~γɐ'ɲar] (1a): *~ os dentes* die Zähne fletschen (*od. fig.* zeigen); grinsen; **~o** [~'γɐɲu] *m* Zähnefletschen *n*; Stolz *m*; Unerschrockenheit *f*.

arregimentar [~ʒimẽn'tar] (1a) (e-m Regiment) zuteilen; (in Regimenter) einteilen; zs.-schließen.

arreig... *s. arraig...*

arreio(s) [ɐ'ʀeju(ʃ)] *m*(/*pl.*) *Pferde-*Geschirr *n*; Siele *f*; *fig.* Schmuck *m*.

arrel|ia [ɐʀə'liɐ] *f* Ärger *m*; *que ~!* wie ärgerlich!; **~iado** [~'ljaδu] ärgerlich; **~iar** [~'ljar] (1g) (ver)ärgern, verstimmen; lästig fallen (*dat.*), plagen; **~iento, ~ioso** [~'ljẽntu, ~'ljozu] ärgerlich; lästig.

arremat|ação [~mɐtɐ'sɐ̃u] *f* Versteigerung *f*; Zuschlag *m*; *~ judicial* Zwangsversteigerung *f*; *concurso m público para ~ de* Ausschreibung *f* (*gen.*); **~ador, ~ante** [~ɐ'δor, ~'tɐ̃ntə] *m* Meistbietende(r) *m*; **~ar** [~'tar] (1b) **a**) versteigern; zuschlagen; ersteigern; **b**) = *rematar*.

arremed|ar [~mə'δar] (1c) nachäffen; **~o** [~'meδu] *m* Anschein *m*.

arremess|ado [~mə'saδu] unbändig, ungestüm; unbedacht; **~ar** [~ar] (1c) (weg)schleudern; (hinaus)werfen; (ab-, weg-)stoßen; **~ar-se** *a, sobre* sich stürzen auf (*ac.*), herfallen über (*ac.*); **~o** [~'mesu] *m* Wurf *m*; Stoß *m*; Schwung *m* (*a. fig.*); Ruck *m*; Satz *m*, (An-)Sprung *m*; Überfall *m*; Ungestüm *n*; *bola f de ~* Schleuderball *m*; *~ de dardos* Speerwerfen *n*; *de ~ = ~ado*.

arremet|er [~mə'ter] (2c) vorstoßen; angreifen; *~ contra* stürmen gegen, losstürmen auf (*ac.*); herfallen über (*ac.*); **~ida** [~iδɐ] *f* Vorstoß *m*; Ansturm *m*, Angriff *m*.

arrend|ado [ɐʀẽn'daδu] **1.** *adj.* **a**) *trazer ~* gemietet (*od.* gepachtet) h.; **b**) Spitzen...; **2.** *m ~(s)* (*pl.*) durchbrochene Arbeit *f*; **~ador** [~ɐ'δor] *m* Pachtherr *m*; Vermieter *m*; **~amento** [~ɐ'mẽntu] *m* Verpachtung *f*, -mietung *f*; Pacht *f*, Miete *f*; *tomar de ~* pachten, mieten; **~ar** [~ar] (1a) **a**) (ver)pachten; *Haus* (ver)mieten; *arrenda-se* zu verpachten; **b**) mit Spitzen besetzen; **~atário** [~ɐ'tarju] *m* Pächter *m*, Mieter *m*.

arreneg|ação [ɐʀənəγɐ'sɐ̃u] *f* Abfall *m vom Glauben*; Zorn *m*; **~ado** [~'γaδu] wütend; **~ar** [~'γar] (1o; *Stv.* 1c) = *renegar*; *fig.* verfluchen; **~ar-se** böse, wütend w.; **~o** [ɐʀə'neγu] *m* = *~ação*.

arrep|anhar [~pɐ'ɲar] (1a) zerknittern; zerzausen; entreißen; stehlen; geizen mit; sich *et.* zs.-geizen; **~elar** [~ə'lar] (1c) *j-n an den Haaren* zerren; **~elar-se** sich die Haare raufen.

arrepend|er-se [~pẽn'dersə] (2a) in sich gehen; *~ de* bereuen (*ac.*); **~ido** [~iδu] **1.** *adj.* bußfertig, reuig; *estar ~ de* bereuen (*ac.*); **2.** *m*, **-a** *f* reuige(r) Sünder(in *f*) *m*; **~imento** [~i'mẽntu] *m* Reue *f*.

arrepia-cabelo [~ˌpiɐkɐ'βelu] **1.** *adv.*: *de ~* gegen den Strich; *fig.* wider Willen; **2.** *m* Kratzbürste *f*.

arrepi|ado [~'pjaδu] borstig; ungekämmt; *estou ~* mich schaudert;

estou com o cabelo ~ die Haare stehen mir zu Berge; *pele -a* Gänsehaut *f*; **~ar** [~ar] (1g) schaudern l.; entsetzen; *Haar* sträuben; gegen den Strich kämmen; ~ *as carnes* e-e Gänsehaut verursachen; ~ *caminho*, ~ *carreira* umkehren, *fig.* e-n Rückzieher m.; ~ *peixe* Fisch einsalzen; *v/i.* haarsträubend sn; **~ar-se** sich entsetzen; *arrepio--me* mich schaudert, es überläuft mich kalt; *arrepia-se-me a pele* F ich bekomme (*od.* habe) e-e Gänsehaut; **~o** [~'piu] *m* Schauer *m*; Schauder *m*; ~*s pl.* Frösteln *n*; *tenho* ~*s* = *arrepio-me*; *ao* ~ gegen den Strich; *fig.* gegen den Strom; widerwillig.

arrest|ar [~ʃ'tar] (1c) Arrest legen auf (*ac.*), sicherstellen; beschlagnahmen; pfänden; **~o** [ɐ'ʀɛʃtu] *m* Arrest *m*, Sicherstellung *f*; Beschlagnahme *f*; Pfändung *f*.

arreves|ado [~və'zaðu] verzwickt, vertrackt (*Stil, Sprache usw.*); **~ar** [~ar] (1c) **a**) um-, ver-drehen, -kehren; verwickeln; **b**) = *revezar*.

arriar [ɐ'ʀjar] (1g) = *arrear* b).

arriba [ɐ'ʀiβɐ] = *acima*; ~! hoch!, auf!; vorwärts!

arrib|ação [ɐʀiβɐ'sɐ̃u] *f* Landung *f*; Ankunft *f*; *ave f de* ~ Zugvogel *m*; **~ada** [~'βaðɐ] *f* Landung *f*; *entrar de* ~ gezwungen *in e-n Hafen* einlaufen; **~adiço** [~ɐ'ðisu] unstet; *pássaro m* ~ Zugvogel *m*; **~ar** [~'βar] (1a) verschlagen w.; gelangen; landen; ⚓ abfallen; *fig.* (wieder) hochkommen; **~e** *bras.* [a'riβə] *m* Einfuhr *f*; = ~*ação*.

arrieiro [ɐ'ʀjeiru] *m* Maultiertreiber *m*.

arrim|ar [ɐʀi'mar] (1a) (unter)stützen; lehnen; F *j-m* eine langen; **~ar-se** *a* sich stützen auf (*ac.*); sich (an)lehnen (*od.* halten) an (*ac.*); **~o** [ɐ'ʀimu] *m* Stütze *f*, Lehne *f*; Schutz *m*, Halt *m*.

arrisc|ado [~ʃ'kaðu] gewagt (*Sache*); waghalsig (*Person*); **~ar** [~ar] (1n) wagen, aufs Spiel setzen; **~ar-se** *a* wagen (*ac.*); Gefahr laufen zu *inf.*

arritmia [~t'miɐ] *f* Arhythmie *f*, unregelmäßige(r) Herzschlag *m*.

arrivista [~'viʃtɐ] *su.* Emporkömmling *m*; Streber *m*.

arroba [ɐ'ʀoβɐ] *f* Arroba *f* (*ehm.* = *32 arráteis, jetzt* = *15 kg*).

arrocho [ɐ'ʀoʃu] *m Holz*-Knebel *m*.

arrog|ação [ɐʀuɣɐ'sɐ̃u] *f* Aneignung *f*; Anmaßung *f*; **~ância** [~'ɣɐ̃sjɐ] *f* Anmaßung *f*; Dünkel *m*; Schneid *m*; **~ante** [~'ɣɐ̃ntə] anmaßend; dünkelhaft; forsch; *brio m* ~ Schneid *m*; **~ar** [~'ɣar] (1o; *Stv.* 1e) *Besitzrechte* an sich reißen; **~ar-se** sich anmaßen.

arroio [ɐ'ʀoju] *m* (Gieß-)Bach *m*.

arroj|adiço [ɐʀuʒɐ'ðisu] Wurf..., Schleuder...; *fig.* = **~ado** [~'ʒaðu] kühn, wagemutig; unternehmungslustig; **~ar** [~'ʒar] (1e) (ab-, weg-) werfen; schleudern; **~ar-se** sich erkühnen; sich stürzen (auf *od.* in [*ac.*] *a*); **~o** [ɐ'ʀoʒu] *m* Verwegenheit *f*, Schneid *m*; *ter o* ~ *de* die Stirn h. zu.

arrol|amento [~lɐ'mẽntu] *m* Eintragung *f*; Aufstellung *f*; **~ar** [~'lar] (1e) (in Listen) eintragen; aufnehmen; e-e Aufstellung m. von.

arrolhar [~'ʎar] (1e) ver-, zukorken; *bras. j-m* das Maul stopfen; den Mund halten.

arromba [ɐ'ʀõmbɐ] *f*: *de* ~ F fabelhaft.

arromb|amento [ɐʀõmbɐ'mẽntu] *m* ⚖ Einbruch *m*; **~ar** [~'bar] (1a) ein-stoßen, -schlagen; auf-, einbrechen; zertrümmern; *j-n* niederschmettern.

arrostar [ɐʀuʃ'tar] (1e) die Stirn bieten, trotzen (*dat.*); *Opfer* auf sich nehmen; **~-se** an-ea.-geraten; ~ *a* sich (heran)wagen an (*ac.*).

arrot|ador [~tɐ'ðor] *m* Maulheld *m*, Prahlhans *m*; **~ar** [~'tar] (1e) *v/i.* aufstoßen, rülpsen; prahlen; platzen (vor [*dat.*] *de*); *v/t.* vortäuschen.

arrotear [~'tjar] (1l) urbar machen.

arroto [ɐ'ʀotu] *m* Rülpser *m*.

arroub|amento [ɐʀoβɐ'mẽntu] *m* Verzückung *f*, Entzücken *n*; **~ar** [~'βar] (1a) hinreißen; **~ar-se** in Verzückung geraten; **~o** [ɐ'ʀoβu] = ~*amento*; ~*s pl.* Ergüsse *m/pl.*

arrox(e)ado [~'ʃ(j)aðu] ins Violette spielend; veilchenfarben; blutunterlaufen (*Auge*); blau (*Fleck*).

arroz [ɐ'ʀoʃ] *m* Reis(pflanze *f*) *m*; ~*-doce* Milchreis *m*; **~al** [ɐʀu'zał] *m* Reisfeld *n*; Reispflanzung *f*; **~eiro** [ɐʀu'zeiru] **1.** *m* Reisbauer *m*; **2.** *adj.* Reis...

arru|aça [ɐ'ʀwasɐ] *f* Straßenauflauf *m*, Tumult *m*; **~aceiro** [~ɐ'seiru] *m* Hetzer *m*; Raufbold *m*; **~amento**

[~ɐ'mẽntu] *m* Straßenzug *m*, Straße *f*; *Garten*-Weg *m*; **~ar** [~ar] (1g) *v/t*. Straßen legen durch (*ac.*), mit Straßen versehen; **~ar-se** sich zs.-rotten.
arruçar [ɐʀu'sar] (1p) ergrauen.
arruda ⚘ [ɐ'ʀuðɐ] *f* Raute *f*.
arruela [ɐ'ʀwɛlɐ] *f* Scheibe *f*; Ring *m*.
arruf|ar [ɐʀu'far] (1a) verstimmen; **~ar-se** sich aufplustern; sich sträuben; *fig*. verstimmt w. (*od*. sn); **~o** [ɐ'ʀufu] *m fig*. Verstimmung *f*.
arruinar [ɐʀwi'nar] (1a) *Gebäude* zerstören; *allg*. zugrunde richten, ruinieren; **~-se** verfallen (*Gebäude*).
arruivado [~'vaðu] rötlich.
arrulh|ar [ɐʀu'ʎar] (1a) *v/i*. gurren, girren; **~o** [ɐ'ʀuʎu] *m* Girren *n*.
arrum|ação [ɐʀumɐ'sɐ̃u] *f* Verstauung *f*, Verladung *f*; Unterbringung *f*; Aufräumen *n*; Bereinigung *f*; (An-, Ein-)Ordnung *f*; geographische Lage *f*; ~ *de contas* ⚕ Buchung *f*; *quarto m de* ~ (*od*. -ões) Abstellraum *m*; **~aços** [~'masuʃ] *m/pl*. Verstimmung *f*, Zank *m*; **~adeira** [~ɐ'ðeirɐ] **1.** *adj*. ordnungsliebend; **2.** *f bras*. Zimmermädchen *n*; **~adela** [~ɐ'ðɛlɐ] *f*: *dar* (*fazer*) *uma* ~ (flüchtig) aufräumen; in Ordnung bringen; **~ador** [~ɐ'ðor] *m* Stauer *m*; *tea*. Platzanweiser *m*; *bras*. Hausdiener *m*; **~ar** [~'mar] (1a) verstauen, unterbringen (*a*. *j-n*); auf-, weg-räumen; *Möbel usw*. anordnen, aufstellen; *Speise* anrichten; *e-e Sache* in Ordnung bringen, bereinigen; abschaffen, aufgeben; *Mädchen* versorgen, unter die Haube bringen; F *Tritt usw*. versetzen; ⚓ steuern; **~ar-se** e-e Stellung finden, unterkommen; sich verheiraten; **~o** [ɐ'ʀumu] *m* = *~ação*.
arsenal [ɐrsə'nał] *m* Arsenal *n*; Zeughaus *n*; Ausrüstung *f*.
arsén|ico [~'sɛniku] **1.** *adj*. Arsen...; **2.** *m* Arsenik *n*; = **~io** [~ju] *m* Arsen *n*.
arte ['artə] *f* Kunst *f*; (Kunst-) Fertigkeit *f*; Handwerk *n*; List *f*; *com más ~s* mit List und Tücke; *ter ~s de* es fertigbringen zu; ~ *aplicada* Kunst-gewerbe *n*, -handwerk *n*; ~ *mecânica* Handwerk *n*.
artefacto [artə'fa(k)tu] *m* Erzeugnis *n*.
arteir|ice [~tei'risə] *f* Hinterlist *f*; *bras*. Streich *m*; **~o** [~'teiru] (hinter)listig; *bras*. mutwillig; ungezogen.
artelho [~'teʎu] *m* Fußknöchel *m*.
artéria [~'tɛrjɐ] *f* Schlagader *f*; Arterie *f*; *fig*. (Haupt-)Straße *f*.
arter|ial [~tə'rjał] Arterien...; **~iosclerose** [~ˌtɛrjuʃklə'rɔzə] *f* Arterienverkalkung *f*.
artes|anato [~təzɐ'natu] *m* Handwerk *n*; **~ão** [~'zɐ̃u] *m* Handwerker *m*.
articul|ação [~tikulɐ'sɐ̃u] *f* Gelenk *n*; Scharnier *n*; Gliederung *f*; Aussprache *f*; *bras*. Erörterung *f*; = *~ado* 2.; -ões Verhandlungen *f/pl*.; ~ *esférica* (*od*. *universal*, *de rótula*) Kugelgelenk *n*; **~ado** [~'laðu] **1.** *adj*. Glieder...; zs.-klappbar, Klapp...; deutlich (*Aussprache*); *bras*. entschlossen (*Wille*); **2.** *m* **a)** ⚖ *nach Artikeln gegliederte* Darlegung *f*, Darstellung *f e-s Sachverhalts*; **b)** *~s pl*. Gliedertiere *n/pl*.; **~ador** *bras*. [~a'ðor] *m* Beauftragte(r) *m*; ~ *de intrigas* Intrigant *m*; **~ar** [~'lar] **1.** *adj*. Gelenk...; Artikel...; **2.** *v/t*. (1a) (durch Gelenke) in- (*od*. an-)ea.-fügen; gliedern; ausarbeiten; formulieren; artikelweise vortragen; *Wort* aussprechen; *bras*. erörtern; verhandeln über (*ac*.); beschließen; **~ista** [~'liʃtɐ] *su*. Artikelschreiber(in *f*) *m*.
artífice [~'tifisə] *m* Handwerker *m*; *fig*. Künstler *m*, Urheber *m*.
artifici|al [ɐrtəfɨ'sjał] künstlich, Kunst...; ge-, er-künstelt; **~alidade** [~ɐli'ðaðə] *f* = **~alismo** [~ɐ'liʒmu] *m* Künstelei *f*.
artifício [~'fisju] *m* Kunstfertigkeit *f*; Kunst(griff *m*) *f*, Kniff *m*; Künstlichkeit *f*, Künstelei *f*; *fogo m de* ~ Feuerwerk *n*.
artificioso [~fɨ'sjozu] (arg)listig.
artigo [ɐr'tiɣu] *m gram*. Artikel *m*; *lit*. *a*. Abschnitt *m*, Absatz *m*; ~ *de fundo* Leitartikel *m*; ~ *de fé* Glaubenssatz *m*; ~ *de grande consumo*, ~ *em série* ⚕ Massen-artikel *m*, -ware *f*; ~ (*semi*)*manufacturado* (Halb-)Fabrikat *n*, (-)Fertigware *f*.
artilh|aria [ɐrtiʎɐ'riɐ] *f* Artillerie *f*; **~eiro** [~'ʎeiru] *m* Artillerist *m*.
artimanha [~'mɐɲɐ] *f* List *f*; Kniff *m*.

artista [ɐr'tiʃtɐ] *su.* Künstler(in *f*) *m*; Handwerker *m*.
artístico [˷iku] künstlerisch, Kunst...
arvorar [ɐrvu'rar] (1e) *v/t. Mast* auf-pflanzen, -richten; *Fahne* hissen; *j-n* erheben, bestallen (zu *em*); *v/i.* sich davonmachen; **˷-se** (*em*) sich aufspielen als *od.* aufwerfen zu.
árvore ['arvurə] *f* Baum *m*; Mast *m*; ⊕ Welle *f*; Achse *f*; Spindel *f*; ˷ *genealógica* Stammbaum *m*.
arvoredo [ɐrvu'reðu] *m* Wäldchen *n*, Hain *m*; ⚓ Bemastung *f*.
as [ɐʃ] *pl. v. a* (*art. u. pron.*).
ás [aʃ] *m* Aß *n*; *fig. Sport-, Film-* Größe *f*, Kanone *f*.
às [aʃ] *Zssg der prp. a mit art. u. pron. pl. as*.
asa ['azɐ] *f* Flügel *m*; Henkel *m*; Griff *m*; *anat. Nasen*-Flügel *m*; *bater a* ˷ ausreißen.
asado [ɐ'zaðu] Henkel...
asbesto [ɐʒ'βɛʃtu] *m* Asbest *m*.
ascárida [ɐʃ'kariðɐ] *f* Spulwurm *m*.
ascend|ência [ɐʃsẽn'dẽsjɐ] *f* aufsteigende Linie *f*; Ahnen *m/pl.*; *fig.* Überlegenheit *f*, Übergewicht *n*; Einfluß *m*; **˷ente** [˷ẽntə] **1.** *adj.* aufsteigend; wachsend; *in Portugal*: von e-m Bahnknotenpunkt ausfahrend *od.* herkommend (*Zug*); **2.** *m* Ahn *m*, Vorfahr *m*; *fig.* = ˷*ência*; **˷er** [˷er] (2a): ˷ *a* aufsteigen zu; (an)steigen auf (*ac.*) (*Preise*), sich belaufen auf (*ac.*) (*Rechnung*); an *die Macht* kommen.
ascens|ão [ɐʃsẽ'sɐ̃u] *f* Aufstieg *m*; *Thron*-Besteigung *f*; *Macht*-Ergreifung *f*; *rel.* ♀ Christi Himmelfahrt *f*; **˷ional** [˷sju'nał] Aufstiegs...; Aufwärts...; Auftriebs...; *força f* ˷ Auftrieb *m*, Steigkraft *f*; **˷or** [˷or] *m* Aufzug *m*; Hebeanlage *f*.
asce|se [ɐʃ'sɛzə] *f* Askese *f*; **˷ta** [˷tɐ] *su.* Asket(in *f*) *m*.
ascético [˷tiku] asketisch.
asco ['aʃku] *m* Ekel *m*; *dá* (*od. faz*) ˷ das ekelt einen an; *ter* ˷ *a* sich ekeln vor (*dat.*); *que* ˷! pfui!
asc(or)oso [ɐʃk(ur)'ozu] ekelhaft.
áscua ['aʃkwɐ] *f* (Kohlen-)Feuer *n*, Glut *f*; Funke(n) *m*.
aselha [ɐ'zeʎɐ] *f* Öse *f*; Henkel *m*.
asfalt|ador [ɐʃfałtɐ'ðor] *m* Asphaltarbeiter *m*; **˷agem** [˷'taʒɐ̃i] *f* Asphaltierung *f*; **˷ar** [˷'tar] (1a) teeren, asphaltieren; **˷o** [˷'fałtu] *m* Asphalt *m*.
asfix|ia [˷fik'siɐ] *f* Erstickung(stod *m*) *f*; *matar* (*od. morrer*) *por* ˷ ersticken; **˷iado** [˷'sjaðu] scheintot; gaskrank; *morrer* ˷ ersticken; **˷iante** [˷'sjẽntə] erstickend; giftig; *gás m* ˷ Giftgas *n*; **˷iar(-se)** [˷'sjar(sə)] (1g) ersticken.
asiático [ɐ'zjatiku] **1.** *adj.* asiatisch; orientalisch; **2.** *m* Asiat *m*.
asil|ado [ɐzi'laðu] **1.** *adj. estar* ˷ in e-m Asyl leben; **2.** *m* (Asyl-)Insasse *m*; **˷ar** [˷ar] (1a) Asyl gewähren, aufnehmen; *ins Armenhaus usw.* bringen; *irgendwo* unterbringen; **˷o** [ɐ'zilu] *m* † Freistatt *f*; *fig.* Zuflucht *f*; *Alters- usw.* Heim *n*; ˷ *de mendicidade* Armenhaus *n*.
asinino [˷'ninu] eselartig, Esel...; *fig.* eselig; *gado m* ˷ Esel *m/pl.*
asma ['aʒmɐ] *f* Atemnot *f*, Asthma *n*.
asmático [ɐʒ'matiku] engbrüstig.
asna ['aʒnɐ] *f* ⚠ Dachbinder *m*.
asn|eira [ɐʒ'neirɐ] *f* Eselei *f*; Blödsinn *m*; Dummheit *f*; ˷*s pl.* dummes Zeug *n*; **˷eirão** [˷nei'rɐ̃u] *m fig.* Hornochse *m*; **˷o** *m*, **-a** *f* ['aʒnu, -ɐ] Esel(in *f*) *m*; *ficar com cara de* ˷ mit langer Nase abziehen.
aspa ['aʃpɐ] *f* Kreuzbalken *m in Form des Andreaskreuzes*; ˷*s pl.* Anführungszeichen *n/pl.*, F Gänsefüßchen *n/pl.* (*entre* in).
aspecto [ɐʃ'pɛtu] *m* Anblick *m*; Aussehen *n*; Ansicht *f*; Gesichtspunkt *m*; Seite *f*; *ter bom* (*mau*) ˷ gut (schlecht) aussehen; *ter* ˷ *de* (*doente*) (krank) aussehen; *ter* (*o*) ˷ *de* ... wie *od.* als ob; *no* ˷ *religioso* in religiöser Hinsicht; *sob o* ˷ *de* unter dem Gesichtspunkt (*gen.*); im Hinblick auf (*ac.*).
aspereza [ɐʃpə'rezɐ] *f* Rauheit *f*; Schroffheit *f*; Herbheit *f*; Härte *f*, Strenge *f*; *com* ˷ schroff, streng, herb.
asperg|es [˷'pɛrʒɨʃ] *m* Besprengung *f* mit Weihwasser; **˷ir** [˷pər'ʒir] (3n; *Stv.* 3c) besprengen.
áspero ['aʃpəru] rauh; schroff; herb (*Frucht*); hart, streng.
aspérrimo [ɐʃ'pɛʀimu] *sup. v. áspero*.
aspers|ão [˷pər'sɐ̃u] *f* Besprengung *f*; **˷ório** [˷ɔrju] *m* Sprengwedel *m*.
aspeto *bras.* [as'pɛtu] = *aspecto*.

aspir|ação [ɐʃpirɐ'sɐ̃u] *f* Einatmung *f*; Atemzug *m*; ⊕ Ein-, An-saugen *n*; *gram.* Aspirieren *n*; *fig.* Streben *n*; Bestrebung *f*; *tubo m de* ~ Saugrohr *n*; *ele tem -ões a* er möchte (gern) *et.* h. (sn *od.* w.) *od.* für *et.* gelten; (*pessoa f*) *com -ões a* (ein Mensch,) der gern *et.* sn (*od.* w.) *od.* für *et.* gelten möchte; **~ador** [~ɐ'δor] **1.** *m* Saug-apparat *m*, -vorrichtung *f*; ~ (*de pó*) Staubsauger *m*; **2.** *adj.* = **~ante** [~'rɐ̃ntə] **1.** *adj.* Saug...; **2.** *su.* Anwärter(in *f*) *m*; ⚔ Offiziersanwärter *m*; ~ *da alfândega* Zollaspirant(in *f*) *m*; ~ *a s. aspirações a*; **~ar** [~'rar] (1a) einatmen; ⊕ an-, ein-saugen; *gram.* aspirieren; ~ *a* (*por*) streben nach, wünschen (*ac.*); werben um; *ele aspira a* er möchte (gern) *et.* h. (sn *od.* w.) *od.* für *et.* gelten; **~ativo** [~ɐ'tivu] Hauch...

asqueroso [ɐʃkə'rozu] ekelhaft; schmutzig (*Wort*).

assacar [ɐsɐ'kar] (1n; *Stv.* 1b) *j-n* beschuldigen; *Schuld* zuschieben.

assad|eira [~'δeirɐ] *f* (Kastanien-) Röstpfanne *f*; Kastanienrösterin *f*; = *~or*; **~o** [ɐ'saδu] *m* Braten *m*; *fig.* ~(*s*) (*pl.*) F Patsche *f*, Klemme *f*; **~or** [~or] *m* Röstpfanne *f*; Schmortopf *m*; Bratspieß *m*; **~ura** [~urɐ] *f* Bratenstück *n*; ⚘ F Wolf *m*.

assalari|ado [~lɐ'rjaδu] *m* Lohnempfänger *m*; **~ar** [~ar] (1g) (gegen Lohn) einstellen *od.* beschäftigen; *j-n* kaufen, bestechen; besolden.

assalt|ador, ~ante [ɐsałtɐ'δor, ~'tɐ̃ntə] *m* Angreifer *m*, Stürmer *m*; **~ar** [~'tar] (1a) *j-n* an-, über-fallen; angreifen; *Festung* (er)stürmen; bestürmen (*Gedanken, mit Bitten*); anwandeln (*Zweifel*), befallen (*Krankheit*); **~o** [ɐ'sałtu] *m* Überfall *m*; Angriff *m*; ⚔ Sturm *m* (*de* im); *esgr.* Ausfall *m*; *fig.* Ansturm *m von Gedanken, Bitten*; Anwandlung *f*; Anfall *m*.

assanh|adiço [ɐsɐɲɐ'δisu] reizbar, empfindlich; **~ado** [~'ɲaδu] wütend; hochrot; **~amento** [~ɐ'mẽntu] *m* Wutanfall *m*; **~ar** [~'ɲar] (1a) (auf)reizen; röten; *Übel* verschlimmern; **~ar-se** in Wut geraten; wüten.

assar [ɐ'sar] (1b) braten, schmoren; rösten; P wund-laufen, -liegen, -reiben, -reiten, -schwitzen.

assass|inar [ɐsɐsi'nar] (1a) ermorden; **~inato, ~ínio** [~i'natu, ~'sinju] *m* Mord *m*; **~ino** [~'sinu] **1.** *m* Mörder *m*; **2.** *adj.* mörderisch.

assaz [ɐ'saʃ] ziemlich; reichlich.

assaz|oar [ɐsɐ'zwar] (1f) = **~onar** (1e) zum Reifen bringen; *v/i.* reifen.

asse|ado [ɐ'sjaδu] sauber, reinlich; stubenrein (*Tiere*); *pouco* ~ unsauber; **~ar(-se)** [~ar(sə)] (1l) (sich) säubern; (sich) sauber halten; (sich) sauber kleiden.

assecla [ɐ'sɛklɐ] *m* Parteigänger *m*.

assed|ado [ɐsə'δaδu] seidig; **~agem** [~'δaʒɐ̃i] *f* Hecheln *n*; **~ar** [~'δar] (1c) hecheln.

assediar [~'δjar] (1g) belagern; *fig.* bestürmen.

assédio [ɐ'sɛδju] *m* Belagerung *f*; *fig.* Drängen *n*.

assegur|ação [ɐsəɣurɐ'sɐ̃u] *f* Ver-, Zu-sicherung *f*; Sicherstellung *f*; **~ado** [~'raδu] sicher; **~ar** [~'rar] (1o) *j-m et.* ver-, zu-sichern; *et. od. j-n* sichern, sicherstellen.

asseio [ɐ'seju] *m* Reinlichkeit *f*; Sauberkeit *f*; Nettigkeit *f der Kleidung*; *com* ~ reinlich, sauber; nett.

assembleia [ɐsẽm'blejɐ] *f* Versammlung *f*; Klub(haus *n*) *m*.

assemelh|ação [ɐsəmiʎɐ'sɐ̃u] *f* Anähnelung *f*; **~ar** [~'ʎar] (1d) anähneln; ähneln (*dat.*); vergleichen (mit *a*); **~ar-se**: ~ *a*, ~ *com* ähneln (*dat.*), ähnlich sehen (*dat.*); *assemelha-se-me* es scheint mir.

assenhorear-se [~ɲu'rjarsə] (1l) sich bemächtigen.

assent|ada [ɐsẽn'taδɐ] *f*: *de uma* ~ auf einmal, in e-m Zug, auf e-n Hieb; **~adamente** [~ˌtaδɐ'mẽntə] bestimmt; ruhig, gesetzt; **~ado** [~aδu] sitzend; liegend; = *~e*; **~ador** 🚂 [~ɐ'δor] *m* Streckenarbeiter *m*; ⊕ Flach-, Setz-hammer *m*, Stöckel *m*; ~ (*de navalha*) Streichriemen *m*; **~ar** [~ar] (1a) *v/t.* (auf-) setzen; (auf-)stellen; *Fundament* legen; *Schienen* verlegen; *Lager, Wohnsitz* aufschlagen; *Farben* auftragen; *Erdreich usw.* fest-klopfen, -stampfen; *Schlag* versetzen; *Messer* abziehen; ⊕ einbetten, lagern; *Leitung* verlegen; *Frage* entscheiden; *Regeln* festsetzen; *Vorhaben* beschließen; *Betrag* (ver)buchen; *Namen* aufschreiben, eintragen; ~ *praça* Soldat w.; *v/i.* sich setzen, sich senken (*Niederschlag, Erd-*

reich); gesetzt w. (*Mensch*); passen (*Kleid*); ~ *em* (be)ruhen auf (*dat.*); sich einigen auf (*ac.*); ~ *de* beschließen zu; **~e** [ɐ'sẽntə] **1.** *p.p. irr. v.* *~ar*; **2.** *adj.* fest, sicher; entschieden; ~ *em* beruhend auf.

assent|imento [~i'mẽntu] *m* Zustimmung *f*; **~ir** [~'tir] (3e) bei-, zu-stimmen.

assento [ɐ'sẽntu] *m* Sitz *m*; Sitzplatz *m*, -gelegenheit *f*; Fuß *m*, Boden *m* (*Gefäß*); Unterlage *f*; *Motor*-Träger *m*; Bodensatz *m*; Lageplan *m*; Wohnsitz *m*; Aufzeichnung *f*; ✝ Buchung *f*, Posten *m*; *anat.* Gesäß *n*; *fig.* Beschluß *m*; *ter* ~ vernünftig sn.

asséptico [ɐ'sɛptiku] keimfrei.

asser|ção [ɐsər'sɐ̃u] *f* Behauptung *f*; **~tiva** *bras.* [~'tivɐ] *f* Versicherung *f*; **~tório** [~'tɔrju] bestimmt.

assessor *m*, **-a** *f* [ɐsə'sor, -ɐ] Beisitzer(in *f*) *m*; Beirat *m*; Hilfskraft *f*.

assestar [ɐsɨʃ'tar] (1c) richten; einstellen; *Schuß* abgeben.

assetear [ɐsə'tjar] (1l) (mit Pfeilen) durchbohren (*a. fig.*); beschießen.

assever|ação [~vərɐ'sɐ̃u] *f* Behauptung *f*; Versicherung *f*; Bekräftigung *f*; **~ar** [~'rar] (1c) behaupten; versichern; bekräftigen.

assiduidade [ɐsiðwi'ðaðə] *f* Fleiß *m*, Eifer *m*; Aufmerksamkeit *f*.

assíduo [ɐ'siðwu] fleißig, eifrig; dienstbeflissen, aufmerksam.

assim [ɐ'sĩ] **1.** *adv.* so; daher; also; ~, ~ ganz gut; ~ *como* sowie; ~ *como* ~ jedenfalls, ohnedies; ~ *ou* ~ (*od. assado*) so oder so; *ainda* ~, *mesmo* ~ trotzdem; immerhin; ~ *mesmo!* eben!, richtig!; ~ *que* sowie, sobald; *tanto* (*od. bem*) ~ ganz so; e (*isto* é) *tanto* ~ *que* ... a) und zwar so sehr, daß; b) und eben deshalb; *como* ~? P wieso?, warum nicht gar?; **2.** *mit conj.*: a) ~ *conj. prs.* sobald *ind.*; b) ~ *conj. impf. Wunschsatz, z.B.* ~ *eu fosse feliz!* wäre ich doch glücklich!; ~ *seja!* so sei es!

assim|etria [ɐsimə'triɐ] *f* Unregelmäßigkeit *f*, Asymmetrie *f*; **~étrico** [~'mɛtriku] ungleich, unregelmäßig, unsymmetrisch.

assimil|ação [ɐsəmilɐ'sɐ̃u] *f* Anähnelung *f*; Anpassung *f*; Aneignung *f*; ⚘ *u. gram.* Assimilation *f*; **~ar** [~'lar] (1a) anähneln, anpassen; gleichstellen, vergleichen (mit *a*); sich aneignen; 🕮 assimilieren.

assin|ação [ɐsinɐ'sɐ̃u] *f* Unterzeichnung *f*; Benachrichtigung *f*; Vorladung *f*; Anberaumung *f*; Anweisung *f*; **~ado** [~'naðu] **1.** *p.p.v. assinar*; **2.** *m* Bescheinigung *f*, Schriftstück *n*.

assinal|ação [~nɐlɐ'sɐ̃u] *f* (Kenn-) Zeichnung *f*; Bezeichnung *f*; Anzeichen *n*; Anzeige *f*; Auszeichnung *f*; **~ado** [~'laðu] *adj.* hochberühmt; bedeutend; **~ar** [~'lar] (1b) (kenn-)zeichnen; aus-, be-zeichnen; verzeichnen; anzeigen; hervorheben; **~ar-se** zu verzeichnen sn; sichtbar (*od.* spürbar) werden; sich hervortun.

assin|ante [~'nɐ̃ntə] *m* Unterzeichner *m*; Bezieher *m*; Abonnent *m*; **~ar** [~ar] (1a) unter-schreiben, -zeichnen; mit s-r Unterschrift versehen; festlegen, *Frist* anberaumen; vereinbaren; *Geldbetrag* zeichnen; ~ (*para*) abonnieren (*ac.*); **~atura** [~ɐ'turɐ] *f* Unterschrift *f*; Subskription *f*; Abonnement *n*; Bezug *m*; *abrir* ~ s-e Unterschrift hinterlegen.

assist|ência [~ʃ'tẽsjɐ] *f* Anwesenheit *f*; *die* Anwesenden *m/pl.*; Beistand *m*; Mitwirkung *f*; ~ *hospitalar* Krankenhausbehandlung *f*; ~ *médica* ärztliche Hilfe *f*; ~ *pública*, ~ *social* Für-, ~ *religiosa* Seel-sorge *f*; **~ente** [~ẽntə] **1.** *adj.* anwesend; behandelnd (*Arzt*); **2.** *su.* Assistent (-in *f*) *m*; *~s m/pl.* *die* Anwesenden *m/pl.*; ~ *f bras.* Hebamme *f*; **~ir** [~ir] (3a) *v/i.*: ~ *a* beiwohnen (*dat.*); *Konzert* hören; *Schauspiel* sehen; *allg.* besuchen (*ac.*); *Unfall usw.* mit ansehen; zusehen (*od.* zuhören) bei; = *v/t. j-m* beistehen, helfen; *e-n Kranken* behandeln, pflegen; ~ + *inf.* sehen (*od.* es erleben), daß *ind.*

assoalh|amento [ɐswɐʎɐ'mẽntu] *m* Fußbodenbelag *m*; **~ar** [~'ʎar] (1b) **a**) dielen; **b**) sonnen; *fig.* ausplaudern, weitertragen; zeigen.

assoar [ɐ'swar] (1f) schneuzen.

assoberb|ado [ɐsuβər'baðu] hochmütig; **~ar** [~ar] (1c) an-, beherrschen; über-bürden, -lasten; lasten auf (*dat.*); **~ar-se** hochmütig werden; sich übernehmen.

assob|iada [~'βjaðɐ] *f* Gepfeife *n*;

~iar [~jar] (1g) pfeifen; *j-n* auspfeifen; **~io** [~'βiu] *m* Pfiff *m*; Pfeife *f*; *de três ~s* F fabelhaft.
assobradado [~βrɐ'δaδu] mehrstöckig.
associ|ação [~sjɐ'sɐ̃u] *f* Vereinigung *f*; Zs.-schluß *m*; Verknüpfung *f*; Verein *m*; *Sport*: Verband *m*; Klub *m*; *~ comercial* Handelskammer *f*; *~ industrial* Industrieverband *m*; **~ado** [~'sjaδu] *m* Mitglied *n*; Gesellschafter *m*, Teilhaber *m*; **~ar** [~'sjar] (1g) verbinden; *Gedanken* verknüpfen; *zu e-r Gesellschaft* zs.-schließen; zum Teilhaber m.; beigesellen; anschließen; **~ar-se** sich verbünden, sich zs.-tun; *~ a* sich gesellen zu; *fig.* Anteil nehmen an (*ac.*), teilen (*ac.*); **~ativo** [~ɐ'tivu]: *vida f -a* Vereinswesen *n*; *organismo m ~* verbandartige Körperschaft *f*.
assol|ação [~lɐ'sɐ̃u] *f* = **~amento** [~lɐ'mẽntu] *m* Heimsuchung *f*; Verheerung *f*; **~ar** [~'lar] (1e) heimsuchen; verheeren.
assold|adar [ɐsołdɐ'δar] (1b) = **~ar** [~'dar] (1a) dingen; besolden.
assomar [ɐsu'mar] (1f) *v/i.* zum Vorschein kommen; auftauchen, erscheinen; *ans Fenster* treten; *v/t.* aufbringen; **~-se** zornig werden.
assombr|ação [ɐsõmbrɐ'sɐ̃u] *f bras.* Spuk *m*; Gespenst *n*; = *~amento*; **~adiço** [~ɐ'δisu] furchtsam, scheu; **~ado** [~'braδu] **a**) schattig; **b**) bestürzt, fassungslos; sprachlos; *bem (mal) ~* (un)freundlich; *bras. a casa está -a* es spukt im Haus; **~amento** [~ɐ'mẽntu] *m* Schrecken *m*; Grauen *n*; = *~ação*; **~ar** [~'brar] (1a) **a**) beschatten; **b**) in Schrecken (*od.* in Erstaunen) setzen; verblüffen; treffen (*Blitz*); **~ar-se** sich entsetzen; erstaunen; **~o** [ɐ'sõmbru] *m* Verblüffung *f*; Entsetzen *n*; Wunder *n*; *foi um ~* es war fabelhaft; **~oso** [~'brozu] verblüffend; fabelhaft.
assomo [ɐ'somu] *m* Erscheinen *n*; Anschein *m*; Anzeichen *n*; Spur *f*; *~ de cólera* Wutanfall *m*.
assore|amento [ɐsurjɐ'mẽntu] *m* Versandung *f*; **~ar** [~'rjar] (1l) versanden.
assuada [ɐ'swaδɐ] *f* Getümmel *n*; Auflauf *m*; Geschrei *n*; Rotte *f*; Bande *f*; *de ~, em ~* tobend, wild; *reunir em ~* zs.-rotten.
assumir [ɐsu'mir] (3a) auf sich (*od.* über)nehmen; annehmen; *Amt* antreten; sich *Rechte* anmaßen.
assunção [ɐsũ'sɐ̃u] *f* Erhebung *f*; *rel.* ♀ Mariä Himmelfahrt *f*.
assunt|ar *bras.* [asũn'tar] (1a) *v/i.* aufpassen; nachdenken; *v/t.* bemerken; beobachten; **~o** [ɐ'sũntu] *m* Stoff *m*, Gegenstand *m*, Thema *n*; Angelegenheit *f*, Sache *f*; *pint.* Motiv *n*; *passar para outro ~* das Thema wechseln.
assust|adiço [ɐsuʃtɐ'δisu] schreckhaft; **~ador** [~ɐ'δor] erschreckend; **~ar** [~'tar] (1a) erschrecken; **~ar-se** erschrecken; scheuen (*Pferd*).
aster|isco [ɐʃtə'riʃku] *m tip.* Sternchen *n*; **~óide** [~'rɔiδə] **1.** *m* Asteroid *m*; **2.** *adj.* sternförmig, Stern...
astral [ɐʃ'trał] Sternen...; astral.
astro ['aʃtru] *m* Gestirn *n*; Stern *m* (*a. fig.*); **~logia** [ɐʃtrulu'ʒiɐ] *f* Sterndeuterei *f*, Astrologie *f*.
astrólogo [ɐʃ'trɔluɣu] *m* Sterndeuter *m*, Astrologe *m*.
astronauta [~tru'nautɐ] *m* Raumfahrer *m*.
astron|omia [~trunu'miɐ] *f* Sternkunde *f*, Astronomie *f*; **~ómico** [~'nɔmiku] astronomisch, Stern...
astrónomo [~'trɔnumu] *m* Sternforscher *m*, Astronom *m*.
astúcia [ɐʃ'tusjɐ] *f* Verschlagenheit *f*, List *f*.
astucioso, astuto [~tu'sjozu, ~'tutu] verschlagen; schlau; listig.
ata *bras.* ['atɐ] = *acta*.
ataca [ɐ'takɐ] *f* Schnür-band *n*, -riemen *m*, -senkel *m*.
atac|adista *bras.* [ataka'δistɐ] *m* Großhändler *m*; **~ado** [~'kaδu]: *por ~* im großen, en gros; *comércio m por ~* Großhandel *m*; **~ador** [~ɐ'δor] *m* Ladestock *m*; = *ataca*; **~ar** [ɐtɐ'kar] (1n; *Stv.* 1b) **a**) ver-, zuschnüren; **b**) angreifen; befallen (*Schlaf, Krankheit*); rühren (*Schlag*); **c**) *Geschützladung* ansetzen; *fig.* vollstopfen; *bras.* (zu)knöpfen.
atad|eiro [ɐtɐ'δeiru]: *ceifeira f -a* Mäh- und Bindemaschine *f*; **~o** [ɐ'taδu] **1.** *adj.* verlegen, zaghaft; **2.** *m* Bündel *n*; **~ura** [~'δurɐ] *f* Band *n*; Binde *f*; ⚕ Verband *m*.
atafulhar P [~fu'ʎar] (1a) vollstopfen.
atalaia [~'lajɐ] *f* Wartturm *m*; Ausguck *m*; Wache *f*; Späher *m*, Türmer *m*; *de ~* auf der Hut (*od.* Lauer).

atalh|ar [ɐtɐ'ʎar] (1a) *v/t. j-m* (den Weg) versperren; absperren; in den Weg treten (*dat.*), aufhalten; Einhalt gebieten (*dat.*); hindern; unterbrechen; ab-, ver-kürzen; *v/i.* e-n Seitenweg einschlagen; einfallen (*in j-s Rede*); **~ar-se** steckenbleiben; verlegen w.; **~o** [ɐ'taʎu] *m* Richtweg *m*; Abkürzungsweg *m*; Hindernis *n*; Ab-, Ver-kürzung *f*; *pôr ~ a* beenden (*ac.*), ein Ende setzen (*dat.*); *tomar pelo ~* (den Weg) abkürzen; *andar por ~s* Ausflüchte m.

atamancar [ɐtɐmɐ̃ŋ'kar] (1n) zs.-pfuschen, hinsudeln.

atan|ado [~'naðu] *m* Lohe *f*; Lohleder *n*; **~ar** [~ar] (1a) lohen.

atapetar [~pə'tar] (1c) = *alcatifar.*

ataque [ɐ'takə] *m* Angriff *m*; ⚕ Anfall *m*; *bras.* Pfropfen *m*; *Fußball*: Sturm *m*; *deu-lhe um ~* er bekam e-n Anfall.

atar [ɐ'tar] (1b) (an-, ver-, zu-, zs.-) binden; an-, ver-knüpfen; *~ as mãos à* (*od.* *na*) *cabeça* sich an den Kopf fassen; *não ~ nem desatar* sich nicht entschließen können; *ao ~ das feridas* wenn's zu spät ist.

atarantar P [ɐtɐrɐ̃n'tar] (1a) aufregen, verwirren.

ataref|ado [~rə'faðu] sehr beschäftigt; geschäftig; *estar ~* viel zu tun h.; **~ar** [~ar] (1c) *j-m e-e Arbeit* aufladen; *j-n mit Arbeit* überlasten.

atarrac|ado [~ʀɐ'kaðu] untersetzt, vierschrötig; **~ar** [~'kar] (1n; *Stv.* 1b) schmieden; einzwängen; *fig.* *j-m* zusetzen.

atarraxar [~ʀɐ'ʃar] (1b) an-, festschrauben; *Schraube* anziehen.

ataúde [ɐtɐ'uðə] *m* Sarg *m*; Grab *n*.

ataviar [ɐtɐ'vjar] (1g) schmücken.

atávico [ɐ'taviku] atavistisch.

atavio(s) [ɐtɐ'viu(ʃ)] *m* Schmuck *m*.

até [ɐ'tɛ] **1.** *prp.* bis; *mit folgendem art.* bis an (auf, in *usw.* [*ac.*] *od.* nach, zu [*dat.*]); *~ que* bis (daß); **2.** *adv.* selbst; = *~ mesma* sogar; e *~* ja.

ate|ado [ɐ'tjaðu] *fig.* hitzig; **~ar** [~ar] (1l) an-feuern, -heizen, -zünden; schüren (*a. fig.*); entfachen; **~ar-se** sich entzünden; *fig.* entbrennen; um sich greifen.

ateia [ɐ'tejɐ] *f s.* *ateu.*

ateí|smo [ɐte'iʒmu] *m* Gottlosigkeit *f*; **~sta** [~ʃtɐ] *su.* = *ateu.*

atemoriz|ador, ~ante [ɐtəmurizɐ'ðor, ~'zɐ̃ntə] furchtbar; **~ar** [~'zar] (1a) erschrecken; einschüchtern.

atença [ɐ'tẽsɐ] *f* Hoffnung *f*; *estar às ~s de* bauen auf (*ac.*).

atenção [ɐtẽ'sɐ̃u] *f* Aufmerksamkeit *f* (*chamar* erregen); Gefälligkeit *f*; Rücksicht *f*; Höflichkeit *f*; Achtung *f*; *chamar a ~ de alg. a* (*od.* *para*) j-n aufmerksam m. auf (*ac.*); *prestar ~* aufpassen; *dar ~ a* achten auf (*ac.*), beachten (*ac.*); *ter em ~* berücksichtigen; *em ~ a* mit Rücksicht auf (*ac.*); unter Berücksichtigung (*gen.*); *tratar com ~* höflich behandeln; *falta f de ~* Unhöflichkeit *f*, Rücksichtslosigkeit *f*; *~!* Achtung!

aten|ciosamente [~ˌsjɔzɐ'mẽntə] *in Briefen*: (hoch)achtungsvoll; **~cioso** [~'sjozu] aufmerksam; gefällig, höflich; ergeben; **~der** [ɐtẽn'der] (2a) *v/t.* beachten; berücksichtigen; *Patienten* annehmen; *Kunden* bedienen, abfertigen; *Besuch* vorlassen; *Anfrage* erledigen; *tel. Gespräch* abnehmen; *Gesuch* positiv bescheiden; *não ~* abweisen, *Anfrage* liegen l., *Gesuch* abschlägig bescheiden; *~ o telefone* ans Telefon gehen, sich melden; *~ alg.* fragen, was j. will; *ninguém me atendeu* niemand hat aufgemacht (*im Privathaus*); *v/i. ~ a* merken (*od.* achtgeben) auf (*ac.*); berücksichtigen (*ac.*); hören auf (*ac.*); sich kümmern um; *~ pelo nome de*, *~ por* auf den Namen ... hören; *atendendo a* unter Berücksichtigung (*gen.*); **~dimento** [~ndi'mẽntu] *m* Beachtung *f*; Entgegenkommen *n*; = *atenção.*

atent|ado [ɐtẽn'taðu] *m* Anschlag *m*, Attentat *n*; *autor m de ~* Attentäter *m*; **~ar** [~ar] (1a) **a**) beachten; *v/i. ~ em* betrachten (*ac.*); bedenken (*ac.*); achten auf (*ac.*); *~ por* sich kümmern um (*ac.*); **b**) beabsichtigen, planen; *v/i. ~ contra* sich vergreifen (*od.* freveln) an (*dat.*); = *~ contra a vida de alg.* j-m nach dem Leben trachten; **~atório** [~ɐ'tɔrju] frevelhaft; *~ de* verstoßend (*od.* gerichtet) gegen; *ser ~* verstoßen; **~o** [ɐ'tẽntu] aufmerksam; ergeben; *~ a* (*que*) in Anbetracht (*gen.*) (dessen, daß).

atenu|ação [ɐtənwɐ'sɐ̃u] *f* Verdünnung *f*; (Ab-)Schwächung *f*; Abnahme *f*; Dämpfung *f*; **~ador** [~ɐ'ðor] *m* Schwingungsdämpfer *m*; ~ *variável* Potentiometer *n*; **~ante** [~'nwẽntə] **1.** *adj.* (straf)mildernd; **2.** *f* mildernde(r) Umstand *m*; **~ar** [~'nwar] (1g) verdünnen; abschwächen; vermindern; mildern.

aterr|ador [ɐtəʀɐ'ðor] niederschmetternd; **~agem** ✈ [~'ʀaʒẽi] *f*: ~ (*forçada*) (Not-)Landung *f*; *campo m de* ~ Rollfeld *n*; **~ar** [~'ʀar] (1c) *v/t.* **a)** entsetzen; niederschmettern; **b)** mit Erde bedecken, aufschütten; auffüllen; *v/i.* ✈ landen, niedergehen; **~issagem** *bras.* [~i'saʒẽi] *f* = *~agem*; **~issar** *bras.* [~i'sar] (1a) = *~ar* ✈; **~o** [ɐ'teʀu] *m* (Erd-) Aufschüttung *f*; (Erd-)Auffüllung *f*; (Straßen-)Damm *m*; Schutt *m*.

aterrorizar [~ʀuri'zar] (1a) in Schrecken setzen; terrorisieren.

ater-se [ɐ'tersə] (2zb): ~ *a* sich halten an (*ac.*).

atest|ado [ɐtɨʃ'taðu] **1.** *adj.* randvoll; **2.** *m* Zeugnis *n*; Bescheinigung *f*; Attest *n*; **~ar** [~'tar] (1c) bezeugen, bescheinigen; beweisen.

ateu [ɐ'teu] **1.** *m* Gottlose(r) *m*, Gottesleugner *m*; Atheist *m*; **2.** *adj.* gottlos.

atiç|ador [ɐtisɐ'ðor] *m* Hetzer *m*; Schürer *m*; Schüreisen *n*, Feuerhaken *m*; **~ar** [~'sar] (1p) *Feuer, Haß* schüren; an-feuern, -heizen; an-, auf-stacheln.

atil|ado [~'laðu] gewissenhaft; verständig; fein, gewählt; **~ar** [~ar] (1a) den letzten Schliff geben (*dat.*), ausfeilen; sorgfältig ausführen; schmücken; klug (*od.* geschickt) m.

atilho [ɐ'tiʎu] *m* Band *n*; Bund *m*.

átimo *bras.* ['atimu]: *num* ~ im Nu.

atin|ado [ɐti'naðu] treffend; verständig, vernünftig; **~ar** [~ar] (1a) *v/t. u.* ~ *com* (es) treffen; herausfinden; merken.

ating|ir [ɐtĩ'ʒir] (3n) erreichen; berühren; *fig.* erfassen, begreifen; ⚔ treffen; *fig.* betreffen, angehen; **~ível** [~ivɛɫ] erreichbar; faßlich.

atir|ador [ɐtirɐ'ðor] *m* Schütze *m*; *franco* ~ Frei-schütz *m*, -schärler *m*; **~ar** [~'rar] (1a) *v/t.* schleudern, werfen; *j-m et.* zuwerfen; *Tritt* versetzen; ~ *coices* (hinten) ausschlagen; *v/i.* ~ *a* schießen auf (*ac.*); *fig.* abzielen auf (*ac.*); ~ *para* neigen zu (*Mensch*); spielen in (*ac.*) (*Farbe*); ~ *com a porta* die Tür (hinter sich) zuschlagen; ~ *com a/c. a* (*od.* *em*) et. *irgendwohin* werfen; **~ar-se** sich (los)stürzen (auf [*ac.*] *a*).

atitar [ɐti'tar] (1a) kreischen.

atitude [ɐti'tuðə] *f* Haltung *f*; Einstellung *f*; Ansicht *f*; Gesinnung *f*; *marcar* (*od.* *tomar*) *uma* ~ sich verhalten; Stellung nehmen.

atlânti|co [~'lẽntiku] atlantisch; **♀da** [~ðɐ] *f* Atlantis *f*.

atlas ['atlɐʃ] *m* Atlas *m*.

atl|eta [ɐt'lɛtɐ] *m* Athlet *m*; **~ético** [~'lɛtiku] (muskel)stark, athletisch; **~etismo** [~lə'tiʒmu] *m* (Muskel-) Kraft *f*; Leicht-, Schwer-athletik *f*.

atmosf|era [~muʃ'fɛrɐ] *f* Atmosphäre *f*; ~ *carregada* Gewitterluft *f*; **~érico** [~'fɛriku] atmosphärisch, Luft...; *zona f de alta pressão -a* Hoch(druckgebiet) *n*.

ato *bras.* ['atu] = *acto*.

à-toa [a'toɐ] **1.** *adj.* unbedacht; unnütz, wertlos; flüchtig; **2.** = *à toa s. toa*.

atoarda [ɐ'twarðɐ] *f* Gerücht *n*; *Zeitungs*-Ente *f*.

atocaiar *bras.* [atoka'jar] (1i) auflauern (*dat.*); bespitzeln.

atochar [ɐtu'ʃar] (1e) ein-, festkeilen; (fest-, ver-)stopfen.

atolar [~'lar] (1e) in den Schlamm (*od.* fest)fahren; versenken; *fig.* in Schwierigkeiten bringen; *e-e Sache* verfahren; *v/i. u.* **~-se** steckenbleiben; sich festfahren.

atoleimado [~lei'maðu] albern.

atoleiro [~'leiru] *m* Morast *m*; Verlegenheit *f*; F Patsche *f*, Klemme *f*.

atómico [ɐ'tɔmiku] Atom...

atomizar [ɐtumi'zar] (1a) zertrümmern; zerreiben, zerstäuben; *fig. a.* aufreiben; verzetteln.

átomo ['atumu] *m* Atom *n*; *Sonnen*-Stäubchen *n*; *fig.* Spur *f*; *física f do* ~ Atomphysik *f*.

atonia [ɐtu'niɐ] *f* Trägheit *f*.

atónito [ɐ'tɔnitu] verblüfft, sprachlos.

átono ['atunu] tonlos, unbetont.

atordo|amento [ɐturðwɐ'mẽntu] *m* Betäubung *f*; Verwirrung *f*; Verblüffung *f*; Gedankenlosigkeit *f*; **~ar** [~'ðwar] (1f) betäuben; verwirren; verblüffen.

atorment|ação [~mẽntɐ'sɐ̃u] *f* Aufregung *f*, Sorge *f*; **~ado** [~'taðu] unruhig, qualvoll; **~ar** [~'tar] (1a) foltern; *fig.* quälen; schmerzen.

atrabiliário [ɐtrɐβi'ljarju] gallig.

atrac|ação [~kɐ'sɐ̃u] *f* Festmachen *n*; Landung *f*; Anlegen *n*; **~ar** [~'kar] (1n; *Stv.* 1b) festmachen; anlegen, landen; *fig.* ansprechen; F anrempeln; **~ar-se** *com* raufen mit.

atrac|ção [ɐtra'sɐ̃u] *f* Anziehung(skraft) *f*; Tendenz *f* (zu *de*); Glanznummer *f*, Attraktion *f*; **~tivo** [~'tivu] **1.** *adj.* anziehend; zugkräftig (*Film*); *força f -a* Zugkraft *f*; **2.** *m* Anziehungsmittel *n*; zugkräftige Nummer *f*; Reiz *m*.

atraente [ɐtrɐ'ẽntə] anziehend.

atraiço|adamente [ɐtraiˌswaδɐ'mẽntə] meuchlings; hinterrücks; **~ado** [~'swaδu] treulos; **~ar** [~'swar] (1f) verraten; täuschen; im Stich l.

atrair [ɐtrɐ'ir] (3l) anziehen; auf sich ziehen; *j-n* an sich (heran-) ziehen; gewinnen (für *a*); für sich einnehmen; *ins Verderben* ziehen.

atrapalh|ação [ɐtrɐpɐʎɐ'sɐ̃u] *f* Durcheinander *n*; Ratlosigkeit *f*; Hilflosigkeit *f*; **~ado** [~'ʎaδu] ratlos; hilflos; **~ar** [~'ʎar] (1b) durchea.-bringen; verwirren; **~ar-se** durch-ea.-geraten; sich verhaspeln.

atrás [ɐ'traʃ] *räuml.* zurück; hinten; vorn; ⚓ achtern; *zeitl.* vorher, früher; *anos ~* vor Jahren; *por ~* von hinten; *para ~* nach hinten, zurück, rückwärts; *correr* (*gritar*) *~ de* nach-laufen (-rufen) (*dat.*); *fazer-se ~* zurücktreten; *fazer pé ~* zurückweichen; *ficar ~* (*de od. a alg.*) (hinter j-m) zurückbleiben; *estar de pé ~ com alg.* j-m nicht trauen; *o que ~ ficou dito* (*od. se escreveu*) das oben Gesagte; *~ de* hinter (*ac. u. dat.*), nach (*dat.*).

atras|ado [ɐtrɐ'zaδu] **1.** *adj.* rückständig; *chegar ~* zu spät (*od.* mit Verspätung) kommen; *ir ~, estar ~* nachgehen (*Uhr*); *estar ~ em* im Rückstand sein mit; **2.** *m* Rückstand *m*; **~ar** [~ar] (1b) zurückstellen; zurückdatieren; verzögern; ver-schieben, -schleppen, hinauszögern; *j-n* aufhalten; zurückbringen; *v/i. u.* **~ar-se** zurückbleiben; zurückgehen; nachgehen (*Uhr*); sich verspäten; **~o** [ɐ'trazu] *m* Rückgang *m*; Verspätung *f*; Verzögerung *f*; ⊕ *a.* Nacheilung *f*; *Zahlungs*-Rückstand *m*, Verzug *m*; *fig.* Rückständigkeit *f*; *~ de oft*: Spät..., Nach...; *estar em ~* rückständig (*od.* im Rückstand) sn.

atravanc|ar [~vɐ̃ŋ'kar] (1n) verrammeln, -sperren; hindern; **~ar-se** sich quer stellen, steckenbleiben; **~o** [~'vɐ̃ŋku] *m* Stockung *f*; Hindernis *n*; Ladehemmung *f*.

através [~'vɛʃ] (quer) durch; anhand (*gen.*); durch (*ac.*).

atravess|adiço [~vəsɐ'δisu] hinderlich; **~ado** [~'saδu] quer; *fig.* schielend; querköpfig; falsch; *raça f -a* Mischrasse *f*; *cão m ~* Bastardhund *m*; **~ar** [~'sar] (1c) quer über (*od.* durch) *et.* (*ac.*) legen; durchqueren, -reisen, -fahren, -wandern; reisen (fahren *od.* wandern) durch; *Krise usw.* durchmachen; überqueren, -schreiten; *über e-n Fluß* setzen; durchbohren (*Kugel, Messer usw.*); *Pläne* durchkreuzen; *Rassen* kreuzen; *Karte* überstechen; *~ a nado* durchschwimmen; **~ar-se** in die Quere kommen; sich einmischen; sich quer stellen; *im Halse* steckenbleiben.

atreito [ɐ'treitu]: *~ a* neigend zu; zugetan (*dat.*); empfänglich für; gewöhnt an (*ac.*); *ser ~ a* neigen zu.

atrel|ado [ɐtrə'laδu] *m* Anhänger *m*; **~agem** [~aʒɐ̃i] *f* Anspannen *n*; Anhängen *n*; 🚂 Kuppelung *f*; **~ar** [~ar] (1c) an die Leine nehmen; anbinden (*a. fig.*); *fig. j-n* (an sich) fesseln; *Pferde* anspannen; 🚂 *Wagen* anhängen.

atrev|er-se [~'versə] (2c) sich erdreisten; *~ a inf.* es wagen zu *inf.*; *~ a a/c.* sich an et. (*ac.*) heranwagen; *~ com* anbinden mit; **~ido** [~iδu] dreist, unverschämt; verwegen; vermessen; **~imento** [~i'mẽntu] *m* Dreistigkeit *f*, Unverschämtheit *f*; Verwegenheit *f*.

atribu|ição [ɐtriβwi'sɐ̃u] *f* Verleihung *f*; Ermächtigung *f*; Zuteilung *f*; *-ões pl.* Befugnisse *f/pl.*; **~ir** [~'βwir] (3i) *Amt* verleihen; *Befugnisse* erteilen; *Recht* zuerkennen; *Lebensmittel* zumessen, zuteilen; *Bedeutung, Schuld* zuschreiben, zuschieben.

atribul|ação [~βulɐ'sɐ̃u] *f* Kummer *m*; Not *f*; **~ar** [~'lar] (1a) bekümmern; bedrängen, quälen.

atribut|ivo [\~βu'tivu] *gram.* attributiv; **\~o** [\~'βutu] *m* Merkmal *n*, Kennzeichen *n*; Abzeichen *n*, Sinnbild *n*; *gram. u. fil.* Attribut *n*.
atrição [\~'sɐ̃u] *f rel.* Reue *f* (aus Angst vor Strafe).
átrio ['atrju] *m* Vorhalle *f*; Vorhof *m*.
atrito [ɐ'tritu] **1.** *m* Reibung *f*; *fig.* \~*s pl.* Schwierigkeiten *f/pl.*; Reibereien *f/pl.*; *sem* \~ reibungslos.
atro|ada [ɐ'trwaðɐ] *f* Getöse *n*; **\~ado** [\~aðu] kopflos; *bras. a.* redselig; **\~ador** [\~ɐ'ðor] (ohren)betäubend; **\~amento** [\~ɐ'mẽntu] *m* Betäubung *f*; Kopflosigkeit *f*; **\~ar** [\~ar] (1f) erschüttern; durchtosen; betäuben; *v/i.* donnern, tosen.
atroc|idade [ɐtrusi'ðaðə] *f* Greuel *m*; **\~íssimo** [\~'sisimu] *sup. v. atroz.*
atrof|ia [\~'fiɐ] *f* Schrumpfung *f*, Schwund *m*; **\~iar** [\~'fjar] (1g) verkümmern I.; *v/i.* = **\~iar-se** verkümmern, (ein)schrumpfen.
atropel|amento [ɐtrupəlɐ'mẽntu] *m* Zusammenstoß *m*; Verkehrsunfall *m durch Überfahren*; *Gesetzes-*Übertretung *f*; Verletzung *f des Rechts, der Wahrheit*; **\~ar** [\~'lar] (1c) überfahren; überreiten; umrennen; anrennen gegen (*ac.*); sich *über das Gesetz usw.* hinwegsetzen; Gewalt antun (*dat.*); beschimpfen, F anpöbeln; **\~o** [\~'pelu] *m* = *\~amento*; *de* \~ überstürzt, hastig; verworren.
atroz [ɐ'trɔʃ] gräßlich, scheußlich; erbarmungslos; F riesig.
atum [ɐ'tũ] *m* Thunfisch *m*.
atur|ado [ɐtu'raðu] beharrlich; **\~ar** [\~ar] (1a) ertragen; aushalten; sich abgeben (*od.* herumschlagen) mit; *v/i.* bleiben *od.* es aushalten (bei, in [*dat.*] em); **\~ável** [\~avɛɫ] erträglich.
aturd|ido [ɐtur'diðu] kopflos; verblüfft, F baff; **\~imento** [\~i'mẽntu] *m* Verwirrung *f*; Verblüffung *f*; Kopflosigkeit *f*; **\~ir** [\~ir] (3h) betäuben, verwirren; verblüffen.
aud|ácia [au'ðasjɐ] *f* Kühnheit *f*; **\~acioso** [\~ðɐ'sjozu] = *audaz*; **\~acíssimo** [\~ɐ'sisimu] *sup. v.* **\~az** [au'ðaʃ] kühn; verwegen.
audição [\~i'sɐ̃u] *f* Hören *n*; Aufführung *f*, Vortrag *m*; *Radio*: Empfang *m*; \~ (*musical*) Konzert *n*; *primeira* \~ Erstaufführung *f*.
audiência [ɐu'ðjẽsjɐ] *f* Audienz *f*, Empfang *m*; (Gerichts-)Verhandlung *f*; *dar* \~ empfangen; *j-n* anhören.
audit|ivo [ɐuði'tivu] Gehör..., Hör-...; **\~or** [\~or] *m* Beisitzer *m*; **\~ório** [\~ɔrju] *m* Zuhörerschaft *f*; Hörsaal *m*.
auferir [aufə'rir] (3c) einheimsen, davontragen; *fig.* erleben.
auge ['auʒə] *m fig.* (höchster) Gipfel *m*.
augurar [auɣu'rar] (1a) wahrsagen; vorhersagen; mutmaßen.
augúrio [au'ɣurju] *m* Vorhersage *f*; Vorbedeutung *f*; Anzeichen *n*.
augusto [au'ɣuʃtu] erhaben.
aula ['aulɐ] *f* (Lehr-)Stunde *f*; \~, *sala de* \~*s* Hörsaal *m*; Klassenzimmer *n*; \~*s pl.* Unterricht *m*; *dar a alg.* \~*s de* j-n unterrichten in (*dat.*); *dar* \~*s com alg.* Unterricht (*od.* Stunden) h. bei.
aument|ado ♪ [aumẽn'taðu] übermäßig; **\~ar** [\~ar] (1a) vermehren, vergrößern; erhöhen; steigern; *v/i.* sich mehren, zunehmen, wachsen; steigen; **\~o** [au'mẽntu] *m* Vermehrung *f*; Zuwachs *m*; Erhöhung *f*; Anstieg *m*; Steigerung *f*; *vidro m de* \~ Vergrößerungsglas *n*; *ir em* \~ im Wachsen (*od.* Steigen) begriffen sn.
áureo ['aurju] golden.
aur|éola [au'rɛulɐ] *f* Heiligenschein *m*; Nimbus *m*; **\~eolar** [\~rju'lar] **1.** *v/t.* (1e) mit e-m Heiligenschein umgeben; umstrahlen; **2.** *adj.* nimbusartig; strahlend.
aurícula [au'rikulɐ] *f anat.* Vorhof *m*; ⚘ Aurikel *f*.
auricular [auriku'lar] Ohren...; Hör...; *dedo m* \~ kleine(r) Finger *m*.
aurífero [au'rifəru] goldhaltig.
aurora [au'rɔra] *f* Morgenröte *f*; \~ *boreal* Nordlicht *n*.
auscult|ação ⚕ [auʃkuɫtɐ'sɐ̃u] *f* Abhorchen *n*, Auskultation *f*; **\~ador** [\~ɐ'ðor] *m* ⚕ Hörrohr *n*, Abhörgerät *n*; *tel.* Hörer *m*; *Radio*: Kopfhörer *m*; **\~ar** [\~'tar] (1a) abhorchen.
aus|ência [au'zẽsjɐ] *f* Abwesenheit *f*; Fehlen *n* (von *de*), Mangel *m* (an [*dat.*] *de*); *fazer* \~ abwesend sn; *fazer boas* (*más*) \~*s a alg.* gut (gehässig) von j-m reden; **\~entar-se** [auzẽn'tarsə] (1a) sich entfernen; sich zurückziehen; verreisen; **\~ente** [\~ẽntə] abwesend.

ausp|iciar [auʃpi'sjar] (1g) vorhersagen, versprechen; begünstigen, befürworten; **~ício** [~'pisju] *m* Vorbedeutung *f*; An-, Vor-zeichen *n*; *sob os ~s de* unter dem Protektorat *od.* Schutz (*gen.*); **~icioso** [~i'sjozu] aussichtsreich, vielversprechend.
auster|idade [~təri'ðaðə] *f* Strenge *f*; **~o** [~'tɛru] streng; nüchtern.
austral [~'trał] südlich, Süd...
australiano [~trɐ'ljɐnu] **1.** *m* Australier *m*; **2.** *adj.* australisch.
austríaco [~'triɐku] **1.** *adj.* österreichisch; **2.** *m* Österreicher *m*.
autarquia [autɐr'kiɐ] *f* wirtschaftliche Unabhängigkeit *f*, Autarkie *f*; ⚖ Selbstverwaltungskörperschaft *f*; *bras.* öffentlich-rechtliche(s) Unternehmen *n*.
autárquico [~'tarkiku] wirtschaftlich unabhängig, autark.
autenti|cação [~tẽntikɐ'sɐ̃u] *f* Beurkundung *f*; **~car** [~'kar] (1n) beurkunden; verbürgen; **~cidade** [~si'ðaðə] *f* Echtheit *f*, Glaubwürdigkeit *f*; *falta f de ~* Unechtheit *f*.
autêntico [~'tẽntiku] echt, glaubwürdig; verbürgt; *fil.* eigentlich.
auto ['autu] *m* **a)** Urkunde *f*; Auto *n* (*biblisch-allegorischer Einakter der älteren port. Lit.*); *~s pl.* Prozeßakten *f/pl.*; *~ da posse* Bestallungsurkunde *f*; *levantar ~ de* (*passar a ~*) zu Protokoll nehmen (geben) (*ac.*); **b)** *bras.* Augenblick *m*; **c)** = *automóvel*; *~ blindado* Panzerwagen *m*.
auto... [autu...] *in Zssgn su.* Selbst...; *adj.* selbst..., eigen...; **~biografia** [~βjuɣrɐ'fiɐ] *f* Selbstbiographie *f*; **~biográfico** [~βju'ɣrafiku] autobiographisch; **~bomba** [~'βõmbɐ] *f* Motorspritze *f*; **~carro** [~'kaʀu] *m* Autobus *m*; **~clave** ⊕ [~'klavə] *f* Druckkessel *m*, Autoklav *n*; **~clismo** [~'kliʒmu] *m* Wasserspülung *f*; **~cracia** [~krɐ'siɐ] *f* Autokratie *f*; **~crata** [~'kratɐ] *m* Selbstherrscher *m*, Autokrat *m*; **~crático** [~'kratiku] selbstherrlich; **~cromia** *fot.* [~kru'miɐ] *f* Farbrasterverfahren *n*.
autóctone [au'tɔktunə] **1.** *adj.* ur...; **2.** *m* Ureinwohner *m*.
auto-de-fé [autuðə'fɛ] *m* Ketzerverbrennung *f*, Autodafé *n*.
autodid|acta [~ði'ðatɐ] *m* Autodidakt *m*; **~áctico** [~atiku] autodidaktisch; Selbst...; **~axia** [~ðɐk'siɐ] *f* Selbstunterricht *m*.
autódromo [au'tɔðrumu] *m* Autorennbahn *f*.
auto|-estrada [autuiʃ'traðɐ] *f* Autostraße *f*, -bahn *f*; **~giro** ✈ [~'ʒiru] *m* Hubschrauber *m*.
autógrafo [au'tɔɣrɐfu] **1.** *adj.* eigenhändig; **2.** *m* Handschrift *f*, Autograph *m*; Autogramm *n*.
automaca [autu'makɐ] *f* Krankenauto *n*.
auto|màticamente [~ˌmatikɐ'mẽntə] von selbst; **~mático** [~'matiku] selbsttätig; automatisch; *telefone m ~* Selbstanschluß (-gerät *n*) *m*; **~matismo** [~mɐ'tiʒmu] *m* Selbsttätigkeit *f*; **~matizar** [~mɐti'zar] (1a) automatisieren.
autómato [au'tɔmɐtu] *m* Automat *m*; *fig.* willenlose(s) Werkzeug *n*.
auto|mobilismo [autumuβi'liʒmu] *m* Kraftfahrwesen *n*; Autosport *m*; **~mobilista** [~muβi'liʃtɐ] *m* Kraftfahrer *m*; **~mobilístico** [~muβi'liʃtiku] Auto...; **~motora** [~mu'torɐ] = **~motriz** *bras.* [~mu'triʃ] *f* Triebwagen *m*, Schienenbus *m*; **~móvel** [~'mɔvɛł] **1.** *m* Kraft-wagen *m*, -fahrzeug *n*, Auto(mobil) *n*; *~ de praça* Kraftdroschke *f*, Taxi *n*; **2.** *adj.* selbstbeweglich; *veículo m ~* Kraftfahrzeug *n*.
autonomia [~nu'miɐ] *f* Selbständigkeit *f*; Selbstverwaltung *f*.
autónomo [au'tɔnumu] selbständig; unabhängig; autonom.
autópsia [au'tɔpsjɐ] *f* Obduktion *f*, Leichen-öffnung *f*, -schau *f*.
autopsiar [autɔp'sjar] (1g) *Leiche* öffnen; sezieren (*a. fig.*).
autor *m*, **-a** *f* [au'tor, -a] Urheber (-in *f*) *m*; Erfinder(in *f*) *m*; Verfasser(in *f*) *m*; ⚖ Täter *m*; Kläger(in *f*) *m*.
autor|al [autu'rał]: *direitos m/pl. -ais* Autoren-, Urheber-rechte *n/pl.*; **~ia** [~iɐ] *f* Urheberschaft *f*; Täterschaft *f*; *um livro da ~ de* ein Buch von; *chamar à ~* zur Verantwortung ziehen.
autori|dade [~i'ðaðə] *f* Ansehen *n*; (Amts-)Gewalt *f*; Behörde *f*; Autorität *f*; *~ pública* öffentliche Hand *f*, Obrigkeit *f*; *fazer valer a sua ~* F ein Machtwort sprechen; **~tário** [~'tarju] selbstherrlich; überheb-

lich; autoritär; **~tarismo** [~tɐ'riʒmu] *m* autoritäre Staatsform *f*.

autoriz|ação [~rizɐ'sɐ̃u] *f* Ermächtigung *f*; Berechtigung *f*; Genehmigung *f*; Beglaubigung *f*; *sem* ~ unberechtigterweise; **~ado** [~'zaδu] maßgebend; maßgeblich; angesehen; glaubwürdig; **~ar** [~'zar] (1a) ermächtigen; berechtigen; gutheißen; beglaubigen; **~ar-se** *de* (*od. com*) sich berufen auf (*ac.*).

auto-|suficiente [autusufi'sjẽntə] selbstgenügsam; *ser* ~ Selbstversorger sn; **~sugestão** [~suʒɨʃ'tɐ̃u] *f* Selbst-betrug *m*, -täuschung *f*; **~sugestionar-se** [~suʒɨʃtju'narsə] (1f) sich selbst (*et.*) einreden; **~tipia** [~ti'piɐ] *f tip.* Rasterverfahren *n*; **~transformador** [~trɐ̃ʃfurmɐ'δor] *m* Spartransformator *m*.

aux|iliar [ausi'ljar] **1.** *v/t.* (1g) helfen (*dat.*), beistehen (*dat.*); unterstützen (*ac.*); **2.** *adj.* helfend; Hilfs...; **3.** *su.* Hilfskraft *f*; **~ílio** [au'silju] *m* Hilfe *f*, Beistand *m*; Unterstützung *f*.

aval [ɐ'vał] *m* Wechselbürgschaft *f*, Aval *m*.

avalancha, -e *gal.* [ɐvɐ'lɐ̃ʃɐ, -ə] *f* Lawine *f*.

avali|ação [ɐvɐljɐ'sɐ̃u] *f* (Ab-, Ein-) Schätzung *f*; Bewertung *f*; *Steuer*-Veranlagung *f*; **~ado** [~'ljaδu]: *estar bem* (*mal*) ~ hoch (niedrig) im Kurs stehen; **~ador** [~ɐ'δor] *m* Taxator *m*; Kenner *m*; **~ar** [~'ljar] (1g) (ab-, ein-)schätzen (*em* auf); (be)werten; veranschlagen; glauben; ~ *de* sich ein Urteil bilden über (*ac.*).

avalista ✝ [~'liʃtɐ] *m* Wechselbürge *m*.

avanç|ada [ɐvɐ̃'saδɐ] *f* Vorstoß *m*; Vormarsch *m*; **~ado** [~aδu] **1.** *adj.* vorgeschoben (*Posten*); vorgerückt (*Alter*); fortschrittlich (*Ideen*); *posto m* ~ Vorposten *m*; *estar* ~ *muitos anos em relação a alg.* j-m um viele Jahre voraus sn; **2.** *m Sport*: Stürmer *m*; ~*-centro* Mittelstürmer *m*; **~amento** [~ɐ'mẽntu] *m* = ~*o*; *Gebäude*-Vorsprung *m*; **~ar** [~ar] (1p) *v/t. Truppen* vorschieben; *Uhr* vorstellen; *Arbeit, Schüler* vorwärtsbringen; *Kopf, Geld* vorstrecken; *Behauptung* vorbringen; *v/i.* vorrücken, -dringen, -stoßen (*Truppen*); fortschreiten; vortreten; vorspringen (*Gebäudeteil*); näher (*od.* vorwärts) kommen; sich vorwagen; ~ *contra alg.* auf j-n losgehen; **~ar-se** näher treten; sich zu weit vorwagen; **~o** [ɐ'vɐ̃su] *m* Vorrücken *n*, Vormarsch *m*; Fortschritt *m*; Vorsprung *m*; *Geld*-Vorschuß *m*; Vorteil *m*; ⊕ Vorschub *m*, Voreilung *f*.

avantaj|ado [ɐvɐ̃ntɐ'ʒaδu] vorteilhaft; überlegen; begabt (*Schüler*); *de estatura -a* hochgewachsen; **~ar** [~ar] (1b) *v/t.* übertreffen; begünstigen, fördern; = **~ar-se** *a* sich hervortun vor (*dat.*); im Vorteil sn vor (*dat.*); ~ *em* sich auszeichnen in (*dat.*); zunehmen an (*dat.*).

avante [ɐ'vɐ̃ntə] vorwärts; *de ora* ~ von nun an, in Zukunft.

avar|ento [ɐvɐ'rẽntu] **1.** *adj.* geizig; **2.** *m* Geizhals *m*; **~eza** [~ezɐ] *f* Geiz *m*.

avar|ia [~'riɐ] *f* Schaden *m*; *Auto*-Panne *f*; Betriebsstörung *f*; ⚓ Seeschaden *m*, Havarie *f*; **~iar** [~'rjar] (1g) *v/t.* beschädigen; *v/i.* aussetzen; defekt w., ausfallen; e-e Panne bekommen; verderben; ⚓ e-e Havarie erleiden; *allg.* Schaden nehmen.

avaro [ɐ'varu] = *avarento*.

avassalar [ɐvɐsɐ'lar] (1b) unterwerfen; *fig.* überwältigen.

ave[1] ['avə] *f* Vogel *m*; *fig. bras.* lose(r) Vogel *m*; ~*s pl.* Geflügel *n*.

ave[2] ['ave] *int.* sei gegrüßt!

aveal [ɐ'vjał] *m* Haferfeld *n*.

aveia [ɐ'vejɐ] *f* Hafer *m*.

avel|ã [ɐvə'lɐ̃] *f* Haselnuß *f*; *cabeça f de* ~ F Hohlkopf *m*; **~anado** [~lɐ'naδu] haselnußfarben; **~eira** [~'leirɐ] *f* Haselnußstrauch *m*.

avelh|ado, ~entado [ɐvɛ'ʎaδu, ~ẽn'taδu] ältlich; **~(ent)ar** [~(ẽnt)'ar] (1a) (vor der Zeit) alt m.; *v/i.* (rasch) altern.

aveludado [ɐvəlu'δaδu] samtartig.

ave-maria [ˌavemɐ'riɐ] *f der* Englische Gruß, Ave-Maria *n*; Rosenkranzperle *f*; ~*s pl.* Abendläuten *n*.

avença [ɐ'vẽsɐ] *f* Vergleich *m*; Pauschale *n*; Ablösung *f*; *por* ~ pauschal; durch Ablösung; *estar de boas* ~*s com* gut stehen mit.

avenida [ɐvə'niδɐ] *f* Allee *f*.

avental [ɐvẽn'tał] *m* Schürze *f*; Schutzleder *n*.

aventar [~'tar] (1a) *Getreide* worfeln; (hinaus-, weg-)werfen; *Blut* vergießen; *fig.* vermuten, behaupten; *Frage* aufwerfen; *Ansicht* aussprechen; (auf-, aus-)spüren.

aventura [~'turɐ] *f* Abenteuer *n.*

aventur|ado [~tu'raðu] gefährlich; waghalsig; **~ar** [~ar] (1a) wagen; *Gedanken* auf-, vor-bringen; **~ar-se** sich vorwagen; ~ *a* sich heranwagen an (*ac.*); sich einlassen auf (*ac.*); **~eiro** [~eiru] **1.** *adj.* abenteuerlich; gefährlich; **2.** *m*, **-a** *f* Abenteurer(in *f*) *m*; **~oso** [~ozu] = *~eiro* 1. *u.* *~ado.*

averb|amento [ɐvərβɐ'mẽntu] *m* Eintragung *f*; Überschreibung *f*; **~ar** [~'bar] (1c) eintragen; überschreiben; ~ *alg. de inepto etc.* j-n unfähig *usw.* schelten.

averigu|ação [ɐvəriɣwɐ'sɐ̃u] *f* Untersuchung *f*; Feststellung *f*; **~adamente** [~ˌɣwaðɐ'mẽntə] erwiesenermaßen; **~ado** [~'ɣwaðu] erwiesen; **~ar** [~'ɣwar] (1m) untersuchen, (nach)prüfen; feststellen; ermitteln; **~ável** [~'ɣwavɛɫ] feststellbar.

avermelh|ado [ɐvərmə'ʎaðu] rötlich; **~ar** [~ar] (1d) röten.

aversão [ɐvər'sɐ̃u] *f* Abneigung *f*; Widerwille *m*; *causar* ~ *a* abstoßen (*ac.*), zuwider sn (*dat.*).

avess|as [ɐ'vɛsɐʃ]: *às* ~ verkehrt, verdreht; *sair às* ~ fehlschlagen, F schiefgehen; **~o** [~esu] **1.** *m* Kehrseite *f* (*a. fig.*), Rückseite *f*; **2.** *adj.* umgekehrt; verkehrt, falsch; widrig; böse, boshaft.

avestruz *zo.* [ɐvɨʃ'truʃ] *m* Strauß *m.*

avezar [ɐvə'zar] (1c) gewöhnen.

avezinha [~'ziɲɐ] *f* Vögelchen *n.*

aviação [ɐvjɐ'sɐ̃u] *f* Fliegerei *f*, Flugwesen *n*; ~ *civil*, ~ *comercial* Verkehrsluftfahrt *f*; ~ *militar* Luftwaffe *f*; *campo m de* ~ Flugplatz *m*; *ministério m de* ~ Luftfahrtministerium *n.*

aviado [ɐ'vjaðu] **1.** *adj.* flink; fertig, erledigt; *estar bem* ~ auf gutem Wege sn; fein heraus sn, *irón.* in der Patsche sitzen; **2.** *bras. m* Handelsagent *m.*

avia|dor [ɐvjɐ'ðor] *m* **a)** Flieger *m*; **b)** *bras.* Lieferant *m*; **~mento** [~'mẽntu] *m* Ausführung *f*; Erledigung *f*; Anfertigung *f*; Fertigstellung *f*; Antrieb *m*; Gang *m*, Fortschritt *m*; Gerät *n*; *bras.* Lieferung *f*; *~s* Zutaten *f/pl.*; *dar* ~ voranmachen (mit *a*); = *aviar*; *não dar* ~ F trödeln.

avião [ɐ'vjɐ̃u] *m* Flugzeug *n*; ~ *a jacto* Düsenflugzeug *n*; ~ *de bombardeio* Bombenflugzeug *n*, Bomber *m*; ~ *de caça* Jagd-, ~ *de carga* Last-, ~ *de combate* Kampf-, ~ *de passageiros*, ~ *de tráfico* Verkehrs-, ~ *postal* Post-flugzeug *n.*

aviar [ɐ'vjar] (1g) auf den Weg bringen; *j-n* abfertigen; *Kunden* bedienen; *Bestellung* ausführen; *Auftrag* erledigen; *Rezept* anfertigen; fertigm.; machen, daß man fertig wird; *bras. Waren* liefern; **~-se** voranmachen, sich sputen.

avicult|or [ɐvikuɫ'tor] *m* Geflügelzüchter *m*; **~ura** [~urɐ] *f* Geflügelzucht *f.*

avidez [~'ðeʃ] *f* Gier *f.*

ávido ['aviðu] gierig; lüstern.

avigorar [ɐviɣu'rar] (1e) kräftigen, stärken.

avilt|amento [ɐviɫtɐ'mẽntu] *m* Entwürdigung *f*; Herabwürdigung *f*; Verworfenheit *f*; ~ *dos preços* Preisdrückerei *f*; **~ar** [~'tar] (1a) entwürdigen; herabwürdigen; *Preis* drücken; **~ar-se** sich erniedrigen; sich wegwerfen; sinken (*Preis*).

avinagr|ado [ɐvinɐ'ɣraðu] sauer; *fig.* mürrisch; **~ar** [~ar] (1b) säuern; versauern; erbittern; **~ar-se** sauer werden.

avindo [ɐ'vĩndu]: *bem* ~ einig; *mal* ~ uneinig, uneins.

avinhado [ɐvi'ɲaðu] mit Wein vermischt; weingetränkt; Wein...; *homem m* ~ Säufer *m.*

avioneta [ɐvju'netɐ] *f* Sportflugzeug *n.*

avir [ɐ'vir] (3x) versöhnen; schlichten; **~-se** sich vertragen; sich vergleichen; sich anpassen; passen.

avis|ado [ɐvi'zaðu] klug; vorsichtig; *mal* ~ unklug; **~ador** [~zɐ'ðor] Warn..., Signal...; **~ar** [~ar] (1a) benachrichtigen, Bescheid sagen; ~ *de* aufmerksam m. auf (*ac.*); warnen vor (*dat.*); **~ar-se** bedenken; sich vorsehen (vor [*dat.*] *de*); **~o** [ɐ'vizu] *m* Nachricht *f*; Bescheid *m*; Mitteilung *f*; Wink *m*; (Ver-)Warnung *f*; ⚓ Tender *m*; Aviso *m*; *sobre* ~ gewarnt, auf der Hut; ~ *de giro* Trattenavis *n*; ~ *de multa* Strafbefehl *m*; ~ *de recepção* Empfangsbestätigung *f*; *de* ~ klug;

salvo ~ *em contrário* Widerruf vorbehalten.
avistar [ɐviʃ'tar] (1a) sichten; erblicken; **~-se** *com* zs.-kommen mit, sich treffen mit.
avitaminose ⚕ [ɐvitɐmi'nɔzə] *f* Vitaminmangel(erkrankung *f*) *m*.
avivar [~'var] (1a) beleben; *fig.* anfachen; **~-se** munter werden.
aviventar [~vẽn'tar] (1a) (wieder-) beleben; kräftigen.
avizinhar [~zi'ɲar] (1a) in die Nähe bringen, nähern; grenzen an (*ac.*).
avo ['avu] *m in Brüchen*: *três vinte-e-um* ~*s* drei Einundzwanzigstel; *fig.* Tüttelchen *n*.
avô [ɐ'vo] *m* Großvater *m*; ~*s pl.* Großeltern *pl.*
avó [ɐ'vɔ] **1.** *f* Großmutter *f*; **2.** *m* ~*s pl.* Vorfahren *m/pl.*
avoado *bras.* [a'vwaδu] leichtsinnig.
avoc|ação [ɐvukɐ'sɐ̃u] *f* Überweisung *f*; **~ar** [~'kar] (1n; *Stv.* 1e) an sich ziehen (*fig.* reißen); (an e-e höhere Instanz) überweisen.
avoengo [ɐ'vwẽŋgu] **1.** *adj.* von den Voreltern her, uralt; **2.** *m* Vorfahr *m*; ~*s pl.* Voreltern *pl.*
avolumar [ɐvulu'mar] (1a) vollpacken; vermehren; *v/i.* umfangreich sn; **~-se** anschwellen.
à-vontade [avõn'taδə] *m* Unbefangenheit *f*, Ungezwungenheit *f*.
avulso [ɐ'vulsu] los-, heraus-gerissen; lose; einzeln; Einzel…
avult|ado [ɐvuł'taδu] groß, beträchtlich; umfangreich, dick; **~ar** [~ar] (1a) *v/t.* vergrößern, vermehren; erweitern; *fig.* hervorheben, übertreiben; *v/i.* anwachsen; ~ (*sobre*) sich auszeichnen (vor [*dat.*]), übertreffen (*ac.*).
axadrezado [ɐʃɐδrə'zaδu] kariert.
axial [ɐk'sjał] Achsen…, axial.
axila [ɐk'silɐ] *f* Achselhöhle *f*.
axioma [ɐk'sjomɐ] *m* Grundsatz *m*.
azado [ɐ'zaδu] günstig; geeignet.
azáfama [ɐ'zafɐmɐ] *f* Eile *f*, Hast *f*; Hetze *f*; Hochbetrieb *m*; Gewühl *n*.
azafam|ado [ɐzɐfɐ'maδu] eilig; hastig; geschäftig, betriebsam; beschäftigt; **~ar-se** [~arsə] (1a) sich ab-arbeiten, -hetzen.
azálea ⚘ [ɐ'zaljɐ] *f* Azalie *f*, Azalee *f*.
azambujo [ɐzẽm'buʒu] *m* (wilder) Ölbaum *m*.
azar [ɐ'zar] *m* Zufall *m*; Schicksalsschlag *m*; Unglück *n*; böse(r) Stern *m*, Verhängnis *n*; F Pech *n*; *Spiel*: Unglücks-karte *f*, -zahl *f*; *ter* ~ *a* (verab)scheuen (*ac.*); *j-m* grollen; *jogo m de* ~ Hasard-, Glücks-spiel *n*; **~ado** *bras.* [~'raδu] *m* Pechvogel *m*.
azebre [ɐ'zeβrə] *m* Grünspan *m*; ⚘ Aloe *f*; P Bosheit *f*.
azeda ⚘ [ɐ'zeδɐ] *f* Sauer-ampfer *m*, -klee *m*; *sal m de* ~ Kleesalz *n*.
azed|ado [ɐzə'δaδu] säuerlich; **~ar** [~ar] (1c) säuern; *fig.* erbittern; **~ar-se** sauer w.; *fig.* gereizt (*od.* böse) w.; sich zuspitzen; **~eira** [~eirɐ] *f* Sauerampfer *m*; **~o** [ɐ'zeδu] sauer, säuerlich; *fig.* sauertöpfisch; gereizt; **~ume** [~umə] *m* Säure *f*; saure(r) Geschmack *m*; *fig.* Unfreundlichkeit *f*; Mißmut *m*.
azeit|ar [ɐzei'tar] (1a) mit Öl abschmecken; ölen; **~e** [ɐ'zeitə] *m* Olivenöl *n*; *allg.* Öl *n*; **~eira** [~'teirɐ] *f* Ölkanne *f*; **~eiro** [~eiru] *m* Ölhändler *m*; **~ona** [~onɐ] *f* Olive *f*; **~onado** [~u'naδu] grünlich; **~oneira** [~u'neirɐ] *f* Oliven-faß *n*, -glas *n*; Olivenpflückerin *f*; **~oneiro** [~u'neiru] *m* Olivenhändler *m*; Olivenpflücker *m*.
azêmola [ɐ'zemulɐ] *f* Saumtier *n*, Lasttier *n*.
azenha [ɐ'zeɲɐ] *f* Wassermühle *f*.
azeviche [ɐzə'viʃə] *m* Pechkohle *f*; *de* ~ F kohlrabenschwarz.
aze|vim *bras.* [aze'vĩ] = **~inho** [ɐzə'viɲu] *m* Stechpalme *f*.
azia ⚕ [ɐ'ziɐ] *f* Sodbrennen *n*.
aziago [ɐ'zjaɣu] unglückbringend, unheilvoll; *dia m* ~ Unglückstag *m*.
ázimo ['azimu] ungesäuert (*Brot*).
azinhaga [ɐzi'ɲaɣɐ] *f* Hohlweg *m*.
azinhavre [~'ɲavrə] *m* Grünspan *m*.
azinh|eira *f*, **-o** *m* [~'ɲeirɐ, -u] = **~o** [ɐ'ziɲu] *m* Steineiche *f*.
azo ['azu] *m* Gelegenheit *f*; Grund *m*; Vorwand *m*; *por* ~ *de* dank (*dat.*); *dar* ~ *a* ermöglichen (*ac.*); verursachen (*ac.*).
azo|ado [ɐ'zwaδu] benommen; ärgerlich; **~ar** [~ar] (1f) schwindlig m. (sn *od.* w.); (sich) ärgern.
azoinar [ɐzoi'nar] (1a) belästigen; betäuben; ~ *os ouvidos de alg.* j-m die Ohren vollhängen.
azorr|agar [ɐzuʀɐ'ɣar] (1o; *Stv.* 1b) peitschen; strafen; aufpeitschen, anstacheln; **~ague** [~'ʀaɣə] *m* Peitsche *f*; Geißel *f* (*a. fig.*); Strafe *f*.

azot|ado [ɐzuˈtaðu] stickstoffhaltig; **~e**, **~o** [ɐˈzɔtə, ~u] *m* Stickstoff *m*.
azou|gado [ɐzoˈɣaðu] quecksilberhaltig; *fig.* quecksilberig; **~gue** [ɐˈzoɣə] *m* Quecksilber *n* (*a. fig.*).
azul [ɐˈzuɫ] **1.** *adj.* blau; ~ *celeste* himmelblau; *ver-se* ~ F nicht ein noch aus wissen; *andar* (*estar*) *tudo* ~ F drunter und drüber gehen; **2.** *m* Blau *n*; **~ado** [ɐzuˈlaðu] bläulich; **~ar** [ɐzuˈlar] (1a) blau färben; *Stahl* blau anlassen; **~ar-se** *bras.* F sich dünn m.; **~-claro** [~ˈklaru] hellblau; **~ejar** [ɐzuliˈʒar] (1d) kacheln; = ~*ar*; *v/i.* blau schimmern; **~ejo** [ɐzuˈleʒu] *m* Kachel *f*, Fliese *f*; **~-escuro** [~iʃˈkuru] dunkelblau; **~-ferrete** [~fəˈʀetə] stahlblau; **~-marinho** [~mɐˈriɲu] marineblau; **~-turquesa** [~turˈkezɐ] türkisblau; **~-turqui** [~turˈki] türkisch blau.

B

B, b [be] *m* B, b *n*.
baba ['baβɐ] *f* Geifer *m*; Schleim *m*; *deitar* ~ geifern.
babaça *bras.* [ba'βasɐ] *m* Zwillings-bruder *m*, -schwester *f*; ~*s pl.* Zwillinge *pl.*
babaçu *bras.* [baβa'su] *f* Babassupalme *f*, -nuß *f*.
bab|adinho [bɐβɐ'δiɲu] erpicht (auf *de, por*); rührselig; zärtlich; = **~ado** [~'βaδu] vernarrt; **~adoiro, -ouro** [~ɐ'δoiru, -oru] *m* Lätzchen *n*; **~ão** [~'βɐ̃u] *m* Geiferer *m*; Speichellecker *m*; Dämlack *m*; (verliebter) Narr *m*; **~ar** [~'βar] (1b) (be)geifern; schäumen; **~ar-se** geifern; F sabbeln; stottern; ~ *por* F versessen sn auf (*ac.*); **~atar** *bras.* [baβa'tar] (1a) (herum)tappen.
babáu! [ba'βau] aus!; futsch!
babel [bɐ'βɛɫ] *m* (Sprach-, Stimmen-)Gewirr *n*; Lärm *m*.
bab|osa [~'βɔzɐ] *f* Aloe *f*; **~oseira, ~osice** [~βu'zeirɐ, -'zisə] *f* Unsinn *m*; Gewäsch *n*; **~oso** [~ozu] geifernd; dämlich; (närrisch) verliebt; **~ugem** [~uʒɐ̃i] *f* = *baba*; Schaum *m*; (Speise-)Reste *m/pl.*; *à* ~ *de água* an der Wasseroberfläche.
babuíno [~'βwinu] *m* Pavian *m*.
babujar [~βu'ʒar] (1a) begeifern; *fig.* lobhudeln (*dat.*); stottern.
bacalh|au [~kɐ'ʎau] *m* Klipp-, Stock-fisch *m*; *fig.* Bohnenstange *f*; ~ *fresco* Kabeljau *m*, Dorsch *m*; *ficar* (*od. dar*) *em água(s) de* ~ F schiefgehen; *meter o* ~ *em j-n* heruntermachen; **~oada** [~'ʎwaδɐ] *f* Stockfisch-gericht *n*, -essen *n*; **~oeiro** [~'ʎweiru] *m* Stockfischhändler *m*; ⚓ Kabeljaufänger *m*.
bacamarte [~kɐ'martə] *m hist.* Feuerrohr *n*; *fig.* Scharteke *f*; *bras.* Wanst *m*; Klepper *m*.
bacanal [~kɐ'naɫ] *m* wüste(s) Gelage *n*; Bacchanal *n*.
bacará [~kɐ'ra] *m* Kristall(glas) *n*; Bakkarat *n* (*Spiel*).
baceira [~'seirɐ] *f* Milzbrand *m*.
bacelo [~'selu] *m* Rebling *m*.
bacharel [~ʃɐ'rɛɫ] *m* Bakkalaureus *m*; *fig.* Schwätzer *m*.
bacharel|ar [~ʃɐrə'lar] (1c) schwätzen; **~ato** [~atu] *m* Bakkalaureat *n*.
bacia [~'siɐ] *f* Becken *n*; Schüssel *f*.
bacil|ar [~si'lar] Bazillen...; stabförmig; **~o** [~'silu] *m* Bazillus *m*.
bacio [~'siu] *m* Nachtgeschirr *n*.
baço ['basu] **1.** *m anat.* Milz *f*; Leberfleck *m*; **2.** *adj.* brünett, dunkel(-haarig, -häutig); trüb, matt.
bacorejar [~kuri'ʒar] (1d) ahnen, erwarten; nahelegen, raten; *v/i.* schwanen, scheinen.
bácoro ['bakuru] *m* Ferkel *n*.
bact|éria [bɐk'tɛrjɐ] *f* Bakterie *f*; **~ericida** [~təri'siδɐ] keimtötend.
bacteriol|ogia [~tərjulu'ʒiɐ] *f* Bakterienkunde *f*, Bakteriologie *f*; **~ogista** [~u'ʒiʃtɐ] *m* Bakteriologe *m*.
báculo ['bakulu] *m* (Bischofs-) Stab *m*.
badal|ada [bɐδɐ'laδɐ] *f* Glockenschlag *m*; **~ar** [~ar] (1b) *v/t.* schlagen; läuten; *fig.* ausplaudern; *v/i.* läuten; schwatzen; **~o** [~'δalu] *m* Glockenschwengel *m*; Klöppel *m*; *fig.* Zunge *f*; *dar ao* ~ reden, schwatzen.
badame [~'δɐmə] *m* Beitel *m*.
badameco [~δɐ'mɛku] *m fig.* Laffe *m*.
badanal [~δɐ'naɫ] *m* Durcheinander *n*.
badejo [~'δeʒu] *m* Dorsch *m*.
baderna *f bras.* F [ba'δɛrnɐ] (lustige) Bande *f*; Sumpferei *f*; Rauferei *f*; **~r** [~δɛr'nar] (1a) sumpfen.
baet|a [bɐ'etɐ] *f* (Woll-)Flanell *m*; **~ilha** [bai'tiʎɐ] *f* feine(r) (Woll-) Flanell *m*; Baumwollflanell *m*.
baf|agem [bɐ'faʒɐ̃i] *f* Hauch *m*; **~ejar** [~fə'ʒar] (1d) (an-)hauchen, (-)blasen; (-)wehen; *fig.* schmeicheln (*dat.*); beglücken; ermutigen, bestärken; **~ejo** [~'feʒu] *m* Hauch *m*, Anhauch *m*; Gunst *f*; **~iento** [~'fjẽntu] muffig; **~io** [~'fiu] *m* muffige(r) Geruch *m*; *ter* ~ muffig riechen; **~o** ['bafu] *m* Hauch *m*, Atem *m*; Ausdünstung *f*; Wärme *f*;

fig. Gunst *f*; Eingebung *f*; **~orada** [~fu'raðɐ] *f Dunst-, Rauch-*Wolke *f*; *Wind-*Stoß *m*; übelriechende(r) Atem *m*, Fahne *f*; **~orar** [~fu'rar] (1a) ausstoßen (*a. fig.*); *v/i. fig.* prahlen, großtun.

baga ['baɣɐ] *f* Beere *f*; (Schweiß-) Tropfen *m*; **~ceira** [bɐɣɐ'seirɐ] *f* Treber(schuppen) *m*; P Schnaps *m*; *bras.* Plunder *m*; Brennholzstapel *m*; Geschwätz *n*; **~ço** [bɐ'ɣasu] *m* Treber *m*, Trester *m*; Bagasse *f*; P Schnaps *m*; Moos *n* (*Geld*).

bagag|eiro [bɐɣɐ'ʒeiru] *m* Gepäckwagen *m*; Gepäckführer *m*; **~em** [~'ɣaʒɐ̃i] *f* Gepäck *n* (*despachar* aufgeben); ⚔ Train *m*; *bras.* Gesindel *n*; *depósito* (*despacho*) *m de bagagens* Gepäck-aufbewahrung (-abfertigung) *f*.

bagana *bras.* [~'ɣɐnɐ] *f Zigaretten-*Stummel *m*.

baganha [~'ɣɐɲɐ] *f* (Lein-)Samenkapsel *f*.

bagatel|a [~ɣɐ'tɛlɐ] *f* Kleinigkeit *f*, Bagatelle *f*; **~eiro** [~ɣɐtə'leiru] *m* Kleinigkeitskrämer *m*.

bag|o ['baɣu] *m* Beere *f*; P Pinke *f* (*Geld*); **~ulho** [bɐ'ɣuʎu] *m* (Trauben-)Kern *m*.

bagunça *bras.* [ba'ɣũsɐ] *f* Streit *m* (*fazer* anfangen).

baia ['bajɐ] *f* Stallbaum *m*, Box *f*.

baía [bɐ'iɐ] *f* Bai *f*, Bucht *f*.

bai|ano *bras.* [ba'jɐnu] **1.** *adj.* aus Bahia; **2.** *m*, **-a** *f* Bahianer(in *f*) *m*; **~ão** [~'jɐ̃u] *m* Bahianer *m* (*Volkstanz*).

baila ['bailɐ]: *f vir à ~* passen, gelegen (*od.* gerade recht) kommen; aufs Tapet kommen; *trazer à ~* aufs Tapet bringen.

bail|adeira [bailɐ'ðeirɐ] *f* Bajadere *f*; **~ado** [~'laðu] *m* Ballett *n*; Tanz *m*; **~ador** *m*, **-a** *f* [~ɐ'ðor, -ɐ] Tänzer(in *f*) *m*; **~ar** [~'lar] (1a) tanzen; schwanken, zittern; **~arico** [~ɐ'riku] *m* Tanzerei *f*; **~arino** *m*, **-a** *f* [~ɐ'rinu, -ɐ] (Ballett-)Tänzer(in *f*) *m*; **~e** ['bailə] *m* Ball *m*, Tanz *m*.

bailéu [bai'lɛu] *m* Gerüst *n*; ⚓ Laufplanken *f/pl*.

bainha [bɐ'iɲɐ] *f Degen-*Scheide *f*; *Rock-*Saum *m*; *Erbsen-*Schote *f*.

baio ['baju] rotbraun; (*cavalo*) *~ m* Fuchs *m*.

baioneta [bɐju'netɐ] *f* Seitengewehr *n*; Bajonett *n*.

bairr|ismo [bai'ʀiʒmu] *m* Lokalpatriotismus *m*; **~ista** [~iʃtɐ] *m* Anwohner *m e-s Stadtviertels*; Lokalpatriot *m*; **~o** ['baiʀu] *m* Stadtviertel *n*; Wohnsiedlung *f*; *~ económico* (Arbeiter- *od.* Beamten-)Siedlung *f*; *~ operário* Arbeiterviertel *n*.

baita *bras.* F ['baitɐ] pfundig.

baiuca [ba'jukɐ] *f* Kneipe *f*, Schenke *f*.

baixa ['baiʃɐ] *f* (Preis-)Rückgang *m*; *Börsen-*Baisse *f*; *Boden-*Senke *f*; *Meeres-*Untiefe *f*; Niedergang *m*; Verfall *m*; Einlieferung *f ins Hospital*; ⚔ Entlassung *f aus d. Dienst*; Krankenurlaub *m*; Verlust *m in e-r Schlacht*; *a ~ dos preços* (*salários*) die niedrigen Preise (Löhne); *a ~ do açúcar* der niedrige Zuckerpreis; *dar ~ Namen* streichen; ⚔ *a.* abmustern; = *ter ~* eingeliefert (*od.* beurlaubt) w.; = *sofrer ~* (im Wert) sinken; *jogar na ~* auf Baisse spekulieren.

baix|ada [bai'ʃaðɐ] *f bras.* Niederung *f*; *Antennen-*Ableitung *f*; ⚡ *~ de ligação* Zuleitungsdraht *m*; **~a-mar** [~ʃɐ'mar] *f* Ebbe *f*; **~ar** [~ar] (1a) *v/t.* senken; herunternehmen; herunter-, hinunter-bringen, -geben, -klappen, -lassen; *Preise* abbauen; *Zinsfuß* herabsetzen; *Verordnung* erlassen; *v/i.* sinken, sich senken; fallen (*Preise usw.*); abfallen (*Gelände*); ✈ niedergehen; **~ar-se** sich bücken; *fig.* sich erniedrigen.

baixel [~'ʃɛɫ] *m* Schiff *n*, Boot *n*; **~a** [~'ʃɛlɐ] *f* Geschirr *n*.

baix|eza [~'ʃezɐ] *f* Niedrigkeit *f*; Niedertracht *f*; Erbärmlichkeit *f*; **~inho** [~iɲu] leise, heimlich; **~io** [~iu] *m* Sandbank *f*, Untiefe *f*; *fig.* Klippe *f*; **~ista** [~iʃtɐ] *m* Baissier *m*; **~o** ['baiʃu] **1.** *adj.* niedrig (*a. fig.*); klein (*Mensch*); seicht (*Fluß*); billig (*Ware*), niedergeschlagen (*Augen*); gesenkt (*Kopf usw.*); leise (*Stimme*); tief (*Ton*); *fig.* gemein; platt (*Stil*); *parte f -a* (*od.* de *~*) untere(r) Teil *m*; **2.** *m* Baß(-stimme *f*, -saite *f*) *m*; Sandbank *f*; Niederung *f*; untere(r) Teil *m*; *~s pl.* Unter-wäsche *f*, -kleider *n/pl.*; *os ~s da casa* das Erdgeschoß; **3.** *adv.* leise; tief, niedrig; *em ~* unten; *em* (*por*) *~ de* unter (*ac. u. dat.*); *estar em ~* herunter sn;

niedergeschlagen sn; *de* ~*s. debaixo*; **~o-alemão** [ˌbaiʃwɐlə'mɐ̃u] *m* Nieder-, Platt-deutsch *n*; **~o-relevo** [ˌbaiʃuʀə'levu] *m* Bas-, Flach-relief *n*; **~ote** [~ɔtə] untersetzt.

bajouj|ar [bɐʒo'ʒar] (1a) schmeicheln (*dat.*); **~ice** [~isə] *f* Kriecherei *f*; alberne(s) Getue *n*; **~o** [~'ʒoʒu] kriecherisch; albern.

bajul|ação [~ʒulɐ'sɐ̃u] *f* Lobhudelei *f*; **~ador** [~ɐ'ðor] *m* Speichellecker *m*; **~ar** [~'lar] (1a) lobhudeln (*dat.*), umschmeicheln.

bala ['balɐ] *f* Kugel *f*, Geschoß *n*; ✝ Ballen *m* (*Papier*); *bras.* Bonbon *n*; *como uma* ~ F wie aus der Pistole geschossen.

balada [bɐ'laðɐ] *f* Ballade *f*.

balai|eiro [~lɐ'jeiru] *m bras.* Brotausträger *m*; Gemüse-, Obsthändler *m*; **~o** [~'laju] *m runder* Korb *m*; *bras.* Mundvorrat *m*; Balaio *m* (*Tanz*).

balança [~'lɐ̃sɐ] *f* Waage *f*; *fig.* Gleichgewicht *n*; ~ *comercial* (*de pagamentos*) Handels- (Zahlungs-) bilanz *f e-s Landes*; ~ *de plataforma* Brücken-, ~ *de travessão* Balken-, ~ *para vagões* Gleis-, ~ *Roberval* Tafel-, ~ *romana* Schnell-waage *f*.

balan|çar [~lɐ̃'sar] (1p) abwägen; (aus)balancieren; ausgleichen; bilanzieren; anstoßen, schaukeln; *v/i.* schwanken (*a. fig.*); ⚓ schlingern; **~cear** [~'sjar] (1l) = *~çar*; **~ceiro** [~'seiru] *m* ⊕ Gangregler *m*; Ausgleich-, Schwing-hebel *m*; Pendel *n*; Unruh *f* (*Uhr*); **~cete** [~'setə] *m* Teil-, Zwischen-bilanz *f*; **~cim** [~'sĩ] *m* Ortscheit *n an Wagen*; = *~ceiro*; **~ço** [~'lɐ̃su] *m* Pendel- (*od.* ⚓ Schlinger-)bewegung *f*; Schlingern *n*; Schaukeln *n*; Stoß *m*, Erschütterung *f* (*a. fig.*); *Sport*: Anlauf *m*; ✝ Bilanz *f*; Abschluß *m*; *dar* ~ *a* die Bilanz ... (*gen.*) ziehen; berechnen (*ac.*); *em* ~ in der Schwebe.

balandra [~'lɐ̃drɐ] *f* Kutter *m*.

balão [~'lɐ̃u] *m* (Luft-)Ballon *m*; ⚗ Kolben *m*; Fußball *m*; *bras. Kohlen*-Meiler *m*; *fig.* Ente *f*; (*saia f*) ~ Reifrock *m*; ~ *cativo* Fesselballon *m*.

balar [~'lar] (1b) blöken.

balastro [~'laʃtru] *m* Schotter *m*.

balaustrada [~lauʃ'traðɐ] *f* Geländer *n*; Balustrade *f*.

balaústre [~lɐ'uʃtrə] *m* Geländersäule *f*.

balb|uciante [bałbu'sjɐ̃ntə] stammelnd; = *gago*; **~uciar** [~u'sjar] (1g) stammeln, stottern; **~úcie** [~'busjə] *f* Gestammel *n*; **~uciente** [~u'sjẽntə] = *~uciante*.

balbúrdia [~'burðjɐ] *f* Wirrwarr *m*; Lärm *m*.

balça ['bałsɐ] *f* Gestrüpp *n*; Hecke *f*; Stroh-geflecht *n*, -umhüllung *f*.

balcânico [bał'kɐniku] Balkan...

balcão [~'kɐ̃u] *m* Balkon *m*; *tea. a.* Rang *m*; ✝ Theke *f*, Ladentisch *m*; *empregado m de* ~ Verkäufer *m*.

balda ['bałdɐ] *f* Fehler *m*; Schwäche *f*; *Spiel*: Fehlfarbe *f*; **~do** [bał'daðu] vergeblich.

baldaquim, -ino [~dɐ'kĩ, -inu] *m* Baldachin *m*.

baldar [~'dar] (1a) vereiteln, zunichte m.; vergeuden; vergeblich versuchen; **~-se** scheitern; *Spiel*: sich abwerfen.

balde ['bałdə] *m* (Wasser-)Eimer *m*; *de* ~ *s. debalde*; **~ar** [~'djar] (1l) umgießen; von Hand zu Hand gehen l.; *Waren, Gepäck* umladen; *Reisende* umsteigen l.; (um)stürzen; hin und her schütteln *od.* werfen; abspülen, waschen.

bald|io [bał'diu] **1.** *adj.* unbebaut; vergeblich, unnütz; *terra f -a* = **2.** *m* Ödland *n*; **~o** ['bałdu] vergeblich; arm (*de* an [*dat.*]); *estar* ~ nicht bedienen können.

baldroc|a [~'drɔkɐ] *f* Schwindel *m*; *fazer trocas e* ~*s* schachern; schwindeln; *fazer* ~*s com* = **~ar** [~dru'kar] (1n; *Stv.* 1e) schachern mit; an-, be-schwindeln.

balear *bras.* [ba'ljar] (1l) schießen auf (*ac.*); treffen, verletzen.

baleeir|a [bɐ'ljeirɐ] *f* Walfischboot *n*; **~o** [~u] *m* Walfischfänger *m*.

baleia [bɐ'leiɐ] *f* Wal(fisch) *m*.

balela [~'lɛlɐ] *f* Ente *f*; Schwindel *m*.

balha ['baʎɐ] *f* = *baila*.

balido [bɐ'liðu] *m* Blöken *n*.

balir [bɐ'lir] (3b) blöken.

baliz|a [~'lizɐ] *f* (Anker-, Leucht-) Boje *f*; Spiere *f*; Bake *f*; (Grenz-) Pfahl *m*, Landmarke *f*; *fig.* Grundsatz *m*; **~ar** [~li'zar] (1a) (ab-)backen; abstecken; ab-, be-grenzen.

balne|ar [bał'njar] *adj.* Bade...; **~ário** [~arju] *m* Badeanstalt *f*; Badeort *m*.

balofo [bɐ'lofu] (auf)gedunsen; locker (*Brot*); aufgeblasen (*a. fig.*).
baloiç-, balouç|ar [~loi's-, ~lo'sar] (1p) schaukeln; anstoßen; schütteln; *v/i.* (sich) schaukeln; **~o** [~'loisu, ~'losu] *m* Schaukel *f*; Schaukeln *n*; Stoß *m*.
balote [~'lɔtə] *m* (Kleinkaliber-) Kugel *f*; ⚕ Ballen *m*.
balouç... *s.* **baloiç...**
balroa [bał'ʀoɐ] *f* Enterhaken *m*.
balsa ['bałsɐ] *f* Fähre *f*; *vin.* Trester *m*, Hefe *f*; Bottich *m*, Kufe *f*; ~ *pneumática* Schlauchboot *n*; = *balça*.
balsâmico [bał'sɐmiku] balsamisch.
bálsamo ['bałsɐmu] *m* Balsam *m*.
balseiro [bał'seiru] *m* **a**) Floßführer *m*; **b**) Mostbottich *m*.
báltico ['bałtiku] baltisch; Ostsee...
baluarte [bɐ'lwartə] *m* Bollwerk *n*.
bamb|a *bras.* ['bɐ̃mbɐ] **a**) *f* = *bambúrrio*; **b**) *adj.* streitsüchtig; beschlagen; **c**) = **bambá** *bras.* [bɐ̃m'ba] *m* Bamba *m* (*Tanz*); Bamba *n* (*Kartenspiel*); Rauferei *f*.
bamba|lear [bɐ̃mbɐ'ljar] (1l) = *bombolear*; **~lhão** [~'ʎɐ̃u] schlapp; **~lhona** [~'ʎonɐ] *f* Schlampe *f*.
bamb|ar [bɐ̃m'bar] (1a) = **~ear** [~ar] (1l) abspannen; schwächen; *v/i.* = *bambolear*; **~o** ['bɐ̃mbu] schlaff, locker; schlapp; schwankend; *corda -a s. corda*.
bambol|ear [~bu'ljar] (1l) baumeln, schlottern; schwanken, wanken; (sich) schaukeln, sich wiegen; **~eio** [~'leju] *m* Schwanken *n*; Schaukeln *n*; wiegende Bewegung *f*; **~ina** [~'linɐ] *f tea.* Soffitte *f*, Bühnenhimmel *m*.
bambu [~'bu] *m* Bambus(rohr *n*) *m*.
bamb|úrrio F [~'buʀju] *m* Zufallstreffer *m*; glücklicher Zufall *m*; **~urrista** [~bu'ʀiʃtɐ] *m* Glückspilz *m*; **~urro** [~uʀu] *m* Gestrüpp *n*.
banal [bɐ'nał] alltäglich, abgedroschen, platt; **~idade** [~nɐli'ðaðə] *f* abgedroschene(s) Zeug *n*; Plattheit *f*, Banalität *f*; **~izar** [~nɐli'zar] (1a) abnalisieren.
banana [bɐ'nɐnɐ] **1.** *f* Banane *f*; **2.** *m* Schwächling *m*, Dummkopf *m*.
banan|al [bɐnɐ'nał] *m* Bananenpflanzung *f*; **~eira** [~eirɐ] *f* Bananenstaude *f*.
banazola [~'zɔlɐ] *su.* = *banana* 2.
banca ['bɐ̃ŋkɐ] *f* Tisch *m*; Schreibpult *n*; Spülstein *m* (*Küche*); Büro *n e-s Rechtsanwalts*; *Spiel-*, *Hobel-*Bank *f*; (Prüfungs-)Ausschuß *m*; ~ *de jornais bras.* Zeitungsstand *m*; *jogo m da* ~ Glücksspiel *n*; *abafar a* ~ die Bank sprengen; *fig.* den Vogel abschießen; auffallen; *abrir* (*od.* *pôr*) ~ sich als Rechtsanwalt niederlassen.
banc|ada [bɐ̃ŋ'kaðɐ] *f* Bank(reihe) *f*; Tribüne(n) *f*(*pl.*); *pol.* Fraktion *f*; **~ário** [~arju] **1.** *adj.* Bank...; **2.** *m* Bankbeamte(r) *m*; **~arrota** [~ɐ'ʀɔtɐ] *f* Bankrott *m*; **~arroteiro** [~ɐʀu'teiru] *m* Bankrotteur *m*; **~o** ['bɐ̃ŋku] *m* Bank *f*; Hocker *m*; Ruderbank *f*; Werk-, Laden-tisch *m*; ⚓ Untiefe *f*, Sandbank *f*; *geol.* Schicht *f*; ⚕ Bank *f*; ~ *de carpinteiro* Hobelbank *f*; ~ *de hospital* Poliklinik *f*; ~ *de piano* Klavierstuhl *m*; ~ *corrediço* Rollsitz *m*.
banda ['bɐ̃ndɐ] *f* Seite *f*; Ufer *n*; *Besatz-*Streifen *m*, Einfassung *f*; *Offiziers-*Koppel *n*; Binde *f*; Schärpe *f*; Schar *f*; Partei *f*; ⚓ Breitseite *f*; ⛉ Schrägbalken *m*; ♪ (Musik-)Kapelle *f*; *mandar à outra* ~ wegschicken, hinauswerfen; *ficar de cara à* ~ verblüfft sn; *pôr à* (*od.* *de*) ~ beiseite legen; aufgeben; abschaffen; *de* ~ *a* ~ durch und durch; **~da** [bɐ̃n'daðɐ] *f Vogel-*Schwarm *m*; **~gem** [bɐ̃n'daʒɐ̃i] *f* Bandage *f*.
bandalh|eira, ~ice [bɐ̃ndɐ'ʎeirɐ, ~isə] *f* Lumperei *f*; **~o** [~'daʎu] *m* Lumpen *m*; *fig.* Lump *m*.
bandar|ilha *taur.* [~dɐ'riʎɐ] *f* Banderilla *f*; **~ilhar** [~dɐri'ʎar] (1a) *dem Stier* Banderillas aufsetzen; **~ilheiro** [~ri'ʎeiru] *m* Banderillero *m*.
bandear [~'djar] (1l) zs.-scharen; *v/i. fig.* umfallen; **~se** *com* sich scharen um; sich zs.-tun mit; auf *j-s* Seite treten.
bandeir|a [~'deirɐ] *f National-*Flagge *f*; Fahne *f*; Banner *n*; ⚔ Fähnlein *n*; *Licht-*Reflektor *m*; Oberlicht *n an Tür und Fenster*; *Turm-*Wetterfahne *f*; *Mais-*Rispe *f*; Freizeichen *n am Taxameter*; *bras. hist.* „Bandeira" *f* (*Expedition ins Landesinnere*); *bras. m* = *~ista*; **~ada** [~dei'raðɐ] *f* Grundgebühr *f e-s Taxis*; **~ante** [~dei'rɐ̃ntə] *m* „Bandeirante" *m* (*Expeditionsmitglied*); = *paulistano*; **~inha** [~dei-

'riɲɐ] *m bras. Sport*: Linienrichter *m*; *fig.* Wetterfahne *f*; **~ista** *bras.* [~dei'riʃtɐ] *m* Streckenwärter *m*; **~o** [~'deiru] *m* parteigebunden; parteiisch; wetterwendisch; **~ola** [~dei'rɔlɐ] *f* Wimpel *m*; Signalfähnchen *n*.

bandeja [~'deʒɐ] *f* Tablett *n*; *Getreide*-Wedel *m*; ⚓ Eßgeschirr *n*.

bandi|do [~'diðu] *m* Bandit *m*; **~tismo** [~di'tiʒmu] *m* Banditenstreich *m*; Räuberunwesen *n*.

bando ['bẽndu] *m* Bande *f*; *Vogel*-Schwarm *m*; *Wolfs*-Rudel *n*; Partei *f*; (*Reklame*-)Trupp *m*; Bekanntmachung *f*; *tomar ~ por* Partei ergreifen.

bandola [bẽn'dɔlɐ] *f* ♪ Bandola *f*; *~s pl.* ⚓ Notsegel *n/pl.*

bandoleir|a [~du'leirɐ] *f* Schulterriemen *m*; **~o** [~u] *m* Straßenräuber *m*, Bandit *m*.

bandolim ♪ [~du'lĩ] *m* Mandoline *f*.

bandónio ♪ [~'dɔnju] *m* Bandonium *n*.

bandulho F [~'duʎu] *m* Wanst *m*; Gekröse *n*.

bangaló [bẽŋgɐ'lɔ] *m* Bungalow *m*.

bangüê *bras.* [bẽŋ'gwe] *m* Traggestell *n*, -stange *f*; Bahre *f*; Sänfte *f*.

banha ['bɐɲɐ] *f* Schmalz *n*.

banh|ar [bɐ'ɲar] (1a) baden; *in Wasser* tauchen, schwemmen; ab-, über-spülen; be-, um-spülen (*Fluß, Meer*); bescheinen (*Sonne*); übermalen; *mit Zuckerguß* überziehen; **~ar-se** *em* baden (*od. fig.* schwimmen) in (*dat.*); **~eira** [~eirɐ] *f* Badewanne *f*; Badefrau *f*; **~eiro** [~eiru] *m* Bademeister *m*; *bras* Badezimmer *n*; **~ista** [~iʃtɐ] *m* Badegast *m*; **~o** ['bɐɲu] *m* **a**) Bad *n*; *~s pl.* Heilbäder *n/pl.*; *ir a ~s* ins Bad reisen; *tomar ~* baden, ein Bad nehmen; **b**) Bagno *n*, Strafgefängnis *n*; **c**) *~s pl.* Heiratsaufgebot *n*; *publicar os ~s* sich aufbieten l.; *correr ~s* aufgeboten w.; **~o-maria** [~umɐ'riɐ] *m* Wasserbad *n*.

banir [bɐ'nir] (3a) verbannen; ausweisen.

banqu|eiro [bẽŋ'keiru] *m* Bankier *m*; Bankhalter *m*; **~eta** [~etɐ] *f* Bänkchen *n*, Schemel *m*; (Graben-)Stufe *f*; ⚔ Wehrgang *m*; Kerzenaufsatz *m am Altar*; **~ete** [~etə] *m* Bankett *n*; **~etear** [~kə'tjar] (1l): *~ alg.* j-m (*od.* zu j-s Ehren) ein Bankett geben; **~etear-se** prassen; **~inho** [~iɲu] *m* Hocker *m*; (Fuß-)Schemel *m*.

banz|ar [bẽ'zar] (1a) verblüffen; *v/i.* sprachlos (*od.* außer sich) sn; wogen (*Meer*); **~eiro** [~eiru] leicht bewegt (*Meer*); ruhig; **~o** ['bẽzu] **1.** *m* Heimweh *n*, unbestimmte(s) Sehnen *n*; **2.** *adj. bras.* traurig, niedergeschlagen.

banzos ['bẽzuʃ] *m/pl.* Schenkel *m/pl.* (*Leiter*); Seitenhölzer *n/pl.* (*Säge usw.*); Tragstangen *f/pl.*

bapti|smal [batiʒ'mał] Tauf...; **~smo** [~'tiʒmu] *m* Taufe *f*; **~sta** [~'tiʃtɐ] *m* Täufer *m*; Baptist *m*; **~stério** [~tiʃ'tɛrju] *m* Taufkapelle *f*; **~zado** [~'zaðu] *m* Kindtaufe *f*; Täufling *m*; **~zar** [~'zar] (1a) taufen.

baque ['bakə] *m* (dumpfer) Knall *m*; Aufprall *m*; Fall *m*, Sturz *m*; (Vor-)Ahnung *f*; **~ar** [bɐ'kjar] (1l) an-, auf-prallen; fallen (*a.* ⚔), stürzen.

baquelita [bɐkə'litɐ] *f* Bakelit *n*.

baquet|a [bɐ'ketɐ] *f* Trommelschlegel *m*; **~ear** [~kə'tjar] (1l) trommeln.

bar [bar] *m* Bar *f*.

baraço [bɐ'rasu] *m* Strick *m*, Strang *m*.

barafunda [bɐrɐ'fũndɐ] *f* Gedränge *n*; Lärm *m*; Wirrwarr *m*.

barafustar [~fuʃ'tar] (1a) (herum-, sich ab-)zappeln; sich mit Händen und Füßen wehren; schimpfen.

baralha [bɐ'raʎɐ] *f* Stock *m* (*Kartenspiel*); Lärm *m*; Zank *m*; Durcheinander *n*; Quertreibereien *f/pl.*; *meter alg. na ~* querschießen.

baralh|ado [~rɐ'ʎaðu] verworren; **~ar** [~ar] (1b) *Karten* mischen; durch-ea.-bringen; -werfen; *v/i.* sich zanken; **~o** [~'raʎu] *m* Spiel *n* Karten; *cortar o ~* abheben.

bar|ão [~'rẽu] *m* Baron *m*, Freiherr *m*.

barata [~'ratɐ] *f* **a**) Küchenschabe *f*, Kakerlak *m*; *irón.* Chausseefloh *m* (*Auto*); **b**) *gal.* Butterfaß *n*.

barat|aria [~rɐtɐ'riɐ] *f* Baratthandel *m*; ⚓ Baratterie *f*; *fig.* Schwindel *m*; **~eamento** [~tjɐ'mẽntu] *m* Verbilligung *f*; **~ear** [~'tjar] (1l) (sich) verbilligen; verschleudern; feilschen um; *fig.* verächtlich (*od.* herunter-)m.; **~eiro** [~'teiru] **1.** *adj.* Schleuder...; = **~o**;

2. *m* F Billigmacher *m*; F Nassauer *m*; **~eza** [~'tezɐ] *f* Wohlfeilheit *f*; **~o** [~'ratu] **1.** *adj.* billig, wohlfeil; leicht; **2.** *m* Gewinnanteil *m im Spiel*; Gefallen *m*, Zugeständnis *n*; Vorteil *m*; *dar de ~* zubilligen, gern zugeben; *fazer bom ~ de Ware* losschlagen; nicht beachten; abschaffen (*ac.*); *pôr a vida a ~* sein Leben aufs Spiel setzen.

barba ['barbɐ] *f* **a)** Bart *m*; Kinn *n*; *Getreide*-Granne *f*; *~ a ~* Auge in Auge; *~ cerrada* Vollbart *m*; *dar água pela ~ a alg.* j-m zu schaffen m.; *fazer a ~ a alg.* j-n rasieren; F j-n einseifen; *rir-se na ~* sich ins Fäustchen lachen; *ter a ~ tesa* e-n Dickkopf h.; **b)** *~s pl.* Bart *m*; Barthaare *n/pl.*; (Walfisch-)Barten *f/pl.*; *Feder*-Fahne *f*; (Wurzel-)Fasern *f/pl.*; ⊕ Zacken *f/pl.*; *nas ~s de alg.* j-m ins Gesicht hinein; *ter ~s* F e-n Bart haben.

barb|aças [bɐr'basɐʃ] *m* bärtige(r) Geselle *m*; Graubart *m*; **~açudo, ~ado** [~bɐ'suðu, ~'baðu] bärtig; **~alho** [~'baʎu] *m* Haar-, Faserwurzel *f*.

barbante [~'bɐ̃ntə] *m* Bindfaden *m*.

barbar|ia [~bɐ'riɐ] *f* Barbarei *f*; Roheit *f*; **~idade** [~ri'ðaðə] *f* Barbarei *f*; Ungeheuerlichkeit *f*; Unmenge *f*; *que ~!* so ein Unsinn!

barbárie [~'barjə] *f* = *barbaria*.

barbar|ismo [~bɐ'riʒmu] *m* Sprachwidrigkeit *f*, -roheit *f*; Barbarei *f*; **~izar** [~ri'zar] (1a) *v/i.* unrichtig sprechen; *v/t. Sprache* verschandeln; = **~izar-se** verrohen.

bárbaro ['barbɐru] **1.** *adj.* barbarisch; grausam, wild, roh; sprachwidrig; **2.** *m* Barbar *m*.

barbatana [bɐrbɐ'tɐnɐ] *f* Flosse *f*.

barbe|ar [bɐr'bjar] (1l) rasieren; **~aria** [~bjɐ'riɐ] *f* (Herren-)Frisörgeschäft *n*, † Barbierstube *f*.

barbeiro [~'beiru] *m* (Herren-) Frisör *m*, † Barbier *m*; *prov.* Bader *m*.

barbela [~'bɛlɐ] *f* Wamme *f*; P Doppelkinn *n*; Kinnkette *f* (*Pferd*); Widerhaken *m* (*Häkelnadel*).

barbi|cacho [~bi'kaʃu] *m* Halfter *n*, Kappzaum *m*; Sturm-band *n*, -riemen *m*; *fig.* Hindernis *n*; **~lhão** [~'ʎɐ̃u] *m* Bartfaden *m* (*Fisch*); Kehllappen *m* (*Hahn*); **~lho** [~'biʎu] *m* Maulkorb *m*; Flockseide *f*.

barbo ['barbu] *m* Barbe *f* (*Fisch*).

barbudo [bɐr'buðu] bärtig.

barca ['barkɐ] *f* Barke *f*, Kahn *m*; † Bark *f*; *~ (de passagem)* Fähre *f*.

barca|ça [bɐr'kasɐ] *f* Barkasse *f*; Leichter *m*; **~da** [~ðɐ] *f* Bootsladung *f*; **~gem** [~ʒɐ̃i] *f* Fährgeld *n*; **~rola** [~kɐ'rɔlɐ] *f* Gondellied *n*.

barco ['barku] *m* Schiff *n*; Boot *n*; *~ desmontável* Faltboot *n*.

bard|a ['bardɐ] *f* (Dornen-)Hecke *f*; (Bretter-)Zaun *m*; Stützbalken *m*; *fig.* Stapel *m*, Schicht *f*; *em ~* in Masse, in (*od.* die) Menge; **~ana** ⚘ [bɐr'dɐnɐ] *f* Klette *f*; **~ar** [bɐr'dar] (1b) ein-, um-zäunen; **~o** [~u] *m* **a)** = *~a*; **b)** Barde *m*.

barganh|a [bɐr'gɐɲɐ] *f* Tausch *m*; Kuhhandel *m*, Schacher *m*; **~ar** [~'ɲar] (1a) tauschen; verschachern.

bargante [~'gɐ̃ntə] *m* Schuft *m*.

barítono [bɐ'ritunu] *m* Bariton *m*.

barlavent|ear ⚓ [~lɐvẽn'tjar] (1l) lavieren; **~ejar** [~tɨ'ʒar] (1d) vor dem Winde segeln; **~o** [~lɐ'vẽntu] *m* Luv *f*.

barómetro [bɐ'rɔmətru] *m* Barometer *n*.

baron|esa [~ru'nezɐ] *f* Baronin *f*, Freifrau *f*; **~ia** [~iɐ] *f* Freiherrenwürde *f*; Freiherrschaft *f*.

barqu|eiro [bɐr'keiru] *m* Schiffer *m*; Fährmann *m*; **~ilha** [~iʎɐ] *f* Log *n*; **~ilheiro** [~ki'ʎeiru] *m* Waffelverkäufer *m*; **~ilho** [~iʎu] *m* Hohlwaffel *f*; **~inha** [~iɲɐ] *f* Ballonkorb *m*, Gondel *f*; = *~ilha*; **~inho** [~iɲu] *m* (kleines) Boot *n*.

barra ['baʀɐ] *f* Barre *f*; Hafeneinfahrt *f*; Mole *f*; *Eisen*-Stange *f*; *Gold*-Barren *m*; Hebebaum *m*; Holm *m*; Stoß *m im Frauenrock*; Einfassung *f*, Besatz *m*; *Farb*-Streifen *m*; ♪ Taktstrich *m*; ▨ Querbalken *m*; *~ do tribunal* Zeugenstand *m*; *~ do leme* Ruderpinne *f*; *~ fixa* Reck *n*; *~s pl. paralelas* Barren *m*.

barrac|a [bɐ'ʀakɐ] *f* Baracke *f*; (Bade-)Zelt *n*; Kiosk *m*; *Markt*-Bude *f*; **~ão** [~ʀɐ'kɐ̃u] *m* Schuppen *m*; *bras.* Kaufladen *m*.

barrado [~'ʀaðu] gestreift.

barragem [~'ʀaʒɐ̃i] *f* Sperre *f*; Absperrung *f*; Staudamm *m*; Talsperre *f*; *fogo m de ~* ⚔ Sperrfeuer *n*.

barranc|a *bras.* [~'ʀɐ̃ŋkɐ] *f* = **~o** [~u] *m* Schlucht *f*; Klamm *f*; Steilhang *m*; Böschung *f*; **~oso** [~ʀɐ̃ŋ-

ˈkozu] aufgerissen, zerrissen (*Gelände*); *fig.* schwierig.

barraqueiro [~ʀɐˈkeiru] *m* Budenbesitzer *m*; *Strand*: Bademeister *m*.

barrar [~ˈʀar] (1b) versperren; (be-)hindern; *mit Lehm* verkitten; *Wand* verputzen; *Brot* (be)streichen.

barreir|a [~ˈʀeirɐ] *f* **a)** Schranke *f*; Sperre *f*; Barriere *f*; ~*s pl.* Stadtgrenze *f*; Schutzwand *f od.* Sperrsitzreihe *f* (*im Stierzirkus*); *corrida f de* ~*s* Hindernisrennen *n*, Hürdenlauf *m*; **b)** = **~o** [~u] *m* Tongrube *f*.

barrel|a [~ˈʀɛlɐ] *f* Lauge *f*; Wäsche *f*; **~eiro** [~ʀəˈleiru] *m* Laugenasche *f*.

barrento [~ˈʀẽntu] lehmig; Ton...

barret|e [~ˈʀetə] *m* Mütze *f*; Barett *n*; *zo.* Netzmagen *m*; **~ina** [~ʀəˈtinɐ] *f* Tschako *m*; Käppi *n*.

barric|a [~ˈʀikɐ] *f* Tonne *f*; Faß *n*; **~ada** [~ʀiˈkaðɐ] *f* Barrikade *f*.

barriga [~ˈʀiɣɐ] *f* Bauch *m*; Ausbauchung *f*; ~ *da perna* Wade *f*; *fazer* ~ sich bauchen, sich werfen.

barrig|ão F [~ʀiˈɣɐ̃u] *m* Schmerbauch *m*; **~uda** *bras.* [~uðɐ] **1.** *f* ⚘ Wollbaum *m*; **2.** *adj.* schwanger; **~udo** [~uðu] **1.** *adj.* dickbäuchig; **2.** *m* Fettwanst *m*.

barril [~ˈʀiɫ] *m* Fäßchen *n*; **~ete** [~ʀiˈletə] *m* Zwinge *f*; Tönnchen *n*.

barrista [~ˈʀiʃtɐ] *m* **a)** Reck-turner *m*, -künstler *m*; **b)** Tonbildner *m*.

barro [ˈbaʀu] *m* Lehm *m*; Ton *m*, Töpfererde *f*; ~*s pl.* ⚕ Finnen *f/pl.*; ~ *vidrado* Steingut *n*.

barroc|a [bɐˈʀɔkɐ] *f* Schlucht *f*; Höhle *f*; *Erd*-Loch *n*; **~o** [~ˈʀoku] **1.** *adj.* barock; **2.** *m* a) Einsiedlerfels *m*; = ~*a*; b) Barock *n*.

barroso [~ˈʀozu] lehmig; tonhaltig, Ton...; ⚕ finnig.

barrote [~ˈʀɔtə] *m* Sparren *m*; Querholz *n*, -träger *m*; Ausleger *m*.

barulh|ada, ~eira [~ruˈʎaðɐ, ~eirɐ] *f* Krach *m*; Radau *m*; Wirrwarr *m*; *há grande* ~ es geht laut zu (*od.* hoch her); **~ento** [~ẽntu] laut; lärmend; **~o** [~ˈruʎu] *m* Lärm *m*, Krach *m*; Geräusch *n*; Durcheinander *n*; *fazer* ~ lärmen; *fig.* Lärm schlagen.

bas|áltico [bɐˈzaɫtiku] basalten, Basalt...; **~alto** [~aɫtu] *m* Basalt *m*.

basbaque [bɐʒˈβakə] *m* Maulaffe *m*.

báscula [ˈbaʃkulɐ] *f* Dezimalwaage *f*; *carrinho m de* ~ Kippwagen *m*.

bascul|ador [bɐʃkulɐˈðor] *m* Kipper *m*; **~ante** [~ˈlẽntə] kipp-, umlegbar; Kipp...

basculh... *s. vasculh...*

base [ˈbazə] *f* Grund-lage *f*, -fläche *f*; Unterbau *m*, Fundament *n*; Basis *f*; *Zahn*-Wurzel *f*; *Lager*-Bock *m*; △ Sockel *m*; (Säulen-)Fuß *m*; Ꭿ Grund-linie *f*, -zahl *f*; ⚗ Base *f*; *farm.* Hauptbestandteil *m e-r Arznei*; ⚔ Stützpunkt *m*; *na* ~ *de* unter Zugrundelegung (*od.* auf Grund) von; *não ter* ~ unbegründet sn; = *ficar sem* ~ der Grundlage entbehren; *formação f de* ~ Grund(aus)bildung *f*, Bildungsgrundlage *f*; *indústria* (*fábrica*) *f de* ~ (Werk *n* der) Schlüsselindustrie *f*.

base|amento [bɐzjɐˈmẽntu] *m* (Gebäude-)Sockel *m*; **~ar** [~ˈzjar] (1l): ~ *em* gründen, stellen, aufbauen auf (*ac.*); stützen auf (*ac.*); begründen mit; **~ar-se** *em* sich berufen auf (*ac.*); beruhen auf (*dat.*).

básico [ˈbaziku] grundlegend; Grund...; ⚗ basisch.

basílica [bɐˈzilikɐ] *f* Hauptkirche *f*; Basilika *f*.

basquetebol [ˌbaʃkətəˈβɔɫ] *m* Korbball *m*.

basta [ˈbaʃtɐ] *int.* ~! genug!

bastante [bɐʃˈtẽntə] genügend, hinlänglich; *adv.* genug, ziemlich.

bastão [~ˈtɐ̃u] *m* Stab *m*.

bastar [~ˈtar] (1b) genügen; genug sn, reichen; *basta e sobra!* das ist mehr als genug!; **~-se** sich selbst genügen.

bastardo [~ˈtarðu] **1.** *adj.* unehelich; unecht; entartet; Misch...; **2.** *m* Bastard *m*.

bastear [~ˈtjar] (1l) (durch)steppen.

bastião [~ˈtjɐ̃u] *m* Bastei *f*.

bastidão [~tiˈðɐ̃u] *f* Dichtigkeit *f*; Häufigkeit *f*.

bastidor [~tiˈðor] *m* Stickrahmen *m*; Bühnen-, Schiebe-wand *f*; ~*es pl.* Kulissen *f/pl.* (*a. fig.*).

basto [ˈbaʃtu] dicht; dick; zahlreich; häufig; *-as vezes* oftmals.

bata [ˈbatɐ] *f* Kittel *m*.

batalha [bɐˈtaʎɐ] *f* Schlacht *f*; Kampf *m*; Wortgefecht *n*; *cavalo m de* ~ Streitroß *n*; *fig.* Zankapfel *m*; *fazer cavalo de* ~ *de* herumreiten auf (*dat.*).

batalh|ador [~tɐʎɐˈðor] *m* (Vor-)Kämpfer *m*; **~ão** [~ˈʎɐ̃u] *m* Bataillon *n*; **~ar** [~'ʎar] (1b) sich e-e Schlacht liefern; kämpfen; (mit-ea.) streiten.

bataria [~tɐ'riɐ] *f* = *bateria*.

batata [~'tatɐ] *f* Kartoffel *f*; ~ *doce* Batate *f*; ~ *inglesa* Speisekartoffel *f*; ~*s pl. inglesas* in Fett gebackene Kartoffelscheiben *f/pl*.

batat|al [~tɐ'tał] *m* Kartoffelfeld *n*; **~eira** [~eirɐ] *f* Kartoffelstaude *f*.

bate|-boca *bras*. [batə'βokɐ] *m* Geschimpfe *n*; **~-cu** [~'ku] *m* Fall (*od*. Schlag) *m* auf den Hintern; **~deira** [bɐtə'ðeirɐ] *f* Butterfaß *n*; Knet-, Schwing-maschine *f*; **~doiro, ~douro** [bɐtə'ðoiru, -oru] *m* Waschstein *m*; **~dor** [bɐtə'ðor] *m* (Schnee-)Schläger *m*; Münzmeister *m*; *mont*. Treiber *m*; ⚔ Kundschafter *m*; Vorreiter *m*; *bras*. Maisdrescher *m*; **~dura** [bɐtə'ðurɐ] *f* ⊕ Hammerschlag *m*; **~-estacas** [~iʃ'takɐʃ] *m* Pfahlramme *f*.

bátega ['batəγɐ] *f* Becken *n*; (Regen-)Guß *m*.

bateia [bɐ'teiɐ] *f* Schale *f zum Goldwaschen*.

bateira [~'teirɐ] *f* Flachboot *n*.

batel [~'tɛł] *m* Kahn *m*, Boot *n*; **~ão** [~tə'lɐ̃u] *m* Last-, Schlepp-kahn *m*.

batente [~'tẽntə] *m* (Tür-)Flügel *m*; Tür-leiste *f*, -pfosten *m*; Anschlag *m*; Türklopfer *m*; Wellenbrecher *m*.

bater [~'ter] (2b) schlagen; klopfen; *Teppich usw*. ausklopfen; *Eisen usw*. hämmern; bearbeiten; *Küste usw*. peitschen, bespülen (*Wellen*); *Feld, Wald* absuchen; *Takt, Pflaster* treten; ⚔ *Stellung* unter Feuer nehmen, bestreichen; ⚕ *Star* stechen; mit den *Flügeln* (*Füßen, Wimpern, Zähnen*) schlagen (stampfen, zucken, klappern); ~ *em* scheinen auf, in (*ac*.) (*Sonne*); aufschlagen auf (*ac*.) (*Stein*); ~ *boca bras*. (sich) kabbeln; ~ (*com*) *as mãos*, ~ *palmas* in die Hände (*od*. Beifall) klatschen; ~ *contra* sich stoßen an (*dat*.); ~ *à porta de alg*. bei j-m anklopfen; *estão a* ~ es klopft; *aí é que bate o ponto* das ist der springende Punkt.

bateria [~tə'riɐ] *f* Batterie *f*; ♪ Schlagzeug *n*; *Küchen*-Geschirr *n*.

bati|da [~'tiðɐ] *f* Treibjagd *f*; ⚔ Streife *f*; Razzia *f*; Schlag *m*; *fig*. Verweis *m*; *de* ~ hastig; **~do** [~ðu] ausgetreten (*Schuh, Weg*); ausgefahren (*Gleis, Weg*); abgetragen (*Anzug*); *fig*. abgedroschen; *von der Sonne* beschienen.

batí-, batómetro [~'ti-, ~'tɔmətru] *m* Tiefenmesser *m*; Echolot *n*.

batina [~'tinɐ] *f* S(o)utane *f*.

batocar [~tu'kar] (1n; *Stv*. 1e) zuspünden; verspunden.

baton *fr*. [ba'tõ] *m* Lippenstift *m*.

batoque [bɐ'tɔkə] *m* Spund(loch *n*) *m*.

batot|a [~'tɔtɐ] *f* Falschspiel *n*, Mogelei *f*; *casa f de* ~ Spielhölle *f*; *fazer* ~ falsch spielen, mogeln; **~eiro** [~tu'teiru] *m* (Falsch-)Spieler *m*.

batráquios [~'trakjuʃ] *m/pl*. Lurche *m/pl*.

batuque [~'tukə] *m Negertanz*.

batuta [~'tutɐ] **1.** *f* Taktstock *m*; **2.** *adj*. *bras*. fix; tüchtig.

baú [bɐ'u] *m Blech*-Koffer *m*; Kasten *m*.

baunilha [bau'niʎɐ] *f* Vanille *f*; ~ *dos jardins* Heliotrop *n*.

bávaro ['bavɐru] **1.** *adj*. bayrisch; **2.** *m* Bayer *m*.

bazar [bɐ'zar] *m* Basar *m*; Kaufhaus *n*.

bazófi|a [~'zɔfjɐ] *f* Prahlerei *f*; **~o** [~u] **1.** *adj*. prahlerisch; **2.** *m* Prahler *m*, F Prahlhans *m*.

bazulaque [~zu'lakə] *m* Lungenfrikassee *n*; Plunder *m*, Kleinkram *m*; Dicke(r) *m*; *bras*. Kokoshonig *m*.

bê [be] *m Name des Buchstaben* b; *pl*. *bês od*. *bb*.

beata ['bjatɐ] *f* Betschwester *f*.

beat|ice [bjɐ'tisə] *f* Frömmelei *f*, Muckertum *n*; **~ificação** [~təfikɐ'sɐ̃u] *f* Seligsprechung *f*; **~ificar** [~təfi'kar] (1n) seligsprechen; beseligen; **~itude** [~ti'tuðə] *f* Seligkeit *f*; **~o** ['bjatu] **1.** *adj*. selig (gesprochen); frömmlerisch, scheinheilig; **2.** *m* Frömmler *m*, Betbruder *m*, Mucker *m*.

bebé [bɛ'βɛ] *m* Säugling *m*.

bebedeira [bəβə'ðeirɐ] *f* Rausch *m*; Sauferei *f*; *cozer a* ~ F s-n Rausch ausschlafen.

bêbedo ['beβəðu] **1.** *adj*. betrunken; **2.** *m* Trunkenbold *m*; Betrunkene(r) *m*.

bebedoiro, -ouro [βəβə'ðoiru, -oru] *m* Tränke *f*.

beber [bə'βer] (2c) trinken; saufen (*Tier, Trunkenbold*); *fig*. hinunter-

schlucken; *Worte* verschlingen, einschlürfen; *Geld* vertrinken; ⚗ auf-, ein-saugen; *Anregung* schöpfen (aus em); ~ *azeite* F gewichst (*od.* gewitzt) sn; ~ *do fino* gut informiert sn; ~ *os ventos por alg.* in j-n vernarrt sn; *desta água não beberei* das kann mir nicht passieren.
beber|agem [~βə'raʒẽi] *f* (Heil-) Trank *m*, Aufguß *m*; *fig.* Gebräu *n*; **~es** [~'βeriʃ] *m/pl.* Getränke *n/pl.*; **~ete** [~etə] *m* Trunk *m*, Erfrischung *f*; **~icar** [~ri'kar] (1n) nippen.
beberr|ão, ~az [~βə'ʀẽu, ~aʃ] **1.** *adj.* trunksüchtig, P versoffen; **2.** *m* Säufer *m*; **~icar** [~ʀi'kar] (1n) nippen; **~ona** [~onɐ] *f* Säuferin *f*.
bebes P ['bɛβiʃ] *m/pl.* Getränke *n/pl.*; *comes e* ~ Essen und Trinken *n*.
bebida [bə'βiδɐ] *f* Getränk *n*; *dado à* ~ trunksüchtig.
bebível [~vɛł] trinkbar.
beca ['bɛkɐ] *f* Talar *m*.
beco ['beku] *m* Gäßchen *n*; ~ *sem saída* Sackgasse *f*.
bedame [bə'δɐmə] *m* Flachmeißel *m*; Beitel *m*.
bedel *uni.* [bə'δɛł] *m* Pedell *m*.
bedelho [~'δeʎu] *m* Sperrhebel *m an Türen*; *fig.* Kindskopf *m*; *meter o* ~ F s-n Senf dazutun.
beduím, -ino [~'δwĩ, ~'δwinu] *m* Beduine *m*.
bei|ça P ['beisɐ] *f* Schnute *f*; *fazer* ~ = *fazer* **~cinho** [bei'siɲu] *m* F Schnütchen *n*; *fazer* ~ F eine Schnute ziehen (*od.* m.); **~ço** [~su] *m* Lippe *f*; Lefze *f*; (Wund-)Rand *m*; Vorsprung *m*; *levar* (*od. trazer*) *alg. pelo* ~ j-n um den Finger wikkeln (können); **~udo** [bei'suδu] dicklippig.
beij|ado [bei'ʒaδu]: ~ *com* dicht an (*dat.*); *de mão -a* mit Kußhand; **~a-flor** [~ʒɐ'flor] *m* Kolibri *m*; **~a-mão** [~ʒɐ'mẽu] *m* Handkuß *m*; **~ar** [~'ʒar] (1a) küssen; berühren; **~inho** [~'ʒiɲu] *m* Küßchen *n*; *fig. die* Krem, *der* (*die, das*) Feinste; **~o** ['beiʒu] *m* Kuß *m*; **~oca** P [~'ʒɔkɐ] *f* Schmatz *m*; **~ocar** [~ʒu'kar] (1n; *Stv.* 1e) abküssen, F abknutschen.
beijoim [~'ʒwĩ] *m* = *benjoim*.
beiju *bras.* [~'ʒu] *m* Sagokuchen *m*.
beira ['beirɐ] *f* Rand *m*; Ufer *n*; Nähe *f*; *à* ~ *de* an (*ac. u. dat.*); (nahe) bei (*dat.*), in der Nähe (*gen.*); neben (*ac. u. dat.*); *chegar(-se) à* ~ *de* sich nähern (*dat.*), treten zu.
beir|ada [bei'raδɐ] *f bras.* Umgebung *f*, Nachbarschaft *f*; = **~ado, ~al** [~aδu, ~ał] *m* Traufe *f*; Rand *m*; Ufer *n*; **~a-mar** [~rɐ'mar] *f* Küste(ngebiet *n*) *f*; *à* ~ an der Küste, am Meer; **~ão** [~ẽu] **1.** *adj.* (aus) der Beira; **2.** *m*, **~ã, ~oa** *f* Beiraner(in *f*) *m*; **~ense** [~ẽsə] = *~ão*.
beladona [bɛlɐ'δɔnɐ] *f* Tollkirsche *f*.
bela|mente [ˌbɛlɐ'mẽntə] ausgezeichnet; famos; **~-portuguesa** [~purtu'ɣezɐ] *f port. Rosenart.*
belas-|artes [ˌbɛlɐz'artiʃ] *f/pl. die* bildenden Künste *f/pl.*; *academia das* ♀ Kunstakademie *f*; **~letras** [~lɐʒ'letrɐʃ] *f/pl.* schöne Literatur *f*.
belchior *bras.* [bɛł'ʃjor] *m* Alt(buch)händler *m*.
beldade [bɛł'daδə] *f* Schönheit *f*.
beldroega ⚘ [~'drwɛɣɐ] *f* Portulak *m*.
beleguim [bələ'ɣĩ] *m* Büttel *m*.
beletr|ista [~'triʃtɐ] *m* Unterhaltungsschriftsteller *m*; **~ística** [~iʃtikɐ] *f* Unterhaltungsliteratur *f*; **~ístico** [~iʃtiku] schöngeistig.
beleza [bə'lezɐ] *f* Schönheit *f*; *uma* ~! herrlich!, wunderbar!
belga ['bɛłɣɐ] **1.** *adj.* belgisch; **2.** *su.* Belgier(in *f*) *m*.
beliche [bə'liʃə] *m* Koje *f*.
bélico ['bɛliku] kriegerisch, Kriegs...
beli|coso [bəli'kozu] kriegs-, streitlustig; kriegerisch; **~gerância** [~ʒə'rẽsjɐ] *f* Teilnahme *f* am Krieg; *estado m de* ~ Kriegszustand *m*; **~gerante** [~ʒə'rẽntə] kriegführend.
belindre [~'lĩndrə] *m* Murmel *f*.
belisc|adura *f*, **~ão** *m* [~liʃkɐ'δurɐ, ~'kẽu] Kniff *m*; Kneifstelle *f*, blaue(r) Fleck *m*; *fig.* Stich *m*, Bosheit *f*; **~ar** [~'kar] (1n) kneifen, zwicken; *fig.* sticheln; **~o** [~'liʃku] = *~adura*.
belo ['bɛlu] schön.
belonave *bras.* [belu'navə] *f* Kriegsschiff *n*.
bel-prazer [bɛłprɐ'zer]: *a* (*seu*) ~ nach Gutdünken, nach Belieben.
belt|rano, ~rão [~'trɐnu, ~rẽu] *m* (Herr) Y *m*; Herr Soundso *m*.
bel|vedere, ~ver [~və'δerə, ~'ver] *m* Aussichtspunkt *m*.
bem [bẽi, bẽi] **1.** *m* Gut *n*; *das* Gute; Wohl *n*, Nutzen *m*; Habe *f*; *meu* ~ *fig.* mein Schatz *m*; *homem m de* ~ Ehrenmann *m*; *querer* ~ *a* gern-, lieb-h. (*ac.*), wohlwollen (*dat.*);

fazer ~ a) Gutes tun; b) guttun, bekommen; *haver* (*od.* *ter*) *por* ~ für gut befinden, geruhen; *levar a* ~ gut aufnehmen, genehmigen; ~ *haja!* viel Glück!, (das ist *od.* war) sein Glück!; ~ *haja quem ...!* wohl dem, der ...!; **2. bens** *pl.* Vermögen *n*, Besitz *m*; Habe *f*; ~ *de raiz* Liegenschaften *f/pl.*; **3.** *adv.* gut, wohl; sehr; recht; gern; ordentlich; richtig; genau; ~ ..., *mas* zwar..., aber; ~ *de* viel(e); (se) ~ *que* obwohl; *ainda* ~*!* glücklicherweise!, Gott sei Dank!; *ainda* ~ *que* gut, daß; *por* ~ in guter Absicht; *a* ~ zum (*od.* im) Guten; ~ *como* ebenso wie; *estou* ~ a) es geht mir gut; ich fühle mich wohl; b) ich stehe gern; ich sitze (*od.* liege) gut; *está* ~*!* gut!, richtig!; *estar* ~ *com* (sich) gut stehen mit; *estar* (*od.* *ficar*) ~ *a alg.* a) j-m stehen (*od.* passen); b) sich schicken (*od.* gehören) für j-n; *passa bem?* geht's gut?; *passe* ~*!* alles Gute!; ~ *feito!* das ist (*od.* geschieht ihm) recht!; *a gente* ~ die „feinen" Leute *pl.*

bem-aventur|ado [~ɐvẽntu'raðu] glück(selig); **~ança** [~ẽsɐ] *f* Glück (-seligkeit *f*) *n*; ewige Seligkeit *f*; **~ar** [~ar] (1a) glücklich (*od.* selig) machen.

bem-|criado [~'krjaðu] wohlerzogen; **~dizer** [~di'zer] (2x) gut sprechen von, loben; *a* ~ sozusagen; *vgl.* *bendizer*; **~estar** [~iʃ'tar] *m* Wohlergehen *n*; Wohlstand *m*; **~fadado** [~fɐ'ðaðu] glücklich, Glücks-...; **~falante** [~fɐ'lẽntə] beredt; **~fazer** [~fɐ'zer] (2v) wohltätig sn, Gutes tun; wohltun; **~humorado** [~umu'raðu] gut gelaunt; gutartig; **~intencionado** [~ĩntẽnsju'naðu] wohlmeinend; gutwillig; wohlgemeint; **~me-quer** ⚘ [~mə'ker] *m* Maßliebchen *n*; **~nado**, **~nascido** [~'naðu, ~nɐʃ'siðu] **a**) hochgeboren; **b**) unter e-m guten Stern geboren, glücklich.

bemol ♪ [bə'mɔɫ] *m* **a**) Erniedrigungszeichen *n* (b); *rê* ~ Des; *mi* ~ Es; *si* ~ B; **b**) Moll(tonart *f*) *n*; **~ado** ♪ [bəmu'laðu] erniedrigt.

bem-|parecido [bɐ̃i-, bɐ̃ipɐrə'siðu] gutaussehend; **~posto** [~'poʃtu] gut gekleidet; **~querente** [~kə'rẽntə] wohlmeinend; zugetan; **~querer** [~kə'rer] (2t) wohlwollen (*dat.*); gern h.; **~soante** [~'swɐ̃ntə] wohlklingend; **~vindo** [~'vĩndu] willkommen; **~visto** [~'viʃtu] gern gesehen, beliebt.

bênção ['bẽsɐ̃u] *f* Segen *m*.

ben|dito [bɐ̃i-, bɐ̃i'ditu] *m* Benediktus *n*; **~dizer** [~di'zer] (2x) segnen, loben.

beneditino [bənəði'tinu] *m* Benediktiner *m*.

benef|icência [bənəfi'sẽsjɐ] *f* Wohltätigkeit *f*; **~icente** [~i'sẽntə] wohltätig; **~iciação** *f*, **~iciamento** *m* [~isjɐ'sɐ̃u, ~'mẽntu] Verbesserung *f*, Verschönerung *f*; Aufbesserung *f*; Desinfektion *f*; **~iciar** [~i'sjar] (1g) eine Wohltat erweisen (*dat.*); *j-n mit et.* bedenken; versehen; aus-, ver-bessern, verschönern; veredeln; aufbessern; desinfizieren; *v/i.* ~ *de* Vorteil h. von, gewinnen bei; genießen (*ac.*); **~iciário** [~i'sjarju] *m* Nutznießer *m*; **~ício** [~'fisju] *m* Wohltat *f*; Vorteil *m*; Nutzen *m*; (geistliches) Amt *n*; *tea.* Wohltätigkeitsveranstaltung *f*; *em* (*od.* *a*) ~ *de* zum Besten (*od.* zum Vorteil) von; *a* ~ *de inventário* unter Rechtsvorbehalt.

benéfico [bə'nɛfiku] wohltuend.

benem|erência [bənəmə'rẽsjɐ] *f* Verdienst(lichkeit *f*) *n*; Mildtätigkeit *f*; *de* ~ = **~erente** [~ə'rẽntə] verdienstlich; mild(tätig); **~érito** [~'mɛritu] verdienstvoll; ~ *de* verdient um; würdig (*gen.*).

bene|plácito [~'plasitu] *m* Genehmigung *f*, Plazet *n*; **~volência** [~vu'lẽsjɐ] *f* Wohlwollen *n*; Güte *f*; **~volente** [~vu'lẽntə] = **benévolo** [bə'nɛvulu] wohlwollend, gütig.

benf|azejo [bɐ̃i-, bɐ̃ifɐ'zeʒu] wohltätig; = *benéfico*; **~eitor** *m*, **-a** *f* [~ei'tor, -ɐ] Wohltäter(in *f*) *m*; **~eitoria** [~eitu'riɐ] *f* Verbesserung *f*.

bengal|a [bẽŋ'galɐ] *f* (Spazier-) Stock *m*; **~eiro** [~gɐ'leiru] *m* Spazierstockfabrikant *m*; Schirmständer *m*; Kleiderablage *f*, Garderobe *f*.

benign|idade [bəniɣni'ðaðə] *f* Güte *f*, Gutherzigkeit *f*; Milde *f*; Gutartigkeit *f*; **~o** [bə'niɣnu] gütig, gutherzig; mild, sanft (*Klima*); gutartig.

benjamin [bẽʒɐ'mĩ] *m* Nesthäkchen *n*, Liebling *m*.

benjoim [~'ʒwĩ] *m* Benzoe *f*.

benqu|erença [bẽŋkə'rẽsɐ] *f* Zuneigung *f*; **~isto** [~'kiʃtu] beliebt.
bent|inhos [bẽn'tiɲuʃ] *m/pl.* Weihblättchen *n/pl.*; **~o** ['bẽntu] **1.** *adj.* geweiht, Weih...; **2.** *m* Benediktiner *m*.
benz|edeiro *m*, **-a** *f* [bẽzə'ðeiru, -ɐ] Gesundbeter(in *f*) *m*; **~er** [~'zer] (2a) einsegnen, weihen; segnen; **~er-se** sich bekreuzigen; *fig.* staunen.
benz|ina [~'zinɐ] *f* (Wasch-)Benzin *n*; **~ol** [~ɔł] *m* Benzol *n*.
bequadro ♩ [be'kwaðru] *m* Auflösungszeichen *n*.
bequ|e ['bɛkə] *m* Schiffsschnabel *m*; **~ilha** [bə'kiʎɐ] *f* ✈ Sporn *m*.
berbequim [bərbə'kĩ] *m* Drillbohrer *m*; Bohrkurbel *f*.
berbere [~'bɛrə] **1.** *su.* Berber(in *f*) *m*; **2.** *adj.* berberisch.
berbigão [~bi'γɐ̃u] *m* Herzmuschel *f*.
berço ['bersu] *m* Wiege *f*; Grabgitter *n*; ⚠ *Gewölbe*-Tonne *f*; ⚓ Stapel *m*, Gleitbahn *f*; ⊕ Schlitten *m*; *bras.* Stempelkissen *n*; Löscher *m*; *ele* (*ela*) *teve o ~ em* s-e (ihre) Wiege stand in (*dat.*).
bergamota ⚘ [bərγɐ'mɔtɐ] *f* Bergamotte *f*.
bergantim [~γẽn'tĩ] *m* Zweimaster *m*.
berilo [bə'rilu] *m* Beryll *m*.
berimbau [bərĩm'bau] *m* Maultrommel *f*.
berinjela [~ĩ'ʒɛlɐ] *f* Eierpflanze *f*; Eierfrucht *f*, Aubergine *f*.
berl|inda [bər'lĩndɐ] *f* Berline *f*; *estar na ~* Gegenstand des Spottes (*od.* der Kritik) sn; Tagesgespräch sn; *Pfänderspiel*: auf dem Mokierstuhl sitzen; **~inense** [~li'nẽsə] **1.** *adj.* berlin(er)isch; **2.** *su.* Berliner(in *f*) *m*.
berl|iques [~'likɨʃ] (*artes f/pl. de*): *~ e berloques m/pl.* Taschenspielerkünste *f/pl.*, Gaukelwerk *n*, Hokuspokus *m*; **~oque** [~ɔkə] *m* (Uhr-)Anhänger *m*; Firlefanz *m*.
berma ['bɛrmɐ] *f* Berme *f*; Randstreifen *m*, Bankett *n*.
berra ['bɛʀɐ] *f* Brunst *f*; *andar* (*od. estar*) *na ~* in der Mode (*od.* in aller Leute Munde) sn.
berr|ante [bə'ʀẽntə] schreiend; grell (*Farbe*); **~ão** F [~ɐ̃u] *m* Schreihals *m* (*Kind*); **~ar** [~ar] (1c) brüllen; blöken (*Schaf*); röhren (*Hirsch*); schreien (*Farbe*); *fig.* gröhlen; zetern; **~aria, ~ata** [~ʀɐ'riɐ, ~'ʀatɐ] *f* Gebrüll *n*; **~egar** [~ʀə'γar] (1o; *Stv.* 1c) brüllen; blöken; **~eiro** [~eiru] *m* Gebrüll *n*, Geheul *n*; Gezeter *n*; **~o** ['bɛʀu] *m* Schrei *m*; Brüllen *n*; Geblöke *n*; *fig.* (*bsd.* **~s** *pl.*) Gegröhle *n*; Gezeter *n*.
besoiro, -ouro [bə'zoiru, -oru] *m* (Mist-)Käfer *m*.
besta[1] ['bɛʃtɐ] *f* Armbrust *m*.
besta[2] ['beʃtɐ] **1.** *f* Vierfüßler *m*, Vieh *n*; *fig.* F Hornvieh *n*; *~ de carga* (*tiro*) Last- (Zug-)Tier *n*; **2.** *adj.* dumm; **~-fera** [ˌbeʃtɐ'fɛrɐ] *f* wilde(s) Tier *n*.
best|alhão *m*, **-ona** *f* *bras.* [bestɐ'ʎɐ̃u, -onɐ] Dummkopf *m*; **~ar** [~'tar] (1c) dummes Zeug reden; Dummheiten m.; herumlungern; **~eira** *bras.* [~'teirɐ] *f* Dummheit *f*; **~ial** [~'tjał] viehisch; roh; F fabelhaft.
bestiali|dade [bɨʃtjɐli'ðaðə] *f* Bestialität *f*, Roheit *f*; Vertiertheit *f*; Dummheit *f*; **~zar**(**-se**) [~'zar(sə)] (1a) vertieren; verrohen; verdummen.
bestificar(**-se**) [~təfi'kar(sə)] (1n) [= *bestializar.*]
bestunto P [~'tũntu] *m* Hirnschädel *m*; Beschränktheit *f*.
besunt|ado [bəzũn'taðu] fettig, ölig; schmierig; **~ão** *m*, **~ona** *f* F [~ɐ̃u, ~onɐ] Schmierfink *m*; **~ar** [~ar] (1a) be-, ein-schmieren.
beta[1] ['bɛtɐ] *m u. f* Beta *n* (β).
beta[2] ['betɐ] *f farbiger* Streifen *m*; Fleck *m*; *Faden*-Büschel *n*; ⚓ Tau *n*; ⚒ kleine(r) Erzgang *m*.
betão [bə'tɐ̃u] *m* Beton *m*.
bétele ['bɛtələ] *m* Betel(pfeffer) *m*.
beterraba [bətə'ʀaβɐ] *f* Zucker-, Vieh-rübe *f*; rote Rübe *f*.
betesga [bə'teʒγɐ] *f* (Sack-)Gasse *f*; Spelunke *f*.
betilho [~'tiʎu] *m* (Ochsen-)Zaum *m*.
bet|onar [~tu'nar] (1f) betonieren; **~oneira** [~u'neirɐ] *f* Betonmischmaschine *f*; **~onilha** [~u'niʎɐ] *f* Feinbeton *m für Bodenbelag*.
bétula ['bɛtulɐ] *f* Birke *f*.
betum|ado [bətu'maðu] Teer...; *cartão m ~* Dachpappe *f*; **~ar** [~ar] (1a) teeren; (ver)kitten; *ferro m de ~* Spatel *m*; **~e** [~'tumə] *m* Bitumen *n*; Glaserkitt *m*; **~inoso** [~mi'nozu] teerhaltig, bituminös.

bexi|ga [bə'ʃiɣɐ] *f* Harnblase *f*; (Schwimm-)Blase *f*; ~*s pl.* Blattern *pl.*, Pocken *pl.*; ~*s doidas*, ~*s loucas* Windpocken *pl.*; *fazer* ~ dumme Scherze m.; *picado das* ~*s* blatternarbig; **~goso, ~guento** [~ʃi'ɣozu, -'ɣẽntu] blatter-, pocken-narbig.
bezerr|a [bə'zeʀɐ] *f* Färse *f*; **~o** [~u] *m* (Ochsen-)Kalb *n*; Kalbsleder *n*; *pé m de* ~ ⚘ Löwenmaul *n*.
bi... [bi] *in Zssgn* zwei..., zwie..., doppel...
bibe ['biβə] *m* Spielschürze *f*.
biberão *gal.* [biβə'rɐ̃u] *m* (Saug-) Flasche *f*; Schnuller *m*.
Bíbl|ia ['biβljɐ] *f* Bibel *f*; **≗ico** [~iku] biblisch.
bibli|oclasta [biβlju'klaʃtɐ] *m* Bücherverbrenner *m*; **~ofilia** [~ufi'liɐ] *f* Leidenschaft *f* für schöne u. seltene Bücher; **~ófilo** [~'ɔfilu] *m* Bibliophile *m*; **~ófobo** [~'ɔfuβu] *m* Bücherfeind *m*; **~ografia** [~uɣrɐ'fiɐ] *f* Bücherkunde *f*; Schrifttumsnachweis *m*, Literaturverzeichnis *n*; **~ográfico** [~u'ɣrafiku] bibliographisch, Literatur...; **~omania** [~umɐ'niɐ] *f* Bücherfimmel *m*; **~ómano** [~'ɔmɐnu] *m* Büchernarr *m*; **~oteca** [~u'tɛkɐ] *f* Bibliothek *f*, Bücherei *f*; **~otecário** [~utə'karju] *m* Bibliothekar *m*; **~oteconomia** [~utɛkunu'miɐ] *f* Bibliothekswesen *n*.
bica ['bikɐ] *f* Brunnenröhre *f*; *Wasser*-Strahl *m*; *estar à* ~ an der Reihe sn; bevorstehen; dicht stehen (vor [*dat.*] *para*); *em* ~ reichlich; **~da** [bi'kaδɐ] *f* Schnabelhieb *m*; Schnabelvoll *m*, Happen *m*; Schluck *m*; Saum *m*, Zipfel *m e-s Waldes*; Ausläufer *m* (*Gebirge*); Felsvorsprung *m*; ~*s pl.* Reisig *n*.
bicarbonato [bikɐrβu'natu] *m* doppeltkohlensaure(s) Salz *n*; ~ *de sódio* Natron *n*.
bicéfalo [bi'sɛfɐlu] doppelköpfig.
biceps ['bisɛps] *m* Oberarmmuskel *m*, Bizeps *m*.
bicha ['biʃɐ] *f* Kriechtier *n*; Schlange *f* (*a. fig.*); Eidechse *f*; Wurm *m*; ~ *solitária* Bandwurm *m*; ~ *de sangrar* Blutegel *m*; ~ *de rabear* Frosch *m* (*Feuerwerkskörper*); *estar com uma* ~ F wütend sn; *fazer* ~ Schlange stehen, anstehen; *meter-se na* ~ sich anstellen; **~-cadela** [ˌbiʃɐkɐ'δɛlɐ] *f* Ohrwurm *m*.
bich|ado *bras.* [bi'ʃaδu] madig; **~anar** [~ʃɐ'nar] (1a) zischeln, flüstern; **~ano** [~'ʃɐnu] *m* Kätzchen *n*; **~ão** [~'ʃɐ̃u] *m* Mordskerl *m*; **~arada** [~ʃɐ'raδɐ] *f* = **~aredo** *bras.* [~ʃa'reδu] *m* = **~aria** [~ʃɐ'riɐ] *f* Getier *n*; Gewürm *n*; Ungeziefer *n*; *fig.* Gewimmel *n*, Gekrabbel *n*; **~aroco** P [~ʃɐ'roku] *m* Biest *n*; **~eiro** [~'ʃeiru] **1.** *m* Bootshaken *m*; **2.** *adj. fig.* kleinlich; **~o** ['biʃu] *m* Tier *n*; Wurm *m*; Made *f*; Laus *f*; F Kerl *m*; ~ *do monte* (*od. do mato, da toca*) Rauhbein *n*, Eigenbrötler *m*; ~ *raro* komischer Kauz *m*; *bras.* F großes Tier *n*; gelehrtes Haus *n*; *matar o* ~ P „einen genehmigen"; *mata* ~ *m* Morgentrunk *m*; *pancadaria f de criar* ~ tolle Rauferei *f*; *virar* ~ *bras.* wütend w.; **~oca** P [~'ʃɔkɐ] *f* **a**) (Eingeweide-)Wurm *m*; **b**) Geschwürchen *n*; **~o-carpinteiro** [ˌbiʃukɐrpĩn'teiru] *m* Holzwurm *m*; *ter* ~ krabbelig sn; **~o-da-seda** [ˌbiʃuδɐ'seδɐ] *m* Seidenraupe *f*; **~o--de-conta** [ˌbiʃuδə'kõntɐ] *m* Kellerassel *f*; **~oso** [~'ʃozu] wurmstichig, madig.
bicicleta [bəsi'klɛtɐ] *f* Fahrrad *n*; ~ *de corridas* Rennrad *n*; *ir* (*andar*) *de* (*od. a*) ~ radfahren, radeln.
bicloreto ⚗ [biklu'retu] *m* Chlorür *n*.
bico ['biku] *m* Schnabel *m*; Spitze *f*; Ende *n*; Ausguß *m*; (Schreib-)Feder *f*; F Spitz *m*; ~ *de gás* (*de Bunsen*) Gas-(Bunsen-)brenner *m*; ~ *do peito* Brustwarze *f*; ~ *de obra* knifflige Sache *f*; *melro m de* ~ *amarelo* Schlaukopf *m*, Schlauberger *m*; *calar o* ~ den Schnabel halten; *ter* ~ schwierig (*od.* knifflig) sn; *isso leva* (*od. tem, traz*) *água no* ~ da steckt etwas dahinter; *jogar com pau de dois* ~*s* Wasser auf beiden Schultern tragen; **~-cruzado** [ˌbikukru'zaδu] *m* Kreuzschnabel *m*; **~-grossudo** [ˌbikuɣru'suδu] *m* Kernbeißer *m*.
bicudo [bi'kuδu] geschnäbelt; spitz; F heikel, belämmert; kratzbürstig.
bidão [~'δɐ̃u] *m* Kanister *m*.
bidé [~'δɛ] *m* Bidet *n*.
bidente [~'δẽntə] *m* Karst *m*.
biela ['bjɛlɐ] *f* Kuppel-, Pleuelstange *f*; Pedalstange *f* (*Fahrrad*).
bienal [bje'nał] zweijährig.
biénio ['bjɛnju] *m* Zeitraum *m* von zwei Jahren.

bifar F [bi'far] (1a) stibitzen, mausen.
bife ['bifə] *m* Beefsteak *n*, Schnitzel *n*; *fig.* Beef *m* (*iron.* = *Engländer*).
bifurc|ação [bifurkɐ'sɐ̃u] *f* Gabelung *f*; Abzweigung *f*; **~ar** [~'kar] (1n) gabeln; *Beine* spreizen; **~ar-se** abzweigen; sich (rittlings) setzen.
bigamia [~ɣɐ'miɐ] *f* Doppelehe *f*.
bígamo ['biɣɐmu] **1.** *adj.* in Doppelehe lebend, bigamisch; **2.** *m* Bigamist *m*.
bigod|e [bi'ɣɔδə] *m* Schnurrbart *m*; **~im** [~ɣu'δĩ] *m* Lockenwickel *m*.
bigorna [~'ɣɔrnɐ] *f* Amboß *m*.
bigorrilha(s) [~ɣu'ʀiʎɐ(ʃ)] *m* Lump *m*.
biguá *bras.* [~'ɣwa] *m* Wasserrabe *m*.
bijuteria [~ʒutə'riɐ] *f* (Mode-)Schmuck *m*.
bilateral [~lɐtə'rał] zweiseitig.
bilha ['biʎɐ] *f* Trinkwasserkrug *m*.
bilhar [bi'ʎar] *m* Billard *n*.
bilhete [~'ʎetə] *m* Eintrittskarte *f*; Fahr-karte *f* (*Eisenbahn*), -schein *m* (*Straßenbahn*); Briefchen *n*; Zettel *m*; (Geld-)Schein *m*; *Lotterie*-Los *n*; ~ (*de visita*) Besuchskarte *f*; ~ *de gare* (*ida e volta, postal*) Bahnsteig-(Rückfahr-, Post-)karte *f*.
bilhet|eira [~ʎə'teirɐ] *f* **a**) Kartenausgabe *f*, Billettschalter *m*; *tea.* Kasse *f*; **b**) Besuchskartenschale *f*; **~eiro** [~eiru] *m* Kartenverkäufer *m*; **~eria** *bras.* [~tə'riɐ] *f* = *~eira* a).
bilhostre [~'ʎɔʃtrə] *m* verfluchte(r) Ausländer *m*; Lump *m*.
bilião [~'ljɐ̃u] *m* Milliarde *f*.
biliar, -ário [~'ljar, -arju] Gallen...
bilingue [~'lĩŋgwə] zweisprachig; *fig.* doppelzüngig.
bilioso [~'ljozu] gallig.
bílis ['biliʃ] *f* Galle *f*.
bilontra *bras.* [bi'lõntrɐ] *m* Schlingel *m*.
bilr|ar [bił'ʀar] (1a) klöppeln; **~o** ['biłʀu] *m* Klöppel *m*; *Ball*-Schläger *m*; *fig.* Knirps *m*, Püppchen *n*.
biltre ['biłtrə] *m* Lump *m*.
bimbalh|ada [bĩmbɐ'ʎaδɐ] *f* Gebimmel *n*; **~ar** [~ar] (1b) bimmeln.
bimbarra [~'baʀɐ] *f* Hebebaum *m*.
bi|mensal [bimẽ'sał] **a**) halbmonatlich; zweimal im Monat; **b**) = **~mestral** [~məʃ'trał] zweimonatlich; **~motor** [~mu'tor] *adj.* (*u. m*) zweimotorig(es Flugzeug *n*); **~nário** [~'narju] **1.** *m* Kräftepaar *n*; ~ *de arranque* (*torção*) Anzugs-(Dreh-)moment *n*; **2.** *adj.* 🕮 binär; ♩ *compasso m* ~ Zweivierteltakt *m*; **~nóculo** [~'nɔkulu] *m* Operngucker *m*.
bio|grafar [bjuɣrɐ'far] (1b) *j-s* Leben beschreiben; **~grafia** [~ɣrɐ'fiɐ] *f* Lebensbeschreibung *f*, Biographie *f*; **~gráfico** [~'ɣrafiku] biographisch, Lebens...
biógrafo ['bjɔɣrɐfu] *m* Biograph *m*.
bio|logia [bjulu'ʒiɐ] *f* Biologie *f*; **~lógico** [~'lɔʒiku] biologisch; **~logista, biólogo** [~lu'ʒiʃtɐ, 'bjɔluɣu] *m* Biologe *m*.
biombo ['bjõmbu] *m* spanische Wand *f*.
bípede ['bipəδə] *m* Zweifüßler *m*.
biplano [bi'plɐnu] *m* Doppeldecker *m*.
biqu|eira [bi'keirɐ] *f* Spitze *f*; Ausguß *m*, Schnabel *m*; Wasserspeier *m*; Eisenbeschlag *m* (*Sohlenspitze*); *bras.* Zigarren-, Zigaretten-spitze *f*; ~ *de metal* Metallkappe *f*; **~inho** [~iɲu]: *fazer* ~ maulen.
birbante [bir'βɐ̃ntə] *m* Lump *m*.
birmã, -ane [bir'mɐ̃, -ɐnə] *su.* Birmane *m*, Birmanin *f*.
birr|a ['biʀɐ] *f* Starrsinn *m*; Ärger *m*; Haß *m*; *ter* (*od. estar com a*) ~ starrköpfig sn; *ter* ~ *a* hassen (*ac.*); **~ento** [bi'ʀẽntu] halsstarrig; ungezogen (*Kind*); ärgerlich.
biruta ✈ [bi'rutɐ] *f* Windsack *m*.
bis [biʃ] zweimal; *bei Hausnummern*: (3)ᵃ; ~! noch einmal! *da capo!*
bisagra [bi'zaɣrɐ] *f* (Tür-)Angel *f*.
bisanual [bizɐ'nwał] zweijährig.
bisão [bi'zɐ̃u] *m* = *bisonte*.
bisar [bi'zar] (1a) noch einmal verlangen; wiederholen; *a ária foi bisada três vezes* die Arie mußte dreimal wiederholt werden.
bisav|ô [bizɐ'vo] *m* Urgroßvater *m*; ~*s pl.* Urgroßeltern *pl.*; **~ó** [~ɔ] *f* Urgroßmutter *f*.
bisbilhar *bras.* [biʒβi'ʎar] (1a) murmeln.
bisbilhot|ar [biʒβiʎu'tar] (1e) intrigieren; klatschen; herumschnüffeln; **~eiro** *m*, **-a** *f* [~eiru, -ɐ] Klatschbase *f*; Intrigant(in *f*) *m*; Schnüffler(in *f*) *m*; **~ice** [~isə] *f* Intrige *f*; Klatscherei *f*; Schnüffelei *f*.
bisbórria(s) [~'βɔʀjɐ(ʃ)] *m* Lump *m*.
bisca ['biʃkɐ] *f* *Art* Kartenspiel *n*; *jogar a* ~ Karten spielen; (*boa*) ~

fig. boshafte Bemerkung *f*; Heimtücker *m*.
biscoito, -outo [biʃ'koitu, -otu] *m* Biskuit *n*; Keks *m*; (Schiffs-)Zwieback *m*.
bisel [bi'zɛɫ] *m* Schrägkante *f*, Schliff *m*; Schroteisen *n*; **~ar** [~zə-'lar] (1c) schleifen; schweifen.
bismuto [biʒ'mutu] *m* Wismut *n*.
bisnag|a [~'naɣɐ] *f* Tube *f*; Spritze *f*; **~ar** [~nɐ'ɣar] (1o; *Stv.* 1b) bespritzen.
bisnau [~'nau] tückisch; *pássaro m ~* Fuchs *m*, Gauner *m*.
bisneto *m*, **-a** *f* [~'nɛtu, -ɐ] Urenkel(in *f*) *m*.
bisonho [bi'zoɲu] **1.** *adj.* unerfahren, ungeschickt; **2.** *m* Neuling *m*.
bisonte [~'zõntə] *m* Bison *m*.
bispado [biʃ'paðu] *m* Bistum *n*.
bispar F [~'paɽ] (1a) **a)** erblicken; ahnen; mustern; beobachten; **b)** stehlen; **~-se** sich davonstehlen.
bispo ['biʃpu] *m* Bischof *m*; *Schach*: Läufer *m*; *cul.* F *ter ~* angebrannt sn; *para o ~* F für die Katz'.
bissec|ção [bisɛ(k)'sɐ̃u] *f* Halbierung *f*; **~tor** [~'tor] **1.** *adj.* Halbierungs...; **2.** **~triz** [~'triʃ] *f* Halbierungslinie *f*; Winkelhalbierende *f*.
bissemanal [bisəmɐ'naɫ] halbwöchentlich; zweimal wöchentlich erscheinend (*od.* stattfindend).
bissexto [~'seʃtu] **1.** *adj.* Schalt...; **2.** *m* Schalttag *m*.
bisturi [biʃtu'ri] *m* Operations-, Sezier-messer *n*.
bitácula [bi'takulɐ] *f* Kompaßhäuschen *n*.
bitola [~'tɔlɐ] *f* Maß(stab *m*) *n*; Norm *f*; Muster *n*; Stärke *f*; Nummer *f*; 🚂 Spurweite *f*; ⚓ Tau-Dicke *f*; *fig.* Richtschnur *f*; *~ dupla* Doppelgleis *n*; *de ~ larga* breit-, *de ~ simples, de uma só ~* einspurig.
biva|car [bivɐ'kar] (1n; *Stv.* 1b) biwakieren; **~que** [~'vakə] *m* Biwak *n*; Feldmütze *f*.
bizantin|ice [bizɐ̃ntə'nisə] *f* läppische Sache *f*; = **~ismo** [~iʒmu] *m* Haarspalterei *f*; **~o** [~'tinu] byzantinisch; spitzfindig; wichtigtuerisch.
bizarr|ia [~ɐ'ʀiɐ] *f* Überspanntheit *f*; Verschrobenheit *f*; Mut *m*, Schneid *m*; Eleganz *f*; Hochmut *m*; *como vai essa ~?* F was macht die Kunst?; **~ice** [~isə] *f* Eitelkeit *f*, Prahlsucht *f*; Prahlerei *f*; **~o** [~'zaʀu] überspannt; verschroben; mutig, schneidig; ritterlich; elegant; hochmütig.
blandícia [blɐ̃n'disjɐ] *f* Liebkosung *f*; Reiz *m*.
blasf|emar [blɐʃfə'mar] (1d) lästern, fluchen; *v/t.* schmähen; **~ematório** [~əmɐ'tɔrju] (gottes-)lästerlich, Läster...; **~émia** [~'fɛmjɐ] *f* (Gottes-)Lästerung *f*; Fluch *m*; Schimpf(wort *n*) *m*; **~emo** [~'femu] **1.** *adj.* beleidigend; = *~ematório*; **2.** *m* (Gottes-)Lästerer *m*.
blasonar [blɐzu'nar] (1e) prahlen (*od.* sich brüsten) mit; *v/i.* *~ de* sich aufspielen als, *et.* spielen.
blef|ar *angl.* [blɛ'far] (1a) bluffen; **~e** ['blɛfə] *m* Bluff *m*.
blenda ['blẽndɐ] *f* (Zink-)Blende *f*.
blind|ado [blin'daðu]: Panzer...; **~agem** [~aʒɐ̃i] *f* Panzerung *f*; ⊕ Verkleidung *f*; Gehäuse *n*, Käfig *m*; *Radio*: Abschirmung *f*; **~ar** [~ar] (1a) panzern; verkleiden.
bloco ['blɔku] *m* Block *m*; = *moitão*; *em ~* in Bausch und Bogen; allesamt; insgesamt.
bloqu|ear [blu'kjar] (1l) blockieren; sperren, abriegeln; ver-blocken, -riegeln; **~eio** [~eju] *m* Blockade *f*; Absperrung *f*, Sperriegel *m*.
blusa ['bluzɐ] *f* Bluse *f*; Kittel *m*.
boa ['boɐ] **1.** *adj.* (*f v. bom*) *(essa) é ~!* das ist gut!, das ist (aber) gelungen!; das ist ja heiter!; *às ~s* im Guten, gütlich; **2.** *f zo.* Boa *f*.
boá [bu'a] *f* Boa *f* (*Pelzumhang*).
boas-|festas [ˌboaʃ'fɛʃtɐʃ] *f/pl.* Festwünsche *m/pl.*; *telegrama m de ~* Glückwunschtelegramm *n*; *votos m/pl. de ~* (Weihnachts-, Neujahrs-, Oster-)Wünsche *m/pl.*; *dar as (od. desejar) ~* ein frohes Fest (*od.* frohe Festtage) wünschen; **~vindas** [~'vĩndɐʃ] *f/pl.* Willkommen *n*; *discurso m de ~* Begrüßungsansprache *f*; *dar as ~* willkommen heißen.
boat|eiro [bwɐ'teiru] *m* Gerüchtemacher *m*; **~o** ['bwatu] *m* Gerücht *n*.
boba *bras.* ['boβɐ] *f* dumme Gans *f*.
bob|agem *bras.* [bo'βaʒɐ̃i] *f* Albernheit *f*; Dummheit *f*; **~alhão** *bras.* [~βa'ʎɐ̃u] *m* F Dussel *m*; **~ar** *bras.* [~ar] (1e) = **~ear** [~jar] (1l) Dumm-

heiten m.; sich albern benehmen; **~ice** [~isə] = *~agem*.
bobina [bu'βinɐ] *f* Spule *f*; *Garn-*, *Papier*-Rolle *f*; *Radio*: *~ de sintonização* Abstimm-, *~ de choque* (*od. reactância*) Drossel-, *~ em ninho de abelha* Honigwaben-, *~ „fundo de cesta"* Korb-spule *f*.
bobin|ador [~βinɐ'ðor] *m* Spulmaschine *f*; Auf-, Umspulgerät *n*; **~agem** [~'naʒɐ̃i] *f* (Auf-, Um-) Spulen *n*; **~ar** [~'nar] (1a) (auf-, um-)spulen; bewickeln.
bobo ['boβu] **1.** *m* Narr *m*; *bras.* Dummkopf *m*; **2.** *adj.* närrisch; *bras.* dumm; albern.
boca ['bokɐ] *f* Mund *m*; Maul *n*; Schnauze *f*; Rachen *m*; *Tunnel-usw.* Öffnung *f*; Ansatz(rohr *n*) *m*; *Fluß*-Einfahrt *f*; *Gefäß*-Rand *m*; *Höllen*-Tor *n*; Eingang *m*; *Geschütz*-Mündung *f*; Anbruch *m des Winters usw.*; Backen *m* (*Schraubenschlüssel*); Keilloch *n* (*Hobel*); Feuerloch *n*; ⚒ Gicht *f*; *Magen*-Pförtner *m*; *~ de fogo* Geschütz *n*; *~ de incêndio* Feuerhahn *m*, Hydrant *m*; *abrir a ~ fig.* gähnen; *andar na(s) ~(s) do mundo* (*od. do povo*) in der Leute Mäuler sn; *cair na ~ do povo* ins Gerede kommen; *de ~* mündlich; *duro de ~* hartmäulig; *estar* (*od. ficar*) *com a ~ aberta* Mund und Nase aufsperren; *fazer a ~ doce a alg.* j-m Honig ums Maul schmieren; (*fazer*) *crescer água na ~* das Wasser im Munde zs.-laufen (l.); *fechar a ~ a j-n* zum Schweigen bringen; *tapar a ~ j-m* das Maul stopfen; *ter* (*od. sustentar*) *cinco ~s* fünf Esser im Hause h.; *ter boa* (*má*) *~* kein Kostverächter (wählerisch) sn; **~-aberta** [ˌboka-'βɛrtɐ] *m* Einfaltspinsel *m*; Hans Guckindieluft *m*.
boca|dilha [bukɐ'ðiʎɐ] *f* Mundstück *n* (*Pfeife*); **~dinho** [~'ðiɲu]: *um ~* ein bißchen; *dim. v.* **~do** [~'kaðu] *m* Bissen *m*, Happen *m*; Mundstück *n* (*Pferd*); Weilchen *n*; *um ~* ein bißchen; *há ~* vor kurzem, soeben; *tirar os ~s da boca* sich den Bissen vom Munde absparen.
bocal [~'kał] *m* *Gefäß*-Mündung *f*, Mund *m*, Öffnung *f*; Düse *f*; *Schlauch*-Nippel *m*; *Brunnen*-Einfassung *f*; ♪ Mundstück *n*; Gebiß *n am Zaum*; *tel.* Sprechmuschel *f*.
boçal [~'sał] dumm, unwissend.

bocej|ar [~sɨ'ʒar] (1d) gähnen; **~o** [~'seʒu] *m* Gähnen *n*.
boceta [~'setɐ] *f* Dose *f*; *~ de Pandora* Büchse *f* der Pandora.
bochecha [~'ʃeʃɐ] *f* Backe *f*.
bochech|ar [~ʃɨ'ʃar] (1d) (den Mund) spülen mit; **~o** [~'ʃeʃu] *m* Mundvoll *m*, Schluck *m*; **~udo** [~'ʃuðu] pausbäckig.
bócio ⚕ ['bɔsju] *m* Kropf *m*.
boda(s) ['boðɐ(ʃ)] *f*(*pl.*) Hochzeit(sfest *n*) *f*; Fest *n*; *~ de prata* (*ouro, diamante*) silberne (goldene, diamantene) Hochzeit *f*; silbernes (goldenes, diamantenes) Dienst-, Geschäfts-, Regierungs-jubiläum *n*.
bode ['bɔðə] *m* Ziegenbock *m*; *~ expiatório* Sündenbock *m*.
bod|ega [bu'ðɛɣɐ] *f* Kneipe *f*; F Spelunke *f*; Fraß *m*; **~egueiro** [~ðə'ɣeiru] *m* (Kneip-)Wirt *m*; *fig.* Schmutzfink *m*.
bodo ['boðu] *m* Armenspeisung *f*.
bodum [bu'ðũ] *m* (Bocks-)Gestank *m*.
boémi|a ['bwɛmjɐ] *f* Böhmin *f*; Zigeunerin *f*; *fig.* liederliche(s) Leben *n*; Boheme *f*; **~o** [~u] **1.** *adj.* böhmisch; **2.** *m* Böhme *m*; Zigeuner *m*; Bohémien *m*; F verbummelte(s) Genie *n*.
bof|ar [bu'far] (1e) auswerfen; *v/i.* schnauben; hervorsprudeln; *fig.* großtun; **~e(s)** ['bɔfə(ʃ)] *m/pl.* **a**) Lunge *f*; Geschlinge *n*; *fig.* Herz *n*; **b**) Bäffchen *n*.
bofet|ada [~ə'taðɐ] *f* Ohrfeige *f*; **~ão** [~ɐ̃u] *m* Maulschelle *f*.
boi [boi] *m* Ochse *m*; Rind *n*; *a passo de ~* im Schneckentempo.
bóia ['bɔjɐ] *f* Boje *f*; Schwimmer *m*; Schwimmkörper *m*; *bras.* Essen *n*.
boiad|a [bo'jaðɐ] *f* Ochsenherde *f*; **~eiro** [~jɐ'ðeiru] *m* Ochsentreiber *m*; Viehhändler *m*.
boião [bo'jɐ̃u] *m* Einmachtopf *m*; Glasbehälter *m*; *bras.* Räucherofen *m*.
boiar [bo'jar] (1k) anbojen; *v/i.* (auf dem Wasser) schwimmen, treiben; ⚓ loskommen, flott w.; *fig.* schwanken; *bras.* (zu Mittag *od.* zu Abend) essen.
boiça ['boisɐ] *f* = *bouça*.
boicot|agem [boiku'taʒɐ̃i] *f* Boykott *m*; **~ar** [~ar] (1e) = **~ear** [~jar] (1l) boykottieren.

boieiro [bo'jeiru] *m* Ochsentreiber *m.*
boina ['boinɐ] *m* Baskenmütze *f.*
boiz [bu'iʃ] *f* = *aboiz.*
boj|ar [bu'ʒar] (1e) (aus)bauchen; bauschen; *Metall* treiben; **~o** ['boʒu] *m* Ausbauchung *f*; Bauch *m*; Fassungsvermögen *n*; Widerstandskraft *f*; **~udo** [bu'ʒuðu] bauchig.
bola[1] ['bɔlɐ] **1.** *f* Kugel *f*; Ball *m*; *Seifen*-Blase *f*; ⚕ Beule *f*; *fig.* Kopf *m*; *jogo m da ~* Kegelspiel *n*; **2. ~s** a) *f/pl.* Eierbrikette *n/pl.*; *bras.* Kugelschleuder *f*; b) *m* Taugenichts *m*; c) *int. ora ~!* von wegen!
bola[2] ['bolɐ] *f* Bola *f* (*Flachbrot*); F Schlag *m* auf die Hand.
bolach|a [bu'laʃɐ] *f* Keks *m*; *fig.* F Backpfeife *f*; *~ de água e sal* Wasserkeks *m*; **~udo** F [~lɐ'ʃuðu] pausbäckig.
bolar [bu'lar] (1e) (mit der Kugel) treffen; *Tennis*: anspielen.
bolas ['bɔlɐʃ] **1.** *m* Nichtsnutz *m*; **2.** *~! int.* Quatsch!, Unsinn!
bolb|o ['bołβu] *m* Knolle *f*; *Blumen*-Zwiebel *f*; **~oso** [boł'βozu] zwiebelförmig, Zwiebel...; Knollen...
bolche|vismo [bołʃə'viʒmu] *m* Bolschewismus *m*; **~vista** [~'viʃtɐ] **1.** *su.* Bolschewist(in *f*) *m*; **2.** *adj.* bolschewistisch.
boldrié [~'drjɛ] *m* Wehrgehänge *n*; Traggurt *m.*
boleadeiras [bolja'ðeirɐs] *f/pl.* Kugellasso *n.*
bolear [bu'ljar] (1l) (ab)runden.
boleia [~'lejɐ] *f* (Kutsch-)Bock *m*; Ortscheit *n*; *fig.* F Freifahrt *f.*
boleima [~'leimɐ] *su.* Dämlack *m.*
boleio [~'leju] *m* (Ab-)Rundung *f.*
bolero [~'lɛru] *m* Bolero *m* (*Tanz*); Bolerojäckchen *n.*
bolet|im [~lə'tĩ] *m* amtliche Mitteilung *f*; *Heeres-*, *Konferenz*-Bericht *m*; Zettel *m*; Schein *m*, Vordruck *m zum Ausfüllen*; Mitteilungsblatt *n*; *~ meteorológico* Wetterbericht *m*; *~ oficial* Regierungsanzeiger *m*, Gesetzblatt *n*; **~ineiro** [~ti'neiru] *m* Telegrammbote *m.*
boleto [~'letu] *m* **a)** Quartier(zettel *m*) *n*; **b)** ⚘ Röhrenpilz *m.*
boléu [~'lɛu] *m* Fall *m*; Stoß *m*; An-, Zs.-prall *m.*
bolh|a ['boʎɐ] *f* Blase *f*; *ter ~* F e-n Vogel h.; *estar com a ~* F e-n Rappel h.; **~oso** [bu'ʎozu] blasig.
boliche *bras.* [bo'liʃə] *m* Ausschank *m*; Kramladen *m*; Kegelbahn *f.*
bólide ['bɔliðə] *f* Meteor *m.*
bolin|a ⚓ [bu'linɐ] *f* Buline *f*; *ir à ~* bei dem Winde segeln; **~ete** [~li'netə] *m* Winde *f*; Haspel *f.*
bolo ['bolu] *m* **a)** Kuchen *m*; Kloß *m*; ⚕ Beule *f*; F Schlag *m* auf die Hand; **b)** (Spiel-)Kasse *f*; *bras.*: *dar ~ em* es besser wissen als; *dar o ~ a j-n* versetzen; *dar um ~* e-e Unterschlagung begehen; **c)** *~(-arménio) min.* Bol(us) *m.*
bolor [bu'lor] *m* Schimmel *m*; *coberto de ~* schimmelig; *criar ~* = **~ecer** [~lurə'ser] (2g) *v/i.* verschimmeln; **~entu** [~lu'rẽntu] schimmelig.
bolota [bu'lɔtɐ] *f* Eichel *f.*
bolsa ['bołsɐ] *f* (Geld-)Beutel *m*; Börse *f* (*a.* ✝); Handtasche *f*; *Rohr*-Muffe *f*; *~ de ar* Luftsack *m*; *~ (de estudo)* (Studien-)Stipendium *n*; *~ de fundos públicos*, *~ de câmbios* Effekten-, *~ de trabalho* Arbeits-, *~ de valores* Wertpapier-börse *f*; *puxar pelos cordões à ~* in die Tasche greifen.
bols|eiro [boł'seiru] *m* Schatzmeister *m*; *bsd.* Stipendiat *m*; = **~ista** [~iʃtɐ] **1.** *m* Börsenspekulant *m*, Börsianer *m*; *bras.* Stipendiat *m*; **2.** *adj.* Börsen...; **~o** ['bołsu] *m* Tasche *f.*
bom [bõ] gut; gutherzig; tüchtig; schön (*a. irón.*); gesund; *~ ano ein* gutes (*od.* gesegnetes) Jahr; *ano m ~* Neujahr *n*; *estou ~* es geht mir gut; *ele não está ~!* er ist nicht ganz bei Trost!; *isso não está ~!* das ist nicht in Ordnung!
bomb|a ['bõmbɐ] *f* Pumpe *f*; Saugrohr *n*; ⚔ Bombe *f*; 🚂 Puffer *m*; *~ (de gasolina)* Benzinpumpe *f*, Tankstelle *f*; *~ aspiradora*, *~ elevadora* Saugpumpe *f*; *~ falhada* Blindgänger *m*; *~ incendiária* Brandbombe *f*; *~ de incêndio* Feuerspritze *f*; *dar à ~*, *tocar a ~* pumpen; **~achas** [bõm'baʃɐʃ] *f/pl.* Pumphosen *f/pl.*
bombard|eamento [bõmbɐrdjɐ'mẽntu] *m* Beschießung *f*; Bombardement *n*; *~ aéreo* Luftangriff *m*; **~ear** [~'djar] (1l) beschießen, bombardieren; **~eio** [~'deju] *m* Bombardierung *f*; *avião m de ~* Bombenflugzeug *n*; **~eiro** ✈ [~'deiru] *m*

Bomben-, Kampf-flugzeug *n*, Bomber *m*; *zo.* Bombardierkäfer *m*.
bomb|ástico [~'baʃtiku] schwülstig, hochtrabend; bombastisch; **~ear** [~'bjar] (1l) runden; ⚒ bombardieren; *bras.* (aus)kundschaften; **~eiro** [~eiru] *m* Feuerwehrmann *m*; *bras.* **a**) Klempner *m*; **b**) Kundschafter *m*; *os ~s pl.* die Feuerwehr; **~ista** [~iʃtɐ] *m* Bombenwerfer *m*.
bombo ['bõmbu] *m* dicke Trommel *f*.
bombom [bõm'bõ] *m* Praline *f*.
bombordo [~'borðu] *m* Backbord *n*.
bonacheirão [bunɐʃei'rɐ̃u] **1.** *adj.* gutmütig; **2.** *m* gute Seele *f*.
bonanç|a [bu'nɐ̃sɐ] *f* ruhiges Wetter *n* (auf See); Glück *n*; **~oso** [~nɐ̃'sozu] ruhig, heiter; frisch (*Wind*).
bondade [bõn'daðə] *f* Güte *f*.
bonde ['bondə] *m bras.* Straßenbahn *f*.
bondoso [bõn'dozu] gütig; gutmütig.
boné [bu'nɛ] *m* (Schirm-)Mütze *f*.
bonec|a [~'nɛkɐ] *f* Puppe *f*; **~o** [~u] *m männl.* Puppe *f*; *fig.* Hampelmann *m*.
bonific|ação [bunəfikɐ'sɐ̃u] *f* Vergünstigung *f*, Prämie *f*; **~ar** [~'kar] (1n) *j-m* e-e Vergünstigung (*od.* Prämie) gewähren.
bonifrate [~'fratə] *m* Hampelmann *m*.
bonina [bu'ninɐ] *f* Gänseblümchen *n*.
bonit|eza [~ni'tezɐ] *f* Hübschheit *f*; hübsche Sache *f*; **~inho** [~'tiɲu] niedlich; **~o** [~'nitu] hübsch; schön; *~!* das ist ja heiter!; *fê-la -a!* da haben Sie sich was geleistet!; *~ é ele!* ein nettes Pflänzchen!
bonomia [~nu'miɐ] *f* Gutmütigkeit *f*.
bónus ['bɔnuʃ] *m* Prämie *f*; (Fahrpreis-)Ermäßigung *f*; Gutschein *m*.
bonzo ['bõzu] *m* Bonze *m* (*a. fig.*).
boqu|ear [bu'kjar] (1l) nach Luft schnappen; = *~ejar*; **~eira** [~'keirɐ] *f* Ausschlag *m* am Mundwinkel; **~eirão** [~ei'rɐ̃u] *m* weite Öffnung *f*; Kanalmündung *f*; tiefe(s) Loch *n*; **~ejar** [~ɨ'ʒar] (1d) schnappen (nach); gähnen; meckern (über [*ac.*] *de*); **~ejo** [~'keʒu] *m* Gähnen *n*.
boqui|aberto [bokjɐ'βɛrtu] verdutzt, F baff; *ficar ~* Mund und Nase aufsperren, baff sn; **~abrir** *bras.* [~a'βrir] (3b) verblüffen.
boqu|ilha [bu'kiʎɐ] *f* (Zigarren-, Zigaretten-)Spitze *f*; ♪ = **~im** [~ĩ] *m* Mundstück *n*; **~inha** [~iɲɐ] *f* Mündchen *n*; *fig.* Küßchen *n*; *fazer ~* den Mund verziehen.
borato [~'ratu] *m* borsaure(s) Salz *n*.
bórax ['bɔraks] *m* Borax *m*.
borbol|eta [burbu'letɐ] *f* Schmetterling *m* (*a. fig.*); *bras.* Drehkreuz *n*; **~etear** [~ə'tjar] (1l) (herum)flattern; *fig.* (umher)schweifen.
borborejar [~rɨ'ʒar] (1d) brodeln.
borbori|gmo, **~smo** [~'riɣmu, ~ʒmu] *m*: *~s pl.* Blähungen *f/pl.*; **~nho** [~ɲu] *m* Stimmengewirr *n*; Lärm *m*; Durcheinander *n*.
borbot|ão [~'tɐ̃u] *m Wasser-*Strahl *m*; *Wind-*Stoß *m*; *a* (*od.* *em*) *-ões* sprudelnd, stoßweise; *sair em -ões* = **~ar** [~ar] (1e) (hervor)sprudeln.
borbulha [bur'buʎɐ] *f Haut-*Bläschen *n*; *Haut-*Finne *f*, Pöckchen *n*; *Luft-*Blase *f*; *Pflanzen-*Knospe *f*; *fig.* Schwäche *f*; Fehler *m*; Vogel *m*.
borbulh|ão [~bu'ʎɐ̃u] *m* Schwall *m*; Strahl *m*; = *borbotão*; **~ar** [~ar] (1a) brodeln; (hervor)sprudeln; sprossen; *fig.* hervorbrechen; **~oso** [~ozu] sprudelnd; blasig.
borco ['borku]: *de ~* umgestülpt; auf der (*od.* die) Nase; mit dem Gesicht (auf [*ac. u. dat.*] *sobre*).
borda ['bɔrðɐ] *f* Rand *m*, Saum *m*; Kante *f*; Fase *f*; Borte *f*, Einfassung *f*; Ufer *n*.
borda|da ⚓ [bur'daðɐ] *f* Kreuzen *n*; Schlag *m* (*beim Kreuzen*); Lage *f*, Breitseite *f*; **~deira** [~dɐ'ðeirɐ] *f* Stickerin *f*; Stickmaschine *f*; **~do** [~ðu] *m* Stickerei *f*; **~dura** [~dɐ'ðurɐ] *f* Einfassung *f*; Rand *m*; = *~do*; **~gem** [~ʒɐ̃i] *f* Beplankung *f*.
bordão [~'ðɐ̃u] *m* (Wander-, Pilger-)Stab *m*; Krückstock *m*; Prügel *m*; *fig.* Halt *m*; Redensart *f*; ♪ Brummbaß *m*.
bord|ar [~'dar] (1e) sticken; einfassen; *fig.* ausschmücken; **~ear** [~jar] (1l) = **~ejar** [~dɨ'ʒar] (1d) ⚓ lavieren; Kahn fahren; segeln.
bordel [~'dɛɫ] *m* Bordell *n*.
bordo¹ ['bɔrdu] *m* ⚓ Bord *m*; Kurs *m*; = *bordado*; *allg.* Rand *m*, Saum *m*; *a ~* an Bord; *andar aos ~s* schwanken; *de alto ~* hochbordig; *fig.* riesig.
bordo² ['bordu] *m* Ahorn(holz *n*) *m*.

bordoada [bur'dwaδɐ] *f* Schlag *m* (mit dem Stock).
boreal [~'rjał] nördlich, Nord...
boreste *bras.* ['borɛstə] *m* Steuerbord *n.*
borgonha [bur'ɣoɲɐ] *m* Burgunder *m.*
bórico ['bɔriku] Bor...
borl|a ['bɔrlɐ] *f* Quaste *f*; Troddel *f*; Flaggenknopf *m*; Doktorhut *m*; *tomar a* ~ sich habilitieren; *de* ~ P umsonst; *conseguir uma* ~ e-n Freiplatz ergattern; **~ista** [bur'liʃtɐ] *m* Freiplatzjäger *m.*
bornal [bur'nał] *m* Futtersack *m.*
borne ['bɔrnə] *m* Klemmschraube *f*; *Radio*: Polklemme *f.*
boro ['bɔru] *m* Bor *n.*
boroa [bu'roɐ] = *broa.*
borra ['boʀɐ] *f* Bodensatz *m*, Rückstand *m*; Hefe *f* (*a. fig.*); Flockseide *f*; *fig.* unnütze(s) Zeug *n.*
borra|çal [buʀɐ'sał] *m* Moor *n*; **~ceiro** [~'seiru] *m* Sprühregen *m.*
borracha [~'ʀaʃɐ] *f* Weinschlauch *m*; (Ballon-, Klistier-)Spritze *f*; Radiergummi *m*; *allg.* Gummi *m*; ~ *sintética* künstliche(r) Kautschuk *m.*
borrach|ão [~ʀɐ'ʃɐ̃u] *m fig.* Schlauch *m*; **~eira** [~eirɐ] *f* Rausch *m*; Sauferei *f*; *fig.* Sudelei *f*, F Mist *m*; **~o** [~'ʀaʃu] **1.** *adj.* P besoffen; **2.** *m* a) Säufer *m*; b) Täubchen *n.*
borrad|ela [~'δɛlɐ] *f* Klecks *m*; Fliegen-, Insekten-dreck *m*; (leichter) Anstrich *m*; *fig.* Geschmiere *n*; **~or** [~or] *m* Kladde *f*; Skizzenbuch *n*; *bsd.* Konzept *n*; *fig.* Kleckser *m*; **~ura** [~urɐ] *f* **a**) = *~ela*; **b**) Streichung *f*; radierte Stelle *f.*
borragem ⚘ [~'ʀaʒɐ̃i] *f* Borretsch *m.*
borralho [~'ʀaʎu] **1.** *m* heiße Asche *f*, Glut *f*; Herd *m*; **2.** *adj.* aschfarben.
borr|ão [~'ʀɐ̃u] *m* (Tinten-)Klecks *m*; Konzept *n*, Entwurf *m*; Skizze *f*; *fig.* Schandfleck *m*; Schmach *f*; **~ar** [~ar] (1e) beklecksen, beschmieren; durchstreichen; verwischen; ausradieren; *fig.* kritzeln; schmieren.
borrasc|a [~'ʀaʃkɐ] *f* Unwetter *n*; *fig.* Wutausbruch *m*; Aufruhr *m*; **~oso** [~ʀɐʃ'kozu] stürmisch.
borrego *m*, **-a** *f* [~'ʀeɣu, -ɐ] jährige (-s) Lamm *n*; *fig.* gute(s) Schaf *n.*
borrelho [~'ʀeʎu] *m* Wasserhuhn *n.*
borrif|ador [~ʀifɐ'δor] *m* Rasen-, Wäsche-sprenger *m*; **~ar** [~'far] (1a) benetzen; (be)sprengen; anfeuchten; *v/i.* tropfen, rieseln; **~o** [~'ʀifu] *m* Tröpfchen *n*; Sprühregen *m*; *dar um* ~ *a* = *~ar.*
bosque ['bɔʃkə] *m* Wald *m* (*a. fig.*); Gehölz *n.*
bosquej|ar [buʃkɨ'ʒar] (1d) entwerfen, skizzieren (*a. fig.*); **~o** [~'keʒu] *m* Entwurf *m*; Skizze *f* (*a. fig.*); ungefähre Vorstellung *f.*
bossa ['bɔsɐ] *f* Beule *f*; Auswuchs *m*; Höcker *m*; *Schrauben*-Nabe *f*; *fig.* Eignung *f*, Talent *n.*
bosta ['bɔʃtɐ] *f* Kuh-fladen *m*, -mist *m.*
bost|ela [buʃ'tɛlɐ] *f* Pustel *f*, Pocke *f*; **~elento** [~tə'lẽntu] pockig.
bota ['bɔtɐ] *f* Stiefel *m*; ~ *alta* Schaft-, ~ *de montar* Reit-stiefel *m*; *umas ~s* ein Paar *n* Stiefel; *arranjar um par de ~s a alg.* j-m etwas einbrocken; *descalçar a* ~ sich aus der Klemme ziehen; *bater a* ~ sterben.
bota-|fogo [~'foɣu] *m* Luntenstock *m*; *fig.* Heißsporn *m*; **~fora** [~'fɔrɐ] *m* ⚓ Stapellauf *m*; *allg.* Abschiedsfeier *f*; Kehraus *m*; Verschwendung *f.*
botalós ⚓ [butɐ'lɔʃ] *m* Spieren *f/pl.*
botânic|a [bu'tɐnikɐ] *f* Pflanzenkunde *f*, Botanik *f*; **~o** [~u] **1.** *adj.* botanisch; **2.** *m* Botaniker *m.*
botão [~'tɐ̃u] *m* Knopf *m*; Knauf *m*; ⚘ Knospe *f*; ⚕ Pickel *m*; *com os seus -ões* bei (*od.* zu, mit) sich selbst.
botar P [~'tar] (1e) schmeißen; ausstoßen, (ab-, raus-)l.; (ran-, rein-, weg-, zu-)tun, -m.; (rein-, weg-) stecken; (ein-, zu-, weg-)schütten; *Kleid* anziehen, tragen; ~ *fora* wegschmeißen; *Zunge* rausstrecken; *Speise usw.* rausspucken; *j-n* rausschmeißen; ~ *a inf.* anfangen zu *inf.*; ~ *a fugir* sich dünnmachen; **~-se** *a* rangehen an (*ac.*); gehen bis.
botaréu [~tɐ'rɛu] *m* Widerlager *n*; Strebe-bogen *m*, -pfeiler *m.*
bote ['bɔtə] *m* Boot *n.*
botelha *gal.* [bu'teʎɐ] *f* Flasche *f.*
botequim [butə'kĩ] *m* Schenke *f.*
botic|a [~'tikɐ] *f* Apotheke *f*; **~ão** [~ti'kɐ̃u] *m* Zahnzange *f*; **~ário** [~ti'karju] *m* Apotheker *m.*
botij|a [~'tiʒɐ] *f* Kruke *f*; *bsd.* Wärmeflasche *f*; *fig.* Fettwanst *m*; **~jão** [~ti'ʒɐ̃u] *m* (Gas-)Flasche *f.*
boto ['botu] **1.** *adj.* stumpf(sinnig); **2.** *m* Schweinsfisch *m.*

botoeir|a [bu'tweirɐ] *f* Knopfloch *n*; **~o** [~u] *m* Knopfmacher *m*.
bouba ⚕ ['boβɐ] *f* Schanker *m*.
bouça ['bosɐ] *f* Gestrüpp *n*; Brachfeld *n*.
bov|ídeos [bu'viδjuʃ] *m/pl.* Horntiere *n/pl.*; **~ino** [~inu] **1.** *adj.* Rinder..., Rinds...; *gado m* ~ = **2.** *m* ~*s pl.* Rindvieh *n*.
box|e ['bɔksə] *m* Boxsport *m*, Boxen *n*; *jogar* ~ boxen; **~(e)ador, ~ista** *bras.* [bɔks(j)ɐ'δor, -'sistɐ] *m* Boxer *m*.
braça ['brasɐ] *f* Klafter *m* (= 2,20 m); ⚓ Faden *m*.
braç|ada [brɐ'saδɐ] *f* ⚓ Faden *m*; = *~ado*; **~adeira** [~sɐ'δeirɐ] *f* Schlinge *f*, Schlaufe *f*; Ring *m an gewissen Gegenständen*; Schelle *f*, Zwinge *f*; Schildriemen *m*; **~ado** [~aδu] *m* Armvoll *m*; große Menge *f*, Überfluß *m*; **~al** [~ał] **1.** *adj. trabalho m* ~ körperliche Arbeit *f*; *trabalhador m* ~ Handarbeiter *m*; **2.** *m* † Armschiene *f*.
braceiro [~'seiru] **1.** *adj.* stark (-armig); Arm..., Wurf...; **2.** *m* Handarbeiter *m*.
brace|jar [~sɨ'ʒar] (1d) die Arme schlenkern; mit den Armen (*od.* herum-)fuchteln; **~jo** [~'seʒu] *m* Schlenkern *n*; Fuchteln *n*; **~lete** [~sə'letə] *m* Arm-reifen *m*, -band *n*.
braço ['brasu] *m* Arm *m*; Oberarm *m* (*Mensch*); Vorderbein *n* (*Tier*); Fangarm *m* (*Polyp*); *Baum*-Ast *m*; Armlehne *f* (*Stuhl*); Hebelarm *m*, Waagebalken *m*; *Pumpen*-Schwengel *m*; ⚓ Brasse *f*; ♪ *Geigen*-Hals *m*; *fig.* **a**) Arbeitskraft *f*; **b**) Mut *m*; **c**) Gewalt *f*; *cadeira f de ~s* Lehnstuhl *m*; *enfiar o ~ no de* sich einhaken bei; *de ~ dado* Arm in Arm; *deixar cair os ~s* die Arme sinken l.; mutlos w., es aufgeben; *de (od. com os) ~s caídos (cruzados)* untätig, müßig; *deixar alg. a ~s com* j-n allein l. mit; j-m et. auf-bürden, -halsen; *estar (od. ver-se) a ~s com a/c., ter a/c. a ~s* et. auf dem Halse h., mit et. s-e liebe Not h.; *pôr a ~s* mit-ea. verfeinden; *vir a ~s com alg.* mit j-m handgemein w.; *viver dos seus ~s* von seiner Hände Arbeit leben; *não dar o seu ~ a torcer* nicht nachgeben, sich nichts gefallen l.; *meter o ~ bras.* dreinschlagen.
bráctea ⚘ ['braktjɐ] *f* Deckblatt *n*.
bradar [brɐ'δar] (1b) schreien, brüllen; ~ *de* eifern gegen; *que brada ao céu* himmelschreiend.
brado ['braδu] *m* Schrei *m*; Geschrei *n*; *dar ~ fig.* Aufsehen erregen.
bragal [brɐ'γał] *m* Wäsche(ausstattung) *f*.
bragu|eiro [~'γeiru] *m* Bruchband *n*; **~ilha** [~'γiʎɐ] *f* Hosenschlitz *m*.
brama ['brɐmɐ] *f* Brunst *f*.
brâmane ['brɐmɐnə] *m* Brahmane *m*.
bram|ar [brɐ'mar] (1a) röhren; *allg.* brüllen; toben; **~ido** [~iδu] *m* Brunstgeschrei *n*; Gebrüll *n*; Toben *n*; **~ir** [~ir] (3a) brüllen; toben, tosen; **~oso** [~ozu] tobend.
branc|a ['brɐ̃ŋkɐ] *f* ♪ halbe Note *f*; ♀ *de Neve* Schneewittchen *n*; **~o** [~u] **1.** *adj.* weiß; blank; hell; *carta f -a* Blankett *n* (*weiße Spielkarte*); Vollmacht *f*; *pão m ~* Weißbrot *n*; *crédito (cheque) m em ~* Blankokredit *m* (-akzept *n*); *página f em ~* leere Seite *f*; *estar em ~* blank sn; nüchtern sn; nicht studiert h., nichts wissen; *ficar em ~* nichts verstehen; *deixar alg. em ~* j-n enttäuschen; j-n sitzen l.; *deixar a/c. em ~* unausgefüllt (leer *od.* frei) l.; *assinar em ~ fig.* vorbehaltlos billigen; *de ponto em ~* tadellos *od.* F tipptopp (angezogen); *sair em ~* eine Niete ziehen; *passar a noite em ~* kein Auge zutun; **2.** *m* Weiß *n*; Weiße(r) *m* (*Ggs. Farbiger*); (Ei-) Weiß *n*; *das* Weiße *im Auge*; (Zeilen-)Abstand *m*; **~ura** [brɐ̃ŋ'kurɐ] *f* Weiße *f*.
brandão [brɐ̃n'dɐ̃u] *m* (Wachs-) Fackel *f*; *große* (Kirchen-)Kerze *f*.
brandir [~'dir] (3a) schwingen, schwenken; *v/i.* schwanken.
brand|o ['brɐ̃ndu] sanft, weich; lind; mild (*Wetter*); schwach, gelinde (*Feuer*); nachgiebig, lässig; stimmhaft (*Konsonant*); ~ *de boca* weichmäulig (*Pferd*); **~ura** [brɐ̃n'durɐ] *f* Sanftheit *f*, Weichheit *f*; Milde *f*; Nachgiebigkeit *f*; *~s pl.* sanfte Worte *n/pl.*; Zärtlichkeiten *f/pl.*
branqu|ear [brɐ̃ŋ'kjar] (1l) weißen; tünchen; bleichen; *v/i.* = *~ejar*; **~earia** [~jɐ'riɐ] *f* Bleiche *f*; **~ejar** [~ɨ'ʒar] (1d) *v/i.* bleichen, weiß w.; weiß schimmern.

brânquias ['brɐ̃ŋkjɐʃ] *f/pl.* Kiemen *f/pl.*
braquial [brɐ'kjał] Arm...
brasa ['brazɐ] *f* (Kohlen-)Glut *f*; glühende Asche *f*; *em* ~ glühend; *fig.* wütend; *estar* (*od. andar*) *sobre* ~*s* auf Kohlen sitzen.
brasão [brɐ'zɐ̃u] *m* Wappen *n*.
bras|eira [~'zeirɐ] *f* Kohlenbecken *n*; Glut *f*; **~eiro** [~eiru] *m* = ~*eira*; *ficar reduzido a um* ~ sich in einen glühenden Aschenhaufen verwandeln; **~ido** [~iðu] *m* Glut *f*.
brasil [~'ził] *m* Brasilholz *n*.
brasil|eirismo [~zilei'riʒmu] *m* brasilianische(r) Ausdruck *m*; **~eiro** [~'leiru] **1.** *adj.* brasilianisch; **2.** *m*, **-a** *f* Brasilianer(in *f*) *m*; **~idade** [~i'ðaðə] *f* Brasilianertum *n*; Liebe *f* zu Brasilien; **~iense** [~'ljẽsə] aus Brasilia.
brason|ado [~zu'naðu] wappengeschmückt; **~ar** [~ar] (1f) mit e-m Wappen schmücken; *v/i.* = *blasonar*.
brav|ata [brɐ'vatɐ] *f* (prahlerische) Drohung *f*; Prahlerei *f*; **~atear** [~vɐ'tjar] (1l) Drohungen ausstoßen; prahlen; **~eza** [~ezɐ] *f* Kühnheit *f*; kühne Tat *f*; Ungestüm *n*; Wut *f der Elemente*; **~io** [~iu] **1.** *adj.* wild; unbändig, ungestüm; grob, bäurisch; rauh, unwirtlich (*Klima*); unbebaut (*Gelände*); **2.** *m* Ödland *n*; **~o** ['bravu] **1.** *adj.* tapfer; hochherzig; tüchtig, großartig (*a. irón.*); wild (*Tier*); ungestüm, unbändig (*Mensch*); unwirtlich (*Land*); *o mar está* ~ das Meer geht hoch; ~! bravo!; **2.** *m* Bravoruf *m*; Bravo *m*, Bandit *m*; **~ura** [~urɐ] *f* Mut *m*, Tapferkeit *f*; Ungestüm *n*; Wildheit *f der Tiere*; ♪ Bravour *f*.
brear [brjar] (1l) teeren.
breca ['brɛkɐ] *f* Muskelkrampf *m*; *levado da* ~ F verteufelt; *ser levado da* ~ F es faustdick hinter den Ohren haben; *fazer coisas da* ~ F unglaubliche Sachen m.; *com a* ~! F zum Donnerwetter noch mal!; *ir-se com a* ~ F abhauen.
brecar *bras.* [brɛ'kar] (1n) bremsen.
brecha ['brɛʃɐ] *f* Bresche *f* (*abrir, fazer* schlagen *od.* schießen); Riß *m*; Lücke *f*; *estar na* ~ in vorderster Linie kämpfen.
brej|eiro [brɨ'ʒeiru] **1.** *m* Flegel *m*; **2.** *adj.* flegelhaft; **~o** ['breʒu] *m* Sumpf(land *n*) *m*, Heide(land *n*) *f*.
brenh|a ['breɲɐ] *f* Gestrüpp *n* (*a. fig.*); ~*s pl.* Wildnis *f*; **~oso** [brɨ'ɲozu] buschig, dicht; undurchdringlich (*a. fig.*).
brequ|e ['brɛkə] *m* Kremser *m*; *bras.* Bremse *f*; **~ista** *bras.* [brɛ'kistɐ] *m* Bremser *m*.
bretão [brə'tɐ̃u] **1.** *m* a) Bretone *m*; b) Brite *m*; **2.** *adj.* a) bretonisch; b) britisch.
brete ['brɛtə] *m* (Vogel-)Falle *f*; *fig. a.* Schlinge *f*.
breu [breu] *m* Teer *m*; *escuro como* ~ pechschwarz; stockfinster.
breve ['brɛvə] **1.** *m* Breve *n*; **2.** *f* ♪ Brevis *f*; *gram.* kurze(r) Silbe *f* (Vokal *m*); **3.** *adv.* bald; **4.** *adj.* kurz; *em* ~*s anos* in wenigen Jahren; *uma resposta* ~ eine baldige Antwort; *o mais* ~ *possível* so kurz (*od.* so bald) wie möglich; (*dentro*) *em breve* = **~mente** [~'mẽntə] kurz, in Kürze; in kurzem, bald.
brevet [brə'vɛ] *m* Flugzeugführerschein *m*; **~ar-se** [~və'tarsə] (1c) den Flugzeugführerschein erwerben.
brev|iário [brə'vjarju] *m* Brevier *n* (*a. fig.*); Auszug *m*, Abriß *m*; *ler pelo mesmo* ~ in demselben Fahrwasser segeln; **~idade** [~vi'ðaðə] *f* Kürze *f*.
bricabraque [brika'βrakə] *m* Antiquitäten *f/pl.*; *depr.* Gerümpel *n*.
brida ['briðɐ] *f* Zaum *m*, Zügel *m*; *a toda a* ~ mit verhängten Zügeln; *fig.* so schnell wie möglich.
brid|ão [bri'ðɐ̃u] *m* Trense *f*; **~ar** [~ar] (1a) zäumen, zügeln (*a. fig.*).
briga ['briɣɐ] *f* Streit *m*; Schlägerei *f*.
brig|ada [bri'ɣaðɐ] *f* Brigade *f*; Trupp *m* Arbeiter; **~adeiro** [~ɣɐ'ðeiru] *m* Brigadegeneral *m*, Generalmajor *m*; **~ador** [~ɣɐ'ðor] = **~alhão** *bras.* [~ɣa'ʎɐ̃u] *m* = *brigão*; **~ante** [~'ɣɐ̃ntə] aufrührerisch; = **~ão** [~ɐ̃u] **1.** *adj.* händelsüchtig; **2.** *m* Raufbold *m*; **~ar** [~ar] (1o) streiten; kämpfen; raufen; ea. widersprechen.
brigue ['briɣə] *m* Brigg *f*.
brilh|ante [bri'ʎɐ̃ntə] **1.** *adj.* glänzend; **2.** *m* Brillant *m*; **~antina** [~ʎɐ̃n'tinɐ] *f* Brillantine *f*; **~ar** [~ar] (1a) glänzen (*a. fig.*); schimmern,

funkeln; **~o** ['briʎu] *m* Glanz *m*; Schein *m*; Schimmer *m*.
brim [brĩ] *m* Segeltuch *n*.
brinc|adeira [brĩŋkɐ'ðeirɐ] *f* Scherz *m*, Spaß *m*; Spielerei *f*; **~alhão** [~ɐ'ʎɐ̃u] **1.** *adj.* verspielt; lustig; *homem m ~* = **2.** *m* Spaßvogel *m*; **~ar** [~'kar] (1n) *v/i.* spielen; hüpfen, tanzen; scherzen, spaßen; *~ às guerras (aos professores)* Krieg (Lehrer) spielen; **~o** ['brĩŋku] *m* Spiel(zeug) *n*; Scherz *m*, Spaß *m*; *fig.* hübsche Sache *f*; *ficar um ~* hübsch w. (*od.* aussehen); *~s pl.* Ohr-ringe *m/pl.*, -gehänge *n*; **~os-de-princesa** [ˌbrĩŋkuʒðəprĩ'sezɐ] *m/pl.* Fuchsie *f*.
brind|ar [brĩn'dar] (1a) *v/t.* (*alg. com a/c.*) (j-n mit et.) beschenken, (j-m et.) schenken; (j-m et.) anbieten (*z.B. ein Glas Wein*) *od.* geben (*z.B. ein Essen*); (j-m et.) überlassen (*od.* gewähren); *v/i.* e-n Trinkspruch ausbringen; *~ à saúde de alg.* auf j-n (*od.* j-m zu)trinken; **~e** ['brĩndə] *m* Trinkspruch *m* (*fazer* ausbringen), Toast *m*; Geschenk *n*.
brinquedo [brĩŋ'keðu] *m* Spiel (-zeug) *n*.
brio [briu] *m* Ehr-, Selbst-gefühl *n*; Mut *m*; Großherzigkeit *f*; F Schneid *m*; *fig.* Feuer *n*, F Schmiß *m*; *encher-se de ~s* sich bei der Ehre gepackt fühlen; *abater os ~s a* j-n demütigen, F j-m e-n Deckel geben; *sem ~* ehrvergessen; **~so** ['brjozu] ehrliebend, selbstbewußt; mutig; großherzig; F schneidig; *fig.* feurig, F schmissig.
briquete [bri'ketə] *m* (Eier-)Brikett *n*.
brisa ['brizɐ] *f* Brise *f*.
brit|ado [bri'taðu]: *pedras f/pl. -as* Schotter *m*, Steinschlag *m*; **~ador** [~tɐ'ðor] *m* Steinklopfer *m* (*Mensch*); Erz-, Stein-brecher *m*; Zerkleinerungsmaschine *f*; Kollergang *m*.
britânico [~'tɐniku] britisch.
britar [~'tar] (1a) *Steine* klopfen; *allg.* zerkleinern; *Knochen usw.* zerbrechen, zermalmen (*a. fig.*).
broa ['broɐ] *f* Maisbrot *n*; *Art* Christstolle(n) *f* (*m*).
broca ['brɔkɐ] *f* Bohrer *m*; Bohreisen *n*; *bras. a.* Bohrloch *n*; Dorn *m im Türschloß*; *bras.* **a**) *Kaffeebohnen*-Sieb *n*; **b**) Bohrkäfer *m*.
brocado [bru'kaðu] *m* Brokat *m*.
brocar [~'kar] (1n; *Stv.* 1e) = *broquear*; *bras. Kaffeebohnen* sieben.
brocha ['brɔʃɐ] *f* **a**) (Anstreicher-)Pinsel *m*; **b**) Schusterzwecke *f*; *estar* (*od. ver-se*) *à ~* F in der Klemme sitzen; weder ein noch aus wissen.
broch|ador *m*, **-deira** *f* [bruʃɐ'ðor, -'ðeirɐ] Buchbinder(in *f*) *m*; **~agem** [~'ʃaʒɐ̃i] *f* Binden *n der Bücher*; **~ar** [~'ʃar] (1e) **a**) (an)nageln; **b**) *Bücher* binden, broschieren.
broche ['brɔʃə] *m* Brosche *f*; Schnalle *f*.
brochura [bru'ʃurɐ] *f* Broschüre *f*; [Broschieren *n*.]
brócolos ['brɔkuluʃ] *m/pl.* italienische(r) Blumenkohl *m*.
brom|a ['bromɐ] **1.** *f* a) Holzwurm *m*; b) innere(r) Rand *m* (des Hufeisens); c) *bras.* Scherz *m*; Spott *m*; **2.** *adj.* ordinär; minderwertig; **3.** *m* Schafskopf *m*; **~ar** [bru'mar] (1f) zernagen; *Zucker* verderben (l.); *v/i. bras.* Pech h.; schlecht ausgehen; verderben; **~eto** [bru'metu] *m*: *papel m ~* Bromsilberpapier *n*.
bróm|ico ['brɔmiku] Brom...; **~io** [~ju], **bromo** ['bromu] *m* Brom *n*.
bronco ['brõŋku] roh, unbearbeitet; rauh (*Gelände, Stimme*); ungehobelt (*Wesen*); grob, plump (*Arbeit, Bewegung*); *geistig* stumpf.
bronco|pneumonia [ˌbrõŋkɔpneu-mu'niɐ] *f* doppelseitige Lungenentzündung *f*; **~scopia** [~ʃku'piɐ] *f* Luftröhrenspiegelung *f*.
bronquial [brõŋ'kjał] bronchial.
brônquios ['brõŋkjuʃ] *m/pl.* Bronchien *f/pl.* [katarrh *m.*]
bronquite [brõŋ'kitə] *f* Bronchial-
bronze ['brõzə] *m* Bronze *f*, Erz *n*; *de ~* ehern; **~ado** [brõ'zjaðu] bronzefarben; **~ar** [brõ'zjar] (1l) bronzieren; braun brennen.
brônzeo ['brõzju] bronzen, ehern.
broque ['brɔkə] *m* Gebläse *n*.
broquear [bru'kjar] (1l) (auf-, aus-, durch-)bohren.
broquel [bru'kɛł] *m* (kleiner) Schild *m*; *Maurergewerbe*: Aufziehbrett *n*; *fig.* Schutz *m*.
brossa ['brɔsɐ] *f* (Drucker-, Pferde-) Bürste *f*.
brot|ar [bru'tar] (1e) *v/i.* keimen, knospen, sprießen; ausschlagen (*Baum*); treiben (*Pflanze*); (hervor-)quellen (*Wasser*); entspringen; erwachsen; zum Vorschein kommen; *v/t.* hervorbringen; *Klagen usw.*

ausstoßen; *Unsinn* reden; **~inho** *bras.* [~iɲu] *m* Backfisch *m*; **~o** ['brotu] *m* Knospe *f*.
brox|a ['brɔʃɐ] *f* (Kalk-, Anstreicher-)Pinsel *m*; **~ante** [bru'ʃɐ̃ntə] *m* Anstreichergeselle *m*; **~ar** [bru'ʃar] (1e) (an-, über-)pinseln.
bruaca *bras.* ['brwakɐ] *f* Fellkoffer *m*.
bruços ['brusuʃ]: *de* ~ auf allen vieren; aufgestützt; = *de borco*; *atirar-se de* ~ sich aufs Gesicht werfen.
bruma ['brumɐ] *f* (*See-*, *Boden-*) Nebel *m*; Brodem *m*.
brum|al [bru'maɫ] Nebel...; *fig.* düster; **~oso** [~ozu] nebelig, diesig.
brun|ideira [bruni'ðeirɐ] *f* Plätterin *f*, Büglerin *f*; **~ido** [~'niðu] **1.** *adj.* glänzend; **2.** *m* Glanz *m*; **~idor** [~i'ðor] *m* Polierer *m*; Polier-stahl *m*, -stein *m*; **~ir** [~'nir] (3a) glätten, polieren; *Wäsche* plätten.
bruno ['brunu] dunkel, düster.
brus|co ['bruʃku] plötzlich, jäh; heftig; schroff; **~quidão** [bruʃki'ðɐ̃u] *f* Plötzlichkeit *f*; Heftigkeit *f*; Schroffheit *f*; *com* ~ barsch.
brut|al [bru'taɫ] roh, viehisch; brutal; gewalttätig; **~alidade** [~tɐli'ðaðə] *f* Roheit *f*; Brutalität *f*, Rücksichtslosigkeit *f*; **~alizar** [~tɐli'zar] (1a) verrohen; mißhandeln, roh behandeln; **~amontes** [~tɐ'mõntiʃ] *m* Schafskopf *m*; Flegel *m*; **~o** ['brutu] **1.** *adj.* roh; *fig. a.* ungeschliffen; *em* ~ in rohem Zustand; *força f -a* rohe Gewalt *f*; *matéria f -a* Rohstoff *m*; *peso m* (*rendimento m*) ~ Brutto-gewicht *n* (-gewinn *m*); **2.** *m* Tier *n*; *fig.* Rohling *m*.
bruxa ['bruʃɐ] *f* Hexe *f*.
brux|aria *f*, **~edo** *m* [bruʃɐ'riɐ, ~'ʃeðu] Hexerei *f*; **~o** ['bruʃu] *m* Hexenmeister *m*, Zauberer *m*.
bruxul|eante [~u'ljɐ̃ntə] flackernd; **~ear** [~jar] (1l) flackern; glimmen.
bub|ão [bu'βɐ̃u] *m* (Leisten-)Drüsengeschwür *n*; (Pest-)Beule *f*; **~ónica** [~ɔnikɐ] Beulen...
bucal [bu'kaɫ] Mund...; *bolsa f* ~ Backentasche *f*.
bucéfalo [~'sɛfɐlu] *m* Schlachtroß *n*; P Gaul *m*.
buch|a ['buʃɐ] **1.** *f* Pfropf(en) *m*; *Speise-*Happen *m*, *Brot-*Bissen *m*; ⊕ (Lager-)Buchse *f*, (-)Büchse *f*, (-)Hülse *f*; Einsatz-, Paß-, Verlängerungs-stück *n*; *fig.* Unannehmlichkeit *f*; **2.** *m* Wanst *m*; **~o** [~u] *m* Magen *m*, Pansen *m*; Bauch *m*; *tirar do* ~ *de alg.* aus j-m herausholen; *despejar o* ~ sein Herz ausschütten.
buço ['busu] *m* Flaum *m*.
bucólic|a [bu'kɔlikɐ] *f* Schäfergedicht *n*, Hirtenlied *n*; **~o** [~u] idyllisch, naiv; Hirten..., Schäfer...
budismo [~'ðiʒmu] *m* Buddhismus *m*.
bueiro ['bweiru] *m* Abfluß-, Abzugrinne *f*, -rohr *n*, -loch *n*.
bufa V ['bufɐ] *f* Furz *m*.
búfalo *m* (**-a** *f*) ['bufɐlu (-ɐ)] Büffel(kuh *f*) *m*.
buf|ão [bu'fɐ̃u] *m* Prahlhans *m*; † Possenreißer *m*; **~ar** [~ar] (1a) pusten; schnauben, fauchen; *fig. a.* große Bogen spucken; V furzen.
bufar|inha(s) [~fɐ'riɲɐ(ʃ)] *f*(*pl.*) Kram *m*; **~inhar** [~i'ɲar] (1a) hausieren mit; **~inheiro** [~i'ɲeiru] *m* Hausierer *m*.
bufete [~'fetə] *m* Anrichte *f*; Servier-, Schank-tisch *m*; Büfett *n*.
bufo ['bufu] **1.** *m* a) Uhu *m*; *fig.* Menschenfeind *m*; Geizhals *m*; P Spion *m*; b) Kröte *f*; c) Schnaufer *m*; d) *tea.* Buffo *m*; **2.** *adj.* possierlich, komisch; **~naria** [bufunɐ'riɐ] *f* Prahlerei *f*, Geprahle *n*; (Narrens-) Possen *m*.
bugalh|o [bu'ɣaʎu] *m* Eichel *f*; Gallapfel *m*; **~udo** [~ɣɐ'ʎuðu] eichelförmig; vorstehend (*Auge*).
buganvília ⚘ [~ɣɐ̃'viljɐ] *f* Bougainvillea *f*.
bug|ia [bu'ʒiɐ] *f* **a**) Affenweibchen *n*; **b**) Kerze *f*; Leuchter *m*; **~iar** [~'ʒjar] (1g): *mandar* ~ F fortjagen, zum Teufel schicken; *vá* ~! hau ab!; **~iaria** [~ʒjɐ'riɐ] *f* = **~igangas** [~ʒi'ɣɐ̃ŋgɐʃ] *f/pl.* Affereien *f/pl.*; Affenstreiche *m/pl.*; *bsd.* Kleinkram *m*, Plunder *m*; *loja f de* ~ Kramladen *m*; **~io** [~'ʒiu] *m* Mandrill *m* (*Pavianart*); *allg.* Affe *m* (*a. fig.*).
bugre *bras.* ['buɣrə] *m* Wilde(r) *m*.
bujão [bu'ʒɐ̃u] *m* Pfropfen *m*, Stopfen *m*, Stöpsel *m*; Verschlußstück *n*; ~ *postiço* Leerkontakt *m*.
bujarrona [buʒɐ'ʀonɐ] *f* ⚓ Klüver *m*; *fig.* Beleidigung *f*; *bras.* (Papier-) Drache *m*.
bula ['bulɐ] *f* (päpstliche) Bulle *f*; *ter* ~ *para tudo* sich alles erlauben können; ~*s pl.* Befähigung *f*; *com* ~*s falsas* durch Betrug.

bulb|o [ˈbułβu] *m* (Blumen-)Zwiebel *f*; **~oso** [bułˈβozu] Zwiebel...
buldogue [bułˈdɔɣə] *m* Bulldogge *f*.
bule [ˈbulə] *m* (Tee-)Kanne *f*.
búlgaro [ˈbułɣɐru] **1.** *m* Bulgare *m*; **2.** *adj.* bulgarisch.
bulh|a [ˈbuʎɐ] *f* Lärm *m*; Streit *m*, Händel *m/pl.*; Rauferei *f*; *meter à ~* in Händel verwickeln; aufhetzen; *andar às ~s* = **~ar** [buˈʎar] (1a) sich zanken; sich raufen; **~ento** [buˈʎẽntu] händelsüchtig.
bulício [buˈlisju] *m* Unruhe *f*; Gedränge *n*; Gewirr *n*; Geräusch *n*.
buliçoso [~liˈsozu] unruhig; zappelig; betriebsam.
bulimia [~ˈmiɐ] *f* Heißhunger *m*.
bulir [~ˈlir] (3h) *v/i.* sich rühren, sich regen; *~ em* berühren; *~ com* bewegen; = *v/t.* (be)rühren; beunruhigen; belästigen; hänseln.
bumba! [ˈbũmbɐ] bums!, bum!
bundo [ˈbũndu] *m* Bundo *n*; *allg.* Negersprache *f*.
buraco [buˈraku] *m* Loch *n*.
burburinho [burbuˈriɲu] *m* Gemurmel *n*; Lärm *m*.
burel [~ˈrɛł] *m* grobe(r) Wollstoff *m*; Kutte *f*.
burgalhão [burgɐˈʎɐ̃u] *m* Muschelbank *f*.
burgo [ˈburgu] *m* Marktflecken *m*; Vorstadt *f*; Schloß *n*; **~mestre** [ˌburguˈmɛʃtrə] *m* Bürgermeister *m*.
burgu|ês [burˈgeʃ] **1.** *m* Bürger *m*; Bourgeois *m*; Spießer *m*; **2.** *adj.* (spieß)bürgerlich; **~esia** [~gəˈziɐ] *f* Bürger-stand *m*, -tum *n*; Bourgeoisie *f*.
buril [buˈrił] *m* (Grab-)Stichel *m*; Radiernadel *f*; *fig.* Griffel *m*; *~ triangular* Geißfuß *m*.
buril|ador [~rilɐˈðor] *m* Stecher *m*; **~ar** [~ˈlar] (1a) *in Kupfer usw.* stechen, graben; (ein)gravieren; (ein-, aus-)meißeln; *fig.* (sich) einprägen; *Stil* ausfeilen.
burla [ˈburlɐ] *f* Betrug *m*; Neckerei *f*; *~s pl.* Betrügereien *f/pl.*
burl|ador, ~ão [burlɐˈðor, -ˈlɐ̃u] **1.** *m* Betrüger *m*; **2.** *adj.* betrügerisch; neckend; **~ar** [~ˈlar] (1a) betrügen; prellen; necken, F aufziehen.
burlequear [~ləˈkjar] (1l) = *vaguear*.
burle|sco [~ˈleʃku] drollig; lächerlich, grotesk; **~ta** [~tɐ] *f* Burleske *f*.
burlista [~ˈliʃtɐ] = *burlador*.
burocr|acia [burukrɐˈsiɐ] *f* Bürokratie *f*; Amtsschimmel *m*; **~ata** [~ˈkratɐ] *m* Bürokrat *m*; Staatsbeamte(r) *m*; **~ático** [~ˈkratiku] bürokratisch.
burra [ˈbuʀɐ] *f* Eselin *f*; Geld-, Schmuck-kasten *m*; Sägebock *m*; Wasserwinde *f*.
burr|ada [buˈʀaðɐ] *f* = *~ice*; = **~icada** [~ʀiˈkaðɐ] *f* Eselherde *f*; Trupp *m* Esel; Eselpartie *f*; *fig.* = **~ice** [~isə] *f* Eselei *f*; Dummheit *f*; Störrigkeit *f*; **~ico** [~iku] *m* Eselsfüllen *n*; **~inho** [~iɲu] *m* ⊕ Motor-(luft)pumpe *f*; **~iqueiro** [~ʀiˈkeiru] *m* Eseltreiber *m*; **~o** [ˈbuʀu] **1.** *m* Esel *m* (*a. fig.*); ⊕ (Säge-)Bock *m*; *Schule*: Eselsbrücke *f*; ⊕, *prov. u.* ⚓ *Name der verschiedensten Gebrauchsgegenstände, Taue und Spiele*; **2.** *adj.* dumm; *cabeça f de ~* Dummkopf *m*; *como ~* P, *para ~ bras.* schrecklich (viel).
bus [buʃ]: *~!* Ruhe!, still!; *nem chus nem ~* kein (*od.* ohne ein) Sterbenswörtchen; *sem dizer chus nem ~* ohne zu mucksen.
busc|a [ˈbuʃkɐ] *f* Suche *f*; Haus-, Durch-suchung *f*; Nachforschung *f*; *fig.* Spürhund *m*; *andar em ~ de* auf der Suche sn (*od.* suchen) nach; *dar ~ a* ab-, durch-suchen (*ac.*); **~a-pé** [ˌbuʃkɐˈpɛ] *m* Schwärmer *m*, Frosch *m* (*Feuerwerk*); **~ar** [buʃˈkar] (1n) suchen; *Haus usw.* ab-, durch-suchen; *j-n* aufsuchen, sich an *j-n* wenden; *ir* (*vir*) *~* holen (gehen *od.* kommen); *mandar ~* holen lassen.
busílis [buˈziliʃ] *m*: *aí é que está o ~* da sitzt der Haken, das ist der springende Punkt.
bússola [ˈbusulɐ] *f* Kompaß *m*.
busto [ˈbuʃtu] *m* Büste *f*; *pint.*, *fot.* Brustbild *n*.
butano [buˈtɐnu] *m* Butangas *n*.
buteiro *bras.* [~ˈteiru] *m* Flickschneider *m*.
bux(eir)o [ˈbuʃu, buˈʃeiru] *m* Buchs(-baum) *m*.
buzin|a [buˈzinɐ] *f* (Hift-)Horn *n*; Sprachrohr *n*; *ast.* kleine(r) Bär *m*; *Auto*-Hupe *f*; **~ar** [~ziˈnar] (1a) (das Horn) blasen; trompeten (*a. fig.*); hupen (*Auto*).
búzio [ˈbuzju] *m* **a**) Tritonshorn *n*; Horn *n*; **b**) Taucher *m*; Perlenfischer *m*.

C

C, c [se] *m* C, c *n*.
cá [ka] *adv.* hier; (hier)her; *als Füllwort in Wendungen wie eu* ~, *nós* ~, *a gente* ~ *mst unübersetzbar*: eu ~ me entendo ich weiß schon; ouça (diga) ~ hören (sagen) Sie mal; de ~ hiesig; diesseitig.
caatinga *bras.* [~'tĩŋgɐ] *f* Busch (-wald) *m*.
cabaç|a [kɐ'βasɐ] **1.** *f* Flaschenkürbis *m*; Kürbisflasche *f*; **2.** *m bras.* Zweitgeborene(r) *m v. Zwillingen*; **~o** [~u] *m* = ~a 1.; *fig.* P dar (levar) o ~ e-n Korb geben (kriegen).
cabal [~'βał] völlig, vollständig; richtig; offen, freimütig.
cabala [~'βalɐ] *f* Kabbala *f*; Kabale *f*, Intrige *f*; **~r** *bras.* [kaβa'lar] (1a) ködern; arbeiten (gegen contra); intrigieren.
cabana [~'βɐnɐ] *f* (Stroh-)Hütte *f*.
cabaneiro [~βɐ'neiru] *m* Hüttner *m*; *Art* Weidenkorb *m*.
cabaz [~'βaʃ] *m* (Henkel-)Korb *m*; Essenträger *m*.
cabeça [~'βesɐ] *f* Kopf *m*, *poét.* Haupt *n*; Verstand *m*; *Finger- usw.* Kuppe *f*; *Kapitel*-Überschrift *f*; Kopfstück *n*, Oberteil *m*, *n e-s Gegenstandes*; *Stangen*-Ende *n*; *Zahn*-Krone *f*; *Kolben*-Boden *m*; *Familien*-Oberhaupt *n*; Haupt-ort *m*, -stadt *f e-s Bezirks*; Spitze *f e-s Unternehmens usw.*; ~ *f u. m* Leiter *m*, (An-)Führer *m*; ~ (de gado) Stück *n* Vieh; ~ de casal Erbschaftsverwalter *m*; ~ no ar, ~ de vento Windbeutel *m*; uma grande ~ ein kluger Kopf; de ~ kopfüber; andar com a ~ à roda schwindelig sn; nicht wissen, wo e-m der Kopf steht; heillos verliebt sn; andar de ~ levantada den Kopf hoch tragen; deu-lhe na ~ er hat sich in den Kopf gesetzt; fazer andar a ~ à roda a den Kopf verdrehen (*od.* heiß m.) (*dat.*); fazer perder a ~ a aus der Fassung bringen (*ac.*); meter na ~ einreden; não ter pés nem ~ weder Hand noch Fuß h.; passar pela ~ durch den Kopf gehen; einfallen; pôr (*od.* fazer) a ~ em água Kopfzerbrechen bereiten; pôr na ~ aufsetzen; pôr (levar) à ~ auf den (dem) Kopf setzen (tragen); ter ~ klug sn.
cabeç|ada [~βə'saðɐ] *f* Stoß *m* mit dem Kopf; *Sport*: Kopfstoß *m*; Kopfstück *n am Pferdezaum*; Hochwerfen *n* des Kopfes (*Pferd*); Schnitt *m* (*Buch*); *fig.* Dummheit *f*; ~s *pl.* Kopfnicken *n*; Stampfen *n* (*Schiff*); **~al** [~ał] *m* Kopfkissen *n*; Kompresse *f*; *Glocken*-Helm *m*; **~alha** [~aʎɐ] *f* Deichsel *f*; **~alho** [~aʎu] *m Brief-*, *Zeitungs*-Kopf *m*; Überschrift *f*; Langbaum *m* (*Wagen*); **~ão** [~ɐ̃u] *m* (Umlege-)Kragen *m*; (Hals-)Krause *f*; Kappzaum *m* (*Pferd*).
cabec|ear [~βə'sjar] (1l) schläfrig mit dem Kopf nicken; vor sich hin duseln; nicken; schwanken; sich (vornüber) neigen; ⚓ stampfen; **~eira** [~eirɐ] *f* Kopfende *n*; Kopfkissen *n*; Ehrenplatz *m bei Tisch*; Kopf *m e-r Seite*; Eingangszeile *f*; mesa *f* de ~ Nachttisch *m*; ~s *pl.* Oberlauf *m e-s Flusses*; **~ilha** [~iʎɐ] *m* Anführer *m*; Parteiführer *m*.
cabeço [~'βesu] *m* Gipfel *m*; Hügel *m*; ~ de amarração Poller *m*.
cabeç|orra P [~'soʀɐ] *f* Dickkopf *m*; **~ote** ⊕ [~ɔtə] *m* Spindel-, Reit-stock *m*; **~udo** [~uðu] dickköpfig; *fig.* stur.
cabedal [~'ðał] *m* Kapital *n*; Vermögen *n*; Hilfsquellen *f/pl.*; Macht *f*; ⊕ Leder *n*; ~ de viel; fazer ~ de pochen *od.* hoffen auf (*ac.*).
cabedelo [~'ðelu] *m* Düne *f*.
cabel|eira [~'leirɐ] *f* (Haupt-) Haar *n*; Perücke *f*; **~eireiro** *m*, **-a** *f* [~lei'reiru, -ɐ] (Damen-)Friseur *m*, Friseuse *f*; Perückenmacher(in *f*) *m*.
cabelo [~'βelu] *m* Haar *n*; (Kopf-) Haare *n/pl.*; (*Uhr*-)Feder *f*; pelos ~s mit Gewalt, widerwillig; agarrar pelos ~s beim Schopf fassen; estar pelos ~s sehr aufgeregt (*od.* eilig) sn; não tocar a ponta dum ~ kein

Härchen krümmen; *em* ~ barhaupt; *ter* ~*s no coração* hartherzig sn.
cabeludo [~βə'luδu] behaart; haarig (*a. fig.*); *couro m* ~ Schädeldecke *f*.
caber [~'βer] (2q) Platz h. (*od.* finden); (hinein)gehen; enthalten sn; passen; angebracht (*od.* zulässig) sn; möglich (*od.* denkbar) sn; kommen auf (*ac.*) (*Anteil*); zufallen; zustehen; j-s Sache sn, obliegen; *não* ~ *em si de* sich nicht zu lassen wissen vor (*dat.*).
cabide [~'βiδə] *m* Kleider-haken *m*, -ständer *m*.
cabidela [~βi'δɛlɐ] *f* Geflügelklein *n*.
cabido [~'βiδu] **1.** *m* (Dom-)Kapitel *n*; **2.** *adj. bem* ~ willkommen; passend; richtig.
cabimento [~βi'mẽntu] *m* Platz *m*, Raum *m*; Angebrachtheit *f*; Zulässigkeit *f*; *ter* ~ = *caber*.
cabina, -e [~'βinɐ, -ə] *f* Kabine *f*; ~ *telefónica* Fernsprechzelle *f*.
cabisbaixo [~βiʒ'βaiʃu] niedergeschlagen, F geknickt; *andar* ~ den Kopf hängen lassen.
cabível [~'βivɛɫ] angebracht; zulässig.
cabo ['kaβu] *m* Ende *n*; *Besen- usw.* Stiel *m*; *Messer- usw.* Griff *m*; Kap *n*, Vorgebirge *n*; ⚓ Tau *n*, Seil *n*; ⚓ *u.* ⚡ Kabel *n*; ⚔ Gefreite(r) *m*; Zug-, Patrouillen-führer *m*; *allg.* Anführer *m*; *bsd.* Vorarbeiter *m*; *tea.* Chorführer *m*; ~ *do mar* **a)** Maat *m*; **b)** Strandpolizist *m*; ~ *da polícia* (Polizei-)Wachtmeister *m*; ~ *de aço* Drahtseil *n*; ~ *submarino* Überseekabel *n*; *ao* ~ schließlich, zu guter Letzt; letzten Endes; *ao* ~ *de* am Ende (*gen.*), nach (Verlauf von) (*dat.*); *de* ~ *a rabo* von einem Ende zum andern, von A bis Z; von oben bis unten; vollständig; *levar a* ~ durchführen; *dar* ~ *de* kaputtmachen; *Vermögen* durchbringen; *Geduld* erschöpfen; *ir às do* ~ hochgehen; *razões f/pl. de* ~ *de esquadra* Unsinn *m*.
caboclo *bras.* [ka'βoklu] **1.** *m* Halbblutindianer *m*; Mischling *m*; *allg.* Landarbeiter *m*; arme(r) Teufel *m*; **2.** *adj.* kupferfarben.
cabograma [kɐβu'γrɐmɐ] *m* Kabeldepesche *f*.
cabot|agem [~'taʒẽi] *f* Küstenschiffahrt *f*; *navio m de* ~ Küstenschiff *n*; ~**ar** [~ar] (1e) den Küstendienst versehen.
cabotino [~'tinu] *m* Komödiant *m*.
cabouc|ar, ~o [~βo'kar, ~'βoku] = *cavouc|ar, ~o*.
cabra ['kaβrɐ] **1.** *f* Ziege *f* (*a. fig.*); Ziegenleder *n*; ⊕ Ladebaum *m*; **2.** *m bras.* (Neger-)Mischling *m*; *allg.* Kerl *m*; ~**-cega** [ˌkaβrɐ'sɛγɐ] *f* Blindekuh *f*.
cabrar ✈ [kɐ'βrar] (1b) hochziehen.
cábrea ⚓ ['kaβrjɐ] *f* Hebebock *m*.
cabrestante ⚓ [kɐβrɨʃ'tẽntə] *m* Winde *f*, Spill *n*; *barra f de* ~ Hebebaum *m*, Spake *f*.
cabrest|eiro [~'teiru] (zügel)fromm. zahm; ~**o** [~'βreʃtu] *m* Halfter *f* (*a. m, n*).
cabrim [kɐ'βrĩ] *m* Ziegenleder *n*.
cabriola [~'βrjɔlɐ] *f* Bocksprung *m*; Luftsprung *m*; *fig.* Umschwung *m*.
cabriolé [~βrju'lɛ] *m* Kabriolett *n*.
cabr|ita [~'βritɐ] *f weibl.* Zicklein *n*; *às* ~*s* huckepack; ~**ito** [~itu] *m männl.* Zicklein *n*; ~**ocha** *bras.* [~ɔʃɐ] *su.* (Neger-)Mischling *m*; Mulatte *m*, Mulattin *f*; ~**oeira** [~weirɐ] *f* Bande *f*; ~**um** [~ũ] Ziegen...
cábula ['kaβulɐ] **1.** *f* Schliche *m/pl.*, Kniffe *m/pl.*; Eselsbrücke *f*; Mogelzettel *m*; = *cabulice*; **2.** *su.* nachlässige(r) Schüler(in *f*) *m*; Drückeberger(in *f*) *m*; **3.** *adj.* nachlässig, faul.
cabul|ar [kɐβu'lar] (1a) die Schule schwänzen; nicht arbeiten; sich drücken; ~**ice** [~isə] *f* Nachlässigkeit *f*; Drückebergerei *f*; ~**oso** *bras.* [~ozu] unheimlich; unmöglich.
caça ['kasɐ] **1.** *f* Jagd *f*; Wild(bret) *n*; ~ *grossa* (*miúda*) Hoch- (Klein-) wild *n*; *dar* ~ *a* Jagd m. auf (*ac.*); *espantar a* ~ *fig.* zu früh losschießen; **2.** *m* ✈ Jagdflieger *m*, Jäger *m*.
caç|ada [kɐ'saδɐ] *f* (Treib-)Jagd *f*; Jagdpartie *f*; Jagdbeute *f*; ~**adeira** [~sɐ'δeirɐ] *f* Jagd-flinte *f*, -joppe *f*, -boot *n*; ~**adeiro** [~sɐ'δeiru] Jagd...; ~**ado** [~aδu] *fig.* mit allen Hunden gehetzt, durchtrieben; ~**ador** [~sɐ'δor] *m* Jäger *m* (*a.* ⚔); ~ *clandestino*, ~ *furtivo* Wilddieb *m*, Wilderer *m*.
caçamba *bras.* [ka'sẽmbɐ] *f* (Schöpf-)Eimer *m*; *Bagger*-Löffel *m*; *Art* Steigbügel *m*; Tragkiste *f*; Karren *m*.
caça-|minas [ˌkasɐ'minɐʃ] *m* Minensuchboot *n*; ~**níqueis** *bras.*

[~'nikeiʃ] *m* Groschengrab *n* (*Glücksspielautomat*).
caçar [kɐ'sar] (1p; *Stv.* 1b) jagen; fischen; *fig.* ergattern; erwischen; ⚓ *Schoten* anholen; *v/i.* ⚓ abfallen.
cacar|acá [kakɐrɐ'ka] *m* Kikeriki *n*; *de* ~ läppisch; **~ejar** [kɐkɐri'ʒar] (1d) gackern; **~ejo** [~'reʒu] *m* Gackern *n*; *fig.* Geschwätz *n*.
caçarola [kɐsɐ'rɔlɐ] *f* Kasserolle *f*.
cacatua [kɐkɐ'tuɐ] *f* Kakadu *m*.
cacau [kɐ'kau] *m* Kakao *m*.
cacau|al [kɐkaw'ał] *m* Kakaopflanzung *f*; **~(z)eiro** [~'eiru, ~kau'zeiru] *m* Kakaobaum *m*.
cácea ⚓ ['kasjɐ] *f* Abtrift *f*.
cacet|ada [kɐsə'taðɐ] *f* Schlag *m* (mit dem Knüppel); *bras. fig.* = *~eação*; **~e** [~'setə] **1.** *m* Knüppel *m*; *in Porto*: lange(s) Weißbrot *n*; *bras.* lästige(r) Mensch *m*; **2.** *adj. bras.* aufdringlich; langweilig; **~eação** *bras.* [~tja'sẽu] *f* Schererei *f*, lästige Sache *f*; Aufdringlichkeit *f*; **~ear** *bras.* [~'tjar] (1l) belästigen; lästig fallen (*od.* sn) (*dat.*).
cacha|ça *bras.* [ka'ʃasɐ] **1.** *f* (Zukkerrohr-)Schnaps *m*; *fig.* große Leidenschaft *f*, Schwäche *f*; **2.** *m* = *~ceiro*; **~ceira** [~ʃa'seirɐ] *f fig.* Suff *m*, Rausch *m*; **~ceiro** [~ʃa'seiru] **1.** *adj.* versoffen; **2.** *m* Säufer *m*.
cachaç|o [kɐ'ʃasu] *m* Nacken *m*; (Nacken-)Schlag *m*; *bras.* Zuchteber *m*; **~udo** [~ʃɐ'suðu] dick-, kurz-halsig; *fig.* aufgeblasen.
cachalote [~ʃɐ'lɔtə] *m* Pottwal *m*.
cachamorra [~'moʀɐ] *f* Knüppel *m*.
cachão [~'ʃẽu] *m* Schwall *m*; Sprudel *m*; Strahl *m*.
cacharolete [~ʃɐru'letə] *m* Cocktail *m*.
caché *gal.* [kɐ'ʃɛ] *m* Gage *f*.
cache|col [kɐʃə'kɔł] *m* = **~né** [~'nɛ] *m* Halstuch *n*.
cacheira [kɐ'ʃeirɐ] *f* Knüttel *m*.
cachimb|ar [~ʃĩm'bar] (1a) Pfeife rauchen; ~ *de* pfeifen auf (*ac.*); ~ *em* nachdenken über (*ac.*); **~o** [~'ʃĩmbu] *m* (Tabaks-)Pfeife *f*.
cachimónia P [~ʃi'mɔnjɐ] *f* Schädel *m*; *fig.* Grips *m*.
cachin|ada [~ʃi'naðɐ] *f* Hohngelächter *n*; **~ar** [~ar] (1a) laut herauslachen.
cacho ['kaʃu] *m* Traube *f*; *fig.* Büschel *n*, *Funken*-Garbe *f*; *Haar*-Locke *f*; ~ *de uvas* Weintraube *f*.
cacho|ar [kɐ'ʃwar] (1f) brodeln; **~eira** [~eirɐ] *f* Wasserfall *m*.
cachola F [~'ʃɔlɐ] *f* Schädel *m*.
cachop|a [~'ʃopɐ] *f* (junges) Mädchen *n*; **~o** [~u] *m* **a)** Junge *m*; junge(r) Mann *m*; **b)** Klippe *f* (*a. fig.*).
cachorr|a [~'ʃoʀɐ] *f* (junge) Hündin *f*; *fig. depr.* gemeine(s) Weib *n*; **~o** [~u] *m* (junger) Hund *m*; *Tier*-Junge(s) *n*; △ Kragstein *m*; *fig.* Lump *m*; Schlingel *m*; **~o-quente** *bras.* [~u'kẽntə] *m* heiße Wurst *f* mit Brot.
cacifo [~'sifu] *m* Kasten *m*; Lade *f*; Wandschränkchen *n*; Nische *f*.
cacimba [~'sĩmbɐ] *f* feuchte(r) Nebel *m*; Wasserloch *n*.
caciqu|e [~'sikə] *m* Kazike *m*, Häuptling *m*; *fig.* Boß *m*, F Bonze *m*; **~ismo** [~sə'kiʒmu] *m* Bonzentum *n*.
caco ['kaku] *m* Scherbe *f*; Plunder *m*; *fig.* F Schädel *m*; *fazer em ~s* zerschlagen, -brechen; *ter* ~ Grips h.
caço|ada [kɐ'swaðɐ] *f* Spöttelei *f*; Witz *m*; *fazer* ~ = **~ar** [~ar] (1f) verspotten; *v/i.* spötteln; Witze m.
cacofonia [kakufu'niɐ] *f* Mißklang *m*.
caçoila, -oula [kɐ'soilɐ, -olɐ] *f* [(Koch-)Topf *m*.]
caçoleta [~su'letɐ] *f* Zünd-hütchen *n*, -pfanne *f*; ⊕ Tiegel *m*.
cacto ['ka(k)tu] *m* Kaktus *m*.
caçula *bras.* [ka'sulɐ] *su.* der, die Jüngste; Nesthäkchen *n*.
cacunda *bras.* [~'kũndɐ] *f* Rücken *m*; Buckel *m* (*a. fig.*); *fig.* Schutz *m*.
cada ['kaðɐ] jeder, jede, jedes; ~ *um*, ~ *qual* ein jeder; *um escudo* ~ (*um*) e-n Escudo das Stück (*od.* je e-n E.); ~ *vez mais* (*bonito*) immer mehr (schöner); ~ *três dias* alle drei Tage; ~ (*coisa, ideia, etc.*) F die tollsten (Dinge, Einfälle *usw.*); *ter* (*fazer*) ~ *uma* die tollsten Dinge sagen (tun); *lembrar-se de* ~ *uma* auf die unmöglichsten Gedanken kommen.
cadafalso [kɐðɐ'fałsu] *m* Schafott *n*; (Blut-)Gerüst *n*.
cadastr|ado [~ʃ'traðu] vorbestraft; **~ar** [~ar] (1b) (ins Grundbuch) eintragen; **~o** [~'ðaʃtru] *m* Kataster *m*; Grundbuch *n*; Personalakten *f/pl. e-s Beamten*; Verbrecheralbum *n der Polizei*; *allg.* Kartei *f*.
cadáver [kɐ'ðavɛr] *m* Leiche *f*, Leichnam *m*; *Tier*-Kadaver *m*.

cadavérico [~ðɐ'vɛriku] leichenhaft, -blaß; Leichen...
cadê *bras.* [ka'ðe] wo ist?
cad|eado [~'ðjaðu] *m* Vorhängeschloß *n*; **~eia** [~'ðeiɐ] *f* Kette *f*; Gefängnis *n*; *em ~* Ketten...
cadeira [~'ðeirɐ] *f* Stuhl *m*; Lehrstuhl *m*; (Lehr-)Fach *n*; *~ de repouso* (*od. cura*) Liegestuhl *m*; *professor m de ~* ordentlicher Professor *m*; *professor da ~* Fachvertreter *m*; *~s pl.* Gesäß *n*; Hüften *f/pl.*
cadeir|ado [~ðei'raðu] **1.** *m* Gestühl *n*; **2.** *adj. bras.* breithüftig; **~inha** [~iɲɐ] *f* Sänfte *f*; Tragsessel *m*.
cadela [~'ðɛlɐ] *f* Hündin *f*.
cadência [~'ðẽsjɐ] *f* Tonfall *m*; Takt *m*; Rhythmus *m*; *Schuß*-Geschwindigkeit *f*; ♪ Kadenz *f*.
cadenc|iado, ~ioso [~ðẽ'sjaðu, ~'sjozu] rhythmisch; (ab)gemessen; wohlklingend.
cadente [~'ðẽntə] fallend; *estrela f ~* Sternschnuppe *f*.
cadern|al [~ðər'nał] *m* Flaschenzug *m*; **~eta** [~etɐ] *f* Notizbuch *n*; Studien-, Spar-, Konto-buch *n*; ⚔ Soldbuch *n*, Wehrpaß *m*; **~o** [~'ðɛrnu] *m* Heft *n*; Notizbuch *n*; *~ de papel* Lage *f* Papier; *~ de encargos* Vertragsbestimmungen *f/pl*.
cadete [~'ðetə] *m* Kadett *m*.
cadilho [kɐ'ðiʎu] *m bras.* Napf *m*; *~s pl.* Fransen *f/pl.*; *fig.* Sorgen *f/pl*.
cadinho [~'ðiɲu] *m* (Schmelz-) Tiegel *m*.
cádmio ⚗ ['kaðmju] *m* Kadmium *n*.
cadu|car [kɐðu'kar] (1n) in Verfall geraten; hinfällig w.; ⚖ verfallen; **~cário** [~'karju] Verfalls...; herrenlos (*Güter*); = *~co*; **~cidade** [~si'ðaðə] *f* Bau-, Hinfälligkeit *f*; ⚖ Ungültigkeit *f*; **~co** [kɐ'ðuku] bau-, hin-fällig; ⚖ verfallen, ungültig; *fig.* vergänglich; *árvore f de folha -a* Laubbaum *m*; *mal m ~* Fallsucht *f*.
café [kɐ'fɛ] *m* Kaffee *m*; Kaffeehaus *n*, Kaffee *n*; *~ puro, ~ só* schwarze(r) Kaffee *m*; *~ com leite* Milchkaffee *m*; *fig.* Mulatte *m*; **~-concerto** [~kõ'sertu] *m* Konzertcafé *n*.
caf|edório P [kɐfə'ðɔrju] *m* Muckefuck *m*; **~eeiral** [~jei'rał] *m* Kaffeepflanzung *f*; **~eeiro** [~'fjeiru] *m* Kaffeebaum *m*; **~eina** [~fɛ'inɐ] *f* Koffein *n*.
cafeteir|a [~'teirɐ] *f* Kaffeekanne *f*; **~o** [~u] *m* Kaffee(haus)besitzer *m*.
cafèz|al [~fɛ'zał] *m* Kaffeepflanzung *f*; **~eiro** [~eiru] *m* Kaffeebaum *m*; = *~ista*; **~inho** *bras.* [kafɛ'ziɲu] *m* Täßchen *n* Kaffee; **~ista** [~iʃtɐ] **1.** *m* Kaffeepflanzer *m*; Kaffeeplantagenbesitzer *m*; **2.** *su.* Kaffeetante *f*.
cafif|a [ka'fifɐ] *su.* Pechvogel *m*; **~ar** [~fi'far] (1a) Unglück bringen (*dat.*); **~e** [~ə] *m* Pech *n*.
cáfila ['kafilɐ] *f* Karawane *f*; *fig.* Bande *f*.
cafre ['kafrə] *m* Kaffer *m*.
cáften *bras.* ['kaften] *m* Zuhälter *m*.
caftina *bras.* [kaf'tinɐ] *f* Kupplerin *f*.
cafua [kɐ'fuɐ] *f* Höhle *f*; *fig.* Loch *n*.
cafuzo *m*, **-a** *f bras.* [ka'fuzo, -ɐ] Indianer-Negermischling *m*.
cágado ['kaɣɐðu] **1.** *m* Schlammschildkröte *f*; *fig.* Faulpelz *m*; **2.** *adj.* durchtrieben; faul.
cag|anita V [kɐɣɐ'nitɐ] *f* Ziegen-, Schaf-mist *m*; Mäusedreck *m*; **~ão** V [~'ɣɐ̃u] *m fig.* Angsthase *m*; **~ar** V [~'ɣar] (1o; *Stv.* 1b) (be)scheißen; **~arola** V [~ɐ'rɔlɐ] *m* = *~ão*.
cai|ação [kɐjɐ'sɐ̃u] *f* Kalken *n*, Tünchen *n*; = **~adela** [~ɐ'ðɛlɐ] *f* Kalkanstrich *m*; *fig.* Schminke *f*; *dar uma ~* = *~ar*; **~ar** [~'jar] (1b) kalken, tünchen; *Gesicht* schminken; *fig.* beschönigen.
cãibra ['kɐ̃imbrɐ] *f* (Muskel-) Krampf *m*.
caibr|al [kai'βrał]: *prego m ~* Dachdeckerstift *m*; **~o** ['kaiβru] *m* (Dach-)Sparren *m*.
caíd|a [kɐ'iðɐ] *f* = *queda*; **~o** [~u] **1.** *adj.* hängend; *fig.* hinfällig; niedergeschlagen; verloren; F verliebt; fällig (*Zinsen*); **2.** *m* *~s pl.* Rückstände *m/pl.* (*a.* ✝); *bras.* Zärtlichkeiten *f/pl.*
caieir|a [kɐ'jeirɐ] *f* Kalk-brennerei *f*, -ofen *m*; **~o** [~u] *m* Kalkbrenner *m*.
caimão [kai'mɐ̃u] *m* Kaiman *m*.
caimento [kai'mẽntu] *m* Fall *m*; Verfall *m*; Hinfälligkeit *f*; Niedergeschlagenheit *f*; (seitliche) Neigung *f*.
cainh|eza [kai'ɲezɐ] *f* Habsucht *f*; **~o** [ka'iɲu] hündisch; *fig.* habsüchtig.
caipira *bras.* [kai'pirɐ] *m* Hinterwäldler *m*, Bauer *m*.
caipor|a *bras.* [~'pɔrɐ] *m* Irrlicht *n*;

fig. Pechvogel *m*; **~ismo** [~po'rizmu] *m* Unglück *n*; F Pech *n*.

cair [kɐ'ir] (3l) (herunter-, um-, hin-)fallen; stürzen; sinken (*Sonne*; *Niveau usw.*); nachlassen (*Leistung usw.*); abstürzen (*Flugzeug*); herunterkommen (*Decke usw.*); ab-, aus-fallen (*Blätter, Haare*); zufallen (*Gewinn*); fällig sn (*Zinsen*); (über-, herunter-)hängen; einschlagen (*Blitz*); *fazer* ~ zu Fall bringen, umwerfen, einreißen; ~ *bem* (*mal*) sich (nicht) schicken, den Leuten (nicht) gefallen; ~ *a alg.* j-m bekommen (*Speise*); ~ *a* (*od.* *em*) fallen auf *e-n Tag*, in *e-n Monat*; hereinfallen auf (*ac.*); in *die Falle*, in *sich* gehen; in *Vergessenheit usw.* geraten; in *e-n Irrtum usw.* verfallen; ~ *na razão*, ~ *no entendimento* Vernunft annehmen; ~ *em sorte* zufallen; ~ *em cima de* herfallen über (*ac.*); ~ *por terra fig.* unter den Tisch fallen; ~ *morto* tot umfallen; *ao* ~ *da noite* bei Anbruch der Nacht.

cairel [kai'rɛɫ] *m* *Hut*-Tresse *f*; Besatz *m*; Schutz-, Stoß-kante *f*.

cairo ['kairu] *m* Kokosfaser *f*.

cais [kaiʃ] *m* Kai *m*; 🚂 Bahnsteig *m*.

caixa ['kaiʃɐ] **1.** *f* Schachtel *f*; Dose *f*; Kiste *f*; Kasten *m*; ⊕ *a.* Gehäuse *n*; Büchse *f*; Behälter *m*; *Brillen*-Scheide *f*, Etui *n*; *Treppen*-Haus *n*; *Geld*-Kasse *f*; ~ (*forte, clara od. de guerra*) Trommel *f*; ~ *de depósitos* (*económica*) Depositen- (Spar-)kasse *f*; ~ *de música* Spieldose *f*; ~ *de ressonância* Resonanzkasten *m*; ~ *tipográfica* Schrift-, Setz-kasten *m*; ~ *alta* (*baixa*) Groß- (Klein)buchstabe *m*; **2.** *m* Kassierer *m*; Kassenbuch *n*; **~-d'água** [~'ðaɣwɐ] *f* Wasserturm *m*.

caix|ão [kai'ʃɐ̃u] *m* (große) Kiste *f*; *bsd.* Sarg *m*; *de* ~ *à cova* F toll; **~eiro** [~eiru] *m* Handlungsgehilfe *m*, Verkäufer *m*; ~ *viajante* ⚚ Reisende(r) *m*; **~ilho** [~iʎu] *m* (Bilder-, Fenster-)Rahmen *m*; **~inha** [~iɲɐ] *f* Schachtel *f*; **~ote** [~ɔtə] *m* *Versand*-Kiste *f*; **~otim** *tip.* [~ʃu'tĩ] *m* Fach *n im Schriftkasten.*

cajado [kɐ'ʒaðu] *m* Hirtenstab *m*; *fig.* Halt *m*, Stütze *f*.

caju *bras.* [ka'ʒu] *m* Kajunuß *f*; *fig.* (Lebens-)Jahr *n*; **~eiro** [~'ʒweiru] *m* Kajubaum *m*; P Geizhals *m*.

cal [kaɫ] *f* Kalk *m*; ~ *apagada* (*viva*) (un)gelöschte(r) Kalk *m*; *de pedra e* ~ felsenfest, F bombensicher.

cala ['kalɐ] *f* Einschnitt *m*.

calaboiço, -ouço [kɐlɐ'βoisu, -osu] *m* Verlies *n*; Gefängnis *n*.

calabre [~'laβrə] *m* (Anker-)Tau *n*; **~ar** [~lɐ'βrjar] (1l) (ver)fälschen, *Wein* panschen; verwechseln; täuschen; würzen.

calad|a [~'laðɐ] *f* Stille *f*; Schweigen *n*; *pela* ~ heimlich, unter der Hand; *às* ~*s* in aller Stille; **~o** [~u] **1.** *adj.* **a**) still, schweigend; schweigsam, verschwiegen; *estar* ~ schweigen; **b**) durchbrochen (*Tuch*); **c**) aufgepflanzt (*Bajonett*); **d**) F gepfeffert (*Rechnung*); **2.** *m* ⚓ Tiefgang *m*.

calafet|agem [~lɐfə'taʒɐ̃i] *f* Kalfaterung *f*; Abdichtung *f*; **~ar** [~ar] (1c) kalfatern; abdichten; **~o** [~lɐ'fetu] *m* Dichtung *f*; = **~agem**.

calafrio [~lɐ'friu] *m* *Kälte*-Schauer *m*; Schüttelfrost *m*; *fig.* Schauder *m*; *tenho* ~*s* mich fröstelt (*od.* schaudert).

calami|dade [~lɐmi'ðaðə] *f* Katastrophe *f*; Unglück *n*; **~toso** [~'tozu] unheilvoll; unglücklich.

cálamo ['kalɐmu] *m* *Getreide*-Halm *m*; (Schreib-)Feder *f*; ⚘ Kalmus *m*.

calandr|a [kɐ'lɐ̃ndrɐ] *f* Mangel *f*; Walze *f*; Kalander *m* (*a. zo.*); **~agem** [~lɐ̃n'draʒɐ̃i] *f* Mangeln *n*; Walzen *n*; Kalandern *n*; **~ar** [~lɐ̃n'drar] (1a) *Wäsche* mangeln; *Blech* walzen; *Papier, Wolle* kalandern.

calão [kɐ'lɐ̃u] *m* Argot *n*, Jargon *m*; *Arbeiter-, Studenten- usw.* Sprache *f*.

calar [~'lar] (1b) **a**) *v/t.* zum Schweigen bringen; verschweigen; *cala-te boca!* halt den Mund!; *v/i. u.* **~-se** schweigen; **b**) *v/t.* durchdringen; *Frucht* anschneiden; herunterlassen; *Segel usw.* streichen; *Bajonett* fällen; *Schiff* in den Grund bohren; *et.* an s-n Platz bringen (*od.* stellen, legen); *v/i.* herunter-steigen, -kommen; eindringen.

calça ['kaɫsɐ] *f* Fußring *m*; ~*s pl.* Hose *f*; *dar umas* ~*s* es *j-m* zeigen; *apanhar umas* ~*s* e-n auf den Deckel kriegen; *ver-se em* ~*s pardas* in der Klemme sitzen; *usar* ~(*s*) die Hosen anhaben.

calç|ada [kaɫ'saðɐ] *f* Pflaster *n*; (gepflasterte) Straße *f*; *bras.* Bürgersteig *m*; **~adeira** [~sɐ'ðeirɐ] *f*

Schuhanzieher *m*; **~ado** [~aðu] *m* Schuhwerk *n*; *auto.* Bereifung *f*; **~ador** [~ɐˈðor] *m* = *~adeira.*
calc|ador [~kɐˈðor] *m* Stampfer *m*, Ramme *f*; (runder) Setzhammer *m*; Füßchen *n an Nähmaschinen*; **~anhar** [~ɐˈɲar] *m* Ferse *f*, Hacken *m*; *dar aos ~es* Fersengeld geben; *andar nos ~es de alg.* j-m folgen (*fig.* nachlaufen).
calção [~ˈsɐ̃u] *m*, *mst -ões pl.* Kniehose(n) *f*(*pl.*); Hosen *f*/*pl. der Vögel*; *~ de banho* Badehose *f*.
calcar [~ˈkar] (1n) treten (*aos pés* mit Füßen), stampfen; fest-, zertreten, -stampfen, -drücken, -klopfen; durchpausen, abklatschen.
calçar [~ˈsar] (1p) *Schuhe, Strümpfe* anziehen (*od.* tragen); *Straße* pflastern; *Auto* bereifen; *Werkzeug* beschlagen; *Rad* verkeilen; *Sporen* anlegen; *Möbel* unterlegen; *j-n* mit Schuhwerk ausstatten; *v/i.* sitzen.
calcário [~ˈkarju] **1.** *adj.* kalkhaltig, Kalk...; **2.** *m* Kalkstein *m*, Kalk *m*.
calcet|ar [~səˈtar] (1c) pflastern; **~eiro** [~eiru] *m* Steinsetzer *m*.
calcific|ação [~səfikɐˈsɐ̃u] *f* Verkalkung *f*; **~ar-se** [~ˈkarsə] (1n) ⚕ verkalken.
calcin|ação [~sinɐˈsɐ̃u] *f* (Aus-, Ver-)Brennen *n*; Verkohlung *f*; **~ar** [~ˈnar] (1a) *Gesteine* brennen; *Erz* glühen; ausbrennen (*a.* ⚕); verbrennen; *Holz* verkohlen.
cálcio [ˈkałsju] *m* Kalzium *n*.
calcita [kałˈsitɐ] *f* Kalkspat *m*.
calço [ˈkałsu] *m* Unter-, Zwischenlage *f*, Keil *m*; Hemmschuh *m*; Bremsklotz *m*.
calco [ˈkałku] *m* Pause *f*, Durchzeichnung *f*; **~grafia** [~ɣrɐˈfiɐ] *f* Kupferstich(kunst *f*) *m*.
calcul|adamente [kałkuˌladɐˈmẽntə] mit Berechnung; absichtlich; **~ador** [~lɐˈðor] **1.** *m* = *~ista*; **2.** *adj.* Rechen...; **~ar** [~ˈlar] (1a) berechnen; sich ausrechnen; voraussehen; glauben; sich vorstellen (können); *~ a/c. em* et. veranschlagen auf (*ac.*); *v/i.* rechnen; **~ável** [~ˈlavɛł] berechenbar; absehbar; **~ista** [~ˈliʃtɐ] **1.** *m* Rechner *m*; berechnende(r) Mensch *m*; Plänemacher *m*; **2.** *adj.* berechnend.
cálculo [ˈkałkulu] *m* **a**) Rechnen *n*, Rechenkunst *f*; Rechnung *f*; Berechnung *f*; Plan *m*; *~ mental* Kopfrechnen *n*; **b**) ⚕ Stein *m*.
calda [ˈkałdɐ] *f* Glühen *n des Eisens*; (Zucker-, Frucht-)Sirup *m*; *allg.* Brühe *f*; Sud *m*; *~s pl.* warme Quellen *f*/*pl.*; Thermalbad *n*; *dar ~ ao ferro* das Eisen glühen.
calde|ação [kałdjɐˈsɐ̃u] *f* Glühen *n*; Schweißen *n*; Löschen *n*; *Rassen*-Mischung *f*; **~ar** [~ˈdjar] (1l) *Metalle* glühen; *Metallteile* (zs.-) schweißen; *Kalk* löschen; *Fleisch* ablöschen; *Rassen* mischen; *fig.* erhitzen.
caldeira [~ˈdeirɐ] *f* Kessel *m*; ⊕ Dampfkessel *m*; ⚒ Grube *f*; *~ eléctrica* elektrische(r) Kocher *m*.
caldeir|ada [~deiˈraðɐ] *f* Kesselvoll *m*; Guß *m*; Fischsuppe *f*; **~ão** [~ɐ̃u] *m* große(r) Kessel *m*; Wasserdepot *n in Salinen*; ♪ Fermate *f*; **~eiro** [~eiru] *m* Kessel-, Kupfer-schmied *m*; **~inha** [~iɲɐ] *f* Weihwasserkessel *m*; *estar entre a cruz e a ~* in Lebensgefahr schweben; in größter Verlegenheit sn; *estar entre a cruz e a ~ de ... e de ...* sich in der Zwangslage befinden, zwischen ... (*dat.*) und ... (*dat.*) wählen (*od.* entweder ... *inf.* oder ... *inf.*) zu müssen; **~o** [~ˈdeiru] *m* Schöpfeimer *m*; Kochtopf *m*.
caldo [ˈkałdu] *m* Brühe *f*; 🕮 (Nähr-) Bouillon *f*; *~ verde* Kohlsuppe *f*; *fig.* F *~ requentado* olle Kamelle *f*; *~ entornado* faule Sache *f*; *entornar o ~* die Sache verderben; *~ de castanhas* Blümchenkaffee *m*; *~ de cultura fig.* Nährboden *m*.
cal|eça, **~eche** [kɐˈlɛsɐ, ~ɛʃə] *f* Kalesche *f*.
calefacção [kɐləfaˈsɐ̃u] *f* Heizung *f*; Erhitzung *f*, Erwärmung *f*.
calefrio [~ˈfriu] *m* = *calafrio.*
caleira [kɐˈleirɐ] *f* (Dach-)Rinne *f*.
calejado [kɐlɨˈʒaðu] schwielig; *fig.* abgefeimt.
calembur [~ẽmˈbur] *m* Kalauer *m*.
calend|ário [~ẽnˈdarju] *m* (Abreiß-) Kalender *m*; **~as** [~ˈlẽndɐʃ] *f*/*pl.* (*gregas*) Nimmerleinstag *m*.
calha [ˈkaʎɐ] *f* Rinne *f*; Schiene *f*.
calhamaço [kɐʎɐˈmasu] *m* Schinken *m* (*Buch*).
calhandra [~ˈʎɐ̃ndrɐ] *f* Kalanderlerche *f*.
calhandro [~ˈʎɐ̃ndru] *m* Toiletteneimer *m*; *Klosett*-Becken *n*.
calhar [~ˈʎar] (1b) *fig.* sich treffen;

klappen; passen; *estar (mesmo) a* ~ sich gut treffen; wie gerufen kommen; *se* ~ vielleicht; *como calha(r)* wie es gerade kommt.

calhau [~'ʎau] *m* Felsbrocken *m*; (Kiesel-)Stein *m*; *tapado como um* ~ F dumm wie Bohnenstroh.

calheta [~'ʎetɐ] *f* schmale Bucht *f*.

calibr|ador [kɐlißrɐ'δor] *m* Loch-, Schraub-, Schub-lehre *f*; Stellvorrichtung *f*; ⚡ Sortiergerät *n*; **~ar** [~'ßrar] (1a) kalibrieren; ausmessen; **~e** [~'lißrə] *m* Kaliber *n*, Lehre *f*; Bohrung *f*; Schablone *f*; *fig*. Beschaffenheit *f*, Art *f*; ~ *macho (fêmea)* Kaliber-dorn (-ring) *m*.

caliça [kɐ'lisɐ] *f* Kalk(schutt) *m*.

cálice ['kalisə] *m* (Stiel-)Glas *n*; *bsd*. Portweinglas *n*; *rel. u.* ⚘ Kelch *m*.

calidez [kɐli'δeʃ] *f* Hitze *f*.

cálido ['kaliδu] **a**) heiß; feurig; **b**) schlau, durchtrieben.

califa [kɐ'lifɐ] *m* Kalif *m*.

calig|em [~'liʒɐ̃i] *f* (dichter) Nebel *m*; Finsternis *f*; **~inoso** [~liʒə'nozu] dicht (*Nebel*); diesig (*Wetter*); finster; getrübt (*Auge*).

caligr|afia [~liɣrɐ'fiɐ] *f* Schönschrift *f*; *allg*. Handschrift *f*; **~áfico** [~'ɣrafiku] kalligraphisch.

calígrafo [~'liɣrɐfu] *m* Schönschreiber *m*.

calin|ada [~li'naδɐ] *f* Blödsinn *m*; **~o** [~'linu] albern, blöde.

calista [~'liʃtɐ] *m* Hühneraugenoperateur *m*.

cálix ['kalis] *m* Kelch *m*.

calma ['kałmɐ] *f* Ruhe *f*; Hitze *f*; ⚓ Windstille *f*.

calm|ante [kał'mɐ̃ntə] *m* Beruhigungsmittel *n*; **~ar** [~ar] (1a) = *acalmar*; **~aria** [~mɐ'riɐ] *f* Windstille *f*; Schwüle *f*; **~o** ['kałmu] ruhig; still, unbewegt; = **~oso** [~ozu] schwül; heiß.

calo ['kalu] *m* Schwiele *f*, Hornhaut *f*; ⚕ Hühnerauge *n*.

caloiro, -ouro [kɐ'loiru, -oru] *m* Neuling *m*; Neue(r) *m*; *uni*. Fuchs *m*.

calombo [ka'lõmbu] *m bras*. Geschwulst *f*; Gerinnsel *n*.

calor [kɐ'lor] *m* Wärme *f*, Hitze *f*; Lebhaftigkeit *f*, Eifer *m*; *está (od. faz)* ~ es ist heiß; *tenho* ~ mir ist warm; *com* ~ *fig*. lebhaft, eifrig; **~ia** [~lu'riɐ] *f* Kalorie *f*.

calor|ífero [~lu'rifəru] *m* Heizkörper *m*; Heizvorrichtung *f*, Heizung *f*; **~ificação** [~rifikɐ'sɐ̃u] *f* Wärmeerzeugung *f*; **~ífico** [~ifiku] **1.** *adj*. Heiz...; Wärme...; **2.** *m* Heizkörper *m*; **~ífugo** [~ifuɣu] nicht wärmeleitend; **~ímetro** [~imətru] *m* Wärmemesser *m*; **~oso** [~ozu] warm (*a. fig.*); herzlich; lebhaft; begeistert.

calos|idade [~zi'δaδə] *f* Hornhaut *f*; **~o** [~'lozu] schwielig.

calota [~'lɔtɐ] *f* ⚒ (Kugel-)Haube *f*; *anat*. Schädeldach *n*; *Priester*-Käppchen *n*; (Rad-)Deckel *m*.

calot|e [~'lɔtə] *m* unbezahlte Schuld *f*; Schwindel *m*; *armar (od. pregar)* ~*s a* = **~ear** [~lu'tjar] (1l) *j-n* anschwindeln, prellen; *v/i*. die Leute prellen; **~eiro** [~lu'teiru] *m* Schwindler *m*, Preller *m*.

caluda! [~'luδɐ] Ruhe!

calúnia [~'lunjɐ] *f* Verleumdung *f*.

caluni|ador [~lunjɐ'δor] *m* Verleumder *m*; **~ar** [~'njar] (1g) verleumden; **~oso** [~'njozu] verleumderisch.

calva ['kałvɐ] *f* Glatze *f*; *pôr a* ~ *à mostra a alg*. j-n entlarven.

Calvário [kał'varju] *m* Golgatha *n*, Schädelstätte *f*; ♀ Kalvarienberg *m*; *fig*. Leidens-weg *m*, -zeit *f*; Qual *f*; *levar a sua cruz ao* ♀ sein Kreuz auf sich nehmen, sein Los tragen.

calv|ejar [~ə'ʒar] (1d) *v/i*. kahl w.; **~ície** [~'visjə] *f* Kahlköpfigkeit *f*; **~o** ['kałvu] **1.** *adj*. kahl(köpfig); *fig*. durchsichtig; **2.** *m* Kahlkopf *m*.

cama ['kɐmɐ] *f* Bett *n*; Lager *n*; *fig*. Unterlage *f*, Polster *n*; Schicht *f*; ~ *de casal (solteiro, vento)* Doppel- (Einzel-, Feld-)bett *n*; *cair à* ~ in die Wochen kommen; *cair de* ~ bettlägerig w.; *estar de* ~, *guardar a* ~ das Bett hüten, bettlägerig sn.

camada [kɐ'maδɐ] *f* Schicht *f*, Lage *f*; Überzug *m*, Film *m*; *dispor em* ~*s* (auf-, über-ea.-)schichten.

camafeu [~mɐ'feu] *m* Gemme *f*.

camaleão [~'ljɐ̃u] *m* Chamäleon *n*.

câmara ['kɐmɐrɐ] *f* Kammer *f*; Gehäuse *n*; ⚓ Kajüte *f*; ⚔ Patronenlager *n*; Laderaum *m* (*Kanone*); ♀ *Municipal* Rathaus *n*; ~ *óptica* Guckkasten *m*; *fot*. ~ *escura*, ~ *obscura* Dunkelkammer *f*; (Loch-)Kamera *f*; *Presidente m da* ♀ Bürgermeister *m*; **~-ardente** [ˌkɐmɐrar'dẽntə] *f* Totenkammer *f*.

camar|ada [kɐmɐ'raðɐ] *m* Kamerad *m*, Gefährte *m*; (Berufs-, Partei-) Genosse *m*; ~ *de escola* Mitschüler *m*; ~ *da Universidade* Studienfreund *m*; **~adagem** [~rɐ'ðaʒɐ̃i] *f* Kameradschaft *f*.

câmara-de-ar [ˌkɐmɐrɐ'ðar] *f* Luftblase *f* (*Ei*); *auto.* Schlauch *m*.

camarão [kɐmɐ'rɐ̃u] *m* Krabbe *f*.

camarário [~'rarju] Kammer...; der Stadtverwaltung, städtisch; *imposto m* ~ Gemeindesteuer *f*.

camar|eira [~'reirɐ] *f* Kammerfrau *f*, Hofdame *f*; Aufwartefrau *f*; **~eiro** [~eiru] *m* Kämmerer *m*; *bras.* Nachttopf *m*; **~ilha** [~iʎɐ] *f* Kamarilla *f*; **~im** [~ĩ] *m tea.* Ankleidezimmer *n*, Künstlerloge *f*; *rel.* Heiligenschrein *m*; **~ista** [~iʃtɐ] *m* Kammerherr *m*; Stadtverordnete(r) *m*; **~lengo** [~'lẽŋgu] *m* Kardinalkämmerling *m*; **~ote** [~ɔtə] *m* ⚓ Kabine *f*; Kajüte *f*; *tea.* Loge *f*; **~oteiro** [~ru'teiru] *m* ⚓ Steward *m*; *tea.* Logenschließer *m*.

camba ['kɐ̃mbɐ] *f* Felge *f*.

cambada [kɐ̃m'baðɐ] *f* Schnur *f Vögel, Fische usw.*; Haufen *m*; *fig.* Gesindel *n*.

camb|ado [~'baðu] schief (getreten); = **~aio** [~aju] krumm-(X-)beinig.

cambalacho *bras.* [~ba'laʃu] *m* Kuhhandel *m*.

cambalear [~bɐ'ljar] (1l) schwanken, taumeln.

cambalhota [~'ʎɔtɐ] *f* Purzelbaum *m*.

cambão [~'bɐ̃u] *m* Schwengel *m*; Zugwaage *f*; Göpelstange *f*; Obstpflücker *m*; *fig.* Machenschaft *f*.

camba|pé [~bɐ'pɛ] *m* Beinstellen *n*; *fig.* Falle *f*; *dar* (*od. armar*) *um* ~ ein Bein stellen; **~r** [~'bar] (1a) (ein)knicken; *bras.* wenden; umspringen (*Wind*); *fig.* umfallen.

cambeta [~'betɐ] krummbeinig.

cambi|ador [kɐ̃mbjɐ'ðor] *m bras.* *Platten*-Wechsler *m*; **~al** [~'bjał] Wechsel...; Kurs...; Devisen...; *política f* ~ Devisenpolitik *f*; *estabilidade f* ~ Festigkeit *f* der Währung; **~ante** [~'bjẽntə] **1.** *adj.* (vielfarbig) schillernd; **2.** *m* Farbton *m*, Farbe *f*; **~ar** [~'bjar] (1g) *Geld* (um-) wechseln, umtauschen; *Stier* täuschen; *v/i.* schillern, wechseln (*Farbe*); *fig.* sich wandeln; **~ário** [~'bjarju] = *~al*.

câmbio ['kɐ̃mbju] *m* Umtausch *m*, (Geld-)Wechsel *m*; Wechselgeschäft *n*; Valuta *f*; *Börsen*-Kurs *m*; *taur.* Ausweichbewegung *f*; *letra f de* ~ Wechsel *m*; *casa f de* ~ Wechselstube *f*.

cambista [kɐ̃m'biʃtɐ] *m* Wechsler *m*; *bras. a.* Billettverkäufer *m*.

cambo ['kɐ̃mbu] *m* Obstpflücker *m*.

cambot|a [kɐ̃m'bɔtɐ] *f* ⚠ Holzverschalung *f*; *bras.* Radkranz *m*.

cambraia [~'brajɐ] *f* Batist *m*.

cambulhada [~bu'ʎaðɐ] = *cambada*; *fig.* Durcheinander *n*; *de* ~ Hals über Kopf; nacheinander.

cameleiro [~'leiru] *m* Kameltreiber *m*.

camélia [kɐ'mɛljɐ] *f* Kamelie *f*.

camel|ice P [~mə'lisə] *f* Dummheit *f*; **~o** [~'melu] *m* Kamel *n* (*a. fig.*).

cami|ão [~'mjɐ̃u] *m* 🚚 Gepäck-, Rollkarren *m*; Last-(kraft)wagen *m*, -auto *n*, LKW.

caminh|ada [~mi'ɲaðɐ] *f* Wanderung *f*; weite(r) Weg *m*, lange(r) Marsch *m*; **~ador** [~ɲɐ'ðor] **1.** *adj.* gut zu Fuß; **2.** *m* (guter) Fußgänger *m*; **~ante** [~ẽntə] **1.** *adj.* wandernd, reisend; **2.** *m* Wanderer *m*; Reisende(r) *m*; Vorübergehende(r) *m*; **~ão** *bras.* [~ɐ̃u] *m* Lastwagen *m*; *auto.* = *camião*; **~ar** [~ar] (1a) *v/i.* wandern, reisen; gehen, laufen; ~ *para fig.* zusteuern auf (*ac.*); ~ *por* durchwandern, bereisen, befahren; *v/t.* *Strecke* zurücklegen; **~eiro** [~eiru] **1.** *adj.* (gut) zu Fuß; **2.** *m* Wanderer *m*; Botengänger *m*; **~eta** [~etɐ] *f* = *camioneta*.

caminho [kɐ'miɲu] *m* Weg *m*; ~ *de ferro* Eisenbahn *f*; ~ *de cabra*, ~ *de pé posto* Fußpfad *m*; *de* ~ sogleich; gleich(zeitig); *pelo* ~ unterwegs; *o* ~ *de* der Weg nach; *a duas horas de* ~ zwei Wegstunden weit; *fazer* ~ vorwärtskommen; *levar o seu* ~ s-n Lauf nehmen; *pôr pés* (*od. pernas*) *a* ~, *pôr-se a* ~ sich auf den Weg machen; *tomar* ~ Vernunft annehmen.

camion|agem [~mju'naʒɐ̃i] *f* Kraftwagen-Fernverkehr *m*; Transport *m*; *empresa f de* ~ Transportunternehmen *n*; **~eta** [~etɐ] *f* Omnibus *m*; ~ *de carga* Lastkraftwagen *m*; **~ista** [~iʃtɐ] *m* Transportunternehmer *m*; Last(kraft)wagenführer *m*.

camisa [kɐ'mizɐ] *f* Hemd *n*; *fig.*

Überzug *m*; *Kalk*-Bewurf *m*; (Frucht-)Hülle *f*; *Mais*-Hülse *f*; *Geschoß-*, *Ofen*-Mantel *m*; (Salz-) Decke *f in Salinen*; Glühstrumpf *m*; ~ *de dormir*, ~ *de noite* Nachthemd *n*; ~ *de força* Zwangsjacke *f*; *em* ~ im Hemd; *ficar sem* ~ alles verlieren; *meter-se numa* ~ *de onze varas* F sich in die Nesseln setzen.

camis|aria [~mizɐ'riɐ] *f* Herrenwäschegeschäft *n*; Hemdenfabrik *f*; **~eira** [~'zeirɐ] *f* Weißnäherin *f*; **~eiro 1.** *m* Hemdenfabrikant *m*; Weißnäher *m*; ~ *cortador* Hemdenzuschneider *m*; **2.** *adj.* Hemden...; **~eta** *bras.* [~'zetɐ], **~ola** [~'zɔlɐ] *f* Unterjacke *f*; (Fischer-, Matrosen-) Bluse *f*; Pullover *m*.

camomila [~mu'milɐ] *f* Kamille *f*.

campa ['kɐ̃mpɐ] *f* Grab(stein *m*) *n*; Glocke *f*; **~inha** [kɐ̃mpɐ'iɲɐ] *f* Glocke *f* (*a.* ⚘), Klingel *f*; P Zäpfchen *n*; *fig.* Plaudertasche *f*.

campal [kɐ̃m'pał] Feld...

campanário [~pɐ'narju] *m* Glockenturm *m*; Kirchensprengel *m*; *questões f/pl. de* ~ Lokalfragen *f/pl*.

campanha [~'pɐɲɐ] *f* Feldzug *m*; Feldlager *n*; offene(s) Feld *n*; *fig.* Kampagne *f*; ~ *eleitoral* Wahlkampf *m*; ~ *de azeite* Ölkampagne *f*; ~ *de pesca* Fangzeit *f*.

camp|anil [~pɐ'nił] *m* Glockengut *n*; **~anudo** [~pɐ'nuðu] glockenförmig; *fig.* schwülstig; **~ânula** [~'pɐnulɐ] *f* Glöckchen *n*; Schalltrichter *m*; **~anuláceas** [~pɐnu'lasjɐʃ] *f/pl.* Glockenblumen *f/pl.*; **~anulado** [~pɐnu'laðu] glockenförmig; Glokken...

campar [~'par] (1a) sich aufspielen (als *por*); seine Sache gut machen, glänzen; = *acampar*.

campe|ão [~'pjɐ̃u] *m* Kämpe *m*, Held *m*; Vorkämpfer *m*, Verfechter *m*; *Sport*: Meister *m*; ~ *de automobilismo*, ~ *de ciclismo* Meisterfahrer *m*; **~ar** [~ar] (1l) im Felde stehen; einherstolzieren; sich aufspielen (als *por*); auffallen; das Feld beherrschen, thronen; *bras.* das Feld durch- (*od.* umher-)streifen; *s. a. acampar*; **~onato** [~pju'natu] *m* (Kampf *m* um die) Meisterschaft *f*; ~*s pl.* Meisterschaftskämpfe *m/pl*.

camp|esinho, ~esino, ~estre [~pə'ziɲu, -nu, ~'pɛʃtrə] ländlich, Land...; ⚘ wildwachsend, Feld...; **~ina** [~'pinɐ] *f* Flur *f*, Gefilde *n*; **~ino** [~'pinu] *m* (Stier-)Hirt *m*; **~o** ['kɐ̃mpu] *m* Feld *n*, Acker *m*; Land *n* (*Ggs. Stadt*); *Konzentrations- usw.* Lager *n*; Kampfplatz *m*; *pint.* Grund *m*; *fig.* Veranlassung *f*; *Arbeits*-Gebiet *n*; *Gesprächs*-Gegenstand *m*; Spielraum *m*; ~ *desportivo* Sportplatz *m*; ~ *de batalha* Schlachtfeld *n*; ~ *santo* Friedhof *m*; *conquistar* ~ Boden gewinnen; *deixar o* ~ *livre* das Feld räumen; *entrar em* ~ in die Schranken treten; *no* (*para o*) ~ auf dem (aufs) Land; *ficar senhor do* ~ das Feld behaupten; **~onês** [~pu'neʃ] **1.** *m* Landmann *m*, Bauer *m*; **2.** *adj.* ländlich; bäuerlich; **~ónio** [~'pɔnju] *m iron.* Bäuerlein *n*.

camufl|agem [kɐmu'flaʒɐ̃i] *f* Tarnung *f*; **~ar** [~ar] (1a) tarnen.

camundongo *bras.* [~mũn'dõŋgu] *m* (Haus-)Maus *f*.

camurça [~'mursɐ] *f* Gemse *f*; Wildleder *n*; Sämisch-, Fenster-, Wasch-leder *n*.

cana ['kɐnɐ] *f* Schilf *n*, (Zucker-, Bambus-)Rohr *n*; Rohrstock *m*; *Getreide*-Halm *m*; *Stiefel*-Schaft *m*; (Angel-)Rute *f*; ~ *do nariz* Nasenrücken *m*, -bein *n*; ~ *da perna* Schienbein *n*; ~*s pl. do braço* Unterarmknochen *m/pl*.

canada [kɐ'naðɐ] *f* **a)** Kanade *f*, *entspr. etwa dtsch.* Maß *n*; **b)** Pflockreihe *f zur Bezeichnung e-r Furt*; Richtweg *m*; Wagengleis *n*.

canadense, -iano [~nɐ'ðẽsə, -jɐnu] **1.** *adj.* kanadisch; **2.** *m* Kanadier *m*.

canal [kɐ'nał] *m* Kanal *m*; Röhre *f*.

canalha [~'naʎɐ] **a)** *f* Pack *n*, Gesindel *n*; **b)** *m* Lump *m*, P Aas *n*.

canaliz|ação [~nɐlizɐ'sɐ̃u] *f* Kanalisation *f*; (Wasser-, Gas-)Leitung *f*; **~ar** [~'zar] (1a) kanalisieren; *fig.* (weiter)leiten, lenken.

canana [~'nɐnɐ] *f* Patronengurt *m*.

canapé [~nɐ'pɛ] *m* Sofa *n*.

canário [~'narju] *m* Kanarienvogel *m*.

canastra [~'naʃtrɐ] *f* Tragkorb *m*.

canastr|ada [~nɐʃ'traðɐ] *f* Korbvoll *m*; *às* ~*s* körbeweise; **~eiro** [~eiru] *m* Korbflechter *m*; **~o** [~'naʃtru] *m hochwandiger* Tragkorb *m*; P Leichnam *m* (*fig.*); *dar cabo do* ~ P die Knochen im Leibe zs.-schlagen.

canavial [kɐnɐ'vjał] *m* Röhricht *n*.

canção [kɐ̃'sɐ̃u] *f* Lied *n*.

cancela [~'sɛlɐ] *f Gitter-, Garten-*Tür *f*; *Bahn-*Schranke *f*; Sperre *f*.
cancel|amento [~sɔlɐ'mẽntu] *m* Streichung *f*; Ungültigkeitserklärung *f*; (Ab-, Aus-)Sperrung *f*; Niederschlagung *f*; **~ar** [~'lar] (1c) *Eintragung* streichen; ungültig m.; für ungültig erklären; ⚓ *Auftrag* zurückziehen, annullieren; *Kredit usw.* sperren; *allg.* (ab-, aus-) sperren; *Prozeß* niederschlagen.
câncer *ast.* ['kẽsɛr] *m* Krebs *m*.
canceroso [kẽsɔ'rozu] Krebs...; krebskrank.
cancha *bras.* ['kẽʃɐ] *f* Renn-, Sportplatz *m*; Tenne *f*.
cancioneiro [kẽsju'neiru] *m* Liederbuch *n*.
cançoneta [~su'netɐ] *f* Schlager *m*.
cancro ⚕ ['kẽŋkru] *m* Krebs(geschwür *n*) *m*; *fig.* Krebsschaden *m*.
cande ['kẽndɔ] = *cândi*.
candeeiro [kẽn'djeiru] *m* Lampe *f*.
candei|a [~'ðejɐ] **1.** *f* (Öl-)Lampe *f*; ⚘ Kätzchen *n*; *Festa f das* ♀*s* Lichtmeß *f*; *de* ~*s às avessas* auf gespanntem Fuß; **2.** *adj. bras.* graziös; elegant; **~o** [~u] *m* Lockfeuer *n*.
candel|abro [~dɔ'laβru] *m* Armleuchter *m*; ♀**ária** [~arjɐ] *f* Lichtmeß *f*; ♀ ⚘ Königskerze *f*; **~inha** [~iɲɐ] *f* Kerzchen *n*; ⚕ Harnröhrensonde *f*.
candente [~'dẽntɔ] weißglühend.
cândi ['kẽndi] *s. açúcar*.
candid|atar-se [kẽndiðɐ'tarsɔ] (1a) kandidieren; **~ato** [~'ðatu] *m* Kandidat *m*; Bewerber *m*; Anwärter *m*; **~atura** [~ɐ'turɐ] *f* Kandidatur *f*; Bewerbung *f*; Anwartschaft *f*.
cândido ['kẽndiðu] weiß; *fig.* rein; arglos; naiv.
candil [kẽn'diɫ] *m* (Küchen-) Lampe *f*.
candonga [~'dõŋgɐ] *f* **a**) (Lebensmittel-)Schmuggel *m*; **b**) arglistige Schmeichelei *f*; ~*s pl.* katzenfreundliche(s) Benehmen *n*.
candor *m*, **-ura** *f* [~'dor, -urɐ] Weiße *f*; Lauterkeit *f*; Arglosigkeit *f*, Unschuld *f*; Einfalt *f*.
canec|a [kɐ'nɛkɐ] *f* Krug *m*; *Milch-*Kännchen *n*; **~o** [~u] *m* Kanne *f*.
caneiro [~'neiru] *m* Fahr-wasser *n*, -rinne *f*; Kanal *m*; Fischreuse *f*.
canela [~'nɛlɐ] *f* Zimt *m*; *anat.* Schienbein *n*; Fessel *f* (*Pferd*); ⊕ *Web-*Spule *f*; *dar às* ~*s* F ausreißen.
canel|ado [~nɔ'laðu] gerippt; *folha f -a* Wellblech *n*; *tecido (veludo) m* ~ Rips(samt) *m*; **~ão** [~ẽu] *m* kandierte Zimtstange *f*; Zitronatmandel *f*; Grundfaden *m der Kette*; **~ar** [~ar] (1c) riefen, kannelieren; **~eira** [~eirɐ] *f* ⚘ Zimtbaum *m*; † ⚔ Beinschiene *f*; *Sport*: Schienbeinschützer *m*; ⊕ Spulerin *f*; **~eiro** [~eiru] *m* ⊕ Spulrad *n*; Spuler *m*; ⚘ = ~*eira*; **~im** [~ĩ] *m* Zimtmandel *f*; **~o** [~'nelu] *m Ochsen-*Beschlag *m*, Hufeisen *n*; **~ura** [~urɐ] *f* Riefe *f*; Riefung *f*; Kannelierung *f*.
caneta [~'netɐ] *f* (Feder-, Bleistift-) Halter *m*; ~ (*de tinta*) *permanente* = **~-tinteiro** [~tĩn'teiru] *f* Füllfederhalter *m*; F Füller *m*.
cânfora ['kẽfurɐ] *f* Kampfer *m*.
canga ['kẽŋgɐ] *f* (Ochsen-)Joch *n* (*a. fig.*); Tragstange *f*; Halspflock *m*.
canga|ceiro *bras.* [kẽŋga'seiru] *m* Bandit *m*; **~ço** [~'gasu] *m* **a**) = *engaço*; **b**) *bras.* Bewaffnung *f des Banditen*; Banditentum *n*.
cangalh|as [~'gaʎɐʃ] *f/pl.* Traggestell *n der Lasttiere*; P Brille *f*; *de* ~ der Länge nach; **~eiro** [~gɐ'ʎeiru] *m* Beerdigungsunternehmer *m*; **~o** [~'gaʎu] *m* Pflock *m am Ochsenjoch*; Zweig *m mit Früchten*; F Klapper-gestell *n*, -kasten *m*; Plunder *m*.
cangar [~'gar] (1o) ins Joch spannen; *fig.* unterjochen.
canguinha(s) [~'giɲɐ(ʃ)] *m* Knirps *m*; Knicker *m*.
canguru [~gu'ru] *m* Känguru *n*.
canhamaço [kɐɲɐ'masu] *m Art* Rupfen *m*.
cânhamo ['kɐɲɐmu] *m* Hanf *m*; ~ *em rama* Basthanf *m*.
canhão [kɐ'ɲẽu] *m* Kanone *f*, Geschütz *n*; (Ärmel-)Aufschlag *m*; (Stiefel-)Stulpe *f*; (Feder-)Kiel *m*; *bota f de* ~ Stulpenstiefel *m*.
canhas ['kɐɲɐʃ]: *às* ~ links herum, verkehrt.
canhenho [kɐ'ɲeɲu] *m* Merk-, Notiz-block *m*; *fig.* Gedächtnis *n*; *escrever no* ~ sich einprägen.
canhestro [~'ɲeʃtru] linkisch.
canhon|ada [~ɲu'naðɐ] *f* Kanonendonner *m*; **~ear** [~'njar] (1l) (mit Kanonen) beschießen; **~eio** [~eju] *m* Beschießung *f*; Kanonade *f*; = ~*ada*; **~eira** [~eirɐ] *f* Schieß-

scharte *f*; ⚓ Kanonenboot *n*; **~eiro** [~eiru] Kanonen...

canhoto [~'ɲotu] **1.** *adj.* linkshändig; *fig.* linkisch; **2.** *m* Linkshänder *m*; P Deibel *m*; *prov.* Knorz *m*; *bras.* Scheck-, Quittungs-abschnitt *m*.

canib|al [~ni'βaɫ] *m* Menschenfresser *m*; Unmensch *m*; **~alesco** [~βɐ'leʃku] kannibalisch; unmenschlich; **~alismo** [~βɐ'liʒmu] *m* Menschenfresserei *f*.

caniçal [~'saɫ] *m* Ried *n*.

canície [~'nisjə] *f* Weißhaarigkeit *f*; Alter *n*.

caniço [~'nisu] *m* Rohr *n*, Ried *n*; Rohrgeflecht *n*; Angelrute *f*; Floß *n*.

canícula [~'nikulɐ] *f* Hundstern *m*; Hundstage *m/pl*.

canicular [~niku'lar] glühend (heiß); *época f* ~, *dias m/pl.* ~*es* Hundstage *m/pl*.

canil [~'niɫ] *m* Hunde-hütte *f*, -zwinger *m*; Röhre *f* (*Pferd*).

canino [~'ninu] Hunde...; *dente m* ~ Augenzahn *m*; *fome f -a* Heiß-, Wolfs-hunger *m*.

canivete [~ni'vɛtə] *m* (Taschen-)Messer *n*.

canja ['kɐ̃ʒɐ] *f* Hühnersuppe *f mit Reis*; *fig. isto é ~!* das ist fein!; das ist kinderleicht!

canjica *bras.* [kɐ̃'ʒikɐ] *f* (Mais-)Grieß *m*; Maisbrei *m*; Schnupftabak *m*; Fusel *m*; Rausch *m*.

cano ['kɐnu] *m* Rohr *n*, Röhre *f*; *Gewehr*-Lauf *m*; *Stiefel-*, *Säulen*-Schaft *m*; *Orgel*-Pfeife *f*; *Feder*-Kiel *m*.

canoa [kɐ'noɐ] *f* Kanu *n*; Nachen *m*; Wanne *f*; Fischpfanne *f*.

cânon(e) ['kɐnon(ə)] *m* Regel *f*, Richtschnur *f*; Kanon *m* (*a. rel. u.* ♪); Katalog *m*; Tabelle *f*.

canoni|cal [kɐnuni'kaɫ] domherrlich; **~cato** [~'katu] *m* Domherrnpfründe *f*, -würde *f*.

canónico [~'nɔniku] kanonisch.

canon|isa [~nu'nizɐ] *f* Kanonissin *f*, Stiftsdame *f*; **~ista** [~iʃtɐ] *m* Kirchenrechtler *m*; **~ização** [~nizɐ'sɐ̃u] *f* Heiligsprechung *f*; **~izar** [~ni'zar] (1a) heiligsprechen.

cans|aço [kɐ̃'sasu] *m* Erschöpfung *f*; Abspannung *f*; ~ *em* Überdruß an (*dat.*); **~ado** [~aδu] abgespannt; erschöpft; abgenutzt, F ausgeleiert; *estar* ~ *de* müde sn (*gen.*), es müde sn zu *inf.*; *vista f -a* Weitsichtigkeit *f*; ~ *de vista* weitsichtig; **~ar** [~ar] (1a) ermüden, anstrengen; langweilen; **~ar-se** müde w.; sich abplagen; *não ~ com* leichtnehmen (*ac.*); **~ativo** [~sɐ'tivu] ermüdend; **~eira** [~eirɐ] *f* Anstrengung *f*; Plackerei *f*; Sorge *f*; = *~aço*; *ter ~s por* sich sorgen um; **~eiroso** [~sei'rozu] anstrengend; geplagt.

cant|adeira [kɐ̃ntɐ'δeirɐ] *f* (Volks-)Sängerin *f*; **~ado** [~'taδu]: *missa f -a* Hochamt *n*; **~ador** [~ɐ'δor] *m* (Volks-)Sänger *m*; **~ante** [~'tɐ̃ntə] singend; singbar.

cantão [~'tɐ̃u] *m* Kanton *m*; *Straßen*-Abschnitt *m*.

cantar [~'tar] (1a) **1.** *v/i.* singen; krähen (*Hahn*); schlagen (*Nachtigall*); quaken (*Frosch*); *in der Tasche* klimpern; *hei-de cantar-lhas* dem (denen *od.* Ihnen) will ich heimleuchten (*od.* ordentlich die Meinung sagen); **2.** *v/t.* besingen, preisen; *Lieder* singen; **3.** *m* Lied *n*; *isto é outro* ~ das ist was anderes; das klingt schon anders.

cantaria [~tɐ'riɐ] *f* Steinhauerkunst *f*; *pedra f de* ~ Hau-, Werk-stein *m*.

cantárida [~'tariδɐ] *f* spanische Fliege *f*.

cântaro ['kɐ̃ntɐru] *m* (Ton-)Krug *m*; (Blech-)Kanne *f*; *als Flüssigkeitsmaß* = $^1/_2$ *od.* 1 *Almude*; *alma f de* ~ herzlose(r) Mensch *m*, Rohling *m*; *a ~s* eimerweise; in Strömen.

canta|rola [kɐ̃ntɐ'rɔlɐ] *f* Trällerliedchen *n*; Singsang *m*; **~rolar** [~ru'lar] (1e) (vor sich hin)trällern; **~ta** [~'tatɐ] *f* Kantate *f*.

canteir|a [~'teirɐ] *f* Steinbruch *m*; Grube *f*; **~o** [~u] *m* **a)** Steinmetz *m*; **b)** (Garten-)Beet *n*; (Reis-)Feld *n*.

cântico ['kɐ̃ntiku] *m* Gesang *m*, Lied *n*; ♀ *dos ♀s das* Hohelied Salomonis.

cantiga [kɐ̃n'tiγɐ] *f* Lied(chen) *n*; *fig.* Litanei *f*, rührselige (*od.* unglaubliche) Geschichte *f*; *a velha ~*, *a ~ de sempre* die alte Leier; *deixe-se de ~s!* reden Sie kein Blech!

cantil [~'tiɫ] *m* Falzhobel *m*; Glätteisen *n*; Feldflasche *f*.

cantilena [~ti'lenɐ] *f* Kantilene *f*; *fig.* = *cantiga*.

cantina [~'tinɐ] *f* Kantine *f*.

canto ['kɐ̃ntu] *m* **a)** Kante *f*; Ecke *f*; Kantstein *m*; Brotranft *m*; *fig.* Winkel *m*; *Sport*: Eckball *m*, Ecke *f*; ~

da boca Mundwinkel *m*; *de* ~ übereck, hochkant; **b**) Gesang *m*; Krähen *n* (*Hahn*); **~chão** [kẽntu'ʃɐ̃u] *m* Kirchengesang *m*.
cantoeira [kẽn'tweirɐ] *f* Bauklammer *f*.
canton|al [~tu'nał] Kantons...; Strecken...; **~eira** [~'neirɐ] *f* Eckbord *n*; Winkeleisen *n*; **~eiro** [~'neiru] *m* Streckenwärter *m e-r Landstraße*.
cantor [~'tor] *m* Sänger *m*; Kantor *m*; **~a** [~ɐ] *f* Sängerin *f*.
canudo [kɐ'nuðu] *m* Röhre *f*, Rohr *n*; Fernrohr *n*; Ringellocke *f*; *Kleider*-Rüsche *f*; F *iron. Bezeichnung des Lizentiatendiploms, etwa*: Wisch *m*; *fig.* Schwindel *m*; schwierige Geschichte *f*; e-e nette Bescherung; *ver por um* ~ mit der Lupe suchen können.
cânula ⚕ ['kɐnulɐ] *f* Röhrchen *n*; Kanüle *f*.
cão [kɐ̃u] *m* Hund *m* (*a. fig.*); Hahn *m an Schußwaffen*; P unbezahlte Schuld *f*; ~ *de água* Pudel *m*; ~ *de guarda* Wach-, ~ *de luxo*, ~ *de regaço* Schoß-hund *m*; *entre o* ~ *e o lobo* in der Dämmerung; *pregar um* ~ *a* Schulden m. bei, prellen (*ac.*); *viajar a* ~ schwarz reisen; *andar a cair da boca aos cães* F völlig auf den Hund gekommen sn.
caolho *bras.* [ka'oʎu] einäugig.
caos ['kauʃ] *m* Durcheinander *n*; Chaos *n*; *pôr num* ~ völlig durch-ea.-bringen.
caótico [kɐ'ɔtiku] durcheinander; unordentlich; chaotisch.
capa ['kapɐ] **1.** *f* Mantel *m* (*a. fig.*), Überwurf *m*; Hülle *f*; Überzug *m*; *Buch*-Umschlag *m*; (Ober-)Fleck *m am Absatz*; *taur.* Capa *f*; ~ *aérea* Lufthülle *f*; ~ *e batina* portugiesische Studententracht *f*; *pôr-se* (*estar*) *de* ~ ⚓ bei-drehen (-liegen); **2.** *m Name des Buchstaben k*.
capacete [kɐpɐ'setə] *m* ⚔ Helm *m*, Schutzhelm *m*; *Windmühle*: Haube *f*; ~ *de gelo* Eisbeutel *m*.
capacho [~'paʃu] *m* Fußmatte *f*; *fig.* Kriecher *m*.
capac|idade [~pɐsi'ðaðə] *f* Fassungsvermögen *n*, Aufnahmefähigkeit *f*; *allg.* Fähigkeit *f*; ⊕ *a.* Leistung *f*; ⟁ Inhalt *m*, Raum *m*; *fig.* befähigte(r) Kopf *m*; (anerkannte) Fachgröße *f*; ~ *de compra* (*od. aquisitiva*) Kaufkraft *f*; *medida f de* ~ Hohlmaß *n*; **~íssimo** [~'sisimu] *sup. v. capaz*; **~itado** [~i'taðu] fähig, imstande; **~itar** [~i'tar] (1a) befähigen; *j-n* überzeugen; = **~-se** *de et.* begreifen.
capanga *bras.* [ka'pẽŋgɐ] **1.** *f* Brotbeutel *m*; **2.** *m* Leibwächter *m*; Meuchelmörder *m*; Messerheld *m*.
cap|ão [kɐ'pɐ̃u] *m* Kapaun *m*; Wallach *m*; *bras.* Gehölz *n*; **~ar** [~ar] (1b) *Tier* verschneiden; ♀ beschneiden.
caparrosa [kɐpɐ'ʀɔzɐ] *f* Vitriol *n*.
capatão *zo.* [~'tɐ̃u] *m* Kaulkopf *m*.
capataz [~'taʃ] *m* Aufseher *m*; Vorarbeiter *m*; Werkmeister *m*; ⩓ Polier *m*; ⚒ Steiger *m*.
capaz [kɐ'paʃ] fähig; befähigt; imstande; berechtigt; geeignet; gut.
capcioso [kɐp'sjozu] verfänglich.
cape|ador [kɐpjɐ'ðor] *m taur.* Tuchschwenker *m*, Capeador *m*; **~ar** [~'pjar] (1l) *Buch* einschlagen; verhüllen; *fig.* bemänteln; *den Stier* (mit der Capa) reizen; *j-n* nasführen, hinhalten; *v/i.* winken; *taur.* die Capa schwingen; ⚓ beidrehen.
capela [~'pɛlɐ] *f* Kapelle *f*; Galanteriewaren(handlung *f*) *f/pl.*; *Blumen*-Gewinde *n*; *Backofen*-Gewölbe *n*; **~-mor** [~'mor] *m* Chor *m* (*a. n*).
capel|ania [~pəlɐ'niɐ] *f* Kaplanei *f*; **~ão** [~'lɐ̃u] *m* Kaplan *m*; **~ista** [~'liʃtɐ] *m* Kurz-, Modewarenhändler *m*; **~o** [~'pelu] *m Mönchs*-Kapuze *f*, *Nonnen*-Haube *f*; *Professoren*-Ornat *m*; Kardinalshut *m*; Rauchfang *m*; (Thron-, Altar-)Himmel *m*.
capenga ⚕ *bras.* [ka'pẽŋgɐ] hinkend, lahm.
capicua [kɐpi'kuɐ] *f* Pasch *m*.
capilar [~'lar] Haar...; haarfein; *vaso* (*tubo*) *m* ~ Haar-gefäß (-röhrchen) *n*, Kapillare *f*.
capim [~'pĩ] *m* **a**) *bras.* Gras *n*; **b**) Verputz *m*.
capinar [~pi'nar] (1a) heuen; jäten.
capitação [~pitɐ'sɐ̃u] *f* Kopfsteuer *f*; *Lebensmittel*-Zuteilung *f*.
capital [~'tał] **1.** *adj.* hauptsächlich, wesentlich, Haupt...; entscheidend (wichtig); Kapital...; *tip. letra f* ~ Großbuchstabe *m*, Versalie *f*; *pena f* ~ Todesstrafe *f*; **2.** *f* Hauptstadt *f*; **3.** *m* Kapital *n*; ~ *circulante*, ~ *flutuante* bewegliche(s) Kapital *n*;

~ *líquido* flüssige(s) (*od.* verfügbares) Kapital *n*, Masse *f*; ~ *nominal*, ~ *principal* (*social*) Stamm- (Gesellschafts-), ~ *de exploração* Betriebskapital *n*.
capital|ismo [~tɐ'liʒmu] *m* Kapitalismus *m*; **~ista** [~iʃtɐ] *m* Kapitalist *m*; (*sócio m*) ~ Geldgeber *m*; **~izar** [~li'zar] (1a) kapitalisieren; (*Zinsen*) zum Kapital schlagen.
capitan|ear [~tɐ'njar] (1l) befehligen; **~ia** [~iɐ] *f* Hauptmanns-, Kapitäns-rang *m*; ⚓ Hafenamt *n*; *hist.* Erblehen *n in Brasilien.*
capitânia [~'tɐnjɐ] *f* Flaggschiff *n*.
capitão [~'tɐ̃u] *m* Hauptmann *m*; *Kavallerie*-Rittmeister *m*; ⚓ Kapitän *m*; ~ *de porto* Hafenmeister *m*; **~-de-corveta** [~ðəkur'vetɐ] *m* Korvettenkapitän *m*; **~-de-fragata** [~ðəfrɐ'γatɐ] *m* Fregattenkapitän *m*; **~-de-mar-e-guerra** [~ðəmari'γɛʀɐ] *m* Kapitän *m* zur See; **~-tenente** [~tə'nẽntə] *m* Kapitänleutnant *m*.
capitel [~'tɛɫ] *m* Kapitell *n*.
capitólio [~'tɔlju] *m* Kapitol *n*.
capitul|ação [~tulɐ'sɐ̃u] *f* Kapitulation *f*, Übergabe *f*; Vergleich *m*; *fig.* Zugeständnis *n*; **~ar** [~'lar] (1a) **1.** *v/i.* kapitulieren; ~ *com* Zugeständnisse m. (*dat.*); sich abfinden mit; *v/t.* vereinbaren; (in aller Form) anklagen; ~ *de* nennen (*ac.*), bezeichnen als; **2.** *adj.* Kapitel..., Stifts...; *letra f* ~ Initiale *f*.
capítulo [~'pitulu] *m* (Dom-)Kapitel *n*; Abschnitt *m*, Kapitel *n*; (Anklage-)Punkt *m*; ⚘ Korbblüte *f*; *chamar a* ~ zur Rechenschaft ziehen; *ter voto no* ~ *fig.* et. zu sagen haben.
capivara *bras.* [kapi'varɐ] *f* Wasserschwein *n*.
capoeir|a [~'pweirɐ] *f* **a)** Hühnerstall *m*; **b)** *bras.* Holzung *f*; (*jogo da*) ~ „Hahnentanz" *m*; ~ *m* Hahnentänzer *m*; **~o** (~u) *m* Hühnerdieb *m*.
capot|a [kɐ'pɔtɐ] *f* (*Motor*-)Haube *f*; *Wagen*-Verdeck *n*; *Kabinen*-Dach *n*; **~ar** [~u'tar] (1e) *auto.*, ✈ *usw.* sich überschlagen; **~e** [~ə] *m* Kapotte *f*; Militär-, Stierfechter-mantel *m*; *Spiel*: *dar* ~ Schlemm m. (*ac.*); *levar um* ~ schwarz werden; *allg.* verlieren.
caprich|ar [~pri'ʃar] (1a): ~ *em* bestehen (*od.* sich versteifen) auf (*ac.*); die Laune (*od.* den Einfall) haben *et. tun* zu wollen; **~o** [~'priʃu] *m* Laune *f*, Grille *f*; Launenhaftigkeit *f*; Eigensinn *m*; Akkuratesse *f*; ♪ Capriccio *n*; *pint.* Phantasiestück *n*; *fazer* ~ *de* = ~*ar*; *a* ~ je nach Laune; ~*s pl.* Mucken *f/pl.*; **~oso** [~ozu] launisch; eigensinnig; akkurat; launig; wunderlich.
capri|córnio [~'kɔrnju] *m zo.* Holzbock *m*; *ast.* Steinbock *m*; **~no** [~'prinu] Ziegen...; *gado m* ~ Ziegen *f/pl.*
cápsula ['kapsulɐ] *f* Kapsel *f*.
capt|ação [kɐptɐ'sɐ̃u] *f* Erschleichung *f*; Gewinnung *f*; ~ *de votos* Stimmenfang *m*; **~ador** [~ɐ'ðor] *m* ~ *sonoro* Tonabnehmer *m*; **~agem** [~'taʒɐ̃i] *f das* Abfangen (Fassen) *von Quellen*; *trabalhos m/pl. de* ~ Fassungsarbeiten *f/pl.*; **~ar** [~'tar] (1b) *et.* erschleichen; sich *in j-s Wohlwollen usw.* einschleichen; *j-n* (für sich) gewinnen, (an sich) fesseln; *Quelle* abfangen, fassen; *Radio*: (an)peilen; *Sender* bekommen; *Wellen* auffangen; ~ *bem* (*mal*) gut (schlecht) trennen; **~ura** [~'turɐ] *f* Festnahme *f*; Fang *m*; ⚓ Prise *f*; **~urar** [~u'rar] (1a) festnehmen; (ein)fangen; ⚓ aufbringen.
capuch|a [~'puʃɐ] *f* Kapuze *f*; ♀ Kapuzinerorden *m*; *à* ~ heimlich; **~inho** [~pu'ʃiɲu] *m* Kapuziner (-mönch) *m*; **~o** [~u] **1.** *m* Kapuziner *m*; Kapuze *f*; = *capulho*; **2.** *adj.* Kapuziner...; streng, ernst.
capulho ⚘ [~'puʎu] *m* Hülle *f*; Baumwollkapsel *f*.
capuz [~'puʃ] *m* Kapuze *f*.
caquético [~'kɛtiku] abgezehrt.
caqui [kɐ'ki] *m* Khaki *n*; *bras.* (japanische) Aprikose *f*.
cáqui *bras.* ['kaki] **1.** *m* Khaki *n*; **2.** *adj.* khakifarben.
cara ['karɐ] *f* Gesicht *n*; Miene *f*; Vorderseite *f*; Bildseite *f* (*Münze*); ~ *a* ~ von Angesicht zu Angesicht; ~ *estanhada*, ~ *de aço*, ~ *sem vergonha* freche Stirn *f*; schamlose(r) Mensch *m*; *à má* ~ gewaltsam; wütend; *de* ~ von vorn, gerade ins Gesicht; gegenüber; *bras. de meia* ~ gratis, umsonst; *na* ~ ins Gesicht hinein; *dar de* ~ *com* stoßen auf (*ac.*); *estar com* (*od. ter*) ~ *de saúde* (*boa* ~) gesund (gut) aussehen; *ter*

~ *para* die Stirn h. zu; (*não*) *ter* ~ *de inf.* (nicht) danach aussehen, als ob *conj. impf.*; *tirar* (*od. chupar*) *os olhos da* ~ *j-m* das Fell über die Ohren ziehen.
carabina [kɐrɐ'βinɐ] *f* Karabiner *m*.
caracol [~'kɔł] *m* Schnecke *f*; Locke *f* (*fazer* drehen); Spirale *f*; *escada f de* ~ Wendeltreppe *f*.
caracol|ar [~ku'lar] (1e) = **~ear** [~'ljar] (1l) sich drehen *od.* winden; sich tummeln; *v/t. Pferd* tummeln.
carácter [kɐ'ratɛr] *m* Eigenart *f*; Charakter *m*; Rang *m*; (Schrift-) Zeichen *n*; Buchstabe *m*, *tip.* Letter *f*.
caracter|ística [~rɐtə'riʃtikɐ] *f* Kennzeichen *n*, Merkmal *n*; Charakterzug *m*; Eigenart *f*; ⚠ Kennziffer *f*; *gram.* Kennbuchstabe *m*; **~ístico** [~'riʃtiku] **1.** *adj.* kennzeichnend, charakteristisch; **2.** *m* Kennzeichen *n*, Merkmal *n*; **~ização** [~rizɐ'sɐ̃u] *f* Kennzeichnung *f*, Charakteristik *f*; *tea.* Darstellung *f*; Maske *f*; **~izador** [~rizɐ'ðor] *m* Darsteller *m*; Maskenbildner *m*; **~izar** [~ri'zar] (1a) kennzeichnen, charakterisieren; *tea.* maskieren; *Rolle* verkörpern, spielen; **~ologia** [~rulu'ʒiɐ] *f* Charakterkunde *f*; **~ológico** [~ru'lɔʒiku] charakterologisch; Charakter...
cara|dura *bras.* [ˌkara'ðurɐ] *m* unverschämte(r) Mensch *m*; **~durismo** [~ðu'rizmu] *m* Dummdreistigkeit *f*; Zumutung *f*; Unverschämtheit *f*.
caramanchão, -el [kɐrɐmɐ̃'ʃɐ̃u, -ɛł] *m* Laube *f*; ⚔ Vorwerk *n*.
caramba! [kɐ'rɐ̃mbɐ] (zum) Donnerwetter!; hol's der Teufel!
carambol|a [~rɐ̃m'bɔlɐ] *f* rote Billardkugel *f*; Karambolage *f*; Karambolespiel *n*; *fig.* = **~ice**; **~ar** [~bu'lar] (1e) *Billard* karambolieren; *fig.* schwindeln; intrigieren; **~eiro** [~bu'leiru] *m* Schwindler *m*; Intrigant *m*; **~ice** [~bu'lisə] *f* Schwindel *m*.
caramelo [~ɐ'mɛlu] *m* Karamelzucker *m*, -bonbon *n*; (Glatt-)Eis *n*.
caramujo [~ɐ'muʒu] *m* (See-) Schnecke *f*.
caranguej|a [~ɐ̃ŋ'geʒɐ] *f* ⚓ Gaffel *f*; **~ar** [~gɨ'ʒar] (1d) krebsen; unschlüssig sn; **~o** [~u] *m* Krebs *m*; ⚓, ⊕ (Schienen-)Kran *m*.
car|antonha [~ɐ̃n'toɲɐ] *f* Grimasse *f*; **~ão** [~'rɐ̃u] *m* Fratze *f*; Gesichtshaut *f*; *fig. bras.* Anpfiff *m*.
carapaça *zo.* [~ɐ'pasɐ] *f* Panzer *m*.
carapau [kɐrɐ'pau] *m* Stichling *m*; *fig.* P Vogelscheuche *f*.
carapeta [~'petɐ] *f* Tanzkreisel *m*; *fig.* Flunkerei *f*; **~s** *pl.* Flausen *f/pl.*
carapinh|a [~'piɲɐ] *f* Kraushaar *n*, F Wolle *f*; Krimmer *m*; **~ada** [~pi'ɲaðɐ] *f* Eisgetränk *n*.
carapuç|a [~'pusɐ] *f* Pudelmütze *f*; *allg.* Hütchen *n*; *serve-lhe a* ~! er verdient's!; das geht auf Sie (*od.* ihn, sie); *não me serve a* ~! das trifft mich nicht!; da sind Sie an die falsche Adresse gekommen!; *enterrar a* ~ den Tadel herunterschlucken; den Hieb einstecken; *qual* ~! Unsinn!, Quatsch!; **~o** [~u] *m* Kaffeesack *m*; = **~a**.
caráter *bras.* [ka'ratɛr] = *carácter*.
caravana [~'vɐnɐ] *f* Karawane *f*.
caravela [~'vɛlɐ] *f* Karavelle *f*.
carbon|atado [kɐrbunɐ'taðu] kohlensauer; **~ato** [~'natu] *m* kohlensaure(s) Salz *n*, Karbonat *n*; **~e** [~'bɔnə] *m* Kohlenstoff *m*.
carbóneo [~'bɔnju] **1.** *m* Kohlenstoff *m*; **2.** *adj.* Kohlen...; Karbon...
carboneto [~βu'netu] *m* = *carbureto*.
carbónico [~'bɔniku] Kohlen...; *geol. período m* ~ Karbon *n*.
carbon|ífero [~bu'niføru] kohlenhaltig, Kohlen...; *indústria f -a* Kohlenindustrie *f*; *flora f -a* Flora *f* des Karbonzeitalters; **~io** [~'bɔnju] *m* = **~o**; **~izado** [~ni'zaðu] verkohlt; *morrer* ~ verbrennen; **~izar** [~ni'zar] (1a) verkohlen; verbrennen; **~o** [~'bɔnu] *m* Kohlenstoff *m*; *papel m* ~ Kohlepapier *n*.
carbúnculo [~'bũŋkulu] *m* ⚕ Blutgeschwür *n*; *our.* Karfunkel *m*.
carbur|ação [~burɐ'sɐ̃u] *f* Verbrennung *f*; Kohlung *f des Eisens*; *auto.* Vergasung *f*; **~ador** *auto.* [~ɐ'ðor] *m* Vergaser *m*; **~ar** [~'rar] (1a) vergasen; *Eisen* kohlen; **~eto** [~'retu] *m* Karbid *n*.
carc|aça [~'kasɐ] *f* Gerippe *n*; Gehäuse *n*; *Schiffs*-Rumpf *m*; Wrack *n*; Weißbrot *n*; **~ás** [~'kaʃ] *m* Köcher *m*.
carcela [~'sɛlɐ] *f* Knopflochstreifen *m*; *prov.* Hosenschlitz *m*.
cárcere ['karsərə] *m* Kerker *m*.

carcereiro [kɐrsə'reiru] *m* Kerkermeister *m*; Gefängniswärter *m*.
carcom|a [~'komɐ] *f* Holzwurm *m*; Wurmfraß *m*; *fig.* nagende(r) Wurm *m*; **~er** [~ku'mer] (2d) zernagen; *fig.* unter-graben, -höhlen; **~ido** [~ku'miðu] wurmstichig.
carcunda [~'kũndɐ] **1.** *f* Buckel *m*; **2.** *adj.* bucklig.
card|a ['karðɐ] *f* Karde *f*; Krempel *m*, Hechel *f*; Kardieren *n*; Kämmen *n*; Schmutzklümpchen *n/pl.*; **~ador** *m*, **-eira** *f* [kɐrðɐ'ðor, -eirɐ] Kardierer(in *f*) *m*; Wollkämmer(in *f*) *m*.
cardamina ⚘ [kɐrðɐ'minɐ] *f* Wiesenschaumkraut *n*.
cardanha *f*, **-o** *m* [~'ðɐɲɐ, -u] Schlafbaracke *f für Landarbeiter*.
cardão [~'ðɐ̃u] distelfarben.
cardápio *bras.* [kar'ðapju] *m* Speisenkarte *f*.
cardar [kɐr'ðar] (1b) *Tuch* kardieren; *Wolle* kämmen; krempeln; P *j-n* schröpfen; *j-n* erleichtern um.
cardeal [~'ðjał] **1.** *m* Kardinal *m*; **2.** *adj.* Haupt...; *pontos m/pl. cardeais* Himmelsrichtungen *f/pl.*
cardenilho [~ðə'niʎu] *m* Grünspan *m*.
cárdia *anat.* ['karðjɐ] *f* Magenmund *m*.
cardíaco [kɐr'ðiɐku] **1.** *adj.* Herz...; **2.** *m* Herzkranke(r) *m*.
cardinal [~ði'nał] Haupt...; *número m ~* Grundzahl *f*.
cardite ⚕ [~'ðitə] *f* Herzentzündung *f*.
cardo ['kardu] *m* Distel *f*; Karde *f*.
carduç|a [kɐr'dusɐ] *f* Streichkamm *m*; **~ar** [~du'sar] (1p) krempeln.
cardume [~'dumə] *m* Schwarm *m*.
careca [kɐ'rɛkɐ] **1.** *adj.* kahl (-köpfig); *fig.* durchsichtig (*Schwindel*), fadenscheinig (*Vorwand*); **2.** *f* Glatze *f*; **3.** *su.* Glatzkopf *m*.
carecer [~rə'ser] (2g) fehlen, knapp sn; *~ de* brauchen; *tun* müssen.
careiro [~'reiru] teuer.
carência [~'rẽsjɐ] *f* Entbehrung *f*; Mangel *m* (*de* an); Knappheit *f*.
carestia [~rɨʃ'tiɐ] *f* Teuerung *f*; Überteuerung *f*.
careta [~'retɐ] *f* Grimasse *f* (*fazer* schneiden).
carga ['kargɐ] *f* Last *f*, Bürde *f* (*a. fig.*); Belastung *f*; Ladung *f* (*a.* ⚔ *u.* ⚡); Fracht(gut *n*) *f*; Befrachtung *f*; Verladung *f*, Verfrachtung *f*; ⚔ Angriff *m*; ⚒ Gicht *f*, Beschickung *f*; *~ útil* Nutzlast *f*; *besta f de ~* Lasttier *n*; *burro m de ~* Packesel *m*; *declaração f de ~* ⚓ Schiffsbericht *m*; *navio m de ~* Frachter *m*; *peso m de ~* Ladegewicht *n*; *~ cerrada* geballte Ladung *f*; *à ~* zur Verladung (*bestimmt*); *~ de ossos* F Knochengestell *n*; *~ de pau* (*od. lenha*) F Tracht *f* Prügel; *~ de água* Regenguß *m*; *por que ~ de água* aus welchem unerfindlichen Grunde; warum zum Kuckuck; *voltar à ~* wieder davon (*od.* damit) anfangen.
cargo ['kargu] *m* Amt *n*; Auftrag *m*; Pflicht *f*, Verpflichtung *f*; *a ~ de* übernommen (*od.* ausgeführt, wahrgenommen) von; ✝ zu Lasten (*gen.*); *isto fica a ~ dele* das bleibt ihm überlassen; das übernimmt er; das ist s-e Sache; ✝ das geht zu s-n Lasten; *ter a seu ~* übernommen h.; verpflichtet sn zu; sorgen (*od.* ✝ aufkommen) müssen für; *tomar a seu ~* übernehmen.
cargueiro [kɐr'geiru] **1.** *adj.* Fracht..., Last...; **2.** *m* Fracht(dampf)er *m*.
cari|ado [kɐ'rjaðu] hohl (*Zahn*); **~ar** [~ar] (1g) *v/i.* (an)faulen; angefressen werden.
caricato [~ri'katu] lachhaft.
caricat|ura [~kɐ'turɐ] *f* Karikatur *f*, Zerrbild *n*; **~urar** [~tu'rar] (1a) karikieren; **~uresco** [~tu'reʃku] fratzenhaft; **~urista** [~tu'riʃtɐ] *m* Karikaturenzeichner *m*.
carícia [~'risjɐ] *f* Liebkosung *f*.
carid|ade [~ri'ðaðə] *f* (Nächsten-) Liebe *f*; Mildtätigkeit *f*; *~ pública* (öffentliche) Wohlfahrt(spflege) *f*; *casa f de ~* Armenhaus *n*; *fazer* (*a*) *~* Almosen geben, e-n Liebesdienst erweisen; **~oso** [~ozu] mildtätig.
cárie ['karjə] *f* Knochenfraß *m*; Zahnfäule *f*; Wurmfraß *m*.
caril [kɐ'rił] *m* Curry *m*.
carimb|ar [kɐrĩm'bar] (1a) (ab-) stempeln; **~o** [~'rĩmbu] *m* Stempel *m*.
carinh|o [~'riɲu] *m* Liebe *f*; Liebkosung *f*; **~oso** [~ri'ɲozu] liebevoll; zärtlich (*com* zu).
carioca *bras.* [ka'rjɔkɐ] **1.** *su.* (*Spitzname der Einwohner von Rio de Janeiro*); **2.** *adj.* aus Rio de Janeiro.
caritativo [kɐritɐ'tivu] mildtätig; Wohltätigkeits...
cariz [~'riʃ] *m* Aussehen *n*, Gesicht

n; *Wetter-*, *Geschäfts*-Lage *f*; *estar de mau* ~ böse (*od.* bedenklich) aussehen.

carlinga [kɐr'lĩŋgɐ] *f* ✈ Führersitz *m*, -raum *m*; ⚓ Kielschwein *n*.

carmelita [~mə'litɐ] *su.* Karmeliter-mönch *m*, -nonne *f*.

carm|esim [~'zĩ] *m* Karmesin *n*; **~im** [kɐr'mĩ] *m* Karmin(rot) *n*; **~íneo** [~'minju] karminrot.

carn|adura [~nɐ'ðurɐ] *f die fleischigen Teile m/pl. des Körpers, das* Fleisch; *ter boa* (*má*) ~ gut (schlecht) bei Fleisch sn; **~agem** [~'naʒɐ̃i] *f* Fleisch-versorgung *f*, -vorrat *m*; *fig.* Blutbad *n*; **~al** [~'nał] fleischig, Fleisch...; fleischlich, sinnlich; leiblich, blutsverwandt; **~alidade** [~nɐli'ðaðə] *f* Fleischeslust *f*.

carnaúba *bras.* [~nɐ'uβɐ] *f* Wachspalme *f*.

carnaval [~nɐ'vał] *m* Fasching(szeit *f*) *m*, Karneval *m*; **~esco** [~nɐvɐ'leʃku] karnevalistisch; Faschings...

carn|az [~'naʃ] *m* Fleischseite *f an Häuten*; **~e** ['karnə] *f* Fleisch *n* (*a. fig.*) (*verde* frisches, *viva* gesundes); ~ *de canhão* Kanonenfutter *n*; *em* ~ *e osso* in Fleisch und Blut, leibhaftig; *ser unha e* ~ ein Herz und eine Seele sn.

carneir|a [~'neirɐ] *f* Schafleder *n*; Schweißleder *n im Hut*; **~ada** [~nei'raðɐ] *f* Hammelherde *f*; Schaumwellen *f/pl.*; ~*s pl.* afrikanische Fieberkrankheiten *f/pl.*; **~o** [~u] *m* Widder *m*; Hammel *m*; Hammelfleisch *n*.

cárneo ['karnju] fleischig; Fleisch...

carniça [kɐr'nisɐ] *f* **a**) (brauchbares) Fleisch *n*; *fig.* Gemetzel *n*; **b**) Zielkreisel *m* (*Ggs. zum Wurfkreisel*); *fig.* Zielscheibe *f* des Spottes.

carni|çaria [~nisɐ'riɐ] *f* Schlächterei *f*; Metzelei *f*; **~ceiro** [~'seiru] **1.** *adj.* fleischfressend; *fig.* blutrünstig; **2.** *m* Fleischer *m*, Metzger *m*; ~*s pl.* Raubtiere *n/pl.*

carn|ificina [~nəfə'sinɐ] *f* Gemetzel *n*, Blutbad *n*; **~ívoro** [~ivuru] **1.** *adj.* fleischfressend; *ser* ~ gern Fleisch essen; **2.** ~*s m/pl.* fleischfressende Tiere *n/pl.*; **~osidade** [~nuzi'ðaðə] *f* ⚕ (Fleisch-)Wucherung *f*; **~oso** [~'nozu] fleischig; Fleisch...; *excrescência f -a* wilde(s) Fleisch *n*; **~udo** [~'nuðu] fleischig; muskulös.

caro ['karu] teuer; *fig.* lieb, wert; *sair* ~ teuer zu stehen kommen.

caroch|a [kɐ'rɔʃɐ] *f zo.* Hirschkäfer *m*; **~inha** [~ru'ʃiɲɐ] *f*: *histórias f/pl. da* ~ Ammenmärchen *n/pl.*; **~o** [~u] dunkelfarbig.

caroço [kɐ'rosu] *m Frucht*-Kern *m*, Stein *m*; P Kies *m* (*Geld*).

carol|a [kɐ'rɔlɐ] **1.** *m* Mucker *m*, Frömmler *m*; *allg.* Fanatiker *m*; **2.** *adj.* fanatisch; **~ice** [~ru'lisə] *f* Muckerei *f*, Frömmelei *f*; Fanatismus *m*.

carona *bras.* [ka'ronɐ] **1.** *f* Satteldecke *f*; *fig.* Freifahrt *f*; *de* ~ umsonst; **2.** *m* Anhalter *m*; Schwindler *m*.

carótida [kɐ'rɔtiðɐ] *f* Halsschlagader *f*.

carpa ['karpɐ] *f* Karpfen *m*; ♀ Hagebuche *f*; *bras.* Heuen *n*.

carpeta *esp.* [kɐr'petɐ] *f* = *tapete*.

carpid|eira [~pi'ðeirɐ] *f* Klageweib *n*; F Tränenliese *f*; ⚒ Jätmaschine *f*; **~o** [~'piðu] **1.** *m* Totenklage *f*; (Klage-)Geschrei *n*; **2.** *adj.* klagend.

carpint|aria [~pĩntɐ'riɐ] *f* Schreinerei *f*; **~eiro** [~'teiru] *m* Schreiner *m*; Zimmermann *m*; *banco m de* ~ Hobelbank *f*; *bicho m de* ~ Holzbock *m*.

carpir [~'pir] (3b) pflücken; jäten; *bras. a.* roden; *fig.* sich *die Haare* raufen; *v/i. u.* **~-se** (sich be)klagen.

carpo ['karpu] **1.** *m* a) *anat.* Handwurzel *f*; b) Frucht *f*; **2.** **~...** *in Zssgn* Frucht...

carqueja [kɐr'keʒɐ] *f* Ginster *m*; (Ginster-)Reisig *n*.

carraça [kɐ'ʀasɐ] *f* Zecke *f*.

carrada [~'ʀaðɐ] *f* Fuder *f*, Fuhre *f*; *ter* ~*s de razão* haushoch recht h.

carranca [~'ʀɐ̃ŋkɐ] *f* finstere(s) Gesicht *n*; Fratze *f*; Maske *f*.

carrancudo [~ʀɐ̃ŋ'kuðu] brummig.

carrapat|a [~ɐ'patɐ] *f* schwerheilende Wunde *f*; *fig.* lästige Sache *f*; **~eiro** [~pɐ'teiru] *m* Rizinusstaude *f*; **~o** [~u] *m* ♀ Rizinus *m*; *zo.* Zecke *f*; *fig.* Knirps *m*; Klette *f*.

carrapi|cho [~'piʃu] *m* aufgesteckte(s) Haar *n*; Knoten *m*; Kringel *m*; *bras.* ♀ Klette *f*; **~to** [~tu] *m Haar*-Schwänzchen *n*; *Haar*-Schnecke *f*.

carrasc|al [~ʃ'kał] *m* Zwergwald *m*;

~ão [~ɐ̃u]: (*vinho*) ~ *m* Krätzer *m*; **~o** [~'ʀaʃku] *m* **a)** Henker *m*; *fig.* Unmensch *m*; **b)** Zwergeiche *f*.

carrear [~'ʀjar] (1l) karren; (auf e-m Karren) fortschaffen; schleppen.

carreg|ação [~ʀəɣɐ'sɐ̃u] *f* Laden *n*; Verladen *n*; Ladung *f*; **~adeira** [~ɐ'ðeirɐ] *f* Lastträgerin *f*; ⚓ Geitau *n*; **~ado** [~'ɣaðu] schwer; überladen; *fig.* schwarz bewölkt (*Himmel*); dunkel (*Farbe*); F betrunken; **~ador** [~ɐ'ðor] *m* Packer *m*, Lastträger *m*; Ladearbeiter *m*; 🚂 Dienstmann *m*; **~amento** [~ɐ'mẽntu] *m* Last *f*, Belastung *f*; ⚒ Rostbeschikkung *f*; = *~ação*; **~ar** [~'ɣar] (1o; *Stv.* 1c) beladen; *Waffe, Batterie* laden; *Güter* ver-, ein-laden; verfrachten; *Schuld* zur Last legen, aufladen; *Steuer* erhöhen, *Preis* verteuern; *j-m Arbeit usw.* aufbürden; *j-n mit Arbeit usw.* überlasten; *Magen* voll-, über-laden; *Gesicht, Himmel* verfinstern; *j-n* bedrücken; *auf j-m* lasten; *Feind* bedrängen; *Übel usw.* vergrößern; übertreiben; ⚕ *j-n* belasten, *j-m et.* berechnen; ⚓ *Segel* reffen; ⚒ gichten; *Ofen* beschicken; ~ *as sobrancelhas* die Stirn runzeln; *v/i.* Ladung (ein-) nehmen, laden; stärker w. (*Sturm usw.*); (vorwärts)drängen; ~ *em* lasten auf (*dat.*); drücken auf (*ac.*); sich stützen auf (*ac.*); bestehen auf (*dat.*); ~ *com* sich beladen (*od.* belasten) mit; *et.* tragen; ~ *com alg.* j-m zusetzen; ~ *sobre alg.* auf j-n eindringen; ~ *para*, ~ *sobre* s-n Weg nehmen (*od.* abbiegen, *fig.* drängen) nach (*dat.*); **~ar-se** sich bewölken, sich verfinstern; ~ *de* sich *et.* aufladen, *et.* auf sich (*ac.*) (*od.* über-) nehmen; **~o** [~'ʀeɣu] *m* Last *f*; Ladung *f*; *fig.* (Gewissens-)Last *f*.

carreir|a [~'ʀeirɐ] *f* Weg *m*; *Verkehrs*-Linie *f od.* Verbindung *f*; Lauf *m*, Fahrt *f*, Rennen *n*; Rennbahn *f*; Reihe *f*; ⚓ Stapel *m*; *fig.* Gang *m*; *bsd.* Laufbahn *f*, Karriere *f*; Beruf *m*; ~ *de tiro* Schießstand *m*; *diplomata m de* ~ Berufsdiplomat *m*; *homem m de* ~ Akademiker *m*; *em* ~ (in Reihen) hinter-ea.; **~o** [~u] **1.** *m* Fuhrmann *m*; (Fahr-)Weg *m*; (Ameisen-)Straße *f*; **2.** *adj.* Karren..., Wagen...

carreta [~'ʀetɐ] *f* Karren *m*; ⚔ Lafette *f*.

carret|agem [~ʀə'taʒɐ̃i] *f* Beförderung *f*; Fracht *f*; **~ão** [~ɐ̃u] *m* Rollwagen *m*; **~ar** [~ar] (1c) befördern; = *acarretar*; **~e** ⊕ [~'ʀetə] *m* Zahnrad *n*; Schnecke *f*; Rolle *f*; Ritzel *n*; **~eiro** [~eiru] **1.** *m* Kärrner *m*, Fuhrmann *m*; **2.** *adj. barco m* ~ Leichter *m*; **~el** [~ɛł] *m* Rolle *f*; Spule *f*; Haspel *f*; Winde *f*; **~ilha** [~iʎɐ] *f* Teigrädchen *n*; Radbohrer *m*; **~o** [~'ʀetu] *m* Transport *m*; Fracht *f*.

carriça [~'ʀisɐ] *f* Zaunkönig *m*.

carril [~'ʀił] *m* (Fahr-)Geleise *n*; 🚂 Schiene *f*; *Pflug*-Karren *m*; **~ar** [~ʀi'lar] (1a) aufschienen.

carrilhão [~ʀi'ʎɐ̃u] *m* Glockenspiel *n*; Schlagwerk *n*.

carrinho [~'ʀiɲu] *m* (Förder-)Karren *m*; Kinderwagen *m*; ⊕ Laufkatze *f*; ~ *de mão* Schubkarren *m*.

carro ['kaʀu] *m* Karren *m*; Karre *f*; *Kraft*-Wagen *m*; *Drehbank*-Schlitten *m*; ~ *de assalto*, ~ *de combate* Kampfwagen *m*; ~ *de linhas* Garnspule *f*; **~ça** [kɐ'ʀɔsɐ] *f* Leiterwagen *m*; † Karosse *f*.

carro|çada [kɐʀu'saðɐ] *f* Fuhre *f*; **~çaria** [~sɐ'ʀiɐ] *f* Karosserie *f*; **~ceiro** [~'seiru] *m* Fuhrmann *m*; **~cel** [~'sɛł] *m* Karussell *n*.

carruagem [~'ʀwaʒɐ̃i] *f* Wagen *m*; *~-cama* 🚂 Schlafwagen *m*.

carta ['kartɐ] *f* Brief *m*, Schreiben *n*; (Land-, Spiel-)Karte *f*; *Doktor*-Diplom *n*; ~ *de aviso* (*crédito*) Avis-(Kredit-)brief *m*; ~ *de apresentação*, ~ *de recomendação* Empfehlungsschreiben *n*; ~ *de condução* Führerschein *m*; ⁀ *constitucional* Verfassungsurkunde *f*; ⁀ *do Atlântico* Atlantikcharta *f*; *dar as ~s fig.* den Ton angeben; *dar ~s a* Vorschriften machen (*dat.*).

cartabuxa [kɐrtɐ'βuʃɐ] *f* Drahtbürste *f*.

cart|ada [~'taðɐ] *f* Ausspielen *n*; (ausgespielte) Karte *f*; *jogar a última* ~ die letzte Karte ausspielen; **~ão** [~ɐ̃u] *m* Pappe *f*, Pappdeckel *m*; Pappschachtel *f*; Karton *m*; *bras.* Ansichtskarte *f*; ~ *de visita* Besuchskarte *f*; **~ão-postal** *bras.* [~tɐ̃upos'tał] *m* Postkarte *f*; **~apácio** [~tɐ'pasju] *m* (Notiz-)Heft *n*; Aktenbündel *n*; *lit.* Schinken *m*.

cart|az [~'taʃ] *m* Plakat *n*; *fig.* Aushängeschild *n*; **~eira** [~eirɐ] *f* Brieftasche *f*; Brief-, Akten-mappe

f; *Damen*-Handtasche *f*; Notizbuch *n*; *Schreib*-Pult *n*; Ausweis *m*; ~ *profissional* Arbeitsbuch *n*; ♀ *Bank*-Abteilung *f*; **~eirista** [~tei'riʃtɐ] *m* Taschendieb *m*; **~eiro** [~eiru] *m* Briefträger *m*; **~el** [~ɛł] *m* **a**) Herausforderung *f*; **b**) Kartell *n*.
cartilag|em [~ti'laʒɐ̃i] *f* Knorpel *m*; **~íneo, ~inoso** [~lɐ'ʒinju, ~ʒi'nozu] knorpelig.
cartilha [~'tiʎɐ] *f* Fibel *f*.
cartógrafo [~'tɔɣrɐfu] *m* Kartenzeichner *m*.
cartola P [~'tɔlɐ] *f* Angströhre *f* (= *Zylinderhut*); Deckel *m*.
cartolina [~tu'linɐ] *f* feine(s) Kartonpapier *n zu Besuchskarten usw.*
cartom|ancia [~tumɐ̃'siɐ] *f* Kartenlegen *n*; **~ante** [~'mɐ̃ntɔ] *su*. Kartenleger(in *f*) *m*.
carton|ado [~tu'naðu] kartoniert; **~agem** [~aʒɐ̃i] *f* Kartonage *f*; Pappband *m*.
cartório [~'tɔrju] *m* Notariat *n*; (Anwalts-)Büro *n*; Archiv *n*; *ter culpas no* ~ keine reine Weste h.
cartuch|eira [~tu'ʃeirɐ] *f* Patronentasche *f*; **~o** [~'tuʃu] *m* Patrone *f*, Kartusche *f*; Tüte *f*; *papel m* ~ Packpapier *n*.
cartux|a [~'tuʃɐ] *f* Karthäuserorden *m*, -kloster *n*; **~o** [~u] *m* Karthäusermönch *m*.
caruma [kɐ'rumɐ] *f* Kiefern-, Tannen-nadel *f*.
carunch|o [~'rũʃu] *m* Holzwurm *m*; *fig*. Totenwurm *m*; **~oso** [~rũ'ʃozu] wurmstichig.
carvalh|al [kɐrvɐ'ʎał] *m* Eichengehölz *n*, -wald *m*; **~o** [~'vaʎu] *m* Eiche *f*.
carvão [~'vɐ̃u] *m* Kohle *f*; *pint*. Kohlezeichnung *f*; ~ *animal* Tier-, Knochen-, ~ *de pedra*, ~ *mineral* Stein-, ~ *vegetal* Holz-kohle *f*; *depósito m de* ~ ⚓ (Kohlen-)Bunker *m*; *receber* (*od. tomar*) ~ bunkern.
carvo|aria [~vwɐ'riɐ] *f* Kohlenhandlung *f*; Meiler *m*; **~eira** [~'vweirɐ] *f* Kohlen-keller (*od*. ⚓ -bunker) *m*, -kasten *m*, -händlerin *f*; Köhlerin *f*; Meiler *m*; **~eiro** [~'vweiru] **1.** *m* Köhler *m*; Kohlenhändler *m*; **2.** *adj*. Kohlen...; kohlschwarz.
casa ['kazɐ] *f* Haus *n* (*a. fig*.); Zimmer *n*; *Maschinen*-Raum *m*; *Bauern*-Hof *m*; Handelshaus *n*, Firma *f*; Feld *n* (*Schachbrett*); Fach *n in Gestellen usw*.; (Zahlen-)Stelle *f*; ~ *do botão* Knopfloch *n*; ♀ *da Moeda* Münze *f*; ~ *de aluguer* Mietshaus *n*; ~ *grande bras*. Herrenhaus *n*; ~ *pública* Bordell *n*; ~ *de saúde* Krankenhaus *n*; *Santa* ♀ (*da Misericórdia*) Spital *n*, städtisches Krankenhaus *n*; *em* (*para*) ~ zu (nach) Hause; *em* ~ *de* bei; *a* ~ *de* zu; *estar od. andar na* (*aproximar-se da*) ~ *dos cinquenta* in (sich) den Fünfzigern sn (nähern).
casac|a [kɐ'zakɐ] *f* Frack *m*; *cortar na* ~ *j-n* durchhecheln; lästern (über [*ac*.]); *virar a* ~ die Fahne wechseln, sich umstellen; **~ão** [~zɐ'kɐ̃u] *m* Überrock *m*; **~o** [~u] *m Herren*-Jacke *f*; *Damen*-Mantel *m*.
casadeiro, -oiro, -ouro [~zɐ'ðeiru, -oiru, -oru] heiratsfähig.
casal [kɐ'zał] *m* Weiler *m*; Gutsverband *m*; Pachthof *m*; Paar *n*; Pärchen *n*; *bsd*. Ehepaar *n*.
casamata [~zɐ'matɐ] *f* Kasematte *f*.
casam|enteiro [~mẽn'teiru] **1.** *adj*. Heirats...; Ehevermittlungs...; **2.** *m*, **-a** *f* Heiratsvermittler(in *f*) *m*; **~ento** [~'mẽntu] *m* Heirat *f*; Eheschließung *f*, Trauung *f*; Hochzeit *f*; Ehe *f*; *fig*. Vereinigung *f*; Gemeinschaft *f*; ~ *religioso* (*civil*) kirchliche (Zivil-)Trauung *f*; *contrair* ~ *com* die Ehe schließen mit, ehelichen (*ac*.); *pedir alg. em* ~ um j-s Hand anhalten.
casar [~'zar] (1b) *v/t*. trauen; *fig*. verbinden; *v/i*. (sich ver)heiraten; ~ *com* heiraten (*ac*.); **~-se** (zueinander) passen.
casarão [~zɐ'rɐ̃u] *m* Riesenhaus *n*; F Kasten *m*.
casca ['kaʃkɐ] *f* Schale *f*; *Baum*-Rinde *f*; Faß *n*; *fig*. Hülle *f*; Außenseite *f*; ~ *grossa* Grobian *m*; *em* ~ ungeschält (*Reis*).
cascalh|eira [kɐʃkɐ'ʎeirɐ] *f* Halde *f*; Kollern *n*; Rasseln *n*; Röcheln *n*; **~o** [~'kaʎu] *m* Geröll *n*; Kies *m*; *Stein*-Schotter *m*; *Eisen*-Schlacke(n) *f*(/*pl*.); P Kies *m* (*Geld*); **~oso, ~udo** [~ozu, ~uðu] kiesig.
cascar [~'kar] (1n; *Stv*. 1b) **a**) P *j-n* durchbläuen; *Schlag usw*. versetzen; gereizt antworten; **b**) = *descascar*.
cascata [~'katɐ] *f* Wasserfall *m*; Kaskade *f*.

cascavel [~ka'vɛɫ] *m* Rassel *f*; (*cobra f*) ~ Klapperschlange *f*.
casc|o ['kaʃku] *m* Schädel *m*; Kopfhaut *f*; Schale *f*; *Pferde*-Huf *m*; Faß *n*; *Damen*-Hutform *f*; ⚓ Rumpf *m*; † Sturmhaube *f*; *fig.* Grips *m*; **~udo** [kɐʃ'kuðu] **1.** *adj.* dickschalig; **2.** *m* a) Kopfnuß *f*; b) *bras.* Käfer *m*.
cas|ear [kɐ'zjar] (1l) Knopflöcher m. (*ac.*); **~ebre** [~'zɛβrə] *m* elende Hütte *f*, Loch *n*.
caseína [~ze'inɐ] *f* Kasein *n*.
caseiro [~'zeiru] **1.** *adj.* Haus...; häuslich (*a. fig.*); hausgemacht; **2.** *m* Verwalter *m*; Pächter *m*.
caserna [~'zɛrnɐ] *f* Kaserne *f*.
casimira [~zə'mirɐ] *f* Kaschmir *m*.
casinh|a [~'ziɲɐ] *f* Häuschen *n* (*a. fig.*); **~ola, ~ota** [~zi'ɲɔlɐ, -ɔtɐ] *f* Hütte *f*.
casino [~'zinu] *m* Kurhaus *n*; Kasino *n*.
casmurro [kɐʒ'muʀu] dickköpfig; brummig.
caso ['kazu] *m* Fall *m* (*a. gram.*); Vorfall *m*; Sache *f*; Umstand *m*; ~ *que conj.*, *no* ~ *de inf.* falls *ind.*, wofern *ind.*; *dado o* ~ *que* gesetzt den Fall, daß; *em todo o* ~ auf jeden Fall, jedenfalls; *em* ~ *algum* (*od. nenhum*) auf keinen Fall, keinesfalls; *no* ~ *contrário* anderenfalls; *neste* ~, *em tal* ~ in diesem Fall; *dá-se o* ~ der Fall tritt ein, der Zufall will es; es geschieht, es kommt vor; *dar-se-á o* ~ *que* sollte etwa *inf.*; *estar no* ~ im Bilde sn; *fazer* ~ *de* Wert legen auf (*ac.*); große Stücke halten von; sich kümmern um; *fazer muito ao* ~ sehr wichtig sn; *isto não faz nada ao* ~ das tut nichts zur Sache; *vamos ao* ~! zur Sache!; *vir ao* ~ zur Sache (*od.* hierher) gehören.
casota [kɐ'zɔtɐ] *f* *Hunde*-Hütte *f*.
caspa ['kaʃpɐ] *f* Schuppen *f/pl.*
cáspite ['kaʃpitə] nanu!, sieh mal an!
casquete [kɐʃ'ketə] *m* Kappe *f*.
casquilh|aria, ~ice [~kiʎɐ'riɐ, ~'ʎisə] *f* Gefallsucht *f*; Schmuck *m*; **~o** [~'kiʎu] **1.** *adj.* geckenhaft; **2.** *m* a) Geck *m*, Stutzer *m*; b) Radbuchse *f*; *Metall*-Zwinge *f*; Muffe *f*.
casquin|ada [~ki'naðɐ] *f* Gekicher *n*; **~ar** [~ar] (1a) kichern.
casquinha [~'kiɲɐ] *f* Rinde *f*; Tannenholz *n*; *Holz-*, *Metall*-Platte *f*; ~ *de ouro* Blattgold *n*.
cassa ['kasɐ] *f* Musselin *m*.
cass|ação [kɐsɐ'sɐ̃u] *f* Aufhebung *f*; Kassation *f*; **~ar** [~'sar] (1b) aufheben; kassieren.
casta ['kaʃtɐ] *f* Art *f*; Rasse *f*; Geschlecht *n*; Kaste *f*; *toda a* ~ *de* alle möglichen, allerlei.
castanha [kɐʃ'tɐɲɐ] *f* Kastanie *f*; Haarwulst *m*; ⊕ Klemmbacke *f*; *bras.* Isolator *m*; ~*s pl.* ⚓ Klüsen *f/pl.*
castanh|al, ~edo [~tɐ'ɲaɫ, ~eðu] *m* Kastanien-pflanzung *f*, -wald *m*; **~eiro** *m*, **-a** *f* [~eiru, -ɐ] Kastanienbaum *m*; -verkäufer(in *f*) *m*; **~etas** [~etɐʃ] *f/pl.* Kastagnetten *f/pl.*; Fingerschnalzen *n*; **~o** [~'tɐɲu] **1.** *m* Kastanie(nholz *n*) *f*; **2.** *adj.* (kastanien)braun; **~olas** [~ɔlɐʃ] *f/pl.* = ~*etas*.
castão [~'tɐ̃u] *m* (Stock-)Knauf *m*.
castelão *m*, **-ã** *f* [~tə'lɐ̃u, -ɐ̃] Burgherr(in *f*) *m*; Kastellan *m*.
castelhano [~tə'ʎɐnu] **1.** *adj.* kastilisch; **2.** *m*, **-a** *f* Kastilianer(in *f*) *m*.
castelo [~'tɛlu] *m* Burg *f*, Schloß *n*; Festung *f*, Fort *n*; Kastell *n*; Schanze *f*; *fazer* (*od. levantar*) ~*s no ar* Luftschlösser bauen; ~ *de cartas* Kartenhaus *n*.
castiçal [~ti'saɫ] *m* Leuchter *m*.
castiço [~'tisu] rein; rein-blütig, -rassig, Rasse...; einwandfrei.
castidade [~ti'ðaðə] *f* Keuschheit *f*.
castig|ar [~ti'ɣar] (1o) (be)strafen; e-n Verweis erteilen (*dat.*); geißeln; *Stil* ausfeilen; **~o** [~'tiɣu] *m* Strafe *f*; Verweis *m*; Züchtigung *f*.
casto ['kaʃtu] keusch, rein.
castor [kɐʃ'tor] *m* Biber *m*; Biberpelz *m*; Kastorhut *m*; *ast.* Kastor *m*.
castr|ação [~trɐ'sɐ̃u] *f* Entmannung *f*; **~ar** [~'trar] (1b) entmannen, kastrieren.
castrense [~'trẽsə] Feld..., Militär...
castro ['kaʃtru] *m* Kastell *n*; *vorrömische* Siedlung *f*.
casual [kɐ'zwaɫ] zufällig, Zufalls...; **~idade** [~zwɐli'ðaðə] *f* Zufälligkeit *f*; Zufall *m*; *por* ~ zufällig.
casul|a [~'zulɐ] *f* Kasel *f* (*Meßgewand*); **~o** [~u] *m* Kokon *m*; Samenkapsel *f*.
cata ['katɐ] *f* Suche *f*; *bras.* Schürfstelle *f*; (Kaffee-)Lese *f*; *andar em* ~ *de* suchen nach; *dar* ~ *a* durchsuchen.
cataclismo [kɐtɐ'kliʒmu] *m* Sint-

flut *f*; Erdumwälzung *f*; *fig.* Umwälzung *f*.

catacumbas [~'kũmbɐʃ] *f/pl.* Katakomben *f/pl.*

catad|eira *bras.* [~'ðeirɐ] *f* Kaffeeleserin *f*; **~or** [~or] *m* Kaffeereiniger *m* (*Maschine*).

catadupa [~'ðupɐ] *f* Flut *f*; Wasserfall *m*.

catadura [~'ðurɐ] *f*: *má* ~ verdächtiges Aussehen *n*; drohende Miene *f*; *estar de boa (má)* ~ guter (schlechter) Laune sn.

catafalco [~'fałku] *m* Katafalk *m*.

catalão [~'lɐ̃u] **1.** *adj.* katalanisch; **2.** *m* Katalane *m*.

catalepsia ⚕ [~lɛp'siɐ] *f* Starrsucht *f*.

catalisador [~lizɐ'ðor] *m* Kontaktstoff *m*, Katalysator *m*.

catalogar [~lu'ɣar] (1o; *Stv.* 1e) katalogisieren.

catálogo [~'taluɣu] *m* Katalog *m*; Verzeichnis *n*.

cataplasma [~tɐ'plaʒmɐ] *f* ⚕ Breiumschlag *m*.

catapora(s) *bras.* ⚕ [~'pɔrɐ(s)] *f(/pl.)* Frieseln *m/pl.*

catapulta [~'pułtɐ] *f* Katapult *m*.

catar [~'tar] (1b) (ab-, durch-, nach-, unter-)suchen; ~ *a cabeça*, ~ *piolhos* lausen; ~ *pulgas* flöhen.

catarata [~'ratɐ] *f* Wasserfall *m*; ⚕ graue(r) Star *m*.

catarr|al [~'ʀał] **1.** *adj.* katarrhalisch; **2.** *f* Bronchialkatarrh *m*; **~ento** [~ẽntu] zu Katarrhen neigend; (ständig) erkältet; **~o** [~'taʀu] *m* Katarrh *m*; Erkältung *f*.

catástrofe [~'taʃtrufə] *f* Katastrophe *f*.

catastrófico [~tɐʃ'trɔfiku] katastrophal.

cata-vento [kɐtɐ'vẽntu] *m* Wetterfahne *f* (*a. fig.*).

catecismo [~ə'siʒmu] *m* Katechismus *m*.

cátedra ['katədrɐ] *f* Katheder *n*; Lehrstuhl *m*; *der* Heilige Stuhl *m*.

catedr|al [kɐtə'ðrał]: (*sé*) ~ *f* Dom *m*; **~ático** [~atiku]: (*professor*) ~ *m* ordentliche(r) Professor *m*, Ordinarius *m*.

categ|oria [~ɣu'riɐ] *f* Klasse *f*, Gruppe *f*; Rang *m*; Kategorie *f*; *de alta* ~ = **~orizado**; **~órico** [~'ɣɔriku] kategorisch, bestimmt; **~orizado** [~uri'zaðu] maßgebend; hochgestellt; erstklassig; **~orizar** [~uri'zar] (1a) einstufen; ermächtigen, berechtigen; befähigen; auszeichnen.

catequizar [~ki'zar] (1a) katechisieren; *allg.* schulen; *fig.* beschwatzen.

caterva [~'tɛrvɐ] *f* Rotte *f*, Schwarm *m*.

cateter ⚕ [~tə'tɛr] *m* Katheter *m*.

cateto [~'tɛtu] *m* ⩓ Kathete *f*.

catilinária [~təli'narjɐ] *f* Strafrede *f*.

catinga [~'tĩŋgɐ] **1.** *f* Negergeruch *m*; Geiz *m*; **2.** *m* Geizkragen *m*; **~r** [~tĩŋ'gar] (1o) stinken; F knausern.

catita [~'titɐ] niedlich; fein, elegant.

cativ|ante [~ti'vẽntə] gewinnend; bezaubernd; **~ar** [~ar] (1a) gefangennehmen; knechten; *fig.* fesseln; *j-n* für sich einnehmen; *j-s Zuneigung usw.* gewinnen; bezaubern; beschämen; bestechen; **~eiro** [~eiru] *m* Gefangenschaft *f*; Gefängnis *n*; Knechtschaft *f*; **~o** [~'tivu] **1.** *p.p. irr. v.* **~ar**; **2.** *adj.* † abgabepflichtig; *fig. a.* befangen; lichtempfindlich (*Farbe*); ~ *de um foro* pachtzinspflichtig; **3.** *m* Gefangene(r) *m*; Sklave *m*.

catódio, cátodo [~'tɔðju, 'katuðu] ⚡ **1.** *m* Kathode *f*; **2.** *adj.* Kathoden...

catoli|cão [~tuli'kɐ̃u] *m* Erzkatholik *m*; *ser um* ~ stockkatholisch sn; **~cismo** [~'siʒmu] *m* katholische Religion *f*; Katholizismus *m*.

católico [~'tɔliku] **1.** *adj.* katholisch; *não ser (estar) muito* ~ F nicht einwandfrei (auf der Höhe) sn; **2.** *m* Katholik *m*.

catombo *bras.* [~'tõmbu] *m* Geschwulst *f*.

catorze [~'torzə] vierzehn.

catraca ⊕ [~'trakɐ] *f* Rätsche *f*, Sperrad *n*; *Bohr*-Knarre *f*.

catrafilar P [~trɐfi'lar] (1a) schnappen, erwischen; klauen.

catrai|a [~'trajɐ] *f* Einmannboot *n*, Kahn *m*; Häuschen *n*; P Mäuschen *n* (= *kleines Mädchen*); **~o** [~u] *m* Knirps *m*; Lausbube *m*.

catrapiscar [~trɐpiʃ'kar] (1n) liebäugeln (*od.* schöntun) mit.

catrapus [~'puʃ]: *de (od. a, em)* ~ im Galopp; ~! plauz!, plumps!

catre ['katrə] *m* Feld-, Klapp-bett *n*; Pritsche *f*.

caturr|a [~'tuʀɐ] **1.** *su.* Spießer *m*; **2.** *adj.* engstirnig, spießig; **~ice** [~tu'ʀisə] *f* Sturheit *f*; Spießigkeit *f*.

caução [kau'sɐ̃u] *f* Bürgschaft *f*, Sicherheit *f*, Kaution *f*.
caucho, -u ['kauʃu, kau'ʃu] *m* Rohgummi *m* (*od. n*), Kautschuk(baum) *m*.
caucion|ar [kausju'nar] (1e) verbürgen, sicherstellen; Sicherheit leisten für (*ac.*); **~ário** [~arju] **1.** *adj.* Kautions...; **2.** *m* Bürge *m*; Kautionssteller *m*.
cauda ['kauðɐ] *f* Schwanz *m* (*a.* ✈); Schweif *m* (*a. ast.*); *Kleider*-Schleppe *f*; ⚔ Nachhut *f*; ♪ (Noten-)Hals *m*; *fig.* Gefolge *n*; Ende *n*; *piano m de ~* Flügel *m*.
caud|al [kau'ðał] **1.** *adj.* Schwanz...; reißend (*Strom*); **2.** *m* Strom *m*; Wasserflut *f*; **~aloso** [~ðɐ'lozu] wasserreich; reißend; *fig.* reich.
caudelaria [~ðəlɐ'riɐ] *f s. coud...*
caudilho [~'ðiʎu] *m* Führer *m*.
caule ['kaulə] *m* Stengel *m*; *Gras*-Halm *m*.
caulim, -ino [kau'lĩ, -inu] *m* Porzellanerde *f*.
causa ['kauzɐ] *f* Ursache *f*; Grund *m*, Veranlassung *f*; ⚖ (Rechts-) Sache *f*, Prozeß *m*; *fig.* Sache *f*; *~ final* Endursache *f*; Zweck *m*; *~ primária* letzte Ursache *f*, Ursprung *m*; *conhecimento m de ~* Sachkenntnis *f*; *por ~ de* wegen (*gen.*), um ... (*gen.*) willen; *por minha ~* um meinetwillen; *dar ~ a* der Grund sn für; = *causar*.
caus|ador [kɐuzɐ'ðor] **1.** *m* Urheber *m*; **2.** *adj.* ursächlich, verursachend; **~al** [~'zał] **1.** *adj.* kausal, ursächlich; Kausal..., Ursachen...; **2.** *f* (Beweg-)Grund *m*; Ursprung *m*; **~alidade** [~ɐli'ðaðə] *f* Ursächlichkeit *f*, Kausalität *f*; **~alismo** [~ɐ'liʒmu] *m* Kausalzusammenhang *m*; **~ar** [~'zar] (1a) verursachen; hervorbringen; *Unheil* anrichten, stiften; **~ídico** [~'ziðiku] *m* Rechtsanwalt *m*, *depr.* Rechtsverdreher *m*.
causti|car [kauʃti'kar] (1n) ätzen, ausbrennen; *fig.* belästigen; quälen; **~cidade** [~si'ðaðə] *f* Ätzkraft *f*; *fig.* Bissigkeit *f*.
cáustico ['kauʃtiku] **1.** *adj.* ätzend; *fig.* beißend; bissig; **2.** *m* Ätzmittel *n*; Beize *f*; Zugpflaster *n*.
cautel|a [kau'tɛlɐ] *f* Vorsicht *f*; Vorbehalt *m*; Schein *m*; *Los*-Anteil *m*; *~ de penhor* Pfandschein *m*; *à ~* zur Vorsicht; *estar com ~* auf s-r Hut sn; *ter ~ com* vorsichtig sn mit, sich in acht nehmen vor (*dat.*); **~eiro** [~tə'leiru] *m* Losverkäufer *m*; **~oso** [~tə'lozu] vorsichtig.
cautério [~'tɛrju] *m* Ätzmittel *n*; Ätzwunde *f*; Glühstift *m*, Brenneisen *n*; *fig.* Strafe *f*.
cauteriz|ação [~tərizɐ'sɐ̃u] *f* Wegätzen *n*, Ausbrennen *n*; **~ar** [~'zar] (1a) (weg)ätzen; ausbrennen.
cauto ['kautu] vorsichtig; schlau.
cava ['kavɐ] *f* Behacken *n* des Weinbergs; Grube *f*; Graben *m*; (Ärmel-, Hals-)Ausschnitt *m*.
cavac|a [kɐ'vakɐ] *f* Scheit *n*; Stück *n* Holz; *cul.* Plätzchen *n*; **~o** [~u] *m* (Holz-)Span *m*, Splitter *m*; F Schwatz *m*; *dois dedos de ~* Schwätzchen *n*; *dar o ~ por* F versessen sn auf (*ac.*); *dar ~* etwas sagen; sich einlassen (mit [*dat.*] *od.* auf [*ac.*] *a*); = *dar o ~ com* sich ärgern über (*ac.*).
cavad|ela [~vɐ'ðɛlɐ] *f*: *dar uma ~* um-graben, -hacken; **~o** [~'vaðu] **1.** *m* Grube *f*; *Achsel*-Höhle *f*; **2.** *adj.* hohl; **~or** [~or] *m* Erdarbeiter *m*; *Gold- usw.* Gräber *m*; *bras. fig.* Hochstapler *m*.
cavala [~'valɐ] *f* Makrele *f* (*Fisch*).
caval|ada [~vɐ'laðɐ] **1.** *f* Erzdummheit *f*; **2.** *adj.* beschält (*Stute*); **~agem** [~aʒɐ̃i] *f* Bespringung *f*; Sprunggeld *n*; **~ar** [~ar] Pferde...; *gado m ~* Pferde *n/pl.*; **~aria** [~lɐ'riɐ] *f* (Trupp *m*) Pferde *n/pl.*; Reitpartie *f*; Reitkunst *f*; ⚔ Kavallerie *f*, Reiterei *f*; *fig.* ritterliche Tat *f*, Heldentat *f*; *meter-se em ~s altas* große Rosinen im Kopf h. (*od.* sich ... in den Kopf setzen); **~ariano** *bras.* [~lɐ'rjɐnu] *m* Kavallerist *m*; **~ariça** [~lɐ'risɐ] *f* Pferdestall *m*; † Marstall *m*; **~eira** [~'leirɐ] *f* Reiterin *f*; *às ~s* rittlings; huckepack; **~eiro** [~eiru] **1.** *m* Reiter *m*; Ritter *m*; Edelmann *m*; ⚔ Kavallerist *m*; **2.** *adj.* beritten; Ritter...; *fig.* hochfahrend; *estar a ~ de* beherrschen; **~eiroso** [~lei'rozu] ritterlich; **~ete** [~etə] *m* Staffelei *f*; *Wagen*-Runge *f*; *tip.* (Setz-)Regal *n*; *Dach*-Sattel *m*; (Rüst-, Säge-)Bock *m*; *allg.* Gestell *n*; ♪ Steg *m*.
cavalg|ada [~vał'γaðɐ] *f* Kavalkade *f*; Ritt *m*; **~adura** [~γɐ'ðurɐ] *f* Reittier *n*; *fig.* Riesenroß *n*; **~ar** [~ar] (1o) *v/i.* reiten; rittlings sitzen;

v/t. reiten; sich rittlings setzen auf (*ac.*); be-, über-steigen.
cavalheir|esco [~vɐʎei'reʃku] artig, galant; zuvorkommend; ritterlich; **~ismo** [~iʒmu] *m* Artigkeit *f*; Zuvorkommenheit *f*; Ritterlichkeit *f*; **~o** [~'ʎeiru] *m* Kavalier *m*; höfliche(r) Mann *m*; *allg.* Herr *m*; mein Herr (*als Anrede*).
caval|icoque P [~li'kɔkə] *m* Klepper *m*; **~inha** [~'liɲɐ]: *às ~s* huckepack; **~inho** [~'liɲu] *m* Pferdchen *n*; P Pfund *n* Sterling; (*circo m de*) *~s* Pferdezirkus *m*; *~ de pau s. cavalo.*
cavalo [~'valu] *m* Pferd *n*; Hengst *m*; *Schach*: Springer *m*; Feuerzange *f*; ⊕ Schnitzelbank *f*; ✓ Pfropfzweig *m*; *fís.* Pferdestärke *f*; *~ de montar* (*od. sela*) Reitpferd *n*; *~ de lavoura* Ackergaul *m*; *~ de pau* Steckenpferd *n*; *a ~* zu Pferde; rittlings; *ir* (*od. andar, montar*) *a ~* reiten; *bras. no ~ dos frades* auf Schusters Rappen; **~-hora** [kɐva'lwɔrɐ] *m* PS-Stunde *f*; **~-marinho** [~mɐ'riɲu] *m* Nilpferdpeitsche *f*; Seepferdchen *n*; **~-vapor** [~vɐ'por] *m* Pferdestärke *f*.
cavaqu|ear [~vɐ'kjar] (1l) schwatzen, plaudern; **~eira** [~'keirɐ] *f* Schwatz *m*; **~inho** [~'kiɲu] *m* Klampfe *f*; *dar ~ s. cavaquear.*
cavar [~'var] (1b) (um-, aus-)graben; (auf)hacken; (aus)höhlen; *Kleid* ausschneiden; *fig.* durch-, erforschen; *bras.* F organisieren.
cave ['kavə] *f* Keller(geschoß *n*) *m*.
caveir|a [ka'veirɐ] *f* Totenkopf *m*; **~oso** [~vei'rozu] eingefallen (*Gesicht*).
caverna [~'vɛrnɐ] *f* Höhle *f*; ⚕ Kaverne *f*; ⚓ Spant *n*.
cavern|ame [~vər'nɐmə] *m* ⚓ Spanten(werk *n*) *n/pl.*; **~oso** [~ozu] voller Höhlen; höhlenartig; hohl (*Ton, Stimme*); ⚕ kavernös.
cavidade [~vi'ðaðə] *f* Höhlung *f*; Vertiefung *f*; *Brust- usw.* Höhle *f*.
cavilação *bras.* [~la'sɐ̃u] *f* Arglist *f*.
cavilha [~'viʎɐ] *f* Bolzen *m*; Zapfen *m*; Holznagel *m*; *Stahl*-Dübel *m*.
caviloso [~vi'lozu] arglistig.
cavo ['kavu] hohl; tief; tiefliegend.
cavouc|ar [kɐvo'kar] (1n) *Graben* aus-heben, -schachten; *v/i.* F buddeln; **~o** [~'voku] *m* Ausschachtung *f*; Graben *m*.
cê [se] *m Name des Buchstaben* c; *pl.* cês *od.* cc; **~-agá** [~ɐ'ɣa] *m Name des Buchstaben ch.*
cear [sjar] (1l) zu Nacht essen.
cebola [sə'βolɐ] *f* Zwiebel *f*.
cebol|ada [~βu'laðɐ] *f* Zwiebelgericht *n*; **~inha** [~iɲɐ] *f* Perlzwiebel *f*; *~ francesa, ~ verde* Schnittlauch *m*; **~inho, ~o** [~iɲu, ~'βolu] *m* Samenzwiebel *f*; **~ório** P [~ɔrju] *int.* Unsinn!, Quatsch!
Ceca ['sɛkɐ]: *correr ~ e Meca* von Pontius zu Pilatus laufen.
cecear [sə'sjar] (1l) lispeln.
cê-cedilha [sesə'ðiʎɐ] *m Name des Buchstaben* ç.
cec|eio [sə'seju] *m* Lispeln *n*; **~eoso** [~'sjozu] lispelnd.
ceco ['sɛku] *m* Blinddarm *m*.
ced|ência [sə'ðẽsjɐ] *f* = *cessão*; **~er** [~er] (2c) abtreten, überlassen; *v/i.* weichen, nachgeben; nachstehen.
cediço [~'ðisu] faul(ig); schlecht; *fig.* abgedroschen; alt(modisch).
cedilha [~'ðiʎɐ] *f* Häkchen *n unter dem c.*
ced|inho [~'ðiɲu] recht früh; **~o** ['seðu] (zu) früh; bald, gleich; *de manhã ~* frühmorgens.
cedro ['sɛðru] *m* Zeder *f*.
cédula ['sɛdulɐ] *f* Zettel *m*; Schein *m*; *~ (de banco)* Banknote *f*.
cefálico [sə'faliku] Kopf...; Gehirn...
ceg|a ['sɛɣɐ] *f* Blinde *f*; *às ~s* = **~amente** [~'mẽntə] blind; blindlings; **~ar** [sə'ɣar] (1o; *Stv.* 1c) *v/i.* erblinden; *v/t.* blenden; *fig.* verblenden; *Loch* verstopfen; *Geschütz* vernageln; **~o** [~u] blind; *fig.* verblendet; verstopft (*Rohr*); undeutlich; stumpf (*Schneide*); *intestino m ~* Blinddarm *m*.
cegonha [sə'ɣoɲɐ] *f* Storch *m*; *fig.* Schwingbaum *m*; Schwengel *m*.
cegu|eira [~'ɣeirɐ] *f* Blindheit *f*; *fig.* Verblendung *f*; **~inho** [sɛ'ɣiɲu] *m* blinde(r) Bettler *m*.
ceia ['sejɐ] *f* Nachtessen *n*; Imbiß *m am späten Abend.*
ceifa ['seifɐ] *f* Schnitt *m*, Mahd *f*; Ernte *f* (*a. fig.*).
ceif|adeira [seifɐ'ðeirɐ] *f* = *~eira*; **~ar** [~'far] (1a) mähen, schneiden; *fig.* niedermähen; **~eira** [~'feirɐ] *f* Mähmaschine *f*; Schnitterin *f*; *~-atadeira f* Bindemäher *m*, Selbstbinder *m*; **~eiro** [~'feiru] **1.** *m* Schnitter *m*, Mäher *m*; **2.** *adj.* Mäh...

ceitil [sei'tił] *m* Heller *m*.
cela ['sɛlɐ] *f* Zelle *f*, Klause *f*.
celebérrimo [sələ'βɛʀimu] *sup. v. célebre*.
celebr|ação [~βrɐ'sɐ̃u] *f* Feier *f*, Begehung *f*; Abhaltung *f*; Abschluß *m*; Vollziehung *f*; **~ar** [~'βrar] (1c) feiern, begehen; *Feier* abhalten; *Vertrag* abschließen; *Unterschrift* vollziehen; (die Messe) lesen; *j-n* preisen, rühmen; **~ar-se** stattfinden.
célebre ['sɛləβrə] berühmt.
celebri|dade [sələβri'δaδə] *f* Berühmtheit *f*; **~zar(-se)** [~'zar(sə)] (1a) berühmt machen (werden).
celeiro [sə'leiru] *m* Scheune *f*; Kornkammer *f*; Speicher *m*.
celerado [~lə'raδu] **1.** *adj*. ruchlos; **2.** *m* Schurke *m*, Bösewicht *m*.
célere ['sɛlərə] schnell; leicht(füßig).
celeste, -stial [sə'lɛʃtə, -liʃ'tjał] himmlisch, Himmels...
celeuma [~'leumɐ] *f* Lärm *m*; Aufsehen *n*, Aufregung *f*.
celga ⚘ ['sɛłɣɐ] *f* Mangold *m*.
celha ['seʎɐ] *f* Wimper *f*.
celibat|ário [səliβɐ'tarju] **1.** *adj*. unverheiratet; ledig; **2.** *m* Junggeselle *m*; **~o** [~'βatu] *m* Ehelosigkeit *f*, Zölibat *n*.
celofane [~lu'fɐnə] *m* Zellophan *n*.
celso ['sɛłsu] hoch; erhaben.
celta ['sɛłtɐ] **1.** *adj*. keltisch; **2.** *su*. Kelte *m*, Keltin *f*.
célula ['sɛlulɐ] *f* Zelle *f*.
celul|ar [səlu'lar] zellig; zellular, Zell(en)...; *prisão f* ~ Einzelhaft *f*; **~óide** [~ɔiδə] *f* Zelluloid *n*; **~ose** [~ɔzə] *f* Zellulose *f*, Zellstoff *m*; **~oso** [~ozu] Zell(en)...
cem [sɐ̃i] hundert.
cement|ar [səmẽn'tar] (1a) *Metall* härten; **~o** [~'mẽntu] *m Metall*-Beize *f*; *Zahn*-Zement *m*.
cemitério [~i'tɛrju] *m* Friedhof *m*, Kirchhof *m*.
cena ['senɐ] *f* Szene *f*; Bühne *f*; Auftritt *m* (*a. fig.*); Schauplatz *m*; *fig. a.* Schauspiel *n*; *direcção f de* ~ Regie *f*; *director m de* ~ Regisseur *m*; *aparecer* (*od. entrar*) *em* ~ auftreten, in die Erscheinung treten; *pôr em* ~ aufführen.
cenário [sə'narju] *m* Bühnenausstattung *f*; Bühnenbild *n*; Landschaft *f*, Umgebung *f*; Szenerie *f*.
cenho ['seɲu] *m* (düstere) Miene *f*; (strenges) Aussehen *n*.
cénico ['sɛniku] szenisch; Bühnen...
cenógrafo [sə'nɔɣrɐfu] *m* Bühnenbildner *m*, -maler *m*.
cenoira, -oura [~'noirɐ, -orɐ] *f* Gelb-, Mohr-rübe *f*, Möhre *f*.
censo ['sẽsu] *m* (Volks-)Zählung *f*; Zins *m*.
cens|or [sẽ'sor] *m* Zensor *m*; *fig*. Krittler *m*; Tadler *m*; **~ura** [~urɐ] *f* Zensur(behörde) *f*; Tadel *m*; **~urar** [~su'rar] (1a) zensieren; tadeln; **~urável** [~su'ravɛł] tadelnswert.
centavo [sẽn'tavu] *m* **a)** Hundertstel *n*; **b)** Centavo *m* (*port. Münze* = $^1/_{100}$ *Escudo*).
cent|eal [~'tjał] *m* Roggenfeld *n*; **~eio** [~eju] **1.** *m* Roggen *m*; **2.** *adj. palha f -a* Roggenstroh *n*.
centelha [~'teʎɐ] *f* Funke(n) *m*.
centen|a [~'tenɐ] *f* Hundert *n*; Hunderter *m*; *uma* ~ etwa hundert; *às* ~*s* zu Hunderten; **~ar** [~tə'nar] *m* Hundert *n*; **~ário** [~tə'narju] **1.** *adj*. hundert-jährig, -fältig; **2.** *m* Hundertjahrfeier *f*; ~ *da morte* hundertste(r) Todestag *m*; *oitavo* ~ Achthundertjahrfeier *f*.
cent|esimal [~tɛzi'mał] zentesimal; **~ésimo** [~'tɛzimu] **1.** *adj*. hundertste; **2.** *m a.* Hundertstel *n*; **~ígrado** [~'tiɣraδu]: *termómetro m* ~ Thermometer *n* nach Celsius; **~igrama** [~i'ɣrɐmɐ] *m* Zentigramm *n*; **~ímetro** [~'timətru] *m* Zentimeter *n* (*a. m*).
cêntimo ['sẽntimu] *m* Centime *f*.
cento ['sẽntu] **1.** hundert; **2.** *m* Hundert *n*; *aos* ~*s* zu Hunderten; *por* ~ vom Hundert; *um* (*dois*) *por* ~ ein (zwei) Prozent; (*de*) *um* (*dois*) *por* ~ ein- (zwei-)prozentig; **~peia** [sẽntu'pejɐ] *f* Tausendfuß *m*.
centr|agem ⊕ [sẽn'traʒɐ̃i] *f* Zentrierung *f*; **~al** [~ał] **1.** *adj*. zentral; Haupt...; **2.** *f* Zentrale *f*, Hauptamt *n*; ~ *dos telefones* Hauptfernsprechamt *n*; ~ *eléctrica* Elektrizitätswerk *n*; **~alização** [~trɐlizɐ'sɐ̃u] *f* Zentralisierung *f*; **~alizar** [~trɐli'zar] (1a) zs.-fassen, zentralisieren; **~ar** ⊕ [~ar] (1a) zentrieren; **~ífuga** *f*, **~ifugador** *m* [~ifuɣɐ, ~trifuɣɐ'δor] Zentrifuge *f*; **~ifugar** [~trifu'ɣar] (1o) zentrifugieren, schleudern; **~ífugo** [~ifuɣu] zentrifugal; *força*

f -*a* Fliehkraft *f*; **~ípeto** [~ipətu] zentripetal.

centro ['sẽntru] *m* Mittelpunkt *m*; *fig.* Brennpunkt *m*; Verein *m*; Zentrum *n*; ~ *da cidade* Stadtmitte *f*; ~ *de gravidade* Schwerpunkt *m*; ~ *de mesa* Tafelaufsatz *m*; *ao* ~ in der Mitte; **~avante** [sẽntrwɐ'vɐ̃ntə] *m* Mittelstürmer *m*.

centuplicar [sẽntupli'kar] (1n) verhundertfachen.

cêntuplo ['sẽntuplu] hundertfach.

cepa ['sepɐ] *f* Baumstumpf *m*, Stubben *m*; Wurzelstock *m*; Rebstock *m*; *não passar da* ~ *torta* nicht vorwärts kommen; auf keinen grünen Zweig kommen.

cep|eira [sə'peirɐ] *f* Rebstock *m*; **~ilho** [~iʎu] *m* Hobel *m*; Feile *f*; (Sattel-)Knopf *m*; **~o** ['sepu] *m* Klotz *m* (*a. fig.*); Stumpf *m*; ⊕ Kehlhobel *m*; ♪ Stimmstock *m*; ⚓ (Anker-)Stock *m*; *rel.* Opferstock *m*; ⛴ Block *m*.

cepticismo [sɛ(p)ti'siʒmu] *m* Skepsis *f*; *fil.* Skeptizismus *m*.

céptico ['sɛ(p)tiku] **1.** *adj.* skeptisch; **2.** *m* Skeptiker *m*.

cera ['serɐ] *f* Wachs *n*; Wachslicht *n*; Ohrenschmalz *n*; ~ *para o soalho* Bohnerwachs *n*.

cerâmic|a [sə'rɐmikɐ] *f* Keramik *f*, Töpferkunst *f*; **~o** [~u] keramisch.

cerca ['serkɐ] **1.** *f* Einfriedigung *f*; Zaun *m*; Gehege *n*; ~ *viva* Hecke *f*; **2.** *prp.* ~ *de* nahe (*dat.*); ungefähr.

cerc|ado [sər'kaðu] *m* Gehege *n*, Umzäunung *f*; **~adura** [~kɐ'ðurɐ] *f* Einfassung *f*; **~ania(s)** [~kɐ'niɐ(ʃ)] *f*(/*pl.*) Nachbarschaft *f*, Umgebung *f*; **~ar** [~ar] (1n; *Stv.* 1c) ein-zäunen, -friedigen; *fig.* umgeben, umringen; umzingeln; *Stadt* einschließen; *fig.* bedrängen.

cerce ['sɛrsə]: *cortar* ~ an der Wurzel (*od.* glatt) abschneiden.

cércea ['sɛrsjɐ] *f* Kurvenlineal *n*; Schmiege *f* (*Steinmetz*); 🚂 Ladelehre *f*.

cerce|amento [sərsjɐ'mẽntu] *m* Beschränkung *f*; **~ar** [~'sjar] (1l) ab-, be-schneiden; *fig. a.* einschränken; *Hoffnung* zerstören.

cerco ['serku] *m* Einfriedung *f*; Umzingelung *f*; Einschließung *f*; Einfassung *f*; *Belagerungs*-Ring *m*; Kreis *m*; Umkreis *m*; Gehege *n*; *pôr* ~ *a* einschließen, belagern (*ac.*).

cerd|as ['serðɐʃ] *f*/*pl.* Borsten *f*/*pl.*; **~oso** [sər'ðozu] borstig; Borsten...

cereal [sə'rjał] **1.** *adj.* Getreide...; **2.** *m* Getreideart *f*; *cereais pl.* Getreide *n*; **~ífero** [~rjɐ'lifəru] Getreide...

cere|belo [sərə'βelu] *m* Kleinhirn *n*; **~bral** [~'βrał] Gehirn..., Hirn...; verstandesmäßig, Verstandes...; **~brino** [~'βrinu] Gehirn...; *fig.* phantastisch; hirnverbrannt.

cérebro ['sɛrəβru] *m* Gehirn *n*, Hirn *n*; Großhirn *n*; *fig.* Verstand *m*.

cerefolho, -ólio [sərə'foʎu, -ɔlju] *m* Kerbel *m*.

cereja [sə'reʒɐ] *f* Kirsche *f*.

cerej|al [səri'ʒał] *m* Kirschgarten *m*; **~eira** [~eirɐ] *f* Kirschbaum *m*.

cerimónia [səri'mɔnjɐ] *f* Feierlichkeit *f*, Zeremonie *f*; *fig.* Förmlichkeit *f*; ~*s pl.* Umstände *m*/*pl.*; *de* ~*s* förmlich; *sem* ~(*s*) ungezwungen.

cerimoni|al [~mu'njał] **1.** *adj.* zeremoniell; **2.** *m* Zeremoniell *n*; (Fest-)Brauch *m*, (Fest-)Vorschriften *f*/*pl.*; **~oso** [~ozu] förmlich.

cern|e ['sɛrnə] *m* Kern(holz *n*) *m*; *estar no* ~ in s-n besten Jahren sn; **~eira** [sər'neirɐ] *f* Langholz *n*; Kerndiele *f*.

cernelha [~'neʎɐ] *f* Widerrist *m*; *cul.* Kammstück *n*.

ceroilas, -oulas [sə'roilɐʃ, -olɐʃ] *f*/*pl.* lange Unterhose *f*.

cerol [~'rɔł] *m* Schusterpech *n*.

cerqueiro [sər'keiru] umgebend; Um-, Ein-fassungs...; Rund...

cerr|ação [səʀɐ'sɐ̃u] *f* Nebel *m*, Finsternis *f*; **~ado** [~'ʀaðu] **1.** *adj.* dicht; finster, dunkel; schwerverständlich (*Aussprache*); schwer (*Tadel usw.*); *fig.* engstirnig; **2.** *m* Gehege *n*; *innerbrasilianische* Buschsteppe *f*; **~ar** [~'ʀar] (1c) (ver-, ein-, zs.-) schließen; *Arbeit* abschließen; *Gelände* ein-friedigen, -zäunen; *Zugang* ver-sperren, -stopfen; *Fäuste* ballen; *Zähne* auf-ea.-, zs.-pressen; **~ar-se** schließen (*im Brief*); einbrechen (*Nacht*); zu Ende gehen (*Jahr*).

certa ['sɛrtɐ]: *ir pela* ~ sicher gehen (wollen).

certame [sər'tɐmə] *m* Wett-streit *m*, -bewerb *m*; Ausstellung *f*.

cert|eiro [sər'teiru] (treff)sicher; (zu)treffend; **~eza** [~ezɐ] *f* Gewißheit *f*; *com* ~ gewiß, sicherlich; *ter* *a* ~ sicher sn; **~idão** [~ti'ðẽu] *f* Bescheinigung *f*; ~ *de baptismo* (*de óbito*) Tauf- (Toten-)schein *m*; ~ *de idade* Geburtsurkunde *f*.

certific|ado [~əfi'kaðu] *m* Bescheinigung *f*, Zeugnis *n*; Zertifikat *n*; ~ *de aptidão* Befähigungsnachweis *m*; ~ *de avaria* Havarie-Attest *n*; ~ *médico* ärztliche(s) Attest *n*; **~ar** [~ar] (1n) bescheinigen, beglaubigen; versichern; *j-n* in Kenntnis setzen von; **~ar-se** sich vergewissern.

certo ['sɛrtu] **1.** *adj. vorgestellt*: gewiß; *nachgestellt*: sicher; genau; bestimmt; ~ *homem* ein gewisser Jemand *m*; *homem m* ~ zuverlässige(r) Mensch *m*; ~ *dia* e-s Tages; *de* ~, *por* ~ sicher, zweifellos; *é* ~ (*que*) gewiß; *está* ~! (das ist) richtig!, *fig.* das ist recht!; *estar* ~ richtig gehen (*Uhr*); *estar* ~ *de* gewiß sn (*gen.*); die Gewißheit haben, daß ...; ~ *de que* in der Gewißheit, daß; **2.** *m*: *o* ~ *é que* sicher ist, daß ...; *ao* ~ genau; = **3.** *adv.* sicher, gewiß.

cerume [sə'rumə] *m* Ohrenschmalz *n*.

cerusa [~'ruzɐ] *f* Bleiweiß *n*.

cerv|a ['sɛrvɐ] *f* Hirschkuh *f*; **~al** [sər'vaɫ] Hirsch...; *lobo m* ~ Luchs *m*.

cerveja [sər'veʒɐ] *f* Bier *n* (*branca*, *preta* helles, dunkles).

cervej|aria [~viʒɐ'riɐ] *f* Bierbrauerei *f*; -ausschank *m*, -halle *f*; Brauhaus *n*; **~eiro** [~'ʒeiru] *m* Bierbrauer *m*; Bier-, Schank-wirt *m*.

cerv|ical [~i'kaɫ] Nacken...; **~iz** [~'viʃ] *f* Nacken *m*, Genick *n*.

cervo ['sɛrvu] *m* Hirsch *m*.

cerz|idor *m*, **-ideira** *f* [sərzi'ðor, -eirɐ] Kunststopfer(in *f*) *m*; **~ir** [~'zir] (3c) (kunst)stopfen; kunstvoll anea.-nähen.

ces|áreo, ~ariano [sə'zarju, ~zɐ'rjɐnu] Cäsaren...; *operação f -a* Kaiserschnitt *m*.

céspede ['sɛʃpəðə] *m* Rasenstück *n*, Plagge *f*.

cess|ação [səsɐ'sɐ̃u] *f* Aufhören *n*; **~ante** [~'sɐ̃ntə] ausscheidend; **~ão** [~'sɐ̃u] *f* Abtretung *f*, Überlassung *f*; Abgabe *f*; **~ar** [~'sar] (1c) aufhören; ablassen von; aufgeben; ⚔ *Feuer* einstellen; *sem* ~ unaufhörlich.

cest|a ['seʃtɐ] *f* Korb *m*; *bras.* Ballschläger *m* (*Pelotaspiel*); *levantar a* ~ *a alg.* F j-m den Brotkorb höher hängen; **~a-rota** [~'ʀɔtɐ] *su.* Waschweib *n*; **~eiro** *m*, **-a** *f* [siʃ'teiru, -ɐ] Korb-macher(in *f*) *m*, -händler(in *f*) *m*; **~o** ['seʃtu] *m kleiner* Korb *m*; Fausthandschuh *m*; ~ *da gávea* Mastkorb *m*; *fig.* ~*-roto* Waschweib *n*; **~obol** [~o'βɔɫ] *m* Korbball *m*.

cesura [sə'zurɐ] *f* Zäsur *f*; Einschnitt *m*.

cetáceo [sə'tasju] *m* Wal *m*.

cet|im [~'tĩ] *m* Satin *m*, Atlas *m*; **~ineta** [~ti'netɐ] *f* Baumwollsatin *m*; **~inoso** [~ti'nozu] seidenweich; seidig.

cetro ['sɛtru] *m* Zepter *n*.

céu [sɛu] *m* Himmel *m*; ~ *da boca* Gaumen *m*; *fogo m do* ~ Blitz *m*.

ceva ['sɛvɐ] *f* Mast *f*; Mastfutter *n*.

cevada [sə'vaðɐ] **1.** *f* Gerste *f*; **2.** *adj. palha f* ~ Gerstenstroh *n*.

cevad|al [~vɐ'ðaɫ] *m* Gerstenfeld *n*; **~eira** [~eirɐ] *f* Futtersack *m*; *fig.* Futterkrippe *f*; **~eiro** [~eiru] *m* Schweinekoben *m*; **~inha** [~iɲɐ] *f* Graupen *f/pl.*; **~o** [~'vaðu] *m* Mastschwein *n*; **~oiro, ~ouro** [~oiru, ~oru] *m* Mast-stall *m*, -weide *f*; Vogelherd *m*; **~ura** [~urɐ] *f* = *ceva*.

cevar [~'var] (1c) mästen; ködern; vollstopfen; fett machen (*a. fig.*).

cevo ['sevu] *m* Köder *m*.

chá [ʃa] *m* Tee *m*; *dar* (*um*) ~ *a alg.* j-n aufziehen, j-n sticheln; *ter tomado* ~ *em pequeno* F e-e gute Kinderstube haben.

chã [ʃɐ̃] **1.** *f* Flachland *n*; *cul.* Stück *n* (Fleisch) vom Schlegel; **2.** *adj. s. chão* 1.

chacal [ʃɐ'kaɫ] *m* Schakal *m*.

chácara *bras.* ['ʃakarɐ] *f* Land-haus *n*, -gut *n*.

chacin|a [ʃɐ'sinɐ] *f fig.* Gemetzel *n*; *fazer* (*a*) ~ (*de*) *fig.* = **~ar** [~si'nar] (1a) in Scheiben schneiden; *fig.* niedermetzeln.

chacot|a [~'kɔtɐ] *f* Spott *m*, Hohn *m*; Spottgedicht *n*; *fazer* ~ *de* = **~ear** [~ku'tjar] (1l) (ver)spotten.

chafariz [~fɐ'riʃ] *m* Brunnen *m*.

chafurd|a [~'furdɐ] *f* Suhle *f*; Pfuhl *m* (*a. fig.*); **~ar** [~fur'dar] (1a) sich im Schlamm wälzen.

chag|a ['ʃaγɐ] *f* Wunde *f*; Wundmal *n Christi*; *fig.* F Plage *f*; Quälgeist *m*; ~*s pl.* ⚘ Kapuzinerkresse *f*; **~ado** [ʃɐ'γaðu] wund; **~ar** [ʃɐ'γar] (1o;

Stv. 1b) verwunden; *fig. a.* quälen; **~uento** [ʃɐ'ɣẽntu] wund; wundenbedeckt.

chairel [ʃai'rɛɫ] *m* Satteldecke *f.*

chalaça [ʃɐ'lasɐ] *f* Witz *m*; Spott *m.*

chalace|ador [~lɐsjɐ'δor] *m* Witzbold *m*; Spötter *m*; **~ar** [~'sjar] (1l) witzeln; spotten.

chalado [~'laδu] fad; meschugge; *água f -a* Wassertee *m.*

chale ['ʃalə] *m* Schalfisch *m*; *s. xale.*

chalé [ʃa'lɛ] *m* Schweizerhaus *n*; Landhaus *n*, Villa *f.*

chaleira [ʃɐ'leirɐ] *f* Wasserkessel *m.*

chalr|ar [ʃaɫ'ʀar] (1a) = *~ear*; **~eada** [~'ʀjaδɐ] *f* Geplapper *n*; Gezwitscher *n*; **~ear** [~'ʀjar] (1l) plappern (*a. Kind*); zwitschern (*Vögel*); **~eio** [~eju] *m* = *~eada.*

chalupa [ʃɐ'lupɐ] *f* Schaluppe *f.*

chama ['ʃɐmɐ] *f* Flamme *f.*

cham|ada [ʃɐ'maδɐ] *f* Ruf *m*; Anruf *m*; Aufruf *m e-s Schülers*; Berufung *f e-s Beamten*; Appell *m*, Feststellen *n* der Anwesenheit; ⚔ Einberufung *f*; *lit.* Verweis *m*; *tip.* Randzeichen *n*; *tel.* Anruf *m*; *tea.* Hervorruf *m*; *fazer a ~* die Anwesenheit feststellen; antreten l. (*ac.*); *fazer uma ~* (*para*) anrufen (*ac. od.* in, bei); *ter uma ~ para* gerufen w. zu (*od.* nach); **~ado** [~aδu] *m* Aufforderung *f*; **~amento** [~mɐ'mẽntu] *m* Einberufung *f*; **~ar** [~ar] (1a) (an)rufen; zu sich rufen; *Versammlung, Rekruten* einberufen; *auf e-n Posten* berufen; *tea.* hervorrufen; *lit.* verweisen; *Schüler* aufrufen; *~* (*burro*) *a alg.* j-n e-n (Esel) nennen; *~ nomes a alg.* j-m Schimpfwörter zurufen, j-n beschimpfen; *~ a si fig.* an sich (*ac.*) ziehen; *~ por alg.* nach j-m rufen; **~ar-se** heißen; *isto chama-se* das nennt man; *~ a* sich halten an (*ac.*); **~ariz** [~mɐ'riʃ] *m* Lockvogel *m* (*a. fig.*); Lock-pfeife *f*, -ruf *m.*

chá-mate [ʃa'matə] *m* Tee *m* aus Mate.

chamej|ante [ʃɐmɨ'ʒẽntə] flammend; sprühend; **~ar** [~ar] (1d) flammen; *~ ira* Gift u. Galle speien.

chamiço [ʃɐ'misu] *m* Reisig *n.*

chaminé [~mi'nɛ] *f* Schornstein *m*, *Fabrik*-Schlot *m*; Rauchfang *m*; (Schmiede-)Esse *f*; ⚒ *a.* Schacht *m*; Zylinder *m* (*Petroleumlampe*); (Pfeifen-)Kopf *m.*

champanhe [ʃẽm'pɐɲə] *m* Sekt *m.*

chamusc|ado [ʃɐmuʃ'kaδu] brandig, brenzlig; **~ar** [~ar] (1n) (ab-, an-, ver-)sengen; anbrennen l.; **~o** [~'muʃku] *m* Brandgeruch *m*; *cheirar a ~* brandig (*od.* angebrannt, versengt) riechen; *fig.* anrüchig sn.

chancela [ʃẽ'sɛlɐ] *f* Siegel *n.*

chancel|ar [~sə'lar] (1c) siegeln; **~aria** [~lɐ'riɐ] *f* Kanzlei *f*; **~er** [~ɛr] *m* Kanzler *m*; Siegelbewahrer *m*; *bras.* Außenminister *m.*

chanfr|ador [~frɐ'δor] *m* Schweif-, Falz-hobel *m*; **~adura** [~ɐ'δurɐ] *f* Abschrägung *f*, Abfasung *f*; Falz *m*; **~ar** [~'frar] (1a) schweifen; abschrägen, abfasen; falzen; **~o** ['ʃẽfru] *m* = *~adura.*

chantagem *gal.* [ʃẽn'taʒẽi] *f* Erpressung *f*; *fazer ~* Erpressungsversuche m.; erpressen (*ac.*).

chantre ['ʃẽntrə] *m* Kantor *m.*

chão [ʃẽu] **1.** *adj.* (*f chã*) eben, flach; einfach, ungekünstelt; gerade(heraus); **2.** *m* (Erd-)Boden *m*; Grund *m.*

chapa ['ʃapɐ] *f* Platte *f*; Blech *n*; Tafel *f*; *Glas*-Scheibe *f*; *Nummern*-Schild *n*; *Erkennungs*-Marke *f*; *Erinnerungs*-Plakette *f*; *Wahl*-Liste *f*; *tip.* Druckstock *m*, Klischee *n*; *de ~* gerade gegenüber; ins Gesicht (hinein); rundweg; senkrecht (*Sonne*); der Länge nach (*Fall*); auf einmal; gleichlautend (*Nachrichten*).

chap|ada [ʃɐ'paδɐ] *f* (Hoch-)Ebene *f*, Fläche *f*; Klatsch *m*, Schlag *m*; *Regen-, Wasser*-Guß *m*; **~adinho** [~pɐ'δiɲu] ganz genau, ganz; **~ado** [~aδu] P komplett; **~ar** [~ar] (1b) beschlagen; *tip.* abziehen, klischieren; F abklatschen; = *~ear*; **~atesta** [ʃapɐ'tɛʃtɐ] *f* Schloßblech *n.*

chape ['ʃapə] *m* Klatsch *m*; *~!* klatsch!, platsch!; *fazer ~* klatschen, platschen; *~-~* Plätschern *n.*

chape|ado [ʃɐ'pjaδu]: *madeira f -a* Furnierholz *n*; **~ar** [~ar] (1l) *Holz* furnieren; *Metall* plattieren; *mit Platten* belegen; abplatten.

chapel|aria [~pəlɐ'riɐ] *f* Hut-fabrik *f*, -geschäft *n*, -macherei *f*; **~eira** [~'leirɐ] *f* Hutschachtel *f*; **~eiro** [~'leiru] *m* Hut-macher *m*, -fabrikant *m*; **~eta** [~'letɐ] *f* (Leder-)Ventil *n*; *Ventil*-Klappe *f*; Ab-, Auf-prall *m*; Hopser *m*; rote(r)

Fleck *m auf den Wangen*; Kreis *m im Wasser*; P Schlag *m* auf den Kopf.
chapéu [~'pɛu] *m* Hut *m*; *pôr (tirar) o ~* den Hut aufsetzen (abnehmen); *é de se lhe tirar o ~* F alle Achtung!
chapinhar [~pi'ɲar] (1a) abwaschen; *v/i.* plätschern, planschen.
chapuz [~'puʃ] *m* Holzpflock *m*; *de ~* kopfüber; unversehens.
charada [~'raðɐ] *f* (Silben-)Rätsel *n*.
charamela [~rɐ'mɛlɐ] *f* Schalmei *f*.
charanga [~'rẽŋgɐ] *f* Blechmusik *f*.
charão [~'rɐ̃u] *m* Glanz-lack *m*, -leder *n*; *caixa f de ~* Lackdose *f*.
charco ['ʃarku] *m* Sumpf *m*.
charcutaria *bras.* [ʃarkuta'riɐ] *f* Metzgerei *f*, Fleischerei *f*.
charlat|anaria [~lɐtɐnɐ'riɐ] *f* Quacksalberei *f*; **~anear** [~ɐ'njar] (1l) quacksalbern; quasseln; **~anesco** [~ɐ'neʃku] schwindelhaft; **~anice** *f*, **~anismo** *m* [~ɐ'nisə, ~ɐ'niʒmu] Windbeutelei *f*, Schwindel *m*; = *~anaria*; **~ão** [~'tɐ̃u] *m* Quacksalber *m*; Schwätzer *m*; Schwindler *m*; Scharlatan *m*.
charneca [~'nɛkɐ] *f* Heide *f*.
charneira [~'neirɐ] *f* Scharnier *n*.
charpa ['ʃarpɐ] *f* Schärpe *f*.
charque *bras.* ['ʃarkə] *m* Dörrfleisch *n*.
charrua [ʃɐ'ʀuɐ] *f* Pflug *m*.
charut|aria *bras.* [~rutɐ'riɐ] *f* Zigarrenladen *m*; **~eira** [~'teirɐ] *f* Zigarren-etui *n*, -tasche *f*, -kiste *f*; **~eiro** [~'teiru] *m* Zigarren-dreher *m*; *bras. a.* -händler *m*; **~o** [~'rutu] *m* Zigarre *f*; Paddelboot *n*.
chas|co ['ʃaʃku] *m* **a**) Spott *m*; **b**) Pieper *m* (*Vogel*); **c**) *bras.* Ruck *m* (am Zügel); **~quear** [ʃɐʃ'kjar] (1l) (ver)spotten.
chassi [ʃɐ'si] *m* Fahrgestell *n*; *fot.* Kassette *f*.
chata ['ʃatɐ] *f* Prahm *m*; Schute *f*.
chat|ear F [ʃɐ'tjar] (1l) anöden; **~eza** [~'tezɐ] *f* Plattheit *f*; Fadheit *f*; Ödigkeit *f*; **~ice** F [~'tisə] *f* Mist *m*; = *~eza*.
chato ['ʃatu] **1.** *adj.* platt (*a. fig.*), flach; F langweilig, fad, öde; lausig; **2.** *m* F öde(r) Kerl *m*; *zo.* Filzlaus *f*.
chavão [ʃɐ'vɐ̃u] *m fig.* Muster *n*; Form *f*; Schlüssel *m*; Gemeinplatz *m*.
chavas|cal [~vɐʃ'kał] *m* Spelunke *f*; Schweinestall *m* (*a. fig.*); Ödland *n*; **~car** [~'kar] (1n; *Stv.* 1b) zs.-zimmern; (hin)sudeln; **~co** [~'vaʃku] roh (gearbeitet); zs.-ge-, ver-pfuscht; **~quice** [~'kisə] *f* Pfuscherei *f*.
chave ['ʃavə] *f* Schlüssel *m*; (Wasser-, Gas-)Hahn *m*; ⚡ Schalter *m*; ♪ Klappe *f*; ⚠ Schlußstein *m*; *~ de boca* Schraubenschlüssel *m*; *~ geral* Absperr-, Haupt-hahn *m*; *~ inglesa* Engländer *m*; *~ mestra* Haupt-, *~ falsa* Nach-schlüssel *m*; *fechar à ~* ab-, zu-schließen.
chav|eiro [ʃɐ'veiru] *m* Schließer *m*; **~elha** [~eʎɐ] *f* Spannagel *m*, Pflock *m*; **~elho** [~eʎu] *m* Horn *n*.
chávena ['ʃavənɐ] *f* Tasse *f*.
chaveta [ʃɐ'vetɐ] *f* Splint *m*; Keil *m*; *Scharnier*-Stift *m*; **~r** [~və'tar] (1c) versplinten.
checo ['ʃɛku] **1.** *adj.* tschechisch; **2.** *m*, **-a** *f* Tscheche *m*, Tschechin *f*; **~slovaco** [~ʒlo'vaku] tschechoslowakisch.
chefe ['ʃɛfə] *m* (An-)Führer *m*, Oberhaupt *n*; Vorgesetzte(r) *m*, Prinzipal *m*; Chef *m*; *em ~* kommandierend, leitend; Ober...
chef|ia [ʃə'fiɐ] *f* Führerschaft *f*, Führung *f*; **~iar** [~'fjar] (1g) (an-)führen; leiten, vorstehen (*dat.*).
cheg|ada [ʃə'ɣaðɐ] *f* Ankunft *f*; *fig.* = **~adela** [~ɣɐ'ðɛlɐ] *f* Abreibung *f*; **~ado** [~aðu] nahe (bei *a*); benachbart; **~ar** [~ar] (1o; *Stv.* 1c) *v/t.* heran-bringen, -rücken; reichen; *v/i.* (an)kommen, eintreffen; (heran)nahen; reichen (zu *a*, *para od.* bis [zu] *até*); *~ a* gelangen zu (*od.* nach); heranreichen an (*ac.*); sich belaufen auf (*ac.*); werden (*nom.*); *~ a alg.* F j-m eine runterhauen; *chega-lhe!* gib's ihm!; *chegaram-lhe muitas cartas* er hat viele Briefe bekommen; *chega!* es reicht!, genug!; *~ a fazer a/c.* dazu kommen (*od.* soweit gehen) et. zu tun; sogar et. tun; *~ a ser* werden; *~ às mãos*, *~ a vias de facto* handgemein w.; *não ~ aos calcanhares* (*od. às solas dos sapatos*) *de* nicht das Wasser reichen können (*dat.*); *querer ~ a* hinauswollen auf (*ac.*); **~ar-se** herantreten (an [*ac.*] *a*); sich nähern; zs.-, heran-rücken.
chei|a ['ʃejɐ] *f* Hochwasser *n*; Überschwemmung *f*; Flut *f*; **~o** [~u] voll; stark(leibig); trächtig; *~ de* gefüllt mit; reich an (*dat.*); *~ de si* selbst-

bewußt, stolz; ~ *de dores* schmerzerfüllt; ~ *de vida* lebhaft; *mal* ~ schlecht gefüllt; knapp; *estar* ~ F es satt (*od.* leid) sein; *em* ~ völlig; aus aller Kraft; ⊕ mit Hochdruck; mit Volldampf; auf Hochtouren; (gut) ausgefüllt (*Tag*); *dar em* ~ großen Erfolg h.; ins Schwarze treffen.
cheir|ar [ʃei'rar] (1a) *v/t.* riechen (*ac. od.* an [*dat.*]); *fig.* hineinriechen in (*ac.*); F aus-, durch-schnüffeln; *v/i.* riechen, duften (nach *a*); ~ *mal* stinken; *não me cheira* das ist nichts für mich; faule Sache!; **~o** ['ʃeiru] *m* Geruch *m*; Duft *m*; Essenz *f*; Gewürzkraut *n*; *fig.* (guter) Klang *m*; (guter) Ruf *m*; *água f de* ~ Riechwasser *n*, Parfüm *n*; *dar* ~ riechen; **~oso** [~ozu] wohlriechend, duftend.
cheque ['ʃɛkə] *m* Scheck *m*; (Zahlungs-)Anweisung *f*; = *xeque*; ~ *cruzado* Verrechnungs-, ~ *à ordem* Order-, ~ *não à ordem* Rekta-, ~ *ao portador* Inhaber-, ~ *bancário* Bank-scheck *m*.
cherne ['ʃɛrnə] *m* Silberbarsch *m*.
cheta F ['ʃetɐ] *f* Heller *m*.
chi|ada ['ʃjaðɐ] *f* Quietschen *n*; Piepen *n*; **~ar** [~ar] (1g) quietschen; piepen, quieken.
chibata [ʃi'βatɐ] *f* Gerte *f*.
chibo ['ʃiβu] *m* Zicklein *n*.
chica ['ʃikɐ] *f* **a**) Chica *f* (*ein Negertanz*); **b**) Maisbranntwein *m*; **c**) *bras.* Kippe *f*.
chic|ana [ʃi'kɐnɐ] *f* Kniff *m*; Finte *f*; Schikane *f*; *fazer* ~, *usar de* ~ = **~anar** [~kɐ'nar] (1a) Winkelzüge m.; Kniffe anwenden; Ausflüchte suchen; schikanieren.
chicha ['ʃiʃɐ] *f* Eselsbrücke *f*; *bras.* Maniokbier *n*; *infan.* was Gutes *n*.
chícharo ['ʃiʃɐru] *m* Kichererbse *f*.
chicharro [ʃi'ʃaʀu] *m* Stichling *m*.
chichi [ʃi'ʃi] *m infan.* Pipi *n*.
Chico ['ʃiku] Franz.
chicória [ʃi'kɔrjɐ] *f* Zichorie *f*.
chicot|ada [~ku'taðɐ] *f* Peitschenhieb *m*; **~e** [~'kɔtə] *m* Peitsche *f*; ⚓ Tauende *n*; **~ear** [~'tjar] (1l) peitschen.
chifr|a ['ʃifrɐ] *f* Schabeisen *n*; **~ar** [ʃi'frar] (1a) (ab)schaben.
chifre ['ʃifrə] *m* Horn *n*; ~*s pl.* Gehörn *n*; Geweih *n*.
chilique P [ʃə'likə] *m* Anfall *m*.
chilr|ar [ʃiɫ'ʀar] (1a) = ~*ear*; **~eada** [~'ʀjaðɐ] *f* = ~*o*; **~ear** [~jar] (1l) zwitschern; *fig.* schwatzen, plappern; **~eio** [~eju] *m* = ~**o** ['ʃiɫʀu] **1.** *m* Gezwitscher *n*; **2.** *adj.* geschmacklos, fad; dünn; farblos; *água f -a* Olivenwasser *n*; Wassersuppe *f*.
chim [ʃĩ] = *chinês*.
chimarrão *bras.* [ʃima'ʀɐ̃u] ungezuckert; herrenlos (*Vieh*).
chimpanzé [ʃĩpɐ̃'zɛ] *m* Schimpanse *m*.
chinchila [ʃĩ'ʃilɐ] *f* Hasenmaus *f*.
chinel|a [ʃi'nɛlɐ] *f* Hausschuh *m*; = **~o** [~u] *m* Pantoffel *m*; *meter num* ~ in den Schatten stellen.
chin|ês [~'neʃ] **1.** *adj.* chinesisch; **2.** *m*, **-esa** *f* Chinese *m*, Chinesin *f*; **~esice** [~nə'zisə] *f* ausgefallene Sache (*od.* Idee) *f*; Marotte *f*.
chinfrim P [ʃĩ'frĩ] **1.** *m* Radau *m*, Krach *m*; *bras.* Tanzerei *f*; **2.** *adj.* laut; gewöhnlich, ordinär.
chino ['ʃinu] = *chinês*.
chinó [ʃi'nɔ] *m* Perücke *f*.
chio ['ʃiu] *m* Quietschen *n*; Piepen *n*; Quietscher *m*; Pieps *m*.
chi|que ['ʃikə] schick; **~queiro** [ʃi'keiru] *m* Schweinestall *m*; Pfuhl *m*; *bras.* (Fisch-)Reuse *f*; **~quismo** [ʃi'kiʒmu] *m* Schick *m*.
chisp|a ['ʃiʃpɐ] *f* Funke(n) *m*; *fig.* Geist(esblitz) *m*; **~ar** [ʃiʃ'par] (1a) Funken sprühen; aufblitzen; *bras.* (davon)flitzen; **~e** [~ə] *m* Schweinsfuß *m*.
chist|e ['ʃiʃtə] *m* Witz *m*; **~oso** [ʃiʃ'tozu] geistreich, witzig.
chita ['ʃitɐ] *f* (bedruckter) Kattun *m*.
choca ['ʃɔkɐ] *f* **a**) Schlag-holz *n*, -ball *m*; **b**) Kuhglocke *f*; *taur.* Leittier *n*.
choça ['ʃɔsɐ] *f* **a**) Holzkohle *f*; **b**) Hütte *f*.
chocadeira [ʃukɐ'ðeirɐ] *f* Brutapparat *m*, -maschine *f*.
chocalh|ada [~'ʎaðɐ] *f* (Geläut *n* der) Kuhglocken *f/pl.*; **~ar** [~ar] (1b) läuten; bimmeln; schütteln; *fig.* laut auflachen; *et.* ausplaudern; **~eiro** [~eiru] **1.** *adj.* schwatzhaft; klatschsüchtig; **2.** *m*, **~eira** *f* Plaudertasche *f*; **~ice** [~isə] *f* Klatschsucht *f*; Klatsch(erei *f*) *m*; **~o** [~'kaʎu] *m* (Kuh-)Glocke *f*; (Neger-)Rassel *f*; *fig.* Klatschbase *f*.
choc|ante [~'kɐ̃ntə] anstößig; em-

pörend; empört; **~ar** [~ar] (1n; *Stv.* 1e) **a)** aus-, be-brüten (*a. fig.*); *v/i.* brüten; schlecht w.; **b)** Anstoß erregen bei, empören; *v/i.* prallen (*od.* rennen) (gegen *com*); sich stoßen (an [*dat.*] *com*); = **~ar-se** zs.-, aufea.-stoßen, -prallen.

chocarr|ear [~kɐ'ʀjar] (1l) Witze (*od.* Zoten) reißen; **~ice** [~isə] *f* derbe(r) Witz *m*, Zote *f*.

chocho ['ʃoʃu] **1.** *adj.* saftlos, trocken; faul (*Ei*); taub (*Nuß*); kindisch, schwachköpfig; altersschwach; **2.** *m* a) Schwachkopf *m*, Faselhans *m*; b) P Schmatz *m*.

choco ['ʃoku] **1.** *adj.* bebrütet (*Ei*); brütig (*Huhn*); *allg.* faul, verdorben; *água f -a* Jauche *f*; *galinha f -a* Bruthenne *f*; **2.** *m* a) Brut(zeit) *f*; *estar no ~* brüten; bebrütet w.; *fig.* im Werden sn; b) *zo.* Tintenfisch *m*.

chocolat|e [ʃuku'latə] *m* Schokolade *f*; **~eira** [~lɐ'teirɐ] *f* Kakaokanne *f*; (Kakao-, Milch-)Topf *m*.

chofer [ʃo'fɛr] *m* = *motorista*.

chofre ['ʃɔfrə]: *de ~* unversehens, plötzlich.

choldra P ['ʃɔłdrɐ] *f* Pack *n*, Mischpoke *f*; Mischmasch *m*.

chope *bras.* ['ʃɔpə] *m* Schoppen *m*.

choque ['ʃɔkə] *m* Zs.-stoß *m* (*a.* ⚔), -prall *m*; Stoß *m*, Anprall *m*, Schock *m* (*a.* ⚕); Schlag *m* (*a.* ⚡); *fig. a.* Erschütterung *f*.

choradeira [ʃurɐ'ðeirɐ] *f* Gejammer *n*; F Bettelei *f*; † Klageweib *n*.

choram|ingar [~mĩŋ'gar] (1o) quengeln, greinen; weinerlich sn; **~ingas** [~'mĩŋgɐʃ] *su.* Tränenliese *f*, Jammerlappen *m*.

chor|ão [~'rɐ̃u] **1.** *m* Trauerweide *f*; *Name mancher Hängepflanzen*; *fig.* = *choramingas*; **2.** *adj.* weinerlich; **~ar** [~ar] (1e) weinen; klagen; beweinen, beklagen; weinen um; **~o** ['ʃoru] *m* Weinen *n*; Tränen *f/pl.*; **~oso** [~ozu] weinend; weinerlich; gekränkt; beklagenswert.

chorrilho [ʃu'ʀiʎu] *m* Reihe *f*, Folge *f*; Haufen *m*.

choru|do P [~'ʀuðu] fett; Schmer-...; *fig.* dick, einträglich, Bomben...; **~me** [~mə] *m* Fett *n*, Schmer *m*; Saft *m*; **~mento** [~ʀu'mẽntu] fett(ig).

choup|al [ʃo'pał] *m* Pappelwäldchen *n*; **~ana** [~ɐnɐ] *f* (Stroh-)Hütte *f*; **~o** ['ʃopu] *m* Pappel *f*.

chouriço [ʃo'risu] *m* Wurst *f*; Sandsack *m*; Haar-Wulst *m*.

chov|ediço [ʃuvə'ðisu] regnerisch; Regen...; **~er** [~'ver] (2d) regnen; *~ a cântaros* (*od. potes, baldes*) in Strömen regnen, gießen; **~ido** [~'viðu] verregnet; regennaß.

chucha ['ʃuʃɐ] *f* etwas zu lutschen; Lutscher *m*; *à ~ calada* heimlich.

chuch|adeira [ʃuʃɐ'ðeirɐ] *f* = *chucha*; *fig.* F lohnende Sache *f*; P faule(r) Witz *m*; **~ado** [~'ʃaðu] ausgesogen; ausgemergelt; **~ar** [~'ʃar] (1a) lutschen (*ac. od.* an [*dat.*]); *fig.* kriegen, auftreiben; P faule Witze m. über (*ac.*); (*ficar a*) *~ no dedo* das Nachsehen h.; **~urrear** [~u'ʀjar] (1l) (aus)schlürfen.

chuço ['ʃusu] *m* Spieß *m*.

chué(s) [ʃwɛ(ʃ)] schäbig.

chuf|a ['ʃufɐ] *f* Scherz *m*, Witz *m*; **~ar** [ʃu'far] (1a) witzeln über (*ac.*).

chulear [ʃu'ljar] (1l) überwendlich nähen.

chulipa [~'lipɐ] *f* 🚂 Schwelle *f*.

chulo ['ʃulu] ordinär; unanständig.

chuma|ceira [ʃumɐ'seirɐ] *f* ⊕ (Zapfen-)Lager *n*; *Boots*-Dolle *f*; **~ço** [~'masu] *m* Bausch *m*; Unterlage *f*.

chumb|ada [ʃũm'baðɐ] *f* Schrotschuß *m*, -ladung *f*; Bleigewichte *n/pl. an Fischnetzen*; **~ado** [~aðu]: *ficar ~, ser ~* F durchfallen; **~agem** [~aʒɐ̃i] *f* Löten *n*; Plombieren *n*; **~ar** [~ar] (1a) löten; *Zahn* plombieren (*a.* ⚕); (mit Blei) beschweren; anschießen; *im Examen* durchfallen (l.); P besäuseln; **~o** ['ʃũmbu] *m* Blei *n*; Schrot *m* (*a. n*); Bleigewicht *n*; F Durchfall *m im Examen*; *fig.* F Grips *m*, Grütze *f*; *bras. bater ~* schießen.

chup|adela [ʃupɐ'ðɛlɐ] *f* Zug *m*; *dar uma ~* = *~ar*; **~ado** F [~'paðu] ausgemergelt; **~a-flor** [~ɐ'flor] *m* Kolibri *m*; **~ão** P [~'pɐ̃u] *m* Schmatz *m*; Kußfleck *m*; **~ar** [~'par] (1a) lutschen; schlürfen; *an der Zigarre* ziehen; anzapfen, schröpfen (*a. fig.*); *fig. a.* schlucken; *Vermögen* verjubeln; **~eta** [~'petɐ] *f* Schnuller *m*; P *de ~* lecker, prima.

churrasco *bras.* [ʃu'ʀaʃku] *m* Spießbraten *m*.

chus [ʃuʃ] *s. bus.*

chusma ['ʃuʒmɐ] *f fig.* Schwarm *m*: Sippschaft *f*.
chuta! ['ʃutɐ] *int.* pscht!, still!
chut|ar *bras.* [ʃu'tar] (1a) *Fußball*; schießen; **~e, ~o** ['ʃutə, -u] *m* Schuß (-ball) *m*.
chuva ['ʃuvɐ] *f* Regen *m*; *~ de pedra* Hagel *m*; *banho m de ~* Brausebad *n*, Dusche *f*; *ficar preso pela ~* einregnen; *bras. estar na ~* F e-n sitzen h.
chuv|eiro [ʃu'veiru] *m* Brause *f*; Regenguß *m*; **~iscar** [~viʃ'kar] (1n) nieseln; **~isco** [~iʃku] *m* Nieselregen *m*; **~oso** [~ozu] regnerisch.
cian|ídrico [sjɐ'niðriku]: *ácido m ~* Blausäure *f*; **~ogénio** [~nu'ʒɛnju] *m* Zyan *n*.
ciátic|a ['sjatikɐ] *f* Hüftweh *n*, Ischias *f*; **~o** [~u] Hüft...; *nervo m ~* Ischiasnerv *m*; *dor f -a* Ischias *f*.
cib|alho [si'βaʎu] *m* = **~o** ['siβu] *m* Vogel-, Hühner-futter *n*; F Happen *m*, Bissen *m*.
cicatr|iz [sikɐ'triʃ] *f* Narbe *f*; **~ização** [~trizɐ'sɐ̃u] *f* Vernarbung *f*; **~izar** [~tri'zar] (1a) heilen, schließen; *v/i.* vernarben.
cicerone [~sə'rɔnə] *m* Fremdenführer *m*.
cic|iar [~'sjar] (1g) säuseln (*Wind*); (*j-m et.* zu)flüstern; **~io** [~'siu] *m* Säuseln *n*; Flüstern *n*.
ciclame [~'klɐmə] *m* Alpenveilchen *n*.
cíclico ['sikliku] zyklisch.
cicli|smo [si'kliʒmu] *m* Radsport *m*; **~sta** [~ʃtɐ] *su.* Radfahrer(in *f*) *m*.
ciclo ['siklu] *m* Zyklus *m*; Periode *f*.
cicl|one [si'klɔnə] *m* Zyklon *m*; **~ónico** [~ɔniku] zyklonartig.
cicl|ope [~'klɔpə] *m* Zyklop *m*; **~ópico** [~ɔpiku] zyklopisch, riesig.
cicuta [si'kutɐ] *f* Schierling *m*.
cidad|ania [~ðɐðɐ'niɐ] *f* Bürgerrecht *n*; **~ão** *m*, **~ã** *f* [~'ðɐ̃u, -ɐ̃] Staatsangehörige(r *m*) *m*, *f*, (-)Bürger(in *f*) *m*; Städter *m*; **~e** [~'ðaðə] *f* Stadt *f*; **~ela** [~'ðɛlɐ] *f* Zitadelle *f*; *fig.* Hochburg *f*; *bras. Sport*: Tor *n*.
cidra ['siðrɐ] *f* Bergamottpomeranze *f*, Bisamzitrone *f*; Apfelwein *m*.
cidr|ão [si'ðrɐ̃u] *m* Zitronat *n*; **~eira** [~eirɐ]: *erva f* (*chá m de*) *~* Melisse(ntee *m*) *f*.
cieiro ['sjeiru]: *estar com ~ nas mãos* (*nos lábios*) aufgesprungene Haut (Lippen) haben.
ciência ['sjẽsjɐ] *f* Wissenschaft *f*; Kenntnisse *pl.*; *Faculdade f de* ♀*s* Naturwissenschaftliche Fakultät *f*; *~s pl. die* exakten Naturwissenschaften *f/pl.*; *~s pl. naturais* Naturwissenschaften *f/pl.*
ciente ['sjẽntə] kenntnisreich; *~ de* unterrichtet von; erfahren *od.* (aus-) gebildet in (*dat.*); *estar ~ de* wissen (*ac.*); *fazer alg. ~ de* j-n in Kenntnis setzen von; *ficar ~ de* zur Kenntnis nehmen (*ac.*).
cient|ificar *bras.* [sjẽntifi'kar] (1n) unterrichten, mitteilen; **~ífico** [~'tifiku] wissenschaftlich; **~ista** [~'tiʃtɐ] *m* Wissenschaftler *m*.
cifra ['sifrɐ] *f* Ziffer *f*; Chiffre (-schrift) *f*; Zeichen *n*; Schlüssel *m*; *em ~* chiffriert, Chiffre...
cifr|ão [si'frɐ̃u] *m* Escudo-, Dollarzeichen *n*; **~ar** [~ar] (1a) beziffern; *Telegramm* chiffrieren; zs.-fassen; **~ar-se** *em* enthalten sn in (*dat.*); sich sagen l. in (*dat.*); *~ a* sich beschränken auf (*ac.*).
cigano [si'ɣɐnu] **1.** *m*, **-a** *f* Zigeuner (-in *f*) *m*; **2.** *adj.* gerissen, verschlagen; zigeunerhaft.
cigarra [~'ɣaʀɐ] *f* Zikade *f*, Baumgrille *f*; ⊕ Summer *m*; Ticker *m*.
cigarr|aria [~ɣɐʀɐ'riɐ] *f* Zigarettenladen *m*; **~eira** [~'ʀeirɐ] *f* Zigaretten-arbeiterin *f*, -etui *n*; **~ilha** [~'ʀiʎɐ] *f* Zigarillo *m*; **~o** [~'ɣaʀu] *m* Zigarette *f*.
cilada [~'laðɐ] *f* Hinterhalt *m*; *mont.* Anstand *m*; *fig.* Falle *f*.
cilh|a ['siʎɐ] *f* Sattel-, Bauch-gurt *m*; **~ar** [si'ʎar] (1a) gurten.
cilício [sə'lisju] *m* Büßerhemd *n*.
cilindr|ada [səlĩn'draðɐ] *f auto.* Zylinderinhalt *m*; Kolbenverdrängung *f*, Hubraum *m*; **~agem** [~aʒɐ̃i] *f* Walzen *n*; **~ar** [~ar] (1a) *Straße* walzen.
cilíndrico [~'lĩndriku] zylindrisch.
cilindro [~'lĩndru] *m* Zylinder *m*; Mangel *f*; Trommel *f*; Walze *f*, *bsd.* Straßen- (*od.* Dampf-)walze *f*.
cílio ['silju] *m* Wimper *f*.
cima ['simɐ]: *de ~* von oben (herab [*a. fig.*]); *o(s), a(s) de ~* der, die, das obere(n); *ao de ~* obenauf; *em ~* oben(-an, -auf); *em ~ de* auf (*ac. u. dat.*); *para ~* hin-, her-auf, nach oben; aufwärts; *para ~ de* über, mehr als; *por ~* oberhalb, darüber; *por ~ de* über (*ac. u. dat.*);

oberhalb (*gen.*); *ainda por* ~, *por* ~ *disto* obendrein, darüber hinaus; *passar por* ~ überspringen; darüber hinweg-gehen, -sehen.

cimalha [si'maʎɐ] *f* ⚠ Gesims *n*; Abdeckung *f*.

cimbre ⚠ ['sĩmbrə] *m* (Bogen-, Gewölbe-)Gerüst *n*.

cimeir|a [si'meirɐ] *f* Helm(aufsatz) *m*; = *cumeeira*; **~o** [~u] ober(st), oben liegend; höchstgelegen.

ciment|ar [~mẽn'tar] (1a) zementieren; (ver)kitten; *fig.* unterbauen; befestigen; **~o** [~'mẽntu] *m* Zement *m*; Kitt *m*; *fig.* Unterbau *m*, Grundlage *f*; ~ *armado* Eisenbeton *m*.

cimitarra [~i'taʀɐ] *f* Krummsäbel *m*; *mont.* Hirschfänger *m*.

cimo ['simu] *m* Gipfel *m*; First *m*; *no* ~ *de* oben auf (*dat.*).

cinabre, -ábrio [si'naβrə, -aβrju] *m* Zinnober(rot *n*) *m*.

cincar [sĩŋ'kar] (1n) *fig.* versagen; e-n Bock schießen.

cinch|ar [sĩ'ʃar] (1a) pressen; **~o** ['sĩʃu] *m* Käse(preß)form *f*; *Oliven*-Preßzylinder *m*.

cinco ['sĩŋku] **1.** fünf; **2.** *m* Fünf *f*; Fünfer *m*; Nummer *f* fünf.

cincoenta *s. cinquenta*.

cindir [sĩn'dir] (3a) spalten.

cin|e ['sine] *m* Kino *n*; **~easta** [si'njaʃtɐ] *m* Film-sachverständige(r) *m*, -schöpfer *m*; **~éfilo** [si'nɛfilu] *m*: *ser* ~ gern ins Kino gehen; wie ein Filmstar aussehen.

cinegétic|a [sinə'ʒɛtikɐ] *f* Jagd *f*, Jägerei *f*; **~o** [~u] Jagd...

Cine|lândia [~'lẽndjɐ] *f* Kinoviertel *n*; **2ma** [si'nemɐ] *m* Lichtspieltheater *n*, Kino *n*; ~ *mudo* Stumm-, ~ *falado* Sprech-, ~ *sonoro* Tonfilm *m*; *actor m* (*estrela f*, *sessão f*) *de* ~ Film-schauspieler *m* (-star *m*, -vorstellung *f*).

cinemat|ografia [~mɐtuɣrɐ'fiɐ] *f* Lichtspiel-, Film-kunst *f*; **~ográfico** [~u'ɣrafiku] Film...; **~ógrafo** [~'tɔɣrɐfu] *m* Kinematograph *m*; Kino *n*.

cinerári|a [~'rarjɐ] *f* Zinerarie *f*; **~o** [~u] Aschen...

cinétic|a [~'nɛtikɐ] *f* Bewegungslehre *f*, Kinetik *f*; **~o** [~u] kinetisch.

cingir [sĩ'ʒir] (3n) gürten; sich (um-) gürten mit, anlegen; aufsetzen; *fig.* umfassen; **~-se** *a* sich halten an (*ac.*); sich beschränken auf (*ac.*).

cínico ['siniku] **1.** *adj.* zynisch; **2.** *m* Zyniker *m*; schamlose(r) Mensch *m*.

cinquenta [sĩŋ'kwẽntɐ] fünfzig.

cinquent|ão [~kwẽn'tɐ̃u] **1.** *adj.* fünfzigjährig; in den Fünfzigern; **2.** *m*, **~ona** *f* Fünfziger(in *f*) *m*; **~enário** [~tə'narju] *m* fünfzigste(r) Jahrestag *m*; ~ *do nascimento* (*da morte*) fünfzigste(r) Geburts-(Todes-)tag *m*.

cinta ['sĩntɐ] *f* Strumpfgürtel *m*; Hüfthalter *m*; Leib-, Bauch-binde *f* (*a. v. Büchern*); Taille *f*; *Rock*-Bund *m*; Streifen *m*; ⊕ Band *n*; Gurt *m*; ✉ Kreuzband *n*; ⚠ Kranzgesims *n*; *fig.* Gürtel *m*, Kranz *m*; ~ *de ferro* Bandeisen *n*.

cint|ado [sĩn'taðu] anliegend, auf Taille (*Kleid*); mit Gürtel; **~ar** [~ar] (1a) ein Kreuzband kleben um; mit e-r Bauchbinde versehen; *Kleid* auf Taille arbeiten, taillieren; *Faß* bereifen; *fig.* umfassen; **~eiro** [~eiru] *m* Gürtler *m*; (Hut-)Band *n*; Wickelband *n*.

cintil|ação [~tilɐ'sɐ̃u] *f* Funkeln *n*; Aufleuchten *n*; **~ar** [~'lar] (1a) funkeln, glitzern; aufleuchten; *v/t.* sprühen, ausstrahlen.

cint|o ['sĩntu] *m* Gürtel *m*; Gurt *m*; *Rock*-, *Hosen*-Bund *m*; **~ura** [sĩn'turɐ] *f anat.* Gürtel *m*; Taille *f*.

cinturão [sĩntu'rɐ̃u] *m* *Degen*-Koppel *n*; Gurt *m*.

cinz|a(s) ['sĩzɐ(ʃ)] *f*(/*pl.*) Asche *f*; *quarta-feira f de* ~ Aschermittwoch *m*; *reduzir a* ~ zu Asche verbrennen; *fig.* vernichten; **~eiro** [sĩ'zeiru] *m* Aschbecher *m*; Aschen-kasten *m*, -haufen *m*.

cinzel [sĩ'zɛł] *m* Meißel *m*; **~ar** [~zə'lar] (1c) (aus)meißeln; ausarbeiten; punzen, treiben; ziselieren; *fig.* (aus)feilen; drechseln.

cinzento [~'zẽntu] grau.

cio ['siu] *m* Brunst *f*; Balz *f* (*Vögel*); Laufzeit *f* (*Hündin*); *estar no* ~ brünstig (*od.* läufig) sn; balzen.

cioso ['sjozu] eifersüchtig; eifrig.

cip|ó [si'pɔ] *m* Liane *f*; **~oal** [~'pwał] *m* Lianenwald *m*; Dickicht *n*.

cipreste [~'prɛʃtə] *m* Zypresse *f*.

cirand|a [~'rẽndɐ] *f* Schwinge *f*, Wanne *f*; = **~inha** [~rẽn'diɲɐ] *f* Seilspringen *n*; **~ar** [~rẽn'dar] (1a) schwingen, sieben; Seil springen.

circo ['sirku] *m* Zirkus *m*.

circuito [sir'kuitu] *m* Umkreis *m*;

Bezirk *m*; Kreis-, Um-lauf *m*; Rundfahrt *f*; Ring(bahn *f*) *m*; ⚡ Stromkreis *m*; ~ *bifilar* (*bifásico*) Zweileiter-(Zweiphasen-)system *n*; *curto* ~ Kurzschluß *m*.

circul|ação [~kulɐ'sɐ̃u] *f* Umlauf *m*, Kreislauf *m*; Strömung *f*, Strom *m*; Zirkulation *f*; *Straßen- usw.* Verkehr *m*; ✝ ~ *monetária*, ~ *emitida* Notenumlauf *m*; *de grande* ~ weitverbreitet; verkehrsreich; *fora de* ~ außer Kurs; *pôr em* ~ in Umlauf setzen; *retirar da* ~ einziehen; **~ante** [~'lɐ̃ntə] im Umlauf befindlich; **~ar** [~'lar] **1.** *adj.* Kreis..., kreisförmig; Rund...; **2.** *f* Rundschreiben *n*; **3.** *v/t.* (1a) umgeben; *v/i.* umlaufen, zirkulieren; verkehren (*Zug usw.*); **~atório** [~ɐ'tɔrju] Umlaufs...; Verkehrs...; *movimento m* ~ Kreis-bewegung *f*, -lauf *m*; *viagem f -a* Rundreise *f*.

círculo ['sirkulu] *m* Kreis *m*; *Wahl-*Bezirk *m*; *fig. a.* Zirkel *m*, Verein *m*.

circunci|dar [sirkũsi'ðar] (1a) beschneiden; **~são** [~'zɐ̃u] *f* Beschneidung *f*; **~so** [~'sizu] beschnitten.

circun|dar [~kũn'dar] (1a) umgeben; einfassen; umkreisen; herum-gehen (*od.* -fahren) um; umfließen (*Fluß*); herumführen um (*Straße*); **~ferência** [~kũfə'rẽsjɐ] *f* Kreis(umfang) *m*; Umkreis *m*; **~flexo** [~kũ'flɛksu] *gram.* (*acento*) ~ *m* Zirkumflex *m*; **~jacente** [~kũʒɐ'sẽntə] umliegend; **~lóquio** [~kũ'lɔkju] *m* Umschweif *m im Reden*; Umschreibung *f*; schonende Wendung *f* (*od.* Wort *n*).

circunscr|ever [~kũʃkrəver] (2c; *p.p.* ~*ito*) ein-, be-grenzen; & umschreiben; **~ever-se** sich beschränken (auf [*dat.*] *a*); **~ição** [~i'sɐ̃u] *f* Ein-, Be-grenzung *f*; Umschreibung *f*; Wahl-, Wehr-kreis *m*; ~ *militar* Bezirkskommando *n*.

circunsp|ecção [~kũʃpɛ(k)'sɐ̃u] *f* Umsicht *f*; Bedacht *m*; **~ecto** [~'pɛ(k)tu] umsichtig; bedachtsam.

circunst|ância [~kũʃ'tɐ̃sjɐ] *f* Umstand *m*; ~*s pl.* Verhältnisse *n/pl.*, Lage *f*; *nestas* ~*s* unter diesen Umständen; **~anciado** [~tɐ̃'sjaðu] umständlich, ausführlich; **~ancial** [~tɐ̃'sjaɫ]: *complemento m* ~ Umstandswort *n*; **~anciar** [~tɐ̃'sjar] (1g) umständlich schildern; **~ante** [~'tɐ̃ntə] umstehend; anwesend.

circunv|alação [~kũvɐlɐ'sɐ̃u] *f* Umwallung *f*; Wall(straße *f*) *m*; **~izinho** [~ə'ziɲu] benachbart; umliegend; **~olução** [~ulu'sɐ̃u] *f* Umdrehung *f*; Windung *f*.

círio ['sirju] *m* Altarkerze *f*; Kerzenprozession *f*.

cirro ['siʀu] *m met.* Zirrus-, Federwolke *f*; *zo.* Bartfaden *m* (*Fisch*); Flaum(feder *f*) *m*; ♀ Ranke *f*; ⚕ (Krebs-)Geschwulst *f*.

cirrose ⚕ [si'ʀɔzə] *f* Leberverhärtung *f*, Zirrhose *f*.

cirurg|ia [sirur'ʒiɐ] *f* Chirurgie *f*; **~ião** [~'ʒjɐ̃u] *m* Chirurg *m*; Wundarzt *m*.

cis... [siʃ..., sis...] *in Zssgn* diesseits [(*gen.*).]

cisalhas [si'zaʎɐʃ] *f/pl.* (Metall-)Späne *m/pl.*

cisão [~'zɐ̃u] *f* Spaltung *f*.

cisc|ador [siʃkɐ'ðor] *bras* Harke *f*; **~alho** [~'kaʎu] *m* Kehricht *m*; = ~*o*; **~ar** [~'kar] (1n) zs.-harken, -kehren; *Hund* hetzen; scharren (in [*dat.*]); **~o** ['siʃku] *m* Kohlenstaub *m*; Kehricht *m*.

cisma ['siʒmɐ] **1.** *m* Schisma *n*, Spaltung *f*; **2.** *f* Grübelei *f*; Sorge *f*; Grille *f*; *bras.* Mißtrauen *n*; *andar de* ~ *com* mißtrauen (*dat.*).

cism|ar [siʒ'mar] (1a) grübeln; Grillen fangen; *bras.* vermuten, fürchten; ~ *com* nachgrübeln über (*ac.*); sich verbohren in (*ac.*); **~ático** [~atiku] **1.** *adj.* a) nachdenklich; grüblerisch; grillenhaft; b) abtrünnig; Spalter...; **2.** *m* Schismatiker *m*.

cisne ['siʒnə] *m* Schwan *m*.

cisqueiro [siʃ'keiru] *m* Kehricht *m*.

cisterna [~'tɛrnɐ] *f* Zisterne *f*.

cist|ite [~'titə] *f* Blasenentzündung *f*; **~o** ['siʃtu] *m* Grützbeutel *m*, Balggeschwulst *f*; **~oscópio** ⚕ [~tuʃ'kɔpju] *m* Blasenspiegel *m*.

citação [sitɐ'sɐ̃u] *f* Zitat *n*; Erwähnung *f*; ⚖ Vorladung *f*.

citadino [~'ðinu] **1.** *adj.* städtisch, Stadt...; **2.** *m* Städter *m*.

citânia [si'tɐnjɐ] *f* vorrömische Siedlung *f*.

citar [~'tar] (1a) *Stelle* anführen; *Autor* erwähnen, zitieren; ⚖ vorladen; *taur. den Stier* locken.

cítara ['sitɐrɐ] *f* Zither *f*.

citerior [sitə'rjor] diesseitig.

cítrico ['sitriku] Zitrus...; *ácido m* ~ Zitronensäure *f*.

ciúme ['sjumə] *m* Eifersucht *f*; *ter ~s de* eifersüchtig sn auf (*ac.*).
ciumento [sju'mẽntu] eifersüchtig.
cív|el ⚖ ['sivɛł] **1.** *adj.* zivil; **2.** *m* Zivilrecht *n*; *juiz m do ~* Zivilrichter *m*; **~ico** [~iku] **1.** *adj.* (staats-)bürgerlich; **2.** *m* Polizist *m*.
civil [si'vił] bürgerlich; gesittet; höflich; zivil; *ano m ~* Kalenderjahr *n*; *Guarda f ~* Bürgerwehr *f* (*port. kasernierte Polizeitruppe*).
civili|dade [~vəli'ðaðə] *f* Gesittung *f*; Höflichkeit *f*; **~sta** [~'liʃtɐ] *m* Zivilrechtler *m*; **~zação** [~zɐ'sɐ̃u] *f* Zivilisation *f*; **~zado** [~'zaðu] gesittet; höflich; **~zador** [~zɐ'ðor] **1.** *adj.* kulturell, Kultur...; **2.** *m* Kulturträger *m*, Zivilisator *m*; **~zar** [~'zar] (1a) zivilisieren; erziehen; **~zar-se** zivilisiert (*od.* ein Kulturvolk) werden.
civismo [~'viʒmu] *m* staatsbürgerliche Gesinnung *f*, Bürgersinn *m*.
cizânia [~'zɐnjɐ] *f* ⚘ Lolch *m*; *fig.* Zwietracht *f* (*espalhar* säen).
clam|ar [klɐ'mar] (1a) schreien, rufen; *j-n* anrufen; rufen nach, flehen um; laut protestieren; **~or** [~or] *m* Geschrei *n*; (Weh-)Klage *f*; **~oroso** [~mu'rozu] klagend; jämmerlich; (himmel)schreiend; laut.
clandest|inidade [klẽndəʃtini'ðaðə] *f* Heimlichkeit *f*; **~ino** [~'tinu] heimlich, verstohlen; Geheim..., Schwarz...; blind (*Passagier*).
clang|or [klẽŋ'gor] *m* Schmettern *n*; *Waffen*-Getöse *n*; **~oroso** [~gu'rozu] schmetternd.
clara ['klarɐ] *f* Lichtung *f*; Öffnung *f*; *~ (de ovo)* Eiweiß *n*; *~ do olho das* Weiße im Auge; **~bóia** [~'βɔjɐ] *f* Oberlicht *n*; Dachfenster *n*.
clar|ão [klɐ'rɐ̃u] *m* helle(r) Schein *m*, Leuchten *n*; Glanz *m*; **~ear** [~'rjar] (1l) ausdünnen, lichten; *v/i.* dünn (*od.* schütter) w.; sich lichten; = *aclarar*; **~eira** [~eirɐ] *f* Lichtung *f*; *fig.* Lücke *f*; **~ete** [~etə] **1.** *adj.* blaßrot; **2.** *m* Bleichert *m* (*Wein*); **~eza** [~ezɐ] *f* Klarheit *f*; Deutlichkeit *f*; *com ~* klar; deutlich.
clari|dade [~ri'ðaðə] *f* Helle *f*, Helligkeit *f*; Licht *n*; **~ficador** [~fikɐ'ðor] *m* Klär-mittel *n*, -anlage *f*; **~ficar** [~fi'kar] (1n) läutern; reinigen; *Wein usw.* klären.
clarim [~'rĩ] *m* (Signal-)Horn *n*.
clarin|ete [~ri'netə] *m* Klarinette *f*; = **~etista** [~nə'tiʃtə] *m* Klarinettist *m*.
clarivid|ência [~rəvi'ðẽsjɐ] *f* Hellsichtigkeit *f*; Weitsicht *f*; **~ente** [~ẽntə] hellsichtig; weitschauend.
claro ['klaru] **1.** *adj.* klar; hell; rein; deutlich; unleugbar; berühmt; dünn(*-gesät usw.*); *é ~, está ~, ~ (está)* selbstverständlich; *às -as* unverhohlen; *~ como água, ~ como o dia* sonnenklar; **2.** *m* Helle *n*; helle (*od.* belichtete) Seite *f*; Zwischenraum *m*; Lücke *f*; *deixar em ~ Platz* frei l., *Frage* offenlassen; *passar em ~* auslassen, überspringen; hinwegsehen über (*ac.*); *die Nacht über* kein Auge zutun; **~-escuro** [~iʃ'kuru] *m* Helldunkel *n*.
classe ['klasə] *f* Klasse *f*; Stand *m*; *fig.* Art *f*; Rang *m*; *~ média* Mittelstand *m*.
classicismo [klɐsə'siʒmu] *m* Klassizismus *m*; Klassik *f*.
clássico ['klasiku] **1.** *adj.* klassisch, mustergültig; *autor m ~* = **2.** *m* Klassiker *m*.
classific|ação [klɐsəfikɐ'sɐ̃u] *f* Einteilung *f*; Bestimmung *f*; Einordnung *f*; Einstufung *f*; *Sport*: Platz *m*; Punktzahl *f*; *Schule*: Bewertung *f*, Note *f*; **~ado** [~'kaðu]: *ficar ~* eingestuft w.; e-n Platz (e-e Punktzahl) erringen; *o primeiro (segundo etc.) ~* Erster (Zweiter *usw.*); *o melhor ~* der Sieger; **~ador** [~ɐ'ðor] *m* Akten-, Brief-ordner *m*; Registratur *f*; ⊕ Klassierer *m*; **~ar** [~'kar] (1n) einteilen, klassifizieren; *Briefe usw.* einordnen; *in e-n Rang* einstufen; *Leistung* bewerten; *~ de* bezeichnen als; **~ar-se** sich auszeichnen; sich erweisen (als); sich placieren.
claudicar [klauði'kar] (1n) hinken (*a. fig. Vergleich*); *fig.* Schwächen (*od.* Mängel) zeigen; stolpern.
claustr|al [~ʃ'trał] klösterlich; **~o** ['klauʃtru] *m* Kreuzgang *m*; Kloster *n*; (akademischer) Senat *m*.
cláusula ['klausulɐ] *f* Klausel *f*; Vorbehalt *m*.
clausura [klau'zurɐ] *f* Klausur *f*.
clava ['klavɐ] *f* Keule *f*.
clave ['klavə] *f* ♪ Schlüssel *m*; *~ de fá (sol)* Baß- (Violin-)schlüssel *m*.
clavícula *anat.* [klɐ'vikulɐ] *f* Schlüsselbein *n*.
clavija [~'viʒɐ] *f* Pflock *m*, Bolzen

m; *Färber*: Trockenrahmen *m*; *Weber*: Kettbaum *m*.

clem|ência [klə'mẽsjɐ] *f* Milde *f*; Gnade *f*; **~ente** [~ẽntə] mild(e).

clerezia [~rə'ziɐ] *f* = *clero*.

cleric|al [~ri'kał] geistlich; klerikal; **~ato** [~atu] *m der* geistliche Stand.

clérigo ['klɛriɣu] *m* (Welt-)Geistliche(r) *m*.

clero ['klɛru] *m* Geistlichkeit *f*, Klerus *m*.

cliché [kli'ʃɛ] *m fot*. Negativ *n*; *tip*. Klischee *n*.

client|e ['kljẽntə] *m* ⚕ Patient *m*; ⚖ Klient *m*; ⚚ Kunde *m*; **~ela** [kljẽn'tɛlɐ] *f* Kundschaft *f*; Klientel *f*; Patienten *m/pl*.; Praxis *f*.

clima ['klimɐ] *m* Klima *n*; Himmelsstrich *m*.

clim|atérico [klimɐ'tɛriku] kritisch; *anos m/pl*. ~*s* Wechseljahre *n/pl*.; **~ático** [~'matiku] klimatisch; *estância f -a* Luftkurort *m*.

clínic|a ['klinikɐ] *f* Klinik *f*; (ärztliche) Praxis *f*; *exercer* ~ den ärztlichen Beruf ausüben; *médico m de* ~ *geral* praktische(r) Arzt *m*; **~o** [~u] **1.** *adj*. klinisch; **2.** *m* Kliniker *m*; praktische(r) Arzt *m*.

cliper ['klipɛr] *m* Klipper *m*.

clip(s) *engl*. [klip(ʃ)] *m* Heftklammer *f*.

clister [kliʃ'tɛr] *m* Einlauf *m*, Klistier *n*.

clit|óride, ~óris *anat*. [kli'tɔriδə, -riʃ] *m* Kitzler *m*.

cloaca ['klwakɐ] *f* Kloake *f*.

clor|ato [klu'ratu] *m* Chlorat *n*, chlorsaure(s) Salz *n*; **~eto** [~etu] *m* Chlorkalk *m*; ~ *de sódio* Kochsalz *n*; **~idrato** [~ri'δratu] *m* Chlorwasserstoff *m*; **~ite** [~itə] *f* Chlorit *n*; **~o** ['klɔru] *m* Chlor *n*.

cloro|fila [~ru'filɐ] *f* Blattgrün *n*; **~fórmio** [~'fɔrmju] *m* Chloroform *n*; **~formizar** [~furmi'zar] (1a) chloroformieren.

clorose [klu'rɔzə] *f* Bleichsucht *f*.

club|e ['kluβə] *m* Klub *m*; **~ista** [klu'βiʃtɐ] *m* Klubmitglied *n*.

co... *od*. **co-...** *in Zssgn*: Mit...; *z.B*. *co-réu m* Mitangeklagte(r) *m*.

coabitar [kwɐβi'tar] (1a) gemeinsam bewohnen; *v/i*. zusammenleben.

coac|ção [kwɐ'sɐ̃u] *f* Druck *m*, Zwang *m*; Nötigung *f*; **~tivo** [~'tivu] Zwangs...; **~to** ['kwatu] gezwungen.

coadju|tor [kwɐδʒu'tor] *m* Hilfsgeistliche(r) *m*, Vikar *m*; **~var** [~'var] (1a) *j-m* helfen; mithelfen bei, unterstützen.

coad|o ['kwaδu] *p.p. v. coar*; *fig*. (schreckens)bleich; **~or** [kwɐ'δor] *m* Durchschlag *m*; Teesieb *n*.

coadunar [kwɐδu'nar] (1a) verbinden; zs.-schließen; anschließen (an [*ac*.] *com*); koordinieren.

coagir [~'ʒir] (3n) nötigen; zwingen.

coagul|ação [~ɣulɐ'sɐ̃u] *f* Gerinnen *n*; Ausflocken *n*; Koagulation *f*; **~ador** [~ɐ'δor] *m* Labmagen *m*; **~ar** [~'lar] (1a) zum Gerinnen bringen; ausfällen; ein-, ver-dicken; **~ar-se** gerinnen; ausflocken.

coágulo ['kwaɣulu] *m* Gerinnsel *n*.

coalh|ada [kwɐ'ʎaδɐ] *f* dicke Milch *f*, Quark *m*; **~ar** [~ar] (1b) = *coagular*; *fig*. ~ *de* bedecken (*od*. füllen, verstopfen) mit; *v/i*. *u*. **~ar-se** gerinnen; dick w.; ausfallen (*Salz*); **~eira** [~eirɐ] *f* Labmagen *m*; **~o** ['kwaʎu] *m* Gerinnsel *n*; (Käse-)Lab *n*.

coalizão [~li'zɐ̃u] *f* Koalition *f*.

coar [kwar] (1f) durch-seihen, -schlagen; filtrieren; (durch)quetschen, (-)treiben; *Eisen* schmelzen; *Licht* dämpfen; *v/i*. *u*. **~-se** eindringen; sich einschleichen; verschwinden.

co-arrendar [koɐʀẽn'dar] (1a) gemeinsam mieten.

co-aut|or [koau'tor] *m* Mitverfasser *m*, Mitarbeiter *m*; ⚖ Mittäter *m*; **~oria** [~tu'riɐ] *f* ⚖ Mittäterschaft *f*.

coax|ar [kwɐ'ʃar] (1b) quaken; **~o** ['kwaʃu] *m* Quaken *n*.

cobaia [ku'βajɐ] *f* Meerschweinchen *n*; *fig*. Versuchstier *n*.

cobalto [~'βałtu] *m* Kobalt *n*.

cobard|e [~'βardə] **1.** *adj*. feig; niederträchtig; **2.** *m* Feigling *m*; **~ia** [~βɐr'diɐ] *f* Feigheit *f*; Niedertracht *f*.

co-beligerante [koβəliʒə'rẽntə] **1.** *adj*. gemeinsam kriegführend; **2.** *m* kriegführende(r) Partner *m*.

cobert|a [ku'βɛrtɐ] *f* (Bett-)Überzug *m*; Verdeck *n*, Dach *n*; Decke *f*; Deckel *m*; *Speise*-Platte *f*; ⚓ Deck *n*; ⚔ Deckung *f*; *fig*. Deckmantel *m*; Schutz *m*; **~o** [~u] **1.** *p.p. v. cobrir*; **2.** *m* Schutzdach *n*, Verdeck *n*; *a* ~ *de* unter dem Schutz (*gen*.);

geschützt vor (*dat.*); *pôr-se a* ~ sich schützen, sich sichern.
cobert|or [~βər'tor] *m* Bettdecke *f*; **~ura** [~urɐ] *f* Bedachung *f*; Decke *f*; Deckel *m*; ✝ *u.* ⚔ Deckung *f*; *fig.* Schutz *m*; Unterstützung *f*, Zustimmung *f*; *sem* ~ ungedeckt.
cobiç|a [~'βisɐ] *f* Begierde *f*, Gier *f*; **~ar** [~βi'sar] (1p) begehren; gieren nach; begierig sn auf (*ac.*); **~oso** [~βi'sozu] lüstern, gierig.
cobra ['kɔβrɐ] *f* Schlange *f*, Natter *f*; ~ (*de*) *capelo* Brillenschlange *f*; *dizer* ~*s e lagartos de* schimpfen auf (*ac.*), schlechtmachen (*ac.*).
cobr|ador [kuβrɐ'δor] *m* Steuereinnehmer *m*; Kassenbote *m*, Kassierer *m*; **~ança** [~'βrɐ̃sɐ] *f* Eintreibung *f*; Einkassierung *f*; Erhebung *f*; ✉ *à* ~ gegen Nachnahme; **~ar** [~'βrar] (1e) *Gebühren* erheben; *Schulden*, *Steuern* bei-, ein-treiben; *Rechnung* (ein)kassieren; ⚓ einziehen, -holen; *allg.* (wieder)erlangen; ~ *forças* wieder zu Kräften kommen.
cobre ['kɔβrə] *m* Kupfer *n*; Kupfermünze *f*; ~*s pl.* P Groschen *m/pl.*
cobre-|junta [~'ʒũntɐ] *f* Lasche *f*; Deckschiene *f*; **~nuca** [~'nukɐ] *m* Nackenschutz *m*.
cobr|ição [kuβri'sɐ̃u] *f* Decken *n*, Begattung *f von Tieren*; *de* ~ Zucht-...; **~ir** [~'βrir] (3h; *p.p. coberto*) decken (*a.* ⚔); be-, ver-, zu-decken; bestreichen; überziehen; *Strecke* zurücklegen; ♪ übertönen; *fig.* bemänteln; verbergen; schützen; **~ir-se** den Hut aufsetzen.
cobro ['koβru]: *pôr* ~ *a* ein Ende m. (*dat.*), abstellen (*ac.*).
coç|a ['kɔsɐ] *f* Tracht *f* Prügel; *dar uma* ~ *a* durchprügeln (*ac.*); *levar* (*od. apanhar*) *uma* ~ Hiebe bekommen; **~ado** [ku'saδu] abgeschabt; verschlissen; schäbig.
coca|ína [kukɐ'inɐ] *f* Kokain *n*; **~inómano** [~ɐi'nɔmɐnu] kokainsüchtig.
cocar [~'kar] *m* Helmbusch *m*; Kokarde *f*; Abzeichen *n*.
coçar [ku'sar] (1e) (sich) kratzen; *fig.* durch-, ver-hauen.
cóccix ['kɔksis] *m* Steißbein *n*.
cócegas ['kɔsəγɐʃ] *f/pl.* Kitzel *m*, *fig. a.* Reiz *m*; *ter* ~ kitzlig sn; *fazer* ~ *j-n* kitzeln; *ter* ~ *na língua* den Mund nicht halten können.
coche ['koʃə] *m* Kutsche *f*; = *cocho*.
cocheir|a [ku'ʃeirɐ] *f* Remise *f*; Droschkenstand *m*; **~o** [~u] *m* Kutscher *m*.
cochich|ar [~ʃi'ʃar] (1a) flüstern, tuscheln; *j-m et.* zuflüstern; **~o(s)** [~'ʃiʃu(ʃ)] *m*(*/pl.*) Getuschel *n*.
cochilar [~ʃi'lar] (1a) schlummern.
cochinilha [~'niʎɐ] *f* Blutlaus *f*.
cocho ['koʃu] *m* Aufziehbrett *n*; Schleifkasten *m*; *bras. Vieh-*Trog *m*.
cociente *bras.* [ko'sjẽntə] = *quociente*.
coco ['koku] *m* Kokos-nuß *f*, -schale *f*; *chapéu m de* ~ Melone *f*.
cocô [ko'ko] *m infan.* Baba *n*, Aa *n*.
cócoras ['kɔkurɐʃ]: *de* ~ hockend, in der Hocke; *estar de* ~ hocken; *sentar-se* (*od. pôr-se*) *de* ~ sich niederhocken.
cocorocó [kɔkɔrɔ'kɔ] kikeriki.
cocuruto [kuku'rutu] *m* Gipfel *m*; Scheitel *m*.
coda ♪ ['kɔδɐ] *f* Schlußsatz *m*, Koda *f*.
códea ['koδjɐ] *f* Rinde *f*, Kruste *f*.
codeína [kuδe'inɐ] *f* Kodein *n*.
códex, -ice ['kɔδɛks, -isə] *m* alte Handschrift *f*, Kodex *m*.
código ['kɔδiγu] *m* Gesetzbuch *n*; (Geheim-)Kode *m*; ⚕ *u. farm.* Vademekum *n*; ♀ *Comercial* Handels-, ♀ *Penal* Straf-gesetzbuch *n*; ♀ *da Estrada* Straßenverkehrsordnung *f*; *em* ~ chiffriert; *escrever em* ~ chiffrieren.
codorniz [kuδur'niʃ] *f* Wachtel *f*.
coeducação [koiδukɐ'sɐ̃u] *f* Gemeinschaftserziehung *f*.
coeficiente [koifə'siẽntə] *m* Koeffizient *m*; Faktor *m*; ~ *de oft*: ...zahl *f*.
coelh|eira [kwə'ʎeirɐ] *f* Kaninchenstall *m*; **~o** ['kweʎu] *m* Kaninchen *n*.
coentro ⚘ ['kwẽntru] *m* Koriander *m*.
coer|ção [kwɛr'sɐ̃u] *f* Zwang *m*; **~c(it)ivo** [~s(it)'ivu] Zwangs...; Druck...; zwingend.
coer|ência [kwə'rẽsjɐ] *f* Zs.-hang *m*, Kohärenz *f*; Folgerichtigkeit *f*; **~ente** [~ẽntə] zs.-hängend, kohärent; folgerichtig; sich selbst getreu.
coes|ão [kwə'zɐ̃u] *f* Kohäsion *f*; *fig.* Zs.-halt *m*; **~o** ['kwezu] = *coerente*; einig.
coetâneo [~'tɐnju] **1.** *adj.* gleichaltrig; zeitgenössisch; **2.** *m* Alters-, Zeit-genosse *m*.

coevo ['kwevu] = *coetâneo.*
coexist|ência [kwɨziʃ'tẽsjɐ] *f* gleichzeitige(s) Vorkommen (*od.* Vorhandensein) *n*; Koexistenz *f*; **~ir** [~ir] (3a) gleichzeitig existieren (*od.* vorkommen, vorhanden sn); nebenea., zs.-bestehen.
cofre ['kɔfrə] *m* Geld-, Kassenschrank *m*; Geldkassette *f*.
cogit|abundo [kuʒitɐ'βũndu] nachdenklich; **~ação** [~ɐ'sɐ̃u] *f* Nachdenken *n*; *entrar em* (*estar fora de*) ~ (nicht) in Betracht kommen; **~ar** [~'tar] (1a) nachdenken über (*ac.*); bedenken; sich ausdenken; **~ativo** [~ɐ'tivu] nachdenklich.
cognom|e [koɣ'nomə] *m* Beiname *m*; **~inado** [~numi'naδu] mit dem Beinamen, genannt.
cognoscível [~nuʃ'sivɛɫ] erkennbar, wißbar.
cogula [ku'ɣulɐ] *f* Kutte *f*.
cogul|ar [~ɣu'lar] (1a) übervoll m., überfüllen; **~o** [~'ɣulu] *m* Zuviel *n*, Überschuß *m*; Über-fülle *f*, -maß *n*.
cogumelo [kuɣu'mɛlu] *m* Pilz *m*.
co-herd|ar [koɨr'δar] (1c) gemeinsam erben; **~eiro** [~eiru] *m* Miterbe *m*.
coibir [kwi'βir] (3s) einschreiten gegen; hindern; zügeln.
coice ['koisə] *m* = *couce.*
coifa ['koifɐ] *f* Haarnetz *n*; Rauchfang *m*.
coima ['koimɐ] *f* Buße *f*.
coincid|ência [kwĩsi'δẽsjɐ] *f* Zs.-treffen *n*; Zs.-fall *m*; Gleichzeitigkeit *f*; Zufall *m*; **~ir** [~ir] (3a) zs.-fallen, -treffen; übereinstimmen.
coir... *s. cour...*
coirmão *m*, **-ã** *f* [koir'mɐ̃u, -ɐ̃] Geschwisterkind *n*.
coisa ['koizɐ] = *cousa.*
coitado [koi'taδu] arm, unglücklich; ~ *de mim!* ich Ärmster!, ~*!* der (du, Sie) Ärmste(r)!; *vielfach bloßer Stoßseufzer*: ach Gott!
coito ['koitu] *m* Beischlaf *m*; *vgl. couto.*
cola ['kɔlɐ] *f* Leim *m*; Klebstoff *m*; ~ *branca* Kleister *m*; ~ *forte* Tischlerleim *m*; ~ *de vidro* Glaserkitt *m*.
colabor|ação [kulɐβurɐ'sɐ̃u] *f* Mit-, Zs.-arbeit *f*; Mitwirkung *f* (*com a* unter); **~acionista** *pol.* [~ɐsju'niʃtɐ] *m* Kollaborateur *m*; **~ador** [~ɐ'δor] **1.** *adj.* hilfs-, einsatz-bereit; **2.** *m* Mitarbeiter *m*; Mitwirkende(r) *m*; **~ar** [~'rar] (1e) zs.-arbeiten; mitarbeiten (an *od.* in [*dat.*] *em*); mitwirken (bei *em*).
cola|ção [kulɐ'sɐ̃u] *f* Imbiß *m*; Verleihung *f e-r Würde*; Vergleichung *f v. Schriften usw.*; Kollation *f*; **~cionar** [~sju'nar] (1e) vergleichen, kollationieren.
colagem [~'laʒɐ̃i] *f* (An-, Auf-, Ein-, Zs.-)Leimen *n*, (-)Kleben *n*.
colapso [~'lapsu] *m* Schwächeanfall *m*, Kollaps *m*; *fig.* Zs.-bruch *m*.
colar [~'lar] **1.** *m* Hals-band *n*, -kette *f*, -schmuck *m*; Krause *f*; ⊕ Ring *m*; **2.** *v/t.* (1e) (an-, auf-, ein-, zs.-) leimen, (-)kleben; *Wein* klären; **~inho** [~lɐ'riɲu] *m Umlege*-Kragen *m*.
cola-tudo [kɔlɐ'tuδu] *m* Universalklebemittel *n*.
colch|a ['kolʃɐ] *f* Paradedecke *f*; **~ão** [koɫ'ʃɐ̃u] *m* Matratze *f*; ~ *de molas* Sprungfedermatratze *f*.
colcheia [koɫ'ʃejɐ] *f* Achtel(note *f*)*n*.
colchet|a [~'ʃetɐ] *f prov.* Öse *f*; **~e** [~ə] *m* Haken *m*; Klammer *f*; Spange *f*; ~ *de pressão* Karabinerhaken *m*; ~*s pl.* Haken u. Ösen *pl.*; *prender com* ~ einhaken.
colcho|aria [~ʃwɐ'riɐ] *f* Matratzenfabrik *f*; **~eiro** [~eiru] *m* Matratzenfabrikant *m*.
coldre ['kɔɫdrə] *m Pistolen*-Halfter *n*.
colear [ku'ljar] (1l) *fig.* sich schlängeln; **~-se** sich einschleichen.
colec|ção [~lɛ'sɐ̃u] *f* Sammlung *f*; **~cionador** [~sjunɐ'δor] *m* Sammler *m*; **~cionar** [~sju'nar] (1e) sammeln.
colecistite [kuləsiʃ'titə] *f* Gallenblasenentzündung *f*.
colecta [~'lɛtɐ] *f* Geldsammlung *f*, Kollekte *f*; Abgabe *f*; *allg.* Sammlung *f*.
colect|ânea [~lɛ'tɐnjɐ] *f* Auswahl *f*; **~ar** [~ar] (1a) besteuern; steuerlich einstufen; (ein)sammeln; **~ivamente** [~ˌtivɐ'mẽntə] insgesamt; gemeinschaftlich; **~ividade** [~tivi'δaδə] *f* Gesamtheit *f*; Gemeinschaft *f*; Vereinigung *f*; **~ivismo** [~ti'viʒmu] *m* Kollektiv-wirtschaft *f*, -system *n*; **~ivo** [~ivu] gemeinsam, kollektiv; *gram. nome m* ~ Sammelbegriff *m*; *sociedade f -a* offene Handelsgesellschaft *f*; *Sport*: *provas f/pl. -as* Mannschaftskämpfe *m/pl.*; **~or** [~or] **1.** *adj.* Sammel...; *anel m* ~

Schleifring *m*; **2.** *m* Sammler *m*; *Beitrags*-Kassierer *m*; Steuereinnehmer *m*; ⚡ Strom-sammler *m*, -abnehmer *m*; *Radio*: Empfangsdraht *m*; **~oria** *bras.* [~to'riɐ] *f* Steueramt *n*.

colega [ku'lɛɣɐ] *m* Amtsbruder *m*, Kollege *m*; Kommilitone *m*.

colegial [~lə'ʒjał] **1.** *adj.* kollegial; Frei(schul)...; **2.** *su.* Schüler(in *f*) *m* e-r Privatschule, Freischüler(in *f*) *m*.

colégio [~'lɛʒju] *m* Kollegium *n*; Privatschule *f*, College *n*; (Wahl-) Versammlung *f*.

coleira [~'leirɐ] *f Hunde*-Halsband *n*; Kum(me)t *n*.

cólera ['kɔlərɐ] *f* Zorn *m*; Wut *f*; ⚕ Cholera *f*.

colérico [ku'lɛriku] **1.** *adj.* zornig; jähzornig; cholerakrank; **2.** *m* Choleriker *m*; ⚕ Cholerakranke(r) *m*.

colete [~'letə] *m* Weste *f*; Korsett *n* (*bsd. fig.*); ~ *de forças* Zwangsjacke *f*.

colgadura [kołɣɐ'ðurɐ] *f* Wandbehang *m*.

colh|edor [kuʎə'ðor] *m* Pflücker *m*; Empfänger *m*; ⚓ Sorrtau *n*; **~eita** [~'ʎeitɐ] *f* Ernte *f*.

colh|er [~'ʎer] **1.** (2d) ernten; pflükken; *fig.* j-n anfahren (*Auto*); auf die Hörner nehmen (*Stier*); *allg.* erwischen; *Lehre* ziehen; ⚓ *Segel* einziehen; **2.** *f* Löffel *m*; *Maurer*-Kelle *f*; ⛏ Handschaufel *f*; ~ (*das*) *de sopa* (*café, chá, sobremesa*) Suppen- (Kaffee-, Tee-, Dessert-)löffel *m*; *às* ~*es* löffelweise; **~era** *bras.* [~ɛrɐ] *f* Koppel(riemen *m*) *n*; **~erada** [~ʎə'raðɐ] *f* Löffelvoll *m*; *meter a sua* ~ F s-n Senf dazutun.

colibri [kuli'βri] *m* Kolibri *m*.

cólica ['kɔlikɐ] *f* Leibschneiden *n*, Kolik *f*.

colidir [kuli'ðir] (3a) zs.-stoßen, fallen; einander ausschließen.

colig|ação [~ɣɐ'sɐ̃u] *f* Bündnis *n*; **~ar-se** [~'ɣarsə] (1o) sich verbünden; sich verschwören.

coligir [~'ʒir] (3n) sammeln; zs.-stellen; *Auskünfte* ein-holen, -ziehen; ~ *de* folgern aus.

colimar [~'mar] (1a) (an)visieren; zielen auf (*ac.*); *fig.* bezwecken.

colina [ku'linɐ] *f* Hügel *m*.

colírio [~'lirju] *m* Mittel *n* gegen Bindehautentzündung; ~ *seco* (*mole, líquido*) Augen-pulver *n* (-salbe *f*, -tropfen *m/pl.*).

col|isão [~li'zɐ̃u] *f* Zs.-stoß *m*; Widerstreit *m*; **~iseu** [~i'zeu] *m* Kolosseum *n*; Vergnügungspalast *m*; **~ite** ⚕ [kɔ'litə] *f* Dickdarmentzündung *f*.

colm|ado [koł'maðu] *m* Strohhütte *f*; **~ar** [~ar] (1a) **a**) mit Stroh decken; bedecken; **b**) überhäufen; vollm.; **~atar** [~mɐ'tar] (1b) anschwemmen; aufschütten; *Bresche* (ver)stopfen, abriegeln; **~eal** [~jał] *m* Bienenstand *m*; **~eeiro** [~jeiru] *m* Bienenzüchter *m*; **~eia** [~ejɐ] *f* Bienenkorb *m*; **~eiro** [~eiru] *m* Garbe *f*; **~ilho** [~iʎu] *m* Fangzahn *m*.

colmo ['kołmu] *m* Halm *m*; (Dach-) Stroh *n*; *fig.* (Stroh-)Hütte *f*.

colo ['kɔlu] *m* Hals *m*, Busen *m*; *ao* ~ im (*od.* in den) Arm, auf dem (*od.* den) Schoß; *criança f de* ~ Säugling *m*.

coloc|ação [kulukɐ'sɐ̃u] *f* Aufstellung *f*, Anordnung *f*; Anbringen *n*, Einbau *m*; (Geld-)Anlage *f*; *Waren*-Absatz *m*; Unterbringung *f*, Versorgung *f*; Anstellung *f*; Stelle *f*; *de fácil* (*difícil*) ~ leicht (schwer) absetzbar (*od.* unterzubringen); **~ador** [~ɐ'ðor] *m* Installateur *m*; **~ar** [~'kar] (1n; *Stv.* 1e) stellen; setzen; (auf-, ver-)legen; aufstellen, anordnen; anbringen, einbauen; *Waren* (auf den Markt) bringen; *Geld* anlegen; *Minen usw.* (aus)legen; *j-n* unterbringen; *Arbeiter usw.* ein-, an-stellen; **~ar-se** e-e Stelle finden (*od.* annehmen).

colofónia [~'fɔnjɐ] *f* Kolophonium *n*.

colóide [ku'lɔiðə] *m* Kolloid *n*.

cólon ['kɔlɔn] *m anat.* Dickdarm *m*.

colónia [ku'lɔnjɐ] *f* Kolonie *f*; Niederlassung *f*; Siedlung *f*.

colon|ial [~lu'njał] kolonial; **~ização** [~nizɐ'sɐ̃u] *f* Besied(e)lung *f*, Erschließung *f*; **~izador** [~nizɐ'ðor] *m* Kolonisator *m*; **~izar** [~ni'zar] (1a) besiedeln, erschließen; kolonisieren; **~o** [~'lɔnu] *m* Ansiedler *m*; Pflanzer *m*.

coloquial [~'kjał] umgangssprachlich.

colóquio [~'lɔkju] *m* Gespräch *n*.

color|ação [~lurɐ'sɐ̃u] *f* Färbung *f*, Farbgebung *f*; **~ar** [~'rar] (1e) = ~*ir*; **~au** [~'rau] *m* rote(r) Pfeffer *m*; **~ido** [~'riðu] **1.** *adj.* farbig, bunt;

filme m ~ Farbfilm *m*; **2.** *m* Bemalung *f*; Farbgebung *f*, Kolorit *n*; *fig.* Farbigkeit *f*; Buntheit *f*; (glänzender) Anstrich *m*; **~ir** [~'rir] (3f) färben (*a. fig.*); bemalen, kolorieren; *fig.* farbig schildern; e-n (glänzenden) Anstrich geben; schönfärben, beschönigen.

coloss|al [~'sał] gewaltig, riesig; **~o** [~'losu] *m* Koloß *m*.

coltar [kołˈtar] *m* Steinkohlenteer *m*.

colun|a [kuˈlunɐ] *f* Säule *f* (*a. fig.*); *tip.* Spalte *f*; ⚔ Kolonne *f*; *quinta* ~ fünfte Kolonne *f*; **~ata** [~luˈnatɐ] *f* Kolonnade *f*, Säulen-gang *m*, -reihe *f*.

colutório [~luˈtɔrju] *m* Mund-[wasser *n*.]

colza [ˈkołzɐ] *f* Raps *m*; Rübsamen *m*; *óleo m de* ~ Rüböl *n*.

com [kõ] *Begleitung*: mit (*dat.*); *Werkzeug*, *Mittel*: mit (*dat.*), durch (*ac.*); *Nähe*, *Umstand*: bei (*dat.*); *Verhältnis*: (*para*) ~ gegen (*ac.*), zu (*dat.*); *konzessiv*: trotz (*dat.*, *gen.*); ~ *tudo isso* bei (*od.* trotz) alledem; ~ *inf.* obgleich *ind.*; wenn man bedenkt, daß *ind.*; *estar* ~ *alg.* mit j-m zs.-sein, j-n sprechen; *estar* ~ *medo etc.* Angst *usw.* h.; *estar* ~ *inveja* (*fome*, *sono etc.*) neidisch (hungrig, schläfrig *usw.*) sn; *estou* ~ *calor* (*frio*) mir ist warm (kalt); *isto é* ~ *ele* das geht ihn an; das ist s-e Sache; *sofrer* ~ leiden unter (*dat.*); *alegrar-se* ~ sich freuen über (*ac.*); *gemer* (*gritar etc.*) ~ stöhnen (schreien *usw.*) vor (*dat.*).

com..., com-... *in Zssgn* mit...; *z.B.* *com-aluno m* Mitschüler *m*.

coma [ˈkomɐ] *f* **a**) Mähne *f*; **b**) schwere Bewußtlosigkeit *f*, Koma *n*.

comadre [kuˈmaδrə] *f* Gevatterin *f*; Hebamme *f*; F Bettflasche *f*.

comand|ante [~mɐ̃nˈdɐ̃ntə] *m* Kommandant *m*, Befehlshaber *m*; **~ar** [~ar] (1a) kommandieren, den Befehl führen; steuern.

comandit|a [~mɐ̃nˈditɐ] *f* Kommanditgesellschaft *f*; **~ário** [~diˈtarju] *m* stille(r) Teilhaber *m*.

comando [~ˈmɐ̃ndu] *m* Befehl *m*, Kommando *n*; *fig.* Führung *f*; ⊕ Steuerung *f*; Antrieb *m*; Schaltung *f*; *alto* ~ *militar* Oberste Heeresleitung *f*; *aparelho m de* ~ Schalt-vorrichtung *f*, -werk *n*; *ter o* ~ = *comandar*; *voz f de* ~ Kommandoruf *m*.

comarca [~ˈmarkɐ] *f* Bezirk *m*; *tribunal m da* ~ Amtsgericht *n*.

comatoso [~mɐˈtozu] bewußtlos.

combal|ido [kõmbɐˈliδu] angefault (*Obst*); angegriffen; **~ir** [~ir] (3b) (*j-s* Gesundheit) erschüttern; *j-m* zusetzen; *Obst* verderben.

combate [~ˈbatə] *m* Kampf *m*; Gefecht *n*; Auseinandersetzung *f*.

combat|ente [~bɐˈtɐ̃ntə] **1.** *adj.* Kampf...; **2.** *m* Kämpfer *m*; Kriegsteilnehmer *m*; *Liga f dos* 2*s da Grande Guerra* Frontkämpferbund *m*; **~er** [~er] (2b) kämpfen; streiten; eintreten (für *por*); *v/t.* bekämpfen; bestreiten; **~ível** [~ivɛł] bekämpfenswert; bestreitbar; **~ividade** [~tiviˈδaδə] *f* Kampf-kraft *f*, -geist *m*; **~ivo** [~ˈtivu] kämpferisch; Kampf...

combin|ação [~binɐˈsɐ̃u] *f* Zs.-stellung *f*; Verbindung *f* (*bsd.* ⚗); Kombination *f*; *fig.* Verabredung *f*, Abmachung *f*; Unterrock *m* (*Dame*); Hemdhose *f* (*Herr*); **~ar** [~ˈnar] (1a) zs.-stellen; verknüpfen, verbinden; kombinieren; berechnen; verabreden, ab-, aus-machen.

comboi|ar [~boˈjar] (1k) geleiten, bringen; **~o** [~ˈboju] *m* Geleit *n*; (Eisenbahn-, Munitions-)Zug *m*; ⚓ Geleitzug *m*; Transport *m*; (Träger-)Karawane *f*; ~ *correio* Post-, Personen-, ~ *directo* Eil-, ~ *especial* Sonder-, ~ *epresso* Schnell-, ~ *de mercadorias* Güter-, ~ *misto* Bummel-zug *m*.

comburente [~buˈrɐ̃ntə] die Verbrennung fördernd; Brenn...

combust|ão [~buʃˈtɐ̃u] *f* Verbrennung *f*; Feuerung *f*; Brand *m* (*a. fig.*); **~ível** [~ivɛł] **1.** *adj.* brennbar; **2.** *m* Brennmaterial *n* (*fest*); Brenn-, Betriebs-stoff *m* (*flüssig*); **~or** *bras.* [~or] *m* Straßenlaterne *f*.

começ|ar [kuməˈsar] (1p; *Stv.* 1c) anfangen, beginnen; ~ *por fazer a/c.* zuerst et. tun; **~o** [~ˈmesu] *m* Anfang *m*, Beginn *m*.

comédia [~ˈmɛδjɐ] *f* Lustspiel *n*, Komödie *f* (*a. fig.*).

comediante [~məˈδjɐ̃ntə] *su.* Schauspieler(in *f*) *m*; *fig.* Komödiant (-in *f*) *m*.

comed|ido [~məˈδiδu] mäßig; gemessen; zurückhaltend; bescheiden; **~imento** [~δiˈmẽntu] *m* Gemessenheit *f*; Zurückhaltung *f*;

Bescheidenheit *f*; **~ir** [~ir] (3r) abmessen; anpassen; mäßigen; **~ir-se** Maß (*od.* an sich) halten.
comed|oiro, ~ouro [~'ðoiru, ~oru] **1.** *m* Futterplatz *m*; Freßtrog *m*; **2.** *adj.* eßbar; **~or** [~or] *m* (starker) Esser *m*; Schmarotzer *m*; **~orias** [~ðu'riɐʃ] *f/pl.* Verpflegung(ssatz*m*) *f*; Ration *f*.
comemor|ação [~murɐ'sɐ̃u] *f* (Gedächtnis-)Feier *f*; *em ~ de* zur Feier (*gen.*); **~ar** [~'rar] (1e) gedenken (*gen.*); feiern, begehen; **~ativo** [~rɐ'tivu] Gedenk...; **~ável** [~'ravɛɫ] denkwürdig.
comendador [~mẽndɐ'ðor] *m* Komtur *m*.
comenos [~'menuʃ]: *neste ~* in diesem Augenblick; unterdessen.
comensal [~mẽ'saɫ] *su.* Tischgenosse *m*, -genossin *f*.
comensurável [~su'ravɛɫ] meßbar; *bsd.* vergleichbar.
coment|ador [~mẽntɐ'ðor] *m* Erklärer *m*, Kommentator *m*; Kritiker *m*; **~ar** [~'tar] (1a) erklären, erläutern; mit Anmerkungen versehen, kommentieren; bemerken (*od.* Bemerkungen m.) zu; kritisieren; **~ário** [~'tarju] *m* Kommentar *m*; Erklärung *f*; Bemerkung(en) *f*(*/pl.*); Kritik *f*.
comer [~'mer] (2d) essen, speisen; fressen (*Tier*); anfressen (*Rost*); *Vermögen* aufzehren, durchbringen; *Wörter* verschlucken; *Spiel*: *Figur* schlagen; ⚕ jucken; *fig.* F *j-n* reinlegen; *dar de ~ Tier* füttern.
comerci|al [~mər'sjaɫ] kaufmännisch; Handels...; Geschäfts...; *escola f* (*instituto m*) *~* (höhere) Handelsschule *f*; **~alista** [~sjɐ'liʃtɐ] *m* Handelsrechtler *m*; **~ante** [~ẽntə] **1.** *m* Kaufmann *m*; **2.** *f* Geschäftsfrau *f*; **3.** *adj.* handeltreibend; Handels...; **~ar** [~ar] (1g *u.* 1h) Handel treiben, handeln; *v/t.* vertreiben; **~ário** *bras.* [~arju] *m* kaufmännische(r) Angestellte(r) *m*; **~ável** [~avɛɫ] (ver)käuflich.
comércio [~'mɛrsju] *m* Handel *m*; Verkehr *m*, Umgang *m* (*mit j-m*); *~ por grosso* (*a retalho*) Groß- (Klein-)handel *m*; *~ exterior* (*interior*) Außen- (Binnen-)handel *m*.
comes ['kɔməʃ] *s. bebes.*
comestív|el [kuməʃ'tivɛɫ] **1.** *adj.* eßbar; *óleo m ~* Speiseöl *n*; **2.** **~eis** *m/pl.* Eßwaren *f/pl.*
cometa [ku'metɐ] *m* Komet *m*.
comet|er [~mə'ter] (2c) *Verbrechen usw.* begehen; *j-m et.* anvertrauen; ⚔ angreifen (*a. fig.*); **~ida** [~iðɐ] *f* Angriff *m*; **~imento** [~ti'mẽntu] *m* Begehen *n*; Vergehen *n*; Auftrag *m*; Unternehmung *f*; = *~ida*.
comez|aina P [~'zainɐ] *f* Gelage *n*; **~inho** [~iɲu] eßbar; *fig.* anspruchslos; harmlos.
comichão [~mi'ʃɐ̃u] *f* Jucken *n*, Juckreiz *m*; *fig.* Gelüst *n*; *tenho -ões* es juckt mich; *causar* (*od.* *fazer*) *-ões a j-n* jucken; *fig. j-n* hochbringen.
comício [~'misju] *m* Versammlung *f*.
cómico ['kɔmiku] **1.** *adj.* komisch; **2.** *m* Komiker *m*.
comid|a [ku'miðɐ] *f* Nahrung *f*; Speise *f*; Essen *n*; *~ caseira* Hausmannskost *f*; **~o** [~u]: *estar ~* gegessen h.; *ser* (*ficar*) *~* F rein-gelegt w. (-fallen).
comigo [~'miɣu] mit (bei *od.* zu) mir; *s. a. com*; *consigo.*
comilão [~mi'lɐ̃u] *m* Vielfraß *m*.
comin|ação [~nɐ'sɐ̃u] *f* (Strafan-) Drohung *f*; Vorschrift *f*; **~ar** [~'nar] (1a) (Strafe) androhen (*dat.*); *Strafe* auferlegen (*dat.*).
cominho ⚘ [~'miɲu] *m* Kümmel *m*.
comiser|ação [~mizərɐ'sɐ̃u] *f* Mitleid *n*; **~ar** [~'rar] (1c) *j-s* Mitleid erregen; **~ar-se** Mitleid h. (mit *de*).
comiss|ão [~'sɐ̃u] *f* Auftrag *m*, Mission *f*; Kommission *f*; Abordnung *f*; Ausschuß *m*; ✝ Vergütung *f*, Provision *f*; **~ariado** [~sɐ'rjaðu] *m* Kommissariat *n*; **~ário** [~arju] *m* Kommissar *m*; Beauftragte(r) *m* = *~ionista*; **~ionar** [~'sjunar] (1e) beauftragen; e-e Kommission übertragen (*dat.*); **~ionista** [~sju'niʃtɐ] *m* Kommissionär *m*; Vertreter *m*; **~o** [~'misu] *m* Konventionalstrafe *f*; **~ório** [~ɔrju]: *cláusula f -a* Ungültigkeitsklausel *f*; **~ura** [~urɐ] *f* *anat.* Naht *f*; ⚠ Fuge *f*; *~ dos lábios* Mundwinkel *m*.
comité *fr.* [~'tɛ] *m* Ausschuß *m*.
comi|tente [~'tẽntə] *m* Auftraggeber *m*; **~tiva** [~'tivɐ] *f* Gefolge *n*.
comível [~'mivɛɫ] eßbar.
como ['komu] **1.** *adv.* wie; *in der Eigenschaft* als; *assim ~* sowie; *~ (que)* gleichsam, so etwas wie;

tanto ... ~ sowohl ... als (auch); *tão* (*od. tanto*) ... ~ (eben)so ... wie; ~ *quem diz* sozusagen; das heißt; ~ *quiser* ganz nach Belieben; **2.** *interr.* wie?; wieso?; ~ *é isso?* was?; was soll das heißen?; **3.** *cj.* (*oft mit conj.*) *kausal*: da; *zeitl.* als, sobald; *konzess.* ~ *se* als ob.
comoção [kumu'sɐ̃u] *f* Erschütterung *f*; Gemütsbewegung *f*; Rührung *f*.
cómoda ['kɔmuðɐ] *f* Kommode *f*.
comod|idade [kumuði'ðaðə] *f* Bequemlichkeit *f*; Annehmlichkeit *f*; (bequeme) Gelegenheit *f*; **~s** *pl.* Komfort *m/sg.*; **~ismo** [~'ðiʒmu] *m* Bequemlichkeit *f*, Behäbigkeit *f*; **~ista** [~'ðiʃtɐ] **1.** *adj.* bequem, behäbig; Bequemlichkeits...; **2.** *m* bequeme(r) Mensch *m*.
cómodo ['kɔmuðu] bequem; angenehm; leicht.
comov|edor, ~ente [kumuvə'ðor, ~'vẽntə] rührend, ergreifend; **~er** [~'ver] (2d) bewegen, erschüttern; ergreifen, rühren; *v/i.* zu Herzen gehen; **~er-se** gerührt sn.
compacto [kõm'paktu] dicht(gedrängt); fest; kompakt.
compadec|er [~pɐðə'ser] (2g) bemitleiden; gönnen; ertragen; **~er-se** sich vertragen; ~ *de* Mitleid haben mit; **~imento** [~si'mẽntu] *m* Mitleid *n*.
compadr|e [~'paðrə] *m* Gevatter *m*; Freund *m*; **~io** [~pɐ'ðriu] *m* Gevatterschaft *f*; innige Freundschaft *f*; *fig.* Vetternwirtschaft *f*.
compagin|ação [~pɐʒinɐ'sɐ̃u] *f* **a)** *tip.* Umbruch *m*; **b)** Gefüge *n*; **~ar** [~'nar] (1a) **a)** *tip.* umbrechen; **b)** zs.-, in-ea.-fügen; **~ar-se** *com* sich vertragen mit.
compaixão [~pai'ʃɐ̃u] *f* Mitleid *n*, Erbarmen *n*; *ter* ~ *de* sich erbarmen (*gen.*); *por* ~! um Gottes willen!
companha [~'pɐɲɐ] *f* *Boots*-Mannschaft *f*; (Fischer-)Innung *f*.
companh|eira [~pɐ'ɲeirɐ] *f* (Lebens-)Gefährtin *f*; **~eirismo** [~ɲei'riʒmu] *m* Kameradschaftlichkeit *f*; **~eiro** [~eiru] *m* Gefährte *m*; Genosse *m*, Kamerad *m*; Geselle *m*; ~ *de escola* Mitschüler *m*; **~ia** [~iɐ] *f* Gesellschaft *f* (*fazer* leisten); ⚔ Kompanie *f*; *tea.* Truppe *f*; ~ *anónima* Aktien-, ~ *colectiva* offene Handels-gesellschaft *f*; ~ (*i*)*limitada* Gesellschaft *f* mit (un)beschränkter Haftung; ~ *limitada por garantia* Gesellschaft *f* mit beschränkter Nachschußpflicht.
compar|ação [~rɐ'sɐ̃u] *f* Vergleich *m*; *gram.* Steigerung *f*; *graus m/pl. de* ~ Steigerungsstufen *f/pl.*; *em* ~ vergleichsweise; *em* ~ *com* im Vergleich zu; *sem* ~ unvergleichlich; **~ado** [~'raðu] *gram.* vergleichend; **~ar** [~'rar] (1b) vergleichen; gleichstellen; **~ativo** [~ɐ'tivu] **1.** *adj.* vergleichend; **2.** *m* Komparativ *m*; **~ável** [~'ravɛɫ] vergleichbar; **~ecer** [~ə'ser] (2g) (vor Gericht) erscheinen; sich (ein)stellen; **~ência** [~'rẽsjɐ] *f* Erscheinen *n*.
comparsa [~'parsɐ] *su.* Statist(in *f*) *m*, Komparse *m*, Komparsin *f*; Mitspieler(in *f*) *m*.
compart|icipação [~pɐrtəsipɐ'sɐ̃u] *f* Teilnahme *f*; Beteiligung *f*; *staatlicher* Zuschuß *m*; **~icipar** [~əsi'par] (1a): ~ *de* teilnehmen an (*dat.*); sich beteiligen (*od.* beteiligt sn) an (*dat.*); **~imento** [~i'mẽntu] *m* Fach *n*, Abteilung *f*; Raum *m e-s Hauses*; 🚃 Abteil *n*.
compass|ado [~pɐ'saðu] (ab)gemessen; taktmäßig; im Takt; **~ar** [~ar] (1b) abzirkeln; abmessen; abwägen; verlangsamen; **~ível, ~ivo** [~ivɛɫ, ~ivu] mitleidig, teilnahmsvoll; **~o** [~'pasu] *m* Zirkel *m*; ♪ Takt *m*; *fig.* Maß *n*; *rel.* Osterbesuch *m des Pfarrers*; *a* ~ im Takt; *ao* ~ *de* im Verhältnis zu.
compat|ibilidade [~tiβəli'ðaðə] *f* Vereinbarkeit *f*; **~ibilizar** [~iβəli'zar] (1a) vereinigen, vereinbaren; **~ibilizar-se** sich vertragen; **~ível** [~'tivɛɫ] vereinbar, verträglich.
compatrício, -triota [~'trisju, -'trjɔtɐ] *su.* Lands-mann *m*, -männin *f*.
compelir [~pə'lir] (3c) zwingen, nötigen; (an-, ver-)treiben.
compêndio [~'pẽndju] *m* Auszug *m*; Abriß *m*; Repetitorium *n*.
compendioso [~pẽn'djozu] kurzgefaßt.
compenetr|ação [~pənətrɐ'sɐ̃u] *f* Überzeugung *f*; **~ar** [~'trar] (1c) durchdringen; **~ar-se** sich überzeugen.
compens|ação [~pẽsɐ'sɐ̃u] *f* Ausgleich *m*; Ersatz *m*; Entschädigung *f*; *em* ~ dafür; **~ador** [~ɐ'ðor] **1.** *adj.*

ausgleichend; Ersatz...; lohnend; **2.** *m* Ausgleicher *m*; **~ar** [~'sar] (1a) ausgleichen; ersetzen; entschädigen; lohnen; *v/i.* sich lohnen.

compet|ência [~pə'tẽsjɐ] *f* Befugnis *f*; Zuständigkeit *f*; Urteilsfähigkeit *f*; = *~ição*; *de ~* maßgebend; *não é da minha ~* dafür bin ich nicht zuständig; **~ente** [~ẽntə] befugt; zuständig; maßgebend; **~ição** [~ti'sɐ̃u] *f* Wett-streit *m*, -bewerb *m*; *Sport*: Wettkampf *m*; ✝ Konkurrenz *f*; **~idor** [~ti'ðor] **1.** *adj.* Wett...; Konkurrenz...; **2.** *m* Nebenbuhler *m*; Wettkämpfer *m*; Konkurrent *m*; **~ir** [~ir] (3c) **a**) zukommen, zustehen; obliegen; **b**) sich mitbewerben; wetteifern; streiten um; ✝ konkurrieren.

compil|ação [~pilɐ'sɐ̃u] *f* Zs.-stellung *f*; **~ador** [~ɐ'ðor] *m* Sammler *m*; Kompilator *m*; **~ar** [~'lar] (1a) zs.-tragen; kompilieren.

compita [~'pitɐ] *f*: *à ~* um die Wette.

complac|ência [~plɐ'sẽsjɐ] *f* Willfährigkeit *f*; Nachsicht *f*; **~ente** [~ẽntə] willfährig; nachsichtig.

complei|ção [~plei'sɐ̃u] *f* Körperbeschaffenheit *f*, Konstitution *f*; Gemüt *n*, Naturell *n*; **~cionado**, **~çoado** [~sju'naðu, ~'swaðu]: *bem (mal) ~* kräftig (schmächtig) gebaut.

comple|mentar [~pləmẽn'tar] ergänzend, Ergänzungs...; *imposto m ~* Einkommensteuer *f*; **~mento** [~'mẽntu] *m* Ergänzung *f*; Abschluß *m*; ⚔ Komplement *n*; *gram.* (nähere) Bestimmung *f*; *~ (in-) directo* Akkusativ- (präpositionales *od.* Dativ-)Objekt *n*; **~tar** [~'tar] (1c) ergänzen; vervollständigen; abschließen; *~ 50 anos* das fünfzigste Lebensjahr vollenden; **~to** [~'plɛtu] ganz, vollständig; 🚃 besetzt; *por ~* völlig, ganz und gar.

complex|idade [~plɛksi'ðaðə] *f* Verwickeltheit *f*; Reichtum *m*; **~o** [~'plɛksu] **1.** *adj.* verwickelt; zs.-gesetzt; vielfältig, reich; **2.** *m* Gesamtheit *f*; Komplex *m*.

complic|ação [~plikɐ'sɐ̃u] *f* Verwicklung *f*; Schwierigkeit *f*; **~ado** [~'kaðu] schwierig; umständlich; **~ar** [~'kar] (1n) verwickeln; erschweren; komplizieren.

comp|onedor *tip.* [~punə'ðor] *m* Winkelhaken *m*; **~onente** [~u'nẽntə] **1.** *adj.* Teil...; **2.** *m* Bestandteil *m*; Mitglied *n*; **~or** [~'por] (2zd) *v/t.* zs.-setzen, -stellen; *ein Ganzes* bilden; *fig.* (an)ordnen; in Ordnung bringen; ausbessern, flicken; *Streitende* versöhnen; *tip.* setzen; *lit.* verfassen; ♪ vertonen, komponieren; *tel.* wählen; *~ o rosto* eine gleichmütige Miene aufsetzen; *v/i.* dichten; komponieren; **~or-se** sich putzen; sich vergleichen; sich fassen; *~ de* bestehen aus.

comporta [~'pɔrtɐ] *f* Schleuse *f*.

comport|ado [~pur'taðu]: *bem (mal) ~* (un)artig; gut (schlecht) erzogen; **~amento** [~tɐ'mẽntu] *m* Betragen *n*; Benehmen *n*; **~ar** [~ar] (1e) zulassen, dulden; fassen; **~ar-se** sich betragen; sich benehmen.

composi|ção [~puzi'sɐ̃u] *f* Zs.-setzung *f*; Zs.-stellung *f*, Anordnung *f*; Aufbau *m*; Abfassung *f*; *Schul-*Aufsatz *m*; ♪ Komposition *f*; *tip.* Satz *m*; 🚃, *auto.* Güter-, Last-zug *m*; ⚖ Vergleich *m*; (Wahl-)Absprache *f*; ⚗ *a.* = *composto*; **~tor** [~'tor] *m* ♪ Komponist *m*; *tip.* Setzer *m*.

compost|as ⚘ [~'pɔʃtɐʃ] *f/pl.* Korbblütler *m/pl.*; **~o** [~'poʃtu] **1.** *adj.* ruhig; ernst; ordentlich; **2.** *p.p. v. compor*; **3.** *m* Mischung *f*; Verbindung *f*; **~ura** [~puʃ'turɐ] *f* Zs.-setzung *f*; Anordnung *f*; *bsd.* Anstand *m*; Haltung *f*; Ausbesserung *f*; (Ver-)Fälschung *f*; *ter ~* ausgebessert (*od.* geflickt, repariert) w. können; *~s pl.* Schminke *f*, Nachhilfe *f*.

compot|a [~'pɔtɐ] *f* Marmelade *f*; Eingemachte(s) *n*; **~eira** [~pu'teirɐ] *f* Einmachglas *n*; Kompottschale *f*.

compra ['kõmprɐ] *f* Kauf *m*; Einkauf *m*; *fig.* Bestechung *f*; „*~ e venda*" „An- u. Verkauf" *m*.

compr|ador *m*, **-a** *f* [kõmprɐ'ðor, -ɐ] Käufer(in *f*) *m*; **~ar** [~'prar] (1a) kaufen (*a crédito*, *a prazo* auf Kredit, auf Ziel; *na boca do lobo* viel zu teuer); *fig. a.* bestechen; **~ável** [~'pravɛɫ] käuflich; **~azer** [~ɐ'zer] (2s) willfahren; **~azer-se** *com*, *de*, *em* Vergnügen finden an (*dat.*); sich gefallen in (*dat.*).

compreen|der [~prjẽn'der] (2a) enthalten; (um)fassen; einschließen; verstehen; *chegar a ~* dahinterkommen; **~são** [~prjẽ'sɐ̃u] *f*

Fassungskraft *f*; Verständnis *n*; *capacidade f de* ~ Begriffsvermögen *n*; *de fácil (difícil)* ~ leicht (schwer) verständlich; *de* ~ *lenta* schwer von Begriff; **~sível** [~prjẽ'sivɛɫ] verständlich; **~sivo** [~prjẽ'sivu] verständnisvoll; (um)fassend.

compress|a [~'prɛsɐ] *f* Umschlag *m*; **~ão** [~prə'sɐ̃u] *f* Verdichtung *f*; Druck *m*; **~ivo** [~prə'sivu] fest; Druck..., Preß...; Unterdrückungs-...; **~or** [~prə'sor] **1.** *m* Verdichter *m*; *auto.* Kompressor *m*; **2.** *adj.* Druck...; *rolo m* ~ Walze *f*.

compr|ido [~'priðu] lang; **~imento** [~pri'mẽntu] *m* Länge *f*; *ter dois metros de* ~ zwei Meter lang sn.

comprim|ido [~pri'miðu] **1.** *adj.*: *ar m* ~ Druckluft *f*; **2.** *m* Tablette *f*; **~ir** [~ir] (3a) zs.-drücken, (-)pressen; *Gas* verdichten; *fig.* be-, unter-drücken.

comprobatório [~uβɐ'tɔrju] = *comprovador.*

compromet|edor [~umətə'ðor] verdächtig; kompromittierend; **~er** [~'ter] (2c) *Wort usw.* verpfänden; aufs Spiel setzen; in Gefahr bringen; bloßstellen; F blamieren; **~er-se**: ~ *a* sich verpflichten zu; ~ *em* sich verwickeln in (*ac.*); **~ido** [~'tiðu] F verlegen; *estar* ~ schon et. vorhaben, schon versagt sn; ✝ engagiert sn; sich festgelegt haben.

compromisso [~u'misu] *m* Kompromiß *m* (*a. n*); Verpflichtung *f* (*tomar* übernehmen); Gewähr *f*; Vergleich *m*; *livre de* ~, *sem* ~ unverbindlich; freibleibend (*Preis*); *ter um* ~ (*anterior*) anderweitig verpflichtet (*od.* versagt) sn; **~s** *pl.* ✝ Verbindlichkeiten *f/pl.*

comprova|ção [~uvɐ'sɐ̃u] *f* Bestätigung *f*; Beweis *m*; Nachweis *m*; **~ador, ~ante** [~ɐ'ðor, ~'vɐ̃ntə] beweiskräftig; *exemplar m* ~ Belegexemplar *n*; *documento m* ~ (*força f -a*) Beweis-stück *n* (-kraft *f*); **~ar** [~'var] (1e) bestätigen; belegen, beweisen; nachweisen; nachprüfen; **~ativo** [~vɐ'tivu] = *~ador.*

compul|sar [~puɫ'sar] (1a) durchsehen; nachschlagen; **~ório** [~ɔrju] Zwangs...

compun|ção [~pũ'sɐ̃u] *f* Zerknirschung *f*; **~gido** [~'ʒiðu] zerknirscht; tieftraurig; **~gir** [~'ʒir] (3n) schmerzen; **~gir-se** tief bereuen.

comput|ador [~putɐ'dor] *m* Computer *m*; **~ar** [~'tar] (1a) aus-, berechnen; veranschlagen.

cômputo ['kõmputu] *m* Berechnung *f*; An-, Über-schlag *m*.

com|um [ku'mũ] **1.** *adj.* allgemein; gemeinsam; Gemeinschafts...; gewöhnlich; *em* ~ gemeinschaftlich; *senso m* ~ *der* gesunde Menschenverstand; **2.** *m*: *o* ~ *dos die* meisten; *Câmara f dos Comuns* Unterhaus *n*; **~umente** *bras.* [komu'mẽntə] = **~ummente** [~mũ'mẽntə] gemeinhin.

comun|a [~'munɐ] *f* Kommune *f*; Gemeinde *f*; **~al** [~mu'naɫ] Gemeinde..., kommunal.

comung|ar [~mũŋ'gar] (1o) die Kommunion reichen; die Kommunion empfangen, kommunizieren; ~ *com j-s Ideen* teilen, übereinstimmen mit; ~ *em* mitmachen (*ac.*); teilhaben an (*dat.*); **~atório** [~gɐ'tɔrju] *m* Kommunionbank *f*.

comunhão [~mu'ɲɐ̃u] *f cat.* Kommunion *f*; *prot.* Abendmahl *n*; (Glaubens-)Gemeinschaft *f* (*de bens* Güter...); Gemeinsamkeit *f*.

comun|icação [~nikɐ'sɐ̃u] *f* Mitteilung *f*; Übermittlung *f*; Umgang *m*; Verbindung *f*; Verkehr *m*; *dar* ~ *para* Zutritt gewähren zu, die Verbindung herstellen mit; **~icado** [~i'kaðu] *m* Eingesandt *n* (*Zeitung*); *Heeres*-Bericht *m*; amtliche Meldung *f*, Kommuniqué *n*; **~icar** [~i'kar] (1n) mitteilen; verbinden; *v/i.* in Verbindung stehen (*od.* treten); *fis.* kommunizieren; ~ *com tel.* sprechen mit; **~icar-se** *a* sich übertragen auf (*ac.*); **~icativo** [~ikɐ'tivu] mitteilsam; gesellig; *tinta f -a* Kopiertinte *f*; **~idade** [~i'ðaðə] *f* Gemeinschaft *f*; Körperschaft *f*; Gemeinwesen *n*; Gemeinde *f*; **~isante** [~i'zɐ̃ntə] dem Kommunismus nahestehend; **~ismo** [~'niʒmu] *m* Kommunismus *m*; **~ista** [~'niʃtɐ] **1.** *su.* Kommunist(-in *f*) *m*; **2.** *adj.* kommunistisch.

comut|ação [~tɐ'sɐ̃u] *f* Umwandlung *f*; Umschaltung *f*; Umtausch *m*; **~ador** [~ɐ'ðor] *m* ⚡ (Um-)Schalter *m*; **~ar** [~'tar] (1a) *Strafe* umwandeln; *Strom* umschalten; *allg.* um-, ein-tauschen; **~ável** [~'tavɛɫ] umwandelbar (*Strafe*).

con... *in Zssgn* mit...; *z.B. concidadão m* Mitbürger *m*.
conca ['kõŋkɐ] *f* Ohrmuschel *f*.
concaten|ação [kõŋkɐtənɐ'sɐ̃u] *f* Verknüpfung *f*; Zs.-hang *m*; ~ *de ideias* Gedankengang *m*; **~ado** [~'naδu] durchdacht; **~ar** [~'nar] (1d) verketten; verknüpfen.
concavidade [~vi'δaδə] *f* Höhlung *f*.
côncavo ['kõŋkɐvu] konkav; hohl.
conceb|er [kõsə'βer] (2c) *biol.* empfangen; *fig.* (er)denken; begreifen; *Plan* entwerfen, fassen; **~ível** [~ivɛɫ] denkbar; faßlich.
conceder [~'δer] (2c) *Bitte* gewähren; *Recht* zugestehen; *Wort, Erlaubnis* erteilen; erlauben; zugeben; ~ *em* sich bereit finden zu.
concei|ção [~sei'sɐ̃u] *f* Empfängnis *f*; *Nossa Senhora da* ♀ Maria der unbefleckten Empfängnis (*Schutzheilige Portugals*); **~to** [~'seitu] *m* Begriff *m*; Meinung *f*; Ruf *m*; Ausspruch *m*; **~tuação** [~twɐ'sɐ̃u] *f* Auffassung *f*, Ansicht *f*; **~tuado** [~'twaδu] angesehen; **~tuar** [~'twar] (1a) erklären; auffassen (als); halten für; **~tuoso** [~'twozu] geist-voll, -reich.
concelh|io [~sə'ʎiu] Bezirks...; **~o** [~'seʎu] *m* Gemeinde(bezirk *m*) *f*; *Paços m/pl. do* ♀ Rathaus *n*.
concentr|ação [~sẽntrɐ'sɐ̃u] *f* Konzentration *f*; Zs.-ziehung *f*; Anspannung *f*; ⚗ Sättigung(sgrad *m*) *f*; ⚒ Anreicherung *f*; **~ar** [~'trar] (1a) konzentrieren; *auf e-n Punkt* richten; *auf od. in sich* vereinigen; *Truppen* zs.-ziehen; *Kräfte* anspannen; *Flüssigkeit* verdichten; *mit e-m Salz* sättigen; *Erz* anreichern; **~ar-se** sich sammeln; sich vertiefen.
concêntrico [~'sẽntriku] konzentrisch.
concep|ção [~sɛ(p)'sɐ̃u] *f* Empfängnis *f*; Fassungskraft *f*; Entwurf *m*; Begriff *m*; Anschauung *f*; ~ *do mundo* Weltbild *n*; **~tual** [~'twaɫ] begrifflich, Begriffs...
concern|ente [~sər'nẽntə]: ~ *a* betreffend (*ac.*); *no* ~ *a* hinsichtlich (*gen.*); was ... (*ac.*) anbetrifft; **~ir** [~'nir] (3c): ~ *a* betreffen (*ac.*).
concert|ar [~sər'tar] (1c) vereinbaren; *Kauf* abschließen; *Plan* ausarbeiten; in Einklang (*od.* in Ordnung) bringen; *v/i.* übereinstimmen; **~ar-se** übereinkommen; sich vertragen, passen; **~ina** [~inɐ] *f* Ziehharmonika *f*; **~ino** [~inu] *m* Konzertmeister *m*; **~ista** [~iʃtɐ] *m* Konzertsänger *m*; **~o** [~'sertu] *m* Einklang *m*; Überein-kunft *f*, -stimmung *f*; Ordnung *f*; ♪ Konzert *n*; *de* ~ einstimmig; im Einverständnis.
concess|ão [~sə'sɐ̃u] *f* Gewährung *f*; Bewilligung *f*; Erlaubnis *f*; Konzession *f* (*a.* ✝, ⚒); **~ionário** [~sju'narju] **1.** *adj.* Lizenz...; **2.** *m* Lizenzträger *m*; **~ivo** [~ivu] konzessiv.
concha ['kõʃɐ] *f* Muschel *f*; Schale *f*; (Schnecken-)Haus *n*; ⊕ Kelle *f*.
conchavar [kõʃɐ'var] (1b) (ein-, hinzu-, zs.-)fügen; verabreden; *bras.* anstellen; **~-se** sich zs.-tun; *bras.* Dienst nehmen (bei *com*).
concheg|ar [~ʃə'ɣar] (1o; *Stv.* 1c) = *aconchegar*; **~o** [~'ʃeɣu] *m* Schutz *m*, Zuflucht *f*; = *aconchego*.
concili|ação [kõsiljɐ'sɐ̃u] *f* Versöhnung *f*; Vergleich *m*; **~ar** [~'ljar] **1.** *adj.* Konzil...; **2.** *v/t.* (1g) versöhnen; vereinigen; in Einklang bringen; *Gemüt* gewinnen; ~ *o sono* einschlafen; **~ar-se** sich vertragen (*od.* vergleichen); sich verbünden; **~ável** [~'ljavɛɫ] vereinbar.
concílio [~'silju] *m* Konzil *n*.
concis|ão [~si'zɐ̃u] *f* Gedrängtheit *f*; Kürze *f*; **~o** [~'sizu] gedrängt; knapp.
concitar [~'tar] (1a) auf-wiegeln, -stacheln; auf-, er-regen.
conclamar [kõŋklɐ'mar] (1a) aufrufen (zu *a, para*).
conclave [~'klavə] *m* Konklave *n*; *allg.* Tagung *f*.
conclu|dente [~klu'δẽntə] bündig, schlüssig; überzeugend; **~ir** [~'klwir] (3i) (ab)schließen; (voll-)enden; entscheiden; ~ *de* folgern aus; ~ *por* ⚖ erkennen auf; ~ *por inf.* damit schließen, daß *ind.*; **~são** [~'zɐ̃u] *f* Vollendung *f*, Abschluß *m*; Schluß(folgerung *f*) *m*; ⚖ Schlußantrag *m*; *em* ~ kurz; schließlich; **~sivo** [~'zivu] abschließend; folgerecht; Schluß...; **~so** [~'kluzu] ⚖ abgeschlossen, spruchreif.
concomit|ância [~kumi'tɐ̃sjɐ] *f* Zs.-wirken *n*; Begleiterscheinung *f*; Gleichzeitigkeit *f*; **~ante** [~ẽntə]

Begleit...; gleichzeitig; *~mente* (*com*) gleichzeitig *od.* zs. (mit).
concord|ância [~kur'dɐ̃sjɐ] *f* Übereinstimmung *f*; Einverständnis *n*; *lit.* Konkordanz *f*; *gram.* Kongruenz *f*; **~ar** [~ar] (1e) in Einklang bringen; *v/i.* übereinstimmen; ~ *com* einverstanden sn mit, zustimmen (*dat.*); ~ *em* zugeben (*ac.*); sich bereit finden zu; **~ata** [~atɐ] *f* Konkordat *n*; ✝ Vergleich *m*; *allg.* Vereinbarung *f*; **~e** [~'kɔrdə] übereinstimmend; gleichgesinnt, einig; einverstanden (mit *com*).
concórdia [~'kɔrdjɐ] *f* Eintracht *f*; Zustimmung *f*.
concorr|ência [~ku'ʀẽsjɐ] *f* Bewerbung *f*; Bewerber *m/pl.*; Wettbewerb *m*; Zulauf *m*; Besuch *m*; Publikum *n*; Zs.-treffen *n*; Beistand *m*; Beitrag *m*; Mitwirkung *f*; ✝ Konkurrenz *f*; *abrir ~s para* ausschreiben (*ac.*); *fora de ~* nicht konkurrenzfähig; **~ente** [~ẽntə] **1.** *adj.* zs.-wirkend; mitwirkend; teilnehmend; **2.** *m* Bewerber *m*; Teilnehmer *m*; Konkurrent *m*; **~er** [~er] (2d) zs.-kommen, -treffen; ~ *a* sich bewerben um; teilnehmen an (*dat.*); erscheinen bei; ~ *com* einig gehen mit; ~ *para* beitragen zu; mitwirken an (*dat.*) *od.* bei; **~ido** [~iðu] stark besucht, beliebt.
concre|ção [~krə'sɐ̃u] *f geol.* Konkretion *f*; Sinter *m*; ⚕ Konkrement *n*; **~tização** [~tizɐ'sɐ̃u] *f* Veranschaulichung *f*; Vergegenständlichung *f*; Verfestigung *f*; **~tizar** [~ti'zar] (1a) fest m., verfestigen; *fig.* vergegenständlichen; veranschaulichen; ausdrücklich erklären; verwirklichen; **~to** [~'krɛtu] **1.** *adj.* fest, hart; *fig.* bestimmt; eindeutig; greifbar, anschaulich; konkret; *nada em ~* nichts Bestimmtes; **2.** *m bras.* Beton *m*; *fazer em ~* betonieren.
concubinato [~kuβi'natu] *m* wilde Ehe *f*.
concúbito [~'kuβitu] *m* Beischlaf *m*; Vereinigung *f*.
concunhado [~ku'ɲaðu] *m* Schwippschwager *m*.
concupisc|ência [~kupiʃ'sẽsjɐ] *f* Lüsternheit *f*; **~ente** [~ẽntə] lüstern.
concurso [~'kursu] *m* Wettbewerb *m*; Preisausschreiben *n*; Prüfung *f*; Mitwirkung *f*, Beistand *m*; *abrir ~* e-n Wettbewerb (*od.* e-e Stelle) ausschreiben; *por ~* auf dem Wege des Wettbewerbs.
concuss|ão [~ku'sɐ̃u] *f* Erschütterung *f*; Erpressung *f*; *espoleta f de ~* Aufschlagzünder *m*; **~ionário** [~sju'narju] **1.** *adj.* erpresserisch; **2.** *m* Erpresser *m*.
cond|ado [kõn'daðu] *m* Grafenstand *m*; Grafschaft *f*; **~ão** [~ɐ̃u] *m* (geheime) Kraft *f*; Gabe *f*; Vorrecht *n*; *vara* (*od. varinha*) *f de ~* Zauberstab *m*.
conde ['kõndə] *m* Graf *m*.
condecor|ação [kõndəkurɐ'sɐ̃u] *f* Auszeichnung *f*; Orden *m*, Ehrenzeichen *n*; **~ado** [~'raðu] ordengeschmückt; *ser ~* e-n Orden bekommen; *ser ~ com* erhalten (*ac.*); **~ar** [~'rar] (1e) *j-m* e-n Orden verleihen; ~ *com j-m* verleihen (*ac.*).
conden|ação [~nɐ'sɐ̃u] *f* Verurteilung *f*; Strafurteil *n*; *rel.* Verdammnis *f*; **~ado** [~'naðu] *adj.*: *estar ~* verloren sn; **~ar** [~'nar] (1d) verurteilen (zu *a*, *em*); verdammen; *allg.* richten; *Kranken usw.* verloren (*od.* auf)geben; **~ar-se** sich selbst sein Urteil sprechen; **~atório** [~ɐ'tɔrju] Verdammungs...; = **~ável** [~'navɛɫ] verwerflich; strafbar.
condens|ação [~dẽsɐ'sɐ̃u] *f* Kondensation *f*; Kondensierung *f*; Verdichtung *f*; Zs.-drängung *f*, -fassung *f*; **~ador** [~ɐ'ðor] *m* ⊕, ⚡ Kondensator *m*; ~ *múltiplo* Block-, ~ *variável* Dreh-kondensator *m*; **~ar** [~'sar] (1a) verdichten, kondensieren; *Feuchtigkeit* niederschlagen; *Flüssigkeit* eindicken; *fig.* zs.-drängen, -fassen.
condescend|ência [~dɨʃsẽn'dẽsjɐ] *f* Nachgiebigkeit *f*; Zustimmung *f*; **~ente** [~ẽntə] nachgiebig; gefällig; zustimmend; **~er** [~er] (2a): ~ *a* sich herablassen zu; eingehen auf (*ac.*); einwilligen in (*ac.*); ~ *com* willfahren (*dat.*).
condessa [~'desɐ] *f* **a**) Gräfin *f*; **b**) Deckelkorb *m*.
condição [~di'sɐ̃u] *f* Bedingung *f*; Zustand *m*; (angeborene) Art *f*, Natur *f*; Beschaffenheit *f*; Stand *m*, Rang *m*; *em tais -ões* unter solchen (*od.* diesen) Umständen; *sob* (*od. com a od. à*) *~ que* (*od. de*) unter der Bedingung, daß; *pessoa f de ~* Standesperson *f*; *de baixa ~* von niederer

Herkunft; *estar em -ões* in Ordnung sn; *estar em -ões de inf.* in der Lage sn zu *inf.*
condicente [~'sẽntə] passend; *ser ~ com* passen zu; entsprechen (*dat.*).
condicion|ado [~sju'naδu]: *ar m ~* Klimaanlage *f*; **~al** [~ał] **1.** *adj.* bedingt; bedingend; Bedingungs...; **2.** *f gram.* Bedingungs-satz *m*, -wort *n*; **~alismo** [~nɐ'liʒmu] *m* Bedingtheit *f*; **~amento** [~nɐ'mẽntu] *m* Umstände *m/pl.*; *pol.* Bewirtschaftung *f*; Beschränkung *f*; *~ económico* Wirtschaftslenkung *f*; **~ar** [~ar] (1e) Bedingungen unterwerfen (*dat.*); *Wirtschaft* lenken; *Lebensmittel* bewirtschaften; *Handel* beschränken.
condigno [~'diɣnu] angemessen; entsprechend.
condiment|ar [~dimẽn'tar] (1a) würzen; **~o** [~'mẽntu] *m* Gewürz *n*; Würze *f*.
condizer [~'zer] (2x) zs.-passen; *~ com* übereinstimmen mit; passen zu.
condoer-se [~'dwersə] (2f) gerührt w.; *~ de* bemitleiden (*ac.*).
condolência [~du'lẽsjɐ] *f* Anteilnahme *f*; *~(s)* (*pl.*) Beileid *n/sg.*
cond|omínio *bras.* [~do'minju] *m* Eigentumswohnung *f*; **~ômino** [~'dominu] *m* Wohnungsinhaber *m*.
condu|ção [~du'sɐ̃u] *f* Führung *f*; Leitung *f*; Lenkung *f*; Steuerung *f*; Überführung *f*; Transport *m*; Fuhre *f*; *bras.* Verkehrsmittel *n*; *perder a ~* den Anschluß verpassen; **~cente** [~'sẽntə]: *~a* führend *od.* bestimmt zu; **~ta** [~'dutɐ] *f* Führung *f*; Geleit *n*; *fig. a.* Verhalten *n*; *linha f de ~* Richtlinie *f*; Ausrichtung *f*; **~tância** [~'tẽsjɐ] *f* Leitwert *m*; **~tibilidade** *fís.* [~tiβəli'δaδə] *f* Leitfähigkeit *f*; **~tivo** [~'tivu] leitend; **~to** [~'dutu] *m* Röhre *f*; Rinne *f*; (Wasser-)Leitung *f*; Kanal *m*; P *Brot*-Beilage *f*, Aufschnitt *m*; **~tor** [~'tor] **1.** *adj. fio m ~* Leitungsdraht *m*; *fig.* rote(r) Faden *m*; **2.** *m* Leiter *m* (*a. fís.*); Führer *m*; 🚃 Schaffner *m*; Zugführer *m*; *Radio*: Leitung *f*; **~zir** [~'zir] (3m) führen; leiten (*a. fís.*); *Fahrzeug* lenken, steuern; (hin)bringen, transportieren; *Leiche usw.* überführen.
cone ['kɔnə] *m* Kegel *m*.
cónego ['kɔnəɣu] *m* Domherr *m*.
cone|ctar [kunɛ'tar] (1a) verbinden; ⚡ anschließen; **~xão** [~'ksɐ̃u] *f* Verknüpfung *f*; Zs.-hang *m*; ⊕ Anschluß *m*, Verbindung *f*; **~xivo** [~'ksivu] verbindend; **~xo** [~'nɛksu] zs.-gehörig; zs.-hängend.
confec|ção [kõfɛ(k)'sɐ̃u] *f* An-, Verfertigung *f*; *gal.* Konfektion *f*; **~cionar** [~sju'nar] (1f) an-, ver-fertigen.
confeder|ação [~fəδərɐ'sɐ̃u] *f* (Staaten-)Bund *m*; ♀ *suiça* Schweizer Eidgenossenschaft *f*; **~ar-se** [~'rarsə] (1c) sich verbünden; sich zs.-schließen; **~ativo** [~ɐ'tivu] Bundes...
confeiç|ão [~fei'sɐ̃u] *f* Bereitung *f*; Herstellung *f*; Werk *n*; Präparat *n*; Süßigkeit *f*; **~oar** [~'swar] (1f) *Arznei* bereiten, anfertigen; *Wein* behandeln; *Süßwaren* herstellen.
confeit|ado [~fei'taδu] Zucker...; **~ar** [~'tar] (1a) überzuckern, glasieren; **~aria** [~tɐ'riɐ] *f* Konditorei *f*; **~eiro** [~'teiru] *m* Konditor *m*, Zuckerbäcker *m*; **~o** [~'feitu] *m* Konfekt *n*.
confer|ência [~fə'rẽsjɐ] *f* Besprechung *f*, Konferenz *f* (*realizar* abhalten); Tagung *f*; Vortrag *m* (*fazer* halten); ♀ *da Paz* Friedenskonferenz *f*; **~enciador** *bras.* [~rẽsja'δor] *m* = *~encista*; **~enciar** [~rẽ'sjar] (1g) sich besprechen; beratschlagen; **~encista** [~rẽ'siʃtɐ] *m* Vortragende(r) *m*, Redner *m*; **~ente** [~ẽntə] *m* Konferenzteilnehmer *m*; ⚓ Ladeaufseher *m*; **~ir** [~ir] (3c) vergleichen, überprüfen; *Preis* verleihen; *Wort* erteilen; *v/i.* stimmen; übereinstimmen.
confess|ado [~fə'saδu] **1.** *adj. estar ~* gebeichtet h.; **2.** *m* Beichtkind *n*; **~ar** [~ar] (1c) gestehen, bekennen; eingestehen, zugeben; *rel.* beichten; *~ alg.* j-m die Beichte abnehmen; **~ar-se** beichten; **~ionário** [~sju'narju] *m* Beichtstuhl *m*; **~o** [~'fɛsu] geständig; *rel.* reumütig; **~or** [~or] *m* Beichtvater *m*; Bekenner *m*.
confi|ado [~'fjaδu] *adj.* vertrauensselig; **~ança** [~ɐ̃sɐ] *f* Vertrauen *n* (*em* zu); Vertraulichkeit *f*; *~ em si* Selbstvertrauen *n*; *com ~* vertrauensvoll; *de ~* vertrauenswürdig, zuverlässig; *ter ~ com* auf vertrautem Fuße stehen mit; *tomar ~* zutraulich w.; *abuso m de ~* Vertrauensbruch *m*; **~ar** [~ar] (1g) anvertrauen; *v/i. ~ em* vertrauen (*dat.*);

vertrauen auf (*ac.*); **~dência** [~fi'ðẽsjɐ] *f* vertrauliche Mitteilung *f*.
confiden|cial [~ðẽ'sjɐɫ] vertraulich; **~ciar** [~'sjar] (1g) anvertrauen; **~te** [~'ðẽntə] *su.* Vertraute(r *m*) *m, f*.
configur|ação [~ɣurɐ'sɐ̃u] *f* Bildung *f*, Gestalt *f*; **~ar** [~'rar] (1a) bilden, gestalten; abfassen.
confin|ante [~'nẽntə] an-, begrenzend; **~ar** [~ar] (1a) begrenzen; *v/i.* ~ *com* grenzen an (*ac.*); **~s** [~'fĩʃ] *m/pl.* Grenzen *f/pl.*; *os ~ do mundo* das Ende der Welt.
confirm|ação [~firmɐ'sɐ̃u] *f* Bestätigung *f*; *cat.* Firmung *f*; *prot.* Konfirmation *f*; **~ar** [~'mar] (1a) bestätigen; versichern; *rel.* firmen; einsegnen, konfirmieren; **~ativo, ~atório** [~mɐ'tivu, ~'tɔrju] bestätigend.
confisc|ação [~fiʃkɐ'sɐ̃u] *f* Einziehung *f*; Beschlagnahme *f*; **~ar** [~'kar] (1n) einziehen; beschlagnahmen.
confissão [~fi'sɐ̃u] *f* (Ein-)Geständnis *n*; Beichte *f*; Bekenntnis *n*.
conflagr|ação [~flɐɣrɐ'sɐ̃u] *f* Brandkatastrophe *f*; *fig.* Brand *m*; ~ *bélica* kriegerische Verwicklung *f*; ~ *mundial* Weltkrieg *m*; **~ar** [~'ɣrar] (1b) in Brand setzen; aufrühren; **~ar-se** in Brand (*od.* Aufruhr) geraten.
conflito [~'flitu] *m* Zs.-stoß *m*; Gegensatz *m*; Konflikt *m*.
conflu|ência [~'flwẽsjɐ] *f* Zs.-strömen *n*; Zs.-fluß *m*; **~ente** [~ẽntə] *m* Nebenfluß *m*; **~ir** [~ir] (3i) zs.-fließen, -strömen; fließen in (*ac.*).
conform|ação [~furmɐ'sɐ̃u] *f* Bildung *f*, Gestalt(ung) *f*; *fig.* Ergebung *f*; Anpassung *f*; **~ador** [~ɐ'ðor] *m* Kopfmesser *m*; **~ar** [~'mar] (1e) bilden; in Einklang bringen (*od.* stehen); **~ar-se** *com* sich abfinden mit, sich ergeben in (*ac.*); passen zu; **~e** [~'fɔrmə] **1.** *adj.* übereinstimmend; gleich(-artig, -förmig, -lautend); richtig, angemessen; *fig.* ergeben; *estar ~* (überein)stimmen; (*é*) *~!* je nachdem!, wie man's nimmt!; **2.** *prp.* ~ (*a*) gemäß, nach; je nach; **3.** *cj.* wie; je nachdem, ob; **~idade** [~i'ðaðə] *f* Übereinstimmung *f*; Gemäßheit *f*; *fig.* Ergebung *f*; *em ~ com* gemäß (*dat.*); gleichlautend mit; *nesta ~* unter diesen Umständen; **~ismo** [~'miʒmu] *m* Anpassung *f*; **~ista** [~'miʃtɐ] **1.** *m pol.* Mitläufer *m*; **2.** *adj.* anpassungsfähig; *ser ~* alles mitmachen; sich allem anpassen.
confort|ar [~fur'tar] (1e) stärken; *fig. a.* trösten; **~ável** [~avɛɫ] bequem; behaglich; **~o** [~'fortu] *m* Stärkung *f*; Trost *m*; Bequemlichkeit *f*, Komfort *m*.
confrade [~'fraðə] *m* Kollege *m*, Amtsbruder *m*; (Bruderschafts-) Mitglied *n*.
confrang|edor [~frɐ̃ʒə'ðor] herzzerreißend; beängstigend; **~er** [~'ʒer] (2h) quälen; ängstigen; **~imento** [~ʒi'mẽntu] *m* Qual *f*; Angst *f*.
confraria [~frɐ'riɐ] *f* Bruderschaft *f*.
confraterni|dade [~frɐtərni'ðaðə] *f* brüderliche Freundschaft *f*; **~zação** [~zɐ'sɐ̃u] *f* Verbrüderung *f*; freundschaftliche(r) Verkehr *m*; **~zar** [~'zar] (1a) verbrüdern; anfreunden; *v/i. ~ com* brüderlich (*od.* freundschaftlich) verkehren mit; j-s Gesinnung(en) teilen.
confront|ação [~frõntɐ'sɐ̃u] *f* Gegenüberstellung *f*; Vergleichung *f*; -*ões pl.* Grenzen *f/pl.*; **~ar** [~'tar] (1a) gegenüberstellen; vergleichen; *v/i. ~ com* grenzen an (*ac.*); **~o** [~'frõntu] *m* Vergleich *m*; = *~ação*.
confund|ido [~fũn'diðu]: *estar ~* sich irren; **~ir** [~ir] (3a) vermengen; verwechseln; *j-n* verwirren; irremachen; *Pläne usw.* zuschanden m.; **~ir-se** sich (ver)mischen; verschwimmen; sich irren; verlegen werden.
confus|ão [~fu'zɐ̃u] *f* Verwirrung *f*; Verwechslung *f*; Verlegenheit *f*; **~o** [~'fuzu] verwirrt; wirr; beschämt.
congel|ação [kõʒəlɐ'sɐ̃u] *f* Tiefkühlung *f*; *ponto m de ~* Gefrierpunkt *m*; **~ado** [~'laðu] starr; eisig, eiskalt; *carne f -a* Gefrierfleisch *n*; *crédito m ~* Sperrguthaben *n*; **~ador** [~ɐ'ðor] **1.** *adj.* eisig; **2.** *m* Eismaschine *f*; **~amento** [~ɐ'mẽntu] *m* Sperrung *f*; *Lohn-*, *Preis-*Stopp *m*; **~ar** [~'lar] (1c) zum Gefrieren (*od.* Erstarren) bringen; tiefkühlen; *Guthaben* sperren; *Löhne, Preise* stoppen; *Stimme* ersticken; *v/i.* **~ar-se** gefrieren, erstarren; stocken; einfrieren (*Guthaben*); gelieren (*Fruchtsaft*).
congénere [~'ʒɛnərə] (art)verwandt; *allg.* ähnlich.

congenial [~ʒə'njał] geistesverwandt; arteigen; angeboren.
congénito [~'ʒɛnitu] angeboren.
congest|ão [~ʒɨʃ'tɐ̃u] *f* Blutandrang *m*; Stauung *f*; = *~ionamento*; *~ cerebral* Gehirnschlag *m*; *~ de fígado* Leberstauung *f*; **~ionado** [~tju'naðu] verstopft; geschwollen; zornrot; **~ionamento** *bras.* [~tjunɐ'mẽntu] *m* Verkehrsstockung *f*, Gedränge *n*; **~ionar** [~tju'nar] (1e) verstopfen; **~ionar-se** sich stauen (*Blut*); stocken (*Verkehr*); sich drängen (*Menschen*); rot anlaufen (*vor Zorn*).
conglobar [kõŋglu'βar] (1e) zs.-ballen.
conglomer|ação [~mərɐ'sɐ̃u] *f* Ansammlung *f*; = **~ado** [~'raðu] *m* Konglomerat *n*; **~ar** [~'rar] (1c) zs.-ballen, -backen.
conglutinar [~ti'nar] (1a) zs.-kleben.
congraçar [~grɐ'sar] (1p; *Stv.* 1b) versöhnen; (sich) zum Freunde m.; **~-se** sich (wieder) vertragen.
congratul|ação [~grɐtulɐ'sɐ̃u] *f* Glückwunsch *m*; **~ar** [~'lar] (1a) beglückwünschen; **~ar-se** sich Glück wünschen; sich freuen.
congreg|ação [~grəɣɐ'sɐ̃u] *f* Versammlung *f*; Kongregation *f*; **~ado**, **~anista** [~'ɣaðu, ~ɣɐ'niʃtɐ] *m* (Kongregations-)Mitglied *n*; **~ante** [~'ɣẽntə] *m* Laienbruder *m*; **~ar** [~'ɣar] (1o; *Stv.* 1c) einberufen, zs.-rufen; versammeln; zs.-schließen.
congress|ista [~grə'siʃtɐ] *m* Kongreßteilnehmer *m*; **~o** [~'grɛsu] *m* Kongreß *m*.
congro ['kõŋgru] *m* Seeaal *m*.
côngrua ['kõŋgrwɐ] *f* (Pfarrer-)Gehalt *n*; *bras.* Mahlgeld *n*.
congru|ência [kõŋ'grwẽsjɐ] *f* Übereinstimmung *f*; ♓ Kongruenz *f*; **~ente** [~ẽntə] angemessen, passend; zweckmäßig; kongruent.
conhaque [kɔ'ɲakə] *m* Kognak *m*.
conhec|edor [kuɲəsə'ðor] **1.** *adj.* Kenner...; *~ (de)* kennend (*ac.*); beschlagen (in [*dat.*]); unterrichtet (von); **2.** *m* Kenner *m*; **~er** [~'ser] (2g) kennen; kennenlernen; sich auskennen in (*dat.*); etwas verstehen von; *fil. u.* 🕮 erkennen; *~ por* (er)kennen an (*dat.*); *dar a ~* zur Kenntnis bringen; bekanntmachen; erkennen l.; *chegar* (*od. vir*) *a ~* kennenlernen; **~ido** [~'siðu] *adj.* bekannt; **~imento** [~i'mẽntu] *m* Erkenntnis *f*; Kenntnis *f*; Bewußtsein *n*; Bekanntschaft *f* (*travar* schließen); Bekannte(r) *m*; ⚚ Bescheinigung *f*; Gepäckschein *m*; ⚓ Ladeschein *m*, Seefrachtbrief *m*; *~ de causa* Sachkenntnis *f*; **~ível** [~'sivɛł] erkenn-, erfahr-bar.
cónico ['kɔniku] kegelförmig; Kegel...
conífera [ku'nifərɐ] *f* Nadelholzbaum *m*; *~s pl.* Nadelhölzer *pl.*
coniv|ência [kuni'vẽsjɐ] *f* (sträfliche) Nachsicht *f od.* Duldung *f*; Mitschuld *f*; *estar de ~* unter e-r Decke stecken; **~ente** [~ẽntə] nachsichtig; abgekartet; mitschuldig.
conject|ura [kõʒɛ'turɐ] *f* Mutmaßung *f*, Konjektur *f*; *fazer ~s* Vermutungen anstellen; **~ural** [~tu'rał] mutmaßlich; **~urar** [~tu'rar] (1a) mutmaßen, vermuten.
conjug|ação [~ʒuɣɐ'sɐ̃u] *f* Vereinigung *f*, Verbindung *f*; *gram.* Beugung *f*, Konjugation *f*; *de ~* ⊕ Kuppelungs...; **~ado** [~'ɣaðu] ⊕: *eixo m* (*roda f*) *~* (*-a*) Kuppel-achse *f* (-rad *n*); **~al** [~'ɣał] ehelich; Ehe..., Gatten...; **~ar** [~'ɣar] (1o) vereinigen; verbinden; *Pläne usw.* (auf-ea.) abstimmen; ⊕ kuppeln; *gram.* konjugieren, beugen; **~ar-se** *com* zs.-stimmen mit.
cônjuge ['kõʒuʒə] *m* Ehegatte *m*; *~s pl.* Eheleute *pl.*
conjun|ção [kõʒũ'sɐ̃u] *f* Vereinigung *f*; Verbundenheit *f*; Gelegenheit *f*; *gram. u. ast.* Konjunktion *f*; **~tamente** [~ntɐ'mẽntə] zusammen; miteinander; **~tiva** [~n'tivɐ] *f* Bindehaut *f*; **~tivite** [~nti'vitə] *f* Bindehautentzündung *f*; **~tivo** [~n'tivu] **1.** *adj.* Binde...; *modo m ~* = **2.** *m* Konjunktiv *m*; **~to** [~'ʒũntu] **1.** *adj.* verbunden; einheitlich; anliegend; **2.** *m* Ganze(s) *n*; Gesamtheit *f*; Zs.-hang *m*; Zs.-stellung *f*; Zs.-spiel *n*; *em ~* zusammen; **~tura** [~n'turɐ] *f* Zs.-treffen *n*; Lage *f* der Dinge; Umstände *m/pl.*; Augenblick *m*; ⚚ Konjunktur *f*.
conjur|a(ção) [~'ʒurɐ, ~ʒurɐ'sɐ̃u] *f* Verschwörung *f*; = *~o*; **~ado** [~'raðu] *m* Verschwörer *m*; **~ar** [~'rar] (1a) beschwören (*a. fig.*); *Verschwörung* anzetteln; *j-n* anstiften; *v/i.* konspirieren; **~ar-se** sich ver-

schwören; **~o** [~'ʒuru] *m* Beschwörung *f*.

conlui|ar [kõlu'jar] (1i) *j-n* anstiften; *Betrug usw.* abkarten, verabreden; gemeinsam begehen; **~ar-se** sich zs.-tun; ~ *para* sich verabreden zu; **~o** [kõ'luju] *m* abgekartete Sache *f*; Machenschaft *f*; geheime(s) Einverständnis *n*.

connosco [kõ'noʃku] = **conosco** *bras.* [ko'nosku] mit (bei *od.* zu) uns; *s. a. com*; *consigo*.

conquanto [kõŋ'kwɐ̃ntu] obgleich; sofern.

conquista [~'kiʃtɐ] *f* Eroberung *f*; Errungenschaft *f*.

conquist|ador [~kiʃtɐ'ðor] **1.** *m* Eroberer *m*; F Don Juan *m*; **2.** *adj. fig.* unwiderstehlich; **~ar** [~'tar] (1a) erobern; erringen; **~ável** [~'tavɛɫ] einnehmbar (*Festung*); besiegbar.

consagr|ação [kõsɐɣrɐ'sɐ̃u] *f rel.* Weihe *f*, Einweihung *f*; Wandlung *f* (*Messe*); *allg.* Widmung *f*; *de* ~ *a* geweiht, gewidmet (*dat.*); **~ado** [~'ɣraðu] anerkannt, bedeutend; **~ar** [~'ɣrar] (1b) *rel.* (ein)weihen; heiligen (*a. fig.*); *bsd.* widmen; zollen; gewährleisten, garantieren.

consangu|íneo [~sɐ̃ŋ'gwinju] blutsverwandt; **~inidade** [~gwini'ðaðə] *f* Blutsverwandtschaft *f*.

consciência [kõʃ'sjẽsjɐ] *f* Bewußtsein *n*; Gewissen *n* (*limpa* gute[s]); Gewissenhaftigkeit *f*; *com* ~ gewissenhaft; aufrichtig; *pesar na* ~ auf der Seele liegen; *caso m de* ~ Gewissens-frage *f*, -sache *f*.

conscien|cioso [kõʃsjẽ'sjozu] gewissenhaft; **~te** [kõʃ'sjẽntə] (selbst)bewußt.

cônscio ['kõʃsju] bewußt (*gen.*).

conscr|ição [kõʃkri'sɐ̃u] *f* Aushebung *f*; ~ *militar* Wehrbezirk *m*; **~ito** [~'kritu] gestellungspflichtig.

consecu|ção [kõsəku'sɐ̃u] *f* Erlangung *f*; Erreichung *f*; *de difícil* ~ schwer zu erreichen (*od.* erlangen); *na* ~ *de* zur Erreichung (*gen.*); **~tivamente** [~ˌtivɐ'mẽntə] nacheinander; nach u. nach; unaufhörlich; **~tivo** [~'tivu] auf-ea. folgend; *três horas -as* drei Stunden lang.

consegu|imento [~ɣi'mẽntu] *m* Erreichung *f*, Erringung *f*; Gelingen *n*; **~inte** [~'ɣĩntə] folgend; *por* ~, *~mente* folglich; **~ir** [~'ɣir] (3o; *Stv.* 3c) erlangen; erringen; erreichen; bekommen; erzielen; *consigo* es gelingt mir; **~ível** [~'ɣivɛɫ] erreichbar; erhältlich.

conselh|eiro [~'ʎeiru] *m* Rat(-geber) *m*; ⚖ (Oberlandes-)Gerichtsrat *m*; **~o** [~'seʎu] *m* Rat(schlag) *m*; Rat(s-versammlung *f*) *m*; ♀ *de Ministros* Ministerrat *m*; *Presidente m do* ♀ Ministerpräsident *m*; *a* ~ auf Anraten; *entrar* (*od. reunir-se*) *em* ~ zs.-treten; *ser de bom* (*mau*) ~ (nicht) ratsam sn; *tomar* ~ sich raten lassen.

consenso [~'sẽsu] *m* Zustimmung *f*.

consent|âneo [~sẽn'tɐnju] übereinstimmend; ~ *com* gemäß (*dat.*); **~imento** [~ti'mẽntu] *m* Zustimmung *f*, Einwilligung *f*; **~ir** [~ir] (3e) gestatten; billigen; zulassen, dulden; *v/i.* ~ *em* einwilligen in (*ac.*), zustimmen (*dat.*); ~ *com* einverstanden sn mit.

consequ|ência [~sə'kwẽsjɐ] *f* Folge(-rung) *f*; Folgerichtigkeit *f*; Wichtigkeit *f*; *em* ~ *de* infolge, auf Grund (*gen.*); angesichts (*gen.*); *por* ~ folglich; *ter por* ~ zur Folge h.; *ter ~s* Folgen nach sich ziehen; *de graves ~s* folgenschwer; **~ente** [~ẽntə] **1.** *adj.* daraus folgend; folgerichtig; konsequent; **2.** *m* Folgesatz *m*; *os ~s* die Folgen *f/pl.*, die Konsequenzen *f/pl.*; **~entemente** [~ˌkwẽntə'mẽntə] folglich.

consert|ar [~sər'tar] (1c) flicken; ausbessern; reparieren, instand setzen; **~o** [~'sertu] *m* Flicken *n*; Ausbesserung *f*; Reparatur *f*; Instandsetzung *f*; Flicken *m*, Einsatz *m*; *levar um grande* ~ gründlich instand gesetzt w.; stark repariert w.; *ter* ~ zu reparieren sn.

conserva [~'sɛrvɐ] *f* Konserve *f*, Dauerware *f*; *de* (*em*) ~ eingemacht; *carne f em* ~ Büchsenfleisch *n*; *pôr de* ~ einmachen.

conserv|ação [~sərvɐ'sɐ̃u] *f* Erhaltung *f*; Aufbewahrung *f*; Konservierung *f*; **~ador** [~ɐ'ðor] **1.** *adj.* erhaltend; *pol.* konservativ; **2.** *m* Erhalter *m*; Aufseher *m*; Kustos *m*; *pol.* Konservative(r) *m*; ~ *do registo predial* Kataster-, ~ *do registo civil* Standes-beamte(r) *m*; ~ *de biblioteca* Bibliothekar *m*; **~antismo** [~ɐ̃n'tiʒmu] *m* Konservatismus *m*; **~ar** [~'var] (1c) erhalten; (auf)bewahren; beibehalten; konservieren, *Früchte* einmachen; **~ar-se** sich halten; bleiben; **~ativo** [~ɐ'tivu] konservierend, erhaltend; **~atória** [~ɐ'tɔrjɐ] *f* Katasteramt *n*; Standesamt *n*; **~atório** [~ɐ'tɔrju] *m*: *~ de música* Konservatorium *n*.

consider|ação [~siδərɐ'sɐ̃u] *f* Betrachtung *f*, Erwägung *f*; Berücksichtigung *f*; Rücksicht(nahme) *f*; Ansehen *n*; Hochachtung *f*; *por -ões pessoais* aus persönlichen Rücksichten (*od.* Gründen); *falta f de ~* Rücksichtslosigkeit *f*; *com toda a ~* hochachtungsvoll; *com a máxima* (*mais elevada etc.*) *~* mit vorzüglicher Hochachtung; *de ~* beträchtlich; angesehen; *em ~ a* in Anbetracht (*gen.*); *ter em ~* denken an (*ac.*); *ter ~ por* (*od. a*) achten (*ac.*), hochschätzen (*ac.*); *tomar em ~* in Betracht ziehen; berücksichtigen; **~ado** [~'raδu] angesehen; **~ando** [~'rɐ̃ndu] *m*: *os ~s de uma sentença* die Urteilsbegründung; **~ar** [~'rar] (1c) bedenken, erwägen; sich überlegen, prüfen; in Betracht ziehen, berücksichtigen; halten für (*ac.*); hochschätzen, achten; *~ como* ansehen als; *~ que* dafürhalten, daß; **~ável** [~'ravɛɫ] beträchtlich; ansehnlich; bedeutend.

consign|ação [~siɣnɐ'sɐ̃u] *f* Hinterlegung *f*; (Geld-)Anweisung *f*; Konsignation *f*; Ansichtssendung *f*; **~ar** [~'nar] (1a) (gerichtlich) hinterlegen; auf-, ver-zeichnen; ankündigen; *Lob* erteilen; *Bewunderung* zollen; *Geld* anweisen; konsignieren; **~atário** [~ɐ'tarju] *m* (Ladungs-) Empfänger *m*, Konsignator *m*; *allg.* Verwahrer *m*.

consigo [~'siɣu] **1.** mit (bei *od.* zu) sich (selbst); mit (bei *od.* zu) Ihnen; *ter* (*od. trazer*) *~* bei sich h.; *levar ~* mitnehmen; *isso* (*não*) *é ~* das geht Sie (nichts) an; das gilt (nicht) Ihnen; **2.** *s. conseguir*.

consist|ência [~siʃ'tẽsjɐ] *f* Dauer *f*, Bestand *m*; Festigkeit *f*; Dichte *f*; **~ente** [~ẽntə] fest, stark; dick; dauerhaft; **~ir** [~ir] (3a): *~ em* bestehen aus *od.* in (*dat.*); beruhen auf (*dat.*).

consistório [~'tɔrju] *m* Konsistorium *n*.

conso|ada [~'swaδɐ] *f* leichtes Abendessen *n an Fasttagen*; *bsd.* Weihnachtsessen *n am Heiligabend*; *fig.* Weihnachtsgeschenk *n*; **~ante** [~ẽntə] **1.** *adj.* mitlautend; reimend, Reim...; **2.** *prp.* gemäß (*dat.*); auf Grund (*gen.*); je nach (*dat.*); **3.** *f* Konsonant *m*; **~ar** [~ar] (1f) **a**) zs.-stimmen, -klingen; mitlauten; reimen; **b**) zu Abend essen.

consola [~'sɔlɐ] *f* Konsole *f*.

consol|ação [~sulɐ'sɐ̃u] *f* Tröstung *f*; Trost *m*; **~ador** [~ɐ'δor] tröstlich; **~ar** [~'lar] (1e) trösten; (er-) freuen; schadlos halten.

consolid|ação [~liδɐ'sɐ̃u] *f* Festigung *f*; Sicherung *f*; ⚕ Konsolidierung *f*; **~ados** [~'δaδuʃ] *m/pl.* ⚕ Konsols *m/pl.*; **~ar** [~'δar] (1a) festigen, sichern; **~ar-se** fest w.; ⚘ an-ea.-wachsen.

consolo[1] [~'solu] *m* Trost *m*; Stärkung *f*; Erleichterung *f*.

consolo[2] [~'sɔlu] *m* Konsole *f*.

consonância [~su'nɐ̃sjɐ] *f* Zs.-, Gleich-klang *m*; Einklang *m*, Übereinstimmung *f*; Voll-, End-reim *m*; *em ~* in dieser Hinsicht; demgemäß.

consorciar [~sur'sjar] (1g) zs.-schließen; trauen, verheiraten; **~-se** *com fig.* heiraten (*ac.*).

consórcio [~'sɔrsju] *m* Konsortium *n*; Interessengemeinschaft *f*; Ehe *f*.

consorte [~'sɔrtə] *su.* Ehe-gatte *m*, -gattin *f*; *~s pl.* Konsorten *m/pl.*

conspícuo [kõʃ'pikwu] bemerkenswert; berühmt; ernst(haft).

conspir|ação [~pirɐ'sɐ̃u] *f* Verschwörung *f*, Anschlag *m*; **~ador** [~ɐ'δor] *m* Verschwörer *m*; **~ar** [~'rar] (1a) Verschwörungen anzetteln; sich verschwören; *~ a* (gemeinsam) hinarbeiten (*od.* abzielen) auf (*ac.*).

conspurcar [~pur'kar] (1n) beflecken.

const|ância [~'tɐ̃sjɐ] *f* Beständigkeit *f*; **~ante** [~ẽntə] **1.** *adj.* standhaft, beharrlich; beständig; fest (-stehend); allgemein (*Meinung*); *~ de* enthalten in (*dat.*); des (der); **2.** *f* Konstante *f*, feste Größe *f*; **~ar** [~ar] (1a) verlauten; ruchbar (*od.* bekannt) w.; *~ de* hervorgehen aus; erwähnt w. (*od.* vorkommen, stehen) in (*dat.*); bestehen aus; *consta-me* ich habe gehört; *consta que* es heißt, daß; *segundo nos consta* wie wir hören; **~atar** [~tɐ'tar] (1b) = *verificar*.

constel|ação [~təlɐ'sɐ̃u] *f* Sternbild

n, Konstellation *f* (*a. fig.*); **~ado** [~'laδu] gestirnt; **~ar** [~'lar] (1c) schmücken; sprenkeln; erleuchten; *fig. j-n* verherrlichen.

constern|ação [~tərnɐ'sɐ̃u] *f* tiefe(s) Leid *n*; Bestürzung *f*; **~ar** [~'nar] (1c) tief betrüben; bestürzen.

constip|ação [~tipɐ'sɐ̃u] *f* Schnupfen *m*, Erkältung *f*; Verstopfung *f*; **~ado** [~'paδu] verschnupft, erkältet; **~ar** [~'par] (1a) Erkältung verursachen; **~ar-se** sich erkälten.

constit|ucional [~titusju'nał] verfassungsmäßig, Verfassungs...; angeboren, Konstitutions...; **~uição** [~twi'sɐ̃u] *f* Gründung *f*, Errichtung *f*; Einsetzung *f*; Aufbau *m*; Zs.-setzung *f*; *pol.* Verfassung *f*; ⚕ Konstitution *f*; **~uinte** [~'twĩntə] **1.** *adj.* aufbauend, Aufbau...; Gründungs...; Ernennungs...; Grund...; verfassunggebend; **2.** *f* verfassunggebende Versammlung *f*; **3.** *su.* Mandant(in *f*) *m*; ⚗ Bestandteil *m*; **~uir** [~'twir] (3i) ausmachen, bilden; darstellen; gereichen zu; (be)gründen, auf-, er-richten; einsetzen (*od.* ernennen) zu; **~uir-se** sich bilden; zs.-treten (*Versammlung*); **~utivo** [~u'tivu] wesentlich, Haupt...; konstitutiv.

constrang|er [~trɐ̃'ʒer] (2h) zwingen, nötigen (zu *a*); *j-m* Zwang antun; bedrücken; beengen; verlegen m.; **~er-se** sich zs.-nehmen; **~imento** [~ʒi'mẽntu] *m* Zwang *m*; Verlegenheit *f*, Gezwungenheit *f*; *sem ~* ungezwungen.

constringir [~trĩ'ʒir] (3n; *p.p. constrito*) zs.-schnüren, -ziehen.

constru|ção [~tru'sɐ̃u] *f* Bau *m*; Gebäude *n*; Bildung *f*; Fügung *f*; *gram.* Satzbau *m*; ⚙ *usw.* Konstruktion *f*; *~ civil* Hoch- und Tiefbau *m*; *engenheiro m de ~ civil* Bauingenieur *m*; **~ir** [~'trwir] (3k) bauen; *Plan* entwerfen; *Sätze* bilden; ⚙ konstruieren; **~tivo** [~'tivu] aufbauend; konstruktiv; **~tor** [~'tor] *m* Baumeister *m*; Erbauer *m*.

consubstancialidade [kõsuβʃtɐ̃sjɐli'δaδə] *f* Wesensgleichheit *f*.

consuetudinário [kõswɛtuδi'narju] gewohnheitsmäßig; Gewohnheits...

cônsul ['kõsuł] *m* Konsul *m*.

consul|ado [kõsu'laδu] *m* Konsulat *n*; **~ar** [~ar] Konsulats...; Konsular...

consulta [~'sułtɐ] *f* Befragung *f*, Anfrage *f*; Konsultation *f*; Gutachten *n*; (*horas f/pl. de*) *~* Sprechstunde *f*; *obra f de ~* Nachschlagewerk *n*.

consult|ante [~sułtẽntə] beratend; konsultierend (*Arzt*); vortragend (*Minister*); Rat suchend; *advogado m ~* Rechtsberater *m*; **~ar** [~ar] (1a) befragen, (um Rat) fragen, zu Rate ziehen; beratschlagen; begutachten; nachschlagen in (*dat.*); *~(-se com) a almofada* (*od. o travesseiro*) es überschlafen; **~ivo** [~ivu] beratend, konsultativ; **~ório** [~ɔrju] ⚕ *m* Sprechzimmer *n*, Praxis *f*.

consum|ação [~sumɐ'sɐ̃u] *f* Vollendung *f*; Ende *n*; *bras.* Verzehr *m*; **~ado** [~'maδu] gelehrt, bewandert; ausgemacht, Erz...; **~ar** [~'mar] (1a) vollenden; *Tat* vollbringen; ⚖ vollziehen; *Verbrechen* begehen.

consum|ição [~mi'sɐ̃u] *f* Aufregung *f*; Plackerei *f*; **~idor** [~i'δor] **1.** *adj.*: *mercado m ~* Absatzmarkt *m*; **2.** *m* Verbraucher *m*; Abnehmer *m*; **~ir** [~'mir] (3h) verzehren (*a. fig.*); auf-, ver-brauchen; vernichten; ☤ abnehmen, konsumieren; *fig.* aufreiben; aufregen, plagen; **~o** [~'sumu] *m* Verbrauch *m*; Verzehr *m*; ☤ Konsum *m*, Absatz *m*.

consumpção [~sũ'sɐ̃u] *f* ⚕ Auszehrung *f*.

conta ['kõntɐ] *f* Rechnung *f*; Konto *n*; Rechenschaft *f*; *Rosenkranz*-Perle *f*; *~ corrente* Kontokorrent *n*; *à ~* a conto, auf Rechnung; = *por ~*; *de ~* wichtig; angesehen; *em ~* billig, preiswert; *por ~* für (*od.* auf) Rechnung; auf Abschlag; als Anzahlung; *sem ~* unzählbar; unbedacht; *ajustar ~s* abrechnen; *chamar a ~s* zur Rechenschaft ziehen; *dar ~(s) de* Rechenschaft ablegen über (*ac.*); gewachsen sn (*gen.*); fertigbringen (*ac.*); gerecht w. (*gen.*); *dar má ~ de si* F sich blamieren; *entrar em ~* in Betracht kommen; e-e Rolle spielen; *errar a ~* sich verrechnen; *fazer ~s* (ab)rechnen; *fazer a ~ de* ausrechnen (*ac.*); *fazer (de) ~ que* annehmen, daß; so tun, als ob; *levar* (*od. tomar*) *em ~* in Rechnung stellen; anrechnen; Rechnung tragen (*dat.*); *meter* (*od. incluir*) *na ~* auf die Rechnung setzen; ein-, mit-rechnen;

prestar ~*s* Rechnung (ab)legen, abrechnen; *ter alg. na* ~ *de* j-n halten für (*ac.*); *ter em muita* ~ viel halten von; *ter* (*od. tomar, meter*) *em* (*linha de*) ~ in Betracht ziehen, berücksichtigen; *sem ter em* ~ *que* abgesehen davon, daß; *tomar* ~ *de* aufpassen auf (*ac.*); in Verwahrung nehmen (*ac.*); sich annehmen (*gen.*); übernehmen (*ac.*); *afinal de* ~(*s*) letzten Endes.

contabil|idade [kõntɐβəli'ðaðə] *f* Rechnungswesen *n*; ✝ Buchführung *f* (*por partidas dobradas* [*simples*] doppelte [einfache]); **~ista** [~'liʃtɐ] *m* Buchhalter *m*.

contacto [~'tatu] *m* Berührung *f*; Fühlung *f* (*pôr-se em* nehmen); Verbindung *f* (*ter* stehen in); Kontakt *m*; ⚡ ~ *intermitente* Ticker *m*; *Radio*: ~ *à* (*od. com a*) *terra* Erdschluß *m*; *bujão* (*od. pino*) *m de* ~ *bras.* Stecker *m*.

cont|ado [~'taðu]: *de* ~ sofort; *pagamento m de* ~ Sofortzahlung *f*; *a dinheiro de* ~ in bar; *favas -as* e-e ausgemachte Sache; **~ador** [~tɐ'ðor] *m* Rechnungs-führer *m*, -prüfer *m*; Zahlmeister *m*; *bras.* Buchhalter *m*; ⊕ Zähler *m*; *Gas-*, *Wasser-*Uhr *f*; **~adoria** [~tɐðu'riɐ] *f* Rechnungsamt *n*; Zahlstelle *f*; **~a-fios** [~tɐ'fiuʃ] *m* Fadenzähler *m*; **~agem** [~'taʒɐ̃i] *f* Zählung *f*.

cont|agiar [~tɐ'ʒjar] (1g) anstecken; ~ *a* übertragen auf (*ac.*); **~ágio** [~'taʒju] *m* Ansteckung *f*; Übertragung *f*; **~agioso** [~ɐ'ʒjozu] ansteckend.

conta-gotas [~'ɣotɐʃ] *m* Tropfenzähler *m*.

contamin|ação [~minɐ'sɐ̃u] *f* Ansteckung *f*; Verunreinigung *f*; **~ar** [~'nar] (1a) anstecken; beflecken, verunreinigen; verderben.

contanto que [~'tɐ̃ntukə] sofern; falls; wenn ... nur.

conta-quilómetros [ˌkõntɐki'lɔmətruʃ] *m* Kilometerzähler *m*.

contar [kõn'tar] (1a) zählen; aus-, be-rechnen; *Geschichte* erzählen; ~ *inf.* beabsichtigen (*od.* hoffen) zu *inf.*; ~ *pelos dedos* an den Fingern abzählen; *v/i.* rechnen; ~ *com* zählen auf (*ac.*); rechnen mit.

contato *bras.* [kõn'tatu] = *contacto*.

contempl|ação [~tẽmplɐ'sɐ̃u] *f* Betrachtung *f*; Rücksicht(nahme) *f*; *rel. u. fil.* Kontemplation *f*, Anschauung *f*; **~ar** [~'plar] (1a) *v/t.* betrachten; anschauen; erwägen; bedenken (mit *de*); *Bitte* berücksichtigen; *v/i.* (nach)sinnen, meditieren; ~ *em* betrachten (*ac.*); **~ativo** [~ɐ'tivu] beschaulich; nachdenklich.

contemporâneo [~pu'rɐnju] **1.** *adj.* zeitgenössisch; gleichzeitig; ~ *de* aus der Zeit (*gen.*); **2.** *m* Zeitgenosse *m*.

contemporiz|ação [~purizɐ'sɐ̃u] *f* kluge Anpassung (*od.* Rücksichtnahme) *f*; kluge(s) Hinhalten *n*; **~ar** [~'zar] (1a) hinhalten; *v/i.* ~ *com* sich gut stellen mit; dulden (*ac.*); sich anpassen (*dat.*); (klug) berücksichtigen (*ac.*).

conten|ção [~tẽ'sɐ̃u] *f* Einhalt *m*, Stopp *m*; Stillstand *m*; **~cioso** [~'sjozu] strittig; Streit...; Gerichts...; **~da** [~'tẽndɐ] *f* Streit *m*, Kampf *m*; Zank *m*; Anstrengung *f*; **~der** [~tẽn'der] (2a) (sich) streiten; kämpfen; angehen (gegen *contra*); wetteifern; sich anstrengen; **~dor** [~tẽn'dor] **1.** *m* Gegner *m*; **2.** *adj.* streitend; **~são** [~'sɐ̃u] *f* Anspannung *f*, Anstrengung *f*.

content|amento [~tẽntɐ'mẽntu] *m* Befriedigung *f*; Freude *f*, Vergnügen *n*; **~ar** [~'tar] (1a) befriedigen, zufriedenstellen; **~ar-se** sich zufriedengeben; zufrieden sn; **~e** [~'tẽntə] zufrieden; vergnügt, froh; *de* ~ vor Freude; **~o** [~'tẽntu]: *a* ~ auf (*od.* zur) Probe; zufriedenstellend, zu *j-s* Zufriedenheit.

conter [~'ter] (2zb) enthalten, fassen, h.; an-, nieder-, zurück-, zs.-halten; **~-se** an sich (*ac.*) halten.

contérmino [~'tɛrminu] **1.** *adj.* angrenzend; **2.** *m* Grenze *f*.

conterrâneo [~tə'ʀɐnju] *m* Landsmann *m*.

contest|ação [~tɨʃtɐ'sɐ̃u] *f* Anfechtung *f*; Bekämpfung *f*; Widerspruch *m*; Streit *m*; ⚖ Bestätigung *f*; *aceitar* ~ anfechtbar sn; *sem* ~ widerspruchslos; unanfechtbar; zweifellos; **~ado** [~'taðu] strittig, umstritten; **~ar** [~'tar] (1c) bestreiten, in Abrede stellen; *Spruch* anfechten; *Anmaßung* bekämpfen; ⚖ (durch Zeugen) bestätigen; *v/i.* widersprechen; ↖ erwidern (auf [*ac.*] *a*); **~ável** [~'tavɛɫ] anfechtbar.

conteúdo [~'tjuδu] *m* Inhalt *m*; Gehalt *m*.

context|o [~'teʃtu] *m* Zs.-hang *m*; **~ura** [~tɨʃ'turɐ] *f* Anordnung *f der Teile*; innere(r) Bau *m*, Gefüge *n*; Fügung *f*, Gewebe *n*.

contido [~'tiδu] **1.** *p.p. v. conter*; **2.** *adj.* zurückhaltend.

contigo [~'tiɣu] mit (bei *od.* zu) dir; *vgl. consigo.*

contíguo [~'tiɣwu] an-stoßend, -grenzend; neben-ea.-liegend; Neben...

contin|ência [~ti'nẽsjɐ] *f* Enthaltsamkeit *f*; Beherrschung *f*; (stramme) Haltung *f*; *~ militar* Ehrenbezeigung *f*; *fazer a ~* strammstehen; (militärisch) grüßen; **~ental** [~nẽn'tał] festländisch; **~ente** [~ẽntə] **1.** *m* Festland *n*, Kontinent *m*; **2.** *adj.* enthaltsam; beherrscht.

conting|ência [~tĩ'ʒẽsjɐ] *f* Zufälligkeit *f*; Möglichkeit *f*; Zufall *m*; Fall *m*; Angelegenheit *f*; **~entar** [~ʒẽn'tar] (1a) rationieren; zuteilen; **~ente** [~ẽntə] **1.** *adj.* zufällig; etwaig, möglich; ungewiß; anteilmäßig; **2.** *m* Anteil *m*; Deputat *n*; ⚔ Abteilung *f*, Kontingent *n*.

continu|ação [~tinwɐ'sɐ̃u] *f* Fortsetzung *f*; Weiterführung *f*; (Fort-) Dauer *f*; Folge *f*; *com a ~* in der Folge; auf die Dauer; **~ar** [~'nwar] (1g) *v/t.* fortsetzen; fort-, weiterführen; *v/i.* fortfahren, weitermachen; -gehen; fort-, an-dauern; fortbestehen; (bestehen)bleiben; *~ fazendo, ~ a* (*od. em, com*) *fazer* fortfahren zu tun; immer noch tun; weiter tun; *~ sem fazer* immer noch nicht tun; *~ sem dinheiro* immer noch kein Geld h.; *~ doente, etc.* (immer) noch krank *usw.* sn; *continua, a ~* Fortsetzung folgt; **~idade** [~i'δaδə] *f* Stetigkeit *f*; Zs.-hang *m*; Fortdauer *f*.

contínuo [~'tinwu] **1.** *adj.* unablässig, fortwährend; fortlaufend; stetig; *de ~* unaufhörlich; = *acto ~* unverzüglich; **2.** *m* Büro-, Schuldiener *m*.

cont|ista [~'tiʃtɐ] *m* Erzähler *m*; **~o** ['kõntu] *m* **a**) Erzählung *f*; *~ de fadas* Märchen *n*; *~s pl.* leeres Geschwätz *n*; **b**) *~ de reis* Conto *n* (= 1000 Escudos); *~ de ovos* 20 Dutzend Eier; *sem ~* unzählig; **c**) *Stock*-Zwinge *f*; *Lanzen*-Schuh *m*.

contor|ção [~tur'sɐ̃u] *f* Verrenkung *f*; **~cer** [~'ser] (2g) verrenken, verdrehen; *Gesicht* verzerren; **~cer-se** sich winden; **~cionista** [~sju'niʃtɐ] *m* Schlangenmensch *m*.

contorn|ar [~tur'nar] (1e) herumgehen, -fahren um (*ac.*); umgeben; umgehen (*u. fig.*); umreißen; runden; **~o** [~'tornu] *m* Umriß *m*, Kontur *f*; Umfang *m*; Umkreis *m*; Umweg *m*; Rundung *f des Stils*; *~s pl.* Umgebung *f*; Ausflüchte *f/pl.*

contra ['kõntrɐ] **1.** *prp.* gegen (*ac.*); gegenüber (*dat.*); an (*ac. u. dat.*); **2.** *adv.* dagegen; entgegen; **3.** *m* Widerspruch *m*; Nachteil *m*; *os prós e os ~s* das Für u. Wider; *isso não tem ~* dagegen ist nichts zu sagen.

contra..., contra-... *in Zssgn* Gegen...; Wider...

contr|a-almirante [ˌkõntrałmi'rẽntə] *m* Konteradmiral *m*; **~a-atacar** [~atɐ'kar] (1n; *Stv.* 1b) e-n Gegenangriff m. (gegen [*ac.*]); **~a-ataque** [~a'takə] *m* Gegenangriff *m*; **~a-aviso** [~a'vizu] *m* Gegenorder *f*; Abbestellung *f*; **~abaixo** [~ɐ'βaiʃu] *m* Kontrabaß *m*; Kontrabassist *m*; **~abalançar** [~ɐβɐlɐ̃'sar] (1p) die Waage halten (*dat.*), aufwiegen; (ent)gegenwirken.

contraband|ear [~ɐβẽn'djar] (1l) schmuggeln; **~ista** [~iʃtɐ] *m* Schmuggler *m*; **~o** [~'βẽndu] *m* Schmuggel *m*; Schmuggelware *f*; *de ~* heimlich; *levar* (*od. passar*) *de ~* (durch)schmuggeln.

contracção [kõntra'sɐ̃u] *f* Zs.-ziehung *f*; Kontraktion *f*; Zukkung *f*; Schrumpfung *f*.

contracifra [~ɐ'sifrɐ] *f* Schlüssel *m*.

contr|áctil [~'tratił] zs.-ziehbar; = **~activo** [~a'tivu] zs.-ziehend.

contra|dança [~ɐ'δɐ̃sɐ] *f* Kontertanz *m*; *fig.* Hin und Her *n*; Auf und Ab *n*; **~dição** [~δi'sɐ̃u] *f* Widerspruch *m*; *sem ~* unstreitig; **~dique** [~'δikə] *m* Vordeich *m*; **~dita** [~'δitɐ] *f* ⚖ Einspruch *m*; Gegenzeuge *m*, -aussage *f*; **~ditar** [~δi'tar] (1a) anfechten; widersprechen (*dat.*); **~ditória** [~δi'tɔrjɐ] *f* genaue(s) Gegenteil *n*; Widerspruch *m*; **~ditório** [~δi'tɔrju] widersprechend; kontradiktorisch; **~dizer** [~δi'zer] (2x) widersprechen (*dat.*); bestreiten.

contraente [~ɐ'ẽntə] **1.** *adj.* vertragschließend; **2.** *m* Vertragspartner *m.*
contra|facção [~ɐfa'sɐ̃u] *f* Nachahmung *f*; widerrechtliche(r) Nachdruck *m*; Vortäuschung *f*; Fälschung *f*; Überarbeitung *f*, Kontrafaktur *f*; **~factor** [~fa'tor] *m* Nachdrucker *m*; Fälscher *m*; Bearbeiter *m*; **~fazer** [~fɐ'zer] (2v) nachmachen, fälschen; vortäuschen; *Buch* widerrechtlich nachdrucken; *Gedicht* be-, über-arbeiten; **~fé** [~'fɛ] *f* Vorladung *f*; **~feito** [~'feitu] **1.** *p.p. v.* ~*fazer*; **2.** *adj.* gezwungen; beengt; **~forte** [~'fɔrtə] *m* Inlett *n*; ⚠ Widerlager *n*; Strebepfeiler *m*; *~s pl.* Vorgebirge *n*; **~gosto** [~'ɣoʃtu]: *a ~* widerwillig.
contra-indic|ação [~ĩndikɐ'sɐ̃u] *f* Hindernis *n*; **~ar** ⚕ [~'kar] (1n) den Gebrauch *e-s Mittels* verbieten.
contrair [~ɐ'ir] (3l) zs.-ziehen; verkürzen; sich *e-e Krankheit* zuziehen; *Gewohnheit* annehmen; *Verpflichtung* übernehmen, eingehen; *Schulden* m.; *Anleihe* aufnehmen; *Vertrag*, *Ehe* schließen; **~-se** sich zs.-krampfen; zucken; schrumpfen.
contralto [~'tratu] *m* Alt(stimme *f*) *m.*
contra|marca [~trɐ'markɐ] *f* Kontroll- (*od.* ✝ Gegen-)marke *f*; **~-mestre** [~'mɛʃtrə] *m* Werkführer *m*; ⚓ Obermaat *m*; **~minar** [~mi'nar] (1a) e-e Gegenmine legen gegen; *fig.* vereiteln; **~muro** [~'muru] *m* Stützmauer *f*; **~-ordem** [~'ɔrδɐ̃i] *f* Gegen-befehl *m*, -order *f*; **~partida** [~pɐr'tiδɐ] *f* Gegenstück *n*; *fig.* Ausgleich *m*; *em ~* dafür, dagegen; andererseits; **~passo** [~'pasu] *m* Trittwechsel *m*; **~pelo** [~'pelu]: *a ~* gegen den Strich; *fig.* verkehrt; **~pesar** [~pə'zar] (1c) aufwiegen; ausgleichen; **~peso** [~'pezu] *m* Gegengewicht *n* (*a. fig.*); ✝ Gewichtsausgleich *m*; **~placado** [~plɐ'kaδu] **1.** *m* Sperrholz *n*; **2.** *adj.* Sperr(holz)...; **~ponto** ♪ [~'põntu] *m* Kontrapunkt *m*; ⊕ Reitnagel *m*; **~por** [~'por] (2zd) (ea.) gegenüberstellen, gegen-ea.-halten; entgegenstellen; **~posição** [~puzi'sɐ̃u] *f* Gegenüberstellung *f*; Gegensatz *m*; **~producente** [~pruδu'sẽntə] das Gegenteil beweisend (*od.* bewirkend); abwegig; **~prova** [~'prɔvɐ] *f* Gegenprobe *f*; ⚖ Gegenbeweis *m*; *tip.* zweite Korrektur *f*; **~-regra** *tea.* [~'ʀɛɣrɐ] *m* Spielwart *m*, Inspizient *m.*
contràriamente [~ˌtrarjɐ'mẽntə]: *~ a* im Gegensatz zu; umgekehrt wie.
contrari|ar [~trɐ'rjar] (1g) widerstreben (*dat.*); im Gegensatz stehen zu; widersprechen (*dat.*); ärgern, verdrießen; **~edade** [~rje'δaδə] *f* Widerstand *m*; Unannehmlichkeit *f*.
contrário [~'trarju] **1.** *adj.* entgegengesetzt; widrig; schädlich; feindlich; Gegen...; *em sentido ~* umgekehrt; **2.** *m* Gegenteil *n*; *ao ~ de* im Gegensatz zu; *pelo ~* im Gegenteil; = *em ~* dagegen; *de ~* anderenfalls, sonst.
contra-|safra [~trɐ'safrɐ] *f*: *colheita f* (*ano m*) *de ~* schlechte(s) Ernte *f* (-jahr *n*); **~senha** [~'seɲɐ] *f* ⚔ Losung(swort *n*) *f*; **~senso** [~'sẽsu] *m* Wider-, Un-sinn *m.*
contrast|ar [~ɐʃ'tar] (1b) *v/t.* standhalten (*dat.*); widersprechen; *Münze* eichen; prüfen; = *v/i.* ~ *com* im Widerspruch stehen zu; abstechen (*od.* abweichen) von; **~aria** [~tɐ'riɐ] *f* Eichamt *n*; **~e** [~'traʃtə] *m* Gegensatz *m*; Kontrast *m*; Eichung *f*; Eichmeister *m*; *~s pl. da fortuna* Schicksalsschläge *m/pl.*; *estabelecer o ~ entre ea.* (*dat.*) gegenüberstellen.
contrat|ado [~ɐ'taδu] vertraglich angestellt; *professor m ~ entspr. dtsch.* Studienassessor *m*; *uni.* Gastprofessor *m*; **~ador** [~tɐ'δor] *m* Ankäufer *m*; Anwerber *m*; Billettverkäufer *m*; **~ante** [~ẽntə] vertragschließend; **~ar** [~ar] (1b) vertraglich abm.; e-n Kaufvertrag abschließen über (*ac.*); in Dienst nehmen, engagieren; *Künstler* verpflichten; *Matrosen* heuern.
contratempo [~'tẽmpu] *m* Unannehmlichkeit *f*; Unglück *n*; ♪ Taktverschiebung *f*.
contrat|ista [~'tiʃtɐ] *m* Bauunternehmer *m*; Lieferant *m*; **~o** [kõn'tratu] *m* Vertrag *m*; Kontrakt *m.*
contratorpedeiro [~turpə'δeiru] *m* Torpedobootzerstörer *m.*
contratual [~'twał] vertraglich; Vertrags...
contra|venção [~vẽ'sɐ̃u] *f* Übertretung *f*; **~veneno** [~və'nenu] *m* Gegengift *n*; **~vento** [~'vẽntu] *m* Gegenwind *m*; Windfang *m*; **~ven-**

tor [~vẽn'tor] **1.** *adj.* straffällig; **2.** *m* Übertreter *m*; **~vir** [~'vir] (3x) übertreten; zuwiderhandeln (*dat.*).

contribu|ição [kõntriβwi'sɐ̃u] *f* Beitrag *m*; Abgabe *f*; *bsd.* Steuer *f*; ~ *camarária* Gemeinde-, ~ *industrial* Gewerbe-steuer *f*; ~ *profissional* Gewerbe-, Lohn-steuer *f*; ~ *predial* Grund- und Gebäudesteuer *f*; *pôr em* ~ besteuern; **~inte** [~'βwĩntə] **1.** *adj.* steuerpflichtig; **2.** *m* Steuerzahler *m*; **~ir** [~'βwir] (3i) *et.* beitragen *od.* beisteuern (zu *para*); liefern, geben; (Steuern) zahlen.

contri|ção [~i'sɐ̃u] *f* Zerknirschung *f*, Reue *f*; **~star** [~iʃ'tar] (1a) betrüben; **~to** [~'tritu] zerknirscht.

control|ar *gal.* [~u'lar] (1e) kontrollieren; beherrschen; **~e** [~'trolə] *m* Kontrolle *f*; Regelung *f*; *Radio*: Steuerung *f*; *fazer o* ~ kontrollieren; regeln; steuern.

controv|érsia [~u'vɛrsjɐ] *f* Auseinandersetzung *f*; **~erso, ~ertido** [~ɛrsu, ~vər'tiδu] umstritten, strittig, Streit…

contudo [~'tuδu] jedoch, indessen, aber; dennoch.

contum|ácia [~tu'masjɐ] *f* Eigensinn *m*; Nichterscheinen *n* vor Gericht, Kontumaz *f*; **~az** [~aʃ] hartnäckig, eigensinnig.

contund|ente [~tũn'dẽntə] Quetsch-…; Stoß…; **~ir** [~ir] (3a) quetschen; stoßen; *fig.* kränken.

conturb|ação [~turbɐ'sɐ̃u] *f* Unruhe *f*, Verwirrung *f*; **~ado** [~'baδu] unruhig, wirr; **~ador** [~ɐ'δor] *m* Unruhestifter *m*; **~ar** [~'bar] (1a) beunruhigen, verwirren; aufwiegeln.

contus|amente [~ˌtuzɐ'mẽntə]: *ferir-se* ~ Quetschungen erleiden; **~ão** [~'zɐ̃u] *f* Quetschung *f*; **~o** [~'tuzu] gequetscht; Quetsch…

convalesc|ença [kõvɐlɨʃ'sẽsɐ] *f* (Wieder-)Genesung *f*; Rekonvaleszenz *f*; *estar em* ~ auf dem Wege der Besserung (*od.* Rekonvaleszent) sn; **~ente** [~ẽntə] *m* Rekonvaleszent *m*; **~er** [~er] (2g) genesen.

conven|ção [~vẽ'sɐ̃u] *f* Übereinkunft *f*; Konvention *f*; **~cer** [~'ser] (2g) überzeugen; überführen; **~cimento** [~si'mẽntu] *m* Überzeugung *f*; Überführung *f*.

convencion|al [~sju'nał] vertragsmäßig; Vertrags…; konventionell; förmlich; **~alismo** [~nɐ'liʒmu] *m* Förmlichkeit *f*; Formenwesen *n*; **~ar** [~'nar] (1e) festsetzen; übereinkommen über (*ac.*).

conveni|ência [~və'njẽsjɐ] *f* Angemessenheit *f*, Schicklichkeit *f*; Annehmlichkeit *f*, Vorteil *m*; Zweckmäßigkeit(serwägung) *f*; *por* ~ aus Gründen der Zweckmäßigkeit; *por* ~ *própria* um des eigenen Vorteils willen; *matrimónio m de* ~ Vernunftehe *f*; *as* ~*s* der gesellschaftliche Anstand; **~ente** [~ẽntə] angemessen; angebracht; schicklich; angängig; genehm; nützlich, vorteilhaft; *é* ~ es empfiehlt sich.

convénio [~'vɛnju] *m* Abkommen *n*.

convent|ículo [~vẽn'tikulu] *m* heimliche Zs.-kunft *f*; Klüngel *m*; **~o** [~'vẽntu] *m* Kloster *n*; **~ual** [~'twał] klösterlich, Kloster…; still (*Messe*).

converg|ência [~vər'ʒẽsjɐ] *f* ⩕ Zs.-treffen *n*, Konvergenz *f*; *fig.* Übereinstimmung *f*; **~ente** [~ẽntə] zs.-laufend; übereinstimmend; **~ir** [~ir] (3n; *Stv.* 3c) konvergieren; sich vereinigen; bezwecken (*ac.*).

conversa [~'vɛrsɐ] *f* Unterhaltung *f*, Gespräch *n*; Besprechung *f*; Umgang *m*; ~ *fiada* Geschwätz *n*; *dois dedos de* ~ Schwätzchen *n*.

convers|ação [~vərsɐ'sɐ̃u] *f* Konversation *f*; = *conversa*; **~ada** [~'saδɐ] *f* Liebste *f*, Schatz *m*; **~adeira** [~ɐ'δeirɐ] *f* Plauderstuhl *m*; **~ado** [~'saδu] *m* Liebste(r) *m*, Schatz *m*; **~ador** [~ɐ'δor] *m* Plauderer *m*; **~ão** [~'sɐ̃u] *f* Umwandlung *f*; Umkehrung *f*; ✝ Konversion *f*; Umtausch *m*; *rel.* Bekehrung *f*; ⚔ *u. pol.* Schwenkung *f*; **~ar** [~'sar] (1c) (mit-ea.) verkehren; sich unterhalten, sprechen; sich besprechen; **~ável** [~'savɛł] umgänglich.

conver|sível [~'sivɛł] = *~tível*; **~sor** [~'sor] *m* Bessemerbirne *f*; **~ter** [~'ter] (2c) umwandeln; umkehren; ✝ konvertieren; *rel.* bekehren; **~ter-se** *pol. a.* umschwenken; **~tido** [~'tiδu] *m* Konvertit *m*; **~tível** [~'tivɛł] umwandelbar; umkehrbar; tauschfähig.

convés [~'vɛʃ] *m* Deck *n*.

convex|idade [~vɛksi'δaδə] *f* Wölbung *f*; **~o** [~'vɛksu] konvex; gewölbt.

convic|ção [~vik'sɐ̃u] *f* Überzeugung *f*; Überführung *f*; *prova f de* ~ Beweis(stück *n*) *m*; **~to** [~'viktu] überführt; überzeugt.

convid|ado [~vi'ðaðu] *m* Gast *m*; **~ar** [~ar] (1a) einladen *od.* auffordern (zu *a*, *para*); (an)reizen; **~ativo** [~ðɐ'tivu] einladend; appetitlich.

convincente [~vĩ'sẽntə] überzeugend, schlagend; triftig.

convir [~'vir] (3x) übereinkommen *od.* sich einigen (über [*ac.*] *em*), einwilligen; zuträglich sn; anstehen; passen; *convém* es schickt sich, es gehört sich; man muß; es empfiehlt sich; *convém notar que* es ist zu beachten, daß; *convém (-lhe)?* paßt es Ihnen?; ist es Ihnen recht?

convite [~'vitə] *m* Einladung *f*; Aufforderung *f*.

conviv|a [~'vivɐ] *m* Tischgenosse *m*, Gast *m*; **~ência** [~vi'vẽsjɐ] *f* Zs.-leben *n*; (vertraulicher) Umgang *m*; (enge) Beziehungen *f/pl.*; **~er** [~vi'ver] (2a) zs.-leben; umgehen; verkehren.

convívio [~'vivju] *m* Geselligkeit *f*, Umgang *m*, Verkehr *m*.

convoc|ação [~vukɐ'sɐ̃u] *f* Einberufung *f*; Aufforderung *f*; **~ar** [~'kar] (1n; *Stv.* 1e) einberufen, zs.-rufen; **~atória** [~ɐ'tɔrjɐ] *f* Einberufungs-schreiben *n*, -befehl *m*; Einladung *f*.

convosco [~'voʃku] mit (bei *od.* zu) euch (*od.* Ihnen); *vgl. com*; *consigo*.

convuls|ão [~vuɫ'sɐ̃u] *f* Zuckung *f*; Krampf *m*; Umwälzung *f*; **~ionar** [~sju'nar] (1e) zs.-, ver-krampfen; aufwühlen; **~ivo** [~'sivu] krampfhaft, -artig; **~o** [~'vuɫsu] zuckend; verkrampft; Krampf...; aufgewühlt.

coonestar [kwoniʃ'tar] (1c) beschönigen; rechtfertigen.

cooper|ação [kwopərɐ'sɐ̃u] *f* Zs.-arbeit *f*; Zs.-wirken *n*; Mit-arbeit *f*, -wirkung *f*; **~ador** [~ɐ'ðor] **1.** *adj.* zs.-, mit-wirkend; **2.** *m* Mitarbeiter *m*; **~ar** [~'rar] (1c) zs.-wirken; zs.-arbeiten; ~ *em* mitarbeiten an (*dat.*); mitwirken bei; ~ *para* beitragen zu; **~ativa** [~ɐ'tivɐ] *f* Genossenschaft *f*; Konsumverein *m*; **~ativismo** [~ɐti'viʒmu] *m* Genossenschaftswesen *n*; **~ativo** [~ɐ'tivu] Genossenschafts...

cooptação [kwɔptɐ'sɐ̃u] *f* Zuwahl *f*.

coorden|ação [kwordənɐ'sɐ̃u] *f* Zs.-fassung *f*; Bei-, Zu-ordnung *f*; Koordination *f*; **~adas** [~'naðɐʃ] *f/pl.* Koordinaten *f/pl.*; **~ar** [~'nar] (1d) zs.-fassen; bei-, zu-ordnen; anordnen; koordinieren; **~ativo** [~ɐ'tivu] Koordinierungs...

coorte ['kwɔrtə] *f* Kohorte *f*; *fig.* Trupp *m*, Horde *f*.

copa ['kɔpɐ] *f* Anrichte *f*; *Baum*-Krone *f*; *Hut*-Kopf *m*; (Tisch-)Geschirr *n*; *~s pl.* Herz *n*; **~do** [kɔ'paðu] dicht belaubt.

copé *bras.* [kɔ'pɛ] *m* (Stroh-)Hütte *f*.

copeir|a [~'peirɐ] *f* Geschirrschrank *m*; **~o** [~u] *m* Gläserschrank *m*; Mundschenk *m*.

cópia ['kɔpjɐ] *f* Menge *f*; Abschrift *f*; Kopie *f*; *Schreibmaschinen*-Durch-schlag *m*, -schrift *f*; *tip. u. fot.* Abzug *m*; *fig.* Abbild *n*; Nachahmung *f*.

copi|ador [kupjɐ'ðor] *m* Kopier-buch *n*, -presse *f*; **~ar** [~'pjar] **1.** *v/t.* (1g) abschreiben; durchschreiben; abziehen; nachzeichnen; nachahmen; **2.** *m bras.* Vor-, Schutzdach *n*; **~ógrafo** [~'pjɔɣrɐfu] *m* Vervielfältigungsgerät *n*.

copios|idade [~pjuzi'ðaðə] *f* Reichhaltigkeit *f*, Reichtum *m*; **~o** [~'pjozu] reichlich; (umfang-, zahl-)reich.

copista [~'piʃtɐ] *m* Abschreiber *m*; ♪ *u. pint.* Kopist *m*.

copla ['kɔplɐ] *f* Strophe *f*; *Volks*-Liedchen *n*.

copo ['kɔpu] *m* *Wein-*, *Wasser*-Glas *n*; Becher *m*; *~s pl. Degen*-Korb *m*; **~-de-água** [ˌkɔpu'ðaɣwɐ] *m* kalte(r) Imbiß *m*, kalte(s) Büfett *n*.

copra ['kɔprɐ] *f* Kopra *f*; **~ol** [kɔprɐ'ɔɫ] *m* Kokosfett *n*.

cópula ['kɔpulɐ] *f* Verbindung *f*; Begattung *f*; *gram.* Kopula *f*.

copulativo [kupulɐ'tivu] verbindend.

coque ['kɔkə] *m* **a**) Kopfnuß *f*; Klaps *m*; **b**) ⊕ Koks *m*.

coqueiro [ku'keiru] *m* Kokospalme *f*.

coqueluche [kɔkə'luʃə] *f* Keuchhusten *m*.

cor¹ [kor] *f* Farbe *f*; *fig.* Anstrich *m*; *de* ~ farbig; *sob* ~ *de* mit dem Anstrich (*gen.*); unter dem Vorwand (*gen.*); *soltar a* ~ abfärben.

cor² [kɔr]: *de* ~ auswendig.

cora ['kɔrɐ] *f* Bleichverfahren *n*; *fazer a* ~ bleichen.
coração[1] [kurɐ'sɐ̃u] *m* Herz *n*; Mut *m*; *do* ~ von Herzen; herzlich gern; *caíu-lhe o* ~ *aos pés* das Herz fiel ihm in die Hosen; *falar com o* ~ *nas mãos* aus s-m Herzen keine Mördergrube m.; *ter o* ~ *ao pé da boca* das Herz auf der Zunge tragen; *ter cabelos* (*od. pêlos*) *no* ~ ein Herz von Stein h.; *o que me vai no* ~ wie mir ums Herz ist.
cor|ação[2] [kɔrɐ'sɐ̃u] *f* Färbung *f*; Farbgebung *f*; = *cora*; **~ado** [~'raδu] (scham)rot; farbig; **~adoiro, -ouro** [~ɐ'δoiru, -oru] *m* Bleiche *f*.
cora|gem [ku'raʒɐ̃i] *f* Mut *m*; **~joso** [~rɐ'ʒozu] mutig, tapfer.
coral [~'rał] **1.** *m* a) Koralle *f*; b) Chor(gesang) *m*; Choral *m*; **2.** *adj.* Chor...; *canto m* ~ Chorsingen *n*; Choral *m*; *grupo m* ~ Chor *m*.
cor|ante [kɔ'rɐ̃ntə] **1.** *adj. matéria f* ~ = **2.** *m* Bleichmittel *n*; Farbstoff *m*; **~ar** [~ar] (1a) *Stoff* färben; *Wäsche* bleichen; *fig.* beschönigen; *v/i.* rot werden, erröten.
corbelha [kur'βeʎɐ] *f* Körbchen *n*, (Blumen-)Korb *m*.
corça ['korsɐ] *f* Reh(Geiß *f*) *n*, Ricke *f*.
corcel [kur'sɛł] *m* Renner *m*; Streitroß *n*.
corc|ova [kur'kɔvɐ] *f* Höcker *m*; Buckel *m*; **~ovado** [~ku'vaδu] höckerig; bucklig; krumm; **~ovar** [~ku'var] (1e) krümmen; **~ovear** [~ku'vjar] [1l] bocken (*Pferd*); **~ovo** [~'kovu] *m* Bocksprung *m*; *Erd*-Bukkel *m*.
corcunda [~'kũndɐ] = *carcunda*.
corda ['kɔrdɐ] *f* Kordel *f*, Strick *m*; *Wäsche*-Leine *f*; *Galgen*-Strang *m*; *Bogen*, ⚕ *u. anat.* Sehne *f*; *Uhr*: Feder *f*; *Standuhr*: Kette *f*, Kordel *f*; ♪ Saite *f*; ~ *de vento* steife(r) Wind *m*; *a* ~ *sensível* die empfindliche Stelle; ~*s pl.* ♪ Streicher *m/pl.*; *instrumentos m/pl. de* ~ Streichinstrumente *n/pl.*; ~*s de água* Bindfäden *m/pl.* (*Regen*); ~*s vocais* Stimmbänder *n/pl.*; *dançar na* ~ *bamba* seiltanzen; *fig.* in der Patsche sitzen; *dar* ~ *Uhr* aufziehen; *ter* ~ aufgezogen sn; *não ter* ~, *estar sem* ~ abgelaufen sn.
cord|ame [kur'dɐmə] *m* ⚓ Takelwerk *n*; **~ão** [~ɐ̃u] *m* Schnur *f*; Schnür-riemen *m*, -band *n*; *Gürtel*-Strick *m*; Strang *m*; Kordon *m*; ⚔ Postenkette *f*; ~ *de segurança* Sperrkette *f*; ~ *umbilical* Nabelschnur *f*; *fechar com* ~ zuschnüren.
cordeiro [~'deiru] *m* Lamm *n* (*a. fig.*).
cord|el [~'dɛł] *m* Bindfaden *m*, Schnur *f*; *literatura f de* ~ Schundliteratur *f*, Kolportage *f*; *romance m de* ~ Hintertreppenroman *m*; **~elinho** [~də'liɲu] *m* Schnur *f*; ~*s pl. fig.* geheime Fäden *m/pl.*; Machenschaften *f/pl.*
cordi|al [~'djał] **1.** *adj.* herzlich, innig; **2.** *m* Herzstärkung *f*; **~alidade** [~djɐli'δaδə] *f* Herzlichkeit *f*.
cordilheira [~di'ʎeirɐ] *f* Gebirgskette *f*.
cordo|alha [~'dwaʎɐ] *f* Tauwerk *n*; **~aria** [~dwɐ'riɐ] *f* Seilerei *f*; **~eiro** [~'dweiru] *m* Seiler *m*.
coreia ⚕ [ku'rejɐ] *f* Veitstanz *m*.
coreografia [kurjuγrɐ'fiɐ] *f* Tanz-, Ballett-kunst *f*.
coriáceo [~'rjasju] ledern; lederartig.
córico ['kɔriku] chorisch; Chor...
corifeu [kuri'feu] *m hist.* Chorführer *m*; *fig.* führende(r) Mann (*od.* Kopf) *m*, Koryphäe *f*; F Leuchte *f*.
corisc|ada [~ʃ'kaδɐ] *f* Wetterleuchten *n*; **~ar** [~ar] (1n) wetterleuchten; blitzen; **~o** [~'riʃku] *m* (elektrischer) Funken *m*; Blitz *m*.
corista [~'riʃtɐ] *su.* Chorsänger(in *f*) *m*.
coriza [~'rizɐ] *f* Nasenschleimhautentzündung *f*, Schnupfen *m*.
corja ['kɔrʒɐ] *f* Pack *n*, Gezücht *n*.
corn|aca [kur'nakɐ] *m* Elefantenführer *m*; **~ada** [~aδɐ] *f* Hornstoß *m*; **~alina** [~nɐ'linɐ] *f* Karneol *m*; **~amusa** [~nɐ'muzɐ] *m* Dudelsack *m*.
córne|a ['kɔrnjɐ] *f* Hornhaut *f*; **~o** [~u] hörnern, Horn...; hornartig.
corneta [kur'netɐ] **1.** *f* Horn *n*; ~ *acústica* Hörrohr *n*; ~ *de chaves* Flügelhorn *n*; **2.** *m* Hornist *m*.
cornet|ada [~nə'taδɐ] *f* Hornsignal *n*; Hörner-klang *m*, -schall *m*; **~eiro** [~eiru] *m* Hornist *m*; **~im** [~'tĩ] *m* Kornett *n*; Piston *n*.
cornija [~'niʒɐ] *f* Gesims *n*.
cornípeto [~'nipətu] = *cornúpeto*.
corno ['kornu] *m* Horn *n*; Fühlhorn *n*; V *fig.* Hahnrei *m*.

corn|ucópia [kurnu'kɔpjɐ] *f* Füllhorn *n*; **~udo** [~'nuðu] gehörnt; *animais m/pl.* ~*s* Hornvieh *n*; **~úpeto** [~'nupətu] **1.** *adj.* stößig; **2.** *m* Stier *m*; **~uto** [~'nutu] = ~*udo*.

coro ['koru] *m* ♪ Chor *m*; ⚠ Chor *n*; *fazer* ~ (*com*) beistimmen (*dat.*); *em* ~ im Chor, einstimmig.

coroa [ku'roɐ] *f* Krone *f*; *Lorbeer- usw.* Kranz *m*; *Berg*-Gipfel *m*; *astr.* Hof *m*, Korona *f*; *rel.* Tonsur *f*; *Zahn*-Krone *f*; *bras.* Sandbank *f*.

coro|ação *f*, **~amento** *m* [kurwɐ'sɐ̃u, ~ɐ'mẽntu] Krönung *f* (*a. fig.*); ⚠ Bekrönung *f*; *Sport*: Kranzverteilung *f*; **~ar** [~'rwar] (1f) krönen (*rei* zum König); die Krone aufsetzen (*a. fig.*); bekränzen.

coroca *bras.* [ko'rɔkɐ] kränklich.

coroínha *bras.* [~'rwiɲɐ] *m* Meßdiener *m*.

corol|a [ku'rɔlɐ] *f* (Blumen-)Krone *f*; **~ário** [~ru'larju] *m* Folge(satz *m*) *f*.

coronel [~ru'nɛɫ] *m* Oberst *m*; ▧ (Wappen-)Krone *f*.

coronha [~'roɲɐ] *f* (Gewehr-)Kolben *m*.

corp|anzil F [kurpɐ̃'ziɫ] *m* Riesenleib *m*; **~ete, ~inho** [~'petə, ~iɲu] *m* Mieder *n*, Leibchen *n*; Taille *f*; **~o** ['korpu] *m* Körper *m*, *anat. a.* Leib *m*; Haupt(bestand)teil *m*; ♪ Schallkörper *m*; Körper *m des Besens, Beils, der Granate usw.*; Rumpf *m* (*a.* ⊕); Leiche *f*; Mieder *n* (*Kleid*); Hauptgebäude *n*, Mittelbau *m*; *fig.* Körperschaft *f*, Verband *m*; ⚔ Truppenverband *m*; Korps *n*; Dicke *f e-s Gewebes*; *tip.* Schriftgröße *f*; *Stimm*-Stärke *f*; Gewicht *n*; ~ *de bombeiros* Feuerwehr-mannschaft *f*, -verband *m*; ~ *de delito* ⚖ Beweisstück *n*, Korpus delikti *n*; ⁀ *de Deus* Fronleichnam *m*; ~ *diplomático das* diplomatische Korps; ~ *docente* Lehrkörper *m*; ~ *de exército* Armeekorps *n*; ~ *a* ~ Mann gegen Mann; *de* ~ *e alma* mit Leib und Seele; *dar* ~ (ein)dicken; *tomar* (*od. ganhar*) ~ Gewicht bekommen; sich verdichten (*Gerücht*).

corpor|ação [~purɐ'sɐ̃u] *f* Innung *f*, Gilde *f*; † Zunft *f*; *allg.* Körperschaft *f*, Verband *m*; -ões *pl.* Stände *m/pl.*; **~al** [~'raɫ] **1.** *adj.* körperlich, Körper...; leiblich, Leibes...; **2.** *m rel.* Kelchtuch *n*; **~ativismo** [~ɐti'viʒmu] *m* Innungs-, Gilden-, Zunft-wesen *n*; ständische Ordnung *f*; **~ativo** [~ɐ'tivu] korporativ; *estado m* ~ Ständestaat *m*.

corpóreo [~'pɔrju] körperlich.

corp|ulência [~pu'lẽsjɐ] *f* Beleibtheit *f*; **~ulento** [~pu'lẽntu] beleibt; ⁀**us Cristi** [ˌkɔrpuʃ'kriʃti] *m* Fronleichnam *m*; **~úsculo** [~'puʃkulu] *m* Korpuskel *n*.

correagem *f*, **-eame** *m* [ku'ʀjaʒɐ̃i, -jɐmə] Lederzeug *n*.

correc|ção [~ʀɛ'sɐ̃u] *f* Verbesserung *f*; Korrektheit *f*, Anstand *m*; Verweis *m*; Strafe *f*; *casa f de* ~ Besserungsanstalt *f*; **~cional** [~sju'naɫ] **1.** *adj.* polizeilich; *tribunal m* ~ Polizeigericht *n*; *juiz m* ~ Schnellrichter *m*; **2.** *m* Polizeigerichtsbarkeit *f*; **~cionalmente** [~sjunaɫ'mẽntə] im Schnellgerichtsverfahren; **~tivo** [~'tivu] **1.** *adj.* berichtigend; verbessernd; mildernd; **2.** *m* Korrektiv *n*; Abmilderung *f*; Verweis *m*, Strafe *f*; **~to** [~'rɛtu] einwandfrei; korrekt; richtig; **~tor** [~'tor] *m* Zuchtmeister *m*; Korrektor *m*.

corred|eira *bras.* [~ʀə'ðeirɐ] *f* Stromschnelle *f*; **~iça** [~isɐ] *f* Gleitschiene *f*; Schieber *m*; Schiebefenster *n*; -wand *f*; Rollo *n*; *de* ~ Auszieh...; Schiebe...; **~iço, ~io** [~isu, ~iu] glatt; Schiebe...; Roll...; *laço* (*od. nó*) *m* ~ Laufschlinge *f*; **~or** [~or] **1.** *adj.* schnell(füßig); Lauf...; **2.** *m* (Schnell-)Läufer *m*; Rennfahrer *m*; *bras.* (Renn-)Reiter *m*; (Haus-)Flur *m*; Korridor *m*; Galerie *f*.

correeiro [~'ʀjeiru] *m* Sattler *m*.

corregedor [~ʀɨʒə'ðor] *m* Gerichtspräsident *m*.

córrego ['kɔʀəɣu] *m* Rinne *f*; Hohlweg *m*; *linha f de* ~ Talsohle *f*.

correia [ku'ʀejɐ] *f* Riemen *m*.

correio [~'ʀeju] *m* Post *f*; (Post-)Bote *m*; Kurier *m*; Postsack *m*; ~ *central* (*od. geral*), *central f dos* ~*s* Hauptpost(amt *n*) *f*; *estação f dos* ~*s* Neben-)Postamt *n*; (*comboio m*) ~ Postzug *m*; *pombo m* ~ Brieftaube *f*; ~ *aéreo* Luft-, ~ *diplomático* Kurier-, ~ *militar* Feld-, ~ *pneumático* Rohr-post *f*; *com este* ~ mit gleicher Post; *na volta do* ~ postwendend.

correla|ção [~ʀəlɐ'sɐ̃u] *f* Wechselbeziehung *f*; **~cionar** [~sju'nar] (1e) = **~tar** [~'tar] (1b) auf-ea. beziehen; mit-ea. in Beziehung bringen; **~tar-se** mit-ea. in Beziehung stehen (*od.* treten); **~tivo** [~'tivu] wechselseitig; entsprechend.

correligionário [~liʒju'narju] *m* Glaubensgenosse *m*; Gesinnungs-, Partei-genosse *m*.

corrente [~'Rẽntə] **1.** *adj.* laufend; geläufig; fließend (*Wasser*), flüssig (*Stil*); gebräuchlich; gängig; gültig (*Münze*); üblich; allgemein; *linguagem f* ~ Umgangssprache *f*; *preço m* ~ Marktpreis *m*; *ser de consumo* ~ laufend verbraucht (*od.* abgesetzt) w.; **2.** *m der* laufende Monat; *estar* (*od. andar*) *ao* ~ *de* auf dem laufenden (*od.* im Bilde) sn über (*ac.*); *pôr ao* ~ ins Bild setzen, unterrichten; **3.** *f* Strömung *f* (*a. fig.*); Strom *m*; Wasserlauf *m*; Kette *f*; ⊕ Flotte *f*; ~ *de ar* Durchzug *m*, Zugluft *f*; ~ *alternada* ⚡ Wechsel-, ~ *contínua* ⚡ Gleich-strom *m*; ~ *marítima* Meeresströmung *f*, Drift *f*; **4.** *adv.* = **~mente** [~'mẽntə] üblicherweise; gemeinhin; fließend (*Sprache*).

corrent|eza [~Rẽn'tezɐ] *f* Lauf *m*; Strömung *f*; Folge *f*; (Häuser-)Reihe *f*; *fig.* Leichtigkeit *f*; **~io** [~iu] laufend; dünnflüssig; = *corrente* 1.; **~oso** [~ozu] strömend, reißend.

correr [~'Rer] (2d) *v/i.* laufen; eilen; rennen; fließen (*Wasser*); wehen (*Luft*); ver-laufen, -gehen; weitergehen; ablaufen; im Umlauf sn (*Münze*); gehen (*Gerüchte*); Mode sn; ~ *atrás de* nachlaufen (*dat.*); ~ *com* tragen (*ac.*); *j-n* hinauswerfen; ~ *por conta de alg.* auf j-s Rechnung gehen; ~ *sobre alg.* über j-n herfallen; *deixar* ~ (*o marfim*) es darauf ankommen l.; *corre que* es verlautet (*od.* es geht das Gerücht), daß; *o tempo corre chuvoso* das Wetter ist (gegenwärtig) regnerisch; *os preços que correm no mercado* die augenblicklichen Marktpreise *m/pl.*; *v/t.* durch-laufen, -eilen; *Land* bereisen; (beiseite) rücken; *Riegel* vorschieben; *Gardine* zuziehen; *Wild* hetzen; *Gefahr* laufen; sich *e-e Strafe* zuziehen; *Geschäft* erledigen; ~ *alg.* j-n hinauswerfen; ~ *por* ziehen durch, auswaschen in (*dat.*); ~ *toda a cidade* (*todos os museus, etc.*) in der ganzen Stadt herum- (durch alle Museen *usw.*) laufen; ~ *as igrejas* (*tavernas, etc.*) dauernd in der Kirche (im Wirtshaus *usw.*) sitzen.

correria [~Rə'riɐ] *f* Wettrennen *n*; (Wett-)Fahrt *f*; Gerenne *n*, Rennerei *f*; (Herum-)Fahrerei *f*; Streifzug *m*.

correspond|ência [~Rɨʃpõn'dẽsjɐ] *f* Entsprechung *f*; Erwiderung *f e-s Gefühls*; Verbindung *f*, 🚂 Anschluß *m*; 📯 Briefwechsel *m*; Briefpost *f*; Eingesandt *n* (*Zeitung*); Korrespondenz *f*; *ter* ~ erwidert w. (*Liebe usw.*); *ter* ~ *com* im Briefwechsel stehen mit; **~ente** [~ẽntə] **1.** *adj.* entsprechend; *ângulo m* ~ Wechselwinkel *m*; *sócio m* ~ korrespondierende(s) Mitglied *n*; **2.** *m* Korrespondent *m*; ~ *especial* Sonderberichterstatter *m*; **~er** [~er] (2a) *v/i.* entsprechen; *v/t. Gefühl* erwidern; *Wohltat* vergelten; **~er-se** (*com*) im Briefwechsel stehen (mit).

corret|agem [~Rə'taʒɐ̃i] *f* Maklergeschäft *n*; Maklergebühr *f*; **~or** [~or] *m* Makler *m*; Börsenmakler *m*; ~ *do hotel* Hoteldiener *m*.

corrid|a [~'Riðɐ] *f* Lauf *m*; Gelaufe *n*, Gerenne *n*; Hetze *f*; *Sport*: ~ *de velocidade* Schnellauf *m*; ~ *de automóveis* (*bicicletas, cavalos*) Auto-(Rad-, Pferde-)rennen *n*; ~ *de touros* Stierkampf *m*; ~ *a* Sturm *m* auf (*ac.*); *de* ~ eilig; *hersagen* ohne Anstoß; nebenbei (*od.* obenhin); *de* ~*s* Renn...; **~o** [~u] verlegen; abgenutzt, abgedroschen; abgekämpft (*Stier*); abgefeimt; *ser* ~ F hinausgeworfen werden.

corrig|enda [~Ri'ʒẽndɐ] *f* Druckfehler *m/pl.*; **~ir** [~ir] (3n) verbessern, berichtigen; zurechtweisen; *Schärfe* mildern; korrigieren (*bsd. tip.*); **~ir-se** sich bessern.

corri|maça [~'masɐ] *f* Hatz *f*, Hetze *f*; Rennerei *f*; **~mão** [~'mɐ̃u] *m* (Treppen-)Geländer *n*; **~mento** [~'mẽntu] *m* ⚕ Fluß *m*; **~queiro** [~'keiru] alltäglich; abgedroschen.

corrobor|ação [~Rußurɐ'sɐ̃u] *f* Stärkung *f*; Bekräftigung *f*; **~ante** [~'Rɐ̃ntə] (be)stärkend; Stärkungs...; **~ar** [~'rar] (1e) (be)stärken; bekräftigen; **~ativo** [~ɐ'tivu] = *~ante*.

corroer [~'Rwer] (2f) zernagen; an-, zer-fressen; zersetzen, zerstören; auswaschen; **~-se** verwittern.

corromper [~Rõm'per] (2a) verderben; verunstalten; bestechen;

~-**se** verderben; verfaulen, verwesen; *sittlich* verkommen.

corros|ão [~ʀu'zɐ̃u] *f* zerstörende Wirkung *f*; Verwitterung *f*; Korrosion *f*; ~**ivo** [~ivu] **1.** *adj.* ätzend; zerstörend; **2.** *m* Ätzmittel *n*.

corrup|ção [~ʀu'sɐ̃u] *f* Verderben *n*, Verderb *m*; Fäulnis *f*, Verwesung *f*; Verderbtheit *f*; Bestechung *f*; Verführung *f*; Sittenverderbnis *f*; Korruption *f*; ~**tela** [~'tɛlɐ] *f* Sprech-, Schreib-fehler *m*; ~**tível** [~'tivɛł] verderblich; verführbar; ~**to** [~'ʀu(p)tu] verdorben; verderbt (*Wort*); faul, verwest; bestechlich; verkommen.

corsário [kur'sarju] **1.** *m* Seeräuber *m*, Korsar *m*; **2.** *adj.* Kaper...

corso ['korsu] **1.** *m* a) Kaperzug *m*; b) Korso *m*; c) Sardinenzug *m*; d) Korse *m*; **2.** *adj.* korsisch.

cort|adeira [kurtɐ'ðeirɐ] *f* Teigrädchen *n*; Schneidegerät *n*; ~**ador** [~ɐ'ðor] *m* Fleischer(geselle) *m*; Zuschneider *m*; Schneide-gerät *n*, -maschine *f*; Holzhauer *m*; ~**adura** [~ɐ'ðurɐ] *f* Schnitt *m*; Einschnitt *m*; ~**a-frio** [ˌkɔrtɐ'friu] *m* Setzmeißel *m*; ~**agem** [~'taʒɐ̃i] *f* Zerlegen *n des Fleisches*; ~**a-mato** [ˌkɔrtɐ'matu]: *a* ~ querfeldein; ~**ante** [~'tɐ̃ntə] Schneide...; schneidend.

corta-|palha [ˌkɔrtɐ'paʎɐ] *m* Häckselmaschine *f*; ~**papel** [~pɐ'pɛł] *m* Papiermesser *n*.

cortar [kur'tar] (1e) schneiden; beschneiden (*a. fig.*); ab-schneiden (*a. fig.*), -sägen; *Bild, Notiz* ausschneiden; *Apfel* durchschneiden; *Luft usw.* durchschneiden; *Pläne* durchkreuzen; *Wort* (durch)streichen; *Ausgaben* einschränken; *Posten* streichen, weglassen; *Baum* fällen; *Holz* schlagen; *Fleisch* zerlegen; *Kleid* zuschneiden; *Wein* verschneiden; *Weg* versperren; *Zufuhr* absperren; *auto. u.* ⊕ *a. Gas, Dampf* wegnehmen; *Lieferung* einstellen, stoppen; *Verbindung* unterbrechen (*a. tel.*, 🚂); *Beziehungen* abbrechen; *Karten* abheben; *Kopf* abschlagen; ~ *na casaca* (*od. na pele*) *de alg.* j-m etwas am Zeuge flicken, über j-n herziehen; ~ *com os dentes* abbeißen; ~ *direito* geradeaus gehen; ~ *à direita* rechts ein-, ab-biegen.

corte[1] ['kɔrtə] *m* (Ab-, Be-, Durch-, Zer- *usw.*) Schneiden *n*; (Ein-) Schnitt *m*; Schneide *f*; (Quer-) Schnitt *m durch ein Gebäude usw.*; Streichung *f*; Kürzung *f*; *Baum*-Schlag *m*; Schlachten *n des Viehs*; Verschnitt *m*; (Ab-)Sperrung *f*, Sperre *f*; Einstellung *f*; Unterbrechung *f*; Abbruch *m*; Abheben *n*; (Zu-)Schnitt *m der Hose usw.*; *gado m para* ~ Schlachtvieh *n*.

corte[2] ['kortə] *f* Hof *m*; Hofstaat *m*; *hist.* ~*s pl.* Landstände *m/pl.*

cortej|ar [kurtɨ'ʒar] (1d) grüßen; den Hof m.; ~**o** [~'teʒu] *m* Begrüßung *f*; Gefolge *n* (*a. fig.*); (Fest-) Zug *m*; ~ *fúnebre* Leichenzug *m*.

cortelho [~'teʎu] *m* Schweinestall *m*.

cortês [~'teʃ] höflich.

cortes|ã [~tə'zɐ̃] *f* Kurtisane *f*; ~**ania** [~zɐ'niɐ] *f* höfische(s) Wesen *n*; ~**ão** [~ɐ̃u] **1.** *adj.* höfisch, Hof...; **2.** *m* Höfling *m*; ~**ia** [~iɐ] *f* Höflichkeit *f*; Gruß *m*; Verbeugung *f*; *taur.* ~*s pl.* Begrüßungsakt *m*.

cortiça [~'tisɐ] *f* Kork *m*; Rinde *f*; Kruste *f*; ~*s pl.* Schwimmer *m/pl.*; Schwimmkorken *m/pl.*

corti|cal [~ti'kał] Kork...; Rinden...; *camada f* ~ *do cérebro* Großhirnrinde *f*; ~**ceira** [~'seirɐ] *f* Korklager *n*; ~**ceiro** [~'seiru] **1.** *adj.* Kork...; **2.** *m* Kork-händler *m*, -schäler *m* (*Arbeiter*); ~**cento** [~'sẽntu] korkartig; ~**cífero** [~'sifəru] korkliefernd; Kork...; ~**cite** [~'sitə] *f* Preßkork *m*; ~**ço** [~'tisu] *m* Bienenkorb *m*.

cortilha [~'tiʎɐ] *f* Teigrädchen *n*.

cortin|a [~'tinɐ] *f* Gardine *f*; Vorhang *m* (*de ferro* eisern); Schutzmauer *f*; ~**ado** [~ti'naðu] *m* Gardinen *f/pl.*; Vorhang *m*.

cortinha [~'tiɲɐ] *f* Nutzgarten *m*.

coruchéu [kuru'ʃɛu] *m* *Turm*-Spitze *f*, Zinne *f*; *Gebäude*-Turm *m*.

coruj|a [~'ruʒɐ] *f* Eule *f*; *fig.* alte Hexe *f*; ~**ão** [~ru'ʒɐ̃u] *m* Uhu *m*.

coruscar [~ruʃ'kar] (1n) blitzen.

coruta *f*, **-o** *m* [~'rutɐ, -u] Spitze *f*; *no* ~ *de* oben auf (*od.* in) (*dat.*).

cor|veta [kur'vetɐ] *f* Korvette *f*; ~**vina** [~'vinɐ] *f* Rabenfisch *m*; ~**vo** ['korvu] *m* Rabe *m*.

cós [kɔʃ] *m* *Hosen*-Bund *m*.

coscuvilh|ar [kuʃkuvi'ʎar] (1a) klatschen; ~**eiro** [~eiru] **1.** *adj.* klatschsüchtig; **2.** *m*, **-a** *f* Klatschbase *f*.

cosed|or *tip.* [kuzə'ðor] *m* Heftlade

f; **~ura** [~urɐ] *f* Nähen *n*; *precisa duma* ~ das muß genäht werden.
co-seno ⩘ [ku'senu] *m* Kosinus *m*.
coser [ku'zer] (2d) (an-, zs.-)nähen; **~-se** *com* sich schmiegen an (*ac.*).
cosmétic|a [kuʒ'mɛtikɐ] *f* Schönheitspflege *f*; **~o** [~u] **1.** *adj.* Schönheits...; **2.** *m* Schönheitsmittel *n*.
cósmico ['kɔʒmiku] kosmisch.
cosmo|gonia [kuʒmuɣu'niɐ] *f* Weltentstehung(slehre) *f*; **~grafia** [~ɣrɐ'fiɐ] *f* Weltbeschreibung *f*, Kosmographie *f*; **~logia** [~lu'ʒiɐ] *f* Lehre *f* vom Weltall; **~lógico** [~'lɔʒiku] kosmologisch, Welt...; **~polita** [~pu'litɐ] **1.** *m* Weltbürger *m*; **2.** *adj.* weltbürgerlich; **~rama** [~'rɐmɐ] *m* Guckkasten *m*.
cosmos ['kɔʒmuʃ] *m* Welt(-all *n*, -ordnung *f*) *f*; Kosmos *m* (*a.* ⚘).
cossaco [ku'saku] *m* Kosak *m*.
costa ['kɔʃtɐ] *f* **a**) Küste *f*; *bras. a.* Ufer *n*; (Ab-)Hang *m*; *de* ~ *arriba* (*od. acima*) schwierig, heikel; *dar à* ~ stranden; **b**) Rippe *f*; **~s** *pl.* Rücken *m*; Rückseite *f*; *às* ~*s* auf dem Rücken; *fig.* auf dem Halse (*od.* Buckel); *de* ~*s* auf dem (*od.* den) Rücken; rücklings; *nas* ~*s de* hinter *j-s* Rücken; *pelas* ~*s* hinterrücks; von hinten; *pôr às* ~*s* (sich) beladen mit; (sich) *et.* aufladen; *ter as* ~*s quentes* Beziehungen h.
cost|ado [kuʃ'taðu] *m* Seite *f*, Flanke *f*; Rücken *m*; ⚓ Bordwand *f*, Breitseite *f*; *fig.* Großelternteil *m*; *os quatro* ~*s* die vier Großeltern *pl.*; *dos 4* ~*s fig.* Stock..., Erz...; *medir o* ~ *a* verprügeln (*ac.*); **~al** [~ał] *m* Traglast *f* (= *60 kg*); Sack *m*.
costaneir|a [~tɐ'neirɐ] *f* *Holz*-Schwarte *f*; Einwickelpapier *n*; Kladde *f*; **~o** [~u] äußer; *papel m* ~ Einwickelpapier *n*.
cost|ear [~'tjar] (1l) entlang-gehen, -fahren an (*dat.*), folgen (*dat.*); ~ *um país* an der Küste e-s Landes entlang fahren; **~eiro** [~eiru] Küsten...; **~ela** [~ɛlɐ] *f* Rippe *f*; ⚓ Spant *n*; *fig.* F bessere Hälfte *f*.
costeleta [~tə'letɐ] *f* Kotelett *n*.
costum|ado [~tu'maðu] üblich, gewohnt; **~ar** [~ar] (1a): ~ *fazer* zu tun pflegen, gewöhnlich *et.* tun; **~ário** [~arju] hergebracht, üblich; **~e** [~'tumə] *m* Gewohnheit *f*; Sitte *f*, Brauch *m*; ~*s pl.* Sitten und Gebräuche *pl.*; Benehmen *n*; *de* ~, *do* ~ gewöhnlich, üblich; sonst, üblicherweise; *de bons* ~*s* wohlerzogen; *ter por* ~ die Gewohnheit h.; **~eira** [~eirɐ] *f* Angewohnheit *f*; **~eiro** [~eiru] üblich; hergebracht.
costura [~'turɐ] *f* Nähen *n*; Näherei *f*; Naht *f*; Narbe *f*; Fuge *f*.
costur|adeira *bras.* [~tura'ðeirɐ] *f* *tip.* Heftlade *f*; **~agem** *bras.* [~'raʒɐ̃i] *f* *tip.* Heftung *f*; **~ar** [~'rar] (1a) nähen; schneidern; Näharbeiten m.; Näherin sn; **~eira** [~'reirɐ] *f* Näherin *f*; **~eiro** [~'reiru] Schneider...; Näh(erinnen)...
cota ['kɔtɐ] *f* **a**) Anteil *m*; Rate *f*; Quote *f*; (Mitglieds-)Beitrag *m*; Glosse *f*; ⚖ Aktenzeichen *n*; *geol.* Höhenzahl *f*; *Messer*-Rücken *m*; ~ *parte* Anteil *m*; **b**) Panzerhemd *n*.
cota|ção [kutɐ'sɐ̃u] *f* *Börsen*-Notierung *f*; Kurs *m*; Preis *m* (*Ware*); *fig.* Schätzung *f*; ~ *efectuada* Geld-, ~ *oferecida* Brief-kurs *m*; *ter fraca* ~ tief im Kurs stehen (*a. fig.*); **~do** [~'taðu] geschätzt; gefragt; **~mento** [~'mẽntu] *m* ⚖ Rubrizierung *f*.
cotão [ku'tɐ̃u] *m* Filz *m*; *Staub*-, *Woll*-Flocken *f/pl.*; Flaum *m*.
cot|ar [~'tar] (1e) einschätzen; einstufen, bewerten; den Preis (*od.* Kurs) *e-r Sache* festsetzen (auf [*ac.*] em); *Wertpapiere* kotieren; *Börsenkurse* notieren; *Akten* rubrizieren; **~ável** [~avɛł] zum Börsenhandel zugelassen, kotierbar.
cotej|ar [~tɨ'ʒar] (1d) vergleichen; **~o** [~'teʒu] *m* Vergleich(ung *f*) *m*.
coti|ado [ku'tjaðu] alltäglich, Alltags...; **~ar** [~ar] (1g) verschleißen; **~diano** [~ti'ðjɐnu] täglich.
cotilhão [~ti'ʎɐ̃u] *m* Kehraus *m*.
cótilo ['kɔtilu] *m* Gelenkpfanne *f*.
cotim [ku'tĩ] *m* Zwillich *m*.
cotinga [~'tĩŋgɐ] *f* Seidenschwanz *m*.
cotio [~'tiu] *m*: *a* ~ täglich, alle Tage; *de* ~ Alltags...
cotiz|ação [~tizɐ'sɐ̃u] *f* Einschätzung *f*; Besteuerung *f*; Anteil *m*; Preis *m*; **~ar** [~'zar] (1a) den (Steuer-)Anteil festsetzen; besteuern; *Betrag* umlegen; *v/i. u.* **~ar-se** sich beteiligen; s-n Anteil zahlen.
coto ['kotu] *m* Stumpf *m*, Stummel *m*.
cotovel|ada [kutuvə'laðɐ] *f* Rippenstoß *m*, ~(*s*) (*pl.*) Gestoße *n*; *andar às* ~*s* herumgestoßen w.; **~o** [~'velu]

m Ellbogen *m*; Knick *m*; Biegung *f*; ⊕ Knie(-stück *n*, -rohr *n*) *n*; *dor f de* ~ F Eifersucht *f*; *falar pelos* ~*s* wie ein Wasserfall (daher)reden.
cotovia [~'viɐ] *f* Lerche *f*; ~ *de poupa* Haubenlerche *f*.
coturno [~'turnu] *m* Kothurn *m*; *de alto* ~ hochgestellt.
couce ['kosə] *m* Ferse *f*; Schlag *m* mit dem Huf; Fußtritt *m*; Rückstoß *m*; hintere(s) Ende *n*; *dar* ~*s* hinten ausschlagen; treten.
coudelaria [koðəlɐ'riɐ] *f* Gestüt *n*.
cour-, coir|aça [ko-, koi'rasɐ] *f* Panzer(ung *f*) *m*; **~açado** [~rɐ'saðu] *m* Panzerkreuzer *m*; **~açar** [~rɐ'sar] (1p; *Stv.* 1b) panzern; **~aceiro** [~rɐ'seiru] *m* Kürassier *m*.
cour-, coireiro [~'reiru] *m* Lederhändler *m*.
cour-, coirela [~'rɛlɐ] *f* Streifen *m* Land.
couro, coiro ['koru, 'koiru] *m* Leder *n*; Haut *f*; *em* ~ nackt; *de levar* ~ *e cabelo* rasend teuer.
cousa ['kozɐ] *f* Sache *f*; Ding *n*; Angelegenheit *f*; *alguma* ~ etwas; *alguma* ~ *de adj.*, *uma* ~ *adj.*, ~*s adj.* etwas ... (*z.B.* etwas Schönes); *alguma* ~ *de valor* etwas Wertvolles; ~ *alguma*, ~ *nenhuma* nichts; *outra* ~ etwas anderes; *pouca* (*muita*) ~ wenig (viel); *a mesma* ~ dasselbe; ~ *de* etwa; *olha a grande* ~*!* was ist das schon!; (*não*) *é uma grande* ~ das ist großartig (nichts Besonderes); *nem* ~ *que o valha* nichts dergleichen; ~*s e lousas* dieses und jenes; *não dizer* ~ *com* ~ nichts Vernünftiges sagen; *aí há* ~ hier stimmt was nicht; *é forte* ~*!* schlimm, schlimm!
cous-, cois|ada P [ko-, koi'zaðɐ] *f* was; so'ne Sache *f*; **~a-má, ~a-ruim** [~zɐ'ma, ~zɐ'ʀwĩ] *m bras.* Deibel *m*; **~inha** [~'ziɲɐ] *f* Dingelchen *n*, Sächelchen *n*; *uma* ~ *de nada* fast gar nichts, kaum etwas; **~íssima** [~'zisimɐ]: ~ *nenhuma* F absolut nichts; **~o** P ['kozu, 'koizu] *m* Kerl *m*.
cout|ada [ko'taðɐ] *f* Gehege *n*; = ~*o*; **~ar** [~ar] (1a) einzäunen; sperren; *hist.* für frei erklären; zu Lehen geben; **~o** ['kotu] *m* Wildpark *m*; Schutzgebiet *n*; *hist.* Lehnsgut *n*; Freistatt *f*; *fig.* Zuflucht *f*.
couv|al [ko'vaɫ] *m* Kohlfeld *n*; **~e** ['kovə] *f* Kohl *m*; ~ *de Bruxelas* Rosen-, ~*-galega* Grün-, ~*-flor* Blumen-, ~*-lombarda* Weiß-, ~ *marroquina* Rot-kohl *m*; ~*-rábano* Kohlrabi *m*; ~*-sabóia* Wirsing *m*.
cova ['kɔvɐ] *f* Grube *f*; Grab *n*; Höhle *f*; Höhlung *f*; Mulde *f*; ~ *do dente der* hohle Zahn.
côvado ['kovɐðu] *m* Elle *f*.
covarde [ku'vardə] = *cobarde*.
cov|eiro [kɔ'veiru] *m* Totengräber *m*; **~il** [ku'viɫ] *m* Höhle *f*; *Fuchs*-Bau *m*; *fig.* Spelunke *f*; Räuberhöhle *f*; **~inha** [~iɲɐ] *f* Grübchen *n*.
coxa ['koʃɐ] *f* (Ober-)Schenkel *m*.
cox|ear [ku'ʃjar] (1l) hinken; **~ia** [ku'ʃiɐ] *f* (Mittel-)Gang *m*; ⚓ Laufsteg *m*; Klappsitz *m*; **~ilha** *bras.* [~'ʃiʎɐ] *f* Alm *f*; **~im** [~'ʃĩ] *m* Sitzkissen *n*; Sattelsitz *m*; ⚡ Reibkissen *n*; *allg.* Kissen *n*, Polster *n*.
coxo ['koʃu] hinkend; *ser* (*estar*) ~ hinken; lahmen (*Tier*).
coz|edura [kuzə'ðurɐ] *f* Kochen *n*; Kochgut *n*; **~er** [~'zer] (2d) kochen; *Brot usw.* backen; *Ziegel usw.* brennen; *Früchte* zum Reifen bringen (*Sonne*); *fig.* verdauen; *s-n Rausch* ausschlafen; **~ido** [~'ziðu] *m* gekochte(s) Rindfleisch *n*; *carne f para* ~ Suppenfleisch *n*; **~imento** [~i'mẽntu] *m* Absud *m*; Sud *m*; **~inha** [~'ziɲɐ] *f* Küche *f*.
cozinh|ado [~zi'ɲaðu] *m* Gericht *n*; **~ar** [~ar] (1a) kochen; **~eiro** *m*, **-a** *f* [~eiru, -ɐ] Koch *m*, Köchin *f*.
crânio ['krɐnju] *m* Schädel *m*.
crápula ['krapulɐ] **1.** *f* Lotterleben *n*; Lotterei *f*; liederliche Gesellschaft *f*; **2.** *m* Taugenichts *m*, Lump *m*.
crapuloso [krɐpu'lozu] liederlich.
crase ['krazə] *f Vokal*-Verschmelzung *f*; Gravis *m*.
crasso ['krasu] dick, dicht; grob, kraß.
cratera [krɐ'tɛrɐ] *f geol.* Krater *m*, Trichter *m*.
crav|ação [krɐvɐ'sɐ̃u] *f* (An-)Nageln *n*; Einschlagen *n*; Nagelbeschlag *m*; Fassung *f*; **~ador** [~ɐ'ðor] *m Schuster*-Pfriem *m*; Heftmaschine *f*; Nagelapparat *m*; **~agem** [~'vaʒɐ̃i] *f* Mutterkorn *n*; **~ar** [~'var] (1b) (an)nageln; ein-schlagen, -treiben; *Papier* (zs.-)heften; *Edelstein* fassen; *die Augen* heften (auf [*ac.*] *em*); **~eira** [~'veirɐ] *f*

Meßlatte *f*; *Schuster*: Maßlade *f*; Nagelloch *n* (*Hufeisen*); Nageleisen *n*; *na ~ de* am Maßstab ... (*gen.*) gemessen; **~eiro** [~'veiru] *m* **a)** Nelken-stock *m*, -topf *m*; **b)** = **~ejador** [~ɨʒɐ'δor] *m* Nagelschmied *m*; **~ejar** [~ɨ'ʒar] (1d) annageln; beschlagen; *Edelstein* fassen; *mit Edelsteinen* besetzen.

cravelh|a [~'veʎɐ] *f* Wirbel *m*; **~ame** [~və'ʎɐmə] *m* Wirbel-brett *n*, -kasten *m*; Wirbel *m/pl.*; **~o** [~u] *m* Querbaum *m*, Riegel *m*; Vorreiber *m*.

crav|ete [~'vetə] *m Schnallen*-Dorn *m*, Stift *m*; **~ija** [~iʒɐ] *f* Bolzen *m*, Zapfen *m*; **~inho** [~iɲu] *m* (Gewürz-)Nelke *f*; **~o** ['kravu] *m* (Huf-, Kreuz-)Nagel *m*; ⚕ Warze *f*; *vet.* Schwiele *f*; ♪ Cembalo *n*; ⚘ Nelke *f*; *~-da-índia*, *~-de-cabecinha* Gewürznelke *f*.

cré [krɛ] *m* Kreide *f*.

creche ['krɛʃə] *f* Kinderkrippe *f*.

cred|encial [krəδẽ'sjaɫ] **1.** *adj. carta f ~* = **2.** *-ais f/pl.* Beglaubigungsschreiben *n*; **~enciar** *bras.* [~ẽ'sjar] (1g) beglaubigen, akkreditieren; ausweisen (als *como*); **~ibilidade** [~iβəli'δaδə] *f* Glaubwürdigkeit *f*; **~itar** [~i'tar] (1a) gutschreiben; kreditieren; **~itar-se** *fig.* sich bewähren.

crédito ['krɛδitu] *m* Vertrauen *n*; Glauben *m* (*dar* schenken); gute(r) Ruf *m*; Ansehen *n*; ⚚ Kredit *m* (*a* auf); Guthaben *n*; Schuldforderung *f*; *~ aberto* Blankokredit *m*; *~ diplomático* Beglaubigung *f*, Akkreditiv *n*; *carta f de ~* Kreditbrief *m*; *papéis m/pl. de ~* Effekten *pl.*, Wertpapiere *n/pl.*; *papel m ~* Wechselkredit *m*; *~s pl.* Außenstände *m/pl.*; Geldforderungen *f/pl.*; *~s pendentes* Aktiv-, Teilungs-masse *f*; *de ~* angesehen, vertrauens-, ⚚ kredit-würdig.

cred|o ['krɛδu] **1.** *m* Glaubensbekenntnis *n*, Kredo *n*; *num ~* im Nu; **2.** *int. ~!* was?!; schrecklich!; pfui!; **~or** [krɛ'δor] *m* Gläubige(r) *m*; *ser ~ de fig.* beanspruchen können (*ac.*); **~ulidade** [krəδuli'δaδə] *f* Leichtgläubigkeit *f*.

crédulo ['krɛδulu] leichtgläubig.

crem|ação [krəmɐ'sɐ̃u] *f* Leichenverbrennung *f*, Einäscherung *f*; **~alheira** [~ɐ'ʎeirɐ] = *gramalheira*; **~ar** [~'mar] (1d) einäschern; **~atório** [~ɐ'tɔrju]: (*forno m*) *~* Krematorium *n*.

creme ['krɛmə] *m* Rahm *m*, Sahne *f*; Krem *f* (*a. fig.*); *cul. a.* Pudding *m*; *~ chantilly* Schlagsahne *f*.

crena ['krenɐ] *f* ⊕ Einschnitt *m* (*Zahnrad*); ⚘ Zacke *f*, Zahn *m*.

crença ['krẽsɐ] *f* Glaube(n) *m*.

cren|deiro [krẽn'deiru] einfältig; leichtgläubig; **~dice** [~isə] *f* Aberglaube *m*; **~te** ['krẽntə] gläubig.

crepe ['krɛpə] *m* (*Trauer*-)Flor *m*.

crepit|ação [krəpitɐ'sɐ̃u] *f* Knistern *n*; Knattern *n*; **~ar** [~'tar] (1a) prasseln, knistern; knattern.

crep|uscular [~puʃku'lar] Dämmer-...; dämmerig; **~úsculo** [~'puʃkulu] *m* (Abend-, Morgen-)Dämmerung *f*; *fig.* Nieder-, Unter-gang *m*; *~ da vida* Lebensabend *m*.

crer [krer] (2k) glauben (an [*ac.*] *em*); halten für.

cresc|endo [krɨʃ'sẽndu] *m* ♪ Krescendo *n*; **~ente** [~ẽntə] **1.** *adj.* wachsend, zunehmend; überflüssig; übrig; *quarto m ~* erste(s) Viertel *n* (*Mond*); **2.** *m* zunehmende(r) Mond *m*; Halbmond *m*; *Haar*-Wulst *m*; **~er** [~er] (2g) (an)wachsen; zunehmen; aufgehen (*Brot usw.*); anschwellen (*Beule usw.*); steigen (*Fluß*); übrig (*od.* überflüssig) sn; *~ para alg.* über j-n herfallen; **~ido** [~iδu] groß; erwachsen; ansehnlich; **~idote** [~si'δɔtə] halbwüchsig; **~imento** [~si'mẽntu] *m* Wachstum *n*; (An-) Wachsen *n*; Zunahme *f*.

cresp|ar [~'par] (1c) = *encrespar*; **~o** ['kreʃpu] kraus; rauh; holprig (*Weg*); bewegt (*Meer*).

crest|adeira [~tɐ'δeirɐ] *f* Wabenstecher *m*; *cul.* Brenneisen *n*; **~ado** [~'taδu] sonnenverbrannt; schwarz, dunkel; **~ar** [~'tar] (1c) **a)** (an-) bräunen; ansengen; versengen, verbrennen (*Sonne od. Frost*); **b)** *Waben* stechen; *fig.* plündern; erpressen; unterschlagen.

crestomatia [~tumɐ'tiɐ] *f* Lesebuch *n*.

cret|áceo [krə'tasju] kreidig, Kreide...; **~aico** [~aiku]: *período m ~* Kreidezeit *f*.

cretin|ismo [~ti'niʒmu] *m* ⚕ Kretinismus *m*; *fig.* Schwachsinn *m*; **~o** [~'tinu] *m* Kretin *m*; *fig.* Schwachkopf *m*.

cretone [~'tɔnə] *m* Kreton *m*.

cria ['kriɐ] *f* Junge(s) *n*; Wurf *m*; Brut *f*; Zucht *f*, Züchtung *f*; *prov.* Vieh *n*; Geflügel *n*; *gado m de* ~ Jungvieh *n*; **~ção** [krjɐ'sɐ̃u] *f* Schöpfung *f*; Ein-, Er-richtung *f*, Schaffung *f*; Großziehen *n* (*fig. a.* Erziehung *f*) *der Kinder*; Aufzucht *f des Viehs*; *Vieh- usw.* Zucht *f*; **~da** ['krjaðɐ] *f* Dienstmädchen *n*; Magd *f* (*auf dem Lande*); ~ *de sala* Zimmermädchen *n*; **~dagem** [krjɐ'ðaʒɐ̃i] *f* Dienerschaft *f*; Gesinde *n des Bauern*; Hausangestellte(n) *pl.*; **~do** ['krjaðu] **1.** *adj. bem* ~ gutartig, gut erzogen; gut genährt, dick; *mal* ~ ungezogen, unartig; **2.** *m* Diener *m*; Knecht *m des Bauern*; Kellner *m im Gasthaus*; ~ *de mesa* Servierkellner *m*; (*um*) *seu* ~ Ihr Diener; **~do-mudo** *bras.* [ˌkrjaðu'muðu] *m* Nachttisch *m*; **~dor** [krjɐ'ðor] **1.** *m* Schöpfer *m*; Ernährer *m*, Erzieher *m*; (Vieh-)Züchter *m*; **2.** *adj.* schöpferisch, Schöpfer...; Nähr...; fruchtbar.

criança ['krjɐ̃sɐ] *f* Kind *n*; ~ *de peito* Säugling *m*.

crian|çada [krjɐ̃'saðɐ] *f* Kinderschar *f*; **~cice** [~'sisə] *f* Kinderei *f*; **~çola** [~'sɔlɐ] *m* Kindskopf *m*.

criar [krjar] (1g) *v/t.* erschaffen; erzeugen; (hervor)bringen; *Werk, Bedingungen* schaffen; *Fett usw.* ansetzen; *Mut* bekommen *od.* m.; *Kinder, Junge* nähren, säugen; *Kinder* groß- (*od.* er-)ziehen; *Tiere* aufziehen; *Vieh usw.* züchten; *Wurzel* treiben; **~-se** aufwachsen.

criatura [krjɐ'turɐ] *f* Geschöpf *n*; Kreatur *f*; Wesen *n*.

crime ['krimə] *m* Verbrechen *n*.

crimin|al [krimi'nał] **1.** *adj.* verbrecherisch; strafrechtlich, kriminal; *jurisprudência f* ~ Strafrechtskunde *f*; **2.** *m* Strafsache *f*; Strafgericht(sbarkeit *f*) *n*; **~alidade** [~ɐli'ðaðə] *f* Strafbarkeit *f*; Verbrechertum *n*; Kriminalität *f*; **~alista** [~ɐ'liʃtɐ] *m* Strafrechtler *m*; **~ar** [~'nar] (1a) anklagen, bezichtigen; **~ologia** [~ulu'ʒiɐ] *f* Kriminalistik *f*; **~oso** [~'nozu] **1.** *adj.* verbrecherisch; strafbar; **2.** *m* Verbrecher *m*.

crina ['krinɐ] *f Pferde*-Mähne *f*; Roßhaar *n*.

crinolina [krinu'linɐ] *f* Reifrock *m*.

crioilo, -oulo ['krjoilu, -olu] **1.** *adj.* kreolisch; **2.** *m*, **-a** *f* Kreole *m*, Kreolin *f*.

cripta ['kriptɐ] *f* (unterirdische) Höhle *f*; Krypta *f*.

crisálida [kri'zaliðɐ] *f* Puppe *f*.

crisântemo [~'zɐ̃ntəmu] *m* Chrysanteme *f*, Winteraster *f*.

crise ['krizə] *f* Krise *f*; ⚕ Krisis *f*.

crism|a ['kriʒmɐ] *f* (Sakrament *n* der) Firmung *f*; Salbung *f*; heilige(s) Öl *n*; **~ar** [kriʒ'mar] (1a) salben; firmen; *fig.* umbenennen; nennen; **~ar-se** den Namen wechseln.

crisol [kri'zɔł] *m* Schmelztiegel *m*; *fig.* Probe *f*, Prüfstein *m*.

crispar [kriʃ'par] (1a) kräuseln, zs.-ziehen; **~-se** zs.-zucken.

crista ['kriʃtɐ] *f* Kamm *m*; *jogar as* **~s** sich schlagen *mit*; *levanta a* ~ (ihm) schwillt der Kamm.

cristal [kriʃ'tał] *m* Kristall *m*; Kristall(glas) *n*; *fig.* Spiegel *m*; *de* ~ kristallen; geschliffen; *-ais pl.* Kristallsachen *f/pl.*, Gläser *n/pl.*

cristal|eira [~tɐ'leirɐ] *f* Gläserschrank *m*, -bord *n*; **~ino** [~inu] **1.** *adj.* kristallklar, hell; **2.** *m* (Augen-)Linse *f*; **~ização** [~lizɐ'sɐ̃u] *f fig.* Festigung *f*; **~izar** [~li'zar] (1a) kristallisieren; *fig.* = **~izar-se** erstarren; sich festigen.

cristandade [~tɐ̃n'daðə] *f* Christenheit *f*.

cristão [~'tɐ̃u] **1.** *adj.* christlich; **2.** *m*, **-ã** *f* Christ(in *f*) *m*.

cristian|ismo [~tjɐ'niʒmu] *m* Christentum *n*; **~ização** [~nizɐ'sɐ̃u] *f* Bekehrung *f* zum Christentum; Verchristlichung *f*; **~izar** [~ni'zar] (1a) zum Christentum bekehren, christianisieren; verchristlichen.

cristo ['kriʃtu] *m* **a)** *o* ♀ Christus *m*; **b)** Kruzifix *n*; *um* (*uma*) *pobre de* ~ ein armer Mann (e-e arme Frau).

crit|ério [kri'tɛrju] *m* Merkmal *n*; Maßstab *m*; Gesichtspunkt *m*, Ansicht *f*; Unterscheidungsvermögen *n*; Einsicht *f*; *de* ~ einsichtig, klug; *deixar ao* ~ *de alg.* j-m anheimstellen; **~erioso** [~tə'rjozu] klar im Urteil; einsichtig, verständnisvoll.

crítica ['kritikɐ] *f* Kritik *f*; *Buch*-Besprechung *f*, Rezension *f*; *fazer a* ~ *de* besprechen, rezensieren.

criti|car [kriti'kar] (1n) kritisieren; bekritteln; **~castro** [~'kaʃtru] *m* schlechte(r) Kritiker *m*, Federfuch-

ser *m*; = *critiqueiro*; **~cável** [~'kavɛł] angreifbar; tadelnswert.
crítico ['kritiku] **1.** *adj.* kritisch; entscheidend; gefährlich; **2.** *m* Kritiker *m*, Rezensent *m*.
critiqu|eiro [kriti'keiru] *m* Kritteler *m*, Kritikaster *m*; Mäkler *m*, Mekkerer *m*; **~ice** [~isə] *f* Krittelei *f*.
crivar [kri'var] (1a) durchlöchern; sprenkeln; spicken; (durch)sieben.
crível ['krivɛł] glaubhaft.
crivo ['krivu] *m* Sieb *n*; Schaumlöffel *m*; Brausekopf *m*; Guck-loch *n*, -fenster *n*; *bordado m a ~* durchbrochene Arbeit *f*.
croché [krɔ'ʃɛ] *m* Häkelarbeit *f*; *fazer ~* häkeln.
crocitar [krusi'tar] (1a) krächzen.
croco ['krɔku] *m* Safran *m*; Krokus *m*.
crocodilo [kruku'ðilu] *m* Krokodil *n*.
crom|ado [kru'maðu] *m* verchromte(r) Teil *m*; Chrommetallware *f*; **~ar** [~ar] (1e) verchromen; **~ática** [~atikɐ] *f* Farbenlehre *f*; **~ático** [~atiku] chromatisch.
crómio, cromo ['krɔmju, -mu] *m* Chrom *n*; Farbendruck *m*.
cromo|litografia [kromolituɣrɐ'fiɐ] *f* Farbsteindruck *m*; **~tipia, ~tipografia** [~ti'piɐ, ~tipuɣrɐ'fiɐ] *f* Farbendruck *m*.
crónic|a ['krɔnikɐ] *f* Chronik *f*; **~o** [~u] chronisch; Gewohnheits...
cron|ista [kru'niʃtɐ] *m* Chronist *m*; **~ógrafo** [~ɔɣrɐfu] *m* Stoppuhr *f*; **~ologia** [~nulu'ʒiɐ] *f* Chronologie *f*; Zeitfolge *f*; **~ológico** [~nu'lɔʒiku] zeitlich (geordnet); chronologisch; **~ómetro** [~ɔmətru] *m* Zeitmesser *m*, Chronometer *n*; Präzisionsuhr *f*.
croque ['krɔkə] *m* Bootshaken *m*.
croquete [krɔ'kɛtə] *m* Krokette *f*.
crosta ['kroʃtɐ] *f* Kruste *f*; ⚕ Schorf *m*; ⊕ Guß-, Walz-haut *f*.
cru [kru] roh; ungekocht; unreif (*fig.*); rauh; hart; ungeschminkt (*Wahrheit*); unbebaut (*Land*); ungebleicht; naturfarben.
cruc|ial [kru'sjał] kreuzförmig, Kreuz...; *fig.* entscheidend; **~iante** [~jẽntə] quälend, herzzerreißend; **~iar** [~jar] (1g) quälen; kasteien; **~ífera** [~ifərɐ] *f* Kreuzblütler *m*.
crucific|ação [~səfikɐ'sɐ̃u] *f* Kreuzigung *f*; **~ar** [~'kar] (1n) kreuzigen; = *cruciar*.
crucifixo [~'fiksu] *m* Kruzifix *n*.
cruel [krwɛł] grausam; **~dade** [~'daðə] *f* Grausamkeit *f*.
cruento ['krwẽntu] blutig; roh.
crueza ['krwezɐ] *f* rohe(r) Zustand *m*; Unreife *f*; Roheit *f*, Härte *f*.
crupe ⚕ ['krupə] *m* Krupp *m*.
crust|a ['kruʃtɐ] *f* = *crosta*; **~áceos** [kruʃ'tasjuʃ] *m/pl.* Schaltiere *n/pl.*
cruz [kruʃ] *f* Kreuz *n* (*a. fig.*); Kreuzzeichen *n*; Bug (*od.* Widerrist) *m* (*Tier*); *fig. a.* Leid *n*; **~es** *pl. anat. u. ast.* Kreuz *n*; Kruppe *f* (*Pferd*); Schriftseite *f* (*Münze*); *~ alçada* Vortrags-, *~ potentada* Krücken-, *~ de Santo André* Andreas-kreuz *n*; *ℒ Vermelha* Rote(s) Kreuz *n*; *~es ou cunhos* Schrift oder Wappen (*Spiel*); *em (forma de) ~* kreuz-weise (-förmig); *fazer ~es na boca* nichts anrühren (*bei Tisch*); das Nachsehen haben.
cruz|a-bico [kruzɐ'βiku] *m* Kreuzschnabel *m*; **~ada** [~'zaðɐ] *f* Kreuzzug *m*; **~ado** [~'zaðu] **1.** *adj.* gekreuzt; Kreuz...; stürmisch (*Gewässer*); *fogo m* (*od. tiros m/pl.*) *~(s)* Kreuzfeuer *n*; *palavras f/pl. -as* Kreuzworträtsel *n*; **2.** *m* Kreuzfahrer *m*; Kreuzer *m* (*Münze, heute = 40 Centavos*); **~ador** [~ɐ'ðor] *m* ⚓ Kreuzer *m*; **~amento** [~ɐ'mẽntu] *m* Kreuzung *f*; Straßenübergang *m*; Kreuzweg *m*; **~ar** [~'zar] (1a) (durch)kreuzen; (durch)schneiden; *~ os braços fig.* die Hände in den Schoß legen; *v/i.* kreuzen; = **~ar-se** sich kreuzen; sich schneiden (*Linien*); sich begegnen; **~eiro** [~'zeiru] **1.** *m großes* (Stein-)Kreuz *n*; ⛪ Vierung *f*; *ast.* Kreuz *n* des Südens; *bras.* Cruzeiro *m* (*Münze u. Orden*); **2.** *adj.* Kreuz...; **~eta** [~'zetɐ] *f* Kleiderbügel *m*.
cu V [ku] *m* Arsch *m*.
cuba ['kuβɐ] *f* Kübel *m*, Bottich *m*; (Kelter-)Faß *n*; *bras.* F hohe(s) Tier *n*.
cub|agem [ku'βaʒẽi] *f* Berechnung *f* des Rauminhalts; Kubikinhalt *m*; Festgehalt *m* (*Baumstamm*); **~ar** [~ar] (1a) kubieren.
cubata [~'βatɐ] *f* Negerhütte *f*.
cúbico ['kuβiku] kubisch, würfelförmig; Kubik..., *metro m ~* Kubikmeter *n*, Festmeter *n des Holzes*; *raiz f -a* dritte Wurzel *f*.
cubículo [ku'βikulu] *m* Kammer *f*.
cúbito *anat.* ['kuβitu] *m* Elle *f*.

cubo ['kuβu] *m* Würfel *m*, Kubus *m*; dritte Potenz *f*; Festmeter *n*; Schuh *m* (*Wasserrad*); Oberwasserkanal *m* (*Wassermühle*); Radnabe *f*.
cuco ['kuku] *m* Kuckuck *m*.
cucúrbita [ku'kurbitɐ] *f* Destillierkolben *m*; ⚘ Kürbis *m*.
cuecas ['kwɛkɐʃ] *f/pl.* kurze Unterhose *f*.
cueiro ['kweiru] *m* Windel *f*.
cuia *bras.* ['kujɐ] *f* Kürbis(flasche *f*) *m*.
cuid|ado [kwi'ðaðu] *m* Sorge *f*; Sorgfalt *f*; Vorsicht *f*; *ao* ~ *de* per Adresse, bei; *com* ~ vorsichtig; sorgfältig; *deixar ao* ~ *de alg.* j-m überlassen; *pôr (o)* ~ *em* achten auf (*ac.*); sich kümmern (*od.* sorgen) um; *ter* ~ *com* vorsichtig sn mit; achtgeben auf (*ac.*); = ~*ar de*; *tomar* ~ sich in acht nehmen; ~*!* Achtung!; ~ *não caias!* paß auf, daß du nicht fällst!; ~ *com ...!* Vorsicht vor ...! (*dat.*); *estar com* (*od. em*) ~ besorgt sn, unruhig sn; **~adoso** [~ðɐ'ðozu] vorsichtig; sorgfältig; **~ar** [~ar] (1a) besorgen (*a. fig.*); versorgen; *fig. a.* glauben; fürchten; *v/i.* sorgen (für *de*); pflegen (*ac. de*); bedacht sn (auf [*ac.*] *em*); sich hüten (vor [*dat.*] *de*); ~ *de não inf.* sich hüten zu *inf.*, aufpassen, daß ... nicht ...; **~ar-se** sich pflegen; sich halten für.
cujo ['kuʒu] dessen, deren.
culatra [ku'latrɐ] *f* Laufmundstück *n* (*Gewehr*); Bodenstück *n* (*Kanone*).
culinári|a [~li'narjɐ] *f* Kochkunst *f*; **~o** [~u] kulinarisch; Koch...
culmin|ação [kułminɐ'sɐ̃u] *f* Kulmination *f*; **~ância** [~'nɐ̃sjɐ] *f* höchste(r) (*fig.* Höhe-)Punkt *m*; **~ante** [~'nɐ̃ntə]: *ponto m* ~ höchste(r) Punkt *m*; *ast.* Kulminationspunkt *m*; *fig.* Gipfel *m*; = *momento m* ~ Höhepunkt *m*, entscheidende(r) Augenblick *m*; *época f* ~ Blütezeit *f*; **~ar** [~'nar] (1a) kulminieren; *fig.* den (*od.* s-n) Höhepunkt erreichen.
culpa ['kułpɐ] *f* Schuld *f*; Vergehen *n*; *dar* (*od. deitar, lançar*) *a(s)* ~*(s) de a/c. a* (*od. sobre*) *alg.* j-m die Schuld an et. (*dat.*) geben (*od.* zuschieben); *ter a* ~ *de* schuld sn an (*dat.*); *ter* ~ *em* mitschuldig sn an (*dat.*); *a* ~ *é dele* er ist schuld.
culp|abilidade [kułpɐβəli'ðaðə] *f* Schuld *f*; Strafbarkeit *f*; **~ado** [~'paðu] schuldig; **~ar** [~'par] (1a) beschuldigen; **~ável** [~'pavɛł] strafbar; **~oso** [~'pozu] schuldhaft; schuldig.
cultiv|ação [~tivɐ'sɐ̃u] *f* = ~*o*; **~ador** [~ɐ'ðor] *m* Anpflanzer *m*, Bauer *m*; Züchter *m*; Pfleger *m*; ⊕ Kultivator *m*; **~ar** [~'var] (1a) *Land* bebauen; *Pflanze* anbauen; *Talent* pflegen, ausbilden; **~ável** [~'vavɛł] anbaufähig; **~o** [~'tivu] *m* Bebauung *f*; Anbau *m*; Pflege *f*.
culto ['kułtu] **1.** *adj.* gebildet (*Person*); gesittet (*Volk*); gepflegt (*Stil*); **2.** *m* Gottesdienst *m*, Kultus *m*; Verehrung *f*, Kult *m*; Dienst *m*; *liberdade f de* ~*s* Religionsfreiheit *f*.
cultor [kuł'tor] *m* Anhänger *m*; Liebhaber *m*, Diener *m*; = *cultivador*.
cultuar [~'twar] (1g) anbeten.
cultur|a [~'turɐ] *f* ✓ Bebauung *f*; Anbau *m*; Zucht *f*; *fig.* Bildung *f e-s Menschen*; Pflege *f*, Ausbildung *f e-s Talents*; Kultur *f e-s Volkes*; ~ *dos campos* Ackerbau *m*, Feldbestellung *f*; ~ *geral* Allgemeinbildung *f*; *sem* ~ ungebildet; **~al** [~tu'rał] Kultur...; Bildungs...; kulturell.
cume ['kumə] *m* Gipfel *m*; Spitze *f*.
cume|ada [ku'mjaðɐ] *f* Gebirgskamm *m*; Bergrücken *m*; = **~eira** [~eirɐ] *f* (Dach-)First *m*.
cúmplice ['kũmplisə] **1.** *su.* Helfershelfer *m*, Komplice *m*; **2.** *adj.* mitschuldig.
cumplicidade [kũmpləsi'ðaðə] *f* Mittäterschaft *f*, Mitschuld *f*.
cumpr|idor [~pri'ðor] verläßlich, zuverlässig; **~imentar** [~imẽn'tar] (1a) (be)grüßen; Komplimente m. (*dat.*); beglückwünschen; **~imenteiro** [~imẽn'teiru] übertrieben höflich; **~imento** [~i'mẽntu] *m* Erfüllung *f*; Ausführung *f*; Gruß *m*; Begrüßung *f*; Höflichkeit *f*, Kompliment *n*; Glückwunsch *m*; ~*s pl.* Glückwunsch-adresse *f*, -besuch *m*, -ansprache *f*; *(ir) apresentar* ~*s* e-n Höflichkeitsbesuch abstatten; **~ir** [~'prir] (3a) erfüllen; ausführen, vollstrecken; *Wort* halten; ~ *trinta anos* das dreißigste Lebensjahr vollenden; *v/i.* obliegen; *j-s* Pflicht sn; nötig (*od.* angebracht) sn; ~ *com os seus deveres* (*od. as suas obrigações*) s-n Verpflichtungen nach-

kommen; ~ *com alg.* s-e Verpflichtungen gegen j-n erfüllen.
cúmulo ['kumulu] *m* Haufe(n) *m*; Gipfel *m*; ~s *pl.* Haufenwolken *f/pl.*; *é o* ~ das ist die Höhe; *por* ~ zum Überfluß; *para* (*od. por*) ~ *da desgraça* um das Unglück voll zu m.
cuneiforme [kunei'fɔrmə] keilförmig, Keil...
cunha ['kuɲɐ] *f* Keil *m*; *fig.* F gute Beziehungen *f/pl.*; *à* ~ gedrängt voll.
cunhad|a [ku'ɲaδɐ] *f* Schwägerin *f*; **~o** [~u] *m* Schwager *m*.
cunh|agem [~'ɲaʒɐ̃i] *f* Prägung *f*; **~ar** [~ar] (1a) prägen; *fig. a.* hervorheben; **~o** ['kuɲu] *m* Prägestempel *m*; Gepräge *n*.
cupão [ku'pɐ̃u] *m* Kupon *m*.
cupidez [~pi'δeʃ] *f* Gier *f*.
cupim *bras.* [~'pĩ] *m* Termite *f*.
cuprífero [ku'prifəru] kupferhaltig.
cúpula ['kupulɐ] *f* Kuppel *f*; ⊕ Dom *m*, Haube *f*; ⚘ Kelch *m*; *Regierungs-, Partei-*Spitze *f*; *reunião f de* ~ Gipfelkonferenz *f*.
cura ['kurɐ] **1.** *f* Heilung *f*; Kur *f*; *ter* ~ heilbar sn; zu reparieren sn; **2.** *m* Pfarrer *m*; ~ *de almas* Seelsorger *m*.
cur|ador [kurɐ'δor] *m* Pfleger *m*, Vormund *m*; Kurator *m*; **~adoria** [~ɐδu'riɐ] *f* Vormundschaft *f*; **~andeiro** [~ɐ̃n'deiru] *m* Kurpfuscher *m*, Quacksalber *m*; **~andice** [~ɐ̃n'disə] *f* Kurpfuscherei *f*; **~ar** [~'rar] (1a) heilen, gesund m.; (ärztlich) behandeln; bleichen; *Fleisch* dörren; *v/i.* heilen; wieder gesund w., genesen; ~ *de* sich abgeben mit; behandeln (*ac.*), pflegen (*ac.*); **~ar-se** sich behandeln; = *v/i.*; *fig.* sich bessern; **~are** [~'rarə] *m* Pfeilgift *n*; **~atela** [~ɐ'tɛlɐ] *f* Vormundschaft *f*, Kuratel *f*; **~ativo** [~ɐ'tivu] **1.** *adj.* heilkräftig, Heil...; **2.** *m* Heilmittel *n*; Pflaster *n*; *Zahn-*Einlage *f*; *receber* ~ *de* behandelt w. an (*dat.*); ~ *dum ferimento* Wundverband *m*; **~ato** [~'ratu] *m* Pfarramt *n*; Pfarre *f*; **~ável** [~'ravɛł] heilbar.
cúria ['kurjɐ] *f* Kurie *f*.
curinga [ku'rĩŋgɐ] *m* Joker *m*.
curios|idade [~rjuzi'δaδə] *f* Neugierde *f*; Wißbegier *f*; Sehenswürdigkeit *f*, Seltenheit *f*; *estar com* ~ *de, aguardar com* ~ neugierig (*od.* gespannt) sn auf (*ac.*); **~o** [~'rjozu] neugierig; merkwürdig; *estar* ~ *por inf.* gespannt darauf sn zu (*inf.*).
curr|al [ku'ʀał] *m* Stall *m*; Hürde *f*; **~o** ['kuʀu] *m Stier-*Zwinger *m*; Auswahl *f* (*von Stieren*).
curs|ado [kur'saδu]: ~ *em* geübt in (*dat.*); zu Hause in (*dat.*); **~ar** [~ar] (1a) *Fach* studieren; *Kurs* absolvieren, m.; *Universität* besuchen; tragen (*Geschütz*); **~ista** [~iʃtɐ] *m* Kursteilnehmer *m*; **~o** ['kursu] *m* Lauf *m*; Gang *m*; Lehrgang *m*; *Sprach-*Kurs(us) *m*; *univ.* Vorlesung *f*; *Geld-*Umlauf *m*; ⊕ Hub *m*; ~ *de Medicina, etc.* das medizinische *usw.* Studium; *fazer o* ~ *de Direito* (*de Engenharia*) Rechts- (Ingenieur-)wissenschaft studieren; *em* ~ im Gange *od.* im Umlauf (befindlich); laufend; *ter* ~ Kurs h., im Umlauf sn; *fig.* gebräuchlich (*od.* gangbar) sn; *ter um* ~ studiert h.; *dar* (*livre*) ~ *a* freien Lauf l. (*dat.*); **~or** [~or] *m* ⊕ Läufer *m*, Schieber *m*.
curteza [~'tezɐ] *f* Kürze *f*; Knappheit *f*; Beschränktheit *f*.
curt|idor [~ti'δor] *m* Gerber *m*; **~imenta** [~i'mẽntɐ] *f vin.* Gärung *f*; = **~imento** [~i'mẽntu] *m* Gerben *n*; Rösten *n*; Einlegen *n*; **~ir** [~'tir] (3a) *Leder* gerben, lohen; *Flachs* rösten; *Oliven* einlegen; *fig.* (ab-)härten; (er)leiden.
curto ['kurtu] kurz; knapp; rasch; *fig.* beschränkt; schüchtern; ~ *de palavras* wortkarg; ~ *de vista* kurzsichtig; *ser* ~ *de espírito, ter o espírito* ~ beschränkt sn; **~-circuito** [~sir'kuitu] *m* Kurzschluß *m*.
curtume [kur'tumə] *m* Gerbverfahren *n*; Gerbstoff *m*, Lohe *f*; *fábrica f de* ~s Gerberei *f*.
curul [ku'ruł] *f* Stuhl *m*.
curupira *bras.* [~ru'pirɐ] *m* Waldgeist *m*.
curva ['kurvɐ] *f* Kurve *f*; Kehre *f*, Wendung *f*; krumme Linie *f*; Bogen *m*; ~ *da perna* Kniekehle *f*.
curv|ado [kur'vaδu] krumm; *fig.* gebeugt; ergeben; **~ar** [~ar] (1a) krümmen, biegen; *fig.* beugen; *Kopf* senken; *v/i.* sich krümmen, sich biegen; **~ar-se** sich bücken; sich verneigen; ~ *aos pés de alg.* sich j-m zu Füßen werfen; **~atura** [~vɐ'turɐ] *f* Krümmung *f*; Wölbung *f*; Biegung *f*.

curv|ilíneo [⁓vi'linju] krummlinig; **⁓o** ['kurvu] krumm, gebogen.
cuspe ['kuʃpə] *m* = *cuspo*.
cúspide ['kuʃpiðə] *f* Spitze *f*.
cusp|ido [kuʃ'piðu]: *ser* ⁓ hinausgeschleudert w.; **⁓ir** [⁓ir] (3h) spucken, speien; schleudern; ausspucken, -werfen; **⁓o** ['kuʃpu] *m* Speichel *m*, Spucke *f*.
custa ['kuʃtɐ] *f* ⚖: ⁓*s* Kosten *pl.*; *à* ⁓ *de* auf Kosten von; vermittels, mit; *à* ⁓ *de inf.* weil *ind.*
cust|ar [kuʃ'tar] (1a) kosten; schwerfallen; ⁓ *caro* teuer sn, *fig.* teuer zu stehen kommen (*ac.*); ⁓ *os olhos da cara* ein Vermögen kosten; ⁓ *a crer* schwer zu glauben sn; *a gente custa* P es fällt schwer; *não* ⁓ (*nada*) (ganz) leicht sn; (gar) keine Mühe m.; **⁓eamento** [⁓tjɐ'mẽntu] *m* Unkosten *pl.*; Kostenaufwand *m*; Finanzierung *f*; **⁓ear** [⁓'tjar] (1l) die Kosten *e-r Sache* tragen; *Ausgaben* bestreiten; *Unternehmen* finanzieren; die Unkosten *e-r Sache* veranschlagen; **⁓eio** [⁓'teju] *m* = ⁓*eamento*; **⁓o** ['kuʃtu] *m* Preis *m*, Kosten *pl.*; *fig.* Mühe *f*; *a* ⁓ mit Mühe, mühsam; *a muito* ⁓ mit Mühe u. Not, kaum; *a* ⁓ *de* unter, mit (*dat.*); *o* ⁓ *da vida* die Lebenshaltungs-, ⁓*s de produção* Gestehungs-kosten *pl.*; *preço m de* ⁓ Selbstkostenpreis *m*.
custódi|a [⁓'tɔðjɐ] *f* Gewahrsam *m*; Obhut *f*; Schutz *m*; *rel.* Monstranz *f*; ⁓ *protectora* Schutzhaft *f*; **⁓o** [⁓u] **1.** *m* Wächter *m*, Kustos *m*; **2.** *adj. anjo m* ⁓ Schutzengel *m*.
custoso [⁓'tozu] kostspielig; *fig.* mühselig, schwierig.
cutâneo [ku'tɐnju] Haut...; *erupção f -a* Ausschlag *m*.
cutel|a [⁓'tɛlɐ] *f* Fleisch-, Hackmesser *n*; ⚘ Rebmesser *n*; **⁓aria** [⁓tələ'riɐ] *f* Messer-schmiede *f*, -fabrik *f*; Messer- u. Scherengeschäft *n*; ⁓*s pl.* Messerwaren *f/pl.*; **⁓eiro** [⁓tə'leiru] *m* Messerschmied *m*; Messerhändler *m*; **⁓o** [⁓u] *m* Hackbeil *n*; Hackmesser *n*; ⚘ Rebmesser *n*; *mont.* Hirschfänger *m*; *poét.* Schwert *n*; ⁓*s pl.* Beisegel *n/pl.*
cúter ['kutɛr] *m* Kutter *m*.
cutil|ada [kuti'laðɐ] *f Messer*-Stich *m*; *Säbel*-Hieb *m*; **⁓aria, ⁓eiro** [⁓lɐ'riɐ, ⁓'leiru] = *cutelaria*, *cuteleiro*.
cútis ['kutiʃ] *f* Haut *f*.
czar [kzar] *m* Zar *m*.

D

D, d [de] *m* D, d *n.*

da [dɐ] *Zssg der prp.* de *mit art.* (*od. pron.*) *a.*

dacolá [dɐku'la] von dort (her); daher; daraus.

dactil|ógrafa [da(k)ti'lɔɣrɐfɐ] *f* Schreibhilfe *f*, Stenotypistin *f*; F Tippfräulein *n*; **~ografado** [~luɣrɐ'faðu] maschinenschriftlich; **~ografar** [~luɣrɐ'far] (1b) mit der Maschine schreiben, F tippen; **~ografia** [~luɣrɐ'fiɐ] *f* Maschinenschreiben *n*; **~ográfico** [~lu'ɣrafiku] maschinenschriftlich; Schreibmaschinen...

dádiva ['daðivɐ] *f* Gabe *f*, Geschenk *n.*

dad|o ['daðu] **1.** *p.p. v. dar*; *fig.* ergeben; anhänglich; *ser ~ a alg. fazer a/c.* j-m vergönnt sein et. zu tun; *dado* (*m*), *dada* (*f*) in Anbetracht (*gen.*), infolge (*gen.*); *~ que* gesetzt, daß; **2.** *m* a) Würfel *m* (*estão lançados* sind gefallen); *lançar os ~s* würfeln; b) Gegebenheit *f*; Umstand *m*; ℞ gegebene Größe *f*; *~s pl.* Unterlagen *f/pl.*; Angaben *f/pl.*; Daten *n/pl.*; **~or** [dɐ'ðor] *m* Geber *m*; Spender *m*; Stifter *m.*

daí [dɐ'i] von da, von dort; (von) da weg, her; *fig.* hier- (*od.* dar-) aus; daher; *anda ~, vem ~* komm her (*od.* mit).

dalém [dɐ'lẽi] *Zssg v. de u. além.*

dali [~'li] von da, von dort; da-, dort-her; *fig.* daraus; daher.

dália ['daljɐ] *f* Dahlie *f.*

dalt|ónico [daɫ'tɔniku] farbenblind; **~onismo** [~tu'niʒmu] *m* Farbenblindheit *f.*

dama ['dɐmɐ] *f* Dame *f*; *jogo m das ~s* Damespiel *n.*

damas|ceno [dɐmɐʃ'senu] = **~quino**; **~co** [~'maʃku] *m* Damast *m*; ⚘ Aprikose *f*; **~queiro** [~'keiru] *m* Aprikosenbaum *m*; **~quilho, ~im** [~'kiʎu, ~'kĩ] *m* Halbdamast *m*; **~quinar** [~ki'nar] (1a) damaszieren; **~quino** [~'kinu] Damaszener(...).

dan|ação [dɐnɐ'sɐ̃u] *f* Verdammung *f*; Verderben *n*; *fig.* Wut *f*; **~ado** [~'naðu] wütend; verzweifelt (*Lage*), verzwickt; verrucht (*Charakter*); schlimm; **~ar** [~'nar] (1a) toll m.; aufbringen; zugrunde richten; schaden (*dat.*); **~ar-se** toll w. (*Hund*); *fig.* F hochgehen.

dança ['dɐ̃sɐ] *f* Tanz *m* (*a. fig.*); *meter-se na ~* sich darauf einlassen, mitmachen; *meter na ~* mit hineinziehen; *meter numa boa ~ j-m* etwas Schönes einbrocken.

danç|ante [dɐ̃'sɐ̃ntə]: *chá m ~* Tanztee *m*; **~ar** [~ar] (1p) tanzen; **~arino** *m*, **-a** *f* [~sɐ'rinu, -ɐ] (Ballett-)Tänzer(in *f*) *m*; Eintänzer(in *f*) *m*; **~ata** *bras.* [~atɐ] *f* Tanzerei *f.*

dândi ['dɐ̃ndi] *m* Modenarr *m.*

danific|ação [dɐnəfikɐ'sɐ̃u] *f* (Be-)Schädigung *f*; **~ar** [~'kar] (1n) (be-)schädigen; schaden (*dat.*).

dan|inho [~'niɲu] schädlich; gefährlich; *ervas f/pl. -as* Unkraut *n*; **~o** ['dɐnu] *m* Schaden *m*; Verlust *m*; *fazer ~* schaden; Schaden zufügen; **~oso** [~ozu] schädlich.

dantes ['dɐ̃ntɨʃ] früher; ehemals; vorher.

danubiano [dɐnu'βjɐnu] Donau...

daqu|ele [dɐ'kelə] *Zssg v. de u. aquele*; **~ém** [~ẽi] *Zssg v. de u. aquém*; **~i** [~i] von hier (aus *od.* ab); hieraus; *~ a oito dias* heute in acht Tagen; *~ a pouco* bald, in kurzem; *~ em diante* von jetzt an, in Zukunft; *~ até lá* bis dahin; **~ilo** [~ilu] davon; dessen; desjenigen; von dem(jenigen), *oft a.*: dar-aus, -um *usw.*; aus dem(jenigen), um das(jenige) *usw.*

dar [dar] (1r) **1.** *v/t.* geben; reichen; schenken; ab-, her-geben; gewähren; *Lehrstoff* durchnehmen; *Töne usw.* von sich geben, ausstoßen; ergeben (*als Resultat*); *Arbeit usw.* machen; *Früchte* tragen; *Nutzen* abwerfen, bringen; *Zeit, Geld* verwenden auf (*ac.*), opfern (für [*ac.*] *para, por*); *Sonderbedeutungen in Verbindung mit Substantiven* *s. dort*; **2.** *mit prp.*: ~ *a* bewegen (*ac.*); ~ *a inf.* anfangen zu *inf.*; ~ *a alg. fig.* es j-m geben; ~ *a entender* (*od. perceber*) zu verstehen geben; ~ *a fugir*, ~ *às pernas* (*od. aos calcanhares, às trancas, às de vila-diogo*) ausreißen; *ir* ~ *a* zulaufen auf (*ac.*), führen zu (*od.* nach); ~ *com* stoßen auf (*ac.*), finden (*ac.*); *j-n* treffen; ~ *como* ansehen als; ausgeben für; ~ *de si* sich dehnen (*Holz usw.*); sich senken (*Dach*); nachgeben (*Stütze*); ~ *em* a) fallen auf (*od.* in) (*ac.*) (*Licht*); ~ *nos olhos* (*na vista*) *fig.* auffallen; b) werden zu (*z.B. zum Trinker*); sich ergeben (*dat.*) (*z.B. dem Trunk*); dahin kommen zu *inf.*; ~ *em* (*od. contra*) stoßen gegen (*od.* auf [*ac.*]); (an-)rennen gegen; ⚓ auflaufen auf (*ac.*); ~ *em alg.* j-n schlagen; j-m zusetzen; ~ *com os olhos* (*od. a vista*) *em* gewahr werden (*ac.*), bemerken (*ac.*); ~ *consigo em* sich begeben nach (*dat.*); ~ *consigo no chão* (*a janela abaixo, etc.*) auf den Boden (aus dem Fenster *usw.*) fallen; ~ *para* a) reichen für (*ac.*); b) gelten für (*ac.*); c) (hinaus)gehen nach *od.* auf (*ac.*); *dá-me para* ich bekomme Lust auf (*ac.*) *od.* zu; ~ *por* halten für; betrachten als; (*não*) ~ *por* (nicht) achten auf (*ac.*), (nicht) (be)merken (*ac.*); ~ *pela coisa* dahinterkommen; ~ *a/c. por 100* et. für 100 hergeben; ~ *sobre* herfallen über (*ac.*); *deu-lhe a/c.* ihm ist et. zugestoßen; *deu-lhe um ataque* (*o sono*) er hat e-n Anfall (Schlaf) bekommen; *deu-lhe para* er ist darauf verfallen zu *inf.*; ihm ist *et.* (*nom.*) eingefallen; *ele* (*isto*) *não dá nada* aus ihm (daraus) wird nichts; **3.** **~-se** vorkommen; eintreten; geschehen; ~ *bem* (*mal*) sich wohl (nicht wohl) fühlen; ~ *a* sich ergeben (*dat.*); sich widmen (*dat.*); ~ *com* verkehren mit; sich verstehen (*od.* vertragen) mit; ~ *por* sich halten (*od.* erklären, ausgeben) für; *não se* ~ *por entendido* sich dumm stellen; *dá-se como certo* man hält (es) für gewiß.

dard|ejar [dɐrdɨ'ʒar] (1d) (mit dem Speer) durchbohren; schleudern (auf [*ac.*]); *v/i.* blitzen (*Auge*); **~o** ['dardu] *m* Speer *m*; *Insekten*-Stachel *m* (*a. fig.*); *Schlangen*-Zunge *f*; *fig.* bissige Bemerkung *f*; *Sport*: *lançamento de* ~ Speerwerfen *n*.

dat|a ['datɐ] *f* Datum *n*; *uma* ~ *de* e-e Menge; *de fresca* (*od. nova*) ~ neueren Datums; F frischgebacken; *de longa* (*od. velha*) ~ langjährig, alt; von langer Hand; *em* ~ *de* mit Datum vom; **~ar** [dɐ'tar] (1b) datieren; ~ *de* stammen aus (*od.* von); beginnen mit (*od.* in); **~ivo** [dɐ'tivu] *m* dritte(r) Fall *m*, Dativ *m*.

de [də] **1.** *vertritt den deutschen Genitiv*; **2.** *attributiv*: a) *Kennzeichnung nach Stoff, Form, Alter, Wesen usw.*: aus (*dat.*); *chapéu m* ~ *3 picos* Dreispitz *m*; *cadeira f* ~ *braços* Armstuhl *m*; ~ *20 anos* zwanzigjährig; *acto m* ~ *coragem* mutige Tat *f*; b) *Bestimmung*: *sala f* ~ *jantar* Eßzimmer *n*; *deixar* (*ficar*) ~ zurück-lassen (-bleiben) als; **3.** *Herkunft*: a) *Ausgangspunkt*: von (*dat.*); ~ ... *a* von ... zu *od.* nach; von ... bis; ~ *dia para dia* von Tag zu Tag; ~ *hoje a 8 dias* heute in 8 Tagen; ~ *amarelo tornou-se branco* s-e gelbe Farbe wurde weiß; ~ *simples jornalista fez-se ministro* vom einfachen Journalisten stieg er zum Minister auf; b) *Raum od. Herkunft*: aus (*dat.*); *vento do Norte* Nordwind *m*; **4.** *Ziel*: nach (*dat.*); *desejo m da morte* Todesverlangen *n*; **5.** *Ursache, Beweggrund*: an (*dat.*); von (*dat.*); *doente* ~ krank an (*dat.*); ~ *medo* (*alegria etc.*) vor *od.* aus Angst (Freude *usw.*); ~ *velho* (*contente*) vor Alter (Freude); **6.** *Mittel, Umstand*: mit (*dat.*); ~ *casaca* im Frack; ~ *costas* auf dem Rücken; ~ *novo* von neuem; ~ *todo* ganz und gar; ~ *per si* für sich allein; von sich aus; **7.** *zeitl. Umstand*: ~ *manhã* (*tarde, noite*) morgens (nachmittags, nachts), am Morgen (am Nachmittag, in der Nacht); ~ *dia* tagsüber, am Tage; **8.** *Maß, Anzahl, Wert, Größe*: *um copo* ~ *água* ein Glas Wasser; *1 m* ~ *fazenda* 1 Meter Stoff; *monte m* ~ *100 m* ~ *altura* 100 m hoher Berg *m*; *charuto m* ~ *1 escudo* Zigarre *f* zu 1 Escudo; *algo* (*nada*) ~ *novo* etwas (nichts) Neues; **9.** *Beifügung e-s Namens*: *a cidade* ~ *Lisboa* die Stadt Lissabon; *o título* ~ *Doutor* der Doktortitel; *o pobre do homem* der arme Mann; *pobre*

~ *mim* ich Armer; *o parvo do médico* der (*od.* dieser) Tropf von einem Arzt; **10.** *beim Komparativ*: als.

dê [de] **1.** *m Name des Buchstaben d*; *pl.*: *dês od. dd*; **2.** *s. dar.*

dealbar [djał'bar] (1a) *v/i.* erglänzen.

deambul|ar [djẽmbu'lar] (1a) (umher-)wandeln, (-)schweifen; **~atório** [~lɐ'tɔrju] *m* Wandelgang *m*; ⚠ Chorumgang *m*.

deão [djɐ̃u] *m* Dechant *m*, Propst *m*; *pol.* Doyen *m*.

debaixo [də'βaiʃu] unten; darunter; ~ *de* unter (*ac. u. dat.*); unterhalb (*gen.*); *estar* ~ unten (durch) *od.* herunter sn; *ficar* ~ unterliegen; *meter* ~ unterkriegen.

debalde [~'βałdə] vergeblich.

deband|ada [~βɐ̃n'daδɐ] *f* Auflösung *f*; (wilde) Flucht *f*; *fig.* Abwanderung *f*; *em* ~ auf der Flucht; Hals über Kopf, bunt durch-ea.; *pôr em* ~ in die Flucht schlagen; = **~ar** [~ar] (1a) (aus-ea.-)sprengen; *v/i. u.* **~ar-se** sich auflösen (*Heer, Ordnung*); fliehen; *fig.* abwandern; ~! ⚔ weggetreten!

debat|e [~'βatə] *m* Aus-ea.-setzung *f*, Debatte *f*; Verhandlung *f*; *parl.* Aussprache *f*; *em* ~ zur Verhandlung (*od.* zur Debatte) stehend; fraglich; **~er** [~βɐ'ter] (2b) erörtern, debattieren; verhandeln; **~er-se** sich sträuben; zappeln; sich herumschlagen; kämpfen (mit *em*).

debelar [~βə'lar] (1c) niederwerfen; bezwingen; überwinden.

debicar [~βi'kar] (1n) (*em*) picken *od.* naschen (an [*dat.*]); *fig.* auf j-n (*od.* an j-m herum)sticheln.

débil ['dɛβił] schwach; hinfällig; schwächlich.

debili|dade [dəβəli'δaδə] *f* Schwäche *f*; Hinfälligkeit *f* (*physisch*); **~tação** [~tɐ'sɐ̃u] *f* Schwächung *f*; Entkräftung *f*; **~tar** [~'tar] (1a) schwächen; entkräften; **~tar-se** schwach werden; s-e Kraft verlieren.

debitar [~βi'tar] (1a): ~ *alg. em* (*od. por*) ✝ j-n belasten mit.

débito ['dɛβitu] *m* Schuld *f*; Soll *n*; ⊕ Leistung *f*; *levar a* ~ *de alg.* j-n belasten mit.

deblaterar [dəblɐtə'rar] (1c) plärren.

debochado *gal.* [dəβu'ʃaδu] = *devasso.*

debruar [~'βrwar] (1g) einfassen; (aus)schmücken.

debru|çar [~βru'sar] (1p) niederbeugen; **~çar-se** sich (hinaus)lehnen.

debrum [~'βrũ] *m* Einfassung *f*; Besatz *m*, Saum *m*.

debulha [~'βuʎɐ] *f* Drusch *m*.

debulh|ador [~βuʎɐ'δor] *m* Drescher *m*; = **~adora** [~ɐ'δorɐ] *f* Dreschmaschine *f*; **~ar** [~'ʎar] (1a) ent-hülsen, -körnen; *Getreide* dreschen; **~ar-se** sich *in Tränen* auflösen; **~o** [~'βuʎu] *m* Spreu *f*.

debux|ar [~βu'ʃar] (1a) zeichnen; skizzieren, entwerfen; **~o** [~'βuʃu] *m* Zeichnung *f*; Skizze *f*, Entwurf *m*; Plan *m*; Vorzeichnung *f*; Druckstock *m für Gewebedruck*.

deca... *in Zssgn* Zehn...; *z.B. decaedro m* Zehnflächner *m*; *decágono m* Zehneck *n*.

década ['dɛkɐδɐ] *f* Dekade *f*; Jahrzehnt *n*.

decad|ência [dəkɐ'δẽsjɐ] *f* Verfall *m*, Niedergang *m*; Dekadenz *f*; *estar em* ~ verfallen; darniederliegen; **~ente** [~ẽntə] dekadent.

deca|ída [~'iδɐ] *f* Verfall *m*; Hinfälligkeit *f*; = ~ *imento*; **~ído** [~'iδu] hinfällig; **~imento** [~i'mẽntu] *m* Abnahme *f*; *fís.* Zerfall *m*; **~ir** [~'ir] (3l) verfallen; nachlassen (*Leistung*); sinken (*Ansehen usw.*); herunterkommen; ~ *da graça* in Ungnade fallen.

decalcar [~kał'kar] (1n) (durch-)pausen.

decálogo [~'kaluγu] *m die* Zehn Gebote *n/pl.*

decalque [~'kałkə] *m* Pause *f*; Abklatsch *m*.

decampar [~kɐ̃m'par] (1a) das Lager abbrechen; abziehen.

decan|ado [~kɐ'naδu] *m* Dechanat *n*, Dekanat *n*; **~o** [~'kɐnu] *m* Dienst-, Rang-älteste(r) *m*; Dekan *m*.

decant|ação [~kɐ̃ntɐ'sɐ̃u] *f* Klärung *f*, Läuterung *f*; **~ador** [~ɐ'δor] *m* Kläranlage *f*; Klär-, Läuter-bottich *m*; **~ar** [~'tar] (1a) **a**) abgießen; klären, läutern; **b**) besingen.

decapitar [~kɐpi'tar] (1a) enthaupten; *allg.* köpfen; *fig.* (der Führung) berauben.

decatlo [dɛ'katlu] *m* Zehnkampf *m*.

decen|al [dəsə'nał] zehnjährig;

Zehnjahres...; **~ário** [~'narju] **1.** *adj.* zehnteilig; **2.** *m* zehnte(r) Jahrestag *m.*
decência [~'sẽsjɐ] *f* Anstand *m*; Einfachheit *f*; Reinlichkeit *f.*
decénio [~'sɛnju] *m* Jahrzehnt *n.*
decente [~'sẽntə] anständig; schicklich; unaufdringlich; reinlich.
decentraliz|ação [~sẽntrɐlizɐ'sɐ̃u] *f* Aufgliederung *f*; **~ar** [~'zar] (1a) aufgliedern, dezentralisieren.
decepar [~sə'par] (1c) verstümmeln; *cir.* abnehmen; *allg.* ab-schneiden, -hacken *usw.*; *fig.* unterbrechen.
decep|ção [~sɛ'sɐ̃u] *f* Enttäuschung *f*; **~cionar** [~sju'nar] (1e) enttäuschen.
decerto [~'sɛrtu] gewiß.
decid|ido [~si'ðiðu] energisch; **~ir** [~ir] (3a) entscheiden; *Zweifel* lösen; *Tat* beschließen; ~ *a* veranlassen zu; ~ *de* beschließen über (*ac.*); **~ir-se** sich entschließen.
decifr|ar [~'frar] (1a) entziffern; *Rätsel* lösen; *Absicht* durchschauen; **~ável** [~avɛɫ] lesbar; lösbar; erkennbar; zu entziffern(d).
decigrama [~'ɣrɐmɐ] *m* Zehntelgramm *n*, Dezigramm *n.*
décima ['dɛsimɐ] *f* Zehntel *n*; Zehnte *m*, Zehent *m*; *lit.* Zehnzeiler *m*; ♪ Dezime *f.*
decim|al [dəsi'maɫ] **1.** *adj.* Dezimal...; **2.** *f* Dezimalzahl *f*; **~ar** [~ar] (1a) = *dizimar.*
decímetro [də'simətru] *m* Zehntelmeter *n*, Dezimeter *n.*
décimo ['dɛsimu] **1.** *adj.* zehnt; **2.** *m der* zehnte Teil; Zehntel *n.*
decis|ão [dəsi'zɐ̃u] *f* Entscheidung *f* (*tomar* fällen); Lösung *f*; Beschluß *m*, Entschluß *m* (*tomar* fassen); Entschlossenheit *f*; *com* ~ entschlossen, energisch; **~ivo** [~ivu] entscheidend, ausschlaggebend; entschieden, klar.
declam|ação [dəklɐmɐ'sɐ̃u] *f* Vortrag(skunst *f*) *m*; *cair na* ~ Phrasen dreschen; **~ador** [~ɐ'ðor] *m* Vortragskünstler *m*; F Phrasendrescher *m*; **~ar** [~'mar] (1a) vortragen; *v/i.* feierlich reden; *depr.* Phrasen dreschen; ~ *contra* eifern gegen; **~atório** [~ɐ'tɔrju] Vortrags...; *fig.* feierlich; *depr.* hochtrabend.
declar|ação [~rɐ'sɐ̃u] *f* Erklärung *f*; ⚓ *a.* Deklaration *f*; ⚖ *a.* Aussage *f*; *fazer uma* ~ e-e (Liebes-)Erklärung abgeben (m.); **~adamente** [~ˌraðɐ'mẽntə] offensichtlich; = **~adas** [~'raðɐʃ]: *às* ~ offen; **~ante** [~'rẽntə] *m* Ausfertiger *m*; ⚖ *oft* Zeuge *m*; *allg.* Deklarant *m*; **~ar** [~'rar] (1b) erklären; *Zoll usw.*: deklarieren, verzollen; ⚖ *a.* aussagen; *fig.* ernennen zu; bezeichnen, nennen; *sein Herz* entdecken; **~ar-se** ausbrechen (*Feuer*); entstehen (*Aufregung usw.*); ~ *com alg.* sich j-m entdecken.
declin|ação [~inɐ'sɐ̃u] *f* Neigung *f*, Senkung *f*; *fig.* Verfall *m*; Rückgang *m*; Ende *n*; *ast.* Abweichung *f*; *geogr.* Mißweisung *f*; *gram.* Deklination *f*, Beugung *f*; **~ar** [~'nar] (1a) *v/i.* sich neigen, senken; *vom Meridian* abweichen, fehlweisen; *fig.* zurückgehen (*Fieber*); zu Ende gehen (*Leben*); *allg.* verfallen; *v/t.* zurückweisen; *Schuld* abwälzen (auf [*ac.*] *sobre*); *Blick* abwenden; *gram.* deklinieren, beugen; **~ável** [~'navɛɫ] beugungsfähig, deklinierbar.
declínio [~'klinju] *m* Niedergang *m*, Verfall *m*; Ende *n.*
decliv|ar [~kli'var] (1a) abfallen (*Gelände*); **~e** [~'klivə] **1.** *m* Hang *m* (*a. fig.*), Böschung *f*; Gefälle *n*; Neigung *f*; Abschüssigkeit *f*; *em* ~ = **2.** *adj.* = **~oso** [~ozu] abschüssig.
decoada [də'kwaðɐ] *f* Lauge *f.*
decoc|ção [~kɔk'sɐ̃u] *f* Absud *m*; *fazer a* ~ *de* auskochen (*ac.*); **~to** [~'kɔktu] *m* Absud *m*, Dekokt *n.*
decol|agem ✈ [~ku'laʒɐ̃i] *f* Start *m*, Abheben *n*; **~ar** [~ar] (1e) starten, sich abheben.
decomp|onível [~kõmpu'nivɛɫ] ⚗ abbaufähig; **~or** [~'por] (2zd) zerlegen; zersetzen (*a. fig.*); *Gesichtszüge* entstellen; ⚗ abbauen; *Atom* zertrümmern; **~or-se** zerfallen; sich auflösen; verfaulen; verderben; **~osição** [~uzi'sɐ̃u] *f* Zerlegung *f*; Zersetzung *f* (*a. fig.*); ⚗ Abbau *m*; Zerfall *m* (*a. fig.*); Fäulnis *f*; *em* (*estado de*) ~ zerfallend; verdorben.
decor|ação [~kurɐ'sɐ̃u] *f* Ausschmückung *f*, Dekoration *f*; (Fest-)Schmuck *m*; *tea.* Bühnenausstattung *f*; **~ador** [~ɐ'ðor] *m Schaufenster*-Dekorateur *m*; Innenarchitekt *m*; Bühnenbildner *m*; **~ar** [~'rar] (1e) **a)** (aus)schmücken, deko-

rieren; **b)** auswendig lernen; behalten; **~ativo** [~ɐ'tivu] dekorativ.
decor|o [~'koru] *m* Anstand *m*; Würde *f*; **~oso** [~ku'rozu] anständig.
decorr|er [~ku'ʀer] (2d) verlaufen, verstreichen (*Zeit*); sich abwickeln; geschehen; ~ *de* stammen aus, e-e Folge (*gen.*) sn; *no* ~ *de* im Verlauf (*gen.*); im Laufe *der Zeit*; **~ido** [~iðu] nach (*dat.*); abgelaufen (*Jahr*).
decot|ado [~'taðu] dekolletiert; **~ar** [~ar] (1e) beschneiden, stutzen; *Kleid* ausschneiden; **~ar-se** ausgeschnittene Kleider tragen; **~e** [~'kɔtə] *m* Ausschnitt *m am Kleid*.
decr|épito [~'krɛpitu] gebrechlich; hochbetagt; **~epitude** [~əpi'tuðə] *f* Gebrechlichkeit *f*; Alter *n*; *em* ~ altersschwach.
decresc|endo [~kriʃ'sẽndu] *m* ♪ Dekrescendo *n*; **~er** [~er] (2g) abnehmen; fallen (*Wasserstand*); abschwellen (*Ton*); **~imento** [~si'mẽntu] *m* Abnahme *f*; Rückgang *m*; Abschwellen *n*.
decréscimo [~'krɛʃsimu] *m* = *decrescimento.*
decret|ar [~krə'tar] (1c) verordnen; verfügen, den Befehl erlassen; **~o** [~'krɛtu] *m* Verordnung *f*; Ratschluß *m*, Wille *m Gottes*; **~o-lei** [~ˌkrɛtu'lei] *m* Gesetzesverordnung *f*.
decúbito [~'kuβitu] *m* Ruhelage *f*; ~ *dorsal* Rückenlage *f*.
décuplo ['dɛkuplu] zehnfach.
decurso [də'kursu] *m* Verlauf *m*; Dauer *f*; *no* ~ *de* während (*gen.*).
ded|ada [~'ðaðɐ] *f* Fingerspitze *f* voll; Fingerabdruck *m*; **~al** [~ał] *m* Fingerhut *m*; **~aleira** [~ðɐ'leirɐ] *f* ⚘ Fingerhut *m*; **~eira** [~eirɐ] *f* Fingerling *m*.
dedic|ação [~ðikɐ'sɐ̃u] *f* Hingabe *f*; Fleiß *m*; Verwendung *f*; Widmung *f*; **~ado** [~'kaðu] eifrig, fleißig; ergeben; **~ar** [~'kar] (1n) widmen; *Buch a.* zueignen; *Liebe usw.* schenken; *Mittel* verwenden (auf [*ac.*] *a*); **~ar-se** sich *j-m* ergeben; sich *Gott usw.* weihen; **~atória** [~ɐ'tɔrjɐ] *f* Widmung *f*, Zueignung *f*.
dedilh|ação ♪ [~ðiʎɐ'sɐ̃u] *f* Fingersatz *m*; **~ar** [~'ʎar] (1a) ♪ *Saiten* schlagen; *Stück* klimpern; *Noten* mit Fingersatz versehen.

dedo ['deðu] *m* Finger *m*; *Fuß*-Zehe *f*; *fig.* Hand *f*; *a* ~ mit dem (den) Finger(n); *como os próprios* ~*s* in- und auswendig; *dar ao* ~ emsig nähen; *dois* ~*s de* ein bißchen; e-n Schluck; *ter* ~ *para* Geschick h. für.
dedu|ção [dəðu'sɐ̃u] *f* Ableitung *f*; Folgerung *f*; Abzug *m*; *fil.* Deduktion *f*; ~ *feita de* nach Abzug (*gen.*); **~tivo** [~'tivu] deduktiv; **~zir** [~'zir] (3m) ableiten; folgern; *Kosten usw.* abziehen; *a* ~ abzüglich; **~zir-se** folgen, sich ergeben.
defas|agem [~fɐ'zaʒɐ̃i] *f* Phasendifferenz *f*, -verschiebung *f*; **~ar** [~ar] (1b) *fig.* überstürzen, vorwegnehmen.
defec|ação [~fəkɐ'sɐ̃u] *f* ⚕ Stuhl (-gang) *m*; **~ar** [~'kar] (1n; *Stv.* 1c) klären, läutern; *v/i.* den Darm entleeren, Stuhlgang h.
defecção [~fɛk'sɐ̃u] *f* Fahnenflucht *f*; Austritt *m aus e-r Partei usw.*
defec|tível [~fɛ(k)'tivɛł] fehlerhaft; fehlbar; **~tivo** [~'tivu] unvollständig.
defeit|o [~'feitu] *m* Fehler *m*; Gebrechen *n*; Mangel *m*; **~uoso** [~fei'twozu] fehlerhaft, schadhaft; unvollständig; mangelhaft.
defen|der [~fẽn'der] (2a) verteidigen; (be)schützen (*de* vor [*dat.*]); untersagen; **~der-se** sich durchschlagen; ~ *de* sich verteidigen (*od.* behaupten) gegen; **~dível** [~'divɛł] = ~*sável*; **~sa** [~'fẽsɐ] *f* = *defesa*; ~*s pl.* ⚓ Stoßhölzer *n/pl.*; **~são** [~ẽ'sɐ̃u] = *defesa*; **~sável** [~ẽ'savɛł] verteidigungsfähig; haltbar, vertretbar (*Ansicht*); entschuldbar (*Benehmen*); **~siva** [~ẽ'sivɐ] *f* Verteidigung(szustand *m*) *f*; **~sível** [~ẽ'sivɛł] = ~*sável*; **~sivo** [~ẽ'sivu] Verteidigungs...; Abwehr...; Schutz...; **~sor** [~ẽ'sor] *m* Verteidiger *m*.
defer|ência [~fə'rẽsjɐ] *f* Gefälligkeit *f*; Ehrerbietung *f*; **~ente** [~ẽntə] gefällig, freundlich; **~imento** [~ri'mẽntu] *m* Bewilligung *f e-s Gesuchs*; Übertragung *f*; Verleihung *f*; *não ter* ~ abschlägig beschieden w.; **~ir** [~ir] (3c) *Gesuch* bewilligen; *Amt* übertragen; *Würde* verleihen; *v/i.* willfahren; sich richten (nach *a*); **~ível** [~ivɛł] statthaft, möglich.
defes|a [~'fezɐ] **1.** *f* Verteidigung *f*; Abwehr *f*; Schutz *m*; Verbot *n*; ~*s*

pl. Fangzähne *m/pl.*; Hörner *n/pl.*, Geweih *n*; **2.** *m Sport*: Verteidiger *m*; **~o** [~u] **1.** *adj.* verboten; *dia m ~* Ruhetag *m*; **2.** *m* Schonzeit *f*.

défice ['dɛfisə] *m* Fehlbetrag *m* (*cobrir* ausgleichen, decken), Defizit *n*.

defici|ência [dəfi'sjẽsjɐ] *f* Mangel *m*; Schwäche *f*; Fehlerhaftigkeit *f*; *Gewichts*-Ausfall *m*; **~ente** [~ẽntə] mangelhaft; unzureichend; fehlerhaft; unzuverlässig; **~tário** [~si'tarju] ungedeckt; unausgeglichen.

definh|ado [~fi'ɲaðu] abgezehrt, mager; hinfällig, elend; welk; **~amento** [~ɲɐ'mẽntu] *m* Abgezehrtheit *f*; Hinfälligkeit *f*; Welkheit *f*; Verfall *m*; Rückgang *m*; **~ar** [~ar] (1a) ausmergeln; verzehren; **~ar-se** abmagern; dahinwelken.

defin|ição [~fəni'sɐ̃u] *f* Erklärung *f*; Begriffsbestimmung *f*, Definition *f*; **~ido** [~'niðu] *gram.* bestimmt (*Artikel*); **~ir** [~'nir] (3a) bestimmen, definieren; erklären; abgrenzen; **~ir-se** Stellung nehmen, sich entscheiden; sich herausstellen; **~itivo** [~i'tivu] endgültig; End...; *em ~* letzten Endes; **~ível** [~'nivɛl] bestimmbar.

deflação [~flɐ'sɐ̃u] *f* Aufwertung *f*.

deflagr|ação [~ɣrɐ'sɐ̃u] *f* Explosion *f*; *Kriegs*-Ausbruch *m*; Ausrufung *f*; **~ador** [~ɐ'ðor] *m* Zünder *m*; Auslöser *m*; **~ar** [~'ɣrar] (1b) abbrennen, zur Explosion bringen; *fig.* auslösen, entfesseln; *Streik* ausrufen; *v/i.* explodieren (*Bombe*); auflodern; *fig.* entbrennen, ausbrechen.

deflor... *s. desflor...*

defluxo [~'fluksu] *m* ⚕ Schnupfen *m*; *allg.* Fluß *m*.

deform|ação [~furmɐ'sɐ̃u] *f* Entstellung *f*; Miß-, Um-bildung *f*; **~ar** [~'mar] (1e) entstellen; ver-, um-bilden; **~e** [~'fɔrmə] entstellt; unförmig, häßlich; **~idade** [~i'ðaðə] *f* Mißgestalt *f*; Verunstaltung *f*; ⚕ *a.* Gebrechen *n*; *fig.* Verwilderung *f*.

defraud|ação [~frauðɐ'sɐ̃u] *f* Veruntreuung *f*; Unterschlagung *f*; Hinterziehung *f*; **~ador** [~ɐ'ðor] *m* Defraudant *m*; **~ar** [~'ðar] (1a) *j-n* berauben; *j-n um et.* bringen; *Erbschaft* hinterziehen; *Geld* unterschlagen; veruntreuen; *das Gesetz* umgehen; *Hoffnung* täuschen.

defront|ar [~frõn'tar] (1a): *~ com* gegenüber-liegen, -sitzen, -stehen (*dat.*); = **~ar-se** *com* stehen vor (*dat.*), rechnen müssen mit; sich messen mit, gegenübertreten (*dat.*); **~e** [~'frõntə] gegenüber(-liegend, -sitzend, -stehend); *~ a, de* gegenüber (*dat.*); vor.

defum|ado [~fu'maðu]: *carne -a* Rauchfleisch *n*; **~ar** [~ar] (1a) (aus-, ein-, ver-)räuchern.

defunto [~'fũntu] verstorben.

degel|ar [~ʒə'lar] (1c) auftauen; **~o** [~'ʒelu] *m* Tauwetter *n*.

degener|ação [~nərɐ'sɐ̃u] *f* Entartung *f*; Ausartung *f*; **~ar** [~'rar] (1c) entarten; *~ em* ausarten in (*ac.*).

deglutir [dəɣlu'tir] (3a) (ver-) schlucken, (-)schlingen.

degol|ação [dəɣulɐ'sɐ̃u] *f* Enthauptung *f*; Ermordung *f*; Schlachten *n durch Kehlschnitt*; **~ar** [~'lar] (1e) die Kehle ab- (*od.* durch-)schneiden; enthaupten; (ab)schlachten; niedermetzeln.

degrad|ação [dəɣrɐðɐ'sɐ̃u] *f* Degradierung *f*; Erniedrigung *f*; Verwilderung *f* (*Geschmack*, *Sitten*); *pint.* Abstufung *f*; *geol.* Verwitterung *f*; **~ante** [~'ðẽntə] niedrig, würdelos; **~ar** [~'ðar] (1b) degradieren; erniedrigen, entwürdigen; abstufen; verderben.

degrau [~'ɣrau] *m* Stufe *f*; Sprosse *f*; Grad *m*, Rang *m*.

degred|ar [~ɣrə'ðar] (1c) verbannen; **~o** [~'ɣreðu] *m* Verbannung *f*.

degressivo [~'sivu] abnehmend; sich allmählich vermindernd.

degustar [~ɣuʃ'tar] (1a) abschmekken; kosten.

deit|ado [dei'taðu] liegend; im Liegen; *estar ~* (zu Bett) liegen; **~ar** [~ar] (1a) **1.** werfen; (hin-, nieder-) legen; *Flüssigkeit* (ein-, ver-)gießen; *Flammen*, *Blut* speien; *Rauch*, *Wasser* ablassen, ausströmen; *Feuerwerk* abbrennen; *Ballon* fliegen l.; *Schuld* zuschieben; *Fluch* ausstoßen; *Karten* legen; *Los* werfen; *Netz* auswerfen; *Schiff* zu Wasser l.; *Bruthenne* setzen; *Eier* unterlegen; *Kleid*, *Fesseln* anlegen; *Knospen* treiben; *~ no chão* niederwerfen; = *~ abaixo* ab-, ein-, hin-, niederreißen; *Regierung* stürzen; *~ fora* weg-werfen, -gießen; *j-n* wegjagen; *Zunge* herausstrecken; ausspucken;

~ *por fora* überlaufen; ~ *para* hinausgehen nach; ~ *a inf.* anfangen zu *inf.*; ~ *a fugir* ausreißen; ~ *os dentes, etc. a* mit den Zähnen *usw.* packen; **2. ~ar-se** schlafen gehen; ~ *a* sich verlegen auf (*ac.*).

deixa ['deiʃɐ] *f tea.* Stichwort *n.*

deix|á-lo [dei'ʃalu] macht nichts!; **~ar** [~ar] (1a) **1.** lassen; *Ort, Person* verlassen; *von der Schule usw.* abgehen; *Habe, Angehörige* zurücklassen; *et. irgendwo* stehen- (*od.* liegen-) l.; *j-n zu Hause usw.* absetzen; *beim Tode* hinterlassen; *Plan usw.* aufgeben; *Arbeit* niederlegen; *Pflicht* unterlassen; *Festgehaltenes* loslassen; *Beschlagnahmtes* freigeben; *Schuld* er-, nachlassen; *Eigenes* abtreten; *j-m e-e Entscheidung* überlassen; *Unerlaubtes* zulassen, erlauben; *Unnötiges* weglassen; *Gewinn* abwerfen; ~ *dito Befehl* hinterlassen; ~ *feito* (*od. pronto, acabado etc.*) fertigmachen; ~ *descrito* (*encarregado, etc.*) beschrieben (beauftragt *usw.*) h.; ~ *triste* (*alegre*) traurig (froh) m.; ~ *de* a) aufhören zu; b) vergessen (*od.* es unterl.) zu; c) sich hüten zu; ~ *muito que* (*od. para*) *desejar* viel zu wünschen übriglassen; *não* ~ *de inf.* auf jeden Fall *et. tun*; *não poder* ~ *de inf.* nicht umhin können zu *inf.*, *et. tun* müssen; *deixe que* a) erlauben Sie, daß; b) warten Sie nur, bis; *ora deixe-me!* lassen Sie mich doch zufrieden!; *deixe estar!* lassen Sie nur!; **2. ~ar-se** *ir* sich gehenlassen; sich vernachlässigen; ~ *de a/c.* et. lassen; ~ *estar* dableiben; sitzen (*od.* liegen) bleiben; nichts unternehmen; ~ *sentir* fühlbar werden.

dejec|ção [dɨʒɛ'sɐ̃u] *f* Darmentleerung *f*, Stuhlgang *m*; *Vulkan-*Auswurf *m*; **~to(s)** [~'ʒɛtu(ʃ)] *m*(*/pl.*) Kot *m.*

dela(s) ['dɛlɐ(ʃ)] *Zssg v. de mit pron.* *ela(s).*

delação [dəlɐ'sɐ̃u] *f* Anzeige *f.*

delambido [~lɐ̃m'biðu] fad.

delapid|ação [dəlɐpiðɐ'sɐ̃u] *f* Vergeudung *f*; *-ões pl.* Mißwirtschaft *f*; **~ar** [~'ðar] (1a) vergeuden.

delat|ar [~lɐ'tar] (1b) anzeigen, denunzieren; **~ável** [~avɛɫ] anzeigepflichtig; **~or** [~or] *m* Angeber *m*, Denunziant *m.*

dele(s) ['delə(ʃ)] *Zssg v. de mit pron. ele(s).*

deleg|ação [dələɣɐ'sɐ̃u] *f* Abordnung *f*; Übertragung *f*; Zweigstelle *f*; = **~acia** [~ɐ'siɐ] *f* Amt *n*; Vertretung *f*; Staatsanwaltschaft *f*; *bras.* Polizeikommissariat *n*; **~ado** [~'ɣaðu] *m* Abgeordnete(r) *m*; Beauftragte(r) *m*; Vertreter *m*; ⚖ Staatsanwalt *m*; *bras.* Polizeikommissar *m*; **~ar** [~'ɣar] (1o; *Stv.* 1c) *j-n* abordnen; *j-n mit et.* beauftragen; *j-m et.* übertragen; *j-n* (als Vertreter) entsenden.

deleit|ar [~lei'tar] (1a) ergötzen; **~ável** [~avɛɫ] = *~oso*; **~e** [~'leitə] *m* Wonne *f*; **~oso** [~ozu] ergötzlich; köstlich, wonnig.

delgado [dɛɫ'ɣaðu] dünn; schlank.

deliber|ação [dəliβərɐ'sɐ̃u] *f* Überlegung *f*; Beratung *f*; Beschluß(fassung *f*) *m*; **~ado** [~'raðu]: *de caso* ~ mit Überlegung; absichtlich; **~ar** [~'rar] (1c) beschließen; *v/i.* ~ *sobre* beraten über (*ac.*); nachdenken über (*ac.*); **~ativo** [~ɐ'tivu] beschlußfassend; *voto m* ~ Stimmrecht *n.*

delicad|eza [~kɐ'ðezɐ] *f* Zartheit *f*; Schwäche *f*; Empfindlichkeit *f*; Zartgefühl *n*, Takt *m*; (zarte) Aufmerksamkeit *f*; *de* ~ heikel (*Lage*); **~o** [~'kaðu] zart; dünn, fein; empfindlich; heikel; lecker; zartfühlend, taktvoll; aufmerksam.

delícia [~'lisjɐ] *f* Lust *f*, Wonne *f*; Entzücken *n*; *as ~s* die Freuden *f/pl.*; die Schönheiten *f/pl.*; *ser uma* ~ köstlich sn.

delici|ar [~li'sjar] (1g) entzücken; **~ar-se** (*com*) sich freuen (an [*dat.*]); (*et.*) genießen; **~oso** [~ozu] köstlich; entzückend.

delimit|ação [~mitɐ'sɐ̃u] *f* Be-, Ab-grenzung *f*; (Grenz-)Ziehung *f*; **~ar** [~'tar] (1a) ab-, be-grenzen.

deline|ação *f*, **~amento** *m* [~njɐ'sɐ̃u, ~ɐ'mẽntu] Riß *m*; Umriß *m*; Entwurf *m*; **~ar** [~'njar] (1l) umreißen; *in Umrissen* auf-, einzeichnen; *fig.* entwerfen; **~ativo** [~ɐ'tivu] umrißhaft, Umriß...

delinqu|ente [~lĩŋ'kwẽntə] **1.** *adj.* verbrecherisch; **2.** *su.* Missetäter (-in *f*) *m*; **~ir** [~ir] (3p) sich vergehen.

delíquio [~'likwju] *m* (Ohnmachts-) Anfall *m*; ⚗ Auflösung *f.*

delir|ante [~li'rẽntə] wahnsinnig (*a. fig.*); irreredend; tobend (*Volks-*

massen); tosend (*Fest*); **~ar** [~ar] (1a) irrereden; *fig.* phantasieren, schwärmen; sich wie wahnsinnig gebärden; faseln.
delírio [~'lirju] *m* Wahnsinn *m*, Delirium *n*; *fig.* Schwärmerei *f*; tosende Begeisterung *f*; Toben *n*; Trubel *m*; ~ *alcoólico* (*febril*) Säufer- (Fieber-)wahn *m*; ~ *furioso* Tobsucht *f*; *ser um* ~ einfach fabelhaft sn.
delito [~'litu] *m* Vergehen *n*; (Straf-) Tat *f*, Verbrechen *n*; *em flagrante* ~ auf frischer Tat.
delong|a [~'lõŋgɐ] *f* Verzögerung *f*; Aufschub *m*; *fazer ~s* hinauszuschieben suchen; **~ar** [~lõŋ'gar] (1o) verzögern; auf-, hinaus-schieben.
demag|ogia [dəmɐɣu'ʒiɐ] *f* Pöbelherrschaft *f*; Volksverhetzung *f*; *allg.* Hetze *f*; **~ógico** [~'ɣɔʒiku] demagogisch; *propaganda f -a* = **~ogismo** [~u'ʒiʒmu] *m* Hetzpropaganda *f*; demagogische Haltung *f*; **~ogo** [~'ɣoɣu] *m* Volksführer *m*; (Volksver-)Hetzer *m*.
demais [də'maiʃ] **1.** *adv.* zuviel; zu sehr; ~ *a mais* im übrigen; zu allem Überfluß; *uma coisa por* ~ unerträglich; unglaublich; **2.** *adj.* zu viel; übrig; *o* ~ das übrige; *os* ~ die übrigen, die anderen.
demand|a [~'mẽndɐ] *f* ⚖ Streitsache *f*, Klage *f*; *fig.* Streit *m*; *mover* ~ e-n Prozeß anstrengen; *andar em ~s* herumprozessieren; *fig.* sich herumstreiten; *ir em* ~ *de* suchen nach; *em* ~ *de* auf der Suche nach; auf dem Wege nach (*od.* zu), ⚓ mit Kurs nach; **~ante** [~mẽn'dẽntə] *su.* Kläger(in *f*) *m*; **~ar** [~mẽn'dar] (1a) suchen nach; zu erreichen suchen, ⚓ ansteuern; nachsuchen um; fordern; benötigen; ⚖ verklagen.
demão [~'mɐ̃u] *f* Anstrich *m*; *dar uma* (*duas*) ~(*s*) ein- (zwei-)mal überstreichen.
demarc|ação [~mɐrkɐ'sɐ̃u] *f* Abgrenzung *f*; *linha f de* ~ Demarkationslinie *f*; **~ar** [~'kar] (1b) abstecken; abgrenzen.
demasia [~mɐ'ziɐ] *f* Übermaß *n*; Überschuß *m*; Übertreibung *f*; *em* ~ im Übermaß, zu sehr.
demasi|ado [~'zjaðu] zuviel; übermäßig; übertrieben; überflüssig; *adv.* (all)zu; zu sehr; **~ar-se** [~arsə] (1g) sich übernehmen; zu weit gehen.
demência [~'mẽsjɐ] *f* Irrsinn *m*.
demente [~'mẽntə] geisteskrank.
demi|ssão [~mi'sɐ̃u] *f* Rücktritt *m*; Entlassung *f*; *dar a* ~ *a alg.* = **~tir**; *dar* (*od. pedir*) *a* ~ s-n Abschied einreichen; zurücktreten; **~ssionário** [~sju'narju] zurückgetreten; *estar* ~ s-n Abschied eingereicht h.; **~ssório** [~'sɔrju] Rücktritts...; Entlassungs...; **~tir** [~'tir] (3a) *s-s Amtes* entheben; *j-n* absetzen; *Gesandten* abberufen; *j-n* entlassen, verabschieden; ~ *de si* zurückweisen; **~tir-se** zurücktreten, s-n Abschied nehmen; ~ *de Amt* niederlegen; *Dienst* aufkündigen.
demo F ['demu] *m* Teufel *m*.
democr|acia [dəmukrɐ'siɐ] *f* Demokratie *f*; **~ata** [~'kratɐ] *m* Demokrat *m*; **~ático** [~'kratiku] demokratisch.
demogr|afia [~ɣrɐ'fiɐ] *f* Bevölkerungsstatistik *f*; **~áfico** [~'ɣrafiku] Bevölkerungs..., der Bevölkerung.
demol|ição [~li'sɐ̃u] *f* Zerstörung *f*; Niederlegung *f*; Schleifung *f*; **~ir** [~'lir] (3f) zerstören; *Gebäude* abreißen, niederlegen; ⚔ schleifen.
demoníaco [~'niɐku] teuflisch.
demónio [də'mɔnju] *m* Teufel *m* (*a. fig.*); Dämon *m*; *com os ~s, com mil* (*od. seiscentos*) *~s!* zum Teufel nochmal!; *que* ~ was zum Teufel; *vai-te com os ~s!* geh zum Teufel!
demonstr|ação [~mõʃtrɐ'sɐ̃u] *f* Beweis *m*; Nachweis *m*; Veranschaulichung *f*; Darlegung *f*; Vorführung *f*; *fis.* Versuch *m*; *fig.* Bekundung *f*; ⚔ Scheinmanöver *n*; **~ar** [~'trar] (1a) *Behauptung* beweisen; *Existenz* nachweisen; *Gedankengang* veranschaulichen; *Sachverhalt* darlegen; *Gerät* vorführen; *Trauer usw.* bekunden, bezeigen; **~ativo** [~ɐ'tivu] anschaulich; demonstrativ; *gram. a.* hinweisend; **~ável** [~'travɛɫ] be-, nach-weisbar.
demor|a [~'mɔrɐ] *f* Verzögerung *f*; Aufenthalt *m*; Verzug *m*; *sem* ~ unverzüglich; **~ado** [~mu'raðu] langwierig, zeitraubend; langsam; **~ar** [~mu'rar] (1e) hinauszögern; aufhalten; warten l.; *v/i.* lange dauern; = **~ar-se** sich aufhalten; (stehen)bleiben; sich verspäten.

demover [~mu'ver] (2d) wegräumen, entfernen; *j-n* abbringen *von*.
demudar [~'ðar] (1a) verändern; entstellen; **~-se** sich verfärben.
deneg|ação [dənəɣɐ'sɐ̃u] *f* Verweigerung *f*; **~ar** [~'ɣar] (1o; *Stv.* 1c) verweigern; leugnen.
denegrir [~'ɣrir] (3d) schwärzen; *fig.* verleumden; *Ruf* beschmutzen; **~-se** *pint.* nachdunkeln.
den|goso [dẽŋ'gozu] kokett; zimperlich; *bras.* weinerlich; **~gue** ['dẽŋgə] **1.** *adj.* = *~goso*; **2.** *f* Denguefieber *n*; **3.** *m* Reiz *m*; *bras.* Quengelei *f*; = **~guice** [~'gisə] *f* Koketterie *f*; Zimperlichkeit *f*.
denigr|ação [dəniɣrɐ'sɐ̃u] *f* Verleumdung *f*; **~ativo** [~ɐ'tivu] ehrenrührig; **~ir** [~'ɣrir] (3a) = *denegrir*.
denod|ado [~nu'ðaðu] beherzt, mutig; ungeniert; ungestüm; **~o** [~'noðu] *m* Mut *m*; Ungestüm *n*.
denomin|ação [~minɐ'sɐ̃u] *f* Bezeichnung *f*; **~ado** [~'naðu] sogenannt; **~ador** [~ɐ'ðor] *m* ⚔ Nenner *m*; *~ comum* Hauptnenner *m*; *reduzir ao mesmo ~* gleichnamig m.; **~ar** [~'nar] (1a) (be-, er-)nennen; **~ar-se** heißen.
denot|ação [~tɐ'sɐ̃u] *f* Bezeichnung *f*; Zeichen *n*; **~ar** [~'tar] (1e) bezeichnen; (an)zeigen, erkennen l.
dens|idade [dẽsi'ðaðə] *f* Dichte *f*, Dichtigkeit *f*; **~ímetro** [~'simətru] *m* Dichtigkeitsmesser *m*; **~o** ['dẽsu] dicht; dick; undurchdringlich.
dent|ada [dẽn'taðɐ] *f* Biß *m*; *fig.* Hieb *m*; **~ado** [~aðu]: *roda f -a* Zahnrad *n*; **~adura** [~tɐ'ðurɐ] *f* Gebiß *n*; Zahnkranz *m*; **~al** [~ał] **1.** *adj.* dental; *pasta f ~* Zahnpasta *f*; **2.** *f* Zahnlaut *m*; **~ão** [~ɐ̃u] *m* Zahnbrassen *m* (*Fisch*); **~ar** [~ar] (1a) (an)beißen; = *dentear*; *v/i.* zahnen; **~ário** [~arju] Zahn...
dente ['dẽntə] *m* Zahn *m*; *Gabel-*Zinke *f*; ⚠ *u. geol.* Zacken *m*; *sobre o ~* auf nüchternen Magen; *aguçar os ~s* den Schnabel wetzen; *bater* (*ranger*) *os ~s* mit den Zähnen klappern (knirschen); *apanhar a ~* aufschnappen; sich anlernen; *dar ao ~* essen; *dizer* (*od. falar, etc.*) *entre* (*os*) *~s* in den Bart brummen; *não meter ~ a* (*od. em*) nicht fertig w. mit; *não pôr ~ em* nicht anrühren (*ac.*); *ter* (*od. trazer*) *entre os ~s* e-n Pick h. auf (*ac.*); *tomar entre os ~s* durchhecheln; *com unhas e ~s* mit aller Macht.
dent|ear [dẽn'tjar] (1l) (aus)zacken; ⊕ (ver)zahnen; **~el** [~'tɛł] *m* Einschnitt *m*; **~ição** [~ti'sɐ̃u] *f* Zahnen *n* (*Kind*); **~iculado, -lar** [~tiku'laðu, -'lar] gezahnt, gezackt; dentelliert; **~ículo** [~'tikulu] *m* ⚠ Zahn(-schnitt) *m*; **~ificação** [~təfikɐ'sɐ̃u] *f* Zahnbildung *f*; **~ifrício** [~ti'frisju] **1.** *m* Zahnputzmittel *n*; **2.** *adj.* = **~ífrico** [~'tifriku]: *água f -a* Mundwasser *n*; *pasta f -a, pó m ~* Zahn-paste *f*, -pulver *n*; **~ina** [~'tinɐ] *f* Zahnschmelz *m*; **~ista** [~'tiʃtɐ] *m* Dentist *m*; *médico-~* Zahnarzt *m*.
dentre ['dẽntrə] in(mitten); unter.
dentro [~u] **1.** *adv.* darin, drinnen; *a ~* = *adentro*; *de ~* von innen (heraus); *adjektivisch*: inner; *criada f de ~* Stubenmädchen *n*; *para ~* hinein; *por ~* drinnen; (von) innen; *meter ~* a) aufbrechen; b) hineinbringen, einschmuggeln; **2.** *prp.* *~ de, ~ em* in (*dat. u. ac.*); im Innern (*gen.*); innerhalb (*gen.*); *~ em breve* bald.
dentuça [dẽn'tusɐ] *f* vorspringende Zähne *m/pl.*; F Pferdegebiß *n*.
denudar [dənu'ðar] (1a) entblößen; *fig.* bloßlegen.
denúncia [~'nũsjɐ] *f* Anzeige *f*, Verrat *m*; Anzeichen *n*; Ankündigung *f*; *Ehe-*Aufgebot *n*; Aufkündigung *f*.
denunci|ação [~nũsjɐ'sɐ̃u] *f* = *denúncia*; **~ador** [~ɐ'ðor] **1.** *adj.* *~ de* anzeigend (*ac.*); **2.** *m* = **~ante** [~'sjẽntə] *su.* Denunziant(in *f*) *m*; **~ar** [~'sjar] (1g) anzeigen, verraten; enthüllen; an-, ver-kündigen; (be-)zeigen; *Vertrag* aufkündigen; **~ativo** [~ɐ'tivu] = *~ador*.
deparar [dəpɐ'rar] (1b) (dar)bieten; (auf)finden; *~ com* stoßen auf (*ac.*).
departamento [~pɐrtɐ'mẽntu] *m* Bezirk *m*; Departement *n*; *bsd.* Dienststelle *f*; Abteilung *f*.
depauper|ação *f*, **~amento** *m* [~paupərɐ'sɐ̃u, ~ɐ'mẽntu] Verelendung *f*; Auspowerung *f*; Verminderung *f*; Entkräftung *f*; **~ar** [~'rar] (1c) arm m.; aussaugen, auspowern; schwächen; entkräften; **~ar-se** verarmen, verelenden; sich vermindern.
depenar [~pə'nar] (1d) rupfen.
depend|ência [~pẽn'dẽsjɐ] *f* Abhängigkeit *f*; Nebengebäude *n*; ✝ Zweig-stelle *f*, -niederlassung *f*; *~s pl.* Zubehör *n*; *pol.* Besitzungen

f/pl.; *estar na ~ de* = *~er*; **~ente** [~ẽntə] abhängig; **~er** [~er] (2a) abhängen; angewiesen sn (auf [*ac.*] *de*); gehören (zu *de*); *isso depende!* das kommt drauf an!, je nachdem!; **~ura** [~urɐ] *f*: *~ de uvas* aufgehängte Trauben *f/pl.*; *estar à ~* auf dem letzten Loch pfeifen; **~urar** [~du'rar] (1a) = *pendurar*.

depenicar [~pəni'kar] (1n) (einzeln) ausrupfen; (zurecht) zupfen; P naschen (an [*dat.*] *em*).

depil|ação [~pilɐ'sɐ̃u] *f* Enthaarung *f*; **~ar** [~'lar] (1a) enthaaren; die Haare ausreißen (*od.* entfernen); **~atório** [~ɐ'tɔrju] *m* Enthaarungsmittel *n*.

deplor|ar [dəplu'rar] (1e) beklagen; **~ável** [~avɛl] beklagenswert, kläglich; erbärmlich.

depo|ente [də'pwẽntə] *su.* Zeuge *m*, Zeugin *f*; **~imento** [~poi'mẽntu] *m* ⚖ (Zeugen-)Aussage *f*; *allg.* Enthüllungen *f/pl.*; Erlebnisbericht *m*.

depois [~'poiʃ] **1.** *adv.* danach, darauf, dann; nachher, später; hinterher; außerdem; **2.** *prp.* *~ de* nach (*dat.*); *~ de inf.* (*od. p.p.*) nachdem (*od.* als, wenn) *ind.*; **3.** *~ que cj.* nachdem.

depor [~'por] (2zd) *Waffen*, *Amt* niederlegen; *Anzug* ablegen; *Geld* hinterlegen; *Minister usw.* absetzen; ⚖ aussagen; *Vertrauen* setzen in (*ac.*); *~ nas mãos de alg.* j-m zu treuen Händen übergeben.

deport|ação [~purtɐ'sɐ̃u] *f* Verschickung *f*, Deportation *f*; **~ar** [~'tar] (1e) verschicken; verbannen.

deposi|ção [~puzi'sɐ̃u] *f* Absetzung *f*; (Amts-)Niederlegung *f*; *Kreuz*-Abnahme *f*; **~tante** [~'tẽntə] *m* ✝ Hinterleger *m*, Deponent *m*; **~tar** [~'tar] (1a) hinterlegen, deponieren; niederlegen; *Waren* einlagern; *feste Stoffe* absetzen, ausscheiden; *~ confiança*, *~ nas mãos s. depor*; **~tário** [~'tarju] *m* Verwahrer *m*; Treuhänder *m*; *fig.* Vertraute(r) *m*, Zeuge *m*.

depósito [~'pɔzitu] *m* Hinterlegung *f*; *Bank*-Einlage *f*; (Bank-)Konto *n*; Deposit(um) *n*; *Waren*-Lager *n*, Depot *n*; *Benzin*-Tank *m*; *Wasser*-Speicher *m*; *Gewehr*-Magazin *n*; ⚒ Ablagerung *f*; ⚗ Niederschlag *m*, Bodensatz *m*; *fig.* Sammelbecken *n*.

deprav|ação [~prɐvɐ'sɐ̃u] *f* Verderbnis *f*; **~ado** [~'vaðu] entartet; **~ador** [~ɐ'ðor] verderblich; **~ar(-se)** [~'var(sə)] (1b) verderben.

deprec|ação [~prəkɐ'sɐ̃u] *f* (flehentliche) Bitte *f*; Anrufung *f*; = **~ada** [~'kaðɐ] *f* Ersuchen *n*; **~ar** [~'kar] (1n; *Stv.* 1c) anrufen, bitten; ersuchen.

depreci|ação [~sjɐ'sɐ̃u] *f* Ab-, Entwertung *f*; *Wert*-Schwund *m*; Abschreibung *f*; *fig.* Herabsetzung *f*; Geringschätzung *f*; **~ador** [~ɐ'ðor] *m* Verächter *m*; **~ar** [~'sjar] (1g) ab-, ent-werten; abschreiben; *fig.* herabsetzen; verachten; **~ativo** [~ɐ'tivu] ab-, gering-schätzig.

depreender [~prjẽn'der] (2a) erkennen; verstehen; *~ de* entnehmen aus; *~-se de* hervorgehen aus.

depressa [~'prɛsɐ] schnell, rasch.

depress|ão [~prə'sɐ̃u] *f* Senkung *f*; Rückgang *m*; *geol.* Senke *f*; *anat.* Einbuchtung *f*; *met.* Tief *n*; *fis.*, *ast.* Depression *f*; ⚓ Kimmtiefe *f*; ✝ Tiefstand *m*, Depression *f*; *fig.* Niedergeschlagenheit *f*; **~ivo** [~ivu] niederdrückend; Senkungs...

deprim|ente [~pri'mẽntə] niederdrückend; **~ir** [~ir] (3a) demütigen; verächtlich m.; *Gemüt* nieder-drükken, -schlagen; *Übermut* dämpfen.

depur|ação [dəpurɐ'sɐ̃u] *f* Reinigung *f*; Läuterung *f*; *pol.* Säuberung *f*; **~ador** [~ɐ'ðor] *m* Reinigungsapparat *m*; *Gasfabrik*: Reinigerkasten *m*; **~ar** [~'rar] (1a) reinigen; *Metall* läutern; *pol.* säubern; **~ativo** [~ɐ'tivu] **1.** *adj.* (blut)reinigend; *pol. acção f -a* Säuberungsaktion *f*; **2.** *m* Blutreinigungsmittel *n*.

deput|ação [~tɐ'sɐ̃u] *f* Abordnung *f*; **~ado** [~'taðu] *m* Abgeordnete(r) *m*; **~ar** [~'tar] (1a) abordnen.

dera ['derɐ] *s. dar*; *quem me dera* könnte ich doch (auch) *inf.*; hätte ich doch (auch) (*ac.*); *quem me dera ser* wäre ich doch.

deriva [də'rivɐ]: *andar à ~* treiben; umhergetrieben werden.

deriv|ação [~rivɐ'sɐ̃u] *f* Ableitung *f*; Abstammung *f*; Ableitungsrohr *n*; Ablenkung *f v. der Geschoßbahn*; ⚓ Abtrift *f*; ⚡ Nebenschluß *m*, Abzweigung *f*; **~ado** [~'vaðu] *m gram.* abgeleitete(s) Wort *n*, Ableitung *f*; ⚗ Derivat *n*; ⊕ Nebenprodukt *n*; **~ar** [~'var] (1a) ableiten; herleiten;

⚡ abzweigen; *v/i.* hervorgehen (aus *de*); herkommen *od.* (ab)stammen (von *de*); ⚓ abtreiben; **~ativo** [~ɐ'tivu] **1.** *adj.* ableitend; Ableitungs-...; **2.** *m* ⚗ Derivant *n*; *fig.* Ablenkung *f*.

dermat|ologia [dɛrmɐtulu'ʒiɐ] *f* Lehre *f* von den Hautkrankheiten, Dermatologie *f*; **~ologista** [~ulu'ʒiʃtɐ] *m* Hautarzt *m*; **~ose** [~'tɔzə] *f* Hautkrankheit *f*.

derme ['dɛrmə] *f* Lederhaut *f*.

dérmico ['dɛrmiku] Haut...

derog... *s. derrog...*

derradeiro [dəʀɐ'ðeiru] letzt; *por* ~ zuletzt.

derrama [~'ʀɐmɐ] *f* Umlage *f*.

derram|amento [~ɐmɐ'mẽntu] *m* Vergießen *n*; Verbreitung *f*; Verschwendung *f*; Ausfluß *m*; Zerfließen *n*; *Blut*-Erguß *m*; **~ar** [~'mar] (1a) vergießen; *Gerücht* ausstreuen; *Blumen* streuen; *Lehren* verbreiten; *Vermögen* verschwenden; *Ansammlung* zerstreuen; *Seufzer* ausstoßen; **~ar-se** sich ergießen, ausfließen; zerfließen; **~e** [~'ʀɐmə] *m fig. bras.* Erguß *m*; = *~amento*.

derrancar [~ʀẽŋ'kar] (1n) verderben; durch-ea.-bringen; **~-se** ranzig w., verderben (*a. fig.*); durch-ea. geraten.

derrap|agem [~ʀɐ'paʒẽi] *f* Schleudern *n*; **~ar** *gal.* [~ar] (1b) *auto.* schleudern; ins Schleudern geraten.

derre|ado [~'ʀjaðu] lendenlahm; **~ar** [~ar] (1l) (nieder)beugen; abhetzen; herunterreißen; ~ (*com pancadas*) lendenlahm schlagen.

derredor [~ʀə'ðɔr] *s. redor.*

derreter [~'ter] (2c) schmelzen, auflösen; *Geld* durchbringen; *fig.* rühren; ärgern; ~ *os olhos*, ~ *em lágrimas* zu Tränen rühren; **~-se** schmelzen; *fig.* zerschmelzen; schmachten.

derribar [~ʀi'βar] (1a) niederreißen; zu Boden werfen; *Gebäude* zum Einsturz bringen (*Erdbeben*); *Bäume* fällen, entwurzeln (*Sturm*); *Wald* roden; *Äste* abschlagen; *Gegner* nieder-, *Reiter* ab-werfen; *Heer*, *Figur* schlagen; *Flugzeug* abschießen; *Regierung* stürzen; *Einrichtung* umstürzen; **~-se** (ein-, nieder-, um-, zs.-)stürzen.

derriç|ar [~'sar] zerreißen; zerren an (*dat.*); *fig.* schäkern (mit *em*); **~o** [~'ʀisu] *m* Schatz *m* (*fig.*); Flirt *m*.

derris|ão [~'zẽu] *f* Hohngelächter *n*; Verhöhnung *f*; Hohn *m*; **~ório** [~ɔrju] lächerlich; höhnisch.

derroc|ada [~ʀu'kaðɐ] *f* Einsturz *m*, Zerfall *m*; Absturz *m*; *fig.* Zs.-bruch *m*; Sturz *m*; ⚔ Niederlage *f*; **~ar** [~ar] (1n; *Stv.* 1e) ab-, ein-, nieder-reißen; *Ordnung* umstürzen; *Regierung* zu Fall bringen; *Gegner* niederwerfen, schlagen.

derrog|ação [~γɐ'sẽu] *f* Aufhebung *f*; **~ar** [~'γar] (1o; *Stv.* 1e) aufheben; **~atório** [~γɐ'tɔrju] aufhebend.

derrota [~'ʀɔtɐ] *f* **a)** Weg *m*; Bahn *f* (*a. ast.*); ⚓ Kurs *m*; **b)** Niederlage *f*.

derrot|ar [~ʀu'tar] (1e) **a)** *v/i.* vom Kurs (*od.* vom Wege) abkommen; **b)** *v/t.* (vernichtend) schlagen; *fig.* übel zurichten; **~ismo** [~iʒmu] *m* Schwarzseherei *f*, Defätismus *m*; **~ista** [~iʃtɐ] **1.** *adj.* defätistisch; **2.** *su.* Flaumacher(in *f*) *m*, Defätist *m*.

derrub|ada [~'βaðɐ] *f* Holzung *f*; *fig.* Massenentlassung *f*; **~ar** [~ar] (1a) = *derribar*.

desabaf|ado [dəzɐβɐ'faðu] luftig; unbeschwert; unbehindert; offen (-herzig); vorurteilsfrei; **~ar** [~ar] (1b) *v/t.* freimachen; aufdecken; *fig.* Luft m. (*dat.*); *Herz* erleichtern; *Leid* klagen; *v/i.* frei aufatmen; sein Herz ausschütten (*dat. com*); sich aussprechen, F loslegen; **~o** [~'βafu] *m* (Aus-)Lüftung *f*; *fig.* *Gefühls*-Ausbruch *m*; Erguß *m*.

desabalado [~'laðu] übermäßig; F höllisch (*Schmerz*, *Zorn*); hastig; weit offen (*Tür*).

desab|amento [~'mẽntu] *m* Einsturz *m*; Zs.-bruch *m*; ~ *de terra* Erdrutsch *m*; **~ar** [~'βar] (1b) *Hut* herunterklappen; *fig.* untergraben; *v/i.* einstürzen; abrutschen (*Erdreich*); *fig.* zs.-brechen.

desabit|ado [~βi'taðu] unbewohnt; **~ar** [~ar] (1a) ausziehen aus; *Wohnsitz* verlassen; *aus s-m Wohnsitz* vertreiben; *Gegend* entvölkern.

desabituado [~'twaðu] nicht mehr (daran) gewöhnt; **~ar** [~'twar] (1g): ~ *alg. de* j-m abgewöhnen (*ac.*).

desabon|ado [~βu'naðu] verrufen; **~ar** [~ar] (1f) sprechen gegen; entwerten; um sein Ansehen (*od.* um allen Kredit) bringen; **~ar-se** sein Ansehen (*od.* s-n Kredit) verlieren; **~o** [~'βonu] *m* Mißkredit *m*; *em* ~ zu ungunsten, zum Nachteil.

desabotoar [~'twar] (1f) *v/t.* auf-, ab-knöpfen; *v/i.* aufbrechen (*Knospe*); aufblühen (*Blume*).

desabrido [~'βriδu] rauh; barsch, unwirsch; grob (*Beleidigung*).

desabrig|ado [~βri'γaδu] obdach-, schutz-los; verlassen; offen; rauh (*Wind*); **~ar** [~ar] (1o) des Obdachs (*od.* des Schutzes) berauben; im Stich l.; **~o** [~'βriγu] *m* Verlassenheit *f*; Einöde *f*; Not *f*.

desabro|char [~βru'ʃar] (1e) auf-haken, -knöpfen, -schnallen; öffnen; losmachen; *Geheimnis* lüften; *v/i.* = **~lhar** [~'ʎar] (1e) auf-, erblühen; sprießen.

desabus|ado [~βu'zaδu] aufgeklärt; vorurteilsfrei; rücksichtslos; **~ar** [~ar] (1a) aufklären (über [*ac.*] *de*); **~ar-se** *de* sich *et.* aus dem Kopf schlagen; nicht glauben (*ac.*).

desacat|ado [~kɐ'taδu] unehrerbietig, unverschämt; **~ar** [~ar] (1b) unehrerbietig (*od.* unhöflich) behandeln; mißachten; **~o** [~'katu] *m* Unverschämtheit *f*; Mißachtung *f*.

desacautel|ado [~kautə'laδu] unvorsichtig; **~ar(-se)** [~ar(sə)] (1c): ~ (*de*) unvorsichtig sn (mit); nicht achtgeben (auf [*dat.*]).

desacert|ado [~sər'taδu] töricht; irrig, abwegig; **~ar** [~ar] (1c) sich irren bei *od.* in (*dat.*); versehen, falsch m.; ~ *o golpe* (*o tiro*) danebenhauen (-treffen), ~ *o passo* aus dem Schritt geraten; *v/i.* (sich) irren; **~ar-se** fehlschlagen; in Unordnung geraten; **~o** [~'sertu] *m* Versehen *n*.

desacompanh|ado [~kõmpɐ'ɲaδu] allein; ~ *de* ohne; *não ser* ~ *de fig.* nicht ermangeln (*gen.*); **~ar** [~ar] (1a) nicht mehr mitgehen (*a. fig.*); verlassen; im Stich lassen.

desaconch... *s. desconch...*

desaconselh|ado [~kõsə'ʎaδu] unbesonnen; nicht ratsam; **~ar** [~ar] (1d) abraten (*dat.*).

desacorço... *s. descorço...*

desacord|ado [~kur'daδu] uneinig, uneins; unbesonnen; besinnungslos; **~ar** [~'dar] (1e) veruneinigen; *v/i.* (sich) uneinig sn; nicht zu-ea. passen; durch-ea.-geraten; **~o** [~'kordu] *m* Uneinigkeit *f*; Unbesonnenheit *f*; Unachtsamkeit *f*.

desacostum|ado [~kuʃtu'maδu] ungewöhnlich, ungewohnt; nicht mehr gewöhnt (an [*ac.*] *de*); **~ar** [~ar] (1a): ~ *alg. de* j-m abgewöhnen (*ac.*).

desacredit|ado [~krəδi'taδu] übel beleumundet, verrufen; **~ar** [~ar] (1a) in Mißkredit bringen (geraten).

desafect|ação [~fεtɐ'sɐ̃u] *f* Ungezwungenheit *f*; Natürlichkeit *f*; **~ado** [~'taδu] ungekünstelt; ungezwungen; **~o** [~'fεtu] **1.** *adj.* feindlich; **2.** *m* Abneigung *f*.

desafeiç|ão [~fei'sɐ̃u] *f* Lieblosigkeit *f*; Abneigung *f*; **~oado** [~'swaδu] lieblos; abgeneigt; **~oar** [~'swar] (1f) **a)** entstellen; **b)** *j-n* abwenden (von *de*); *j-m* Abneigung einflößen.

desa|feito [~'feitu] nicht mehr (daran) gewöhnt; **~ferrar** [~fə'ʀar] (1c) losmachen; loslassen; *fig.* abbringen; *v/i.* ⚓ auslaufen; **~ferrar-se** *de fig.* aufgeben (*ac.*); **~fiar** [~'fjar] (1g) (heraus)fordern; trotzen (*dat.*); auffordern.

desafin|ação [~finɐ'sɐ̃u] *f* Verstimmtheit *f*; Unreinheit *f*; Mißklang *m*; **~ado** [~'naδu] falsch, unrein; **~ar** [~'nar] (1a) verstimmen; *v/i.* falsch spielen (*od.* singen); unrein klingen; *fig.* verstimmt (*od.* ärgerlich) w. (über *com*); aus der Rolle fallen.

desafio [~'fiu] *m* Herausforderung *f*; Wettstreit *m*; *bras.* Wettsingen *n*; *Sport*: Wettspiel *n*; ~ *eliminatório* Ausscheidungskampf *m*; *a* ~ um die Wette.

desafivelar [~fivə'lar] (1c) auf-, ab-schnallen.

desafog|ado [~fu'γaδu] frei, unbehindert; geräumig; bequem; unbeschwert; sorglos; ungezwungen; **~ar** [~ar] (1o; *Stv.* 1e) Erleichterung (*od.* Luft) verschaffen (*dat.*); erleichtern; *Rock usw.* aufmachen; *e-m Gefühl* Luft m.; *v/i.* sein Herz erleichtern (bei *com*); ~ *em* sich Luft m. in (*od.* mit); **~ar-se** sich Luft (*od.* sich's bequem) m.; ~ *em lágrimas* sich ausweinen; **~o** [~'foγu] *m* Erleichterung *f*; Erholung *f*; Zwanglosigkeit *f*; Ungezwungenheit *f*; *dar* ~ *a* Luft m. (*dat.*); *com* ~ sorglos, unbekümmert.

desafoguear [~fu'γjar] (1l) abkühlen; erfrischen.

desafor|ado [~fu'raδu] unverschämt; **~ar-se** [~arsə] (1e) *fig.* frech w.; ~ *de todo* sich über alles

hinwegsetzen; **~o** [~'foru] *m* Unverschämtheit *f*.
desafortunado [~furtu'naδu] unglücklich.
desafregues|ado [~frɛɣə'zaδu] ohne Kunden; *estar* ~ keine Kunden (mehr) h.; **~ar** [~ar] (1c) die Kunden abspenstig m. (*dat.*); **~ar-se** nicht mehr kaufen (bei *de*.)
desafront|a [~'frõntɐ] *f* Genugtuung *f*; Rache *f*; **~ar** [~frõn'tar] (1a) rächen; erleichtern; befreien.
desagasalh|ado [~ɣɐzɐ'ʎaδu] obdachlos; ungeschützt; unwirtlich; ungenügend bekleidet; nicht (*od.* schlecht) zugedeckt; **~o** [~'zaʎu] *m* Unwirtlichkeit *f*; Ungastlichkeit *f*; Dürftigkeit *f*; Mangel *m* an Kleidung (*od.* an Decken).
desagastar [~ɣɐʃ'tar] (1b) beschwichtigen; **~-se** sich wieder beruhigen.
desagrad|ar [~ɣrɐ'δar] (1b) mißfallen; *v/t.* belästigen; **~ável** [~avɛɫ] unangenehm; peinlich; **~ecer** [~δə'ser] (2g) *j-m* nicht danken (für [*ac.*]); *j-m et.* mit Undank lohnen; **~ecido** [~δə'siδu] undankbar; **~ecimento** [~δəsi'mẽntu] *m* Undankbarkeit *f*; **~o** [~'ɣraδu] *m* Mißfallen *n*; *cair* (*od. incorrer*) *no* ~ Mißfallen erregen.
desagrav|ar [~'var] (1b) Genugtuung geben; rächen; entschädigen; *Schaden* ersetzen; *Schuld, Schmerz* mildern; ⚖ *Urteil* aufheben; **~o** [~'ɣravu] *m* Genugtuung *f*, Sühne *f*; Entschädigung *f*; ⚖ Aufhebung(s-urteil *n*) *f*.
desagreg|ação [~ɣriɣɐ'sɐ̃u] *f* (Ab-) Trennung *f*; Auflösung *f*; Zerfall *m*; **~ar** [~'ɣar] (1o; *Stv.* 1c) (ab-) trennen; ab-, auf-lösen; **~ar-se** zerfallen.
desagu|adoiro, -ouro [~ɣwɐ'δoiru, -oru] *m* Abzugs-, Entwässerungsgraben, -kanal *m*; **~amento** [~ɐ'mẽntu] *m* Entwässerung *f*; **~ar** [~'ɣwar] (1m) entwässern; trockenlegen; auspumpen; *v/i.* münden.
desair|e [də'zairə] *m* Steifheit *f*, Hölzernheit *f*; Ungeschicklichkeit *f*; Mißgeschick *n*; Ungehörigkeit *f*; Fehler *m*; **~oso** [~ai'rozu] steif, hölzern; ungeschickt, linkisch; unglücklich, mißlich; ungehörig.
desa|jeitado [dəzɐʒei'taδu] unbeholfen, linkisch; **~judado** [~ʒu'δaδu] nicht begünstigt; nicht (*od.* schlecht) unterstützt; **~juizado** [~ʒwi'zaδu] unvernünftig.
desajust|amento [~ʒuʃtɐ'mẽntu] *m* = ~e; **~ar** [~'tar] (1a) aus der Ordnung bringen; lösen; *Vertrag* rückgängig m.; *j-m* aufkündigen; **~ar-se** *de j-m od. et.* aufsagen; **~e** [~'ʒuʃtə] *m* *Vertrags*-Kündigung *f*; Mangel *m* an Anpassung; Mißverhältnis *n*.
desalent|ar [~lẽn'tar] (1a) entmutigen; **~ar-se** den Mut (*od.* die Lust) verlieren; **~o** [~'lẽntu] *m* Mutlosigkeit *f*.
desalinh|ado [~li'ɲaδu] unordentlich; verwahrlost; **~ar** [~ar] (1a) in Unordnung (*od.* durch-ea.-) bringen; vernachlässigen; verunstalten; **~o** [~'liɲu] *m* Unordnung *f*; Nachlässigkeit *f*; Verwirrung *f*.
desalmado [dəzaɫ'maδu] herzlos, grausam; ruchlos.
desaloj|amento [~ɐluʒɐ'mẽntu] *m* Aus-, Ver-treibung *f*; Ausquartierung *f*; Wegnahme *f*; **~ar** [~'ʒar] (1e) austreiben, hinaussetzen; ausquartieren; *aus e-r Stellung* vertreiben; *v/i.* aus-, ab-ziehen.
desalug|ado [~lu'ɣaδu] frei; **~ar** [~ar] (1o) *j-n* hinaussetzen; *Wohnung* aufgeben *od.* freimachen; **~ar-se** frei werden.
desam|ar [dəzɐ'mar] (1a) hassen; **~arrar** [~mɐ'ʀar] (1b) losm.; *fig.* F loseisen; *v/i.* die Anker lichten, auslaufen; ✈ starten, abwassern; **~arrotar** [~mɐʀu'tar] (1e) glattstreichen, glätten.
desam|ável [~'mavɛɫ] unliebenswürdig; **~igar-se** [~mi'ɣarsə] (1o) sich verfeinden; **~or** [~or] *m* Lieblosigkeit *f*; Feindschaft *f*; **~orável, ~oroso** [~mu'ravɛɫ, ~mu'rozu] unliebenswürdig; lieblos; gefühllos.
desamortiz|ação [~murtizɐ'sɐ̃u] *f* Säkularisation *f*; **~ar** [~'zar] (1a) säkularisieren.
desampar|ado [dəzɐ̃mpɐ'raδu] hilflos, verlassen; ~ *de* ohne (*ac.*); *criança f -a* Findelkind *n*, schutzlose Waise *f*; **~ar** [~ar] (1b) verlassen, im Stich l.; sich nicht kümmern um; **~o** [~'paru] *m* Schutzlosigkeit *f*; Verlassenheit *f*.
desancar [dəzɐ̃ŋ'kar] (1n) verprügeln; *fig.* verreißen.
desand|ador [dəzɐ̃ndɐ'δor] *m*

Schraubenzieher *m*; **~ar** [~'dar] (1a) auf-, zurück-drehen, -schrauben; = ~ *em*, ~ *a*; *v/i.* zurückgehen; ~ *em* enden mit; ~ *a* beginnen zu.

desa|nexar [dəzɐnɛk'sar] (1a) abtrennen; **~nichar** [~ni'ʃar] (1a) ausheben; *fig.* vertreiben; verdrängen.

desanim|ado [~ni'maδu] mutlos; gedrückt; langweilig; leblos; **~ar** [~ar] (1a) entmutigen; die Lust (*od.* die Freude) nehmen; *v/i. u.* **~ar-se** den Mut (*od.* die Lust) verlieren; langweilig werden.

desânimo [də'zɐnimu] *m* Entmutigung *f*, Niedergeschlagenheit *f*.

desaninhar [dəzɐni'ɲar] (1a) = *desanichar*.

desanuvi|ado [~nu'vjaδu] wolkenlos, heiter; **~ar** [~ar] (1g) auf-hellen, -heitern; *fig.* entspannen.

desa|paixonado [~paiʃu'naδu] leidenschaftslos, kühl; **~parafusar** [~pɐrɐfu'zar] (1a) ab-, auf-, herausschrauben.

desaparec|er [~pɐrə'ser] (2g) verschwinden; **~ido** [~iδu] ⚔ vermißt; **~imento** [~si'mẽntu] *m* Verschwinden *n*.

desaparelhar [~pɐrɨ'ʎar] (1d) *Pferd* abschirren; *Ochsen* ausspannen; *Hund* loskoppeln; *Schiff* abtakeln (*a. fig.* F); *Schmuck usw.* entfernen; ab-, aus-räumen.

desapeg|ado [~pə'ɣaδu] gleichgültig, teilnahmslos; **~ar-se** [~arsə] (1o; *Stv.* 1c) sich lösen; ~ *de fig.* das Interesse (*od.* die Lust) verlieren an (*dat.*); nichts mehr zu tun h. wollen mit; **~o** [~'peɣu] *m* Gleichgültigkeit *f*; Abneigung *f*.

desapercebido [~pərsə'βiδu] unvorbereitet; ~ *de* entblößt von, ohne; *vgl. despercebido*.

desapert|ar [~pər'tar] (1c) lockern; auf-, los-, frei-, weiter-m.; erleichtern; **~ar-se** es sich bequem m.; **~o** [~'pertu] *m* Lockerung *f*; Ungezwungenheit *f*; Sorglosigkeit *f*.

desapiedado [~pje'δaδu] mitleid-, herz-los; gottlos; ruchlos.

desapoder|ado [~puδə'raδu] machtlos; unbändig; **~ar** [~ar] (1c): ~ *alg. de* j-m *Besitz, Macht* entreißen; j-m *Amt, Vollmacht* entziehen; **~ar-se** *de* verzichten auf (*ac.*).

desapont|amento [~põntɐ'mẽntu] *m* Enttäuschung *f*; **~ar** [~'tar] (1a) enttäuschen.

desaposs|ado [~pu'saδu] besitzlos; kraftlos; **~ar** [~ar] (1e) *j-n* enteignen; *j-m et.* wegnehmen; **~ar-se** weggeben, verzichten auf (*ac.*).

desapre|ciar [~prə'sjar] (1g) geringschätzen; **~ço** [~'presu] *m* Geringschätzung *f*.

desa|prender [~prẽn'der] (2a) verlernen; **~propriar** [~pru'prjar] (1g) = *desapossar*; **~provar** [~pru'var] (1e) mißbilligen.

desaproveit|ado [~pruvei'taδu] un(aus)genutzt; verpaßt (*Gelegenheit*); unnütz vertan (*Zeit, Geld*); nachlässig; **~amento** [~tɐ'mẽntu] *m* Vergeudung *f*; Versäumnis *n*; Nachlässigkeit *f*; **~ar** [~ar] (1a) nicht aus- (*od.* be-)nutzen; vertun; versäumen; vernachlässigen.

desaprum|ar-se [~pru'marsə] (1a) sich neigen; überhängen; **~o** [~'prumu] *m* Neigung *f*, schiefe Stellung *f*.

desaquartelar [~kwɐrtə'lar] (1c) ausquartieren.

desar [də'zar] *m* = *desaire*.

desarboriz|ado [dəzɐrburi'zaδu] baumlos; **~ar** [~ar] (1a) (ab)holzen.

desarm|ação [~mɐ'sɐ̃u] *f* Abbau *m*; ⚓ Abtakelung *f*; **~ado** [~'maδu] unbewaffnet; bloß (*Auge*); **~amento** [~ɐ'mẽntu] *m* Entwaffnung *f*; Abrüstung *f*; **~ar** [~'mar] (1b) entwaffnen (*a. fig.*); *Heer* abrüsten; *Maschine usw.* aus-ea.-nehmen, abmontieren; *Zimmer* ausräumen; ⚓ abtakeln; *v/i.* abrüsten.

desarm|onia [~mu'niɐ] *f* Mißklang *m*; Uneinigkeit *f*; **~ónico** [~'mɔniku] disharmonisch; **~onioso** [~u'njozu] unharmonisch; uneinig; **~onizar** [~uni'zar] (1a) stören; entzweien.

desarraigar [dəzɐʀai'ɣar] (1o) entwurzeln; ausreißen; *fig.* ausrotten.

desarranj|ado [~ʀɐ̃'ʒaδu] nicht richtig angezogen; unordentlich; **~ar** [~ar] (1a) in Unordnung (*od.* durch-ea.) bringen; stören; verwirren; **~o** [~'ʀɐ̃ʒu] *m* Unordnung *f*; Störung *f*; Verwirrung *f*; *causar* ~ Arbeit m., ungelegen kommen.

desarrazo|ado [~ʀɐ'zwaδu] ungereimt; unbillig; unangebracht; **~ar** [~ar] (1f) Unsinn reden (*od.* m.).

desarrear [~'ʀjar] (1l) abschirren.

desarrimo [~'ʀimu] *m* Hilf-, Schutzlosigkeit *f*.

desarrolhar [~ʀu'ʎar] (1e) entkorken.

desarrum|ação [~ʀumɐ'sɐ̃u] *f* Durcheinander *n*; **~ado** [~'maδu] unaufgeräumt; durcheinander; **~ar** [~'mar] (1a) in Unordnung (*od.* durch-ea.) bringen; umräumen.
desarticul|ado [dəzɐrtiku'laδu] undeutlich (*Aussprache*); **~ar** [~'lar] (1a)(heraus)lösen; aus-ea.-nehmen; aus den Fugen bringen.
desarvorar [~vu'rar] (1e) *Schiff* entmasten; *Fahne* streichen; *v/i.* die Masten verlieren.
desass|anhar [~sɐ'ɲar] (1a) besänftigen; **~eio** [~'seju] *m* Unsauberkeit *f*; **~imilação** [~əmilɐ'sɐ̃u] *f* Aufspaltung *f*; **~isar** [~i'zar] (1a) verrückt m. (*od.* w.); **~ociar** [~u'sjar] (1g) trennen, lösen; entzweien.
desassombr|ado [~sõm'braδu] schattenlos, offen; *fig.* offenherzig; frei; *bsd.* unerschrocken; dreist; **~o** [~'sõmbru] *m* Unerschrockenheit *f*; Dreistigkeit *f*; Offenheit *f*.
desassosseg|ado [~susə'ɣaδu] unruhig; **~ar** [~ar] (1o; *Stv.* 1c) beunruhigen; **~o** [~u'seɣu] *m* Unruhe *f*; Ruhelosigkeit *f*.
desastr|adamente [dəzɐʃˌtraδɐ'mẽntə] durch e-n (*od.* bei e-m) Unfall; **~ado** [~'traδu] unglücklich; jämmerlich (*Zustand*); plötzlich (*Tod*); tolpatschig; **~e** [də'zaʃtrə] *m* Unglück *n*; Unfall *m*; ~ *de viação*, ~ *de trânsito* Verkehrsunfall *m*; **~oso** [~'trozu] unheilvoll; verhängnisvoll.
desa|tacar [dəzɐtɐ'kar] (1n; *Stv.* 1b) entladen; aus-, ent-leeren; = **~tar** [~'tar] (1b) auf-knoten, -knüpfen, -schnüren; *fig.* lösen; *Fahne usw.* entfalten; befreien (von *de*); ~ *a inf.* anfangen zu *inf.*; ~ *em* ausbrechen in (*ac.*); **~tar-se** sich losm.; aufgehen; erblühen; **~tarraxar** [~tɐʀɐ'ʃar] (1b) ab-, auf-, heraus-schrauben.
desaten|ção [~tẽ'sɐ̃u] *f* Achtlosigkeit *f*; Unachtsamkeit *f*; Unhöflichkeit *f*; **~cioso** [~'sjozu] achtlos; unhöflich; **~der** [~n'der] (2a) nicht beachten; sich nicht kümmern um; mißachten; **~dível** [~n'divɛɫ] unwichtig; **~tar** [~n'tar] (1a) nicht achten auf (*ac.*); nicht bemerken (*ac.*); **~to** [~'tẽntu] unaufmerksam, zerstreut; unbedacht.
desaterr|ar [~tə'ʀar] (1c) *Loch* ausschachten; *Erdaufschüttung* abtragen; **~o** [~'teʀu] *m* Abtragung *f*; Abraum *m*; Ausschachtung *f*.
desati|lado [~ti'laδu] verdreht; F nicht bei Trost; **~nado** [~'naδu] töricht; sinnlos; unsinnig; **~nar** [~'nar] (1a) aus der Fassung (*od.* um den Verstand) bringen; *v/i.* den Verstand verlieren; Unsinn reden (*od.* m.); **~no** [~'tinu] *m* Unverstand *m*; Unsinn *m*; Albernheit *f*.
desa|tracar [~trɐ'kar] (1n; *Stv.* 1b) lostäuen; **~travancar** [~trɐvɐ̃ŋ'kar] (1n) frei-, los-, flott-m.; **~trelar** [~trə'lar] (1c) loskoppeln; ausspannen.
desautor|ar [dəzautu'rar] (1e): ~ *alg. de* j-m *et.* entziehen; = **~izar** [~ri'zar] (1a) die Befugnis entziehen (*dat.*); in Mißkredit bringen; die Zuständigkeit (*od.* Beweisgültigkeit) absprechen (*dat.*); **~izar-se** sich um sein Ansehen bringen.
desavença [dəzɐ'vẽsɐ] *f* Zwist *m*; **~s** *pl.* Zwistigkeiten *f/pl.*
desavergonhado [~vərɣu'ɲaδu] schamlos; unverschämt.
desav|indo [~'vĩndu] uneins, feindlich; *andar ~ com* verfeindet sn mit; **~ir** [~ir] (3x) entzweien.
desavis|ado [~vi'zaδu] unvernünftig; unklug; **~ar** [~ar] (1a) Gegenorder geben (*dat.*); **~o** [~'vizu] *m* Gegenorder *f*; Unklugheit *f*.
desavistar [~viʃ'tar] (1a) aus den Augen verlieren.
desaz|ado [~'zaδu] ungeschickt; **~o** [də'zazu] *m* Ungeschicklichkeit *f*.
desbancar [dɨʒβɐ̃ŋ'kar] (1n) die Bank sprengen; *fig.* ausstechen.
desbarat|adamente [~βɐrɐˌtaδɐ'mẽntə] blindlings; **~ado** [~rɐ'taδu] zügellos; **~amento** [~rɐtɐ'mẽntu] *m* Zerrüttung *f*, Auflösung *f*; **~ar** [~rɐ'tar] (1b) durch-ea.-bringen; *Vermögen* zerrütten; *Kapital* verwirtschaften; *Ware* verschleudern; zerstören; zugrunde richten; *Feinde* schlagen, vernichten; *Menge* aus-ea.-treiben; **~ar-se** verlorengehen; zugrunde gehen; **~e, ~o** [~'ratə, -u] *m* Zerrüttung *f*; Mißwirtschaft *f*; Verlustgeschäft *n*; Verschwendung *f*; Niederlage *f*; Niedergang *m*; *ao ~* zu Schleuderpreisen; = *em ~* blindlings.
desbast|ador [~βɐʃtɐ'δor] *m* Rauhbank *f* (*Hobel*); **~ar** [~'tar] (1b) abhobeln; behauen; graben, schürfen;

Baum, Wald ausholzen, lichten; *Haar* ausdünnen; **~e** [~'βaʃtə] *m* Abhobeln *n*; Behauen *n*; Ausholzung *f*; Ausdünnen *n*.

desboc|ado [~βu'kaδu] unbändig (*Pferd*); frech, schamlos; **~ar** [~ar] (1n; *Stv.* 1e) er-, ver-, weg-gießen; *fig. Schimpfwort* ausstoßen; **~ar-se** durchgehen (*Pferd*); *fig.* frech w.

desbord|ante [~βur'δẽntə] überschwenglich; überschäumend; **~ar** [~ar] (1e) über die Ufer treten; über-laufen, -quellen; sich drängen.

desbot|ado [~βu'taδu] *fig.* farblos, matt; **~ar** [~ar] (1e) ausbleichen; entfärben; *v/i.* verschießen; matt werden; erbleichen.

desbravar [~βrɐ'var] (1b) urbar m.; *Pferd* bändigen; *Weg* bahnen.

descabel|ado [dɨʃkɐβə'laδu] zerzaust; kahl; *fig.* wüst; wild; maßlos; **~ar** [~ar] (1c) die Haare (aus)raufen (*dat.*); **~ar-se** wüst w.; **~o** [~'βelu] *m taur.* Genickstoß *m*.

descab|er [~kɐ'βer] (2q) nicht (hinein)passen; nicht her-gehören, -passen; **~ido** [~iδu] unangebracht; unpassend; zwecklos.

descadeir|ado [~kɐδei'raδu] lendenlahm; **~ar** [~ar] (1a) verprügeln.

desca|ída [~kɐ'iδɐ] *f cul.* Geflügelklein *n*; *fig.* F = **~idela** [~kai'dɛlɐ] *f* F Entgleisung *f*; **~ído** [~iδu] hinfällig; eingefallen (*Wangen*); herunter(gekommen); **~imento** [~kai'mẽntu] *m* Verfall *m*; Hinfälligkeit *f*; Rückgang *m*; ⚓ Abtrift *f*; **~ir** [~ir] (3l) verfallen; (ab)sinken; zurückgehen, nachlassen; schwach (*od.* hinfällig) w.; ⚓ ab-fallen, -treiben; ~ *em* fallen in (*ac.*); ausarten in (*ac.*); ~ *para* kommen (*od.* verfallen) auf (*ac.*); übergehen zu; *ao ~ do dia* gegen Abend.

descalabro [~kɐ'laβru] *m* Unfall *m*; Verlust *m*; Zs.-bruch *m*; ⚔ Schlappe *f*; ~ *financeiro* Börsenkrach *m*.

descalç|adeira *f*, **~ador** *m* [~kałsɐ'δeirɐ, ~ɐ'δor] Stiefelknecht *m*; **~ar** [~'sar] (1p) ausziehen; den Bremsklotz lösen von; die Unterlage(n) herausziehen unter (*dat.*); *Straße* aufreißen; **~ar-se** sich die Schuhe ausziehen.

descalcificação ⚕ [~kałsəfikɐ'sɐ̃u] *f* Knochenerweichung *f*.

descalço [~'kałsu] barfuß; unbereift (*Auto*); ungepflastert (*Straße*); *fig.* P unvorbereitet.

descamb|ada *bras.* [~kẽm'baδɐ] *f* (Ab-)Hang *m*; *fig.* Entgleisung *f*; **~ar** [~ar] (1a) hinunter-fallen, -gleiten; ausrutschen (*a. fig.*); ~ *em* enden mit; ausarten in (*ac.*); ~ *no ridículo* lächerlich w.; **~ar-se** *com* herausrücken mit.

descaminh|ar [~kɐmi'ɲar] (1a) = *desencaminhar*; **~o** [~'miɲu] *m* Irrweg *m*; Irrtum *m*; Unterschleif *m*; Schmuggel(ware *f*) *m*; Verlust *m*; *levar ~* verlorengehen.

descamisar [~kɐmi'zar] (1a) *Mais* enthülsen.

descampado [~kẽm'paδu] *m* offene(s) Feld *n*.

descans|adeiro [~kẽsɐ'δeiru] *m* Ruhe-, Rast-platz *m*; **~ado** [~'saδu] ruhig; geruhsam; *esteja ~!* keine Sorge!; **~ar** [~'sar] (1a) **1.** *v/t.* ausruhen (l.); auf-stützen, -legen; (unter)stützen; abstellen; *fig.* beruhigen; *~ armas!* Gewehr ab!; **2.** *v/i.* (sich aus)ruhen; rasten; ausspannen; sich erholen; schlafen; sich beruhigen, ruhig sn; *~ em* sich verlassen auf (*ac.*); *não ~ em* nicht locker l.; *~ sobre alg., ~ na palavra de alg.* auf j-n (*od.* auf j-s Wort) vertrauen (*od.* bauen); *~!* rührt euch!; *sem ~* unablässig, rastlos.

descanso [~'kẽsu] *m* Ruhe *f*; Rast *f*; Erholung *f*, Ausspannung *f*; Arbeitspause *f*; Schlaf *m*; Muße *f*; Rastplatz *m*; Stütze *f* (*a. fig.*); Unterlage *f*; Ablage *f*; Ständer *m*; ⚔ Ruhestellung *f*; *estar no ~* gesichert sn (*Gewehr*); *tirar do ~* entsichern; *com ~, em ~* gemächlich; mit Muße; *sem ~* rastlos.

descar|ado [~kɐ'raδu] unverschämt; **~amento** [~rɐ'mẽntu] *m* Unverschämtheit *f*; **~ar-se** [~arsə] (1b) unverschämt werden.

descarg|a [~'karɣɐ] *f* Entladung *f*; ⚓ Ausladen *n*, Löschung *f*; ⚕ Entleerung *f*; ⚔ Abschuß *m*; Salve *f*; *cano m* (*od. tubo m*) *de ~* ⊕ Ablaß-, Auspuff-rohr *n*, Auspuff *m*; *fazer a ~, proceder à ~* (*de*) ausladen; **~o** [~u] *m* Entlastung *f*; Entledigung *f*; (Pflicht-)Erfüllung *f*; *dar ~ de si* s-e Pflicht erfüllen.

descari|doso [~kɐri'δozu] hartherzig; **~nhoso** [~'ɲozu] lieblos.

descarn|ado [~kɐr'naδu] entfleischt;

bloßliegend (*Knochen*); *fig.* abgezehrt; hager; trocken (*Stil*); **~ar** [~ar] (1b) *Knochen* bloßlegen (*a. fig.*); das Fleisch ablösen von; **~ar-se** abmagern.

descaroçar [~kɐru'sar] (1p; *Stv.* 1e) entkernen, entkörnen.

descarreg|adoiro, -ouro [~ʀəɣɐ'ðoiru, -oru] *m* Abladeplatz *m*; ⚓ Löschplatz *m*; **~ador** [~ɐ'ðor] *m* Lastträger *m*, Werftarbeiter *m*; **~amento** [~ɐ'mẽntu] *m* Entladen *n*; **~ar** [~'ɣar] (1o; *Stv.* 1c) *v/t.* ab-, aus-laden; *Waffe* entladen (*a.* ⚡); *Schußwaffe* abfeuern; *Schuß* abgeben; *Schlag* versetzen; *fig.* entlasten; befreien; *Weinstock* beschneiden; *Darm* entleeren; *Gewässer* ergießen; ~ *em* (*od. sobre*) abladen auf (*ac.*); *Zorn usw.* auslassen an (*dat.*); *v/i.* sich entladen; losgehen (*Schuß*); **~ar-se** sich entledigen (*gen.* de); sich ergießen.

descarril|amento [~ʀilɐ'mẽntu] *m* Entgleisung *f*; **~ar** [~'lar] (1a) zum Entgleisen bringen; *v/i.* entgleisen.

descartar-se [~kɐr'tarsə] (1b): *fig.* sich entledigen.

descas|car [~kɐʃ'kar] (1b) (ab-) schälen; enthülsen; *Baum* entrinden; *bras. Säbel* ziehen; *v/i.* sich schälen; *fig.* ~ *em* F schimpfen mit (*od.* über [*ac.*]); **~que** [~'kaʃkə] *m* Schälen *n*; Entrinden *n*; *fábrica f de* ~ (Reis-)Schälfabrik *f*.

descaso [~'kazu] *m* Mißachtung *f*.

descend|ência [dɨʃsẽn'dẽsjɐ] *f* Nachkommenschaft *f*; Abstammung *f*; **~ente** [~ẽntə] **1.** *adj.* absteigend; abstammend; fallend; abwärtsfahrend; *comboio m* ~ Rückzug *m*; **2.** *m* Nachkomme *m*, Abkömmling *m*; **~er** [~er] (2a) abstammen; herkommen.

descentral... *s. decentral...*

descer [~'ser] (2g) **1.** *v/t. u. v/i.* herab-, herunter-kommen; herab-, hinunter-steigen, -gehen, -fahren, -fließen; **2.** *v/t.* herabnehmen; her-, hin-unterbringen; *Vorhang usw.* her-, hin-unterlassen; *Bild* niedriger hängen; *Gehalt, Preis* herabsetzen; *j-n* ab- (*od.* tiefer-)setzen; tiefer einstufen; *Instrument* tiefer stimmen; **3.** *v/i.* sinken (*a. fig.*); sich senken (*Gelände*); niedergehen (*Flugzeug*); fallen (*Preis, Temperatur*); (hinunter)fließen; stromabwärts fahren; ab-, aus-steigen (*vom Pferd, aus dem Auto*); niedersteigen (zu *a, para*); *fig.* nachlassen (*Leistung, Qualität*); herunterkommen; sich herablassen (zu *a*); *von e-r Meinung* ab-gehen, -stehen.

descerc|ar [~sər'kar] (1n; *Stv.* 1c) *Stadt* entsetzen; *Gelände* freilegen; **~o** [~'serku] *m* Entsetzung *f*.

descerrar [~sə'ʀar] (1c) (er)öffnen; *Geheimnis, Denkmal* enthüllen.

desci|da [~'siðɐ] *f* Abstieg *m* (*na* beim); 🚘 Talfahrt *f*; ✈ Niedergehen *n*; Gefälle *n*, Neigung *f e-r Straße*; *Preis*-Senkung *f*; *Preis-, Temperatur*-Sturz *m*; *Antennen*-Niederführung *f*; *fig.* Niedergang *m*; = **~mento** [~si'mẽntu] *m* Hinunter-lassen *n*, -setzen *n*; Herabnehmen *n*; Tieferhängen *n*; *Kreuz*-Abnahme *f*.

descivilizar(-se) [~sivəli'zar(sə)] (1a) verrohen.

desclassific|ado [~klɐsəfi'kaðu] ehrlos; **~ar** [~ar] (1n) entehren; deklassieren.

descoa|gular [~kwɐɣu'lar] (1a) = **~lhar** [~'ʎar] (1b) (wieder) auflösen.

descobert|a [~ku'βɛrtɐ] *f* Entdeckung *f*; **~o** [~u] **1.** *adj.* offen; unbedeckt; nackt, bloß; ungedeckt (*a.* ✝, ⚔); barhäuptig; *a* ~ ✝ ungedeckt, offen; = *ao* ~; *de rosto* ~ offen(herzig); **2.** *m bras.* Fund (-stelle *f*) *m*; *ao* ~ im Freien; schutz-, hüllen-los; offen.

descobr|idor [~βri'ðor] *m* Entdecker *m*; **~imento** [~i'mẽntu] *m* Entdeckung *f*; Erkundung *f e-s Landes*; **~ir** [~'βrir] (3f) aufdecken; *Brust* entblößen; *Verbrechen* anzeigen; *Unbekanntes* entdecken, (heraus)finden; *Herz* ausschütten; *v/i.* sich aufklären (*Luft*); **~ir-se** den Hut abnehmen; sich verraten; ~ *com alg.* sich j-m entdecken.

descol|agem [~'laʒɐ̃i] *f* ✈ Start *m*; = **~amento** [~lɐ'mẽntu] *m* Ablösung *f*; **~ar** [~'lar] (1e) (sich) ablösen; = *decolar*; *prestes a* ~ startbereit.

descolor|ação [~lurɐ'sɐ̃u] *f* Entfärbung *f*; Bleichen *n*; **~ar** [~'rar] (1e) bleichen; **~ido** [~'riðu] blaß, farblos; **~ir** [~'rir] (3f) *v/i.* die Farbe verlieren, ausbleichen.

descomed|ido [~mə'ðiðu] maßlos; unhöflich; ungebührlich; **~imento** [~ði'mẽntu] *m* Maßlosigkeit *f*; Ungebührlichkeit *f*; **~ir-se** [~irsə] (3r) es zu weit (*od.* über-)treiben; sich ungebührlich betragen.

descompass|ado [~kõmpɐ'saðu] ungleich; ungewöhnlich (groß); **~ar** [~ar] (1b) aus dem Takt bringen; übertreiben; **~ar-se** = *descomedir-se*.

descomp|or [~'por] (2zd) in Unordnung bringen; entstellen; entblößen; *fig.* beschimpfen; *bsd.* F abkanzeln; **~or-se** in Unordnung (*od. fig.* außer sich) geraten; **~osto** [~oʃtu] unordentlich, durch-ea.; unanständig; außer sich; frech, unverschämt; **~ostura** [~puʃ'turɐ] *f* Unordnung *f*; Nachlässigkeit *f*; Unschicklichkeit *f*; Maßregelung *f*; *dar uma* ~ = ~*or fig.*

descomunal [~kumu'nał] ungewöhnlich.

desconceit|o [~kõ'seitu] *m* schlechte(r) Leumund (*od.* Ruf) *m*; **~uado** [~sei'twaðu] schlecht beleumundet; **~uar** [~sei'twar] (1g) in Verruf bringen.

desconcert|ado [~sər'taðu] unordentlich; halt-, maß-los; fassungslos; **~ante** [~ẽntə] betäubend; verwirrend; **~ar** [~ar] (1c) verwirren, in Unordnung bringen; stören; *Instrument* verstimmen; *Menschen* entzweien; *fig.* bestürzen, aus der Fassung bringen; **~o** [~'sertu] *m* Verwirrung *f*; Unordnung *f*; Störung *f*; Zwiespalt *m*; Ungehörigkeit *f*; Unsinn *m*.

desconchav|ado [~ʃɐ'vaðu] töricht; **~o** [~'ʃavu] *m* Torheit *f*.

desconcheg|ado [~ʃə'ɣaðu] ungemütlich; **~ar** [~ar] (1o; *Stv.* 1c) trennen, aus-ea.-reißen; in Unordnung bringen; **~o** [~'ʃeɣu] *m* Ungemütlichkeit *f*; Schutz-, Hilf-losigkeit *f*.

desconcord|ância [~kõŋkur'dɐ̃sjɐ] *f* Mißverhältnis *n*; Unstimmigkeit *f*; Mißton *m*; Widerspruch *m*; **~ante, ~e** [~ẽntə, ~'kɔrdə] unstimmig; ungleich; widersprechend.

desconex|ão [~kunɛk'sɐ̃u] *f* Zs.-hanglosigkeit *f*; **~o** [~'nɛksu] zs.-hanglos, un-zs.-hängend.

desconfi|ado [~kõ'fjaðu] mißtrauisch; zweifelnd (an [*dat.*] *de*); ungläubig; **~ança** [~ɐ̃sɐ] *f* Mißtrauen *n*; **~ar** [~ar] (1g) glauben; ~ *de* mißtrauen (*dat.*); zweifeln an.

desconform|e [~'fɔrmə] verschieden; unpassend; riesig; **~idade** [~furmi'ðaðə] *f* Verschiedenheit *f*; Gegensatz *m*; Mißbildung *f*.

desconfort|ar [~fur'tar] (1e) *fig.* untröstlich m., niederschmettern; **~o** [~'fortu] *m* Trostlosigkeit *f*.

descongelar [~ʒə'lar] (1c) (wieder) auftauen; *fig.* freigeben.

descongestion|amento [~ʒɨʃtjunɐ'mẽntu] *m* ⚕ Reinigung *f*; *fig.* Offenhaltung *f*; Entlastung *f*; Auflockerung *f*; **~ar** [~'nar] (1e) ⚕ reinigen, ausspülen; *fig.* freimachen; *Zugang* offenhalten; *vom Verkehr* entlasten; *Verkehr* auflockern.

desconhec|edor [~kuɲəsə'ðor]: ~ *de* nicht kennend (*ac.*); nicht bekannt mit; nicht dankbar für; **~er** [~'ser] (2g) nicht kennen, nicht wissen; keine Ahnung h. von; nicht wiederleugnen; bestreiten; **~er-se** sich (*od.* an-)erkennen; verkennen; ververgessen; **~ido** [~'siðu] unbekannt; unerkannt; unkenntlich; **~imento** [~i'mẽntu] *m* Unkenntnis *f*.

desconjunt|amento [~kõʒũntɐ'mẽntu] *m* Verrenkung *f*; Verwirrung *f*; Riß *m* (*a. fig.*); **~ar** [~'tar] (1a) aus-ea.-nehmen; durch-ea.-bringen, verwirren; *Arm* aus-, verrenken; **~ar-se** *fig.* aus den Fugen gehen.

desconsert|ado [~sər'taðu] entzwei, F kaputt; defekt; **~ar** [~ar] (1c) entzwei (*od.* F kaputt) m.; in Unordnung bringen; *Arm* verrenken; **~ar-se** entzwei- (*od.* aus-ea.-)gehen; defekt w.; **~o** [~'sertu] *m* Reparaturbedürftigkeit *f*; Defekt *m*.

desconsider|ação [~siðərɐ'sɐ̃u] *f* Rücksichtslosigkeit *f*; Unhöflichkeit *f*; **~ado** [~'raðu] unbedacht; achtlos; wenig angesehen; **~ar** [~'rar] (1c) nicht beachten; mißachten; rücksichtslos (*od.* unhöflich) behandeln; **~ar-se** an Ansehen verlieren.

desconsol|ação [~sulɐ'sɐ̃u] *f* = ~*o*; **~ado** [~'laðu] trostlos; untröstlich; langweilig, fad; **~ador** [~ɐ'ðor] betrüblich; hoffnungslos (*Sache*); **~ar** [~'lar] (1e) aufs Tiefste betrüben; (grausam) enttäuschen; *fig.* zur Verzweiflung bringen; **~o** [~'solu] *m* Trostlosigkeit *f*, Betrübnis *f*; Enttäuschung *f*; *que* ~! wie langweilig!; *ser um* ~ schrecklich langweilig (*od.* fad, zum Verzweifeln) sn.

descontar [~kõn'tar] (1a) Nachlaß gewähren; abziehen; absehen von; diskontieren.

descontent|adiço [~tẽntɐ'δisu] schwer zu befriedigen(d); = **~e**; **~amento** [~ɐ'mẽntu] *m* Unzufriedenheit *f*; Mißstimmung *f*; **~ar** [~'tar] (1a) unzufrieden m.; mißfallen (*dat.*); **~e** [~'tẽntə] unzufrieden; mißvergnügt.

descontin|uar [~ti'nwar] (1g) noch nicht wieder *et. tun*; *não* ~ *em* nicht ablassen von; *não* ~ *de fazer* unablässig weiter tun; *sem* ~ unablässig; **~uidade** [~nwi'δaδə] *f* Unstetigkeit *f*; Zs.-hanglosigkeit *f*.

descontínuo [~'tinwu] unterbrochen; un-zs.-hängend; unstetig; diskontinuierlich.

desconto [~'kõntu] *m Preis*-Ermäßigung *f*; Abschlag *m*; Abzug *m*; Rabatt *m*; Skonto *m*; Diskont *m*; Diskontierung *f*; ~ *para revenda* Preisnachlaß *m* (*od.* Rabatt *m*) für Wiederverkäufer.

descontrôle *bras.* [~kõn'trolə] *m* Leichtsinn *m*.

descon|vidar [~kõvi'δar] (1a) *j-n* abbestellen, ausladen; **~vir** [~'vir] (3x) ungelegen kommen; unpassend sn; dagegen sn; in Abrede stellen.

descor|ado [~kɔ'raδu] verblichen; farblos; blaß; **~amento** [~rɐ'mẽntu] *m* Bleichen *n*, Ausbleichen *n*; Blässe *f*; **~ante** [~ɐ̃ntə] Bleich...; **~ar**[1] [~ar] (1a) *v/t.* bleichen; *v/i.* ausbleichen; sich verfärben; erbleichen.

descorar[2] [~ku'rar] (1e) vergessen, verlernen.

descor(o)çoar [~r(u)'swar] (1f) entmutigen; *v/i.* den Mut verlieren.

descor|tês [~kur'teʃ] unhöflich; **~tesia** [~tə'ziɐ] *f* Unhöflichkeit *f*; **~tiçar** [~ti'sar] (1p) entrinden, schälen; **~tinar** [~ti'nar] (1a) *fig.* enthüllen; *Aussichten* eröffnen; erblicken, entdecken; **~tino** *bras.* [~'tinu] *m* Weitsicht *f*.

descos|er [~ku'zer] (2d) *Naht usw.* auf-, los-trennen; *fig.* auf-, zerreißen; enthüllen; **~er-se** aufgehen; platzen; reißen; **~ido** [~iδu] locker, lose; zs.-hanglos, sprunghaft.

descravar [~krɐ'var] (1b) ab-, auf-, heraus-m., -reißen; = *desencravar*; *fig. den Blick* (ab)wenden; nicht mehr an- (*od.* hin-)sehen.

descrédito [~'krɛδitu] *m* Mißkredit *m*.

descr|ença [~'krẽsɐ] *f* Unglaube(n) *m*; **~ente** [~ẽntə] ungläubig; **~er** [~er] (2k) nicht glauben (an [*ac.*] *de, em*); verleugnen (*ac.*).

descr|ever [~krə'ver] (2c; *p.p. descrito*) beschreiben, schildern; **~ição** [~i'sɐ̃u] *f* Beschreibung *f*.

descriminar [~krəmi'nar] (1a) freisprechen.

descritivo [~kri'tivu] beschreibend.

descuid|ado [~kwi'δaδu] nachlässig; fahrlässig; sorglos; **~ar** [~ar] (1a) vernachlässigen; außer acht l.; **~ar-se** nicht aufpassen (auf [*ac.*] *de*); nachlässig sn (in [*dat.*] *de*); unvorsichtig sn; sich gehenlassen; **~o** [~'kuiδu] *m* Nachlässigkeit *f*; Unachtsamkeit *f*; Versehen *n* (*por* aus).

desculp|a [~'kułpɐ] *f* Entschuldigung *f* (*por* als, zur); Vorwand *m*, Ausflucht *f*; *dar* ~ *a* entschuldigen (*ac.*); *pedir* (*muitas, mil*) ~(*s*) *de a/c. a alg.* j-n (vielmals, tausendmal) für et. um Entschuldigung bitten; **~ar** [~kuł'par] (1a) entschuldigen; *j-n von et.* entbinden; schenken; **~ar-se** *com a/c.* et. vorschützen.

descurar [~ku'rar] (1a) vernachlässigen.

desde ['deʒδə] seit, von ... an; ~ (... *até*) von (... bis); ~ *então* seitdem; ~ *há* seit; ~ *já* gleich; schon jetzt; ~ *logo* sogleich; ohne weiteres; selbstverständlich; ~ *que* seitdem; sobald; sofern.

desdém [diʒ'δɐ̃i] *m* Geringschätzung *f*, Verachtung *f*; *com* ~ verächtlich; *ao* ~ nachlässig.

desdenh|ar [~δə'ɲar] (1d) geringschätzen, verachten; verschmähen; **~ável** [~avɛł] verächtlich; **~oso** [~ozu] verächtlich; abweisend.

desdentado [~δẽn'taδu] zahnlos.

desdit|a [~'δitɐ] *f* Unglück *n*; Unstern *m*; **~oso** [~δi'tozu] unglücklich.

desdizer [~δi'zer] (2x) bestreiten, in Abrede stellen; *v/i.* im (*od.* sich in) Widerspruch stehen (setzen) (zu *de*); nicht passen zu; **~-se** *de* sich lossagen von; zurücknehmen (*ac.*).

desdobr|amento [~δuβrɐ'mẽntu] *m*

Entfaltung *f*; Darlegung *f*; Ausbreitung *f*; 🚋 Vorzug *m*; Zusatzwagen *m*; *Radio*: Trennung *f*; ⚗ Aufschluß *m*; (Ab-)Spaltung *f*; **~ar** [~'βrar] (1e) aus-ea.-, ent-falten; ausbreiten; spalten; teilen; verdoppeln; 🚋 e-n Vorzug (*od.* e-n zweiten Wagen) einlegen; *Radio*: trennen; ⚗ aufschließen, (ab)spalten; **~ar-se** sich erstrecken; sich entwickeln; übergreifen auf (*ac.*).

desdoir-, **desdour|ar** [~δoi'r-, ~δo'rar] (1a) *fig.* verunehren; schänden; **~o** [~'δoiru, -oru] *m* Schande *f*.

desej|ar [dəzɨ'ʒar] (1d) (herbei-) wünschen, verlangen; sich *et.* wünschen; begehren; *desejo oft*: ich möchte; *não ter nada a ~* wunschlos glücklich sn; **~ável** [~avɐɫ] wünschenswert; erwünscht; **~o** [~'zeʒu] *m* Wunsch *m*; Verlangen *n*; Begehren *n*; *o que o meu ~ apetece* was mein Herz begehrt; **~oso** [~ozu]: *~ de* begierig nach; von dem Wunsche beseelt zu.

deseleg|ância [~lə'γɐ̃sjɐ] *f* Plumpheit *f*; **~ante** [~ɐ̃ntə] unfein; plump.

desembainhar [dəzẽmbai'ɲar] (1a) den Saum *e-s Kleides* auftrennen; *Schwert* aus der Scheide ziehen, zücken; *fig.* herausnehmen.

desembalar [~bɐ'lar] (1b) auspacken.

desembaraç|ado [~bɐrɐ'saδu] ungehemmt; ungezwungen; flink *im Arbeiten*; **~ar** [~ar] (1p; *Stv.* 1b) befreien; *Ort* frei m., räumen; *Hindernis* beseitigen; **~ar-se** zurechtkommen; sich gut anlassen, F sich m.; *~ de* sich entledigen (*gen.*); *desembarace-se!* sehen Sie, daß Sie zurechtkommen!; machen Sie voran!; **~o** [~bɐ'rasu] *m* Ungezwungenheit *f*; Sicherheit *f*; Geschick *n*; *com ~ = ~ado*.

desembarc|adoiro, -ouro [~bɐrkɐ'δoiru, -oru] *m* Landungsplatz *m*; **~ar** [~'kar] (1n; *Stv.* 1b) *v/t.* ausschiffen; *Waren* ausladen, löschen; *v/i.* an Land gehen; aussteigen.

desembarg|ador [~bɐrgɐ'δor] *m* Landgerichtsrat *m*; **~ar** [~'gar] (1o; *Stv.* 1b) freigeben; befreien; abfertigen; **~o** [~'bargu] *m* Freigabe *f*.

desembarque [~'barkə] *m* Ausschiffung *f*; ⚓ Löschung *f*.

desembestar [~bɨʃ'tar] (1c) schleudern; *v/i.* rasen.

desemboc|adura [~bukɐ'δurɐ] *f* Mündung *f*; **~ar** [~'kar] (1n; *Stv.* 1e) *v/i.* münden.

desembols|ar [~boɫ'sar] (1a) *Geld* aus-geben, -legen; aus der Tasche ziehen, F herausrücken; **~o** [~'boɫsu] *m* Zahlung *f*; Auslage *f*.

desem|braiar, **~brear** [~brɐ'jar, ~'brjar] (1b, 1l) auskuppeln.

desem|briagar [~brjɐ'γar] (1o; *Stv.* 1b) ernüchtern; **~brulhar** [~bru'ʎar] (1a) auspacken; *fig.* entwirren; **~buchar** [~bu'ʃar] (1a) ausspeien; *fig.* ausplaudern.

desemoldurado [dəzimoɫdu'raδu] rahmenlos.

desempach|ar [dəzẽmpɐ'ʃar] (1b) = *desembaraçar*; erleichtern; loseisen; abfertigen; **~o** [~'paʃu] *m* Erleichterung *f*; Befreiung *f*; Beseitigung *f*.

desem|pacotar [~pɐku'tar] (1e) auspacken; **~palhar** [~pɐ'ʎar] (1b) aus dem Stroh nehmen; auspacken; **~panado** [~pɐ'naδu] *bras.* unverblümt; ehrlich; **~panar** [~pɐ'nar] (1a) *Spiegel* abwischen; *Metall* aufpolieren; *fig.* (auf)klären; **~paredar** [~pɐrə'δar] (1c) aufbrechen; befreien; **~parelhar** [~pɐrɨ'ʎar] (1d) trennen.

desempat|ar [~pɐ'tar] (1b) entscheiden; den Ausschlag geben; *Geschäft* zum Abschluß bringen; *~ capitais* Geld flüssigmachen; **~e** [~'patə] *m* Entscheidung *f*; Ausschlag *m*; Abschluß *m*; *eleição f de ~* Stichwahl *f*; *jogo m de ~* Entscheidungsspiel *n*.

desempe|çar [~pə'sar] (1p; *Stv.* 1c) = **~cer** [~'ser] (2g) = **~cilhar** [~si'ʎar] (1a) frei-, los-machen; befreien; unbehindert (*od.* frei-)l.

desem|pedernir [~pəδər'nir] (3c) *fig.* rühren; **~pedrar** [~pə'δrar] (1c) *Straße* aufreißen; ⛏ von Steinen befreien; = *~pedernir*.

desempen|adeira [~pənɐ'δeirɐ] *f* Reibebrett *n*; Abrichtmaschine *f*; **~ado** [~'naδu] gerade; leicht beweglich; *fig.* schlank; gewandt; flink; **~ar** [~'nar] (1d) geraderichten; (ab-, aus-, zu-)richten; wieder beweglich m.; *v/i. u.* **~ar-se** sich geradeziehen.

desempenh|ar [~pə'ɲar] (1d) *Pfand* einlösen; *Pflicht* erfüllen; *Wort* halten; *Auftrag* ausführen; *Amt* ausüben; *j-s* Schulden bezahlen; *tea. Rolle* spielen; ~ *alg.* de j-n entbinden von; **~ar-se** s-n Verpflichtungen nachkommen; **~o** [~'peɲu] *m* Einlösung *f*; Erfüllung *f*; Erledigung *f*; *Amts*-Führung *f*; Ausübung *f*; Befreiung *f von e-r Schuld usw.*; *tea.* Darstellung *f*, Spiel *n*.

desempeno [~'penu] *m fig.* Gewandtheit *f*; ⊕ Richtplatte *f*; Planscheibe *f*.

desem|perrar [~pə'ʀar] (1c) lokkern; *fig.* gefügig m., umstimmen; **~pestar** [~pɨʃ'tar] (1c) entgiften.

desempo|ado, ~eirado [~'pwaðu, ~pwei'raðu] vorurteilsfrei; **~ar** [~ar] (1f) = **~eirar** [~ei'rar] (1a) ab-, aus-, ent-stauben; ausschütteln; ab-, aus-klopfen; *fig.* auslüften; von Vorurteilen befreien.

desempreg|ado [~prə'ɣaðu] arbeits-, erwerbs-los; **~ar** [~ar] (1o; *Stv.* 1c) entlassen; **~ar-se** s-e Stelle verlieren; **~o** [~'preɣu] *m* Arbeitslosigkeit *f*.

desem|proar [~'prwar] (1f) aus der Fassung bringen; **~punhar** [~pu'ɲar] (1a) los-, fahren-lassen; aus der Hand legen.

desemudecer [dəzimuðə'ser] (2g) zum Sprechen bringen; *v/i.* die Sprache wiedergewinnen.

desen|cabeçar [dəzẽŋ-, dəzĩŋkɐβə'sar] (1p; *Stv.* 1c) *j-m et.* ausreden; **~cabrestar** [~kɐβrɨʃ'tar] (1c) abhalftern; *fig.* zu Kopf steigen (*dat.*); *v/i.* über die Stränge schlagen; **~cabrestar-se** sich losreißen.

desencade|amento [~kɐðjɐ'mẽntu] *m* Ausbruch *m*; **~ar** [~'ðjar] (1l) losm.; *fig.* auslösen; entfesseln; **~ar-se** sich losreißen; *fig.* sich entladen; wüten; ausbrechen (*Krieg*).

desencaix|ar [~kai'ʃar] (1a) heraus-, aus-ea.-nehmen, -reißen, -treiben; auspacken (*a. fig.*); *Arm* ausrenken; *Beleidigung* ausstoßen; **~ar-se** herausspringen; **~ilhar** [~ʃi'ʎar] (1a) aus dem Rahmen nehmen; **~otar** [~ʃu'tar] (1e) auspacken.

desencalh|ado [~kɐ'ʎaðu] flott; **~ar** [~ar] (1b) (wieder) flottmachen (*a. fig.*); *Weg* frei machen; *Hindernis* beseitigen; *v/i.* (wieder) flott w.; **~e** [~'kaʎə] *m* Flottmachen *n*.

desencaminh|ado [~kɐmi'ɲaðu] abwegig, irrig; *andar* ~, *ir* ~ sich auf e-m falschen Weg befinden; **~amento** [~ɲɐ'mẽntu] *m* Irreführung *f*; Fehlleitung *f*; = *descaminho*; **~ar** [~ar] (1a) irreführen; fehlleiten; *von s-n Pflichten* abbringen; auf Abwege bringen; verschwinden l.; unterschlagen; **~ar-se** fehlgehen; auf Abwege geraten; sich entfernen; verschwinden.

desencant|amento [~kẽntɐ'mẽntu] *m* Entzauberung *f*; Enttäuschung *f*; **~ar** [~'tar] (1a) entzaubern; enttäuschen; die Augen öffnen; entdecken; *Wahrheit* entschleiern; **~o** [~'kẽntu] *m* = *~amento*.

desen|carregar [~kɐʀə'ɣar] (1o; *Stv.* 1c) entlasten; befreien; *von Ämtern* entsetzen; **~cascar** [~kɐʃ'kar] (1n; *Stv.* 1b) *Wein* abfüllen; ab-, aus-waschen; **~cerrar** [dəzĩsə'ʀar] (1c) in Freiheit setzen; *fig.* aufdecken; **~cerrar-se** loskommen; *fig.* sich zeigen; **~colher** [~ku'ʎer] (2d) strecken; **~comendar** [~kumẽn'dar] (1a) abbestellen.

desencontr|ado [~kõn'traðu] entgegengesetzt; ungleich; abweichend; **~ar** [~ar] ea. verfehlen l.; (gegen-ea.) versetzen; *j-n* verfehlen; **~ar-se** nicht zs.-stimmen; an-ea. vorbeireden; (von-ea.) abweichen; **~o** [~'kõntru] *m* verfehlte Begegnung *f*; Mißverständnis *n*; Versetzung *f*; Gegensatz *m*.

desen|costar [~kuʃ'tar] (1e) aufrichten; frei (hin)stellen; **~cravar** [~krɐ'var] (1b) die Nägel herausziehen aus; freilegen; *fig.* flottm.; loseisen; = *descravar*; **~crespar** [~krɨʃ'par] (1c) glätten; **~deusar** [~deu'zar] (1a) entgöttern; **~dividar** [~dəvi'ðar] (1a) entschulden; entbinden.

desenfad|adiço [dəzẽ-, dəzĩfɐðɐ'ðisu] unterhaltsam, lustig; **~ado** [~'ðaðu] heiter, sorglos; ungeniert; **~ar** [~'ðar] (1b) unterhalten, zerstreuen; aufheitern; **~o** [~'faðu] *m* Unterhaltung *f*; Heiterkeit *f*; Ungezwungenheit *f*, Freimut *m*.

desen|fardar [~fɐr'dar] (1b) auspacken; **~fastiar** [~fɐʃ'tjar] (1g) Lust (*od.* Appetit) m.; = *desenfadar*; **~feitar** [~fei'tar] (1a) des Schmuckes entkleiden; verunzieren; **~feitiçar** [~feiti'sar] (1p) entzaubern; heilen; **~ferrujar** [~fəʀu'ʒar] (1a) von Rost befreien; aufpolieren; *fig.* F aufmöbeln; F ölen, schmieren;

Kehle wieder einsingen; *Beine* wieder einlaufen; *Glieder* lockern; *der Zunge* freien Lauf l.; **~fezar** [~fə'zar] (1c) *fig.* hochpäppeln; aufmuntern.

desenfre|ado [~'frjaðu] zügel-, hemmungs-los; maßlos; **~amento** [~frjɐ'mẽntu] *m* Entfesselung *f*; Hemmungs-, Zügel-losigkeit *f*; **~ar** [~ar] (1l) abzäumen; *fig.* entfesseln; **~ar-se** durchgehen (*Pferd*); alle Fesseln sprengen; losbrechen.

desen|fronhar [~fru'ɲar] (1f) abziehen; *allg.* entkleiden; auspacken, *fig. a.* enthüllen; **~funar-se** [~fu'narsə] (1a) abschwellen; *fig.* kleinlaut w.; **~gaçar** [dəzĩŋgɐ'sar] (1p; *Stv.* 1b) abbeeren; P fressen.

desengan|ado [dəzẽŋ-, dəzĩŋgɐ'naðu] illusionslos; klar, offen; aufgegeben (*Kranker*); überdrüssig; **~ar** [~ar] (1a) die Augen öffnen (*dat.*), die Wahrheit sagen (*dat.*) (über [*ac.*] de); ernüchtern; enttäuschen; **~ar-se** s-n Irrtum einsehen; e-e Enttäuschung erleben (an [*dat.*] de); *desengane-se!* lassen Sie sich e-s Besseren belehren!

desenganchar [~gẽ'ʃar] (1a) aus-, los-haken; lösen.

desengano [~'gɐnu] *m* Enttäuschung *f*; Lehre *f*; Illusionslosigkeit *f*; Offenheit *f*.

desen|gastar [~gẽʃ'tar] (1b) (aus der Fassung *od.* heraus-)lösen; **~gatar** [~gɐ'tar] (1b) aus-haken, -klinken, -kuppeln; **~gate** [~'gatə] *m* Auskupplung *f*; Auslösung *f*; **~gatilhar** [~gɐti'ʎar] (1a) entsichern; abdrücken; **~godar** [~gu'ðar] (1e) *fig.* ernüchtern.

desengonç|ado [~gõ'saðu] wackelig, locker; ausgeleiert; *fig.* schlotterig; **~ar** [~ar] (1p) *Tür* ausheben; aus-ea.-nehmen; lockern; *Arm* ausrenken; **~ar-se** aus den Angeln (*od.* Fugen) gehen; *fig.* schlottern; **~o** [~'gõsu] *m* Lockerung *f*; Verrenkung *f*; Schlotterigkeit *f*.

desengord|ar [~gur'dar] (1e) mager m. (*od.* w.); **~urar** [~du'rar] (1a) entfetten; von Fettflecken säubern.

desen|graçado [~grɐ'saðu] fad, langweilig; reizlos; **~graxar** [~grɐ'ʃar] (1b) entfetten; **~grossar** [~gru'sar] (1e) dünner machen (*od.* werden); abhobeln.

desenh|ador [dəzɨɲɐ'ðor] *m* Zeichner *m*; **~ar** [~'ɲar] (1d) (ab-, auf-) zeichnen; **~ar-se** sich abzeichnen; **~o** [də'zeɲu] *m* Zeichnung *f*; Zeichnen *n*; ~ *geométrico* Planzeichnen *n*.

desenj|oar [dəzẽ-, dəzĩ'ʒwar] (1f) die Übelkeit vertreiben; anregen; **~oar-se** die Übelkeit loswerden; sich zerstreuen; sich Luft m.; **~oativo** [~ʒwɐ'tivu] **1.** *adj.* gut gegen Übelkeit; (appetit)anregend; *ser* ~ = *~oar*; **2.** *m* Appetithappen *m*; anregende Sache *f*.

desenla|çar [~lɐ'sar] (1p; *Stv.* 1b) losbinden, aufschnüren; *fig.* entwirren; (auf)lösen; **~ce** [~'lasə] *m* Lösung *f*; Ausgang *m*.

desenlamear [~lɐ'mjar] (1l) schlämmen.

desenl|ear [~'ljar] (1l) aufknüpfen; entwirren; **~eio** [~'leju] *m* Entwirrung *f*, Lösung *f*.

desenobrecer [dəzinuβrə'ser] (2g) entehren.

desen|raizar [dəzẽ-, dəzĩrai'zar] (1q) entwurzeln, ausreißen; **~rascar** [~ʀɐʃ'kar] (1n; *Stv.* 1b) entwirren; herausbekommen; aus der Klemme ziehen; **~redar** [~ʀə'ðar] (1c) entwirren, lösen; **~redo** [~'ʀeðu] *m* Entwirrung *f*, Lösung *f*; Ausgang *m e-s Dramas*; **~regelar** [~ʀɨʒə'lar] (1c) auftauen (*a. fig.*); **~rolar** [~ʀu'lar] **1.** *v/t.* (1e) abwickeln, aufrollen; *fig.* darstellen; **2.** *m* Entwicklung *f*; Verlauf *m*; **~rolar-se** *fig.* im Gang sn; sich entwickeln; ablaufen, abrollen; **~roscar** [~ʀuʃ'kar] (1n; *Stv.* 1e) aufwickeln; abschrauben; **~rugar** [~ʀu'ɣar] (1o) glätten.

desen|taipar [dəzẽn-, dəzĩntai'par] (1a) die Einzäunung wegnehmen von; befreien; Luft m.; enthüllen; **~talar** [~tɐ'lar] (1b) *fig.* aus der Klemme ziehen.

desentend|er [~tẽn'der] (2a) nicht verstehen (wollen); überhören; **~ido** [~iðu]: *fazer-se* ~ sich dumm (*od.* taub) stellen; **~imento** [~di'mẽntu] *m* Verständnislosigkeit *f*.

desenterr|amento [~təʀɐ'mẽntu] *m* Ausgrabung *f*; **~ar** [~'ʀar] (1c) (wieder) ausgraben (*a. fig.*).

desento|ação [~twɐ'sɐ̃u] *f* Mißton *m*; Mißklang *m*; Ungehörigkeit *f*; **~ado** [~'twaðu] mißtönend; falsch; **~ar** [~'twar] (1f) falsch singen; *v/i.* detonieren; falsch klingen; *fig.* = **~ar-se** sich ungehörig benehmen.

desen|tonar [~tu'nar] (1e) demütigen; **~torpecer** [~turpə'ser] (2g) wieder gelenkig m.; aufmuntern, in Schwung bringen; **~torpecer-se** aus der Erstarrung erwachen, sich ermuntern; **~tortar** [~tur'tar] (1e) geradebiegen.
desen|trançar [~trɐ̃'sar] (1p) aufflechten; entwirren; **~tranhar** [~trɐ'ɲar] (1a) ausweiden; entreißen; herausbringen; herausrücken mit; ~ *suspiros* tief aufseufzen; **~tranhar-se** sein Letztes hergeben.
desentulh|ar [~tu'ʎar] (1a) (vom Schutt) säubern; *Schutt* wegräumen; aus dem Schutt ziehen; ⚒ *Platz* abräumen; **~o** [~'tuʎu] *m* Abraum *m*, Schutt *m*; *trabalhos m/pl. de* ~ Aufräumungsarbeiten *f/pl.*
desentupir [~tu'pir] (3a *u.* 3f) frei m.; öffnen; *Rohr usw.* aus-putzen, -fegen, -blasen.
desen|vencilhar [dəzẽ-, dəzĩvẽsi'ʎar] (1a) lösen; entwirren; befreien; **~vencilhar-se** *de* ausweichen (*dat.*); **~vergar** [~vər'gar] (1o; *Stv.* 1c) *Segel* losmachen; *Uniform* ausziehen.
desenvolt|o [~'vołtu] gewandt, sicher; ungeniert; mutwillig; dreist; **~ura** [~vol'turɐ] *f* Gewandtheit *f*; Mutwille *m*; Dreistigkeit *f*.
desenvolv|er [~vol'ver] (2e) entwickeln; *Tätigkeit* entfalten; (ausführlich) dar-legen, -stellen; ♞ durchführen; **~ido** [~iðu] ausführlich, eingehend; **~imento** [~vi'mẽntu] *m* Entwicklung *f*; Aus-, Durch-führung *f*.
desenxabido [~ʃɐ'βiðu] fad; langweilig.
desenxovalh|ado [~ʃuvɐ'ʎaðu] sauber; glatt; **~ar** [~ar] (1b) säubern; glätten; *fig.* rein waschen.
desequil|ibrado [dəzikəli'βraðu] unausgeglichen; F verrückt; **~ibrar** (**-se**) [~i'βrar(sə)] (1a) aus dem Gleichgewicht bringen (geraten); **~íbrio** [~'liβrju] *m* Mangel *m* an Gleichgewicht; Unausgeglichenheit *f*; Mißverhältnis *n*; *ficar em* ~ *com* in keinem Verhältnis stehen zu.
deserção [dəzər'sɐ̃u] *f* Fahnenflucht *f*; ⚖ Verzicht(leistung *f*) *m*.
deserd|ação [~dɐ'sɐ̃u] *f* Enterbung *f*; **~ar** [~'dar] (1c) enterben; *fig.* stiefmütterlich behandeln.

desert|ar [~'tar] (1c) fahnenflüchtig w.; überlaufen; **~o** [~'zɛrtu] **1.** *adj.* wüst; öde, leer; verlassen; unbewohnt; **2.** *m* Wüste *f*; Einöde *f*; **~or** [~or] *m* Fahnenflüchtige(r) *m*; Abtrünnige(r) *m*.
desesper|ação [dəzɨʃpərɐ'sɐ̃u] *f* **a**) Verzweiflung *f*; *meter od. pôr* (*entrar*) *em* ~ = *~ar(-se)*; *é uma* ~ es ist zum Verzweifeln; **b**) = *~ança*; **~ado** [~'raðu] hoffnungs-, aussichts-los; **~ança** [~'rɐ̃sɐ] *f* Hoffnungslosigkeit *f*; Aussichtslosigkeit *f*; **~ançar** [~ɐ̃'sar] (1o) die Hoffnung rauben (*dat.*); **~ar** [~'rar] (1c) zur Verzweiflung bringen; *v/i.* verzweifeln (an [*dat.*] *de*); **~ar-se** alle Hoffnung aufgeben; **~o** [dəzɨʃ'peru] *m* = *~ação*; *que* ~! wie gräßlich!
desestim|a [~'timɐ] *f* Geringschätzung *f*; **~ar** [~ti'mar] (1a) verachten; unterschätzen.
desfaça|do [dɨʃfɐ'saðu] unverschämt; **~tez** [~sɐ'teʃ] *f* Unverschämtheit *f*.
desfalcar [~fał'kar] (1n) vermindern; (be)rauben; unterschlagen.
desfalec|er [~fɐlə'ser] (2g) schwächen; *v/i.* schwach w.; *bsd.* in Ohnmacht fallen; ~ *em* es fehlen l. an (*dat.*); nachlassen an *od.* in (*dat.*), mit; **~ido** [~iðu] schwach, hinfällig; schwächlich; ~ *de* ...los; **~imento** [~si'mẽntu] *m* Schwäche *f*; Ohnmacht *f*; Nachlassen *n*.
desfalque [~'fałkə] *m* Abgang *m*; Fehlbetrag *m*; *bsd.* Unterschlagung *f*.
desfastio [~fɐʃ'tiu] *m* Eßlust *f*; Munterkeit *f*; *por* ~ zur Unterhaltung.
desfav|or [~fɐ'vor] *m* Ungunst *f*; Abneigung *f*; **~orável** [~vu'ravɛł] ungünstig; **~orecer** [~vurə'ser] (2g) *j-m* s-e Gunst entziehen; *bsd.* benachteiligen; schlecht zu Gesicht stehen (*Kleidungsstück*).
desfazer [~fɐ'zer] (2v) aus-ea.-nehmen; zer-reiben, -stückeln, -teilen; zerbrechen; zerstören; *Genähtes* wieder auftrennen; *Knoten* lösen; *Heer*, *Zucker* auflösen; *Täuschung* zunichte m.; *Feind* vernichten; *Vermögen* zerrütten; *Wolken* vertreiben; rückgängig m.; *Vertrag* zerreißen; *Beleidigung* wiedergutmachen; *j-m* zusetzen; ~ *a/c.*

de et. wegschaffen von; ~ *alg.* de j-n befreien von; ~ em herunterm. (*ac.*); **~-se** aus-ea.-, entzwei-gehen, zerschmettern; aufgehen (*Naht, Frisur*); sich auflösen, zergehen *od.* zerfließen (in [*ac.*] em); zerfallen; ~ de sich entledigen (*gen.*), losw. (*ac.*); *Rock usw.* ablegen; *Werte* veräußern; ~ em sich ergehen in (*dat.*); ~ por sich alle Mühe geben, um ... zu *inf.*

desfear [~'fjar] (1l) entstellen.

desfech|ar [~fɨ'ʃar] (1d) *Schuß* abfeuern, abgeben (auf [*ac.*] a); *Blick* schießen; *Schrei usw.* ausstoßen; *Schlag* versetzen; *fot.* knipsen; *v/i.* sich entladen; davonsausen; ~ em enden mit; ausbrechen in (*ac.*); **~ar-se** losgehen (*Feuerwaffe*); **~o** [~'feʃu] *m* Ausgang *m*, Ende *n*.

desfeit|a [~'feitɐ] *f* Beleidigung *f*; **~ear** [~fei'tjar] (1l) beschimpfen; *j-m* e-n Streich spielen; *Sport*: über-listen, -runden; **~o** [~u] **1.** *p.p. v.* desfazer; **2.** *adj.* stürmisch, wild.

des|ferir [~fə'rir] (3c) *Flügel* ausspannen; *Pfeil* (ab)schießen; *Speer, Blick* schleudern; *Schwert* schwingen; *Schlag* versetzen; *Ton* ausstoßen; **~ferrar** [~fə'ʀar] (1c) *Segel* losmachen, setzen; *e-m Pferd* die Eisen abnehmen; **~fiar** [~'fjar] (1g) Fäden ausziehen aus; abfädeln; ausfransen; *Haar* ausdünnen; *v/i.* rinnen (*Tränen*); **~fiar-se** ausfransen; aufgehen; **~fibrar** [~fi'βrar] (1a) aus-, ent-fasern.

desfigur|ação [~fiɣurɐ'sɐ̃u] *f* Entstellung *f*; **~ar** [~'rar] (1a) entstellen; verzerren; unkenntlich machen.

desfil|ada [~fi'laðɐ] *f* Folge *f*; = **~e**; à ~ spornstreichs; mit verhängten Zügeln; partir à ~ los-brausen, -stürmen; durchgehen; **~adeiro** [~lɐ'ðeiru] *m* Paß *m*; Engpaß *m*; **~ar** [~ar] (1a) vorbeimarschieren; **~e** [~'filə] *m* Vorbeimarsch *m*; ~ naval Flottenparade *f*.

desfitar [~fi'tar] (1a) *Blick* (ab-) wenden; nicht (mehr) ansehen.

desflor|ação [~flurɐ'sɐ̃u] *f* Blütenfall *m*; = **~amento** [~ɐ'mẽntu] *m* Entjungferung *f*; **~ar** [~'rar] (1e) der Blüten berauben; abpflücken; den Reiz der Neuheit nehmen (*dat.*); *Speise* kosten; *Gefühl usw.* beleidigen; *Oberfläche* streifen; *Mädchen* entjungfern, schänden; **~ecer** [~ə'ser] (2g) verblühen; **~ecimento** [~əsi'mẽntu] *m* Verblühen *n*.

desflorest|amento [~flurɨʃtɐ'mẽntu] *m* Kahlschlag *m*; **~ar** [~'tar] (1c) kahlschlagen.

desfolha [~'foʎɐ] *f* Laubfall *m*; Herbst *m*.

desfolh|ada [~fu'ʎaðɐ] *f* Enthülsen *n des Maises*; **~amento** [~ɐ'mẽntu] *m* Ablauben *n*; Laubfall *m*; **~ar** [~ar] (1e) ablauben; entblättern; *Mais* enthülsen; **~ar-se** sich entlauben.

desforç|ar [~fur'sar] (1p; *Stv.* 1e) rächen; **~ar-se** sich Genugtuung verschaffen; **~o** [~'forsu] *m* Rache *f*; Genugtuung *f*.

desforr|a [~'fɔʀɐ] *f* Rache *f*, Vergeltung *f*; tirar a ~ = ~ar-se; dar ~ *Spiel*: Revanche geben; **~ar** [~fu'ʀar] (1e) **a)** das Futter heraustrennen aus; **b)** *Verlust* ausgleichen; rächen; **~ar-se** de a/c. em sich für et. rächen (*od.* schadlos halten) an (*dat.*); es *j-n* entgelten lassen.

des|fraldar [~fraɫ'dar] (1a) *Segel* ausspannen; *Fahne* flattern l.; ausbreiten; **~franzir** [~frɐ̃'zir] (3a) die Falten herausmachen aus; *Stirn* glätten; **~frizar** [~fri'zar] (1a) zerzausen.

desfrut|ador [~frutɐ'ðor] *m* Nutznießer *m*; **~ar** [~'tar] (1a) den Nutzen h. von; aus-beuten, -nutzen; zum besten h.; ~ de genießen; **~e**, **~o** [~'frutə, -u] *m* Nutznießung *f*; Ausnutzung *f*; Genuß *m*.

desgalhar [dɨʒɣɐ'ʎar] (1b) ab-, aus-ästen.

desgarr|ado [~ɣɐ'ʀaðu] unbekümmert; dreist; **~ar** [~ar] (1b) vom Wege (*od.* ⚓ Kurs) abbringen; irreleiten; *v/i. u.* **~ar-se** sich verirren; ⚓ abtreiben; *fig.* auf Abwege geraten; ~ de abweichen von.

desgast|ar [~ɣɐʃ'tar] (1b) abnutzen, verschleißen; zermürben (*Krieg*); zerfressen (*Rost usw.*); aufbrauchen; **~e** [~'ɣaʃtə] *m* Abnutzung *f*; Verschleiß *m*; guerra *f* de ~ Zermürbungskrieg *m*.

desgost|ar [~ɣuʃ'tar] (1e) verärgern, verstimmen; bekümmern; ~ alg. de a/c. j-m et. verleiden; *v/i.* ~ de nicht mögen (*ac.*); não ~ ganz gern mögen (*od.* h.); **~ar-se** de a/c. et. überbekommen (*od.* nicht mehr mögen); **~o** [~'ɣoʃtu] *m* Ärger *m*,

Verstimmung *f*; Mißfallen *n*; Kummer *m*; **~oso** [~ozu] mißvergnügt, verärgert; betrübt; schlecht schmekkend; ~ *de* überdrüssig (*gen.*).

desgovern|ado [~γuvər'naδu] unordentlich; leichtsinnig; **~ar** [~ar] (1c) schlecht regieren (*od.* verwalten); in Unordnung bringen; F drauflos wirtschaften (mit); **~ar-se** unvernünftig leben (*od.* wirtschaften); **~o** [~'vernu] *m* Mißwirtschaft *f*; Verschwendung *f*; Leichtsinn *m*.

desgraça [~'γrasɐ] *f* Unglück *n*; Elend *n*; Unfall *m*; Mißgeschick *n*; Unbeholfenheit *f*; *cair em* ~ in Ungnade fallen; *por* ~ unglücklicherweise; *para maior* ~ *sua* um sein Unglück vollzumachen.

desgraç|adamente [~γrɐˌsaδɐ'mẽntə] unglücklicherweise; *caiu tão* ~ er fiel so unglücklich; **~ado** [~'saδu] **1.** *adj.* unglücklich; unselig; unbeholfen; **2.** *m* Unglücksmensch *m*; **~ar** [~'sar] (1p; *Stv.* 1b) unglücklich m., ins Unglück stürzen.

desgracioso [~'sjozu] plump; reizlos.

desgrenh|ado [~γrə'ɲaδu] ungekämmt; *fig.* unordentlich, wirr; **~ar** [~ar] (1d) zerzausen.

desguarnecer [~γwɐrnə'ser] (2g) entblößen; den Schmuck abnehmen von; *v. e-m Kleid* den Besatz, *v. e-r Tür* die Beschläge abnehmen *usw.*; *aus e-m Zimmer* die Dekoration fortnehmen; *Haus* ausräumen; *Pferd* abschirren; *Festung* entblößen.

desguedelhar [~γəδɨ'ʎar] (1d) = *desgrenhar.*

desiderato [dəziδə'ratu] *m* Wunsch *m*; Ziel *n*.

desídia [də'ziδjɐ] *f* Nachlässigkeit *f*, Bummelei *f*; Fahrlässigkeit *f*.

desidratar [dəziδrɐ'tar] (1b) das Wasser entziehen (*dat.*).

design|ação [~γnɐ'sɐ̃u] *f* Bezeichnung *f*; Bedeutung *f*; Ernennung *f*; **~adamente** [~ˌnaδɐ'mẽntə] insbesondere; **~ar** [~'nar] (1a) bezeichnen; bedeuten; ernennen; **~ativo** [~ɐ'tivu] bezeichnend; kennzeichnend.

desígnio [də'ziγnju] *m* Absicht *f*; Plan *m*; Ziel *n*.

desigual [dəzi'γwał] ungleich(mäßig); uneben; unbeständig; **~ar** [~γwɐ'lar] (1b) unterscheiden; *v/i.* verschieden sn, (von-ea.) abweichen; **~dade** [~γwał'daδə] *f* Ungleichheit *f*; Unbeständigkeit *f*; Unebenheit *f*.

desilu|dido [~lu'δiδu] illusionslos; im Klaren (über [*ac.*] *de*); **~dir** [~'δir] (3a) enttäuschen; die Augen öffnen (*dat.*); **~dir-se** e-e Enttäuschung erleben; s-n Irrtum einsehen; **~são** [~'zɐ̃u] *f* Enttäuschung *f*.

desimpedir [dəzĩmpə'δir] (3r) säubern; freilegen; beseitigen.

desin|çar [~ĩ'sar] (1p) säubern; **~char** [~'ʃar] (1a) zum Abschwellen bringen; vertreiben; *Ballon* entleeren; *fig.* ducken; **~char-se** abschwellen; *fig.* bescheiden w.; **~cumbir-se** [~ĩŋkũm'birsə] (3a): ~ *de* sich entledigen (*gen.*); *Auftrag* ausführen; *Amt* ausüben.

desinência [dəzi'nẽsjɐ] *f* (Wort-) Endung *f*.

desinfec|ção [~ĩfɛ'sɐ̃u] *f* Desinfektion *f*; **~tante** [~'tẽntə] *m* Desinfektionsmittel *n*; **~tar** [~'tar] (1a) desinfizieren; **~tório** *bras.* [~'tɔrju] *m* Desinfektions-stelle *f*, -raum *m*.

desin|festar [~fɨʃ'tar] (1c) säubern; **~flamar** [~flɐ'mar] (1a) die Entzündung *e-s Organs usw.* zurückdrängen (*od.* beheben); **~flamar-se** die Entzündung verlieren; *desinflamou-se* es (er, sie) ist nicht mehr entzündet; **~quieto** [~ĩŋ'kjɛtu] *usw.* = *inquieto usw.*

desintegr|ação [~ĩntəγrɐ'sɐ̃u] *f* (Los-)Trennung *f*; *Atom*-Zertrümmerung *f*; Zerfall *m*; **~ar** [~'γrar] (1c) (los)trennen; *Atom* zertrümmern; *fig.* auflösen; **~ar-se** zerfallen.

desinteligência [~təli'ʒẽsjɐ] *f* Meinungsverschiedenheit *f*; Zwist *m*.

desinteress|ado [~tərə'saδu] unbeteiligt; uneigennützig; **~ante** [~ẽntə] reizlos, uninteressant; **~ar** [~ar] (1c) abfinden; *j-m et.* verleiden; *j-n* abbringen von; **~ar-se** (*de*) das Interesse verlieren (an [*dat.*]); zurücktreten (von); ausscheiden (aus); **~e** [~tə'resə] *m* Gleichgültigkeit *f*; Uneigennützigkeit *f*.

desin|toxicar [~tɔksi'kar] (1n) entgiften; **~trincar** [~trĩŋ'kar] (1n) entwirren; vereinfachen; herauslösen; **~tumecer** [~tumə'ser] (2g) abschwellen l.; *v/i. u.* **~tumecer-se** zurückgehen.

desirman|ado [~irmɐˈnaðu] einzeln; einsam; feindlich; **~ar** [~ar] (1a) verfeinden; vereinzeln.
desist|ência [~iʃˈtẽsjɐ] *f* Verzicht (-leistung *f*) *m*; Aufgabe *f*; Rücktritt *m*; **~ir** [~ir] (3a): ~ *de* abstehen von; verzichten auf (*ac.*); aufgeben (*ac.*), fallen l. (*ac.*); zurücktreten von; *fazer* ~ *de* abbringen von.
des|lacrar [dɨʒlɐˈkrar] (1b) aufbrechen; **~lassar** [~lɐˈsar] (1b) lockern; **~lassar-se** *fig.* sich gehenlassen.
deslav|ado [~lɐˈvaðu] verschossen; wäßrig (*Wein*); *fig.* unverschämt; **~ar** [~ar] (1b) aus-, ver-waschen; ausbleichen; verwässern.
desleal [~ˈljaɫ] treulos; unredlich, unlauter; **~dade** [~ljaɫˈdaðə] *f* Treulosigkeit *f*; Unredlichkeit *f*.
desleitar [~leiˈtar] (1a) *Butter* kneten; *Säugling* entwöhnen.
desleix|ado [~leiˈʃaðu] nachlässig; fahrlässig; **~ar-se** [~arsə] (1a) nachlässig w.; sich gehenlassen; nicht aufpassen; **~o** [~ˈleiʃu] *m* Nachlässigkeit *f*; Fahrlässigkeit *f*.
deslembr|ado [~lẽmˈbraðu] vergeßlich; **~ança** [~ɐ̃sɐ] *f* Vergeßlichkeit *f*; **~ar** [~ar] (1a) = **~ar-se** *de* vergessen (*ac.*).
deslig|ado [~liˈɣaðu] unverbunden; lose; **~ar** [~ar] (1o) lösen; aufbinden; ab-kuppeln, -schalten, -stellen; *Stecker* herausziehen; *tel.* trennen; *Hörer* einhängen; *fig.* entbinden.
deslind|amento [~lĩndɐˈmẽntu] *m* Vermarkung *f*; Klarstellung *f*; **~ar** [~ˈdar] (1a) *Land* vermarken; *Problem usw.* abgrenzen; *Streitfrage* klarstellen; **~ar-se** sich (auf)klären; **~e** [~ˈlĩndə] *m* = *~amento.*
desliz|adeiro [~lizɐˈðeiru] *m* schlüpfrige Stelle *f*; = *plano de ~amento*; **~amento** [~ɐˈmẽntu] *m*: *plano m de* ~ Gleitbahn *f*; Rutsche *f*; **~ar** [~ˈzar] (1a) *v/i. u.* **~ar-se** (dahin-, vorüber-, ab-, hinunter-) gleiten; (herunter-)rutschen; ausgleiten, -rutschen (*a. fig.*); sich ein- (*od.* weg-)schleichen; *desliza!* F hau ab!; **~e** [~ˈlizə] *m* Fehltritt *m*; Versehen *n*.
desloc|ação *f*, **~amento** *m* [~lukɐˈsɐ̃u, ~ɐˈmẽntu] Ortsveränderung *f*; Übersiedlung *f*; Reise *f*; Fahrt *f*; Verschiebung *f*; *Luft*-Verdrängung *f*; Abwanderung *f*; Verlegung *f*; *Erd*-Bewegung *f*; ⚕ Ausrenkung *f*; *despesas f/pl. de* ~ Reisekosten *pl.*; Umzugskosten *pl.*; **~ar** [~ˈkar] (1n; *Stv.* 1e) ver-legen, -setzen, -stellen; *Truppen usw.* verschieben; *Industrie* verlegen; *Erdmassen* bewegen; *Luft, Wasser* verdrängen; *Arm* ausrenken; **~ar-se** sich begeben (nach [*dat.*], in, an [*ac.*] *para*); reisen, fahren; übersiedeln; sich fortpflanzen (*Schall*); sich bewegen; in Bewegung geraten (*Erdmassen*); abwandern (*Volksmassen*).
deslomb|ado [~lõmˈbaðu] lendenlahm; **~ar** [~ar] (1a) verprügeln.
deslumbr|adamente [~lũmˌbraðɐˈmẽntə] blendend; blindlings; **~amento** [~brɐˈmẽntu] *m* Blendung *f*; Verblendung *f*; Begeisterung *f*; **~ar** [~ˈbrar] (1a) blenden; verblenden, betören; begeistern.
deslustr|ar [~luʃˈtrar] (1a) verdunkeln; beschlagen, trüben; *fig.* beflecken; verunglimpfen; schaden (*dat.*); **~oso** [~ozu] glanzlos, trübe.
desluz|ido [~luˈziðu] glanz-, reizlos; unscheinbar; unansehnlich; schwunglos (*Redner usw.*); **~imento** [~ziˈmẽntu] *m* Mattigkeit *f*; Trübseligkeit *f*; Unscheinbarkeit *f*; Unansehnlichkeit *f*; *fig.* Schande *f*; **~ir** [~ir] (3m) trüben; *fig.* schmähen; entehren.
desmai|ado [~mɐˈjaðu] schwach; schlaff; ohnmächtig; farblos; **~ar** [~ar] (1b) *fig.* niederschmettern (*Nachricht*); *v/i.* ohnmächtig w.; verzagen; erblassen; (dahin)schwinden; **~o** [~ˈmaju] *m* Ohnmacht *f*; Schwäche *f*; Verzagtheit *f*.
desmam|a [~ˈmɐmɐ] *f* Entwöhnung *f*; **~ar** [~mɐˈmar] (1a) *Kind* entwöhnen; **~e** [~ə] *m* = *~a.*
desmanch|ado [~mɐ̃ˈʃaðu] unordentlich, liederlich; entzwei; **~a-prazeres** [~ˌmɐ̃ʃɐprɐˈzerɨʃ] *m* Störenfried *m*; Spiel-, Spaß-verderber *m*; **~ar** [~ar] (1a) aus-ea.-nehmen; auf-m., -trennen, -reißen; in Unordnung (*od.* durch-ea.) bringen; *Plan* zunichte m.; *Freude* verderben; *Getanes* rückgängig m.; *Arm* ausrenken; **~ar-se** entzweigehen, -brechen; durch-ea. kommen; sich zerschlagen (*Plan*); sich verrenken; *fig.* sich gehenlassen; auf Abwege geraten; **~o** [~ˈmɐ̃ʃu] *m*

Unordnung *f*, Verwirrung *f*; Zerstörung *f*; Störung *f*; Liederlichkeit *f*; P Fehlgeburt *f*.
desmand|ado [~mẽn'daδu] widerspenstig; zügellos; unbeherrscht; verirrt; **~ar-se** [~arsə] (1a) zu weit gehen; sich gehenlassen; F über die Stränge schlagen; ~ de sich lossagen von; abweichen von; **~o** [~'mẽndu] *m* Widersetzlichkeit *f*; Übergriff *m*; Zügellosigkeit *f*.
desmantel|amento [~mẽntəlɐ'mẽntu] *m* Schleifung *f*; Abbruch *m*; Demontage *f*; ⚓ Abtakelung *f*; **~ar** [~'lar] (1c) *Festung* schleifen; *Gebäude* abbrechen; *Maschine* abmontieren; *Schiff* abtakeln.
desmarc|ado [~mɐr'kaδu] maßlos; ungeheuer; **~ar** [~ar] (1n; *Stv.* 1b) unkenntlich m.; die Markierung(en) entfernen von; das Lesezeichen herausnehmen aus; *Spiel* nicht anrechnen; *Platzvorbestellung* streichen; *mandar* ~ *Plätze* abbestellen.
desmascar|amento [~mɐʃkɐrɐ'mẽntu] *m* Entlarvung *f*; **~ar** [~'rar] (1n; *Stv.* 1b) demaskieren; *fig.* entlarven.
desmastrear [~mɐʃ'trjar] (1l) entmasten.
desmaterializar [~mɐtərjɐli'zar] (1a) entstofflichen; vergeistigen.
desmazel|ado [~mɐzə'laδu] nachlässig; schlampig; **~ar-se** [~arsə] (1c) sich gehenlassen; verschlampen; **~o** [~mɐ'zelu] *m* Nachlässigkeit *f*; Schlamperei *f*; Schlendrian *m*.
desmed|ido [~mə'δiδu] un-. übermäßig; ungeheuer; **~ir-se** [~irsə] (3r) das Maß überschreiten; = *descomedir-se*.
desmedr|ado [~mə'δraδu] schmächtig; kümmerlich; **~ar** [~ar] (1c) herunterbringen; *v/i.* herunterkommen; verkümmern.
desmembr|amento [~mẽmbrɐ'mẽntu] *m* Zerstückelung *f*; Zerfall *m*, Auflösung *f*; **~ar** [~'brar] (1a) zerstückeln; (ab)trennen; **~ar-se** aus-ea.-fallen, sich auflösen.
desmemoriado [~məmu'rjaδu] vergeßlich; ohne Gedächtnis.
desment|ido [~mẽn'tiδu] *m* Ableugnung *f*; Richtigstellung *f*; Dementi *n*; *ser um* ~ *de* widerlegen (*ac.*); **~ir** [~ir] (3e) *j-n* Lügen strafen; *j-m* widersprechen; *Behauptung* richtigstellen; *Tatsachen* in Abrede stellen; verleugnen; *bras. Fuß* verstauchen.
desmerec|edor [~mərəsə'δor] unwürdig; **~er** [~'ser] (2g) nicht verdienen; *v/i.* an Wert einbüßen; verblassen; ~ *de* unwürdig sn (*gen.*); **~imento** [~i'mẽntu] *m* Unwert *m*.
desmesur|a [~mə'zurɐ] *f* Unhöflichkeit *f*; **~ado** [~'raδu] unmäßig; riesig; ungebührlich; unhöflich; **~ar-se** [~'rarsə] (1a) zu weit gehen; sich ungebührlich betragen; **~ável** [~'ravɛł] unmeßbar; riesig.
desmilitarizar [~məlitɐri'zar] (1a) entmilitarisieren.
desmiolado [~mju'laδu] hirnverbrannt.
desmobil|ado [~muβi'laδu] unmöbliert; **~ar** [~ar] (1a) *Haus* ausräumen; **~ização** [~lizɐ'sɐ̃u] *f* Demobilisierung *f*; Entlassung *f*; **~izar** [~li'zar] (1a) *Heer* demobilisieren; *Soldaten* entlassen.
desmoitar, -outar [~moi-, ~mo'tar] (1a) roden; *Sträucher* beschneiden; *fig.* zurechtstutzen.
desmont|ada [~mõn'taδɐ] *f* Absitzen *n*; **~ado** [~aδu] zu Fuß; reiterlos (*Pferd*); **~agem** [~aʒɐ̃i] *f* Abmontieren *n*; Abbau *m*; **~ar** [~ar] (1a) *j-m* vom Pferde helfen; *j-n* abwerfen (*Pferd*); *Maschine* abmontieren; abbauen; *Geschütz* abprotzen; *v/i.* absitzen; **~ável** [~avɛł] zerlegbar; abnehmbar; **~e** [~'mõntə] *m* = ~*agem*; ~ *a céu aberto* Tagebau *m*.
desmoraliz|ação [~murɐlizɐ'sɐ̃u] *f* Zersetzung *f*, Demoralisierung *f*; Zuchtlosigkeit *f*; **~ado** [~'zaδu] zuchtlos; mutlos; sittenlos; **~ar** [~'zar] (1a) zersetzen, demoralisieren; entmutigen; verderben.
desmoron|adiço [~murunɐ'δisu] bröckelig; baufällig; **~amento** [~ɐ'mẽntu] *m* Erd-, Berg-rutsch *m*; Einsturz *m*; Zerfall *m*; Zs.-bruch *m*; **~ar** [~'nar] (1e) *Gebäude* ab-, einreißen; *Einrichtung* umstürzen; untergraben; **~ar-se** abrutschen (*Erdmassen*); einstürzen; zerbröckeln, zerfallen; zs.-brechen.
desnacionaliz|ação [~nɐsjunɐlizɐ'sɐ̃u] *f* Überfremdung *f*; **~ar** [~'zar] (1a) entnationalisieren; *Land, Industrie* überfremden; das Ursprungsland *e-r Ware* verschleiern;

~ar-se s-n nationalen Charakter verlieren.
desnat|ação [~nɐtɐ'sɐ̃u] *f* Entrahmung *f*; **~adeira** [~ɐ'ðeirɐ] *f* Milch-schleuder *f*, -zentrifuge *f*; **~ar** [~'tar] (1b) *Milch* entrahmen; *leite m desnatado* Magermilch *f*.
desnatur|ado [~nɐtu'raðu] **1.** *adj.* widernatürlich; unmenschlich, grausam; *álcool m ~* Brennspiritus *m*; **2.** *m* Unmensch *m*; **~al** [~ał] unnatürlich; **~alização** [~rɐlizɐ'sɐ̃u] *f* Ausbürgerung *f*; **~alizar** [~rɐli'zar] (1a) ausbürgern; **~ar** [~ar] (1a) entstellen; *Alkohol* denaturieren.
desnecess|ariamente [~nəsəˌsarjɐ'mẽntə] unnötigerweise; **~ário** [~'sarju] unnötig, überflüssig.
desnível [~'nivɛł] *m* (Höhen-, Niveau-)Unterschied *m*; Unebenheit *f*; Tiefstand *m*.
desnivel|ado [~nivə'laðu] schief; uneben; unausgeglichen; **~amento** [~lɐ'mẽntu] *m* Verschiebung *f*; Abgleiten *n*; Störung *f*; **~ar** [~ar] (1c) aus der Waagerechten (*fig.* aus dem Gleichgewicht) bringen; uneben m.; *fig.* unterscheiden; verschieben, stören; **~ar-se** sich (gegen-ea.) verschieben; uneben w.
desnorte|ado [~nur'tjaðu] richtungs-, ziel-los; falsch unterrichtet; ratlos; **~amento** [~tjɐ'mẽntu] *m* Richtungs-, Ziel-losigkeit *f*; Verwirrung *f*; Ratlosigkeit *f*; **~ar** [~ar] (1l) vom Kurs abbringen; *fig.* irreführen; verwirren; **~ar-se** die Richtung verlieren; sich nicht mehr zurechtfinden; ratlos werden.
desnubl|ado [~nu'βlaðu] wolkenlos; **~ar** [~ar] (1a) aufheitern.
desnud|amento [~nuðɐ'mẽntu] *m* Entblößung *f*; Kahlwerden *n*; **~ar** [~'ðar] (1a) entblößen; bloßlegen; **~ar-se** kahl w.; *~ de* ablegen (*ac.*); **~ez** [~'ðeʃ] *f* Nacktheit *f*, Blöße *f*; Kahlheit *f*; **~o** [~'nuðu] nackt; kahl.
desobed|ecer [dəzuβəðə'ser] (2g) nicht gehorchen; sich widersetzen; nicht befolgen (*ac.*); zuwiderhandeln; **~ecido** [~ə'siðu] machtlos; wirkungslos; **~iência** [~'ðjẽsjɐ] *f* Ungehorsam *m*; Widersetzlichkeit *f*; Zuwiderhandlung *f*; **~iente** [~'ðjẽntə] ungehorsam; widersetzlich.
desobriga [~u'βriɣɐ] *f rel.* Erfüllung *f* der Osterpflicht; *comunhão f de* (*od. por*) *~* österliche Pflichtkommunion *f*.
desobrig|ação [~uβriɣɐ'sɐ̃u] *f* Entpflichtung *f*; Entbindung *f*; Befreiung *f*; **~ar** [~'ɣar] (1o) entpflichten; *~ de* entheben (*gen.*), entbinden (*gen.*); befreien von; **~ar-se** s-n Verpflichtungen nachkommen; *rel.* s-e Osterpflicht erfüllen.
desobstr|ução [~ɔβʃtru'sɐ̃u] *f* Behebung *f* der Verstopfung; Säuberung *f*; Freilegung *f*, Öffnung *f*; **~uir** [~'trwir] (3k) die Verstopfung *e-s Organs usw.* beheben; säubern; freilegen, öffnen.
desocup|ação [~okupɐ'sɐ̃u] *f* Beschäftigungslosigkeit *f*; Räumung *f*; **~ado** [~'paðu] unbeschäftigt; arbeitslos; leerstehend (*Wohnung*); **~ar** [~'par] (1a) räumen; ausräumen, leeren; *Stelle* aufgeben *od.* freimachen; *j-n* entlassen; **~ar-se** frei w. (*Wohnung usw.*); sich losmachen; arbeitslos werden.
desofuscar [~ofuʃ'kar] (1n) aufhellen, -klären; *Augen* öffnen.
desol|ação [~ulɐ'sɐ̃u] *f* Untröstlichkeit *f*; Verheerung *f*; **~ado** [~'laðu] untröstlich, trostlos; **~ar** [~'lar] (1e) niederschmettern, zur Verzweiflung bringen; verheeren; **~ar-se** sich abhärmen.
desonest|idade [~uniʃti'ðaðə] *f* Unehrlichkeit *f*; Unanständigkeit *f*; **~o** [~u'nɛʃtu] unehrbar, unehrlich; unanständig; unschicklich.
desonr|a [~'õʀɐ] *f* Unehre *f*, Schande *f*; Ehrlosigkeit *f*; **~ado** [~õ'ʀaðu] ehrlos; ehrvergessen; **~ar** [~õ'ʀar] (1a) entehren; schänden; Schande m. (*dat.*); herabwürdigen; **~oso** [~õ'ʀozu] entehrend; schändlich.
desopil|ação [~upilɐ'sɐ̃u] *f* Erleichterung *f*; **~ante** [~'lẽntə] reinigend; erleichternd; befreiend (*Lachen*); **~ar** [~'lar] (1a) die Verstopfung *e-s Organs* beheben; Erleichterung verschaffen (*dat.*); *~ o fígado fig.* laut (heraus)lachen; den Kummer verscheuchen; **~ativo** [~ɐ'tivu] = *~ante*.
desoprimir [~upri'mir] (3a) erleichtern.
desoras [~'ɔrɐʃ]: *a ~* zur Unzeit.
desord|eiro [~ur'deiru] **1.** *adj.* aufrührerisch; **2.** *m* Unruhestifter *m*; **~em** [~'ɔrdɐ̃i] *f* Unordnung *f*; Verwirrung *f*; Schlägerei *f*; *pol.* Un-

ruhe *f*; **~enado** [~dəˈnaðu] unordentlich; regellos; liederlich; ungezügelt (*Trieb*); wirr (*Geist usw.*); wild (*Flucht*); **~enar** [~dəˈnar] (1d) in Unordnung bringen, verwirren; **~enar-se** in Unordnung geraten.

desorganiz|ação [~urgɐnizɐˈsɐ̃u] *f* Zerrüttung *f*; Planlosigkeit *f*; Durcheinander *n*; **~ar** [~ˈzar] (1a) zerrütten, durch-ea.-bringen; auflösen; **~ar-se** durch-ea.-geraten.

desorient|ação [~urjẽntɐˈsɐ̃u] *f* Richtungs-, Ziel-losigkeit *f*; Verwirrung *f*; Ratlosigkeit *f*; **~ado** [~ˈtaðu] richtungs-, ziel-los; ratlos; falsch unterrichtet; **~ar** [~ˈtar] (1a) irreführen; verwirren; **~ar-se** die Richtung verlieren; ratlos w.; sich nicht mehr zurechtfinden.

desorn|ado [~urˈnaðu] schmucklos; **~ar** [~ar] (1e) = *desenfeitar*.

desossar [~uˈsar] (1e) ausbeinen.

desov|a [~ˈɔvɐ] *f* Laichen *n*; Laichzeit *f*; **~ar** [~uˈvar] (1e) laichen.

desoxi|dar [~ɔksiˈðar] (1a) vom Rost reinigen; ⚗ = **~genar** [~ʒəˈnar] (1d) den Sauerstoff entziehen (*dat.*).

despach|ado [diʃpɐˈʃaðu] anstellig, flink, F fix; **~ante** [~ẽntə] *m* Zollexpedient *m*; **~ar** [~ar] (1b) abfertigen; erledigen; absenden; *Telegramm* aufgeben; expedieren; *Schriftstück* ausfertigen; *Gesuch* bewilligen; *j-n* ernennen; *Rechtsfall* entscheiden; F wegschicken; F umbringen; *v/i.* amtieren; die (laufenden) Geschäfte erledigen; **~ar-se** sich sputen; **~o** [~ˈpaʃu] *m* Abfertigung *f*; Erledigung *f*; Expedition *f*; Ausfertigung *f*; Bewilligung *f*; *bsd.* Erlaß *m*; Entscheid *m*; *dar ~ a* = *~ar*.

desparafusar [~pɐrɐfuˈzar] (1a) = *desap...*

despedaçar [~pəðɐˈsar] (1p; *Stv.* 1b) zer-stückeln, -brechen; zerschlagen, -trümmern; zerreißen.

desped|ida [~pəˈðiðɐ] *f* Abschied *m*; Verabschiedung *f*; Entlassung *f*; Ausklang *m*; *~s pl. de verão* ⚘ Winterastern *f/pl.*; **~ir** [~ir] (3r) verabschieden; *Personal* entlassen; schleudern; *Schuß* abgeben; *Schlag* versetzen; *Schrei* ausstoßen; *Duft* aus-strömen, -strahlen; *allg. a.* schicken; **~ir-se** (s-n) Abschied nehmen; *~ de Stelle* kündigen; *Amt* niederlegen.

despeg|ado [~pəˈɣaðu] abstehend (*Ohr*); = *desapegado*; **~ar** [~ar] (1o; *Stv.* 1c) (ab-, los-)lösen; *~ do trabalho* die Arbeit niederlegen; *v/i. u.* **~ar-se** = *desapegar-se*; **~o** [~ˈpeɣu] *m* = *desapego*.

despeit|ar [~peiˈtar] (1a) ärgern; **~o** [~ˈpeitu] *m* Ärger *m*; Abscheu *m*; *a ~ de* trotz.

despej|ado [~piˈʒaðu] leer; frei; klar; wolkenlos; *fig.* schamlos; **~ar** [~ar] (1d) (ent)leeren; ausgießen; freim.; *Haus* räumen; *v/i.* ausziehen; **~o** [~ˈpeʒu] *m* Entleerung *f*; Leere *f*; Räumung *f*; Gerümpel *n*; *fig.* Dreistigkeit *f*, Frechheit *f*; *ordem f de ~* ⚖ Räumungsbefehl *m*; *~s pl.* Müll *m*; Kot *m*.

despender [~pẽnˈder] (2a) *Geld* ausgeben; *Zeit, Mühe* verwenden; *fig.* verschwenden.

despenh|adeiro [~pəɲɐˈðeiru] *m* Steil-, Ab-hang *m*; **~ar** [~ˈɲar] (1d) her-, hin-abstürzen; *fig.* stürzen; **~ar-se** ✈ abstürzen.

despensa [~ˈpẽsɐ] *f* Speisekammer *f*; *vgl. dispensa.*

despentear [~pẽnˈtjar] (1l) zerzausen.

desperceb|er [~pərsəˈβer] (2c) nicht bemerken; nicht beachten; **~ido** [~iðu] unbeachtet; *passar ~* unbemerkt bleiben; *j-m* entgehen.

desperd|içado [~diˈsaðu] **1.** *adj.* verschwenderisch; **2.** *m* = **~içador** [~isɐˈðor] *m* Verschwender *m*; **~içar** [~iˈsar] (1p) verschwenden; vergeuden, vertun; **~ício** [~ˈdisju] *m* Verschwendung *f*; Abfall *m*.

desper|sonalizar [~sunɐliˈzar] (1a) entpersönlichen; **~suadir** [~swɐˈðir] (3b): *j-m et.* ausreden.

despert|ador [~tɐˈðor] *m* Wecker *m*; **~ar** [~ˈtar] (1c) wecken; *Gefühl* erwecken; *Erinnerung* wachrufen; *Neugier* erregen; *j-n* aufmuntern; auslösen; *v/i.* auf-, er-wachen; **~o** [~ˈpɛrtu] wach; aufgeweckt.

despesa [~ˈpezɐ] *f* Ausgabe *f*; *Zeit*-Aufwand *m*; *~s pl.* Kosten *pl.*; Unkosten *pl.*

despido [~ˈpiðu] nackt, bloß; kahl; *~ de bar* (*gen.*); ohne (*ac.*).

despiedoso [~pjeˈðozu] mitleidlos.

despir [~ˈpir] (3c) entkleiden, ausziehen; *Hülle* ab-streifen, -ziehen; *Fehler* ablegen.

despistar [\~piʃ'tar] (1a) irreführen; ablenken.
despoj|ar [\~pu'ʒar] (1e) berauben; ausplündern; **\~ar-se** *de* ablegen (*ac.*); sich entäußern (*gen.*); **\~o** [\~'poʒu] *m* Beraubung *f*; Ausplünderung *f*; *Kriegs*-Beute *f*; *Erb*-Nachlaß *m*; *Tier*-Balg *m*; *Raupen*-Hülle *f*; \~*s pl.* Überbleibsel *n/pl.*; Abfall *m*; \~*s pl. mortais* die sterblichen Überreste *m/pl.*
despolp|ador [\~połpɐ'ðor] *m bras.* Kaffeeschäler *m*; **\~ar** [\~'par] (1a) *bras. Kaffee* schälen.
despontar [\~põn'tar] (1a) **1.** *Spitze* abstumpfen, abbrechen; *v/i.* anbrechen (*Tag*); aufsteigen (*Gestirn usw.*); zum Vorschein kommen; einfallen (*Gedanke*); keimen (*Knospe*); **2.** *m* Anbruch *m*; Aufgang *m*.
desport|ista [\~pur'tiʃtɐ] *su.* Sportler(in *f*) *m*; **\~ivo** [\~ivu] sportlich; Sports...; **\~o** [\~'portu] *m* Sport *m*; \~*s pl.* Sportarten *f/pl.*
despos|ar [\~pu'zar] (1e) (ver)heiraten; **\~ório** [\~ɔrju] *m* Hochzeit *f*.
déspota ['dɛʃputɐ] *m* Despot *m*.
despótico [dɨʃ'pɔtiku] despotisch.
despovo|ação *f*, **\~amento** *m* [\~puvwɐ'sɐ̃u, \~ɐ'mẽntu] Entvölkerung *f*; **\~ado** [\~'vwaðu] *m* unbewohnte Gegend *f*, Einöde *f*; **\~ar** [\~'vwar] (1f) entvölkern; entblößen.
desprec|atado [\~prəkɐ'taðu] unvorsichtig; überraschend; **\~atar-se** [\~ɐ'tarsə] (1b) sich nicht vorsehen; nicht aufpassen; **\~aver** [\~ɐ'ver] (2b) unvorsichtig (*od.* sorglos) m.; **\~aver-se** = *\~atar-se*; **\~avido** [\~ɐ'viðu] = *\~atado*.
despreg|ado [\~prə'ɣaðu] flatternd (*Fahne*); **\~ar** [\~ar] (1o; *Stv.* 1c) **a**) ab-, auf-, heraus-reißen; losreißen (*a. fig.*); ab-, auf-m.; **b**) glätten; entfalten; **\~ar-se** ab-, aufgehen.
desprendado [\~prẽn'daðu] unbegabt.
desprend|er [\~prẽn'der] (2a) ab-, los-m.; lösen; *Augen usw.* abwenden; *Wort* ausstoßen; **\~er-se** abfallen; **\~ido** [\~iðu] uneigennützig; unabhängig; gleichgültig (gegen *de*); **\~imento** [\~di'mẽntu] *m* Ab-, Los-lösung *f*; Uneigennützigkeit *f*; Gleichgültigkeit *f*; Erdrutsch *m*.
despreocup|ação [\~prjukupɐ'sɐ̃u] *f* Ahnungslosigkeit *f*; Sorglosigkeit *f*; **\~ado** [\~'paðu] unbefangen; ahnungslos; sorglos; **\~ar** [\~'par] (1a) beruhigen; sorglos machen.
desprest|igiar [\~prɨʃti'ʒjar] (1g) um sein Ansehen bringen; **\~ígio** [\~'tiʒju] *m* Mangel *m* an Ansehen.
despretens|ão [\~prətẽ'sɐ̃u] *f* Anspruchslosigkeit *f*; **\~ioso** [\~'sjozu] anspruchslos.
despreven|ido [\~prəvə'niðu] unvorbereitet; überraschend; ahnungslos; unbefangen; **\~ir-se** [\~irsə] (3d) = *desprecatar-se*.
desprez|ador [\~prəzɐ'ðor] *m* Verächter *m*; **\~ar** [\~'zar] (1c) verachten; verschmähen; außer acht l.; verächtlich m.; **\~ar-se** sich vernachlässigen; sich erniedrigen; \~ *de* sich schämen (*gen.*); **\~ível** [\~'zivɛł] verächtlich; schändlich; **\~o** [\~'prezu] *m* Verachtung *f*; Vernachlässigung *f*; *dar-se ao \~* sich verächtlich m.; sich erniedrigen (zu *de*); *votar ao \~* der Verachtung preisgeben.
desprivilegiar [\~prəvilə'ʒjar] (1g) der Vorrechte berauben; benachteiligen.
despron|úncia [\~pru'nũsjɐ] *f* Zurückziehung *f* der Anklage (gegen [*ac.*] *de*); **\~unciar** [\~nũ'sjar] (1g) die Anklage gegen *j-n* zurückziehen.
despropor|ção [\~prupur'sɐ̃u] *f* Mißverhältnis *n*; **\~cionado** [\~sju'naðu] unverhältnismäßig (groß, lang, hoch *usw.*); ungleich; **\~cionar** [\~sju'nar] (1e) ins Mißverhältnis setzen; unverhältnismäßig groß, lang *usw.* m.; **\~cionar-se** in ein Mißverhältnis geraten; ungleich w.
desproposit|adamente [\~puzi͵taðɐ'mẽntə] zu Unrecht; ohne Grund; ohne Sinn und Verstand; **\~ado** [\~'taðu] ungereimt; unbegründet; unklug; unsinnig; **\~ar** [\~'tar] (1a) Unsinn reden (*od.* m.).
despropósito [\~'pɔzitu] *m* Ungereimtheit *f*; Unklugheit *f*; Unsinn *m*.
desprotegido [\~tɨ'ʒiðu] schutzlos, verlassen.
desprov|eito [\~'veitu] *m* Nachteil *m*, Schaden *m*; = *desaproveitamento*; **\~er** [\~er] (2n) nicht versorgen; \~ *alg. de* j-n berauben (*gen.*); j-m vorenthalten (*ac.*); **\~ido** [\~iðu] unversorgt; unvorbereitet; \~ *de* entblößt von (*dat.*), bar (*gen.*); \~ *de recursos* mittellos.

desqualific|ação [~kwɐləfikɐ'sɐ̃u] *f* Unfähigkeit *f*; *Sport*: Disqualifizierung *f*; **~ado** [~'kaðu] unfähig; wertlos; ehrlos; **~ar** [~'kar] (1n) unfähig m.; entwerten; für unfähig erklären; um sein Ansehen bringen, *Sport*: disqualifizieren.

desquit|ar [~ki'tar] (1a) trennen; **~ar-se** sich zurückziehen; **~e** [~'kitə] *m* Aufhebung *f* der ehelichen Gemeinschaft, Trennung *f* (von Tisch und Bett).

desramar [dɨʒʀɐ'mar] (1a) ab-, aus-ästen.

desregr|ado [~ʀə'ɣraðu] regellos; ungeregelt; unmäßig; ausschweifend, liederlich; **~amento** [~ɣrɐ'mẽntu] *m* Regellosigkeit *f*; Ausschweifung *f*; **~ar** [~ar] (1c) in Unordnung bringen; **~ar-se** sich gehenlassen; ausschweifen.

desrespeit|ar [~ʀɨʃpei'tar] (1a) mißachten; unehrerbietig (*od.* unhöflich) behandeln; **~o** [~'peitu] *m* Frechheit *f*; Unhöflichkeit *f*; **~oso** [~ozu] ehrfurchtslos; frech.

dessa ['dɛsɐ] *Zssg v. de u. essa.*

dessangrar [dəsɐ̃ŋ'grar] (1a) ausbluten l.; *fig.* anzapfen; aussaugen; **~-se** (sich) verbluten (*a. fig.*).

desse ['desə] *Zssg v. de u.* esse.

dessec|ação [dəsəkɐ'sɐ̃u] *f* Trockenlegung *f*; Dörren *n*; Verdorren *n*; **~ador** [~ɐ'ðor] *m* Trocken-, Dörrapparat *m*; **~ar** [~'kar] (1n; *Stv.* 1c) *Sumpf* trockenlegen; *Felder* austrocknen (*a. fig.*); *Pflanze* trocknen, dörren; **~ar-se** austrocknen; verdorren.

desselar [~'lar] (1c) **a**) absatteln; **b**) die (Brief-)Marke ablösen von.

dessemelh|ança [~mə'ʎɐ̃sɐ] *f* Unähnlichkeit *f*; **~ante** [~ɐ̃ntə] unähnlich; **~ar** [~ar] (1d) unterscheiden.

desserviço [dəsər'visu] *m* schlechte(r) Dienst *m*.

dessoldar [~soɫ'dar] (1a) (ab)lösen.

desta ['dɛʃtɐ] *Zssg v. de u. esta.*

destabocado *bras.* [destaβo'kaðu] überspannt.

destac|ado [dɨʃtɐ'kaðu] führend; kurz (*Ton*); deutlich; ♪ staccato; **~amento** [~kɐ'mẽntu] *m* (Sonder-) Kommando *n*; Abteilung *f*; **~ar** [~ar] (1n; *Stv.* 1b) abkommandieren; entsenden; absondern; *Silben* trennen; *fig.* hervorheben; auszeichnen; *v/i. u.* **~ar-se** hervortreten; sich abheben, abstechen.

destamp|ado [~tɐ̃m'paðu] stark; riesig; **~ar** [~ar] den Deckel abheben von; ab-, aufdecken; *v/i. fig.* F überschnappen; ~ *a* anfangen zu; ~ *em* ausbrechen in (*ac.*).

destapar [~tɐ'par] (1b) aufdecken.

destaque [~'takə] *m fig. pôr em* ~ hervorheben; *de* ~ hochgestellt, prominent; sichtbar.

destarte *bras.* [dɛs'tartə] hierdurch; auf diese Weise.

deste ['deʃtə] *Zssg v. de u. este.*

destelar [dɨʃtə'lar] (1c) abfallen.

destelhar [~tə'ʎar] (1d) *Haus* abdachen; *Dach* abdecken.

destem|idez [~təmi'ðeʃ] *f* = *destemor*; **~ido** [~'miðu] furchtlos; kühn; **~or** [~'mor] *m* Unerschrockenheit *f*.

destemper|ado [~tẽmpə'raðu] unmäßig; heftig; rauh; verstimmt (*a.* 𝄞); wäßrig (*Wein, Farbe*); weich (*Stahl*); **~ar** [~ar] (1c) abkühlen; abschwächen, wässern; ♪ verstimmen; *Stahl* enthärten; *allg.* stören; *v/i. u.* **~ar-se** die Härte verlieren (*Stahl*); *fig.* es zu weit treiben; sich ergehen; **~o** [~tẽm'peru] *m* Durcheinander *n*; Störung *f*; ♪ Verstimmung *f*; *fig.* Heftigkeit *f*; Ungehörigkeit *f*; Unsinn *m*.

desterr|ar [~tə'ʀar] (1c) verbannen; ausweisen; *fig.* verscheuchen; **~o** [~'teʀu] *m* Verbannung *f*.

destil|ação [~tilɐ'sɐ̃u] *f* Destillation *f*; Träufeln *n*; **~ador** [~ɐ'ðor] **1.** *adj.* Destillier...; **2.** *m* Destilliergerät *n*, -kolben *m*; **~ar** [~'lar] (1a) träufeln; brennen, destillieren; *v/i.* tropfen; **~aria** [~ɐ'riɐ] *f* Brennerei *f*.

destin|ação [~tinɐ'sɐ̃u] *f* Bestimmung *f*; **~ar** [~'nar] (1a) bestimmen; zuweisen; vorbehalten; *Brief* richten (an [*ac.*] *a*); **~ar-se** *a* bestimmt sn für; sich entscheiden für; sich widmen (*dat.*); **~atário** *m*, **-a** *f* [~ɐ'tarju, -ɐ] Empfänger(in *f*) *m*.

destingir [~tĩ'ʒir] (3n; *p.p. destinto*) entfärben; ausbleichen; *v/i.* die Farbe verlieren, verschießen.

destino [~'tinu] *m* Schicksal *n*; Bestimmung(sort *m*) *f*; Ziel *n*, Zweck *m*; *sem* ~ aufs Geratewohl.

destitu|ição [~titwi'sɐ̃u] *f* Absetzung *f*; Entlassung *f*; **~ído** [~'twiðu]: ~ *de* entblößt von (*dat.*); bar (*gen.*); ~ *de bom senso* unklug; ~ *de razão* unverständig; grundlos; **~ir**

[~'twir] (3i) *des Amtes* entheben; *j-n* absetzen, entlassen; ~ *alg. de a/c.* j-m et. entziehen.

desto|ante [~'twẽntə] falsch; verschiedenartig; unpassend, ungewöhnlich; **~ar** [~ar] (1f) falsch singen (spielen *od.* klingen); ~ *de* nicht passen zu.

des|toldar [~toɫ'dar] (1a) abdecken; *Wein usw.* klären; **~toldar-se** sich aufheitern (*Himmel*); **~torcer** [~tur'ser] (2g) *Seil usw.* aufdrehen; geradebiegen; ⚕ *u. fig.* einrenken; **~toutro** [deʃ'totru] *Zssg v. de mit estoutro.*

destra ['dɛʃtrɐ] *f* = *dextra.*

destramar [dɨʃtrɐ'mar] (1a) *fig.* entwirren; auf-decken, -heben.

destrambelh|ado F [~trẽmbə'ʎaðu] wirr; verrückt; **~ar** F [~ar] (1d) durch-ea.-geraten (*a. fig.*); aus dem Leim gehen; *fig.* auf Abwege geraten; **~o** F [~'beʎu] *m* Durcheinander *n*; Unsinn *m.*

destrancar [~trẽŋ'kar] (1n) aufriegeln.

destratar *bras.* [~trɐ'tar] (1b) beschimpfen.

destrav|ado [~trɐ'vaðu] nicht abgebremst; fessel-, halt-, zügel-los; **~ar** [~ar] (1b) die Bremsen *e-s Wagens* lösen; *Pferd usw.* losmachen.

destreinado [~trei'naðu] aus der Übung; *Sport*: untrainiert.

destreza [~'trezɐ] *f* Geschicklichkeit *f*; Kunstgriff *m*; F Kniff *m.*

destribar-se [~tri'βarsə] (1a) *fig.* den Halt verlieren.

destrinça [~'trĩsɐ] *f* Entwirrung *f.*

destrinç|ado [~trĩ'saðu] eingehend; übersichtlich; **~ar** [~ar] (1p) ausea.-nehmen; zerlegen, zergliedern; entwirren.

destro ['dɛʃtru] geschickt; schlau.

destroç|ar [dɨʃtru'sar] (1o; *Stv.* 1e) zer-schlagen, -trümmern, -stückeln; *Heer* vernichtend schlagen; *Vermögen* durchbringen; **~o** [~'trosu] *m* Vernichtung *f*; **~s** *pl.* Trümmer *pl.*

destronar [~tru'nar] (1f) entthronen.

destroncar [~trõŋ'kar] (1n) verstümmeln; *Glied* abhauen.

destru|ição [~trwi'sɐ̃u] *f* Zerstörung *f*; Vernichtung *f*; **~idor** [~i'ðor] *m* Zerstörer *m*; **~ir** [~'trwir] (3k) zerstören; vernichten.

destrunfar [~trũ'far] (1a) *j-m* die Trümpfe herausziehen.

destrutivo [~tru'tivu] zerstörend; zersetzend.

desumano [dəzu'mɐnu] unmenschlich.

desun|ião [~'njɐ̃u] *f* Uneinigkeit *f*; Trennung *f*; **~ir** [~'nir] (3a) trennen; entzweien.

desurdir [~ur'dir] (3a) *Gewebe* abzetteln; *fig.* aufdecken.

desus|ado [~u'zaðu] ungebräuchlich; **~ar-se** [~arsə] (1a) außer Gebrauch sn; **~o** [~'uzu] *m* Nichtgebrauch *m*; Mangel *m* an Gewohnheit (*od.* Übung); *cair em* ~ außer Gebrauch kommen.

desvair|ado [dɨʒvai'raðu] wirr; überspannt; kopflos; verschiedenartig; **~amento** [~rɐ'mẽntu] *m* Wahn *m*; Überspanntheit *f*; Verblendung *f*; **~ar** [~ar] (1a) verblenden; verwirren; irreführen; *v/i.* den Verstand verlieren; Unsinn reden (*od.* machen).

desval|ido [~vɐ'liðu] hilflos; unglücklich; **~ioso** [~'ljozu] wertlos; **~or** [~or] *m* Wertlosigkeit *f*; Unwert *m*; Mutlosigkeit *f.*

desvaloriz|ação [~vɐlurizɐ'sɐ̃u] *f* ⚚ Abwertung *f*; *allg.* Entwertung *f*; **~ar** [~'zar] (1a) *Währung* abwerten; *allg.* entwerten; **~ar-se** wertlos w.; im Wert sinken.

desvanec|er [~vɐnə'ser] (2g) verscheuchen; zerstreuen; auslöschen; zunichte m.; *j-m* zu Kopf steigen (*Ruhm*); *den Kopf* verdrehen; **~er-se** verfliegen; sich (in Nichts) auflösen; verschwinden; eitel w.; stolz sn (auf [*ac.*] *de, em*); **~ido** [~iðu] eitel; selbstzufrieden; **~imento** [~si'mẽntu] *m fig.* Dünkel *m*; Stolz *m.*

desvant|agem [~vɐ̃n'taʒɐ̃i] *f* Nachteil *m*; **~ajoso** [~tɐ'ʒozu] nachteilig; ungünstig.

desvão [~'vɐ̃u] *m* (Dach-)Boden *m*; (Schlupf-)Winkel *m.*

desvar|iar [~vɐ'rjar] (1g) *v/i. im Fieber* phantasieren; **~io** [~'riu] *m* (Fieber-)Wahn *m*; Wahnsinn *m*; Grille *f.*

desvel|ado [~və'laðu] **a**) wachsam; besorgt; liebevoll; **b**) offenbar; heiter; **~ar** [~ar] (1c) **a**) wach halten; nicht schlafen l.; **b**) entschleiern, -blößen, -hüllen (*a. fig.*); aufhellen; **~ar-se a**) wachen; ~ *em,*

~ *por* sich sorgen um (*ac.*); sich Mühe geben mit (*dat.*); sich bemühen zu *inf.*; **b**) offenbar w.; **~o** [~'velu] *m* Sorge *f.*

desvenc... = *desenvenc...*

desvendar [~vẽn'dar] (1a) *j-m* die Binde abnehmen; enthüllen, aufdecken; *j-m die Augen* öffnen; **~-se** *fig.* offenbar werden.

desventrar [~'trar] (1a) den Bauch aufschlitzen (*dat.*); ausweiden.

desventur|a [~'turɐ] *f* Unglück *n*; **~ado**, **~oso** [~tu'raðu, -ozu] unglücklich.

desvergonha [~vər'ɣoɲɐ] *f* Unverschämtheit *f.*

desvi|ado [~'vjaðu] abgelegen; fernstehend; **~ar** [~ar] (1g) ablenken; abdrängen; entfernen; *Augen* abwenden; *Kopf* zur Seite biegen; *Stuhl* beiseite rücken; *Sendung* fehlleiten; *Verkehr* umleiten; *Industrie usw.* verlagern; *Zs.-stoß usw.* vermeiden; *Schlag* parieren; ~ *de* (weg-) nehmen von; *v. e-m Betrag* abzweigen; *von e-m Plan* abbringen; *v/i. u.* **~ar-se** abweichen; abbiegen; *Vorschriften* umgehen; fehlgehen; abirren (*Geschoß*); abtreiben (*Schiff*); *vom Thema* abschweifen; *e-r Gefahr* ausweichen.

desvincular [~vĩŋku'lar] (1a) (ab-) lösen, trennen.

desvio [~'viu] *m* Ablenkung *f*; Abweichung *f*; Fehlleitung *f*; Abzweigung *f*; Umleitung *f*; Verlagerung *f*; Umweg *m*; Abweg *m*; Verirrung *f*; Unterschlagung *f*; Versteck *n*; 🚂 Ausweichstelle *f.*

desvirt|uar [~vir'twar] (1g) herabsetzen, schlechtmachen; übel auslegen; entkräften; **~uar-se** an Kraft verlieren; **~ude** [~uðə] *f* Untugend *f*; **~uoso** [~wozu] ungut, schlecht.

detalh|ar (1b), **~e** (*gal.*) [dətɐ'ʎar, ~'taʎə] = *pormenor(izar).*

deten|ça [~'tẽsɐ] *f* Aufenthalt *m*; Aufschub *m*; Verzögerung *f*; *sem* ~ unverzüglich; **~ção** [~tẽ'sɐ̃u] *f* Verhaftung *f*; Haft *f*; Einbehaltung *f*; Besitz *m*; (*casa f de*) ~ Gefängnis *n*; ~ *preventiva* Untersuchungshaft *f*; **~tor** [~tẽn'tor] *m* Inhaber *m*; *Macht-*Haber *m.*

deter [~'ter] (2zb) zurück(be)halten; aufhalten; unterbrechen; fest-halten, -nehmen; **~-se** verweilen (*fig.* bei *em*); stehenbleiben; einhalten; sich aufhalten.

detergente [~tər'ʒẽntə] reinigend.

deterior|ação [~tərjurɐ'sɐ̃u] *f* Verderb *m*; Beschädigung *f*; Verschlechterung *f*; Schlechtwerden *n*; Verfall *m*; **~ar** [~'rar] (1e) verderben; beschädigen; in Verfall bringen; *Zähne* angreifen; **~ar-se** schlecht w.; verderben; zer-, verfallen; **~ável** [~'ravɛɫ] verderblich.

determin|ação [~tərminɐ'sɐ̃u] *f* Bestimmung *f*; Entschließung *f*; Beschluß *m*; Entschlossenheit *f*; Bestimmtheit *f*; Anordnung *f*; **~ado** [~'naðu] gewiß; ausdrücklich; entschlossen (zu *a*); **~ante** [~'nẽntə] *f* ♒ Determinante *f*; *biol. a.* Erbanlage *f*; **~ar** [~'nar] (1a) bestimmen; entscheiden; festsetzen; beschließen; nötig m.; **~ar-se** sich entschließen; **~ativo** [~ɐ'tivu] (näher) bestimmend; **~ável** [~'navɛɫ] bestimmbar.

detest|ar [~tɨʃ'tar] (1c) verabscheuen; **~ável** [~avɛɫ] abscheulich.

detido [~'tiðu] **1.** *p.p. v. deter*; **2.** *adj.* eingehend; **3.** *m* Häftling *m.*

deton|ação [~tunɐ'sɐ̃u] *f* Knall *m*; **~ador** [~ɐ'ðor] *m* Sprengkapsel *f*; **~ar** [~'nar] (1f) knallen; explodieren.

detrac|ção [~tra'sɐ̃u] *f* Verleumdung *f*; **~tivo** [~'tivu] verleumderisch; **~tor** [~'tor] *m* Verleumder *m.*

detrair [~trɐ'ir] (3l) *v/t. u.* ~ *de* verleumden (*ac.*); in den Schmutz ziehen (*ac.*).

detrás [~'traʃ] hinten; hinterher; dahinter; *por* ~ hinterrücks; hinter dem Rücken; ~ *de*, *por* ~ *de* hinter (*dat. u. ac.*); nach (*dat.*).

detri|mento [~tri'mẽntu] *m* Schaden *m*, Nachteil *m*; *em* ~ *de* zum Nachteil für; zu *j-s* Schaden; *com* ~ *alheio* zum Schaden anderer; *sem* ~ ohne Benachteiligung; **~to(s)** [~'tritu(ʃ)] *m(/pl.) Gesteins-*Trümmer *pl.*; Abfall *m*; Rückstand *m*; *aproveitamento m de* ~*s* Abfallverwertung *f.*

deturp|ação [~turpɐ'sɐ̃u] *f* Entstellung *f*; **~ar** [~'par] (1a) entstellen, fälschen.

Deus [deuʃ] *m* Gott *m*; ♀ *heidnischer* Gott *m*; Götze *m*; ~ *me livre!* Gott bewahre!, bewahre!; ~ *queira* hoffentlich!; *se* ~ *quiser* so Gott will; *fique com* ~*!* Gott befohlen!; *valha-me* ~*!* Gott steh' mir bei!; *ao* ~ *dará* auf gut Glück; in den Tag hinein; *nem à mão de ~-Padre* mit aller Gewalt nicht; *por ~* um Gottes willen; *um pobre de ~* ein armer Mann; *uma criatura de ~* ein armes, unglückliches Geschöpf.

deusa ['deuzɐ] *f* Göttin *f*.

devagar [dəvɐ'ɣar] langsam; *~ se vai ao longe* Eile mit Weile.

devan|ear [~vɐ'njar] (1l) phantasieren; träumen; *v/t.* (sich) *et.* erträumen; **~eio** [~'neju] *m* Phantasie *f*; Wahn *m*; Träumerei *f*; Traum *m*.

devassa [~'vasɐ] *f* Untersuchung *f*.

devass|ado [~vɐ'saðu] offen(liegend), öffentlich; **~ar** [~ar] (1b) eindringen in (*ac.*) (*a. fig.*); einsehen; auskundschaften; aufdecken; preisgeben; verbreiten; verführen, verderben; **~ar-se** sich lockern; bekannt w.; auf Abwege geraten; **~idão** [~si'ðɐ̃u] *f* Verderbtheit *f*; unsittliche(r) Lebenswandel *m*; Liederlichkeit *f*; **~o** [~'vasu] liederlich.

devast|ação [~vɐʃtɐ'sɐ̃u] *f* Verwüstung *f*; **~ar** [~'tar] (1b) verwüsten, verheeren.

deve ['dɛvə] *m* Soll *n*.

dev|edor [dəvə'ðor] *m* Schuldner *m*; **~er** [~'ver] (2c) **1.** *v/t.* schulden; verdanken; *~ por* a) verpflichtet sn für; b) schulden an *Miete, Steuer usw.*; *~ a si (mesmo)* sich *et.* schuldig sn; *~ os cabelos* bis über die Ohren verschuldet sn; *~ muito (pouco)* große (kaum) Schulden h.; *ficar a ~ a* schuldig bleiben (*dat.*); *fig.* zurückbleiben hinter (*dat.*); **2.** *v/i. ~ (de) inf.* müssen; *não ~* nicht dürfen; *Wahrscheinlichkeit od. Vermutung*: *ele (não) deve vir* er wird wohl (nicht) kommen; **3. ~er-se** *a* a) Pflichten h. gegen, sich widmen müssen (*dat.*); b) zu verdanken sn (*dat.*); zurückzuführen sn auf (*ac.*); **4.** *m* Pflicht *f*; *fiel ao ~* pflichttreu.

deveras [~'vɛrɐʃ] wirklich, wahrhaftig; ernstlich.

devid|amente [~ˌviðɐ'mẽntə] vorschriftsmäßig, richtig; rechtsgültig; **~o** [~'viðu] **1.** *adj.* (pflicht)schuldig, gehörig; richtig; *~ a* infolge (*gen.*); *ser ~* gebühren; sich gehören; **2.** *m* Schuldigkeit *f*.

devir [~'vir] **1.** *v/i.* (3x) werden; **2.** *m* Werden *n*.

devoção [~vu'sɐ̃u] *f* Andacht *f*; Frömmigkeit *f*; Hingabe *f*; Ergebenheit *f*; *-ões* Andachtsübungen *f/pl.*; fromme Werke *n/pl.*; *ser a ~ de alg.* j-m heilig (*od.* verehrungswürdig) sn; j-s Ein u. Alles sn; *ter ~ com (od. em)* besondere Vorliebe h. für.

devol|ução [~lu'sɐ̃u] *f* Rückgabe *f*; ⚖ Heimfall *m*; Übertragung *f*; Devolution *f*; **~utivo** [~u'tivu] Rückgabe...; Übertragungs..., Devolutions...; **~uto** [~'lutu] leerstehend; herrenlos; **~utório** [~u'tɔrju] = *~utivo*; **~ver** [~voɫ'ver] (2e) zurückgeben, -erstatten, -schicken; zurückweisen; zurückgehen l.; ⚖ übertragen; (zurück)verweisen; **~vido** [~voɫ'viðu] ✉ Annahme verweigert; *fig.* nach (Verlauf von).

devor|ador [~vurɐ'ðor] **1.** *adj.* verheerend; unersättlich; **2.** *m ~ de* ...fresser; **~ar** [~'rar] (1e) verschlingen (*a. fig.*); hinunter-schlingen, -stürzen; *fig.* verzehren.

devot|ado [~vu'taðu] ergeben, zugetan; hingebend; **~ar** [~ar] (1e) schenken; zuwenden; *fig. bsd.* widmen; **~o** [~'vɔtu] **1.** *adj.* andächtig; fromm; ergeben, zugetan; verehrungswürdig; **2.** *m*, **-a** *f* Andächtige(r) *m*; *depr.* Frömmler(in *f*) *m*; *fig.* Anhänger(in *f*) *m*.

dex|teridade [deiʃtəri'ðaðə] *f* = *destreza*; **~tra** ['deiʃtrɐ] *f die* rechte Hand *f*; **~trina** [~'trinɐ] *f* Dextrin *n*.

dez [dɛʃ] **1.** zehn; **2.** *m* Zehn *f*; Zehner *m*; Nummer *f* zehn.

deza|nove [dəzɐ'nɔvə] neunzehn; **~sseis** [~'seiʃ] sechzehn; **~ssete** [~'sɛtə] siebzehn.

Dez|embro [də'zẽmbru] *m* Dezember *m*; **2ena** [~enɐ] *f* Zehner *m*; *uma ~ (duas ~s) de* etwa zehn (zwanzig); **2enove** [~zə'nɔvə] *usw. bras.* = *dezanove usw.*; **2oito** [~ɔitu, ~oitu] achtzehn.

dia ['diɐ] **1.** *m* Tag *m*; *~ santo, ~ santificado* kirchliche(r) Feiertag *m*; *~ a ~, ~ após ~* Tag für Tag, täglich; *o ~ a ~* das tägliche Einerlei, der Alltag *m*; *a ~s* Tages...; *com ~* bei Tage(slicht); *de ~* tagsüber, am Tage; *dum ~ para (o) outro* über Nacht; *dentro de ~s, entre ~s* in wenigen Tagen, bald; *há ~s* kürzlich; *hoje em ~, no ~ de hoje* heutzutage; *mais ~ menos ~* über kurz oder lang; *outro ~* neulich; *um ~*

destes, um destes ~ dieser Tage, in den nächsten Tagen; *uns* ~*s por outros* dann und wann; *bom* ~, *bons* ~*s!* guten Morgen!; *dar os bons* ~*s* guten Morgen wünschen; *o (no)* ~ *2 de Maio* der (am) zweite(n) Mai; *algum* ~ eines Tages, einmal; *deixar para outro* ~ aufschieben, liegenl.; *estar (andar) em* ~ in Ordnung sn; auf dem laufenden sn; *estar nos seus* ~*s* gut aufgelegt sn; *pôr em* ~ in Ordnung bringen; *Rechnungen usw.* nachtragen; aufarbeiten; *pôr-se em* ~ *com* Ordnung schaffen in (*dat.*); sich vertraut m. mit; sich ins Bild setzen über (*ac.*); *ganhar (od. trabalhar, andar) aos* ~*s* gegen Tagelohn (*od.* als Tagesfrau) arbeiten; *ter* ~*s* s-e Tage h.; *ter o seu* ~ s-n Glückstag h.; *ser o* ~ *e a noite* (verschieden) wie Tag und Nacht sn; **2.** ~*s pl.* Leben(szeit *f*) *n*; (Lebens-)Tage *m/pl.*; *de* ~*s* wenige Tage alt (*Kind*); betagt; *em meus* ~*s*, *(n)os* ~*s da minha vida* mein Leben lang; zu (meinen) Lebzeiten; *nos nossos* ~*s* in unserer Zeit.

diab|ete(s) [djɐ'βɛtə(ʃ)] *f* Zuckerkrankheit *f*; ~**ético** [~ɛtiku] **1.** *adj.* zuckerkrank; **2.** *m* Diabetiker *m*.

diabo ['djaβu] *m* Teufel *m*; Teufelskerl *m*; *oh* ~*!*, *que* ~*!*, ~*!* zum Teufel!, Teufel nochmal!; *com os* ~*s!*, *com trezentos* ~*s!* zum Teufel!, alle Wetter!; *do(s)* ~*(s)* verteufelt; höllisch; Teufels...; *o* ~ *do homem* der Teufelskerl; *é o* ~ das ist e-e verflixte Sache; *o* ~ *te leve (od. carregue)!* der Teufel soll dich holen!; *dar ao* ~ verwünschen; auf sich beruhen l.; *dizer o* ~ das unglaublichste Zeug reden; *pintar (od. fazer) o* ~ das Unterste zuoberst kehren.

diabólico [djɐ'βɔliku] teuflisch; verteufelt, verflixt.

diabr|ete [~'βretə] *m fig.* kleine(r) Teufel *m*; *Kartenspiel*: *Art* Schwarzer Peter *m*; ~**ura** [~urɐ] *f* Teufelei *f*; dumme(r) Streich *m*.

diacho P ['djaʃu] *m* Deibel *m*; *s. diabo.*

diacon|ato [djɐku'natu] *m* Diakonat *n*; ~**isa** [~izɐ] *f* Diakonissin *f*.

diácono ['djakunu] *m* Diakon *m*.

diadema [djɐ'ðemɐ] *m* Diadem *n*.

diáfano ['djafɐnu] durchsichtig.

diafragm|a [djɐ'fraɣmɐ] *m* Diaphragma *n*; *oft*: Scheidewand *f*; *fot.* Blende *f*; *anat.* Zwerchfell *n*; ⚡ Membrane *f*; Tonabnehmer *m*; ~ *do ouvido* Trommelfell *n*; ~**ar** [~frɐɣ'mar] (1b) *fot.* abblenden.

diagn|ose [diɐɣ'nɔzə] *f* Diagnose *f*; ~**osticar** [~nuʃti'kar] (1n) *Krankheit* feststellen; erkennen; ~**osticável** [~uʃti'kavɛɫ] feststellbar; erkennbar; ~**óstico** [~ɔʃtiku] *m* Diagnose *f*, Befund *m*.

dia|gonal [~ɣu'naɫ] diagonal; ~**grama** [~'ɣrɐmɐ] *m* Diagramm *n*; schematische Darstellung *f*.

dialect|al [~lɛ'taɫ] mundartlich, Dialekt...; ~**o** [~'lɛtu] *m* Mundart *f*, Dialekt *m*; ~**ologia** [~tulu'ʒiɐ] *f* Dialektforschung *f*.

dialog|ado [~lu'ɣaðu] in Gesprächsform; ~**al** [~aɫ] Gesprächs...; dialogisch; ~**ar** [~ar] (1o; *Stv.* 1e) in Gesprächsform abfassen; *v/i.* mitea. sprechen.

diálogo ['djaluɣu] *m* (Zwie-)Gespräch *n*.

diamant|e [djɐ'mɐ̃ntə] *m* Diamant *m*; ~ *rosa* Rosette *f*; *ponta f de* ~ Glaserdiamant *m*; *de* ~ = ~**ino** [~mɐ̃n'tinu] diamanten; *fig.* hart; ehern.

diâmetro ['djɐmətru] *m* Durchmesser *m*.

dianho P ['djɐɲu] *m* = *diacho*.

diantar-se *bras.* [djɐ̃n'tarsə] (1a) sich vorwagen.

diante ['djɐ̃ntə] **1.** *adv.* vorn; *de* ... *em (od. por)* ~ von ... an, ab ...; *para* ~ vorwärts; weiter; *ir por* ~ weitergehen, fortfahren; *e assim por* ~ und so weiter; **2.** *prp.* ~ *(de)* vor (*ac. u. dat.*); angesichts (*gen.*); *j-m* voran, vor *j-m* her.

dianteir|a [djɐ̃n'teirɐ] *f* Vorderteil *m*; Vorhut *f*, Spitze *f*; *dar a* ~ *a* vorlassen (*ac.*); die Führung abgeben an (*ac.*); den Vorrang l. (*dat.*); *estar na* ~ *de* führend sn in (*dat.*); den ersten Platz innehaben in (*dat.*); *Sport*: führen in (*dat.*); *ganhar (od. tomar) a* ~ die Führung übernehmen; *j-m* den Rang ablaufen; *Sport*: in Führung gehen; ~**o** [~u] vorder; Vorder...

dia|pasão [djɐpɐ'zɐ̃u] *m* Ton-, Stimm-umfang *m*; Lautstärke *f*; Tonleiter *f*; *bsd.* Stimmgabel *f*; *afinar pelo mesmo* ~ in dasselbe Horn blasen; *baixar (levantar) o* ~ s-e

Stimme senken (erheben); s-e Ansprüche herab-(hinauf-)schrauben.
diári|a [ˈdjarjɐ] *f* Tagelohn *m*; Tagesration *f*; ganztägige Verpflegung *f*; Tages-satz *m*, -preis *m im Hotel*; **~o** [~u] **1.** *adj.* täglich; **2.** *m* Tagebuch *n*; (Tages-)Zeitung *f*; ✈ Journal *n*; ~ *de bordo* ⚓ Logbuch *n*; *Radio*: ~ *falado* Tagesübersicht *f*; ♀ *do Governo* Regierungsanzeiger *m*; Gesetzblatt *n*.
diarreia [djɐˈʀejɐ] *f* Durchfall *m*.
diatermia [~tərˈmiɐ] *f* Wechselstrombehandlung *f*, Diathermie *f*.
diátese [ˈdjatəzə] *f* Anfälligkeit *f*.
dicção [diˈsɐ̃u] *f* Sprech-, Vortragsweise *f*; Ausdrucksweise *f*.
dichote [~ˈʃɔtə] *m* bissige Bemerkung *f*.
dicionário [~sjuˈnarju] *m* Wörterbuch *n*; Lexikon *n*.
didáctico [~ˈδatiku] didaktisch; lehrhaft; belehrend, Lehr...
diedro [ˈdjɛδru]: *ângulo m* ~ Flächenwinkel *m*.
dieta [ˈdjɛtɐ] *f* **a**) Lebensweise *f*, Ernährung *f*; *bsd.* Krankenkost *f*, Diät *f*; *estar a* ~ Diät leben müssen; *pôr a* ~ auf Diät setzen; **b**) Landtag *m*.
difam|ação [difɐmɐˈsɐ̃u] *f* Verleumdung *f*; **~ador** [~ɐˈδor] **1.** *m* Verleumder *m*; **2.** *adj.* = **~ante** [~ˈmɐ̃ntə] ehrenrührig; **~ar** [~ˈmar] (1a) verleumden, in Verruf bringen; schmähen; **~atório** [~ɐˈtɔrju] verleumderisch,ehrenrührig;Schmäh...
diferença [~fəˈrẽsɐ] *f* Verschiedenheit *f*; Unterschied *m*; Unstimmigkeit *f*; Rest *m*; Meinungsverschiedenheit *f*; *fazer* ~ sich unterscheiden (in [*dat.*] *em*); *fazer* ~ *a alg.* j-m etwas ausmachen; j-m nicht passen; j-m peinlich (*od.* unangenehm) sn; *a* ~ *de* zum Unterschied v.; *à* ~ *de* im Unterschied zu.
diferen|çar [~rẽˈsar] (1p) unterscheiden; differenzieren; **~cial** [~ˈsjaɫ] *f* Differential *n*; ⊕ (*engrenagem*) ~ Ausgleich-, Differential-getriebe *n*; **~ciar** [~ˈsjar] (1g) = **~çar**; ⚕ differenzieren; **~do** [~ˈrẽndu] *m* Meinungsverschiedenheit *f*, F Differenz *f*; **~te** [~ˈrẽntə] verschieden; verändert; ander; *isto é* ~ das ist etwas anderes; **~temente** [~ˌrẽntəˈmẽntə] anders.
diferir [~ˈrir] (3c) aufschieben; hinaus-, ver-zögern; *v/i.* sich unterscheiden; aus-ea.-gehen (*Meinungen*), (von-ea.) abweichen.
dif|ícil [diˈfisiɫ] schwierig; schwer; peinlich; beschwerlich; *ser* ~ *a* schwerfallen (*dat.*); *é* ~ *que ele faça isso* er wird das schwerlich (*od.* kaum) tun; **~icílimo** [~fəˈsilimu] äußerst schwierig; **~ìcilmente** [~ˌfisiɫˈmẽntə] mit Mühe; schwerlich, kaum.
dificul|dade [~fikuɫˈdaδə] *f* Schwierigkeit *f* (*levantar, opor* m.; *suscitar* bereiten); *tenho* ~ *em et.* fällt mir schwer; es fällt mir schwer zu *inf.*; *com* ~ mühsam; (be)schwerlich; *sem* ~ leicht; ohne weiteres; **~tação** [~tɐˈsɐ̃u] *f* Erschwerung *f*; **~tar** [~ˈtar] (1a) erschweren; als schwierig hinstellen; **~tar-se** schwierig w.; Bedenken h.; **~toso** [~ˈtozu] schwierig; beschwerlich.
difracção [~fraˈsɐ̃u] *f* Beugung *f*.
difteria [diftəˈriɐ] *f* Diphtherie *f*.
difundir [difũnˈdir] (3a) verbreiten; *Radio*: senden.
difus|ão [~fuˈzɐ̃u] *f* Aus-, Verbreitung *f*; Weitschweifigkeit *f des Stils*; *fis.* Diffusion *f*; **~o** [~ˈfuzu] weitschweifig, breit; *fis.* diffus.
dige|rir [diʒəˈrir] (3c) verdauen (*a. fig.*); *Unglück* verschmerzen; **~rível** [~ˈrivɛɫ] verdaulich; **~stão** [~ʃˈtɐ̃u] *f* Verdauung *f*; *fazer a* ~ verdauen; **~stivo** [~ʃˈtivu] Verdauungs...; verdauungsfördernd; *tubo m* ~ Magen-Darm-Kanal *m*; **~stor** [~ʃˈtor] *m* Papinsche(r) Topf *m*.
digit|ação [~ʒitɐˈsɐ̃u] *f* ♪ Fingerübung *f*; **~ado** [~ˈtaδu] fingerförmig; **~al** [~ˈtaɫ] **1.** *adj.* Finger...; *impressões f/pl.* *-ais* Fingerabdrücke *m/pl.*; **2.** *f* ⚘ Fingerhut *m*.
digladiar [diɣlɐˈδjar] (1g) fechten; **~-se** mit-ea. ringen (*od.* kämpfen).
dign|ar-se [diɣˈnarsə] (1a) geruhen, die Güte h.; **~idade** [~niˈδaδə] *f* Würde *f*; Ansehen *n*; **~ificar** [~nəfiˈkar] (1n) Würde verleihen (*dat.*), ehren; **~itário** [~niˈtarju] *m* Würdenträger *m*; **~o** [ˈdiɣnu] würdig; angemessen.
digress|ão [diɣrəˈsɐ̃u] *f* Ausflug *m*, Fahrt *f*; *bsd.* Abstecher *m*; Abschweifung *f v. Thema*; Ausflucht *f*; *ast.* Entfernung *f*; **~ionar** [~sjuˈnar] (1e) abschweifen; ~ *sobre* (weitläufig) sprechen über (*ac.*); ~ *por* durchstreifen (*ac.*); **~ivo** [~ivu]

abschweifend; weitschweifig; ausgedehnt (*Spaziergang usw.*).
dilação [dilɐ'sɐ̃u] *f* Verzögerung *f*, Aufschub *m*; *sem* ~ unverzüglich.
dilacer|ação *f*, **~amento** *m* [~sɔrɐ'sɐ̃u, ~ɐ'mẽntu] Zerreißung *f*; Zerrissenheit *f*; **~ante** [~'rɐ̃ntə] *fig.* herzzerreißend; **~ar** [~'rar] (1c) zerreißen, zerfetzen; *fig.* foltern.
dilapid|ação [~piðɐ'sɐ̃u] *f* Vergeudung *f*; **~ar** [~'ðar] (1a) vergeuden.
dilat|ação [~tɐ'sɐ̃u] *f* (Aus-)Dehnung *f*; Erweiterung *f*; Verlängerung *f*; Verbreitung *f*; **~ador** [~ɐ'ðor] *m cir.* Sperreisen *n*; **~ar** [~'tar] (1b) (aus)dehnen; erweitern; *Frist* verlängern; *Tat* hinauszögern, aufschieben; *Lehre* verbreiten; *Brust, Sinn* weiten; **~ável** [~'tavɛɫ] (aus-)dehnbar; erweiterungsfähig; **~ório** [~'tɔrju] Aufschub bewirkend, verzögernd; dilatorisch.
dilecto [~'lɛtu] (innig) geliebt, lieb.
dilema [~'lemɐ] *m* Dilemma *n*.
diletante [~lə'tɐ̃ntə] **1.** *m* Dilettant *m*; *bsd.* Musikliebhaber *m*; **2.** *adj.* dilettantisch.
dilig|ência [dəli'ʒẽsjɐ] *f* Eifer *m*; Postkutsche *f*; ~*s pl. fig.* Maßnahmen *f/pl.*; *pol.* Schritte *m/pl.*; *Polizei*: Ermittlungen *f/pl.*; ⚖ Durchführung *f*; Vollstreckung *f*; *oficial m de* ~*s* Gerichtsvollzieher *m*; *fazer* ~ *por inf.* sich bemühen zu *inf.*; *fazer* ~*s* Maßnahmen ergreifen; Schritte unternehmen; Ermittlungen (*od.* Erhebungen) anstellen; *com* ~ eifrig; **~enciar** [~ʒẽ'sjar] (1g *u.* 1h) betreiben; sich bemühen (um [*ac.*], zu *inf.*); **~ente** [~ẽntə] eifrig; flink.
dilu|ição [dilwi'sɐ̃u] *f* (Auf-)Lösung *f*; Verdünnung *f*; **~ir** [~'lwir] (3i) (auf)lösen; verdünnen; *Butter* zerlassen; **~ir-se** zergehen; verschwimmen.
diluvial, -iano [~lu'vjaɫ, -ɐnu] *geol.* eiszeitlich; *período m* ~ Eiszeit *f*; *chuva f* ~ Wolkenbruch *m*.
dilúvio [di'luvju] *m* Sintflut *f*; *fig.* Flut *f*, Meer *n*.
dimanar [dimɐ'nar] (1a) (ent-)strömen; *fig. a.* entstammen.
dimens|ão [dimẽ'sɐ̃u] *f* Ausdehnung *f*, Dimension *f*; Ausmaß *n*; **~ões** *pl.* Abmessungen *f/pl.*
diminu|endo [~mi'nwẽndu] **1.** *m* 𝔄 Minuend *m*; **2.** *adv.* ♪ diminuendo; **~ição** [~nwi'sɐ̃u] *f* Verminderung *f*; *Gewichts*-Abnahme *f*; *Personal*-Abbau *m*; 𝔄 Abziehen *n*; **~idor** [~nwi'ðor] *m* 𝔄 Subtrahend *m*; **~ir** [~'nwir] (3i) vermindern; verkleinern; *Wirkung* abschwächen; *Ausgaben* einschränken; *Zeit* verkürzen; *Preis* herabsetzen; *Personal* abbauen; *Fahrt* verlangsamen; ⚓ beidrehen; **~ir-se** abnehmen; **~tivo** [~nu'tivu] *m* Verkleinerung(s-wort *n*, -silbe *f*) *f*.
diminuto [~'nutu] winzig.
dinamarquês [dinɐmɐr'keʃ] **1.** *adj.* dänisch; **2.** *m*, **-esa** *f* Däne *m*, Dänin *f*.
dinâmic|a [~'nɐmikɐ] *f* Dynamik *f*; *fig. a.* Triebkraft *f*; Bewegung *f*, Ablauf *m*; **~o** [~u] dynamisch; kraft-, schwung-voll; (vorwärts-)drängend.
dinam|ismo [~nɐ'miʒmu] *m fig.* Dynamik *f*, Schwung *m*; Lebenswille *m*; **~itar** [~mi'tar] (1a) (in die Luft) sprengen; **~ite** [~itə] *f* Dynamit *n*; **~ização** [~mizɐ'sɐ̃u] *f* Ankurbelung *f*; Aktivierung *f*; **~izar** [~mi'zar] (1a) mit Energie laden; in Schwung bringen; aktivieren.
dínamo ['dinɐmu] *m* Dynamo *m*.
dinastia [dinɐʃ'tiɐ] *f* Dynastie *f*.
dinheir|ada, ~ame P [diɲei'raðɐ, ~ɐmə] *f* Masse *f* Geld; **~ão** [~ɐ̃u] *m* Unsumme *f*; Heidengeld *n*; **~o** [~'ɲeiru] *m* Geld *n*; Talent *n*, Silberling *m*; Penny *m* (*engl. Münze*); ~ *de contado* Bargeld *n*; *a* ~ gegen bar; in bar.
dintel [dĩn'tɛɫ] *m* *Tür*-Oberschwelle *f*.
dioc|esano [djusə'zɐnu] **1.** *adj.* Bischofs...; Bistums...; **2.** *m* Angehörige(r) der Diözese; **~ese** [~'sɛzə] *f* Bistum *n*, Diözese *f*.
diploma [di'plomɐ] *m* Diplom *n*, Zeugnis *n*; Urkunde *f*.
diplom|acia [~plumɐ'siɐ] *f* Diplomatie *f*; **~ado** [~'maðu] gelernt; studiert; akademisch gebildet; Diplom...; **~ata** [~'matɐ] *m* Diplomat *m*; **~ática** [~'matikɐ] *f* Urkundenlehre *f*; **~ático** [~'matiku] diplomatisch.
dique ['dikə] *m* Damm *m*, Deich *m*.
direc|ção [dirɛ'sɐ̃u] *f* Leitung *f*; Direktion *f*; Führung *f*; Lenkung *f*; Steuerung *f*; Richtung *f*; Ausrich-

tung *f*, Zielsetzung *f*; ✉ Anschrift *f*, Adresse *f*; -ões *pl.* Anweisungen *f*/*pl.*; em ~ a (*od.* de) in der Richtung nach (*od.* zu); in Richtung (auf) (*ac.*); **~tamente** [~tɐ'mẽntə] geradeswegs; geradezu; selbst; **~tivo** [~'tivu] leitend; **~to** [~'rɛtu] **1.** *adj.* gerade; unmittelbar; durchgehend; direkt; comboio *m* ~ = **2.** *m* Eilzug *m*; **~tor** [~'tor] **1.** *m* Leiter *m*, Direktor *m*; ♪ Dirigent *m*; ~-geral General- (*od.* *pol.* Ministerial-)direktor *m*; **2.** *adj.* leitend; **~tora** [~'torɐ] *f* Vorsteherin *f*; Leiterin *f*; **~toria** [~tu'riɐ] *f* Leitung *f*; ✝ Vorstand *m*, Verwaltungsrat *m*; **~tório** [~'tɔrju] *m* Direktorium *n*; **~triz** [~'triʃ] **1.** *f* Richtlinie *f*; ⚘ Leitlinie *f*; **2.** *adj.* leitend.

direit|a [di'reitɐ] *f* rechte Hand *f*, Rechte *f*; à ~ rechts; zur Rechten; às ~s rechtschaffen; recht, richtig; seguir pela ~ rechts gehen (*od.* fahren); **~eza** [~rei'tezɐ] *f* Geradheit *f*, Rechtschaffenheit *f*; **~inho** [~rei'tiɲu] genau; richtig; **~ista** [~rei'tiʃtɐ] **1.** *adj.* Rechts...; **2.** *su.* Rechtspolitiker *m*; **~o** [~u] **1.** *adj.* a) gerade; senkrecht; einreihig (*Anzug*); *fig.* aufrecht, rechtschaffen; recht, wahr; b) recht (*Ggs.* *link*); **2.** *adv.* gerade; geradewegs; a ~ geradeaus; **3.** *m* a) Recht(swissenschaft *f*) *n*; Steuer *f*; a torto e a ~ unbesehen; blind drauflos; de ~ von Rechts wegen; em (bom) ~ billigerweise; não haver ~ nicht recht sn; ter (o) ~ de *inf.* das Recht h. zu *inf.*; = ter ~(s) a ein Recht (*od.* Anspruch) h. auf (*ac.*); Faculdade *f* de ♀ rechtswissenschaftliche Fakultät *f*; estudar ~ die Rechte studieren; b) rechte Seite *f* *e-s Tuches*; pelo ~ von rechts; c) ~s *pl.* Zoll(gebühren *f*/*pl.*) *m*; ~s de importação, ~s de entrada Einfuhr-, ~s de exportação, ~s de saída Ausfuhr-zoll *m*; ~s reais Real-lasten *f*/*pl.*, -steuern *f*/*pl.*; **~ura** [~rei'turɐ] *f* Geradheit *f*; em ~ geradewegs.

dirig|ente [~ri'ʒẽntə] **1.** *adj.* leitend, führend; **2.** *m* Leiter *m*, Führer *m*; **~ir** [~ir] (3n) leiten; *Geschäfte*, *Heer* führen; *Wagen*, *Schiff* lenken, steuern; *Brief*, *Wort* richten (an *od.* auf [*ac.*]; nach a, para); **~ir-se** para sich begeben, fahren (*od.* fliegen) nach; ⚓ ansteuern (*ac.*); ✈ anfliegen (*ac.*); ~ a sich wenden an (*ac.*); gerichtet sn an (*ac.*), bestimmt sn für; **~ismo** [~iʒmu] *m*: ~ económico (System *n* der) Wirtschaftslenkung *f*; **~ível** [~ivɛł] **1.** *adj.* lenkbar; **2.** *m* Luftschiff *n*.

dirim|ente [~'mẽntə]: impedimento *m* ~ Hinderungs- (*od.* Scheidungs-) grund *m*; **~ir** [~ir] (3a) ungültig (*od.* unmöglich) m.; *fig.* *Zweifel* lösen; *Streit* schlichten; *Frage* entscheiden.

discar *bras.* [dis'kar] (1n) wählen.

discente [diʃ'sẽntə]: população *f* ~ Schülerschaft *f*.

discern|imento [~sərni'mẽntu] *m* Unterscheidung(svermögen *n*) *f*; Überlegung *f*; sem ~ unterschiedslos; unüberlegt; **~ir** [~'nir] (3c) unterscheiden, sondern.

disciplin|a [~si'plinɐ] *f* Zucht *f*, Disziplin *f*; (Ordens-)Regel *f*; Schulung *f*, Schule *f*; (Unterrichts-)Fach *n*; **~ado** [~pli'naðu] ruhig, beherrscht; an Ordnung gewöhnt, gehorsam; diszipliniert; **~ar** [~pli'nar] **1.** *v*/*t.* (1a) in Zucht nehmen (*od.* halten); schulen; züchtigen; **2.** *adj.* Disziplinar...; Straf...; disziplinarisch. [Jünger *m*.]

discípulo [~'sipulu] *m* Schüler *m*;

disco ['diʃku] *m* Scheibe *f*; *Sport*: Diskus *m*; ♪ Schallplatte *f*.

díscolo ['diʃkulu] widerspenstig.

discord|ância [diʃkur'ðɐ̃sjɐ] *f* Unvereinbarkeit *f*; Widerspruch *m*; (Meinungs-)Verschiedenheit *f*; Mißklang *m*; **~ante** [~ɐ̃ntə] unvereinbar; widersprechend; **~ar** [~ar] (1e) nicht (mit-ea.) übereinstimmen, (von-ea.) abweichen; (sich) widersprechen; anderer Meinung sn (als de); ♪ nicht zs.-klingen; **~e** [~'kɔrðə] uneinig; ungleich; ♪ mißtönend, falsch; = ~ante.

discórdia [~'kɔrðjɐ] *f* Zwietracht *f*; Streit *m*; pomo *m* de ~ Zankapfel *m*.

discorrer [~ku'ʀer] (2d) fließen, streifen, reisen, ziehen (durch por; entlang ao longo de; aus *od.* von ... herab de); ~ em nachdenken über (*ac.*); ~ sobre sich auslassen (*od.* sprechen) über (*ac.*); *v*/*t.* *fig.* untersuchen.

discoteca [~ku'tɛkɐ] *f* Schallplatten-sammlung *f*, -archiv *n*.

discrep|ância [~krə'pẽsjɐ] *f* Widerspruch *m*; Unstimmigkeit *f*; (Meinungs-)Verschiedenheit *f*; **~ante** [~ẽntə] widersprechend; ungleich; **~ar** [~ar] (1c) aus-ea.-gehen; sich unterscheiden.

discret|ear [~krə'tjar] (1l) plaudern (über [*ac.*] *sobre*); **~o** [~'krɛtu] zurückhaltend; unauffällig; verschwiegen; klug; ♃ diskret.

discri|ção [dəʃkri'sɐ̃u] *f* Zurückhaltung *f*, Takt *m*; Unauffälligkeit *f*; Verschwiegenheit *f*; Klugheit *f*; *à* ~ nach Belieben; **~cional, -ário** [~sju'nał, -arju] unbeschränkt; beliebig.

discrimin|ação [diʃkrəminɐ'sɐ̃u] *f* Unterscheidung *f*; Diskriminierung *f*; **~ador** [~ɐ'ðor] diskriminierend; **~ar** [~'nar] (1a) unterscheiden; diskriminieren; **~ável** [~'navɛł] unterscheidbar; trennbar.

discurs|ar [~kur'sar] (1a) darlegen, erörtern; *v/i.* e-e Rede (*od.* e-n Vortrag) halten *od.* sprechen (über [*ac.*] *sobre*); **~ivo** [~ivu] begrifflich; diskursiv; *depr.* redselig; **~o** [~'kursu] *m* Rede *f* (*fazer* halten).

discu|ssão [~ku'sɐ̃u] *f* Aussprache *f*; Erörterung *f*; Aus-ea.-setzung *f*; **~tido** [~'tiðu] umstritten; **~tir** [~'tir] (3a) durchsprechen, erörtern; verhandeln; sich streiten über (*ac.*); *não* ~ dahingestellt sn l.; **~tível** [~'tivɛł] fraglich, fragwürdig.

disent|eria [dizẽntə'riɐ] *f* Ruhr *f*; **~érico** [~'tɛriku] ruhrartig.

disfar|çado [diʃfɐr'saðu] *fig.* hinterhältig, falsch; **~çar** [~'sar] (1p; *Stv.* 1b) verkleiden; *Mängel* verdecken; *Wahrheit* verhehlen; *Stimme* verstellen; *Tat* bemänteln; **~çar-se** *fig.* sich verstellen; **~ce** [~'farsə] *m* Verkleidung *f*; Verstellung *f*; Hinterlist *f*.

disforme [~'fɔrmə] unförmlich; plump; scheußlich.

disjun|ção [dizʒũ'sɐ̃u] *f* (Zer-)Trennung *f*; **~gir** [~'ʒir] (3n) *Ochsen* losmachen; *allg.* trennen; **~tivo** [~n'tivu] trennend; ea. ausschließend; disjunktiv; **~to** [~'ʒũntu] getrennt.

dislate [diʒ'latə] *m* Unsinn *m*.

díspar ['diʃpar] ungleich.

dispar|ada *bras.* [~pɐ'raðɐ] *f* Flucht *f*; *em* ~, *à* ~ fluchtartig, Hals über Kopf; *chegar* (*od. vir*) *em* ~ angesaust kommen; *sair em* ~ davonfegen, -stürzen; **~ador** [~rɐ'ðor] **1.** *m* Drücker *m*, Abzug *m*; *fot.* Auslöser *m* (*automático* Selbst...); **2.** *adj. bras.* scheu; **~ar** [~ar] (1b) ab-drücken, -schießen; schleudern; ausstoßen; *fot.* knipsen; *bras. v/i.* aus-ea.-, davon-stieben.

disparat|ado [~rɐ'taðu] ungereimt; sinnlos; **~ar** [~ar] (1b) Unsinn reden; töricht handeln; **~e** [~'ratə] *m* Unsinn *m*; Torheit *f*.

disparidade [~ri'ðaðə] *f* Ungleichheit *f*, Verschiedenartigkeit *f*; *bras. a.* Unsinn *m*.

disparo [~'paru] *m* Abschuß *m*; Knall *m*; Flucht *f*.

dispêndio [~'pẽndju] *m* Verbrauch *m*; Aufwand *m*; Verlust *m*.

dispendioso [~pẽn'djozu] kostspielig.

dispensa [~'pẽsɐ] *f* Erlaß *m*, Befreiung *f*; Erlaubnis *f*; Dispens *m*.

dispens|ar [~pẽ'sar] (1a) befreien (von *de*); überheben; *j-m et.* erlassen; überflüssig m.; spenden, austeilen; *Hilfe* leisten; schenken; überlassen; **~ar-se** *de* (es) nicht für nötig halten; **~ário** [~arju] *m* ärztliche Beratungsstelle *f*; **~atório** [~sɐ'tɔrju] *m farm.* Laboratorium *n*; = *~ário*; **~ável** [~avɛł] erläßlich; unnötig.

disp|epsia [~pɛp'siɐ] *f* schlechte Verdauung *f*; **~éptico** [~'pɛptiku] Verdauungs...; magenkrank.

dispers|ão [~pər'sɐ̃u] *f* Zerstreuung *f*; Verschwendung *f*; *fís.* Dispersion *f*; ⚔ Streuung *f*; **~ar** [~ar] (1c) zerstreuen; verschwenden; **~o** [~'pɛrsu] zerstreut; verstreut; versprengt (*Truppen*).

displic|ência [~pli'sẽsjɐ] *f* Mißvergnügen *n*; üble Laune *f*; **~ente** [~ẽntə] unangenehm; übellaunig.

dispneia [~'pnejɐ] *f* Atemnot *f*.

dispon|ibilidade [~punißəli'ðaðə] *f* Verfügbarkeit *f*; Verfügungsrecht *n*; *~s pl.* Bestände *m/pl.*, Vorräte *m/pl.*; *~s (monetárias)* verfügbare Geldmittel *n/pl.*; *em* ~ verfügbar; ⚔ zur Disposition (*Abk.* z. D.); **~ível** [~'nivɛł] verfügbar; frei.

dispor [~'por] (2zd) **1.** *v/t.* (an-)ordnen; *Truppen*, *Regeln* aufstellen; *Verhalten* vorschreiben; *Plan usw.* entwerfen; *Grundstein* legen; *Pflanzen* aus-säen, -pflanzen; *Wurzeln* senken; *j-m et.* zur Verfügung stellen; *et.* (her)richten (für *para*); *den Weg* bereiten; ~ *por* einteilen nach *od.* in (*ac.*); ~ *alg. a* (*od. para*) j-n bewegen (*od.* bringen) zu; j-n vorbereiten auf (*ac.*); j-n gewöhnen an (*ac.*); ~ (*o ânimo de*) *alg. para* j-n geneigt m. zu; *o homem põe e Deus dispõe* der Mensch denkt und Gott lenkt; **2.** *v/i.* ~ *de* verfügen über (*ac.*); ~ *de si* frei sn; **3.** **~-se** *a od. para* sich anschicken zu; Anstalten treffen für (*ac.*) *od.* zu *inf.*; sich bereit m. (*od.* finden) zu; sich gefaßt m. auf (*ac.*); sich entschließen zu; **4.** *m* Verfügung *f*; *deixar ao* ~ *de alg.* j-m überlassen; *estar ao* ~ *de* zur Verfügung stehen (*dat.*).

disposi|ção [~puzi'sɐ̃u] *f* Anordnung *f*, Einteilung *f*; Lage *f*; Anlage *f* (*íntima* eingeborene); Veranlagung *f* (für *para*); Gesinnung *f*; *Gemüts*-Stimmung *f*; *Gesetzes*-Vorschrift *f*; Leitung *f*; ⚕ Befinden *n*; *estar od. ficar* (*pôr*) *à* ~ *de* zur Verfügung stehen (stellen) (*dat.*); **~tivo** [~'tivu] *m* Vorrichtung *f*; Maßnahme *f*; ~*s pl.* Vorkehrungen *f/pl.*; *instalar o* ~ *de* Vorkehrungen treffen (*od.* e-e Vorrichtung anbringen) für.

disposto [~'poʃtu] *adj.* bereit; geneigt; aufgelegt; fähig; *estar bem* (*mal*) ~ (*a respeito de alg.*) a) sich (nicht) wohl fühlen; b) gut (schlecht) aufgelegt (auf j-n zu sprechen) sn; *ser* ~ *a* neigen zu.

disput|a [~'putɐ] *f* Wortwechsel *m*; Streit *m*; Aus-ea.-setzung *f*; *Sport*: Austrag *m*; Kampf *m* (um *de*); **~ador** [~putɐ'δor] *m* Gegner *m*; *Sport*: Bewerber *m* (um *de*); **~ar** [~pu'tar] (1a) bestreiten; streitig m.; streiten um; *Sport*: austragen, kämpfen um; *das Feld* behaupten; *v/i.* sich streiten; **~ável** [~pu'tavɛł] strittig.

dissabor [disɐ'βor] *m* Verdruß *m*; Unannehmlichkeit *f*.

dissec|ação [disəkɐ'sɐ̃u] *f* Zergliederung *f*; *anat.* Sektion *f*; **~ar** [~'kar] (1n; *Stv.* 1c) zergliedern, zerlegen; *anat.* sezieren; *cir.* herausschneiden.

dissec|ção [disɛk'sɐ̃u] *f* = *dissecação*; **~tor** [~'tor] *m* Zergliederer *m*; Präparator *m*; Seziermesser *n*.

dissemelh... *s. dessemelh...*

dissemin|ação [~əminɐ'sɐ̃u] *f* Aus-, Zer-streuung *f*; Aus-, Ver-breitung *f*; **~ar** [~'nar] (1a) aus-, umher-, ver-, zer-streuen; aus-, ver-breiten.

dissen|são [disẽ'sɐ̃u] *f* Mißhelligkeit *f*; Gegensatz *m*; = **~timento** [~ẽnti'mẽntu] *m* Meinungsverschiedenheit *f*; **~tir** [~ẽn'tir] (3e): ~ *de* anderer Meinung sn als; abweichen von.

dissert|ação [~ərtɐ'sɐ̃u] *f* Abhandlung *f*; Vortrag *m*; (Prüfungs-) Arbeit *f*; Doktorarbeit *f*; **~ar** [~'tar] (1c): ~ *sobre* behandeln (*ac.*); sprechen (*od.* schreiben) über (*ac.*).

dissid|ência [~i'δẽsjɐ] *f* Spaltung *f*; Abfall *m*; Uneinigkeit *f*; Gegensatz *m*; **~ente** [~ẽntə] **1.** *adj.* andersdenkend; *bsd.* andersgläubig; **2.** *m* Dissident *m*.

dissídio [di'siδju] *m* Streit *m*; *bras.* ⚖ Lohnkonflikt *m*.

dissimilar [~səmi'lar] *adj.* ungleichartig.

dissimul|ação [~simulɐ'sɐ̃u] *f* Verstellung *f*; **~ado** [~'laδu] hinterhältig; heimlich; versteckt; **~ar** [~'lar] (1a) verheimlichen, verhehlen; bemänteln; *v/i.* sich verstellen.

dissip|ação [~pɐ'sɐ̃u] *f* Auflösung *f*; Zerstreuung *f*; *fig.* Verschwendung *f*; *viver na* ~ in Saus und Braus leben; **~ado** [~'paδu] verschwenderisch; **~ador** [~ɐ'δor] *m* Verschwender *m*; **~ar** [~'par] (1a) auflösen; *Zweifel usw.* zerstreuen; *fig.* verschwenden.

disso ['disu] *Zssg v. de u. isso.*

dissoci|ação [disusjɐ'sɐ̃u] *f* Trennung *f*; Absonderung *f*; Zerfall *m*; **~ar** [~'sjar] (1g) trennen; absondern, -spalten; **~ar-se** zerfallen.

dissol|ução [~lu'sɐ̃u] *f* Auflösung *f*; ⚗ Lösung *f*; *fig.* Ausschweifung *f*; **~utivo** [~lu'tivu] ausschweifend, liederlich; **~vente** [~oł'vẽntə] **1.** *adj.* lösend; Löse...; *fig.* verderblich; **2.** *m* ⚗ Lösemittel *n*; **~ver** [~oł'ver] (2e) auflösen; ⚗ *u.* ⚖ lösen; *fig.* zersetzen; verderben.

disson|ância [~'nɐ̃sjɐ] *f* Mißklang *m*; Mißverhältnis *n*; Dissonanz *f*; **~ante** [~ɐ̃ntə] mißtönend; gegensätzlich; uneinheitlich; **~ar** [~ar] (1f) falsch klingen; nicht zu-ea. passen; uneinheitlich wirken.

dissua|dir [diswɐ'δir] (3b): ~ *alg. de* j-m abraten von; j-m ausreden (*ac.*);

~**dir-se** abkommen (von *de*); ~**são** [~'zẽu] *f* Abmahnung *f*; Ausreden *n*; ~**sivo**, ~**sório** [~'zivu, ~'zɔrju] abratend; dagegen sprechend.
dist|ância [diʃ'tẽsjɐ] *f* Entfernung *f*; Abstand *m* (*a. fig.*); Zwischenraum *m*; *fig.* Unterschied *m*; *a* ~ aus (*od.* in) der Ferne, von weitem; *à* ~ *de* in e-r Entfernung (*od.* e-m Abstand) von; *a grande* ~ Langstrekken..., Fern...; *de* ~ *em* ~ von Ort zu Ort; hier und da; von Zeit zu Zeit; *conservar* (*od. manter*) *a* ~ fernhalten; ~**anciar** [~tẽ'sjar] (1g) (von-ea.) entfernen (*od.* trennen); hinausschieben; *Truppen* aus-ea.-ziehen; in Abständen *et. tun*; ~**anciar-se** *fig.* abrücken (von *de*); ~**anciómetro** [~tẽ'sjɔmətru] *m* Entfernungsmesser *m*; ~**ante** [~ẽntə] entfernt; fern, weit; *fig.* unterschieden; ~**antemente** [~ˌtẽntə'mẽntə] = *a distância*; ~**ar** [~ar] (1a) entfernt sn; verschieden sn.
disten|der [~tẽn'der] (2a) dehnen, strecken; spannen; ⚕ zerren; ~ *a vista* blicken; ~**são** [~tẽ'sẽu] *f* Dehnung *f*; Spannung *f*; ⚕ Zerrung *f*; ~**sível** [~tẽ'sivɛɫ] dehnbar; ~**so** [~'tẽsu] überdehnt.
dístico ['diʃtiku] *m lit.* Distichon *n*; *fig.* Auf-, In-schrift *f*.
distin|ção [diʃtĩ'sẽu] *f* Unterscheidung *f*; Deutlichkeit *f*; Unterschied *m*; Auszeichnung *f*; Vornehmheit *f*; *à* ~ *de* zum Unterschied von; *com* ~ ausgezeichnet; vornehm; *para* ~ zur Unterscheidung; *fazer* (*a*) ~ unterscheiden; den Unterschied herausfinden (*od.* klären); *ter* ~ vornehm sn; ~**guir** [~tĩŋ'gir] (3o) unterscheiden; wahrnehmen; auszeichnen; ~**guível** [~tĩŋ'givɛɫ] unterscheidbar; wahrnehmbar; ~**tivo** [~tĩn'tivu] *m* Kennzeichen *n*, Merkmal *n*; *Fest-*, *Partei-*Abzeichen *n*; ~**to** [~'tĩntu] verschieden; deutlich; ausgezeichnet; vornehm.
disto ['diʃtu] *Zssg v. de u. isto.*
distorção [diʃtur'sẽu] *f* Verzerrung *f*.
distrac|ção [~tra'sẽu] *f* Unachtsamkeit *f*, Zerstreutheit *f*; Zerstreuung *f*, Ablenkung *f*; *por* ~ aus Versehen; ~**tivo** [~'tivu] unterhaltend.
distra|ìdamente [~trɐˌiδɐ'mẽntə] aus Versehen; ~**ído** [~'iδu] zerstreut; ~ *em*, ~ *por* vertieft in (*dat.*); *apanhar alg.* ~ j-n überraschen; ~**ir** [~'ir] (3l) zerstreuen; unterhalten; ablenken; *Geld* unterschlagen, *aus dem Geldschrank* nehmen; ~**ir-se** nicht aufpassen; sich vertun.
distrat|ar [~trɐ'tar] (1b) rückgängig m.; ~**e** [~'tratə] *m* Rückgängigmachung *f*, Widerruf *m*.
distribu|ição [~triβwi'sẽu] *f* Verteilung *f*; Einteilung *f*; ✉ Briefbestellung *f*; *tea. Rollen-*Besetzung *f*; ⚜ *Gewinn-*Ausschüttung *f*; *Karten-*Ausgabe *f*; ⊕ Steuerung *f*; ⚡ Schaltung *f*; *tip.* Ablegesatz *m*; ~**idor** [~i'δor] *m* Verteiler *m* (*a.* ⊕); ⚜ Generalvertreter *m*; Aus-teiler *m*, -träger *m*; ~ *automático* Automat *m*; ~**ir** [~'βwir] (3i) verteilen; aus-, ein-, ab-, zu-teilen; *Post* austragen; *Dividende* ausschütten; *Lebensmittel*(*karten*) ausgeben; *tip. Schrift* ablegen.
distrit|al [~tri'taɫ] Bezirks...; ~**o** [~'tritu] *m* (Regierungs-)Bezirk *m*.
disturbar [~tur'bar] (1a) stören.
distúrbio [~'turbju] *m* Störung *f*; *pol.* Unruhe *f*.
dita ['ditɐ] *f* Glück(sfall *m*) *n*.
dit|ado [di'taδu] *m* Diktat *n*; Sprichwort *n*; ~**ador** [~tɐ'δor] *m* Diktator *m*; ~**adura** [~tɐ'δurɐ] *f* Diktatur *f*; ~**ame** [~ɐmə] *m* Ausspruch *m*; Regel *f*, Gesetz *n*; ~**ar** [~ar] (1a) diktieren; eingeben; befehlen; *Gesetz* erlassen; ~**atorial**, ~**atório** [~tɐtu'rjaɫ, ~tɐ'tɔrju] diktatorisch.
dito ['ditu] **1.** *p.p. v. dizer*; **2.** *adj.* besagt, genannt; solch; ~ *e feito* gesagt, getan; *dar o* ~ *por não* ~ s-e Behauptungen zurücknehmen; *está* ~! abgemacht!; es bleibt dabei!; *tenho* ~! ich habe gesprochen!; **3.** *m* Ausspruch *m*; Äußerung *f*; Witz *m*.
ditongo [di'tõŋgu] *m* Diphthong *m*, Doppellaut *m*.
ditoso [~'tozu] glücklich.
diur|ese [dju'rɛzə] *f* Harnruhr *f*; ~**ético** [~ɛtiku] harntreibend.
diurno ['djurnu] Tages...
diuturno [dju'turnu] langlebig; lang-dauernd, -wierig.
divã [di'vẽ] *m* Diwan *m*.
divag|ação [~vɐγɐ'sẽu] *f* Umherstreifen *n*; Streifzug *m*; *bsd.* Abschweifung *f*; ~**ador** [~ɐ'δor] *m fig.* Phantast *m*; ~**ar** [~'γar] (1o; *Stv.*

1b) *v/i.* umherstreifen; durchstreifen (*ac. por*); *fig.* abschweifen; sich verbreiten (über [*ac.*] *sobre*).

diverg|ência [~vər'ʒẽsjɐ] *f* (Meinungs-)Verschiedenheit *f*; Gegensatz *m*; Divergenz *f*; **~ente** [~ẽntə] aus-ea.-gehend; (von-ea.) abweichend; **~ir** [~ir] (3n; *Stv.* 3c) aus-ea.-gehen; (von-ea.) abweichen; nicht (mit-ea.) übereinstimmen; 𝕌 divergieren.

divers|ão [~'sɐ̃u] *f* Zeitvertreib *m*, Belustigung *f*; Ablenkung *f*; ⚔ Ablenkungsmanöver *n*; **~idade** [~si'ðaðə] *f* Verschiedenartigkeit *f*; Mannigfaltigkeit *f*; **~ificar** [~səfi'kar] (1n) abwechseln; Abwechslung hineinbringen in (*ac.*); *v/i.* wechseln; **~ivo** [~'sivu] Ablenkungs...; **~o** [~'vɛrsu] verschieden, ander; verschiedenartig; mannigfaltig.

divert|ido [~'tiðu] lustig; unterhaltsam; **~imento** [~ti'mẽntu] *m* Unterhaltung *f*; Lustbarkeit *f*; **~ir** [~ir] (3c) belustigen, unterhalten, vergnügen; ab-bringen, -lenken (von *de*); **~ir-se** *com* (*od. à custa de*) *alg.* sich über j-n lustig machen.

dívida ['diviðɐ] *f* Schuld(igkeit) *f*; *contrair ~s* Schulden m.; *estar em ~ para com alg.* in j-s Schuld stehen.

divid|endo [dəvi'ðẽndu] *m* ♈ Dividend *m*; ✝ Dividende *f*; **~ir** [~ir] (3a) teilen; ab-, ein-, zer-teilen; dividieren; *fig.* entzweien.

divinatório [~nɐ'tɔrju] ahnungsvoll; weitschauend.

divin|dade [dəvĩn'daðə] *f* Gottheit *f*; Göttlichkeit *f*; **~izar** [~vini'zar] (1a) vergöttlichen; *fig.* vergöttern; **~o** [~'vinu] göttlich; himmlisch.

divisa [~'vizɐ] *f* Devise *f*; Wahlspruch *m*; Sinnbild *n*; Wappenspruch *m*; Kennzeichen *n*; ⚔ Rangabzeichen *n*, Aufschlag *m*; *taur.* Züchtereiabzeichen *n*; *~s pl. estrangeiras* Auslandsdevisen *f/pl.*

divis|ão [~vi'zɐ̃u] *f* Teilung *f*; Scheidung *f*; Teilungslinie *f*; Scheidewand *f*; Einteilung *f*; Abteilung *f*; (Wohn-)Raum *m*; ♈, ⚔ Division *f*; *~ naval* Flottenverband *m*; *~ territorial* Gebietsteil *m*; *~ do trabalho* Arbeitsteilung *f*; **~ar** [~ar] (1a) erblicken, sehen; **~ionário** [~zju'narju] ⚔ Divisions...; **~ível** [~ivɛɫ] teilbar; **~o** [~'vizu] geteilt; getrennt; uneinig; **~or** [~or] *m* ♈ Divisor *m*; Nenner *m*; *~ comum* Hauptnenner *m*; *~ primo* Primzahl *f*; **~ória** [~ɔrjɐ] *f* Teilungslinie *f*; Scheide-, Zwischen-wand *f*; **~ório** [~ɔrju] Trennungs...; Scheide...; Grenz...; *linha f -a das águas* Wasserscheide *f*; *acção f -a* ⚖ Teilungsverfahren *n*.

divorciar [divur'sjar] (1g) *Ehe* scheiden; *allg.* entzweien; **~-se** sich scheiden l.

divórcio [~'vɔrsju] *m* (Ehe-)Scheidung *f*; *fig.* Streit *m*.

divulg|ação [~vuɫɣɐ'sɐ̃u] *f* Verbreitung *f*; *livro m de ~* gemeinverständliche(s) Buch *n*; **~ar** [~'ɣar] (1o) verbreiten; bekanntmachen.

dizedor [dizə'ðor] *m* Schwätzer *m*.

dizer [di'zer] (2x) **1.** sagen; sprechen; besagen; lauten (*Text*); Zeugnis ablegen; verraten; nennen; *Geschichten* erzählen; *Gedicht* vortragen; *Rolle, Gebet* sprechen; *Messe* lesen; *~ com* passen zu; *~ que sim* (*não*) ja (nein) sagen; *dar que ~ à gente* Anlaß zu Gerede geben; *querer ~* bedeuten, heißen; *é ~, quer ~* das heißt; *por assim ~* sozusagen; *ele diz e faz* er tut, was er sagt; *não há nada a ~-lhe* (*od. que lhe diga*), *não tem que lhe ~* an ihm (*od.* daran) ist nichts auszusetzen; *muito havia que ~* da wäre viel zu sagen (*od.* zu erzählen); *não sei que diga* ich weiß nicht, was ich (dazu) sagen soll; *diz(-se)* (*od. dizem*) *que* es heißt, daß; *é o que dizem!* so sagt man!; *há quem diga* es wird behauptet; *como se diz isso em* wie heißt das auf; *dir-se-ia* man könnte (*od.* konnte) glauben; *digo* ich mein(t)e; *in Schriftstücken*: soll heißen; *é o que digo!* das will ich meinen!; *eu bem dizia!* das hab' ich doch gleich gesagt!; *diga!*, *faz favor de ~!* ja, bitte?; nun, was wünschen Sie?; *Você dirá!* bestimmen Sie, bitte!; Sie werden ja sehen!; *que me diz!* was Sie nicht sagen!; **2. ~-se** sich nennen; zu sn behaupten, sn wollen; **3.** *m* Ausdruck(-sweise *f*) *m*; Stil *m*; Gerede *n*; *no ~ de* nach Ansicht (*gen.*); **~es** *pl.* Auf-, In-schrift *f*, Beschriftung *f*.

dízima ['dizimɐ] *f* Zehent *m*; Abgabe *f*; ♈ Dezimalbruch *m*.

dizimar [dəzi'mar] (1a) dezimieren; aufräumen unter (*dat.*); **~-se** zs.-schmelzen.
dízimo ['dizimu] = *décimo*; = *dízima*.
dizível [də'zivɛɫ] sagbar; (aus-)sprechbar.
diz-que(-diz-que) ['diske('diskə)] *m bras.* Gerücht *n*; Gerede *n*.
do [du] *Zssg v. de u. o.*
dó [dɔ] *m* **a)** Mitleid *n*; Schmerz *m*; **b)** ♪ C *n*.
do|ação [dwɐ'sɐ̃u] *f* Schenkung *f*; **~ador** [~ɐ'ðor] *m* Spender *m*; Geber *m*; **~ar** [dwar] (1f) schenken; *j-n mit et.* bedenken.
dob|adoira, -oura [duβɐ'ðoirɐ, -orɐ] *f* Haspel *f*; *andar numa ~* gehetzt sn; **~agem** [~'βaʒɐ̃i] *f* Haspeln *n*; **~ar** [~'βar] (1e) haspeln, spulen; *fig.* (sich) drehen.
doble ['dɔβlə] = *dobrado* 1.; *dobre* 1.
dobl|ete [du'βletə] *m* Dublette *f*, falsche(r) Edelstein *m*; **~ez** [~eʃ] *f* = *dobrez*.
dobra ['dɔβrɐ] *f* Falte *f*; Falz *m*; Knick *m*.
dobr|ada [du'βraðɐ] *f* (Rinder-) Gekröse *n*; *bras.* Geländefalte *f*, Einschnitt *m*; Hügelland *n*; **~adeira** [~βrɐ'ðeirɐ] *f tip.* Falzbein *n*; **~adiça** [~βrɐ'ðisɐ] *f Tür*-Angel *f*; Scharnier *n*; Haspe *f*; *tea.* Klappsitz *m*; **~adiço** [~βrɐ'ðisu] biegsam; Klapp...; **~ado** [~aðu] **1.** *adj.* doppelt; hügelig (*Gelände*); gefüllt (*Blume*); Doppel...; **2.** *m* ⚔ Eilmarsch *m*; **~adura** [~βrɐ'ðurɐ] *f* Faltung *f*; Falte *f*; Biegung *f*; **~ar** [~ar] (1e) *v/t.* falten (*a. Hände*); *Summe* verdoppeln; *Stange* biegen; *Stolz* beugen; *j-n* gefügig m.; *j-n* umstimmen; *Glocke* läuten; *~ a esquina* um die Ecke biegen; *~ a voz* trillern, schlagen (*Vögel*); *v/i.* zunehmen (an [*dat.*] *de*); abbiegen *od.* sich wenden (nach *a*); läuten (*Glocke*); = **~ar-se** sich verneigen; sich beugen, nachgeben; **~e** ['dɔβrə] **1.** *adj.* doppelt; *fig.* falsch; **2.** *m* Geläut *n*; *~ dos finados* Totenglocke *f*; *~ fúnebre dos sinos* Trauergeläut *n*; **~ez** [~eʃ] *f fig.* Falschheit *f*; **~o** ['doβru] *m* Doppelte(s) *n*.
doca ['dɔkɐ] *f* Dock *n*.
doçaria [dusɐ'riɐ] *f* Süßwaren *f/pl.*
doce ['dosə] **1.** *adj.* süß; lieblich; sanft; weich (*Stahl*); *água f ~* Süßwasser *n*; **2.** *m* Süßspeise *f*; Süßigkeit *f*; *~ de fruta* Eingemachte(s) *n*; = *~ em calda* Kompott *n*.
doc|ência [du'sẽsjɐ] *f* Dozentur *f*; **~ente** [~ẽntə]: *corpo m ~* Lehrerschaft *f*; Lehrkörper *m*.
dócil ['dɔsiɫ] gelehrig; fügsam; weich; geschmeidig; wendig.
docilidade [dusəli'ðaðə] *f* Gelehrigkeit *f*; Fügsamkeit *f*; Geschmeidigkeit *f*.
document|ação [dukumẽntɐ'sɐ̃u] *f* Beurkundung *f*; Ausweispapiere *n/pl.*; Beweise *m/pl.*; Belege *m/pl.*; **~al** [~'taɫ] urkundlich; schriftlich; **~ar** [~'tar] (1a) beurkunden; belegen, beweisen; mit Belegen versehen; **~ário** [~'tarju] *m* Kulturfilm *m*; **~ável** [~'tavɛɫ] beleg-, beweis-bar; **~o** [~'mẽntu] *m* Urkunde *f*, Dokument *n*; Schriftstück *n*; Beweis *m*; Beleg *m*; *~s pl.* (Ausweis-) Papiere *n/pl.*; Unterlagen *f/pl.*
doçura [du'surɐ] *f* Süße *f*, Süßigkeit *f*; Lieblichkeit *f*; Milde *f*; Sanftmut *f*; *~s pl.* Annehmlichkeiten *f/pl.*
doen|ça ['dwẽsɐ] *f* Krankheit *f*; Leiden *n*; **~te** [~ẽntə] krank; leidend; *estar* (*ser*) *~* krank (ein kranker Mensch) sn; *bras. ser ~ por* vernarrt sn in (*ac.*); **~tio** [dwẽn'tiu] kränklich; krankhaft; schädlich.
doer [dwer] (2f) schmerzen; weh tun; *dói-me a alma* (*o coração*) es tut mir in der Seele weh; **~-se** (*de*) klagen (über [*ac.*]); bedauern (*ac.*).
doest|ador [dwɨʃtɐ'ðor] **1.** *adj.* ehrenrührig; **2.** *m* Ehrabschneider *m*; **~ar** [~'tar] (1c) beschimpfen; **~o** ['dwɛʃtu] *m* Beschimpfung *f*.
dogm|a ['dɔɣmɐ] *m* Dogma *n*; Glaubens-satz *m*, -lehre *f*; **~ática** [dɔɣ'matikɐ] *f* Glaubenslehre *f*; **~ático** [~'matiku] dogmatisch; **~atizar** [~mɐti'zar] (1a) zum Dogma erheben.
dogue ['dɔɣə] *m* Dogge *f*.
doid-, doud|amente [doi-, doðɐ-'mẽntə] wie verrückt; wie ein Wahnsinniger; **~ejar** [~ðɨ'ʒar] (1d) Unsinn (*od.* Dummheiten) m. (*od.* reden); albern; **~ice** [~'ðisə] *f* Narrheit *f*; Torheit *f*; Tollheit *f*; **~inho** F [~'ðiɲu] meschugge; verschossen (in [*ac.*] *por*); **~ivanas** [~ði'vɐnɐʃ] *su.* Leichtfuß *m*; Brausekopf *m*; **~o** ['do(i)ðu] **1.** *adj.* verrückt; när-

risch; töricht; verschroben; ausgelassen, toll; wahnsinnig (vor [*dat.*] *de*); *andar* ~ *com* sich wahnsinnig freuen über (*ac.*); *estar* ~ *de* sich nicht zu lassen wissen vor (*dat.*); *estar* (*od. ser*) ~ *por* vernarrt sn in (*ac.*); *à -a* = *doidamente*.
doído ['dwiðu] **1.** *p.p. v. doer*; **2.** *adj.* schmerzend; betrübt; schmerzlich.
dói-dói [dɔi'ðɔi] *m infan.* Wehweh *n*.
doir... *s. dour...*
dois [doiʃ] **1.** *adj.* zwei; *às duas por três* mir nichts dir nichts; auf einmal; *os* ~ die beiden, beide; **2.** *m* Zwei *f*; Nummer *f* zwei.
dólar ['dɔlar] *m* Dollar *m*.
dol|ência [du'lẽsjɐ] *f* Schmerz *m*; **~ente** [~ẽntə] leid-, schmerz-erfüllt; schmerzlich; klagend.
dólmen ['dɔłmen] *m* Hünengrab *n*.
dolo ['dɔlu] *m* Betrug *m*; Arglist *f*; ~ *da guerra* Kriegslist *f*; *por* ~ mit betrügerischer Absicht.
dolom|ia [dulu'miɐ] *f* Braunspat *m*; **~ita, -e** [~itɐ, -ə] *f* Bitterkalk *m*.
doloroso [~'rozu] schmerzhaft; schmerzlich; kläglich; schmerzensreich; beklagenswert.
doloso [~'lozu] betrügerisch; arglistig.
dom [dõ] *m* **1.** Gabe *f*; Begabung *f*; **2.** Don (*Adels- u. Königstitel vor männlichen Taufnamen*); ♀ *Afonso IV* König Alfons IV.
dom|ador [dumɐ'ðor] *m* Tierbändiger *m*; **~ar** [~'mar] (1f) zähmen; *fig.* bezwingen, bändigen; **~ável** [~'mavɛł] zähmbar; *fig.* bezwingbar.
domesticar [~iʃti'kar] (1n) zähmen; **~-se** zahm werden.
doméstico [~'mɛʃtiku] **1.** *adj.* häuslich, Haus...; einheimisch; inner; **2.** *m*, *-a f* Hausdiener *m*; Hausangestellte *f*; Hausfrau *f*.
domicili|ado [~məsi'ljaðu] wohnhaft; ansässig; **~ar** [~ar] (1g) ansiedeln; unterbringen; **~ar-se** sich niederlassen; **~ário** [~arju] Wohnungs...; Haus...; Heim...; *visita f -a* Haus-suchung, -inspektion *f*.
domicílio [~'silju] *m* Wohnung *f*; Wohnsitz *m*; *fig.* Sitz *m*.
domin|ação [~minɐ'sɐ̃u] *f* Herrschaft *f*; Beherrschung *f*; **~ador** [~ɐ'ðor] herrisch; **~ante** [~'nɐ̃ntə] (be-, vor-)herrschend; hauptsächlich; **~ar** [~'nar] (1a) beherrschen; überragen; *v/i.* (vor)herrschen.
domin|go [du'mĩŋgu] *m* Sonntag *m*; *aos* **~s** sonntags; *no* ~ am Sonntag; **~gueiro** [~mĩŋ'geiru] sonntäglich, Sonntags...
dominic|al [~məni'kał] *dia m* ~ Tag *m* des Herrn; *oração f* ~ Vaterunser *n*; **~ano** [~ɐnu] *m* Dominikaner *m*.
domínio [~'minju] *m* Herrschaft *f*; Macht *f*, Gewalt *f*; Eigentum *n*; Besitzung *f*; Domäne *f*; *britisches* Dominion *n*; *Wissens*-Gebiet *n*; ~ *directo* Eigentums-, ~ *útil* Nutzungs-recht *n*; ~ *de si* (*próprio*) Selbstbeherrschung *f*; *ser do* ~ *do público* allgemein bekannt sein.
dominó [dɔmi'nɔ] *m* Domino *n* (*Spiel*), *m* (*Anzug*).
domo ['dɔmu] *m* Kuppel *f*; Dom *m der Kuppel*.
dona ['dɔnɐ] *f* Eigentümerin *f*; ~ *de casa* Hausfrau *f*; ♀ Donna (*Anrede vor Taufnamen der port. Damen*).
donair|e [du'nairə] *m* Anmut *f*; Anstand *m*; Witz(wort *n*) *m*; **~s** *pl.* Schmuck *m*; **~oso** [~nai'rozu] anmutig; vornehm.
donat|ário [~nɐ'tarju] *m* Beschenkte(r) *m*; Empfänger *m*; **~ivo** [~ivu] *m* Schenkung *f*, Stiftung *f*; Gabe *f*.
donde ['dõndə] *Zssg v. de u. onde*; woher; woraus; weswegen; wodurch.
doninha [dɔ'niɲɐ] *f* Frettchen *n*; ~ *fétida* Wiesel *n*.
dono ['donu] *m* Eigentümer *m*, Besitzer *m*; Herr *m*; ~ *da casa* Hausherr *m*; ~ *da taverna* Wirt *m*.
donzela [dõ'zɛlɐ] *f* Jungfrau *f*; (Hof-)Fräulein *n*; Zofe *f*.
doqueiro [do'keiru] *m* Dockarbeiter *m*.
dor [dor] *f* Schmerz *m*; **~es** *pl.* (*de parto*) (Geburts-)Wehen *f/pl.*; *estar com as* **~es** in den Wehen liegen.
doravante [dɔrɐ'vɐ̃ntə] *s. avante.*
dorido [du'riðu] schmerzend; schmerzhaft; schmerzerfüllt; traurig, betrübt; mitleidig, gerührt.
dorm|ente [dur'mẽntə] **1.** *adj.* schlafend; schläfrig; regungslos; stehend (*Wasser*); eingeschlafen (*Fuß*); **2.** *m* Tragbalken *m*; 🚂 (Bahn-)Schwelle *f*; **~ida** [~iðɐ] *f* Schlaf(zustand) *m*; Übernachtung *f*; Nachtlager *n*; *dar* ~ übernachten l.; **~ideira** ⚘ [~mi'ðeirɐ] *f* Mohn *m*; **~ido** [~iðu] schlafend, regungslos; altbacken (*Brot*); *noite f bem* (*mal*)

-*a* gut durchschlafene (schlecht verbrachte) Nacht *f*; **~inhão, -oco** [~mi'ɲɐ̃u, -oku] **1.** *adj.* verschlafen; **2.** *m* Langschläfer *m*; **~ir** [~ir] (3f) schlafen; ~ *sobre et.* überschlafen; **~itar** [~mi'tar] (1a) schlummern; **~itivo** [~mi'tivu] einschläfernd; **~itório** [~mi'tɔrju] *m* Schlafsaal *m*; *bras.* Schlafzimmer *n*.

dorna ['dɔrnɐ] *f* Bottich *m*, Kufe *f*.

dors|al [dur'sał] Rücken...; *espinha f* ~ Rückgrat *n*; **~o** ['dorsu] *m* Rücken *m*; Rückseite *f*.

dos|agem [du'zaʒɐ̃i] *f* Dosierung *f*; Menge(nverhältnis *n*) *f*; Mischung *f*; **~ar** [~ar] (1e) dosieren; abmessen; ein-, zu-teilen; **~e** ['dɔzə] *f* Menge *f*; Dose *f*, Dosis *f*; Teil *m*; Portion *f*; *uma boa* ~ *fig.* ein gut Teil; **~ear** [~jar] (1l) = *~ar*; **~ificar** [~zəfi'kar] (1n) in Dosen einteilen.

dossel [du'sɛł] *m* Altar-, Thron-, Bett-himmel *m*; *cama f com* ~ Himmelbett *n*.

dot|ação [dutɐ'sɐ̃u] *f* Stiftung *f*; Ausstattung *f*; **~ado** [~'taδu] begabt; **~ador** [~ɐ'δor] *m* Stifter *m*; **~al** [~'tał] *bens m/pl. -ais* Heiratsgut *n*; *regime m* ~ Gütertrennung *f*; **~ar** [~'tar] (1e): ~ *de j-n* ausstatten mit; *et.* stiften für; **~e** ['dɔtə] *m* Mitgift *f*; Schenkung *f*; *fig.* Gabe *f*.

doud... *s. doid...*

dour-, doir|ada [do'r-, doi'raδɐ] *f* Goldbrasse(n) *m*, Dorade *m* (*Fisch*); **~ado** [~aδu] **1.** *adj.* golden, Gold...; **2.** *m* Vergoldung *f*; Goldfisch *m*; **~adura** [~rɐ'δurɐ] *f* Vergoldung *f*; **~ar** [~ar] (1a) vergolden.

dous [doʃ] = *dois*.

douto ['dotu] gelehrt.

dout|or [do'tor] *m* Doktor *m*; ♀ *da Igreja* Kirchenlehrer *m*; ~ *em direito* (*em medicina*) Doktor *m* der Rechte (der Medizin); **~ora** [~orɐ] *f* Frau (*od.* Fräulein) Doktor; *ela é* ~ sie ist Doktor; **~orado** [~tu'raδu] *m* Doktorwürde *f*; **~oral** [~tu'rał] Doktor...; doktorenhaft, pedantisch; **~oramento** [~turɐ'mẽntu] *m* Promotion *f*; Habilitation *f*; **~orar** [~tu'rar] (1e) zum Doktor promovieren; **~orar-se** s-n (*od.* den) Doktor m.; sich habilitieren.

doutrina [do'trinɐ] *f* Lehre *f*; Lehrmeinung *f*; Rechtsauffassung *f*; Christenlehre *f*; *fig.* Meinung *f*, Überzeugung *f*; *estabelecer* ~ ⚖ Stellung nehmen (zu *a respeito de*).

doutrin|ação [~trinɐ'sɐ̃u] *f* Unterweisung *f im Glauben*; *politische* Schulung *f*; **~al** [~'nał] Lehr...; belehrend; grundsätzlich; doktrinär; **~ar** [~'nar] (1a) *in e-r Lehre* unterweisen; lehren; *pol.* schulen; **~ário** [~'narju] **1.** *adj.* = *~al*; **2.** *m* Doktrinär *m*; Begründer *m*, Verfechter *m*; *depr.* = **~eiro** [~'neiru] *m* Schulungsredner *m*; Prinzipienreiter *m*.

doze ['dozə] **1.** zwölf; **2.** *m* Zwölf *f*; Nummer *f* zwölf.

draconiano [drɐku'njɐnu] drakonisch.

drag|a ['draγa] *f* Bagger(schiff *n*) *m*; ~*s pl.* Helgen *m*; **~agem** [drɐ'γaʒɐ̃i] *f* Ausbaggerung *f*.

dragão [drɐ'γɐ̃u] *m* Drachen *m*; ⚔ Dragoner *m*.

dragar [~'γar] (1o; *Stv.* 1b) ausbaggern.

dragoeiro [~'γweiru] *m* Drachenblutbaum *m*.

dragona [~'γonɐ] *f* Achselklappe *f*.

drain|agem, ~ar [drai'naʒɐ̃i, ~ar] *s. dren|agem, ~ar*.

dram|a ['drɐmɐ] *m* Drama *n*; Schauspiel *n*; **~ático** [drɐ'matiku] dramatisch.

dramat|izar [drɐmɐti'zar] (1a) dramatisieren; **~ologia** [~tulu'ʒiɐ] *f* Theaterdichtung *f*; dramatische Kunst *f*; **~urgia** [~tur'ʒiɐ] *f* Dramaturgie *f*; **~urgo** [~'turgu] *m* Schauspieldichter *m*, Dramatiker *m*.

drástico ['draʃtiku] drastisch.

dren|agem [drə'naʒɐ̃i] *f* Entwässerung *f*; Dränage *f*; **~ar** [~ar] (1d) entwässern; dränieren; **~o** ['drenu] *m* Abzugs-graben *m*, -rohr *n*; Dränrohr *n*.

driça ['drisɐ] *f* Hißtau *n*.

drog|a ['drɔγɐ] *f* Droge *f*; F Bruch *m*, Schund *m*; Schwindel *m*; *dar em* ~ schiefgehen (*Sache*); verkommen (*Mensch*); **~aria** [druγɐ'riɐ] *f* Drogerie *f*; **~uista** [~'γiʃtɐ] *m* Drogist *m*.

dromedário [drumə'δarju] *m* Dromedar *n*.

drupa ['drupɐ] *f* Steinobst *n*.

dual|idade [dwɐli'δaδə] *f* Doppelheit *f*; Gespaltenheit *f*; **~ismo** [~'liʒmu] *m* Dualismus *m*; Gegensatz *m*; **~ista** [~'liʃtɐ] **1.** *adj.* dualistisch; gegensätzlich; **2.** *m fil.* Dualist *m*.

duas ['duɐʃ] *f v. dois* 1.

dúbio ['duβju] unschlüssig; zweifelhaft.
dubitativo [duβitɐ'tivu] zweifelnd; mehrdeutig.
duc|ado [~'kaδu] *m* Herzogtum *n*; † Dukaten *m*; **~al** [~'kał] herzoglich.
duch|a *f*, **~e** *m* ['duʃɐ, -ə] Brausebad *n*, Dusche *f*; *tomar um(a)* ~ (sich) duschen.
dúctil ['duktił] dehnbar; geschmeidig; gefügig.
ductilidade [duktəli'δaδə] *f* Dehnbarkeit *f*; Geschmeidigkeit *f*; Gefügigkeit *f*.
duel|ista [dwə'liʃtɐ] *m* Duellant *m*; **~o** ['dwɛlu] *m* Zweikampf *m*.
duende ['dwẽndə] *m* Kobold *m*.
dueto ['dwetu] *m* Duett *n*.
dulc|ificar [dułsəfi'kar] (1n) (ver-)süßen; mildern; **~ineia** [~si'nejɐ] *f* F Herzenskönigin *f*; **~íssimo** [~'sisimu] *sup. v. doce*.
dum, -a [dũ, 'dumɐ] *Zssg v. de u. um(a)*.
duna ['dunɐ] *f* Düne *f*; ~ *movediça*, ~ *caminhante* Wanderdüne *f*.
duod|écimo [dwɔ'δɛsimu] zwölft; *um* ~ ein Zwölftel *n*; **~eno** [~'δenu] *m* Zwölffingerdarm *m*.
dupli|cação [duplikɐ'sɐ̃u] *f* Verdoppelung *f*; **~cado** [~'kaδu] **1.** *adj.* doppelt; **2.** *m* Doppelt *n*, Duplikat *n*; Abschrift *f*; *em* ~ in doppelter Ausfertigung; **~car** [~'kar] (1n) verdoppeln; **~cata** [~'katɐ] *f* = *~cado* 2.; ✝ Wechsel *m*; **~cidade** [~si'δaδə] *f* Duplizität *f*; Zs.-treffen *n*; *fig.* Doppelzüngigkeit *f*.
duplo ['duplu] doppelt; *de* ~ *sentido* doppelsinnig.
duqu|e ['dukə] *m* Herzog *m*; *os ~s* Herzogspaar *n*; **~esa** [du'kezɐ] *f* Herzogin *f*.
dura ['durɐ] *f* Dauer *f*; *de muita (pouca)* ~ (wenig) dauerhaft, haltbar; lang- (kurz-)lebig.
dur|abilidade [durɐβəli'δaδə] *f* Dauerhaftigkeit *f*, Haltbarkeit *f*; Festigkeit *f*; Brenndauer *f*; **~ação** [~ɐ'sɐ̃u] *f* Dauer *f*; **~adoiro, -ouro** [~ɐ'δoiru, -oru] dauerhaft, haltbar; andauernd; sicher; **~ante** [~'rɐ̃ntə] *prp.* während (*gen.*); ~ *todo o ano* das ganze Jahr hindurch; ~ *quatro anos* vier Jahre lang; **~ar** [~'rar] (1a) (an)dauern; währen; sich halten; reichen; **~ável** [~'ravɛl] dauerhaft; **~ázio** [~'razju] hart, Hart...; *fig.* ältlich; **~eza** [~'rezɐ] *f* Härte *f*; Grausamkeit *f*; Verhärtung *f*; ~ *do coração (ventre)* Hartherzigkeit (-leibigkeit) *f*; *com* ~ hart; grausam.
duriense [du'rjẽsə] aus dem Dourogebiet, vom Douro; Douro...
durindana [~rĩn'dɐnɐ] *f* Säbel *m*, F Plempe *f*; *arrastar ~s ameaçadoras* drohend mit dem Säbel rasseln.
duro ['duru] hart; zäh; schwer, mühsam; rauh, streng; grausam; ~ *de roer fig.* kaum zu glauben; schwer zu ertragen; ~ *de boca (ouvido)* hart-mäulig (-hörig); ~ *de cabeça* dickschädelig; *cabeça f -a* Dickkopf *m*; *bras. no* ~ auf Biegen od. Brechen.
dúvida ['duviδɐ] *f* Zweifel *m*; Bedenken *n*; *entrar em* ~ zweifelhaft sn; = *estar em* ~ im Zweifel sn; Bedenken tragen; *opor ~s* Einwendungen m.; *pôr em* ~ in Zweifel ziehen; in Frage stellen; *tirar ~s* Zweifel beheben; Bedenken zerstreuen; *na* ~ im Zweifelsfalle; *sem* ~ zweifellos, sicher; *não há* ~ *que* ... ohne Zweifel ..., zweifellos ...; *não há ~!* keine Sorge!; *não tem ~!* das hat nichts zu sagen!
duvid|ar [duvi'δar] (1a) s-e Zweifel h.; unschlüssig sn; ~ *de* zweifeln an (*dat.*), bezweifeln (*ac.*); beargwöhnen (*ac.*); sich nicht klar sn über (*ac.*); **~oso** [~ozu] zweifelhaft; verdächtig; unschlüssig.
duzentos [du'zẽntuʃ] zweihundert.
dúzia ['duzjɐ] *f* Dutzend *n*.

E

E, e [ɛ] *m* E, e *n.*
e [i] und; aber; und zwar.
é [ɛ] **1.** *m Name des Buchstaben* e; *pl.* és *od.* ee; **2.** *3. Pers. prs. sg. v.* ser; é! ja!; é que denn, nämlich; é ... que *s.* que.
ebanista [iβɐ'niʃtɐ] *m* Kunsttischler *m.*
ébano ['ɛβɐnu] *m* Ebenholz *n.*
ebonite [iβu'nitə] *f* Hartgummi *m.*
ébrio ['ɛβrju] (de) trunken (vor [*dat.*]); lechzend (nach).
ebulição [iβuli'sɐ̃u] *f fig.* (Auf-)Wallung *f*; *ponto m de* ~ Siedepunkt *m*; *entrar em* ~ aufwallen; *estar em* ~ kochen, sieden; wallen.
ebúrneo [i'βurnju] elfenbeinern.
Eclesi|astes [iklə'zjaʃtəʃ] *m* Prediger *m* Salomo; **2ástico** [~aʃtiku] **1.** *adj.* geistlich; kirchlich, Kirchen...; **2.** *m* Geistliche(r) *m.*
eclips|ar [əklip'sar] (1a) verfinstern; *fig.* verbergen; in den Schatten stellen; **~ar-se** verschwinden; **~e** [ə'klipsə] *m* Finsternis *f* (*a. fig.*); *fazer* ~ verschwinden.
eclo|dir [iklu'δir] (3f) ausbrechen (*Krieg*); **~são** [~'zɐ̃u] *f* Ausbruch *m.*
ec|o ['ɛku] *m* Echo *n*, Widerhall *m*; *fazer* ~ widerhallen; Staub aufwirbeln; *fazer-se* ~ *de j-m od. et.* nachbeten; **~oar** [i'kwar] (1f) (wider)hallen; wiederholen.
ecómetro [i'kɔmətru] *m* Echolot *n.*
econom|ato [ikunu'matu] *m* Verwalterstelle *f*; Verwaltung *f*; **~ia** [~iɐ] *f* Wirtschaft(lichkeit) *f*; Sparsamkeit *f*; Ersparnis *f*; ~ *animal* tierische(r) Haushalt *m*; ~ *doméstica*, ~ *privada* Haus-wirtschaft *f*, -haltung *f*; ~ *nacional* (*dirigida*) Volks- (Plan-)wirtschaft *f*; ~ *política* Wirtschaftswissenschaft *f.*
econ|òmicamente [~ˌnɔmikɐ'mẽntə] vom wirtschaftlichen Standpunkt, wirtschaftlich gesehen; **~ómico** [~'nɔmiku] wirtschaftlich, Wirtschafts...; haushälterisch; sparsam; billig; **~omista** [~nu'miʃtɐ] *m* Volkswirt(schaftler) *m*; **~omizar** [~numi'zar] (1a) sparsam umgehen mit; (ein)sparen.
ecónomo [i'kɔnumu] *m* Verwalter *m*, Ökonom *m.*
ecuménico [iku'mɛniku] ökumenisch.
eczema [ɛk'zemɐ] *f* (Haut-)Ausschlag *m*, Ekzem *n.*
edema [i'δemɐ] *m* Ödem *n.*
éden ['ɛδen] *m* Garten *m* Eden.
edi|ção [əδi'sɐ̃u] *f* Herausgabe *f*; Ausgabe *f*; Auflage *f*; **~cto** [ə'δitu] *m* Verordnung *f*, Edikt *n.*
edific|ação [iδəfikɐ'sɐ̃u] *f* Erbauung *f* (*a. fig.*), Errichtung *f*; **~ante** [~'kẽntə] erbaulich; **~ar** [~'kar] (1n) bauen, errichten; *fig.* erbauen.
edifício [~'fisju] *m* Gebäude *n*, Bau *m.*
edil [ə'δił] *m* Stadtrat *m*; **~idade** [iδəli'δaδə] *f* Stadtverwaltung *f.*
edit|al [əδi'tał] *m* (öffentliche) Bekanntmachung *f*; **~ar** [~ar] (1a) heraus-geben, -bringen; verlegen.
édito ['ɛδitu] *m* (öffentliche) Bekanntmachung *f*, Anschlag *m*; *correm* ~*s de 30 dias* durch 30tägigen öffentlichen Anschlag wird bekanntgemacht.
edit|or [əδi'tor] *m* Herausgeber *m*; Verleger *m*; **~ora** [~orɐ] *f* (*casa f*) ~ Verlag *m*; **~orial** [~tu'rjał] **1.** *adj.* Herausgeber...; Verleger...; Verlags...; **2.** *m* Leitartikel *m.*
edredão *gal.* [iδrə'δɐ̃u] *m* Steppdecke *f.*
educ|ação [iδukɐ'sɐ̃u] *f* Erziehung *f*; Dressur *f*; **~acional** [~ɐsju'nał] Erziehungs...; **~ador** [~ɐ'δor] *m* Erzieher *m*; **~andário** *bras.* [~ẽn'darju] *m* Bildungs-, Erziehungs-anstalt *f*; **~ando** *m*, **-a** *f* [~'kẽndu, -ɐ] Zögling *m*, Schüler(in *f*) *m*; **~ar** [~'kar] (1n) erziehen; *Tiere* dressieren; *Pflanzen* züchten; **~ativo** [~ɐ'tivu] erzieherisch; Erziehungs...
efe ['ɛfə] *m Name des Buchstaben* f; *pl.* efes *od.* ff.
efectiv|ação [ifɛtivɐ'sɐ̃u] *f* Durchführung *f*; Abschluß *m*; **~amente**

[~ˌtivɐ'mẽntə] in der Tat, tatsächlich; **~ar** [~'var] (1a) durchführen; abschließen, tätigen.

efect|ível [~'tivɛɫ] aus-, durchführbar; **~ividade** [~tivi'ðaðə] *f* Wirksamkeit *f*; Tatsächlichkeit *f*; ⚔ Aktivität *f*; **~ivo** [~ivu] **1.** *adj.* wirksam; tatsächlich, wirklich; planmäßig (*Angestellter*); Effektiv-...; *serviço m* ~ Aktivdienst *m*; *tornar* ~ in die Tat umsetzen, verwirklichen; **2.** *m* (Effektiv-)Bestand *m*; ⚔ (Truppen-)Stärke *f*; **~uar** [~'twar] (1g) durchführen; ausführen, in die Tat umsetzen; *Kauf* tätigen; **~uar-se** stattfinden.

efeit|o [i'feitu] *m* Wirkung *f*; Ergebnis *n*; Zweck *m*; *Licht- usw.* Effekt *m*; ⚚ Wertpapier *n*; *armar ao* ~ Effekthascherei treiben; *causar* (*od. fazer, produzir*) ~ e-e Wirkung (*od.* ein Ergebnis) erzielen (*od.* h.); wirken; *levar a* ~, *pôr em* ~ = *efectuar*; *com* ~ in der Tat; *de* ~ wirkungsvoll; *para* este (*od. tal*) ~ dazu; deshalb; *~s pl.* Effekten *pl.*; *~s públicos* Staatspapiere *n/pl.*; **~uar** [ifei'twar] (1g) = *efectuar*.

efémer|a [i'fɛmərɐ] *f* Eintagsfliege *f*; **~o** [~u] eintägig; kurzlebig.

efemin|ado [ifəmi'naðu] weibisch; **~ar** [~ar] (1a) verweichlichen.

efervesc|ência [ifərvɨʃ'sẽsjɐ] *f fig.* Wallung *f*; (Gemüts-)Aufwallung *f*, Erregung *f*; *pol.* Gärung *f*; **~ente** [~ẽntə] Brause...; aufbrausend; erregt; **~er** [~er] (2g) (auf)brausen.

efet... *s. efect...*

efi|cácia [əfi'kasjɐ] *f* Wirksamkeit *f*; Wirkung *f*, Erfolg *m*; Nachdruck *m*; *com* ~ = **~caz** [~'kaʃ] wirksam; tatkräftig, erfolgreich; nachdrücklich, wirkungsvoll; **~ciência** [~'sjẽsjɐ] *f* bewirkende Kraft *f*; Leistungsfähigkeit *f*; = *~cácia*.

efígie [ə'fiʒjə] *f* Bildnis *n*.

efloresc|ência [iflurɨʃ'sẽsjɐ] *f fig.* Ausblühung *f*; ⚗ Auswitterung *f*; ⚘ Flaum *m*; ⚕ Hautausschlag *m*; **~er** [~er] (2g) aufblühen; *fig.* ausblühen (*Haut, Steine*); auswittern (*Stein*); zerfallen (*Salz*); ausschlagen (*Haut*).

efus|ão [ifu'zɐ̃u] *f Blut-*Vergießen *n*; ⚕ Erguß *m*; *fig.* (Herzens-)Erguß *m*; Innigkeit *f*; *com* ~ *de fig.* überströmend vor (*dat.*); **~ivo** [~ivu] überströmend; überschwenglich.

égide ['ɛʒiðə] *f* Ägide *f*; Schutz *m*; Führung *f*.

egípcio [ə'ʒipsju] **1.** *adj.* ägyptisch; **2.** *m* Ägypter *m*.

ego|cêntrico [iɣu'sẽntriku] ichbezogen; **~ísmo** [i'ɣwiʒmu] *m* Selbstsucht *f*, Eigennutz *m*; **~ísta** [i'ɣwiʃtɐ] **1.** *adj.* selbstsüchtig; **2.** *m* Egoist *m*; **~tista** [~'tiʃtɐ] ichbetont, subjektiv.

egrégio [i'ɣrɛʒju] erlaucht.

égua ['ɛɣwɐ] *f* Stute *f*.

eia! ['ejɐ] frisch!, auf!, los!; ei! (*Erstaunen*).

ei-lo(s), **-la**(s) ['eilu(ʃ), -lɐ(ʃ)] *s. eis.*

eir|a ['eirɐ] *f* Tenne *f*; *não ter* ~ *nem beira* gar nichts besitzen; *sem* ~ *nem beira* ohne Hab und Gut; **~ado** [ei'raðu] *m* Terrasse *f*; Tenne *f*.

eis [eiʃ]: ~ (*aqui*) hier ist (*od.* sind); *~-me* (*aqui*) da bin ich; *ei-lo aí* da ist er; *ei-la que chega* da kommt sie; ~ *porque* und deshalb; ~ *senão quando* unversehens.

eito ['eitu]: *a* ~ nach-, hinter-ea.

eiva ['eivɐ] *f* Sprung *m im Glas usw.*; Fleck *m an Früchten*; *fig.* Makel *m*; Gebrechen *n*.

eiv|ado [ei'vaðu] fleckig; **~ar** [~ar] (1a) beflecken; verderben; **~ar-se** springen, bersten; anfaulen (*Obst*); *fig.* verderben.

eixo ['eiʃu] *m* Achse *f*; ⊕ Welle *f*; ~ *óptico*, ~ *visual* Sehachse *f*; *andar* (*estar*) *fora dos ~s* außer Rand u. Band (aus den Fugen) sn; *entrar* (*pôr*) *nos* (*seus*) *~s* (wieder) in die Reihe (*od.* ins Lot) kommen (bringen); *sair fora dos ~s* über die Stränge schlagen; *tirar dos seus ~s* aus der Reihe (*od.* durch-ea.-) bringen.

ejacul|ação [iʒɐkulɐ'sɐ̃u] *f* Erguß *m*; **~ar** [~'lar] (1a) (her)ausschleudern; verspritzen.

ejector [iʒɛ'tor] *m* Dampfstrahlpumpe *f*; Auswerfer *m am Gewehr*.

ela ['ɛlɐ] *pron. f* sie; *de* ~ ihrer; *a* ~ ihr; *com* ~ mit ihr; *para* ~ für sie; *o pai de* ~ ihr Vater; *~s s. eles.*

elabor|ação [ilɐβurɐ'sɐ̃u] *f* Ausarbeitung *f*, Anfertigung *f*; Bildung *f*; Verarbeitung *f*; **~ar** [~'rar] (1e) ausarbeiten, anfertigen; bilden, hervorbringen; ⚕ *Speise* verarbeiten.

elasticidade [ilɐʃtəsi'ðaðə] *f* Elastizität *f* (*a. fig.*), Federkraft *f*; *fig.*

Spannkraft *f*; ~ *de consciência* weite(s) Gewissen *n*.
elástico [i'laʃtiku] **1.** *adj.* elastisch; dehnbar; *força f -a* Federkraft *f*; *mesa f -a* Ausziehtisch *m*; *ser* ~ federn; **2.** *m* Gummi-band *n*, -ring *m*.
ele[1] ['ɛlə] *m Name des Buchstaben l*; *pl. eles od. ll.*
ele[2] ['elə] *pron. m* er; *de* ~ seiner; *a* ~ ihm; *com* ~ mit ihm; *para* ~ für ihn; *o pai de* ~ sein Vater.
electivo [ilɛ'tivu] Wahl...
elec|trão [ilɛ(k)'trɐ̃u] *m* Elektron *n*; **~tricidade** [~trəsi'ðaðə] *f* Elektrizität *f*; **~tricista** [~trə'siʃtɐ] *m* Elektrotechniker *m*, F Elektriker *m*.
eléctrico [i'lɛtriku] **1.** *adj.* elektrisch; *cabo m* ~ Leitungskabel *n*, *fio m* ~ Leitungsdraht *m*; *poste m* ~ Leitungsmast *m*; *rede f -a* Leitungsnetz *n*; *carro m* ~ = **2.** *m* Straßenbahn *f*.
electri|ficação [ilɛtrəfikɐ'sɐ̃u] *f* Elektrifizierung *f*; **~ficar** [~fi'kar] (1n) elektrifizieren; **~zar** [~tri'zar] (1a) elektrisieren; *fig.* begeistern.
electro|cussão [~truku'sɐ̃u] *f* Hinrichtung *f* durch den elektrischen Stuhl; **~cutado** [~ku'taðu]: *morrer* ~ durch elektrischen Schlag (*od.* auf dem elektr. Stuhl) sterben; **~cutar** [~ku'tar] (1a) durch den elektrischen Stuhl hinrichten; (durch elektrischen Strom) töten; **~dinâmico** [~ɔði'nɐmiku] elektrodynamisch; *máquina f -a* Dynamomaschine *f*.
electr|ódio [ilɛ'trɔðju] (*a.* **eléctrodo** [i'lɛtruðu]) *m* Elektrode *f*; **~ólise** [~ɔlisə] *f* Elektrolyse *f*; **~ómetro** [~ɔmətru] *m* Strommesser *m*; **~omotor** [~trɔmu'tor] elektromotorisch.
electro-soldadura [iˌlɛktrɔsołdɐ'ðurɐ] *f* Elektroschweißung *f*.
electuário [ilɛ'twarju] *m* Latwerge *f*.
elefant|e [ilə'fɐ̃ntə] *m* Elefant *m*; ~ *do mar* See-Elefant *m*; **~íase** [~fɐ̃n'tiɐzə] *f* Elefantenkrankheit *f*, Elefantiasis *f*.
eleg|ância [~'γɐ̃sjɐ] *f* Zierlichkeit *f*; Schlankheit *f*; Gewähltheit *f*; Eleganz *f*; *perder a* ~ dick w.; **~ante** [~ɐ̃ntə] zierlich; schlank; elegant.
eleger [~'ʒer] (2h) wählen (zu *para*).
eleg|ia [~'ʒiɐ] *f* Elegie *f*; Klagelied *n*; **~íaco** [~iɐku] elegisch.
elegível [~'ʒivɛł] wählbar.
elei|ção [ilei'sɐ̃u] *f* Wahl *f*; *fazer* ~ *de* (aus)wählen (*ac.*); **~to** [i'leitu] gewählt; *fig.* erwählt; **~tor** [~'tor] *m* Wähler *m*; (*príncipe-*)~ Kurfürst *m*; **~torado** [~tu'raðu] *m* Wählerschaft *f*; Kur-würde *f*, -fürstentum *n*; **~toral** [~tu'rał] Wahl..., Wahlrechts...; kurfürstlich; *acto m* (*campanha f*) ~ Wahl(kampf *m*) *f*.
element|ar [iləmẽn'tar] elementar; grundlegend; Anfangs...; für Anfänger; *classe* (*instrução*) *f* ~ Grundschul-klasse (-unterricht *m*) *f*; *curso m* ~ Anfängerkurs *m*; *princípios m/pl.* ~*es* Anfangsgründe *m/pl.*; **~o** [~'mẽntu] *m* Element *n*; Grundstoff *m*; (Grund-)Bestandteil *m*; ~*s pl.* Grundlagen *f/pl.*, Anfangsgründe *m/pl.*; Unterlagen *f/pl.*, Material *n*.
elenco [i'lẽŋku] *m* Katalog *m*; Liste *f*; *tea.* Ensemble *n*.
eles, elas ['eliʃ, 'ɛlɐʃ] *pron. pl.* sie; *de* ~ ihrer; *a eles* ihnen; *com* ~ mit ihnen; *para* ~ für sie; *o pai de* ~ ihr Vater.
elet... *s. elect...*
elev|ação [iləvɐ'sɐ̃u] *f* Erhebung *f*; Aufschwung *m*; Erhöhung *f*; Beförderung *f*; Errichtung *f*; Hebung *f*; (An-, Auf-)Steigen *n*; Anhöhe *f*; **~ado** [~'vaðu] hoch, erhaben; **~ador** [~ɐ'ðor] *m* Aufzug *m*; ~ *de baldes* Becherwerk *n*; **~ar** [~'var] (1c) (empor)heben; erheben (*a. fig.*); erhöhen; *Mauer* errichten; *j-n* befördern; **~ar-se** (an-, auf-)steigen; sich aufschwingen; ~ *a* sich belaufen auf (*ac.*).
elidir [əli'ðir] (3a) beseitigen; *gram.* ausstoßen.
elimin|ação [iləminɐ'sɐ̃u] *f* Beseitigung *f*, Ausmerzung *f*; Ausschließung *f*, Ausschluß *m*; ⚒ Wegschaffung *f*; ⚔ *u. Sport* Ausscheidung *f*; **~ar** [~'nar] (1a) beseitigen, ausmerzen; ausschließen; ausschalten; ⚒ wegschaffen; ⚔ *u. Sport* ausscheiden; **~atória** [~ɐ'tɔrjɐ] *f* Ausscheidungskampf *m*; **~atório** [~ɐ'tɔrju] Ausscheidungs...
elipse [ə'lipsə] *f* Ellipse *f*.
elisão [əli'zɐ̃u] *f gram.* (Vokal-)Ausfall *m*.
elixir [~'ʃir] *m* Elixier *n*; (Zauber-)Trank *m*.
elmo ['ɛłmu] *m* Helm *m*.

elo ['ɛlu] *m* (Ketten-)Glied *n*; ⚘ Ranke *f*; *fig.* Bindeglied *n*; Band *n*.
elo|giar [ilu'ʒjar] (1g) loben; rühmen, preisen; **~gio** [~'ʒiu] *m* Lob *n*; Lobrede *f*; *fazer o ~ de* e-e Lobrede halten auf (*ac.*); = *fazer ~s a* = *~giar*; *digno de ~s* anerkennens-, rühmens-wert; **~gioso** [~'ʒjozu] lobend, anerkennend; schmeichelhaft.
eloqu|ência [~'kwẽsjɐ] *f* Beredsamkeit *f*; **~ente** [~ẽntə] beredt.
el-rei [ɛł'ʀei] *m* der König; *~ D. João I.* König Johann I.
elucid|ação [ilusiðɐ'sɐ̃u] *f* Aufklärung *f*; Aufschluß *m*; Erklärung *f*; **~ado** [~'ðaðu]: *estar ~* im Bild sn, verstehen; **~ar** [~'ðar] (1a) aufklären; erklären, erläutern; *j-m* Aufschluß geben (über [*ac.*] *sobre*); **~ativo** [~ɐ'tivu] aufschlußreich; erklärend, erläuternd.
em [ɐ̃i] in; an; auf (*alle dat. u. ac.*); *de (ano) ~ (ano)* (Jahr) für (Jahr); *~ 3 semanas* in(nerhalb von) drei Wochen; *~ 3 de Maio* am 3. Mai; *~ 1965* im Jahre 1965; *~ inglês* auf englisch; im Englischen; *~ depósito (recompensa)* zur Aufbewahrung (Belohnung *usw.*); *~ proveito (sinal)* zum Nutzen (Zeichen *usw.*).
emaciar [imɐ'sjar] (1g) ausmergeln; **~-se** (sich) abzehren.
emagrec|er [~ɣrə'ser] (2g) abmagern; **~imento** [~si'mẽntu] *m* Abmagerung *f*.
eman|ação [~nɐ'sɐ̃u] *f* Ausdünstung *f*; Dunst *m*; Ausstrahlung *f*; Ausfluß *m*; **~ar** [~'nar] (1a) (aus-)strömen, (-)strahlen; entspringen.
emancip|ação [imẽsipɐ'sɐ̃u] *f* Mündigsprechung *f*; bürgerliche Gleichstellung *f* (*z.B. der Frauen*); Freilassung *f der Sklaven*; Befreiung *f von Vorurteilen*; Emanzipation *f*; **~ar** [~'par] (1a) mündigsprechen; befreien; emanzipieren.
emaranh|amento [imɐrɐɲɐ'mẽntu] *m* Verwicklung *f*; **~ar** [~'ɲar] (1a) verwickeln; verwirren.
emba|çadela P [ẽmbɐ-, ĩmbɐsɐ'ðɛlɐ] *f* Betrug *m*; Verblüffung *f*; **~çado** [~'saðu] sprachlos; blaß, bleich; dumpf (*Ton*); betrogen; = *~ciado*; **~çar** [~'sar] (1p; *Stv.* 1b) die Sprache verschlagen (*dat.*); hinters Licht führen; *v/i.* sprachlos sn; erlahmen; = *~ciar*; **~ciado** [~'sjaðu] trübe; matt; **~ciar** [~'sjar] (1g) trüben; beschlagen; anhauchen; *fig.* verdunkeln, beflecken; *v/i. u.* **~ciar-se** trübe w., (sich) beschlagen; sich eintrüben (*Wetter*).
embainhar [~i'ɲar] (1q) in die Scheide stecken; (ein)säumen.
embair [~'ir] (3l) (be)trügen.
embaix|ada [ẽmb-, ĩmbai'ʃaðɐ] *f* Botschaft *f*; **~ador** [~ʃɐ'ðor] *m* Botschafter *m*; **~atriz** [~ʃɐ'triʃ] *f* Botschafterin *f*; Gattin *f* des Botschafters.
embal|ado [~ɐ'laðu] verzückt; *ir ~ fig.* im Schwung sn; **~agem** *gal.* [~aʒɐ̃i] *f* Verpackung *f*; **~ar** [~ar] (1b) **a**) ver-, ein-packen; **b**) (ein-)wiegen; äffen, täuschen; *embalava-o a esperança* er wiegte sich in der Hoffnung; **~o** [~'balu] *m* Wiegen *n*.
embalsamar [~ałsɐ'mar] (1a) einbalsamieren; durchduften.
embandeirar [~ɐ̃ndei'rar] (1a) beflaggen, mit Fahnen schmücken; *Fahne* hissen; **~-se** flaggen.
embaraç|ado [~ɐrɐ'saðu] verlegen; unpäßlich; schwierig; **~ar** [~ar] (1p; *Stv.* 1b) versperren; (be)hindern, hemmen; erschweren; verwirren; in Verlegenheit setzen; **~ar-se** in Verlegenheit geraten; *~ com alg.* sich mit j-m überwerfen; **~o** [~ɐ'rasu] *m* Hindernis *n*; Hemmnis *n*; Störung *f*; Verlegenheit *f*; *~ gástrico* Verdauungsstörung *f*; **~oso** [~ozu] hinderlich; mißlich; peinlich; verlegen.
embaratecer [~ɐrɐtə'ser] (2g) (sich) verbilligen.
embarc|ação [~ɐrkɐ'sɐ̃u] *f* (Wasser-)Fahrzeug *n*, Schiff *n*; **~adoiro, -ouro** [~ɐ'ðoiru, -oru] *m* Landungsplatz *m*; Ladekai *m*; 🚂 Bahnsteig *m*; **~ar** [~'kar] (1n; *Stv.* 1b) ein-, ver-schiffen; *v/i.* sich einschiffen; den Zug nehmen; abreisen.
embarg|ado [~ɐr'gaðu]: *~ de fala* sprachbehindert; *~ dos membros* gelähmt; **~ar** [~ar] (1o; *Stv.* 1b) beschlagnahmen; pfänden; zurückhalten; versperren; hemmen, hindern; *Stimme* ersticken; **~o** [~'bargu] *m* Beschlagnahme *f*; Hindernis *n*, Hemmung *f*; Abhaltung *f*; ⚓ Embargo *n*; ⚖ Einspruch *m*; *pôr ~s a* Einspruch erheben gegen; *sem ~* jedoch; trotzdem; *sem ~ de* trotz.

embarque [ẽm, ĩm'barkə] *m* Einschiffung *f*.
embarrilar [~bɐʀi'lar] (1a) in ein Faß (*od.* auf Fässer) (ab)füllen; *fig.* hinters Licht führen.
embasbac|ado [~bɐʒβɐ'kaδu]: *ficar* ~ = **~ar** [~ar] (1n; *Stv.* 1b) *v/i.* staunen; *v/t.* verblüffen.
embast|ar [~bɐʃ'tar] (1b) (ab-, durch-)steppen; **~ecer** [~tə'ser] (2g) verdichten.
embat|e [~'batə] *m* An-, Auf-prall *m*; Zs.-prall *m*, -stoß *m*; Ansturm *m*, Angriff *m*; **~s** *pl. da fortuna* Schicksalsschläge *m/pl.*; **~er** [~bɐ'ter] (2b): ~ *com* prallen auf *od.* gegen; zs.-prallen mit.
embat|ocar [~bɐtu'kar] (1n; *Stv.* 1e) zuspunden; *fig.* P = **~ucar** [~tu'kar] (1n) den Mund stopfen; *v/i.* verstummen; den Mund halten.
embeb|edar [~bəβə'δar] (1c) berauschen; *fig. a.* betören; **~edar-se** sich betrinken; *fig.* sich berauschen (an [*dat.*] *com*); **~er** [~ə'βer] (2c) auf-, ein-saugen; *Tränen* zurückdrängen; *Zeit, Geld* verschlingen; ~ *em* (ein-)tauchen in (*ac.*), tränken mit; abtrocknen an (*dat.*); einlassen in (*ac.*); *Schwert* stoßen in (*ac.*); *Bild, Wort* (ein)prägen in; *Blick* heften auf (*ac.*); **~er-se** *de, em* sich vollsaugen mit; aufsaugen (*ac.*); *fig.* sich versenken in (*ac.*); sich durchdringen l. von; eindringen in (*ac.*) (*z.B. Schwert*); **~erar** [~ə'rar] (1c) tränken; **~ido** [~'βiδu] *fig.* durchdrungen (*od.* voll) (von *de*).
embeiç|ado [~bei'saδu]: F ~ *por* verliebt in (*ac.*); **~ar** [~ar] (1p) betören; F den Kopf verdrehen (*dat.*).
embelecar [ẽmb-, ĩmbələ'kar] (1n; *Stv.* 1c) betören, F einwickeln.
embele|cer [~ələ'ser] (2g) verschöne(r)n; schmücken; **~zamento** [~zɐ'mẽntu] *m* Verschönerung *f*; Schmuck *m*; Entzücken *n*; **~zar** [~'zar] (1c) entzücken; = ~*cer*.
embevec|er [~əvə'ser] (2g) verzücken, hinreißen; betören; *v/i. u.* **~er-se** in Verzückung geraten; ~ *em* sich vernarren in (*ac.*); **~imento** [~si'mẽntu] *m* Verzückung *f*.
embezerrar P [~əzə'ʀar] (1c) maulen; einschnappen; bocken.
embicar [~i'kar] (1n) stolpern (über [*ac.*] *com*; *a. fig.*); steckenbleiben; ⚓ auflaufen; *fig.* ~ *com* sich stoßen an (*dat.*); nörgeln über (*ac.*).
embirra [ẽm-, ĩm'biʀɐ] *f* Eigensinn *m*; Marotte *f*; Widerwille(n) *m*; *ser de* ~ abscheulich sn; *andar de* ~ *com* = *embirrar com*.
embirr|ação [~biʀɐ'sɐ̃u] *f*: *cara f de* ~ abstoßende(s) Gesicht *n*; **~ante** [~'ʀɐ̃ntə] halsstarrig; brummig; **~ar** [~'ʀar] (1a) halsstarrig sn, F bocken; unausstehlich sn (*od.* w.); ~ *em* sich versteifen auf (*ac.*), durchaus wollen (*ac.*); ~ *com* nicht ausstehen können (*ac.*); **~ento** [~'ʀẽntu] abscheulich, unausstehlich.
emblem|a [ẽm-, ĩm'blemɐ] *m* Sinnbild *n*; Abzeichen *n*; **~ático** [~blə'matiku] sinnbildlich.
emboc|adura [~bukɐ'δurɐ] *f* Mündung *f*; *Pferde*-Gebiß *n*; ♪ Mundstück *n*; ♪ Ansatz *m*, Haltung *f beim Spielen*; *fig.* Anlage *f* (zu *para*); **~ar** [~'kar] (1n; *Stv.* 1e) ansetzen; in den Mund stecken; das Gebiß anlegen (*dat.*); hinein-zwängen, -bringen; ein-biegen, -fahren in (*ac.*).
emboç|ar [~bu'sar] (1p; *Stv.* 1e) verputzen; **~o** [~'bosu] *m* Verputz *m*.
embolar [~bu'lar] (1e) mit Schutzkugeln versehen, schützen.
êmbolo ['ẽmbulu] *m* Kolben *m*, Stempel *m*.
embolsar [ẽm-, ĩmboɫ'sar] (1e) *Geld* einstecken; *Schulden* bezahlen; *Gläubiger* befriedigen.
embondo *bras.* [~'bõndu] *m* Schwierigkeit *f*.
embonecar [~bunə'kar] (1n; *Stv.* 1c) (heraus)putzen.
embora [~'bɔrɐ] **1.** *adv.* meinetwegen; in Gottes Namen; immerhin; *ir-* (*od. vir-*)*se* (*mandar*) ~ weg-gehen(-schicken); **2.** *cj.* obgleich, obwohl; wenn auch.
emborc|ação [~burkɐ'sɐ̃u] *f* ⚕ (lokale) Waschung *f*; Heilwasser *n*; **~ar** [~'kar] (1n; *Stv.* 1e) umstülpen; (aus)gießen; (aus)leeren.
embornal [~bur'naɫ] *m* Futtersack *m*; *-nais pl.* ⚓ Speigatt *n*.
emborrachar P [~buʀɐ'ʃar] (1b) betrunken m.; **~-se** sich betrinken.
emborrascar [~buʀɐʃ'kar] (1n; *Stv.* 1b) aufwühlen; aufbringen; **~-se** ein bedrohliches Aussehen annehmen (*Himmel, Meer*).
embosc|ada [~buʃ'kaδɐ] *f* Hinterhalt *m*; **~ar(-se)** [~ar(sə)] (1n; *Stv.*

1e) (sich) in e-n Hinterhalt (*od.* auf die Lauer) legen, (sich) verstecken.
embot|ado [~bu'taδu] stumpf; **~amento** [~tɐ'mẽntu] *m* Abstumpfung *f*; Stumpfheit *f*; Nachlassen *n*; **~ar** [~ar] (1e) abstumpfen (*a. fig.*); stumpf m.; *Wirkung* abschwächen; *Augen usw.* schwächen; **~ar-se** stumpf w.; *fig.* nachlassen.
embr|agar [ẽmbr-, ĩmbrɐ'ɣar] (1o; *Stv.* 1b) = **~aiar** [~ɐ'jar] (1b) ⊕ kuppeln; **~aiagem** [~ɐ'jaʒɐ̃i] *f* Kuppelung *f*.
embran|decer [~ɐ̃ndə'ser] (2g) erweichen; besänftigen; rühren; *v/i.* weich werden (*a. fig.*); nachlassen.
embranquecer [~ɐ̃ŋkə'ser] (2g) bleichen; *v/i.* weiß werden.
embravec|er [~ɐvə'ser] (2g) aufbringen, -wühlen; *v/i. u.* **~er-se** wild (*od.* wütend) w.; **~imento** [~si'mẽntu] *m* Wut *f*.
embrear [ẽm'brjar] (1l) teeren.
embrenhar-se [ẽmbrə'ɲarsə] (1d) eindringen; *fig. a.* versinken.
embria|gar [~iɐ'ɣar] (1o; *Stv.* 1b) berauschen; *fig. a.* begeistern; betören; **~gar-se** sich betrinken; **~guez** [~'ɣeʃ] *f* Trunkenheit *f*; Rausch *m*.
embrião [ẽm'brjɐ̃u] *m* Embryo *m*.
embridar [ẽm-, ĩmbri'δar] (1a) aufzäumen; *v/i. u.* **~-se** den Kopf hoch tragen.
embroma *bras.* [~'bromɐ] *f* Bummelei *f*; = **~ção** *bras.* [~bromɐ'sɐ̃u] *f* Schwindel *m*; **~r** [~bro'mar] (1f) (absichtlich) hinauszögern; verbummeln; (an-, be-)schwindeln.
embrulh|ada [~bru'ʎaδɐ] *f* Verwirrung *f*, Durchea. *n*; F Patsche *f*; **~ado** [~aδu] verzwickt; ratlos; trübe (*Wetter*); **~ar** [~ar] (1a) einwickeln (*a. fig. j-n*), (ein)hüllen; verwirren, durchea.-bringen; **~ar-se** durchea.-geraten; sich verwickeln; trübe w. (*Wetter*); **~o** [~'bruʎu] *m* Paket *n*; = *~ada*; *papel m de ~* Einwickel-, Pack-papier *n*; *ir no ~* sich einwickeln lassen (von *com*).
embrumado [~bru'maδu] neblig.
embrutec|er [~tə'ser] (2g) verdummen; verrohen; vertieren; **~imento** [~si'mẽntu] *m* Verdummung *f*; Verrohung *f*.
embruxar [~bru'ʃar] (1a) verhexen.
embuçar [~bu'sar] (1p) vermummen.
embuchar P [~bu'ʃar] (1a) hineinstopfen; *Magen* vollstopfen; *j-m* das Maul stopfen; *fig.* (hinunter-)würgen; *v/i.* ersticken; *fig.* sich ausschweigen; maulen.
embuço [~'busu] *m* Vermummung *f*; Verstellung *f*.
embuste [~'buʃtə] *m* Betrügerei *f*; [Schwindel *m*.]
embust|ear [~buʃ'tjar] (1l) anschwindeln; **~eiro** [~'teiru] **1.** *adj.* falsch; **2.** *m* Lügner *m*; Schwindler *m*.
embut|ido [~bu'tiδu] *m* Einlegearbeit *f*; **~ir** [~ir] (3a) auslegen *mit*; ein-legen, -lassen *in*; *fig.* aufbinden.
eme ['ɛmə] *m Name des Buchstaben m*; *pl.* emes *od.* mm.
emend|a [i'mẽndɐ] *f* Verbesserung *f*, (Druckfehler-)Berichtigung *f*; Flicken *m*; Ansatz(stück *n*) *m*, Verlängerung *f*; Ansatzstelle *f*; *pol.* Abänderungsvorschlag *m* (zu *a*); *fig. mor.* Besserung *f*; Buße *f*, Strafe *f*; *não ter ~ fig.* unverbesserlich sn; *tomar ~* sich bessern; **~ar** [imẽn'dar] (1a) *Fehler* verbessern, berichtigen; *Schaden* ausbessern; *Kleid, Gesetz usw.* abändern; *Fehlendes* anstücken; *Übel* wieder gutmachen; *Übeltäter* strafen; **~ar-se** *fig.* sich bessern, sich wandeln.
ementa [i'mẽntɐ] *f* Liste *f*, Übersicht *f*; *bsd.* Speisekarte *f*; Speisenfolge *f*.
emerg|ência [imər'ʒẽsjɐ] *f* Auftauchen *n*; Austritt *m*; *fig.* Ernst-, Not-fall *m*; Not(stand *m*) *f*; Dringlichkeit *f*; (gefährlicher) Augenblick *m*; *estado m de ~* Ausnahmezustand *m*; Notstand *m*; **~ir** [~ir] (3q; *Stv.* 3c) auftauchen; aus-, hervor-treten; hervorgehen.
emérito [i'mɛritu] emeritiert; *fig.* erfahren.
emers|ão [imər'sɐ̃u] *f* Auftauchen *n*; *ast.* Austritt *m*; **~o** [i'mɛrsu] *p.p. irr. v. emergir*.
emigr|ação [əmiɣrɐ'sɐ̃u] *f* Auswanderung *f*; **~ado** [~'ɣraδu] *m* Emigrant *m*; **~ante** [~'ɣrẽntə] *su.* Auswanderer *m*, -in *f*; **~ar** [~'ɣrar] (1a) auswandern.
emin|ência [~'nẽsjɐ] *f* Erhebung *f*; *fig.* Überlegenheit *f*; Eminenz *f* (*Titel*); **~ente** [~ẽntə] hervor-, über-ragend; hoch; **~entíssimo** [~nẽn'tisimu] hochwürdigst (*Kardinal*).

emiss|ão [~'sẽu] *f* Ausstrahlung *f*; Ausströmen *n*; *Ton*-Bildung *f*; Ausgabe *f v. Staatspapieren*; *Radio*: Sendung *f*; banco *m* de ~ Notenbank *f*; **~ário** [~arju] *m* Abgesandte(r) *m*; **~or** [~or] **1.** *m* (Ab-)Sender *m*; **2.** *adj.* (aparelho *m*) ~ Sendegerät *n*, Sender *m*; banco *m* ~ ausgebende (*od.* Emissions-)Bank *f*; **~ora** [~orɐ] *f* Sendestation *f*, Sender *m*; ♀ Nacional Landessender *m*.

emitir [~'tir] (3a) aus-senden, -strahlen, -strömen; *Banknoten usw.* ausgeben; *Ton* ausstoßen, ♪ bilden, bringen; *Meinung* äußern; *Stimme* abgeben; *Radio*: senden.

emo|ção [imu'sẽu] *f* Erregung *f*; *fig.* Erlebnis *n*; causar ~ *fig.* zum Erlebnis w.; **~cional** [~sju'nał] erregend; Erregungs...; erregbar; Gefühls...; **~cionante** [~sju'nẽntə] ergreifend; aufregend; **~cionar** [~sju'nar] (1e) erregen; ergreifen.

emoldurar [imołdu'rar] (1a) einrahmen, -fassen.

emolir [imu'lir] (3h) auf-, er-weichen.

emolumento [~lu'mẽntu] *m* Gewinn *m*; Nutzen *m*; Gebühr *f*, Honorar *n*; ~s *pl.* Nebeneinkünfte *pl.*

emotiv|idade [~tivi'δaδə] *f* Erregbarkeit *f*; **~o** [~'tivu] erregend; Erregungs...; Gefühls...

empac|ado *bras.* [ẽmp-, ĩmpa'kaδu] störrisch; **~ar** [~ar] (1n) bocken; stillstehen.

empachar [~ɐ'ʃar] (1b) über-laden, -füllen; verstopfen; (be)hindern.

empacot|ador [~ɐkutɐ'δor] *m* Pakker *m*; **~ar** [~'tar] (1e) (ein)packen; bündeln; *Getreide* binden.

empada [ẽm-, ĩm'paδɐ] *f* Pastete *f*.

empáfia [~'pafjɐ] *f* Dünkel *m*.

empalh|ar [~pɐ'ʎar] (1b) in Stroh wickeln (*od.* packen); auf Stroh lagern; *Vögel* ausstopfen; *fig.* F hinhalten; = **~eirar** [~ʎei'rar] (1a) *Getreide usw.* einschobern; Rohrgeflecht anbringen an (*dat.*); cadeira *f* empalheirada Rohrstuhl *m*.

empalidecer [ẽm-, ĩmpɐliδə'ser] (2g) erblassen, erbleichen.

empalmar [~ał'mar] (1a) verschwinden l.; entwenden, stehlen; *die Macht* an sich reißen.

empanar [~ɐ'nar] (1a) *fig.* trüben.

empan|car [~ẽŋ'kar] (1n) (ab-)dichten; **~que** [~'pẽŋkə] *m* Dichtung *f*.

empan|deirar [~ẽndei'rar] (1a) *Segel* blähen; füllen; *fig.* P prellen; *Geld* durchbringen; sich *j-n* vom Halse schaffen; **~tufar** [~tu'far] (1a) aufplustern; **~turrar** [~tu'ʀar] (1a) vollstopfen; **~turrar-se** *fig.* (sich) dick tun; **~zinar** P [~ẽzi'nar] (1a) (voll)stopfen; *fig. j-m* e-n Schreck einjagen.

empapar [~ɐ'par] (1b) auf-, einweichen; tränken; ein-tauchen, -tunken; *bras.* fressen (*Huhn*); **~-se** sich vollsaugen; aufweichen.

empapuçado [~ɐpu'saδu] geschwollen, dick; voll(er); olhos *m/pl.* ~s Glotzaugen *n/pl.*

empaquetar-se *bras.* [~ake'tarsə] (1c) Staat machen.

emparedar [~ɐrə'δar] (1c) ver-, zu-mauern; *j-n* einmauern; einsperren; **~-se** *fig.* sich auftürmen.

emparelh|ado [~ɐrɨ'ʎaδu] paarig; gleich(artig); versos *m/pl.* ~s Reimpaarverse *m/pl.*; **~ar** [~ar] (1d) paaren; zs.-tun; gleichstellen; gegenüber-, nebenea.-stellen; *v/i.* ~ com *j-m* gleichkommen, *j-m* gleich (-artig) sn.

emparvoecer [~ɐrvwə'ser] (2g) verblüffen; *v/i.* sprachlos sein.

empast|ado [~ɐʃ'taδu] zäh(flüssig); klebrig; teigig (*a. fig.*); verschleimt (*Hals*); **~ar** [~ar] (1b) leimen; verkleben; verschleimen; *pint.* impastieren; **~ar-se** teigig (*od.* klebrig) w.; **~e** [~'paʃtə] *m* Leimen *n*; *pint.* Farbauftrag *m*, Impasto *n*.

empastel|amento [~təlɐ'mẽntu] *m fig.* Überfall *m*; **~ar** [~'lar] (1c) *Lettern* zs.-werfen; *Druckerei* überfallen, verwüsten.

empat|ado [~ɐ'taδu] unentschieden; *Schach*: remis, patt; festliegend (*Geld*); estar (ter) ~ festliegen (h.) (*Geld*); **~ar** [~ar] (1b) hemmen, aufhalten; aussetzen, unentschieden l.; *Stimmenzahl* gleichmachen; ✝ ~ em *Geld* hineinstecken in (*ac.*) *od.* festlegen in (*dat.*); *v/i.* unentschieden enden; **~e** [~'patə] *m* Hindernis *n*; Unentschiedenheit *f*; *Stimmen*-Gleichheit *f*; Unentschieden *n*; Remis *n*, Patt *n*; ✝ Festliegen *n*; *bras.* ⚕ Verstopfung *f*.

empavesar [~ɐvə'zar] (1c) bewimpeln, beflaggen; **~-se** flaggen; *fig.* sich aufplustern, F dick tun.

empavonar [~ɐvu'nar] (1f) zu Kopf steigen (*dat.*); **~-se** sich brüsten.

empe|çar [~ə'sar] (1p; *Stv.* 1c) verwirren; erschweren; *v/i.* ~ *em* stolpern über (*ac.*); = **~cer** [~'ser] (2g) (be-, ver-)hindern; schaden (*dat.*); *j-m in den Weg* treten; *v/i.* ein Hindernis bilden, entgegenstehen; **~cilho** [~'siʎu] *m* Hindernis *n*; Abhaltung *f*; Schwierigkeit *f*.

empeçonhar [~əsu'ɲar] (1f) vergiften.

empedern|ido [~əðər'niðu] hart (-herzig); hartgesotten; **~ir** [~ir] (3c) versteinern; verhärten.

empedr|ado [~ə'ðraðu] *m* (Kopfstein-)Pflaster *n*; **~ar** [~ar] (1c) pflastern; **~ar-se** versteinern; sich verhärten.

empen|a [ẽm-, ĩm'penɐ] *f* ⚠ Giebel (-front *f*) *m*; **~agem** ✈ [~pə'naʒẽi] *f* Leitwerk *n*; **~ar** [~pə'nar] (1d) **a**) (sich) verziehen; sich werfen; **b**) (be)fiedern.

empenh|ado [ẽmp-, ĩmpə'ɲaðu] angelegentlich; ~ *em* interessiert (*od.* beteiligt) an (*dat.*); **~ar** [~ar] (1d) verpfänden, versetzen; verpflichten; einsetzen, aufwenden; *Opfer* bringen; **~ar-se** sich in Schulden stürzen; ~ *em* sich angelegen sn l. (*ac.*); sich bemühen um (*ac.*); sich einl. auf (*ac.*); sich interessieren für (*ac.*); ~ *por* eintreten (*od.* sich einsetzen, sich verwenden) für; **~o** [~'peɲu] *m* Verpfändung *f*; Verpflichtung *f*; Einsatz *m*; Verwendung *f*; Bemühung *f*; Anliegen *n*; Interesse *n*; *fig. bsd.* persönliche Beziehungen *f/pl.*; *carta f de* ~ Empfehlungsbrief *m*; *meter* ~*s* s-e Verbindungen spielen l.; *servir de* ~ *a* sich verwenden für (*ac.*); *ter* (*od. pôr*) ~ *em* Wert legen auf (*ac.*); *tenho* (*od. ponho*) (*todo o*) ~ *em* es liegt mir (viel) an (*dat.*); *ter bons* ~*s* gute Beziehungen haben.

emperrar [~ə'ʀar] (1c) zum Stokken (*od.* Stehen) bringen; *Tür* verklemmen; *fig.* störrisch (*od.* halsstarrig) m.; aufbringen; *v/i. u.* **~-se** stehen- (*od.* stecken-)bleiben; stocken; klemmen; *fig.* bocken.

empertig|ado [~ərti'ɣaðu] steif; stramm; unnahbar; **~ar** [~ar] (1o) steif m.; **~ar-se** sich (kerzengrade) aufrichten; *fig.* sich spreizen.

empestar [~ɨʃ'tar] (1c) verpesten.

empilhar [~i'ʎar] (1a) (auf[ea.]-) stapeln.

empin|ado [~i'naðu] steil; hoch (-aufgerichtet); *fig.* hochnäsig; hochtrabend (*Stil*); **~ar** [~ar] (1a) emporheben; steil aufrichten; *Glas* leeren; **~ar-se** sich recken; sich bäumen (*Pferd*); (hoch) emporsteigen; *fig.* sich spreizen.

empìricamente [ẽm-, ĩmˌpirikɐ'mẽntə] durch (die) Erfahrung.

empírico [~'piriku] **1.** *adj.* Erfahrungs...; empirisch; **2.** *m* Heilpraktiker *m*.

empistolar *bras.* [~piʃtu'lar] (1e) sich verwenden für, empfehlen.

emplast(r)|ar [~plɐʃ't(r)ar] (1b) be-, ver-pflastern; flicken; **~o** [~'plaʃt(r)u] *m* Pflaster *n*; Flicken *m*; *fig.* Lazarus *m*.

emplum|ado [~plu'maðu] Feder...; **~ar** [~ar] (1a) (be)fiedern.

empoar [~'pwar] (1f) (ein)pudern; bestäuben; = *empoeirar*.

empobrec|er [~pußrə'ser] (2g) arm m.; erschöpfen, verbrauchen; *v/i.* verarmen; **~imento** [~si'mẽntu] *m* Verarmung *f*.

empoeirar [~pwei'rar] (1a) mit Staub bedecken, bestauben; **~-se** verstauben.

empol|a [~'polɐ] *f* Blase *f*; **~ado** [~pu'laðu] blasig; aufgewühlt (*See*); gebirgig; *fig.* schwülstig, hochtrabend; **~ar** [~pu'lar] (1e) aufblähen; *v/i. u.* **~ar-se** Blasen werfen; (an)schwellen; hohl gehen (*See*); *fig.* sich blähen; schwülstig werden.

empoleir|ado [~pulei'raðu] (oben) auf (*dat.* em); *fig.* hochgestellt; hochnäsig; ~ em in *e-m Amt* sitzend; an *der Macht* befindlich; **~ar** [~ar] (1a) *j-n* hochbringen; *zum Minister usw.* m.; *an die Macht* bringen; **~ar-se** sich (auf die Stange) setzen (*Vögel*); hocken; *fig.* hochkommen; *in ein Amt* kommen.

empolg|ante [~poɫ'ɣẽntə] packend; spannend; **~ar** [~ar] (1o; *Stv.* 1e) packen (*a. fig.*); an sich reißen; mitreißen; *Seil* anziehen; *Bogen* spannen (*a. fig.*).

emporcalhar [~purkɐ'ʎar] (1b) beschmutzen.

empório [~'pɔrju] *m* Handels-, Stapel-platz *m*; (Kultur-)Zentrum *n*; *bras.* Lebensmittelgeschäft *n*.

empós *bras.* [ẽm'pɔs]: ~ (*de*) nach, hinter (...her).
empossar [ẽm-, ĩmpu'sar] (1e) *in ein Amt* einsetzen; **~-se** Besitz ergreifen, sich bemächtigen.
emprazar [ẽmpr-, ĩmprɐ'zar] (1b) (vor)laden; einbestellen; e-e Frist stellen (*dat.*); *Wild* umstellen.
empreend|edor [~jẽndə'ðor] **1.** *adj.* unternehmend; **2.** *m* Unternehmer *m*; **~er** [~'der] (2a) unternehmen, anfangen; **~imento** [~i'mẽntu] *m* Unternehmung *f*.
empreg|ado [~ə'ɣaðu] **1.** *adj.*: *dar por bem* ~ glauben, *et.* nutzbringend angewandt (*od.* nicht vertan) zu h.; zufrieden sn mit; **2.** *m*, **-a** *f* Angestellte(r) *m*; ~ *público* Beamte(r) *m*; ~ *do Estado* Staatsbeamte(r) *m*; **~ador** *bras.* [~ɣa'ðor] *m* Arbeitgeber *m*; **~ar** [~ar] (1o; *Stv.* 1c) *j-n* anstellen, beschäftigen; *et.* gebrauchen; ~ (*em*) benutzen, verwenden (für); *Kraft usw.* wenden *od.* verschwenden (an [*ac.*]); *Geld* anlegen (in [*dat.*]); **~ar-se** *em* sich verlegen auf (*ac.*); e-e Stelle annehmen bei *od.* in (*dat.*); **~o** [~'preɣu] *m* Anstellung *f*, Stelle *f*; Gebrauch *m*; Verwendung *f*; *Kraft- usw.* Aufwand *m*; *Kapitals*-Anlage *f*.
empreit|ada [~ei'taðɐ]: *obra f de* ~ Akkordarbeit *f*; *dar de* ~ in Akkord geben; *de* ~ im Akkord; **~ar** [~ar] (1a) in Akkord nehmen (*od.* geben); **~eiro** [~eiru] *m* Unternehmer *m*.
emprenhar [~ə'ɲar] (1d) schwängern; *v/i.* schwanger werden.
empres|a [~'prezɐ] *f* Unternehmen *n*, Betrieb *m*; **~ário** [~prə'zarju] *m* Impresario *m*; Konzertagent *m*.
emprest|ado [~iʃ'taðu]: *pedir* ~ *a* leihen von; **~ar** [~ar] (1c) (aus-, ver-)leihen.
empréstimo [~'prɛʃtimu] *m* Leihgabe *f*; ✝ Anleihe *f*, Darlehen *n*.
empro|ado [~'prwaðu] hochmütig; eitel; **~ar** [~ar] (1f) = *aproar*; **~ar-se** sich brüsten, sich überheben.
empunhar [ẽm-, ĩmpu'ɲar] (1a) ergreifen, packen.
empurr|ão [~'ʀɐ̃u] *m* Stoß *m*, Puff *m*; *aos empurrões* mit Gewalt; **~ar** [~ar] (1a) (auf-, zurück-)stoßen; „drücken“ (*an Türen*).
empux|ão [~'ʃɐ̃u] *m* Ruck *m*; Stoß *m*; **~ar** [~ar] (1a) (zurück)stoßen; (weg)reißen; **~o** [~'puʃu] *m Erd*-Schub *m*, Druck *m*; Hub *m*.
emudec|er [imuðə'ser] (2g) zum Verstummen bringen, verstummen l.; *v/i.* verstummen; **~imento** [~si'mẽntu] *m* Verstummen *n*.
emul|ação [~lɐ'sɐ̃u] *f* Nacheiferung *f*; Wetteifer *m*; **~ar** [~'lar] (1a): ~ *com od. v/t.* nacheifern (*dat.*); wetteifern mit.
émulo ['ɛmulu] *m* Gegenspieler *m*, Nebenbuhler *m*.
emulsão [imuɫ'sɐ̃u] *f* Emulsion *f*.
enaltec|er [inaɫtə'ser] (2g) erheben; preisen; **~imento** [~si'mẽntu] *m* Erhebung *f*; Preisen *n*.
enamorar [inɐmu'rar] (1e) verliebt m.; begeistern; *j-m* den Kopf verdrehen; **~-se** sich verlieben.
encabeç|ado [ẽŋ-, ĩŋkɐβə'saðu] starkährig (*Saat*); ~ *de* unterstellt (*dat.*); **~ar** [~ar] (1p; *Stv.* 1c) anführen; krönen; *zur Steuer* veranlagen; anstücken, *Strumpf* anstricken; *Schrift* einleiten, überschreiben; *j-m et.* einreden.
encabelado [~βə'laðu] behaart.
encabrestar [~βrɨʃ'tar] (1c) (an-)halftern; *fig.* unterjochen.
encabritar-se [~βri'tarsə] (1a) sich bäumen.
encabular *bras.* F [~βu'lar] (1a) verdattern; *v/i.* = *encafifar*.
encachoeirado [~ʃwei'raðu] reißend (*Fluß*).
encade|amento [~ðjɐ'mẽntu] *m* Verkettung *f*; Verknüpfung *f*; Kette *f*; **~ar** [~'ðjar] (1l) an-, verketten; *fig.* (anea.-, an sich) fesseln; *Ideen* verknüpfen; anea.-reihen.
encadern|ação [~ðərnɐ'sɐ̃u] *f* Binden *n der Bücher*; Buchbinderei *f*; *Buch*-Einband *m*; **~ado** [~'naðu] F gut angezogen; **~ador** [~ɐ'ðor] Buchbinder *m*; **~ar** [~'nar] (1c) (ein)binden; *fig.* F neu einkleiden.
encafifar *bras.* [~fi'far] (1a) verlegen w. (*od.* sn); maulen.
encaf|uar [~'fwar] (1g) = **~urnar** [~fur'nar] (1a) verstecken; an-, hinein-stecken, -zwängen; ~ *na cabeça de j-m* eintrichtern.
encaiporar *bras.* [ẽŋ-, ĩŋkaipo'rar] (1e) unglücklich m.; Unglück bringen (*dat.*); *v/i.* Pech haben.
encaix|amento [~ʃɐ'mẽntu] *m* **a)** Verpackung *f*; **b)** Sitz *m*, Einpassung *f*; = **~e**; **~ar** [~'ʃar] (1a) **a)** in

Kästen verpacken (*od.* ordnen); ein-, ver-, weg-packen; **b**) ein-fügen, -passen, -setzen; inea.-fügen; hineinzwängen; *Ring* anstecken; *Schlag usw.* einstecken; *Schlag* versetzen; *Ball* halten (*Torwart*); *Zitat* einflechten; *Textstelle* einfügen; *fig.* in den Kopf setzen; aufhängen; *v/i.* (inea.-)passen; **~ar-se** sich eindrängen; **~e** [~'kaiʃə] *m* Ein-, Inea.-fügen *n*; Einpassung *f*; Schlitz *m*, Nut *f*; *Zapfen*-Loch *n*; Falz *m*; Fuge *f*; Dübel *m*; Einsatz *m*; Gelenk *n*; Lasche *f*; ~ *de ouro* Goldreserve *f*; **~ilhar** [~ʃi'ʎar] (1a) einrahmen; **~o** [~'kaiʃu] *m* = ~e; **~otamento** [~ʃutɐ'mẽntu] *m* Verpackung *f* in Kisten; **~otar** [~ʃu'tar] (1e) in Kisten (ver)packen.

encalacrar P [ẽŋ-, ĩŋkɐlɐ'krar] (1b) hereinlegen.

encalç|ar [~kał'sar] (1p) *j-s* Spur (*od. j-n*) verfolgen, *j-m* auf den Fersen sn; *j-m* folgen, nachgehen; **~o** [~'kałsu] *m* Verfolgung *f*; Spur *f*, Fährte *f*; *ir no* ~ *de* = *~ar*.

encalh|ar [~kɐ'ʎar] (1b) *v/i.* auflaufen, stranden; *fig.* sich festfahren; liegenbleiben; **~e** [~'kaʎə] *m* Strandung *f*; *fig.* Stockung *f*; unverkäufliche(r) Rest *m*; **~o** [~'kaʎu] *m* Untiefe *f*, Sandbank *f*.

encalist|ar *bras* [~kaliʃ'tar] (1a) *j-m* Unglück bringen; **~rar** *bras.* [~'trar] (1a) beschämen; *v/i.* sich schämen.

encaminh|ado [~kɐmi'ɲaðu]: *bem* ~ auf gutem Wege; **~amento** [~ɲɐ'mẽntu] *m* Zu-, Weiter-leitung *f*; Anbahnung *f*; **~ar** [~ar] (1a) auf den Weg bringen; *j-m* den Weg weisen; *et.* in die Wege (*od.* ein-) leiten, anbahnen; ~ *a*, ~ *para fig.* (hin-)leiten, (-)lenken auf (*ac.*) *od.* zu; bringen, führen auf (*od.* zu); richten auf (*ac.*); *Brief* senden an (*od.* nach), zuleiten (*dat.*); ~ *por* richten nach; **~ar-se** sich auf den Weg (*od.* sich auf-)machen; sich begeben; zusteuern auf (*ac. para*); sich anschicken zu (*inf. para*).

encamp|ação [~kẽmpɐ'sɐ̃u] *f* Verstaatlichung *f*; Übernahme *f*; **~ar** *bras.* [~'par] (1a) verstaatlichen; übernehmen; *fig.* F schlucken.

encan|ado [~kɐ'naðu]: *água f encanada* Leitungswasser *n*; **~ador** [~nɐ'ðor] *m bras.* Installateur *m*; **~amento** [~nɐ'mẽntu] *m* Kanalisierung *f*; Leitung *f*, Kanalisation *f*; ~ *de água* (*gás*) Wasser- (Gas-)leitung *f*; **~ar** [~ar] (1a) in Röhren legen; kanalisieren; *cir.* (ein)schienen.

encanastrar [~nɐʃ'trar] (1b) in den Korb (*od.* in Körbe) legen; flechten.

encandear [~kẽn'djar] (1l) blenden; *fig.* betören.

encanecer [~kɐnə'ser] (2g) *v/i.* ergrauen.

encant|ador [~kẽntɐ'ðor] Zauber...; *fig.* bezaubernd; **~amento** [~ɐ'mẽntu] *m* Zauberei *f*; Verzauberung *f*; Zauber *m*; **~ar** [~'tar] (1a) verzaubern; *fig.* bezaubern, entzücken; **~o** [~'kẽntu] *m* Zauber *m*; Entzücken *n*, Wonne *f*; *ser um* ~ zauberhaft (*od.* entzückend) sein.

encant|oar [~'twar] (1f) = **~onar** [~tu'nar] (1f) in die Ecke (*od.* weg-) stellen; absondern; **~oar-se** sich zurückziehen.

encanudado [~kɐnu'ðaðu] röhrenförmig.

encapar [~kɐ'par] (1b) mit e-m Schutzumschlag versehen; überziehen; ein- (*fig.* ver-)hüllen.

encapelar [~pə'lar] (1c) *Meer* aufwühlen; **~-se** hochgehen.

encapotar(-se) [~pu'tar(sə)] (1e) (sich) verhüllen; den Kopf hängen lassen.

encaprichar-se [~pri'ʃarsə] (1a): ~ *de* (*od. em*) sich in den Kopf setzen (*ac.*); bestehen auf (*dat.*).

encaracolar(-se) [~rɐku'lar(sə)] (1e) (sich) locken; (sich) ringeln.

encarado [~'raðu]: *bem* ~ gut aussehend; nett; freundlich; *mal* ~ häßlich; mürrisch; finster.

encarapinh|ado [~rɐpi'ɲaðu] kraus; **~ar** [~ar] (1a) kräuseln; *v/i. fig.* gerinnen.

encarar [~'rar] (1b) ins Auge fassen; ansehen, betrachten; erörtern; *e-r Gefahr* ins Auge sehen; ~ *de frente fig.* mutig entgegentreten (*dat.*); *Schwierigkeit* mutig anpacken, durchgreifend lösen; **~-se** *com* sich gegenübersehen (*dat.*); gegenübertreten (*dat.*).

encarcer|amento [~kɐrsərɐ'mẽntu] *m* Einkerkerung *f*; **~ar** [~'rar] (1c) einkerkern, festnehmen.

encardido [~kɐr'diðu] schmutzig.

encarec|er [~kɐrə'ser] (2g) verteuern; übertreiben; anpreisen, herausstreichen; schildern; ans Herz legen, empfehlen; *v/i.* teurer w.; **~idamente** [~ˌsiðɐˈmẽntə] angelegentlich; aufs wärmste; **~imento** [~siˈmẽntu] *m* Verteuerung *f*; Übertreibung *f*; Anpreisung *f*; Nachdruck *m*.

encargo [~ˈkargu] *m* Auftrag *m*; Verpflichtung *f*; *Steuer*-Last *f*.

encarn|ação [~kɐrnɐˈsɐ̃u] *f* Fleischwerdung *f*; Verkörperung *f*; Fleischfarbe *f*; **~ado** [~ˈnaðu] **1.** *adj.* fleischfarben; (hoch)rot; **2.** *m* Fleischfarbe *f*; Rot *n*; **~ar** [~ˈnar] (1b) *v/i.* Fleisch w.; sich verkörpern; heilen (*Wunden*); *v/t.* anmalen; darstellen.

encarniç|ado [~niˈsaðu] blutrünstig; erbittert (*Kampf*); hochrot (*Gesicht*); blutunterlaufen (*Auge*); **~amento** [~sɐˈmẽntu] *m* Blutgier *f*; Erbitterung *f*; **~ar** [~ar] (1p) blutrünstig m.; aufhetzen; erbittern; **~ar-se** wüten.

encarquilh|ado [~kiˈʎaðu] verschrumpft, runzlig; **~ar** [~ar] (1a) runzeln; *v/i.* (ein-, zs.-)schrumpfen.

encarrapit|ado [~kɐʀɐpiˈtaðu] oben (auf [*dat.*] em); **~ar** [~ar] (1a) setzen *od.* stellen (oben auf [*ac.*] em).

encarreg|ado [~ʀəˈɣaðu] *m* Beauftragte(r) *m*; ~ *de cursos* Lehrbeauftragte(r) *m*; ~ *de negócios pol.* Geschäftsträger *m*; **~ar** [~ar] (1o; *Stv.* 1c) *j-m et.* auftragen; *j-n mit et.* beauftragen; *Verpflichtung* auferlegen; **~ar-se** *de* übernehmen (*ac.*).

encarreir|ado [~ʀeiˈraðu]: *estar* ~ auf gutem Wege sn; F richtig liegen, drin sn; **~ar** [~ar] (1a) auf den Weg helfen (*dat.*); dahin-, hinein- -bringen; F lancieren; *v/i.* s-n Weg gehen (*od.* nehmen); hineinkommen; kommen (auf [*ac.*] *com*).

encarret|adeira [~ʀətɐˈðeirɐ] *f* Spulmaschine *f*; **~ar** [~ˈtar] (1c) *Geschütz* aufprotzen; *Garn* aufspulen.

encarrilar, -lhar [~ʀiˈlar, -ˈʎar] (1a) aufschienen; lenken; *fig.* in die Wege leiten; in Gang bringen; ins Gleis bringen; *v/i.* auf den rechten Weg (*od.* ins Gleis) kommen; = *encarreirar*.

encart|ado [~kɐrˈtaðu] zugelassen; *fig.* F ausgekocht; **~ar** [~ar] (1b) zulassen; bestallen; *v/i.* bedienen (*Kartenspiel*); **~ar-se** sich e-n Zulassungs- (*od.* Gewerbe-)schein besorgen; sich eintragen l.; **~e** [~ˈkartə] *m* Eintragung *f*; Zulassung (-sgebühren *f/pl.*) *f*.

encartuchar [~tuˈʃar] (1a) *Geld* (ein)rollen.

encasac|ado [~kɐzɐˈkaðu] befrackt; im Frack; **~ar-se** [~arsə] (1n; *Stv.* 1b) den Frack anziehen.

encascalhar [~kɐʃkɐˈʎar] (1b) schottern.

encas|car [~ˈkar] (1n; *Stv.* 1b) *Wein* abfüllen; *Wand* bewerfen; *v/i.* hart w.; **~que** [~ˈkaʃkə] *m* Abfüllung *f*; **~quetar** [~kəˈtar] (1c) *fig.* P eintrichtern.

encastelar [~təˈlar] (1c) *fig.* auf- (ea.-), überea.-türmen.

encastoar [~ˈtwar] (1f) (ein)fassen; einlegen; mit e-m Knauf verzieren.

encatarr|ar-se [~kɐtɐˈʀarsə] (1b) = **~oar-se** [~ˈʀwarsə] (1f) sich erkälten.

encavac|ado [~vɐˈkaðu] verärgert, beleidigt; **~ar** [~ar] (1n; *Stv.* 1b) sich ärgern; F einschnappen.

encavilhar [~viˈʎar] (1a) (an-, fest-, zs.-)pflöcken.

encefalite [ĩ-, ẽsəfɐˈlitə] *f* Gehirnentzündung *f*; *vet.* Koller *m*.

enceleirar [~leiˈrar] (1a) ein- (*fig.* auf-)speichern.

encen|ação [~nɐˈsɐ̃u] *f* Inszenierung *f*; Aufführung *f*; **~ador** [~ɐˈðor] *m* Regisseur *m*; **~ar** [~ˈnar] (1d) inszenieren; aufführen.

encer|adeira [~rɐˈðeirɐ] *f* Bohnermaschine *f*; **~ado** [~ˈraðu] *m* Wachs-, Öl-tuch *n*; **~amento** [~ɐˈmẽntu] *m* Wachsen *n*; Bohnern *n*; **~ar** [~ˈrar] (1c) (ein)wachsen; *Boden* bohnern.

encerr|amento [~ʀɐˈmẽntu] *m* Schließung *f*; Einschließung *f*; Abschluß *m*; ✝ Geschäftsschluß *m*; ~ *da estação Radio*: Sendeschluß *m*; *acto m de* ~ Schluß-akt *m*, -sitzung *f*; **~ar** [~ˈʀar] (1c) schließen; ein-, um-, ver-schließen; abschließen; bergen, enthalten.

encetar [~səˈtar] (1c) *Brot usw.* anschneiden; *Schachtel* anbrechen; *Gebrauchsgegenstand* einweihen; *Verhandlung* eröffnen, beginnen.

encharcar [~ʃɐrˈkar] (1n; *Stv.* 1b) überfluten, unter Wasser setzen; durchnässen; *Boden* aufweichen, verschlammen; **~-se** naß w.; verschlammen; ~ *em fig.* ertrinken (*od.* versinken) in (*dat.*).

ench|ente [~'ʃẽntə] *f* Flut *f* (*a. fig.*); Hochwasser *n*; Steigen *n* (*Wasser*); Zunehmen *n* (*Mond*); *tea.* ausverkaufte(s) Haus *n*; Andrang *m*; **~er** [~er] (2a) (an-, aus-, er-)füllen; ~ (*de ar*) aufpumpen; *v/t.* steigen (*Flut*); zunehmen (*Mond*); **~er-se** F sich die Taschen füllen; sich vollstopfen; ~ *de fig. Haß usw.* empfinden; *Hoffnung*, *Mut* fassen; sich mit *Geduld usw.* wappnen; ~ *de razão* recht behalten; **~ido** [~iðu] *m* Füllung *f*; **~imento** [~ʃi'mẽntu] *m* Füllung *f*; Füllsel *n*; Fülle *f*.

enchouriç|ado [~ʃori'saðu] rollen-, walzen-förmig; **~ar** [~ar] (1p) rollen; ausstopfen; **~ar-se** schwellen.

enchumaçar [~ʃumɐ'sar] (1p; *Stv.* 1b) wattieren; unterlegen.

enciclopéd|ia [~siklu'pɛðjɐ] *f* Konversationslexikon *n*; Enzyklopädie *f*; **~ico** [~iku] enzyklopädisch; umfassend (gebildet).

encimar [~si'mar] (1a) (oben) anbringen; krönen; (er)heben.

enclau|strar [ẽŋ-, ĩŋklauʃ'trar] (1a) ins Kloster stecken; = **~surar** [~zu'rar] (1a) einsperren; **~surar-se** sich absondern.

enclavinhar [~klɐvi'ɲar] (1a) *Finger* verschränken.

enclítico [~'kli:tiku] *gram.* angehängt.

encobert|a [~ku'βɛrtɐ] *f* Versteck *n*; Vorwand *m*; Ausflucht *f*; List *f*, Falle *f*; *às ~s* verstohlen; **~o** [~u] **1.** *p.p. v. encobrir*; **2.** *adj.* verblümt; verstohlen; geheimnisvoll.

encobr|ideira [~βri'ðeirɐ] *f* Hehlerin *f*; **~idor** [~i'ðor] **1.** *adj.* hehlerisch; **2.** *m*, **-a** *f* Hehler(in *f*) *m*; **~imento** [~i'mẽntu] *m* Hehlerei *f*; **~ir** [~'βrir] (3f) verbergen, verhüllen; verdecken; übertönen; verhehlen; **~ir-se** sich bedecken (*Himmel*).

encolerizar [~ləri'zar] (1a) erzürnen; **~-se** zornig werden.

encolh|er [~'ʎer] (2d) *Glied* ein-, an-ziehen; zs.-ziehen, verkürzen; *Ausgaben* kürzen, verringern; *fig.* einschüchtern; *die Achseln* zucken; *v/i. u.* **~er-se** einlaufen (*Gewebe*); schwinden; *fig.* sich ducken; sich zurückhalten; **~ido** [~iðu] zaghaft, schüchtern; **~imento** [~ʎi'mẽntu] *m* Einlaufen *n*; Schwund *m*; *fig.* Zaghaftigkeit *f*; Schüchternheit *f*.

encomend|a [~'mẽndɐ] *f* Bestellung *f*; Auftrag *m*; ~ *postal* Postpaket *n*; *de ~* auf Bestellung; nach Maß; nach Wunsch; **~ar** [~mẽn'dar] (1a) *j-n mit et.* beauftragen; *et. bei j-m* bestellen; (an)empfehlen; *j-n Gott usw.* (an)befehlen; ~ *defuntos* für Verstorbene beten; **~ar-se** sich anvertrauen.

encomi|ar [~'mjar] (1g) loben, preisen; **~asta** [~aʃtɐ] *m* Lobredner *m*; **~ástico** [~aʃtiku] lobend, Lob...; schmeichelhaft.

encómio [ẽŋ-, ĩŋ'kɔmju] *m* Lob (-rede *f*, -spruch *m*) *n*.

encompridar *bras.* [~kõmpri'ðar] (1a) länger machen; anstücken.

encontr|adiço [~kõntrɐ'ðisu] häufig zu finden(d); *fazer-se ~ com j-m* zu begegnen suchen; **~ado** [~'traðu] zs.-gewachsen (*Brauen*); entgegengesetzt; **~ão** [~'trɐ̃u] *m* Zs.-prall *m*; Puff *m*; **~ar** [~'trar] (1a) finden; stoßen auf (*ac.*); *j-n* treffen, *j-m* begegnen; **~ar-se** sich (be)finden; aufea.-treffen; ~ *com* zs.-treffen mit; **~o** [~'kõntru] *m* Begegnung *f*; Zs.-stoß *m*; ⚔ Treffen *n*; ⊕ Widerlager *n*; *fig.* Hindernis *n*; *ir od. sair* (*vir*) *ao ~ de* entgegen-gehen (-kommen) (*dat.*); *ir de ~ a* zs.-stoßen mit; stoßen gegen; entgegentreten (*dat.*).

encorajar [~kurɐ'ʒar] (1b) ermutigen, anfeuern.

encorp|ado [~kur'paðu] beleibt; dick, stark (*Papier usw.*); **~ar** [~ar] (1e) verstärken; eindicken; *v/i. u.* **~ar-se** zunehmen, wachsen.

encóspias [~'kɔʃpjɐʃ] *f/pl.* Leisten *m*.

encost|a [~'kɔʃtɐ] *f* Hang *m*; **~ar** [~kuʃ'tar] (1e) an-, zurück-lehnen; ~ *a*, ~ *em* (an)lehnen an (*ac.*); stützen auf (*ac.*); ~ *a mão* (*od. o pau, o relho, etc.*) *a* (*od. em*) *alg. bras.* j-n mit der Hand (*od.* dem Stock, der Peitsche *usw.*) schlagen; ~ *alg. bras.* j-n schlagen, übertreffen; ~ *alg. com* j-n anpumpen wollen um; **~ar-se** *bras.* F faulenzen; **~es** [~ɨʃ] *m/pl.* Stützpfeiler *m/pl.*; *fig.* Schutz *m*; **~o** [~oʃtu] *m* Lehne *f*; Stütze *f* (*a. fig.*); ⊕ Gegen-, Vor-halter *m*.

encov|ado [~ku'vaðu] hohl (*Wangen*); tiefliegend (*Augen*); **~ar** [~ar] (1e) vergraben, (aus)höhlen; *fig. j-m* den Mund stopfen.

encrav|ação [~krɐvɐ'sɐ̃u] *f* Vernagelung *f*; Klemme *f*; Unannehmlichkeit *f*; **~ado** [~'vaðu]:

estar ~ klemmen; eingeklemmt sn; festsitzen; in der Klemme sitzen; **~ar** [~'var] (1b) (ver)nageln; bohren, treiben, zwängen (in [*ac.*] *em*); zum Stocken bringen; *fig. a.* bloßstellen; in Verlegenheit bringen; **~ar-se** steckenbleiben (*a. fig.*); sich ein-, fest-klemmen; einwachsen (*Fingernagel*); *fig.* sich festfahren; in die Klemme geraten.

encrenc|a [~'krẽŋkɐ] *f* Schwierigkeit *f*; Unannehmlichkeit *f*; **~ado** [~krẽŋ'kaðu] verfahren; festgefahren; **~ar** [~krẽŋ'kar] (1n) in Schwierigkeiten bringen; verwirren; verderben.

encresp|ado [~kriʃ'paðu] kraus; schäumend (*Meer*); *fig.* aufgebracht; **~ar** [~ar] (1c) kräuseln, *Haar* brennen; **~ar-se** sich sträuben; das Gefieder (*od.* das Fell) sträuben; schäumen (*Meer*); *fig.* aufbrausen; sich aufblasen.

encrist|ado [~kriʃ'taðu] *fig.* hochmütig; **~ar-se** [~arsə] (1a) *fig.*: *encrista-se* ihm schwillt der Kamm.

encruar [~'krwar] (1g) hart (*od.* nicht gar) kochen; *allg.* verhärten; *fig.* aufbringen; ~ *o estômago* (*uma negociação*) die Magentätigkeit (e-e Verhandlung) zum Stocken bringen; *v/i.* hart (*od.* roh) bleiben, glasig werden (*Kartoffeln*).

encruz|amento [~kruzɐ'mẽntu] *m* Kreuzung(spunkt *m*) *f*; **~ar** [~'zar] (1a) kreuzen; **~ilhada** [~zi'ʎaðɐ] *f* Kreuzweg *m*; *fig.* Scheideweg *m*; **~ilhar** [~zi'ʎar] (1a) kreuzen.

encurralar [~kuʀɐ'lar] (1b) *Vieh* einpferchen; *allg.* einschließen.

encurtar [~kur'tar] (1a) (ab-, ver-) kürzen; **~-se** kürzer werden.

encurvar [~'var] (1a) krümmen, biegen; *fig.* beugen; F ducken.

endecha [ẽn-, ĩn'deʃɐ] *f* Trauergesang *m*.

endefluxado [~dəfluk'saðu] verschnupft; näselnd.

endemoninh|ado [~muni'ɲaðu] (vom Teufel) besessen; verteufelt; F fuchsteufelswild; *criança f endemoninhada* Racker *m*; **~ar** [~ar] (1a) *fig.* zur Verzweiflung (*od.* zum Rasen) bringen; **~ar-se** toben.

endent|ado [~dẽn'taðu] inea.-greifend; **~ar** [~ar] (1a) verzahnen; ein-, inea.-greifen (*Zähne*); **~ecer** [~tə'ser] (2g) zahnen.

endereç|ar [~dərə'sar] (1p; *Stv.* 1c) richten; senden; *Brief* adressieren; **~ar-se** sich wenden; sich begeben; **~o** [~'resu] *m* Anschrift *f*.

endeusar [~deu'zar] (1a) vergöttern; **~-se** sich überheben.

endiabr|ado [~djɐ'βraðu] verteufelt, Teufels...; wütend, rasend; ausgelassen, wild (*Kind*); **~ar** [~ar] (1b) toll m.; **~ar-se** F hochgehen.

endinheirado [~diɲei'raðu] mit Geld gespickt; gut bei Kasse; reich.

endireitar [~direi'tar] (1a) *v/t.* gerade- (*od.* auf-)richten; geradebiegen; *fig.* in Ordnung bringen; F zurechtbiegen, einrenken; ~ *para* lenken, richten nach (*dat.*) *od.* auf (*ac.*); *v/i.* ~ *para* die Richtung nehmen auf (*ac.*); ~ *com* sich zurechtfinden in (*dat.*) *od.* mit; **~-se** sich strecken; *fig.* in Ordnung kommen; aufsässig werden.

endívia [~'divjɐ] *f* Endivie *f*.

endivid|ado [~dəvi'ðaðu] verschuldet; **~ar** [~ar] (1a) in Schulden stürzen; (sich) *j-n* verpflichten; **~ar-se** *com alg.* j-s Schuldner w.

Endoenças [~'dwẽsɐʃ] *f/pl.* Passionsfeierlichkeiten *f/pl.*; *Quinta-feira f de* ~ Gründonnerstag *m*.

endoidecer [~doiðə'ser] (2g) verrückt machen (*od.* werden).

endomingado [~dumĩŋ'gaðu] sonntäglich geputzt.

endoss|ado [~du'saðu] *m* Indossat *m*, Girat(ar) *m*; **~amento** [~sɐ'mẽntu] *m* = ~*o*; **~ante** [~ẽntə] *m* Indossant *m*, Girant *m*; ~ *anterior* Vor(der)-, ~ *posterior* Nach-mann *m*; **~ar** [~ar] (1e) indossieren, girieren; *fig.* aufbürden; *allg.* unterschreiben (*a. fig.*); *fig.* unterstützen; **~atário** [~sɐ'tarju] = ~*ado*; **~o** [~'dosu] *m* Indossament *n*; Giro *n*.

endoudecer [~doðə'ser] = *endoidecer*.

endro ♀ ['ẽndru] *m* Dill *m*.

endurec|er [ẽn-, ĩndurə'ser] (2g) verhärten, hart m.; abhärten; *v/i.* erhärten; = **~er-se** hart w.; sein Herz verhärten; verstockt w.; **~imento** [~si'mẽntu] *m* Verhärtung *f*; Abhärtung *f*; Hartherzigkeit *f*; Verstocktheit *f*.

ene ['ɛnə] *m Name des Buchstaben* n; *pl. enes od. nn.*

enegrecer [inəɣrə'ser] (2g) schwärzen; verdüstern; *fig.* schlechtmachen, verleumden; **~-se** schwarz w.

energ|ético [inər'ʒɛtiku] *fis.* energetisch; Energie...; **~ia** [~iɐ] *f* Tatkraft *f*; Entschiedenheit *f*; Nachdruck *m*; *fis.* Energie *f*; *com* ~ = **enérgico** [i'nɛrʒiku] tatkräftig; nachdrücklich; entschieden; energisch.

enerv|ação [inərvɐ'sɐ̃u] *f* Nervengeflecht *n*; ♀ Aderung *f*; = **~amento** [~ɐ'mẽntu] *m* Nervosität *f*; Aufregung *f*; **~ar** [~'var] (1c) mit Nerven versorgen; *fig.* auf die Nerven fallen (*dat.*); aufregen; **~ar-se** nervös werden; aufbrausen.

enevo|ado [inə'vwaðu] neblig; trüb; **~ar** [~ar] (1f) in Nebel hüllen; bewölken; trüben (*a. fig.*).

enfad|adiço [ẽ-, ĩfɐðɐ'ðisu] empfindlich; **~ado** [~'ðaðu] ärgerlich; **~ar** [~'ðar] (1b) verstimmen; ärgern; langweilen; **~o** [ẽ-, ĩ'faðu] *m* Verstimmung *f*; Ärger *m*; Langeweile *f*; *encher-se de* ~ sich langweilen; **~onho** [~'ðoɲu] langweilig; ärgerlich.

enfaixar [~fai'ʃar] (1a) *Kind* wickeln.

enfard|adeira [~fɐrdɐ'ðeirɐ] *f* ✓ Bindemaschine *f*; **~ador** [~ɐ'ðor] *m* Packer *m*; **~amento** [~ɐ'mẽntu] *m* Verpackung *f*; Binden *n*; **~ar** [~'dar] (1b) (in Ballen) verpacken, einnähen; *Getreide* binden; = **~elar** [~də'lar] (1c) einpacken.

enfarinh|ado [~fɐri'ɲaðu] mehlig; beschlagen (in [*dat.*] *em*); **~ar** [~ar] (1a) (mit Mehl) bestäuben; weiß m.; (ein)pudern; **~ar-se** *de fig.* hineinriechen in (*ac.*).

enfarruscar [~fɐʀuʃ'kar] (1n) schwarz m., schwärzen; *fig.* ärgern.

enfart|amento [~fɐrtɐ'mẽntu] *m* (Magen-)Überladung *f*; (Blut-)Stauung *f*; **~ar** [~'tar] (1b) vollstopfen; verstopfen; stauen; = *enfastiar*; **~e** [~'fartə] = *~amento*; ~ *de miocárdio* Herzinfarkt *m*.

ênfase ['ẽfɐzə] *f* Pathos *n*; Nachdruck *m*.

enfasti|ado [ẽ-, ĩfɐʃ'tjaðu] überdrüssig; widerwillig; **~ante** [~ẽntə] widerlich; langweilig; **~ar** [~ar] (1g) zuwider sn, anwidern; langweilen; **~ar-se** *de* überdrüssig werden (*gen.*).

enfático [~'fatiku] pathetisch; nachdrücklich; übertrieben.

enfatu|ado [~fɐ'twaðu] eingebildet; **~amento** [~twɐ'mẽntu] *m* Dünkel *m*, Einbildung *f*; **~ar** [~ar] (1g) zu Kopf steigen (*dat.*); **~ar-se** sich et. einbilden (auf [*ac.*] *com*).

enfeit|ar [~fei'tar] (1a) (aus)schmükken; herausputzen; verbrämen; **~e** [~'feitə] *m* Schmuck *m*; Putz *m*; Zierat *m*.

enfeitiçar [~feiti'sar] (1p) verzaubern, behexen; *fig.* bezaubern.

enfeixar [~fei'ʃar] (1a) bündeln; sammeln; ein-, zs.-packen.

enferm|agem [~fər'maʒɐ̃i] *f* Krankenpflege *f*; Pflegepersonal *n*; **~ar** [~ar] (1c) krank m.; (be)schädigen; *v/i.* erkranken; ~ *de* kranken an (*dat.*); **~aria** [~mɐ'riɐ] *f* Krankensaal *m*, -abteilung *f*; Revier *n* (*Kaserne*); Station *f* (*Krankenhaus*); **~eira** [~eirɐ] *f* Krankenschwester *f*; Pflegerin *f*; **~eiro** [~eiru] *m* Kranken-pfleger *m*, -wärter *m*; **~iço** [~isu] kränklich; krankhaft; **~idade** [~mi'ðaðə] *f* Gebrechen *n*; Krankheit *f*; Kränklichkeit *f*; **~o** [~'fermu] krank; kränklich; schadhaft.

enferruj|ado [~fəʀu'ʒaðu] rostig, verrostet; **~ar** [~ar] (1a) zum Rosten bringen; *v/i.* (ein)rosten.

enfesta [~'fɛʃtɐ] *f* (An-)Höhe *f*; Gipfel *m*; **~do** [~fɨʃ'taðu] doppelbreit.

enfez|ado [~fɛ'zaðu] schmächtig; unentwickelt; **~ar** [~ar] (1a) nicht zur Entwicklung kommen l.; zurückbringen; *fig.* *j-n* aufbringen.

enfi|ada [~'fjaðɐ] *f* Reihe *f*, Kette *f*; *de* ~ hinter-, nach-einander; **~ado** [~aðu] bleich, blaß; **~adura** [~fjɐ'ðurɐ] *f* Nadelöhr *n*; = **~amento** [~fjɐ'mẽntu] *m* Einfädeln *n*; Reihe *f*; *fig.* Schreck *m*; Blässe *f*; **~ar** [~ar] (1g) einfädeln (*a. fig.*); aufreihen; anea.-reihen; *Kleidungsstück* überstreifen, anziehen; *Ring* anstecken; durch-queren, -schreiten; entlang-gehen, -fahren; *v/i.* erbleichen; ~ *por* (*a, em*) einbiegen in (*ac.*); (hinein-)gehen, (-)stürzen, (-)ziehen in (*ac.*); sich wenden nach.

enfileirar [~filei'rar] (1a) (in Reihen) aufstellen; eingliedern; ausrichten; **~-se** in die Reihe treten; in Reihen stehen (*od.* hängen, liegen *usw.*); eintreten (*in e-e Partei usw.*).

enfim [ẽ'fĩ] endlich; ~, kurz.

enfit|euse [ẽfi'teuzə] *f* Erbpacht *f*;

~euta [~eutɐ] *su.* Erbpächter(in *f*) *m*; **~êutico** [~eutiku] Erbpacht...
enfocar [ẽ-, ĩfu'kar] (1n; *Stv.* 1e) = *focalizar.*
enforc|ado [~fur'kaδu] *m fig. etwa*: Hängerebe *f*; **~amento** [~ɐ'mẽntu] *m* Erhängen *n*; *morte f por ~* Tod *m* durch den Strang; **~ar** [~ar] (1n; *Stv.* 1e) erhängen, henken; *fig. Hoffnung usw.* begraben; *Geld* verjubeln; *Waren* verschleudern.
enformar [~fur'mar] (1e) formen; durchdringen; zugrunde liegen (*dat.*); *v/i.* sich entwickeln.
enfornar [~'nar] (1e) *Brot* einschießen.
enfraquec|er [ẽ-, ĩfrɐkə'ser] (2g) schwächen; *v/i.* schwach w.; erschlaffen; **~imento** [~si'mẽntu] *m* Schwächung *f*; Schwäche *f*.
enfrascar [~frɐʃ'kar] (1n; *Stv.* 1b) (in Flaschen, Fläschchen *od.* Gläser) füllen; ab-, ein-füllen.
enfr|ear [~'frjar] (1l) = **~enar** *bras.* [~fre'nar] (1a) (auf)zäumen; *fig.* zügeln.
enfrentar [~frẽn'tar] (1a) entgegentreten, die Stirn bieten (*dat.*); ins Auge sehen (*dat.*); *~ com* gegenüber-liegen, -stehen; **~-se** ea. gegenübertreten, sich messen.
enfronh|ado [~fru'ɲaδu] beschlagen, bewandert (in [*dat.*] *em*); **~ar** [~ar] (1f) überziehen; überwerfen, umwerfen; **~ar-se** *em* studieren (*ac.*).
enfuma|çado [~fumɐ'saδu] rauchig; diesig; **~çar** [~'sar] (1p; *Stv.* 1b) = **~rar** [~'rar] (1b) verräuchern.
enfunar [~fu'nar] (1a) blähen, schwellen.
enfurec|er [~furə'ser] (2g) wütend m.; *v/i. u.* **~er-se** wütend w.; wüten, toben (*Wind, Meer*); **~ido** [~iδu] wütend, tobend.
enfurnar [~fur'nar] (1a) (ein-, ver-) stecken.
engabelar [ẽŋ-, ĩŋgɐβə'lar] (1c) *bras.* irreführen, F einwickeln.
engaço [ẽŋ-, ĩŋ'gasu] *m* Trester *m*.
engadanhar [~gɐδɐ'ɲar] (1a) steif machen; **~-se** erstarren (*a. fig.*).
engaiolar [~gaju'lar] (1e) in e-n Käfig (*od.* ein-)sperren.
engaj|ador [~gɐʒɐ'δor] *m* Auswanderungsagent *m*; Heuerbaas *m*; **~ar** [~'ʒar] (1b) engagieren (*a. fig.*); an-, ein-stellen; (an)werben, *Matrosen* anheuern; **~ar-se** *em* Dienst (*od.* e-e Stelle an-)nehmen bei, gehen zu; *fig.* sich einlassen auf (*ac.*), sich verschreiben (*dat.*).
engalanar [~gɐlɐ'nar] (1a) schmükken.
engalfinh|ado [~gałfi'ɲaδu] *in e-n Kampf* verwickelt; **~ar-se** [~arsə] (1a) sich balgen; handgemein w.
engan|adiço [~gɐnɐ'δisu] leicht zu täuschen(d); **~ado** [~'naδu]: *estar ~* = *~ar-se*; **~ador** [~ɐ'δor] (be-) trügerisch; **~ar** [~'nar] (1a) (be-) trügen; täuschen; *Schmerz* zu vergessen suchen; *Zeit* totschlagen; *Hunger* betäuben; **~ar-se** sich irren, sich täuschen (in [*dat.*] *com, em*); **~o** [~'gɐnu] *m* Betrug *m*; Irrtum *m*; Täuschung *f*; **~oso** [~'nozu] (be-) trügerisch; irrig.
enganchar [~gẽ'ʃar] (1a) an-, ein-, fest-haken; an-, auf-hängen; **~-se** hängenbleiben.
engarapar *bras.* [~gara'par] (1a) *fig. j-n* einwickeln.
engarraf|adeira [~gɐʀɐfɐ'δeirɐ] *f* Flaschenfüllmaschine *f*; **~ado** [~'faδu]: *vinho m ~* Flaschenwein *m*; **~amento** [~ɐ'mẽntu] *m* Abfüllung *f auf Flaschen*; *fig.* Verstopfung *f*; **~ar** [~'far] (1b) in e-e Flasche (*od.* auf Flaschen) füllen, abfüllen; *fig.* verstopfen.
engasgar [~gɐʒ'ɣar] (1o; *Stv.* 1b) *j-m* im Halse steckenbleiben; **~-se** sich verschlucken; *fig.* steckenbleiben.
engast|ar [~gɐʃ'tar] (1b) (ein)fassen; einlegen; **~e** [~'gaʃtə] *m* Fassung *f*.
engat|ador ⊕ [~gɐtɐ'δor] *m* Sperrklinke *f*; **~ar** [~'tar] (1b) ver-, zs.-klammern; ein-haken, -klinken; *Pferd* anspannen; 🚂 an-, zs.-kuppeln; **~e** [~'gatə] *m* 🚂 Kuppelung *f*.
engatilhar [~gɐti'ʎar] (1a) *Gewehr* entsichern, spannen; *fig.* bereithalten; *Gesicht* aufsetzen.
engatinhar [~'ɲar] (1a) auf allen vieren kriechen; Anfänger sein.
engelh|ado [ẽ-, ĩʒɨ'ʎaδu] runzlig; knautschig, faltig; **~ar** [~ar] (1d) (zer)knittern; runzeln; **~ar-se** ein-, ver-schrumpfen.
engendrar [~ʒẽn'drar] (1a) erzeugen; hervorbringen; sich ausdenken; *Ränke* schmieden; *Verschwörung* anzetteln.

engenh|ar [~ʒi'ɲar] (1d) ersinnen; aushecken; **~aria** [~ɲɐ'riɐ] *f* Ingenieurwissenschaft *f*; ⚔ Geniewesen *n*; *arma f de ~ die* technischen Truppen *f/pl.*; **~eiro** [~eiru] *m* (Diplom-)Ingenieur *m*; *~ agrónomo* Diplomlandwirt *m*; *~ civil* Bauingenieur *m*; *corpo m de ~s die* technischen Truppen *f/pl.*; **~o** [~'ʒeɲu] *m* Erfindungsgabe *f*; Geschick *n*; Genie *n*; Kunstgriff *m*; Maschine *f*; Schöpfvorrichtung *f*; *bras.* Zuckersiederei *f*; **~oca** [~ɔkɐ] *f* Maschinchen *n*, Apparat *m*; *fig.* F Kniff *m*; *bras.* Schnapsbrennerei *f*; **~osidade** [~ɲuzi'ðaðə] *f* Erfindungsgabe *f*; Findigkeit *f*; **~oso** [~ozu] sinnreich; erfinderisch, findig; geistreich.

engessar [~ʒə'sar] (1c) (ein-, ver-) gipsen; verputzen.

englobar [ẽŋ-, ĩŋglu'βar] (1e) zs.-ballen; zs.-fassen; umfassen; einbeziehen.

engod|ar [~gu'ðar] (1e) ködern; **~o** [~'goðu] *m* Köder *m*.

engol|far [~goł'far] (1e) (hinein-) treiben, (-)stecken; hinreißen (zu *em*); **~far-se** versinken; sich verlieren.

engolir [~gu'lir] (3f) verschlingen; (hinunter)schlucken (*a. fig.*); *~ em seco* schlucken; *fig.* (sich) nicht mucksen.

engomar [~gu'mar] (1e) *Wäsche* stärken; *Papier usw.* gummieren; *Stimme* erheben; *Wein* klären; *ferro m de ~* Plätteisen *n*.

engonç|ar [~gõ'sar] (1a) einhängen; **~o** [~'gõsu] *m Tür*-Angel *f*; Scharnier *n*; *boneco m de ~s* Hampelmann *m*.

engord|a [~'gɔrdɐ] *f* Mast *f*; **~ar** [~gur'dar] (1e) mästen; *v/i.* dick w., zunehmen; **~e** *bras.* [~ə] *m* Mast *f*; **~urar** [~gurdu'rar] (1a) einfetten; fettig machen.

engraç|ado [~grɐ'saðu] nett, allerliebst; ulkig; lustig; witzig; **~ar (-se)** [~arsə] (1p; *Stv.* 1b): *~ com alg.* j-n nett finden; sich in j-n verlieben.

engrad|ado [~'ðaðu] *m* Lattenverschlag *m*; **~ar** [~ar] (1b) mit e-m Lattenverschlag versehen.

engrandec|er [~grẽndə'ser] (2g) vergrößern; erhöhen; rühmen; übertreiben; *v/i. u.* **~er-se** wachsen; aufsteigen; **~imento** [~si'mẽntu] *m* Vergrößerung *f*; Aufstieg *m*.

engranzar [~grẽ'zar] (1a) *Perlen* auffädeln; verketten; = *engrenar*.

engravat|ado [~grɐvɐ'taðu] beschlipst; *allg.* schmuck; **~ar-se** [~arsə] (1b) e-n Schlips tragen; *allg.* sich herausputzen.

engrax|adela [~grɐʃɐ'ðɛlɐ] *f Schuh*-Reinigung *f*; *Leder*-Einfettung *f*; **~ador** [~ɐ'ðor] *m* Schuhputzer *m*; *fig.* Speichellecker *m*; **~ar** [~'ʃar] (1b) *Schuhe* putzen; *Leder* einfetten; *~ (as botas a) alg.* j-m die Stiefel lecken; **~ate** *bras.* [~'ʃatə] *m* Schuhputzer *m*.

engren|agem [~grə'naʒẽi] *f* Getriebe *n*, Räderwerk *n* (*a. fig.*); Übersetzung *f*; Verzahnung *f*; *roda f de ~* Zahnrad *n*; **~ar** [~ar] (1d) verzahnen; ein-, inea.-haken, -schalten; *fig.* in Angriff nehmen; *v/i. u.* **~ar-se** ein-, inea.-greifen.

engrinaldar [~grinał'dar] (1a) bekränzen, schmücken.

engrip|ado [~gri'paðu] grippekrank; **~ar-se** [~'parsə] (1a) sich erkälten; die Grippe bekommen.

engrolar [~gru'lar] (1e) an-braten, -kochen; hinsudeln; murmeln; *v/i.* nicht gar w.

engross|ador [~grusɐ'ðor] *m bras. fig.* Kriecher *m*; **~amento** [~ɐ'mẽntu] *m bras. fig.* Kriecherei *f*; **~ar** [~'sar] (1e) verdicken; verstärken (*a. fig.*); ver-größern, -mehren; *Suppe usw.* eindicken; *bras. fig.* beweihräuchern; *v/i.* dick w.; anschwellen.

enguia [~'giɐ] *f* Aal *m*.

enguiç|ado [~gi'saðu] vom Pech verfolgt; kümmerlich; **~ar** [~ar] (1p) verhexen; Unglück bringen; verkümmern; **~o** [~'gisu] *m* Hexerei *f*; Unglück *n*, F Pech *n*; ⊕ Panne *f*; böse Ahnung *f*; böse(s) Zeichen *n*; Kümmerling *m*.

engulh|ar [~gu'ʎar] (1a) (sich) ekeln; **~o** [~'guʎu] *m* Ekel *m*; Brechreiz *m*.

enigm|a [i'niɣmɐ] *m* Rätsel *n*; **~ático** [iniɣ'matiku] rätselhaft.

enjeit|ado [ẽ-, ĩʒei'taðu] *m* Findelkind *n*; *fig.* Stiefkind *n*; **~ar** [~ar] (1a) zurückweisen; verstoßen; *Kind* aussetzen; *Nest* aufgeben.

enjo|ado [ẽ-, ĩ'ʒwaðu] widerwärtig;

estou ~ mir ist übel; ich bin see- (*od.* luft-)krank; *estou* ~ *de et.* ist mir widerwärtig; **~ar** [~ar] (1f) nicht mögen; *j-m* Übelkeit verursachen; *enjoa-me* das macht mir übel; das ist mir widerwärtig; *v/i.* *enjoei* mir ist übel (*od.* ich bin see-, luft-krank) geworden; **~ativo** [~ɐ'tivu] schwer verdaulich (*Speisen*); *fig.* widerwärtig, eklig; **~o** [~'ʒo-u] *m* Übelkeit *f*; See- (*od.* Luft-) krankheit *f*; Widerwille *m*.

enla|çar [ẽ-, ĩlɐ'sar] (1p; *Stv.* 1b) festbinden; ver-binden, -knüpfen; fesseln; umschlingen (mit *em*); *v/i.* ~ *com* in Verbindung stehen mit; sich anschließen an (*ac.*); **~çar-se** sich verbinden; (sich ver)heiraten; sich verschwägern; **~ce** [~'lasə] *m* Verbindung *f*; Verschlingung *f*; Band *n*, Fessel *f*; Vermählung *f*.

enlamear [~lɐ'mjar] (1l) verschlammen; besudeln.

enlat|ado [~'taδu] **1.** *adj.* Büchsen...; **2.** *m* Konserve *f*; **~ar** [~ar] (1b) (in Büchsen) einmachen.

enle|ado [ẽ-, ĩ'ljaδu] verlegen, befangen; bestürzt; *estar* ~ *com* nicht wiedererkennen (*ac.*); **~ar** [~ar] (1l) (an-, fest-)binden; verwirren; *j-n in e-e Sache* verwickeln, verstricken; *j-n* fesseln, anziehen; **~ar-se** sich verschlingen; sich verfangen.

enleio [~'leju] *m* Schlinge *f*; Schlingpflanze *f*; Verwicklung *f*; Verwirrung *f*; Reiz *m*, Zauber *m*.

enlev|ar [~lə'var] (1c) ent-, verzücken, hinreißen; betören; **~ar-se** in Verzückung geraten; versinken (in [*ac. u. dat.*] *em*); **~o** [~'levu] *m* Begeisterung *f*; Verzückung *f*; Versunkenheit *f*; Zauber *m*; Wunder *n*.

enliçar [~li'sar] (1p) *Kettfäden* einziehen; *Gewebe* binden, durchschießen; *fig.* anzetteln, aushecken; be-, ver-stricken; täuschen.

enlodar [~lu'δar] (1e) beschmutzen.

enlouquecer [~lokə'ser] (2g) um den Verstand bringen; *v/i.* den Verstand verlieren.

enlut|ado [~lu'taδu] in Trauer; leidtragend; schwarzgerändert (*Papier*); düster; **~ar** [~ar] (1a) heimsuchen; verdüstern; **~ecido** *bras.* [~tə'siδu] heimgesucht, schwer geprüft.

enobrecer [inuβrə'ser] (2g) adeln; veredeln; verschönern.

enodoar [inu'δwar] (1f) beflecken.

enoj|adiço [~ʒɐ'δisu] empfindlich, reizbar; **~ar** [~'ʒar] (1e) ekeln, anwidern; ärgern.

enorm|e [i'nɔrmə] ungeheuer, gewaltig; *fig.* ungeheuerlich; **~idade** [inurmi'δaδə] *f* gewaltige Größe (*od.* Zahl) *f*; gewaltige(s) Ausmaß *n*; *fig.* Ungeheuerlichkeit *f*.

enovelar [inuvə'lar] (1c) aufwickeln; *fig.* verwirren; **~-se** wirbeln; sich verknäueln; sich zs.-ballen.

enquadr|ação *bras.* [ẽŋ-, ĩŋkwɐδrɐ'sɐ̃u] *f* = **~amento** [~ɐ'mẽntu] *m* Ein-, Um-rahmung *f*; Einbeziehung *f*; **~ar** [~'δrar] (1b) ein-, um-rahmen; einschließen, umgeben; ~ *em fig.* ein-beziehen, -ordnen in (*ac.*); einstellen auf (*ac.*), anpassen an (*ac.*).

enquanto [~'kwẽntu] **1.** als; **2.** *cj.* während; solange; **3.** *adv.* *por* ~ vorläufig, vorderhand.

enraiv|ar [ẽ-, ĩʀai'var] (1a) = **~ecer** [~və'ser] (2g) wütend machen; *v/i. u.* **~ecer-se** wütend werden.

enraizar [~ʀai'zar] (1q) einwurzeln; *v/i. u.* **~-se** Wurzel fassen, wurzeln.

enrasc|adela P [~ʀɐʃkɐ'δɛlɐ] *f* Patsche *f*; Reinfall *m*; **~ar** P [~'kar] (1n; *Stv.* 1b) reinlegen; **~ar-se** reinfallen; sich in die Nesseln setzen.

enred|ar [~ʀə'δar] (1c) verwickeln; inea.-flechten, verschlingen; umgarnen; verstricken; verhetzen, entzweien; *lit.* e-e Fabel ersinnen für; *Geschichte* ausspinnen; *Handlung* aufbauen, verknüpfen; **~iça** [~isɐ] *f* Schlingpflanze *f*; **~o** [~'ʀeδu] *m* Verwicklung *f*; Verwirrung *f*; mißliche Lage *f*; Intrige *f*; Machenschaft *f*; *lit.* Handlung *f*, Verwicklung *f*; **~oso** [~ozu] verwickelt; heikel.

enregelar [~ʀɨʒə'lar] (1c) erstarren lassen; *v/i.* erstarren.

enrij|ar [~ʀi'ʒar] (1a) = **~ecer** [~ʒə'ser] (2g) (sich) abhärten; (sich) kräftigen.

enriquec|er [~kə'ser] (2g) reich m., bereichern; *v/i.* reich(er) w.; ~ *com* reich w. durch (*ac.*); sich bereichern an (*dat.*); **~imento** [~si'mẽntu] *m* Reichwerden *n*; Bereicherung *f*.

enrodilhar [~ʀuδi'ʎar] (1a) (auf-, um-)wickeln; einwickeln (*a. fig.*).

enrol|amento [~lɐ'mẽntu] *m* Wicklung *f*; **~ar** [~'lar] (1e) (auf-, ein-, zs.-)rollen; (ein-, ver-)wickeln; verstecken; **~ar-se** hochgehen (*See*).
enroscar [~ʀuʃ'kar] (1n; *Stv.* 1e) zs.-rollen; (auf)winden; einschrauben; schlingen (um *a*); **~-se** *fig.* sich zs.-kauern.
enroupar [~ʀo'par] (1a) an-, beziehen; (mit Wäsche) ausstatten.
enrouquecer [~ʀokə'ser] (2g) heiser machen (*od.* werden).
enrubescer [~ʀuβɨʃ'ser] (2g) röten; *v/i.* erröten, erglühen.
enrug|ado [~ʀu'ɣaðu] runzlig; **~ar** [~ar] (1o) runzeln; (ver)knautschen; kräuseln; **~ar-se** zs.-schrumpfen.
ensabo|adela [~sɐβwɐ'ðɛlɐ] *f fig.* F Abreibung *f*; ~ *de* oberflächliche Einführung *f* in (*ac.*) *od.* Kenntnis von; *dar uma* ~ *a* einseifen (*ac.*); *fig.* den Kopf waschen (*dat.*); *dar uma* ~ *de* ein paar Brocken (*od.* ein bißchen) ... (*ac.*) beibringen; **~ado** [~'βwaðu] *m*: *dia m de* ~ Waschtag *m*; **~ar** [~'βwar] (1f) einseifen; *fig.* F *j-m* den Kopf waschen; ~ *a cara* (*od. as ventas*) *a alg.* j-m eine runterhauen.
ensaburrado [~sɐβu'ʀaðu] belegt (*Zunge*).
ensac|ador [~sɐkɐ'ðor]: *balança f* ~*a* Einsackwaage *f*; **~ar** [~'kar] (1n; *Stv.* 1b) einsacken; zu Wurst verarbeiten; ~ *carne* wursten.
ensai|ador [~sɐjɐ'ðor] *m* Münzprüfer *m*; *tea.* Spielwart *m*; **~ar** [~'jar] (1b) ausprobieren; prüfen; *Motor* einlaufen; *tea.* einstudieren; (ein)üben; proben; **~ar-se** sich üben.
ensaibr|ado [~sai'βraðu] Kies...; **~ar** [~ar] (1a) mit Kies bedecken.
ensaio [~'saju] *m* Probe *f*; Versuch *m*; Prüfung *f*; Essay *m*; *proveta f* (*od. tubo m*) *de* ~ Probierglas *n*.
ensaísta [~sɐ'iʃtɐ] *m* Essayist *m*.
ensalm|ar [~sał'mar] (1a) besprechen; **~o** [~'sałmu] *m* Zauberspruch *m*.
ensambl|agem [~sẽm'blaʒẽi] *f* Holz-verband *m*, -verbindung *f*; **~ar** [~ar] (1a) verbinden. ein-, zs.-fügen.
ensancha(**s**) [~'sẽʃɐ(ʃ)] *f*(*pl.*) Stoff *m* zum Auslassen (*in Kleidern*).
ensanguent|ado [~sẽŋgwẽn'taðu] blutig, blutbefleckt; **~ar** [~ar] (1a) mit Blut beflecken.
ensarilhar [~sɐri'ʎar] (1a) (ver-) haspeln; *Gewehre* zs.-stellen.
enseada [~'sjaðɐ] *f* Bucht *f*, Reede *f*.
enseb|ado [~sə'βaðu] schmierig, fettig; **~ar** [~ar] (1c) ein-fetten, -schmieren.
ensej|ar [~sɨ'ʒar] (1d) Gelegenheit geben (*dat.*); *Gelegenheit* abwarten; **~o** [~'seʒu] *m* Gelegenheit *f* (*neste* bei dieser); Augenblick *m*.
ensimesmar-se [~simɨʒ'marsə] (1c) in Gedanken versinken.
ensin|adela [~sinɐ'ðɛlɐ] *f* Lehre *f*; **~ado** [~'naðu] sachverständig; *bem* (*mal*) ~ wohler- (unge-)zogen; **~amento** [~ɐ'mẽntu] *m* Lehre *f*; **~ar** [~'nar] (1a) lehren (*a. fig.*), unterrichten; zeigen; *Pferd* zureiten; *Hund* abrichten, dressieren; **~o** [~'sinu] *m* Unterricht *m*; Belehrung *f*, Lehre *f*; Zureiten *n*; Abrichten *n*; *fig.* Erziehung *f*; *tomar* ~ sich belehren lassen.
ensoado [~'swaðu] welk; trocken; heiß.
ensoberbecer [~suβərbə'ser] (2g) stolz m.; **~-se** hochmütig w.; stürmisch w.; hochgehen (*Wellen*).
ensolarado *bras.* [~sola'raðu] sonnig.
ensombrar [~sõm'brar] (1a) beschatten; verdüstern.
ensop|ado [~su'paðu] **1.** *adj. estar* ~ *em água* völlig durchnäßt sn; *carne f ensopada* = **2.** *m* Gulasch *n*; **~ar** [~ar] (1e) einweichen; eintunken; einbrocken; durch-nässen, -weichen; durchdringen; *Fleisch* schmoren; **~ar-se** einziehen; naß w.
ensurdec|edor [~surdəsə'ðor] betäubend; einschläfernd; **~er** [~'ser] (2g) betäuben; (ab)dämpfen; *v/i.* taub w.; *fig.* sich taub stellen; **~imento** [~si'mẽntu] *m* Taubheit *f*.
entablamento [ẽn-, ĩntɐβlɐ'mẽntu] *m* ⚠ Gebälk *n*.
entabocar *bras.* [~taβo'kar] (1n; *Stv.* 1e) (ein-, fest-)klemmen.
entabu|amento [~tɐβwɐ'mẽntu] *m* Fußboden *m*; Verschalung *f*; Bohlen *f/pl.*; **~ar** [~'βwar] (1a) dielen, bohlen; verschalen; beplanken; **~ar-se** sich verhärten.
entabul|amento [~tɐβulɐ'mẽntu] *m* **a**) Gesims *n*; **b**) Beginn *m*; Einleitung *f*; Anknüpfung *f*; **~ar** [~'lar] (1a) (an)ordnen; beginnen; einleiten; *Verhandlung* anknüpfen; **~ar-se** sich anspinnen, beginnen.

entaipar [~tai'par] (1a) absperren, einzäunen; einsperren.

ental|ação [~tɐlɐ'sɐ̃u] *f fig.* Bedrängnis *f*; Klemme *f*; **~ado** [~'laðu]: *estar* (*od.* *ver-se*) ~ in der Klemme (*od.* F Patsche) sitzen; *ficar* ~ = *~ar-se*; **~ar** [~'lar] (1b) ein-, fest-schrauben; (ein)klemmen; ⚕ (ein)schienen; *fig.* in die Enge treiben; in die Klemme bringen; F hereinlegen; **~ar-se** steckenbleiben, eingeklemmt w.; *in e-e schwierige Lage usw.* geraten; in Bedrängnis kommen; F hereinfliegen.

entalh|ador [~tɐʎɐ'ðor] *m* (Holz-, Bild-) Schnitzer *m*; Stechbeitel *m*; **~adura** [~ɐ'ðurɐ] *f* Schnitzwerk *n*; = *~e*; **~ar** [~'ʎar] (1b) (ein)schneiden; schnitzen; *in Stein* hauen; (aus)meißeln; ausarbeiten; (ein-) kerben, riefen; **~e**, **~o** [~taʎə, -u] *m* Schnitzen *n*; Holz-schnitzerei *f*, -schnitt *m*; Einschnitt *m*, Kerbe *f*; Nut *f*.

entanguido [~tẽŋ'giðu] klamm; starr; *fig.* verlegen.

entanto [~'tẽntu]: *no* ~ indessen.

então [~'tɐ̃u] damals; da; dann; also (dann); *desde* ~ seitdem; *até* ~ bis dahin; ~! (na) also!; ~? nun?; e ~? und dann?; und?; e ~?! und wenn schon?!; ~, *que diz?* nun, was sagen Sie?; ~, *é possível?* aber ist das denn möglich?

entardecer [~tɐrdə'ser] (2g) Abend w.; *ao* ~ am Spätnachmittag.

ente ['ẽntə] *m* Wesen *n*.

enteado *m*, **-a** *f* [ẽn-, ĩn'tjaðu, -ɐ] Stief-sohn *m*, -tochter *f*.

entediar [~tə'ðjar] (1g) anwidern, langweilen; *j-m et.* verekeln.

entend|edor [~tẽndə'ðor] verständig; **~er** [~'der] (2a) verstehen; etwas verstehen von; erkennen, einsehen; *j-n* durchschauen; glauben, meinen; dafür halten; wollen; hören; erfahren von; *v/i.* es verstehen; ~ *com* zs.-hängen mit; ~ *de* etwas verstehen von; zuständig sn für; ~ *de lagares de azeite*, ~ *da poda* s-e Sache verstehen; ~ *em* zu sagen h. in (*dat.*); unter sich h. (*ac.*); ~ *em inf.* sich darum kümmern zu *inf.*; daran denken zu *inf.*; *dar a* ~ zu verstehen geben, andeuten; *dar que* ~ zu denken geben; *fazer-se* ~ sich verständlich m.; *no meu* ~ m-r Meinung nach; **~er-se** sich verständigen; sich auskennen (in [*dat.*] *de*, *em*); ~ *com* sich ins Einvernehmen setzen (*od.* sich einig sn) mit; *eu cá me entendo* ich weiß, woran ich bin (*od.* was ich zu tun habe); **~ido** [~'diðu] **1.** *adj.* verständig; beschlagen; einverstanden; ~! abgemacht!; *bem* ~ wohlverstanden; selbstverständlich; *não se dar por* ~ sich dumm stellen; *ser* ~ *em* etwas verstehen von; beschlagen sn in (*dat.*); **2.** *m* Kenner *m*; Fachmann *m*; **~imento** [~i'mẽntu] *m* Verstand *m*; Verständnis *n*; Auslegung *f*; *pol.* Verständigung *f*; *~s pl. bras.* Verhandlungen *f/pl.*; Absprache *f*.

entenebrecer [~tənəβrə'ser] (2g) verfinstern.

enterite [~tə'ritə] *f* Darmentzündung *f*.

enternec|edor [~tərnəsə'ðor] rührend; **~er** [~'ser] (2g) rühren; **~er-se** gerührt (*od.* zärtlich) w.; **~imento** [~i'mẽntu] *m* Rührung *f*; weiche (*od.* zärtliche) Stimmung *f*.

enterr|amento [~təʀɐ'mẽntu] *m* Ein-, Ver-graben *n*; Begräbnis *n*; **~ar** [~'ʀar] (1c) ein-, ver-graben; *Tote* begraben, beerdigen; *in e-r Gruft* beisetzen; *fig.* ins Grab bringen; unterkriegen; unmöglich machen; **~ar-se** versinken.

enterro [~'teʀu] *m* Beerdigung *f*; Beisetzung *f*; Leichenzug *m*.

entesar [~tə'zar] (1c) straffen; (ver-) steifen; (ver)stärken.

entesoirar, -ourar [~təzoi'rar, -o'rar] (1a) *Schätze* zs.-tragen; aufhäufen, -speichern.

entestar [~tɨʃ'tar] (1c): ~ *com* grenzen, stoßen an (*ac.*).

entibiar [~ti'βjar] (1g) abkühlen; mäßigen.

entidade [~ti'ðaðə] *f* Wesenheit *f*; Wesen *n*; Persönlichkeit *f*; Körperschaft *f*; Wichtigkeit *f*.

ento|ação [~twɐ'sɐ̃u] *f* Intonation *f*; Tonfall *m*; *pint.* Abstimmung *f*; **~ar** [~'twar] (1f) anstimmen; Ton halten, rein singen; *fig.* (ein)leiten.

entono [~'tonu] *m* Dünkel *m*.

entontecer [~tõntə'ser] (2g) schwindlig m. (*od.* w.); verdummen.

entornar [~tur'nar] (1e) umwerfen; vergießen; *Ton, Licht* aussenden; *fig.* vergeuden; **~-se** umfallen; ausfließen; ausgehen (*Ton, Licht*).

entorpec|er [~turpə'ser] (2g) lähmen; einschläfern; *v/i.* erlahmen; erschlaffen; einschlafen (*Körperteil*); **~imento** [~si'mẽntu] *m* Lähmung *f*; Erlahmen *n*; Erstarrung *f*; Gefühllosigkeit *f* (*Körperteil*).
entorse [~'tɔrsə] *f* Sehnenzerrung *f*.
entortar [~tur'tar] (1e) (ver)biegen; verdrehen; *fig.* ~ *os olhos* schielen; ~ *um negócio* e-n Handel verderben; *v/i. u.* ~**-se** krumm w.; schiefgehen; vom Wege abkommen; auf Abwege geraten.
entrad|a [~'traðɐ] *f* Eingang *m*; Einfahrt *f*; Einlaß *m*; Einstieg *m*; Eintritt *m*; Zutritt *m*; Einreise *f*; Einmarsch *m*, -zug *m*; Ankunft *f*; Anfang *m*; Einlieferung *f ins Krankenhaus*; *tea.* Auftritt *m*; ♪ *u. Spiel*: Einsatz *m*; ✝ Einzahlung *f*; Aufnahmegebühr *f*; Anzahlung *f*; Eingang *m*, Einnahme *f*; Einfuhr *f*; *hist.* Erkundungszug *m*; ~*s pl.* Geheimratsecken *f/pl.*; ~*s do ano* Jahresanfang *m*; *dar* ~ *a* Zutritt gewähren (*dat.*), einl. (*ac.*); (als eingegangen) verbuchen (*ac.*); *tea.* das Stichwort geben (*dat.*); *dar* (*od. fazer a sua*) ~ *em* = *entrar*; in *das Krankenhaus* eingeliefert w.; *dar* ~ *na alfândega* beim Zoll deklarieren (*od.* deklariert w.); *ter* ~ *em* Zutritt h. zu; *de* ~ eingangs, zu Anfang; *de primeira* ~ gleich zu Anfang; **~o** [~u] gern gesehen; wohlaufgenommen; gelungen; ~ (*de vinho*) F angesäuselt; ~ *em anos* im vorgerückten Alter; **~ote** F [~trɐ'ðɔtə] ältlich; angesäuselt.
entranç|ado [~trɐ̃'saðu] *m* Geflecht *n*; **~ar** [~ar] (1p) flechten; inea.-, ver-flechten; splissen.
entrância [~'trɐ̃sjɐ] *f bras.* Klasse *f*; Dienstalter *n*.
entranhas [~'trɐɲɐʃ] *f/pl.* Eingeweide *n*; *fig.* Innere(s) *n*; Gemüt *n*; *das minhas* ~ mein(e) inniggeliebte(r, s).
entranh|ado [~trɐ'ɲaðu] innig; eingewurzelt; **~ar** [~ar] (1a) (tief) hineinführen; einflößen; *mit e-r Waffe* durchbohren; bewahren, einschließen; **~ar-se** (ein)dringen; sich verbergen; wurzeln; ~ *de*, ~ *em* sich versenken in (*ac.*); sich hingeben (*dat.*); **~ável** [~avɛɫ] tief (empfunden); innig.
entrante [~'trɐ̃ntə] beginnend, neu.
entrar [~'trar] (1d) eintreten; hineingehen; hereinkommen; einziehen, -marschieren (*Festzug usw.*); ein-fahren, -laufen (*Zug, Schiff*); ankommen; sich ergießen, münden (*Fluß*); *mit Gewalt* eindringen; Eingang finden, hineinkommen; einreisen (*in ein Land*); Zutritt h.; *zur Arbeit usw.* erscheinen, kommen, dasein (müssen); eingehen (*Post usw.*); ♪ einsetzen; *tea.* auftreten; *entrar a inf.* beginnen zu *inf.*; ~ *bem*, ~ *com o pé direito* e-n guten Anfang (*od.* F Start) h.; ~ *com a/c.* a) hinter et. (*ac.*) kommen; b) *e-n Betrag* beisteuern, (ein)zahlen *od. im Spiel* setzen; ~ *com alg.* mit j-m anbinden; ~ *de serviço* Dienst h.; ~ *em a/c.* a) mitmachen (*ac. od.* bei), teilnehmen an (*dat.*); sich beteiligen an (*dat.*); sich einlassen auf (*ac.*); sich herbeilassen zu; b) gehören zu; c) *e-m Verein* beitreten; bei *od.* in *e-r Firma* angestellt w.; bei *e-r Arbeit*, in *e-r Dienststelle* verwendet w.; d) übergehen *od.* gelangen zu; beginnen mit; auf *e-e Frage usw.* eingehen; ~ *em alg.* j-n überfallen (*Gefühl, Gedanke*); ~ *em si* in sich gehen; ~ *na cabeça*, ~ *nos cascos* in den Kopf wollen; ~ *por* in *e-e Straße* einbiegen; *fazer* ~ hineinbringen; hineinnötigen; *mandar* ~ eintreten l.; *entra!*, *entre!* herein!
entrav|ar [~trɐ'var] (1b) hemmen; (ver)hindern; **~e** [~'travə] *m* Hemmung *f*; Hindernis *n*.
entre ['ẽntrə] zwischen *zwei*; unter *mehreren* (*beide mit ac. u. dat.*); an, *z.B.*: *cem homens* ~ *mortos e feridos* hundert Mann an Toten und Verwundeten; *por* ~ inmitten (*gen.*); mitten durch; mitten unter; ~ *si* bei (*od.* zu) sich selbst; unter- (mit-, *od.* zu-)ea.; ~ *os portugueses* bei den Portugiesen; *pôr* ~ *fig.* umgeben mit; *trazer* ~ *mãos* unter den Händen haben.
entreab|erto [ẽntrjɐ'βɛrtu] angelehnt (*Tür*); **~rir** [~'βrir] (3b) (ein wenig *od.* leise) öffnen; *v/i.* (langsam) aufgehen; sich aufhellen.
entreacto [~'atu] *m* Zwischenakt *m*.
entrecasca *f*, **-o** *m* [ẽntrə'kaʃkɐ, -u] Bast *m*.
entrecho [ẽn-, ĩn'treʃu] *m* Handlung *f*.

entrechocar-se [ẽntrəʃu'karsə] (1n; *Stv.* 1e) aufea.-prallen, -stoßen.
entrecort|ado [~kur'taδu] unregelmäßig; **~ar** [~ar] (1e) durchschneiden, zerteilen; unterbrechen; **~ar-se** *geom.* sich schneiden; **~e** [~'kɔrtə] *m* Ab-rundung *f*, -schrägung *f*.
entre|cruzar-se [~kru'zarsə] (1a) ea. kreuzen; **~dizer** [~δi'zer] (2x) murmeln; zuea. sagen; **~forro** [~'foʀu] *m* Stoffeinlage *f*; Dachstuhl *m*.
entre|ga [ẽn-, ĩn'trɛɣɐ] *f* Übergabe *f*; Aushändigung *f*; Ab-, Aus-lieferung *f*; Hingabe *f*; Zahlung *f*; ~ *ao domicílio* Zustellung *f* ins Haus; *obrigação f de* ~ Ablieferungspflicht *f*; *contra* ~ gegen Aushändigung; *fazer* ~ *de* = *~gar*; **~gar** [~trə'ɣar] (1o; *Stv.* 1c) übergeben; aushändigen; abliefern, abgeben; *Post* zustellen, austragen; *bestellte Waren, Gefangene* ausliefern; *fremder Obhut* anvertrauen; *Geliehenes* zurückgeben; *Geld* (aus-, ein-, be-)zahlen; *Geheimnis* preisgeben, verraten; **~gar-se** sich ergeben; sich widmen; sich hingeben; **~gue** [~ɣə] *p.p. irr.v. ~gar*; ~ *a fig.* ergeben, zugetan (*dat.*); *deixar* ~ aushändigen; abgeben; überlassen, anvertrauen; *ficou ~?* haben Sie es ausgerichtet (*od.* richtig abgegeben)?; *ficar* ~ *de* erhalten (*ac.*).
entrelaç|ado [~trəlɐ'saδu] *m* Flechtwerk *n*; **~amento** [~sɐ'mẽntu] *m* Verflechtung *f*; Einflechtung *f*; Geflecht *n*; **~ar** [~ar] (1p; *Stv.* 1b) ein-, inea.-, ver-flechten; einweben; **~ar-se** sich verschlingen.
entrelinh|a [ẽntrə'liɲɐ] *f* Zeilenzwischenraum *m*; Zeilenabstand *m*; *tip.* Durchschuß *m*; Zwischenzeile *f*, Einschiebsel *n*; *~s pl.* tiefere Bedeutung *f*; *ler nas ~s* zwischen den Zeilen lesen; **~ar** [~li'ɲar] (1a) einschieben; mit Zwischenbemerkungen versehen; *tip.* durchschießen.
entreluzir [~lu'zir] (3m) durchschimmern.
entrem|ear [~'mjar] (1l) einschieben, -setzen, -weben; durchweben; untermischen; durchbrechen; **~eio** [~'meju] *m* Einschub *m*; Einsatz *m*; Zwischen-raum *m*, -zeit *f*; *neste* ~ mittlerweile.
entrementes [~'mẽntɨʃ] unterdessen; *neste* ~ inzwischen.
entremeter [~mə'ter] (2c) = *intrometer*.
entremez [~'meʃ] *m* Zwischenspiel *n*; Posse *f*.
entre|olhar-se [ẽntrju'ʎarsə] (1e) ea. ansehen; **~ouvir** [~o'vir] (3u) (undeutlich) hören; munkeln hören.
entreponte [ẽntrə'põntə] *m* Zwischendeck *n*.
entreposto, -pósito [~'poʃtu, -'pɔzitu] *m* Stapelplatz *m*; Lager(haus) *n*.
entretanto [ẽn-, ĩntrə'tɐ̃ntu] *adv.* unterdessen; indessen.
entretecer [~tə'ser] (2g) ein-, verweben; durch-weben, -wirken; *fig.* einflechten; verflechten.
entretel|a [~'tɛlɐ] *f* Steifleinen *n*; Widerlager *n*; **~ar** [~tə'lar] (1c) unterlegen; *Mauer* abstützen.
entret|enimento [~təni'mẽntu] *m* Unterhaltung *f*, Zeitvertreib *m*; **~er** [~'ter] (2zb) unterhalten; zerstreuen; auf-, hin-halten; *Schmerz* ertragen helfen, erträglich m.; **~ido** [~'tiδu] unterhaltsam, vergnüglich; **~imento** [~i'mẽntu] = *~enimento*.
entrevado [~trɛ'vaδu] gelähmt.
entrever [~trə'ver] (2m) (undeutlich *od.* flüchtig) sehen; ahnen.
entreverar *bras.* [~ve'rar] (1c) (sich) vermengen; durchea.-geraten.
entrevista [~'viʃtɐ] *f* Zs.-kunft *f*; Begegnung *f*, Interview *n*.
entrevist|ado [~viʃ'taδu] *m* Befragte(r) *m*; **~ador** [~tɐ'δor] *m* Fragesteller *m*; **~ar** [~ar] (1a) interviewen; *~-se com* zs.-treffen mit.
entrincheir|amento [ẽntrĩʃeirɐ'mẽntu] *m* Verschanzung *f*; *obras f/pl. de* ~ Schanz-arbeiten *f/pl.*, -werke *n/pl.*; **~ar(-se)** [~'rar(sə)] (1a) (sich) verschanzen (*fig.* hinter [*dat.*] em).
entristecer [~triʃtə'ser] (2g) traurig m., betrüben; *v/i.* traurig werden.
entronc|ado [~trõŋ'kaδu] untersetzt, stämmig; **~amento** [~kɐ'mẽntu] *m* Abzweigung *f*; Treffpunkt *m*; *Bahn*-Knotenpunkt *m*; **~ar** [~ar] (1n) zs.-laufen l., vereinigen; *Herkunft* ableiten; abzweigen; *v/i.* zs.-treffen.
entroniz|ação [~trunizɐ'sɐ̃u] *f* Erhebung *f auf den Thron*; Thronbesteigung *f*; Einsetzung *f od.* Amtsantritt *m*; **~ar** [~'zar] (1a) (auf den Thron) erheben; *j-n* erhöhen;

Bischof einsetzen; **~ar-se** den Thron besteigen; die Macht ergreifen.

entros|ado [~tru'zaδu]: ~ *com od. em bras.* verwickelt in (*dat.*); **~amento** [~zɐ'mẽntu] *m bras.* (Quer-)Verbindung *f*; **~ar** [~'zar] (1e) inea.-greifen; ~ *com* greifen in; *fig.* in Verbindung stehen mit.

entrudo [~'truδu] *m* Fasching *m*, Fastnacht *f*.

entufar [~tu'far] (1a) (auf)blähen.

entulh|ar [~tu'ʎar] (1a) ⸸ einlagern; *Grube* auffüllen; *fig.* voll-, ver-stopfen; **~eira** [~eirɐ] *f* Schuttabladestelle *f*, -halde *f*; **~o** [~'tuʎu] *m* Schutt *m*; ⚒ Abraum *m*.

entumecer [~tumə'ser] (2g) = *intumescer*.

entup|ido [~tu'piδu] *fig.*: *estar* ~ schwer von Begriff sn; *ficar* ~ wie vor den Kopf geschlagen sn; *ter os ouvidos* ~*s* schwerhörig sn (*a. fig.*); **~imento** [~pi'mẽntu] *m* Verstopfung *f*; Dummheit *f*; **~ir** [~ir] (3a) (sich) verstopfen; *fig.* = *estar* (*od. ficar*) ~*ido*.

enturvar [~tur'var] (1a) (be)trüben.

entusi|asmar [~tuzjɐʒ'mar] (1b) begeistern; anfeuern; **~asmo** [~'zjaʒmu] *m* Begeisterung *f*; Schwärmerei *f*; **~asta** [~'zjaʃtɐ] **1.** *su.* Enthusiast(in *f*) *m*; Schwärmer(in *f*) *m*; *ser um* ~ *por* schwärmen für; **2.** *adj.* = **~ástico** [~'zjaʃtiku] begeistert.

enumer|ação [inumərɐ'sɐ̃u] *f* Aufzählung *f*; **~ar** [~'rar] (1c) (auf-)zählen.

enunci|ação [inũsjɐ'sɐ̃u] *f* Nennung *f*; Darlegung *f*; = **~ado** [~'sjaδu] *m* Satz *m*, Behauptung *f*; **~ar** [~'sjar] (1g) aus-sagen, -sprechen; hersagen, nennen; darlegen; ausdrükken; **~ativo** [~ɐ'tivu] Aussage...; darlegend; ausdrückend; Nenn...

envaid|ar [ẽ-, ĩvai'δar] (1a) = **~ecer** [~δə'ser] (2g) eitel m.; **~ecer-se** *com od. de* stolz sn *od.* sich (*dat.*) etwas einbilden auf (*ac.*).

envas|ar [ẽ-, ĩvɐ'zar] (1b) = **~ilhar** [~zi'ʎar] (1a) ab-, ein-füllen.

envelhec|er [~vɛʎə'ser] (2g) alt m.; *v/i.* alt w., altern; veralten; **~imento** [~si'mẽntu] *m* Altern *n*; Veralten *n*.

envelope *gal.* [~və'lɔpə] *m* *Brief-*Umschlag *m*.

envencilhar [~vẽsi'ʎar] (1a) (fest-, zs.-)binden; **~-se** sich verwickeln; in Streit geraten.

envenen|ado [~vənə'naδu] giftig (*a. fig.*); *morrer* ~ an Vergiftung sterben, vergiftet w.; **~ador** [~nɐ'δor] *m* Giftmischer *m*; **~amento** [~nɐ'mẽntu] *m* Vergiftung *f*; **~ar** [~ar] (1d) vergiften; entstellen, mißdeuten; **~ar-se** *fig.* bösartig (*od.* gehässig) werden.

enveredar [~vərə'δar] (1c): ~ *por e-n Weg* einschlagen; eintreten in (*ac.*); sich zuwenden (*dat.*), wählen (*ac.*).

enverg|adura [~vərgɐ'δurɐ] *f* Segelbreite *f*; Flügel-, Spann-weite *f*; *fig.* Format *n*; Tragweite *f*; Ausmaß *n*; *de grande* ~ großangelegt (*Plan, Unternehmung*); **~ar** [~'gar] (1c) *Segel* anschlagen; *Rock* anziehen.

envergonh|ado [~gu'ɲaδu] verschämt; schamhaft; **~ar** [~ar] (1f) beschämen; verwirren; Schande machen (*dat.*); **~ar-se** sich schämen.

enverniz|ado [~ni'zaδu] Lack...; **~ar** [~ar] (1a) lackieren; *Möbel* polieren.

envesgar [~viʒ'ɣar] (1c): ~ *os olhos* schielen.

envi|ado [~'vjaδu] *m* (Ab-)Gesandte(r) *m*; ~ *especial* Sonderbotschafter *m*; **~ar** [~ar] (1g) (ab-, ent-, über-)senden, schicken; zukommen l.

envidar [~vi'δar] (1a) *Kartenspiel*: reizen; *fig.* einsetzen, aufbieten; anspannen; *Anstrengung* machen.

envidraç|ado [~δrɐ'saδu] Glas...; **~ar** [~ar] (1p; *Stv.* 1b) verglasen.

envies|ado [~vjɛ'zaδu] schräg; schief; **~ar** [~ar] (1a) schräg stellen; abschrägen; = *envesgar*; ~ *o corpo* sich schief halten; ~ *os passos* seitwärts gehen; ~ *para* gehen nach; *j-n* von der Seite ansehen; **~ar-se** schief gehen; falsch laufen.

envilecer [~vilə'ser] (2g) herabwürdigen; entwerten; *v/i. u.* **~-se** an Wert (*od.* Ansehen) verlieren.

envio [~'viu] *m* (Zu-)Sendung *f*; Versand *m*; Entsendung *f*.

envisc|ado [~viʃ'kaδu] Leim...; **~ar** [~ar] (1n) leimen; locken, ködern.

enviuvar [~vju'var] (1a) verwitwen.

envolt|a [~'vɔɫtɐ]: *de* ~ durchea.; zusammen; gleichzeitig; **~o** [~'voɫtu] **1.** *p.p. irr. v. envolver*; **2.** *adj.*

trübe; *tränen*-erstickt; *zorn*-entbrannt; *in Vergessenheit* geraten; *im Laster* versunken.

envol|tório [~voɫ'tɔrju] *m* Hülle *f*; Verpackung *f*; Paket *n*; **~vente** [~'vẽntə] um-fassend, -greifend; Umfassungs...; einschneidend; **~ver** [~'ver] (2e) (ein)wickeln; (ein-, ver-)hüllen; *fig.* umfassen; in Mitleidenschaft ziehen, hineinziehen; verwirren, trüben; **~ver-se** *fig.* hineingezogen w. (*od.* sich einl.) in (*ac.*); verwickelt sn in (*ac.*); **~vido** [~'viðu]: *ser* (*od. estar*) *~ em* = *envolver-se em*.

enxada [ẽ'ʃaðɐ] *f* (Platt-)Hacke *f*; *fig.* Broterwerb *m*.

enxad|ada [ẽʃɐ'ðaðɐ] *f* Hackenschlag *m*; *à primeira ~* auf Anhieb; **~ão** [~ɐ̃u] *m* Breithacke *f*, Karst *m*; **~ar** [~ar] (1b) (auf-, um-)hacken.

enxadrezar [ẽ-, iʃɐðrə'zar] (1c) karieren, würfeln.

enxaguar [~'ɣwar] (1m) (ab-, aus-) waschen, (-)spülen.

enxalmo [~'ʃaɫmu] *m* Plane *f*; *fig.* Taugenichts *m*.

enxama [~'ʃɐmɐ] *f* Dolle *f*.

enxambrar [~ʃẽm'brar] (1a) abtrocknen (lassen).

enxam|e [~'ʃɐmə] *m* Bienenschwarm *m*; *fig.* Schwarm *m*; **~ear** [~ʃɐ'mjar] (1l) *Bienen* einfangen; *Bienen* einsetzen in; *v/i.* schwärmen (*Bienen*); *fig.* sich scharen; wimmeln.

enxaqueca [~ʃɐ'kekɐ] *f* Migräne *f*.

enxárcia [~'ʃarsjɐ] *f* ⚓ Tauwerk *n*.

enxerg|a [~'ʃergɐ] *f* Strohsack *m*; ärmliche(s) Lager *n*; **~ão** [~ʃər'gɐ̃u] *m* Strohsack *m*.

enxergar [~ʃər'gar] (1o; *Stv.* 1c) gewahr w.; bemerken; sehen, erblicken.

enxert|adeira [~ʃərtɐ'ðeirɐ] *f* Okuliermesser *n*; **~ar** [~'tar] (1c) (auf-) pfropfen, okulieren; *fig.* einfügen; einschmuggeln; **~ia** [~'tiɐ] *f* Pfropfen *n*; *~ de borbulha* Okulieren *n*; *~ de garfo* Spaltpfropfen *n*; *~ de encosto* Kopulieren *n*; **~o** [~'ʃertu] *m* Pfropfreis *n*; Pfropfen *n*; *fazer ~ em* pfropfen (*ac.*).

enxó [~'ʃɔ] *f* Krummhaue *f*, Dechsel *f*.

enxofr|ar [~ʃu'frar] (1e) (aus-, ein-) schwefeln; **~e** [~'ʃofrə] *m* Schwefel *m*.

enxot|a-moscas [~ˌʃɔtɐ'moʃkɐʃ] *m* Fliegenwedel *m*; **~ar** [~ʃu'tar] (1e) ver-jagen, -scheuchen, -treiben.

enxoval [~ʃu'vaɫ] *m* Aussteuer *f*; (Säuglings-)Ausstattung *f*.

enxovalh|ar [~ʃuvɐ'ʎar] (1b) schmutzig m., beschmutzen; verknautschen; *fig.* beschimpfen; **~o** [~'vaʎu] *m* Beschmutzung *f*; Beschimpfung *f*; Schmutz *m*; Schimpf *m*.

enxovia [~'viɐ] *f* Verlies *n*.

enxug|adoiro, -ouro [~ɣɐ'ðoiru, -oru] *m* Trockenplatz *m*; **~ador** [~ɐ'ðor] *m* Trockengestell *n*; Wäschetrockner *m*; **~ar** [~'ɣar] (1o) (ab)trocknen; *v/i.* (aus)trocknen.

enxúndia [~'ʃũndjɐ] *f* (Geflügel-) Fett *n*.

enxurr|ada [~ʃu'ʀaðɐ] *f* Gießbach *m*; Guß *m*; (Wasser-)Flut *f* (*a. fig.*); *às ~s* in Strömen; *fig.* haufen-, massen-weise; **~ar** [~ar] (1a) überschwemmen; *v/i.* anschwellen; **~o** [~'ʃuʀu] *m fig.* Abschaum *m*.

enxuto [~'ʃutu] trocken.

epicentro [əpi'sẽntru] *m* Erdbebenherd *m*.

épico ['ɛpiku] **1.** *adj.* episch; *género m ~* Epik *f*; **2.** *m* Epiker *m*.

epid|emia [əpiðə'miɐ] *f* Epidemie *f*, Seuche *f*; **~émico** [~'ðɛmiku] epidemisch, seuchenartig.

epid|erme [~'ðɛrmə] *f* Epidermis *f*, Oberhaut *f*; **~érmico** [~'ðɛrmiku] äußerlich; oberflächlich.

epifenómeno [~fə'nɔmənu] *m* Begleiterscheinung *f*.

epi|gástrio, -astro [~'ɣaʃtrju, -aʃtru] *m* Magengrube *f*; **~glote** [~'glɔtə] *f* Kehldeckel *m*.

epígono [ə'piɣunu] *m* Nachfolger *m*; Nachkomme *m*; Epigone *m*.

epígrafe [ə'piɣrɐfə] *f* Inschrift *f*; Motto *n*.

epigram|a [əpi'ɣrɐmɐ] *m* Sinngedicht *n*; Epigramm *n*; **~ático** [~ɣrɐ'matiku] epigrammatisch; knapp.

epil|epsia [~lɛp'siɐ] *f* Fallsucht *f*; **~éptico** [~'lɛtiku] fallsüchtig.

epilogar [~lu'ɣar] (1o; *Stv.* 1e) mit e-m Nachwort versehen; zs.-fassen; ausklingen l., beschließen.

epílogo [ə'piluɣu] *m* Nachwort *n*; Schluß *m*; Epilog *m*.

episcop|ado [əpiʃku'paðu] *m* Bischofs-amt *n*, -würde *f*; Episkopat *n*; **~al** [~aɫ] bischöflich, Bischofs...

episód|ico [~'zɔðiku] episodisch; nebensächlich; gelegentlich; **~io** [~ju] *m* Episode *f*.
epistaxe [əpiʃ'taksə] *f* Nasenbluten *n*.
epístola [ə'piʃtulɐ] *f* Sendschreiben *n*; Brief *m*.
epistol|ar [əpiʃtu'lar] Brief...; brieflich; **~ário** [~arju] *m* Briefsammlung *f*; Briefsteller *m*; Epistelbuch *n*.
epitáfio [ɨpi'tafju] *m* Grabschrift *f*.
epíteto [ɨ'pitətu] *m* Beiwort *n*; Beiname(n) *m*.
época ['ɛpukɐ] *f* Zeit(abschnitt *m*) *f*; Epoche *f*.
epopei|a [ipu'pejɐ] *f* Epos *n*; **~co** [~'peiku] Helden...; glorreich.
equa|ção [ikwɐ'sɐ̃u] *f* Gleichung *f*; **~cionar** [~sju'nar] (1f) *fig. Problem* lösen.
equador [~'ðor] *m* Äquator *m*.
equanimidade [~nimi'ðaðə] *f* Gleichmut *m*.
equatorial [~tu'rjał] äquatorial(...).
equestre [i'kwɛʃtrə] Reit(er)...
equiângulo [ɛkwj'ɐ̃ŋgulu] gleichwinklig.
equidade [ɨkwi'ðaðə] *f* Rechtsgefühl *n*, Billigkeit *f*; Gleichheit *f*.
equídeo *zo.* [ɨ'kwiðju] *m* Einhufer *m*.
equi|distante [ɛkwiðiʃ'tɐ̃ntə] gleich weit (entfernt); **~látero** [~'latəru] gleichseitig.
equilibr|ação [ikəliβrɐ'sɐ̃u] *f* Ausgleich(ung *f*) *m*; Ausbalancierung *f*; **~ado** [~'βraðu] im Gleichgewicht; *fig.* gerecht; **~ador** [~ɐ'ðor] *m* ⊕ Ausgleicher *m*; *peso m ~* Gegengewicht *n*; **~ar** [~'βrar] (1a) ins (im) Gleichgewicht bringen (halten); ausgleichen; **~ar-se** *fig.* sich behaupten.
equil|íbrio [~'liβrju] *m* Gleichgewicht *n*; Ausgeglichenheit *f*; Gerechtigkeit *f*; **~ibrista** [~li'βriʃtɐ] *su.* Seiltänzer(in *f*) *m*; Äquilibrist (-in *f*) *m*.
equimose [ɨki'mɔzə] *f* Bluterguß *m*.
equino[1] [ɨ'kinu] *m* a) Seeigel *m*; b) △ Echinus *m*, *Kapitell*-Polster *n*.
equino[2] [e'kwinu] Pferde...
equinócio [ɨki'nɔsju] *m* Tagundnachtgleiche *f*.
equipa [ɨ'kipɐ] *f* Trupp *m*; Arbeitsgemeinschaft *f*, -gruppe *f*; *Sport*: Mannschaft *f*; *trabalho m por* (*od.* *de*) *~* Gemeinschaftsarbeit *f*.
equip|agem [ɨki'paʒɐ̃i] *f* *Schiffs*-Mannschaft *f*, Besatzung *f*; = **~amento** [~pɐ'mẽntu] *m* Ausrüstung *f*; Gepäck *n*; Troß *m*; **~ar** [~ar] (1a) bemannen; ausrüsten.
equipar|ação [~pɐrɐ'sɐ̃u] *f* Gleichstellung *f*, -setzung *f*; **~ar** [~'rar] (1b) gleich-stellen, -setzen.
equipe *bras.* [e'kipə] *f* = *equipa*.
equitação [ɨkitɐ'sɐ̃u] *f* Reitkunst *f*, Reiten *n*.
equitativo [ɨkwitɐ'tivu] billig, gerecht; rechtlich (denkend).
equival|ência [ɨkivɐ'lẽsjɐ] *f* Gleichwertigkeit *f*; Entsprechung *f*; Gegenwert *m*; *dar a ~ a* als gleichwertig anerkennen (*ac.*); **~ente** [~ẽntə] **1.** *adj.* gleichwertig; entsprechend; gleichbedeutend (mit *a*); ⩕ gleichgroß; **2.** *m* Gegenwert *m*; Ersatz *m*; *fís.* Äquivalent *n*; **~er** [~er] (2b) gleich(wertig) sein; entsprechen.
equivocar [~vu'kar] (1n; *Stv.* 1e) täuschen; verwechseln; **~-se** sich versprechen; = *confundir-se*.
equívoco [ɨ'kivuku] **1.** *adj.* doppelsinnig, zweideutig; zweifelhaft; verdächtig; **2.** *m* Doppelsinn *m*, Zweideutigkeit *f*; Irrtum *m*, Versehen *n*; Mißverständnis *n*; Verwechslung *f*.
era ['ɛrɐ] **1.** *f* Zeitalter *n*; Zeitrechnung *f*; **2.** *s. ser* 1.
erário [i'rarju] *m* (Staats-)Kasse *f*.
er|ecção [irɛ'sɐ̃u] *f* Er-, Aufrichtung *f*; Steifheit *f*, Erektion *f*; **~ecto** [i'rɛtu] **1.** *p.p. irr. v. erigir*; **2.** *adj.* aufrecht; steif.
erem|ita [irə'mitɐ] *m* Einsiedler *m*; **~itério** [~mi'tɛrju] *m* Einsiedelei *f*; **~ítico** [~itiku] einsiedlerisch.
ergu|er [ir'ɣer] (2i; *Stv.* 2c) auf-, er-richten; in die Höhe (*od.* hoch-) halten; *Hand, Stimme usw.* erheben; *Schleier usw.* lüften; **~ido** [~iðu] hoch (aufgerichtet).
eriç|ado [ɨri'saðu] stachlig, borstig; struppig; **~ar** [~ar] (1p) sträuben; *fig.* spicken (mit *de*).
erigir [irə'ʒir] (3n) auf-, er-richten; *fig. a.* stiften; erheben (zu *em*); **~-se** *em* sich aufwerfen zu.
erisipela ⚕ [irəzi'pɛlɐ] *f* Rotlauf *m*, Rose *f*.
erm|ar [ir'mar] (1c) entvölkern; **~ida** [~iðɐ] *f* Einsiedelei *f*; Wallfahrtskapelle *f*; **~ita** [~itɐ] *m* Einsiedler *m*; **~itão** [~mi'tɐ̃u] *m* Klaus-

ner *m*; **~o** ['ermu] **1.** *adj.* einsam, abgelegen; verödet; **2.** *m* Einöde *f*.
eros|ão [iru'zɐ̃u] *f* Ätzung *f*; *geol.* Erosion *f*; **~ivo** [~ivu] ätzend, (zer-) fressend.
erótico [i'rɔtiku] erotisch; Liebes...
erotismo [iru'tiʒmu] *m* Erotik *f*.
err|abundo, ~adio [iʀɐ'βũndu, ~ɐ'δiu] (umher)-irrend, -schweifend; unstet; verirrt.
erradic|ação [~δikɐ'sɐ̃u] *f* Vernichtung *f*; **~ar** [~'kar] (1n) (her)ausreißen, vernichten.
err|ado [i'ʀaδu] irrig; falsch; irrtümlich, fälschlich; *fig.* verirrt; *estar ~* sich irren; **~ante** [~ɐ̃ntə] irrend; unstet; Wander...; Wandel...; *judeu m ~ der* ewige Jude *m*; **~ar** [~ar] (1c) verfehlen; falsch m.; *~ o alvo (golpe)* fehl-schießen (-schlagen); *~ o fogo* versagen; *v/i.* (umher)irren; sich irren (in [*dat.*] *em*); **~ata** [~atɐ] *f* Druckfehler(verzeichnis *n*) *m*; **~ático** [~atiku] wandernd; *bloco m ~* erratische(r) Block *m*, Findling *m*.
erre ['ɛʀə] *m Name des Buchstaben* r; *pl. erres od. rr*; *fig. levar um ~* durchfallen; *por um ~* um ein Haar.
err|o ['eʀu] *m* Irrtum *m*; Fehler *m*; Fehltritt *m*; **~óneo** [i'ʀɔnju] irrig, Irr...; **~or** [i'ʀor] *m* Irrfahrt *f*.
erud|ição [iruδi'sɐ̃u] *f* Gelehrsamkeit *f*; **~ito** [~'δitu] gelehrt.
erupção [irup'sɐ̃u] *f* Ausbruch *m*; ⚕ (Haut-)Ausschlag *m*.
erva ['ɛrvɐ] *f* Kraut *n*; Gras *n*; *bras.* Giftpflanze *f*; F Pinke *f*; *~ brava, ~ má, ~ ruim* Unkraut *n*; *~s pl.* Gemüse *n*.
erva|çal [ɛrvɐ'saɫ] *m* Wiese *f*; Weide *f*; **~-cidreira** [~si'δreirɐ] *f s. cidreira*; **~do** [~'vaδu] grasbewachsen; vergiftet; F reich; **~-doce** [~'δosə] *f* Anis *m*; **~-mate** [~'matə] *f s. mate*; **~-moura** [~'morɐ] *f* Nachtschatten *m*; **~nário** [~'narju] *m* Kräuter-händler *m*, -sammler *m*.
ervário [~'varju] *m* Herbarium *n*.
ervilh|a [ɨr'viʎɐ] *f* Erbse *f*; *~-de--cheiro f* Riecherbse *f*; **~aca** [~vi'ʎakɐ] *f* Wicke *f*; **~al** [~vi'ʎaɫ] *m* Erbsenpflanzung *f*.
esbaforido [ɨʒβɐfu'riδu] atemlos.
esbandalhar [ɨʒβɐ̃ndɐ'ʎar] (1b) in die Flucht schlagen; zer-schlagen, -reißen, -zausen; durchea.- (*Vermögen* durch)bringen; **~-se** ausea.-stieben; *fig.* herunterkommen.
esbanj|ador [ɨʒβɐ̃ʒɐ'δor] **1.** *adj.* verschwenderisch; **2.** *m* Verschwender *m*; **~amento** [~ɐ'mẽntu] *m* Vergeudung *f*; **~ar** [~'ʒar] (1a) vergeuden.
esbarr|ar [~βɐ'ʀar] (1b) (an)stoßen; *~ com, ~ contra* zs.-prallen mit; fahren gegen; sich stoßen an (*dat.*); stoßen auf (*ac.*); *v/t. bras. Pferd* zum Stehen bringen; **~o** [~'βaʀu] *m* Stoß *m*; *colar m de ~* ⊕ Spurkranz *m*, -ring *m*; *dar de ~ com = ~ar com.*
esbater [~βɐ'ter] (2b) herausarbeiten; abschatten.
esbelto [~'βɛɫtu] schlank, hoch.
esbirro [~'βiʀu] *m* Häscher *m*.
esboç|ar [~βu'sar] (1p; *Stv.* 1e) skizzieren; andeuten; **~o** [~'βosu] *m* Skizze *f*; Andeutung *f*.
esbofar [~βu'far] (1e) abhetzen.
esbofetear [~βufə'tjar] (1l) ohrfeigen.
esbo|roamento [~βurwɐ'mẽntu] *m* Zerfall *m*; Einsturz *m*; **~roar** [~'rwar] (1f) zerbröckeln; **~roar-se** ab-, zer-bröckeln; zerfallen.
esborrachar [~βuʀɐ'ʃar] (1b) zerquetschen; platt drücken; = **~-se** zerschmettern; trommeln (*Regen*).
esbranquiçado [ɨʒβrẽŋki'saδu] weißlich.
esbra|seado [ɨʒβrɐ'zjaδu] glühend; **~sear** [~'zjar] (1l) zum (Er-)Glühen bringen; **~sear-se** (er)glühen.
esbravejar [~vɨ'ʒar] (1d) toben; *v/t.* (heraus)schreien; *Beleidigung* ausstoßen.
esbugalh|ado [ɨʒβuγɐ'ʎaδu]: *olhos m/pl. ~s* Glotzaugen *n/pl.*; *olhar com os olhos ~s* (an)glotzen; **~ar** [~ar] (1b) *die Augen* aufreißen.
esbulh|ar [~'ʎar] (1a) berauben; **~o** [~'βuʎu] *m* Beraubung *f*; Raub *m*.
esburacar [~rɐ'kar] (1n; *Stv.* 1b) durchlöchern.
esburgar [ɨʒβur'gar] (1o) (ab-) schälen; *Knochen* abnagen.
escabeche [ɨʃkɐ'βɛʃə] *m* Marinade *f*; *em ~* mariniert; *pôr de (od. em) ~* einlegen.
escabelo [~'βelu] *m* (Fuß-)Schemel *m*; Sitztruhe *f*; Schaukasten *m*.
escabichar [~βi'ʃar] (1a) durchstöbern; stochern in (*dat.*).
escabroso [~'βrozu] steil; holprig, rauh; heikel, kitzlig; *fig.* schlüpfrig.

escachar [~'ʃar] (1b) spalten; *Beine* spreizen.
esca|da [ɨʃ'kaðɐ] *f* Treppe *f*; ~ (*móvel*) Leiter *f*; **~daria** [~kɐðɐ'riɐ] *f* Treppenhaus *n*; Freitreppe *f*; **~dório** [~kɐ'ðɔrju] *m* Treppenaufgang *m*; Treppen *f/pl.*; **~dote** [~kɐ'ðɔtə] *m* (Treppen-, Bock-) Leiter *f*.
escafandro [ɨʃkɐ'fɐ̃ndru] *m* Taucheranzug *m*.
escala [ɨʃ'kalɐ] *f* Maß(stab *m*) *n*; Skala *f*; Reihe(nfolge) *f*; Rangliste *f*; ♪ Tonleiter *f*; ⚓ Anlaufhafen *m*; *fazer* ~ *em*, *tocar de* ~ anlaufen, ✈ anfliegen; *sem* ~ ohne Zwischenlandung *f*; ~ *de serviço* Dienstordnung *f*; *em grande* ~ in großem Ausmaß; umfang-, zahl-reich; Massen...; *por* ~ der Reihe nach; schichtweise.
escal|ador [~kɐlɐ'ðor] *m* Fassadenkletterer *m*; ⚔ Sturmsoldat *m*; **~ão** [~'lɐ̃u] *m* Stufe *f* (*a. fig.*); *Leiter*-Sprosse *f*; ⚔ Staffel *f*; (*dispor*) *em* *-ões* gestaffelt (staffeln); **~ar** [~'lar] (1b) er-klettern, -steigen; ⚖ einsteigen, -brechen in (*ac.*); *Dienst* verteilen; *Festung* erstürmen.
escalavr|adura *f*, **~amento** [ɨʃkɐlɐvrɐ'ðurɐ, ~ɐ'mẽntu] = **~o**; **~ar** [~'vrar] (1b) abschürfen; *Kante* abstoßen; *fig.* ruinieren; **~o** [~'lavru] *m* Schürfung *f*; Ruin *m*.
escald|adela [ɨʃkałdɐ'ðɛlɐ] *f* = *~adura*; *fig.* Denkzettel *m*, Lehre *f*; **~adura** [~ɐ'ðurɐ] *f* Verbrühung *f*; Brandwunde *f*; **~ante** [~'dɐ̃ntə] brühheiß; **~a-pés** [~ɐ'pɛʃ] *m* heißes Fußbad *n*; **~ar** [~'dar] (1a) (ab-, ver-)brühen; (ver)brennen; *fig.* witzigen; F abkanzeln; **~a-rabo** P [~ɐ'ʀaβu] *m* Anpfiff *m*.
escaleno [~kɐ'lenu] ⩘ ungleichseitig.
escaler [~'lɛr] *m* Schaluppe *f*.
escalf|ador [~kałfɐ'ðor] *m* Heißwasserkessel *m*; **~ar** [~'far] (1a) *Wasser* heiß m.; *Eier* kochen; **~eta** [~'fetɐ] *f* Fußwärmer *m*.
escalonar [ɨʃkɐlu'nar] (1f) staffeln; (ab)stufen.
escalpar [~kał'par] (1a) skalpieren.
escalpelo [~'pelu] *m* Seziermesser *n*.
escalpo [~'kałpu] *m* Skalp *m*.
escalvado [ɨʃkał'vaðu] kahl, nackt.
escama [ɨʃ'kɐmɐ] *f* Schuppe *f*.
escam|ado [~kɐ'maðu] *fig.* böse; mißtrauisch; durchtrieben; **~ar** [~ar] (1a) schuppen; *fig.* ärgern; **~ar-se** *fig. bras.* sich dünnmachen; **~eado**, **~oso** [~jaðu, ~ozu] geschuppt; schuppig.
escamot(e)|ador [~mut(j)ɐ'ðor] *m* Taschenspieler *m*; *fig.* Langfinger *m*; **~ar** [~'t(j)ar] (1e [1l]) verschwinden l., wegzaubern; *fig.* wegstibitzen; ✈ einziehen.
escamp|ado [~kɐ̃m'paðu] weit; heiter (*Wetter*); **~ar** [~ar] (1a) sich aufheitern (*Himmel*); wieder schön werden (*Wetter*).
escâncara [~'kɐ̃ŋkɐrɐ]: *à*(*s*) ~(*s*) weit offen; unverhohlen.
escancar|ado [~kɐ̃ŋkɐ'raðu] sperrangelweit; **~ar** [~ar] (1b) aufreißen, aufsperren.
escancelar *bras.* [~kẽsə'lar] (1c) = *escancarar*.
escanchar [~kɐ̃'ʃar] (1a) (ausea.-) spreizen; **~-se** *em* sich rittlings setzen auf (*ac.*), reiten auf (*dat.*).
escandalizar [~kɐ̃ndɐli'zar] (1a) Anstoß erregen bei; empören; **~-se** *com od. de* Anstoß nehmen an (*dat.*) *od.* sich empören über (*ac.*).
escândalo [~'kɐ̃ndɐlu] *m* Ärgernis *n*; Anstoß *m*; Aufsehen *n*; Skandal *m*; Empörung *f*; *pedra f de* ~ Stein *m* des Anstoßes.
escandaloso [~kɐ̃ndɐ'lozu] aufsehenerregend; anstößig; empörend.
escandec|ência [~də'sẽsjɐ] *f* Rotglut *f*; Erregung *f*; **~er** [~er] (2g) zum Glühen bringen, ausglühen; *v/i.* glühend w.; (ent)brennen; sich erhitzen; sich erregen.
escandinavo [~di'navu] **1.** *adj.* skandinavisch; **2.** *m* Skandinavier *m*.
escandir [~'dir] (3a) skandieren.
escangalh|ado [~kɐ̃ŋgɐ'ʎaðu] kaputt; **~ar** [~ar] (1b) aus-ea.-nehmen, abbauen; F kaputt m.; **~ar-se** aus dem Leim gehen.
escanhoar [~kɐ'ɲwar] (1f) glatt rasieren.
escanifrado P [~ni'fraðu] klapperdürr.
escan|inho [~'niɲu] *m* (Geheim-) Fach *n*; Versteck *n*; ⊕ Trichter *m*; **~o** [~'kɐnu] *m* Schemel *m*; Sitzkiste *f*.
escanteio *bras.* [~kẽn'teju] *m* *Sport*: Eckball *m*, Ecke *f*.

escantilhão [~ti'ʎɐ̃u] *m* Maßstab *m*; Lehre *f*; Eichmaß *n*; ⊕ Schablone *f*; *de* ~ Hals über Kopf.
escanzelado P [~kɐ̃zə'laδu] klapperdürr.
escap|ada, ~adela [~kɐ'paδɐ, ~kɐpɐ'δɛlɐ] *f* Entwischen *n*; Drückebergerei *f*; Seitensprung *m*; Entgleisung *f*; Ausweg *m*; Ausflucht *f*; **~adiço** [~ɐ'δisu] flüchtig; **~amento** [~ɐ'mẽntu] *m* Ausströmen *n*; Ausfluß *m*; Verlust *m*; **~ar** [~'par] (1b) entwischen; entrinnen; davonkommen; vorbeikommen (an [*dat.*] *a*); *der Aufmerksamkeit* entgehen; ent-fallen, -fahren (*Wort*); ausströmen, -fließen (*Gas, Wasser*); *fig.* gerade noch angehen; ausrutschen (*Hand, Fuß*); *deixar* ~ aus der Hand l.; *j-n* (*od.* sich *et.*) durchgehen l.; **~ar-se** entwischen; **~arate** [~pɐ'ratə] *m* **a**) Glas-glocke *f*, -schrank *m*; ✝ Schaukasten *m*; Auslage *f*; **b**) = **~atória** [~pɐ'tɔrjɐ] *f* Ausflucht *f*; F Hintertür *f*; **~atório** [~pɐ'tɔrju] leidlich (gut).
escap|e [~'kapə] *m* undichte Stelle *f*, Loch *n*; Leck *n*; ⊕ Auspuff *m*; Ventil *n*; = *escap|ada, ~amento*; *cano m de* ~ Ablaß-, Ableitungsrohr *n*; Auspuff *m*; *gás (vapor) de* ~ Ab-gas *n* (-dampf *m*); *ter um* ~ undicht sn; **~o** [~u] *m* Hemmung *f* (*Uhr*); △ An- *od.* Ab-lauf *m* (*Säule*).
escápula [~'kapulɐ] *f* Schienennagel *m*; Haken *m*; *fig.* Halt *m*.
escapulário [~kɐpu'larju] *m* Skapulier *n*.
escapulir [~kɐpu'lir] (3a) entwischen (l.).
escara [ɨʃ'karɐ] *f* Schorf *m*.
escarabeu [~kɐrɐ'βeu] *m* Käfer *m*.
escarafunchar [~fũ'ʃar] (1a) scharren; kratzen; *Boden* aufwühlen; *fig.* durchschnüffeln.
escaramu|ça [~'musɐ] *f* Scharmützel *n*; *fig.* (Wort-)Geplänkel *n*; **~çar** [~mu'sar] (1p) *v/i.* plänkeln; sich herum-schlagen, -zanken.
escaravelho [~'veʎu] *m* (Kartoffel-)Käfer *m*.
escarcéu [~kɐr'sɛu] *m* Wellenschlag *m*; Sturzwelle *f*; *fig.* Geschrei *n*; *fazer grandes* ~*s* viel Aufhebens m.
escard|ear [~'djar] (1l) = **~ilhar** [~di'ʎar] (1a) (aus)jäten; **~ilho** [~'diʎu] *m* Jäthacke *f*.
escare|ador [~kɐrjɐ'δor] *m* ⊕ Krauskopf *m*; Reibahle *f*; **~ar** [~'rjar] (1l) *Schraube* versenken; *Loch* nachbohren.
escarific|ador [~kɐrəfikɐ'δor] *m* Schröpfmesser *n*; ⚒ Rigolpflug *m*; **~ar** [~'kar] (1n) schröpfen; ⚒ rigolen.
escarlat|e [~kɐr'latə] **1.** *adj.* scharlachrot; **2.** *m* Scharlach *m* (*Farbe*); **~ina** [~lɐ'tinɐ] *f* ⚕ Scharlach *m*.
escarment|ar [~mẽn'tar] (1a) *fig.* witzigen; *v/i.* *u.* **~ar-se** durch Schaden klug w.; **~o** [~'mẽntu] *m* (schlimme) Erfahrung *f*; (abschreckendes) Beispiel *n*.
escarnecer [~nə'ser] (2g) verspotten; *v/i.* spotten (über [*ac.*] *de*).
escárnio [~'karnju] *m* Spott *m*, Hohn *m*.
escarp|a [~'karpɐ] *f* Böschung *f*; (Fels-)Wand *f*; Abhang *m*; **~ado** [~kɐr'paδu] abschüssig, steil; **~ar** [~kɐr'par] (1b) abböschen.
escarr|ado [~kɐ'ʀaδu] *fig.* P (*escrito e*) ~ wie er leibt und lebt; **~ador** [~ʀɐ'δor] *m* Spucknapf *m*.
escarranch|ado [~ʀɐ̃'ʃaδu] mit gespreizten Beinen; rittlings; **~ar** [~ar] (1a) *die Beine* spreizen; rittlings setzen; ~ *as pernas em* = **~ar-se** *em* mit gespreizten Beinen springen (*od.* sich rittlings setzen) auf (*ac.*).
escarr|ar [ɨʃkɐ'ʀar] (1b) aus-spucken, -speien; *v/i.* spucken; **~o** [~'kaʀu] *m* Auswurf *m*.
escarvar [~kɐr'var] (1b) scharren.
escass|ear [~kɐ'sjar] (1l) ver-knappen, -mindern; ~ *a/c. a alg.* j-m et. spärlich geben (*od.* zumessen); bei j-m mit et. knausern; *v/i.* knapp w. (*od.* sn); ausbleiben; **~ez** [~'seʃ] *f* Knappheit *f*; Mangel *m*; Knauserei *f*; **~o** [~'kasu] knapp; spärlich; selten; *fig.* knauserig.
escav|ação [ɨʃkɐvɐ'sɐ̃u] *f* Ausschachtung *f*; Schacht *m*; **~acar** [~ɐ'kar] (1n; *Stv.* 1b) zerbrechen, zerschlagen; *fig.* herunterbringen; **~ador** [~ɐ'δor] *m* (Löffel-, Greifer-) Bagger *m*; **~ar** [~'var] (1b) ausschachten; aufgraben; aushöhlen; *fig.* durchackern.
escaveirado [~vei'raδu] eingefallen; abgezehrt.
esclarec|edor [ɨʃklɐrəsə'δor] belehrend; wissenswert; *despacho m* ~

Ausführungsverordnung *f*; **~er** [~'ser] (2g) erhellen; *fig.* aufklären; *j-m et.* erklären, klarmachen; *j-n* berühmt m.; *v/i.* sich aufheitern; tagen; **~ido** [~'siðu] berühmt; ausgezeichnet; **~imento** [~i'mẽntu] *m* Aufklärung *f*; Erklärung *f*; Klarheit *f*; Auskunft *f*.

escler|ose ⚕ [ɨʃklə'rɔzə] *f* Verhärtung *f*, Sklerose *f*; **~ótica** *anat.* [~ɔtikɐ] *f* Lederhaut *f*.

esclusa [ɨʃ'kluzɐ] *f* Schleuse *f*.

esco|adoiro, -ouro [ɨʃkwɐ'ðoiru, -oru] *m* Ausguß *m*; Abfluß(rohr *n*) *m*; Abzug(sgraben) *m*; *fig.* ⚒ Absatzgebiet *n*; **~amento** [~ɐ'mẽntu] *m* Ausfluß *m* (*a. fig.*); Abfluß *m*; Ableitung *f*; Entleerung *f*; *fig.* Folge *f*; ⚒ Absatz *m*; Abnahme *f*; **~ar** [~'kwar] (1f) ab- (aus- *od.* durch-)fließen l.; leeren; **~ar-se** abfließen; verfließen (*Zeit*); ⚒ abnehmen, -setzen; *fig.* verschwinden; ⚒ abgehen.

escoc|ês [~ku'seʃ] **1.** *adj.* schottisch; **2.** *m* Schotte *m*; **~esa** [~ezɐ] *f* Schottin *f*; ♪ Ekossaise *f*, Schottische(r) *m*.

escoimar [~koi'mar] (1a) tilgen.

escol [~'kɔł] *m das* Auserlesenste; *die* Blüte; Elite *f*.

escola [~'kɔlɐ] *f* Schule *f*; ~ *de belas artes* (*de minas*) Kunst- (Berg-) Akademie *f*; ~ *politécnica* Polytechnikum *n*; ~ *mista* (*nocturna, primária, profissional*) Gemeinschafts- (Abend-, Volks-, Berufs-) schule *f*; ~ (*normal*) *do magistério primário* Lehrer-bildungsanstalt *f*, -seminar *n*.

escol|ar [~ku'lar] **1.** *adj.* Schul...; *grupo m* ~ *bras.* Grundschule *f*; **2.** *su.* Schüler(in *f*) *m*; **~ástica** [~aʃtikɐ] *f* Scholastik *f*; **~ástico** [~aʃtiku] **1.** *adj.* scholastisch; **2.** *m* Scholastiker *m*.

escolh|a [ɨʃ'koʎɐ] *f* Wahl *f*; Auswahl *f* (*à* zur); *sem* ~ wahllos; **~er** [~ku'ʎer] (2d) (aus-, er-)wählen; sich *et.* aussuchen; *Reis usw.* verlesen; **~ido** [~ku'ʎiðu] auserlesen.

escolho [~'koʎu] *m* Klippe *f*.

escolt|a [~'kołtɐ] *f* Bedeckung *f*, Eskorte *f*; Geleit *n*; **~ar** [~koł'tar] (1e) eskortieren; geleiten.

escombros [~'kõmbruʃ] *m/pl.* Trümmer *pl.*; Schutt *m*.

esconde-esconde [~ˌkõndɨʃ'kõndə] *m* Versteckspiel *n*.

escond|er [~kõn'der] (2a) verbergen, verstecken; verheimlichen; **~erijo** [~də'riʒu] *m* Versteck *n*; Schlupfwinkel *m*; **~idamente** [~ˌiðɐ'mẽntə] = *às* **~idas** [~iðɐʃ] heimlich; unter der Hand; hinter *j-s* Rücken; *brincar às* ~ Versteck spielen.

esconjur|ar [~kõʒu'rar] (1a) beschwören; **~o** [~'ʒuru] *m* Beschwörung *f*.

esconso [~'kõsu] *m* Winkel *m*; Versteck *n*; *de* ~ schief; von der Seite.

escopo [~'kopu] *m* Ziel(scheibe *f*) *n*; Absicht *f*, Zweck *m*.

escopro [~'kopru] *m* Beitel *m*; Stemmeisen *n*; ~ *curvo* Hohlmeißel *m*.

escor|a [~'kɔrɐ] *f* Stütze *f* (*a. fig.*); Versteifung *f*; *bras. a.* Hinterhalt *m*; **~ar** [~ku'rar] (1e) (ab)stützen; ab-, ver-steifen; *bras. a.* standhalten (*dat.*); auflauern (*dat.*).

escorbuto [~kur'butu] *m* Skorbut *m*.

escorçar [~'sar] (1p; *Stv.* 1e) *pint.* verkürzen; verjüngen.

escorch|ante [~'ʃẽntə] drückend (*Steuer*); Wucher...; **~ar** [~ar] (1e) schälen; schinden (*a. fig.*); (aus-) plündern.

escorço [~'korsu] *m pint.* Verkürzung *f*; *fig.* Kürze *f*; Zs.-fassung *f*.

escória [~'kɔrjɐ] *f* Schlacke *f*; *fig.* Abschaum *m*; Gesindel *n*, Pack *n*.

escori|ação [~kurjɐ'sɐ̃u] *f* Schürfung *f*; **~al** [~'rjał] *m* Schlackenhalde *f*; **~ar** [~'rjar] (1g) (ab)schürfen; aufreiben; = **~ficar** [~rifi'kar] (1n) entschlacken, läutern.

escorpião [~kur'pjɐ̃u] *m* Skorpion *m*.

escorraçar [~kuʀɐ'sar] (1p; *Stv.* 1b) hinauswerfen; verjagen.

escorralhas *f/pl.*, **-o** *m* [~'ʀaʎɐʃ, -u] Bodensatz *m*.

escorreg|adela [~ʀəɣɐ'ðɛlɐ] *f* Ausrutscher *m*; *fig.* Entgleisung *f*; Fehltritt *m*; **~adiço** [~ɐ'ðisu] unsicher *auf den Beinen*; *fig.* willensschwach; = **~adio** [~ɐ'ðiu] glatt, schlüpfrig; **~adoiro, -ouro** [~ɐ'ðoiru, -oru] *m* schlüpfrige Stelle *f*; Rutschbahn *f*; **~ão** [~'ɣɐ̃u] *m* Rutsche *f*; **~ar** [~'ɣar] (1o; *Stv.* 1c) (ab-, aus-)rutschen, (-)gleiten; *fig.*

straucheln; F danebenhauen; sich verplappern.
escorreito [~'ʀeitu] wohlbehalten; gesund; *são e* ~ gesund und munter.
escorr|er [~'ʀer] (2d) abgießen; aus-drücken, -wringen; ab-, austropfen, -laufen l.; triefen von; *Blut* verströmen; entlang- (*od.* vorbei-)fahren an (*dat.*); *v/i.* (ab-) tropfen; ab-, aus-fließen, -laufen; **~ido** [~iδu] *fig.* glatt (*Haar*), anliegend (*Kleid*).
escorropichar [~ʀupi'ʃar] (1a) (herunter)kippen.
escorva [~'kɔrvɐ] *f* (Pulver-) Pfanne *f*.
esco|ta [~'kɔtɐ] *f* ⚓ Schote *f*; **~teiro** *bras.* [~ko'teiru] = *escuteiro*; **~tilha** [~ku'tiʎɐ] *f* (Schiffs-)Luke *f*.
escova [~'kovɐ] *f* Bürste *f*.
escov|adela [~kuvɐ'δɛlɐ] *f fig.* Abreibung *f*; *dar uma* ~ = *~ar*; **~ado** [~'vaδu] *bras.* gerissen; **~ador** [~ɐ'δor] *m* ✓ Entstäuber *m*; **~alho** [~'vaʎu] *m* Fege *f*, Feger *m*; **~ar** [~'var] (1e) (ab-, aus-)bürsten; *Pferd* striegeln; *fig.* abkanzeln; verprügeln.
escovém ⚓ [~'vɐ̃i] *m* Klüse *f*.
escovinha [~'viɲɐ] *f* ⚘ Kornblume *f*; *cortar à* ~ kurz scheren.
escrav|atura [ɨʃkrɐvɐ'turɐ] *f* Sklavenhandel *m*; ~ *branca* Mädchenhandel *m*; = **~idão** [~i'δɐ̃u] *f* Sklaverei *f*; Knechtschaft *f*; **~izar** [~i'zar] (1a) versklaven; knechten; **~o** [~'kravu] **1.** *adj.* sklavisch; knechtisch, Knechts...; **2.** *m* Sklave *m*.
escrev|edor [~krəvə'δor] *m* F Schreiberling *m*; **~ente** [~'vẽntə] *m* Schreiber *m*; Kopist *m*; **~er** [~'ver] (2c, *p.p.* *escrito*) (auf-, nieder-) schreiben (*à mão* [*máquina*] mit der Hand [Maschine]); **~inhador** [~iɲɐ'δor] *m* Kritzler *m*, Schmierer *m*; **~inhar** [~i'ɲar] (1a) (zs.-)kritzeln, schmieren.
escriba [~'kriβɐ] *m hist.* *jüdischer* Schriftgelehrte(r) *m*; P Schreiberling *m*.
escrínio [~'krinju] *m* Schrein *m*.
escri|ta [~'kritɐ] *f* Schrift *f*; ✝ Buchführung *f*; **~to** [~tu] **1.** *adj.* geschrieben; beschrieben; schriftlich; *prova f -a* schriftliche Prüfung *f*; **2.** *m* Schrift(stück) *n*) *f*; *por* ~ schriftlich; *pôr por* ~ schriftlich festhalten; schriftlich m.; **~s** *pl.* Mietzettel *m* (*pôr* ankleben); **~tor** *m*, **-a** *f* [~kri'tor] Schriftsteller(in *f*) *m*; **~tório** [~kri'tɔrju] *m* Büro *n*; Geschäftszimmer *n*; ✝ Kontor *n*; Arbeits-, Herren-zimmer *n*; **~tura** [~'turɐ] *f* Urkunde *f*; Schrift *f*; **~turação** [~turɐ'sɐ̃u] *f* Buchführung *f*; **~turar** [~tu'rar] (1a) Buch führen über (*ac.*); eintragen; *kontraktlich* verpflichten; **~turário** [~tu'rarju] *m* Buchhalter *m*; Schreiber *m*; **~vaninha** [~vɐ'niɲɐ] *f* Schreibtisch *m*; **~vão** [~'vɐ̃u] *m* (Gerichts-) Schreiber *m*; Protokollführer *m*; Sekretär *m*.
escrófula [~'krɔfulɐ] *f* Skrofel *f*.
escro|fulose [~krufu'lɔzə] *f* Skrofulose *f*; **~fuloso** [~'lozu] skrofulös.
escroto [~'krotu] *m* Hodensack *m*.
escrúpulo [~'krupulu] *m* Bedenken *n*; Skrupel *m*; Gewissenhaftigkeit *f*; *com* ~ gewissenhaft; *sem* ~ bedenken-, gewissen-los.
escrupuloso [~krupu'lozu] gewissenhaft; gründlich.
escrut|ar [~kru'tar] (1a) untersuchen; **~inador** [~tinɐ'δor] *m* Stimmzähler *m*; **~inar** [~ti'nar] (1a) *v/t.* *Stimmen* zählen; **~ínio** [~'tinju] *m* Wahl(vor)gang *m*; Feststellung *f* des Wahlergebnisses.
escud|ar [ɨʃku'δar] (1a) beschützen; **~eiro** [~eiru] *m* Schildknappe *m*; **~ela** [~ɛlɐ] *f* Napf *m*, Mulde *f*; **~o** [~'kuδu] *m* Schild *m*; Wappen (-schild *m*) *n*; *ehm.* *etwa*: Taler *m*; *port.* *Währung*: Escudo *m*; ✓ Pfropfauge *n*; *fig.* Schutz *m*, Schirm *m*.
escul|pir [~kuł'pir] (3a) (in Stein *od.* aus-)hauen; (in Holz) schnitzen; *Inschrift* eingraben; (in Ton) formen, modellieren; **~tor** *m*, **-a** *f* [~'tor, -ɐ] Bildhauer(in *f*) *m*; **~tórico** [~'tɔriku] Bildhauer...; plastisch; **~tura** [~'turɐ] *f* Bildhauerkunst *f*, Plastik *f*; Bildwerk *n*, Skulptur *f*; **~tural** [~tu'rał] = *~tórico*; *fig.* bildschön, herrlich.
escuma [~'kumɐ] *f* Schaum *m*; *fig.* Abschaum *m*.
escum|adeira [~kumɐ'δeirɐ] *f* Schaumlöffel *m*; **~alha** [~'maʎɐ] *f* *fig.* F Abschaum *m*; = **~alho** [~'maʎu] *m* (Metall-)Schaum *m*; Schmiedeschlacke *f*; **~ar** [~'mar] (1a) *v/i.* schäumen (*a. fig.*); *v/t.* abschäumen; **~ilha** [~'miʎɐ] *f* Gaze *f*,

Flor *m*; *mont.* Schrot *m*, Vogeldunst *m*; **~oso** [~'mozu] schaumig; schaumbedeckt, schäumend.
escuna ⚓ [~'kunɐ] *f* Schoner *m*.
escuras [~'kurɐʃ]: *às* ~ im Dunkeln; blind(lings).
escur|ecer [~kurə'ser] (2g) = **~entar** [~ẽn'tar] (1a) verdunkeln; *fig.* trüben; in den Schatten stellen; *v/i.* dunkel w.; *ao* ~ bei Einbruch der Dunkelheit; **~idade** [~i'ðaðə] *f* Dunkelheit *f*; **~idão** [~i'ðɐ̃u] *f* Finsternis *f*; Blindheit *f*; Trübsinn *m*; **~o** [~'kuru] dunkel (*a. fig.*); finster; trüb; dumpf; *azul* ~ dunkelblau.
escusa [~'kuzɐ] *f* Entschuldigung *f*; Dispens *m*.
escus|adamente [~ku,zaðɐ'mẽntə] umsonst; **~ado** [~'zaðu] überflüssig; zwecklos; *ser* ~ sich erübrigen; **~amente** [~,kuzɐ'mẽntə] insgeheim; **~ar** [~'zar] (1a) entschuldigen; *j-m et.* erlassen; sich (*od. j-m*) *et.* ersparen, *et.* vermeiden; *j-n mit et.* verschonen; überflüssig m.; = *v/i.* ~ *de* nicht brauchen (*ac.*); **~ável** [~'zavɛɫ] entschuldbar; = *~ado*; **~o** [~'kuzu] heimlich, einsam.
escut|a [~'kutɐ] **1.** *m* = *~eiro*; **2.** *f* = *aparelho m* (*posto m*) *de* ~ Abhör- (*od.* Horch-)gerät *n* (-station *f*); *estar* (*od. ficar*) *à* ~ = **~ar** [~ku'tar] (1a) horchen, lauschen; zuhören; *v/t.* anhören; horchen, lauschen auf (*ac.*); *Kranken* abhorchen; *Gespräch* belauschen; *Telefongespräch* abhören; *Geräusche* hören; *Bitte* erhören; **~eiro** [~ku'teiru] *m* Pfadfinder *m*.
esdrúxulo [iʒ'druʃulu] auf der drittletzten Silbe betont.
esfacelar [iʃfɐsə'lar] (1c) *fig.* zerfetzen; zerstören; **~-se** brandig w.; *fig.* ausea.-, ver-, zer-fallen.
esfaim|ado, **~ar** [~fai'maðu, ~ar] (1a) = *esfome|ado*, *~ar*.
esfalf|amento [~faɫfɐ'mẽntu] *m* Erschöpfung *f*; Schwäche(anfall *m*) *f*; **~ar** [~'far] (1a) überanstrengen; abmühen.
esfaquear [~fɐ'kjar] (1l) (er)stechen; verwunden.
esfarel|ado [~fɐrə'laðu] brüchig, bröckelig; **~ar** [~ar] (1c) *Mehl* beuteln; *Brot usw.* zerbröckeln; *Feind* aufreiben; **~ar-se** ausea.-, zer-fallen; sich auflösen.
esfarpar [~fɐr'par] (1b) zersplittern; zerfasern.
esfarrap|ado [~fɐʀɐ'paðu] abgerissen, zerlumpt; **~ar** [~ar] (1b) zerfetzen, -reißen.
esfarripado [~ʀi'paðu] strähnig.
esfer|a [~'fɛrɐ] *f* Kugel *f*; Sphäre *f*; Lebens-, Wirkungs-kreis *m*; **~icidade** [~fɛrəsi'ðaðə] *f* Kugelgestalt *f*.
esférico [~'fɛriku] Kugel...; kugelförmig, kugelig.
esferográfico [~fɛrɔ'ɣrafiku] *m* Kugelschreiber *m*.
esfiar [iʃ'fjar] (1g) ausfransen.
esfíncter [iʃ'fĩŋktɛr] *m* Schließmuskel *m*.
esfinge [iʃ'fĩʒə] *f* Sphinx *f*.
esflorar [iʃflu'rar] (1e) = *desflorar*; ritzen; kräuseln; durchblättern.
esfol|adela [~fulɐ'ðɛlɐ] *f* Hautabschürfung *f*; wundgeriebene Stelle *f*; Schramme *f*, Kratzer *m*; = *~amento m*; *fig.* Betrug *m*; Ausbeutung *f*; **~ador** [~ɐ'ðor] *m* Abdecker *m*, Schinder *m* (*a. fig.*); **~adura** [~ɐ'ðurɐ] *f* = **~amento** [~ɐ'mẽntu] *m* Abhäuten *n*; Abdecken *n*; Wundliegen *n*; = *~adela*; **~ar** [~'lar] (1e) (ab)häuten; (ab-, auf-)scheuern, (-)kratzen; abblättern; (*Tier*) abdecken; *Haut* aufreiben; *Gesicht* zerkratzen; *fig. j-n* schröpfen, prellen; *j-m* das Fell über die Ohren ziehen.
esfolhar [~'ʎar] (1e) entblättern; *Mais* enthülsen.
esfoliar [~'ljar] (1g) abblättern; ⚕ abschälen; **~-se** sich schälen.
esfome|ado [~'mjaðu] ausgehungert, (sehr) hungrig; **~ar** [~ar] (1l) hungern l., aushungern; hungrig m.
esforç|ado [~fur'saðu] tapfer; stark; **~ar** [~ar] (1p; *Stv.* 1e) ermutigen; (ver)stärken; **~ar-se** sich anstrengen, sich bemühen (zu *inf. por*); **~o** [~'forsu] *m* Anstrengung *f*; Mut *m*; Kraft *f*; ⊕ Beanspruchung *f*; *fazer* (*od. empreender, empregar, envidar, desenvolver*) *~s* Anstrengungen m.; Kräfte aufbieten.
esfrangalhar [~frɐ̃ŋgɐ'ʎar] (1b) = *esfarrapar*.
esfreg|a, **~adela** [~'frɛɣɐ, ~frəɣɐ'ðɛlɐ] *f* Scheuern *n*; Abreibung *f* (*a. fig.*); ~ *de mãos* Händereiben *n*; **~ão** [~frə'ɣɐ̃u] *m* Scheuer-lappen *m*, -bürste *f*; ~ *de arame* Drahtschwamm *m*; **~ar** [~frə'ɣar] (1o;

Stv. 1c) scheuern; (ab)reiben; ~ *as costas* durchprügeln.
esfri|amento [~friɐ'mẽntu] *m* Abkühlung *f*; Erkaltung *f*; **~ar** [~'frjar] (1g) (ab)kühlen (*a. fig.*); abschrekken (*a. fig.*); *v/i. u.* **~ar-se** sich abkühlen; auffrischen (*Wetter*); *fig.* erkalten.
esfum|ador [~fumɐ'ðor] *m* Wischer *m*; **~ar** [~'mar] (1a) *pint.* verwischen; *allg.* schwärzen, andunkeln; **~ar-se** vergehen; **~ear** [~'mjar] (1l) rauchen; **~inho** [~'miɲu] *m* Wischer *m*.
esgalho [ɨʒ'ɣaʎu] *m Geweih*-Sproß *m*; *Baum*-Trieb *m*; *Ast*-Stumpf *m*.
esgana [ɨʒ'ɣɐnɐ] *f vet.* Staupe *f*.
esgan|ado [~ɣɐ'naðu] gierig; geizig; **~ar** [~ar] (1a) erdrosseln, erwürgen; **~ar-se** ersticken; sich erhängen; gieren, lechzen (nach *por*); vor Neid vergehen.
esganiç|ado [~ni'saðu] kreischend; **~ar-se** [~arsə] (1p) kreischen.
esgar [~'ɣar] *m* Grimasse *f*, Fratze *f*.
esgaravatar [~ɣɐrɐvɐ'tar] (1b) aufscharren; (herum)stochern in (*dat.*); *fig.* durch-stöbern, -wühlen.
esgarçar [~ɣɐr'sar] (1p; *Stv.* 1b) ab-, auf-, durch-, zer-reißen; **~-se** (zer)reißen.
esgazear [~ɣɐ'zjar] (1l) *Augen* verdrehen; *Farben* verwischen, blaß m.
esgot|ado [~ɣu'taðu] vergriffen (*Buch*); **~adoiro, -ouro** [~tɐ'ðoiru, -oru] *m* Abzugsrohr *n*; Senke *f*; **~amento** [~tɐ'mẽntu] *m* Entleerung *f*; Erschöpfung *f*; Verbrauch *m*; Ausverkauf *m*; **~ante** [~ẽntə] aufreibend; **~ar** [~ar] (1e) entleeren; *fig.* erschöpfen; *Vorräte* verbrauchen; *Waren* ausverkaufen; *Feind, Gesundheit* aufreiben; **~ar-se** abfließen; sich ausgeben (*bei e-r Arbeit usw.*); zu Ende gehen (*Vorräte*); **~ável** [~avɛɫ] begrenzt; **~o** [~'ɣotu] *m* Abfluß *m*, Abzug *m*, Ausguß *m*; Senke *f*; ~*s pl.* Kanalisation *f*; *águas f/pl. de* ~ Abwässer *n/pl.*
esgravatar *s. esgaravatar.*
esgrim|a [ɨʒ'ɣrimɐ] *f* Fechten *n*, Fechtkunst *f*; **~ir** [~ɣri'mir] (3a) *Säbel* wetzen; *v/i.* fechten; *fig.* kämpfen; **~ista** [~ɣri'miʃtɐ] *su.* Fechter(in *f*) *m*; Fechtmeister(in *f*) *m*.
esgrouviado [~ɣro'vjaðu] hoch aufgeschossen, lang.
esguedelhar [~ɣəðɨ'ʎar] (1d) zerzausen, verwirren.
esgueirar-se [~ɣei'rarsə] (1a) sich davon-schleichen, -stehlen.
esguelh|a [~'ɣeʎɐ]: *de* ~ schief; von der Seite; **~ar** [~ɣɨ'ʎar] (1d) abschrägen.
esguich|ar [~ɣi'ʃar] (1a) aus-, verspritzen; *v/i.* (hervor)spritzen; **~o** [~'ɣiʃu] *m* Spritzer *m*, Strahl *m*; Spritze *f*.
esguio [~'ɣiu] schlank; enganliegend.
esladroar ↗ [ɨʒlɐ'ðrwar] (1f) ausputzen.
eslavo [ɨʒ'lavu] **1.** *m* Slawe *m*; **2.** *adj.* slawisch.
esmaecer [ɨʒmai'ser] (2g) dahinwelken; erbleichen.
esmag|ador [~mɐɣɐ'ðor] **1.** *adj.* niederschmetternd; erdrückend; **2.** *m* (Trauben-)Presse *f*; Quetsche *f*; Schrotmühle *f*; ~ *de átomos* Zyklotron *n*; **~ar** [~'ɣar] (1o; *Stv.* 1b) (zer)quetschen; erdrücken; zermalmen, vernichten; niederdrücken (*Schmerz usw.*); **~ar-se** zerquetscht werden; zerschellen.
esmalt|ar [~maɫ'tar] (1a) emaillieren; *Möbel* lackieren; *fig.* schmükken; **~e** [~'maɫtə] *m* Email *n*; *Möbel*-Lack *m*; *Zahn*-Schmelz *m*; *fig.* Glanz *m*.
esmar [~'mar] (1c) (ab)schätzen; berechnen.
esmerado [~mə'raðu] sorgfältig (ausgeführt); tadellos.
esmerald|a [~mə'raɫdɐ] *f* Smaragd *m*; **~ino** [~raɫ'dinu] (smaragd)grün.
esmerar [~mə'rar] (1c) vervollkommnen; pflegen; **~-se** sich die größte Mühe geben; sich hervortun.
esmer|il [~mə'riɫ] *m* Schmirgel *m*; **~ilado** [~ri'laðu]: *vidro m* ~ Mattglas *n*; **~ilar** [~ri'lar] (1a) (ab-)schmirgeln; (ab)schleifen; **~ilhar** [~ri'ʎar] (1a) = ~*ilar*; *fig.* ausfeilen; durchforschen; **~ilhar-se** sich vervollkommnen; sich herausputzen.
esmero [~'meru] *m* Sorgfalt *f*; Vollendung *f*.
esmigalhar [~miɣɐ'ʎar] (1b) zerkrümeln, -bröckeln; zermalmen.
esmiolar [~mju'lar] (1e) *Brot* aushöhlen; zerkrümeln.
esmi|uçar [~mju'sar] (1p; *Stv.* 1a) = **~udar** [~u'ðar] (1a) zerkleinern;

fig. zerlegen; eingehend untersuchen (*od.* erklären).
esmo ['eʒmu] *m* Schätzung *f*; *a* ~ aufs Geratewohl.
esmol|a [iʒ'mɔlɐ] *f* Almosen *n*; **~ar** [~mu'lar] (1e) (als) Almosen geben; (er)betteln.
esmorec|er [~murə'ser] (2g) entmutigen; schwächen; dämpfen; *v/i.* ermatten; dahin-siechen, -sinken, -welken; verblassen; ersterben (*Ton*); nachlassen; **~ido** [~iδu] mutlos; matt, kraftlos; blaß; niedergeschlagen; **~imento** [~si'mẽntu] *m* Niedergeschlagenheit *f*; Mattigkeit *f*; Schwäche *f*; Abflauen *n*.
esmurr(aç)ar [~muʀ(ɐs)'ar] (1a [1p; *Stv.* 1b]) mit der Faust bearbeiten, schlagen; mißhandeln.
és-não-és [ˌɛʒnɐ̃u'ɛʃ]: *por um* ~ um ein Haar.
esnobismo [iʒnu'βiʒmu] *m* Snobismus *m*.
esófago [i'zɔfɐɣu] = **esôfago** *bras.* [i'zofaɣu] *m* Speiseröhre *f*.
espa|çadamente [iʃpɐˌsaδɐ'mẽntə] in Abständen; **~çado** [~'saδu] gelegentlich; selten; stockend, langsam; lange; **~çamento** [~sɐ'mẽntu] *m* Abstand *m*; Unterbrechung *f*; Aufschub *m*; **~çar** [~'sar] (1p; *Stv.* 1b) ausea.-ziehen, Abstand l. zwischen (*dat.*); *tip. Wort* sperren; *Gebiet* erweitern; *Rede* in die Länge ziehen; *Frist* aufschieben; *Besuch usw.* seltener w. l.; **~cejamento** [~siʒɐ'mẽntu] *m tip.* Sperrdruck *m*; **~cejar** [~si'ʒar] (1d) sperren.
espa|cial [~pɐ'sjał] räumlich; Raum-...; **~ciosidade** [~sjuzi'δaδə] *f* Geräumigkeit *f*; **~ço** [~'pasu] *m* Raum *m*, Zeit(raum *m*) *f*; Zwischenraum *m*; Abstand *m*; Platz *m*; *de* ~ *a* ~, *a* ~ *e* ~ hier und da; = *a* ~*s* in Abständen, von Zeit zu Zeit; **~çoso** [~'sozu] geräumig; ausgedehnt; breit (*Stirn*).
espada [~'paδɐ] *f* Degen *m*; Säbel *m*; Schwert *n* (*a. fig.*); *entregar a* ~ sich ergeben; *estar entre a* ~ *e a parede* zwischen zwei Stühlen sitzen; *passar à* ~ über die Klinge springen l.; ~*s pl. Kartenspiel*: Pik *n*.
espad|achim [~pɐδɐ'ʃĩ] *m* Haudegen *m*; **~agão** [~ɐ'ɣɐ̃u] *m* Haudegen *m* (*Waffe*); **~ana** [~'δɐnɐ] *f* ⚘ Schwertlilie *f*; *Wasser*-Strahl *m*; *Kometen*-Schweif *m*; *Fisch*-Flosse *f*; **~anar** [~ɐ'nar] (1a) (hervor)sprudeln; **~arte** [~'δartə] *m* Sägefisch *m*.
espadaúdo [~δɐ'uδu] breitschultrig.
espadel|a [~'δɛlɐ] *f* Flachsbreche *f*; Ruderstange *f*; Notsteuer *n*; **~ar** [~δə'lar] (1c) *Flachs* brechen.
espadim [~'δĩ] *m* Zierdegen *m*.
espádua [~'paδwɐ] *f* Schulter *f*.
espairec|er [~pairə'ser] (2g) (sich) zerstreuen *od.* ablenken; (sich) unterhalten; spazierengehen; **~imento** [~si'mẽntu] *m* Unterhaltung *f*; Zerstreuung *f*.
espaldar [~pał'dar] *m* (Rücken-) Lehne *f*; Rück-wand *f*, -seite *f*.
espalhafat|o [iʃpɐʎɐ'fatu] *m* Lärm *m*; Getue *n*; Spiegelfechterei *f*; Aufwand *m*; **~oso** [~fɐ'tozu] lärmend; großspurig; auffallend.
espalhar [~pɐ'ʎar] (1b) (aus-, ver-, zer-)streuen; *Nachricht usw.* aus-, ver-breiten; *Getreide* schwingen; *Trauer* verscheuchen; ~ *o bofe* sein Herz ausschütten; ~ *os olhos*, ~ *a vista* den Blick weiden; *v/i. u.* **~-se** sich verzetteln.
espalmar [~pał'mar] (1a) ausea.-streichen; aus-rollen, -walzen; *Schiffsrumpf* reinigen und teeren.
espampanante F [~pẽmpɐ'nẽntə] großspurig; protzig.
espan|ador [~pɐnɐ'δor] *m* Staubtuch *n*, -besen *m*; Flederwisch *m*; **~ar** [~'nar] (1a) aus-, ab-stauben.
espancar [~pẽŋ'kar] (1n) durchprügeln; verscheuchen.
espanej|ador, ~ar [~pɐniʒɐ'δor, ~'ʒar] (1d) = *espan|ador, ~ar*.
espanhol [~pɐ'ɲɔł] **1.** *adj.* spanisch; **2.** *m*, **-a** [~'ɲɔlɐ] *f* Spanier(in *f*) *m*.
espant|adiço [~pẽntɐ'δisu] schreckhaft; scheu; **~alho** [~'taʎu] *m* Vogelscheuche *f*; F Popanz *m*; **~ar** [~'tar] (1a) erschrecken; in Erstaunen setzen, verblüffen; *Pferd* scheu m.; *Wild* aufscheuchen; *Schlaf usw.* verscheuchen; **~ar-se** erschrecken; sich wundern; scheuen (*Pferd*); **~o** [~'pẽntu] *m* Schrecken *m*; Erstaunen *n*, Verblüffung *f*; **~oso** [~'tozu] schrecklich; erstaunlich; außerordentlich, F toll.
esparadrapo [~pɐrɐ'δrapu] *m* Heftpflaster *n*.
espargir [~pɐr'ʒir] (3n; *Stv.* 3b) vergießen; (be)netzen, (be)sprengen; aus-, be-streuen; *Licht* aus-

strahlen; ~-se sich ergießen; sich aus-, ver-breiten.
espargo [~'pargu] *m* Spargel *m*.
esparrame [~pɐ'ʀɐmə] *m fig.* Aufregung *f*; *fazer ~ bras.* Aufhebens m.; Lärm schlagen.
esparreg|ado [~pɐʀə'ɣaðu] *m Art* Spinat *m aus jungen Rüben- od. Spargelblättern*; **~ar** [~ar] (1o; *Stv.* 1c) *Gemüse* dämpfen.
esparrela [~pɐ'ʀɛlɐ] *f* Schlinge *f*; Falle *f* (*a. fig.*); ⚓ Notsteuer *n*.
esparso [~'parsu] verstreut; locker.
espartano [~pɐr'tɐnu] **1.** *adj.* spartanisch; **2.** *m* Spartaner *m*.
espartilho [~pɐr'tiʎu] *m* Korsett *n*.
esparto [~'partu] *m* Spartogras *n*.
espasm|o [~'paʒmu] *m* Krampf *m*; *~s pl. a.* Zuckungen *f/pl.* **~ódico** [~pɐʒ'mɔðiku] krampfartig.
espatifar [~pɐti'far] (1a) zer-fetzen, -schlagen, -trümmern; F kurz und klein schlagen; *fig.* vergeuden.
espato [~'patu] *m min.* Spat *m*; *~ flúor* Flußspat *m*.
espátula [~'patulɐ] *f* Spatel *m*, Spachtel *m*.
espavent|ar [~pɐvẽn'tar] (1a) erschrecken; bestürzen; **~ar-se** (sich) erschrecken; bestürzt sn; P sich auf-blasen, -donnern; **~o** [~'vẽntu] *m* Schrecken *m*; P Getue *n*, Geprahle *n*; Aufwand *m*, Tamtam *n*; **~oso** [~'tozu] aufgeblasen; aufgedonnert.
espavor|ecer [~vurə'ser] (2g) = **~ir** [~'rir] (3f) erschrecken.
espec|ado [~pɛ'kaðu] steif, unbeweglich; **~ar** [~ar] (1n) (ab)stützen; *v/i. u.* **~ar-se** stehenbleiben.
especial [ɨʃpə'sjał] besonder; eigentümlich; Sonder..., ⚕ *a.* Spezial...; *em ~* insbesondere, besonders.
especiali|dade [~sjɐli'ðaðə] *f* Besonderheit *f*; Eigentümlichkeit *f*; Sondergebiet *n*; (Haupt-)Fach *n*; ⚕ Spezialität *f*; **~sta** [~'liʃtɐ] *m* Spezialist *m*; Fach-arzt *m*, -mann *m* (für *em*); **~zado** [~'zaðu] Spezial..., Fach...; **~zar** [~'zar] (1a) besonders angeben (*od.* behandeln, kennzeichnen); auszeichnen; hervorheben; **~zar-se** sich spezialisieren.
especia|lmente [~sjał'mẽntə] besonders; **~ria** [~sjɐ'riɐ] *f* Gewürz *n*.
espécie [~'pɛsjə] *f* Art *f*; *das* (menschliche) Geschlecht; *cul.* Gewürz *n*; ⚖ Sonderfall *m*; ⚕ Warengattung *f*, Sorte *f*; *em ~* in Naturalien; *~s pl.* Münzsorten *f/pl.*; *fazer ~ a j-n* aufregen, ärgern; *j-m* seltsam vorkommen; *toda a ~ de* allerlei, alle möglichen.
especieiro [~pə'sjeiru] *m* Gewürzkrämer *m*.
especific|ação [~sifikɐ'sɐ̃u] *f* (genaue) Aufstellung *f*; Beschreibung *f* im einzelnen, Unterscheidung *f*; **~ado** [~'kaðu] genau; einzeln (angeführt); **~ar** [~'kar] (1n) einzeln anführen; im einzelnen beschreiben (*od.* erläutern); spezifizieren; **~idade** [~si'ðaðə] *f* Besonderheit *f*.
específico [~'sifiku] spezifisch.
espécime, -en [~'pɛsimə, -en] *m* Muster *n*, Probe *f*; Exemplar *n*.
especioso [~pə'sjozu] Schein...
espect|acular [~pɛtɐku'lar] = *~aculoso*; **~áculo** [~'takulu] *m* Schauspiel *n*; Vorstellung *f*; **~aculoso** [~ɐku'lozu] auffallend; aufsehenerregend; **~ador** *m*, **-a** *f* [~ɐ'ðor, -ɐ] Zuschauer(in *f*) *m*.
espectr|al [~pɛ'trał] Spektral...; **~o** [~'pɛtru] *m* Gespenst *n*; *fís.* Spektrum *n*.
especul|ação [~pəkulɐ'sɐ̃u] *f* Spekulation *f*; **~ador** [~ɐ'ðor] *m* Spekulant *m*; **~ar** [~'lar] (1a) **1.** *v/t.* nachsinnen (*od.* spekulieren) über (*ac.*); *j-n* ausbeuten; *bras. j-n* ausholen; *v/i.* spekulieren (in [*dat.*] *em*; mit *com*); **2.** *adj.* Spiegel...; *pedra f ~* Marienglas *n*; **~ativo** [~ɐ'tivu] spekulativ; theoretisch; *preço m ~* Spekulationspreis *m*.
espéculo ⚕ [~'pɛkulu] *m* Spiegel *m*.
espelh|ar [~pɨ'ʎar] (1d) (wider-) spiegeln; polieren; **~ar-se** sich (be-) spiegeln; sich weiden (an [*dat.*] *em*); **~im** [~ĩ] *m* Marienglas *n*; **~o** [~'peʎu] *m* Spiegel *m*; Vorderfläche *f*; ♪ Schalloch *n*; ⚠ Fensterrose *f*.
espelta [~'pɛłtɐ] *f* Dinkel *m*, Spelt *m*.
espelunca [~pə'lũŋkɐ] *f* Höhle *f*; Spelunke *f*.
espeque [~'pɛkə] *m* Stütze *f*, Halt *m*.
espera [~'pɛrɐ] *f* Warten *n*; Erwartung *f*; Frist *f*; Hinterhalt *m*; *mont.* Anstand *m*; ⊕ (Gegen-)Halter *m*, Anschlag *m*; *estar* (*od. ficar*) *à ~* (*de*) warten (auf [*ac.*]).
esper|ança [~pə'rɐ̃sɐ] *f* Hoffnung *f*; *estar de ~s* guter Hoffnung sn; **~ançar** [~rɐ̃'sar] (1p) Hoffnung m.; **~ançoso** [~rɐ̃'sozu] hoffnungsvoll;

zuversichtlich; **~ar** [~ar] (1c) erwarten; (er)hoffen; *fig.* auflauern (*dat.*); *v/i.* warten *od.* hoffen (auf [*ac.*] *por*); vertrauen (auf [*ac.*] *em*).
esperm|a [~'pɛrmɐ] *m tierischer* Same(n) *m*; **~acete** [~pərmɐ'sɛtə] *m* Walrat *m*.
espernear [~pər'njar] (1l) strampeln.
espert|alhão F [~pərtɐ'ʎɐ̃u] **1.** *adj.* gerieben; **2.** *m*, **-ona** *f* Schlauberger *m*, -fuchs *m*; **~ar** [~'tar] (1c) = *despertar*; **~eza** [~'tezɐ] *f* Gescheitheit *f*; Schlauheit *f*; **~o** [~'pɛrtu] wach; aufgeweckt, gescheit; schlau; lauwarm (*Wasser*); kräftig (*Wein*).
espess|ar [~pə'sar] (1c) ein-, verdicken; verdichten; verstärken; **~o** [~'pesu] dick(flüssig); dicht(gedrängt); **~ura** [~urɐ] *f* Dicke *f*, Stärke *f*; Dichtigkeit *f*; Dickicht *n*.
espet ... *s. a.* *espect ...*
espet|ada, ~adela [~pə'taδɐ, ~tɐ'δɛlɐ] *f* Stich *m*; F Reinfall *m*; **~ar** [~ar] (1c) aufspießen; durchbohren; stoßen; *fig.* F reinlegen; *Predigt* loslassen auf (*ac.*); *iron. j-n* beglücken mit; **~ar-se** F reinfallen; **~o** [~'petu] *m* (Brat-)Spieß *m*; *fig.* Hopfenstange *f*; *bras.* F Plackerei *f*, Schererei *f*; *que ~!* wie lästig!; *dar ~* lästig fallen.
espevit|adeira [~əvitɐ'δeirɐ] *f* Lichtschere *f*; **~ado** [~'taδu] vorlaut; **~ar** [~'tar] (1a) schneuzen; *fig.* anfachen, aufstacheln.
espezinhar [~pɛzi'ɲar] (1a) mit Füßen treten.
espi|a [ɨʃ'piɐ] **1.** *m* Kundschafter *m*, Späher *m*; **2.** *su.* Spion(in *f*) *m*; **3.** *f* Schlepptau *n*; Wurfleine *f*; **~ão** [~'pjɐ̃u] *m* Spion *m*; Spitzel *m*; **~ar** [~'pjar] (1g) auskundschaften; belauern; erspähen; spionieren.
espicaçar [~pikɐ'sar] (1p; *Stv.* 1b) (an)picken; (durch)stechen; *fig.* (an-, auf-)stacheln; sticheln.
espich|ar [~pi'ʃar] (1a) *Fische* aufreihen; *allg.* aufspießen, durchbohren; *Faß* anstechen; (aus-, er-) strecken; *Leder* aufspannen; *bras.* F reinfallen; **~e, ~o** [~'piʃə, -u] *m* Zapfen *m*, Pflock *m*; Pinne *f*; *fig.* P Hopfenstange *f*; *bras.* F Reinfall *m*.
espiga [~'piɣɐ] *f* Ähre *f*; *Mais*-Kolben *m*; ⊕ Zapfen *m*, Dorn *m*; ⚕ Niednagel *m*; *fig.* F Reinfall *m*; Mist *m*; Tort *m*; *apanhar* (*od. gramar*) *uma ~* P reinfallen; *ora ~s!* F von wegen!; so'n Mist!
espig|ado [~pi'ɣaδu] *f* aufgeschossen; **~adote** [~ɣɐ'δɔtə] halbwüchsig; **~ão** [~ɐ̃u] *m* First *m*; Gipfel *m*; Giebel *m*; Pflock *m*; Stachel *m*; Spitze *f*; Bergkegel *m*; Wellenbrecher *m*; Niednagel *m*; **~ar** [~ar] (1o) *fig.* P reinlegen; *v/i.* Ähren ansetzen; *fig.* (in die Höhe *od.* ins Kraut) schießen; **~o** [~'piɣu] *m* (Gemüse-)Sproß *m*.
espim [~'pĩ]: *porco m ~* Stachelschwein *n*; *uva f ~* Berberitze *f*.
espinafre [~pi'nafrə] *m* Spinat *m*.
espinal [~pi'nał] Rückgrat...; Rükkenmark...; spinal; *~ medula f* Rückenmark *n*.
espineta ♪ [~'netɐ] *f* Spinett *n*.
espingarda [~pĩŋ'garδɐ] *f* Gewehr *n*, Büchse *f*, Flinte *f*; *~ de dois* (*três*) *canos* Doppelbüchse *f* (Drilling *m*).
espinha [~'piɲɐ] *f* Gräte *f*; Dornfortsatz *m an Knochen*; ⚕ Pickel *m*; Mitesser *m*; ⊕ Bohrnadel *f*; *fig.* Schwierigkeit *f*; Knochengestell *n*; *~* (*dorsal*) Rückgrat *n*; *~ nasal* Nasenbein *n*; *ter ~* e-n Haken h.; *ter uma ~ atravessada na garganta fig.* F e-e Laus auf der Leber h.
espinh|aço [~pi'ɲasu] *m* Wirbelsäule *f*, Rückgrat *n*; *fig.* Gebirgskette *f*; *quebrar o ~* (sich) das Genick brechen; **~al** [~ał] **1.** *adj.* = *espinal*; **2.** *m* (Dornen-)Gestrüpp *n*; **~ar** [~ar] (1a) (mit Dornen) stechen; *fig.* ärgern; **~eiro** [~eiru] *m* Dornstrauch *m*; Christ-, *~ cambra* Kreuz-, *~ alvar* Weiß-dorn *m*; **~o** [~'piɲu] *m* Dorn *m*; Stachel *m*; *fig.* Schwierigkeit *f*, F Haken *m*; **~oso** [~ozu] dornig, stachelig; Dorn...; *fig.* dornenvoll; schwierig, heikel.
espiolhar [~pju'ʎar] (1e) lausen; *fig.* untersuchen; herausklauben.
espion|agem [~'naʒɐ̃i] *f* Spionage *f*; **~ar** [~ar] (1e) (aus)spionieren; *j-n* bespitzeln.
espique [~'pikə] *m Farn-, Palm-*Stamm *m*.
espir|a [~'pirɐ] *f* Windung *f*; = **~al** [~pi'rał] **1.** *f* Schneckenlinie *f*; Spirale *f*; *Uhr*: Spiralfeder *f*; *em ~* spiralförmig; gewunden, gedreht; *escada f em ~* Wendeltreppe *f*; **2.** *adj.* schneckenförmig, Spiral...
espirar [~pi'rar] (1a) aus-hauchen, -strömen; *v/i.* atmen, leben.

espirit|ismo [~pəri'tiʒmu] *m* Spiritismus *m*; **~ista** [~iʃtɐ] **1.** *adj.* spiritistisch; **2.** *su.* Spiritist(in *f*) *m*.
espírito [~'piritu] *m* Geist *m*; Sinn *m* (für *de*); Witz *m*; Spiritus *m*; ♀ *Santo der* Heilige Geist *m*; **~-santense** [~sẽn'tẽsə] aus (dem Staat) Espírito Santo.
espiritual [~pəri'twał] geistig; *director m* ~ *rel.* Beichtvater *m*; **~idade** [~twɐli'ðaðə] *f* Geistigkeit *f*; geistige(s) Leben *n*; **~izar** [~twɐli'zar] (1a) vergeistigen; geistig (*od.* symbolisch) deuten.
espirituoso [~'twozu] feurig (*Wein*); geist-reich, -voll; *licores m/pl.* ~*s* Spirituosen *f/pl.*
espirr|a-canivetes [~ˌpiʀɐkɐni'vɛtɨʃ] *su.* Hitzkopf *m*; **~ar** [~pi'ʀar] (1a) niesen; knistern; (hervor-) spritzen; *fig.* maulen; aufbrausen; *fazer* ~ aufbringen; *v/t.* verspritzen; herausniesen; **~o** [~'piʀu] *m* Niesen *n*; Nieser *m*; *dar um* ~ (einmal) niesen.
esplêndido [~'plẽndiðu] strahlend; *fig.* glänzend; prächtig.
esplendor [~plẽn'dor] *m* Glanz *m*; Pracht *f*; **~oso** [~du'rozu] = *esplêndido.*
esplenite ⚕ [~plə'nitə] *f* Milzentzündung *f*.
espocar *bras.* [~po'kar] (1n; *Stv.* 1e) auf-, aus-brechen; sprudeln.
espojar-se [~pu'ʒarsə] (1e) sich wälzen (*com riso* vor Lachen).
espoleta [~pu'letɐ] *f* Zünder *m*.
espoli|ação [~puljɐ'sɐ̃u] *f* Beraubung *f*; Plünderung *f*; Raub *m*; **~ar** [~'ljar] (1g) berauben; (aus)plündern.
espólio [~'pɔlju] *m* Nachlaß *m*; *Kriegs*-Beute *f*; Plünderung *f*.
esponj|a [~'põʒɐ] *f* Schwamm *m*; **~oso** [~põ'ʒozu] schwammig.
esponsais [~põ'saiʃ] *m/pl.* Verlobung *f*.
espont|âneamente [~õnˌtɐnjɐ'mẽntə] von selbst; **~aneidade** [~tɐnei'ðaðə] *f* Spontaneität *f*; Ursprünglichkeit *f*; Natürlichkeit *f*; Freiwilligkeit *f*; **~âneo** [~'tɐnju] spontan; ursprünglich, urwüchsig; natürlich; freiwillig; ♀ wildwachsend.
espora [~'pɔrɐ] *f* Sporn *m*; ♀ Rittersporn *m*; *fig.* Ansporn *m*.
esporádico [~pu'raðiku] vereinzelt, selten; gelegentlich.
espor|ão [~'rɐ̃u] *m Hahnen*-Sporn *m* (*a.* ♀); *Gebirgs*-Ausläufer *m*; ⚠ Widerlager *n*; Wellenbrecher *m*; ⚓ Schiffsschnabel *m*; ⚕ Mutterkorn *n*; **~ear** [~'rjar] (1l) (an)spornen.
espório, -oro [~'pɔrju, -u] *m* Spore *f*.
esporte [~'pɔrtə] *m* = *desporto.*
espórtula [~'pɔrtulɐ] *f* Sportel *f*.
espos|a [~'pozɐ] *f* Gattin *f*; **~ar** [~pu'zar] (1e) trauen; heiraten; *fig.* sich *e-r Sache* (*gen.*) annehmen; *Beruf* ergreifen; eintreten für; (unter)stützen; **~o** [~u] *m* Gatte *m*; ~*s pl.* Brautleute *pl.*; Ehegatten *pl.*
espraiar [ɨʃprɐ'jar] (1b) *fig.* ausbreiten; *Strahl* (aus)senden; ~ *males*, ~ *tristezas* sich zerstreuen; ~ *a vista* die Aussicht genießen; schauen (über [*ac.*] *sobre*); sehen (bis *até*); *v/i.* zurückfluten; **~-se** sich verbreiten; sich ergehen (in [*dat.*] *em*, über [*ac.*] *sobre*); ~ *em inf.* sich bemühen zu *inf.*
espreguiç|adeira *f*, **~ador** *m* [~prəɣisɐ'ðeirɐ, ~ɐ'ðor] Faul-, Ruhe-bett *n*; **~ar-se** [~'sarsə] (1p) sich rekeln; faulenzen; *fig.* sich ausbreiten.
espreit|a [~'preitɐ] *f* Beobachtung *f*; *estar* (*pôr-se*) *à* ~ auf der (sich auf die) Lauer liegen (legen); *ter* (*od. trazer*) *em* ~ = **~ar** [~prei'tar] (1a) beobachten; (be)lauern; (er)spähen; *Gelegenheit* abpassen; *Wunsch* von den Augen ablesen.
espremer [~prə'mer] (2c) auspressen (*a. fig.*); (aus)wringen; *Tränen* entlocken; *Thema* erschöpfend behandeln; F *j-n* ausquetschen.
espulgar [ɨʃpuł'ɣar] (1o) flöhen.
espuma [~'pumɐ] *f* Schaum *m*; *tirar a* ~ abschäumen (*ac.*).
espum|adeira [~pumɐ'ðeirɐ] *f* Schaumlöffel *m*; **~ante** [~'mẽntə] schäumend; (*vinho*) ~ *m* Schaumwein *m*, Sekt *m*; **~ar** [~'mar] (1a) = *escumar*; **~ejar** [~mɨ'ʒar] (1d) schäumen; **~oso** [~'mozu] schaumig; schäumend; prickelnd (*Wein*).
esquadra [~'kwaðrɐ] *f* (Polizei-) Wache *f*; ⚓, ✈ Geschwader *n*; ⚔ Zug *m*; = *esquadro.*
esquadr|ão [~kwɐ'ðrɐ̃u] *m* Schwadron *f*; **~ejar** [~ðrɨ'ʒar] (1d) rechtwinklig behauen (*od.* zuschneiden); **~ia** [~iɐ] *f* rechte(r) Winkel *m*; Haustein *m*; = *esquadro*; **~ilha** [~iʎɐ] *f* ⚓ Flottille *f*; ✈ Staffel *f*.

esquadrinhar [~ðri'ɲar] (1a) durchstöbern; aus-, durch-schnüffeln.
esquadro [~'kwaðru] *m* (Anschlag-)Winkel *m*; Dreieck *n*; ~ (*de pedreiro*) Winkeleisen *n*; (*duplo*) ~ Reißschiene *f*; *falso* ~ Stellwinkel *m*.
esquálido [~'kwaliðu] schmutzig.
esquartejar [~kwɐrtɨ'ʒar] (1d) vierteilen; zerstückeln.
esquec|ediço [~kɛsə'ðisu] vergeßlich; **~er** [~'ser] (2g; *Stv.* 2a) vergessen; *v/i.* vergessen w.; ~ *a alg.* j-m entfallen; j-m entgehen; j-m einschlafen (*Arm, Bein*); *esqueceu-me o chapéu* ich habe m-n Hut liegenlassen; **~er-se** *de a/c.* et. vergessen; et. verlernen; ~ *de si*, ~ *de quem é* sich vergessen; **~ido** [~'siðu] *adj.* vergeßlich; ~ *de* uneingedenk (*gen.*); **~imento** [~i'mẽntu] *m* Vergessen *n*; Vergeßlichkeit *f*; Versehen *n*; Auslassung *f*; Vergessenheit *f*; *Glieder-*Lähmung *f*; *v/i. dar od. deitar ao* ~, *pôr em* ~ in Vergessenheit bringen; *cair no* (*entregar ao*) ~ der Vergessenheit anheimfallen (anheimgeben).
esquel|ético [~kə'lɛtiku] Skelett...; skelettartig; *fig.* klapperdürr; **~eto** [~'letu] *m* Skelett *n*, Gerippe *n*.
esquem|a [~'kemɐ] *m* Schema *n*; Entwurf *m*, Plan *m*; **~ático** [~kə'matiku] schematisch; **~atizar** [~kəmɐti'zar] (1a) schematisieren.
esquent|ação [~kẽntɐ'sɐ̃u] *f* Erwärmung *f*; Hitze *f*; *fig.* hitzige Ausea.-setzung *f*; ⚕ Harnleiterentzündung *f*; **~ado** [~'taðu] warm; *fig.* hitzig; aufgebracht; **~ador** [~ɐ'ðor] *m* Bett-, Wasser-wärmer *m*; ⚡ Heizkörper *m*; **~amento** [~ɐ'mẽntu] *m* = ~*ação*; P Tripper *m*; **~ar** [~'tar] (1a) (an-, er-)wärmen; *fig.* aufbringen; *v/i. u.* **~ar-se** sich erhitzen; in Zorn geraten.
esquerd|a [~'kerdɐ] *f* Linke *f* (*a. pol.*); ⚔ ~! links um!; *à* ~ zur Linken, links; **~ista** [~kər'diʃtɐ] *m pol.* Mitglied *n* der Linken; Linksgerichtete(r) *m*; **~o** [~u] link; Links...; *fig.* verdreht, schief; scheel; linkshändig; linkisch; *deitar à mão -a* F krummnehmen.
esqui [~'ki] *m* Schi *m*; **~ador** [~kjɐ'ðor] *m* Schiläufer *m*.
esquife [~'kifə] *m* Sarg *m*; Bahre *f*.
esquilo [~'kilu] *m* Eichhörnchen *n*.
esquimó [~ki'mɔ] *m* Eskimo *m*.
esquina [~'kinɐ] *f* Ecke *f*.
esquip|ação [~kipɐ'sɐ̃u] *f* Ausrüstung *f*; Mannschaft *f*; *Kleider-*Ausstattung *f*, F Kluft *f*; **~ado** [~'paðu] *m bras.* Paß(gang) *m*; **~ador** *bras.* [~a'ðor] *m* Paßgänger *m*; **~amento** [~ɐ'mẽntu] *m* (Schiffs-)Ausrüstung *f*; **~ar** [~'par] (1a) aus-rüsten, -statten; schmücken; *bras.* Paß reiten.
esquírola [~'kirulɐ] *f* (Knochen-)Splitter *m*.
esquisit|ão [~kəzi'tɐ̃u] *m* (komischer) Kauz *m*; Sonderling *m*, Eigenbrötler *m*; **~ice** [~isə] *f* Sonderbarkeit *f*; Überspanntheit *f*; Eigenbrötelei *f*; **~o** [~kə'zitu] ausgefallen; sonderbar, F komisch; überspannt; eigenbrötlerisch; ⚒ auserlesen.
esquiv|ança [~ki'vɐ̃sɐ] *f* Zurückhaltung *f*; Scheu *f*, Sprödigkeit *f*; Unfreundlichkeit *f*; **~ar** [~ar] (1a) verschmähen; ausweichen (*dat.*); vermeiden; **~ar-se** (sich) davonschleichen; sich entziehen; ausweichen (*dat. a, de*); sich drücken (vor *od.* von *a, de*); **~o** [~'kivu] scheu; ungesellig; herb, spröde; unfreundlich; schwierig.
essa ['ɛsɐ] **1.** *f* Katafalk *m*; *pôr na* ~ aufbahren; **2.** *pron. f, s.* esse²; das; ~ *é boa!* das ist gut!; *iron.* das ist ja reizend!; ~ *não é má!* (das ist) nicht schlecht!; *ora* ~! aber ich bitte Sie!; gern geschehen!; = ~ *agora!* nein, so was!; aber hören Sie mal!; *ora* ~ *é boa!* da hört doch alles auf!; *mais* ~! auch das noch!; (*nem*) *por* ~*s e* (*nem*) *por outras* aus diesen und andern Gründen (auf gar keinen Fall).
esse¹ ['ɛsə] *m Name des Buchstaben s; pl.* esses *od.* ss.
esse², essa ['esə, 'ɛsɐ] *pron.* der, die, das (da); dieser, diese, dieses; *esse relógio* die Uhr da; Ihre Uhr; *essa saúde* Ihre Gesundheit; *im Brief*: *nessa cidade* in Ihrer Stadt, dort; *essa casa* Ihre Firma.
essência [i'sẽsjɐ] *f* **a**) Wesen *n*; Sinn *m*; Wesentliche(s) *n*; Kennzeichen *n*; Wesenheit *f*; **b**) Essenz *f*; ⊕ Kraft-, Treib-stoff *m*.
essencial [isẽ'sjaɫ] **1.** *adj.* wesentlich; hauptsächlich, Haupt...; **2.** *m* Hauptsache *f*.
essoutro, -a [e'sotru, ɛ'sotrɐ] der, die, das andere (da).

esta ['ɛʃtɐ] *pron. f s.* este²; das; *com* ~ damit; *d*~ davon; daraus; *d*~ *escapou ele!* diesmal ist er noch davongekommen.
estabelec|er [iʃtɐβələ'ser] (2g) (be-) gründen; *Staat, Gebäude* errichten; *Anstalt* einrichten, eröffnen; *Regel* festsetzen; *Theorie* aufstellen; *Sachverhalt* feststellen; *Gericht* einsetzen; *Steuer, Brauch* einführen; *Ordnung, Verbindung* herstellen; *Entscheidung* treffen; *Beschluß* fassen; *s-e Kinder* versorgen, *ihnen* e-e Existenz gründen; sich *e-e Wohnung* einrichten; bestimmen (*Gesetz*); **~er-se** sich durch-, festsetzen; auftreten; sich gründen (auf [*dat.*] *em*); sich niederlassen; sich e-e Existenz gründen; **~imento** [~si'mẽntu] *m* Begründung *f*; Gründung *f*; Errichtung *f*; Eröffnung *f*; Durch-, Fest-setzung *f*; Auf-, Feststellung *f*; Einrichtung *f*; Herstellung *f*; Versorgung *f*; Niederlassung *f*; ~ *comercial* Geschäft(s-haus) *n*; ~ *industrial* gewerbliche(r) Betrieb *m*; ~ *pio* Wohlfahrtseinrichtung *f*; ~ *público* öffentliche Anstalt *f* (*od.* Einrichtung *f*).
estabili|dade [~βəli'ðaðə] *f* (Stand-) Festigkeit *f*; Beständigkeit *f*; Bestand *m*; **~zador** [~zɐ'ðor] *m* ✈ Trimmvorrichtung *f*; Höhenflosse *f*; **~zar** [~'zar] (1a) festigen, stabilisieren.
estábulo [iʃ'taβulu] *m* Stall *m*.
estac|a [iʃ'takɐ] *f* Pfahl *m*; Stecken *m*; ✓ Steckling *m*; *pegar de* ~ Wurzeln schlagen; **~ada** [~tɐ'kaðɐ] *f* Verhau *m*; Lattenzaun *m*; Einfriedung *f*; Pfahlrost *m*.
estação [~tɐ'sɐ̃u] *f* Stand *m*; Halt *m*; Aufenthalt *m*; (Beobachtungs-, Marine-, Polizei-)Station *f*; *öffentliche* Dienststelle *f*; *Eisenbahn*-Station *f*, Bahnhof *m*; *Omnibus*-Haltestelle *f*; *rel.* Station *f*; Predigt *f*; Betgang *m*; *fig.* Jahreszeit *f*; Lebensalter *n*, -zeit *f*; *allg.* Zeit *f*; Saison *f*; ~ *de serviço* Auto-Reparaturwerkstätte *f*.
estac|ar [~'kar] (1n; *Stv.* 1b) pfählen; (ab)stützen; *v/i.* (plötzlich) stehenbleiben; *fig.* stocken; stutzen; **~aria** [~kɐ'riɐ] *f* Pfahlwerk *n*; Pfahlrost *m*.
estacion|al [~sju'nał] jahreszeitlich; Stations...; **~amento** [~nɐ'mẽntu] *m* Stehenbleiben *n*; Stillstand *m*; Aufenthalt *m*; *auto.* Parken *n*; **~ar** [~ar] (1e) stehenbleiben; stocken (*Verkehr*); sich aufhalten; Station (*a.* Rast) m.; *auto.* parken; **~ário** [~arju] gleichbleibend, unveränderlich; fest (*Preis usw.*); rückständig; *ficar* ~, *conservar-(manter-)se* ~ sich gleich (*od.* fest) bleiben; nicht zurückgehen; = *~ar*.
estad|a [iʃ'taðɐ] *f* Aufenthalt *m*; Verweilen *n*; Anwesenheit *f*; **~ão** [~tɐ'ðɐ̃u] *m* Prunk *m*, Aufwand *m*; **~ear** [~tɐ'ðjar] (1l) sich brüsten mit; **~ear-se** großtun; **~ia** [~tɐ'ðiɐ] *f* ⚓ Liegezeit *f*; = *estada*.
estádi|a [~'taðjɐ] *f* Entfernungsmesser *m*; **~o** [~u] *m* Stadion *n*; ⚕ Stadium *n*.
estad|ismo [~tɐ'ðiʒmu] *m* Staatsabsolutismus *m*; **~ista** [~iʃtɐ] *m* Staatsmann *m*; **~o** [~'taðu] *m* Stand *m*; Zustand *m*; *Wetter- usw.* Lage *f*; ♀ Staat *m*; *~s pl.* (Land-) Stände *m/pl.*; ~ *civil* Familien-, ~ *de casado (solteiro, viuvo)* Ehe- (Ledigen-, Witwen-)stand *m*; ~ *interessante* guter Hoffnung; *no* ~ *actual das coisas* nach Lage der Dinge; **~o-maior** [~ˌtaðumɐ'jɔr] *m* (Regiments-, Bataillons-, General-) Stab *m*; **~ual** *bras.* [~ta'ðwał] Staats..., Landes...
estaf|a [~'tafɐ] *f* Schinderei *f*; Hetze *f*; **~ado** [~tɐ'faðu] zerschlagen; abgetrieben (*Pferd*); *fig.* abgedroschen; abgetragen (*Anzug*); **~ante** [~tɐ'fẽntə] anstrengend; **~ar** [~tɐ'far] (1b) überanstrengen, F schinden; herumhetzen; *fig.* herunterleiern; *Spiel*: mogeln; ~ *alg. com* j-m zur Last fallen (*od.* die Ohren vollhängen) mit; **~ar-se** sich abschinden; sich abhetzen.
estafermo [~tɐ'fermu] *m fig.* Tropf *m*.
estafeta [~'fetɐ] *f* Stafette *f*; *fig.* Bote *m*; *Sport*: Staffellauf *m*.
estagi|ar [~'ʒjar] (1g) als Volontär (*od.* praktisch) arbeiten; **~ário** [~arju] *m* Praktikant *m*; Volontär *m*; Lehramtskandidat *m*.
estágio [~'taʒju] *m* Praktikantenzeit *f*; praktische Ausbildung *f*; Referendarjahr *n*; ⊕ Stufe *f*; *fazer um* ~ = *estagiar*.
estagn|ação [~tɐɣnɐ'sɐ̃u] *f* Stillstand *m*, Stockung *f*; **~ado** [~'naðu]

stehend, *fig.* faul (*Wasser*); **~ante** [~'nẽntə] hemmend, lähmend; **~ar** [~'nar] (1b) stauen; *fig.* hemmen, lähmen; zum Stocken bringen; stillegen; **~ar-se** *fig.* stocken; zum Stillstand kommen.

estai [~'tai] *m* ⚓ Stag *m*; Ankerdraht *m*; Kettensteg *m*; ⊕ Strebe *f*; **~amento** [~tɐjɐ'mẽntu] *m* Verspannung *f*, Versteifung *f*.

estalactite [~tɐlɐk'titə] *f* (Zapfen-)Tropfstein *m*; (Eis-)Zapfen *m*.

estal|ado [~'laδu]: *ovo m ~ bras.* Spiegelei *n*; **~agem** [~aʒẽi] *f* Gasthaus *n*; **~ajadeiro** *m*, **-a** *f* [~lɐʒɐ'δeiru, -ɐ] (Gast-)Wirt(in *f*) *m*.

estal|ão [~'lẽu] *m* = *padrão*; *Preis-*, *Währungs-* Index *m*; **~ar** [~ar] (1b) bersten, platzen (*a. fig.*); (zer)springen (*Glas*); knallen, knattern; knacken; *fig.* ausbrechen (*Krieg*); *v/t.* zerbrechen.

estaleiro ⚓ [~'leiru] *m* Werft *f*.

estal|ejar [~lɨ'ʒar] (1d) knattern; **~ido** [~'liδu] *m* Geknatter *n*; Geknister *n*; Knall *m*; Schnalzer *m*; **~inho** [~'liɲu] *m* Zündblättchen *n*, Knallerbse *f*; **~o** [~'talu] *m* Knall *m*; Knack *m*; Klatsch *m*; **~s** *pl.* Knallen *n*, Geknalle *n*; *dar ~s* knallen; knacken; schnalzen.

estambre [~'tẽmbrə] *m*: (*fio m de*) ~ Kammgarn *n*.

estame [~'tɐmə] *m* ♀ Staubfaden *m*; ~ (*da vida*) Lebensfaden *m*.

estamp|a [~'tẽmpɐ] *f* Abbildung *f*; Stich *m*; Holzschnitt *m*; (Fuß-)Abdruck *m*; *fig.* Bild *n*; Aussehen *n*; *dar à ~* in Druck geben; *obrar de ~* nach Schema F arbeiten; **~ado** [~tẽm'paδu] bedruckt (*Stoff*); **~ar** [~tẽm'par] (1a) drucken; ein-, aufdrücken; (ein)prägen; (aus-, ein-)stanzen; **~aria** [~tẽmpɐ'riɐ] *f* Zeug-, Kattun-, Bild-druckerei *f*.

estampido [~tẽm'piδu] *m* Knall *m*; Krach *m*, Getöse *n*; Dröhnen *n*.

estampilha [~tẽm'piʎɐ] *f* Stempel *m*; *bras.* Steuermarke *f*.

estanc|ado [~tẽŋ'kaδu] = *estagnado*; *estanque*; **~amento** [~kɐ'mẽntu] *m* Stauung *f*; Abdichten *n*; Dichtigkeit *f*; Stillen *n*; Trockenlegung *f*; Versiegen *n*; Stockung *f*; **~ar** [~ar] (1n) (ab)stauen; abdichten; den Lauf *v. et.* aufhalten; *Blut, Durst* stillen; *Tränen* trocknen; *Behälter* leeren, leerpumpen; *Wasser* auspumpen *od.* ablassen; *fig.* aussaugen; erschöpfen; beenden; *die Lust* nehmen; *v/i. u.* **~ar-se** sich stauen; zum Stillstand kommen, stocken; versiegen; erlahmen; **~a-rios** [~ˌtẽŋkɐ'ʀiuʃ] *m* Schöpfwerk *n*.

estância [~'tẽsjɐ] *f* **a**) Aufenthalt(sort) *m*; (Wohn-)Sitz *m*; Standort *m*; Rast(platz *m*) *f*; Erholungsort *m*; ⚓ Ankerplatz *m*; *Holz-*, *Kohlen-*Lager *n*; *bras.* Viehzüchterei *f*; *~ balnear* Badeort *m*; **b**) *lit.* Stanze *f*.

estanco [~'tẽŋku] *m* = *estanque*.

estandar|dizar [~tẽndɐrdi'zar] (1a) vereinheitlichen, standardisieren; **~te** [~'dartə] *m* Standarte *f*; Fahne *f* (*a. fig.*).

estanh|ar [~tɐ'ɲar] (1a) verzinnen; **~o** [~'tɐɲu] *m* Zinn *n*; *papel m de ~* Silberpapier *n*; Stanniol *n*.

estan|que [~'tẽŋkə] **1.** *m* Tabakladen *m*, Kiosk *m*; **2.** *adj.* dicht; hermetisch verschlossen; leer; trocken; versiegt; *~ ao ar* luftdicht; **~queiro** [~tẽŋ'keiru] *m* Tabakhändler *m*.

estante [~'tẽntə] *f* Bücher-brett *n*, -gestell *n*, -schrank *m*; Regal *n*; Lese-, Noten-pult *n*.

estar [iʃ'tar] (1s) *vorübergehend irgendwo od. in e-m Zustand* sein; *irgendwo* liegen, stehen, stecken, sitzen *od.* hängen; sich befinden; sich aufhalten; *~ a fazer a/c.*, *~ fazendo a/c.* gerade (*od.* eben) et. tun; dabei sn et. zu tun; *~ com a/c.* et. haben; *~ com alg.* mit j-m zs.-sein (*od.* -wohnen); *fig.* es mit j-m halten; *estou com calor* (*frio*) es ist mir warm (kalt); *~ de aprendiz, caixeiro, etc.* Lehrling, Verkäufer *usw.* sn; *~ de mão na cinta, de espada na mão, etc.* die Hand am Gürtel, das Schwert in der Hand *usw.* h.; *~ de casaca, de luto, etc.* im Frack, in Trauer *usw.* sn; *~ em fig.* bestehen in (*dat.*) (*Schwierigkeit*); stehen auf, kosten (*Preis*); in *ein Geheimnis* eingeweiht sn, *et.* schon wissen; *et.* begreifen; bei *j-m* liegen, in *j-s* Macht stehen; *~ em si*, *~ senhor de si* bei Sinnen sn, sich in der Gewalt h.; *~ para* aufgelegt sn (*od.* Lust h.) zu; einverstanden sn mit; *örtl.* gegangen (*od.* gefahren) sn nach (*od.* zu, in [*ac.*]); *zeitl.* dauern (*ac.*); *Pro-*

portion: sich verhalten zu; ~ *para inf.* im Begriff sn zu *inf.*, wollen *inf.*; ~ *por* sn für, angetan sn von; auf *j-s* Seite stehen; ~ *por fazer* noch zu tun (*od.* nicht getan) sn; *isso ainda está por muitos dias* (*od. muito tempo*) das dauert noch lange; ~ *que* der Auffassung sn (*od.* glauben), daß; *deixe-se* ~! bleiben Sie doch noch!; bleiben Sie (so) sitzen (stehen *od.* liegen); *fulano está?* ist Herr X da?; *está* (*lá*)? *tel.* hallo!

estarrecer [ɨʃtɐʀə'ser] (2g) lähmen; *v/i.* erstarren.

estatal [~'tał] staatlich, Staats...; *bras.* bundesstaatlich, Bundes...

estatel|ado [~tə'laδu] der Länge nach; *ficar* ~ = *~ar-se*; **~ar** [~ar] (1c) (auf den Boden *od.* hin-) werfen; zu Boden (*od.* nieder-) strecken; (hin)fallen l.; ~ *a/c. em* (*od. contra*) mit et. fallen auf (*ac.*) *od.* prallen gegen; **~ar-se** der Länge nach (hin)fallen; (zu Boden) stürzen; prallen (gegen *em*, *contra*); e-n Zs.-stoß h.; *fig.* F sich blamieren.

estátic|a [~'tatikɐ] *f* Statik *f*; **~o** [~u] statisch; *fig.* fest; unbeweglich.

estatística [~tɐ'tiʃtikɐ] *f* Statistik *f*; *Instituto Nacional de* ♀ Statistisches Amt *n.*

estatizar *bras.* [~tati'zar] (1a) verstaatlichen. [Statue *f.*]

estátua [~'tatwɐ] *f* Standbild *n*,

estatu|ária [~tɐ'twarjɐ] *f* Bildhauerkunst *f*; **~eta** [~etɐ] *f* Statuette *f*, Plastik *f*; **~ir** [~ir] (3i) festsetzen, verordnen; **~ra** [~'turɐ] *f* Wuchs *m*, Gestalt *f*; Größe *f*; **~to** [~'tutu] *m* Satzung *f*, Statut *n.*

estável [~'tavɛł] beständig; fest, stabil.

este¹ ['ɛʃtə] *m* Osten *m.*

este², **esta** ['eʃtə, 'ɛʃtɐ] dieser, dieses, diese; der, das, die (hier); *nesta* (*cidade*) hier.

estear [ɨʃ'tjar] (1l) (unter)stützen.

estea|rina [~tjɐ'rinɐ] *f* Stearin *n*; **~tite** [~'titə] *f* Speckstein *m.*

esteio [ɨʃ'teju] *m* Stütze *f.*

estei|ra [~'teirɐ] *f* **a**) (Binsen-)Matte *f*; **b**) Kielwasser *n*; *fig.* Spur *f*; Weg *m*, Bahn *f*; Abglanz *m*; Muster *n*; *ir na* ~ *de alg. fig.* j-m folgen, j-m nach-gehen, -fahren; **~ro** [~'teiru] *m* Meeres- (*od.* Fluß-)arm *m*; Haff *n*; = *estuário.*

estelionat|ário [~təljunɐ'tarju] *m* Betrüger *m*; **~o** [~'natu] *m* Betrug *m.*

estêncil [~'tẽsił] (*papel*) ~ *m* Schablone *f*; Matrize *f.*

estend|al [~tẽn'dał] *m* Menge *f* = *~oiro*; *fazer* ~ *de* prunken mit; auskramen (*ac.*); **~edoiro, -ouro** [~də'δoiru, -oru] *m* Trockenplatz *m*; **~er** [~er] (2a) (aus)strecken; ausbreiten; ausea.-falten, -ziehen; in die Länge ziehen; (aus)dehnen; spannen; *Wäsche usw.* (zum Trocknen) aufhängen (*od.* [aus]legen); *über e-e Fläche* verteilen; *Teig* ausrollen; *j-m et.* reichen; *Befugnisse* überschreiten; *j-n* zu Boden (*od.* nieder)strecken; zur Strecke bringen, besiegen; ~ *os olhos*, ~ *a vista* blicken (nach *para*, über [*ac.*] *por sobre*); *v/i.* sich dehnen; **~er-se** sich erstrecken (bis *até*, auf [*ac.*] *a*); *fig.* F sich blamieren; durchfallen; ~ *no chão*, ~ *ao comprido* der Länge nach hinfallen; **~idamente** [~ˌdiδɐ'mẽntə] ausführlich, weitläufig.

esten|ografar [~tənuγrɐ'far] (1b) stenographieren; **~ografia** [~uγrɐ'fiɐ] *f* Kurzschrift *f*; **~ográfico** [~u'γrafiku] stenographisch; **~ógrafo** *m*, **-a** *f* [~'nɔγrɐfu, -ɐ] Stenograph(in *f*) *m.*

estepe [~'tɛpə] *f* Steppe *f.*

esterc|ada [~tər'kaδɐ] *f* Düngung *f*; **~ar** [~ar] (1n; *Stv.* 1c) düngen; *v/i.* misten; **~o** [~'terku] *m* Mist *m*; Dünger *m*; *fig.* Unrat *m*; **~oreiro** [~ku'reiru] *m* Mistkäfer *m.*

estere, -éreo [~'tɛrə, -ɛrju] *m* Festmeter *m*; *tip.* Matrize *f*, Klischee *n.*

estereo|metria [~tɛrjumə'triɐ] *f* Stereometrie *f*; **~scópio** [~ʃ'kɔpju] *m* Stereoskop *n*; **~tipia** [~ti'piɐ] *f* Stereotypie *f.*

estéril [~'tɛril] **1.** *adj.* unfruchtbar (*a. fig.*); ⚕ keimfrei, steril; *fig.* fruchtlos; **2.** *m* taube(s) Gestein *n.*

esterili|dade [~tərəli'δaδə] *f* Unfruchtbarkeit *f*; **~zador** [~zɐ'δor] *m* Sterilisierapparat *m*; **~zar** [~'zar] (1a) sterilisieren, entkeimen; unfruchtbar m.; *fig.* zum Scheitern (*od.* um den Erfolg) bringen; **~zar-se** *fig.* vergeblich sn, scheitern.

esterlino [~tər'linu] **1.** *adj.* *libra f -a* = **2.** *m das* Pfund Sterling.

esterno [~'tɛrnu] *m* Brustbein *n.*

esterqu|eira *f*, **-o** *m* [ɨʃtər'keirɐ, -u] Misthaufen *m*; Mistgrube *f*.
esterroar [~tə'ʀwar] (1f) eggen.
estert|or [~tər'tor] *m* Röcheln *n*; **~orar** [~tu'rar] (1e) röcheln; rasseln; **~oroso** [~tu'rozu] röchelnd.
esteta [~'tɛtɐ] *m* Ästhet *m*.
estética [~'tɛtikɐ] *f* Ästhetik *f*.
estetoscópio ⚕ [~tɛtuʃ'kɔpju] *m* Stethoskop *n*, Hörrohr *n*.
esteva [~'tevɐ] *f* Pflugsterz *m*.
esti|ado [~'tjaðu] trocken und heiter; **~agem** [~aʒɐ̃i] *f* trockene(s) Wetter *n*; (Zeit der) Dürre *f*; **~ar** [~ar] (1g) aufhören zu regnen; trocken w.
estibina [~ti'βinɐ] *f* Spießglanz *m*.
estibordo [~'βɔrdu] *m* Steuerbord *n*.
estic|adela [~kɐ'ðɛlɐ] *f* Ruck *m*; **~ão** [~'kɐ̃u] *m* heftige(r) Ruck *m*; **~ar** [~'kar] (1n) straffen, spannen; strecken; recken; zerren; *~ a canela*, *~ a perna*, *~ o pernil v/i.* V verrecken.
estigma [~'tiɣmɐ] *m* Stigma *n*, Wundmal *n* Christi; *fig.* (Brand-) Mal *n*; ⚕, ⚘ Narbe *f*; **~tizar** [~tiɣmɐti'zar] (1a) stigmatisieren; *fig.* brandmarken.
estilar [~ti'lar] (1a) träufeln; *v/i.* tropfen; **~-se** sich verzehren.
estilete [~ti'letə] *m* Stilett *n*; ⚘ Griffel *m*; ⚕ Sonde *f*.
estilha [~'tiʎɐ] *f* Span *m*, Splitter *m*; *fazer em ~s* = **~çar** [~tiʎɐ'sar] (1p) zersplittern; **~ço** [~ti'ʎasu] *m* Splitter *m*.
estil|ística [~tə'liʃtikɐ] *f* Stilkunde *f*; **~ístico** [~'liʃtiku] stilistisch; **~izar** [~li'zar] (1a) stilisieren; **~o** [~'tilu] *m* (Schreib-)Griffel *m*; *fig.* Stil *m*; Brauch *m*; ⚘ Griffel *m*; **~ógrafo** [~ti'lɔɣrɐfu] *m* Füllfederhalter *m*.
estima [~'timɐ] *f* Wertschätzung *f*; *ter ~ a alg.* j-n schätzen.
estim|ação [~timɐ'sɐ̃u] *f* Schätzung *f*; *fig.* Achtung *f*, Wertschätzung *f*; *valor m de ~* Liebhaberwert *m*; *ter em ~* (hoch)schätzen, werthalten; **~ado** [~'maðu] (lieb)wert; **~ador** [~ɐ'ðor] *m* Liebhaber *m*; **~ar** [~'mar] (1a) (ein)schätzen, taxieren; (wert)schätzen, achten; in Ehren (*od.* wert)halten; gern h., lieben; glauben, meinen; halten für; sich freuen; wünschen; *~ que conj.* hoffentlich *ind.*; **~ar-se** auf sich halten; (gut) für sich sorgen; **~ativa** [~ɐ'tivɐ] *f* Schätzung *f*; Berechnung *f*; **~ativo** [~ɐ'tivu]: *juízo m ~* Wahrscheinlichkeitsurteil *n*; *valor m ~* Liebhaberwert *m*; **~ável** [~'mavɛɫ] schätzbar.
estimul|ação [~timulɐ'sɐ̃u] *f* Anregung *f*; Erregung *f*; Anfeuerung *f*; **~ante** [~'lɐ̃ntə] *m* Reizmittel *n*, Stimulans *n*; *fig. a.* = *estímulo*; **~ar** [~'lar] (1a) an-regen, -reizen; *Haß usw.* erregen; *j-n* an-spornen, -feuern; aufstacheln, reizen.
estímulo [~'timulu] *m* Stachel *m*; *fig.* Anregung *f*, Auftrieb *m*; Anreiz *m*, Antrieb *m*; Ansporn *m*.
estio [ɨʃ'tiu] *m* Sommer *m*.
estiolar(-se) [ɨʃtju'larsə] (1e) verkümmern.
estipul|ação [~tipulɐ'sɐ̃u] *f* Festsetzung *f*; Abmachung *f*; ⚖ Klausel *f*, Bestimmung *f*; **~ante** [~'lɐ̃ntə]: *partes f/pl. ~s die* vertragschließenden Parteien *f/pl.*; **~ar** [~'lar] (1a) festsetzen; abmachen; zur Bedingung m.
estir|açar [~tirɐ'sar] (1p; *Stv.* 1b) in die Länge ziehen; recken; **~ão** [~'rɐ̃u] *m* Ruck *m*; F Plackerei *f*; **~ar** [~'rar] (1a) (aus)strecken; *Draht* ziehen; (aus)dehnen (*a. fig.*); zerren; *Befugnis* überschreiten; *j-n* zu Boden (*od.* nieder-)strecken.
estirpe [~'tirpə] *f* Wurzelstock *m*; *fig.* Geschlecht *n*; Herkunft *f*.
estiva [~'tivɐ] *f* Ballast *m*; Trimmladung *f*; Stauraum *m*; (Lade-)Rost *m*; Streck-, Rödel-balken *m/pl.* *an Brücken*; *~s pl. bras.* Knüppeldamm *m*.
estiv|ação [~tivɐ'sɐ̃u] *f* Trimmen *n*; Trimm *m*; ⚘ Blütenknospenstand *m*; **~ador** [~ɐ'ðor] *m* Stauer *m*; **~agem** [~'vaʒɐ̃i] *f* Trimmen *n*; Verstauen *n*; **~al** [~'vaɫ] Sommer...; sommerlich; **~ar** [~'var] (1a) trimmen; *Last* (ver)stauen; *Schiff* (be-) laden; *v/i.* den Sommer verbringen.
estocada [~tu'kaðɐ] *f* Degen-stich *m*, -stoß *m*.
estoc|agem *bras.* [~to'kaʒɐ̃i] *f* Lagern *n*; Lager(bestand *m*) *n*; **~ar** *bras.* [~ar] (1n; *Stv.* 1e) auf Lager nehmen (*od.* legen); einlagern.
estof|ador [~tufɐ'ðor] *m* Polsterer *m*; **~ar** [~'far] (1e) *Möbel* überziehen; polstern; wattieren; **~o** [~'tofu] **1.** *m* Überzugstoff *m*; (Polster-)Füllung *f*; *~s pl.* Polster-

möbel *n/pl.*; **2.** *adj.* stehend (*Wasser*).

estóico [~'tɔiku] **1.** *adj.* stoisch; gleichmütig; **2.** *m* Stoiker *m.*

estoir-, estour|ada [~toi-, ~to'raδɐ] *f* Geprassel *n*, Getöse *n*; **~ado** [~aδu]: *olhos m/pl.* ~*s* Glotzaugen *n/pl.*; **~ar** [~ar] (1a) bersten, platzen (*a. fig.*); (zer-)knallen, (-)krachen; *v/t.* zum Platzen bringen (*a. fig.*); zerschmettern; **~o** [~'toi-, ~'toru] *m* Knall *m*, Krach *m.*

estojo [~'toʒu] *m* Futteral *n*; Etui *n*; *cir.* Besteck *n*; ~ *de costura* (*desenho*), ~ *matemático* Näh-(Zeichen-), Zirkel-kasten *m.*

estolho ⚘ [~'toʎu] *m* Ausläufer *m.*

estoma|cal [~tumɐ'kał] Magen..., magenstärkend; **~gar** [~'γar] (1o; *Stv.* 1b) verstimmen.

estômago [~'tomɐγu] *m* Magen *m*; *fig.* Lust *f*; Mut *m.*

estomatite [~tumɐ'titə] *f* Mundfäule *f.*

estomatolog|ia [~tumɐtulu'ʒiɐ] *f* Zahn- u. Kieferheilkunde *f*; **~ista** [~iʃtɐ] *m* Facharzt *m* für Zahn- u. Kieferkrankheiten.

estónio [~'tɔnju] **1.** *adj.* estnisch; **2.** *m*, **-a** *f* Este *m*, Estin *f.*

estonte|ado [~tõn'tjaδu] benommen; *fig.* ratlos; **~amento** [~tjɐ'mẽntu] *m* Betäubung *f*; Verwirrung *f*, Ratlosigkeit *f*; **~ar** [~ar] (1l) betäuben; *fig.* verwirren; bestürzen.

estopa [~'topɐ] *f* Werg *n.*

estop|ada [~tu'paδɐ] *f* Büschel *n*; Werg *n*; Bausch *m*; *fig.* langweilige Sache *f*; Plackerei *f*; *que* ~! wie langweilig!; wie lästig!; **~ar** [~ar] (1e) aus-, ver-, zu-stopfen; *fig.* langweilen; auf die Nerven fallen; **~ento** [~ẽntu] faserig; *fig. bras.* langweilig; lästig; **~im** [~ĩ] *m* Lunte *f*; **~inha** [~iɲɐ] *f* Flachs *m*; *falar* (*od. conversar*) *às* ~*s* schwätzen.

estoqu|e [~'tɔkə] *m* **1.** Stoßdegen *m*; **2.** *angl.* (Versand-)Lager *n*; Lagerbestand *m*; **~ear** [~tu'kjar] (1l) verwunden; niederstoßen.

estorcer [~tur'ser] (2g; *Stv.* 2d) ver-drehen, -renken; *v/i.* abdrehen; abbiegen; **~-se** sich winden.

estore [~'tɔrə] *m* Store *m*; Rollvorhang *m.*

estorninho *zo.* [~tur'niɲu] *m* Star *m.*

estorno [~'tornu] *m* Storno *m.*

estorv|ar [~tur'var] (1e) stören; (be)hindern; *fig.* irremachen; ~ *a/c. a alg.* j-n an et. (*dat.*) hindern; j-n in (*od.* bei) et. (*dat.*) stören; **~o** [~'torvu] *m* Störung *f*; Hindernis *n*; *fazer* ~ ein Hindernis bilden, hinderlich sn; = ~*ar.*

estour... *s. estoir.*

estoutro, -a [eʃ'totru, ɛʃ'totrɐ] der, die, das andere (hier).

estouv|ado [ɨʃto'vaδu] leichtfertig; **~amento** [~vɐ'mẽntu] *m* Leichtfertigkeit *f*; Leichtsinn *m.*

estrabar [~trɐ'βar] (1b) misten.

estrábico [~'traβiku] schielend.

estrabismo [ɨʃtrɐ'βiʒmu] *m* Schielen *n.*

estrad|a [~'traδɐ] *f* (Land-)Straße *f*; *fig.* Weg *m*; ~ *de ferro* Eisenbahn *f*; ~ *de rodagem* Fahrstraße *f*; ~ *de Santiago* Milchstraße *f*; **~eiro** *bras.* [~trɐ'δeiru] gut zu Fuß; Wander...; *fig.* gerissen; **~ista** [~trɐ'δiʃtɐ] *m* Straßen(renn)fahrer *m*; **~o** [~u] *m* Podium *n*; Tritt *m*; Erhöhung *f.*

estrag|ar [~trɐ'γar] (1o; *Stv.* 1b) verderben; verheeren; *Gesundheit* zerrütten; *Geld* verschwenden; **~ar-se** verderben; **~o** [~'traγu] *m* Schaden *m*; Verheerung *f*; Verlust *m*; Verschwendung *f.*

estramónio [~'mɔnju] *m* Stechapfel *m.*

estrangeir|ado [~trẽʒei'raδu] fremdartig, -ländisch; **~ar** [~ar] (1a) überfremden; verändern; **~ismo** [~iʒmu] *m* Fremdwort *n*; **~o** [~'ʒeiru] **1.** *adj.* ausländisch; *Ministério m dos Negócios* ♀*s* Ministerium *n* des Äußern, Außenministerium *n*; *in Dtschl.* Auswärtige(s) Amt *n*; *país m* ~ fremde(s) Land *n*; **2.** *m* Ausland *n*; **3.** *m*, **-a** *f* Ausländer (-in *f*) *m.*

estrangul|ação [~trẽŋgulɐ'sɐ̃u] *f* ⚕ Einklemmung *f*; ⊕ Drosselung *f*; = **~amento** [~ɐ'mẽntu] *m* Erdrosselung *f*; Verengung *f*; **~ar** [~'lar] (1a) erdrosseln; verengen; ab-, ein-klemmen; *Stimme* erstikken; ⊕ (ab)drosseln.

estrangúria [~'gurjɐ] *f* Harnzwang *m.*

estranh|ar [~trɐ'ɲar] (1a) **a)** fremd (*od.* seltsam) finden; an-, bestaunen; nicht gewohnt sn, nicht vertragen können; Angst h. vor (*dat.*); ~ *a/c.* *a* mit Befremden bemerken (*od.* befremdlich finden) an (*dat.*); **b**) befremden; **~eza** [~ezɐ] *f* Fremdartigkeit *f*; Seltsamkeit *f*; Befremden *n*; Verwunderung *f*; Scheu *f*, Schüchternheit *f*; **~o** [~ˈtrɐɲu] **1.** *adj.* fremd(artig); seltsam; erstaunlich; befremdend; scheu; ~ *a* fernstehend; unbeteiligt; abhold; zuwider (*alle mit dat.*); **2.** *m* Fremde(r) *m*.

estrat|agema [~trɐtɐˈʒemɐ] *m* (Kriegs-)List *f*; **~égia** [~ˈtɛʒjɐ] *f* Kriegskunst *f*, Strategie *f*; **~égico** [~ˈtɛʒiku] strategisch; **~egista** [~əˈʒiʃtɐ] *m* Stratege *m*.

estrat|ificação [~təfikɐˈsɐ̃u] *f* Schichtung *f*; **~ificar** [~əfiˈkar] (1a) schichten; (schichtweise) ablagern; **~o** [~ˈtratu] *m geol.* Schicht *f*, Lage *f*; *met.* Stratus-, Schicht-wolke *f*; **~osfera** [~uʃˈfɛrɐ] *f* Stratosphäre *f*.

estre|ante [~ˈtrjɐ̃ntə] **1.** *adj.* zum erstenmal auftretend; **2.** *su.* Anfänger(in *f*) *m*, Debütant(in *f*) *m*; **~ar** [~ar] (1l) einweihen; *Schachtel* anbrechen; *Kuchen* anschneiden; *Speise* versuchen; *tea.* uraufführen; zum erstenmal aufführen; *v/i. u.* **~ar-se** zum erstenmal auftreten, debütieren; *allg.* anfangen.

estrebuchar [~trəβuˈʃar] (1a) zappeln; Zuckungen bekommen; in Zuckungen liegen.

estreia [~ˈtrejɐ] *f* Einweihung *f*; Anfang *m*; *tea.* erste(s) Auftreten *n*, Debüt *n*; Ur- (*od.* Erst-)aufführung *f*.

estreit|amento [~treitɐˈmẽntu] *m* Verengerung *f*; Engergestaltung *f*; Beschränkung *f*; Verschärfung *f*; Verengung *f*; **~ar** [~ˈtar] (1a) enger (*od.* schmäler) m.; verengern; be-, ein-engen; *Rechte* beschränken; *Belagerung, Vorschrift* verschärfen; um-, zs.-schließen; *Bündnis, in die Arme* schließen; *an die Brust, Hand* drücken; *Entfernung* verringern; **~ar-se** enger (*od.* schmäler) w.; sich zs.-schließen; sich verringern; ~ *em* sich einschränken in (*dat.*); **~eza** [~ˈtezɐ] *f* Enge *f*; Beschränktheit *f*; beschränkte Verhältnisse *n/pl.*; Bedrängnis *f*; Not *f*; Drang *m der Geschäfte usw.*; Strenge *f des Gesetzes*; **~o** [~ˈtreitu] **1.** *adj.* eng; schmal; beschränkt; innig (*Umarmung*); streng (*Befehl*); (peinlich) genau; sparsam, knauserig; kleinlich; **2.** *m* Meerenge *f*; Engpaß *m*; Not(lage) *f*.

estrela [~ˈtrelɐ] *f* Stern *m* (*a. fig.*); ⊕ Armkreuz *n*; *tea.* Star *m*.

estrel|ado [~trəˈlaðu] gestirnt, Sternen...; *ovo m* ~ Spiegel-, Setz-ei *n*; *touro m* ~, *vaca f -a* Blesse *f*; **~a-do-mar** [~ˌtrelɐðuˈmar] *f* Seestern *m*; **~ar** [~ar] (1c) (*mit Sternen*) schmücken; *cul.* (über)backen; *v/i.* glänzen, glitzern; **~ejar** [~ɨˈʒar] (1d) sich mit Sternen bedecken; *o céu estreleja* am Himmel glitzern die Sterne; **~inha** [~iɲɐ] *f cul.* Sternchennudel *f*.

estrem|a [~ˈtremɐ] *f* Feldscheide *f*; Grenzstein *m*; **~adura** [~ˈtrəmɐˈðurɐ] *f* Mark *f*, Grenze *f*; ♀ Estremadura *f*; **~ar** [~trəˈmar] (1d) ab-, be-grenzen; *Grenzen* abstecken; auszeichnen.

estreme [~ˈtrɛmə] unvermischt, rein.

estreme|cer [~trəməˈser] (2g) schütteln; erschüttern; erschrecken; zärtlich lieben; *v/i.* (er)zittern, schaudern; zs.-zucken; dröhnen (*Ton*); **~cido** [~ˈsiðu] zitternd; heißgeliebt; zärtlich; **~cimento** [~siˈmẽntu] *m* Zittern *n*; Schauer *m*; Erschütterung *f*; zärtliche Liebe *f*.

estremunh|ado [~muˈɲaðu] schlaftrunken; **~ar** [~ar] (1a) (aus dem Schlaf) aufschrecken.

estrénuo [~ˈtrɛnwu] beherzt, mutig.

estrepitar [~trəpiˈtar] (1a) tosen; lärmen.

estrépito [~ˈtrɛpitu] *m* Tosen *n*, Getöse *n*; Lärm *m*.

estrepitoso [~trəpiˈtozu] tosend; lärmend; *fig.* aufsehenerregend.

estr|ia [~ˈtriɐ] *f* Riefe *f*, Rinne *f*; Hohlkehle *f*; ⚔ Drall *m*; **~iar** [~ˈtrjar] (1g) riefen; auskehlen.

estrib|ar [~triˈβar] (1a) stützen; errichten; *v/i. u.* **~ar-se** *fig.*: ~ *em* (*od. sobre*) sich stützen auf (*ac.*); fußen, beruhen auf (*dat.*); ⚠ ruhen auf (*dat.*); **~eira** [~eirɐ] *f* Steigbügel *m*; *perder as ~s* die Fassung verlieren; *fazer perder as ~s* aus der Fassung bringen; **~eiro** [~eiru] *m* Stallmeister *m*.

estribilho [~triˈβiʎu] *m* Kehrreim *m*; Schlagwort *n*.

estribo [~ˈtriβu] *m* Steigbügel *m* (*a. anat.*); Trittbrett *n an Wagen*;

⊕ Bügel *m*; Stützpfeiler *m*; *fig.* Stütze *f*; Grund *m*; *dar* ~ vertrauen.
estricnina [~ik'nine] *f* Strychnin *n*.
estrid|ente [~i'ðẽntə] schrill; gellend; **~or** [~or] *m* Schrillen *n*; Gellen *n*; Brausen *n*; **~ular** [~ðu'lar] (1a) schrillen; gellen; zirpen.
estrídulo [~'triðulu] = *estridente*.
estringir *bras.* [~trĩ'ʒir] (3n) zerdrücken.
estripar [~tri'par] (1a) ausweiden; den Bauch aufschlitzen.
estrito [~'tritu] streng; strikt.
estr|ofe [~'trɔfə] *f* Strophe *f*; **~ófico** [~ɔfiku] strophisch; *divisão f -a* Strophenbau *m*.
estroin|a [~'troine] **1.** *adj.* leichtsinnig; verbummelt; **2.** *su.* Leichtfuß *m*; **~ice** [~troi'nisə] *f* Leichtsinn *m*.
estrond|ear [~trõn'djar] (1l) krachen; tosen; *fig.* toben; Aufsehen erregen; **~o** [~'trõndu] *m* Krach *m*; Knall *m*; Krachen *n*; Tosen *n*; *fig.* Aufsehen *n* (*fazer* erregen); Aufwand *m*; *de* ~ aufsehenerregend; *~s pl.* F Freudengeschrei *n*; **~oso** [~ozu] krachend; tosend; tobend; aufsehenerregend.
estropiar [~tru'pjar] (1g) verstümmeln (*a. fig.*); beschädigen; *fig.* entstellen.
estrug|ido [~tru'ʒiðu] *m cul.* Zwiebelschwitze *f*; **~ir** [~ir] (3n) betäuben; F volldröhnen; *cul.* mit Zwiebeln abschwitzen; *v/i.* dröhnen.
estrum|ar [~'mar] (1a) düngen; **~e** [~'trumə] *m* Dünger *m*; **~eira** [~eire] *f* Dünger-haufen *m*, -grube *f*.
estrupido [~'piðu] *m* Getöse *n*.
estrutur|a [~'ture] *f* Gliederung *f*, Aufbau *m*; Gestell *n*, Gerippe *n*; Bau *m*; Struktur *f*; **~al** [~tu'rał] strukturell; Bau...; **~ar** [~tu'rar] (1a) (auf)bauen, gliedern.
estuário [~'twarju] *m* Mündungstrichter *m e-s Flusses*.
estuc|ador [~tuke'ðor] *m* Stuckarbeiter *m*; **~ar** [~'kar] (1n) mit Stuck bekleiden; verputzen.
estud|ado [~'ðaðu] *fig.* einstudiert, gekünstelt; heuchlerisch; **~ante** [~ẽntə] *su.* Schüler(in *f*) *m*; ~ *universitário* (*-ia*) Hochschüler(in *f*) *m*, Student(in *f*) *m*; **~antil** [~ðẽn'tił] Schüler...; Studenten...; studentisch; **~ar** [~ar] (1a) studieren; lernen; *Gedicht usw.* auswendig lernen; *Rolle* einstudieren; *Musik, Tanz* üben; *Rede* ausarbeiten; *fig.* vortäuschen, heucheln; ~ *com alg.* bei j-m lernen; ~ *o terreno* das Terrain sondieren, F auf den Busch klopfen.
estúdio [~'tuðju] *m* Arbeitszimmer *n*; *Maler*-Atelier *n*; *Radio*: Senderaum *m*, Studio *n*.
estudioso [~tu'ðjozu] **1.** *adj.* lernbegierig, fleißig; wissensdurstig; **2.** *m* Benutzer *m*; Leser *m*.
estudo [~'tuðu] *m* Studium *n*; *lit., pint.* Studie *f*; ♪ Etüde *f*; 🕮 Untersuchung *f*; ⊕ Entwurf *m*, Plan *m*; *fig.* Verstellung *f*; Absicht *f*; Sinnen und Trachten *n*; *andar nos ~s* studieren; *dar ~s a* studieren l. (*ac.*); *estar em* ~ geprüft w.; *ter ~s* studiert (*od.* Kenntnisse) h.; *de* ~ absichtlich, gewollt.
estufa [~'tufe] *f* Ofen *m*; Heiz-, Trocken-apparat *m*, -ofen *m*, -raum *m*, -schrank *m*; (Schwitz-)Bad *n*; *cul.* Kochkiste *f*; 🕮 Brutschrank *m*; ⸙ Treibhaus *n*; *fig.* Brutofen *m*; ~ *de cervejeiro* Malzdarre *f*; ~ *de desinfecção* Desinfektions-apparat *m*, -raum *m*; ~ *fria* Gewächshaus *n*; *planta f de* ~ Treibhauspflanze *f*.
estuf|adeira [~tufe'ðeire] *f* Schmortopf *m*; **~ado** [~'faðu] *m* Schmorbraten *m*; **~ar** [~'far] (1a) trocknen; in den Brutschrank stellen; *cul.* schmoren; dämpfen.
estult|ícia [~tuł'tisje] *f* Dummheit *f*; **~o** [~'tułtu] dumm, töricht.
estupef|acção [~pəfa'sẽu] *f* Betäubung *f*; *fig.* Verblüffung *f*; Bestürzung *f*; **~aciente** [~e'sjẽntə] *m* Rauschgift *n*; **~acto** [~'fatu] sprachlos, verblüfft.
estupendo [~'pẽndu] fabelhaft; ungeheuerlich.
estupid|ez [~pi'ðeʃ] *f* Stumpfsinn *m*, Blödsinn *m*; Dummheit *f*; **~ificar** [~ðəfi'kar] (1n) *v/t.* abstumpfen; *v/i. u.* **~ificar-se** verblöden, verdummen.
estúpido [~'tupiðu] stumpf-, blödsinnig; dumm.
estupor [~tu'por] *m* Erstarrung *f*, Lähmung *f*; Sprachlosigkeit *f*; V dämliche(r) Hammel *m*.
estupr|ar [~tu'prar] (1a) vergewaltigen; **~o** [~'tupru] *m* Notzucht *f*; *assassínio m com* ~ Lustmord *m*.
estuque [~'tukə] *m* Stuck *m*.

esturjão [~tur'ʒɐ̃u] *m* Stör *m* (*Fisch*).
esturr|ado [~tu'ʀaðu] **1.** *adj.* überspannt; fanatisch; *cabeça f -a* Heißsporn *m*; **2.** *m* Fanatiker *m*; **~ar** [~ar] (1a) *Kaffee* schwarz brennen; *Speisen* anbrennen l.; **~ar-se** anbrennen; schwarz w.; *fig.* sich aufregen; **~o** [~'tuʀu] *m* angebrannte(r) Zustand *m*; *criar ~* anbrennen; *ter (cheirar, saber a) ~* angebrannt sn (riechen, schmecken); *fig.* brenzlig (= *gefährlich*) sn.
esvaec|er [iʒvɐə'ser] (2g) (in Dunst) auflösen; vertreiben; *Hoffnung* zerstören; *v/i. u.* **~er-se** vergehen; verfliegen; erlöschen; verklingen; verschwinden; *fig.* dahinsiechen; dahinsinken; schwindlig w.; **~imento** [~si'mẽntu] *m* Auflösung *f*; Vergehen *n*, Schwund *m*; *fig.* Schwäche *f*, Ohnmacht *f*.
esva|ído [~vɐ'iðu] siech; welk; kraftlos; ohnmächtig; schwindlig; **~imento** [~i'mẽntu] *m* = *esvaecimento*; **~ir** [~ir] (3l) = *esvaecer*; **~ir-se** *em sangue* verbluten; *~ em suor* stark schwitzen; **~necer** [~nə'ser] (2g) = *esvaecer*.
esvaziar [~vɐ'zjar] (1g) (aus-, ent-) leeren; auspumpen, lenzen.
esverd|eado [~vər'djaðu] grünlich; **~inhado** [~di'ɲaðu] blaßgrün.
esvoaçar [~vwɐ'sar] (1p; *Stv.* 1b) flattern.
etapa [i'tapɐ] *f* (Tages-)Verpflegung *f*; Etappe *f*; Abschnitt *m*; Stufe *f*.
éter ['ɛtɛr] *m* Äther *m*.
etéreo [i'tɛrju] ätherisch.
etern|idade [itərni'ðaðə] *f* Ewigkeit *f*; **~izar** [~i'zar] (1a) verewigen; **~o** [i'tɛrnu] ewig.
étic|a ['ɛtikɐ] Ethik *f*; **~o** [~u] sittlich.
etílico [ə'tiliku] Äthyl...
etilo [ə'tilu] *m* Kohlenwasserstoff *m*.
étimo ['ɛtimu] *m* Etymon *n*, Grundwort *n*.
etiquet|a [əti'ketɐ] *f* **a**) *das* feine Benehmen, Etikette *f* (*faltar à* verstoßen gegen); Förmlichkeit *f*; Vorschrift *f*; *de ~* hochoffiziell, Gala...; **b**) *gal.* Etikett *n*; **~ar** *gal.* [~kə'tar] (1c) etikettieren.
étnico ['ɛtniku] völkisch.
etno|grafia [ɛtnuɣrɐ'fiɐ] *f* Volks-, Völker-kunde *f*; **~gráfico** [~'ɣrafiku] volks-, völker-kundlich; **~logia** [~lu'ʒiɐ] *f* Rassenkunde *f*.
eu ['eu] **1.** *pron.* ich; **2.** *m* Ich *n*.
eucaristia [eukɐriʃ'tiɐ] *f das* heilige Abendmahl.
euf|émico [eu'fɛmiku] verhüllend, beschönigend; **~emismo** [eufə'miʒmu] *m* sprachliche Verhüllung *f*, Euphemismus *m*; **~onia** [eufu'niɐ] *f* Wohlklang *m*; **~ónico** [~ɔniku] wohlklingend; **~oria** [eufu'riɐ] *f* Wohlbefinden *n*; gehobene Stimmung *f*.
eunuco [eu'nuku] *m* Eunuch *m*.
europ|eia [euru'pejɐ] *s.* *~eu*; **~eísmo** [~pe'iʒmu] *m* Europäertum *n*; **~eizar** [~pei'zar] (1q) europäisieren; **~eu** [~eu] **1.** *adj.* europäisch; **2.** *m*, **-eia** *f* Europäer(in *f*) *m*.
evacu|ação [ivɐkwɐ'sɐ̃u] *f* Räumung *f*; Abzug *m*; Beseitigung *f*; Abtransport *m*; ⚕ Entleerung *f*; Abführung *f*; Ausscheidung *f*; Stuhl(gang) *m*; **~ar** [~'kwar] (1g) *Platz* räumen; *Truppen* ab-, zurückziehen; *Gefährdetes* wegschaffen, abtransportieren; ⚕ *Darm usw.* entleeren; *angesammelte Stoffe* abführen; *Stoffe spontan* ausscheiden; sich *s-s Inhalts* entledigen; *v/i.* Stuhlgang haben.
evadir [ivɐ'ðir] (3b) vermeiden, aus dem Wege gehen (*dat.*); sich herumdrücken um; sich vorbeidrücken an (*dat.*); **~-se** entweichen.
Evangelho [ivɐ̃'ʒɛʎu] *m* Evangelium *n*.
evang|élico [~'ʒɛliku] evangelisch; *paciência f -a* Engelsgeduld *f*; **~elista** [~ʒə'liʃtɐ] *m* Evangelist *m*; **~elizar** [~ʒəli'zar] (1a) das Evangelium predigen (*dat.*); *Lehre* verkündigen, predigen.
evapor|ação [ivɐpurɐ'sɐ̃u] *f* Verdunstung *f*; Ausdünstung *f*, Dunst *m*; **~ar** [~'rar] (1e) zum Verdunsten (*od. fig.* zum Verschwinden) bringen; ausdünsten; *fig.* vergeuden; **~ar-se** verdunsten, verfliegen; *fig.* vergehen; verschwinden.
evas|ão [ivɐ'zɐ̃u] *f* Flucht *f*; *fig.* = **~iva** [~ivɐ] *f* Ausflucht *f*; Ausrede *f*; **~ivo** [~ivu] ausweichend.
evento [i'vẽntu] *m* Ereignis *n*.
even|tual [ivẽn'twaɫ] etwaig; möglich; gelegentlich; **~tualidade** [~twɐli'ðaðə] *f* (möglicher) Fall *m*; (zufälliger) Umstand *m*; Möglichkeit *f*; Zufall *m*; **~tualmente** [~twaɫ'mẽntə] gegebenenfalls; unter Umständen; möglicherweise.

evid|ência [əviˈδẽsjɐ] *f* Offenkundigkeit *f*; Unbestreitbarkeit *f*; Evidenz *f*; *ceder à* ~ sich überzeugen l., sich geschlagen geben; *pôr em* ~ = ~*enciar*; *recusar-se à* ~ es nicht einsehen wollen; **~enciar** [~δẽˈsjar] (1g) außer Zweifel setzen, beweisen; dartun, zeigen; **~enciar-se** *fig.* sich hervortun; **~ente** [~ẽntə] offenkundig; unbestreitbar; einleuchtend, überzeugend; deutlich; **~entemente** [~ˌδẽntəˈmẽntə] offensichtlich; selbstverständlich.

evit|ar [əviˈtar] (1a) (ver)meiden; ausweichen (*dat.*); aus dem Wege gehen (*dat.*); entgehen (*dat.*); **~ável** [~avɐɫ] vermeidbar.

eviterno [əviˈtɛrnu] ewig.

evoc|ação [ivukɐˈsɐ̃u] *f* (Geister-) Beschwörung *f*; Vergegenwärtigung *f*; Erinnerung *f* (an [*ac.*] de); **~ar** [~ˈkar] (1n; *Stv.* 1e) hervorrufen; *Geister* beschwören; *Vergangenes* heraufbeschwören, vergegenwärtigen; *Erinnerung* wachrufen; ⚖ *an ein anderes Gericht* überstellen; **~ativo**, **~atório** [~ɐˈtivu, ~ɐˈtɔrju] beschwörend; Beschwörungs...; Erinnerungs...

evolar-se [ivuˈlarsə] (1e) verfliegen.

evolu|ção [~luˈsɐ̃u] *f* Entwicklung *f*; ⚔ Schwenkung *f*; **~cionar** [~sjuˈnar] (1f) Schwenkungen m.; ⚓ manövrieren; = ~*ir*; **~cionismo** [~sjuˈniʒmu] *m* 📖 Entwicklungstheorie *f*; *pol.* Evolutionstheorie *f*; **~ir** [~ˈlwir] (3i) sich entwickeln; **~tivo** [~ˈtivu] Entwicklungs...

ex- [eiʃ-] *vor subst.* ehemalig, Ex-.

exacerb|ação [izɐsərbɐˈsɐ̃u] *f* Erbitterung *f*; Steigerung *f*; Verschärfung *f*; **~ar** [~ˈbar] (1c) erbittern; *Haß* schüren; *Schmerz* steigern; *kritische Lage* verschärfen, verschlimmern; **~ar-se** sich ereifern.

exact|amente [izatɐˈmẽntə]: ~! sehr richtig!; eben!; **~idão** [~iˈδɐ̃u] *f* Genauigkeit *f*; Richtigkeit *f*; Sorgfalt *f*; Pünktlichkeit *f*; *com* ~ = **~o** [iˈzatu] genau; richtig; sorgfältig.

exager|ação [izɐʒərɐˈsɐ̃u] *f* = ~*o*; **~ar** [~ˈrar] (1c) übertreiben; überschätzen; übersteigern; **~o** [~ˈʒeru] *m* Übertreibung *f*.

exal|ação [~lɐˈsɐ̃u] *f* Ausdünstung *f*; Dunst *m*; Duft *m*; **~ar** [~ˈlar] (1b) ausdünsten; *Duft* ausströmen; *Seufzer*, *Klagen* ausstoßen; *die Seele* aushauchen; *Zorn* auslassen; **~ar-se** aus-, ent-strömen; verfliegen.

exalt|ação [izaɫtɐˈsɐ̃u] *f* Erhöhung *f*; Steigerung *f*; Lobpreisung *f*; Ruhm *m*; Erregung *f*; Begeisterung *f*; Überreizung *f*; **~ado** [~ˈtaδu] überreizt, übersteigert; überspannt; F rabiat; **~ar** [~ˈtar] (1a) erhöhen; *Kräfte* steigern; rühmen; rühmlich sn für (*ac.*); begeistern; erregen; **~ar-se** aufbrausen.

exame [iˈzɐmə] *m* Prüfung *f*; Examen *n*; Untersuchung *f* (*bsd.* ⚕); Besichtigung *f*; *Gewissens*-Erforschung *f*; ⚖ Vernehmung *f*; *passar no* ~ die Prüfung bestehen.

examin|ador [izɐminɐˈδor] *m* Prüfer *m*; **~ando** [~ˈnɐ̃ndu] *m* Prüfling *m*; **~ar** [~ˈnar] (1a) prüfen; beobachten; untersuchen (*bsd.* ⚕); *Gewissen* erforschen; *Zeugen* vernehmen.

exangue [iˈzɐ̃ŋgə] blutlos; kraftlos.

exânime [iˈzɐnimə] entseelt, leblos.

exantem|a [izɐ̃nˈtemɐ] *m* Hautflecken *m/pl.*; **~ático** [~təˈmatiku] mit Hautflecken verbunden; Fleck...

exarar [izɐˈrar] (1b) (ein)graben; *fig.* eintragen; vermerken.

exasper|ação [izɐʃpərɐˈsɐ̃u] *f* Erbitterung *f*, Erregung *f*; **~ar** [~ˈrar] (1c) aufbringen, erbittern; zur Verzweiflung bringen; *Übel* verschlimmern; **~ar-se** sich aufregen.

exat... *s. exact...*

exau|rir [izauˈrir] (3a) erschöpfen; ausleeren; *Quelle* austrocknen; **~rir-se** versiegen; **~stivo** [~ʃˈtivu] aufreibend; **~sto** [iˈzauʃtu] erschöpft; verbraucht; ~ *de* entblößt von (*dat.*), bar (*gen.*); ...los; **~stor** [~ʃˈtor] *m* Entlüfter *m*, Ventilator *m*.

exceç..., **excec...** *s. excepç...*, *excepc...*

exced|ente [ɨʃsəˈδẽntə] **1.** *adj.* über-zählig, -schüssig; restlich; **2.** *m* Überschuß *m*; Rest *m*; Mehrbetrag *m*, -wert *m*; ~ *de (receitas)* Mehr(einnahme *f*) *n*; **~er** [~er] (2c) über-schreiten, -steigen; = *v/i.* ~ *a* übertreffen (*ac.*); überlegen sn (*dat.*); **~er-se** zu weit gehen; sich übernehmen; sich selbst übertreffen.

excel|ência [~ˈlẽsjɐ] *f* Vortrefflichkeit *f*; ♀ Exzellenz *f* (*Titel*); *Vossa* ♀ Ew. (= *Euer*) Exzellenz; *allg. als*

Anrede: Sie; *por* ~ (recht) eigentlich; vorbildlich; **~ente** [~ẽntə] vortrefflich; ausgezeichnet; **~entíssimo** [~lẽn'tisimu]: ♀ *Senhor als Anschrift*: Herrn; *als Anrede*: Sehr geehrter Herr; ♀ *Senhor Ministro Anschrift*: An Seine Exzellenz den Herrn Minister; ♀*a Senhora D. Anschrift*: Frau; ♀*a Senhora als Anrede*: Sehr geehrte gnädige Frau.
excelso [ɨʃ'sɛɫsu] hoch; erhaben; hervorragend.
excêntrico [~'sẽntriku] **1.** *adj. geom.* exzentrisch; *fig.* überspannt; sonderbar; **2.** *m* Sonderling *m*; ⊕ Exzenter *m*; *tea.* Clown *m*.
excep|ção [~sɛ'sɐ̃u] *f* Ausnahme *f*; ⚖ Einspruch *m*; **~cional** [~sju'naɫ] außergewöhnlich; Ausnahme...; **~cionalmente** [~sjunaɫ'mẽntə] ausnahmsweise; **~cionar** [~sju'nar] (1e) Einspruch erheben gegen; **~to** [~'sɛtu] außer, mit Ausnahme von; **~tuar** [~'twar] (1g) ausnehmen; ausschließen; = *~cionar*.
excerto [ɨʃ'sertu] *m* Auszug *m*.
excess|ivo [ɨʃsə'sivu] über-mäßig, -trieben; zu groß; ungemein; **~o** [~'sɛsu] *m* Überschuß *m*, Rest *m*; Übermaß *n*; Überzahl *f*; Ausschreitung *f*; Ausschweifung *f*, Exzeß *m*; ~ *de (peso)* Mehr- *od.* Über-(gewicht *n*); *em* ~ übermäßig; zuviel, zu sehr.
exet ... *s. exept ...*
excipiente [ɨʃsi'pjẽntə] *m* neutrale Grundsubstanz *f einer Arznei*.
excit|ação [~tɐ'sɐ̃u] *f* Erregung *f*; Reizung *f*; Gereiztheit *f*; **~ador** [~ɐ'ðor] *m* ⚡ Erreger *m*; ~ *de desordens* Unruhestifter *m*; **~amento** [~ɐ'mẽntu] *m* Belebung *f*, Ankurbelung *f*; Erregung *f*; **~ante** [~'tɐ̃ntə] **1.** *adj.* (auf)reizend; **2.** *m* Reizmittel *n*; **~ar** [~'tar] (1a) erregen; reizen; anfeuern; anstiften; *Wirtschaft usw.* beleben, ankurbeln.
exclam|ação [ɨʃklɐmɐ'sɐ̃u] *f* Ausruf *m*; (Auf-)Schrei *m*; *ponto m de* ~ Ausrufungszeichen *n*; **~ar** [~'mar] (1a) (aus)rufen; (auf)schreien; **~ativo, ~atório** [~ɐ'tivu, ~ɐ'tɔrju] rufend; Ausrufungs...
excluir [~'klwir] (3i) ausschließen.
exclu|são [~klu'zɐ̃u] *f* Ausschluß *m*, Ausschließung *f*; *sem* ~ *de ninguém* ohne Ausnahme; **~sive** [~'zivə] ausschließlich; **~sivismo** [~zi'viʒmu] *m* Ausschließlichkeit(sanspruch *m*) *f*; Exklusivität *f*; **~sivo** [~'zivu] **1.** *adj.* ausschließlich, Allein...; ausschließend; selbstherrlich; **2.** *m* Alleinberechtigung *f*; Allein-verkauf *m*, -vertretung *f*.
excogitar [~kuʒi'tar] (1a) sich ausdenken, ersinnen; sinnen auf.
excom|ungado [~kumũŋ'gaðu] **1.** *adj. fig.* verwünscht, verflucht; **2.** *m*, **-a** *f* Kerl *m*, Weibsbild *n*; *ter cara de* ~ wenig vertrauenerweckend aussehen; **~ungar** [~ũŋ'gar] (1o) exkommunizieren; **~unhão** [~u'ɲɐ̃u] *f* Kirchenbann *m*, Exkommunikation *f*.
excre|ção [~krə'sɐ̃u] *f* Ausscheidung *f*; **~mento** [~'mẽntu] *m* Auswurf *m*, Kot *m*; **~scência** [~ʃ'sẽsjɐ] *f Fleisch-*Auswuchs *m*, Gewächs *n*; **~scente** [~ʃ'sẽntə]: *tecido m* ~, *carne f* ~ Auswuchs *m*; **~tar** [~'tar] (1c) ausscheiden; **~to** [~'krɛtu] *m* Ausscheidung *f*, Exkret *n*.
excurs|ão [~kur'sɐ̃u] *f* Ausflug *m*; Exkursion *f*; **~ionista** [~sju'niʃtɐ] *m* Ausflügler *m*; Exkursionsteilnehmer *m*; **~o** [~'kursu] *m* Exkurs *m*.
execr|ação [izəkrɐ'sɐ̃u] *f* Abscheu *m*; **~ando** [~'krɐ̃ndu] verabscheuenswert; **~ar** [~'krar] (1c) verabscheuen; verwünschen; **~ável** [~'kravɛɫ] abscheulich.
execu|ção [~ku'sɐ̃u] *f* Ausführung *f*; Durchführung *f*; Ausübung *f*; ♪ *u. tea.* Spiel *n*; ⚖ Vollstreckung *f*; *bsd.* Zwangsvollstreckung *f*; Hinrichtung *f*; *de difícil (fácil)* ~ schwer (leicht) aus-, durch-führbar; *dar* ~ *a*, *pôr em* ~ = *~tar*; **~tante** [~'tɐ̃ntə] *m* ♪ Spieler *m*; **~tar** [~'tar] (1a) ausführen; *Programm* durchführen; *Amt* ausüben; *Stück, Rolle* spielen; *Urteil* vollstrecken; *Schuldner* pfänden; *Verbrecher* hinrichten; **~tável** [~'tavɛɫ] aus-, durch-führbar; vollstreckbar; **~tivo** [~'tivu] Aus-, Durch-führungs...; *comissão f* **-a** Exekutivausschuß *m*; *mandado m* ~ Vollstreckungsbefehl *m*; *poder m* ~ vollziehende Gewalt *f*, Exekutive *f*; **~tor** [~'tor] *m* Vollstrecker *m*; ~ *judicial* Gerichtsvollzieher *m*.
exegese [izə'ʒɛzə] *f* Auslegung *f*.
exempl|ar [izẽm'plar] **1.** *adj.* mustergültig, Muster...; nachdrücklich, exemplarisch; **2.** *m* Muster *n*,

Exemplar *n*; **~ificação** [~əfikɐ'sɐ̃u] *f* Veranschaulichung *f*; **~ificar** [~əfi'kar] (3n) veranschaulichen; als Beispiel anführen; **~o** [i'zẽmplu] *m* Beispiel *n*; Vorbild *n*; Sprichwort *n*; *dar o ~* mit gutem Beispiel vorangehen; *fazer ~ em* ein Exempel statuieren an (*dat.*); *tomar ~ em* (*od. o ~ de*) sich ein Beispiel nehmen an (*dat.*); *a ~ de alg.* nach j-s Beispiel; *por ~* zum Beispiel; *sem ~* beispiellos.
exéquias [i'zɛkjɐʃ] *f/pl.* Trauerfeier *f*; *rel.* Exequien *pl.*
exequível [izə'kwivɛł] aus-, durchführbar.
exerc|er [izər'ser] (2g) ausüben; *Handel, Sport* treiben, *ein Geschäft* betreiben; *Platz* ausfüllen; *Tugend, Finger usw.* üben; *Verbrechen* verüben, begehen; *Vergleich usw.* durchführen; *~ a medicina (a engenharia)* als Arzt (Ingenieur) tätig sn; *~ acção sobre* wirken auf (*ac.*); beeinflussen (*ac.*); **~ício** [~isju] *m* Übung *f*; Ausübung *f*; Betreibung *f*, Treiben *n*; *~ social* Geschäftsjahr *n*; **~itar** [~si'tar] (1a) üben; (be-)treiben; ausüben; ⚔ exerzieren, drillen.
exército [i'zɛrsitu] *m* Heer *n*.
exib|ição [izəβi'sɐ̃u] *f* Vorlage *f*; Vorweisung *f*; Zurschaustellung *f*; Vorführung *f*; Aus-lage *f*, -stellung *f*; *tea.* Aufführung *f*; Auftreten *n*; **~icionismo** [~isju'niʒmu] *m* ⚕ Selbstentblößungswahn *m*; *fig.* Gefallsucht *f*; **~ir** [~'βir] (3a) *Papiere* vorlegen; *Gründe* vorbringen; *Ausweis* vorweisen; *Kunststück* vorführen; *Waren* auslegen; *Bilder* ausstellen; *Film* aufführen; *Reize* zur Schau stellen; *Talent* zeigen; **~ir-se** sich zur Schau stellen; *tea.* auftreten.
exig|ência [izɨ'ʒẽsjɐ] *f* Forderung *f*; Erfordernis *n*; Dringlichkeit *f*; Bedarf *m*; **~ente** [~ẽntə] anspruchsvoll; dringlich; **~ir** [~ir] (3n) fordern, verlangen (von *a, de*); erfordern, brauchen.
exíguo [ɨ'ziɣwu] gering; winzig; wenig.
exilar [ɨzi'lar] (1a) verbannen.
exílio [ɨ'zilju] *m* Verbannung *f*.
exímio [ɨ'ʒimju] hervorragend.
eximir [ɨzi'mir] (3a): *~ de* befreien von; verschonen mit; **~-se** *de* sich drücken von *od.* vor (*dat.*), sich entziehen (*dat.*); entgehen (*dat.*).
exist|ência [ɨziʃ'tẽsjɐ] *f* Dasein *n*; Vorhandensein *n*; Vorkommen *n*; Leben *n*; *fil.* Existenz *f*; ✝ *em ~* vorrätig; *~s pl.* Bestand *m*, Vorräte *m/pl.*; **~ente** [~ẽntə] bestehend; vorhanden; ✝ vorrätig; *ser ~* = **~ir** [~ir] (3a) bestehen, dasein; vorhanden sn; vorkommen; leben; *existe(m)* es gibt.
êxito ['eizitu] *m* Ausgang *m*; Erfolg *m*.
êxodo ['eizuδu] *m* Auszug *m*.
exoner|ação [izunərɐ'sɐ̃u] *f* Amtsenthebung *f*; Entlassung *f*; **~ar** [~'rar] (1c) entlasten; *von Verpflichtungen* befreien; *s-s Amtes* entheben; entlassen.
exor|ar [izu'rar] (1e) anflehen; **~ável** [~avɛł] mitleidig, gütig.
exorbit|ância [izurbi'tɐ̃sjɐ] *f* Übermaß *n*; Überfülle *f*; Übertreibung *f*; unverschämt hohe(r) Preis *m*; **~ante** [~ɐ̃ntə] übermäßig; übertrieben; unverschämt; **~ar** [~ar] (1a) zu weit gehen; *~ de* überschreiten (*ac.*).
exorc|ismar [izursiʒ'mar] (1a) *j-m* den Teufel austreiben; *Geister* beschwören, austreiben; **~ismo** [~'siʒmu] *m* (Teufels-)Austreibung *f*.
exórdio [i'zɔrδju] *m lit.* Eingang *m*.
exort|ação [izurtɐ'sɐ̃u] *f* Ermahnung *f*; Mahnrede *f*; **~ar** [~'tar] (1e) (er)mahnen; aufmuntern; anfeuern.
exótico [i'zɔtiku] exotisch; fremdartig.
expan|dir [ɨʃ-, eiʃpɐ̃n'dir] (3a) ausdehnen, -breiten; erweitern; *Blätter* entfalten; *Lehren* verbreiten; *Gedanken* äußern; **~são** [~pɐ̃'sɐ̃u] *f* Ausdehnung *f*; Aus-, Ver-breitung *f*; Erweiterung *f*; Äußerung *f*; Gefühlserguß *m*, Herzensergießung *f*; **~sionismo** [~pɐ̃sju'niʒmu] *m* Ausdehnungsdrang *m*; **~sivo** [~pɐ̃'sivu] (sich) ausdehnend; *fig.* mitteilsam; offenherzig; *força f -a, poder m ~* Ausdehnungsdrang *m*.
expatri|ação [~pɐtrjɐ'sɐ̃u] *f* Ausweisung *f*; Ausbürgerung *f*; **~ar** [~'trjar] (1g) ausweisen; ausbürgern; **~ar-se** außer Landes gehen.
expectativa [~pɛtɐ'tivɐ] *f* Erwartung *f*; Hoffnung *f* (auf [*ac.*] *de*); *estar na ~* (ab)warten; *estar na ~ de* erwarten (*ac.*); hoffen auf (*ac.*);

manter-se na ~ sich abwartend verhalten; *ter a* ~ *de* Aussicht haben auf (*ac.*); *contra toda a* ~ wider Erwarten.

expector|ação [~pɛturɐ'sɐ̃u] *f* Auswurf *m*; **~ante** [~'rɐ̃ntə] schleimlösend; **~ar** [~'rar] (1e) aushusten; ausspucken; *fig.* ausstoßen.

exped|ição [~pəδi'sɐ̃u] *f* Abfertigung *f*; Erledigung *f*; *Brief*-Beförderung *f*; *Waren*-Versand *m*; *Telegramm*-Aufgabe *f*; Feldzug *m*; Forschungsreise *f*, Expedition *f*; *fig.* Geschick *n*; **~icionário** [~isju'narju] **1.** *adj.* Expeditions...; **2.** *m* Expeditionsteilnehmer *m*; **~iente** [~'δjẽntə] **1.** *adj.* findig; **2.** *m* Auskunftsmittel *n*, Notbehelf *m*; Verlegenheitslösung *f*; Geschäfts-, Schrift-Verkehr *m*; Dienst-, Schrift-sachen *f/pl.*; Ausgänge *m/pl.*; *fig.* Geschick *n*, F Fixigkeit *f*; (*horas f/pl. de*) ~ Dienst-, Geschäfts-zeit *f*; *dia m de* ~ Abfertigungs-, Post-, Versand-tag *m*; *fértil em* ~*s* findig; *viver de* ~*s* sich durchschlagen; **~ir** [~'δir] (3r) abfertigen; erledigen; *Waren usw.* absenden, auf den Weg bringen; *Truppen* verschicken; *Boten usw.* entsenden; *Post* befördern; *Telegramm* aufgeben; *Befehl* ausfertigen, herausgeben; *Schrei* ausstoßen, von sich geben; **~ito** [~'δitu] flink.

expelir [~pə'lir] (3c) austreiben; ausstoßen; auswerfen; von sich geben.

expensas [~'pẽsɐʃ] *f/pl.* Kosten *pl.*; *a* ~ *de* auf *j-s* Kosten.

experi|ência [~pə'rjẽsjɐ] *f* Erfahrung *f*; Erlebnis *n*; Versuch *m*; Empfindung *f*; Erprobung *f*; Experiment *n*; *viagem f de* ~ Probefahrt *f*; *a título de* ~ probeweise; *tomar* ~ Erfahrungen sammeln; **~ente** [~ẽntə] erfahren.

experiment|ação [~rimẽntɐ'sɐ̃u] *f* Erprobung *f*; Prüfung *f*; Anstellen *n* von Versuchen; **~ado** [~'taδu] erfahren; erprobt; **~al** [~'tał] experimentell; Erfahrungs...; **~ar** [~'tar] (1a) erproben (*a. fig.*), ausprobieren; prüfen; versuchen; erfahren; erleben; erleiden; empfinden.

expet... *s. expect ...*

expi|ação [~pjɐ'sɐ̃u] *f* Sühne *f*; Abbüßung *f*; **~ar** [~'pjar] (1g) *Schuld* büßen, sühnen; *j-n* entsühnen; *Strafe* abbüßen; **~atório** [~ɐ'tɔrju] Sühne...; Buß...; Sünden...

expir|ação [~pirɐ'sɐ̃u] *f* Ausatmung *f*; *fig.* Ablauf *m e-r Frist*; **~ar** [~'rar] (1a) (aus)atmen; *v/i.* verscheiden; erlöschen, ersterben (*Ton, Stimme*); ablaufen (*Frist*); zu Ende gehen.

explan|ação [~plɐnɐ'sɐ̃u] *f* Erklärung *f*; Darlegung *f*; **~ar** [~'nar] (1a) ausea.-setzen, erklären; darlegen.

expletiv|a [~plɛ'tivɐ] *f* Redeschmuck *m*; **~o** [~u]: *palavra* (*od. partícula*) *f -a* Flick-, Füll-wort *n*.

explic|ação [~plikɐ'sɐ̃u] *f* Erklärung *f*; *-ões pl.* Nachhilfestunden *f/pl.*; **~adamente** [~ˌkaδɐ'mẽntə] eingehend; **~ador** [~ɐ'δor] *m bsd.* Nachhilfelehrer *m*; Repetitor *m*; **~ar** [~'kar] (1n) klarmachen; auf-, er-klären; Nachhilfestunden geben in (*dat.*); **~ativo** [~ɐ'tivu] erklärend, erläuternd.

explícito [~'plisitu] ausdrücklich; klar, deutlich.

explodir [~plu'δir] (3f) explodieren.

explor|ação [~plurɐ'sɐ̃u] *f* Erforschung *f*; Erkundung *f*; Untersuchung *f*; Bewirtschaftung *f*; Abbau *m*; *fig.* Aus-nutzung *f*, -wertung *f*; Ausbeutung *f*; ~ *agrícola* (*fabril, mineira*) landwirtschaftlicher (Fabrik-, bergbaulicher) Betrieb *m*; *viagem f de* ~ Forschungsreise *f*; *lucro m de* ~ Unternehmergewinn *m*; **~ador** [~ɐ'δor] *m* Forscher *m*; *fig.* Ausbeuter *m*; **~ar** [~'rar] (1e) erforschen; erkunden; ⚕ *Wunde* untersuchen; ⚘ bewirtschaften; ⚒ abbauen; ☿ *Geschäft* betreiben; *fig.* *Möglichkeiten* ausnutzen; *Ergebnisse* auswerten; *Menschen* ausbeuten.

explos|ão [~plu'zɐ̃u] *f* Explosion *f*; *fig.* Ausbruch *m*; **~ivo** [~'zivu] **1.** *adj.* explosiv; Spreng...; Knall...; *força f -a* Sprengkraft *f*, Brisanz *f*; **2.** *m* Spreng-stoff *m*, -körper *m*.

expoente [~'pwẽntə] *m* Ꭿ Exponent *m*; *allg.* Träger *m*; ~ *de raiz* Wurzelzeichen *n*.

expor [~'por] (2zd) ausstellen; *Gedanken* darlegen; *Ereignisse* darstellen; *j-n* aussetzen; exponieren; *fot.* belichten; **~-se** sich zeigen; sich (der Gefahr) aussetzen; sich unterziehen (*z.B. e-m Examen*).

export|ação [~purtɐ'sɐ̃u] *f* Ausfuhr

f, Export *m*; **~ador** [~ɐ'ðor] *m* Exporteur *m*; **~ar** [~'tar] (1e) ausführen, exportieren; **~ável** [~'tavɛɫ] exportfähig.

expos|ição [~puzi'sẽu] *f* Ausstellung *f*; Darlegung *f*; Darstellung *f*; Lage *f e-s Hauses usw.*; Aussetzung *f e-s Kindes*; *lit.* Exposition *f*; ⚖ Eingabe *f*; Denkschrift *f*; *fot.* Belichtung(sdauer) *f*; ~ (*da vida*) Einsatz *m* (des Lebens); **~itor** [~i'tor] *m* Aussteller *m*; **~to** [~'poʃtu] **1.** *p.p. v. expor*; **2.** *m* Darlegung *f*; *em vista do* ~ angesichts des (oben) Dargelegten (*od.* Gesagten).

express|ão [~prə'sẽu] *f* Ausdruck *m*; *liberdade f de* ~ Redefreiheit *f*; *reduzir à* ~ *mais simples* auf die einfachste Formel bringen; *j-n* zum Schweigen bringen; *j-n* ins Elend stürzen; **~ar** [~ar] (1c) = *exprimir*; **~ionismo** [~sju'niʒmu] *m* Ausdruckskunst *f*, Expressionismus *m*; **~ivo** [~ivu] ausdrucksvoll; Ausdrucks...; nachdrücklich; **~o** [~'prɛsu] **1.** *p.p. irr. v. exprimir*; **2.** *adj.* ausdrücklich; klar, deutlich; ausgeprägt; *comboio* (*od. trem*) *m* ~, *correio* (*od. mensageiro*) *m* ~ = **3.** *m* Schnellzug *m*; Eilbote *m*.

exprimir [~pri'mir] (3a) ausdrükken, zum Ausdruck bringen.

exprobr|ação [~pruβrɐ'sẽu] *f* Vorwurf *m*; Anprangerung *f*; **~ar** [~'βrar] (1e) *j-m et.* vorhalten, vorwerfen; *et.* anprangern, geißeln.

expropri|ação [~prjɐ'sẽu] *f* Enteignung *f*; **~ar** [~'prjar] (1g) enteignen.

expugnar [~puɣ'nar] (1a) erstürmen, erobern; besiegen.

expuls|ão [~puɫ'sẽu] *f* Vertreibung *f*; Ausstoßung *f*; Ausschluß *m*; Ausweisung *f*; ⚕ Auswurf *m*; Abführung *f*; **~ar** [~ar] (1a) vertreiben; ausstoßen; ausschließen; hinauswerfen; *aus e-m Lande* ausweisen; ⚕ abführen; von sich geben; **~o** [~'puɫsu] *p.p. irr. v. ~ar.*

expurg|ar [~pur'gar] (1o) reinigen; ausmerzen, streichen; **~atório** [~gɐ'tɔrju]: (*índice*) ~ *m* Index *m*; **~o** *bras.* [~'purgu] *m* Säuberung *f*; Streichung *f*.

exsudar [~su'ðar] (1a) ausschwitzen; *v/i.* austreten.

êxtase ['eiʃtɐzə] *m* Verzückung *f*; Ekstase *f*.

ext|asiar [ɨʃ- eiʃtɐ'sjar] (1g) verzücken; begeistern; **~asiar-se** in Verzückung geraten; **~ático** [~'tatiku] verzückt.

extemporâneo [~tẽmpu'rɐnju] unangebracht.

extens|ão [~tẽ'sẽu] *f* Ausdehnung *f*; (Über-)Dehnung *f*; Länge *f*; Dauer *f*; *Ton- usw.* Umfang *m*; Verallgemeinerung *f*; *medida f de* ~ Längenmaß *n*; *em menor* (*maior*) ~ in geringerem (höherem) Maße; *por* ~ *gram.* im weiteren Sinne; **~ível** [~ivɛɫ] dehnbar; **~ivo** [~ivu] (sich) ausdehnend; dehnbar; anwendbar (auf [*ac.*] *a*); verallgemeinernd; extensiv; **~o** [~'tẽsu] weit(läufig); lang; langanhaltend (*Ton*); umfangreich; *por* ~ in Worten, ausgeschrieben; **~or** [~or] *m* Expander *m*.

extenu|ação [~tənwɐ'sẽu] *f* Schwäche *f*; Abschwächung *f*; **~ar** [~ar] (1g) schwächen; aufreiben; erschöpfen; *Drohung* abschwächen.

exterior [~tə'rjor] **1.** *adj.* äußer, Außen...; äußerlich; **2.** *m* Äußere(s) *n*; ♀ Ausland *n*; *do* ~ von außen.

exterior|idade [~tərjuri'ðaðə] *f* Äußerlichkeit *f*; **~ização** [~izɐ'sẽu] *f* Äußerung *f*; **~izar** [~i'zar] (1a) äußern, zum Ausdruck bringen; **~mente** [~rjor'mẽntə] von außen, nach außen hin; äußerlich.

extermin|ador [~tərminɐ'ðor]: *anjo m* ~ Würgengel *m*; **~ar** [~'nar] (1a) ausrotten; vernichten.

extermínio [~tər'minju] *m* Ausrottung *f*; Vernichtung *f*.

externo [~'tɛrnu] **1.** *adj.* äußer; Außen...; äußerlich; „*uso* ~" „äußerlich"; *aluno m* ~ = **2.** *m* Außenschüler *m*, Externe(r) *m*.

extin|ção [~tĩ'sẽu] *f* Löschung *f*; Ausrottung *f*, Vertilgung *f*; Abschaffung *f*; Auflösung *f*; Tilgung *f*; Verlust *m*; Erlöschen *n*; Aussterben *n*; **~guir** [~tĩŋ'gir] (3o) (aus-)löschen; ausrotten, vertilgen; *Gesetz* abschaffen; *Verein* auflösen; *Schuld* tilgen; *Kraft, Vermögen* vergeuden; **~guir-se** erlöschen; aussterben; verscheiden; **~to** [~'tĩntu] **1.** *p.p. irr. v. ~guir*; **2.** *m* Verstorbene(r) *m*; **~tor** [~tĩn'tor] *m* Feuerlöschgerät *n*.

extirp|ação [~tirpɐ'sẽu] *f* Ausrottung *f*; **~ar** [~'par] (1a) ausrotten.

extor|quir [~tur'kir] (3o; *Stv.* 3f)

erpressen; abnötigen; **~são** [~'sɐ̃u] *f* Erpressung *f*; Nötigung *f*.

extra ['eiʃtrɐ] *m tea.* Zugabe *f*.

extra..., extra-... [eiʃtrɐ] *in Zssgn*: außer...; extra...; *z.B.* *~conjugal* außerehelich; *~fino*, *~forte* extrafein, -stark.

extrac|ção [iʃ-, eiʃtra'sɐ̃u] *f cir.* Extraktion *f*, Ziehen *n e-s Zahnes*; ⚘ *u. Lotterie*: Ziehung *f*, ⚗ Auslaugung *f*, Entziehung *f*; ⚒ Förderung *f*, Gewinnung *f*; ✝ Absatz *m*; *fig. gal.* Herkunft *f*; **~tar** [~'tar] (1a) ausziehen, e-n Auszug m. aus (*dat.*); ⚗ auslaugen, entziehen; **~to** [~'tratu] *m* Auszug *m*; ⚗ Extrakt *m*.

extradi|ção [~δi'sɐ̃u] *f* Auslieferung *f*; **~tar** [~'tar] (1a) ausliefern.

extrair [~trɐ'ir] (3l) (heraus)ziehen (aus *de*); *Zahn, Los* ziehen; ⚒ *Erze* fördern, gewinnen; = *extratar*.

extra|ordinário [~urδi'narju] **1.** *adj.* außer-, un-gewöhnlich; außerordentlich; Sonder...; **2.** *~s m/pl.* Extraausgaben *f/pl.*; Sonstige(s) *n*; **~-programa** [~pru'γrɐmɐ] **1.** *adv.* außer Programm; **2.** *m* Zugabe *f*; **~vagância** [~vɐ'γɐ̃sjɐ] *f* Narrheit *f*; Überspanntheit *f*; Unsinn *m*; *dizer ~s* ungereimtes Zeug reden; **~vagante** [~vɐ'γɐ̃ntə] **1.** *adj.* närrisch; überspannt; unsinnig; leichtsinnig; **2.** *m* Narr *m*; Leichtfuß *m*; **~vagar** [~vɐ'γar] (1o; *Stv.* 1b) überzählig sn; sich verlieren (in [*dat.*] *em*); **~vasar** [~vɐ'zar] (1b) überlaufen; ausfließen; aus-, über-treten; **~viar** [~'vjar] (1g) irreführen; fehlleiten; verlegen; verschwinden l.; *fig.* auf Abwege bringen; **~viar-se** sich verirren; abhanden kommen (*Sendung*); auf Abwege geraten; **~vio** [~'viu] *m* Irreführung *f*; Fehlleitung *f*; Verschwinden(lassen) *n*; Verlust *m*; Abweg *m*; *cair em ~s* auf Abwege geraten.

extrem|ado [~trə'maδu] außergewöhnlich; vollkommen; ausgesucht; **~ar** [~'mar] (1d) auszeichnen; steigern; vervollkommnen; **~a-unção** [iʃˌtremɐũ'sɐ̃u] *f* Letzte Ölung *f*; **~idade** [~mi'δaδə] *f* (äußerstes) Ende *n*; Grenze *f*; Spitze *f* (*levar à* auf die ... treiben); *fig.* Äußerste(s) *n*; *~s pl.* Gliedmaßen *n/pl.*, Glieder *n/pl.*; *estar reduzido à última ~* sich in äußerster Not (*od.* Verlegenheit) befinden; **~ismo** [~iʒmu] *m* Radikalismus *m*; Übertriebenheit *f*; **~ista** [~iʃtɐ] *m* Radikale(r) *m*; Fanatiker *m*; **~o** [~'tremu] **1.** *adj.* äußerst; letzt; übertrieben; **2.** *m* Ende *n*; (äußerster) Gegensatz *m*; Extrem *n*; Äußerste(s) *n* (an [*dat.*] *de*); *~s pl.* Übertreibungen *f/pl.*; *o ~ do* (*da*) der (das, die) äußerste; *~-direito* (*-esquerdo*) *m Fußball*: Rechts- (Links-)außen *m*; *em ~, por ~* äußerst, außerordentlich; aufs (*od.* zum) äußerste(n); **~oso** [~ozu] zärtlich.

extrínseco [~'trĩsəku] äußerlich; *valor m ~* Nennwert *m*.

exuber|ância [izuβə'rɐ̃sjɐ] *f* Üppigkeit *f*; Reichtum *m*; **~ante** [~ɐ̃ntə] üppig; strotzend; **~ar** [~ar] (1c) strotzen *od.* überschäumen vor; *v/i.* wuchern.

exult|ação [izułtɐ'sɐ̃u] *f* Jubel *m*; **~ar** [~'tar] (1a) frohlocken, jauchzen.

exumar [izu'mar] (1a) ausgraben.

F

F, f ['ɛfə] *m* F, f *n*.
fá ♪ [fa] *m* F *n*.
fabiano [fɐ'βjɐnu] *m* Mensch *m*; Dingsda *m*.
fábrica ['faβrikɐ] *f* Fabrik *f*; Anlage *f*; Bau *m*; Triebwerk *n*; *fig*. Quelle *f*, Herd *m*; ~ *da igreja* Kirchenkasse *f*; *de boa* ~ gut gearbeitet.
fabric|ação [fɐβrikɐ'sɐ̃u] *f* Herstellung *f*, Erzeugung *f*; **~ante** [~'kɐ̃ntə] *m* Fabrikant *m*; **~ar** [~'kar] (1n) herstellen, erzeugen; *Land* bestellen; *Schiff* überholen; *Ränke* schmieden; *Lügen* aufbringen; *Umtriebe* anzetteln; **~o** [~'βriku] *m* Herstellung *f*, Erzeugung *f*; Erzeugnis *n*, Fabrikat *n*; *Land*-Bestellung *f*.
fabril [fɐ'βriɫ] Fabrik...; fabrikmäßig; *indústria f* ~ Großindustrie *f*.
fábula ['faβulɐ] *f* Fabel *f*.
fabul|ar [fɐβu'lar] (1a) erdichten; *v/i*. fabeln; **~ista** [~iʃtɐ] *m* Fabeldichter *m*; **~oso** [~ozu] Fabel...; märchenhaft; erdichtet; fabelhaft.
faca ['fakɐ] *f* Messer *n*; ~ *de mato* Hirschfänger *m*; *meter a* ~ *a* (*od*. *em*) *fig*. beschneiden, beschränken (*ac*.); *pôr a* ~ *ao peito* die Pistole auf die Brust setzen; *à* ~ obenhin; auf gut Glück; **~da** [fɐ'kaðɐ] *f* Messer-stich *m*, -schnitt *m*; *fig*. schmerzliche Überraschung *f*; P Anpumper *m*; *dar uma* ~ *bras*. anpumpen (*ac*.); *matar às* ~*s* erstechen.
façanha [fɐ'sɐɲɐ] *f* Heldentat *f*.
facão [fɐ'kɐ̃u] *m* Buschmesser *n*.
fac|ção [fa(k)'sɐ̃u] *f* **a**) Waffentat *f*; **b**) (politische) Partei *f*; Fraktion *f*; **~ciosismo** [~sju'ziʒmu] *m* Parteigeist *m*; **~cioso** [~'sjozu] parteihörig; Partei...
face ['fasə] *f* Gesicht *n*, *poét*. Angesicht *n*; *bsd*. Wange *f*; Stirn-, Vorder-seite *f*; Fläche *f e-s Körpers*; Oberfläche *f* (*Meer*, *Erde*); Bildseite *f* (*Münze*); rechte Seite *f* (*Zeug*); *Zahn*-Flanke *f*; *Hammer*-Bahn *f*; *fig*. Aussehen *n*, Miene *f*; *fazer* ~ *a* Trotz bieten (*dat*.); *Ausgaben* bestreiten; *Bedürfnisse* befriedigen; *s-n Verpflichtungen* nachkommen; *fazer* ~ *para* gekehrt sn nach; *mudar de* ~ ein anderes Aussehen gewinnen; *à* ~ *de* vor (*dat*.), in Gegenwart (*gen*.); *de* ~ von vorn; (*de*) ~ *a* ~ von Angesicht zu Angesicht; *em* ~ *de* **a**) angesichts (*gen*.); **b**) gegenüber (*dat*.) (*um do outro* ea.).
facécia [fɐ'sɛsjɐ] *f* Witz *m*.
faceir|ice [~sei'risə] *f* Geckerei *f*; Gefallsucht *f*; **~o** [~'seiru] geschniegelt; geckenhaft.
facet|a [~'setɐ] *f* Facette *f*; Seite(nfläche) *f*; **~ar** (1c), **~ear** (1l) [~sə'tar, -'tjar] facettieren.
faceto [~'setu] witzig.
fachada [~'ʃaðɐ] *f* Fassade *f*; (Buch-)Deckel *m*; Titelblatt *n*; *fig*. Außenseite *f*; Aussehen *n*.
facho ['faʃu] *m* Fackel *f*; Leuchtfeuer *n*, -turm *m*.
facial [fɐ'sjaɫ] Gesichts...
fácil ['fasiɫ] leicht; mühelos; ungezwungen; (leicht) zugänglich; leichtfertig; *isso é* ~ *de dizer* das ist leicht (*od*. schnell) gesagt.
facili|dade [fɐsəli'ðaðə] *f* Leichtigkeit *f*; Ungezwungenheit *f*; Gefälligkeit *f*; Leichtfertigket *f*; ~*s pl*. *Zahlungs- usw*. Erleichterungen *f/pl*.; Entgegenkommen *n*; *para ele tudo são* ~*s* für ihn ist alles leicht; *com* ~ = *fàcilmente*; **~tar** [~'tar] (1a) erleichtern; be-, ver-schaffen; unterstützen; **~tar-se** sich bereit erklären.
fàcilmente [ˌfasiɫ'mẽntə] zweifellos; = *fácil*.
facínora [fɐ'sinurɐ] *m* Bösewicht *m*.
facinoroso [~sinu'rozu] ruchlos.
fact|ício [fɐk'tisju] künstlich; **~ível** [~ivɛl] tunlich; möglich; ausführbar; **~o** ['faktu] *m* Tatsache *f*; *estar ao* ~ *de* unterrichtet sn von, im Bilde sn über (*ac*.); *pôr ao* ~ unterrichten, ins Bild setzen; *vias f/pl*. *de* ~ Tätlichkeiten *f/pl*.; *passar a vias de* ~ handgemein w.; *de* ~ tatsächlich, in der Tat; **~or** [fa'tor] *m* Faktor *m*; Verwalter *m*.
factur|a [fa'turɐ] *f* Rechnung *f*;

~ar [~tu'rar] (1a) (e-e) Rechnung ausstellen über (*ac.*).
facul|dade [fɐkuɫ'daδə] *f* Fähigkeit *f*, Vermögen *n*; Berechtigung *f*; Befugnis *f*; ♀ *uni.* Fakultät *f*; **~tar** [~'tar] (1a) *j-n zu et.* ermächtigen; *j-m et.* erlauben; verschaffen; (ab)geben, bieten; **~tativo** [~tɐ'tivu] **1.** *adj.* ermächtigend; ermöglichend; freiwillig (*Arbeit*); wahlfrei (*Unterrichtsfach*); **2.** *m* Arzt *m*.
facundo [~'kũndu] redegewandt.
fada ['faδɐ] *f* Fee *f*; weise Frau *f*.
fad|ado [fɐ'δaδu]: *bem (mal)* ~ (un-)glücklich; **~ar** [~ar] (1b) vorherbestimmen; voraussagen; mit reichen Gaben ausstatten; begünstigen; beschützen; **~ário** [~arju] *m das* Unvermeidliche *n*; Verhängnis *n*; Mühsal *f*.
fadiga [fɐ'δiγɐ] *f* Müdigkeit *f*; Mühe *f*; Anstrengung *f*; Strapaze *f*.
fad|ista [~'δiʃtɐ] *su.* Fadosänger (-in *f*) *m*; *fig.* Zuhälter *m*; Hure *f*; **~o** ['faδu] *m* Los *n*; Verhängnis *n*; Schicksal *n*; ♪ Fado (*port. Volkslied*); **~s** *pl.* Schicksal *n*; *das* letzte Stündlein.
fagote ♪ [fɐ'γɔtə] *m* Fagott *n*.
fagueiro [~'γeiru] liebevoll, zärtlich; hold.
fagulha [~'γuʎɐ] **1.** *f* Funke(n) *m*; **2.** *su.* Naseweis *m*.
fai|a ['fajɐ] *f* **a)** ♀ Buche *f*; ~ *preta* Espe *f*; **b)** *tip.* Durchschuß *m*; **~al** [fɐ'jaɫ] *m* Buchenwald *m*.
faiança [fɐ'jɐ̃sɐ] *f* Steingut *n*.
faina ['fainɐ] *f* Seedienst *m*; *allg.* Arbeit *f*; Plackerei *f*.
faisão [fai'zɐ̃u] *m* Fasan *m*.
faísca [fɐ'iʃkɐ] *f* Funke(n) *m*; Blitz (-strahl) *m*; ⚒ Goldkorn *n*.
faiscar [fɐiʃ'kar] (1n; *Stv.* 1q) sprühen; *v/i.* Funken sprühen; blitzen; funkeln.
faixa ['faiʃɐ] *f* Binde *f*; Band *n*; Schärpe *f*; Gürtel *m*; Streifen *m*; *Kinder*-Windel *f*; *her.* Balken *m*.
fala ['falɐ] *f* Rede *f*; Worte *n/pl.*; Sprache *f*; *ter uma* ~ *com alg.* e-e Aussprache mit j-m haben.
falação [fɐlɐ'sɐ̃u] *f bras.* Ansprache *f*; **~ácia** [~'lasjɐ] *f* **a)** Stimmengewirr *n*; Geschwätz(igkeit *f*) *n*; **b)** Schwindel *m*; **~aço** *bras.* [~'lasu] *m* Gerede *n*; **~adeira** [~ɐ'δeirɐ] *f* Schwätzerin *f*; **~ado** [~'laδu] besprochen; bekannt, berühmt; **~ador** [~ɐ'δor] **1.** *adj.* schwatzhaft; **2.** *m* Schwätzer *m*.
falange [~'lɐ̃ʒə] *f* Phalanx *f*; Trupp *m*, Schar *f*; *anat.* Fingerglied *n*.
fal|ante [~'lɐ̃ntə]: *bem* ~ wortgewandt, beredt; **~ar** [~ar] (1b) sprechen, reden; sagen; besprechen, vereinbaren; ~ *artes (políticas)* über Kunst (Politik) sprechen; ~ *a* sprechen mit *od.* zu; ~ *com* sprechen (*ac.*); gehen mit; ~ *de*, ~ *em* sprechen von; ~ *por* ~ drauflosreden; *dar que* ~, *fazer* ~ *de si* von sich reden m.; Aufsehen erregen; *estar a* ~ *tel.* besetzt sn; *posso falar com o sr. Silva?* ist Herr Silva zu sprechen?; ~ *a um surdo*, ~ *a uma parede* (*od. porta*) tauben Ohren predigen; *não falando em, sem* ~ *de* abgesehen von; **~ar-se** mitea. verkehren; **~atório** [~lɐ'tɔrju] *m* Geschwätz *n*, Gewäsch *n*; **~az** [~aʃ] (be)trügerisch, falsch.
falcão [faɫ'kɐ̃u] *m* Falke *m*.
falcatr|ua [~kɐ'truɐ] *f* List *f*; Kniff *m*; Betrug *m*; **~uar** [~'trwar] (1g) (he)reinlegen.
falec|er [fɐlə'ser] (2g) fehlen, mangeln; ausbleiben; ausgehen; sterben; *faleço de* es fehlt (*od.* mangelt) mir an (*dat.*); **~ido** [~iδu] verstorben; ~ *de* arm an (*dat.*); bedürftig (*gen.*); **~imento** [~si'mẽntu] *m* Tod *m*; Mangel *m*.
falena [~'lenɐ] *f* Nachtfalter *m*.
falência [~'lẽsjɐ] *f* Fehler *m*; Mangel *m*; ⚕ Konkurs *m*; *abrir* ~ in Konkurs gehen, Konkurs machen.
falésia [~'lɛzjɐ] *f* Steilküste *f*.
falh|a ['faʎɐ] *f* Fehler *m*; Sprung *m*; (Lade-)Hemmung *f*; Versager *m*; *geol.* Verwerfung *f*; **~ado** [fɐ'ʎaδu] *m* gescheiterte Existenz *f*; **~ar** [fɐ'ʎar] (1b) *v/i.* Untergewicht h.; knapp gemessen sn; fehlschlagen (*Projekt*); ausbleiben (*z.B. Lieferung*); ausgehen (*Licht*); versagen (*Mechanismus*); ausfallen (*Maschine*); fehlgehen (*Schuß*); fehlen; *im Leben* scheitern; *Kartenspiel*: passen; ~ *a* versäumen (*ac.*); ~ *ao compromisso* nicht Wort halten; **~o** [~u] fehlerhaft; nicht vollgewichtig (*Münze*); ~ *em* arm an (*dat.*); beraubt (*gen.*); unwissend in (*dat.*).
fal|ido [fɐ'liδu] ⚕ zahlungsunfähig, fallit; *massa f -a* Konkursmasse *f*; **~ir** [~ir] (3b) ausbleiben, fehlen; ⚕

die Zahlungen einstellen, Konkurs machen; **~ível** [~ivɛɫ] fehlbar; unsicher.

fals|amente [faɫsɐ'mẽntə] fälschlich; **~ar** [~'sar] (1a) fälschen; durch-brechen, -schlagen, -stoßen; = *falsear*; *v/i.* falsch sn, schwindeln; sich senken; sich (ver)biegen; fehlgehen; **~ário** [~'sarju] *m* Schwindler *m*; Fälscher *m*; **~ear** [~'sjar] (1l) betrügen, anschwindeln; verfälschen; vereiteln; *v/i.* schwindeln; ♪ falsch singen (*od.* klingen).

falsete [~'setə] *m* Fistel(stimme) *f.*

falsi|dade [~si'ðaðə] *f* Falschheit *f*; Lüge *f*; **~ficação** [~səfikɐ'sɐ̃u] *f* Fälschung *f*; **~ficador** [~səfikɐ'ðor] *m* Fälscher *m*; **~ficar** [~səfi'kar] (1n) fälschen.

falso ['faɫsu] falsch; *ataque m* ~ Scheinangriff *m*; *chave f -a* Nachschlüssel *m*; *fundo m* ~ Doppelboden *m*; *juramento m* ~ Meineid *m*; *porta f -a* Tapetentür *f*; *posição f -a* schiefe Lage *f*; em ~ falsch; fälschlich; nur zum Schein; *golpe* (*passo, tiro*) *m em* ~ Fehl-schlag (-tritt, -schuß) *m*; *dar um passo* (*od. pôr um pé*) *em* ~ fehltreten; *fig.* e-n Fehltritt tun.

falta ['faɫtɐ] *f* Fehler *m*; Mangel *m* (an [*dat.*] de); Ausfall *m*; Ausbleiben *n*; Fehlen *n*; *à* (*od. em, na, por*) ~ *de* aus Mangel an (*dat.*), mangels (*gen.*), in Ermangelung von; *sem* ~ ganz bestimmt; unfehlbar; *dar* (*três*) ~*s* (dreimal) fehlen; *estar* (*ficar*) *em* ~ *com alg.* bei j-m im Rückstand sn (bleiben); j-m gegenüber ein schlechtes Gewissen h.; *fazer pouca* (*grande*) ~ kaum (sehr) fehlen (*od.* nötig sn); wenig (viel) ausmachen; gut (schlecht) entbehren können; *há* ~ *de* es gibt kein(e), es mangelt an.

faltar [faɫ'tar] (1a) fehlen; nicht da sn; nicht kommen, ausbleiben; zu Ende (*od.* aus-)gehen (*Vorräte*); versagen (*Kräfte usw.*); entschwinden, dahingehen; ~ *a* verstoßen gegen; *Wort* nicht (*Vertrag* nicht ein-)halten (*ac.*); unterlassen (*ac.*); fehlen bei (*od.* in) (*dat.*), nicht erscheinen zu; im Stich l. (*ac.*), sich versagen (*dat.*); verlassen (*ac.*); *não falta que inf.* (*quem*) es gibt genug zu *inf.* (es gibt genug Menschen, die); *falta pouco para* es ist (*od.* sind) fast; *faltou pouco para que o não matassem* fast hätten sie ihn getötet; *não faltava mais nada, era o que faltava* das fehlte gerade noch.

falto ['faɫtu]: ~ *de* arm an (*dat.*); *ele está* ~ *de* ihm fehlt (*nom.*).

fama ['fɐmɐ] *f* Ruf *m*; Ruhm *m*; Gerücht *n*; öffentliche Meinung *f*; *ter* ~ berühmt sn; *ter boa* (*má*) ~ e-n guten (schlechten) Ruf haben.

famélico [fɐ'mɛliku] = *faminto.*

fam|igerado, ~ígero [~miʒə'raðu, ~'miʒəru] berühmt; berüchtigt.

família [~'miljɐ] *f* Familie *f*; *die* Angehörigen *pl.*; *bras. a.* Kind *n*; *bsd.* Tochter *f*; *pessoa de* ~ Angehörige(r) *m*, Verwandte(r) *m.*

famili|ar [~mi'ljar] **1.** *adj.* vertraut; vertraulich; ungezwungen, familiär; Familien...; Haus...; **2.** *m* Familienangehörige(r) *m*; Bediente(r) *m*, F dienstbare(r) Geist *m*; **~aridade** [~ljɐri'ðaðə] *f* Vertraulichkeit *f*; Ungezwungenheit *f*; *ter* ~ *com alg.* mit j-m befreundet sn; **~arizar** [~ljɐri'zar] (1a) vertraut m.; **~arizar-se** *com* sich hineinfinden in (*ac.*), vertraut w. mit.

faminto [~'mĩntu] hungrig (nach *de*); glühend; ~ *de a.* ...begierig.

famoso [~'mozu] berühmt; großartig.

fâmulo ['fɐmulu] *m* Bediente(r) *m*; Diener *m*; Famulus *m.*

fanado [fɐ'naðu] welk.

fanal [~'naɫ] *m* Leuchtfeuer *n*; *fig.* Leitstern *m*; Flammenzeichen *n.*

fanático [~'natiku] **1.** *adj.* fanatisch; **2.** *m* Fanatiker *m.*

fanat|ismo [~nɐ'tiʒmu] *m* Fanatismus *m*; **~izar** [~ti'zar] (1a) fanatisieren.

fancaria [fɐ̃ŋkɐ'riɐ] *f* Stoffhandel *m*; *obra f de* ~ Machwerk *n*; Stümperarbeit *f.*

fandango [fɐ̃n'dɐ̃ŋgu] *m* Fandango *m* (*Tanz*); *tropa f -a* Bande *f.*

faneca [fɐ'nɛkɐ] *f* Trüsche *f* (*Fisch*); *ao pintar da* ~ wie gerufen.

faneco [~'nɛku] taub; vertrocknet.

fanfarr|ão [fɐ̃fɐ'ʀɐ̃u] **1.** *m* Prahlhans *m*; Aufschneider *m*; **2.** *adj.* großspurig; aufschneiderisch; **~ear** [~jar] (1l) großtun; aufschneiden; **~ice, ~onada, ~onice** [~isə, ~ʀu'naðə, ~ʀu'nisə] *f* Prahlerei *f*; Großtuerei *f*; Aufschneiderei *f.*

fanhoso [fɐ'ɲozu] näselnd.

fani|co [~'niku] *m* Stückchen *n*; Krume *f*; Pfenniggeschäft *n*; Gelegenheitseinnahme *f*; P (hysterischer) Anfall *m*; *fazer (od. partir) em* ~*s* zertrümmern, zerfetzen.
fantas|ia [fẽntɐ'ziɐ] *f* Einbildungskraft *f*; Phantasie *f* (*a.* ♪ *u. pint.*); Einbildung *f*; Erdichtung *f*; Grille *f*, Laune *f*; *de* ~ Phantasie...; erdichtet; gemustert (*Stoff*); **~iar** [~jar] (1g) erdenken; erdichten; *v/i.* phantasieren; **~ioso** [~jozu] phantasievoll; = **~ista** [~iʃtɐ] **1.** *adj.* erdacht, erdichtet; eingebildet; wunderlich; überspannt; **2.** *m* Phantast *m.*
fantasm|a [~'taʒmɐ] *m* Trugbild *n*, Phantom *n*; **~agoria** [~tɐʒmɐɣu'riɐ] *f* Blendwerk *n*; Spiegelfechterei *f*; *tea.* Phantasmagorie *f*; **~agórico** [~tɐʒmɐ'ɣɔriku] zauberhaft.
fantástico [~'taʃtiku] phantastisch.
fantoche [~'tɔʃə] *m* Marionette *f* (*a. fig.*); Hampelmann *m.*
faqu|eiro [fɐ'keiru] *m* Besteck (-kasten *m*) *n*; Messerschmied *m*; **~ista** [~iʃtɐ] *m* Messerheld *m.*
farda ['fardɐ] *f* Uniform *f.*
fard|ado [fɐr'daðu] in Uniform; **~amenta** [~dɐ'mẽntɐ] *f* Montur *f*; Kleidung *f*; **~amento** [~dɐ'mẽntu] *m* Uniform(ierung) *f*; **~ar** [~ar] (1b) in Uniform stecken, uniformieren; **~ar-se** sich die Uniform anziehen.
fard|el [~'dɛł] *m* Schnappsack *m*; Mundvorrat *m*; **~o** ['fardu] *m* Ballen *m*; Last *f.*
farejar [fɐrɨ'ʒar] (1d) riechen; auf-, aus-, nach-spüren; durchschnüffeln; *v/i.* wittern, winden.
farel|o [~'rɛlu] *m* Kleie *f*; *Holz*-Mehl *n*; *fig.* Lappalie *f*; **~ório** F [~rə'lɔrju] *m* Humbug *m.*
farfalh|ada [fɐrfɐ'ʎaðɐ] *f* = **~eira**; **~ão** [~ẽu] *m* Schwätzer *m*; Prahlhans *m*; **~ar** [~ar] (1b) rascheln; *fig.* plappern; prahlen; lärmen; **~eira** [~eirɐ] *f* Rascheln *n*; Geräusch *n*; *fig.* Lappalie *f*; Geschwätz *n*; Prahlerei *f*; ~*s pl.* Tand *m.*
farináceo [fɐri'nasju] mehlig, mehlhaltig; Mehl...
faring|e [~'rĩʒə] *f* Schlund *m*, Rachen *m*; **~ite** [~rĩ'ʒitə] *f* Rachenkatarrh *m.*
farinha [~'riɲɐ] *f* Mehl *n* (*flor de* Blüten...); ~ *de pau* Tapioka *f*; *da mesma* ~ vom gleichen Schlag.
farinhento, -oso, -udo [~ri'ɲẽntu, -ozu, -uðu] mehlig.
faris|aico [~ri'zaiku] pharisäisch; **~eu** [~eu] *m* Pharisäer *m.*
farm|acêutico [fɐrmɐ'seutiku] **1.** *adj.* pharmazeutisch; Arznei...; Heil...; Apotheker...; **2.** *m* Apotheker *m*; **~ácia** [~'masjɐ] *f* Apotheke(rkunst) *f*; **~acologia** [~mɐkulu'ʒiɐ] *f* Arzneikunde *f*, Pharmakologie *f.*
farnel [~'nɛł] *m* = *fardel.*
faro ['faru] *m* Witterung *f*; Geruch (-ssinn) *m*; Spürsinn *m.*
farofa *bras.* [fa'rɔfɐ] *f* geröstete(s) Maniokmehl *n.*
farol [fɐ'rɔł] *m* Leucht-turm *m*, -feuer *n*; Positionslicht *n*; Topplaterne *f*; *auto.* Scheinwerfer *m*; *fig.* Leuchte *f*; Leitstern *m*; *navio m* ~ Feuerschiff *n.*
farol|eiro [~ru'leiru] *m* Leuchtturmwärter *m*; **~ete** *bras.* [~'letə] *m auto.* Rücklicht *n*; **~im** [~ĩ] *m* Blinkfeuer *n*; ~ *de retaguarda* Schlußlicht *n.*
farpa ['farpɐ] *f Pfeil- usw.* Spitze *f*; Widerhaken *m*; Riß *m im Kleid*; Splitter *m in der Haut*; *Tuch*-Fetzen *m*; *taur.* Speerhaken *m.*
farp|ado [fɐr'paðu] spitz; stachelig; *arame m* ~ Stacheldraht *m*; *papel m* ~ Büttenpapier *n*; **~ão** [~ẽu] *m* Harpune *f*; Haken *m*; † Wurfspieß *m*; *fig. Liebes*-Pfeil *m*; *Schicksals*-Schlag *m*; **~ar** [~ar] (1b) mit Spitzen (*od.* Stacheln) versehen; zerreißen, -fetzen; = **~ear** [~jar] (1l) verwunden, durchbohren; *dem Stier* Speerhaken aufsetzen; **~ela** [~ɛlɐ] *f* Widerhaken *m an Häkelnadel*; F Kluft *f.*
farra ['faʀɐ] *f* Äsche *f* (*Lachsart*); *bras.* Schwof *m*; Mordsspaß *m.*
farrapo [fɐ'ʀapu] *m* Lumpen *m*; Fetzen *m.*
farrear *bras.* [fa'ʀjar] (1l) schwofen, bummeln; feiern.
farripas [fɐ'ʀipɐʃ] *f/pl.* Strähnen *f/pl.*
farroupilha [~ʀo'piʎɐ] *su.* zerlumpte(r) Mensch *m*; zerlumpte(s) Frauenzimmer *n*; *fig.* Lump *m.*
farrusco [~'ʀuʃku] rußig; schwarz.
fars|a ['farsɐ] *f* Posse(nspiel *n*) *f*, Farce *f*; Narrenstreich *m*; *tea.*

Schwank *m*; **~ista** [fɐr'siʃtɐ] *m* Hanswurst *m*, Narr *m*; **~ola** [fɐr-'sɔlɐ] *m* Witzbold *m*; Prahlhans *m*.

fart|a ['fartɐ]: *à ~* in Hülle und Fülle; weidlich; **~ar** [fɐr'tar] (1b) sättigen; befriedigen; überhäufen; vollstopfen; *fig.* lästig fallen (*dat.*); anekeln; *Geduld* erschöpfen; *Auge* weiden (an [*dat.*] em); *a ~* (über-) reichlich; *que farte* übergenug; **~ar--se** genug bekommen, satt w.; *~ de inf. et.* weidlich *tun*; sich weidlich bemühen zu *inf.*; *~ de rir* sich totlachen; *não se ~ de inf.* nicht müde w. zu *inf.*; **~o** [~u] satt; voll; üppig; (umfang)reich; überdrüssig; gastfreundlich; freigebig; *estar ~ de inf.* es satt sn zu *inf.*; **~ura** [fɐr'turɐ] *f* Sättigung *f*; Überfluß *m*; Üppigkeit *f*.

fascículo [fɐʃ'sikulu] *m* Bündel *n*; *Buch*-Lieferung *f*, Heft *n*.

fascin|ação [~sinɐ'sɐ̃u] *f* Zauber *m*, Bann *m*; **~ar** [~'nar] (1a) bezaubern, bestricken; blenden.

fase ['fazə] *f* Phase *f*; Entwicklungsstufe *f*; *~ neutra* Nulleiter *m*.

fasquia [fɐʃ'kiɐ] *f* Latte *f*.

fast|idioso [fɐʃti'δjozu] ekelhaft; langweilig; ärgerlich; lästig; **~io** [~'tiu] *m* Ekel *m*; Überdruß *m*; Widerwillen *m*; Appetitlosigkeit *f*.

fast|o ['faʃtu] **1.** *adj.* glücklich; Glücks...; **2.** *m* Gepränge *n*; Glanz *m*; *~s pl.* Jahrbücher *n/pl.*; Chronik *f*; **~(u)oso** [fɐʃ't(w)ozu] prunkvoll.

fatal [fɐ'taɫ] verhängnisvoll; unselig; unausbleiblich, unabwendbar; tödlich; **~idade** [~tɐli'δaδə] *f* Verhängnis *n*; Unglück *n*; **~ista** [~tɐ'liʃtɐ] *su.* Fatalist(in *f*) *m*; **~mente** [~taɫ-'mẽntə] unbedingt, unfehlbar.

fateixa [~'teiʃɐ] *f* Dreganker *m*; Kanthaken *m*; Fleischerhaken *m*.

fatia [~'tiɐ] *f* Schnitte *f*, Scheibe *f*.

fatídico [~'tiδiku] verhängnisvoll; unheilvoll, unheimlich.

fati|gante [~ti'γẽntə] beschwerlich; **~gar** [~ar] (1o) ermüden; (über-) anstrengen; lästig sn (*od.* fallen).

fat|iota [~'tjɔtɐ] *f* Anzug *m*, F Kluft *f*; **~o** ['fatu] *m* Anzug *m*; Kleidung *f*; *~ para senhora* Jackenkleid *n*.

fa|to, ~tor, ~tura *bras. s. fac|to, ~tor, ~tura*.

fátuo ['fatwu] eingebildet; albern, läppisch; *fogo m ~* Irrlicht *n*.

fauce ['fausə] *f* Schlund *m*.

faúlha [fɐ'uʎɐ] *f* Funke *m*; Mehlstaub *m*.

faulhento [fɐ-u'ʎẽntu] funkensprühend; blitzend; stäubend.

faun|a ['faunɐ] *f* Tierwelt *f*, Fauna *f*; **~o** [~u] *m* Faun *m*, Waldgott *m*.

faust|o ['fauʃtu] **1.** *adj.* glück-bringend, -haft; günstig; **2.** *m* Gepränge *n*; Prunk *m*; **~(u)oso** [fauʃ't(w)ozu] prunkvoll, prächtig.

fautor [fau'tor] *m* Anstifter *m*; *~ de guerra* Kriegshetzer *m*.

fava ['favɐ] *f* (Sau- *od.* Pferde-) Bohne *f*; *~ preta* schwarze (Stimm-) Kugel *f*; *~s contadas* todsicher; *mandar às ~s* F zum Teufel schicken; *pagar as ~s* F die Zeche zahlen; *vá à ~* F geh zum Kuckuck; *que vá plantar ~s* F zum Kuckuck mit ihm, er kann mir gestohlen bleiben.

favela [fa'vɛlɐ] *f* Negersiedlung *f*, Armenviertel *n*.

favo ['favu] *m* Wabe *f*.

favor [fɐ'vor] *m* Gunst(bezeugung) *f*; Gefälligkeit *f*; Gefallen *m*; Nachsicht *f*; *im Brief*: *o seu ~, o ~ de V.Ex.ª* Ihr geschätztes Schreiben; *dias m/pl. de ~* Verzugsfrist *f*; *entrada f de ~* freie(r) Eintritt *m*; *bilhete m de ~* Freikarte *f*; *a (od. em) ~ de* zugunsten; *a (od. em) meu ~* zu meinen Gunsten; *ao (od. com o) ~ de* mit Hilfe (*gen.*), vermöge (*gen.*); *por ~* aus Gefälligkeit; bitte!; *faz (od. faça) ~ de inf.* bitte *imp.*; *faça--me o ~ de inf.* tun Sie mir den Gefallen (*od.* seien Sie so gut) und *imp.*; *gozar de ~* in Gunst stehen; *ter alg. a seu ~* j-n auf s-r Seite h.

favor|ável [~vu'ravɛɫ] günstig; *~ ao vento* leewärts, in Lee; **~ecer** [~rə-'ser] (2g) begünstigen; sich *j-s* annehmen; auszeichnen; *j-m* gut (zu Gesicht) stehen (*Kleidung*); schmeicheln (*Bild*); ✝ beehren; *~ alg. com* j-n bedenken mit; j-m gewähren (*ac.*); **~ecer-se** *de* sich zunutze m. (*ac.*), sich bedienen (*gen.*); **~itismo** [~rə'tiʒmu] *m* Günstlingswirtschaft *f*; Begünstigungswesen *n*; **~ito** [~itu] **1.** *adj.* begünstigt; Lieblings...; **2.** *m*, **-a** *f* Günstling *m*; Liebling *m*.

faxina [fɐ'ʃinɐ] *f* Reisigbündel *n*; Faschine *f* (*a.* ⚔); *estar de ~* ⚔ Stubendienst haben.

fazedor [~zə'δor] *m* Verfertiger *m*,

Schöpfer *m*; *Verse-*, *Ränke-*Schmied *m*; *Gerüchte-*Macher *m*.
fazend|a [~'zẽndɐ] *f* (Land-)Gut *n*; Vermögen *n*; *Anzug-*Stoff *m*; *allg.* Ware *f*; *bras.* Farm *f*; Pflanzung *f*, Plantage *f*; ♀ (*pública*) Finanzwesen *n*; **~eiro** [~zẽn'deiru] *m* Farmer *m*.
fazer [~'zer] (2v) machen; tun; *j-m et.* antun; *Ehre usw.* erweisen; *Arbeit* verrichten; *Sport*, *Gewerbe* treiben; ausmachen, wichtig sn; verursachen, bewirken; enthalten, fassen (*Hohlmaß*); *Geld* machen, verdienen; einnehmen; einbringen; ~ *bem* (*mal*) *a alg.* j-m Gutes (etwas zuleide) tun; j-m gut (nicht gut) tun *od.* bekommen; ~ *bem* (*mal*) (*em inf.*) es richtig (falsch) m.; gut (schlecht) daran tun (zu *inf.*); ~ *inf.* lassen *inf.*; veranlassen *od.* bringen zu *inf.*; ~ *su.* = *inf. des zugehörigen Verbs, z.B.*: a) ~ *escárnio*, *explosão*, *sangue* spotten, explodieren, bluten; b) ~ *as delícias* (*a felicidade*) *de alg.* j-n entzücken (beglücken); ~ *alg. comerciante* (*médico*) j-n Kaufmann (Arzt) w. l.; ~ *alg. homem* (*rei*) j-n zum Manne (König) m.; ~ *alg. católico* (*bispo*) j-n für katholisch (e-n Bischof) halten; ~ *alg. em Roma* (*na França*) j-n in Rom (in Frankreich) glauben; ~ *a a/c.* an et. (*ac.*) gewöhnen; mit et. zu tun h.; ~ *a alg.* j-m tun; j-m et. ausmachen; ~ *de intérprete etc.* den Dolmetscher *usw.* m. (*od.* spielen); ~ *de surdo etc.* sich taub *usw.* stellen; *em quanto faz o litro?* wie teuer stellt sich das Liter?; ~ *em su.* = *inf. des zugehörigen Verbs, z.B.*: ~ *em estilhas* zersplittern, ~ *em cacos* zerbrechen; ~ *por* sich bemühen um (*ac.*) *od.* zu *inf.*; ~ *tudo por* sein Möglichstes tun, um ... zu *inf.*; ~ (*com*) *que* a) *ind.* so tun als ob *conj. impf.*; b) *conj.* veranlassen, daß; bewirken, daß; es dahin bringen, daß; erreichen, daß; dazu führen (*od.* zur Folge h.), daß (*alle mit ind.*); *faz agora 20 anos* es ist jetzt 20 Jahre her; *fez no domingo 8 dias* Sonntag vor 8 Tagen; *fez* (*od. fazia*) *ele* versetzte er; *que faz?* was tut's?; *não faz mal* das tut (*od.* macht, schadet) nichts; *dar que* ~ Arbeit m.; **~-se** sich machen; zu m. sein, sich m. lassen; zustande kommen (*Geschäft*); *spät*, *alt usw.* werden; eintreten (*Ruhe usw.*); entstehen (*Tumult usw.*); wachsen, reifen; ~ *surdo* sich taub *usw.* stellen; ~ *inf.* sich lassen *inf.*; werden *p.p.*; ~ *su.* sich m. zu (*dat.*); werden (*nom.*); ~ *em* zerfallen in (*ac.*); w. zu (*dat.*); ~ *ao largo* (*od. ao mar*, *de vela*) in See gehen, auslaufen; *fig.* F abhauen.
faz-tudo [faʃ'tuðu] *m* F Mädchen *n* für alles; dumme(r) August *m*.
fé [fɛ] *f* Glaube(n) *m* (*dar* schenken); Überzeugung *f*; Treue *f*; Vertrauen *n* (auf [*ac.*] *de*, zu [*dat.*] *em*); Beglaubigung *f*, Zeugnis *n*; *boa* ~ Ehrlichkeit *f*; Treu und Glauben *m*; *de boa* ~ in gutem Glauben; ehrlich; *má* ~ Unredlichkeit *f*; Falschheit *f*; *de má* ~ böswillig; unredlich; *à* ~ wahrhaftig; *à* ~ *de quem sou* meiner Treu; *à* ~ *de cavaleiro*, *cristão*, *homem de bem* bei meiner (*deiner usw.*) Ritter-, Christen-, Mannesehre *f*; *à minha* ~ auf Ehre; *à falsa* ~ heimtückisch, treulos; *dar* ~ *de* (be)merken (*ac.*); *fazer* ~, *ter* ~ Glauben verdienen; *fazer* ~ *de* zeugen von; bezeugen (*ac.*).
fealdade [fjał'daðə] *f* Häßlichkeit *f*.
febra ['feβrɐ] *f* mageres (Schweine-) Fleisch *n*; *fig.* Kraft *f*, Energie *f*; *ter* (*boa*) ~ e-n eisernen Willen h.; *de* ~ willensstark.
febr|e ['fɛβrə] *f* Fieber *n*; **~ífugo** [fə'βrifuɣu] *m* Fiebermittel *n*; **~il** [~'βriɫ] fiebrig, Fieber...; fieberhaft.
fecal [fə'kaɫ]: *matérias f/pl.* -*ais* Fäkalien *pl.*; Auswurfstoffe *m/pl.*
fech|adura [fɨʃɐ'ðurɐ] *f Tür-*Schloß *n*; **~amento** [~ɐ'mẽntu] *m* (Ver-) Schließen *n*; ⚠ *Gewölbe-*Abschluß *m*; **~ar** [~'ʃar] (1d) schließen; *Tür usw.* zumachen; *Raum*, *Arbeit*, *Vertrag* ab-, *j-n* ein-, *Geld* ein-, wegschließen; ~ *à chave* ab-, ein-, verschließen; *v/i.* schließen, zugehen; **~ar-se** *fig.* sich verschließen; ~ *com a/c.* et. für sich (*od.* geheim-)halten; **~aria** [~ɐ'riɐ] *f Gewehr-*Schloß *n*; **~o** ['feʃu] *m* Verschluß *m*; *Tür-*Riegel *m*; *fig.* Schluß *m*; ~ „*éclair*" = ~ *relâmpago* Reißverschluß *m*; ~ *de abóbada* Gewölbeschluß *m*.
fécula ['fɛkulɐ] *f* Stärkemehl *n*.
feculento [fəku'lẽntu] stärke(mehl)-haltig; niederschlagbildend, trüb.
fecund|ação [~kũndɐ'sɐ̃u] *f* Befruchtung *f*; **~ar** [~'dar] (1a) be-

fruchten; *v/i.* befruchtet w., empfangen; **~idade** [~i'δaδə] *f* Fruchtbarkeit *f*; **~o** [~'kũndu] fruchtbar.
fed|elho [~'δeʎu] *m* Rotznase *f*; Gelbschnabel *m*; **~entina** [~δẽn'tinɐ] *f* Gestank *m*; **~er** [~er] (2c) stinken.
feder|ação [fəδərɐ'sɐ̃u] *f* Bund *m*; Verband *m*; *pol.* Bundesstaat *m*; **~al** [~'rał] Bundes...; Verbands...; **~alismo** [~ɐ'liʒmu] *m* Föderalismus *m*; **~ar** [~'rar] (1c) zs.-schließen; vereinen.
fedor [~'δor] *m* Gestank *m*; **~ento** [~δu'rẽntu] stinkend.
feérico ['fjɛriku] feenhaft.
feição [fei'sɐ̃u] *f* Form *f*, Gestalt *f*, Aussehen *n*; Charakter-, Gesichtszug *m*; Anlage *f*; Laune *f*; *à ~* nach Wunsch, nach Belieben; nach Maß; *desta ~* auf diese Weise; *falar à ~ de alg.* j-m nach dem Munde reden.
feij|ão [fei'ʒɐ̃u] *m* Bohne *f*; **~oada** [~waδɐ] *f bras.* Bohnengericht *n*; **~oal** [~wał] *m* Bohnenfeld *n*; **~oca** [~ɔkɐ] *f* dicke Bohne *f*.
fei|o ['feju] häßlich; schändlich; mißlich; *bras. fazer ~* e-n schlechten Eindruck m.; **~ote** [fe'jɔtə] mordshäßlich.
feira ['feirɐ] *f* Jahrmarkt *m*; Markt (-platz) *m*; *Industrie*-Messe *f*.
feita ['feitɐ] *f* Tat *f*; *desta ~* diesmal.
feiti|çaria [feitisɐ'riɐ] *f* Zauberei *f*; **~ceiro** [~'seiru] *m*, **-a** *f* Zauber-er *m*, -in *f*; **~ço** [~'tisu] **1.** *adj.* künstlich, falsch; blind (*Tür*); **2.** *m* Zauber *m*; Fetisch *m*; *fazer ~s* zaubern.
feit|io [~'tiu] *m* Form *f*, Gestalt *f*; Charakter *m*, Art *f*; Schnitt *m e-s Kleides*; Machen *n e-s Anzugs usw.*; Machelohn *m*; *bom ~* nette Art *f*; *está fora do meu ~* das liegt mir nicht; *perder o tempo e o ~* Zeit und Mühe vergeblich verschwenden; **~o** ['feitu] **1.** *p.p v. fazer*; *estar ~* fertig sn; *fig.* unter e-r Decke stecken; *está ~!* immerhin!; *o que está ~, está ~* das ist nun einmal nicht zu ändern; *dito e ~* gesagt, getan; *bem ~!* recht so!; *é bem ~ que* gut daß; *que é ~ dele?* was ist aus ihm geworden?; was macht er?; **2.** *adj.* vollendet; fertig; ganz; reif; beschlossen; *~!* abgemacht!; *~ de* aus (*dat.*); *homem m ~* erwachsene(r) Mann *m*; **3.** *m* Tat *f*; Unternehmung *f*; *de ~* tatsächlich;
~or [~or] *m* Verwalter *m*; Pächter *m*; **~oria** [~tu'riɐ] *f* Verwaltung *f*; (Handels-)Niederlage *f*, † Faktorei *f*; **~ura** [~urɐ] *f* Anfertigung *f*; Schöpfung *f*; Machart *f*, Schnitt *m*.
feixe ['feiʃə] *m* Bündel *n*, Bund *m*; Garbe *f* (*fazer* binden).
fel [fɛł] *m* Galle *f*.
felici|dade [fələsi'δaδə] *f* Glück *n*; *~ eterna* ewige Seligkeit *f*; *por ~* zum Glück; *muitas ~s!* herzliche Glückwünsche!; alles Gute!; **~tação** [~tɐ'sɐ̃u] *f* Glückwunsch *m*; **~tar** [~'tar] (1a) beglücken; beglückwünschen (*od.* gratulieren [*dat.*]) (zu *por*).
felicíssimo [~'sisimu] *sup. v. feliz.*
felino [fə'linu] **1.** *adj.* Katzen...; *fig.* hinterhältig; **2.** *~s m/pl.* Katzen *f/pl.*
feli|z [~'liʃ] glücklich; **~zão, ~zardo** F [~li'zɐ̃u, -'zarδu] *m* Glückspilz *m*; **~zmente** [~liʒ'mẽntə] glücklicherweise.
felonia [~lu'niɐ] *f* Treulosigkeit *f*; Gemeinheit *f*.
felp|a *f*, **-o** *m* ['fɛłpɐ, -u] Plüsch (-haare *n/pl.*) *m*; Filz *m*; Flaum *m*; *bsd.* Frottee *n*; *toalha f de ~* Frottier(hand)tuch *n*; **~udo** [feł'puδu] wollig; haarig; samtig.
feltro ['fełtru] *m* Filz *m*.
fêmea ['femjɐ] *f* Weibchen *n*; *depr.* Weib *n*; ⊕ Öse *f*.
feme|aço [fə'mjasu] *m* Weibergesellschaft *f*; **~eiro** [~eiru] *m* Schürzenjäger *m*.
fêmeo ['femju] weiblich; *ficha f -a* ⚡ Steckdose *f*.
femin|idade [fəməni'δaδə] *f* Weiblichkeit *f*; **~il** [~'nił] weibisch; = **~ino** [~'ninu] weiblich; Frauen...; klingend (*Vers*); **~ismo** [~'niʒmu] *m* Frauenbewegung *f*; **~ista** [~'niʃtɐ] *su.* Frauenrechtler(in *f*) *m*.
fémur ['fɛmur] *m* Schenkelknochen *m*.
fend|a ['fẽndɐ] *f* Spalte *f*, Schlitz *m*; Spalt *m*, Riß *m*; **~er** [fẽn'der] (2a) spalten; auf-reißen, -schlitzen; *fig.* durch-queren, -schneiden; **~er-se** bersten; rissig w.
fenecer [fənə'ser] (2g) enden, sterben.
feno ['fenu] *m* Heu *n*.
fenol [fə'nɔł] *m* Phenol *n*, Karbolsäure *f*; **~ftaleina** [~nɔłftɐle'inɐ]: *papel m de ~* Lackmuspapier *n*.
fenomenal [fənumə'nał] Erschei-

nungs...; phänomenal; *fig.* fabelhaft; wunderbar.
fenómeno [~'nɔmənu] *m* Phänomen *n* (*a. fig.*); (Natur-)Erscheinung *f*.
fera ['fɛrɐ] *f* Raubtier *n*; *fig.* P Biest *n*; F Leuchte *f*, Wundertier *n*.
feraz [fə'raʃ] frucht-bringend, -bar.
féretro ['fɛrətru] *m* Sarg *m*.
féria ['fɛrjɐ] *f* Wochentag *m*; *bsd.* Tage-, Wochen-lohn *m*; Lohnliste *f*; Ruhetag *m*; *bras.* Tageseinnahme *f*; ~s *pl.* Ferien *pl.*
feriado [fə'rjaδu] **1.** *adj.* Ruhe..., Erholungs...; *dia m* ~ = **2.** *m* Feiertag *m* (*nacional* Staats...).
feri|da [~'riδɐ] *f* Wunde *f*; Verletzung *f*; *fig. a.* Kränkung *f*; *ao atar das* ~s kurz vor (*od.* nach) Toresschluß; **~mento** [~ri'mẽntu] *m* Verwundung *f*.
ferino [~'rinu] raubtierhaft; tierisch; bösartig (*a.* ⚕).
ferir [fə'rir] (3c) verwunden; verletzen; beleidigen, kränken; treffen (auf [*ac.*] *em*); *fig.* schlagen; *Verbrecher* strafen.
ferment|ação [fərmẽntɐ'sɐ̃u] *f* Gärung *f*; **~ar** [~'tar] (1a) gären l.; (durch)säuern; *fig.* aufwühlen; aufhetzen; *v/i.* gären (*a. fig.*); aufgehen (*Teig*); **~o** [~'mẽntu] *m* Gärstoff *m*; Sauerteig *m*; *cul.* Backpulver *n*; *Wein*-Hefe *f*; *fig.* Keim *m*.
fero ['fɛru] wild; grausam; stark, gesund; **~cidade** [fərusi'δaδə] *f* Wildheit *f*; Grausamkeit *f*; **~z** [fə'rɔʃ] wild, reißend; grimmig.
ferrã [fə'ʀɐ̃] *f* Futtergetreide *n*.
ferrabrás [~ʀɐ'βraʃ] *m* Bramarbas *m*.
ferra|dela [~'δɛlɐ] *f* Biß *m*; **~dor** [~'δor] *m* Hufschmied *m*; **~dura** [~'δurɐ] *f* Hufeisen *n*; *deitar* ~ *a* beschlagen (*ac.*); **~geiro** [~'ʒeiru] *m* Eisen- u. Metallwarenhändler *m*; **~gem** [~'ʀaʒɐ̃i] *f* (Eisen-, Huf-) Beschlag *m*; Eisenteile *m/pl.*; *-ns pl.* Eisenwaren *f/pl.*; *loja f de -ns* Eisen- u. Metallwarenhandlung *f*; **~gista** *bras.* [~'ʒiʃtɐ] *m* = *~geiro*; **~jaria** [~ʒɐ'riɐ] *f* Eisenhandlung *f*; **~menta** [~'mẽntɐ] *f* (Eisen-)Werkzeug *n*; *máquina-~ f* Werkzeugmaschine *f*.
ferr|ão [~'ʀɐ̃u] *m* Stachel *m*; **~ar** [~ar] (1c) *Pferd usw.* beschlagen; *Vieh usw.* zeichnen, brandmarken; *Segel, Schiff* festmachen; P *Schlag usw.* versetzen, beibringen; ~ *os dentes* (*as unhas*) *em* sich verbeißen (verkrallen) in (*ac.*); *v/i.* ~ *a alg.* j-n beißen (*Hund*); ~ *com a/c.* (*alg.*) *em* et. (j-n) werfen an, in *od.* gegen (*alle mit ac.*); ~ *de* (an)packen (*ac.*); ~(-*se*) *no sono* einschlafen; **~aria** [~ʀɐ'riɐ] *f* Schmiede *f*; Eisenhammer *m*; **~eiro** [~eiru] *m* (Werkzeug-)Schlosser *m*; **~enho** [~ɐɲu] eisen-farbig, -hart; *fig.* hart, unerbittlich; hartnäckig; verbissen; ...fresser.
férreo ['fɛʀju] eisern; Eisen...; *fig. a.* hart, starr; *rede f -a* Eisenbahnnetz *n*; *via f -a* Eisenbahn *f*.
ferret|a [fə'ʀetɐ] *f Kreisel*-Spitze *f*; **~e** [~ə] *m* Brenneisen *n*; Brandmal *n* (*a. fig.*); *azul* ~ dunkel-, stahlblau; *marcar com o* ~ *de* brandmarken als; **~ear** [~ʀə'tjar] (1l) brandmarken; **~oar** [~ʀə'twar] (1f) stechen; (an-, auf-)stacheln; *fig.* tadeln, F herunterreißen; sticheln.
férrico ['fɛʀiku] ⚗ Eisen...
ferro ['fɛʀu] *m* Eisen *n*; Brandmal *n*; ⚓ Anker *m*; *fig.* Waffe *f*; Schwert *n*; ~s *pl.* Instrumente *n/pl.*; Ketten *f/pl.*; *estar a* ~s in Ketten liegen; ~ *coado*, ~ *fundido* Guß-, ~ *batido*, ~ *forjado* Schmiede-eisen *n*; ~ *de frisar* Brennschere *f*; *a* ~ *e fogo* mit Feuer und Schwert; *fig.* mit allen Mitteln; *pôr* (*od. meter*) *a* ~ *e fogo* brandschatzen; *fig.* tödlich mitea. verfeinden; *de* ~ eisern; Eisen..., *estar sobre* ~ vor Anker liegen; *lançar* (*levantar*) ~ (den) Anker werfen (lichten); *malhar em* ~ *frio* Unmögliches wollen; *passar* (*od. correr*) *a* ~ (über)bügeln.
ferro|ada, ~adela [fə'ʀwaδɐ, ~ʀwɐ'δɛlɐ] *f* Stich *m*; *fig.* Stichelei *f*; **~ar** [~'ʀwar] (1f) = *ferretoar*; **~lho** [~'ʀoʎu] *m* Riegel *m* (*correr* vorschieben; **~-velho** [ˌfɛʀu'vɛʎu] *m* Trödler *m*; ~s *pl.* Trödel *m*.
ferro|via [fəʀu'viɐ] *f* Eisenbahn *f*; **~viário** [~'vjarju] **1.** *adj.* Eisenbahn...; **2.** *m* Eisenbahner *m*.
ferrug|em [fə'ʀuʒɐ̃i] *f* Rost *m*; 🌱 Meltau *m*; *criar* ~ ver-, einrosten (*a. fig.*); **~ento** [~ʀu'ʒẽntu] rostig, verrostet; **~íneo** [~ʀu'ʒinju] rostfarben; *fig.* schwärzlich, dunkel; **~inoso** [~ʀuʒi'nozu] eisenhaltig; Eisen...

fértil [ˈfɛrtiɫ] fruchtbar; ergiebig; schöpferisch.
fertili|dade [fərtəliˈδaδə] *f* Fruchtbarkeit *f*; Ergiebigkeit *f*; **~zar** [~ˈzar] (1a) fruchtbar m.; befruchten.
férula [ˈfɛrulɐ] *f* (Zucht-)Rute *f*; *fig.* Fuchtel *f*; Strenge *f*.
ferv|edoiro, -ouro [fərvəˈδoiru, -oru] *m* Gewimmel *n*; **~ente** [~ˈvẽntə] *fig.* inbrünstig; **~er** [~ˈver] (2c) kochen, sieden; brennen, glühen; wallen, sprudeln; brausen; wimmeln; ~ *em pouca água* leicht aufbrausen, sich gleich aufregen.
férvido [ˈfɛrviδu] siedend; wild (-bewegt); heftig; glühend.
ferv|ilhar [fərviˈʎar] (1a) aufbrausen; wimmeln; nicht ruhig sitzen können; **~or** [~ˈvor] *m fig.* Glut *f*, Feuer *n*; Inbrunst *f*; Ungestüm *n*; Eifer *m*; *com* ~ = **~oroso** [~uˈrozu] glühend, feurig; inbrünstig; heftig, ungestüm; eifrig; **~ura** [~ˈvurɐ] *f* Sieden *n*; Sprudel *m*; Wallung *f*; *fig.* Erregung *f*; *deitar água na* ~ Öl auf die Wogen gießen.
festa [ˈfɛʃtɐ] *f* Fest *n*; Feier *f*; ~ *rija* Rummel *m*; *haver* ~ *rija* hoch hergehen; *ar de* ~ Festtagsgesicht *n*; *estar de* ~ lustig sn; *fazer* ~(s) *a alg.* j-n herzlich aufnehmen; j-m schöntun; j-n streicheln; *boas* ~s frohes Fest (*dar* wünschen); fröhliche Weihnachten, Ostern *usw.*
fest|ança [fɨʃˈtẽsɐ] *f* Festveranstaltung *f*; F Rummel *m*; F Schwof *m*; **~ão** [~ẽu] *m* **a**) Gewinde *n*, Feston *n*; Girlande *f*; Borte *f*; **b**) *bras.* Bombenfest *n*; **~arola** F [~tɐˈrɔlɐ] *f* lustige(r) Abend *m*; Festivität *f*; **~ejar** [~tɨˈʒar] (1d) feiern; **~ejo** [~eʒu] *m* Feier(lichkeit) *f*, Festlichkeit *f*; ~ *popular* Volksfest *n*; **~im** [~ĩ] *m* Familienfest *n*; Festschmaus *m*; **~ival** [~tiˈvaɫ] *m* Festspiel *n*; ~ *desportivo* Sportfest *n*; **~ividade** [~təviˈδaδə] *f* Festlichkeit *f*; *kirchliche* Feier(lichkeit) *f*; Festfreude *f*; **~ivo** [~ivu] festlich; fröhlich; Fest...
festo [ˈfeʃtu] *m* (Stoff-)Breite *f*; Kniff *m*; *a* ~ steil aufwärts.
fetidez [fətiˈδeʃ] *f* Gestank *m*.
fétido [ˈfɛtiδu] stinkend.
feto [ˈfɛtu] *m* **1.** Fötus *m*; *fig.* Keim *m*; **2.** ⚘ Farn(kraut *n*) *m*.
feud|al [feuˈδaɫ] feudal; **~alismo** [~δɐˈliʒmu] *m* Lehnswesen *n*; Feudalismus *m*; **~o** [ˈfeuδu] *m* Lehen *n*.
Fevereiro [fəvəˈreiru] *m* Februar *m*.
fez [feʃ] **1.** *m* Fes *m*; Fez *m* (*türkische Mütze*); **2.** *s. fazer*.
fezes [ˈfɛzɨʃ] *f/pl.* Auswurfstoffe *m/pl.*; Bodensatz *m*; *Metall-*Schlacke *f*; *fig.* Abschaum *m*.
fia|ção [fjɐˈsẽu] *f* Spinnen *n*; (*fábrica f de*) ~ Spinnerei *f*; **~da** [ˈfjaδɐ] *f* Lage *f Steine*; Reihe *f*, Kette *f*; **~deira** [~ˈδeirɐ] *f* Spinnmaschine *f*; **~dilho** [~ˈδiʎu] *m* Flockseide *f*; **~do** [ˈfjaδu] **a**) *m* Gespinst *n*; **b**) **1.** *adj.* vertrauend (*od.* im Vertrauen) (auf [*ac.*] em); = **2.** *adv.* auf Kredit, auf Borg; *pedir* ~ anschreiben l.; **~dor** [~ˈδor] *m* Bürge *m*; Sicherheits-kette *f*, -verschluß *m*; (Sperr-)Riegel *m*; Portepee *n*.
fiambr|e [ˈfjẽmbrə] *m* gekochte(r) Schinken *m*; **~eria** *bras.* [fjẽmbreˈriɐ] *f* Feinkostgeschäft *n*.
fiança [ˈfjẽsɐ] *f* Bürgschaft *f*; Sicherheit(sleistung) *f*, Kaution *f* (*prestar* zahlen); *fig.* Gewähr *f*.
fiandeiro *m*, **-a** *f* [fjẽnˈdeiru, -ɐ] Spinner(in *f*) *m*.
fiapo [ˈfjapu] *m* Fädchen *n*; *Stroh-*Halm *m*.
fiar [ˈfjar] (1g) **a**) spinnen; *Draht* ziehen; ~ *fino* e-e kitzlige Sache sn; sich schwierig anlassen; **b**) anvertrauen; borgen; bürgen für; *v/i.* auf Borg verkaufen; = **~-se** *de, em* vertrauen, bauen auf (*ac.*); sich anvertrauen (*dat.*).
fiasco [ˈfjaʃku] *m* Mißerfolg *m*, Fiasko *n*; *fazer* ~ durchfallen.
fibr|a [ˈfiβrɐ] *f* Fiber *f*, Faser *f*; **~ina** [fiˈβrinɐ] *f* Blutfaserstoff *m*, Fibrin *n*; **~ino** [fiˈβrinu] Faser...; **~oso** [fiˈβrozu] faserig.
ficar [fiˈkar] (1n) bleiben; übrig-, ver-, zurück-bleiben; anhalten; stehenbleiben; sich befinden, liegen, sein; *oft* = *estar*; ~ *mit p.p., adj. od. su.* werden; *manchmal* sein, *z.B.* ~ *contente* zufrieden (*od.* froh) sn; *Sonderbedeutungen in Verbindung mit Subst., Adj. und Adv.: s. dort!*; ~ *bem* (*mal*) gut (schlecht) abschneiden; e-n guten (schlechten) Eindruck m.; gut (schlecht) stehen (*dat. a*); ~ *a fazer* (*od. fazendo*) *a/c.* noch et. tun; ~ *ao pintar*, ~ *a matar* F wie angegossen sitzen; ~ *com* behalten (*ac.*); *Kleid* an-behalten, -lassen; *Hut* aufbehalten; ~ *com*

uma perna partida ein Bein brechen; ~ *de* (zurück)bleiben als; werden (*od.* sn); versprechen zu; ~ *em* a) bleiben bei; ver-abreden, -einbaren (*ac.*); b) sich belaufen auf (*ac.*); c) geraten in (*ac.*); d) nur noch sn (*nom.*); *ficar na sua* dabei bleiben; auf s-r Meinung (*od.* s-m Willen) beharren; ~ *para* bleiben (*od.* sn) für (*ac.*); *fig.* sich erweisen als; angesehen w. können als; ~ *para ali*, ~ *para um canto* vergessen (*od.* vernachlässigt) w.; ~ *por* bestellt w. zu; *Preis*: kommen auf (*ac.*), kosten; ~ *por alg.* für j-n einstehen; ~ *por fazer* liegenbleiben; noch nicht getan (*od.* noch zu tun) sn; ~ (*por*) *que* garantieren (*od.* dafür einstehen), daß; ~ *por conta de alg.* auf j-s Rechnung gehen; ~ *sem* loswerden, lossein; verlieren; nicht bekommen; ~ *sem se fazer* nicht getan w.; *em que ficamos?* wie verbleiben wir?, was beschließen wir?; **~-se** (ver)bleiben; innehalten, stekkenbleiben; stehen-, zurück-bleiben; dastehen; ~ *em* bleiben (bei); ~ *com* behalten (*ac.*).

ficção [fik'sẽu] *f* Erdichtung *f*; Vorspiegelung *f*; bloße Annahme *f*, Fiktion *f*; *literatura f de* ~ schöngeistige Literatur *f*, Prosadichtung *f*.

fich|a ['fiʃɐ] *f* Spielmarke *f*; (Garderoben-)Marke *f*; Katalog-, Karteikarte *f*; ~ *eléctrica* Stecker *m*; ~ *dupla* Doppelstecker *m*; **~ar** *bras.* [fi'ʃar] (1a) e-e Karteikarte geben (*dat.*); registrieren; **~ário** *bras.* [fi'ʃarju] *m* = **~eiro** [fi'ʃeiru] *m* Karthotek *f*, Kartei *f*; Kartei-, Zettel-kasten *m*.

fictício [fik'tisju] erdichtet; angeblich; angenommen; Schein...

fidalg|a [fi'δałγɐ] *f* Edel-frau *f*, -fräulein *n*; vornehme Dame *f*; **~o** [~u] **1.** *adj.* adelig; edel; edelmütig; vornehm; *iron.* fein; **2.** *m* Edelmann *m*; Junker *m*; vornehme(r) Herr *m*; *iron.* feine(r) Mann *m*; **~ote** [~δał'γɔtə] *m* Krautjunker *m*.

fidalgu|ia [~δał'γiɐ] *f* Adel *m*; Edelmut *m*; Vornehmheit *f*; **~ice** [~isə] *f* Vornehmtuerei *f*.

fide|digno [~δə'δiγnu] glaubwürdig; **~lidade** [~li'δaδə] *f* Treue *f*; Genauigkeit *f*; **~líssimo** [~'lisimu] *sup.* *v. fiel.*

fid|úcia [~'δusjɐ] *f* (Selbst-)Vertrauen *n*, Zuversicht *f*; P Frechheit *f*; **~uciário** [~δu'sjarju]: *moeda f -a* Papiergeld *n*.

fieira ['fjeirɐ] *f* Drahtzieheisen *n*; Drahtlehre *f*; Zieh-düse *f*, -stein *m*; Wachsstockzug *m*; *Kreisel*-Schnur *f*; ⚒ Erzgang *m*; *zo.* Spinndrüse *f*; *fig.* Reihe *f*, Kette *f*; Prüfstein *m*; *passar pela* ~ genau nehmen.

fiel [fjɛł] **1.** *adj.* treu; (wort)getreu; genau; zuverlässig; **2.** *m* Vertrauensmann *m*, Stellvertreter *m*; Verwalter *m*, Aufseher *m*; ~ *da balança* Zünglein *n* an der Waage; *os fiéis pl. rel.* die Gläubigen *pl.*

figa ['fiγɐ] *f* Amulett *n* in Faustform; ~*!* pfui!; hau ab!; *de uma* ~ Dreck..., Mist...; *fazer* (*od. dar*) *uma* ~ *a alg.* j-m was husten, j-n abblitzen l.; *não vale uma* ~ er ist keinen Pfifferling wert.

figadal [fiγɐ'δał] Leber...; *fig.* tödlich; *inimigo m* ~ Todfeind *m*.

fígado ['fiγɐδu] *m* Leber *f*; *fig.* Charakter *m*; Mut *m*; *ter maus* ~*s* kratzbürstig sn; *ficar com o* ~ *em iscas* sich schwarz ärgern.

figo ['fiγu] *m* Feige *f*; *fig.* F Klumpen *m*; *chamar um* ~ lecker finden.

figueira [fi'γeirɐ] *f* Feigenbaum *m*.

figura [~'γurɐ] *f* Figur *f*; Gestalt *f*; Abbildung *f*; *fazer* (*boa*) ~ (e-n guten) Eindruck m.; sich gut ausnehmen; *fraca* ~ F Jammergestalt *f*.

figur|ação [~γurɐ'sẽu] *f* (bildliche) Darstellung *f*; Gestaltung *f*; Aussehen *n*; **~adamente** [~ˌraδɐ'mẽntə] in übertragener (*od.* bildlicher) Bedeutung; **~ado** [~'raδu] bildlich, figürlich; übertragen; **~ante** *m*, **-a** *f* [~'rẽntə, -ɐ] Statist(in *f*) *m*; Figurant(in *f*) *m*; **~ão** F [~'rẽu] *m* große(s) Tier *n*; *iron.* Früchtchen *n*; *fazer um* ~ Eindruck schinden; große Töne spucken; **~ar** [~'rar] (1a) darstellen; (sich) vorstellen; ausschmücken; auftreten (als *de*); vorkommen; gehören (zu [*dat.*] *em*); (verzeichnet) stehen; **~ar-se** scheinen; **~ativo** [~ɐ'tivu] bildlich; Bilder...; **~ino** [~'rinu] *m* Modezeichnung *f*; *fig.* Modepuppe *f*; Vorbild *n*; ~*s pl.* Modeheft *n*; **~o** F [~'γuru] *m* zweifelhafte(s) Subjekt *n*; Kerl *m*.

fila ['filɐ] **a**) *f* Reihe *f*; *bras. fig.* Schlange *f*; **b**) *cão m de* ~ scharfe(r) Hund *m*.

fil|aça [fi'lasɐ] *f* Spinnflachs *m*; grobe(r) Zwirn *m*; **~amento** [~lɐ'mẽntu] *m Wurzel*-Faser *f*; *Glüh*-Faden *m*; **~amentoso** [~lɐmẽn'tozu] faserig; **~andras** [~ẽndrɐʃ] *f/pl.* Mariengarn *n*, Altweibersommer *m*; ⚓ Seetang *m*, Bart *m am Schiff*.

filantr|opia [~lẽntru'piɐ] *f* Menschenfreundlichkeit *f*; **~ópico** [~'trɔpiku] menschenfreundlich; **~opo** [~'tropu] *m* Menschenfreund *m*.

filão ⚒ [~'lẽu] *m Erz*-Gang *m*, Ader *f*.

filar [~'lar] (1a) fassen, packen; *bras.* schnorren.

filarmónic|a [~lɐr'mɔnikɐ] *f* Philharmonie *f*; Gesellschaft *f* der Musikfreunde; Musikkapelle *f*; **~o** [~u] philharmonisch.

filat|elia [~lɐtə'liɐ] *f* Briefmarkenkunde *f*; **~élico** [~'tɛliku] Briefmarken...; **~elista** [~ə'liʃtɐ] *m* Briefmarkensammler *m*.

fil|é [fi'lɛ] *m* = ~*ete*; **~eira** [~eirɐ] *f* Reihe *f*; ⚔ Glied *n*; *pau m de* ~ First(balken) *m*; **~ete** [~etə] *m* Streif(-en) *m*; ⚠ Leiste *f*; *her.* Faden *m*; ⊕ Gewinde *n*; Sohlnaht *f* (*Schuh*); *cul.* Filet *n*; Lenden-stück *n*, -braten *m*; *anat.* Nervenfaser *f*; *tip.* Linie *f*; ~ *matriz* ⊕ Muttergewinde *n*; *trabalho m de* ~ Filet *n*, Netzarbeit *f*; *Kartenspiel*: *fazer* ~ schneiden.

filh|a ['fiʎɐ] *f* Tochter *f*; Kind *n*; **~arada** [fiʎɐ'raðɐ] *f* Kinderschar *f*; **~o** [~u] *m* Sohn *m*; Kind *n*; **~s** *pl.* Kinder *n/pl.*

filhó [fi'ʎɔ] *f* Waffel *f*.

filh|o-família [ˌfiʎufɐ'miljɐ] *m* Minderjährige(r) *m*; **~ote** [fi'ʎɔtə] *m* Gebürtige(r) *m*; *bras.* Günstling *m*; *ser* ~ *de* stammen aus; **~otismo** *bras.* [fiʎo'tizmu] *m* Günstlingswirtschaft *f*.

fili|ação [filjɐ'sẽu] *f* Abstammung *f*, Herkunft *f*, Aufnahme *f od.* Eintritt *m in e-e Partei usw.*; Mitgliedschaft *f*; *Ideen*-Verknüpfung *f*; Abhängigkeit *f*; **~al** [~'ljaɫ] **1.** *adj.* kindlich; Kindes...; Neben..., Zweig...; **2.** *f* Zweig-geschäft *n*, -niederlassung *f*; Neben-, Zweig-stelle *f*; **~ar** [~'ljar] (1g) an Kindes Statt annehmen; ~ *em*, ~ *com* aufnehmen in (*ac.*); anschließen an (*ac.*); herleiten von; verknüpfen mit; **~ar-se** *em* eintreten in (*ac.*); sich anschließen an (*ac.*); abstammen von; zs.-hängen mit.

fili|forme [fili'fɔrmə] fadenförmig; dünn, schwach; **~grana** [~'ɣrɐnɐ] *f* Filigran(arbeit *f*) *n*.

filipino [~'pinu] **1.** *adj.* philippinisch; **2.** *m* Philippine *m*.

filisteu [~ʃ'teu] *m* Philister *m*.

film|agem [fiɫ'maʒẽi] *f* Verfilmung *f*; Filmaufnahme *f*; **~ar** [~ar] (1a) (ver)filmen; **~e** ['fiɫmə] *m* Film *m*; ~ *didáctico* Lehr-, ~ *falado* Sprech-, ~ *mudo* Stumm-, ~ *sonoro* Tonfilm *m*.

filó [fi'lɔ] *m* Tüll *m*.

filol|ogia [filulu'ʒiɐ] *f* Sprachkunde *f*, Philologie *f*; **~ógico** [~'lɔʒiku] philologisch; sprachlich.

filólogo [fi'lɔluɣu] *m* Philologe *m*.

filo|sofal [filuzu'faɫ]: *pedra f* ~ Stein *m* der Weisen; **~sofar** [~zu'far] (1e) philosophieren; **~sofia** [~zu'fiɐ] *f* Philosophie *f*; Gelassenheit *f*; Gleichmut *m*; **~sófico** [~'zɔfiku] philosophisch.

filósofo [fi'lɔzufu] *m* Philosoph *m*.

filoxera [filɔk'sɛrɐ] *f* Reblaus *f*.

filtr|ação [fiɫtrɐ'sẽu] *f*: *águas f/pl. de* ~ Sickerwasser *n*; **~ar** [~'trar] (1a) (durch)seihen; filtrieren; *fig.* ein-blasen, -flößen, -hauchen; **~ar-se** durch-, ein-sickern; durchlaufen; sich ein-schleichen, -schmeicheln; **~o** ['fiɫtru] *m* Filter *m*; ~ *amarelo fot.* Gelbscheibe *f*.

fim [fĩ] *m* Ende *n*; Schluß *m*; Zweck *m*, Absicht *f*; Ziel *n*; Ausgang *m*; ~ *da estação* (*od. temporada*) Nachsaison *f*; *dar* (*od. fazer, pôr*) ~ *a* beenden (*ac.*); ein Ende m. (*dat.*); vollenden (*ac.*); *levar ao* (*a bom*) ~ (gut) zu Ende führen; *a* ~ *de um* ... zu; *a* ~ *de que* damit; *com o* ~ in der Absicht; zu dem Zweck; mit dem Ziel; *no* ~ *de contas* letzten Endes; *no* ~ (*od. em fins*) *de Maio* (*do mês*) Ende Mai (des Monats); *por* ~ schließlich.

fímbria [fĩmbrjɐ] *f* Franse *f*; Besatz *m*; Saum *m*.

fin|ado [fi'naðu] *m* Verstorbene(r) *m*; *Dia m de* ♀*s* Allerseelen(tag *m*) *n*; **~al** [~aɫ] **1.** *adj.* schließlich; endgültig; End..., Schluß...; *gram.* final; *exame m* ~ Abschlußprüfung *f*; *juízo m* ~ *das* Jüngste Gericht; *ponto m* ~ (Schluß-)Punkt *m*; **2.** *m* Ende *n*;

Schluß *m*; Ausgang *m*; ♪ Schlußsatz *m*, Finale *n*; *Sport*: Endspiel *n*; Schlußrunde *f*; *no ~ das contas* = *afinal* (*od. no fim*) *de contas*; **~alidade** [~nɐli'ðaðə] *f* Zweckbestimmung *f*; (End-)Zweck *m*; Zielsetzung *f*; **~alista** [~nɐ'liʃtɐ] *m uni.* Student *m* des letzten Studienjahres; **~alizar** [~nɐli'zar] (1a) abschließen, beenden; *v/i.* enden, zu Ende gehen (*od.* sn); **~almente** [~nał'mẽntə] endlich, schließlich; zuletzt; letzten Endes.

finança [fi'nɐ̃sɐ] *f* Finanz *f*; *alta ~* Hochfinanz *f*; Großkapital *n*; *~s pl.* Finanzwesen *n*; *Ministério m das* ♀*s* Finanzministerium *n*.

finan|ceiro [~nɐ̃'seiru] **1.** *adj.* finanziell; Finanz...; **2.** *m* Finanzmann *m*; Geldgeber *m*; **~ciamento** [~sjɐ'mẽntu] *m* Finanzierung *f*; **~ciar** [~'sjar] (1g) finanzieren; **~cista** [~'siʃtɐ] *m* Finanzsachverständige(r) *m*.

finar(-se) [fi'nar(sə)] (1a) abnehmen, sich verzehren; sterben.

finc|a ['fĩŋkɐ] *f* Stütze *f*; *às ~s* nachdrücklich; angelegentlich; **~-pé** [ˌfĩŋkɐ'pɛ] *m fig.* Stütze *f*; *fazer ~ em* treten (*od.* sich stützen) auf (*ac.*); *fig.* bestehen auf (*ac.*); **~ar** [fĩŋ'kar] (1n) einschlagen; einpflanzen; stützen (auf *od.* in [*ac.*] *em*); **~ar-se** sich festsetzen; *~ em* bestehen auf (*dat.*); sich verbeißen in (*ac.*).

find|ar [fĩn'dar] (1a) beenden; *v/i.* enden, ein Ende nehmen; zu Ende gehen (*od.* sn); ablaufen (*Frist*); **~ável** [~avɛł] vergänglich; **~o** ['fĩndu] **1.** *p.p. irr. v. findar*; *~ su.* nach (Ab-)Schluß (*gen.*); nach Ablauf (*gen.*); nach (*dat.*); **2.** *adj.* abgelaufen, verflossen.

fineza [fi'nezɐ] *f* Feinheit *f*; (zarte) Aufmerksamkeit *f*, Artigkeit *f*; *fazer a ~* so freundlich sn.

fing|ido [fĩ'ʒiðu] falsch, künstlich; Schein...; blind (*Tür*); heuchlerisch; ✝ fingiert; **~imento** [~ʒi'mẽntu] *m* Verstellung *f*; Falschheit *f*; Heuchelei *f*; **~ir** [~ir] (3n) vortäuschen; vorgeben; (er)heucheln; *v/i.* sich verstellen; *~ inf. od. que* sich stellen (*od.* so tun), als ob *conj. impf.*; **~ir-se** sich stellen; spielen.

finito [fi'nitu] endlich; *gram.* bestimmt.

finlandês [fĩlɐ̃n'deʃ] **1.** *adj.* finn(länd)isch; **2.** *m*, **-esa** *f* Finne *m*, Finnin *f*; Finnländer(in *f*) *m*.

fin|o ['finu] fein; dünn; zart(fühlend); höflich, artig; geschmackvoll; scharf; schlau; *ouro m ~* Feingold *n*; *pedra f -a* Edelstein *m*; *vinho m ~* Süd-, *bsd.* Port-wein *m*; *beber do ~* genau Bescheid wissen; *fazer-se ~* frech w. (*od.* sn); *à -a força* mit Gewalt; **~ório** [fi'nɔrju] **1.** *adj.* durchtrieben; **2.** *m* geriebene(r) Bursche *m*.

fint|a ['fĩntɐ] *f* **a**) *Steuer*-Umlage *f*; **b**) *bras.* Finte *f*; **~ar** [fĩn'tar] (1a) **a**) besteuern; *Steuer* umlegen; *~-se para inf.* sich zs.-tun, um ... *inf.*; **b**) *bras.* hinters Licht führen; ergaunern, schnorren.

finura [fi'nurɐ] *f* Schlauheit *f*; Verschlagenheit *f*; = *fineza*.

fio ['fiu] *m* Faden *m*; Garn *n*; *Perlen*-Schnur *f*; Bindfaden *m*; *Metall*-Draht *m*; *Messer- usw.* Schneide *f*; Schärfe *f*; *fig.* Kette *f*; *~ condutor* Leitungsdraht *m*; *~ de água* Rinnsal *n*; Strömung *f*; *~ de terra Radio*: Erdleitung *f*; *~ retorcido* Zwirn *m*; *a ~, ~ a ~* ununterbrochen; hinterea.; *ao ~ (direito)* fadengerade; der Länge nach; *fig.* geradeswegs; *de ~ a pavio* von A bis Z, von Anfang bis zu Ende; *por um ~* haarscharf; ums Haar; *dar ~* schleifen (*ac.*); *no ~* fadenscheinig; *estar por um ~* an e-m Faden hängen; *ter ~* scharf sn, schneiden.

firma ['firmɐ] *f* Unterschrift *f*; Geschäftsname *m*; ♀ (Handels-) Firma *f*.

firmamento [firmɐ'mẽntu] *m* Himmelszelt *n*, Firmament *n*.

firm|ar [fir'mar] (1a) (be)festigen; bestätigen; anerkennen; beglaubigen; *bsd.* unterzeichnen; *~ em* stellen (*od.* stützen) auf (*ac.*); *~ os pés em* treten (*od.* sich stellen) auf (*ac.*); **~ar-se** unterschreiben; Fuß fassen; *~ em* sich stützen (*od.* sich berufen) auf (*ac.*); **~e** ['firmə] fest; stark; sicher; standhaft; ✝ fest; endgültig; *terra f ~* Festland *n*; *a pé ~* festen Fußes; ohne zu wanken; **~eza** [fir'mezɐ] *f* Festigkeit *f*; Sicherheit *f*; Kraft *f*; Standhaftigkeit *f*.

fiscal [fiʃ'kał] **1.** *adj.* Steuer...; *conselho m ~* Aufsichtsrat *m*; **2.** *m*

Steuerprüfer *m*; Zollwächter *m*; Kontrollbeamte(r) *m*, Kontrolleur *m*.
fiscaliz|ação [₋kɐlizɐ'sɐ̃u] *f* Aufsicht *f*; Überwachung *f*, Kontrolle *f*; **₋ador** [₋ɐ'ðor] **1.** *adj.* Aufsichts...; Überwachungs...; **2.** *m* Aufseher *m*; Kontroll-, Überwachungsbeamte(r) *m*; **₋ar** [₋'zar] (1a) beaufsichtigen; überwachen; nach-, überprüfen.
fisco ['fiʃku] *m* Staatsschatz *m*; Fiskus *m*.
fisg|a ['fiʒɣɐ] *f dreizackige* Harpune *f*; *bsd.* Zwille *f* (*Art Schleuder*); Spalte *f*, Riß *m*; **₋ar** [fiʒ'ɣar] (1o) *Fische* stechen, angeln; fangen; *fig.* auf-fangen, -schnappen.
físic|a ['fizikɐ] *f* Physik *f*; **₋o** [₋u] **1.** *adj.* physikalisch; körperlich, physisch; **2.** *m* Äußere(s) *n*; Aussehen *n*; Physiker *m*; P Doktor *m*; **₋o-química** [ˌfizikɔ'kimikɐ] *f* physikalische Chemie *f*.
fisio|logia [fizjulu'ʒiɐ] *f* Physiologie *f*; **₋logista** [₋lu'ʒiʃtɐ] *m* Physiologe *m*; **₋nomia** [₋nu'miɐ] *f* Gesicht(sausdruck *m*) *n*; Gepräge *n*; Physiognomie *f*.
fiss|ão [fi'sɐ̃u] *f* Spaltung *f*; **₋ura** [₋urɐ] *f* Riß *m*.
fístula ['fiʃtulɐ] *f* ⚕ Fistel *f*.
fita ['fitɐ] *f* Band *n*; *Papier*-Streifen *m*; Ordensband *n*; *fig.* Komödie *f* (*fazer* spielen); ₋ (*cinematográfica*) Film(streifen) *m*; ₋ *métrica* Bandmaß *n*; ₋ *para máquina de escrever* Farbband *n*; *ir na* (*od.* *nessa*) ₋ darauf hereinfallen.
fit|ar [fi'tar] (1a) *Blick* heften (auf [*ac.*] em); *Ohren* spitzen; *Aufmerksamkeit* richten (auf [*ac.*] em); *j-n* (starr) ansehen; **₋eiro** *m*, **-a** *f* [₋eiru, -ɐ] Komödiant(in *f*) *m*, Heuchler(in *f*) *m*; **₋ilho** *m*, **₋inha** *f* [₋iʎu, ₋iɲɐ] F Orden *m*.
fito ['fitu] **1.** *adj.* starr; gespitzt (*Ohr*); **2.** *m* Ziel *n*; Absicht *f*; (*jogo m do*) ₋ Zielball *m*; *a* (*od.* *de*) ₋ starr.
fivela [fi'vɛlɐ] *f* Schnalle *f*.
fixa ['fiksɐ] *f* Meßlatte *f*; *Scharnier- usw.* Band *n*; Lasche *f*.
fix|ação [fiksɐ'sɐ̃u] *f* Befestigung *f*; Festsetzung *f*; ⚗ *u. fot.* Fixierung *f*; **₋ador** [₋ɐ'ðor] **1.** *m* Haarfett *n*; ⊕ Sicherung *f*; *pint.* Fixativ *n*; *fot.* Fixierbad *n*; **2.** *adj.* Fixier...; **₋ar** [fik'sar] (1a) befestigen, festmachen; *Termin*, *Regel* festsetzen; sich merken, *im Gedächtnis* behalten; *Wohnsitz* aufschlagen; *Fuß* setzen (auf [*ac.*] em); *Aufmerksamkeit* fesseln; richten (auf [*ac.*] em); *fot.*, *pint.* fixieren; **₋ar-se** sich niederlassen; sich festsetzen; ₋ *em* bemerken, beachten (*ac.*); **₋ativo** [₋ɐ'tivu] Fixier...; Klebe...
fix|e P ['fiʃə] unverwüstlich; unentwegt; ₋! topp! wird gemacht!; *sempre* ₋ immer obenauf, immer auf dem Posten; nicht kleinzukriegen; **₋idez** [fiksi'ðeʃ] *f* Festigkeit *f*; Beständigkeit *f*; **₋o** ['fiksu] fest; starr; beständig; bestimmt; *estrela f -a* Fixstern *m*; *ideia f -a* fixe Idee *f*; (*ordenado*) ₋ *m* Fixum *n*.
flácido ['flasiðu] schlaff, welk.
flagel|ar [flɐʒə'lar] (1c) geißeln, peitschen; *fig.* bedrängen, *j-m* zusetzen; **₋o** [₋'ʒelu] *m* Geißel *f*.
flagrante [₋'ɣrɐ̃ntə] offenkundig, unbestreitbar; dringend; *em* ₋ auf frischer Tat.
flama ['flɐmɐ] *f* Flamme *f*.
flam|ejante [flɐmɨ'ʒɐ̃ntə] flammend; *gótico m* ₋ Spätgotik *f*; **₋ejar** [₋ɨ'ʒar] (1d) (auf)flammen; leuchten.
flamengo [₋'mẽŋgu] **1.** *adj.* flandrisch; flämisch; **2.** *m*, **-a** *f* Flame *m*, Flämin *f*.
flâmula ['flɐmulɐ] *f* Wimpel *m*.
flanco ['flɐ̃ŋku] *m* Flanke *f*; Seite *f*.
flanela [flɐ'nɛlɐ] *f* Flanell *m*.
flanquear [flɐ̃ŋ'kjar] (1l) flankieren.
flato ['flatu] *m* Blähung *f*.
flatul|ência [flɐtu'lẽsjɐ] *f* Blähsucht *f*, Blähungen *f/pl.*; **₋ento** [₋ẽntu] blähend; Blähungs...; **₋oso** [₋ozu] an Blähungen leidend.
flauta ['flautɐ] *f* Flöte *f*; ₋ *recta* Block-, ₋ *travessa* Quer-flöte *f*.
flaut|ar [flau'tar] (1a) flöten (*a. fig.*); **₋eado** [₋'tjaðu]: *levar a vida -a* ein Faulenzerdasein führen; **₋ear** [₋'tjar] (1l) die Flöte blasen; *bras.* spotten; Ausflüchte m.; **₋eio** [₋'teju] *m* Flötenspiel *n*; *bras.* Faulenzerdasein *n*; **₋im** [₋'tĩ] *m* Pikkoloflöte *f*; **₋ista** [₋iʃtɐ] *m* Flötenspieler *m*.
flebite [flə'βitə] *f* Venenentzündung *f*.
flecha ['flɛʃɐ] *f* Pfeil *m*; *Turm*-Spitze *f*; ⚠ Durch-biegung *f*, -hang *m*; Stich *m*.

flei-, fleuma ['flei-, 'fleumɐ] *f* Phlegma *n*; Kaltblütigkeit *f*, Ruhe *f*.
fleumático [fleu'matiku] kaltblütig.
flex|ão [flɛk'sɐ̃u] *f gram.* Beugung *f*, Flexion *f*; ⊕ (Durch-)Biegung *f*; **~ível** [~ivɛł] biegsam, geschmeidig; wendig; gelehrig; nachgiebig; *gram.* beugbar, flektierbar.
floco ['flɔku] *m* Flocke *f*; Büschel *n*.
flóculo ['flɔkulu] *m* Flöckchen *n*.
flor [flor] *f* Blüte *f* (*a. fig.*); Blume *f*; Blütezeit *f*, Frühling *m*; Schimmel (-pilz) *m*; Flaum *m auf Obst*; Narbe *f*, Narben *m des Leders*; *à ~ de* auf der Oberfläche (*gen.*); dicht auf *od.* über (*ac. u. dat.*); dicht über ... (*ac.*) hin; *à ~ de água* an der Wasseroberfläche; *em ~* in Blüte; *estar em ~* blühen; **~a** ['flɔrɐ] *f* Pflanzenwelt *f*, Flora *f*.
flor|ação [flurɐ'sɐ̃u] *f* Blütenstand *m*; Blüte(zeit) *f*; **~al** [~'rał] Blumen...; Blüten...; *jogos m/pl. ~ais* poetische Blumenspiele *n/pl.*; **~ão** [~'rɐ̃u] *m* ⚘ Korbblüte *f*; ⩓ Kreuzblume *f*.
flor|eado [flu'rjaðu] **1.** *adj.* geblümt (*Stoff*); **2.** *m* Verzierung *f*; **~ear** [~'rjar] (1l) (mit Blumen) schmükken; *Degen* führen; *v/i.* blühen; ♪ verzieren; *fig.* sich hervortun, glänzen; **~eio** [~'reju] *m* Verzierung *f*; Redensart *f*; ⩓ Blumenornament *n*; *~s pl.* Floskeln *f/pl.*; zierliche Bewegungen *f/pl.*; **~eira** [~'reirɐ] *f* Blumenvase *f*; = *florista*; **~escência** [~rɨʃ'sẽsjɐ] *f* Blüte(zeit) *f*; **~escer** [~rɨʃ'ser] (2g) mit Blumen schmücken; *v/i.* (auf-, er-)blühen; in Mode sn; sich durchsetzen.
florest|a [~'rɛʃtɐ] *f* Wald *m*; *poét.* Forst *m*; *~ virgem* Urwald *m*; **~al** [~rɨʃ'tał] waldig; Forst...; *guarda m ~* Förster *m*; *horto m ~* Baumschule *f*.
floret|e [~'retə] *m* Florett *n*; **~ista** [~rə'tiʃtɐ] *m* Florettfechter *m*.
floricult|ura [flurikuł'turɐ] *f* Blumenzucht *f*; **~or** [~or] *m* Blumenzüchter *m*.
flórido ['flɔriðu] glänzend; = **florido** [flu'riðu] blühend; blumig; blumenreich.
florilégio [fluri'lɛʒju] *m* Blumenlese *f*.
florim [flu'rĩ] *m* Gulden *m*.
flor|ir [~'rir] (3f) (auf-, er-)blühen; *v/t. bras.* (mit Blumen) schmücken; **~ista** [~iʃtɐ] *su.* Blumen-händler (-in *f*) *m*, -macher(in *f*) *m*, -mädchen *n*.
flotilha [flu'tiʎɐ] *f* Flottille *f*.
flu|ência ['flwẽsjɐ] *f* Flüssigkeit *f*, Leichtigkeit *f*; **~ente** [~ẽntə] flüssig, fließend; **~idez** [flwi'ðeʃ] *f* = *~ência*; **~ido** ['flwiðu] **1.** *adj.* (dünn)flüssig; flüchtig; **2.** *m* Flüssigkeit *f*; Fluidum *n*; **~ir** ['flwir] (3i) fließen; fluten; entspringen.
fluminense [flumi'nẽsə] **1.** *adj.* aus Rio de Janeiro; **2.** *m* Einwohner *m* von Rio de Janeiro, Fluminenser *m*.
flúor ['fluɔr] *m* Fluor *n*; Flußspat *m*.
fluor|escência [fluɔrɨʃ'sẽsjɐ] *f* Leuchtkraft *f*; **~escente** [~ɨʃ'sẽntə] Leucht...; *ser ~* fluoreszieren, leuchten; **~ite** [~'ritə] *f* Flußspat *m*.
flutu|ação [flutwɐ'sɐ̃u] *f* Schwanken *n* (*a. fig.*); *Preis-*Schwankung *f*; Wogen *n*; **~ador** [~ɐ'ðor] *m* ⊕ Schwimmer *m*; *~ de borracha* Schlauchboot *n*; **~ante** [~'twɐ̃ntə] ✝ schwebend (*Schuld*); **~ar** [~'twar] (1g) schwanken (*a. fig.*); (hin- u. her-)wogen; flattern (*Fahne*); *auf dem Wasser* treiben, schwimmen.
fluvi|al [~'vjał] Fluß...; *porto m ~* Binnenhafen *m*; **~ómetro** [~ɔmətru] *m* Pegel *m*.
flux|ão [fluk'sɐ̃u] *f* ⚕ Fluß *m*; **~o** ['fluksu] *m* Flut *f*; ⚕ Fluß *m*; Schnupfen *m*; *vet.* Rotz *m*; ⊕ Strom *m*; *fig.* Wechsel *m*; *~ e refluxo* Flut und Ebbe *f*; Auf und Ab *n*.
fobia [fu'βiɐ] *f* krankhafte Angst *f*, Phobie *f*; Widerwille(n) *m*.
foca ['fɔkɐ] **1.** *f* Robbe *f*, Seehund *m*; **2.** *su.* Geizhals *m*; **3.** *m bras.* Anfänger *m*, Neuling *m*.
foc|agem [fu'kaʒɐ̃i] *f fot.* Einstellung *f*; *auto.* Schaltung *f der Scheinwerfer*; **~al** [~ał]: *distância f ~* Brennweite *f*; **~alizar** *bras.* [~kɐli'zar] (1a) = **~ar** [~ar] (1n; *Stv.* 1e) anstrahlen; *fig. Thema* zur Sprache bringen, behandeln; *fot.* aufnehmen; *~ bem (mal)* (un)scharf einstellen.
foçar [fu'sar] (1o; *Stv.* 1e) (mit der Schnauze auf)wühlen.
focinh|eira [~si'ɲeirɐ] *f Schweine-*Rüssel *m*; Nasenriemen *m*; **~o** [~'siɲu] *m* Schnauze *f*; ⊕ Auslauf (-rinne *f*) *m*.
foco ['fɔku] *m* Brennpunkt *m*; Licht-

quelle *f*; *fig.* Herd *m*, Sitz *m*; *profundidade f de* ~ *fot.* Tiefenschärfe *f*; *estar em* ~ im Brennpunkt der Aufmerksamkeit stehen.

fofo ['fofu] **1.** *adj.* locker; bauschig; weich; **2.** *m* Bausch *m*, Puff *m*.

fog|aça [fu'ɣasɐ] *f* Kuchenbrot *n*; **~acho** [~aʃu] *m* Flämmchen *n*; Lichtchen *n*; *fig.* Wutausbruch *m*; fliegende Hitze *f*; **~agem** [~aʒɐ̃i] *f* Hitzblattern *f/pl.*; *fig.* Hitzigkeit *f*; **~aleira** [~ɣɐ'leirɐ] *f* Feuerschaufel *f*; **~ão** [~ɐ̃u] *m* (Küchen-)Herd *m*; ⚔ Zündloch *n*; ~ *de petróleo* Petroleum-kocher *m*, -ofen *m*; ~ *de sala* Kamin *m*; Ofen *m*; **~areiro** [~ɣɐ'reiru] *m* Petroleum-, Spirituskocher *m*, -brenner *m*; **~aréu** [~ɣɐ'rɛu] *m* Feuertopf *m zur Festbeleuchtung*; Pechpfanne *f*; Feuerstoß *m*; **~o** ['foɣu] *m* Feuer *n* (*a. fig.*); Brand *m*; Feuerstätte *f*, Herd *m*; ~*s pl.* ⚓ Lichter *n/pl.*; ~ *de artifício* Feuerwerk *n*; ~ *posto* Brandstiftung *f*; ~ *rápido* Schnellfeuer *n*; *caixa f de* ~ Feuerung *f*; *sessão f de* ~ Feuerwerk *n*; *com* ~ feurig; mit Feuereifer; *em* ~ brennend; *condenar ao* ~ zum Feuertod verurteilen; *começar* (*cessar*) ~ das Feuer eröffnen (einstellen); *fazer* ~ Feuer m.; ⚔ feuern; *pegar* ~ Feuer fangen; angehen; = *pôr* ~ *a* in Brand stecken (*ac.*); ~! Feuer!; **~o-fátuo** [ˌfoɣu'fatwu] *s. fátuo*.

fogos|idade [~ɣuzi'ðaðə] *f* Feuer *n*; Heftigkeit *f*; **~o** [~'ɣozu] feurig; heftig.

fogu|eira [~'ɣeirɐ] *f* Feuer *n*; Herdfeuer *n*; Scheiterhaufen *m*; Lohe *f*; ~ *mundial* Weltbrand *m*; ~ *de S. João* Johannisfeuer *n*; **~eiro** [~eiru] *m* Heizer *m*; **~etão** [~ɣə'tɐ̃u] *m* Rakete(ngeschoß *n*) *f*; **~ete** [~etə] *m* Rakete *f* (*deitar* steigen l., abbrennen); *fig.* F Abreiber *m*; *como um* ~, *de* ~ blitzschnell, wie der Blitz; ~*s pl. fig.* Freudengeschrei *n*, Hurra *n*; **~eteiro** [~ɣə'teiru] *m* Feuerwerker *m*; **~ista** *bras.* [fo'ɣistɐ] *m* Heizer *m*.

foice *usw. s. fouce usw.*

fojo ['foʒu] *m* Fallgrube *f*; Höhle *f*.

folar [fu'lar] *m* Oster-kuchen *m*, -geschenk *n*.

folc|lore [fołk'lɔrə] *m* Volkskunst *f*, Folklore *f*; **~lórico** [~'lɔriku] volkstümlich, Volks...

fole ['fɔlə] *m* Blasebalg *m*; Gebläse *n*; *fot.* Balg *m*; *fig.* F Wanst *m*.

fôlego ['foləɣu] *m* Atem *m* (*tomar* schöpfen; *sem* außer); Atmung *f*; Atempause *f*; *perder o* ~ keine Luft mehr bekommen.

folga ['fɔłɣɐ] *f* Ruhepause *f*; Muße *f*; *fig.* Spielraum *m*; *dia m de* ~ Ruhetag *m*; *dar* ~ Spielraum l.; weit(er) m.; *ter* ~ weit sn (*Kleid*).

folg|ado [foł'ɣaðu] bequem; weit (*Kleid*); ausgeruht; geruhsam; fröhlich, unbeschwert; *levar vida -a* sorglos leben; **~ança** [~ɐ̃sɐ] *f* Erholung *f*; Zerstreuung *f*; **~ar** [~ar] (1o; *Stv.* 1e) Ruhe (*od.* Erholung) gönnen; lockern; weit(er) m.; ~ *folguedos* sich amüsieren; *v/i.* sich erholen; spielen; sich vergnügen; angenehm verlaufen; ~ *com* sich freuen über (*ac.*); ~ *de inf.* sich freuen zu *inf.*; *folgo muito!* sehr erfreut!; **~azão** [~ɣɐ'zɐ̃u] **1.** *adj.* (lebens)lustig; **2.** *m* Genießer *m*; Bruder *m* Lustig; **~uedo** [~eðu] *m* Vergnügen *n*; Spiel *n*; Spaß *m*.

folha ['foʎɐ] *f* Blatt *n*; *Messer*-Klinge *f*; *Säge*-Blatt *n*; *Brief*-Bogen *m*; *Metall*-Blech *n*; Fallblatt *n an Vorhängen*; Verzeichnis *n*, Liste *f*; *Pflug*-Schar *f*; ~ *de estanho* Zinnblech *n*; Stanniol *n*; ~ *de Flandres* Weißblech *n*; ~ *de férias* Lohnliste *f*; *fazer a* ~ *dos empregados* (*operários*) die Gehalts- (Lohn-) listen aufstellen; *doirado por* ~*s* mit Goldschnitt (*Buch*); *porta f de duas* ~*s* Flügeltür *f*; *novo em* ~ (funkel-) nagelneu; *virar a* ~ das Thema wechseln.

folh|ado [fu'ʎaðu] **1.** *adj.* blätterig; *massa f -a* = **2.** *m* Blätterteig *m*; Laub(werk) *n*; *fig.* Redensarten *f/pl.*; ~ *de maçã* Apfelstrudel *m*; **~agem** [~aʒɐ̃i] *f* Laub *n*; Blattwerk *n*; **~ar** [~ar] (1e) belauben; mit Laubwerk schmücken; *cul.* blätterig m.; = ~*ear*; **~eado** [~jaðu] *m* Furnier *n*; **~ear** [~jar] (1l) blättern in (*dat.*); durch-blättern, -fliegen; *Möbelstück* furnieren; *tip.* paginieren; **~edo** [~eðu] *m* (abgefallenes) Laub *n*; **~elho** [~eʎu] *m* Hülse *f*; Spreu *f*; **~ento** [~ẽntu] blätterig; (dicht) belaubt; **~eta** [~etɐ] *f Metall*-Blättchen *n*; Folie *f*; **~etear** [~ʎə'tjar] (1l) *Metall* plattieren; *Möbel* furnieren; *Stein* fassen; **~etim** [~ʎə'tĩ] *m* Feuilleton *n*, Unterhaltungsteil *m*; **~etinista** [~ʎəti'niʃtɐ] *m* Unterhaltungsschriftsteller *m*, Feuilletonist *m*; **~eto** [~etu] *m* Flugschrift *f*; Propagandaschrift *f*, Flugblatt *n*; **~inha** [~iɲɐ] *f* Kalender(blatt *n*) *m*; **~o** ['foʎu] *m* Rüsche *f*; *zo.* = **~oso** [~ozu] **1.** *m* Blättermagen *m*; **2.** *adj.* = **~udo** [~uðu] dicht belaubt.

folia [fu'liɐ] *f fig.* (lärmende) Lustbarkeit *f*, F Rummel *m*; Mutwillen *m*.

foli|ão [fu'ljɐ̃u] *m* Possenreißer *m*; Schwerenöter *m*; **~ar** [~ar] (1g) hüpfen, tanzen; Mutwillen treiben; sich amüsieren.

fólio ['fɔlju] *m Buch*-Blatt *n*; Foliant *m*; *em* ~ = *in-fólio*.

fome ['fɔmə] *f* Hunger *m*; Hungersnot *f*; *estou com* ~, *tenho* ~ mich hungert, ich bin hungrig; *morrer de* ~ verhungern; *passar* ~, *padecer de* ~ hungern, Hunger leiden; *cara f de* ~ *fig.* Hungerleider *m*.

foment|ação [fumẽntɐ'sɐ̃u] *f* Einreibung *f*; *fig.* = **~o**; **~ador** [~ɐ'ðor] *m* Förderer *m*; Anstifter *m*; Hetzer *m*; **~ar** [~'tar] (1a) einreiben; *fig.* fördern; heben; *Wirtschaft* ankurbeln; *Haß* schüren; anstiften; *Belange* wahrnehmen; **~o** [~'mẽntu] *m* Linderung(smittel *n*) *f*; *fig.* Förderung *f*; Hebung *f*, Ankurbelung *f*; Nahrung *f*; ♀ *Mineiro* (*Naval*) Berg-(Marine-)amt *n*.

fona ['fonɐ] **1.** *f* Schnuppe *f*; *bras.* Knobel *m*; *andar numa* ~ P gehetzt sn; **2.** *su.* Knauser *m*.

fone ['fɔnə] *m* 🕮 Phon *n*; *bras.* (Kopf-)Hörer *m*; *s. radiofone*.

fon|ética [fu'nɛtikɐ] *f* Lautlehre *f*; **~ético** [~ɛtiku] phonetisch; lautlich; Laut...; **~ola** *bras.* [~ɔlɐ] *f* Musiktruhe *f*.

fonó|grafo [~'nɔɣrɐfu] *m* Sprechmaschine *f*, Phonograph *m*; **~metro** [~mətru] *m* Schallmeßgerät *n*.

font|ainha [fõntɐ'iɲɐ] *f* (kleine) Quelle *f*; **~anário** [~ɐ'narju] *m* öffentliche(r) Brunnen *m*; **~anela** [~ɐ'nɛlɐ] *f anat.* Fontanelle *f*; *cir.* Fontanell *n*; **~e** ['fõntə] *f* Quelle *f* (*a. fig.*); Brunnen *m*; *cir.* Fontanell *n*; **~s** *pl.* Schläfen *f/pl.*

fora[1] ['forɐ] *Plusq.pf. von ir u. ser.*

fora[2] ['fɔrɐ] **1.** *adv.* draußen; auswärts; außer dem Hause; *lá* ~ da draußen; im Ausland; *de* ~ von (dr)außen; von außerhalb, von auswärts; aus dem Ausland; *de* ~ *a* ~ von e-m Ende zum andern; durch und durch; *por* ~ (von) außen; nebenbei, im Nebenberuf; *portas a* ~ außerhalb des Hauses (*od.* der Stadt); zur Tür (*od.* zum Tor) hin-(*od.* her-)aus; *botar* (*od. deitar, jogar*) ~ wegwerfen; herausreißen; *dar o* ~ *bras.* weggehen; *deixar de* ~ draußen (*od.* aus-)lassen; vergessen; *estar para* ~ verreist sn; *ficar de* ~ sich heraushalten; vergessen w.; *ir para* ~ verreisen; *pôr* ~ hinauswerfen; **2.** *prp.* außer (*dat.*); ausgenommen (*ac.*); abgesehen von (*dat.*); ~ *de* außerhalb (*gen.*); außer (*dat.*); ~ *do lugar* (*od. sítio*) nicht an s-m Platz; **3.** ~! *int.* hinaus!, raus!; **~gido** [furɐ'ʒiðu] flüchtig; entflohen (aus *de*); **~steiro** [furɐʃ'teiru] fremd; auswärtig.

forca ['forkɐ] *f* Galgen *m*; (Tod *m* durch den) Strang *m*; *fig.* Strick *m*.

força [~'forsɐ] *f* Kraft *f*; Gewalt *f*; Macht *f*; Stärke *f*; Hauptmasse *f*; ⚔ Streitmacht *f*; **~s** *pl.* Streitkräfte *f/pl.*; **~s** *pl. armadas* Wehrmacht *f*; ~ *pública die* Truppen *f/pl.*; (*caso de*) ~ *maior* höhere Gewalt *f*; ~ *de* eine Menge, viel; *é* ~ *que* es ist nötig, daß; *à* (*viva*) ~ mit Gewalt, gewaltsam; *à* ~ *de inf.* durch angestrengtes *inf.*; *à* ~ *de a/c.* mit (viel) (*dat.*); *à* ~ *de armas* mit Waffengewalt; *de* ~ tüchtig, bedeutend; schwerwiegend; *em* ~ in großer Zahl; die Menge; *na* ~ *de* auf der Höhe (*gen.*); mitten in (*dat.*); *por* ~ unbedingt; notgedrungen; *por* ~ *de* kraft (*gen.*), wegen (*gen.*); *adquirir* ~ erstarken; *dar* ~ *a alg.* j-m den Rücken steifen; *fazer* ~ drängen; drücken; *ter* **~s** *para* die Kraft h. zu.

forcado [fur'kaðu] *m* Heu-, Mistgabel *f*; Gabelvoll *f*; *moço m de* ~ *taur.* Stiertreiber *m*.

forç|ado [~'saðu] **1.** *adj.* gewaltsam; notgedrungen; *herdeiro m* ~ Leibeserbe *m*; *trabalhos m/pl.* **~s** Zwangsarbeit *f*; **2.** *m* Sträfling *m*; **~amento** [~sɐ'mẽntu] *m* Gewaltanwendung *f*; *por* ~ = *à força*; **~ar** [~ar] (1p; *Stv.* 1e) zwingen (zu *a*); Gewalt antun (*dat.*); (hinein-)pressen, (-)zwängen; (sich) *Zutritt, Achtung usw.* erzwingen; *Widerstand* bezwingen;

Tür usw. aufbrechen; *Frau* vergewaltigen.
forcejar [~sɨ'ʒar] (1d) kämpfen; sich bemühen (zu *inf.* *por*).
fórceps ['fɔrsɛps] *m cir.* (Geburts-)Zange *f.*
forçoso [fur'sozu] notgedrungen, unbedingt; zwingend; heftig; *é-me ~ inf.*, *é ~ que eu conj.* ich muß *inf.*
for|eiro [fu'reiru] **1.** *m* Erbpächter *m*; **2.** *adj.* zinspflichtig; **~ense** [~ẽsə] gerichtlich, Gerichts...
forja ['fɔrʒɐ] *f* Schmiede(herd *m*) *f*; Schmelzofen *m*; *estar (ainda) na ~* bald (noch nicht) spruchreif sn.
forj|ador [furʒɐ'ðor] *m fig.* *Ränke-*Schmied *m*; Urheber *m*; **~ar** [~'ʒar] (1e) schmieden; *fig. a.* aushecken; erfinden; **~icar** [~i'kar] (1n) zs.-pfuschen.
forma¹ ['fɔrmɐ] *f* Form *f*; Gestalt *f*; Art und Weise *f*; Muster *n*; *pública ~* beglaubigte Abschrift *f*; *de (od. por) esta ~* auf diese Weise; *de (od. por) ~ nenhuma (od. alguma)* keineswegs; *de outra ~* anders; andernfalls, sonst; *de (tal) ~ que* so daß; *debaixo de ~* ⚔ in Reih und Glied; *em ~ de* in der Art eines (*od.* einer); ...förmig; *em (devida) ~* ordnungsgemäß, vorschriftsmäßig; richtig, wirklich; *em toda a ~* regelrecht, gebührend; *dar ~ a* gestalten (*ac.*), ausführen (*ac.*); *entrar em ~* ⚔ antreten; *não há ~ de inf.* es ist nicht möglich zu *inf.* (*od.* daß *ind.*).
forma² ['formɐ] *f* ⊕ Form *f*; *Schuh-*Leisten *m*; *tip.* Satzform *f*; Kastenbrot *n.*
form|ação [furmɐ'sɐ̃u] *f* Bildung *f*; Entstehung *f*; Formation *f* (*bsd. geol.*); Aufstellung *f* (*bsd.* ⚔); *em ~* im Entstehen begriffen; **~ado** [~'maðu] **1.** *adj.* akademisch gebildet; **2.** *m bras.* Akademiker *m*; **~al** [~'mał] Form..., formal; förmlich; ausgesprochen; aus-, nach-drücklich; erklärt (*Gegner*); **~alidade** [~ɐli'ðaðə] *f* Förmlichkeit *f*; Formsache *f*, Formalität *f*; *por ~* der Form halber; **~alista** [~ɐ'liʃtɐ] *m* Formenmensch *m*; Pedant *m*; **~alizar** [~ɐli'zar] (1a) vorschriftsmäßig an-, aus-fertigen (*od.* erledigen); **~alizar-se** sich entrüsten (über [*ac.*] *de*); **~almente** [~ał'mẽntə] der Form nach; **~ão** [~'mɐ̃u] *m* Stechbeitel *m*, Schroteisen *n*; **~ar** [~'mar] (1e) bilden; aufstellen; *Plan* fassen; *j-n* studieren l.; *v/i.* antreten; **~ar-se** entstehen; e-n Universitätsgrad erwerben; *~ em* studieren (*ac.*); **~ativo** [~ɐ'tivu] Bildungs...; ...bildend; gestaltend; Gestaltungs...; **~ato** [~'matu] *m* Format *n*; **~atura** [~ɐ'turɐ] *f* Abschlußprüfung *f*; Studienabschluß *m*; Studium *n*; ⚔ Aufstellung *f*; Aufmarsch *m.*
formicida [~i'siðɐ] *m* Ameisengift *n.*
formidável [~i'ðavɛł] furchtbar; F toll; phantastisch.
formi|ga [fur'miɣɐ] *f* Ameise *f*; **~ga-leão** [~ˌmiɣɐ'ljɐ̃u] *f* Ameisenlöwe *m*; **~gar** [~mi'ɣar] (1o) *v/i.* kribbeln; wimmeln; krabbeln; *fig.* sich abplagen; **~gueiro** [~mi'ɣeiru] *m* Ameisenhaufen *m*; Gewimmel *n*; Kribbeln *n*; **~guejar** [~miɣɨ'ʒar] (1d) wimmeln.
formos|o [~'mozu] schön; **~ura** [~mu'zurɐ] *f* Schönheit *f.*
fórmula ['fɔrmulɐ] *f* Formel *f.*
formul|ar [furmu'lar] *v/t.* (1a) formulieren; *Rezept* verschreiben; *Bitte* zum Ausdruck bringen; **~ário** [~arju] *m* (Bet-, Schreib-, Sprach-)Spiegel *m*; Arzneibuch *n.*
forn|ada [fur'naðɐ] *f* Schub *m*; **~alha** [~aʎɐ] *f* Backofen *m* (*a. fig.*); Feuerung *f*; Ofenloch *n.*
fornec|edor [~nəsə'ðor] *m* Lieferant *m*; **~er** [~'ser] (2g) liefern; beliefern *od.* versorgen (mit *de*); **~imento** [~i'mẽntu] *m* Lieferung *f*; Versorgung *f.*
fornicar V [~ni'kar] (1n) huren.
fornido [~'niðu] stark; stämmig; *~ de carnes* fleischig, beleibt; *~ de folhas* starkblätterig.
forn|ilho [~'niʎu] *m* Kocher *m*; Herd *m*; Pfeifenkopf *m*; ⚔ Flattermine *f*; **~o** ['fornu] *m* Backofen *m* (*a. fig.*); Back-, Brat-röhre *f*; Glas-, Kalk-, Ring-, Ziegel-ofen *m*; *alto ~* Hochofen *m.*
foro¹ ['fɔru] *m* Forum *n.*
foro² ['foru] *m* (Pacht-)Zins *m*; Nutzung(srecht *n*) *f*; (Gewohnheits-, Sonder-, Vor-)Recht *n*; Gerichtshof *m*; Rechtsprechung *f*; *~ civil (comercial, eclesiástico)* bürgerliches (Handels-, Kirchen-)Recht *n.*
forqu|eta [fur'ketɐ] *f* Gabelholz *n*; = **~ilha** [~iʎɐ] *f dreizinkige* Heu-

gabel *f*; *allg.* Gabel *f*; Gabelstütze *f*; Kleiderrechen *m*.

forrador [fuʀɐ'ðor] *m* Tapezierer *m*.

forrag|ear [~'ʒjar] (1l) *Wiese* mähen; *fig.* zs.-klauben; *v/i.* Futter schneiden; **~em** [~'ʀaʒɐ̃i] *f* Futter (-mittel) *n*; **~inoso** [~ʒi'nozu] Futter…

forr|ar [fu'ʀar] (1e) *Kleid usw.* füttern; *mit Kissen* auslegen; *mit Metall usw.* überziehen; *mit Holz* verkleiden, -schalen; *Wand* tapezieren; *Geld* sparen; **~o** ['foʀu] *m Kleider*-Futter *n*; *Holz*-Verkleidung *f*, Verschalung *f*; (Holz-)Decke *f*; Überzug *m*; Dachboden *m*.

fortal|ecer [furtɐlə'ser] (2g) (be-)stärken; ermutigen; ertüchtigen; ⚔ befestigen; **~ecer-se** erstarken; sich erholen; **~ecimento** [~əsi'mẽntu] *m* Stärkung *f*; Ertüchtigung *f*; Erstarken *n*; **~eza** [~'lezɐ] *f* Stärke *f*, Festigkeit *f*; Kraft *f*; Mut *m*; ⚔ Festung *f*.

forte ['fɔrtə] **1.** *adj.* stark; kräftig; sicher; fest; steif (*Brise*); *casa f* ~ feuersichere(r) Raum *m*, Safe *m*; *estar* ~ *de si* selbstsicher sn; *fazer-se* ~ sich verschanzen (hinter [*dat.*] *com*); *ser* ~ *em* etwas leisten in (*dat.*); **2.** *adv.* kräftig, laut; ♪ forte; **3.** *m* starke Seite *f*; ⚔ Fort *n*.

fortific|ação [furtəfikɐ'sɐ̃u] *f* Befestigung(skunst) *f*; **~ar** [~'kar] (1n) stärken; ⚔ befestigen.

fortim [fur'tĩ] *m* Schanze *f*.

fortuito [fur'tuitu] zufällig.

fortun|a [~'tunɐ] *f* Glück *n*; Erfolg *m*; Schicksal *n*; Los *n*, Geschick *n*; *mit.* Fortuna *f*; *gal.* Vermögen *n*; *fazer* ~ ein Vermögen erwerben; es zu etwas bringen.

fosc|ar [fuʃ'kar] (1n; *Stv.* 1e) mattieren; **~o** ['foʃku] matt; stumpf; *vidro m* ~ Milchglas *n*; *fot.* Mattscheibe *f*.

fosfor|ear [~fu'rjar] (1l) leuchten; **~eira** [~eirɐ] *f* Streichholz-behälter *m*, -büchse *f*; **~ejar** [~rɨ'ʒar] (1d) brennen, funkeln.

fosforesc|ência [~furɨʃ'sẽsjɐ] *f* Phosphoreszenz *f*; Leuchtkraft *f*; Eigenlicht *n*; ~ *do mar* Meerleuchten *n*; **~er** [~'ser] (2g) phosphoreszieren; leuchten (*a. fig.*).

fosfórico [~'fɔriku] Phosphor…

fósforo ['fɔʃfuru] *m* Phosphor *m*; Streich-, Zünd-holz *n*; *fig.* F Grips *m*; **~s** *pl. de espera-galego* F Schwefelhölzer *n/pl.*; *em menos de um* ~ im Handumdrehen.

fossa ['fɔsɐ] *f* Grube *f*; ~ *comum* Massengrab *n*; **~s** *pl. nasais* Nasenhöhlen *f/pl.*

foss|ado [fu'saðu] *m Festungs*-Graben *m*; **~ador** [~sɐ'ðor] **1.** *adj.* Wühl…; **2.** *m zo.* Wühler *m*; **~ar** [~ar] (1e) aufwühlen; ausheben; = *foçar*.

fóssil ['fɔsiɫ] **1.** *adj.* versteinert, fossil; **2.** *m* Versteinerung *f*.

fosso ['fosu] *m* Graben *m*; Grube *f*.

foto ['fɔtu] *f* = *fotografia*; **~cópia** [fɔto'kɔpjɐ] *f* Photokopie *f*; *tirar uma* ~ *de* photokopieren (*ac.*); **~génico** [fɔto'ʒɛniku] gut zu photographieren(d), photogen.

foto|grafar [futuɣrɐ'far] (1b) photographieren, aufnehmen, F knipsen; *fig.* getreu wiedergeben; **~grafia** [~ɣrɐ'fiɐ] *f* Photographie *f* (*a cores* Farb…); Lichtbild *n*, Aufnahme *f*; *tirar uma* ~ e-e Aufnahme m. (von *a*); = **~***grafar*; **~gráfico** [~'ɣrafiku] photographisch; *máquina f* -*a* Photoapparat *m*, Kamera *f*.

fot|ógrafo [fu'tɔɣrɐfu] *m* Photograph *m*; **~ómetro** [~ɔmətru] *m* Belichtungsmesser *m*.

foto|telegrafia [fɔtotələɣrɐ'fiɐ] *f* drahtlose Bildübermittlung *f*; Fernbild *n*; **~telegráfico** [~tələ'ɣrafiku] *serviço m* ~ Fernbilddienst *m*; **~tipia** [~ti'piɐ] *f* Lichtdruck *m*.

fou-, foi|çada [fo-, foi'saðɐ] *f* Sensenhieb *m*; **~çar** [~'sar] (1p) mähen; **~ce** ['fo-, 'foisə] *f* Sense *f*; *fig.* Hippe *f*.

fouveiro [fo'veiru] falb; *cavalo m* ~ Falbe *m*.

foz [fɔʃ] *f Fluß*-Mündung *f*.

fracalhão [frɐkɐ'ʎɐ̃u] **1.** *adj.* schwächlich; **2.** *m* Schwächling *m*.

fracass|ar [~'sar] (1b) *v/i.* scheitern; mißlingen; *tea.* durchfallen; **~o** [~'kasu] *m* Krach *m*; *fig.* Scheitern *n*; Mißerfolg *m*; klägliche(r) Ausgang *m*.

frac|ção [fra'sɐ̃u] *f* (Bruch-)Teil *m*; Bruchstück *n*; ⅍ Bruch *m*; *pol.* (Partei-)Fraktion *f*; *rel.* Brechen *n des Brotes*; *todo ou às -ões* ganz oder teilweise; *in Preisangaben*: *ou -ões* jede(r, s) angefangene; **~cionar** [~sju'nar] (1e) zer-stückeln, -teilen, -splittern; ⅍ teilen; **~cionário** [~sju'narju] Bruch…

frac|o ['fraku] **1.** *adj.* schwach; dünn; mager; feig; **2.** *m* schwache Seite *f*; Schwäche *f*; **~ote** [frɐ'kɔtə] schwächlich; anfällig.
fractur|a [fra(k)'turɐ] *f* Bruch *m*; *Erd*-Einbruch *m*, Riß *m*; **~ar(-se)** [~tu'rar(sə)] (1a) (zer)brechen.
frad|alhão [frɐðɐ'ʎɐ̃u] *m* Pfaffe *m*; **~aria** [~ɐ'riɐ] *f* alles, was Mönch heißt; **~e** ['fraðə] *m* Mönch *m*; Steinpfosten *m*; *Wein*-Heber *m*; *tip.* verschmierte Stelle *f*; ~ *leigo* Laienbruder *m*; *feijão-~ m* Mönchsbohne *f* (*Bohnenart*); **~inho** [frɐ'ðiɲu] *m* Kohlmeise *f* (*Vogel*).
fraga ['fraɣɐ] *f* (steiler) Felsen *m*.
fragata [frɐ'ɣatɐ] *f* Fregatte *f*; Barkschiff *n auf dem Tajo*; Fregattvogel *m*; *fig.* P Maschine *f* (*dicke Frau*).
frágil ['fraʒiɫ] zerbrechlich; brüchig, spröd; gebrechlich; schwach; vergänglich.
fragilidade [frɐʒəli'ðaðə] *f* Zerbrechlichkeit *f*; Sprödigkeit *f*; Schwäche *f*; Vergänglichkeit *f*.
fragment|ação [frɐɣmẽntɐ'sɐ̃u] *f* Zerstückelung *f*; **~ar** [~'tar] (1a) zer-stückeln, -schlagen; **~ar-se** (zer)splittern; **~ário** [~'tarju] bruchstückhaft, fragmentarisch; Stück...; **~o** [~'mẽntu] *m* Bruchstück *n*, Fragment *n*.
frago *mont.* ['fraɣu] *m* Losung *f*.
fragor [frɐ'ɣor] *m* Getöse *n*, Tosen *n*; Rasseln *n*; **~oso** [~ɣu'rozu] tosend.
fragoso [frɐ'ɣozu] unwegsam, unzugänglich; rauh, wild.
fragr|ância [frɐ'ɣrɐ̃sjɐ] *f* Wohlgeruch *m*; **~ante** [~ẽntə] wohlriechend.
frágua ['fraɣwɐ] *f* Schmiede(feuer *n*) *f*; Esse *f*; *fig.* Glut *f*; Bitterkeit *f*.
fralda ['fraɫdɐ] *f* (Hemd-)Zipfel *m*; *Rock*-Schoß *m*; Windel *f*; *fig.* Saum *m*; *Berg*-Fuß *m*; ~ *do mar* Küste *f*; *em ~s de camisa* im Hemd.
frald|ilha [fraɫ'diʎɐ] *f* Lederschurz *m*; **~iqueiro** [~di'keiru]: *cão m ~* Schoßhund *m*; **~oso** [~ozu] lang(-schößig); *fig.* weitschweifig.
frambo|esa [frẽm'bwezɐ] *f* Himbeere *f*; **~eseiro** [~bwə'zeiru] *m* Himbeerstrauch *m*.
francalete [frẽŋkɐ'letə] *m* (Sturm-)Riemen *m*.
franca|mente [frẽŋkɐ'mẽntə]: *~!* offen gestanden!; **~-tripa** *bras.* [~'tripɐ] *m* Hampelmann *m*.
franc|ês [frɐ̃'seʃ] **1.** *adj.* französisch; **2.** *m* Franzose *m*; **~esa** [~ezɐ] *f* Französin *f*; *à ~* auf französisch(e Art); pompös; **~esimo** [~sə'ziʒmu] *m* französische Ausdrucksweise *f*.
franco ['frẽŋku] **1.** *adj.* a) frei(-mütig); offen(herzig); großzügig; ungehemmt; ~ *de porte* portofrei; *porto m ~* Freihafen *m*; b) fränkisch; **2.** *m* Frank(en) *m* (*Münze*); *os ~s* die Franken *m/pl.* (*Volksstamm*).
franco- *in Zssgn* **a)** [ˌfrẽŋkɔ...] französisch, *z. B.*: *~alemã* deutsch-französisch; **b)** ['frẽŋku, -kw] Frei-..., *z.B.*: *~atirador* Freischärler *m*; *~maçāo* Freimaurer *m*.
francó|filo [frẽŋ'kɔfilu] **1.** *adj.* franzosenfreundlich; **2.** *m* Französling *m*; **~fobo** [~fuβu] franzosenfeindlich.
franga ['frẽŋgɐ] *f* Hühnchen *n*.
frangalho [frẽŋ'gaʎu] *m* Lumpen *m*; Fetzen *m*; *fazer em ~s* zerfetzen.
frang|alhote [frẽŋgɐ'ʎɔtə] *m* junge(-r) Hahn *m*; *fig.* Leichtfuß *m*, Schürzenjäger *m*; **~anito** [~ɐ'nitu] *m* junge(s) Hähnchen *n*; *fig.* Gernegroß *m*; **~o** ['frẽŋgu] *m* Hähnchen *n*; *fig.* Grünschnabel *m*; **~o-d'água** [ˌfrẽŋgu'ðaɣwɐ] *m* Wasserhuhn *n*; **~ote** [~'gɔtə] *m* = *~anito*.
franj|a ['frẽʒɐ] *f* Franse *f*; **~ado** [frɐ̃'ʒaðu] Fransen...; Spitzen...; **~ar** [frɐ̃'ʒar] (1a) mit Fransen (*od.* Spitzen) besetzen; ausfransen.
franqu|ear [frẽŋ'kjar] (1l) freigeben; *Post* freimachen, frankieren; (er)öffnen; ermöglichen; zur Verfügung stellen; *Schwierigkeit* überwinden; zum Freihafen erklären; **~eza** [~'kezɐ] *f* Freiheit *f*; Freimut *m*, Offenheit *f*; Großzügigkeit *f*; *com ~ = francamente*; **~ia** [~'kiɐ] *f* Postgebühr *f*, Porto *n*; Freistatt *f*.
franz|ido [frɐ̃'ziðu] **1.** *adj.* Falten...; faltig; kraus; **2.** *m* Plissee *n*; **~ino** [~inu] dünn; zart; **~ir** [~ir] (3a) fälteln; *fig.* kräuseln; *~ as sobrancelhas, ~ o sobrolho, ~ a testa* die Stirn runzeln (*od.* in Falten legen).
fraque ['frakə] *m* Cutaway *m*.
fraqu|ejar [frɐkɨ'ʒar] (1d) schwach w.; wanken; verzagen; **~eza** [~'kezɐ] *f* Schwäche *f*, Schwachheit *f*; *~ no sangue* P Blutarmut *f*; *cair na ~ de inf.* schwach genug (*od.* so

schwach) sn zu *inf.*; *fazer das ~s forças* aus der Not e-e Tugend machen.

frasco ['fraʃku] *m* Fläschchen *n*; Flakon *n*; *Einmach- usw.* Glas *n*.

frase ['frazə] *f* Satz *m*; Phrase *f* (*a.* ♪); = ~ *feita* Redensart *f*; *fazer ~s* Phrasen dreschen.

frase|ado [frɐ'zjaðu] *m* Rede- (*od.* Schreib-)weise *f*; ♪ Phrasierung *f*; **~ar** [~ar] (1l) phrasieren; **~ologia** [~zjulu'ʒiɐ] *f* Satzlehre *f*.

frasqueira [frɐʃ'keirɐ] *f* Flakon-, Flaschen-kasten *m*, -ständer *m*; Gestell *n* (*od.* Schrank *m*) für Einmachgläser; *bsd.* Flaschenkeller *m*.

fratern|al [frɐtər'nał] brüderlich; **~idade** [~ni'ðaðə] *f* Brüderlichkeit *f*; **~izar** [~ni'zar] (1a) *v/i.* sich verbrüdern; = *confraternizar*; **~o** [~'tɛrnu] Bruder..., brüderlich.

fratric|ida [~tri'siðɐ] *m* Brudermörder *m*; **~ídio** [~iðju] *m* Brudermord *m*.

fratur|a, ~ar *s. fractura, fracturar.*

fraud|ar [frau'ðar] (1a) betrügen (um *de*); **~e** ['frauðə] *f* Betrug *m*; Zollhinterziehung *f*; **~ulento** [~ðu'lẽntu] betrügerisch, hinterlistig.

frauta ['frautɐ] *f* = *flauta*.

frear ['frjar] (1l) bremsen; *fig.* hemmen.

frecha ['frɛʃɐ] *f* = *flecha*.

frech|ada [frɛ'ʃaðɐ] *f* Pfeilschuß *m*; **~al** [~ał] *m* Schwelle *f* (*Balken*); Rahmholz *n*; **~ar** [~ar] (1a) (mit Pfeilen) be-, er-schießen, treffen; *den Bogen* spannen; *mit Hohn* überschütten; schießen durch.

fregu|ês [frɛ'ɣeʃ] *m* Kunde *m*; (Stamm-)Gast *m*; Gemeindemitglied *n*; **~esia** [~ɣə'ziɐ] *f* Kundschaft *f*; Gemeinde *f*.

frei [frei] *m* Bruder *m* (*Mönchstitel*).

freio ['freju] *m* Gebiß *n*; 🚗 Bremse *f*; *fig.* Zaum *m*; ~ *da língua* Zungenband *n*; *não ter ~ na língua* kein Blatt vor den Mund nehmen; *soltar o ~* die Zügel schießen l.; *tomar o ~ nos dentes* durchgehen; *fig.* über die Stränge schlagen.

freira ['freirɐ] *f* Nonne *f*.

freixo ['freiʃu] *m* Esche *f*.

frem|ente [frə'mẽntə] brausend, tosend; **~ir** [~ir] (3c) brausen, tosen; zittern, schaudern.

frémito ['frɛmitu] *m* Brausen *n*, Tosen *n*; Zittern *n*.

fren|agem [frə'naʒẽi] *f*: (*aparelho de*) ~ Bremsvorrichtung *f*; **~ar** [~ar] (1d) bremsen; *fig.* zügeln.

fren|esi, -im [frənə'si, -'sĩ] *m* Tobsucht *f*; Raserei *f*; *com ~* wie toll; **~ético** [~'nɛtiku] rasend, toll.

frente ['frẽntə] *f* Vorderseite *f*; Spitze *f*; ⚔ Front *f*; ~ *a* ~ ea. gegenüber; *à ~* vorn; *estar à ~* an der Spitze stehen; *da ~* vorder, Vorder...; *de ~* von vorn; von Angesicht zu Angesicht; entschlossen; *em ~* gegenüber; *para a ~* vorwärts; *fazer ~ a* = *fazer face*, *s. face*.

frequ|ência [frə'kwẽsjɐ] *f* Häufigkeit *f*; Verkehr *m*; Zulauf *m*; Besuch *m*; ⚡ Frequenz *f*; (*alta* Hoch-...); *ter ~ gut* besucht sn, Zulauf h.; *ter boa ~* nicht oft gefehlt h.; *com ~* häufig; **~entador** [~kwẽntɐ'ðor] *m* (regelmäßiger) Besucher *m*; **~entar** [~kwẽn'tar] (1a) (regelmäßig) besuchen; verkehren mit *od.* in (*dat.*); *Weg* begehen; **~ente** [~ẽntə] häufig; beschleunigt (*Puls*); eifrig; *~s vezes* = **~entemente** [~ˌkwẽntə'mẽntə] oft.

fresar *gal.* [frɛ'zar] (1a) fräsen.

fresca ['freʃkɐ] *f* Morgen-, Abendkühle *f* (*pela* in der); *tomar a ~* frische Luft schöpfen.

fresc|alhão [frɨʃkɐ'ʎɐ̃u] *adj.* (*f ~ona*, *~ota*) frisch; jugendlich, gut erhalten; **~o** ['freʃku] **1.** *adj.* frisch; kühl; neu; leicht (*Stoff*); P frech, leicht; *iron.* reizend, heiter; **2.** *m* frische(r) Luftzug *m*; = *~or*; Fresko (-malerei *f*) *n*; *pintado a ~* mit Wandmalereien ausgemalt; *tomar o ~* frische Luft schöpfen; *fig.* = *pôr-se ao ~* F sich dünn m.; **~or** *m*, **~ura** *f* [~'kor, ~'kurɐ] Frische *f*; Kühle *f*.

frese ['frɛzə] *m* Fräse *f*.

fresquidão [frɨʃki'ðɐ̃u] *f* = *frescor*.

fressura [frə'surɐ] *f* Geschlinge *n*.

frest|a ['frɛʃtɐ] *f* (Mauer-)Lücke *f*, Spalt *m*; (Dach-)Luke *f*; **~ão** [frɨʃ'tɐ̃u] *m* Spitzbogenfenster *n*.

fret|ador [frətɐ'ðor] *m* Verfrachter *m*; **~agem** [~'taʒẽi] *f* Frachtkosten *pl.*; Chartergebühr *f*; **~amento** [~ɐ'mẽntu] *m* Befrachtung *f*; Frachtvertrag *m*; **~ar** [~'tar] (1c) *Schiff* chartern; *Transportmittel* mieten; befrachten; **~e** ['frɛtə] *m* Fracht *f*; Transport *m*; Chartern *n*, Miete *f*; *fig.* F a) prima Sache *f*, Rebbach *m*; b) Reinfall *m*; Mist *m*.

fri|acho ['frjaʃu] kühl; *fig.* lau; **~agem** ['frjaʒɐ̃i] *f* Frost *m*; **~aldade** [frjaɫ'daδə] *f* Kälte *f*; Gleichgültigkeit *f*.
friável ['frjavɛɫ] bröckelig.
fric|ção [frik'sɐ̃u] *f* (Ein-)Reibung *f*; **~cionar** [~sju'nar] (1f) (ein)reiben.
fri|eira ['frjeirɐ] *f* Frostbeule *f*; ~*s pl.* Frost *m*; **~eza** ['frjezɐ] *f* (Gefühls-)Kälte *f*; Frostigkeit *f*; ~ *de ânimo* Kaltblütigkeit *f*.
frigideira [friʒə'δeirɐ] *f* Brat-, Back-pfanne *f*.
frigidez [~'δeʃ] *f* Kälte *f*.
frígido ['friʒiδu] kalt, eisig.
frigir [fri'ʒir] (3g) braten; *fig.* sich aufspielen.
frigorífico [~ɣu'rifiku] **1.** *adj.* Kälte erzeugend; Kühl...; Eis...; **2.** *m* Kühlschrank *m*; *bras.* Kühlhaus *n*.
frincha ['frĩʃɐ] *f* Spalte *f*.
frio ['friu] **1.** *adj.* kalt; *fig. a.* frostig; ausdrucks-, seelen-los; ~ *de pedra* eiskalt; *carnes f/pl. -as* Aufschnitt *m*; **2.** *m* Kälte *f*, Frost *m*; Frostigkeit *f*; *instalação f de* ~ Kühlanlage *f*; *apanhar* ~ sich erkälten; *estar* ~, *fazer* ~ kalt sn; *não fazer* ~ *nem calor a alg.* j-n kalt l.; *tenho* (*od. sinto*) ~ es ist mir kalt, mich friert, ich friere; ~*s pl. bras.* kalte Speisen *f/pl.*; Aufschnitt *m*.
frioleira [frju'leirɐ] *f* Schiffchenarbeit *f* (*Spitze*); *fig.* Lappalie *f*.
friorento [~'rẽntu] verfroren.
frisa ['frizɐ] *f* **a**) Flausch *m*; **b**) Proszeniums-, Parterre-loge *f*; Fries *m*; *cavalo m de* ~ spanische(r) Reiter *m*.
fris|ado [fri'zaδu] *m* gekräuselte(s) Haar *n*; **~ante** [~ɐ̃ntə] zutreffend; bezeichnend; überzeugend; **~ar** [~ar] (1a) **a**) *Tuch* rauhen; *Haar* kräuseln, brennen; **b**) bemerken, hervorheben; *v/i.* ~ *por* streifen *od.* grenzen an (*ac.*); **~ar-se** sich kräuseln; sich die Haare brennen; **~o** ['frizu] *m* Fries *m*.
frit|ada [fri'taδɐ] *f* = ~*ura*; ~ *de ovos* gebackene Eier *n/pl.*; **~ar** [~ar] (1a) (in Fett) backen; **~o** ['fritu] **1.** *adj. batatas f/pl. -as* Pommes frites *pl.*; *peixe m* ~ *fig.* F Betriebsnudel *f*; **2.** *m* = **~ura** [~urɐ] *f* Fettgebackene(s) *n*.
frívolo ['frivulu] leichtfertig; frivol; nichtig.
froco ['frɔku] *m* (Schnee-)Flocke *f*.

froix... *s. froux...*
fronde ['frõndə] *f* Laub *n*; ~*s pl.* Zweige *m/pl.*; Laubwerk *n*.
frond|ear [frõn'djar] (1l) = **~ejar** [~dɨ'ʒar] (1d) (sich) belauben; **~oso** [~ozu] dicht belaubt.
fronha ['froɲɐ] *f* (Kissen-)Bezug *m*.
front|al [frõn'taɫ] **1.** *adj.* Stirn...; *fig.* glatt, direkt; **2.** *m* Stirnband *n*; Altarbekleidung *f*; Δ (Fenster-, Tür-)Aufsatz *m*; **~aleira** [~tɐ'leirɐ] *f* Altardecke *f*; **~ão** [~ɐ̃u] *m* Giebel *m*; Aufsatz *m*; **~aria** [~tɐ'riɐ] *f* Fassade *f*; = **~e** ['frõntə] *f* Stirn *f*; Vorderseite *f*; **~eira** [~eirɐ] *f* Grenze *f*; **~eiriço** [~tei'risu] Grenz...; angrenzend; **~eiro** [~eiru] gegenüberliegend; Grenz...; **~ispício** [~tɨʃ'pisju] *m* Giebel(seite *f*) *m*; Fassade *f*; *tip.* Titelblatt *n*; *fig.* Antlitz *n*.
frota ['frɔtɐ] *f* Flotte *f*.
froux-, froix|el [fro-, froi'ʃɛɫ] *m* Flaum(federn *f/pl.*) *m*; **~idão** [~ʃi'δɐ̃u] *f* Schlaffheit *f*; Schlappheit *f*; Lässigkeit *f*; **~o** ['fro-, 'froiʃu] **1.** *adj.* schlaff, matt; schlapp; lässig; **2.** *m* Schlappschwanz *m*.
frug|al [fru'ɣaɫ] einfach, karg; genügsam; **~alidade** [~ɣɐli'δaδə] *f* Kargheit *f*; Genügsamkeit *f*.
fru|ição [frwi'sɐ̃u] *f* Genuß *m*; **~ir** [frwir] (3i) genießen.
frumento [fru'mẽntu] *m* Weizen *m*; Getreide *n*.
frustr|ação [fruʃtrɐ'sɐ̃u] *f* Vereitelung *f*; Scheitern *n*; **~ado** [~'traδu] verhindert; zurückgeblieben; vergeblich; **~ar** [~'trar] (1a) *j-s Hoffnung* täuschen; *j-n* bringen um; *Pläne usw.* vereiteln, zum Scheitern bringen; **~ar-se** scheitern; zurückbleiben.
fruta ['frutɐ] *f* Obst *n*; *eßbare* Frucht *f*; *ser* ~ *do tempo fig.* jahreszeitlich (*od.* zeit-)bedingt sein.
frut|eira [fru'teirɐ] *f* Obst-baum *m*, -schale *f*, -keller *m*; Obst-frau *f*, -händlerin *f*; **~eiro** [~eiru] **1.** *m* Obsthändler *m*; Obst-schale *f*, -keller *m*; **2.** *adj.* Obst...; **~ífero** [~ifəru] fruchttragend; Obst...; *fig.* fruchtbringend, ergiebig; nützlich; fruchtbar; **~ificar** [~təfi'kar] (1n) Frucht bringen; *fig.* Nutzen bringen, fruchtbar w.; **~o** ['frutu] *m* Frucht *f*; Erzeugnis *n*; Ergebnis *n*; Nutzen *m*; Folge *f*; *dar* ~ (Frucht) tragen

(*Pflanze*); Nutzen bringen; ein Ergebnis zeitigen; **~uoso** [~'twozu] fruchtbar; einträglich; nützlich.

fuá *bras.* [fwa] scheu (*Pferd*).

fubá *bras.* [fu'βa] *m* Feinmehl *n*.

fubeca *bras.* [fu'βεkɐ] *f* Tracht *f* Prügel; F Abreibung *f*.

fug|a ['fuɣɐ] *f* Flucht *f*; Luftloch *n*; undichte Stelle *f*; ♪ Fuge *f*; *fig.* Ausflucht *f*; ~ *de gás* Ausströmen *n* von Gas; (*lance m de*) ~ *Sport*: Vorstoß *m*; *pôr em* ~ in die Flucht schlagen; *pôr-se em* ~ die Flucht ergreifen; **~acidade** [fuɣɐsi'δaδə] *f* Flüchtigkeit *f*; **~az** [fu'ɣaʃ] flüchtig.

fugi|da [fu'ʒiδɐ] *f* Flucht *f*; Ausflucht *f*; Ausweg *m*; *de* ~ flüchtig; vorübergehend; *dar uma* ~ *até* (*od. para*) auf e-n Sprung gehen (*od.* kommen) zu; rasch einmal vorbeigehen (*od.* -kommen) bei; **~diço, ~dio** [~ʒi'δisu, -'δiu] flüchtig; scheu; **~r** [~ir] (3n; *Stv.* 3h) fliehen (aus *od.* vor [*dat.*] *de, a*); *j-m* entfliehen; *j-n, et.* fliehen, vermeiden; (ver-) fliegen; *Sport*: vorstoßen; ~ *para fig.* zufliegen auf (*ac.*); ~ *com o corpo* ausweichen; *fig.* sich drücken; *deixar* ~ *j-n* entkommen l.; sich *et.* entgehen l.; *et.* aus der Hand (*od.* los-)l.; **~tivo** [~ʒi'tivu] **1.** *adj.* flüchtig; **2.** *m* Flüchtling *m*.

fuinha ['fwiɲɐ] *f* (Stein-)Marder *m*; *fig.* Hungerleider *m*; Geizhals *m*.

fula ['fulɐ] *f* **a**) Eile *f*; Haufen *m*, Schwarm *m*; Backentasche *f*; Blase *f*; *à* ~ überstürzt; **b**) ⊕ Walke *f*.

fulano [fu'lɐnu] *m der* Dingsda *m*; ~ (*de tal*) (ein) Herr Soundso *m*; ♀ Herr X; ~ *e sicrano* Hinz u. Kunz.

fulcro ['fuɫkru] *m* Stütze *f*; Stütz-, Dreh-punkt *m*, Rückhalt *m*.

ful|gente, fúlgido [fuɫ'ʒẽntə, 'fuɫʒiδu] leuchtend, strahlend; **~gir** [~'ʒir] (3n) = *fulgurar*; **~gor** [~'ɣor] *m* Glanz *m*, Schimmer *m*.

fulgur|ação [fuɫɣurɐ'sɐ̃u] *f* leuchtende(r) Blitz *m*; -ões *pl.* Wetterleuchten *n*; **~ar** [~'rar] (1a) blitzen; leuchten; *fig.* hervorleuchten.

fulig|em [fu'liʒɐ̃i] *f* Ruß *m*; **~inoso** [~liʒə'nozu] rußig; belegt (*Zunge*).

fulmin|ante [fuɫmi'nɐ̃ntə] **1.** *adj.* blitzartig; drohend; vernichtend; Knall..., Spreng...; Zünd...; **2.** *m* Zündhütchen *n*; Sprengsatz *m*; **~ar** [~ar] (1a) Blitze schleudern gegen; treffen, erschlagen (*Blitz*); zerschmettern; *fig.* niederschmettern; *Bannstrahl* schleudern; *Strafe* verhängen (über [*ac.*] *contra*); *j-n* niederdonnern; *v/i.* blitzen; *fig.* toben, wettern.

fulo ['fulu] mulattenfarbig; *fig.* gelb, bleich *vor Zorn usw.*; F fuchsteufelswild.

fulvo ['fuɫvu] goldblond, rot.

fum|aça [fu'masɐ] *f* Rauch(wolke *f*) *m*; *fig.* Dünkel *m*; **~aceira** [~mɐ'seirɐ] *f* Qualm *m*; **~ada** [~aδɐ] *f* Zug *m beim Rauchen*; Rauch (-wolke *f*) *m*; **~ador** [~mɐ'δor] *m* Raucher *m*; **~ar** [~ar] (1a) *Tabak* rauchen; *Wurst* räuchern; *v/i.* rauchen; *fig.* verrauchen; schäumen (*Wein*; *vor Wut*); **~arento** [~mɐ'rẽntu] qualmend; **~arola** [~mɐ'rɔlɐ] *f* Rauchwolke *f* (*Vulkan*); **~atório** [~mɐ'tɔrju] **1.** *adj.* Rauch...; **2.** *m* Rauchzimmer *n*; **~ear** [~'mjar] (1l) = **~egar** [~mə'ɣar] (1o; *Stv.* 1c) rauchen, qualmen; dampfen; schäumen; **~eiro** [~eiru] *m* Rauchfang *m*; ⊕ Fuchs *m*; (*carnes f/pl. de*) ~ Rauchfleisch *n*, Räucherware *f*; **~ífugo** [~ifuɣu] *m* ⊕ Rauchverhüter *m*; **~igar** [~mi'ɣar] (1o) aus-, durchräuchern; **~igatório** [~miɣɐ'tɔrju] Räucher...; **~ista** [~iʃtɐ] *m* Raucher *m*; **~ívoro** [~ivuru] *m* Rauchverzehrer *m*.

fum|o ['fumu] *m* Rauch *m*; Dampf *m*; Dunst *m*; Rauchtabak *m*; *bras.* Zigarette *f*; Tabak *m*; *fig.* Dünkel *m*, Eitelkeit *f*; (Trauer-)Flor *m*; ~s *pl. de santidade der* Geruch der Heiligkeit; *carnes f/pl. de* ~ Rauchfleisch *n*; *deitar em* ~ in Rauch aufgehen (l.); *ter* ~ nach Rauch (*od.* angebrannt) schmecken; *ter* ~*s de* sich aufspielen als; sich brüsten mit; **~oso** [fu'mozu] rauchig; rauchend, dampfend; *fig.* eitel, eingebildet.

funâmbulo [fu'nɐ̃mbulu] *m* Seiltänzer *m*; *fig.* Wetterfahne *f*.

função [fũ'sɐ̃u] *f* Amt *n*, Obliegenheit *f*; Aufgabe *f*; Zweck *m*; Tätigkeit *f e-s Organs*; *organischer* Vorgang *m*; Fest(lichkeit *f*) *n*; ⚗ Funktion *f*; *em* ~ ⊕ in Betrieb; *em* ~ *de* im Verhältnis zu; im Hinblick auf (*ac.*).

funcho ['fũʃu] *m* Fenchel *m*.

funcion|al [fũsju'naɫ] funktionell, Funktions...; **~alismo** [~nɐ'liʒmu] *m* Beamtenschaft *f*, Beamtentum *n*;

~amento [~nɐ'mẽntu] *m* Funktionieren *n*; Gang *m e-r Maschine usw.*; Betrieb *m*; Amtstätigkeit *f*; **~ar** [~ar] (1e) funktionieren; gehen, laufen, F es tun; F klappen; arbeiten, in Betrieb sn; amtieren; *não funciona!* außer Betrieb!; **~ário** [~arju] *m* Beamte(r) *m*.
funda ['fũndɐ] *f* Schleuder *f*; Bruchband *n*.
fund|ação [fũndɐ'sɐ̃u] *f* Gründung *f*; Einrichtung *f*; Stiftung *f*; ⊕ Träger *m*; Base *f*, Stütze *f*; **~ador** [~ɐ'ðor] **1.** *adj.* Gründungs...; **2.** *m* Gründer *m*; Stifter *m*; **~amentação** [~ɐmẽntɐ'sɐ̃u] *f* Begründung *f*; Grundlegung *f*; Festigung *f*; **~amental** [~ɐmẽn'tał] grundlegend; Grund...; Haupt...; **~amentalmente** [~ɐˌmẽntał'mẽntə] von Grund aus; **~amentar** [~ɐmẽn'tar] (1a) den Grund legen zu; begründen; stützen; **~amento** [~ɐ'mẽntu] *m* Grund *m*; Grundlage *f*; Fundament *n*; Begründung *f*; ⊕ Fundierung *f*, Unterbau *m*; *lançar os ~s de* den Grund legen zu (*od.* für); *não ter ~* der Grundlage entbehren; nicht stichhaltig sn; **~ar** [~'dar] (1a) gründen; ein-, auf-richten; stiften; *~ em* stützen auf (*ac.*); vertrauen auf (*ac.*); **~eado** [~'djaðu] vor Anker liegend; **~eadoiro, -ouro** [~djɐ'ðoiru, -oru] *m* Ankerplatz *m*; **~ear** [~'djar] (1l) vor Anker gehen; **~eiro** [~'deiru] unterst, tief; **~iário** [~'djarju]: *capital m ~* Grundvermögen *n*.
fund|ição [fũndi'sɐ̃u] *f* Guß *m* (*a. fig.*); Roheisen *n*; Verhüttung *f*; (*fábrica f de*) *~* Gießerei *f*; Hütte (-nwerk *n*) *f*; **~ido** [~'diðu] Guß...; **~idor** [~i'ðor] *m* Gießer *m*.
fundilho [~'diʎu] *m* Hosenboden *m*.
fund|ir [~'dir] (3a) schmelzen, lösen; *Metall* gießen; *Erze* verhütten; *fig.* (mitea.) verschmelzen; zs.-legen; *v/i.* ergiebig (*od.* einträglich) sn; = **~ir-se** schmelzen; durchbrennen (*Glühbirne*); *fig.* dahin-, zs.-schmelzen; mitea. verschmelzen; sich zs.-tun; **~ível** [~ivɛł] schmelzbar.
fund|o ['fũndu] **1.** *adj. u. adv.* tief; **2.** *m* Grund *m*; Boden *m e-s Gefäßes*; *Tal*-Sohle *f*; Tiefe *f*; Hintergrund *m*; Grundlage *f*; Wesen *n*, Gehalt *m*; Kern *m e-r Sache*; † Kapital *n*, Fonds *m*, Kasse *f*; *~ de amortização* (*reserva*) Tilgungs-(Reserve-)fonds *m*; *~s pl.* Vermögen *n*, Geldmittel *n/pl.*; *~s pl. públicos* Staatspapiere *n/pl.*; *a ~* gründlich; *de ~* tiefgründig; grundlegend, wesentlich; *dar ~* Anker werfen; *ir ao ~* (ver)sinken; *meter ao* (*od. no*) *~* versenken; *ter ~* tief sn; *prometer mundos e ~s* goldene Berge versprechen; *ter mundos e ~s* steinreich sn; **~ura** [fũn'durɐ] *f* Tiefe *f*.
fúnebre ['funəβrə] Leichen...; Trauer...; Grab...; traurig; düster.
funer|al [funə'rał] **1.** *adj.* Begräbnis...; **2.** *m* Leichenbegängnis *n*; **~ário** [~arju] Begräbnis...; Grab...
funesto [fu'nɛʃtu] unheilvoll; verhängnisvoll.
fung|ão [fũŋ'gɐ̃u] *m* Morchel *f*; Mutterkorn *n*; ⚘ schwammige(r) Auswuchs *m*; **~ar** [~ar] (1a) *Tabak* schnupfen; *v/i.* schnauben; *fig.* quengeln; maulen; **~o** ['fũŋgu] *m* ♀, ⚘ Schwamm *m*; **~oso** [~ozu] schwammig.
funicular [funiku'lar] **1.** *adj.* Seil...; **2.** *m* Drahtseilbahn *f*.
funil [fu'nił] *m* Trichter *m*; **~eiro** [~ni'leiru] *m* Klempner *m*.
furacão [furɐ'kɐ̃u] *m* Orkan *m*.
fur|ador [~ɐ'ðor] *m* Pfriem *m*; Locher *m*; **~ão** [~'rɐ̃u] *m* Frettchen *n*; *fig.* Schnüffler *m*; F Schlaukopf *m*; **~ar** [~'rar] (1a) lochen; durchlöchern, -bohren, -brechen; -stechen; *fig.* vereiteln, verderben; *~ paredes* mit allen Wassern gewaschen sn; *v/i.* sich ein-, durchschmuggeln; schaffen, bohren; **~a-vidas** [ˌfurɐ'viðɐʃ] *m* geschäftstüchtige(r) Mensch *m*.
furg|ão [fur'gɐ̃u] *m* 🚃 Gepäckwagen *m*; **~oneta** [~gu'netɐ] *f auto.* Lieferwagen *m*.
fúria ['furjɐ] *f* Wut *f*; Raserei *f*; *mit.* Furie *f*.
fur|ibundo [furi'βũndu] zornig, grimmig; **~ioso** [~'rjozu] wütend; tobsüchtig; rasend; heftig.
furna ['furnɐ] *f* Grotte *f*, Höhle *f*.
furo ['furu] *m* Loch *n* (*abrir* bohren); *fig.* Ausweg *m*; *bras.* Durchfahrt *f*; *subir um ~ no conceito de alg.* um e-e Stufe in j-s Achtung steigen.
furor [fu'ror] *m* Raserei *f*; Wut *f*; Tobsucht *f*; Begeisterung *f*.
furriel ⚔ [fu'ʀjɛł] *m* Furier *m*.
furt|a-cor [furtɐ'kor] schillernd;

~adela [~ɐ'δɛlɐ] *f* Dieberei *f*; *às* ~*s* verstohlen; **~a-fogo** [~ɐ'foɣu] *m*: (*lanterna f de*) ~ Blendlaterne *f*; **~ar** [~'tar] (1a) stehlen, entwenden; entziehen; *Augen* abwenden; fälschen; ~ *o corpo* = **~ar-se** *a* ausweichen (*dat.*); sich entziehen (*dat.*); sich drücken vor (*dat.*); **~ivo** [~'tivu] verstohlen, heimlich.
furto ['furtu] *m* Diebstahl *m*; gestohlene(s) Gut *n*; *a* ~ heimlich.
furúnculo [fu'rũŋkulu] *m* Blutgeschwür *n*, Furunkel *m*.
fusa ♪ ['fuzɐ] *f* Zweiunddreißigstelnote *f*.
fusão [fu'zɐ̃u] *f* Schmelzzustand *m*; Schmelze *f*; Verhüttung *f*; *fig.* Verschmelzung *f*; Zs.-schluß *m*; *ponto de* ~ Schmelzpunkt *m*.
fusco ['fuʃku] dunkel, grau.
fuselagem ✈ *gal.* [fuzə'laʒɐ̃i] *f* Rumpf *m*.
fus|ionar [fuzju'nar] (1e) verschmelzen; zs.-legen, -schließen; **~ível** [~'zivɛɫ] **1.** *adj.* schmelzbar; **2.** *m* ⚡ Sicherung *f*.
fuso ['fuzu] *m* Spindel *f*; *direito como um* ~ kerzengerade; geradewegs.
fuste ['fuʃtə] *m* Schaft *m*.
fustigar [fuʃti'ɣar] (1o) (aus-) peitschen; geißeln.
fute|bol [futə'βɔɫ] *m* Fußball(spiel *n*) *m*; **~bolista** [~βu'liʃtɐ] *m* Fußball(spiel)er *m*.
fútil ['futiɫ] nichtig, belanglos.
futric|a [fu'trikɐ] **1.** *f* Kneipe *f*; Plunder *m*; Gemeinheit *f*; **2.** *m uni.* Philister *m*; **~ar** [~tri'kar] (1n) intrigieren, hetzen; *Plan* hintertreiben; ~ *compras e vendas* schachern.
futur|ar [~tu'rar] (1a) voraussagen; vermuten; **~o** [~'turu] **1.** *adj.* (zu-) künftig; **2.** *m* Zukunft *f*; *de* ~, *para o* ~ in Zukunft, künftig; *ter* ~ = **~oso** *bras.* [~ozu] hoffnungsvoll, vielversprechend.
fuzil [fu'ziɫ] *m* Feuerstrahl *m*; Blitz *m*; Ketten-glied *n*, -ring *m*; Bügel *m*; *bras.* Karabiner *m*.
fuzil|ada [~zi'laδɐ] *f* Gewehrfeuer *n*; Wetterleuchten *n*; **~amento** [~lɐ'mẽntu] *m* (standrechtliche) Erschießung *f*; **~ar** [~ar] (1a) (standrechtlich) erschießen; *v/i.* blitzen, funkeln; **~aria** [~lɐ'riɐ] *f* Gewehrfeuer *n*; **~eiro** [~eiru] *m* Füsilier *m*; Infanterist *m*.

G

G, g [ʒe] *m* G, g *n*.
gabar [gɐ'βar] (1b) rühmen, preisen; *j-m* schmeicheln; **~-se** *de* stolz sein auf (*ac.*); großtun mit.
gabardina [gɐβɐr'dinɐ] *f* Regenmantel *m*.
gabarito [~ɐ'ritu] *m* (Lade-)Lehre *f*; Bohrschablone *f*; Stich(maß *n*) *m*; Spann-, Spur-weite *f*; *bras.* erlaubte Höhe *f*; *fig.* Format *n*.
gabarol|a F [~ɐ'rɔlɐ] *su.* Prahlhans *m*; **~ice** [~ɐru'lisə] *f* Aufschneiderei *f*, F Angeberei *f*.
gabinete [gɐβi'netə] *m* (Arbeits-, Lese-, Studier-)Zimmer *n*; Kabinett *n*; Ministerrat *m*.
gadanh|a [~'δɐɲɐ] *f* Schöpflöffel *m*; Sense *f*; = **~o**; **~eira** [~δɐ'ɲeirɐ] *f* Mähmaschine *f*; **~o** [~u] *m* Kralle *f* (*a. fig.*); Mistgabel *f*.
gado ['gaδu] *m* **a**) Vieh *n*; Zugtiere *n/pl.*; ~ *grosso* (*miúdo*) Groß-(Klein-)Vieh *n*; **b**) Schellfisch *m*.
gafanhoto [gɐfɐ'ɲotu] *m* Heuschrecke *f*.
gaf|eira [~'feirɐ] *f* Räude *f*; **~(eir)ento** [~f(eir)'ẽntu] räudig.
gaforina, -inha [~fu'rinɐ, -iɲɐ] *f* *Haar*-Tolle *f*; Mähne *f*.
gago ['gaɣu] **1.** *adj.* stotternd; *fiquei* ~ F mir blieb die Spucke weg; **2.** *m* Stotterer *m*.
gagu|ejar [gɐɣɨ'ʒar] (1d) stottern; **~ez, ~ice** [~'ɣeʃ, ~'ɣisə] *f* Stottern *n*.
gaiato [gɐ'jatu] **1.** *m* Gassenjunge *m*; Lausbub *m*; **2.** *adj.* lausbubenhaft; spitzbübisch.
gaio ['gaju] **1.** *adj.* lustig, fröhlich; **2.** *m* Häher *m*.
gaiola [gɐ'jɔlɐ] *f* Käfig *m*; Vogelbauer *m*; Lattenverschlag *m*; ⚒ Förderkorb *m*.
gait|a ['gaitɐ] *f* Mundharmonika *f*; ~ *galega*, ~ *de foles* Dudelsack *m*; *ir-se à* ~ F schiefgehen; *saber a* (*od. que nem*) **~s** fein schmecken; **~s** *pl.* Atemlöcher *n/pl. des Neunauges*; **~eiro** [gai'teiru] *m* (Dudelsack-)Pfeifer *m*.
gaiv|ão *zo.* [gai'vɐ̃u] *m* Segler *m*; **~ota** [~ɔtɐ] *f* Möwe *f*.
gaj|a V ['gaʒɐ] *f* Weibsbild *n*; **~o** V [~u] *m* Kerl *m*.
gala ['galɐ] *f* Gala(-anzug *m*, -kleid *n*) *f*; (Fest-)Schmuck *m*; *fig.* Anmut *f*; *dia m de* ~ (Staats-)Feiertag *m*; *de* ~ in Gala; Gala...; *fazer* ~ (*de*) F renommieren (mit).
galã [gɐ'lɐ̃] *m* Liebhaber *m*, Galan *m*.
galactómetro [gɐlɐk'tɔmətru] *m* Milchwaage *f*.
galalau *bras.* [gala'lau] *m* Riese *m* (*fig.*).
galant|aria [gɐlɐ̃ntɐ'riɐ] *f* Höflichkeit *f*; Artigkeit *f*; nette(s) Ding *n*; **~e** [~'lɐ̃ntə] anmutig; gefällig; höflich, fein; geschmackvoll; geistvoll; F nett; **~eador** [~tjɐ'δor] *m* Galan *m*, Liebhaber *m*; **~ear** [~'tjar] (1l) umwerben; den Hof m. (*dat.*); herausputzen (mit *de*); **~eio** [~'teju] *m* Liebeswerben *n*; Liebelei *f*.
galão [gɐ'lɐ̃u] *m* **a**) Tresse *f*; Litze *f*; **b**) englische Gallone *f* (= $4^1/_2$ *Liter*).
galard|ão [gɐlɐr'dɐ̃u] *m* Lohn *m*; **~oar** [~'dwar] (1f) belohnen.
gal|é [~'lɛ] **1.** *f* a) Galeere *f*; **~s** *pl.* Zwangsarbeit *f*; b) *tip.* Setzschiff *n*; **2.** *m* (Galeeren-)Sträfling *m*; **~eão** [~'ljɐ̃u] *m* ⚓ Galione *f*; *tip.* Winkelhaken *m*; *Fischerei*: Ringwade *f*.
galego [~'leɣu] **1.** *m* Galicier *m*; Lastträger *m*; Packknecht *m*; F Grobian *m*; *bras. Spitzname der Portugiesen*; **2.** *adj.* galicisch; F ordinär, gewöhnlich.
galena, -nite [~'lenɐ, ~lə'nitə] *f* Bleiglanz *m*.
galera [~'lɛrɐ] *f* Galeere *f*; Dreimaster *m*; Feuerwehrwagen *m*; Möbelwagen *m*; Schmelzofen *m*; *bras.* Güterwagen *m*.
galeria [~lə'riɐ] *f* Galerie *f*; (bedeckter) Gang *m*; ⚔, ⚒ Stollen *m*; ⚓ Promenadendeck *n*.
galês [gɐ'leʃ] wallisisch.
galg|a ['galɣɐ] *f* Windhündin *f*; kleine(r) Anker *m*; Mahlstein *m*

(*Ölmühle*); **~ar** [gaɫˈɣar] (1o) durch-, über-schreiten; hinaufspringen; springen über (*ac.*); hinunterhüpfen; zurücklegen; ⊕ richten; *v/i.* springen; **~o** [~u] *m* Wind-hund *m*, -spiel *n*.
galha [ˈgaʎɐ] *f* Gallapfel *m*.
galhard|ear [gɐʎɐrˈdjar] (1l) schneidig auftreten; prunken (mit); prangen (in [*dat.*]); **~ete** [~ˈdetə] *m* Wimpel *m*; **~ia** [~ˈdiɐ] *f* Schneid *m*; Stattlichkeit *f*; **~o** [~ˈʎardu] schneidig; stattlich, schmuck; munter.
galhet|a [~ˈʎetɐ] *f* Öl-, Essigfläschchen *n*; *cat.* Wein-, Wasserkännchen *n*; **~eiro** [~ʎəˈteiru] *m* Öl- und Essigständer *m*, Menage *f*.
galho [ˈgaʎu] *m* Zweig *m*; *Zweig*-Stumpf *m*; Schößling *m*; Horn *n*; **~s** *pl.* *Hirsch*-Geweih *n*; *Ochsen*-Gehörn *n*.
galhof|a [gɐˈʎɔfɐ] *f* Ausgelassenheit *f*; Spötterei *f*; Spott *m*; *fazer ~ de* lachen (*od.* spotten) über (*ac.*); **~ar** [~ʎuˈfar] (1e) ausgelassen sn; spötteln, witzeln.
gali|cano [gɐliˈkɐnu] gallikanisch; **~cínio** [~ˈsinju] *m* Hahnenschrei *m*; Herrgottsfrühe *f*; **~cismo** [~ˈsiʒmu] *m* Gallizismus *m*.
gálico [ˈgaliku] **a)** gallisch; **b)** Gallus...
galinh|a [gɐˈliɲɐ] *f* Henne *f*, Huhn *n*; *fig.* Memme *f*; *pele f de ~* Gänsehaut *f*; *pés m/pl. de ~* Krähenfüße *m/pl.*; *ser ~* P kinderleicht sn; *ter ~* P Pech h.; **~aço** [~liˈɲasu] *m* Hühnervolk *n*; **~a-d'angola** [~ˌliɲɐðɐ̃ŋˈgɔlɐ] *f* Perlhuhn *n*; **~eiro** [~liˈɲeiru] *m* Hühnerstall *m*; *tea.* F Olymp *m*; **~ola** [~liˈɲɔlɐ] *f* Schnepfe *f*; **~ota** [~liˈɲɔtɐ] *f* Wasserhuhn *n*.
galispo [gɐˈliʃpu] *m* Kiebitz *m*.
galo [ˈgalu] *m* Hahn *m*; Rotzunge *f* (*Fisch*); P Beule *f*; *~ silvestre* Birkhahn *m*; *missa f do ~* Mitternachtsmette *f*; *ao cantar do ~* beim ersten Hahnenschrei.
galocha [gɐˈlɔʃɐ] *f* Überschuh *m*.
galop|ar [~luˈpar] (1e) galoppieren; *fig.* schaukeln; **~e** [~ˈlɔpə] *m* Galopp *m* (*a* im); *a todo ~* in gestrecktem Galopp; *fig.* in aller Eile; **~ear** *bras.* [~ˈpjar] (1l) = *~ar*; *v/t. Pferd* einreiten; **~im** [~ˈpĩ] *m* Gassenjunge *m*; *~ eleitoral* Stimmenfänger *m*; **~inagem** [~piˈnaʒɐ̃i] *f pol.* Stimmenfang *m*.
galpão *bras.* [gaɫˈpɐ̃u] *m* Schuppen *m*.
galr|ar [~ˈʀar] (1a) schwätzen; F angeben; **~ear** [~ˈʀjar] (1l) plappern (*Kinder*).
galucho [gɐˈluʃu] *m* Rekrut *m*; *fig.* Neuling *m*.
galvânico [gaɫˈvɐniku] galvanisch.
galvan|izar [~vɐniˈzar] (1a) galvanisieren; verzinken; *fig.* beleben; erregen; **~ómetro** [~ˈnɔmətru] *m* Galvanometer *n*.
gama [ˈgɐmɐ] *f* **a)** Damhirschkuh *f*; **b)** ♪ Tonleiter *f*; *allg.* Skala *f*.
gambeta *bras.* [gɐ̃mˈbetɐ] *f* Haken *m* (*fazer* schlagen).
gâmbia P [ˈgɐ̃mbjɐ] *f* Bein *n*; *dar às ~s* ausreißen.
gamel|a [gɐˈmɛlɐ] *f* Mulde *f*; Kübel *m*, Trog *m*; Holznapf *m*; *comer da mesma ~* ein Herz u. e-e Seele sn; **~o** [~ˈmelu] *m Vieh*-Trog *m*.
gamo [ˈgɐmu] *m* Damhirsch *m*.
gan|a [ˈgɐnɐ] *f* Verlangen *n*; Heißhunger *m*; *dar na ~ j-m* einfallen; *j-n* gelüsten; *ter ~s de* Lust h. zu; *ter ~ a alg.* auf j-n wütend sn; **~ância** [gɐˈnɐ̃sjɐ] *f* Gewinn(sucht *f*) *m*; Wucher(zins) *m*; **~ancioso** [gɐnɐ̃ˈsjozu] einträglich; nützlich; gewinnsüchtig.
ganch|o [ˈgɐ̃ʃu] *m* Haken *m*; Haar-, Häkel-nadel *f*; *prender* (*od. segurar*) *com ~* ein-, fest-haken; feststecken; **~oso** [gɐ̃ˈʃozu] hakenförmig.
gândara [ˈgɐ̃ndɐrɐ] *f* Heide *f*.
ganga [ˈgɐ̃ŋgɐ] *f* **a)** Ringelflughuhn *n*; **b)** (Baumwoll-)Köper *m*; **c)** ⚒ Ganggestein *n*; Schlacke *f*.
gânglio [ˈgɐ̃ŋglju] *m* Nervenknoten *m*; Überbein *n*.
gangorra *bras.* [gɐ̃ŋˈgoʀɐ] *f* Wippe *f*.
gangr|ena [~ˈgrenɐ] *f* Brand *m*; *fig.* Krebsschaden *m*; **~enar** [~grəˈnar] (1d) *fig.* verderben; *v/i.* brandig w.; **~enoso** [~grəˈnozu] brandig.
ganh|adeiro [gɐɲɐˈðeiru] (für Geld) arbeitend; erwerbstüchtig; **~a-dinheiro** [ˌgɐɲɐðiˈɲeiru] *m* (Gelegenheits-)Arbeiter *m*; **~ão** [~ˈɲɐ̃u] *m* Tagelöhner *m*; *prov.* Knecht *m*; **~a-pão** [ˌgɐɲɐˈpɐ̃u] *m* Broterwerb *m*; **~a-perde** [ˌgɐɲɐˈpɛrðə] Wer verliert, gewinnt! (*Spiel*); **~ar** [~ˈɲar] (1a) gewinnen; *durch Arbeit* verdienen; bekommen, erlangen; *Erfolg* erzielen; sich *Achtung usw.*

erwerben; sich *e-n Schaden* zuziehen; *j-m et.* einbringen; sich *j-s* bemächtigen (*Furcht usw.*); *Ziel* erreichen; *Verlorenes* aufholen; *Mut* fassen; ~ *a/c. de alg.* j-m et. abgewinnen; ~ *a alg. em* j-n übertreffen an (*dat.*); ~ *com* gewinnen bei, et. haben von; ~ *em inf.* gewinnen, wenn *ind.*

ganh|o [ˈgɐɲu] *m* Gewinn *m*; Erwerb *m*; Vorteil *m*, Nutzen *m*; **~oso** [gɐˈɲozu] gewinnsüchtig; einträglich.

gan|içar *bras.* [gɐniˈsar] (1p) = *~ir*; **~ido** [~ˈniðu] *m* Geheul *n*; Gewinsel *n*; **~ir** [~ˈnir] (3a) heulen; winseln.

ganj|a *bras.* [ˈgẽʒɐ] *f* Selbstgefälligkeit *f*; **~ento** [gẽˈʒẽntu] eingebildet.

ganso [ˈgẽsu] *m* Gans *f* (*Artname*); Gänserich *m* (*männl. Tier*).

garag|em *gal.* [gɐˈraʒẽi] *f* Garage *f*; **~ista** [~rɐˈʒiʃtɐ] *m* Garagenbesitzer *m*.

garanhão [~rɐˈɲẽu] *m* Zuchthengst *m*.

garant|e [~ˈrẽntə] *m* Bürge *m*; Gewährsmann *m*; **~ia** [~rẽnˈtiɐ] *f* Gewähr *f*, Garantie *f*; Bürgschaft *f*; **~ir** [~rẽnˈtir] (3a) gewährleisten, verbürgen; bürgen für; Garantie geben auf (*ac.*).

garapa *bras.* [gaˈrapɐ] *f* Zuckerwasser *n*; Limonade *f*.

garat|uja [gɐrɐˈtuʒɐ] *f* Grimasse *f*; Gekritzel *n*, Geschmiere *n*; **~ujar** [~tuˈʒar] (1a) (be)kritzeln.

garav|anço [~ˈvẽsu] *m* Getreideschwinge *f*; **~ato** [~ˈvatu] *m Obst*-Pflücker *m*; Haken *m*; = **~eto** [~etu] *m Holz*-Span *m*; *~s pl.* Kleinholz *n*.

garb|o [ˈgarbu] *m* Anstand *m*; Anmut *f*; **~oso** [gɐrˈbozu] anmutig; stattlich.

garça [ˈgarsɐ] *f* Reiher *m*.

garço [ˈgarsu] grünlich; blaugrün.

gare [ˈgarə] *f* Bahnsteig *m*.

garf|ilha [gɐrˈfiʎɐ] *f* Münzrand *m*; **~o** [ˈgarfu] *m* (Eß-, Rad-, Heu-) Gabel *f*; *Pfropf*-Reis *n*; *auswandernder* Bienenschwarm *m*; *bom* ~ gute(r) Esser *m*.

gargalh|ada [~gɐˈʎaðɐ] *f* Gelächter *n*; *soltar* (*od. dar*) *~s* (*od. uma ~*) = **~ar** [~ar] (1b) laut herauslachen.

gargalo [~ˈgalu] *m* (Flaschen-)Hals *m*.

garganta [~ˈgẽntɐ] **1.** *f* Kehle *f*; Hals *m*; Engpaß *m*, Schlucht *f*; *Fluß*-Einfahrt *f*; ⊕ Ausladung *f*; *fig.* F Angeberei *f*; *ter muita ~* F dicke Töne reden; angeben; *ter atravessado na ~* nicht verwinden (*od.* nicht ausstehen) können; *voz presa na ~* erstickte Stimme *f*.

gargant|ear [~gẽnˈtjar] (1l) trillern; *v/t.* zwitschern; trällern; **~eio** [~ˈteju] *m* Triller *m*; Zwitschern *n*; **~ilha** [~ˈtiʎɐ] *f* Halskrause *f*.

gargarej|ar [~gɐrɨˈʒar] (1d) gurgeln; **~o** [~gɐˈreju] *m* Gurgeln *n*; Gurgelwasser *n*.

gárgula [ˈgargulɐ] *f* Ausfluß(-loch *n*, -rohr *n*) *m*; Traufe *f*; Δ Wasserspeier *m*.

garimpeiro *bras.* [garĩmˈpeiru] *m* Diamantensucher *m*.

garlopa [gɐrˈlɔpɐ] *f* Schlichthobel *m*, Rauhbank *f*.

garnacha [~ˈnaʃɐ] *f* Talar *m*.

garnisé [~niˈzɛ] *m* Zwerghuhn *n*.

garot|ada [gɐruˈtaðɐ] *f* Straßenjugend *f*; Lausbuben(schar *f*) *m/pl.*; **~ice** [~isə] *f* Lausbubenstreich *m*, Ungezogenheit *f*; **~o** [~ˈrotu] **1.** *m* Straßenjunge *m*; Lausbube *m*, Lauser *m*; *prov.* F Milchkaffee *m*; **2.** *adj.* (laus)bubenhaft; spitzbübisch.

garoup|a [~ˈropɐ] *f Art* Barsch *m*; **~eira** *bras.* [~roˈpeirɐ] *f* Fischerboot *n*, Barschfischer *m*.

garra [ˈgaʀɐ] *f* Klaue *f*, Kralle *f*; ⊕ *a.* Klinke *f*; *~s pl.* Fänge *m/pl.*

garraf|a [gɐˈʀafɐ] *f* Flasche *f*; **~ão** [~ʀɐˈfẽu] *m* Korbflasche *f*; Glasballon *m*; *bsd.* Fünfliterflasche *f*; **~eira** [~ʀɐˈfeirɐ] *f* Flaschen-keller *m*, -schrank *m*.

garraio [gɐˈʀaju] *m* Jungstier *m*.

garr|idice [~ʀiˈðisə] *f* Schick *m*; Koketterie *f*; Munterkeit *f*; **~ido** [~ˈʀiðu] fesch, schick; kokett; munter; bunt; **~ir** [~ˈʀir] (3b) klingen; zwitschern; schwätzen; Mutwillen treiben; = **~ir-se** sich fesch anziehen.

garrot|ar [~ʀuˈtar] (1e) erdrosseln; abschnüren; **~e** [~ˈʀɔtə] *m* **a**) Knebel *m*; Erdrosseln *n*; **b**) *bras.* Jungstier *m*; **~ilho** ⚕ [~ʀuˈtiʎu] *m* Bräune *f*, Krupp *m*.

garrucha *bras.* [gaˈʀuʃɐ] *f* Pistole *f*.

garupa [gɐˈrupɐ] *f* Kruppe *f*; Mantelsack *m*; *~s pl.* Schwanzriemen *m/pl.*

gás [gaʃ] *m* Gas *n*; ~ *de iluminação* Leucht-, ~ *pobre* Misch-, ~ *de carga* Gicht-gas *n*.
gas|eado [gɐ'zjaðu] gasvergiftet; **~ear** [~'zjar] (1l) vergasen; **~eificar** ⚗ [~zeifi'kar] (1n) vergasen; Gas zusetzen (*dat.*); **~eificar-se** sich verflüchtigen, verfliegen; **~eiforme** [~zei'fɔrmə] gasförmig.
gasganete F [gɐʒɣɐ'netə] *m* Kehle *f*; Hals *m*. [*m*.]
gasista *bras.* [ga'zistɐ] *m* Gasmann
gasnete [gɐʒ'netə] *m* = *gasganete*.
gas|ogénio [gɐzu'ʒɛnju] *m* Gasgenerator *m*; **~olina** [~zu'linɐ] **1.** *f* Benzin *n*, Brennstoff *m*; *bomba f (depósito m) de ~* Benzin-pumpe *f* (-tank *m*); *meter ~* tanken; **2.** *m* Motorboot *n*; **~ómetro** [~'zɔmətru] *m* Gasmesser *m*; Gasbehälter *m*, Gasometer *m*; **~osa** [~'zɔzɐ] *f* Brause(limonade) *f*; **~oso** [~'zozu] gasartig; kohlensäurehaltig; *água f -a* Selterswasser *n*.
gáspea ['gaʃpjɐ] *f* Riester *m*.
gastalho [gɐʃ'taʎu] *m* Kloben *m*, Zwinge *f*, Klammer *f*.
gast|ar [~'tar] (1b) *Geld* ausgeben (für em); *Mittel* aufwenden (für em); *Vorrat* auf-, ver-brauchen; *Vermögen* verschwenden, vergeuden; abnutzen; *Kleider* abtragen, verschleißen; *Schuhe* durch-, ablaufen; ~ *a inf. Zeit usw.* damit verbringen zu *inf.*; ~ *de* kaufen bei; ~ *largo* auf großem Fuße leben; **~ar-se** draufgehen; nötig sn; abgehen (*Ware*); verschleißen (*Kleid*); **~o** ['gaʃtu] **1.** *p.p. irr. v. gastar*; **2.** *m* Ausgabe *f*; Kosten *pl.*; Verbrauch *m*; Abnützung *f*; Verschleiß *m*; *~s pl.* Auslagen *f/pl.*, Spesen *f/pl.*; Unkosten *pl.*
gástrico ['gaʃtriku] Magen...
gastr|ite [gɐʃ'tritə] *f* Magenschleimhautentzündung *f*, -katarrh *m*; **~o...** ['gaʃtrɔ...] Magen...; *z.B.*: *~-intestinal* Magen- u. Darm...; **~onomia** [~trunu'miɐ] *f* Kochkunst *f*; **~ónomo** [~ɔnumu] *m* Feinschmecker *m*; **~ópodes** [~ɔpuðɨʃ] *m/pl.* Bauchfüßler *m/pl.*
gata ['gatɐ] *f* Katze *f* (*weibl. Tier*); Katzenfisch *m*; ⚓ Besanrahe *f*; P Rausch *m*; ~ *borralheira* Aschenputtel *n*; Hausmütterchen *n*; *andar de ~s* auf allen vieren kriechen; *a ~s bras.* nur mit Mühe, kaum.

gatafunh|ar [gɐtɐfu'ɲar] (1a) kritzeln; **~os** [~'fuɲuʃ] *m/pl.* Gekritzel *n*.
gat|ear [gɐ'tjar] (1l) ver-klammern, -nieten; **~eira** [~eirɐ] *f* Schlupfloch *n*; (Dach-)Luke *f*; **~eiro** [~eiru] katzenfreundlich; **~ilho** [~iʎu] *m Gewehr*-Hahn *m*, Abzug *m*; **~imanhos** [~ti'mɐɲuʃ] *m/pl.* Gefuchtel *n*; **~inha** [~iɲɐ] *f*: *de ~s s. gata*.
gato ['gatu] *m* Katze *f* (*Artname*); Kater *m* (*das männl. Tier*); ⊕ Klammer *f*, Krampe *f*; *Böttcherei*: Faßzug *m*, -zieher *m*; *fig.* P Versehen *n*; ~ *montês*, ~ *silvestre* Wildkatze *f*; *dar (od. vender) ~ por lebre* betrügen; *j-n* anführen; *comer (od. engolir) ~ por lebre* sich anführen l.; **~-pingado** P [ˌgatupĩŋ'gaðu] *m berufsmäßiger* Leichenbegleiter *m*.
gatun|ice [gɐtu'nisə] *f* Gaunerei *f*; Diebstahl *m*; **~o** [~'tunu] *m* Gauner *m*; Spitzbube *m*.
gaúcho *bras.* [gɐ'uʃu] **1.** *m* Gaucho *m*, Pampahirt *m*; **2.** *adj.* gauchomäßig, Gaucho...; *fig.* herrenlos.
gáudio ['gauðju] *m* Hauptspaß *m*; Gaudium *n*.
gaulês [gau'leʃ] **1.** *adj.* gallisch; **2.** *m* Gallier *m*.
gávea ['gavjɐ] *f* Mastkorb *m*; Marssegel *n*.
gavela [gɐ'vɛlɐ] *f* Garbe *f*; Bündel *n*; Armvoll *m*.
gaveta [~'vetɐ] *f* Schub-lade *f*, -fach *n*; ⊕ Schieber *m*; Kammer *f*.
gav|ião [~'vjɐ̃u] *m* Sperber' *m*; Eckzahn *m* (*Pferd*); ⚘ = **~inha** [~iɲɐ] *f* Ranke *f*.
gaxeta [gɐ'ʃetɐ] *f* Dichtung *f*, Liderung *f*, Packung *f*.
gaza, -e ['gazɐ, -ə] *f* Gaze *f*, Mull *m*.
gazão *gal.* [gɐ'zɐ̃u] *m* Rasen *m*.
gazear [~'zjar] (1l) **a**) die Schule schwänzen; **b**) zwitschern; plappern (*Kind*).
gazela [~'zɛlɐ] *f* Gazelle *f*.
gazeta [~'zetɐ] *f* Zeitung *f*; *fazer ~ às aulas* den Unterricht schwänzen.
gazeteiro [~zə'teiru] *m depr.* Zeitungsfritze *m*; *bras.* Zeitungsverkäufer *m*.
gazua [~'zuɐ] *f* Nachschlüssel *m*; Dietrich *m*.
gê [ʒe] *m Name des Buchstaben* **g**; *pl.* gês *od.* gg.

ge|ada ['ʒjaðɐ] *f* Reif *m*; Frost *m*; **~ar** [ʒjar] (1l) *v/i.* reifen; frieren.
gel|adeira [ʒəlɐ'ðeirɐ] *f bras.* Kühlschrank *m*; **~ado** [ʒə'laðu] **1.** *adj.* eisig (*a. fig.*), eiskalt; eisgekühlt; fest; durchfroren; **2.** *m* Eis(speise *f*) *n*; **~adura** [~ɐ'ðurɐ] *f* Frostschaden *m*; **~ar** [~'lar] (1c) zum Gefrieren bringen, vereisen; *fig.* lähmen; *v/i. u.* **~ar-se** gefrieren; erstarren (*a. fig.*); ein-, er-frieren; vereisen; *cul.* gelieren; **~atina** [~ɐ'tinɐ] *f* Gelatine *f*; Sülze *f*, Gallert *n*; **~atinoso** [~ɐti'nozu] gallertartig; **~eia** [~'lejɐ] *f* Gelee *n*; Sülze *f*, Gallerte *f*; **~eira** [~'leirɐ] *f* Gletscher *m*; Eis-keller *m*, -maschine *f*.
gélido ['ʒɛliðu] eisig.
gelo ['ʒelu] *m* Eis *n*; *fig.* Frost *m*; Eiseskälte *f*; *de ~* eiskalt, eisig.
gelosia [ʒəlu'ziɐ] *f* (Fenster-) Gitter *n*; Gitterfenster *n*.
gema ['ʒemɐ] *f* Auge *n*, Knospe *f*; Keim *m*; *our.* Gemme *f*; *fig.* Kern *m*; Innere(s) *n*; *~ de ovo* Ei-dotter *m*, -gelb *n*; *ser da ~* echt sein.
gémeo ['ʒɛmju] **1.** *adj.* Zwillings...; **2.** *~s m/pl.* Zwillinge *m/pl.*; *três ~s* Drillinge *m/pl.*; *quatro (cinco) ~s* Vier-(Fünf-)linge *m/pl.*
gem|er [ʒə'mer] (2c) ächzen, stöhnen; wimmern; winseln (*Hund*); knarren (*Tür usw.*); *v/t.* beklagen, beweinen; **~ido** [~iðu] *m* Ächzen *n*; Wimmern *n*; Winseln *n*.
geminado [~mi'naðu] Doppel...; ⚘ paarig.
genciana ⚘ [ʒẽ'sjɐnɐ] *f* Enzian *m*.
geneal|ogia [ʒənjɐlu'ʒiɐ] *f* Genealogie *f*; Ahnenreihe *f*; Herkunft *f*; **~ógico** [~'lɔʒiku] genealogisch; *árvore f -a* Stammbaum *m*.
genebra [ʒə'nɛβrɐ] *f* Genever *m*.
general [~nə'rał] *m* General *m*; *~ de brigada (divisão)* General-major (-leutnant) *m*; **~a** [~lɐ] *f* Generalmarsch *m*; Generalsgattin *f*; **~ato** [~rɐ'latu] *m* Generalsrang *m*; Generalität *f*; **~idade** [~rɐli'ðaðə] *f* Allgemeinheit *f*; Gesamtheit *f*; *~s pl.* Allgemeine(s) *n*; allgemeine Redensarten *f/pl.*; *na ~* im allgemeinen; **~íssimo** [~rɐ'lisimu] **1.** *sup.v. geral*; **2.** *m* Oberstkommandierende(r) *m*; Generalissimus *m*; **~izar** [~rɐli'zar] (1a) verallgemeinern; verbreiten; **~izar-se** allgemein (*od.* zum Gemeingut) werden.
gen|èricamente [ʒəˌnɛrikɐ'mẽntə] der Gattung nach; (ganz) im allgemeinen; **~érico** [~'nɛriku] Gattungs...; allgemein.
género ['ʒɛnəru] *m* Gattung *f*; Art (und Weise) *f*; Stil *m*; Geldwert *m*; *gram.* Geschlecht *n*; *~s pl.* Waren *f/pl.*; *bsd.* Lebensmittel *n/pl.*; *~ de vida* Leben *n*; *quadro m de ~ pint.* Genrebild *n*.
gener|osidade [ʒənəruzi'ðaðə] *f* Adel *m*; Edelmut *m*; Freigebigkeit *f*; edle Tat *f*; **~oso** [~'rozu] edel (-mütig); großmütig; freigebig; *vinho m ~* schwere(r) Süßwein *m*.
génese, -is ['ʒɛnəzə, -iʃ] **1.** *f* Entstehung *f*, Werden *n*; **2.** *m* Genesis *f* (*1. Buch Moses*).
genetriz [ʒənə'triʃ] *f* Erzeugerin *f*, [Mutter *f*.]
gengibre [ʒẽ'ʒiβrə] *m* Ingwer *m*.
gengiv|a [~'ʒivɐ] *f* Zahnfleisch *n*; **~ite** [~ʒi'vitə] *f* Zahnfleischentzündung *f*.
genial [ʒə'njał] genial.
génio ['ʒɛnju] *m* Genius *m*, Geist *m*; Genie *n*; Anlage *f*, Neigung *f*; *Charakter*-Veranlagung *f*; *de ~* genial; *por ~* aus Neigung (*od.* Veranlagung); *ter bom ~* gutmütig (*od.* freundlich) sn; *ter (mau) ~* böse (*od.* jähzornig) sein.
genit|al [ʒəni'tał] Zeugungs...; *órgãos m/pl. -ais* Geschlechtsteile *m/pl.*; **~ivo** [~ivu] *m* zweite(r) Fall *m*, Genitiv *m*; **~or** [~or] *m* Erzeuger *m*, Vater *m*.
genro ['ʒẽʀu] *m* Schwiegersohn *m*.
gent|aça, ~alha [ʒẽn'tasɐ, -aʎɐ] *f* Pack *n*, Gesindel *n*; **~e** ['ʒẽntə] *f* Leute *pl.*; Menschen *m/pl.*; Volk *n*; Besuch *m*; *a ~* man; unsereiner; *fraca ~* armselige(r) Wicht *m*; *direito m das ~s* Völkerrecht *n*; (*não*) *há ~* es ist jemand (niemand) da; *ser (tornar-se od. fazer-se) ~* groß sn (w.); etwas sn (w.); ein Kerl sn (w.); *como ~ grande* kunstgerecht; weidlich; *~ de paz!* gut Freund!; **~il** [~'tił] höflich, liebenswürdig; reizend, nett; **~ileza** [~ti'lezɐ] *f* Höflichkeit *f*; Liebenswürdigkeit *f*; Anmut *f*; Nettigkeit *f*; **~ilício, ~ílico** [~ti'lisju, ~'tiliku] heidnisch; **~inha** [~iɲɐ] *f* kleine Leute *pl.*; Gesindel *n*; **~io** [~iu] **1.** *m* Heide *m*; P Menschenmenge *f*, Gedränge *n*; **2.** *adj.* heidnisch; primitiv.

genuflex|ão [ʒənuflɛk'sɐ̃u] *f* Kniebeugung *f*; Fußfall *m*; *fazer uma* ~ das Knie beugen; **~ório** [~ɔrju] *m* Betstuhl *m*.

genu|inidade [ʒənwini'ðaðɐ] *f* Echtheit *f*; **~ino** [~'nwinu] echt; unverkennbar; eigentlich (*Bedeutung*).

geo|desia [ʒjuðə'ziɐ] = **~désia** *bras.* [~'ðɛzjɐ] *f* Vermessungskunde *f*, Geodäsie *f*; **~grafia** [~ɣrɐ'fiɐ] *f* Erdkunde *f*; **~gráfico** [~'ɣrafiku] erdkundlich, geographisch.

geógrafo ['ʒjɔɣrɐfu] *m* Geograph *m*.

geol|ogia [ʒjulu'ʒiɐ] *f* Erdgeschichte *f*, Geologie *f*.

geólogo ['ʒjɔluɣu] *m* Geologe *m*.

geometria [ʒjumə'triɐ] *f* Geometrie *f*.

gera|ção [ʒərɐ'sɐ̃u] *f* Zeugung *f*; Geschlecht *n*; Generation *f*; *fig.* Erzeugung *f*, Entstehung *f*; **~dor** [~'ðor] *m* Erzeuger *m*, Vater *m*; ⊕ Generator *m*; (Dampf-)Kessel *m*; **~dora** [~'ðorɐ] *f* ⚡ Generatorenanlage *f*.

ger|ais [ʒə'raiʃ] *m/pl.*: *estar nos seus* ~ *bras.* F im siebten Himmel sn; **~al** [~ał] **1.** *adj.* allgemein; General...; *duma maneira* ~ überhaupt; = *em* ~ im allgemeinen; meistens; sonst; **2.** *m* Allgemeinheit *f*; *Ordens-*General *m*; *Kartenspiel*: Schlemm *m*; **3.** *f tea.* Galerie *f*; **~almente** [~rał'mẽntə] = *em geral*.

gerânio [~'rɐnju] *m* Geranie *f*.

ger|ar [~'rar] (1c) zeugen; *fig.* erzeugen; *v/i. u.* **~ar-se** entstehen; **~atriz** [~rɐ'triʃ] **1.** *adj.* (er)zeugend; **2.** *f* Erzeugerin *f*; **~ência** [~ẽsjɐ] *f* Geschäftsführung *f*; **~ente** [~ẽntə] **1.** *adj.* geschäftsführend; **2.** *su.* Geschäftsführer(in *f*) *m*; Betriebsleiter(in *f*) *m*.

geringonça [ʒərĩŋ'gõsɐ] *f* Kauderwelsch *n*; Plunder *m*.

gerir [ʒə'rir] (3c) leiten.

germânic|as [ʒər'mɐnikɐʃ] *f/pl. uni.* Germanistik *f* und Anglistik *f*; **~o** [~u] germanisch; deutsch

german|ismo [~mɐ'niʒmu] *m* Deutsch-heit *f*, -tum *n*; Deutschtümelei *f*; **~ista** [~iʃtɐ] *m* Deutschkundler *m*, Germanist *m*; **~o** [~'mɐnu] **1.** *adj.* richtig (*Verwandter*); echt; **2.** *m* **~s** *pl.* Germanen *m/pl.*; **~ófilo** [~'nɔfilu] deutschfreundlich; **~ofobia** [~nufu'βiɐ] *f* Deutschenhaß *m*; **~ófobo** [~'nɔfuβu] **1.** *adj.* deutschfeindlich; **2.** *m* Deutschen-hasser *m*, -fresser *m*.

germe, gérmen ['ʒɛrmə, -men] *m* Keim *m*.

germin|ação [ʒərminɐ'sɐ̃u] *f* Entstehung *f*; **~adoiro** [~ɐ'ðoiru] *m* Malz-keller *m*, -tenne *f*; **~ar** [~'nar] (1a) keimen; sich entwickeln; *v/t.* erzeugen; **~ativo** [~ɐ'tivu] Keim...

gess|ado [ʒə'saðu] Gips...; **~ar** [~ar] (1c) (ein-, ver-)gipsen; **~o** ['ʒesu] *m* Gips(-figur *f*, -abdruck *m*) *m*; *aparelho m de* ~ Gipsverband *m*.

gest|ação [ʒɨʃtɐ'sɐ̃u] *f* Tragezeit *f der Tiere*; Schwangerschaft *f*; *fig.* Ausarbeitung *f*; **~ão** [ʒɨʃ'tɐ̃u] *m* (Geschäfts-)Führung *f*, Verwaltung *f*; **~atório** [~ɐ'tɔrju]: *período m* ~ = *~ação*; *cadeira f -a* Tragsessel *m*.

gesticul|ação [ʒəʃtikulɐ'sɐ̃u] *f* Gebärdenspiel *n*; **~ado** [~'laðu] **1.** *adj.* Gebärden..., Zeichen...; mit e-r Gebärde (ausgedrückt); **2.** *m* Gebärde(nspiel *n*) *f*; **~ar** [~'lar] (1a) Gebärden m., gestikulieren.

gesto ['ʒɛʃtu] *m* Gebärde *f*, Geste *f*; (Hand-)Bewegung *f*; Gesichtsausdruck *m*, Miene *f*.

giba ['ʒiβɐ] *f* Höcker *m*, Buckel *m*.

gibão [ʒi'βɐ̃u] *m* **a**) Wams *n*; *hist.* Koller *m*; **b**) Gibbon *m* (*Menschenaffe*).

giboso [~'βozu] buckelig.

giesta ['ʒjɛʃtɐ] *f* Ginster *m*.

giga ['ʒiɣɐ] *f* flache(r) Korb *m*.

gigant|e [ʒi'ɣɐ̃ntə] **1.** *m* Riese *m*; △ Strebebogen *m*; ⚘ Malve *f*; **2.** *adj.* = **~esco** [~ɣɐ̃n'teʃku] Riesen...; riesenhaft, riesig.

gin|asial *bras.* [ʒina'zjał] Gymnasial...; **~asiano** *bras.* [~a'zjɐnu] *m* Gymnasiast *m*; **~ásio** [~'nazju] *m* Turnhalle *f*; *bras.* Gymnasium *n*; **~asta** [~'naʃtɐ] *m* Turner *m*; **~ástica** [~'naʃtikɐ] *f* Turnen *n*; Gymnastik *f* (*a. fig.*); *fazer* ~ turnen; Gymnastik treiben; **~ástico** [~'naʃtiku] Turn..., turnerisch; gymnastisch.

gincana [ʒĩŋ'kɐnɐ] *f* Geschicklichkeitsprüfung *f* (*bsd. auto.*).

ginecolog|ia [ʒinɔkulu'ʒiɐ] *f* Frauenheilkunde *f*; **~ista** [~iʃtɐ] *m* Frauenarzt *m*, Gynäkologe *m*.

gingar [ʒĩŋ'gar] (1o) watscheln; sich wiegen.

ginja ['ʒĩʒɐ] *f* Sauerkirsche *f*.
ginj|eira [ʒĩ'ʒeirɐ] *f* Sauerkirschbaum *m*; *conhecer de* ~ gut (*od.* durch u. durch) kennen; **~inha** [~iɲɐ] *f* Kirschlikör *m*.
girafa [ʒi'rafɐ] *f* Giraffe *f*.
gir|ândola [ʒi'rɐ̃ndulɐ] *f* Feuerrad *n*; **~ar** [~ar] (1a) sich drehen, kreisen; umlaufen; umgehen; herumirren, (umher)schweifen; sich umdrehen; sich winden; *fig.* sich rühren; *fazer* ~ in Umlauf setzen; *v/t.* drehen; *Kreis* beschreiben; durcheilen, -schweifen; **~assol** [~rɐ'sɔł] *m* Sonnenblume *f*; **~atório** [~rɐ'tɔrju] Dreh…; Kreis…, kreisend; drehbar; *ponte* (*porta*) *f* -*a* Drehbrücke (-tür) *f*.
gíria ['ʒirjɐ] *f* Rotwelsch *n*, Gaunersprache *f*; ~ *dos estudantes* (*médicos*) Studenten-(Ärzte-)sprache *f*.
girino [ʒi'rinu] *m* Kaulquappe *f*.
giro ['ʒiru] **1.** *m* Kreisen *n*, Kreislauf *m*; Drehung *f*; Umlauf *m*; Ablösung *f*, Schicht *f*; ✝ Umsatz *m*; Giro *n*; *fig.* Umschweif *m*; **2.** *adj.* F ulkig; zum Kugeln; **~scópio** [ʒiruʃ'kɔpju] *m* Kreiselkompaß *m*.
giz [ʒiʃ] *m* Kreide *f*.
glabro ['glaβru] ⚘ unbehaart, nackt; *fig.* kahl; glatt.
glaci|al [glɐ'sjał] eisig; Eis…; **~ar** [~ar] *m* Gletscher *m*; **~ário** [~arju] Gletscher…; *período m* ~ Eiszeit *f*.
gladíolo [~'δiulu] *m* Schwertlilie *f*.
glande *anat.* ['glɐ̃ndə] *f* Eichel *f*.
glândula ['glɐ̃ndulɐ] *f* Drüse *f*.
glandular [glɐ̃ndu'lar] Drüsen…
glauco ['glauku] meergrün; **~ma** ⚕ [glau'komɐ] *m* grüne(r) Star *m*.
gleba ['glεβɐ] *f* *Erd*-Scholle *f*; Erde *f*.
glena *anat.* ['glenɐ] *f* Gelenkpfanne *f*.
gleucómetro [gleu'kɔmətru] *m* Mostwaage *f*.
gli|cerina [glisə'rinɐ] *f* Glyzerin *n*; **~cínia** ⚘ [~'sinjɐ] *f* Glyzin(i)e *f*; **~cose** [~'kɔzə] *f* Traubenzucker *m*.
global [glu'βał] Gesamt…; Pauschal…; **~mente** [~βał'mẽntə] insgesamt, im ganzen.
glob|o ['gloβu] *m* Kugel *f*; Erdball *m*; Weltkugel *f*, Globus *m*; ~ *ocular*, ~ *do olho* Augapfel *m*; *em* ~ in Bausch und Bogen; **~ular** [gluβu'lar] kugelig, kugelförmig; Kugel…
glóbulo ['glɔβulu] *m* Kügelchen *n*; ~ *sanguíneo* Blutkörperchen *n*.
glória ['glɔrjɐ] *f* Ruhm *m*; Ruhmestat *f*; Glorie *f*; himmlische Herrlichkeit *f*; Seligkeit *f*; Stolz *m*; *pint.* Gloriole *f*; *dar* ~ *a alg.* j-m die Ehre geben, j-n preisen; ~ *a Deus!* Ehre sei Gott!; *fazer* ~ *de* sich rühmen (*gen.*), stolz sn auf (*ac.*).
glor|ificação [glurəfikɐ'sɐ̃u] *f* Verherrlichung *f*; *cat.* Seligsprechung *f*; **~ificar** [~əfi'kar] (1n) verherrlichen; rühmen; *rel.* seligsprechen; **~íola** [~'riulɐ] *f* unverdiente(r) Heiligenschein *m*; **~ioso** [~'rjozu] glorreich, ruhmreich; rühmlich.
glos|a ['glɔzɐ] *f* Glosse *f*, Erklärung *f*; Randbemerkung *f* (*a. fig.*); **~ar** [glu'zar] (1e) glossieren, mit Anmerkungen versehen; *fig.* s-e Glossen machen über (*ac.*).
glossário [glu'sarju] *m* Glossar *n*.
glote *anat.* ['glɔtə] *f* Stimmritze *f*.
glut|ão [glu'tɐ̃u] **1.** *adj.* gefräßig; **2.** *m*, **~ona** *f* Vielfraß *m*.
glúten ['gluten] *m* Klebestoff *m*; ⚗ Kleber *m*.
glutinoso [gluti'nozu] kleberhaltig; klebrig.
gnoma ['gnomɐ] *f* Sinnspruch *m*.
gnomo ['gnomu] *m* Erdgeist *m*; Kobold *m*.
gobo ['goβu] *m* Kopfstein *m*.
godo ['goδu] **1.** *adj.* gotisch; **2.** *m* Gote *m*.
goela ['gwεlɐ] *f* Schlund *m*.
goense, goês ['gwẽsə, gweʃ] **1.** *adj.* aus Goa; **2.** *m* Goenser *m*.
gogo *vet.* ['goɣu] *m* Pips *m*.
goi|aba [go'jaβɐ] *f* Guavenbirne *f*; **~abada** [~ja'βaδɐ] *f* Guavenmarmelade *f*; **~abeira** [~ja'βeirɐ] *f* Guavenbaum *m*; **~va** ['goivɐ] *f* Hohlmeißel *m*; **~vo** ⚘ ['goivu] *m* Levkoje *f*; ~ *amarelo* Goldlack *m*.
gol|a ['gɔlɐ] *f* Kragen *m*; ⚠ Karnies *n*; ⚔ Kehle *f* *e-s Forts*; **~ada** [gu'laδɐ] *f* Fahrrinne *f*; P Schluck *m*; **~e** [~ə] *m* Schluck *m*; = *golo*.
golf|ada [goł'faδɐ] *f* *Wasser*-Strahl *m*, Strom *m*; *Dampf*-Stoß *m*; **~ar** [~ar] (1e) ausstoßen; (aus)brechen; (aus)werfen; verströmen; ausstrahlen; *v/i.* strömen; strahlen; **~inho** [~iɲu] *m* Delphin *m*, Tümmler *m*; **~o** ['gołfu] *m* Meerbusen *m*, Golf *m*.
golo *angl.* ['golu] *m* Tor *n*, Goal *n*.
golpe ['gɔłpə] *m* Schlag *m* (*a. fig.*), Hieb *m*; Stoß *m*; Streich *m*; Schnitt

m; Schuß *m od.* Schluck *m e-r Flüssigkeit*; ~ *de estado* (*mão*) Staats- (Hand-)streich *m*; ~ *de mar* Sturzsee *f*; ~ *de mestre* meisterhafter Zug (*od.* Einfall) *m*; Meisterstreich *m*; ~ *de morte* (*de preto*) tödlicher (*od.* Todes)stoß *m*; ~ *de vento* Windstoß *m*; ~ *de vista* Blick *m*; *errei o* ~ ich habe daneben-geschlagen (*od.* -getroffen); ich habe mich verrechnet; es ist (mir) fehlgeschlagen; *de* ~ auf einmal; = *de um* ~ auf e-n Zug (*od.* Streich).

golpear [goɫ'pjar] (1l) (zer)stechen; aufschlitzen; zerfetzen, zerreißen.

goma ['gomɐ] *f* Gummi *n*; Klebstoff *m*; Stärke *f*; Klärmittel *n für Wein*; ⚕ (syphilitischer) Knoten *m*; *bras.* Tapioka *f*; **~-arábica** [ˌgoma-'raβikɐ] *f* Gummiarabikum *n*; **~-laca** [ˌgomɐ'lakɐ] *f* Schellack *m*.

gomo ⚘ ['gomu] *m* Auge *n*, Sproß *m*; *Apfelsinen*-Schnitz *m*.

gomoso [gu'mozu] Gummi...; zäh.

gôndola ['gõndulɐ] *f* Gondel *f*.

gondoleiro [gõndu'leiru] *m* Gondelführer *m*.

gongo ['gõŋgu] *m* Gong *m*.

goniómetro [gu'njɔmətru] *m* Winkelmesser *m*, Goniometer *n*.

gonorreia ⚕ [~nu'ʀejɐ] *f* Tripper *m*.

gonzo ['gõsu] *m Tür*-Angel *f*; Haspe *f*; Scharnier *n*.

gor|ar [gu'rar] (1e) zum Scheitern bringen, vereiteln; *v/i. u.* **~ar-se** faul w. (*Ei*); *fig.* scheitern; **~az** [~aʃ] *m* Brassen *m* (*Fisch*).

gordo ['gordu] fett; dick, beleibt; fettig; *domingo m* ~ (*terça-feira f -a*) Fastnachts-sonntag (-dienstag) *m*.

gord|ucho [gur'duʃu] rundlich; **~ura** [~urɐ] *f* Fett *n*; Schmiere *f*; Fettigkeit *f*; **~uroso** [~du'rozu] fettig; ölig.

gorgo|lejar [gurguli'ʒar] (1d) glucksen; kollern; *v/t.* schlürfen; **~lhão** [~'ʎɐ̃u] *m Wasser*-Strahl *m*; **~lhar** [~'ʎar] (1e) sprudeln.

gorgulho [~'guʎu] *m* Kornwurm *m*.

gorila, ~lha [gu'rilɐ, ~ʎɐ] *m* Gorilla *m*.

gorj|ear [gur'ʒjar] (1l) zwitschern; trillern; **~eio** [~'ʒeju] *m* Zwitschern *n*; Triller *m*; **~eta** [~'ʒetɐ] *f* Trinkgeld *n*.

goro ['goru] faul (*Ei*).

gorr|a ['goʀɐ] *f* Kappe *f*, Mütze *f*; *de* ~ gemeinschaftlich; *meter-se de* ~ *com* gemeinschaftliche Sache m. mit; sich gut stellen mit; **~o** [~u] *m* Zipfelmütze *f*; Kappe *f*; ⚔ Feldmütze *f*.

gosma *vet.* ['gɔʒmɐ] *f* Pips *m*.

gost|ar [guʃ'tar] (1e) *v/i.*: ~ *de* gern h., mögen (*ac.*); gern essen (*od.* trinken) (*ac.*); *Musik, ein Mädchen usw.* lieben; ~ *de fazer a/c.* et. gern tun; sich freuen et. zu tun; *gosto da peça* (*do quadro*) das Stück (das Bild) gefällt mir; *gostou?* hat es Ihnen gefallen?; *v/t.* kosten; **~o** ['goʃtu] *m* Geschmack *m* (*a*[*o*] nach); Gefallen *n*; Freude *f*; Lust *f*; *muito* ~ (*em conhecê-lo*) sehr erfreut (Sie kennenzulernen); *com muito* ~ sehr gern; *de* (*bom*) (*mau*) ~ geschmack-voll (-los); *por* ~ freiwillig; aus Liebhaberei; aus Spaß; *dar* (*od. fazer*) ~ Spaß (*od.* Freude) m.; *ter muito* ~ *em fazer a/c.* et. gern tun; sich freuen et. zu tun; *ter* ~ *para* Neigung h. zu; *tomar o* ~ *de* kosten (*ac.*); = *tomar* ~ *a* Geschmack finden an (*dat.*); **~s** *pl. de* ..allüren *f/pl.*; *são* ~*s!* das ist halt Geschmackssache!; **~osamente** [~ˌtɔzɐ'mẽntə] gern; **~oso** [~'tozu] schmackhaft; angenehm.

gota ['gotɐ] *f* Tropfen *m*; ⚕ Gicht *f*; ~ *a* ~ tropfenweise; **~-coral** [~ku'raɫ] *f* Fallsucht *f*; **~-serena** [~sə'renɐ] *f* schwarze(r) Star *m*.

got|eira [gu'teirɐ] *f* Dachtraufe *f*; Regenloch *n im Dach*; **~ejar** [~tɨ'ʒar] (1d) tröpfeln, tropfen.

gótico ['gɔtiku] **1.** *adj.* gotisch; *caracteres m/pl.* ~*s tip.* Fraktur *f*; **2.** *m* Gotik *f*; *tip.* Fraktur *f*.

goto P ['gotu] *m* Schlund *m*; *dar no* ~ *fig.* auffallen, gefallen.

gotoso ⚕ [gu'tozu] gichtisch.

govern|ação [guvərnɐ'sɐ̃u] *f* Verwaltung *f*; Regierung *f*; **~adeira** [~ɐ'ðeirɐ] **1.** *f* gute Wirtschafterin *f*; **2.** *adj.* = **~ado** [~'naðu] haushälterisch; **~ador** [~ɐ'ðor] *m* Statthalter *m*, Gouverneur *m*; ~ *civil* Zivilgouverneur *m* (*entspr. dtsch. Regierungspräsident*); **~amental** [~ɐmẽn'taɫ] Regierungs..., der Regierung; **~ança** [~'nɐ̃sɐ] *f* Regiererei *f*; **~anta** [~'nẽntɐ] *f* Haushälterin *f*; Gouvernante *f*; **~ante** [~'nẽntə] *m* Machthaber *m*; **~ar** [~'nar] (1c) regieren; leiten; *Haushalt* führen; *Wagen* lenken; ⚓

steuern; *v/i.* dem Steuer gehorchen; funktionieren; **~ar-se** s-e Interessen wahrnehmen; wirtschaften, haushalten; ~ *por* sich richten nach; *governe-se!* sehen Sie, wie Sie zurechtkommen!; **~ativo** [~ɐ'tivu] Regierungs...; **~ável** [~'navɛɫ] (leicht) zu regieren(d); (leicht) zu lenken(d); **~icho** [~'niʃu] *m* Pöstchen *n*; *bras.* Klüngelregierung *f*; **~ismo** [~'niʒmu] *m* staatliche Anmaßung *f*; diktatorische Amtsführung *f*; **~ista** *bras.* [~'niʃtɐ] Regierungs...

governo [gu'vernu] *m* Regierung *f*; Verwaltung *f*; Regierungsbezirk *m*; Steuer(ruder) *n*; Zügel *m*; Steuerung *f*; Lenkung *f*; (Haushalt-) Führung *f*; *fig.* Richtschnur *f*; ♀ *Civil* Regierungspräsidium *n*; *não ter* ~ nicht zu wirtschaften wissen.

goz|ado [go'zaðu] *bras.* = *engraçado*; **~ar** [gu'zar] (1e) *v/t.* sich erfreuen (*gen.*); = *v/i. u.* **~ar-se** *de* sich freuen an (*dat.*); genießen (*ac.*); *bras.* sich amüsieren über (*ac.*); **~o** ['gozu] *m* **a**) Genuß *m*; **b**) Köter *m*; **~oso** [gu'zozu] fröhlich; genußreich.

grã [grɐ̃] **1.** *adj.* = *grande*; **2.** *f* (Kermes-)Schildlaus *f*; Scharlach *m*.

graça ['grasɐ] **1.** *f* Gnade *f*; Begnadigung *f*; Gunst *f*; Grazie *f*, Anmut *f*; *bsd.* Witz *m*; *golpe de* ~ Gnadenstoß *m*; *de* ~ umsonst; *nem de* ~! nicht geschenkt!; *cair em* ~ gefallen; *dizer* ~*s* Witze m., scherzen; *não estar* (*ser*) *para* ~*s* nicht zum Scherzen aufgelegt sn (keinen Spaß verstehen); *ter* ~ witzig (*od.* merkwürdig) sn; *tem* ~! das ist gut!; das ist ja ein Witz!; **2.** **~s** *pl.* Dank *m*; *as* ♀ die Grazien *f/pl.*; ~ *a* dank (*dat.*); ~ *a Deus!* Gott sei Dank!; *dar* ~ *a* danken (*dat.*).

gracej|ar [grɐsɨ'ʒar] (1d) scherzen; **~o** [~'seʒu] *m* Scherz *m*, Witz *m*.

grácil ['grasiɫ] zart, graziös.

gracios|idade [grɐsjuzi'ðaðə] *f* Liebreiz *m*, Anmut *f*; **~o** [~'sjozu] **1.** *adj.* graziös; anmutig, reizend; witzig; **2.** *m* Witzbold *m*.

graçola [~'sɔlɐ] **1.** *f* schlechte(r) Witz *m*; **2.** *m* Witzbold *m*.

grad|ação [grɐðɐ'sɐ̃u] *f* Abstufung *f*; *ret.* Steigerung *f*; **~ador** [~ɐ'ðor] *m* Egge *f*; **~agem** [~'ðaʒɐ̃i] *f* Eggen *n*; **~ar** [~'ðar] (1b) **a**) eggen; **b**) dick w., wachsen; **~aria** [~ɐ'riɐ] *f* Gitter(werk) *n*; **~e** ['graðə] *m* Gitter *n*; Lattenverschlag *m*; *Pferde*-Striegel *m*; ⚒ Egge *f*; *pint.* Staffelei *f*; *ir para as* ~*s* ins Gefängnis kommen; **~eamento** [~ðjɐ'mẽntu] *m* Vergitterung *f*; Einzäunung *f*; *Eisen*-Gitter *n*; **~ear** [~'ðjar] (1l) vergittern; einzäunen; **~il** [~'ðiɫ] *m* Schutzgitter *n*; Einfassung *f*.

grado ['graðu] **1.** *adj.* dick(körnig); *fig.* hochstehend, angesehen; **2.** *m de bom* (*mau*) ~ gut- (wider-)willig, (un)gern; *mau* ~ *meu* mir zum Trotz; gegen meinen Willen; *mau* ~ trotz, gegen.

gradu|ação [grɐðwɐ'sɐ̃u] *f* Gradeinteilung *f*; ⚔ Rang(ordnung *f*) *m*; Alkoholgehalt *m*; *fig.* Abstufung *f*; **~ado** [~'ðwaðu] rangmäßig, dem Range nach; graduiert; Grad...; Meß...; Titular...; alkoholhaltig; *fig. a.* angesehen; **~ador** [~ɐ'ðor] *m* Gradmesser *m*; **~al** [~'ðwaɫ] **1.** *adj.* stufenweise, allmählich; **2.** *m rel.* Graduale *n*; **~ar** [~'ðwar] (1g) in Grade (ab)teilen, graduieren; e-n Rang (*od.* e-e Würde) verleihen (*dat.*); abstufen; abschätzen, einstufen; **~ar-se** e-e akademische Würde erwerben; ~ *de doutor* den Doktor m.

graf|ar [grɐ'far] (1b) schreiben; **~ia** [~'fiɐ] *f* Schreibung *f*.

gráfic|a ['grafikɐ] *f* Graphik *f*; **~o** [~u] **1.** *adj.* Schrift...; graphisch; **2.** *m* graphische Darstellung *f*; Kurve *f*.

graf|ila [grɐ'filɐ] *f* Schriftrand *m e-r Münze*; **~ita, -e** [~itɐ, -ə] *f* Graphit *m*; **~ologia** [~fulu'ʒiɐ] *f* Handschriftendeutung *f*; **~ólogo** [~ɔluɣu] *m* Graphologe *m*; **~ómetro** [~ɔmətru] *m* Winkelmesser *m*.

grainha [grɐ'iɲɐ] *f* (Trauben-) Kern *m*.

graix... *s. grax...*

gralh|a ['graʎɐ] *f* Krähe *f*; *tip.* Druckfehler *m*; *fig.* Klatschbase *f*; **~ar** [grɐ'ʎar] (1b) krächzen; *fig.* schnattern, schwätzen; **~o** [~u] *m* Dohle *f*; Saatkrähe *f*; Seerabe *m*.

grama ['grɐmɐ] **1.** *f* ♀ Quecke *f*; Gras *n*; **2.** *m* Gramm *n*.

gram|adeira [grɐmɐ'ðeirɐ] *f* Flachsbreche *f*; Schleifhaken *m*; **~alheira** [~ɐ'ʎeirɐ] *f* Kesselhaken *m*; Zahnstange *f*; *caminho m (de ferro) de ~* Zahnradbahn *f*; **~ar** [~'mar] (1a) *Flachs* brechen; F hinunterwürgen; *fig.* F schlucken, einstecken; ausstehen.

gramátic|a [grɐ'matikɐ] *f* Grammatik *f*; Sprachlehre *f*; **~o** [~u] **1.** *adj.* (*a.* **gramatical** [~mɐti'kaɫ]) grammatisch; **2.** *m* Grammatiker *m*.

gramíne|as [~'minjɐʃ] *f/pl.* Gräser *n/pl.*; **~o** [~u] grasartig, Gras...

graminha [~'miɲɐ] *f* Gras *n*.

graminho ⊕ [~'miɲu] *m* Streichmaß *n*.

gramofone [~mu'fɔnə] *m* Grammophon *n*.

grampo ['grẽmpu] *m* Krampe *f*; Klammer *f*, Zwinge *f*; *bras.* Haar-, Hut-nadel *f*.

grana|da [grɐ'naδɐ] *f* ⚔ Granate *f*; *min.* Granat *m*; **~deiro** [~nɐ'δeiru] *m* Grenadier *m*; **~r** [~r] (1a) Körner ansetzen (*Getreide*); *Pulver* körnen; **~te** [~tə] *m* Granat *m*.

grande ['grẽndə] groß (*a. fig.*); lang (*Zeit*); *fig.* mächtig; bedeutend; hoch (*Pflicht usw.*); *~ cidade (potência) f* Groß-stadt (-macht) *f*; *à ~, de ~* großartig; mit vollen Händen; auf großem Fuß; *em ~* im großen (u. ganzen); **~mente** [ˌgrẽndə'mẽntə] sehr; außerordentlich; großartig.

grand|essíssimo P [~'sisimu] *sup. v. grande*; **~eza** [grẽn'dezɐ] *f* Größe *f*; Erhabenheit *f*, Hoheit *f*; *~s pl.* Titel und Würden, Herrlichkeit *f*, Pracht *f*; **~iloquência** [~ilu'kwẽsjɐ] *f* hochtrabende Ausdrucksweise *f*; **~iosidade** [~djuzi'δaδə] *f* Großartigkeit *f*; Herrlichkeit *f*, Pracht *f*; **~ioso** [~'djozu] großartig; herrlich; **~ote** [~'dɔtə] ziemlich groß; halbwüchsig.

granel [grɐ'nɛɫ] *m* Kornboden *m*; Getreidekiste *f*; *tip.* Fahne *f*; *prova f de ~* Fahnenabzug *m*; *a ~* in Haufen; haufenweise; lose (*Waren*); ✝ im Ramsch.

gran|ir [~'nir] (3a) *Zeichnung* punktieren; *Stein* abschleifen; **~ítico** [~itiku] Granit...; hart (wie Granit); **~ito** [~itu] *m* Granit *m*; Körnchen *n*; Anisschnaps *m*; **~izar** [~ni'zar] (1a) *v/i.* hageln; **~izo** [~'nizu] *m* Hagel *m*.

granj|a ['grẽʒɐ] *f* Meierei *f*; Scheune *f*; **~ear** [grẽ'ʒjar] (1l) *Boden* bearbeiten, bebauen; *fig.* sich *et.* erarbeiten; sich bemühen um; erlangen, erwerben; ein-bringen, -tragen; *~ alg.* j-n für sich (*od.* sich j-n) gewinnen; **~eio** [grẽ'ʒeju] *m* Bebauung *f*, Bewirtschaftung *f*; Ertrag *m*; *fig.* Gewinn *m*; **~eiro** [grẽ'ʒeiru] *m* Meier *m*, Pächter *m*.

granul|ação [grɐnulɐ'sẽu] *f* Körnchenbildung *f*, Einsprengung *f*; Pustelbildung *f*; = **~agem** [~'laʒẽi] *f* Körnen *n*; Körnung *f*; **~ar** [~'lar] **1.** *adj.* granulär, körnig; **2.** *v/t.* (1a) körnen, granulieren.

grânulo ['grɐnulu] *m* Körnchen *n*; *Oberflächen*-Korn *n*; ⚕ Pustel *f*.

granuloso [grɐnu'lozu] körnig.

grão [grẽu] **1.** *m* Korn *n*; Körnchen *n*; *Obst*-Kern *m*; *Kaffee*-Bohne *f*; *Leder*-Narbe *f*; ⚕ Pustel *f*; † Gran *n* (*Gewicht*); P Hoden *m*; *~-de-bico* Kichererbse *f*; **2.** *adj.* = *grande*; *in Zssgn* Groß...

grapa *vet.* ['grapɐ] *f* Mauke *f*.

grasnar [grɐʒ'nar] (1b) schnattern (*Ente*); krächzen (*Rabe*); quaken (*Frosch*).

grass|ar [grɐ'sar] (1b) umgehen, herrschen; um sich greifen; **~ento** [~ẽntu] fettig, ölig; schmierig.

grat|idão [grɐti'δẽu] *f* Dankbarkeit *f*; **~ificação** [~əfikɐ'sẽu] *f* Gratifikation *f*; Vergütung *f*; **~ificar** [~əfi'kar] (1n) belohnen; beschenken, erfreuen; vergüten; e-e Gratifikation (*od.* ein Trinkgeld) geben (*dat.*).

grátis ['gratiʃ] unentgeltlich.

grato ['gratu] angenehm; dankbar.

gratui|(ti)dade [grɐtwi(ti)'δaδə] *f fig.* Grundlosigkeit *f*; Plattheit *f*; **~to** [~'tuitu] unentgeltlich; grundlos (*Behauptung*); billig; platt.

gratul|ação [~tulɐ'sẽu] *f* Glückwunsch *m*; Beglückwünschung *f*; **~ar** [~'lar] (1a) beglückwünschen; **~atório** [~ɐ'tɔrju] Glückwunsch...

grau [grau] *m* Grad *m*; *fig. a.* Stufe *f*; Rang *m*; *akademische* Würde *f*.

graúdo [grɐ'uδu] dick-, grobkörnig; kräftig; *fig.* hochstehend, vornehm.

grav|ação [grɐvɐ'sẽu] *f* Gravierung *f*; ♪ Schallplattenaufnahme *f*; = *~ame*; **~ador** [~ɐ'δor] *m* Graveur *m*; (Kupfer-)Stecher *m*; Graphiker *m*.

gravame [~'vɐmə] *m* Last *f*; Belastung *f*; Beleidigung *f*.

gravanço [~'vẽsu] *m* Kichererbse *f*.
gravar [~'var] (1b) (ein)graben; *in Metall* stechen; *in Holz* (ein-) schneiden; *fig.* ein-, auf-drücken; (ein)schreiben; *ins Gedächtnis* einprägen; ~ *à água-forte* ätzen; ~ *discos* Schallplatten bespielen (*od.* besprechen); ~ *em disco* auf Schallplatte aufnehmen.
gravata [~'vatɐ] *f* Selbstbinder *m*, Schlips *m*; Krawatte *f*.
grave ['gravə] schwer; ernst; wichtig; gefährlich; tief (*Ton*); auf der vorletzten Silbe betont (*Wort*); *acento m* ~ Gravis *m*.
gravela [grɐ'vɛlɐ] *f* Treber *pl.*, Trester *m*; Weinstein *m*; ⚕ Blasen- (*od.* Nieren-)steine *m/pl.*
graveto [~'vetu] *m* = *garaveto*.
grav|idade [~vi'ðaðə] *f* Schwere *f*; Schwerkraft *f*; Ernst *m*; Wichtigkeit *f*; Gefährlichkeit *f*; *centro m de* ~ Schwerpunkt *m*; *doente de* ~ schwerkrank; **~idez** [~i'ðeʃ] *f* Schwangerschaft *f*.
grávido ['graviðu] schwanger, trächtig (*a. fig.*).
gravit|ação [grɐvitɐ'sɐ̃u] *f* Schwerkraft *f*; **~ar** [~'tar] (1a) gravitieren; kreisen (um *em volta de*); *fig.* (an-) gezogen werden.
gravoso [~'vozu] drückend.
gravura [~'vurɐ] *f* Gravierkunst *f*; Kupferstech-, Holzschneide-kunst *f*; (Kupfer-)Stich *m*; (Holz-)Schnitt *m*; Illustration *f*, Abbildung *f*; ~ *a água-forte* Radierung *f*.
graxa, graixa ['graʃɐ, 'graiʃɐ] *f* Wichse *f*; Thujaharz *n*; ⚗ Fett *n*.
greco-... [ˌgrɛkɔ] *in Zssgn* griechisch-...
greda ['greðɐ] *f* (Schlämm-) Kreide *f*.
gregário [grə'ɣarju] Herden...; Dutzend...; *soldado m* ~ Gemeine(r) *m*.
grego ['greɣu] **1.** *adj.* griechisch; *ser* ~ *para alg.* j-m spanisch vorkommen; *ver-se* ~ F nicht mehr ein noch aus wissen; aufgeschmissen sn; **2.** *m*, **-a** *f* Grieche *m*, Griechin *f*.
gregório [grə'ɣɔrju]: *chamar pelo* ~ F sich übergeben.
grei [grei] *f* Herde *f* (*a. fig.*); Volk *n*.
grelar [grə'lar] (1c) sprossen; keimen; (auf)schießen.
grelh|a ['grɛʎɐ] *f* Rost *m*, Grill *m*; *Radio*: Gitter *n* (*blindada* Schirm...); **~ar** [grɨ'ʎar] (1d) rösten, braten.
grelo ['grelu] *m* Sproß *m*.
grémio ['grɛmju] *m* Genossenschaft *f*, Innung *f*; Körperschaft *f*; Verein *m*; Versammlung *f*; Schoß *m der Kirche*.
grenh|a ['greɲɐ] *f* Mähne *f*; Busch (-wald) *m*; **~o** *bras.* [~u] wirr, ungekämmt.
grés [grɛʃ] *m* Grauwacke *f*; Ton-erde *f*.
gret|a ['gretɐ] *f* Spalte *f*; Riß *m*; **~ar**(-**se**) [grə'tar(sə)] (1c) rissig w.; *fig.* daneben-, schief-gehen.
grev|e ['grɛvə] *f* Streik *m* (*geral* General...); ~ *de braços caídos* Sitzstreik *m*; *declarar-se em* ~ in den Streik treten; *fazer* ~ streiken; **~ista** [grə'viʃtɐ] *m* Streikende(r) *m*.
grif|ado [gri'faðu] kursiv; **~ar** [~'far] (1a) kursiv drucken; **~o** ['grifu] *m* **a**) (Vogel) Greif *m*; **b**) Rätsel(wort) *n*; **c**) Kursivschrift *f*.
grilh|ão [gri'ʎɐ̃u] *m* Kette *f*; *fig.* Fessel *f*; **~eta** [~etɐ] **1.** *f* Fußeisen *n*; **2.** *m* Sträfling *m*.
grilo ['grilu] *m* Grille *f*.
grimp|a ['grĩmpɐ] *f* Wetterfahne *f*; First *m*; Gipfel *m*; *fig. levantar a* ~ das Maul aufreißen; **~ar** [grĩm'par] (1a) frech w.; ~ *contra* herfallen über (*ac.*).
grinalda [gri'nałdɐ] *f* Girlande *f*; Kranz *m*; *lit.* Blumenlese *f*.
grinfar [grĩ'far] (1a) zwitschern (*Schwalbe*).
gringo ['grĩŋgu] *m bras. depr.* Ausländer *m*.
grip|al [gri'pał] grippeartig; **~ar-se** *bras.* [~arsə] (1a) die Grippe bekommen; sich erkälten; **~e** ⚕ ['gripə] *f* Grippe *f*; *allg.* Erkältung *f*.
gris|alho [gri'zaʎu] grau (*Haar*); **~ão** [~ɐ̃u] graubündnerisch, rätisch; **~éu** [~ɛu] grünlich-grau.
grisu [gri'zu] *m* Grubengas *n*, schlagende Wetter *n/pl.*
grit|ador *m*, **-eira** *f* [gritɐ'ðor, -eirɐ] = **~alhão** *m*, **-ona** *f* [~ɐ'ʎɐ̃u, -onɐ] Schreihals *m*; **~ar** [~'tar] (1a) schreien; an-, aus-, zu-rufen; zetern; ~ *por auxílio* um Hilfe rufen; ~ *com alg.* j-n an-fahren, -schreien; **~aria** [~ɐ'riɐ] *f* Geschrei *n*; **~o** ['gritu] *m* Schrei *m*; Ruf *m*; ~ *de guerra* Feldgeschrei *n*; ~*s pl.* Geschrei *n*; *aos* ~*s* schreiend; *dar* ~*s* schreien; *dar um* ~ aufschreien.

grogue ['grɔɣə] *m* Grog *m*.
grosa ['grɔzɐ] *f* **a)** Gros *n*; **b)** Raspel *f*.
groselha [gru'zɛʎɐ] *f* Johannisbeere *f*; Johannisbeersaft *m*.
gross|aria [grusɐ'riɐ] *f* Grobheit *f*; Flegelei *f*; Ungehörigkeit *f*; **~eirão** [~ei'rɐ̃u] **1.** *adj.* ungeschliffen, flegelhaft; **2.** *m* Flegel *m*, Lümmel *m*; **~eiro** [~'seiru] grob (*a. fig.*); plump; *fig.* ungeschliffen; roh; gemein; **~eria** [~ə'riɐ] *f* = *~aria*; **~ista** *bras.* [~'siʃtɐ] **1.** *adj.* Groß(handels)...; **2.** *m* Großhändler *m*; **~o** ['grosu] **1.** *adj.* dick; umfangreich; groß; stark; schwer; hoch (*Spiel*); **2.** *adv.* sehr; stark; ernst; *falar ~ fig.* F Krach schlagen; *jogar ~* hoch spielen; **3.** *m der* dicke(re) Teil *m*; Haupt-teil *m*, -macht *f*; *em ~* in großem Stil; unbesehen; *por ~* ✝ en gros; *preço m (venda f) por ~* Engros-preis (-verkauf) *m*; *comércio m por ~* Großhandel *m*; **~ura** [~'surɐ] *f* Dicke *f*, Stärke *f*.
grotesco [gru'teʃku] grotesk.
grou [gro] *m* Kranich *m*.
grua ['gruɐ] *f* Kran *m*; *~ de alimentação* 🚂 Wasserkran *m*.
grud|ar [gru'ðar] (1a) ver-, zs.-leimen, -kleben; *v/i.* (zs.-)kleben; *fig.* zs.-passen; übereinstimmen; *não gruda!* F das gilt (*od.* verfängt) nicht!; **~ar-se** *fig.* anea.-geraten; **~e** ['gruðə] *m* (*a. f*) (Tischler-)Leim *m*; Kleister *m*; *bras.* Schlägerei *f*.
grulhar [gru'ʎar] (1a) daherreden, schwätzen.
grumete [~'metə] *m* Schiffsjunge *m*.
grum|o ['grumu] *m* Klümpchen *n*; **~oso** [gru'mozu] klumpig.
grunh|ido [gru'ɲiðu] *m* Grunzen *n*; **~ir** [~ir] (3a) grunzen; *fig.* murren.
grupo ['grupu] *m* Gruppe *f*, Zirkel *m*; *Freundes*-Kreis *m*; *Maschinen*-Satz *m*.
grut|a ['grutɐ] *f* Grotte *f*; Höhle *f*; **~esco** [gru'teʃku] *m pint.* Grottenstück *n*; Groteske *f* (*Ornament*).
guaçu *bras.* [gwa'su] groß, Groß...
guaiaca *bras.* [gwa'jakɐ] *f* Geldkatze *f*; Gürteltasche *f*.
guáiaco ['gwajaku] *m* Guajakbaum *m*; Guajak-, Heiligen-, Pock-holz *n*.
gualdrapa [gwał'drapɐ] *f* Schabracke *f*.
guamp|a *bras.* ['gwɐ̃mpɐ] *f* (Trink-) Horn *n*; **~aço** *m*, **~ada** *f* [gwɐ̃m'pasu, -adɐ] *bras.* Stoß *m* mit den Hörnern; **~udo** *bras.* [gwɐ̃m'puðu] gehörnt, Horn...
guano ['gwɐnu] *m* Vogeldünger *m*.
guap|ear *bras.* [gwa'pjar] (1l) schneidig auftreten; **~etão** *bras.* [~pe'tɐ̃u] *m* schneidiger Kerl *m*; Aufschneider *m*; **~eza** *bras.* [~ezɐ] *f* = **~ice** [~isə] *f* Schneid *m*; Schick *m*; **~o** ['gwapu] tapfer, schneidig; F schick; fesch. [*m*.]
guará *bras.* [gwa'ra] *m* Wolfshund
guarapa [~'rapa] *f* = *garapa*.
guarda ['gwarðɐ] **1.** *m* Wächter *m*; Aufseher *m*; Schutzmann *m*; F Schupo *m*; Wachtposten *m*; *~ campestre*, *~ rural* Flurhüter *m*; *~ florestal* Waldhüter *m*, Förster *m*; **2.** *f* Aufbewahrung *f*; Wache *f*, Bewachung *f*; Schutz *m*; *Säbel*-Korb *m*; *esgr.* Deckung *f*; *Unterschrifts*-Schnörkel *m*; Vorsatz *m* (*Buch*); Wächterin *f*, Wärterin *f*; *~s pl.* Geländer *n*, Brüstung *f*; *~ avançada* Vorhut *f*; *~ nacional* Bürgerwehr *f*; *♀ Republicana* Guarda Republicana *f* (*port. berittene Polizeitruppe*); *cão m de ~* Wachhund *m*; *corpo m da ~* Wache *f*; *pôr-se em ~* in Deckung gehen; *render a ~* die Wache ablösen; *ó da ~!* zu Hilfe!; **~-barreira** [~βɐ'ʀeirɐ] *m* Zollwächter *m*; 🚂 Schrankenwärter *m*; **~-cancela** *bras.* [~kɐ̃'sɛlɐ] *m* Schrankenwärter *m*; **~-chuva** [~'ʃuvɐ] *m* Regenschirm *m*; **~-costas** [~'kɔʃtɐʃ] *m* Küstenwachtschiff *n*; *fig.* Leibwächter *m*; *~s pl.* Leibwache *f*; **~-fato** [~'fatu] *m* Kleiderschrank *m*; **~-fio(s)** [~'fiu(ʃ)] *m* Telegraphenarbeiter *m*; **~-fogo** [~'foɣu] *m* Kaminvorsatz *m*; Brandmauer *f*; **~-freio** [~'freju] *m* Bremser *m*; Wagenführer *m der Straßenbahn*; **~-jóias** [~'ʒɔjɐʃ] *m* Schmuckkasten *m*; **~-lama** [~'lɐmɐ] *m* Spritzleder *n*; *Fahrrad*: Schutzblech *n*; *auto.* Kotflügel *m*; Stoß *m an Kleidern*; **~-linha** [~'liɲɐ] *su.* 🚂 Streckenwärter(in *f*) *m*; **~-livros** [~'livruʃ] *m* Buchhalter *m*; **~-loiça**, **~-louça** [~'loisɐ, ~losɐ] *m* Geschirr-schrank *m*, -bord *n*; **~-mão** [~'mɐ̃u] *m Degen*-Gefäß *n*; **~-marinha** [~mɐ'riɲɐ] *m* ⚔ Oberfähnrich *m zur See*; **~-mato** [~'matu] *m* Abzugsbügel *m am Gewehr*; Einfriedigungs- (*od.* Abzugs-)graben *m*; Schutzfell *n*;

~-menor [~mə'nɔr] *m* Gerichtsdiener *m*; **~-mor** [~'mɔr] *m* Oberaufseher *m*; ~ *da Alfândega* Oberzollinspektor *m*; ~ *de saúde* Chef *m* der Gesundheitspolizei; **~-móveis** [~'mɔveiʃ] *m bras.* Möbellager *n*; **~napo** [~'napu] *m* Mundtuch *n*, Serviette *f*; **~-nocturno** [~nɔ'turnu] *m* Nachtwächter *m*; **~-pó** [~'pɔ] *m* Staubmantel *m*; *Dach*-Verschalung *f*; **~-portão** [~pur'tɐ̃u] *m* Pförtner *m*; **~-prata(s)** [~'pratɐ(ʃ)] *m* Silberschrank *m*.

guardar [gwɐr'ðar] (1b) bewachen; (be)hüten, beaufsichtigen; (be-)schützen; (auf)bewahren, verwahren; einstecken; (zurück)behalten; (in sich) bergen; aufsparen; *j-m et.* vorbehalten; *Distanz* (ein)halten; *Prinzip* aufrechterhalten; *Gesetz* beobachten; **~-se** sich hüten *od.* schützen (vor [*dat.*] de).

guarda|-rede [ˌgwarðɐ'ʀeðə] *m* Torwart *m*; **~-republicano** [~ʀɛpubli'kɐnu] *m* Soldat *m* der Guarda Republicana; **~-roupa** [~'ropɐ] **1.** *m* Kleiderschrank *m*; Kostümverleih *m*; *tea.* Kleider- u. Requisitenkammer *f*, Garderobe *f*; **2.** *su* Garderobier *m*, -iere *f*; **~-sol** [~'sɔł] *m* Sonnenschirm *m*; **~-vento** [~'vẽntu] *m* Windfang *m*; **~-vestidos** [~vɨʃ'tiðuʃ] *m* Kleiderschrank *m*; **~-vista** [~'viʃtɐ] *m* Augenschirm *m*; **~-voz** [~'vɔʃ] *m* Schalldeckel *m der Kanzel*.

guardião [gwɐr'ðjɐ̃u] *m* Guardian *m*; *Sport*: Torwart *m*.

guari|da [~'riðɐ] *f* Bau *m*, Höhle *f*; *fig.* Schlupfwinkel *m*; **~ta** [~tɐ] *f* Schilderhaus *n*; Bahnwärterhäuschen *n*.

guarn|ecer [gwɐrnə'ser] (2g) ausrüsten; *mit Material* versehen; *mit Truppen* belegen *od.* besetzen; *Kleid* besetzen, einfassen; *Wand* verputzen; ausschmücken; verzieren; garnieren; ⊕ *a.* lidern; **~ição** [~i'sɐ̃u] *f* Garnison *f*; *Schiffs*-Besatzung *f*; *Kleider*-Besatz *m*; *Degen*-Gefäß *n*; *Pferde*-Geschirr *n*; Reitzeug *n*; Beschlag *m*, Verzierung *f*; Ausrüstung *f*; (Ein-)Fassung *f*; Garnitur *f*; ⊕ *a.* Dichtung *f*, Packung *f*.

guar-te! ['gwartə] *Zs.-ziehung v. guarda-te!* Achtung!; *sem tir-te nem* ~ mir nichts dir nichts.

guê [ge] *m Name des Buchstabens g vor a, o, u od. Konsonant.*

guedelha [gə'ðeʎɐ] *f* Mähne *f*.

guelra ['gɛłʀɐ] *f* Kieme *f*.

guerr|a ['gɛʀɐ] *f* Krieg *m*; ~ *a frio*, ~ *fria (ardente)* der kalte (heiße) Krieg; ~ *civil* Bürgerkrieg *m*; *a Grande* ♀, *a* ♀ *Mundial* der Weltkrieg; *dar* ~ *a* j-m das Leben sauer m.; *fazer* ~ *a* bekriegen (*ac.*), bekämpfen (*ac.*); **~ear** [gə'ʀjar] (1l) bekriegen, befehden; *v/i.* Krieg führen; kämpfen; **~eiro** [gə'ʀeiru] **1.** *m* Krieger *m*; **2.** *adj.* kriegerisch; **~ilha** [gə'ʀiʎɐ] **1.** *f* Freikorps *n*; Klein-, Partisanen-krieg *m*; Räuberbande *f*; *depr.* Bande *f*; **2.** *m* Freischärler *m*, Partisan *m*.

guia ['giɐ] **1.** *f* Führung *f*; Leitfaden *m*; Richtschnur *f*; Begleitschein *m*; Zollschein *m*; Paket-, Fracht-schein *m*; Schwungfeder *f*; *Pferde*-Leine *f*; Vorspann *m*; ⊕ Steuerung *f*; ~*s pl.* Schnurrbartspitzen *f/pl.*; **2.** *m* Führer *m*; Stadtplan *m*; 🚂 Kursbuch *n*; *Autobus*-Fahrplan *m*; Postbestimmungen *f/pl.*; Sprachführer *m*; Leittier *n e-r Herde*; Register *n in Büchern*.

gui|ador [gjɐ'ðor] *m* Führer *m*; Register *n*; = ~*dão*; **~ão** [gjɐ̃u] *m* Prozessionsfahne *f*; = ~*dão*; **~ar** [gjar] (1g) führen; leiten; *Pferd, Wagen* lenken; *Auto* fahren; *carta f de* ~ Führerschein *m*; **~ar-se** *por* sich richten nach; **~dão** [gi'ðɐ̃u] *m* Lenkstange *f*.

guilhotin|a [giʎu'tinɐ] *f* Fallbeil *n*; Papierschneidemaschine *f*; **~ar** [~ti'nar] (1a) *mit dem Fallbeil* hinrichten; köpfen.

guin|ada [gi'naðɐ] *f* Kursschwenkung *f* (*a. fig.*); Seitensprung *m des Pferdes*; P Stechen *n*; Anfall *m*; **~ar** [~ar] (1a) im Zickzack fahren, keinen Kurs halten; (zur Seite) springen, ausweichen.

guinch|ar [gĩ'ʃar] (1a) kreischen; **~o** ['gĩʃu] *m* **a)** Aufschrei *m*; *zo.* Mauersegler *m*; **b)** ⊕ Winde *f*.

guind|ado [gĩn'daðu] geschraubt (*Stil*); **~agem** [~aʒɐ̃i] *f* Hissen *n*; Heben *n*; **~alete** [~dɐ'letə] *m* Hebetau *n*; Drahtseil *n*; **~ar** [~ar] (1a) aufwinden, heben; hochbringen; *Sätze* drechseln; **~ar-se** sich versteigen; **~aste** [~'daʃtə] *m* Kran *m*; Hebezeug *n*, Winde *f*.

guisa ['gizɐ]: *à* ~ *de* als; nach Art eines (einer); *de tal* ~ derart.
guis|ado [gi'zaδu] *m* Gulasch *m*; Ragout *n*; **~ar** [~ar] (1a) zurichten, würzen; *Fleisch* abschwitzen.
guita ['gitɐ] *f* Bindfaden *m*.
guitarr|a [gi'taʀɐ] *f* portugiesische Gitarre *f*; **~ada** [~tɐ'ʀaδɐ] *f* Gitarren-konzert *n*, -ständchen *n*; **~ista** [~tɐ'ʀiʃtɐ] *su*. Gitarrenspieler(in *f*) *m*.
guizo ['gizu] *m* Glöckchen *n*, Schelle *f*.
gula ['gulɐ] *f* Gefräßigkeit *f*; Völlerei *f*.
gulo|dice, ~seima [gulu'δisə, ~'zeimɐ] *f* Leckerbissen *m*; Leckerei *f*; = **~sice** [~'zisə] *f* Naschhaftigkeit *f*; Eßgier *f*; **~so** [~'lozu] naschhaft; gefräßig.
gume ['gumə] *m* Schneide *f*; *fig*. Scharf-sinn *m*, -sicht *f*.
gumífero [gu'mifəru] Gummi...
guri *m*, **-ia** *f bras*. [gu'ri, -iɐ] Kind *n*; Gör *n*; Bengel *m*, Göre *f*; **~zada** *bras*. [~ri'zaδɐ] *f* Kinderschar *f*.
gurupés ⚓ [~ru'pɛʃ] *m* Bugspriet *m*.
gusa ['guzɐ] *f Eisen*-Guß *m*, Massel *f*; *ferro m* ~ Roheisen *n*.
gusano [~'zɐnu] *m* Made *f*, Wurm *m*.
gusta|ção [guʃtɐ'sɐ̃u] *f* Kosten *n*, Schmecken *n*; **~tivo** [~'tivu] Geschmacks...
gutural [~tu'raɫ] Kehl...; guttural.

H

H, h [ɐ'ɣa] *m* H, h *n.*

há [a] *s. haver; bras.: há (que) inf.* man muß *inf.*; *não há (que) inf.* man braucht nicht zu *inf.*

hábil ['aβił] geschickt; gewandt; fähig; berechtigt.

habili|dade [ɐβəli'ðaðə] *f* Geschicklichkeit *f*; Gewandtheit *f*; Fähigkeit *f*; ~*s pl.* Kunststücke *n/pl.*; **~doso** [~'ðozu] kunstfertig; geschickt; **~tação** [~tɐ'sɐ̃u] *f* Befähigung *f*; Berechtigung *f*; ⚖ Rechtsfähigkeit(serklärung) *f*; *-ões pl.* Befähigungs-, Berechtigungs-nachweis *m*; Fähigkeiten *f/pl.*; Kenntnisse *f/pl.*; **~tar** [~'tar] (1a) befähigen, fähig m.; ausbilden; herrichten; berechtigen, bevollmächtigen; für (rechts)fähig erklären; **~tar-se** sich üben; F sich stark m.; s-e Rechtsfähigkeit betreiben (*od.* nachweisen); s-e Berechtigung (*od.* Befähigung) nachweisen; ~ *para professor* die Lehrberechtigung erwerben.

habit|ação [ɐβitɐ'sɐ̃u] *f* Wohnung *f*; **~ante** [~'tɐ̃ntə] *su.* Bewohner(in *f*) *m*; Einwohner(in *f*) *m* (*Stadt, Land*); Anwohner(in *f*) *m e-r Straße*; **~ar** [~'tar] (1a) bewohnen, wohnen in (*dat.*); *v/i.* wohnen.

hábito ['aβitu] *m* **a**) Gewohnheit *f*; **b**) äußere Erscheinung *f*; Auftreten *n*; **c**) Ordenskleid *n*; *Mönchs-*Kutte *f*; Amtstracht *f.*

habitu|al [ɐβi'twał] gewöhnlich; gewohnt; Gewohnheits...; **~ar** [~ar] (1g) gewöhnen (an [*ac.*] *a*).

hálito ['alitu] *m* Hauch *m*; Atem *m.*

halo ['alu] *m ast.* Hof *m*; *anat.* V Warzenhof *m*; *fot.* Lichthof *m*; *fig.* Nimbus *m.*

haltere [ał'tɛrə] *m* Hantel *f.*

hangar [ɐ̃ŋ'gar] *m* (Flugzeug-) Schuppen *m*; Luftschiffhalle *f.*

hans|a ['ɐ̃sɐ] *f* Hansa *f*, Hanse *f*; **~eático** [ɐ̃'sjatiku] Hansa..., hanseatisch.

harmonia [ɐrmu'niɐ] *f* Harmonie (-lehre) *f*; Ein-, Wohl-, Zs.-klang *m*; Eintracht *f.*

harmón|ica [~'mɔnikɐ] *f* (Mund-) Harmonika *f*; **~ico** [~iku] harmonisch; **~io** [~ju] *m* Harmonium *n.*

harmon|ioso [~mu'njozu] harmonisch, wohlklingend; einträchtig; **~izar** [~ni'zar] (1a) in Einklang bringen; ♪ harmonisieren; *v/i.* in Einklang stehen, harmonieren.

harp|a ['arpɐ] *f* Harfe *f* (*eólia* Äols...); **~ear** [ɐr'pjar] (1l) = **~ejar** [ɐrpɨ'ʒar] (1d) Harfe spielen.

hast|a ['aʃtɐ] *f* Speer *m*, Lanze *f*; ~ *pública* öffentliche Versteigerung *f*; *vender em* ~ *pública* öffentlich versteigern; **~e** [~ə] *f* Schaft *m*; (Fahnen-)Stange *f*; *Pflanzen-*Stengel *m*; Horn *n* (*Stier*); ⚓ Topp *m*; *meia* ~ halbmast; **~ear** [ɐʃ'tjar] (1l) *Fahne* hissen; (auf)stecken; befestigen; **~ear-se** flattern; **~il** [ɐʃ'tił] *m* Schaft *m*; Stiel *m.*

haurir [au'rir] (3a) schöpfen; schlürfen.

havana *bras.*, **-o** [a'vɐnɐ, -u] *m* Havanna *f* (*Zigarre*).

haver [ɐ'ver] (2z) **1.** *persönl.* haben, besitzen; bekommen; finden, glauben; *gelegentlich als Hilfsverb neben ter*; *haver de inf.* (*mit Bindestrich in folgenden Formen*: *hei-de, hás-de, há-de, hão-de*) sollen *inf.*; sicher *inf.* werden; ~ *por* halten für (*ac.*), ansehen als (*ac.*); ~ *por bem* für gut befinden; *que Deus haja!* Gott hab' ihn selig!; *bem haja* wohl ihm; wohl dem, *der*; **2.** *unpers.* (*não*) *há* (*od. havia*) *três dias* (*que*) vor *od.* seit (weniger als) drei Tagen; es ist *od.* war (noch keine) drei Tage her; *há muito* (*pouco*) (*que*) vor (*od.* seit) langer (kurzer) Zeit; lange; längst (kürzlich); *há* es gibt; es ist (*od.* sind) (da); es findet (*od.* finden) statt; es kommt vor; *não há de quê!* keine Ursache!; *não há como* es geht nichts über (*ac.*); **3. ~-se** sich benehmen; ~ *com alg.* mit j-m abrechnen; **4.** *m* Haben *n*; ~*es pl.* Habe *f*; Vermögen *n.*

hebdomadário [ɛβðumɐ'ðarju] *m* Wochenblatt *n.*

hebraico, -reu [i'βraiku, -eu] **1.** *adj.* hebräisch; **2.** *m* Hebräer *m.*
hectare [ɛk'tarə] *m* Hektar *n.*
hediondo [i'δjõndu] scheußlich.
hegemonia [iʒəmu'niɐ] *f* Hegemonie *f*, Oberherrschaft *f.*
hélice ['ɛlisə] *f* Spirale *f*, Schraubenlinie *f*; (Schiffs-)Schraube *f*; ✈ Propeller *m*; △ *u.* ⊕ Schnecke *f.*
helicóptero [ɛli'kɔptəru] *m* Hubschrauber *m*, Schraubenflugzeug *n.*
hélio ⚗ ['ɛlju] *m* Helium *n.*
helio|gravura [ɛljuɣrɐ'vurɐ] *f* Lichtdruck *m*; **~scópio** [~ʃ'kɔpju] *m* Sonnenglas *n*; **~trópio** [~'trɔpju] *m* ⚘ *u. Min.* Heliotrop *n.*
hem! [ɐ̃i] was!?
hema(to)... [ɛmɐ(tu)...] *in Zssgn* Blut...; *z.B.*: *hematologia f* Lehre *f* vom Blut; *boletim m ~tológico* Blutbild *n.*
hemi|ciclo [emi'siklu] *m* Halbkreis *m*; **~sfério** [~ʃ'fɛrju] *m* Halbkugel *f.*
hemo|filia [ɛmɔfi'liɐ] *f* Bluterkrankheit *f*; **~fílico** [~'filiku] *m* Bluter *m*; **~plástico** [~'plaʃtiku] blutbildend; **~ptise** [~p'tizə] *f* Blutsturz *m*; **~rragia** [~ʀɐ'ʒiɐ] *f* Blutung *f*; Bluterguß *m*; **~rróidas, -es** [~'ʀɔiδɐʃ, -ɨʃ] *f/pl.* Hämorrhoiden *f/pl.*; **~stático** [~ʃ'tatiku] (*m*) blutstillend(es Mittel *n*).
hep|atalgia [ɛpɐtał'ʒiɐ] *f* Leberschmerz *m*; **~ática** ⚘ [~'patikɐ] *f* Leberkraut *n*; **~ático** [~'patiku] Leber...; leberkrank; **~atite** [~ɐ'titə] *f* Leberentzündung *f.*
hera ['ɛrɐ] *f* Efeu *m.*
heráldica [i'rałdikɐ] *f* Wappenkunde *f.*
herança [i'rɐ̃sɐ] *f* Erbschaft *f*, Erbe *n*; ⚕ Vererbung *f*; *deixar em ~* hinterlassen; vermachen.
herb|áceo [ir'basju] Kraut...; **~anário** [~bɐ'narju] = *ervanário*; **~ário** [~arju] *m* Pflanzensammlung *f*, Herbarium *n*; **~ívoro** [~ivuru] grasfressend; **~orista** [~bu'riʃtɐ] *m* Kräuter-sammler *m*, -händler *m*; **~orizador** *m*, **-a** *f* [~burizɐ'δor] Pflanzensammler(in *f*) *m*; **~orizar** [~buri'zar] (1a) botanisieren.
hercúleo [ir'kulju] herkulisch.
herd|ade [ir'daδə] *f* Hof *m*, Landgut *n*; **~ar** [~ar] (1c) erben; vererben, hinterlassen; **~eiro** *m*, **-a** *f* [~eiru, -ɐ] Erbe *m*, Erbin *f.*
heredit|ariedade [irəδitɐrje'δaδə] *f* Erblichkeit *f*; Vererbung *f*; **~ário** [~'tarju] erblich, Erb...
here|ge [i'rɛʒə] **1.** *su.* Ketzer(in *f*) *m*; **2.** *adj.* ketzerisch; **~sia** [irə'ziɐ] *f* Ketzerei *f*; Irrlehre *f.*
herético [i'rɛtiku] ketzerisch.
hermético [ir'mɛtiku] luftdicht; *fig.* undurchdringlich.
hérnia ⚕ ['ɛrnjɐ] *f* Bruch *m.*
herói [i'rɔi] *m* Held *m*; **~co** [~ku] heldenmütig; heldisch, Helden...
hero|ína [i'rwinɐ] *f* Heldin *f*; *farm.* Heroin *n*; **~ísmo** [~iʒmu] *m* Heldenmut *m.*
hertziano ⚡ [ɛr'tsjɐnu]: *ondas f/pl. -as* Hertzsche Wellen *f/pl.*
hesit|ação [əzitɐ'sɐ̃u] *f* Unschlüssigkeit *f*; Zögern *n*; **~ante** [~'tɐ̃ntə] unschlüssig; zögernd; **~ar** [~'tar] (1a) schwanken; stocken; *~ em inf.* zögern (*od.* Anstand nehmen) zu *inf.*; davor zurückschrecken zu *inf.*
hetero|doxo [ɛtəru'δɔksu] irrgläubig; andersgesinnt; **~géneo** [~'ʒɛnju] verschieden(artig).
hex|aedro [ɛksɐ'ɛδru] *m* Sechsflächner *m*, Würfel *m*; **~agonal** [~ɐɣu'nał] sechseckig; **~ágono** [ɛk'saɣunu] *m* Sechseck *n*; **~âmetro** [ɛk'sɐmətru] *m* Hexameter *m.*
hiato ['jatu] *m gram.* Hiatus *m*, Knacklaut *m*; *fig.* Lücke *f*; Sprung *m.*
hibern|ação [iβərnɐ'sɐ̃u] *f* Winterschlaf *m*; **~al** [~'nał] winterlich, Winter...; **~ar** [~'nar] (1c) überwintern.
híbrido ['iβriδu] *adj.* Zwitter...
hidr|atar [iδrɐ'tar] (1b) hydrieren; **~ato** [i'δratu] *m* Hydrat *n*; **~áulica** [i'δraulikɐ] *f* Wasserbaukunst *f*, Hydraulik *f*; **~áulico** [i'δrauliku] hydraulisch; Wasser...
hídrico ['iδriku] wäßrig, Wasser...; Wasserstoff...
hidr|oavião [iδrɔɐ'vjɐ̃u] *m* Wasserflugzeug *n*; **~océfalo** ⚕ [~ɔ'sɛfɐlu] *m* Wasserkopf *m*; **~oeléctrico** [~ɔi'lɛtriku] hydroelektrisch; Wasserkraft...; **~ófilo** [i'δrɔfilu] wassersaugend, hydroskopisch; **~ofobia** ⚕ [~ɔfu'βiɐ] *f* Wasserscheu *f*; Tollwut *f*; **~ófobo** [i'δrɔfuβu] wasserscheu; toll(wütig); **~ogénio** [~ɔ'ʒɛnju] *m* Wasserstoff *m*; **~ografia** [~ɔɣrɐ'fiɐ] *f* Bewässerungs-verhältnisse *n/pl.*, -kunde *f*; **~ográfico** [~ɔ'ɣrafiku] Bewässerungs...; **~ói-**

des [i'ðrɔiðɨʃ] *m/pl.* Hohltiere *n/pl.*; **~olisar** ⚗ [~ɔli'zar] (1a) der Hydrolyse unterwerfen; **~ólise** ⚗ [~ɔ'lizə] *f* Hydrolyse *f*; **~omel** [~ɔ'mɛł] *m* Honigwasser *n*; ~ *vinoso* Met *m*; **~ómetro** [i'ðrɔmətru] *m* Wassermesser *m*; **~ópico** ⚕ [i-'ðrɔpiku] wassersüchtig; **~opisia** ⚕ [~ɔpi'ziɐ] *f* Wassersucht *f*; **~oplano** [~ɔ'plɐnu] *m* Wasserflugzeug *n*; **~oterapia** [~ɔtərɐ'piɐ] *f* Wasserheilkunde *f*.
hiena ['jɛnɐ] *f* Hyäne *f*.
hierarquia [jɛrɐr'kiɐ] *f* = *jerarquia*.
hieróglifo [jɛ'rɔglifu] *m* = *jeróglifo*.
hífen ['ifen] *m* Bindestrich *m*.
higi|ene [i'ʒjɛnə] *f* Gesundheitspflege *f*, Hygiene *f*; **~énico** [~ɛniku] hygienisch; *pano m* ~ Damenbinde *f*.
higr|ómetro [i'ɣrɔmətru] *m* Luftfeuchtigkeitsmesser *m*, Hygrometer *n*; **~oscópio** [iɣruʃ'kɔpju] *m* Wetterhäuschen *n*; = *~ómetro*.
hilar|iante [ilɐ'rjɐ̃ntə] erheiternd; *gás m* ~ Lachgas *n*; **~idade** [~ri-'ðaðə] *f* Heiterkeit *f*; Lachlust *f*.
hímen ['imen] *m anat.* Jungfernhäutchen *n*, Hymen *n*; *poét.* = **himeneu** [imə'neu] *m* Ehe(bund*m*) *f*; Hochzeit *f*; *mit.* Hymen *m*.
hino ['inu] *m* Hymne *f*.
hiper... ['ipɛr] *in Zssgn* Über...; übermäßig.
hipérbole [i'pɛrbulə] *f* Übertreibung *f*; ⩘ Hyperbel *f*.
hiper|bóreo [ipɛr'bɔrju] Nord...; **~estesia** ⚕ [~ɨʃtə'ziɐ] *f* Überempfindlichkeit *f*; **~tensão** ⚕ [~tẽ'sɐ̃u] *f* übermäßige(r) Blutdruck *m*; **~trofia** ⚕ [~tru'fiɐ] *f* Vergrößerung *f*, Hypertrophie *f*; **~trofiado** [~tru'fjaðu] vergrößert.
hípico ['ipiku] Pferde...; Reit...
hipismo [i'piʒmu] *m* Reitsport *m*.
hipn|ose [ip'nɔzə] *f* künstlicher Schlaf(zustand) *m*; **~ótico** [~ɔtiku] **1.** *adj.* hypnotisch; einschläfernd; **2.** *m* Schlafmittel *n*; **~otizador** [~nutizɐ'ðor] *m* Hypnotiseur *m*; **~otizar** [~nuti'zar] (1a) hypnotisieren; lähmen.
hipocondr|ia [ipukõn'driɐ] *f* krankhafte Schwermut *f*; eingebildete Krankheit *f*; **~íaco** [~iɐku] **1.** *adj.* hypochondrisch; **2.** *m* Hypochonder *m*; eingebildete(r) Kranke(r) *m*.
hipocrisia [~kri'ziɐ] *f* Heuchelei *f*; Scheinheiligkeit *f*; Muckertum *n*.
hipócrita [i'pɔkritɐ] **1.** *adj.* heuchlerisch; scheinheilig; **2.** *su.* Heuchler(in *f*) *m*.
hipodérmico [ipu'ðɛrmiku] subkutan.
hipódromo [i'pɔðrumu] *m* Reit-, Renn-bahn *f*.
hipófise [i'pɔfizə] *f anat.* Hirnanhang *m*.
hipopótamo [ipu'pɔtɐmu] *m* Fluß-, Nil-pferd *n*; *fig.* Rindvieh *n*.
hipoteca [~'tɛkɐ] *f* Hypothek *f*.
hipotec|ado [~tə'kaðu] verschuldet; **~ar** [~ar] (1n; *Stv.* 1c) verpfänden; e-e Hypothek aufnehmen (*od.* legen) auf (*ac.*); belasten; *bras. fig. j-m et.* zusichern; **~ário** [~arju]: *direito m* ~ Pfandrecht *n*; **~ável** [~avɛł] verpfändbar.
hipotenusa ⩘ [~tə'nuzɐ] *f* Hypotenuse *f*.
hipótese [i'pɔtəzə] *f* Voraussetzung *f*; Annahme *f*, Hypothese *f*; *na melhor das ~s* bestenfalls; *na ~ de inf.* falls *ind.*
hipotético [ipu'tɛtiku] hypothetisch, mutmaßlich.
hirsuto [ir'zutu] struppig, zottig.
hirto ['irtu] steif, starr; straff, stramm.
hispano [iʃ'pɐnu] *in Zssgn* spanisch.
hissope [i'sɔpə] *m* Weihwedel *m*.
história [iʃ'tɔrjɐ] *f* Geschichte *f*; ~ *universal* Weltgeschichte *f*; ~ *sagrada* biblische Geschichte *f*; *~s* (*da vida*)! Geschichten!, Märchen!; *qual ~!* Quatsch!; *isso é ~!* das ist geflunkert!; *deixar-se de ~s* keine Geschichten erzählen (*od.* m.).
histori|ado [iʃtu'rjaðu] geschichtenreich; umständlich; reichverziert; **~ador** [~rjɐ'ðor] *su.* Geschichtsschreiber(in *f*) *m*; Erzähler(in *f*) *m*; Historiker(in *f*) *m*; **~ar** [~ar] (1g) (geschichtlich) darstellen; erzählen; verzieren, ausschmücken.
histórico [iʃ'tɔriku] geschichtlich.
histori|eta [iʃtu'rjetɐ] *f* Kurzgeschichte *f*; Histörchen *n*; **~ografia** [iʃtɔrjɔɣrɐ'fiɐ] *f* Geschichtsschreibung *f*; **~ógrafo** [~'rjɔɣrɐfu] *m* Geschichtsschreiber *m*.
hodierno [u'ðjɛrnu] heutig.
hoje ['oʒə] heute; *de ~* heutig.
holandês [ulɐ̃n'deʃ] **1.** *adj.* holländisch; **2.** *m*, **-esa** *f* Holländer(in *f*) *m*.
holo|causto [ulu'kauʃtu] *m* Brand-

opfer *n*; *allg.* Opfer *n*; *oferecer em* ~ zum Opfer bringen; **~fote** [olo'fɔtə] *m* Scheinwerfer *m*.

homem ['ɔmẽi] *m* Mensch *m*; Mann *m*; ~ *de bem*, ~ *às direitas* Ehrenmann *m*; ~*!* Mensch!; Mann!

homen|agear [umənɐ'ʒjar] (1l) ehren; **~agem** [~'naʒẽi] *f* Huldigung *f*; Ehrerbietung *f*; *bsd.* Ehrung *f*; ~*s pl.* ehrerbietige Grüße *m/pl.*, Empfehlungen *f/pl.*; *prestar* ~ *a* ehren (*ac.*); *em* ~ *a* zu Ehren (*gen.*); in Anerkennung (*gen.*).

homenz|arrão [ɔmẽzɐ'ʀɐ̃u] *m* Riese *m*, Kerl *m*; **~inho** [~'ziɲu] *m* Knirps *m*; *depr.* Männchen *n*.

homeopatia [omjopɐ'tiɐ] *f* Homoöpathie *f*.

homic|ida [umi'siδɐ] *su.* Totschläger(in *f*) *m*, Mörder(in *f*) *m*; **~ídio** [~iδju] *m* Totschlag *m*.

homiz|iar [~'zjar] (1g) verbergen; **~iar-se** flüchtig w.; **~io** [~'ziu] *m* Flucht *f*; Versteck *n*.

homófono [ɔ'mɔfunu] gleichlautend.

homog|eneidade [ɔmɔʒənei'δaδə] *f* Gleichartigkeit *f*; **~eneizar** [~ənei'zar] (1a) gleichartig m.; vereinheitlichen; **~éneo** [~'ʒɛnju] gleichartig; einheitlich.

homologar [ɔmɔlu'ɣar] (1o; *Stv.* 1e) anerkennen; ⚖ rechtskräftig m.

homónimo [ɔ'mɔnimu] **1.** *adj.* gleichlautend; **2.** *m* Namensvetter *m*; *gram.* Homonym *n*.

homúnculo [ɔ'mũŋkulu] *m* Homunkulus *m*; *fig.* Knirps *m*.

honest|idade [unɛʃti'δaδə] *f* Ehrbarkeit *f*; Ehrlichkeit *f*; **~o** [u'nɛʃtu] ehrbar; anständig; ehrlich.

honor|abilidade [unurɐβəli'δaδə] *f* Ehrenhaftigkeit *f*; Verdienstlichkeit *f*; **~ário** [~'rarju] **1.** *adj.* ehrenamtlich; Ehren...; Honorar...; **2.** ~*s m/pl.* Honorar *n*; **~ífico** [~'rifiku] ehrenvoll; = *~ário* 1.

honra ['õʀɐ] *f* Ehre *f*; ~*s pl.* Ehren (-titel *m/pl.*, -stellen) *f/pl.*; ~*s fúnebres*, ~*s supremas die* letzte Ehre *f*; Trauerfeier *f*; ~*s militares* militärische Ehrenbezeigungen *f/pl.*; *com* ~ ehrenvoll; *em* ~ *de* zu Ehren (*gen.*); *sob sua* ~ auf Ehre; *conceder* ~*s a* ehren (*ac.*); *dar* (*od.* *fazer*) ~ Ehre m., ehren; *fazer a* ~ *de inf.* die Ehre erweisen zu *inf.*; *fazer as* ~*s da casa* den Wirt (*od.* die Wirtin) m.; *ter a* ~ *de inf.* die Ehre h. (*od.* sich beehren) zu *inf.*; *ter as* ~*s da noite* der Held des Abends sn.

honr|adez [õʀɐ'δeʃ] *f* Ehrbarkeit *f*, Rechtschaffenheit *f*; **~ado** [õ'ʀaδu] ehrenhaft; ehrbar; ehrlich; rechtschaffen; anständig, brav; **~ar** [õ'ʀar] (1a) ehren; beehren; **~ar-se** *com* (*od.* *de*) sich e-e Ehre m. aus, stolz sn auf (*ac.*); **~aria** [~ɐ'riɐ] *f* Ehre *f*; Auszeichnung *f*; Würde *f*; **~oso** [õ'ʀozu] ehrenvoll; ehrenwert.

hora ['ɔrɐ] *f* Stunde *f*; Zeit *f*; ~ *oficial*, ~ *legal* amtliche Uhrzeit *f*; ~ *da Europa central* mitteleuropäische Zeit *f*; ~*s extraordinárias* Überstunden *f/pl.*; *à* ~ pünktlich; = *por* ~ in der Stunde; *à* ~ *de* um die Zeit (*gen.*); *a qualquer* ~, *à* ~ *que quizer* wann Sie wollen; = *a* (*od.* *em*) *toda(s) a(s) hora(s)* irgendwann; jederzeit; *a que* ~*s* um wieviel Uhr?; *às duas* ~*s* (*e dez*, *menos dez*) um (zehn nach, zehn vor) zwei Uhr; *a* ~*s mortas* tief in der Nacht; *em boa* ~ zur rechten Zeit; sehr gelegen; glücklicherweise; *em má* ~ zur Unzeit, in dunkler Stunde; ungelegen; *a más* ~*s* spät; *fora de* ~*s* zu ungewöhnlicher Stunde; *dar* ~*s* schlagen (*Uhr*); *vor Hunger* brummen (*Magen*); *deram três* ~*s* es hat drei Uhr geschlagen; *dar as* ~*s a alg.* j-m sagen, wieviel Uhr es ist; *fazer* ~*s* die Zeit totschlagen; *são* ~*s* (*de inf.*) es ist Zeit (zu *inf.*); *ter* ~*s* (*certas*) richtige Zeit haben; *fig.* nach der Uhr leben; zu bestimmter Stunde *et. tun*; wissen, wann *man et. tut*; *ter* ~ *marcada em* angemeldet sn bei; bestellt sn zu.

horário [u'rarju] **1.** *adj.* stündlich; *sinal m* ~ Zeitzeichen *n*; **2.** *m* Stundenplan *m*; 🚂 Fahrplan *m*; ~ *de trabalho* Arbeitszeit *f*.

horda ['ɔrδɐ] *f* Horde *f*, Bande *f*.

horizont|al [urizõn'taɫ] **1.** *adj.* waagerecht; **2.** *f* Waagerechte *f*; **~e** [~'zõntə] *m* Gesichtskreis *m*; Horizont *m*; *fig.* Weite *f*, Raum *m*; Weitblick *m*; Aussicht *f*.

horm|ona *f*, **~ónio** *m* [ɔr'monɐ, ~ɔnju] Hormon *n*.

horoscópio, -óscopo [uruʃ'kɔpju, u'rɔʃkupu] *m* Horoskop *n*.

horr|endo, ~ífico [u'ʀẽndu, ~ifiku] grausig; **~ipilante** [uʀipi'lẽntə] haarsträubend; grausig; **~ipilar** [~ipi'lar] (1a) entsetzen; **~ipilar-se** schaudern; sich grausen; **~ível** [~ivɛł] schrecklich; grauenhaft; **~or** [~or] *m* Entsetzen *n*; Abscheu *m* (*a. f*); Greuel *m*; Schandtat *f*; *que ~!* (wie) entsetzlich!; **~orizar** [uʀuri'zar] (1a) mit Entsetzen erfüllen; **~orizar-se** sich entsetzen; **~oroso** [uʀu'rozu] entsetzlich.

horta ['ɔrtɐ] *f* Gemüsegarten *m*.

hort|aliça [uʀtɐ'lisɐ] *f* Gemüse *n*; **~aliceiro** *m*, **-a** *f* [~ɐli'seiru, -ɐ] Gemüsehändler(in *f*) *m*; **~elã** [~ə'lɐ̃] *f* Minze *f*; **~elão** *m*, **-oa** *f* [~ə'lɐ̃u, -oɐ] Gemüsegärtner(in *f*) *m*; **~elã-pimenta** [~əˌlɐ̃pi'mẽntɐ] *f* Pfefferminze *f*; **~ense** [ur'tẽsə] Garten...; **~ênsia** [ur'tẽsjɐ] *f* Hortensie *f*; **~icultor** [~ikuł'tor] (Kunst-)Gärtner *m*; **~icultura** [~ikuł'turɐ] *f* Gartenbau *m*; **~o** ['ortu] *m* (Kunst-)Gärtnerei *f*; *♀ das Oliveiras* Ölberg *m*.

hosped|agem [uʃpə'ðaʒɐ̃i] *f* Beherbergung *f*; Wohnung *f*; *dar ~ a alg.* = *~ar*; **~ado** [~aðu]: *estar ~* wohnen, logieren; **~ar** [~ar] (1c) beherbergen; bei sich wohnen l.; **~ar-se** absteigen; sich einlogieren; **~aria** [~ðɐ'riɐ] *f* Gasthaus *n*.

hóspede ['ɔʃpəðə] *m* Gast *m*; Gastfreund *m*; Fremdling *m*; *casa f de ~s* Pension *f*.

hospedeiro [uʃpə'ðeiru] **1.** *adj.* gastlich, gastfreundlich; Gast...; **2.** *m*, **-a** *f* Gastwirt(in *f*) *m*.

hosp|ício [uʃ'pisju] *m* Spital *n*; Asyl *n*; Hospiz *n*; **~ital** [~pi'tał] *m* Krankenhaus *n*; *~ militar* Lazarett *n*.

hospital|ar [~pitɐ'lar] Krankenhaus...; **~eiro** [~eiru] gastfrei, gastlich; **~idade** [~li'ðaðə] *f* Gastfreundschaft *f*; **~ização** [~lizɐ'sɐ̃u] *f* Aufnahme *f* ins Krankenhaus; Krankenhausaufenthalt *m*; **~izado** [~li'zaðu] im Krankenhaus (befindlich); *ser* (*ficar*) *~* ins Krankenhaus kommen; **~izar** [~li'zar] (1a) ins Krankenhaus einliefern (*od.* aufnehmen).

hoste ['ɔʃtə] *f* Heer *n*; Schar *f*.

hóstia ['ɔʃtjɐ] *f* Hostie *f*; Oblate *f*.

hostil [uʃ'tił] feindlich; feindselig; **~idade** [~təli'ðaðə] *f* Feindseligkeit *f*; **~izar** [~təli'zar] [1a] anfeinden; bekriegen; Schaden zufügen (*dat.*).

hotel [ɔ'tɛł] *m* Hotel *n*, Gasthof *m*; **~eiro** [otə'leiru] **1.** *m* Hotelbesitzer *m*, Hotelier *m*; **2.** *adj.*: *indústria f -a* Gaststättengewerbe *n*.

hulh|a ['uʎɐ] *f* Steinkohle *f*; *~ branca* Wasserkraft *f*; **~eira** [u'ʎeirɐ] *f* Steinkohlengrube *f*.

hum! [ũ] *int.* hm!

human|amente [umɐnɐ'mẽntə]: *~ possível* menschenmöglich; **~idade** [~i'ðaðə] *f* Menschheit *f*; Menschlichkeit *f*; **~ístico** [~'niʃtiku] humanistisch; **~itário** [~i'tarju] menschlich; humanitär; **~itarismo** [~itɐ'riʒmu] *m* Menschlichkeit *f*, Humanität *f*; **~izar(-se)** [~i'zar(sə)] (1a) gesittet (*od.* menschlich) m. (*od.* w.); **~o** [u'mɐnu] **1.** *adj.* menschlich; **2.** *m ~s pl. die* Menschen *m/pl.*

hum|edecer [uməðə'ser] (2g) an-, be-feuchten; **~edecer-se** feucht w.; **~idade** [~i'ðaðə] *f* Feuchtigkeit *f*.

húmido ['umiðu] feucht.

humild|ade [umił'daðə] *f* Demut *f*; Bescheidenheit *f*; Bedeutungslosigkeit *f*; Ärmlichkeit *f*; **~e** [u'miłdə] demütig; bescheiden; gering; ärmlich, arm; untertänig(st).

humilh|ação [umiʎɐ'sɐ̃u] *f* Demütigung *f*; Erniedrigung *f*; **~ante** [~'ʎɐ̃ntə] kränkend; **~ar** [~'ʎar] (1a) demütigen; erniedrigen; beugen.

humílimo [u'milimu] *sup. v. humilde.*

humo ['umu] *m* Humus *m*.

humor [u'mor] *m fig.* Laune *f*; Humor *m*; *~es pl. Körper*-Säfte *m/pl.*; *estar de bom* (*mau*) *~* gut (schlecht) gelaunt sn; *com ~* launig.

humor|ado [umu'raðu]: *bem* (*mal*) *~* gut (schlecht) gelaunt; **~ista** [~iʃtɐ] *su.* Humorist(in *f*) *m*; **~ístico** [~iʃtiku] humoristisch; Witz...

húngaro ['ũŋgɐru] **1.** *adj.* ungarisch; **2.** *m*, **-a** *f* Ungar(in *f*) *m*.

huno ['unu] *m* Hunne *m*.

hussardo [u'sarðu] *m* Husar *m*.

I

I, i [i] *m* I, i *n*; ~ *grego* Ypsilon *n*; *pl. is od. ii*; *pôr os pontos nos ii* die Sache klarstellen; deutlich m.
iambo ['jẽmbu] *m* Jambus *m*.
iate ⚓ ['jatə] *m* Jacht *f*.
ibérico [i'βɛriku] iberisch.
ibero [i'βɛru] **1.** *m* Iberer *m*; **2.** *in Zssgn* ibero-...
ibirapitanga [iβirapi'tẽŋgɐ] *f* Brasilholz *n*.
içar [i'sar] (1p) hissen; auf-, hochwinden.
iconoclasta [ikono'klaʃtɐ] *m* Bilderstürmer *m*.
ict|erícia ⚕ [iktə'risjɐ] *f* Gelbsucht *f*; **~érico** [ik'tɛriku] gelbsüchtig.
ictio... ['iktjɔ] *in Zssgn* Fisch...; **~se** ⚕ [ik'tjɔzə] *f* Hautschuppen *f/pl*.
ida ['iδɐ] *f* Gang *m*; Reise *f* (nach *a*); Weggang *m*, Abreise *f*; **~s** *e voltas* (*od. vindas*) *pl.* Kommen und Gehen *n*; Hin und Her *n*; ~ *e volta* 🚂 hin und zurück; *bilhete m de ~ e volta* Rückfahrkarte *f*.
idade [i'δaδə] *f* Alter *n*; Zeitalter *n*; *pouca ~* Jugend *f*; *entrar em ~* ins Alter kommen; *estar em ~ de* alt genug sn zu; *que ~ tem?* wie alt sind Sie?; *tenho vinte anos de ~* ich bin zwanzig Jahre alt; *ter a ~ de* so alt sn wie; *de* (*muita*) *~* (sehr) alt; *de meia ~* mittleren Alters; *sobre ~* in vorgerückten Jahren.
ide|ação [iδjɐ'sɐ̃u] *f* Erdenken *n*, Entwerfen *n*; Vorstellung *f*; **~ador** [~ɐ'δor] *m* Erfinder *m*, Urheber *m*; **~al** [i'δjał] **1.** *adj.* ideal, vorbildlich; ideell, erträumt; **2.** *m* Ideal *n*; **~alidade** [~ɐli'δaδə] *f* Idealität *f*; Traum *m*; **~alismo** [~ɐ'liʒmu] *m* Idealismus *m*; **~alista** [~ɐ'liʃtɐ] **1.** *adj.* idealistisch; **2.** *su.* Idealist(in *f*) *m*; **~alização** [~ɐlizɐ'sɐ̃u] *f* Idealisierung *f*; = *~ação*; **~alizar** [~ɐli'zar] (1a) idealisieren; = **~ar** [~i'δjar] (1l) erdenken, ersinnen; entwerfen; sich vorstellen; **~ável** [i'δjavɛł] denkbar; vorstellbar.
ideia [i'δejɐ] *f* Idee *f*, Gedanke *m*; Vorstellung *f*; Begriff *m*; Einfall *m*; *fazer ~ de a/c.* sich et. vorstellen können; *não fazer* (*od. ter*) (*a mínima*) ~ keine (nicht die geringste) Ahnung h.; sich keine (nicht die geringste) Vorstellung m. können; *meter na ~* in den Kopf setzen.
idêntic|amente [i,δẽntikɐ'mẽntə] auf die nämliche (*od.* auf einerlei) Weise; **~o** [i'δẽntiku] identisch; einerlei, gleich; ~ *com* der (das, die) nämliche ... wie.
identi|dade [iδẽnti'δaδə] *f* Identität *f*; *bilhete m de ~* Personalausweis *m*; *chapa* (*od. placa*) *f de ~* ⚔ Erkennungsmarke *f*; **~ficar** [~əfi'kar] (1n) identifizieren; **~ficar-se** *com* aufgehen in (*dat.*); sich zu eigen m. (*ac.*); **~ficável** [~əfi'kavɛł] identifizierbar, erkennbar.
ideo|logia [iδjulu'ʒiɐ] *f* Ideologie *f*; Weltanschauung *f*; Ideengeschichte *f*; **~lógico** [~'lɔʒiku] ideologisch; weltanschaulich; ideengeschichtlich; **~logista** [~lu'ʒiʃtɐ] (*a.* **ideólogo** [i'δjɔluγu]) *m* Ideologe *m*.
idíl|ico [i'δiliku] idyllisch; **~io** [~lju] *m* Idyll *n*.
idiom|a [i'δjomɐ] *m* Sprache *f*; **~ático** [iδju'matiku] idiomatisch.
idiossincrasia [iδjusĩŋkrɐ'ziɐ] *f* (Über-)Empfindlichkeit *f*.
idiota [i'δjɔtɐ] **1.** *adj.* schwachsinnig; idiotisch; **2.** *su.* Schwachkopf *m*; Idiot *m*.
idiot|ia [iδju'tiɐ] *f* Schwachsinn *m*, Idiotie *f*; = **~ice** [~isə] *f* Dummheit *f*; Blödsinn *m*; **~ismo** [~iʒmu] *m* Spracheigentümlichkeit *f*.
idólatra [i'δɔlɐtrɐ] *su.* Götzendiener(in *f*) *m*.
idolatr|ar [iδulɐ'trar] (1b) Götzendienst treiben mit; vergöttern, abgöttisch lieben; **~ia** [~iɐ] *f* Götzendienst *m*; *fig.* Vergötterung *f*.
ídolo ['iδulu] *m* Götze *m*; *fig.* Abgott *m*.
id|oneidade [iδɔnei'δaδə] *f* Eignung *f*; Tauglichkeit *f*; **~óneo** [i'δɔnju] geeignet, fähig; tauglich.
idoso [i'δozu] bejahrt, alt.
ignaro [iγ'naru] unwissend.
ignavo [~'navu] träge.

ígneo [ˈiɣnju] feurig; Feuer...
ign|escente [iɣnɨʃˈsẽntə] brennend; glühend; brennbar; **~ição** [~iˈsɐ̃u] *f* Verbrennung *f*; *auto.* Zündung *f*; **~ífugo** [~ˈnifuɣu] feuersicher; **~ívoro** [~ˈnivuru] feuerfressend.
ignóbil [iɣˈnɔβił] niedrig, gemein.
ignom|ínia [iɣnuˈminjɐ] *f* Schmach *f*, Schande *f*; Gemeinheit *f*; **~inioso** [~miˈnjozu] schmählich, schändlich.
ignor|ado [~ˈraδu] unbekannt; vergessen; **~ância** [~ɐ̃sjɐ] *f* Unwissenheit *f*; Unkenntnis *f*; **~antão** [~rɐ̃nˈtɐ̃u] *m* eingebildete(r) Dummkopf *m*; **~ante** [~ɐ̃ntə] **1.** *adj.* unwissend; dumm; **2.** *m* Ignorant *m*; Dummkopf *m*; **~ar** [~ar] (1e) nicht wissen; nicht kennen; *não ignoro* ich weiß sehr wohl, es ist mir wohl bekannt; *ninguém ignora* jedermann weiß; es ist allgemein bekannt.
ignoto [iɣˈnɔtu] unbekannt.
igreja [iˈɣreʒɐ] *f* Kirche *f*.
igual [iˈɣwał] gleich; gleich-bleibend, -förmig, -mäßig; eben (*Boden*); *o(s) meu(s) (teu[s])* ~*(-ais), a(s) minha(s) (tua[s])* ~*(-ais)* meines-(deines-)gleichen; *de* ~ *a* (*od. para*) ~ wie meines- (deines-)gleichen; *sem* ~ ohnegleichen; *não ter* ~ nicht seinesgleichen haben; **~ar** [iɣwɐˈlar] (1b) gleichmachen; ausgleichen; angleichen (an [*ac.*] *com*); gleichstellen; *Weg* ebnen; *v/i.* gleichen; ~ *a alg. em* j-m gleichkommen an (*od.* in) (*dat.*); ~ *com* auf gleicher Höhe sn wie; **~dade** [iɣwałˈdaδə] *f* Gleichheit *f*, Gleichmäßigkeit *f*; Ebenheit *f*; *com* ~ gleichmäßig; *em* ~ *de circunstâncias* unter den gleichen Umständen; *colocar* (*estar*) *em pé de* ~ *com* auf die (der) gleiche(n) Stufe stellen (stehen) wie.
igualha [iˈɣwaʎɐ]: *os* (*od. as*) *da minha* (*tua*) ~ meines- (deines-) gleichen; *gente f da minha* (*tua*) ~ Leute *pl.* wie ich (du).
igual|itário [iɣwɐliˈtarju] gleichmacherisch; **~itarismo** [iɣwɐlitɐˈriʒmu] *m* Gleichmacherei *f*; **~mente** [~ˈmẽntə] gleichfalls; **~zinho** [~ˈziɲu] ganz (und gar) gleich.
iguaria [iɣwɐˈriɐ] *f* Leckerbissen *m*; Gericht *n*, Speise *f*.
ilação [ilɐˈsɐ̃u] *f* Folgerung *f*.
ilaquear [~ˈkjar] (1l) ins Netz locken; um-stricken, -garnen; *v/i. u.* **~-se** ins Netz gehen.
ile|gal [iləˈɣał] ungesetzlich; unrechtmäßig; unlauter; **~gítimo** [~ˈʒitimu] unrechtmäßig; unbillig; unstatthaft; unehelich (*Kind*).
ilegível [~ˈʒivɛł] unleserlich.
ileso [iˈlezu] unverletzt; unberührt; heil.
iletrado [iləˈtraδu] ungebildet.
ilha [ˈiʎɐ] *f* Insel *f*; Wohnblock *m*; Inselberg *m*; ~*s pl.* Inselgruppe *f*.
ilh|al [iˈʎał] *m* Flanke *f*, Weiche *f*; **~arga** [~argɐ] *f* Seite *f*, Hüfte *f*; Weiche, Flanke *f*; *fig.* Stütze *f*, Unterstützung *f*; Ratgeber *m*, Gönner *m*; *às* ~*s* zur Seite, neben.
ilhéu [iˈʎɛu] **1.** *m* Felseninsel *f*, Eiland *n*; **2.** *m*, **-oa** *f* Inselbewohner (-in *f*) *m*, Insulaner(in *f*) *m*.
ilhó [iˈʎɔ] *su.* Schnürloch *n*; Öse *f*.
ilíaco [iˈliɐku]: *osso m* ~ Darmbein *n*.
ilib|ado [iliˈβaδu] fleckenlos; **~ar** [~ˈβar] (1a) reinwaschen; *Tat* ~ rechtfertigen; *Ansehen* wiederherstellen.
iliberal [iliβəˈrał] kleinlich; geizig; unliberal; Zwangs...
ilícito [iˈlisətu] unerlaubt.
ilimitado [iləmiˈtaδu] un-begrenzt, -beschränkt.
ilógico [iˈlɔʒiku] unlogisch.
ilogismo [iluˈʒiʒmu] *m* Mangel *m* an Logik; logische(r) Fehler *m*.
iludir [iluˈδir] (3a) täuschen, trügen; *Gesetz* umgehen.
ilumin|ação [~minɐˈsɐ̃u] *f* Beleuchtung *f*; Erleuchtung *f*; Aufklärung *f*; Ausmalung *f*; ⚓ *u.* ✈ Befeuerung *f*; *pintura f de* ~ = **~ura**; **~ar** [~ˈnar] (1a) beleuchten; erleuchten; aufklären; ausschmücken; *Buch* ausmalen; **~ativo** [~ɐˈtivu] aufklärend, aufschlußreich; **ᘘismo** [~ˈniʒmu] *m* Aufklärung *f*; **~ura** [~ˈnurɐ] *f* Buchmalerei *f*.
ilus|ão [~ˈzɐ̃u] *f* Täuschung *f* (*de óptica* optische); Wahn(vorstellung *f*) *m*; Blendwerk *n*; **~ionismo** [~zjuˈniʒmu] *m* Zauberei *f*; **~ionista** [~zjuˈniʃtɐ] *m* Zauberkünstler *m*; **~ivo** [~ˈzivu] trügerisch; **~o** [iˈluzu] getäuscht; betrogen; **~ório** [~ˈzɔrju] trügerisch; vergeblich; eitel; Wahn...
ilustr|ação [iluʃtrɐˈsɐ̃u] *f* Verdeutlichung *f*, Veranschaulichung *f*; Erleuchtung *f*; Bildung *f*; Auszeichnung *f*; Berühmtheit *f*; Abbildung *f*; Bildausstattung *f*; illustrierte Zeitschrift *f*; *in Vorträgen*: Licht-

bild *n*; *musikalische* Wiedergabe *f*; **~ado** [~'traδu] gebildet; illustriert; **~ar** [~'trar] (1a) ver-deutlichen, -anschaulichen; erleuchten; bilden; auszeichnen; berühmt m.; illustrieren, bebildern; **~e** [i'luʃtrə] berühmt; erlaucht.

ilutação ⚕ [ilutɐ'sɐ̃u] *f* Schlammpackung *f*.

ímã *bras.* ['imɐ̃] *m* Magnet *m*.

imaculado [imɐku'laδu] fleckenlos; unbefleckt.

imagem [i'maʒɐ̃i] *f* Bild *n*; Heiligenbild *n*; Ebenbild *n*.

imagin|ação [imɐʒinɐ'sɐ̃u] *f* Einbildung(skraft) *f*, Phantasie *f*; **~ar** [~'nar] (1a) sich einbilden; sich vorstellen; sich (aus)denken; glauben; *imagino!* das kann ich mir vorstellen (*od.* denken); **~ar-se** sich halten für; sich glauben; **~ário** [~'narju] eingebildet; imaginär (*a.* ℞); **~ativa** [~ɐ'tivɐ] *f* Einbildungskraft *f*; **~ativo** [~ɐ'tivu] erfinderisch; sinnreich; an Einbildungen leidend; besorgt, ängstlich; **~oso** [~'nozu] phantasievoll; phantastisch.

imaleável [imɐ'ljavɛɫ] spröde, hart.

íman ['imɐ̃] *m* = *ímã*.

imarcescível [imɐrsɨʃ'sivɛɫ] unverwelklich, -gänglich.

imaterial [imɐtə'rjaɫ] unstofflich, unkörperlich; **~izar** [~rjɐli'zar] (1a) entstofflichen.

imbecil [ĩmbə'siɫ] **1.** *adj.* schwachsinnig; dämlich; **2.** *m* Schwachkopf *m*, Dämlack *m*.

imberbe [ĩm'bɛrbə] **1.** *adj.* bartlos; F grün; **2.** *m* Milchbart *m*.

imbu|ído [ĩm'bwiδu]: ~ *de fig.* durchdrungen von, voll von; **~ir** [~ir] (3i) eintauchen; einlassen; auslegen; tränken; *fig. j-m et.* einflößen, *j-n mit et.* erfüllen.

imedia|ção [imədjɐ'sɐ̃u] *f* Unmittelbarkeit *f*; -ões *pl.* Nähe *f*; **~tamente** [~ˌδjatɐ'mẽntə] sofort, sogleich; **~to** [~'δjatu] **1.** *adj.* unmittelbar; augenblicklich, sofortig; an(ea.-)grenzend; (aufea.-)folgend; **2.** *m* ⚓ Erste(r) Offizier *m*.

imemorável, -rial [imәmu'ravɛɫ, -'rjaɫ] unvordenklich; uralt.

imens|idade, ~idão [imẽsi'δaδə, ~i'δɐ̃u] *f* Unermeßlichkeit *f*; unermeßliche Weite *f*; Unerschöpflichkeit *f*; **~o** [i'mẽsu] unermeßlich; maßlos; ungeheuer; unerschöpflich; **~urável** [imẽsu'ravɛɫ] unmeßbar.

imerecido [imərə'siδu] unverdient.

imergir [imər'ʒir] (3n; *Stv.* 3e) eintauchen; *v/i.* eindringen; einfallen (*Licht*); eintreten; = **~-se** untertauchen.

imérito [i'mɛritu] unverdient.

imers|ão [imər'sɐ̃u] *f* Ein-, Untertauchen *n*; *ast.* Immersion *f*; Einfall *m* (*Lichtstrahl*); **~ivo** [~ivu] Tauch-...; durch Untertauchen; **~o** [i'mɛrsu] **1.** *p.p. irr. v. imergir*; **2.** *adj.* versunken.

imigr|ação [imiɣrɐ'sɐ̃u] *f* Einwanderung *f*; **~ante** [~'ɣrɐ̃ntə] *su.* Einwanderer(in *f*) *m*; **~ar** [~'ɣrar] (1a) einwandern.

imin|ência [imi'nẽsjɐ] *f* Nähe *f*; Drohung *f*; **~ente** [~ẽntə] nahe bevorstehend; drohend; *estar* ~ nahe bevorstehen; drohen.

imis|ção [imiʃ'sɐ̃u] *f* (Ver-)Mischung *f*; Einmischung *f*; **~cuir-se** [~'kwirsə] (3i) sich einmischen.

imit|ação [imitɐ'sɐ̃u] *f* Nachahmung *f*; Wiederholung *f*; Nachfolge *f* (*Christi*); *à* ~ *de* nach dem Vorbild (*gen.*); **~ador** [~ɐ'δor] *m* Nachahmer *m*; **~ar** [~'tar] (1a) nachahmen, -machen, -äffen; *j-m* nacheifern, -folgen; wiederholen; darstellen; **~ativo** [~ɐ'tivu] nachahmend; Nachahmungs...

imitir [imi'tir] (3a) (ein)setzen.

imobil|iário [imuβə'ljarju] **1.** *adj.* unbeweglich; *bens m/pl.* ~s Immobilien *pl.*; **2.** *m* Grundstück *n*; Haus *n*; **~idade** [~li'δaδə] *f* Unbeweglichkeit *f*; Stillstand *m*; Starre *f*; Steifheit *f*; **~ização** [~lizɐ'sɐ̃u] *f* Stillegung *f*; Stillstand *m*; Lähmung *f*; Festlegung *f*; **~izado** [~li'zaδu]: *estar* ~ still-liegen, -stehen; festliegen; *ficar* ~ = *~izar-se*; **~izar** [~li'zar] (1a) stillegen; zum Stillstand bringen; lähmen; *Geld* festlegen; konsolidieren; **~izar-se** zum Stillstand kommen; stehenbleiben; erstarren; ✈ einfrieren.

imoder|ação [imuδərɐ'sɐ̃u] *f* Maßlosigkeit *f*; **~ado** [~'raδu] un-, übermäßig; maßlos.

imod|éstia [imu'δɛʃtjɐ] *f* Unbescheidenheit *f*; **~esto** [~ɛʃtu] unbescheiden; unanständig.

imódico [i'mɔδiku] übertrieben.

imol|ação [imulɐ'sɐ̃u] *f* Opferung

f; Ermordung *f*; **~ar** [~'lar] (1e) opfern; (hin)schlachten.
imoral [imu'raɫ] unsittlich; sittenlos; unanständig, unredlich; **~idade** [~rɐli'ðaðə] *f* Unsittlichkeit *f*; Sittenlosigkeit *f*; Unredlichkeit *f*.
imorredoiro, -ouro [imuʀə'ðoiru, -oru] unvergänglich.
imortal [imur'taɫ] unsterblich; **~idade** [~tɐli'ðaðə] *f* Unsterblichkeit *f*; **~izar** [~tɐli'zar] (1a) unsterblich m.; verewigen.
imóvel [i'mɔvɛɫ] unbeweglich; (*bens*) *-eis m/pl.* Liegenschaften *f/pl.*, Immobilien *pl.*
impaci|ência [ĩmpɐ'sjẽsjɐ] *f* Ungeduld *f*; **~entar** [~sjẽn'tar] (1a) ungeduldig m.; nervös m.; **~entar-se** die Geduld verlieren; nervös w.; **~ente** [~ẽntə] ungeduldig.
impacto [ĩm'paktu] *m* Aufschlag *m*; Stoß *m*; ⚔ Ein-schlag *m*, -schuß *m*; *fig.* Wirkung *f*.
im|pagável [ĩmpɐ'ɣavɛɫ] unbezahlbar; **~palpável** [~paɫ'pavɛɫ] ungreifbar, -faßbar; **~par** [~'par] (1a) keuchen; *fig.* platzen (*de* vor).
ímpar ['ĩmpar] ungerade; ungleich; einseitig (*Organ*).
impar|cial [ĩmpɐr'sjaɫ] unparteiisch; **~cialidade** [~sjɐli'ðaðə] *f* Unparteilichkeit *f*.
impasse [~'pasə] *m fig.* Engpaß *m*, Sackgasse *f*.
impass|ibilidade [~pɐsiβəli'ðaðə] *f* Gleichmut *m*; **~ível** [~'sivɛɫ] unempfindlich; gleichmütig.
impávido [~'paviðu] unerschrocken.
impecável [~pə'kavɛɫ] *fig.* tadellos.
imped|ido [~pə'ðiðu] **1.** *adj.* gesperrt (*Straße*); verhindert; unabkömmlich; **2.** *m* ⚔ Bursche *m*; **~imento** [~ði'mẽntu] *m* Hindernis *n*; Abhaltung *f*; *bras.* Abseits *n*; **~ir** [~ir] (3r) (ver)hindern; hemmen; abhalten; *Straße* sperren; verwehren; verbieten; *Lust* benehmen.
impelir [~pə'lir] (3c) (an-, vorwärts-)treiben; stoßen; schieben.
impend|ente [~pẽn'dẽntə] (über-) hängend; lastend, liegend (auf [*dat.*] *sobre*); *fig.* = *iminente*; **~er** [~er] (2a) bevorstehen, drohen; ~ *sobre* hängen über (*dat.*); lasten auf (*dat.*); ~ *a* obliegen.
impenetr|ado [~pənə'traðu] unerforscht; un-begangen, -befahren; **~ável** [~pənə'travɛɫ] undurchdringlich; uner-forschlich, -gründlich.
impenit|ência [~pəni'tẽsjɐ] *f* Unbußfertigkeit *f*; **~ente** [~ẽntə] unbußfertig.
impens|ado [~pẽ'saðu] un-bedacht, -überlegt; unvermutet; **~ável** [~pẽ'savɛɫ] undenkbar.
imper|ador [~pərɐ'ðor] *m* Herrscher *m*; Kaiser *m*; **~ar** [~'rar] (1c) beherrschen; *v/i.* herrschen; **~ativo** [~ɐ'tivu] **1.** *adj.* gebieterisch; Zwangs...; **2.** *m* Gebot *n*; *gram.* Befehlsform *f*, Imperativ *m*; **~atório** [~ɐ'tɔrju] herrscherlich; herrisch; unbedingt; **~atriz** [~ɐ'triʃ] *f* Kaiserin *f*; Herrscherin *f*.
imperceptível [~pərsɛ'tivɛɫ] unmerklich; unhörbar; nicht wahrnehmbar.
imperdoável [~'ðwavɛɫ] unverzeihlich.
imperecível [~ə'sivɛɫ] unvergänglich.
imperf|eição [~fei'sɐ̃u] *f* Unvollkommenheit *f*; **~eito** [~'feitu] **1.** *adj.* unvollkommen; unvollständig; *pretérito m* ~ = **2.** *m* Imperfekt *n*.
imperi|al [ĩmpə'rjaɫ] kaiserlich; Reichs...; F frech, anmaßend; **~alismo** [~rjɐ'liʒmu] *m* Imperialismus *m*, Machtpolitik *f*; **~alista** [~rjɐ'liʃtɐ] imperialistisch, machthungrig.
imperícia [~'risjɐ] *f* Unerfahrenheit *f*.
império [ĩm'pɛrju] *m* Herrschaft *f*; Kaiserreich *n*; *deutsches, römisches* Reich *n*; Kolonial-, Welt-reich *n*, Imperium *n*; *estilo m* ~ Empirestil *m*.
imperioso [~pə'rjozu] gebieterisch, herrisch; dringend.
imperito [~pə'ritu] unerfahren.
imperme|abilizar [~pərmjɐβəli'zar] (1a) abdichten; wasserdicht m.; imprägnieren; **~ável** [~'mjavɛɫ] **1.** *adj.* undurchlässig; wasserdicht; ~ *a* ...dicht; **2.** *m* Gummi-, Regenmantel *m*.
imper|mutável [~mu'tavɛɫ] unauswechselbar; unübertragbar; unverkäuflich; nicht umwandelbar (*Strafe*); **~scrutável** [~ʃkru'tavɛɫ] unerforschlich; **~sistente** [~siʃ'tẽntə] unbeständig, wandelbar.
impertin|ência [~ti'nẽsjɐ] *f* Ungehörigkeit *f*; Aufdringlichkeit *f*; Frechheit *f*; **~ente** [~ẽntə] unge-

hörig, unpassend; unzulässig; aufdringlich; frech, ungezogen.
imperturbável [ˌtur'bavɛł] unerschütterlich.
impessoal [ĩmpə'swał] unpersönlich.
ímpeto ['ĩmpətu] *m* Ungestüm *n*; Aufwallung *f*; Schwung *m*; *de um* ~ mit e-m Satz (*od.* Ruck).
impetrar [ĩmpə'trar] (1c) erbitten; beantragen; erwirken, erlangen.
impetuos|idade [ˌtwozi'ðaðə] *f* Ungestüm *n*; Heftigkeit *f*; **~o** [ˌ'twozu] ungestüm, heftig.
impied|ade [ˌpje'ðaðə] *f* Herzlosigkeit *f*; **~oso** [ˌozu] herzlos, grausam.
impigem ⚕ [ĩm'piʒẽi] *f* Flechte *f*.
impingir [ˌpĩ'ʒir] (3n) auf-drängen, -zwingen; F andrehen; aufbinden; *Schlag* versetzen.
ímpio ['ĩmpju] gottlos; ruchlos.
implacável [ĩmplɐ'kavɛł] unerbittlich.
implant|ação [ˌplẽntɐ'sɐ̃u] *f* Errichtung *f*; Einführung *f*; **~ar** [ˌ'tar] (1a) (ein)pflanzen; *Wurzeln* senken; *Staatsform* errichten; *Gebräuche* einführen; **~ar-se** sich festsetzen.
implic|ação [ˌplikɐ'sɐ̃u] *f* Verwicklung *f*; **~ar** [ˌ'kar] (1n) verwickeln, verflechten; hineinziehen; in sich (*od.* ein-)schließen, enthalten; bedeuten; nach sich ziehen; voraussetzen; *isso não implica que* das heißt (*od.* bedeutet) nicht, daß; *v/i.* *u.* **~ar-se** im Widerspruch stehen (zu *com*); sich einlassen (auf [*ac.*] *em*); Streit anfangen (mit *com*).
impl|icitamente [ˌˌplisitɐ'mẽntə] gleichzeitig; **~ícito** [ˌ'plisitu] mit einbegriffen; stillschweigend; selbstverständlich.
implor|ação [ˌplurɐ'sɐ̃u] *f* Anrufung *f*; Flehen *n*; **~ar** [ˌ'rar] (1e) an-flehen, -rufen; flehen (*od.* flehentlich bitten) um.
implume [ˌ'plumə] ungefiedert.
impol|idez [ˌpuli'ðeʃ] *f* Grobheit *f*; Unhöflichkeit *f*; **~ido** [ˌ'liðu] roh; rauh; grob; unhöflich.
impolítico [ˌpu'litiku] unpolitisch.
impoluto [ˌ'lutu] makellos, rein.
imponder|ado [ˌpõndə'raðu] unbedacht; **~ável** [ˌavɛł] **1.** *adj.* unwägbar; nicht ins Gewicht fallend; unberechenbar; **2.** *m*: *-eis pl.* Imponderabilien *pl.*
impon|ência [ˌpu'nẽsjɐ] *f* Erhabenheit *f*; Großartigkeit *f*; Pracht *f*; **~ente** [ˌẽntə] Ehrfurcht gebietend; großartig, eindrucksvoll, imposant; **~ível** [ˌivɛł] besteuerbar, steuerpflichtig.
impopular [ˌpupu'lar] unbeliebt (*entre* bei); unpopulär; **~idade** [ˌlɐri'ðaðə] *f* Unbeliebtheit *f*.
impor [ˌ'por] (2zd) auf-legen, -setzen; *Strafe, Bedingung* auferlegen; *Pflicht* aufbürden; *Siegel* anbringen; *Doktorhut* verleihen; *Gesetz* aufzwingen; *Entschluß* notwendig m., erfordern; *Schuld* zuschieben; *schlechte Tat* unterschieben; *Namen* beilegen; *Achtung* einflößen; *j-n* ausgeben als; *tip.* ausschießen; ~ *silêncio a* zum Schweigen bringen (*ac.*); *v/i.* ~ *de* sich aufspielen als; sich aufwerfen zu; **~-se** sich Achtung verschaffen, sich durchsetzen; imponieren; sich aufdrängen (*Faktum*); unvermeidlich sn (*Entschluß*).
import|ação [ˌpurtɐ'sɐ̃u] *f* Einfuhr *f*, Import *m*; Einschleppung *f* *e-r Krankheit*; Einführung *f*; **~ador** [ˌɐ'ðor] **1.** *adj.* Einfuhr...; **2.** *m* Importeur *m*; **~ância** [ˌ'tɐ̃sjɐ] *f* Wichtigkeit *f*, Bedeutung *f*; ⚚ *Rechnungs*-Betrag *m*; *na* ~ *de* in Höhe von; *atribuir* (*od. dar, ligar*) ~ *a* Bedeutung beimessen (*dat.*); wichtig nehmen (*ac.*); Wert legen auf (*ac.*); *dar-se* ~ sich wichtig nehmen (*od.* m.); *não ter* ~ nicht wichtig sn, nichts (aus)m.; **~ante** [ˌ'tẽntə] wichtig, bedeutend; wesentlich; **~ar** [ˌ'tar] (1e) *v/t.* einführen; *Krankheit* einschleppen; *Folgen* mit sich bringen, nach sich ziehen; *v/i.* wichtig sn; ~ *em* sich belaufen auf (*ac.*), kosten (*ac.*); *fig.* hinauslaufen auf (*ac.*), bedeuten (*ac.*); *não importa* das macht nichts; gleichviel; *pouco importa* das macht fast gar nichts; *que importa?* was liegt daran?; was macht das aus?; **~ar-se** *com* Wert legen auf (*ac.*); wichtig (*od.* sich zu Herzen) nehmen (*ac.*); sich kümmern um; *não* ~ *de* nicht anstehen zu; **~ável** [ˌ'tavɛł] importfähig; **~e** [ˌ'pɔrtə] *m* Betrag *m*; Kosten *pl.*
importun|ação [ˌpurtunɐ'sɐ̃u] *f* Belästigung *f*; **~ar** [ˌ'nar] (1a) belästigen; **~o** [ˌ'tunu] lästig; zudringlich; ungelegen, unangebracht.

imposição [~puzi'sɐ̃u] *f* Auf(er)-legung *f*; *Steuer*-Auflage *f*; *Vertrags*-Verpflichtung *f*; (Auf-)Nötigung *f*; Zwang *m*; Machtwort *n*; Verleihung *f*; *Namen*-Gebung *f*.
imposs|ibilidade [~pusiβəli'δaδə] *f* Unmöglichkeit *f*; **~ibilitado** [~iβəli'taδu]: ~ *de* außerstande (*od.* unfähig) zu; verhindert; ~ *de trabalhar* arbeitsunfähig; **~ibilitar** [~iβəli'tar] (1a) unmöglich m.; als unmöglich hinstellen; außerstande setzen, unfähig m.; es *j-m* unmöglich m.; **~ível** [~'sivɛɫ] unmöglich.
imposto [~'poʃtu] **1.** *p.p. v. impor*; **2.** *m* Steuer *f*; Abgabe *f*; *fig.* Last *f*.
impost|or [~puʃ'tor] *m* Betrüger *m*; Hochstapler *m*; **~ura** [~urɐ] *f* Betrug *m*, Schwindel *m*; Hochstapelei *f*.
impotável [~pu'tavɛɫ] untrinkbar; *água* ~! kein Trinkwasser!
impot|ência [~pu'tẽsjɐ] *f* Unvermögen *n*; Ohnmacht *f*; ⚕ Impotenz *f*; **~ente** [~ẽntə] unvermögend, außerstande; ohnmächtig; zeugungsunfähig, impotent.
impraticável [~prɐti'kavɛɫ] unaus-, undurch-führbar; unwegsam; unbe-fahrbar, -gehbar.
imprec|ação [~prəkɐ'sɐ̃u] *f* Verwünschung *f*; **~ar** [~'kar] (1n; *Stv.* 1c) *v/i.* Verwünschungen ausstoßen; fluchen.
impregn|ação [~prɛɣnɐ'sɐ̃u] *f* Imprägnierung *f*, Durchtränkung *f*; ⚗ Sättigung *f*; **~ar** [~'nar] (1a) (durch)tränken, imprägnieren; ⚗ sättigen; *fig.* schwängern.
imprens|a [~'prẽsɐ] *f* Buchdruck(-erkunst *f*) *m*; Druck(er)-presse *f*; *fig.* Presse *f*; **~ar** [~'sar] (1a) (auf-, ein-, zs.-) pressen; (be-) drucken.
impres|cindível [~priʃsĩn'divɛɫ] unerläßlich; unentbehrlich; **~critível** [~kri'tivɛɫ] unabdingbar.
impress|ão [~prə'sɐ̃u] *f* Druck *m*; Abdruck *m*; *fig.* Eindruck *m*; Einfluß *m*; *troca f de -ões* Meinungsaustausch *m*; *fazer* ~ = *~ionar*; **~ionante** [~sju'nẽntə] eindrucksvoll; grausig; **~ionar** [~sju'nar] (1e) beeindrucken; Eindruck m. auf (*ac.*); erschüttern; entsetzen; *fot. Abzug* belichten; **~ionar-se** *com* sich beeindrucken l. von; **~ionável** [~sju'navɛɫ] leicht zu beeindrucken(d); leicht erregbar; **~o** [~'prɛsu] **1.** *adj.* gedruckt; Druck...; **2.** *m* Drucksache *f*; Flugblatt *n*; **~or** [~or] *m* (Buch-)Drucker *m*; **~ório** [~ɔrju] *m fot.* Kopierrahmen *m*.
imprestável [~priʃ'tavɛɫ] unnütz; unbrauchbar; wertlos.
impreterível [~prətə'rivɛɫ] unaufschiebbar; unausweichlich.
imprevi|dência [~prəvi'δẽsjɐ] *f* Kurzsichtigkeit *f*; Leichtsinn *m*; **~dente** [~'δẽntə] kurzsichtig; leichtsinnig; nachlässig; **~são** [~'zɐ̃u] *f* Mangel *m* an Voraussicht *f*; Unvorsichtigkeit *f*; **~sível** [~'zivɛɫ] unvorhersehbar; **~sto** [~'viʃtu] unvorhergesehen; unvermutet.
imprim|ar [~pri'mar] (1a) *pint.* grundieren; **~ir** [~ir] (3a; *p.p. impresso*) (auf-, ein-)drücken; auf-, ein-prägen; *Bewegung* er-, mit-teilen; *Furcht* einflößen; *Buch* (ab-) drucken.
impro|babilidade [~pruβɐβəli'δaδə] *f* Unwahrscheinlichkeit *f*; Unglaubwürdigkeit *f*; **~bidade** [~βi'δaδə] *f* Unredlichkeit *f*.
ímprobo ['ĩmpruβu] mühevoll; schwer.
impro|cedente [ĩmprusə'δẽntə] unzulässig; grundlos; unhaltbar; **~dutivo** [~δu'tivu] unfruchtbar; unnütz; **~fícuo** [~'fikwu] unergiebig; vergeblich; **~pério** [~'pɛrju] *m* Beleidigung *f*; Gemeinheit *f*.
impr|òpriamente [~ˌprɔprjɐ'mẽntə] fälschlich, zu Unrecht; **~óprio** [~'prɔprju] ungeeignet; ungenau (*Wort*); ungünstig (*Gelegenheit*); unangebracht; unschicklich; ~ *de* nicht passend zu; unpassend für.
improrrogável [~pruʀu'ɣavɛɫ] nicht verlängerungsfähig.
improvável [~pru'vavɛɫ] unwahrscheinlich; unglaubwürdig.
improvis|ação [~pruvizɐ'sɐ̃u] *f* Improvisation *f*; **~ar** [~'zar] (1a) improvisieren; *v/i.* schwindeln; **~o** [~'vizu] **1.** *adj.* unvorbereitet; unvorhergesehen; *de* ~ unerwartet; aus dem Stegreif; **2.** *m* Improvisation *f*; Stegreifdichtung *f*; ♪ Impromptu *n*.
imprud|ência [~pru'δẽsjɐ] *f* Unklugheit *f*, Unvorsichtigkeit *f*; **~ente** [~ẽntə] unvorsichtig, unklug.
impúbere [~'puβərə] unreif.
impudente [~pu'δẽntə] schamlos.

impúdico [\~'puðiku] unzüchtig.
impudor [\~pu'ðor] *m* Schamlosigkeit *f*.
impugn|ação [\~puɣnɐ'sɐ̃u] *f* ⚖ Anfechtung *f*; **\~ar** [\~'nar] (1a) anfechten; bestreiten; widerlegen; **\~ável** [\~'navɛɫ] anfechtbar.
impuls|ão [\~puɫ'sɐ̃u] *f* Auftrieb *m*; **\~ionar** [\~sju'nar] (1d) (an)treiben; in Bewegung setzen; *fig. a.* anregen; **\~ionador** [\~sjunɐ'ðor] **1.** *m* Anreger *m*; Förderer *m*; **2.** *adj.* = **\~ivo** [\~ivu] treibend (*a. fig.*); Treib...; impulsiv, triebhaft; **\~o** [\~'puɫsu] *m* Stoß *m*; Antrieb *m*, Impuls *m*; Trieb *m*; *fig.* Auftrieb *m*; Anregung *f*; Aufwallung *f*, Anwandlung *f*; \~ *inicial* Anfangsgeschwindigkeit *f*; Anstoß *m*; Schwung *m*; *dar \~ a* an-stoßen, -treiben (*ac.*); ankurbeln (*ac.*); Auftrieb geben (*dat.*); *tomar \~* e-n Anlauf nehmen; ausholen; anlaufen; **\~or** [\~or] **1.** *m* Trägerrakete *f*; **2.** *adj.* = *\~ivo*.
impun|e [\~'punə] unge-straft, -sühnt; straflos; **\~idade** [\~puni'ðaðə] *f* Straflosigkeit *f*; **\~ível** [\~pu'nivɛɫ] nicht strafbar, straffrei.
impur|eza [\~pu'rezɐ] *f* Unreinheit *f*; Unreinlichkeit *f*; Fremdstoff *m*; Schmutz *m*; **\~o** [\~'puru] unrein; un-reinlich, -sauber; schmutzig.
imput|ação [\~putɐ'sɐ̃u] *f* Beschuldigung *f*; Zurechnungsfähigkeit *f*; Strafantrag *m*; **\~ar** [\~'tar] (1a) zur Last legen; *j-m et.* an-dichten, -hängen; ✝ anrechnen; **\~ável** [\~'tavɛɫ] strafbar; zurechenbar; zurechnungsfähig.
imputrescível [\~putriʃ'sivɛɫ] unverweslich; unbegrenzt haltbar.
imund|ícia, -e [imũn'disjɐ, -ə] *f* Unsauberkeit *f*; Schmutz *m*, Unrat *m*; **\~o** [i'mũndu] schmutzig, dreckig.
imun|e [i'munə] ⚕ *u.* ⚖ immun; \~ *de* frei, befreit von; **\~idade** [imuni'ðaðə] *f* Immunität *f*; (Steuer-)Freiheit *f*; Befreiung *f*; **\~izar** [imuni'zar] (1a) immunisieren; befreien.
imutável [imu'tavɛɫ] unveränderlich; unwandelbar.
inabalável [inɐβɐ'lavɛɫ] unerschütterlich.
inábil [in'aβiɫ] unfähig; untauglich.
inabili|dade [inɐβəli'ðaðə] *f* Unfähigkeit *f*; Untauglichkeit *f*; **\~tação** [\~tɐ'sɐ̃u] *f* ⚖ Aberkennung *f*; Unfähigkeitserklärung *f*; **\~tar** [\~'tar] (1a) außerstand setzen; für unfähig erklären; *j-m* das Recht (die Befugnis) entziehen (zu *de*).
inabit|ado [\~βi'taðu] unbewohnt; **\~ável** [\~avɛɫ] unbewohnbar.
inacabável [\~kɐ'βavɛɫ] endlos.
inacção [ina'sɐ̃u] *f* Untätigkeit *f*.
ina|ceitável [inɐsei'tavɛɫ] unannehmbar; unzulässig; **\~cessível** [\~sə'sivɛɫ] unerreichbar; unzugänglich; verschlossen; gesperrt; unerschwinglich (*Preis*); *fig.* unnahbar; **\~creditável** [\~krəði'tavɛɫ] unglaubwürdig; unglaublich.
inactiv|idade [inatəvi'ðaðə] *f* Untätigkeit *f*; Stillstand *m*; ⚔ Ruhestand *m*; **\~o** [\~'tivu] untätig; stillliegend, -stehend; gelähmt; inaktiv; außer Dienst.
inadapt|ação [inɐðaptɐ'sɐ̃u] *f* Anpassungsschwierigkeiten *f/pl.*; **\~ável** [\~'tavɛɫ] nicht anpassungsfähig; unbrauchbar.
inad|equado [inɐðə'kwaðu] unangemessen; **\~iável** [\~'ðjavɛɫ] unaufschiebbar; **\~missível** [\~mə'sivɛɫ] unzulässig; unannehmbar.
inadvert|ência [\~vər'tẽsjɐ] *f* Unachtsamkeit *f*; **\~ido** [\~iðu] unachtsam; unbekümmert; unbemerkt.
inafiançável [inɐfjẽ'savɛɫ] nicht kautionsfähig.
inal|ação [inɐlɐ'sɐ̃u] *f* Einatmung *f*, Inhalation *f*; **\~ador** [\~ɐ'ðor] *m* Inhalationsapparat *m*, Inhalator *m*; **\~ar** [\~'lar] (1b) einatmen, inhalieren.
inalienável [\~lje'navɛɫ] unveräußerlich.
inalter|ado [inaɫtə'raðu] unverändert; **\~ável** [\~avɛɫ] unwandelbar; unveränderlich; unwiderruflich; unerschütterlich.
inamistoso [inɐmiʃ'tozu] unfreundlich.
inamovível [\~mu'vivɛɫ] unverrückbar, fest (eingebaut); unabsetzbar (*Beamter*); unkündbar (*Amt*).
inane [in'ɐnə] leer; hohl; nichtig.
inanimado [inɐni'maðu] leblos.
inapelável [\~pə'lavɛɫ] unwiderruflich; endgültig.
inaplicável [\~pli'kavɛɫ] unanwendbar; unbrauchbar.
inapreciável [\~prə'sjavɛɫ] unschätzbar; unbestimmbar.

inapt|idão [~pti'ðɐ̃u] *f* Mangel *m* an Eignung; Unfähigkeit *f*; **~o** [in'aptu] nicht geeignet; unfähig.
inarticul|ado [inɐrtiku'laðu] unartikuliert; **~ável** [~avɛɫ] un(aus)-sprechbar.
inatacável [inɐtɐ'kavɛɫ] unangreifbar.
inatingível [~tĩ'ʒivɛɫ] unerreichbar; unbegreiflich.
inativo [ina'tivu] *s. inactivo.*
inato [i'natu] angeboren; ungeboren.
inau|dito [inau'ðitu] unerhört; **~dível** [~'ðivɛɫ] unhörbar.
inaugur|ação [~ɣurɐ'sɐ̃u] *f* Eröffnung *f*; Einweihung *f*; Enthüllung *f*; Beginn *m*; **~al** [~'raɫ] Eröffnungs...; Einweihungs...; Antritts...; **~ar** [~'rar] (1a) eröffnen; einweihen; *Denkmal* enthüllen; beginnen.
inavegável [inɐvə'ɣavɛɫ] unschiffbar; seeuntüchtig.
incalculável [ĩŋkaɫku'lavɛɫ] unberechenbar, unzählbar; unermeßlich.
incandesc|ência [~kɐ̃ndɨʃ'sẽsjɐ] *f* Weißglut *f*; *camisa f de* ~ Glühstrumpf *m*; **~ente** [~ẽntə] weißglühend; *luz f* ~ Glühlicht *n*; **~er** [~er] (2g) zur Weißglut bringen; *v/i.* (auf-, er-)glühen.
incansável [~kɐ̃'savɛɫ] unermüdlich.
incap|acidade [~kɐpɐsi'ðaðə] *f* Unfähigkeit *f*; Beschränktheit *f*; Rechtsunfähigkeit *f*; **~acitar** [~ɐsi'tar] (1a) außerstand setzen; **~az** [~'paʃ] unfähig; unbrauchbar; ungeeignet.
inçar [ĩ'sar] (1p) befallen, verseuchen; *estar inçado de* wimmeln von.
incauto [~'kautu] unvorsichtig; unbedacht; leichtgläubig.
incend|iado [ĩsẽn'djaðu] *m* Brandgeschädigte(r) *m*; **~iar** [~jar] (1g *u.* 1h) in Brand setzen (*od.* stecken); niederbrennen; *fig.* ent-flammen, -zünden; **~iar-se** abbrennen; *fig.* entbrennen; **~iário** [~jarju] **1.** *adj.* Brand...; Hetz...; **2.** *m* Brandstifter *m.*
incêndio [ĩ'sẽndju] *m* Brand *m*, Feuersbrunst *f*; *fig. a.* Glut *f*; (*crime m de*) ~ Brandstiftung *f.*
incens|ação [ĩsẽsɐ'sɐ̃u] *f fig.* Beweihräucherung *f*; **~ar** [~'sar] (1a) beräuchern, Weihrauch streuen an (*od.* auf, in) (*ac.*); (durch)räuchern; *fig.* beweihräuchern; **~o** [ĩ'sẽsu] *m* Weihrauch *m*; *fig. a.* Schmeichelei *f*; **~ório** [~'sɔrju] *m* Räucherfaß *n.*
incentivo [ĩsẽn'tivu] *m* Anreiz *m*; Lockmittel *n.*
incert|eza [ĩsər'tezɐ] *f* Ungewißheit *f*; Zweifel *m*; **~o** [ĩ'sɛrtu] ungewiß; unsicher; zweifelhaft; etwaig.
incessante, -ável [ĩsə'sɐ̃ntə, -avɛɫ] unablässig; endlos.
incest|o [ĩ'sɛʃtu] *m* Blutschande *f*; **~uoso** [ĩsɨʃ'twozu] blutschänderisch.
inch|ação *f*, **~aço** *m* [ĩʃɐ'sɐ̃u, ĩ'ʃasu] Schwellung *f*; Geschwulst *f*; *fig.* Dünkel *m*; Geschwollenheit *f*; **~ado** [ĩ'ʃaðu] (auf)gedunsen; geschwollen (*a. fig.*); **~ar** [ĩ'ʃar] (1a) (auf-)schwellen, (-)blähen; *Meer* aufwühlen; *fig.* aufblasen; eitel m.; *v/i. u.* **~ar-se** (an)schwellen; (auf-)quellen (*Holz*); *fig.* sich blähen.
incid|ência [ĩsi'ðẽsjɐ] *f* ⟨Phys⟩: *ângulo m* (*plano m*) *de* ~ Einfalls-winkel *m* (-ebene *f*); **~ente** [~ẽntə] **1.** *adj.* beiläufig; Zwischen...; Neben...; *fis.* einfallend, Einfalls...; **2.** *m* Zwischenfall *m*; Nebenumstand *m*; **~ir** [~ir] (3a): ~ *sobre* fallen auf (*ac.*); *fig.* sich vereinigen auf (*ac.*).
inciner|ação [~nərɐ'sɐ̃u] *f* Einäscherung *f*; **~ar** [~'rar] (1c) einäschern.
incipiente [~'pjẽntə] beginnend; angehend.
incis|ão [~'zɐ̃u] *f* Einschnitt *m*; **~ivo** [~ivu] (ein)schneidend; scharf; knapp (*Stil*); Schneide...; **~o** [ĩ'sizu] **1.** *adj.* (ein)geschnitten; Schnitt...; **2.** *m* Einschiebsel *n.*
incit|ação [~tɐ'sɐ̃u] *f* Reizung *f*; Reiz *m*; = **~***amento*; **~ador** [~ɐ'ðor] **1.** *adj.* Reiz...; Hetz...; **2.** *m* Hetzer *m*, Anstifter *m*; **~amento** [~ɐ'mẽntu] *m* Anstachelung *f*; Anstiftung *f*; Antrieb *m*; = **~***ação*; **~ante** [~'tɐ̃ntə]: *causa f* ~ Antrieb *m*; **~ar** [~'tar] (1a) (an-, auf-)reizen (zu *a*, *para*); antreiben; anstacheln; aufhetzen; anstiften; **~ativo** [~ɐ'tivu] *m* Reizmittel *n*; Anreiz *m*, Lockmittel *n.*
incivil [ĩsə'viɫ] unhöflich; **~izado** [~vəli'zaðu] unzivilisiert.
inclem|ência [ĩŋklə'mẽsjɐ] *f* Härte *f*, Grausamkeit *f*; Ungunst *f des Schicksals*; Unbilden *pl. der Witterung*; **~ente** [~ẽntə] hart, grausam; unfreundlich.

inclin|ação [~klinɐ'sɐ̃u] *f* Neigung *f* (*a. fig.*); Gefälle *n*; Schräglage *f*; ⚓ Schlagseite *f*; *fig.* Ver-neigung *f*, -beugung *f*; Zuneigung *f*; *ângulo m de* ~ Neigungs-, Steigungs-winkel *m*; **~ado** [~'naðu] abfallend; *plano m* ~ schiefe Ebene *f*; **~ar** [~'nar] (1a) neigen; beugen; senken; lenken, wenden; *j-n* bewegen *od.* (um-)stimmen (zu *a*); *v/i.* ~ *para* neigen zu; = **~ar-se** abfallen (*Gelände*); sich (ver)beugen; sich bücken; ~ *a*, ~ *para* neigen (*od.* sich verstehen) zu.

inclu|ído [~'klwiðu] inbegriffen; **~indo** [~'klwĩndu] unter Einschluß (*gen. od.* von); inbegriffen; **~ir** [~'klwir] (3i) einschließen; ein-, mit-rechnen; bei-legen, -schließen; **~são** [~klu'zɐ̃u] *f* Einschluß *m*; **~sivamente, ~sive** [~klu,zivɐ'mẽntə, ~'zivɐ] einschließlich; **~so** [~'kluzu] bei-liegend, -geschlossen.

incobrável [~ku'βravɛɫ] uneintreibbar, -ziehbar.

incoer|ência [~kwe'rẽsjɐ] *f* Zs.-hanglosigkeit *f*; Sprunghaftigkeit *f*; **~ente** [~ẽntə] zs.-hanglos, unzs.-hängend; sprunghaft.

incógnit|a [~'kɔɣnitɐ] *f* 𝔄 Unbekannte *f*; **~o** [~u] **1.** *adj.* unbekannt; **2.** *m* Unbekannte(r) *m*; Inkognito *n*.

incolor [~ku'lor] farblos.

incólume [~'kɔlumə] unversehrt, heil.

incombustível [~kõmbuʃ'tivɛɫ] unverbrennbar, feuerfest.

incomensurável [~kumẽsu'ravɛɫ] unvergleichbar; unermeßlich.

incomod|ado [~kumu'ðaðu] unpäßlich, unwohl; aufgebracht; **~ar** [~ar] (1e) belästigen, bemühen; beschwerlich (*od.* lästig) fallen (*dat.*); aufregen; **~ar-se** sich Mühe m. (mit *com*); **~ativo** [~ðɐ'tivu] lästig, beschwerlich; **~idade** [~ði'ðaðə] *f* Unbequemlichkeit *f*; Beschwerlichkeit *f*, Mühe *f*.

incómodo [~'kɔmuðu] **1.** *adj.* unbequem; unbehaglich; lästig; hinderlich; **2.** *m* Mühe *f*; Unpäßlichkeit *f*; = *incomodidade*; *causar* (*od. dar*) ~ Mühe m.; *dar-se ao* (*od. ter o*) ~ *de inf.* sich die Mühe m. zu *inf.*

incomparável [~kõmpɐ'ravɛɫ] unvergleichbar; unvergleichlich.

incompat|ibilidade [~pɐtiβəli'ðaðə] *f* Unvereinbarkeit *f*; ~ *de horas* zeitliche Überschneidung *f*; **~ibilizar** [~iβəli'zar] (1a) unmöglich m.; verhindern; **~ível** [~'tivɛɫ] unvereinbar; unverträglich.

incompet|ência [~pə'tẽsjɐ] *f* Unzuständigkeit *f*; Unfähigkeit *f*; **~ente** [~ẽntə] unzuständig; unbefugt; unmaßgeblich; unfähig.

incompleto [~'plɛtu] unvollendet; unvollständig; unfertig.

incomportável [~pur'tavɛɫ] unerträglich; unverträglich.

incompreen|dido [~prjẽn'diðu] unverstanden; **~são** [~'sɐ̃u] *f* Unverständnis *n*; **~sível** [~'sivɛɫ] unverständlich, unbegreiflich.

incomum [~ku'mũ] ungewöhnlich.

incomunic|abilidade [~munikɐβəli'ðaðə] *f* ⚖ Einzelhaft *f*; **~ável** [~'kavɛɫ] unübertragbar; nicht mitteilbar; abgeschnitten (von *com*); ⚖ in Einzelhaft, abgesondert; *fig.* ungesellig; unerreichbar.

incomutável [~mu'tavɛɫ] nicht umwandelbar; unveränderlich.

incon|cebível [~kõsə'βivɛɫ] undenkbar; unfaßlich; **~ciliável** [~si'ljavɛɫ] unversöhnlich; unvereinbar; **~cusso** [~kõŋ'kusu] unerschütterlich; unbestreitbar; *fig. a.* streng.

incondicion|ado [~kõndisju'naðu] unbedingt; **~al** [~aɫ] bedingungslos; uneingeschränkt.

inconfess|ado [~kõfə'saðu] uneingestanden; **~ável** [~avɛɫ] unsagbar; **~o** [~'fɛsu] ungeständig, verstockt.

inconfid|ência [~fi'ðẽsjɐ] *f* Verrat *m*; **~ente** [~ẽntə] treulos; unzuverlässig.

inconfundível [~fũn'divɛɫ] unverwechselbar.

incongru|ência [~kõŋ'grwẽsjɐ] *f* Unstimmigkeit *f*; Unvereinbarkeit *f*; Ungehörigkeit *f*; **~ente** [~ẽntə] unvereinbar; 𝔄 inkongruent; *fig.* ungehörig; unpassend.

inconsci|ência [~kõʃ'sjẽsjɐ] *f* Unzurechnungsfähigkeit *f*; Unverantwortlichkeit *f*; Gewissenlosigkeit *f*; **~encioso** [~sjẽ'sjozu] gewissenlos; **~ente** [~ẽntə] unbewußt; unzurechnungsfähig; unverantwortlich.

inconsequ|ência [~kõsə'kwẽsjɐ] *f* Mangel *m* an Logik, Inkonsequenz *f*; Widerspruch *m*; **~ente** [~ẽntə] inkonsequent; widerspruchsvoll.

inconsider|ação [~siðərɐ'sɐ̃u] *f* Rücksichtslosigkeit *f*; *fig.* Unbe-

dachtsamkeit *f*; **~ado** [~'raδu] rücksichtslos; unbedacht; übereilt.
inconsist|ência [~siʃ'tẽsjɐ] *f* Unbeständigkeit *f*; Haltlosigkeit *f*; Unsicherheit *f*; **~ente** [~ẽntə] unbeständig; haltlos; unsicher.
inconsolável [~su'lavɛł] untröstlich.
inconst|ância [~ʃ'tɐ̃sjɐ] *f* Unbeständigkeit *f*, Wankelmut *m*; **~ante** [~ɐ̃ntə] unbeständig, wankelmütig.
inconstitucional [~ʃtitusju'nał] verfassungswidrig.
inconsútil [~'sutił] nahtlos.
incontável [~kõn'tavɛł] unzählbar.
incontest|ado [~tiʃ'taδu] unbe-, unum-stritten; **~ável** [~avɛł] unbestreitbar.
incont|ido [~'tiδu] hemmungslos; **~inência** [~ti'nẽsjɐ] *f* Hemmungslosigkeit *f*; ~ *de língua* Schwatzhaftigkeit *f*; ~ *de urinas* Harnfluß *m*, Bettnässe *f*; **~inente** [~ti'nẽntə] ausschweifend; = *~ido*.
incontornável [~tur'navɛł] unvermeidlich.
incontrastável [~trɐʃ'tavɛł] unumstößlich; unwiderleglich.
inconveni|ência [~kõvə'njẽsjɐ] *f* Unschicklichkeit *f*; Ungelegenheit *f*; = **~ente** [~ẽntə] **1.** *m* Mißstand *m*, Unzuträglichkeit *f*; Nachteil *m*; Schwierigkeit *f*; **2.** *adj.* unschicklich; ungebührlich; unpassend; zweckwidrig; ungelegen.
inconversível, -tível [~vər'sivɛł, -'tivɛł] nicht umkehrbar (*Satz*); nicht konvertierbar (*Anleihe*); nicht umtauschbar.
incorpor|ação [~kurpurɐ'sɐ̃u] *f* Einverleibung *f*; Anschluß *m*; Aufnahme *f*; **~ar** [~'rar] (1e) einverleiben; zs.-schließen, verbinden; anschließen; aufnehmen, eingliedern; ein-weisen, -stellen; gestalten; *v/i.* Gestalt annehmen, sich bilden; **~ar-se** *em* eintreten in (*ac.*).
incorpóreo [~'pɔrju] unkörperlich.
incorr|ecção [~kuʀɛ'sɐ̃u] *f* Fehler *m*; Unhöflichkeit *f*; Taktlosigkeit *f*; **~ecto** [~'ʀɛtu] unrichtig; unhöflich, taktlos; **~er** [~'ʀer] (2d): ~ *em* sich zuziehen (*ac.*); hineingezogen w. in (*ac.*); begehen (*ac.*); **~igível** [~ə'ʒivɛł] unverbesserlich; **~uptível** [~u(p)'tivɛł] unverweslich; unzerstörbar; *fig.* unbestechlich; **~upto** [~'ʀu(p)tu] unversehrt; *fig.* unbescholten; unbestechlich.
incred|ibilidade [ĩŋkrəδiβəli'δaδə] *f* Unglaubwürdigkeit *f*; **~ulidade** [~uli'δaδə] *f* Ungläubigkeit *f*.
incrédulo [~'krɛδulu] ungläubig.
increment|ar [~krəmẽn'tar] (1a) fördern; vermehren; ankurbeln; **~o** [~'mẽntu] *m* Anwachsen *n*; Zuwachs *m*; *bsd.* Aufschwung *m*; *o ~ dado a* das Ansteigen (*gen.*); *dar ~ a* = *~ar*.
increp|ação [~pɐ'sɐ̃u] *f* scharfe(r) Tadel *m*; Beschuldigung *f*; *fazer uma ~ a* = **~ar** [~'par] (1c) scharf tadeln, hart anfahren; ~ *alg. de* j-n beschuldigen (*gen.*).
incrimin|ação [~krəminɐ'sɐ̃u] *f* Beschuldigung *f*; **~ar** [~'nar] (1a) ~ *de*, ~ *por* beschuldigen (*gen.*).
incrível [~'krivɛł] unglaublich.
incruento [~'krwẽntu] unblutig.
incrust|ação [~kruʃtɐ'sɐ̃u] *f* Einlegearbeit *f*; Einlage *f*; Überzug *m*; Verkrustung *f*; ⊕ Kesselstein *m*; *geol.* Einschluß *m*; **~ar** [~'tar] (1a) *Oberfläche* auslegen; *Muster* einlegen; *mit e-r Schicht* überziehen; einlagern; **~ar-se** verkrusten; versintern; *fig.* sich einprägen.
incub|ação [ĩŋkuβɐ'sɐ̃u] *f* Brut (-zeit) *f*; ⚕ Inkubation *f*; *fig.* Ausarbeitung *f*; **~ador** [~ɐ'δor] **1.** *adj.* Brut...; Inkubations...; **2.** *m* Brutapparat *m*; **~ar** [~'βar] (1a) (aus-, be-)brüten; *fig.* aus-arbeiten, -denken.
inculcar [~kuł'kar] (1n) empfehlen; zu verstehen geben; *j-n* bekehren zu; beibringen; einschärfen.
inculpar [~'par] (1a) beschuldigen.
inculto [~'kułtu] unbebaut; ungepflegt; ungebildet; schlicht.
incumb|ência [~kũm'bẽsjɐ] *f* Auftrag *m*; Obliegenheit *f*; **~ir** [~ir] (3a) *j-n* beauftragen (mit); *incumbe-lhe* es obliegt ihm; er muß.
incunábulo [~ku'naβulu] *m* Wiegendruck *m*.
incurável [~'ravɛł] unheilbar.
incúria [~'kurjɐ] *f* Fahrlässigkeit *f*; Sorglosigkeit *f*; Nachlässigkeit *f*.
incurs|ão [~kur'sɐ̃u] *f* Überfall *m*; Einfall *m*; ~ *aérea* Feindflug *m*, Luftangriff *m*; **~o** [~'kursu]: ~ *em* verfallen (*dat.*); schuldig (*gen.*); ~ *no artigo 3* straffällig nach Artikel 3.
incutir [~ku'tir] (3a) einflößen; *Zweifel* erwecken; einschärfen.
inda ['ĩndɐ] = *ainda*.

indag|ação [ĩdɐɣɐ'sɐ̃u] *f* Nachforschung *f*; Erforschung *f*; **~ar** [~'ɣar] (1o; *Stv.* 1b) erforschen; ermitteln; *v/i.* ~ (*acerca*) *de* nachforschen (*dat.*); Nachforschungen anstellen über (*ac.*).

indébito [~'dɛβitu] freiwillig (*Zahlung*); unverdient.

inde|cência [ĩdə'sẽsjɐ] *f* Unschicklichkeit *f*; F Skandal *m*; **~cente** [~'sẽntə] unanständig; unschicklich; anstößig; F skandalös, unglaublich; gemein; **~cifrável** [~si'fravɛɫ] nicht zu entziffern(d); unverständlich; **~ciso** [~'sizu] unentschlossen; unentschieden; unbestimmt; **~clinável** [~kli'navɛɫ] unablehnbar; unübertragbar; unabweislich; *gram.* unveränderlich; **~coro** [~'koru] *m* Mangel *m* an Anstand; **~coroso** [~ku'rozu] unanständig; anstößig; empörend; **~fectível** [~fɛ(k)'tivɛɫ] unfehlbar; unausbleiblich; unvergänglich; **~fensável, -ível** [~fẽ'savɛɫ, -ivɛɫ] unhaltbar; *fig. a.* unentschuldbar; **~fenso** [~'fẽsu] = *~feso*; **~ferimento** [~fəri'mẽntu] *m* Ablehnung *f*; **~ferir** [~fə'rir] (3c) ablehnen, abschlägig bescheiden; **~feso** [~'fezu] wehrlos; **~fesso** [~'fɛsu] unermüdlich.

indefin|idamente [~fəˌniðɐ'mẽntə] auf unbestimmte Zeit; **~ido, ~ito** [~'niðu, ~itu] unbestimmt, unbegrenzt, grenzenlos; **~ível** [~'nivɛɫ] unbestimmbar.

inde|lével [~'lɛvɛɫ] unauslöschlich; unvergänglich; **~licadeza** [~likɐ'ðezɐ] *f* Taktlosigkeit *f*; **~licado** [~li'kaðu] taktlos; geschmacklos.

indemne [ĩn'dɛmnə, ~'dɛnə] unbeschädigt; unversehrt, heil.

indemni|dade [ĩdəmni-, ĩdəni'ðaðə] *f* Straflosigkeit *f*; *pol.* Indemnität *f*; = **~zação** [~zɐ'sɐ̃u] *f* Entschädigung *f*; Schadenersatz *m*; Abfindung *f*; **~zar** [~'zar] (1a) ~ *alg. por* (*od. de*) j-n entschädigen für; j-m *et.* ersetzen.

indemonstrável [ĩdəmõʃ'travɛɫ] unbeweisbar; unerweislich.

independ|ência [~pẽn'dẽsjɐ] *f* Unabhängigkeit *f*; **~ente** [~ẽntə] unabhängig, frei; selbständig; **~er** [~er] (2a): (*não*) ~ *de* unabhängig sn (abhängen) von.

indes|critível [ĩdɨʃkri'tivɛɫ] unbeschreiblich; **~culpável** [~kuɫ'pavɛɫ] unentschuldbar.

indesejável [ĩdəzɨ'ʒavɛɫ] unerwünscht; lästig (*Ausländer*).

indestrutível [ĩdɨʃtru'tivɛɫ] unzerstörbar.

indetermin|ado [ĩdətərmi'naðu] unbestimmt; unschlüssig; **~ar** [~ar] (1a) unschlüssig m.; **~ável** [~avɛɫ] unbestimmbar.

indevassável [ĩdəvɐ'savɛɫ] nicht einsehbar, geschlossen.

indevid|amente [ĩdəˌviðɐ'mẽntə] zu Unrecht; **~o** [~'viðu] fälschlich; unverdient; unpassend.

índex ['ĩdɛks] *m* = *índice*; *cat.* Index *m*.

indiano [ĩn'djɐnu] **1.** *adj.* indisch; **2.** *m*, **-a** *f* Inder(in *f*) *m*.

indic|ação [ĩdikɐ'sɐ̃u] *f* Anzeige *f*; Hinweis *m*; Anzeichen *n*; Andeutung *f*; Fingerzeig *m*; Angabe *f*; **~ado** [~'kaðu] zweckmäßig; berufen; passend; *não estar* ~ nicht in Frage kommen; **~ador** [~ɐ'ðor] **1.** *adj.* Zeige...; Meß...; *dedo m* ~ Zeigefinger *m*; **2.** *m* Zeiger *m*; Anzeiger *m*; *Post-*, *Straßen-*Verzeichnis *n*; (Weg-)Weiser *m*; *Druck-*, *Wasserstand-* *usw.* Messer *m*; **~ar** [~'kar] (1n) (an)zeigen; *j-n* hinweisen auf (*ac.*); angeben, sagen; namhaft m.; **~ativo** [~ɐ'tivu] **1.** *adj. modo m* ~ = **2.** *m* Indikativ *m*; *fig.* Anzeichen *n*.

índice ['ĩdisə] *m* Bücher-, Inhaltsverzeichnis *n*; Register *n*; Zeiger *m*; 🕮 Index *m*; *número-índice* Index (-zahl *f*) *m*; ~ *das matérias* (*onomástico*) Sach-(Namen-)register *n*.

indici|ar [ĩdi'sjar] (1g) anzeigen; erkennen l.; Indiz sn für; verdächtigen; **~ário** [~arju] Indizien...

indício [ĩn'disju] *m* Anzeichen *n*; ⚖ Indiz *n*.

indiferen|ça [~difə'rẽsɐ] *f* Gleichgültigkeit *f*; *fís.* Indifferenz *f*; **~te** [~ẽntə] gleichgültig; teilnahmslos; lau; *fís.* indifferent; **~temente** [~ˌrẽntə'mẽntə] unterschiedslos.

indígena [~'diʒənɐ] eingeboren; einheimisch.

indig|ência [~di'ʒẽsjɐ] *f* Armut *f*, Not *f*; **~ente** [~ẽntə] bedürftig, arm.

indige|rível [~ʒə'rivɛɫ] unverdaulich; **~stão** [~ʃ'tɐ̃u] *f* Verdauungsstörung *f*; Magenverstimmung *f*;

~sto [~'ʒɛʃtu] unverdaulich; schwer (verdaulich); unausstehlich.
indigit|ado [~ʒi'taδu] (allgemein) bekannt (*od.* anerkannt); berufen; kommend; **~ar** [~ar] (1a) zeigen (auf [*ac.*]); bezeichnen; vorschlagen.
indign|ação [~diγnɐ'sɐ̃u] *f* Entrüstung *f*, Empörung *f*; Zorn *m*; **~ar** [~'nar] (1a) entrüsten, empören; erzürnen; **~o** [~'diγnu] unwürdig; würdelos; schmählich.
índio ['ĩndju] *m* Indianer *m*.
indirect|a [ĩndi'rɛtɐ] *f* Anspielung *f*; Anzüglichkeit *f*, Hieb *m*; F Pflaume *f*; *dar ~s, dizer ~s* anzüglich w.; **~o** [~u] indirekt, mittelbar; krumm; hinterhältig; anzüglich.
indis|cernível [ĩndiʃsər'nivɛɫ] ununterscheidbar; **~cutível** [~ku'tivɛɫ] fraglos, unbestreitbar; selbstverständlich; indiskutabel; **~pensável** [~pẽ'savɛɫ] unerläßlich; unumgänglich; unentbehrlich.
indiscipl|ina [~sə'plinɐ] *f* Disziplinlosigkeit *f*; **~inado** [~pli'naδu] zuchtlos, undiszipliniert; **~inar** [~pli'nar] (1a) *j-s* Disziplin untergraben; **~inar-se** aufsässig w.; **~inável** [~pli'navɛɫ] unlenksam; aufsässig.
indiscre|ção [~krə'sɐ̃u] *f* Taktlosigkeit *f*; Zudringlichkeit *f*; Schwatzhaftigkeit *f*; Unvorsichtigkeit *f*; **~to** [~'krɛtu] taktlos; zudringlich; schwatzhaft; unvorsichtig.
indiscrimin|ado [~krəmi'naδu] unterschiedslos; **~ável** [~avɛɫ] ununterscheidbar.
indisp|onível [~pu'nivɛɫ] nicht verfügbar; unveräußerlich; **~or** [~'por] (2zd) verstimmen; verderben; schlecht bekommen (*dat.*); *~ com* verfeinden mit; **~osição** [~puzi'sɐ̃u] *f* Unwohlsein *n*; Unlust *f*; Verstimmung *f*; **~osto** [~'poʃtu] unwohl, unpäßlich; ärgerlich.
indissolúvel [ĩndisu'luvɛɫ] unauflöslich; unlöslich.
indistin|guível [~diʃtĩŋ'givɛɫ] unerkennbar; ununterscheidbar; **~tamente** [~ˌtĩntɐ'mẽntə] ohne Unterschied; **~to** [~'tĩntu] undeutlich; unterschiedslos.
individu|ação [ĩndəviδwɐ'sɐ̃u] *f* (Be-)Sonderung *f*; Vereinzelung *f*; Besonderheit *f*; **~al** [~'δwaɫ] individuell; besonder; Sonder..., Einzel...; persönlich; *lições* (*Sport*: *provas*) *f/pl.* *-ais* Einzel-stunden *f/pl.*, -kämpfe *m/pl.*; **~alidade** [~ɐli'δaδə] *f* Persönlichkeit *f*; Besonderheit *f*; ⚖ Person *f*; **~alista** [~ɐ'liʃtɐ] **1.** *adj.* individualistisch; eigen; **2.** *m* Individualist *m*; Einzelgänger *m*; **~alizar** [~ɐli'zar] (1a) individualisieren; kennzeichnen; (be)sondern, vereinzeln; **~almente** [~aɫ'mẽntə] einzeln, besonders; **~ar** [~'δwar] (1g) einzeln darstellen (*od.* aufzählen); = *~alizar*.
indi|víduo [~'viδwu] *m* Individuum *n*; Einzelwesen *n*, Exemplar *n*; **~visível** [~və'zivɛɫ] unteilbar; **~viso** [~'vizu] ungeteilt; gemeinsam; **~zível** [~'zivɛɫ] unsagbar, unsäglich, unaussprechlich.
indo- ['ĩndɔ] *in Zssgn* indo...
indócil [ĩn'dɔsiɫ] ungelehrig; unfolgsam.
índole ['ĩndulə] *f* innere Artung *f*, Wesen *n*; Eigenart *f*; *ter boa ~* gut veranlagt (*od.* gutartig) sn.
indol|ência [ĩndu'lẽsjɐ] *f* Lässigkeit *f*; Trägheit *f*; **~ente** [~ẽntə] lässig; teilnahmslos; träge; **~or** [~'lor] schmerzlos.
indom|ável [~'mavɛɫ] unbezwinglich; unbeugsam; **~esticável** [~miʃti'kavɛɫ] unzähmbar.
indómito [~'dɔmitu] unbezwungen; unbändig; widerspenstig, aufsässig.
indubitável [~duβi'tavɛɫ] unzweifelhaft.
indução [~'sɐ̃u] *f* Überredung *f*; Verführung *f*; ⚡ *u. fil.* Induktion *f*.
indúctil [~'duktiɫ] starr; spröde.
indulg|ência [~duɫ'ʒẽsjɐ] *f* Nachsicht *f*, Milde *f*; *rel. ~s pl.* Ablaß *m*; **~ente** [~ẽntə] nachsichtig, milde.
indult|ar [~'tar] (1a) begnadigen; freisprechen von; **~o** [~'duɫtu] *m* Begnadigung *f*; Straferlaß *m*.
indument|ária [~dumẽn'tarjɐ] *f* Trachtenkunde *f*; Tracht *f*; *tea.* Kostüme *n/pl.*; **~o** [~'mentu] *m* Kleidung *f*, Tracht *f*.
indústria [~'duʃtrjɐ] *f* Gewerbe *n*; Industrie *f*; Gewerbe-, Kunst-fleiß *m*; Geschicklichkeit *f*; Betriebsamkeit *f*; *~ agrícola* Landwirtschaft *f*; *~ dos transportes* Transportwesen *n*; *cavalheiro m de ~* Hochstapler *m*.
industri|al [~duʃ'trjaɫ] **1.** *adj.* industriell, Industrie...; Gewerbe...; **2.** *m* Gewerbetreibende(r) *m*; Industrielle(r) *m*; **~alizar** [~trjɐli'zar]

(1a) industrialisieren; **~ar** [~ar] (1g) unterrichten; bearbeiten; **~ar-se** *em* sich üben in (*dat.*); sich werfen *od.* alle Mühe wenden auf (*ac.*); **~oso** [~ozu] fleißig; geschickt.

indu|tivo [~du'tivu] induktiv; **~tor** [~'tor] **1.** *adj.* Induktions...; **2.** *m* Induktor *m*; **~zido** ⚡ [~'ziδu] *m* Anker *m*, Rotor *m*, Läufer *m*; **~zir** [~'zir] (3m) folgern; ⚡ induzieren; *Furcht* erwecken; ~ *em* verleiten zu; bereden zu; *in Versuchung* führen.

inebriar [inə'βrjar] (1g) berauschen.

ineditismo [~δi'tiʒmu] *m* Neuheit *f*; Originalität *f*.

inédito [in'ɛδitu] **1.** *adj.* noch ungedruckt (*Autor*); unveröffentlicht (*Werk*); *fig.* unbekannt, neu; originell; **2.** *m* ungedruckte(s) Werk *n*.

ine|fável [inə'favɛɫ] unaussprechlich; **~ficaz** [~fi'kaʃ] unwirksam, wirkungslos.

inegável [~'ɣavɛɫ] unleugbar.

inelutável [~lu'tavɛɫ] unumgänglich, unvermeidlich.

inepto [in'ɛptu] albern; unfähig; tölpelhaft.

inequívoco [inə'kivuku] eindeutig.

inércia [in'ɛrsjɐ] *f* Trägheit *f* (*a. fís.*); Untätigkeit *f*; *estado m* (*força f*) *de* ~ Beharrungs-zustand *m* (-vermögen *n*).

iner|ência [inə'rẽsjɐ] *f* Zugehörigkeit *f*; Unlösbarkeit *f*; **~ente** [~ẽntə] innewohnend, anhaftend; eigentümlich; verknüpft (mit *a*).

inerte [in'ɛrtə] regungslos; untätig; schlaff; träge; erschlaffend.

ines|crutável [iniʃkru'tavɛɫ] unerforschlich; **~gotável** [iniʒɣu'tavɛɫ] unerschöpflich; **~perado** [iniʃpə'raδu] unerwartet; unverhofft; **~quecível** [~kɛ'sivɛɫ] unvergeßlich; **~timável** [~ti'mavɛɫ] unschätzbar.

inevitável [inəvi'tavɛɫ] unvermeidlich.

inex|actidão [inei-, inizati'δɐ̃u] *f* Ungenauigkeit *f*; **~acto** [~'zatu] ungenau; unrichtig; unpünktlich; **~aurível** [~zau'rivɛɫ] unausschöpfbar; unversieglich; **~cedível** [~ʃsə'δivɛɫ] unübertrefflich; **~cusável** [~ʃku'zavɛɫ] unerläßlich; unentschuldbar; **~equível** [~zə'kwivɛɫ] unaus-, undurch-führbar; **~istência** [~ziʃ'tẽsjɐ] *f* Nichtvorhandensein *n*; Fehlen *n*; völlige(r) Mangel *m* (an [*dat.*] *de*); **~istente** [~ziʃ'tẽntə] nicht vorhanden; **~orável** [~zu'ravɛɫ] unerbittlich.

inex|periência [ineiʃ-, iniʃpə'rjẽsjɐ] *f* Unerfahrenheit *f*; **~periente** [~pə'rjẽntə] unerfahren; arglos; **~plicável** [~pli'kavɛɫ] unerklärlich; **~plorado** [~plu'raδu] unerforscht; unausgebeutet; ungenutzt; **~pressivo** [~prə'sivu] ausdruckslos; **~primível** [~prə'mivɛɫ] unaussprechlich; **~pugnável** [~puɣ'navɛɫ] uneinnehmbar; unbesiegbar; **~tenso** [~'tẽsu] unausgedehnt; *aber: in extenso lat.* ausführlich; im Wortlaut; **~tinguível** [~tĩŋ'givɛɫ] unlöschbar; = **~tirpável** [~tir'pavɛɫ] unausrottbar; **~tricável** [~tri'kavɛɫ] unentwirrbar.

infal|ibilidade [ĩfɐliβəli'δaδə] *f* Unfehlbarkeit *f*; **~ível** [~'livɛɫ] unfehlbar.

infam|ante [~'mɐ̃ntə] = *~atório*; **~ar** [~ar] (1a) entehren; verleumden; schänden; **~atório** [~mɐ'tɔrju] entehrend; ehrenrührig; *libelo m* ~ Schmähschrift *f*; **~e** [ĩ'fɐmə] **1.** *adj.* ehrlos; schmählich, schändlich; **2.** *m* Schuft *m*.

infâmia [ĩ'fɐmjɐ] *f* Schändlichkeit *f*; Schande *f*; Niedertracht *f*.

infância [ĩ'fɐ̃sjɐ] *f* Kindheit *f*; Kindesalter *n*; Kinder *n/pl*.

infant|aria [ĩfɐ̃ntɐ'riɐ] *f* Infanterie *f*; **~e** [ĩ'fɐntə] **1.** *m* ⚔ Infanterist *m*; **2.** *m*, **-a** *f* Infant(in *f*) *m*; **3.** *adj.* kindlich; **~icida** [~ə'siδɐ] *su.* Kindesmörder(in *f*) *m*; **~icídio** [~ə'siδju] *m* Kindesmord *m*; **~il** [~'tiɫ] kindlich; Kindes..., Kinder...; *depr. u.* ⚕ kindisch, infantil.

infatigável [ĩfɐti'ɣavɛɫ] unermüdlich. [Unglücks...]

infausto [ĩ'fauʃtu] unglücklich,

infec|ção [ĩfɛ'sɐ̃u] *f* Ansteckung *f*; Entzündung *f*; **~cionar** [~sju'nar] (1f) = *~tar*; **~cioso** [~'sjozu] ansteckend; infektiös; **~tar** [~'tar] (1a) anstecken; entzünden; verpesten; **~to** [ĩ'fɛ(k)tu] verpestet; stinkend.

infel|icidade [ĩfələsi'δaδə] *f* Unglück *n*; **~iz** [~'liʃ] unglücklich; **~izmente** [~liʒ'mẽntə] unglücklicherweise; leider.

inferência [~'rẽsjɐ] *f* Folgerung *f*.

inferior [~'rjor] **1.** *adj.* unter; nieder; unterlegen; untergeordnet;

minderwertig; Unter...; Nieder...; *comp.* ~ *a* niedriger *od.* geringer als; **2.** *m* Untergebene(r) *m*; **~idade** [~rjuri'ðaðə] *f* Unterlegenheit *f*; Minderwertigkeit *f*; **~izar** [~rjuri'zar] (1a) erniedrigen, herabwürdigen.

inferir [~'rir] (3c) folgern.

infern|al [ĩfər'nał] höllisch; teuflisch; *pedra f* ~ Höllenstein *m*; **~o** [ĩ'fɛrnu] *m* Hölle *f*.

ínfero ['ĩfəru] = *inferior*.

infértil [ĩ'fɛrtił] unfruchtbar.

infest|ar [ĩfɨʃ'tar] (1c) heimsuchen; verheeren; **~o** [ĩ'fɛʃtu] feindlich; lästig; schädlich.

infetar [ĩfɛ'tar] (1a) *s. infectar.*

infidel|idade [ĩfiðəli'ðaðə] *f* Untreue *f*; Verrat *m*; Ungenauigkeit *f*; **~íssimo** [~ə'lisimu] *sup. v.* **infiel** [ĩ'fjɛł] untreu; treulos; ungenau; *rel.* ungläubig.

infiltr|ação [ĩfiłtrɐ'sɐ̃u] *f* Einsickerung *f*, Eindringen *n*; *geol.* Einschluß *m*; **~ar** [~'trar] (1a) durchdringen, einsickern in (*ac.*); ~ *a/c. em fig.* et. einflößen (*dat.*); **~ar-se** ein-, durch-sickern, -dringen.

ínfimo ['ĩfimu] unterst, niedrigst.

infin|dável [ĩfĩn'davɛł] endlos; **~do** [ĩ'fĩndu] = *infinito*; **~idade** [ĩfəni'ðaðə] *f* Unendlichkeit *f*; *uma* ~ *de* unendlich viele, zahllose; *uma* ~ *de tempo* endlos lange; **~itesimal** [ĩfənitɛzi'mał] unendlich klein; Infinitesimal...; **~itivo** [ĩfəni'tivu] *m* Infinitiv *m*, Nennform *f*; **~ito** [ĩfə'nitu] unendlich; grenzenlos; zahllos; = *~itivo.*

infirmar [ĩfir'mar] (1a) entkräften; rückgängig m., aufheben.

infla|ção [ĩfla'sɐ̃u] *f* Füllung *f*; Schwellung *f*; *fig.* Aufgeblasenheit *f*; Dünkel *m*; ⚕ Geldentwertung *f*, Inflation *f*; **~cionista** [~sju'niʃtɐ] *adj.* Inflations..., inflationistisch.

inflam|ação [ĩflɐmɐ'sɐ̃u] *f* Entzündung *f*; Zündung *f*; *fig.* Glut *f*; **~ado** [~'maðu] flammend, glühend; **~ar** [~'mar] (1a) entzünden; *fig.* entflammen; **~ar-se** zünden; *fig.* entbrennen; erglühen; **~atório** [~ɐ'tɔrju] zündend; Entzündungs...; **~ável** [~'mavɛł] entzünd-bar, -lich.

inflar [ĩ'flar] (1a) aufblasen, *Ballon* füllen; schwellen, bauschen; aufblähen (*a. fig.*); **~-se** (an)schwellen.

inflectir [ĩflɛ(k)'tir] (3c) (sich) biegen *od.* beugen; ablenken; (sich) senken.

inflex|ão [ĩflɛk'sɐ̃u] *f* Biegung *f*; *fís.* Ablenkung *f*; Brechung *f*; *gram.* Beugung *f*; **~ível** [~'sivɛł] unbiegsam; unbeugsam; unerbittlich.

infligir [ĩfli'ʒir] (3n) *Strafe* auferlegen; *Niederlage* zufügen.

inflorescência ⚘ [ĩflurɨʃ'sẽsjɐ] *f* Blütenstand *m*.

influ|ência [ĩ'flwẽsjɐ] *f* Einfluß *m*; *fís.* Influenz *f*; *movimentar as suas ~s* s-e Beziehungen spielen l.; **~enciar** [ĩflwẽ'sjar] (1g) beeinflussen; **~enciável** [ĩflwẽ'sjavɛł] beeinflußbar; **~ente** [~ẽntə] einflußreich; **~enza** ⚕ [~ẽzɐ] *f* Influenza *f*, Grippe *f*; **~ir** [~ir] (3i) *v/t.* hervorrufen; anfeuern; ~ *em* ein-flößen, -geben (*dat.*); *v/i.* ~ *em* Einfluß h. (*od.* ausüben) auf (*ac.*), beeinflussen (*ac.*); **~xo** [ĩ'fluksu] *m* Einfluß *m*; Zufluß *m*, Zustrom *m*; Flut *f*.

in-fólio [in'fɔlju] **1.** *adj.* im Kanzleiformat; **2.** *m* Foliant *m*.

inform|ação [ĩfurmɐ'sɐ̃u] *f* Auskunft *f*; Nachricht *f*; *Zeitungs*-Meldung *f*; Stellungnahme *f*; ⚖ Untersuchung *f*; *pedido m de* ~ Anfrage *f*; *-ões pl.* Auskunft(stelle) *f*; *tirar* (*od. tomar, colher*) *-ões* Erkundigungen einziehen; **~ado** [~'maðu]: *estar* ~ Bescheid wissen; *ser* (*od. ficar*) ~ Bescheid (*od.* Kenntnis) erhalten; **~ador, ~ante** [~ɐ'ðor, ~'mẽntə] *m* Gewährsmann *m*; **~ar** [~'mar] (1e) *j-n* aufklären; *Gesuch* begutachten, Stellung nehmen zu; *Prozeß* einleiten; ~ *alg.* (*acerca*) *de od. sobre* j-n unterrichten (*od.* in Kenntnis setzen) von; j-m Bescheid sagen (*od.* Auskunft geben) über (*ac.*); **~ar-se** *de* sich erkundigen nach; **~ativo** [~ɐ'tivu] Auskunfts...; Nachrichten...

informe [ĩ'fɔrmə] **1.** *m* = *informação*; **2.** *adj.* formlos; unförmig.

infort|unado [ĩfurtu'naðu] unglücklich; **~únio** [~'tunju] *m* Unglück *n*; Heimsuchung *f*.

infrac|ção [ĩfra'sɐ̃u] *f* *Gesetzes*-Übertretung *f*; Zuwiderhandlung *f*; *Vertrags*-Bruch *m*; **~tor** [~'tor] *m* Übertreter *m*; Zuwiderhandelnde(r) *m*; Vertragsbrüchige(r) *m*.

infra-estrutura [ĩfrɐiʃtru'turɐ] *f* Unterbau *m*.

infrangível [ĩfrɐ̃'ʒivɛɫ] unzerbrechlich.
infring|ência *bras.* [ĩfrĩ'ʒẽsjɐ] *f* Übertretung *f*; **~ir** [~ir] (3n) *Gesetz* übertreten; *Vertrag, Wort* brechen.
infrutífero [ĩfru'tifəru] unfruchtbar; *fig.* fruchtlos, vergeblich.
infun|dado [ĩfũn'daδu] unbegründet; grund-, halt-los; **~dir** [~'dir] (3a) aufgießen; einweichen; *fig.* einflößen.
infus|ão [ĩfu'zɐ̃u] *f* Aufguß *m*; *Möbel*-Beize *f*; *fig.* Einflößung *f*; *dar uma ~ a* beizen (*ac.*); **~ível** [~ivɛɫ] unschmelzbar; **~o** [ĩ'fuzu] **1.** *p.p. irr. v. infundir*; **2.** *m* Aufguß *m*; **~órios** [~ɔrjuʃ] *m/pl.* Infusorien *n/pl.*
ingénito [ĩ'ʒɛnitu] angeboren; *rel.* eingeboren.
ingente [ĩ'ʒẽntə] riesig, ungeheuer.
ing|enuidade [ĩʒənwi'δaδə] *f* Naivität *f*; Einfalt *f*; **~énuo** [ĩ'ʒɛnwu] naiv; kindlich-unbefangen; harmlos.
inge|rência [ĩʒə'rẽsjɐ] *f* Einmischung *f*; **~rir** [~'rir] (3c) einführen; ver-schlingen, -schlucken; **~rir-se** sich einmischen; **~stão** [ĩʒiʃ'tɐ̃u] *f* Verschlucken *n*; Genuß *m* (*v. Speisen*).
ingl|ês [ĩŋ'gleʃ] **1.** *adj.* englisch; **2.** *m* Engländer *m*; *para ~ ver* für die Dummen; nur zum Schein; **~esa** [~ezɐ] *f* Engländerin *f*.
inglório [ĩŋ'glɔrju] unrühmlich, ruhmlos.
ingovernável [ĩŋguvər'navɛɫ] unlenkbar.
ingrat|idão [ĩŋgrɐti'δɐ̃u] *f* Undankbarkeit *f*; **~o** [ĩŋ'gratu] undankbar; unangenehm; abweisend.
ingrediente [ĩŋgrə'δjẽntə] *m* Bestandteil *m*; Zutat *f*.
íngreme ['ĩgrəmə] abschüssig, steil.
ingress|ar [ĩŋgrə'sar] (1c) eintreten; aufgenommen w.; *ins Krankenhaus* eingeliefert w.; **~o** [iŋ'grɛsu] *m* Eintritt *m*; Aufnahme *f*; Einlieferung *f*; *bras.* Eintrittskarte *f*.
íngua ⚕ ['ĩŋgwɐ] *f* Lymphdrüsenschwellung *f*.
inguinal [ĩŋgi'naɫ] *anat.* Leisten...
ingurgit|amento [ĩŋgurʒitɐ'mẽntu] *m* Verstopfung *f*, Überfüllung *f*; *fig.* Aufblähung *f*; **~ar** [~'tar] (1a) verschlingen; voll-, ver-stopfen; **~ar-se** *em* versinken in (*ac.*).
inha|ca *bras.* [i'ɲakɐ] *m* Gestank *m*; **~pa** *bras.* [~pɐ] *f* Zugabe *f*.
inib|ição [inəβi'sɐ̃u] *f* Verhinderung *f*; Verbot *n*; Hemmung *f*, Lähmung *f*; **~ir** [~'βir] (3a) verhindern; untersagen; ⚕ hemmen, lahmlegen; **~itivo, ~itório** [~i'tivu, ~i'tɔrju] hinderlich; Hinderungs...; verbietend, Verbots...; hemmend.
inici|ação [inisjɐ'sɐ̃u] *f* Einweihung *f*; Einführung *f*; **~ador** [~ɐ'δor] *m* Bahnbrecher *m*; **~al** [~'sjaɫ] **1.** *adj.* anfänglich, Anfangs...; Ausgangs...; **2.** *f* Anfangsbuchstabe *m*; **~ar** [~'sjar] (1g) beginnen; anbahnen; *~ em* einweihen (*od.* einführen) in (*ac.*); **~ar-se** beginnen; *~ em* sich üben in (*dat.*); sich vertraut m. mit; **~ativa** [~ɐ'tivɐ] *f* Anregung *f*, Anstoß *m*; Unternehmungsgeist *m*; *tomar a ~* (*de*) den Anstoß geben (zu); die Initiative ergreifen; *ter muita ~* unternehmungslustig sn; *por ~ de* auf Anregung (*gen.*); *por ~ própria* aus eigenem Antrieb.
início [i'nisju] *m* Beginn *m*, Anfang *m*; *ter ~* beginnen.
ini|gualável [iniɣwɐ'lavɛɫ] unvergleichlich; unerreichbar; **~ludível** [~lu'δivɛɫ] unausweichlich; **~maginável** [~mɐʒi'navɛɫ] unvorstellbar.
inimi|císsimo [inəmi'sisimu] tödlich verfeindet; *sup. v.* **~go** [~'miɣu] **1.** *adj.* feindlich; verfeindet; schädlich; **2.** *m* Feind *m*; Gegner *m*; **~tável** [~'tavɛɫ] unnachahmlich; **~zade** [~'zaδə] *f* Feindschaft *f*; **~zar** [~'zar] (1a) verfeinden.
inin|teligível [inĩntələ'ʒivɛɫ] unverständlich; unerklärlich; unerkennbar; **~terrupto** [~tə'ʀuptu] ununterbrochen.
iníquo [in'ikwu] unbillig, ungerecht; böse.
injec|ção [ĩʒɛ'sɐ̃u] *f* Einspritzung *f*; *fig.* P Plackerei *f*; *dar uma ~ a* P plagen (*ac.*); **~tado** [~'taδu] blutunterlaufen (*Auge*); **~tar** [~'tar] (1a) *Serum* einspritzen; *Holz* imprägnieren; *~ as faces* in die Wangen schießen (*Blut*); **~tor** [~'tor] *m* Spritzdüse *f*; Dampfstrahlgebläse *n*.
injúria [ĩ'ʒurjɐ] *f* Beschimpfung *f*, Schimpf *m*; *fazer uma ~* beleidigen.
injuri|ar [ĩʒu'rjar] (1g) beschimpfen, schmähen; beeinträchtigen; zerstören; **~oso** [~ozu] beleidigend, Schmäh...

injust|iça [ĩʒuʃ'tisɐ] *f* Ungerechtigkeit *f*; **~ificado** [~təfi'kaðu] ungerechtfertigt, unberechtigt; **~ificável** [~təfi'kavɛɫ] nicht zu rechtfertigen(d); **~o** [ĩ'ʒuʃtu] ungerecht; unberechtigt.

inobliterável [inuβlitə'ravɛɫ] unauslöschlich.

inobserv|ado [inuβsər'vaðu] noch nicht beobachtet; **~ância** [~ɐ̃sjɐ] *f* Nichtbefolgung *f*.

inoc|ência [inu'sẽsjɐ] *f* Unschuld *f*; **~entar** [~sẽn'tar] (1a) reinwaschen; **~ente** [~ẽntə] **1.** *adj.* unschuldig; harmlos; **2.** *su.* unschuldige(s) Kindlein *n*.

in-octavo [inɔk'tavu] **1.** *adj.* in Oktav(format); **2.** *m* Oktavband *m*.

inocul|ação [inukulɐ'sɐ̃u] *f* (Ein-) Impfung *f*; *agulha f de ~* Impfnadel *f*; **~ar** [~'lar] (1a) impfen; *Ideen* einimpfen; **~ar-se** eindringen.

inócuo [in'ɔkwu] unschädlich, harmlos.

inodoro [inu'ðɔru] geruchlos.

inofensivo [inufẽ'sivu] harmlos.

inolvidável [inoɫvi'ðavɛɫ] unvergeßlich.

inomin|ado [inumi'naðu] ungenannt; **~ável** [~avɛɫ] un(be)nennbar.

inop|erância [inupə'rɐ̃sjɐ] *f* Untätigkeit *f*; **~erante** [~ə'rɐ̃ntə] unwirksam; nichtssagend; **~inado** [~i'naðu] unerwartet; **~ortuno** [~ur'tunu] ungelegen; unzeitig, zur Unzeit; unangebracht.

inorgânico [inur'gɐniku] unorganisch.

inospitaleiro [inuʃpitɐ'leiru] ungastlich; unwirtlich.

inov|ação [inuvɐ'sɐ̃u] *f* Neuerung *f*; **~ador** [~ɐ'ðor] **1.** *adj.* neuerungssüchtig; unternehmend; **2.** *m* Neuerer *m*; **~ar** [~'var] (1e) Neuerungen einführen in (*dat.*), erneuern.

inoxidável [inɔksi'ðavɛɫ] rostfrei.

inqualificável [ĩŋkwɐləfi'kavɛɫ] unqualifizierbar.

in-quarto [in'kwartu] **1.** *adj.* in Quart(format); **2.** *m* Quartband *m*.

inquebrantável [ĩŋkəβrɐ̃n'tavɛɫ] unzerbrechlich; unzerreißbar; unermüdlich.

inquérito [ĩŋ'kɛritu] *m* Untersuchung *f*; Rund-, Um-frage *f*.

inquiet|ação [ĩŋkjɛtɐ'sɐ̃u] *f* Unruhe *f*; **~ar** [~'tar] (1a) beunruhigen; **~o** [~'kjɛtu] unruhig; **~ude** [~'tuðə] *f* = *~ação*.

inquilin|ato [ĩŋkəli'natu] *m* (Haus-) Miete *f*; Mieterschaft *f*; *lei f do ~* Mieterschutzgesetz *n*; **~o** *m*, **-a** *f* [ĩŋkə'linu, -ɐ] Mieter(in *f*) *m*.

inquin|ação [ĩŋkinɐ'sɐ̃u] *f* Verseuchung *f*; **~ar** [~'nar] (1a) verunreinigen; ⚕ verseuchen.

inquir|ição [ĩŋkəri'sɐ̃u] *f* Nachforschung *f*; (Zeugen-)Verhör *n*; **~ir** [~'rir] (3a) (er)forschen; untersuchen; *Zeugen* verhören.

Inquisi|ção [ĩŋkəzi'sɐ̃u] *f* Inquisition *f*; **2dor** [~'ðor] *m* Inquisitor *m*; **2torial, 2tório** [~tu'rjaɫ, ~'tɔrju] Inquisitions...; *fig.* inquisitorisch.

insa|ciável [ĩsɐ'sjavɛɫ] unersättlich; **~livar** [~li'var] (1a) *Speisen* mit Speichel vermischen; **~lubre** [~'luβrə] ungesund, schädlich.

insan|ável [~'navɛɫ] unheilbar; nicht wieder gut zu machen(d); **~o** [ĩ'sɐnu] wahnsinnig.

insatisf|ação [ĩsɐtiʃfɐ'sɐ̃u] *f* Ungenügen *n*; Unzufriedenheit *f*; **~eito** [~'feitu] unbefriedigt; unzufrieden.

insciente, ínscio [ĩʃ'sjẽntə, 'ĩʃsju] unwissend.

inscr|ever [ĩʃkrə'ver] (2c; *p.p. inscrito*) ein-schreiben, -tragen; schreiben (in *od.* auf [*ac.*] *em*); eingraben, -schneiden; *geom.* einzeichnen; **~ição** [~i'sɐ̃u] *f* In-, Aufschrift *f*; Ein-schreibung *f*, -tragung *f*.

insect|icida [ĩsɛti'siðɐ] **1.** *m* Insektengift *n*; **2.** *adj. pó m ~* Insektenpulver *n*; **~ívoro** [ĩsɛ'tivuru] *m* Insektenfresser *m*; **~o** [ĩ'sɛtu] *m* Insekt *n*.

inse|duzível [ĩsəðu'zivɛɫ] unverführbar; unbestechlich; **~guro** [~'ɣuru] unsicher; **~minação** [~minɐ'sɐ̃u] *f* (künstliche) Befruchtung *f*.

insensat|ez [ĩsẽsɐ'teʃ] *f* Unvernunft *f*; Unsinn *m*; **~o** [~'satu] unvernünftig; unsinnig; sinnlos.

insens|ibilidade [ĩsẽsiβəli'ðaðə] *f* Gefühllosigkeit *f*; Unempfindlichkeit *f*; **~ibilizar** [~iβəli'zar] (1a) betäuben; abstumpfen; **~ível** [~'sivɛɫ] gefühllos; unempfindlich; unfühlbar; unmerklich.

inseparável [ĩsəpɐ'ravɛɫ] untrennbar.

inser|ção [ĩsər'sɐ̃u] *f* Einfügung *f*;

Einschaltung *f*; Aufgabe *f od.* Aufnahme *f e-r Zeitungsnotiz*; *anat. u.* ♀ Insertion *f*, Ansatz *m*; *ponto m de* ~ Ansatzstelle *f*; **~ir** [~'rir] (3c) einfügen; ein-schalten, -schließen; *Notiz* einrücken; *Anzeige* aufgeben; **~ir-se** *anat. u.* ♀ an-, ein-wachsen; **~to** [ĩ'sɛrtu] *p.p. irr. v.* ~*ir*.

inset... *s. insect...*

insídia [ĩ'siðjɐ] *f* Hinterlist *f*; Falle *f*.

insidi|ar [ĩsi'ðjar] (1g) nachstellen (*dat.*); **~oso** [~ozu] hinterlistig; heimtückisch.

insigne [ĩ'siɣnə] bedeutend, hervorragend.

insígnia [ĩ'siɣnjɐ] *f* Abzeichen *n*; Standarte *f*; ~*s pl.* Insignien *pl.*

insignific|ância [ĩsiɣnəfi'kɐ̃sjɐ] *f* Bedeutungslosigkeit *f*; Geringfügigkeit *f*; Kleinigkeit *f*; Bagatelle *f*; **~ante** [~ɐ̃ntə] unbedeutend; geringfügig.

insinu|ação [ĩsinwɐ'sɐ̃u] *f* Einschmeichelung *f*; Einflüsterung *f*; Andeutung *f*, Wink *m*; Anspielung *f*; Unterstellung *f*; **~ante** [~'nwɐ̃ntə] einschmeichelnd; anziehend; **~ar** [~'nwar] (1g) einflößen; einflüstern; nahelegen; zu verstehen geben, andeuten; unterstellen; **~ar-se** *em* sich einschmeicheln in (*ac.*); sich *et.* erschleichen.

ins|ipidez [ĩsipi'ðeʃ] *f* Fadheit *f*; Abgeschmacktheit *f*; **~ípido** [ĩ'sipiðu] geschmacklos; fade, schal; abgeschmackt; **~ipiente** [~i'pjɐ̃ntə] unklug; unvernünftig.

insist|ência [ĩsiʃ'tẽsjɐ] *f* Drängen *n*; Beharrlichkeit *f*; **~ente** [~ɐ̃ntə] beharrlich; nachdrücklich; dringend; **~ir** [~ir] (3a) drängen; ~ *em* bestehen (*od.* beharren) auf (*dat.*); nicht ablassen von.

insoci|abilidade [ĩsusjɐβəli'ðaðə] *f* Ungeselligkeit *f*, Menschenscheu *f*; **~al** [~'sjał] unsozial; **~ável** [~'sjavɛł] ungesellig, menschenscheu.

inso|fismável [~fiʒ'mavɛł] unleugbar; **~frido** [~'friðu] ungeduldig, gereizt; unruhig; **~frível** [~'frivɛł] unleidlich, unerträglich.

insol|ação [~lɐ'sɐ̃u] *f fot.* Belichtung *f durch Sonnenlicht*; ⚕ Sonnenstich *m*; **~ar** [~'lar] (1e) der Sonne aussetzen, sonnen; **~ente** [~'lẽntə] unverschämt; zudringlich.

insólito [ĩ'sɔlitu] ungewöhnlich.

insolúvel [ĩsu'luvɛł] unlösbar; unablösbar (*Schuld*); ⚗ unlöslich.

insolv|ência [ĩsoł'vẽsjɐ] *f* Zahlungsunfähigkeit *f*; **~ente** [~ẽntə] zahlungsunfähig.

insondável [ĩsõn'davɛł] unergründlich.

insónia [ĩ'sɔnjɐ] *f* Schlaflosigkeit *f*.

insosso [ĩ'sosu] salzlos; fad.

inspec|ção [ĩʃpɛ'sɐ̃u] *f* Besichtigung *f*; *ärztliche usw.* Untersuchung *f*; Nach-, Über-prüfung *f*; Aufsicht(sbehörde) *f*, Überwachung(sstelle) *f*, Inspektion *f*; ⚔ Musterung *f*; **~cionar** [~sju'nar] (1e) besichtigen; untersuchen; nach-, überprüfen; beaufsichtigen; mustern; **~tor** [~'tor] *m* Inspektor *m*.

inspir|ação [~pirɐ'sɐ̃u] *f* Einatmung *f*; *fig.* Inspiration *f*; Eingebung *f*; **~ador** [~ɐ'ðor] *m* Anreger *m*, Urheber *m*; **~ar** [~'rar] (1a) einatmen; *fig.* ein-flößen, -geben; erleuchten, inspirieren; begeistern.

instabilidade [~tɐβəli'ðaðə] *f* Unbeständigkeit *f*; Unsicherheit *f*.

instal|ação [~tɐlɐ'sɐ̃u] *f* Einrichtung *f*, Installation *f*; *elektrische* Leitung *f*; *maschinelle* Anlage *f*; *Amts*-Einführung *f*; **~ador** [~ɐ'ðor] *m* Installateur *m*; **~ar** [~'lar] (1b) einrichten, installieren; aufstellen; einbauen; anlegen; *Draht* verlegen; *j-n* unterbringen; *in ein Amt* einführen; **~ar-se** Wohnung nehmen; sich niederlassen; sich's bequem m.

instância [~'tɐ̃sjɐ] *f* Inständigkeit *f*; Dringlichkeit *f*; inständige Bitte *f*; Ansuchen *n*; Eingabe *f*; ⚖ Instanz *f*; *com* ~ inständig; *em última* ~ *fig.* äußerstenfalls.

instant|âneo [~tɐ̃n'tɐnju] **1.** *adj.* augenblicklich; sofortig; plötzlich; vorübergehend, Augenblicks...; **2.** *m* Momentaufnahme *f*, Schnappschuß *m*; **~e** [~'tɐ̃ntə] **1.** *adj.* inständig; drängend; dringlich; **2.** *m* Augenblick *m*.

instar [~'tar] (1a) drohen (*Gefahr*); drängen; dringend (nötig) sn; *v/t.* auffordern, drängen.

instaur|ação [~taurɐ'sɐ̃u] *f* Errichtung *f*; Einführung *f*; Wiederherstellung *f*; ⚖ Einleitung *f*; **~ador** [~ɐ'ðor] *m* Begründer *m*; **~ar** [~'rar] (1a) errichten; einführen; wiederherstellen; *Prozeß* einleiten.

instável [~'tavɛł] unbeständig; unsicher, labil; leicht beweglich.

instig|ação [~tiɣɐ'sɐ̃u] *f* Anstiftung

f; Hetze *f*; Antrieb *m*; **~ador** [~ɐ'ðor] **1.** *m* Anstifter *m*; Hetzer *m*; **2.** *adj.* treibend; **~ar** [~'ɣar] (1o) anstiften; (auf)hetzen; (an)treiben.
instilar [~ti'lar] (1a) einträufeln.
instint|ivo [~tĩn'tivu] triebhaft, instinktiv; unwillkürlich; **~o** [~'tĩntu] *m* (Natur-)Trieb *m*, Instinkt *m*.
institu|ição [~titwi'sɐ̃u] *f* Einrichtung *f*; Gründung *f*; Anstalt *f*; Einsetzung *f*; **~ir** [~'twir] (3i) ein-, er-richten; gründen; *Termin usw.* festsetzen; *zum Erben* einsetzen; freigeben für; **~to** [~ti'tutu] *m* Institut *n*; Anstalt *f*; (Ordens-)Regel *f*; Orden *m*; *Schönheits*-Salon *m*; ≗ *Industrial* (*Comercial*) Ingenieur-(höhere Handels-)schule *f*; ≗ *Superior Técnico* Technische Hochschule *f*; ≗ *Superior de Ciências Económicas e Financeiras* Wirtschaftshochschule *f*.
instru|ção [~tru'sɐ̃u] *f* Unterricht *m*; Unterweisung *f*; Anweisung *f*; Vorschrift *f*, Instruktion *f*; Bildung *f*; ⚖ Voruntersuchung *f*; ~ *pública* Schulwesen *n*; ~ *primária* (*secundária*, *superior*) Grundschul- (höhere Schul-, Hochschul-)bildung *f*; *juiz m de* ~ *s. instrutor* 1.; **~ído** [~'trwiðu] gebildet; **~ir** [~'trwir] (3k) unterrichten, unterweisen; anweisen, instruieren; bilden; *Forderung* belegen; ⚖ *Prozeß* vorbereiten.
instrument|ação [~trumẽntɐ'sɐ̃u] *f* Instrumentierung *f*; **~ar** [~'tar] (1a) instrumentieren; **~ista** [~'tiʃtɐ] *m* Musiker *m*; **~o** [~tru'mẽntu] *m* Instrument *n* (*a. fig.*); Werkzeug *n*; Gerät *n*; Urkunde *f*; ~ *de corda* (*percussão*, *sopro*) Streich- (Schlag-, Blas-)instrument *n*; **~s** *pl.* ⊕ Armaturen *f/pl.*
instrut|ivo [~tru'tivu] lehrreich; aufschlußreich; Lehr...; **~or** [~or] **1.** *adj. juiz m* ~ Untersuchungsrichter *m*; **2.** *m* Lehrer *m*; ⚔ Instrukteur *m*.
ínsua ['ĩswɐ] *f* (Fluß-)Insel *f*.
insubmisso [ĩsuβ'misu] aufsässig.
insubordin|ação [~urðinɐ'sɐ̃u] *f* Widersetzlichkeit *f*; Unbotmäßigkeit *f*; **~ado** [~'naðu] **1.** *adj.* widersetzlich, unbotmäßig; **2.** *m* Gehorsamsverweigerer *m*; **~ar** [~'nar] (1a) aufwiegeln; **~ar-se** den Gehorsam verweigern.
insub|ornável [~ur'navɛɫ] unbestechlich; **~sistente** [~siʃ'tẽntə] halt-, grund-los; **~stituível** [~ʃti'twivɛɫ] unersetzlich.
insucesso [ĩsu'sɛsu] *m* Mißerfolg *m*.
insufici|ência [~fi'sjẽsjɐ] *f* Unzulänglichkeit *f*; ~ *cardíaca* Herzinsuffizienz *f*, -schwäche *f*; **~ente** [~ẽntə] unzulänglich.
insufl|ador [~flɐ'ðor] *m* ⚕ (Ballon-)Spritze *f*; ⊕ Gebläse *n*; **~ar** [~'flar] (1a) aufblasen; einblasen; einspritzen; *fig.* einflößen; beeinflussen.
insul|ação, ~ador [~lɐ'sɐ̃u, ~ɐ'ðor] = *isol|ação, ~ador*; **~ano** [~'lɐnu] **1.** *adj.* Insel...; insular; **2.** *m*, **-a** *f* Inselbewohner(in *f*) *m*; **~ar** [~'lar] (1a) = *isolar*.
insul|tar [ĩsuɫ'tar] (1a) beleidigen; **~to** [ĩ'suɫtu] *m* Schimpf *m*; Beleidigung *f*; ⚕ Anfall *m*.
insu|perável [ĩsupə'ravɛɫ] unüberwindlich; unübertrefflich; **~portável** [~pur'tavɛɫ] unerträglich; **~prível** [~'privɛɫ] unersetzlich.
insurg|ente [ĩsur'ʒẽntə] **1.** *adj.* aufständisch; **2.** *m* Aufrührer *m*; **~ir** [~'ʒir] (3n) aufwiegeln; **~ir-se** sich auflehnen *od.* empören.
insurr|ecto [ĩsu'ʀɛtu] = *insurgente*; **~eição** [~ei'sɐ̃u] *f* Aufstand *m*, Aufruhr *m*; Auflehnung *f*; Empörung *f*.
insus|peito [ĩsuʃ'peitu] unverdächtig; glaubwürdig; unparteiisch; **~tentável** [~tẽn'tavɛɫ] unhaltbar.
intacto [ĩn'ta(k)tu] unberührt; unversehrt, heil.
intangível [~tɐ̃'ʒivɛɫ] unantastbar.
íntegra ['ĩntəɣrɐ] *f* Wortlaut *m*; *na* ~ vollständig, im Wortlaut.
integr|ação [ĩntəɣrɐ'sɐ̃u] *f* Einordnung *f*; Zs.-schluß *m*; ⩘ Integration *f*; **~al** [~'ɣraɫ] **1.** *adj.* vollständig; *cálculo m* ~ Integralrechnung *f*; *pão m* ~ Vollkornbrot *n*; **2.** *f* ⩘ Integral *n*; **~ante** [~'ɣrɐ̃ntə]: *oração f* ~ abhängige(r) Satz *m*, indirekte Rede *f*; *fazer parte* ~ *de* wesentlich gehören zu, nicht weggedacht w. können aus; **~ar** [~'ɣrar] (1c) ergänzen; *fig.* einordnen; ⩘ integrieren; **~idade** [~i'ðaðə] *f* Vollständigkeit *f*; Unversehrtheit *f*; Redlichkeit *f*; Unbescholtenheit *f*.
íntegro ['ĩntəɣru] vollständig; unversehrt; rechtschaffen; aufrecht; unbestechlich; unbescholten.

inteir|ado [ĩtei'raðu]: *estar* ~ *de* im Bilde sn über (*ac.*), Kenntnis h. von; **~ar** [~'rar] (1a) vervollständigen; in Kenntnis setzen; **~ar-se** Kenntnis nehmen, sich ein Bild m.; **~eza** [~ezɐ] *f* Vollständigkeit *f*; Ganzheit *f*; ~ *de carácter* aufrechte(r) Charakter *m*; **~içado** [~ri'saðu] steif (vor Kälte), klamm; **~içar** [~ri'sar] (1p) steif m., verklammen; **~içar-se** erstarren; **~iço** [~'risu] aus e-m Stück; steif, starr; **~o** [~'teiru] ganz; vollständig; unversehrt.

intelecto [ĩntə'lɛtu] *m* Verstand *m*.

intelectual [~təlɛ'twał] Verstandes-..., verstandesmäßig; intellektuell; **~izar** [~twɐli'zar] (1a) verbegrifflichen, intellektualisieren; vergeistigen.

intelig|ência [ĩntəli'ʒẽsjɐ] *f* Einsicht *f*; Verständnis *n*; Klugheit *f*; Intelligenz *f*; Sinn *m*; Einvernehmen *n*; *estar de* (*od.* *ter*) ~ *com* in heimlicher Verbindung stehen (F unter e-r Decke stecken) mit; **~ente** [~ẽntə] **1.** *adj.* einsichtig, verständig; klug; ~ *em* bewandert in (*dat.*); *ser m* ~ Verstandeswesen *n*; **~ível** [~ivɛł] verständlich.

intemper|ado [ĩntẽmpə'raðu] unmäßig; **~ança** [~ẽsɐ] *f* Unmäßigkeit *f*; **~ante** [~ẽntə] zügellos.

intemp|érie [~'pɛrjə] *f* Unbilden *f/pl.* (der Witterung); **~estivo** [~pɨʃ'tivu] ungelegen; unerwartet.

inten|ção [ĩntẽ'sɐ̃u] *f* Absicht *f*; *segunda* ~ Nebenabsicht *f*; Hintergedanken *m/pl.*; *por* ~ *de* zum Besten von, für; *ter boas* (*od.* *as melhores*) *-ões* es gut meinen; **~cionado** [~sju'naðu] *bem* ~ gutwillig; ehrlich; *mal* ~ böswillig; **~cional** [~sju'nał] absichtlich; vorsätzlich; **~dência** [~ẽn'dẽsjɐ] *f* Verwaltung *f*; ⚔ Intendantur *f*; **~dente** [~ẽn'dẽntə] *m* Verwalter *m*; Intendant *m*; **~der** [~ẽn'der] (2a) die Aufsicht führen, F zu sagen h.

intens|idade [ĩntẽsi'ðaðə] *f* Heftigkeit *f*; Nachdruck *m*; Eindringlichkeit *f*; *Laut-*, *Strom-*Stärke *f*; Intensität *f*; **~ificar** [~əfi'kar] (1n) verstärken; steigern; **~ivo** [~'sivu] steigernd, verstärkend; intensiv; **~o** [~'tẽsu] heftig; nachdrücklich; eindringlich; stark; intensiv.

intent|ar [ĩntẽn'tar] (1a) vorhaben; versuchen; unternehmen; *Prozeß* anstrengen; ~ *acção judicial contra alg.* j-n (gerichtlich) verklagen; **~o** [~'tẽntu] *m* Vorhaben *n*, Absicht *f*; Versuch *m*; *de* ~ absichtlich; **~ona** [~'tonɐ] *f* Putschversuch *m*.

intercalar [ĩntərkɐ'lar] (1b) einschalten; einschieben.

inter|câmbio [~'kɐ̃mbju] *m* Austausch *m*; **~ceder** [~sə'ðer] (2c) bitten *od.* sich verwenden (für *por*); sich ins Mittel legen.

interceptar [~sɛp'tar] (1a) *Leitung* unterbrechen; *Brief* abfangen; *Nachricht* auffangen; *Zug* anhalten.

intercess|ão [~sə'sɐ̃u] *f* Vermittlung *f*, Verwendung *f*; Fürsprache *f*; **~or** *m*, **-a** *f* [~or, -ɐ] Fürsprecher (-in *f*) *m*; Vermittler(in *f*) *m*.

interdepend|ência [~dəpẽn'dẽsjɐ] *f* wechselseitige Abhängigkeit *f*; **~ente** [~'dẽntə] vonea. abhängig.

interdi|ção [~di'sɐ̃u] *f* Untersagung *f*; Verbot *n*; Entzug *m*; *bsd.* Entmündigung *f*; *Handels-*Sperre *f*; **~tar** [~'tar] (1a) sperren; **~to** [~'ditu] **1.** *adj.* *ele está* ~ *de inf.* es ist ihm verboten zu *inf.*; **2.** *m* **a**) Entmündigte(r) *m*; **b**) *rel.* Interdikt *n*; **~zer** [~'zer] (2x) untersagen; verbieten; *Rechte* entziehen; entmündigen; *rel.* mit dem Interdikt belegen.

interess|ado [~ə'saðu] **1.** *adj. fig.* = ~*eiro*; **2.** *m*, **-a** *f* Interessent(in *f*) *m*, Reflektant(in *f*) *m*; Teilhaber(in *f*) *m*; Beteiligte(r *m*) *m*, *f*; **~ante** [~ẽntə] reizvoll; bedeutsam, wichtig; spannend; fesselnd; interessant; **~ar** [~ar] (1c) reizen, anziehen; fesseln; in Mitleidenschaft ziehen (*Verletzung*); ~ *em* beteiligen (*od.* teilnehmen l.) an (*dat.*); ~ *alg. por* j-n interessieren für; *v/i.* ~ *a j-n* angehen; *j-m* (*od.* für *et.*) wichtig sn; *j-n* interessieren; (*isso*) *não interessa* das tut nichts (zur Sache); das ist Nebensache; **~ar-se**: ~ *por* Anteil nehmen an (*dat.*); **~e** [~'resə] *m* Interesse *n*; Anteil(nahme *f*) *m*; Reiz *m*; Wert *m*, Bedeutung *f*; Nutzen *m*, Gewinn *m*; Belang *m* (*defender* vertreten); Gewinnsucht *f*, Eigennutz *m*; ✝ Anteil *m*; Zins *m*; **~s** *pl.* *criados* Interessenverknüpfung *f*; *cheio de* ~ = ~*ante*; *sem* ~ reizlos; bedeutungslos; uninteressant; **~eiro** [~eiru] berechnend; eigennützig.

interfer|ência [~fə'rẽsjɐ] *f* Einmischung *f*; Dazwischentreten *n*; Mitwirkung *f*; *fís.* Interferenz *f*; *Radio*: Nebengeräusch *n*; **~ente** [~ẽntə] Interferenz...; **~ir** [~ir] (3c) *fís.* interferieren; *fig.* ~ *em* eingreifen (*od.* sich einmischen) in (*ac.*); mitwirken bei, etwas dazutun zu.

interfoliado [~fu'ljaδu] durchschossen (*Buch*).

interin|ado, -ato [~i'naδu, -atu] *m* Interim *n*; **~o** [~'rinu] einstweilig; stellvertretend; interimistisch.

interior [ĩntə'rjor] **1.** *adj.* inner (-lich); Innen...; Binnen...; **2.** *m das* Innere; Inland *n*; Binnenland *n*; *pint.* Interieur *n*; *fot.* Innenaufnahme *f*; ~ *direito* (*esquerdo*) *Sport*: Halb-rechte(r) *m*, -linke(r) *m*; *foro m* ~ *der* Richterstuhl des Gewissens; **~ano** [~rjo'rɐnu] binnenländisch; **~idade** [~rjuri'δaδə] *f* Innerlichkeit *f*.

inter|jeição [~ʒei'sɐ̃u] *f* Ausruf *m*; **~linear** [~li'njar] zwischen den Zeilen (stehend); **~locutor** *m*, **-a** *f* [~luku'tor] Gesprächspartner(in *f*) *m*; Wortführer(in *f*) *m*.

intermedi|ado [~mə'δjaδu]: ~ *de* abwechselnd mit; **~ar** [~ar] (1h) dazwischenliegen; *fig.* vermitteln; eingreifen; **~ário** [~arju] **1.** *adj.* dazwischenliegend; Zwischen...; Mittels...; **2.** *m* Mittelsmann *m*; Vermittler *m*; ✝ Zwischenhändler *m*.

intermédio [~'mεδju] **1.** *adj.* Zwischen...; **2.** *m* Zwischenzeit *f*; Vermittlung *f*; *tea.* Zwischenspiel *n*, Intermezzo *n*.

intermi|nável [~mi'navεɫ] endlos; **~ssão** [~'sɐ̃u] *f* Unterbrechung *f*; **~tência** [~'tẽsjɐ] *f* Stockung *f*; Aussetzen *n* (*Puls*); Ausbleiben *n*; Unterbrechung *f*; **~tente** [~'tẽntə] stockend; zeitweilig aufhörend; aussetzend (*Puls*); *febre f* ~ Wechselfieber *n*.

internacional [~nẽsju'naɫ] international, zwischenstaatlich.

intern|ar [~'nar] (1c) internieren; *ins Krankenhaus* einliefern; *in ein Internat* geben; **~ar-se** eindringen; sich vertiefen; **~ato** [~atu] *m* Internat *n*; Asyl *n*; **~o** [ĩn'tεrnu] inner; innerlich; Innen..., Binnen...; intern (*Schüler*).

interpel|ação [~pəlɐ'sɐ̃u] *f* Aufforderung *f*; *parl.* Anfrage *f*, Interpellation *f*; **~ar** [~'lar] (1c) auffordern; unterbrechen; e-e Frage richten an (*ac.*); anfragen bei.

interpol|ação [~pulɐ'sɐ̃u] *f* Einschub *m*; **~ar** [~'lar] (1e) einschieben; 🕮 interpolieren.

interpor [~'por] (2zd) legen, stellen, treten (zwischen *entre*); einschieben; dazwischenstellen; *Einfluß usw.* geltend m.; ⚖ *Berufung* einlegen; **~-se** dazwischentreten; sich ins Mittel legen.

interpret|ação [~prətɐ'sɐ̃u] *f* Auslegung *f*, Deutung *f*, Interpretation *f*; Übersetzung *f*; ♪ *a.* Wiedergabe *f*; *tea.* Darstellung *f*; **~ar** [~'tar] (1c) auslegen, deuten, interpretieren; übersetzen; verdolmetschen; ♪ wiedergeben; *tea.* darstellen; **~ativo** [~ɐ'tivu] erläuternd.

intérprete [ĩn'tεrprətə] *su.* Dolmetscher(in *f*) *m*; Vermittler(in *f*) *m*; Interpret(in *f*) *m*; *tea.* Darsteller (-in *f*) *m*.

interregno [ĩntə'ʀεɣnu] *m* Zwischenregierung *f*; regierungslose Zeit *f*.

interrog|ação [~ʀuɣɐ'sɐ̃u] *f* Befragung *f*; Frage *f*; *Zeugen*-Vernehmung *f*; (*ponto m de*) ~ Fragezeichen *n*; **~ar** [~'ɣar] (1o; *Stv.* 1e) (aus-, be)fragen; *Schüler* prüfen; ⚖ verhören; **~ativo** [~ɐ'tivu] fragend; Frage...; **~atório** [~ɐ'tɔrju] *m* Verhör *n*.

interr|omper [~ʀõm'per] (2a) unterbrechen; ausschalten; **~upção** [~ʀup'sɐ̃u] *f* Unterbrechung *f*; Ausschaltung *f*; ~ *da emissão Radio*: Sendepause *f*; **~uptor** [~ʀup'tor] *m* ⚡ Schalter *m*.

inter|secção [~sεk'sɐ̃u] *f* ⨯ Schnitt (-punkt) *m*; **~trigem** ⚕ [~'triʒɐ̃i] *f* Wolf *m*; **~urbano** [~ur'βɐnu] **1.** *adj. tel.* Fern...; **2.** *m bras.* Ferngespräch *n*; **~valo** [~'valu] *m* Abstand *m*, Zwischenraum *m*; Zwischenzeit *f*; *tea.* Pause *f*; ♪ Intervall *n*; *Sport*: Halbzeit *f*.

interv|enção [~vẽ'sɐ̃u] *f* Eingreifen *n*, Intervention *f*; Dazwischenkunft *f*, Eintritt *m e-s Ereignisses*; Vermittlung *f*; ⚕ Eingriff *m*; **~eniente** [~və'njẽntə] *m* ✝ *Wechsel*-Honorant *m*; **~ir** [~'vir] (3x) dazwischenkommen, eintreten; eingreifen, einschreiten; teilnehmen; vermitteln.

intestin|al [ĩntiʃti'naɫ] Darm...; **~o** [~'tinu] **1.** *adj.* inner(lich); häuslich; *guerra f -a* Bürgerkrieg *m*; **2.** *m* Darm *m*; *~s pl.* Eingeweide *n/pl.*; *~ cego (delgado, grosso)* Blind-(Dünn-, Dick-)darm *m*.

intim|ação [ĩtimɐ'sɐ̃u] *f* Ankündigung *f*; Aufforderung *f*; ⚖ Vorladung *f*; Zahlungsbefehl *m*; **~ar** [~'mar] (1a) ankündigen, mitteilen; auffordern; ⚖ vorladen; *v/i.* auftrumpfen; schelten; **~ativa** [~ɐ'tivɐ] *f* Auftrumpfen *n*; energische Aufforderung *f*; *falar com ~* auftrumpfen; **~ativo** [~ɐ'tivu] befehlend; drohend.

intimid|ação [~miδɐ'sɐ̃u] *f* Einschüchterung *f*; Abschreckung *f*; **~ade** [~'δaδə] *f* Innigkeit *f*; innige Freundschaft *f*; Vertraulichkeit *f*; Heimlichkeit *f*; *das* Innerste; *tomar ~ com* vertraulich w. (*od.* sich anfreunden) mit; *ter ~ com, viver na ~ de* eng befreundet sn mit; **~ar** [~'δar] (1a) einschüchtern; abschrecken.

íntimo ['ĩntimu] **1.** *adj.* innerst; innerlich; eng, innig; vertraut; gemütlich; **2.** *m* gute(r) Freund *m*.

intitular [ĩntitu'lar] (1a) betiteln; (be)nennen; **~-se** heißen.

intoler|ância [ĩntulə'rɐ̃sjɐ] *f* Unduldsamkeit *f*; **~ante** [~ɐ̃ntə] unduldsam; **~ável** [~avɛɫ] unerträglich, unausstehlich; empörend.

intoxic|ação [ĩntɔksikɐ'sɐ̃u] *f* Vergiftung *f*; **~ar** [~'kar] (1n) vergiften.

intraduzível [ĩntrɐδu'zivɛɫ] unübersetzbar; unsagbar.

intranquilo [ĩntrɐ̃ŋ'kwilu] unruhig.

intransferível [ĩntrɐ̃ʃfə'rivɛɫ] unübertragbar; nicht transferierbar.

intransig|ência [~zi'ʒẽsjɐ] *f* Unnachgiebigkeit *f*; **~ente** [~ẽntə] unnachgiebig; kompromißlos.

intransit|ável [~zi'tavɛɫ] unwegsam; nicht begeh- *od.* befahr-bar; gesperrt; **~ivo** [~ivu] intransitiv.

intrans|missível [ĩntrɐ̃ʒmi'sivɛɫ] unübertragbar; **~ponível** [~ʃpu'nivɛɫ] unüberschreitbar; **~portável** [~ʃpur'tavɛɫ] nicht transportfähig.

intra|tável [ĩntrɐ'tavɛɫ] abweisend; unausstehlich; unwegsam; **~venoso** [~və'nozu] intravenös.

intr|epidez [ĩntrəpi'δeʃ] *f* Unerschrockenheit *f*; **~épido** [ĩn'trɛpiδu] unerschrocken, verwegen.

intricar [ĩntri'kar] (1n) = *intrincar*.

intrig|a [ĩn'triγɐ] *f* Intrige *f*; Kabale *f*; *~s pl.* Umtriebe *m/pl.*, Machenschaften *f/pl.*; **~ante** [~tri'γɐ̃ntə] **1.** *adj.* ränkevoll; hinterhältig, heimtückisch; **2.** *su.* Intrigant(in *f*) *m*; **~ar** [~tri'γar] (1o) aufhetzen, verfeinden; keine Ruhe l. (*dat.*), ärgern; beunruhigen, quälen; neugierig m.; *v/i.* intrigieren, Ränke schmieden; **~uista** [~tri'γiʃtɐ] = *~ante*.

intrinc|ado [ĩntrĩŋ'kaδu] dunkel; schwierig; **~ar** [~ar] (1n) verwirren, durchea.-bringen; verwikkeln.

intrínseco [~'trĩsəku] inner(lich); wesentlich; echt.

introdu|ção [ĩntruδu'sɐ̃u] *f* Einführung *f* (in *a*); *lit.* Einleitung *f*; ♪ Vorspiel *n*; **~tivo** [~'tivu] einleitend; Vor...; **~zir** [~'zir] (3m) einführen; bringen; vorstellen; ⊕ *a.* stöpseln; **~zir-se** eindringen.

intróito [ĩn'trɔitu] *m* Einleitung *f*.

introm|eter [ĩntrumə'ter] (2c) (hinein)bringen; einfügen, einlegen; **~eter-se** sich einmischen; **~etido** [~ə'tiδu] naseweis; vorlaut; frech; **~issão** [~i'sɐ̃u] *f* Einmischung *f*.

introspec|ção [~ʃpɛ'sɐ̃u] *f* innere (*od.* eingehende) Untersuchung *f*; *psic.* Selbstbeobachtung *f*; **~tivo** [~'tivu] inner; nach innen gehend; (sich selbst) prüfend; Selbst...

introver|são [~vər'sɐ̃u] *f fig.* innere Einkehr *f*; Selbstbespiegelung *f*; **~so** [~'vɛrsu] = **~tido** [~'tiδu] nach innen gekehrt; *fig.* in sich gekehrt; ⚕ introvertiert.

intruj|ão P [~'ʒɐ̃u] *m* Schwindler *m*, Hochstapler *m*; **~ar** P [~ar] (1a) anschwindeln, reinlegen; **~ice** P [~isə] *f* Schwindel *m*; Hochstapelei *f*.

intruso [ĩn'truzu] **1.** *adj.* unrechtmäßig (eingedrungen); betrügerisch; frech; **2.** *m* Eindringling *m*.

intui|ção [ĩntwi'sɐ̃u] *f* Intuition *f*, (unmittelbare) Anschauung *f*; Einfühlung(svermögen *n*) *f*; Vorahnung *f*; *quadro m de ~* Anschauungsbild *n*; **~tivo** [~'tivu] intuitiv; anschaulich; einleuchtend; An-

schauungs...; **~to** [~'tuitu] *m* Absicht *f*; Zweck *m*.
intumesc|ência [ĩntumiʃ'sẽsjɐ] *f* (An-)Schwellung *f*; **~ente** [~ẽntə] geschwollen (*a. fig.*); **~er** [~er] (2g) (an)schwellen; (auf)quellen; (sich) aufblähen; **~imento** *bras.* [~si'mẽntu] *m* = *~ência*.
inum|ação [inumɐ'sɐ̃u] *f* Bestattung *f*; **~ano** [~'mɐnu] unmenschlich; **~ar** [~'mar] (1a) bestatten; **~erável** [~ə'ravɛɫ] unzählbar; = **inúmero** [i'numəru] unzählig.
inund|ação [inũndɐ'sɐ̃u] *f* Überschwemmung *f*; **~ar** [~'dar] (1a) überschwemmen; *fig.* durch-fluten, -strömen.
inusitado [inuzi'taðu] ungewöhnlich.
inútil [in'utiɫ] unnütz; zweck-, wert-los; unbrauchbar; vergeblich.
inutili|dade [inutəli'ðaðə] *f* Nutz-, Zweck-losigkeit *f*; Vergeblichkeit *f*; **~zado** [~'zaðu]: *estar* (*od. ficar*) ~ nicht mehr zu gebrauchen (*od.* F hin) sn; **~zar** [~'zar] (1a) unbrauchbar (*od.* zunichte) m.; entwerten.
invadir [ĩvɐ'ðir] (3b) überfallen; einfallen in (*ac.*); eindringen in (*ac.*), überfluten (*Wasser*); heimsuchen (*Seuche*); *fig.* überkommen.
invalid|ade [ĩvɐli'ðaðə] *f* Ungültigkeit *f*; **~ar** [~ar] (1a) ungültig m., aufheben; entkräften; untauglich m.; = *inutilizar*; **~ez** [~eʃ] *f* Untauglichkeit *f*; Alter(sschwäche *f*) *n*.
inválido [ĩ'validu] **1.** *adj.* (dienst-) untauglich; schwerkriegsbeschädigt; gebrechlich; ungültig; **2.** *m* Invalide *m*; ~ *da guerra* Kriegsversehrte(r) *m*.
invariável [ĩvɐ'rjavɛɫ] unveränderlich.
invas|ão [ĩvɐ'zɐ̃u] *f* (feindlicher) Einfall *m*, Überfall *m*; Ansturm *m*; Sturm *m* (*auf Banken usw.*); Eindringen *n*; *Wasser*-Einbruch *m*; Auftreten *n e-r Krankheit*; **~or** [~or] *m* Eindringling *m*, Angreifer *m*.
invectiv|a [ĩvɛk'tivɐ] *f* Ausfall *m*, Schmähung *f*; **~ar** [~ti'var] (1a) ausfällig w.; *v/t.* beschimpfen.
invej|a [ĩ'vɛʒɐ] *f* Neid *m*; (*não*) *ter ~ a* neidisch sn auf (*ac.*) (*fig.* nichts nachgeben [*dat.*]); **~ar** [ĩvi'ʒar] (1d): ~ *a/c. a alg.* j-n um et. beneiden, j-m et. neiden; ~ *a/c.* et. begehren; *não ter que ~ a* nichts nachgeben (*dat.*); **~ável** [~avɛɫ] beneidenswert; **~oso** [~ozu] **1.** *adj.* neidisch; **2.** *m* Neider *m*.
inven|ção [ĩvẽ'sɐ̃u] *f* Erfindung *f*; **~cível** [~'sivɛɫ] unbesieglich; unwiderstehlich; unüberwindlich; **~dável, -ível** [ĩvẽn'davɛɫ, -ivɛɫ] unverkäuflich.
invent|ar [ĩvẽn'tar] (1a) erfinden; erdichten; aufbringen; anzetteln; **~ariar** [~tɐ'rjar] (1g) e-e Bestandsaufnahme (*od.* Aufstellung) m. von; aufnehmen; aufführen; **~ário** [~arju] *m* Bestandsaufnahme *f*, Inventur *f*; (Inventar-)Verzeichnis *n*; Nachlaßverzeichnis *n*; **~ivo** [~ivu] erfinderisch; Erfindungs...; **~o** [ĩ'vẽntu] *m* Erfindung *f*; *privilégio m* (*od. propriedade f*) *de* ~ Musterschutz *m*; **~or** [~or] *m* Erfinder *m*; Urheber *m*.
invern|ada [ĩvər'naðɐ] *f* Winter(s)-zeit *f*; *bras.* Winterkamp *m*; **~adoiro, -ouro** [~nɐ'ðoiru, -oru] *m* Winterlager *n*; Gewächshaus *n*; **~al** [~aɫ] winterlich; Winter...; **~ar** [~ar] (1c) überwintern; winterliches Wetter sn; **~ia** [~iɐ] *f* Winterwetter *n*; **~o** [ĩ'vɛrnu] *m* Winter *m*; **~oso** [~ozu] = *~al*.
invero|símil [ĩvəru'zimiɫ] unwahrscheinlich; **~similhança** [~zəmi'ʎɐ̃sɐ] = **~ssimilhança** *bras.* [~səmi'ʎɐ̃sɐ] *f* Unwahrscheinlichkeit *f*; **~ssímil** *bras.* [~'simiɫ] = *~símil*.
invers|ão [ĩvər'sɐ̃u] *f* Umkehrung *f*; *gram.* Umstellung *f*; *bras.* ✝ Investition *f*; **~ível** [~ivɛɫ] umkehrbar; *de polo* ~ ⚡ polumschaltbar; **~o** [ĩ'vɛrsu] **1.** *adj.* umgekehrt; gegenteilig; entgegengesetzt; *na razão -a de* im umgekehrten Verhältnis zu; **2.** *m* Gegenteil *n*; **~or** [~or] *m* ⚡ Umschalter *m*.
invert|ebrado [ĩvərtə'βraðu] **1.** *adj.* wirbellos; **2.** *m* wirbellose(s) Tier *n*; **~er** [~'ter] (2c) umkehren; umstellen; *bras.* ✝ investieren; **~ido** [~'tiðu] ⚕ invertiert, pervers.
invés [ĩ'vɛʃ]: *ao* ~ umgekehrt; verdreht; verkehrt (herum); *ao* ~ *de* im Gegensatz zu; gegen.
invest|ida [ĩviʃ'tiðɐ] *f* Überfall *m*, Handstreich *m*; **~idura** [~ti'ðurɐ] *f* Belehnung *f*; *Amts*-Einsetzung *f*; *rel.* Investitur *f*; **~imento** [~ti'mẽntu] *m* ✝ Investierung *f*, *Kapital*-Anlage *f*.

investig|ação [~tiɣɐ'sɐ̃u] *f* Forschung *f*; Untersuchung *f*; **~ador** [~ɐ'ðor] **1.** *adj.* forschend; **2.** *m* (Er-)Forscher *m*; **~ar** [~'ɣar] (1o) (er)forschen; untersuchen, prüfen.
investir [~'tir] (3c) einsetzen in (*ac.*) *od.* bekleiden (mit *em*); ✝ investieren, anlegen; = *v/i.* ~ *com* angreifen (*ac.*), sich stürzen auf (*ac.*); ~ *contra* berennen (*ac.*).
inveter|ado [ĩvətə'raðu] eingefleischt; eingewurzelt; **~ar-se** [~arsə] (1c) in Fleisch und Blut übergehen; sich festsetzen.
inviável [ĩ'vjavɛɫ] ungangbar (*a. fig.*), unbefahrbar; *fig.* aussichtslos; unmöglich.
invicto [ĩ'viktu] unbesiegt; unbesiegbar.
inviol|ado [ĩvju'laðu] unversehrt; **~ável** [~avɛɫ] unverletzlich; unverbrüchlich.
invisível [ĩvə'zivɛɫ] unsichtbar.
invoc|ação [ĩvukɐ'sɐ̃u] *f* Anrufung *f*; Flehen *n*; Berufung *f*; **~ar** [~'kar] (1n; *Stv.* 1e) anrufen; flehen um; sich berufen auf (*ac.*).
invólucro [ĩ'vɔlukru] *m* Hülle *f*.
involuntário [ĩvulũn'tarju] unfreiwillig; unwillkürlich.
invul|gar [ĩvuɫ'ɣar] un-, außergewöhnlich; **~nerável** [~nə'ravɛɫ] unverwundbar; unangreifbar.
iod|ado [jo'ðaðu] jodhaltig; *água f -a* Jodlösung *f*; **~eto** [~etu] *m* Jodid *n*; **~ismo** [~iʒmu] *m* Jodvergiftung *f*; **~o(fórmio)** ['joðu(joðu'fɔrmju)] *m* Jod(oform) *n*.
iperite [ipə'ritə] *f* ⚔ Gelbkreuz *n*.
ir [ir] (3y) **1.** *v/i.* gehen; sich *irgendwohin* begeben; fahren; reisen; reiten; abgehen (*Zug, Post*); führen (*Weg*); vorgehen; umlaufen (*Gerücht*); (ver)laufen (*Unternehmen*); stehen (*Gestirn, Angelegenheit, Kleid*); (verzeichnet) stehen; sich (hin)ziehen (*Straße usw.*); fließen (*Fluß*); gespielt w. (*Film, Stück*); sich befinden; ~ *adj.* sein *adj.*; *ir fazer a/c.* gehen und et. tun; (*im impf.*: *ia...*:) im Begriff sn et. zu tun; et. tun wollen; ~ *a* fahren (*od.* reisen *usw.*) nach; beginnen mit; herangehen an; ~ *a inf.* wollen *inf.*, beabsichtigen zu *inf.*; ~ *a alg.* über j-n herfallen; auf j-n losgehen; ~ *à figura*, ~ *ao pelo* (*od. físico*) *de alg.* F j-m auf den Pelz rücken; j-m das Fell gerben; ~ *com* begleiten (*ac.*); *fig.* es halten mit; *Meinung* teilen; sich vertragen mit; ~ *contra* ziehen gegen; (an)rennen (*od.* prallen) gegen; sich widersetzen (*dat.*); bekämpfen (*ac.*); ~ *de* (verkleidet) gehen als; *den Führer usw.* m.; *quanto vai de* ... *a* (*od. até*) wie weit ist es (*od.* wie lange braucht man) von ... bis; wie groß ist der Unterschied zwischen (*dat.*) ... und (*dat.*); ~ *em* sich befinden in (*od.* bei) (*dat.*); sich bewegen in (*dat.*); bestehen in (*dat.*); beruhen auf (*dat.*); liegen an (*dat.*); hereinfallen auf (*ac.*); sich belaufen auf etwa (*ac.*); ~ *para* gehen (*od.* ziehen) nach; kommen in (*od.* an, auf) (*ac.*); auf *das Land*, an *die See* gehen; ~ *para su.* werden *su. od. adj.*; ~ *por* gehen (*od.* fahren, reisen) über (*ac.*); *fig.* setzen auf (*ac.*); sich halten an (*ac.*); es halten mit; ~ *sobre* losgehen auf (*ac.*), herfallen über (*ac.*); verfolgen (*ac.*); ~ *indo* nicht klagen können; nicht schlecht gehen (*od.* stehen); sich recht gut anl.; *vai um ano que* seit (*od.* vor) e-m Jahr; *vai em* (*od. para*) (*ja lá vão*) *três anos* es ist etwa (schon) 3 Jahre her; *vai nos oitenta* er ist in den Achtzigern; *onde vai?* wohin gehen (*od.* fahren) Sie?; *bei Sachen*: wohin kommt das?; *já vou!* ich komme schon!; *vamos!* a) gehen wir!, komm(en Sie)!; los!, marsch!; b) na, hören Sie mal!; langsam, langsam!; *vá!* a) los!, marsch!; b) = *vá lá!* na, schön!; immerhin!; *o que aqui vai!* was ist denn hier los!; hier geht's ja heiter zu!; *o que lá vai, lá vai!* hin ist hin!; *vai não vai* um ein Haar; *nem para lá vai* und wird's nie w.; **2.** **~-se** weggehen; verschwinden; auslaufen *od.* verdunsten (*Flüssigkeit*); verfliegen (*a. Hoffnung usw.*); verbraucht w.; draufgehen (mit *od.* bei) (*Geld, Vorräte*); vergehen (*Zeit*); entschlüpfen (*Wort*); entfallen; ausrutschen (*Hand, Fuß*); dahingehen, sterben.
ira ['irɐ] *f* Zorn *m*; **~cúndia** [irɐ'kũndjɐ] *f* Jähzorn *m*; **~cundo** [irɐ'kũndu] jähzornig; **~do** [i'raðu] zornig; **~scível** [irɐʃ'sivɛɫ] reizbar.
íris ['iriʃ] **1.** *m* = *arco-íris*; **2.** *f* Iris *f*.

irisar [iri'zar] (1a) irisieren, schillern (l.).
irlandês [irlẽn'deʃ] **1.** *adj.* irisch; **2.** *m*, **-esa** *f* Irländer(in *f*) *m*.
irm|ã [ir'mɐ̃] *f* Schwester *f*; **~āmente** [~mɐ̃'mẽntə] geschwisterlich; **~anado** [~mɐ'naδu] verschwistert; Bruder...; *-a* Schwester...; **~anar** [~mɐ'nar] (1a) verbrüdern; verein(ig)en; **~anar-se** zuea. passen; **~andade** [~mɐ̃n'daδə] *f* Bruderschaft *f*; Brüderlichkeit *f*; *fig.* Bund *m*; Verwandtschaft *f*; **~ão** [~ɐ̃u] **1.** *m* Bruder *m* (*meio* Halb...); *~s pl.* Geschwister *pl.*; **2.** *adj.* Bruder...
ironia [iru'niɐ] *f* Spott *m*, Ironie *f*.
irónico [i'rɔniku] spöttisch, ironisch.
ironizar [iruni'zar] (1a) (be)spötteln, ironisieren.
iroso [i'rozu] zornig; tobend.
irra! P ['iʀɐ] zum Kuckuck!
irracional [iʀɐsju'nał] **1.** *adj.* unvernünftig; 🕮 irrational; **2.** *m* unvernünftige(s) Wesen *n*.
irradi|ação [~δjɐ'sɐ̃u] *f* Ausstrahlung *f*; Ausbreitung *f*; **~ador** [~ɐ'δor] *m* Wärmestrahler *m*; **~ar** [~'δjar] (1g) (aus)strahlen; verbreiten, *Radio*: senden; *v/i.* strahlen; sich ausbreiten.
irreal [i'ʀjał] unwirklich; eingebildet; **~izável** [iʀjɐli'zavɛł] unaus-, undurch-führbar.
irre|conciliável [iʀəkõsi'ljavɛł] unversöhnlich; **~conhecível** [~kuɲə'sivɛł] unkenntlich; nicht wiederzuerkennen; **~cuperável** [~kupə'ravɛł] unwiederbringlich; für immer verloren; **~cusável** [~ku'zavɛł] unabweislich.
irredu|tibilidade [~δutiβəli'δaδə] *f* Unteilbarkeit *f*; *fig.* Unbeugsamkeit *f*; Unabänderlichkeit *f*; **~tível**, **~zível** [~'tivɛł, ~'zivɛł] nicht zurückführbar, irreduzibel; nicht weiter teilbar; nicht wieder einzurenken(d); unlösbar; *fig.* unbeugsam.
irreflectido [~flɛ'tiδu] unüberlegt, unbedacht.
irre|freável [~'frjavɛł] unbezähmbar; zügellos; **~futável** [~fu'tavɛł] unwiderleglich.
irregular [~γu'lar] unregelmäßig; regellos; ungesetzlich; ⚔ irregulär; **~idade** [~lɐri'δaδə] *f* Unregelmäßigkeit *f*; Regellosigkeit *f*; Unstimmigkeit *f*.
irreligi|ão [~li'ʒjɐ̃u] *f* Mangel *m* an Religion; = **~osidade** [~ʒjuzi'δaδə] *f* Unglaube *m*; **~oso** [~'ʒjozu] ungläubig; unreligiös.
irre|mediável [~mə'δjavɛł] nicht wieder gut zu machen(d); unheilbar; unabänderlich, unausweichlich; **~parável** [~pɐ'ravɛł] unersetzlich; = *~mediável*; **~preensível** [~prjẽ'sivɛł] untadelig; **~primível** [~prə'mivɛł] ununterdrückbar; **~quieto** [~'kjɛtu] unruhig; **~sistível** [~zɨʃ'tivɛł] unwiderstehlich; **~soluto** [~zu'lutu] unentschlossen; **~spirável** [~ʃpi'ravɛł] erstickend.
irrespon|dível [iʀɨʃpõn'divɛł] unbeantwortbar, unwidersprechlich; **~sabilidade** [~õsɐβəli'δaδə] *f* Verantwortungslosigkeit *f*; **~sável** [~õ'savɛł] unverantwortlich; verantwortungslos; ⚖ niemandem verantwortlich.
irrever|ência [iʀəvə'rẽsjɐ] *f* Unehrerbietigkeit *f*; **~encioso**, **~ente** [~rẽ'sjozu, ~'rẽntə] unehrerbietig; achtungswidrig.
irrevogável [~vu'γavɛł] unwiderruflich.
irrig|ação [iʀiγɐ'sɐ̃u] *f* Bewässerung *f*; Berieselung *f*; Sprengung *f*; Spülung *f*; **~ador** [~ɐ'δor] *m* Sprenger *m*; ⚕ Irrigator *m*; **~ar** [~'γar] (1o) *Land* bewässern; *Rasen* berieseln; *Straße* sprengen; ⚕ spülen; **~atório** [~ɐ'tɔrju] Bewässerungs...; Berieselungs...; Spreng...
irris|ão [~'zɐ̃u] *f* Verspottung *f*; Hohn *m*; **~ório** [~ɔrju] lächerlich.
irrit|abilidade [~tɐβəli'δaδə] *f* Reizbarkeit *f*; **~ação** [~ɐ'sɐ̃u] *f* Reizung *f*; Gereiztheit *f*; **~adiço** [~ɐ'δisu] reizbar; empfindlich; **~ante** [~'tẽntə] **1.** *adj.* reizend, Reiz...; *fig.* erregend; empörend; **2.** *m* Reizmittel *n*, -stoff *m*; **~ar** [~'tar] (1a) reizen; *fig.* erregen; erzürnen; erbittern; **~ável** [~'tavɛł] reizbar.
irr|omper [iʀõm'per] (2a) einbrechen, -dringen; (plötzlich) auftreten; *~ de* hervorbrechen (*od.* dringen) aus; **~upção** [~up'sɐ̃u] *f* Einbruch *m*; Auftreten *n*; ⚕ Ausschlag *m*.
isc|a ['iʃkɐ] *f* Köder *m* (*a. fig.*); Zunder *m*; Bissen *m*; *morder a ~* anbeißen; *fig.* auf den Leim gehen; **~ar** [iʃ'kar] (1n) mit Köder versehen; (ein)schmieren; *fig.* (an-) ködern; verlocken; anstecken.

isen|ção [izẽ'sɐ̃u] *f* Befreiung *f*; *Steuer*-Freiheit *f*; Unabhängigkeit *f*; Zurückhaltung *f*; ~ *de propinas* Gebührenerlaß *m*; **~tar** [~n'tar] (1a) befreien; ausnehmen; **~to** [i'zẽntu] befreit, frei; unabhängig.
islame, -amismo, -ão [iʒ'lɐmə, ~lɐ'miʒmu, ~'lɐ̃u] *m* Islam *m*.
islandês [iʒlẽn'deʃ] **1.** *adj*. isländisch; **2.** *m*, **-esa** *f* Isländer(in *f*) *m*.
iso... [izɔ] *in Zssgn* gleich...
isobárico [~'βariku]: *curvas f/pl. -as* Isobare *f*.
isol|ação [izulɐ'sɐ̃u] *f* = *~amento*; **~acionismo** [~ɐsju'niʒmu] *m* Einzelgängerei *f*; Politik *f* des Sichabschließens; **~ador** [~ɐ'δor] **1.** *adj*. Isolier...; **2.** *m* ⚡ Isolator *m*; **~amento** [~ɐ'mẽntu] *m* Abschließung *f*, Absonderung *f*; Zurückgezogenheit *f*; Abgeschlossenheit *f*; Vereinzelung *f*; ⊕ *u*. ⚕ Isolierung *f*; **~ar** [~'lar] (1e) abschließen, absondern; vereinzeln; isolieren.
isóscele(s) [i'zɔʃsəlɨʃ] gleichschenklig.
isotérmico [izɔ'tɛrmiku]: *linhas f/pl. -as* Isotherme *f*.
isqueiro [iʃ'keiru] *m* Feuerzeug *n*.
israel|ense *bras.*, **~iano** [iʒʀɐe'lẽsə, ~jɐnu] **1.** *adj*. israelisch; **2.** *su*. Israeli *su.*; **~ita** [~itɐ] **1.** *su*. Israelit(in *f*) *m*; **2.** *adj*. israelitisch.
isso ['isu] das (da), dies (da); ~! ganz recht!; é ~!, (é) ~ *mesmo!* das ist's eben; sehr richtig!; ~ *sim!* so sehen Sie aus!; (*lá*) ~ *é!* das ist nun mal sicher!; ~ + *ind*. und ob + *ind.*; *por* ~ darum, deshalb, deswegen; *por* ~ *que* weil; *nem por* ~ a) (es ist) nicht der Rede wert; b) trotzdem nicht; *nem por* ~ *ele deixa de fazê-lo* trotzdem tut er es.
istmo ['iʃtmu] *m* Landenge *f*; *anat*. Verengung *f*.
isto ['iʃtu] das (hier), dies (hier); ~ é das heißt; nämlich.
italiano [itɐ'ljɐnu] **1.** *adj*. italienisch; **2.** *m*, **-a** *f* Italiener(in *f*) *m*.
itálico [i'taliku] **1.** *adj*. italisch; *tip. letra f -a* = **2.** *m* Kursivschrift *f*; *em* ~ kursiv.
item ['itẽ] *m bras*. Punkt *m*, Abschnitt *m*.
iter|ar [itə'rar] (1c) wiederholen; **~ativo** [~rɐ'tivu] wiederholend; wiederholt.
itinerário [itinə'rarju] *m* (Reise-) Weg *m*, Reise *f*; Reise-beschreibung *f*, -führer *m*, -plan *m*; Fahrplan *m*; ⚔ Marschroute *f*.
iugoslavo *bras*. [juγoz'lavu] = *jugoslavo*.

J

J, j ['ʒɔtɐ] *m* J, j *n*.
já [ʒa] schon; (so)gleich, sofort; jetzt; ~, ~! schleunigst, auf der Stelle!; ~ ... ~ bald ... bald; entweder ... oder; ~ *agora* ... jetzt ... halt auch; *int.* jetzt kommt's nicht mehr darauf an!; da wir nun einmal dabei sind!; ~ *não* nicht (*od.* kein[e]) mehr; ~ *que* da ... nun einmal, da ... doch; *até* ~ bis gleich; *desde* ~ schon jetzt; *para* ~ fürs erste, zunächst einmal.
jabá *bras.* [ʒa'βa] *m* Dörrfleisch *n*.
jabuticaba [ʒaβuti'kaβɐ] *f bras.* Schwarzkirsche *f*.
jaca ['ʒakɐ] *m* **a)** Oberhäuptling *m* (*Afrika*); **b)** Brotfrucht *f*; *bras. fig.* F Angströhre *f*.
jacá *bras.* [ʒa'ka] *m Lebensmittel-*Korb *m*.
jacar|andá *bras.* [ʒakarɐ̃n'da] *f* Jakarandabaum *m*; Palisanderholz *n*; **~é** [ʒaka'rɛ] *m* Kaiman *m*.
jacente [ʒɐ'sẽntə] **1.** *adj.* liegend; *herança f* ~ herrenlose(r) Nachlaß *m*; **2.** *m* Brückenbalken *m*; ~*s pl.* Klippen *f/pl*.
jacinto [ʒɐ'sĩntu] *m* ⚘ Hyazinthe *f*; Hyazinth *m* (*Edelstein*).
jact|ância [ʒɐk'tɐ̃sjɐ] *f* Prahlerei *f*; Dünkel *m*; **~ancioso** [~tɐ̃'sjozu] prahlerisch; dünkelhaft; **~ar-se** [~arsə] (1b) prahlen (mit *de*); sich rühmen (*gen.*).
jacto ['ʒa(k)tu] *m* Wurf *m*; Stoß *m*; Strahl *m*; *de* ~ aus e-m Guß; *de um* ~ auf einmal.
jaculatória [ʒɐkulɐ'tɔrjɐ] *f* Stoßgebet *n*.
jaez [ʒɐ'eʃ] *m* (Pferde-)Geschirr *n*.
jagunço *bras.* [ʒa'ɣũsu] *m* Bandit *m*.
jalapa [ʒɐ'lapɐ] *f* Jalappenwurzel *f* (*Abführmittel*).
jaleco [ʒɐ'lɛku] *m* Joppe *f*.
jamais [ʒɐ'maiʃ] niemals; nimmermehr; je(mals); P besonders.
Janeiro [ʒɐ'neiru] *m* Januar *m*.
janela [~'nɛlɐ] *f* Fenster *n* (*à* am *od.* ans); *da* ~ *abaixo* aus dem Fenster; *pela* ~ *fora* zum Fenster hinaus.
jangad|a [ʒɐ̃ŋ'gaδɐ] *f* Floß *n*; **~eiro** [~gɐ'δeiru] *m* Flößer *m*.
janota [ʒɐ'nɔtɐ] **1.** *adj.* schick, elegant; **2.** *m* Stutzer *m*, Modenarr *m*.
janta ['ʒɐ̃ntɐ] *f* Abendbrot *n*.
jant|ado [ʒɐ̃n'taδu]: *depois de* ~ nach dem Abendessen; *venho* ~ ich habe bereits zu Abend gegessen; **~ar** [~ar] **1.** (1a) (zu Abend) essen; **2.** *m die* Hauptmahlzeit, *heute mst* Abendessen *n*; **~arada** *f*, **~arão** *m* [~tɐ'raδɐ, ~tɐ'rɐ̃u] Schmaus *m*.
jante *fr.* ['ʒɐ̃ntə] *f* Felge *f*.
jap|onês [ʒɐpu'neʃ] **1.** *adj.* japanisch; **2.** *m*, **~onesa** *f* Japaner(in *f*) *m*; **~ónico** [~'pɔniku] japanisch.
jaque ['ʒakə] *m* ⚓ Gösch *f*.
jaqueira [ʒɐ'keirɐ] *f* Brotbaum *m*.
jaquet|a [~'ketɐ] *f* Jacke *f*, Jackett *n*; **~ão** [~kə'tɐ̃u] *m* Joppe *f*.
jararaca *bras.* [ʒara'rakɐ] *f* **a)** Schlangenkraut *n*; **b)** Jararaca (-holz *n*) *f*; **c)** (Gift-)Schlange *f*.
jarda ['ʒardɐ] *f* Yard *n*.
jardim [ʒɐr'dĩ] *m* Garten *m*.
jardin|agem [~di'naʒɐ̃i] *f* Gartenbau *m*; **~ar** [~ar] (1a) gärtnern; **~eira** [~eirɐ] *f* Ziertisch *m*; Gärtnersfrau *f*; Gärtnerin *f*; Kremser *m* (*Art Kutsche*); *à* ~ *cul.* auf Gärtnerinart; **~eiro** [~eiru] *m* Gärtner *m*.
jarr|a ['ʒaʀɐ] *f* Vase *f*; ⚓ Trinkwasserbehälter *m*; **~ão** [ʒɐ'ʀɐ̃u] *m große* Schmuckvase *f*.
jarret|e [ʒɐ'ʀetə] *m* Kniekehle *f*; Hechse *f*; Bug *m*; **~eira** [~ʀə'teirɐ] *f*: *ordem da* ~ Hosenbandorden *m*.
jarro ['ʒaʀu] *m* **a)** *Wasser-*Kanne *f*; **b)** ⚘ Aronstab *m*.
jasmim [ʒɐʒ'mĩ] *m* Jasmin *m*.
jaspe ['ʒaʃpə] *m min.* Jaspis *m*.
jataí [ʒata'i] *m bras.* Honigbiene *f*.
jaula ['ʒaulɐ] *f* Käfig *m*, Zwinger *m*.
javal|i [ʒɐvɐ'li] *m* Wildschwein *n* (*Artname*); Keiler *m* (*männl. Tier*); **~ina** [~inɐ] *f* Wildsau *f*, Bache *f*.
javanês [~'neʃ] **1.** *adj.* javanisch; **2.** *m*, **-esa** *f* Javaner(in *f*) *m*.
javardo [ʒɐ'vardu] *m* Frischling *m*.

jaz|er [ʒɐ'zer] (2b) liegen; ruhen; **~ida** [~iðɐ] *f* Ruhe(-platz *m*, -stellung *f*) *f*; ⚒ Fundstelle *f*; **~igo** [~iɣu] *m* Gruft *f*; ⚒ Lager *n*.

jeira ['ʒeirɐ] *f* Morgen *m*, Joch *n* (*Feldmaß*); *prov.* Tagelohn *m* (*à* im).

jeit|o ['ʒeitu] *m* Ruck *m*; Griff *m*; Kniff *m*; Bewegung *f*, Geste *f*; ungeschickte Bewegung *f*, Verzerrung *f*; Angewohnheit *f*; Geschick *n*; Art (u. Weise) *f*; Anschein *m*; *Gesichts*-Zug *m*; *a* ~ zur (*od.* bei der) Hand; gelegen; = *de* ~ handlich; brauchbar; passend; *com* ~ geschickt; *de* ~ *que* dergestalt, daß; *dar um* ~ *a et.* schaukeln; *et.* zurechtrücken; *den Mund* verziehen; *fazer* ~ zupaß kommen; *não dá* (*od. não tem, não leva*) ~ das geht nicht; das taugt nicht; *não vejo* ~ ich sehe keinen Ausweg (*od.* keine Möglichkeit); **~oso** [ʒei'tozu] geschickt; bequem; hübsch, nett; = *de jeito*.

jeju|ador [ʒiʒwɐ'ðor] *m* Hungerkünstler *m*; **~ar** [ʒi'ʒwar] (1a) fasten; **~m** [ʒi'ʒũ] *m* Fasten *n*; *dia m de* ~ Fasttag *m*; *em* ~ nüchtern; F ahnungslos.

jer|arquia [ʒərɐr'kiɐ] *f* Hierarchie *f*; Rangordnung *f*; **~árquico** [~'rarkiku] hierarchisch; Rang...

jerico [ʒə'riku] *m* Esel *m*.

jeropiga [ʒəru'piɣɐ] *f* Most *m*.

jesu|íta [ʒə'switɐ] *m* Jesuit *m*; **~ítico** [~itiku] jesuitisch.

Jesus [ʒə'suʃ] *m* Jesus *m*; *~!* Herrje!

jetica *bras.* [ʒe'tikɐ] *f* Batate *f*.

jibóia [ʒi'βɔjɐ] *f* Boa *f*; ~ *constringente* Königsschlange *f*.

joalh|aria [ʒwɐʎɐ'riɐ] *f* Juwelenhandel *m*, -handlung *f*; **~eiro** [~'ʎeiru] *m* Juwelier *m*.

joan|ete [ʒwɐ'netə] *m* Bramsegel *n*; *anat.* Überbein *n*; **~inha** [~iɲɐ] *f* Marienkäferchen *n*.

joão-|ninguém [ˌʒwɐ̃unĩŋ'gɐ̃i] *m* Knirps *m*; kleine(r) Wicht *m*; **~pestana** P [~piʃ'tɐnɐ] *m* Sandmann *m*.

joça *bras.* ['ʒɔsɐ] *f* Plunder *m*.

jocos|idade [ʒukuzi'ðaðə] *f* Spaß *m*; Lustigkeit *f*; Schäkerei *f*; **~o** [~'kozu] spaßig; lustig.

joeir|a ['ʒweirɐ] *f* *Getreide*-Schwinge *f*; Sieb *n*; Siebung *f* (*a. fig.*); **~ar** [ʒwei'rar] (1a) *Getreide* schwingen; sieben (*a. fig.*).

joelh|eira [ʒwɨ'ʎeirɐ] *f* Knie-leder *n*, -schützer *m*, -wärmer *m*; Kniebeule *f an Hosen*; Kniebrett *n* (*beim Aufwaschen*); *hist.* Kniekachel *f an Rüstungen*; **~eiro** [~eiru] Knie...; **~o** ['ʒweʎu] *m* Knie *n*; Kugelgelenk *n* (*Stativ*); *de* ~*s* kniefällig; kniend; *estar de* ~*s* knien; *pôr-se de* ~*s*, *pôr os* ~*s no chão* auf die Knie fallen, niederknien.

jog|ada [ʒu'ɣaðɐ] *f* Runde *f im Spiel*; Zug *m*; *Würfel*: Wurf *m*; *Glücksspiel*: Einsatz *m*; *Karten*: Ausspiel *n*; **~ador** [~ɣɐ'ðor] *m* Spieler *m*; **~ar** [~ar] (1o; *Stv.* 1e) *v/t.* spielen; *Karte* ausspielen; *Figur* ziehen; *fig.* aufs Spiel setzen; *Geld usw.* verspielen; *Waffen* handhaben, führen; *Stein usw.* schleudern; *Scherz* riskieren; *bras.* werfen, schleudern; ~ *fora* hinaus-, weg-werfen; ~ *os dados* würfeln; ~ *as últimas* alles aufbieten; *v/i.* spielen; scherzen; arbeiten, gehen (*Mechanismus*); sich drehen (*Tür*); schaukeln (*Schiff*); passen (zu *com*); **~o** ['ʒoɣu] *m* Spiel *n*; Spielerei *f*; Fechten *n*; Satz *m*, Garnitur *f*; Ausstattung *f*; Einrichtung *f*; *Wagen*-Gestell *n*; *fig.* Wette *f*; *Börsen*-Spekulation *f*; Manöver *n*, Kniff *m*; Spielball *m des Glücks*; ~ *de água* Wasserkunst *f*; ~ *de mão* Taschenspielerei *f*; ~ *de palavras* (*prendas*) Wort- (Pfänder-) spiel *n*; *calar-se* (*od. fechar-se*) *com o* ~, *esconder o* ~ sich nicht in die Karten schauen l.; *conhecer o* ~ *a alg.* j-s Spiel durchschauen; *entrar em* ~ in Funktion treten; zu arbeiten beginnen; eingreifen; e-e Rolle spielen; *entrar no* ~ mitspielen; mitm.; *estar em* ~ auf dem Spiel stehen; *faltar ao* ~ sich nicht an die Spielregeln halten; *jogar o* ~ nach den Regeln spielen.

joguet|ar [ʒuɣə'tar] (1c) scherzen; (herum)fuchteln (mit *de*); **~e** [~'ɣetə] *m* Spielzeug *n*; Scherz *m* (*por* aus); *fig.* Spielball *m*; **~ear** [~'tjar] (1l) = *~ar*.

jóia ['ʒɔjɐ] *f* Juwel *n*, Kleinod *n*; Aufnahmegebühr *f in Vereinen*; *fig.* Perle *f*; ~*s pl.* Schmuck *m*, Geschmeide *n*; *minha ~!* mein Schatz!

jónico ['ʒɔniku] △ *u. lit.* ionisch.

jorna P ['ʒɔrnɐ] *f* (Tage-)Lohn *m*.

jorn|ada [ʒur'naðɐ] *f* Tage-marsch

m, -reise *f*; Reise *f*, Fahrt *f*; Tagewerk *n*; ⚔ Unternehmen *n*, Feldzug *m*; *Sport*: Runde *f*; Sporttag *m*; **~al** [~ał] *m* (Tage-)Lohn *m*; (Tages-)Zeitung *f*; *pôr no ~* aufgeben; **~aleco** [~nɐ'lɛku] *m* Käseblättchen *n*; **~aleiro** [~nɐ'leiru] *m* Tagelöhner *m*; **~alismo** [~nɐ'liʒmu] *m* Zeitungswesen *n*; **~alista** [~nɐ'liʃtɐ] *su*. Journalist(in *f*) *m*; **~alístico** [~nɐ'liʃtiku] journalistisch; Zeitungs...

jorr|a ['ʒoʀɐ] *f* Töpferteer *m*; Eisenschlacke *f*; **~ar** [ʒu'ʀar] (1e) hervor-quellen, (-)sprudeln; *v/t*. aus-stoßen, -werfen; **~o** [~u] *m starker* Strahl *m*; *correr em ~* = *~ar*.

jota ['ʒɔtɐ] *m Name des Buchstabens j*; *pl. jotas od. jj*.

jovem ['ʒɔvɐ̃i] **1.** *adj*. jung; jugendlich; **2.** *su*. Jüngling *m*; junge(s) Mädchen *n*; *-ns pl. die* jungen Leute.

jovial [ʒu'vjał] heiter, lustig; **~idade** [~viɐli'ðaðə] *f* Heiterkeit *f*.

juba ['ʒuβɐ] *f* (Löwen-)Mähne *f*.

jubil|ação [ʒuβilɐ'sɐ̃u] *f* Versetzung *f* in den Ruhestand; Jubel *m*; **~ar** [~'lar] **1.** *adj*. Jubiläums..., Gedenk...; **2.** (1a) *v/t*. in den Ruhestand versetzen, emeritieren; *v/i*. jubeln; **~ar-se** in den Ruhestand treten; **~eu** [~'leu] *m* Jubel-fest *n*, -jahr *n*; Ablaß *m*; *fig*. Jubiläum *n*.

júbilo ['ʒuβilu] *m* Jubel *m*, Freude *f*.

jubiloso [ʒuβi'lozu] jubelnd; froh.

jucundo [ʒu'kũndu] heiter.

jud|aico [ʒu'ðaiku] jüdisch; **~aísmo** [~ðɐ'iʒmu] *m* Judentum *n*; **~as** ['ʒuðɐʃ] *m* Verräter *m*; **~eu** [~eu] **1.** *adj*. jüdisch, Juden...; **2.** *m*, **~ia** *f* Jude *m*, Jüdin *f*; **~iar** [~'ðjar] (1g): *~ com* böse umspringen mit; spotten über (*ac*.); **~iaria** [~ðjɐ'riɐ] *f* Judenviertel *n*; *fig*. Schabernack *m*; Bosheit *f*; *fazer ~s a* = *~iar*.

judi|catura [ʒuðikɐ'turɐ] *f* richterliche Gewalt *f*; Richteramt *n*; **~cial** [~'sjał] gerichtlich; Gerichts...; Rechts...; **~ciar** [~'sjar] (1g) Rechtsentscheidungen fällen; **~ciário** [~'sjarju] richterlich; = *~cial*; **~cioso** [~'sjozu] verständig, klug.

jugo ['ʒuγu] *m* Joch *n*.

jugular [ʒuγu'lar] **1.** *adj*. Hals...; **2.** *v/t*. (1a) unterdrücken, ersticken.

juiz ['ʒwiʃ] *m* Richter *m*, *~ de direito* Berufsrichter *m* (*entspr. d. dtsch*. Amtsrichter *m*); *~ de facto* Schöffe *m*; *~ do cível* (*crime*) Zivil- (Straf-) richter *m*.

juízo ['ʒwizu] *m* Urteil *n*; Ansicht *f*; Einsicht *f*, Vernunft *f*; Vorhersage *f*; Prozeß *m*; Gericht *n*; *o ~ final* (*od. universal*) das Jüngste Gericht; *o dia do ~* der Jüngste Tag; *chamar* (*ser enviado*) *a ~* zur Verantwortung ziehen (gezogen w.); *dar volta ao ~* um den Verstand bringen (*ac*.); *estar em seu* (*fora de*) *~* bei (von) Sinnen sn; *formar ~* sich ein Urteil bilden; *ter ~* vernünftig sn; ein Einsehen h.; *tomar ~*, *criar ~* Vernunft annehmen, zur Vernunft kommen; *vir a ~* (*com alg*.) vor den Richter (*od*. vor Gericht) kommen (bringen).

julg|ado [ʒuł'γaðu] **1.** *m* Gerichtsbezirk *m*; Urteil *n*; **2.** *adj*. abgetan; **~ador** [~γɐ'ðor] *m* Beurteiler *m*, Richter *m*; **~amento** [~γɐ'mẽntu] *m* (Gerichts-)Verfahren *n*, Prozeß *m*; Urteil *n*; Prüfung *f*; **~ar** [~ar] (1o) richten; entscheiden; *Verbrecher* aburteilen; *allg*. beurteilen; halten für (*ac. od. adj*.); *v/i*. urteilen; glauben, meinen; **~ar-se** *no dever od. na obrigação* sich verpflichtet fühlen.

Julho ['ʒuʎu] *m* Juli *m*.

jumento *m*, **-a** *f* [ʒu'mẽntu, -ɐ] Esel(in *f*) *m*.

juncal [ʒũŋ'kał] *m* Röhricht *n*.

junção [ʒũ'sɐ̃u] *f* Verbindung(sstelle) *f*; Vereinigung(spunkt *m*) *f*.

junc|ar [ʒũŋ'kar] (1n) (mit Blättern u. Blumen) bestreuen; bedecken; **~o** ['ʒũŋku] *m* Binse *f*; spanische(s) Rohr *n*; Rohrstock *m*.

jungir [ʒũ'ʒir] (3n) zs.-koppeln; an-spannen, -schirren; verbinden, vereinigen; unterwerfen.

Junho ['ʒuɲu] *m* Juni *m*.

júnior ['ʒunjor] *m* Junior *m*.

junquilho [ʒũŋ'kiʎu] *m* Narzisse *f*.

junta ['ʒũntɐ] *f* Fuge *f*; Verbindung(sstelle) *f*, Naht *f*; *Knochen*-Gelenk *n*; *Schienen*-Stoß *m*; *Ochsen*-Gespann *n*; *Verwaltungs*-Rat *m*; *Gesundheits- usw*. Kommission *f*; *Gläubiger*-Versammlung *f*; *Produktions*-, *Verkaufs*-Genossenschaft *f*; *Handels*-Kammer *f*; *Ärzte*-Konferenz *f*; *~ de paróquia* Kirchenvorstand *m*; *~ de freguesia* Gemeinde-rat *m*; **~mente** [ˌʒũntɐˈmẽntə] zusammen; gleichzeitig.

junt|ar [ʒũnˈtar] (1a) (an-, auf-, ver-)sammeln; (an)häufen; zs.-rufen, -treiben; verbinden; zs.-fügen; anea.-, zs.-nähen; zs.-schließen, vereinigen; an-, beifügen, dazutun; hinzu-fügen, -setzen; beilegen; *Hände* falten; *Geld* auf-, zs.-bringen; *Holz* falzen; **~ar-se** sich anschließen; sich zs.-tun; **~eira** [~eirɐ] *f* Falzhobel *m*; **~o** [ˈʒũntu] **1.** *p.p. irr. v. juntar*; **2.** *adj.* beiliegend; daneben-liegend, -stehend; Neben...; *~s* zusammen; **3.** *adv.* beiliegend; dicht dabei; daneben; zusammen (mit *com*); *por ~* in Bausch u. Bogen; im ganzen; **4.** *prp. ~ a, ~ de* (dicht) bei; (dicht) an; neben; **~ura** [~urɐ] *f* Gelenk *n*; Scharnier *n*; Fuge *f*; Verbindung *f*; Verband *m*.

jur|a [ˈʒurɐ] *f* Schwur *m*; Fluch *m*; *fazer uma ~* schwören; *dizer ~s* fluchen; **~ado** [ʒuˈraδu] *m* ⚖ Geschworene(r) *m*; **~amento** [ʒurɐˈmẽntu] *m* Eid *m*; *~ falso* Meineid *m*; *sob ~* eidlich; **~ar** [ʒuˈrar] (1a) schwören (bei *sobre, por*); *et.* beschwören, beeidigen; fluchen.

júri [ˈʒuri] *m* Preisrichter-, Prüfungs-ausschuß *m*, Jury *f*; ⚖ *die* Geschworenen *m/pl.*

jurídico [ʒuˈriδiku] rechtsgültig; juristisch; rechtlich; Rechts...

juris|consulto [ʒuriʃkõˈsułtu] *m* Rechtsgelehrte(r) *m*; Rechtsberater *m*; **~dição** [~riʒδiˈsɐ̃u] *f* Gerichtsbarkeit *f*; Rechtsprechung *f*; *fig.* Macht *f*; Befugnis *f*, Recht *n*; **~perito** [~pəˈritu] *m* Rechtskundige(r) *m*; **~prudência** [~pruˈδẽsjɐ] *f* Rechtswissenschaft *f*; **~ta** [~ˈriʃtɐ] **1.** *m* Rechtswissenschaftler *m*, Jurist *m*; **2.** *su.* Geldverleiher(in *f*) *m*; Inhaber(in *f*) *m* von Staatspapieren.

juro [ˈʒuru] *m* Zins(fuß) *m*; *~s pl.* Zinsen *m/pl.*; *~ composto* Zinseszins *m*.

jus [ʒuʃ] *m* Recht *n*; *fazer ~* Gerechtigkeit widerfahren l.; **~ta** [ˈʒuʃtɐ] *f* (Zwei-)Kampf *m*; Streit *m*; **~tamente** [~tɐˈmẽntə] mit Recht; genau; gerade, eben; *~!* ganz recht!

justapor [~tɐˈpor] (2zd) stellen (*od.* setzen, legen) neben (*ac.*); nebenea. stellen (*od.* setzen, legen).

just|ar [~ˈtar] (1a) Lanzen brechen; kämpfen, streiten; **~eza** [~ezɐ] *f* Genauigkeit *f*; Richtigkeit *f*; Angemessenheit *f*; **~iça** [~isɐ] *f* Gerechtigkeit *f*; Recht *n*; Rechtspflege *f*, Justiz *f*; Gerichtsbarkeit *f*; *Ministério m da* ♀ Justizministerium *n*; *fazer ~ a* richten, aburteilen (*ac.*); Gerechtigkeit widerfahren l. (*dat.*); *dizer de sua ~* s-e Meinung sagen, s-n Standpunkt klarm.; *ouvir alg. de sua ~* j-s Gründe anhören; *falta-lhe a ~* das Recht ist nicht auf s-r Seite; *de ~, por ~* von Rechts wegen; **~içar** [~tiˈsar] (1p) aburteilen; hinrichten; **~iceiro** [~tiˈseiru] streng rechtlich; unerbittlich; unbestechlich; **~içoso** [~tiˈsozu] streng, genau; = *~iceiro*.

justific|ação [~tɐfikɐˈsɐ̃u] *f* Rechtfertigung *f*; Beweis *m*; **~adamente** [~ˌkaδɐˈmẽntə] mit Recht; **~ar** [~ˈkar] (1n) rechtfertigen; beweisen; *tip.* justieren; **~ativa** [~ɐˈtivɐ] *f* Grund *m*; **~ativo** [~ɐˈtivu] rechtfertigend; Beweis...

justo [ˈʒuʃtu] gerecht; recht, billig; genau; richtig; knapp, eng (anliegend); genau passend; *bater o ~* den Nagel auf den Kopf treffen; *dez anos ~s* genau zehn Jahre; *à -a* genau, richtig.

juv|enil [ʒuvəˈniɫ] jugendlich; **~entude** [~vẽnˈtuδə] *f* Jugend *f*.

L

L, l [ɛɫ] *m* L, l *n*.
la [lɐ] *pron. f* sie (ihn, es); Sie.
lá [la] **1.** *m* ♪ A *n*; ~ *sustenido* Ais *n*; ~ *bemol* As *n*; **2.** *adv.* **a)** *örtlich*: da, dort; (da-, dort-)hin; ~ (*em*) *cima* (*baixo*) da (*od.* nach) oben (unten); hin-auf (-unter); *de* ~ dorther; dortig; jenseitig; **b)** *zeitlich*: da; **c)** *als Füllwort in Wendungen wie sei* ~! was weiß ich!; *sabe-se* ~ Gott weiß; *ele* ~ *sabe* er weiß schon; *diga* ~ sagen Sie mal; *oft*: also.
lã [lɐ̃] *f* Wolle *f*; ~ *em bruto* Schweißwolle *f*; ~*s pl.* Woll-stoffe *m/pl.*, -waren *f/pl.*; *com pés de* ~ auf leisen Sohlen.
labareda [lɐβɐ'reδɐ] *f* Lohe *f*; Flamme *f*.
labéu [lɐ'βɛu] *m* Schimpf *m*; Makel *m*.
lábia F ['laβjɐ] *f* Zungenfertigkeit *f*; Durchtriebenheit *f*; *ter muita* ~ ein gutes Maulwerk h.; sehr gerissen sn; *a* ~ *não pega* das zieht nicht.
labi|adas ⚘ [lɐ'βjaδɐʃ] *f/pl.* Lippenblütler *m/pl.*; **~ado** [~aδu] lippig; **~al** [~aɫ] **1.** *adj.* Lippen...; labial; **2.** *f gram.* Lippenlaut *m*.
lábio ['laβju] *m* Lippe *f*; *Wund-*Rand *m*.
labirinto [lɐβə'rĩntu] *m* Labyrinth *n*.
labor [lɐ'βor] *m* = *lavor*.
labor|ação [lɐβurɐ'sɐ̃u] *f* Bearbeitung *f*; Betrieb *m*; Arbeit *f*; **~ar** [~'rar] (1e) arbeiten; pflügen, ackern; **~atório** [~ɐ'tɔrju] *m* Laboratorium *n*; ~ *químico fiscal* Nahrungsmittelamt *n*; **~ioso** [~'rjozu] arbeitsam, fleißig; mühsam, schwierig; langsam (*Verdauung*); **~ista** [~'riʃtɐ] = *trabalhista*.
labrego [lɐ'βreɣu] **1.** *m* Bauer *m*; Tiefpflug *m*; Grubber *m*; **2.** *adj.* bäurisch.
labut|a, ~ação [lɐ'βutɐ, lɐβutɐ'sɐ̃u] *f* harte Arbeit *f*; Mühe *f*, Kampf *m*; **~ar** [~βu'tar] (1a) sich plagen; hart arbeiten; kämpfen, ringen (um *por*).
laca ['lakɐ] *f* Lack *m*.
laç|ada [lɐ'saδɐ] *f* Schlinge *f*; **~ador** *bras.* [~sɐ'δor] *m* Lassowerfer *m*; **~ar** [~'sar] (1p; *Stv.* 1b) mit der Schlinge (*od.* dem Lasso) fangen.
lacaio [lɐ'kaju] *m* Lakai *m*.
la|cete [lɐ'setə] *m Straßen-*Schleife *f*; Schlingern *n der Lokomotive*; Stulpe *f* (*Türschloß*); *Chaussee-*Schotterung *f*; **~ço** ['lasu] *m* Schleife *f*; Schlinge *f* (*armar* legen); Lasso *n*; ⊕ *u.* ⚠ Band *n* (*pl.* Bänder); *fig.* Band *n* (*pl.* Bande).
lac|ónico [lɐ'kɔniku] lakonisch; knapp, gedrängt; kurz angebunden; **~onismo** [~ku'niʒmu] *m* Wortkargheit *f*; Knappheit *f*.
la|craia *bras.* [la'krajɐ] *f* Tausendfuß *m*; **~crar** [lɐ'krar] (1b) (ver-, zu-)siegeln; **~crau** [lɐ'krau] *m* Skorpion *m*; **~cre** ['lakrə] *m* Siegellack *m*.
lacrim|al [lɐkri'maɫ] Tränen...; **~ejar** [~mɨ'ʒar] (1d) tränen; greinen; **~ogéneo** [~mɔ'ʒɛnju]: *gás m* ~ Tränengas *n*; **~oso** [~ozu] tränend; tränen-reich, -überströmt; traurig.
lact|ação [lɐktɐ'sɐ̃u] *f* Stillen *n*, Säugen *n*; Laktation *f*; **~ar** [~'tar] (1b) stillen, säugen; *v/i.* saugen, trinken; **~ário** [~'tarju] **1.** *adj.* Milch...; **2.** *m* Milchausgabestelle *f*.
lácte|a ['laktjɐ] *f Fisch-*Milch *f*; **~o** [~u] milchig; *via f -a* Milchstraße *f*.
lacticínio [lati'sinju] *m* Milchprodukt *n*; Milchspeise *f*.
láctico ['laktiku] Milch...
lact|ómetro [lɐk'tɔmətru] *m* Milchwaage *f*; **~ose** [~'tɔzə] *f* Milchzucker *m*.
lacuna [lɐ'kunɐ] *f* Lücke *f*.
lacustre [~'kuʃtrə] See...; Sumpf..., Wasser...; *habitação f* ~ Pfahlbau *m*.
ladainha [lɐδɐ'iɲɐ] *f* Litanei *f*.
ladear [lɐ'δjar] (1l) in die Mitte nehmen; einschließen; begleiten; *fig.* umgehen.
ladeir|a [lɐ'δeirɐ] *f Berg-*Hang *m*; Halde *f*; **~o** [~u] flach (*Teller*).
ladin|eza *bras.* [~δi'nezɐ] *f* = **~ice** [~isə] *f* Gerissenheit *f*; **~o** [~'δinu] gerissen, durchtrieben.

lado ['laδu] *m* Seite *f*; Richtung *f*; Partei *f*; ⚔ Schenkel *m*; ⊕ Trum *n*; *ao* ~ nebenan; nebenher; *ao* ~ *de* neben; *de* ~ zur Seite; seitwärts; daneben; seitlich; beiseite; *do* ~ *de* auf (*od.* von) seiten (*gen.*); *de* ~ *a* ~ von e-r Seite zur andern; durch u. durch; ganz u. gar; *de um e outro* ~ beiderseits; *de um* ~ ... *do outro* (~) auf der e-n Seite ... auf der anderen; *de um para o outro* ~ hin und her, auf und ab; *para o* ~ auf die (*od.* zur) Seite; *para os* ~*s de* in der (*od.* die) Gegend von; *pelo* ~ unter dem Gesichtspunkt; ...seits; in der Richtung; *por* (*od.* *de*) *um* ~ ... *por* (*od.* *de*) *outro* ~ einerseits ... andererseits; *fazer-se ao* ~ zur Seite treten; *para que* ~ wohin; *pôr de* ~ beiseite (*od.* weg-)legen; beiseite l.

ladr|a ['laδrɐ] *f* Diebin *f*; Gaunerin *f*; *fig.* Pflückstock *m*; *Feira f da* ∼ Trödelmarkt *m*; **~ão** [lɐ'δrɐ̃u] *m* Dieb *m*; Gauner *m*; *Straßen-*Räuber *m*; ⚘ wilde(r) Trieb *m*; *fig.* Überlauf(-rohr *n*) *m*; **~ar** [lɐ'δrar] (1b) bellen; kreischen; ~ *à lua* den Mond anbellen; **~ido** [lɐ'δriδu] *m* Gebell *n*.

ladrilh|ar [lɐδri'ʎar] (1a) mit Fliesen belegen, pflastern; **~eiro** [~eiru] *m* Ziegelbrenner *m*; **~o** [~'δriʎu] *m* *Backstein-*Fliese *f*; *fig.* Würfel *m*; Riegel *m*.

ladro|eira [lɐ'δrweirɐ] *f* Räuberhöhle *f*; = **~ice** [~isə] *f* Dieberei *f*; Prellerei *f*; Betrug *m*.

lagar [lɐ'ɣar] *m* Kelter(haus *n*) *f*; Ölmühle *f*.

lagart|a [lɐ'ɣartɐ] *f* Raupe *f*; **~ixa** [~ɣɐr'tiʃɐ] *f* Mauereidechse *f*; **~o** [~u] *m* Eidechse *f*.

lag|o ['laɣu] *m* See *m*; *Garten-*Teich *m*; **~oa** [lɐ'ɣoɐ] *f* *Berg-*See *m*.

lagost|a [lɐ'ɣoʃtɐ] *f* Languste *f*; *fig.* Krebs *m*; **~im** [lɐɣuʃ'tĩ] *m* kleine Languste *f*.

lágrima ['laɣrimɐ] *f* Träne *f*; Tropfen *m*; *banhado* (*od.* *desfeito*) *em* ~*s* tränenüberströmt; *chamar as* ~*s aos olhos* zu Tränen rühren; *estar sempre com as* ~*s nos olhos* die Tränen locker sitzen h.

lagri... *s.* *lacri...*

laguna [lɐ'ɣunɐ] *f* Lagune *f*.

laia P ['lajɐ] *f* Schlag *m*; *à* ~ *de* nach Art (*gen.*); wie.

laical, -co [lai'kał, 'laiku] weltlich, Laien...; konfessionslos (*Schule*).

laiv|ar [lai'var] (1a) beflecken; *fig.* belecken; **~o** ['laivu] *m* Fleck *m*, Makel *m*; *Holz-*Ader *f*; *fig.* ~*s pl.* Spur *f*; Anstrich *m*; Schimmer *m*; *ter* ~*s de* beleckt sein von.

laj|a, -e ['laʒɐ, -ə] *f* = **lájea** ['laʒjɐ] *f* Stein-, Fels-platte *f*; Fliese *f*; ~ *de concreto* Beton-platte *f*, -decke *f*; **~eado** [lɐ'ʒjaδu] *m* Platten-fußboden *m*, -belag *m*; Steinpflaster *n*; **~ear** [lɐ'ʒjar] (1l) mit Steinplatten (*od.* Fliesen) belegen, pflastern.

lama ['lɐmɐ] **1.** *f* Schlamm *m*; Kot *m*, Dreck *m*; **2.** *m* Lama *m* (*zo.* *n*); **~çal, ~ceiro** [lɐmɐ'sał, -'seiru] *m* Morast *m*; Sumpf *m*; *fig.* Dreckloch *n*; **~cento** [lɐmɐ'sẽntu] schlammig; dreckig; schwabbelig.

lambada [lẽm'baδɐ] *f* Schlag *m*, Hieb *m*; Prügel *m/pl.*; *fig.* Abreibung *f*; *dar* ~ *em* verhauen (*ac.*); *fig.* abkanzeln (*ac.*); verreißen (*ac.*).

lamb|ão [lẽm'bɐ̃u] *m* Schlecker (-maul *n*) *m*; Vielfraß *m*; **~areiro** [~bɐ'reiru] **1.** *adj.* naschhaft; **2.** *m*, **-a** *f* Leckermaul *n*; **~arice** [~bɐ'risə] *f* Schleckerei *f*; Leckerbissen *m*; **~er** [~er] (2a) (ab-, aus-, be-) lecken; (auf)schlecken; ~ *os dedos* = **~er-se** genießen; sich die Finger lecken (nach *para*, *por*); **~ido** [~iδu] geschniegelt; glatt (*Haar*); **~iscar** P [~biʃ'kar] (1n) naschen, knabbern; **~isco** P [~iʃku] *m* Häppchen *n*; *num* ~ im Nu; **~isqueiro** [~biʃ'keiru] **1.** *adj.* naseweis, vorwitzig; lecker(mäulig); **2.** *m*, **-a** *f* Naseweis *m*; Leckermaul *n*; **~ona** [~onɐ] *f* Schleckerin *f*; Vielfraß *m*.

lambrim P, **-bris** [lẽm'brĩ, -'briʃ] *m* (Wand-)Verkleidung *f*.

lambu|jar P [~bu'ʒar] (1a) naschen, schlecken; **~jem** [~'buʒɐ̃i] *f* Schleckerei *f*; Köder *m*; **~zadela** [~zɐ'δɛlɐ] *f* Fleck *m*; *uma(s)* ~(*s*) *de* einige Ahnung von; **~zar** [~'zar] (1a) be-, ein-, ver-schmieren.

lamecha F [lɐ'meʃɐ] **1.** *adj.* schmachtend; **2.** *m* Schmachtlappen *m*.

lameir|a [lɐ'meirɐ] *f* Weide(land *n*) *f*; Wiese *f*; **~o** [~u] *m* Weide *f*; Wiesenstück *n*.

lamel|a [~'mɛlɐ] *f* Lamelle *f*; Blättchen *n*; Plättchen *n*; **~ado, ~oso**

[~mə'laðu, -ozu] in Lamellen eingeteilt; blätterig; geplättelt.

lament|ação [~mẽntɐ'sɐ̃u] *f* Wehklage *f*; Klage(-gesang *m*, -lied *n*) *f*; **~ar** [~'tar] (1a) beklagen; bedauern; *lamento muito!* bedaure sehr!; **~ar-se** klagen, jammern (über [*ac.*] *de*); **~ável** [~'tavɛɫ] bedauerlich; = *~oso*; **~o** [~'mẽntu] *m* Klage *f*; *~(s)* (*pl.*) Jammern *n*; **~oso** [~'tozu] klagend; kläglich.

lâmina ['lɐminɐ] *f* Blatt *n*, Blättchen *n*; *Gold*-Blech *n*; Plättchen *n*, Scheibe *f*; *Metall*-Streifen *m*; *Säge*-Blatt *n*; *Messer*-Klinge *f*; Lamelle *f*; Objektträger *m* (*Mikroskop*).

lamin|ação [lɐminɐ'sɐ̃u] *f* (Aus-)Walzen *n*; Plattierung *f*; **~ado** [~'naðu] Walz...; **~ador** [~ɐ'ðor] *m* (Fein-)Walze *f* (*de chapa*, *fio* Blech-, Draht-...); **~ar** [~'nar] **1.** *v/t.* (1a) *Metall* auswalzen; plattieren; **2.** *adj.* = **~oso** [~'nozu] blätterig; Blatt...; streifen-, schwert-förmig.

lâmpada ['lẽmpɐðɐ] *f* Lampe *f*; ⚡ Glühbirne *f*; *Radio*: Röhre *f*; *~ de acetileno* (*quarzo*, *arco voltaico*) Karbid- (Quarz-, Bogen-)Lampe *f*.

lamp|adejar [lẽmpɐðɨ'ʒar] (1d) aufblitzen, -leuchten; flackern; **~arina** [~ɐ'rinɐ] *f* Lämpchen *n*; Nachtlicht *n*; **~eiro** [~'peiru] frühreif; *fig.* dreist; flink; **~ejar** [~ɨ'ʒar] (1d) (auf)blitzen, funkeln; wetterleuchten; **~ejo** [~'peʒu] *m* Funkeln *n*; (Auf-)Blitzen *n*; Aufflackern *n*; **~ianista** [~pjɐ'niʃtɐ] *m* Laternenanzünder *m*, -putzer *m*; **~ião** [~'pjɐ̃u] *m* (Straßen-, Signal-)Laterne *f*; Papierlaterne *f*, Lampion *m*; **~ista** [~'piʃtɐ] *m* Laternenmacher *m*; = *~ianista*.

lampo ['lẽmpu] frühreif, Früh... (*Feige*); *fig.* dreist.

lampreia [lẽm'prejɐ] *f* Neunauge *n*.

lamúria(s) [lɐ'murjɐ(ʃ)] *f*(/*pl.*) Jammer *m*; Gejammer *n*.

lamuri|ante [~mu'rjẽntə] jammernd; jämmerlich; **~ar** [~ar] (1g) jammern; **~ento** [~ẽntu] = *~iante*.

lanç|a ['lɐ̃sɐ] *f* Lanze *f*; *Wagen*-Deichsel *f*; ⊕ Ausleger *m*; **~a-chamas** [~ɐ'ʃɐmɐʃ] *m* Flammenwerfer *m*; **~ada** [lɐ̃'saðɐ] *f* Lanzenstoß *m*; **~adeira** [lɐ̃sɐ'ðeirɐ] *f* Schiffchen *n*; **~a-foguetes** [~ɐfu'ɣetɨʃ] *m* Raketenwerfer *m*; **~amento** [lɐ̃sɐ'mẽntu] *m* Schleudern *n*; Ab-wurf *m*, -schuß *m*; Grundsteinlegung *f*; ✝ Buchung *f* (*fazer* vornehmen); *Steuer*-Veranlagung *f*; ⚘ Schößling *m*; *~ à água* ⚓ Stapellauf *m*; *Sport*: *~ de disco* (*martelo*) Diskus- (Hammer-)werfen *n*; *~ de peso* Kugelstoßen *n*; **~a-minas** [~ɐ'minɐʃ] *m* Minenwerfer *m*; **~ar** [lɐ̃'sar] (1p) werfen, schleudern; *Netz* auswerfen; aus-dünsten, -strahlen; aus-stoßen, -brechen; *Flüssigkeit* gießen; *Gefühl* einflößen; *Dividende* ausschütten; *Artikel* auf den Markt (*od.* heraus-) bringen; *Samen* aussäen; *Gerücht* ausstreuen; *Schrecken*, *Licht* verbreiten; *Mode* aufbringen; lancieren; *Schößling* treiben; *Wurzel*, *Brücke* schlagen; *Rakete* abschießen; *in Trauer* versenken; *Schuld* schieben (auf [*ac.*] *a*, *sobre*); ✝ buchen; *Geld* bieten (auf [*ac.*] *em*); *Steuer* festsetzen; *~ à água*, *~ ao mar* vom Stapel l.; *~ à conta de j-m* in Rechnung stellen; *fig.* zuschreiben (*dat.*); *~ à costa* (*od. praia*) anspülen; *~ imposto sobre* besteuern (*ac.*); *~ mão de* sich bedienen (*gen.*); s-e Zuflucht nehmen zu; zurückgreifen auf (*ac.*); *~ de si* abwerfen; von sich stoßen; *~ fora* aus-, er-brechen; **~ar-se** sich stürzen (auf *od.* in [*ac.*] *sobre*, *em*); sich ergießen (*Fluß*); eindringen; **~a-torpedo** [~ɐtur'peðu] *m* Torpedorohr *n*.

lance ['lɐ̃sə] *m* Wurf *m*; (Schach-)Zug *m*; Wagnis *n*; Tat *f*; Vorfall *m*; (gefährliche) Lage *f*; (entscheidender) Augenblick *m*; *Schicksals*-Schlag *m*; (Glücks-)Treffer *m*.

lanc|ear [lɐ̃'sjar] (1l) (mit der Lanze) verwunden; *fig.* quälen, beunruhigen; *bras.* (mit dem Netz) fischen; **~eiro** [~eiru] *m* Lanzenreiter *m*; **~eolado** [~sju'laðu] lanzettförmig; *arco m ~* Lanzettbogen *m*; **~eta** [~etɐ] *f* Lanzette *f*, Schnepper *m*; **~etar** [~sə'tar] (1c) aufstechen.

lanch|a ['lɐ̃ʃɐ] *f* Barkasse *f*; Boot *n*; *~ canhoneira* (*torpedeira*, *pesqueira*, *automóvel*) Kanonen- (Torpedo-, Fischer-, Motor-)boot *n*; **~ão** [lɐ̃'ʃɐ̃u] *m* Frachtschiff *n*.

lanch|ar [lɐ̃'ʃar] (1a) vespern; **~e** ['lɐ̃ʃə] *m* Vesper(brot *n*) *f*.

lancinante [lɐ̃si'nẽntə] stechend.

lanço ['lɐ̃su] *m* Wurf *m*; Fischzug *m*;

Häuser-Reihe *f*; *Mauer-*, *Graben*-Abschnitt *m*; *Bau*-Flucht *f*; *Treppen*-Absatz *m*; Länge *f*, Erstreckung *f*; *Weberei*: Ein-, Durchschuß *m*; *Preis*-Gebot *n*; Stapel *m* *gleichartiger Dinge*; *geol.* Treppe *f*; = *lance*; *em* ~ meistbietend; *de* ~ auf einmal.

land|a(s) ['lẽndɐ(ʃ)] *f*(*/pl.*) Heide *f*; **~e** [~ə] *m* (Kork-)Eichel *f*; **~eira** [lẽn'deirɐ] *f* Korkeichenpflanzung *f*.

lang|or [lẽŋ'gor] *m* = *~uidez*; **~oroso** [~gu'rozu] = *lânguido*; **~uento** [~ẽntu] siech, kränklich; **~u(id)escer** [~g(iδ)ɨʃ'ser] (2g) dahin-siechen, -welken; schmachten; **~uidez** [~gi'δeʃ] *f* Schlaffheit *f*; Hinfälligkeit *f*; Schmachten *n*.

lânguido ['lẽŋgiδu] schlaff; schwach; lässig; schmachtend.

lanho ['lɐɲu] *m* Schnitt *m*; Schlitz *m*.

lan|ífero [lɐ'nifəru] = *~ígero*; **~ifício** [~ni'fisju] *m* Wollware *f*; *indústria f de ~s* Wollindustrie *f*; **~ígero** [~iʒəru] wollig; Woll...; **~oso** [~ozu] wollig, flaumig.

lantejoila [lẽntɨ'ʒoilɐ] = *lentej...*

lanterna [~'tɛrnɐ] *f* Laterne *f*; ~ *de furta-fogo* Blendlaterne *f*.

lanu|do [lɐ'nuδu] zottig; = *lanoso*; **~gem** [~uʒɐ̃i] *f* Flaum *m*; **~ginoso** [~nuʒi'nozu] flaumig.

lapa ['lapɐ] *f* Felsenhöhle *f*; überhängende(r) Fels *m*; *zo.* Entenmuschel *f*; *prov.* Stein *m*.

lapão *m*, **-oa** *f* [lɐ'pɐ̃u, -oɐ] Lappländer(in *f*) *m*, Lappe *m*, Lappin *f*.

láparo ['lapɐru] *m* junge(s) Kaninchen *n*.

lapela [lɐ'pɛlɐ] *f* *Rock*-Aufschlag *m*, Revers *n*; *Frack*-Spiegel *m*.

lapid|ação [lɐpiδɐ'sɐ̃u] *f* Steinigung *f*; **~agem** [~'δaʒɐ̃i] *f* Steinschleiferei *f*; Schleifen *n*; Schliff *m*; **~ar** [~'δar] **1.** *v/t.* (1a) steinigen; *Steine* schleifen; *fig.* (aus)feilen; abschleifen; bilden; **2.** *adj.* Stein...; lapidar; **~aria** [~ɐ'riɐ] *f* Steinschleiferei *f*; **~ário** [~'δarju] *m* Steinschleifer *m*.

láp|ide ['lapiδə] *f* Gedenk-, Grabstein *m*; **~is** [~iʃ] *m* Bleistift *m*; ~ *azul* (*vermelho*) Blau- (Rot-)stift *m*; ~ *de cor* Farbstift *m*.

lapiseira [~pi'zeirɐ] *f* Füllstift *m*; *Zirkel*-Einsatz *m*.

lapso ['lapsu] *m* Versehen *n*; Irrtum *m*; Fehler *m*; ~ (*de tempo*) Zeitraum *m*; *no* ~ *de* im Lauf (*od.* Verlauf) (*gen.*).

lapuz [lɐ'puʃ] *m* Bauer *m*; Bursche *m*, Kerl *m*.

laque|ação ⚕ [lɐkjɐ'sɐ̃u] *f* Abschnürung *f*; **~ar** [~'kjar] (1l) *Ader* abschnüren, unterbinden.

lar [lar] *m* Herd *m*; Heim *n*; Nest *n*; Heimat *f*; *pátrios ~es pl.* Haus *n* und Hof *m*.

laracha [lɐ'raʃɐ] **1.** *f* Witz *m*; **2.** *m* Witzbold *m*.

laranj|a [~'rẽʒɐ] *f* Apfelsine *f*, Orange *f*; **~ada** [~rẽ'ʒaδɐ] *f* Apfelsinenlimonade *f*; **~al** [~rẽ'ʒaɫ] *m* Apfelsinengarten *m*; **~eira** [~rẽ'ʒeirɐ] *f* Apfelsinenbaum *m*.

larápio [lɐ'rapju] *m* Spitzbube *m*; Gauner *m*.

lard|eadeira [lɐrδjɐ'δeirɐ] *f* Spicknadel *f*; **~ear** [~'δjar] (1l) spicken; **~o** ['larδu] *m* Speckstreifen *m*.

lareira [lɐ'reirɐ] *f* Herd *m*.

larg|a ['largɐ]: *à* ~ mit vollen Händen; nach Herzenslust; überreichlich; auf großem Fuß; *dar* ~(*s*) *a* freien Lauf (*od.* die Zügel schießen) l.; **~ado** *bras.* [lar'gaδu] unbändig; **~amente** [~ɐ'mẽntə] reichlich; zur Genüge; umständlich; **~ar** [lɐr'gar] (1o; *Stv.* 1b) loslassen; fahrenlassen; aufgeben; *Waffen* niederlegen; hergeben; *Meinung* äußern; *j-m et.* überlassen; lockern; *Zügel* schießen l.; *Fahne* flattern l.; ~ *mão* e-e offene Hand h.; ~ *mão de s. mão*; *v/i.* ⚓ auslaufen; **~o** ['largu] **1.** *adj.* breit; weit; weitläufig; geräumig; ausgedehnt, lang (*zeitl.*); reichlich; umfangreich; groß (*Strich*, *Umriß*, *Geist*); ungewöhnlich; *com mão*(*s*) *-a*(*s*) mit vollen Händen; *mar m* ~ hohe See *f*; *a passos ~s* mit großen Schritten; *à rédea -a* mit verhängten Zügeln; **2.** *m* hohe (*od.* offene) See *f*; *kleiner öffentlicher* Platz *m*; ♪ Largo *n*; *fazer-se ao* ~ ⚓ in See stechen, auslaufen; *ter dois metros de* ~ zwei Meter breit sn; *ao* ~ in der Ferne; *ao* ~, *pelo* ~ weitläufig, weitgehend; *passar de* ~ *sobre fig.* rasch hinweggehen über (*ac.*); **3.** *adv.* = *largamente*; mit großen Schritten; auf großem Fuß; ♪ largo, breit; **~ueza** [lɐr'gezɐ] *f* *fig.* Freigebigkeit *f*; Verschwendung *f*; **~ura** [lɐr'gurɐ] *f* Breite *f*; Weite *f*; Weitläufigkeit *f*; Ausdehnung *f*; Geräumigkeit *f*; Umfang *m*; *ter* (*od. ser de*) *dois metros de* ~ zwei Meter breit sn; *que* ~ *tem?* wie breit ist das?

lar|ício, ~iço ♀ [lɐ'risju, -isu] *m* Lärche *f*.

laring|e [lɐ'rĩʒə] *f* Kehlkopf *m*; **~ite** [~rĩ'ʒitə] *f* Kehlkopfentzündung *f*; **~oscópio** [~rĩŋgɔʃ'kɔpju] *m* Kehlkopfspiegel *m*.

larva ['larvɐ] *f* *Insekten*-Larve *f*; Engerling *m* (*Käferlarve*).

las [lɐʃ] *pron. f/pl.* sie; Sie; *vgl. la.*

lasc|a ['laʃkɐ] *f* Splitter *m*, Span *m*; *fig.* Stückchen *n*; **~ar** [lɐʃ'kar] (1n; *Stv.* 1b) zersplittern; spleißen; zerfetzen; *v/i.* (zer)splittern.

lasc|ívia [lɐʃ'sivjɐ] *f* Geilheit *f*; Unzucht *f*; **~ivo** [~ivu] geil; unzüchtig; schlüpfrig.

lass|idão [lɐsi'ðɐ̃u] *f* Erschlaffung *f*; Ermattung *f*; **~o** ['lasu] schlaff; ermattet; lässig; ausgeleiert.

lástima ['laʃtimɐ] *f* Mitleid *n*; Bedauern *n*; Jammer *m*; Elend *n*; *fig. depr.* elende Sache *f* (*od.* Geschichte *f*); Jämmerling *m*; é ~! es ist schmerzlich (*od.* bedauerlich, schade); *é uma* ~ es ist ein Jammer; er ist ein jämmerlicher Mensch; *que* ~! wie dumm!; wie schade!; welch ein Jammer!

lastim|ar [lɐʃti'mar] (1a) beklagen, bedauern; betrüben, schmerzen; **~ar-se** klagen, jammern; **~ável** [~aveɫ] beklagenswert; **~oso** [~ozu] kläglich; bedauernswert.

lastr|ar [lɐʃ'trar] (1b) mit Ballast beladen; beschweren; **~o** ['laʃtru] *m* Ballast *m*; *fig.* Grundlage *f*.

lata ['latɐ] *f* Weißblech *n*; Blechbüchse *f*, -dose *f*, -kanne *f*; Kanister *m*; *fig.* Blech *n*, Quatsch *m*; *ter muita* ~ ein großes Maulwerk h.

lat|ada [lɐ'taðɐ] *f* Spalier *n*; Laubengang *m*; *fig.* Polterabend *m*; **~agão** [~tɐ'ɣɐ̃u] *m* lange Latte *f*; **~ão** [~'tɐ̃u] *m* Messing *n*.

látego ['latəɣu] *m* Knute *f*.

latej|ar [lɐtɨ'ʒar] (1d) klopfen, schlagen; pulsieren; keuchen; **~o** [lɐ'teʒu] *m* Pulsschlag *m*; **~s** *pl.* Klopfen *n*, Schlagen *n*.

latente [lɐ'tẽntə] geheim, verborgen; latent; schleichend (*Übel*).

lateral [~tə'raɫ] seitlich, Seiten...

latido [lɐ'tiðu] *m* Bellen *n*; **~s** *pl.* Gebell *n*.

latifúndio [~ti'fũndju] *m* Großgrundbesitz *m*.

latim [lɐ'tĩ] *m* Latein *n*; *perder o seu* ~ sich vergebliche Mühe geben.

latin|idade [~tini'ðaðə] *f* Latinität *f*; *die* romanischen Völker *n/pl.*; Romania *f*; **~ista** [~'niʃtɐ] *m* Lateiner *m*; **~o** [~'tinu] **1.** *adj.* lateinisch; Latein...; romanisch (*Sprache, Volk*); **2.** *m* Latiner *m*; Romane *m*; Lateiner *m*; ~*-americano m* Lateinamerikaner *m*.

latir [lɐ'tir] (3b) bellen.

latitud|e [~ti'tuðə] *f geogr.* Breite *f*; Breitengrad *m*; *fig.* Umfang *m*, Ausdehnung *f*; **~inário** [~tuði'narju] weit; umfangreich; freizügig.

lato ['latu] weit(läufig); geräumig; *sentido m* ~ weitere Bedeutung *f*.

latoeiro [lɐ'tweiru] *m* Spengler *m*.

latrina [lɐ'trinɐ] *f* Abtritt *m*.

latrocínio [~tru'sinju] *m* Raub(überfall) *m*; Straßenraub *m*.

laudatório [lauðɐ'tɔrju] lobend, Lob...

laudémio [~'ðɛmju] *m* Abfindung(sverpflichtung) *f* (*bei Ablösung e-r Pachtgerechtsame*; *vgl. foro*).

laudo ['lauðu] *m* Schiedsspruch *m*.

láurea ['laurjɐ] *f bras. akademischer* Grad *m*; ~ *de doutor* Doktorhut *m*.

laur|eado [lau'rjaðu] lorbeer-, preisgekrönt; **~el** [~ɛɫ] *m* Lorbeer(-kranz) *m*; (Ehren-)Preis *m*.

lauto ['lautu] üppig.

lava ['lavɐ] *f* Lava *f*.

lavabo [lɐ'vaβu] *m* Waschraum *m*; *rel.* Lavabo *n*.

lavad|aria [lɐvɐðɐ'riɐ] *f* Waschanstalt *f*; **~eira** [~'ðeirɐ] *f* Wäscherin *f*, Waschfrau *f*; Waschmaschine *f*; = *lavandeira*; **~ela** [~'ðɛlɐ] *f*: *dar uma* ~ ab-, aus-waschen; **~inho** [~'ðiɲu] sauber gewaschen; **~o** [~'vaðu]: ~ *de ares* luftig; ~ *em lágrimas* (*sangue*) tränen- (blut-) überströmt; *de bofes* ~*s* gutherzig; *às mãos -as* mühelos; ohne weiteres; = *de mãos -as* unentgeltlich, umsonst; **~oiro, ~ouro** [~ðoiru, -oru] *m* Wasch-tank *m*, -platz *m*; **~or** [~'ðor] *m fot.* Wässerungskasten *m*; **~ura** [~'ðurɐ] *f* Spülicht *n*.

lavagante [~'ɣɐ̃ntə] *m* Hummer *m*.

lavagem [lɐ'vaʒẽi] *f* Waschen *n*; Wäsche *f*; Waschwasser *n*; *prov.* Schweinefutter *n*.
lavand|aria, ~eria [~vɐ̃ndɐ'riɐ, ~ə'riɐ] *f* = *lavadaria*; **~eira, ~isca** [~'deirɐ, -iʃkɐ] *f* Bachstelze *f*.
lavar [lɐ'var] (1b) (ab)waschen; (ab-, aus-, be-)spülen; *Erz* schlämmen; *fig.* reinigen; reinwaschen; *fot.* wässern; ~ *as mãos de* nichts zu tun h. wollen mit; *lavo (daí) as minhas mãos* ich wasche meine Hände in Unschuld.
lavatório [~vɐ'tɔrju] *m* Waschtisch *m*; Waschbecken *n*; *rel.* Waschung *f*.
lavável [~'vavɛł] waschbar.
lav|oira [~'voirɐ] *f* = *~oura*; **~or** [~or] *m* Arbeit *f*; erhabene Arbeit *f*; Handarbeit *f*; **~oura** [~orɐ] *f* Ackerbau *m*; Feldbestellung *f*; ~ *algodoeira (arrozeira etc.)* Baumwoll- (Reis- *usw.*)bau *m*; **~ra** ['lavrɐ] *f* Pflügen *n*; = *~oura*; *ser da* ~ *de alg.* von j-m angefertigt (*od.* erdacht, erzeugt, geschrieben) sn; *da* ~ *de* aus der Feder von; *da minha (tua, sua, etc.)* ~ selbstgemacht; hausgemacht.
lavrad|eira [lɐvrɐ'ðeirɐ] *f* Bäuerin *f*; Feldarbeiterin *f*; Stickerin *f*; **~eiro** [~eiru] Acker...; **~io** [~'ðiu] anbaufähig, Acker...; **~o** [~'vraðu] *m* Acker *m*; *weibl.* Handarbeit *f*; **~or** [~or] Bauer *m*; Pflüger *m*.
lavrar [~'vrar] (1b) bearbeiten; *Boden* (um)pflügen; *Holz* (ab)hobeln; *Stein* (be)hauen; *Figuren* (ein-) sticken; *in Metall* treiben; *in Stein* meißeln, (ein)graben; *Münze* prägen; *allg.* mit erhabener Arbeit schmücken; *Gebäude* errichten; *Erzlager* aufschließen; ausbeuten; *Schriftstück* abfassen; niederlegen; ausarbeiten; *Urteil* fällen; *v/i.* sich ausbreiten, um sich greifen; schwelen (*Brand*); herrschen (*Haß usw.*).
lax|ação [lɐʃɐ'sɐ̃u] *f* Lockerung *f*; ⚕ Abführung *f*; **~ante** [~'ʃɐ̃ntə] *m* Abführmittel *n*; **~ar** [~'ʃar] (1b) lockern; erschlaffen; erleichtern; ⚕ abführen; **~ativo** [~ɐ'tivu] = *~ante*.
lazar|ento [lɐzɐ'rẽntu] aussätzig; mit Schwären (*od.* Wunden) bedeckt; P ausgehungert; elend; **~eto** [~etu] *m* Quarantänelager *n*.
lázaro ['lazɐru] *m* Aussätzige(r) *m*; Lazarus *m*; *feito um* ~ wundgeschlagen; wundenbedeckt.
lazeira [lɐ'zeirɐ] *f* Elend *n*; Unglück *n*; ⚕ Aussatz *m*; *fig.* Hunger *m* (*cair de* umfallen vor).
lazulite [~zu'litə] *f* Lasurstein *m*.
leal [ljał] rechtschaffen, ehrlich; treu; **~dade** [ljał'daðə] *f* Ehrlichkeit *f*; Treue *f*.
leão [ljɐ̃u] *m* Löwe *m*; *dente m de* ~ Kuhblume *f*.
lebr|acho [lə'βraʃu] *m* Häslein *n*; **~ão** [~ɐ̃u] *m* Hase *m* (*männl. Tier*); **~e** ['lɛβrə] *f* Hase *m* (*Artname*); Häsin *f* (*weibl. Tier*); *esta* ~ *está corrida!* das wär' geschafft!; *levantar uma* ~ e-e Frage aufwerfen; e-n Streit vom Zaun brechen (wegen *de*); **~éu** [~ɛu] *m* Hasenhund *m*.
lec|cionar [lɛsju'nar] (1e) unterrichten; Stunden geben in (*dat.*); lesen (*od.* sprechen) über (*ac.*); **~tivo** [lɛ'tivu] Schul...
ledo ['leðu] lustig, froh.
leg|ação [ləɣɐ'sɐ̃u] *f* Gesandtschaft *f* (*de Portugal* portugiesische); = **~acia** [~ɐ'siɐ] *f* Gesandtenposten *m*; **~ado** [~'ɣaðu] *m* **a)** (päpstlicher) Gesandte(r) *m*; **b)** Legat *n*, Vermächtnis *n*; **~al** [~'ɣał] rechtmäßig, gesetzlich; rechtsgültig; **~alidade** [~ɐli'ðaðə] *f* Rechtmäßigkeit *f*; Rechtsgültigkeit *f*; *der* Boden des Gesetzes; **~alista** [~ɐ'liʃtɐ] gesetzestreu; **~alização** [~ɐlizɐ'sɐ̃u] *f* Beglaubigung *f*; gesetzliche Anerkennung *f*; Rechtsgültigkeit *f*; **~alizar** [~ɐli'zar] (1a) beglaubigen; rechtsgültig m., legalisieren; **~ar** [~'ɣar] (1g; *Stv.* 1c) **a)** abordnen; entsenden; **b)** vermachen; **~atário** [~ɐ'tarju] *m* (testamentarischer) Erbe *m*.
legenda [lɨ'ʒẽndɐ] *f* Aufschrift *f*, Beschriftung *f*; Inschrift *f*; *Bild*-Text *m*; (Zeichen-)Erklärung *f*.
legi|ão [lɨ'ʒjɐ̃u] *f* Legion *f*; ♀ *Estrangeira (de Honra)* Fremden- (Ehren-) legion *f*; ~ *de* zahllose; **~onário** [~ʒju'narju] *m* Legionär *m*.
legisl|ação [lɨʒiʒlɐ'sɐ̃u] *f* Gesetzgebung *f*; **~ador** [~ɐ'ðor] **1.** *adj.* gesetzgeberisch; **2.** *m*, **-a** *f* Gesetzgeber(in *f*) *m*; **~ar** [~'lar] (1a) Gesetze geben; *v/t.* gesetzlich verordnen; **~ativo** [~ɐ'tivu] gesetzgebend; *poder m* ~ gesetzgebende

Gewalt *f*; **~atura** [~ɐ'turɐ] *f* Gesetzgebung *f*; Legislaturperiode *f*.
legista [~'ʒiʃtɐ] gesetzes-kundig, -treu; *médico m ~ bras.* Polizeiarzt *m*.
legítima [~'ʒitimɐ] *f* Pflichtteil *n*.
legitim|ação [~ʒətimɐ'sɐ̃u] *f* Rechtmäßigkeitserklärung *f*; Legitimierung *f*; *polizeil.* Ausweis *m*; Befugnis *f*; **~ar** [~'mar] (1a) für rechtmäßig (*od.* legitim) erklären; rechtfertigen; **~ar-se** sich ausweisen; **~idade** [~i'ðaðə] *f* Rechtmäßigkeit *f*; eheliche Geburt *f*; Richtigkeit *f*; Berechtigung *f*; Echtheit *f*.
legítimo [~'ʒitimu] rechtmäßig; ehelich; berechtigt; erlaubt; echt; richtig; *-a defesa f* Notwehr *f*.
legível [~'ʒivɛł] leserlich; lesbar.
légua ['lɛɣwɐ] *f spanische* Meile *f*, Wegstunde *f* (= 5 km); *~ marítima* spanische Seemeile *f* (= 5,555 km); *estar a uma ~* (*od. a cem ~s*) *de* (meilen)weit entfernt sn von; *fugir à ~* sich eiligst davonmachen.
leguleio [ləɣu'leju] *m* Rechtsverdreher *m*.
legum|e [lə'ɣumə] *m* Hülsenfrucht *f*; *~s pl.* Gemüse *n*; **~inosas** [~ɣumi'nɔzɐʃ] *f/pl.* Hülsenfrüchte *f/pl.*; **~inoso** [~ɣumi'nozu] Hülsen...; *planta f -a* Hülsenfrucht *f*.
lei [lei] *f* Gesetz *n*; Vorschrift *f*; Gebot *n*; Münz-fuß *m*, -gehalt *m*; *~ da guerra, ~ militar* Kriegsrecht *n*; *~ civil* bürgerliche(s) Recht *n*; *~ criminal* (*eclesiástica, marcial, das nações*) Straf- (Kirchen-, Stand-, Völker-)recht *n*; *de ~* vollgewichtig (*Gold*); *fig.* echt, gut; rechtschaffen; *dar* (*as*) *~s fig.* herrschen; *j-m* Vorschriften m.; F den Ton angeben; *pôr* (*por*) *~ que* verfügen, daß; *fora da ~* vogelfrei.
leigo ['leiɣu] **1.** *adj.* weltlich; Laien...; *fig.* laienhaft; **2.** *m* Laie *m*.
leil|ão [lei'lɐ̃u] *m* Versteigerung *f*, Auktion *f*; *fazer ~ de* zur Schau stellen (*ac.*) = *pôr em ~* = **~oar** [~'lwar] (1f) versteigern; **~oeiro** [~'lweiru] *m* Auktionator *m*.
leira ['leirɐ] *f Acker*-Furche *f*; (Mist-)Beet *n*.
leit|ão *m*, **-oa** *f* [lei'tɐ̃u, -oɐ] *m* Spanferkel *n*; **~aria, ~eria** [~tɐ'riɐ, ~tə'riɐ] *f* Molkerei *f*; Milchhandlung *f*; **~e** ['leitə] *m* Milch *f*; **~eira** [~'teirɐ] *f* Milchfrau *f*; Milchkanne *f*; **~eiro** [~'teiru] **1.** *adj.* Milch...; **2.** *m* Milchmann *m*.
leito ['leitu] *m* Bett *n*; Lager *n* (*a.* ⊕); *Wagen*-Plattform *f*; Rahmen *m*, Chassis *n*; Unterbau *m*; Unterseite *f des Bausteins*; Fahrbahn *f* (*Straße*); Lage *f*, Schicht *f*; *~ ferroviário* Bahnkörper *m*; *~ de fusão* Möller *m*.
leitor *m*, **-a** *f* [lei'tor, -ɐ] Leser(in *f*) *m*; Lektor(in *f*) *m*; **~ado** [~tu'raðu] *m* Lektorat *n*.
leitoso [~'tozu] milchig; Milch...; [milchweiß.]
leitura [~'turɐ] *f* Lesen *n*; (Vor-, Ab-)Lesung *f*; Lesestoff *m*, Lektüre *f*; Belesenheit *f*; *tea.* Leseprobe *f*; ♪ Vomblattspiel *n*; *sala f de ~* Lesesaal *m*; *ter muita ~* sehr belesen sein.
leiva ['leivɐ] *f Acker*-Scholle *f*; *Acker*-Furche *f*; aufgeworfene Erde *f*.
lema ['lemɐ] *f* ♆ Hilfssatz *m*; *fig.* Richtschnur *f*.
lembr|adiço [lẽmbrɐ'ðisu] gedächtnisstark; *ser* (*muito*) *~* nichts vergessen; **~ado** [~'braðu] erinnerlich; unvergeßlich; = *~adiço*; *estar ~ de* sich erinnern an (*ac.*); **~ança** [~'brɐ̃sɐ] *f* Erinnerung *f*; Andenken *n*; Einfall *m*, Gedanke(n) *m*; Hinweis *m*, Wink *m*; Vorhaltung *f*; Geschenk *n*, Aufmerksamkeit *f*; *~s pl.* Grüße *m/pl.*; **~ar** [~'brar] (1a): *~ a/c. a alg.* j-n an et. (*ac.*) erinnern; j-n auf et. (*ac.*) hinweisen *od.* bringen; j-n anregen zu; *et.* anregen bei; *v/i.* erinnerlich sn; einfallen; **~ar-se** *de* sich erinnern an (*ac.*); sich merken (*ac.*); kommen auf (*ac.*); *lembro-me de a/c.* mir fällt et. ein; **~ete** [~'bretə] *m* Merkzettel *m*; Notiz *f*; F Denkzettel *m*.
leme ['lɛmə] *m* Steuer(ruder) *n*; ✈ Flosse *f*, Ruder *n*; Dorn *m der Türangel*, Haspe *f*; *fig.* Leitung *f*, Führung *f*; *não dar pelo ~* aus dem Ruder laufen.
lenç|aria [lẽsɐ'riɐ] *f* Weißwaren *f/pl.*; Weißwaren-handel *m*, -geschäft *n*; **~o** ['lẽsu] *m* Taschen-, Hals-, Kopf-tuch *n*; **~ol** [~'sɔł] *m* Bettuch *n*, Laken *n*; Leichentuch *n*; *Feuer*-Vorhang *m*; *Wasser*-Spiegel *m*; *~ de banho* Badetuch *n*; *estar* (*meter-se*) *em maus -óis* F in der Tinte sitzen (sich in die Nesseln setzen).

lend|a ['lẽndɐ] *f* Sage *f*; **~ário** [lẽn'darju] sagenhaft.
lengalenga [lẽŋgɐ'lẽŋgɐ] *f* Litanei *f*.
lenha ['leɲɐ] *f* Brennholz *n*.
lenh|ador [lɨɲɐ'ðor] *m* Holz-fäller *m*, -hacker *m*; **~ar** [~'ɲar] (1d) Holz hacken; **~eiro** [~'ɲeiru] *m* Holzhändler *m*; *bras*. Holzschuppen *m*; **~o** ['leɲu] *m* Holz *n*; Holz-klotz *m*, -scheit *n*; *fig*. Schiff *n*; *o santo ~* das Heilige Kreuz; **~oso** [~'ɲozu] holzig, Holz...
leni|ficar ⚕ [lənifi'kar] (1n) lindern; **~mento** [~'mẽntu] *m* Linderung(s-mittel *n*) *f*; **~r** [lə'nir] (3c) lindern; beruhigen; **~tivo** [~'tivu] = *~-mento*.
lente ['lẽntə] **1.** *m* Universitätslehrer *m*, Professor *m*; **2.** *f* Linse *f*; Augenglas *n*; Lupe *f*.
lentejoila, -oula [lẽntɨ'ʒoilɐ, -olɐ] *f* Flimmerblättchen *n*, Flitter *m*; *~s pl*. Flitter(kram) *m*.
lenticular [~iku'lar] linsenförmig.
lentidão [~i'ðɐ̃u] *f* Langsamkeit *f*.
lenti|gem [~'tiʒɐ̃i] *f* Leberfleck *m*; Sommersprosse *f*; **~lha** [~'tiʎɐ] *f* Linse *f*.
lento ['lẽntu] langsam, träge; weich; schlaff; feucht.
leoa ['ljoɐ] *f* Löwin *f*.
leonino [lju'ninu] Löwen...
leopardo [~'parðu] *m* Leopard *m*.
lépido ['lɛpiðu] lustig; flink.
leporino [ləpu'rinu]: *lábio m ~* Hasenscharte *f*.
lepra ['lɛprɐ] *f* Aussatz *m*; *fig*. Ausschlag *m*; Laster *n*.
lepr|osaria [ləpruzɐ'riɐ] *f* Leprosenheim *n*; **~ose** ⚕ [~'prɔzə] *f* Aussatz *m*; **~oso** [~'prozu] aussätzig.
leque ['lɛkə] *m* Fächer *m*.
ler [ler] (2l) (ab-, vor-)lesen; ♪ vom Blatt spielen (*od*. singen).
lerd|ear *bras*. [lɛr'ðjar] (1l) trödeln; **~o** ['lɛrðu] schwerfällig; plump.
léria P ['lɛrjɐ] *f* Redeschwall *m*; Märchen *n*; *~s pl*. Quatsch *m*.
lés [lɛʃ]: *de ~ a ~* durch und durch; von e-m Ende zum andern; von Anfang bis zu Ende.
lesa-|majestade [ˌlezɐmɐʒɨʃ'taðə]: *crime m de ~* Majestätsbeleidigung *f*; **~pátria** [~'patrjɐ]: *crime m de ~* Landesverrat *m*.
les|ão [lə'zɐ̃u] *f* Verletzung *f*; *Körper*-Schaden *m*; *Herz*-Fehler *m*; **~ar** [~ar] (1c) verletzen; schädigen.
lesma ['leʒmɐ] *f* Nacktschnecke *f*; *fig*. P langweilige(r) Patron *m*.
lés-nordeste [ˌlɛʒnɔr'ðɛʃtə] *m* Ostnordost.
leso ['lɛzu] verletzt; geschädigt; gelähmt (auf [*dat.*] *de*); *bras*. dumm.
lés-sueste [ˌlɛʃ'swɛʃtə] *m* Ostsüdost.
leste ['lɛʃtə] *m* Ost(en) *m*; Ost(wind) *m*.
lesto ['lɛʃtu] flink; leicht; schnell.
letal [lə'taɫ] tödlich.
letão [lə'tɐ̃u] **1.** *adj*. lettisch; **2.** *m* Lette *m*.
letargia [lətɐr'ʒiɐ] *f* Tiefschlaf *m*; *fig*. Betäubung *f*; Untätigkeit *f*.
letárgico [lə'tarʒiku] lethargisch; schläfrig; betäubt; niedergeschlagen; untätig, träge; gleichgültig.
letra ['letrɐ] **1.** *f* Buchstabe *m*; Schrift *f*; Handschrift *f*; Inschrift *f*; *Opern*-Text *m*; Wortlaut *m*; *tip*. Letter *f*, Type *f*; † Wechsel *m*; *~ aberta* Kreditbrief *m*; *~ ao portador* Inhaber-, *~ a termo fixo* Präzis-, *~ a uso* Uso-, *~ à vista* Sicht-, *~ aprazada* Dato-, *~ convencional* Gefälligkeits-wechsel *m*; *~ contra entrega de documentos* Dokumententratte *f*; *~ de câmbio* Wechsel *m*, Tratte *f*; *~ da terra* Platz-, *~ de compensação* Saldo-, *~ de reembolso* Rück-wechsel *m*; *~ fictícia* fingierter Wechsel *m*; *à ~*, *ao pé da ~* buchstäblich, wörtlich; **2.** *~s pl*. Schrifttum *n*; Geisteswissenschaften *f/pl.*; Brief *m*; *belas ~s* schöne Literatur *f*; *Faculdade f de ♀s* Philosophische Fakultät *f*.
letr|ado [lə'traðu] **1.** *adj*. (akademisch) gebildet; gelehrt; **2.** *m* (Rechts-)Gelehrte(r) *m*; **~eiro** [~eiru] *m* Aufschrift *f*; Etikett *n*; *Straßen- usw*. Schild *n*.
léu [lɛu] *m* Muße *f*, Zeit *f*; *ao ~* nach Belieben, wie's kommt; bloß; *com a cabeça ao ~* barhäuptig.
leucócito [leu'kɔsitu] *m* weiße(s) Blutkörperchen *n*.
lev|a ['lɛvɐ] *f* Ausfahrt *f*; Trupp *m*; Transport *m*; Schub *m*; (Truppen-)Aushebung *f*; Aufgebot *n*; **~ada** [lə'vaðɐ] *f* (Ab-)Transport *m*; Mitnahme *f*; Mühlbach *m*, Wassergang *m*; Wasser-strom *m*, -fall *m*; *de ~* hastig, überstürzt.
levad|iça [ləvɐ'ðisɐ] *f* Zugbrücke *f*;

~iço [~isu] beweglich; aufziehbar; Fall...; Zug...; **~inho**, **~o** [~iɲu, lə'vaδu]: ~ *da breca s. breca*; ~ *do diabo*, ~ *do demónio* Teufels..., verteufelt; **~oira**, **~oura** [~oirɐ, ~orɐ] *f* Leichter *m mit Entladevorrichtung.*

levant|adiço [ləvẽntɐ'δisu] aufsässig; unruhig; unbedacht; **~ado** [~'taδu] leichtsinnig, leichtfertig; erhaben (*Stil*); hochgehend (*See*); **~amento** [~ɐ'mẽntu] *m* Aufhebung *f e-r Blockade usw.*; Aufstand *m*; Erhebung *f*; Erhöhung *f*; ⚒ Vermessung *f*, Aufnahme *f*; Wegnahme *f*; Aufkommen *n*; **~ar** [~'tar] (1a) **1.** *v/t.* (er)heben; aufrichten; auf-, hoch-ziehen; *Anker* lichten; *Strafe usw. od. et. vom Boden* aufheben; *Landkarte* aufnehmen; *Geld* abheben; *Wirkung* hervorrufen; *Staub* aufwirbeln; *Meer* aufwühlen; *Volksmasse* aufwiegeln; *Gesang* anstimmen; *Gebäude* errichten; *Preis usw.* erhöhen; *Mut* heben, stärken; *Geschäft* in Schwung bringen, F ankurbeln; *Frage* aufwerfen; *Zweifel* vorbringen; *Streit* vom Zaun brechen; *Gerücht* aufbringen; *Wild* aufscheuchen; *Truppen* ausheben; *in den Armen* tragen; wegnehmen; weg-bringen, -holen, fortschaffen; *Ernte* einbringen; *Hindernis* aus dem Wege (*od.* weg-)räumen; ~ *às alturas* (*às nuvens, ao céu*) in den Himmel erheben; **2.** *v/i.* (an)steigen; aufgehen (*Teig*); sich aufheitern (*Wetter*); **3.** **~ar-se** aufstehen; auftauchen; aufkommen (*Wind, Gerücht*); aufgehen (*Sonne*); *fig.* hochkommen, es zu et. bringen; sich empören (gegen, *fig.* über [*ac.*] *contra*); ~ *com a/c.* mit et. auf und davon gehen; **4.** *m*: ~ *do sol* Sonnenaufgang *m*; **~e** [lə'vẽntə] *m* Osten *m*; ♀ Levante *f*; *span.* Ostküste *f*.

levar [lə'var] (1c) mitnehmen; tragen; (hin)bringen; führen; *Weg* gehen, nehmen; *Schritte, Augen usw.* lenken (nach [*dat.*], auf [*ac.*] *para*); wegbringen, fortschaffen; *Wagen* ziehen; *Anker* lichten; (weg)nehmen; entreißen; entführen; (hin-) wegschwemmen; verwehen (*Wind*); dahinraffen (*Krieg usw.*); *Mittel* (ver)brauchen, verschlingen; *Preis, Verwundung* davontragen; *Gewinn* einheimsen; *Verlust* erleiden; *Preis* verlangen; *Schläge* bekommen; mit sich bringen, zur Folge h.; mit sich führen; fassen; enthalten; (an, bei *od.* in sich) tragen; aufweisen, zählen; *Absicht usw.* hegen, sich tragen mit; fahren (*od.* fliegen, reiten, segeln, gehen, laufen) mit; weggehen (*od.* abreisen) mit *Bedauern usw.*; ~ *alg.* j-n (nach s-m Willen) lenken; j-n mit sich reißen (*od.* ziehen); F j-n herumkriegen; F j-n hinters Licht führen; *saber* ~ *alg.* j-n zu nehmen wissen; ~ *alg. a* j-n bringen (*od.* verleiten) zu; *deixar-se* ~ sich mit- (*od.* hin-) reißen l.; sich verleiten l.; ~ *a crer* darauf schließen l.; ~ *caro a alg.* j-n überteuern; ~ *a bem* gut auf- (*od.* nicht übel-)nehmen; ~ *a mal* übelnehmen; ~ *de brincadeira* (*od. de chalaça, galhofa, mangação, risota*), ~ *a rir* nicht ernst nehmen; lachend aufnehmen; ~ (*à cena*) *tea.* aufführen; ~ *aos pés* (*od. à presença*) *de alg.* vor j-n bringen; ~ (*tempo*) (Zeit) dauern; (Zeit) brauchen (für *para*); *j-m* (Zeit) wegnehmen; *j-n* (Zeit) kosten; verbringen mit *od.* verwenden (auf [*ac.*] *com*); *v/i.* F Hiebe kriegen.

leve ['lɛvə] **1.** *adj.* leicht; flüchtig; läßlich (*Sünde*); (*ao*) *de* ~ leicht; flüchtig; *nem* (*ao*) *de* ~ nicht im entferntesten; *ter a(s) mão(s)* ~*(s)* e-e lockere Hand haben; **2.** *m Sport*: Feder-, Leichtgewicht *n*.

leve|dar [ləvə'δar] (1c) *Brot* (an-) säuern; gehen l.; *v/i.* (auf)gehen;

lêvedo ['levəδu] **1.** *adj.* Sauer...; **2.** *m bras.* = **~dura** [~'δurɐ] *f* Hefe(pilz *m*) *f*.

leveza [lə'vezɐ] *f* Leichtigkeit *f*; Flüchtigkeit *f*; Läßlichkeit *f*.

levian|dade [ləvjɐ̃n'daδə] *f* Leichtsinn *m*; Leichtfertigkeit *f*; **~o** [lə'vjɐnu] leichtsinnig; leichtfertig.

léxico ['lɛksiku] *m* Wörterbuch *n*.

lexicográfico [ˌlɛksikɔ'γrafiku] Wörterbuch...

lezíria [lə'zirjɐ] *f* Flußniederung *f*, Marsch *f*.

lhan|eza [ʎɐ'nezɐ] *f* Natürlichkeit *f*; Schlichtheit *f*; Aufrichtigkeit *f*; **~no** ['ʎɐnu] natürlich, ungekünstelt; schlicht, einfach; aufrichtig.

lha(s) [ʎɐ(ʃ)] *s. lho; lhos.*

lhe [ʎə] ihm; ihr; Ihnen; ~s ihnen; Ihnen.

lho, lha [ʎu, ʎɐ] *Zssg. von lhe(s) mit den pron. o, a.*
lhos, lhas [ʎuʃ, ʎaʃ] *Zssg. von lhe(s) mit den pron. os, as.*
li|aça ['ljasɐ] *f* Stroh-bund *n*, -packung *f*; **~ame** [~ɐmə] *m* Bindung *f*; Band *n* (*pl. Bande*).
lib|ação [liβɐ'sɐ̃u] *f* Trankopfer *n*; *fazer -ões* = *~ar v/i.*; *fig.* zechen; **~ar** [~'βar] (1a) schlürfen, nippen an (*dat.*); *v/i.* Trankopfer darbringen.
libelinha [liβə'liɲɐ] *f* Wasserjungfer *f*, Libelle *f*.
libelo [li'βɛlu] *m* Anklageschrift *f*.
libélula [li'βɛlulɐ] *f* = *libelinha*.
líber ['liβɛr] *m* Bast *m*.
liber|ação [liβərɐ'sɐ̃u] *f* Befreiung *f*; Freilassung *f*; = *~alização*; **~al** [~'raɫ] **1.** *adj.* freigebig; frei-heitlich, -zügig; liberal, freisinnig; weitherzig; frei (*Kunst, Beruf*); **2.** *m* Liberale(r) *m*; **~alidade** [~ɐli'ðaðə] *f* Freigebigkeit *f*; Weitherzigkeit *f*; Freizügigkeit *f*; **~alismo** [~ɐ'liʒmu] *m* Liberalismus *m*; **~alização** [~ɐlizɐ'sɐ̃u] *f* Liberalisierung *f*; **~alizar** [~ɐli'zar] (1a) von s-n Beschränkungen befreien, liberalisieren; **~ar** [~'rar] (1c) befreien; *Gefangenen* freilassen; *Geldmittel, Waren* freigeben; entbinden (von *de*); *Schuld* löschen; *Aktien usw.* einlösen; **~atório** [~ɐ'tɔrju] Freiheits...; Befreiungs...; Einlösungs...; **~dade** [~'ðaðə] *f* Freiheit *f*; Freimut *m*; *tomar ~s* sich Freiheiten herausnehmen; *tomar a ~ de* sich erlauben zu.
liberiano [~'rjɐnu] **a)** **1.** *adj.* liberisch; **2.** *m* Liberier *m*; **b)** Bast...
libert|ação [liβərtɐ'sɐ̃u] *f* Befreiung *f*; ⚖ Entlassung *f aus der Haft*; Freigabe *f*; **~ar** [~'tar] (1c) befreien (von *od.* aus *de*); entlassen (aus *de*); freigeben; *Wärme* abgeben; *fig.* bewahren (vor [*dat.*] *de*); **~inagem** [~i'naʒɐ̃i] *f* Ausschweifung *f*; Liederlichkeit *f*; Freigeisterei *f*; **~ino** [~'tinu] **1.** *adj.* ausschweifend; liederlich; freigeistig; **2.** *m* Wüstling *m*; Freigeist *m*; **~o** [li'βɛrtu] frei(gelassen).
libidinoso [liβəði'nozu] lüstern, geil; ausschweifend.
libra ['liβrɐ] *f* Pfund *n*.
libr|ação [liβrɐ'sɐ̃u] *f* Pendelbewegung *f*, Schwingung *f*; **~ar** [~'βrar] (1a) (aus)schwingen l.; gründen (auf [*ac.*] *em*); **~ar-se** schwingen; schweben; (be)ruhen (auf [*dat.*] *em*).
libré [li'βrɛ] *f* Bedienententracht *f*; Livree *f*; *fig.* Uniform *f*.
libreto [~'ßretu] *m* Operntext *m*; Textbuch *n*.
liça ['lisɐ] *f* **a)** Kampf-, Turnierplatz *m*; Kampf *m*; Ausea.-setzung *f*; *fig.* Schranken *f/pl.*; *chamar à ~* in die Schranken fordern; zum Kampf (auf)rufen; *ser chamado à ~ fig.* eingreifen müssen; zum Schuß (*od.* Zug) kommen; **b)** ⊕ Schaft *m*.
lição [li'sɐ̃u] *f Universitäts*-Vorlesung *f*; (Lehr-)Stunde *f*; Lehrstoff *m*; Lehrstück *n*, Lektion *f*; (Lern-)Aufgabe *f*; Lesart *f e-s Textes*; *fig.* Lehre *f*; Verweis *m*; Strafe *f*; *dar ~* Stunden nehmen (bei *com*) (*Schüler*); Stunden geben (*Lehrer*); *tomar* (*a*) *~ a alg.* j-n ab-, über-hören.
liceal [li'sjaɫ]: *aluno m ~* höhere(r) Schüler *m*; Mittelschüler *m*; *ensino m ~* höhere(s) Schulwesen *n*; *in Österreich*: Mittelschulwesen *n*.
licença [~'sẽsɐ] *f* Erlaubnis *f*; Genehmigung *f*; Erlaubnisschein *m*, Lizenz *f*; *Jagd*-Schein *m*; Urlaub *m*; *fig.* Zügellosigkeit *f*; *poét.* Freiheit *f*; *dar ~* erlauben; *dá ~?* darf ich?; *estar com ~* beurlaubt sn; *estar de ~* Urlaub h.; *com ~!* mit Verlaub!
licenci|ado [~sẽ'sjaðu] *m* Referendar *m*; Lizentiat *m*; *~ em medicina* approbierter Arzt *m*; **~ar** [~ar] (1g *u.* 1h) beurlauben; *j-m* das Staatsexamen abnehmen (*~-se* m.); **~atura** [~sjɐ'turɐ] *f* Staatsexamen *n*; **~oso** [~ozu] ausschweifend; liederlich, locker.
liceu [li'seu] *m* höhere Schule *f*; *~ feminino* Lyzeum *n*.
licitar [lisi'tar] (1a) bieten; *v/t.* versteigern; ansteigern; überbieten.
lícito ['lisitu] erlaubt, zulässig.
liço ['lisu] *m Weber*-Schaft *m*.
licor [li'kor] *m* Flüssigkeit *f*, Saft *m*; *bsd.* Likör *m*; **~eiro** [liku'reiru] *m* Likörservice *n*.
licorne [li'kɔrnə] *m* Einhorn *n*.
licoroso [liku'rozu] likörähnlich.
licranço [~'krɐ̃su] *m* Blindschleiche *f*.
lid|a ['liðɐ] *f* Arbeit *f*, Mühe *f*; Kampf *m*; **~ador** [liðɐ'ðor] *m* Kämpfer *m*; **~ar** [li'ðar] (1a) kämp-

fen; sich (ab)mühen; ~ *com fig.* umgehen *od.* zu tun h. mit; verkehren mit; **~e** ['liδə] *f* Kampf *m*; (Rechts-)Streit *m*.
líder *angl.* ['liδɛr] *m* Führer *m*.
lider|ança [liδe'rɐ̃sɐ] *f* Führung *f*; **~ar** [~'rar] (1c) (an)führen, leiten.
lídimo ['liδimu] = *legítimo*.
lido ['liδu] belesen.
liga ['liγɐ] *f* Bund *m*; Strumpfband *n*; Sockenhalter *m*; ⚗ Legierung *f*; ⚕ Mischung *f*; *fazer boa* ~ sich vertragen.
lig|ação [liγɐ'sɐ̃u] *f* Verbindung *f*; Zs.-hang *m*; Anschluß *m*; ⚡ Schaltung *f*; ♩ Bindung *f*; ~ *à corrente Radio*: Netzanschluß *m*; **~adura** [~ɐ'δurɐ] *f cir.* Verband *m*, Binde *f*; **~ame, ~ámen** [~'γɐmə, -ɐmen] *m* Band *n* (*pl.* Bande); *teol.* Ehehindernis *n*; **~amento** [~ɐ'mẽntu] *m* Bindung *f*; *anat.* Muskelband *n*; **~ar** [~'γar] (1o) (ver)binden; festbinden; verschnüren; *Gedanken* verknüpfen; *Strom* einschalten; *an e-e Leitung* anschließen; *Metalle* legieren; *Stoffe* mischen; *não ~ duas ideias* nicht denken können; *ele não liga* das ist ihm gleichgültig; er merkt nicht; *v/i.* (sich ver)binden; leiten; ~ *com* sich vertragen mit; passen zu; = **~ar-se** *a* in Verbindung stehen (*od.* treten) mit; verkehren mit; zs.-hängen mit.
ligeir|eza [liʒei'rezɐ] *f* Leichtigkeit *f*; Behendigkeit *f*; Oberflächlichkeit *f*; **~o** [li'ʒeiru] leicht; schnell; behend; oberflächlich.
lign|ificar-se [liγnəfi'karsə] (1n) verholzen; **~ite** [~'nitə] *f* Braunkohle *f*.
lilás [li'laʃ] **1.** *m* Flieder *m*; Lila *n*; **2.** *adj.* fliederfarben, lila.
lima ['limɐ] *f* **a**) Feile *f*; *fig.* Ausfeilung *f*; ~ *de meia cana* (*paralela, redonda, triangular*) Halbrund- (Flach-, Rund-, Dreikant-)feile *f*; *a ~ do tempo* der Zahn der Zeit; **b**) ⚘ Limone *f*; **~dura, ~gem** [limɐ'δurɐ, -'maʒɐ̃i] *f* Feilen *n*; **~lha** [li'maʎɐ] *f* Feilspäne *m/pl.*
limão [li'mɐ̃u] *m* Zitrone *f*.
limar [li'mar] (1a) (ab)feilen; *fig.* ausfeilen.
limbo ['lĩmbu] *m* Rand *m*, *rel.* Vorhölle *f*.
limeira [li'meirɐ] *f* Limonenbaum *m*.
limiar [li'mjar] *m* Schwelle *f*.
limit|ação [limitɐ'sɐ̃u] *f* Begrenzung *f*, Beschränkung *f*; Zurückhaltung *f*; ~ *de preços* Preisstop *m*; **2ada** [~'taδɐ] *f*: (*Sociedade*) ~ Gesellschaft *f* mit beschränkter Haftung; **~ar** [~'tar] (1a) begrenzen; beschränken; einschränken; *v/i.* ~ *com* grenzen an (*ac.*); **~ar-se** sich zurückhalten; ~ *a* sich beschränken auf (*ac.*); sich fügen in (*ac.*); **~ativo** [~ɐ'tivu] be-, ein-schränkend; **~e** [~'mitə] *m* Grenze *f*; ⚕ Preisgrenze *f*; Grenzwert *m*; *prazo m ~* Höchstfrist *f*; äußerste(r) Termin *m*; *preço m ~* Höchstpreis *m*.
limítrofe [~'mitrufə] (an)grenzend; Grenz...
limo ['limu] *m* Alge *f*; *Fluß*-Schlamm *m*.
limo|al [li'mwaɫ] *m* Zitronenhain *m*; **~eiro** [~eiru] *m* Zitronenbaum *m*; **~nada** [~mu'naδɐ] *f* Limonade *f*.
limonita *f*, **-o** *m* [~mu'nitɐ, -u] Brauneisenstein *m*.
limoso [~'mozu] schlammig.
limpa ['lĩmpɐ] *f* Blöße *f*; = *alimpa*; **~-botas** F [~'βɔtɐʃ] *m* Schuhputzer *m*; **~-calhas** [~'kaʎɐʃ] *m* Schienenputzer *m*; **~-chaminés** [~ʃɐmi'nɛʃ] *m* Schornsteinfeger *m*.
limp|adela [lĩmpɐ'δɛlɐ] *f* Säuberung *f*; *dar uma ~ a* = *~ar*; **~ador** [~ɐ'δor] *m* ⚘ Getreideschwinge *f*; *auto. Scheiben*-Wischer *m*; **~ar** [~'par] (1a) säubern, reinigen; (ab-, aus-, weg-)putzen, -wischen; (aus-) jäten; (aus)leeren; ~ *o suor da testa* (*as lágrimas dos olhos*) sich den Schweiß von der Stirn (die Tränen aus den Augen *usw.*) wischen; *v/i.* sich aufheitern (*Wetter*); die Blüten abwerfen (*Baum*).
limpa-|penas [ˌlĩmpɐ'penɐʃ] *m* Federwischer *m*; **~trilhos** *bras.* [~'triʎuʃ] *m* 🚂 Streckenräumer *m*, Fangkorb *m*; **~vias** [~'viɐʃ] *m* Schienenputzer *m*; **~vidros** [~'viδruʃ] *m* Scheibenwischer *m*.
limpeza [lĩm'pezɐ] *f* Sauberkeit *f*; Sauberhaltung *f*; Säuberung *f*; Reinlichkeit *f*; Reinheit *f*; ~ *de mãos* Rechtlichkeit *f*; ~ *pública* Müllabfuhr *f* und Straßenreinigung *f*; *estar uma ~* sauber (ausgeführt) sn; *foi uma ~!* das war ganze Arbeit!; *fazer a ~ de* säubern, putzen (*ac.*); sauberhalten.

limpidez [lĩmpi'ðeʃ] *f* Klarheit *f*; Durchsichtigkeit *f*.

límpido ['lĩmpiðu] klar; durchsichtig; rein; lauter; tiefblau (*Himmel*); wohlklingend (*Stimme*).

limpo ['lĩmpu] sauber (*a. fig.*); rein (-lich); rechtlich; frei (von *de*); gereinigt (*Lebensmittel*); F blank; *pôr* (*od. tirar*) *a* ~ aufklären, herausfinden; ins reine bringen; *passar a* ~ ins reine schreiben.

lince ['lĩsə] *m* Luchs *m*.

linch|agem *f*, **~amento** *m* [lĩ'ʃaʒẽi, ~ʃɐ'mẽntu] Lynchjustiz *f*; Lynchen *n*; **~ar** [~'ʃar] (1a) lynchen.

lind|a ['lĩndɐ] *f* Grenze *f*; Markstein *m*; Rand *m*; **~ar** [lĩn'dar] (1a) abgrenzen; *v/i.* angrenzen; **~eira** [lĩn'deirɐ] *f Fenster-, Tür-*Kämpfer *m*; **~eiro** [lĩn'deiru] Grenz...

lind|eza [lĩn'dezɐ] *f* Schönheit *f*; **~o** ['lĩndu] schön, hübsch.

line|al [li'njaɫ] = *~ar*; **~amento** [~njɐ'mẽntu] *m* Umriß *m*; (Gesichts-)Zug *m*; Linie *f*; **~ar** [~ar] linear; *desenho m* ~ Strichzeichnung *f*.

linf|a ['lĩfɐ] *f* Lymphe *f*; **~ático** [lĩ'fatiku] Lymph...; lymphatisch; **~atismo** [lĩfɐ'tiʒmu] *m* Lymphdrüsenschwellung *f*.

lingote [lĩŋ'gɔtə] *m Metall-*Barren *m*.

língua ['lĩŋgwɐ] *f* Zunge *f*; Sprache *f*; ~ *mãe* Ursprache *f*; ~ *materna* Muttersprache *f*; ~ *de terra* Landzunge *f*; ~ *danada* (*od. depravada, ruim, viperina*) = *má-língua*; *dar à* (*bras. a. de*) ~ plaudern, schwatzen; *dar com a* ~ *nos dentes* auspacken; den Mund nicht halten können; *não ter senão* ~ ein Maulheld sn; *pagar pela* ~ es büßen müssen; *saber* (*od. ter*) *na ponta da* ~ aus dem ff kennen (*od.* können); *debaixo da* ~ auf der Zunge; *trocar* ~ *bras.* plaudern.

lingu|ado [lĩŋ'gwaðu] *m* (Manuskript-)Fahne *f*; *Metall-*Band *n*; *Gußeisen-*Block *m*; *zo.* Seezunge *f*; **~agem** [~aʒẽi] *f* Sprech-, Ausdrucks-weise *f*; Sprache *f*; **~eta** [~etɐ] *f* Zünglein *n der Waage*; *Schuh-*Zunge *f*; (Sperr-)Klinke *f*; *Lade-*Rampe *f*; *Schlüssel-*Bart *m*; ⊕ *u.* ♪ Klappe *f*; **~iça** [~isɐ] *f* Mettwurst *f*; ~ *frita* Bratwurst *f*; **~ista** [~iʃtɐ] *m* Sprachwissenschaftler *m*; **~ístico** [~iʃtiku] sprachlich; sprachwissenschaftlich.

linha ['liɲɐ] *f* **a**) Linie *f*; Reihe *f*; Zeile *f*; *tel.* Leitung *f*; *fig.* Richtlinie *f*; Haltung *f*; *entrar em* ~ *de conta com a/c.* et. in Betracht ziehen; *perder a* ~ F aus der Rolle fallen; *ter a* ~ (die richtige) Haltung zu wahren wissen; **b**) Faden *m*; Schnur *f*; *Angel-*Leine *f*; ~ *grossa* Heftfaden *m*; *pescar à* ~ angeln.

linh|aça [li'ɲasɐ] *f* Leinsamen *m*; *óleo m de* ~ Leinöl *n*; **~agem** [~aʒẽi] *f* **a**) Sackleinen *n*; **b**) Abstammung *f*; Geschlecht *n*; **~o** ['liɲu] *m* Flachs *m*, Lein *m*; Leinen *n*; **~ol** [~ɔɫ] *m* Pechdraht *m*.

linifícios [linə'fisjuʃ] *m/pl.* Leinen-, Weiß-waren *f/pl.*

linimento [~ni'mẽntu] *m* Einreibeöl *n*.

linotip|ia [~nuti'piɐ] *f* Maschinensatz *m*; **~o**, **linótipo** [~'tipu, ~'nɔtipu] *m* Setzmaschine *f*; **~ista** [~iʃtɐ] *m* Maschinensetzer *m*.

liqu|ação [~kwɐ'sɐ̃u] *f* (Aus-)Schmelzen *n*; Seigerung *f*; **~efacção** [~kəfa'sɐ̃u] *f* Verflüssigung *f*; **~efazer** [~kəfɐ'zer] (2v) verflüssigen.

líquen ⚘ ['likɛn] *m* Flechte *f*.

liquid|ação [likiðɐ'sɐ̃u] *f* Abrechnung *f*; *Rechnungs-*Ausgleich *m*; Liquidation *f*; Ausverkauf *m*; *Geschäfts-*Auflösung *f*, Aufgabe *f*; Liquidierung *f* (*Tötung*); **~ante** [~'ðɐ̃ntə] **1.** *m* Liquidator *m*; **2.** *adj* in Auflösung (befindlich); **~ar** [~'ðar] (1a) abrechnen; *Rechnung* begleichen; *Defizit* ausgleichen; *Konflikt* beilegen; *Geschäft* auflösen, -geben; *Lager* ausverkaufen; *j-n* erledigen, liquidieren; **~ável** [~'ðavɛɫ] ⚕ flüssig zu machen(d); **~ez** [~'ðeʃ] *f* Flüssigkeit(sgrad *m*) *f*; ⚕ Verfügbarkeit *f*; Liquidität *f*.

líquido ['likiðu] **1.** *adj.* flüssig (*a. Geld*); *gram.* liquid; ⚕ *a.* netto; *produto m* ~ Rein-, Netto-ertrag *m*; **2.** *m* Flüssigkeit *f*.

lira ['lirɐ] *f* **a**) Lira *f* (*Münze*); **b**) ♪ Leier *f*.

líric|a ['lirikɐ] *f* Lyrik *f*; **~o** [~u] **1.** *adj.* lyrisch; **2.** *m* Lyriker *m*.

lírio ['lirju] *m* Lilie *f*; ~*-convale* Maiglöckchen *n*.

lirismo [li'riʒmu] *m* lyrische Stimmung *f*; (Gefühls-)Überschwang *m*.

lisboeta, -nense [liʒ'βwetɐ, ~βu'nẽsə] **1.** *adj.* aus Lissabon; Lissabonner; **2.** *su.* Lissabonner(in *f*) *m.*
liso ['lizu] glatt; eben; schlicht.
lisonja [li'zõʒɐ] *f* Schmeichelei *f.*
lisonj|ear [lizõ'ʒjar] (1l) schmeicheln (*dat.*); gefallen (*dat.*); **~ear-se** *com* sich schmeicheln mit (*z.B. e-r Hoffnung*); sich geschmeichelt fühlen durch; **~eiro** [~'ʒeiru] **1.** *adj.* schmeichelhaft; schmeichlerisch; **2.** *m* Schmeichler *m.*
lista ['liʃtɐ] *f* Liste *f,* Verzeichnis *n;* (Speisen-, Wein-, Getränke-)Karte *f;* Streifen *m;* ~ *civil* Zivilliste *f;* ~ *dos telefones* Telephonbuch *n;* ~ *geral* Gewinnliste *f* (*Lotterie*); *à* ~, *por* ~ nach der Karte.
list|ão [liʃ'tɐ̃u] *m* Band *n;* Schärpe *f;* Zollstock *m; poét.* Kielwasser *n;* **~el** [~ɛł] *m* Leiste *f;* **~ra** ['liʃtrɐ] *f* Streifen *m;* **~radu** [~'traδu] gestreift.
lisura [li'zurɐ] *f* Glätte *f.*
liteira [li'teirɐ] *f* Sänfte *f.*
liter|al [litə'rał] buchstäblich; **~ário** [~arju] literarisch; gelehrt; **~ato** *m,* **-a** *f* [~atu, -ɐ] Literat(in *f*) *m;* **~atura** [~rɐ'turɐ] *f* Schrifttum *n,* Literatur *f;* Schriftstellerei *f.*
litíase ⚕ [li'tiɐzə] *f:* ~ *biliar* (*renal*) Gallen- (Nieren-)steine *m/pl.*
litig|ante [liti'γẽntə] prozeßführend; **~ar** [~ar] (1o) prozessieren; streiten, rechten.
litígio [li'tiʒju] *m* (Rechts-)Streit *m,* Prozeß *m; em* ~ = *litigante.*
litigioso [liti'ʒjozu] strittig.
litograf|ar [lituγrɐ'far] (1b) lithographieren; **~ia** [~iɐ] *f* Steindruck *m,* Lithographie *f;* lithographische Anstalt *f.*
litor|al [~'rał] **1.** *m* Küsten-gebiet *n,* -strich *m;* **2.** *adj.* = **~âneo** [~'rɐnju] Küsten...
litro ['litru] *m* Liter *n* (*a. m*).
lituano [li'twɐnu] **1.** *adj.* litauisch; **2.** *m,* **-a** *f* Litauer(in *f*) *m.*
liturgia [litur'ʒiɐ] *f* Liturgie *f.*
litúrgico [~'turʒiku] liturgisch.
lividez [livi'δeʃ] *f* Leichenblässe *f.*
lívido ['liviδu] leichenblaß; fahl.
livrar [li'vrar] (1a): ~ *de* befreien von; behüten (*od.* bewahren) vor (*dat.*); *Deus me livre!* Gott bewahre!; *livra!* das wäre ja noch schöner!; (das ist ja) unerhört!; **~-se** sich hüten.
livraria [livrɐ'riɐ] *f* Buchhandlung *f;* Bücherei *f;* Bücherschrank *m.*
livre ['livrə] frei; (*pontapé*) ~ *m* Freistoß *m;* **~-câmbio** [~'kɐ̃mbju] *m* Freihandel *m.*
livreco [li'vrɛku] *m* Schmöker *m.*
livre-do|cência *bras.* [ˌlivrəδo'sẽsjɐ] *f* Lehrfreiheit *f;* Privatdozentur *f;* **~cente** [~'sẽntə] *su.* Privatdozent (-in *f*) *m.*
livreiro [li'vreiru] *m* Buchhändler *m;* ~ *editor* Verlagsbuchhändler *m.*
livre|mente [ˌlivrə'mẽntə] frei(willig); **~-pensador** [~pẽsɐ'δor] *m* Freidenker *m;* **~-roda, ~-rodagem** [~'ʀɔδɐ, ~ʀu'δaʒɐ̃i] *f* Freilauf *m.*
livr|esco [li'vreʃku] Buch...; angelesen (*Kenntnisse*); **~ete** [~etə] *m* Büchlein *n;* Dienst-, Sold-buch *n;* Konto-, Sparkassen-buch *n;* **~o** ['livru] *m* Buch *n; zo.* Blättermagen *m;* ~ *caixa* Kassa-, ~ *mestre,* ~ *razão* Haupt-buch *n;* ~ *branco* (*amarelo, azul, etc.*) Weiß- (Gelb-, Blau- *usw.*) buch *n;* ~ *de mortalhas* Heft *n* Zigarettenpapier; **~ório** [~ɔrju] *m depr.* Schinken *m.*
lix|a ['liʃɐ] *f* Seehund(sfell *n*) *m; fig.* Sand-, Schmirgel-papier *n;* **~ar** [li'ʃar] (1a) (ab)schmirgeln; **~eiro** [li'ʃeiru] *m* Müllmann *m;* **~s** *pl.* Müllabfuhr *f;* **~ívia** [li'ʃivjɐ] *f* (Aschen-)Lauge *f;* **~iviar** [liʃi'vjar] (1g) ⚗ aus-waschen, -laugen; **~o** [~u] *m* Kehricht *m,* Müll *m; fig.* Auswurf *m; condução f de* ~ Müllabfuhr *f;* **~oso** [li'ʃozu] dreckig, verdreckt.
lo [lu] *pron. m* ihn (es, sie); Sie.
ló [lɔ] *m* **a)** ⚓ Luv *f; meter de* ~ (an)luven; **b)** *pão m de* ~ Biskuitkuchen *m.*
loa ['loɐ] *f* Lobrede *f; cantar od. entoar* **~s** *a* Loblieder singen auf (*ac.*).
loba ['loβɐ] *f* **a)** Wölfin *f;* **b)** Sutane *f.*
lob|acho [lu'βaʃu] *m* Wölflein *n;* **~ado** ⚘ [~aδu] gelappt; lappig; **~al** [~ał] wölfisch, Wolfs...; **~ato** [~atu] *m* junge(r) Wolf *m;* Wölfling *m;* **~inho** [~iɲu] *m* ⚕ Grützbeutel *m;* **~isomem** [loβiz'ɔmɐ̃i] *m* Werwolf *m.*
lobo[1] ['lɔβu] *m anat.* Lappen *m.*
lobo[2] ['loβu] *m* Wolf *m* (*a.* ⊕); ~ *do mar fig.* alte(r) Seebär *m; velho* ~ alte(r) Fuchs *m; escuro como a boca*

do ~ stockfinster; *na boca do* ~ in des Teufels Küche; **~-cerval** [~sər'vał] *m* Luchs *m*; **~-marinho** [~mɐ'riɲu] *m* Seehund *m*.
lôbrego ['loβrəɣu] düster, finster.
lobrigar [luβri'ɣar] (1o) erspähen; (zu) ahnen (beginnen).
lóbulo ['lɔβulu] *m anat. u.* ⚘ Läppchen *n*; Lappen *m*.
locação [lukɐ'sɐ̃u] *f* Miete *f*, Pacht *f*; *bras.* Absteckung *f*.
local [lu'kał] **1.** *adj.* örtlich, Orts...; *afecção f* ~ lokale Erkrankung *f*; *cor f* ~ Lokalfarbe *f*; **2.** *m* Ort *m*, Stelle *f*; Örtlichkeit *f*; *no próprio* ~ an Ort und Stelle; **3.** *f* lokale Nachricht *f*; *-ais pl.* Lokales *n*; **~idade** [~kɐli'δaδə] *f* Örtlichkeit *f*; *bsd.* Ort *m*; **~ização** [~kɐlizɐ'sɐ̃u] *f* Lokalisierung *f*, Bestimmung *f*; **~izado** [~kɐli'zaδu]: ~ *em* spielend in (*dat.*); *bem* ~ gut gelegen; **~izar** [~kɐli'zar] (1a) lokalisieren, bestimmen; (verlegen.
locanda [lu'kɐ̃ndɐ] *f* Schenke *f*; (Verkaufs-)Bude *f*.
loção [lu'sɐ̃u] *f* ⚕ Waschung *f*; Waschmittel *n*; ⚒ Auswaschung *f*; Haarwasser *n*.
locatário *m*, **-a** *f* [lukɐ'tarju, -ɐ] Mieter(in *f*) *m*.
locomo|ção [lukumu'sɐ̃u] *f* Fortbewegung *f*; Beförderung *f*; **~tiva** [~'tivɐ] *f* Lokomotive *f*; **~tor** [~'tor] fortbewegend; *aparelho m* ~ *zo.* Fortbewegungswerkzeuge *n/pl.*; **~triz** [~'triʃ] *adj. f zu* ~*tor*.
locu|ção [~'sɐ̃u] *f* Ausdrucksweise *f*; Redewendung *f*; *gram.* Ausdruck *m*; **~pletar** [~plə'tar] (1c) bereichern, reich m.; **~tor** [~'tor] *m* Ansager *m*; **~tório** [~'tɔrju] *m* Sprechzimmer *n*.
loda|çal [luδɐ'sał] *m* Morast *m*; Pfuhl *m*, Sumpf *m*; **~cento** [~'sẽntu] = *lodoso*.
lódão ['lɔδɐ̃u] *m* Lotus *m*.
lodo ['loδu] *m* Schlamm *m*, Kot *m*; *banho m de* ~ Moorbad *n*; **~so** [lu'δozu] schlammig, kotig.
loendro ['lwẽndru] *m* Oleander *m*.
logar|ítmico [luɣɐ'ritmiku]: *tábua f -a* Logarithmentafel *f*; **~itmo** [~itmu] *m* Logarithmus *m*.
lógic|a ['lɔʒikɐ] *f* Logik *f*; *erro m de* ~ Denkfehler *m*; **~o** [~u] logisch, folgerichtig.
logo ['lɔɣu] (so)gleich; nachher; bald; also, demnach; *até* ~! bis nachher!; *bras.* auf Wiedersehen!; *desde* ~ sogleich; gleich jetzt; = *para* ~ alsbald; *mais* ~ später, nachher; ~ *que*, *tão* ~ sobald (als).
logr|adoiro, -ouro [luɣrɐ'δoiru, -oru] *m*: ~ *público* öffentliche(r) Platz *m*; ~*s pl.* Ortsangaben *f/pl.*; **~ar** [~'ɣrar] (1e) erreichen, kommen zu; erringen, gewinnen; genießen, besitzen; benutzen, den Nutzen h. von; anführen; betrügen; *v/i.* wirken; sich durchsetzen; *logro inf.* es gelingt mir zu *inf.*; **~o** ['loɣru] *m* Genuß *m*, Besitz *m*; Schwindel *m*, Betrug *m*; Gaunerei *f*.
loiça ['loisɐ] *f* = *louça*.
lóio ['lɔju] *m* Kornblume *f*.
loir... *s. lour...*
loisa ['loizɐ] *f* = *lousa*.
loj|a ['lɔʒɐ] *f* Erdgeschoß *n*; Lagerraum *m*; Werkstatt *f*; *bsd.* (Kauf-) Laden *m*; *Freimaurer*-Loge *f*; **~ista** [lu'ʒiʃtɐ] *su.* Ladenbesitzer(in *f*) *m*.
lomb|a ['lõmbɐ] *f* Bergrücken *m*; = **~ada** [lõm'baδɐ] *f* Höhenzug *m*; (Ochsen-)Rücken *m*; Buchrücken *m*; **~ar** [lõm'bar] Rücken...; Lenden...; **~o** [~u] *m* Lende *f*; (Berg-, Buch-)Rücken *m*; *endurecer o* ~ *bras.* bocken.
lombriga [lõm'briɣɐ] *f* Ringelwurm *m*; ⚕ Spulwurm *m*.
lona ['lonɐ] *f* Segeltuch *n*, Zeltbahn *f*, Plane *f*.
londrino *m*, **-a** *f* [lõn'drinu, -ɐ] Londoner(in *f*) *m*.
long|ânime [lõŋ'gɐnimə] langmütig; **~animidade** [~gɐnimi'δaδə] *f* Langmut *f*.
longarina [~gɐ'rinɐ] *f* Holm *m*, Träger *m*.
longe ['lõʒə] **1.** *adv.* weit; = *ao* ~ in der (*od.* die) Ferne; *de* ~ von weitem; aus der Ferne; *fig.* bei weitem; *de* ~ *em* ~ hier und dort; dann und wann; *para* ~ weit weg; ~ *de* weit entfernt von (*a. fig.*); ~ *disso!* weit gefehlt!; nicht im entferntesten!; *andar* (*od. estar, ir*) ~ weit entfernt (*od.* weg) sn; längst vergangen sn, weit zurückliegen; *ir* ~ weit gehen (*od. fig.* kommen); weitgehend sn; **2.** *m* ~*s pl.* Entfernung(en) *f*(*/pl.*); *pint.* Hintergrund *m*; *fig.* entfernte Ähnlichkeit *f*; Spuren *f/pl.*; **3.** *adj.*: ~*s terras f/pl.* ferne Länder *n/pl.*

long|evidade [lõʒəvi'ðaðə] *f* Langlebigkeit *f*; **~evo** [~'ʒevu] langlebig; hochbetagt; **~ínquo** [~'ʒĩŋkwu] fern.

longitud|e [~ʒi'tuðə] *f geogr.* Länge *f*; **~inal** [~tuði'nał] Längen...; Längs...

longo ['lõŋgu] lang(wierig); weitläufig; weit; *ao ~ de* längs (*gen.*) *od. nachgestellt*: entlang (*ac.*).

lontra ['lõntrɐ] *f* Otter *m*; *~ comum* Fischotter *m*.

loqu|acidade [lukwɐsi'ðaðə] *f* Geschwätzigkeit *f*; **~az** [~'kwaʃ] geschwätzig; zungenfertig; **~ela** [~'kwɛlɐ] *f* Wortgewandtheit *f*.

lorde *angl.* ['lɔrðə] *m* Lord *m*; *câmara f dos ~s* Oberhaus *n*.

loreno [lu'renu] **1.** *adj.* lothringisch; **2.** *m*, **-a** *f* Lothringer(in *f*) *m*.

lorot|a *bras.* [lo'rɔtɐ] *f* Lügengeschichte *f*, Ammenmärchen *n*; Ente *f*; **~eiro** [loro'teiru] **1.** *adj.* verlogen; lügenhaft; **2.** *m* Lügner *m*.

lorpa ['lorpɐ] **1.** *adj.* einfältig; tölpelhaft; **2.** *su.* Einfaltspinsel *m*; Tölpel *m*.

los [luʃ] *pron. m/pl.* sie; Sie.

losango ⚘ [lu'zɐ̃ŋgu] *m* Raute *f*.

lota ['lɔtɐ] *f* Fischauktion *f*.

lot|ação [lutɐ'sɐ̃u] *f* Schätzung *f*; Einteilung *f*; Anzahl *f* der Plätze; Gesamtbezüge *m/pl. e-s Beamten*; ⚓ Lastigkeit *f*; Verschneiden *n des Weins*; *com a ~ esgotada* = **~ado** [~'taðu] voll besetzt, ausverkauft; **~ar** [~'tar] (1e) (ab)schätzen, taxieren; einteilen; *Wein* verschneiden; auslosen; **~aria** [~ɐ'riɐ] *f* Lotterie *f*; **~e** ['lɔtə] *m* Anteil *m*; *Waren*-Posten *m*; *Waren*-Sorte *f*; Teilstück *n*; Gruppe *f*; Trupp *m*; ⚓ Lastigkeit *f*; **~eria** [~ə'riɐ] *f* = *~aria*.

louça ['losɐ] *f* Steingut *n*; Tonware(n) *f*(*/pl.*).

loução [lo'sɐ̃u] schmuck.

louc|o ['loku] irr-, wahn-sinnig, verrückt; **~ura** [lo'kurɐ] *f* Irr-, Wahn-sinn *m*; Verrücktheit *f*.

lour|-, loir|eiro [lo'r-, loi'reiru] *m* Lorbeer *m*; **~ejar** [~rɨ'ʒar] (1d) bräunen; aufblonden; *v/i.* blond (*od.* braun) w.; reifen (*Getreide*); **~o** ['loiru, 'loru] **1.** *adj.* blond (-haarig); bräunlich, gebräunt (*Braten*); **2.** *m* Lorbeer *m*.

lousa ['lozɐ] *f* Schiefer(tafel *f*) *m*; Steinplatte *f*; Grabstein *m*.

louv|a-a-deus [ˌlova'ðeuʃ] *m zo.* Gottesanbeterin *f*; **~adamente** [loˌvaðɐ'mẽntə] lobenswert; **~ado** [lo'vaðu] *m* Sachverständige(r) *m*; Schiedsrichter *m*; Taxator *m*; **~aminha** [lovɐ'miɲɐ] *f* Lobhudelei *f*; **~ar** [lo'var] (1a) loben; preisen, rühmen; schätzen (auf [*ac.*] *em*); **~ar-se** *em alg.* j-n als Sachverständigen (*od.* Schiedsrichter) angeben; *~ no parecer de alg.* sich j-s Meinung anschließen; **~ável** [lo'vavɛł] lobenswert; **~or** [lo'vor] *m* Lob *n*; Lob-rede *f*, -preisung *f*; Belobigung *f*.

lua ['luɐ] *f* Mond *m*; *~ cheia* (*nova*) Voll- (Neu-)mond *m*; *~ de mel* Honigmond *m*, Flitterwochen *f/pl.*; **~r** [lwar] *m* Mond-schein *m*, -licht *n*; *está ~* der Mond scheint; **~rento** [lwɐ'rẽntu] mondhell.

lúbrico ['luβriku] schlüpfrig; geil.

lubrific|ação [luβrəfikɐ'sɐ̃u] *f* Ölung *f*, Schmierung *f*; **~ante** [~'kɐ̃ntə] **1.** *adj.* Schmier...; **2.** *m* Schmieröl *n*, Schmiere *f*; **~ar** [~'kar] (1n) ölen, schmieren.

lucarna [lu'karnɐ] *f* Dachfenster *n*; Luke *f*.

lucidez [lusi'ðeʃ] *f* (Geistes-)Klarheit *f*; Deutlichkeit *f*.

lúcido ['lusiðu] licht, klar; lichtvoll; leuchtend; *intervalos m/pl. ~s* lichte Augenblicke *m/pl.*

luc|ífugo [lu'sifuɣu] lichtscheu; **~ilar** [lusi'lar] (1a) (schwach) leuchten; flackern.

lúcio ['lusju] *m* Hecht *m*.

lucr|ar [lu'krar] (1a) ein-bringen, -tragen; gewinnen (bei *com*); aus-, be-nutzen; *v/i. ~ com* Nutzen ziehen aus; **~ativo** [~krɐ'tivu] einträglich; vorteilhaft; **~o** ['lukru] *m* Gewinn *m*; Ertrag *m*; Nutzen *m*.

lucubr|ação *f*, **-ões** *f/pl.* [lukuβrɐ'sɐ̃u, -õiʃ] nächtliche Arbeit *f*; *fig.* geistiges Ringen *n*; **~ar** [~'βrar] (1a) nachts (durch)arbeiten; (geistig) ringen; *v/t. et.* in nächtlicher Arbeit fertigstellen; *fig.* sich *et.* abringen.

lud|ibriar [luði'βrjar] (1g) verhöhnen; *~ de* sich lustig m. über (*ac.*); **~íbrio** [~'ðiβrju] *m* Hohn *m*; *tornar-se ~* zum Gespött w.; **~ibrioso** [~i'βrjozu] höhnisch.

luf|ada [lu'faðɐ] *f* (Wind-)Stoß *m*;

às ~s in Stößen, böig; **~a-lufa** P [ˌlufɐ'lufɐ] *f* Hetze *f*, Hatz *f*; *andar numa ~* sich (ab)hetzen; *à ~* hastig; **~ar** [~ar] (1a) brausen (*Wind*); schnauben.
lugar [lu'ɣar] *m* Ort *m* (*a.* ⚔); Platz *m*; Stelle *f*; Stellung *f*; Ortschaft *f*, Flecken *m*; *~ comum* Gemeinplatz *m*; *dar ~ a fig.* Raum geben (*dat.*); Anlaß (*od.* Gelegenheit) geben zu; ermöglichen (*ac.*); verursachen (*ac.*), zur Folge h. (*ac.*); *estar no seu ~* am Platze sn; im Recht sn; *ter ~* stattfinden; *ter seu ~* am Platze (*od.* angebracht) sn; *em ~ de* (an)statt (*gen.*), an Stelle (*gen.*); *em primeiro (segundo, etc.) ~* erstens (zweitens *usw.*); **~ejo** [luɣɐ'reʒu] *m* Dörfchen *n*; **~-tenente** [~tə'nẽntə] *m* Stellvertreter *m*; Statthalter *m*.
lugre ['luɣrə] *m* Logger *m*.
lúgubre ['luɣuβrə] schauerlich; düster; Trauer...
lula ['lulɐ] *f* Tintenfisch *m*.
lumbago ⚕ [lũm'baɣu] *m* Hexenschuß *m*, Ischias *f*.
lume ['lumə] *m* Feuer *n*; Licht *n*; *~ de água* Wasser(ober)-, *~ de espelho* Spiegel-fläche *f*; *ter ~ de* Kenntnis (*od.* e-e Ahnung) h. von; *ter ~ no olho* gewitzt sn; *tirar a ~* veröffentlichen; *trazer a ~* ans Licht bringen; *vir a ~* herauskommen.
lumieira *f*, **-o** *m* [lu'mjeirɐ, -u] Licht *n*; Lichtschein *m*; Leuchter *m*; Oberlicht *n*; Luke *f*.
lumin|ar [~mi'nar] *m bras.* Leuchte *f* (*fig.*); **~ária** [~arjɐ] *f* Leuchte *f* (*a. fig.*); Lämpchen *n*; Licht *n*; *~s pl.* öffentliche Festbeleuchtung *f*; **~escência** [~niʃ'sẽsjɐ] *f* Lumineszenz *f*, Leuchtkraft *f*; **~escente** [~niʃ'sẽntə] leuchtend; **~osidade** [~nuzi'ðaðə] *f* Helligkeit *f*; Leuchtkraft *f*; **~oso** [~'nozu] leuchtend; hell; lichtvoll, klar; glänzend; Licht...
lun|ação [lunɐ'sɐ̃u] *f* Mondumlauf *m*; **~ar** [~'nar] **1.** *adj.* Mond...; **2.** *m* Muttermal *n*; **~ático** [~'natiku] mondsüchtig; *fig.* wunderlich; **~eta** [~'netɐ] *f* Augenglas *n*; Fern-glas *n*, -rohr *n*; Rundfenster *n*; Lichtloch *n*; *Monstranz*-Fensterchen *n*; Kopfloch *n am Fallbeil*; ⚔ Kugellehre *f*; *~s pl.* Augengläser *n/pl.*, *bsd.* Kneifer *m*.
lupanar [lupɐ'nar] *m* Bordell *n*.
lúpulo ['lupulu] *m* Hopfen *m*.
lura ['lurɐ] *f Kaninchen*-Höhle *f*.
lusco ['luʃku] einäugig; schielend; **~-fusco** [~'fuʃku] *m* (Abend-)Dämmerung *f*.
lusitano [luzi'tɐnu] **1.** *adj.* portugiesisch; **2.** *m* Portugiese *m*.
lus|o ['luzu] portugiesisch; *~-alemão* deutsch-portugiesisch; **~ófilo** [lu'zɔfilu] portugiesenfreundlich.
lustr|adeira [luʃtrɐ'ðeirɐ] *f* Dampfmangel *f*; **~ar** [~'trar] (1a) **a)** blank putzen; polieren; *Boden* bohnern; *Schuhe* wichsen; *Wäsche* plätten; *Gewebe* appretieren; *fig.* erleuchten; bilden; *v/i.* glänzen; **b)** läutern, reinigen; mustern, betrachten; lustrieren; **~e** ['luʃtrə] *m* Glanz *m*; Ruhm *m*, Ansehen *n*; Kronleuchter *m*; *dar ~ a* Glanz verleihen; = *~ar*; **~ino** [~'trinu] Glanz...; **~o** ['luʃtru] *m* Jahrfünft *n*, Lustrum *n*; P = *~e*; **~oso** [~'trozu] glänzend.
luta ['lutɐ] *f* Ringkampf *m*; Ringen *n* (*a. fig.*); Kampf *m*, Streit *m*; *entrar em ~* in Streit geraten.
lut|ador [lutɐ'ðor] *m* Ringer *m*; Kämpfer *m*; **~ar** [~'tar] (1a) **a)** ringen; kämpfen; streiten; *~ pela vida* sich durchs Leben schlagen; **b)** hermetisch verschließen; abdichten; *gegen Feuer* isolieren.
luteran|ismo [~ərɐ'niʒmu] *m* Luthertum *n*; **~o** [~ə'rɐnu] **1.** *adj.* lutherisch; **2.** *m* Lutheraner *m*.
luto ['lutu] *m* **a)** Trauer(kleidung) *f* (*deitar od. tomar* anlegen); *~ pesado* (*aliviado*) tiefe (Halb-)Trauer *f*; *estar de ~* in Trauer sn; trauern (um *por*); **b)** Kitt *m*.
lutulento [lutu'lẽntu] schlammig.
lutuoso [lu'twozu] trauernd, in Trauer; Trauer...; schauerlich.
luv|a ['luvɐ] *f* Handschuh *m*; ⊕ Lasche *f*; Muffe *f*; *~s pl. fig.* Vergütung *f*; **~aria** [luvɐ'riɐ] *f* Handschuh-fabrik *f*, -laden *m*; **~eiro** *m*, **-a** *f* [lu'veiru, -ɐ] Handschuhmacher(in *f*) *m*.
lux|ação *f*, **~amento** *m* [luʃɐ'sɐ̃u, ~ɐ'mẽntu] Verrenkung *f*; **~ar** [~'ʃar] (1a) verrenken, auskugeln.
lux|o ['luʃu] *m* Luxus *m*, Aufwand *m*; *bras.* Ziererei *f*; *dar-se ao ~ de inf.* es sich leisten *od.* sich das Vergnügen m. zu *inf.*; **~uoso** [lu'ʃwozu] luxuriös; kostspielig; üppig; **~úria**

[lu'ʃuriɐ] *f* Üppigkeit *f*; Geilheit *f*; Unzucht *f*; Zügellosigkeit *f*.

luxuri|ante [luʃu'rjẽntə] üppig wuchernd, geil; **~oso** [~ozu] unzüchtig, geil; üppig.

luz [luʃ] **1.** *f* Licht *n*; Augenlicht *n*; *meia ~* Halbdunkel *n*; *abrir os olhos à ~* das Licht der Welt erblicken; *dar à ~* zur Welt bringen, gebären; *Buch* herausbringen; *sair* (*od. vir*) *à ~* herauskommen; in Erscheinung treten; *sentir fugir a ~ dos olhos* sich e-r Ohnmacht nahe fühlen; *tornar à ~* dem Leben wieder geschenkt w.; wieder zu sich kommen; *à ~ de* im Lichte (*gen.*), auf Grund (*gen.*); **2.** *~es pl.* Kenntnisse *f/pl.*; Bildung *f*; *século m das ~es* Zeitalter *n* der Aufklärung; **~eiro** [lu'zeiru] *m* Leuchte *f*; Licht *n*; **~ente** [lu'zẽntə] leuchtend.

luzerna ♀ [lu'zɛrnɐ] *f* Luzerne *f*.

luzi|dio [luzi'ðiu] glänzend, schimmernd; **~do** [~'ziðu] prächtig, glänzend; **~r** [lu'zir] (3a) leuchten, glänzen; sich entwickeln; nutzen, einbringen.

M

M, m ['ɛmə] *f* M, m *n*.
ma [mɐ] *Zssg. der pron.* me *u.* a.
má [ma] *adj. f v.* mau.
maca ['makɐ] *f* Tragbahre *f*; F Krankenauto *n*; Traggestell *n*; ⚓ Hängematte *f*, Koje *f*.
maça ['masɐ] *f* Keule *f*; Ramme *f*, Stampfe *f*; Walke *f*.
maçã [mɐ'sɐ̃] *f* Apfel *m*; *Degen-*Knauf *m*; ~ *do rosto* Backenknochen *m*; ~*-de-adão* Adamsapfel *m*.
macabro [mɐ'kaβru] schaurig; *dança f -a* Totentanz *m*.
macac|a [~'kakɐ] *f* Affenweibchen *n*; *fig.* F häßliche Ziege *f*; **~ão** [~kɐ'kɐ̃u] *m bras.* Monteuranzug *m*.
macacaúba [makakɐ'uβɐ] *f* Makakauba *n* (*bras. Edelholz*).
macaco [mɐ'kaku] **1.** *m* Affe *m*; (Zahnstangen-)Winde *f*; Hebebock *m*; *auto.* Wagenheber *m*; (Zug-) Ramme *f*; (*fato m*) ~ Monteuranzug *m*; **2.** *adj.* gerissen; häßlich, ungeschlacht.
maçada [mɐ'saδɐ] *f* Keulenschlag *m*; Rammstoß *m*; Prügel *m/pl.*; *fig.* Plackerei *f*; Schererei *f*; *que* ~! wie lästig!; wie langweilig!
macadam|e [mɐkɐ'δɐmə] *m* Makadam *m*; Fahrbahn *f*; **~izar** [~δɐmi'zar] (1a) *Straße* schottern.
maç|ador [mɐsɐ'δor] **1.** *adj.* lästig; langweilig; **2.** *m*, **-a** *f* lästige(r) Mensch *m*; **3.** *m* Flachsbreche *f*; **~agem** [~'saʒɐ̃i] *f* Brechen *n* (*des Flachses*); **~al** [~'saɫ] *m* Molke *f*.
macambúzio [mɐkɐ̃m'buzju] griesgrämig.
maç|aneta [mɐsɐ'netɐ] *f* Knauf *m*; *Tür-*Drücker *m*; *Sattel-*Knopf *m*; **~ão** *gal.* [~'sɐ̃u] *m* Freimaurer *m*; **~apão** [~ɐ'pɐ̃u] *m* Marzipan *n* (*a. m*).
macaqu|ear [mɐkɐ'kjar] (1l) nachäffen; **~ice** [~'kisə] *f* Nachäfferei *f*; Affigkeit *f*; affige(s) Getue *n*; Geschmuse *n*; **~inho** [~'kiɲu] *m*: *ter* ~*s no sótão* F e-n Vogel h.
maçar [mɐ'sar] (1p; *Stv.* 1b) (durch)walken; quetschen, drükken; rammen; *Flachs* brechen; *fig.* lästig sn; langweilen; ärgern.
maçarico [mɐsɐ'riku] *m* ⊕ Lötlampe *f*; Schweiß-, Schneidebrenner *m*.
maçaroca [~'rɔkɐ] *f* Spindel *f*; (Mais-)Kolben *m*; Haarwulst *m*.
macarr|ão [mɐkɐ'ʀɐ̃u] *m* Makkaroni *pl.*; **~ónico** [~ɔniku] Makkaroni...; *latim m* ~ Küchenlatein *n*.
macela [mɐ'sɛlɐ] *f* Kamille *f*.
macer|ação [~sərɐ'sɐ̃u] *f fig.* Kasteiung *f*; **~ar** [~'rar] (1c) mazerieren; einweichen; *fig.* kasteien.
macet|a [~'setɐ] *f* Klöpfel *m*; *Farben-*Stößel *m*; *Trommel-*Schlegel *m*; **~e** [~ə] *m* Knüppel *m*, Holzhammer *m*.
machad|a [mɐ'ʃaδɐ] *f* (Hand-)Beil *n*; **~ada** [~ʃɐ'δaδɐ] *f* Axt-, Beil-hieb *m*; **~inha** [~ʃɐ'δiɲɐ] *f* Hackbeil *n*; **~o** [~u] *m* Axt *f*, Beil *n*.
macha-fêmea [ˌmaʃɐ'femjɐ] *f* Scharnier *n*.
machear [mɐ'ʃjar] (1l) fälteln, plissieren; *Tiere* paaren.
mach|o ['maʃu] **1.** *m* Männchen *n* (*männl. Tier*); Maulesel *m* (*Kreuzung v. Pferdehengst u. Eselstute*); Haken *m* (*Ggs. Öse*); Haspe *f* (*Ggs. Band*), Dorn *m* (*des Fischbands, Ggs. Lappen*); Spindel *f* (*Wasserhahn*); (Plissee-)Falte *f*; Gewindebohrer *m*; Lochlehre *f*; **2.** *adj.* männlich.
machucar [mɐʃu'kar] (1n) zerdrücken, -quetschen, -reiben, -stampfen; = *amachucar*.
maciço [mɐ'sisu] **1.** *adj.* massiv; dicht; voll; fest, sicher; gewichtig; **2.** *m* Massiv *n*; Dickicht *n*; dichte Gruppe *f*; Gedränge *n*.
macieira [mɐ'sjeirɐ] *f* Apfelbaum *m*.
macilento [mɐsi'lẽntu] abgezehrt, verhärmt; bleich.
macio [mɐ'siu] weich; glatt, geschmeidig; sanft, mild; lind.
maço ['masu] *m* Holzhammer *m*; Klöpfel *m*; Ramme *f*, Stampfe *f*; Packen *m Papier*; Stoß *m Briefe*; Päckchen *n Zigaretten*.

maç|onaria [mɐsunɐ'riɐ] *f* Freimaurerei *f*; **~ónico** [~'sɔniku] Freimaurer...; freimaurerisch.
macota *bras.* [ma'kɔtɐ] **1.** *m* Lokalgröße *f*; **2.** *adj.* groß(mächtig); großartig.
má-criação [ˌmakrjɐ'sɐ̃u] *f* Ungezogenheit *f*; Unverschämtheit *f*.
maçudo [mɐ'suδu] *fig.* schwer(verständlich); langweilig, ermüdend.
mácula ['makulɐ] *f* Flecken *m*; *fig.* Makel *m*.
macular [mɐku'lar] (1a) beflecken; [*fig.* besudeln.]
macumba *bras.* [ma'kũmbɐ] *f* kultischer Negertanz *m*.
madeira [mɐ'δeirɐ] **1.** *f* Holz *n*; ~ *compensada bras.*, ~ *contraplacada* Sperrholz *n*; **2.** *m* Madeira(wein) *m*.
madeir|amento [mɐδeirɐ'mẽntu] *m* Holzwerk *n*; Gebälk *n*; *Dach*-Gestühl *n*; **~ar** [~'rar] (1a) mit Holzwerk versehen; **~eiro** [~'reiru] *m* Holzhändler *m*; **~ense** [~'rẽsə] aus Madeira; **~o** [~'δeiru] *m* Langholz *n*, Balken *m*; Klotz *m* (*a. fig.*).
madeixa [mɐ'δeiʃɐ] *f* Strähne *f*.
madraço [mɐ'δrasu] **1.** *adj.* faul; **2.** *m*, **-a** *f* Faulpelz *m*.
madrasta [~'δraʃtɐ] *f* Stiefmutter *f*.
madre ['maδrə] *f* Nonne *f*; Mutter *f* (*Nonnentitel*); *anat.* Gebärmutter *f*; Quell *m*; *Fluß*-Bett *n*; Haupt-, Trag-balken *m*; Bodensatz *m* (*Wein*); ≈ *de Deus* Mutter Gottes; **~pérola** [~'pɛrulɐ] *f* Perlmutter *f*; **~ssilva** [~'siłvɐ] *f* Geißblatt *n*.
madrinha [mɐ'δriɲɐ] *f* Patin *f*, Patentante *f*; Trauzeugin *f*; Gönnerin *f*.
madrug|ada [~δru'γaδɐ] *f* Morgenfrühe *f*; Frühaufstehen *n*; Frühreife *f*; *fazer uma* ~ früh aufstehen; *de* ~ im Morgengrauen; sehr früh; **~ador** [~γɐ'δor] *m* Frühaufsteher *m*; **~ar** [~ar] (1o) früh aufstehen; der erste sn; sich früh entwickeln.
madur|ar [mɐδu'rar] (1a) *v/i.* reifen; **~ez(a)** [~eʃ(~ezɐ)] *f* Reife *f*; Gereiftheit *f*, Überlegung *f*; **~o** [~'δuru] reif; gereift, verständig; reiflich.
mãe [mɐ̃i] **1.** *f* Mutter *f* (*a. fig.*); Weinmutter *f*; *fig. a.* Grundstock *m*; **2.** *adj.* Ur..., Grund...; **~-d'água** [~'δaγwɐ] *f* Quelle *f*; Wasserbecken *n*; *bras.* Wasserfrau *f*.
maestro ♪ [mɐ'ɛʃtru] *m* Tonkünstler *m*; Dirigent *m*.
magan|ão [mɐγɐ'nɐ̃u] **1.** *m* (durchtriebener) Schelm *m*; **2.** *adj.* durchtrieben; **~ice** [~isə] *f* Schelmenstreich *m*; Schabernack *m*; **~o** [~'γɐnu] **1.** *adj.* verschmitzt; lustig; **2.** *m*, **-a** *f* Schalk *m*.
magarefe [~'rɛfə] *m* Schlächter *m*.
magia [mɐ'ʒiɐ] *f* Magie *f*.
mágica ['maʒikɐ] *f tea.* Illusionsstück *n*; *fig.* Zauber(kraft *f*) *m*.
magicar F [mɐʒi'kar] (1n) (nach-) grübeln (über [*ac.*] em).
mágico ['maʒiku] **1.** *adj.* magisch; *fig.* zauberhaft; *lanterna f* (*vara f*) *-a* Zauber-laterne *f* (-stab *m*); **2.** *m* Magier *m*, Schwarzkünstler *m*.
magistério [mɐʒiʃ'tɛrju] *m* Lehramt *n*; Lehrstand *m*; Lehrerschaft *f*.
magistr|ado [~'traδu] *m* höhere(r) Beamte(r) *m*; Justiz-, Staats-, Verwaltungs-rat *m*; *fig.* Diener *m*; **~al** [~ał] meisterhaft; Meister...; **~atura** [~trɐ'turɐ] *f* höhere(s) Beamtentum *n*; Amtszeit *f*; ~ *judicial* Richter-amt *n*, -stand *m*.
magn|animidade [mɐγnɐnimi'δaδə] *f* Seelengröße *f*; **~ânimo** [~'nɐnimu] hochherzig; großherzig.
magnate [~'natə] *m* Magnat *m*.
magn|ésia [~'nɛzjɐ] *f* Magnesia *f*, Bittererde *f*; **~ésio** [~ɛzju] *m* Magnesium *n*; *luz f de* ~ Blitzlicht *n*; **~esite** [~nə'zitə] *f* Bitterspat *m*; **~ete** [~ɛtə] *m* Magnet *m*; **~ético** [~ɛtiku] magnetisch; *agulha f -a* Magnetnadel *f*; **~etite** [~nə'titə] *f* Magnet(eisen)stein *m*; **~etizador** [~nətizɐ'δor] *m* Magnetiseur *m*; **~etizar** [~nəti'zar] (1a) magnetisieren; **~eto** *bras.* [~'nɛtu] *m* = ~ete.
magnific|ência [~nəfi'sẽsjɐ] *f* Pracht *f*; Großzügigkeit *f*; **~ente** [~ẽntə] großzügig, freigebig; = **magnífico** [~'nifiku] herrlich; prächtig; ≈ *Reitor m* Magnifizenz *f*.
magn|itude [~ni'tuδə] *f* Größe *f*; **~o** ['maγnu] groß; *Carlos* ≈ Karl der Große.
mago ['maγu] **1.** *m* Magier *m*; *os Reis* ≈*s* die Heiligen Drei Könige; **2.** *adj.* zauberhaft.
mágoa(s) ['maγwɐ(ʃ)] *f*(/*pl.*) *fig.* Schmerz *m*, Leid *n*.
mago|ado [mɐ'γwaδu] schmerz-, leid-erfüllt; **~ar** [~ar] (1f) quetschen; wehtun; *fig.* schmerzen, bekümmern; verletzen.

magote [mɐ'ɣɔtə] *m* Trupp *m*; Haufen *m*; *aos* ~*s* truppweise; in Haufen.

magr|eza [mɐ'ɣrezɐ] *f* Magerkeit *f*; **~icela**(s), **~izela** [~ɣri'sɛlɐ(ʃ), -i'zɛlɐ] *su.* dürre(s) Gestell *n*; **~o** ['maɣru] mager; *dia m de* ~ Fasttag *m*.

Maio ['maju] *m* Mai *m*.

maiô *bras.* [ma'jo] = *malhô*.

maionese [mɐju'nɛzə] *f* Mayonnaise *f*.

maior [mɐ'jɔr] **1.** *adj. comp.* größer; älter; *sup.* größt; am größten; Haupt...; Ober...; ~ (*de idade*) großjährig, mündig; *Estado m* ♀ (Regiments-)Stab *m*; Generalstab *m*; *tom m* ~ Durtonart *f*; *dó* (*ré, lá*) ~ C- (D-, A-)Dur; *terça* (*sexta, sétima*) *f* ~ große Terz (Sext, Sept) *f*; *a* ~ *parte de* der (die, das) meiste; die meisten; *a* ~ *parte das vezes* meistens; **2.** *m* Großjährige(r) *m*; **3. ~es** *pl.* Vorfahren *m/pl*.

maior|al [mɐju'rał] *m* (Ober-)Haupt *n*; Ober-schäfer *m*, -knecht *m*; Leit-bock *m*, -hammel *m*; *bras.* Postkutscher *m*; *os -ais* die Honoratioren *m/pl.*; **~ia** [~iɐ] *f* Mehrheit *f*; Mehrzahl *f*; *em* ~ in der Mehrzahl; *por* ~ durch Stimmenmehrheit; **~idade** [~ri'ðaðə] *f* Großjährigkeit *f*; Mündigkeit *f*.

mais [maiʃ] **1.** *adv.* mehr; am meisten; überdies; weiter(hin), ferner; lieber, eher; wieder; nebst, mit, und; ~ *a/c.* (*alg.*) noch et. (jemand); ~ *nada* (*ninguém*) sonst nichts (niemand); *que* (*quem*) ~? was (wer) noch?; *cada vez* ~ immer mehr; ~ *hoje*, ~ *amanhã*, ~ *dia menos dia*, ~ *ano menos ano* heute oder morgen, früher oder später, über kurz oder lang; (*pouco*) ~ *ou menos* ungefähr, mehr oder minder; *nem* ~ *nem menos* genauso; ganz richtig; *sem* ~ (*cá*) *nem* ~ (*lá*) mir nichts dir nichts, kurzerhand; *a* ~ zuviel; über-flüssig, -zählig; *para* ~ nach oben; darüber hinaus; um so mehr (als); *ainda para* ~ *int.* auch das noch; **2.** *konzessiv*: *por* ~ *que trabalhe* so sehr er auch arbeitet; *por* ~ *difícil que seja* so schwer es auch ist (*od.* sein mag); *por* ~ *que digam* was man auch sagen mag; **3.** *Zur Bildung der Steigerungsstufen*: **a**) *Komparativ*: ~ *adj.*, ~ *adv.* I. *ele é* ~ *alto* (*do*) *que ela* er ist größer als sie; II. *ela é* ~ *bonita* (*do*) *que inteligente* sie ist mehr schön als klug; III. *o* ~ *velho dos dois* der ältere von beiden; **b**) *Superlativ*: I. *prädikativ*: *ele é o* ~ *velho* er ist am ältesten (*od.* der älteste); II. *adverbial*: *ele é quem trabalha* ~ (~ *depressa*) er arbeitet am meisten (am schnellsten); *este cavalo corre* ~ ... läuft am schnellsten; III. *attributiv*: *o homem* ~ *velho do mundo* der älteste Mann der Welt; *a* ~ *bela rapariga que conheço* das schönste Mädchen, das ich kenne; **4.** *m*: *o* ~ das übrige; *os* ~ *de* die meisten; **5.** *adj.*: *os* ~ *navios* die übrigen Schiffe.

mais-|que-perfeito [~kəpər'feitu] *m* Plusquamperfekt *n*, Vorvergangenheit *f*; **~querer** [~kə'rer] (2t) lieber h., vorziehen; **~valia** [~vɐ'liɐ] *f* Mehrwert *m*.

maiúscul|a [mɐ'juʃkulɐ] *f* große(r) Buchstabe *m*; **~o** [~u] groß.

majest|ade [mɐʒɨʃ'taðə] *f* Majestät *f*; Hoheit *f*; **~oso** [~ozu] majestätisch; hoheitsvoll.

major [mɐ'ʒɔr] *m* Major *m*; **~ação** [~ʒora'sɐ̃u] *f* *Lohn*-Erhöhung *f*; **~ar** *bras.* [~ʒo'rar] (1e) *Lohn* erhöhen; = *aumentar*; **~ativo** [~ʒora'tivu] steigend; **~itário** [~ʒuri'tarju] Mehrheits...

mal [mał] **1.** *adv.* schlecht, übel; schlimm; falsch; unrecht; kaum (*fast nicht*); ~ *que bem* recht und schlecht; *menos* ~ ganz gut; ~ (*que*) *cj.* sobald; *estou* ~ es geht mir schlecht; ich fühle mich nicht wohl; ich sitze (*od.* liege) schlecht; es fehlt mir (*od.* ich leide) (an [*dat.*] *de*); ich bin schlecht versorgt (mit *de*); *estamos* ~! F wir sind aufgeschmissen!; *estar* (*de*) ~ *com alg.* mit j-m auf gespanntem Fuß stehen; j-m böse sein; *ficar* ~ schlecht abschneiden, F sich blamieren; *ficar* (*od. estar*) ~ *a alg.* j-m nicht stehen; sich nicht schicken (*od.* gehören) für j-n; **2.** *m* Übel *n*; Böse *n*; Schaden *m*; Leiden *n*; Krankheit *f*; Unglück *n*; ~ *de amor* Liebeskummer *m*; *a* ~ im Bösen; ungern, widerwillig; mit Gewalt; *de* ~ *a pior* immer schlimmer (*od.* schlechter), schlimmer und schlimmer; *do* ~ *o menos* das kleinere Übel; *por* ~ *de* zur Strafe für; *por meu* ~ zu meinem Unglück; *por bem ou por* ~ so oder so; *deitar para* ~ kein gutes Ende nehmen; schiefgehen; *fazer* ~ Böses tun; schaden; weh tun; etwas zuleide tun; schlecht bekommen; *querer* ~ übelwollen.

mala ['malɐ] *f* Koffer *m*; Reisesack *m*; (Post-)Sack *m*; *fazer a* ~ den Koffer packen; *fig.* sein Bündel schnüren.

malabar [mɐlɐ'βar]: *jogos m/pl.* ~*es* Jonglierkünste *f/pl.*; **~ista** [~βɐ'riʃtɐ] *m* Jongleur *m.*

malaca *bras.* [ma'lakɐ] *f körperliches* Leiden *n*; **~fento** [malaka'fẽntu] leidend.

mal-|afortunado [malɐfurtu'naδu] unglücklich; **~agradecido** [~ɐγrɐδə'siδu] undankbar.

malagueta [mɐlɐ'γetɐ] *f* afrikanischer Pfeffer *m*; ⚓ Spake *f.*

malaio [mɐ'laju] **1.** *adj.* malaiisch; **2.** *m* Malaie *m.*

mal-|ajambrado [malɐʒẽm'braδu] ungeschlacht; = **~ajeitado, ~amanhado** [~ɐʒei'taδu, ~ɐmɐ'ɲaδu] unordentlich, liederlich; ungeschickt.

malandr|ice [mɐlẽn'drisə] *f* Gaunerei *f*; **~im** [~ĩ] *m* Strolch *m*; **~o** [~'lẽndru] *m* Strolch *m*; Gauner *m.*

mala-posta [ˌmalɐ'pɔʃtɐ] *f* Postkutsche *f.* [lachit *m.*]

malaquita, -e [mɐlɐ'kitɐ, -ə] *f* Ma-

malar [mɐ'lar] **1.** *adj. osso m* ~ = **2.** *m* Jochbein *n*, Backenknochen *m.*

malária [mɐ'larjɐ] *f* Malaria *f.*

malas-artes [ˌmalɐz'artɨʃ] *f/pl.* Tükken *f/pl.*; List und Tücke *f.*

mal-|assombrado [malɐsõm'braδu] *bras.* verhext; **~aventurado** [~ɐvẽntu'raδu] unglücklich, unselig; **~avindo** [~ɐ'vĩndu] unverträglich; **~avisado** [~ɐvi'zaδu] schlecht beraten; unklug.

malax|ador [mɐlaksɐ'δor] *m* Knetmaschine *f*; **~ar** [~'sar] (1a) kneten.

mal-azado [malɐ'zaδu] ungünstig; unglücklich, Unglücks...

malbarat|ar [małbɐrɐ'tar] (1b) = **~ear** *bras.* [~'tjar] (1l) *Waren* verschleudern; *Vermögen usw.* vergeuden, vertun; *Rat usw.* mißachten; **~o** [~bɐ'ratu] *m* Verschleuderung *f*; Vergeudung *f*; Mißachtung *f*; *fazer* ~ *de* = ~*ar.*

mal-|casado [~kɐ'zaδu] unglücklich verheiratet; **~cheiroso** [~ʃei'rozu] übelriechend.

malcria|ção *bras.* [~krja'sɐ̃u] *f* Ungezogenheit *f*, Flegelei *f*; **~do** [~'krjaδu] **1.** *adj.* ungezogen, flegelhaft; **2.** *m* Flegel *m.*

mald|ade [~'daδə] *f* Bosheit *f*; Schlechtigkeit *f*; Gemeinheit *f*; Unart *f* (*v. Kindern*); **~ição** [~di'sɐ̃u] *f* Fluch *m*, Verwünschung *f*; **~ito** [~itu] *p.p. v. maldizer*; vertrackt; **~izente** [~di'zẽntə] **1.** *adj.* lästerlich, -süchtig; *pessoa f* ~ = **2.** *su.* Lästermaul *n*; **~izer** [~di'zer] (2x) verfluchen, verdammen; *v/i.* fluchen; lästern (über [*ac.*] *de*); ~ *de* verfluchen (*ac.*); **~oso** [~ozu] böse; böswillig; boshaft.

male|abilidade [mɐljɐβəli'δaδə] *f* Geschmeidigkeit *f*; *fig. a.* Gefügigkeit *f*; Bildsamkeit *f*; **~ar** [~'ljar] (1l) *Metall* hämmern; *fig.* gefügig m.; formen, bilden; **~ável** [~'ljavɛł] geschmeidig; hämmerbar (*Metall*); *fig.* gefügig; bildsam; schmiegsam.

maledicência [mɐlədi'sẽsjɐ] *f* üble Nachrede *f*; Schmähsucht *f*, böse Zunge *f.* [erzogen.]

mal-educado [maliδu'kaδu] un-

malef|icência [mɐləfi'sẽsjɐ] *f* boshafte Gesinnung *f*, Bosheit *f*; **~iciar** [~i'sjar] (1g) schaden (*dat.*); verhexen; **~ício** [~'fisju] *m* Schaden *m*; Bosheit *f*; böse(r) Zauber *m.*

maléfico [mɐ'lɛfiku] bösartig, böse; schädlich; verderblich.

maleita(s) [mɐ'leitɐ(ʃ)] *f*(/*pl.*) Wechselfieber *n.*

mal-en|carado [malĩŋkɐ'raδu] verdächtig aussehend; bärbeißig, grimmig; **~sinado** [~ẽsi'naδu] ungezogen; **~tendido** [~ĩntẽn'diδu] **1.** *adj.* alles mißverstehend; mißverstanden; **2.** *m* Mißverständnis *n.*

mal-estar [~ɨʃ'tar] *m* Unwohlsein *n*; Miß-, Un-behagen *n*; unklare Verhältnisse *n/pl.*; schiefe Lage *f.*

maleta [mɐ'letɐ] *f* Köfferchen *n.*

malevol|ência [mɐləvu'lẽsjɐ] *f* Abneigung *f*, Haß *m*; **~ente** [~ẽntə] böswillig; boshaft, übelwollend.

malévolo [mɐ'lɛvulu] **1.** *adj.* = *malevolente*; **2.** *m* Bösewicht *m.*

malfa|dado [małfɐ'δaδu] unselig; **~dar** [~'δar] (1b) Unglück verheißen *od.* bringen (*dat.*); ins Unglück stürzen.

malfa|zejo [~fɐ'zeʒu] = *maléfico*; **~zer** [~'zer] (2v) schaden; Böses tun.
malfeit|o [~'feitu] schlecht (gearbeitet); unförmig; böse; **~or** [~fei'tor] *m* Bösewicht *m*, Übeltäter *m*.
malferido [~fə'riðu] tödlich verletzt (*od.* verwundet); blutig (*Schlacht*).
malga ['maɫɣɐ] *f* Napf *m*.
malha ['maʎɐ] *f* **a**) Masche *f*; Fleck *m*; *~s pl.*, *obras f/pl. de ~* Strickwaren *f/pl.*; *fazer ~* stricken; **b**) Drusch *m*; **c**) Hütte *f*; **d**) Wurfscheibe *f*; *jogo m da ~* Scheibenwerfen *n*.
malh|ada [mɐ'ʎaðɐ] *f* **a**) = *enredo*; **b**) Schlag *m mit dem Dreschflegel*; Dreschen *n*; **c**) Schäferhütte *f*; Pferch *m*; Schafherde *f*; **~adeiro** [~ʎɐ'ðeiru] *m* Dreschflegel *m*; *fig.* Prügelknabe *m*; **~ado** [~aðu] gefleckt; gescheckt; getigert; **~adoiro, -ouro** [~ʎɐ'ðoiru, -oru] *m* Dreschtenne *f*; **~ador** [~ʎɐ'ðor] *m* Drescher *m*; Zuschläger *m*; Walkhammer *m*; **~ar** [~ar] (1b) *Getreide* dreschen; *Eisen* hämmern, schmieden; *fig.* herumhacken auf (*dat.*); = *v/i. ~ em* verdreschen (*ac.*); *~ em ferro frio* leeres Stroh dreschen; **~ete** [~etə] *m* Gehrung *f*, Nut *f*; **~o** ['maʎu] *m* Schmiedehammer *m*; Schlegel *m*; Klöpfel *m*; Ramme *f*.
malhô *gal.* [ma'ʎo] *m* Trikot *n*; Badeanzug *m*.
mal|-humorado [malumu'raðu] *fig.* übellaunig; schlecht gelaunt; **~ícia** [mɐ'lisjɐ] *f* Bosheit *f*; **~icioso** [mɐli'sjozu] boshaft; verschlagen.
malign|a [mɐ'liɣnɐ] *f* bösartige(s) Fieber *n*; Typhus *m*; **~idade** [~liɣni'ðaðə] *f* Bösartigkeit *f*; **~o** [~u] bösartig; böse.
má-língua [ma'lĩŋgwɐ] **1.** *f* Lästerzunge *f*, böse Zunge *f*; üble Nachrede *f*; **2.** *su.* Lästermaul *n*.
mal-intencionado [malĩntẽsju'naðu] böse gesinnt; heimtückisch.
malíssimo [ma'lisimu] *sup. v. mau.*
mal|jeitoso [maɫʒei'tozu] ungeschickt, tölpelhaft; **~mequer** ⚘ [~mɔ'kɛr] *m* Tausendschön *n*; **~nascido** [~nɐʃ'siðu] **a**) vom Unglück verfolgt; **b**) niedrig.
malogr|ado [mɐlu'ɣraðu] früh verstorben; **~ar** [~ar] (1e) zerstören; zum Scheitern bringen, vereiteln; **~ar-se** scheitern, fehlschlagen; mißlingen; durch e-n frühen Tod dahingerafft w.; **~o** [mɐ'loɣru] *m* Fehlschlag *m*; Mißerfolg *m*; Scheitern *n*.
malparado [maɫpɐ'raðu] gefährdet; unsicher.
malquer|ença [~kə'rẽsɐ] *f* Übelwollen *n*; Abneigung *f*; **~ente** [~ẽntə] feindselig; **~er** [~er] (2t) übelwollen (*dat.*); hassen.
malquist|ar [~kiʃ'tar] (1a) verfeinden; verhaßt m.; **~o** [~'kiʃtu] verhaßt; unbeliebt (bei *de*).
mal|são [~'sɐ̃u] ungesund; kränklich; kaum genesen (*od.* verheilt); **~sim** [~'sĩ] *m* Spitzel *m*; Angeber *m*; **~sinar** [~si'nar] (1a) bespitzeln; anzeigen; übel auslegen; verleumden; **~soante** [~'swẽntə] übelklingend; *fig.* anstößig; **~sofrido** [~su'friðu] ungebärdig; ungeduldig.
malta ['maɫtɐ] *f* **a**) Gesindel *n*; Bande *f*; Trupp *m* Landarbeiter; **b**) Erdpech *n*.
malte ['maɫtə] *m* Malz *n*.
maltês [maɫ'teʃ] *m* Landarbeiter *m*.
maltina [~'tinɐ] *f* Malzextrakt *m*.
maltra|pilho [~trɐ'piʎu] **1.** *adj.* zerlumpt; **2.** *m* zerlumpte(r) Kerl *m*; Lump *m*; **~tar** [~'tar] (1b) mißhandeln; schlecht behandeln.
malu|co [mɐ'luku] **1.** *adj.* verrückt; närrisch; **2.** *m*, **-a** *f* Narr *m*, Närrin *f*; **~queira** [~lu'keirɐ] *f* Verrücktheit *f*; **~quice** [~lu'kisə] *f* verrückte Idee *f*; Unsinn *m*.
malva ['maɫvɐ] *f* Malve *f*; *ir para as ~s* F ins Gras beißen.
malvad|ez [maɫvɐ'ðeʃ] *f* Schlechtigkeit *f*, Tücke *f*; Bosheit *f*; **~o** [~'vaðu] **1.** *adj.* böse, tückisch, schlecht; verbrecherisch; **2.** *m* Bösewicht *m*.
malva|ísco ⚘ [~vɐ'iʃku] *m* Eibisch *m*; **~-rosa** [~'ʀɔzɐ] *f* Stockrose *f*.
malvers|ação [~vərsɐ'sɐ̃u] *f* Veruntreuung *f*; **~ar** [~'sar] (1c) veruntreuen.
malvisto [~'viʃtu] unbeliebt.
mama ['mɐmɐ] *f* weibliche Brust *f*; Euter *n*; Zitze *f*; Muttermilch *f*; *criança f de ~* Säugling *m*.
mam|ã [mɐ'mɐ̃] *f* Mama *f*; *infan.* = **~ãe** *bras.* [~'mɐ̃i] *f* Mama *f*, Mutti *f*; **~ão** [~'mɐ̃u] **1.** *adj.* saugend, Milch...; **2.** *m* **a**) Säugling *m*; **b**) *bras.* Baummelone *f*, Papaya *f*; **~ar** [~ar] (1a) saugen; *fig. an et.* ver-

dienen; *j-m et.* abnehmen; *j-n* hereinlegen, anführen; verschlingen; ~ *com o leite* mit der Muttermilch einsaugen; *dar de* ~ *a* stillen, nähren (*ac.*); *Tier* säugen; **~ário** [~arju] Brust...; Milch...; **~ata** *bras.* [~atɐ] *f* Schiebung *f*, Schwindel *m*.
mameluco [mɐmə'luku] *m* **a**) Mameluck *m*; **b**) *bras.* Mestize *m*.
màmente [ma'mẽntə] widerwillig.
mamífero [mɐ'mifəru] *m* Säugetier *n*.
mamil|ar [~mi'lar] Brust...; **~o** [~'milu] *m* Brustwarze *f*; Zitze *f*; Wamme *f*.
mamoeiro *bras.* [~'mweiru] *m* Melonenbaum *m*.
mamona *bras.* [~'monɐ] *f* Rizinus *m*.
mana ['mɐnɐ] *f* Schwester *f*.
manada [mɐ'naðɐ] *f* Herde *f*.
manancial [~nɐ̃'sjał] **1.** *m* Quelle *f*; *fig.* Born *m*, Quell *m*; **2.** *adj.* unversieglich.
manápula [~'napulɐ] *f* Pranke *f*.
manar [~'nar] (1a) ausgießen; hervorbringen; *v/i.* quellen, strömen; ~ *de* ent-strömen, -springen (*dat.*); herkommen von; hervorgehen aus.
mancal [mɐ̃ŋ'kał] *m Achsen*-Lager *n*.
mancar [~'kar] (1n) hinken, humpeln.
manceb|a [mɐ̃'seβɐ] *f* Konkubine *f*; **~ia** [~sə'βiɐ] *f* wilde Ehe *f*; lokkere(s) Leben *n*; **~o** [~u] **1.** *m* Jüngling *m*, junge(r) Mann *m*; Leichtmatrose *m*; *bras.* Kleiderständer *m*; **2.** *adj.* jung.
manch|a ['mɐ̃ʃɐ] *f* Fleck *m*; Makel *m*; **~ado** [mɐ̃'ʃaðu] fleckig; **~ar** [mɐ̃'ʃar] (1a) beflecken (*a. fig.*); schmutzig m.; *fig.* besudeln.
mancheia [mɐ̃'ʃejɐ] *f* = *mão-cheia*.
manchete *fr.* [~'ʃetə] *f* Schlagzeile *f*.
manchil [~'ʃił] *m* Fleischermesser *n*.
manco ['mɐ̃ŋku] verstümmelt (*a. fig.*); hinkend; *estar* ~ hinken, lahmen (auf [*dat.*] *de*).
mancomun|ação [mɐ̃ŋkumunɐ'sɐ̃u] *f* gemeinsame(s) Vorgehen *n*; Zweckverband *m*; abgekartete Sache *f*; **~ado** [~'naðu] gemeinsam; **~ar** [~'nar] (1a) unterea. verabreden, F abkarten; **~ar-se** gemeinsam vorgehen; sich zs.-tun.
manda ['mɐ̃ndɐ] *f lit.* Verweis *m*; **~chuva** *bras.* [~'ʃuvɐ] *m der* mächtigste Mann *m*.
mand|ado [mɐ̃n'daðu] *m* Auftrag *m*; Befehl *m*; ~ *de prisão* Haftbefehl *m*; ~ *de segurança* einstweilige Verfügung *f*; **~amento** [~dɐ'mẽntu] *m* Gebot *n*; ⚔ Kommando *n*; *os* ~*s da lei de Deus* die Zehn Gebote Gottes; **~ante** [~ɐ̃ntə] *m* ⚖ Mandant *m*; *roda f* ~ Triebrad *n*; **~ão** [~ɐ̃u] *m* herrschsüchtige(r) Mensch *m*; *fig.* Machthaber *m*; *querer ser* ~ F die erste Geige spielen wollen; **~ar** [~ar] (1a) befehlen, gebieten; anordnen; regieren, lenken; befehligen, leiten; schicken, senden; *Abgeordneten* entsenden; ~ *fazer a/c.* et. tun l.; ~ *à estampa* in Druck geben; ~ *para outra vida* ins Jenseits befördern; ~ *à tábua*, ~ *à fava*, ~ *bugiar*, ~ *passear* wegschicken, F heimleuchten (*dat.*); **~atário** [~dɐ'tarju] *m* Mandatar *m*; Sachwalter *m*; **~ato** [~atu] *m* Mandat *n*.
mandíbula [~'diβulɐ] *f* Kinnlade *f*; Kiefer *m*; Geweih *n* (*od.* Zangen *f/pl.*) (*Insekt*); ~ *de engate* ⊕ Kupplungsklaue *f*.
mandil [~'dił] *m Koch*-Schürze *f*; [Scheuertuch *n*.]
manding|a [~'dĩŋgɐ] *f* Hexerei *f*; **~ar** [~dĩŋ'gar] (1o) verhexen.
mandioca [~'djɔkɐ] *f* Maniok (-wurzel *f*) *m*.
mando ['mɐ̃ndu] *m* Befehl(sgewalt *f*) *m*.
mândria ['mɐ̃ndrjɐ] *f* Faulheit *f*.
mandri|ão [mɐ̃n'drjɐ̃u] **1.** *adj.* faul; **2.** *m* Faulpelz *m*, Tagedieb *m*; **~ar** [~ar] (1g) faulenzen, herumlungern; **~ce** [~'drisə] *f* = *mândria*.
mandril [~'dril] *m* **a**) ⊕ Bohrkopf *m*; *Sonden- usw.* Draht *m*; **b**) Mandrill *m* (*Affenart*).
manducar P [~du'kar] (1n) essen, kauen.
mané(-cocô) *bras.* [mɐ'nɛ(ko'ko)] *m* Trottel *m*.
mane|ar [mɐ'njar] (1l) **a**) = *manejar*; **b**) *bras.* die Füße fesseln (*dat.*); **~ável** [~avɛł] handlich; geschmeidig; *fig.* leicht zu behandeln(d).
manei|a *bras.* [~'nejɐ] *f* Fußfessel *f*; **~o** [~u] *m* Handhabung *f*; Bearbeitung *f*; *fig.* Lenkung *f*, Steuerung *f*; Verwendung *f*; *reserva f de* ~ Reserve *f* zur besonderen Verwendung, Ausgleichsreserve *f*.
maneira [~'neirɐ] *f* Art (und Weise) *f*; Manier *f*; Möglichkeit *f*; **~s** *pl.*

Lebensart *f*; Benehmen *n*; ~ *de falar* (*od. dizer*) Ausdrucksweise *f*; Redensart *f*; ~ *de pensar* Denkweise *f*; Denkungsart *f*; Auffassung *f*, geistige Einstellung *f*; *à* ~ *de* nach Art (*gen.*), wie; *à* ~ *adj.* auf *adj.* Art; *de* ~ *nenhuma* keineswegs; auf keinen Fall; *de qualquer* ~ irgendwie; jedenfalls; *de qualquer* ~ *que conj.* wie immer *ind.*; de ~ *a inf.*, de ~ *que ind.* (*od. conj.*) so (*od.* dergestalt) daß *ind.*; *fazer de* ~ *que* es so einrichten, daß; *não há* ~ *de inf.* es ist ganz und gar unmöglich zu *inf.*

maneir|inho [~nei'riɲu] *dim. mit sup. Bedeutung v.* ~*o*; **~ismo** [~iʒmu] *m* Manierismus *m* (*Stilrichtung*); *fig.* Manieriertheit *f*; **~o** [~'neiru] handlich; bequem; manierlich, nett; zahm (*Vogel*); **~oso** [~ozu] manierlich, artig.

manej|ar [~nɨ'ʒar] (1d) handhaben; *Vorrichtung* bedienen, betätigen; umzugehen wissen mit; *Feder, Säbel usw.* führen; *j-n* lenken; *Sprache* sprechen; *v/i.* die Gangarten ausführen (*Pferd*); **~ável** [~avɛɫ] zu handhaben(d); zu bedienen(d); lenkbar; beherrschbar; = *maneável*; **~o** [~'neʒu] *m* Handhabung *f*; Bedienung *f*; Behandlung *f*; Führung *f*; Lenkung *f*; Dressur *f*; Reitschule *f*; ⚔ Schwenkung *f*; ~*s pl. fig.* Machenschaften *f/pl.*, Umtriebe *m/pl.*; Kniffe *m/pl.*

manequim [~nə'kĩ] *m* Modepuppe *f*; Malerpuppe *f*; Modell(puppe *f*) *n*; Vorführdame *f*, Mannequin *n*; *fig.* Modegeck *m*; F Waschlappen *m*.

maneta [~'netɐ] einarmig.

manga ['mẽŋgɐ] *f* **a**) Ärmel *m*; *Lampen*-Zylinder *m*; ⊕ Muffe *f*; ~ *de água* Wasserhose *f*; *dar* ~*s* Gelegenheit (*od.* die Möglichkeit) geben; Spielraum l.; *não ter pano para* ~*s* F keine Sprünge m. können; *em* ~*s* (*de camisa*) in Hemdsärmeln; **b**) ⚘ Mangofrucht *f*; **c**) *bras.* Koppel *f*.

mang|ação [mẽŋgɐ'sɐ̃u] *f* Spott *m*, Spötterei *f*; **~ar** [~'gar] (1o) spaßen; witzeln; ~ *com* aufziehen (*dat.*).

man|go ['mẽŋgu] *m* Stiel *m des Dreschflegels*; **~gual** [mẽŋ'gwaɫ] *m* Dreschflegel *m*.

manguara *bras.* [mẽŋ'gwarɐ] *f* Stock *m*; Stange *f*.

mangu|e *bras.* ['mẽŋgə] *m* **a**) Manglebaum *m*; **b**) Watt *n*; **~eira** [mẽŋ'geirɐ] *f* **a**) ⚘ Mango *m*; **b**) (Wasser-)Schlauch *m*; **c**) Pferch *m*; **~eiro** *bras.* [mẽŋ'geiru] **1.** *m* Ärmelbrett *n*; **2.** *adj.* unausstehlich.

manha ['mɐɲɐ] *f* Trick *m*, Kniff *m*; Verschlagenheit *f*, Tücke *f*; ~*s pl.* Schliche *m/pl.*; *ter* ~*s* verschlagen (*od.* heimtückisch) sn; Mucken h.; *estar com* ~ mucken.

manhã [mɐ'ɲɐ̃] *f* Morgen *m*; Vormittag *m*; *de* ~, *pela* ~ morgens, am Morgen; vormittags, am Vormittag; *ontem de* ~ gestern morgen (*od.* früh); *esta* ~, *hoje de* ~ heute morgen (*od.* früh); *amanhã de* ~ morgen früh (*od.* vormittag); **~zinha** [mɐɲɐ̃'ziɲɐ] *f* Morgenfrühe *f*; *de* ~ frühmorgens.

manh|eiro [mɐ'ɲeiru] launisch; *menino m* ~ Muttersöhnchen *n*; **~oso** [~'ɲozu] gerissen; verschlagen, tückisch; heikel.

mania [mɐ'niɐ] *f* ⚕ Manie *f*; *fig.* Schrulle *f*, Steckenpferd *n*; Marotte *f*; Sucht *f*; Einbildung *f*, fixe Idee *f*; *estar com a* ~ F s-n Rappel h.; ~ *das modas* (*das grandezas*) Modefimmel *m* (Größenwahn *m*); *deu-lhe a* ~ *de* er ist verfallen auf (*ac.*).

maníaco [~'niɐku] ⚕ manisch; *fig.* besessen, toll; ~ *por* versessen auf.

manicómio [~ni'kɔmju] *m* Irrenhaus *n*.

manicura [~'kurɐ] *f* Maniküre *f*.

manicurto [~'kurtu] *fig.* knauserig.

manifest|ação [~fɨʃtɐ'sɐ̃u] *f* Äußerung *f*; Kundgebung *f* (*a. pol.*), Demonstration *f*; Anzeichen *n*; **~ante** [~'tẽntə] *su.* Teilnehmer(in *f*) *m an e-r Kundgebung*; **~ar** [~'tar] (1c) offenbaren, zeigen; zum Ausdruck bringen, äußern; bekunden; *Waren* deklarieren, angeben; **~o** [~'fɛʃtu] **1.** *adj.* offenkundig, offenbar; eindeutig; **2.** *m* Manifest *n*; *Waren-*, *Lade*-Erklärung *f*; *dar ao* ~ deklarieren (*ac.*); *dar o corpo ao* ~ schaffen.

manilha [~'niʎɐ] *f* **a**) Armreif(en) *m*; Fußring *m*; Hand-, Fuß-schelle *f*; *Kanalisations*-Rohr *n*; (Ketten-)Glied *n*; **b**) Manila-zigarre *f*, -tabak *m*; **c**) *die* höchste Karte *im Spiel*.

maninho [~'niɲu] **1.** *adj.* unfruchtbar; brach; **2.** *m* Ödland *n*.

maniota [~'njɔtɐ] *f* Vorderfußfessel *f*.
mani|panso [~ni'pẽsu] *m* Götze *m*; Fetisch *m*; *fig.* F Fettwanst *m*; **~presto** [~'prɛʃtu] fingerfertig; wendig.
manipul|ação [~nipulɐ'sẽu] *f* Bearbeitung *f*; Handgriff *m*, Manipulation *f*; Herstellung *f*; Verfahren *n*; **~ador** [~ɐ'ðor] *m* ⚡ (Morse-)Taste *f*; **~ar** [~'lar] (1a) bearbeiten; (herum)hantieren mit; herstellen; *fig.* ausdenken.
manípulo [~'nipulu] *m* **a)** Büschel *n*; Handvoll *f*; **b)** *hist. u. rel.* Manipel *m* (*od. f*); **c)** = *manipulador*.
manivela [~ni'vɛlɐ] *f* Kurbel *f*; ~ *de comando* Schalt-, Steuer-hebel *m*; *dar à* ~ die Kurbel drehen; (an-)kurbeln.
manj|ar [mẽ'ʒar] *m* Speise *f*; ~(es) (*pl.*) Nahrung *f*; ~*-branco* Maizenapudding *m*; **~edoiro, -ouro** [~ʒə'ðoiru, -oru] *m Futter*-Krippe *f*.
manjer|icão, ~ico [~ʒəri'kẽu, ~'riku] *m* Basilienkraut *n*; **~ona** [~'ronɐ] *f* Majoran *m*.
mano F ['mɐnu] *m* Bruder *m*; ~*s pl.* Geschwister *pl.*
manobr|a [mɐ'nɔβrɐ] *f* ⚓ *u.* ⚔ Manöver n (*a. fig.*); 🚂 Rangieren *n*; *fig. a.* Machenschaft *f*; ⊕ Steuerung *f*; Schaltung *f*; *a* ~ *de abrir* (*fechar, etc.*) das Öffnen (Schließen *usw.*); ~*s pl.* ⚓ Tauwerk *n*; ~*s pl. aero-navais* kombinierte Luft- und Flottenmanöver *n/pl.*; **~ar** [~nu'βrar] (1e) manövrieren; 🚂 rangieren; ⊕ arbeiten, funktionieren; *v/t.* steuern, lenken; F einfädeln, F schaukeln.
manoca *bras.* [~'nɔkɐ] *f* Tabakbündel *n*, -rolle *f*.
manojo [~'noʒu] *m* = *manípulo* a).
manómetro [~'nɔmətru] *m* Druckmesser *m*, Manometer *n*.
manopla [~'nɔplɐ] *f* lange Peitsche *f*; *hist.* Panzerhandschuh *m*; *fig.* P Pranke *f*.
manquejar [mẽŋki'ʒar] (1d) hinken (*a. fig.*); lahmen (*Tier*).
mans|ão [mẽ'sẽu] *f* Wohnung *f*; *fig.* Lage *f*; **~arda** [~arðɐ] *f* Mansarde *f*, Dachkammer *f*.
mans|idão [~si'ðẽu] *f* Sanftheit *f*; Milde *f*; Sanftmut *f*; Zahmheit *f*; **~inho** [~'siɲu]: *de* ~ ganz leise (*od.* sacht); **~o** ['mẽsu] sanft; mild; sanftmütig; zahm (*Tier*); edel (*Pflanze*); still (*Wasser*); leise, sacht; ~ e ~ Schritt für Schritt; ganz allmählich.
mant|a ['mẽntɐ] *f* Decke *f*; Reisedecke *f*, Plaid *n*; Überwurf *m*; Hals-, Kopf-tuch *n*; Pferdedecke *f*; ⚔ Blende *f*; *Spargel- usw.* Beet *n*; Pflanzgraben *m für Weinstöcke*; Schicht *f*; **~ear** [mẽn'tjar] (1l) prellen, wippen; *fig.* ärgern.
manteiga [mẽn'teiγɐ] *f* Butter *f*; ~ *de porco* Schweineschmalz *n*; *dar* ~ Honig ums Maul schmieren.
mantei|garia [~teiγɐ'riɐ] *f* Buttergeschäft *n*; **~goso** [~'γozu] butterartig, -haltig, Butter...; fettig; **~gueira** [~'γeirɐ] *f* Butterdose *f*; Butter-händlerin *f*, -frau *f*; **~gueiro** [~'γeiru] *m* Butterhändler *m*.
manter [~'ter] (2zd) aufrechterhalten; er-, unter-halten; *Stellung* halten, behaupten; bewahren, behalten; **~-se** leben (von *de*); bestehenbleiben (auf [*dat.*] em).
mantilha [~'tiʎɐ] *f* Mantilla *f* (*span. Schleier*).
mantimento [~ti'mẽntu] *m* Nahrung(smittel *n*) *f*; Erhaltung *f*; Aufrechterhaltung *f*; Unterhalt *m*; ~*s pl.* Verpflegung *f*.
manto ['mẽntu] *m* Umhang *m*, Überwurf *m*; Mantel *m* (*a. fig.*).
manual [mɐ'nwał] **1.** *adj.* Hand...; handgearbeitet; *habilidade f* ~ Handfertigkeit *f*; **2.** *m* Handbuch *n*.
manuelino [~nwɛ'linu] manuelinisch (*spätgotische Stilform in Port.*).
manufact|or [~nufa'tor] **1.** *m* Hersteller *m*; Fabrikant *m*; **2.** *adj. indústria f -a* Handwerk *n*; Gewerbe *n*; **~ura** [~urɐ] *f* Hand-arbeit *f*, -erzeugnis *n*; Fabrik *f*; Fabrikat *n*; Fabrikware *f*; Herstellung *f*; **~urado** [~tu'raðu]: *artigos m/pl.* ~*s* Manufakturwaren *f/pl.*; **~urar** [~tu'rar] (1a) herstellen, fabrizieren; **~ureiro** [~tu'reiru] gewerbetreibend; Fabrik...; Fabrikations...
manuscrito [~nuʃ'kritu] **1.** *adj.* handschriftlich; **2.** *m* Handschrift *f*, Manuskript *n*.
manusear [~nu'zjar] (1l) in die Hand nehmen, handhaben.
manutenção [~nutẽ'sẽu] *f* Aufrechterhaltung *f*; Unterhalt *m*; Verwaltung *f*, Führung *f*; Bedie-

nung *f*, Wartung *f*; ⚔ Heeresbäckerei *f*.

mão [mɐ̃u] *f* Hand *f*; Handvoll *f*; Vorder-fuß *m*, -pfote *f*; *Kalbs- usw.* Fuß *m*; *Vogel*-Klaue *f*; Buch *n* (Papier); Stößel *m*, Stampfer *m*; *Werkzeug*-Griff *m*; Anstrich *m*, Schicht *f*, Lage *f*; Hilfe *f*, Beistand *m*; Macht *f*, Gewalt *f*; *Kartenspiel*: Vorhand *f*; *boas* ~*s pl.* geschickte Hände *f/pl.*; *à* ~ a) mit der Hand; handschriftlich; b) zur (*od.* bei der) Hand; *à* ~ *direita* (*esquerda*) rechter (linker) Hand; *da* ~ *à boca* unversehens; *de* ~ *em* ~ von Hand zu Hand; *de boa* ~ aus sicherer Quelle; *de* ~*s dadas* Hand in Hand; *debaixo* (*od. por baixo*) *de* ~ unterderhand, insgeheim; *do pé para a* ~ im Handumdrehen; *em primeira* (*segunda*) ~ in (*od.* aus) erster (zweiter) Hand; *fora da* ~ abgelegen; nicht greifbar; auf der falschen Straßenseite; *por* ~ *própria, por suas* ~*s* eigenhändig, selbst(ändig); ~*s à obra!* Hand ans Werk!, an die Arbeit!; *abrir* (*od. largar*) ~ *de* loslassen (*ac.*); verzichten auf (*ac.*); *andar nas* (*od. em*) ~*s de alg.* in j-s Händen sn; durch j-s Hände gehen; *assentar a* ~ *em* züchtigen, strafen (*ac.*); *correr a* ~ *por* mit der Hand fahren (*od.* streichen) über (*ac.*); *dar a* ~ *a alg.* a) j-m die Hand fürs Leben reichen; b) j-m helfen; j-n unterstützen; c) j-m die Vorhand l.; *dar a última* ~ *a* die letzte Hand anlegen an (*ac.*); den letzten Schliff geben (*ac.*); *dar de* ~ *a* aufgeben (*ac.*); im Stich l. (*ac.*); *deitar a(s)* ~*(s) a* packen (*ac.*); sich bemächtigen (*gen.*); *deitar* ~*s a* in Angriff nehmen (*ac.*), anpacken (*ac.*); *estar com* (*od. ter, trazer*) *a/c. entre* ~*s* et. unter den Händen h., mit et. beschäftigt sn; *estar de* ~ *armada contra alg.* j-s erbitterter Gegner sn; *estar na* ~ *de alg.* in j-s Hand (*od.* Macht) liegen; *estar nas* ~*s de alg.* in j-s Hand sn; *fazer* ~ *baixa em* stehlen (*ac.*); *lançar* ~ *de* zurückgreifen auf (*ac.*); die Hand legen auf (*ac.*); nehmen (*ac.*); *lançar* ~ *de todos os meios* (*od. recursos*) alle Minen springen l.; *levar* (*od. meter*) *a* ~ *a* die Hand legen auf (*od.* an) (*ac.*); berühren (*ac.*); *meter os pés pelas* ~*s* alles durchea. werfen; den Kopf verlieren; *meter* (*od. pôr*) ~*s à obra* ans Werk gehen; *passar a* ~ *em bras.* fassen (*ac.*), packen (*ac.*); *passar para as* ~*s de* in *j-s* Hände übergehen; *j-m* überreichen, weitergeben an (*ac.*); *perder a* ~ *Spiel*: in die Hinterhand kommen; *fig.* ins Hintertreffen geraten; *pôr* (*od. entregar*) *nas* ~*s de alg.* in j-s Hände legen; j-m überantworten; *ser* ~ die Vorderhand h.; *ter* ~ *de* (*od. em*) in der Hand (*od.* Gewalt) h. (*ac.*); Einfluß h. auf (*ac.*); *vir às* ~*s* handgemein w.; *viver de suas* ~*s* von s-r Hände Arbeit leben; **~-aberta** [~ɐ'βɛrtɐ] *su.* Verschwender(in *f*) *m*; **~-cheia** [~'ʃejɐ] *f* Handvoll *f*; *de* ~ ausgezeichnet; **~-de-obra** [~'δɔβrɐ] *f* Arbeit *f*; Arbeits-kraft *f*, -kräfte *f/pl.*

maomet|ano [mɐumə'tɐnu] **1.** *adj.* mohammedanisch; **2.** *m*, **-a** *f* Mohammedaner(in *f*) *m*.

mão-|morta [mɐ̃u'mɔrtɐ] *f* Tote Hand *f*; **~posta** [~'pɔʃtɐ] *f* Rücklage *f*; *de* ~ vorsätzlich; *estar de* ~ sich vorsehen; **~tenente** [~tə'nẽntə]: *à* ~ aus nächster Nähe; unvermittelt; mit Nachdruck.

mapa ['mapɐ] *m* (Land-)Karte *f*; Aufstellung *f*, Liste *f*; bildliche Darstellung *f*; **~-múndi** [~'mũndi] *m* Weltkarte *f*.

maqueta [mɐ'ketɐ] *f* Modell *n*.

maquia [mɐ'kiɐ] *f* Mahlgeld *n*; Metze *f* (*Trockenmaß*).

maquil|agem *gal.* [mɐki'laʒẽi] *f* Schminke *f*; **~ar** [~ar] (1a) (sich) schminken.

máquina ['makinɐ] *f* Maschine *f*; Apparat *m*; Bau *m*; 🚂 Lokomotive *f*; P Fahrrad *n*; ~ *de barbear* Rasierapparat *m*; ~ *de costura* Nähmaschine *f*; ~ *de escrever* (*portátil*) (Koffer-)Schreibmaschine *f*; ~ *fotográfica* Photoapparat *m*; *à* ~ maschinell; Maschinen...

maquin|ação [mɐkinɐ'sɐ̃u] *f* geheime(r) Anschlag *m*; Machenschaft *f*; **~ador** [~ɐ'δor] *m* Ränkeschmied *m*; Urheber *m*; **~al** [~'nał] Maschinen...; *fig.* mechanisch; unwillkürlich; **~ar** [~'nar] (1a) anstiften, -zetteln; ersinnen, (sich) ausdenken; hinarbeiten auf (*ac.*); *j-m et.* einbrocken; **~aria** [~ɐ'riɐ] *f* Maschinen-park *m*, -bestand *m*;

Maschinenkunde *f*; **~eta** [~'netɐ] *f* Vorrichtung *f*, Apparat *m*; Altar-, Heiligen-schrein *m*; **~ismo** [~'niʒmu] *m* Geh-, Trieb-werk *n*, Mechanismus *m*; *tea.* Maschinerie *f*; = *~aria*; **~ista** [~'niʃtɐ] *m* Maschinenbauer *m*; Maschinenführer *m*, Maschinist *m*; 🚂 Lokomotivführer *m*.

mar [mar] *m* Meer *n*, See *f*; *banho m de ~* Seebad *n*; *por ~* zur See; *fazer--se ao ~* in See stechen.

mara|cotão [mɐrɐku'tɐ̃u] *m* Herzpfirsich *m*; **~cujá** [~ku'ʒa] *m* Passionsblume *f*.

maranh|a [mɐ'rɐɲɐ] *f* Gewirr *n*, Knäuel *m*; Wirrwarr *m*; *~s pl.* Ränke *pl.*, Umtriebe *m/pl.*; **~ão** [~rɐ'ɲɐ̃u] *m* Lüge *f*, Flunkerei *f*; **~ense** *bras.* [~rɐ'ɲẽsə] aus dem Staat (*od.* des Staates) Maranhão; **~o** [~u] *m cul.* Hammelklein *n*; **~oso** [~rɐ'ɲozu] verlogen.

marasmo [~'raʒmu] *m* Kräfteverfall *m*; Hinfälligkeit *f*; Stumpfheit *f*.

marau [mɐ'rau] *m* Halunke *m*.

maravalhas [~rɐ'vaʎɐʃ] *f/pl.* Hobelspäne *m/pl.*; *fig.* Nichtigkeiten *f/pl.*

maravilh|a [~'viʎɐ] *f* Wunder *n*; *à ~* wundervoll, herrlich; *às mil ~s* ganz herrlich; *fazer* (*dizer*) *~s* Wunderdinge vollbringen (erzählen); *uma ~!* wunder-bar!, -voll!; **~ar** [~vi'ʎar] (1a) wundern; in Erstaunen setzen; **~oso** [~vi'ʎozu] wunderbar; wundervoll.

marc|a ['markɐ] *f* Zeichen *n*; Marke *f*; Markierung *f*; Seezeichen *n*; Stempel *m*; Namenszug *m*; Waren-, Wäsche-zeichen *n*; Merkzeichen *n*; *Brand-*, *Wund-*Mal *n*; Spur *f*; Narbe *f*; Mark *f*, Grenze *f*; *ponto m de ~* Stickstich *m*; *de ~*, *de ~ G* (*od. maior*) ersten Ranges; von Format; Erz...; außergewöhnlich; *ir fora das ~s*, *passar* (*d*)*as ~s*, *ultrapassar* (*od. exceder*) *as ~s* zu weit gehen; **~ação** [mɐrkɐ'sɐ̃u] *f* Markierung *f*; (Be-, Aus-)Zeichnung *f*; ⚓ Peilung *f*; *tea.* (Platz-)Vorbestellung *f*; Belegen *n der Plätze*; *Glücksspiel*: Setzen *n*; Einsatz *m*.

marçano [mɐr'sɐnu] *m* (Kaufmanns-)Lehrling *m*, F Stift *m*.

marc|ante [mɐr'kɐ̃ntə] markant; **~ar** [~ar] (1n; *Stv.* 1b) markieren; zeichnen; aus-, be-zeichnen; *Stelle im Buch* anstreichen; *Platz* belegen *od.* vorbestellen; *tel.* wählen; *Spiel* setzen auf (*ac.*); *Stiche* machen; *Silber usw.* stempeln; *Frist*, *Marschroute* fest-legen, -setzen; *Zeit*, *Punkte usw.* angeben, (an)zeigen; anmerken, aufschreiben, zählen; *Takt* schlagen; ⚓ anpeilen; *~ em* hervor-ragen, -stechen in (*dat.*); *~ (o) passo* auf der Stelle treten; *fig.* nicht von der Stelle kommen.

marcen|aria [mɐrsənɐ'riɐ] *f* Möbeltischlerei *f*; **~eiro** [~'neiru] *m* Möbel-schreiner *m*, -tischler *m*.

marcha ['marʃɐ] *f* Gang *m* (*a. fig.*); ⊕ *a.* Lauf *m*; ⚔ *u.* ♪ Marsch *m*; 🚂 *usw.* Fahrt(geschwindigkeit) *f*; *Fest-*Zug *m*, Vorbeimarsch *m*; *Stern-*Bewegung *f*; *fig.* Verlauf *m*; Fortgang *m*, Entwicklung *f*; *~ acelerada* Eil-, *~ forçada* Gewalt-, *~ fúnebre* Trauermarsch *m*; *~atrás auto.* Rückwärtsgang *m*; *estar em ~* im Gange sn; laufen (*Maschine*); fahren (*Fahrzeug*); marschieren (*Truppen*); *pôr em ~* in Gang bringen; *Maschine* anlaufen (*Fahrzeug* anfahren) l.; *Truppen* in Marsch setzen; ⚒ anblasen; *pôr-se em ~* in Gang kommen; an-laufen, -fahren; sich in Marsch setzen.

marchante [mɐr'ʃɐ̃ntə] *m* (Schlacht-)Viehhändler *m*.

marchar [~'ʃar] (1b) marschieren; gehen; laufen (*Maschine*); fahren (*Fahrzeug*); sich bewegen (*Sterne*); *fig.* fortschreiten; sich entwickeln.

marche-marche ⚔ [ˌmarʃə'marʃə] *a ~* im Laufschritt; *~!* marsch marsch!

marchet|ado [mɐrʃə'taðu] *m* Einlegearbeit *f*; **~ar** [~ar] (1c) *Kästchen usw.* auslegen; *Perlmutter usw.* einlegen; *fig.* schmücken; **~aria** [~tɐ'riɐ] *f* Kunsttischlerei *f*; **~eiro** [~eiru] *m* Kunsttischler *m*.

marcial [~'sjał] kriegerisch; Kriegs...

marco ['marku] *m* **a)** Grenz-, Kilometer-, Meilen-stein *m*; Grenzpfahl *m*; *~ postal* Briefkasten *m*; **b)** Mark *f* (*Münze*); *três ~s* drei Mark.

Março ['marsu] *m* März *m*.

maré [mɐ'rɛ] *f fig.* Flut *f*; *günstige* Gelegenheit *f*; *as ~s* die Gezeiten *pl.*; *~ alta* höchste(r) Stand *m* der Flut, Hochwasser *n*; *~ baixa* tiefste (-r) Stand *m* der Flut, tiefste(r) Wasserstand *m*; *~ enchente* Flut *f*; *~ vazante* Ebbe *f*; *a ~ enche* (*vaza*) es flutet (ebbt); die Flut steigt (fällt); *remar (od. ir, nadar) contra a* ~ gegen den Strom schwimmen.

mare|ação [mɐrjɐ'sɐ̃u] *f* Seefahrt *f*; *gente f de* ~ Seeleute *pl.*; **~agem** [~'rjaʒɐ̃i] *f* Takelung *f*; Kurs *m*; Seefahrt *f*; **~ante** [~'rjɐ̃ntə] **1.** *adj.* seefahrend; See...; **2.** *m* Seefahrer *m*; **~ar** [~'rjar] (1l) *Schiff* führen, steuern; *Segel* handhaben, bedienen; seekrank (*od.* übel [*dat.*]) m.; trüben; *v/i.* zur See fahren; schiffen; seekrank w.; anlaufen (*Metall*); *agulha f de* ~ Kompaß(nadel *f*) *m*.

marechal [mɐrɨ'ʃał] *m* Marschall *m*; ~ *de campo* Feldmarschall *m*.

marégrafo [mɐ'rɛɣrɐfu] *m* Pegel *m*.

mare|jar [~rɨ'ʒar] (1d) durchlässig sn; durchsickern; tropfen; **~moto** [marə'mɔtu] *m* Seebeben *n*.

marfim [mɐr'fĩ] *m* Elfenbein *n*; *deixar correr o* ~ den Dingen ihren Lauf l.

marg|a ['margɐ] *f* Mergel *m*; **~ar** [mɐr'gar] (1o; *Stv.* 1b) mergeln.

margari|da [mɐrgɐ'riðɐ] *f* ⚘ Margerite *f*; ~ *anual*, ~ *do campo* Gänseblümchen *n*; **~na** [~nɐ] *f* Kunstbutter *f*, Margarine *f*; **~ta** [~tɐ] *f* Perlmuschel *f*; Perle *f*; = *~da*.

marg|ear [mɐr'ʒjar] (1l) entlanggehen, -fahren, -laufen; begleiten; einfassen, säumen; **~em** ['marʒɐ̃i] *f* Rand *m*; *Fluß*-Ufer *n*; (Feld-)Rain *m*; *Acker*-Balken *m*; *fig.* Spielraum *m*, Möglichkeit *f*; Anlaß *m*; *dar* ~ *a* Anlaß geben zu; *deitar (od. lançar) à* ~ beiseite werfen; übergehen; *deixar* ~ *para* ermöglichen (*ac.*); *tenho* ~ *para isto* das ist mir möglich, das kann ich m.; **~inal** [~ʒi'nał] Ufer...; Rand...; **~inar** [~ʒi'nar] (1a) mit Randbemerkungen versehen; ~ *um livro com a/c.* et. in e-m Buch an den Rand schreiben; = *~ear*.

mariano [mɐ'rjɐnu] Marien...

maribondo *bras.* [mari'βõndu] *m* Wespe *f*.

maricão, -as [mɐri'kɐ̃u, -'rikɐʃ] **1.** *m* weibische(r) Mensch *m*; Feigling *m*; **2.** *adj.* feig.

marido [~'riðu] *m* Ehemann *m*; Gatte *m*.

marimacho [~ri'maʃu] *m* Mannweib *n*.

marimba [~'rĩmbɐ] *f* Kafferntrommel *f*; *bras.* F Klapperkasten *m*.

marinha [~'riɲɐ] *f* Marine *f*; *Kriegs-*, *Handels*-Flotte *f*; Seedienst *m*; Seeküste *f*; Saline *f*; *pint.* Seestück *n*.

marinh|agem [~ri'ɲaʒɐ̃i] *f* Seeleute *pl.*; Seewesen *n*; **~ar** [~ar] (1a) *Schiff* bemannen *od.* steuern; *v/i.* Seefahrer sn; **~eiraria** [~ɲeirɐ'riɐ] *f* Steuermannskunde *f*; **~(eir)esco** [~ɲ(eir)'eʃku] seemännisch; **~eiro** [~eiru] **1.** *m* Seemann *m*; Matrose *m*; ~ *de água doce* Landratte *f*; **2.** *adj.* Seemanns...; See...; **~o** [~'riɲu] (*a.* **marino** [~'rinu]) Meer..., See...

mariola [mɐ'rjɔlɐ] **1.** *m* Laufbursche *m*, Dienstmann *m*; *bsd. fig.* Halunke *m*; **2.** *adj.* schuftig, gemein.

mariposa [mɐri'pozɐ] *f* Schmetterling *m*.

mariscos [~'riʃkuʃ] *m/pl.* eßbare Seetiere *n/pl.* (*Krebstiere u. Muscheln*); *sopa f de* ~ Krebssuppe *f*.

marítimo [~'ritimu] **1.** *adj.* See...; Hafen...; seefahrend; Seemanns...; **2.** *m* Seemann *m*.

marmel|ada [mɐrmə'laðɐ] *f* (Quitten-)Marmelade *f*; **~eiro** [~eiru] *m* Quittenbaum *m*; **~o** [~'mɛlu] *m* Quitte *f*.

marmita [~'mitɐ] *f* Koch-, Schmortopf *m*; Kessel *m* (*a. geol.*); *bsd.* Essenträger *m*; ⚔ Kochgeschirr *n*.

mármore ['marmurə] *m* Marmor *m*.

marm|óreo [mɐr'mɔrju] marmorn, Marmor...; **~orear** [~mu'rjar] (1l) = **~orizar** [~muri'zar] (1a) marmorieren.

marmota [~'mɔtɐ] *f* Murmeltier *n*; junger Merlan *m* (*Fisch*).

marom|a [mɐ'romɐ] *f* Seil *n*; *andar na* ~ auf dem Seil tanzen; *fig.* schwer zu schaffen h.; **~ba** [~'rõmbɐ] *f* Balancierstange *f*; *fig.* unhaltbare(r) Lage *f* (Zustand *m*).

maroto [mɐ'rotu] **1.** *m* Taugenichts *m*, Lump *m*; Gauner *m*; **2.** *adj.* nichtsnutzig; verschlagen, gerissen.

marqu|ês [mɐr'keʃ] *m* Marquis *m*; *ehm.* Markgraf *m*; **~esa** [~ezɐ] *f* Marquise *f*; *ehm.* Markgräfin *f*; gepolsterte Sitzbank *f*, Sofa *n*; = *~ise*; **~esinha** [~kə'ziɲɐ] *f* Regen-, Wetter-dach *n*; *ehm.* Sonnenschirm *m*; **~ise** [~izə] *f* Wetterladen *m an Fenstern*; Regen-, Glas-dach *n*; Glasveranda *f*; 🚂 Bahnsteigdach *n*.

marra ['maʀɐ] *f* Jäthacke *f*; Keil-

hammer *m*; *Straßen*-Graben *m*; Lücke *f im Weinberg*.
marrã [mɐ'ʀɐ̃] *f* Jungsau *f*; frische (-r) Speck *m*.
marr|ão [~'ʀɐ̃u] *m* **a**) Jungschwein *n*; **b**) Keilhammer *m*; **~ar** [~ar] (1b) *mit dem Kopf* stoßen; einhämmern auf (*ac.*); *fig.* stoßen auf (*ac.*); sich trüben (*Wein*).
marroqu|im [~ʀu'kĩ] *m* Saffian (-leder *n*) *m*; **~ino** [~inu] **1.** *adj.* marokkanisch; **2.** *m* Marokkaner *m*.
marsupial [mɐrsu'pjaɫ] *m* Beuteltier *n*.
marta ['martɐ] *f* Marder *m*.
martel|ada [mɐrtə'laδɐ] *f* Hammerschlag *m*; Gehämmer *n*; **~agem** [~aʒɐ̃i] *f* ⊕ Hämmern *n*; **~ar** [~ar] (1c) hämmern; *fig.* einhämmern auf (*ac.*), bearbeiten; bestürmen; mürbe m.; *Thesen* einhämmern; *Thema* zu Tode reiten; herumreiten auf (*dat.*); **~o** [~'tɛlu] *m* Hammer *m*; ~ *de dentes* Nagelheber *m*; ~ *pilão* Dampf-, Pochhammer *m*; (*peixe*) ~ Hammerfisch *m*; *a* ~ mit dem Hammer; *fig.* mit Gewalt.
martinete [~ti'netə] *m* Eisenhammer *m*; Klavierhammer *m*; Zeiger *m* (*Sonnenuhr*); *zo.* Segler *m*.
mártir ['martir] *su.* Märtyrer(in *f*) *m*; *fig. a.* Dulder(in *f*) *m*.
mar|tírio [mɐr'tirju] *m* Martyrium *n*, Märtyrertod *m*; *fig.* Marter *f*; **~tirizar** [~tiri'zar] (1a) martern, quälen.
marujo [mɐ'ruʒu] *m* Matrose *m*, Seemann *m*.
marulh|ado [~ru'ʎaδu] überflutet; **~ar** [~ar] (1a) fluten, sich wälzen; hochgehen, brausen; **~o** [~'ruʎu] *m* Seegang *m*; Brausen *n*; Wirrwarr *m*; Tumult *m*; **~oso** [~'ʎozu] aufgewühlt, wogend; brausend.
mas [mɐʃ] **1.** *cj.* aber; *nach e-r Verneinung*: sondern; *zur Verstärkung*: aber wirklich; **2.** *Zssg. der pron.* me *u.* as.
mascar [~'kar] (1n; *Stv.* 1b) kauen; *fig.* F *Plan* (aus)brüten; *j-m et.* vorkauen; *v/i. fig.* brummeln.
máscara ['maʃkɐrɐ] *f* Maske *f* (*largar od. deixar* fallen l. *od.* abwerfen); *tirar a ~ a* entlarven (*ac.*).
mascar|ada [mɐʃkɐ'raδɐ] *f* Maskerade *f*, Mummenschanz *m*; **~ão** [~ɐ̃u] *m* △ Maskaron *m*, Fratzengesicht *n*; **~ar** [~ar] (1b) maskieren; verkleiden; verbergen; verstellen; **~ilha** [~iʎɐ] *f* Larve *f*.
mascarr|a [~'kaʀɐ] *f* Rußfleck *m*; *Tinten*-Klecks *m*; Schmutz *m*; *fig.* Schandfleck *m*; **~ar** [~kɐ'ʀar] (1b) bekleckern; beschmutzen; *fig.* klecksen.
mascat|e *bras.* [mas'katə] *m* Hausierer *m*; **~ear** [~ka'tjar] (1l) hausieren.
mascote *gal.* [mɐʃ'kɔtə] *f* Glücksfigur *f*, Maskottchen *n*.
masculino [mɐʃku'linu] männlich; stumpf (*Vers*).
másculo ['maʃkulu] männlich.
masmorra [mɐʒ'mɔʀɐ] *f* Verlies *n*; Kerker *m* (*a. fig.*).
massa ['masɐ] *f* Masse *f* (*a. fig.*); ⊕ *a.* Kitt *m*; *cul.* Teig *m*; Nudeln *f/pl.*; F Moneten *pl.*; ~-*peso* Volumengewicht *n*; ~*s pl. alimentícias* Teigwaren *f/pl.*; *em* ~ massenhaft; wie ein Mann; *estar com a(s) mão(s) na* ~ dabei sn; *meter as mãos na* ~ s-e Nase hineinstecken.
massacr|ar *gal.* [mɐsɐ'krar] (1b) niedermetzeln; **~e** [~'sakrə] *m* Blutbad *n*.
massag|em [mɐ'saʒɐ̃i] *f* Massage *f*; *dar ~ a* massieren (*ac.*); **~ista** [~sɐ'ʒiʃtɐ] *su.* Masseur *m*, Masseuse *f*.
massame [~'sɐmə] *m* Mauerwerk *n*; ⚓ Tauwerk *n*.
massaroco [~sɐ'roku] *m* Sauerteig *m*.
masseira [~'seirɐ] *f* Backtrog *m*.
massi|lha [~'siʎɐ] *f* Papiermaché *n*; **~nha** [~ɲɐ] *f* Suppennudeln *f/pl.*; = *~lha*.
massudo [~'suδu] teigig; massig; plump.
mastaréu ⚓ [mɐʃtɐ'rɛu] *m* Bramstange *f*.
mastig|ação [~tiɣɐ'sɐ̃u] *f* Kauen *n*; **~ar** [~'ɣar] (1o) kauen; *fig.* durchkauen, durchdenken; murmeln; murren.
mastim [~'tĩ] *m* Schäferhund *m*; *allg.* Köter *m*; *fig. a.* Spürhund *m*.
mástique ['maʃtikə] *m* Mastix *m*.
mastr|eação [mɐʃtrjɐ'sɐ̃u] *f* Bemastung *f*; **~ear** [~'trjar] (1l) bemasten; **~o** ['maʃtru] *m* Mast *m*; ~ *grande* Groß-, ~ *do traquete*, ~ *da proa* Fock-, Vor-, ~ *da mezena* Kreuz-, Besan-mast *m*.
masturbação [~turbɐ'sɐ̃u] *f* Selbstbefleckung *f*, Onanie *f*.

mata ['matɐ] *f* Wald *m*.
mata|-bicho [ˌmatɐ'βiʃu] *m* Frühtrunk *m*; gute(r) Tropfen *m*; **~-borrão** [~βu'ʀɐ̃u] *m* Löschpapier *n*; **~-cavalos** [~kɐ'valuʃ]: *a* ~ mit verhängten Zügeln; spornstreichs; **~doiro, -ouro** [mɐtɐ'ðoiru, -oru] *m* Schlachthof *m*; *fig*. Blutbad *n*; **~dor** [mɐtɐ'ðor] *m taur*. Matador *m*.
matagal [mɐtɐ'ɣał] *m* Dickicht *n*, Gebüsch *n*; Busch *m*.
matalot|agem [~lu'taʒɐ̃i] *f* Mundvorrat *m*, Verpflegung *f*; *fig*. Gemisch *n*; **~e** [~'lɔtə] *m* Seemann *m*; (Reise-)Gefährte *m*; Vorschiff *n*.
mata|-moiros, ~-mouros [ˌmatɐ'moi-, ~'moruʃ] *m* Maulheld *m*.
matança [mɐ'tɐ̃sɐ] *f* Tötung *f*; Schlachtung *f*; Massenmord *m*; Gemetzel *n*; F Schinderei *f*.
matar [mɐ'tar] (1b; *p.p. morto*) töten, umbringen; *Vieh* schlachten; *Wild* erlegen; *Zeit* totschlagen; *Hunger usw*. stillen; *bater a* ~ zu Tode prügeln; *comer a* ~ sich zu Tode essen; **~-se** sich umbringen (für *por*); lechzen (nach *por*); ~ *a trabalhar* sich zu Tode arbeiten.
mata-ratos [ˌmatɐ'ʀatuʃ] *m* Rattengift *n*.
mate ['matə] **1.** *m* **a**) *Schach*: Matt *n*; Abnehmen *n beim Stricken*; **b**) Mate *m*; Paraguaytee *m*; **2.** *adj*. matt, glanzlos.
mateiro [mɐ'teiru] **1.** *m* Forstaufseher *m*; *bras*. Holzfäller *m*; Waldläufer *m*; **2.** *adj*. Wald...
matemátic|a(s) [~tə'matikɐ(ʃ)] *f* (*pl*.) Mathematik *f*; **~o** [~u] **1.** *adj*. mathematisch; **2.** *m* Mathematiker *m*.
matéria [~'tɛrjɐ] *f* Materie *f*, Stoff *m*; Mittel *n*; Gegenstand *m*, Thema *n*; Sache *f*; *bsd*. Lehrstoff *m*; ~ *prima* Rohstoff *m*; *entrar em* (*od*. *na*) ~ zur Sache kommen.
material [~tə'rjał] **1.** *adj*. stofflich, körperlich; materiell (*a. fig*.); sachlich (*Fehler, Bedeutung*); geistlos (*Arbeit*); **2.** *m* Material *n*; Stoff *m*; Bau-, Werk-stoff *m*; **~ismo** [~rjɐ'liʒmu] *m* Materialismus *m*; **~ista** [~rjɐ'liʃtɐ] **1.** *su*. Materialist(in *f*) *m*; **2.** *adj*. materialistisch; **~izar** [~rjɐli'zar] (1a) verstofflichen.
matern|al [~tər'nał] mütterlich, Mutter...; **~idade** [~ni'ðaðə] *f* Mutterschaft *f*; (*casa da*) ♀ Entbindungsanstalt *f*; *Vossa* ♀ Ehrwürdige Mutter *f* (*Anrede*); **~o** [~'tɛrnu] = *maternal*; *avô m* ~ Großvater *m* mütterlicherseits.
matilha [~'tiʎɐ] *f* Meute *f*.
matin|al [~ti'nał] morgendlich, Morgen...; **~ar** [~ar] (1a) frühzeitig wecken; *fig*. einpauken; *v/i*. früh aufstehen; **~as** *rel*. [~'tinɐʃ] *f/pl*. Mette *f*; **~ée, ~ê** [~'nɛ, -e] *f* Nachmittagsvorstellung *f* (*em* als).
matiz [~'tiʃ] *m* Farbgebung *f*; Tönung *f*, Schattierung *f*; (Farb-) Ton *m*; Schmelz *m*; Farbe *f*; **~ado** [~ti'zaðu] bunt; schillernd; **~ar** [~ti'zar] (1a) abstufen; tönen, färben; schmücken (mit *de*).
mato ['matu] *m* Busch *m*; Gestrüpp *n*; *faca f do* ~ Busch-, Jagd-messer *n*; Hirschfänger *m*; **~so** [mɐ'tozu] buschig, Busch...
matraca [mɐ'trakɐ] *f* Knarre *f*, Klapper *f*; Stichelei *f*.
matraque|ado [~trɐ'kjaðu] erfahren; = *matreiro*; **~ar** [~ar] (1l) hänseln; auspfeifen; aufhetzen; P anlernen, einweihen.
matrás ⚗ [mɐ'traʃ] *m* Kolben *m*.
matreiro [~'treiru] durchtrieben; gewitzt; tückisch.
matric|ida [~tri'siðɐ] **1.** *su*. Muttermörder(in *f*) *m*; **~ídio** [~iðju] *m* Muttermord *m*.
matrícula [~'trikulɐ] *f* Matrikel *f*; Register *n*, Verzeichnis *n*; ⚔ Stammrolle *f*; Immatrikulation(sgebühr) *f*.
matricular [~triku'lar] (1a) einschreiben; *uni*. immatrikulieren.
matrim|onial [~trimu'njał] ehelich; Ehe...; **~ónio** [~'mɔnju] *m* Ehe *f*; Hochzeit *f*.
matriz [~'triʃ] **1.** *f anat*. Gebärmutter *f*; ⊕ Matrize *f*; *poét*. Quelle *f*; ~ *predial* Grundbuch *n*, Kataster *m*; ~ (*da contribuição*) *industrial* Gewerbesteuerrolle *f*; **2.** *adj*. Stamm...; Haupt...; Ur...
matroca [~'trɔkɐ]: *vir à* ~ zum Vorschein kommen.
matul|a [mɐ'tulɐ] *f* Gesindel *n*; *bras*. Proviantsack *m*; **~agem** [~tu'laʒɐ̃i] *f* Landstreicherei *f*; Gesindel *n*.
matungo *bras*. [ma'tũŋgu] **1.** *adj*.: *cavalo m* ~ = **2.** *m* Klepper *m*.
matur|ação [mɐturɐ'sɐ̃u] *f* Reife *f*; **~ar** [~'rar] (1a) reifen l.; *v/i*. (her-

an-)reifen; **~escência** [~iʃ'sẽsjɐ] *f* Reife(zustand *m*) *f*; **~idade** [~i'δaδə] *f* Reife *f*.
matutar P [~tu'tar] (1a) grübeln; *~ em* nachgrübeln über (*ac.*).
matutino [~'tinu] **1.** *adj.* Morgen...; morgendlich; früh; **2.** *m* Morgenzeitung *f*, -blatt *n*.
matuto [mɐ'tutu] **1.** *adj.* bäurisch; linkisch; F verschlagen; **2.** *m bras.* Hinterwäldler *m*.
mau [mau] **1.** *adj.* (*f má*) schlecht (*an sich*); schlimm (*Auswirkung*); übel; unangenehm; falsch, verkehrt; *moralisch* böse; unartig (*Kind*); *~ de contentar* schwer zu befriedigen; *às más* im Bösen; mit Gewalt; *estar ~* nicht in Ordnung sn; verschlissen (*od.* verdorben, falsch) sn; gereizt (*od.* schlechter Laune) sn; krank sn; *ser ~* schlecht (*od.* schlimm, übel, böse) sn; *não é ~!* das läßt sich hören!; **2.** *m* Böse(s) *n*; Böse(r) *m*; **3.** *~! int.* o weh!, au!; falsch!; schlimm!
mavioso [mɐ'vjozu] liebevoll; zart; lieblich.
maxil|a [mak'silɐ] *f* Kiefer *m*; *~ inferior* (*superior*) Unter- (Ober-)kiefer *m*; **~ar** [~si'lar] Kiefer...
máxim|a ['masimɐ] *f* Grundsatz *m*; Maxime *f*; **~o** [~u] **1.** *adj.* größt, höchst; Maximal..., Höchst...; **2.** *m* Maximum *n*; *das* Höchste; *das* Äußerste; *ao ~* im höchsten Grade, äußerst; so sehr (*od.* weit) wie möglich; = *no ~* höchstens.
mazel|a [mɐ'zɛlɐ] *f* Wunde *f*; *fig.* Makel *m*; **~ar** [~zə'lar] (1c) wund reiben; mit Wunden bedecken; quälen; besudeln.
mazombo [~'zõmbu] **1.** *adj.* brummig; **2.** *m* Brummbär *m*; *bras.* hergelaufene(r) Kerl *m*.
me [mə] mir; mich.
mead|a ['mjaδɐ] *f* Strang *m* (*Garn*); *fig.* Gewebe *n*; Verstrickung *f*; Wirrwarr *m*; **~eira** *bras.* [mja'δeirɐ] *f* Weife *f*, Garnhaspel *f*.
meado ['mjaδu] **1.** *adj.* halbiert; *~ o mês* (in der) Mitte des Monats; *pão m ~* Mischbrot *n*; **2.** *m* Mitte *f*; *até (a)o(s) ~(s) de* bis (zur) Mitte (*gen.*); *no ~* (*od. em ~s*) *de* (in der) Mitte (*gen.*); *os ~s do ano (mês)* die Jahres- (Monats-)mitte.
mealh|a ['mjaʎɐ] *f fig.* Kleinigkeit *f*; *ein* bißchen; = *migalha*; **~eiro** [mjɐ'ʎeiru] **1.** *m* Spar-büchse *f*, -pfennig *m*; **2.** *adj.* Pfennig...
meandro ['mjɐ̃ndru] *m* Mäander *m*; Windung *f*; *fig.* Winkelzug *m*.
me|ão [mjɐ̃u] **1.** *adj.* mittler; Mittel...; mittel-groß, -mäßig; **2.** *m Deckel*-Knopf *m*; *Rad*-Nabe *f*; **~ar** [mjar] (1l) halbieren.
mecânic|a [mə'kɐnikɐ] *f* Mechanik *f*; Mechanismus *m*; *~ de precisão* Feinmechanik *f*; **~o** [~u] **1.** *adj.* mechanisch; **2.** *m* Mechaniker *m*; Auto-, Maschinen-schlosser *m*.
mecan|ismo [məkɐ'niʒmu] *m* Mechanismus *m*; Maschinerie *f*; Getriebe *n*; Vorrichtung *f*; **~izar** [~ni'zar] (1a) mechanisieren; **~ografia** [~nuɣrɐ'fiɐ] *f* Maschinenschreiben *n*; **~ográfico** [~nu'ɣrafiku] maschinenschriftlich; **~ógrafo** [~ɔɣrɐfu] *m* Schreibhilfe *f*.
meças ['mɛsɐʃ] *f/pl. pedir ~* um Nachprüfung bitten; *fig.* um Genugtuung (*od.* nähere Erklärungen) bitten; sich vergleichen können (mit *a*).
mecenas [mə'senɐʃ] *m* Mäzen *m*.
mech|a ['mɛʃɐ] *f* Stangenschwefel *m*; Docht *m*; Lunte *f*; Speckstreifen *m*; Zapfen *m an Holzverbindungen*; ⚕ Scharpie *f*; *dar a ~ a* ausschwefeln (*ac.*); **~agem** [mɛ'ʃaʒɐ̃i] *f vin.* Ausschwefelung *f*; **~ar** [mɛ'ʃar] (1a) *Faß* ausschwefeln; *Holzteile* inea.-fügen; *Fleisch* spicken; **~eiro** [mɛ'ʃeiru] *m Lampen*-Tülle *f*.
meda ['me-, 'mɛδɐ] *f* Dieme(n *m*) *f*, Feime(n *m*) *f*; *fig.* Haufen *m*.
medalh|a [mə'δaʎɐ] *f* Medaille *f*; Denkmünze *f*; **~ão** [~δɐ'ʎɐ̃u] *m* Medaillon *n*; **~ário** [~δɐ'ʎarju] *m* Münzkabinett *n*.
média ['mɛδjɐ] *f* Mittel(wert *m*) *n*; Durchschnitt(s-geschwindigkeit *f*, -leistung *f*, -note *f*, -umsatz *m*, -wert *m usw.*) *m*; *na ~* im Durchschnitt, durchschnittlich.
medi|ação [məδjɐ'sɐ̃u] *f* Vermittlung *f*; **~ador** [~ɐ'δor] **1.** *adj.* vermittelnd; **2.** *m* Vermittler *m*; **~al** [~'δjał] mittler; Mittel...; medial; **~aneiro** [~ɐ'neiru] = *~ador*; **~ana** [~'δjɐnɐ] *f* Mittel-linie *f*, -wert *m*; **~ania** [~ɐ'niɐ] *f* Mittelmaß *n*; Mittelmäßigkeit *f*; Mitte *f*; **~ano** [~'δjɐnu] mittelmäßig, mittler; Mittel...; **~ante** [~'δjɐ̃ntə] vermittelnd;

prp. (ver)mittels (*gen.*); durch (*ac.*); unter (*dat.*); dank (*dat.*); **~ar** [~ˈðjar] (1h) halbieren; vermitteln; *v/i.* ~ *entre* ... *e*, ~ *de* ... *a* liegen zwischen ... (*dat.*) und; ~ *desde* ... *até* verfließen von ... bis; **~ato** [~ˈðjatu] mittelbar.

medi|cação [məðikɐˈsɐ̃u] *f* Anwendung *f*; Verordnung *f*; Behandlung *f*; **~cal** [~ˈkał] ärztlich; **~camento** [~kɐˈmẽntu] *m* Arznei *f*, Mittel *n*; **~camentoso** [~kɐmẽnˈtozu] heilend, Heil...

medição [~ˈsɐ̃u] *f* Messung *f*.

medi|car [~ˈkar] (1n) Arznei verordnen (*dat.*); behandeln; **~castro** [~ˈkaʃtru] *m* Quacksalber *m*; **~cina** [~ˈsinɐ] *f* Medizin *f*, Heilkunde *f*; Heilmittel *n*; **~cinal** [~siˈnał] Heil...; heilkräftig; **~cinar** [~siˈnar] (1a) = ~*car*.

médico [ˈmɛðiku] **1.** *m*, **-a** *f* Arzt *m*, Ärztin *f*; Mediziner(in *f*) *m*; **2.** *adj.* ärztlich; medizinisch; Heil...; **~-legal** [~ləˈɣał] gerichtsmedizinisch.

medid|a [məˈðiðɐ] *f* Maß *n* (*a. fig.*); Maßstab *m* (*a. fig.*); *lit.* Versmaß *n*; ♪ Takt *m*; Messung *f*; *prov. u. bras.* Metze *f* (*Trockenmaß v. 10—20 l*); *fig.* Maß-nahme *f*, -regel *f* (*tomar* ergreifen); Maßgabe *f*; Ausmaß *n*; Mäßigung *f*; ~ *de capacidade* (*para líquidos, para secos*) Hohl- (Flüssigkeits-, Trocken-)maß *n*; ~ *de comprimento* (*od. extensão*) Längenmaß *n*; ~ *de peso* Gewicht(seinheit *f*) *n*; ~ *de superfície* (*volume*) Flächen- (Körper-)maß *n*; *à* ~, *sob* ~ nach Maß; *à* ~ *de* nach Maßgabe (*gen.*), gemäß (*dat.*); *à* ~ *que*, *na* ~ *em que* in dem Maße als, so wie; während; *sem* ~ maß-, zahl-los; *encher as* ~*s* durchaus zufriedenstellen; *não estar com meias* ~*s* F nicht lange fackeln; *tirar* (*od. tomar*) *a*(*s*) ~(*s*) Maß nehmen; messen; **~or** [məðiˈðor] *m* (Ver-) Messer *m*; Zähler *m*.

medieval, -vo [məðjəˈvał, məˈðjɛvu] mittelalterlich.

médio [ˈmɛðju] **1.** *adj.* mittler, Mittel...; durchschnittlich, Durchschnitts...; *classe f -a* Mittelstand *m*; **2.** *m Sport*: Läufer *m*; **~-centro** [~ˈsẽntru] *m* Mittelläufer *m*.

medíocre [məˈðiukrə] mittelmäßig.

medir [məˈðir] (3r) (ab)messen; durchmessen; ermessen, (ab-) schätzen; mustern; ab-, er-wägen; *Worte* wägen; ~ *armas* (*od. a espada*) *com* sich schlagen mit; ~ *o chão com o corpo* lang hinschlagen; *não ter mãos a* ~ alle Hände voll zu tun haben.

medit|abundo [məðitɐˈβũndu] = ~*ativo*; **~ação** [~ɐˈsɐ̃u] *f* Nachdenken *n*; Betrachtung *f*; Meditation *f*; **~ar** [~ˈtar] (1a) nachdenken über (*ac.*); durchdenken; erwägen, planen; *v/i.* nachdenken, sinnen; meditieren; **~ativo** [~ɐˈtivu] nachdenklich; versonnen.

mediterrâneo [~təˈʀɐnju] mittelmeerländisch, Mittelmeer...

med|o [ˈmeðu] *m* Angst *f* (*de* vor [*dat.*]); *a* ~ ängstlich; *com* ~ aus Angst; *andar* (*od. estar*) *com* (*sem*) ~ (nicht) ängstlich sn; *meter* ~ Angst einjagen, ängstigen (*ac.*); **~onho** [məˈðoɲu] fürchterlich.

medr|a, ~ança [ˈmɛðrɐ, məˈðrɐ̃sɐ] *f* Wachstum *n*; Gedeihen *n*; Entwicklung *f*; **~ar** [məˈðrar] (1c) zum Wachsen (*od. fig.* vorwärts-) bringen; entwickeln; fördern; *v/i.* wachsen; gedeihen; vorwärtskommen.

medrica(s) [məˈðrikɐ(ʃ)] *su.* Angsthase *m*.

medronh|eiro [~ðruˈɲeiru] *m* Erdbeerbaum *m*; **~o** [~ˈðroɲu] *m* Baumerdbeere *f*.

medroso [~ˈðrozu] furchtsam, ängstlich.

medul|a [məˈðulɐ] *f* Mark *n*; *fig.* Kern *m*; **~ar** [~ðuˈlar] Rückenmarks...; Mark...; **~oso** [~ðuˈlozu] Mark...; *fig.* geschmeidig, weich.

medusa [məˈðuzɐ] *f* Qualle *f*.

meeiro [ˈmjeiru] **1.** *adj.* zu halbieren(d); **2.** *m* Halbpartner *m*; Halbpächter *m*.

mefítico [məˈfitiku] verpestet, Pest...

mega|fone [məɣɐˈfɔnə] *m* Sprachrohr *n*; **~lomania** [~lumɐˈniɐ] *f* Größenwahn *m*; **~lómano** [~ˈlɔmɐnu] größenwahnsinnig.

meia [ˈmejɐ] *f* **a**) Strumpf *m*; Strickerei *f*; ~ *curta bras.* Socke *f*; *luva* (*agulha, obra*) *f de* ~ Strickhandschuh *m* (-nadel *f*, -arbeit *f*); *fazer* ~ stricken; **b**) ~*s pl.* Halbpart-geschäft *n*, -vertrag *m*; *a* ~*s*, *de* ~*s* auf halbpart; zu gleichen Teilen; *entrar de* ~*s em* sich als

Halbpartner beteiligen an (*dat.*); **~-água** [~'aɣwɐ] *f* Pultdach *n*; Dachstock *m*; **~-cana** [~'kɐnɐ] *f* Hohl-eisen *n*, -feile *f*; Hohlkehle *f*; *de ~* kanneliert; **~-cara** [~'karɐ] *de ~ bras.* umsonst, schwarz; unentgeltlich; **~-direita** (**-esquerda**) [~ði'reitɐ(ɨʃ'kerðɐ)] *m* Halbrechte(r) *m* (-linker *m*); **~-idade** [~i'ðaðə] *f* mittlere(s) Alter *n*; **~-laranja** [~lɐ'rɐ̃ʒɐ] *f* Halbrund *n*; Halbkreis *m*; **~-lona** [~'lonɐ] *f* Segeltuch *n*; **~-lua** [~'luɐ] *f* Halbmond *m*; **~-luz** [~'luʃ] *f* Dämmerlicht *n*; **~-nau** [~'nau] *f*: *a ~* mittschiffs; **~-noite, ~-noute** [~'noitə, ~'notə] *f* Mitternacht *f*; **~-parede** [~pɐ'reðə] *f* Brandmauer *f*; **~-tinta** [~'tĩntɐ] *f* Halbton *m*; Halbschatten *m*.

mei|go ['meiɣu] zärtlich; zutraulich; **~guice** [mei'ɣisə] *f* Zärtlichkeit *f*; Zutraulichkeit *f*.

meio ['meju] **1.** *adj.* halb; *um e ~, uma e -a* anderthalb; *dois* (*três*) *e ~, duas* (*três*) *e -a* zwei- (drei-) einhalb; *-a hora* a) halb eins, halb ein Uhr; b) eine halbe Stunde; *duas* (*três*) *horas e -a* a) halb drei (vier) Uhr; b) zwei- (drei-)einhalb Stunden; *~ litro* ein halbes Liter; *-as palavras* (*od. razões*) *f/pl.* Andeutungen *f/pl.*; **2.** *adv.* halb, zur Hälfte; **3.** *m* Mitte *f*; (Hilfs-) Mittel *n*; Werkzeug *n*; Umwelt *f*, Milieu *n*; *fís.* Medium *n*; *justo ~ der* Goldene Mittelweg; *do ~* (in) der Mitte; mittler; *em ~ de* (*od. a*) mitten unter (*dat.*); = *no ~ de* inmitten (*gen.*); mitten in (*od.* auf, an) (*ac. od. dat.*); *por ~ de* (ver)mittels (*gen.*); *deixar a/c. em ~, ficar em ~ de a/c.* mitten in et. (*dat.*) abbrechen (*od.* aufhören), et. unvollendet l.; *estar em ~* halb fertig sn; mitten im Gange sn; *ficar em ~* unvollendet (*od.* liegen) bleiben; *não haver ~* ganz unmöglich sn; nicht wollen (*od.* können); **4.** *~s pl.* (Geld-)Mittel *n/pl.*; Vermögensumstände *m/pl.*; *Lei f de* ⁓*s pol.* Etat *m*.

meio-|busto [~'βuʃtu] *m* Kopf (-bild *n*) *m*; **~corpo** [~'korpu] *m* Oberkörper *m*, Büste *f*; **~dia** [~'ðiɐ] *m* Mittag *m*, Süden *m*; *ao* (é) *~* um (es ist) 12 Uhr; *antes do ~* am Vormittag; **~fio** [~'fiu] *m* Falz *m*; Falzhobel *m*; **~pesado** [~pə'zaðu] *m* *Sport*: Mittelgewicht *n*; **~relevo** [~ʀə'levu] *m* Halbrelief *n*; **~soprano** [~su'prɐnu] *m* Mezzosopran *m*; **~termo** [~'termu] *m s. termo.*

mel [mɛł] *m* Honig *m*; *dez reis de ~ coado* Pfifferling *m*; *palavras f/pl. de ~* honigsüße Worte *n/pl.*; *dar ~ pelos beiços* Honig ums Maul schmieren; *ser de ~ com* überaus freundlich sn zu; **~aço** [mə'lasu] *m* Melasse *f*; Sirup *m*; **~ado** [mə'laðu] honig-farben, -süß.

melan|cia [məlɐ̃'siɐ] *f* Wassermelone *f*; **~cial** [~'sjał] *m* Wassermelonenpflanzung *f*.

melanc|olia [məlɐ̃ŋku'liɐ] *f* Schwermut *f*; Trübsinn *m*; **~ólico** [~'kɔliku] schwermütig; trübsinnig; *estar ~* Trübsinn blasen

melão [mə'lɐ̃u] *m* Melone *f*.

melena [mə'lenɐ] *f* Schopf *m*.

melga ['mɛłɣɐ] *f* Schnake *f*; *~* (*dos prados*) Rotklee *m*.

melhor [mɨ'ʎɔr] **1.** *adj.* **a**) *comp.* besser; *levar a ~* die Oberhand gewinnen, siegen; *para dizer ~!* richtiger, besser!; **b**) *Sup.* I. *attributiv*: best; II. *prädikativ*: am besten; **2.** *adv. comp.* besser; *sup.* am besten; **3.** *m das* Beste; *para ~* zum Besseren; **4.** *int. ~!* um so besser!; **~a** [mɨ'ʎɔrɐ] *f* Besserung *f*; *estimo as suas ~s* (*as ~s de*) gute Besserung (für).

melhor|amento [mɨʎurɐ'mẽntu] *m* Verbesserung *f*; Melioration *f*; **~ar** [~'rar] (1e) verbessern; wiederherstellen; bevorzugen; steigern; *v/i.* sich (ver)bessern; besser (*od.* gesund) w.; vorwärtskommen; *melhorou de posição* (*saúde*) seine Stellung (Gesundheit) hat sich verbessert (gebessert); **~ia** [~'riɐ] *f* Besserung *f* (ter erfahren); Verbesserung *f*; Vorteil *m*; *~ de vencimentos* Gehaltsaufbesserung *f*.

meliante [mə'ljɐ̃ntə] *m* Taugenichts *m*; Bösewicht *m*.

mélico ['mɛliku] **a**) Honig...; süß; **b**) melodisch, wohlklingend.

melí|fero [mə'lifəru] honigerzeugend, Honig...; **~fico** [~fiku] Honig...; *fig.* süß; **~fluo** [~fluu] *fig.* honigsüß, lieblich.

melindr|ar [məlĩn'drar] (1a) verletzen, kränken; **~ar-se** sich verletzt fühlen; gekränkt sn; **~e** [~'lĩndrə] *m* Empfindlichkeit *f*;

Zartgefühl *n*; Zimperlichkeit *f*; ♀ Balsamine *f*; *cul.* Honigkuchen *m*; **~oso** [~ozu] empfindlich; zart (besaitet); zimperlich; heikel, schwierig.

melissa [mə'lisɐ] *f* Melisse *f*.

melo|a [mə'loɐ] *f* runde Melone *f*; *abóbora* ~ Melonenkürbis *m*; **~al** [mə'lwał] *m* Melonenfeld *n*.

melo|dia [məlu'ðiɐ] *f* Melodie *f*; Weise *f*; **~dioso** [~'ðjozu] melodisch; wohlklingend; **~peia** [~'pejɐ] *f fig.* Sprachmelodie *f*, Tonfall *m*; melodische(r) Vortrag *m*; **~so** [~'lozu] honigsüß.

melro ['mɛłʀu] *m* Amsel *f*; *fig.* Schlaufuchs *m*; ~ *dourado* Pirol *m*.

membran|a [mẽm'brɐnɐ] *f* Häutchen *n*, Membran(e) *f*; **~oso** [~brɐ'nozu] häutig.

membr|o ['mẽmbru] *m* Glied *n*; Mitglied *n*; **~udo** [mẽm'bruðu] starkgliedrig; stämmig.

memor|ando [məmu'rẽndu] **1.** *adj.* = ~*ável*; **2.** *m* = **~ândum** [~ẽndũ] *m* Denkschrift *f*; Memorandum *n*; Merkbuch *n*; ⚓ Ankündigung *f*, Mitteilung *f*; **~ar** [~ar] (1e) erinnern an (*ac.*); festhalten; = *comemorar*; **~ável** [~avɛł] denkwürdig.

memória [mə'mɔrjɐ] *f* Gedächtnis *n*; Andenken *n*; Erinnerung *f* (an [*ac.*] *de*); Denkmal *n*; Verzeichnis *n*; Aufzeichnung *f*; Bericht *m*; Denkschrift *f*; *digno de* ~ denkwürdig; *de* ~ auswendig; im (*od.* aus dem) Kopf; *de boa* (*má*) ~ (un)seligen Andenkens; *em* (*od. à*) ~ *de* zum Andenken an (*ac.*); ... (*dat.*) zum Gedächtnis; *ter de* ~ sich (noch) erinnern an (*ac.*); im Kopf h.; *varrer da* ~ aus dem Gedächtnis streichen; die Erinnerung an *et. od. j-n* auslöschen; ~*s pl.* Memoiren *f/pl.*; Aufzeichnungen *f/pl.*, Denkwürdigkeiten *f/pl.*

memori|al [məmu'rjał] *m* Merkbuch *n*; Eingabe *f*; Aufzeichnung *f*; **~ar** [~ar] (1g) aufzeichnen.

menagem [mə'naʒɐ̃i] *f*: *torre f de* ~ Bergfried *m*.

men|ção [mẽ'sɐ̃u] *f* Erwähnung *f*; P Absicht *f*; *fazer* ~ *de* erwähnen (*ac.*); P die Absicht h. (*od.* sich anschicken) zu; **~cionar** [~sju'nar] (1f) erwähnen.

mendi|cante [mẽndi'kɐ̃ntə] **1.** *adj.* Bettel...; **2.** *m* = ~*go*; **~cidade** [~si'ðaðə] *f* Bettelei *f*; Bettlerunwesen *n*; *asilo m de* ~ Armenhaus *n*; **~gar** [~'ɣar] (1o) betteln um, erbetteln; *v/i.* betteln; **~go** [~'diɣu] *m* Bettler *m*.

mendubi, -ubim, -uí [mẽndu'βi, -u'βĩ, ~'dwi] *m* Erdnuß *f*.

mene|ar [mə'njar] (1l) schwenken; schütteln; handhaben, führen; ~ *a cabeça* (*cauda*) mit dem Kopf (Schwanz) nicken (wedeln); **~ar-se** schwanken; **~ável** [~avɛł] beweglich; handlich; biegsam.

meneio [mə'neju] *m* Bewegung *f*, Gebärde *f*; Wink *m*; Nicken *n*; Handhabung *f*, Führung *f*; Herstellung *f*; Arbeit *f*; Verwendung *f*; *Waren-*Umsatz *m*; *fig.* Machenschaft *f*; Kniff *m*.

menestrel [~nɨʃ'trɛł] *m hist.* Spielmann *m*.

menin|a [mə'ninɐ] *f* (kleines) Mädchen *n*; Fräulein *n*; ~ *do olho* Augenstern *m*, Pupille *f*; *fig. a.* Liebling *m*; **~eiro** [~ni'neiru] kindlich; kinderlieb.

menin|ge [~'nĩʒə] *f* Hirnhaut *f*; **~gite** [~nĩ'ʒitə] *f* Hirnhautentzündung *f*.

menin|ice [~ni'nisə] *f* Kindheit *f*; Kindlichkeit *f*; Kinderei *f*; **~o** [~'ninu] *m* (kleiner) Junge *m*; *der* junge Herr *m*.

menopausa [mɛnɔ'pauzɐ] *f* Wechseljahre *n/pl.*

menor [mə'nɔr] **1.** *comp.* kleiner; geringer; minder; jünger; minderjährig, unmündig; nieder, unter; *águas f/pl.* ~*es* ⚕ Fruchtwasser *n*; *tom m* ~ Molltonart *f*; *dó* (*ré*, *lá*) ~ c- (d-, a-)Moll; *terça* (*sexta*, *sétima*) *f* ~ kleine Terz *f* (Sext, Sept *f*); **2.** *su.* Minderjährige(r *m*) *m*, *f*; **~idade** [~nuri'ðaðə] *f* Minderjährigkeit *f*; *fig. der* kleinere Teil.

menos ['menuʃ] **1.** *adv.* weniger; minder; abzüglich; ~ *mal* ganz gut; *tudo quanto há* (*od. havia*) *de* ~ alles andere als; *a* ~, *de* ~ zu wenig; *a* ~ *que* es sei denn, daß; falls ... nicht; *em* (*por*) ~ *de* in (für) weniger als; **2.** *prp.* außer (*dat.*); *tudo*, ~ *isso* nur das nicht; **3.** *m das* Wenigste; *ao* ~, *pelo* ~, *quando* ~ wenigstens, mindestens; **~cabar** [~kɐ'βar] (1b) schmälern; in Mißkredit bringen; schädigen; miß-

achten; **~cabo** [~'kaβu] *m* Mißachtung *f*; **~prezar** [~prə'zar] (1c) geringschätzen; verachten; **~prezo** [~'prezu] *m* Geringschätzung *f*; Verachtung *f*.
mensag|eiro [mẽsɐ'ʒeiru] **1.** *adj.* (an-, ver-)kündend (*ac. de*); **2.** *m*, **-a** *f* Bote *m*, Botin *f*; Verkünder(in *f*) *m*; **~em** [~'saʒɐ̃i] *f* Botschaft *f*; Adresse *f*.
mens|al [~'saɫ] monatlich; Monats-...; **~alidade** [~sɐli'ðaðə] *f* Monatsbetrag *m*, -geld *n*, -gehalt *n*, -preis *m*; *Student*: (Monats-)Wechsel *m*; **~ário** [~arju] **a)** *m* Monatsschrift *f*; **b)** *adj.* Tisch...
menstruação [mẽʃtrwɐ'sɐ̃u] *f* Regel *f*, Periode *f*; Menstruation *f*.
mensur|ação [mẽsurɐ'sɐ̃u] *f* Messung *f*; **~ar** [~'rar] (1a) messen.
menta ⚘ ['mẽntɐ] *f* Minze *f*.
mental [mẽn'taɫ] geistig, Geistes...; gedanklich; still (*Gebet*); (still-)schweigend (*Vorbehalt usw.*); **~idade** [~tɐli'ðaðə] *f* Denkungsart *f*, Geistesrichtung *f*; Mentalität *f*; **~mente** [~taɫ'mẽntə] im Geiste; in Gedanken; im stillen.
mente ['mẽntə] *f* Geist *m*; Sinn *m*; Absicht *f*; *de boa* (*má*) ~ (un)gern; in guter (böser) Absicht; *em* ~ = *mentalmente*; **~capto** [~'kaptu] schwachsinnig; töricht.
ment|ido [mẽn'tiðu] trügerisch, eitel; **~ir** [~ir] (3e) lügen; trügen; ~ *a* belügen (*ac.*); (be)trügen (*ac.*); verraten (*ac.*); **~ira** [~irɐ] *f* Lüge *f*; Lug *m*; Trug *m*; *parece* ~! unglaublich!; **~irola** [~ti'rɔlɐ] *f* Flunkerei *f*; **~iroso** [~ti'rozu] lügenhaft, verlogen; trügerisch.
mento ['mẽntu] *m* Kinn *n*.
meramente [ˌmɛrɐ'mẽntə] lediglich; einfach; rein.
merca P ['mɛrkɐ] *f* Einkauf *m*.
merc|adejar [mərkɐðɨ'ʒar] (1d) Handel treiben; handeln, feilschen; **~adinho** *bras.* [~ɐ'ðiɲu] *m* Laden *m*; **~ado** [~'kaðu] *m* Markt *m*; Absatz (-gebiet *n*) *m*; **~ador** [~ɐ'ðor] *m* Händler *m*; *fazer ouvidos de* ~ sich taub stellen; **~adoria** [~ɐðu'riɐ] *f* Ware *f*; **~ante** [~'kɐ̃ntə] *adj.* Handels...; **~antil** [~ɐ̃n'tiɫ] handeltreibend; kaufmännisch; Händler..., Kaufmanns...; Handels...; *depr.* Krämer...; geschäftstüchtig; **~antilismo** [~ɐ̃nti'liʒmu] *m* Merkantilismus *m*; Krämergeist *m*; **~ar** [~'kar] (1n; *Stv.* 1c) kaufen; ~ *a/c. com* et. erkaufen (*od.* erwerben) mit.
mercê [mər'se] *f* Lohn *m*; Gunst (-bezeigung) *f*; Gnade *f*; Gefallen *m*; *Vossa* ♀ = *Vossemecê*; ~ *de* dank (*dat.*); *à* ~ *de* nach der Willkür (*od.* dem Willen) (*gen.*); *andar* (*od. estar, ficar*) *à* ~ *de* ein Spielball ... (*gen.*) sn, hin und her getrieben w. von; preisgegeben sn (*dat.*).
merce|aria [mərsjɐ'riɐ] *f* Kolonialwarenhandlung *f*; Kramladen *m*; **~eiro** [~'sjeiru] *m* Kolonialwarenhändler *m*; Krämer *m*.
mercenário [~sə'narju] **1.** *adj.* Lohn...; Söldner...; *fig.* käuflich; *soldado m* ~ = **2.** *m* ⚔ Söldner *m*; *fig.* Mietling *m*.
mercerizar ⊕ [~səri'zar] (1a) merzerisieren.
mercurial [~ku'rjaɫ] **1.** *adj.* Quecksilber...; **2.** *m* Quecksilberpräparat *n*.
mercúr|ico [~'kuriku] Quecksilber-...; **~io** [~'kurju] *m* Quecksilber *n*.
merda V ['mɛrðɐ] *f* Scheiße *f*.
merec|edor [mərəsə'ðor] würdig (*gen. de*); *tornar-se* ~ *de* sich ein Anrecht erwerben auf (*ac.*); *ser* ~ *de* = **~er** [~'ser] (2g) verdienen; ~ *a/c. a* et. finden bei; *v/i.* ~ *bem* (*od. bem* ~) *de* sich verdient m. um; **~idamente** [~ˌsiðɐ'mẽntə] verdientermaßen; mit Recht; **~ido** [~'siðu] gerecht; **~imento** [~i'mẽntu] *m* Verdienst *n*.
merend|a [mə'rẽndɐ] *f* Vesperbrot *n*; Imbiß *m*; **~ar** [~rẽn'dar] (1a) vespern; etwas essen.
merengue [~'rẽŋgə] *m* Baiser *n*, Meringe *f*.
meretriz [mərə'triʃ] *f* Metze *f*, Dirne *f*.
mergulh|ador [mərɣuʎɐ'ðor] *m* Taucher *m*; **~ão** [~'ʎɐ̃u] *m* ⚘ Ableger *m*; *zo.* Taucher *m*; **~ar** [~'ʎar] (1a) (ein-, unter-)tauchen; ⚘ absenken; *v/i.* tauchen, versinken; **~ia** [~'ʎiɐ] *f* (Vermehrung *f* durch) Ableger *m*; Absenken *n*; **~o** [~'guʎu] *m* Tauchen *n*; ✈ Sturzflug *m*.
meridi|ano [məri'ðjɐnu] **1.** *m* Meridian *m*; **2.** *adj.* Meridian...; mittägig, Mittags...; **~onal** [~ðju'naɫ] **1.** *adj.* südlich; **2.** *su.* Südländer(in *f*) *m*.

meritíssimo [~'tisimu] hochverdient; hochachtbar.
mérito ['mɛritu] *m* Verdienst *n*; Vorzug *m*; Wert *m*; *sócio m de* ~ Ehrenmitglied *n*; *isso não tem* ~ *nenhum* das kann jeder.
meritório [məri'tɔrju] verdienstvoll.
merlim [mər'lĩ] *m* Steifgaze *f*; ⚓ Marlleine *f*; *fig.* Schlaukopf *m*.
mero ['mɛru] rein, bloß.
mês [meʃ] *m* Monat *m*; Monatsgehalt *n*, -miete *f*; *ao* ~ monatlich.
mesa ['mezɐ] *f* Tisch *m*; Tafel *f*; Platte *f*; Vorstand *m*; Ausschuß *m*; Vorsitz *m*; *Spiel*: Einsatz *m*; *rel.* Kommunionbank *f*; ~ *de jantar* Eßtisch *m*; *à* ~ bei (*od.* zu) Tisch; *levantar* (*pôr*) *a* ~ die Tafel aufheben; den Tisch abdecken (dekken); **~-de-cabeceira** [~ðəkɐβə'seirɐ] *f* Nachttisch *m*; **~-redonda** [~ʀə'ðõndɐ] *f* gemeinsamer Mittags- und Abendtisch *m*, Table d'hôte *f*; *fig. der* Runde Tisch.
mesada [mə'zaðɐ] *f* = *mensalidade*.
mescl|a ['mɛʃklɐ] *f* Mischung *f*; Beimischung *f*; Fremdstoff *m*; gemusterter (*od.* Phantasie-)Stoff *m*; **~ado** [mɨʃ'klaðu] Misch...; gemustert, Phantasie...; bunt; **~ar** [mɨʃ'klar] (1c) (ver)mischen; ~ *a/c. com* (*od. a*) et. bei-mischen, -gesellen (*dat.*).
mesentério *anat.* [məzẽn'tɛrju] *m* [Gekröse *n*.]
mesm|a ['meʒmɐ] *f*: *na* ~ unverändert; weiterhin; trotzdem; *deixar ficar* (*estar od. continuar, manter-se*) *na* ~ beim alten (*od.* unverändert) l. (sn); *ficar na* ~ sich gleichbleiben; auf eins herauskommen; so weit sn wie zuvor; nicht weiterkommen; *o doente continua na* ~ der Zustand des Kranken ist unverändert; **~íssimo** [mɨʒ'misimu] genau (*od.* ganz) *der-*, *die-*, *das*-selbe (*od. der, die, das* gleiche); **~o** ['meʒmu] **1.** *adj.* selb, gleich; *ele* ~ er selbst; **2.** *m o* ~ (*que*) dasselbe (wie); (*ir od. vir a*) *dar o* ~ auf eins herauskommen; **3.** *adv.* genau, gerade; eben; dicht *neben usw.*; selbst, sogar; *assim* ~ **a**) genauso; gleichermaßen; **b**) = ~ *assim* nichtsdestoweniger, trotzdem; *nem* ~ nicht einmal; *hoje* ~ heute noch; *de si* ~ Eigen..., Selbst...; (*ainda*) ~ *que* selbst wenn, wenn auch.

mesquinharia, -ez [mɨʃkiɲɐ'riɐ, -'ɲeʃ] *f* Knauserei *f*; Kleinlichkeit *f*; Dürftigkeit *f*, Armseligkeit *f*; **~o** [~'kiɲu] knauserig; kleinlich; schäbig; dürftig.
mesquita [~'kitɐ] *f* Moschee *f*.
messe [mɛsə] *f* **a**) *Offiziers*-Messe *f*; **b**) Mahd *f*, Ernte *f* (*a. fig.*).
mester [mɨʃ'tɛr] = *mister*.
mestiç|ar [mɨʃti'sar] (1p) *Rassen* kreuzen; **~o** [~'tisu] *m* Mestize *m*; Mischling *m*.
mestr|a ['mɛʃtrɐ] *f* Lehrerin *f*; Meisterin *f*; **~e** [~ə] **1.** *m* Meister *m*; Lehrer *m*; ⚔ Erster Offizier *m*; Bootsführer *m*; **2.** *adj.* meisterhaft; Meister...; Haupt...; **~e-de-obras** [~ə'ðɔβrɐʃ] *m* Bau-führer *m*, -meister *m*; Bauunternehmer *m*; **~e-escola** [~iʃ'kɔlɐ] *m* Schulmeister *m*; **~ia** [mɨʃ'triɐ] *f* Meisterschaft *f*.
mesur|a [mə'zurɐ] *f* Verbeugung *f*; Knicks *m*; **~ado** [~zu'raðu] gemessen; gesetzt; gemäßigt; **~eiro** [~zu'reiru] übertrieben höflich.
meta ['mɛtɐ] *m* Ziel *n*; Schranke *f*.
meta|bolismo [mətɐβu'liʒmu] *m* Stoffwechsel *m*; **~carpo** *anat.* [~'karpu] *m* Mittelhand *f*.
metade [mə'taðə] *f* Hälfte *f*; *a cara* ~ F die bessere Hälfte; *fazer as coisas por* ~ alles halb m.
metafísic|a [mətɐ'fizikɐ] *f* Metaphysik *f*; **~o** [~u] metaphysisch; übersinnlich.
metáfora [mə'tafurɐ] *f* bildliche(r) Ausdruck *m*, Metapher *f*.
metafórico [mətɐ'fɔriku] bildlich; bilderreich.
metal [mə'tał] *m* Metall *n*; metallische(r) Klang *m*; ~ (*sonante*) klingende Münze *f*.
metálico [~'taliku] metallisch, Metall...
metal|ífero [mətɐ'lifəru] erz-, metallhaltig; **~óide** [~ɔiðə] *m* Metalloid *n*; **~urgia** [~lur'ʒiɐ] *f* Hüttenkunde *f*, -wesen *n*; Metallurgie *f*; **~úrgico** [~urʒiku] Metall...
metamorfos|e [~mur'fɔzə] *f* Umbildung *f*; Verwandlung *f*; Metamorphose *f*; **~ear** [~fu'zjar] (1l) umbilden; verwandeln.
metástase [mə'taʃtɐzə] *f* ⚕ Verlagerung *f*.
metatarso *anat.* [mətɐ'tarsu] *m* [Mittelfuß *m*.]
metediço [mətə'ðisu] vorwitzig; vorlaut; aufdringlich.

metempsicose [mətẽmpsi'kɔzə] *f* Seelenwanderung *f*.
mete|órico [mə'tjɔriku] Meteor...; **~orismo** ⚕ [~tju'riʒmu] *m* Blähsucht *f*; **~oro** [~'tjɔru] *m* Sternschnuppe *f*, Meteor *m* (*a. fig.*).
meteorol|ogia [mətjurulu'ʒiɐ] *f* Wetterkunde *f*; **~ógico** [~'lɔʒiku] meteorologisch; Wetter...; *observatório m* ~ Wetterwarte *f*.
meter [mə'ter] (2c) **1.** *v/t.* stecken, (herein-, hinein-)legen, (-)setzen, (-)bringen, F (-)tun (in *od.* an, auf [*ac.*] em); *j-n ins Geheimnis* (*in e-e Sache* herein-)ziehen; *Furcht* einjagen; *Diener usw.* nehmen; zs.-rücken, -drängen; *Spiel*: *Geld* setzen; *Sonderbedeutungen in Verbindung mit Substantiven*: *s. dort*; ~ *em boa*, ~ *em danças* in des Teufels Küche bringen; **2.** *v/i.* tief liegen (*Schiff*); hinaus- (*od.* hinein-)ragen; ~ *por* gehen (*od.* fahren) durch (*od.* entlang); **3.** **~-se** *em* sich begeben (*od.* verfügen) nach (*od.* in, auf [*ac.*]); absteigen (*od.* Wohnung nehmen) in (*dat.*); sich verkriechen *od.* einschließen in (*dat.*); sich (ein)drängen *od.* einmischen in (*ac.*); sich einl. auf (*ac.*); sich stürzen in (*od.* auf) (*ac.*); münden in (*ac.*) (*Fluß*); ~ *a inf.* darangehen (*od.* sich anschicken) zu *inf.*; es wagen zu *inf.*; ~ *com alg.* mit j-m anbinden; ~ *consigo* sich um s-e eigenen Angelegenheiten kümmern; ~ *em meio*, ~ *de permeio* dazwischenkommen, -liegen; = ~ *no meio* dazwischentreten, eingreifen; vermitteln; ~ *para dentro* hineingehen; sich zurückziehen; ~ *onde não é chamado* sich um Dinge kümmern, die e-n nichts angehen; *não saber onde se há de* ~ nicht wissen, wohin man sich verkriechen soll.
meticulos|idade [mətikuluzi'ðaðə] *f* Gewissenhaftigkeit *f*; Pedanterie *f*; **~o** [~'lozu] gewissenhaft; genau; pedantisch; ängstlich.
metido [mə'tiðu] **1.** *p.p. v. meter*; *estar* ~ stecken, liegen, sitzen (in *od.* an, auf [*dat.*] em); **2.** *adj. fig.* vorwitzig, naseweis; ~ *com* eng befreundet mit; ~ *consigo* mit sich selbst beschäftigt; zurückhaltend; ~ *em* bewandert in (*dat.*); bedacht auf (*ac.*); interessiert an (*dat.*).
metil|eno [məti'lenu] *m* Holzgeist *m*, Methylen *n*; **~o** [~'tilu] *m* Methyl *n*.
metódico [mə'tɔðiku] methodisch; planmäßig; wohldurchdacht; zielstrebig; umsichtig.
método ['mɛtuðu] *m* Methode *f*; Verfahren *n*, Vorgehen *n*; Sprachlehre *f*; *fig.* Planmäßigkeit *f*; Zielstrebigkeit *f*; Umsicht *f*; ~ *de piano* Klavierschule *f*.
metragem *bras.* [me'traʒẽ] *f* (Meter-)Länge *f*.
metralha [mə'traʎɐ] *f* Kartätschen-, Schrapnell-, Schrott-ladung *f*; *fig.* Hagel *m*; ⚔ Geschoßhagel *m*, Kugelregen *m*; **~dor** [~trɐʎɐ'ðor] *m* Maschinengewehrschütze *m*; *de ~es* Maschinengewehr...; **~dora** [~trɐʎɐ'ðorɐ] *f* Maschinengewehr *n*; **~r** [~trɐ'ʎar] (1b) mit Maschinengewehrfeuer belegen; beschießen.
métric|a ['mɛtrikɐ] *f* Verslehre *f*, Metrik *f*; **~o** [~u] metrisch; *fita f -a* Bandmaß *n*; *cadeia f -a* Meßkette *f*.
metro ['mɛtru] *m* **a)** Versmaß *n*; **b)** Meter *n* (*a. m*); ~ *corrente* Geviertmeter *n*; ~ *corrido* laufende(s) Meter *n*; ~ *dobradiço* Zollstock *m*; *ao* ~ meterweise; **c)** *a. f* U-Bahn *f*.
metrópole [mə'trɔpulə] *f* Hauptstadt *f*; erzbischöfliche(r) Sitz *m*; *bsd.* Mutterland *n*; *fig.* Sitz *m*, Mittelpunkt *m*.
metropolitano [mətrupuli'tɐnu] **1.** *adj.* erzbischöflich; des Mutterlandes; **2.** *m rel.* Erzbischof *m*; 🚇 Untergrundbahn *f*.
meu, minha [meu, 'miɲɐ] **1.** *adj.* mein(e); *z.B.*: *um amigo meu* ein Freund von mir, einer meiner Freunde; *este* (*aquele*) *meu amigo* mein Freund hier (da); **2.** *pron.* meiner, meine, meines; *ele é muito meu* er ist mir sehr zugetan; **3.** *su. der, die, das* meine *od.* meinige; *os ~s* die Meinigen.
mex|ediço [miʃə'ðisu] rührig; zappelig; **~er** [~'ʃer] (2c) rühren; (fort-) bewegen; umrühren; *Flasche* schütteln; durchstöbern; durchea.-bringen; *v/i.* sich regen; ~ *em* rühren in (*od. fig.* an) (*dat.*); anfassen (*ac.*); *pôr-se a* ~ F sich packen.
mexerica *bras.* [miʃe'rikɐ] *f* Mandarine *f*.
mexeri|car [~əri'kar] (1n) klatschen über (*ac.*); zutragen; *v/i.* klatschen; **~co** [~ə'riku] *m* Klatscherei *f*; *~s*

pl. Klatsch *m*; **~queiro** *m*, **-a** *f* [~'keiru, -ɐ] Klatschbase *f*.
mexicano [~i'kɐnu] **1.** *adj.* mexikanisch; **2.** *m*, **-a** *f* Mexikaner(in *f*) *m*.
mexid|a [mɨ'ʃiðɐ] *f* Wirrwarr *m*; Uneinigkeit *f*; **~o** [~u] rührig; *ovos m/pl. ~s* Rührei(er) *n*(/*pl.*).
mexilhão [~ʃi'ʎɐ̃u] *m* Miesmuschel *f*.
mezena ⚓ [mə'zenɐ] *f* Fock *f*.
mezinha ⚕ [~'ziɲɐ] *f* Einlauf *m*; P Hausmittel *n*, *Heil*-Mittel *n*.
mi ♪ [mi] *m* E *n*; E-Saite *f*.
miar [mjar] (1g) miauen.
mic|a ['mikɐ] *f* **a**) *min.* Glimmer *m*; **b**) Krume *f*; **~áceo** [mi'kasju] Glimmer...
micção [mik'sɐ̃u] *f* Urinieren *n*.
micr|óbio [mi'krɔβju] *m* Mikrobe *f*; **~ofone** [~krɔ'fɔnə] *m* Mikrophon *n*; **~oorganismo** [~krɔurgɐ'niʒmu] *m* Kleinstlebewesen *n*; **~oscópico** [~kruʃ'kɔpiku] mikroskopisch; **~oscópio** [~kruʃ'kɔpju] *m* Mikroskop *n*.
mictório [mik'tɔrju] *m* Pissoir *n*.
mig|alha [mi'ɣaʎɐ] *f* Brosame *f*; Krume *f*; *fig.* Krümchen *n*; **~alhar** [~ɣɐ'ʎar] (1b) = *esmigalhar*.
migr|ação [miɣrɐ'sɐ̃u] *f* (Völker-) Wanderung *f*; Wanderzug *m* (*v. Tieren*); *peixes* (*aves f/pl.*) *m/pl. de ~* Wanderfische (Zugvögel) *m/pl.*; *em ~* auf der Wanderschaft *od.* in Bewegung (begriffen); **~atório** [~ɐ'tɔrju] wandernd; Wander...; Zug...
mij|adeiro V [miʒɐ'ðeiru] *m* Pissoir *n*; **~ar** V [~'ʒar] (1a) pissen; **~o** V ['miju] *m* Pisse *f*.
mil [miɫ] tausend.
milagr|e [mi'laɣrə] *m* Wunder *n*; *fazer ~s* F hexen; *olha o ~!* das ist keine Kunst!; **~eiro** [~lɐ'ɣreiru] **1.** *adj.* wundertätig; wundersüchtig; **2.** *m* Wundertäter *m*; **~oso** [~lɐ'ɣrozu] wunderbar; = *~eiro*.
milanês [~lɐ'neʃ] **1.** *adj.* mailändisch; **2.** *m*, **-esa** *f* Mailänder(in *f*) *m*.
milavo [mi'lavu] *m* Tausendstel *n*.
míldio ['miɫdju] *m* Meltau *m*.
mil|efólio [milə'fɔlju] *m* = **~-em-rama** ⚘ [~ẽ'ʀɐmɐ] *m* Schafgarbe *f*; **~enário** [~ə'narju] **1.** *adj.* tausendjährig; **2.** *m* Jahrtausendfeier *f*; = **~énio** [~'lɛnju] *m* Jahrtausend *n*; **~ésimo** [~'lɛzimu] tausendst; = *milavo*.
milha ['miʎɐ] **1.** *f englische* Meile *f*; *~ marítima* Seemeile *f*; **2.** *adj. farinha* (*palha*) *f ~* Mais-mehl (-stroh) *n*.
milhafre, -ano [mi'ʎafrə, -ɐnu] *m zo.* Weih *m*, Hühnergeier *m*.
milh|ão [mi'ʎɐ̃u] *m* Million *f*; **~ar** [~ar] *m* Tausend *n*; *~es pl. de* Tausende von; **~aral**, **~eiral** [~ʎɐ'raɫ, ~ʎei'raɫ] *m* Maisfeld *n*; **~eiro** [~eiru] *m* **a**) Tausend *n*; Tausender *m*; **b**) Mais-pflanze *f*, -rohr *n*; **~o** ['miʎu] *m* Mais *m*, Welschkorn *n*, Pferdezahn *m*; *fig.* F Kies *m* (*Geld*); *~ miúdo* Hirse *f*; *dinheiro m como ~* Geld *n* wie Heu.
mili... [mili] *in Zssgn* Milli..., *z.B.*: *~grama m* Milligramm *n*; **~ar** [mi'ljar] **1.** *adj.* hirsekorn-förmig, -groß; *febre f ~* = **2.** *f* Frieselfieber *n*, Frieseln *pl.*; **~ário** [~'ljarju] **a**) Meilen...; *fig.* entscheidend; *marco m ~*, *pedra f -a* Meilenstein *m*; **b**) = *~ar*.
milícia [mə'lisjɐ] *f* Miliz *f*; *~s pl.* Reserve(truppe) *f*.
miliciano [~li'sjɐnu] **1.** *adj.* Miliz...; Reserve...; *oficial m ~* Reserveoffizier *m*; (*soldado*) *~ m* Reservist *m*.
milimétrico [~li'mɛtriku] Millimeter...; **milímetro** [~'limətru] *m* Millimeter *n*.
milionário [milju'narju] **1.** *adj.* steinreich; **2.** *m*, **-a** *f* Millionär(in *f*) *m*.
milit|ante [məli'tẽntə] kämpfend; kämpferisch; **~ar** [~ar] **1.** *adj.* militärisch; Militär...; soldatisch, Soldaten...; **2.** *m* (Berufs-)Soldat *m*; **3. a**) *v/i.* (1a) im Heere dienen; *fig.* kämpfen, streiten; **b**) *v/t.* bestreiten; **~arista** [~tɐ'riʃtɐ] **1.** *adj.* militaristisch; **2.** *m* Militarist *m*.
mil-réis [miɫ'ʀeiʃ] *m* P Escudo *m*.
mim [mĩ] mir; mich; *a ~* mir *od.* an mich, zu mir *usw.*; *de ~* meiner *od.* von mir; über mich *usw.*; *cá por ~* meinetwegen.
mim|alho [mi'maʎu] verwöhnt, verhätschelt; **~ar** [~ar] (1a) **a**) = *amimar*; **b**) mimen; **~eografar** *bras.* [~mjoɣra'far] (1a) vervielfältigen; **~eógrafo** [~'mjɔɣrafu] *m* Vervielfältigungsapparat *m*; **~etismo** [~mə'tiʒmu] *m* Mimikry *f*, Tarnung *f*.
mímic|a ['mimikɐ] *f* Gebärden-

sprache *f*, Mimik *f*; **~o** [~u] mimisch.
mimo ['mimu] *m* Liebkosung *f*; Zärtlichkeit *f*; Aufmerksamkeit *f*, Geschenk *n*; Zartheit *f*; zarte(s) Gebilde *n*; Verhätschelung *f*; *dar* ~(s) *a* verwöhnen; verhätscheln; *ter* ~ verwöhnt (*od.* verhätschelt) sn; *que* ~! wie lieb!; **~sa** ⚘ [mi'mɔzɐ] *f* Mimose *f*; **~sear** [mimu'sjar] (1l) verwöhnen; beschenken; **~so** [mi'mozu] **1.** *adj.* zart; empfindlich; zärtlich; verwöhnt; bevorzugt; reich (an [*dat.*] de); **2.** *m* Liebling *m*.
min|a ['minɐ] *f* Bergwerk *n*, Grube *f*; Mine *f* (*a.* ⚔); Erzgang *m*; Stollen *m*; (unterirdische) Quelle *f*; *fig.* Goldgrube *f*; Fundgrube *f*; ~*s pl.* Bergbau *m* (*Unterrichtsfach*); *engenheiro m de* ~*s* Bergingenieur *m*; **~ar** [mi'nar] (1a) *Stollen* graben, treiben; *Erde* aufgraben, durchwühlen; wühlen in (*dat.*); unterwühlen; ⚔ unterminieren; *fig. a.* untergraben; **~eiro** [mi'neiru] **1.** *adj.* Bergbau..., Berg...; Bergwerks...; *indústria f -a* Bergbau *m*; **2.** *m* Bergmann *m*.
miner|ação [minərɐ'sɐ̃u] *f* Abbau *m*; Erzgewinnung *f*; Aufbereitung *f*; **~al** [~'rał] **1.** *adj.* mineralisch; Mineral...; **2.** *m* Mineral *n*, Gestein *n*; **~alizar** [~ɐli'zar] (1a) vererzen; **~alogia** [~ɐlu'ʒiɐ] *f* Mineralogie *f*; Gesteinskunde *f*; **~alógico** [~ɐ'lɔʒiku] mineralogisch; **~alogista** [~ɐlu'ʒiʃtɐ] *m* Mineraloge *m*.
minério [mi'nɛrju] *m* Erz *n*.
ming|a P ['mĩŋgɐ] *f* = *míngua*; *não fazer* ~ nichts ausmachen; nichts zu bedeuten h.; nicht nötig sn; **~ar** P [mĩŋ'gar] (1o) abnehmen; sich verknappen; eingehen, schrumpfen; knapp sn.
mingau *bras.* [mĩŋ'gau] *m* Brei *m*.
míngua ['mĩŋgwɐ] *f* Mangel *m*; Armut *f*; Knappheit *f*, Verknappung *f*; Abnahme *f*; Beeinträchtigung *f*; = *minga*; *à* ~ in Not, im Elend; *à* ~ *de* aus Mangel an (*dat.*); *morrer à* ~ langsam zugrunde gehen.
mingu|ado [mĩŋ'gwaðu] arm (an [*dat.*] de); dürftig; knapp; unglücklich; kurz (*Tag*); **~ante** [~ẽntə] **1.** *adj.* *quarto m* ~ = **2.** *m das* letzte Viertel *des Mondes*, *der* abnehmende Mond; *fig.* Rückgang *m*; **~ar** [~ar] (1m) abnehmen; zurückgehen; mangeln, fehlen; = *mingar*.
minha ['miɲɐ] *s. meu.*
minhoca [mi'ɲɔkɐ] *f* Regenwurm *m*; ~*s pl.* P Schrullen *f/pl.*
miniatur|a [minjɐ'turɐ] *f* Miniatur *f*; **~ista** [~tu'riʃtɐ] *su.* Miniaturmaler(in *f*) *m*.
mínim|a ♪ ['minimɐ] *f* halbe Note *f*; **~o** [~u] **1.** *adj.* sehr klein; minimal; kleinst; geringst; wenigst; **2.** *m* Minimum *n*; *der* kleine Finger.
mínio ['minju] *m* Mennig(e *f*) *m*.
minist|erial [mənıʃtə'rjał] ministeriell; Minister...; Ministerial...; **~ério** [~'tɛrju] *m* Amt *n*; Dienst *m*; Verrichtung *f*; *pol.* Ministerium *n*; *bras. a.* Ministerrat *m*; ~ *público* ⚖ Staatsanwaltschaft *f*.
ministr|ante [~'trẽntə] **1.** *adj.* ausübend; Hilfs...; **2.** *m* Gehilfe *m*; Meßdiener *m*; **~ar** [~ar] (1a) liefern; reichen; **~o** [~'niʃtru] *m* Amtsträger *m*; Diener *m* (*a. fig.*); Gehilfe *m*; *pol.* Minister *m*; Gesandte(r) *m*; *bras. Titel der* Bundesrichter *m*; *Primeiro* ♀ Premierminister *m*, Kanzler *m*.
minor|ação [minurɐ'sɐ̃u] *f* Verminderung *f*; Linderung *f*; **~ar** [~'rar] (1e) (ver)mindern; lindern; **~ia** [~'riɐ] *f* Minderheit *f*; **~itário** [~i'tarju] Minderheits...; der (*od.* in der) Minderheit.
minúcia [mi'nusjɐ] *f* Kleinigkeit *f*; = **minucios|idade** [~nusjuzi'ðaðə] *f* Genauigkeit *f*, Gewissenhaftigkeit *f*; Ausführlichkeit *f*; *depr.* Kleinlichkeit *f*; **~o** [~nu'sjozu] (peinlich) genau, gewissenhaft; ausführlich; eingehend; *depr.* kleinlich.
minud|ência *bras.* [minu'ðẽsjɐ] *f* = *minuciosidade*; **~enciar** [~ðẽ'sjar] (1g) = *pormenorizar*; **~ente** [~ẽntə] = *minucioso*.
minuete, -o [mi'nwetə, -u] *m* Menuett *n*.
minúscul|a [mi'nuʃkulɐ] *f* kleine(r) Buchstabe *m*; **~o** [~u] winzig, geringfügig; unbedeutend; klein.
minut|a [~'nutɐ] *f* Entwurf *m*; Skizze *f*; **~ar** [~nu'tar] (1a) entwerfen.
minuto [~'nutu] **1.** *m* Minute *f*; **2.** *adj.* = *diminuto*.
mioc|árdio [mju'karðju] *m* Herzmuskel *m*; **~ardite** [~kɐr'ðitə] *f* Herzmuskelentzündung *f*.

miolo ['mjolu] *m Brot*-Krume *f*; *Frucht*-Mark *n*; *Nuß*-Kern *m*; *fig.* Kern *m*; ~(s) (*pl.*) Gehirn *n*, Hirn *n*; *fig.* F Grips *m*; *cabeça f sem* ~(s) Hohlkopf *m*; *dar no* ~ einfallen; *queimar* (*od. fazer saltar*) *os* ~*s* (sich) e-e Kugel in den Kopf jagen.
míope ['miupə] kurzsichtig (*a. fig.*).
miopia [mju'piɐ] *f* Kurzsichtigkeit *f*.
miosótis [~'zɔtiʃ] *f* Vergißmeinnicht *n*.
mira ['mirɐ] *f Gewehr*-Korn *n*; Meßlatte *f*; *fig.* Blick *m*; Absicht *f*; Ziel *n*; *cruz f de* ~ Fadenkreuz *n*; *linha f de* ~ Visierlinie *f*; *ponto m de* ~ Korn(spitze *f*) *n*; *à* ~ auf der Lauer; *pôr a* ~ *em* sn Augenmerk richten auf (*ac.*); *ter a* ~ *em* im Auge behalten (*ac.*); **~bolante** [mirɐβu'lẽntə] auffallend; aufsehenerregend.
miraculoso [mirɐku'lozu] = *milagroso.*
mir|adoiro, -ouro [mirɐ'ðoiru, -oru] *m* = *~ante*; **~agem** [~'raʒẽi] *f* Luftspiegelung *f*; *fig.* (Augen-)Täuschung *f*; **~amar** [~ɐ'mar] *m* Meerblick *m*; **~ante** [~'rẽntə] *m* Ausguck *m*; Aussichts-punkt *m*, -turm *m*; **~ar** [~'rar] (1a) ansehen, betrachten; beobachten; erblicken; ~ *em* richten auf (*ac.*); ~ *a/c.* = *v/i.* ~ *a* (ab)zielen (*od.* ausgehen *od.* bedacht sn) auf (*ac.*); ~ *para* liegen (*od.* gehen) nach; **~ar-se** sich bespiegeln (*od.* betrachten) (in [*dat.*] *em*).
miríade [mi'riɐðə] *f* Myriade *f*.
mirim *bras.* [mi'rĩ] klein; *táxi-*~ Kleintaxi *n*.
mirr|a ['miʀɐ] **a)** *f* ⚘ Myrrhe *f*; **b)** *m* F Knochengestell *n*; Geizhals *m*; **~ar** [mi'ʀar] (1a) ausdörren; *v/i. a.* verdorren.
mirto ⚘ ['mirtu] *m* Myrte *f*.
misantr|opia [mizẽntru'piɐ] *f* Menschenscheu *f*; **~ópico** [~'trɔpiku] menschenscheu; **~opo** [~'tropu] *m* Menschenfeind *m*, Misanthrop *m*.
míscaro ⚘ ['miʃkɐru] *m* Sandpilz *m*.
miscelânea [miʃsə'lɐnjɐ] *f* Vermischte(s) *n*; vermischte Aufsätze *m/pl.*, Miszellen *f/pl.*
miser|ando [mizə'rẽndu] beklagenswert; **~ável** [~avɛł] *adj.* elend; erbärmlich; schäbig.
miséria [mi'zɛrjɐ] *f* Elend *n*, Not *f*; erbärmliche(r) Zustand *m*; Erbärmlichkeit *f*; Schäbigkeit *f*; Kleinigkeit *f*, F Dreck *m*; Leid *n*, Jammer *m*; *ficar reduzido à* ~, *cair na* ~ ins Elend (*od.* in Not) geraten.
miseric|órdia [mizəri'kɔrðjɐ] *f* Barmherzigkeit *f*, Erbarmen *n*; *golpe m de* ~ Gnadenstoß *m*; (*Santa Casa d*)*a* ♀ Spital *n*, städtische(s) Krankenhaus *n*; **~ordioso** [~kur'ðjozu] barmherzig.
mísero ['mizəru] elend, unglücklich; schäbig.
miss|a ['misɐ] *f* Messe *f*; ~ *cantada*, ~ *solene* Hochamt *n*; ~ *pedida* (*rezada*) bestellte (stille) Messe *f*; *não saber da* ~ *a metade* schlecht unterrichtet sn; **~al** [mi'sał] *m* Meßbuch *n*.
missanga [mi'sẽŋgɐ] *f* Glasperle(nschmuck *m*) *f*; *tip.* Perlschrift *f*; ~*s pl.* Kleinkram *m*.
miss|ão [mi'sẽu] *f* Mission *f*; Auftrag *m*, Sendung *f*; (Buß-)Predigt *f*; **~ionar** [~sju'nar] (1e) bekehren; im Glauben unterweisen; **~ionário** [~sju'narju] *m* Missionar *m*; **~iva** [~ivɐ] *f* (Send-)Schreiben *n*.
mistela [miʃ'tɛlɐ] *f* P Gebräu *n*.
mister [~'tɛr] *m* Beruf *m*; Aufgabe *f*; Arbeit *f*; Notwendigkeit *f*; *haver* ~, *ser* ~, *fazer-se* ~ nötig sn.
mist|ério [~'tɛrju] *m* Geheimnis *n*; Mysterium *n*; Mysterienspiel *n*; **~erioso** [~tə'rjozu] geheimnisvoll.
mística ['miʃtikɐ] *f* Mystik *f*.
misticismo [miʃtə'siʒmu] *m* Mystizismus *m*; religiöse Schwärmerei *f*.
místico ['miʃtiku] **1.** *adj.* mystisch; geheimnisvoll; schwärmerisch; fromm; **2.** *m* Mystiker *m*.
mistific|ação [miʃtəfikɐ'sẽu] *f* Irreführung *f*, Täuschung *f*; **~ar** [~'kar] (1n) irreführen, täuschen.
mist|ifório [miʃti'fɔrju] *m* Durcheinander *n*; Mischmasch *m*; **~o** ['miʃtu] **1.** *adj.* gemischt, Misch...; **2.** *m* Gemisch *n*.
mistur|a [miʃ'turɐ] *f* Mischung *f*; **~ada** [~tu'raðɐ] *f* Mischmasch *m*, Gemisch *n*; **~ar** [~tu'rar] (1a) (ver)mischen; durchea.-werfen.
mísula ['mizulɐ] *f* Konsole *f*.
mítico ['mitiku] mythisch.
mitigar [miti'ɣar] (1o) lindern; beschwichtigen; *Durst* löschen.
mito ['mitu] *m* Mythos *m*; *fig. a.* Hirngespinst *n*; Rätsel *n*; **~logia** [mitulu'ʒiɐ] *f* Mythologie *f*.

mitra ['mitrɐ] *f* Mitra *f*.
miu|çalha [mju'saʎɐ] *f* Splitter *m*; Stückchen *n*; *~s pl.* Kleinkram *m*; *bras.* = **~dagem** F [~'ðaʒɐ̃i] *f* Kroppzeug *n*.
miùdamente [mjuðɐ'mẽntə] stückweise; einzeln; nach und nach.
miudeza [mju'ðezɐ] *f* Kleinheit *f*; Zartheit *f*; Genauigkeit *f*; Kleinlichkeit *f*; *~s pl.* Kleinigkeiten *f/pl.*; ⚚ Kurzwaren *f/pl.*; *~s de galinha (lebre, etc.)* Hühner- (Hasen- *usw.*) klein *n*.
miúdo ['mjuðu] **1.** *adj.* klein, Klein...; zart; häufig, wiederholt; *fig.* genau, gewissenhaft; kleinlich; *a ~* häufig; *por ~, pelo ~* im einzelnen; im kleinen; genau; *venda f por ~* Kleinverkauf *m*; **2.** *m*, **-a** *f* Kleine(r) *m*; kleine(r) Junge *m*, kleine(s) Mädchen *n*; **3. ~s** *pl.* Kleingeld *n*; *Geflügel- usw.* Klein *n*.
mixórdia [mi'ʃɔrðjɐ] *f* Mischmasch *m*, Gemisch *n*; Gewirr *n*.
mnem|ónica [mnɛ'mɔnikɐ] *f* Gedächtniskunst *f*; Gedächtnisstütze *f*; **~ónico** [~ɔniku] Gedächtnis...; leicht zu behalten(d); **~otecnia** [~mɔtɛk'niɐ] *f* = *~ónica*.
mo [mu] *Zssg der pron. me u. o.*
mó [mɔ] *f* **a)** Mühlstein *m*; Schleifstein *m*; **b)** Menge *f*; Schar *f*.
moagem ['mwaʒɐ̃i] *f* Mahlen *n*; Mahlgut *n*; Müllerei *f*; *fábrica f de ~* Mühle(nwerk *n*) *f*; *indústria f de ~* Mühlengewerbe *n*.
móbil ['mɔβił] **1.** *adj.* = *móvel*; **2.** *m* Triebfeder *f*; Beweggrund *m*.
mobilar [muβi'lar] (1a) möblieren.
mobília [mu'βiljɐ] *f* Möbel *n/pl.*, Mobiliar *n*.
mobil|iar *bras.* [~βi'ljar] (1g) = *mobilar*; **~iário** [~'ljarju] **1.** *adj.* Mobilien...; beweglich; Möbel...; **2.** *m* Einrichtung *f*, Möbel *n/pl.*; **~idade** [~li'ðaðə] *f* Beweglichkeit *f*; Unbeständigkeit *f*; **~ização** [~lizɐ'sɐ̃u] *f* ⚔ Mobilmachung *f*; *fig.* Mobilisierung *f*; Einsatz *m*; **~izar** [~li'zar] (1a) mobil m.; *fig.* mobilisieren; einsetzen; **~izável** [~li'zavɛł] einsatzfähig.
moca ['mɔkɐ] **1.** *f bras.* Scherz *m*; Schabernack *m*; **2.** *m* Mokka *m*.
moça ['mosɐ] *f* Mädchen *n*; *prov.* Dienstmädchen *n*; ⚒ Magd *f*.
mocambo *bras.* [mo'kẽmbu] *m* (Neger-)Hütte *f*.
moção [mu'sɐ̃u] *f* Bewegung *f*; *pol.* Antrag *m*.
mocet|ão [musə'tɐ̃u] *m* (strammer) Bursche *m*; **~ona** [~onɐ] *f* stattliche(s) Mädchen *n*.
mochar [mu'ʃar] (1e) verstümmeln.
mochila [mu'ʃilɐ] *f* Tornister *m*, F Affe *m*; Ranzen *m*.
mocho ['moʃu] **1.** *adj.* ungehörnt; verstümmelt; gekappt (*Baum*); **2.** *m zo.* Kauz *m* (*a. fig.*); Hocker *m*.
mocidade [musi'ðaðə] *f* Jugend *f*; 2 *Portuguesa der* Portugiesische Jugendverband.
moç|o ['mosu] **1.** *adj.* jung; **2.** *m* Bursche *m*, junge(r) Mann *m*; Dienstmann *m*; Hausbursche *m*; ⚒ Knecht *m*; **~oila** [mu'soilɐ] *f* stramme(s) Mädchen *n*.
moda ['mɔðɐ] *f* Mode *f*; Liedchen *n*; *canção f da ~* Schlager *m*; *estabelecimento m de ~s* Modegeschäft *n*; *à ~* nach der Mode, modisch; *à sua ~* auf seine Weise; *fora da ~* unmodern, veraltet; *entrar em ~* Mode w.; *estar na (fora da) ~* (außer) Mode sn; *passar de ~* aus der Mode kommen; *pôr à ~* modernisieren (1.).
modal [mu'ðał] modal; **~idade** [~ðɐli'ðaðə] *f* (Seins-)Weise *f*; Form *f*; (Sport-)Art *f*; Bedingung *f*; *gram.* Art *f* und Weise *f*; *fil.* Modalität *f*.
model|ar [~ðə'lar] **1.** *adj.* mustergültig; **2.** *v/t.* (1c) modellieren; formen, gestalten; *~ por fig.* richten nach; **~ar-se** *por* zum Vorbild nehmen (*ac.*), nachahmen (*ac.*); **~o** [~'ðelu] *m* Modell *n*; Vordruck *m*, Vorlage *f*; *fig.* Vorbild *n*, Muster *n*.
moder|ação [~ðərɐ'sɐ̃u] *f* Mäßigung *f*; Herabsetzung *f*; **~ado** [~'raðu] mäßig; maßvoll; **~ar** [~'rar] (1c) mäßigen; herabsetzen; verlangsamen; **~ar-se** nachlassen; **~ativo** [~ɐ'tivu] mäßigend.
modern|amente [~ˌðɛrnɐ'mẽntə] in neuerer Zeit; **~ice** [~ðər'nisə] *f* Neuerungssucht *f*; Zeiterscheinung *f*; **~idade** [~ðərni'ðaðə] *f* Neuheit *f*; = **~ismo** [~ðər'niʒmu] *m* Zeitgeschmack *m*; Neuzeitlichkeit *f*; Neuheit *f*; **~ista** [~ðər'niʃtɐ] *su.* neuzeitliche(r) Mensch *m*; Neuerer *m*; **~izar** [~ðərni'zar] (1a) moderni-

sieren; ~o [~'ðɛrnu] neuer, neuzeitlich; modern; Neu...; *à -a* modern.
mo|déstia [~'ðɛʃtjɐ] *f* Bescheidenheit *f*; **~desto** [~'ðɛʃtu] bescheiden; zurückhaltend; anspruchslos.
módico ['mɔðiku] mäßig; spärlich; gering(fügig); wohlfeil.
modific|ação [muðəfikɐ'sɐ̃u] *f* (Ab-, Ver-)Änderung *f*; 🕮 Modifikation *f*; **~ar** [~'kar] (1n) (ab-, um-, ver-) ändern; mäßigen, einschränken; 🕮 modifizieren; **~ativo** [~ɐ'tivu] *verbo m* ~ modale(s) Hilfsverb *n*.
mod|inha [mɔ'ðiɲɐ] *f* Schlager *m*; **~ista** [mu'ðiʃtɐ] *f* Schneiderin *f*; Putzmacherin *f*, Modistin *f*.
modo ['mɔðu] **1.** *m* Art *f*; Weise *f*; Verfahren *n*; *gram.*, *fil.* Modus *m*; ♪ Tonart *f*; Lebensart *f*; ~ *maior* (*menor*) Dur- (Moll-)Tonart *f*; ~ *de falar* Ausdrucksweise *f*; Redensart *f*; ~ *de pensar* Denkweise *f*; Auffassung *f*; ~ *de ser* Seinsweise *f*; Lebensform *f*; ~ *de vida* Lebensweise *f*; Beruf *m*; *a seu* ~ auf seine Weise; *ao* ~ de nach Art (*gen.*); wie; *de* ~ *a inf.* um ... zu *inf.* = *de* (*od. por*) ~ *que* so daß; *de certo* ~ gewissermaßen; *deste* ~, *por este* ~ auf diese Weise, so; = *do* (*od. pelo*) ~ *seguinte* folgendermaßen; *de* ~ *algum* (*od. nenhum*) keineswegs; auf keinen Fall; *de outro* ~ anderenfalls, sonst; *de qualquer* ~ irgendwie; auf jeden Fall; wie dem auch sei; *de tal* ~ derart, so; *pelo(s)* ~(s) augenscheinlich; *pelo* ~ *como* aus der (*od.* durch die) Art wie; **2.** **~s** *pl.* Umgangsformen *f/pl.*
modorr|a [mu'ðoʀɐ] *f* Schlaftrunkenheit *f*; bleierne Müdigkeit *f*; *vet.* Drehkrankheit *f*; *fig.* Schläfrigkeit *f*; *quarto m da* ~ ⚓ dritte Nachtwache *f*; **~ento, ~o** [~ðu'ʀẽntu, ~'ðoʀu] schlaftrunken; schläfrig.
modul|ação [muðulɐ'sɐ̃u] *f* Modulation *f*; Lautveränderung *f*; **~ar** [~'lar] (1a) modulieren; singen.
módulo ['mɔðulu] *m* Model *m*.
moeda ['mwɛðɐ] *f* Münze *f*; Geld(-stück) *n*; Hartgeld *n*; Währung *f*; ~ *falsa* Falschgeld *n*; ~ *ouro* Goldwährung *f*; *papel m* ~ Papiergeld *n*; (*Casa f da*) ♀ Münze *f*; *direcção f da* ~ Devisenbewirtschaftung *f*; *pagar na mesma* ~ es j-m heimzahlen.
moela ['mwɛlɐ] *f* *Geflügel*-Magen *m*.
moenda ['mwẽndɐ] *f* Mühle *f*; Mahl-gang *m*, -geld *n*, -stein *m*.
moer [mwer] (2f) mahlen; zermahlen, zerkleinern; *fig. Gedanken* wälzen; zermürben, F rädern; belästigen, F zusetzen (*dat.*); verprügeln; **~-se** sich (ab)plagen.
mofa ['mɔfɐ] *f* Spott *m*, Spötterei *f*; *fazer* ~ *de* = **~r** [mu'far] (1e) spotten (über [*ac.*] *de*).
mof|ado *bras.* [mo'faðu] muffig; schimmelig; **~ento** [~ẽntu] **a**) = *~ado*; **b**) verhängnisvoll.
mofin|a [~'finɐ] *f* Unglück *n*; *fig.* Knauserei *f*; *bras.* Hetzartikel *m*; = *f v.* **~o** [~u] **1.** *adj.* unglücklich, Unglücks...; knauserig; querköpfig; **2.** *m*, **-a** *f* Unglücksmensch *m od. n*; Knauser *m*; Querkopf *m*.
mofo ['mofu] *m* Schimmel *m*; *cheirar a* ~ muffig riechen; *criar* ~ verschimmeln; **~so** [mu'fozu] = *~ado*.
mogno ['mɔɣnu] *m* Mahagoni (-baum *m*) *n*.
moído ['mwiðu] **1.** *p.p. v. moer*; **2.** *adj.* abgespannt; F durchgedreht; verdorben (*Fisch, Fleisch*).
moinh|a ['mwiɲɐ] *f* Spreu *f*; Staub *m*; **~o** [~u] *m* Mühle *f*; ~ *de vento* Windmühle *f*; *fig.* Luftikus *m*; *levar a água ao seu* ~ s-n Vorteil wahrnehmen; *isto é água para o seu* ~ das paßt ihm in den Kram.
moir-, mour|aria [moi-, morɐ'riɐ] *f* Maurenviertel *n*; **~ejar** [~i'ʒar] (1d) sich plagen, F sich schinden; **~isco** [~'riʃku] maurisch; **~o** ['moiru, 'moru] **1.** *adj.* maurisch; *vinho m* ~ P ungetaufter Wein *m*; **2.** *m*, **-a** *f* Maure *m*, Maurin *f*; Mohr(in *f*) *m*; *allg.* Ungläubige(r) *m*; *fig.* F Schwerarbeiter *m*; *trabalhar como um* ~ F wie ein Pferd arbeiten.
moita, mouta ['moitɐ, 'motɐ] *f* Busch *m*, Gebüsch *n*.
moitão, moutão [moi-, mo'tɐ̃u] *m* Block *m im Flaschenzug*.
mola ['mɔlɐ] *f* Feder *f*; *fig.* Triebfeder *f*; ~ *real* Schlagbolzenfeder *f*; *fig.* Haupttriebfeder *f*; *ter* (*boas*) *~s* federn; *ter pancada na* ~ F e-n Vogel haben.
molambo [mo'lẽmbu] *m bras.* Lumpen *m*; *fig.* Lump *m*.
molar [mu'lar] **1.** *adj.* Mahl...; Mühl...; *fig.* weich, mürbe; *dente m* ~ = **2.** *m* Backenzahn *m*.
mold|ação [mołdɐ'sɐ̃u] *f* Ab-druck

m, -guß *m*; **~ado** [~'daδu] *m* Ranken-, Schnitz-, Stuck-werk *n*; **~ador** [~ɐ'δor] *m* Bildner *m*; Bildgießer *m*; Schnitzer *m*; **~agem** [~'daʒɐ̃i] *f* Bildgießerei *f*; = *~ação*; **~ar** [~'dar] (1e) e-n Abdruck (*od.* Abguß) m. von; ein Modell (*od.* e-e Gußform) m. von; gießen; *fig.* modellieren; formen, bilden; gestalten; **~ar-se** *por* zum Vorbild nehmen (*ac.*); ~ *a* sich anpassen an (*ac.*); **~e** ['mɔɫdə] *m* (Guß-)Form *f*, Modell *n*; *Schneiderei*: Schnittmuster *n*; *fig.* Muster *n*, Vorbild *n*; *carpinteiro m de ~s* Modellschreiner *m*; *de ~* passend, nach Maß; gelegen, wie gerufen; *de ~ a inf.* geeignet (*od.* angetan) zu *inf.*; *ir* (*vir*) *de ~ a* passen zu; **~ura** [~'durɐ] *f* Rahmen *m*; ⚠ Gesims *n*, Fries *m*.

mole ['mɔlə] **1.** *f* Masse *f*; Koloß *m*; **2.** *adj.* weich; weichlich; schlaff; nachgiebig; *pint.* farblos; *fig. a.* teilnahmslos; träge; F schlapp.

molécula [mu'lɛkulɐ] *f* Molekül *n*.

moleiro [mu'leiru] *m* Müller *m*.

molenga [~'lẽŋgɐ] **1.** *adj.* weichlich; schlaff; träge; **2.** *m* Weichling *m*; Schlappschwanz *m*.

moleque [~'lɛkə] *m* **a)** Negerjunge *m*; *bras.* Gassenjunge *m*; Lausbube *m*; **b)** ⚒ Magnetscheider *m*.

molestar [~lɨʃ'tar] (1c) belästigen, plagen; *j-m* lästig fallen; mißhandeln; drücken (*Kleid*); ärgern.

moléstia [~'lɛʃtjɐ] *f* Last *f*, Mühe *f*; Plage *f*; *körperliche* Beschwerde *f*; Unwohlsein *n*.

molesto [~'lɛʃtu] lästig; unbequem; beschwerlich.

mole|ta [~'letɐ] *f* Reibstein *m*; **~te** [~tə] *m* (Milch-)Brötchen *n*; **~za** [~zɐ] *f* Weichheit *f*; Schlaffheit *f*; Trägheit *f*; Farblosigkeit *f*.

molh|adela [muʎɐ'δɛlɐ] *f* Dusche *f*, Bad *n*; *apanhar uma ~* naß w.; **~ado** [~'ʎaδu] **1.** *adj.* naß; **2.** *m* nasse Stelle *f*; *~s pl. bras.* flüssige Waren *f/pl.*; *loja f de secos e ~s* Kaufladen *m*; **~agem** [~'ʎaʒɐ̃i] *f* Maische *f*; **~ar** [~'ʎar] (1e) naß m.; anfeuchten; einweichen; eintunken; *Malz* maischen; **~ar-se** naß werden.

molhe ['mɔʎə] *m* Mole *f*.

molheira [mu'ʎeirɐ] *f* Soßenschüssel *f*, Sauciere *f*.

molho[1] ['mɔʎu] *m* Bund *m*; Büschel *n*; Handvoll *f*; ~ *de chaves* Schlüsselbund *m*; *em ~s* gebündelt.

molho[2] ['moʎu] *m* Soße *f*, Tunke *f*; *pôr de ~* einweichen; (aus)wässern.

moliço [mu'lisu] *m* Algen *f/pl.* (*als Düngemittel*); Dachstroh *n*.

molin|ete [~li'netə] *m* Drehkreuz *n*; *Wasser-*, *Wind-*Meßschraube *f*; ⚓ Bratspill *n*; *taur.* Pirouette *f*; **~ilho** [~iʎu] *m* Hand- (Pfeffer-, Kaffee- *usw.*)mühle *f*; Schneeschläger *m*; **~ote** [~ɔtə] *m* Zuckerrohrmühle *f*.

molusco [~'luʃku] *m* Weichtier *n*.

moment|âneamente [mumẽnˌtɐnjɐ'mẽntə] im (*od.* auf e-n) Augenblick **~âneo** [~'tɐnju] augenblicklich; vorübergehend, Augenblicks...; **~o** [~'mẽntu] *m* Augenblick *m*; *fig.* Bedeutung *f*; *fís.* Moment *n*; *o ~ que passa* der gegenwärtige Augenblick; *consequências f/pl. de grande ~* schwerwiegende Folgen *f/pl.*; *a cada ~* jeden Augenblick; *de ~ a ~* alle Augenblicke; *de pouco ~* unwichtig; *num ~* im Augenblick, im Nu; *por ~s* e-n Augenblick lang; augenblicksweise; *~s depois* gleich darauf; **~oso** [~'tozu] bedeutungsvoll, wichtig.

mom|ice [mu'misə] *f* Grimasse *f*; F Faxe *f*; *~s pl. fig.* Verstellung *f*; Blendwerk *n*; **~o** ['momu] *m* mimische Darstellung *f*; Mummenschanz *m*; = *~ice*.

mona ['monɐ] *f* Affenweibchen *n*; F Stoffpuppe *f*; *iron.* Birne *f* (*Kopf*); Affe *m* (*Rausch*); Brummigkeit *f*.

monac|al [munɐ'kaɫ] mönchisch, Mönchs...; **~ato** [~atu] *m* Mönchstum *n*; mönchische(s) Leben *n*.

monar|ca [~'narkɐ] *m* Monarch *m*; **~quia** [~nɐr'kiɐ] *f* Monarchie *f*.

monárquico [~'narkiku] **1.** *adj.* monarchisch; **2.** *m* = **monarquista** *bras.* [~nɐr'kiʃtɐ] *m* Monarchist *m*.

monástico [~'naʃtiku] klösterlich; = *monacal*.

monção [mõ'sɐ̃u] *f* Monsun *m*; Passat *m*; günstige(r) Wind *m*; *fig.* (günstige) Gelegenheit *f*.

monco ['mõŋku] *m* Nasenschleim *m*, F Rotz *m*; Schnabellappen *m des Puters*.

mond|a ['mõndɐ] *f* Jäten *n*; Jätezeit *f*; **~adeiro** *m*, **-a** *f* [mõndɐδeiru, -ɐ] Jäter(in *f*) *m*; **~ador** [mõndɐ'δor] *m* Jäter *m*; Jäthacke *f*;

~ar [mõn'dar] (1a) *Feld* jäten; *Unkraut* ausjäten; *Baum* ausputzen; *fig.* säubern; *Buch* überarbeiten.
monetário [munə'tarju] Münz...; Geld...; Währungs...; *circulação f* (*inflação f*) *-a* Geld-umlauf *m* (-entwertung *f*); *política f* (*situação f*) *-a* Währungs-politik *f* (-lage *f*); *sistema m ~* Währungssystem *n*.
monge ['mõʒə] *m* Mönch *m*.
mong|ol [mõŋ'gɔł] **1.** *m* Mongole *m*; **2.** *adj.* = **~ólico** [~ɔliku] mongolisch.
monha ['moɲɐ] *f* Zierschleife *f*; [Modepuppe *f*.]
monja ['mõʒɐ] *f* Nonne *f*.
mono ['monu] **1.** *m* Affe *m* (*a. fig.*); F Griesgram *m*; ✝ Ladenhüter *m*; *pregar um ~ a alg.* F j-m e-n Bären aufbinden; j-n reinlegen; **2.** *adj.* Affen...; *fig.* F griesgrämig.
mono... [mɔnɔ] ein...; allein...
monóculo [mu'nɔkulu] **1.** *m* Einglas *n*, Monokel *n*; **2.** einäugig.
mono|fásico ⚡ [mɔnɔ'faziku] Einphasen...; **~gamia** [~ɣɐ'miɐ] *f* Einehe *f*.
monógamo [mɔ'nɔɣɐmu] in Einehe [lebend, monogam.]
mono|grafar [mɔnɔɣrɐ'far] (1b) e-e Monographie schreiben über (*ac.*), in e-r Monographie behandeln; **~grafia** [~ɣrɐ'fiɐ] *f* Einzeluntersuchung *f*; **~grama** [~'ɣrɐmɐ] *m* Monogramm *n*.
monólogo [mu'nɔluɣu] *m* Monolog *m*; Selbstgespräch *n*.
mono|pólio [munu'pɔlju] *m* alleiniges Herstellungs- (*od.* Verkaufs-) recht *n*; Allein-herstellung *f*, -verkauf *m*; Monopol *n*; **~polizar** [~puli'zar] (1a) monopolisieren; (für sich allein) beanspruchen.
monoss|ilábico [mɔnɔsi'laβiku] einsilbig; **~ilabismo** [~ilɐ'βiʒmu] *m* Einsilbigkeit *f* (*a. fig.*); **~ílabo** [~'silɐβu] *m* einsilbige(s) Wort *n*; *falar por ~s* einsilbig (*od.* wortkarg) sn; sich in Andeutungen ergehen.
mon|otonia [munutu'niɐ] *f* Eintönigkeit *f*, Einförmigkeit *f*; **~ótono** [~'nɔtunu] ein-tönig, -förmig.
monstro ['mõʃtru] *m* Ungeheuer *n*; Ungetüm *n*; Scheusal *n*; *anat.* Mißbildung *f*, Monstrum *n*.
monstruos|idade [mõʃtrwuzi'ðaðə] *f* Ungeheuerlichkeit *f*; Scheußlichkeit *f*; Mißbildung *f*; **~o** [~'trwozu] ungeheuer; scheußlich; widernatürlich; mißgestaltet, monströs.

monta ['mõntɐ] *f* Betrag *m*; Bedeutung *f*; Wert *m*; *de pouca ~* geringfügig; unbedeutend.
mont|ada [mõn'taðɐ] *f* Aufsitzen *n*; Pferd und Reiter; **~ado** [~aðu] **1.** *adj.* beritten; *estar ~ em* reiten (*od.* rittlings sitzen) auf (*dat.*); **2.** *m* Eichenwald *m*; *engorda f de ~* Eichelmast *f*; **~agem** [~aʒɐ̃i] *f* ⊕ Montage *f*; Aufstellung *f e-r Maschine*, Einbau *m e-r Vorrichtung*; Aufbau *m e-r Anlage*; ⚡ Schaltung *f*.
montanha [~'tɐɲɐ] *f* Gebirge *n*; *~-russa* Berg- und Talbahn *f*.
montanh|eira [~tɐ'ɲeirɐ] *f* Eichelmast *f*; **~eiro** [~eiru] **1.** *m Algarve u. Alentejo*: Einzelhofbauer *m*; Hofsasse *m*; **2.** *adj.* = **~ês** [~eʃ] **1.** *adj.* Gebirgs..., Berg...; **2.** *m* Gebirgler *m*; **~oso** [~ozu] gebirgig, bergig.
mont|ante [~'tɐ̃ntə] **1.** *m* (Gesamt-) Betrag *m*; Gesamtmenge *f*, Höhe *f*; Haudegen *m*; ⊕ Strebe *f*; *no ~ de* in Höhe von; *a ~* (fluß)aufwärts; **2.** *adj.* steigend; **~ão** [~ɐ̃u] *m* Haufen *m*, Berg *m*; *aos montões* haufenweise; in Haufen; *em ~* alle durchea.; **~ar** [~ar] (1a) **1.** *v/t.* **a)** *Pferd* besteigen; reiten, reiten auf (*dat.*); *Fahrrad* fahren; *j-n* beritten m.; setzen (*od.* legen) (auf [*ac.*] *em, sobre*); ⚓ *Kap* umschiffen; **b)** *Fabrik* einrichten; *Maschine* aufstellen, montieren; *Zelt, Gerüst* aufschlagen; *Vorrichtung* einbauen, anbringen; *Organisation* aufziehen; *Edelstein* fassen; *Falle* stellen; **c)** fassen, enthalten; **2.** *v/i.* steigen; aufsitzen; reiten; (aus)machen; *~ a* sich belaufen auf (*ac.*).
montaria [~tɐ'riɐ] *f* Wildbahn *f*, Jagdgehege *n*; Treibjagd *f*; Jagdwesen *n*, Waidwerk *n*; *fig.* Hetzjagd *f*; *bras.* Jagdboot *n*.
monte ['mõntə] *m* Berg *m*; Wildnis *f*; Haufen *m*; Erbschaftsmasse *f*; *Art* Pharaospiel *n*; *Spiel*-Kasse *f*; *Karten*-Stock *m*; *~s pl.* Gebirge *n*; *a ~* verwahrlost, verwildert; aufs Geratewohl, blindlings; = *aos ~s* haufenweise; wild durchea.; *andar a ~* sich in der Wildnis versteckt halten; **~ada** [mõn'tjaðɐ] *f* Jagd *f*, Pirsch *f*; Treibjagd *f*; **~ador** [mõntjɐ'ðor] *m* = *monteiro*; **~ar** [mõn'tjar] (1l) **a)** jagen, pirschen; **b)** e-n Aufriß machen von.
monteia [mõn'tejɐ] *f* Aufriß *m*.

monteiro [mõn'teiru] **1.** *adj.* Jagd...; **2.** *m* Jäger *m*; Treiber *m*; Förster *m*.
montepio [~tə'piu] *m* Sterbekasse *f*.
montês [~'teʃ] wild, Wild...; *cabra f -esa* Gemse *f*; *cabrito m ~* Steinbock *m*.
montículo [~'tikulu] *m* Hügel *m*.
montra ['mõntrɐ] *f* Schaufenster *n*.
montur|eiro [mõntu'reiru] *m* Lumpensammler *m*; **~o** [~'turu] *m* Kehricht *m*; Müllhaufen *m*.
monument|al [munumẽn'tał] großartig, monumental; **~o** [~'mẽntu] *m* Denkmal *n*; Grabmal *n*.
moqu|ear *bras.* [mo'kjar] (1l) *Fleisch* dörren; **~ém** [~ẽ] *m* Trokkenrost *m*; Bratrost *m*.
mor[1] [mɔr] Haupt...; Ober...; *z. B. capela-~ f* Hauptaltar *m*; *monteiro-~ m* Oberförster *m*.
mor[2] [mor]: *por ~ de* wegen (*gen.*); *j-m* zuliebe.
mora ['mɔrɐ] *f* Verzögerung *f*; Aufschub *m*; *juros m/pl. de ~* Verzugszinsen *m/pl.*; *estar constituído em ~* im Verzug (*od.* Rückstand) sn.
mor|ada [mu'raδɐ] *f* Wohnung *f*; *fig.* Aufenthalt *m*; **~adia** [~rɐ'δiɐ] *f* Wohnungsgeldzuschuß *m*; = *~ada*; **~ador** [~rɐ'δor] **1.** *adj.* wohnhaft; **2.** *m*, **-a** *f* Bewohner(in *f*) *m e-s Hauses*; Anwohner(in *f*) *m e-r Straße*.
moral [mu'rał] **1.** *adj.* moralisch; sittlich; **2.** *f* Sittenlehre *f*, Moral *f*; **3.** *m die* sittlichen Kräfte *f/pl.*; Stimmung *f*, Moral *f*; **~idade** [~rɐli'δaδə] *f* Sittlichkeit *f*; Nutzanwendung *f*, Moral *f*; **~ista** [~rɐ'liʃtɐ] *m* Sittenlehrer *m*; **~izador** [~rɐliza'δor] **1.** *adj.* sittlich (läuternd), erbaulich; erzieherisch; **2.** *m* Sitten-, Moral-prediger *m*; **~izar** [~rɐli'zar] (1a) (sittlich) erziehen; erbauen.
moran|go [mu'rẽŋgu] *m* Erdbeere *f*; **~gueiro** [~rẽŋ'geiru] *m* Erdbeerpflanze *f*.
morar [mu'rar] (1e) wohnen (*em casa do diabo* am Ende der Welt); *ir ~ para* ziehen nach.
moratória [~rɐ'tɔrjɐ] *f* Zahlungsaufschub *m*; Moratorium *n*.
morbid|ade [murbi'δaδə] *f* Zahl *f* der Krankheitsfälle; **~ez** [~eʃ] *f* Krankhaftigkeit *f*; Zartheit *f*; schmachtende(r) Ausdruck *m*.
mórbido ['mɔrbiδu] kränklich; krankhaft; zart, süß; schmachtend.
morcego [mur'seγu] *m* Fledermaus *f*; *fig.* Nachtschwärmer *m*.
morcela, -ilha [mur'sɛlɐ, -iʎa] *f* Blutwurst *f*.
mord|aça [mur'dasɐ] *f* Knebel *m*; **~az** [~aʃ] beißend; bissig; scharf; **~edela, ~edura** [~də'δɛlɐ, ~də'δurɐ] *f* Biß(wunde *f*) *m*; **~ente** [~ẽntə] *m* Beize *f*; Fixativ *n*; ⊕ (Klemm-)Backe(n *m*) *f*; *tip.* Tenakel *n*; ♪ Vorschlag *m*; **~er** [~er] (2d) **1.** *v/t.* (an-, zer-)beißen; beißen auf (*ac.*); stechen (*Insekt*); ätzen; an-, zerfressen; *fig.* zwicken; jucken; bissig w. gegen; *~ os beiços* (*a língua*) sich auf die Lippen (die Zunge) beißen (*a. fig.*); *~ o pó, ~ a poeira* (*od. terra*) ins Gras beißen; **2.** *v/i.* beißen; brennen; jucken; **3. ~er-se** *fig.* vergehen *od.* F schäumen (vor [*dat.*] *de*); **~icar** [~di'kar] (1n) prickeln; (an)knabbern; (zer)beißen; zwicken; jucken; **~ida** *bras.* [~iδɐ] *f* Biß *m*; **~imento** [~di'mẽntu] *m fig.* Gewissensbiß *m*; **~iscar** [~diʃ'kar] (1n) = *~icar*.
mordomo [mɔr'domu] *m* Verwalter *m*; Syndikus *m*.
moreia [mu'rejɐ] *f* **a**) Hocke *f*; Mandel *f*; **b**) Muräne *f* (*Fisch*).
moren|a [~'renɐ] *f* **a**) *geol.* Moräne *f*; **b**) Brünette *f*, F schwarzbraune(s) Mädel *n*; **~o** [~u] schwarzbraun, brünett; dunkel.
morfin|a [mur'finɐ] *f* Morphium *n*; **~ómano** [~fi'nɔmɐnu] *m* Morphinist *m*.
morfologia [~fulu'ʒiɐ] *f* Formenlehre *f*, Morphologie *f*.
morgad|a [~'gaδɐ] *f* Majoratsherrin *f*; **~inha** [~gɐ'δiɲɐ] *f* Majoratsfräulein *n*; **~io** [~gɐ'δiu] *m* Majorat *n*; **~o** [~u] *m* Majorat(sherr *m*) *n*; Erstgeborene(r) *m*.
morgue *fr.* ['mɔrgə] *f* = *necrotério*.
moribundo [muri'βũndu] sterbend; verlöschend.
morigerado [~ʒə'raδu] wohlerzogen; ehrbar.
moringa *f*, **-gue** *m* [mu'rĩŋgɐ, -gə] Trinkwasserkrug *m*.
morma|cento [murmɐ'sẽntu] *fig.* feuchtwarm; **~ço** [~'masu] *m* feuchte Wärme *f*.
mormente [mɔr'mẽntə] hauptsächlich, insbesondere.

mormo *vet.* ['mormu] *m* Rotz *m*.
morn|idão [murni'ðɐ̃u] *f* Lauheit *f*; **~o** ['mornu] lau(warm); *de água -a* lau; unbedeutend, wertlos.
moros|idade [muruzi'ðaðə] *f* Saumseligkeit *f*; Langwierigkeit *f*; **~o** [~'rozu] saumselig; säumig; langwierig, nicht enden wollend.
morra! ['moʀɐ] nieder (mit)!
morrão [mu'ʀɐ̃u] *m* Lunte *f*; *Docht*-Schnuppe *f*.
morred|iço [~ʀə'ðisu] (er)sterbend; verlöschend; = **~oiro, ~ouro** [~oiru, ~oru] kurzlebig; vergänglich; todbringend.
morrer [~'ʀer] (2d; *p.p. meist morto*) sterben (an *e-r Krankheit*, vor *Schreck usw. de*); umkommen; absterben (*Glied*); *fig.* enden; vergehen; verlöschen (*Licht*); verklingen (*Ton*); *~ por* sich verzehren nach; F sich umbringen für; *ele está para ~* es geht mit ihm zu Ende.
morrinh|a [~'ʀiɲɐ] *f* Räude *f*; *prov.* Sprühregen *m*; *bras.* Schweißgeruch *m*; **~ento** [~ʀi'ɲẽntu] räudig; trüb (*Tag*); kränklich.
morro ['moʀu] *m* Hügel *m*; Steinbruch *m*.
morsa ['mɔrsɐ] *f* Walroß *n*.
mort|adela [murtɐ'ðɛlɐ] *f entspr. dtsch.* Bierwurst *f*; **~agem** [~'taʒɐ̃i] *f* Zapfenloch *n*; **~al** [~'tał] sterblich; tödlich; kurzlebig; *pecado m ~* Todsünde *f*; **~alha** [~'taʎɐ] *f* Leichentuch *n*; Totenhemd *n*; *fig.* Zigarettenpapier *n*; **~alidade** [~ɐli'ðaðə] *f* Sterblichkeit(sziffer) *f*; **~andade** [~ɐ̃n'daðə] *f* Verlust *m* an Menschenleben; = *~alidade*.
morte ['mɔrtə] *f* Tod *m*; Todesfall *m*; *perigo m de ~* Lebensgefahr *f*; *a ~ em pé* ein lebender Leichnam; *de ~* tödlich; Todes...; auf Tod und Leben; *de má ~* böswillig; *para a vida e para a ~* auf Tod und Leben.
morteiro [mur'teiru] *m* Mörser *m*; Böller *m*.
mort|icínio [~ti'sinju] *m* Massenmord *m*; Blutbad *n*; **~iço** [~'tisu] erloschen (*Auge, Farbe*); erlöschend (*Licht*); blaß; leblos; **~ífero** [~'tifəru] todbringend.
mortific|ação [~təfikɐ'sɐ̃u] *f* Abtötung *f*; Kasteiung *f*; Kränkung *f*; **~ar** [~'kar] (1n) abtöten; kasteien; demütigen; kränken; quälen.
morto ['mortu] tot; getötet (*zu matar*); gestorben (*zu morrer*); abgestorben (*Glied*); leblos; still (*Saison*); stehend (*Wasser*); *~ de* halbtot vor (*dat.*); *estar ~ por* brennen auf (*ac.*).
mortu|alha [mur'twaʎɐ] *f* Leichenhaufen *m*; = *~ório*; **~ário** [~arju] Leichen...; Sterbe...; **~ório** [~ɔrju] *m* Leichenbegängnis *n*.
morubixaba *bras.* [moruβi'ʃaβɐ] *m Eingeborenen*-Häuptling *m*.
morzelo [mur'zelu]: *cavalo m ~* Rappe *m*.
mosaico [mu'zaiku] **1.** *m* Mosaik *n*; **2.** *adj.* **a**) Mosaik...; musivisch; **b**) mosaisch.
mosca ['moʃkɐ] *f* Fliege *f*; *fig. a.* Klette *f*; Schönheitspflästerchen *n*; Knopflochstich *m*; *andar às ~s, apanhar ~s* F herumlungern; *deu-* (*od. picou-*)*lhe a ~* er ist wie von der Tarantel gestochen; *estar às ~s* leer (*od.* wenig besucht) sn; *estar com a ~* kribbelig sn; *papar ~s* F Maulaffen feilhalten.
moscad|a [muʃ'kaðɐ] *f* Muskat (-nuß *f*) *m*; **~eira** [~kɐ'ðeirɐ] *f* Muskatbaum *m*; **~eiro** [~kɐ'ðeiru] *m* Fliegenklatsche *f*; **~o** [~u] würzig; *noz f -a* Muskatnuß *f*.
mosc|a-morta [ˌmoʃkɐ'mɔrtɐ] *su.* Duckmäuser(in *f*) *m*; Leisetreter(in *f*) *m*; **~ão** [muʃ'kɐ̃u] *m* Schmeißfliege *f*; **~ar** [muʃ'kar] (1n; *Stv.* 1e) F sich verduften; **~ardo** [muʃ'kardu] *m* Bremse *f*.
moscatel [muʃkɐ'tɛł] *m* Muskateller(wein) *m*.
mosco ['moʃku] *m* Mücke *f*.
mosqu|eado [muʃ'kjaðu] gefleckt, scheckig; *cavalo m ~* Schecke *m*; **~ear** [~jar] (1l) sprenkeln; bespritzen; *v/i. bras.* mit dem Schwanz schlagen; **~eiro** [~eiru] *m* Fliegen-schrank *m*, -klappe *f*.
mosquet|ão [~kə'tɐ̃u] *m* Karabinerhaken *m*; **~e** [~'ketə] *m* **a**) Muskete *f*; **b**) *bras.* kleine(s) flinke(s) Pferd *n*; **~eiro** [~eiru] *m* Musketier *m*.
mosquit|eiro [~ki'teiru] *m* Moskitonetz *n*; **~o** [~'kitu] *m* Stechmücke *f*, Moskito *m*.
mossa ['mɔsɐ] *f* Beule *f*; Scharte *f*; Kerbe *f*; *fig.* Eindruck *m*.
mostard|a [muʃ'tardɐ] *f* Senf *m*, Mostrich *m*; **~eira** [~tɐr'deirɐ] *f* Senfkraut *n*; Senftöpfchen *n*.

mosteiro [~'teiru] *m* Kloster(kirche *f*) *n*.

mosto ['moʃtu] *m* Most *m*.

mostra ['mɔʃtɐ] *f* Vorführung *f*; Äußerung *f*; Zeichen *n*; Muster *n*; Aufwand *m*; ~*s pl*. Ausdruck *m*; Anschein *m*; *cão m de* ~ Vorstehhund *m*; *à* ~ sichtbar; offensichtlich; *dar* ~*s de* bezeigen (*ac*.); unter Beweis stellen (*ac*.); *fazer* ~ *de* Miene m. zu *inf*.; zur Schau tragen (*ac*.); *passar* ~ *a* besichtigen (*ac*.); *pôr à* ~ zum Vorschein bringen; zeigen, vorführen.

mostr|ador [muʃtrɐ'ðor] *m* Zifferblatt *n*; Ladentisch *m*; **~ar** [~'trar] (1e) zeigen.

mostrengo [~'trẽŋgu] *m* Vogelscheuche *f*; Taugenichts *m*.

mostruário [~'trwarju] *m* Musterkollektion *f*; Muster-buch *n*, -koffer *m*; Schaukasten *m*.

mota ['mɔtɐ] *f* **a**) Deich *m*, Damm *m*; Erdaufschüttung *f*; **b**) *bras*. Zugabe *f*; Trinkgeld *n*.

mote ['mɔtə] *m* Motto *n*; Wahlspruch *m*.

mote|jar [mutɨ'ʒar] (1d) verspotten; *v/i*. spotten (über [*ac*.] *com*, *de*); **~jo** [~'teʒu] *m* Spott *m*; Spötterei *f*; **~te** [~'tetə] *m* Stichelei *f*, Witz *m*; ♪ Motette *f*.

motim [~'tĩ] *m* Unruhe *f*, Aufstand *m*; Auflauf *m*; Lärm *m*.

motiv|ação [~tivɐ'sɐ̃u] *f* Begründung *f*; **~ar** [~'var] (1a) verursachen; veranlassen; begründen, motivieren; **~o** [~'tivu] *m* Grund *m*, Anlaß *m*; *lit*., *pint*. *u*. ♪ Motiv *n*; *por* ~*(s) de* aus Anlaß (*gen*.), anläßlich (*gen*.); ...halber.

moto¹ ['mɔtu] *m* Bewegung *f*; *de* ~ *próprio* aus freien Stücken, aus eigenem Antrieb.

moto² ['mɔtɔ] *f* Motorrad *n*; **~-bomba** [~'βõmbɐ] *f* Motor-pumpe *f*, -spritze *f*; **~cicleta** [~si'kletɐ] *f* Motorrad *n*; **~ciclismo** [~si'kliʒmu] *m* Motorradsport *m*; **~ciclista** [~si'kliʃtɐ] *m* Motorradfahrer *m*; **~ciclo** [~'siklu] *m* = ~*cicleta*.

motor [mu'tor] **1.** *m* Antrieb *m*, treibende Kraft *f*; ⊕ Motor *m*; ~ *a dois* (*quatro*) *tempos* Zwei-(Vier-)takt-, ~ *eléctrico* Elektromotor *m*; ~ *exterior móvel* Außenbordmotor *m*; *de um só* ~ einmotorig; **2.** *adj*. bewegend, treibend; motorisch.

motor|ista [mutu'riʃtɐ] *m* Kraftfahrer *m*, Schofför *m*; **~ização** [~rizɐ'sɐ̃u] *f* Motorisierung *f*; **~izar** [~ri'zar] (1a) motorisieren; **~(n)eiro** *bras*. [~'r(n)eiru] *m* Wagenführer *m der Straßenbahn*; *lugar m do* ~ Führerstand *m*.

motriz [mu'triʃ]: (*força*) ~ *f* bewegende (*od*. treibende) Kraft *f*.

mou|co ['moku] taub; **~quidão** [moki'ðɐ̃u] *f* Taubheit *f*.

mour... *s. moir...*

mout... *s. moit...*

movediço [muvə'ðisu] beweglich; locker (*Erdreich*); tragbar; unstet; *areia f -a* Flugsand *m*.

móv|el ['mɔvɛł] **1.** *adj*. beweglich; fahrbar; Dreh...; **2.** *m* **a**) Beweggrund *m*, Anlaß *m*; (*primeiro*) ~ treibende Kraft *f*; **b**) Möbel(stück) *n*; **3. ~eis** *pl*. Möbel *n/pl*.; Mobilien *pl*.

mover [mu'ver] (2d) bewegen (*a*. *fig*.); (an)treiben; *fig*. verursachen; veranlassen; *Zwietracht* stiften; *zu Tränen* rühren.

moviment|ação [muvimẽntɐ'sɐ̃u] *f* Inbewegungsetzen *n*; Anlaufen *n*; Umsatz *m*; Bewegung *f*; Abwechslung *f*; **~ar** [~'tar] (1a) bewegen, treiben; in Bewegung setzen; ✝ umsetzen; = *pôr em* **~o** [~'mẽntu] *m* Bewegung *f*; Regung *f*; *Straßen*-Verkehr *m*; ✝ Umsatz *m*; *fig*. *a*. Veränderung *f*; Bewegtheit *f*; Mannigfaltigkeit *f*; *pôr em* ~ in Bewegung setzen; *Motor* an-lassen, -werfen; *Maschine* anlaufen (*od*. anfahren) l.; *allg*. in Gang setzen (*od*. bringen); *pôr-se em* ~ anlaufen (*Motor*); anfahren (*Fahrzeug*); in Gang kommen.

muar [mwar]: *gado m* ~ Maul-esel und -tiere *pl*.

muco ['muku] *m* (Nasen-)Schleim *m*; **~sa** [mu'kɔzɐ] *f* Schleimhaut *f*; **~sidade** [mukuzi'ðaðə] *f* Schleim *m*; **~so** [mu'kozu] schleimig, Schleim...

muçulmano [musuł'mɐnu] *m* Muselmann *m*.

mucumbu *bras*. [~kũm'bu] *m* Plunder *m*; *anat*. Steißbein *n*.

muda ['muðɐ] *f* Wechsel *m*; Haarwechsel *m*; Mauser *f* (*Vögel*); Häutung *f* (*Schlange*, *Insekt*); Stimmbruch *m* (*Mensch*); ✓ *zum Aus-*

pflanzen bestimmter Keimling *m*; *das* Auspflanzen; *ehm.* Pferdewechsel *m*; Posthalterei *f*.

mud|ança [mu'ðẽsɐ] *f* Änderung *f*; Veränderung *f*; Verwandlung *f*; *das* Umschlagen *des Windes*; *Witterungs*-Umschlag *m*; Verlegung *f*; Versetzung *f*; Wohnungswechsel *m*, Umzug *m*; *fig. a.* Abwechslung *f*; Unbeständigkeit *f*; (caixa *f* de) ~ *auto.* Gangschaltung *f*; **~ar** [~ar] (1a) **1.** *v/t.* (ab-, ver-)ändern; wechseln; verwandeln (in [*ac.*] em); ~ *para* legen (*od.* hängen, setzen, stellen) an, auf, in (*ac.*) *od.* nach; *Keimling* (aus)pflanzen in (*ac.*); *Geschäft* verlegen nach; *j-n* versetzen nach; ~ *a casa* (*od. residência*) *para* (um)ziehen nach; ~ *a pena* sich mausern; ~ *a voz* in den Stimmbruch kommen; **2.** *v/i.* sich ändern; umschlagen (*Wind, Wetter*); umziehen; ~ *de* wechseln (*ac.*); ändern (*ac.*); ~ *de espécie* (*od. figura*) anders aussehen; ~ *de propósito* (*od. tenção, ideia*) andern Sinnes w., sich anders besinnen; ~ *de roupa* (*casaco, vestidos*) die Wäsche (den Rock, die Kleider) wechseln, *kurz*: **3. ~ar-se** sich umziehen; ~ *para* s-n Wohnsitz verlegen nach; **~ável** [~avɛl] veränderlich.

mud|ez [~'deʃ] *f* Stummheit *f*; *fig.* Schweigen *n*; **~o** ['muðu] stumm; *fig.* schweigend; schweigsam.

mufla ⊕ ['muflɐ] *f* Muffel *f*.

mug|ido [mu'ʒiðu] *m* Gebrüll *n*; **~ir** [~ir] (3n) brüllen (*Rind*).

mui [mũi] *Kurzform v.* **~to** ['mũintu] **1.** *adv.* sehr; dringend (*müssen, wollen, brauchen usw.*); schnell (*laufen usw.*); *beim comp.* viel; *zur Bezeichnung des Übermaßes* zu; **2.** *adj. u. m* viel; zu viel; lange (Zeit); *há* (*od. havia*) *muito* (*que*) a) schon lange (*od.* längst), schon vor langer Zeit; b) seit langer Zeit, seit langem; *viver* ~ a) lang leben; b) viel erleben; *quando* ~! höchstens!

mula ['mulɐ] *f weibliches* Maultier *n*; Mauleselin *f*.

mulato *m*, **-a** *f* [mu'latu, -ɐ] Mulatte *m*, Mulattin *f*.

mulet|a [~'letɐ] *f* Krücke *f*; *taur.* Muleta *f*; **~eiro** [~lə'teiru] *m* Maultiertreiber *m*.

mulher [mu'ʎer] *f* Frau *f*.

mulher|aça [~ʎə'rasɐ] *f* F Dragoner *m*; **~ame** [~ɐmə] *m* = *~io*; **~ão** [~ɐ̃u] *m* = *~aça*; **~engo** [~ẽŋgu] **1.** *adj.* weibstoll; weibisch; **2.** *m* Weiberknecht *m*; **~ico** [~iku] weibisch; **~il** [~ił] weiblich; Frauen...; **~inha** [~iɲɐ] *f* Weibsperson *f*, Mensch *n*; **~io** [~iu] *m* F *die* holde Weiblichkeit *f*.

mult|a ['mułtɐ] *f* Geldstrafe *f*; *apanhar uma* ~ Strafe zahlen müssen; **~ar** [muł'tar] (1a) mit e-r Geldstrafe belegen (von *em*).

multi|color [mułtiku'lor] vielfarbig, bunt; **~dão** [~'ðɐ̃u] *f* (Menschen-)Menge *f*; Volksmasse *f*; **~forme** [~'fɔrmə] vielgestaltig; **~lateral** [~lɐtə'rał] vielseitig; ✝ *u. Pol.* multilateral.

multiplic|ação [~tiplikɐ'sɐ̃u] *f* Vervielfältigung *f*; Multiplikation *f*; *fig.* Vermehrung *f*; **~ador** [~ɐ'ðor] *m* Vervielfältiger *m*; ⚗ Multiplikator *m*; **~ando** [~'kɐ̃ndu] *m* Multiplikand *m*, Grundzahl *f*; **~ar** [~'kar] (1n) vervielfältigen; multiplizieren; **~ar-se** sich (ver)mehren; **~ativo** [~ɐ'tivu] vervielfältigend; Multiplikations...

multíplice [~'tiplisə] mannigfach, vielfach; mannigfaltig.

multiplicidade [~tiplisi'ðaðə] *f* große Zahl *f*; Häufigkeit *f*; Mannigfaltigkeit *f*; Vielfältigkeit *f*.

múltiplo ['mułtiplu] vielfach; vielfältig, mannigfaltig.

múmia ['mumjɐ] *f* Mumie *f*.

mumificar [mumǝfi'kar] (1n) einbalsamieren; *v/i. u.* **~-se** einschrumpfen.

mund|ana [mũn'dɐnɐ] *f* Halbweltdame *f*; **~an(al)idade** [~dɐn(ɐl)i'ðaðə] *f* Weltlichkeit *f*; Weltlust *f*; mondäne(r) Charakter *m*; **~ano** [~ɐnu] **1.** *adj.* weltlich, Welt...; mondän; **2.** *m* Weltkind *n*; **~ão** *bras.* [~ɐ̃u] *m* endlose Weite *f*; Riesenmenge *f*, Berg *m*; **~éu** *bras.* [~ɛu] *m* Falle *f*; Gefahr *f*; *cair no* ~ in die Falle gehen; **~ial** [mũn'djał] Welt...; *~mente conhecido* weltbekannt.

mundificar [~dəfi'kar] (1n) reinigen.

mundo ['mũndu] *m* Welt *f*; *bras. fig.* Überfluß *m*, Menge *f*; *o outro* ~ das Jenseits, jene Welt *f*; *homem m*

(*prática f*) *do* ~ Welt-mann (-kenntnis *f*) *m*; *todo o* ~ alle Welt; *assim é o* ~ das ist der Lauf der Welt; *desde que o* ~ *é* ~, *enquanto o* ~ *for* ~ solange die Welt steht.
mungir [mũ'ʒir] (3n) melken.
muni|ção [muni'sɐ̃u] *f* Befestigung *f*, Bollwerk *n* (*a. fig.*); Verpflegung *f*; Schießbedarf *m*; Munition *f*; *pão m de* ~ = **munício** [mu'nisju] *m* Kommißbrot *n*; **~cionar** [~sju'nar] (1e) verproviantieren, versorgen; **~cionário** [~sju'narju] *m* Proviantmeister *m*.
municipal [munəsi'pał] Gemeinde..., Stadt...; städtisch; *câmara f* ~ Rathaus *n*; **~idade** [~pɐli'ðaðə] *f* Stadt-, Gemeinde-verwaltung *f*; Bürgerschaft *f*; Gemeinde *f*; **~ização** [~pɐlizɐ'sɐ̃u] *f* Überführung *f* in die Hand der Stadt- (*od.* Gemeinde-)verwaltung; **~izado** [~pɐli'zaðu]: *serviço m* ~ städtische(r) Betrieb *m*; Stadtwerk *n*; **~izar** [~pɐli'zar] (1a) in die Hand der Stadt- (*od.* Gemeinde-)verwaltung legen; übernehmen (*Stadtverwaltung*).
munícipe [~'nisipə] *m* Gemeindemitglied *n*.
município [~nə'sipju] *m* Gemeindebezirk *m*; Stadtgemeinde *f*; Gemeinderat *m*; Gemeinde *f*.
munific|ência [~nifi'sẽsjɐ] *f* Freigebigkeit *f*, Großmut *f*; **~ente** [~ẽntə] freigebig.
munir [mu'nir] (3a) versorgen; versehen; befestigen; **~-se** *de* sich beschaffen (*ac.*).
muque *bras.* ['mukə] *m* Muskel *m*; Kraft *f*; *a* ~ gewaltsam.
muquirana *bras.* [muki'rɐnɐ] *f* Laus *f*.
mur|al [mu'rał] Wand...; Mauer...; **~alha** [~aʎɐ] *f* (Stadt-)Mauer *f*; **~ar** [~ar] (1a) ummauern.
murch|ar [mur'ʃar] (1a) zum Welken bringen; *v/i.* verwelken; verbleichen; erschlaffen; absterben; **~idão** [~ʃi'ðɐ̃u] *f* Welkheit *f*; Blässe *f*; Schlaffheit *f*; Unlust *f*; **~o** ['murʃu] welk; schlaff; unlustig.
múrice ['murisə] *m* Purpurschnecke *f*.
murmulh|ar [murmu'ʎar] (1a) rauschen (*Blätter*); plätschern (*Wellen*); **~o** [~'muʎu] *m* Rauschen *n*.
murmur|ação [~murɐ'sɐ̃u] *f* Gemurmel *n*; Murren *n*; Klatscherei *f*; **~ar** [~'rar] (1a) murmeln; *Ton* hervorbringen; *fig.* murren; *v/i.* murmeln; rauschen (*Blätter*); säuseln (*Wind*); *fig.* murren; lästern; klatschen (über [*ac.*] *de*).
murmúrio [~'murju] *m* Murmeln *n*; Rauschen *n*; Säuseln *n*; Gemurmel *n*; Murren *n*.
muro ['muru] *m* Mauer *f*; Wand *f*.
murro ['muʀu] *m* Faustschlag *m*.
murta ⚘ ['murtɐ] *f* Myrte *f*.
murundu *bras.* [murũn'du] *m* Haufen *m*.
musa ['muzɐ] *f* Muse *f*, Dichtkunst *f*.
musaranho [muzɐ'rɐɲu] *m* Spitzmaus *f*.
muscul|ado [muʃku'laðu] muskulös; **~ar** [~ar] Muskel...; **~atura** [~lɐ'turɐ] *f* Muskulatur *f*.
músculo ['muʃkulu] *m* Muskel *m*; P Kraft *f*; *ter* ~ stark sn.
musculoso [muʃku'lozu] muskulös; kräftig.
museu [mu'zeu] *m* Museum *n*.
mus|go ['muʒɣu] *m* Moos *n*; **~goso** [muʒ'ɣozu] moosig; Moos...
música ['muzikɐ] *f* Musik *f*; Musikstück *n*; Noten *f/pl*.
music|al [muzi'kał] musikalisch; **~ar** [~ar] (1n) vertonen; **~ata** [~atɐ] *f* Musikkapelle *f*; musikalische Darbietung *f*; **~ista** *bras.* [~'sistɐ] *m* Musik-liebhaber *m*, -kenner *m*.
músico ['muziku] **1.** *adj.* musikalisch; **2.** *m* Musiker *m*; Tonkünstler *m*.
musicó|logo [muzi'kɔluɣu] *m* Musik-forscher *m*, -kenner *m*; **~mano** [~mɐnu] *m* Musikschwärmer *m*.
muta|bilidade [mutɐβəli'ðaðə] *f* Veränderlichkeit *f*; **~ção** [~'sɐ̃u] *f* Veränderung *f*, Wechsel *m*; *tea.* Szenenwechsel *m*; 🕮 Mutation *f*.
mutil|ação [~tilɐ'sɐ̃u] *f* Verstümmelung *f*; **~ado** [~'laðu] *m* Krüppel *m*; **~ar** [~'lar] (1a) verstümmeln.
mutismo [~'tiʒmu] *m* Stummheit *f*; Schweigsamkeit *f*; Schweigen *n*.
mutu|alidade [~twɐli'ðaðə] *f* Gegenseitigkeit *f*; Austausch *m*; **~ar** [~'twar] (1g) austauschen; leihen.
mutuca *bras.* [mu'tukɐ] *f* (Rinder-)Bremse *f*.
mútuo ['mutwu] gegenseitig; *companhia f de socorros* ~*s* Genossenschaft *f* auf Gegenseitigkeit.

N

N, n [ˈɛnə] *m* N, n *n.*
na [nɐ] **1.** *Zssg der prp.* em *mit art.* *a*; **2.** *pron. f* sie (ihn, es); Sie.
nababo [nɐˈβaβu] *m* Nabob *m.*
nab|al [nɐˈβał] *m* Rübenfeld *n*; **~iça** [~isɐ] *f zartes* Rübenblatt *n*; junge Rübe *f*; **~o** [ˈnaβu] *m* Rübe *f*; *comprar ~s em saco* die Katze im Sack kaufen.
nação [nɐˈsɐ̃u] *f* Nation *f*; Volk *n*; Stamm *m.*
nácar [ˈnakar] *m* Perlmutter *f.*
nacion|al [nɐsjuˈnał] national; Volks...; Landes...; **~alidade** [~nɐliˈδaδə] *f* Nationalität *f*; Staatsangehörigkeit *f*; **~alismo** [~nɐˈliʒmu] *m* Nationalgefühl *n*; **~alista** [~nɐˈliʃtɐ] **1.** *adj.* nationalistisch; **2.** *su.* Nationalist(in *f*) *m*; **~alização** [~nɐlizɐˈsɐ̃u] *f* Verstaatlichung *f*; **~alizar** [~nɐliˈzar] (1a) *Industrie* verstaatlichen; *j-n* einbürgern; *Ausländisches* in inländischen Besitz überführen.
naco [ˈnaku] *m* (großes) Stück *n.*
nada [ˈnaδɐ] **1.** *m das* Nichts; Nichtigkeit *f*; *um tudo ~* ein ganz klein wenig; *antes de mais ~* vor allen Dingen; *de ~!* nichts zu danken!, bitte sehr!; *daí a ~* gleich darauf; *num ~* in e-m Nu; *por ~* um (*od.* für) nichts und wieder nichts; = *por ~ neste mundo* nicht um alles in der Welt; *dar em ~* ergebnislos verlaufen, keinen Erfolg h.; scheitern, F schiefgehen; *estimar* (*od.* *ter*) *em ~* für nichts erachten, verachten; keinen Wert legen auf (*ac.*); *reduzir a ~* vernichten; zu Nichts werden l.; **2.** *Verneinungswort*: **a**) nichts, *z.B. ele ~ faz, ele não faz ~* er tut nichts; **b**) etwas, *z.B. ele nunca faz ~* er tut nie etwas; *ninguém faz ~* niemand tut etwas; *não é ~!* das hat nichts zu bedeuten; das tut (*od.* kostet) nichts; *não há ~ (melhor) que* es geht nichts über (*ac.*); *~ de belo (novo etc.)* nichts Schönes (Neues *usw.*); *não é ~ disso!* das ist ganz verkehrt!; **3.** *adv.* gar, *z.B.*: *não é ~ mau* das ist gar nicht schlecht; *ele não é ~ doutor* er ist gar kein Doktor; **4.** *int.* *~!* keineswegs!, Unsinn!; *~ de inf.* auf keinen Fall (soll man) *inf.*; *~ de su.*, *~ disso!* nichts da!
nad|ador [nɐδɐˈδor] *m*, **-a** *f* Schwimmer(in *f*) *m*; **~ar** [~ˈδar] (1b) schwimmen.
nádega [ˈnaδəɣɐ] *f* Hinterbacke *f*; *~s pl.* Gesäß *n.*
nadinha [nɐˈδiɲɐ] *m ein* ganz klein wenig; überhaupt nichts.
nado [ˈnaδu] **a**) *m*: *a ~* schwimmend; *passar a ~* durchschwimmen; **b**) *adj.* geboren.
nafta [ˈnaftɐ] *f* Erdöl *n*; **~lina** [nɐftɐˈlinɐ] *f* Naphthalin *n*; Mottenpulver *n.*
naipe [ˈnaipə] *m Kartenspiel*: Farbe *f*; ♪ Klangmasse *f.*
namor|ada [nɐmuˈraδɐ] *f* Liebchen *n*, Schatz *m*; **~adeiro** [~rɐˈδeiru] liebebedürftig; = **~adiço** [~rɐˈδisu] leicht entflammt; **~ado** [~aδu] **1.** *adj.* umworben; Liebes...; lieblich; **2.** *m* Liebhaber *m*; Schatz *m*; **~ar** [~ar] (1e) den Hof m. (*dat.*), umwerben; begehren; (in sich) verliebt m.; anziehen, fesseln; in die Augen stechen (*dat.*); = *~iscar*; **~ar-se** *de* sich verlieben in (*ac.*); **~i(s)car** [~ri(ʃ)ˈkar] (1n) flirten mit; liebäugeln mit; **~i(s)co** [~i(ʃ)ku] *m* Liebelei *f*; **~o** [nɐˈmoru] *m* Werben *n*; Liebschaft *f*, F Verhältnis *n.*
não [nɐ̃u] **1.** *verneinende Antwort*: nein; *dizer que ~* nein sagen; **2.** *Verneinungswort*: **a**) nicht (*z.B.*: *~ trabalha* er arbeitet nicht; *~ está bem* das ist nicht recht; *~ conheço os homens* ich kenne die Menschen nicht); **b**) kein(e) (*z.B.*: *~ conheço homens bons* ich kenne keine guten Menschen); **c**) *vor Substantiven*: Nicht...; (*z.B.*: *o ~ eu* das Nicht-Ich); **d**) *besondere Verwendungen*: *~ mais!* genug!, nicht weiter!; *~ que prs. conj.* nicht als ob *impf. conj.*; *já ~* nicht (*od.* kein) mehr; *já ~ há* das gibt's nicht mehr; es gibt kein(e) ... mehr; *a ~ ser que*

conj. es sei denn, daß *ind.*; **3.** *m* Nein *n.*

naquela, -ele, -ilo [nɐ'kɛlɐ, -elə, -ilu] *Zssgn v.* em *u.* aquela, -ele, -ilo.

narciso [nɐr'sizu] *m* ⚘ Narzisse *f*, Osterblume *f*; *fig.* Narziß *m.*

narc|ose [nɐr'kɔzə] *f* Betäubung *f*, Narkose *f*; **~ótico** [~ɔtiku] *m* Betäubungsmittel *n*; **~otizar** [~kuti'zar] (1a) betäuben, einschläfern.

nardo ⚘ ['nardu] *m* Narde *f.*

narguilé [nɐrgi'lɛ] *m* Wasserpfeife *f.*

narícula [nɐ'rikulɐ] *f* Nasenloch *n.*

nari|gudo [nɐri'γuδu] großnasig; Nasen...; **~na** [~'rinɐ] *f* = narícula.

nariz [nɐ'riʃ] *m* Nase *f*; **~es** *pl.* Nasenlöcher *n/pl.*; cair de ~, bater (*od.* cair, dar) com os ~es no chão auf die Nase fallen; levar pelo ~ an der Nase herumführen; torcer o ~ die Nase rümpfen.

narr|ação [nɐʀɐ'sɐ̃u] *f* Erzählung *f*; Darstellung *f*; **~ador** *m*, **-a** *f* [~ɐ'δor] Erzähler(in *f*) *m*; **~ar** [~'ʀar] (1b) erzählen; **~ativa** [~ɐ'tivɐ] *f* Erzählung *f*; **~ativo** [~ɐ'tivu] erzählend.

nas [nɐʃ] **1.** *Zssg der prp.* em *mit art.* as; **2.** *pron. f/pl.* sie; Sie.

nasal [nɐ'zał] **1.** *adj.* Nasen...; nasal; genäselt; **2.** *f gram.* Nasal *m*, Nasenlaut *m*; **~ar** [~zɐ'lar] (1b) nasalieren; näseln.

nasc|ença [nɐʃ'sẽsɐ] *f* = ~imento; *fig. a.* Anfang *m*; **~ente** [~ẽntə] **1.** *m* Osten *m*; **2.** *f* Quelle *f*; **~er** [~er] (2g) geboren w. (*su.* als); ausschlüpfen (*Vogel*); sprießen, wachsen (*Pflanze*); entspringen (*Fluß, Folge*); anbrechen (*Tag*); aufgehen (*Gestirn*); *fig.* entstehen; herkommen, stammen; erwachsen; erwachen (*Wunsch, Gefühl*); erscheinen; fazer ~ hervorrufen; **~ido** [~iδu] geboren; gebürtig; **~imento** [~si'mẽntu] *m* Geburt *f*; Entstehung *f*; Ursprung *m*; Herkunft *f.*

nassa ['nasɐ] *f* Reuse *f.*

nastro ['naʃtru] *m schmales* Band *n*; fita *f* de ~ Einfaßband *n.*

nata ['natɐ] *f* Rahm *m*, Sahne *f*; Krem *m*; *fig.* Krem *f*, Auslese *f.*

natação [nɐtɐ'sɐ̃u] *f* Schwimmen *n*; de ~ Schwimm...

natal [~'tał] **1.** *adj.* heimatlich; Geburts...; Heimat...; **2.** *m* ♀ Weihnachten *pl.*; de ~ Weihnachts...; **~ício** [~tɐ'lisju] Geburts...; **~idade** [~tɐli'δaδə] *f* Geburtenziffer *f.*

natatório [~tɐ'tɔrju] Schwimm...

nateiro [nɐ'teiru] *m* Schlick *m.*

nativ|idade [~tivi'δaδə] *f* Geburt *f*; *astr.* Nativität *f*; ♀ de Nosso Senhor (Nossa Senhora) Christi (Mariä) Geburt; **~o** [~'tivu] angeboren; natürlich; (ein)heimisch, Heimat...; gebürtig; Quell... (*Wasser*).

nato ['natu] geboren; natürlich.

natural [nɐtu'rał] **1.** *adj.* natürlich; Natur...; ~ de geboren in; ser ~ de stammen aus; é ~ es ist anzunehmen; **2.** *m* Naturtrieb *m*; Naturell *n*; Einheimische(r) *m*; Landeskind *n*; ao ~ nach der Natur; fora do ~ außergewöhnlich; **~idade** [~rɐli'δaδə] *f* Natürlichkeit *f*; Einfachheit *f*; Herkunft *f*; terra *f* (direito *m*) de ~ Heimat(recht *n*) *f*; **~ista** [~rɐ'liʃtɐ] **1.** *adj.* naturalistisch; **2.** *su.* Naturforscher(in *f*) *m*; *uni.* technische(r) Assistent(in *f*) *m*; Naturalist(in *f*) *m*; **~ização** [~rɐlizɐ'sɐ̃u] *f* Einbürgerung *f*; Naturalisation *f*; **~izar** [~rɐli'zar] (1a) einbürgern; naturalisieren.

natureza [~'rezɐ] *f* Natur *f*; Art *f*; ~ morta *pint.* Stilleben *n.*

nau [nau] *f* † (Kriegs-, Handels-) Schiff *n.*

naufr|agar [naufrɐ'γar] (1o; *Stv.* 1b) Schiffbruch erleiden, scheitern; zugrunde gehen; **~ágio** [~'fraʒju] *m* Schiffbruch *m.*

náufrago ['naufrɐγu] schiffbrüchig; gescheitert.

náusea(s) ['nauzjɐ(ʃ)] *f(/pl.)* Übelkeit *f*; *fig.* Ekel *m.*

nause|abundo [nauzjɐ'βũndu] Übelkeit (*od.* Ekel) erregend; **~ado** [~'zjaδu] unwohl; **~ar** [~'zjar] (1l) = enjoar; *fig.* anekeln.

náutic|a ['nautikɐ] *f* Schiffahrtskunde *f*; **~o** [~u] nautisch; Schiffahrts...; Navigations...; associação *f* -a Wassersportverein *m.*

naval [nɐ'vał] See..., Schiffs...; Marine...; progressos *m/pl.* navais Fortschritte *m/pl.* zur See.

navalh|a [~'vaʎɐ] *f* Klappmesser *n*; *bsd.* Rasiermesser *n*; *fig.* Lästerzunge *f*; **~s** *pl.* Hauer *m/pl.* (*Wildschwein*); **~ada** [~vɐ'ʎaδɐ] *f* Messerschnitt *m*, -stich *m.*

nave ⚠ ['navə] *f* Schiff *n.*

nave|gação [nɐvəγɐ'sɐ̃u] *f* Schifffahrt *f*; (See-)Fahrt *f*; ~ *aérea* Luftfahrt *f*; **~gador, ~gante** [~γɐ'ðor, ~'γẽntə] *m* Seefahrer *m*; **~gar** [~'γar] (1o; *Stv.* 1c) befahren; *v/i.* zur See fahren; segeln, fahren; steuern; fliegen; **~gável** [~'γavɛɫ] schiffbar; befliegbar; **~ta** [~'vetɐ] *f* Räucherfaß *n*; ⊕ Schiffchen *n*.

navio [nɐ'viu] *m* Schiff *n*; ~ *fantasma* Gespensterschiff *n*; *der* Fliegende Holländer (*Wagneroper*); ~*-hospital* Lazarettschiff *n*; *ficar a ver ~s* F in den Mond gucken.

naz|i [nɐ'zi] **1.** *m* Nazi *m*, Nationalsozialist *m*; **2.** *adj.* nazistisch; **~ismo** [~iʒmu] *m* Nazismus *m*, Nationalsozialismus *m*.

neblina [nə'βlinɐ] *f* (Boden-)Nebel *m*.

nebul|osa [nəβu'lɔzɐ] *f astr.* Nebelfleck *m*; **~osidade** [~luzi'ðaðə] *f* Nebel(haftigkeit *f*) *m*; *fig.* Verschwommenheit *f*; **~oso** [~ozu] diesig; trüb; verschleiert; nebelhaft, verschwommen.

necedade [nəsə'ðaðə] *f* (grobe) Unwissenheit *f*; Dummheit *f*; Torheit *f*.

necess|ário [~'sarju] notwendig; nötig, erforderlich; **~idade** [~si'ðaðə] *f* Notwendigkeit *f*; Not *f*; Bedürfnis *n*; Bedarf *m*; *artigo m de* ~ Bedarfsartikel *m*; *de* ~ = *~ário*; *de primeira* ~ lebenswichtig; *por* ~ notwendigerweise; aus Not; *fazer as suas ~s* P s-e Notdurft verrichten; *ter ~ de a/c.* et. nötig h., et. brauchen; **~itado** [~si'taðu] notleidend; (hilfs)bedürftig; **~itar** [~si'tar] (1a) brauchen; ~ *a* zwingen zu; *v/i.* Not leiden; ~ *de* bedürfen (*gen.*), brauchen (*ac.*); müssen *inf.*

necr|ologia [nəkrulu'ʒiɐ] *f* Sterberegister *n*; Todesanzeigen *f/pl.*; **~ológico** [~u'lɔʒiku] Todes..., Toten...; **~ológio** [~u'lɔʒju] *m* Nachruf *m*; **~omancia** [~umẽ'siɐ] *f* schwarze Kunst *f*; **~omante** [~u'mẽntə] *m* Schwarzkünstler *m*; **~ópole** [~'krɔpulə] *f* Friedhof *m*; **~otério** [~u'tɛrju] *m* Leichenschauhaus *n*.

nédio ['nɛðju] (fett)glänzend.

neerlandês [neərlẽn'deʃ] **1.** *adj.* niederländisch; **2.** *m*, **-esa** *f* Niederländer(in *f*) *m*.

nef|ando, ~ário [nə'fẽndu, ~'farju] schändlich; ruchlos; abscheulich; **~as** ['nɛfɐʃ] *por fás e por* ~ so oder so; mit allen Mitteln; **~asto** [nə'faʃtu] unheilvoll.

nefrite [nə'fritə] *f* Nierenentzündung *f*.

neg|aça [nə'γasɐ] *f* Lock-mittel *n*, -speise *f*, -vogel *m*; *fazer* ~ *a* (an-, ver-)locken (*ac.*); **~ação** [~γɐ'sɐ̃u] *f* Verneinung *f*; Weigerung *f*; Leugnung *f*; *ser a* ~ *de* das genaue Gegenteil (*gen.*) sn; keine Begabung h. für; **~acear** [~γɐ'sjar] (1l) (an-, ver-)locken; **~ador** [~γɐ'ðor] *m* Leugner *m*; **~ar** [~ar] (1o; *Stv.* 1c) verneinen; *Tatsache* leugnen; bestreiten; *Person* verleugnen; *Zumutung* ablehnen; ~ *a/c. a alg.* j-m et. absprechen; j-m et. verweigern; *Bitte* abschlagen; ~ *alg. de* nicht anerkennen als; **~ar-se** sich verleugnen l.; ~ *a inf.* sich weigern zu *inf.*; ~ *de* ablehnen (*ac.*); **~ativa** [~γɐ'tivɐ] *f* Verneinung(s-satz *m*, -wort *n*) *f*; abschlägige Antwort *f*, Absage *f*; Weigerung *f*; **~ativo** [~γɐ'tivu] verneinend; ablehnend (*Haltung*); abschlägig (*Antwort*); negativ; *polo m* ~ Minuspol *m*.

neglig|ência [nəγli'ʒẽsjɐ] *f* Nachlässigkeit *f*; **~enciar** [~ʒẽ'sjar] (1g) vernachlässigen; **~ente** [~ẽntə] nachlässig.

negoci|ação [nəγusjɐ'sɐ̃u] *f* Verhandlung *f*; Handel *m*; Verkauf *m*; *Wechsel*-Begebung *f*; *fazer* ~ *de* handeln (*od.* Geschäfte m.) mit; **~ador** [~ɐ'ðor] *m* Unterhändler *m*; **~ante** [~'sjẽntə] *m* Kaufmann *m*, (Groß-)Händler *m*; Geschäftsmann *m*; **~ar** [~'sjar] (1g *u.* 1h) *v/i.* handeln, Handel treiben (mit *em*); in Verhandlung stehen (*od.* unterhandeln) (mit *com*); *v/t.* handeln mit; erhandeln, erwerben; verhandeln über (*ac.*); *Wechsel* begeben; *fig.* verkaufen; aushandeln; **~arrão** [~ɐ'ʀɐ̃u] *m* Bomben-geschäft *n*, -sache *f*; **~ata** [~'sjatɐ] *f* dunkle(r) Handel *m*, unsaubere(s) Geschäft *n*; **~ável** [~'sjavɛɫ] verkäuflich; umsetzbar; begebbar (*Wechsel*); kein Verhandlungsgegenstand.

negócio [~'γɔsju] *m* Handel *m* (*fazer* treiben); Geschäft *n* (*fazer* m.); Sache *f*, Angelegenheit *f*; *casa f de* ~ Handelshaus *n*; *homem m de* ~ Geschäftsmann *m*; *homem m para* ~ geschäftstüchtiger Mann *m*; *não*

querer ~*s com* nichts zu tun h. wollen mit.
negr|eiro [nə'ɣreiru] *m* Sklavenhändler *m*; **~ejante** [~ɣrɨ'ʒẽntə] schwärzlich; **~ejar** [~ɣrɨ'ʒar] (1d) schwarz, dunkel *od.* trübe aussehen *od.* (da-)liegen, (-)stehen; **~idão** [~ɣri'ðɐ̃u] *f* Schwärze *f*; **~ito** [~itu] *m* Negrito *m* (*Negerrasse*); *tip. bras.* Fettdruck *m*; **~o** ['neɣru] **1.** *adj.* schwarz, dunkel, düster; **2.** *m*, **-a** *f* Neger(in *f*) *m*; ~ *de fumo* Kienruß *m*; **~óide** [~ɔiðə] Neger...; negroid; **~or, ~ume** [~or, ~umə] *m* Schwärze *f*; dichte Finsternis *f*; **~ura** [~urɐ] *f* = ~*or*; *fig.* Ruchlosigkeit *f*.
nela, nele ['nɛlɐ, 'nelə] *Zssg v. em + ela, ele.*
nem [nɐ̃i] nicht einmal; und nicht (*od.* kein); ~ *eu!* ich auch nicht!; ~ *um* (*só*) kein einziger; ~ *todos* nicht alle; *não* ... ~, ~ ... ~ weder ... noch; *ninguém* (*nunca*) ... ~ niemand (nie) ... und niemand (nie); *sem* ... ~ ohne ... und ohne; ~ *mesmo* (und) auch nicht; ~ *que* a) selbst wenn; b) als wenn; *que* ~ als; ~ *por isso fazer* trotzdem nicht tun; ~ *por isso deixar de fazer* trotzdem tun.
nenh|um, -a [nɨ'ɲũ, -umɐ] kein, keine; **~ures** [~urɨʃ] nirgendwo, nirgends.
nenúfar [nə'nufar] *m* Seerose *f*.
neo... [nɛɔ] *in Zssgn* Neu...
neófito *m*, **-a** *f* [nɛ'ɔfitu, -ɐ] Neubekehrte(r) *m*; Neuling *m*.
neo|latino [nɛɔlɐ'tinu] romanisch (*Volk, Sprache*); **~lítica** [~'litikɐ] *f* Jungsteinzeit *f*; **~logismo** [~lu'ʒiʒmu] *m* Neubildung *f* (*Wort*).
nepotismo [nəpu'tiʒmu] *m* Vetternwirtschaft *f*.
nerv|ação ⚘ [nərvɐ'sɐ̃u] *f* Aderung *f*; **~ado** [~'vaðu] geädert; gerippt; **~o** ['nervu] *m* Nerv *m*; P Sehne *f*; ⚘ *u.* △ Rippe *f*; *fig.* Kraft *f*; *de* ~ nervig, kraftvoll; *fazer* ~*s a alg.* F j-m auf die Nerven fallen; *ter* ~*s* F nervös sn; **~osidade** *f*, **~osismo** *m* [~uzi'ðaðə, ~u'ziʒmu] nervöser Zustand *m*; Nervosität *f*; **~oso** [~'vozu] Nerven...; nervig, kraftvoll; nervös; nervenkrank; **~udo** [~'vuðu] starknervig; sehnig; **~ura** [~'vurɐ] *f Blatt*-Nerv *m*, Ader *f*; *Gewölbe*-Rippe *f*.
néscio ['nɛʃsju] unwissend, dumm; töricht.
nesga ['neʒɣɐ] *f* Zwickel *m*; Stückchen *n*.
nêspera *f*, **-o** *m* ['neʃpərɐ, -u] Mispel *f*.
nessa, nesse ['nɛsɐ, 'nesə] *Zssg v. em u. essa, esse.*
nesta, neste ['nɛʃtɐ, 'neʃtə] *Zssg v. em u. esta, este.*
neto *m*, **-a** *f* ['nɛtu, -ɐ] Enkel(in *f*) *m*; *os netos* die Enkel(kinder).
neura F ['neurɐ] *f* Nervosität *f*.
neur|algia [neuraɫ'ʒiɐ] *f* Nervenschmerz *m*, Neuralgie *f*; **~álgico** [~'raɫʒiku] Nerven...; **~astenia** [~ɐʃtə'niɐ] *f* Nervenschwäche *f*, Neurasthenie *f*; **~asténico** [~ɐʃ'tɛniku] **1.** *adj.* nervenschwach; **2.** *m* Neurastheniker *m*; **~ologia** [~ulu'ʒiɐ] *f* Nervenheilkunde *f*; **~ologista** [~ulu'ʒiʃtɐ] *m* Nervenarzt *m*; **~ose** [~'rɔzə] *f* Neurose *f*.
neutr|al [neu'traɫ] parteilos; neutral; **~alidade** [~trɐli'ðaðə] *f* Parteilosigkeit *f*; Neutralität *f*; **~alizar** [~trɐli'zar] (1a) neutralisieren; unschädlich m.; **~o** ['neutru] neutral; geschlechtslos; *gram.* sächlich; intransitiv (*Verb*).
nev|ada [nə'vaðɐ] *f* Schnee(fall) *m*; P Reif *m*; **~ado** [~aðu] **1.** *adj.* (schnee)weiß; eiskalt; **2.** *m* Firnschnee *m*; **~ão** [~ɐ̃u] *m* = ~*ada*; **~ar** [~ar] (1c) beschneien; eisen, kühlen; *v/i.* schneien; P reifen; *fig.* weiß w.; weiß glänzen; **~asca** [~aʃkɐ] *f* Schneegestöber *n*.
neve ['nɛvə] *f* Schnee *m*; P Reif *m*; *frio m de* ~ Eiseskälte *f*; *ficar preso pela* ~ einschneien.
nevo ['nɛvu] *m* Muttermal *n*.
névoa ['nɛvwɐ] *f* Nebel *m*; ⚕ Schleier *m*.
nevo|aça *f*, **~eiro** *m* [nə'vwasɐ, ~'vweiru] (dichter) Nebel *m*; *fig.* Dunkelheit *f*.
nevr|algia [nəvraɫ'ʒiɐ] *f* = *neuralgia*; **~ite** [~'vritə] *f* Nervenentzündung *f*; **~ose** [~'vrɔzə] *f* = *neurose*.
nexo ['nɛksu] *m* Verknüpfung *f*, Zs.-hang *m*; Nexus *m*.
nicho ['niʃu] *m* Nische *f*; Fach *n*; *fig.* Klause *f*; F Futterkrippe *f*.
nicotina [niku'tinɐ] *f* Nikotin *n*.
nígua ['niɣwɐ] *f* Sandfloh *m*.
niilismo [niə'liʒmu] *m* Nihilismus *m*.
nimbo ['nĩmbu] *m* Nimbus *m*; Heiligenschein *m*; Regenwolke *f*.

nímio ['nimju] übertrieben.
ninfa ['nĩfɐ] *f* Nymphe *f*; *zo.* Puppe *f*.
ninguém [nĩŋ'gẽi] niemand; *não (nunca) vê* ~ er sieht niemand (nie jemand).
ninh|ada [ni'ɲaðɐ] *f* Brut *f* (*a. fig.*); Gelege *n*; Wurf *m*; **~aria** [~ɲɐ'riɐ] *f* Lappalie *f*, Kleinigkeit *f*; Kinderei *f*; **~o** ['niɲu] *m* Nest *n*; *fig. a.* Zuflucht *f*; *sair do* ~ ausfliegen.
nipónico [ni'pɔniku] japanisch.
níquel ['nikɛɫ] *m* Nickel *n*.
niquel|agem [nikə'laʒẽi] *f* Vernickeln *n*; Nickelbelag *m*; **~ar** [~ar] (1c) vernickeln.
niqu|ento [ni'kẽntu] kleinlich, pedantisch; **~ice** [~isə] *f* Kleinigkeitskrämerei *f*; Kleinigkeit *f*.
nisso, nisto ['nisu, 'niʃtu] *Zssg v. em u. isso, isto.*
nitidez [niti'ðeʃ] *f fig.* Klarheit *f*; Deutlichkeit *f*; *fot.* Schärfe *f*.
nítido ['nitiðu] *fig.* deutlich; klar; *fot.* scharf; *pouco* ~ unscharf.
nitr|ato [ni'tratu] *m* Nitrat *n*, salpetersaures Salz *n*; P Salpeter *m*; **~eira** [~eirɐ] *f* ⸸ Jauchegrube *f*.
nítrico ['nitriku] Salpeter...
nitro ['nitru] *m* Salpeter *m*; **~génio** [nitru'ʒɛnju] *m* Stickstoff *m*; **~so** [ni'trozu] salpeterhaltig; Salpeter...
nível ['nivɛɫ] *m* Wasserwaage *f*, Libelle *f*; Niveau *n*; Stand *m*; Stufe *f*; (gleiche) Höhe *f*; ~ *de água* Wasserspiegel *m*; ~ *de vida* Lebensstandard *m*; *passagem f de* ~ 🚂 Bahnübergang *m*; *a* ~ waagerecht; *ao* ~ *de* auf der Höhe (*gen.*); *estar ao* ~ *de fig.* die Waage halten (*dat.*), entsprechen (*dat.*).
nivel|ador [nivəlɐ'ðor] nivellierend; gleichmacherisch; **~amento** [~ɐ'mẽntu] *m* Einebnung *f*, Nivellierung *f*; Ausgleich *m*; Verflachung *f*; **~ar** [~'lar] (1c) einebnen; nivellieren; ausgleichen; verflachen.
níveo ['nivju] schneeweiß.
no [nu] **1.** *Zssg der prp.* em *mit art.* o; **2.** *pron. m* ihn (es, sie); Sie.
nó [nɔ] *m* Knoten *m*; *anat. Finger-*Knöchel *m*; Ast *m im Holz*; *fig.* Kern *m e-r Sache*, springende(r) Punkt *m*; Schwierigkeit *f*; Verwicklung *f* (*im Drama usw.*); *Freundschafts-*Band *n* (*pl. Bande*); ~ *cego* doppelte(r) Knoten *m*; ~ *de Adão*, ~ *da garganta* (*od. goela*) Adamsapfel *m*; ~ *na garganta fig.* Kloß *m* im Hals.
nobil|iário [nuβi'ljarju] *m* Adelsbuch *n*; **~itar** [~li'tar] (1a) adeln.
nobr|e ['nɔβrə] adlig; edel(mütig); Edel... (*Metall*); *Salão m* ♀ Festsaal *m*; *uni.* große Aula *f*; **~eza** [nu'βrezɐ] *f* Adel *m* (*a. fig.*); Vornehmheit *f*.
noção [nu'sɐ̃u] *f* Begriff *m*.
nocivo [nu'sivu] schädlich.
noct|âmbulo [nɔk'tɐ̃mbulu] *m* Nachtwandler *m*; **~urno** [nɔ'turnu] **1.** *adj.* nächtlich; Nacht...; *curso m* ~ Abendkurs *m*; **2.** *m* ♪ Notturno *n*; **3.** ~*s pl. zo.* Nacht-vögel *m/pl.*, -falter *m/pl.*
nodal [nu'ðaɫ] Knoten...; *fig.* Kern-...; Haupt...
nódoa ['nɔðwɐ] *f* Fleck(en) *m*; Makel *m*.
nodoso [nu'ðozu] knotig; knorrig.
nogueira [nu'ɣeirɐ] *f* Nußbaum *m*.
noit-, nout|ada [noi-, no'taðɐ] *f* Nacht *f*; durchwachte (lustige *od.* Arbeits-)Nacht *f*; *fazer* ~ nicht schlafen gehen; **~e** ['noitə] *f* Nacht *f*; Abend *m*; Dunkelheit *f*; *uma* ~ e-s Abends; e-s Nachts; ~ *fechada* dunkle Nacht *f*; (*a, por*) *alta* ~ tiefe (tief in der) Nacht; *à* ~ am Abend, abends; *de* ~ in der Nacht, nachts; *pela* ~ *fora* bis tief in die Nacht hinein; *fazer-se* ~, *cair a* ~ Abend (Nacht *od.* dunkel) w.; *ao cair* (*od. à boca, à boquinha*) *da* ~ bei Einbruch der Dunkelheit; *já de* ~ nach Dunkelwerden; *fazer da* ~ *dia* die Nacht zum Tage m.; *boa(s)* ~*(s)* guten Abend; gute Nacht; **~ibó** [~ti'βɔ] *m* Nachtvogel *m*; *fig.* Nachtschwärmer *m*; **~inha** [~'tiɲɐ] *f* Spätnachmittag *m*.
noiv|a ['noivɐ] *f* Braut *f*; **~ado** [noi'vaðu] *m* Brautstand *m*; **~ar** [~'var] (1a) sich verloben; **~o** [~u] *m* Bräutigam *m*; ~*s pl.* Braut-leute *pl.*, -paar *n*.
noj|ento [nu'ʒẽntu] eklig, ekelhaft, widerlich; **~o** ['noʒu] *m* Ekel *m*; Trauer *f*; *causar* (*od. fazer, meter*) ~ widerlich sn (*dat.*); anekeln (*ac.*); *ter* ~ *de* sich ekeln vor (*dat.*); *tomar* (*estar de*) ~ Trauer anlegen (in Trauer sein).
nómada, -e ['nɔmɐðɐ, -ə] **1.** *adj.* wandernd; unstet; **2.** *m* Nomade *m*.
nome ['nomə] *m* Name(n) *m*; Ruf *m*; *gram.* Nomen *n*; Substantiv *n*;

~ *próprio* Eigen-, Tauf-name *m*; *de* ~ a) namens; b) dem Namen nach; c) von Ruf, berühmt; *em* ~ *de* im Namen (*gen.*); um ... (*gen.*) willen; auf *j-s* Namen; *pelo* ~ *de* a) *bekannt* unter dem Namen; b) beim Namen (*gen.*), um ... willen; *chamar* ~*s a alg.* j-n beschimpfen; *dar a alg. o* ~ *de* j-n ... nennen; *dar pelo* ~ *de* auf den Namen ... hören; *dar o (seu)* ~ s-n Namen angeben (*od.* nennen); *prestar* (*od. dar*) *o seu* ~ s-n Namen hergeben.

nome|ação [numjɐ'sɐ̃u] *f* Ernennung *f*; Bestallung *f*; **~ada** [~'mjaδɐ] *f* Ruf *m*; *de* ~ = **~adamente** [~ˌmjaδɐ'mẽntə] namentlich; **~ar** [~'mjar] (1l) nennen; rufen; ~ *alg.* (*su.*) j-n ernennen (zu).

nomenclatura [numẽŋklɐ'turɐ] *f* Fachnamen *m/pl.*, Nomenklatur *f*; Wörter-, Sach-verzeichnis *n*; *palavra f da* ~ *científica, musical etc.* wissenschaftlicher, musikalischer *usw.* Fachausdruck *m*.

nomin|ação [~minɐ'sɐ̃u] *f* Nennung *f*, Namhaftmachung *f*; **~al** [~'nał] namentlich, Namen...; nominell; *valor m* ~ Nennwert *m*; **~ativo** [~ɐ'tivu] *m gram.* Nominativ *m*, erste(r) Fall *m*.

nonag|enário [nonɐʒə'narju] neunzigjährig; **~ésimo** [~'ʒɛzimu] **1.** *adj.* neunzigst; **2.** *m ein* Neunzigstel *n*.

noningentésimo [~nĩʒẽn'tɛzimu] neunhundertst.

nono ['nonu] **1.** *adj.* neunt; **2.** *m* Neuntel *n*.

nónuplo ['nɔnuplu] neunfach.

nora ['nɔrɐ] *f* **a**) Schwiegertochter *f*; **b**) Schöpf-rad *n*, -brunnen *m*; ⊕ Becher-, Paternoster-werk *n*.

nord|este [nɔr'dɛʃtə] *m* Nordost (-en) *m*; **~estino** [~dɛs'tinu] **1.** *adj.* nordostbrasilianisch; **2.** *m* Nordostbrasilianer *m*.

nórdico ['nɔrδiku] **1.** *adj.* nordisch; **2.** *m*, **-a** *f* Nordländer(in *f*) *m*.

norma ['nɔrmɐ] *f* Norm *f*; Regel *f*; Vorschrift *f*.

norm|al [nɔr'mał] **1.** *adj.* normal, regelrecht; üblich; Muster...; **2.** *f* Å Normale *f*; **~alidade** [~mɐli'δaδə] *f* Normalzustand *m*; Regel *f*; *das* Übliche; **~alização** [~mɐlizɐ'sɐ̃u] *f* Normalisierung *f*; Entspannung *f*; **~alizar** [~mɐli'zar] (1a) normalisieren; *Beziehungen* entspannen; **~almente** [~mał'mẽntə] für gewöhnlich; wie üblich.

normando [nur'mɐ̃ndu] **1.** *adj.* normannisch; **2.** *m* Normanne *m*.

normativo [nurmɐ'tivu] normativ; die Regel bildend; vorbildlich.

nor-nor|deste (**~oeste**) [nɔrnɔr'δɛʃtə (~'rwɛʃtə)] *m* Nordnord-ost (-west) *m*. [(-en) *m*.]

noroeste [nɔ'rwɛʃtə] *m* Nordwest

nort|ada [nɔr'taδɐ] *f* Nordwind *m*; **~e** ['nɔrtə] **1.** *m* Norden *m*; *fig.* Richtschnur *f*, Leitstern *m*; **2.** *adj.* nördlich, Nord...; **~e-americano** [ˌnɔrtjɐmǝri'kɐnu] **1.** *adj.* (nord-)amerikanisch; **2.** *m* (Nord-)Amerikaner *m*; **~ear** [~'tjar] (1l) leiten; lenken, steuern; beeinflussen; **~ear-se** sich richten (nach *por*); **~enho** [~'teɲu] **1.** *adj.* nordportugiesisch; **2.** *m* Nordportugiese *m*; **~ista** *bras.* [~'tiʃtɐ] **1.** *su.* Nordbrasilianer(in *f*) *m*; **2.** *adj.* nordbrasilianisch.

norueguês [nɔrwɛ'ɣeʃ] **1.** *adj.* norwegisch; **2.** *m*, **-esa** *f* Norweger(in *f*) *m*.

nos[1] [nuʃ] uns.

nos[2] [nuʃ] **1.** *Zssg v. em u. art. os*; **2.** *pron. m/pl.* sie; Sie

nós [nɔʃ] *pron.* **1.** *Subjekt*: wir; **2.** nach *prp.*: uns; *a* ~ a) uns; b) an uns; zu uns; *de* ~ a) unser; b) von uns; vor (*od.* über) uns.

nosso, -a ['nɔsu, -ɐ] **1.** *adj.* unser(e); **2.** *pron.* unsere(r, s); **3.** *su. der, die, das* unsrige; *vgl.. meu, minha.*

nost|algia [nuʃtał'ʒiɐ] *f* Heimweh *n*; **~álgico** [~'tałʒiku] sehnsüchtig; heimwehkrank.

nota ['nɔtɐ] *f* Aufzeichnung *f*; Vermerk *m*, Notiz *f*; Anmerkung *f*; Rechnung *f*, Nota *f*; *pol.* Note *f*; *Schule*: Zensur *f*; ♪ Note *f*; Ton *m*; ✝ Banknote *f*, Geldschein *m*; P 100-Escudoschein *m*; *fig.* Bemerkung *f*; Tadel *m*; ~ *de entrega* (*pedido*) Auslieferungs- (Bestell-) schein *m*; *livro m de* ~*s* Notizbuch *n*; *digno de* ~ bemerkenswert; *de* ~ von Bedeutung; *de boa* ~ rühmlich bekannt; *de má* ~ übel beleumdet; *tomar* (*od. tirar*) ~ *de* (sich [*dat.*]) aufschreiben (*ac.*); *tomar* (*boa*) ~ *de a/c.* et. zur Kenntnis nehmen; et. vormerken.

notabil|idade [nutɐβəli'δaδə] *f* Berühmtheit *f*; Ansehen *n*; Bedeutung *f*; *~s pl.* Honoratioren *pl.*; **~íssimo** [~'lisimu] *sup. v. notável*; **~izar** [~i'zar] (1a) berühmt m.; **~izar-se** berühmt w.; sich hervortun.

not|ação [~tɐ'sɐ̃u] *f* Notierung *f*; Bezeichnung *f*, Zeichenschrift *f*; ♪ Notenschrift *f*; **~adamente** [~ˌtaðɐ'mẽntə] insbesondere; **~ado** [~'taðu] bemerkenswert; **~ar** [~'tar] (1e) aufzeichnen, vermerken; anmerken; (be)merken; beachten; *j-m et.* vorwerfen; *o que lhe nota?* was fällt Ihnen an ihm (*od.* daran) auf?; *nota-se que* es muß bemerkt w. (*od.* es ist zu beachten), daß; *note bem!* zur Beachtung!, beachte(n Sie)!; **~ariado** [~ɐ'rjaðu] *m* Notariat *n*; **~arial** [~ɐ'rjał] notariell; **~ário** [~'tarju] *m* Notar *m*; **~ável** [~'tavɛł] bemerkenswert; bedeutend; hervorragend; beträchtlich (*Menge*); **~ícia** [~'tisjɐ] *f* Nachricht *f*; Meldung *f*; Notiz *f*; Hinweis *m*.

notici|ar [~ti'sjar] (1g) melden, berichten; mitteilen; **~ário** [~arju] *m* Nachrichtenteil *m*; *Radio*: Nachrichten *f/pl.*; **~oso** [~ozu] Nachrichten...; *resumo m ~ Radio*: Kurznachrichten *f/pl.*

notific|ação [~təfikɐ'sɐ̃u] *f* Bekanntgabe *f*, Mitteilung *f*; *amtliche* Benachrichtigung *f*; **~ar** [~'kar] (1n) *j-m et.* bekanntgeben, mitteilen; *j-n von et.* benachrichtigen.

notoriedade [~turje'ðaðə] *f* Berühmtheit *f*; Offenkundigkeit *f*; *de ~ europeia (mundial)* in ganz Europa (der ganzen Welt) bekannt; *ter ~* bekannt (*od.* berühmt) sn.

notório [~'tɔrju] (all)bekannt; offenkundig; *é ~ que* bekanntlich.

noturno *s. nocturno.*

nout... *s. noit...*

noutro, -a ['notru, -ɐ] *Zssg v. em u. outro, -a.*

nova ['nɔvɐ] *f* Nachricht *f*; *boa ~* frohe Botschaft *f*; **~mente** [~'mẽntə] von neuem; wieder.

novato [nu'vatu] *m* Neuling *m*; *Schule*: Neue(r) *m*; *uni.* Fuchs *m*.

nove ['nɔvə] **1.** *adj.* neun; **2.** *m* Neun *f*; Nummer *f* Neun; **~centos** [~'sẽntuʃ] neunhundert.

novel [nu'vɛł] unerfahren; jung; neu; **~a** [~'vɛlɐ] *f* Novelle *f*; Erdichtung *f*; **~esco** [~və'leʃku] novellenhaft; **~ista** [~və'liʃtɐ] *su.* Erzähler(in *f*) *m*.

novelo [nu'velu] *m* Knäuel *n*; Büschel *n*; *~ (da China)* Hortensie *f*.

Novembro [~'vẽmbru] *m* November *m*.

nov|ena [~'venɐ] *f* neuntägige Andacht *f*; *uma ~ de* neun; **~eno** [~enu] neunt; **~enta** [~ẽntɐ] neunzig.

novi|ciado [~vi'sjaðu] *m* Noviziat *n*; Lehrzeit *f*, Lehre *f*; **~ço** [~'visu] **1.** *adj.* unerfahren; **2.** *m*, *-a f* Novize *su.*; Lehrling *m*; **~dade** [~'ðaðə] *f* Neuheit *f*; Neuigkeit *f*; *das* junge Obst; Ernte *f*; *não há ~* alles in Ordnung!; *não haverá (od. há) ~* es wird alles gut gehen (*od.* nichts passieren); geht in Ordnung; *sem ~* reibungslos; wohlbehalten; glücklich; **~lha** [~'viʎɐ] *f* Färse *f*; **~ilhada** [~'ʎaðɐ] *f* Stierkampf *m* mit Jungstieren; Jungvieh *n*; **~ilho** [~'viʎu] *m* Farren *m*, Jungstier *m*; **~lúnio** [nɔvi'lunju] *m* Neumond *m*.

novo ['novu] neu; jung (*an Alter*); ander; frisch; neu zugezogen; *águas f/pl. -as die* ersten Herbstregen *m/pl.*; *em estado de ~ (-a)* fast neu; wie neu; *de ~* von neuem, nochmals; wieder; *que há de ~?* was gibt's Neues?

noz [nɔʃ] *f* (Wal-)Nuß *f*; ♪ Frosch *m am Geigenbogen.*

nu [nu] **1.** *adj.* nackt; bloß; kahl; nüchtern; blank (*Waffe*); *verdade f -a e crua* nackte Wahrheit *f*; **2.** *m pint.* Akt *m*.

núbil ['nuβił] heiratsfähig; mannbar.

nubl|ado [nu'βlaðu] bewölkt, wolkig; düster; *pouco ~* schwach bewölkt; **~ar** [~ar] (1a) bewölken; verdüstern; **~oso** [~ozu] = *~ado.*

nuca ['nukɐ] *f* Genick *n*, Nacken *m*.

nuclear [nu'kljar] Kern...

núcleo ['nuklju] *m* Kern *m*; *fig.* Mittel-, Sammel-punkt *m*; *Widerstands*-Nest *n*.

nud|ez, ~eza [nu'ðeʃ, -ezɐ] *f* Nacktheit *f*; Blöße *f*; Kahlheit *f*; Nüchternheit *f*; **~ismo** [~iʒmu] *m* Nacktkultur *f*; **~ista** [~iʃtɐ] *su.* Anhänger(in *f*) *m* der Nacktkultur.

nul|idade [nuli'ðaðə] *f* Nichtigkeit *f*; Unfähigkeit *f*; ⚖ *a.* Ungültigkeit *f*; *fig. eine* Null; **~ificar** [~əfi'kar] (1n) für null und nichtig erklären; aufheben; **~o** ['nulu] nichtig; nichtvorhanden; F gleich null; unfähig; ungültig.

num, numa [nũ, ˈnumɐ] *Zssg v. em u. um(a).*

numer|ação [numərɐˈsɐ̃u] *f* Bezifferung *f*, Numerierung *f*; Aufzählung *f*; **~ador** [~ɐˈðor] *m* Zähler *m e-s Bruches*; Nummernstempel *m*; **~al** [~ˈrał]: *adjectivo m* ~, *substantivo m* ~ Zahlwort *n*; **~ar** [~ˈrar] (1c) beziffern, numerieren; nach Nummern ordnen; (auf)zählen; **~ário** [~ˈrarju] **1.** *adj.* Geld...; **2.** *m* (Bar-)Geld *n*; **~ável** [~ˈravɛł] (auf-)zählbar; bezifferbar.

numérico [~ˈmɛriku] zahlenmäßig; der Zahl nach; Zahlen...

número [ˈnumǝru] *m* Zahl *f*; Nummer *f*; *gram.* Numerus *m*, Zahl *f*; *grande* ~ *de* e-e Menge *f*; *o maior* ~ die Mehrzahl *f*, die Mehrheit *f*; *(um) certo* ~ *de* e-e Anzahl *f*; *um sem* ~ e-e Unzahl *f*; *sem* ~ zahllos.

numeroso [numəˈrozu] zahlreich; kinderreich.

numismática [~iʒˈmatikɐ] *f* Münzkunde *f*.

nunca [ˈnũŋkɐ] nie(mals); je(mals); ~ *mais* nie wieder; nimmermehr.

núncio [ˈnũsju] *m* Nuntius *m*.

nupcial [nupˈsjał] Hochzeits...; Heirats...; ehelich.

núpcias [ˈnupsjɐʃ] *f/pl.* Hochzeit *f*; *em segundas* ~ in zweiter Ehe.

nutr|ição [nutriˈsɐ̃u] *f* Ernährung *f*; Nahrungsaufnahme *f*; **~ido** [~ˈtriðu] wohlgenährt, beleibt; **~ir** [~ˈtrir] (3a) (er)nähren; *Hoffnung usw.* hegen; aufziehen; unterhalten; **~itivo** [~iˈtivu] nahrhaft; Nähr...; Ernährungs...

nuvem [ˈnuvɐ̃i] *f* Wolke *f*; *fig.* Schatten *m*; Dunkel *n*; ⚕ Trübung *f*.

O

O, o [ɔ] *m* O, o *n.*
o [u] **1.** *art. m* der (das, die); *pl. os*; **2.** *pron.* ihn (es, sie); Sie; es; der(-), das(-), die(-jenige); das.
ó [ɔ] **a**) Du, Sie; *unübersetzt*: *ó Carlos!* (Du), Karl!; *ó menina!* (Sie,) Fräulein!; **b**) he!, *z.B.*: *ó rapaz!* he! Junge!; **c**) *ó filho* hör mal, mein Sohn; *ó sr. Doutor* sagen Sie mal, Herr Doktor; **d**) aber hör(en Sie) mal!; *vgl. oh.*
oásis [ˈwaziʃ] *m* Oase *f.*
obcec|ação [uβsəkɐˈsɐ̃u] *f* Verblendung *f*; **~ar** [~ˈkar] (1n; *Stv.* 1c) verblenden.
obed|ecer [uβəδəˈser] (2g) gehorchen; befolgen (*ac.*); nachgeben; zs.-brechen (unter *a*); abhängen (von *a*); unterliegen; untergeordnet sn; *fazer ~* unterwerfen; unterordnen; *fazer-se ~* sich Gehorsam verschaffen; **~iência** [~ˈδjẽsjɐ] *f* Gehorsam *m*; Folgsamkeit *f*; *em ~ a* in Befolgung (*gen.*); in Übereinstimmung mit; **~iente** [~ˈδjẽntə] gehorsam; folgsam; gefügig.
obes|idade [~ziˈδaδə] *f* Fettleibigkeit *f*; **~o** [uˈβezu] fettleibig, feist.
óbito [ˈɔβitu] *m* Tod *m*; Sterbefall *m*; *certidão f de ~* Sterbeurkunde *f*, Totenschein *m.*
objec|ção [uβʒɛˈsɐ̃u] *f* Einwand *m* (*pôr* m. *od.* erheben); **~tar** [~ˈtar] (1a) einwenden (*a* gegen); **~tiva** [~ˈtivɐ] *f opt.* Objektiv *n*; ⚔ *Angriffs*-Ziel *n*; **~tivar** [~tiˈvar] (1a) vergegenständlichen, objektivieren; *bras.* zum Ziel h., bezwecken; **~tividade** [~təviˈδaδə] *f* Gegenständlichkeit *f*; *bsd.* Sachlichkeit *f*; **~tivo** [~ˈtivu] **1.** *adj.* gegenständlich; *bsd.* sachlich; objektiv; **2.** *m* Ziel *n*, Absicht *f*; **~to** [~ˈʒɛtu] *m* Gegenstand *m*; Objekt *n*; Ding *n.*
objurga|ção [uβʒurgɐˈsɐ̃u] *f* Rüge *f*; **~tório** [~ˈtɔrju] rügend.
oblíqua [uβˈlikwɐ] *f* schräge Linie *f.*
obliqu|ângulo [uβliˈkwɐ̃ŋgulu] schiefwinklig; **~ar** [~ˈkwar] (1m) schräg gehen (*od.* verlaufen); in schräger Richtung marschieren; *fig.* krumme Wege gehen; **~idade** [~kwiˈδaδə] *f* Schrägheit *f*, Schiefe *f.*
oblíquo [uˈβlikwu] schräg; schief; schiefstehend (*Auge*); schief (*Blick*); *fig.* krumm (*Weg*); *dirigir um olhar ~ para alg.* j-n schief ansehen.
obliter|ação [uβlitərɐˈsɐ̃u] *f* ⚕ Verschluß *m*; **~ar** [~ˈrar] (1c) auslöschen; ⚕ verschließen; **~ar-se** erlöschen; sich schließen.
oblongo [uβˈlõŋgu] länglich.
obo|é ♪ [uˈβwɛ] *m* Oboe *f*; **~ista** [~iʃtɐ] *m* Oboist *m.*
óbolo [ˈɔβulu] *m* Scherflein *n.*
obra [ˈɔβrɐ] *f* Werk *n*; Arbeit *f*; Tat *f*; Wirkung *f*; *~s pl.* Bauarbeiten *f/pl.*; Instandsetzung(sarbeiten *f/pl.*) *f*; Umbau *m*; *~ morta (viva)* *Schiffs*-Ober- (Unter-)teil *m*; *~s mortas* Deckaufbauten *m/pl.*; *~s públicas* öffentliche Arbeiten *f/pl.*; *bico m de ~* F verteufelt schwierige Sache *f*; *~ de* etwa; *por ~ de* durch (*ac.*); *estar em ~s* umgebaut (*od.* instand gesetzt) w.; *pôr em ~* ins Werk setzen, ausführen; *temos ~!* jetzt gibt's Arbeit!, jetzt gilt's; = *isso é ~!* das ist kein Kinderspiel!; *ter ~s em casa* die Handwerker im Hause h.; **~-mestra** [~ˈmɛʃtrɐ] *f* Meisterstück *n*; **~-prima** [~ˈprimɐ] *f* Meisterwerk *n*; **~r** [uˈβrar] (1e) bewirken; vollbringen; ausführen; herstellen; tun, machen; *v/i.* handeln; wirken; schaffen; F s-e Notdurft verrichten.
obreia [uˈβrejɐ] *f* Oblate *f*; Klebestreifen *m.*
obreir|a [uˈβreirɐ] *f* Arbeiterin *f*; Arbeitsbiene *f*; **~o** [~u] *m* Arbeiter *m*; *fig* Schöpfer *m.*
ob-rep|ção [uβʀɛpˈsɐ̃u] *f* Erschleichung *f*; **~tício** [~ˈtisju] erschlichen.
obrig|ação [uβriɣɐˈsɐ̃u] *f* Verpflichtung *f*; Pflicht *f*, Schuldigkeit *f*; Schuldverschreibung *f*, Obligation *f*; *dever -ões a alg.* j-m zu Dank verpflichtet sn; *estar em ~ para com alg.* j-m gegenüber Verpflichtungen

h.; **~ado** [~'γaδu] zu Dank verpflichtet; dankbar; verbindlich, obligat; pflichtig; *ser ~ a inf.* müssen *inf.*; *~!* danke!; *muito ~!* vielen Dank!; **~ar** [~'γar] (1o) zwingen, nötigen; verpflichten; *~-se a* sich anheischig m. zu; **~atório** [~ɐ'tɔrju] Pflicht...; Zwangs...; verbindlich, bindend; *serviço m militar ~* Wehrpflicht *f*.

obscen|idade [uβʃsəni'δaδə] *f* Zote *f* (*dizer* reißen); **~o** [~'senu] unanständig; unzüchtig.

obscur|amente [~kurɐ'mẽntə] im Dunkeln; im Verborgenen; **~antismo** [~ẽn'tiʒmu] *m* Dunkelmännerei *f*; **~antista** [~ẽn'tiʃtɐ] *m* Dunkelmann *m*; **~ecer** [~ə'ser] (2g) verdunkeln; verschleiern; *v/i. u. ~-se* sich verfinstern; **~ecimento** [~əsi'mẽntu] *m* Verdunkelung *f*; Verfinsterung *f*; **~idade** [~i'δaδə] *f* Dunkelheit *f*, Finsternis *f*; *fig.* Dunkel *n*; **~o** [~'kuru] dunkel; verborgen; unbekannt.

obsed(i)ar [uβsə'δjar] (1b [1g]) keine Ruhe l.

obsequi|ador [~kjɐ'δor] gefällig, zuvorkommend; **~ar** [~'kjar] (1g) zuvorkommend behandeln; sich gefällig erweisen (*dat.*); *~ alg. com* j-n gewinnen (*od.* zu Dank verpflichten) durch; j-n bedenken (*od.* beschenken) mit.

obséquio [~'sεkju] *m* Gefälligkeit *f*; Aufmerksamkeit *f*; Gefallen *m*.

obsequios|idade [~sɔkjuzi'δaδə] *f* Zuvorkommenheit *f*; **~o** [~'kjozu] zuvorkommend; gefällig.

observ|ação [~sərvɐ'sɐ̃u] *f* Beobachtung *f*; Befolgung *f*; Bemerkung *f*; Verweis *m*; Hinweis *m*; **~ador** [~ɐ'δor] *m*, **-a** *f* Beobachter (-in *f*) *m*; **~ância** [~'vɐ̃sjɐ] *f* Befolgung *f*, Heilighaltung *f*; (Ordens-) Regel *f*, Zucht *f*; **~ar** [~'var] (1c) beobachten; untersuchen; *Vorschrift* befolgen; *Frist* einhalten; bemerken; *~ a alg. que* j-n darauf hinweisen, daß; **~atório** [~ɐ'tɔrju] *m* Observatorium *n*; Beobachtungsposten *m*; *Stern-*, *See-*Warte *f*.

obsess|ão [~sə'sɐ̃u] *f* Besessenheit *f*; Zwangsvorstellung *f*; **~o** [~'sεsu] geplagt; besessen; **~or** [~sə'sor] zudringlich, lästig.

obsoleto [~su'letu] veraltet, überholt.

obst|áculo [uβʃ'takulu] *m* Hindernis *n*; **~ante** [~ẽntə]: (*isto*) *não ~* a) dessenungeachtet, trotzdem; b) *prp.* trotz; **~ar** [~ar] (1e) entgegenstehen; *~ a* hindern (*ac.*); *obsta que* dem steht entgegen, daß.

obstetrícia [~tə'trisjɐ] *f* Geburtshilfe *f*.

obstin|ação [~tinɐ'sɐ̃u] *f* Hartnäckigkeit *f*; Halsstarrigkeit *f*; Verstocktheit *f*; **~ado** [~'naδu] hartnäckig; halsstarrig; **~ar** [~'nar] (1a) verstockt m.; **~ar-se** verstockt (*od.* halsstarrig) w.; *~ em* sich versteifen auf (*ac.*); sich verrennen in (*ac.*).

obstipação ⚕ [~tipɐ'sɐ̃u] *f* Darmträgheit *f*.

obstru|ção [~tru'sɐ̃u] *f* ⚕ Verstopfung *f*; *fig.* Obstruktion *f*; *fazer ~ a* zu hindern suchen (*ac.*); Schwierigkeiten m.; **~cionismo** [~sju'niʒmu] *m pol.* Quertreiberei *f*; **~cionista** [~sju'niʃtɐ] **1.** *su.* Quertreiber(in *f*) *m*; **2.** *adj.* Obstruktions...; **~ir** [~'trwir] (3k) verstopfen, versperren; verhindern.

obtemperar [uβtẽmpə'rar] (1c) erwidern; *~ a* Folge leisten; willfahren (*dat.*).

obt|enção [~tẽ'sɐ̃u] *f* Erlangung *f*; **~er** [~'ter] (2zb) erlangen, erhalten; erreichen, erwirken (*de alg.* bei j-m); bekommen; *Ergebnis* erzielen; *~ a posse de a/c.* in den Besitz e-r Sache gelangen.

obtur|ação [~turɐ'sɐ̃u] *f* Verschluß *m*; Plombieren *n* (*Zahn*); *Zahn-*Füllung *f*, Plombe *f*; **~ador** [~ɐ'δor] **1.** *adj.* Schließ...; Verschluß...; **2.** *m* Verschluß *m* (*a. fot.*); *~ momentâneo* (*de cortina*) Moment-(Schlitz-)verschluß *m*; **~ar** [~'rar] (1a) verschließen; verstopfen; *Zahn* füllen, plombieren.

obtus|ângulo [ɔβtu'zẽŋgulu] stumpfwinklig; **~o** [~'tuzu] stumpf; *fig.* schwerfällig, F schwer von Begriff.

obviar [uβ'vjar] (1g) abstellen; *v/i.* abhelfen; vorbeugen.

óbvio ['ɔβvju] einleuchtend; (leicht) ersichtlich.

ocasi|ão [ukɐ'zjɐ̃u] *f* Gelegenheit *f*; Anlaß *m*; *da ~* gegenwärtig; = *~onal*; *por ~ de* aus Anlaß, anläßlich (*gen.*); **~onal** [~zju'nał] gelegentlich, Gelegenheits...; auslösend; zufällig; **~onar** [~zju'nar] (1e) auslösen; veranlassen, verursachen; verschaffen.

ocaso [u'kazu] *m* Untergang *m* (*a. fig.*); Westen *m*; *fig.* Niedergang *m*.

occip|ício [ɔksi'pisju] *m* Hinterkopf *m*; **~ital** [~pi'tał] **1.** *adj.* Hinterhaupt...; **2.** *m* Hinterhauptbein *n*.

oce|ânico [u'sjɐniku] ozeanisch; **~ano** [~ɐnu] *m* Ozean *m*; **~anografia** [usjɐnɔɣrɐ'fiɐ] *f* Meereskunde *f*.

ocident|al [usiδẽn'tał] **1.** *adj.* westlich, West...; abendländisch; **2.** *su.* Abendländer(in *f*) *m*; **~e** [~'δẽntə] *m* Westen *m*, Abendland *n*.

ócio ['ɔsju] *m* Muße *f*; Müßiggang *m*; **~s** *pl.* Freizeit *f*, Muße *f*.

ocios|idade [usjuzi'δaδə] *f* Müßiggang *m*; **~o** [u'sjozu] **1.** *adj.* müßig; **2.** *m* Müßiggänger *m*.

oclusão [ɔklu'zɐ̃u] *f* Verschluß *m*.

oco ['oku] hohl; *fig. a.* leer; nichtig.

ocorr|ência [uku'ʀẽsjɐ] *f* Vorfall *m*; Zs.-treffen *n*; Zufall *m*; Gelegenheit *f*; Einfall *m*; **~ente** [~ẽntə] etwaig; gelegentlich; **~er** [~er] (2d) sich ereignen, vorfallen; eintreten, vorkommen; ~ *a* entgegentreten (*dat.*); gerecht w. (*dat.*); sicherstellen (*ac.*); abhelfen (*dat.*); ~ *a alg.* j-m einfallen, j-m in den Sinn kommen.

ocre ['ɔkrə] *m* Ocker *m*.

oct|ingentésimo [ɔktĩʒẽn'tɛzimu] achthundertst; **~ogenário** [~ɔʒə'narju] achtzigjährig; **~ogésimo** [~ɔ'ʒɛzimu] achtzigst; **~ogonal** [~ɔɣu'nał] achteckig; **~ógono** [~'tɔɣunu] *m* Achteck *n*.

óctuplo ['ɔktuplu] achtfach.

ocul|ação ⚘ [ɔkulɐ'sɐ̃u] *f* Okulation *f*; **~ar** [~'lar] **1.** *adj.* Augen...; **2.** *m* Okular *n*; **~armente** [~ar'mẽntə] mit den Augen; durch den Augenschein; **~ista** [~'liʃtɐ] **1.** *adj. médico m* ~ = **2.** *m* Augenarzt *m*.

óculo ['ɔkulu] *m* Fernglas *n*; Rundfenster *n*; **~s** *pl.* Brille *f* (*um par* eine); **~s** *pl. de automobilista* Autobrille *f*.

ocult|ação [ukułtɐ'sɐ̃u] *f* Verheimlichung *f*; Hinterziehung *f*; **~amente** [~ɐ'mẽntə] = *às* **~as**; **~ar** [~'tar] (1a) ver-bergen, -stecken; verheimlichen; hinwegtäuschen über (*ac.*); verhehlen; *Steuern* hinterziehen; **~as** [u'kułtɐʃ]: *às* ~ heimlich, insgeheim; im Verborgenen; **~o** [u'kułtu] verborgen; geheim.

ocup|ação [ukupɐ'sɐ̃u] *f* Beschäftigung *f*; Inanspruchnahme *f*; Besetzung *f*; Besatzung *f*; Inbesitznahme *f*; Besitz *m*; Bewohnen *n*; -ões Geschäfte *n/pl.*, Verpflichtungen *f/pl.*; **~ante** [~'pẽntə] **1.** *adj.* Besatzungs...; **2.** *m* Insasse *m*; Inhaber *m*; ⚔ Besatzungs-angehörige(r) *m*, -soldat *m*; **~s** *pl.* ⚔ Besatzung *f*; **~ar** [~'par] (1a) beschäftigen; in Anspruch nehmen; besetzen (*a.* ⚔); in Besitz nehmen; *Platz* einnehmen; *Raum* ausfüllen; *Amt* bekleiden; *Haus* beziehen; bewohnen; **~ar-se** *de od. em, a. com* sich beschäftigen mit.

ode ['ɔδə] *f* Ode *f*.

odi|ar [u'δjar] (1h) hassen; **~ento** [~ẽntu] haßerfüllt, gehässig.

ódio ['ɔδju] *m* Haß *m*.

odioso [u'δjozu] hassenswert; verrucht.

odisseia [uδi'sejɐ] *f* Irrfahrt *f*.

odont|álgico [ɔδõn'tałʒiku] (gut) gegen Zahnweh; Zahn...; **~ologia** [~tulu'ʒiɐ] *f* Zahnheilkunde *f*; **~ológico** [~tu'lɔʒiku] Zahn...; **~ologista** [~tulu'ʒiʃtɐ] *m* Zahnarzt *m*.

odor [u'δor] *m* Geruch *m*; Duft *m*; **~ante, ~ífero, ~oso** [uδu'rẽntə, -ifəru, -ozu] wohlriechend, duftend.

odre ['oδrə] *m* Schlauch *m*.

oés-|noroeste [wɛʒnɔ'rwɛʃtə] *m* Westnordwest *m*; **~sudoeste** [wɛʃsu'δwɛʃtə] *m* Westsüdwest *m*.

oeste ['wɛʃtə] *m* West(en) *m*.

ofeg|ante [ufə'ɣẽntə] atemlos; **~ar** [~ar] (1o; *Stv.* 1c) keuchen.

ofen|der [ufẽn'der] (2a) beleidigen; verletzen; kränken; schädigen; **~der-se** *de* übelnehmen (*ac.*); **~sa** [u'fẽsɐ] *f* Beleidigung *f*; Kränkung *f*; Schädigung *f*; ~ *corporal* Körperverletzung *f*; *sem* ~ *de* ohne ... (*dat.*) zu nahe treten zu wollen; ohne Verstoß gegen; ohne Schaden für; **~siva** [ufẽ'sivɐ] *f* Offensive *f*, Angriff *m*; *tomar a* ~ zum Angriff übergehen; **~sivo** [ufẽ'sivu] Angriffs...; offensiv; beleidigend; **~sor** [ufẽ'sor] *m* Beleidiger *m*.

ofer|ecer [ufərə'ser] (2g) (an)bieten; antragen; darbieten; reichen; *Opfer* darbringen; schenken; spenden; ~ *à venda* feilbieten; **~ecer-se**

sich bieten; sich erbieten; einfallen; eintreten, vorkommen; **~ecimento** [~əsiˈmẽntu] *m* Anerbieten *n*; Darbietung *f*; Darbringung *f*; = *~ta*; **~enda** [~ˈrẽndɐ] *f* Spende *f*; (Opfer-)Gabe *f*; **~endar** [~ẽnˈdar] (1a) spenden; *Opfer* darbringen; **~ta** [uˈfɛrtɐ] *f* Angebot *n* (*a.* ✝); Antrag *m*; Gabe *f*; Geschenk *n*; Spende *f*; = *~ecimento*; *fazer ~ de* = *~ecer*; **~tar** [~ˈtar] (1c) = *~endar*; ✝ anbieten.

ofic|ial [ufiˈsjał] **1.** *adj.* offiziell, amtlich; *folha f ~* Gesetzblatt *n*; **2.** *m* Offizier *m*; Unterbeamte(r) *m*; *Handwerks*-Geselle *m*; *~ de diligências* Gerichtsvollzieher *m*; *~ de justiça* Gerichts-diener *m*, -schreiber *m*; **~ialato** [~sjɐˈlatu] *m* Offiziers-, Gesellen-stand *m*, -würde *f*; **~ialidade** [~sjɐliˈδaδə] *f* Offizierskorps *n*; **~ializar** [~sjɐliˈzar] (1a) amtlich bestätigen; **~iante** [~ˈsjẽntə] *m* amtierende(r) Priester *m*; **~iar** [~ˈsjar] (1g) den Gottesdienst abhalten; **~ina** [~ˈsinɐ] *f* Werkstatt *f*; Wirtschaftsraum *m*; Offizin *f*, Laboratorium *n*.

ofício [uˈfisju] *m* Handwerk *n* (*saber* verstehen); Beruf *m*; Pflicht *f*; Amt *n*; Dienst *m*; Obliegenheit *f*; *bsd.* amtliche(s) Schreiben *n*; Erlaß *m*; *rel.* *~ (divino)* Gottesdienst *m*; *Santo* ♀ Inquisition *f*; *~s pl.* Dienste *m/pl.*; *rel.* Offizien *n/pl.*; *bons ~s pl.* Hilfe *f*; *~s pl. dos defuntos* (*od. mortos*) Seelenmesse *f*; *fazer o seu ~* sein Amt ausüben; s-e Pflicht tun; s-n Zweck erfüllen; *ser do ~* vom Fach sn; *ter por ~* den Zweck h. zu.

oficioso [ufiˈsjozu] dienstfertig; *bsd.* halbamtlich; *advogado m ~* Offizialverteidiger *m*.

ofídios [uˈfiδjuʃ] *m/pl.* Schlangen *f/pl.*

oftalm|ia [ɔftałˈmiɐ] *f* Augenentzündung *f*; **~ologia** [~muluˈʒiɐ] *f* Augenheilkunde *f*; **~ologista** [~muluˈʒiʃtɐ] *m* Augenarzt *m*.

ofusc|ação [ufuʃkɐˈsɐ̃u] *f* Verdunkelung *f*; *fig.* Verblendung *f*; **~ar** [~ˈkar] (1n) verdunkeln (*a. fig.*); verbergen; *fig.* (ver)blenden; in den Schatten stellen.

ogiv|a [uˈʒivɐ] *f* Spitzbogen *m*; **~al** [uʒiˈvał] spitzbogig, Spitzbogen...

oh! [o] *int.* oh!; ach!

oir... *s. our...*

oit|ante [oiˈtẽntə] *m* ⛵ Oktant *m*; **~ava** [~avɐ] *f* Achtel *n*; ♪, *lit. u. rel.* Oktave *f*; **~avado** [~tɐˈvaδu] achteckig; **~avo** [~avu] **1.** *adj.* achte (*Ordnungszahl*); **2.** *m* Achtel *n*.

oiteiro [oiˈteiru] *m* Hügel *m*.

oitent|a [oiˈtẽntɐ] achtzig; **~ão** P [oitẽnˈtɐ̃u] achtzigjährig.

oito [ˈoitu] acht; **~centos** [~ˈsẽntuʃ] achthundert.

olá! [ɔˈla] *int.* holla!, sieh da!

olaria [ulɐˈriɐ] *f* Töpferei *f*; Steingutbrennerei *f*.

olé! [ɔˈlɛ] *int.* **1.** recht so!; bravo!; **2.** = *olá!*

ole|áceo [uˈljasju] Öl...; **~ado** [~aδu] *m* Wachstuch *n*; Öltuch *n*; *~ para soalho* Linoleum *n*; **~agíneo** [uljɐˈʒinju] Oliven..., Öl...; **~aginoso** [uljɐʒiˈnozu] ölig; Öl...; ölhaltig; **~ar** [uˈljar] (1l) ölen.

oleiro [uˈleiru] *m* Töpfer *m*.

óleo [ˈɔlju] *m* Öl *n*; *~ pesado* Schweröl *n*; *os Santos ♀s* die letzte Ölung *f*; *a ~ pint.* in Öl, Öl...

oleo|grafia [uljuɣrɐˈfiɐ] *f* Öldruck *m*; **~duto** [ɔljuˈδutu] *m* Ölleitung *f*; **~so** [uˈljozu] ölig; fettig.

olfacto [ołˈfatu] *m* Geruch(ssinn) *m*.

olh|ada, ~adela [uˈʎaδɐ, uʎɐˈδɛlɐ] *f* Blick *m*; Seitenblick *m*; **~ado** [uˈʎaδu] **1.** *m* (*mau*) *~* böse(r) Blick *m*; *deitar* (*od. dar*) *~ a* behexen; **2.** *bem* (*mal*) *~* beliebt (verhaßt); **~ar** [~ar] (1e) **1.** *v/t.* an-blicken, -schauen, -sehen; betrachten, mustern; wachen über (*ac.*); = *v/i.* blicken, schauen; *~ a*, *~ para* blicken nach (*od.* auf [*ac.*]); achten auf (*ac.*); denken an (*ac.*); *~ por* sehen nach, aufpassen auf (*ac.*); *~ que* darauf achten (*od.* daran denken), daß; *~ sobre* hinwegsehen über (*ac.*); *olha!* (*olhe!*) hör(en Sie) mal!; paß (passen Sie) mal auf!; *~ frente* (*direita*)! ⚔ Augen geradeaus (rechts)!; **2.** *m* Blick *m*; **~eiras** [~eirɐʃ] *f/pl.* (*grandes*) *~* (tiefe) Schatten *m/pl.* unter den Augen; **~eirento** [uʎeiˈrẽntu] mit Schatten unter den Augen; **~ento** [~ẽntu] löcherig (*Käse*).

olho [ˈoʎu] *m* Auge *n* (*a. fig.*); *Nadel-*, *Beil-*Öhr *n*; Loch *n* (*Käse*, *Brot*); Spundloch *n* (*Faß*); Lichtloch *n*, Rundfenster *n*; *a ~* nach

Augenmaß; *a ~s vistos* zusehends; *a ~ nu* mit bloßem Auge; *com bons (maus) ~s* (un)gern; *com os ~s fechados* blindlings; *abrir uns grandes ~s* große Augen m.; *abrir os ~s ao dia (od. à luz)* das Licht der Welt erblicken; *num abrir e fechar de ~s* im Nu; *encher o ~ a alg.* j-n freuen; *estar com o ~ aberto (od. alerta)* die Augen offenhalten; *fechar os ~s fig.* ein Auge zudrücken; hinwegsehen (über [*ac.*] *a*); *lançar (od. deitar) os ~s para* ein Auge (*od.* e-n Blick) werfen auf (*ac.*); *meter a/c. pelos ~s dentro j-m* et. klarmachen (*od.* F eintrichtern); *pôr os ~s em alg.* j-n zum Vorbild nehmen; *pôr diante dos ~s* vor Augen führen, vorhalten; *saltar aos ~s* in die Augen springen; *ser todo ~s* ganz Auge sn; *ter (od. estar com) os ~s (fixos) em* (fest) im Auge h. (*ac.*), (nur) denken an (*ac.*); *ter ~ em si* auf sich achten; *ter (od. trazer) o(s) ~(s) em* ein Auge h. auf (*ac.*); im Auge behalten; *tirar diante dos ~s* aus den Augen schaffen; *trazer de ~* aufpassen auf (*ac.*), überwachen; F auf dem Strich h.; *ter peneira (od. poeira) nos ~s* Scheuklappen vor den Augen h.; *meus ~s!* mein Augenstern!; *longe dos ~s, longe do coração* aus den Augen, aus dem Sinn; **~-de-boi** [~ðə'βoi] *m* Ochsenauge *n*.

oligarquia [uliɣɐr'kiɐ] *f* Oligarchie *f*.

olimpíada [ulĩm'piɐðɐ] *f* Olympiade *f*.

olímpico [u'lĩmpiku] olympisch.

oliv|áceo [uli'vasju] olivengrün; **~al** [~ał] *m* Olivenhain *m*, Ölbaumpflanzung *f*; **~eira** [~eirɐ] *f* Ölbaum *m*; **~icultor** [~vikuł'tor] *m* Olivenpflanzer *m*; **~icultura** [~vikuł'turɐ] *f* Olivenbau *m*, Ölbau *m*.

olmo ['ołmu] *m* Ulme *f*.

olvid|ar [ołvi'ðar] (1a) vergessen; **~o** [~'viðu] *m* Vergessenheit *f*.

ombr|ear [õm'brjar] (1l) *fig.*: *~ com* wetteifern mit; **~eira** [~'breirɐ] *f* Schulterteil *m* (*Kleidung*); Türpfosten *m*, *fig.* Schwelle *f*; **~o** ['õmbru] *m* Schulter *f* (*com* an); *encolher os ~s* die Achseln zucken; *meter (od. pôr) ~s a* Hand (an-) legen an (*ac.*), in Angriff nehmen (*ac.*); *não ter ~s para* nicht der Kerl sn zu; *olhar (tratar com) alg. por cima do ~* j-n über die Schulter ansehen (von oben herab behandeln); *~ armas!* Gewehr über!

omeleta [omə'letɐ] *f* Omelett *n*, Eierkuchen *m*.

ominoso [omi'nozu] verhängnisvoll; schändlich.

omi|ssão [umi'sɐ̃u] *f* Unterlassung *f*; Auslassung *f*; Lücke *f*; **~sso** [u'misu] **1.** *adj.* lückenhaft; nachlässig; **2.** *p.p.irr.v.* **~tir** [~'tir] (3a) unterlassen; aus-, weg-lassen.

omni|potência [ɔmnipu'tẽsjɐ] *f* Allmacht *f*; **~potente** [~pu'tẽntə] allmächtig; **~presente** [~prə'zẽntə] allgegenwärtig; **~sciente** [~ʃ'sjẽntə] allwissend.

omoplata [ɔmɔ'platɐ] *f* Schulterblatt *n*.

onagro [o'naɣru] *m* Wildesel *m*.

onça ['õsɐ] *f* **a)** ✝ Unze *f*; **b)** *zo.* Jagdleopard *m*; *bras.* Jaguar *m*; *amigo m da ~* F falscher Fuffziger *m*.

onda ['õndɐ] *f* Welle *f* (*a fis.*), Woge *f*; *fig. a.* Strom *m*; Flut *f*; *~ curta (média, longa)* Kurz- (Mittel-, Lang-)welle *f*; *~ sonora* Schallwelle *f*.

onde ['õndə] wo; wohin; *de ~ em ~* hier und da; dann und wann; *para ~* wohin; *por ~* wo(durch).

onde|ado [õn'djaðu] wellig (*Haar*); **~ar** [~ar] (1l) wogen; flattern; sich schlängeln; *v/t.* wellen.

ondul|ação [õndulɐ'sɐ̃u] *f* Wellenbewegung *f*; Wellengang *m*; Flattern *n*; Windung *f*; Ondulation *f* (♪ *u. Haar*); *~ permanente* Dauerwellen *f/pl.*; **~ado** [~'laðu] wellig; Well...; *porta f -a* Wellblechtür *f*; **~ante** [~'lẽntə] auf- und ab-steigend; **~ar** [~'lar] (1a) *v/i.* = *ondear*; *v/t. Haar* wellen, ondulieren; **~atório** [~ɐ'tɔrju] Wellen...

oner|ação *bras.* [onərɐ'sɐ̃u] *f* Belastung *f*; Besteuerung *f*; **~ar** [~'rar] (1c) belasten; besteuern; beladen; (be)drücken; **~oso** [~'rozu] lastend, drückend; beschwerlich; kostspielig; abgabepflichtig.

ónibus ['ɔniβuʃ] *m* Omnibus *m*; 🚂 Personen-, F Bummel-zug *m*.

onomástic|a [ɔnɔ'maʃtikɐ] *f* Namenskunde *f*; Namensverzeichnis *n*; **~o** [~u] Namen(s)...

onomatop|aico [ɔnɔmɐtɔ'paiku] lautmalerisch; **~eia** [~ɐjɐ] *f* Laut-

malerei *f*; Schallwort *n*; **~eico** [~eiku] = *~aico*.
ontem ['õntẽi] gestern.
ontologia [õntulu'ʒiɐ] *f* Seinslehre *f*, Ontologie *f*.
ónus ['ɔnuʃ] *m* Last *f*, Belastung *f*; Abgabe *f*; Steuer *f*; *fig. a.* Bürde *f*.
onze ['õzə] **1.** *adj.* elf; **2.** *m* Elf *f*; Nummer *f* Elf.
onzen|a [õ'zenɐ] *f fig.* Wucher (-zins) *m*; **~ário** [õzə'narju] *m* Wucherer *m*.
opa ['ɔpɐ] *f farbiger, ärmelloser* Überwurf *m*.
opa|cidade [upɐsi'ðaðə] *f* Undurchsichtigkeit *f*; Dunkel *n*; **~co** [u'paku] undurchsichtig; dunkel; **~la** [u'palɐ] *f* Opal *m*.
opal|escente, ~ino [upɐlɨʃ'sẽntə, ~'linu] schillernd, opalisierend.
ópalo ['ɔpɐlu] *m* Opal *m*.
opção [ɔp'sɐ̃u] *f* Wahl *f*; Entscheidung *f*; *pol.* Option *f*.
ópera ['ɔpərɐ] *f* Oper *f*.
oper|ação [upərɐ'sɐ̃u] *f* Operation *f*; Tätigkeit *f e-s Organs*; *cir.* Eingriff *m*; ✝ Geschäft *n*; ⊕ Arbeitsgang *m*; **~acional** *bras.* [~ɐsju'nał]: *custo m ~* Gestehungskosten *pl.*; **~ador** [~ɐ'ðor] *m* Operateur *m*; *Film*: Kameramann *m*; *Radio*: Funker *m*; *bras. allg.* Tätige(r) *m*; **~ante** [~'rẽntə] wirkend; **~ar** [~'rar] (1c) bewirken; aus-, durch-führen; *cir.* operieren; *v/i.* wirken; handeln; arbeiten; **~ar-se** sich vollziehen; vor sich gehen; **~ariado** [~ɐ'rjaðu] *m* Arbeiterschaft *f*; **~ário** [~'rarju] **1.** *m* Arbeiter *m*; Handwerker *m*; **2.** *adj.* Arbeiter...; **~ativo** [~ɐ'tivu] (be)wirkend; tätig; wirksam; **~atório** [~ɐ'tɔrju] Operations...; operativ.
opereta [upə'retɐ] *f* Operette *f*.
operoso [~'rozu] mühsam, schwierig; tätig; eifrig; fruchtbar.
opil|ação ⚕ [upilɐ'sɐ̃u] *f* Verstopfung *f*; **~ar** [~'lar] (1a) verstopfen; hemmen.
opin|ante [~'nẽntə] meinungs-, urteils-fähig; sich äußernd; **~ar** [~ar] (1a) dafürhalten, meinen; *~ sobre* sich aussprechen über (*ac.*), sich äußern zu; begutachten, beurteilen (*ac.*); *opina-se* man ist der Ansicht; **~ativo** [~nɐ'tivu] persönlich (*Urteil*); gutachtlich; *questão f -a* Ansichtssache *f*; **~ião** [~'njɐ̃u] *f* Meinung *f* (*pública* öffentliche), Ansicht *f*, Auffassung *f*; Ruf *m*; *na minha ~* m-s Erachtens, m-r Meinung nach; *manifestar a sua ~ a que* der Auffassung Ausdruck geben, daß; **~ioso** [~'njozu] rechthaberisch; von sich überzeugt.
ópio ['ɔpju] *m* Opium *n*.
opíparo [ɔ'pipɐru] üppig, prächtig.
opo(n)ente [u'pwẽntə, upu'nẽntə] **1.** *adj.* Gegen...; gegnerisch; **2.** *su.* Gegner(in *f*) *m*.
opor [u'por] (2zd) entgegen-setzen, -stellen; in den Weg legen; einwenden; *Widerstand* leisten; **~-se** sich widersetzen; et. dagegen einzuwenden h.
oportun|amente [upurtunɐ'mẽntə] bei passender Gelegenheit; rechtzeitig; **~idade** [~i'ðaðə] *f* passende Gelegenheit *f*; Gunst *f des Augenblicks*; Zweckmäßigkeit *f*; Richtigkeit *f*; Glück(sfall *m*) *n*; **~ista** [~'niʃtɐ] **1.** *su.* Opportunist(in *f*) *m*; **2.** *adj.* opportunistisch; **~o** [~'tunu] recht (*Augenblick*); gelegen; günstig; angebracht, zweckmäßig; richtig.
oposi|ção [upuzi'sɐ̃u] *f* Widerspruch *m*, -stand *m* (*fazer* leisten); Gegnerschaft *f*; Gegensatz *m*; ⚖ Einspruch *m*; *pol. u. ast.* Opposition *f*; **~cionista** [~sju'niʃtɐ] **1.** *su.* Oppositionelle(r) *m*, Mitglied *n* der Opposition; **2.** *adj.* Oppositions...; **~tivo** [~'tivu] ⚘ gegenständig.
oposto [u'poʃtu] **1.** *adj.* entgegengesetzt; gegenüberliegend; ⚘ gegenständig; *ângulo m ~* Gegenwinkel *m*; **2.** *m* Gegenteil *n*.
opress|ão [uprə'sɐ̃u] *f* Bedrückung *f*, Druck *m*; Unterdrückung *f*; *fig.* Beklemmung *f*; **~ivo** [~ivu] (be-)drückend; Zwangs...; gewalttätig, Gewalt...; **~o** [u'prɛsu] *p.p. irr. v. oprimir*; **~or** [~or] *m* Bedrücker *m*.
oprimir [upri'mir] (3a) (be)drücken; unterdrücken; beklemmen.
opróbrio [u'prɔβrju] *m* Schande *f*, Schmach *f*; Schimpf *m*; Entehrung *f*.
oprobrioso [upru'prjozu] schmachvoll, Schmach...; schimpflich.
opt|ar [ɔp'tar] (1a) optieren; *~ entre* wählen zwischen (*dat.*); *~ por* sich entscheiden für; **~ativo** [~ɐ'tivu] Wunsch...; *modo m ~ gram.* Optativ *m*.

óptic|a ['ɔ(p)tikɐ] *f* Optik *f*; **~o** [~u] **1.** *adj.* optisch; Seh...; **2.** *m* Optiker *m.*
optimi|smo [ɔ(p)ti'miʒmu] *m* Optimismus *f*; Zuversicht *f*; **~sta** [~ʃtɐ] **1.** *adj.* zuversichtlich; **2.** *su.* Optimist(in *f*) *m.*
óptimo ['ɔtimu] vortrefflich.
opul|ência [upu'lẽsjɐ] *f* Reichtum *m*; Üppigkeit *f*; **~ento** [~ẽntu] reich, üppig.
opúsculo [u'puʃkulu] *m* Schrift *f.*
ora ['ɔrɐ] **1.** *adv.* nun, jetzt; *por ~* fürs erste; zunächst einmal; vorläufig; *~ ... ~* bald ... bald; *~ bem* nun gut; schön und gut; F na schön; **2.** *int.* nun!; also!; na!; nanu!; pah!; *~ nem mais* ganz recht!; so ist's!; *~ vamos!* na, wird's bald?; F los, los!; aber hör(en Sie) mal!
ora|ção [urɐ'sɐ̃u] *f* Gebet *n* (*fazer* verrichten); Rede *f*; *gram.* Satz *m*; *~ principal* (*subordinada*) Haupt-(Neben-)satz *m*; **~cional** [~sju'nał] Satz...
oráculo [u'rakulu] *m* Orakel *n.*
orago [u'raɣu] *m* Schutzpatron *m.*
orador [urɐ'ðor] *m* Redner *m.*
oral [u'rał] mündlich; gesprochen; Kopf...
orangotango [urɐ̃ŋgu'tɐ̃ŋgu] *m* Orang-Utan *m.*
orar [u'rar] (1e) beten (zu *a*; für *por*); *~ a/c. a alg.* j-n um et. bitten.
oratóri|a [urɐ'tɔrjɐ] *f* Redekunst *f*; **~o** [~u] **1.** *adj.* rednerisch; **2.** *m* Haus-altar *m*, -kapelle *f*; ♪ Oratorium *n.*
orbe ['ɔrbə] *m* Kugel *f*; Kreis *m*; Rund *n*; *~ terrestre* Erdkreis *m.*
órbita ['ɔrbitɐ] *f Planeten*-Bahn *f*; *anat.* Augenhöhle *f*; *fig.* Einflußsphäre *f.*
orça ['ɔrsɐ] **a**) *meter* (*od. ir*) *à ~* ⚓ luven; **b**) *à ~* schätzungsweise.
orçament|al, ~ário [ursɐmẽn'tał, ~arju] veranschlagt; Haushalts...; **~o** [~'mẽntu] *m Kosten*-Voranschlag *m*; Haushaltsplan *m*; *~ do Estado* Staatshaushalt *m.*
orçar [ur'sar] (1p; *Stv.* 1e) veranschlagen (auf *em*); *v/i.* **a**) ⚓ luven; **b**) *~ por* veranschlagt sn (*od.* sich etwa belaufen) auf (*ac.*); etwa zählen (*ac.*).
ordeiro [ur'deiru] ordnungs- (*od.* fried-)liebend.
ordem ['ɔrdɐ̃i] *f* Ordnung *f*; Reihe(nfolge) *f*; Anordnung *f*; Rang (-ordnung *f*) *m*; Stand *m*; Orden *m* (*rel. u. fig.*); Befehl *m*; Anweisung *f*; Vorschrift *f*; Gebot *n*; Auftrag *m* (✝ *dar* erteilen); ✝ Order *f*; *Anwalt-*, *Ärzte*-Kammer *f*; *-ns pl. rel. die* Weihen (*tomar* empfangen); *~ do dia* Tagesordnung *f* (*entrar od. passar à* übergehen zu); ⚔ Tagesbefehl *m*; *~ de ideias* Zs.-hang *m*; *oficial m às -ns* Ordonnanzoffizier *m*; *à ~* an die Order (*Wechsel*); auf Abruf; *à(s) ~(-ns) de alg.* zu j-s Verfügung; *às -ns!* ⚔ zu Befehl!; *até nova ~* bis auf weiteres; *da ~ de* von etwa; *debaixo* (*od. dentro*) *de ~* ⚔ in Marschordnung; *em ~ a* im Hinblick auf (*ac.*); *em boa ~* friedlich; *fora de ~* unordentlich, wirr durchea.; *por ~* der Reihe nach; *por ~ de alg.* in j-s Auftrag; *estar na ~* nichts Unrechtes tun; *sempre às suas -ns!* stets zu Ihren Diensten!
orden|ação [urdənɐ'sɐ̃u] *f* Anordnung *f*; Ver-ordnung *f*, -fügung *f*; Gebot *n*; *rel.* Priesterweihe *f*, Ordination *f*; **~ada** ⩘ [~'naðɐ] *f* Ordinate *f*; **~adamente** [~ˌnaðɐ'mẽntə] ordentlich; der Reihe nach; ordnungsgemäß; **~ado** [~'naðu] *m* Gehalt *n*; **~ança** [~'nɐ̃sɐ] *f* Ordonnanz *f*; *Offiziers*-Bursche *m*; **~ar** [~'nar] (1d) ordnen; anordnen, einrichten; befehlen; ver-fügen, -ordnen; *rel.* ordinieren, weihen.
ordenhar [~ɨ'ɲar] (1d) melken.
ordin|al [~i'nał] Ordnungs...; **~ante** [~ẽntə] *bispo m ~* Weihbischof *m*; **~ário** [~arju] **1.** *adj.* gewöhnlich (*a. fig.*); üblich; *fig.* ordinär; **2.** *m das* Übliche; *de ~, pelo ~* (für) gewöhnlich.
orear *bras.* [o'rjar] (1l) (aus)lüften; trocknen.
orelha [u'reʎɐ] *f* Ohr *n*; ⊕ Lasche *f*; ⚘ Lappen *m*; *de ~* vom Hörensagen; *de ~ fita* mit gespitzten Ohren; *de ~ murcha* (*od. caída*) mit hängenden Ohren, F geknickt.
orelh|eira [urɨ'ʎeirɐ] *f* (Schweins-) Ohren *n/pl.*; Ohrenklappe *f*; **~udo** [~uðu] langohrig; *fig.* dickköpfig.
orfanato [urfɐ'natu] *m* Waisenhaus *n.*
órfão ['ɔrfɐ̃u] **1.** *adj.* verwaist; *~ de pai* (*mãe*) vater- (mutter-)los; *ficar ~ de* verlieren (*ac.*); **2.** *m*, **-ã** *f*

Waisenkind *n*, Waise *f*; Waisenknabe *m*, -mädchen *n*.
orfe|ão [ɔr'fjẽu] *m* Gesangverein *m*; Chor *m*; **~ónico** [~ɔniku] Chor...
organdi [ɔrgẽn'di] *m* Glasbatist *m*.
orgânic|a [ur'gɐnikɐ] *f* (organisches) Gebilde *n*; = *organismo*; **~o** [~u] organisch; *lei f -a* Grundgesetz *n*; *reino m ~* belebte Natur *f*.
organ|ismo [~gɐ'niʒmu] *m* Organismus *m*; Gliederung *f*; Körperschaft *f*; Behörde *f*; **~ista** [~iʃtɐ] *su.* Organist(in *f*) *m*; Orgelspieler(in *f*) *m*; **~ização** [~nizɐ'sɐ̃u] *f* Organisation *f*; Aufbau *m*, Gliederung *f*; Einrichtung *f*; *körperliche* Verfassung *f*, Veranlagung *f*; Veranstaltung *f*; **~izado** [~ni'zaδu] organisch; **~izador** [~nizɐ'δor] **1.** *adj.* organisatorisch; bildend, ordnend; **2.** *m* Organisator *m*; Veranstalter *m*; **~izar** [~ni'zar] (1a) organisieren; gliedern; einrichten; *Fest* veranstalten.
órgão ['ɔrgɐ̃u] *m* Organ *n* (*a. fig.*), Körperteil *m*; *fig. a.* Werkzeug *n*; ♪ Orgel *f*; *~s pl. vitais* edle Teile *pl.*
orgia [ur'ʒiɐ] *f* Gelage *n*, Orgie *f*.
orgulh|ar [urgu'ʎar] (1a) stolz m.; **~ar-se** *de* stolz sn auf (*ac.*); **~o** [~'guʎu] *m* Stolz *m*; **~oso** [~ozu] stolz.
orient|ação [urjẽntɐ'sɐ̃u] *f* Orientierung *f*; Ortsbestimmung *f*; *fig.* Richtung *f*; Anleitung *f*; *debaixo de* (*od. sob*) *a ~ de* unter der Leitung (*gen.*); **~ador** [~ɐ'δor] **1.** *adj.* richtunggebend, wegweisend; leitend; Orientierungs...; **2.** *m* Berater *m*; Leiter *m*; Wegweiser *m*; **~al** [~'tał] östlich, Ost...; orientalisch; **~alista** [~ɐ'liʃtɐ] *su.* Orientalist(in *f*) *m*; **~ar** [~'tar] (1a) orientieren; *fig.* anleiten; beraten; **~ar-se** sich zurechtfinden; sich richten (nach *por*); **~e** [u'rjẽntə] *m* Osten *m*; Morgen(land *n*) *m*; Orient *m*.
orifício [uri'fisju] *m* Öffnung *f*; Loch *n*; *anat. a.* Mund *m*; ⊕ Düse *f*.
origem [u'riʒɐ̃i] *f* Ursprung *m*; Herkunft *f*, Ursache *f*; *na* (*sua*) *~* ursprünglich.
origin|al [uriʒi'nał] **1.** *adj.* ursprünglich; urschriftlich; Ur...; Original...; eigenartig; originell; *pecado m ~* Erbsünde *f*; **2.** *m* Original *n*; Manuskript *n*; Urtext *m*; Urbild *n*; Sonderling *m*; **~alidade** [~nɐli'δaδə] *f* Ursprünglichkeit *f*, Originalität *f*; **~ar** [~ar] (1a) hervorrufen; verursachen; **~ar-se** entstehen, -springen; abstammen; herrühren; **~ário** [~arju] ur-sprünglich, -tümlich; gebürtig; *ser ~ de* abstammen von; stammen aus.
oriundo [u'rjũndu] stammend.
orl|a ['ɔrlɐ] *f* Rand *m*, Saum *m*; Einfassung *f*; **~ar** [ur'lar] (1e) einfassen; (um)säumen.
ornament|ação [urnɐmẽntɐ'sɐ̃u] *f* Ausschmückung *f*; *-ões pl. Straßen*-Schmuck *m*; **~al** [~'tał] schmükkend; Schmuck..., Zier...; **~ar** [~'tar] (1a) (aus)schmücken; verzieren; **~o** [~'mẽntu] *m* Verzierung *f*; Ornament *n*; *fig.* Zierde *f*.
orna|r [ur'nar] (1e) schmücken; zieren; **~to** [~tu] *m* Schmuck *m*; Zierat *m*; Verzierung *f* (*a.* ♪).
orn|ear [~'njar] (1l) = **~ejar** [~nɨ'ʒar] (1d) schreien (*Esel*).
ornitologia [ɔrnitulu'ʒiɐ] *f* Vogelkunde *f*.
orografia [uruɣrɐ'fiɐ] *f* Gebirgskunde *f*; Oberflächengestalt *f*.
orquestra [ɔr'kɛʃtrɐ] *f* Orchester *n*.
orquestr|ação [~kɨʃtrɐ'sɐ̃u] *f* Orchestersatz *m*; **~al** [~'trał] Orchester..., orchestral; **~ar** [~'trar] (1c) für Orchester bearbeiten; orchestrieren.
orquídea [ur'kiδjɐ] *f* Orchidee *f*.
orto|doxia [ɔrtoδɔk'siɐ] *f* Rechtgläubigkeit *f*; **~doxo** [~'δɔksu] rechtgläubig; **~grafia** [~ɣrɐ'fiɐ] *f* Rechtschreibung *f*; **~gráfico** [~'ɣrafiku] orthographisch; **~pedia** [~pə'δiɐ] *f* Orthopädie *f*; **~pedista** [~pə'δiʃtɐ] *m* Orthopäde *m*.
orvalh|ar [urvɐ'ʎar] (1b) (be-)tauen; **~o** [~'vaʎu] *m* Tau *m*.
os [uʃ] *art. u. pron. m/pl.* die; sie; Sie.
oscil|ação [uʃsilɐ'sɐ̃u] *f* Schwingung *f*; *fig.* Schwankung *f*; Schwanken *n*; **~ante** [~'lẽntə] Schwingungs...; *fig.* schwankend; **~ar** [~'lar] (1a) schwingen; schwanken; **~atório** [~ɐ'tɔrju] schwingend, Pendel...; = *~ante*.
oscular [uʃ-, ɔʃku'lar] (1a) küssen.
ósculo ['ɔʃkulu] *m* Kuß *m*.
oss|ada [ɔ'saδɐ] *f* Gebeine *n/pl.*; Skelett *n* (*a. fig.*); = **~amenta** [ɔsɐ'mẽntɐ] *m* Gerippe *n*; **~aria** *f*, **~ário** *m* [ɔsɐ'riɐ, ɔ'sarju] Knochenhaufen *m*; Beinhaus *n*; **~atura**

[ɔsɐ'turɐ] *f Tier*-Gerippe *n*; **~eína** [ɔse'inɐ] *f* Knochensubstanz *f*.
ósseo ['ɔsju] knochig; Knochen...
ossific|ação [ɔsəfikɐ'sɐ̃u] *f* Knochenbildung *f*; **~ar-se** [~'karsə] (1n) verknöchern.
osso ['osu] *m* Knochen *m*, Bein *n*; *~s pl.* Gebeine *n/pl.*; *são ~s do ofício* das muß man mit in Kauf nehmen; *~ duro de roer* harte Nuß *f*; *~-do-pai-joão* Steißbein *n*.
ossu|ário [ɔ'swarju] *m* = *ossário*; **~do** [ɔ'suðu] (stark)knochig.
osten|sível, ~sivo [uʃtẽ'sivɛɫ, ~'sivu] (offen)sichtlich; deutlich; auffallend; **~tação** [~tẽntɐ'sɐ̃u] *f* Schaustellung *f*; Aufwand *m*; Prahlerei *f*; **~tar** [~tẽn'tar] (1a) zur Schau tragen, prahlen (*od.* protzen) mit; zeigen; **~tativo** [~tẽntɐ'tivu] herausfordernd, prahlerisch; = *~sível*; **~toso** [~tẽn'tozu] prunkhaft, F protzig.
ostra ['oʃtrɐ] *f* Auster *f*.
ostracismo [uʃtrɐ'siʒmu] *m fig.* Ausschluß *m*; Verbannung(surteil *n*) *f*.
ostr|eira [~'treirɐ] *f* Austernbank *f*; **~eiro** [~eiru] *m* Austernhändler *m*.
ostrogodo [ɔʃtro'ɣoðu] *m* Ostgote *m*.
ot... *s. a. oct...*
ótico ['ɔtiku] Ohren...
otite [ɔ'titə] *f* Ohrenentzündung *f*; *~ interna* Mittelohrentzündung *f*.
otorrinolaringologista [ɔtoˌʀinolɐˌrĩŋgɔlu'ʒiʃtɐ] *m* Facharzt *m* für Hals-, Nasen- und Ohrenkrankheiten.
ou [o] oder; *~ ... ~* entweder ... oder.
oução [o'sɐ̃u] *m* Made *f*.
our-, oir|ama *bras.* [o-, oi'rɐmɐ] *f* Goldmünze(n) *f* (*f/pl.*); Geld *n*; **~ejante** [~rɨ'ʒẽntə] goldglänzend; **~ejar** [~rɨ'ʒar] (1d) golden glänzen; **~ela** [~ɛlɐ] *f* Borte *f*; *Tuch*-Leiste *f*.
ouri-, oiri|çado [ori-, oiri'saðu] stachelig, borstig; **~çar** [~'sar] (1p) sträuben; **~ço** [~'risu] *m* ♀ Stachelhülle *f*; *zo.* Igel *m*; *~ do mar* Seeigel *m*.
ouriv|es [o'rivɨʃ] *m* Goldschmied *m*; **~esaria** [orivəzɐ'riɐ] *f* Goldschmiedekunst *f*; Juweliergeschäft *n*.
ouro, oiro ['oru, 'oiru] *m* Gold *n*; *~s pl. Kartenspiel*: Schellen *f/pl.*; Eckstein *m*, Karo *n*; *de ~* golden; *cor de ~* goldgelb; **~pel** [o-, oiru'pɛɫ] *m* Rauschgold *n*; Flitter *m*.
ous|adia [ozɐ'ðiɐ] *f* Kühnheit *f*; Wagnis *n*; **~ado** [o'zaðu] kühn; **~ar** [o'zar] (1a) wagen.
outeiro [o'teiru] *m* = *oiteiro*.
outo ['otu] *m* Spreu *f*.
outon|al [otu'naɫ] herbstlich, Herbst...; **~o** [o'tonu] *m* Herbst *m*.
outorg|a [o'tɔrgɐ] *f* Gewährung *f*, Bewilligung *f*; schriftliche Erklärung *f*; Ausfertigung *f*; **~ante** [otur'gẽntə] **1.** *adj.* diese Erklärung abgebend; **2.** *su.* Aussteller(in *f*) *m e-s Dokuments*, Endesunterzeichnete(r) *m*; **~ar** [otur'gar] (1o; *Stv.* 1e) gewähren, bewilligen; oktroyieren; schriftlich erklären; *Dokument* ausfertigen.
outr|em ['otrɐ̃i] andere *pl.*; jemand anders; *de ~* anderer (*od.* fremder) Leute; *por conta de ~* für fremde Rechnung; **~o** [~u] ein anderer; ein zweiter, noch ein; *o ~* der andere; *um e ~* der eine und (*od.* wie) der andere; beide; *uma ou -a vez* das eine oder andere Mal, ab und zu; *um* (*uns*) *ao(s) ~(s)* (an-, zu-)einander; *um* (*uns*) *debaixo* (*em cima, atrás*) *do(s) ~(s)* unter- (auf-, hinter-)einander; *~ dia* ein andermal; (*n*)*~ dia* neulich; *~ tal* dasselbe; *~ tanto* noch einmal (*od.* eben)soviel; dasselbe; *-a vez* ein andermal; noch einmal; *até -a vez!* auf Wiedersehen!; *temos -a! iron.* das wird ja immer schöner!; hört's denn noch nicht auf?; (*ou*) *por -a* das heißt.
outr|ora [o'trɔrɐ] ehemals, früher; **~ossim** [otru'sĩ] ebenfalls; ebenso.
Outubro [o'tuβru] *m* Oktober *m*.
ouv|ida [o'viðɐ] *f*: *de ~* vom Hörensagen; **~ido** [~iðu] **1.** *m* Gehör *n*; Ohr *n*; ⚔ Zündloch *n*; *~ médio* Mittelohr *n*; *de ~* ♪ nach dem Gehör; *aplicar o ~ a fig.* horchen auf (*ac.*); *chegar aos ~s* zu Ohren kommen; *dar* (*od. prestar*) *~(s) a* hören auf (*ac.*); *fig.* Gehör schenken (*dat.*); *ser todo ~s* ganz Ohr sein; **2.** *p.p. v. ~ir*; *~ (su.)* nach Anhörung (*gen.*); *ser ~ fig.* Gehör finden; **~idor** [ovi'ðor] *m* ⚖ Beisitzer *m*; Auditor *m*; **~inte** [o'vĩntə] *m* Zuhörer *m*; Hörer *m*; Hospitant *m*; **~ir** [~ir] (3u) (an)hören; zuhören (*dat.*); *Bitte* erhören; hören auf (*ac.*); *fazer-se ~ em* (*od. com*) *et.* zu Gehör bringen; *et.* spielen (*od.* singen, sprechen); auftreten in

(*dat.*); ~ *de confissão j-m* die Beichte abnehmen.
ova ['ɔvɐ] *f* Eierstock *m* (*der Fische*); ~*s pl.* Rogen *m*, Laich *m*.
ova|ção [uvɐ'sɐ̃u] *f* Huldigung *f*; Beifallssturm *m*; **~cionar** [~sju'nar] (1f) *j-m* zujubeln.
ov|al [u'vaɫ] eiförmig, oval; **~ar** [~ar] (1e) Eier legen; laichen (*Fisch*); **~ário** [~arju] *m* Eierstock *m*; ⚘ Fruchtknoten *m*; **~eiro** [~eiru] **1.** *m* Eierstock *m der Vögel*; Eierschüssel *f*; **2.** *adj. bras.* falb.
ovelh|a [u'veʎɐ] *f* Schaf *n*; **~um** [uvɨ'ʎũ]: *gado m* ~ Schafe *n/pl*.
ovíparo [ɔ'vipɐru] Eier legend.
ovo ['ovu] *m* Ei *n* (*pôr* legen).
óvulo ['ɔvulu] *m* Ei(zelle *f*) *n*.
oxalá [oʃɐ'la] *int.* wolle Gott!; ~ *que conj.* hoffentlich *ind.*
oxid|ação [ɔksiðɐ'sɐ̃u] *f* Oxydation *f*; **~ar** [~'ðar] (1a) oxydieren.
óxido ['ɔksiðu] *m* Oxyd *n*.
oxigen|ado [ɔksiʒə'naðu]: *água f -a* Wasserstoffsuperoxyd *n*; **~ar** [~ar] (1d) mit Sauerstoff sättigen.
oxigénio [~'ʒɛnju] *m* Sauerstoff *m*.
ozena [ɔ'zɛnɐ] *f* Nasengeschwür *n*.
oz|one, ~ónio [ɔ'zɔnə, ~ɔnju] *m* Ozon *n*; **~onizado** [ɔzuni'zaðu] ozonhaltig.

P

P, p [pe] *m* P, p *n*.
pá [pa] **1.** *f* Schaufel *f*; Spaten *m*; *Maurer*-Kelle *f*; *Ruder-*, *Schulter-*Blatt *n*; *Schrauben*-Flügel *m*.
paca ['pakɐ] *f* **a**) Ballen *m*; Packen *m*; **b**) *zo*. Paka *m* (*Hasenart*).
pacat|ez [pɐkɐ'teʃ] *f* Friedfertigkeit *f*; **~o** [~'katu] friedfertig; still.
pachorr|a [pɐ'ʃoʀɐ] *f* Gemächlichkeit *f*; **~ento** [~ʃu'ʀẽntu] gemächlich; behäbig; F pomadig.
paci|ência [pɐ'sjẽsjɐ] *f* Geduld *f*; Geduldsspiel, Zs.-setz-spiel *n*; Patience *f*; *fazer perder a ~ a alg.* j-s Geduld erschöpfen, j-n aufbringen; *ter ~* sich gedulden; (*tenha*) *~!* seien Sie nett!; ärgern Sie sich nicht!; nur keine Aufregung!; nur ruhig Blut!; nichts zu machen!; na schön! *usw*.; **~ente** [~ẽntə] **1.** *adj*. geduldig; leidend; **2.** *su*. Geduldsmensch *m*; Leidende(r) *m*.
pacific|ação [pɐsəfikɐ'sɐ̃u] *f* Befriedung *f*; **~ador** [~ɐ'ðor] *m* Friedensstifter *m*; **~ar** [~'kar] (1n) befrieden; beruhigen.
pacífico [~'sifiku] friedfertig; friedlich; ruhig; still; *Oceano m* ♀ Großer (*od*. Stiller) Ozean *m*.
pacifista [~sə'fiʃtɐ] **1.** *su*. Kriegsgegner(in *f*) *m*; **2.** *adj*. pazifistisch.
paço ['pasu] *m* *königl. od. bischöfl.* Residenz *f*; Palast *m*; Hof *m*; *~(s pl.) do concelho* Rathaus *n*.
pacoba *bras*. [pa'kɔβɐ] *f* Banane *f*.
pacote [pɐ'kɔtə] *m* Paket *n*.
pacóvio F [~'kɔvju] **1.** *adj*. dußlig; **2.** *m* Dussel *m*.
pacto ['paktu] *m* Pakt *m*; Vertrag *m*.
pactu|ante [pak'twɐ̃ntə] **1.** *adj*. paktierend; vertragschließend; verbündet; **2.** *m* = *~ário*; **~ar** [~ar] (1g) *Vertrag* schließen; *Bedingung* festsetzen, aushandeln; paktieren (mit *com*); **~ário** [~arju] *m* Vertragspartner *m*; Verbündete(r) *m*.
padaria [pɐðɐ'riɐ] *f* Bäckerei *f*.
padec|ente [pɐðə'sẽntə] *m* Dulder *m*; arme(r) Sünder *m*; **~er** [~er] (2g) zu erdulden (*od*. auszustehen) h.; (er)leiden; ertragen; erlauben; *v/i*. *~ de* leiden an (*dat*.); zu tun h. mit; **~imento** [~si'mẽntu] *m* Leiden *n*.
padeir|a [pa'ðeirɐ] *f* Brotfrau *f*; Bäckersfrau *f*; **~o** [~u] *m* Bäcker *m*.
padejar [pɐðɨ'ʒar] (1d) worfeln.
padiola [pɐ'ðjɔlɐ] *f* Trage *f*, Bahre *f*.
padrão [pɐ'ðrɐ̃u] *m* **a**) Eichmaß *n*; Norm *f*; Vorlage *f*; Schablone *f*; *Gewebe*-Muster *n*, Dessin *n*; *fig*. Muster *n*, Vorbild *n*; Richtschnur *f*; *~ ouro* Goldwährung *f*; **b**) Denksäule *f*, -stein *m*; *metro-* (*quilo-*)*~ m* Ur-meter (-kilo) *n*.
padrasto [~'ðraʃtu] *m* **a**) Stiefvater *m*; **b**) Berg *m*.
padre ['paðrə] *m* Priester *m*; Pater *m* (*Anrede*); *os* (*santos*) ♀*s* die Kirchenväter *m/pl*.; *o Santo* ♀ der Heilige Vater *m*.
padre|ação [pɐðrjɐ'sɐ̃u] *f* Fortpflanzung *f*; *Pferde*-Zucht *f*; **~ador** [~ɐ'ðor] **1.** *adj*. Zucht...; **2.** *m* Beschäler *m*; **~ar** [~'ðrjar] (1l) sich fortpflanzen (*Pferde*).
padre-|nosso [ˌpaðrə'nɔsu] *m* Vaterunser *n*; ♀**santo** [~'sɐ̃ntu] *m* *der* Heilige Vater *m*.
padrinho [pɐ'ðriɲu] *m* (Tauf-) Pate *m*; Trauzeuge *m*; Sekundant *m* (*Duell*); Doktorvater *m*; *fig*. Beschützer *m*.
padro|ado [~'ðrwaðu] *m* Patronat(srecht) *n*; **~eiro** *m*, **-a** *f* [~eiru, -ɐ] Schutzherr(in *f*) *m*; Schutzheilige(r *m*) *m*, *f*.
paga ['paɣɐ] *f* Zahlung *f*; Lohn *m*; *em ~ de fig*. zum Lohn für.
paga|dor [pɐɣɐ'ðor] *m* Zahler *m*; **~mento** [~'mẽntu] *m* Aus-, Bezahlung *f*; Zahlung *f*; Gehalts-, Lohn-zahlung *f*; Löhnung *f*; Abschlagszahlung *f*; *a ~s* auf Abschlag.
paganismo [~ɣɐ'niʒmu] *m* Heidentum *n*.
pagão [~'ɣɐ̃u] **1.** *adj*. heidnisch; **2.** *m*, **-ã** *f* Heide *m*, Heidin *f*.
pagar [~'ɣar] (1o; *Stv*. 1b) zahlen; be-, aus-, ab-zahlen; (ab)büßen; *et*. vergelten, heimzahlen; *j-n* belohnen; *Besuch* erwidern; *ele mo* (*od*. *mas*) *pagará* das soll er mir

büßen; **~-se** *de* sich entschädigen (*od.* schadlos halten) für; ~ *por suas mãos* s-n Teil einbehalten.
pagável [~'ɣavɛɫ] zahlbar.
página ['paʒinɐ] *f* Seite *f*; *virar a* ~ das Thema wechseln.
pagin|ação [pɐʒinɐ'sɐ̃u] *f* Bezifferung *f* der Seiten; *tip.* Umbruch *m*; **~ar** [~'nar] (1a) *Buch* paginieren; *tip.* umbrechen.
pago ['paɣu] *p.p. irr. v. pagar.*
pagode [pɐ'ɣɔðə] *m* Pagode *f*; Götze *m*; *fig.* F Rummel *m*; Schwof *m*.
pai [pai] *m* Vater *m*; *os* ~*s* die Eltern *pl.*; ~*-nosso m* Vaterunser *n*; ~*-de--santo bras.* Götzenpriester *m*; ~*-gonçalo bras.* Waschlappen *m*.
painço ♀ [pɐ'ĩsu] *m* Hirse *f*.
painel [pai'nɛɫ] *m* Gemälde *n*; Paneel *n*; *-éis pl.* Täfelung *f*.
paio ['paju] *m Art* Rollschinken *m*.
paiol [pɐ'jɔɫ] *m* Pulver-kammer *f*, -turm *m*; ⚓ Laderaum *m*, Bunker *m*; ~ *de mantimentos* Vorratsraum *m*.
pairar [pai'rar] (1a) ⚓ stilliegen; treiben; schweben; *fig.* schwanken; ~ *sobre* hängen über (*dat.*); bevorstehen (*dat.*), drohen (*dat.*).
país [pɐ'iʃ] *m* Land *n*.
paisag|em [pai'zaʒɐ̃i] *f* Landschaft *f*; **~ista** [~zɐ'ʒiʃtɐ] *su.* Landschaftsmaler(in *f*) *m*.
paisan|a [~'zɐnɐ]: *à* ~ in Zivil; Zivil...; **~o** [~u] *m* Zivilist *m*.
paixão [pai'ʃɐ̃u] *f* Leidenschaft *f*; ♀ *de Christo* Leiden *n* Christi; ♀ *segundo S. Mateus* Matthäuspassion *f*; *semana* (*sexta-feira*) *f da* ~ Kar-woche *f* (-freitag *m*).
pajem ['paʒɐ̃i] *m* Edelknabe *m*, Page *m*; *taur.* Ordonnanz *f*; ⚓ Schiffsjunge *m*.
pala ['palɐ] *f* Augen-, Mützenschirm *m*; *Edelstein*-Fassung *f*; *Schuh*-Lasche *f*; *Taschen*-Klappe *f*; ▨ Pfahl *m*; *cat.* Kelchdeckel *m*; *auto.* Sonnenklappe *f*; P Lüge *f*.
palac|ete [pɐlɐ'setə] *m* herrschaftliche(s) Haus *n*; Schlößchen *n*; **~iano** [~'sjɐnu] **1.** *adj.* höfisch; Palast...; **2.** *m* Höfling *m*.
palácio [~'lasju] *m* Palast *m*; Schloß *n*.
paladar [~lɐ'ðar] *m anat.* Gaumen *m*; *fig.* Geschmack *m*; Zunge *f*.
palad|im, ~ino [~lɐ'ðĩ, -inu] *m* Paladin *m*; *fig.* Kämpe *m*; Vorkämpfer *m*.
palafita [pɐlɐ'fitɐ] *f* Pfahl-bau *m*, -werk *n*.
palafr|ém [~'frɐ̃i] *m* Zelter *m*; **~eneiro** [~frə'neiru] *m* Reitknecht *m*.
pálamo ['palɐmu] *m* Schwimmhaut *f*.
palanqu|e [pɐ'lɐ̃ŋkə] *m* Tribüne *f*; **~im** [~lɐ̃ŋ'kĩ] *m* Sänfte *f*.
palão [pɐ'lɐ̃u] *m* Schwindel *m*, F Ente *f*.
palatal [pɐlɐ'taɫ] **1.** *adj.* Gaumen...; **2.** *f* Gaumenlaut *m*.
palatin|ado [~ti'naðu] *m* Pfalz (-grafschaft) *f*; Woiwodschaft *f*; **~o** [~'tinu] **a) 1.** *adj.* pfalzgräflich; Pfalz...; **2.** *m* Pfalzgraf *m*; Woiwode *m* (*in Polen*); **b) 1.** *adj.* Gaumen...; *osso m* ~ = **2.** *m* Gaumenbein *n*.
palato [pɐ'latu] *m* Gaumen *m*.
palavra [~'lavrɐ] *f* Wort *n*; ~ *de honra* Ehrenwort *n*; ~ *de rei* ein Mann ein Wort; *falta f de* ~ Wortbruch *m*; *homem m de* (*sua*) ~ Mann von Wort; ~ *puxa* ~ ein Wort gibt das andere; *de* ~ mündlich; *pela* ~ wörtlich; *sob* ~ (*de honra*) auf Ehrenwort; *dar uma* (*ou duas*) ~(*s*) *a alg.* ein Wort im Vertrauen mit j-m reden; j-n allein sprechen; *dar* (*od. conceder*) *a* ~ das Wort erteilen; *não dar* (*od. dizer*) ~ kein Wort von sich geben; *estar sob* ~ versprochen sn; *negar* (*retirar*) *a* ~ das Wort verbieten (entziehen); *passar das* ~*s aos factos* ernst m.; *pegar a alg. na* ~ j-n beim Wort nehmen; *ter* ~ Wort halten; *tirar a* ~ *da boca j-m* das Wort aus dem Munde nehmen; *tomar a* ~, *usar da* ~ das Wort ergreifen.
palavr|ão [~lɐ'vrɐ̃u] *m* Wortungetüm *n*; **~eado** [~'vrjaðu] *m* Geschwätz *n*, Gerede *n*; Wortschwall *m*; **~ear** [~'vrjar] (1l) schwätzen; **~eiro** [~'vreiru] **1.** *adj.* geschwätzig; **2.** *m* Schwätzer *m*; **~ório** [~'vrɔrju] = ~*eado*; **~oso** [~'vrozu] wortreich.
palco ['paɫku] *m* Bühne *f*.
paleio *bras.* [pa'leju] *m* faule(r) Witz *m*; Gewäsch *n*.
palerm|a [pɐ'lɛrmɐ] **1.** *su.* Schafskopf *m*; **2.** *adj.* dämlich; **~ice** [~lər'misə] *f* Dämlichkeit *f*.
palestr|a [~'lɛʃtrɐ] *f* Plauderei *f*; F Schwatz *m*; **~(e)ar** [~liʃ'tr(j)ar] (1c [1l]) plaudern.

paleta [~ˈletɐ] *f pint.* Palette *f*; Modellierholz *n*; *bras.* Schulter(stück *n*) *f*.

paletó *gal.* [~ləˈtɔ] *m* Überzieher *m*; *bras.* Jackett *n*, Rock *m*.

palha [ˈpaʎɐ] *f* Stroh(halm *m*) *n*; *fig.* Nichts *n*; *fumo m de* ~ blaue(r) Dunst *m*; *lucro m de* ~ Scheingewinn *m*; ~ *de madeira* Holzwolle *f*; *dar* ~ blauen Dunst vormachen; *por dá cá aquela* ~ für nichts und wieder nichts.

palh|açada [pɐʎɐˈsaðɐ] *f* Clown-Nummer *f im Zirkus*; Albernheit *f*; Posse *f*; **~aço** [~ˈʎasu] *m* Hanswurst *m*, Clown *m*; **~ada** [~ˈʎaðɐ] *f* Häcksel *n* (*a. m*); *fig.* leeres Stroh *n*; **~eireiro** [~eiˈreiru] *m* Strohflechter *m*; **~eiro, -ão** [~ˈʎeiru, ~ʎeiˈrɐ̃u] *m* Strohschober *m*; **~eta** [~ˈʎetɐ] *f* Zunge *f in Blasinstrumenten*; *Metall*-Plättchen *n*; *Ball*-Schläger *m*; *Rad*-Schaufel *f*; Hemmung *f* (*Uhr*); *pint.* Modellierholz *n*; **~etão** [~əˈtɐ̃u] *m Schlüssel*-Bart *m*; **~ete** [~ˈʎetə] blaßrot; *vinho m* ~ Bleichert *m*; **~iço** [~ˈʎisu] **1.** *m* Häcksel *n* (*a. m*); Dachstroh *n*; **2.** *adj.* Stroh...; **~inha** [~ˈʎiɲɐ] *f* Strohhalm *m*; *cadeira f de* ~ Rohrstuhl *m*; **~oça** [~ˈʎɔsɐ] *f* Strohmantel *m*; = **~ota** [~ˈʎɔtɐ] *f* (Stroh-)Hütte *f*.

pali|ar [pɐˈljar] (1g) bemänteln; vorübergehend beheben; lindern; hinauszögern; hinhalten; **~ativo** [~ljɐˈtivu] **1.** *adj.* hinhaltend; behelfsmäßig; Verzögerungs...; Linderungs...; **2.** *m* Linderungsmittel *n*; Behelf *m*, Verlegenheitslösung *f*; Verzögerung(smanöver *n*) *f*.

paliçada [~liˈsaðɐ] *f* Palisade *f*; Kampfplatz *m*.

palidez [~liˈðeʃ] *f* Blässe *f*.

pálido [ˈpaliðu] blaß, bleich.

pálio [ˈpalju] *m* Traghimmel *m*, Baldachin *m*; Pallium *n* (*Bischofsmantel*).

palit|ar [pɐliˈtar] (1a): ~ *os dentes* in den Zähnen stochern; **~eiro** [~eiru] *m* Zahnstocherbüchse *f*; **~o** [~ˈlitu] *m* Zahnstocher *m*.

palma [ˈpałmɐ] *f* Palme *f* (*a. fig.*); Palmzweig *m*; ~ *da mão* Handfläche *f*, flache Hand *f*; **~s** *pl.* Händeklatschen *n*; *fig.* Beifall *m*; *dar a* ~ die Palme reichen, den Sieg zusprechen; *dar* **~s** in die Hände (*od.* Beifall) klatschen; *levar a* ~ den Sieg davontragen.

palm|ada [pałˈmaðɐ] *f* Schlag *m* mit der flachen Hand; **~s** *pl.* Beifall *m*; **~ar** [~ar] **1.** *m* Palmenhain *m*, Palmdorf *n*; **2.** *adj.* Mittelhand...; spannenlang; *fig.* handgreiflich, offensichtlich; **~atoada** [~mɐˈtwaðɐ] *f* Schlag *m* auf die Hand; **~atória** [~mɐˈtɔrjɐ] *f* Handklatsche *f*; Handleuchter *m*; *dar as mãos à* ~ sich schuldig bekennen; **~ear** [~ˈmjar] (1l) (be)klatschen; *Kahn* mit den Händen rudern; *bras. et.* in der flachen Hand rollen (*od.* reiben); **~eira** [~eirɐ] *f* Palme *f*, Palmbaum *m*; **~eta** [~etɐ] *f* Spachtel *m*; Stellkeil *m*; = **~ilha** [~iʎɐ] *f* Einlegesohle *f*; Strumpfsohle *f*; **~ilhar** [~miˈʎar] (1a) *Strümpfe* anstricken; *Schuhzeug* ab-, schieftreten; zu Fuß gehen, wandern; **~ípedes** [~ˈmipəðɨʃ] *m/pl.* Schwimmvögel *m/pl.*; **~ito** [~itu] *m* Zwergpalme *f*; Palmzweig *m*; Palmmark *n*; Blumenstrauß *m*; **~o** [ˈpałmu] *m* Spanne *f*; Handbreit *f*; ~ *a* ~ Schritt für Schritt; *a* **~s** zusehends; **~oira**, **~oura** [~oirɐ, ~orɐ] *f* Schwimmfuß *m*.

palpável [~ˈpavɛł] greifbar; handgreiflich.

pálpebra [ˈpałpəβrɐ] *f* Lid *n*.

palpit|ação [pałpitɐˈsɐ̃u] *f* Zuckung *f*; Herzklopfen *n*; **~ante** [~ˈtɐ̃ntə] brennend (*Frage*); **~ar** [~ˈtar] (1a) (zs.-)zucken; klopfen (*Herz*); ~ *a alg.* F j-m schwanen; j-m vorkommen; **~e** [~ˈpitə] *m fig.* F Ahnung *f*; Fingerspitzengefühl *n*.

palpo [ˈpałpu] *m* Taster *m*; Fühler *m*.

palr|ador [pałʀɐˈðor] *m* Plappermaul *n*; Schwätzer *m*; **~ar** [~ˈʀar] (1a) plappern; schwatzen; **~eiro** [~ˈʀeiru] schwatzhaft; plappernd; schwatzend; **~ice** [~ˈʀisə] *f* Geplapper *n*.

palu|dismo [pɐluˈðiʒmu] *m* Sumpffieber *n*; **~stre** [~ˈluʃtrə] Sumpf...

pamonha *bras.* [pɐˈmoɲɐ] *f Art* Maiskuchen *m*; *fig.* Schlappschwanz *m*.

pampa [ˈpɐ̃mpɐ] *f* (*a. m*) Pampa *f*.

pâmpano [~ɐnu] *m* Weinranke *f*.

pampilho [pɐ̃mˈpiʎu] *m* Spieß *m*; Ochsenstachel *m*.

panaceia [pɐnɐ'sejɐ] *f* Allheilmittel *n*.
panar [~'nar] (1a) *Fleisch usw.* panieren; *água f panada* Brotwasser *n* (*Krankenkost*).
panarício ⚕ [~nɐ'risju] *m* Nagelgeschwür *n*.
panasco [~'naʃku] *m* Futtergras *n*.
pança ['pɐ̃sɐ] *f* Pansen *m*; *iron.* Wanst *m*.
pancad|a [pɐ̃ŋ'kaδɐ] *f* Schlag *m*; Stoß *m*; ~ *de água* Platzregen *m*; *jogar a* ~ sich prügeln; *ter* ~ (*na mola od. no realejo*) F e-n Rappel h.; **~aria** [~kɐδɐ'riɐ] *f* Schlägerei *f*; ♪ P Schlagzeug *n*.
pâncreas ['pɐ̃ŋkrjɐʃ] *m* Bauchspeicheldrüse *f*.
pançudo [pɐ̃'suδu] dickbäuchig.
pândeg|a ['pɐ̃ndəγɐ] *f* tolles Fest *n*; Rummel *m*; Schwof *m*; *andar na* ~ F sich amüsieren; auf den Bummel gehen; **~o** [~u] **1.** *adj.* lustig; leichtsinnig; **2.** *m* Bruder *m* Lustig.
pandei|reta *f*, **~ro** *m* [pɐ̃ndei'retɐ, ~'deiru] Tamburin *n*.
pandilha [~'diʎɐ] **1.** *m* Gauner *m*; **2.** *f bras. Gauner*-Bande *f*; Trupp *m Pferde usw.*
pando ['pɐ̃ndu] gebläht; geschwollen; bauchig.
pandorga P [pɐ̃n'dɔrgɐ] *f* **a**) Katzenmusik *f*; **b**) *iron.* Maschine *f*; **c**) *bras. Papier*-Drache(n) *m*.
pane *gal.* ['pɐnə] *f* Panne *f*.
paneg|írico [pɐnɨ'ʒiriku] **1.** *adj.* lobend; **2.** *m* Lobrede *f*; **~irista** [~ʒi'riʃtɐ] *m* Lobredner *m*.
paneiro [~'neiru] *m* Korb *m*; Rücksitz *m im Boot*; Laufrost *m*; Korbwagen *m*.
panejar [~nɨ'ʒar] (1d) *v/i.* flattern.
panel|a [~'nɛlɐ] *f* Kochtopf *m*; Kessel *m* (*a. fig.*); **~ada** [~nə'laδɐ] *f* Topfvoll *m*; **~inha** [~nə'liɲɐ] *f fig.* F Klüngel *m*; *desmanchar* (*od. desfazer*) *a* ~ e-n Strich durch die Rechnung m.; *fazer* ~ *com* gemeinsame Sache m. mit; = *ser da mesma* ~ unter e-r Decke stecken.
panema *bras.* [~'nemɐ] *su.* Pechvogel *m*; Pech *n*.
panfleto [pɐ̃'fletu] *m* Schmähschrift *f*, Pamphlet *n*.
pânico ['pɐniku] **1.** *adj.* panisch; **2.** *m* Panik *f*.
panícula ⚘ [pɐ'nikulɐ] *f* Rispe *f*.
panific|ação [~nəfikɐ'sɐ̃u] *f* Brotbereitung *f*; *indústria f de* ~ Bäckereigewerbe *n*; **~ador** [~ɐ'δor]: *sociedade f* ~*a* Bäckereigenossenschaft *f*; **~ar** [~'kar] (1n) zu Brot verarbeiten.
pan|inho [~'niɲu] *m* Schirting *m*; **~o** ['pɐnu] *m* Tuch *n*; Stoff *m*; *Stoff*-Bahn *f*; *Putz*-Lappen *m*; *Mauer*-Stück *n*; Rauchfang *m*; ⚕ *Haut*-Flecken *m/pl.*; ⚓ *die* Segel *n/pl.*; ~ (*de boca*) *tea.* Vorhang *m*; ~ *de fundo tea.* Prospekt *m*; ~ *de linho* Leinwand *f*; ~ *verde der* grüne Tisch *m*; ~*s pl. quentes* Beschwichtigungs- (*od.* Verzögerungs-)versuche *m/pl.*; *a todo o* ~ ⚓ *u. fig.* mit vollen Segeln.
panorama [pɐnu'rɐmɐ] *m* Panorama *n*; Rundblick *m*.
panqueca *bras.* [pɐ̃ŋ'kɛkɐ] *f* Eierpfannkuchen *m*.
pantalha [pɐ̃n'taʎɐ] *f* Lampen-, Licht-schirm *m*.
pantan|a [~'tɐnɐ]: *dar em* ~ F verkrachen; *dar em* ~ *com* zugrunde richten (*ac.*); **~al** [~tɐ'nał] *m* Bruch *n*, Moor *n*; = **pântano** ['pɐ̃ntɐnu] *m* Sumpf *m*; Morast *m*; **~oso** [~tɐ'nozu] sumpfig.
panteão [~'tjɐ̃u] *m* Ruhmeshalle *f*.
pantera [~'tɛrɐ] *f* Panther *m*.
pantógrafo ⊕ [~'tɔγrɐfu] *m* Storchschnabel *m*.
pantom|ima [~tu'mimɐ] *f* Pantomime *f*; Gebärdenspiel *n*; = **~ina** [~inɐ] *f* Schwindel *m*, Betrug *m*; **~ineiro** [~mi'neiru] *m* Schwindler *m*.
pantu|fa [~'tufɐ] *f fig.* P Schickse *f*; = **~fo** [~'tufu] *m* (Filz-)Pantoffel *m*; **~rrilha** [~tu'ʀiʎɐ] *f* (künstliche) Wade *f*.
pão [pɐ̃u] *m* Brot *n* (*a. fig.*); P Korn *n*; *Wachs- usw.* Kuchen *m*; *Zucker*-Hut *m*; *fig.* Nahrung *f*, Speise *f*; *pães pl. fig.* Getreide *n*; ~ *nosso de cada dia* unser tägliches Brot; ~, ~, *queijo, queijo!* gerade heraus!, ja oder nein!; **~-de-ló** [~δə'lɔ] *m* Biskuitkuchen *m*; **~-e-queijo** [~i'keiʒu] *m* Schlüsselblume *f*; **~zeiro** *bras.* [~'zeiru] *m* Brot-austräger *m*, -verkäufer *m*; **~zinho** [~'ziɲu] *m* Brötchen *n*.
papá [pɐ'pa] *m infan.* Papa *m*.
papa ['papɐ] **1.** *m* Papst *m*; **2.** *f meist* ~*s pl.* Brei *m*; *cobertor m de* ~ schwere Wolldecke *f*; *não ter* ~*s*

na língua F kein Blatt vor den Mund nehmen; **~-abelhas** [ˌpapa-ˈβeʎɐʃ] *m* Fliegenschnäpper *m*; **~-açorda** F [ˌpapaˈsordɐ] *su.* Schlappschwanz *m*; **~-arroz, ~-capim** [ˌpapaˈʀoʃ, ~kaˈpĩ] *m bras.* Schwarzmeise *f*; **~da** [pɐˈpaðɐ] *f* Doppelkinn *n*; Wamme *f*; **~do** [pɐˈpaðu] *m* Papsttum *n*; Pontifikat *n*; **~-figo** [ˌpapɐˈfiɣu] *m zo.* Feigendrossel *f*; **~-fina** [ˌpapɐˈfinɐ] **1.** *m* Laffe *m*; **2.** *adj.* wohlschmeckend, fein; **~-formigas** [ˌpapɐfurˈmiɣɐʃ] *m* Ameisenbär *m*; Pieper *m* (*Vogel*).

papa|gaio [pɐpɐˈɣaju] *m* Papagei *m* (*a. fig.*); *Papier*-Drache(n) *m*; Trenn(ungs)wand *f*; dreieckige Windel *f*; *bras.* (Vorzugs-)Wechsel *m*; Mahnschreiben *n*; Dienstanweisung *f*; **~guear** [~ˈɣjar] (1l) daherplappern; her(unter)leiern.

papa-|hostias [ˌpapɐˈɔʃtjɐʃ] *su.* Betbruder *m*, -schwester *f*; **~jantares** [~ʒẽnˈtariʃ] *su.* Schmarotzer(in*f*)*m*.

papai *bras.* [paˈpai] *m* Papa *m*.

papal [pɐˈpał] päpstlich, Papst...

papalvo [~vu] *m* Einfaltspinsel *m*.

papa-|léguas [ˌpapɐˈlɛɣwɐʃ] *su.* Kilometerfresser *m*; **~moscas** [~ˈmoʃkɐʃ] *m zo.* Fliegenschnäpper *m* (*Vogel*); Fliegeneidechse *f*; Spinne *f*; *fig.* Gimpel *m*, Gaffer *m*.

papão [pɐˈpɐ̃u] *m* Menschenfresser *m* (*im Märchen*); *der* Schwarze Mann.

papar [~ˈpar] (1b) *infan.* essen; **~icar** [~pɐriˈkar] (1n) knabbern; naschen; **~icos** [~pɐˈrikuʃ] *m/pl.* liebevolle Pflege *f*; Leckerbissen *m*.

papeira [~ˈpeirɐ] *f* Kropf *m*.

papel [~ˈpɛł] *m* Papier *n*; Zettel *m*; *tea.* Rolle *f*; *~ filtro* Filter-, *~ higiénico* Klosett-, *~ pardo* grobes Pack-, *~ químico* Kohle-, *~ selado* Stempel-, *~ vegetal* Pergamentpapier *n*; *~ de música* (*od. pautado*) Notenpapier *n*; *~ para forrar casas* Tapete *f*; *estar no seu ~* im Recht sn; *fazer* (*od. representar*) *um ~* e-e Rolle spielen; *fazer ~ de su.* den (*od.* die) *su.* spielen; *forrar a ~* tapezieren; *pôr* (*od. lançar*) *no ~* zu Papier bringen.

papel|ada [~pəˈlaðɐ] *f* Papierkram *m*; *die* Papiere *n/pl.*; **~ão** [~ɐ̃u] *m* Pappe *f*; **~aria** [~lɐˈriɐ] *f* Schreibwarenhandlung *f*; **~eira** [~eirɐ] *f* (Steh-)Pult *n*; **~eiro** [~eiru] *m* Papierfabrikant *m*; **~eta** [~etɐ] *f* (Anschlage-)Zettel *m*; Anschlag *m*; Papier *n* (*fig.*); **~inho** [~iɲu] *m* Zettel *m*; Papierfetzen *m*; *~s* Konfetti *n*; **~-moeda** [~pɛłˈmwɛðɐ] *m* Papiergeld *n*; **~ório** [~ɔrju] *m* Wisch *m*; **~ota** [~ɔtɐ] *f* Papierkugel *f*; **~otes** [~ɔtiʃ] *m/pl.* Lockenwickel *m/pl.*; **~ucho** [~uʃu] *m* Wisch *m*.

papila [~ˈpilɐ] *f* Wärzchen *n*.

papilionáceas ⚘ [~pilјuˈnasjɐʃ] *f/pl.* Schmetterlingsblütler *m/pl.*

papi|smo [~ˈpiʒmu] *m* Papsttum *n*, Papismus *m*; **~sta** [~ʃtɐ] päpstlich.

papo [ˈpapu] *m* Kropf *m* (*Vogel*); Backentasche *f* (*Affe*); F Pansen *m*; P Kropf *m*; *fig.* Bausch *m*; *falar do ~* sich aufspielen, F angeben; *ficar de ~ para o ar* sich nichts daraus m.; *querer uma no saco e outra no ~* den Hals nicht vollkriegen können.

papoila, -oula [pɐˈpoilɐ, -olɐ] *f* Mohn *m*.

papudo [~ˈpuðu] kropfig; pausbäckig; vorstehend (*Auge*).

paquete [pɐˈketə] *m* Handelsdampfer *m*; *fig.* Laufjunge *m*.

paquiderme *zo.* [~kiˈðɛrmə] *m* Dickhäuter *m*.

par [par] **1.** *adj.* gerade (*Zahl*); gleich, ähnlich; paarig; **2.** *m* Paar *n*; *Tanz*-Partner *m*; Pair *m* (*Titel*); *os meus* (*teus etc.*) *~es* meines-(deines- *usw.*) gleichen; *~ a ~ com* (zusammen) mit; = *a ~ de* neben; gleichzeitig mit; *a ~es* paarweise; *ao ~* zum Nennwert; *de ~ em ~* sperrangelweit (offen); *sem ~* ohne-, sonder-gleichen; *estar ao ~* ✝ den Nennwert h.; *estar* (*od. andar*) *a(o) ~ de* im Bilde sn über (*ac.*); bewandert sn in (*dat.*); *não ter ~* nicht seinesgleichen h.

para [pɐrɐ] **1.** *örtlich*: nach (*dat.*); zu (*dat.*); *a.* in, an *od.* auf (*ac.*); (*dá*) *~ cá!* gib her, her damit; hierher; **2.** *zeitlich*: für (*ac.*); *~ (todo o) sempre* für immer; ein für allemal; *~ quando?* wann?; **3.** *Zweck, Bestimmung*: für (*ac.*); *ser homem ~* fähig sn zu (*dat.*); *~ que* (*od. quê*)*?* wozu?; *~ isso* dazu, dafür; **4.** *Verhältnis*: im Verhältnis zu (*dat.*), gemessen an (*dat.*); für (*ac.*), angesichts (*gen.*); *~ (com)* zu (*dat.*), gegen (*ac.*); *12 ~ 6 como 8 ~ 4* 12 zu 6 wie 8 zu 4; *de si ~ si* bei sich selbst; **5.** *~ inf.* um ... zu *inf.*; zum *inf. su.*; *estar* ~ Lust h. zu; im Begriff sn zu *od.* eben *et. tun* wollen; stehen vor (*dat.*); **6.** *cj.* ~ *que conj.* damit *ind.*

parabéns [~'βẽiʃ] *m/pl.* Glückwunsch *m* (*muitos* herzlichen); *dar os* ~ beglückwünschen (*ac.*); *estar de* ~ zu beglückwünschen sn.

parábola [pɐ'raβulɐ] *f* Gleichnis *n*; ⩕ Parabel *f.*

pára-|brisas [ˌparɐ'βrizɐʃ] *m* Windschutzscheibe *f*; **~choque** [~'ʃɔkə] *m* 🚃 Puffer *m*; ~ *de via morta* Prellbock *m*; ~*s pl. auto.* Stoßstange *f.*

parad|a [pɐ'raðɐ] *f* Stillstand *m*; Halt *m*; Aufenthalt *m*; *bras.* Haltestelle *f*; ⚔ *u. Reiten*: Parade *f*; *Spiel*: Einsatz *m*; ~ *do quartel* Kasernenhof *m*; *sinal m de* ~ Haltesignal *n*; *furtar a* ~ in die Parade fahren; **~eiro** [~rɐ'ðeiru] *m* Verbleib *m*, Aufenthalt(sort) *m*; *pôr* ~ *a* Einhalt gebieten.

paradigma [~rɐ'ðiɣmɐ] *m Deklinations- usw.* Muster *n*, Paradigma *n.*

paradisíaco [~ði'ziɐku] paradiesisch, himmlisch.

parado [~'raðu] stillstehend; außer Betrieb; untätig; arbeitslos; *bem* (*mal*) ~ (un)sicher; *ficar* ~ stehenbleiben; = *estar* ~ stehen (*Maschine*); stocken (*Geschäfte*).

paradox|al [~rɐðɔk'saɫ] widersinnig, paradox; widerspruchsvoll; **~o** [~'ðɔksu] *m* Widersinn *m*, Paradox *n.*

paraestatal *bras.* [paraɨʃtɐ'taɫ] halbstaatlich.

parafina [pɐrɐ'finɐ] *f* Paraffin *n.*

paráfrase [pɐ'rafrɐzə] *f* Umschreibung *f.*

parafr|asear [pɐrɐfrɐ'sjar] (1l) umschreiben; **~ástico** [~'fraʃtiku] umschreibend.

parafus|ar [~fu'zar] (1a) an-, auf-, fest-schrauben; *fig.* ~ *sobre* nachgrübeln über (*ac.*); verbohrt sn in (*dat.*); **~o** [~'fuzu] *m* Schraube *f*; *chave f de* ~*s* Schraubenzieher *m.*

paragem [pɐ'raʒɐ̃i] *f* Halten *n*; Anhalten *n*; Stillstand *m*; Aufenthalt(sort) *m*; *Straßenbahn*-Haltestelle *f*; Gegend *f*; ⚓ Gewässer *n/pl.*; *fazer* ~ = *parar* 2.

parágrafo [~'raɣrɐfu] *m* Absatz *m*; Paragraph(enzeichen *n*) *m.*

paraíso [~rɐ'izu] *m* Paradies *n.*

paral|ela [pɐrɐ'lɛlɐ] *f* ⩕ Parallele *f*; ~*s pl. Sport*: Barren *m*; **~elepípedo** [~lɛlə'pipəðu] *m* Pflasterstein *m*; **~elismo** [~lə'liʒmu] *m fig.* Übereinstimmung *f*; Entsprechung *f*; **~elo** [~ɛlu] **1.** *adj.* parallel; *fig.* übereinstimmend, gleichartig; *ser* ~ *a* entsprechen (*dat.*); **2.** *m geogr.* Breitengrad *m*; P Pflasterstein *m*; *fig.* Gegenüberstellung *f*, Vergleich *m*; *em* ~ *com* in Übereinstimmung mit; gleichzeitig (*od.* zs.) mit; *sem* ~ ohne Beispiel, beispiellos; *pôr em* ~ gegenüberstellen.

paralis|ação [~lizɐ'sɐ̃u] *f* Stockung *f*; Einstellung *f*; Unterbrechung *f*; Stillegung *f*; Stillstand *m*; **~ar** [~'zar] (1a) lähmen; zum Stehen bringen; *Tätigkeit* einstellen (*od.* unterbrechen); *Fabrik* stillegen; *Verkehr* lahmlegen; *v/i.* stehenbleiben; zum Stehen kommen; stocken (*Verkehr*, *Betrieb*, *Absatz*); aufhören (*Tätigkeit*); s-n Betrieb einstellen; **~ia** [~'ziɐ] *f* Lähmung *f*; ⚕ *a.* Paralyse *f.*

paralítico [~'litiku] **1.** *adj.* gelähmt; lahm; **2.** *m* ⚕ Paralytiker *m.*

pára-luz [ˌparɐ'luʃ] *m* Lichtschirm *m.*

parament|ar [pɐrɐmẽn'tar] (1a) (aus)schmücken; **~ar-se** die kirchlichen Gewänder anlegen; **~o** [~'mẽntu] *m* Schmuck *m*, Zierat *m*; polierte Fläche *f*; ~*s pl. rel.* Paramente *pl.*; Altarschmuck *m.*

páramo ['parɐmu] *m* Ödland *n*, Steppe *f*; *fig.* Gefilde *n.*

paran|á *bras.* [parɐ'na] *m* Flußarm *m*; **~aense** [~na'ẽsə] *su.* (Brasilianer [-in *f*] *m*) aus Paraná.

parangona [pɐrɐ̃ŋ'gonɐ] *f* Plakatschrift *f*; *fig.* Schlagzeile *f.*

paraninfo [pɐrɐ'nĩfu] *m* Trau-, Tauf-zeuge *m*; *fig.* Beschützer *m.*

parapeito [~'peitu] *m* Brüstung *f*, Geländer *n*; Fensterbank *f*; ⚔ Brustwehr *f.*

pára-qu|edas [ˌparɐ'kɛðɐʃ] *m* Fallschirm *m*; **~edismo** [~kə'ðiʒmu] *m* Fallschirmabsprung *m*; **~edista** [~kə'ðiʃtɐ] *m* Fallschirm(ab)springer *m.*

parar [pɐ'rar] (1b *3. Pers. prs. ind.* *pára*) **1.** *v/t.* anhalten; hemmen; *Maschine* abstellen; *Wild* stellen; *Schlag* auffangen, parieren; *Geld* (ein)setzen; *Augen usw.* richten (auf [*ac.*] em); **2.** *v/i.* halten (*Wagen usw.*); stehenbleiben (*Mensch*, *Ma-*

schine); innehalten *in e-r Tätigkeit*; stocken, zum Stillstand kommen (*Tätigkeit*); bleiben; ~ *de inf.* aufhören zu *inf.*; ~ *em* enden mit; hinauslaufen auf (*ac.*); = *ir* ~ *em* enden in (*od.* an, auf) (*dat.*); = *vir* ~ *em* geraten nach *od.* in (*a.* an, auf) (*ac.*); ~ *em mal* schlecht enden (*od.* ablaufen); *não (poder)* ~ nicht ruhig bleiben können; *sem* ~ unverzüglich; unaufhörlich.

pára-raios [ˌparɐˈʀajuʃ] *m* Blitzableiter *m*; *Radio*: Blitzschutz *m*.

parasit|a [pɐrɐˈzitɐ] *su.* Schmarotzer(in *f*) *m*; *Radio*: Nebengeräusch *n*; **~ar** [~ziˈtar] (1a) schmarotzen; **~ário** [~ziˈtarju] Schmarotzer...; parasitisch; **~ismo** [~ziˈtiʒmu] *m* Schmarotzertum *n*; **~o** *bras.* [~u] *m* = ~*a*.

pára-|sol [ˌparɐˈsɔł] *m* Sonnenschirm *m*; **~vento** [~ˈvẽntu] *m* Windschirm *m*; spanische Wand *f*.

parca [ˈparkɐ] *f* Parze *f*; *fig.* Tod *m*.

parc|eiro [pɐrˈseiru] *m* Partner *m*; Teilhaber *m*; Mitspieler *m*; **~ela** [~ɛlɐ] *f* Parzelle *f*; Stück *n*; *Rechnungs*-Posten *m*; **~elamento** [~səlɐˈmẽntu] *m* Aufteilung *f*; **~elar** [~səˈlar] *v/t.* (1c) aufteilen; **~eria** [~səˈriɐ] *f* Konsortium *n*; Partizipationsgeschäft *n*, -vertrag *m*; **~ial** [~ˈsjał] teilweise; Teil...; parteiisch; **~ialidade** [~sjɐliˈδaδə] *f* Parteilichkeit *f*.

parcim|ónia [~siˈmɔnjɐ] *f* Sparsamkeit *f*; Kärglichkeit *f*; Zurückhaltung *f*; **~onioso** [~muˈnjozu] sparsam; kärglich; zurückhaltend.

parco [ˈparku] karg, spärlich.

pardacento [pɐrδɐˈsẽntu] dunkel (-grau).

pardal [~ˈdał] *m* Sperling *m*, Spatz *m*.

pardieiro [~ˈdjeiru] *m* Gemäuer *n*; Ruine *f*.

pardo [ˈpardu] **1.** *adj.* grau; dunkel; *ver-se em calças -as* in der Klemme sitzen; **2.** *m* Mulatte *m*.

páreas [ˈparjɐʃ] *f/pl.* Nachgeburt *f*.

parec|ença [pɐrəˈsẽsɐ] *f* Ähnlichkeit *f*; **~er** [~er] **1.** *v/t.* (2g) scheinen; *gut, schlecht usw.* aussehen; aussehen (*od.* wirken) wie *su.*; *j-n* dünken, *j-m* vorkommen; ~ *mal fig.* sich nicht gehören; *parece que* anscheinend; *parece-me* ich glaube (*od.* meine); ich fühle mich (als ob *que*); *pois não me parecia* das hätte ich nicht gedacht; *ao que* ~ wie es scheint; *que lhe parece?* was meinen Sie (zu *od.* was halten Sie von)?; **2. ~er-se** sich ähneln; ~ *com alg.* j-m ähneln; **3.** *m* Anschein *m*; Aussehen *n*; *bsd.* Ansicht *f*, Meinung *f*; Gutachten *n*; *formar* ~ sich ein Urteil bilden; **~ido** [~iδu]: ~ *com* ähnlich (*dat.*); *bem* ~ nett; hübsch.

pared|ão [~ˈδɐ̃u] *m* dicke Mauer *f*; *bras.* Felswand *f*; Steilufer *n*; **~e** [~ˈreδə] *f* Wand *f*; Mauer *f*; *fig.* Streik *m*; *fazer* ~ streiken; ~*s meias* (*od.* ~ *em meio*) *com* gleich neben (*dat.*); *colocar entre a espada e a* ~ in die Enge treiben; *as* ~*s têm ouvidos* die Wände haben Ohren!; **~ista** [~ˈδiʃtɐ] **1.** *su.* Streikende(r) *m*; **2.** *adj.* Streik...

paredro *bras.* [paˈrɛδru] *m* große(s) Tier *n*; Bonze *m*.

parelh|a [pɐˈreʎɐ] *f Pferde*-Gespann *n*; Paar *n*; *sem* ~ ohne-, sondergleichen; *fazer* ~ zuea. passen; *correr* ~*s com* wetteifern mit; **~eiro** *bras.* [~reˈʎeiru] *m* Rennpferd *n*; **~o** [~u] paarig; gleich(artig).

parente [pɐˈrẽntə] verwandt.

parent|ela [~rẽnˈtɛlɐ] *f* Verwandtschaft *f*; **~esco** [~eʃku] *m* Verwandtschaft(sgrad *m*) *f*.

parênt|ese, ~esis [~ˈrẽntəzə, -iʃ] *m* Einschub *m*, Parenthese *f*; Klammer *f*; *oft*: Gedankenstrich *m*; beiläufige Bemerkung *f*; *abrir um* ~ etwas einschieben; e-e Bemerkung einschalten; *abrir (fechar) o* ~ Klammer auf (zu); *pôr em* ~(*s*) einklammern; *entre* ~ beiläufig.

parição [pɐriˈsɐ̃u] *f* Werfen *n* (*der Tiere*); Wurf *m*.

paridade [~ˈδaδə] *f* Parität *f*; Gleichheit *f*.

parietal [pɐrjɛˈtał] **1.** *adj. osso m* ~ = **2.** *m* Scheitelbein *n*.

parir [paˈrir] (3b; *1. u. 3. Pers. prs. conj. pára*) gebären; werfen (*Tiere*); ferkeln (*Schwein*).

parisiense [~riˈzjẽsə] *su.* Pariser(in *f*) *m*.

parlament|ar [pɐrlɐmẽnˈtar] **1.** *adj.* parlamentarisch; **2.** *m* Parlamentsmitglied *n*; **3.** *v/i.* (1a) = ~*ear*; **~ário** [~arju] *m* Unterhändler *m*; **~arismo** [~tɐˈriʒmu] *m* Parlamentarismus *m*; **~ear** [~ˈtjar] (1l) unterhandeln; **~o** [~ˈmẽntu] *m* Parlament *n*.

parlapat|ão [~lɐpɐ'tɐ̃u] *m* Aufschneider *m*, Großmaul *n*; **~ear** [~'tjar] (1l) aufschneiden; **~ice** [~isə] *f* Aufschneiderei *f*; Geflunker *n*.
parl|atório [~lɐ'tɔrju] *m* Sprechzimmer *n*; *fig.* F Schwatzbude *f*; **~enga** [~'lẽŋgɐ] *f* (Hin- und Her-) Gerede *n*; Ausea.-setzung *f*.
parmesão [~mə'zɐ̃u] **1.** *adj. queijo m* ~ = **2.** *m* Parmesankäse *m*.
parnaíba *bras.* [parna'iβɐ] *f* (Fleischer-)Messer *n*.
pároco ['paruku] *m* Pfarrer *m*.
paródia [pɐ'rɔδjɐ] *f* Parodie *f*.
parodiar [~ru'δjar] (1g) parodieren.
parola(s) [~'rɔlɐ(ʃ)] *f* (*pl.*) Gewäsch *n*.
parol|agem [~ru'laʒɐ̃i] *f* Gequassel *n*; **~ar** [~ar] (1e) quasseln; F quatschen; **~eiro** [~eiru] *m* F Quatschkopf *m*; **~ice** [~isə] *f* Quasselei *f*; F Quatsch *m*; **~o** [~'rolu] *m* Bauer *m*, Dörfler *m*; *cantar um* ~ F den Marsch blasen.
paróquia [pɐ'rɔkjɐ] *f* Pfarre *f*.
paroqui|al [~ru'kjał] Pfarr...; pfarramtlich; **~ano** [~ɐnu] **1.** *adj.* Pfarr...; **2.** *m*, -a *f* Pfarrkind *n*.
parótida [~'rɔtiδɐ] *f* Ohrspeicheldrüse *f*.
parotidite ⚕ [~rɔti'δitə] *f* Ziegenpeter *m*.
paroxismo [pɐrɔk'siʒmu] *m* höchste(r) Grad *m*; Höhepunkt *m*; Anfall *m*; Paroxysmus *m*; *no* ~ *de* im (*od.* in der) höchsten.
parque ['parkə] *m* Park *m*; Anlage *f*.
parquete [pɐr'ketə] *m* Parkett *n*.
parra ['paʀɐ] *f* Wein-blatt *n*, -laub *n*; *fig.* Geschwätz *n*.
parrana [pɐ'ʀɐnɐ] **1.** *adj.* schäbig; zopfig; **2.** *m* schäbige(r) Kerl *m*; Zopf *m*.
parreir|a [~'ʀeirɐ] *f* Weingeländer *n*; = **~al** [~ʀei'rał] *m* Weinlaube *f*.
parte ['partə] *f* Teil *m*; Anteil *m*; Seite *f*; Ort *m*; Partei *f*; Kontrahent *m*; Mitteilung *f*; Meldung *f*; ♪ Stimme *f*, Part *m*; *tea.* Rolle *f*; *a maior* ~ *de* der (die, das) meiste; die meisten; *a maior* ~ *das vezes* meistens; *pela maior* ~ größtenteils; *à* ~ a) *adv.* gesondert; besonders; abseits; vertraulich b) *prp.* außer (*dat.*); abgesehen von; *da* ~ *da frente* (*de trás, etc.*) (von) vorn (hinten *usw.*); *da* ~ *do sul* (*norte, etc.*) im (*od.* von) Süden (Norden *usw.*); *da* (*od. por*) ~ seitens; in *j-s* Namen (*od.* Auftrag); von (*dat.*); *de* ~ beiseite; abseits; *de* ~ *a* ~ gegenseitig; beiderseits; durch und durch; *em* (*grande*) ~ zum (großen) Teil; *em alguma* (*od. qualquer*) ~ irgendwo; *em* ~ *alguma* (*od. nenhuma*) nirgends; *em toda a* ~ überall; *noutra* ~ anderswo; *para* (*od. a*) *qualquer* (*outra*) ~ irgend- (anders-)wohin; *para* (*od. a*) ~ *nenhuma* nirgendwohin; *por* (*od. pela*) *minha* ~ meinerseits; von mir aus; *por outra* ~ andererseits; *por* ~*s* Punkt für Punkt; der Reihe nach; *dar* ~ *de et.* mitteilen; *j-n* anzeigen; *et. od. j-n* melden; *dar* ~ *de adj.* sich *adj.* melden (*od.* zeigen); *fazer* ~ *de* gehören zu; *mandar àquela* ~ F zum Henker schicken; *pôr* (*od. deixar*) *de* ~ beiseite legen (*od.* l.); *j-n* ausschalten; *ter* ~ *em* Anteil (*od.* teil-)haben (*od.* beteiligt sn) an (*dat.*); = *tomar* ~ *em* teil- (*od.* Anteil) nehmen an (*dat.*); sich beteiligen an (*dat.*); *tomar a/c. à boa* (*má*) ~ et. gut auf- (übel-)nehmen.
parteir|a [pɐr'teirɐ] *f* Hebamme *f*; **~o** [~u] *m* Geburtshelfer *m*.
particip|ação [~təsipɐ'sɐ̃u] *f* Mitteilung *f*; Teilnahme *f*; Anteil *m*; **~ante** [~'pɐ̃ntə] *m* Teilnehmer *m*; **~ar** [~'par] (1a) mitteilen; *v/i.* ~ *de*, ~ *em* teilnehmen an (*dat.*); Anteil nehmen an (*dat.*); teilhaben an (*dat.*); et. h. von.
particípio [~'sipju] *m* Beiform *f*, Partizip *n*.
partícula [~'tikulɐ] *f* Stückchen *n*, Partikel *f*; *gram. Binde- usw.* Wort *n*.
particul|ar [~tiku'lar] **1.** *adj.* besonder; eigentümlich; persönlich; privat, Privat...; *em* ~ = *~armente*; **2.** *m* Privatperson *f*; *neste* ~ in diesem Punkt, in dieser Beziehung; **3.** ~*es pl.* Besonder-, Einzel-heiten *f/pl.*; **~aridade** [~lɐri'δaδə] *f* Besonderheit *f*; besondere(r) Umstand *m*; Eigen-tümlichkeit *f*, -heit *f*; **~arismo** [~lɐ'riʒmu] *m* Absonderung *f*; Eigenbrötelei *f*; *pol.* Kleinstaaterei *f*; **~arista** [~lɐ'riʃtɐ] *m* Einzelgänger *m*; Partikularist *m*; **~arizar** [~lɐri'zar] (1a) in allen Einzelheiten erzählen; besonders erwähnen; **~arizar-se** sich unterscheiden; sich absondern; eigene

Wege gehen; **~armente** [~lar'mẽntə] besonders; insbesondere.

partida [~'tiðɐ] *f* Abreise *f*; Abfahrt *f*; Aufbruch *m*; Abmarsch *m*; *Sport*: Start *m*; ✝ *Waren*-Posten *m*; *Spiel-*, *Land*-Partie *f*; Gesellschaft *f*; *bewaffneter* Trupp *m*; *bras.* Vorrennen *n*; F Streich *m* (*pregar* spielen); *escrituração f por* ~*s dobradas* (*simples*) doppelte (einfache) Buchführung *f*; *ponto m de* ~ Ausgangspunkt *m*; *estar de* ~ vor der Abreise stehen.

partid|ário [~ti'ðarju] **1.** *adj.* Partei...; **2.** *m* Parteigänger *m*; Angehörige(r) *m e-r Partei*; **~(ar)ismo** [~ð(ɐr)'iʒmu] *m* Parteiwesen *n*, Parteiung *f*; **~(ar)ista** [~ð(ɐr)'iʃtɐ] *m* Parteifanatiker *m*; **~o** [~'tiðu] *m* Partei *f*; *Heirats*-Partie *f*; *Spiel*: Vorgabe *f*; *fig.* Nutzen *m*, Vorteil *m*; Ausweg *m*; *bras.* Zuckerrohrpflanzung *f*; *fazer alg. do seu* ~ j-n auf s-e Seite ziehen; *fazer-se do* (*od. tomar o*) ~ *de alg.* sich auf j-s Seite schlagen; *tirar* ~ *contra* ankommen gegen; *tirar* ~ *de* Nutzen ziehen aus; *tomar* ~ Partei ergreifen; *tomar o* ~ *de* sich verlegen auf; **~or** [~ti'ðor] *m* (Erbschafts-) Teiler *m*.

partilh|a [~'tiʎɐ] *f* (Erb-)Teilung *f*; Anteil *m*; *negar* ~*s em j-n* ausschließen von; **~ar** [~ti'ʎar] (1a) (ver)teilen; ~ *de* Anteil nehmen an (*dat.*), teilen (*ac.*).

partir [~'tir] (3b) **1.** *v/t.* (zer)teilen; zerbrechen; *Brot* brechen, schneiden; zerreißen; verteilen; ~ *ao* (*od. pelo*) *meio* durch-, entzweibrechen; halbieren; **2.** *v/i.* a) (zer-) brechen; b) abreisen; aufbrechen; abfahren; weggehen; aus-, wegreiten; auf- und davongehen; *fig.* ausgehen; anfangen; *a* ~ *de* von ... an.

partit|ivo [~ti'tivu] *gram.* Teilungs...; **~ura** ♪ [~'turɐ] *f* Partitur *f*.

parto ['partu] *m* Niederkunft *f*, Entbindung *f*; *fig.* Erzeugnis *n*; ~ *prematuro* Frühgeburt *f*.

parturiente [pɐrtu'rjẽntə] **1.** *adj.* kreißend; **2.** *f* Wöchnerin *f*.

parv|o ['parvu] **1.** *adj.* einfältig, kindlich; **2.** *m*, **~a** (*od.* **párvoa**) *f* Kindskopf *m*; *cara f de* ~ Schafsgesicht *n*, -kopf *m*; **~oíce** [pɐr'vwisə] *f* Kinderei *f*; Dummheit *f*.

párvulo ['parvulu] **1.** *adj.* kindlich; **2.** *m* Kind(lein) *n*.

pascal [pɐʃ'kaɫ] österlich, Oster...

pascer [~'ser] (2g) (ab)weiden; ~(-*se*) *em fig.* (sich) weiden an (*dat.*).

Páscoa ['paʃkwɐ] *f* Ostern *n* (*a. pl.*); *cara f de* ~ Festtagsgesicht *n*.

pasco|al [pɐʃ'kwaɫ] = *pascal*; **~ela** [~ɛlɐ] *f der* Weiße Sonntag; Woche *f* nach Ostern.

pasm|ar [pɐʒ'mar] (1b) verblüffen; entsetzen; ~ *a vista em* starren auf (*ac.*), anstarren (*ac.*); *v/i.* erstarren; starr sn; **~o** ['paʒmu] **1.** *m* Verblüffung *f*; Staunen *n*; Erstarrung *f*; **2.** *adj. bras.* verblüfft; starr; entsetzt; **~oso** [~ozu] verblüffend; erstaunlich, staunenswert.

pasquim [pɐʃ'kĩ] *m* Schmähschrift *f*, Pasquill *n*; Hetzblatt *n*.

passa ['pasɐ] *f* Rosine *f*.

passada [pɐ'saðɐ] *f* Schritt *m*; ~*s pl. fig.* Laufereien *f/pl.*

passad|eira [~sɐ'ðeirɐ] *f* Läufer *m* (*Teppich*); Schrittstein *m im Fluß*; Steg *m*; Durchziehring *m*; Zuckerseiher *m*; ⚔ Kugellehre *f*; **~iço** [~isu] **1.** *m* Durchgang *m*; Gang *m*; Lauf-brücke *f*, -steg *m*; **2.** *adj.* vorübergehend; **~io** [~'ðiu] *m* (tägliche) Kost *f*; **~o** [~'saðu] **1.** *adj.* verflossen; vorig; früher; getrocknet (*Obst*); behandelt (mit *com*); *fig.* starr *vor Kälte usw.*; ~ *su.* nach (*dat.*); hinter (*dat.*); *próximo* ~ letzt (vergangen); *bem* (*mal*) ~ (nicht) durchgebraten; *águas f/pl. -as* abgetane Sache *f*; *particípio* ~ *gram.* Beiform *f* der Vergangenheit; Partizip *n* des Perfekts; **2.** *m* Vergangenheit *f*; ~*s pl.* Vorfahren *m/pl.*; **~or** [~'ðor] *m cul.* Durchschlag *m*; ⊕ Schieber *m*; ⚓ Pfriem *m*; **~ouro**, **~oiro** [~oru, ~oiru] *m* Laufsteg *m*; = ~*iço*.

passag|eiro [~sɐ'ʒeiru] **1.** *adj.* vorübergehend; unbedeutend; vielbegangen, belebt; **2.** *m* Reisende(r) *m*, Fahrgast *m*; Vorübergehende(r) *m*; *bras.* Fährmann *m*; **~em** [~'saʒẽi] *f* Durch-gang *m*, -fahrt *f*; Durchreise *f*; kurzer Besuch *m*; Durch-marsch *m*, -zug *m*; (Über-) Fahrt *f*; Übergang *m*; Vorbeimarsch *m*, -fahrt *f*, -flug *m*, -ritt *m*; Fahr-, Flug-geld *n*, -karte *f*; Stelle *f in e-m Buch usw.*; Augenblick *m*;

Passage *f*; *Wild*-Wechsel *m*; gestopfte Stelle *f*; ~ *inferior* (*superior*) 🚂 Bahnunter- (-über)führung *f*; ~ *de fronteira* Grenzübertritt *m*; ~ *de linha* Überquerung *f* des Äquators; *dar* ~ vorbei- (*od.* durch-)l.; *de* ~ auf der Durchreise, vorübergehend; im Vorbeigehen (*a. fig.*).

passaman|aria [~sɐmɐnɐ'riɐ] *f* Posamentier-arbeit *f*, -laden *m*; Posamenterie *f*; **~eiro** [~'neiru] *m* Posamentier *m*; **~es** [~'mɐnɨʃ] *m/pl.* Borten *f/pl.*; Tressen *f/pl.*

passante [~'sɐ̃ntə]: ~ *de* hinausgehend über (*ac.*); ~ *dos 60* über 60 Jahre alt.

passaporte [~sɐ'pɔrtə] *m* (Reise-) Paß *m*.

passar [~'sar] (1b) **1.** *v/t.* überschreiten; überqueren; gehen (*od.* fahren, reiten *usw.*) über (*ac.*); hinaus-gehen, -fahren, -fliegen, -schießen über (*ac.*); übertreffen; durch-schreiten, -queren; durchbohren, -dringen; gehen (*od.* dringen) durch; *Suppe* durchschlagen; *Flüssigkeit* filtrieren; *Mehl* sieben; weiter-geben, -leiten *od.* abgeben (an [*ac.*] *a*); (über)reichen, geben; *Schlag* versetzen; *Dokument* ausstellen; *Geschäft* übertragen; *Waren* an den Mann bringen; *j-m e-e Mitteilung* zukommen l.; *Ware* (durch-) schmuggeln; *Buchung* vortragen; *Leiden* durchmachen, auszustehen h.; *Zeit* verbringen, zubringen; *Obst* dörren; *Fleisch* braten; ~ (*a/c. od. alg.*) *para* (et. *od.* j-n) übersetzen nach; überführen nach (*od.* in [*ac.*]); befördern nach (*fig.* zu); *Beamten* versetzen nach (*od.* in [*ac.*]); ~ *a/c. por* bringen durch (*od.* über [*ac.*]); (durch)ziehen *od.* (-)stecken durch; (über)ziehen (*od.* streifen) über (*ac.*); gleiten l. durch; *Ring* stecken an (*ac.*); *Faden* ein-fädeln, -ziehen in (*ac.*); *Wäsche usw.* schwenken (*od.* abspülen) in (*dat.*); *cul.* wälzen (*od.* braten) in (*dat.*); ~ *a mão* (*escova*) *por* (*od. por cima, em*) mit der Hand (Bürste) fahren über (*ac.*); ~ *exame* (*od. revista*) *a*, ~ *em revista* mustern (*ac.*), besichtigen (*ac.*); ~ *os olhos* (*od. a vista, uma vista de olhos*) *por*, ~ *pelos olhos*, ~ *pela vista* e-n Blick werfen auf (*ac.*) *od.* in (*ac.*); durch-, über-fliegen (*ac.*); flüchtig ansehen (*ac.*); **2.** *v/i.* I. vorbei-, vorübergehen; vergehen (*Zeit*); dahingehen (*sterben*); aus der Mode kommen; durchkommen (*in Prüfung, Wahl usw.*); gelten, anerkannt w. (*Münze, Dokument*); durchsickern (*Wasser, Gerücht*); passen (*im Spiel*); leidlich (*od.* erträglich) sn; ~ *a alg.* j-m entfallen; *passe! fig.* das mag an- (*od.* hin-)gehen!; mag sein!; *isto não pode* ~ *assim* so geht das nicht; *como passou* (*od. tem passado*)? wie geht es Ihnen?; ~ *bem* (*mal*) *com* gut (schlecht) auskommen mit *od.* vertragen (*ac.*); ~ *por*, ~ *como* gelten für; (*poder*) ~ *sem et.* entbehren können, auskommen ohne; *ter com que* ~ zu leben h.; *deixar* ~ vorbei- (*od.* durch-)l.; *fig. j-m et.* durchgehen l.; II. ~ *a*, ~ *para* hinübergehen, -fahren *usw.* nach *od.* zu; übergehen zu; überwechseln nach; verziehen *od.* verlegt w. nach; versetzt w. nach (*od.* in [*ac.*]); befördert w. zu; aufsteigen zu; werden; kommen (*od.* geraten) nach (*od.* in [*ac.*]); ~ *a fazer a/c.* dazu übergehen et. zu tun; jetzt et. tun; ~ *a ser* werden; III. ~ *de* hinausgehen über (*ac.*), über-schreiten, -steigen (*ac.*); mehr sn als; hinaus sn über (*ac.*); ~ *dos 60* über 60 Jahre alt sn; *não* ~ *de* nicht mehr sn als; nur (*od.* bloß) sn; ~ *de … em* gehen von … zu; ~ *de ideia* (*od. memória*) entfallen; IV. ~ *por* a) (*a. junto de*) vorbei-kommen (*od.* -gehen, -fliegen, -fließen, -marschieren, -ziehen *usw.*) an (*dat.*); b) kommen, gehen, fahren, reisen *usw.* durch *od.* über (*ac.*); c) *fig.* hindurchgehen durch, durchmachen (*ac.*), erleben (*ac.*); *Phasen* durchlaufen; gehen durch *die Hand, den Kopf usw.*; d) (*a. por cima de*) streichen, fahren durch *od.* über (*ac.*); *fig.* hinweg-gehen, -sehen *od.* sich hinwegsetzen über (*ac.*); e) ~ *por casa de* bei j-m vorbeikommen (*od.* vorsprechen); **3.** **~-se** vorgehen, F los sn; vor sich gehen, verlaufen, vergehen (*Zeit*); ~ *a* über-gehen, -laufen, -wechseln zu; umziehen nach.

passar|ada *f*, **~edo** *m* [pɐsɐ'raðɐ, -eðu] Vogelschwarm *m*; *die* Vögel *pl.*; **~(inh)eiro** [~(iɲ)eiru] *m* Vogelsteller *m*, -händler *m*.

pássaro ['pasɐru] *m* (Sing-)Vogel*m*.
passatempo [ˌpasɐ'tẽmpu] *m* Zeitvertreib *m*.
passe ['pasə] *m* Erlaubnis(schein *m*) *f*; Passierschein *m*; *bsd.* Dauerkarte *f*; *esgr. u. taur.* Finte *f*; *Fußball*: Abgabe *f*; **~ante** [pɐ'sjẽntə] *su.* Spaziergänger(in *f*) *m*; Herumtreiber(in *f*) *m*; **~ar** [pɐ'sjar] (1l) aus-, spazieren-führen; durch-wandeln, -fahren; gehen (*od.* fahren) durch; *Blick, Gedanken* schweifen l.; *v/i.* spazieren-gehen, -fahren, -reiten *usw.*; umhergehen; umherschweifen; *mandar* ~ zum Teufel schicken; *vai* ~! geh zum Kuckuck!; **~ata** [pɐ'sjatɐ] *f* Bummel *m*; *bras.* Fest-, Um-, Demonstrations-zug *m*; **~io** [pɐ'seju] *m* Spazier-gang *m*, -fahrt *f*, -ritt *m usw.*; Ausflug *m*; Promenade *f*; Bürgersteig *m*; *dar um* ~ = ~*ar*.
passional [pɐsju'nał] leidenschaftlich; aus Leidenschaft.
passiva [~'sivɐ] *f gram.* Passiv *n*.
passível [~'sivɛł] gefühlvoll.
passiv|idade [pɐsəvi'ðaðə] *f* Untätigkeit *f*; **~o** [~'sivu] **1.** *adj.* passiv; untätig; leidend; *voz f -a* Leideform *f*, Passiv *n*; **2.** *m* ✝ Passiva *pl*.
passo ['pasu] **1.** *m Schritt m* (*dar* tun); Fußtapfen *m*; Gangart *f*; Gang *m*; Durchgang *m*; *Berg*-Paß *m*; *Meer*-Enge *f*; *bras.* Furt *f*; *fig.* Stelle *f im Buch*; Vorfall *m*, Erlebnis *n*; *cat.* (Kreuzweg-)Station *f*; ⊕ Steigung *f*, Steighöhe *f*; Teilung *f*; Abstand *m*; Gewinde *n*; *a* ~ im Schritt; *a cada* ~ auf Schritt und Tritt; alle Augenblicke; *a* ~*s contados*, ~ *a* ~ Schritt für Schritt; *a* ~*s largos* (*agigantados*) mit langen (Riesen-)Schritten; *a* ~*s lentos* (*descansados*) langsam (gemächlich); *a dois* ~*s* ganz in der Nähe; *a poucos* ~*s de fig.* kurz (*od.* bald) nach; nicht weit von; *ao* ~ *que cj.* während; *de* ~ beiläufig; *neste* ~ an dieser Stelle; in diesem Augenblick; da; *acertar o* ~ *com*, *andar no mesmo* ~ *que* Schritt halten mit; *ceder o* ~ den Vortritt l.; *perder o* ~ aus dem Schritt kommen; *tomar o* ~ *a alg.* j-m zuvorkommen; **2.** *adj.* getrocknet; *uva f -a* = *passa*.
pasta ['paʃtɐ] *f* Paste *f*; *Metall- usw.* Kuchen *m*; *Buch*-Deckel *m*; *Akten*-Mappe *f*; *pol.* Geschäftsbereich *m*, Portefeuille *n*; Amt *n*.
past|agem [pɐʃ'taʒɐ̃i] *f* Weide *f*; **~ar** [~ar] (1b) abweiden; (ab-)fressen; *v/i.* weiden, grasen; *fig.* sich weiden (an [*dat.*] de); **~el** [~ɛł] *m Fleisch*-Pastete *f*; *Obst*-Kuchen *m*; *tip.* Zwiebelfisch *m*; *pint.* Pastell *n*; **~elão** [~tə'lɐ̃u] *m* Pfannkuchen *m*; **~elaria** [~təlɐ'riɐ] *f* Pasteten-, Feinbäckerei *f*; **~eleiro** [~tə'leiru] *m* Pasteten-, Fein-bäcker *m*; **~ilha** [~iʎɐ] *f* Pastille *f*; ~ *elástica* Kaubonbon *n*; **~o** ['paʃtu] *m Vieh*-Futter *n*; Weide *f*; *fig.* Nahrung *f*; *Augen*-, *Ohren*-Schmaus *m*; *casa f de* ~ Speisehaus *n*; *vinho m de* ~ Tischwein *m*.
pastor [pɐʃ'tor] *m* Hirt *m*; *fig.* Seelsorger *m*; Pfarrer *m*; Pastor *m*; *agulha f de* ~ ⚘ Storchschnabel *m*.
pastor|al [~tu'rał] **1.** *adj.* Hirten...; **2.** *f rel.* Hirtenbrief *m*; *lit.* Hirtengedicht *n*; Schäferspiel *n*; **~ear** [~'rjar] (1l) = **~ejar** *bras.* [~rɨ'ʒar] (1d) *Vieh* weiden, hüten; *fig.* geistlich betreuen; leiten, lenken; **~ela** [~ɛlɐ] *f* Hirtenlied *n*; **~il** [~ił] Hirten..., Schäfer...; ländlich.
pastoso [~'tozu] teigig; *pint.* pastös.
pata ['patɐ] *f* **a**) Ente *f* (*weibl. Tier*); **b**) Pfote *f*; Tatze *f*; *Pferde*-Huf *m*, Klaue *f*; *Anker*-Pflug *m*; *à* ~ zu Fuß; *às quatro* ~*s* auf allen vieren.
pataco [pɐ'taku] *m altport. Bronzemünze f*; *fig.* Schafskopf *m*; *não valer um* ~ keinen Pfifferling wert sn; ~*s pl.* Kröten *pl*.
patada [~'taðɐ] *f* Hieb *m* mit der Tatze; Fußtritt *m*; *fig.* Schnitzer *m*; *dar uma* ~ e-n Bock schießen.
patamar [~tɐ'mar] *m Treppen*-Absatz *m*; *Wohnungs*-Vorplatz *m*.
pataqueiro [~tɐ'keiru] billig; Pfennig...; Schleuder..., Schund...
patarata [~tɐ'ratɐ] **1.** *f* Windbeutelei *f*, Großtuerei *f*; **2.** *su.* Windbeutel *m*.
patavina [~tɐ'vinɐ] *f* überhaupt nichts.
pate|ada [~'tjaðɐ] *f* Stampfen *n*; Trampeln *n*; *dar* ~ *tea.* = **~ar** [~ar] (1l) *tea.* auspfeifen; *v/i.* stampfen; trampeln.
patent|e [~'tẽntə] **1.** *adj.* offen; offen-bar, -kundig; geöffnet (für *a*, *para*); **2.** *f* Patent *n*; Diplom *n*; Ausweis *m*; Aufnahmegebühr *f*;

~ear [~tẽn'tjar] (1l) öffnen; offen darlegen, aufdecken; zeigen; bekunden; *Erfindung* patentieren.

patern|al [~tər'nał] väterlich, Vater...; **~idade** [~ni'ðaðə] *f* Vaterschaft *f*; **~o** [~'tɛrnu] = *~al*.

patet|a [~'tɛtɐ] *su.* Schafskopf *m*, dumme Gans *f*; **~ice** [~tɛ'tisə] *f* Dummheit *f*; Albernheit *f*.

patético [~'tɛtiku] **1.** *adj.* feierlich; hochtrabend; leidenschaftlich bewegt; **2.** *m* Pathos *n*.

patíbulo [~'tiβulu] *m* Galgen *m*; Schafott *n*.

patif|aria [~tifɐ'riɐ] *f* Schurkenstreich *m*; Gemeinheit *f*; **~e** [~'tifə] **1.** *m* Schuft *m*, Schurke *m*; *iron.* Schlingel *m*; **2.** *adj.* schuftig, gemein; **~ório** [~'fɔrju] *m* geriebene(r) Bursche *m*.

patilha [~'tiʎɐ] *f* *Gold-, Silber-*Streifen *m*, Plättchen *n*; Hinterzwiesel *m am Sattel*; Flansch *m* (*Schiene*); Bremsklotz *m* (*Fahrrad*).

patim [~'tĩ] *m* Schlittschuh *m*; *Schlitten-*Kufe *f*; *~ de rodas* Rollschuh *m*.

patin|ador *m*, **-a** *f* [~tinɐ'ðor, -ɐ] Schlitt- (*od.* Roll-)schuhläufer(in *f*) *m*; **~agem** [~'naʒɐ̃i] *f* Schlitt- (*od.* Roll-)schuhlauf *m*; **~ar** [~'nar] (1a) Schlitt- (*od.* Roll-)schuh laufen; schleudern (*Auto*).

patinhar [~ti'ɲar] (1a) (herum-)plätschern; planschen; nicht fassen, nicht greifen (*Räder*).

pátio ['patju] *m* (Innen-)Hof *m*.

pato ['patu] *m* Ente *f* (*Artname*); Enterich *m*; *fig.* F Tropf *m*; *cair como um ~* F reinfallen (auf [*ac.*] em); *pagar o ~* F es ausbaden müssen.

patogénico [pɐtu'ʒɛniku]: *micróbio m ~* Krankheitserreger *m*.

patranha [pɐ'trɐɲɐ] *f* Märchen *n*; grobe Lüge *f*; *contar ~s* aufschneiden, flunkern.

patrão [~'trɐ̃u] *m* Schiffsherr *m*, Patron *m*; Arbeit-, Brot-geber *m*; Meister *m*; Chef *m*, Prinzipal *m*; Wirt *m*; Hausherr *m*; Herr *m*, Besitzer *m*; *os patrões* die Herrschaft *f*; **~-mor** *bras.* [~'mɔr] *m* leitende(r) Beamter *m*; *Abteilungs-*Leiter *m*.

pátria ['patrjɐ] *f* Vaterland *n*; Heimat *f*.

patri|arca [pɐ'trjarkɐ] *m* Patriarch *m*; Erzvater *m*; **~arcado** [~trjɐr'kaðu] *m* Patriarchat *n*; **~arcal** [~trjɐr'kał] patriarchalisch; altväterlich.

patrício [~'trisju] **1.** *adj.* vornehm; **2.** *m* Patrizier *m*; Landsmann *m*.

patrim|onial [~trimu'njał] väterlich; **~ónio** [~'mɔnju] *m* väterliche(s) Erbe *n*; Vermögen *n*; Vorrecht *n*; *~ do Estado* Staatseigentum *n*.

pátrio ['patrju] **a**) vaterländisch; Heimat...; **b**) väterlich.

patri|ota [pɐ'trjɔtɐ] *su.* Patriot(in *f*) *m*; **~oteirismo** [~trjutei'riʒmu] *m* Hurrapatriotismus *m*; **~oteiro** [~trju'teiru] *m* Hurrapatriot *m*; **~ótico** [~'trjɔtiku] patriotisch, vaterländisch; **~otismo** [~trju'tiʒmu] *m* Vaterlandsliebe *f*, Patriotismus *m*.

patroa [~'troɐ] *f* *die* Frau des Hauses *f*; Wirtin *f*; Arbeitgeberin *f*; Prinzipalin *f*; Frau Meisterin *f*; Herrin *f*; Besitzerin *f*; *a minha ~* F meine Frau.

patroc|inador [~trusinɐ'ðor] *m* Schirmherr *m*; **~inado** [~i'naðu]: *~ por* unter der Schirmherrschaft (*gen.*); mit Unterstützung (*gen.*); **~inar** [~i'nar] (1a) begünstigen, fördern; unterstützen; die Schirmherrschaft übernehmen über (*ac.*); **~ínio** [~'sinju] *m* Schutz *m*; Schirmherrschaft *f*, Protektorat *n*; Unterstützung *f*.

patron|ado [~tru'naðu] *m* Arbeitgeberschaft *f*; = *~ato*; **~al** [~ał] Arbeitgeber...; **~ato** [~atu] *m* Patronat *n*; = *~ado*; **~o** [~'tronu] *m* Schirmherr *m*; Beschützer *m*; Rechtsbeistand *m*; Patronatsherr *m*.

patrulh|a [~'truʎɐ] *f* Streife *f*, Patrouille *f*; Trupp *m*; Bande *f*; *pol.* Clique *f*; **~ar** [~tru'ʎar] (1a) patrouillieren; streifen durch, abgehen; bewachen.

patusc|ada [~tuʃ'kaðɐ] *f* Schlemmerei *f*; Gaudi *n*; Ulk *m*; **~ar** [~ar] (1n) schlemmen; lustig sn, spielen; **~o** [~'tuʃku] lustig; ulkig.

pau [pau] **1.** *m* Holz *n*; Stück *n* Holz; Stock *m*; Stange *f*; Stiel *m*; Prügel *m* (*fig. pl.*); *Schokoladen-*Riegel *m*; *fig.* F Batzen *m* (= 1 *Escudo*); *~s pl. zo.* Gestänge *n*, Geweih *n*; *Kartenspiel*: Treff *n*, Kreuz *n*, Eichel *f*; *~ para toda a obra fig.* Mädchen *n* für alles; *cabeça f de ~* F a) Holzkopf *m*; b) Altmöbelhändler *m*; *cara f de* ~ F doofe(s) Gesicht *n*; *pé m de* ~ Stelze *f*; *a meio* ~ halbmast; *a dar com um* ~ massenhaft; *jogar com* ~ *de dois bicos* Wasser auf beiden Schultern tragen; *lavar a* ~ mit Gewalt durchsetzen (*od.* m.); **2.** *adj. bras.* lästig; langweilig; **~-brasil** [~βrɐ'ziɫ] *m* Brasilholz *n*.

paul [pɐ'uɫ] *m* Pfuhl *m*; Sumpf *m*.

paulada [pau'laðɐ] *f* Stockschlag *m*; *~s pl.* Prügel *m/pl.*

paulatino [~lɐ'tinu] langsam, allmählich.

paulificar *bras.* [~lifi'kar] (1n) ärgern; belästigen.

paulista [~'liʃtɐ] (Brasilianer[in *f*] *m*) aus dem Staat São-Paulo; **~no** [~liʃ'tɐnu] aus (der Stadt) S. Paulo.

paulit|eiro [~li'teiru] *m* Stocktänzer *m*; **~o** [~'litu] *m* Stöckchen *n*; *dança f dos ~s* Stocktanz *m*.

paup|erismo [paupə'riʒmu] *m* (Massen-)Elend *n*; Verarmung *f*; **~érrimo** [~'pɛʀimu] bettelarm.

pau-preto [pau'pretu] *m* Brasilholz *n*.

paus|a ['pauzɐ] *f* Pause *f*; **~ado** [pau'zaðu] langsam, (ab)gemessen.

pau-santo [pau'sẽntu] *m* Pockholz *n*.

pausar [pau'zar] (1a) pausieren, innehalten; *v/t.* zurückhalten; unterbrechen.

pauta ['pautɐ] *f* Linienblatt *n*; ♪ (Fünf-)Liniensystem *n*; Liste *f*; *Zoll- usw.* Tarif *m*; Tagesordnung *f*, (Arbeits-)Programm *n*.

paut|ado [pɐu'taðu] liniiert; regelrecht; planmäßig; maßvoll; *papel m* ~ Linienpapier *n*; ♪ Notenpapier *n*; **~al** [~aɫ] *fig.* tarifmäßig; **~ar** [~ar] (1a) liniieren; ♪ rastrieren; (in Listen) eintragen, verzeichnen; *Tarif* festsetzen; *fig.* regeln (*od.* ausrichten) (nach *por*).

pautear *bras.* [~'tjar] (1l) plaudern.

pauzinho [pau'ziɲu] *m* Hölzchen *n*, Stöckchen *n*; *~s pl.* Machenschaften *f/pl.*; *mexer* (*od. tocar*) *os ~s* Ränke spinnen; alles in Bewegung setzen; der Drahtzieher sn.

pavão [pɐ'vɐ̃u] *m* Pfau *m*.

paveia [~'vejɐ] *f* Bund *m* (Heu *od.* Stroh); Reisighaufen *m*.

pávido ['paviðu] entsetzt.

pavilhão [pɐvi'ʎɐ̃u] *m* Pavillon *m*; Garten-, Lust-haus *n*; *anat.* Ohrmuschel *f*; ⚓ Flagge *f*; ♪ Schalltrichter *m*; ~ *de cama* Betthimmel *m*.

paviment|ar [pɐvimẽn'tar] (1a) dielen; pflastern; **~o** [~'mẽntu] *m* Fußboden(belag) *m*; Stockwerk *n*; Pflaster *n*.

pavio [~'viu] *m* Docht *m*; Wachsstock *m*.

pavonear [~vu'njar] (1l) herausputzen; zur Schau stellen (*od.* tragen); **~-se** sich brüsten; ~ *com as galas de* sich aufspielen als.

pavor [~'vor] *m* Entsetzen *n*, Schreck *m*; **~oso** [~vu'rozu] entsetzlich, schrecklich.

paz [paʃ] *f* Friede(n) *m*; Ruhe *f*; *estar em* ~ *com* in Frieden leben mit; *fazer* (*od. firmar*) *as ~es* Frieden schließen; *ficar em* ~ ruhig bleiben; *oferecer as ~es* die Hand zum Frieden reichen; *gente f de* ~ gut Freund.

pàzada [pa'zaðɐ] *f* Schaufelvoll *f*; Schlag *m* (mit der Schaufel); ~ *de águas* Regenguß *m*.

pé [pɛ] *m* Fuß *m* (*a* zu); Sockel *m*; Stativ *n*; Stiel *m*, Stengel *m*; Strunk *m*; Stock *m*; *Kohl*-Kopf *m*; Knolle *f*, Zwiebel *f*; *allg.* Stück *n*; *Weinbau*: Treber *pl.*; Bodensatz *m*; *fig.* Grund *m*, Anlaß *m*; Vorwand *m*; *Kartenspiel*: Hinterhand *f*; *~s pl.* Fußende *n* (*Bett*); ~ *ante* ~ ganz leise, vorsichtig; *a* ~ *firme* (*od. quedo*) ohne sich zu rühren; ohne zu wanken; furchtlos; *ao* ~ *de* an, bei; neben, zur Seite; *aos ~s de* zu Füßen (*gen.*); *a(os) ~s juntos* hartnäckig; *de* ~, *em* ~ aufrecht; stehend, im Stehen; gesträubt (*Haar*); *dos* (*od. desde os*) *~s à* (*od. até à*) *cabeça* von Kopf bis Fuß; *em* ~ *de guerra* auf Kriegsfuß; kriegsstark; *em que* ~ *está?* wie steht ...?, wie weit ist ...?; *sem ~s nem cabeça* ohne Hand und Fuß; *bater o* ~ aufstampfen; *cair em* ~ auf die Füße fallen; *comprar* (*vender*) *em* ~ die Ernte am Baum (*od.* auf dem Halm, in der Erde) (ver)kaufen; *estar* (*od. andar*) *a* ~ auf sn; *estar de* (*od. em*) ~ stehen; bestehen; *estar com os ~s* (*od. um* ~) *para a cova* (*od. na sepultura*) mit e-m Fuß im Grabe stehen; *estar com o* ~ *no ar* auf dem Sprung sn; *estar no mesmo* ~ nicht weiterkommen, un-

verändert sn; ebenso sn (wie *de*); *estar fora de* ~ keinen Grund h. (*im Wasser*); *fazer* ~ e-n Niederschlag bilden, sich setzen; *ficar a* ~ aufbleiben; *ficar de* (*od. em*) ~ stehen- (*od.* bestehen)bleiben; *ganhar* ~ Grund finden (*im Wasser*); *meter* (*od. pôr*) *de baixo dos* ~*s* unterwerfen; besiegen; *meter-se debaixo dos* ~*s de* kriechen vor (*dat.*); *não ter* ~ tief sn (*Wasser*); *perder* ~ keinen Grund mehr h. (*im Wasser*); den Boden unter den Füßen verlieren; aus dem Konzept geraten; *pôr-se a* (*od. de, em*) ~ (wieder) aufstehen; absitzen; sich sträuben (*Haar*); *ter-se em* ~ sich aufrecht halten; stehen(bleiben); *tomar* ~ Fuß fassen. [*pl. pês od. pp.*]
pê [pe] *m Name des Buchstaben p*;
peão [pjɐ̃u] *m* Fußgänger *m*; Fußsoldat *m*; *Schach*: Bauer *m*; *bras.* Landarbeiter *m*; Knecht *m*.
pear [pjar] (1l) an den Vorderfüßen fesseln; *fig.* (be)hindern.
peça [ˈpɛsɐ] *f* Stück *n*; *Brettspiel*: Stein *m*, Figur *f*; Dokument *n*, Aktenstück *n*; Raum *m*, Zimmer *n*; ⚔ Geschütz *n*; F Streich *m*; *boa* (*od. má*) ~ *iron.* schlimme(r) Kunde *m*; *de uma só* ~ aus e-m Stück; *em* ~ am Stück.
pec|ado [pəˈkaδu] *m* Sünde *f*; Vergehen *n*; Fehler *m*; ~**ador** [~kɐˈδor] **1.** *adj.* sündig; **2.** *m*, **-a** *f* Sünder (-in *f*) *m*; ~**aminoso** [~kɐmiˈnozu] sündhaft; ~**ar** [~ar] (1n; *Stv.* 1c) sündigen; verstoßen (gegen *contra*); leiden (an [*dat.*] *em*); ~ *por* (*a. de*) *adj.* den Fehler h. (zu) *adj.* zu sn.
pecha [ˈpɛʃɐ] *f* Fehler *m*; schlechte Angewohnheit *f*; *pôr* ~ *a* (*od. em*) etwas auszusetzen h. an (*dat.*), herunterm. (*ac.*).
pechinch|a [piˈʃĩʃɐ] *f* Dusel *m*; gefundene(s) Fressen *n*; fette(r) Bissen *m*; gute(r) Fang *m*; einmalige Gelegenheit *f*; ✝ Gelegenheitskauf *m*; ~**ar** [~ʃĩˈʃar] (1a) ergattern; auftreiben; abhandeln.
pechisbeque [~ʃiʒˈβɛkə] *m* Talmi *n*.
peco [ˈpeku] **1.** *m* Schwund *m*; *dar o* ~ *em* den Schwund bekommen, verkümmern (*Pflanzen*); **2.** *adj.* verkümmert; taub (*Nuß*); *fig.* kümmerlich; beschränkt.
peçonh|a [pəˈsoɲɐ] *f* Gift *m*; ~**ento** [~suˈɲẽntu] giftig.
pecuári|a [pəˈkwarjɐ] *f* Viehzucht *f*; ~**o** [~u] **1.** *adj.* Vieh...; **2.** *m* Viehzüchter *m*.
peculato [pəkuˈlatu] *m* Veruntreuung *f* öffentlicher Gelder.
pec|uliar [~kuˈljar] eigen(tümlich); besonder; ~**úlio** [~ˈkulju] *m* Ersparnisse *f/pl.*; Rücklage *f*; Barschaft *f*; *fig.* Sammlung *f*; Schatz *m*.
pecuniário [pəkuˈnjarju] Geld...; *bens m/pl.* ~*s* Barvermögen *n*.
pedaço [~ˈδasu] *m* Stück *n*; Weile *f*; *fazer em* ~*s* in Stücke reißen (*od.* schlagen); zer-reißen, -schlagen; an *j-m* kein gutes Haar l.; *fazer-se em* ~*s*, *cair a(os)* ~*s* ausea.-, zer-fallen; *feito* ~*s* zerschlagen (*a. fig.*); zerfetzt; entzwei, F kaputt.
pedágio *bras.* [peˈδaʒiu] *m* Straßen-, Brücken-zoll *m*, Maut *f*.
pedag|ogia [~δɐγuˈʒiɐ] *f* Erziehungs-methode *f*, -wissenschaft *f*; ~**ógico** [~ˈγɔʒiku] pädagogisch; ~**ogo** [~ˈγoγu] *m* Erzieher *m*.
pé-d'água *bras.* [pɛˈδaγwɐ] *m* Platzregen *m*.
pedal [pəˈδał] *m* Pedal *n*; Tritt *m*; *auto.* Fußhebel *m*; ~**ar** [~δɐˈlar] (1b) treten; radeln.
pedant|aria [~δɐ̃ntɐˈriɐ] *f* Dünkel *m*; Wichtigtuerei *f*; Überladenheit *f des Stils*; ~**e** [~ˈδɐ̃ntə] **1.** *su.* eingebildete(r) Mensch *m*; Laffe *m*; Wichtigtuer(in *f*) *m*; **2.** *adj.* eingebildet; hochtrabend; überladen (*Stil*); *ser* ~ sich etwas einbilden; ~**ismo** [~ˈtiʒmu] *m* = ~*aria*.
pé-de-|altar [pɛδałˈtar] *m* Kirchensporteln *f/pl.*; ~**boi** [~δəˈβoi] *m* altmodische(r) Mensch *m*; *bras. a.* gewissenhafte(r) Mensch *m*; ~-**-cabra** [~δəˈkaβrɐ] *m* Geißfuß *m*, Brecheisen *n*; Nagelheber *m*; ~**galinha** [~δəγɐˈliɲɐ] *m s. galinha*; ~**galo** [~δəˈγalu] *m* ⚘ Hopfen *m*; *mesa f de* ~ Pilztisch *m*; ~**meia** [~δəˈmejɐ] *m* Sparbüchse *f*; = *pecúlio*; *juntar* ~ etwas zurücklegen; ~**moleque** *bras.* [~δəmuˈlɛkə] *m* **a**) süße Erdnußspeise *f*; **b**) Maiskuchen *m*.
pederast|a [pəδəˈraʃtɐ] *m* Päderast *m*; ~**ia** [~rɐʃˈtiɐ] *f* Knabenliebe *f*.
pedern|al [~δərˈnał] **1.** *adj.* steinern; Stein...; **2.** *m* nackte(r) Fels *m*; = ~**eira** [~eirɐ] *f* Feuerstein *m*.
pedest|al [~δiʃˈtał] *m* Sockel *m*; Fußgestell *n*; ~**re** [~ˈδɛʃtrə] **1.** *adj.*

Fuß...; *fig.* gemein; *estátua f* ~ Standbild *n*; **2.** *m bras.* Fußgänger *m*; **~rianismo** [~δɨʃtrjɐ'niʒmu] *m* Wandersport *m*; Wettgehen *n*.
pé-de-vento [pɛδə'vẽntu] *m* Orkan *m*.
pediatr|a [pə'δjatrɐ] *m* Kinderarzt *m*; **~ia** [~δjɐ'triɐ] *f* Kinderheilkunde *f*.
pedículo [~'δikulu] *m* ♀ Stiel *m*, Stengel *m*.
pedicuro *m*, **-a** *f* [~δi'kuru, -ɐ] Fußpfleger(in *f*) *m*, Pedikeur *m*, Pediküre *f*.
pedido [~'δiδu] **1.** *m* Bitte *f* (*fazer a* richten an [*ac.*]); Gesuch *n*; Anfrage *f*; ✝ Bestellung *f*; Nachfrage *f*; *Heirats*-Antrag *m*; *das* Erbetene; *a* ~ auf Wunsch; *fazer um* ~ *de* e-n Antrag stellen (*od.* e-e Bestellung m.) auf (*ac.*) (bei j-m *a alg.*); *fazer* ~*s* bitten; betteln; **2.** *adj.* erbeten; erwünscht.
pedilúvio [~δi'luvju] *m* Fußbad *n*.
pedin|chão *m*, **-ona** *f* [~δĩ'ʃɐ̃u, -onɐ] Bettelsack *m*; **~char** [~'ʃar] (1a) betteln; **~chice** [~'ʃisə] *f* Bettelei *f*; **~te** [~'δĩntə] *su.* Bettler(in *f*) *m*; Bittsteller(in *f*) *m*.
pedir [~'δir] (3r) *Zeit, Mühe usw.* erfordern; ~ (*a/c. a alg.*) (j-n um et.) bitten; (j-n um et.) ersuchen; (et. von j-m) fordern, verlangen; j-m et. abverlangen; (et. bei j-m) bestellen; (bei j-m um et.) betteln; j-n (um et.) anbetteln; j-n (zu et.) treiben; ~ *a Deus por alg.* für j-n zu Gott beten.
pé-direito [pɛδi'reitu] *m* (lichte) Höhe *f*; Pfeiler *m*.
peditório [pəδi'tɔrju] *m* Sammlung *f*, Kollekte *f*; dringende(s) Gesuch *n*.
pedómetro [~'δɔmətru] *m* Schrittmesser *m*.
pedra ['pɛδrɐ] *f* Stein *m*; (Schul-) Tafel *f*; Hagel(korn *n*) *m*; *Salz- usw.* Korn *n*; Stück *n Seife, Zucker usw.*; *primeira* ~ Grundstein *m*; *cair* ~, *chover* ~ hageln; *estar de* ~ *e cal* fest zs.-halten, unzerstörbar sn; *não deixar* ~ *sobre* ~ keinen Stein auf dem anderen l.; *ser uma* ~ F stockdumm sn; *trazer* ~ *no sapato* mißtrauisch sn.
pedr|ada [pə'δraδɐ] *f* Steinwurf *m*; *fig.* Schimpf *m*; **~a-pomes** [ˌpɛδrɐ'pomɨʃ] *f* Bimsstein *m*; **~aria** [~ɐ'riɐ] *f* Bausteine *m/pl.*; Edelsteine *m/pl.*; **~a-ume** [pɛδrɐ'umə] *f* Alaunstein *m*.
pedreg|al [~δrə'γaɫ] *m* steinige(r) Ort *m*; Steinwüste *f*; **~oso** [~ozu] steinig; **~ulho** [~'γuʎu] *m* Stein-, Fels-block *m*; Geröll *n*.
pedreir|a [~'δreirɐ] *f* Steinbruch *m*; **~o** [~u] *m* Steinmetz *m*; Maurer *m*; **~o-livre** [~ˌδreiru'livrə] *m* Freimaurer *m*.
pedúnculo [pə'δũŋkulu] *m* ♀ (Blüten-)Stiel *m*.
pega¹ ['peγɐ] *f* Elster *f*; ⚓ Eselshaupt *n*; *fig.* Schwatzliese *f*.
pega² ['pɛγɐ] *f* Anfasser *m*; *taur.* Stierbändigung *f* (*durch Packen des Stiers de cara* von vorn, an den Hörnern, *oder*: *de cernelha* am Widerrist, von der Seite); *fig.* Handgemenge *n*; Streit *m* (*armar* bekommen); **~da** [pɛ'γaδɐ] *f* Fußspur *f*; Fährte *f*; *fig.* Spur *f*; *ir nas* ~*s de alg.* j-n verfolgen.
pega|diço [pəγɐ'δisu] klebrig; aufdringlich (*Mensch*); ansteckend (*Krankheit*); **~dilha** [~'δiʎɐ] *f* Aus-ea.-setzung *f*, Streit *m*; Grund *m* zum Streit; **~do** [~'γaδu]: ~ *a* hängend (*od.* klebend) an (*dat.*); anstoßend an (*dat.*); dicht an (*od.* bei, neben) (*dat.*); *fig.* befreundet mit, zugetan (*dat.*); *estar* ~ kleben; angewachsen sn; *fig.* nahestehen; *casa f -a* Nebenhaus *n*; *chuva f -a* Dauerregen *m*; **~dor** [~'δor] *m taur.* Stierbändiger *m*; *brincar de* ~ *bras.* Fangen spielen; **~jento, ~joso** [~'ʒẽntu, ~'ʒozu] = **~diço**.
pegamass|a ♀ [~'masɐ] *f* Klette *f*; **~o** [~u] *m* Kleister *m*; *fig.* Spritzer *m*; *fig.* Klette *f*; *erva-dos-~s f* = **~a**.
pegão [pɛ'γɐ̃u] *m* (Brücken-)Pfeiler *m*; Windhose *f*.
pegar [pə'γar] (1o; *Stv.* 1c) **1.** *v/t.* an-, auf-, zs.-kleben, -leimen, -heften; fassen; fangen; *j-n* anstecken mit; **2.** *v/i.* haftenbleiben; kleben; halten; einschlagen, sich durchsetzen (*Geschäft, Mode*); wirken, F ziehen (*Reklame*); anschlagen (*Mittel*); anstecken (*Krankheit*); angehen (*Pflanze, Feuer*); ~ *com* grenzen, stoßen an (*ac.*); ~ *em* nehmen (*ac.*), ergreifen (*ac.*); *Bemerkung* aufgreifen; in Angriff nehmen (*ac.*); *Auftrag* übernehmen;

eingehen auf (*ac.*), F anbeißen; ~ *de inf.* anfangen zu *inf.*; *isso não pega!* F das zieht nicht!; so'n Quatsch!; **3. ~-se** hängen- (*od.* kleben-)bleiben; anstecken(d sn); an-hängen, -brennen (*Speise*); sich festsetzen (*Gewohnheit usw.*); störrisch sn (*Pferd*); ~ *a* sich klammern an (*ac.*); ~ *com* anbinden (*od.* anea.-geraten) mit; ~ *de palavras* in Wortwechsel geraten; *ele não tem por onde se lhe pegue* an ihm ist nichts auszusetzen; man kann ihm nichts anhaben; *a chuva pegou-se* es hat sich eingeregnet.

pego ['pɛɣu] *m* tiefste Stelle *f* (*Fluß, See*); *fig.* Abgrund *m*; Strudel *m*.

peguilh|ar [pəɣi'ʎar] (1a) zanken; **~ento** [~ẽntu] zänkisch; **~o** [~'ɣiʎu] *m* Hindernis *n*, Hemmschuh *m*; Grund *m* zum Streit; Vorwand *m*.

peia ['pejɐ] *f* Fußfessel *f*; *bras.* Peitsche *f*; Steigriemen *m*; *fig.* Fessel *f*; Hemmschuh *m*.

peit|a ['peitɐ] *f* Bestechung(sgeld *n*) *f*; **~ar** [pei'tar] (1a) bestechen.

peit|ilho [pei'tiʎu] *m* Hemdenbrust *f*; Vorhemd *n*; (Blusen-)Einsatz *m*; Brustlatz *m*; **~o** ['peitu] *m* Brust *f*; *poét.* Busen *m*; *fig.* Herz *n*; Seele *f*; Mut *m*; ~ *do pé* Fußtritt *m*, Spann *m*; *~-largo bras.* Raufbruder *m*; *criança f de ~* Säugling *m*; *de ~ feito* absichtlich; aus-, nach-drücklich; *abrir o ~* sn Herz ausschütten; *pôr (o) ~ a* in Angriff nehmen (*ac.*), betreiben (*ac.*); sich einsetzen für; sich entgegenwerfen (*dat.*); *tomar a ~* sich angelegen sn l.; ernst nehmen; sich zu Herzen nehmen; **~oral** [~tu'raɫ] **1.** *adj.* Brust...; (brust)stärkend; **2.** *m Pferde*-Brust *f*; Brustblatt *n am Pferdegeschirr*; *farm.* Brustmittel *n*; **~oril** [~tu'riɫ] *m* Brüstung *f*; Geländer *n*; ~ *da janela* Fensterbank *f*.

peix|ada *bras.* [pei'ʃaðɐ] *f* Fischgericht *n*; **~e** ['peiʃə] *m* Fisch *m*; ~ *podre fig.* Taugenichts *m*; faule Sache *f*; ~ *seco* Trockenfisch *m*; *estar como (o) ~ na água* in s-m Element sn; zu Hause sn (in [*dat.*] em); **~e-espada** [peiʃɨʃ'paðɐ] *m* Schwertfisch *m*; **~eira** [~eirɐ] *f* Fischfrau *f*; Fischschüssel *f*; **~eiro** [~eiru] *m* Fischhändler *m*; **~elim** [~ʃə'lĩ] *m* Kleinfisch *m*; **~e-martelo** [ˌpeiʃəmɐr'tɛlu] *m* Hammerfisch *m*; **~e-serra** [ˌpeiʃə'sɛʀɐ] *m* Sägefisch *m*; **~e-voador** [ˌpeiʃəvwɐ'ðor] *m* fliegende(r) Fisch *m*.

pej|ada [pɨ'ʒaðɐ] *adj. f* schwanger; trächtig (*Tier*); **~ado** [~aðu] voll; *fig.* verschämt; verlegen; **~ar** [~ar] (1d) voll-, ver-stopfen; be-, überladen; hemmen; *v/i.* schwanger w.; *bras.* stehenbleiben (*Mühle*); **~ar-se** *fig.* verlegen w.; sich schämen (über [*ac.*] *od.* vor [*dat.*] de); zurückschrecken; **~o** ['peʒu] *m* Scham *f*; Verlegenheit *f*; *ter ~ = ~ar-se*; **~orativo** [~ʒurɐ'tivu] herabsetzend, verächtlich; schlecht.

pela [pəlɐ, 'pelɐ] *Zssg der prp. por mit art. od. pron. demonstr. a.*

péla ['pɛlɐ] *f* **a**) (Feder-, Fang-)Ball *m*; Schlagball *m*; **b**) Korkschicht *f*; Schälen *n*.

pela|do [pə'laðu] kahl; nackt; **~dura** [~lɐ'ðurɐ] *f* Häuten *n*; Enthaaren *n*; **~gem** [~aʒẽi] *f* Haarkleid *n* (*der Tiere*).

pélago ['pɛlɐɣu] *m die* hohe See; Tiefsee *f*; *fig.* Abgrund *m*.

pel|ame [pə'lɐmə] *m* Behaarung *f*; Fell *n*; Pelzwerk *n*; **~anca, ~anga** [~ɐ̃ŋkɐ, -gɐ] *f* schlaffe Haut *f*; **~ar** [~ar] (1c) (ab)häuten; enthaaren; *Obst usw.* schälen; *fig.* rupfen; **~ar-se** *por* versessen sn auf (*ac.*); ~ *de* umkommen vor (*dat.*); **~aria** [~lɐ'riɐ] *f* Kürschnerei *f*; Pelzwaren *f/pl.*; **~e** ['pɛlə] *f* Haut *f*; Fell *n*, Balg *m*; Pelz *m*; *casaco m (loja f) de ~s* Pelz-mantel *m* (-handlung *f*); *cortar na ~ de* herziehen über (*ac.*); *defender a sua ~* sich s-r Haut wehren; *estar na ~ de alg.* in j-s Haut stecken; *mudar (od. despir) a ~* sich häuten; *tirar a ~ fig.* das Fell über die Ohren ziehen; *tratar da ~* Hautpflege treiben; **~ega** *bras.* [pe'leɣɐ] *f* Geldschein *m*; **~ego** [pe'leɣu] *m bras.* Schaffell *n als Satteldecke*; **~eiro** [~eiru] *m* Kürschner *m*.

pelej|a [~'leʒɐ] *f* Kampf *m*; Handgemenge *n*; Rauferei *f*; **~ar** [~lɨ'ʒar] (1d) sich schlagen, kämpfen; anea.-geraten; sich raufen.

pé-leve *bras.* [pɛ'lɛvə] *m* Landstreicher *m*.

pele-vermelha [ˌpɛləvər'mɛʎɐ] *m* Rothaut *f*.

peli|ca [pə'likɐ] *f* Handschuhleder *n*; *luva f de ~* Glacéhandschuh *m*; **~ça** [~sɐ] *f* Pelz-jacke *f*, -rock *m*.

pelicano [ˌliˈkɐnu] *m* Pelikan *m*; *cir.* (Zahn-)Zange *f*.
película [ˌˈlikulɐ] *f* Häutchen *n*; *fot.* Film(streifen) *m*.
pelintra [ˌˈlĩntrɐ] **1.** *adj.* ärmlich; schäbig; **2.** *m* arme(r) Schlucker *m*; schäbige(r) Kerl *m*.
pelo [pəlu] *Zssg der prp. por mit art. od. pron. demonstr.* o.
pêlo [ˈpelu] *m* Haar *n*; Behaarung *f*; Flaum *m*; *em* ~ F im Adamskostüm; *largar o* ~ haaren.
peloir... *s. pelour...*
pelota [pəˈlɔtɐ] *f* **a)** Bällchen *n*; Ball *m*; Kugel *f*; Kissen *n*; *cir.* Pelotte *f*; Pelota *f* (*Ballspiel*); **b)** *bras.* Fährboot *n aus Ochsenhaut*.
pelot|ão [ˌluˈtɐ̃u] *m* ⚔ Abteilung *f*, Trupp *m*; **~iqueiro** [ˌtiˈkeiru] *m* Taschenspieler *m*, Gaukler *m*.
pelour-, peloir|inho [ˌlo-, ˌloi-ˈriɲu] *m* Schandpfahl *m*; **~o** [ˌˈlo-, ˌˈloiru] *m städtisches* Amt *n*.
pelúcia [ˌˈlusjɐ] *f* Plüsch *m*.
pelu|do [ˌˈluðu] haarig; behaart; zottig; *fig.* scheu; täppisch; **~gem** [ˌʒɐ̃i] *f* Flaum *m*.
pena [ˈpenɐ] *f* **a)** Strafe *f*; Kummer *m*; Leid *n*; Erbarmen *n*; *Höllen-*Qual *f*; ~ *capital*, ~ *última* (*máxima*) Todes- (Höchst-)strafe *f*; *sob* ~ bei Strafe; *cumprir uma* ~ e-e Strafe verbüßen (*od.* absitzen); é (*uma*) ~, *faz* ~ es ist bedauerlich *od.* schade; *faz-me* ~, *tenho* ~ es tut mir leid; *valer* (*od. merecer*) *a* ~ sich (ver-)lohnen, der Mühe wert sn; ~! schade!; **b)** Feder *f* (*a. fig.*); *ao correr da* ~ aufs Geratewohl, ohne zu überlegen; obenhin.
pena|cho [pəˈnaʃu] *m* Feder-, Helmbusch *m*; *Hahnen-*Kamm *m*; ⚠ *Gewölbe-*Kappe *f*; ♪ Wischer *m*; *apanhar o* ~ an die Macht kommen; die Leitung (*od.* Führung) übernehmen; *ter o* ~ F zu sagen h.; **~da** [ˌðɐ] *f* Federstrich *m*; **~do** [ˌðu] **a)** gefiedert; **b)** *alma f -a* arme Seele *f*; Gespenst *n*.
penal [ˌˈnał] Straf(rechts)...
penal|idade [ˌnɐliˈðaðə] *f* Strafvollzug *m*; Strafbestimmung *f*; Strafe *f*; **~ista** [ˌˈliʃtɐ] *m* Strafrechtler *m*; **~izar** [ˌiˈzar] (1a) betrüben, bekümmern; leid tun (*dat.*).
penar [ˌˈnar] (1d) büßen; leiden.
penca [ˈpẽŋkɐ] *f* fleischige(s) Blatt *n*; *fig.* große Nase *f*; *bras.* Büschel *n*; Menge *f*; *Schlüssel-*Bund *m*; *Kinder-*Schar *f*; *em* ~ massenhaft; *prov.* (*couve*) ~ Blattkohl *m*.
pend|ão [pẽnˈdɐ̃u] *m* Banner *n*; Fahne *f*; (Mais-)Rispe *f*; *fig.* Wahrzeichen *n*; Anschein *m*, Zeichen *n*; **~ência** [ˌẽsjɐ] *f*: *na* ~ *da causa* solange das Verfahren schwebt; **~enga** *bras.* [ˌẽŋgɐ] *f* Streit(igkeit *f*) *m*, Konflikt *m*; **~ente** [ˌẽntə] **1.** *adj.* (über)hängend; ungepflückt (*Obst*); *fig.* nahe, drohend; unerledigt; ⚖ schwebend; anhängig; **2.** *m* (Ohr-)Gehänge *n*; ⚠ *Gewölbe-*Zwickel *m*; **~er** [ˌer] (2a) *v/i.* hängen; herabhängen (von *de*); sich neigen (zu *a*, *para*); **~or** [ˌor] *m* Abhang *m*; Neigung *f* (*a. fig.*).
pêndulo [ˈpẽndulu] *m* Pendel *n*.
pendur|ado [pẽnduˈraðu] hängend; *estar* ~ hängen; **~ar** [ˌar] (1a) aufhängen (an [*dat.*] *por*); ~ *em*, ~ *de* hängen an (*ac.*); **~icalho** [ˌriˈkaʎu] *m* Anhängsel *n*.
pened|ia [pənəˈðiɐ] *f* Felsen(gewirr *n*) *m*; **~o** [ˌˈneðu] *m* Fels(en) *m*.
peneir|a [ˌˈneirɐ] *f* Sieb *n*; Sprühregen *m*; Krabbenteller *m*; **~ar** [ˌneiˈrar] (1a) (durch)sieben; *Mehl* beuteln; *v/i. bras.* nieseln; **~ar-se** watscheln; **~o** [ˌu] *m* Beutelsieb *n*.
penetr|ação [ˌnətrɐˈsɐ̃u] *f* Durchdringung *f*; Eindringen *n*; *fig.* Scharfsinn *m*; *força f de* ~ Durchschlagskraft *f*; **~ante** [ˌˈtrɐ̃ntə] durch-dringend, -schlagend; scharf, spitz; beißend (*Ironie*); tief (*Gefühl*); schrill (*Ton*); scharfsinnig; **~ar** [ˌˈtrar] (1c) durchdringen; eindringen in (*ac.*); begreifen; durchschauen; *v/i.* (durch)dringen; einleuchten (*Grund*); ~ *em* eindringen in (*ac.*); **~ar-se** *de* sich (fest) überzeugen von; **~ável** [ˌˈtravɛł] *fig.* durchschaubar; verständlich.
penh|a [ˈpeɲɐ] *f* Fels(en) *m*; **~asco** [pɨˈɲaʃku] *m* (hoher) Felsen *m*.
penhor [pɨˈɲor] *m* Pfand *n*; *fig. a.* Unterpfand *n*; *dar em* ~ verpfänden; *emprestar sobre* ~*es* auf Pfand leihen; **~a** [ˌˈɲɔrɐ] *f* Pfändung *f*.
penhor|ado [ˌɲuˈraðu] *fig.* dankbar, verbunden; *agradeço muito* ~ ich danke verbindlichst; **~ante** [ˌɐ̃ntə] dankenswert; liebenswürdig; **~ar** [ˌar] (1e) (ver)pfänden; verbürgen; versprechen; *fig.* zu

Dank verpflichten; beschämen; **~ista** [~iʃtɐ] *m* Pfandleiher *m*.

península [pəˈnĩsulɐ] *f* Halbinsel *f*.

peninsular [pənĩsuˈlar] **1.** *adj.* der Halbinsel; **2.** *su.* Bewohner(in *f*) *m* der Halbinsel (*bsd. der iberischen*).

penit|ência [pəniˈtẽsjɐ] *f* Buße *f*; *tribunal m da ~* Beichtstuhl *m*; *~s pl.* Bußübungen *f/pl.*; **~encial** [~tẽˈsjał] **1.** *adj.* Buß...; **2.** *m* Bußregel *f*; **~enciar** [~tẽˈsjar] (1g) *j-m* eine Buße auferlegen; bestrafen; **~enciar-se** Buße tun; **~enciária** [~tẽˈsjarjɐ] *f* Strafgefängnis *n*; **~enciário** [~tẽˈsjarju] **1.** *adj.* Buß...; Straf...; *sistema m ~* Einzelhaft (-system *n*) *f*; **2.** *m* Strafgefangene (-r) *m*; *rel.* Beichtiger *m*; **~ente** [~ẽntə] **1.** *adj.* bußfertig; reuig; **2.** *su.* Büßer(in *f*) *m*.

penoso [pəˈnozu] schmerzlich; beschwerlich; peinlich; lästig.

pens|ado [pẽˈsaðu]: *bem (mal) ~* wohl (un)überlegt; wohl (schlecht) durchdacht; *caso m ~* Absicht *f*; *de caso ~* absichtlich; vorsätzlich; **~ador** [~sɐˈðor] *m* Denker *m*; **~amento** [~sɐˈmẽntu] *m* Gedanke(n) *m*; Denken *n*; Absicht *f*; Vorhaben *n*; *vir ao ~* einfallen (*dat.*); **~ão** [~ɐ̃u] *f* Pension *f*; Ruhegehalt *n*; **~ar** [~ar] (1a) **1.** *v/i.* denken (an [*ac.*] *em*); sich besinnen; glauben, meinen; vorhaben; *~ em*, *~ sobre* überlegen (*ac.*); nachdenken über (*ac.*); *~ em inf.* gedenken zu *inf.*; *~ bem (mal)* richtig (falsch) denken (*od. fig.* F liegen); (un)recht h.; *sem ~* ohne zu überlegen; unwillkürlich; gedankenlos; *maneira f (od. modo m) de ~* Denkweise *f*; Denkungsart *f*; **2.** *v/t.* a) denken; sich *et.* denken; bedenken; durchdenken; b) pflegen, warten; *Wunde* verbinden; **3.** *m*: *no meu ~* m-r Ansicht nach; **~ativo** [~sɐˈtivu] nachdenklich.

pênsil [ˈpẽsił] hängend; Hänge...

pension|ário [pẽsjuˈnarju] **1.** *adj.* Pensions...; **2.** *m*, **-a** *f* = **~ista** [~ˈniʃtɐ] *su.* Pensionär(in *f*) *m*; Ruhegehaltsempfänger(in *f*) *m*.

penso [ˈpẽsu] **a)** *m* Wartung *f*, Pflege *f*; Futter(ration *f*) *n*; ⚕ Verband *m*; *Zahn*-Einlage *f*; **b)** *adj. bras.* hängend.

pent|agonal [pẽntɐɣuˈnał] fünfeckig; **~ágono** [~ˈtaɣunu] *m* Fünfeck *n*.

pente [ˈpẽntə] *m* Kamm *m*; *~ miúdo*, *~ para caspa* Staubkamm *m*.

pente|ado [pẽnˈtjaðu] *m* Frisur *f*; **~ador** [~tjɐˈðor] *m* Frisiermantel *m*; **~ar** [~ar] (1l) kämmen; frisieren; *vá ~ macacos!* gehen Sie zum Teufel!; **~ar-se** *para fig.* es darauf anlegen *et.* zu werden.

Pentecostes [~təˈkɔʃtɨʃ] *m* Pfingsten *pl.* (*od. n.*)

pent(e)eiro [~ˈt(j)eiru] *m* Kammmacher *m*.

penu|do [pəˈnuðu] gefiedert; **~gem** [~ʒɐ̃i] *f* Flaum(federn *f/pl.*) *m*; Daunen *f/pl.*; **~gento**, **~joso** [~nuˈʒẽntu, ~ˈʒozu] flaumig.

penúltimo [pənˈułtimu] vorletzt.

penumbra [penˈũmbrɐ] *f* Halbdunkel *n*.

penúria [pəˈnurjɐ] *f* Mangel *m*, [Not *f*.]

peónia ⚘ [ˈpjɔnjɐ] *f* Pfingstrose *f*.

pepino [pəˈpinu] *m* Gurke *f*.

pepita [~ˈpitɐ] *f* (Gold-)Korn *n*.

pequen|ez, **~eza** [~kəˈneʃ, -ezɐ] *f* Kleinheit *f*; Bedeutungslosigkeit *f*; **~ino**, **~ito** [~inu, ~itu] **1.** *adj.* winzig (klein); **2.** *m*, **-a** *f* Knirps *m*, Krott *f*; **~o** [~ˈkenu] klein, Klein...; gering(fügig); bedeutungslos; *-as coisas f/pl.* Kleinigkeiten *f/pl.*; *~ de alma (od. coração)* engherzig; *~ de inteligência* engstirnig, beschränkt; *em ~* als Kind.

pequerrucho [~kəˈʀuʃu] **1.** *adj.* klein; **2.** *m* a) Knirps *m*; b) *bras. prov.* Fingerhut *m*.

per [pər]: *de ~ si* von selbst; für sich.

pêra [ˈperɐ] *f* ⚘ Birne *f*; *fig.* Spitzbart *m*; ⚡ Zwischenschalter *m*; *ter (dar) para ~s* schwer zu schaffen h. (m.); schwer leiden müssen.

peralta, **-alvilho** [pəˈrałtɐ, ~rałˈviʎu] **1.** *m* Stutzer *m*, Geck *m*; **2.** *adj.* stutzer-, gecken-haft.

perambular *bras.* [perẽmbuˈlar] (1a) (umher)streifen; bummeln.

perante [pəˈrɐ̃ntə] vor; in Gegenwart (*gen.*); angesichts (*gen.*).

pé-rapado *bras.* [pɛʀaˈpaðu] *m* F arme(r) Schlucker *m*.

perau *bras.* [peˈrau] *m* tiefe Stelle *f*; Schlucht *f*; Steilhang *m*, Böschung *f*.

perca [ˈpɛrkɐ] *f* **a)** *zo.* Barsch *m*; **b)** P Verlust *m*; Ausfall *m*.

percalço [pərˈkałsu] *m* Nebenverdienst *m*; *bsd.* F Mißgeschick *n*; Unannehmlichkeit *f*.

percalina [~kɐˈlinɐ] *f* Kaliko *m*.

perceber [~sə'βer] (2c) wahrnehmen; bemerken; hören; verstehen; erkennen; *Gehalt* bekommen; *deixar* ~ durchblicken lassen.

percent|agem [~sẽn'taʒɐ̃i] *f* Prozent-, Hunder-satz *m*; Prozente *n/pl.*; Anteil *m*; Teil *m*; **~ual** [~'twał] prozentual, Prozent...

percep|ção [~sɛ'sɐ̃u] *f* Wahrnehmung *f*; **~tível** [~'tivɛł] wahrnehmbar; vernehmlich.

percevejo [~sə'veʒu] *m* Wanze *f*; *fig.* Reißzwecke *f*.

percha ['pɛrʃɐ] *f* (Kletter-)Stange *f*.

percorrer [pərku'ʀer] (2d) durcheilen, -fahren, -fließen, -laufen, -ziehen; eilen, fahren, gehen *usw.* durch; *Strecke* zurücklegen; *Land* bereisen; *Meer* befahren; *fig.* durchforschen, -stöbern; ~ (*com a vista*) mustern; überfliegen.

percurso [~'kursu] *m* Strecke *f*; Bahn *f*; *Fluß*-Lauf *m*; *Reise*-Weg *m*; Reise *f*; Fahrt *f*; Umzug *m*.

percu|ssão [~ku'sɐ̃u] *f* Stoß *m*; Schlag *m*; ♪ Anschlag *m*; ⚕ Abklopfen *n*; Perkussion *f*; **~ssor** [~'sor] *m* Schlagbolzen *m*; **~tir** [~'tir] (3a) stoßen gegen; (auf-) schlagen auf (*ac.*); prallen auf (*ac.*) *od.* gegen; *Ton* anschlagen; ⚕ abklopfen.

perda ['perðɐ] *f* Verlust *m*; Verschwinden *n*; *Haar*-Ausfall *m*; *fig.* Verderben *n*.

perdão [pər'ðɐ̃u] *m* Verzeihung *f*; Begnadigung *f*; Vergebung *f*.

perder [~'ðer] (2o) verlieren; *Gelegenheit, Zug usw.* ver-säumen, -passen; sich *et.* entgehen l.; vertun; vergeblich tun; zugrunde richten; verderben; = *deitar a* ~ ins Verderben stürzen; ruinieren; ~ *para com* (*od. na opinião de*) *alg.* in j-s Achtung sinken; **~-se** verloren- (*od.* zugrunde) gehen; verderben; umkommen; sich ins Verderben stürzen; sich verirren; sich nicht mehr zurechtfinden; sich verwirren; ~ *por* vernarrt sn in (*ac.*); versessen sn auf (*ac.*).

perdi|ção [~ði'sɐ̃u] *f* Verderben *n*; Unheil *n*; *rel.* Verdammnis *f*; *amor m de* ~ verderbliche Liebe *f*; **~damente** [~ˌðiðɐ'mẽntə] maßlos, wie toll; ohne Sinn und Verstand; **~do** [~'ðiðu]: ~ *de* außer sich vor (*dat.*); *andar* ~ sich verirrt h.

perdi|gão [~ði'ɣɐ̃u] *m* Rebhahn *m*; **~gueiro** [~'ɣeiru] *m* Hühnerhund *m*.

perdiz [~'ðiʃ] *f* Rebhuhn *n*.

perdo|ar [~'ðwar] (1f) verzeihen; durchgehen l.; *Sünde* vergeben; *Strafe, Schuld* erlassen; ersparen; *j-n* begnadigen; (ver)schonen; **~ável** [~'ðwavɛł] verzeihlich.

perdulário [~ðu'larju] **1.** *adj.* verschwenderisch; leichtsinnig; **2.** *m* Verschwender *m*; Leichtfuß *m*.

perdur|ação [~ðurɐ'sɐ̃u] *f* Fortdauer *f*, -bestand *m*; **~ar** [~'rar] (1a) (lange) dauern; fortdauern; **~ável** [~'ravɛł] dauerhaft; ewig.

pereb|a *bras.* [pe'reβɐ] *f* Krätze *f*; Räude *f*; Pustel *f*; Schramme *f*; **~ento** [~re'βẽntu] räudig.

perec|edor [pərəsə'ðor] vergänglich; **~er** [~'ser] (2g) vergehen; untergehen; umkommen; sterben; **~imento** [~si'mẽntu] *m* Untergang *m*; **~ível** [~'sivɛł] vergänglich.

peregrin|ação [~rəɣrinɐ'sɐ̃u] *f* Wallfahrt *f*; Pilgerfahrt *f*; Reise *f*; Wanderschaft *f*; **~ar** [~'nar] (1a) pilgern; wandern; reisen; **~o** [~'ɣrinu] **1.** *adj.* fremd; seltsam; ungewöhnlich; selten; **2.** *m*, **-a** *f* Pilger(in *f*) *m*; Wallfahrer(in *f*) *m*.

pereira [~'reirɐ] *f* Birnbaum *m*.

peremp|ção ⚖ [pərẽmp'sɐ̃u] *f* Verjährung *f*; **~to** [~'ẽmptu] verjährt; **~tório** [~'tɔrju] entscheidend; nachdrücklich; ⚖ perem(p)torisch.

peren|e [~'ɛnə] (fort)dauernd; beständig; ewig; **~idade** [~əni'ðaðə] *f* Fortdauer *f*; Bestand *m*.

perer|eca *bras.* [pere'rɛkɐ] **1.** *f* Grünling *m* (*Froschart*); **2.** *su. fig.* Frosch *m*; **~ecar** [~re'kar] (1n; *Stv.* 1c) herumhopsen; zappeln.

perfazer [pərfɐ'zer] (2v) vollenden; erfüllen; *Summe* (aus-, voll-)m.

perfectível [~fɛk'tivɛł] vervollkommnungsfähig.

perfei|ção [~fei'sɐ̃u] *f* Vollkommenheit *f*; Vollendung *f*; **~tamente** [~ˌfeitɐ'mẽntə]: ~*!* ganz recht!; **~to** [~'feitu] vollkommen; völlig; vollendet; tadellos; genau.

perfídia [~'fiðjɐ] *f* Falschheit *f*.

pérfido ['pɛrfiðu] treulos; niederträchtig; falsch.

perfil [pər'fił] *m* Profil *n*; Umriß *m*; Seitenansicht *f*; ⚔ Ausrichtung *f*; *fig.* Charakterbild *n*; **de** ~ im Profil;

~ar [~fi'lar] (1a) im Profil zeichnen (*od.* darstellen); ⚔ ausrichten; *~!* richt't euch!; **~ar-se** Richtung nehmen; Haltung annehmen.
perfilhar [~fi'ʎar] (1a) an Kindes Statt annehmen, adoptieren; *fig.* sich zu eigen m.; *Lehre* vertreten.
perfum|ado [~fu'maðu] duftend; **~ador** [~mɐ'ðor] *m* Räucherpfanne *f*; **~ar** [~ar] (1a) parfümieren; durchduften; **~aria** [~mɐ'riɐ] *f* Parfümerie *f*; **~e** [~'fumə] *m* Parfüm *n*; Duft *m* (*a. fig.*); **~ista** [~iʃtɐ] *m* Parfümeriewaren-fabrikant *m*, -händler *m*.
perfur|ação [~furɐ'sɐ̃u] *f* Lochung *f*; Durchlöcherung *f*; Loch *n*; Durchbohrung *f*; Durchstich *m*; Durchbruch *m*; *Damm*-Bruch *m*; Perforation *f* (*bsd.* ⚕); *torre f de ~* Bohrturm *m*; **~ador** [~ɐ'ðor] **1.** *m* Bohrmaschine *f*; ⊕ Lochzange *f*; Locher *m*; *cir.* Schädel-, Trepanations-bohrer *m*; **2.** *adj.* (*máquina*) *~a f* Bohr- (*od.* Perforier-)maschine *f*; **3.** *adj.* = **~ante** [~'rɐ̃ntə] spitz; *arma f ~* Stichwaffe *f*; *poder m ~* Durchschlagskraft *f*; **~ar** [~'rar] (1a) lochen, perforieren; durchlöchern, -bohren, -stechen, -brechen.
pergaminho [~ɣɐ'miɲu] *m* Pergament *n*; *bras. uni. etwa*: Wisch *m*; *~ vegetal* Pergamentpapier *n*.
pergunt|a [~'ɣũntɐ] *f* Frage *f* (*fazer* stellen); Befragung *f*; **~ar** [~ɣũn'tar] (1a) (be)fragen; *~ a alg.* j-n fragen; *~ por* fragen (*od.* sich erkundigen) nach.
peric|árdio [pəri'karðju] *m* Herzbeutel *m*; **~ardite** [~kɐr'ðitə] *f* Herzbeutelentzündung *f*; **~árpio, ~arpo** [~arpju, ~arpu] *m* Samengehäuse *n*.
perícia [pə'risjɐ] *f* Erfahrung *f*; (Sach-)Kenntnis *f*.
periclit|ante [~rikli'tɐ̃ntə] gefährdet; **~ar** [~ar] (1a) gefährdet sn; schwanken, zögern.
perif|eria [pərifə'riɐ] *f* Peripherie *f*; Rand *m*; Außenseite *f*; Umkreis *m*; **~érico** [~'fɛriku] peripherisch.
perífrase [~'rifrɐzə] *f* Umschreibung *f*.
perifrástico [~ri'fraʃtiku] umschreibend.
perigar [~ri'ɣar] (1o) Gefahr laufen.
perig|o [~'riɣu] *m* Gefahr *f*; *pôr em ~* gefährden; *ficar em ~ de vida bsd.* lebensgefährlich verletzt w. (*od.* sn); **~oso** [~ri'ɣozu] gefährlich.
perímetro [~'rimətru] *m* Umfang *m*.
perimir [~ri'mir] (3a) ⚖ *Prozeß* niederschlagen.
períneo *anat.* [~'rinju] *m* Damm *m*.
periodicidade [~rjuðisi'ðaðə] *f* regelmäßige Wiederholung *f*; regelmäßige(s) Erscheinen *n*.
periódico [~'rjɔðiku] **1.** *adj.* periodisch; regelmäßig; *imprensa f -a* Tagespresse *f*; **2.** *m* Zeitung *f*.
período [~'riuðu] *m* Periode *f*; Zeit (-abschnitt *m*) *f*; *ast. a.* Umlaufzeit *f*; *gram.* Satz(gefüge *n*) *m*.
peri|ósteo [~'rjɔʃtju] *m* Knochenhaut *f*; **~ostite** [~rjɔʃ'titə] *f* Knochenhautentzündung *f*.
peripécia [~ri'pɛsjɐ] *f* Wendepunkt *m*; (Schicksals-)Wendung *f*, Umschwung *m*; F Überraschung *f*.
periquito [~ri'kitu] *m* Sittich *m*.
periscópio [~riʃ'kɔpju] *m* Sehrohr *n*.
perito [~'ritu] **1.** *adj.* sachverständig; fachmännisch; **2.** *m* Sachverständige(r) *m*; Fachmann *m*.
perit|oneu, ~ónio [~ritu'neu, ~'tɔnju] *m* Bauchfell *n*; **~onite** [~tu'nitə] *f* Bauchfellentzündung *f*.
perj|urar [pərʒu'rar] (1a) abschwören (*dat.*); *v/i.* s-n Eid brechen; falsch schwören; **~úrio** [~'ʒurju] *m* Eidbruch *m*; Meineid *m*; **~uro** [~'ʒuru] eidbrüchig; meineidig.
perman|ecer [~mɐnə'ser] (2g) bleiben; verharren; verweilen; fortdauern; **~ência** [~'nẽsjɐ] *f* Fortdauer *f*; Verweilen *n*; Aufenthalt *m*; *estar* (*od. declarar-se*) *em ~* ohne Unterbrechung tagen; sich in Permanenz erklären; **~ente** [~'nẽntə] bleibend; dauernd; Dauer...; ständig, stehend (*Heer*).
perme|abilidade [~mjɐβəli'ðaðə] *f* Durchlässigkeit *f*; **~ar** [~'mjar] (1l) durch-setzen, -flechten, -ziehen; spicken; *v/i.* dazwischenliegen; hindurchgehen; sich hindurchziehen; dazwischenkommen; **~ável** [~'mjavɛł] durchlässig.
permeio [~'meju]: *de ~* dazwischen; darunter; inzwischen; *meter-se de ~* sich ein- (*od.* dazwischen-)schieben; dazwischen-kommen, -treten; sich einmischen.
permi|ssão [~mi'sɐ̃u] *f* Erlaubnis *f*; Genehmigung *f*; **~ssível** [~'sivɛł]

zulässig, statthaft; **~ssivo, ~ssório** [~'sivu, ~'sɔrju] Erlaubnis...; **~tir** [~'tir] (3a) erlauben, gestatten.
permut|a [~'mutɐ] *f* Aus-, Umtausch *m*; **~ar** [~mu'tar] (1a) austauschen; *Geld usw.* umtauschen; vertauschen; auswechseln.
perna ['pɛrnɐ] *f* Bein *n*; *cul.* Keule *f*; *anat. a.* Unterschenkel *m*; *Zirkel-*Schenkel *m*; ~ *de letra* Grundstrich *m*; ~ *de pau* Stelzfuß *m*; *zo.* Strandläufer *m*; *de ~s para o ar* auf dem Kopf (stehend); *dar à(s) ~(s)*, *estender a ~* Reißaus nehmen; *passar a ~ a alg.* j-m ein Schnippchen schlagen.
pern|ada [pər'naðɐ] *f* lange(r) Schritt *m*; *Baum-*Ast *m*; *Fluß-*Arm *m*; *bras.* lange(r) Marsch *m*; **~altas** [~'ałtɐʃ] *f/pl.* Stelzvögel *m/pl.*; **~alto** [~'ałtu] lang-, stelz-beinig; **~ear** [~'njar] (1l) strampeln; springen; **~eira** [~'neirɐ] *f bras.* ~*s pl.* (Leder-) Gamaschen *f/pl.*
pernicioso [~ni'sjozu] verderblich; schädlich; bösartig (*Fieber*).
pernil [~'nił] *m Schinken-*Knochen *m*; **~ongo** [~ni'lõŋgu] **1.** *adj.* langbeinig; **2.** *m* Strandläufer *m* (*Vogel*); *bras.* Schnake *f.*
perno ['pɛrnu] *m* Bolzen *m*; Zapfen *m.*
pernoitar, -outar [pərnoi'tar, -no'tar] (1a) übernachten.
pêro ['peru] *m* Spitzapfel *m*; *são como um ~* gesund und munter.
peroba *bras.* [pe'rɔβɐ] *f* Peroba *n* (*Name mehrerer Bauhölzer*); *fig.* aufdringliche(r) Kerl *m.*
pérola ['pɛrulɐ] *f* Perle *f* (*a. fig.*).
perol|eira [pəru'leirɐ] *f* Oliventopf *m*; **~ífero** [~'lifəru] Perl...
peroneu, -ónio [pəru'neu, ~'rɔnju] *m* Wadenbein *n.*
peror|ação [~urɐ'sɐ̃u] *f* Schlußwort *n*; ♪ Schlußsatz *m*; Redeerguß *m*; **~ar** [~'rar] (1e) *in e-r Rede* zum Schluß kommen; hochtrabend daherreden; F salbadern.
perpassar [pərpɐ'sar] (1b) vergehen, -fliegen; ~ *por* vorbei-, vorüber- (*od.* entlang-)gehen, -streichen, -fliegen *usw.* an (*dat.*); gehen, streichen über (*ac.*) *od.* durch.
perpend|icular [~pẽndiku'lar] **1.** *adj.* senkrecht; **2.** *f* Senkrechte *f*, Lot *n* (*tirar* fällen); **~ículo** [~'dikulu] *m* Senkblei *n*, Lot *n.*
perpetr|ação [~pətrɐ'sɐ̃u] *f* Verübung *f*; **~ar** [~'trar] (1c) *Verbrechen* begehen, verüben.
perpétua ⚘ [~'pɛtwɐ] *f* Strohblume *f.*
perpetu|ação [~pətwɐ'sɐ̃u] *f* Verewigung *f*; Verlängerung *f*; Erhaltung *f*; **~ar** [~'twar] (1g) verewigen; verlängern; erhalten, fortpflanzen; **~idade** [~twi'ðaðə] *f* Fortbestand *m*; Lebenslänglichkeit *f.*
perpétuo [~'pɛtwu] fortdauernd, beständig; unvergänglich, ewig; lebenslänglich (*Strafe*).
perplex|idade [~plɛksi'ðaðə] *f* Bestürzung *f*; Ratlosigkeit *f*; **~o** [~'plɛksu] bestürzt; ratlos; *ficar ~* stutzen.
perr|engue *bras.* [pe'ʀẽŋgə] unbrauchbar; schlapp; brummig; **~ice** P [pə'ʀisə] *f* Dickköpfigkeit *f*; Bockigkeit *f*; **~o** ['peʀu] **1.** *m* Hund *m* (*a. fig.*); **2.** *adj.* dickköpfig; bockig; verklemmt (*Tür, Schloß*); *estar ~* klemmen.
persa ['pɛrsɐ] **1.** *adj.* persisch; **2.** *su.* Perser(in *f*) *m.*
perscrut|ação [pərʃkrutɐ'sɐ̃u] *f* Erforschung *f*; **~ador** [~tɐ'ðor] forschend, durchdringend (*Blick*); **~ar** [~'tar] (1a) erforschen; durchschauen; eindringen in (*ac.*).
persegu|ição [~səɣi'sɐ̃u] *f* Verfolgung *f*; **~idor** [~i'ðor] *m* Verfolger *m*; **~ir** [~'ɣir] (3o; *Stv.* 3c) verfolgen; zusetzen (*dat.*).
persever|ança [~səvə'rɐ̃sɐ] *f* Beharrlichkeit *f*; **~ante** [~ɐ̃ntə] beharrlich; **~ar** [~ar] (1c): ~ *em* beharren bei *e-r Meinung*, auf *e-m Vorsatz*; verharren in (*dat.*).
persiana [~'sjɐnɐ] *f* Rolladen *m.*
pérsi(c)o ['pɛrsju (-siku)] persisch.
persignar-se [~siɣ'narsə] (1a) sich bekreuzigen.
persist|ência [~siʃ'tẽsjɐ] *f* Ausdauer *f*; **~ente** [~ẽntə] ausdauernd; beständig; **~ir** [~ir] (3a) ausdauern; (fort)dauern; ~ *em* bestehen auf (*dat.*); verharren in (*dat.*).
person|agem [~su'naʒɐ̃i] *f* Persönlichkeit *f*; *Roman-*Figur *f*; *tea.* Person *f*; **~alidade** [~nɐli'ðaðə] *f* Persönlichkeit *f*; Eigenart *f*; persönliche Note *f*; **~alismo** [~nɐ'liʒmu] *m* Ichbezogenheit *f*; **~alizar** [~nɐli'zar] (1a) persönlich w.; *v/t.* persönlich nennen; = **~ificar** [~nəfi'kar] (1n) verkörpern, personifizieren.

perspectiv|a [~ʃpɛ'tivɐ] *f* Perspektive *f*; Fernsicht *f*; *fig.* Aussicht *f*; **~ar** [~ti'var] (1a) perspektivisch darstellen; *fig.* in Aussicht stellen.
persp|icácia [~ʃpi'kasjɐ] *f* scharfe(r) Blick *m*; Scharf-, Weit-blick *m*; Scharfsinn *m*; **~icaz** [~i'kaʃ] scharf (*Auge*); *fig.* scharf-sichtig, -sinnig; weitblickend; *ser* ~ ein scharfes Auge h.; **~ícuo** [~ʃ'pikwu] klar, deutlich; anschaulich.
persua|dir [~swɐ'ðir] (3b): ~ *de* überzeugen von; überreden zu; **~são** [~'zɐ̃u] *f* Überzeugung *f*; Überredung *f*; **~siva** [~'zivɐ] *f* Überredungskunst *f*; **~sivo** [~'zivu] überzeugend.
perten|ça [~'tẽsɐ] *f* Eigentum(srecht) *n*; Befugnis *f*; **~s** *pl.* Zubehör *n* (*com suas* mit allem); **~ce** [~sə] *m* Überschreibung *f*; = **~ça**; **~cente** [~tẽ'sẽntə] *j-m* gehörend; zu *et.* gehörig; *j-m* zustehend (*Recht*); *et.* betreffend; **~cer** [~tẽ'ser] (2g; *Stv.* 2a) *j-m* gehören; angehören; gehören zu; *j-m* zustehen; *j-s* Sache sn; *j-n, et.* betreffen.
pertin|ácia [~ti'nasjɐ] *f* Hartnäckigkeit *f*; **~az** [~aʃ] hartnäckig.
pertinente [~ti'nẽntə] zur Sache gehörig; treffend, sachgemäß.
perto ['pɛrtu] **1.** *adv.* nahe; *aqui* ~ hier in der Nähe; **2.** *prp.*: ~ *de* a) *örtlich*: nahe bei (*dat.*); in der Nähe (*gen.*); ~ *daqui* nicht weit von hier; b) *fig.* nahezu; ~ *das três horas* gegen drei Uhr; ~ *de três horas* nahezu drei Stunden; *estar* ~ *de inf.* nahe daran sn zu *inf.*; *vir* ~ herannahen, nahe sn; **3.** *m*: *ao* ~, *de* ~ aus (*od.* in) der Nähe; *conhecer de* ~ durch und durch (*od.* ganz genau) kennen; **~s** *pl.* Vordergrund *m e-s Bildes*; erste(r) Eindruck *m*; Äußere(s) *n*; Manieren *f/pl.*
perturb|ação [pərturβɐ'sɐ̃u] *f* Störung *f*; Verwirrung *f*; Unruhe *f*; *lançar a* ~ *em* in Verwirrung (*od.* Aufruhr) bringen (*ac.*); **~ado** [~'βaðu] durchea.; unruhig; verlegen; **~ador** [~ɐ'ðor] *m*, **-a** *f* Störenfried *m*; Ruhe-, Friedens-störer(in *f*) *m*; **~ar** [~'βar] (1a) *Ordnung, Ruhe* stören; *Freundschaft usw.* trüben; beunruhigen; verwirren; durchea.-bringen; aufwühlen; **~ar-se** in Verwirrung (*od.* Aufruhr) geraten.
peru [pə'ru] *m* Truthahn *m*, Puter *m*; *bras. fig.* a) Schmachtlappen *m*; b) *Kartenspiel*: Kiebitz *m*; **~a** [~'ruɐ] *f* Truthenne *f*; *fig.* F dumme Pute *f*; *bras.* Kombiwagen *m*; *estar com a* ~ P e-n Affen h.
peruano [~'rwɐnu] **1.** *adj.* peruanisch; **2.** *m*, **-a** *f* Peruaner(in *f*) *m*.
peruar *bras.* [~'rwar] (1g) anschmachten; *Kartenspiel*: kiebitzen.
peruca [~'rukɐ] *f* Perücke *f*.
perver|são [pərvər'sɐ̃u] *f* Verkehrung *f*; Verderbnis *f*; Entartung *f*; **~sidade** [~si'ðaðə] *f* Verderbtheit *f*; Perversität *f*; **~so** [~'vɛrsu] widernatürlich, pervers; **~ter** [~'ter] (2c) verkehren; *sittlich* verderben; *Wahrheit* verdrehen; **~ter-se** verkommen; entarten.
pesa-cartas [ˌpɛzɐ'kartɐʃ] *m* Briefwaage *f*.
pesa|dão [pəzɐ'ðɐ̃u] schwer wie Blei; schwerfällig; **~delo** [~'ðelu] *m* Alp(druck) *m*; **~do** [~'zaðu] **1.** *adj.* schwer; lästig; schwerfällig, plump; schwerwiegend; *ser* (*od. ficar*) ~ *a alg.* j-m zur Last (*od.* lästig) fallen; **2.** *m Sport*: Schwergewicht *n*; **~dote** [~'ðɔtə] ziemlich schwer; plump; **~gem** [~'zaʒɐ̃i] *f* Wiegen *n*; Waage *f*.
pesa-|leite [ˌpɛzɐ'leitə] *m* Milchwaage *f*; **~licor** [~li'kor] *m* Senkwaage *f*.
pêsames ['pezɐmɨʃ] *m/pl.* Beileidsbezeigung *f*; *sentidos* ~ herzliches Beileid; *dar os* ~ sein Beileid aussprechen; *visita f de* ~ Beileidsbesuch *m*.
pesa-|mosto [ˌpɛzɐ'moʃtu] *m* Mostwaage *f*; **~papéis** [~pɐ'peiʃ] *m* Briefbeschwerer *m*.
pesar [pə'zar] **1.** *v/t.* (1c) (ab-)wiegen; *fig.* (ab)wägen; **2.** *v/i.* wiegen; ~ *sobre* lasten auf (*dat.*); = ~ *a fig.* bedrücken (*ac.*); lästig sn; ~ *em* belasten (*ac.*); ~ *na balança* (*de alg.*) (bei j-m) ins Gewicht fallen; **3.** *m* Kummer *m*; Bedauern *n*, Reue *f*; *a meu* ~ zu m-m Bedauern (*od.* Leidwesen); gegen m-n Willen; **~oso** [pəzɐ'rozu] bekümmert; niedergeschlagen; reuig.
pesca ['pɛʃkɐ] *f* Fischerei *f*; (Fisch-)Fang *m*; ~ *à linha* Angeln *n*, Angelsport *m*; *andar à* ~ angeln (nach).
pesc|ada [pɨʃ'kaðɐ] *f* Schellfisch *m*; ~*-marlonga* Merlan *m*; **~adinha** [~kɐ'ðiɲɐ] *f* Weißling *m* (*Fisch*);

~ador [~kɐ'ðor] **1.** *m* Fischer *m*; Angler *m*; ~ *de águas turvas* Hochstapler *m*; **2.** *adj.* Fischer...; **~anço** F [~ɐ̃su] *m*: *fazer* ~ in die Karten gucken; **~ar** [~ar] (1n; *Stv.* 1c) fischen; *fig. zufällig* aufschnappen; *Vorteil* er-wischen, -gattern; *Geheimnis* herauskriegen (aus *a*), abluchsen; kapieren; ~ *em águas turvas* (*od. envoltas*) im trüben fischen; **~aria** [~kɐ'riɐ] *f* = *pesca*.
pescoço [~'kosu] *m* Hals *m*; Nacken *m*; *pôr no* ~ um den Hals binden.
peseta [pə'zetɐ] *f* Pesete *f*.
peso ['pezu] *m* Gewicht *n*; Schwere *f*; Peso *m* (*Münze*); *fig.* Last *f*; Druck *m*; Nachdruck *m*; Gewicht *n*; *bras.* Briefbeschwerer *m*; *a* ~ nach (dem) Gewicht; *de* ~ gewichtig; schwerwiegend; *em* ~ ganz; alle; *comprar a* ~ *de ouro* mit Gold aufwiegen; *tomar o* ~ *de* (*od. a*) das Gewicht (*gen.*) feststellen; *fig.* abschätzen, würdigen; **~-mosca** [~'moʃkɐ] *m Sport*: Fliegen-, **~-pluma** [~'plumɐ] *m Sport*: Federgewicht *n*.
pespeg|ar F [pɨʃpə'ɣar] (1o; *Stv.* 1c) versetzen, beibringen; **~ar-se** sich festsetzen, sich breitmachen; **~o** [~'peɣu] *m* Störung *f*; Hindernis *n*.
pespont|ar [~põn'tar] (1a) steppen; **~o** [~'põntu] *m* Steppstich *m*.
pesqueir|a [~'keirɐ] *f* Fischgrund *m*; **~o** [~u] **1.** *m* Angelschnur *f*; Fischwehr *n*; = *~a*; **2.** *adj.* Fischerei...; Fischer...; Fisch...
pesquis|a [~'kizɐ] *f* Nachforschung *f* (*fazer* anstellen); Untersuchung *f*; ⚒ Schürfung *f*; Bohrung *f*; **~ar** [~ki'zar] (1a) *Ort* durchsuchen; forschen (*od.* ⚒ schürfen) nach; untersuchen; feststellen, ermitteln.
pêssego ['pesəɣu] *m* Pfirsich *m*.
pessegueiro [pəsə'ɣeiru] *m* Pfirsichbaum *m*.
pessimi|smo [~si'miʒmu] *m* Schwarzseherei *f*; Pessimismus *m*; **~sta** [~ʃtɐ] **1.** *su.* Pessimist(in *f*) *m*; Miesmacher(in *f*) *m*; **2.** *adj.* pessimistisch.
péssimo ['pɛsimu] sehr schlecht.
pesso|a [pə'soɐ] *f* Person *f*; Mensch *m* (*boa* nett); *uma* ~ jemand; man; *muitas* ~*s* viele Leute; *em* ~ persönlich; **~al** [~'swał] **1.** *adj.* persönlich; **2.** *m* Personal *n*; *o* ~ *bras.* man; wir; die Leute *pl.*
pestana [pɨʃ'tɐnɐ] *f* Wimper *f*.
pestan|ear [~tɐ'njar] (1l) = **~ejar** [~nɨ'ʒar] (1d) mit der (*od.* den) Wimper(n) zucken; zwinkern; blinken (*Licht*); **~ejo** [~'neʒu] *m* Zucken *n* der Lider; Zwinkern *n*; *sem* ~ ohne mit der Wimper zu zucken; **~udo** [~'nuðu] mit langen Wimpern.
pest|e ['pɛʃtə] *f* Pest *f*; Seuche *f*; Gestank *m*; *fig.* Plage *f*; *ser uma* ~ unausstehlich sn; **~ífero** [pɨʃ'tifəru] Pest...; pestkrank.
pestil|ência [pɨʃti'lẽsjɐ] *f* Pestilenz *f*; **~encial** [~lẽ'sjał] Pest...; pestartig; **~ente, -o** [~ẽntə, -u] = *~encial*.
peta ['petɐ] *f* Schwindel *m*; Finte *f*; Augenfleck *m* (*Pferd*); Hackmesser *n*; *dizer* ~*s* aufschneiden.
pétala ['pɛtɐlɐ] *f* Blumenblatt *n*.
petar [pə'tar] (1c) schwindeln.
petardo [~'tarðu] *m* Sprengladung *f*.
peteca *bras.* [pe'tɛkɐ] *f* Federkopf *m* (*Kinderspielzeug*); *fig.* Spielball *m*.
peteleco *bras.* [~te'lɛku] *m* Klaps *m*.
peti|ção [pəti'sɐ̃u] *f* Bittschrift *f*; Gesuch *n*; Bitte *f*, Ersuchen *n*; **~cionário** [~sju'narju] *m* Bittsteller *m*; Antragsteller *m*.
petipé [~'pɛ] *m* Maßstab *m*.
petis|car [~tiʃ'kar] (1n) kosten; zu sich nehmen; *fig. Kenntnisse* aufschnappen; *v/i.* naschen, schlecken; *Feuer* schlagen; **~co** [~'tiʃku] *m* Leckerbissen *m*; Appetithappen *m*; Feuerstahl *m*; *fig.* F Laffe *m*; **~queira** P [~'keirɐ] *f* was Feines.
petitório [~ti'tɔrju] Bitt...; *acção f -a* ⚖ Forderungsklage *f*.
petiz [~'tiʃ] **1.** *adj.* klein; **2.** *m*, **~a** *f* [~izɐ] Knirps *m*, Kleine *f*; **~ada** [~ti'zaðɐ] *f* Kindervolk *n*.
petrechos [~'treʃuʃ] *m/pl.* Gerät (-schaften *f/pl.*) *n*; Werkzeug *n*; ~ (*de guerra*) Kriegsbedarf *m*.
pétreo ['pɛtrju] steinern (*a. fig.*); Stein...; steinhart.
petrific|ação [pətrifikɐ'sɐ̃u] *f* Versteinerung *f*; **~ar** [~'kar] (1n) versteinern; *fig.* zutiefst erschüttern, entsetzen; **~ar-se** versteinern; *fig.* wie versteinert sn.
petr|oleiro [~tru'leiru] *m* ⚓ Tanker *m*, Tankschiff *n*; **~óleo** [~'trɔlju] *m* Erdöl *n*; Petroleum *n*; **~olífero** [~u'lifəru] erdölhaltig, Erdöl...
petul|ância [pətu'lɐ̃sjɐ] *f* An-

maßung *f*; **~ante** [~ẽntə] anmaßend; unverschämt, frech.
peúga [ˈpjuɣɐ] *f* Socke *f*.
peugada [peuˈɣaδɐ] *f* = *pegada*.
pevide [pəˈviδə] *f* *Obst*-Kern *m*; *Docht*-Schnuppe *f*; *vet.* Pips *m*; ⚕ Zungenfehler *m*.
pexote [pɨˈʃɔtə] *m* schlechte(r) Spieler *m*; Anfänger *m*; Stümper *m*.
pez [peʃ] *m* Harz *n*; Pech *n*.
pia [ˈpiɐ] *f* (Wasser-, Wasch-)Trog *m*; (Tauf-, Weihwasser-)Becken *n*.
piada [ˈpjaδɐ] *f* F Witz *m*; *ter* ~ witzig sn.
pia-máter *anat.* [ˌpiɐˈmatɛr] *f* weiche Hirnhaut *f*.
piamente [~ˈmẽntə] fromm; brav; gewissenhaft.
piançar *bras.* [pjẽˈsar] (1p): ~ *por* lechzen nach, brennen auf (*ac.*).
pian|íssimo [pjɐˈnisimu] ♪ sehr leise; **~ista** [~iʃtɐ] *su.* Klavierspieler(in *f*) *m*, Pianist(in *f*) *m*; **~ístico** [~iʃtiku] Klavier...; pianistisch; **~o** [ˈpjɐnu] **1.** *m* Klavier *n*; ~ *de (meia) cauda* (Stutz-)Flügel *m*; **2.** *adv.* leise; **~ola** [~ɔlɐ] *f* elektrische(s) Klavier *n*.
pião [pjɐ̃u] *m* (Tanz-)Kreisel *m*.
piar [pjar] (1g) piepen.
piauiense *bras.* [pjauˈjẽsə] **1.** *adj.* aus Piauí; **2.** *su.* Piauirenser(in *f*) *m*.
pic|ada [piˈkaδɐ] *f* Stich *m* (*a. fig.*); Biß *m*; Richtweg *m*; ✈ Sturzflug *m*; **~adeira** [~kɐˈδeirɐ] *f* Krönel(hammer) *m*; **~adeiro** [~kɐˈδeiru] *m* Reitschule *f*, Tattersall *m*; ⊕ Bank-eisen *n*, -haken *m*; **~adela** [~kɐˈδɛlɐ] *f* Stich *m*; **~adinho** [~kɐˈδiɲu] *m bras.* Hackfleisch *n*; **~ado** [~aδu] **1.** *adj.* gesprenkelt; bewegt (*See*); *fig.* gekränkt, F pikiert; gereizt; *carne f -a* Hackfleisch *n*; *voo m* ~ Sturzflug *m*; **2.** *m* Gehackte(s) *n*; Haschee *n*; ⊕ Rauhung *f*; ♪ Pizzicato *n*; ✈ Sturzflug *m*; **~ador** [~kɐˈδor] *m* Kunstreiter *m*; Reitlehrer *m*; *taur.* Pikador *m*; *bras.* 🚂 Knips-, Loch-zange *f*; **~anço** [~ɐ̃su] *m* Specht *m*; **~ante** [~ɐ̃ntə] scharf, pikant; prickelnd; *fig.* anzüglich; beißend; **~ão** [~ɐ̃u] *m* Spitzhacke *f*; Pickel *m*; **~a-pau** [pikɐˈpau] *m* (Klopf-)Specht *m*; **~a-peixe** [pikɐˈpeiʃə] *m* Taucherkönig *m* (*Vogel*); **~ar** [~ar] (1n) stechen; sich stechen in (*ac.*); beißen (auf [*dat.*]); (an)picken; zerlöchern; *Zeichnung* ausstechen; *Pferd* spornen; *taur.* *dem Stier* Speerhaken aufsetzen; *cul.* *Fleisch usw.* hacken; ⊕ aufrauhen, *Stein* kröneln; *Stein* zerschlagen, klopfen; ⚓ *Tau* kappen; *fig.* an-, auf-stacheln; reizen, sticheln; kränken, verletzen; quälen; *j-m* zusetzen; *v/i.* anbeißen (*Fisch*); stechen; brennen; ✈ im Sturzflug niedergehen; **~ar-se** sich kräuseln (*See*); ~ *de*, ~ *com* F pikiert sn über (*ac.*); ~ *de* sich dünken *adj. od. nom.*; sich etwas einbilden auf (*ac.*); sich stark m. zu *inf.*; **~ardia** [~kɐrˈδiɐ] *f* Streich *m*; **~aresco** [~kɐˈreʃku] burlesk; lustig; *romance m* ~ Schelmenroman *m*; **~areta** [~kɐˈretɐ] *f* (Spitz-)Hacke *f*; **~aria** [~kɐˈriɐ] *f* Reit-kunst *f*, -bahn *f*.
pícaro [ˈpikɐru] gerissen; schlau.
piçarra [piˈsaʀɐ] *f* Schiefer *m*; Geröll *n*, Grand *m*.
piche [ˈpiʃə] *m* Teer *m*.
pichel [piˈʃɛɫ] *m* (Zinn-)Krug *m*.
pichel|aria [piʃəlɐˈriɐ] *f* Klempnerei *f*; Installationsgeschäft *n*; **~eiro** [~ˈleiru] *m* Zinngießer *m*; Klempner *m* (und Installateur *m*).
pícnico [ˈpikniku] **1.** *adj.* gedrungen; **2.** *m* Pykniker *m*.
pico [ˈpiku] *m* Spitze *f*; Dorn *m*; Stachel *m*; *Berg*-Spitze *f*, Zacke *f*; Gipfel *m*; *Berg*-Kegel *m*; *zo.* Specht *m*; *fig.* Schärfe *f*; Witz *m*; *ter* ~ prickeln (*Wein*); *e* ~ P und etwas.
picot|agem *bras.* [pikoˈtaʒẽi] *f* Knipsen *n*; **~ar** [~ˈtar] (1e) *Fahrschein* knipsen.
pict|órico [pikˈtɔriku] malerisch; = **~ural** [~tuˈraɫ] bildhaft; Bild...
picuinha [piˈkwiɲɐ] *f fig.* anzügliche Bemerkung *f*; Seitenhieb *m*.
pied|ade [pjeˈδaδə] *f* Frömmigkeit *f*; Mitleid *n*, Erbarmen *n*; Ehrfurcht *f*; *sem* ~ erbarmungs-, mitleids-los; **~oso** [~ozu] fromm; mitleidig.
pie|gas [ˈpjɛɣɐʃ] **1.** *adj.* kleinlich; empfindsam, sentimental; **2.** *su.* Kleinigkeitskrämer(in *f*) *m*; sentimentale(r) Mensch *m*; **~guice** [pjɛˈɣisə] *f* Kleinigkeitskrämerei *f*; Gefühlsduselei *f*.
pífano, -aro [ˈpifɐnu, -ɐru] *m* Querpfeife *f*.
pigarço [piˈɣarsu]: *cavalo m* ~ Grauschimmel *m*.
pigarr|ear [~ɣɐˈʀjar] (1l) sich räuspern; hüsteln; **~ento** [~ẽntu] heiser;

kratzend (*Tabak*); **~o** [~'ɣaʀu] *m* Rauhigkeit *f* *im Hals*; rauhe(r) Hals *m*; Geräusper *n*.

pigmeu [piɣ'meu] **1.** *m*, **-eia** *f* Pygmäe *m*, Zwerg(in *f*) *m*; **2.** *adj.* zwerghaft.

pijama [pi'ʒɐmɐ] *m* Schlafanzug *m*.

pil|ão [pi'lɐ̃u] *m* **a)** Stößel *m*; Stampfe(r *m*) *f*; Pochhammer *m*; Laufgewicht *n an der Brückenwaage*; Zuckerhut *m*; *bras. Holz*-Mörser *m*; **b)** △ Pylon *m*; **~ar** [~ar] **1.** *v/t.* (1a) stampfen; zerstoßen; schälen; **2.** *m* Pfeiler *m*; Säule *f*; **~astra** [~aʃtrɐ] *f* Wandpfeiler *m*, Pilaster *m*.

pilé [pi'lɛ]: (*açúcar*) ~ *m* Kristallzucker *m*.

pileca P [pi'lɛkɐ] *f* Mähre *f*.

pileque *bras.* [~'lɛkə] *m* **a)** Gummiring *m*; **b)** Schwips *m*.

pilh|a ['piʎɐ] *f* **a)** Haufen *m*; Stoß *m Bücher usw.*; ~ (*eléctrica*) Element *n*; F Taschenlampe *f*; *às ~s*, *~s de* viel; *em ~* in hellen Haufen; **b)** Diebstahl *m*; *Spiel, etwa*: Räubern *n*; **~agem** [pi'ʎaʒɐ̃i] *f* Plünderung *f*; Raub *m*; **~ar** [pi'ʎar] (1a) plündern; stehlen, rauben; erwischen; F aufgabeln; ertappen (auf [*dat.*] *em*).

pilhéria P [pi'ʎɛrjɐ] *f* Witz *m*.

pilheta [~'ʎetɐ] *f* Napf *m*; Kübel *m*; flache(r) Korb *m*.

piloro *anat.* [~'lɔru] *m* Magenausgang *m*.

piloso [~'lozu] haarig (*Pflanze*).

pilot|agem [~lu'taʒɐ̃i] *f* Steuermannskunst *f*; Lotsen *n*; Fliegen *n*; **~ar** [~ar] (1e) lotsen; steuern; *Flugzeug* lenken, fliegen; **~o** [~'lotu] *m* Pilot *m*; Lotse *m*; erste(r) Offizier *m e-s Handelsschiffs*; ✈ Flugzeugführer *m*; *zo.* Lotsenfisch *m*.

pílula ['pilulɐ] *f* Pille *f* (*a. fig.*).

pilungo *bras.* [pi'lũŋgu] *m* Klepper *m*.

pimenta [pi'mẽntɐ] *f* Pfeffer *m*.

piment|ão [~mẽn'tɐ̃u] *f* spanische(r) Pfeffer *m*; ~ *doce* = *~o*; **~eira** [~eirɐ] *f* Pfefferstrauch *m*; = **~eiro** [~eiru] *m* Pfefferbüchse *f*; **~o** [~'mẽntu] *m* Paprika *m*.

pimp|ão [pĩm'pɐ̃u] **1.** *adj.* forsch; großspurig; **2.** *m* forsche(r) Kerl *m*; Großtuer *m*; **~ar** [~ar] (1a) forsch auftreten; großtun.

pimpolho [~'poʎu] *m* ⚘ Schößling *m*; *fig.* Bengel *m*.

pina ['pinɐ] *f Rad*-Felge *f*.

pináculo [pi'nakulu] *m* Fiale *f*; Zinne *f*; Gipfel *m* (*a. fig.*).

pinázio [pi'nazju] *m Fenster*-Sprosse *f*.

pinça ['pĩsɐ] *f* Pinzette *f*; Abnäher *m*; *Wund*-Klammer *f*; *Krebs*-Schere *f*.

píncaro ['pĩŋkɐru] *m* Gipfel *m*.

pincel [pĩ'sɛł] *m* Pinsel *m*; **~ada** [~sə'laðɐ] *f* Pinselstrich *m*; **~ar** [~sə'lar] (1c) pinseln.

pinch|ar [pĩ'ʃar] (1a) (fort)schnellen; *v/i.* hüpfen, springen; **~o** ['pĩʃu] *m* Sprung *m*; Hopser *m*.

pindaíba *bras.* [pĩndɐ'iβɐ] *f* Kokosschnur *f*, -strick *m*; *fig.* F Ebbe *f in der Kasse*; *andar na ~* F abgebrannt sn.

pineal [pi'njał]: *glândula f ~ anat.* Zirbeldrüse *f*.

ping|a ['pĩŋgɐ] **1.** *f* Tropfen *m* (*a. fig.*); *bras.* Schnaps *m*; *entrar na ~* F sich e-n antrinken; *estar com a* (*od. tocado da*) ~ F einen sitzen h.; *gostar da ~* F gern einen heben; **2.** *m* arme (-r) Schlucker *m*; **~adeira** [pĩŋgɐ'ðeirɐ] *f* Tropfschale *f*; Abgetropfte(s) *n*; Tropf-flasche *f*, -glas *n*, -röhrchen *n*, -vorrichtung *f*; P einträgliche Sache *f*; laufende Ausgabe *f*.

pingalim [pĩŋgɐ'lĩ] *m* lange (*od.* Bogen-)Peitsche *f*.

pingar [~'gar] (1o) tropfen; tröpfeln; beträufeln; einträglich sn.

pingente [~'ʒẽntə] *m* Anhänger *m* (*bras. a. Bezeichnung des auf dem Trittbrett stehenden Fahrgastes*); *Ohr*-Gehänge *n*; *bras. são proibidos os ~s* Anhängen verboten.

pin|go ['pĩŋgu] *m* Schweineschmalz *n*; Tropfen *m* (*Fett*); *bras.* Reitpferd *n*; **~go-de-mel** [~ðə'mɛł] *m* Honigfeige *f*; **~gue** [~gə] **1.** *adj.* fett; dick (*Gehalt*); einträglich (*Geschäft*); **2.** *m* = *~go*.

pinguela [pĩŋ'gwɛlɐ] *f* Steg *m*.

pingue-pongue [ˌpĩŋgə'põŋgə] *m* Tischtennis *n*.

pinguim [pĩŋ'gwĩ] *m* Pinguin *m*.

pinha ['piɲɐ] *f* Kienapfel *m*; Tannenzapfen *m*; *fig.* Haufen *m*.

pinh|al [pi'ɲał] *m* Kiefernwald *m*; Pinienhain *m*; *~ de azambuja* Räuberhöhle *f*; **~ão** [~ɐ̃u] *m* Pinienkern *m*; **~eiral** [~ɲei'rał] *m* = *~al*; **~eiro** [~'ɲeiru] *m* Kiefer *f*; *~ bravo*, *~ silvestre* Kiefer *f*; *~ larício* Lärche *f*;

~ *manso* Schirm-, ~ *marítimo* Meerstrand-, ~ *torto* Krummholzkiefer *f*, Latsche *f*; ~ *do Brasil*, ~ *de São Paulo* Chile-, ~ *branco do Canadá* Weymouths-kiefer *f*; ~ *de Riga* Fichte *f*; **~o** ['piɲu] *m* Kiefern-, Fichten-, Tannen-holz *n*; *bras.* Fiedel *f*; *bater ò* ~ fiedeln.

pino ['pinu] *m* Stift *m*; *fig.* Gipfel *m*, Höhepunkt *m*; Handstand *m*; ~ *de engate* ⊕ Kuppelbolzen *m*; *a* ~ senkrecht; aufrecht; *no* ~ *de* mitten im *Winter usw.*; ~ *do dia* Mittag *m*.

pinot|e [pi'nɔtə] *m* Sprung *m*, Satz *m*; **~ear** [~nu'tjar] (1l) (umher-)springen.

pinta ['pĩntɐ] *f* **a**) Fleck(en) *m*, Tupf(en) *m*; *fig.* Äußere(s) *n*; *pela* ~ äußerlich; vom Ansehen; *ter boa* ~ gut aussehen; **b**) Pinte *f* (*altes Maß*); **c**) Hühnchen *n*.

pint|adela [pĩntɐ'ðɛlɐ] *f* Anstrich *m*; *dar uma* ~ *a* überstreichen (*ac.*); **~ado** [~'taðu] farbig, bunt; gefleckt; *fig.* vollkommen; klug; ~ *de adj. ...* gestrichen; (*que nem*) ~ wie gemalt; wie gerufen; **~ainho** *m*, **-a** *f* [~ɐ'iɲu, -ɐ] Küken *n*; Hähnchen *n*, Hühnchen *n*; **~alegrete** [~ɐlə'ɣretə] *m* Geck *m*, Laffe *m*; **~algar** [~ał'ɣar] (1o) bunt färben; **~a-monos** F [~ɐ'monuʃ] *m* Kleckser *m*; Pfuscher *m*; **~ar** [~'tar] (1a) **1.** *v/t.* malen; *Wand, Tür* (an)streichen; *Haar* färben; *Gesicht* schminken; *fig.* schildern; P anschmieren; ~ *a manta* (*od. o caneco, o caramujo, o diabo, o sete*) alles auf den Kopf stellen; *não é tão feio como o pintam* er ist besser als sein Ruf; **2.** *v/i. vir ao* ~ wie gerufen kommen; **3. ~ar-se** *fig.* sich spiegeln; **~arroxo** [~ɐ'ʀoʃu] *m* Rotkehlchen *n*; **~assilgo** [~ɐ'siłɣu] *m* Stieglitz *m*.

pinto ['pĩntu] *m* Küken *n*; *num* ~ durch und durch naß.

pintor *m*, **~a** *f* [pĩn'tor, ~ɐ] *m* Maler (-in *f*) *m*; Anstreicher *m*.

pintur|a [~'turɐ] *f* Malerei *f*; Gemälde *n*, Bild *n*; Anstrich *m*; *fig.* Schilderung *f*; *belo que nem* (*od. como*) *uma* ~ bildschön; **~esco** [~tu'reʃku] malerisch; romantisch.

pínula ['pinulɐ] *f* ⊕ Fenster *n des Diopters*.

pio ['piu] **1.** *m* **a**) Pieps *m*; *Eulen- usw.* Schrei *m*; *bras.* Lockpfeife *f*; *nem* ~! keinen Mucks!; **b**) *Wein-*Kelter *f*; **2.** *adj.* fromm; gutherzig; *casa f -a* Waisenhaus *n*.

piolh|eira [pju'ʎeirɐ] *f* Dreck-loch *n*, -haufen *m*; lausige Sache *f*; **~ento** [~ẽntu] verlaust; Läuse...; **~o** ['pjoʎu] *m* Laus *f*.

pioneiru [pju'neiru] *m* Bahnbrecher *m*, Vorkämpfer *m*; Pionier *m*.

pior [pjɔr] *comp. u. sup. v. mau u. mal*; (*tanto*) ~! um so schlimmer!; *o* ~ *é* schlimm ist nur; *de mal para* (*od. a*) ~ immer schlimmer; **~a(s)** ['pjɔra(ʃ)] *f*(*/pl.*) Verschlimmerung *f*; Verschlechterung *f*; **~ar** [pju'rar] (1e) (sich) verschlimmern; (sich) verschlechtern; *ele piorou* sein Zustand hat sich verschlechtert.

piorno ⚘ ['pjornu] *m* wilde(r) Ginster *m*.

pipa ['pipɐ] *f Wein-*Pipe *f*; Faß *n* (*a. fig.*).

piparote [pipɐ'rɔtə] *m* Schnipser *m*, Schneller *m*. [heber *m*.]

pipeta [~'petɐ] *f* Pipette *f*; Stech-

pip|i [pi'pi] *m infan.* Piepmatz *m*; *als Ruf*: piep; **~iar** [~'pjar] (1g) = **~ilar** [~pi'lar] (1a) piepen; **~i(l)o** [~'pi(l)u] *m* Pieps *m*; Gepiepse *n*.

pipo ['pipu] *m* Fäßchen *n*; Ausspritz-, Düsen-rohr *n*.

pipoc|a [pi'pɔkɐ] *bras. f* Puffmais *m*; **~ar** [~po'kar] (1n; *Stv.* 1e) krachen; puffen; **~o** [~'poku] *m* Puff *m*; Krach *m* (*a. fig.*).

pique ['pikə] *m ehm.* Pike *f*; scharfe (-r) Geschmack *m*; *bras.* Stich *m*; *a* ~ senkrecht; *fig.* in Gefahr; *estar a* ~ *de inf.* im Begriff sn zu *inf.*; *ir a* ~ untergehen; *fig.* zugrunde gehen; *meter* (*od. pôr*) *a* ~ in den Grund bohren, versenken.

piquenique [pikə'nikə] *m* Picknick *n*.

piquet|a [~'ketɐ] *f* Absteckpfahl *m*; **~ar** [~kə'tar] (1c) abstecken; **~e** [~ə] *m Truppen-*Abteilung *f*, Pikett *n*; Trupp *m*, Schicht(wechsel *m*) *f*; *estar de* ~ Schicht (*od.* Dienst) h.

piracema *bras.* [pira'semɐ] *f* Wanderzeit *f* der Fische; Laichzeit *f*; Fischschwarm *m*.

piraí *bras.* [pirɐ'i] *m* Knute *f*.

pirajá *bras.* [~ra'ʒa] *m* Regenbö *f*.

piramidal [~rɐmi'ðał] pyramidenförmig; *fig.* kolossal.

pirâmide [~'rɐmiðə] *f* Pyramide *f*.

piranga [~'rẽŋgɐ] **a**) **1.** *f* roter brasilianischer Ton *m*; *andar na* (*od. à*)

~ knapp bei Kasse sn; **2.** *adj. bras.* rot; **b)** **1.** *adj.* armselig; **2.** *m* Hungerleider *m*.
pirão *bras.* [~'rẽu] *m* Tapiokabrei *m*.
pirat|a [~'ratɐ] *m* Seeräuber *m*, Pirat *m*; *fig.* Gauner *m*; **~aria** [~rɐtɐ'riɐ] *f* Seeräuberei *f*; *fig.* Gaunerei *f*.
pirenaico [~rə'naiku] pyrenäisch.
pires ['piriʃ] **1.** *m* Untertasse *f*; **2.** *adj.* kitschig.
piri|lampo [piri'lẽmpu] *m* Glühwürmchen *n*; **~rica** *bras.* [~'rikɐ] rauh, kratzig; kratzbürstig.
pirite [~'ritə] *f* Schwefelkies *m*; ~ *de ferro* Eisenkies *m*, Pyrit *m*.
piroga [~'rɔɣɐ] *f* Einbaum *m*.
pir|ogravura [pirɔɣrɐ'vurɐ] *f* Brandmalerei *f*; **~ólatra** [~'rɔlɐtrɐ] *m* Feueranbeter *m*; **~ose** ⚕ [~'rɔzə] *f* Sodbrennen *n*; **~otecnia** [~ɔtɛk'niɐ] *f* Feuerwerkskunst *f*; **~otécnico** [~ɔ'tɛkniku] **1.** *adj.* Feuerwerks...; pyrotechnisch; **2.** *m* Feuerwerker *m*.
pirraça [pi'ʀasɐ] *f* (übler) Streich *m* (*fazer* spielen).
pirtig|a [pir'tiɣɐ] *f* Langbaum *m*; **~o** [~u] *m* Klöppel *m am Dreschflegel*.
piruet|a [pi'rwetɐ] *f* Pirouette *f*; Kehrtwendung *f*; Sprung *m*; **~ar** [~rwe'tar] (1c) die Pirouette m.; kehrtmachen; springen.
pisa ['pizɐ] *f* Treten *n der Trauben*; Keltern *n*; *fig.* Tracht *f* Prügel.
pis|ada [pi'zaðɐ] *f* Fußstapfen *m*; (Fuß-)Tritt *m*; = *pisa*; **~adela** [~zɐ'ðɛlɐ] *f* = *~adura*; *levar uma ~* nur leicht zertreten (*od.* gepreßt) w. (*Trauben*); **~ador** [~zɐ'ðor] *m* Kelterpresse *f*; **~adura** [~zɐ'ðurɐ] *f* Quetschung *f*; blaue(r) Fleck *m*; **~a-flores** [~ɐ'floriʃ] *m* Geck *m*; Herzensbrecher *m*; **~a-mansinho** [~ɐmẽ'siɲu] *m* Leisetreter *m*; **~ão** [~'zẽu] *m* Walkmühle *f*, Walke *f*; **~ar** [~'zar] (1a) (fest-, nieder-, zer-)treten; *Ort* betreten; bereisen; besuchen; treten auf (*ac.*); (zer)quetschen; (fest-, zer-)stampfen; *Trauben* keltern *od.* austreten; *fig.* besiegen; kränken; = ~ *aos pés* mit Füßen treten, verachten; *v/i.* schreiten.
pisc|a-pisca [piʃkɐ'piʃkɐ] *m auto.* Blinker *m*, Blinklicht *n*; **~ar** [~'kar] (1n) ~ *os olhos* blinzeln; zwinkern; ~ (*o olho a*) *alg.* j-m zuzwinkern.
piscatório [piʃkɐ'tɔrju] Fischerei..., Fischer...
piscicult|or [~sikuł'tor] *m* Fischzüchter *m*; **~ura** [~urɐ] *f* Fischzucht *f*.
piscina [~'sinɐ] *f* Schwimm-bad *n*, -bassin *n*, -becken *n*; Fischweiher *m*; Taufbecken *n*.
pisco ['piʃku] **1.** *adj.* blinzelnd; halbgeschlossen; **2.** *m* Gimpel *m*; *comer como um ~* wie ein Spatz essen; **~-chilreiro** [~ʃił'ʀeiru] *m* Dompfaff *m*.
piso ['pizu] *m* Gang *m*; Boden *m*; *Straßen*-Pflaster *n*; Geschoß *n*, Stockwerk *n*; Plattform *f*; Auftritt *m e-r Stufe*.
piso|ar [pi'zwar] (1f) walken; **~tear** *bras.* [~zu'tjar] (1l) zertreten; mit Füßen treten.
pista ['piʃtɐ] *f* Fährte *f*; Fahr-, Reit-, Renn-bahn *f*; ✈ Roll-feld *n*, -bahn *f*; *tea.* Manege *f*; *andar* (*od. ir*) *na ~ de alg.* j-m auf der Spur sn; j-m nachgehen, folgen.
pistácia ⚘ [piʃ'tasjɐ] *f* Pistazie *f*.
pistão *gal.* [piʃ'tẽu] *m* = *êmbolo*.
pistilo ⚘ [~'tilu] *m* Stempel *m*.
pistol|a [~'tɔlɐ] *f* Pistole *f* (*automática* Maschinen...); ~ *de pintar* ⊕ Spritzapparat *m*; **~ão** [~tu'lẽu] *m bras.* Empfehlung *f*; **~eiro** [~tu'leiru] *m* Pistolenschütze *m*; Bandit *m*.
pitada [pi'taðɐ] *f* Prise *f*; Messerspitze *f* (voll).
pitar *bras.* [~'tar] (1a) rauchen.
piteira [~'teirɐ] *f* **a)** amerikanische Agave *f*; P (Feigen-)Schnaps *m*; Rausch *m*; **b)** *bras.* (Zigarren-, Zigaretten-)Spitze *f*.
pitéu F [~'tɛu] *m* Leckerbissen *m*.
pitinga *bras.* [pi'tĩŋgɐ] weiß; hell.
pito ['pitu] *m bras.* Pfeife *f*; Zigarette *f*; *fig.* Zigarre *f*.
pitoresco [~tu'reʃku] malerisch, pittoresk.
pitosga P [~'tɔʒɣɐ] **1.** *adj.* kurzsichtig; blinzelnd; **2.** *su.* Blinzler *m*.
pitu|íta [~'twitɐ] *f* Schleim *m*; **~itário** [~tui'tarju] *m* Schleim...; *glândula f -a* Keilbeindrüse *f*.
pivete [pi'vetə] *m* Räucherkerze *f*.
pivô *gal.* [~'vo] *m* Stift(zahn) *m*.
pix|aim *bras.* [piʃɐ'ĩ]: (*cabelo*) ~ *m* Kraushaar *n*; **~é** *bras.* [~'ʃɛ] angebrannt.
placa ['plakɐ] *f* Platte *f*; *Firmen-*,

Nummern-Schild *n*; *Gedenk*-Tafel *f*; *Ordens*-Plakette *f*; Kerzen-, Lampen-halter *m*; ~ *giratória* 🚂 Drehscheibe *f*.
placenta *anat.* [plɐˈsẽntɐ] *f* Mutterkuchen *m*.
placidez [~siˈδeʃ] *f* Gelassenheit *f*.
plácido [ˈplasiδu] ruhig; gelassen.
plagi|ar [plɐˈʒjar] (1g) plagiieren; abschreiben; **~ário** [~arju] *m* Plagiator *m*; **~ato** [~atu] (*a.* **plágio** [ˈplaʒju]) *m* Plagiat *n*.
plain|a [ˈplainɐ] *f* Hobel *m*; ~ *de volta* Schiffhobel *m*; **~o** [~u] *m* Ebene *f*; Feld *n*, Flur *f*; = *plano* 1.
plana [ˈplɐnɐ] *f* Rang *m*; *de primeira* ~ ersten Ranges.
plan|ado [plɐˈnaδu]: *voo m* ~ Gleitflug *m*; **~ador** [~nɐˈδor] *m* Segelflieger *m*, -flugzeug *n*; Segler *m*; **~alto** [~aɫtu] *m* Hoch-ebene *f*, -fläche *f*; **~ar** [~ar] (1a) im Gleitflug fliegen, segeln (*Flugzeug*).
plan|ear [~ˈnjar] (1l) = **~ejar** [~nɨˈʒar] (1d) planen; entwerfen.
planet|a [~ˈnetɐ] *m* Planet *m*; **~ário** [~nəˈtarju] **1.** *adj.* Planeten...; planetarisch; **2.** *m* Planetarium *n*.
plangente [plẽˈʒẽntə] klagend.
planície [plɐˈnisjə] *f* Ebene *f*.
planific|ação [~nəfikɐˈsɐ̃u] *f* Plan-, Gelände-zeichnung *f*; ~ *económica* Planwirtschaft *f*; **~ar** [~ˈkar] (1n) planzeichnen.
planimetria [~niməˈtriɐ] *f* Flächenmessung *f*, Planimetrie *f*.
plano [ˈplɐnu] **1.** *adj.* eben; flach; platt; Plan...; *fig.* leicht verständlich; ungekünstelt; **2.** *m* Fläche *f*; Plan *m* (*a. fig.*); ✈ Tragfläche *f*, Flügel *m*; *fig. a.* Ebene *f*; Stufe *f*; ~ *côncavo* (*convexo*) Plan-konkav (-konvex) *n*; ~ *inclinado* schiefe Ebene *f*; *primeiro* (*segundo*) ~ *pint. u. fig.* Vorder- (Hinter-)grund *m*.
planta [ˈplɐ̃ntɐ] *f* Pflanze *f*; *Fuß*-Sohle *f*; (Grund-)Riß *m*; *Stadt*-Plan *m*.
plant|ação [plɐ̃ntɐˈsɐ̃u] *f* Pflanzung *f*; Anbau *m*; **~ador** [~ɐˈδor] *m* Pflanzer *m*; ✓ Setzholz *n*; **~ão** [~ˈtɐ̃u] *m* Stubendienst *m*; *de* ~ diensttuend; dienstbereit; **~ar** [~ˈtar] (1a) pflanzen; an-bauen, -pflanzen; *Feld* bepflanzen; *Fahne* aufpflanzen; *Pfahl* einschlagen; *fig. j-n od. et. an e-n Platz* stellen *od.* setzen; *Kolonie usw.* gründen; säen, züchten; **~ígrado** [~ˈtiɣrɐδu] *m zo.* Sohlengänger *m*; **~io** [~ˈtiu] *m* (An-)Pflanzung *f*; Pflanzen *n*.
planura [plɐˈnurɐ] *f* (Hoch-)Ebene *f*.
plaqué *fr.* [~ˈkɛ] *m* Dublee *n*.
plasm|a [ˈplaʒmɐ] *m* Plasma *n*; **~ar** [plɐʒˈmar] (1b) (ab-, nach-) bilden, gestalten.
plástica [ˈplaʃtikɐ] *f* Plastik *f*.
plastic|idade [plɐʃtəsiˈδaδə] *f* Bildsamkeit *f*; Bildhaftigkeit *f*; Plastizität *f*; **~ina** [~ˈsinɐ] *f* Plastilin *n*.
plástico [ˈplaʃtiku] **1.** *adj.* plastisch; bildsam; bildend; bildhaft, anschaulich; *substância f -a* ⊕ = **2.** *m* Preßstoff *m*.
plataforma [plɐtɐˈfɔrmɐ] *f* Plattform *f*; 🚂 *a.* Drehscheibe *f*; Perron *m*; *fig.* (Verhandlungs-) Grundlage *f*; *bras. Regierungs*-Programm *n*.
plátano [ˈplatɐnu] *m* Platane *f*.
plateia *tea.* [plɐˈtejɐ] *f* Parkett (-platz *m*) *n*.
platibanda [~tiˈβɐ̃ndɐ] *f* Einfassung *f*.
platina [~ˈtinɐ] *f* Platin *n*.
platónico [~ˈtɔniku] platonisch.
plausível [plauˈzivɛɫ] löblich; einleuchtend; glaubhaft.
plebe [ˈplɛβə] *f* Volk *n*; Masse *f*.
pleb|eísmo [pləβəˈiʒmu] *m* Pöbelhaftigkeit *f*; pöbelhafte(r) Ausdruck *m*; **~eu** [~ˈβeu] **1.** *adj.* pöbelhaft; gemein; **2.** *m* Pöbel *m*; **3.** *m*, *-eia f* Plebejer(in *f*) *m*; **~iscitário** [~iʃsiˈtarju]: *votação f -a* = **~iscito** [~iʃˈsitu] *m* Volks-abstimmung *f*, -entscheid *m*.
pléiada, -e [ˈplejɐδɐ, -ə] *f fig.* Schar *f*; ♀s *pl.* Siebengestirn *n*.
pleit|ear [pleiˈtjar] (1l) verklagen; erstreben; sich bewerben um; absprechen; ~ *parelhas a* sich vergleichen mit; *v/i.* prozessieren; streiten; wetteifern; **~o** [ˈpleitu] *m* Klage *f*; Streit *m*; Wahl(kampf *m*) *f*.
plen|amente [plenɐˈmẽntə] durchaus; völlig; **~ário** [pləˈnarju] **1.** *adj.* vollständig; Voll..., Plenar...; **2.** *m* Plenarsitzung *f*; ⚖ Hauptverhandlung *f*; **~ilúnio** [pləniˈlunju] *m* Vollmond *m*; **~ipotenciário** [pləniputẽˈsjarju] bevollmächtigt; *ministro m* ~ Gesandte(r) *m*; **~itude** [pləniˈtuδə] *f* Fülle *f*; Vollkraft *f*; **~o** [~u] voll; vollständig; ganz; vollkommen; *sessão f -a* Plenar-

sitzung *f*, Plenum *n*; *em ~ verão* (*-a rua*) mitten im Sommer (auf der Straße).

plet|ora [plɛ'tɔrɐ] *f* Vollblütigkeit *f*; *fig.* Überfluß *m*; **~órico** [~ɔriku] vollblütig.

pleur|a ['pleurɐ] *f* Rippenfell *n*; **~isia** [pleurə'ziɐ] *f* Rippenfellentzündung *f*.

plum|a ['plumɐ] *f* Feder *f*; *algodão m em ~ bras.* Rohbaumwolle *f*; **~agem** [plu'maʒɐ̃i] *f* Gefieder *n*; Federschmuck *m*.

plúmb|eo ['plũmbju] bleiern; bleifarben; **~ico** ⚗ [~iku] Blei...

plural [plu'rał] *m* Mehrzahl *f*; **~idade** [~rɐli'ðaðə] *f* Mehrheit *f*; Vielheit *f*; *à ~* (*de votos*) mit (*od.* bei) Stimmenmehrheit; **~izar** [~rɐli'zar] (1a) in die Mehrzahl setzen; *fig.* vermehren; vervielfältigen.

pluri... [pluri...] *in Zssgn* Mehr...

pluvi|al [plu'vjał] **1.** *adj.* Regen...; **2.** *m rel.* Pluviale *n*; **~ómetro** [~ɔmətru] *m* Regenmesser *m*; **~oso** [~ozu] regnerisch.

pneu [pneu] *m* Reifen *m*, Decke *f*; **~s** *pl.* Bereifung *f*; *pôr ~s* bereifen.

pneum|ático [pneu'matiku] **1.** *adj.* Luft(druck)..., pneumatisch; *correio m ~* Rohrpost *f*; *máquina f -a* Vakuumpumpe *f*; **2.** *m* Reifen *m*; **~onia** [~mu'niɐ] *f* Lungenentzündung *f*.

pó [pɔ] *m* Staub *m*; Pulver *n*; *~(s)* (*pl.*) Puder *m*; *~ de arroz* (Gesichts-) Puder *m*; *~s pl. higiénicos* Körperpuder *m*; *açúcar m em ~* Staubzucker *m*; *café m em ~* gemahlener Kaffee *m*; *canela* (*pimenta*) *f em ~* gestoßener Zimt (Pfeffer) *m*; *reduzir a ~* zerreiben; (fein) stoßen; (zu Staub) mahlen; = *fazer em ~* zermalmen, zertrümmern; *pôr* (*od. usar*) *~* sich pudern.

pobre ['pɔβrə] **1.** *adj.* arm; ärmlich; armselig; unergiebig; *~ homem* arme(r) Teufel *m*; *~ de mim!* ich Armer, ich Unglücklicher!; **2.** *su.* Arme(r) *m*; Bettler(in *f*) *m*.

pobr|etana, -tão [puβrə'tɐnɐ, -'tɐ̃u] *m* arme(r) Schlucker *m*; Hungerleider *m*; **~ete** [~'βretə] **1.** *adj.* ärmlich; **2.** *m* arme(r) Kerl *m*; **~eza** [~'βrezɐ] *f* Armut *f*; Ärmlichkeit *f*; Armseligkeit *f*.

poça ['posɐ] *f* Pfütze *f*; Lache *f*.

poção [pu'sɐ̃u] *f* (Arznei-)Trank *m*.

poceiro [pu'seiru] *m* Brunnenbauer *m*; Waschkorb *m*; *vin.* Kiepe *f*.

pocema *bras.* [po'semɐ] *f* Gebrüll *n*; Geschrei *n*.

pocilga [pu'siłɣɐ] *f* Schweinestall *m*.

poço ['posu] *m* Brunnen *m*; (Wasser-)Loch *n*; ⚒ Schacht *m*; *~ de ciência*, *~ de saber iron.* gelehrte(s) Haus *n*.

poda ['pɔðɐ] *f* Beschneiden (*od.* Ausputzen) *n der Bäume usw.*; *saber da ~* F s-e Sache verstehen.

podad|eira [puðɐ'ðeirɐ] *f* Baumschere *f*; Rebmesser *n*; **~or** [~or] *m* Rebschneider *m*.

podagra [~'ðaɣrɐ] *f* Fußgicht *f*.

pod|ão [~'ðɐ̃u] *m* = *podadeira*; *fig.* Trampel *m* (*a. n*); **~ar** [~ar] (1e) beschneiden, stutzen; ausputzen.

podengo [~'ðẽŋgu] *m* (Vorsteh-, Hühner-)Hund *m*.

poder [pu'ðer] **1.** (2y) können; vermögen; dürfen (*Erlaubnis*); mögen (*Vermutung*); *~ com* zurechtkommen mit; aushalten (*od.* vertragen) können (*ac.*); *Last* tragen können; fertig w. mit; *j-n* dazu bringen (daß *que*); *não ~ com alg.* mit j-m nichts anzufangen wissen; j-n nicht ausstehen können; *não ~ consigo* sich kaum mehr schleppen können; *não ~ senão* nichts anderes tun können als; *a* (*od. até*) *mais não ~* aus allen Kräften; bis zum äußersten; *pode ser* kann (*od.* mag) sn, vielleicht; *possa inf.* möge *inf.*; **2.** *m* Gewalt *f*; Macht *f*; *Kauf*-Kraft *f*; *Heiz*-Wert *m*; Kriegsmacht *f*; ⚖ Vollmacht *f*; Besitz *m*; *advento m* (*chegada f usw.*) *ao ~* Regierungsantritt *m*, Machtübernahme *f*; (*plenos*) *~es pl.* Vollmacht(en) *f* (*pl.*); *a ~ de* kraft (*gen.*); dank (*dat.*); durch viel ... (*ac.*); *cair em ~ de alg.* j-m in die Hände fallen; *ter a/c. em seu ~* et. besitzen (*od.* h.); *ter ~ em si* sich in der Gewalt h.

poder|io [~ðə'riu] *m* Macht *f*; Gewalt *f*; **~oso** [~ozu] mächtig.

podr|e ['poðrə] faul; verdorben; *~ de rico* steinreich; **~idão** [puðri'ðɐ̃u] *f* Fäulnis *f*; Verderbnis *f*; Lasterhaftigkeit *f*.

poedeira [puə'ðeirɐ]: *galinha f ~* Leger *m*, Legehenne *f*.

poeir|a ['pweirɐ] **1.** *f* Staub *m*; *fig.* Dünkel *m*; F blaue(r) Dunst *m*; *andar numa ~* drunter und drüber gehen; *deitar ~ nos olhos* Sand in die Augen streuen; *fazer ~ bras.* Verwirrung (*od.* Unfrieden) stiften; *levantar ~* Staub aufwirbeln; *morder a ~* ins Gras beißen; **2.** *adj. bras.* bösartig; **~ada** [pwei'raδɐ] *f* Staubwolke *f*; **~ento** [pwei'rẽntu] staubig; verstaubt.

poema ['pwemɐ] *m längeres* Gedicht *n*, Dichtung *f*.

poente ['pwẽntə] *m* Westen *m*; *sol ~* untergehende Sonne *f*.

poe|sia [pwɨ'ziɐ] *f* Dichtkunst *f*, Dichtung *f*; *lyrisches* Gedicht *n*; *fig.* Poesie *f*; **~ta** ['pwɛtɐ] *m* Dichter *m*; **~tar** [pwe'tar] (1c) dichten; **~tastro** [pwe'taʃtru] *m* Dichterling *m*.

poétic|a ['pwɛtikɐ] *f* Poetik *f*; **~o** [~u] dichterisch; poetisch (*a. fig.*); *arte f -a* Dichtkunst *f*.

poeti|sa [pwe'tizɐ] *f* Dichterin *f*; **~zar** [~ti'zar] (1a) dichterisch verklären; *v/i.* dichten.

pois ['poiʃ] **1.** *adv.* also; nun; denn; aber; natürlich; *~!* na ja!; = *~ é!* ganz recht!; aber ja!, natürlich!; *~ é verdade!* das ist ja wahr!; da haben Sie ganz recht!; *~ bem!* nun!; schön!; *ora ~* infolgedessen, folglich; *~ não?* nicht wahr?; *~ não!* a) aber nein!; ausgeschlossen!; b) warum denn nicht?, selbstverständlich!; *~ sim!* nun ja!; **2.** *conj.* da; = *~ que* denn.

pois... *s. pous...*

polaco [pu'laku] **1.** *adj.* polnisch; **2.** *m*, **-a** *f* Pole *m*, Polin *f*.

polaina [~'lainɐ] *f* Gamasche *f*.

polar [~'lar] *geogr.* Polar...; *fis.* polar.

polariz|ador [~lɐrizɐ'δor]: *aparelho m ~* Polarisator *m*; **~ar** [~'zar] (1a) polarisieren; *fig.* anziehen, anlokken.

poldr|a ['połdrɐ] *f* **a)** ⚘ Wurzelschößling *m*; wilde(r) Trieb *m*; **b)** Stutenfüllen *n*; **~o** [~u] *m* Fohlen *n*, Füllen *n*.

polé [pu'lɛ] *f* Blockrolle *f*; ⚓ Block *m*.

poleame ⚓ [pu'ljɐmə] *m die* Taljen und Winden *e-s Schiffes*.

poleg|ada [~lə'γaδɐ] *f* Zoll *m* (*Längenmaß*); **~ar** [~ar] *m* Daumen *m*; große Zehe *f*.

poleiro [~'leiru] *m* Sitzstange *f für Vögel*; Hühnerstall *m*; *tea.* F Olymp *m*; *estar no ~* an der Macht sn; an einflußreicher Stelle sitzen.

polémic|a [~'lɛmikɐ] *f* Polemik *f*; Streit *m*, Ausea.-setzung *f*; *fazer ~* polemisieren; **~o** [~u] polemisch; streitsüchtig, gehässig.

pólen ['pɔlen] *m* Blütenstaub *m*.

polia [pu'liɐ] *f* **1.** ⊕ (Riemen-) Scheibe *f*; Rolle *f*; *~ falsa* Leerscheibe *f*; **2.** *bras.* Speckkäfer *m*.

poli... [pɔli] *in Zssgn* viel...; mehr...

polícia [pu'lisjɐ] **1.** *f* Polizei *f*; öffentliche Ruhe *f* und Ordnung *f*; *~ judiciária* Kriminal-, *~ rural* Feld-, *~ secreta* Geheim-, *~ de segurança pública* Schutz-, *~ de trânsito* Verkehrs-polizei *f*; *♀ Internacional e de Defesa do Estado* Staats- und Fremdenpolizei *f*; *fazer a ~* die öffentliche Ruhe und Ordnung aufrechterhalten; **2.** *m* Schutzmann *m*, Polizist *m*; F Schupo *m*.

polici|al [~li'sjał] polizeilich, Polizei...; *filme* (*romance*) *m ~* Kriminal-film *m* (-roman *m*); **~amento** [~sjɐ'mẽntu] *m* polizeiliche Überwachung *f*, Polizeiaufsicht *f*; **~ar** [~ar] (1g) polizeilich überwachen.

policromo [pɔli'kromu] vielfarbig, bunt.

polid|ez [puli'δeʃ] *f* Höflichkeit *f*; **~o** [~'liδu] poliert; glänzend, glatt; *fig.* höflich, fein; **~or** [~or] *m* Polierer *m*; Schleifer *m*; Polierkissen *n*; **~ura** [~urɐ] *f* Politur *f*; Glanz *m*.

poli|fónico [pɔli'fɔniku] mehrstimmig; **~gamia** [~γɐ'miɐ] *f* Vielweiberei *f*, Polygamie *f*; **~glota** [~'γlɔtɐ] **1.** *adj.* vielsprachig; sprachbegabt; polyglott; **2.** *su.* Sprachenkenner(in *f*) *m*; **~gonal** [~γu'nał] vieleckig.

polígono [pɔ'liγunu] *m* Vieleck *n*.

polimatia [pɔlimɐ'tiɐ] *f* Universalbildung *f*; Vielwisserei *f*.

polimento [puli'mẽntu] *m* Polieren *n*; Politur *f*; Glanz *m*; Lackleder *n*; Glätte *f des Stils*; *fig.* Schliff *m*.

polinizar ⚘ [pulini'zar] (1a) bestäuben.

pólio ⚘ ['pɔlju] *m* Polei *m*.

poliomielite ⚕ [pɔljumje'litə] *f* spinale Kinderlähmung *f*.

pólipo ['pɔlipu] *m* ⚕ *u. zo.* Polyp *m*.

polir [pu'lir] (3g) polieren; abschleifen; auf Hochglanz bürsten; *Stil* glätten, ausfeilen.

poli|ssilábico [pɔlisi'laβiku] mehrsilbig; **~ssílabo** [~'silɐβu] *m* mehrsilbige(s) Wort *n*; **~técnico** [~'tɛkniku] polytechnisch; *academia* (*od.* *escola*) *f -a* Polytechnikum *n*; **~teísmo** [~te'iʒmu] *m* Vielgötterei *f*.

política [pu'litikɐ] *f* Politik *f*; *fig.* aalglatte Höflichkeit *f*; Berechnung *f*; *~ forte* Politik *f* der starken Hand.

politic|agem [~liti'kaʒɐ̃i] *f* Klüngel (-politik *f*) *m*; **~ar** [~ar] (1n) kannegießern, politisieren.

político [~'litiku] **1.** *adj.* politisch; *fig.* gewandt; aalglatt; berechnend; **2.** *m* Politiker *m*; *fig.* Politikus *m*.

politi|queiro [~liti'keiru] *m* Bierbankpolitiker *m*; **~quice** [~'kisə] *f* Bierbankpolitik *f*; **~zar** [~'zar] (1a) politisch interessieren.

pólo ['pɔlu] *m* Pol *m*; *Sport*: Polo *n*.

polonês [polo'nes] *bras.* = *polaco*.

polp|a ['połpɐ] *f* Muskelfleisch *n*; *Hand-*, *Fuß-*Ballen *m*; *Finger-*Kuppe *f*; *Frucht-*Fleisch *n*; *Pflanzen-*Mark *n*; *fig.* Wert *m*, Gewicht *n*; F Format *n*; *~ dentária* Zahnbein *n*; *encher-se de ~* wichtig tun; **~oso**, **~udo** [poł'pozu, ~uδu] fleischig.

poltr|ão [poł'trɐ̃u] **1.** *adj.* ängstlich; feig; **2.** *m* Angsthase *m*; Feigling *m*; **~ona** [~onɐ] *f* Sessel *m*; **~onear-se** [~tru'njarsə] sich rekeln, sich flegeln.

polu|ção [pulu'sɐ̃u] *f* ⚕ Samenerguß *m*; = **~ição** [~lwi'sɐ̃u] *f* Besudelung *f*, Schändung *f*; **~ir** [~'lwir] (3i) besudeln, schänden.

polvilh|ar [połvi'ʎar] (1a) *Pulver* verstäuben; streuen; *j-n od. et.* bestäuben; bestreuen; einpudern; **~o** [~'viʎu] *m* Maniokmehl *n*; *~s pl.* Pulver *n*; *Haar-*Puder *m*.

polvo ['połvu] *m* Krake *m*.

pólvora ['pɔłvurɐ] *f* Schießpulver *n*.

polvor|inho [połvu'riɲu] *m* Pulverhorn *n*; **~osa** P [~ɔzɐ] *f*: *andar em ~* Hochbetrieb h.; viel zu schaffen h.; *pôr* (*od. dar com*) *a/c. em ~* et. verpulvern; *pôr os pés em ~* sich aus dem Staube m.

pomáceas [pu'masjɐʃ] *f/pl.* Kernobst(bäume *m/pl.*) *n*.

pomad|a [~'maδɐ] *f* Pomade *f*; *bras. fig.* Aufgeblasenheit *f*; **~ista** *bras.* [~ma'δistɐ] *m* F Großkotz *m*.

pomar [~'mar] *m* Obstgarten *m*.

pomb|a ['põmbɐ] *f* Taube *f* (*weibl. Tier*); *Zuckersiederei*: Sirupkessel *m*; **~al** [põm'bał] *m* Taubenschlag *m*; **~eiro** [põm'beiru] *m* **a**) Waldläufer *m*, Urwaldhändler *m*; **b**) *bras.* Geflügelhändler *m*; **~o** [~u] *m* Taube *f* (*Artname*); Täuber *m*; **~o-correio** [~uku'ʀeju] *m* Brieftaube *f*.

pomes ['pɔmɨʃ] Bims...

pomicultura [pumikuł'turɐ] *f* Kernobstzucht *f*.

pomo ['pomu] *m* Apfel *m* (*a. fig.*); *~(s)* (*pl.*) Kernobst *n*; *~ proibido*, *~ vedado* verbotene Frucht *f*.

pomp|a ['põmpɐ] *f* Pomp *m*, Pracht *f*; Gepränge *n*; **~ear** [põm'pjar] (1l) sich brüsten; prangen; *v/t.* prunken mit; **~oso** [põm'pozu] pomphaft, prächtig; pompös.

ponch|e ['põʃə] *m* Punsch *m*; **~eira** [põ'ʃeirɐ] *f* Punschbowle *f*.

poncho *bras.* ['põʃu] *m* Poncho *m* (*ärmelloser Überwurf*); *forrar o ~* F sich gesund m.; *sacudir o ~* sich mausig machen.

ponder|ação [põndərɐ'sɐ̃u] *f* Erwägung *f*; Klugheit *f*; Wichtigkeit *f*; **~ado** [~'raδu] ernst; überlegt; klug; **~ar** [~'rar] (1c) abwägen; erwägen, bedenken; *v/i.* nachdenken (über [*ac.*] *sobre*); **~ável** [~'ravɛł] wägbar; erwägenswert; **~oso** [~'rozu] gewichtig; schwerwiegend; beachtlich.

pónei ['pɔnei] *m* Pony *n*.

pongo ['põŋgu] *m* Schimpanse *m*; *bras.* Klamm *f*.

ponta ['põntɐ] *f* Spitze *f*; Ende *n*; Ecke *f*; Zacke *f*; Horn *n des Stiers usw.*; *Zigarren-*, *Zigaretten-*Stummel *m*; *bras.* Stromschnelle *f*; *~ do dia* Tagesanbruch *m*; *~ de terra* Landzunge *f*; *~ de vinho* F Spitz *m*; *uma ~ de* ein bißchen; ein paar; *até à ~ dos cabelos* bis obenhin, bis zum Halse; *de ~ a ~* von e-m Ende zum anderen; durch und durch, von A bis Z; *na ~* geschniegelt; *na ~ dos dedos* (*od. da língua*) am Schnürchen, im Schlaf; *andar de ~* sich schlecht (*od.* auf gespanntem Fuß) stehen; *estar na ~ bras.* hoch im Kurs stehen; *ter olhos nas ~s dos dedos* Fingerspitzengefühl h.; *não tem ~ por onde se lhe pegue* mit ihm (*od.* damit) ist nichts anzufangen; *trazer alg. de ~* F e-n Pick auf j-n h.

pont|ada [põn'taðɐ] *f* Stich *m*; stechende(r) Schmerz *m*; Seitenstechen *n*; **~a-direita (-esquerda)** [ˌpõntɐði'reitɐ (-ɨʃ'kerðɐ)] *m* Rechts- (Links-)außen *m*; **~al** [~ał] *m* Bord(höhe *f*) *m*; Landzunge *f*; *prego m* ~ Schiffsnagel *m*; **~alete** [~tɐ'letə] *m* Stützbalken *m*; Gabelstütze *f*; ~*s pl.* Sägebock *m*; **~ão** [~ɐ̃u] *m* **a**) Stütze *f*; **b**) Ponton *m*; Prahm *m*; Brückensteg *m*; Straßenbrücke *f*; **~apé** [~tɐ'pɛ] *m* Fußtritt *m*; *Fußball*: Stoß *m*; Schuß *m*; ~ *livre* Freistoß *m*; ~ *raso* Flachschuß *m*; **~aria** [~tɐ'riɐ] *f* Zielen *n*; Richten *n des Geschützes*; *fig.* Ziel *n*; *fazer* ~ zielen; *ter boa* ~ gut schießen; **~as** ['põntɐʃ] *f/pl.* Gehörn *n*; Geweih *n*; *bras.* Quellflüsse *m/pl.*; **~a-seca** *pint.* [ˌpõntɐ'sekɐ] *f* Radiernadel *f*.

ponte ['põntə] *f* Brücke *f*; ⚓ Kommandobrücke *f*; Deck *n*, Verdeck *n*; ~ *de barcas* Schiffsbrücke *f*.

pontear [põn'tjar] (1l) punktieren; tüpfeln; heften; stopfen; *bras.* ♪ *Gitarre* zupfen; F klimpern; *v/i. bras.* an der Spitze gehen (*od.* marschieren, *fig.* liegen).

ponteir|a [~'teirɐ] *f Stock*-Zwinge *f*; *Zigaretten*-Spitze *f*; **~o** [~u] **1.** *m* Zeigestock *m*; *Uhr*-Zeiger *m*; Meißel *m*; *bras.* Anführer *m*; **2.** *adj.* ungehorsam (*Hund*); ungenau (*Gewehr*); *vento m* ~ Gegenwind *m*.

pontiagudo [~tjɐ'ɣuðu] spitz (zulaufend); zugespitzt.

pontific|ado [~təfi'kaðu] *m* Pontifikat *n*; Papstwürde *f*; **~al** [~ał] päpstlich; bischöflich; pontifikal; **~ar** [~ar] (1n) das Pontifikalamt halten; *fig.* schulmeistern.

pontífice [~'tifisə] *m* Pontifex *m*; *Sumo* ♀ Papst *m*.

pontifício [~tə'fisju] päpstlich.

ponti|lha [~'tiʎɐ] *f* scharfe Spitze *f*; schmale Gold- (*od.* Silber-)franse *f*; Spitzenborte *f*; *taur.* kurzer Dolch *m*; *fig.* Gnadenstoß *m*; **~lhão** [~ti'ʎɐ̃u] *m* (Lauf-)Steg *m*, Brücke *f*; **~lhar** [~ti'ʎar] (1a) punktieren, pünkteln; sprenkeln; *fig.* unterbrechen; **~lhoso** *gal.* [~ti'ʎozu] peinlich genau; **~nha** [~'tiɲɐ] *f*: *uma* ~ *de* ein bißchen; *da* ~ ganz ausgezeichnet; *de* ~ *com* verzankt mit; *nas* ~*s* wie aus dem Ei gepellt; *das* ~*s* durchtrieben; **~nho** [~ɲu] *m* Handschuhstich *m*.

ponto ['põntu] *m* Punkt *m*; Zeitpunkt *m*; Augenblick *m*; Fleck *m*; Ort *m*, Stelle *f*; *Näh*-Stich *m*; Stopfstich *m*; gestopfte Stelle *f*; Näharbeit *f*; Teilstrich *m auf Meßgeräten*; *Gitarren*-Griff *m*; Auge *n auf Würfeln usw.*; Klammer *f an zerbrochenem Geschirr*; Reitnagel *m der Drehbank*; Korn *n des Gewehrs*; Gegenstand *m*; Frage *f*; Hauptsache *f*; Ziel *n*, Absicht *f*; *Prüfungs*-Aufgabe *f*; *uni.* Semesterschluß *m*; *tea.* Souffleur *m*; *cul.* Faden *m des gekochten Zuckers*; *Spiel*: Spieler *m gegen den Bankhalter*; F Type *f*; *bras.* Verkaufsstelle *f*; *cir.* ~ (*natural*) Nadel *f*; ~ (*falso*) Heftpflaster *n*; ~ *adiante* Vor-, ~ *atrás* Steppstich *m*; ~ *final* (Schluß-)Punkt *m*; ~ *e vírgula* Strichpunkt *m*, Semikolon *n*; *iron.* Dick und Dünn; *dois* ~*s* Doppelpunkt *m*; *bom* ~ F drollige(r) Kerl *m*; ~ *de honra* Ehrensache *f*; *açúcar m em* ~ zu Faden gekochte(r) Zucker *m*; *livro m de* ~ Kontrollbuch *n*; *a* ~ **a**) rechtzeitig; gelegen; **b**) aufs genaueste, genau; *a* ~ *de* im Begriff (*od.* F drauf und dran) zu; *a* ~ *para* auf dem Sprung zu; *a* (*tal*) ~ *que*, *a* ~*s de inf.* so (sehr) daß; derart daß; *até certo* ~ bis zu e-m gewissen Grad; irgendwie; *de* ~ *em branco* ganz und gar; wie aus dem Ei gepellt; *em* ~ pünktlich; *três horas em* ~ punkt 3 Uhr; *em* ~ *grande* (*pequeno*) im großen (kleinen) Maßstab; in groß (klein); im Großen (Kleinen); *assinar o* ~ sich ins Kontrollbuch (*od.* in die Anwesenheitsliste) eintragen; *baixar de* ~ von s-r Höhe herabsteigen, F klein beigeben; sich bescheiden; *criar* ~ Faden ziehen (*Zucker*); *estar no seu* ~ im Schuß (*od.* in Form) sn; *fazer* ~ *bras.* sich gewöhnlich aufhalten (in [*dat.*] em); *ferir o* ~, *dar no* ~ den Nagel auf den Kopf (*od.* ins Schwarze) treffen; *não perder o* ~ *de* sich nichts entgehen l. von; *pôr* ~ *em* Schluß m. mit; *pôr os* ~*s altos* hoch hinaus wollen; *subir de* ~ anwachsen, zunehmen; steigen; *v/t.* anpreisen; über den grünen Klee loben; *tomar o* ~ die Anwesenheit feststellen; *tomar um* ~ ein Loch stopfen; *tomar por* ~ als Ehrensache betrachten; *aí é que bate o ~!* das ist der springende Punkt!; *em que ~ vai* wie steht es mit.

pontu|ação [põntwɐ'sɐ̃u] *f* Zeichensetzung *f*; *Sport*: Punktbewertung *f*; **~al** [~'twał] pünktlich; richtig; sorgfältig; **~alidade** [~ɐli'ðaðə] *f* Pünktlichkeit *f*; **~ar** [~'twar] (1g) mit Satzzeichen versehen, interpunktieren; **~do** [~'tuðu] spitz; heikel.

popa ⚓ ['popɐ] *f* Heck *n*, Achterschiff *n*; *vento m em ~* Wind achter; = *vento m pela ~* Rückenwind *m*; *ir de vento em ~ fig.* nach Wunsch gehen.

popul|aça [pupu'lasɐ] *f* Mob *m*; *das einfache* Volk; **~ação** [~lɐ'sɐ̃u] *f* Bevölkerung *f*; Insassen *pl. e-s Gebäudes*; *~ escolar (universitária)* Schüler-(Studenten-)schaft*f*; **~acho** [~aʃu] *m* = *~aça*; **~acional** [~lɐsju'nał] Bevölkerungs...; **~ar** [~ar] **1.** *adj.* volkstümlich, beliebt; des Volkes, Volks...; populär; *frente f ~* Volksfront *f*; **2.** *su.* Mann *m* aus dem Volk; *~es pl.* Leute *pl.*; *pol.* Demokraten *m/pl.*; **~aridade** [~lɐri'ðaðə] *f* Volkstümlichkeit *f*; Beliebtheit *f*; Popularität *f*; **~arizar** [~lɐri'zar] (1a) beliebt m.; gemeinverständlich m., popularisieren; **~arizar-se** volkstümlich w.; Gemeingut w.; **~ismo** [~iʒmu] *m* volkstümliche Politik *f*; **~ista** [~iʃtɐ] volksfreundlich, Volks...; volkstümlich; **~oso** [~ozu] volkreich, dicht bevölkert.

por [pur] *prp.* **1.** *örtl.* durch *e-n Raum, e-e Öffnung* (hindurch); in *e-m Raum* herum; in (der Gegend von) (*dat.*); auf *e-r Fläche* (herum); über *e-e Fläche* (hin-weg, -über); über *e-e Ortschaft*; an *e-m Ort* vorbei; *e-e Linie* entlang; nach *e-r Seite* (hin); von *e-r Seite* (her); *~ aí (aqui, lá)* da (hier, dort) herum; *~ mar* zur See; *~ terra* zu Lande; **2.** *zeitl.* gegen, um ... herum; für *ein Jahr usw.*; *e-e Zeit* lang; *pela manhã (tarde)* am Morgen (Nachmittag); **3.** *Verhältnis*: für, pro; im, in der; um; zu; nach, gemäß; *~ hoje* für heute; *~ pessoa* pro Person; *~ hora (dia, semana, mês, ano)* stünd- (täg-, wöchent-, monat-, jähr-)lich; *uma vez ~ mês* einmal im Monat (*od.* monatlich); *um ~ um* einzeln, e-r um den anderen; nachea.; *~ partes iguais* zu gleichen Teilen; *~ folhas* blattweise; *pelo que ele diz* nach s-n Worten; *pelo seu aspecto* s-m Aussehen nach; *pelo que vejo (consta od. dizem)* wie ich sehe (verlautet); *pelo todo, ~ tudo, ~ todos* im ganzen, alles in allem; **4.** *Division*: durch; **5.** *Grund, Ursache*: wegen; aus; *~ medo (covardia, etc.)* aus Angst (Feigheit *usw.*); *~ isso, ~ isto* darum, des-wegen, -halb; *~ inf.* weil (*od.* da) *ind.*; **6.** *Urheber* (*Passiv*): von; **7.** *Mittel, Werkzeug, Vermittlung*: durch; mit; per; *~ escrito* schriftlich; *~ mar (terra)* auf dem See- (Land-)wege; **8.** *Rücksicht*: um ... willen, wegen; *~ mim* meinetwegen; von mir aus; **9.** *Zweck, Ziel*: nach; um ... zu *inf.*; zu *j-s* Gunsten, für; **10.** *Stellvertretung, Tausch*: für; statt, anstelle; um; gegen; *tomar ~* halten für; **11.** *Augenschein, Rolle*: als; für; *ter ~* ansehen als; **12.** *Umstand*: bei, unter (*dat.*); **13.** *unfertiger Zustand*: noch zu *inf.*; *~ fazer* noch ungetan, noch nicht angefangen; **14.** *konzessiv*: *~ pouco que seja* so wenig es auch ist (*od.* sein mag); *~ (mais) difícil que seja* so schwer es auch ist (*od.* sein mag); *azul ~ azul, prefiro (od. antes)* wenn es schon blau sein soll, dann; **15.** *~ que s. que u. porque.*

pôr [por] (2zd) **1.** *v/t.* setzen; legen; bringen; stellen; *in die Hand* geben; (ver)stecken; (auf)hängen; pflanzen; (auf-, hin-)schreiben; auf-, hin-stellen; den Fall setzen, annehmen; erklären, behaupten; *ängstlich usw.* m.; *Geldbetrag* wetten *od.* bieten; *Gesetz* erlassen; *Strafe* verhängen; *Argument* vorbringen, äußern; *Schwierigkeiten* m.; *Problem* aufwerfen; *Beispiel* aufstellen, bringen; *Amt usw.* ab-, nieder-legen; *Kleid usw.* tragen; *Kleid* anziehen; *Hut, Brille usw.*, *Miene* aufsetzen; *Schmuck, Trauer, Zügel usw.* anlegen; *Puder, Gedeck, Kompresse* auflegen; *Namen* beilegen, geben; sich *e-n Wagen, Diener, Namen* zulegen; *Tisch* decken; *~ em, ~ a Zubehör* anbringen *od. Knopf usw.* (an)nähen an (*dat.*); *Briefmarke* (auf)kleben *od. Siegel* (auf)drücken auf (*ac.*);

Ingredienz hinzufügen (*dat.*), hineintun in (*ac.*); *Auge usw.* richten auf (*ac.*); *Kräfte usw.* brauchen (*od.* einsetzen) für, verwenden auf (*ac.*) *od.* für, wenden (*od.* setzen, verschwenden) an (*ac.*); *Kapital usw.* (hinein)stecken in (*ac.*), anlegen in (*dat.*), (bereit)stellen für; *Liebe usw.* schenken (*dat.*); *Gefühl* hervorrufen in (*dat.*); *j-n* eintragen (l.) in (*ac.*), anmelden bei; *Leichnam* beisetzen (l.) in (*dat.*); *j-n in e-r Firma usw.* unterbringen, *in die Schule, e-n Beruf usw.* stecken; *in e-n Zustand* versetzen; *in e-e Lage* bringen; verwandeln in (*ac.*), zu; *Steuer* auferlegen (*dat.*); *Ruhm, Weisheit* gründen auf (*ac.*); *Ehre* setzen in (*ac.*); *Schuld* geben, zuschieben (*dat.*); *Fehler* vorwerfen (*dat.*); *Ursache, Grund* sehen in (*dat.*); ~ *a inf.* lassen *inf.*; ~ *alto o desejo* (*od. a mira, os olhos*) hoch hinauswollen; ~ *a boca* (*od. os lábios*) *em* mit den Lippen berühren (*ac.*), küssen (*ac.*); ~ *cobro* (*od. fim, termo, modo*) *a* ein Ende m. (*dat.*), Schluß m. mit; ~ *de sua casa* (*od. algibeira, cabeça, lavra*) (Eigenes *od.* das Seinige) dazu-tun, -erfinden; ~ *o fito* (*od. a mira, o intento*) *em* sein Augenmerk richten auf (*ac.*); *et.* h. (*od.* w.) wollen; sich bemühen um; ~ *na necessidade* (*od. obrigação*) *de* zwingen (*od.* in die Verlegenheit bringen) zu; **2.** **~-se** untergehen (*Gestirn*); werden; ~ *a* in Angriff nehmen (*ac.*); sich heranwagen an (*ac.*); sich betätigen in (*dat.*); ~ *a inf.* beginnen zu *inf.*; ~ *a* (*od. com*) *su.* anfangen zu *inf. des zugehörigen Verbs, z.B. pôs-se aos berros* (*com desculpas*) er fing an zu schreien (sich zu entschuldigen); ~ *em su.* = *inf. des zugehörigen Verbs, z.B.* ~ *em fuga* (*sossego, armas*) fliehen (sich beruhigen, sich [be]waffnen); ~ *de luto* Trauerkleider anziehen; ~ *bem* (*mal*) *com* sich gut (schlecht) stellen mit; **3.** *m*: ~ *do sol* Sonnenuntergang *m.*

poracá *bras.* [pora'ka] *m* Fischkorb *m.*

poranduba *bras.* [~rẽn'duβɐ] *f* Geschichte *f*; Nachricht *f*; Bericht *m.*

porão [pu'rɐ̃u] *m* ⚓ Schiffs-, Laderaum *m*; *fig. bras.* Keller *m.*

porc|a ['pɔrkɐ] *f* Sau *f* (*a. fig.*); ⊕ (Schrauben-)Mutter *f*; **~alhão** [purkɐ'ʎɐ̃u] **1.** *adj.* dreckig; **2.** *m*, **-ona** *f* Schmutz-fink *m*, -liese *f.*

porção [pur'sɐ̃u] *f* Teil *m*; Stück *n*; Anzahl *f*; Portion *f.*

porcaria [~kɐ'riɐ] *f* Schweinerei *f*; Dreck *m.*

porcelana [~sə'lɐnɐ] *f* Porzellan (-arbeit *f*, -plastik *f*) *n*; *zo.* Porzellanschnecke *f*; *~s pl.* Porzellan *n.*

porcentagem [~sẽn'taʒɐ̃i] *f* = *percentagem.*

porcino [~'sinu] = *suíno.*

porco ['porku] **1.** *m* Schwein *n* (*a. fig.*); Eber *m*; Schweinefleisch *n*; ~ *bravo*, ~ *montês* Wildschwein *n*; **2.** *adj.* schweinig; schmutzig; **~-espim, ~-espinho** [~iʃ'pĩ, ~iʃ'piɲu] *m* Stachelschwein *n.*

porém [pu'rɐ̃i] jedoch, aber.

porfia [pur'fiɐ] *f* Ausea.-setzung *f*; Ausdauer *f*; Hartnäckigkeit *f*; *à* ~ um die Wette.

porfi|adamente [~ˌfjaðɐ'mẽntə] um die Wette; **~ado** [~'fjaðu] hartnäckig, zäh; heftig umstritten; **~ar** [~'fjar] (1g) trotzen; (sich) streiten; ~ *por* sich streiten um, ea. streitig m. (*ac.*); ~ *em* beharren (*od.* bestehen) auf (*dat.*); ~ *com* wetteifern mit; **~oso** [~'fjozu] trotzig; = *~ado.*

pórfiro ['pɔrfiru] *m* Porphyr *m.*

pormenor [purmə'nɔr] *m* Einzelheit *f* (*entrar em* eingehen auf [*ac.*]); besondere(r) Umstand *m*; **~izar** [~nuri'zar] (1a) im einzelnen ausführen; einzeln aufzählen; näher erklären; genau(er) schildern.

pornogr|afia [~nuɣrɐ'fiɐ] *f* Schmutz und Schund *m*; Pornographie *f*; **~áfico** [~'ɣrafiku] unzüchtig.

poro ['pɔru] *m* Pore *f*; **~so** [pu'rozu] durchlässig, porös.

porqu|anto [pur'kwɐ̃ntu] da ja, weil; **~e** ['purkə] **1.** *adv. interr.* warum; **2.** *cj.* weil; *mit conj.*: damit; **~ê** [pur'ke] warum.

porqu|eiro [~'keiru] *m* Schweinehirt *m*; **~inho** [~iɲu] *m* Ferkel *n*; Hanfbündel *n*; ~ *da Índia* Meerschweinchen *n.*

porro ['poʀu] *m* = *alho-porro.*

porta ['pɔrtɐ] *f* Tür *f*; *Stadt*-Tor *n* (*a. fig.*); Pforte *f* (*a. fig.*); *fig.* Eingang *m*; Ausweg *m*; *~-cocheira* Tor *m*; Torweg *m*, Einfahrt *f*; ~ *de serviço* Eingang *m* für Lieferanten, Dienstbotentür *f*; ~ *lateral* (*od. tra-*

vessa, trazeira) Hintertür *f*; *~s pl. travessas* (*od. secretas*) *fig.* Schliche *m/pl.*; *♀ Otomana die* Hohe Pforte; *~ poterna* (*od. falsa*) Ausfallstor *n*; *à ~ fechada* unter Ausschluß der Öffentlichkeit; *dar com a ~ na cara* (*od. nos olhos*) *de alg.* j-m die Tür vor der Nase zuschlagen; *estar às ~s da morte* dem Ende nahe sein.

port|a-aviões [ˌpɔrta'vjõiʃ] *m* Flugzeug-träger *m*, -mutterschiff *n*; **~a--bagagem** [~ɐβɐ'ɣaʒɐ̃i] *m* Gepäckträger *m an Fahrrädern usw.*; **~a--bandeira** [~ɐβɐ̃n'deirɐ] *m* Fähnrich *m*, Fahnenjunker *m*; Fahnenträger *m*; **~a-cartas** [~ɐ'kartɐʃ] *m* Brieftasche *f*; **~a-chapéus** [~ɐʃɐ'pɛuʃ] *m* Hutschachtel *f*.

port|ada [pur'taδɐ] *f* Portal *n*; *Fenster-*Laden *m*; **~ador** [~tɐ'δor] 1. *adj.* ~ de tragend (*ac.*); mit sich führend (*ac.*); im Besitz (*gen.*); 2. *m*, **-a** *f* Überbringer(in *f*) *m*; Träger(in *f*) *m*; Inhaber(in *f*) *m v. Wertpapieren*; **~agem** [~ɐʒɐ̃i] *f* Brückenzoll *m*; **~al** [~ał] *m* Portal *n*; Haupteingang *m*.

porta-|lanterna [ˌpɔrtɐlɐ̃n'tɛrnɐ] *m* Laternenhalter *m am Fahrrad*; **~-lápis** [~'lapiʃ] *m* Bleistifthalter *m*.

portaló ⚓ [purtɐ'lɔ] *m* Fallreep *n*.

porta-|marmita [ˌpɔrtɐmɐr'mitɐ] *f* Essenträger *m*; **~níqueis** *bras.* [~'nikeiʃ] *m* Geldbeutel *m*, Portemonnaie *n*; **~novas** [~'nɔvɐʃ] *m* Neuigkeitskrämer *m*.

portanto [pur'tɐ̃ntu] also, folglich.

portão [pur'tɐ̃u] *m* Tor *n*.

porta-objecto [ˌpɔrtɐuβ'ʒɛtu] *m* Objektträger *m*.

port|ar [pur'tar] (1e): *~ por fé* bescheinigen; **~ar-se** sich betragen, benehmen; **~aria** [~ɐ'riɐ] *f* Klostertür *f*; Portal *n*; Vorhalle *f*; *ministerieller* Erlaß *m*; **~a-seios** [ˌpɔrtɐ'sejuʃ] *m* Büstenhalter *m*; **~átil** [~a-tił] tragbar; Taschen...; Hand...; zerlegbar; **~a-voz** [ˌpɔrtɐ'vɔʃ] *m* Sprachrohr *n*, Megaphon *n*; *fig.* Sprecher *m*.

porte ['pɔrtə] *m* Beförderung *f*; Fracht *f*; Bestell-geld *n*, -gebühr *f*, Zustellungsgebühr *f*; Fuhr-, Träger-lohn *m*; ✉ Porto *n*; ⚓ Lastigkeit *f*; *fig.* Haltung *f*; Benehmen *n*; Ansehen *n*; Tragfähigkeit *f*; (*Stimme*); **~ar** [pur'tjar] (1l) freimachen.

porteir|a [pur'teirɐ] *f* Pförtnerin *f*; Pförtnersfrau *f*; **~o** [~u] *m* Pförtner *m*; Portier *m*; Torwächter *m*.

portela [pur'tɛlɐ] *f* Tür *f*; Wegbiegung *f*; Engpaß *m*.

portent|o [~'tẽntu] *m* Wunder *n*; Seltenheit *f*; **~oso** [~tẽn'tozu] wunderbar; unglaublich.

pórtico ['pɔrtiku] *m* Säulenhalle *f*.

portinhola [purti'ɲɔlɐ] *f* (Wagen-)Schlag *m*; Taschenklappe *f*; (Hosen-)Schlitz *m*; ⚓ Stückpforte *f*.

porto ['portu] *m* Hafen *m*; *~ de mar* See-, *~ fluvial* Binnen-, *~ de refúgio* (*od. salvação*) Not-hafen *m*; *vinho m do ♀* Portwein *m*; *tomar* (*od. ferrar o*) *~* e-n Hafen an- (*od.* in e-n Hafen ein-)laufen; **~-alegrense** [~ɐlə'ɣrẽsə] aus Porto Alegre; **~-franco** [~'frɐ̃ŋku] *m* Freihafen *m*; **~-riquenho** [~ʀi'keɲu] aus Portoriko.

portuense [pur'twẽsə] Portuenser; aus Oporto, Oporto...

portuga *bras.* [por'tuɣɐ] *su.* Portugiese *m*, Portugiesin *f*.

portugu|ês [purtu'ɣeʃ] 1. *adj.* portugiesisch; 2. *m* Portugiese *m*; **~esa** [~ezɐ] *f* Portugiesin *f*; *a ♀ die* portugiesische Nationalhymne *f*; **~esismo** [~ɣə'ziʒmu] *m* portugiesische(r) Ausdruck *m* (*od.* Brauch *m*); **~êsmente** [~ɣeʒ'mẽntə] auf portugiesische Art.

portuoso [~'twozu] hafenreich.

porventura [~vẽn'turɐ] zufällig; etwa, vielleicht; *als Füllwort*: aber, doch, wirklich; denn.

porv|indoiro, -ouro [~vĩn'doiru, -oru] kommend; künftig; **~ir** [~'vir] *m* Zukunft *f*.

pós [pɔʃ] 1. *prp.* nach; 2. *pl. v. pó.*

posar *gal.* [po'zar] (1a): *~ para alg.* j-m sitzen; *~ para o fotógrafo* (*pintor*) sich photographieren (malen) l.

pós-boca [pɔʒ'βokɐ] *f* weiche(r) Gaumen *m*.

pós-|data [~'δatɐ] *f* Nachdatierung *f*; spätere(s) Datum *n*; **~datar** [~δɐ'tar] (1b) nachdatieren.

pose *gal.* ['pɔzə, *bras.* 'pozə] *f* Pose *f*; *fot.* Zeitaufnahme *f*.

pós-|escolar [pɔzɨʃku'lar] nach Abschluß *m* der Schulbildung; **~escrito** [~ɨʃ'kritu] *m* Nachschrift *f*.

posfácio [pɔʃ'fasju] *m* Nachwort *n*.

posição [puzi'sɐ̃u] *f* Stellung *f*, Lage *f*; Haltung *f*.

positiv|amente [puziˌtivɐ'mẽntə] in der Tat; wahrhaftig; offengestanden; **~ar** *bras.* [~ti'var] (1a) zeigen, beweisen; **~ismo** [~ti'viʒmu] *m fil.* Positivismus *m*; *fig.* Wirklichkeitssinn *m*; **~ista** [~ti'viʃtɐ] **1.** *adj.* positivistisch; nüchtern, praktisch; **2.** *su.* Positivist(in *f*) *m*; Tatsachenmensch *m*; **~o** [~'tivu] positiv (*bsd.* 🕮); tatsächlich; fest(stehend), sicher; handgreiflich; praktisch; *prova f -a fot.* Positiv *n.*

posologia *farm.* [puzulu'ʒiɐ] *f* Dosierung *f.*

pospelo [puʃ'pelu]: *a* ~ gegen den Strich; mit Gewalt.

posp|or [~'por] (2zd) nachstellen; hintansetzen; zurückstellen; **~osição** [~puzi'sɐ̃u] *f gram.* Nachstellung *f*; **~ositivo** [~puzi'tivu] *gram.* nachgestellt; **~osto** [~oʃtu] *p.p. v.* *~or.*

poss|ança [pu'sɐ̃sɐ] *f* Mächtigkeit *f*; *Geistes-*Stärke *f*; Macht *f*, Gewalt *f*; **~ante** [~ɐ̃ntə] mächtig; stattlich.

poss|e ['pɔsə] *f* Besitz *m*; *dar* ~ *a j-n* in ein Amt einführen; = *meter de* (*od. na*) ~ *de a/c.* in den Besitz e-r Sache (*gen.*) setzen; ⚖ *j-m* et. zusprechen; *entrar na* ~ in den Besitz kommen; *tomar* ~ *de* Besitz ergreifen von; *ein Amt* antreten; *~s pl.* Vermögen *n* (*a. fig.*); *ter ~s para* sich *et.* (*od.* es sich) leisten können (zu *inf.*); **~eiro** [pu'seiru] *m* Besitzer *m*, Inhaber *m.*

poss|essão [pusə'sɐ̃u] *f* Besitzung *f*; **~essivo** [~ə'sivu] **1.** *adj.* besitzanzeigend; **2.** *m* Possessivum *n*; **~esso** [~'sɛsu] besessen; **~essor** [~ə'sor] *m* Besitzer *m.*

possibil|idade [~səβəli'ðaðə] *f* Möglichkeit *f*; **~itar** [~i'tar] (1a) ermöglichen.

possível [~'sivɛł] **1.** *adj.* möglich; *tão adj. od. adv. quanto* ~ so *adj. od. adv.* wie möglich; *tanto quanto* ~ so viel (*od.* sehr, schnell, laut) wie möglich; *o mais depressa* (*que seja*) ~ so schnell wie möglich; *o melhor tratamento* (*que seja*) ~ die bestmögliche Behandlung; *na medida do* ~ soweit (wie) möglich; *fazer* (*todo*) *o* ~ sein möglichstes tun.

possu|ído [~'swiðu]: ~ *de* durchdrungen von; **~idor** [~swi'ðor] **1.** *adj.* ~ *de* besitzend (*ac.*); verfügend über (*ac.*); **2.** *m*, *-a f* Besitzer(in *f*) *m*; Inhaber(in *f*) *m*; **~ir** [~ir] (3i) besitzen; innehaben; verfügen über (*ac.*); beherrschen; **~ir-se** *de* sich überzeugen (*od.* durchdringen l.) von.

posta ['pɔʃtɐ] *f* Scheibe *f od.* Stück *n* *Fisch od. Fleisch*; † Post(station) *f*; Relais *n*; *boa* ~ F prima Stelle *f.*

post|al [puʃ'tał] **1.** *adj.* Post...; *bilhete m* ~ = **2.** *m* Postkarte *f*; **~ar** [~ar] (1e) (auf)stellen; *bras. Brief* einwerfen; **~a-restante** [ˌpɔʃtɐrɨʃ'tɐ̃ntə] postlagernd; **~e** ['pɔʃtə] *m* Pfosten *m*, Pfahl *m*; ⚡ Mast *m*; *tel.* Stange *f.*

posteiro *bras.* [pos'teiru] *m* Farmwächter *m.*

postema ⚕ [puʃ'temɐ] *f* Abszeß *m.*

postergar [~tər'ɣar] (1o; *Stv.* 1c) zurücklassen; zurück- (*od.* hintan-) setzen; übergehen; *Gesetz* übertreten.

poster|idade [~təri'ðaðə] *f* Nachwelt *f*; Nachruhm *m*; *passar à* ~ in die Geschichte eingehen; **~ior** [~'rjor] **1.** *adj.* nachherig; später (als *a*); hinter, Hinter...; **2.** *m* P Hintern *m*; *~es pl.* Nachkommen *m/pl.*

póstero ['pɔʃtəru] künftig; *~-inferior* (*-superior*) *der, die das* hintere, untere (obere).

postiço [puʃ'tisu] künstlich, falsch; aufgesetzt; abnehmbar, lose.

postigo [~'tiɣu] *m* Pförtchen *n*; Luke *f* (*a.* ⚓); *Faß-*Einstieg *m*; (Guck-) Fensterchen *n*; Schalter *m.*

postila [~'tilɐ] *f* Studienbuch *n*; Diktatheft *n*; = *apostila.*

postilhão [~ti'ʎɐ̃u] *m* Postillion *m.*

posto ['poʃtu] **1.** *p.p. v. pôr*; **2.** *adj.* *bem* ~ gut aussehend; gut gekleidet; *sol m* ~ Sonnenuntergang *m*; **3.** *m* Posten *m*; Platz *m*; Amt *n*; Stelle *f*; Dienststelle *f*; *Zoll-*Haus *n*; *Polizei-*Wache *f*; *Wetter-*Warte *f*; *bras.* Sennhütte *f*; **4.** *cj.* ~ (*que*) wenn auch, obgleich.

postular [puʃtu'lar] (1a) nachsuchen um; fordern.

póstumo ['pɔʃtumu] nachgeboren; nachgelassen (*Werk*).

postura [puʃ'turɐ] *f* Stellung *f*; Haltung *f*; Aussehen *n*, Miene *f*; Schminke *f*; Eierlegen *n*; Legeleistung *f*; ⚖ städtische Verordnung *f.*

potassa [pu'tasɐ] *f* Kali(umsalz) *n*; = ~ *do comércio* Pottasche *f*; ~ *cáustica* Ätzkali *n.*

potássio [~'tasju] *m* Kalium *n*; *car-*

bonato m de ~ Pottasche *f*; *silicato m de* ~ Wasserglas *n*; *cianeto m de* ~ Zyankali *n*.
potável [~'tavɛɫ] trinkbar; *água f* ~ Trinkwasser *n*.
pote ['pɔtə] *m* (irdener) Topf *m*; Nachttopf *m*; Pott *m* (*altes Maß* = *6 Kanaden*).
poteia [pu'tejɐ] *f* Zinnoxyd *n* (*Poliermittel*).
potência [~'tẽsjɐ] *f* Macht *f*; Potenz *f* (*a.* ⚕); Kraft *f*; *fís.* Leistung *f*; *biol.* Zeugungsvermögen *n*; *grande* ~ *pol.* Großmacht *f*; ~ *máxima* Höchstleistung *f*; *de grande* ~ leistungsfähig; stark; lautstark; 2 *na* (*od. elevado à*) 3.ª ~ 2 hoch 3.
potenci|al [~tẽ'sjaɫ] **1.** *adj.* potentiell; möglich; **2.** *m* ⚡ Potential *n*; **~alidade** [~sjɐli'ðaðə] *f* Leistungsfähigkeit *f*; Möglichkeit *f*; **~ar** [~ar] (1g) ⚕ zur Potenz erheben.
potent|ado [~tẽn'taðu] *m* Machthaber *m*, Potentat *m*; **~e** [~'tẽntə] gewaltig; mächtig; zeugungsfähig; leistungsfähig, stark; lautstark.
potestade [~tɨʃ'taðə] *f* Macht *f*, Gewalt *f*.
poto|ca *bras.* [po'tɔkɐ] *f* Schwindel *m*; **~car** [~to'kar] (1n; *Stv.* 1c) *bras.* schwindeln; **~queiro** [~to'keiru] *m* Schwindler *m*.
potra ['potrɐ] *f* **a)** ⚕ Bruch *m*; ⚘ Knoten *m*; *bras.* Glück *n*; Dünkel *m*; **b)** Stutenfüllen *n*.
potranc|a *bras.* [po'trẽŋkɐ] *f* weibliche(s) Fohlen *n*; **~ada** [~trẽŋ'kaðɐ] *f* Fohlenherde *f*; **~o** *bras.* [~u] *m* Fohlen *n*.
potr|eiro [pu'treiru] *m* Pferdehändler *m*; Koppel *f*, Weide *f*; **~il** [~iɫ] *m* Tattersall *m*; **~ilho** *bras.* [~iʎu] *m* Füllen *n*; **~o** ['potru] *m* Fohlen *n*; *hist.* Folterbank *f*.
pouc|achinho [pokɐ'ʃiɲu] sehr wenig; = **~adinho** *bras.* [~a'ðiɲu]: (*um*) ~ ein bißchen; **~a-vergonha** [ˌpokɐvər'ɣoɲɐ] *f* Schande *f*; Schuftigkeit *f*; Schamlosigkeit *f*; **~o** ['poku] **1.** *adj.* wenig; gering(fügig), klein; kurz (*Zeit*); *um* ~ *de* ein wenig; *uns* ~*s de* ein paar; *uma -a de gente* ein paar Leute; **2.** *adv.* wenig; langsam; ~ *a* ~, *a* ~ e ~ nach und nach; ~ *mais ou menos* so ungefähr; *de aqui a* ~ bald; gleich, nachher; *dentro em* ~ bald; in kurzem; = *de aí a* ~ kurz (*od.* bald) darauf; *há* ~ vor kurzem, kürzlich; soeben; *por* ~ fast, beinahe; *fazer* ~ *de* nicht ernst nehmen (*ac.*); hänseln (*ac.*); **~ochinho** [~u'ʃiɲu] = *pouca-chinho*.
poupa ['popɐ] *f* Federbusch *m*; Schopf *m*; *zo.* Wiedehopf *m*.
poup|ado [po'paðu] sparsam; **~ança** F [~ẽsɐ] *f* (übertriebene) Sparsamkeit *f*; Knickerigkeit *f*; **~ar** [~ar] (1a) haushalten mit; aufsparen, zurückbehalten; *Kräfte, Kleider usw.* schonen; *Geld* sparen; *j-m et.* ersparen, *j-n* verschonen mit; *j-n* verschonen (vor [*dat.*] *a*); *das Leben* schenken; **~ar-se** *a* sich drücken vor; *não se* ~ *a* sich nicht scheuen vor.
pouqu|idade, ~idão [poki'ðaðə, ~i'ðẽu] *f* Wenigkeit *f*; Geringfügigkeit *f*; Knappheit *f*; Unzulänglichkeit *f*; **~inho** [~'kiɲu]: *um* ~ ein bißchen; **~íssimo** [~'kisimu] äußerst wenig (*od.* gering).
pous-, pois|ada [po-, poi'zaðɐ] *f* Touristenheim *n*; Herberge *f*; *bras.* = **~o**; **~a-papel** *bras.* [ˌpozɐpa'pɛɫ] *m* Briefbeschwerer *m*; **~ar** [~ar] (1a) legen; setzen; stellen; hinlegen; ab-, nieder-legen; *Augen* heften (auf [*ac.*] *sobre*); ~ *o pé em fig.* sich stützen auf (*ac.*); sich richten nach; *v/i.* sich niederlassen; (sich aus-) ruhen; Quartier nehmen, absteigen; sich setzen (*od.* sitzen) (*Vögel*); wohnen; **~io** [~iu] **1.** *m* Brache *f*; **2.** *adj.* Brach...; **~o** ['pozu, 'poizu] *m* Aufenthalt(sort) *m*; Ankerplatz *m*; Bodenstein *m der Mühle*; *bras.* Schlafstätte *f*; ~*s pl.* ⚓ Helgen *m*.
pov|aréu [puvɐ'rɛu] *m* Pöbel *m*; Volk *n*; **~eiro** [~'veiru] aus Póvoa de Varzim; **~iléu** [~i'lɛu] *m* = *~aréu*; **~inho** [~'viɲu] *m das* einfache Volk; **~o** ['povu] *m* Volk *n*; Weiler *m*, Flecken *m*; **~oação** [~vwɐ'sẽu] *f* Bevölkerung *f*; Ortschaft *f*; *bras.* Gummipflanzung *f*; **~oado** [~'vwaðu] **1.** *adj.* bevölkert; ~ *de árvores* bewaldet; ~ *de peixes* fischreich; **2.** *m* Ansiedlung *f*; **~oador** [~vwɐ'ðor] *m* Siedler *m*; Besiedler *m*; **~oamento** *bras.* [~vwɐ'mẽntu] *m* = *~oação*; **~oar** [~'vwar] (1f) bevölkern; besiedeln; *j-n* ansiedeln; versehen (*od.* beschenken) (mit *de*); ~ *de árvores* aufforsten; **~oléu** [~vu'lɛu] *m* = *~aréu*.

pra [prɐ] *verkürzte Form v. para.*
praça ['prasɐ] *f* Platz *m*; Markt (-platz) *m*; Kaufmannschaft *f*; Raum *m*; ⚓ Laderaum *m*; ⚔ Festung *f*; gemeine(r) Soldat *m*; Jahrgang *m*; ~ *de armas* Truppenübungsplatz *m*; ~ *de automóveis* Taxistand *m*; ~ *de peixe* Fischmarkt *m*; ~ *de reserva* Reservist *m*; ~ *do comércio* Handelsbörse *f*; ~ *dos toiros* Stierkampfarena *f*; *automóvel m de* ~ Mietauto *n*, Taxi *n*; *empregado m de* ~ Platzvertreter *m*; *desta* (*dessa*) ~ ☤ hier (dort) am Platz; *assentar* ~ Soldat w.; sich anwerben l.; *ir à* ~ unter den Hammer kommen; *pôr em* ~ versteigern; *sair à* ~ an die Öffentlichkeit (*od.* hervor-) treten; bekannt w.
pracista [prɐ'siʃtɐ] *m* ☤ Platzvertreter *m* (*Ggs. Reisender*); *bras.* Stadtmensch *m*.
prad|aria [prɐðɐ'riɐ] *f* Wiesen (-grund *m*) *f/pl.*; **~o** ['praðu] *m* Wiese *f*, *bras.* Reit-, Renn-bahn *f*.
praga ['praɣɐ] *f* Plage *f*, Landplage *f*; ⚘ Schädling *m*; *fig.* Fluch *m*; Gewimmel *n*; *rogar ~s* fluchen.
pragana ⚘ [prɐ'ɣɐnɐ] *f* Granne *f*.
pragm|ática [prɐɣ'matikɐ] *f* Zeremoniell *n*, Vorschrift *f*; **~ático** [~atiku] sachlich, nüchtern; pragmatisch; **~atismo** [~mɐ'tiʒmu] *m* Nützlichkeitsphilosophie *f*.
praguejar [prɐɣɨ'ʒar] (1d) *v/i.* fluchen; ~ *de* = *v/t.* lästern, verfluchen; schmähen.
praia ['prajɐ] *f* Strand *m*; Seebad *n*; Küste *f*; **~-mar** [~'mar] *f* = *preamar*; **~no** *bras.* [pra'jɐnu] *m* Strandbewohner *f*, Badegast *m*.
prancha ['prɐ̃ʃɐ] *f* Planke *f*, Bohle *f*; ⚓ Laufplanke *f*; *bras.* Prahm *m*; *dar de* ~ *com a espada* mit der flachen Klinge schlagen (*ac.*).
pranch|ada [prɐ̃'ʃaðɐ] *f* Schlag *m* mit der flachen Klinge; **~ão** [~ɐ̃u] *m* Bohle *f*; Laufplanke *f*; **~ear** [~'ʃjar] (1l) (der Länge nach) hinfallen; stürzen (*Pferd*); **~eta** [~etɐ] *f* Brettchen *n*, Latte *f*; Meßtisch *m*.
prant|ear [prɐ̃n'tjar] (1l) beweinen, beklagen; *v/i.* weinen; (weh)klagen; **~o** ['prɐ̃ntu] *m* Wehklage *f*; Weinen *n*; *~s* Tränen *f/pl.*
prata ['pratɐ] *f* Silber(-münze *f*, -geld, -geschirr) *n*; *de* ~ silbern.
prat|aria [prɐtɐ'riɐ] *f* Silber-gerät *n*, -geschirr *n*; **~eado** [~'tjaðu] versilbert; silberplattiert; silbern; **~ear** [~'tjar] (1l) versilbern; **~eira** [~'teirɐ] *f* Silber-schrank *m*, -bord *n*; **~eleira** [~ə'leirɐ] *f* Bord *n*, Brett *n*; = **~eleiro** [~ə'leiru] *m* Tellerbord *n*.
prática ['pratikɐ] *f* Übung *f*; Erfahrung *f*; Anwendung *f*; Ausübung *f*; Durchführung *f*; Praxis *f*; Brauch *m*; Kniff *m*; praktische Tätigkeit *f*; Predigt *f*; *andar à* ~ als Praktikant tätig sn; *pôr em* ~ aus-, durch-führen, in die Tat umsetzen; *ter muita* ~ gut eingearbeitet sn.
pratic|ante [prɐti'kɐ̃ntə] **1.** *m* Praktikant *m*; ~ *desportivo* Sporttreibende(r) *m*, Sportler *m*; **2.** *adj.* ausübend; praktisch tätig; *católico m* ~ gute(r) Katholik *m*; **~ar** [~ar] (1n) *Beruf* ausüben, betreiben; *Sport* treiben; *Sprache, Tugend usw.* üben, praktisch anwenden; *Verbrechen* verüben, begehen; *gute Werke* tun; *Operation* vornehmen; *Worte* (aus-) sprechen; *Beleidigung* ausstoßen; *v/i.* sprechen; als Praktikant tätig sn; **~ável** [~avɛł] aus-, durchführbar; gang-, befahr-, benutz-bar.
prático ['pratiku] **1.** *adj.* praktisch; **2.** *m* Praktiker *m*; ⚓ *Küsten*-Lotse *m*.
prati|lheiro ♪ [prɐti'ʎeiru] *m* Beckenschläger *m*; **~nho** [~'tiɲu] *m fig. servir de* ~ die Zielscheibe des Spottes sn, zum Gespött w.; *ser um* ~ ein Gaudium sn.
prato ['pratu] *m* Teller *m*; *Fleisch-, Fisch- usw.* Platte *f*; *cul.* Gericht *n*; Gang *m*; ~ *da balança* Waagschale *f*; ~ *do meio cul.* Zwischengericht *n*; *pôr em ~s limpos* klarstellen; *~s pl.* ♪ Becken *n*.
prax|e ['praʃə] *f* Brauch *m*; Vorschrift *f*; Etikette *f*; Praxis *f*; *da* ~ vorschriftsmäßig; üblich; *respeitar a* ~ die vorgeschriebenen Formen beachten; **~ista** [prɐ'ʃiʃtɐ] *m* Kenner *m* der Vorschriften; Formenmensch *m*.
praz|enteiro [prɐzẽn'teiru] vergnüglich, heiter; nett, gefällig; **~er** [~'zer] **1.** *v/i.* (3s) gefallen; **2.** *m* Vergnügen *n*; Freude *f*; Genuß *m*; Belieben *n*, Wille *m*; *a seu* ~ wie es Ihnen beliebt; *com* (*muito*) ~ (sehr) gern; *dar-se ao* ~ *de inf.* sich das Vergnügen m. zu *inf.*; *ter o prazer de* sich freuen zu; *ter* ~ *em fazer a/c.* et. gern tun; *muito* ~ *em conhecê-lo!*

sehr erfreut, Sie kennenzulernen!; **~eroso** *bras.* [~e'rozu] = *~enteiro.*
prazo ['prazu] *m* Frist *f*; Zeit *f* (*a* auf); *pagamento m a ~* Zahlungsaufschub *m*; *a ~s* in Raten; *a breve ~* kurzfristig; *a longo ~* langfristig; auf lange Sicht; *dar ~* Zeit l.; Zahlungsaufschub gewähren; *pôr ~ a* e-e Frist setzen (*dat.*); *et.* befristen.
pré ⚔ [prɛ] *m* tägliche Löhnung *f*, Sold *m*.
pre..., pré... [prə..., prɛ...] *in Zssgn* vor...; voraus...
preamar *bras.* [preɐ'mar] *m* Hochflut *f*.
preambular [prjẽmbu'lar] **1.** *adj.* einleitend, Vor...; **2.** *v/t.* (1a) bevorworten; einleiten.
preâmbulo ['prjẽmbulu] *m* Vorrede *f*; Einleitung *f*, Präambel *f*.
pré-aviso [prɛɐ'vizu] *m* Vorbescheid *m*; Voranzeige *f*.
prebenda [prə'βẽndɐ] *f* Pfründe *f*.
precário [prə'karju] unsicher, schwankend; bedenklich, heikel; mißlich; *a título ~* ⚖ widerruflich.
preçário [~'sarju] *m* Preisliste *f*.
precat|ado [prəkɐ'taδu] vorsichtig; **~ar** [~ar] (1b) warnen; **~ar-se** sich vorsehen; **~ório** [~ɔrju] Bitt...
precau|ção [~kau'sɐ̃u] *f* Vorsicht(smaßnahme) *f*; *a título de ~* vorsichtshalber; **~cionar, ~telar** [~sju'nar, ~tə'lar] (1f, 1c) = *precaver.*
precav|er [~kɐ'ver] (2b) *e-m Unglück* vorbeugen; verhüten; *~ de* warnen vor (*dat.*); aufmerksam m. auf (*ac.*); **~er-se** *contra* sich vorsehen (*od.* hüten) vor (*dat.*); **~ido** [~iδu] vorsichtig; auf der Hut.
prece ['prɛsə] *f* Gebet *n*; Bitte *f*.
preced|ência [prəsə'δẽsjɐ] *f* Vorrang *m*; Vortritt *m*; **~ente** [~ẽntə] **1.** *adj.* vorhergehend; vorig, früher; **2.** *m* Präzedenzfall *m*; *sem ~* beispiellos; **~er** [~er] (2c) vorher-, vorangehen (*dat.*); kommen vor (*dat.*); (her-)gehen, (-)fahren, (-)reiten vor (*dat.*); *v/i.* vorhergehen; *fig.* vorgehen; **~ido** [~iδu]: *~ de* mit vorhergehendem (-er, -en); geführt von; angekündigt (*od.* eingeleitet) durch; *sou ~ de* = *precede-me.*
preceit|o [~'seitu] *m* Vorschrift *f*; Gebot *n*; Regel *f*; *a ~* vorschriftsmäßig; regelrecht; sorgfältig; **~uar** [~sei'twar] (1g) vorschreiben; befehlen; **~uário** [~sei'twarju] *m* Vorschriften(sammlung *f*) *f/pl.*
preceptor [~sɛ'tor] *m* Lehrmeister *m*; Erzieher *m*.
precinta [~'sĩntɐ] *f* Gurt *m*; *eisernes* Band *n*.
precios|idade [~sjuzi'δaδə] *f* Kostbarkeit *f*; **~o** [~'sjozu] kostbar; wertvoll; *fig.* geziert; *lit.* preziös; Edel... (*Metall, Stein*).
precip|ício [~sə'pisju] *m* Abgrund *m*; Abhang *m*; **~itação** [~pitɐ'sɐ̃u] *f* Über-eilung *f*, -stürzung *f*; Hast *f*; ⚗ Ausfällung *f*; *com ~* = **~itado** [~pi'taδu] **1.** *adj.* hastig, vorschnell; **2.** *m* ⚗ Niederschlag *m*; **~itar** [~pi'tar] (1a) (hinab)stürzen; überstürzen, -eilen; *Entscheidung* gewaltsam herbeiführen; ⚗ ausfällen; *v/i.* ⚗ e-n Niederschlag bilden, ausfallen; **~itar-se**: *~ após* nachstürzen (*dat.*); *~ no solo* ✈ abstürzen.
precípuo [~'sipwu] hauptsächlich, Haupt...; zuständig (*Kommission*).
precis|ado [~si'zaδu]: *andar* (*od. estar*) *~ de* = *~ar v/i.*; **~amente** [~ˌsizɐ'mẽntə] gerade, eben; *~!* richtig!; eben das meine ich!; **~ão** [~ɐ̃u] *f* Bedürfnis *n*; Mangel *m*; Genauigkeit *f*; Deutlichkeit *f*; Bündigkeit *f*; ⊕ Präzision *f*; *com ~* genau; präzis; *ter ~ de* = **~ar** [~ar] (1a) genau (*od.* im einzelnen) angeben, präzisieren; = *v/i.* *~ de* brauchen (*ac.*); müssen *inf.*; *não ~* (de) *inf.* nicht brauchen zu *inf.*; *preciso que V. me diga* Sie müssen mir sagen; „*precisa-se*" *Zeitung*: „gesucht"; **~o** [~'sizu] nötig, notwendig; genau; deutlich, bestimmt; bündig; é *~ inf.* man muß; *mit folgender Verneinung* man darf (nicht).
preclaro [~'klaru] berühmt; herrlich.
preço ['presu] *m* Preis *m*; Wert *m*; *~ corrente*, *~ do mercado* Markt- (*od.* Tages-), *~ de compra* (*venda*) Ein- (Ver-)kaufs-, *~ de custo* Selbstkosten-, *~ único* Einheits-preis *m*; *de ~* wertvoll; *descer* (*subir*) *de ~* im Preise fallen (steigen); *pôr ~ a* (ab-, ein-)schätzen (*ac.*); den Preis festsetzen für; *pôr a ~* e-n Preis (aus)setzen auf (*ac.*); *sein Leben* in die Schanze schlagen; *ter em* (*muito*) *~* hochschätzen; *não ter ~* a) wertlos sn; b) unbezahlbar sn.

precoc|e [prə'kɔsə] frühreif; vorzeitig; verfrüht; **~idade** [~kusi'ðaðə] *f* Frühreife *f*; Vorzeitigkeit *f*.
preconc|eber [~kõsə'βer] (2c) voraus-, vorher-bedenken; **~ebido** [~ə'βiðu] vorgefaßt (*Meinung*); **~eito** [~'seitu] *m* Vorurteil *n*.
preconizar [~kuni'zar] (1a) anpreisen, rühmen; verkünden; eintreten für; hinweisen auf (*ac.*); raten zu; *rel.* präkonisieren.
precursor [~kur'sor] *m* Vorläufer *m*; Vorbote *m*.
predecessor [~ðəsə'sor] *m* Vorgänger *m*.
predestin|ação [~ðɨʃtinɐ'sɐ̃u] *f* Vorherbestimmung *f*; *rel.* Gnadenwahl *f*; **~ado** [~'naðu] geschaffen (für *para*); **~ar** [~'nar] (1a) vorherbestimmen, prädestinieren; auserwählen.
predial [~'ðjał] Grund- und Gebäude...; *registo m ~* Grundbuchamt *n*.
prédica ['prɛðikɐ] *f* Predigt *f*.
predic|ado [prəði'kaðu] *m* Eigenschaft *f*; *fig. u. gram.* Prädikat *n*; **~ador** [~kɐ'ðor] *m* Prediger *m*.
predição [~ði'sɐ̃u] *f* Vorhersage *f*.
predicativo *gram.* [~ðikɐ'tivu] prädikativ; *nome m ~ do sujeito* Prädikatsnomen *n*.
predilec|ção [~ðilɛ'sɐ̃u] *f* Vorliebe *f*; *da ~ de alg.* von j-m bevorzugt; **~to** [~'lɛtu] Lieblings...; bevorzugt.
prédio ['prɛðju] *m* Grundstück *n*; Gebäude *n*.
predisp|or [~ðiʃ'por] (2zd) vorbereiten; empfänglich m.; **~osição** [~puzi'sɐ̃u] *f* Anlage *f*; Empfänglichkeit *f*; Anfälligkeit *f*; **~osto** [~oʃtu] veranlagt; empfänglich; anfällig.
predizer [~ði'zer] (2x) voraussagen.
predom|inar [~ðumi'nar] (1a) vorherrschen, überwiegen; **~ínio** [~'minju] *m* Vorherrschaft *f*; Übergewicht *n*.
preemin|ência [prəimi'nẽsjɐ] *f* Vorzug *m*; Rang *m*; Überlegenheit *f*; **~ente** [~ẽntə] vorzüglich; hervorragend.
preempção [prjẽ(mp)'sɐ̃u] *f* Vorkauf(srecht *n*) *m*.
preench|er [prjẽ'ʃer] (2a) ausfüllen; *Pflicht* erfüllen; *Befehl* ausführen; **~imento** [~ʃi'mẽntu] *m* Ausfüllen *n*; Erfüllung *f*.
preestabelecer [prɐiʃtɐβələ'ser] (2g) im voraus bestimmen; *fig.* prästabilieren.
pré-fabricado [~fɐβri'kaðu]: *casa f -a* Fertighaus *n*.
pref|acial [prəfɐ'sjał] vorbereitend, einleitend; **~aciar** [~fɐ'sjar] (1g) mit Vorwort versehen; einleiten; **~ácio** [~'fasju] *m* Vorwort *n*.
prefeit|o [~'feitu] *m* Präfekt *m*; **~ura** [~fei'turɐ] *f* Präfektur *f*.
prefer|ência [~fə'rẽsjɐ] *f* Vorzug *m*; Vorliebe *f*; Vorrang *m*, Vorrecht *n*; Vorhand *f*; Vorkaufsrecht *n*; *auto.* Vorfahrt *f*; *com ~* vorzugsweise; *de ~* mit Vorliebe; in erster Linie; am liebsten; *dar a ~ a* = *~ir*; **~encial** *bras.* [~rẽ'sjał] *f* Vorfahrtsstraße *f*; **~ido** [~iðu] Lieblings...; **~ir** [~ir] (3c) vorziehen; *prefiro* ich habe (*od.* esse, trinke) lieber; es ist mir lieber, *daß*; *v/i.* vorgehen; **~ível** [~ivɛł] vorzuziehen(d).
prefix|ar [~fik'sar] (1a) (vorher) festsetzen; vorschreiben; **~o** [~'fiksu] **1.** *adj.* festgesetzt; vorgeschrieben; *às 10 horas -as* um punkt 10 Uhr; **2.** *m gram.* Präfix *n*.
prega ['prɛɣɐ] *f* Falte *f*.
pregação [prɛɣɐ'sɐ̃u] *f* Predigt *f*; *fig. a.* schöne Worte *n/pl.*; F Gardinenpredigt *f*.
pregad|eira [prəɣɐ'ðeirɐ] *f* Nadelkissen *n*; **~or**[1] [~or] *m* Hefter *m*; Knöpfer *m*; Brosche *f*.
pregador[2] [prɛɣɐ'ðor] *m* Prediger *m*.
preg|ão [prə'ɣɐ̃u] *m* öffentliche Ausrufung *f*; Straßenruf *m*; Ruf *m*; *pregões pl.* Aufgebot *n*; **~ar**[1] [prɛ'ɣar] (1o) predigen; verkünden; (öffentlich) ausrufen; F ausposaunen.
preg|ar[2] [prə'ɣar] (1o; *Stv.* 1c) (an-) nageln; (ein)schlagen; an-, fest-, zs.-stecken, -heften, -kleben; *Knopf* annähen; *Auge* heften (auf [*ac.*] *em*); *j-m et.* versetzen, zufügen; *Streich* spielen; *Lüge* aufbinden; *não ~ olho* kein Auge zutun; *v/i. ~ com* werfen (*ac.*); *~ consigo* fallen; *fig.* sich begeben (nach *em*); **~o** ['prɛɣu] *m* Nagel *m*; Hutnadel *f*; *fig.* F Pfandhaus *n*; *carta f de ~* versiegelte Order *f*; *como um ~* wie e-e bleierne Ente; *pôr no ~* versetzen.
prego|ar [prə'ɣwar] (1f) = *apregoar*; **~eiro** [~eiru] *m* öffentliche(r) Ausrufer *m*; Verkünder *m*; Auktionator *m*.

preguear [preˈɣjar] (1l) fälteln; *bras.* schlappmachen.
pregu|iça [prəˈɣisɐ] *f* Faulheit *f*; Trägheit *f*; *zo.* Faultier *n*; **~içar** [~ɣiˈsar] (1p) faulenzen; **~iceira** [~ɣiˈseirɐ] *f* Faulenzerdasein *n*; Lehnstuhl *m*; = **~iceiro** [~ɣiˈseiru] **1.** *m* Faul-, Ruhe-bett *n*; Ofenbank *f*; **2.** *adj.* bequem; = **~içoso** [~ɣiˈsozu] **1.** *adj.* faul; träge (*a. fig.*); **2.** *m* Faulpelz *m*; *zo.* = *~iça.*
pregunta *usw.* [~ˈɣũntɐ] *s. pergunta.*
pré-histór|ia [prɛiʃˈtɔrjɐ] *f* Vorgeschichte *f*; **~ico** [~iku] vorgeschichtlich.
preia-mar [prejɐˈmar] *f* Hochflut *f*.
preito [ˈpreitu] *m* Pakt *m*; Lehnseid *m*; Gefolgschaft *f*; Hochachtung *f*.
prejudi|car [prəʒuδiˈkar] (1n) schaden (*dat.*); schädigen, benachteiligen; beeinträchtigen; **~cial** [~ˈsjał] schädlich; nachteilig.
prejuízo [~ˈʒwizu] *m* Schaden *m* (*em* zu); Verlust *m*; Nachteil *m* (*em* zu); Vorurteil *n*; *causar ~ a* = *prejudicar*; *sem ~ de* unbeschadet (*gen.*).
prelado [~ˈlaδu] *m* Prälat *m*.
prelec|ção [~lɛˈsɐ̃u] *f* (belehrender) Vortrag *m*; **~cionar** [~sjuˈnar] (1f) sprechen über (*ac.*).
preliminar [~ləmiˈnar] **1.** *adj.* vorläufig; Vor...; einleitend; präliminar; **2.** *m* Einleitung *f*; Vorbedingung *f*; *~es pl.* Vorverhandlungen *f/pl.*, Präliminarien *pl.*
prélio [ˈprɛlju] *m* Kampf *m*.
prelo [ˈprɛlu] *m* Druckstock *m*; Druckerpresse *f*; *estar no ~* im Druck sn.
prel|udiar [prəluˈδjar] (1g) einleiten; vorbereiten; ankündigen; beginnen; ♪ präludieren; **~údio** [~ˈluδju] *m* Vorspiel *n*, Präludium *n*; Einleitung *f*; Vorzeichen *n*.
prematuro [~mɐˈturu] frühreif, Früh...; verfrüht, vorzeitig.
premedit|ação [~məδitɐˈsɐ̃u] *f* Vorbedacht *m*; Vorsätzlichkeit *f*; *com ~* = **~ado** [~ˈtaδu] vorsätzlich; **~ar** [~ˈtar] (1a) vorher überlegen; sinnen auf (*ac.*), planen.
prem|ente [~ˈmẽntə] drückend; dringend; **~er** [~er] (2c) (aus-, zs.-)drücken; *fig.* be-, unter-drükken; *j-m* zusetzen.
premi|ado [~ˈmjaδu] **1.** *adj.* preisgekrönt; **2.** *m* Preisträger *m*; **~ar** [~ar] (1g *u.* 1h) mit e-m Preis auszeichnen; belohnen.
prémio [ˈprɛmju] *m* Preis *m* (*levar* davontragen); Belohnung *f*; ⚕ Prämie *f*; Aufgeld *n*; (Lotterie-) Gewinn *m*.
premir [prəˈmir] (3d) = *premer.*
premissa [~ˈmisɐ] *f* Prämisse *f*, Voraussetzung *f*.
premun|ição [~muniˈsɐ̃u] *f* Vorgeschmack *m*; **~ir** [~ˈnir] (3a) *et.* verhüten; *j-n* bewahren; **~ir-se** *contra* sich vorsehen vor (*dat.*).
prend|a [ˈprẽndɐ] *f* Gabe *f*; Geschenk *n*; Talent *n*; *boa ~ iron.* nette(s) Pflänzchen *n*; *jogo m de ~s* Pfänderspiel *n*; **~ado** [prẽnˈdaδu] begabt; **~ar** [prẽnˈdar] (1a) beschenken.
prender [prẽnˈder] (2a; *p.p. preso*) befestigen; festhalten (*por* an [*dat.*]); an-, fest-binden; *Dieb usw.* festnehmen, ergreifen; *Feind* gefangennehmen; *in die Arme* nehmen; *ans Kleid, ins Haar* stecken; *fig.* fesseln; zurück-, auf-halten; *v/i.* haften; Wurzel fassen; klemmen; Feuer fangen; **~-se** hängenbleiben; sich klammern; sich aufhalten (*od.* aufregen) (über [*ac.*] *com, por*); sich binden.
prenh|e [ˈprɛɲə] trächtig; schwanger (*a. fig.*); voll; *~ de consequências* folgen-reich, -schwer; **~ez** [prɛˈɲeʃ] *f* Trächtigkeit *f*; Schwangerschaft *f*.
prenome [prəˈnomə] *m* Vorname(n) *m*.
prens|a [ˈprẽsɐ] *f* Presse *f*; *fot.* Kopierrahmen *m*; *tip.* Druckerpresse *f*; *vin.* Kelter(presse) *f*; *Schreiner*-Zwinge *f*; **~ar** [prẽˈsar] pressen.
pren|unciar [prənũˈsjar] (1g) ankündigen; **~úncio** [~ˈnũsju] *m* Ankündigung *f*; Anzeichen *n*.
preocup|ação [prjukupɐˈsɐ̃u] *f* Besorgnis *f*; einzige(r) Gedanke *m*; Sorge *f*; *-ões pl.* Sorgen *f/pl.*; **~ado** [~ˈpaδu] besorgt, sorgenvoll; *estar ~* Sorgen h.; sich sorgen; *estar ~ com* (*od. de*) an nichts anderes denken als an (*ac.*); **~ar** [~ˈpar] (1a) (ausschließlich) beschäftigen; beunruhigen; **~ar-se** *com* sich Sorgen m. über (*od.* um); = *estar ~ado.*
preopinante [~piˈnẽntə] *m parl.* Vorredner *m*.

prepar|ação [prəpɐrɐ'sɐ̃u] *f* Vorbereitung *f*; *cul.* Zubereitung *f*; ⊕ Behandlung *f*; ⚗ Darstellung *f*; 🕮 Präparat *n*; (*não*) *ter ~ para* (keine) Vorbildung h. *od.* (nicht) geschult sn für; **~ado** [~'raðu] *m* Präparat *n*; **~ador** [~ɐ'ðor] *m* Präparant *m*, Präparator *m*; **~ar** [~'rar] (1b) vorbereiten (auf [*ac.*] *para*); (zu)richten, (-)rüsten; *Speise* zubereiten; *j-m e-e Überraschung usw., den Weg* bereiten; *j-n* ausbilden, schulen (für *para*); ⊕ *Leder, Stoffe usw.* behandeln; ⚗ darstellen; *farm.* bereiten, anfertigen; *anat.* präparieren; ⚘ *Land* bestellen; **~ar-se** sich anschicken (zu *para*); im Anzug sn, bevorstehen; **~ativo** [~ɐ'tivu] *m* Vorbereitung *f*; *~s pl.* Anstalten *f/pl.*; **~atório** [~ɐ'tɔrju] **1.** *adj.* vorbereitend; Vor...; **2.** *m*: *~s pl.* Vorstudium *n*; vorbereitende Fächer *n/pl.*; **~o** [~'paru] *m* Vorbereitung *f*, Zurüstung *f*; (Prozeßkosten-)Vorschuß *m*; *bras.* Ausbildung *f*; *~s pl.* Zutaten *f/pl.*

preponder|ância [~põndə'rɐ̃sjɐ] *f* Übergewicht *n*; **~ante** [~ɐ̃ntə] vorwiegend; entscheidend; *papel m ~* führende Rolle *f*; **~ar** [~ar] (1c) überwiegen, vorwalten.

prep|or [~'por] (2zd) voranstellen; *fig.* vorziehen; an die Spitze (*gen.*) stellen; **~osição** [~puzi'sɐ̃u] *f gram.* Vorwort *n*, Präposition *f*.

prepot|ência [~pu'tẽsjɐ] *f* Übermacht *f*; Gewalt *f*; Übergriff *m*; **~ente** [~ẽntə] über-, groß-mächtig.

prepúcio *anat.* [~'pusju] *m* Vorhaut *f*.

prerrogativa [~ʀuɣɐ'tivɐ] *f* Vorrecht *n*.

presa ['prezɐ] *f* Wegnahme *f*; Gefangennahme *f*; *bsd.* Beute *f*, Fang *m*; ⚓ Prise *f*; *zo.* Fang(zahn) *m*; Kralle *f*; ⊕ Stauwehr *n*; *fazer ~ de* (*od.* em) erbeuten; ergreifen.

presbita ⚕ [priʒ'βitɐ] weitsichtig.

presb|itério [~βi'tɛrju] *m* Pfarrhaus *n*; **~ítero** [~'βitəru] *m* Priester *m*.

presbi|tia *f*, **~tismo** *m* [~βi'tiɐ, ~'tiʒmu] Weitsichtigkeit *f*.

prescind|ir [priʃsĩn'dir] (3a): *~ de* absehen von; verzichten auf (*ac.*); entbehren (*ac.*); brauchen (*ac.*); **~ível** [~'divɛl] entbehrlich.

prescr|ever [~krə'ver] (2c; *p.p. prescrito*) vorschreiben; *v/i.* ⚖ verjähren; **~ição** [~i'sɐ̃u] *f* Vorschrift *f*; ⚖ Verjährung *f*.

prescrutar [~kru'tar] (1a) untersuchen, durchforschen.

presença [prə'zẽsɐ] *f* Gegenwart *f*; Anwesenheit *f*; Aussehen *n*; Gestalt *f*; *~ de espírito* (*od. ânimo*) Geistesgegenwart *f*; *à ~ de* vor; = *na ~ de* in Gegenwart (*gen.*); *em ~ de* angesichts (*gen.*).

presenci|al [~zẽ'sjał] persönlich; **~ar** [~ar] (1g *u.* 1h) zugegen sn bei; beiwohnen (*dat.*); sehen (*ac.*); erleben (*ac.*).

present|âneo [~zẽn'tɐnju] rasch (wirkend); wirksam; **~e** [~'zẽntə] **1.** *adj.* gegenwärtig; anwesend (*Person*); jetzig; vorhanden (*Sache*); vorliegend (*Fall usw.*); *in Urkunden*: vor- (*od.* nach-)stehend, diese(r, s); *tempo m ~* Gegenwart *f*; *ofício m de corpo ~* Totenmesse *f*; *estar ~* anwesend (*od.* da, zugegen) sn; *fazer ~* mitteilen; *ser ~* beistehen; *ter ~* gegenwärtig h., sich erinnern an (*ac.*); **2.** *m* Gegenwart *f*; Anwesende(r) *m* (*Person*); Geschenk *n* (*dar* m.); *gram.* Präsens *n*; **3.** *f pela ~*, *serve a ~ para* hierdurch; **~ear** [~'tjar] (1l) beschenken; *~ com j-m et.* schenken.

presépio [~'zɛpju] *m* Stall *m*; *bsd.* (Weihnachts-)Krippe *f*.

preserv|ação [~zərvɐ'sɐ̃u] *f* Bewahrung *f*; Schutz *m*; **~ar** [~'var] (1c) bewahren, (be)schützen (vor [*dat.*] de); **~ativo** [~ɐ'tivu] **1.** *adj.* schützend, Schutz...; **2.** *m* Schutzmittel *n*.

presid|ência [~zi'ðẽsjɐ] *f* Präsidentenschaft *f*; Präsidium *n*; Vorsitz *m*; **~encial** [~ðẽ'sjał] Präsidenten...; *regime m ~* = **~encialismo** [~ðẽsjɐ'liʒmu] *m* Präsidialsystem *n*; **~ente** [~ẽntə] **1.** *adj.* präsidierend; **2.** *m*, **-a** *f* Präsident(in *f*) *m*; Vorsitzende(r) *m*, Vorsitzer *m*.

presidiário [~zi'ðjarju] **1.** *adj.* Straf...; Sträflings...; **2.** *m* Sträfling *m*.

presídio [~'ziðju] *m* Zuchthaus *n*; ⚔ Festung *f*; Besatzung *f*.

presidir [~zi'ðir] (3a): *~ a* den Vorsitz führen bei (*od.* in [*dat.*], *a.* em); leiten (*ac.*); vorstehen (*dat.*), an der Spitze (*gen.*) stehen; *fig.* den Ausschlag geben bei.

presilha [~'ziʎɐ] *f* Strippe *f*, Schlinge *f*; Halter *m*.
preso ['prezu] **1.** *p.p. v. prender*; *ficar ~* hängenbleiben; **2.** *m* Gefangene(r) *m*; Häftling *m*.
pressa ['prɛsɐ] *f* Eile *f*; Geschwindigkeit *f*; Hast *f*; dringender (*od.* Not-)Fall *m*; Bedrängnis *f*, Not *f*; *de ~* eilig; *à ~* eilig; schnell; hastig; *a toda a ~* in aller Eile; mit Höchstgeschwindigkeit; *andar* (*od. ir*) *com ~* schnell gehen (*od.* fahren *usw.*); sich eilen; *dar-se ~* sich beeilen; *estar com* (*muita*) *~* in (höchster) Eile sn.
press|agiar [prəsɐ'ʒjar] (1g) vorhersagen; (hin)deuten auf (*ac.*), ankündigen; **~ágio** [~'saʒju] *m* Vorhersage *f*; An-, Vor-zeichen *n*; Vorgefühl *n*.
pressão [~'sɐ̃u] *f* Druck *m* (*fazer* ausüben); Druckknopf *m*; *alta* (*baixa*) *~* Hoch- (⊕ Nieder-, *met.* Tief-)druck *m*; *~ arterial* (*atmosférica*) Blut- (Luft-)druck *m*.
pressent|ido [~sẽn'tiðu] hellhörig; ahnungsvoll; mißtrauisch; **~imento** [~ti'mẽntu] *m* Vorgefühl *n*; Ahnung *f*; Verdacht *m*; **~ir** [~ir] (3e) ahnen; (voraus)fühlen; merken.
pressionar [~sju'nar] (1f) e-n Druck ausüben auf (*ac.*), bedrängen.
pressup|or [~su'por] (2zd) voraussetzen; annehmen; vermuten; schließen l. auf (*ac.*); **~osto** [~oʃtu] *m* Voraussetzung *f*; Annahme *f*; Absicht *f*; Vorwand *m*.
pressuroso [~su'rozu] eilig; eifrig; unruhig.
prest|ação [prɨʃtɐ'sɐ̃u] *f* Leistung *f*; Teilzahlung *f*; *pagamento m em -ões* Abschlagszahlung *f*; *a -ões* auf Abzahlung (*od.* Abschlag); *pagar em -ões* abbezahlen; **~adio, ~ador** [~ɐ'ðiu, ~ɐ'ðor] brauchbar; nützlich; gefällig; **~amista** [~ɐ'miʃtɐ] *su.* Geldverleiher(in *f*) *m*; **~ância** [~'tɐ̃sjɐ] *f* Tauglichkeit *f*; Vortrefflichkeit *f*; **~ante** [~'tɐ̃ntə] tauglich, hilfsbereit; vortrefflich; **~ar** [~'tar] (1c) angedeihen l.; (ver)leihen; *Hilfe, Dienst, Eid usw.* leisten; *Auskunft* erteilen; *Ehre, Wohltat* erweisen; *Erklärung usw.* abgeben; *Gehör* schenken; *Rechenschaft* ablegen; *v/i.* taugen; brauchbar sn; *não ~ para nada* nichts taugen; *que lhe preste! iron.* wohl bekomm's!; **~ar-se** *a* sich eignen für (*od.* zu); sich hergeben *od.* erbieten zu; **~ativo** [~ɐ'tivu] hilfsbereit, gefällig; **~ável** [~'tavɛɫ] brauchbar; dienstfertig; **~es** ['prɛʃtɨʃ] fertig; schnell; unverzüglich; *~ a* bereit zu; stehend vor (*dat.*); im Begriff zu; **~eza** [~'tezɐ] *f* Schnelligkeit *f*; Fertigkeit *f*; Dienstbeflissenheit *f*; Gefälligkeit *f*; *com ~* rasch; unverzüglich.
prestidigita|ção [~tiðəʒitɐ'sɐ̃u] *f* Taschenspielerkunst *f*; Fingerfertigkeit *f*; *artifício m de ~* Zauberkunststück *n*; **~dor** [~'ðor] *m* Zauberkünstler *m*, Taschenspieler *m*.
prest|igiar [~ti'ʒjar] (1g) berühmt m.; Achtung verschaffen; **~ígio** [~'tiʒju] *m* Zauber *m*; *fig.* Ansehen *n*, Ruf *m*; Einfluß *m*; *ter ~* angesehen sn; **~igioso** [~i'ʒjozu] zauberhaft; angesehen; einflußreich.
préstimo ['prɛʃtimu] *m* Brauchbarkeit *f*; Gefälligkeit *f*; Dienst *m*; *sem ~* unbrauchbar; wertlos.
prestimoso [prɨʃti'mozu] brauchbar; dienstbeflissen; gefällig.
préstito ['prɛʃtitu] *m* Zug *m*; Gefolge *n*; *~ fúnebre* Leichenzug *m*.
presum|ido [prəzu'miðu] eingebildet; *estar ~ de* sich etwas einbilden auf (*ac.*); **~ir** [~ir] (3a) annehmen, vermuten; *v/i.* = *estar ~ido*; **~ível** [~ivɛɫ] vermutlich.
presun|ção [~zũ'sɐ̃u] *f* Vermutung *f*; Dünkel *m*, Eingebildetheit *f*; **~çoso** [~'sozu] dünkelhaft, eingebildet; **~tivo** [~ũn'tivu] mutmaßlich, vermutlich; vermeintlich.
presunto [~'zũntu] *m* Schinken *m*.
prete|ndente [prətẽn'dẽntə] *m* Bewerber *m*; Anwärter *m*; Freier *m*; Prätendent *m*; **~nder** [~n'der] (2a) beanspruchen; fordern, verlangen; streben nach; beabsichtigen, vorhaben; sich um *ein Amt* bewerben; werben um *e-e Frau*; behaupten; = *v/i. ~ de* suchen *od.* sich bemühen zu *inf.*; *pretende-se in Zeitungsanzeigen* gesucht; **~ndida** [~n'diðɐ] *f* Verlobte *f*; **~ndido** [~n'diðu] umworben; **~nsão** [~'sɐ̃u] *f* Anspruch *m*; Forderung *f*; Bewerbung *f*; Bestrebung *f*; Wunsch *m*; Bitte *f*; Geltungsbedürfnis *n*; Überheblichkeit *f*; (*pessoa*) *com -ões a a/c.*

(Mensch), der et. h. (sn, w. *od.* für et. gelten) möchte; *com -ões* anspruchsvoll; ehrgeizig; überheblich; *sem -ões* anspruchslos; *ter -ões a* beanspruchen (*ac.*); et. h. (sn, w. *od.* für *et.* gelten) wollen; **~nsioso** [~'sjozu] anmaßend, überheblich; eingebildet; geschraubt, geziert; **~nso** [~'tẽsu] vermeintlich; angeblich.

preterir [~tə'rir] (3c) über-gehen, -springen; vernachlässigen.

pretérito [~'tɛritu] **1.** *adj.* vergangen; **2.** *m gram.* Vergangenheit *f*; ~ *(im)perfeito* (Im-)Perfekt *n.*

pretext|ar [~teiʃ'tar] (1a) vor-geben, -schützen; **~o** [~'teiʃtu] *m* Vorwand *m* (*a* unter [*dat.*]).

pret|idão [~ti'ðɐ̃u] *f* Schwärze *f*; **~o** ['pretu] schwarz; *o ~ no branco* schwarz auf weiß; *pôr o ~ no branco* es schriftlich m.

preval|ecer [~vɐlə'ser] (2g) überwiegen; den Ausschlag geben; ~ *sobre* sich durchsetzen gegen; siegen über (*ac.*); **~ecer-se** *de* sich zunutze m. (*ac.*); sich etwas zugute tun auf (*ac.*); **~ência** [~'lẽsjɐ] *f* Übergewicht *n*, Überlegenheit *f.*

prevaric|ação[~vɐrikɐ'sɐ̃u]*f*Pflichtverletzung *f*; **~ador** [~ɐ'ðor] pflichtvergessen; **~ar** [~'kar] (1n) s-e Pflicht verletzen, pflichtwidrig handeln, *v/t.* verderben.

prev|enção [~vẽ'sɐ̃u] *f* Vorkehrung *f*, Vorsorge *f*; Vorbeugung *f*; Verhütung *f*; Warnung *f*; ⚔ Bereitschaft(sdienst *m*) *f*; *de ~* vorsichtshalber; auf Vorrat; *estar de ~* ⚔ in Alarmbereitschaft sn; *fig.* auf der Hut sn (vor [*dat.*] *com*); **~enido** [~ə'niðu] vorsichtig; mißtrauisch; **~enir** [~ə'nir] (3d) vorbereiten; Vorkehrungen treffen (*od.* vorsorgen) für; vorbeugen (*dat.*); zuvorkommen (*dat.*); verhüten; *j-n* warnen (vor [*dat.*] *de*); benachrichtigen; ~ *em favor de (contra)* für (gegen) *j-n* einnehmen; **~enir-se** sich vorsehen; sich anschicken; **~entivo** [~ẽn'tivu] **1.** *adj.* vorbeugend; Abwehr...; Schutz...; *prisão f -a* Untersuchungs-, Schutz-haft *f*; **2.** *m* vorbeugende(s) Mittel *n.*

prever [~'ver] (2m) voraussehen; vorsehen, vorsorgen für.

prèviamente [ˌprɛvjɐ'mẽntə] *adv.* zuvor; im voraus.

previd|ência [prəvi'ðẽsjɐ] *f* Voraussicht *f*; Weitblick *m*; Vorsorge *f*; **~ente** [~'ðẽntə] vorausschauend; weitblickend; vorsichtig.

prévio ['prɛvju] vorherig; Vor...

previs|ão [prəvi'zɐ̃u] *f* Voraussicht *f*; Erwartung *f*; *Wetter*-Vorhersage *f*; *-ões pl. desportivas* Sportvorschau *f*; **~ível** [~ivɛɫ] voraussichtlich; **~or** *bras.* [~or] = *previdente*; **~to** [~'viʃtu] *p.p. v. prever.*

prez|ado [prə'zaðu] wert(voll); **~ar** [~ar] (1c) wert-halten, -schätzen; achten; lieben; **~ar-se** auf sich halten; ~ *de* sich rühmen zu *inf.*; sn wollen *adj. od. su.*

prima ['primɐ] *f* **a)** Kusine *f*, Base *f*; **b)** ♪ Prime *f*; E-Saite *f der Geige.*

prim|acial [primɐ'sjaɫ] überlegen; Haupt...; **~ado** [~'maðu] *m* Primat *n*; **~ar** [~'mar] (1a) den Vorrang h.; sich hervortun; sich auszeichnen; ~ *por* s-n Stolz setzen in (*ac.*) (*od.* darein setzen zu *inf.*); **~ário** [~'marju] ursprünglich, anfänglich; Ur...; primär (*a. geol.*); Haupt...; Elementar...; *ensino m ~, instrução f -a* Volksschul-wesen *n*, -bildung *f*; *escola f -a* Grund-, Volks-schule *f*; *professor m ~* Oberlehrer *m*; **~avera** [~ɐ'vɛrɐ] *f* Frühling *m*, ⚘ Primel *f*, Schlüsselblume *f*; **~averil** [~ɐvə'riɫ] Frühlings...; **~az** [~'maʃ] **1.** *adj. cardeal m ~* = **2.** *m* Primas *m*; **~azia** [~ɐ'ziɐ] *f* Vorrang *m*; Primat *m*; *apostar (od. pleitear) ~s com* den Rang streitig m. (*dat.*).

primeir|a [~'meirɐ]: *à ~* auf den ersten Blick; auf Anhieb; anfangs, zunächst; *da (od. de) ~* erstklassig, prima; **~amente** [~ˌmeirɐ'mẽntə] erstens; zu-erst, -nächst; **~anista** [~meirɐ'niʃtɐ] *su.* Student(in *f*) *m od.* Schüler(in *f*) *m* des ersten Jahres; **~o** [~u] **1.** *adj.* erst; *em ~ lugar* vor allem; = **2.** *adv.* = *~amente*; ~ *do que* früher als; ~ *que* eher als, bevor; **~o-...** [~u...] *in Zssgn*: Ober-...; ~ *ministro* Premier(minister) *m*, Ministerpräsident *m.*

primevo [~'mɛvu] frühest; Ur...

primícias [~'misjɐʃ] *f/pl.* Erstlinge *m/pl.*; Anfänge *m/pl.*

primitiv|ismo [~məti'viʒmu] *m* Urzustand *m*; Primitivität *f*; **~o** [~'tivu] ursprünglich; Ur...; Grund-...; primitiv; einfach; *povos m/pl. ~s* Naturvölker *n/pl.*, *die* Primitiven *pl.*

primo ['primu] **1.** *m* Vetter *m*; **2.** *adj.* erst; *matéria f -a* Rohstoff *m*; *número m* ~ Primzahl *f*; *obra f -a* Meisterwerk *n*; **~génito** [primu-'ʒɛnitu] erstgeboren.

primor [pri'mor] *m* Vollkommenheit *f*; Vorzug *m*, Schönheit *f*; Meisterwerk *n*; *com (ser um)* ~ ganz vorzüglich (sn); *que é um* ~ daß es e-e wahre Freude ist; **~dial** [~mur-'djał] ursprünglich, Ur...; erst; wichtigst, Haupt...; erstrangig; **~oso** [~mu'rozu] vorzüglich; prachtvoll.

prímula ⚘ ['primulɐ] *f* Primel *f*.

princ|esa [prĩ'sezɐ] *f* Prinzessin *f*; Fürstin *f*; **~ipado** [~si'paðu] *m* Fürstentum *n*; Fürstentitel *m*; **~ipal** [~si'pał] **1.** *adj.* Haupt...; hauptsächlich(st); **2.** *m* Hauptsache *f*; *rel.* Prior *m*; *fig.* Magnat *m*.

príncipe ['prĩsipə] *m* Prinz *m*; Fürst *m (a. fig.)*; ~ *herdeiro* Erb-, Kronprinz *m*; *como* ~ fürstlich.

princip|esco [prĩsi'peʃku] fürstlich; **~iante** [~'pjɐ̃ntə] *su.* Anfänger(in *f*) *m*; **~iar** [~'pjar] (1g) anfangen.

princípio [~'sipju] *m* Anfang *m*; Grundsatz *m*, Prinzip *n*; Grundlage *f*; ⚗ Bestandteil *m*; *de* ~ grundsätzlich; *~s pl.* Anfänge *m/pl.*; Anfangsgründe *m/pl.*; *a* ~ anfangs; *ao* ~, *no* ~ im Anfang; *em* ~ grundsätzlich; *pôr* ~ *a* in Angriff nehmen; beginnen (l.); *ter por* ~ den Grundsatz h.

prior *m*, **~esa** *f* [prjor, prju'rezɐ] Prior(in *f*) *m*; **~idade** [prjuri'ðaðə] *f* Vorrang *m*; Priorität *f*.

pris|ão [pri'zɐ̃u] *f* Gefangennahme *f*; Verhaftung *f* (*fazer, proceder a* vornehmen); Haft *f*; Gefängnis *n*; Fessel *f (a. fig.)*; ~ *de ventre* ⚕ Verstopfung *f*; *ordem f de* ~ Haftbefehl *m*; **~e** ['prizə] *f* vierte(r) Gang *m*; **~ioneiro** [~zju'neiru] *m* Gefangene (-r) *m*; Häftling *m*.

prisma ['priʒmɐ] *f* Prisma *n*; *fig.* Gesichts-, Stand-punkt *m*; *por este* ~ von dieser Seite.

priv|ação [privɐ'sɐ̃u] *f* Entzug *m*; Entbehrung *f*; **~ada** [~'vaðɐ] *f* Abort *m*; ~ (*pública*) Bedürfnisanstalt *f*; *ir à* ~ austreten; **~ado** [~-'vaðu] privat; persönlich; **~ança** [~'vɐ̃sɐ] *f* vertrauliche(r) Umgang *m*; Vertraulichkeit *f*; **~ar** [~'var] (1a): ~ *alg. de* j-n berauben (*gen.*); j-m entziehen (*ac.*); *v/i.* ~ *com* in Gunst stehen bei; verkehren (*od.* befreundet sn) mit; umgehen mit; **~ar-se** *de* verzichten auf (*ac.*); **~ativo** [~ɐ'tivu] ⚖ ausschließlich; persönlich; *gram.* verneinend (*Partikel*); ~ *de* ausschließlich bestimmt für; vorbehalten (*dat.*); eigentümlich (*dat.*).

privil|egiado [prəvili'ʒjaðu] einzigartig; begnadet; **~egiar** [~i'ʒjar] (1g) bevorrechten; bevorzugen; auszeichnen; **~égio** [~'lɛʒju] *m* Vorrecht *n*; Sonderrecht *n*; *fig.* Vorzug *m*; Privileg *n*; ~ *de fabricação* alleinige(s) Herstellungs-, ~ *de invento* Erfinder-, ~ *de venda* Alleinverkaufs-recht *n*.

pró [prɔ] **1.** *adv.* dafür; **2.** *m* Vorteil *m*; *~s e contras s. contra*; **3.** *in Zssgn* ...freundlich, *z.B.* ~*-britânico* englandfreundlich.

prò(s) P [prɔ(ʃ)] *Zssg v. para u. o(s)*.

proa ['proɐ] *f* ⚓ Bug *m*; Vorschiff *n*; *allg.* Vorderteil *n*; *fig.* Anmaßung *f*; Dünkel *m*; *abaixar a* ~ klein beigeben; *pela* ~ von vorn.

probabil|idade [pruβɐβəli'ðaðə] *f* Wahrscheinlichkeit *f*; *fig.* Aussicht *f*.

prob|ante [~'βɐ̃ntə] schlagend (*Beweis*); glaubwürdig; **~atório** [~βɐ-'tɔrju] beweisend, Beweis...

probidade [~βi'ðaðə] *f* Rechtschaffenheit *f*.

probl|ema [~'βlemɐ] *m* (Rechen-) Aufgabe *f*; Frage *f*; Schwierigkeit *f*; Problem *n*; **~emático** [~βlə'matiku] fraglich; fragwürdig, zweifelhaft; problematisch.

probo ['prɔβu] rechtschaffen.

proced|ência [prusə'ðẽsjɐ] *f* Herkunft *f*; Ursprung *m*; Logik *f*; **~ente** [~ẽntə] folgerichtig, logisch; ~ *de* stammend (*od.* kommend) von, aus; **~er** [~er] (2c) **1.** *v/i.* fortschreiten; verlaufen; schlüssig sn (*Beweis usw.*); vorgehen, handeln; sich verhalten; ~ *a* schreiten zu; vornehmen (*ac.*); ~ *contra* vorgehen gegen, verklagen (*ac.*); ~ *de* (ab)stammen (*od.* kommen) aus, von; herrühren von; **2.** *m* = **~imento** [~ði'mẽntu] *m* Verhalten *n*; Handlungsweise *f*, Vorgehen *n*; Verfahren *n*.

procel|a [~'sɛlɐ] *f* Sturm *m*; **~ária** [~sə'larjɐ] *f* Sturmvogel *m*; **~oso** [~sə'lozu] stürmisch.

process|ar [~sə'sar] (1c) **a)** den Prozeß m. (*dat.*), verklagen; *fig.*

nachprüfen; **b**) vornehmen; **~ar-se** verlaufen; **~ional** [~sju'nał] Prozessions...; **~ionária** *zo.* [~sju'narjɐ] *f* Prozessionsspinner *m*; **~o** [~'sɛsu] *m* Prozeß *m*; Fortgang *m*; ⊕ *u.* ⚖ *a.* Verfahren *n*; *fís. u.* ⚗ *a.* Vorgang *m*; 📖 Methode *f*; *fazer ~ a fig.* bekämpfen (*ac.*); *meter em ~* den Prozeß m. (*dat.*); **~ual** [~'swał] Prozeß... [Umzug *m*.]

procissão [~si'sɐ̃u] *f* Prozession *f*;

proclam|a(s) [~'klɐmɐ(ʃ)] *m*(*pl.*) (Ehe-)Aufgebot *n*; **~ação** [~klɐmɐ'sɐ̃u] *f* Verkündigung *f*; Ausrufung *f*; Proklamation *f*; **~ar** [~klɐ'mar] (1a) verkündigen; ausrufen zu; erklären für; **~ar-se** sich aufwerfen zu.

procrastinar [~krɐʃti'nar] (1a) aufschieben; hinauszögern; *v/i.* zögern.

procri|ador [~krjɐ'ðor] *m* Erzeuger *m*; Schöpfer *m*; **~ar** [~'krjar] (1g) erzeugen.

procura [prɔ-, pru'kurɐ] *f* Suche *f*; ⚕ Nachfrage *f*; *à ~ de* auf der Suche nach; *andar* (*od. estar, ir*) *à* (*od. em*) *~ de* suchen nach.

procur|ação [prɔ-, prukurɐ'sɐ̃u] *f* Vollmacht *f*; ⚕ Prokura *f*; *por ~* per procura; **~ador** [~ɐ'ðor] *m* Bevollmächtigte(r) *m*; Sachwalter *m*, Prokurator *m*; ⚕ Prokurist *m*; *♀ da República* Staatsanwalt *m*; **~ador-geral** [~ɐˌðorʒə'rał] *m* Generalstaatsanwalt *m*; **~adoria** [~ɐðu'riɐ] *f* Prokuratur *f*; Staatsanwaltschaft *f*; **~ar** [~'rar] (1a) suchen; *j-n* aufsuchen.

prodig|alidade [pruðiɣɐli'ðaðə] *f* Verschwendung *f*; Überfluß *m*; **~alizar** [~ɐli'zar] (1a) = **~ar** [~'ɣar] (1o) verschwenden; *j-n mit et.* überschütten.

prod|ígio [~'ðiʒju] *m* Wunder *n*; Ausbund *m*; *menino m ~* Wunderkind *n*; **~igioso** [~ði'ʒjozu] wunderbar.

pródigo ['prɔðiɣu] **1.** *adj.* verschwenderisch; *o filho ~* der verlorene Sohn; **2.** *m* Verschwender *m*.

pródromo ['prɔðrumu] *m* Vor-rede *f*, -spiel *n*; *~s* erste(n) Anzeichen *n*/*pl*.

produ|cão [pruðu'sɐ̃u] *f* Erzeugung *f*, Herstellung *f*, Produktion *f*; *lit. usw.* Schöpfung *f*; Erzeugnis *n*; Leistung *f*; **~cente** [~'sẽntə] schlüssig (*Beweis*); schlagend (*Argument*); = *~tor*; **~tividade** [~tivi'ðaðə] *f* Leistungsfähigkeit *f*; Ergiebigkeit *f*; Schaffenskraft *f*; **~tivo** [~'tivu] leistungsfähig; ergiebig (*Boden usw.*); einträglich (*Geschäft*); schöpferisch (*Künstler, Werk*); **~to** [~'ðutu] *m* Produkt *n*; Erzeugnis *n*; Ertrag *m*; **~tor** [~'tor] **1.** *adj.* erzeugend; Hersteller...; Produktions...; **2.** *m* Produzent *m*, Hersteller *m*; Schöpfer *m*; Urheber *m*; **~zir** [~'zir] (3m) erzeugen, herstellen, produzieren; hervorbringen; *Kunstwerk* schaffen; *Wirkung* hervorrufen; *Ergebnis* zeitigen, h.; *Gewinn* abwerfen; *Zeugen* beibringen; *Gründe* vorbringen; **~zir-se** sich ereignen; eintreten.

proemin|ência [prwimi'nẽsjɐ] *f* Vorsprung *m*; Erhöhung *f*; Anhöhe *f*; ⚕ Auswuchs *m*; **~ente** [~ẽntə] vorspringend; erhöht; hervorragend.

proémio ['prwɛmju] *m* Vorrede *f*.

proeza ['prwezɐ] *f* Heldentat *f*.

profan|ação [prufɐnɐ'sɐ̃u] *f* Entweihung *f*; Profanierung *f*; **~ar** [~'nar] (1a) entweihen; herabwürdigen; **~o** [~'fɐnu] **1.** *adj.* profan; weltlich; unheilig; **2.** *m* Weltkind *n*; Laie *m*.

profecia [~fə'siɐ] *f* Prophezeiung *f*.

proferir [~fə'rir] (3c) aussprechen; äußern; *Schimpfwort* ausstoßen; *Wort, Urteil* sprechen; *Rede, Vortrag* halten; *Gesetz* verkünden.

profess|ar [~fə'sar] (1c) *Lehre* verkündigen; sich zu *e-r Lehre, e-m Glauben* bekennen; *Lehrstuhl* versehen; *Lehrfach* lehren; *Beruf* ausüben; *e-e Kunst* (be)treiben, sich *e-r Kunst* widmen; *Gefühl* bekunden; *Bewunderung* zollen; *Freundschaft* schenken; **~or** *m*, **-a** *f* [~or, -ɐ] Lehrer(in *f*) *m*; *uni.* Professor(in *f*) *m*; *Glaubens*-Bekenner (-in *f*) *m*; *~ do magistério primário* Volksschullehrer(in *f*) *m*; *~ de liceu* Studien-rat *m*, -rätin *f*; **~orado** [~su'raðu] *m* Lehramt *n*; *uni.* Professur *f*; Lehrer-, Dozenten-schaft *f*; **~oral** [~su'rał] Lehramts...; Lehrer(-innen)...; Professoren...; professoral; **~orando** *bras.* [~so'rẽndu] *m* Lehramtskandidat *m*.

profeta [~'fɛtɐ] *m* Prophet *m*.

profético [~'fɛtiku] prophetisch.

profeti|sa [~fə'tizɐ] *f* Prophetin *f*; **~zar** [~ti'zar] (1a) prophezeien.

prof|iciente [~fi'sjẽntə] tüchtig; **~icuidade** [~ikwi'ðaðə] *f* Nutzen *m*, Vorteil *m*; **~ícuo** [~'fikwu] nützlich.
profil|áctico [~fi'latiku] vorbeugend; **~axia** [~lak'siɐ] *f* Vorbeugung *f*; ⚕ Prophylaxe *f*.
profiss|ão [~fi'sɐ̃u] *f* Beruf *m*; Bekenntnis *n*; **~ional** [~sju'nał] **1.** *adj.* beruflich; berufsmäßig; Berufs...; gewerbsmäßig; Gewerbe...; Fach...; *ensino m ~* Berufsschulwesen *n*; Fachunterricht *m*; *escola f ~* Fachschule *f*; *imposto m ~* Gewerbesteuer *f*; **2.** *m* Fachmann *m*; *Sport*: Berufs-sportler *m*, -spieler *m*, -fahrer *m*.
prófugo ['prɔfuɣu] (landes)flüchtig; unstet.
profund|ar [prufũn'dar] (1a) vertiefen; ergründen; *v/i.* eindringen; **~as** [~'fũndɐʃ] *f/pl. die* Tiefen (der Hölle); **~eza, ~idade** [~'dezɐ, ~di'ðaðə] *f* Tiefe *f*; *fig. a.* Größe *f*; **~o** [~'fũndu] tief; abgründig.
profus|ão [~fu'zɐ̃u] *f* Verschwendung *f*; Überfluß *m*; **~o** [~'fuzu] verschwenderisch; reichlich.
prog|énie [pru'ʒɛnjə] *f* Geschlecht *n*; Nachkommenschaft *f*; **~enitor** [~ʒəni'tor] *m* (Stamm-)Vater *m*; ~es *pl.* Vorfahren *m/pl.*, Ahnen *m/pl.*; **~enitura** [~ʒəni'turɐ] *f* = *~énie*.
progn|ose [prɔɣ'nɔzə] *f* Prognose *f*; **~osticar** [~nuʃti'kar] (1n) vorhersagen; ankündigen; *v/i.* e-e Prognose stellen; **~óstico** [~'nɔʃtiku] *m* Vorhersage *f*; Ankündigung *f*, Anzeichen *n*; ⚕ = *~ose*.
program|a [pru'ɣrɐmɐ] *m* Programm *n*; Lehrplan *m e-r Schule*; Vorlesungsverzeichnis *n e-r Univ.*; *Prüfungs*-Ordnung *f*; *allg. a.* Plan *m*; **~ático** [~ɣrɐ'matiku] programmatisch; Programm...; vorgesehen.
progre|dimento [~ɣrəði'mẽntu] *m* Fortschreiten *n*; Fortgang *m*; **~dir** [~'ðir] (3d) Fortschritte m., fortschreiten; weitergehen; vorrücken; **~ssão** [~'sɐ̃u] *f* ⅌ Progression *f*; = *~dimento*; **~ssista** [~'siʃtɐ] **1.** *adj.* fortschrittlich; **2.** *su.* Fortschrittler (-in *f*) *m*; **~ssivo** [~'sivu] fortschreitend; 🕮 progressiv; **~sso** [~'ɣrɛsu] *m* Fortschritt *m*.
proib|ição [prwiβi'sɐ̃u] *f* Verbot *n*; Prohibition *f*; **~ido** [~'βiðu]: *ele está ~ de* es ist ihm verboten zu *inf.*; **~ir** [~'βir] (3s) verbieten; *~ alg. de* j-m verbieten zu; **~itivo, ~itório** [~i'tivu, ~i'tɔrju] verbietend, Verbots...; vorbeugend; Schutz...; unerschwinglich (*Preis*); *sistema m ~* ⚔ Absperrsystem *n*.
proj|ecção [pruʒɛ'sɐ̃u] *f* Wurf *m*; *bsd.* Projektion *f*; *fig.* Bedeutung *f*; Wirkung *f*; *~ vertical* Aufriß *m*; **~ectar** [~ɛ'tar] (1a) schleudern; *Schatten* werfen; ⅌ *u. fot.* projizieren; *fig.* planen, vorhaben; **~ectar-se** fallen (*Schatten*); sich erstrecken; sich abzeichnen; **~éctil** [~'ʒɛtił] *m* Geschoß *n*; *chuva f de -eis* Geschoßhagel *m*; **~ecto** [~'ʒɛtu] *m* Plan *m*, Projekt *n*; Vorhaben *n*; *~ de lei* Gesetzentwurf *m*; **~ector** [~ɛ'tor] *m* Scheinwerfer *m*; Projektionsgerät *n*, Diaskop *n*.
prol [prɔł]: *em ~ de* zum Besten (*gen.*); für (*ac.*).
prolapso ⚕ [~'lapsu] *m* Vorfall *m*, Prolaps *m*.
prolatar [prulɐ'tar] (1b) aussprechen.
prole ['prɔlə] *f* Nachkommenschaft *f*.
prolet|ariado [prulətɐ'rjaðu] *m* Proletariat *n*; **~ário** [~'tarju] **1.** *adj.* proletarisch; **2.** *m* Proletarier *m*.
prolif|eração [~lifərɐ'sɐ̃u] *f* Vermehrung *f* (durch Teilung); Wucherung *f*; **~erar** [~ə'rar] (1c) sich teilen; wuchern; **~icação** [~ikɐ'sɐ̃u] *f* Vermehrung *f*; ⚘ Durchwachsung *f*; **~icar** [~i'kar] (1n) sich vermehren.
prolífico [~'lifiku] fruchtbar.
prolixo [~'liksu] weitschweifig; langatmig; umständlich.
prólogo ['prɔluɣu] *m* Prolog *m*.
prolonga [pru'lõŋgɐ] *f* Verzögerung *f*; Aufschub *m*.
prolong|ação *f*, **~amento** *m* [~lõŋgɐ'sɐ̃u, ~ɐ'mẽntu] Verlängerung *f*; = *prolonga*; **~ado** [~'gaðu] langanhaltend; lang; **~ar** [~'gar] (1o) verlängern, in die Länge ziehen; (aus)dehnen; **~ar-se** sich hinziehen; dauern.
prolóquio [~'lɔkju] *m* Wahlspruch *m*.
promessa [~'mɛsɐ] *f* Versprechen *n*; Gelübde *n*; Verheißung *f Gottes*; Aussicht *f*; *fazer ~* Versprechen (ab)geben; Gelübde (*od.* Gelöbnis) ablegen.
promet|edor [~mətə'ðor] vielversprechend; aussichts-reich, -voll;

~er [~'ter] (2c) versprechen; *rel.* geloben; *Zukünftiges* verheißen; erwarten l.; *ele promete viver pouco* er dürfte nicht lange leben; *v/i.* ~ *muito (pouco)* gut (schlecht) stehen; sich gut (schlecht) anlassen; *este rapaz promete muito* aus dem Jungen wird etwas; **~er-se** erwarten (von *de*); sich verloben; **~ido** [~'tiðu] **1.** *adj.* verlobt; **2.** *m*, **-a** *f* Verlobte(r *m*) *m, f*; **~imento** [~i'mẽntu] *m* Versprechen *n*, Zusage *f*.

prom|ìscuamente [~ˌmiʃkwɐ'mẽntə] unterschiedslos; durchea.; **~iscuidade** [~miʃkwi'ðaðə] *f* Durchea. *n*, Mischung *f*; Gemeinsamkeit *f*; Zs.-leben *n*, -wohnen *n*; *em ~ com* zs. mit; **~iscuir-se** [~miʃ'kwirsə] (3i) sich ver-mischen, -wischen; **~íscuo** [~'miʃkwu] gemischt; undeutlich.

promiss|ão [~mi'sɐ̃u] *f* Verheißung *f*; *terra f da ~ das* Gelobte Land; **~or** [~or] verheißungsvoll; **~ória** ✝ [~ɔrjɐ] *f* Schuldverschreibung *f*; **~ório** [~ɔrju] ✝ Schuld...

promoção [~mu'sɐ̃u] *f* Beförderung *f*; ⚖ Antrag *m*.

promontório [~mõn'tɔrju] *m* Vorgebirge *n*.

promo|tor [~mu'tor] *m* Förderer *m*; Urheber *m*; Anstifter *m*; ⚖ Anklagevertreter *m*; **~ver** [~'ver] (2d) fördern; veranlassen, auslösen; verursachen; *Beamten* befördern; ⚖ beantragen.

promulg|ação [~mułɣɐ'sɐ̃u] *f* Verkündigung *f*, Bekanntgabe *f*; **~ar** [~'ɣar] (1o) *Gesetz* verkündigen, bekanntgeben; erlassen.

pronome [~'nomə] *m* Fürwort *n*.

pront|amente [prõntɐ'mẽntə] anstandslos, bereitwillig; sofort; **~idão** [~i'ðɐ̃u] *f* Schnelligkeit *f*; Bereitwilligkeit *f*; *estar de ~* bereit (*od.* zur Verfügung) stehen; **~ificar** [~əfi'kar] (1n) fertigmachen; anbieten, geben; **~ificar-se** bereit sn; sich erbieten; **~o** ['prõntu] rasch; sofortig; umgehend; bereitwillig, eifrig; behend; F fix; schlagfertig (*Antwort*); zuverlässig (*Maschine*); *bsd.* fertig; bereit; *a ~* gegen bar; *num ~* augenblicklich, im Nu; **~o-socorro** [ˌprõntusu'koʀu] *m* Soforthilfe *f*; Sanitätswagen *m*; **~uário** [~'twarju] *m* Handbuch *n*; *bras.* Steckbrief *m*.

pronúncia [~'nũsjɐ] *f* Aussprache *f*; ⚖ Anklage(erhebung) *f*; *não ~* Aufhebung *f* der Anklage; (*não*) *dar ~* (keine) Anklage erheben.

pronunci|ação [~nũsjɐ'sɐ̃u] *f* Aussprache *f*; **~ado** [~'sjaðu] ausgeprägt; ⚖ unter Anklage stehend; **~amento** [~ɐ'mẽntu] *m* Stellungnahme *f*; *ministerielle* Erklärung *f*; *bsd.* (Militär-)Putsch *m*; **~ar** [~'sjar] (1g) aussprechen; hervorheben; *Rede* halten; *Urteil* sprechen; *~ alg.* ⚖ j-n unter Anklage stellen; **~ar-se** sich äußern; Stellung nehmen; sich auflehnen, putschen.

propag|ação [prupɐɣɐ'sɐ̃u] *f* Verbreitung *f*; Ausbreitung *f*; Fortpflanzung *f*; **~ador** [~ɐ'ðor] **1.** *adj.*: *~ de* verbreitend; verkündend; **2.** *m* Verbreiter *m*; Verkünder *m*; **~anda** [~'ɣɐ̃ndɐ] *f* Propaganda *f*; Verbreitung *f von Lehren*; Werbetätigkeit *f*, Werbung *f*; **~andear** [~ɐ̃n'djar] (1l) Propaganda m. (*od.* werben) für; propagandistisch ausschlachten; **~andista** [~ɐ̃n'diʃtɐ] *su.* Propagandist(in *f*) *m*; Werber(in *f*) *m*; Werbefachmann *m*; **~ar** [~'ɣar] (1o; *Stv.* 1b) fortpflanzen; aus-, verbreiten; **~ar-se** um sich greifen.

propalar [~pɐ'lar] (1b) aussprengen, verbreiten.

prope|nder [~pẽn'der] (2a) geneigt sn; *fig.* sich (hin)neigen (zu *para*); neigen (zu *a*); **~nsão** [~ẽ'sɐ̃u] *f* Neigung *f*; Hang *m*; **~nso** [~'pẽsu] neigend (zu *a*); günstig (gesinnt); geneigt, zugetan; *ser ~ a* neigen zu.

propiciar [~pi'sjar] (1g) günstig stimmen; geben, schenken.

propício [~'pisju] günstig; gnädig.

propina [~'pinɐ] *f* (Prüfungs-, Unterrichts-)Gebühr *f*; Schulgeld *n*; Aufnahmegebühr *f*; Gratifikation *f*.

propínquo [~'pĩŋkwu] **1.** *adj.* nahe; **2.** *~s m/pl.* Verwandte(n) *pl.*

prop|onente [~pu'nẽntə] *su.* Antragsteller(in *f*) *m*; **~or** [~'por] (2zd) vorschlagen; beantragen; vorbringen; *Aufgabe* stellen; *Kandidaten* aufstellen; **~or-se** sich vornehmen; ins Auge fassen; *~ a, ~ para* sich erbieten zu; sich bewerben um.

propor|ção [~pur'sɐ̃u] *f* Verhältnis *n*, Proportion *f*; Ebenmaß *n*; *-ões pl.* Ausmaße *n/pl.*; **~cionado** [~sju'naðu] angemessen; *bem (mal) ~* gut (schlecht) gebaut (*od.* proportioniert); **~cional** [~sju'nał] verhältnismäßig; Verhältnis...; ⚖ proportional; **~cionar** [~sju'nar] (1e) verschaffen; ermöglichen; *Gelegenheit usw.* geben; *Unterricht usw.* angedeihen l.; ~ *com* anpassen (*dat.*).

proposi|ção [~puzi'sɐ̃u] *f* Vorschlag *m*; Antrag *m*; *fil.* Satz *m*; ⚖ Behauptung *f*; **~tado** [~'taðu] absichtlich, vorsätzlich.

propósito [~'pɔzitu] *m* Absicht *f*; Vorsatz *m*; Zweck *m*; *a* ~ gelegen, erwünscht; im rechten Augenblick; an der rechten Stelle; *a* ~! übrigens!; *a* ~ *de* anläßlich; hinsichtlich; *a* ~ *disso* dabei; dazu; *a que* ~ wozu; *de* ~ absichtlich; *fora de* ~, *mal a* ~ ungelegen; *está fora de* ~ das gehört nicht hierher; *isto vem mesmo a* ~ das kommt wie gerufen.

propositura [~puzi'turɐ] *f* Aufstellung *f v. Kandidaten*; ⚖ Antrag *m*.

proposta [~'pɔʃtɐ] *f* Vorschlag *m*; Antrag *m*; *Gesetz*-Entwurf *m*.

pròpriamente [ˌprɔprjɐ'mẽntə] eigentlich; ~ *dito* wirklich, eigentlich.

proprie|dade [pruprje'ðaðə] *f* Eigentum *n*; (Grund-, Land-)Besitz *m*, Besitzung *f*; *fig.* Eigentümlichkeit *f*, Eigenschaft *f*; Richtigkeit *f*; Urheberschaft *f*; *Repartição f da* ≈ *Industrial* Patentamt *n*; **~tário** *m*, **-a** *f* [~'tarju, -ɐ] Eigentümer(in *f*) *m*; Haus-, Grund-besitzer(in *f*) *m*.

próprio ['prɔprju] eigen; eigentümlich; genau; eigentlich, Grund... (*Bedeutung*); ~ *para* geeignet für (*od.* zu); *eu* (*nós*) ~(*s*) ich (wir) selbst (*inv.*); *o* ~ *bem* (*a -a arte etc.*) selbst (*od.* sogar) das Gute (*die* Kunst *usw.*); *amor* (*nome*) *m* ~ Eigen-liebe *f* (-name *m*).

propugn|ador [prupuɣnɐ'ðor] *m* Vorkämpfer *m*; **~ar** [~'nar] (1a) verteidigen; = ~ *por* kämpfen für.

propuls|ão [~puł'sɐ̃u] *f* ⊕ Antrieb *m*; ~ *por jacto* Düsen-, Raketenantrieb *m*; *caça f de* ~ (*por jacto*) Düsenjäger *m*; **~ar** [~ar] (1a) = **~ionar** [~sju'nar] (1e) antreiben; **~ivo** [~'sivu] *adj.* = **~or** [~or] **1.** *adj.* treibend; Antriebs...; Trieb...; **2.** *m* Antrieb(smittel *n*) *m*; ⚓ Schiffsschraube *f*; ✈ Propeller *m*.

prorrog|ação [~ʀuɣɐ'sɐ̃u] *f* Verlängerung *f*; **~ar** [~'ɣar] (1o; *Stv.* 1e) verlängern; stunden.

prorromper [~ʀõm'per] (2a) ausbrechen.

prosa ['prɔzɐ] *f* Prosa *f*; F Geschwätz(igkeit *f*) *n*.

pros|ador [pruzɐ'ðor] *m* Prosaschriftsteller *m*; **~aico** [~'zaiku] prosaisch; alltäglich, nüchtern; **~aísta** *bras.* [~zɐ'iʃtɐ] = *~ador*.

prosápia [~'zapjɐ] *f* Herkunft *f*; Stamm *m*; Hochmut *m*.

proscénio [pruʃ'sɛnju] *m* Proszenium *n*.

proscr|ever [~krə'ver] (2c; *p.p.* *~ito*) ächten; verbannen; ausstoßen; **~ição** [~i'sɐ̃u] *f* Ächtung *f*; Verbannung *f*.

prosear *bras.* [pro'zjar] (1l) schwatzen.

pros|elitismo [pruzəli'tiʒmu] *m* Bekehrungseifer *m*; Proselytenmacherei *f*; **~élito** [~'zɛlitu] *m* Bekehrte(r) *m*, Proselyt *m*; Anhänger *m*.

prosista [~'ziʃtɐ] *su.* Prosaschriftsteller(in *f*) *m*; *bras.* Schwätzer (-in *f*) *m*.

prospecto [pruʃ'pɛtu] *m* Prospekt *m*.

prosper|ar [~pə'rar] (1c) gedeihen, blühen; Erfolg h.; **~idade** [~ri'ðaðə] *f* Gedeihen *n*; Wohlstand *m*; Glück *n*; Blüte *f der Kunst usw.*

próspero ['prɔʃpəru] gedeihlich; günstig; blühend; glücklich.

prossegu|imento [prusəɣi'mẽntu] *m* Verfolgung *f e-r Absicht*; Verfolg *m*, Fortgang *m*; **~ir** [~'ɣir] (3o; *Stv.* 3c) *Absicht* verfolgen; betreiben; fortsetzen; *v/i.* fortfahren; verharren.

próstata *anat.* ['prɔʃtɐtɐ] *f* Vorsteherdrüse *f*.

prosternar [pruʃtər'nar] (1c) = *prostrar*.

prostíbulo [~'tiβulu] *m* Bordell *n*.

prostit|uição [~titwi'sɐ̃u] *f* Prostitution *f*; *fig.* Schändung *f*; **~uir** [~'twir] (3i) prostituieren; entehren, schänden; **~uir-se** *fig.* sich wegwerfen; sich verkaufen; **~uta** [~'tutɐ] *f* Prostituierte *f*, Dirne *f*.

prostr|ação [~trɐ'sɐ̃u] *f* Niederwerfung *f*; Kniefall *m*; ⚕ Schwäche *f*, Entkräftung *f*; **~ar** [~'trar] (1e) nieder-werfen, -schlagen; demütigen; entkräften, schwächen; **~ar-se** niederfallen; ~ *aos pés de alg.* j-m zu Füßen fallen.

protagonista [prutɐɣu'niʃtɐ] *su.* Held(in *f*) *m*; Hauptdarsteller(in *f*) *m*.
protec|ção [~tɛ'sɐ̃u] *f* Schutz *m*; Gönnerschaft *f*, Protektion *f*; **~cionismo** [~sju'niʒmu] *m* Schutzzollsystem *n*; **~cionista** [~sju'niʃtɐ] Schutzzoll...; **~tor** [~'tor] **1.** *adj.* Schutz...; **2.** *m*, **-a** *f* Beschützer(in *f*) *m*; Schirmherr(in *f*) *m*; Gönner (-in *f*) *m*; **~torado** [~tu'raðu] *m* Schirmherrschaft *f*; *pol.* Protektorat *n*.
proteg|er [~tɨ'ʒer] (2h; *Stv.* 2c) (be)schützen (vor [*dat.*] *de*, *contra*); begünstigen; **~ido** *m*, **-a** *f* [~iðu, -ɐ] Schützling *m*; Günstling *m*.
protel|ação [~təlɐ'sɐ̃u] *f* Verzögerung *f*; Vertagung *f*; Aufschub *m*; **~ar** [~'lar] (1c) hinaus-, ver-zögern; vertagen; aufschieben.
protervo [~'tɛrvu] unverschämt; heftig.
prótese ['prɔtəzə] *f cir. u. gram.* Prothese *f*.
protest|ação [prutɨʃtɐ'sɐ̃u] *f* Beteuerung *f*; Protest *m*; **~ante** [~'tɐ̃ntə] *su.* Protestant(in *f*) *m*; **~antismo** [~ɐ̃n'tiʒmu] *m* Protestantismus *m*; **~ar** [~'tar] (1c) beteuern; zusichern; *Treue usw.* schwören; *Ehre usw.* erweisen; *Wechsel* protestieren; *v/i.* widersprechen; ~ *contra* Einspruch erheben (*od.* protestieren) gegen; anfechten (*ac.*); **~o** [~'tɛʃtu] *m* Einspruch *m*, Protest *m*; Beteuerung *f*; ✝ Wechselprotest *m*; *fazer o ~ de* zu Protest gehen l. (*ac.*); *com os ~s de im Brief*: mit dem Ausdruck (*gen.*).
protocol|ar [~tuku'lar] protokollarisch; Protokoll...; förmlich; **~o** [~'kɔlu] *m* Protokoll *n*; Sitzungsbericht *m*.
protótipo [~'tɔtipu] *m* Urbild *n*, Muster *n*.
protuber|ância [~tuβə'rɐ̃sjɐ] *f* Protuberanz *f*; *anat. a.* Auswuchs *m*, Höcker *m*; **~ante** [~ɐ̃ntə] vorspringend; höckerig.
prova ['prɔvɐ] *f* Beweis *m*; Prüfung(sarbeit) *f*; Probe *f*; Versuch *m*; *sportliche* Übung *f*; Anprobe *f* (*Kleid*); *fot.* Abzug *m* (*tirar* m.); *tip.* Korrekturbogen *m*, Probeabzug *m*; *à ~ de* gefeit (*od.* widerstandsfähig) gegen; gewachsen (*dat.*); *bsd.* ...fest, ...sicher; *à ~ de água* (*ar*, *ruídos*) wasser- (luft-, schall-)dicht; *a toda a ~* erprobt, bewährt; *acima de toda a ~* über jeden Zweifel erhaben; *dar ~s de* beweisen (*ac.*); *pôr à ~* auf die Probe stellen; *tirar a ~ a* (nach-) prüfen (*ac.*).
prov|ação [pruvɐ'sɐ̃u] *f* Prüfung *f*, Heimsuchung *f*; **~adamente** [~ˌvaðɐ'mẽntə] unstreitig, zweifellos; **~ado** [~'vaðu] erprobt, bewährt; **~ador** [~ɐ'ðor] *m* Weinprüfer *m*, Koster *m*; **~adura** [~ɐ'ðurɐ] *f* Kostprobe *f*; **~ar** [~'var] (1e) beweisen; erproben, prüfen; auf die Probe stellen; *Speise* kosten, F probieren; *Kleid* anprobieren; *~ forças com* sich messen mit; **~ável** [~'vavɛł] wahrscheinlich.
provecto [~'vɛktu] fortgeschritten; hervorragend.
provedor [~və'ðor] *m* Lieferant *m*; Vorsteher *m e-s Armenhauses usw.*
proveit|o [~'veitu] *m* Nutzen *m*; *em ~ de* zugunsten (*gen.*); *dar ~*, *fazer ~* nützen; gut tun; *tirar ~ de* Nutzen ziehen aus, F profitieren von (*od.* bei); *bom ~!* wohl bekomm's!, guten Appetit!; **~oso** [~vei'tozu] nützlich; vorteilhaft; zuträglich.
provençal [~vẽ'sał] **1.** *adj.* provenzalisch; **2.** *m* Provenzale *m*.
proveni|ência [~və'njẽsjɐ] *f* Herkunft *f*; Ursprung *m*; Quelle *f*; **~ente** [~ẽntə] (her)kommend, stammend; herrührend; *~ de a.* aus.
provento [~'vẽntu] *m* Ertrag *m*.
prover [~'ver] (2n) (vor)sorgen für; besorgen, wahrnehmen; versehen (mit *de*); *~ em j-n* für *ein Amt* ernennen; *Amt* besetzen mit; *v/i. ~ a* sorgen für; abhelfen (*dat.*).
proverbial [~vər'βjał] sprichwörtlich.
provérbio [~'vɛrβju] *m* Sprichwort *n*.
proveta [~'vetɐ] *f* Reagenzglas *n*.
provid|ência [~vi'ðẽsjɐ] *f rel.* Vorsehung *f*; *fig.* glückliche Fügung *f*; *allg.* Vorkehrung *f*; (Vorsichts-) Maßregel *f*; *dar* (*od. tomar*) *~s* Vorkehrungen (*od.* Maßregeln) treffen; **~encial** [~ðẽ'sjał] von der Vorsehung gesandt; glücklich; willkommen; **~enciar** [~ðẽ'sjar] (1g) Vorkehrungen treffen (*od.* sorgen) für; sich kümmern um; **~ente** [~ẽntə] (*a.* **próvido** ['prɔviðu]) vorsorglich; umsichtig.

provimento [~vi'mẽntu] *m* Versorgung *f*; Ausrüstung *f*; Bestallung *f mit e-m Amt*; Besetzung *f*; *dar ~ a* ⚖ stattgeben (*ac.*).

província [~'vĩsjɐ] *f* Provinz *f*; Landschaft *f*; Land *n*; *fig.* Gebiet *n*.

provinci|al [~vĩ'sjał] **1.** *adj.* provinziell; Provinzial...; Landes...; **2.** *m* Ordensprovinzial *m*; **~alismo** [~sjɐ'liʒmu] *m* mundartliche(r) Ausdruck *m*; **~ano** [~'sjɐnu] **1.** *adj.* Provinz...; provinzlerisch, kleinstädtisch; **2.** *m* Provinzler *m*.

prov|indo [~'vĩndu]: *ser ~* = **~ir** [~ir] (3x) (her)kommen; (ab-) stammen; herrühren.

provis|ão [~vi'zɐ̃u] *f* Vorrat *m*; Versorgung *f*; *pol.* Verfügung *f*; *-ões pl.* Mundvorrat *m*; **~ório** [~ɔrju] vorläufig, einstweilig; provisorisch.

provoc|ação [~vukɐ'sɐ̃u] *f* Herausforderung *f*; Hervorrufung *f*, Verursachung *f*; **~ador** [~ɐ'ðor] **1.** *adj.* herausfordernd; aufreizend; **2.** *m* Hetzer *m*; Lockspitzel *m*; **~ar** [~'kar] (1n; *Stv.* 1e) herausfordern; reizen; hervorrufen; verursachen; *Ärgernis usw.* erregen; **~ativo, ~atório** [~ɐ'tivu, ~ɐ'tɔrju] provokatorisch.

pròximamente [ˌprɔsimɐ'mẽntə] nächstens.

proximidade [prɔsəmi'ðaðə] *f* Nähe *f*; nahe Verwandtschaft *f*; **~s** *pl.* Nachbarschaft *f*; Umgebung *f*.

próximo ['prɔsimu] **1.** *adj.* nah; nächst; *~ futuro* kommend; *~ passado* letztvergangen, vorig; *estar ~* bevorstehen; nahe daran sn *et. zu tun*; **2.** *m* Nächste(r) *m*; Mitmensch *m*.

prud|ência [pru'ðẽsjɐ] *f* (Lebens-) Klugheit *f*; Vorsicht *f*; **~ente** [~ẽntə] klug *im Handeln*; vorsichtig.

prum|ada [pru'maðɐ] *f* Lotrechte *f*; **~agem** [~aʒɐ̃i] *f* Lotung *f*; **~o** ['prumu] *m* Lot *n*; *fig.* Klugheit *f*; Haltung *f*; *a ~* lot-, senk-recht.

prur|ido [pru'riðu] *m* Juckreiz *m*; *fig.* Kitzel *m*, Gelüst *n*; Ungeduld *f*; **~ir** [~ir] (3a) jucken (*a. fig.*).

prussiano [pru'sjɐnu] **1.** *adj.* preußisch; **2.** *m* Preuße *m*.

pseudo... [pseuðɔ...] *in Zssgn* falsch; Schein...; Pseudo...

pseudónimo [pseu'ðɔnimu] **1.** *m* Deckname(n) *m*; **2.** *adj.* pseudonym.

psican|álise [psikɐ'nalizə] *f* Psychoanalyse *f*; **~alista** [~nɐ'liʃtɐ] *m* Psychoanalytiker *m*, Seelenarzt *m*.

psico... [psiku...] *in Zssgn* Psycho...; **~logia** [~lu'ʒiɐ] *f* Seelenkunde *f*; Seelenleben *n*; Menschenkenntnis *f*; **~lógico** [~'lɔʒiku] psychologisch; seelisch; **~logista** [~lu'ʒiʃtɐ] (*a.* **psicólogo** [psi'kɔluɣu]) *m* Psychologe *m*; Menschenkenner *m*; **~pata** [~ɔ'patɐ] *m* Geisteskranke(r) *m*; **~patia** [~ɔpɐ'tiɐ] *f* Geisteskrankheit *f*; **~pático** [~ɔ'patiku] psychopathisch.

psiqui|atra [psi'kjatrɐ] *m* Irrenarzt *m*, Psychiater *m*; **~atria** [~kjɐ'triɐ] *f* Psychiatrie *f*; **~átrico** [~atriku] psychiatrisch.

psíquico ['psikiku] seelisch, psychisch.

psitacose ⚕ [psitɐ'kɔzə] *f* Papageienkrankheit *f*.

psiu! [psju] pst!

pua ['puɐ] *f* Stachel *m*; (Bohr-) Spitze *f*; *Kamm*-Zahn *m*; Bohrkurbel *f*; *arco m de ~* Brust-, Faustleier *f*, Drillbohrer *m*.

pube *anat.* ['puβə] *m* Schambein *n*.

puberdade [puβər'ðaðə] *f* Entwicklungsjahre *n/pl.*; Mannbarkeit *f*.

púbere ['puβərə] mannbar.

púbis ['puβiʃ] *m* = *pube*.

publicação [puβlikɐ'sɐ̃u] *f* Veröffentlichung *f*, Publikation *f*.

pública-forma [ˌpuβlikɐ'fɔrmɐ] *f* beglaubigte Abschrift *f*.

publi|car [puβli'kar] (1n) bekannt m.; *Buch usw.* veröffentlichen; **~cidade** [~si'ðaðə] *f* Öffentlichkeit *f*; allgemeine Kenntnis *f*; Reklame *f*; *dar ~ a* die Aufmerksamkeit der Öffentlichkeit lenken auf (*ac.*); Reklame m. für; *ter larga ~* groß angekündigt (*od.* eingehend erörtert) w.; **~cista** [~'siʃtɐ] *m* Publizist *m*; politische(r) Tagesschriftsteller *m*.

público ['puβliku] **1.** *adj.* öffentlich; staatlich, Staats...; offenkundig; allgemein bekannt; *pôr em ~, tornar ~, trazer* (*od. tirar*) *a ~* = *publicar*; *tornar-se ~* bekannt w.; **2.** *m* Publikum *n*; Leserschaft *f*; Zuhörer *m/pl.*; Zuschauer *m/pl.*; *o grande ~* die Öffentlichkeit, die Allgemeinheit; *em ~* öffentlich.

púcaro ['pukɐru] *m* Becher *m*, Krug *m*.

pude ['puðə] *s. poder*.

puden|do [pu'ðẽndu] schamerregend; *partes f/pl.* *-as* Schamteile *m/pl.*; **~te** [~tə] = *púdico*.
pudera [~'ðɛrɐ] **1.** *s. poder*; **2.** *int.* kein Wunder!
pudi|bundo [~ði'βũndu] schamhaft; verschämt; **~cícia** [~'sisjɐ] *f* Schamhaftigkeit *f*.
púdico ['puðiku] züchtig; schamhaft.
pudim [pu'ðĩ] *m* Pudding *m*.
pudor [~'ðor] *m* Scham(gefühl *n*) *f*; *atentado m ao* ~ Sittlichkeitsverbrechen *n*; *sem* ~ schamlos.
puer|ícia [puə'risjɐ] *f* Knabenalter *n*; Kindheit *f*; **~il** [~ił] kindlich; Kindes...; kindisch; **~ilidade** [~rili'ðaðə] *f* Kinderei *f*; Kindlichkeit *f*.
puerp|eral [puərpə'rał]: *febre f* ~ Kindbettfieber *n*; **~ério** [~'pɛrju] *m* Wochenbett *n*.
puf! [puf] *int.* uff!
pugil|ato [puʒi'latu] *m* Box-, Faustkampf *m*; **~ismo** [~'liʒmu] *m* Boxsport *m*; **~ista** [~'liʃtɐ] *m* Boxer *m*.
pugn|a ['puɣnɐ] *f* Kampf *m*; **~ar** [puɣ'nar] (1a) kämpfen; streiten.
pu|ideira [pwi'ðeirɐ] *f* Schleifmittel *n*; **~ído** ['pwiðu] fadenscheinig; **~ir** [pwir] (3i) abschleifen; polieren; *fig.* ab-nutzen, -schaben.
puj|ança [pu'ʒɐ̃sɐ] *f* Macht(fülle) *f*; (strotzende) Kraft *f*; Mächtigkeit *f*; **~ante** [~ɐ̃ntə] mächtig; strotzend; gewaltig; **~ar** [~ar] (1a) übertreffen; besiegen; *v/i.* sich anstrengen.
pular [pu'lar] (1a) hüpfen, springen.
pulg|a ['pułɣɐ] *f* Floh *m*; Sandfloh *m*; **~ão** [puł'ɣɐ̃u] *m* Blattlaus *f*.
pulh|a ['puʎɐ] **1.** *f* Witz *m*; Streich *m*; Zote *f*; **2.** *m* Lump *m*; **3.** *adj.* schäbig; verlottert; **~ice** [pu'ʎisə] *f* Lumperei *f*; Luderleben *n*.
pulm|ão [puł'mɐ̃u] *m* Lunge(nflügel *m*) *f*; *pulmões pl.* Lunge *f*; **~onar** [~mu'nar] Lungen...
pulo ['pulu] *m* Sprung *m*; Satz *m*; *aos ~s* hüpfend, springend; *de um ~, num ~* mit e-m Satz; = *em dois ~s* im Nu; *dar ~s* = *pular*.
púlpito ['pułpitu] *m* Kanzel(beredsamkeit) *f*.
puls|ação [pułsɐ'sɐ̃u] *f* Pulsschlag *m*; **~ar** [~'sar] (1a) pulsieren; wogen (*Meer, Brust*); schlagen (*Herz*); *v/t.* schlagen; **~ear** [~'sjar] (1l) hakeln (*Spiel*); **~eira** [~'seirɐ] *f* Armband *n*; **~o** ['pułsu] *m* Puls *m* (*tomar* fühlen); Handgelenk *n*; *fig.* Kraft *f*, Stärke *f*; *de* ~ *fig.* stark; energisch.
pulular [pulu'lar] (1a) wuchern; emporschießen; wimmeln.
pulver|ização [pułvərizɐ'sɐ̃u] *f* Zerstäubung *f*; *fig.* Vernichtung *f*; **~izado** [~i'zaðu] pulverförmig; gemahlen; ...pulver *n*; **~izador** [~izɐ'ðor] *m* Zerstäuber *m*; *fig.* Vernichter *m*; **~izar** [~i'zar] (1a) zerpulvern; zerstäuben; bestäuben; spritzen; *fig.* zermalmen, vernichten; **~ulento** [~u'lẽntu] staubig.
pum! [pũ] *int.* bum!
puma *zo.* ['pumɐ] *m* Silberlöwe *m*.
pun|ção [pũ'sɐ̃u] *f* Einstich *m*; ⚕ Punktion *f*; Punktiernadel *f*; ⊕ Punze *f*; Stichel *m*; **~çar** [~'sar] (1p) = **~cionar** [~sju'nar] (1e) aufstechen; ⚕ punktieren; ⊕ punzieren.
pundonor [pũndu'nor] *m* Ehrgefühl *n*; **~oso** [~nu'rozu] ehrliebend.
punga *bras.* ['pũŋgɐ] **1.** *adj.* kümmerlich, mies **2.** *m* Klepper *m*.
pung|ente [pũ'ʒẽntə] stechend; schmerzlich; **~ir** [~ir] (3n) stechen; an-stacheln, -treiben; verwunden; schmerzen; quälen.
punguista *bras.* [pũŋ'gistɐ] *m* Taschendieb *m*.
punh|ada [pu'ɲaðɐ] *f* Faustschlag *m*; **~ado** [~aðu] *m* Handvoll *f*; **~al** [~ał] *m* Dolch *m*; **~alada** [~ɲɐ'laðɐ] *f* Dolch-stich *m*, -stoß *m*; **~o** ['puɲu] *m* Faust *f*; Manschette *f*; Heft *n*, Griff *m*; ~ *cerrado*, ~ *fechado* geballte Faust *f*; *pelo meu (seu, etc.) próprio* ~ eigenhändig.
pun|ibilidade [puniβəli'ðaðə] *f* Strafbarkeit *f*; **~ição** [~i'sɐ̃u] *f* Bestrafung *f*; **~ir** [~'nir] (3a) (be-)strafen; **~ível** [~'niveł] strafwürdig; strafbar.
pupil|a [pu'pilɐ] *f* Mündel *n*; Zögling *m*; *anat.* Pupille *f*; **~o** [~u] *m* Mündel *n*; Zögling *m*.
puramente [purɐ'mẽntə] nur, bloß.
puré *m*, **-eia** *f* [pu'rɛ, -ejɐ] Püree *n*, Brei *m*.
pureza [~'rezɐ] *f* Reinheit *f*; Lauterkeit *f*.
purga ['purɣɐ] *f* Abführmittel *n*.
purg|ação [purɣɐ'sɐ̃u] *f* Reinigung *f*; ⚕ Purganz *f*; *fig.* Tripper *m*; **~ante** [~'ɣẽntə] **1.** *adj.* abführend; **2.** *m* Abführmittel *n*; *fig.* Ekel *n*; **~ar** [~'ɣar] (1o) reinigen; abbüßen;

⚕ purgieren; **~ar-se** ein Abführmittel nehmen; **~ativo** [~ɐ'tivu] reinigend; ⚕ abführend; **~atório** [~ɐ'tɔrju] *m* Fegefeuer *n*.
puridade [puri'δaδə] *f* = pureza; *à ~* insgeheim.
purific|ação [~rəfikɐ'sɐ̃u] *f* Reinigung *f*; Läuterung *f*; Klärung *f*; ♀ *cat.* Lichtmeß *f*; **~ador** [~ɐ'δor] **1.** *adj.* Reinigungs...; Läuterungs-...; Klär...; *~ do sangue* blutreinigend; **2.** *m* Fingerschale *f*; *cat.* Kelchtuch *n*; **~ante** [~'kẽntə] (blut)reinigend; **~ar** [~'kar] (1n) reinigen; *Metall* läutern; *Wein usw.* klären; **~ativo, ~atório** [~ɐ'tivu, ~ɐ'tɔrju] reinigend, Reinigungs...
puris|mo [~'riʒmu] *m* Sprachreinigungseifer *m*; **~sta** [~ʃtɐ] *su.* Sprachreiniger(in *f*) *m*.
puro ['puru] rein, lauter; unverfälscht, echt; keusch; glatt, aufgelegt (*Schwindel usw.*); bloß, einfach; *-a e simplesmente* ganz einfach; bedingungslos; unverblümt; F sang- und klanglos.
púrpura ['purpurɐ] *f* Purpur *m*.
purp|urado [purpu'raδu] *m* Kardinal *m*; **~úreo, ~urino** [~'purju, ~u'rinu] purpurn.
purulento [puru'lẽntu] eitrig.
pus [puʃ] **1.** *m* Eiter *m*; **2.** *s. pôr*.
pusil|ânime [puzi'lɐnimə] kleinmütig; **~animidade** [~lɐnəmi'δaδə] *f* Kleinmut *m*.
pústula ⚕ ['puʃtulɐ] *f* Pustel *f*.
pustulento, -loso [puʃtu'lẽntu, -'lozu] voller Pusteln; *erupção f -a* Pustelausschlag *m*.
puta V ['putɐ] *f* Hure *f*.
putativo [putɐ'tivu] angeblich.
putrefa|cção [putrəfa'sɐ̃u] *f* Verwesung *f*; Fäulnis *f*; **~ciente, ~ctivo** [~fɐ'sjẽntə, ~fa'tivu] Fäulnis...; schädlich; **~cto** [~'faktu] verwest; verfault; verdorben; **~zer** [~fɐ'zer] (2v) zum Faulen bringen, verderben; *v/i.* (ver)faulen.
putres|cência [putriʃ'sẽsjɐ] *f* Verwesungszustand *m*; **~cente** [~'sẽntə] verwesend, faulend; **~cível** [~'sivɛɫ] verweslich, faulend.
pútrido ['putriδu] verfault; faulig.
puxa! *bras.* ['puʃa] nein, so was!
pux|ada [pu'ʃaδɐ] *f* angespielte Karte *f*; *bras.* lange(r) Marsch *m*; lange Reise *f*; *fazer uma ~* anspielen; **~adeira** [~ʃɐ'δeirɐ] *f* Strippe *f*; **~adinho** [~ʃɐ'δiɲu] **1.** *adj.* geschniegelt; reichlich teuer; **2.** *m* Stutzer *m*; **~ado** [~aδu] F geschniegelt; erstklassig; gehaltreich (*Speise*); teuer (*Preis*); schwierig, verwickelt (*Problem*); an den Haaren herbeigezogen; *três horas bem -as* drei gute Stunden; **~ador** [~ʃɐ'δor] *m Tür*-Drücker *m*, Griff *m*; **~ão** [~ɐ̃u] *m* Zug *m*, Ruck *m*; *puxões pl.* Zerren *n*; *dar um ~ (a)* ziehen *od.* zerren (*ac. od.* an [*dat.*]); **~a-~a** *bras.* [ˌpuʃa'puʃa] *f* Zuckerkand *m*; **~ar** [~ar] (1a) **1.** *v/t.* ziehen; zerren; zupfen (*alle mit ac. od.* an [*dat.*]); herausziehen; (heraus-, ent-)reißen; *Schnur usw.* spannen; *Wäsche* recken; *Schlag* versetzen; *Karte* ausspielen; einsaugen; verschlingen; *fig.* nach sich ziehen; (mit sich) bringen; erfordern, zwingen zu; anspornen; drängen; reizen; Appetit m. auf (*ac.*); *~ o lustre, ~ o brilho* glänzend reiben (*od.* bürsten); polieren; *Boden* bohnern; **2.** *v/i.* ausschlagen (*Pflanze*); reifen (*Geschwür*); stark eitern; schmerzen; F drücken *zwecks Darmentleerung*; *~ para* neigen (*od.* Talent h.) zu; *~ por (a. de)* ziehen (*od.* zerren, zupfen) an (*dat.*); (heraus-) ziehen (*ac.*); greifen nach; *fig.* anstrengen (*ac.*); alles herausholen aus; *~ por alg.* j-n anspornen (*od.* drängen; *fig.* reizen); viel von j-m verlangen; j-m zusetzen; *~ por si*, F *~ por quantas tem* sich ins Zeug legen; **3. ~ar-se** F sich schniegeln; **~o** ['puʃu] *m* Stuhlzwang *m*; P Haar-Knoten *m*.

Q

Q, q [ke] *m* Q, q *n*.
quadra ['kwaδrɐ] *f viereckiger* Raum *m*, Zimmer *n*; *lit.* Vierzeiler *m*; *Spiel*: Vier(erpasch *m*) *f*; *fig.* Zeit *f*; *bras.* Häuserblock *m*; Quadra *f* (= *1,7 od. 4,8 ha*).
quadr|ado [kwɐ'δraδu] **1.** *adj.* quadratisch; Quadrat...; viereckig; *fig.* vierschrötig; F ausgemacht; **2.** *m* Quadrat(zahl *f*) *n*; ⚔ Karree *n*; **~agesimal** [~δrɐʒəzi'mał] vierzigtägig; *rel.* Fasten...; **~agésimo** [~δrɐ'ʒɛzimu] vierzigst; **~angulado, -lar** [~δrẽŋgu'laδu, -'lar] viereckig; **~ângulo** [~ẽŋgulu] *m* Viereck *n*; **~ante** [~ẽntə] *m* Quadrant *m*; Zifferblatt *n*; **~ar** [~ar] (1b) viereckig m.; zum Quadrat erheben; *v/i.* passen (*dat. od.* zu *a, com*); übereinstimmen; **~ático** [~atiku] quadratisch; **~ícula** [~ikulɐ] *f* Karree *n*; Zeichennetz *n*; **~icular** [~δriku'lar] **1.** *v/t.* (1a) karieren; **2.** *adj.* kariert; **~ienal** [~δrje'nał] vierjährig; Vierjahres...; **~iénio** [~'δrjɛnju] *m* vier Jahre *n/pl.*; **~iga** [~iγɐ] *f* Viergespann *n*; **~il** [~ił] *m* Hüfte *f*; **~ilátero** [~δri'latəru] **1.** *adj.* vierseitig; **2.** *m* Viereck *n*; **~ilha** [~iʎɐ] *f* ♪ Quadrille *f*; *Diebes-, Räuber-*Bande *f*; *bras. Pferde-*Koppel *f*; **~ilhado** *bras.* [~δri'ʎaδu] kariert; **~imestral** [~δrimɨʃ'trał] viermonatlich, Viermonats...; **~imestre** [~δri'mɛʃtrə] *m* Dritteljahr *n*; **~imotor** [~δrimu'tor] (*m*) viermotorig(es Flugzeug *n*); **~ingentésimo** [~δrĩʒẽn'tɛzimu] vierhundertst; **~ipartido** [~δripɐr'tiδu] Vierer..., Viermächte...; **~issílabo** [~δri'silɐβu] viersilbig.
quadro ['kwaδru] *m gerahmtes* Bild *n* (*a. fig.*), Gemälde *n*; Übersicht *f*; Karte *f*; Aufstellung *f*, Liste *f*; Tabelle *f*; Stellenplan *m*; Belegschaft *f*; ⚔ Kader *m*; *Fahrrad-*Rahmen *m*; ⚡ Schalttafel *f*; ~ *preto* (Wand-)Tafel *f*; ~ *sinóptico* Übersicht(s-tabelle) *f*; *lugar m do* ~ Planstelle *f*; *pessoal m do* ~ Stammpersonal *n*; (*não*) *ser do* ~ (außer-) planmäßig sn.
quadr|úpede [kwɐ'δrupəδə] **1.** *adj.* vierfüßig; **2.** *m* Vierfüßler *m*; **~uplicar** [~δrupli'kar] (1n) vervierfachen.
quádruplo ['kwaδruplu] vierfach.
quais(quer) [kwaiʃ('kɛr)] *pl. v. qual(quer)*.
qual [kwał] **1.** *pron. interr.* welche(r, -s); **2.** *pron. relat. o, a* ~, *os, as quais* welche(r, s); *do, da* ~, *dos, das quais* dessen, deren; **3.** *adj.* wie ein(e); (der, die, das gleiche) wie; *quais* wie; *s. a. tal*; **4.** *int.* ~!; ~, *o quê?* ei was!; ~ *su. od. adj.! fragende Wiederholung, z.B.* ~ *bonito!* schön?; ~ (*su. od. adj.*) *nem meio* überhaupt nicht (*od.* kein); kein bißchen.
qualidade [kwɐli'δaδə] *f* Eigenschaft *f*; Qualität *f*; Wert *m*; Vorzug *m*; Rang *m*; *na* ~ *de* als.
qualific|ação [~ləfikɐ'sɐ̃u] *f* Benennung *f*; Bezeichnung *f*; Eignung *f*; nähere Bestimmung *f*; Beiwort *n*; **~ado** [~'kaδu] erprobt; geeignet; zuständig; vornehm; **~ar** [~'kar] (1n) benennen; bezeichnen (als *de*); qualifizieren; *gram.* näher bestimmen; ~ *de* nennen (*dopp. ac.*); **~ativo** [~ɐ'tivu] bezeichnend; *gram.* näher bestimmend; **~ável** [~'kavɛł] benennbar, zu bezeichnen(d); näher bestimmbar.
qualitativo [~litɐ'tivu] qualitativ.
qualquer [kwał'kɛr] irgendein; jeder (beliebige); *nach Verneinung*: keinerlei; *em* (*od. a*) ~ *altura* irgendwann; *em* (*de; a* [*od. para*]) ~ *parte* irgendwo(-her; -hin); ~ *pessoa* irgendwer, irgend jemand; ~ *coisa, uma coisa* ~ irgend etwas; *quaisquer pl.* irgendwelche.
quando ['kwẽndu] **1.** *adv. interr.* wann; *de* ~ *em* ~, *de vez em* ~ dann und wann; ~ *menos* wenigstens; ~ *menos se espera(va)* ganz unverhofft; ~ *muito* höchstens; bestenfalls; wenn es hoch kommt; **2.** *cj.* a) *im abhängigen Satz*: wann;

b) *zeitl. od. bedingend*: wenn; c) *zeitl., zur Bezeichnung e-r einmaligen vergangenen Handlung*: als; **3.** *prp.*: ~ de bei (*dat.*).

quant|ia [kwẽn'tiɐ] *f* Summe *f*, Betrag *m*; **~idade** [~ti'ðaðə] *f* Menge *f*; Anzahl *f*; 🕮 Quantität *f*; ⚗ Größe *f*; *em grande* ~ massenhaft; **~ioso** [~'tjozu] beträchtlich; reich; **~itativo** [~titɐ'tivu] **1.** *adj.* quantitativ; mengenmäßig, Mengen...; **2.** *m* Menge(nangabe) *f*; Betrag *m*.

quanto ['kwẽntu] **1.** *adj.* wieviel; (*tanto*) *su.* ~ soviel *su.*, wie; ~*s relativisch*: alle, die; (*tudo*) ~ alles, was; *a ~s (do mês) estamos?* den wievielten haben wir heute?; ~*s são?* der wievielte ist heute?; *não saber a -as anda* nicht wissen, wo e-m der Kopf steht; *por -as tem* F was das Zeug hält; **2.** *adv.* wie sehr; so viel, so sehr; *nach tanto mais*: als; *tanto* ~ *s. tanto*; **3.** *não ...tanto* ~ nicht so sehr (*od.* viel) wie; ~ *comp.* ... (*tanto*) je *comp.* ... desto; ~ *mais* um so mehr; *nach Verneinung*: um so weniger; ~ *a* was ... anbetrifft (*od.* angeht), so; ~ *antes* möglichst bald, umgehend.

quão [kwẽu] wie.

quarço ['kwarsu] *m* = *quartzo*.

quarenta [kwɐ'rẽntɐ] vierzig.

quarent|ão [~rẽn'tẽu] **1.** *adj.* vierzigjährig; **2.** *m*, **~ona** *f* Vierziger(in *f*) *m*; **~ena** [~enɐ] *f* Quarantäne *f*.

quaresm|a [~'rɛʒmɐ] *f rel.* Fastenzeit *f*; **~al** [~rɨʒ'mał] Fasten...; der Fastenzeit; **~ar** [~rɨʒ'mar] (1c) fasten.

quarta ['kwartɐ] *f* Viertel *n*; ♪ Quart *f*; Mittwoch *m*.

quartã [kwar'tẽ] **1.** *adj. febre f* ~ = **2.** *f* viertägiges Fieber *n*.

quarta-feira [kwartɐ'feirɐ] *f* Mittwoch *m* (*na* am); *às* ~*s* mittwochs.

quart|anista [~tɐ'niʃtɐ] *su.* Student(in *f*) *m od.* Schüler(in *f*) *m* des vierten Jahres; **~ear** [~'tjar] (1l) vierteilen; **~eio** *taur.* [~'teju] *m* Quartwendung *f*; **~eirão** [~ei'rẽu] *m* Viertelhundert *n*; Häuserblock *m*; **~el** [~'tɛł] *m* Kaserne *f*; Quartier *n*; Viertel *n*; Quartal *n* (*3 Monate*); ⚓ *Luken*-Deckel *m*; *não dar* ~ keinen Pardon geben; *sem* ~ erbarmungslos; **~eleiro** [~ə'leiru] *m* Kammerunteroffizier *m*; **~eto** [~'tetu] *m* Quartett *n*; **~ilho** [~'tiʎu] *m* *ehm. etwa*: Seidel *n*; *heute*: halbe(s) Liter *n*; *dois* ~*s* ein Liter.

quarto ['kwartu] **1.** *adj.* viert; **2.** *m der* Vierte; *ein* Viertel *n*; (Schlaf-) Zimmer *n*; *Rücken-*, *Vorder*-Teil *m e-r Jacke*; ⚔, ⚓ Wache *f*; *tip.* Quart *n*; ~ *de quilo* (*hora*) Viertelkilo *n* (-stunde *f*); *formato m em* ~ Quartformat *n*; *às três (horas) e (menos) um* ~ um viertel nach (vor) drei (Uhr).

quartz|ífero [kwɐr'tsifəru] quarzhaltig; **~o** ['kwartsu] *m* Quarz *m*.

quase ['kwazə]: ~ (*que*) fast.

quat|ernário [kwɐtər'narju] vierteilig, -seitig; *geol.* Quartär...; ♪ Vierviertel...; **~orze** *bras.* [~'torzə] vierzehn.

quatro ['kwatru] **1.** *adj.* vier; **2.** *m* Vier *f*; Nummer *f* Vier; ~ *de espadas* Pikvier *f*.

quatrocent|ista [kwɐtrusẽn'tiʃtɐ] *adj.* (*od. m*) (*pintor, poeta*) ~ (Maler, Dichter) des 15. Jahrhunderts; **~os** [~'sẽntuʃ] **1.** *adj.* vierhundert; **2.** *m* 15. Jahrhundert *n*.

que [kə] **1.** *pron.* a) *relativ*: der, die, das; welche(r, -s); *do* ~ als (*beim Komparativ*); *no* ~ *bras.* indem, sowie, sobald; *pelo* ~ deswegen; wodurch; ~ *inf.* zu *inf.*; b) *interr. u. int.*: was für ein(e), was für; welch; welche(r, -s); ~ *adj.* wie *adj.*; ~ *de* wieviel, was für eine Menge; c) *interr. u. relativ*: was; *o* ~ was; *mit vorhergehender prp.* wo(r)..., *z.B.* *em* ~ wor-in, -an, -auf; *de* (*com*) ~ wo-von (-mit); **2.** *cj.* a) *in abhängigen Sätzen*: daß; *mit folgend. conj. vielfach* damit; *nach dem Komparativ*: als; *não* ~ *conj.* nicht als ob *conj.*; ~ *não* und (*od.* aber) nicht (kein); b) *oft kausal*: denn (*od.* da, weil); *in dieser Bedeutung oft unübersetzt z.B. não grites,* ~ *parece mal* schrei nicht!, das gehört sich nicht!; c) *in selbständigen Wunschsätzen*: *durch Umschreibung mit mögen, sollen od. wollen, z.B.* ~ *entre!* er soll hereinkommen!; ~ *queira* ~ *não queira* mag er wollen (*od.* ob er will) oder nicht; ~ *eu morra, se tal disse!* ich will sterben, wenn ich das gesagt habe!; ~ *se conj. impf.*: *durch Umschreibung mit wäre doch, könnte doch, hätte doch, usw.*; d) *é* ~ *satzeinleitend*: denn, nämlich; *zur Hervorhebung*:

bleibt unübersetzt!; e) *zur verstärkenden Wiederholung*: corre ~ corre er läuft und läuft (*od.* was er kann).

quê [ke] **1.** *pron.* a) *interr.* was?, *oft verstärkt*: o ~? was, wie?; ele disse o ~? WAS hat er gesagt?; b) *relat. u. interr., mit vorhergehender prp.*: wo(r)... (*vgl.*. que 1. c); não tem de ~ *als höfliche Zurückweisung*: nichts zu danken; Sie brauchen sich nicht zu entschuldigen; *sonst*: da gibt's nichts (*od.* was gibt's da) zu *inf.*; **2.** *m* (irgend) etwas; Schwierigkeit *f*, F Haken *m*; um não sei ~ ein gewisses Etwas; como ~ wie nur irgend etwas; fabelhaft.

quebra ['kɛβrɐ] *f* Bruch *m*; Verletzung *f*; Unterbrechung *f*; Knick *m*, Kniff *m*; Riß *m*; ✝ Bankrott *m*; (Gewichts-)Verlust *m*; Gewichtsausgleich *m*; *Produktions*-Ausfall *m*; *geol.* = quebrada; sem ~ ununterbrochen; vollkommen (*z.B. Stille*); dar ~ a unterbrechen (*ac.*); *Wort* brechen; dar ~, sofrer ~ verlieren; nachlassen; Bankrott m.; **~-cabeça** [~kɐ'βesɐ] *m* Denkaufgabe *f*; harte Nuß *f*.

quebr|ada [kə'βraδɐ] *f* Hang *m*; *Gelände*-Spalte *f*; Klamm *f*; **~adeira** [~βrɐ'δeirɐ] *f bras.* Geldmangel *m*; = quebra-cabeça; = quebreira; **~adiço** [~βrɐ'δisu] brüchig, spröde; zerbrechlich; **~ado** [~aδu] **1.** *adj.* bankrott; überschlagen (*Temperatur*); matt, zart (*Farbe*); *verso m* ~ Halbvers *m*; **2.** *m* ⚕ Bruch *m*; soar a ~ gesprungen klingen; ~s *pl.* Kleingeld *n*; **~adura** [~βrɐ'δurɐ] *f* ⚕ Bruch *m*; = quebra.

quebra|-gelo ⚓ [kɛβrɐ'ʒelu] *m* Eisbrecher *m*; **~-luz** [~'luʃ] *m* Lampenschirm *m*; **~-mar** [~'mar] *m* Wellenbrecher *m*; **~mento** [~'mẽntu] *m* Bruch *m*; = quebreira; **~-nozes** [~'nɔzəʃ] *m* Nußknacker *m*.

quebrant|amento [kəβrɐ̃ntɐ'mẽntu] *m* Bruch *m* (*a. fig.*); Übertretung *f*; Verrat *m*; Schwäche *f*; = ~o; **~ar** [~'tar] (1a) (zer)brechen; zerschmettern; *fig.* zermürben; niederdrücken; entkräften; (ab)schwächen, beschwichtigen; *Gesetz* übertreten; *Glauben* verraten; *Wort, Schwur* brechen; **~ar-se** ermatten; abflauen; schwach (*od.* mutlos) w.; **~o** [~'βrẽntu] *m* Gebrochenheit *f*; Mattigkeit *f*, Erschlaffung *f*; dar ~ a behexen (*ac.*).

quebr|ar [kə'βrar] (1c) brechen (*a. fig.*); zer-brechen, -schlagen, -trümmern; knicken; abbrechen; ab-, zer-reißen; *fig.* = quebrantar; *v/i.* (zer)brechen; (ab-, zer-)reißen; einknicken; e-n Knick m.; branden (*Meer*); ✝ Bankrott m.; (an Gewicht) verlieren; ⚕ sich e-n Bruch zuziehen; **~eira** P [~eirɐ] *f* Abgekämpftheit *f*; Schwäche *f*; **~o** ['kɛβru] *m* Biegung *f*; Biegsamkeit *f*; Ausweichbewegung *f*; Tonfall *m*; Triller *m*.

queda ['kɛδɐ] *f* Fall *m* (*a. fig.*); Sturz *m* (*a. Preis usw.*); Gefälle *n*; *Haar*-Ausfall *m*; ✈ Absturz *m*; *fig.* Verfall *m*; Hang *m*, Neigung *f*; Geschick *n*; ~ da produção Absinken *n* der Produktion; dar uma ~ e-n Sturz tun; fallen; stürzen; (ab)sinken.

qued|ar(-se) [kə'δar(sə)] (1c) (still-)stehen; (stehen)bleiben; (sich) verweilen; **~o** ['keδu] still; ruhig; langsam, träge; leise; a pé ~ stehenden Fußes.

quefazeres [kəfɐ'zeriʃ]: ter muitos ~ viel zu tun haben.

queij|ada [kei'ʒaδɐ] *f* Käsekuchen *m*; **~aria** [~ʒɐ'riɐ] *f* Käserei *f*; **~eira** [~eirɐ] *f* Käse-form *f*, -glocke *f*; = ~aria; *s.* **~eiro** *m*, **-a** *f* [~eiru, -ɐ] Käse-macher(in *f*) *m*, -händler(in *f*) *m*; **~o** ['keiʒu] *m* Käse *m*; ~ flamengo, *bras.* ~ do reino Holländer *m*; ter (estar com) a faca e o ~ na mão (para) das Heft (es) in der Hand h. (zu).

queima ['keimɐ] *f* Verbrennung *f*; Brand *m*; *fig.* (Saison-)Ausverkauf *m*; ~ das fitas „Verbrennung *f* der Bänder" (*port. Universitätsfest*).

queim|ação [keimɐ'sɐ̃u] *f* Frechheit *f*; Belästigung *f*; Plackerei *f*; **~ada** [~'maδɐ] *f* Waldbrand *m*; Brandrodung *f*; niedergebrannte Stelle *f*; Kalkerde *f*; **~adela** [~ɐ'δɛlɐ] *f* = ~adura; **~ado** [~'maδu] **1.** *adj.* glühend heiß (*Landschaft*); *bras.* böse (auf [*ac.*] em); **2.** *m* Brandgeruch *m*; a ~ brenzlich, angebrannt; **~adura** [~ɐ'δurɐ] *f* Brandwunde *f*; Verbrennung *f*; **~ar** [~'mar] (1a) verbrennen; versengen; *fig.* verschleudern; *v/i.* brennen; brennend heiß sn; **~ar-se** (sich) verbrennen; *bras.*

böse w.; **~a-roupa** [~ɐ'ʀopɐ]: *à* ~ aus nächster Nähe; unvermittelt.
queira ['keirɐ] *s. querer.*
queixa ['keiʃɐ] *f* Klage *f*; Beschwerde *f*; *razão f de* ~ Grund *m* zum Klagen; *ter* ~*(s) de* sich zu beklagen h. über; *fazer* ~ *de* = *queixar-se*; = *apresentar* ~ *contra* Klage erheben gegen, verklagen (*ac.*).
queix|ada [kei'ʃaδɐ] *f* Kinnlade *f*; **~al** [~ał]: *dente m* ~ Backenzahn *m*.
queixar-se [~'ʃarsə] (1a) sich beklagen (*od.* beschweren) (bei *a*, über [*ac.*] *de*); jammern; klagen (*a.* ⚖).
queixo ['keiʃu] *m* Kinn *n*.
queix|oso [kei'ʃozu] **1.** *adj.* klagend; kläglich; ~ *de* sich beklagend über (*ac.*), unzufrieden mit; **2.** *m*, **-a** *f* ⚖ Kläger(in *f*) *m*; **~ume** [~umə] *m* Klage *f*.
quejando [kɨ'ʒɐ̃ndu]: e (*outros*) ~*s* und dergleichen.
quelha ['keʎɐ] *f* Rinne *f*; Gasse *f*; Rüttelschuh *m der Mühle*.
quem [kɐ̃i] *pron.* **a)** *interr.* wer? (*ac.* wen?); *de* ~ wessen; von wem; *a* ~ wem; an wen; zu wem *usw.*; **b)** *relat.* 1. *mit vorhergehendem Bezugswort* (*nur zs. mit prp.*): dem (*od.* der, denen); den (*od.* das, die); *a* ~ dem (der, denen); *de* ~ dessen (deren); 2. *ohne vorhergehendes Bezugswort*: wer; jemand (*od.* einer) der; der(jenige), welcher (*od.* der); die(jenigen), welche (*od.* die); *mit vorhergehender prp., z.B. não estava com* ~ *eu queria falar* der(jenige), mit dem ich sprechen wollte, war nicht da; *há* ~ *diga* (*afirme etc.*) es wird gesagt (behauptet *usw.*); *como* ~ *diz* wie man zu sagen pflegt; *não há* ~ *conj.* niemand *ind.*; 3. *in umschreibender Hervorhebung*: *mst unübersetzt*!, *z.B. fui eu* ~ *o disse* ICH hab's gesagt; **c)** *Redensarten*: *por* ~ *é! bittend*: ich beschwöre Sie!; um Himmels willen!; *höflich abwehrend*: aber ich bitte Sie!; *falar como* ~ *é* sprechen wie e-m ums Herz ist.
quent|ão *bras.* [kẽn'tɐ̃u] *m* Ingwerschnaps *m*; **~e** ['kẽntə] warm; heiß; scharf (*Gewürz*); feurig, lebhaft; **~ura** [~urɐ] *f* Wärme *f*; Hitze *f*.
quépi ['kɛpi] *m* Käppi *n*.
queque ['kɛkə] *m* Königskuchen *m*.
quer [kɛr] **1.** *3. P. sg. prs. v. querer*; **2.** *Redensarten*: ~ ... ~ (gleichviel) ob ... oder; sowohl ... wie; sei es (daß) ... oder (daß); *como* ~ *que conj.* wie immer *ind.*, wie ... auch *ind.*; *como* ~ *que seja* wie dem auch sn mag; *o que* (*quem*) ~ *que* was (wer) immer, was (wer) ... auch; *o que* (*quem*) ~ *que é* (*foi, fora usw. od. conj. seja, fosse*) *oft*: irgend etwas (jemand); *onde* ~ *que* wo immer, wo ... auch; überall wo.
querela [kə'rɛlɐ] *f* ⚖ schwere Strafsache *f*; Anklage *f*; *fig.* Streitigkeit *f*; Klage *f*; *dar* ~ *contra* = *querelar*.
querel|ado [kərə'laδu] *m* Beklagte(r) *m*; **~ante** [~ɐ̃ntə] *su.* Kläger (-in *f*) *m*; **~ar** [~ar] (1c) ⚖ klagen; ~ *contra* Anklage erheben gegen; **~ar-se** *de* klagen (*od.* sich beklagen) über (*ac.*).
querena ⚓ [kə'renɐ] *f* Kiel *m*; Tiefgang *m*; *virar de* ~ kielholen.
quer|ença [~'rẽsɐ] *f* Zuneigung *f*; Standort *m des Wildes*, *Wild*-Wechsel *m*; **~ência** *bras.* [~ẽsjɐ] *f* Lieblingsplatz *m*; Stall-, Nest-trieb *m*; *fig. a.* Heimstätte *f*, Heimat *f*; **~er** [~er] (2t) wollen; verlangen; brauchen; ~ (*a*) lieb (*od.* gern) h.; mögen; ~ *que* sollen, *z.B. que quere V. que eu faça?* was soll ich tun?; ~ *bem* (*mal*) wohl- (übel-)wollen; j-n lieben (hassen); ~ *dizer* heißen, bedeuten; *quero dizer* ich meine; *queira inf.* wollen Sie, bitte *inf.*; bitte *imp.*; *Deus queira!* gebe Gott!; *Deus quis* es hat Gott gefallen; *eu queria* ich möchte (*jetzt*); ich wollte (*damals*); (*não*) *quer(em) ver?* stellen Sie sich doch vor!; sehen Sie nur!; *sem* ~ unversehens; unwillkürlich; unabsichtlich; **~ido** [~iδu] **1.** *adj.* lieb; **2.** *m*, **-a** *f* Geliebte(r *m*) *m*, *f*; F Schatz *m*.
quermesse [kɛr'mɛsə] *m* Kirmes *f*.
querosene *bras.* [kero'zɛnə] *m* (Leucht-)Petroleum *n*.
quesito [kə'zitu] *m* (Streit-)Frage *f*.
quest|ão [kɨʃ'tɐ̃u] *f* Frage *f*; Problem *n*; Zwist(igkeit *f*) *m*; *Rechts- usw.* Sache *f*; *em* ~ fraglich; *fazer* ~ *de* Wert legen auf (*ac.*); wichtig nehmen (*ac.*); sich aufregen über (*ac.*); sich etwas m. aus; *entrar em* ~ in Frage (*od.* Betracht) kommen; zu berücksichtigen sn; *estar em* ~, *ser* ~ *de* in Frage (*od.* zur Debatte) stehen; sich handeln um; *pôr uma* ~ e-e Frage stellen; ein Problem auf-

werfen; **~ionar** [~tju'nar] (1f) (be-) fragen; erörtern; in Frage stellen; bestreiten; *v/i.* streiten; **~ionário** [~tju'narju] *m* Fragebogen *m*; Fragebuch *n*; **~ionável** [~tju'navɛɫ] fraglich; **~iúncula** [~'tjũŋkulɐ] *f* unerhebliche Frage *f*; kleinliche Streitigkeit *f*; Streit *m* um des Kaisers Bart; **~or** [~'tor] *m* Quästor *m*.

quez|ília [kə'ziljɐ] *f* = *quizília*; **~ilento** [~zi'lẽntu] zänkisch.

quibebe *bras.* [ki'βeβə, -'βɛβə] *m* Kürbismus *n*.

quiçá [ki'sɐ] vielleicht, etwa.

quiçaça *bras.* [~'sasɐ] *f* Ödland *n*.

quicé, -cê *bras.* [ki'sɛ, -'se] *m* Messer *n*, F Plempe *f*.

quício ['kisju] *m* *Tür*-Angel *f*.

quiet|ação [kjɛtɐ'sɐ̃u] *f* Beruhigung *f*; Ruhe *f*; **~ar** [~'tar] (1a) beruhigen; **~ismo** [~'tiʒmu] *m rel.* Quietismus *m*; *fig.* (Seelen-)Frieden *m*; **~o** ['kjɛtu] ruhig; still; friedlich; friedfertig; **~ude** [~'tuðə] *f* (Seelen-)Ruhe *f*; Stille *f*; Frieden *m*.

quilat|ação [kilɐtɐ'sɐ̃u] *f* Bestimmung *f* des Feingehaltes; Prüfung *f*; **~ar** [~'tar] (1b) den Feingehalt (*od.* das Karatgewicht) *gen.* bestimmen; prüfen (*ac.*); = *aquilatar*; **~e** [~'latə] *m* Karat *n*; Feingehalt *m*; *fig.* Wert *m*; Rang *m*; Vollendung *f*.

quilha ⚓ ['kiʎɐ] *f* Kiel *m*.

quiliare [ki'ljarə] *m* 1000 Ar *pl.*

quilo ['kilu] *m* **a)** Kilo *n*; **b)** Milchsaft *m*.

quilo|grama [kilu'γrɐmɐ] *m* Kilogramm *n*; **~grâmetro** *fís.* [~'γrɐmətru] *m* Meterkilogramm *n*; **~metragem** [~mə'traʒɐ̃i] *f* Einteilung *f* in Kilometer; Entfernung *f*; **~metrar** [~mə'trar] (1c) in Kilometer einteilen; (in Kilometern) angeben *od.* messen; **~métrico** [~'mɛtriku] Kilometer...; in Kilometer(n).

quilómetro [~'lɔmətru] *m* Kilometer *n.*

quilovátio [~lu'vatju] *m* Kilowatt *n*.

quimb|anda, -de *bras.* [kĩm'bɐ̃ndɐ, -ə] *m* Medizinmann *m*; **~embe** *bras.* [~ẽmbə] *m* (armselige) Hütte *f*; **~embé** *bras.* [~bẽm'bɛ] *m* Maiswasser *n* (*Getränk*); **~embeques** *bras.* [~bẽm'bɛkɨs] *m/pl.* Anhänger *m/pl.*

quim|era [ki'mɛrɐ] *f* Schimäre *f*, Hirngespinst *n*; **~érico** [~ɛriku] phantastisch.

químic|a ['kimikɐ] *f* Chemie *f*; **~o** [~u] **1.** *adj.* chemisch; **2.** *m* Chemiker *m*.

quimo ['kimu] *m* Speisebrei *m*, Chymus *m*.

quin|a ['kinɐ] *f* **a)** Schild *m im port. Wappen*; *Spiel*: Fünf(erpasch *m*) *f*; **b)** Ecke *f*; **c)** ⚘ *u. farm.* Chinarinde *f*; **~ado** [ki'naðu] **a)** fünfgeteilt; ⚘ fünfständig; **b)** Chinin...

quinau [ki'nau] *m* Verbesserung *f*; Strafe *f*; Lehre *f*; rote(r) Strich *m in Schülerarbeiten*; *dar um* ~ e-s Besseren belehren, verbessern.

quincha *bras.* ['kĩʃɐ] *f* Stroh-dach *n*, -decke *f*.

quindim [kĩn'dĩ] *m* Getue *n*; Putz *m*; *fig.* Haken *m*; *bras. cul.* Kokosstern *m*.

quingentésimo [kwĩʒẽn'tɛzimu] fünfhundertst.

quinhão [ki'ɲɐ̃u] *m* Anteil *m*.

quinhent|ista [~ɲẽn'tiʃtɐ] *adj.* (*od. m*) (*pintor*, *poeta*) ~ (Dichter, Maler) des 16. Jahrhunderts; **~os** [~'ɲẽntuʃ] fünfhundert.

quinhoeiro [~'ɲweiru] *m* Beteiligte(-r) *m*; Teilhaber *m*.

quinina [ki'ninɐ] *f* Chinin *n*.

quinquag|enário [kwĩŋkwɐʒə'narju] **1.** *adj.* fünfzigjährig; **2.** *m*, **-a** *f* Fünfziger(in *f*) *m*; **~ésimo** [~'ʒɛzimu] fünfzigst.

quinqu|enal [~kwɛ'naɫ] fünfjährig; **~énio** [~'kwɛnju] *m* Jahrfünft *n*.

quinquilh|arias [kĩŋkiʎɐ'riɐʃ] *f/pl.* Kurzwaren *f/pl.*; Spielzeug *n*; Trödel *m*; Tand *m*; **~eiro** [~'ʎeiru] *m* Kurzwarenhändler *m*; Trödler *m*.

quinta ['kĩntɐ] *f* (Land-)Gut *n*, Rittergut *n*; ♪ Quint(e) *f*; *estar nas suas sete* ~*s* fein heraus sn; **~-essência** [~i'sẽsjɐ] *f* Inbegriff *m*; **~-feira** [~'feirɐ] *f* Donnerstag *m* (*na* am); *às* ~*s* donnerstags.

quint|al [kĩn'taɫ] *m* **a)** Garten *m*; **b)** Quintal *m* (= *4 Arroben od. 60 kg*); ~ *métrico* Doppelzentner *m*; **~anista** [~tɐ'niʃtɐ] *su.* Student(in *f*) *m od.* Schüler(in *f*) *m* des 5. Jahres; **~ar** [~ar] (1a) durch fünf teilen; den fünften Teil (*od.* von fünf einen) wegnehmen; **~arola** [~tɐ'rɔlɐ] *f* Gütchen *n*; **~eiro** [~eiru] *m* Gutsverwalter *m*; **~eto** [~etu] *m* ♪ Quintett *n*.

quint|o ['kĩntu] **1.** *adj.* fünft; **2.** *m der* Fünfte; *ein* Fünftel *n*; **~uplicar** [kĩntupli'kar] (1n) verfünffachen.

quíntuplo ['kĩntuplu] fünffach.
quinze ['kĩzə] fünfzehn; ~ *dias* vierzehn Tage.
quinz|ena [kĩ'zenɐ] *f* vierzehn Tage *m/pl.*; Zweiwochenlohn *m*; *uma* ~ *de* etwa fünfzehn; eine Mandel; **~enal** [~zə'nał] vierzehntägig; Zweiwochen...; **~enário** [~zə'narju] *m* Zweiwochen-, Halbmonatsschrift *f*.
quiosque ['kjɔʃkə] *m* Kiosk *m*.
quirom|ancia [kirumɐ̃'siɐ] *f* Handlesen *n*; **~ante** [~'mɐ̃ntə] *su.* Handleser(in *f*) *m*.
quis [kiʃ] *s. querer.*
quisto ⚕ ['kiʃtu] *m* = *cisto.*
quit|ação *f*, **~amento** *m*, **~ança** *f* [kitɐ'sɐ̃u, ~ɐ'mẽntu, ~'tɐ̃sɐ] Befreiung *f*; Erlassung *f*; Empfangsbestätigung *f*; **~anda** [~'tɐ̃ndɐ] *f* Verkaufsstand *m*; Laden *m*; *bras.* Bauchladen *m*; P Kram *m*; **~andeiro** [~ɐ̃n'deiru] *m* fliegende(r) Händler *m*; Hausierer *m*; **~anga** P [~'tɐ̃ŋgɐ] *f* Kram *m*; **~ar** [~'tar] (1a) vermeiden; (ver)hindern; wegnehmen; aufgeben, sich lösen von; ~ *alg. de a/c.* j-n von et. befreien; j-m et. erlassen; *v/i.* nicht brauchen; **~e** ['kitə] quitt; nichts mehr schuldig; los und ledig; frei; *dar* ~ *de a/c. j-m* et. erlassen; *estamos* ~*s fig.* wir sind geschiedene Leute.
quitute *bras.* [ki'tutə] *m* Leckerbissen *m*.
quixot|ada [kiʃu'taðɐ] *f* Donquichotterie *f*; F tolle(s) Stück *n*; Verstiegenheit *f*; **~esco** [~eʃku] verstiegen, toll; **~ice** [~isə] *f* = *~ada.*
quizília *bras.* [ki'ziljɐ] *f* Widerwille(n) *m*; Ärger *m*; Streit *m*; *ter* ~ *a alg.* j-n nicht mögen; j-m böse sn; *ter* ~*s com* verzankt sn mit; *fazer* ~ *a* ärgern (*ac.*).
quociente ⅍ [kwɔ'sjẽntə] *m* Quotient *m*.
quórum ['kwɔrũ] *m* Beschlußfähigkeit *f*; *die erforderliche* Anzahl *f* der Anwesenden.
quota ['kwɔtɐ] *f* Quote *f*; Anteil *m*; Rate *f*; *s. a. cota*; *sociedade f por* ~*s* offene Handelsgesellschaft *f*; **~-parte** [~'partə] *f* Anteil *m*; Einlage *f*.
quotidiano [kwuti'ðjɐnu] (all)täglich.
quotiliquê [~li'ke] *m* Lappalie *f*; *de* ~ läppisch.
quotiz|ação [kwɔtizɐ'sɐ̃u] *f Börsen*-Notierung *f*; = *cotização*; **~ar** [~'zar] (1a) *Kurs* notieren; = *cotizar.*

R

R, r ['ɛʀə] *m* R, r *n*.
rã [ʀɐ̃] *f* Frosch *m*.
raba|da [ʀɐ'βaðɐ] *f* Zopf *m*, Haarbeutel *m*; = **~dela, ~dilha** [~βɐ'ðɛlɐ, ~βɐ'ðiʎɐ] *f anat.* Steißbein *n*; Sterz *m* (*Vogel*); Schwanz(stück *n*) *m*; **~do** [~'βaðu] geschwänzt; **~nada** [~βɐ'naðɐ] *f* **a**) Schlag *m* mit dem Schwanz; *fig.* Bö *f*; **b**) *cul.* arme Ritter *m/pl.*; **~nete** [~βɐ'netə] *m* Radieschen *n*.
ráb|ano, ~ão ['ʀaβɐnu, ~βɐ̃u] *m* Rettich *m*.
rabear [ʀɐ'ßjar] (1l) (schweif-) wedeln; schwänzeln (*Hund*); *fig.* zappeln; *v/t. Pflug* führen.
rabec|a [~'βɛkɐ] *f* Fiedel *f*; *tocar ~* fiedeln; **~ão** [~βə'kɐ̃u] *m*: *~ (grande)* Baßgeige *f*; *~ pequeno* Kniegeige *f*.
rab|ejar [~βɨ'ʒar] (1d) *Stier* beim Schwanz packen; *v/i.* das Kleid schleppen l.; **~elo** [~'ßelu] *m* (Pflug)Sterz *m*; (*barco*) *~* Douroschiff *n*.
rabequista [~βə'kiʃtɐ] *m* Fiedler *m*.
rábia ['ʀaβjɐ] *f* = *raiva*.
rabiar F [ʀɐ'βjar] (1g) wüten, toben.
rabi|ça [ʀɐ'βisɐ] *f* (Pflug-)Sterz *m*; **~cho** [~ʃu] *m* Zopf *m*, Haarbeutel *m*; Schweifriemen *m*.
rabicó *bras.* [ʀaβi'kɔ] schwanzlos; stummelschwänzig.
rábi|co ['ʀaβiku] Tollwut...; **~do** [~ðu] wütend, rasend.
rabino [ʀɐ'βinu] **1.** *m* Rabbiner *m*; **2.** *adj.* unruhig, ungezogen (*Kind*).
rabisc|a [~'βiʃkɐ] *f* Kringel *m*; *~s* Gekritzel *n*; **~ar** [~βiʃ'kar] (1n) (be)kritzeln; **~o** [~u] = *~a*.
rabo ['ʀaβu] *m* Schwanz *m*; *Vogel-, Pflug-*Sterz *m*; Griff *m*; V Hintern *m*; *com o ~ dos olhos* verstohlen.
rabona F [ʀɐ'βonɐ] *f* (kurze) Joppe *f*.
rabote ⊕ [~'βɔtə] *m* Rauhbank *f*.
rabudo [~'βuðu] langschwänzig; geschwänzt; *iron.* mit langer Schleppe.
rabuge, -em [~'βuʒə, -ɐ̃i] *f vet.* Räude *f*; *fig.* Kratzbürstigkeit *f*; *bras.* knorrige(s) Holz *n*.
rabu|gento [~βu'ʒẽntu] räudig; *fig.* kratzbürstig; mürrisch; ungezogen; **~gice** [~'ʒisə] *f* Kratzbürstigkeit *f*; **~jar** [~'ʒar] (1a) nörgeln, zanken; quengeln; ungezogen sn.
rábula ['ʀaβulɐ] *m* Rechtsverdreher *m*; Zungendrescher *m*.
rabulice [ʀɐβu'lisə] *f* Rechtsverdrehung *f*; Zungendrescherei *f*.
raça ['ʀasɐ] *f* Geschlecht *n*; Rasse *f*; Volk *n*; Gattung *f*; *de má ~* bösartig, böse; schlecht.
ração [ʀɐ'sɐ̃u] *f* Ration *f*, *im Gasthaus* Portion *f*.
rach|a, ~adela ['ʀaʃɐ, ʀɐʃɐ'ðɛlɐ] *f* Riß *m*; Splitter *m*; **~ar** [ʀɐ'ʃar] (1b) spalten; *Holz* hacken; sprengen; aufreißen; teilen; *v/i.* bersten; *de ~* zum Umkommen (*Hitze*), Hunde (*-kälte*); schneidend (*Wind*).
racial [ʀɐ'sjał] Rassen...
racimo [ʀɐ'simu] *m* Traube *f*.
racio|cinar [ʀɐsjusi'nar] (1a) (nach-) denken; überlegen; folgern; ♗ den Ansatz m.; **~cínio** [~'sinju] *m* Denkfähigkeit *f*; Überlegung *f*; Folgerung *f*; ♗ Ansatz *m*; **~nal** [~'nał] **1.** *adj.* vernünftig; vernunftgemäß; rational; wissenschaftlich; zweckmäßig; rationell; **2.** *m* Vernunftwesen *n*; **~nalidade** [~nɐli'ðaðə] *f* Vernünftigkeit *f*; Zweckmäßigkeit *f*; Wissenschaftlichkeit *f*; **~nalismo** [~nɐ'liʒmu] *m* Vernunftsgläubigkeit *f*; Rationalismus *m*; **~nalista** [~nɐ'liʃtɐ] **1.** *adj.* verstandesmäßig; **2.** *su.* Verstandesmensch *m*; Rationalist(in *f*) *m*; **~nalizar** [~nɐli'zar] (1a) rationalisieren; durchdenken; klug verbinden; zum Nachdenken bringen; **~namento** [~nɐ'mẽntu] *m* Rationierung *f*; **~nar** [~'nar] (1e) rationieren.
raci|smo [~'siʒmu] *m* Rassentheorie *f*; **~sta** [~ʃtɐ] **1.** *adj.* Rassen...; **2.** *su.* Rassenfanatiker(in *f*) *m*.
radi|ação [ʀɐðjɐ'sɐ̃u] *f* (Aus-) Strahlung *f*; **~activo** [~a'tivu] radioaktiv; radiumhaltig; **~ado** [~'ðjaðu] strahlig; Strahlen...; **~ador** [~ɐ'ðor] *m* Heizkörper *m*; Kühlschlange *f*; *auto.* Kühler *m*;

~al [~'δjał] radial; ~ante [~'δjẽntə] strahlend; *fis.* Strahlungs...; ~ar [~'δjar] (1g) strahlen; *v/t.* aus-, um-strahlen.
radic|al [~δi'kał] **1.** *adj.* Wurzel...; Stamm...; grundlegend; gründlich, durchgreifend; radikal; **2.** *m gram.* Stamm *m*; ⚗ Radikal *n*; ⅍ Wurzelzeichen *n*; *pol.* Radikale(r) *m*; **~alismo** [~kɐ'liʒmu] *m* Radikalismus *m*; **~ar** [~ar] (1n) ein-, ver-wurzeln; *v/i.* wurzeln; Wurzel fassen (*od.* schlagen); sich festsetzen.
radícula [~'δikulɐ] *f* Wurzelfaser *f.*
rádio ['ʀaδju] *m* **a**) *anat.* Speiche *f*; **b**) ⚗ Radium *n*; **c**) = *radiograma*; **d**) Radioapparat *m*, Rundfunkgerät *n*; **e**) (*a. f*) Rundfunk *m*, Radio *n*; *programa m de ~* Sendefolge *f.*
radio|activo [ʀaδjua'tivu] = *radiactivo*; **~difundido** [~δifũn'diδu] Rundfunk...; **~difundir** [~δifũn'dir] (3a) (durch Rundfunk) übertragen; **~difusão** [~δifu'zẽu] *f* Rundfunk-übertragung *f*, -sendung *f*; **~fónico** [~'fɔniku] Rundfunk...; **~fotografia** [~futuɣrɐ'fiɐ] *f* Funkbild *n*; **~grafar** [~ɣrɐ'far] (1b) röntgen; **~grafia** [~ɣrɐ'fiɐ] *f* Röntgen-aufnahme *f*, -bild *n*; **~grama** [~'ɣrɐmɐ] *m* Funkspruch *m*; **~jornal** [~ʒur'nał] *m* Zeitfunk *m*; **~la** [ʀɐ'δjɔlɐ] *f* Musiktruhe *f*; **~lários** [ʀɐδju'larjuʃ] *m/pl.* Strahlentierchen *n/pl.*; **~logia** [~lu'ʒiɐ] *f* Röntgenologie *f*; **~lógico** [~'lɔʒiku] Röntgen...; **~logista** [~lu'ʒiʃtɐ] *m* Röntgenspezialist *m*; **~scopia** [~ʃku'piɐ] *f* Röntgenuntersuchung *f*, Durchleuchtung *f*; **~scópico** [~ʃ'kɔpiku]: *exame m ~* = *~scopia*; **~so** [ʀɐ'δjozu] strahlend; **~teatro** [~'tjatru] *m bras.* Hörspiel *n*; **~telefonia** [~tələfu'niɐ] *f* Rundfunk *m*; Radio *n*; **~telegrafar** [~tələɣrɐ'far] funken; **~telegrafia** [~tələɣrɐ'fiɐ] *f* drahtlose Telegraphie *f*; **~telegrafista** [~tələɣrɐ'fiʃtɐ] *m* Funker *m*; **~terapia** [~tərɐ'piɐ] *f* Röntgentherapie *f*; Radiumtherapie *f.*
radiouvinte [ʀaδjo'vĩntə] *su.* Rundfunkhörer(in *f*) *m.*
radiovitrola [ʀaδjuvi'trɔlɐ] *f* Musiktruhe *f.*
raf|ado [ʀɐ'faδu] fadenscheinig; schäbig; **~ar** [~ar] (1b) abnutzen; **~eiro** [~eiru] *m* Schäferhund *m.*
rai|a ['ʀajɐ] *f* **a**) Linie *f*; Streifen *m*; Strich *m*; Grenze *f*; ⚔ Drall *m*; *passar das ~s* zu weit gehen; *tocar as ~s de* grenzen an (*ac.*); **b**) *zo.* Rochen *m*; **~ar** [ʀɐ'jar] (1i) *v/i.* **a**) strahlen; aufgehen (*Sonne*); anbrechen (*Tag*); **b**) *~ por* grenzen an (*ac.*); streifen (*ac.*); *~ pelos 20 anos* etwa 20 Jahre alt sn.
raineta [ʀai'netɐ] *f* Renette *f* (*Apfelsorte*); Laubfrosch *m.*
rainha [ʀɐ'iɲɐ] *f* Königin *f*; **~-cláudia** [~'klauδjɐ] *f* Reineclaude *f.*
rainúnculo ⚘ [ʀai'nũŋkulu] *m* Ranunkel *f.*
raio ['ʀaju] *m* Strahl *m* (*a. fig.*); ⅍ Radius *m*; Umkreis *m*; *Rad*-Speiche *f*; ⚡ Blitz *m* (*a. fig.*); *fig. a.* Schimmer *m*; *~ de acção* Aktionsradius *m*; Reichweite *f*; *~ visual* Sehlinie *f*; *~s pl.* X Röntgenstrahlen *m/pl.*; (*maus*) *~s te partam* (*od. te comam*)! *etwa*: der Schlag soll dich rühren!; *~ de ...* verwünscht (*adj.*).
raiva ['ʀaivɐ] *f vet.* Tollwut *f*; *fig.* Wut *f*; *estar com* (*od. ter*) *~ a* wütend sn auf (*ac.*); hassen (*ac.*).
raiv|ar [ʀai'var] (1a) wüten, schäumen; **~oso** [~ozu] toll(wütig); *fig.* wütend; wild.
raiz [ʀɐ'iʃ] *f* Wurzel *f* (*lançar* schlagen); Wurzelholz *n*; *cortar pela ~* bei der Wurzel fassen; ausrotten; *pôr as raízes ao sol a et.* ausreißen; *saber de ~* gründlich wissen.
rajada [ʀɐ'ʒaδɐ] *f* Windstoß *m*; Bö *f*; *fig. Wut*-Anfall *m*; Schwung *m*; ⚔ Feuerstoß *m.*
ral|ação [ʀɐlɐ'sẽu] *f* Ärger *m*; Plage *f*; Plackerei *f*; **~ador** [~ɐ'δor] *m* Reibeisen *n*, Reibe *f*; Raffel *f*; **~adura** [~ɐ'δurɐ] *f* Reibsel *n*; = *~ação*; **~ar** [~'lar] (1b) (zer)reiben; *fig.* ärgern; plagen; nagen an (*dat.*); **~ar-se** sich grämen.
ralé [ʀɐ'lɛ] *f* Gelichter *n*, Gesindel *n*; Abschaum *m.*
ral|ear [ʀɐ'ljar] (1l) lichten; **~eira** *f*, **-o** *m* [~'leirɐ, -u] *Saat*-Lücke *f*; *fig.* Mangel *m.*
ralh|ar [ʀɐ'ʎar] (1b) zanken; *~ com alg.* j-*n* schelten; mit j-m schimpfen; **~o** ['ʀaʎu] *m* Schelte *f*; Zank *m.*
ralo ['ʀalu] **1.** *m* a) *zo.* Maulwurfsgrille *f*; b) Reibe *f*; Sieb(boden *m*) *n*; Brausekopf *m*; *Metall*-Filter *n*; Guckloch *n*; c) Rasseln *n des Atems*; Röcheln *n*; **2.** *adj.* spärlich.
rama ['ʀɐmɐ] *f* Blattwerk *n*; *tip.*

Schließrahmen *m*; *bras.* ⊕ = *râmola*; *em* ~ roh; Roh...; *pela* ~ oberflächlich, obenhin.

ram|ada [ʀɐ'maðɐ] *f* Laub(werk) *n*; Laube(ngang *m*) *f*; Laubdach *n*; **~ado** [~aðu] belaubt; blätterreich; **~agem** [~aʒɐ̃i] *f* Astwerk *n*; Gezweig *n*; Blumenmuster *n*; *de* ~ geblümt; **~al** [~aɫ] *m* Strang *m*; Schnur *f*; Troddel *f*; Abzweigung *f*; 🚃 Nebenstrecke *f*, Zweigbahn *f*; ⚔ *u.* ⚒ Nebenstollen *m*, Querschlag *m*; **~alhar** [~mɐ'ʎar] (1b) rauschen (*Zweige*); **~alhete** [~mɐ'ʎetə] *m* (Blumen-)Strauß *m*; **~alho** [~aʎu] *m* (abgehauener) Zweig (*od.* Ast) *m*; **~alhudo** [~mɐ'ʎuðu] dicht belaubt; ästig; dichtbewimpert (*Auge*); rauschend; *fig.* hochtrabend (*Rede*).

ramerrão [~mə'ʀɐ̃u] *m* eintönige(s) Geräusch *n*; *fig.* Eintönigkeit *f*; Schlendrian *m*; *das* ewig Gleiche.

ramific|ação [~məfikɐ'sɐ̃u] *f* Verzweigung *f*, Verästelung *f*; Abzweigung *f*; Zweig(organisation *f*) *m*; **~ar** [~'kar] (1n) abzweigen; (ab-, auf-)spalten; (auf)teilen; **~ar-se** sich verzweigen; sich verbreiten.

ramo ['ʀɐmu] *m* Zweig *m* (*a. fig.*); Ast *m*; *Blumen*-Strauß *m*; Abzweigung *f*; Verzweigung *f*; Abteilung *f*; *Wissens*-Gebiet *n*; *Berufs*-Fach *n*; ⚚ Branche *f*; *Stoff*-Bahn *f*; *Versteigerung*: Posten *m*, Satz *m*; *Krankheits*-Anfall *m*; *Fluß*-Arm *m*; *rel.* Palm(zweig) *m*; *não pôr pé em* ~ *verde* auf keinen grünen Zweig kommen; *ter* ~ *à porta* e-n Weinausschank h.; **~s** *pl.*, △ *lavores m/pl. em* ~ Rankenwerk *n*; ~ *de arcos* Pfeilerbündel *n*; *rel. Domingo m de* ♀ Palmsonntag *m*; **~so** [ʀɐ'mozu] verästelt; belaubt; dicht.

râmola ⊕ ['ʀɐmulɐ] *f* Spannrahmen *m*.

rampa ['ʀɐ̃mpɐ] *f* Auffahrt *f*; Rampe *f*.

rançar [ʀɐ̃'sar] (1p) ranzig w.

ranch|aria *bras.* [ʀɐ̃ʃɐ'riɐ] *f* (Hütten-)Siedlung *f*; **~eiro** [~'ʃeiru] **1.** *m* (Militär-)Koch *m*; *bras.* Siedler *m*, Hüttner *m*; **~s** *pl.* Tischgemeinschaft *f*; **~o** ['ʀɐ̃ʃu] *m* Schar *f*; Gruppe *f*; Gesellschaft *f*; ⚓ Back *f*; ⚔ Mannschaftsessen *n*; *allg.* Gemeinschaftsessen *n*, Eintopf *m*; *bras.* Hütte *f*; *de* ~ gemeinschaftlich, zs.; geschart; *fazer* ~ sich zs.-tun; *fazer um* (*od.* o) ~ abkochen.

ranço ['ʀɐ̃su] *m* ranzige(r) Geruch *m*; *fig.* Abgedroschenheit *f*; *cheirar a* ~ ranzig riechen; *fig.* = *ter* ~ ranzig sn; *fig.* abgedroschen (*od.* altmodisch) sn; **~so** [ʀɐ̃'sozu] ranzig; *fig.* abgestanden; abgedroschen; altmodisch.

rancor [ʀɐ̃ŋ'kor] *m* Groll *m*; Gehässigkeit *f*; **~oso** [~ku'rozu] nachtragend; gehässig.

ranger [ʀɐ̃'ʒer] (2h) *mit den Zähnen* knirschen; knarren.

rangífer(o) [ʀɐ̃'ʒifɛr (-fəru)] *m* Ren *n*, Renntier *n*.

ranho V ['ʀɐɲu] *m* Rotz *m*; **~so** [ʀɐ'ɲozu] rotzig.

ranhura [ʀɐ'ɲurɐ] *f* Fuge *f*, Nut *f*.

ranúnculo ⚘ [ʀɐ'nũŋkulu] *m* Ranunkel *f*.

ranzinza *bras.* [ʀɐ̃'zĩzɐ] griesgrämig, brummig.

rapac|e [ʀɐ'pasə] räuberisch; **~idade** [~pɐsi'ðaðə] *f* Raubgier *f*.

rapad|eira [~pɐ'ðeirɐ] *f* Kratzer *m*; Schaber *m*; **~ela** [~ɛlɐ] *f*: *dar uma* ~ *a* = *rapar*; **~o** [~'paðu] glatt rasiert (*Gesicht*); (kahl) geschoren (*Kopf*); kahl; **~ura** [~urɐ] *f* Abgeschabte(s) *n*; Ausgekratzte(s) *n*; *bras.* Lompenzucker *m*.

rapagão [~pɐ'ɣɐ̃u] *m* kräftige(r) Junge *m*, stämmige(r) Bursche *m*.

rapapé [~pɐ'pɛ] *m* Kratzfuß *m*.

rapar [~'par] (1b) kratzen, schaben; scheren; (ab)rasieren; kurz schneiden; *Topf* auskratzen; *fig.* P abluchsen; *j-n* prellen um; rauben; dahinraffen (*Tod*).

rapariga [~pɐ'riɣɐ] *f* (junges) Mädchen *n*; *bras.* V Hure *f*.

rapa-tachos [ʀapɐ'taʃuʃ] *su.* Nimmersatt *m*.

rapaz [ʀɐ'paʃ] *m* junge(r) Mann *m*; Bursche *m*; Junge *m*; *fig.* Geselle *m*; *bom* ~ guter Kerl *m*.

rapaz|elho [~pɐ'zeʎu] *m* Lauser *m*, Lausejunge *m*; **~iada** [~'zjaðɐ] *f die* jungen Leute; *die* Jugend; Lausbubenstreich *m*; Kinderei *f*; **~inho** [~iɲu] *m* Knäblein *n*; F Jüngelchen *n*; **~io** [~iu] *m die* männliche Jugend; **~ola** [~ɔlɐ] *m* Gelbschnabel *m*; **~ote** [~ɔtə] *m* Bürschlein *n*.

rapé [ʀɐ'pɛ] *m* Schnupftabak *m*; *tomar* ~ schnupfen.

rapidez [~pi'ðeʃ] *f* Schnelligkeit *f*; *com* ~ rasch, schnell.

rápido ['ʀapiðu] **1.** *adj.* rasch, schnell; reißend (*Strom*); flüchtig; **2.** *m* Stromschnelle *f*; 🚂 Schnellzug *m*; *num* ~ im Handumdrehen.

rapina [ʀɐ'pinɐ] *f* Raub(zug) *m*; Räuberei *f*; *ave f de* ~ Raubvogel *m*.

raponço [~'põsu] *m* Rapunzel *f*.

raposa [~'pozɐ] *f* Fuchs *m* (*Artname*; *a. fig.*); Füchsin *f*; *apanhar (pregar) uma* ~ F durchfallen (lassen).

rapos|eira [~pu'zeirɐ] *f* wohlige Wärme *f*; F Schlaf *m* des Gerechten; Rausch *m*; Fuchsbau *m*; **~eiro** [~eiru] gerissen, schlau; **~ino** [~inu] Fuchs...; **~o** [~'pozu] *m* Fuchs *m* (*männl. Tier*; *a. fig.*).

raps|ódia [ʀɐp'sɔðjɐ] *f* ♪ Rhapsodie *f*; *lit.* Szene *f*; **~ódico** [~ɔðiku] lose, unzs.-hängend; **~odo** [~ɔðu] *m* Rhapsode *m*.

rapt|ar [ʀɐp'tar] (1a) entführen; rauben; hinreißen; **~o** ['ʀaptu] *m* Entführung *f*; Raub *m*; Aufschwung *m*; Verzückung *f*; **~or** [~or] *m* Entführer *m*.

raqueta [ʀɐ'ketɐ] *f* Schläger *m*.

raqu|ítico [~'kitiku] rachitisch; *fig.* schmächtig; verkümmert; kümmerlich; **~itismo** [~ki'tiʒmu] *m* englische Krankheit *f*.

rarear [ʀɐ'rjar] (1l) (sich) lichten; selten w. (*od.* sn).

raref|acção [~rɔfa'sɐ̃u] *f* Verdünnung *f*; Lichterwerden *n*; **~azer** [~ɐ'zer] (2v) aus-, ver-dünnen; lichten; **~eito** [~'feitu] **1.** *p.p. v.* *~azer*; **2.** *adj.* dünn; licht.

raridade [~ri'ðaðə] *f* Seltenheit *f*; Sehenswürdigkeit *f*.

raro ['ʀaru] **1.** *adj.* selten; wenig; dünn; licht; *-as vezes* = **2.** *adv.* selten.

rasa ['ʀazɐ] *f* Scheffel *m* (*heute mst* = *20 l*); Mindestpreis *m*; vorgeschriebene Zeilenzahl *f*; *pôr à* (*od.* *pela*) ~ in Verruf bringen.

ras|ante [ʀɐ'zɐ̃ntə] ⚔ rasant; **~ão** [~ɐ̃u] *m prov.* = *rasa*; **~ar** [~ar] (1b) abstreichen; (bis an den Rand) füllen; streifen; = *arrasar*.

rasca ['ʀaʃkɐ] *f* Schleppnetz *n*; Fischerboot *n*; *estar* (*od. ver-se*) *à* ~ P in der Tinte sitzen; nicht zurechtkommen (mit *com*).

rasc|adeira *bras.* [ʀɐʃkɐ'ðeirɐ] *f* Striegel *m*; *limpar com* ~ striegeln; **~ador** [~ɐ'ðor] *m* Schabeisen *n*, Schaber *m*; **~adura** [~ɐ'ðurɐ] *f* Schramme *f*; **~ante** [~'kɐ̃ntə] scharf; herb (*Wein*); **~ar** [~'kar] (1n; *Stv.* 1b) (ab)kratzen, (-)schaben; schrammen.

rascunh|ar [~ku'ɲar] (1a) skizzieren; entwerfen; **~o** [~'kuɲu] *m* Entwurf *m*; Skizze *f*; Konzept *n*.

rasg|adela [ʀɐʒɣɐ'ðɛlɐ] *f* = *~adura*; **~ado** [~'ɣaðu] breit; weit; mandelförmig (*Auge*); offen, freimütig; großzügig; gewagt; gestreckt (*Galopp usw.*); **~adura** *f*, **~ão** *m* [~ɐ'ðurɐ, ~'ɣɐ̃u] Riß *m*; Schlitz *m*; Spalt *m*; Öffnung *f*; **~ar** [~'ɣar] (1o; *Stv.* 1b) zerreißen (*a. fig.*); aufreißen; (auf-) schlitzen; *Tür, Bahn* brechen; *Weg* bahnen; *Wellen* durchschneiden; *Widerstand* durchbrechen; (ab-) trennen; gewaltsam entfernen; heraus-, weg-reißen; *Brett* nuten; *v/i. u.* **~ar-se** zerreißen; sich spalten; sich lüften (*Geheimnis*); anbrechen (*Tag*); **~o** ['ʀaʒɣu] *m Feder-*, *Pinsel*-Strich *m*; *Charakter*-Zug *m*; *Helden*-Tat *f*; Schwung *m*; geistreiche(r) Einfall *m*; geniale(r) Griff *m*; *Geistes*-Blitz *m*; = *~adura*; ~ *de valor* kühne Tat *f*; *de um* ~ mit e-m Federstrich; mit e-m Male; ein für allemal.

raso ['ʀazu] flach; platt; glatt (*a. fig.*); leer; kahl; gestrichen voll (*Maß*); kurzgeschoren (*Haar*); gestreckt (*Winkel*); gemein (*Soldat*); *campo m* ~ freies Feld *n*; ~ *de* voll (von), voller.

rasoira, -oura [ʀɐ'zoirɐ, -orɐ] *f* Abstreichholz *n*; Schaber *m*; Polierstahl *m*; *fig.* Gleichmacher(in *f*) *m*.

rasp|adeira [ʀɐʃpɐ'ðeirɐ] *f* Radiermesser *n*; Hautschieber *m*; Schaber *m*; Kratze *f*; **~adela** [~ɐ'ðɛlɐ] *f* = *~agem*; **~adura** [~ɐ'ðurɐ] *f* Schabsel *n*; Raspelspäne *m/pl.*; Ausgekratzte(s) *n*; = **~agem** [~'paʒɐ̃i] *f* Abkratzen *n*; Raspeln *n*; Radieren *n*; Rasur *f*; ⚕ Auskratzung *f*; **~ão** [~'pɐ̃u] *m* Schramme *f*; *de* ~ schräg (*adj.*); *apanhar de* ~ schrammen; *de* ~ barsch; **~ar** [~'par] (1b) schaben; ab-, aus-kratzen; (aus)radieren; schrammen; *fig.* austilgen; **~ar-se** P ausreißen; **~as** ['ʀaʃpɐʃ] *f/pl.* Späne *m/pl.*

rast|ear [ʀɐʃ'tjar] (1l) = *~ejar*; **~eiro** [~'teiru] kriechend, Kriech...; schleppend; *fig.* armselig; kriecherisch; *cão m* ~ Spürhund *m*; **~ejar** [~tɨ'ʒar] (1d) nachspüren (*dat.*); auf-, aus-spüren; *v/i.* (am Boden hin)kriechen; sich hinschleppen; **~ejo** [~'teʒu] *m* Kriechen *n*.

rastel|ar [~tə'lar] (1c) hecheln; **~o** [~'telu] *m* Hechel *f*; ⚒ Egge *f*.

rastilho [~'tiʎu] *m* Zündschnur *f*.

rasto ['Raʃtu] *m* Spur *f*; *andar de ~s* (dahin)kriechen; sich hinschleppen; sich mühsam fortschleppen; *ficar de ~s* herunterkommen; *levar* (*od. trazer*) *de ~s* (an-, fort-, nach-) schleppen; *seguir o ~ de alg.* in j-s Fußstapfen treten; = *ir no ~ a alg.* j-m (nach)folgen; j-m nachspüren.

rastr|ear [Rɐʃ'trjar] (1l) überschlagen; *bras.* harken, rechen; = *rastejar*; **~ilho** [~'triʎu] *m bras.* Rechen *m*; **~o** ['Raʃtru] *m* = *rasto*.

rasur|a [Rɐ'zurɐ] *f* Rasur *f*, radierte Stelle *f*; Schabsel *n*; **~ar** [~zu'rar] (1a) schaben; radieren.

rat|a ['Ratɐ] *f* Maus *f* (*weibl. Tier*); *bras. fig.* Blamage *f*; *cometer* (*od. dar*) *uma ~* sich blamieren; **~ão** [Rɐ'tɐ̃u] **1.** *m* Ratte *f* (*männl. Tier*); *fig.* Spaßvogel *m*; **2.** *adj.* spaßig.

ratazana [Rɐtɐ'zɐnɐ] *f* Ratte *f*; *fig.* F ulkige(s) Huhn *n*.

rat|ear [~'tjar] (1l) nach Verhältnis verteilen; umlegen; **~eio** [~'teju] *m* Verteilung *f*; *fazer um ~* = *~ear*.

rateiro [~'teiru] mäusefangend.

ratific|ação [~təfikɐ'sɐ̃u] *f* Bestätigung *f*; Ratifikation *f*; **~ar** [~'kar] (1n) bestätigen; *pol.* ratifizieren.

ratinh|ar [~ti'ɲar] (1a) feilschen um; *v/i.* knausern; **~eiro** [~eiru] knauserig; Mäuse...; **~o** [~'tiɲu] **1.** *m* Mäuschen *n*; Milchzahn *m*; **2.** *adj.*: *boi m ~* Mausochse *m* (*kleine port. Ochsenrasse*).

rato ['Ratu] **1.** *m* Maus *f*; *~ de água* Wasserratte *f*; *~ de biblioteca* Bücherwurm *m*; **2.** *adj.* mausgrau; *fig.* ulkig; **~eira** [Rɐ'tweirɐ] *f* Mausefalle *f*; *fig.* Falle *f*; **~na** [Rɐ'tonɐ] *f* ulkige(s) Huhn *n*; ulkige Sache *f*.

raton|ear [Rɐtu'njar] (1l) mausen; **~eiro** [~'neiru] *m* Spitzbube *m*; **~ice** [~'nisə] *f* Dieberei *f*.

ravina [Rɐ'vinɐ] *f* Gießbach *m*; Schlucht *f*.

razão [Rɐ'zɐ̃u] **1.** *f* Vernunft *f*; Verstand *m*; *Beweg*-Grund *m*; Rücksicht *f*; Recht *n*; Erklärung *f*; Rechenschaft *f*; Auskunft *f*; ⅍ Verhältnis *n*; *~ de Estado* Staatsräson *f*; *~ pública* öffentliche Meinung *f*; *~ social* Geschäftsname(n) *m*; *~ de ser* Daseinsberechtigung *f*; *razões pl. de família* Familienrücksichten *f/pl.*; *à ~ de* zum Zinssatz von; zu (je); mit e-r Geschwindigkeit von; *com ~* mit Recht; ganz richtig; *em ~ de* wegen (*gen.*); in Anbetracht (*gen.*); *cair na ~* das Rechte treffen; = *chegar-se à ~* Vernunft annehmen; *dar ~ a alg.* j-m recht geben; *estar fora da ~* unrecht h.; *estar na ~ directa* (*inversa*) *de* im direkten (umgekehrten) Verhältnis stehen zu; *meter na ~*, *trazer à ~* zur Vernunft bringen; (*não*) *ter ~* (un)recht h.; *travar-se de razões* sich streiten; **2.** *m* ✝ (*livro de*) ~ Hauptbuch *n*.

razia [~'ziɐ] *f* Raubüberfall m.

razoável [~'zwavɛɫ] vernünftig; mäßig (*Preis*); ziemlich (groß *od.* gut).

re... *in Zssgn* wieder; noch einmal; zurück...; *oft zur verstärkenden Wiederholung, z.B. contou e recontou* er (er)zählte wieder und wieder; *gasto e regasto* ganz und gar verbraucht; *falso e refalso* durch und durch falsch.

ré [Rɛ] **1.** *f* a) ⚖ Angeklagte *f*; b) ⚓ Heck *n*; Hinterschiff *n*; *pôr de ~* beiseite setzen; **2.** *m* ♪ D *n*.

rê [Re] *m Name des Buchstaben* r; *pl.* *rês od. rr.*

reabastec|er [RiɐβɐʃtəˈseR] (2g; *Stv.* 2c) versorgen; **~imento** [~si'mẽntu] *m* Nachschub *m*; Versorgung *f*.

reabilit|ação [~βəlitɐ'sɐ̃u] *f* Ehrenrettung *f*; Rehabilitation *f*; **~ar** [~'tar] (1a) *j-s* Ehre (*od.* Kredit) wiederherstellen *od.* retten, rehabilitieren.

reac|ção [Ria'sɐ̃u] *f* Gegen-, Rückwirkung *f*; Reaktion *f*; *Radio*: Rückkopplung *f*; **~cional** [~sju'naɫ] Reaktions...; **~cionário** [~sju'narju] rückschrittlich, reaktionär.

react|ância [~'tɐ̃sjɐ] *f* ⚡ Drosselung *f*; **~ivar** [~ti'var] (1a) wieder in Gang bringen; wieder aufleben l.; reaktivieren; **~ivo** [~'tivu] rückwirkend; Reaktions...; **~or** [~'tor] *m* Reaktor *m*.

reafirmar [Riɐfir'mar] (1a) von neuem (*od.* nochmals) versichern.

reag|ente [~'ʒẽntə] *m* Reagens *n*; **~ir** [~ir] (3n) reagieren (auf [*ac.*]

a, contra); sich widersetzen, sich zur Wehr setzen.

reajust|amento [~ʒuʃtɐ'mẽntu] *m* = **~e**; **~ar** [~'tar] (1a) angleichen; **~e** [~'ʒuʃtə] *m* Angleichung *f*.

real [ʀjał] **a**) wirklich; tatsächlich; real; ⚖ Sach(en)...; *encargos m/pl. reais* Realsteuern *f/pl.*; *valor m real* Sachwert *m*; **b**) 1. *adj.* königlich, Königs...; 2. *m* Real *m* (*ehm. port. Münzeinheit*).

real|çar [ʀjał'sar] (1p) hervorheben; rühmen; betonen; erhöhen; verschönern, beleben; **~çar-se** sich abheben, hervor-treten, -stechen; **~ce** ['ʀjałsə] *m* Hervorhebung *f*; Betonung *f*; Glanz *m*; Ansehen *n*; Bedeutung *f*; *partícula f de ~* Flick-, Füll-wort *n*; *dar ~ a* hervortreten l.; erhöhten Glanz (*od.* besondere Bedeutung) verleihen; = *~çar*.

realej|ar [ʀjɐli'ʒar] (1d) (herunter-) leiern; **~o** [~'leʒu] *m* Leierkasten *m*, Drehorgel *f*; Mundharmonika *f*.

realengo [ʀjɐ'lẽngu] königlich.

realeza [~'lezɐ] *f* königliche Würde *f*; Königtum *n*; Prunk *m*.

reali|dade [~li'ðaðə] *f* Wirklichkeit *f* (*na* in); **~smo** [~'liʒmu] *m* **a**) Wirklichkeitstreue *f*, Lebensnähe *f*; Realismus *m*; **b**) Königtum *n*; Königspartei *f*; **~sta** [~'liʃtɐ] **1.** *adj.* a) wirklichkeitsnah, realistisch; b) königstreu; **2.** *m* a) Realist *m*; b) Royalist *m*; **~zação** [~zɐ'sɐ̃u] *f* Verwirklichung *f*; Erfüllung *f*; Aus-, Durch-führung *f*; † Verkauf *m*; Einzahlung *f*; *kultur.* Veranstaltung *f*; *Film-, Mode-*Schöpfung *f*; Inszenierung *f*; Drehbuch *n*; *espírito m de ~* Unternehmungsgeist *m*; **~zador** [~zɐ'ðor] *m* Ausführende(r) *m*; Veranstalter *m*; Schöpfer *m*; *Film-*Regisseur *m*; **~zar** [~'zar] (1a) verwirklichen; aus-, durch-führen; *Vertrag* schließen; *Wunsch* erfüllen; † zu Geld m., verkaufen; *Kapitalien* flüssigmachen; *Aktie* einzahlen; *Konzert usw.* veranstalten; *Kleidermodell* schaffen; *tea.* inszenieren; *Film* drehen; **~zar-se** stattfinden (*Konzert, usw.*); **~zável** [~'zavɛł] aus-, durch-führbar; erfüllbar.

realmente [ʀjał'mẽntə] wirklich; tatsächlich, in der Tat.

reanimar [ʀiɐni'mar] (1a) wieder beleben; aufrütteln.

rearmamento [ʀiɐrmɐ'mẽntu] *m* Wiederbewaffnung *f*; Aufrüstung *f*.

reatar [ʀiɐ'tar] (1b) wieder anknüpfen; neu binden; *Bruchstelle* absteifen; fortfahren in (*dat.*).

reaver [~'ver] (2z) wiederbekommen.

reavivar [~vi'var] (1a) auffrischen; beleben; **~-se** aufleben.

rebaixa [ʀə'βaiʃɐ] *f Preis-*Rückgang *m*; *Preis-*Nachlaß *m*.

rebaix|amento [ʀəβaiʃɐ'mẽntu] *m* Senkung *f*; Vertiefung *f*; *fig. Preis-*Herabsetzung *f*; Herabwürdigung *f*; Würdelosigkeit *f*; Nichtswürdigkeit *f*; **~ar** [~'ʃar] (1a) senken; niedriger m. (*od.* hängen, setzen, stellen); vertiefen; abhobeln; *Preis, Wert* herabsetzen; entwürdigen; herunterm.; **~ar-se** sich herabwürdigen; herunterkommen; **~o** [~'βaiʃu] *m* Senkung *f*; Vertiefung *f*; Falz *m*, Einschnitt *m*; Verschlag *m*.

rebalsar(**-se**) [ʀəβał'sar(sə)] (1a) sich stauen; versumpfen.

rebanho [ʀə'βɐɲu] *m* Herde *f*.

rebarb|a [ʀə'βarβɐ] *f* Vorsprung *m*; ⊕ *Guß-*Naht *f*; *our.* Kasten *m od.* Krappel *f*; *tip.* Zeilenzwischenraum *m*; **~ar** [~βɐr'βar] (1b) *Gußstücke* putzen; *Nähte* abschleifen.

rebarbariz|ação [ʀəβɐrβɐrizɐ'sɐ̃u] *f* Rückfall *m* in die Barbarei; **~ar** [~'zar] (1a) verrohen.

rebarbativo [~βɐ'tivu] doppelkinnig; feist; roh; grob.

rebat|e [ʀə'βatə] *m* Alarm(-zeichen *n*, -signal *n*) *m*; Sturmläuten *n*; Aufruf *m*; Warnung *f*; Ahnung *f*; *Gewissens-*Bisse *m/pl.*; Zs.-stoß *m*; † Diskont *m*, Rabatt *m*; Abzug *m*; Aufgeld *n*; *~ falso* blinde(r) Alarm *m*; *dar ~ a* alarmieren (*ac.*); warnen (*ac.*); *dar ~, tocar a ~* Lärm schlagen; Sturm läuten; **~er** [~βɐ'ter] (2b) *Angriff* zurückschlagen, abwehren; *Vorwurf* zurückweisen; *Gründe* widerlegen; *Mißstände* geißeln; *Vorspringendes* um-biegen, -klopfen, -nieten; † diskontieren; rabattieren; (mit Abzug) wiederverkaufen, *Papiergeld* eintauschen; *Gehalt* vorauszahlen.

rebel|ão [ʀəβə'lɐ̃u] störrisch; **~ar** [~ar] (1c) aufwiegeln; **~ar-se** sich empören; **~de** [~'βɛłdə] **1.** *adj.* aufrührerisch, rebellisch; widerspenstig; heikel; störrisch; verstockt;

2. *m* Aufrührer *m*, Rebell *m*; **~dia** [~βɐł'diɐ] *f* Widerspenstigkeit *f*; Störrigkeit *f*; Verstocktheit *f*; = **~ião** [~'ljɐ̃u] *f* Aufstand *m*, Empörung *f*.

rebenque *bras.* [ʀe'βẽŋkə] *m* Reitpeitsche *f*.

rebent|ação [ʀəβẽntɐ'sɐ̃u] *f bsd.* Brandung *f*; **~ão** [~'tɐ̃u] *m* Wurzelschößling *m*; *fig.* = *~o*; **~ar** [~'tar] (1a) platzen, bersten (*de* vor [*dat.*]); brechen (*Deich*); sich brechen (*Welle*); ausbrechen (*Krieg*); hereinbrechen (*Unglück*); losbrechen (*Lärm*, *Unwetter*); aufbrechen (*Knospe*, *Geschwür*); sprießen (*Pflanze*); hervorquellen (*Wasser*, *Tränen*); auftauchen; *~ de fig.* umkommen vor (*dat.*); *v/t.* auf-, zerbrechen; **~ina** [~'tinɐ] *f* Wut(anfall *m*) *f*; **~o** [~'βẽntu] *m* Trieb *m* (*a. fig.*), Schößling *m*; *fig.* Sprößling *m*.

rebit|ar [~βi'tar] (1a) vernieten; = *arrebitar*; **~e** [~'βitə] *m* Niet(nagel) *m*, Niete *f*; Vernietung *f* (*Hufnagel*).

reboar [ʀə'βwar] (1f) widerhallen.

reboc|ador [ʀəβukɐ'ðor] **1.** *m* a) Schleppdampfer *m*; Schlepper *m*; b) Tüncher *m*; **2.** *adj.* Schlepp..., Abschlepp...; **~ar** [~'kar] (1n; *Stv.* 1e) **a**) (ab)schleppen; ziehen; **b**) *Wand* verputzen; **~ável** [~'kavɛł] Schlepp...; fahrbar; *carro m ~* Anhänger *m*; **~o** [~'βoku] *m* Verputz *m*, Bewurf *m*.

rebojo *bras.* [ʀe'βoʒu] *m* Wogenschwall *m*; Strudel *m*; Wirbel *m*.

rebol|ar [ʀəβu'lar] (1e) wälzen, rollen; drehen; **~ar-se** rollen; sich (in den Hüften) wiegen, schwänzeln; **~car** [~oł'kar] (1n) wälzen; rollen l.; **~ear** [~'ljar] (1l) *bras. Lasso* schwingen; **~ear-se** sich wiegen; tanzen; **~eira** [~eirɐ] *f* **a**) Dickicht *n*; **b**) Abschleifsel *n*; **~iço** [~isu] rund; sich drehend; unruhig; **~o** [~'βolu] *m* Schleifstein *m*; P Rolle *f*; Walze *f*; *aos ~s, de ~* sich wälzend.

reboque [~'βɔkə] *m* (Ab-, Ein-, Aus-) Schleppen *n*; Schlepptau *n*; Anhänger *m*; *carro m de ~* Abschleppwagen *m*; Schlepper *m*; *levar a ~* (ab)schleppen; ins Schlepptau nehmen.

rebord|agem [~βur'ðaʒɐ̃i] *f* ⚓ Kollisions-schaden *m*, -entschädigung *f*; **~ão** [~ɐ̃u] ⚘ Hecken...; **~ar** [~ar] (1e) abkanten; **~o** [~'βorðu] *m* *vorspringender* Rand *m*; Falz *m*; *Becher-*, *Glocken-*Kranz *m*; Auskragung *f*; *~ de roda* Spurkranz *m*.

rebotalho [~βu'taʎu] *m* Ausschuß *m*.

rebrilhar [~βri'ʎar] (1a) erglänzen.

rebuç|ado [~βu'saðu] *m* Bonbon *n*; **~ar** [~ar] (1p) verhüllen; **~o** [~'βusu] *m* Verhüllung *f*; Maske *f*; *fig.* Verstellung *f*; *sem ~s* unumwunden.

rebul|ício, ~iço [~βu'lisju, ~'lisu] *m* Auflauf *m*; Getümmel *n*; **~ir** [~ir] (3h) überarbeiten; schwenken; **~ir-se** herum-schwänzeln (*od.* F -fuhrwerken).

rebusc|a [~'βuʃkɐ] *f* Nachlese *f*; Ährenlese *f*; Nachforschung *f*; **~ado** [~βuʃ'kaðu] gesucht (*Stil*); **~ar** [~βuʃ'kar] (1n) heraus-, zs.-klauben; nachspüren (*dat.*); sammeln; *Ähren* lesen; *Stil* feilen; **~o** [~u] *m* = *~a*.

reca ['ʀɛkɐ] *f prov.* Sau *f*.

recad|eira [ʀəkɐ'ðeirɐ] *f* Botengängerin *f*; **~ista** [~iʃtɐ] *su.* Bote *m*, Botin *f*; **~o** [~'kaðu] *m* Bestellung *f*; Bescheid *m*; Auftrag *m*; F Anschnauzer *m*; *moço m de ~s* Laufjunge *m*, Bote *m*; *dar* (*od. transmitir*) *o ~* e-e Bestellung ausrichten, es bestellen, es ausrichten; *dar ~ de a/c.* sich gewachsen zeigen (*dat.*), fertigbringen (*ac.*); *ele (não) dá conta do ~* das kann er (nicht).

recaída [~kɐ'iðɐ] *f* Rückfall *m*.

recaidiço [~kai'ðisu] rückfällig.

recair [~kɐ'ir] (3l) zurückfallen (*em* in [*ac.*]); rückfällig w.; ⚕ e-n Rückfall bekommen; *~ sobre* fallen auf (*ac.*) (*Verdacht*); zufallen (*dat.*) (*Erbschaft*); sich beziehen auf (*ac.*), sich drehen um (*a. em*).

recalc|ado [~kał'kaðu] gehemmt, unfrei; argwöhnisch; unlustig (*zur Arbeit*); **~amento** [~kɐ'mẽntu] *m* Verdrängung *f*; Hemmung *f*; Argwohn *m*; *bras.* ⚕ Verstauchung *f*; **~ar** [~ar] (1n) (zs.-)stauchen; *fig. Gefühle* zurück-drängen, -stauen; 🕮 verdrängen; *bras. Fuß* verstauchen.

recalcitr|ante [~si'trɐ̃ntə] widerspenstig, störrisch; verstockt; **~ar** [~ar] (1a) bocken; sich sträuben, widerstreben; trotzen.

recalque [~'kałkə] *m* = *recalcamento*.

recamar [~kɐ'mar] (1a) besticken; schmücken; bedecken, verkleiden.

recambiar [~kẽm'bjar] (1g) zurück-schicken, -geben; umtauschen; *Wechsel* retournieren.
recâmbio [~'kẽmbju] *m* Rückgabe *f*; Umtausch *m*; Retour-, Rück-spesen *pl.*; *conta f de* ~ Retourrechnung *f*; *letra f de* ~ Rückwechsel *m*.
recamo [~'kɐmu] *m* Reliefstickerei *f*; *fig.* Verzierung *f*.
recanto [~'kẽntu] *m* Winkel *m*.
recapitul|ação [~kɐpitulɐ'sɐ̃u] *f* Wiederholung *f*; Zs.-fassung *f*; **~ar** [~'lar] (1a) wiederholen; zs.-fassen.
recat|ado [~kɐ'taðu] zurückhaltend; vorsichtig; ehrbar; **~ar** [~ar] (1b) bewahren; ver-, aufbe-wahren; verheimlichen; verstecken; **~ar-se** sich zurück-halten, -ziehen; vorsichtig sn; **~o** [~'katu] *m* Zurückhaltung *f*; Vorsicht *f*; Ehrbarkeit *f*; Zurückgezogenheit *f*; Versteck *n*; *a bom* ~ gut versteckt; sicher verwahrt.
recear [ʀə'sjar] (1l) (be)fürchten; *v/i.* ~ *de* sich fürchten vor (*dat.*), fürchten (*ac.*).
receb|edor [ʀəsəβə'ðor] *m* Empfänger *m*; Steuereinnehmer *m*; **~edoria** [~əðu'riɐ] *f* Steueramt *n*; **~er** [~'βer] (2c) *j-n od. et.* empfangen; *et.* erhalten, bekommen; *Rechnung usw.* einkassieren; annehmen; anerkennen; zulassen; *Unangenehmes* hinnehmen; *Schaden* erleiden; besucht sn (*Ort*); ~ (*em casamento*) heiraten; **~ido** [~'βiðu] ✝ (Betrag) erhalten; **~imento** [~i'mẽntu] *m* Empfang *m*.
receio [ʀə'seju] *m* Furcht *f*; Befürchtung *f*; *sem* ~ unbedenklich.
receit|a [ʀə'seitɐ] *f* **a**) Einnahme(n *pl.*) *f*; **b**) Rezept *n*; **~ar** [~sei'tar] (1a) ver-ordnen, -schreiben; **~uário** [~sei'twarju] *m* Rezept-buch *n*, -formular *n*.
recém-... [ʀə'sɐ̃i...] neu...; kürzlich; soeben; **~casado** [~kɐ'zaðu] neuvermählt; **~chegado** [~ʃə'ɣaðu] neuangekommen; soeben eingetroffen; **~falecido** [~fɐlə'siðu] kürzlich verstorben; **~nascido** [~nɐʃ'siðu] neugeboren.
recender [ʀəsẽn'der] (2a) *Duft* ausströmen; *v/i.* (stark) duften.
recense|amento [ʀəsẽsjɐ'mẽntu] *m Volks- usw.* Zählung *f*; Eintragung *f*; ~ *dos eleitores* Aufstellung *f* der Wählerlisten; **~ar** [~'sjar] (1l) eintragen; zählen; karteimäßig erfassen; ~ *a população* e-e Volkszählung durchführen.
recente [ʀə'sẽntə] neu; letzt; **~mente** [~'mẽntə] kürzlich, vor kurzem; neuerdings.
receoso [~'sjozu] ängstlich; furchtsam.
recep|ção [~sɛ'sɐ̃u] *f* Empfang *m*; Aufnahme *f*; **~cionista** *bras.* [~sju'niʃtɐ] *m* Empfangschef *m*; **~tação** [~ptɐ'sɐ̃u] *f* Hehlerei *f*; **~táculo** [~p'takulu] *m* Behälter *m*; Sammelbecken *n* (*a. fig.*); ♀ Fruchtboden *m*; **~tador** [~ptɐ'ðor] *m* Hehler *m*; **~tar** [~'ptar] (1a) *Diebesgut* verbergen, -hehlen; *Diebstahl* begünstigen; *v/i.* hehlen; **~tividade** [~ptivi'ðaðə] *f* Aufnahme(bereitschaft) *f*; **~tivo** [~p'tivu] empfänglich; **~tor** [~p'tor] **1.** *adj.* Empfangs...; **2.** *m* Empfänger *m* (*a.* ⚡); Empfangsgerät *n*; *tel.* Hörer *m*; ⚖ Hehler *m*; = *~táculo*.
recesso [ʀə'sɛsu] *m* Zuflucht(sort *m*) *f*; *das* Innere.
rechaçar [ʀəʃɐ'sar] (1p; *Stv.* 1b) ab-, zurück-schlagen; verjagen; verstoßen; zurückweisen.
reche|ado [~'ʃjaðu] *m* Füllung *f*; **~ar** [~ar] (1l) füllen; (voll)stopfen.
rechego [~'ʃeɣu] *m mont.* Anstand *m*.
recheio [~'ʃeju] *m* Füllung *f*, Füllsel *n*; Einrichtung *f*, Ausstattung *f*; Inventar *n*; ~ *de casa* Hausrat *m*.
rechinar [~ʃi'nar] (1a) zischen.
rechonchudo [~ʃõ'ʃuðu] rundlich; pausbackig.
recibo [~'siβu] *m* Quittung *f*.
recidiv|a [~si'ðivɐ] *f* Rückfall *m*; **~o** [~u] rückfällig.
recife [ʀə'sifə] *m* Riff *n*.
recinto [ʀə'sĩntu] *m* Bereich *m*; Raum *m*; Halle *f*; Ausstellungsgebäude *n*.
recipiente [ʀəsi'pjẽntə] *m* Gefäß *n*, Behälter *m*; *fis.* Rezipient *m*.
recipro|car [ʀəsipru'kar] (1n; *Stv.* 1e) austauschen; umkehren; **~car-se** ea. entsprechen; **~cidade** [~si'ðaðə] *f* Gegenseitigkeit *f*.
recíproco [~'sipruku] gegen-, wechsel-seitig; Gegen...; Wechsel...; 🕮 reziprok.
récita ['ʀɛsitɐ] *f* Vortragsabend *m*; Vorstellung *f*.
recit|ação [ʀəsitɐ'sɐ̃u] *f Gedicht-*Vortrag *m*; **~ador** [~ɐ'ðor] *m* Vor-

tragskünstler *m*, Rezitator *m*; **~al** [~'tał] *m* Konzert-, Vortrags-abend *m*; (Solo-)Konzert *n*; ~ *de piano* (*violino*) Klavier- (Violin-)Abend *m*; **~ar** [~'tar] (1a) vortragen, rezitieren; **~ativo** [~ɐ'tivu] *m* Rezitativ *n*.

reclam|ação [ʀəklɐmɐ'sɐ̃u] *f* Einspruch *m*; Beschwerde *f*; Rückforderung *f*; Beanspruchung *f*; Forderung *f*; ✝ Reklamation *f*; Beanstandung *f*; ~ *de perdas e danos* Schadenersatzforderung *f*; *apresentar -ões contra* = *~ar* 2.; *fazer -ões de* = **~ar** [~'mar] (1a) **1.** *v/t.* (zurück)fordern; rufen nach; beanspruchen; *mont.* (an)locken; **2.** *v/i.*: ~ *de alg. por* + *inf. j-n* beschuldigen zu + *inf.*; ~ *contra* Einspruch erheben gegen; sich beschweren über (*ac.*); **~e** [~'klɐmə] *m gal.* Reklame *f*; **~o** [~'klɐmu] *m* Lock-ruf *m*, -pfeife *f*, -vogel *m*; Forderung *f*; Ruf *m* (nach *de*); ✝ Reklame *f*; *tea.* Stichwort *n*.

reclinar [ʀəkli'nar] (1a) (an-, zurück-)lehnen; legen.

reclus|ão [~klu'zɐ̃u] *f* Einschließung *f*; ⚖ Einzelhaft *f*; *fig.* Abgeschlossenheit *f*; **~o** [~'kluzu] **1.** *adj.* eingeschlossen; in Haft; **2.** *m* Häftling *m*.

reco ['ʀɛku] *m prov.* Schwein *n*.

recobrar [ʀəku'βrar] (1e) wiederbekommen, -erlangen; wieder einbringen; auf-, nach-holen.

recolha [~'koʎɐ] *f* Sammeln *n*; Einbringung *f*; Ein-holen *n*, -ziehen *n*; Einziehung *f v. Geldsorten*; Zurückziehung *f*; Heimkehr *f*; Aufnahme *f*; Unter-bringung *f*, -stellung *f*; Unterkunft *f*; *Wagen*-Schuppen *m*.

recolh|er [~ko'ʎer] (2d) (ein)sammeln; ein-bringen, -holen; ernten; aufbewahren; *j-m et.* abnehmen; *j-n* aufnehmen; *j-n* bringen in (*ac.*) *od.* nach; unterbringen; unterstellen; *Segel, Bein, Erkundigung* einziehen; (zs.-)ziehen; entnehmen, folgern; *v/i. u.* **~er-se** heimkehren; sich zur Ruhe begeben; sich zurückziehen; sich flüchten (vor [*dat.*] *de*); sich *innerlich* sammeln; zurückgehen (*Geschwulst*); *tocar a* ~ den Zapfenstreich blasen; **~ida** [~iðɐ] *f* Rückzug *m*; *bras.* Eintreibung *f des Viehs*; **~ido** [~iðu] zurückgezogen, einsam; zurückhaltend, abweisend; *estar* ~ sich (schon) zurückgezogen h., (schon) zur Ruhe gegangen sn; (noch) nicht zum Vorschein gekommen (*od.* zu sprechen) sn, noch ruhen; **~imento** [~ʎi'mẽntu] *m* Zurückgezogenheit *f*; *geistige* Sammlung *f*; *rel.* Andacht *f*; Unterkunft *f*; Heim *n*, Asyl *n*; = *recolha*, *~ida*.

recomend|ação [~kumẽndɐ'sɐ̃u] *f* Empfehlung *f*; Ermahnung *f*; *dê-lhe -ões minhas* empfehlen Sie mich ihm; *fazer a* ~ *de* = **~ar** [~'dar] (1a) empfehlen; anraten, nahelegen; an-empfehlen, -vertrauen; auftragen; **~ável** [~'davɛł] empfehlenswert.

recompens|a [~kõm'pẽsɐ] *f* Belohnung *f*, Lohn *m*; Entschädigung *f*; **~ar** [~pẽ'sar] (1a) belohnen (*de* für); aufwiegen, entschädigen für; ~ *alg. de a.* j-m *et.* vergelten.

recomp|or [~kõm'por] (2zd) umbilden, -besetzen; **~osição** [~puzi'sɐ̃u] *f Regierungs*-Umbildung *f*.

recôncavo *bras.* [ʀe'kõŋkavu] *m* Bucht *f*; *fig.* Umkreis *m*.

reconcentrar [ʀəkõsẽn'trar] (1a) vereinigen, sammeln; *Truppen* zs.-ziehen; *Gefühl* unterdrücken; *Interesse usw.* zuwenden (*dat. em*).

reconcili|ação [~kõsiljɐ'sɐ̃u] *f* Versöhnung *f*; **~ar** [~'ljar] (1g) versöhnen; **~atório** [~ɐ'tɔrju] versöhnlich.

recôndito [~'kõnditu] **1.** *adj.* verborgen; abgründig; **2.** *m* Versteck *n*.

recondu|ção [~kõndu'sɐ̃u] *f* Rückführung *f*; Wieder-ernennung *f*, -wahl *f*; **~zir** [~'zir] (3m) zurückbringen, -führen; wieder-ernennen, -wählen; *Frist* verlängern.

reconfort|ante [~kõfur'tɐ̃ntə] *m* Stärkungsmittel *n*; **~ar** [~ar] (1e) stärken; trösten.

reconhec|er [~kuɲə'ser] (2g) (wieder) erkennen (an [*dat.*] *por*); einsehen; anerkennen (als *por, como*); zugeben; *Weg* erkunden; *Dienste* dankbar anerkennen; sich erkenntlich zeigen (*od.* danken) für; ⚖ beglaubigen; **~ido** [~iðu] dankbar; **~imento** [~si'mẽntu] *m* (Wieder-) Erkennen *n*; Anerkennung *f*; Beglaubigung *f*; Bekenntnis *n*; Erkenntlichkeit *f*, Dankbarkeit *f*; ⚔ Erkundung *f*, Aufklärung *f*; *sinais m/pl. de* ~ Erkennungszeichen *n/pl.*; **~ível** [~ivɛł] kenntlich.

reconquist|a [~kõŋ'kiʃtɐ] *f* Wiedereroberung *f*; Rückgewinnung *f*;

~ar [~kiʃ'tar] (1a) wiedererobern; zurückgewinnen; wiedererlangen.
reconsiderar [~kõsiðə'rar] (1c) nochmals überprüfen; sich *et.* noch einmal überlegen; *v/i.* es sich anders überlegen; ~ *em* nachdenken über (*ac.*); bereuen (*ac.*).
reconstitu|ição [~kõʃtitwi'sɐ̃u] *f* Wiederherstellung *f*; **~inte** [~'twĩntə] *m* Kräftigungsmittel *n*; **~ir** [~'twir] (3i) wiederherstellen; wieder einsetzen.
reconstru|ção [~kõʃtru'sɐ̃u] *f* Wiederaufbau *m*; Rekonstruktion *f*; **~ir** [~'trwir] (3k) wieder aufbauen; wiederherstellen; ergänzen; rekonstruieren.
recontar [~kõn'tar] (1a) (nach)erzählen; überzählen.
recontro [~'kõntru] *m* ⚔ Treffen *n*, Zs.-stoß *m*; *fig.* zufällige(s) Zs.-treffen *n*; *de* ~ zufällig.
recopil|ação [~kupilɐ'sɐ̃u] *f* Auszug *m*; *Gesetzes*-Sammlung *f*; **~ar** [~'lar] (1a) ausziehen; zs.-stellen.
record|ação [~kurðɐ'sɐ̃u] *f* Erinnerung *f*; Andenken *n*; **~ar** [~'ðar] (1e) sich *et.* ins Gedächtnis zurückrufen; *j-m et.* in Erinnerung bringen; erinnern an (*ac.*); **~ar-se** *de* sich erinnern an.
recorde [~'kɔrðə] *m* Rekord *m*, Best-, Höchst-leistung *f*.
recorr|ente [~ku'rentə] *su.* ⚖ Berufungskläger(in *f*) *m*; **~er** [~er] (2d) durch-laufen, -blättern, -suchen; durchsehen; *v/i.* ~ *a* s-e Zuflucht nehmen zu, sich wenden an (*ac.*); zurückgreifen auf (*ac.*); greifen zu; ~ *de* Berufung einlegen gegen; ~ *aos tribunais* den Rechtsweg beschreiten.
recort|ar [~kur'tar] (1e) ausschneiden; ~ *de* durchsetzen (*od.* vermischen) mit; **~ar-se** sich abzeichnen; **~e** [~'kɔrtə] *m* Ausschnitt *m*; Ausschneidearbeit *f*; *Baum*-Beschnitt *m*; Umriß *m*, Silhouette *f*.
recostar [~kuʃ'tar] (1e) (an-, zurück-)lehnen; legen; (zur Seite) neigen.
recov|agem [~ku'vaʒɐ̃i] *f* Spedition *f*; Beförderung *f*, Transport *m*; **~ar** [~ar] (1e) befördern, transportieren; **~eiro** [~eiru] *m* Spediteur *m*.
recoz|er [rəku'zer] (2d) wieder aufkochen; gut durchkochen; zerkochen lassen; ⊕ (aus)glühen.
recr|ear [~'krjar] (1l) ergötzen, erquicken; erfrischen; **~ear-se** sich erholen (bei *com*); **~eativo** [~krjɐ'tivu] ergötzlich, F amüsant; erholend; Unterhaltungs...; Vergnügungs...; **~eio** [~'kreju] *m* Unterhaltung *f*; Erholung *f*; (Schul-, Arbeits-)Pause *f*; *viagem f de* ~ Vergnügungsreise *f*.
recresc|er [~kriʃ'ser] (2g) *fig.* anwachsen, zunehmen; übrigbleiben; ~ *sobre* (*od. a*) *alg. von allen Seiten* über j-n herfallen; j-n überkommen; **~imento** [~si'mẽntu] *m* Anwachsen *n*, Zunahme *f*.
recri|a [~'kriɐ] *f* Nachzucht *f*; Nachwuchs *m an Schlachtvieh*; **~ar** [~'krjar] (1g): ~ (*porcos*) den Bestand an (Schweinen) ergänzen.
recrimin|ação [~kriminɐ'sɐ̃u] *f* Gegenbeschuldigung *f*; **~ar** [~'nar] (1a) mit Gegenbeschuldigungen antworten (*dat.*), (wieder) beschuldigen; **~ar-se** sich gegenseitig beschuldigen.
recrudesc|ência [~kruðiʃ'sẽsjɐ] *f* Wiederaufflackern *n*; Verschlimmerung *f*; Verschärfung *f*; Zunahme *f*, Ansteigen *n*; **~er** [~'ser] (2g) wieder aufflackern; *bsd.* ansteigen, zunehmen; sich verschlimmern; sich verschärfen.
recrut|a [~'krutɐ] *m* Rekrut *m*; **~amento** [~krutɐ'mẽntu] *m* Aushebung *f*; Werbung *f*; **~ar** [~'tar] (1a) ausheben; *allg.* werben.
recta ⩘ ['rɛtɐ] *f* Gerade *f*.
rectal [rɛ'tał] Mastdarm..., rektal.
rect|angular [rɛtẽŋgu'lar] rechteckig; **~ângulo** [~'tẽŋgulu] **1.** *adj.* rechtwinklig; **2.** *m* Rechteck *n*; **~idão** [~ti'ðɐ̃u] *f* Geradheit *f*; Rechtschaffenheit *f*.
rectific|ação [~tifikɐ'sɐ̃u] *f* Begradigung *f*; Berichtigung *f*, Richtigstellung *f*; Rektifizierung *f*; **~ador** [~ɐ'ðor] *m* Rektifiziergerät *n*; **~ar** [~'kar] (1n) begradigen; berichtigen, verbessern; ⚗ rektifizieren.
rectilíneo [~ti'linju] geradlinig.
recto ['rɛtu] **1.** *adj.* gerade (*Linie*); recht (*Winkel*); aufrecht (*Stellung*, *a. fig.*); *fig.* redlich; rechtlich; *escritura f recta* Steilschrift *f*; **2.** *m* Mastdarm *m*.
rectriz [rɛ'triʃ] *f* Steuerfeder *f*.
récua ['rɛkwɐ] *f* Koppel *f* Last- (*od.* Reit-)tiere; *fig.* Bande *f*.

recu|ada [Rə'kwaðɐ] *f Sport*: Anlauf *m*; = *~o*; *às ~s* rückwärts; **~ar** [~'kwar] (1g) zurückgehen; zurücktreten, -weichen, -prallen, -schrekken; *v/t.* zurück-setzen, -treiben, -werfen; **~o** [Rə'kuu] *m* Rückgang *m*; Zurück-treten *n*, -weichen *n*; ⚔ Rückzug *m*; Rückstoß *m der Feuerwaffe.*

recuper|ação [Rəkupərɐ'sɐ̃u] *f* Wieder-erlangung *f*, -gewinnung *f*; Genesung *f*; **~ar** [~'rar] (1c) wieder-erlangen, -gewinnen, -bekommen; *Versäumtes* ein-, nach-holen; **~ar-se** genesen; *~ de* sich erholen von.

recurso [~'kursu] *m* (Hilfs-)Mittel *n*; Möglichkeit *f*; Auskunft(smittel *n*) *f*, Ausweg *m*; Zuflucht *f*; Rückgriff *m*, -gang *m*; Inanspruchnahme *f*; ⚖ Berufung *f*; Rekurs *m*; *~s pl.* (Geld-)Mittel *n/pl.*; Hilfsquellen *f/pl.*; *sem ~s* mittellos; *em último ~* äußerstenfalls.

recurv|ado [~kur'vaðu] gebogen, krumm; **~ar** [~ar] (1a) biegen; krümmen; **~o** [~'kurvu] = *~ado.*

recus|a [~'kuzɐ] *f* Ablehnung *f*; Verweigerung *f*; Weigerung *f*; abschlägige Antwort *f*; *fazer ~ de* = **~ar** [~ku'zar] (1a) ablehnen; ausschlagen; *j-m et.* verweigern, abschlagen; *~ inf.* = **~ar-se** *a* sich weigern zu *inf.*; sich wehren gegen (*ac.*); ablehnen (*ac.*).

redac|ção [~ða'sɐ̃u] *f* Abfassung *f*; Niederschrift *f*; Schreibweise *f*; *Schul*-Aufsatz *m*; Schriftleitung *f*, Redaktion *f*; **~tor** [~'tor] *m* Schriftleiter *m*, Redakteur *m*; **~tor-chefe** [~tor'ʃɛfə] *m* Hauptschriftleiter *m*, Chefredakteur *m*.

redarguir [~ðɐr'ɣwir] (3p) erwidern, versetzen.

rede ['Reðə] *f* Netz(gewebe) *n*; Hängematte *f*; *cair na ~* ins Netz (*od.* Garn) gehen.

rédea ['Rɛðjɐ] *f* Zügel *m*; *dar ~s* (*largas*) freien Lauf (*od.* die Zügel schießen) l.; *soltar a ~* die Zügel locker l.; *tomar as ~s fig.* die Leitung (*od.* Herrschaft) übernehmen; *à ~ solta* mit verhängten Zügeln; *fig.* zügellos; unge-zügelt, -bunden.

redemoinho [Rəðə'mwiɲu] = *remoinho.*

reden|ção [~ðẽ'sɐ̃u] *f* Rettung *f*; † Loskauf *m*; ✝ Einlösung *f*; *rel.* Erlösung *f*; *sem ~* rettungslos; **~tor** [~n'tor] *m* Retter *m*; ♀ Erlöser *m*.

redescontar ✝ [~ðɨʃkõn'tar] (1a) rediskontieren.

redib|ição [~ðəβi'sɐ̃u] *f* Rückgabe *f* (*od.* Zurücknahme *f*); **~ir** [~'βir] (3a) *Kauf* rückgängig m.; *fehlerhafte Ware* zurückgeben; **~itório** [~i'tɔrju] zur Rückgabe berechtigen(d).

redigir [~ðə'ʒir] (3n) ab-, verfassen; niederschreiben; *Zeitung* redigieren.

redil [~'ðiɫ] *m Schaf*-Stall *m*; *fig.* Gemeinschaft *f*, *poét.* Schoß *m*.

redimir [~ðə'mir] (3a) = *remir.*

redistribu|ição [~ðiʃtriβwi'sɐ̃u] *f* Neuverteilung *f*; **~ir** [~'βwir] (3i) neu verteilen.

rédito ['Rɛðitu] *m* ✝ Ertrag *m*; *~s pl.* Gewinn *m*; Zinsen *m/pl.*

redivivo [~ði'vivu] wiedererstanden.

redobr|amento [~ðuβrɐ'mẽntu] *m* Verdoppelung *f*; Zunahme *f*; **~ar** [~'βrar] (1e) verdoppeln; erhöhen; immerzu wiederholen; *v/i.* ansteigen; zunehmen.

redoma [~'ðomɐ] *f* Glasglocke *f*.

redond|amente [~ðõndɐ'mẽntə] rund-heraus, -weg; *cair ~* der Länge nach hinfallen; **~el** [~'dɛɫ] *m* Rund *n*; Arena *f*; **~eza** [~'dezɐ] *f* Rundung *f*; runde Gestalt *f*; Runde *f*; Erdenrund *n*; *em toda a ~* ringsumher, weit und breit; **~o** [~'ðõndu] **1.** *adj.* rund; *fig.* rundlich; glatt; *em ~* in der Runde; **2.** *adv.* = *~amente.*

redor [~'ðɔr] *m* Umkreis *m*; *em ~, de ~, ao ~* in der Runde; ringsumher; *em* (*od. ao*) *~ de* um ... her(um); *ao ~ de* etwa, ungefähr.

redrar [Rə'ðrar] (1c) jäten.

redução [Rəðu'sɐ̃u] *f* Zurückführung *f*; Verminderung *f*; Verkleinerung *f*; Herabsetzung *f*; Ermäßigung *f*; Kürzung *f*; *Personal*-Abbau *m*; Umwandlung *f*; ⚗ Reduktion *f*; *cir.* Einrichtung *f*; *~ para piano* ♪ Klavierauszug *m*; *~ à miséria, à escravidão, etc.* Verelendung *f*, Versklavung *f usw.*

redund|ância [~ðũn'dɐ̃sjɐ] *f* (Wort-)Überfluß *m*; Wortschwall *m*; **~ante** [~ẽntə] weitschweifig, wortreich; überflüssig; **~ar** [~ar] (1a) über-fließen, -laufen; überflüssig sn; *fig.* erfolgen; *~ em* zur Folge

h. (*ac.*); gereichen zu; ~ *adj.* sich erweisen als *adj.*
reduplicar [~ðupli'kar] (1n) verdoppeln; wiederholen.
redut|ível [~ðu'tivɛɫ] zurückführbar; verkleinerungs-, verminderungs-fähig; einschränkbar; reduzierbar; ⅍ kürzbar (*Bruch*); **~o** [~'ðutu] *m* Redoute *f*; Bollwerk *n*.
reduz|ir [~ðu'zir] (3m) zurückführen (auf [*ac.*] *a*); vermindern; herabsetzen *od.* hinunterdrücken (auf [*ac.*] *a*, unter [*ac.*] *abaixo de*); be-, ein-schränken; ermäßigen; *Personal, Preise* abbauen; verkleinern; in verkleinertem Maßstab darstellen; zs.-fassen; *Feind* bezwingen, unterwerfen; *Widerspenstige* zum Gehorsam zwingen, bändigen; *cir. Bruch* ein-renken, -richten; ♩ e-n Auszug m. aus; setzen (für *para*); ⅍ *Brüche* kürzen; gleichnamig m.; ⚗ reduzieren; *Lösung* einkochen; ~ *a* in *e-n Zustand* versetzen; bringen auf (*z.B. auf die einfachste Formel*) *od.* in (*z.B. ins Elend*) *od.* zu (*z.B. zum Schweigen*); zwingen zu; um-, ver-wandeln in (*ac.*); umrechnen in (*ac.*); verarbeiten zu; **~ir-se** sich beschränken (auf [*ac.*] *a*); **~ível** [~'zivɛɫ] = *redutível*.
reedição [ʀəiði'sɐ̃u] *f* Neuauflage *f*.
reedific|ação [~ðəfikɐ'sɐ̃u] *f* Wiedererrichtung *f*; Erneuerung *f*, Neubau *m*; **~ar** [~'kar] (1n) wiedererrichten, wieder aufbauen; wieder herstellen; erneuern; neu bauen.
reeditar [~ði'tar] (1a) neu auflegen.
reeduc|ação [~ðukɐ'sɐ̃u] *f* Umschulung *f*; **~ar** [~'kar] (1n) umschulen, -erziehen.
reembar|car [ʀjẽmbɐr'kar] (1n; *Stv.* 1b) (sich) wieder einschiffen; *Ware* zurückschicken; *v/i.* wieder ab- (*od.* zurück-)fahren, -fliegen; ⚔ den Rückzug (auf die Schiffe) antreten; **~que** [~'barkə] *m* Rückfahrt *f*, -flug *m*; Rückzug *m*.
reembols|ar [~boɫ'sar] (1e) zurückzahlen; einlösen; ~ *alg.* s-e Schulden bei j-m abtragen, j-n auszahlen; **~ar-se** sein Geld zurückerhalten; ~ *de* sich *et.* zurückzahlen l., zurückerhalten (*ac.*); **~o** [~'boɫsu] *m* Rückzahlung *f*; Einlösung *f*; ✉ Nachnahme *f*.
reencher [ʀjẽ'ʃer] (2a) auf-, nachfüllen.
reentrante [ʀjẽn'trɐ̃ntə] zurückspringend, nach innen gehend.
reenvidar [ʀjẽvi'ðar] (1a) überbieten.
reexp|edir [ʀjeiʃpə'ðir] (3r) weiterbefördern; nachsenden; **~ortação** [~urtɐ'sɐ̃u] *f* Wiederausfuhr *f*.
refals|ado [ʀəfaɫ'saðu] falsch; treulos; **~amento** [~sɐ'mẽntu] *m* Falschheit *f*; Verrat *m*.
refastelar [~fɐʃtə'lar] (1c) = *refestelar*.
refaz|er [~fɐ'zer] (2v) noch einmal (*od.* neu) m.; umarbeiten; wiederherstellen; ausbessern, flicken; neu ordnen, reorganisieren; *Bestände* auffüllen; *Verlust* wettmachen; *j-n* stärken; ~ *de* (wieder) versehen mit; entschädigen für; **~er-se** sich erholen; **~imento** [~zi'mẽntu] *m* Umarbeitung *f*; Wiederherstellung *f*; Ausbesserung *f*; Neuordnung *f*; Entschädigung *f*; Erholung *f*.
refece [ʀə'fɛsə] niedrig, gemein; schändlich; *adv.* billig.
refego [~'feɣu] *m* Einschlag *m*; Falte *f*.
refei|ção [~fei'sɐ̃u] *f* Mahlzeit *f*; Imbiß *m*; **~to** [~'feitu] **1.** *p.p. v. refazer*; **2.** *adj.* kräftig, stark; **~tório** [~'tɔrju] *m* Speisesaal *m*; Eßraum *m*.
refém [~'fɐ̃i] *m* Geisel *m* (*a. f*); Unterpfand *n*.
refer|ência [~fə'rẽsjɐ] *f* Bericht *m*; Bezug *m*; Erwähnung *f*; Anspielung *f*; ✝ Auskunft *f*; Referenz *f*; *ponto m de* ~ Bezugspunkt *m*; *die* betreffende Stelle; *com* (*od. em*) ~ *a* bezüglich (*gen.*); unter Bezugnahme (*od.* bezugnehmend) auf (*ac.*); *dar* ~*s* Referenzen (*od.* Empfehlungen) beibringen (können); *fazer* ~ *a* Bezug nehmen auf (*ac.*); = **~ir**; **~endar** [~rẽn'dar] (1a) gegenzeichnen; **~endo** [~ẽndu] *m* Volksentscheid *m*; **~ente** [~ẽntə]: ~ *a* betreffend (*ac.*); bezüglich auf (*ac.*); **~ido** [~iðu] betreffend, besagt; **~ir** [~ir] (3c) berichten; erwähnen; ~ *a* beziehen auf (*ac.*); in Zs.-hang bringen mit; zuschreiben (*dat.*); **~ir-se** *a* betreffen; anspielen auf (*ac.*), meinen (*ac.*); erwähnen (*ac.*); *no que se refere a* in bezug auf (*ac.*), hinsichtlich (*gen.*).

referver [~fər'ver] (2c) (auf)wallen; (auf)brausen; sieden; gären.
refestelar-se [~fɨʃtə'larsə] (1c) sich gütlich tun; sich (herum)rekeln.
refil|ão [~fi'lɐ̃u] **1.** *adj.* bissig (*Hund*); *fig.* trotzig; ungemütlich; widerborstig; **2.** *m*, **~ona** *f* F Trotzkopf *m*, Kratzbürste *f*; **~ar** [~ar] (1a) bissig sn; wiederbeißen; *fig.* zurückschlagen; sich sträuben; widersprechen.
refin|ação [~finɐ'sɐ̃u] *f* Läuterung *f*; Raffinerie *f*, Zuckersiederei *f*; **~ado** [~'naðu] *fig.* *a.* ausgesucht; durchtrieben, gerissen; schlau; Erz...; **~amento** [~ɐ'mẽntu] *m* Ver-, Über-feinerung *f*; Gewähltheit *f*; Raffinement *n*; **~ar** [~'nar] (1a) raffinieren, *Zucker* sieden; *fig.* ver-, über-feinern; **~ar-se** raffinierter (*od.* feiner, gesuchter) w., sich verfeinern; **~aria** [~ɐ'riɐ] *f* Raffinerie *f*.
reflect|ido [~flɛ'tiðu] denkend; überlegt; **~ir** [~ir] (3c) zurückwerfen; *fig.* (wider)spiegeln; *v/i.* zurück-strahlen (*Licht*), -prallen (*Körper*); zurückfallen (auf [*ac.*] *em*, *sobre*); ~ *em* nachdenken über (*ac.*), überlegen (*ac.*); = **~ir-se** *em* zurückwirken auf (*ac.*), sich fühlbar m. in (*dat.*); sich (ab)spiegeln in (*od.* auf) (*dat.*); **~ivo** [~ivu] reflektierend (*Denken*); nachdenklich, bedächtig; **~or** [~or] *m* Reflektor *m*; Scheinwerfer *m*.
reflex|ão [~flɛk'sɐ̃u] *f fís. u. fil.* Reflexion *f*; Rückprall *m*; Überlegung *f*; Nachdenken *n*; Betrachtung *f*; Bemerkung *f*; *fazer -ões* Betrachtungen anstellen; nachdenken; *não admitir -ões* keine Widerrede dulden; **~ionar** [~sju'nar] (1f) nachdenken; einwenden; **~ivo** [~ivu] zurückwirkend; ansteckend; nachdenklich; *gram.* rückbezüglich, reflexiv; **~o** [~'flɛksu] **1.** *adj.* zurückgeworfen; Reflex...; indirekt; *gram.* = **~ivo**; **2.** *m* Reflex *m* (*bsd.* ⚘); Abglanz *m*, Widerschein *m*; (Rück)Wirkung *f*.
reflorest|amento *bras.* [~florɛstɐ'mẽntu] *m* Aufforstung *f*; **~ar** [~'tar] (1a) aufforsten.
reflu|ir [~'flwir] (3i) zurück-fließen, -fluten, -strömen; **~xo** [~'fluksu] *m* Rück-fluß *m*, -strom *m*; Ebbe *f*.
refocil|ar [~fusi'lar] (1a) gut tun (*dat.*), stärken; **~ar-se** sich gütlich tun.
refog|ado [~fu'ɣaðu] *m* Zwiebelschwitze *f*; **~ar** [~ar] (1o; *Stv.* 1e) *Zwiebeln* anschwitzen; (in Zwiebelschwitze) schmoren.
reforç|ar [~fur'sar] (1p; *Stv.* 1e) verstärken; **~o** [~'forsu] *m* Verstärkung *f*; Versteifung *f*.
reforma [~'fɔrmɐ] *f* Reform *f*; Umgestaltung *f*; Verbesserung *f*; Richtigstellung *f*; Abstellung *f v. Übeln*; Versetzung *f* in den Ruhestand, Verabschiedung *f*; Ruhestand *m*; Abschied *m*; ♀ Reformation *f*; *dar a ~ a* j-n in den Ruhestand versetzen.
reform|ação [ʀəfurmɐ'sɐ̃u] *f* Verbesserung *f*; Umgestaltung *f*; **~ado** [~'maðu] außer Dienst (*Abk.* a. D.); im Ruhestand (*Abk.* i. R.); *rel.* reformiert; **~ador** [~ɐ'ðor] *m* Reformator *m*; **~ar** [~'mar] (1e) umgestalten; umarbeiten; verbessern; richtigstellen; *Mißbrauch* abstellen; *Offizier* verabschieden; *Beamten* in den Ruhestand versetzen; ~ *de* versorgen mit; **~ar-se** sich bessern; sn Abschied nehmen; **~atório** [~ɐ'tɔrju] **1.** *adj.* reformatorisch; **2.** *m* Reformvorschrift *f*; Besserungsanstalt *f*, Fürsorge(heim *n*) *f*; **~ável** [~'mavɛɫ] verbesserungsfähig; **~ista** [~'miʃtɐ] *m* Reformer *m*.
refrac|ção [ʀəfra'sɐ̃u] *f Strahlen*-Brechung *f*; **~tar** [~'tar] (1a) brechen; **~tário** [~'tarju] **1.** *adj.* wider-spenstig, -strebend; abgeneigt; feuerfest (*Stein*); *barro m* ~, *argila f -a* Schamotte *f*; *ser ~ a* widerstreben (*dat.*); **2.** *m* Kriegsdienstverweigerer *m*; **~tivo** [~'tivu] Brechungs...; brechend; **~to** [~'fratu] gebrochen.
refrang|er [~frẽ'ʒer] (2h) brechen; **~ibilidade** [~ʒiβəli'ðaðə] *f* Brechbarkeit *f*; *aberração f de ~* chromatische Abweichung *f*; **~ível** [~ivɛɫ] brechbar.
refrão [ʀə'frɐ̃u] *m* Kehrreim *m*; Schlagwort *n*.
refrear [ʀə'frjar] (1l) zügeln; zurückhalten.
refrega [~'frɛɣɐ] *f* Kampf *m*; Mühe *f*, Mühsal *f*.
refreio [~'freju] *m* Zügel *m*.
refresc|ante [~frɨʃ'kɐ̃ntə] frisch; **~ar** [~ar] (1n; *Stv.* 1c) erfrischen;

abkühlen; *Abgenutztes* auffrischen; ~ *a memória de* ins Gedächtnis rufen (*ac.*), erinnern an (*ac.*); *v/i.* kühl w.; auffrischen (*Wind*); **~o** [~'freʃku] *m* Erfrischung *f*; Frische *f*.

refriger|ação [~friʒərɐ'sɐ̃u] *f* Abkühlung *f*; Kühlung *f*; Wärmeentzug *m*; *água f* (*tubo m*) *de* ~ Kühlwasser *n* (-rohr *n*); **~ador** [~ɐ'ðor] *m* Kühl-apparat *m*, -anlage *f*, -vorrichtung *f*; **~ante** [~'rẽntə] **1.** *adj.* Kühl...; **2.** *m* Kühlmittel *n*; Kühlvorrichtung *f*; Kühlschrank *m*; **~ar** [~'rar] (1c) (ab)kühlen; erfrischen, erquicken.

refrigério [~'ʒɛrju] *m* Erquickung *f*; Trost *m*.

refug|ado [ʀəfu'γaðu] wertlos, unbrauchbar; ✉ unbestellbar; **~ar** [~ar] (1o) aus-sondern, -sortieren; zurückweisen; *bras.* absondern, trennen; *v/i. bras.* entwischen.

refugi|ado [~fu'ʒjaðu] **1.** *adj.* flüchtig; **2.** *m* Flüchtling *m*; **~ar-se** [~arsə] (1g) flüchten.

refúgio [~'fuʒju] *m* Zuflucht(sort *m*) *f*; Freistatt *f*; Ausweg *m*.

refugo [~'fuγu] *m* Ausschuß *m*; (Über-)Rest *m*; *de* ~ ✉ unbestellbar.

refulg|ência [~fuɫ'ʒẽsjɐ] *f* Glanz *m*; Schimmer *m*; **~ir** [~ir] (3n) glänzen; leuchten.

refund|ição [~fũndi'sɐ̃u] *f* Umschmelzung *f*; Neuguß *m*; **~ir** [~'dir] (3a) um-schmelzen, -gießen; einschmelzen; umarbeiten.

refut|ação [~futɐ'sɐ̃u] *f* Widerlegung *f*; Ablehnung *f*; **~ar** [~'tar] (1a) widerlegen; ablehnen.

rega ['ʀɛγɐ] *f* Bewässerung *f*; Berieselung *f*; Begießen *n*; P (Regen-) Guß *m*; *dar uma* ~ = *regar*; *precisar de uma* ~ bewässert (*od.* begossen, gesprengt) w. müssen, P Regen brauchen; **~-bofe** F [~'βɔfə] *m* Gaudi *n*; *de* ~ lustig.

regaço [ʀə'γasu] *m* Schoß *m* (*a. fig.*).

regad|io [~γɐ'ðiu] **1.** *adj.* bewässert; **2.** *m* Bewässerung *f*; *campo m* (*terras f/pl.*) *de* ~ Riesel-feld *n* (-boden *m*); *de* ~ auf Rieselfeldern (angebaut); **~or** [~or] *m* Gießkanne *f*; **~ura** [~urɐ] *f* = *rega*.

regal|ada [~γɐ'laðɐ]: *à* ~ = **~adamente** [~ˌlaðɐ'mẽntə] nach Herzenslust; **~ado** [~aðu] köstlich; lecker; behaglich (*Leben*); verwöhnt (*Mensch*); **~ão** [~ɐ̃u] **1.** *adj.* verwöhnt; **2.** *m* feine Sache *f*; *foi um* ~ es war herrlich; **3.** *m*, **~ona** *f* Genießer(in *f*) *m*; **~ar** [~ar] (1b) erfreuen, ergötzen; erquicken; beschenken; bewirten; verwöhnen; **~ar-se** sich gütlich tun (an [*dat.*] *com*); **~ia** [~iɐ] *f* Hoheitsrecht *n*; *allg.* Vergünstigung *f*; Vorrecht *n*; **~o** [~'γalu] *m* Vergnügen *n*, Freude *f*; Aufmerksamkeit *f*; Geschenk *n*; Wohlleben *n*, Behaglichkeit *f*; Muff *m*; *é um* ~ das ist herrlich.

regar [~'γar] (1o; *Stv.* 1c) (be-) wässern; (be)gießen; anfeuchten; *Straße* sprengen.

regata [ʀə'γatɐ] *f* Regatta *f*.

regat|ar [~γɐ'tar] (1b) vertreiben, handeln mit; **~eador** [~tjɐ'ðor] *m* Knauser *m*; **~ear** [~'tjar] (1l) feilschen um; geizen mit; *Verdienst* herunterm.; *v/i.* keifen; ~ *a/c. a alg.* j-m et. versagen; **~eio** [~eju] *m* Feilschen *n*; *pol.* Kuhhandel *m*; **~eira** [~eirɐ] *f* Marktweib *n*, Hökerin *f*; **~eiro** [~eiru] *bras.* eitel.

regato [ʀə'γatu] *m* Bach *m*.

reged|or [ʀɨʒə'ðor] *m* Gemeindevorsteher *m*; **~oria** [~ðu'riɐ] *f* Gemeindeamt *n*.

regel|ado [~ʒə'laðu] erfroren, starr; **~ador, ~ante** [~lɐ'ðor, ~'lẽntə] eisig; **~ar** [~ar] (1e) zum Gefrieren (*od.* Erstarren) bringen; *v/i.* an-, ein-, ge-frieren; erstarren; **~o** [~'ʒelu] *m* An-, Ein-, Ge-frieren *n*; Glatteis *n*; *fig. Gefühls*-Kälte *f*.

regência [~'ʒẽsjɐ] *f* Regentschaft *f*; *gram.* Rektion *f*; ♪ Leitung *f*.

regener|ação [~ʒənərɐ'sɐ̃u] *f* Erneuerung *f*; Wiederherstellung *f*; *mor.* Wiedergeburt *f*; **~ador** [~ɐ'ðor] **1.** *adj.* erneuernd; Erneuerung bringend; **2.** *m* Erneuerer *m*; ⊕ Regenerator *m*; **~ar** [~'rar] (1c) erneuern; neu bilden; (ver)bessern.

regente [~'ʒẽntə] *su.* Regent(in *f*) *m*; ♪ Dirigent(in *f*) *m*; *Schul*-Vorsteher(in *f*) *m*; Inhaber(in *f*) *m e-s Lehrstuhls*.

reger [~'ʒer] (2h; *Stv.* 2c) regieren (*a. gram.*); lenken; *Pflug, Steuer usw.* führen; leiten; *Orchester* dirigieren; *Lehrstuhl* innehaben; lehren, lesen; **~-se** *por* sich lenken l. von, sich richten nach.

região [~'ʒjɐ̃u] *f* Gegend *f*; Landschaft *f*, -strich *m*; Gebiet *n*.

regicida [~ʒi'siðɐ] *su.* Königsmörder(in *f*) *m.*
regime [~'ʒimə] *m* Regierung(sform) *f*; Herrschaft *f*; Regelung *f*; Ordnung *f*; Lebensweise *f*; Arbeitsweise *f*; ⚕ Diät *f*; *gram.* Rektion *f*; *oft* ...wesen, *z. B.* ~ *sanitário* Gesundheitswesen *n*; *oft* ...weise, *z. B.* ~ *alimentar* Ernährungsweise *f*.
regiment|al [~ʒimẽn'tał] Regiments...; Geschäftsordnungs..., der Geschäftsordnung; **~ar** [~ar] **1.** *adj.* behördlich; **2.** *v/t.* (1a) behördlich regeln; **~o** [~'mẽntu] *m* ⚔ *u. pol.* Regiment *n*; Vorschrift *f*; = *regime*; ~ (*interno*) Geschäftsordnung *f*.
régio ['ʀɛʒju] königlich, Königs...
region|al [ʀɨʒju'nał] landschaftlich; Volks...; Heimat...; mundartlich; ~ *de* aus (*od.* in) der Gegend von; **~alismo** [~nɐ'liʒmu] *m* Regionalismus *m*; mundartlicher Ausdruck *m*.
regist|ado [~ʒiʃ'taðu] ✝ eingetragen; Marken...; ✉ „Einschreiben", *carta f -a* Einschreibebrief *m*; **~ador** [~tɐ'ðor] **1.** *adj.* Registrier...; Kontroll...; **2.** *m* Registrator *m*; (Brief-)Ordner *m*; Kontrolluhr *f*; *oft* ...messer; **~ar** [~'tar] (1a) eintragen; auf-, ver-zeichnen; feststellen; registrieren, kontrollieren; ✉ einschreiben l.; **~o** [~'ʒiʃtu] *m* Register *n*; Verzeichnis *n*; Eintragung *f*; Aufzeichnung *f*; (*Zoll-*, *Hafen-*) Kontrolle *f*; Lesezeichen *n*; Heiligenbild *n als Lesezeichen*; ⊕ Schieber *m*; Ablesung *f*; Anzeige *f*; Schreibvorrichtung *f an Meßgeräten*, Skala *f*; Rucker *m*, Raquette *f* (*Uhr*); ♪ Register *n*; Stimmlage *f*; ✉ Einschreibesendung *f*; ~ *civil* Standesamt *n*; ~ *predial* Grundbuch(amt) *n*; *certificado m do* ~ *criminal* polizeiliche(s) Führungszeugnis *n*.
registrado [~ʒiʃ'traðu] *usw. s. registado usw.*
rego ['ʀeɣu] *m* (Wasser-)Rinne *f*; Furche *f*; Falte *f*; Gleis *n*; Scheitel *m*.
regolfo [ʀə'ɣołfu] *m* [Stau(ung *f*) *m*.] Turbine *f*;
regougar [ʀəɣo'ɣar] (1o) bellen (*Fuchs*); *fig.* knurren, brummen.
regozij|ar [~ɣuzi'ʒar] (1a) (er-)freuen; **~o** [~'ziʒu] *m* Freude *f*; Lustbarkeit *f*, Vergnügen *n*.

regra ['ʀɛɣrɐ] *f* Regel *f*; Richtschnur *f*; Ordnung *f*; *Noten*-Linie *f*; *Schrift*-Zeile *f*; Lineal *n*; 𝔄 Rechnung(sart) *f*; *as quatro* ~*s* die vier Spezies; ~ *das três* Dreisatzrechnung *f*; *com* ~ in Ordnung; vorschriftsmäßig, regelrecht; = *de* ~, *em* ~, *por via de* ~ in der Regel.
regr|adeira [ʀəɣrɐ'ðeirɐ] *f* Rastral *n* (*Liniergerät*); Leserost *m*; **~ado** [~'ɣraðu] mäßig; vernünftig; **~ador** [~ɐ'ðor] *m* = *~adeira*; **~ar** [~'ɣrar] (1c) regeln; *Papier* linieren; mäßigen; **~ar-se** sich verhalten.
regress|ão [~ɣrə'sɐ̃u] *f* Rückbildung *f*, -gang *m*; **~ar** [~ar] (1c) zurück-kehren, -kommen; zurückgehen (*a. fig.*), -fahren; **~ivo** [~ivu] zurückgehend; rückgängig, Rück...; rückwirkend; **~o** [~'ɣrɛsu] *m* Rück-, Wieder-kehr *f*; Rückgang *m*; ⚖ Regreß *m*.
régua ['ʀɛɣwɐ] *f* Lineal *n*; ~ *de calcular* Rechenschieber *m*; **~-tê** [~'te] *f* Reißschiene *f*.
regueifa [ʀə'ɣeifɐ] *f* Brezelbrot *n*.
regueir|a *f*, **~o** *m* [ʀə'ɣeirɐ, -u] Rinnsal *n*; Bewässerungsgraben *m*.
regul|ação [~ɣulɐ'sɐ̃u] *f* Regulierung *f*; Einstellung *f*; Regelung *f*; **~ador** [~ɐ'ðor] **1.** *adj.* Regulier...; **2.** *m* Regulator *m*; Regler *m*; **~agem** *bras.* [~'laʒẽi] *f* Einstellung *f*; **~amentação** [~ɐmẽntɐ'sɐ̃u] *f* Regelung *f*; Ordnung *f*; **~amentar** [~ɐmẽn'tar] **1.** *v/t.* (1a) (behördlich) regeln; ordnen; **2.** *adj.* vorschriftsmäßig; dienstlich; behördlich; **~amento** [~ɐ'mẽntu] *m* Regelung *f*; gesetzliche Vorschrift *f*; Betriebs-, Geschäfts-, Haus-ordnung *f*; Dienstvorschrift *f*; (Ausführungs-) Bestimmungen *f/pl.*; Satzung *f*; **~ar** [~'lar] **1.** *v/t.* (1a) regeln; ordnen; regulieren; richten (nach *por*); *v/i.* arbeiten, funktionieren; F richtig im Kopf sn; ~ *por* sich etwa belaufen auf (*ac.*), etwa kosten (*ac.*); **2.** *adj.* regelmäßig; pünktlich; ordnungs-mäßig, -gemäß; gesetzmäßig; regulär (*Truppen*); *fig.* leidlich; **~aridade** [~ɐri'ðaðə] *f* Regelmäßigkeit *f*; Gesetzmäßigkeit *f*; Ordnung *f*; **~arizar** [~ɐri'zar] (1a) regeln; regulieren; in Ordnung bringen; **~ativo** [~ɐ'tivu] regulativ.

régulo ['rεγulu] *m* Duodezfürst *m*; Häuptling *m*.
regurgitar [rəγurʒi'tar] (1a) auswerfen; erbrechen; *v/i*. über-laufen, -sprudeln; brodeln.
rei [rei] *m* König *m*; *dia dos Reis* Dreikönigstag *m*.
reide *angl. bras.* ['reiδə] *m feindl.* Einfall *m*; *Luft*-Angriff *m*; *langer* Marsch *m*, Ritt *m*, Flug *m*; *lange* Fahrt *f*.
reimpr|essão [reĩmprə'sɐ̃u] *f* Neudruck *m*; Nachdruck *m*; **~imir** [~i'mir] (3a) nachdrucken.
rein|ado [rei'naδu] *m* Regierung(s-zeit) *f*; Herrschaft *f*; **~ar** [~ar] (1a) regieren; *fig.* herrschen.
reincid|ência [reĩsi'δẽsjɐ] *f* Rückfall *m*; Rückfälligkeit *f*; **~ente** [~ẽntə] rückfällig; **~ir** [~ir] (3a) rückfällig w.; zurückfallen (in *em*).
reineta [rei'netɐ] *f* = *raineta*.
reino ['reinu] *m* (König-)Reich *n*.
reintegrar [reĩntə'γrar] (1c) wieder-einsetzen, -einstellen, -eingliedern; zurückerstatten; **~-se** sich wieder ein-gliedern, -fügen.
réis [reiʃ] *pl. v. real* b) 2.; *conto m de ~ s. conto*; *500 ~* P 50 Centavo; *2 mil e 500 ~* P 2 $ 50 Escudo.
reiter|ado [reitə'raδu] mehr-fach, -malig; **~ar** [~ar] (1c) wiederholen.
reit|or *m*, **-a** *f* [rei'tor, -ɐ] Rektor *m*, Rektorin *f*; **~orado** [~u'raδu] *m* Rektorat *n*; **~oria** [~u'riɐ] *f* Rektorat *n* (*Dienststelle*).
reiuno *bras.* [re'junu] staatlich; *depr.* wertlos; *fig.* herrenlos.
reivindic|ação [reivĩndikɐ'sɐ̃u] *f* Zurückforderung *f*; Wiedererlangung *f*; *allg.* Beanspruchung *f*; Forderung *f* (nach *de*); **~ar** [~'kar] (1n) zurückfordern; wiedererlangen; *allg.* beanspruchen; fordern; **~ativo** [~ɐ'tivu] Forderungs...; *greve f -a* Lohnstreik *m*.
reixa ['reiʃɐ] *f* Latte *f*; Fenstergitter *n*.
rejei|ção [rɨʒei'sɐ̃u] *f* Ablehnung *f*; **~tar** [~'tar] (1a) (zurück)werfen; *fig.* ablehnen; ab-, zurück-weisen; verweigern; **~tável** [~'tavεɫ] unannehmbar; verwerflich.
rejubilar [~ʒuβi'lar] (1a) (er)freuen; *v/i. u.* **~-se** jubeln; sich freuen.
rejúbilo [~'ʒuβilu] *m* Jubel *m*, Freude *f*.
rejuvenescer [~ʒuvəniʃ'ser] (2g) (sich) verjüngen.
rela ['rεlɐ] *f* Laubfrosch *m*; Vogelfalle *f*.
rela|ção [rəlɐ'sɐ̃u] *f* Beziehung *f*; Verhältnis *n*; Zs.-hang *m*; Bericht *m*; Beschreibung *f*; Aufstellung *f*, Verzeichnis *n*; (*Tribunal m da*) ♀ *entspr. dtsch.* Landgericht *n*; *em ~ a* im Verhältnis zu, verglichen mit; = *com ~ a* hinsichtlich (*gen*); *estar de relações cortadas com* entzweit sn mit; **~cionação** [~sjunɐ'sɐ̃u] *f* Verknüpfung *f*; **~cionado** [~sju'naδu]: *bem ~* mit guten Beziehungen; *estar ~ com* in Beziehung stehen mit; *fig.* kennen (*ac.*); **~cionar** [~sju'nar] (1f) berichten, beschreiben; e-e Aufstellung m. von; *~ com* verknüpfen mit; zs.-bringen mit (*a. fig.*); in Beziehung setzen zu; beziehen auf (*ac.*); *fig.* bekanntm. mit; **~cionar-se** zs.-hängen; Beziehungen (*od.* ein Verhältnis) anknüpfen; Bekanntschaft schließen.
relâmpago [~'lẽmpɐγu] *m* Blitz *m*.
relamp(agu)ear [~lẽmp(ɐγ)'jar] (1l) = **~ejar** [~ɨ'ʒar] (1d) (auf-)blitzen; wetterleuchten.
relanc|e [~'lẽsə] *m*: *~ de olhos*, *~ de vista* (rascher) Blick *m*; *de ~* im Augenblick, im Nu; **~ear** [~lẽ'sjar] **1.** *v/t.* (1l): *~ os olhos*, *~ a vista* e-n raschen Blick werfen (auf [*ac.*] *a*); **2.** *m* Blick *m*.
relapso [~'lapsu] rückfällig; ver-stockt.
relar [~'lar] (1c) **a**) = *ralar*; **b**) *bras.* streifen.
relat|ar [~lɐ'tar] (1b) berichten; erzählen; **~o** [~'latu] *m* Bericht *m*; Aufstellung *f*; **~or** [~or] *m* Referent *m*; Berichterstatter *m*; **~ório** [~ɔrju] *m* Bericht *m*.
relax|ação [~lɐʃɐ'sɐ̃u] *f* Erschlaffung *f*; Nachlässigkeit *f*; Zügellosigkeit *f*; **~ado** [~'ʃaδu] schlaff; locker; nachlässig; liederlich; **~amento** [~ɐ'mẽntu] *m* = *~ação*; **~ar** [~'ʃar] (1b) lockern; schlaff m.; vernachlässigen; *j-m et.* durchgehen l.; **~ar-se** erschlaffen; nachlassen; liederlich w.; **~e** [~'laʃə] *m* ⚖ Zwangseintreibung *f*.
releg|ação [~ləγɐ'sɐ̃u] *f* *Landes*-Verweisung *f*; Entfernung *f*; **~ar** [~'γar] (1o; *Stv.* 1c) verbannen; entfernen; *~ para* verschicken nach; über-, ver-weisen an (*ac.*).

relembrar [~lẽm'brar] (1a) ins Gedächtnis rufen; erinnern an (*ac.*).
relento [~'lẽntu] *m* feuchte Nachtluft *f*; Tau *m*.
reler [~'ler] (2l) wieder (*od.* noch einmal) lesen.
reles P ['ʀɛlɨʃ] gewöhnlich; schäbig.
relev|ação [ʀələvɐ'sɐ̃u] *f* Vergebung *f*; Hervorhebung *f*; Erleichterung *f*; **~ado** [~'vaðu] erhaben; **~ância** [~'vɐ̃sjɐ] *f* Wichtigkeit *f*, Bedeutung *f*; **~ante** [~'vɐ̃ntə] wichtig, bedeutend; **~ar** [~'var] (1c) vergeben; erlauben; hervortreten l.; hervorheben; auszeichnen; *Schmerz* erleichtern; **~o** [~'levu] *m* Relief *n* (*a. fig.*); *fig. a.* Bedeutung *f*; *pôr em ~* hervortreten lassen; *fig.* hervorheben; dartun.
relh|a ['ʀeʎɐ] *f* Pflugschar *f*; Radreifen *m*; **~o** [~u] *m* Lederpeitsche *f*.
relicário [ʀəli'karju] *m* Reliquienschrein *m*.
religi|ão [~li'ʒjɐ̃u] *f* Religion *f*; **~osa** [~ɔzɐ] *f* Nonne *f*; **~osidade** [~ʒjuzi'ðaðə] *f* Frömmigkeit *f*; **~oso** [~ozu] **1.** *adj.* fromm; religiös; kirchlich (*Feiertag*); *fig.* gewissenhaft; ehrfurchtsvoll; **2.** *m* Mönch *m*.
relinch|ar [~lĩ'ʃar] (1a) wiehern; **~o** [~'lĩʃu] *m* Wiehern *n*.
relíquia [~'likjɐ] *f* Reliquie *f*; **~s** *pl.* Überreste *m/pl.*
relógio [~'lɔʒju] *m* Uhr *f*; *bomba f de ~* Höllenmaschine *f*; *~ de pulso* = **~-pulseira** [~puł'seirɐ] *m* Armbanduhr *f*.
relojo|aria [~luʒwɐ'riɐ] *f* Uhrmacher-kunst *f*, -werkstatt *f*; Uhrenladen *m*; Uhrwerk *n*; **~eiro** [~'ʒweiru] *m* Uhrmacher *m*.
relut|ância [~lu'tɐ̃sjɐ] *f* Widerstreben *n*, -wille(n) *m*; Widerstand *m*; **~ante** [~ɐ̃ntə] widerwillig; **~ar** [~ar] (1a) widerstreben; nicht mögen (*ac.*); Widerstand leisten.
reluzir [~lu'zir] (3m) glänzen; blinken.
relva ['ʀɛłvɐ] *f* Rasen *m*.
relv|ado [ʀɛł'vaðu] *m* Rasen *m*; Wiese *f*; **~oso** [~ozu] rasig; Rasen-...; grasig, Gras...
remad|a [ʀə'maðɐ] *f* Ruderschlag *m*; **~or** [~mɐ'ðor] *m* Ruderer *m*.
remandar *bras.* [ʀemɐ̃n'dar] (1a) aufschieben.
remanesc|ente [ʀəmɐnɨʃ'sẽntə] übrig; **~er** [~er] (2g) übrigbleiben.

remans|ado [~mɐ̃'saðu] still; träge; müßig; **~ear(-se)** [~'sjar(sə)] (1l) sich beruhigen; ruhen; stillstehen; **~o** [~'mɐ̃su] *m* Stille *f*; Ruhe *f*; Muße *f*; stehende(s) (*od.* Stau-) Wasser *n*; **~oso** [~ozu] = *~ado*.
remar [~'mar] (1d) rudern.
remat|ado [~mɐ'taðu] vollendet, ausgemacht; **~ar** [~ar] (1b) beenden, beschließen; abschließen; krönen; *v/i.* enden; **~e** [~'matə] *m* Ende *n*, Schluß *m*; Abschluß *m*, Krönung *f*; *Sport*: Torschuß *m*; *dar* (*od. pôr*) *~ em* (*pd. a*) = *~ar*; *em ~* zum Schluß; als Abschluß.
remed|eio P [~mə'ðeju] *m* Aushilfe *f*; Ausweg *m*; Mittel *n*; Pflaster *n*; **~iado** [~'ðjaðu] nicht unbemittelt; auskömmlich; *estar ~* sein Auskommen h.; *com isto estou ~* damit ist mir geholfen; **~iar** [~'ðjar] (1h) (ab)helfen (*dat.*); hinweghelfen über; abstellen; beheben; heilen; verhindern; *para ~* zur Aushilfe; als (vorläufiger) Ausweg; *isto remedeia* das hilft für den Augenblick; das ist ein Ausweg; **~iar-se** sich (*dat.*) durchhelfen, durchkommen; **~iável** [~'ðjavɛł] abstellbar; behebbar; heilbar.
remédio [~'mɛðju] *m* Arznei *f*; (Heil-, Hilfs-, Rechts-)Mittel *n*; Hilfe *f*; Abhilfe *f*; Ausweg *m*; *pôr ~ a* = *remediar*; *que ~!* was soll(te) man m.?; *não há* (*ter*) *outro ~ senão* es bleibt nichts anderes übrig (nichts anderes tun können) als; *não há ~!* da kann man nichts m.; = *isso não tem ~* daran (*od.* dagegen) ist nichts zu m.; das ist hoffnungs- (*od.* aussichts-)los.
remeiro [~'meiru] **1.** *adj.* leicht (zu rudern[d]); **2.** *m* Ruderer *m*.
rememorar [~məmu'rar] (1e) ins Gedächtnis zurückrufen; erinnern an (*ac.*); gedenken (*gen.*).
remend|ão [~mẽn'dɐ̃u] *m* Flickschuster *m*, -schneider *m*; *fig.* Pfuscher *m*, Stümper *m*; **~ar** [~ar] (1a) (an)flicken, ausbessern; *Wort* einflicken; *Satz* zs.-flicken; **~eira** [~eirɐ] *f* Flickschneiderin *f*; **~o** [~'mẽndu] *m* Flicken *m*; Fleck *m*; (an-) geflickte Stelle *f*; Zusatz *m*; *deitar ~s em* = *~ar*.
remessa [~'mɛsɐ] *f* *Geld-, Waren-*Sendung *f*; Lieferung *f*; ✝ Rimesse *f*.

remet|ente [~mə'tẽntə] *su.* Absender(in *f*) *m*; *Wechsel*-Remittent(in *f*) *m*; **~er** [~er] (2c) (zu)senden; zustellen; aus-, ein-händigen; anvertrauen; verschieben (auf [*ac.*] *para*); verweisen (an *od.* auf [*ac.*] *a*, *para*); **~er-se** *a* sich anvertrauen (*dat.*); sich beziehen (*od.* berufen) auf (*ac.*).

remex|er [~mɨ'ʃer] (2c) **1.** *v/t.* durch-wühlen, -stöbern; umrühren; schütteln; **2.** *v/i.* a) ~ *em* = 1.; b) = **~er-se** sich rühren; sich (unruhig hin und her) bewegen.

remição [~mi'sɐ̃u] *f* Ab-, Aus-, Einlösung *f*; Wiedergutmachung *f*.

remígio [~'miʒju] *m* Schwungfeder *f*.

remigr|ação [~miɣrɐ'sɐ̃u] *f* Rückwanderung *f*; Heimkehr *f*; **~ar** [~'ɣrar] (1a) zurückwandern; heimkehren.

reminiscência [~məniʃ'sẽsjɐ] *f* Erinnerung *f*; Nach-, An-klang *m*.

remir [~'mir] (3a; *stammbetonte Formen* = *redimir*) ablösen; *Pfand* einlösen; *Gefangenen* auslösen, loskaufen; *allg.* wieder-erlangen, -erwerben; befreien; *Schuld* büßen; *Schaden* wiedergutmachen; *rel. u. fig.* erlösen; **~-se** sich loskaufen.

remirar [~mi'rar] (1a) betrachten.

remiss|ão [~mi'sɐ̃u] *f* Erlaß *m*; Nachlaß *m*; *lit.* Verweis *m*; **~ível** [~ivɛɫ] verzeihlich; läßlich (*Sünde*); ab-, aus-lösbar; **~ivo** [~ivu] verweisend; *nota f -a* Verweis *m*; *índice m* ~ Stellennachweis *m*; Sachregister *n*; **~o** [~'miṣu] lässig; säumig.

remit|ência [~mi'tẽsjɐ] *f* ⚕ Nachlassen *n*; Aussetzen *n*; **~ente** [~ẽntə] ⚕ zeitweilig nachlassend (*od.* aussetzend); **~ir** [~ir] (3a) erlassen; ablassen; zurückerstatten; lockern, mildern; *v/i.* nachlassen.

remível [~'mivɛɫ] ab-, ein-lösbar.

remo ['ʀemu] *m* Ruder *n*; *puxar pelo* ~ sich ins Ruder legen.

remoção [~mu'sɐ̃u] *f* Entfernung *f*; Beseitigung *f*; *Amts*-Versetzung *f*.

remoçar [~mu'sar] (1p; *Stv.* 1e) verjüngen.

remodel|ação [~muðəlɐ'sɐ̃u] *f* Umgestaltung *f*; Umbildung *f*; **~ar** [~'lar] (1e) umgestalten; *pol.* umbilden.

remoer [~'mwer] (2f) nochmals mahlen; nachpressen; wiederkäuen; sich nochmals durch den Kopf gehen l.; nicht loskommen von; immer wieder zurückkommen (*od.* F herumreiten) auf (*dat.*).

remoinh|ar [~mwi'ɲar] (1q) (umher)wirbeln; strudeln; sich drehen; *fig.* sich drängen; **~o** [~'mwiɲu] *m* Wirbel *m*; Strudel *m*; Wirbelwind *m*.

remolh|ar [~mu'ʎar] (1e) durchtränken; einweichen; **~o** [~'moʎu] *m* Einweichen *n*; Wässern *n*.

remont|a [~'mõntɐ] *f* ⚔ Remonte *f*; **~ado** [~mõn'taðu] hoch(fliegend), erhaben; weit zurückliegend; **~ar** [~mõn'tar] (1a) erheben; erhöhen; ausbessern; *Schuh* vorschuhen; ⚔ remontieren; ~ *o voo* höher fliegen; *v/i. u.* **~ar-se** aufsteigen; sich emporschwingen; zurück-gehen, -greifen (auf *od.* bis in [*ac.*] *a*).

remoqu|e [~'mɔkə] *m* Stichelei *f*; Anzüglichkeit *f*; **~ear** [~mu'kjar] (1l) anzüglich w., sticheln; *v/t.* sticheln auf (*ac.*); sich mokieren über (*ac.*).

remor|der [~mur'ðer] (2d) *fig.* peinigen, quälen; *v/i.* ~ *em* verleumden (*ac.*), klatschen über (*ac.*); herumreiten auf (*dat.*); **~der-se** *de* außer sich sn vor (*dat.*); **~so** [~'mɔrsu] *m* Gewissensbiß *m*.

remoto [~'mɔtu] entfernt; entlegen; fern; weit zurückliegend.

remov|er [~mu'ver] (2d) verrücken, verschieben; entfernen; verscheuchen; *Beamten* versetzen; *Hindernis* beseitigen; *Mängel* abstellen; **~ível** [~ivɛɫ] verrückbar; entfernbar; versetzbar; abstellbar.

remuner|ação [~munərɐ'sɐ̃u] *f* Vergütung *f*; Belohnung *f*; **~ador** [~ɐ'ðor] lohnend; **~ar** [~'rar] (1c) vergüten; belohnen; bezahlen; **~ativo**, **~atório** [~ɐ'tivu, ~ɐ'tɔrju] Gehalts-...; Lohn...; als Belohnung (geltend).

rena ['ʀenɐ] *f* Ren *n*.

renal [ʀə'naɫ] Nieren...

renano [~'nɐnu] **1.** *adj.* rheinisch; **2.** *m* Rheinländer *m*.

renasc|ença [~nɐʃ'sẽsɐ] *f* Wiedergeburt *f*; Wiederaufleben *n*; ♀ Renaissance *f*; **~er** [~er] (2g; *Stv.* 2b) wiedergeboren w.; wieder aufleben, zu neuem Leben erwachen; *fazer* ~ wieder ins Leben rufen; **~entista** [~sẽn'tiʃtɐ] Renaissance...; **~imento** [~si'mẽntu] *m* = **~ença**.

renda ['ʀẽndɐ] *f* **a)** Spitze *f*; **b)** Rente *f*; Ertrag *m*; *Haus-*Miete *f*; *Land-*Pacht *f*.

rend|ado [ʀẽn'daδu] **1.** *adj.* spitzenbesetzt; durchbrochen; **2.** *m* Spitzen(-besatz *m*, -werk *n*) *f/pl.*; **~edoiro, -ouro** [~dɘ'δoiru, -oru] einträglich; **~eiro** *m*, **-a** *f* [~eiru, -ɐ] **a)** Pächter(in *f*) *m*; **b)** Spitzenklöppler (-in *f*) *m*; **~er** [~er] (2a) zur Übergabe (*od.* zum Nachgeben) zwingen; bezwingen; überanstrengen, ermüden; ⚔ übergeben; ausliefern; zurück-erstatten, -geben; *Gehorsam, Dienst, Ehre* erweisen; *Dank* abstatten; *Geist* aufgeben; *Seele* aushauchen; *Wache* ablösen; *Gewinn* abwerfen, einbringen; verleiten (zu *a*); *v/i.* nachgeben; brechen; † sich lohnen, (sich) rentieren; **~er-se** sich ergeben; sich unterwerfen; nachgeben; **~ição** [~di'sɐ̃u] *f* Übergabe *f*; Unterwerfung *f*; Nachgeben *n*; Ablösung *f der Wache*; **~ido** [~iδu] unterwürfig; willfährig; hingebend; **~ilha** [~iʎɐ] *f* feine Spitze *f*; Zacke *f*; **~ilhado** [~di'ʎaδu] **1.** *adj.* spitzenbesetzt; ausgezackt; durchbrochen; **2.** *m* Spitzenbesatz *m*; Zakkenwerk *n*; **~imento** [~di'mẽntu] *m* Ertrag *m*; Gewinn *m*; *sportliche od. Arbeits-*Leistung *f*; Leistung(sfähigkeit) *f e-r Maschine usw.*; Ergiebigkeit *f*; Wirtschaftlichkeit *f*; ⚕ Verrenkung *f*; = *~ição*; *~s pl.* Einkommen *n*, Einkünfte *pl.*; **~oso** [~ozu] einträglich; lohnend; ergiebig.

reneg|ado [ʀɘnɘ'γaδu] **1.** *adj.* abtrünnig; **2.** *m* Renegat *m*; F schlechte(r) Kerl *m*; **~ar** [~ar] (1o; *Stv.* 1c) **1.** *v/t.* verleugnen; verabscheuen; verfluchen; = **2.** *v/i.* ~ *de* sich lossagen von; schimpfen auf (*ac.*).

ren|go *bras.* ['ʀẽŋgu] lahm; **~guear** *bras.* [ʀẽŋ'gjar] (1l) lahmen.

renh|ido [ʀɨ'ɲiδu] heiß; blutig; **~ir** [~ir] (3a) streitig m.; streiten um; aus-, be-kämpfen; *Schlacht* schlagen; *v/i.* streiten, sich schlagen.

renit|ência [ʀɘni'tẽsjɐ] *f* Widerspenstigkeit *f*, Widerstreben *n*; Widerstand *m*; **~ente** [~ẽntɘ] widerspenstig; **~ir** [~ir] (3a) widerstreben, sich widersetzen.

renome [~'nomɘ] *m* Ruf *m*; Ruhm *m*.

renov|ação [~nuvɐ'sɐ̃u] *f* Erneuerung *f*; Auffrischung *f*; Nachwuchs *m* (an [*dat.*] *de*); **~ador** [~ɐ'δor] **1.** *adj.* erneuernd; **2.** *m* (Er-)Neuerer *m*; **~ar** [~'var] (1e) erneuern; auffrischen; wiederholen; *v/i.* wiederkehren; (wieder) ausschlagen (*Pflanze*); **~o** [~'novu] *m* Schößling *m*, Trieb *m*; *fig.* neue(r) Zweig *m e-r Familie*; Sproß *m*.

renque ['ʀẽŋkɘ] *m* Reihe *f*.

rente ['ʀẽntɘ] **1.** *adv.* glatt; *cortar* ~ glatt ab- (*od.* kurz-)schneiden; **2.** *prp.* ~ *a*, ~ *de*, ~ *com* dicht (*od.* hart) an (*dat.*).

renúncia [ʀɘ'nũsjɐ] *f* Verzicht *m*; Entsagung *f*.

renunciar [~nũ'sjar] (1g): ~ *a* verzichten auf (*ac.*); entsagen (*dat.*); ablehnen (*ac.*); *ein Amt* niederlegen; *e-n Vorsatz* aufgeben.

reorganiz|ação [ʀiurγɐnizɐ'sɐ̃u] *f* Umgestaltung *f*; Reorganisation *f*; **~ar** [~'zar] (1a) umgestalten; reorganisieren.

reóstato ⚡ ['ʀjɔʃtɐtu] *m* Rheostat *m*, Stromregler *m*.

repa P ['ʀepɐ] *f Haar-*Strähne *f*.

repar|ação [ʀɘpɐrɐ'sɐ̃u] *f* Ausbesserung *f*, Reparatur *f*; Instandsetzung *f*; Wiedergutmachung *f*; (Schaden-)Ersatz *m*; *pol.* Reparation *f*; **~ador** [~ɐ'δor] kräftigend; erholsam; **~ar** [~'rar] (1b) ausbessern, reparieren; instand setzen; wiedergutmachen; *Ehre* wiederherstellen; *Verlust* ersetzen; *Schlag* parieren; *Kräfte* stärken; *v/i.* ~ *em* (be)merken (*ac.*); achten auf (*ac.*); berücksichtigen (*ac.*); *repare!* sehen Sie mal!; **~ável** [~'ravɛɫ] reparierbar; wiedergutzumachen(d); ersetzbar; **~o** [~'paru] *m* Beobachtung *f*; Bemerkung *f*; Einwand *m*; Ermahnung *f*; Schutz *m*, Abwehr *f*; ⚔ Schanze *f*; Lafette *f*; = *~ação*; *fazer* ~ *em* = *~ar em*.

repart|ição [~pɐrti'sɐ̃u] *f* Verteilung *f*; Abteilung *f*; Dienststelle *f*, Amt *n*; **~idor** [~i'δor] *m* Verteiler *m*; Teiler *m*; **~ir** [~'tir] (3b) (ab-, ein-, aus-, ver-, zu-) teilen; **~ível** [~'tivɛɫ] (ver)teilbar.

repassar [~pɐ'sar] (1b) durchdringen; tränken; füllen; nochmals durch-gehen, -lesen.

repast|ar [~pɐʃ'tar] (1b) weiden; bewirten; *v/i. u.* **~ar-se** sich gütlich tun, schmausen; **~o** [~'paʃtu] *m fig.* Mahlzeit *f*; Schmaus *m*.

repatri|ação [~pɐtrjɐ'sɐ̃u] *f* Repatriierung *f*; Heimkehr *f*; **~ar** [~'trjar] (1g) in s-e Heimat zurückschicken.

repel|ão [~pə'lɐ̃u] *m* Ruck *m*; Stoß *m*; *de* ~ heftig; **~ente** [~ẽntə] abstoßend; **~ir** [~ir] (3c) ab-, hinaus-, weg-, zurück- (*a.* von sich) weisen; weg-, zurück-stoßen; sich ekeln vor (*dat.*); *Schmuck* ablegen; **~o** [~'pelu]: *a* ~ gewaltsam; ungestüm.

repenic|ado [~pəni'kaðu] schrill; **~ar** [~ar] (1n) gellen, schrillen.

repensar [~pẽ'sar] (1a) *fremde Gedanken* nachdenken; (nochmals) über-denken, -legen.

repent|e [~'pẽntə] *m* plötzliche Bewegung *f*; plötzlicher Einfall *m*; unüberlegte Handlung *f*; Anfall *m*, Ausbruch *m*; *ter* ~*s* aufbrausend sn; *ter bons* ~*s* geistreich sn; *de* ~ = **~inamente** [~pẽnˌtinɐ'mẽntə] unversehens; **~ino** [~pẽn'tinu] plötzlich, unerwartet.

repercu|ssão [~pərku'sɐ̃u] *f* Rückstoß *m*, -prall *m*; Widerhall *m* (*a. fig.*); *fig.* Wirkung *f*; **~tir** [~'tir] (3a) zurück-werfen, -treiben; *v/i.* zurückprallen; widerhallen (*Ton*); *fig.* Widerhall finden; wirken.

repertório [~pər'tɔrju] *m* Sachregister *n*; Nachschlagewerk *n*; *bsd.* Repertoire *n*; *tea. a.* Spielplan *m*.

repesar [ʀəpə'zar] (1c) nachwiegen.

repet|ente [~pə'tẽntə] durchgefallen; sitzengeblieben; **~ição** [~ti'sɐ̃u] *f* Wiederholung *f*; *de* ~ Repetier..., ⚔ Selbstlade...; **~idamente** [~ˌtiðɐ'mẽntə] mehrmals, wiederholt; **~idor** [~ti'ðor] *m* Repetitor *m*, F Einpauker *m*; **~ir** [~ir] (3c) wiederholen; zum zweiten Mal nehmen von, nochmals zulangen.

repicar [~pi'kar] (1n) (an)schlagen; läuten.

repimpar [~pĩm'par] (1a) sich *den Bauch* vollschlagen; *j-n* mästen; **~-se** sich vollfressen; sich breitmachen.

repinch|ar [~pĩ'ʃar] (1a) spritzen (*Schmutz*); **~o** [~'pĩʃu] *m* Spritzer *m*.

repintar [~pĩn'tar] (1a) abmalen; nach-, über-malen; *v/i.* abfärben.

repique [~'pikə] *m* Läuten *n*; (Fest-) Geläut *n*; Sturmläuten *n*, Alarm *m*; *Billard*: Zs.-stoß *m*.

repis|a [~'pizɐ] *f* Nachkeltern *n*; *vinho m de* ~ Tresterwein *m*; **~ado** [~pi'zaðu] *fig.* abgedroschen; **~ar** [~pi'zar] (1a) nochmals keltern; *fig.* wiederholen; herumreiten auf (*dat.*).

replaino [~'plainu] *m* Falzhobel *m*.

replantar [~plẽn'tar] (1a) wieder anbauen; nach-, um-pflanzen.

reple|ção [~plɛ'sɐ̃u] *f* Überfüllung *f*; Übersättigung *f*; Vollblütigkeit *f*; **~to** [~'plɛtu] ganz voll, überfüllt; überladen (*Magen*); übersättigt.

réplica ['ʀɛplikɐ] *f* Entgegnung *f*.

replicar [ʀəpli'kar] (1n) entgegnen; entgegenhalten; widersprechen.

repois-, repous|ado [ʀəpoi-, ʀəpo'zaðu] ruhig, gelassen; **~ar** [~ar] (1a) ruhen l.; beruhigen; *v/i.* (sich) ausruhen; ruhen; schlafen; ablagern (*Wein*); sich setzen (*Flüssigkeit*); brach liegen (*Feld*); **~o** [~'poi-, ~'pozu] *m* Ruhe(pause) *f*; Ruhestätte *f*; *em* ~ brach, Brach...

repolh|o [~'poʎu] *m* Kopfkohl *m*; **~udo** [~pu'ʎuðu] Kopf...; rundlich, dick.

repoltrear-se [~poɫ'trjarsə] (1l) sich breitmachen; sich rekeln.

repont|ão [~põn'tɐ̃u] **1.** *adj.* bockig; flegelhaft; **2.** *m* Querkopf *m*; **~ar** [~ar] (1a) *v/i.* (wieder) erscheinen; anbrechen (*Tag*); stoßen (nach *para*); *fig.* entgegnen; widersprechen.

repor [~'por] (2zd) wieder hin-legen, -setzen, -stellen; zurückgeben; ersetzen; wiederherstellen; wieder einsetzen; **~-se** sich erholen.

report|agem [~pur'taʒɐ̃i] *f* Berichterstattung *f*, Reportage *f*; **~ar** [~ar] (1e) zurückhalten; mäßigen; *Nutzen* bringen; ~ *a* beziehen auf (*ac.*); zuschreiben (*dat.*); **~ar-se** *a* sich berufen auf (*ac.*); anknüpfen an (*ac.*).

repórter [~'pɔrtɛr] *m* Berichterstatter *m*, Reporter *m*.

reposi|ção [~puzi'sɐ̃u] *f* Rückgabe *f*; Erstattung *f*; Wieder-einsetzung *f*, -herstellung *f*; Erholung *f*; *tea.* Neuinszenierung *f*; *Film* Wiederholung *f*; **~tório** [~'tɔrju] *m* Repositorium *n*; Heiligenschrein *m*.

repost|ada [~puʃ'taðɐ] *f* freche Antwort *f*; **~ar** [~ar] (1e) frech antworten; entgegnen.

reposteiro [~'teiru] *m* *Tür*-Vorhang *m*.

reposto [~'poʃtu] *p.p. v. repor.*

repous... *s. repois...*

repreen|der [ʀəprjẽn'der] (2a) tadeln; *j-m et.* verweisen; **~são** [~ẽ'sẽu] *f* Tadel *m*, Verweis *m*; **~sível** [~ẽ'sivɛł] tadelnswert; **~sivo** [~ẽ'sivu] tadelnd.

represa [~'prezɐ] *f* Stauung *f*; Staudamm *m*, -wehr *n*; Sockel *m*, Konsole *f*; *fig.* Zurückdrängung *f*; Abwehr *f*; Damm *m*; ~ *de ódio* aufgestauter Haß *m*.

repres|ado [~prə'zaδu] Stau...; aufgestaut (*Haß usw.*); **~ália** [~aljɐ] *f* Vergeltung(smaßnahme) *f*; *fazer* ~ *em* Vergeltung üben an (*ac.*); **~amento** [~zɐ'mẽntu] *m* Ab-, Anstauung *f*; Eindämmung *f*; **~ar** [~ar] (1c) (ab-, an-)stauen; eindämmen; zurück-drängen, -halten.

represent|ação [~zẽntɐ'sẽu] *f* Vorstellung *f* (*a. tea.*); *bildl.* Darstellung *f*; Eingabe *f*; Vertretung *f*; Repräsentation *f*; *despesas f/pl. de* ~ Aufwandsgelder *n/pl.*; *homem m de* ~ gewichtige (*od.* repräsentative) Persönlichkeit *f*; **~ante** [~'tẽntə] *su.* Vertreter(in *f*) *m*; **~ar** [~'tar] (1a) vorstellen; darstellen; verkörpern; darlegen, schildern; *Rolle* spielen; *Drama* aufführen; *pol. u.* ⚖ vertreten; *v/i.* auftreten (als *de*); repräsentieren; Theater spielen; ~ *para alg.* j-m etwas vorspielen; **~ativo** [~ɐ'tivu] markant, gewichtig, repräsentativ; ~ *de* vorstellend (*ac.*), schildernd (*ac.*); vertretend (*ac.*); *assembleia f -a* Volksvertretung *f*; *Governo m* ~ parlamentarische Regierung *f*.

repress|ão [~'sẽu] *f* Zurückdrängung *f*; Unterbindung *f*; Abwehr *f*; Unterdrückung *f*; *governo m de* ~ Zwangsregierung *f*; *lei f de* ~ Abwehrgesetz *n*; Zwangsmaßnahme *f*; **~ivo** [~ivu] Abwehr...; ~ *de* zur Unterdrückung (*gen.*).

reprim|enda [ʀəpri'mẽndɐ] *f* scharfe(r) Verweis *m*, Tadel *m*; **~ir** [~ir] (3a) unterdrücken; unterbinden; zurückdrängen; **~ir-se** an sich (*od.* sich zurück-)halten.

reprise *fr.* [~'prizə] *f tea.* = *reposição.*

réprobo ['ʀɛpruβu] verworfen.

reprodu|ção [ʀəpruδu'sẽu] *f* Fortpflanzung *f*; Neubildung *f*; Nachbildung *f*; Nachdruck *m*; Wiedergabe *f*; **~tível** [~'tivɛł] = *~zível*; **~tivo** [~'tivu] nach-bildend, -schaffend; reproduktiv; = **~tor** [~'tor] 1. *adj.* Fortpflanzungs...; Zucht...; 2. *m* Zucht-hengst *m*, -stier *m usw.*; **~zir** [~'zir] (3m) nachbilden; nachdrucken; wiedergeben; schildern; vervielfältigen; **~zir-se** sich fortpflanzen; sich wiederholen; **~zível** [~'zivɛł] vermehrbar; nachzubilden(d); nachdruckbar; wiederzugeben(d); zu vervielfältigen(d).

reprov|ação [~pruvɐ'sẽu] *f* Ablehnung *f*; Verdammung(surteil *n*) *f*; Durchfall *m* (*Prüfung*); Mißerfolg *m*; **~ado** [~'vaδu]: *ser* ~ *im Examen* durchfallen; **~ar** [~'var] (1e) verdammen; ablehnen, verwerfen; durchfallen (1.); **~ável** [~'vavɛł] verwerflich; tadelnswert.

reptar [ʀɛp'tar] (1a) herausfordern; anklagen; brechen (mit *com*).

réptil ['ʀɛptił] *m* Kriechtier *n*.

repto ['ʀɛptu] *m* Herausforderung *f*.

república [ʀɛ'puβlikɐ] *f* Republik *f*; Gemeinwesen *n*, Staat *m*; *uni.* Kameradschaft *f*.

republicano [~puβli'kɐnu] 1. *adj.* republikanisch; 2. *m*, **-a** *f* Republikaner(in *f*) *m*.

rep|udiar [ʀəpu'δjar] (1g) verstoßen; *Angebot* ausschlagen, ablehnen; **~údio** [~'puδju] *m* Verstoßung *f*; Ablehnung *f*.

repugn|ância [~puɣ'nẽsjɐ] *f* Widerwille(n) *m*; Abscheu *m*, Ekel *m*; **~ante** [~ẽntə] widerlich; **~ar** [~ar] (1a) widerstreiten (*dat.*); ablehnen; *v/i.* ~ *a* abstoßen (*ac.*), zuwider sn (*dat.*); anekeln (*ac.*).

repulsa, repuls|ão [~'pułsɐ, ~puł'sɐu] *f* Abstoßung *f*; Zurückweisung *f*; Widerwille(n) *m*; *causar* ~ *a* abstoßen (*ac.*); **~ar** [~'sar] (1a) ab-, zurück-stoßen, -weisen; *Joch usw.* abwerfen; *Unglück* abwenden; **~ivo** [~'sivu] abstoßend, repulsiv.

reput|ação [~putɐ'sẽu] *f* Ruf *m*; Name *m*; **~ado** [~'taδu] beleumundet; *bem* ~ angesehen; **~ar** [~'tar] (1a) halten für; ~ *de* schätzen auf (*ac.*); nennen (*dopp. ac.*).

repux|ão [~pu'ʃẽu] *m* Ruck *m*; **~ar** [~ar] (1a) zurückziehen; zerren; recken; *v/i.* (hervor)sprudeln; **~o** [~'puʃu] *m* Wasserstrahl *m*, Fontäne *f*; ⚠ Auf-, Wider-lager *n*; ⊕ Stütz-, Trag-werk *n*; ⚔ Rückstoß *m*.

requebr|ado [ʀəkə'βraδu] schmachtend; gefühlvoll; verliebt; **~ar**

[~ar] (1c) anschmachten, schöntun (*dat.*); ~ *o canto* gefühlvoll singen; ~ *os olhos* schmachtende Augen m.; ~ *a voz* e-n schmachtenden Ton annehmen; ~ *o corpo* = **~ar-se** sich geziert benehmen; verliebt tun; tänzeln; **~o** [~'keβru] *m* Schmachten *n*; (verliebtes) Getue *n*; Geziere *n*; ♪ Verzierung *f*, Triller *m*.

requeijão [~kei'ʒɐ̃u] *m* Quark *m*, Weichkäse *m*.

requeim|ado [~kei'maðu] schwärzlich; verbrannt; **~ar** [~ar] (1a) schwarz brennen; rösten; dörren; brennen auf (*od.* in) (*dat.*); *v/i.* brennen.

requentar [~kẽn'tar] (1a) aufwärmen; **~-se** anbrennen.

requer|ente [~kə'rẽntə] *m* Antrag-, Gesuch-steller *m*; **~er** [~er] (2u) beantragen; nachsuchen um; verlangen; begehren; erfordern, erheischen; **~ido** [~iðu] erforderlich; **~imento** [~ri'mẽntu] *m* Antrag *m*; Gesuch *n*; Forderung *f*.

request|ado [~kɨʃ'taðu] umworben; **~ador** [~tɐ'ðor] *m* Bewerber *m*; **~ar** [~ar] (1c) *j-n* ersuchen; werben um.

réquiem ['ʀɛkjẽi] *m* Requiem *n*; *missa f de ~* Totenmesse *f*.

requint|ado [ʀəkĩn'taðu] fein; ausgesucht; gewählt; vornehm; vollendet; erhaben; **~ar** [~ar] (1a) verfeinern, veredeln, vervollkommnen; **~e** [~'kĩntə] *m* Feinheit *f*; Gewähltheit *f*; Vollendung *f*.

requisi|ção [~kəzi'sɐ̃u] *f* Anforderung *f*; Beschlagnahme *f*; **~tar** [~'tar] (1a) anfordern; beschlagnahmen; requirieren; **~to** [~'zitu] *m* Erfordernis *n*; Forderung *f*.

rês [ʀeʃ] *f* Stück *n* (Schlacht-) Vieh *n*.

rés [ʀɛʃ] glatt(weg); (*ao*) ~ *de* dicht (*od.* hart) an (*dat.*).

rescald|ar [ʀɨʃkał'dar] (1a) nochmals überbrühen; wieder erhitzen; überhitzen; **~eiro** [~eiru] *m* Wärmeplatte *f*; **~o** [~'kałdu] *m* glühende Asche *f*; letzte Glut *f*; Erkalten *n*; Tellerwärmer *m*; *fig.* Nach-wehen *f/pl.*, -wirkungen *f/pl.*

rescender [~sẽn'der] (2a) = *recender*.

rescind|ir [~sĩn'dir] (3a) aufheben; umstoßen; **~ível** [~ivɛł] aufhebbar.

rescisão [~si'zɐ̃u] *f* Aufhebung *f*.

rescr|ever [~krə'ver] (2c; *p.p.* *~ito*) wieder (*od.* neu)schreiben; **~ição** [~i'sɐ̃u] *f* Zahlungsanweisung *f*; **~ito** [~'kritu] *m* Reskript *n*; amtliche(r) Bescheid *m*.

rés-do-chão [ʀɛʒdu'ʃɐ̃u] *m* Erdgeschoß *n*.

resenh|a [ʀə'zeɲɐ] *f* Übersicht *f*; Aufstellung *f*; Bericht *m*; **~ar** [~zɨ'ɲar] (1d) berichten über (*ac.*); zs.-stellen; durchsehen.

reserva [~'zɛrvɐ] *f* Rücklage *f*; Vorrat *m*; Vorbehalt *m*; Zurückhaltung *f*; Reserve *f* (*bsd.* ⚔); Reservierung *f*; ⚔ *a.* Ersatz(truppe *f*) *m*; *Sport*: Ersatz(mannschaft *f*) *m*; *à ~ de* vorbehaltlich (*gen.*); mit Ausnahme (*gen.*); *de ~* als (*od.* in) Reserve; als (*od.* im) Vorrat; als Ersatz(mann); reserviert; *fig.* zurückhaltend; *sem ~* vorbehalt- (*od.* rückhalt-)los; *ficar de ~* *fig.* sich zurück- (*od.* reserviert ver-)halten; *passar à ~* zur Reserve kommen.

reserv|ado [~zər'vaðu] zurückhaltend; behutsam; heimlich; reserviert (*Platz usw.*); **~ar** [~ar] (1c) zurückbehalten; aufsparen; bereithalten; vorbehalten; verheimlichen, verhehlen; *Geld* zurücklegen; *Karten* vorbestellen; *Platz usw.* belegen; **~ar-se** sich zurückhalten, sich schonen; **~atório** [~vɐ'tɔrju] *m* Reservoir *n*; Behälter *m*; Speicher *m*; **~ista** [~iʃtɐ] *m* Reservist *m*.

res|fol(e)gar [ʀɨʃfulə'ɣar, -fol'ɣar] (1o; *Stv.* [1c] 1e) atmen, schnaufen; *fig.* verschnaufen; **~fôlego, ~folgo** [~'foləɣu, ~'fołɣu] *m* Atmen *n*; Schnaufen *n*.

resfri|ado [ʀɨʃ'frjaðu] **1.** *adj.* erkältet; **2.** *m* Erkältung *f*; **~adoiro, -ouro** [~frjɐ'ðoiru, -oru] *m* Kühlraum *m*; = **~ador** [~frjɐ'ðor] **1.** *m* Kühlgefäß *n*; Kühler *m*; **2.** *adj.* kühlend, Kühl...; **~amento** [~frjɐ'mẽntu] *m* (Ab-)Kühlung *f*; ⚕ Erkältung *f*; **~ar** [~ar] (1g) abkühlen, erkälten; *v/i. u.* **~ar-se** erkalten; ⚕ sich erkälten.

resgat|ar [ʀɨʒɣɐ'tar] (1b) loskaufen, einlösen; erlösen, befreien; *der Vergessenheit* entreißen; *Pfand* einlösen; *Pflicht* erfüllen; *Schuld* büßen; ~ *a/c. com* et. erkaufen durch; **~e** [~'ɣatə] *m* Loskauf *m*; Lösegeld *n*; Befreiung *f*; Einlösung *f*.

resguard|ar [~ɣwɐr'ðar] (1b) schützen; verwahren; bewahren; verschonen; beobachten; = *v/i.* ~ *a* blicken nach; achten auf (*ac.*); **~ar-se** sich hüten; **~o** [~'ɣwarðu] *m* Schutz(maßnahme *f*) *m*; Vorsicht(smaßregel) *f*; Schutzvorrichtung *f*; *de* ~ zum Schutz; in Vorrat; als Reserve; *sem* ~ rückhaltlos.

resid|ência [ʀəzi'ðẽsjɐ] *f* Wohnsitz *m*; Wohnung *f*; Residenz *f*; **~encial** [~ðẽ'sjał] Wohn...; **~ente** [~ẽntə] **1.** *adj.* wohnhaft; ansässig; **2.** *m* Resident *m*; **~ir** [~ir] (3a) wohnen; ansässig sn; residieren; ~ *em fig.* s-n Sitz h. (*od.* sitzen) in (*dat.*); beruhen auf (*dat.*); stecken in (*dat.*); innewohnen (*dat.*); **~ual** [~'ðwał]: *águas f/pl. -ais* Abwässer *n/pl.*

resíduo [~'ziðwu] *m* Rest *m*; Rückstand *m*; Bodensatz *m.*

resign|ação [~ziɣnɐ'sɐ̃u] *f* Verzicht *m*; *Amts*-Niederlegung *f*; Ergebung *f*; **~ado** [~'naðu] *fig.* gefaßt; **~ar** [~'nar] (1a) verzichten auf (*ac.*); abtreten; *Amt* niederlegen; **~ar-se** *a* sich ergeben in (*ac.*); sich abfinden mit.

resina [ʀə'zinɐ] *f* Harz *n.*

resin|agem [~zi'naʒɐ̃i] *f* Harzgewinnung *f*; **~ar** [~ar] (1a) *Baum* anzapfen; mit Harz bestreichen (*od.* vermischen); **~eiro** [~eiru] Harz...; **~ificar-se** [~nəfi'karsə] (1n) verharzen; **~oso** [~ozu] harzig.

resist|ência [~ziʃ'tẽsjɐ] *f* Widerstand(skraft *f*) *m*; Ausdauer *f*; Haltbarkeit *f*; **~ente** [~ẽntə] **1.** *adj.* zäh; dauerhaft, haltbar; **2.** *m* Widerständler *m*; **~ir** [~ir] (3a) sich halten, (aus)dauern; ~ *a* widerstehen (*dat.*), Widerstand leisten (*dat.*); widerstreben (*dat.*); = *v/t.* aushalten, ertragen.

resma ['ʀeʒmɐ] *f* ½ Ries *n.*

resm|elengo *bras.* [ʀɨʒme'lẽŋgu] = **~ungão** [~ũŋ'gɐ̃u] **1.** *adj.* knurrig, brummig; **2.** *m* Brummbär *m*; **~ungar** [~ũŋ'gar] (1o) brummen.

resol|ução [ʀəzulu'sɐ̃u] *f* Entschluß *m*; Entschließung *f*; Entschlossenheit *f*; Lösung *f e-s Problems*; **~uto** [~'lutu] entschlossen, herzhaft; **~ver** [~zoł'ver] (2e) auflösen, zerteilen; *Angelegenheit* erledigen; *Zweifel* lösen; beschließen; ~ *consigo* mit sich selbst (*od.* unter sich) ab-, aus-machen; **~ver-se** *a* sich entschließen zu.

respaldar [ʀɨʃpał'dar] (1a) ebnen; (glatt)walzen.

respectiv|amente [~pɛ,tivɐ'mẽntə] je (nachdem); *às 3 e 4 horas* ~ um 3, beziehungsweise (*Abk.* bzw.) 4 Uhr; **~o** [~'tivu] betreffend; jeweilig; entsprechend.

respeit|ado [~pei'taðu] angesehen; *fazer-se* ~ sich Achtung verschaffen; **~ante** [~ẽntə]: ~ *a* betreffend (*ac.*); angehend (*ac.*); **~ar** [~ar] (1a) (ver)ehren; achten; Rücksicht nehmen auf (*ac.*); berücksichtigen; (ver)schonen; *v/i.* ~ *a* angehen (*ac.*); betreffen (*ac.*); *no* (*od. pelo*) *que respeita a* = *a* ~*o*, *s.* ~*o*; **~ável** [~avɛł] achtbar; ehrwürdig; ansehnlich; **~o** [~'peitu] *m* **a**) Achtung *f*; Ehrerbietung *f*, Ehrfurcht *f*; Rücksicht *f*; *falta f de* ~ Respektlosigkeit *f*; Unhöflichkeit *f*; ~*s pl.* Empfehlungen *f/pl.*; *de* ~ achtbar, ehrbar; ansehnlich; **b**) Beziehung *f*, Hinsicht *f*; *a* ~ *de, com* ~ *a, no que diz* ~ *a* was (*ac.*) an-betrifft, -geht; im Hinblick auf (*ac.*); *a* (*este*) ~ in dieser Beziehung; darüber, davon; *a meu* ~ was mich betrifft; über mich, von mir; *dizer* ~ *a* = ~*ar a*; **~oso** [~ozu] ehrerbietig; ehrfürchtig; = ~*ável*.

respig|a [~'piɣɐ] *f* Ährenlese *f*; Nachlese *f*; **~ão** [~pi'ɣɐ̃u] *m* Niednagel *m*; **~ar** [~pi'ɣar] (1o) Ähren lesen; *v/t. fig.* auf-, zs.-lesen; sammeln.

resping|ão [~pĩŋ'gɐ̃u] mürrisch; bissig; störrisch; **~ar** [~ar] (1o) **a**) aufbegehren; frech antworten; F meckern; ausschlagen (*Pferd*); **b**) (ver)sprühen; **~o** [~'pĩŋgu] *m* **a**) freche Antwort *f*; **b**) Spritzer *m.*

respir|ação [~pirɐ'sɐ̃u] *f* Atmung *f*; Atem *m*; *fazer perder a* ~ den Atem verschlagen; **~adoiro, -ouro** [~ɐ'ðoiru, -oru] *m* Luftloch *n*; **~ador** [~ɐ'ðor] *m* Atemapparat *m*; Respirator *m*; **~ar** [~'rar] (1a) atmen; aufatmen; ausruhen; F verschnaufen; wehen; herrschen; *v/t.* (ein- *od.* aus-)atmen; in sich aufnehmen; ausströmen; trachten nach; **~atório** [~ɐ'tɔrju] Atmungs..., Atem...; **~ável** [~'ravɛł] erträglich; **~o** [~'piru] *m* Atemzug *m*; *fig.* Atem-, Ruhepause *f*; Aufschub *m*; Abzug *m*, Luftloch *n.*

resplandec|ência [~plẽndə'sẽsjɐ] *f*

Glanz *m*; **~er** [~er] (2g) glänzen, strahlen; *fig. a.* hervorstechen.

resplend|ência [~plẽn'dẽsjɐ] *f* Glanz *m*; **~er** [~er] (2a) = *resplandecer*; **~or** [~or] *m* Glanz *m*; Ruhm *m*.

respond|ão [~põn'dɐ̃u] patzig; **~er** [~er] (2a) antworten, erwidern; *~ a a/c.* auf et. (*od.* et. be-)antworten; *fig.* entsprechen (*dat.*); *~ por* bürgen (*od.* haften) für.

respons|abilidade [~põsɐβəli'ðaðə] *f* Verantwortung *f*; Verantwortlichkeit *f*; Haftung *f*; Haftpflicht *f*; *sem ~* (*para nós*) ohne Gewähr; *pedir ~s j-n* zur Verantwortung ziehen; **~abilizar** [~ɐβəli'zar] (1a) verantwortlich m.; **~abilizar-se** *por* einstehen (*od.* bürgen, haften) für; **~ável** [~'savɛɫ] verantwortlich; haftbar; **~o** [~'põsu] *m rel.* Responsorium *n*; F Gardinenpredigt *f*; *~s fúnebres* Totengebete *n/pl.*; kirchliche Totenfeier *f*.

respost|a [~'pɔʃtɐ] *f* Antwort *f*; **~ada** [~puʃ'taðɐ] *f* grobe Antwort *f*.

ressabi|ado [ʀəsɐ'βjaðu] schlecht schmeckend; *fig.* gewitzigt; scheu (*Pferd*); **~ar** [~ar] (1g) e-n Nachgeschmack bekommen; schreckhaft (*od.* scheu) w.; *~ de* übelnehmen (*ac.*); nachtragen (*ac.*).

ressabido [~sɐ'βiðu] grund-gelehrt, -gescheit; F neunmalklug; *isto é sabido e ~* das pfeifen die Spatzen von den Dächern.

ressaca [~'sakɐ] *f* Brandung *f*; Fluthafen *m*; *fig.* Hin und Her *n*.

ressacar [~sɐ'kar] (1n; *Stv.* 1b) e-n Rückwechsel ziehen über (*ac.*).

ressaibo [~'saiβu] *m* Beigeschmack *m*; *fig. a.* Spur *f*; Groll *m*; *conservar ~ de* nachtragen (*ac.*); *tomar ~ de* den Geschmack *e-r Sache* annehmen; *fig.* übelnehmen (*ac.*).

ressair [~sɐ'ir] (3l) vorspringen; hervortreten.

ressalt|ar [~saɫ'tar] (1a) hervorheben; *v/i.* hüpfen; abprallen; ⚠ vorspringen; *fig.* hervorragen; hervorgehen; sich ergeben; **~e, ~o** [~'saɫtə, -u] *m* Abprall *m*; Sprung *m*; Vorsprung *m*; *Mauer*-Absatz *m*.

ressalv|a [~'saɫvɐ] *f* Richtigstellung *f*; Vorbehalt *m*; Einschränkung *f*; Revers *m*; Schutzbrief *m*; ⚔ Befreiungsschein *m*; **~ar** [~saɫ'var] (1a) richtigstellen; einschränken; sicherstellen, sichern; befreien; e-n Revers (*od.* Schutzbrief) ausstellen (*dat.*); **~ar-se** *de* entgehen (*dat.*).

ressaque [~'sakə] *m* Rückwechsel *m*.

ressarcir [~sɐr'sir] (3na; *Stv.* 3b) *j-n für et.* entschädigen; ersetzen.

ressecar [~sə'kar] (1n; *Stv.* 1c) austrocknen; dörren.

resseguro [~'ɣuru] *m* Rückversicherung *f*.

ressent|ido [ʀəsẽn'tiðu] gekränkt; empfindlich; **~imento** [~sẽnti'mẽntu] *m* Groll *m*; Empfindlichkeit *f*; Argwohn *m*; **~ir** [~ir] (3e) lebhaft empfinden; **~ir-se** *de* leiden unter *od.* an (*dat.*); gekränkt (*od.* ungehalten) sn über (*ac.*); übelnehmen (*ac.*); zu spüren bekommen (*ac.*); (noch) spüren (*ac.*); *ele ressente-se disso* man merkt ihm das an.

ressequ|ido [~sə'kiðu] dürr; verdorrt; **~imento** [~ki'mẽntu] *m* = *ressicação*; **~ir** [~ir] (3o; *die stammbetonten Formen sind ungebräuchlich*) = *ressecar*.

ressic|ação [~sikɐ'sɐ̃u] *f* Dörren *n*; Austrocknung *f*; Verdorren *n*; Dürre *f*; **~ar** [~'kar] (1n) = *ressecar*.

ressoar [~'swar] (1f) widerhallen; (er)schallen; ertönen; *zu Ohren* kommen; *v/t.* erklingen lassen.

resson|ância [~su'nɐ̃sjɐ] *f* Resonanz *f*; Nach-, Wider-hall *m*; *caixa f de ~* Resonanzboden *m*; Schalldose *f*; *ter ~* Aufsehen erregen; Widerhall finden; **~ante** [~ɐ̃ntə] hallend, schallend; klingend; nachhaltig; **~ar** [~ar] (1f) *v/i.* schnarchen.

ressudar [~su'ðar] (1a) ausschwitzen; ausdünsten; ab-, aus-scheiden; *v/i.* schwitzen; (durch)sickern.

ressumar, -umbrar [~su'mar, ~ũm'brar] (1a) = *ressudar*; *fig.* durchschimmern; sich verraten.

ressurg|imento [~surʒi'mẽntu] *m* Wieder-erstehen *n*, -aufleben *n*, -erscheinen *n*; **~ir** [~'ʒir] (3n) wieder-(auf)erstehen; wieder aufleben; wiedererscheinen.

ressurr|ecto [~su'ʀɛtu] auferstanden; wiedererstanden; **~eição** [~ʀei'sɐ̃u] *f* Auferstehung *f*.

ressurtir [~sur'tir] (3a) hoch-springen, -schnellen; auftauchen.

ressuscit|ação [~suʃsitɐ'sɐ̃u] *f* Auferweckung *f*; Wiedererweckung *f*; Auferstehung *f*; **~ar** [~'tar] (1a) (vom Tode) auferwecken; wiedererwecken; *v/i.* auferstehen; dem Leben wiedergeschenkt w.; = *ressurgir*.

restabelec|er [ʀɨʃtɐβələ'ser] (2g) wiederherstellen; wieder einsetzen; **~er-se** genesen; **~imento** [~si'mẽntu] *m* Wiederherstellung *f*; Genesung *f*.

rest|ante [~'tẽntə] übrig; **~ar** [~ar] (1c) (übrig)bleiben; übrig sein.

restaur|ação [~taurɐ'sɐ̃u] *f* Wiederherstellung *f*; Instandsetzung *f*; Wiedereinsetzung *f*; *pol.* Restauration *f*; **~ador** [~ɐ'ðor] **1.** *adj.* stärkend; **2.** *m* Wiederhersteller *m*, Neubegründer *m*; **~ante** [~'rẽntə] *m* Gaststätte *f*, Restaurant *n*; **~ar** [~'rar] (1a) wieder-herstellen, -einsetzen; instand setzen; *Gemälde* restaurieren; **~ar-se** sich stärken; sich erholen.

réstia ['ʀɛʃtjɐ] *f geflochtenes* Binsen-, Stroh-seil *n*; *Zwiebel*-Zopf *m*; *Licht*-Strahl *m*, Streifen *m*.

restinga [ʀɨʃ'tĩŋgɐ] *f* Riff *n*; Sandbank *f*; *bras.* (Ufer-)Dickicht *n*.

restitu|ição [~titwi'sɐ̃u] *f* Rückerstattung *f*, -gabe *f*; *Schaden*-Ersatz *m*; Wiederherstellung *f*; Wiedereinsetzung *f*; **~ir** [~'twir] (3i) zurück-erstatten, -geben; herausgeben; *Schaden* ersetzen; wiederherstellen; wieder einsetzen.

resto ['ʀɛʃtu] *m* Rest *m*; Überrest *m*; Überbleibsel *n*; *de ~* im übrigen.

restolh|al [ʀɨʃtu'ʎaɫ] *m* Stoppelfeld *n*; **~o** [~'toʎu] *m* Stoppel *f*.

restr|ição [ʀɨʃtri'sɐ̃u] *f* Einschränkung *f*; Beschränkung *f*; *~ mental* Hintergedanke(n) *m*; **~ingente** [~ĩ'ʒẽntə] *adj.* (*u. m*) zs.-ziehend(es Mittel *n*); **~ingir** [~ĩ'ʒir] (3n) ein-, be-schränken; einengen; zs.-ziehen; **~itivo** [~i'tivu] ein-, be-schränkend; **~ito** [~'tritu] *p.p. irr. v. ~ingir*; *sentido m ~* engere Bedeutung *f* (*od.* Sinn *m*).

result|ado [ʀəzuɫ'taðu] *m* Ergebnis *n*; Erfolg *m*; *dar ~* Erfolg *od.* Zweck h.; zum Ziel führen; *dar bom ~* sich bewähren; helfen; *dar em ~* = *~ar em*; **~ante** [~ẽntə] **1.** *adj.*: *~ de* sich ergebend aus; **2.** *f* Resultante *f*; **~ar** [~ar] (1a) sich erweisen (*od.* herausstellen) als; *~ de* sich ergeben aus; hervorgehen (*od.* folgen) aus; herrühren von; *~ em* ergeben; zur Folge h., führen zu; ausschlagen zu; *resulta que* demnach, folglich.

resum|ido [~zu'miðu] gedrängt; kurz; **~ir** [~ir] (3a) zs.-fassen, -drängen; **~ir-se** sich kurz fassen; **~o** [~'zumu] *m* Zs.-fassung *f*; Nacherzählung *f*; Überblick *m*; Abriß *m*; *em ~* in gedrängter Form, im Abriß; kurz, in einem Wort.

resval|adiço [ʀɨʒvɐlɐ'ðisu] glitschig, schlüpfrig (*a. fig.*); **~adoiro, -ouro** [~ɐ'ðoiru, -oru] *m* schlüpfrige(r) Boden *m* (*a. fig.*); Gleitbahn *f*; **~ar** [~'lar] (1b) *v/i.* (ab-, aus-)gleiten (*a. fig.*), (-)rutschen; entgleiten; (ent)schlüpfen; *fig.* F entgleisen.

resvés P [ʀɛʒ'vɛʃ] glatt; P ratzekahl.

reta *bras. s. recta.*

retábulo [ʀə'taβulu] *m* Altaraufsatz *m*; Altar(bild *n*) *m*.

retaguarda [ʀɛtɐ'ɣwarðɐ] *f* Nachhut *f*; Etappe *f*; (hinteres) Ende *n*; 🚋 hintere Plattform *f*; *ficar para a* (*od. na*) *~* zurückbleiben; *pela ~* von hinten, im Rücken.

retal *bras. s. rectal.*

retalh|ar [ʀətɐ'ʎar] (1b) zerschneiden; auf-, zer-reißen; zerfetzen; verletzen; **~ista** [~iʃtɐ] *m* Einzelhändler *m*; **~o** [~'taʎu] *m* Stück *n*; Fetzen *m*; (Stoff-)Rest *m*; *a ~* im kleinen; en détail; *venda f a ~* Kleinverkauf *m*, Einzelhandel *m*.

retangular *s. rectangular.*

retard|ação [~tɐrðɐ'sɐ̃u] *f* Verzögerung *f*; Verspätung *f*; Aufschub *m*; Aufenthalt *m*; **~ado** [~'ðaðu] Spät...; **~ador** [~ɐ'ðor] *m*: *~ (automático)* *Film*: Zeitlupe *f*; **~amento** [~ɐ'mẽntu] *m* = *~ação*; **~ar** [~'ðar] (1b) ver-zögern, -langsamen; aufhalten; verschieben; *Uhr* zurückstellen; **~ar-se** sich verspäten; **~atário** [~ɐ'tarju] **1.** *adj.* zu spät kommend, unpünktlich; **2.** *m* Nachzügler *m*; **~e** *bras.* [ʀe'tardə] *m* = *~ação*.

retém [~'tẽi] *m* Vorrat *m*; Rest *m*; Ersatz *m*.

retemperar [~tẽmpə'rar] (1c) stärken.

ret|enção [~tẽ'sɐ̃u] *f* Zurück(be)haltung *f*; Einbehaltung *f*; *fig.* Festhalten *n*; ⚖ Haft *f*; ⚕ *Harn*-Verhaltung *f*; **~entor** [~ẽn'tor] *m* ⊕ Sperrklinke *f*, Sperre *f*; **~er** [~'ter] (2zb) zurück-, ein-behalten; *Eindrücke usw.* festhalten; *Gelesenes* *usw.* behalten; *Tränen* zurückhalten; *Atem* anhalten; ⚖ in Haft nehmen; ⚕ *Harn usw.* verhalten; **~er-se** sich verweilen; innehalten; an sich halten.

retes|ado [~tə'zaδu] stramm; straff; steif; *fig. a.* hölzern; **~ar** [~ar] (1c) straffen; spannen; (ver)steifen.

reticência [~ti'sẽsjɐ] *f* Verschweigung *f*; Auslassung *f*; (Rede-)Pause *f*; *~s* halbe Worte *n/pl.*, Andeutungen *f/pl.*; *gram.* Pünktchen *n/pl.* (...).

ret|iculado, -lar [~tiku'laδu, -'lar] netzförmig; Netz...; **~ículo** [~'tikulu] *m* Fadenkreuz *n*; Raster *m*.

retidão *bras. s. rectidão.*

retido [~'tiδu] *p.p. v. reter; encontrar-se ~, estar ~* zurückgehalten w.; sich in Haft befinden; bleiben müssen (in [*dat.*] em); nicht zu sprechen sn; sich vertieft h. in (*ac.*), beschäftigt sn (mit em).

retific... *bras. s. rectific...*

retina [~'tinɐ] *f* Netzhaut *f im Auge.*

retingir [~tĩ'ʒir] (3n) auf-, nachfärben.

ret|inir [~ti'nir] (3a) klirren; (nach-)klingen; ertönen; **~intim** [~tĩn'tĩ] *m* Klirren *n*; Geklingel *n*.

retinto [~'tĩntu] schwarzbraun; pechschwarz (*Neger*).

retir|ada [~ti'raδɐ] *f* Rückzug *m*; Zurück-ziehung *f*, -nahme *f*; Wegnahme *f*; Entfernung *f*; Rettung *f*; Bergung *f*; = *~o*; *bater em ~* den Rückzug antreten; **~ado** [~aδu] entlegen (*Ort*); **~ar** [~ar] (1a) zurückziehen; *Wort* zurücknehmen; (weg-, heraus-)nehmen; (weg)bringen, entfernen; (heraus)ziehen; retten; herausbekommen aus; verdienen (*od.* ernten) (bei de); *~ a/c. a alg.* j-m et. entziehen; **~o** [~'tiru] *m* Zurückgezogenheit *f*; Einsamkeit *f*; Ruhesitz *m*; Versteck *n*; *rel.* Exerzitien *n/pl.*

reto *bras. s. recto.*

retocar [~tu'kar] (1n; *Stv.* 1e) überarbeiten; feilen; ausbessern; retuschieren; nachhelfen (*dat.*).

retoiç... *s. retouç...*

retomar [~tu'mar] (1e) wiederaufnehmen; *Platz* wieder einnehmen.

retoque [~'tɔkə] *m* Überarbeitung *f*; Ausbesserung *f*; Retusche *f*; Nachhilfe *f*; ausgebesserte Stelle *f*.

retorc|edeira [~tursə'δeirɐ] *f* Zwirnmaschine *f*; **~er** [~'ser] (2g; *Stv.* 2d) verdrehen; umkehren; zwirnen; **~er-se** *fig.* sich winden; **~ido** [~'siδu] gewunden; krumm.

retóric|a [~'tɔrikɐ] *f* Redekunst *f*, Rhetorik *f*; **~o** [~u] rednerisch; rhetorisch; phrasenhaft.

retorn|ar [~tur'nar] (1e) zurückgeben, -bringen, -schicken; entgegnen; *v/i.* zurückkehren; **~elo** [~ɛlu] *m* Kehrreim *m*; **~o** [~'tornu] *m* Rückkehr *f*; Rückgabe *f*; Rücksendung *f*; Tauschware *f*; Gegengeschenk *n*; *bras. auto.* Ausfahrt *f*.

retorquir [~tur'kir] (3o; *Stv.* 3f) entgegnen; widersprechen; *v/t.* entgegen-, vor-halten.

retorsão [~tur'sɐ̃u] *f* **a**) Verdrehung *f*; Krümmung *f*; Zwirnung *f*; **b**) Entgegnung *f*; Vergeltung *f*.

retort|a [~'tɔrtɐ] *f* ⚗ Retorte *f*; **~o** [~'tortu] = *retorcido.*

retouç-, retoiç|a [~'tosɐ, ~'toisɐ] *f* (Strick-)Schaukel *f*; **~ar(-se)** [~to-, toi'sar(sə)] (1p) herumtollen; (sich) schaukeln.

retracção [ʀətra'sɐ̃u] *f* Zug *m*; Ein-, Zurück-ziehung *f*; Schwund *m*; ⚕ Verkürzung *f*.

retraço [~'trasu] *m* Häcksel *m*; Spreu *f*.

retract|ação [~tratɐ'sɐ̃u] *f* Widerruf *m*; Zurücknahme *f*; **~ar** [~'tar] (1a) *v/t.* = **~ar-se** *de* widerrufen (*ac.*); zurücknehmen (*ac.*).

retr|áctil, ~activo [~'tratiɫ, ~tra'tivu] einziehbar; ziehend, Zug...

retra|ído [~trɐ'iδu] verschlossen; schüchtern; eingezogen (*lebend*); **~imento** [~i'mẽntu] *m* Verschlossenheit *f*; Einsamkeit *f*; *entlegener Winkel m*; *fís.* Zs.-Ziehung *f*; Schrumpfung *f*; **~ir** [~'ir] (3l) zurückziehen; *Fühler* einziehen; entreißen; zurückhalten; hinterziehen; abbringen; abschrecken; **~ir-se** sich flüchten; *fís.* sich zs.-ziehen; einschrumpfen.

retransmi|ssão [~trɐ̃ʒmi'sɐ̃u] *f* Übertragung *f*, Übernahme *f*; Weitergabe *f*; **~tir** [~'tir] (3a) *Radio*: übertragen; *Telegramm* weitergeben.

retratar[1] *bras. s. retractar.*

retrat|ar[2] [~trɐ'tar] (1b) porträtieren, malen; photographieren; *allg.* abbilden; schildern; spiegeln; **~ista** [~iʃtɐ] *su.* Porträt-maler(in *f*) *m*, -photograph(in *f*) *m*; **~o** [~'tratu] *m* Porträt *n*, Bildnis *n*; Lichtbild *n*;

Abbild *n*; Schilderung *f*; ~ *a meio corpo*, ~ *a corpo inteiro* Knie-, Vollbild *n*; ~ *em pé* stehende(s) Bild *n*; *tirar o* ~ sich malen (*od.* photographieren) l.; *tirar o* ~ *a* malen (*ac.*); photographieren (*ac.*).

retret|a [~'trɛtɐ] *f* ⚔ Appell *m*; = **~e** [~'tretə] *f* Abort *m*.

retribu|ição [~triβwi'sɐ̃u] *f* Vergütung *f*; Belohnung *f*; Erwiderung *f*; **~ir** [~'βwir] (3i) vergüten; belohnen; bezahlen; *Gruß usw.* erwidern.

retrincar [~trĩŋ'kar] (1n) *fig.* übel auslegen.

retroactivo [ʀɛtrɔa'tivu] rückwirkend.

retroc|eder [ʀətrusə'ðer] (2c) zurückweichen; sich zurückziehen; rückwärts (*od.* zurück-) gehen; sich rückwärts entwickeln; ~ *em* verzichten auf (*ac.*), Abstand nehmen von; *v/t.* wieder abtreten; **~essão** [~ə'sɐ̃u] *f* ⚖ Wiederabtretung *f*; Rückgabe *f*; ⚕ Rückschlag *m*; = **~esso** [~'sɛsu] *m* Zurückweichen *n*; Rückwärtsbewegung *f*; Rückgang *m*; Rücktransport *m* (*Schreibmaschine*); *bsd. fig.* Rückschritt *m*; *tecla f de* ~ Rückstelltaste *f*.

retrógrado [ʀə'trɔγrɐðu] rückschreitend; rückwärtig, Rückwärts-...; rückläufig (*Planet*); *fig.* rückschrittlich.

retrós [~'trɔʃ] *m* Seiden-faden *m*, -zwirn *m*.

retros|aria [ʀətruzɐ'riɐ] *f* Kurzwarenhandlung *f*; **~eiro** [~'zeiru] *m* Kurzwarenhändler *m*.

retrospec|ção [ʀətrɔʃpɛ(k)'sɐ̃u] *f* Rückblick *m*; **~tivo** [~'tivu] rückschauend; nachträglich; *olhar m* ~ = **~to** [~'pɛ(k)tu] *m* Rückblick *m*.

retrover|são [~vər'sɐ̃u] *f* Rückübersetzung *f*; **~ter** [~'ter] (2c) (rück)übersetzen.

retrovisor [~vi'zor] *m* Rückspiegel *m*.

retrucar [ʀətru'kar] (1n) einwenden; = *retorquir*.

retumb|ante [ʀətũm'bɐ̃ntə] dröhnend; **~ar** [~ar] (1a) dröhnen; *v/t.* widerhallen von.

réu [ʀɛu] *m* Angeklagte(r) *m*; *cara f de* ~ Armsündergesicht *n*.

reum|ático [ʀeu'matiku] **1.** *adj.* rheumatisch; **2.** *m* Rheumatiker *m*; P = **~atismo** [~mɐ'tiʒmu] *m* Rheumatismus *m*, P Reißen *n*.

reun|ião [ʀju'njɐ̃u] *f* Versammlung *f*; Vereinigung *f*; Zs.-kunft *f*, Treffen *n*; Gesellschaft *f*; **~ir** [~'nir] (3a) (ver)sammeln; zs.-legen, -stellen, -rufen, -treiben; (mitea.) vereinigen; verbinden (mit *a*); *v/i. u.* **~ir-se** zs.-kommen, sich treffen; zs.-treten; sich zs.-schließen.

reval|idar [ʀəvɐli'ðar] bestätigen; **~orizar** [~uri'zar] (1a) aufwerten.

revel|ação [~vəlɐ'sɐ̃u] *f* Enthüllung *f*; Offenbarung *f*; **~ador** [~ɐ'ðor] **1.** *adj.* aufschlußreich; *banho m* ~ = **2.** *m fot.* Entwickler *m*; **~agem** [~'laʒɐ̃i] *f fot.* Entwicklung *f*; **~ar** [~'lar] (1c) enthüllen, aufdecken; offenbaren; *fot.* entwickeln.

revelia [~'liɐ] *f* Nichterscheinen *n* vor Gericht; *à* ~ in Abwesenheit; *fig.* unter Ausschluß, unter Umgehung; *deixar correr à* ~ vernachlässigen.

revend|a [ʀə'vẽndɐ] *f* Wiederverkauf *m*; **~edor** [~vẽndə'ðor] *m* Wiederverkäufer *m*; **~er** [~vẽn'der] (2a) wieder- (*od.* weiter-)verkaufen.

rever [~'ver] (2m) **1.** wiedersehen; *bsd.* durchsehen; nachprüfen; ⚖ revidieren; ~ *provas tipográficas* Korrektur lesen; **2.** durchsickern; *v/t.* durchlassen.

reverber|ação [~vərβərɐ'sɐ̃u] *f* Rückstrahlung *f*; **~ar** [~'rar] (1c) zurück-strahlen, -werfen.

revérbero [~'vɛrβəru] *m* Widerschein *m*, Abglanz *m*; Reflektor *m*; *fogo m de* ~ Streichfeuer *n*; *forno m de* ~ Flammofen *m*.

reverdecer [~vərðə'ser] (2g) wieder grün m.; *fig.* auffrischen; *v/i.* wieder grünen; sich erneuern.

rever|ência [~və'rẽsjɐ] *f* Ehrfurcht *f*; Ehrerbietung *f*; Verbeugung *f*; **~enciar** [~rẽ'sjar] (1g) (ver)ehren; sich verbeugen vor (*dat.*); **~encioso** [~rẽ'sjozu] ehrfürchtig; ehrerbietig; **~endíssima** [~rẽn'disimɐ]: *Vossa* ♀ Euer Hochwürden; **~endíssimo** [~rẽn'disimu] hochwürdig; F Riesen...; **~endo** [~ẽndu] **1.** *adj.* hochwürdig; **2.** *m* Hochwürden *m*; **~ente** [~ẽntə] ehrerbietig.

rever|são [~vər'sɐ̃u] *f* Heimfall *m*; Rückkehr *f*; Umkehr(ung) *f*; **~sível, ~sivo** [~'sivɛɫ, ~'sivu] heim-, rück-fällig; wiederkehrend; *fís. u.* ⚗ umkehrbar; **~so** [~'vɛrsu] **1.** *m* Rückseite *f*; Kehrseite *f*; **2.** *adj.* = *revesso*; **~ter** [~'ter] (2c) zurückkehren; heim-, zurück-fallen; ~ *em proveito* (*od. a favor*) *de* bestimmt sn für; fallen an (*ac.*); **~tível** [~'tivɛɫ] bestimmt für; = *~sível.*

rev|és [~'vɛʃ] *m* Rückschlag *m*, Mißgeschick *n*; Rückhandschlag *m* (*Tennis*); = *reverso*; *ao ~* umgekehrt; verkehrt; im Gegensatz (zu *de*); *de ~* von der Seite, schief; **~esso** [~'vesu] umgekehrt; verkehrt; verdreht; verwickelt; ungezogen, bösartig.

revest|imento [~vɨʃti'mẽntu] *m* *Wand*-Verkleidung *f*; *Fußboden*-Belag *m*; Überzug *m*; ⚓ Beplankung *f*; **~ir** [~'tir] (3c) (be)kleiden; *Tracht* anlegen; *Wand usw.* verkleiden; *Boden* belegen; überstreichen, -ziehen; *fig.* annehmen; zeigen; ausstatten *od.* umgeben (mit *de*); **~ir-se** *de* anlegen (*ac.*); *fig.* sich wappnen mit; annehmen.

revez|adamente [~vəˌzaðɐ'mẽntə] abwechselnd; umschichtig; **~ado** [~'zaðu] wiederholt; **~amento** [~zɐ'mẽntu] *m* Ablösung *f*; Auswechslung *f*; Schichtwechsel *m*; **~ar** [~'zar] (1c) ablösen; auswechseln; *v/i. u.* **~ar-se** (ea.) abwechseln; **~es** [~'vezɨʃ]: *a ~* zeitweilig, ab und zu; hier und da; = *~adamente*; **~o** [~'vezu] *m* Wechselweide *f*.

revidar [~vi'ðar] (1a) überbieten.

revigorar(-se) [~viɣu'rar(sə)] (1e) wieder zu Kräften bringen (kommen); kräftigen (erstarken).

revir [~'vir] **a)** (3x) wieder-, zurückkommen; **b)** (3c) durchsickern; lecken, rinnen; schwitzen.

revir|ar [~vi'rar] (1a) (wieder) umdrehen; wenden; zurücktreiben; *Augen* rollen; *~ o caminho* (*od. a carreira, os passos*) umkehren; *~ o dente* die Zähne zeigen; *v/i. u.* **~ar-se** umkehren; zurückkehren; herfallen (über [*ac.*] *sobre*); *~ contra* sich wenden gegen (*ac.*), trotzen (*dat.*); **~avolta** [~rɐ'vɔɫtɐ] *f* Wendung *f*; *fig. a.* Umschwung *m*.

revis|ão [~vi'zɐ̃u] *f* Durchsicht *f*; Nach-, Über-prüfung *f*; Revision *f*; Kontrolle *f*; *~ de provas* Korrektur *f*; **~ar** [~ar] (1a) kontrollieren, nachprüfen; **~or** [~or] *m* Kontrolleur *m*; *tip.* Korrektor *m*; *allg.* Revisor *m*.

revist|a [~'viʃtɐ] *f* Inspektion *f*; Kontrolle *f*; Durchsuchung *f*; *lit.* Zeitschrift *f*, Rundschau *f*; = *tea.* Revue *f*; *Truppen*-Besichtigung *f*; Parade *f*; ⚖ Nachprüfung *f*; *passar ~ a* = **~ar** [~viʃ'tar] (1a) (durch-) mustern; durchsuchen; ⚔ besichtigen; ⚖ *Prozeß* nachprüfen.

reviv|er [~vi'ver] (2a) ins Leben zurückkehren; wieder aufleben; *v/t.* noch einmal (er)leben; **~escência** [~vɨʃ'sẽsjɐ] *f* Wiederaufleben *n*; Wiederbelebung *f*; **~escer(-se)** [~vɨʃ'ser(sə)] (2g) = *~er*; **~ificar** [~vəfi'kar] (1n) wieder beleben.

revoada [~'vwaðɐ] *f Vogel*-Schwarm *m*.

revo|cação [~vukɐ'sɐ̃u] *f* Abberufung *f*; = *~gação*; **~car** [~'kar] (1n; *Stv.* 1e) zurückrufen; *Diplomaten* abberufen; = *~gar*; **~catória** [~kɐ'tɔrjɐ]: (*carta*) *~ f* Abberufungsschreiben *n*; **~gação** [~ɣɐ'sɐ̃u] *f* Widerruf *m*; Aufhebung *f*; **~gar** [~'ɣar] (1o; *Stv.* 1e) widerrufen; aufheben; abbestellen; absagen; **~gatório** [~ɣɐ'tɔrju] Widerrufs...; Aufhebungs...; **~gável** [~'ɣavɛɫ] widerruflich.

revolta [~'vɔɫtɐ] *f* Aufruhr *m*; Empörung *f*.

revolt|ado [~voɫ'taðu] = *~oso*; **~ante** [~'tẽntə] *fig.* empörend; **~ar** [~'tar] (1e) aufwiegeln; *fig.* empören, entrüsten; **~o** [~'voɫtu] **1.** *p.p. v. revolver*; **2.** *adj.* unruhig, aufgeregt; = **~oso** [~'tozu] aufrührerisch; aufständisch.

revolu|ção [~vulu'sɐ̃u] *f* Umdrehung *f*; Drehung *f*; *ast.* Umlauf(szeit *f*) *m*; *fig.* Umwälzung *f*, Revolution *f*; Empörung *f*; **~cionar** [~sju'nar] (1e) aufwiegeln; (von Grund aus) umgestalten; umstürzen; revolutionieren; **~cionar-se** sich empören; in Gärung kommen (*od.* sn); e-e Revolution durchmachen; **~cionário** [~sju'narju] **1.** *adj.* umstürzlerisch, Umsturz...; revolutionär; **2.** *m* Umstürzler *m*.

revolver [~voɫ'ver] (2e) (um-) drehen, (-)wälzen (*a. fig.*); umrühren; durch-wühlen; -stöbern; aufwühlen (*a. fig.*); *Augen* rollen; **~-se** sich wälzen; vergehen (*Zeit*).

revólver [~'vɔɫvɛr] *m* Revolver *m*.

revoo [ʀə'vo-u] *m* Rückflug *m*.

revulsivo ⚕ [~vuɫ'sivu] ableitend.

rez|a ['ʀɛzɐ] *f* Gebet *n*; **~ar** [ʀə'zar] (1c) beten; *Messe* lesen; *fig.* lauten;

enthalten; besagen; erzählen; ~ *de* handeln von.
rezin|gão P [Rəzĩŋ'gɐ̃u] **1.** *adj.* zänkisch; **2.** *m* Zänker *m*; Meckerer *m*; **~gar** [~'gar] (1o) zanken; meckern; **~gueiro** [~'ɣeiru] = *~gão.*
ria ['Riɐ] *f* Flußniederung *f*; Haff *n*; **~cho** ['Rjaʃu] *m* Flüßchen *n*.
riba ['Riβɐ] *f* Steilufer *n*; Anhöhe *f*; *em ~* P oben; außerdem.
ribaldo [Ri'βaɫdu] *m* Halunke *m*.
ribalta [~'βaɫtɐ] *f* Rampenlicht *n*.
ribanceira [~βɐ̃'seirɐ] *f* (Ufer-) Felsen *m*; Steilufer *n*.
ribeira [~'βeirɐ] *f* Aue *f*; Fluß *m*.
ribeir|ada [~βei'raδɐ] *f* Strömung *f*; *fig.* Strom *m*; **~inhas** [~iɲɐʃ] *f/pl.* Strandläufer *m/pl.*; **~inho** [~iɲu] Ufer...; Strand...; **~o** [~'βeiru] *m* Flüßchen *n*, Bach *m*.
ribomb|ar [~βõm'bar] (1a) dröhnen; **~o** [~'βõmbu] *m* Dröhnen *n*.
ricaço [~'kasu] **1.** *adj.* steinreich; **2.** *m* reiche(r) Protz *m*.
riçar [Ri'sar] (1p) kräuseln; locken.
rícino ['Risinu] *m* Rizinus *m*.
rico ['Riku] **1.** *adj.* reich; reichlich; reichhaltig; fruchtbar; prächtig; köstlich, lecker; F herzig, lieb; **2.** *m fig.* Herzchen *n*; *novo ~* Neureiche(r) *m*.
riço ['Risu] **1.** *m* Wollplüsch *m*; **2.** *adj.* kraus.
ricochet|e [Riku'ʃetə] *m* Abprall *m*; *fig.* F Hieb *m*, Pflaume *f*; *tiro m de ~* Prellschuß *m*; *de ~* indirekt, mittelbar; **~ear** [~ʃə'tjar] (1l) abprallen; *fig.* abblitzen.
ridente [~'δẽntə] lachend, lächelnd.
ridicul|aria [~δikulɐ'riɐ] *f* Lächerlichkeit *f*; Kleinigkeit *f*; **~(ar)izar** [~(ɐr)i'zar] (1a) lächerlich machen.
ridículo [~'δikulu] lächerlich, lachhaft; *meter a ~* lächerlich m.; *prestar-se ao ~* sich lächerlich m.; zum Lachen sein.
rif|a ['Rifɐ] *f* Verlosung *f*; Glücksbude *f*; **~ão** [Ri'fɐ̃u] *m* Sprichwort *n*; *andar em ~* in aller Mund sn; **~ar** [Ri'far] (1a) aus-, ver-losen.
rigidez [Riʒi'δeʃ] *f* Starrheit *f*; Steifheit *f*; *Leichen*-Starre *f*; *fig.* Strenge *f*; Härte *f*.
rígido ['Riʒiδu] starr, steif; hart; streng.
rigor [Ri'ɣor] *m* Härte *f*; Strenge *f*; *bsd.* Genauigkeit *f*; *o ~ do frio* (*do calor, da chuva*) die strenge Kälte (die große Hitze, der starke Regen); *no ~ de* mitten in (*dat.*); *no ~ da palavra* genaugenommen; *de ~* vorschriftsmäßig; unerläßlich; = *em ~* strenggenommen; im Grunde.
rigor|ismo [Riɣu'riʒmu] *m* übertriebene Strenge *f*; peinliche Genauigkeit *f*; **~ista** [~iʃtɐ] **1.** *m* strenge(r) Wächter *m*; Eiferer *m*; Pedant *m*; **2.** *adj.* überstreng, unerbittlich; peinlich genau; **~osamente** [~ˌrɔzɐ'mẽntə] strenggenommen; **~oso** [~ozu] streng; hart; unerbittlich; genau.
rij|eza [Ri'ʒezɐ] *f* Härte *f*; Kraft *f*; Strenge *f*; Unbeugsamkeit *f*; **~o** ['Riʒu] hart; zäh; kräftig, stark; streng; unbeugsam.
rilhar [~'ʎar] (1a) nagen.
rim [Rĩ] *m* Niere *f*; *rins pl.* Kreuz *n*.
rim|a ['Rimɐ] *f* **a**) Reim *m*; *~ assonante* Assonanz *f*; *~ consoante* Vollreim *m*; **b**) Ritz *m*; **c**) Stapel *m*, Stoß *m*; **~ar** [Ri'mar] (1a) in Reime bringen, reimen; *v/i.* (sich) reimen; sich zs.-reimen, zueinander passen; **~oso** [Ri'mozu] rissig.
rincão [Rĩŋ'kɐ̃u] *m* Winkel *m*.
rinch|ada, ~avelhada [Rĩ'ʃaδɐ, ~ʃɐvɨ'ʎaδɐ] *f* Gewieher *n*, *wieherndes* Gelächter *n*; **~ar** [~'ʃar] (1a) wiehern; **~o** ['Rĩʃu] *m* Wiehern *n*.
rinha *bras.* ['Riɲɐ] *f* Hahnenkampf *m*.
rin|ite ⚕ [Ri'nitə] *f* Nasenschleimhautentzündung *f*; **~oceronte** [~nusə'rõntə] *m* Nashorn *n*, Rhinozeros *n*.
rio ['Riu] *m* Fluß *m*; Strom *m* (*a. fig.*); **~-grandense** [~ɣrẽn'dẽsə] aus Rio-Grande; Rio-Grandenser.
ripa ['Ripɐ] *f* Latte *f*; Rippe *f* (*a. anat.*); **~do** [Ri'paδu] *m* Lattenwerk *n*; **~l** [Ri'paɫ] Latten...
ripanço [Ri'pɐ̃su] *m* Hechel *f*; Harke *f*; Faulbett *n*; *fig.* Trägheit *f*; Faulpelz *m*; *estar de* (*od. com o seu*) *~* faulenzen.
ripar [Ri'par] (1a) **a**) mit Latten beschlagen; zu Latten schneiden; **b**) *Flachs* hecheln; *Erde* harken; *Blätter* abstreifen; *bras. Pferd* stutzen.
rípio ['Ripju] *m* Füllsteine *m/pl.*; Schotter *m*; *fig.* Flickwort *n*.
ripostar [Ripuʃ'tar] (1e) parieren; nachstoßen; zurückschlagen; schlagfertig antworten, erwidern.
riqueza [Ri'kezɐ] *f* Reichtum *m*.
rir(-se) ['Rir(sə)] (3v): *~ com, ~ de* lachen über (*ac.*); auslachen (*ac.*);

~ *para* anlachen (*ac.*); *a* ~ lachend; = *para* ~ zum Spaß; ~ *às gargalhadas* (*cachinadas, casquinadas*) laut (höhnisch) lachen; ~ *a bandeiras despregadas*, ~ *até rebentarem as ilhargas*, ~ *à tripa forra* sich halb totlachen; ~ *na cara*, ~ *nas barbas de alg.* j-m ins Gesicht lachen *od.* auf der Nase herumtanzen.
risada [ʀi'zaδɐ] *f* Gelächter *n.*
risc|a ['ʀiʃkɐ] *f* Strich *m*; *bsd.* Scheitel *m*; *à* ~ genau; sorgfältig; **~ado** [ʀiʃ'kaδu] *m* gestreifte(r) Stoff *m*; **~ar** [ʀiʃ'kar] (1n) linieren; vollstricheln; *bsd.* (aus)streichen; ausschließen; anstreichen; bezeichnen; *Figur* zeichnen; *Gewebe* streifen; **~ar-se** ausscheiden; **~o** [~u] *m* **a**) Strich *m*; Riß *m*; Skizze *f*; **b**) Wagnis *n*; Gefahr *f*; *a todo o* ~ auf jede Gefahr; *correr* ~, *estar em* ~ in Gefahr schweben, gefährdet sn; Gefahr laufen (zu de).
ris|ível [ʀi'zivɛɫ] lachhaft; **~o** ['ʀizu] *m* Lachen *n*; Gelächter *n*; *com a boca cheia de* ~ lachenden Mundes; *causar* ~, *fazer* ~ zum Lachen sn; = *ser* (*coisa de*) ~ lachhaft (*od.* komisch) sn; *meter a* ~ lächerlich m.; **~onho** [~oɲu] lächelnd; heiter; **~ota** [~ɔtɐ] *f* Gelächter *n*; Gespött *n.*
rispidez [ʀiʃpi'δeʃ] *f* Rauheit *f*; Sprödigkeit *f*; Unfreundlichkeit *f.*
ríspido ['ʀiʃpiδu] rauh; spröde; kurz angebunden; schnippisch.
rítmico ['ʀitmiku] rhythmisch.
ritmo ['ʀitmu] *m* Rhythmus *m*; Takt *m*; Versmaß *n*; Tempo *n.*
rit|o ['ʀitu] *m* Ritus *m*; **~ual** [ʀi'twaɫ] **1.** *adj.* rituell; **2.** *m* Gottesdienstordnung *f*, Ritual *n.*
rival [ʀi'vaɫ] **1.** *adj.* rivalisierend; nebenbuhlerisch; eifersüchtig; **2.** *m* Nebenbuhler *m*, Rivale *m*; **~idade** [~vɐli'δaδə] *f* Wetteifer *m*; Eifersucht *f*; Rivalität *f*; **~izar** [~vɐli'zar] (1a) (mitea.) wetteifern; den Rang streitig m.; *v/t.* streitig m.; eifersüchtig m.; wetteifern mit.
rixa ['ʀiʃɐ] *f* Streit *m*; Händel *pl.*
rix|ador [ʀiʃɐ'δor] **1.** *adj.* händelsüchtig; **2.** *m* Raufbold *m*; **~ar** [~'ʃar] (1a) sich streiten; Händel suchen; **~oso** [~'ʃozu] = *~ador.*
rizoma ♀ [ʀi'zomɐ] *m* Wurzelstock *m.*
robalo [ʀu'βalu] *m* Seebarsch *m.*
roble ['ʀɔblə] *m* (Stein-)Eiche *f.*
robô [ʀo'bo] *m* Roboter *m.*
robor|ar [ʀuβu'rar] (1e) (be)stärken; (be)kräftigen; bestätigen; **~ativo** [~rɐ'tivu] stärkend; bestätigend; **~izar** [~ri'zar] (1a) = *~ar.*
robust|ecer [~βuʃtə'ser] (2g) stärken, kräftigen; **~ecer-se** stark w., erstarken; **~ecimento** [~əsi'mẽntu] *m* Stärkung *f*; Erstarkung *f*; Ertüchtigung *f*; **~ez** [~'teʃ] *f* Kraft *f*; Widerstandsfähigkeit *f*; **~o** [~'βuʃtu] kräftig, stark; widerstandsfähig.
roca ['ʀɔkɐ] *f* **a**) *Spinn*-Rocken *m*, Kunkel *f*; **b**) Fels *m.*
roça ['ʀɔsɐ] *f* Rodung *f*; Rod-land *n*, -acker *m*; *bras.* Acker *m*, Feld *n*; Land *n*; Landgut *n.*
roçad|a [ʀu'saδɐ] *f* Rodung *f*; **~o** [~u] *m* Kahlschlag *m*; *bras. a.* Maniokpflanzung *f*; **~oira**, **~oura** [~sɐ'δoirɐ, -orɐ] *f* Rodehacke *f.*
roca|l [ʀu'kaɫ] **1.** *adj.* steinhart; **2.** *m* (Glas-)Perlenkette *f*; **~lha** [~ʎɐ] *f* Glasperlen *f/pl.*; ⚠ Muschelstil *m.*
rocar [~'kar] (1n; *Stv.* 1e) rochieren [(*Schachspiel*).
roçar [ʀu'sar] (1p; *Stv.* 1e) (aus-) roden; *Wald* abholzen; abschaben, abscheuern; *Stoff* durchscheuern; *Anzug* abtragen; (leicht) berühren; streifen; gleiten über (*ac.*); = *v/i.* schleppen; scharren; ~ *por* streifen (*ac.*); vorbeikommen an (*dat.*); *fig. a.* grenzen an (*ac.*).
roch|a ['ʀɔʃɐ] *f* Fels *m*; **~edo** [ʀu'ʃeδu] *m* Felsen *m*; Klippe *f*; **~oso** [ʀu'ʃozu] felsig.
rociar [ʀu'sjar] (1g) besprengen; betauen; bestreuen; *v/i.* tauen.
roc|im [~'sĩ] *m* Gaul *m*; **~inante** [~si'nẽntə] *m* Klepper *m*, Rosinante *f.*
rocio [ʀu'siu] *m* Tau *m.*
rococó [ʀɔkɔ'kɔ] *m* Rokoko *n.*
roda ['ʀɔδɐ] *f* Rad *n*; Kreis *m*; Runde *f*; *Wurst- usw.* Scheibe *f*; *Rock*-Weite *f*; Glücksrad *n*; Lotterie *f*; Drehkasten *m*; Findelhaus *n*; ⚓ Steven *m*; *fig.* Drehung *f*; (Kreis-, Um-)Lauf *m*; Umgang *m*; Bekanntenkreis *m*; Gesellschaft *f*; ~ *livre* Freilauf(rad *n*) *m*; *uma* ~ *de* e-e Menge; *a alta* ~ die besseren Kreise, die vornehme Gesellschaft; ~ *fatal* Rad *n* des Schicksals; *dança f de* ~ Ringel-reihen *m*, -tanz *m*; *suplício m da* ~ Rädern *n*; *à* (*od. de, em*) ~ ringsumher; in der Runde; rundherum; *à* (*od. em*) ~

de (rings) um (*ac.*); *andar à* ~ sich drehen; kreisen; im Kreise (herum)gehen (*od.* fahren, laufen); *andar numa* ~ *viva* rastlos tätig sn; sich abhetzen; *fazer* ~ e-n Kreis bilden; *meter na* ~ *Kind* ins Findelhaus bringen; *amanhã anda a* ~ morgen ist Ziehung; *a* ~ *desandou* das Blatt hat sich gewendet.

roda|do [ʀu'ðaðu] auf (*od.* mit) Rädern; fahrbar; weit (*Rock*); *disco m muito* ~ abgespielte Platte *f*; **~gem** [~ʒɐ̃i] *f* Räderwerk *n e-r Maschine*; *caminho m de* ~ *bras.* Fahrweg *m*; Rollbahn *f*; *em* ~ *auto.* plombiert; **~nte** [~'ðɐ̃ntə] rollend, Roll...; **~pé** [ʀɔðɐ'pɛ] *m* Fußleiste *f*; Fußkranz *m*; Feuilleton *n*; *no* ~ unter dem Strich; **~r** [~'ðar] (1e) rollen; drehen (*a. Film*); *Schallplatte* spielen; herum-gehen, -fahren um; bereisen; ⚖ rädern; *v/i.* kreisen; rollen; fahren; vergehen (*Zeit*); **~-viva** [ʀɔðɐ'vivɐ] *f* Trubel *m*; Betrieb *m*; Hetze *f*.

rode|ar [ʀu'ðjar] (1l) umgeben; umringen; umgehen (*a. fig.*), herumgehen um; umkreisen, sich drehen um; um-fahren, -segeln; bereisen; durchstreifen; ~ *com os olhos* (*od. a vista*) sich umsehen in (*dat.*); mustern; **~io** [ʀu'ðeju] *m* Umweg *m*; Ausflucht *f*; Umschweif *m*; *bras.* Hürde *f*; *sem* **~s** geradeheraus.

rod|eira [ʀu'ðeirɐ] *f* Radspur *f*; Fahrweg *m*; **~eiru** [~eiru] *m* Radsatz *m*; *Rad*-Achse *f*; **~ela** [~ɛlɐ] *f* Scheibe *f*; *bras.* Schwindel *m*; *contar* **~s** angeben.

rodi|lha [~'ðiʎɐ] *f* Putzlappen *m*; Tragpolster *n für Kopflasten*; *fig.* Mädchen *n* für alles; **~lhão** [~ði'ʎɐ̃u] *m* Scheuerlappen *m*; Scheibenrad *n*, Rolle *f*; **~lho** [~ʎu] *m* = **~lha**.

rodízio [~'ðizju] *m* Mühlrad *n*; *Möbel*-Rolle *f*; *bras.* Turnus *m*; (geheime) Abrede *f*; *por* ~ der Reihe nach, im Turnus.

rodo ['ʀoðu] *m* Schieber *m*; Harke *f des Croupiers*; *a* ~ massenhaft.

rodop|elo [ʀuðu'pelu] *m* Wirbel *m im Fell*; **~iar** [~'pjar] (1g) wirbeln; kreisen; **~io** [~'piu] *m* Wirbel *m*; Wirbeln *n*, Kreisen *n*; *andar num* ~ (herum)wirbeln; *fig.* sich abhetzen.

rodovalho [~'vaʎu] *m* Steinbutt *m*.

rodovia *bras.* [ʀoðo'viɐ] *f* Auto-, Fahr-bahn *f*, -straße *f*; Rollbahn *f*.

roed|or [ʀwə'ðor] *m* Nagetier *n*; **~ura** [~urɐ] *f* ⚒ Schürfung *f*.

roer [ʀwer] (2f) **1.** *v/t.* (ab-, an-, zer-)nagen; an-, zer-fressen; nagen an (*dat.*) (*a. fig.*); *fig.* wühlen in (*dat.*); zermürben; untergraben; ~ *a corda* F kneifen; *j-n* aufsitzen l.; *dar um osso a* ~ *fig.* e-e Nuß zu knacken geben; **2.** *v/i.*: ~ *em* nagen an (*dat.*); sich herumschlagen mit, *Problem* wälzen; herziehen über (*ac.*).

rog|ado [ʀu'ɣaðu]: *fazer-se* ~ sich bitten l.; **~ador** [~ɣɐ'ðor] *m* Fürbitter *m*; **~ar** [~ar] (1o; *Stv.* 1e): ~ *a/c. a alg.* j-n um et. bitten, et. von j-m erbitten; *fazer-se* ~ *s.* **~ado**; *v/i.* beten (zu *a*); **~o** ['ʀoɣu] *m* Bitte *f*; *a* ~ auf Verlangen.

rojão [ʀo'ʒɐ̃u] *m bras.* Rakete *f*; *fig.* Gewaltmarsch *m*; Gang *m*; Vorgehen *n*, Haltung *f*.

roj|ar [ʀu'ʒar] (1e) (fort)schleppen; schleudern; *v/i.* kriechen; *auf dem Boden* schleifen; **~o** ['ʀoʒu] *m* Kriechen *n*; Schleifen *n*.

rol [ʀɔł] *m* Verzeichnis *n*, Liste *f*; *Wäsche- usw.* Zettel *m*.

rola ['ʀolɐ] *f* Turteltaube *f*.

rol|ador [ʀulɐ'ðor] *m* Stromabnehmer *m der Straßenbahn*; **~amento** [~ɐ'mẽntu] *m* Rollen *n*; *faixa f de* ~ Roll-, Fahr-bahn *f*; ~ *de esferas* Kugellager *n*; **~ante** [~'lɐ̃ntə] rollend; Roll...; **~ão** [~'lɐ̃u] *m* Kleie *f*; Rundholz *n*, Rolle *f*; **~ar** [~'lar] (1e) **a)** rollen; **b)** girren (*Taube*).

rold|ana [ʀoł'dɐnɐ] *f* Flaschenzug *m*; **~ão** [~ɐ̃u] *m* Trubel *m*; *de* ~ ungestüm; unversehens.

rolet|a [ʀu'letɐ] *f* Roulett *n*; *fig.* F Ente *f*; **~e** [~ə] *m* Rolle *f*.

rolh|a ['ʀoʎɐ] *f* Kork *m*, Pfropfen *m*; F gemeiner Kerl *m*; *meter uma* ~ *na boca* den Mund halten; *j-m* den Mund stopfen (*od.* verbieten); *tirar a* ~ *da boca* loslegen.

roliço [ʀu'lisu] rund(lich); dick.

rolo ['ʀolu] *m* Rolle *f*; Walze *f*; *cul.* Nudel-, Well-holz *n*; Woge *f*; *Rauch-*, *Staub*-Wolke *f*; *Tabak*-Strang *m*; Priem *m*; Wachsstock *m*; *bras.* Auflauf *m*; Rauferei *f*.

romã [ʀu'mɐ̃] *f* Granatapfel *m*.

romana [~'mɐnɐ] *f* Schnellwaage *f*.

roman|ça [ʀu'mɐ̃sɐ] *f* Romanze *f*;

~ce [~sə] *m* Roman *m*; **~ceado** [~mɐ̃'sjaðu] romanhaft; **~cear** [~mɐ̃'sjar] (1l) e-n Roman machen aus; aufbauschen; **~cista** [~mɐ̃'siʃtɐ] *su.* Romanschriftsteller(in *f*) *m*.
romanesco [~mɐ'neʃku] romanhaft.
românic|as [~'mɐnikɐʃ] *f/pl.* Romanistik *f*, romanische Sprachen und Literaturen *f/pl.*; **~o** [~u] romanisch. [2. *m* Römer *m*.]
romano [~'mɐnu] 1. *adj.* römisch;
romanticismo [~mɐ̃nti'siʒmu] *m* romantische(r) Charakter *m*; Schwärmerei *f*; Unwirklichkeit *f*.
romântico [~'mɐ̃ntiku] **1.** *adj.* romantisch; **2.** *m* Romantiker *m*.
romantismo [~mɐ̃n'tiʒmu] *m* Romantik *f*.
romaria [~mɐ'riɐ] *f* Wallfahrt *f*; Kirchweih *f*; Gedränge *n*; Zug *m*.
romãzeira [~mɐ̃'zeirɐ] *f* Granatapfelbaum *m*.
rombo ['ʀõmbu] **1.** *m* **a**) Rhombus *m*, Raute *f*; **b**) Leck *n*; Loch *n*; **2.** *adj.* stumpf(sinnig).
romeiro [ʀu'meiru] *m* Wallfahrer *m*, Pilger *m*; *fig.* Vorkämpfer *m*.
romeno [~'menu] **1.** *adj.* rumänisch; **2.** *m*, **-a** *f* Rumäne *m*, Rumänin *f*.
romp|ante [ʀõm'pɐ̃ntə] **1.** *adj.* heftig; anmaßend; **2.** *m* Heftigkeit *f*; *Zornes*-Ausbruch *m*; Ruck *m*; **~ente** [~ɐ̃ntə] angriffslustig; heftig; reißend (*Tier*); **~er** [~er] (2a) **1.** *v/t.* durch-, entzwei-, zer-brechen; abbrechen (*a. fig.*); *Kleidung* zerreißen, verschleißen; *Schweigen usw.* brechen; *Geheimnis* verraten; *feindl. Stellung usw.* durchbrechen; durchdringen; *Weg* bahnen; *Meer*, *Land* durchqueren; *Feindseligkeiten* eröffnen; **2.** *v/i.* aus-, los-brechen; beginnen; anbrechen (*Tag*); aufgehen (*Gestirn*); auftauchen, erscheinen; (ent)quellen; losstürmen (auf [*ac.*] *contra*); brechen (mit *com*, durch *por*); ausbrechen (in *em*); *~ a inf.* anfangen zu *inf.*; *v/i. a.* = **3.** **~er-se** zerbrechen, zerreißen; entzweigehen; platzen; **4.** *m*: *ao ~ do dia* (*do sol*) bei Tagesanbruch (Sonnenaufgang); **~imento** [~pi'mẽntu] *m* Auf-, Zer-brechen *n usw.*; *Damm*-Bruch *m*; *Kanal*-Durchstich *m*; Durchbruch *m*; Riß *m*; Lücke *f*; *fig. Vertrags*-Bruch *m*; Abbruch *m der Beziehungen*.
ronc|a ['ʀõŋkɐ] *f* Schnarchen *n*; Grunzen *n*; Schnarren *n*; Schnarrlaut *m*; Brausen *n*; *fig.* Prahlerei *f*; ⚓ Nebelhorn *n*; **~ar** [ʀõŋ'kar] (1n) schnarchen; grunzen (*Schwein*); schnarren (*z.B. Dudelsack*); brausen (*Meer*); rollen (*Donner*); *fig.* das Maul aufreißen; prahlen.
ron|çaria [ʀõsɐ'riɐ] *f* Trödelei *f*; Gemächlichkeit *f*; **~cear** [~'sjar] (1l) bummeln, trödeln; (dahin-) schlendern; **~ceirismo** [~sei'riʒmu] *m* Schlendrian *m*; = *~çaria*; **~ceiro** [~'seiru] langsam; gemächlich.
ronco ['ʀõŋku] *m* = *ronca*.
rond|a ['ʀõndɐ] *f* Runde *f*, Rundgang *m*; Ronde *f*, Nachtwache *f*; Streife *f*; Rundtanz *m*; *de ~* wachhabend (*Offizier*); *andar de ~* = **~ar** [ʀõn'dar] (1a) die Runde m. durch (*od.* in [*dat.*], um); bewachen; umkreisen; *Tau* aufrollen; **~ó** ♪ [ʀõn'dɔ] *m* Rondo *n*.
ronh|a ['ʀoɲɐ] *f vet.* Räude *f*; *fig.* Durchtriebenheit *f*; *ter ~* gerissen sn; **~ento, ~oso** [ʀu'ɲẽntu, -ozu] räudig; *fig.* durchtrieben.
ronqu|eira [ʀõŋ'keirɐ] *f* Rasseln *n*; Röcheln *n*; **~ejar** [~kɨ'ʒar] (1d) rasseln (*Atem*); röcheln.
ronr|om [ʀõ'ʀõ] *m* Schnurren *n*; **~onar** [~ʀu'nar] (1e) schnurren.
roqu|e ['ʀɔkə]: *fazer ~ Schachspiel*: rochieren; *sem rei nem ~* blind drauflos; **~eiro** [ʀu'keiru]: *castelo m ~* Bergschloß *n*.
roquete [ʀu'ketə] *m* **a**) Chorhemd *n*; **b**) Bohr-winde *f*, -knarre *f*.
ror P [ʀor] *m* Haufen *m*, Masse *f*.
rosa ['ʀɔzɐ] *f* Rose *f*; Rosette *f*; *cor de ~* rosig; rosa; *~ náutica*, *~ dos ventos* Windrose *f*.
ros|ácea [ʀu'zasjɐ] **1.** *f Fenster*-Rosette *f*; **2.** *~s pl.* Rosenblütler *m/pl.*; **~áceo** [~asju] rosenartig, Rosen...; **~a-chá** [ˌʀɔzɐ'ʃa] *f* Teerose *f*; **~ado** [~aðu] rosig; Rosen...; **~a-do-japão** [ˌʀɔzɐðuʒɐ'pɐ̃u] *f* Kamelie *f*; **~al** [~ał] *m* = *roseiral*; **~ário** [~arju] *m* Rosenkranz *m*; ⊕ Paternosterwerk *n*.
rosbife [ʀɔʒ'βifə] *m* Roastbeef *n*, Rostbraten *m*.
rosc|a ['ʀoʃkɐ] **1.** *f* Gewinde *n* (*abrir* schneiden); Flügelmutter *f*; *cul.* Kringel *m*; Schnecke *f*; **2.** *su.* Schlauberger(in *f*) *m*; **~ar** [ʀuʃ'kar] (1n; *Stv.* 1e) mit Gewinde versehen; an-, ein-schrauben.

roseir|a [Ru'zeirɐ] *f* Rosen-busch *m*, -stock *m*, -strauch *m*; **~al** [~zei'raɫ] *m* Rosengarten *m*.
róseo ['Rɔzju] rosenfarben, Rosen...
roseta [Ru'zetɐ] *f* Rosette *f*; Rädchen *n*.
rosmarinho [~mɐ'riɲu] *m* Rosmarin *m*.
rosnar [Ruʒ'nar] (1e) knurren.
rosquilha, -inha [Ruʃ'kiʎɐ, -iɲɐ] *f* Kringel *m*, Brezel *f*.
rossio [Ru'siu] *m* große(r) Platz *m*.
rost|o ['Roʃtu] *m* Gesicht *n*; Angesicht *n*, Antlitz *n*; Bildseite *f e-r Münze*; Titelblatt *n*; *allg*. Vorderseite *f*; (de) ~ a ~ von Angesicht zu Angesicht; von Mann zu Mann; no ~ de in Gegenwart (*gen*.); dar de ~ com stoßen auf (*ac*.), plötzlich gegenüberstehen (*dat*.); dar a alg. de ~ com, lançar a alg. em ~ j-m ins Gesicht sagen (*ac*.); j-m vorhalten (*ac*.); dar no ~ ins Gesicht blasen (*Wind*), scheinen (*Sonne*), schlagen (*Regen*); fazer ~ a a) gegenüberliegen (*dat*.); b) die Stirn bieten, trotzen (*dat*.); **~ral** [Ruʃ'traɫ]: página *f* ~ Titelseite *f*; **~ro** ['Rɔʃtru] *m* Schnabel *m* (a. ⚓); ⚘ Sporn *m*; Saugrüssel *m* (*Insekt*).
rota ['Rɔtɐ] *f* Route *f*; ⚓ Kurs *m*; Tribunal *m* da ♀ *cat*. Rota *f*; ~ batida direkte(r) Kurs *m*; de ~ batida *fig*. Hals über Kopf.
rot|ação [Rutɐ'sɐ̃u] *f* Umdrehung *f*, Rotation *f*; ↗ Wechselwirtschaft *f*; *fig*. Wechsel *m*; Wiederkehr *f*; **~ador** [~ɐ'ðor] **1.** *m zo*. Rädertier *n*; **2.** *adj*. = ~atório; **~ar** [~'tar] (1e) sich drehen, rotieren; **~ariano, ~ário** [~ɐ'rjɐnu, ~'tarju] *m* Mitglied *n* des Rotaryklubs; **~ativo** [~ɐ'tivu]: máquina *f* -a Rotationsmaschine *f*; **~atório** [~ɐ'tɔrju] rotierend; Rotations...; Dreh(ungs)...
rote|ar [~'tjar] (1l) *Schiff* steuern; *v/i*. zur See fahren; **~iro** [~'teiru] *m* Seespiegel *m*; Reise(beschreibung) *f*; Reiseführer *m*; *bsd*. Stadtplan *m*; *fig*. Leitfaden *m*; *bras*. Drehbuch *n*.
rotim [~'tĩ] *m* Rotang *m* (*Flechtrohr*).
rotin|a [~'tinɐ] *f fig*. Fertigkeit *f*; Routine *f*; Schlendrian *m*; **~eiro** [~ti'neiru] **1.** *adj*. gewohnheitsmäßig; eingefahren; routiniert; **2.** *m* Gewohnheitsmensch *m*; Könner *m*.
roto ['Rotu] **1.** *p.p. irr. v.* romper; **2.** *adj*. zerlumpt; verschlissen; durchlöchert, löchrig; entzwei.
rótula ['Rɔtulɐ] *f anat*. Kniescheibe *f*.
rotul|agem [Rutu'laʒɐ̃i] *f* Etikettierung *f*, Beschriftung *f*; **~ar** [~ar] (1a) *Waren* auszeichnen; etikettieren, beschriften.
rótulo ['Rɔtulu] *m* Etikett *n*, Schild *n*; Aufschrift *f*; Preiszettel *m*.
rotunda [Ru'tũndɐ] *f* Rundbau *m*, Rotunde *f*; runde(r) Platz *m*.
rotura [Ru'turɐ] *f* Bruch *m*.
roub|alheira F [Roβɐ'ʎeirɐ] *f* Raubüberfall *m*; Hochstapelei *f*; Betrug *m*, Prellerei *f*; **~ar** [~'βar] (1a) rauben; stehlen; entführen; ~ alg. j-n berauben, bestehlen; **~o** ['Roβu] *m* Raub *m*; Diebstahl *m*.
rouco ['Roku] heiser. [rauh.]
roufenho [Ro'feɲu] näselnd; hohl;
roupa ['Ropɐ] *f* Kleidung *f*; Wäsche *f*; Stoff *m*; ~ branca (da cama) Leib-(Bett-)Wäsche *f*; ~ interior, ~s *pl*. menores Unterwäsche *f*; chegar a ~ ao corpo a verprügeln (*ac*.).
roup|agem [Ro'paʒɐ̃i] *f* Kleidung *f*; Gewand *n*; *pint*. Gewandung *f*, Faltenwurf *m*; *fig*. Drapierung *f*; **~ão** [~ɐ̃u] *m* Morgenrock *m*; **~a-velha** [~pɐ'vɛʎɐ] *f* Reste(essen *n*) *m/pl*., F Wochenübersicht *f*; **~avelheiro** [~pɐvɨ'ʎeiru] *m* Kleidertrödler *m*.
rouqu|ejar [Rokɨ'ʒar] (1d) krächzen; *fig*. dröhnen; **~enho** [~'keɲu] heiser; belegt (*Stimme*); **~idão** [~i'ðɐ̃u] *f* Heiserkeit *f*.
rouxinol [Roʃi'nɔɫ] *m* Nachtigall *f*.
rox|ear [Ru'ʃjar] (1l) ins Violette spielen; **~idão** [~ʃi'ðɐ̃u] *f* violette Farbe *f*; **~o** ['Roʃu] blaurot; violett; *bras*. riesig, toll; couve *f* -a Rotkohl *m*; ~ por begierig auf (*ac*.).
rua ['Ruɐ] *f* Straße *f*; *Garten*-Weg *m*; mulher *f* da ~ Straßendirne *f*; pôr na (*od*. no olho da) ~ rauswerfen; ir para ~ (raus)fliegen; ~! 'raus!
rub|efacção ⚕ [Ruβəfa'sɐ̃u] *f* Rötung *f*, (Haut-)Entzündung *f*; **~(esc)ente** [~'βẽntə (~βɨʃ'sẽntə)] rot(glühend); **~i** [~'βi] *m* Rubin *m*; **~iácea** *bras*. [~'βjasjɐ] *f* Kaffeestrauch *m*; **~ificar** [~əfi'kar] (1n) röten; **~im** [~'βĩ] *m* Rubin *m*.
rublo ['Ruβlu] *m* Rubel *m*.
rubor [Ru'βor] *m* (Scham-)Röte *f*; Scham(gefühl *n*) *f*; **~escer** [~βurɨʃ'ser] (2g) sich röten; **~izar** [~βuri-

ˈzar] (1a) röten; **~izar-se** schamrot werden, erröten.
rubr|ica (**rúbrica**) [ʀuˈβrikɐ (ˈʀuβrikɐ)] *f* Rötel *m*; Rubrik *f* (*a. rel.*); Überschrift *f*; *Ausführungs*-Vorschrift *f*; *bsd.* Handzeichen *n*, Namenszug *m*; **~icar** [~βriˈkar] (1n) abzeichnen.
rubro [ˈʀuβru] (blut-, hoch-)rot; [glühend(rot).
ru|çar-se [ʀuˈsarsə] (1p) **a**) ergrauen; **b**) sich freuen (auf [*ac.*] *com*); **~cilho** [~ˈsiʎu]: *cavalo m* ~ Fuchs *m*; **~ço** [ˈʀusu] **1.** *adj.* grau (*Tier*); graumeliert; verfärbt, ausgeblichen; *bsd.* strohblond.
rud|e [ˈʀuðə] rauh; hart; grob; plump; roh; **~eza** [ʀuˈðezɐ] *f* Rauheit *f*; Härte *f*; Grobheit *f*; Roheit *f*.
rudiment|ar [ʀuðimẽnˈtar] Elementar...; unausgebildet; verkümmert; F kümmerlich; **~o** [~ˈmẽntu] *m* Anfang *m*; *unentwickelter* Ansatz *m*; *verkümmerter* Rest *m*; **~s** *pl.* Anfangsgründe *m/pl.*, Grundbegriffe *m/pl.*
ruela [ˈʀwɛlɐ] *f* Gasse *f*.
rufar [ʀuˈfar] (1a) **1.** *v/t.* **a**) *Trommel* schlagen; **b**) rüschen; **2.** *v/i.* wirbeln, trommeln.
rufia, -ião [ʀuˈfiɐ, -ˈfjɐ̃u] *m* Zuhälter *m*.
rufo [ˈʀufu] *m* **a**) Trommelwirbel *m*; *num* ~ im Nu; *fazer* **~s** trommeln; **b**) Rüsche *f*.
ruga [ˈʀuɣɐ] *f* Runzel *f*, Furche *f*; [Falte *f*.
rug|ido [ʀuˈʒiðu] *m* Brüllen *n*; ⚕ Kollern *n*; **~ir** [~ir] (3n) brüllen; tosen; rauschen (*Blätter*).
rugoso [ʀuˈɣozu] runzlig; gefurcht.
ruibarbo ♀ [ʀwiˈβarβu] *m* Rhabarber *m*.
ruído [ˈʀwiðu] *m* Geräusch *n*; Lärm *m*; *fig.* Gerücht *n*; *Radio*: Störung *f*; *com* ~ geräuschvoll; auffallend; *fazer* ~ *fig.* Aufsehen erregen.
ruidoso [ʀwiˈðozu] geräuschvoll, lärmend; aufsehenerregend.
ruim [ʀwĩ] schlecht; minderwertig; wertlos; verdorben; schädlich; bös (-artig); *bras.* F lausig, mies.
ruína [ˈʀwinɐ] *f* Einsturz *m*; Zs.-bruch *m*, Ruin *m*; Ruine *f*; **~s** *pl.* Ruinen *f/pl.*; Trümmer *pl.*
ruindade [ʀwĩnˈdaðə] *f* Schlechtigkeit *f*.
ruinoso [ʀwiˈnozu] baufällig; zerfallen; verderblich; ✝ ruinös.
ruir [ʀwir] (3i) (ein-, herunter-, um-, zs.-)stürzen; zs.-brechen.
ruiv|a [ˈʀuivɐ] *f* ♀ Krapp *m*; **~o** [~u] **1.** *adj.* (fuchs)rot; rothaarig; **2.** *m* Knurrhahn *m* (*Fisch*).
rum [ʀũ] *m* Rum *m*.
rumar ⚓ [ʀuˈmar] (1a) in Kurs bringen, steuern.
rume, rúmen [ˈʀumə, -en] *m* Pansen *m*.
rumin|ação [ʀuminɐˈsɐ̃u] *f* Wiederkäuen *n*; **~adoiro, -ouro** [~ɐˈðoiru, -oru] *m* Wiederkäuermagen *m*; **~ante** [~ˈnẽntə] *m* Wiederkäuer *m*; **~ar** [~ˈnar] (1a) wiederkäuen; *fig. a.* durchdenken; überlegen.
rumo [ˈʀumu] *m* Wind-, Himmelsrichtung *f*; ⚓ Fahrtrichtung *f*; Kurs *m*; *fig.* Richtung *f*, Weg *m*; Ziel *n*; Gang *m der Ereignisse usw.*; Wendung *f*; *sem* ~ ziellos; *meter* (*od. pôr*) *a* ~ *fig.* auf den rechten Weg bringen; e-e Richtung (*od.* ein Ziel) geben (*dat.*); *mudar de* ~ den Kurs (*od.* die Richtung) ändern; e-n andern Weg einschlagen; anders verlaufen; *tomar* ~ e-n Beruf ergreifen; e-e Stelle annehmen; *tomar* ~ *para* Kurs nehmen auf (*ac.*); den Weg einschlagen nach; sich *et.* zum Ziel setzen.
rumor [ʀuˈmor] *m* Gepolter *n*; Brausen *n*, Rauschen *n*; Stimmengewirr *n*; *fig.* Gerücht *n*.
rumor|ejar [~muriˈʒar] (1d) rauschen; brausen; poltern, rumoren; *fig.* verlauten; *rumoreja-se* man munkelt; **~ejo** [~ˈreʒu] *m* Summen *n*; Gemunkel *n*; **~oso** [~ˈrozu] polternd, lärmend; brausend.
runa [ˈʀunɐ] *f* Rune *f*.
rupestre [ʀuˈpɛʃtrə] auf Felsen wachsend; Berg...; Höhlen...
rúpia ⚕ [ˈʀupjɐ] *f* *Art* Flechte *f*.
ruptura [ʀupˈturɐ] *f* = *rotura*.
rural [ʀuˈrał] ländlich; Land...; landwirtschaftlich; Bauern...; *guarda m* ~ Feldhüter *m*; *polícia* ~ **1.** *f* Feldpolizei *f*; **2.** *m* Landjäger *m*.
rusga [ˈʀuʒɣɐ] *f* Händel *pl.*; P Polizeistreife *f*, Razzia *f*.
russo [ˈʀusu] **1.** *adj.* russisch; **2.** *m*, **-a** *f* Russe *m*, Russin *f*.
rusticidade [ʀuʃtəsiˈðaðə] *f* Ländlichkeit *f*; bäurische(s) Wesen *n*.
rústico [ˈʀuʃtiku] **1.** *adj.* ländlich, Land...; bäuerlich, Bauern...; kunstlos; roh, grob; **2.** *m* Bauer *m*.
rutabaga ♀ [ʀutɐˈβaɣɐ] *f* Kohlrübe *f*.
rutil|ante [ʀutiˈlẽntə] funkelnd; **~ar** [~ar] (1a) funkeln, schimmern.

S

S, s ['ɛsə] *m* S, s *n*.
sã [sɐ̃] *adj. f v. são.*
sábado ['saβɐðu] *m* Samstag *m*, Sonnabend *m* (*no* am); *aos* **~s** samstags.
sabão [sɐ'βɐ̃u] *m* (Stück *n*) *Wasch*-Seife *f*; F Rüffel *m*; Denkzettel *m*.
sabedor [~βə'ðor] gelehrt; tüchtig; ~ *de* beschlagen in (*dat.*); unterrichtet von; **~ia** [~ðu'riɐ] *f* Weisheit *f*; Wissen *n*, Gelehrsamkeit *f*.
saber [sɐ'βer] (2r) **1.** *v/t.* wissen; *Kunst* verstehen, können; (*vir a*) ~ erfahren; *dar a* ~, *fazer* ~ bekannt m.; *j-n et.* wissen l., *j-m et.* mitteilen; *ficar a* ~ (*od. sabendo*) erfahren; lernen; *fique sabendo* Sie müssen wissen; merken Sie sich; (*eu*) *sei lá* (*od. cá*) was weiß ich?; *sabe-se lá, Deus sabe* Gott weiß; *sabe que mais?* wissen Sie was?; (*não*) *que eu saiba* soviel ich weiß (nicht daß ich wüßte); *a* ~ nämlich; das heißt; **2.** *v/i.* sich auskennen; beschlagen sn; ~ *de* etwas verstehen von; hören von; ~ *bem* (*mal*) gut (schlecht) schmecken; ~ *a* schmekken nach; **3.** *m* Wissen *n*; Kenntnis *f*; Können *n*.
sabiá [sa'βja] *m bras.* Singdrossel *f*.
sàbiamente [ˌsaβjɐ'mẽntə] weislich, klüglich; vorsorglich.
sabi|chão [sɐβi'ʃɐ̃u] **1.** *adj.* hochgelehrt; **2.** *m*, **-ona** *f* gelehrte(s) Haus *n*; Blaustrumpf *m* (*v. Frauen*); **~das** [~'βiðɐʃ]: *às* (*não*) ~ offen (heimlich); mit (ohne) *j-s* Wissen; **~do** [~'βiðu] bekannt; beschlagen; tüchtig; ~ *e ressabido* sattsam bekannt.
sábio ['saβju] weise; gelehrt.
sabo|aria [sɐβwɐ'riɐ] *f* Seifensiederei *f*; **~eiro** [~'βweiru] *m* **a)** ⚘ Seifenkraut *n*; **b)** Seifensieder *m*.
sabon|eira *bras.* [~βu'neirɐ] *f* = *~eteira*; **~ete** [~etə] *m* (Stück *n*) *Toiletten*-Seife *f*; F Zwiebel *f* (*Taschenuhr*); Rüffel *m*; **~eteira** [~nə'teirɐ] *f* Seifen-schale *f*, -dose *f*.
sabor [~'βor] *m* Geschmack *m*; **~ear** [~βu'rjar] (1l) kosten; schlürfen; genießen; **~ear-se** sich ergötzen; **~oso** [~βu'rozu] schmackhaft.
sabot|agem [~βu'taʒɐ̃i] *f* Sabotage *f*; **~ar** [~ar] (1e) sabotieren.
sabre ['saβrə] *m* Säbel *m*.
sabu|go [sɐ'βuγu] *m* Holunder (-mark *n*) *m*; Mark *n*; *Schwanz*-Bürzel *m*; *Nagel*-Wurzel *f*; **~gueiro** [~βu'γeiru] *m* Holunderstrauch *m*.
sabuj|ar [~βu'ʒar] (1a) beweihräuchern (*dat.*); **~ice** [~isə] *f* Speichelleckerei *f*; **~o** [~'βuʒu] *m* Spürhund *m*; *fig.* Speichellecker *m*.
saburr|a [~'βuʀɐ] *f Zungen*-Belag *m*; **~ento, ~oso** [~βu'ʀẽntu, -ozu] belegt (*Zunge*).
sacã *bras.* [sa'kɐ̃] *f* = *sacaí*.
saca ['sakɐ] *f* großer Sack *m*; Hand-, Einkaufs-tasche *f*; **~-balas** [~'βalɐʃ] *m* Kugelzieher *m*; **~bocado** [~βu'kaðu] *m* Loch-eisen *n*, -zange *f*; Stanze *f*; **~bucha** [~'βuʃɐ] *m* = *saca-trapo*.
sacad|a [sɐ'kaðɐ] *f* Erker *m*; Balkon *m*; (Schlepp-, Hänge-)Seil *n*; Ruck *m am Zügel*; = *sacão*; **~ela** [~kɐ'ðɛlɐ] *f* Ruck *m*; **~o** [~u] *m* ⚚ Bezogene(r) *m*, Trassat *m*; **~or** [~kɐ'ðor] *m* ⚚ *Wechsel*-Aussteller *m*, Trassant *m*.
sacaí *bras.* [sakɐ'i] *m* trockene(r) Zweig *m*; *Holz*-Span *m*; **~s** *pl.* Reisig *n*.
saca-molas [ˌsakɐ'mɔlɐʃ] *m* Zahnzange *f*; *depr.* Zahnklempner *m*.
sacana V [sɐ'kɐnɐ] *m* verfluchte(s) Schwein *n*.
sacanga *bras.* [sa'kɐ̃ŋgɐ] *f* = *sacaí*.
sac|ão [sɐ'kɐ̃u] *m* Bocksprung *m des Pferdes*; Ruck *m*; **~ar** [~ar] (1n; *Stv.* 1b) heraus-, zurück-ziehen, -zerren; ab-, aus-pressen; *fig. Nutzen* ziehen; *Gewinn* erzielen, ernten; *bsd.* ⚚ *Wechsel* ziehen.
sacar|ificar [~kɐrəfi'kar] (1n) in Zucker verwandeln; **~ina** [~'rinɐ] *f* Süßstoff *m*; **~ino** [~'rinu] Zucker-...; zuckerhaltig; süß.
saca-|rolhas [ˌsakɐ'ʀoʎɐʃ] *m* Korkenzieher *m*; **~trapo** [~'trapu] *m* ⚔ Wischer *m*; *fig.* F Kniff *m*.

sacerd|ócio [sɐsər'ðɔsju] *m* Priesteramt *n*; **~otal** [~ðu'tał] priesterlich; **~ote** *m*, **~otisa** *f* [~'ðɔtə, ~ðu'tizɐ] Priester(in *f*) *m*.

sach|a, ~adura ['saʃɐ, sɐʃɐ'ðurɐ] *f* Hacken *n*, Jäten *n*; **~ar** [sɐ'ʃar] (1b) (um)hacken; **~o** ['saʃu] *m Art* Jätehacke *f*; **~ola** [sɐ'ʃɔlɐ] *f* Breithacke *f*.

Saci(-pererê) *bras.* [sa'si(pere're)] *m* Negerkobold *m*.

saci|ado [sɐ'sjaðu] satt; **~ar** [~ar] (1g) sättigen; *Hunger* stillen; befriedigen; **~edade** [~sjə'ðaðə] *f* (Über-)Sättigung *f*; Überdruß *m*.

saco ['saku] *m* Sack *m*; Reisetasche *f*; Beutel *m*; *bras.* Bucht *f*; *despejar o* ~ F auspacken; **~la** [sɐ'kɔlɐ] *f* Quersack *m*; Tasche *f*; **~lejar** [sɐkuli'ʒar] (1d) schütteln; **~-roto** [~'ʀotu] *m* Plaudertasche *f*.

sacrament|al [sɐkrɐmẽn'tał] sakramental; feierlich; vorgeschrieben, üblich; **~ar** [~ar] (1a) die Sakramente reichen (*dat.*) (~-*se* empfangen); weihen, heiligen; **~o** [~'mẽntu] *m* Sakrament *n*; *últimos* ~*s pl. die* Sterbesakramente *n/pl.*

sacrário [sɐ'krarju] *m* Allerheiligste(s) *n*; Sakramentshäuschen *n*; *fig.* Heiligtum *n*, Tempel *m*.

sacrif|ical [~krəfi'kał] Opfer...; **~icar** [~i'kar] (1n) opfern; **~ício** [~'fisju] *m* Opfer *n* (*fazer* bringen).

sacr|ilégio [~kri'lɛʒju] *m* Sakrileg *n*; Frevel *m*; **~ílego** [~'kriləɣu] gotteslästerlich; frevelhaft, ruchlos.

sacrist|ã [~kriʃ'tɐ̃] *f* Mesnerin *f in Klöstern*; Küstersfrau *f*; **~ão** [~ɐ̃u] *m* Küster *m*; **~ia** [~iɐ] *f* Sakristei *f*.

sacro ['sakru] **1.** *adj.* heilig; sakral; *fig. a.* ehrwürdig; *música f -a* Kirchenmusik *f*; *osso m* ~ = **2.** *m* Kreuzbein *n*; **~ssanto** [sɐkru'sɐ̃ntu] hochheilig; unantastbar.

sacud|idela [sɐkuði'ðɛlɐ] *f* Ruck *m*; Stoß *m*; leichte Erschütterung *f*; F Klaps *m*; *dar uma* ~ = **~ir**; **~ido** [~'ðiðu] *fig.* keck, dreist; **~ir** [~'ðir] (3h) (ab-, aus-)schütteln; rütteln an (*dat.*); erschüttern.

sadio [sɐ'ðiu] gesund.

safa! ['safɐ] alle Wetter!; pfui!

saf|adeza [sɐfɐ'ðezɐ] *f* Gemeinheit *f*; **~ado** [~'faðu] abgegriffen, abgenutzt; *fig.* P schamlos; ausgekocht; **~anão** [~ɐ'nɐ̃u] *m* Ruck *m*; Puff *m*, Stoß *m*; **~ar** [~'far] (1b) ab-, heraus-, herunter-, weg-ziehen; frei-, *Schiff* klar-machen; abnutzen; entwenden, stehlen; **~ar-se** F sich dünnmachen, abhauen; ~ *de* entwischen (*dat. od* aus).

sáfar|a ['safɐrɐ] *f* Wüstenei *f*; **~o** [~u] wüst; fern; fremd.

safira [sɐ'firɐ] *f* Saphir *m*.

safo ['safu] entwischt, frei; flott (*Schiff*); klar *zum Gefecht*.

safra ['safrɐ] *f* **a)** Ernte *f*; Ertrag *m*; *bras.* (Verkaufs-)Saison *f für Vieh (-produkte)*; *colheita f de* ~ gute(s) Ernte(jahr *n*) *f*; **b)** *großer einhorniger* Amboß *m*; **c)** Kobaltoxyd *n*; **~deira** [sɐfrɐ'ðeirɐ] *f* Locheisen *n*.

saga|cidade [sɐɣɐsi'ðaðə] *f* Scharf-, Spür-sinn *m*; Scharfblick *m*; **~z** [~'ɣaʃ] scharfsinnig; schlau.

sagit|al [~ʒi'tał] pfeilförmig, Pfeil-...; **~ário** [~arju] *m ast.* Schütze *m*.

sagr|ado [sɐ'ɣraðu] heilig; ehrwürdig; unantastbar; **~ar** [~ar] (1b) weihen; heiligen.

sagu [sa'ɣu] *m* Sago *m*; **~eiro** [~'ɣweiru] *m* Sagopalme *f*; **~i, ~im** [~'ɣwi, ~'ɣwĩ] *m* Seidenaffe *m*.

saguão [~'ɣwɐ̃u] *m* Licht-, Luftschacht *m*.

saia ['sajɐ] *f* (Frauen-)Rock *m*.

saibr|eira [sai'βreirɐ] *f* Kiesgrube *f*; **~o** ['saiβru] *m* (Lehm-)Kies *m*; **~oso** [~ozu] kiesig, lehmig.

saíd|a [sɐ'iðɐ] **1.** *f* Ausgang *m*; Ausfahrt *f*; Abfahrt *f*; Ab-, Ausmarsch *m*; Ausreise *f*; Austritt *m*; Anspiel *n*; *Jahres*-Ende *n*; ⚔ Ausfall *m*; *tea.* Abgang *m*; ⚕ Absatz *m*; Ablieferung *f*; Ausfuhr *f*; *Gold*-Abfluß *m*; *fig.* Ausweg *m*; Ausrede *f*; witzige Bemerkung *f*; *dar* ~ *a* e-e Ausrede finden für; *ter boas* ~*s* schlagfertig sn; **2.** *adj.*: *andar* ~ brünstig (*od.* läufig) sn; **~o** [~u] vorstehend (*Auge, Zahn*); *andar muito* ~ nie zu Hause sn.

saimento [sai'mẽntu] *m* Leichenzug *m*.

sair [sɐ'ir] (3l) ausgehen (*Ggs.*: *zu Hause bleiben*); hinaus-, fort-, weggehen; aufbrechen; ab-, aus-marschieren; ausziehen; herauskommen (*a. Buch, Los usw.*); herausgehen (*Fleck*); aufgehen (*Gestirn*); erscheinen; ⚠ vorspringen; *tea.* abgehen; ⚕ abgehen (*Waren*); abfließen (*Goldreserven usw.*); verkauft (*od.* ausgeführt) w.; *fig.*

werden; geschehen; sich ergeben; ~ *bem* (*mal*) (miß)glücken; gut (schlecht) ablaufen; ~ *torto* (*od. debalde, em vão*) schiefgehen; ~ *vencedor*, ~ *vitorioso* als Sieger hervorgehen (aus *de*); ~ *de* gehen (*od.* kommen) aus; ⚓ auslaufen aus; 🚆 (ab)fahren, (ab)gehen von; ✈ abfliegen, starten von; aus *e-m Lande* ausreisen; verlassen (*ac.*); ab-springen, -schweifen, -weichen von; aus *den Schienen usw.* springen; *dem Kindesalter usw.* entwachsen; entkommen (*dat.*); *e-r Gefahr* entrinnen (*dat.*); aus *e-r Schwierigkeit* herauskommen; aus *e-m Verein* austreten; aus *e-r Stellung* ausscheiden; ausschlüpfen aus (*Vogel*); entfahren, entschlüpfen (*dat.*) (*Wort, Seufzer*); fließen aus; entspringen (*dat.*); hervorgehen (*od.* folgen) aus; *als Gewinn* herausspringen bei; herrühren von (*Wirkung*); stammen von (*Werk*); ~ *da ideia* (*od. memória*), ~ *do pensamento* (*od. do sentido*) entfallen; ~ *do leito*, ~ *da madre* austreten (*Fluß*); ~ (*fora*) *de si* außer sich geraten; ~ *a* entgegengehen, -fahren, -ziehen (*dat.*); *j-m* nachschlagen; *j-m* zufallen (*Gewinn*); zu stehen kommen auf (*ac.*); *an das Fenster* (*die Tür*) treten; ~ *à luz* (*do mundo*), ~ *a lume*, ~ *a público* herauskommen, erscheinen; bekannt w.; ~ *além* (*od. fora*) *de* überschreiten (*ac.*); ~ *com a sua* Weisheiten zum besten geben; ~ *em* werden zu; sich verwandeln in (*ac.*); hinauslaufen auf (*ac.*); ~ *por*, ~ *em defesa de* eintreten für; **~-se** *com* erringen (*ac.*); erreichen (*ac.*); heraus-kommen, -rücken mit; zum besten geben (*ac.*); ~ *de* herauskommen aus; abweichen von, sich nicht halten an (*ac.*); verlassen; ~ *bem* (*mal*) *de* gut (schlecht) abschneiden bei.

sal [sał] *m* Salz *n*; *fig.* Witz *m*; Reiz *m*.

sala ['salɐ] *f* Saal *m*; *allg.* Zimmer *n*; ~ *de estar* (*visitas*) Wohn-(Besuchs-)Zimmer *n*; ~ *de jantar* Eßzimmer *n*, Speisesaal *m*.

salad|a [sɐ'laðɐ] *f* Salat *m* (*a. fig.*); **~eira** [~lɐ'ðeirɐ] *f* Salatschüssel *f*.

salamaleque [~lɐmɐ'lɛkə] *m* Salem aleikum *n* (*türkischer Gruß*); *fig.* Kratzfuß *m*, Verbeugung *f*.

salamandra [~lɐ'mɐ̃ndrɐ] *f* Salamander *m*; Salamanderofen *m*, Dauerbrenner *m*.

salame [~'lɐmə] *m* Hartwurst *f*, Salami *f*.

salão [~'lɐ̃u] *m* Saal *m*; Salon *m*; ~ *nobre* Festsaal *m*; *uni.* Aula *f*; *música f de* ~ Unterhaltungsmusik *f*.

sal|ariado [~lɐ'rjaðu] *m* Lohnempfänger *m*; **~ário** [~'larju] *m* Lohn *m*; ~ *por peça* (*od. tarefa*) Stück-, ~ *por ajuste* Akkord-lohn *m*.

salaz [~'laʃ] geil.

sald|ar [sał'dar] (1a) begleichen; ~ *contas* abrechnen (*a. fig.*); **~o** ['sałdu] **1.** *m* Saldo *m*; *Rechnungs*-Überschuß *m*; *Waren*-Rest *m*; Abrechnung *f* (*a. fig.*); ~ *a favor* Restforderung *f*; ~ *positivo* Überschuß *m*; ~ *negativo* Fehlbetrag *m*; **2.** *adj.* beglichen; quitt; **~o-lucro** [ˌsałdu'lukru] *m* Gewinn(überschuß) *m*.

saleir|a [sɐ'leirɐ] *f* Salz-boot *n*, -schiff *n*; **~o** [~u] **1.** *m* Salzfaß *n*; Salzhändler *m*; **2.** *adj.* Salz…

saleta [~'letɐ] *f* kleine(r) Saal *m*; Näh-, Vor-, Warte-zimmer *n*.

salga ['sałɣɐ] *f* Einsalzen *n*; *bras.* = *salgadeira*.

salg|ação [sałɣɐ'sɐ̃u] *f* = *salga*; *fig.* Hexerei *f*; **~adeira** [~ɐ'ðeirɐ] *f* Pökelfaß *n*; Einsalzerei *f*; ⚘ Meerportulak *m*; **~adinhos** *bras.* [~ɐ'ðiɲuʃ] *m* Salzgebäck *n*; **~ado** [~'ɣaðu] **1.** *adj.* salzig; Salz…; *fig.* witzig; gepfeffert; teuer bezahlt; **2.** *m* salzhaltige(r) Boden *m*; **~ar** [~'ɣar] (1o) (ein)salzen; pökeln; *fig.* behexen.

sal-gema [sał'ʒemɐ] *m* Steinsalz *n*.

salgueir|al [~ɣei'rał] *m* Weidengebüsch *n*; **~o** [~'ɣeiru] *m* Weide *f*.

sali|cílico [sɐli'siliku]: *ácido m* ~ Salizyl(säure *f*) *n*; **~cultura** [~kuł'turɐ] *f* Salzgewinnung *f*.

sali|ência [~'ljẽsjɐ] *f* Vorsprung *m*; Auskragung *f*; **~entar** [~ljẽn'tar] (1a) hervorheben, unterstreichen; **~entar-se** hervortreten; deutlich w.; auffallen; hervorragen; abstechen; sich hervortun; **~ente** [~ẽntə] vor-springend, -stehend; *fig.* hervorragend; hervorstechend, auffallend; *tornar-se* ~ = *~entar-se*.

sal|ificar [~ləfi'kar] (1n) in Salz verwandeln; Salz gewinnen aus; **~ina** [~'linɐ] *f* Salzwerk *n*, Saline *f*.

salin|ação, ~agem [~linɐ'sɐ̃u, ~-

ˈnaʒɐ̃i] *f* Salzbildung *f*; **~ar** [~ˈnar] (1a) ausfallen, kristallisieren (*Salz*); **~eiro** [~ˈneiru] **1.** *adj.* Salz...; Salinen...; **2.** *m*, -**a** *f* Salz-fabrikant (-in *f*) *m*, -händler(in *f*) *m*; Salinenarbeiter(in *f*) *m*; **~idade** [~niˈðaðə] *f* Salzgehalt *m*; **~o** [~ˈlinu] salzhaltig.

salitr|e [~ˈlitrə] *m* Salpeter *m*; **~oso** [~liˈtrozu] salpeterhaltig; salpetrig.

saliva [~ˈlivɐ] *f* Speichel *m*; *engolir a ~* sich still verhalten.

saliv|ação [~livɐˈsɐ̃u] *f* Speichelbildung *f*, -fluß *m*; **~ar** [~ˈvar] **1.** *v/t.* (1a) geifern; spucken; **2.** *adj.* Speichel...; **~oso** [~ˈvozu] voll Speichel; verschleimt; speichelartig.

salmão [sałˈmɐ̃u] *m* Lachs *m*, Salm *m*.

salm|ear [~ˈmjar] (1l) (Psalmen) singen, psalmodieren; *fig.* (herunter)leiern; **~ista** [~ˈmiʃtɐ] *m* Psalmist *m*; **~o** [ˈsałmu] *m* Psalm *m*; **~odia** [~muˈðiɐ] *f* Singsang *m*; F Geleier *n*; **~odiar** [~muˈðjar] (1g) = *~ear*.

salmoeir|a [~ˈmweirɐ] *f* = *salmoura*; **~o** [~u] *m* Pökelfaß *n*.

salmoir... *s. salmour...*

salmonete [~muˈnetə] *m* Meerbarbe *f*.

salm|oura, **~oira** [~ˈmorɐ, -oirɐ] *f* Lake *f*, Pökel *m*; Pökelfaß *n*; *pôr em ~* = **~ourar**, **~oirar** [~mo-, ~moiˈrar] (1a) einpökeln.

salobre, **-o** [sɐˈloβrə, -u] brackig; *água f -e* (*od.* *-a*) Brackwasser *n*.

saloio [~ˈlɔju] **1.** *m* Bauer *m*; Schlaufuchs *m*; **2.** *adj.* bäurisch; Bauern...; bauernschlau.

salpic|ão [sałpiˈkɐ̃u] *m* Bauernwurst *f*; **~ar** [~ar] (1n) (ein)salzen; mit Salzwasser besprengen; *bsd.* bespritzen; sprenkeln; tüpfeln; verstreuen; *fig.* verunglimpfen; **~o** [~ˈpiku] *m* Spritzer *m*; Fleck *m*; Tupfen *m*; *grobes* Salzkorn *n*.

salpiment|a [~piˈmẽntɐ] *f* Pfeffer *m* und Salz *n*; **~ar** [~mẽnˈtar] (1a) pfeffern und salzen; *fig.* schelten.

salpres|ar [~prəˈzar] (1c) schwach salzen; **~o** [~ˈprezu] *p.p. v. ~ar*.

salsa [ˈsałsɐ] *f* ⚘ Petersilie *f*.

salsicha [~ˈsiʃɐ] *f* Würstchen *n*, Wurst *f*; *~ fresca* Bratwurst *f*.

salsich|ão [~siˈʃɐ̃u] *m* Grobwurst *f*; **~aria** [~ʃɐˈriɐ] *f* Wurst-fabrik *f*, -laden *m*; Feinkostgeschäft *n*; **~eiro** [~ˈʃeiru] *m* Wurstfabrikant *m*; Feinkosthändler *m*.

salt|ada [sałˈtaðɐ] *f* Sprung *m*, Satz *m*; *fig.* Überfall *m*; *dar uma ~ a* (*od.* *até*, *a casa de*) vorbeispringen bei; auf e-n Sprung gehen (*od.* kommen) zu; **~ado** [~aðu] vorspringend; **~ão** [~ɐ̃u] **1.** *adj.* springend, hüpfend; Spring...; **2.** *m* P Grashüpfer *m*; **~ar** [~ar] (1a) springen; hüpfen; aufspringen; umspringen (*Wind*); *~ aos olhos*, *~ à vista* in die Augen springen; auffallen; *v/t.* überspringen; (*fazer*) *~* (in die Luft) sprengen; einschlagen.

salte|ado [~ˈtjaðu]: *de cor e ~* in- und auswendig; *vento m ~* Bö *f*, Windstoß *m*; **~ador** [~tjɐˈðor] *m* Straßenräuber *m*; **~amento** [~tjɐˈmẽntu] *m* Raubüberfall *m*; Straßenraub *m*; **~ar** [~ˈtjar] (1l) an-, über-fallen; **~ar-se** erschrecken.

saltério [~ˈtɛrju] *m* Psalter *m*.

saltimbanco [~tĩmˈbɐ̃ŋku] *m* Gaukler *m*; Hanswurst *m*.

saltitar [~tiˈtar] (1a) (herum-) hüpfen; (-)springen; sprunghaft sn.

salto [ˈsałtu] *m* Sprung *m*; Absturz *m*; (Wasser-)Fall *m*; *Stiefel*-Absatz *m*; Überfall *m*; Auslassung *f*; *~ com* (*od.* *à*) *vara* Stab(hoch)-, *~ em comprimento* Weit-, *~ em altura* Hochsprung *m*; *aos ~s* springend; hüpfend; sprunghaft; *de ~* mit e-m Sprung; plötzlich; Spring...; *dar ~s* = *saltar*; *~-mortal* Salto mortale *m*.

salu|bérrimo [sɐluˈβɛʀimu] *sup. v.* **~bre** [~ˈluβrə] **1.** *adj.* gesund; zuträglich; **2.** *m* ⊕ Krempel *m*; **~bridade** [~βriˈðaðə] *f* Zuträglichkeit *f*; **~brificação** [~βrəfikɐˈsɐ̃u] *f* hygienische Verbesserung *f*; **~brificar** [~βrəfiˈkar] (1n) gesunde Lebensbedingungen schaffen in (*dat.*); hygienisch verbessern; **~tar** [~ˈtar] heilsam.

salva [ˈsałvɐ] *f* **a)** *Geschütz*-Salve *f*; *fig.* Vorbehalt *m*; **b)** Tablett *n*; **c)** ⚘ Salbei *m* (*od.* *f*).

salv|ação [sałvɐˈsɐ̃u] *f* Rettung *f*; Erlösung *f*; (Seelen-)Heil *n*; Gruß *m*; *exército m de ~* Heilsarmee *f*; **~ador** [~ɐˈðor] *m* Retter *m*; Erlöser *m*; Heiland *m*; **~ados** [~ˈvaðuʃ] *m/pl.* gerettete(s) Gut *n*; **~aguarda** [~ɐˈɣwarðɐ] *f* Schutzwache *f*; sichere(s) Geleit *n*; Schutzbrief *m*; Schutz *m*; Gewähr *f*; Schutzmaßnahme *f*; **~aguardar** [~ɐɣwɐr'ðar] (1b) (be)schützen; **~amento** [~ɐ-'mẽntu] *m* Rettung *f*; Sicherheit *f*; Zuflucht(sort *m*) *f*; *a ~* wohlbehalten; **~ar** [~'var] (1a) retten; erlösen; schützen; sichern; *Hindernis* überspringen, nehmen; *Strecke* zurücklegen; *v/i.* e-e Salve abfeuern; **~ar-se** *rel.* selig w.; **~a-vidas** [~ɐ'viðɐʃ] *m* Rettungs-boot *n*, -gürtel *m*, -boje *f*; Rettungsgerät *n*.

salve ['sałve] sei(d) gegrüßt; *Deus te (vos) ~!* grüß Gott!; **~-rainha** [~ʀɐ'iɲɐ] *f* Ave-Maria *n*.

salveta [sał'vetɐ] *f* *Lampen*-Untersatz *m*.

salvo ['sałvu] **1.** *p.p. irr. v. salvar*; **2.** *adj.* unversehrt, heil; unbehelligt; heilsam; *a ~, em ~* außer Gefahr, in Sicherheit; = *a são e ~* wohlbehalten; gefahrlos; glücklich; *a seu ~* un-behelligt, -gefährdet; *pôr a (od. em) ~* in Sicherheit bringen; *~ seja!* unberufen!; **3.** *prp.* außer; vorbehaltlich; *~ erro* wenn ich nicht irre; *~ erro (ou omissão)* Irrtum (und Auslassung) vorbehalten; **~-conduto** [~kõn'dutu] *m* Geleitbrief *m*; Freibrief *m*.

samambaia *bras.* [sɐmẽm'bajɐ] *f* Farn *m*.

samango *bras.* [sɐ'mẽŋgu] *m* Faulpelz *m*; Taugenichts *m*.

samaritano [~mɐri'tɐnu] *m*: *(o bom) ~* (der barmherzige) Samariter.

samb|a *bras.* ['sẽmbɐ] *m* Samba *m* (*Volkstanz*); **~ista** [sẽm'bistɐ] *su.* Sambatänzer(in *f*) *m*.

samo ['sɐmu] *m* Splint(holz *n*) *m*.

san|ar [sɐ'nar] (1a) heilen; wieder gesund m.; beheben; beilegen; sanieren; **~atório** [~nɐ'tɔrju] *m* Heilstätte *f*, Sanatorium *n*; **~ável** [~avɛł] heilbar; sanierbar.

san|ção [sẽ'sẽu] *f* Bestätigung *f e-s Gesetzes usw.*; Anerkennung *f*; Genehmigung *f*; Strafe *f*; *receber ~* bestätigt w.; *sanções pl.* Strafmaßnahmen *f/pl.*, Sanktionen *f/pl.*; **~cionar** [~sju'nar] (1e) bestätigen; anerkennen; gutheißen.

sandália [sẽn'daljɐ] *f* Sandale *f*.

sândalo ['sẽndɐlu] *m* Sandelholz *n*.

sand|eu [sẽn'deu] **1.** *adj.* närrisch; **2.** *m*, **~ia** *f* Narr *m*, Närrin *f*; Schafskopf *m*; **~ice** [~isə] *f* Narrheit *f*; *~s pl.* Unsinn *m*.

sanduiche [~'dwiʃə] *f* belegte(s) Brot *n*; *~ de queijo* Käsebrot *n*.

sane|amento [sɐnjɐ'mẽntu] *m* Reinigung *f*; Urbarmachung *f*; Behebung *f*; Beilegung *f*; Sanierung *f*; *bsd.* städtische Kanalisation(s-anlage) *f*; **~ar** [~'njar] (1l) reinigen; bewohnbar *od.* anbaufähig m.; kanalisieren; = *sanar*; *salubrificar*; **~ável** [~'njavɛł] verbesserungsfähig; = *sanável*.

sanefa [~'nɛfɐ] *f* Fallblatt *n*; Querleiste *f*.

sanfona [sẽ'fonɐ] *f* Drehleier *f*.

sangra ['sẽŋgrɐ] *f* = *água-ruça*.

sangr|ado [sẽŋ'graðu] *fig.* blutend; **~adoiro, -ouro** [~grɐ'ðoiru, -oru] *m* Ableitungs-, Entwässerungs-graben *m*; ⚕ Anschlag *m*; *bras.* Einstich *m*; **~ador** [~grɐ'ðor] *m* Bader *m*; **~adura** [~grɐ'ðurɐ] *f* Aderlaß *m*; **~ar** [~'grar] (1a) zur Ader l.; Blut entnehmen (*dat.*); *Tier* ausbluten l.; *allg.* anzapfen; *Fluß* abzweigen; *Wasser* ablassen; *fig.* verletzen; schwächen; quälen; P schröpfen; *v/i.* bluten; *fig.* tropfen; **~ento** [~'grẽntu] blutig; **~ia** [~'griɐ] *f* Aderlaß *m* (*a. fig.*); Blutentnahme *f*; *das* entnommene Blut; Anzapfung *f*; Ableitung *f*; Rotweinbowle *f*.

sangue ['sẽŋgə] *m* Blut *n*; *fig. a.* Geblüt *n*, Geschlecht *n*; Leben *n*; Saft *m*; *de ~* von Geblüt; rassig (*Tier*); = *sanguento*; *deitar ~* bluten; **~-frio** [~'friu] *m* Kaltblütigkeit *f*; *a ~* kaltblütig; ⚕ ohne Betäubung.

sanguento [sẽŋ'g(w)ẽntu] blutig; blut-dürstig, -rünstig.

sanguessuga [~gə'suɣɐ] *f* Blutegel *m*; *fig.* Blutsauger *m*, Ausbeuter *m*.

sangu|ina [~'ginɐ] *f* Rötel *m*; **~inário** [~g(w)i'narju] blut-gierig, -dürstig; **~íneo** [~'g(w)inju] Blut...; blutrot; blutreich; vollblütig; *psicol.* sanguinisch; **~inho** [~'giɲu] *m rel.* Kelchtuch *n*; ♀ *~ (de água)* Faulbaum *m*; **~inolento, ~inoso** [~ginu-'lẽntu, ~g(w)i'nozu] blutbefleckt, blutig; blutrünstig.

sanh|a ['sɐɲɐ] *f* Grimm *m*; Wut *f*; **~oso, ~udo** [sɐ'ɲozu, -uðu] grimmig, wütend.

sani|dade [sɐni'ðaðə] *f* Gesundheit(s-zustand *m*, -wesen *n*) *f*; **~ficação** [~fikɐ'sẽu] *f* Desinfektion *f*; Gesundung *f*; **~ficar** [~fi'kar] (1n) reinigen, desinfizieren; = *salubrificar*; **~tário** [~'tarju] **1.** *adj.* gesundheitlich; Gesundheits...; **2.** *m* = **~tária** [~'tarjɐ] *f* Toilette *f*, W.C. *n*.

sanja ['sɐ̃ʒɐ] *f* Abzug *m*; Graben *m*.

santa ['sɐ̃ntɐ] *f* Heilige *f*; **~-bárbara** [~'βarβɐrɐ] *f* ⚓ Pulverkammer *f*.

sant|antoninho [sɐ̃ntɐ̃ntu'niɲu] *m* Pflänzchen *n* Rührmichnichtan; **~(arr)ão** [~t(ɐʀ)'ɐ̃u] scheinheilig; **~eiro** [~'teiru] **1.** *m* Heiligenbildmaler *m*, -schnitzer *m*, -verkäufer *m*; **2.** *adj*. fromm; **~elmo** [~'tɛɫmu] *m*: *fogo de* ~ Elmsfeuer *n*; **~iámen** [~'tjɐmen] *m*: *num* ~ im Nu, im Handumdrehen; **~idade** [~i'ðaðə] *f* Heiligkeit *f*; **~ificar** [~əfi'kar] (1n) heiligen; heiligsprechen; **~ig(u)ar-se** [~i'ɣ(w)arsə] (1o [1m]) sich bekreuzigen; **~imónia** [~i'mɔnjɐ] *f* fromme Lebensführung *f*; Frömmelei *f*; **~inho** [~'tiɲu] *m* Heiligenbild *n*; heilige(r) Mann *m*, Heilige(r) *m*; **~íssimo** [~'tisimu] **1.** *adj*. hochheilig; heiligst; **2.** *m das* Allerheiligste; **~o** ['sɐ̃ntu] **1.** *adj*. heilig, fromm; lieb, gütig; einfältig; P todsicher (*Mittel*); *todo o* ~ *dia* den lieben langen Tag; **2.** *m* Heilige(r) *m*; F Heiligenbild *n*; *Todos os* ♀*s* Allerheiligen *n*; **~o-e-senha** [ˌsɐ̃ntwi'seɲɐ] *m* Losung *f*; *fig*. Geheimzeichen *n*; **~uário** [~'twarju] *m* Heiligtum *n*; Hausaltar *m*.

são [sɐ̃u] **a**) gesund; heil; ganz; **b**) *Abk. v. Santo vor Konsonant*, *z.B.* ♀ *João der* Heilige Johannes.

sap|a ['sapɐ] *f* Schaufel *f*; ⚔ Sappe *f*; *fig*. Wühltätigkeit *f*; **~ador** [sɐpɐ'ðor] *m* Pionier *m*; **~ar** [sɐ'par] (1b) (auf-, weg-, zs.-)schaufeln; ⚔ schanzen; *fig*. wühlen.

sapata [sɐ'patɐ] *f* Lederpantoffel *m*, Hausschuh *m*; ⊕ Hemmschuh *m*; Brems-klotz *m*, -schuh *m*; ♪ *Klappen*-Dichtung *f*; ⚠ Bankette *f der Grundmauer*; Auflager *n*; Kragstein *m*; *allg*. Unterlage *f*.

sapat|ada [~pɐ'taðɐ] *f* Schlag *m* mit dem Schuh (*od*. P mit der Tatze); **~aria** [~tɐ'riɐ] *f* Schuhmacher-handwerk *n*, -werkstatt *f*; Schuhgeschäft *n*; **~eada** [~'tjaðɐ] *f* Getrampel *n*; Klappern *n der Absätze*; **~eado** [~'tjaðu] *m Art* Steptanz *m* (*Volkstanz*); **~ear** [~'tjar] (1l) trampeln; aufstampfen; steppen; **~eira** [~'teirɐ] *f* Schustersfrau *f*; Schuh-kasten *m*, -schrank *m*; **~eiro** [~'teiru] *m* Schuhmacher *m*, Schuster *m*; Schuhhändler *m*; **~ilha** [~'tiʎɐ] *f* Tennisschuh *m*; ♪ = *sapata*; **~o** [~'patu] *m* Schuh *m*; *esperar por* ~*s de defuntos* Unmögliches erwarten.

sapé *bras*. [sa'pɛ] *m Name mehrerer Gräser*; *Dach*-Stroh *n*.

sapec|a [~'pɛkɐ] *f bras*. Dörren *n*; *fig*. Hiebe *m/pl*.; **~ar** [~pe'kar] (1n; *Stv*. 1c) dörren, rösten.

sapi|ência [sɐ'pjẽsjɐ] *f* Weisheit *f*; *oração f de* ~ Immatrikulationsrede *f*; **~ente** [~ẽntə] weise.

sapiranga ⚕ *bras*. [sapi'rẽŋgɐ] *f* Entzündung *f* der Augenlider.

sapo ['sapu] *m* Kröte *f*.

sapon|ária ⚘ [sɐpu'narjɐ] *f* Seifenkraut *n*; **~ário** [~arju] seifig, Seifen...; **~ificação** [~nəfikɐ'sɐ̃u] *f* Seifenherstellung *f*; Verarbeitung *f* zu Seife; Verseifung *f*; **~ificar** [~nəfi'kar] (1n) zu Seife verarbeiten; **~ificar-se** verseifen; **~ificável** [~nəfi'kavɛɫ] zur Seifenherstellung geeignet.

saque ['sakə] *m* **a**) ✝ Wechselziehung *f*; gezogene(r) Wechsel *m*; **b**) Plünderung *f*; *meter* (*od*. *pôr*) *a* ~ plündern.

saqu|eador [sɐkjɐ'ðor] *m* Plünderer *m*; **~ear** [~'kjar] (1l) plündern; **~eio** [~'keju] *m* Plünderung *f*; **~inho** [~'kiɲu] *m* Tüte *f*; ⚔ Kartusche *f*; = **~itel** [~i'tɛɫ] *m* Beutel *m*.

sarabanda [sɐrɐ'βɐ̃ndɐ] *f* Sarabande *f* (*Tanz*); P Moralpauke *f*; *fig*. Auflauf *m*; Aufregung *f*.

sarabatana [~βɐ'tɐnɐ] *f* Sprachrohr *n*; Horn *n*; Blasrohr *n*.

sarabulh|ento [~βu'ʎẽntu] fehlerhaft, rauh; P finnig; **~o** [~'βuʎu] *m* Fehler *m*; P Finne *f*, Pickel *m*.

saracot|ear [~ku'tjar] (1l) *v/i*. herumschwärmen; = ~ *os quadris* sich in den Hüften wiegen; **~ear-se** sich wiegen; tänzeln; **~eio** [~'teju] *m* Wiegen *n*; wiegende Bewegung *f*.

sarado [sɐ'raðu] **1.** *p.p. v. sarar*; **2.** *adj*. *bras*. gewitzt, gewieft.

saraiv|a [~'raivɐ] *f* Hagel(korn *n*) *m*; **~ada** [~rai'vaðɐ] *f* Hagel(-schlag) *m*; **~ar** [~rai'var] (1a) (ver)hageln.

sarampo ⚕ [~'rɐ̃mpu] *m* Masern *pl*.

sarandalhas [~rẽn'daʎɐʃ] *f/pl.* Abfälle *m/pl.*; *fig.* Pack *n*, Gesindel *n*.
sarandear *bras.* [sarẽn'djar] (1l) sich wiegen; tänzeln.
sarapantar [sɐrɐpẽn'tar] (1a) erschrecken; verblüffen.
sarapint|ado [~rɐpĩn'taδu] (bunt-) scheckig; sommersprossig; **~ar** [~ar] (1a) tüpfeln; sprenkeln.
sarar [~'rar] (1b) heilen; gesund m. (*od.* w.).
sarau [sɐ'rau] *m* Abendgesellschaft *f*; Tanzabend *m*; ~ *de arte* (*musical*) künstlerischer (musikalischer) Abend *m*; ~ *de gala* Galaabend *m*.
sarç|a ['sarsɐ] *f* Dornbusch *m*; Brombeerstrauch *m*; = **~al** [sɐr'sał] *m* Gestrüpp *n*.
sarc|asmo [sɐr'kaʒmu] *m* schneidende(r) Hohn *m*; bissige Bemerkung *f*; Sarkasmus *m*; **~ástico** [~aʃtiku] höhnisch; bissig; sarkastisch.
sarcófago [~'kɔfɐɣu] *m* Sarkophag *m.*
sard|a ['sarδɐ] *f* **a)** Sommersprosse *f*; **b)** *zo.* Makrele *f*; **~ento** [sɐr'δẽntu] sommersprossig.
sardinh|a [sɐr'δiɲɐ] *f* Sardine *f*; ~ *de conserva* Ölsardine *f*; ~ *fumada* Sprotte *f*; *como* ~ *na tigela* wie die Heringe; *chegar a brasa à sua* ~ sich selbst der Nächste sn; **~eira** [~δi'ɲeirɐ] *f* Sardinen-netz *n*, -fang *m*; ⚘ Pelargonie *f*; *s.* **~eiro** [~δi'ɲeiru] **1.** *adj.* Sardinen...; **2.** *m*, **-a** *f* Sardinenhändler(in *f*) *m*.
sardónico [~'δɔniku]: *riso m* ~ hämische(s) Gelächter *n*.
sardoso [~'δozu] = *sardento*.
sargaço [~'ɣasu] *m* Seetang *m*; Seegras *n*; *mar m dos* ~*s* Sargassomeer *n*.
sargent|ear [~ʒẽn'tjar] (1l) P herum-kommandieren, -schnauzen; **~o** [~'ʒẽntu] *m* Unteroffizier *m*; *primeiro* (*segundo*) ~ (Unter-)Feldwebel *m*.
sarigué, -eia [~ri'ɣwɛ, -'ɣwejɐ] *f* Beutel-tier *n*, -ratte *f*.
sarilho [~'riʎu] *m* Haspel *f*; ⊕ Winde *f*; *Sport*: Welle *f*; ⚔ Kreuzlatte *f*; *Gewehr*-Pyramide *f*; *fig.* Drehung *f*; Krach *m*; Patsche *f*; Pech *n*; Ärger *m*; *fazer* ~ *com* kreisen l. (*ac.*); *pôr em* ~ *Gewehre* zs.-stellen; *que* ~*!* F wie ärgerlich!; was für ein Pech!
sarja ['sarʒɐ] *f* **a)** Serge *f*; **b)** *cir.* Einschnitt *m*.
sarj|adeira [sɐrʒɐ'δeirɐ] *f bras. cir.* Schnäpper *m*; **~ado** [~'ʒaδu]: *ventosa f -a* Schröpfkopf *m*; **~ador** [~ɐ'δor] *m* = ~*adeira*; **~ar** [~'ʒar] (1b) auf-, ein-schneiden, -stechen; schröpfen; **~eta** [~'ʒetɐ] *f* **a)** Gosse *f*; Rinne *f*; **b)** leichte Serge *f*.
sarmento [~'mẽntu] *m* Weinrebe *f*; Ranke *f*; Rebholz *n*.
sarn|a ['sarnɐ] **1.** *f* ⚕ Krätze *f*; *vet.* Räude *f*; ⚘ Krebs *m*; **2.** *su.* Quälgeist *m*; Plage *f*; **~ento, ~oso** [sɐr'nẽntu, -ozu] krätzig; räudig.
sarpar *bras.* [sar'par] (1a) *Anker* lichten; *v/i.* auslaufen.
sarrabulho [sɐʀɐ'βuʎu] *m* Schweineblut *n*; Schweineschwarzsauer *n*.
sarrafo [sɐ'ʀafu] *m* Latte *f*.
sarr|ento [~'ʀẽntu] verschmutzt; belegt; gelb (*Zahn*); **~o** ['saʀu] *m* Weinstein *m*; Tabaksaft *m*; Zahn-, Zungen-belag *m*; Zahnstein *m*.
Satanás [sɐtɐ'naʃ] *m* Satan *m*.
satânico [~'tɐniku] satanisch.
satélite [~'tɛlitə] *m* Satellit *m*; Trabant *m*; Satellitenstaat *m*.
sátira ['satirɐ] *f* Satire *f*; Spottgedicht *n*, -schrift *f*.
satírico [sɐ'tiriku] **1.** *adj.* satirisch; spöttisch; beißend; **2.** *m* Satiriker *m*; Spötter *m*.
sátiro ['satiru] *m* Satyr *m*, Waldteufel *m*.
satisf|ação [sɐtiʃfɐ'sɐ̃u] *f* Befriedigung *f*; Freude *f*; Zufriedenheit *f*; Genugtuung *f*; Entschuldigung *f*, Erklärung *f*; *Pflicht*-Erfüllung *f*; Zahlung *f*; Buße *f*; Entschädigung *f*; *dar* ~ sich entschuldigen (für *de*); *tomar* ~ sich Genugtuung verschaffen; *à* ~ zur Zufriedenheit; = **~atório** [~ɐ'tɔrju] befriedigend, zufriedenstellend; **~azer** [~ɐ'zer] (2v) (~ *a*) befriedigen (*ac.*); genügen (*dat.*); Genüge leisten, genugtun (*dat.*); zufriedenstellen (*ac.*) (*inteiramente* vollauf); *Schuld* zahlen; *Pflicht*, *Wunsch* erfüllen; *Durst* stillen; *Zweifel* lösen; ~ *todas as exigências* allen Anforderungen gerecht w.; **~azer-se** sich sättigen; sich zufriedengeben; sich Genugtuung verschaffen; **~eito** [~'feitu] **1.** *prp. v.* ~*azer*; **2.** *adj.* zufrieden; satt.
satur|ação [~turɐ'sɐ̃u] *f* Sättigung *f*; **~ar** [~'rar] (1a) sättigen.
saturn|al [~tur'nał] **1.** *f fig.* Orgie *f*;

-*ais pl.* Saturnalien *pl.*; **2.** *adj.* = **~ino** [~inu] saturnisch; bleifarben; Blei...; **~ismo** [~iʒmu] *m* Bleivergiftung *f*; **2o** [~'turnu] *m ast.* Saturn *m.*

saud|ação [sauδɐ'sɐ̃u] *f* Begrüßung *f*; Gruß *m*; **~ade** [~'δaδə] *f* Sehnsucht *f*; wehmütige Erinnerung *f*; ~*s pl.* liebe Grüße *m/pl.*; *ter* (*od. sentir*) ~*s de* sich sehnen nach; trauern um; *causar* (*od. fazer*) ~*s* wehmütig stimmen; *matar* ~*s* ein Wiedersehen feiern (mit *de*); **~ar** [~'δar] (1q) (be)grüßen; willkommen heißen; zujauchzen; beglückwünschen; **~ável** [~'δavɛł] gesund; zuträglich; *pouco* ~ ungesund.

saúde [sɐ'uδə] *f* Gesundheit *f*; Trinkspruch *m* (*fazer* ausbringen); *casa f de* ~ Krankenhaus *n*; *direcção* (*junta*) *de* ~ Gesundheitsamt *n* (-polizei *f*); *à sua* ~*!* auf Ihr Wohl!, prost!; *beber à* ~ *de alg.* auf j-n *od.* auf j-s Wohl trinken.

saudos|ismo [sauδu'ziʒmu] *m* Erinnerungskult *m*; Sehnsuchtsschwelgerei *f*; **~o** [~'δozu] sehnsuchtsvoll; sehnsüchtig-trauernd; verewigt.

saveiro [sɐ'veiru] *m* **a**) Fähre *f*; Fischerboot *n*; *bras.* Leichter *m*; **b**) Fährmann *m*; Frachtschiffer *m.*

sável ['savɛł] *m* Alse *f* (*Fisch*).

sax|ão [sak'sɐ̃u] **1.** *adj.* sächsisch; **2.** *m*, **~ona** *f* Sachse *m*, Sächsin *f.*

saxofone [sɐksɔ'fɔnə] *m* Saxophon *n.*

saxónio [~'sɔnju] = *saxão.*

sazão [sɐ'zɐ̃u] *f* Jahreszeit *f*; rechte Zeit *f od.* Gelegenheit *f.*

sazon|ado [~zu'naδu] reif; *fig.* erfahren; wohldurchdacht; reiflich; **~ar** [~ar] (1f) reifen l.; *Speise* abschmecken, würzen (*a. fig.*); *v/i. u.* **~ar-se** reifen.

se [sə] **1.** *pron.* sich; man; **2.** *cj.* **a**) *bedingend*: wenn, falls; ~ *é que* wenn ... wirklich; ~ *assim for* wenn dem so ist; (*mas*) *se* (*não*) aber wenn doch (nicht); *se bem que conj.* obgleich *ind.*; **b**) *indirekte Frage*: ob; *se* (*o conheço*)*?!* und ob (ich ihn kenne)!

sé [sɛ] *f* Kathedrale *f*; Bistum *n*; *a Santa* 2 der Heilige Stuhl.

seara ['sjarɐ] *f* Saat *f* (*a. fig.*); (Saat-, Getreide-)Feld *n.*

seba ['seβɐ] *f* Algen(dünger *m*) *f/pl.*

seb|áceo [sə'βasju] Talg...; talgig; schmierig; *cisto m* ~ ⚕ Grützbeutel *m*; **~ácico** [~asiku]: *ácido m* ~ = **~acina** [~βɐ'sinɐ] *f* Fettsäure *f.*

sebe ['sɛβə] *f* Hecke *f*; Zaun *m*; *Wagen*-Leiter *f.*

sebent|a [sə'βẽntɐ] *f hektographierte* Vorlesungsnachschrift *f*, Skriptum *n*; **~o** [~u] *fig.* schmierig, dreckig.

sebo ['seβu] *m* Talg *m*; *bras.* ~*!* Blödsinn!; so siehste aus!; **~rreia** [səβu'ʀejɐ] *f* Talgabsonderung *f*; **~so** [sə'βozu] talgig; schmierig.

seca[1] ['sɛkɐ] **1.** *f* **a**) Plackerei *f*, Schererei *f*; Umstände *m/pl.*; **b**) Trocknen *n*; Dörren *n*; **2.** *m* Quälgeist *m*, lästige(r) Kerl *m.*

seca[2] ['sekɐ] *f* Trockenheit *f*, Dürre *f.*

sec|adoiro, -ouro [səkɐ'δoiru, -oru] *m* Trockenplatz *m*; **~ador** [~ɐ'δor] *m* Trockenapparat *m*; Trockner *m*; Darre *f*; *fot.* Trockenständer *m*; ~ *eléctrico para o cabelo* Föhn *m*; **~agem** [~'kaʒɐ̃i] *f das* Trocknen und Dörren *des Malzes*; **~ante** [~'kɐ̃ntə] **1.** *adj.* **a**) Trocken...; **b**) lästig; aufdringlich; **2.** *su.* aufdringliche Person *f*; **3.** *m* Trockenöl *n*, Sikkativ *n*; **4.** *f* (*a. m*) ⩚ Sekante *f*; **~ar** [~'kar] (1n; *Stv.* 1c) **1.** *v/t.* a) (ab-, aus-)trocknen; trockenlegen; Obst dörren; b) belästigen, F sekkieren; sich aufdrängen (*dat.*); **2.** *v/i.* trocknen; ver-, aus-, eintrocknen; verdorren; versiegen (*Quelle*); **~ativo** ⚕ [~ɐ'tivu] *adj.* (*u. m*) austrocknend(es Mittel *n*).

secção [sɛk'sɐ̃u] *f* Abteilung *f*; Teil *m*; Abschnitt *m*; Schnitt *m*; Teilung *f*; ⩚ Querschnitt *m*; ⚔ Zug *m*; ~ *plana* Längsschnitt *m.*

séci|a ['sɛsjɐ] *f* ⚘ Aster *f*; **~o** [~u] **1.** *adj.* geziert; eingebildet; **2.** *m*, **~a** *f* Putzaffe *m*, Zierpuppe *f.*

seco ['seku] **1.** *adj.* trocken (*a. Wein*); getrocknet; Dörr...; dürr (*Blatt usw.*); hager; *fig.* frostig; *ama f -a* Kinderfrau *f*; *a* ~ ohne Beköstigung; *às -as* trocken; *em* ~ auf dem (*od.* im) Trocknen; *dar* (*od. ficar*) *em* ~ ⚓ auflaufen; *fig.* F schiefgehen; **2.** *p.p. irr. v. secar*; **3.** *m bras.* Sandbank *f*; ~*s pl.* Trockenwaren *f/pl.*

secre|ção [səkrə'sɐ̃u] *f* Absonderung *f*, Ausscheidung *f*; **~ta** [~'krɛtɐ] **1.** *f* P Örtchen *n*; *bras.* Geheimpolizei *f*; **2.** *m* Geheimpolizist *m.*

secret|aria [~tɐ'riɐ] *f* Sekretariat *n*;

Kanzlei *f*; Geschäftsstelle *f*; **~ária** [~'tarjɐ] *f* Sekretärin *f*; Schreibtisch *m*, Sekretär *m*; **~ariado** [~ɐ'rjaðu] *m* Sekretariat *n*; **~ariar** [~ɐ'rjar] (1g) *v/t.* Sekretär(in) sn bei; das Protokoll führen über (*ac.*); als Sekretär(in) begleiten; **~ário** [~'tarju] *m* Sekretär *m*; Briefsteller *m*; **~o** [~'krɛtu] geheim, Geheim...; heimlich; verborgen; verschwiegen.

sect|ário [sɛk'tarju] *m* Sektierer *m*; *fig.* Anhänger *m*; Verfechter *m*; **~or** [sɛ'tor] *m* ⚔ Sektor *m*; *fig.* Abschnitt *m*; Ausschnitt *m*; Bereich *m*, Bezirk *m*; Kreis *m*; Gruppe *f*; Richtung *f*.

secular [səku'lar] **1.** *adj.* a) hundertjährig; jahrhundertealt; b) weltlich, Welt...; Laien...; **2.** *m* Laie *m*; Weltliche(r) *m*.

seculari|dade [~lɐri'ðaðə] *f* Weltlichkeit *f*; *~s pl.* weltliche Dinge *n/pl.*; **~zação** [~zɐ'sɐ̃u] *f* Verweltlichung *f*; Einziehung *f*; **~zar** [~'zar] (1a) verweltlichen; *kirchliche Güter* einziehen; **~zar-se** weltlich werden.

século ['sɛkulu] *m* **a**) Jahrhundert *n*; Zeit(alter *n*) *f*; F Ewigkeit *f*; *o ~ doze* (*quinze*, *etc.*) das zwölfte (fünfzehnte *usw.*) Jahrhundert; *por todos os ~s e ~s* von Ewigkeit zu Ewigkeit; **b**) *die* (zeitliche) Welt.

secund|ar [səkũn'dar] (1a) **a**) unterstützen; beistehen (*dat.*); **b**) wiederholen; zum zweiten Mal nehmen von; **~ário** [~arju] nebensächlich, untergeordnet; zweitrangig; Neben...; nachträglich, Nach...; Sekundär...; *escola f -a* höhere Schule *f*; **~inas** [~inɐʃ] *f/pl.* Nachgeburt *f*.

secura [~'kurɐ] *f* Trockenheit *f*; *fig.* Frostigkeit *f*.

seda ['seðɐ] *f* Seide *f*; ⊕ Sprung *m*; ⚘ Granne *f*; *~s pl.* Borsten *f/pl.*; Seidenwaren *f/pl.*; *~ artificial*, *~ vegetal* Kunst-, *~ crua*, *~ em rama* Roh-seide *f*; **~ço** [sə'ðasu] *m* Siebseide *f*; Einsatznetz *n für Siebe*; Milchsieb *n*.

sed|ar [sə'ðar] (1c) beruhigen; **~ativo** [~ðɐ'tivu] **1.** *adj.* beruhigend; **2.** *m* Beruhigungsmittel *n*.

sede[1] ['seðə] *f* Durst *m*; *Geld*-Gier *f*; *estar com ~*, *ter ~* durstig sn; *fig.* dürsten (*od.* lechzen) (nach *de*).

sede[2] ['sɛðə] *f* Sitz *m* (*a. fig.*); Bischofssitz *m*; Bistum *n*; ♀ *Apostólica der* Heilige Stuhl.

sedeiro [sə'ðeiru] *m* Hechel *f*.

sedentário [~ðẽn'tarju] sitzend; seßhaft; häuslich; *vida f -a* sitzende Lebensweise *f*.

sedento [~'ðẽntu] durstig; *~ de* dürstend nach; begierig auf (*ac.*); *~ de prazer* (*glória*, *vingança*) vergnügungs- (ruhm-, rach-)süchtig; *~ de dinheiro* geldgierig.

sedi|ção [~ði'sɐ̃u] *f* Aufruhr *m*; Aufstand *m*; Meuterei *f*; **~cioso** [~'sjozu] **1.** *adj.* aufrührerisch; Hetz...; aufständisch; **2.** *m* Aufrührer *m*; Meuterer *m*.

sediment|ação [~ðimẽntɐ'sɐ̃u] *f* Ablagerung *f*; Niederschlag *m*; *velocidade f de ~* ⚕ Blutsenkungsgeschwindigkeit *f*; **~ar** [~'tar] **1.** *v/i.* (1a) e-n Niederschlag bilden; sich ablagern; **2.** *adj.* = **~ário** [~'tarju] abgelagert; sedimentär; **~o** [~'mẽntu] *m* Ablagerung *f*; Bodensatz *m*, Niederschlag *m*.

sedoso [~'ðozu] seidig.

sedu|ção [~ðu'sɐ̃u] *f* Verführung *f*; Versuchung *f*; Zauber *m*; **~tor** [~'tor] **1.** *adj.* verführerisch; bezaubernd; **2.** *m* Verführer *m*; **~zir** [~'zir] (3m) verführen; bestechen; bezaubern.

sega ['sɛɣɐ] *f* Schnitt *m*, Mahd *f*; Ernte(zeit) *f*.

seg|ada [sə'ɣaðɐ] *f* Mähen *n*; **~adoiro, -ouro** [~ɣɐ'ðoiru, -oru] Mäh...; schnittreif (*Getreide*); **~ador** [~ɣɐ'ðor] *m* Schnitter *m*; **~ar** [~ar] (1o; *Stv.* 1c) mähen; abschneiden.

segmento [səɣ'mẽntu] *m* (Kreis-, Kugel-)Abschnitt *m*, Segment *n*.

segred|ar [səɣrə'ðar] (1c) zuflüstern; *v/i.* tuscheln, raunen; **~o** [~'ɣreðu] *m* Geheimnis *n*; Verschwiegenheit *f*; Geheimfach *n im Schrank*; Geheimverlies *n*; Einzelhaft *f*; *em ~* insgeheim, heimlich; *ter em ~* geheimhalten.

segregar [~ɣrə'ɣar] (1o; *Stv.* 1c) absondern; ausscheiden.

segu|ida [sə'ɣiðɐ]: *em ~* = **~idamente** [~ˌɣiðɐ'mẽntə] im Anschluß daran; danach, darauf, dann; **~ido** [~'ɣiðu] aufea.-folgend; ununterbrochen; *três horas -as* drei Stunden hinterea. (*od.* lang); **~imento** [~ɣi'mẽntu] *m* Gefolge *n* (*a. fig.*);

Verfolgung *f*; Befolgung *f*; Fortsetzung *f*; (Fort-)Gang *m*; Folge *f*; *ir em* ~ *de* folgen (*dat.*); verfolgen (*ac.*); *ter* ~ weitergehen; Folgen h.; **~inte** [~'γĩntə] folgend; nächst; **~intemente** [~ˌγĩntə'mẽntə] folglich; = ~*idamente*; **~ir** [~'γir] (3o; *Stv.* 3c) **1.** *v/t. j-m, e-m Beispiel, e-r Richtung* folgen; *zeitl.* folgen auf (*ac.*); *Rat* befolgen; *Spur, Gang e-r Sache* verfolgen; sich zu *e-m Glauben* bekennen; *Weg* nehmen, einschlagen, gehen; *Weg* fortsetzen; *Kursus* besuchen; *Vorlesung* hören; *Fach* studieren; ~ *as armas* (*a medicina*) Soldat (Arzt) w. wollen; **2.** *v/i.* fortfahren; (weiter-) gehen, (-)fahren, (-)reisen *usw.*; weiterbefördert w.; ~ *fazendo a/c.* fortfahren et. zu tun, et. weiter tun; darauf (*od.* dann) et. tun; *fazer* ~ weiterbefördern; weiterfahren l.; weitergehen heißen; ~ *a direito* (*à direita*) geradeaus (rechts) gehen (*od.* fahren *usw.*); ~ *de* folgen aus; ~ *para* (ab-)gehen, (-)fahren, (-)reisen *usw.* nach; *a* ~ = ~*idamente*; *Film*: demnächst; *a* ~ *a* nach; *horas a* ~ stundenlang; **3.** **~ir-se** (ea.) folgen; erfolgen; ~ *a* folgen auf (*ac.*); ~ *de* folgen (*od.* sich ergeben) aus; ~ *inf.*, ~ *que ind.* danach (*od.* dann) *ind.*

segund|a [~'γũndɐ] *f* ♪ Sekunde *f*; *pão m de* ~ Mischbrot *n*; *bilhete m de* ~ Fahrkarte *f* zweiter Klasse; **~a-feira** [~'feirɐ] *f* Montag *m* (*na* am); *às* ~*s* montags; **~amente** [~'mẽntə] zweitens; **~anista** [~γũndɐ'niʃtɐ] *su.* Student(in *f*) *m* im zweiten Jahr; **~o** [~u] **1.** *adj.* zweit; Neben...; *sem* ~ ohnegleichen; *não ter* ~ nicht seinesgleichen h.; **2.** *m* Sekunde *f* (*Zeit*); **3.** *adv.* zweitens; **4.** *prp.* nach, gemäß (*dat.*); laut (*gen.*); ~ (*que*) wie; ~ *o costume* wie üblich; **~ogénito** [~u'ʒɛnitu] zweitgeboren.

segur|ado [~γu'raðu] *m* Versicherte(r) *m*; **~ança** [~ɐ̃sɐ] *f* Sicherheit *f* (*a.* ⚕ *u.* ⊕) (*para* zur *od.* als); Festigkeit *f*; Gewißheit *f*; Gewähr *f*; Schutz *m*; *com* ~ sicher; ungefährdet; **~ar** [~ar] (1a) sichern; festmachen; *bes.* (fest)halten (*por* an [*dat.*]); stützen; j-n bestärken; sicherstellen; ⚕ versichern; **~o** [~'γuru] **1.** *adj.* sicher; gewiß; fest; zuverlässig; trächtig (*Stute*); **2.** *m* ⚕ Versicherung *f*; *sonst*: Schutz(-vorrichtung *f*) *m*; Sicherheit *f*; Geleit(-brief *m*) *n*; *ao* ~ sicher, zweifellos; *a seu* ~ un-behelligt; -gefährdet; sicher; *em* ~, *sobre* ~ ohne Gefahr, sicher; *ir pelo* (*od. sobre o*) ~ sicher gehen (wollen); *pôr no* ~ versichern.

seio ['seju] *m* Krümmung *f*; Windung *f*; Meerbusen *m*, Bucht *f*; *Segel*-Schwellung *f*; *Lasso*-Schlinge *f*; *allg.* Brust *f*; *fig.* Busen *m*; Schoß *m*; ~ *aéreo* (*frontal, maxilar*) Neben- (Stirn-, Kiefern-)höhle *f*.

seira ['seirɐ] *f* Stroh-tasche *f*, -korb *m*.

seis [seiʃ] **1.** *adj.* sechs; **2.** *m* Sechs *f*; Nummer *f* Sechs; **~avo** [sei'zavu] *m* Sechstel *n*; **~centista** [~sẽn'tiʃtɐ] *adj.* (*od. m*) (Dichter *usw.*) des 17. Jahrhunderts; **~centos** [~'sẽntuʃ] sechshundert.

seita ['seitɐ] *f* Sekte *f*.

seiv|a ['seivɐ] *f* (Lebens-)Saft *m*; **~oso** [sei'vozu] saftig; quellend; kräftig.

seix|o ['seiʃu] *m* Kiesel(stein) *m*; **~oso** [sei'ʃozu] kiesig, Kies...; steinig.

seja *usw.* ['seʒɐ] *s. ser.*

sela ['sɛlɐ] *f Reit*-Sattel *m*; *cavalo m de* ~ Reitpferd *n*; Sattelpferd *n*.

sel|ada [sə'laðɐ] *f Berg*-Sattel *m*; **~ado** [~aðu] **1.** *m Fuß-, Hüft*-Beuge *f*; **2.** *adj.* **a**) durchgebogen (*Rücken*); krumm; **b**) *papel m* ~ Stempelpapier *n*; **~adura** [~lɐ'ðurɐ] *f* Sattelung *f*; Sattelrücken *m*; **~agem** [~aʒɐ̃i] *f* Stempelung *f*; Siegelung *f*; Plombierung *f*; **~ar** [~ar] (1c) **a**) satteln; **b**) (ver)siegeln; (ab)stempeln; plombieren; *Brief* freimachen, frankieren; *fig.* besiegeln; *Vertrag* schließen; **~aria** [~lɐ'riɐ] *f* Sattlerei *f*; Sattelzeug *n*; Geschirr(kammer *f*) *n*.

selec|ção [səlɛ'sɐ̃u] *f* Auswahl *f*; Auslese *f*; *Sport*: Auswahlmannschaft *f*; ~ *nacional* Ländermannschaft *f*; *fazer* ~ wählerisch sn; = **~cionar** [~sju'nar] (1f) auswählen; auserlesen; **~ta** [~'lɛtɐ] *f* Auswahl *f*; Lesebuch *n*; Sammelband *m*; **~tar** [~'tar] (1a) = ~*cionar*; **~tividade** [~tivi'ðaðə] *f Radio*: Trennschärfe *f*; **~tivo** [~'tivu] trennscharf; 📖 selektiv; **~to** [~'lɛtu] ausgewählt; auserlesen.

seleiro [sə'leiru] **1.** *m* Sattler *m*; **2.** *adj.* sattelfest; eingeritten.
selha ['seʎɐ] *f* Holzkübel *m*.
selim [sə'lĩ] *m Fahrrad*-Sattel *m*.
selo ['selu] *m* Siegel *n* (*a. fig.*); Stempel *m*; Plombe *f*; Stempelmarke *f*; Stempelstelle *f*; *fig. a.* Gepräge *n*; ~ *fiscal* Steuer-, ~ *postal* Briefmarke *f*; *pôr* ~*s a* versiegeln (*ac.*), plombieren (*ac.*); frankieren (*ac.*).
selva ['sɛłvɐ] *f* (Ur-)Wald *m*.
selv|agem [sɛł'vaʒɐ̃i] wild; wüst, öde; roh; **~agíneo** [~vɐ'ʒinju] Wild..., wild; **~ajaria** [~ɐʒɐ'riɐ] *f* Wildheit *f*; Roheit *f*; **~ático** [~atiku] waldig; Wald...; waldliebend; wild; rauh, ungeschlacht; **~oso** [~ozu] waldreich.
sem [sɐ̃i] *prp.* ohne (*ac.*); ...los; ~ *mais nada*, ~ *mais aquelas* ohne weiteres; ~ *inf.* ohne ... zu *inf.*; ~ *que* ohne daß; *e ele* ~ *vir!* F und er kommt immer noch nicht!
semáforo [sə'mafuru] *m* Signalmast *m*; Verkehrsampel *f*; ⚓ Küstentelegraph *m*.
seman|a [~'mɐnɐ] *f* Woche *f*; Wochenlohn *m*; ♀ *Santa* Karwoche *f*; **~al** [~mɐ'nał] wöchentlich; Wochen...; **~ário** [~mɐ'narju] **1.** *m* Wochenschrift *f*; **2.** *adj.* = ~*al*.
semântic|a [~'mɐ̃ntikɐ] *f* (Wort-) Bedeutungslehre *f*; **~o** [~u] Bedeutungs...
semblante [sẽm'blɐ̃ntə] *m* Antlitz *n*, Gesicht *n*; Aussehen *n*.
sem-cerim|ónia [sɐ̃isəri'mɔnjɐ] *f* Ungezwungenheit *f*; **~onioso** [~mu'njozu] ungezwungen; formlos.
sêmea ['semjɐ] *f* Graumehl *n*; (*pão m de*) ~ Graubrot *n*.
seme|ação [səmjɐ'sɐ̃u] *f* (Aus-) Saat *f*; **~ada** [~'mjaδɐ] *f* Saatfeld *n*; Saat(gut *n*) *f*; **~ador** [~ɐ'δor] **1.** *adj.* Sä...; **2.** *m* Sämann *m*; Sämaschine *f*; **~adoiro, -ouro** [~ɐ'δoiru, -oru] säfertig; **~adura** [~ɐ'δurɐ] *f* Säen *n*; = ~*ação*, ~*ada*; **~ar** [~'mjar] (1l) (aus)säen; ausstreuen; verbreiten.
semelh|ança [~mɨ'ʎɐ̃sɐ] *f* Ähnlichkeit *f*; *à* ~ *de* (gleich) wie; **~ante** [~ɐ̃ntə] **1.** *adj.* ähnlich; solch (*od.* so) ein(e); ~*s pl.* solche; **2.** *m*: *o* (*od. um*) *meu* ~, *meus* ~*s* meinesgleichen; **~ar** [~ar] (1d) ähneln (*dat.*); aussehen wie; erinnern an (*ac.*).
sémen(-contra) ['sɛmen('kõntrɐ)] *m* (Wurm-)Samen *m*.
sement|al [səmẽn'tał] Saat...; Zucht... (*Tier*); **~e** [~'mẽntə] *f* Same(n) *m*; Samenkorn *n*; *fig. a.* Keim *m*; *de* ~ = ~*al*; **~eira** [~eirɐ] *f* Saat-gut *n*, -korn *n*; Saat-feld *n*, -beet *n*; Aussaat *f*; *fig.* Verbreitung *f*; Keim(zelle *f*) *m*; Ursprung *m*; **~eiro** [~eiru] **1.** *adj.* Sä...; Saat...; **2.** *m* Sämann *m*; Saatsack *m*.
semestr|al [~mɨʃ'trał] halbjährlich; Halbjahres...; **~e** [~'mɛʃtrə] *m* Halbjahr *n*, Semester *n*.
sem-fim [sɐ̃i'fĩ] *m* Unmenge *f*; End-, Grenzen-lose *n*.
semi... [səmi] *in Zssgn* Halb..., halb...; **~breve** ♪ [~'βrɛvə] *f* ganze Note *f*; **~colcheia** ♪ [~koł'ʃejɐ] *f* Sechzehntel(note *f*) *n*; **~cúpio** [~'kupju] *m* Sitzbad *n*; **~cúpula** [~'kupulɐ] *f* Kugelkuppel *f*; **~fusa** ♪ [~'fuzɐ] *f* Vierundsechzigstel (-note *f*) *n*; **~lunar** [~lu'nar] halbmondförmig.
semin|ação [~nɐ'sɐ̃u] *f* Aussaat *f*, natürliche Verbreitung *f*; **~al** [~'nał] Samen...; **~ário** [~'narju] *m* Pflanzschule *f*; (Priester-)Seminar *n*; *fig.* Pflanzstätte *f*; **~arista** [~ɐ'riʃtɐ] *m* Seminarist *m*.
semínima ♪ [sə'minimɐ] *f* Achtel (-note *f*) *n*.
seminu [səmi'nu] zerlumpt.
semita [sə'mitɐ] *su.* Semit(in *f*) *m*.
semítico [sə'mitiku] semitisch.
sem-|justiça [sɐ̃iʒuʃ'tisɐ] *f* Ungerechtigkeit *f*; **~nome** [~'nomə] namenlos; **~número** [~'numəru] *m* Unzahl *f*.
sêmola ['semulɐ] *f* Grieß(mehl *n*) *m*.
sem-par [sɐ̃i'par] ohnegleichen; unvergleichlich.
sempiterno [sẽmpi'tɛrnu] immerwährend; ewig.
sempre ['sẽmprə] immer, stets; fortwährend, ununterbrochen; immer noch; immerhin; doch, tatsächlich; *até* ~! stets zu Ihren Diensten!; lassen Sie sich bald wieder sehen!; *desde* (*todo o*) ~ von jeher; *para* (*todo o*) ~ für immer; *o de* ~ das- (*od.* der-)selbe; ~ *que* immer wenn; sooft; **~-noiva**, **~-verde**, **~-viva** ⚘ [~'noivɐ, ~'verδə, ~'vivɐ] *f* Immergrün *n*.
sem-|razão [sɐ̃iʀɐ'zɐ̃u] *f* Unrecht *n*; Unsinn *m*; **~sal** [~'sał] salzlos;

fade (*a. fig.*); **~segundo** [~sə'γũndu] *s. segundo* 1.; **~trabalho** [~trɐ'βaʎu] *su.* Arbeitslose(r *m*) *m, f*; **~vergonha** [~vər'γoɲɐ] **1.** *f* Unverschämtheit *f*, Frechheit *f*; **2.** *su.* Flegel *m*; **3.** *adj.* unverschämt, frech.

sena ['senɐ] *f* Sechs *f* (*Karte, Würfel*); *~s pl.* Sechserpasch *m.*

senad|o [sə'naðu] *m* Senat *m*; **~or** [~nɐ'ðor] *m* Senator *m*; Ratsherr *m.*

senão [sə'nɐ̃u] **1.** *cj.* sonst; wo nicht; *não ... ~* nicht ... sondern; *~ que* vielmehr; *~ quando* da ... plötzlich; **2.** *prp.* außer (*dat.*); *não ... ~* nur, bloß; *nach comp.*: als; **3.** *m* Aber *n*; F Haken *m.*

senat|oria *bras.* [senato'riɐ] *f* Senatorenwürde *f*; **~orial**, **~ório** [~to'rjał, ~'tɔrju] Senats...

send|a ['sẽndɐ] *f* Fußweg *m*; Pfad *m* (*a. fig.*); **~eiro** [sẽn'deiru] *m* Klepper *m*; (Karren-)Gaul *m*; *fig.* Taugenichts *m*; Schwächling *m.*

sene ♀ ['sɛnə] *m*: *folhas f/pl. de ~* Sennesblätter *n/pl.*

senh|a ['seɲɐ] *f* Zeichen *n*; Losungswort *n*; Quittung(sabschnitt *m*) *f*; Kontrollmarke *f*; Platznummer *f*; *Lebensmittel*-Marke *f.*

senhor [sɨ'ɲor] *m* Herr *m*; Gebieter *m*; Besitzer *m*; *o ~ Lima* Herr Lima; *Anrede beim Verb*: *que disse o ~?* was haben Sie gesagt?; *falo com o ~* ich spreche mit Ihnen; **~a** [~orɐ, ~ɔrɐ] *f* Dame *f*; Herrin *f*; Gebieterin *f*; Besitzerin *f*; *Anrede vor Personennamen*: Frau; *Anrede beim Verb*: *que disse a ~?* was haben Sie gesagt?; *falo com a ~* ich spreche mit Ihnen; *minha ~* gnädige Frau; *Nossa* ♀ die Mutter Gottes; *sua ~ bras.* Ihre Frau Gemahlin.

senhor|ear [sɨɲu'rjar] (1l) beherrschen; überragen; *v/i.* herrschen; **~ear-se** *de* sich bemächtigen (*gen.*); **~ia** [~'riɐ] *f* Herrschaft *f*; Eigentümerin *f*; Hauswirtin *f*; *Vossa* ♀ *Anrede beim Verb wie senhor(a)*; **~ial** [~jał] herrschaftlich; **~il** [~ił] vornehm; würdevoll; **~inha** [~iɲɐ] *f* Dämchen *n*; *bras.* Fräulein *n*; **~io** [~iu] *m* Herrschaft *f*; Beherrschung *f*; Besitzrecht *n*; Eigentümer *m*; Hauswirt *m*; **~ita** [~itɐ] *f* Frauchen *n*; *bras.* Fräulein *n.*

senil [sə'nił] greisenhaft; altersschwach; **~idade** [sənəli'ðaðə] *f* Altersschwäche *f.*

sénior ['sɛnjor] **1.** *adj.* älter; *nachgestellt*: der Ältere, senior; **2.** *m* *Sport*: Senior *m.*

seno ⩚ ['senu] *m* Sinus *m.*

sensab|or [sẽsɐ'βor] **1.** *adj.* geschmacklos; fade; langweilig, öde; unangenehm, ärgerlich; **2.** *su.* = **~orão** *m*, **-ona** *f* [~βu'rɐ̃u, -onɐ] langweilige(r Kerl *m*) Person *f*; **~oria** [~βu'riɐ] *f* Geschmacklosigkeit *f*; Fadheit *f*; Langeweile *f*; Unannehmlichkeit *f*, Ärger *m.*

sensa|ção [~sɐ'sɐ̃u] *f* *Sinnes*-Empfindung *f* (*a. fig.*); Sensation *f*; Gefühl *n*; *de ~* aufsehenerregend; *fazer ~* Aufsehen erregen; großen Eindruck m.; **~cional** [~sju'nał] aufsehenerregend.

sensat|ez [~sɐ'teʃ] *f* Besonnenheit *f*; **~o** [~'satu] besonnen; vernünftig.

sens|ibilidade [~səβəli'ðaðə] *f* Empfindlichkeit *f*; Empfindungsvermögen *n*; **~ibilizar** [~əβəli'zar] (1a) rühren; **~ibilizar-se** gerührt w.; **~itiva** [~i'tivɐ] *f* ♀ (schamhafte) Mimose *f*, Sinnpflanze *f*; *fig.* Pflänzlein *n* Rührmichnichtan; **~itivo** [~i'tivu] sinnlich, Sinnes...; empfindungsfähig, Empfindungs...; empfindlich; **~ível** [~'sivɛł] empfindlich; sinnlich, wahrnehmbar; fühlbar, schmerzlich; *fig.* empfindsam, gefühlvoll; empfänglich; **~o** ['sẽsu] *m* Verstand *m*; Sinn *m*, Empfinden *n*; *bom ~* gesunde(r) Menschenverstand *m*; **~orial** [~u'rjał] Sinnes..., sinnlich; **~ual** [~'swał] sinnlich; lüstern.

sensual|idade [~swɐli'ðaðə] *f* Sinnlichkeit *f*; Wollust *f*; **~ista** [~'liʃtɐ] *m fig.* Sinnenmensch *m.*

sent|ado [sẽn'taðu] sitzend; im Sitzen; *estar (ficar) ~* sitzen (bleiben); **~ar** [~ar] (1a) = *assentar*; **~ar-se** sich setzen; sich niederlassen.

senten|ça [~'tẽsɐ] *f* Spruch *m*; Satz *m*; ⚖ Urteil *n* (*proferir, proclamar* sprechen, verkünden); Beschluß *m*; **~ciar** [~tẽ'sjar] (1g *u.* 1h) urteilen; *v/t.* aburteilen; verurteilen (zu *a*); *Prozeß* entscheiden; **~cioso** [~tẽ'sjozu] sentenziös; lehrhaft.

sentido [~'tiðu] **1.** *adj.* empfindlich; tiefempfunden; schmerzlich; angegangen (*Fleisch, Obst*); *estar* ~ *de* (*od.* *com*) betrübt (*od.* gekränkt) sn über; *ficar* ~ *de* übelnehmen (*ac.*); **2.** *m* Sinn *m*; Bedeutung *f*; Absicht *f*, Zweck *m*; *Bewegungs*-Richtung *f*; Seite *f e-s Problems*; Gesichtspunkt *m*; *rua f de* ~ *único* Einbahnstraße *f*; *neste* ~ in diesem Sinne; in dieser Beziehung; von (*od.* unter) diesem Gesichtspunkt; *estar com o* ~ *em*, *trazer no* ~ (nur) denken an (*ac.*); *ficar sem* ~*s*, *perder os* ~*s* das Bewußtsein verlieren, ohnmächtig w.; *pôr-se em* ~ stramme Haltung einnehmen; *tomar* ~ *em* achten auf (*ac.*); *tome* ~*!* passen Sie auf!; ~*!* Achtung!; stillgestanden!

sentiment|al [~timẽn'tał] empfindsam, gefühlvoll; **~alidade** [~tɐli'δaδə] *f* Empfindsamkeit *f*; **~alismo** [~tɐ'liʒmu] *m* Sentimentalität *f*, F Gefühlsduselei *f*; **~alista** [~tɐ'liʃtɐ] **1.** *adj.* sentimental; **2.** *su.* Gefühlsmensch *m*; **~o** [~'mẽntu] *m* Gefühl *n*, Empfindung *f*; ~*s pl.* Gesinnung *f*; Beileid *n*; *de* ~*s* charaktervoll; *sem* ~ gesinnungslos.

sentina [~'tinɐ] *f* ⚓ Kielraum *m*, Kimm *f*; *fig.* Kloake *f*.

sentinela [~ti'nɛlɐ] *f* Schildwache *f*; Posten *m*; *fig.* Wächter *m*; *estar de* ~ Posten stehen.

sentir [~'tir] **1.** *v/t.* (3e) fühlen, empfinden; spüren, merken; hören; riechen; bedauern, beklagen; übelnehmen; *sinto muito* es tut mir sehr leid; ~ *bem* (*mal*) *de j-n* (nicht) leiden können; *dar a* (*od.* *fazer*) ~ merken l.; **2.** **~-se** sich vorkommen (wie); ~ *de* gekränkt sn über (*ac.*); *et.* spüren, zu spüren bekommen; **3.** *m* Gefühl *n*; Ansicht *f*.

separ|ação [səpɐrɐ'sɐ̃u] *f* Trennung *f* (*de pessoas e bens* ⚖ von Tisch und Bett); Absonderung *f*; Loslösung *f*; Scheide(wand) *f*; ~ *de bens* Gütertrennung *f*; **~adamente** [~ˌraδɐ'mẽntə] besonders; abseits; für sich; mit getrennter Post; extra; **~ado** [~'raδu] einzeln; Extra...; *em* ~ = ~*adamente*; getrennt (von de); **~ador** [~ɐ'δor] **1.** *m* Schleuder *f*; **2.** *adj.* Trenn...; Scheide...; *máquina f -a* = **~adora** [~ɐ'δorɐ] *f* ⚒ Aufbereitungsanlage *f*; **~ar** [~'rar] (1b) trennen; (ab)sondern; scheiden; **~ar-se** sich zurückziehen; sich (los)lösen; **~ata** [~'ratɐ] *f* Sonderdruck *m*; **~ável** [~'ravɛł] trennbar; (los)lösbar; **~atismo** [~ɐ'tiʒmu] *m* Loslösungsbestrebungen *f/pl.*, Separatismus *m*.

sépia ['sɛpjɐ] *f* Sepia *f*.

septénio [sɛp'tɛnju] *m* Jahrsiebt *n*.

septicémia ⚕ [~ti'sɛmjɐ] *f* Blutvergiftung *f*, Sepsis *f*.

septingentésimo [~tĩʒẽn'tɛzimu] siebenhundertst.

septuag|enário [~twɐʒə'narju] **1.** *adj.* siebzigjährig; **2.** *m*, **-a** *f* Siebziger(in *f*) *m*; **~ésimo** [~'ʒɛzimu] siebzigst.

séptu|or ♪ ['sɛptwɔr] *m* Septett *n*; **~plo** [~tuplu] siebenfach.

sepul|cral [səpuł'krał] Grab...; *fig.* Grabes..., Toten...; **~cro** [~'pułkru] *m* Grab *n*; **~tar** [~'tar] (1a) begraben (*a. fig.*); bestatten; **~to** [~'pułtu] *p.p. irr. v.* ~*ar*; **~tura** [~'turɐ] *f* Bestattung *f*; Grab *n*; *dar* ~ = ~*tar*; *deixar à* ~ begraben sn l.

sequaz [sə'kwaʃ] *m* Gefolgsmann *m*.

sequeiro [sə'keiru] **1.** *adj.* unbewässert; wasserlos; **2.** *m* trockene(s) Land *n*; Trocken-boden *m*, -platz *m*; *de* ~ unbewässert.

sequ|ela P [sə'kwɛlɐ] *f* Folge *f*; F Sippschaft *f*; **~ência** [~ẽsjɐ] *f* Folge *f*; ♪ *u. Kartenspiel*: Sequenz *f*.

sequer [sə'kɛr]: *nem* ~ nicht einmal.

sequestr|ação [sək(w)ɨʃtrɐ'sɐ̃u] *f* Beschlagnahme *f*; Einziehung *f*; widerrechtliche Verhaftung *f*; Verschleppung *f*; **~ar** [~'trar] (1c) beschlagnahmen; widerrechtlich verhaften; wegführen; verschleppen; *Kranken* isolieren; **~o** [~'k(w)ɛʃtru] *m* = ~*ação*.

sequioso [sə'kjozu] durstig; trokken; = *sedento*; *estar* ~ *de* lechzen nach.

séquito ['sɛkitu] *m* Gefolge *n*; Geleit *n*.

ser [ser] **1.** *v/i.* (2zc) sein (*Kopula*; *zur Bezeichnung von wesentlichen, dauernden Eigenschaften, Herkunft, Beruf, Alter usw.*; *bei Zeitangaben, unpers. Ausdrücken*); werden (beim *Passiv*); *vir a* ~ werden; ~ *a* kosten; ~ *com fig. j-n* etwas angehen; *s. com*; ~ *de* gehören (zu) (*dat.*); sein (*od.* bestehen) aus; sich gehören für, *j-s* würdig sn; *j-m* ergeben sn, halten zu; *é de inf.* es ist zu *inf.*; *é de vê-* (*ouvi-*, *senti-*) *lo* man muß es (*od.* ihn) gesehen (gehört, gefühlt) h.; ~ *para* (gut *od.* bestimmt) sn für (*ac.*); geeignet sn (*od.* sich eignen) für (*ac.*); sn (*od.* taugen) zu (*dat.*); é *para inf.* es ist zu *inf.*; *como há-de ~?* wie wollen Sie es h.?; wie ist das möglich?; *como havia de ~?* wie sollte es anders sein?; haben Sie etwas anderes erwartet?; *como é isso?* was sagen Sie da?; was soll das heißen!; *que é* (*od. foi*) *dele?* was ist mit ihm (los)?; *isto é* das heißt; nämlich; *é isso?* ist's so recht?; haben Sie das gemeint?; *é isso!* ganz recht!; stimmt!; *a ~* (*od. sendo*) *assim* wenn dem so ist; *a não ~ que* es sei denn daß; wofern ... nicht; *seja!* meinetwegen!; *seja o que for* was es auch sn mag; was auch geschehen mag; *seja como for* wie dem auch sei; *seja qual for* irgendein; *seja ... seja* sowohl ... als auch; ob ... ob; *nach Verneinung*: weder ... noch; *seja que ... seja que* sei es, daß ... oder daß; *fui usw.*, *fora usw. s. a. ir*; **2.** *m* Sein *n*; *Lebe-*Wesen *n*; *os ~es* das Seiende.

ser|áfico [sə'rafiku] engelhaft; **~afim** [~rɐ'fĩ] *m* Seraph *m*.

serão [sə'rɐ̃u] *m* Nacht-arbeit *f*, -schicht *f*; *allg.* Überstunden *f/pl.*; (geselliger) Abend *m*; = *sarau*; *fazer ~* = die Nacht durcharbeiten; Nachtschicht (*od.* Überstunden) m.

serapilheira [~rɐpi'ʎeirɐ] *f* Sackleinen *n*; Aufnehmer *m*.

sereia [~'rejɐ] *f* Sirene *f*; ⚓ Nebelhorn *n*.

seren|ar [~rə'nar] (1d) (sich) aufheitern; (sich) beruhigen; *bras.* sich (im Tanz) wiegen; **~ata** [~'natɐ] *f* Nachtmusik *f*, Serenade *f*; Ständchen *n*; **~idade** [~ni'ðaðə] *f* Heiterkeit *f*; Gelassenheit *f*; Ruhe *f*; **~íssimo** [~'nisimu] durchlaucht; *sup. v.* **~o** [~'renu] **1.** *adj.* heiter; gelassen; ruhig, still; **2.** *m* **a**) Abendtau *m*; **b**) Nachtwächter *m*.

seriação [sərjɐ'sɐ̃u] *f* Zs.-stellung *f*; (Anea.-)Reihung *f*.

sèriamente [ˌsɛrjɐ'mẽntə] ernstlich.

seri|ar [sə'rjar] (1g) anea.-reihen; zs.-stellen; **~ário** [~arju] serienmäßig, Serien...

sericicultura [sərisikuɫ'turɐ] *f* Seiden(raupen)zucht *f*.

série ['sɛrjə] *f* Reihe *f*; Folge *f*, Serie *f*; Abteilung *f*; *em ~* abteilungsweise; serienmäßig; ⊕ am laufenden Band.

seriedade [sərje'ðaðə] *f* Ernst *m*; Zuverlässigkeit *f*; gesetzte(s) Wesen *n*.

seringa [sə'rĩŋgɐ] *f* Spritze *f*; *~ para lavagem* Klistierspritze *f*.

serin|gação [sərĩŋgɐ'sɐ̃u] *f* (Aus-, Be-)Spritzen *n*; *fig.* P Schererei *f*; **~gada** [~'gaðɐ] *f* Spritze *f* (voll); *Spritzen-*Ladung *f*; *fig.* = *~gação*; **~gador** [~gɐ'ðor] *m* Schädlingsbekämpfer *m*, Spritzenmann *m*; **~gal** [~'gaɫ] *m* Gummipflanzung *f*; **~gão** [~'gɐ̃u] **1.** *adj.* lästig; **2.** *m*, **~gona** *f* Quälgeist *m*; **~gar** [~'gar] (1o) *Flüssigkeit* (ein)spritzen; *Feld usw.* (be)spritzen; *Ohren* ausspritzen; P plagen; **~gueira** [~'geirɐ] *f* Gummibaum *m*; **~gueiro** [~'geiru] *m* Gummiarbeiter *m*.

sério ['sɛrju] **1.** *adj.* ernst(haft); gesetzt; ehrbar; zuverlässig; ✝ reell; *pôr-se ~* ernst w.; **2.** *adv.* ernstlich; im Ernst; **3.** *m* Ernst (-haftigkeit *f*) *m*; = *seriedade*; *a ~* = 2.; *levar* (*od. tomar*) *a ~* ernst nehmen; *fala* (*a*) *~?* ist das Ihr Ernst?

sermão [sər'mɐ̃u] *m* Predigt *f*.

serôdio [sə'roðju] spät(reif).

serpão ⚘ [sər'pɐ̃u] *m* Thymian *m*, Quendel *m*.

serp|ear [sər'pjar] (1l) = **~ejar** [~pɨ'ʒar] (1d) = **~entar** [~pẽn'tar] (1a) sich schlängeln; **~entária** [~pẽn'tarjɐ] *f* ⚘ Drachenwurz *m*; *ast.* Schlangenträger *m*; **~entário** [~pẽn'tarju] *m* Sekretär *m* (*Vogel*); *ast.* = *~entária*; **~ente** [~'pẽntə] *f* Schlange *f* (*a. fig.*); **~entear** [~pẽn'tjar] (1l) = *~ear*; **~entina** [~pẽn'tinɐ] *f* (dreiarmiger) Leuchter *m*; (Kühl-, Heiz-)Schlange *f*; *Karneval*: Luftschlange *f*; *min.* Serpentin *m*; ⚘ = *~entária*; *zo.* = *~entário*; *bras. geschlossene* Hängematte *f*; **~entino** [~pẽn'tinu] schlangenförmig; geschlängelt; Schlangen...

serra ['sɛʀɐ] *f* Säge *f*; *fig.* Gebirge *n*; Berg *m*; *zo.* Sägefisch *m*; *~ braçal* Trumm-, *~ contínua*, *~ de fita* Band-, *~ circular*, *sem fim* Kreis-, *~ mecânica* Laub-säge *f*.

serra|ção [səʀɐ'sɐ̃u] *f* (Zer-)Sägen *n*, Schneiden *n*; Sägemühle *f*; **~di-**

ço [~'δisu] *madeira f -a* Kantholz *n*; **~dura** [~'δurɐ] *f* Sägemehl *n*.
serralh|aria [~ʀɐʎɐ'riɐ] *f* Schlosserei *f*; **~eiro** [~'ʎeiru] *m* Schlosser *m*.
serralho [~'ʀaʎu] *m* Serail *m*, Harem *m*; *fig.* Bordell *n*.
serran|ia [səʀɐ'niɐ] *f* Gebirgs-kette *f*, -land *n*; **~o** [~'ʀɐnu] **1.** *adj.* Gebirgs..., Berg...; **2.** *m*, **-a** *f* Gebirgsbewohner(in *f*) *m*.
serr|ar [sə'ʀar] (1c) (ab-, zer-)sägen; **~aria** [~ʀɐ'riɐ] *f* Sägewerk *n*; Sägebock *m*; **~eado** [~'ʀjaδu] gezahnt, gezackt; **~ilha** [~'ʀiʎɐ] *f* Zacken-besatz *m*, -rand *m*; Münzrand *m*; Stachelkandare *f*; **~im** [~'ʀĩ] *m* ♀ Ackerdistel *f*; = **~inho** *bras.* [~'ʀiɲu] *m* Sägemehl *n*; **~otar** [~ʀu'tar] (1e) (ab-, zer-)sägen; **~ote** [~'ʀɔtə] *m* Fuchsschwanz *m*.
sertã [sər'tɐ̃] *f* Stielpfanne *f*.
sert|anejo [~tɐ'neʒu] **1.** *adj.* im Landesinnern lebend; Wald...; **2.** *m* Hinterwäldler *m*; = **~anista** [~ɐ'niʃtɐ] *m* Waldläufer *m*; **~ão** [~'tɐ̃u] *m* Landesinnere *n*; Wildnis *f*.
serva ['sɛrvɐ] *f* Magd *f*; Dienerin *f*; [Hörige *f*.]
serv|ente [sər'vẽntə] **1.** *m* Handlanger *m*, Gehilfe *m*; Knecht *m*; **2.** *f* Aufwartefrau *f*; Magd *f*; **~entia** [~vẽn'tiɐ] *f* Brauchbarkeit *f*; Durchgang *m*, -laß *m*, -fahrt *f*; Dienstleistung *f*; Vertretung *f*; Dienstbarkeit *f*; *dar ~* Zugang gewähren (zu *para*); Handlanger sn (bei *a*); **~içal** [~vi'sał] **1.** *adj.* dienstfertig, gefällig; Dienstboten...; **2.** *su.* Dienstbote *m*, Hausangestellte *f*; **~iço** [~'visu] *m* Dienst *m*; Obliegenheit(en) *f(pl.)*; Arbeit *f*; Bedienung *f*; Betrieb *m*; Verwaltung(szweig *m*) *f*; *städtisches* Dezernat *n*, Amt *n*; Dienststelle *f*; (Eß-, Kaffee-, Nacht-)Geschirr *n*; *~ doméstico* Hausarbeit *f*; *~ militar obrigatório* Militärdienstpflicht *f*; *~ grande* (*pequeno*) *fig.* F großes (kleines) Geschäft *n*; *lindo ~!* e-e nette Bescherung!; *dar ~ j-n* beschäftigen; **~idão** [~vi'δɐ̃u] *f* Knechtschaft *f*; Hörigkeit *f*; *hist.* Leibeigenschaft *f*; **~ido** [~'viδu] gebraucht; abgenutzt; angebrochen (*Flasche, Schachtel*); versehen (*od.* verziert); *ser ~* geruhen; *foi Deus ~* es hat Gott gefallen; *é ~?* *Höflichkeitsformel*: wollen Sie nicht mithalten?; *estamos bem ~s!* da haben wir die Bescherung!; **~idor** [~vi'δor] **1.** *adj.* diensteifrig, pünktlich; **2.** *m* Diener *m*; **~il** [~'vił] knechtisch, Knechts...; unterwürfig; wortgetreu; **~ilismo** [~vi'liʒmu] *m* knechtische Gesinnung *f*; Unterwürfigkeit *f*.
sérvio ['sɛrvju] **1.** *adj.* serbisch; **2.** *m*, **-a** *f* Serbe *m*, Serbin *f*.
serv|ir [sər'vir] (3c) **1.** *v/t.* dienen (*dat.*); Diener (*od.* Dienstmädchen) sn bei; bedienen; helfen (*dat.*); *Speisen* auftragen, bringen; vorlegen; *Trank* einschenken; *Amt* versehen; *para o ~!* zu dienen!; **2.** *v/i. beim Heer* dienen; Dienste leisten; nützen; passen, sich eignen; zu gebrauchen sn; günstig sn (*Wetter*); *~ de* dienen als; *j-m od. für j-n* sn; = *~ para* taugen (*od.* dienen) zu; *não ~ para nada* nichts taugen; *não me serve* das kann ich nicht gebrauchen; **3. ~ir-se** de sich bedienen (*gen.*), benutzen (*ac.*); *von e-r Speise usw.* nehmen; *~ de inf.* die Güte h. zu *inf.*; **~ível** [~ivɐł] brauchbar; **~o** ['sɛrvu] **1.** *m* Knecht *m*; Diener *m*; Leibeigene(r) *m*, Hörige(r) *m*; **2.** *adj.* unfrei, hörig; leibeigen; dienstbar.
sessão [sə'sɐ̃u] *f* Sitzung *f*; Verhandlung *f*; Sitzungszeit *f*, Session *f*; *Kino*-Vorführung *f*, Vorstellung *f*; *Box*-Veranstaltung *f*.
sessar *bras.* [se'sar] (1c) sieben.
sessent|a [sə'sẽntɐ] sechzig; **~ão** [~sẽn'tɐ̃u] **1.** *adj.* sechzigjährig; **2.** *m* Sechziger *m*.
sest|a ['sɛʃtɐ] *f* Mittagsruhe *f*; *dormir a ~* = **~ear** [sɨʃ'tjar] (1l) Mittagsruhe (*od.* F sein Mittagsschläfchen) halten.
sesteiro [sɨʃ'teiru] *m* Sester *m* (*Trockenmaß* = 3 *alqueires*).
sestro ['sɛʃtru] **1.** *adj.* link; *fig.* unheilvoll; **2.** *m* Schicksal *n*, Los *n*; *schlechte* Angewohnheit *f*, Hang *m*; *mau ~* Unglück *n*.
set|a ['sɛtɐ] *f* Pfeil *m*; **~ada** [sə'taδɐ] *f* Pfeil-schuß *m*, -wunde *f*.
sete ['sɛtə] **1.** sieben; **2.** *m* Sieben *f*; Nummer *f* Sieben.
setear [sə'tjar] (1l) *mit Pfeilen* verwunden.
sete|centista [sɛtəsẽn'tiʃtɐ] des 18. Jahrhunderts; **~centos** [~'sẽntuʃ] siebenhundert.

seteira [sə'teirɐ] *f* Schießscharte *f*.
setembr|ino [sətẽm'brinu] September...; **2o** [sə'tẽmbru] *m* September *m*.
setenta [sə'tẽntɐ] siebzig.
setentrional [sətẽntrju'nał] **1.** *adj*. nördlich, Nord...; **2.** *su*. Nordländer(in *f*) *m*.
sétim|a ♪ ['sɛtimɐ] *f* Septime *f*; **~o** [~u] **1.** *adj*. siebt; **2.** *m* Siebtel *n*.
seu, sua [seu, 'suɐ] sein(e) (= *von ihm*); ihr(e) (= *von ihr od. ihnen*); Ihr(e) (= *von Ihnen*); *seu burro!* Sie (*od.* du) Esel!; *sua estúpida!* Sie (*od.* du) Dummkopf!; (*im übrigen Anwendung wie* meu, minha).
seu [seu] Herr *in der Anrede*.
seva *bras.* ['sɛvɐ] *f* Trockenleine *f*.
sevandija [səvɐ̃n'diʒɐ] *f* Ungeziefer *n*.
sevar *bras.* [sɛ'var] (1a) *Maniok* reiben.
sever|idade [səvəri'ðaðə] *f* Strenge *f*; Härte *f*; Genauigkeit *f*; **~o** [~'vɛru] streng; genau.
sevícia [sə'visjɐ] *f* Mißhandlung *f*.
sex|agenário [sɛksɐʒə'narju] **1.** *adj*. sechzigjährig; **2.** *m*, **-a** *f* Sechziger (-in *f*) *m*; **~agésimo** [~ɐ'ʒɛzimu] sechzigst; **~centésimo** [sɛksẽn'tɛzimu] sechshundertst; **~enal** [~ə'nał] sechsjährig, Sechsjahres...; **~énio** [sɛk'sɛnju] *m* Jahrsechst *n*.
sexo ['sɛksu] *m* Geschlecht *n*.
sexta ['seiʃtɐ] *f* ♪ Sext *f*; = **~-feira** [~'feirɐ] *f* Freitag *m* (*na* am); *às ~s* freitags.
sext|anista [seiʃtɐ'niʃtɐ] *m* Schüler *m* des sechsten Jahres; *in Deutschland*: Sekundaner *m*; **~ante** [~'tɐ̃ntə] *m* Sextant *m*; **~eto** ♪ [~'tetu] *m* Sextett *n*; **~ilha, ~ina** *lit.* [~'tiʎɐ, ~'tinɐ] *f* Sechszeiler *m*, Sextine *f*; **~o** ['seiʃtu] **1.** *adj*. sechst; **2.** *m* Sechstel *n*.
sêxtuplo ['seiʃtuplu] sechsfach.
sexual [sɛk'swał] geschlechtlich, Geschlechts...; **~idade** [~swɐli'ðaðə] *f* Geschlechts-leben *n*, -trieb *m*.
sez|ão [sə'zɐ̃u] *f* Wechselfieber *n*; *sezões pl.* Malariaanfall *m*; **~onismo** [~zu'niʒmu] *m* Sumpffieber *n*.
si [si] **1.** *pron. nach prp.* sich; Sie, Ihnen; *a ~* a) sich; b) Sie; Ihnen; c) an sich (Sie); zu sich (Ihnen); *de ~* a) seiner; Ihrer; b) von (*od.* vor) sich (Ihnen); über sich (Sie); c) = *por ~* von selbst; für sich; *de ~ para ~* bei sich selbst; *de per ~* (an und) für sich; von sich aus; = *em ~* an sich; **2.** *m* ♪ H *n*.
siamês [sjɐ'meʃ] siamesisch.
siba ['siβɐ] *f* Tintenfisch *m*.
siberiano [siβə'rjɐnu] sibirisch.
sibil|ante [~βi'lɐ̃ntə] **1.** *adj*. zischend; pfeifend (*Wind*); **2.** *f* Zischlaut *m*; **~ar** [~ar] (1a) zischen; pfeifen.
sicativo [sikɐ'tivu] **1.** *adj*. (aus-) trocknend; **2.** *m* ⚕ Wundheilsalbe *f*; *pint.* Sikkativ *n*.
siciliano [səsi'ljɐnu] sizilianisch.
sicose ⚕ [si'kɔzə] *f* Bartflechte *f*.
sicrano [si'krɐnu] *m s. fulano*; *fulano ..., beltrano ..., ~ ...* der eine ..., der andere ..., der dritte ...
sid|eral, ~éreo [siðə'rał, ~'ðɛrju] Stern(en)...; **~érico** [~'ðɛriku] Eisen...; = *~eral*; **~erite** [~ə'ritə] *f* Eisenspat *m*; **~erurgia** [~ərur'ʒiɐ] *f* Eisenhüttenkunde *f*; Eisen- und Stahlindustrie *f*; **~erúrgico** [~ə'rurʒiku] Eisenhütten ...; Eisen- und Stahl...; *fundição f -a* Eisenhütte *f*; Stahlwerk *n*.
sidra ['siðrɐ] *f* Apfelwein *m*.
sifão [si'fɐ̃u] *m* Heber *m*; Siphon *m*.
sífilis ⚕ ['sifəliʃ] *f* Syphilis *f*.
sifilítico [sifə'litiku] **1.** *adj*. syphilitisch; **2.** *m* Syphilitiker *m*.
sigilo [si'ʒilu] *m* Geheimnis *n*; Verschwiegenheit *f*; *~ de confissão* (*od. sacramental*) Beicht-, *~ profissional* Berufs-geheimnis *n*; *guardar ~ acerca* (*od. em volta*) *de* geheimhalten (*ac.*); *in Zeitungsanzeigen*: *guarda-se ~* Diskretion zugesichert; **~so** [siʒi'lozu] geheim.
sigla ['siɣlɐ] *f* Sigel *n*.
signatário [siɣnɐ'tarju] **1.** *adj*. unterzeichnend; Signatur...; **2.** *m* Unterzeichner *m*.
signific|ação [~nəfikɐ'sɐ̃u] *f* = *~ado*; *graus m/pl. de ~ gram.* Steigerungsstufen *f/pl.*; **~ado** [~'kaðu] *m* Bedeutung *f*; Sinn *m*; Wert *m*; *tirar ~s* Wörter nachschlagen; **~ar** [~'kar] (1n) bedeuten; darstellen; zu verstehen geben, andeuten; *isto significa em alemão* das heißt auf deutsch; **~ativo** [~ɐ'tivu] bedeutsam; bezeichnend; *~ de* bedeutend (*ac.*).
signo ['siɣnu] *m* Zeichen *n* (*a. fig.*), Sternbild *n*.

sílaba ['silɐβɐ] *f* Silbe *f*.
sil|enciar [silẽ'sjar] (1g) (ver-)schweigen; **~êncio** [~'lẽsju] *m* Schweigen *n* (*impor* gebieten); Stille *f*; Ruhe *f*; *em* ~, *com* ~ stillschweigend; leise, geräuschlos; *deixar* (*od. passar*) *em* ~ mit Stillschweigen übergehen; *guardar* ~ schweigen (können); *pôr* ~ *a*, *pôr em* ~ zum Schweigen bringen; *fez-se* ~ es wurde still; *~!* Ruhe!; **~enciosa** [~ẽ'sjɔzɐ] *f* geräuschlose Nähmaschine *f*; **~encioso** [~ẽ'sjozu] **1.** *adj*. schweigend; still, schweigsam; geräuschlos; leise; ruhig; **2.** *m* ⊕ Auspuff *m*; Schalldämpfer *m*.
silesiano [silə'sjɐnu] **1.** *adj*. schlesisch; **2.** *m* Schlesier *m*.
sílex ['silɛks] *m* Kiesel *m*, Flint *m*.
sílfide ['siłfiδə] *f* Elfe *f*.
silfo ['siłfu] *m* Elf *m*, Luftgeist *m*.
silhueta [si'ʎwetɐ] *f* Schattenriß *m*; Umriß *m*.
sílica ['silikɐ] *f* Kieselgur *f*.
silicato [sili'katu] *m* Silikat *n*.
sílice ['silisə] *m* = *sílex*.
silo ['silu] *m* Silo *m*; *Kartoffel*-Miete *f*.
silogismo [silu'ʒiʒmu] *m* Schluß (-verfahren *n*) *m*.
siluro [si'luru] *m* Wels *m* (*Fisch*).
silv|a ['siłvɐ] *f* ⚘ Brombeerstrauch *m*; *allg*. Dorn(strauch) *m*; *lit*. Vermischte(s) *n*; **~ado** [sił'vaδu] *m* Brombeer-gestrüpp *n*, -hecke *f*; **~ar** [sił'var] (1a) zischen; pfeifen; **~eira** [sił'veirɐ] *f* = *~a(do)*; **~estre** [sił'vɛʃtrə] wild(wachsend); Feld...; *maçã f* ~ Holzapfel *m*.
silvicultura [siłvikuł'turɐ] *f* Forstwesen *n*, -wirtschaft *f*.
silvo ['siłvu] *m* Zischen *n*; Pfiff *m*.
sim [sĩ] **1.** *adv*. ja; jawohl; allerdings, wirklich; *oft*: nein (*z.B. Não vem? — Sim, fico em casa* ... Nein, ich bleibe zu Hause); *oft*: doch (*z.B. Não vem? — Sim! venho* ... Doch, ich komme); ~ ... *mas* (*od. contudo*) zwar ... aber; (*ah*) *~?* so?; *isso ~!* a) das läßt sich hören!; b) so siehste (*od.* sehen Sie) aus!, von wegen!; *pelo* ~, *pelo não* schließlich und endlich, zuguterletzt; *pois ~?* ach, ja?, so?; *pois ~!* a) na ja!; b) von wegen!; ... ~ ... *não* alle zwei; *dizer que* ~ ja sagen; **2.** *m* Ja(wort) *n*.
simb|ólico [sĩm'bɔliku] (sinn)bildlich, symbolisch; Zeichen...; **~olizar** [~buli'zar] (1a) versinnbildlichen, symbolisieren.
símbolo ['sĩmbulu] *m* Sinnbild *n*; Zeichen *n*; Symbol *n*.
simetria [simə'triɐ] *f* Symmetrie *f*, Ebenmaß *n*.
simétrico [~'mɛtriku] symmetrisch, ebenmäßig.
simiesco [~'mjeʃku] affenartig; Affen...
similar [~mi'lar] gleichartig.
símile ['similə] **1.** *m* Vergleich *m*; **2.** *adj*. ähnlich.
similitude [siməli'tuδə] *f* Ähnlichkeit *f*.
símio ['simju] *m* Affe *m*.
simp|atia [sĩmpɐ'tiɐ] *f* Sympathie *f*; Mitgefühl *n*; Zuneigung *f*; *ser uma* ~ F sehr nett sn; **~ático** [~'patiku] sympathisch; angenehm, F nett; mitfühlend; *o* (*sistema nervoso*) *grande* ~ das sympathische Nervensystem; **~atizar** [~ɐti'zar] (1a): ~ *com* sympathisieren mit; nett finden (*ac.*).
simples ['sĩmpliʃ] einfach; bloß, rein; schlicht; einfältig; **~mente** [ˌsĩmpliʒ'mẽntə]: *pura e* ~ ganz einfach; schlechtweg.
simpl|icidade [sĩmpləsi'δaδə] *f* Einfachheit *f*; Schlichtheit *f*; Einfalt *f*; Naivität *f*; **~icíssimo** [~ə'sisimu] *sup. v. simples*; **~ificação** [~əfikɐ'sɐ̃u] *f* Vereinfachung *f*; Kürzen *n*; **~ificar** [~əfi'kar] (1n) vereinfachen; *Bruch* kürzen; *para* ~ der Einfachheit halber; **~ismo** [~'pliʒmu] *m* vereinfachende Denkweise *f*; Problemlosigkeit *f*; **~ista** [~'pliʃtɐ] (gewaltsam) vereinfachend; problemlos; **~ório** [~'plɔrju] **1.** *adj*. einfältig; beschränkt; **2.** *m* Einfaltspinsel *m*.
sim-senhor F [sĩsi'ɲor] *m der* Allerwerteste.
simul|ação [simulɐ'sɐ̃u] *f* Verstellung *f*; Vortäuschung *f*; **~acro** [~'lakru] *m* Trugbild *n*; Vortäuschung *f*; (schlechte) Nachahmung *f*; ~ *de* Schein...; **~ado** [~'laδu] Schein...; falsch; **~ador** [~ɐ'δor] *m* Simulant *m*; **~ar** [~'lar] (1a) vortäuschen; vorgeben; (er)heucheln, vorspiegeln; **~atório** [~ɐ'tɔrju] Täuschungs...; Schein...
simult|aneidade [simułtɐnei'δaδə] *f* Gleichzeitigkeit *f*; **~âneo** [~'tɐnju] gleichzeitig.

sina ['sinɐ] *f* Schicksal *n*, Los *n*; *má* ~ Unstern *m*; *ler a* ~ *de* wahrsagen.
sinagoga [sinɐ'ɣɔɣɐ] *f* Synagoge *f*.
sinal [si'nał] **1.** *m* Zeichen *n*; Signal *n*; Kennzeichen *n*, Merkmal *n*; Mal *n*, Narbe *f*; Firmen-, Wäschezeichen *n*; ⚕ Anzahlung *f*; ⚖ notarielle Beglaubigung *f*; *allg.* Unterschrift *f*; ~ *horário* Zeitzeichen *n*; *em* ~ *de* zum (*od.* als) Zeichen (*gen.*); *por* ~ übrigens; zufällig; *abrir* ~ s-e Unterschrift hinterlegen (*beim Notar*); *dar* ~ das Zeichen geben (zu *de*); (ab)klingeln; *dar* ~ *de* Anzeichen geben von; merken l. (*ac.*); schließen l. auf (*ac.*); *dar* ~ *de si* sich bemerkbar m.; von sich hören l. (*od.* reden m.); *não dar* ~ *de vida* kein Lebenszeichen von sich geben; **2.** *sinais pl.* Personenbeschreibung *f*; Aussehen *n*; *sinais particulares* besondere Kennzeichen *n/pl*.
sinal|eiro [~nɐ'leiru] **1.** *m* ⚓ Winker *m*; 🚂 Bahn-, Signal-wärter *m*; (*polícia m*) ~ Verkehrsschutzmann *m*; **2.** *adj.* Signal...; Verkehrs...; **~ização** [~lizɐ'sɐ̃u] *f die* Verkehrszeichen *n/pl.*; **~izar** [~li'zar] (1a) signalisieren; melden; den Verkehr regeln; bezeichnen; mit Verkehrszeichen versehen.
sinapismo [~nɐ'piʒmu] *m* Senfpflaster *n*.
sincelo [sĩ'sɛlu] *m* Eiszapfen *m*.
sincer|idade [~səri'δaδə] *f* Aufrichtigkeit *f*; **~o** [~'sɛru] aufrichtig; ehrlich.
sincopar [sĩŋku'par] (1e) synkopieren; F abgehackt spielen (*od.* singen, sprechen).
síncope ['sĩŋkupə] *f* ♪ *u. gram.* Synkope *f*; ⚕ Herzschlag *m*.
sincr|ónico [sĩŋ'krɔniku] gleichzeitig; **~onização** [~krunizɐ'sɐ̃u] *f* Gleichschaltung *f*; Synchronisierung *f*; **~onizar** [~kruni'zar] (1a) ⊕ gleichschalten; (aufea.) abstimmen; *Film*: synchronisieren.
sindic|al [sĩndi'kał] gewerkschaftlich, Gewerkschafts...; **~alismo** [~kɐ'liʒmu] *m* Gewerkschafts-bewegung *f*, -wesen *n*; **~alista** [~kɐ'liʃtɐ] **1.** *adj.* = *~al*; **2.** *m* Gewerkschaftler *m*; **~alizar** [~kɐli'zar] (1a) *gewerkschaftlich* zs.-schließen, organisieren; **~ância** [~'kɐ̃sjɐ] *f* Untersuchung *f*; **~ar** [~'kar] (1n) untersuchen; *v/i.* ~ *de* Ermittlungen anstellen über (*ac.*); **~ato** [~'katu] *m* Syndikat *n*, Kartell *n*; *Arbeiter-*Gewerkschaft *f*.
síndico ['sĩndiku] *m* Syndikus *m*; ~ *de falência* Konkursverwalter *m*.
sinecura [sinə'kurɐ] *f* Pfründe *f*; F Druckposten *m*.
sineir|a [~'neirɐ] *f* Schalloch *n*; Glöcknersfrau *f*; **~o** [~u] **1.** *m* Glockengießer *m*; Glöckner *m*; **2.** *adj.* Glocken...
sinet|a [~'netɐ] *f* Glöckchen *n*; Klingel *f*; **~e** [~ə] *m* Petschaft *n*, Siegel *n*.
sinf|onia [sĩfu'niɐ] *f* Sinfonie *f*, Symphonie *f*; **~ónico** [~'fɔniku] sinfonisch, Sinfonie...
singel|eza [~ʒə'lezɐ] *f* Schlichtheit *f*; Natürlichkeit *f*; **~o** [~'ʒɛlu] schlicht; einfach; natürlich; harmlos; *dobrado contra* ~ zwei zu eins.
singrar [sĩŋ'grar] (1a) segeln.
singular [~gu'lar] **1.** *adj.* einzeln, Einzel...; einmalig; einzigartig; sonderbar; *número m* ~ = **2.** *m* Einzahl *f*, Singular *m*; **~idade** [~lɐri'δaδə] *f* Einmaligkeit *f*; Eigenart *f*; **~izar** [~lɐri'zar] (1a) auszeichnen; herausheben; ausnehmen.
sinh|á *bras.* P [si'ɲa] *f* (gnä') Frau *f*; = *senhora*; **~àzinha** [~ɲa'ziɲɐ] *f* Frollein *n*; **-ô** [~o] *m* = *senhor*.
sinistra [si'niʃtrɐ] *f die* Linke.
sinistr|ado [~niʃ'traδu] **1.** *adj.* beschädigt; geschädigt; **2.** *m* Verunglückte(r) *m*; *Feuer-*, *Unfall-*Geschädigte(r) *m*; **~ar** [~ar] (1a) verunglücken; Schaden (er)leiden; **~o** [~'niʃtru] **1.** *adj.* link; unheilvoll; unheimlich; finster; **2.** *m schweres* Unglück *n*; ~ *marítimo* Seeschaden *m*.
sino ['sinu] *m* Glocke *f*.
sino- [sinɔ...] *in Zssgn* chinesisch.
sínodo ['sinuδu] *m* Synode *f*.
sinónimo [si'nɔnimu] **1.** *adj.* sinnverwandt; **2.** *m* Synonym *n*.
sinóvia ⚕ [~'nɔvjɐ] *f* Gelenkwasser *n*.
sint|áctico [sĩn'tatiku] Satz...; syntaktisch; **~axe** [~asə] *f* Satzlehre *f*, Syntax *f*.
síntese ['sĩntəzə] *f* Synthese *f*; Zs.-fassung *f*; Verbindung *f*.
sint|ético [sĩn'tɛtiku] synthetisch; ⊕ Kunst..., künstlich; **~etizar**

[~təti'zar] (1a) zs.-fassen; (zu e-m Ganzen) verbinden.

sintom|a [~'tome] *m* Zeichen *n*, Anzeichen *n*; Symptom *n*; **~ático** [~tu'matiku] kennzeichnend, symptomatisch; **~atologia** [~tumetulu'ʒiɐ] *f* Lehre *f* von den Krankheitsanzeichen.

sintoniz|ação [~tunizɐ'sɐ̃u] *f* Feineinstellung *f*, Abstimmung *f*; **~ar** [~'zar] (1a) abstimmen.

sinu|osidade [sinwuzi'ðaðə] *f* Krümmung *f*, Windung *f*; Ausbuchtung *f*; **~oso** [~'nwozu] gekrümmt; gewunden; **~site** ⚕ [~nu'zitə] Nebenhöhlenentzündung *f*; **~sóide** ⩚ [sinu'zɔiðə] *f* Sinuskurve *f*.

sirg|a ['sirɣɐ] *f* Treidel-, Schlepptau *n*; Treideln *n*; *puxar à* ~ = **~ar** [sir'ɣar] (1o) treideln.

sirgo ['sirɣu] *m* Seidenraupe *f*.

sírio ['sirju] **1.** *adj.* syrisch; **2.** *m* a) Syrer *m*; b) *ast.* Sirius *m*; Hundsstern *m*; c) *bras.* Manioksack *m*.

sisa ['sizɐ] *f bras.* Grunderwerbsteuer *f*.

sisal [si'zał] *m* Sisal(hanf) *m*.

sismal, sísmico [siʒ'mał, 'siʒmiku] Erdbeben..., seismisch.

sismo ['siʒmu] *m* Erdbeben *n*.

sism|ógrafo [siʒ'mɔɣrɐfu] *m* Seismograph *m*; **~ologia** [~mulu'ʒiɐ] *f* Erdbebenkunde *f*.

siso ['sizu] *m* (gesunder Menschen-) Verstand *m*; (*dente m do*) ~ Weisheitszahn *m*; *de* ~ vernünftig, verständig.

sistem|a [siʃ'temɐ] *m* System *n*; Ordnung *f*; **~ática** [~tə'matikɐ] *f* Ordnung *f*; *die* Gepflogenheiten *f/pl.*; **~ático** [~tə'matiku] systematisch; planmäßig; ordentlich; **~atizar** [~təmɐti'zar] (1a) systematisch ordnen; in ein System bringen.

sisud|ez [sizu'ðeʃ] *f* Verständigkeit *f*; Ernst(haftigkeit *f*) *m*; **~o** [~'zuðu] verständig, klug; ernst; bedächtig.

siti|ante [si'tjɐ̃ntə] *m bras.* Kleinbauer *m*; **~ar** [~ar] (1g) belagern.

sítio ['sitju] *m* Ort *m*; Platz *m*; Stelle *f*; Lage *f*; ⚔ Belagerung *f*; *bras.* (Bauern-, Pacht-)Hof *m*; Landgut *n*; **~s** *pl.* Gegend *f*; *pôr* ~ *a* belagern.

sito ['situ] gelegen, befindlich.

situ|ação [sitwɐ'sɐ̃u] *f* Lage *f*; *soziale* Stellung *f*; Zustand *m*; *pol.* Regierungskurs *m*; *lit.* Situation *f*; *ser da* ~ (den Regierungskurs) mitmachen; **~acionismo** *bras.* [~ɐsju'niʒmu] *m* Regierungskurs *m*; **~acionista** [~ɐsju'niʃtɐ] *m* Regierungstreue(r) *m*; **~ado** [~'twaðu] liegend, gelegen; *estar* ~ liegen; **~ar** [~'twar] (1g) setzen; legen; stellen; *Haus* erbauen.

só [sɔ] **1.** *adj.* allein; einsam; einzig; *a* ~s allein; **2.** *adv.* nur; *zeitl.* erst.

sô P [so] = *senhor*.

so|ada ['swaðɐ] *f* Singen und Klingen *n*; Klang *m*; Lärm *m*; Geräusch *n*; *fig.* Gerücht *n*; Ruf *m*; **~ado** ['swaðu] aufsehenerregend; berühmt; berüchtigt; **~alha** ['swaʎɐ] *f* Schelle *f am Tamburin.*

soalheir|a [swɐ'ʎeirɐ] *f* Sonnenglut *f*; Mittagshitze *f*; Sonnenseite *f*; **~o** [~u] **1.** *adj.* sonnig; **2.** *m* sonnige(r) Platz *m*; Sonnenseite *f*.

soalho ['swaʎu] *m* Fußboden *m*.

so|ante ['swɐ̃ntə] klingend, tönend; *mal* ~ mißtönend; *bem* ~ wohlklingend; **~ar** [~ar] (1f) **1.** *v/i.* klingen; (er)tönen; läuten; klingeln; schlagen (*Stunde*); *fig.* verlauten, ruchbar w.; ~ *a* anklingen an (*ac.*); klingen nach; ~ *aos* (*od. nos*) *ouvidos de alg. fig.* j-m zu Ohren kommen; *não me soa* F das ist mir nicht geheuer; *dez horas soam* es schlägt zehn Uhr; **2.** *v/t.* spielen; blasen; läuten; rühmen.

sob [soβə] unter; ~ *pena* bei Strafe; ~ *color*, ~ *cor* unter dem Vorwand; mit dem Anschein; ~ *emenda* Änderung vorbehalten.

soba ['sɔβɐ] *m Neger*-Häuptling *m*.

sobej|amente [suβeʒɐ'mẽntə] mehr als genug, zu sehr; im Übermaß; zum Überfluß; bis zum Überdruß; **~ar** [~ɨ'ʒar] (1d) übrigbleiben; überreichlich vorhanden sn; überflüssig sn; *sobeja-lhe* er weiß nicht wohin vor (*dat.*); er hat zuviel; **~o** [~'βeʒu] **1.** *adj.* überflüssig; übrig; übermäßig; unzählig; riesig; **2.** *adv.* = **~amente**; **3.** *m*: *de* ~ im Überfluß; **~s** *pl.* Überbleibsel *n/pl.*, -reste *m/pl.*

sober|ana [~βə'rɐnɐ] *f* Fürstin *f*; Landesherrin *f*; Königin *f* (*a. fig.*); **~ania** [~rɐ'niɐ] *f* Oberhoheit *f*; Herrschaft *f*; Staatsgewalt *f*; Landeshoheit *f*; oberste Gewalt *f*; *fig.* Überlegenheit *f*; Hoheit *f*; ~ *nacional* staatliche Unabhängigkeit *f*; **~ano** [~ɐnu] **1.** *adj.* oberherrlich; regierend; höchst; erhaben; gewaltig; *fig.* überlegen; hoheitsvoll; **2.** *m* Herrscher *m*, Souverän *m*; Landesherr *m*; Fürst *m*.

soberb|a [su'βerβɐ] *f* Hoheit *f*; *fig.* Hochmut *m*; Stolz *m*; kalte Pracht *f*; **~o** [~u] stolz; hochfahrend; prächtig, prunkvoll.

sobernal [~βər'nał] *m* Überlastung *f*; Überarbeitung *f*.

sobra ['sɔβrɐ] *f* Rest *m*, Überbleibsel *n*; Überschuß *m*; Überfluß *m*; *de ~* mehr als genug, im Überfluß; zu; überflüssig; *saber de ~* nur zu gut wissen.

sobraç|ado [suβrɐ'saδu] unter dem Arm; untergefaßt; Arm in Arm; **~ar** [~ar] (1p; *Stv.* 1b) unter den (dem) Arm nehmen (tragen); *j-n* unterfassen, stützen; **~ar-se** *com* sich einhängen bei; umarmen (*ac.*).

sobrad|amente [~ˌβraδɐ'mẽntə] = *de sobra*; **~o** [~'βraδu] **1.** *adj.* übermäßig; übrig; *~ de* überreich an (*dat.*); übersättigt mit; **2.** *m* (Dielen-)Fußboden *m*; Stockwerk *n*; *bras.* Herrenhaus *n*.

sobral [~'βrał] *m* Korkeichenpflanzung *f*.

sobran|cear [~βrẽ'sjar] (1l) (über-) ragen; **~ceiro** [~'seiru] **1.** *adj.* überragend (*a. fig.*); beherrschend; hochgelegen; *fig.* überlegen; **2.** *adv.* von oben (herab); **~celha** [~'seʎɐ] *f* Augenbraue *f*; *carregar* (*od. franzir*) *as ~s* die Stirn runzeln; **~ceria** [~sə'riɐ] *f* Anmaßung *f*; Dünkel *m*.

sobrar [su'βrar] (1e) über-ragen, -steigen; *bsd. fig.* übrigbleiben; reichlich da sn; *sobra-lhe a/c.* er hat (mehr als) genug (*ac.*); *basta e sobra* das ist mehr als genug.

sobre ['soβrə] auf; über; abgesehen von, außer; *zeitl.* gegen; *~ o comer* nach dem Essen; *julgar ~* beurteilen nach; *~ a sua honra* bei s-r Ehre; *~ adj.* **a)** ziemlich + *adj.* (*z. B. um vestido verde ~ o escuro* ein grünes, ziemlich dunkles Kleid); **b)** *~ incapazes, são corruptos* sie sind nicht nur unfähig, sondern auch bestechlich; *girar* (*od. rodar, voltar*) *~ si* sich um sich selbst drehen; *voltar ~ os seus passos* umkehren.

sobre|aviso [soβr(ə)ɐ'vizu] *m* Vorsicht *f*; Warnung *f*; *de ~* auf der Hut, in Alarmbereitschaft; **~capa** [~'kapɐ] *f* Schutzumschlag *m*; **~carga** [~'karɣɐ] **1.** *f* Überladung *f*; Über-last *f*, -gewicht *n*; ✉ Aufdruck *m*; Packriemen *m*; *ter* (*od. estar com*) *~* überladen sn; **2.** *m* ⚓ Ladeoffizier *m*; **~carregar** [~kɐʀə'ɣar] (1o; *Stv.* 1c) überladen; *mit Arbeit usw.* überlasten; *fig.* (be-) drücken, placken; **~carta** [~'kartɐ] *f* zweite(r) Brief *m*, Ergänzungs- (*od.* Berichtigungs-)schreiben *n*; **~casaca** [~kɐ'zakɐ] *f* Gehrock *m*; **~cenho** [~'seɲu] *m* Stirnrunzeln *n*; **~céu** [~'sɛu] *m Bett-*, *Thron*-Himmel *m*; **~cincha** *bras.* [~'sĩʃɐ] *f* Gurtriemen *m*; **~dito** [~'δitu] (oben-) erwähnt; **~doirar, ~dourar** [~δoi'rar, ~δo'rar] (1a) über-, ver-golden; *fig. a.* übertünchen; **~eminente** [~imi'nẽntə] (über alles Lob) erhaben; prachtvoll; hervorragend; **~erguer** [~ir'ɣer] (2i) hoch emporheben, -halten (über [*ac.*] *a*); **~exaltar** [~izał'tar] (1a) über den grünen Klee loben; **~exceder** [~ɨʃsə'δer] (2c) hinausgehen über (*ac.*); übertreffen; **~excelente** [~ɨʃsə'lẽntə] unübertrefflich, beispiellos; **~excitação** [~ɨʃsitɐ'sɐ̃u] *f* Überreiztheit *f*; *~ nervosa* Nervenüberreizung *f*; **~excitar** [~ɨʃsitar] (1a) überreizen; **~-humano** [~u'mɐnu] übermenschlich.

sobreir|al [suβrei'rał] *m* = *sobral*; **~o** [~'βreiru] *m* Korkeiche *f*.

sobre|lanço [soβr(ə)'lɐ̃su] *m* Mehrgebot *n*; **~levar** [~lə'var] (1c) überragen; in die Höhe (*od.* auf-)heben; übertreffen; **~levar-se** hervorstechen; sich auszeichnen (durch *em*); *~ sobre* über-fliegen, -tönen, -ragen, -treffen (*alle ac.*); überlegen sn (*dat.*); **~loja** [~'lɔʒɐ] *f* Hochparterre *n*, Zwischenstock *m*; **~lotação** [~lutɐ'sɐ̃u] *f* Überfüllung *f*; Kartenmehrverkauf *m*; ⚓ Überfracht *f*; **~maneira** [~mɐ'neirɐ] überaus; **~manhã** [~mɐ'ɲɐ̃] *f* späte(r) Morgen *m*; **~mão** [~'mɐ̃u]: (*de*) *~* angelegentlich; eingehend; ausgiebig; hingebend; **~mesa** [~'mezɐ] *f* Nachtisch *m*; **~modo** [~'mɔδu] überaus, äußerst; **~nadar** [~nɐ'δar] (1b) (obenauf) schwimmen; **~natural** [~nɐtu'rał] übernatürlich; **~nome** [~'nomə] *m* Beiname(n) *m*; **~nomeado** [~nu'mjaδu] mit dem Beinamen; **~nomear** [~nu'mjar] (1l) den Beinamen geben (*dat.*), nennen; **~olhar** [~u'ʎar] (1e) von oben herab ansehen; **~osso** [~'osu] *m* Überbein *n*; **~paga** [~'paɣɐ] *f* Zulage *f*; **~parto** [~'partu] *m* Kindbettfieber *n*; *morrer ~* im Kindbett sterben; **~peliz** [~pə'liʃ] *f* Chorhemd *n*; **~pensar** [~pẽ'sar] (1a) wohl überlegen; *v/i.* (angestrengt) nachdenken; **~pesar** [~pə'zar] (1c) *v/i.* (schwer) lasten; **~peso** [~'pezu] *m* Übergewicht *n*; **~por** [~'por] (2zd): *~ a* legen (*od.* stellen, stapeln, türmen) auf (*od.* über) (*ac.*); hinzufügen (*dat.*); **~por-se** (auf)ea. folgen; *~ a* hinzukommen; in den Hintergrund drängen; überlagern (*ac.*); sich hinwegsetzen über (*ac.*); **~posse** [~'pɔsə] über Vermögen; übermäßig; widerwillig; **~posto** [~'poʃtu] **1.** *p.p. v. ~por*; **2.** *adj.* auf-gesetzt, -gelegt; **3.** *m* Besatz *m*; **~povoado** [~pu'vwaðu] übervölkert; **~-preço** [~'presu] *m* Überpreis *m*; Aufschlag *m*; **~pujante** [~pu'ʒẽntə] überlegen; über-mäßig, -quellend; **~pujar** [~pu'ʒar] (1a) übertreffen (an [*dat.*] em); überwinden, besiegen; den Vorrang h. vor (*dat.*); *Grenzen* überschreiten; hervor-, hinaus-ragen über (*ac.*); *~ com a voz* über-schreien, -tönen; **~screver** [~iʃkrə'ver] (2c) überschreiben; = **~scritar** [~iʃkri'tar] (1a) mit Aufschrift versehen, adressieren; richten; **~scrito** [~iʃ'kritu] **1.** *p.p. v. ~screver*; **2.** *m* Briefumschlag *m*; Aufschrift *f*; **~ssair** [~sɐ'ir] (3l) hervortreten; hervorragen; abstechen, sich abheben; bemerkbar *od.* sichtbar sn (*od.* w.); zu hören sn; auffallen; **~ssalente** [~sɐ'lẽntə] **1.** *adj.* vor-tretend, -springend; überragend; hervortretend; auffallend; überzählig; Ersatz...; **2.** *m* Überschuß *m*; **~ssaltar** [~saɫ'tar] (1a) erschrecken; überraschen; überspringen; **~ssaltar-se** auf-, zs.-fahren; erschrekken; **~ssalto** [~'saɫtu] *m* Schreck *m*; Überraschung *f*; Aufregung *f*; *de ~* überraschend; plötzlich; *em ~* schreckerfüllt; aufgeregt; *sem ~* ruhig; **~ssaturar** [~sɐtu'rar] (1a) übersättigen; **~sselente** [~sə'lẽntə] **1.** *adj.* über-schüssig, -zählig; übrig(geblieben); **2.** *m* Überschuß *m*; **~star** [~iʃ'tar] (1s) (ein)halten; drohen; **~tarde** [~'tardə] *m* Spätnachmittag *m*; **~taxa** [~'taʃɐ] *f* Zuschlag *m*; ✉ Nachporto *n*; **~toalha** [~'twaʎɐ] *f* Schondecke *f*; Tischläufer *m*; Wachstuch *n*; **~tudo** [~'tuðu] **1.** *m* Überzieher *m*, Wintermantel *m*; **2.** *adv.* vor allem; besonders; **~vento** [~'vẽntu] *m* Bö *f*; *fig.* unangenehme Überraschung *f*; **~vir** [~'vir] (3x) dazukommen; unvermutet eintreten; **~vivência** [~vi'vẽsjɐ] *f* Überleben *n*; Fort-, Weiter-leben *n*; **~vivente** [~vi'vẽntə] überlebend; **~viver** [~vi'ver] (2a): *~ a* überleben (*ac.*), überstehen (*ac.*); **~voar** [~'vwar] (1f) überfliegen; **~voo** [~'vo-u] *m* Überfliegung *f*.

sobriedade [suβrje'ðaðə] *f* Genügsamkeit *f*; Nüchternheit *f des Stils*.

sobrinh|a [~'βriɲɐ] *f* Nichte *f*; **~o** [~u] *m* Neffe *m*; *~s pl.* Neffen und Nichten *pl.*

sóbrio ['sɔβrju] genügsam; mäßig; nüchtern; sparsam, karg.

sobrolho [so'βroʎu] *m* = *sobrancelha*.

socalco [su'kaɫku] *m* Terrasse *f*; [Berme *f*.]

socapa [~'kapɐ]: *à ~*, *de ~* heimlich, verstohlen.

socar [~'kar] (1n; *Stv.* 1e) **a)** *v/t.* mit den Fäusten bearbeiten; prügeln; *Teig usw.* kneten; (hinein-, fest-) stoßen; *Knoten* festziehen; **b)** *v/i.* *bras.* wieder ausschlagen.

socav|a [~'kavɐ] *f* unterirdische Höhle *f*; Keller *m*; **~ão** [~kɐ'vɐ̃u] *m* unterirdische(r) Gang *m*, Stollen *m*; große (unterirdische) Höhle *f*; **~ar** [~kɐ'var] (1b) unter-höhlen, -waschen; untergraben.

soci|abilidade [susjɐβəli'ðaðə] *f* Geselligkeit *f*; **~abilizar** [~ɐβəli'zar] (1a) zur Geselligkeit erziehen; vergesellschaften; **~al** [~'sjaɫ] gesellschaftlich; Gesellschafts...; sozial; *firma f ~* Geschäftsname *m*; **~alismo** [~ɐ'liʒmu] *m* Sozialismus *m*; **~alista** [~ɐ'liʃtɐ] **1.** *adj.* sozialistisch; **2.** *su.* Sozialist(in *f*) *m*; **~alização** [~ɐlizɐ'sɐ̃u] *f* Sozialisierung *f*, Vergesellschaftung *f*; **~alizar** [~ɐli'zar] (1a) sozialisieren, vergesellschaften; **~ável** [~'sjavɛɫ] gesellig; umgänglich; höflich; **~edade** [~e'ðaðə] *f* Gesellschaft *f*; Umgang *m*; *Ehe-*, *Familien*-Ge-

meinschaft *f*; *Konsum*-Genossenschaft *f*; *Wohltätigkeits*-Verein *m*; ~ *de responsabilidade (i)limitada* Gesellschaft *f* mit (un)beschränkter Haftung; ♀ *das Nações* Völkerbund *m*.
sócio ['sɔsju] *m Vereins- usw.* Mitglied *n*; Genosse *m*, Gefährte *m*; Helfershelfer *m*; ⚘ Teilhaber *m*.
soci|ologia [susjulu'ʒiɐ] *f* Gesellschaftswissenschaft *f*; **~ológico** [~u'lɔʒiku] soziologisch; gesellschaftlich; **~ólogo** [~'sjɔluɣu] *m* Soziologe *m*.
soco[1] ['sɔku] *m* Sockel *m*; *hist.* Sokkus *m*.
soco[2] ['soku] **1.** *m* Faustschlag *m*, Puff *m*; ~ *abaixo do cinto (nos rins)* Tief-(Nieren-)schlag *m*; **2.** *int. bras.* pfui!
soçobr|ar [susu'βrar] (1e) umkehren, auf den Kopf stellen; versenken; zum Scheitern bringen, verderben; *bsd. v/i.* scheitern; untergehen; sinken, erlahmen (*Mut, Kraft*); **~o** [~'soβru] *m* Scheitern *n*; Not *f*, Gefahr *f*; Aufregung *f*.
socorr|er [suku'ʀer] (2d) helfen (*dat.*); unterstützen; zu Hilfe kommen (*dat.*); **~er-se** *a* sich halten an (*ac.*); ~ *de* sich helfen mit; **~o** [~'koʀu] *m* Hilfe *f*; Unterstützung *f* (*em* zur); Beistand *m*; ⚔ Entsatz *m*; *pedir* ~, *clamar por* ~ um Hilfe rufen.
soda ['sɔδɐ] *f* Soda *n* (*a. f*); Sodawasser *n*; Brausepulver *n*; ~ *cáustica* Ätznatron *n*.
sód|ico ['sɔδiku] Soda...; **~io** [~δju] *m* Natrium *n*; *sulfato m de* ~ Glaubersalz *n*.
soerguer [swir'ɣer] (2i) halb hochheben; anheben; **~-se** sich halb aufrichten.
sofá [su'fa] *m* Sofa *n*.
sof|isma [su'fiʒmɐ] *m* Sophisterei *f*; Schein-grund *m*, -wahrheit *f*; **~ismar** [~fiʒ'mar] (1a) herum-deuteln, -tüfteln an (*dat.*); drehen und wenden; verdrehen; einwickeln; betrügen; *v/i.* Spitzfindigkeiten vorbringen; **~ista** [~iʃtɐ] *su.* Sophist(in *f*) *m*; **~isticar** [~fiʃti'kar] (1n) verfälschen; = *~ismar*; **~ístico** [~iʃtiku] trügerisch, Schein...; spitzfindig.
sofrear [su'frjar] (1l) zügeln; *fig.* bezähmen; zurückhalten.
sofredor [sufrə'δor] **1.** *adj.* duldsam, geduldig; **2.** *m* Dulder *m*.
sôfrego ['sofrəɣu] gierig; ungeduldig; begierig (auf [*ac.*] *de*).
sofreguidão [sufrəɣi'δɐ̃u] *f* Gier *f*; Ungeduld *f*; Begierde *f*.
sofr|er [~'frer] (2d) (er)leiden; (er-) dulden; ertragen; *v/i.* leiden (an [*dat.*] *de*; unter [*dat.*] *com, de*); **~ido** [~iδu]: (*mal*) ~ (un)geduldig; (un)duldsam; **~imento** [~fri'mẽntu] *m* Leiden *n*, Schmerz *m*; Geduld *f*; **~ível** [~ivɛɫ] leidlich, erträglich; *als Examensnote*: ausreichend.
soga ['sɔɣɐ] *f* Strick *m*; Seil *n*.
sogro *m*, **-a** *f* ['soɣru, 'sɔɣrɐ] Schwieger-vater *m*, -mutter *f*.
soja ['sɔʒɐ] *f* Soja(bohne) *f*.
sol [sɔɫ] *m* **a)** Sonne *f*; Sonnenschein *m*; Tageslicht *n*; *taur.* Sonnenseite *f*; *está* ~, *faz* ~ die Sonne scheint; es ist sonnig; *tomar o* ~ sich sonnen; *apanhar* ~ zuviel Sonne abbekommen; **b)** ♪ G *n*.
sola ['sɔlɐ] *f* Sohle(nleder *n*) *f*; Zugstange *f*; *bras.* Tapiokakuchen *m*; *dar à* ~ F ausreißen; *deitar (od. pôr)* ~ *a* besohlen (*ac.*); *não chegar às* ~*s dos sapatos de alg.* j-m nicht das Wasser reichen können.
solama *bras.* [so'lɐmɐ] *f* Sonnenhitze *f*; grelle(s) Licht *n*.
solanáceas ⚘ [sulɐ'nasjɐʃ] *f/pl.* Nachtschattengewächse *n/pl.*
solapa [~'lapɐ] *f* (Fall-)Grube *f*; *fig.* Falle *f*; *à* ~ verstohlen; hinterrücks.
solap|ado [~lɐ'paδu] *fig.* heimlich; hinterlistig; falsch; **~ão** *bras.* [~ɐ̃u] *m Ufer*-Höhle *f*; **~ar** [~ar] (1b) unterhöhlen, aus-höhlen, -waschen; *fig.* unter-graben, -wühlen; verbergen; **~o** [~'lapu] *m* = *~ão*.
solar [~'lar] **1.** *adj.* a) Sonnen...; b) Sohlen...; **2.** *v/t.* (1e) besohlen; **3.** *m* Herren-haus *n*, -sitz *m*; **~engo** [~lɐ'rẽŋgu] herrschaftlich; Herren-...
solavanco [~lɐ'vɐ̃ŋku] *m* Stoß *m*, Erschütterung *f*; *andar aos* ~*s* durchgerüttelt (*od.* -geschüttelt) w.
solda ['sɔɫdɐ] *f* Löt-, Schweißmittel *n*; = *soldadura*.
soldad|a [soɫ'daδɐ] *f* Lohn *m*; **~esca** [~dɐ'δeʃkɐ] *f* Soldateska *f*; **~o** [~u] *m* Soldat *m*.
sold|ador [~dɐ'δor] *m* Lötkolben *m*; Schweißapparat *m*; **~adura** [~ɐ'δurɐ] *f* Löten *n*; Schweißen *n*; Löt-, Schweiß-stelle *f*; Naht *f*; ⚕ Verwachsung *f*; ~ *oxiacetilénica*, ~ *a*

autogénio autogene(s) Schweißen *n*; ~ *eléctrica* Elektroschweißen *n*; **~agem** [~'daʒẽi] *f* Lötung *f*; = *~adura*; **~ar** [~'dar] (1e) (an-, auf-, zs.-)löten *od.* (-)schweißen; **~ar-se** ⚕ sich schließen, verwachsen.
soldo ['sołdu] *m* Sold *m*, Löhnung *f*; ⚓ Heuer *f*; Sou *m* (*Münze*).
soledade [sulə'ðaðə] *f* = *solidão*.
soleira [~'leirɐ] *f* Schwelle *f*; *Wagen*-Tritt *m*; *Sporen*-Riemen *m*.
solen|e [~'lɛnə] feierlich; festlich, Fest...; förmlich; **~idade** [~ləni'ðaðə] *f* Feierlichkeit *f*; Förmlichkeit *f*; **~izar** [~ləni'zar] (1a) feiern.
solerte [~'lɛrtə] verschlagen, schlau.
soleta [~'letɐ] *f* Schuh-, Einlegesohle *f*.
soletrar [~lə'trar] (1c) buchstabieren.
solev|antar (1a), **~ar** (1c) [sulə-vẽn'tar, ~'var] anheben; halb aufrichten.
solfej|ar [sołfɨ'ʒar] (1d) Noten lesen; **~o** [~'feʒu] *m* Notenlesen *n*.
solferino *bras.* [~fe'rinu] *m* Scharlach *m* (*Farbe*).
solh|a ['soʎɐ] *f* Flunder *f*; **~o** [~u] *m* **a**) Scholle *f*; **b**) Fußboden *m*.
solicit|ação [suləsitɐ'sɐ̃u] *f* Gesuch *n*; Bitte *f*; Bewerbung *f*; Betreibung *f e-s Rechtshandels*; Aufforderung *f*; ⊕ Beanspruchung *f*, Belastung *f*; **~ador** [~ɐ'ðor] *m* Bittsteller *m*; Bewerber *m*; ⚖ Rechtsbeistand *m*; **~ar** [~'tar] (1a) (an)treiben; auffordern; *Angelegenheit* betreiben; ~ *a/c.* sich um et. bemühen (*od.* bewerben); et. beantragen, um et. nachsuchen (bei *a*); *j-n* um et. ersuchen (*od.* bitten); *et.* verlangen; *estar* (*od. ser*) *solicitado* begehrt sn.
solícito [~'lisitu] eifrig; (dienst-) beflissen; hilfsbereit; besorgt.
solicitude [~ləsi'tuðə] *f* Eifer *m*; Hilfsbereitschaft *f*; Sorge *f*.
solidão [~li'ðɐ̃u] *f* Einsamkeit *f*; Einöde *f*.
solid|ariedade [~liðɐrje'ðaðə] *f* Zs.-gehörigkeit(sgefühl *n*) *f*; Gemeinschaftsgeist *m*; ⚖ Gesamthaftung *f*, Solidarität *f*; **~ário** [~'ðarju] solidarisch; mitverantwortlich; zs.-gehörig; **~arizar** [~ðɐri'zar] (1a) zs.-schließen; **~arizar-se** zs.-stehen; **~éu** [~'ðɛu] *m* *Priester*-Käppchen *n*; **~ez** [~'ðeʃ] *f* Festigkeit *f*; Zuverlässigkeit *f*; Gediegenheit *f*; **~ificar** [~ðəfi'kar] (1n) zum Erstarren bringen; *fig.* festigen; verstärken; **~ificar-se** erstarren.
sólido ['sɔliðu] **1.** *adj.* fest; gediegen; zuverlässig; sicher; stichhaltig (*Grund*); nahrhaft (*Speise*); dauerhaft; **2.** *m* (fester) Körper *m*; *fig.* feste Grundlage *f*; Kern *m*.
solilóquio [suli'lɔkju] *m* Selbstgespräch *n*.
sólio ['sɔlju] *m* Thron *m*.
solípede [su'lipəðə] *m* Einhufer *m*.
solista [~'liʃtɐ] *su.* Solist(in *f*) *m*.
solitári|a [~li'tarjɐ] *f* Bandwurm *m*; **~o** [~u] **1.** *adj.* einsam; einsiedlerisch; **2.** *m* Einsiedler *m*.
solo ['sɔlu] *m* **a**) *Erd*-Boden *m*; Grund *m*; **b**) ♪ *u. Spiel*: Solo *n*.
sol-posto [sɔł'poʃtu] *m* Sonnenuntergang *m*.
solstício [sɔłʃ'tisju] *m* Sonnenwende *f*.
solt|a ['sołtɐ] *f* Spannstrick *m*; *bras.* (Winter-)Weide *f*; *~s pl.* Vorspann *m*; *à* ~ frei; zügellos, ungebunden; *andar à* ~ los sn; frei herumlaufen; **~ar** [soł'tar] (1e) *v/t.* lösen; losmachen; lockern; los- (*od.* fahren-) l.; aufgeben; *Zügel* locker l.; *Fessel* abwerfen; *Gefangenen* freilassen, befreien; *Ton usw.* von sich geben; *Meinung* äußern; *Seufzer* ausstoßen; in *Gelächter usw.* ausbrechen; *Wasser* ablassen; *Schleuse* öffnen; *Schuld* erlassen; ~ *a voz* F loslegen; **~ar-se** aufgehen (*Knoten*); ausbrechen (*Gefangener*); ~ *em* ausbrechen in (*ac.*); sich auflösen in (*ac.*).
solteir|ão [sołtei'rɐ̃u] *m* eingefleischte(r) Junggeselle *m*, Hagestolz *m*; **~o** [~'teiru] **1.** *adj.* ledig, unverheiratet; **2.** *m*, **-a** *f* Junggeselle *m*; ledige(s) Mädchen *n*; **~ona** [~'ronɐ] *f* alte Jungfer *f*.
solt|o ['sołtu] **1.** *p.p. irr. v. soltar*; **2.** *adj.* los(gelöst); frei; lose; locker (*a. Zunge, Leben*); flüssig; unbeherrscht, haltlos; ungebunden; zügellos; reimlos (*Vers*); ohne festen Standort (*Schiff*); *folha f -a* Flugblatt *n*; *dormir a sono* ~ fest schlafen; *serviço m* ~ P Durchfall *m*; **~ura** [soł'turɐ] *f* Freilassung *f*; Lösung *f*; Lockerung *f*; Lockerheit *f*; Dreistigkeit *f*; Zügellosigkeit *f*; ~ (*de ventre*) Durchfall *m*.
solu|bilidade [sulußəli'ðaðə] *f* Löslichkeit *f*; Lösbarkeit *f*; **~ção** [~'sɐ̃u] *f* Lösung *f*; Ablösung *f e-r Schuld*.

soluçar [sulu'sar] (1p) schluchzen; aufstoßen; brausen (*Meer usw.*); stampfen (*Schiff*).
solucionar [~sju'nar] (1f) lösen.
soluço [~'lusu] *m* Rülpser *m*; Schluchzer *m*; *~s* Schluchzen *n*; Brausen *n*; Stampfen *n*; *ter ~s* den Schluckauf haben.
solut|ivo [~lu'tivu] lösend; ⚕ abführend; **~o** [~'lutu] *m* ⚗ Lösung *f*.
solúvel [~'luvɛł] lösbar; ⚗ löslich.
solv|ência [soł'vẽsjɐ] *f* Zahlungsfähigkeit *f*; **~ente** [~ẽntə] zahlungsfähig, solvent; **~er** [~er] (2e) *Schuld* bezahlen, *Rechnung* begleichen; **~ível** [~ivɛl] begleichbar (*Rechnung*), bezahlbar; = *~ente*.
som [sõ] *m* Ton *m*; Klang *m*; Laut *m*; *volume m de ~* Lautstärke *f*; Klangfülle *f*; *ao ~ de* beim Klang (*gen.*); mit, unter (*dat.*); nach, gemäß; *ao ~ do piano* mit Klavierbegleitung; *ao ~ de água* mit der Strömung; *alto e bom ~* laut und vernehmlich; *sem tom nem ~* ohne Sinn und Verstand.
som|a ['somɐ] **1.** *f* Summe *f*; Addition *f*; *fig.* Zs.-fassung *f*; *das* Wesentliche; *grande ~ de* viel; **2.** *m* Häuptling *m* (*in Angola*); **~ar** [su'mar] (1f) zs.-zählen, addieren; hinzuzählen (zu *a*); *fig.* zs.-fassen; = *v/i. ~ em* sich belaufen auf (*ac.*), betragen (*ac.*); **~ar-se** sich summieren; *~ a* hinzukommen zu.
som|ático [su'matiku] körperlich, Körper...; **~atologia** [~mɐtulu'ʒiɐ] *f* Körperkunde *f*.
somatório [~mɐ'tɔrju] *m* Gesamtsumme *f*; *fig.* Gesamtheit *f*; *por ~* im großen und ganzen.
sombra ['sõmbrɐ] *f* Schatten *m* (*a. fig.*); Dunkel *n*; Miene *f*; (An-)Schein *m*; Spur *f*; *Hoffnungs- usw.* Schimmer *m*; *taur.* Schattenseite *f*; *fig. a.* Schutz *m*; *à ~* im Schatten, *fig.* im Schutz; unter (*dat.*); *de boa* (*má*) *~* (un)sympathisch; *fazer ~ a fig.* a) beschützen, protegieren; b) in den Schatten stellen; *tudo lhe faz ~* alles ängstigt ihn; alles macht ihn neidisch; *nem por ~s* keine Spur; nicht im geringsten.
sombr|al [sõm'brał] *m* schattige(r) Ort *m*; **~eado** [~'brjaðu] **1.** *adj.* schattig; **2.** *m pint.* Schattierung *f*; **~ear** [~'brjar] (1l) beschatten; verdunkeln; ärgern; *pint.* schattieren, schraffieren; **~eira** [~eirɐ] *f* Lichtschirm *m*; **~eiro** [~eiru] **1.** *m* Sonnen-schutz *m*, -hut *m*; **2.** *adj.* schattig; **~inha** [~iɲɐ] *f* Sonnenschirm *m*; *~s pl.* Schatten-bilder *n/pl.*, -spiel *n*; **~io** [~iu] schattig; *fig.* düster, finster.
somenos [su'menuʃ] minderwertig.
sòmente [sɔ'mẽntə] = *só* 2.; *tão ~* lediglich.
sonâmbulo [su'nẽmbulu] **1.** *adj.* mondsüchtig; schlafwandlerisch; *fig.* schläfrig; **2.** *m* Schlafwandler *m*.
son|ância [su'nẽsjɐ] *f* Klang *m*; **~ante** [~ẽntə] **1.** *adj.* klingend; *metal m ~* = **2.** *m* Hartgeld *n*; *poét.* klingende Münze *f*; **~ata** ♪ [~atɐ] *f* Sonate *f*.
sond|a ['sõndɐ] *f* ⚕ *u.* ⚒ Sonde *f*; ⚓ Senkblei *n*, Lot *n*; *Meeres*-Tiefe *f*; *~ acústica* Echolot *n*; **~agem** [sõn'daʒɐ̃i] *f* Sondierung *f*; Lotung *f*; Untersuchung *f*; **~ar** [sõn'dar] (1a) sondieren; loten; untersuchen; *fig.* ausforschen, F ausholen.
soneca [su'nɛkɐ] *f* Schläfchen *n*.
soneg|ação [~nəɣɐ'sɐ̃u] *f* Verhehlung *f*; *Steuer*-Hinterziehung *f*; **~adamente** [~ˌɣaðɐ'mẽntə] insgeheim, verstohlen; **~ar** [~'ɣar] (1o; *Stv.* 1c) verhehlen; nicht angeben; *Steuer* hinterziehen; **~ar-se** sich drücken.
sonet|ista [~nə'tiʃtɐ] *su.* Sonettdichter(in *f*) *m*; **~o** [~'netu] *m* Sonett *n*.
sonh|ador [suɲɐ'ðor] **1.** *adj.* träumerisch; **2.** *m* Träumer *m*; **~ar** [~'ɲar] (1f) träumen (von *com, em*); *v/t.* (er)träumen; ahnen, vermuten; **~o** ['soɲu] *m* Traum *m*; *cul.* Windbeutel *m*.
sonido [su'niðu] *m* Laut *m*; Klang *m*; Geräusch *n*; Getöse *n*.
sono ['sonu] *m* Schlaf *m*; Schläfrigkeit *f*; *cair* (*od. pegar*) *no ~* einschlafen; *cair de ~* vor Müdigkeit umfallen; *estar com ~, ter ~* müde (*od.* schläfrig) sn; *dormir dum ~* durchschlafen.
sonol|ência [sunu'lẽsjɐ] *f* Schläfrigkeit *f*; **~ento** [~ẽntu] schlaftrunken; schläfrig (*a. fig.*).
sonor|idade [~nuri'ðaðə] *f* Klang(-fülle *f*) *m*; Lautstärke *f*; Akustik *f*; **~izar** [~i'zar] (1a) *Film* vertonen; *Kino* mit Tonanlage versehen; *Konsonanten* stimmhaft m. (*od.*

sprechen); **~o** [~'nɔru] klangvoll, wohlklingend; voll (*Klang*); (laut-)stark; Ton...; stimmhaft (*Konsonant*); mit guter Akustik (*Saal*); *filme* (*od. cinema*) *m* ~ Tonfilm *m*.

sons|a ['sõsɐ] *f* Verschlagenheit *f*; Schläue *f*; *pela* ~ hintenherum; **~o** [~u] verschlagen.

sopa ['sopɐ] **1.** *f* Suppe *f*; eingeweichte(s) Stück *n* Brot; *molhado como uma* ~ bis auf die Haut durchnäßt; *estar feito* (*ficar*) *numa* ~ platschnaß sn (w.); **2.** *~s pl.* Brotspeise *f*; *~s de leite* Milchbrotsuppe *f*; *ou sim ou ~s* ja oder nein.

sopapo [su'papu] *m* Kinnhaken *m*; Maulschelle *f*.

sopé [su'pɛ] *m Berg*-Fuß *m*.

sopeir|a [~'peirɐ] *f* Suppenschüssel *f*; F Köchin *f*; **~o** [~u] **1.** *adj.* Suppen...; **2.** *m* Suppenesser *m*; Schmarotzer *m*.

sopesar [~pə'zar] (1c) (in der Hand) wiegen; tragen; zumessen.

sopit|ado [~pi'taðu] schläfrig; **~ar** [~ar] (1a) einschläfern.

sopor [~'por] *m* Tiefschlaf *m*; Betäubung *f*; **~ativo** [~purɐ'tivu] **1.** *m* Schlafmittel *n*; **2.** *adj.* Schlaf...; = **~ífero**, **~ífico** [~pu'rifəru, -iku] einschläfernd; *fig. a.* langweilig.

soprano ♪ [su'prɐnu] *m* Sopran *m*.

sopr|ar [~'prar] (1e) anblasen; blasen in (*ac.*); *Licht* ausblasen; *Ball* aufblasen; *Staub* wegblasen; *Geheimnis* zuflüstern; *Lektion* vorsagen; *Gedanken* ein-blasen, -flüstern; *Leidenschaften* schüren; begünstigen; *Schachspiel*: *Figur* schlagen, wegnehmen; *v/i.* blasen, F pusten; wehen (*Wind*); **~o** ['sopru] *m* Hauch *m*; Atem *m*; ⚒Wehen *n*; Wind *m*; Ton *m*; *de* ~ Blas...

sor [sor] **1.** *m* = *senhor*; **2.** *f* = *sóror*.

sora ['sorɐ] *f* = *senhora*.

sord|ícia, **~ície**, **~idez** [sur'ðisjɐ, ~isjə, ~ði'ðeʃ] *f* Schmutz *m*; Niedertracht *f*; schmutzige(r) Geiz *m*.

sórdido ['sɔrðiðu] schmutzig; widerlich; gemein, geizig.

sorn|a ['sornɐ] **1.** *f* Trägheit *f*; Schläfrigkeit *f*; **2.** *adj.* langsam; träge; **3.** *su.* Schlafmütze *f*; **~ar** [sur'nar] (1e) trödeln; schlafen.

soro ['soru] *m* Molken *f/pl.*; ⚕ Serum *n*.

soror, **sóror** [su'ror, 'sɔrɔr] *f* Schwester *f* (*Nonne*).

sorrat|e [su'ʀatə]: *de* ~ heimlich, verstohlen; **~eiro** [~ʀɐ'teiru] heimlich; hinterhältig; tückisch.

sorrelfa [~'ʀɛłfɐ] **1.** *f* Durchtriebenheit *f*; Verstellung *f*; **2.** *adj.* durchtrieben; **3.** *su.* Fuchs *m* (*fig.*).

sorr|idente [~ʀi'ðẽntə] lächelnd, heiter; **~ir** [~'ʀir] (3v) (zu)lächeln; gefallen; begehrenswert erscheinen; **~iso** [~'ʀizu] *m* Lächeln *n*; *desfazer-se em* (*od. num*) ~ übers ganze Gesicht lächeln; *ter um* ~ *amarelo* gezwungen lächeln.

sorte ['sɔrtə] *f* Schicksal *n*; Los *n*; Glück *n*; Zufall *m*; Wagnis *n*; Glücksfall *m*; Gewinn *m*, Anteil *m*; *Lebens*-Lage *f*, *Vermögens*-Verhältnisse *pl.*; Art *f*; Sorte *f*; *Waren*-Auswahl *f*, Posten *m*; *taur.* Gang *m*; Wendung *f des Stiers*; *pouca* ~ Unglück *n*, F Pech *n*; *à* ~ auf gut Glück; durchs Los; *desta* ~ auf diese Weise, so; *de* ~ *que* so daß; *caber* (*od. cair, tocar*) *em* ~ zufallen; sich treffen; *estar com* (*od. ter*) ~ Glück h.; *lançar* (*od. deitar*) *~s* das Los werfen; losen (um *de*); *tirar à* ~ auslosen; *saíu-lhe a* ~ *grande* er hat das große Los gewonnen.

sort|eado [sur'tjaðu] (militärdienst-)tauglich; = *~ido* 1.; **~ear** [~'tjar] (1l) aus-, ver-losen; zuteilen; vermischen; zs.-stellen; auswählen; **~eio** [~'teju] *m* Verlosung *f*; **~ido** [~'tiðu] **1.** *adj.* assortiert (*Geschäft*); verschieden, gemischt (*Waren*); Misch...; *bem* ~ reichhaltig; **2.** *m Waren*-Auswahl *f*, Sortiment *n*; **~ilégio** [~ti'lɛʒju] *m* Hexerei *f*; **~imento** [~ti'mẽntu] *m* = *~ido* 2.; **~ir** [~'tir] (3g) *Geschäft* assortieren; zs.-stellen; mischen.

sorumbático [surũm'batiku] finster; grämlich.

sorva ⚘ ['sorvɐ] *f* Vogelbeere *f*; **~do** [sur'vaðu] angefault.

sorvedoiro, **-ouro** [survə'ðoiru, -oru] *m* Strudel *m*; *fig.* Abgrund *m*.

sorveira ⚘ [~'veirɐ] *f* Eberesche *f*.

sorver [~'ver] (2d) schlürfen; einsaugen; verschlingen.

sorvet|e [~'vetə] *m* (Speise-)Eis *n*; **~eira** [~və'teirɐ] *f* Eismaschine *f*.

sorvo ['sorvu] *m* Schluck *m*.

sósia ['sɔsjɐ] *m* Doppelgänger *m*.

soslaio [suʒ'laju]: *de* ~ schief, von der Seite.

sosseg|ado [susə'ɣaðu] ruhig; **~ar**

[~ar] (1o; *Stv.* 1c) (sich) beruhigen; ruhen; sich ruhig verhalten; **~o** [~'seγu] *m* Ruhe *f*; Beruhigung *f*; *pôr em ~ = ~ar*.
sosso ['sosu] mörtellos, lose.
sota ['sɔtɐ] **1.** *f Kartenspiel*: Dame *f*; *fig.* Atem-, Ruhe-pause *f*; *~s pl.* Vorspann *m*; **2.** *m* Vorreiter *m*; Postillon *m*; Spritzenmeister *m*.
sotaina [su'tainɐ] *f* Soutane *f*.
sótão ['sɔtɐ̃u] *m* Söller *m*, Boden *m*.
sotaque [su'takə] *m* Stichelei *f*; *bsd.* Tonfall *m*, Akzent *m*.
sotavento ⚓ [sɔtɐ'vẽntu] *m* Lee (-seite) *f*.
soterrar [sutə'ʀar] (1c) vergraben, verscharren; *fig.* begraben.
sotopor [sɔtu'por] (2zd) unter-stellen, -legen, -schieben.
soturno [su'turnu] finster; schwermütig; unheimlich.
souto ['sotu] *m* Gehölz *n*.
sova ['sɔvɐ] *f* Tracht *f* Prügel; *dar uma ~ a* verprügeln (*ac.*).
sova|co [su'vaku] *m anat.* Achselhöhle *f*; Schweißblatt *n im Kleid*; **~quinho** [~vɐ'kiɲu] *m Achsel-*Schweißgeruch *m*.
sovar [~'var] (1e) *Teig* (durch-) kneten; *Trauben* pressen, stampfen; *j-n* verprügeln.
sovel|a [~'vɛlɐ] *f* Ahle *f*, Pfriem *m*; **~ar** [~və'lar] (1c) *mit der Ahle* vorstechen; *fig.* durchstechen, durchlöchern.
soviético [su'vjɛtiku] sowjetisch, [Sowjet...]
sovin|a [su'vinɐ] **1.** *f* Pflock *m*; Stechfeile *f*; **2.** *adj.* geizig; **3.** *su.* Geiz-hals *m*, -kragen *m*; **~ice** [~vi'nisə] *f* Geiz *m*.
sòzinho [sɔ'ziɲu] allein.
sua ['suɐ] *s. seu*; *uma das ~s* typisch für ihn; *na ~* in s-r bekannten Art; *dizer das ~s* s-e üblichen Witze m.; *fazer das ~s* die (*od.* e-e s-r) üblichen Dummheiten (*od.* Streiche) m.; *ficar na ~ s. ficar*.
suã [swɐ̃] *f* Schwanzstück *n des Schweins.*
suaçu *bras.* [suɐ'su] *m* Rotwild *n*; [Hirsch *m*.]
su|ado ['swaðu] schweißig; in Schweiß gebadet; *fig.* sauer verdient; **~adoiro, -ouro** [swɐ'ðoiru, -oru] *m* Schwitzbad *n*; Heißspülung *f von Gefäßen*; Widerrist *m des Pferdes*; Sattelkissen *n*; **~ão** [swɐ̃u]: (*vento*) *~ m* heiße(r) Südwind *m*; **~ar** [swar] (1g) schwitzen; *fazer ~* (*a bom ~*) zum Schwitzen bringen; Schweiß kosten; *v/t.* ausschwitzen; **~arento** [swɐ'rẽntu] schweißbedeckt.
suave ['swavə] sanft, mild; weich; zart; mühelos; ⊕ stoßfrei.
suavi|dade [swɐvi'ðaðə] *f* Sanftheit *f*; Milde *f*; Zartheit *f*; **~zar** [~'zar] (1a) mildern; besänftigen, lindern; erleichtern.
subagudo ⚕ [suβɐ'γuðu] ver-[schleppt.]
subaltern|izar [~ałtərni'zar] (1a) unterordnen; **~o** [~ał'tɛrnu] **1.** *adj.* untergeordnet; niedrig; **2.** *m* Unterbeamte(r) *m*; Untergebene(r) *m*.
sub|alugar [~ɐlu'γar] (1o) = *sublocar*; **~aquático** [~ɐ'kwatiku] Unterwasser...
subarrend|amento [~ɐʀẽndɐ'mẽntu] *m* Weiterverpachtung *f*; Unterpacht *f*; **~ar** [~'dar] (1a) weiterverpachten; **~atário** [~ɐ'tarju] *m* Unterpächter *m*.
sub... [suβ...] *in Zssgn* Unter...; **~chefe** [~'ʃɛfə] *m* Abteilungsleiter *m*; Unterbefehlshaber *m*; **~comissão** [~kumi'sɐ̃u] *f* Unterausschuß *m*; **~consciente** [~kõʃ'sjẽntə] **1.** *adj.* unter- (*a.* un-)bewußt; **2.** *m* Unterbewußtsein *n*.
subdeleg|ação [~ðələγɐ'sɐ̃u] *f* Weitergabe *f* von Vollmachten (an [*ac.*] *de*); Unter-abordnung *f*, -vertretung *f*; Nebenstelle *f*; **~ado** [~'γaðu] *m* Beigeordnete(r) *m*; Untervertreter *m*; Unterstaatsanwalt *m*; **~ar** [~'γar] (1o; *Stv.* 1c) weitergeben (an [*ac.*] *a*); zum Untervertreter ernennen.
subdirec|ção [~ðirɛ'sɐ̃u] *f* stellvertretende Leitung *f*; Zweigdirektion *f*; **~tor** [~'tor] stellvertretende(r) Direktor *m*; Unterdirektor *m*.
súbdito ['suβðitu] *m* Untertan *m*; Staatsangehörige(r) *m*.
subdivi|dir [suβðəvi'ðir] (3a) unterteilen; **~são** [~'zɐ̃u] *f* Unterteilung *f*; Unterabteilung *f*; **~sível** [~'zivɛł] unterteilbar.
subentend|er [~ĩntẽn'der] (2a) herausfühlen; annehmen; **~er-se** mitgemeint sn; sich von selbst verstehen; **~ido** [~iðu] mitgemeint; unausgesprochen.
subes|pécie [~iʃ'pɛsjə] *f* Abart *f*; **~timar** [~ti'mar] (1a) unterschätzen; mißachten.
subi|da [su'βiðɐ] *f* Steigen *n*; Auf-

stieg *m*; Steigung *f im Gelände*; Ansteigen *n*; *Preis*-Steigerung *f*; **~damente** [~ðɐˈmẽntə] in hohem Grade; **~do** [~ðu] hoch; erhaben; **~mento** [~βiˈmẽntu] *m* Erhöhung *f*; Vermehrung *f*; Zuwachs *m*; = *~da*.

subin|spector [~ĩʃpɛˈtor] *m* Unterinspektor *m*; **~tendência** [~ĩntẽnˈdẽsjɐ] *f* (untere) Verwaltungsstelle *f*; **~tendente** [~ĩntẽnˈdẽntə] *m* Unterverwalter *m*; Unteraufseher *m*.

subintitul|ado [~ĩntituˈlaðu] mit dem Untertitel; **~ar** [~ar] (1a) den Untertitel geben (*dat.*).

subir [suˈβir] (3h) **1.** *v/t. u. v/i.* heraufkommen; hinauf-steigen, -fahren, -gehen, -klettern; **2.** *v/t.* Berg *usw.* be-, er-steigen; steigen auf (*ac.*); her-, hin-aufbringen; *Vorhang usw.* hochziehen; hochschieben; *Kragen* hochschlagen; höher-hängen, -stellen; hinaufsetzen; *Preis, Mauer usw.* erhöhen; *j-n* befördern; höher einstufen; *fig.* rühmen, preisen; *Instrument* höher stimmen; *Kräfte* steigern; **3.** *v/i.* steigen (auf, in [*ac.*] *od.* zu *para*, *a*); nach oben gehen; auf-, empor-steigen (zu *a*); sich steigern (*Kräfte usw.*); sich belaufen (auf [*ac.*] *a*); einsteigen (in [*ac.*] *para*); ~ (*de posto*) aufrücken; ~ *de preço* aufschlagen; ~ *a* besteigen *ac.*; ~ *ao poder* zur Macht kommen.

súbito [ˈsuβitu] plötzlich; unerwartet; jäh, rasch; *de* ~ auf einmal.

subjacente [suβʒɐˈsẽntə] unten (*od.* darunter-)liegend; *fig.* zugrundeliegend; ~ *de* unterhalb.

subjectiv|ar [~ʒetiˈvar] (1a) auf das eigene Ich beziehen; e-e eigene Note geben (*dat.*); persönlich färben; **~idade** [~viˈðaðə] *f* Subjektivität *f*; Ichbezogenheit *f*; eigene Note *f*, persönliche Färbung *f*; **~o** [~ˈtivu] subjektiv; persönlich (gefärbt); ichbezogen.

subjugar [~ʒuˈɣar] (1o) unterjochen; bezwingen; *Tier* zähmen.

sublev|ação [~ləvɐˈsɐ̃u] *f* Aufstand *m*; **~ar** [~ˈvar] (1c) aufwiegeln; **~ar-se** sich empören.

sublim|ado [suβliˈmaðu] *m* ⚗ Sublimat *n*; **~ar** [~ar] (1a) ⚗ *u. fig.* sublimieren; *fig. a.* erheben; veredeln; verwandeln; **~e** [~ˈβlimə] erhaben, hehr; edel; hoch; **~idade** [~miˈðaðə] *f* Erhabenheit *f*; Adel *m*.

sublinhar [~liˈɲar] (1a) unterstreichen, hervorheben.

subloc|ação [~lukɐˈsɐ̃u] *f* Weitervermietung *f*; Untermiete *f*; **~ar** [~ˈkar] (1n; *Stv.* 1e) unter-, weitervermieten; **~atário** [~ɐˈtarju] *m* Untermieter *m*.

submarino [~mɐˈrinu] **1.** *adj.* unterseeisch, Untersee...; **2.** *m* Unterseeboot *n*, F U-Boot *n*.

submer|gir [~mərˈʒir] (3n; *Stv.* 3c) untertauchen; unter Wasser drükken; überschwemmen (*a. fig.*); **~gir-se** tauchen; untergehen; **~gível** [~ˈʒivɛł] = *~sível*; **~são** [~ˈsɐ̃u] *f* Untertauchen *n*; Überschwemmung *f*; **~sível** [~ˈsivɛł] *m* Tauchboot *n*; **~so** [~ˈmɛrsu] Unterwasser...; *p.p. irr. v. ~gir*.

subm|eter [~məˈter] (2c) unterwerfen; unterstellen; vorführen, zeigen; **~issão** [~miˈsɐ̃u] *f* Unterwerfung *f*; Unterwürfigkeit *f*; **~isso** [~ˈmisu] unterwürfig.

subordin|ação [suβurðinɐˈsɐ̃u] *f* Unterordnung *f*; Gehorsam *m*; **~ada** [~ˈnaðɐ] *f gram.* Nebensatz *m*; **~ado** [~ˈnaðu] **1.** *adj.* untergeordnet; untergeben; abhängig; zweitrangig; *oração f -a* = *~ada*; **2.** *m* Untergebene(r) *m*; **~ar** [~ˈnar] (1a) unterordnen; unterstellen.

suborn|ar [~urˈnar] (1e) bestechen; **~ável** [~avɛł] bestechlich; **~o** [~ˈornu] *m* Bestechung *f*.

sub-rep|ção [suβʀɛpˈsɐ̃u] *f* Erschleichung *f*; **~tício** [~ˈtisju] erschlichen; betrügerisch, falsch.

subscr|ever [~iʃkrəˈver] (2c) unterschreiben; *v/i.* ~ *para* abonnieren (*ac.*); *Buchlieferung* subskribieren; *Anleihe* zeichnen; ~ *com* zeichnen *od.* spenden (*ac.*); **~ever-se** zeichnen (*im Brief*); unterschreiben; **~ição** [~iˈsɐ̃u] *f* Unterzeichnung *f*; Subskription *f*; Sammlung *f*; *Anleihe*-Zeichnung *f*; **~ito** [~ˈkritu] *p.p. v. ~ever*; **~itor** [~iˈtor] *m* Subskribent *m*.

subse|cretário [~səkrəˈtarju] *m* Staatssekretär *m*; **~quente** [~ˈkwẽntə] nachfolgend; anschließend.

subserv|iência [~sərˈvjẽsjɐ] *f* Unterwürfigkeit *f*; **~iente** [~jẽntə] hörig; kriecherisch; knechtisch.

subsidi|ado [~siˈðjaðu] **1.** *adj.* (staatlich) unterstützt; mit (staatlicher) Beihilfe arbeitend (*od.* entstanden); **2.** *m* Subsidienempfänger *m*; **~ar** [~ar] (1g) e-e Beihilfe gewähren (*dat.*), unterstützen; beisteuern zu; **~ário** [~arju] Hilfs...; Unterstützungs...

subsídio [~'siδju] *m* Beihilfe *f*; *~s pl.* Hilfsgelder *n/pl.*, Subsidien *pl.*

subsist|ência [~siʃ'tẽsjɐ] *f* (Fort-)Bestand *m*; (Fort-)Dauer *f*; (Lebens-)Unterhalt *m*; **~ente** [~ẽntə] (noch) bestehend; **~ir** [~ir] (3a) (noch *od.* fort-)bestehen.

subsolo [~'sɔlu] *m* Untergrund *m*; *no ~* unter der Erde, ⚒ unter Tage; *riquezas f/pl. do ~* Bodenschätze *m/pl.*; *do ~* Untertage...

substabelecer [~ɨʃtɐβlə'ser] (2g) vertretungsweise einsetzen; zum Vertreter ernennen; *Vollmacht* übertragen; vertreten.

substância [~ɨʃ'tẽsjɐ] *f* Substanz *f*; Stoff *m*; Wesen *n*; Gehalt *m*; *em ~* im wesentlichen.

substan|cial [~ɨʃtẽ'sjał] substantiell; wesentlich; gehaltvoll; gediegen; gründlich; wirksam; **~cializar** [~sjɐli'zar] (1a) verstofflichen; **~ciar** [~'sjar] (1g) (kräftig) ernähren; stärken; *fig.* im wesentlichen darlegen; **~cioso** [~'sjozu] gehaltreich, -voll; nahrhaft; **~tivar** [~tẽnti'var] (1a) substantivieren; **~tivo** [~'tivu] *m* Hauptwort *n*, Substantiv *n*.

substitu|ição [~ɨʃtitwi'sẽu] *f* (Stell-)Vertretung *f*; Ersetzung *f*; Ersatz *m*; *produto m de ~* Ersatz(stoff) *m*; *em ~ de* in Vertretung (*od.* an Stelle) von; **~inte** [~'twĩntə] **1.** *adj.* Ersatz...; **2.** *m* = *~to*; **~ir** [~'twir] (3i) vertreten; ersetzen; unterschieben; substituieren; **~ível** [~'twivɛł] ersetzbar; **~to** [~'tutu] **1.** *adj.* stellvertretend; Ersatz...; **2.** *m* Vertreter *m*; Ersatzmann *m*.

substrato [~ɨʃ'tratu] *m* Grundlage *f*.

subten|dente ⩓ [suβtẽn'dẽntə] *f* *Bogen*-Sehne *f*; **~so** [~'tẽsu]: *linha f -a* Sehne *f*.

subterfúgio [~tər'fuʒju] *m* Ausflucht *f*.

subt|errâneo [~tə'ʀɐnju] **1.** *adj.* unterirdisch; *água f -a* Grundwasser *n*; **2.** *m* Keller(geschoß *n*) *m*; unterirdische(r) Gang *m*; Höhle *f*; **~érreo** [~'tɛrju] = *~errâneo* 1.

subtil [~'tił] fein; dünn; zart; leise; scharfsinnig; spitzfindig.

subtil|eza, ~idade [~ti'lezɐ, ~li'δaδə] *f* Feinheit *f*; Dünne *f*; Zartheit *f*; Scharfsinn *m*; Spitzfindigkeit *f*; **~izar** [~li'zar] (1a) verfeinern; fein ausarbeiten; ausklügeln; *v/i.* klügeln, deuteln.

subtr|acção [~tra'sẽu] *f* ⩓ Abziehen *n*, Subtraktion *f*; *fig.* Entziehung *f*; Unterschlagung *f*; **~air** [~ɐ'ir] (3l) ⩓ abziehen; *fig.* entziehen; unterschlagen, entwenden; **~air-se** sich entziehen.

subtropical [~trupi'kał]: *zona f ~* tropisches Übergangsgebiet *n*.

sub|urbano [~ur'βɐnu] vorstädtisch; Vorort...; **~úrbio** [~'urβju] *m* Vorort *m*.

subven|ção [~vẽ'sẽu] *f* (staatliche) Unterstützung *f*, Zuschuß *m*; Beihilfe *f*; **~cional** [~sju'nał] Unterstützungs...; **~cionar** [~sju'nar] (1f) (mit Geld) unterstützen; e-n Zuschuß gewähren zu.

subver|são [~vər'sẽu] *f* Umsturz *m*; **~sivo** [~'sivu] umstürzlerisch; **~sor** [~'sor] **1.** *m* Umstürzler *m*; **2.** *adj.* Umsturz...; **~ter** [~'ter] (2c) umstürzen.

sucata [su'katɐ] *f* Alteisen *n*, Schrott *m*; alte(s) Eisen *n* (*a. fig.*).

sucedâneo [susə'δɐnju] *m* Ersatz (-mittel *n*, -stoff *m*) *m*, Surrogat *n*.

suce|der [susə'δer] (2c) folgen (*dat. od.* auf [*ac.*] *a*); erfolgen; geschehen; zustoßen (j-m *a alg.*); **~dido** [~'δiδu] **1.** *ser bem (mal) ~* guten (keinen) Erfolg h.; gut (schlecht) abschneiden; **2.** *m* = *~sso*; **~ssão** [~'sẽu] *f* (Aufea.-)Folge *f*; Erbfolge *f*; Nachfolge *f*; Erbschaft *f*; Erben *m/pl.*, Nachkommenschaft *f*; *~ do reino* Thronfolge *f*; **~ssivamente** [~ˌsivɐ'mẽntə] nach-ea., der Reihe nach; nach und nach; **~ssivo** [~'sivu] (aufea.-)folgend; allmählich; ununterbrochen; = *~ssorial*; **~sso** [~'sɛsu] *m* Ereignis *n*; Verlauf *m*; Ausgang *m*; Erfolg *m*; *fazer ~* Eindruck m.; **~ssor** [~'sor] *m* Nachfolger *m*; gesetzliche(r) Erbe *m*; **~ssorial** *bras.* [~so'rjał] Nachfolge..., Erb...

súcia ['susjɐ] *f* Clique *f*; Sippschaft *f*; Bande *f*.

sucinto [su'sĩntu] kurz; gedrängt.

suc|o ['suku] *m* Saft *m*; *fig.* Kern *m*,

Mark *n*; **~ulento** [suku'lẽntu] saftig; fleischig.
sucumbir [sukũm'bir] (3a) er-, unter-liegen; sterben; zs.-brechen.
sucursal [~kur'sał] **1.** *adj.* Zweig...; *casa f* ~ = **2.** *f* Zweiggeschäft *n*, Niederlassung *f*.
sud|ação [suðɐ'sɐ̃u] *f* Schwitzen *n*; Schwitzbad *n*; **~ário** [~'ðarju] *m* Schweißtuch *n*; *fig. Sünden*-Register *n*, Liste *f*.
sudoeste [~'ðwɛʃtə] *m* Südwest(en) *m*.
sudorí|fero, ~fico [~ðu'rifəru, ~-fiku] *adj.* (*u. m*) schweißtreibend(es Mittel *n*); **~paro** [~pɐru] Schweiß...
sueco ['swɛku] **1.** *adj.* schwedisch; **2.** *m*, **-a** *f* Schwede *m*, Schwedin *f*.
sueste ['swɛʃtə] *m* Südost(en) *m*.
suffici|ência [sufi'sjẽsjɐ] *f* Hinlänglichkeit *f*; ausreichende Versorgung *f* (*z.B. des Marktes*); Brauchbarkeit *f*; *ar m de* ~ Selbstgefälligkeit *f*; *à* ~ zur Genüge; **~ente** [~ẽntə] **1.** *adj.* ausreichend; genügend; fähig, brauchbar; **2.** *m* Genügend *n* (*Examensnote*); *o* ~ genug.
sufoc|ação [~fukɐ'sɐ̃u] *f* Erstickung *f*; Unterdrückung *f*; ⚕ Atemnot *f*; **~ar** [~'kar] (1n; *Stv.* 1e) ersticken; unterdrücken, niederschlagen; *v/i. u.* **~ar-se** ersticken.
sufrag|âneo [~frɐ'ɣɐnju]: (*bispo*) ~ *m* Weihbischof *m*; **~ar** [~ar] (1o; *Stv.* 1b) stimmen für; beten für; ~ *a/c. a alg.* zu j-m flehen um.
sufrágio [~'fraʒju] *m Wahl*-Stimme *f*; Abstimmung *f*; Wahlrecht *n*; *rel.* Gebet *n* für die Armen Seelen; Fürbitte *f der Heiligen*; **~s** Gebete und fromme Werke *für Verstorbene*; *em* ~*s por alma de* für *j-s* Seelenheil.
sug|ação [suɣɐ'sɐ̃u] *f* Aussaugung *f*; **~adoiro, -ouro** [~ɐ'ðoiru, -oru] *m* Saugrüssel *m*; **~ar** [~'ɣar] (1o) (ein-)saugen; aussaugen (*a. fig.*).
suge|rir [suʒə'rir] (3c) einflüstern; nahelegen; *et.* an-regen, -stiften; *j-n* auf *e-n Gedanken* bringen; **~stão** [~iʃ'tɐ̃u] *f* Einflüsterung *f*; Anregung *f*; Einfall *m*; Beeinflussung *f*; Suggestion *f*; **~stionar** [~iʃtju'nar] (1f) einflüstern, suggerieren; beeinflussen; betören; **~stionável** [~iʃtju'navɛł] beeinflußbar; **~stivo** [~iʃ'tivu] anregend; eindrucksvoll; einleuchtend; verführerisch; suggestiv.

suíças ['swisɐʃ] *f/pl.* Koteletten *pl.*; † Backenbart *m*.
suic|ida [swi'siðɐ] **1.** *su.* Selbstmörder(in *f*) *m*; **2.** *adj.* selbstmörderisch; Selbstmord...; **~idar-se** [~si-'ðarsə] (1a) Selbstmord begehen; **~ídio** [~'siðju] *m* Selbstmord *m*.
suíço ['swisu] **1.** *adj.* schweizerisch; **2.** *m*, **-a** *f* Schweizer(in *f*) *m*.
suíno ['swinu] **1.** *adj.* Schweine...; *gado m* ~ Schweine *n/pl.*; **2.** *m* Schwein *n*.
sujar [su'ʒar] (1a) beschmutzen, schmutzig m.; *v/i.* schmutzen.
sujeição [~ʒei'sɐ̃u] *f* Unterwerfung *f*; Abhängigkeit *f*; Unterwürfigkeit *f*.
sujeira *bras.* [~'ʒeirɐ] *f* Schmutz *m*.
sujeit|ar [~ʒei'tar] (1a) unterwerfen; bändigen; festhalten; *e-r Gefahr usw.* aussetzen; **~ar-se** *a fig.* sich abfinden (*od.* zufrieden sn) mit; **~o** [~'ʒeitu] **1.** *adj.* unterworfen; unterwürfig, gehorsam; ~ *a* abhängig von; fähig (*gen.*); ausgesetzt (*dat.*); ...pflichtig; ~ *a inf.* in Gefahr zu *inf.*; **2.** *m* Mensch *m*, Mann *m*; Thema *n*; *gram.* Subjekt *n*.
suj|idade [~ʒi'ðaðə] *f* Schmutz *m*; Kot *m*; **~o** ['suʒu] schmutzig.
sul [suł] *m* Süden *m*; Süd(wind) *m*; **~-americano** [sulɐməri'kɐnu] südamerikanisch.
sulc|ar [suł'kar] (1n) furchen; *Wellen usw.* durchschneiden; *Meer* befahren; **~o** ['sułku] *m* Furche *f*; ⚓ Kielwasser *n*.
sulf|atador [sułfɐtɐ'ðor] *m* Rückenspritze *f*; **~atagem** [~ɐ'taʒɐ̃i] *f* Spritzen *n der Reben*; **~atar** [~ɐ'tar] (1b) (mit Kupfervitriol) spritzen; **~ato** ⚗ [~'fatu] *m* Sulfat *n*; Vitriol *n*; **~ito** ⚗ [~'fitu] *m* Sulfit *n*; **~uração** [~urɐ'sɐ̃u] *f* (*Aus*-)Schwefelung *f*; Behandlung *f* mit Schwefelkohlenstoff; Schwefelgehalt *m des Wassers*; **~urador** [~urɐ'ðor] *m* Schwefelkohlenstoffspritze *f*; **~urar** [~u'rar] (1a) (aus)schwefeln; *Weinstöcke* mit Schwefelkohlenstoff behandeln; **~úreo** [~'furju] schweflig; schwefelgelb; **~ureto** ⚗ [~u'retu] *m* Sulfid *n*; ~ *de carbono* Schwefelkohlenstoff *m*; **~úrico** [~'furiku] Schwefel...; **~urino** [~u-'rinu] schwefelgelb; **~uroso** [~u-'rozu] schwefelhaltig; Schwefel...
sulista *bras.* [su'liʃtɐ] **1.** *su.* Süd-

brasilianer(in *f*) *m*; **2.** *adj.* südbrasilianisch.
sult|anina [sułtɐ'ninɐ] *f* Rosine *f*; **~ão** [~'tɐ̃u] *m* Sultan *m*.
suma ['sumɐ] *f* Summe *f*; Hauptinhalt *m*, Kern *m*; Abriß *m*; *em ~* kurz; mit e-m Wort; **~mente** [~'mẽntə] überaus, höchst.
sumarento [sumɐ'rẽntu] saftig.
sum|àriamente [~ˌmarjɐ'mẽntə] im wesentlichen; in gedrängter Form; mir nichts dir nichts; **~ariar** [~mɐ'rjar] (1g) zs.-fassen; *Verfahren* abkürzen; **~ário** [~'marju] **1.** *adj.* kurz; abgekürzt, summarisch **2.** *m* Zs.-fassung *f*; Inhaltsübersicht *f*.
sumaúma [~mɐ'umɐ] *f* Kapok *m*.
sumição *f*, **-ço** *m* [~mi'sɐ̃u, ~'misu] Verschwinden *n*; *levar ~* verschwinden.
sumidade [~mi'δaδə] *f* höchste(r) Punkt *m*; Gipfel *m*; *fig.* überragende(r) Mensch *m*; Größe *f*.
sumid|iço [~mi'δisu] leicht verschwindend; **~o** [~'miδu] kaum wahrnehmbar; erloschen (*Schrift*); eingesunken; tiefliegend (*Augen*); eingefallen (*Gesicht*); **~oiro**, **~ouro** [~oiru, ~oru] *m* Abzug(s-graben *m*, -loch *n*) *m*; Senkgrube *f*; *fig.* Grab *n*.
sumir [su'mir] (3h) zum Verschwinden bringen; verstecken; verschlingen; auslöschen; **~-se** verschwinden; vergehen; erlöschen.
sum|o ['sumu] **1.** *adj.* höchst, größt; sehr hoch (*od.* groß); **2.** *m Frucht*-Saft *m*; **~oso** [su'mozu] saftig.
sumptu|osidade [sũmptwuzi'δaδə] *f* Verschwendung *f*, Aufwand *m*; Pracht *f*, Luxus *m*; **~oso** [~'twozu] verschwenderisch; prächtig, prunkvoll.
súmula ['sumulɐ] *f* kurze(r) Abriß [*m*.]
sung|a *bras.* ['sũŋgɐ] *f Bade*-Hose *f*; **~ar** [sũŋ'gar] (1o) hochziehen.
suor [swɔr] *m* Schweiß *m*; *com o ~ do rosto* im Schweiße s-s Angesichtes; *encharcado em ~* schweißtriefend.
superabund|ância [supɛrɐβũn'dɐ̃sjɐ] *f* Überfülle *f*; **~ante** [~ẽntə] überreichlich; **~ar** [~ar] (1a) im Überfluß vorhanden (*od.* zu finden) sn; *no seu estilo superabundam* sein Stil quillt über von (*od.* ist gespickt mit).
superar [~pə'rar] (1c) überwinden; übertreffen; hinausgehen über (*ac.*).
super... [supɛr...] *in Zssgn* Über...; **~avit** [~'ravit] *m* Überschuß *m*; **~eminente** [~imi'nẽntə] = *sobreem...*; **~estrutura** [~ɨʃtru'turɐ] *f* = *superstrutura*; **~exaltado** [~izał'taδu] stark überreizt; sehr überspannt, -trieben; **~excitação** [~ɨʃsitɐ'sɐ̃u] = *sobreexc...*; **~ficial** [~fi'sjał] oberflächlich (*a. fig.*); äußerlich; Oberflächen...; oberirdisch; **~ficialidade** [~fisjɐli'δaδə] *f* Oberflächlichkeit *f*; Äußerlichkeit *f*; **~fície** [~'fisjə] *f* Oberfläche *f*; *pessoal m da ~* ⚒ Übertagepersonal *n*; **~fino** [~'finu] äußerst fein; ✝ extrafein.
sup|èrfluamente [~ˌpɛrflwɐ'mẽntə] überflüssigerweise; **~erfluidade** [~pərflwi'δaδə] *f* Überflüssigkeit *f*; Entbehrlichkeit *f*; (etwas) Überflüssiges *n*; **~érfluo** [~'pɛrflwu] überflüssig; unnütz; zwecklos.
superintend|ência [~pərĩntẽn'dẽsjɐ] *f* Oberaufsicht *f*; Leitung *f*; *bras.* Bundeskontrollamt *n*; **~ente** [~ẽntə] *m* Oberaufseher *m*; Leiter *m*; *rel.* Superintendent *m*; **~er** [~er] (2a) leiten; *v/i.* die Oberaufsicht haben.
superior [~pə'rjor] **1.** *adj. comp.* höher *od.* größer (*ao, à* als); *sup.* höchst, größt; am höchsten (*od.* größten); ober, Ober...; *fig.* überlegen; vortrefflich; *instituto m* (*od. escola f*) *~* Hochschule *f*; *consumo ~ em 500 toneladas* (*em 4 vezes*) *ao de um* 500 Tonnen (viermal) höherer Verbrauch als; *ser ~ a* übertreffen (*ac.*); hinausgehen über (*ac.*); **2.** *m*, **-a** *f* Vorgesetzte(r *m*) *m*, *f*; Vorsteher(in *f*) *m*; Superior(in *f*) *m* (*Kloster*); **~idade** [~rjuri'δaδə] *f* Überlegenheit *f*; Vorrang *m*; höhere Autorität *f*; Vortrefflichkeit *f*; **~mente** [~'mẽntə] von der vorgesetzten Dienststelle; F von oben; behördlicherseits.
superlativo [~pərlɐ'tivu] **1.** *adj.* superlativisch; höchst, äußerst; *grau m ~* = **2.** Superlativ *m*.
superlotado *bras.* [~lu'taδu] überfüllt.
superno [~'pɛrnu] ober; hoch; *fig.* [vortrefflich.]
súpero ['supəru] ober, Ober...; *~-anterior* (*-exterior*, *-interior*, *-posterior*) obere Vorder... (Außen..., Innen..., Hinter...).
super|povoado [supɛrpu'vwaδu]

überbevölkert; **~produção** [~pru-ðu'sɐ̃u] *f* Überproduktion *f*; **~-realismo** [~ʀjɐ'liʒmu] *m* Surrealismus *m*; **~sónico** [~'sɔniku] Überschall...
supersti|ção [supərʃti'sɐ̃u] *f* Aberglaube *m*; **~cioso** [~'sjozu] abergläubisch.
super|strutura [~pɛrʃtru'turɐ] *f* Oberbau *m*; ⚓ Aufbau *m*; *fig.* Überbau *m*; **~visão** [~vi'zɐ̃u] *f* Oberaufsicht *f*.
supetão [supə'tɐ̃u]: *de* ~ überraschend, plötzlich.
suplantar [~plɐ̃n'tar] (1a) ausstechen; verdrängen; überwinden.
suplement|ação *bras.* [~pləmẽntɐ-'sɐ̃u] *f* Ergänzung *f*, Zusatz *m*; **~ar** [~'tar] **1.** *adj.* Ergänzungs...; zusätzlich, Zusatz...; Extra...; **2.** *v/t.* *bras.* ergänzen, vervollständigen; **~o** [~'mẽntu] *m* Nachtrag *m*, Ergänzung(sband *m*) *f*; Mehrforderung *f*; *Zeitungs*-Beilage *f*; ⩓ Supplement(-winkel *m*, -bogen *m*) *n*.
suplente [~'plẽntə] **1.** *adj.* stellvertretend; Ersatz...; Hilfs...; **2.** *m* Stellvertreter *m*; *Sport*: Ersatzmann *m*.
súplica ['suplikɐ] *f* (Bitt-)Gesuch *n*; inständige Bitte *f*, Flehen *n*.
suplic|ante [supli'kẽntə] *su.* Antragsteller(in *f*) *m*; Bittsteller(in *f*) *m*; **~ar** [~ar] (1n) *j-n* anflehen; um *et.* flehen (*od.* bitten).
supl|iciar [~i'sjar] (1g) hinrichten; foltern (*a. fig.*); **~ício** [~'plisju] *m* *Leibes*-Strafe *f*; Folter *f*; Hinrichtung *f*; *fig.* Qual *f*; ~ *extremo* Todesstrafe *f*; **~s** *pl.* Geißel *f*.
supor [su'por] (2zd) voraussetzen; annehmen, vermuten.
suport|ar [~pur'tar] (1e) (er)tragen, (er)leiden; aushalten; dulden; **~ável** [~avɛɫ] erträglich; **~e** [~'pɔrtə] *m* Gestell *n*; Stütze *f* (*a. fig.*); ⚠ Träger *m*; ⊕, ⚠ Lager *n*; ⚡ Fassung *f*.
suposi|ção [~puzi'sɐ̃u] *f* Voraussetzung *f*; Annahme *f*; Vermutung *f*; ⚖ Unterschiebung *f*; **~tivo** [~'tivu] = *suposto*; **~tório** [~'tɔrju] *m* Zäpfchen *n*, Suppositorium *n*.
suposto [~'poʃtu] **1.** *p.p. v. supor*; **2.** *adj.* vermeintlich, vorgeblich; ~ *isto* unter dieser Voraussetzung; ~ *que* vorausgesetzt daß; **3.** *m* Voraussetzung *f*; Annahme *f*.

supra... [suprɐ] *in Zssgn* oben...; über...; *z.B.* ~*citado* oben angeführt; ~*dito* obengenannt; ~*mencionado* obenerwähnt; ~*mundano* überweltlich; ~*natural* übernatürlich; ~*numerário* überzählig.
suprem|acia [suprəmɐ'siɐ] *f* Überlegenheit *f*; Oberhoheit *f*; **~o** [~'premu] höchst; oberst; letzt.
supress|ão [~prə'sɐ̃u] *f* Unterdrükkung *f*; Aufhebung *f*; Verbot *n*; Streichung *f*; **~ivo**, **~ório** [~ivu, ~ɔrju] Unterdrückungs...
suprimento [~pri'mẽntu] *m* Ergänzung *f*; Ersatz *m*; Ausgleich *m*; Befriedigung *f*; Lieferung *f*, Versorgung *f*.
suprimir [~pri'mir] (3a) unterdrücken; aufheben; abschaffen; verbieten; streichen.
suprir [~'prir] (3a) ergänzen; ersetzen; ausgleichen; *Fehlendes* liefern; versorgen; *Bedürfnis* befriedigen; *j-n* vertreten; *v/i.* (aus)helfen; als Ersatz dienen; einspringen.
supur|ação [~purɐ'sɐ̃u] *f* Eiterung *f*; **~ante** [~'rẽntə] eitrig; **~ar** [~'rar] (1a) (ver)eitern; **~ento** [~'rẽntu] eitrig; *matéria f -a* Eiter *m*.
surd|ez [sur'ðeʃ] *f* Taubheit *f*; **~ina** ♪ [~inɐ] *f* Dämpfer *m*; *à* ~, *pela* ~ heimlich, verstohlen; *em* ~ gedämpft; **~ir** [~ir] (3a) auftauchen; **~o** ['surðu] taub; dumpf (*Ton*); geräuschlos; heimlich; stumpf (*Farbe*); ~ *como uma porta* stocktaub; *ficar* ~ *a* sich verschließen (*dat.*); **~o-mudo** [~u'muðu] taubstumm.
surg|idoiro, -ouro [~ʒi'ðoiru, -oru] *m* Ankerplatz *m*; **~ir** [~'ʒir] (3n) auftauchen, erscheinen; (herauf-) kommen; sich erheben; ⚓ ankern; *fazer* ~ hervorbringen.
suro ['suru] schwanzlos.
surpre|endente [surprjẽn'dẽntə] erstaunlich; **~ender** [~ẽn'der] (2a) überraschen, überrumpeln; ertappen; be-, über-fallen (*Gefühl*); *j-m et.* ablisten; **~sa** [~'prezɐ] *f* Überraschung *f*; Überrumpelung *f*; **~so** [~'prezu] überrascht; bestürzt.
surra P ['suʀɐ] *f* Tracht *f* Prügel.
surr|ado [su'ʀaðu] fadenscheinig; schäbig; F abgedroschen (*Wort usw.*); **~ador** [~ʀɐ'ðor] *m* Weißgerber *m*; **~ão** [~'ʀɐ̃u] *m* Hirtentasche *f*; **~ar** [~'ʀar] (1a) (weiß)

gerben; abschaben; *Kleid* strapazieren; *j-m* das Fell gerben; **~ar-se** verschleißen (*Kleid*), sich abnutzen.
surribar [~ʀi'βar] (1a) *Erde* auflockern; die Erde aufhacken um.
surripiar P [~'pjar] (1g) stibitzen.
surro ['suʀu] *m* Schmutz(schicht *f*) *m*.
surt|ida ⚔ [sur'tiδɐ] *f* Ausfall(spforte *f*) *m*; **~ir** [~ir] (3a) zur Folge h., bewirken; ~ *efeito* s-e Wirkung tun; *v/i. gut, schlecht* ausgehen; Erfolg bringen (*od.* h. mit *com*); **~o** ['surtu] **1.** *adj.* verankert; *estar* ~ vor Anker liegen; **2.** *m Gedanken*-Flug *m*; Schwung *m*; Aufschwung *m*, -trieb *m*; ✝ *a.* Hausse *f*.
suru *bras.* [su'ru] *m* = *suro*.
sus! [suʃ] *int.* frisch!, auf!, los!
susce(p)t|ibilidade [suʃsɛtiβəli'δaδə] *f* Empfänglichkeit *f*; Empfindlichkeit *f*; **~ibilizar** [~iβəli'zar] (1a) kränken; ~*-se* gekränkt sn; **~ível** [~'tivɛɫ] empfänglich (für *de*); empfindlich; ~ *de* fähig (*gen.*); *ser* ~ *de* erlauben (*ac.*).
suscitar [~si'tar] (1a) hervorrufen; anstiften; *Befürchtung* erwecken, erregen; *Gedanken* anregen; *j-n* bringen auf (*ac.*).
suseran|ia [suzərɐ'niɐ] *f* Lehnsherrschaft *f*; Oberhoheit *f*; **~o** [~'rɐnu] **1.** *adj.* oberherrlich; **2.** *m* oberste(r) Herr *m*; Lehnsherr *m*; = *soberano*.
suspei|ção [suʃpei'sɐ̃u] *f* Verdächtigung *f*; **~ta** [~'peitɐ] *f* Verdacht(smoment *n*) *m*; Argwohn *m*, Mißtrauen *n*; Vermutung *f*; *lançar* ~*s sobre* verdächtigen (*ac.*); **~tar** [~'tar] (1a) argwöhnen; vermuten; *j-n* verdächtigen (als *de*); *v/i.* ~ *de* im Verdacht h. (*ac.*); **~to** [~'peitu] verdächtig; befangen; *andar* ~ *de* Verdacht h. auf (*ac.*); **~toso** [~'tozu] verdächtig; argwöhnisch.
suspen|der [~pẽn'der] (2a) (auf-)hängen; aufschieben; *den Gang e-r Sache* aussetzen, unterbrechen; *Zahlung, Lieferung* (vorläufig) einstellen; *Gesetz* (zeitweilig) außer Kraft setzen; *Beamten* suspendieren; *Zeitung* (vorübergehend) verbieten; **~der-se** sich hängen; hängen(bleiben); = *ficar* ~*so*; **~são** [~pẽ'sɐ̃u] *f* Aufhängen *n*; Schwebe (-zustand *m*) *f*; Aufschub *m*; Unterbrechung *f*; Pause *f*; Einstellung *f*; (zeitweilige) Aufhebung *f*; Suspension *f*; Verbot *n*; *auto.* Federung *f*; ♪ Fermate *f*; *Blumen-, Licht*-Ampel *f*; *candeeiro m de* ~ Hängelampe *f*; **~sivo** [~pẽ'sivu] aufschiebend; **~so** [~'pẽsu] **1.** *p.p. irr. v.* ~*der*; **2.** *adj.* hängend; schwebend; *fig.* unschlüssig; unvollendet (*Satz*); *estar* ~ hängen; schweben (*a. fig.*); *ficar* ~ innehalten; verstummen; *ter* ~ *j-n* hinhalten; **~ório** [~pẽ'sɔrju] *m* ⚕ Suspensorium *n*; ~*s pl.* Hosenträger *m*.
suspic|ácia [~pi'kasjɐ] *f* Argwohn *m*; **~az** [~aʃ] argwöhnisch.
suspir|ado [~pi'raδu] ersehnt; **~ar** [~ar] (1a) beklagen; ersehnen; *v/i.* seufzen; säuseln (*Wind*); ~ *por* sich sehnen nach (*dat.*); verliebt sn in (*ac.*); **~o** [~'piru] *m* Seufzer *m*; *cul. Art* Windbeutel *m*; ⚘ Skabiose *f*; **~oso** [~'rozu] seufzend; klagend.
sussurr|ar [susu'ʀar] (1a) säuseln (*Wind*); murmeln (*Quelle*); rauschen (*Blätter, Wasser usw.*); summen (*Insekt*); *v/t.* flüstern; **~o** [~'suʀu] Säuseln *n*; Murmeln *n*; Rauschen *n*; Summen *n*; Flüstern *n*.
sust|ância *bras.* [sus'tɐ̃sjɐ] *f* = *substância*; **~ar** [suʃ'tar] (1a) an-, auf-halten; einstellen; *v/i.* innehalten.
sustenido ♪ [suʃtə'niδu] **1.** *m* Kreuz *n*; **2.** *adj.* erhöht; *dó m* ~ Cis *n*.
sustent|ação [~tẽntɐ'sɐ̃u] *f* Unterhalt *m*; Tragkraft *f*; Auftrieb *m*; **~áculo** [~'takulu] *m* Stütze *f*; **~ar** [~'tar] (1a) tragen; (ab)stützen; unterhalten; (er)nähren; unterstützen; *Anstrengung, Note* aushalten; *Kampf* bestehen; (be)schützen; verteidigen; *Stellung* behaupten; aufrechterhalten, vertreten; **~ar-se** sich halten; **~ável** [~'tavɛɫ] haltbar; annehmbar; tragbar; **~o** [~'tẽntu] *m* Nahrung *f*; (Lebens-)Unterhalt *m*; Halt *m*, Stütze *f*.
suster [~'ter] (2zb) stützen, tragen; aus-, unter-halten; an-, auf-, zurück-halten; Einhalt gebieten (*dat.*); zügeln; **~-se** sich (aufrecht) halten; an-, inne-halten; an sich halten.
susto ['suʃtu] *m* Schreck(en) *m* (*pregar* einjagen).
sutil *bras.* [su'tiɫ] = *subtil*.
sutur|a [su'turɐ] *f* Naht *f*; *das* Nähen *e-r Wunde*; *agulha f de* ~ chirurgische (*od.* Heft-)Nadel *f*; **~ar** [~tu'rar] (1a) *Wunde* nähen.

T

T, t [te] *m* T, t *n*.
taba|cal [tɐβɐ'kał] *m* Tabakpflanzung *f*; **~caria** [~kɐ'riɐ] *f* Tabakladen *m*; **~co** [~'βaku] *m* Tabak *m*; **~queira** [~'keirɐ] *f* Tabaks-dose *f*, -beutel *m*; **~queiro** [~'keiru] Tabak...
tabefe [~'ßɛfə] *m* F Ohrfeige *f*.
tabela [~'βɛlɐ] *f* Verzeichnis *n*, Liste *f*; Tabelle *f*; *Billard*-Bande *f*; ~ *de preços* Preis-liste *f*, -tafel *f*; *preço m da* ~ Listenpreis *m*; amtlich festgesetzte(r) Preis *m*.
tabel|ado [~βə'laδu] amtlich festgesetzt (*Preis*); *artigo m* ~ Artikel *m* mit festgesetztem Preis; **~amento** [~lɐ'mẽntu] *m* Preisfestsetzung *f* (für *de*); *decretar o* ~ *de* = **~ar** [~'lar] **1.** *v/t.* (1c) den (die) Preis(e) festsetzen für; **2.** *adj.* tabellarisch; Listen...; **~ião** [~'ljɐ̃u] *m* Notar *m*.
tabern|a [~'βɛrnɐ] *f* Wirtshaus *n*; **~áculo** [~βər'nakulu] *m* Tabernakel *n*; *festa f dos* ~*s* Laubhüttenfest *n*; **~al, ~ário** [~βər'nał, -'narju] Wirtshaus...; *fig.* schmutzig; **~eiro** *m*, **-a** *f* [~βər'neiru, -ɐ] Wirt(in *f*) *m*.
tabique [tɐ'βikə] *m* Zwischenwand *f*; ~ *ripado* Lattenverschlag *m*; *parede f de* ~ Zwischenwand *f*.
tabla ['taβlɐ] *f* Tafel *f*; **~do** [tɐ'βlaδu] *m* Bühne *f*; *Brücken*-Bahn *f*, -Belag *m*.
taboca *bras.* [ta'βɔkɐ] *f* **a**) Bambus *m*; **b**) Betrug *m*; Täuschung *f*; *passar* (*a*) ~ *a* sitzenlassen (*ac.*).
tabua [tɐ'βuɐ] *f* ⚘ Rohrkolben *m*; *fig. bras.* Korb *m*; *mandar à* ~ zum Henker schicken.
tábua ['taβwɐ] *f* Brett *n*; *Schiffs*-Planke *f*; *Marmor*-Platte *f*; Tafel (-bild *n*) *f*; Verzeichnis *n*; *Spiel*-, *Eß*-Tisch *m*; *geogr.* Karte *f*; *Hals*-Seite *f des Pferdes*; *bras. fig.* Korb *m*; ~ *de salvação* Rettungsanker *m*.
tabu|ada [tɐ'βwaδɐ] *f* Register *n* (*a. fig.*); Rechenbuch *n*; ~ *de multiplicar* Einmaleins *n*; **~ado** [~aδu] *m* Stapel *m* Bretter; Bretterwand *f*; (Bretter-)Boden *m*; **~ão** [~ɐ̃u] *m* Bohle *f*, Planke *f*; **~inha** [~iɲɐ] *f* Latte *f*; ~*s pl.* Jalousie *f*.
tábula ['taβulɐ] *f Brettspiel*: Stein *m*.
tabul|ado [tɐβu'laδu] *m* Bretterzaun *m*; Verschlag *m*; (Bretter-) Boden *m*; **~ador** [~lɐ'δor] *m* Tabulator *m*; **~ar** [~'lar] Tafel...; Tabellen...; *ensino m* ~ Kartenkunde *f*; **~eiro** [~eiru] *m* Tablett *n*; Platte *f*; *Spiel*-Brett *n*; Kuchenblech *n*; *Garten*-Beet *n*; *Treppen*-Absatz *m*; Podest *m*; Brücken-, Fahr-bahn *f*; *bras. Verkaufs*-Stand *m*; Plateau *n*; **~eta** [~etɐ] *f* (Aushänge-)Schild *n*; Taburett *n*.
taburno [tɐ'βurnu] *m* Schemel *m*; Tritt *m*; Grabplatte *f*; *Art* Reff *n*.
taça ['tasɐ] *f Sekt*-Glas *n*; Pokal *m*; Schale *f*; *astr.* Becher *m*.
tacanh|aria [tɐkɐɲɐ'riɐ] *f* Knauserei *f*; **~ear** [~'ɲjar] (1l) knausern, knickern; **~eza, ~ice** [~'ɲezɐ, ~'ɲisə] *f* = **~aria**; **~o** [~'kɐɲu] knauserig.
tacão [tɐ'kɐ̃u] *m Stiefel*-Absatz *m*.
tach|a ['taʃɐ] *f* **a**) *kleiner* Nagel *m*; Polster-, Zier-nagel *m*; Schuhzwecke *f*; **b**) Fleck *m*; *fig.* Fehler *m*; Makel *m*; *pôr* ~ *a* etwas auszusetzen h. an (*dat.*); **c**) *bras. Zuckersiede*-Kessel *m*; **~ão** [tɐ'ʃɐ̃u] *m* **a**) Ziernagel *m*; **b**) Kessel *m*; **~ar** [tɐ'ʃar] (1b) beanstanden; tadeln; ~ *de* bezeichnen als, nennen; **~o** [~u] *m Koch*-Topf *m*.
tácito ['tasitu] stillschweigend.
taciturno [tɐsi'turnu] schweigsam, einsilbig; trübsinnig.
taco ['taku] *m* **a**) Billardstock *m*, Queue *f*; *Golf*- *usw.* Schläger *m*; Pfropf *m*; **b**) *bras.* Stück *n*.
tactear [ta'tjar] (1l) (ab-, be-) fühlen; betasten; *v/i.* tasten.
táctic|a ['tatikɐ] *f* Taktik *f*; **~o** [~u] **1.** *adj.* taktisch; **2.** *m* Taktiker *m*.
tacto ['tatu] *m* Gefühl *n*; Berührung *f*; *fig.* Takt(gefühl *n*) *m*; *pelo* ~ nach dem Gefühl; durch Berührung; *ser* (*duro*) *ao* ~ sich (hart *usw.*) anfühlen.
tafetá [tɐfə'ta] *m* Taft *m*.

taful [tɐ'fuɫ] **1.** *m* Geck *m*, Stutzer *m*; Spieler *m*; **2.** *adj.* geckenhaft; Spiel...
tafulh|ar [~fu'ʎar] (1a) zustopfen; **~o** [~'fuʎu] *m* Stopfen *n*, Pfropfen *n*.
tagar|ela [tɐɣɐ'rɛlɐ] **1.** *adj.* geschwätzig; schwatzhaft; **2.** *su.* Schwätzer(in *f*) *m*; Klatschbase *f*; **3.** *f* Geschwätz *n*; Lärm *m*; Geschrei *n*; **~elar** [~rə'lar] (1c) schwätzen; **~elice** [~rə'lisə] *f* Geschwätzigkeit *f*; Schwatzhaftigkeit; Geschwätz *n*.
taiaçu *bras.* [taja'su] *m Art* Wildschwein *n*.
tainha [tɐ'iɲɐ] *f* Quappe *f* (*Fisch*).
taip|a ['taipɐ] *f* Lehmwand *f*; Bretterzaun *m*; **~al** [tai'paɫ] *m* Fach-, Sparren-werk *n*; *Karren-*Wand *f*; *Fenster-*Laden *m*; *carro m de taipais* Kippkarren *m*; **~ar** [tai'par] (1a) kleiben; aus Fachwerk bauen; Wände einziehen in (*dat.*); zumauern.
tal [taɫ] (ein[e]) solche(r, -s) *od.* derartige(r, -s), solch (*od.* so) ein(e); ein(e); das; so etwas; so, derart; *o* ~ besagte(r, -s); *um* ~ ein gewisser; *José de* ~ Josef Soundso; ~..., ~... wie..., so...; = ~..., e ~... der..., jener...; ~ *ou* ~ der und der; manche; ~, *qual* (so), wie; ~ (e) *qual* ebensolche(r, -s); ganz (*z.B.* ~ *qual o pai* ganz der Vater); ganz genau so; *outro* (*que*) ~ noch so ein(e); *que* ~? nun?; was gibt's?; *que* ~ *acha?* wie finden Sie (das)?
tala ['talɐ] *f cir.* Schiene *f*; ⊕ Lasche *f*; *pôr* ~*s em* schienen (*ac.*).
talagarça [tɐlɐ'ɣarsɐ] *f* Stramin *m*.
tálamo ['talɐmu] *m* Brautbett *n*; *fig.* Hochzeit *f*; ⚘ Fruchtboden *m*.
talante [tɐ'lɐ̃ntə] *m* Wille *m*; *a seu* (*belo*) ~ (ganz) nach Belieben, beliebig; *de seu* ~ aus eigenem Antrieb, freiwillig; willkürlich.
talão [~'lɐ̃u] *m* Ferse *f*; ✝ Talon *m*; (Kontroll-)Abschnitt *m*; Schein *m*.
talar [~'lar] **1.** *v/t.* (1b) *Feld* umbrechen, pflügen; *Baum* fällen, schlagen; *Welle* durchschneiden; *fig.* verwüsten, verheeren; **2.** *adj.*: *hábito m* ~ Talar *m*.
talco ['taɫku] *m* Talk *m*.
talent|aço, ~ão F [tɐlẽn'tasu, ~ɐ̃u] *m* Riesentalent *n*; Mordsgenie *n*; **~o** [~'lẽntu] *m* Talent *n* (*a. fig.*); Begabung *f*; **~oso** [~'tozu] talentvoll; begabt.
talha ['taʎɐ] *f* **a**) (Be-, Zu-)Schneiden *n*; Schnitzen *n*; (Aus-)Stechen *n*; *ausgestochene* Metallspäne *m/pl.*; Schnitzerei *f*; *Kupfer-*Stich *m*; Einschnitt *m*; Kerbholz *n*; Viertelfuder *n* (*Holz*); *cir.* Blasenschnitt *m*; ⚓ Talje *f*; Steuertau *n*; ~ *estomacal* (*intestinal*) Magen-(Darm-)schnitt *m*; *obra f de* ~ Schnitzerei *f*; **b**) Krug *m*.
talh|ada [tɐ'ʎaðɐ] *f* Schnitte *f*; Stück *n*; **~adeira** [~ʎɐ'ðeirɐ] *f* Hackmesser *n*; Meißel *m*; Beitel *m*; **~ado** [~'ʎaðu] **1.** *adj.* bestimmt *od.* geschaffen (für *para*); *bem* ~ wohlgeformt; schnittig; gut sitzend (*Kleid*); ~ *a pique* steil abfallend; **2.** *m bras.* Klamm *f*, Schlucht *f*; **~ador** [~ʎɐ'ðor] *m* Schlächtergeselle *m*; Tranchier-messer *n*, -platte *f*; Häckselmesser *n*; Gemüseschneider *m*; **~a-frio** [ˌtaʎɐ'friu] *m* Bank-, Kalt-meißel *m*; **~a-mar** [ˌtaʎɐ'mar] *m* ⚓ Schiffsschnabel *m*; Wellenbrecher *m*; **~ão** [~'ʎɐ̃u] *m* Streifen *m* Land; Feld *n*; **~ar** [~'ʎar] (1b) ab-, aus-, ein-, zerschneiden; *Kleid, Schuh* zuschneiden; *Stein* (be)hauen; *in Holz* schnitzen; *in Kupfer* stechen; ab-, ver-, zer-teilen; *Fleisch* zerlegen; *j-m et.* zuteilen; *Los* bereiten; *Schaden* zufügen; *Preis* festsetzen (auf [*ac.*] *em*); ~ *para* zurechtschneiden, -stutzen für; anpassen (*dat.*); bereit (*od.* fähig) m. zu; ~ *pelo* (*od. ao*) *largo* nicht knausern; den geraden Weg nehmen; **~ar-se** bersten; gerinnen (*Milch*); **~arim** [~ʎɐ'rĩ] *m* Bandnudel *f*; **~e** ['taʎə] *m* Schnitt *m*; *Körper-*Wuchs *m*; Form *f*, Gestalt *f*; = *talha* a); **~er** [~'ʎɛr] *m Eß-*Besteck *n*; Gedeck *n*; **~o** ['taʎu] *m* Schnitt *m*; Zerlegen *n des Fleisches*; Beschneiden *n der Bäume*; *fig.* Hackklotz *m*; Fleischerladen *m*; = ~e; *vir a* ~ (*de foice*) wie gerufen kommen.
talião [tɐ'ljɐ̃u] *m* Vergeltung *f*.
talim [tɐ'lĩ] *m Degen-*Gehenk *n*.
taling|a ⚓ [~'lĩŋgɐ] *f* Tau *n*; **~ar** [~lĩŋ'gar] (1o) an-, ver-täuen.
talisca [~'liʃkɐ] *f* Spalte *f*; Splitter *m*.
tal|o ['talu] *m* Stengel *m*; Stiel *m*; *Säulen-*Schaft *m*; *Blatt-*Rippe *f*; **~oso** [tɐ'lozu] gestielt.
tal-qualmente [taɫkwaɫ'mẽntə] ebenso (wie).

taluda P [tɐˈluðɐ] *f das* große Los.
talud|ar [⁓luˈðar] (1a) abböschen; abdachen; **⁓e** [⁓ˈluðə] *m* Böschung *f*.
taludo [⁓ˈluðu] dickstengelig; grobrippig; *fig.* hochgeschossen; kräftig.
talvegue [tałˈvɛɣə] *m* Talsohle *f*.
talvez [tałˈveʃ] vielleicht.
tamanc|a [tɐˈmẽŋkɐ] *f* Holz-schuh *m*, -pantoffel *m*; *bras.* Bremsklotz *m*; **⁓o** [⁓u] *m* = *⁓a*.
tamanduá *bras.* [⁓mẽnˈdwa] *m* **a**) Ameisenbär *m*; **b**) Gewissensfrage *f*.
tamanho [⁓ˈmɐɲu] **1.** *adj.* so groß; so hoch; **2.** *m* Größe *f*.
tamanqueiro [⁓mẽŋˈkeiru] *m* Holzschuhmacher *m*.
tâmara [ˈtɐmɐrɐ] *f* Dattel *f*.
tamareira [tɐmɐˈreirɐ] *f* Dattelpalme *f*.
tamar|gueira ⚘ [⁓mɐrˈɣeirɐ] *f* = **⁓iz** [⁓ˈriʃ] *m* Tamariske *f*.
também [tẽmˈbẽi] auch.
tambo *bras.* [ˈtẽmbu] *m* (Meier-) Hof *m*; ⁓ (*de leite*) Molkerei *f*.
tambor [tẽmˈbor] *m* Trommel *f* (*a.* ⊕); Trommelschläger *m*; *anat.* Trommelfell *n*; **⁓-mor** [⁓ˈmɔr] *m* Tamburmajor *m*.
tambor|il [⁓buˈriɫ] *m* = *⁓im*; **⁓ilada** [⁓riˈlaðɐ] *f* (Trommel-) Wirbel *m*; **⁓ilar** [⁓riˈlar] (1a) trommeln; **⁓ileiro** [⁓riˈleiru] *m* Tamburinspieler *m*; **⁓im** [⁓ˈrĩ] *m* Handtrommel *f*, Tamburin *n*.
tamiça [tɐˈmisɐ] *f* Hanfschnur *f*.
tamis [⁓ˈmiʃ] *m* Haarsieb *n*; **⁓ar** [⁓miˈzar] (1a) fein sieben.
tamp|a [ˈtẽmpɐ] *f* Deckel *m*; Stöpsel *m*; *Ventil*-Haube *f*; Kappe *f*; **⁓ão** [tẽmˈpẽu] *m* Spund *m*; Bausch *m*; Stöpsel *m*; **⁓o** [⁓u] *m* Faßboden *m*; *Abort*-Deckel *m*; ♪ Resonanzboden *m*; *meter os ⁓s dentro* P den Schädel einschlagen; **⁓ouco** = *tão-pouco*.
tanado [tɐˈnaðu] lohfarben.
tanch|ão ⚒ [tẽˈʃẽu] *m* Setzling *m*, Steckreis *n*; Rebstecker *m*; **⁓ar** [⁓ar] (1a) einpflanzen.
tanga [ˈtẽŋgɐ] *f* (Lenden-)Schurz *m*.
tang|edor [tẽʒəˈðor] *m* ♪ Spieler *m*; **⁓e-fole**(s) [⁓əˈfɔlə(ʃ)] *m* Bälgetreter *m*, -zieher *m*; **⁓ência** [⁓ˈʒẽsjɐ] *f* Berührung *f*; Tangens *m*; **⁓ente** [⁓ˈʒẽntə] **1.** *adj.* berührend; Tangential...; **2.** *f* ∆ Tangente *f*; *fig.* F einzige(r) Ausweg *m*, Rettung(s-anker *m*) *f*; *na ⁓ com* dicht an (*od.* vor) (*dat.*); *escapar pela ⁓* mit e-m blauen Auge davonkommen; **⁓er** [⁓ˈʒer] (2h) spielen; *Saiten* schlagen; *Glocke* läuten; *Bälge* treten, ziehen; *Tier* antreiben; *v/i.* läuten, klingen; Musik m., spielen; ⁓ *a* betreffen (*ac.*); gehören zu.
tangerin|a ⚘ [⁓ʒəˈrinɐ] *f* Mandarine *f*; **⁓eira** [⁓riˈneirɐ] *f* Mandarinenbaum *m*.
tangível [⁓ˈʒivɛɫ] greifbar; fühlbar.
tânico [ˈtɐniku]: *ácido m ⁓* =
tanino [tɐˈninu] *m* Gerbsäure *f*, Lohe *f*.
tano|aria [tɐnwɐˈriɐ] *f* Böttcherei *f*; **⁓eiro** [⁓ˈnweiru] *m* Böttcher *m*, Küfer *m*.
tanque [ˈtẽŋkə] *m* Tank *m* (*a.* ⚔); Behälter *m*; Teich *m*; Waschtrog *m*.
tantã [tẽnˈtẽ] *m* Gong *m*.
tanto [ˈtẽntu] **1.** *adj.* so viel; so groß; so manche(r, -s); soundsoviel; *-as vezes* so(undso) oft; *e ⁓s* (*od.* *-as*) über (*z.B.* *mil e ⁓s homens* über tausend Mann); *a ⁓s do mês* am soundsovielten; *às -as* auf einmal; schließlich; **2.** *pron.* soviel; *e ⁓* über (*z.B.* *uma libra e ⁓* über ein Pfund); *a ⁓* so weit; *para ⁓* dazu; *não é para ⁓* so schlimm ist's (nun doch) nicht; *por ⁓* dafür; *vgl.* *portanto*; **3.** *m*: *um ⁓* soundsoviel; = *algum ⁓* ein wenig, etwas; *outro ⁓* ebensoviel; noch einmal soviel; dasselbe, das gleiche; *três ⁓s de* dreimal soviel (*od.* so groß) wie; **4.** *adv.* so (sehr); derartig; so schnell; so viel; so lange; ebenso sehr (*od.* schnell, viel, lange); *em ⁓* um soviel; so sehr; *⁓ por ⁓* im Zweifelsfalle; *⁓ mais* um so mehr; *⁓ melhor* (*pior*) um so besser (schlimmer); *⁓ quanto* soviel (*od.* so sehr, so lange, so schnell) wie; *⁓... quanto* (*od.* *como*) sowohl ... als auch (*od.* wie); *não ⁓ como isso*, *não ⁓ assim* das nicht gerade; *fazer ⁓ que* es soweit treiben, daß; **5.** *cj.* *⁓ que* sobald; *⁓ assim que* und deshalb; (e) *⁓ mais que* (*od.* *quanto*) um so mehr (*nach Verneinungen*: um so weniger) als.
tão [tẽu] so; so sehr; ebenso; **⁓-pouco** [⁓ˈpoku] ebensowenig; auch nicht; **⁓-sòmente** [⁓sɔˈmẽntə] lediglich; kaum; nicht einmal.
tapa [ˈtapɐ] *f* Hornschuh *m* (*Huf*); ⚔ Mündungsdeckel *m*; *fig.* schla-

gende Antwort *f*, F Deckel *m*; P Klaps *m*; **~-boca** P [~'βokɐ] *m* Maulschelle *f*.

tap|ada [tɐ'paδɐ] *f* (Wild-)Park *m*; Einfriedigung *f*; **~ado** [~'paδu] *fig.* beschränkt; **~adura** [~pɐ'δurɐ] *f* Einfriedigung *f*, Zaun *m*; = *tampa*; **~ar** [~'par] (1b) zudecken; (zu-) stopfen; verschließen; ver-decken, -hüllen; (sich) *die Ohren, den Mund* zuhalten; *die Augen* verbinden; *Gelände* einfriedigen; *~ a boca, ~ os lábios* den Mund verbieten (F stopfen); *tapa essa boca!* halt den Mund!

tape|ação *bras.* [tapja'sɐ̃u] *f* Täuschung *f*; Streich *m*; **~ar** [~'pjar] (1l) täuschen; bemänteln; *j-m* e-n Streich spielen.

tape|çaria [tɐpəsɐ'riɐ] *f* Gobelin *m*, Wandteppich *m*; Tapisserie *f*; *Blumen-*, *Rasen-*Teppich *m*; **~ceiro** [~'seiru] *m* Teppichknüpfer *m*.

tapera *bras.* [ta'pɛrɐ] **1.** *f* Brachland *n*; verwilderte Pflanzung *f*; verfallende(s) Haus *n*; **2.** *adj.* unbewohnt; verlassen; verwahrlost; F nicht richtig (*im Kopf*); *ser ~ de* schielen auf (*dat.*).

tapet|e [tɐ'petə] *m* Teppich *m*; *Bett-*Vorleger *m*; *Treppen-*Läufer *m*; *~ de verdura* Rasenteppich *m*; **~eiro** [~pə'teiru] *m* Teppich-händler *m*, -wirker *m*.

tapicuri *bras.* [tapiku'ri] *m* Maniok-[wein *m*.]

tapioca [tɐ'pjɔkɐ] *f* Tapioka *f*.

tapona [~'ponɐ] *f* Ohrfeige *f*.

tapu|lho [~'puʎu] *m* Pfropf(en) *m*; **~me** [~'pumə] *m* (Bretter-)Zaun *m*.

taquar|a *bras.* [ta'kwarɐ] *f* Bambus *m*; **~al** [~kwa'rał] *m* Bambusdickicht *n*.

taqu|eómetro [tɐ'kjɔmətru] *m* Tachymeter *n*; **~icardia** [~kikɐr'δiɐ] *f* beschleunigte Herztätigkeit *f*; **~igrafar** [~kiɣrɐ'far] (1b) stenographieren; **~igrafia** [~kiɣrɐ'fiɐ] *f* Kurzschrift *f*; **~ígrafo** [~'kiɣrɐfu] *m* Stenograph *m*; **~ímetro** [~'kimətru] *m* Geschwindigkeitsmesser *m*.

tara ['tarɐ] *f* ♰ Tara *f*, Leergewicht *n*; *fig.* (Erb-)Fehler *m*; erbliche Belastung *f*; Erbkrankheit *f*; **~do** [tɐ'raδu] *fig.* erbkrank; erblich belastet.

taramel|a [tɐrɐ'mɛlɐ] **1.** *f* Klinke *f*; Rüttelschuh *m*, Mühlklapper *f*; *fig.* Gewäsch *n*; *dar à ~* quasseln; **2.** *su.* Quasselstrippe *f*; **~ar** [~mə'lar] (1c) quasseln, F quatschen; **~ice** [~mə'lisə] *f* = *tagarelice*.

tarântula [~'rɐ̃ntulɐ] *f* Tarantel *f*.

tarar [tɐ'rar] (1b) (aus)tarieren; mit Gewichtsangabe versehen.

tarara [~'rarɐ] *f* Worfelmaschine *f*.

tard|ança [tɐr'δɐ̃sɐ] *f* Verzögerung *f*; Verspätung *f*; Ausbleiben *n*; Saumseligkeit *f*; *sem ~* unverzüglich; **~ar** [~'δar] (1b) aufschieben; hinaus-, ver-zögern; *v/i.* zögern (*zu em*); verweilen; sich Zeit l.; auf sich warten l.; lange ausbleiben; (lange) dauern; *não ~* bald kommen; *não ~ com alg.* j-n nicht warten l.; *não tarda quem vem* er kommt bald; *não ~ em* (*od. a*) *fazer a/c.* bald et. tun; *o mais ~* spätestens; **~e** ['tarδə] **1.** *adv.* spät; *ou cedo ou ~* früher oder später; *é ~* (*para*) es ist zu spät (zu); *faz-se ~* es wird spät; es ist höchste Zeit; *mais vale ~ do que nunca* besser spät als nie; **2.** *f* Nachmittag *m*; *à ~, de ~* am Nachmittag, nachmittags; *boa(s) ~(s)* guten Tag!; **3.** *m*: *no ~* verspätet, spät; **~eza** [~'δezɐ] *f* Saumseligkeit *f*; **~ígrado** [~'δiɣrɐδu] *m zo.* Faultier *n*; **~inha** [~'δiɲɐ] *f* Spätnachmittag *m*; **~io** [~'δiu] spät(reif); Spät...; **~o** ['tarδu] säumig; langsam; saumselig; schwerfällig; verspätet; nachträglich; *ser ~ em fazer a/c.* nur langsam et. tun.

tareco [tɐ'rɛku] **1.** *adj.* unruhig, übermütig; **2.** *m* Nichtsnutz *m*; *~s pl.* Gerümpel *n*.

taref|a [~'rɛfɐ] *f* (Akkord-)Arbeit *f*, Gedinge *n*; *fig.* Aufgabe *f*; Pensum *n*; *Ölbau*: Klärbottich *m*; *bras.* ⚒ Morgen *m*; **~eiro** [~rə'feiru] *m* Akkordarbeiter *m*.

tareia [~'rejɐ] *f* Tracht *f* Prügel; *dar uma valente ~* tüchtig verprügeln (*ac.*); *levar uma ~* Prügel kriegen.

tarif|a [~'rifɐ] *f* Tarif *m*; **~ação** [~ri'fɐsɐ̃u] *f* Tarifordnung *f*; **~ar** [~ri'far] (1a) den Tarif festsetzen für; **~ário** [~ri'farju] Tarif...

tarimba [~'rĩmbɐ] *f* Pritsche *f*.

tarj|a ['tarʒɐ] *f* Umrandung *f*; Trauerrand *m*; **~ado** [tɐr'ʒaδu]: *~ (de preto)* schwarz gerändert.

tarou|co [tɐ'roku] kindisch; **~quice** [~ro'kisə] *f* Kinderei *f*.

tarraxa [tɐ'ʀaʃɐ] *f* Schraube *f*; Bolzen *m*; Keil *m*.
tarro ['taʀu] *m* Melkeimer *m*.
tarso *anat.* ['tarsu] *m* Fußwurzel *f*.
tartamud|ear [tɐrtɐmu'ðjar] (1l) stottern, stammeln; **~o** [~'muðu] **1.** *adj.* stotternd; **2.** *m* Stotterer *m*.
tartárico [~'tariku] ⚗ Weinstein...
tártaro ['tartɐru] **1.** *m* **a)** ⚗ Weinstein *m*; Zahnstein *m*; **b)** ♀ *poét.* Unterwelt *f*; **c)** Tatar *m*; **2.** *adj.* tatarisch.
tartaruga [tɐrtɐ'ruɣɐ] *f* Schildkröte *f*; Schildpatt *n*.
tarugo [tɐ'ruɣu] *m* Dübel *m*.
tasc|a ['taʃkɐ] *f* Kneipe *f*, Schenke *f*; **~ar** [tɐʃ'kar] (1n; *Stv.* 1b) *Flachs* brechen; beißen; *Zähne* fletschen; ~ *o freio* in den Zügel knirschen; **~o** [~u] *m* **a)** = *~a*; **b)** Werg *n*.
tasquinh|a [tɐʃ'kiɲɐ] **1.** *f* Flachsbreche *f*; **2.** *su.* schlechte(r) Esser *m*; **~ar** [~ki'ɲar] (1a) **a)** = *tascar*; **b)** knabbern.
tat|alar *bras.* [tata'lar] (1a) klappern; rasseln; **~amba** *bras.* [~'tẽmbɐ] *su.* Stammler *m*.
tataranh|a [tɐtɐ'rɐɲɐ] unbeholfen; **~ar** [~rɐ'ɲar] (1a) stammeln; sich unbeholfen anstellen.
tat|ear, ~o *usw. s. tactear, tacto.*
tatu [tɐ'tu] *m zo.* Gürteltier *n*.
tatu|agem [tɐ'twaʒɐ̃i] *f* Tätowierung *f*; **~ar** [~ar] (1g) tätowieren.
tau [tau] *int.* patsch!; schwapp!; *apanhar* ~ ~ Haue kriegen.
taumaturgo [~mɐ'turɣu] *m* Wundertäter *m*.
taur|ino [~'rinu] Stier...; **~o** ['tauru] *m astr.* Stier *m*.
tauromaquia [~rumɐ'kiɐ] *f* Stierkampf *m*.
tautologia [~tulu'ʒiɐ] *f* Tautologie *f*.
tavão [tɐ'vɐ̃u] *m* Bremse *f* (*Fliege*).
tavern|a, ~eiro [~'vɛrnɐ, ~vər'neiru] *m* = *tabern|a, ~eiro.*
taxa ['taʃɐ] *f* Taxe *f*; Gebühr *f*; *Zins*-Satz *m*; Anteil *m*; *bras.* Strafporto *n*.
tax|ação [tɐʃɐ'sɐ̃u] *f* Schätzung *f*; *Steuer*-Einschätzung *f*; Besteuerung *f*; *Preis*-Festsetzung *f*; **~ador** [~ɐ'ðor] *m* Taxator *m*; **~ar** [~'ʃar] (1b) einschätzen, taxieren; schätzen (auf [*ac.*] em); die Preise (*od.* Gebühren) festsetzen für; *Preis usw.* festsetzen; ein-, be-schränken; ~ *de* betrachten als, halten für; nennen; **~ativo** [~ɐ'tivu] eindeutig.
táxi ['taksi] *m* Taxi *n*, Taxe *f*.
taxímetro [tɐk'simətru] *m* Taxameter *m*; Fahrpreisanzeiger *m*.
tcheco(-eslovaco) *bras.* ['tʃɛkɔ-(iʒlo'vaku)] = *checo(-eslovaco).*
te [tə] dir; dich.
té [tɛ] = *até.*
tê [te] *m Name des Buchstaben* t *n*; *pl. tês od. tt.*
te|ada ['tjaðɐ] *f* Gewebe *n*; Gespinst *n*; **~agem** [~aʒɐ̃i] *f* Zellgewebe *n*; = *~ada*; **~ar** [~ar] *m* Webstuhl *m*; *tip.* Heftlade *f*; Uhrwerk *n*; ~ *de malha* Strickmaschine *f*.
teatr|al [tjɐ'trał] theatralisch; Theater...; **~o** ['tjatru] *m* Theater *n*; Schauspielhaus *n*; Lichtspieltheater *n*; *fig.* Schauplatz *m*; ~ *anatómico* Seziersaal *m*, Anatomie *f*; *lance m de* ~ Theater-coup *m*, -streich *m*.
tec|edor *m*, **-eira** *f* [təsə'ðor, -eirɐ] Weber(in *f*) *m*; *fig.* Urheber(in *f*) *m*; ~ *de enredos*, ~ *de intrigas* Intrigant(in *f*) *m*; **~edura** [~ə'ðurɐ] *f* Gewebe *n* (*a. fig.*); Einschlag *m*; = **~elagem** [~ə'laʒɐ̃i] *f* Weben *n*; Weberei *f*; *fábrica f de* ~ Weberei *f*; **~elão** *m*, **-oa** *f* [~ə'lɐ̃u, -oɐ] Weber (-in *f*) *m*; **~er** [~'ser] (2g) (ver)weben; durch-weben, -flechten; *fig.* ersinnen; *Kritik* üben; *Betrachtung* anstellen; *Plan* einfädeln, anzetteln; *Ränke* schmieden; ~ *louvores* (*od. hinos de louvor*) *a alg.*, ~ *o elogio de alg.* j-s Lob (*od.* j-m ein Loblied) singen; **~ido** [~'siðu] *m* Gewebe *n* (*a. fig.*); *Kleider*-Stoff *m*.
tecl|a ['tɛklɐ] *f* Taste *f*; **~ado** [tə'klaðu] *m* Tastatur *f*; Klaviatur *f*.
técnic|a ['tɛknikɐ] *f* Technik *f*; **~o** [~u] **1.** *adj.* technisch; **2.** *m* Techniker *m*; Facharbeiter *m*; Fachmann *m*.
tecnicolor [tɛkniku'lor] *m*: *em* ~ farbig (*Film*); **~ido** [~lu'riðu] *nachträglich* gefärbt (*a. fig.*); F frisiert.
tecto ['tɛtu] *m* Decke *f*; *fig.* Dach *n*; ⚒ Plafond *m*.
tectónic|a [tɛ'tɔnikɐ] *f geol.* Tektonik *f*; ▲ Architektonik *f*; *fig.* Bau *m*, Struktur *f*; **~o** [~u] (archi)tektonisch; Bau...; strukturell.
tédio ['tɛðju] *m* Langeweile *f*; Überdruß *m*; *encher-se de* ~ sich langweilen.

tegumento [təɣu'mẽntu] *m* Hülle *f*.
teia ['tejɐ] *f* **a**) Gewebe *n*; Gespinst *n*; Kahm *m*; *Spinnen*-Netz *n*; Chorgitter *n* (*Kirche*); *Gerichts- usw.* Schranken *f/pl.*; *Lebens*-Faden *m*; **b**) *poét.* Fackel *f*.
teima ['teimɐ] *f* Eigen-, Starr-sinn *m*; Unnachgiebigkeit *f*; Marotte *f*.
teim|ar [tei'mar] (1a) nicht nachgeben; drängen; beharren, bestehen (auf [*dat.*] em); **~osia** [~mu'siɐ] *f* Halsstarrigkeit *f*; = *teima*; **~oso** [~'mozu] eigensinnig; halsstarrig.
teixo ⚘ ['teiʃu] *m* Eibe *f*, Taxus *m*.
tejadilho [tɨʒɐ'ðiʎu] *m* Verdeck *n*.
tel|a ['tɛlɐ] *f* Gewebe *n*, Stoff *m*; *Maler*-Leinwand *f*; Gemälde *n*; *vir à ~* aufs Tapet kommen; **~ão** [tə'lɐ̃u] *tea. m* Reklamevorhang *m*.
teleférico [tələ'fɛriku] *m* Drahtseil-, Schwebe-bahn *f*.
telefon|ada, ~adela [~fu'naðɐ, ~nɐ'ðɛlɐ] *f* Telephongespräch *n*; Anruf *m*; *dar uma ~ a* anrufen (*ac.*); **~ar** [~'nar] (1f) telephonieren; *~ a alg.* j-n anrufen; **~e** [~'fɔnə] *m* Fernsprecher *m*, Telephon *n*; *~ automático* Selbstanschluß(gerät *n*) *m*; **~ema** *bras.* [~'nemɐ] *m* = *~ada*; **~ia** [~'niɐ] *f* Fernsprechwesen *n*; *~ sem fios* Rundfunk *m*.
telef|ónico [~'fɔniku] telephonisch, fernmündlich; *estação (rede) f -a* Fernsprech-amt (-netz) *n*; *lista f -a* Telephonbuch *n*; **~onista** [~fu'niʃtɐ] **1.** *su.* Telephonist(in *f*) *m*; **2.** *f* F *das* Fräulein vom Amt.
telefotogr|afia [telefutuɣrɐ'fiɐ] *f* Bildtelegraphie *f*; Fernbild *n*; **~áfico** [~'ɣrafiku] Fernbild...
telegr|afar [tələɣrɐ'far] (1b) telegraphieren, drahten; **~afia** [~ɐ'fiɐ] *f* (*sem fio*) (drahtlose) Telegraphie *f*; **~áfico** [~'ɣrafiku] telegraphisch, drahtlich; Telegramm...; *informação (resposta) f -a* Draht-bericht *m* (-antwort *f*); *estação f -a* Telegraphenamt *n*; **~afista** [~ɐ'fiʃtɐ] *su.* Telegraphist(in *f*) *m*.
telégrafo [tə'lɛɣrɐfu] *m* Telegraph [*m*.]
tele|grama [~lə'ɣrɐmɐ] *m* Telegramm *n*, Depesche *f* (*expedir od.* P *botar* aufgeben); **~guiado** [~'ɣjaðu] fern-gelenkt, -gesteuert.
telémetro [~'lɛmətru] *m* Entfernungsmesser *m*.
telep|atia [~ləpɐ'tiɐ] *f* Hellsehen *n*; **~ático** [~'patiku] hellseherisch.
tele|scópio [~lɨʃ'kɔpju] *m* Teleskop *n*; **~scritor** [~ʃkri'tor] *m* Fernschreiber *m*; **~spectador** *bras.* [teliʃpɛkta'ðor] **1.** *adj.* Fernseh...; **2.** *m* Fernsehteilnehmer *m*; **~tipo** *bras.* [tele'tipu] *m* = *~scritor*; **~visão** [~ləvi'zɐ̃u] *f* Fernsehen *n*; = **~visor** [~vi'zor] *m* Fernsehgerät *n*.
telha ['teʎɐ] *f* Dachziegel *m*; F Rappel *m*; *debaixo de ~* unter Dach und Fach; *dar (n)a ~* einfallen; *estar com a ~* e-n Rappel haben.
telh|ado [tɨ'ʎaðu] *m* Dach *n*; *água f de ~* Dachfläche *f*; **~ador** [~ʎɐ'ðor] *m* Dachdecker *m*; Tondeckel *m*; **~al** [~'ʎał] *m* Ziegelofen *m*; **~ão** [~'ʎɐ̃u] *m* Preßziegel *m*; **~ar** [~'ʎar] (1d) mit Ziegeln decken; **~eira** [~'ʎeirɐ] *f* Ziegelei *f*; **~eiro** [~'ʎeiru] *m* Ziegelbrenner *m*; Schuppen *m*; Überdach *n*; **~o** ['teʎu] *m* (Ton-) Deckel *m*; **~udo** F [~'ʎuðu] verschroben.
telúr|ico [tə'luriku] tellurisch, Erd...; *águas f/pl. -as* Grundwasser *n*.
tem|a ['temɐ] *m* Thema *n*; *Wort*-Stamm *m*; *Schul*-Aufsatz *m*; *fazer (dar) um ~* e-n Aufsatz schreiben (aufgeben); **~ário** [tə'marju] *m* Themenkreis *m*, Programm *n*; **~ático** [tə'matiku] thematisch; *gram.* Stamm...
tem|ente [tə'mẽntə]: *~ a Deus* gottesfürchtig; **~er** [~'mer] (2c) fürchten; *fazer-se ~* Schrecken verbreiten; gefürchtet w.; **~erário** [~mə'rarju] verwegen, tollkühn; **~eridade** [~məri'ðaðə] *f* Verwegenheit *f*; **~eroso** [~mə'rozu] fürchterlich; furchtsam; **~ido** [~'miðu] **a**) gefürchtet; **b**) ängstlich, schüchtern; **~ível** [~'mivɛł] furchtbar, furchterregend; **~or** [~'mor] *m* Furcht *f*; Schrecken *m* (*a. fig.*); Ehrfurcht *f*, Scheu *f*.
têmpera ['tẽmpərɐ] *f* *Metall*-Härtung *f*; Härte(grad *m*) *f*; Härtebad *n*; Keil *m*; *fig.* Art *f*; Schlag *m*; Charakter(anlage *f*) *m*; *pintura f a ~* Temperamalerei *f*.
temper|ado [tẽmpə'raðu] gemäßigt (*a. geogr.*); maßvoll; mild; zart; ♪ temperiert; **~amento** [~rɐ'mẽntu] *m* Temperament *n*; = **~ança** [~'rɐ̃sɐ] *f* Mäßigkeit *f*; Enthaltsamkeit *f*; *ter ~* Maß halten; **~ante** [~'rɐ̃ntə] mäßig; beruhigend; **~ar**

[~'rar] (1c) *Metall* härten; *Speise* würzen, abschmecken; *Wein* verdünnen; *fig.* stählen; besänftigen; mildern; ♪ stimmen; *v/i.* ~ *com* zs.-stimmen mit, passen zu; **~atura** [~rɐ'turɐ] *f* Temperatur *f*; Witterung *f*; *fig.* Lage *f*.

tempero [~'peru] *m* Gewürz *n*; Zubereitung *f*; *fig.* Mittel *n*; Ausweg *m*.

tempest|ade [~pɨʃ'taðə] *f* Unwetter *n*; Sturm *m*; **~ear** [~jar] (1l) toben; *v/t.* zausen; **~ivo** [~ivu] passend, gelegen; **~uoso** [~wozu] stürmisch.

templário [~'plarju] *m* Tempelherr *m*.

templo ['tẽmplu] *m* Tempel *m*; Kirche *f*; *Freimaurer*-Loge *f*.

tempo ['tẽmpu] *m* Zeit *f* (*matar* totschlagen); *met.* Wetter *n*; ♪ Zeitmaß *n*, Tempo *n*; Takt *m*; *gram.* Zeitform *f*, Tempus *n*; ~ *forte* (*fraco*) ♪ starker (schwacher) Taktteil *m*; *compasso a dois* (*três, quatro*) ~*s* Zwei- (Drei-, Vier-) vierteltakt *m*; *ao* ~ *que* (zu der Zeit) als; *a* ~ rechtzeitig; *a seu* ~ zu gegebener Zeit, bei Gelegenheit; *a um* ~, *ao mesmo* ~ gleichzeitig; *com* ~ a) in aller Ruhe; b) früh genug, frühzeitig; *de* ~(*s*) *a* ~(*s*) von Zeit zu Zeit; *em* ~*s* seinerzeit; vorzeiten; *fora de* ~ zur Unzeit; *há* ~(*s*) vor langer Zeit; *há* ~! wir haben Zeit; l. Sie sich Zeit!; *há que* ~*s*! wie lange schon!; schon lange!; *há mais que* ~*s*! ewig lange!; *há quanto* ~ wie lange; *nesse meio* ~ mittlerweile, unterdessen; (*por*) *largo* (*od. longo, muito*) ~ lange; *dar* ~ Zeit l.; *dar* ~ *ao* ~ abwarten, sich in Geduld fassen; *deixar ao* ~ der Zeit überlassen; *estar em* (*od. ser*) ~ *de inf.* Zeit sn zu *inf.*; *não está o* ~ *para* es ist nicht die Zeit (*od.* kein Wetter) für; *meter* ~ *em meio* Zeit verstreichen l., abwarten; *ser do seu* ~ ein Mensch s-r Zeit sn; *ter concluído o seu* ~ s-e Zeit abgedient (*od.* abgesessen) h.; sein Leben zu Ende gelebt h.; ausgedient h. (*Gegenstand*); *tomar* (*od. roubar*) *o* ~ *a alg.* j-s Zeit in Anspruch nehmen, j-m die Zeit stehlen; *os* ~*s que correm* die heutige Zeit; *atrás de* ~*s* ~*s vêm!* kommt Zeit, kommt Rat!; *todo o* ~ *é* ~ aufgeschoben ist nicht aufgehoben.

tempor|ada [tẽmpu'raðɐ] *f* Zeitlang *f*; Saison *f*; *tea.* Spielzeit *f*; **~al** [~'rał] **1.** *adj.* zeitlich; weltlich; *gram.* temporal; *anat.* Schläfen...; **2.** *m* Sturm *m*, Unwetter *n*; *anat.* Schläfenbein *n*; **~alidade** [~rɐli'ðaðə] *f* Zeitlichkeit *f*; Vorläufigkeit *f*; begrenzte Dauer *f*; **~alizar** [~rɐli'zar] (1a) verweltlichen; **~ão** [~'rɐ̃u] frühreif; frühzeitig; verfrüht; ⚘ Früh...; **~ário** [~'rarju] vorübergehend; zeitweilig.

têmporas ['tẽmpurɐʃ] *f/pl. anat.* Schläfen *f/pl.*

temporiz|ação [tẽmpurizɐ'sɐ̃u] *f* abwartende Haltung *f*; Zögern *n*; kluges Hinhalten *n*; **~ar** [~'zar] (1a) hinauszögern; hinhalten; *v/i.* abwarten; ~ *com* hinhalten (*ac.*); sich anpassen (*dat.*).

ten|acidade [tənɐsi'ðaðə] *f* Zähigkeit *f*; Starrsinn *m*; **~az** [~'naʃ] **1.** *adj.* zäh; hartnäckig; eisern (*Griff*); unlösbar (*Fessel*); **2.** ~(es) *f* (*pl.*) (Kneif-, Beiß-)Zange *f*.

tenca ['tẽŋkɐ] *f* Schleie *f* (*Fisch*).

ten|ção [tẽ'sɐ̃u] *f* Absicht *f*; Gesinnung *f*; Wahlspruch *m*; ⚖ *richterliches* Gutachten *n*; *segunda* ~ Hintergedanke(n) *m*; *santo m de* ~ *particular* Wahlheilige(r) *m*; *por* ~ *de* zum Besten (*gen.*); *fazer* ~ = **~cionar** [~sju'nar] (1f) beabsichtigen; sich vorgenommen haben.

tenda ['tẽndɐ] *f* Zelt *n*; *Markt*-Bude *f*; Stand *m*; Bauchladen *m*.

tend|al [tẽn'dał] *m* **a)** ⚓ Sonnenzelt *n*; Gießerei *f in Zuckerfabriken*; **b)** *bras. Fleisch-, Fisch*-Darre *f*; Spreize *f für Schlachtvieh*; **~ão** *anat.* [~'dɐ̃u] *m* Sehne *f*; **~eiro** *m*, **-a** *f* [~'deiru, -ɐ] Budeninhaber(in *f*) *m*; **~ência** [~'dẽsjɐ] *f* Neigung *f*; Hang *m*; Streben *n*; Tendenz *f*; Richtung *f*; ~ *para subir* (*descer*) steigende (fallende) Tendenz *f*; **~encioso** [~dẽ'sjozu] tendenziös; **~er** [~'der] (2a) *Brot* formen; *v/i.* ~ *a*, ~ *para* streben nach; neigen zu; abzielen auf (*ac.*), bezwecken (*ac.*); hinauslaufen auf (*ac.*), führen zu.

tênder 🚂 ['tẽndɛr] *m* Tender *m*.

tenebroso [tənə'βrozu] finster.

tenência [tə'nẽsjɐ] *f* Leutnantstellung *f*; *bras.* Festigkeit *f*; Tatkraft *f*; Gewohnheit *f*; *tomar* ~ *de* prüfen (*ac.*).

tenente [~'nẽntə] *m* Leutnant *m*;

Stellvertreter *m*; *à mão* ~ *s. mão-tenente*; ~*-coronel* *m* Oberstleutnant *m*.
tenesmo ⚕ [tə'neʒmu] *m* Stuhlzwang *m*; ~ *vesical* Harnzwang *m*.
ténia ['tɛnjɐ] *f* Bandwurm *m*.
ténis ['tɛniʃ] *m* Tennis *n*.
tenista [tɛ'niʃtɐ] *su*. Tennisspieler (-in *f*) *m*.
tenor ♪ [tə'nor] *m* Tenor *m*.
tenr|eiro, ~o [tẽ'ʀeiru, 'tẽʀu] zart; mürbe; jung.
tens|ão [tẽ'sɐ̃u] *f* Spannung *f*; Spannkraft *f des Gases*; *alta* ~ Hochspannung *f*; ~ *arterial* Blutdruck *m*; **~o** ['tẽsu] gespannt, straff; **~or** [~or]: (*músculo*) ~ *m* Spannmuskel *m*.
tent|a ['tẽntɐ] *f* ⚕ Sonde *f*; *taur*. Versuchskampf *m mit Jungstieren*; **~ação** [tẽntɐ'sɐ̃u] *f* Versuchung *f*.
tent|acular [tẽntɐku'lar] *fig*. alles an sich reißend; sich festsaugend; **~áculo** [~'takulu] *m* Fangarm *m* (*a. fig*.); Fühler *m* (*Insekt*).
tent|ado [~'taδu]: ~ *com* angetan von; *estou* ~ *com isso* das reizt mich sehr; **~ador** [~tɐ'δor] **1.** *adj*. verführerisch; **2.** *m* Versucher *m*; **~ame, ~âmen** [~ɐmə, ~ɐmen] *m* Versuch *m*; **~ar** [~ar] (1a) versuchen; wagen; in Versuchung führen; ausprobieren; auf die Probe stellen; verleiten; ver-führen, -locken; *não ter que* ~ reizlos sn; **~ativa** [~tɐ'tivɐ] *f* Versuch *m*; Probe *f*; **~ear** [~'tjar] (1l) **a**) ab-, be-tasten, sondieren; prüfen; versuchen; **b**) genau berechnen; *Punkte* anrechnen.
tentilhão [tẽnti'ʎɐ̃u] *m* (Buch-)Fink *m*; Schroll *m* (*Fisch*).
tento ['tẽntu] *m* Behutsamkeit *f*; Um-, Vor-sicht *f*; Spielmarke *f*; *Gewinn*-Punkt *m*; *Fußball*: Tor *n*; *pint*. Malstock *m*; *bras*. Lassoriemen *m*; *a* ~ behutsam; *sem* ~ unüberlegt; überstürzt; *dar* ~ aufmerken; aufmerksam w.; *ter* (*od*. *pôr*) ~ *em* aufpassen auf (*ac*.); *marcar* ~*s* Punkte m.; *Fußball*: Tore schießen.
ténue ['tɛnwə] dünn; zart; fein.
tenuidade [tənwi'δaδə] *f* Dünne *f*; Zartheit *f*; Schwäche *f*.
teocracia [tjukrɐ'siɐ] *f* Priesterherrschaft *f*.
teol|ogia [~lu'ʒiɐ] *f* Theologie *f*; **~ógico** [~'lɔʒiku] theologisch.
teólogo ['tjɔluɣu] *m* Theologe *m*.
teor [tjor] *m* Wortlaut *m*, Inhalt *m*; Tenor *m*; Art *f*; Norm *f*; ⚒ Gehalt *m*; ~ *em ferro* Eisengehalt *m*; *ter o seguinte* ~ (folgendermaßen) lauten.
teor|ema [tju'remɐ] *m* Lehrsatz *m*; **~ia** [~iɐ] *f* Theorie *f*.
teórico ['tjɔriku] **1.** *adj*. theoretisch; **2.** *m* Theoretiker *m*.
teorizar [tjuri'zar] (1a) theoretisieren über (*ac*.); durchdenken.
tepidez [təpi'δeʃ] *f* Lauheit *f* (*a. fig*.).
tépido ['tɛpiδu] lau(warm).
ter [ter] (2za) **1.** *Hilfsverb zur Bildung v. Perfekt u. Plusquamperfekt*: haben, sein; **2.** *v/t*. haben; bekommen; halten; besitzen; innehaben; *Kleidung* anhaben; enthalten; an-, zurück-halten; *Sonderbedeutungen mit Substantiven*: *s. dort*; ~ *a/c. com* et. zu tun h. mit; ~ *consigo fig*. an sich (*od*. die Eigentümlichkeit) h.; ~ *de seu* Vermögen h.; ~ *em si* in sich schließen, umfassen; ~ *em muito* (*tanto, pouco*) hoch (so hoch, gering-)schätzen; ~ *em nada* für nichts (*od*. ver-)achten; ~ *por* (*dito*) halten für (ausgemacht); ~ *por si* auf s-r Seite h.; ~ *por lei* (*uso*) sich zum Gesetz (zur Gewohnheit) gemacht h.; ~ *por missão* (*incumbência*) die Aufgabe (den Auftrag) h.; ~ *por teatro* zum Schauplatz h.; ~ *que ind*. dafürhalten (*od*. glauben), daß; ~ *que inf*. haben zu *inf*. (*vgl*. *ter de*, *unter* 3.); ~ *que ver com* zu tun h. mit; ~ *alg*. (*adj*.) zwingen zu (*dat*.) (*z.B*. ~ *alg. obediente* j-n zum Gehorsam zwingen); *temos ...!* es gibt ...!; *que tem* (*isso*)? was ist denn dabei?; *que* (*od*. *quem*) *Deus tenha* Gott hab' ihn selig; **3.** *v/i*. ~ *por* gelten (*od*. zählen) für; ~ *de* (*od*. *que*) *inf*. müssen *inf*.; *não* ~ *de inf*. nicht brauchen zu *inf*.; *ir* ~ *a* gehen (*od*. fahren, laufen) zu (*od*. nach); münden (*od*. fließen) in (*ac*.); *ir* (*vir*) ~ *com alg*. zu j-m gehen (kommen), j-n aufsuchen; *mandar* ~ *com* schicken zu; **4.** **~-se** sich halten (an [*ac*.] *a*); durch-, standhalten; ~ *com* es aufnehmen mit; ~ *de* sich halten können vor (*dat*.); ~ *em* bleiben, sich aufhalten in (*dat*.); ~ *em si* an sich halten.
terapêutic|a [tərɐ'peutikɐ] *f* Therapeutik *f*; Behandlung *f*, Therapie

f; **~o** [~u] Behandlungs...; therapeutisch; *efeito m* ~ Heilwirkung *f*.
terça ['tersɐ] **1.** *adj.*: ~ *parte* der dritte Teil *m*; Drittel *n*; **2.** *f esgr. u.* ♪ Terz *f*; = *terça-feira*.
terç|ã [tər'sẽ]: *febre f* ~ dreitägige(s) Fieber *n*; **~ado** [~aðu]: *pão m* ~ Dreikornbrot *n*; **~a-feira** [ˌtersɐ'feirɐ] *f* Dienstag *m* (*na* am); *às* ~*s* dienstags; **~ar** [~ar] (1p; *Stv.* 1c) dritteln; mischen; (durch)kreuzen; ~ *armas* sich schlagen; *v/i.* ~ *por* eintreten *od.* kämpfen für.
terc|eira [~'seirɐ] *f* ♪ Terz *f*; **~eiramente** [~'mẽntə] drittens; **~eiranista** [~seirɐ'niʃtɐ] *su.* Student(in *f*) *m* des dritten Jahres; **~eiro** [~'seiru] dritt; **~eto** [~'setu] *m* ♪ Terzett *n*; = ~*ina*; **~iário** [~'sjarju]: *período m* ~ Tertiär *n*; **~ina** [~'sinɐ] *f lit.* Terzine *f*.
terço ['tersu] *m* Drittel *n*; *rezar o* ~ den Rosenkranz beten.
terçol ⚕ [tər'sɔł] *m* Gerstenkorn *n*.
terebint|ina [tərəβĩn'tinɐ] *f* Terpentin *n*; **~o** ⚘ [~'βĩntu] *m* Terpentinbaum *m*.
terebr|ante [~'βrẽntə] bohrend (*Schmerz*); **~ar** [~ar] (1c) durch-, an-bohren.
teres ['teriʃ] *m/pl.*: ~ *e haveres* Hab und Gut *n*; Vermögen *n*.
tergivers|ação [tərʒivərsɐ'sɐ̃u] *f* Ausflucht *f*; Winkelzug *m*; Zaudern *n*; **~ar** [~'sar] (1c) Winkelzüge m., Ausflüchte suchen; zaudern.
term|al [~'mał] Thermal...; warm; **~as** ['tɛrmɐʃ] *f/pl.* warme Bäder *n/pl.*; Thermalbad *n*; *Hotel das* ≗ Kurhotel *n*.
térmico ['tɛrmiku] thermisch; Wärme...
termin|ação [tərminɐ'sɐ̃u] *f* Beendigung *f*, Abschluß *m*; Ende *n*; *gram.* Endung *f*; **~ante** [~'nẽntə] *fig.* bündig; aus-, nach-drücklich; **~ar** [~'nar] (1a) beenden; (ab)schließen; ein Ende setzen (*dat.*); ab-, begrenzen; *v/i.* aufhören; enden (*em gram.* auf [*ac.*]); schließen; fertig w.; *terminado* fertig, zu Ende.
término ['tɛrminu] *m* Endstation *f*; = *termo*².
terminologia [tərminulu'ʒiɐ] *f* Ausdrucksweise *f*.
térmite ['tɛrmitə] *f* Termite *f*.
termo¹ ['tɛrmu] *m* Thermosflasche *f*.
termo² ['termu] *m* Grenze *f*; Grenzstein *m*; Ende *n*, Schluß *m*; Ziel *n*; Termin *m*, Frist *f*; Bezirk *m*; Ausdruck *m*, Begriff *m*; Wort *n*; *A* Glied *n e-r Gleichung usw.*; ⚖ Erklärung *f*; ~ *de comparação* Vergleichsobjekt *n*; ~ *médio, meio* ~ Mittel(-wert *m*, -ding) *n*; Durchschnitt *m*; Mitte *f*; (goldener) Mittelweg *m*; *meios* ~*s pl.* Andeutungen *f/pl.*; Ausflüchte *f/pl.*; ~ *técnico* Fachausdruck *m*; *em* ~*s* in Ordnung; vorschriftsmäßig; *em breves* ~*s* in kurzen Worten; *em* ~*s hábeis* geschickt; *em* ~*s de* + *su.* in *adj.* Form (*od.* Gestalt, Art und Weise); *pôr* ~ *a* ein Ende setzen (*dat.*); Einhalt gebieten (*dat.*).
termo... [tɛrmɔ...] *in Zssgn* Thermo..., Wärme...; **~dinâmica** *fís.* [~ði'nɐmikɐ] *f* Wärmelehre *f*; **~genia** [~ʒə'niɐ] *f* Wärmeerzeugung *f*.
termómetro [tər'mɔmətru] *m* Thermometer *n*; ~ *clínico* Fieberthermometer *n*.
ternário [~'narju]: *compasso m* ~ Drei(viertel)takt *m*.
terneiro *bras.* [~'neiru] *m* Kälbchen *n*.
tern|o ['tɛrnu] **1.** *m* Dreizahl *f*; Dreiheit *f*; Drei *f* (*Würfel, Spielkarte*); Terne *f* (*Lotterie*); *fig.* Trio *n*; Kleeblatt *n*; *bras. Herren*-Anzug *m*; Trupp *m*, Grüppchen *n*; **2.** *adj.* zärtlich; rührend; zart (*Farbe*); **~ura** [tər'nurɐ] *f* Zärtlichkeit *f*; Rührung *f*.
terra ['tɛʀɐ] *f* Erde *f*; Boden *m*; Land *n*; Ort(schaft *f*) *m*, Heimat *f*; Landbesitz *m*; Feld *n*; Gebiet *n*; Staub *m*; (Modellier-)Ton *m*; *Radio*: Erdanschluß *m*; ~*s pl.* Ländereien *f/pl.*; ~ *firme* Festland *n*; ~ (*a*) ~ *fig.* alltäglich, platt, abgeschmackt; *a* ~! nieder!; *da* ~ einheimisch; *de fora da* ~ auswärtig; *fora da* ~ auswärts; außer Landes; *por* ~ auf dem Landwege; *chegar a* ~ landen; *correr* ~*s* herumreisen; sich in der Fremde herumtreiben; *dar em* ~ ein-, herunter-stürzen; hinfallen; *fig.* sich zerschlagen; mißlingen; scheitern; *dar em* ~ *com* fallen auf (*z. B. die Nase*); = *deitar* (*od. lançar, pôr*) *por* ~ auf den (*od.* zu) Boden werfen; niederwerfen; einreißen; zunichte m.; stürzen; *ligar à* ~ *Radio*: erden; *pôr pé* (*od. os pés*)

em ~ an Land gehen (kommen); ab-, aus-steigen; *sair a (od. em) ~* landen.

terr|aço [tə'ʀasu] *m* Terrasse *f*; = **~adu** [~aðu] *m* (Dach-)Terrasse *f*; flache(s) Dach *n*; **~al** [~ał]: *(vento) ~ m* Landwind *m*; **~amoto** [~ʀɐ'mɔtu] *m* Erdbeben *n*; **~a-nova** [ˌtɛʀɐ'nɔvɐ] *m* Neufundländer *m*.

terraplen|agem [təʀɐplə'naʒɐ̃i] *f* Auffüllung *f*; = **~o**; **~ar** [~ar] (1d) (mit Erde) auffüllen; *Damm* aufschütten; *Gelände* terrassieren; **~o** [~'plenu] *m* Erdaufschüttung *f*; (Bahn-)Damm *m*; Terrasse *f*.

terreal [tə'ʀjał] irdisch.

terreiro [tə'ʀeiru] *m* Gelände *n*; (freier) Platz *m*; Hof *m*; Auslauf *m für Vieh*; *chamar a ~* herausfordern.

terre|moto [təʀə'mɔtu] *m* Erdbeben *n*; **~no** [~'ʀenu] **1.** *adj.* irdisch; weltlich; Erd...; erdig; erdfarben; **2.** *m* Boden *m (a. fig.)*; Erdreich *n*; Grundstück *n*; Gelände *n*; Gebiet *n*; *~ para construir* Bauplatz *m*.

térreo ['tɛʀju] Erd..., erdig; zu ebener Erde (liegend); irdisch; *andar m ~* Erdgeschoß *n*.

terrestre [tə'ʀɛʃtrə] Erd...; irdisch; weltlich.

terr|ificante [təʀifi'kɐ̃ntə] = *~ífico*; **~ificar** [~ifi'kar] (1n) in Schrecken setzen; schrecken; **~ífico** [~'ʀifiku] schreckenerregend.

terrina [~'ʀinɐ] *f* Suppenschüssel *f*.

terriola [tə'ʀjɔlɐ] *f* kleine(r) Ort *m*, Flecken *m*.

territ|orial [təʀitu'rjał] Gebiets...; Bezirks...; Grund...; *águas f/pl. -ais pol.* Hoheitsgewässer *n/pl.*; **~ório** [~'tɔrju] *m* Gebiet *n*; *Verwaltungs-*Bezirk *m*.

terr|ível [~'ʀivɛł] schrecklich; furchtbar; **~or** [~or] *m* Schrecken *m*; Terror *m*; = **~orismo** [~u'riʒmu] *m* Schreckensherrschaft *f*; **~orista** [təʀu'riʃtɐ] **1.** *m* Terrorist *m*; **2.** *adj.* terroristisch, Terror...; **~orizar** [~ri'zar] (1a) = *aterrorizar*.

terroso [~'ʀozu] erdig; erdfarben.

terso ['tɛrsu] sauber, rein; (blitz-)blank; fehlerfrei.

tertúlia [tər'tuljɐ] *f* (Familien-)Kränzchen *n*; (literarischer) Stammtisch *m*; Gesellschaft *f*.

tesão [tə'zɐ̃u] *m* Unbeugsamkeit *f*; Heftigkeit *f*; = *tesura*.

tese ['tɛzə] *f* These *f*; Doktorarbeit *f*.

teso ['tezu] **1.** *adj. u. adv.* steif (*a. Wind*); starr (*a. fis.*); straff; stramm; hart (*a. fig.*); schroff (*Berg*); *fig.* unbeugsam, fest; **2.** *m* Schroffen *m* (*Berg*); Gipfel *m*; *bras. Überschwemmungs-*Insel *f*.

tesoira, -oura [tə'zoirɐ, -orɐ] *f* Schere *f*; *fig.* Lästerzunge *f*.

tesoir-, tesour|ada [təzoi-, təzo'raðɐ] *f* Schnitt *m*; *fig.* boshafte Bemerkung *f*, Hieb *m*; **~ar** [~ar] (1a) (zer-, zu-)schneiden; *fig.* lästern über (*ac.*); **~aria** [~rɐ'riɐ] *f* Schatzamt *n*; Kassenraum *m e-r Bank*; **~eiro** [~'reiru] *m* Schatzmeister *m*; Kassen-leiter *m*, -wart *m*; **~o** [~'zoiru, -oru] *m* Schatz *m*; *lit.* Sammlung *f*, Thesaurus *m*; *~ público* Staatskasse *f*, Fiskus *m*.

tessitura [təsi'turɐ] *f* ♪ Lage *f*; *fig.* Aufbau *m*, Struktur *f*.

test|a ['tɛʃtɐ] *f* Stirn *f*; *fig.* Kopf *m*; Spitze *f e-s Zuges usw.*; *~ coroada* gekrönte(s) Haupt *n*; *~ de ferro fig.* Strohmann *m*; **~áceo** [tɨʃ'tasju] *m* Muschel-, Schal-tier *n*; **~ada** [tɨʃ'taðɐ] *f e-m Grundstück* vorgelagerte(r) Straßenabschnitt *m*; *bras.* Unsinn *m*; *varrer a sua ~* s-e Hände in Unschuld waschen.

testador [tɨʃtɐ'ðor] *m* Erblasser *m*.

testament|aria [~tɐmẽntɐ'riɐ] *f* Testamentsvollstreckung *f*; **~ário** [~'tarju] letztwillig, testamentarisch; **~eiro** [~'teiru] *m* Testamentsvollstrecker *m*; **~o** [~ɐ'mẽntu] *m* Testament *n*, letzte(r) Wille *m*.

testar [~'tar] (1c) vermachen; *~ de* letztwillig verfügen über (*ac.*); Zeugnis ablegen von, bezeugen (*ac.*).

teste *angl.* ['tɛʃtə] *m* Test *m*; Intelligenz-, Eignungs-prüfung *f*.

testeira [tɨʃ'teirɐ] *f* Vorder-seite *f*, -teil *m*; Giebel *m*; Kopf-ende *n*, -leiste *f*, -teil *m*; Stirnbinde *f*; Stirnriemen *m des Pferdegeschirrs*.

testem|unha [~tə'muɲɐ] *f* Zeuge *m*; Zeugin *f*; *~s pl.* Marksteine *m/pl.*; Merkbäume *m/pl.*; *~s de defesa (acusação)* Ent- (Be-)lastungszeugen *m/pl.*; **~unhal** [~mu'ɲał] Zeugen...; **~unhar** [~mu'ɲar] (1a) bezeugen; bekunden, Zeuge *e-r Sache* sn; *v/i.* zeugen; **~unho** [~'muɲu] *m* Zeugnis *n*; Zeugenaussage *f*; Beweis *m*.

testículo [~'tikulu] *m* Hode *f*.

testificar [~tǝfiˈkar] (1n) bezeugen; versichern; beweisen.
testilho [~ˈtiʎu] *m Kisten*-Giebel *m*.
testudo [~ˈtuδu] breitstirnig; dickköpfig (*a. fig.*).
tesura [tǝˈzurɐ] *f* Steifheit *f* (*a. fig.*); Starre *f*; Straffheit *f*; Schroffheit *f*.
teta [ˈtetɐ] *f* Zitze *f*; Euter *n*.
tétano ⚕ [ˈtɛtɐnu] *m* Starrkrampf *m*.
teto *bras.* [ˈtɛtu] = tecto.
tetra... [tɛtrɐ] *in Zssgn* Vier..., *z.B.* **~edro** [~ˈɛδru] *m* Vierflächner *m*.
tétrico [ˈtɛtriku] trübselig; finster; unheimlich, gräßlich.
teu, tua [teu, ˈtuɐ] dein(e) (*Anwendung wie meu, minha*).
teut|o [ˈteutu] deutsch; **~ónico** [teuˈtɔniku] teutonisch; = **~o**.
têxtil [ˈteiʃtiɫ] Textil...
text|o [ˈteiʃtu] *m* Text *m*; Bibelstelle *f*; **~ual** [teiʃˈtwaɫ] wörtlich; *palavras f/pl. -ais* Wortlaut *m*; **~ura** [teiʃˈturɐ] *f* Gewebe *n*; Struktur *f*.
texugo [tɨˈʃuɣu] *m* Dachs *m*; *fig.* Fettwanst *m*.
tez [teʃ] *f* (Gesichts-)Haut *f*; Hautfarbe *f*.
ti [ti] *nach prp.* dir; dich; *a* ~ a) dir; dich; b) an dich; zu dir; *de* ~ a) deiner; b) von (*od.* vor) dir; über dich.
tia [ˈtiɐ] *f* Tante *f*; P Mütterchen *n* (*Anrede*); *casa f de ~s* Bordell *n*.
tiara [ˈtjarɐ] *f* Tiara *f* (*Papstkrone*).
tíbia [ˈtiβjɐ] *f anat.* Schienbein *n*; ♪ (Hirten-)Flöte *f*.
tibieza [tiˈβjezɐ] *f* Lauheit *f*; Lässigkeit *f*; Schwäche *f*.
tíbio [ˈtiβju] lau; lässig; schwach.
tiç|ão [tiˈsɐ̃u] *m* Feuerbrand *m*; **~oeiro** [~ˈsweiru] *m* Schüreisen *n*.
ticotico *bras.* [tikoˈtiko] *m* Piepmatz *m*.
tido [ˈtiδu] *p.p. v. ter*; *ser* ~ *como* gelten für (*od.* als).
tifo ⚕ [ˈtifu] *m* Typhus *m*.
tifóide [tiˈfɔiδǝ] typhös.
tigela [tiˈʒɛlɐ] *f* Napf *m*; Tiegel *m*; Schüssel *f*; *de meia* ~ mittlerer Güte, mittelmäßig; kitschig.
tigr|ado [tiˈɣraδu] getigert; **~e** [ˈtiɣrǝ] *m* Tiger *m*; **~ino** [~inu] Tiger...; *fig.* blutrünstig.
tijol|eiro [tiʒuˈleiru] *m* Ziegelbrenner *m*; **~inho** *bras.* [~iɲu] *m Marmeladen*-Würfel *m*; **~o** [tiˈʒolu] *m* Ziegel(stein) *m*; *doce de* ~ *bras.* (Guaven-)Marmelade *f*.
tijuca *f*, **-al** *m*, **-o** *m bras.* [tiˈʒukɐ, ~ʒuˈkaɫ, ~u] Sumpf *m*; Schlamm *m*.
tijupá *bras.* [~ʒuˈpa] *m* (Schutz-)Hütte *f*.
til [tiɫ] *m* Tilde *f*.
tília [ˈtilja] *f* Linde *f*; *chá m de* ~ Lindenblütentee *m*.
tilintar [tilĩnˈtar] (1a) klinge(l)n.
timão [tiˈmɐ̃u] *m* Deichsel *f*; ⚓ *Ruder*-Pinne *f*; Ruder *n*, Steuer *n*; *fig.* Leitung *f*.
timbal|e [tĩmˈbalǝ] *m* (Kessel-)Pauke *f*; *cul.* Kasserollenpastete *f*; **~eiro** [~bɐˈleiru] *m* Paukenschläger *m*.
timbó *bras.* [~ˈbɔ] *m* Timbo *m* (*giftige Lianenart*).
timbr|ado [~ˈbraδu] mit Wappen; mit Wasserzeichen; mit Firmen- (*od.* Namen-)aufdruck; *escudo m* ~ Wappenschild *m*; *papel m* ~ eigene (-s) Briefpapier *n*; ✝ Geschäftspapier *n*, Firmenbogen *m*; *bem* ~ wohlklingend (*Stimme*); **~ar** [~ar] (1a) sein Wappen anbringen l. auf (*dat.*); s-n (Firmen-)Namen drucken l. auf (*dat.*); ~ *de fig.* stempeln zu, abstempeln als; erklären für; *v/i.* ~ *de* sich aufspielen als; ~ *em inf.* s-n Stolz darein setzen (*od.* es darauf anlegen) zu *inf.*; **~e** [ˈtĩmbrǝ] *m* Wappen *n*; aufgedruckte(r) Name *m*; Firmenaufdruck *m*; (Wasser-)Zeichen *n*; Stempel *m*; Klang (-farbe *f*) *m*; Tat *f*; Unternehmen *n*; Krönung *f*, Gipfel *m*; *fazer* ~ *em* s-e Ehre darein setzen zu *inf.*
timidez [timiˈδeʃ] *f* Schüchternheit *f*.
tímido [ˈtimiδu] schüchtern, scheu.
timoneiro [timuˈneiru] *m* Steuermann *m*; *fig. a.* Führer *m*.
timorato [~ˈratu] (über)ängstlich.
tímpano [ˈtĩmpɐnu] *m* △ Giebelfeld *n*; *tip.* Drucktiegel *m*; ⊕ Schöpfrad *n*; ♪ Pauke *f*; *anat.* Paukenhöhle *f*; (*membrana f do*) ~ Trommelfell *n*; ~*s pl.* F *die* Ohren.
tin|a [ˈtinɐ] *f* Wanne *f*; Bütte *f*, Bottich *m*; **~alha** [tiˈnaʎɐ] *f* Kufe *f*.
tineta F [tiˈnetɐ] *f* Fimmel *m*.
tingir [tĩˈʒir] (3n) färben.
tingui *bras.* [tĩŋˈgi] *m* Tingui *m* (*zum Fischfang benutzte Stinkliane*).
tinh|a [ˈtiɲɐ] *f* Grind *m*; *vet.* Räude *f*; **~oso** [tiˈɲozu] grindig; räudig.
tin|ido [tiˈniδu] *m* Klirren *n*; **~ir** [~ir] (3a) klirren; klingen (*Glocke, Ohren*); zittern; *andar* (*od. estar, ficar*) *a* ~ F abgebrannt sn.
tino [ˈtinu] *m* gesunde(r) Menschen-

verstand *m*; Klugheit *f*; Takt *m*; Fingerspitzengefühl *n*; Spürsinn *m*; Ortssinn *m*; *a* ~ nach dem Augenmaß; ungefähr, obenhin; *sem* ~ ohne Sinn und Verstand; *dar* ~ *de* merken (*ac.*); *não dar* ~ *de* nicht kommen auf (*ac.*); *não dar* ~ *de si* von Sinnen (*od.* außer sich) sn; *perder o* ~ den Kopf verlieren.

tint|a ['tĩntɐ] *f Schreib*-Tinte *f*; *allg.* Farbe *f*; Anstrich *m* (*a. fig.*); Farbton *m*; *fig.* Spur *f*, Anflug *m*; ~ *de impressão* Druckerschwärze *f*; *meia* ~ Halbschatten *m*; **~eiro** [tĩn'teiru] *m* Tintenfaß *n*.

tint|im [tĩn'tĩ]: ~ *por* ~ haargenau, Punkt für Punkt; **~inar** [~ti'nar] (1a) klingeln, bimmeln.

tinto ['tĩntu] gefärbt; befleckt, beschmutzt; rot; *vinho m* ~ Rotwein *m*.

tint|ura [tĩn'turɐ] *f* Färben *n*; Tinktur *f*; Farblösung *f*; *uma(s)* ~(*s*) *de* e-e kleine Ahnung von; ein Anflug von; **~uraria** [~turɐ'riɐ] *f* Färberei *f*; **~ureiro** [~tu'reiru] **1.** *adj.* Färbe...; Färber...; Färberei...; **2.** *m*, **-a** *f* Färber(in *f*) *m*.

tio ['tiu] *m* Onkel *m*; P Gevatter *m*, Vater *m* (*Anrede*); **~-avô** [~ɐ'vo] *m* Großonkel *m*.

tipa P ['tipɐ] *f* Weibsbild *n*.

típico ['tipiku] typisch; Muster...

tipiti *bras.* [tipi'ti] *m* Maniokpresse *f*; F Klemme *f*.

tipitinga *bras.* [~'tĩŋgɐ] lehmig (*Wasser*).

tipo ['tipu] *m* Urbild *n*; Typ(us) *m*; Muster *n*; Sinnbild *n*; *Waren*-Sorte *f*; *tip.* Type *f*; *fig.* Original *n*, Type *f*; P Kerl *m*, Kunde *m*.

tipogr|afia [tipuɣrɐ'fiɐ] *f* Buchdruckerkunst *f*; Druckerei *f*; **~áfico** [~'ɣrafiku] Buchdrucker...; Druck...

tipógrafo [ti'pɔɣrɐfu] *m* Buchdrucker *m*.

tipóia [ti'pɔjɐ] *f* **a**) Tragnetz *n*; P Klapperkasten *m*; *bras. Arm*-Binde *f*; **b**) P Weibsbild *n*.

tique ['tikə] *m* ⚕ Gesichtszucken *n*; *allg.* Tick *m*; *um* (*od. o seu*) ~ *de bras.* ein bißchen, etwas.

tiquetaque [tikə'takə] *m* Ticktack *n*; Klippklapp *n*; Klappern *n*; *fazer* ~ ticken (*Uhr*); klappern (*Mühle*, *Schuhe*); klopfen (*Herz*).

tiquinho *bras.* [ti'kiɲu]: *um* ~ ein bißchen, etwas.

tira ['tirɐ] *f* Streifen *m*; Binde *f*; *fazer em* ~*s* in Streifen reißen; zerfetzen.

tir|acolo [tirɐ'kɔlu] *m* Schulterriemen *m*; *a* ~ über die Achsel gehängt; **~ada** [~'raδɐ] *f* lange(r) Weg (*od.* Marsch) *m*; (Weg-)Strecke *f*; Zeitlang *f*; Tirade *f*, Erguß *m*; *de uma* ~ in e-m Zuge; **~adeira** [~ɐ'δeirɐ] *f* = *tirante* 2.; **~ado** [~'raδu]: ~ *de* aus; ~ *a* nach; **~agem** [~'raʒẽi] *f* Zug *m im Kamin*; Drahtziehen *n*; *tip.* Druck *m*; Abzug *m*; Auflage *f*; 📯 Leerung *f*; **~a-linhas** [ˌtirɐ'liɲɐʃ] *m* Reißfeder *f*.

tiran|ete [tirɐ'netə] *m* Leuteschinder *m*; **~ia** [~iɐ] *f* Tyrannei *f*; *fig.* Grausamkeit *f*; Gewalt *f*; **~icida** [~ni'siδɐ] *su.* Tyrannenmörder(in *f*) *m*; **~icídio** [~ni'siδju] *m* Tyrannenmord *m*.

tirânico [ti'rɐniku] tyrannisch.

tiran|izar [tirɐni'zar] (1a) tyrannisieren; **~o** [~'rɐnu] *m* Tyrann *m*.

tira-nódoas [ˌtirɐ'nɔδwɐʃ] *m* Flekken(entfernungs)mittel *n*.

tirante [ti'rɐ̃ntə] **1.** *adj.* ausgenommen; abgesehen von; ~ *a verde* (*vermelho*) ins Grüne (Rote *usw.*) spielend, grünlich (rötlich *usw.*); **2.** *m* Zug-riemen *m*, -leine *f*, Strang *m*; Bindebalken *m*; ⚙ Pleuelstange *f*.

tirar [ti'rar] (1a) **1.** *v/t.* (heraus-, hervor-)ziehen; (ab-, heraus-)nehmen; ~ *de* entnehmen (*dat.*); wegnehmen; (heraus)holen; heraus-, weg-bringen; (heraus)reißen; ~ *a*, *de* entreißen (*dat.*); j-n befreien (von *od.* aus *de*); 📯 leeren; *Flecken* entfernen; *j-m et.* abgewöhnen; *j-n von e-r Meinung usw.* abbringen; *Blick usw.* losreißen; *Träne usw.* entlocken; *Sprache usw.* rauben; *Kleid*, *Schuh* ausziehen; *Essen* auftragen, ausschöpfen; *Hut usw.* abnehmen; *Zunge* herausstrecken; *Wort usw.* weglassen, streichen; *Schriftstelle usw.* herausschreiben; *aus e-r Sprache* übertragen; gewinnen *od.* verdienen (bei *de*); *Gewinn* erzielen (bei *de*); *Wissen*, *Mut* schöpfen; *Schulden usw.* einkassieren; *Namen*, *Ursprung* herleiten; schließen, folgern; *Summe* abziehen; *aus e-m Ganzen et.* ausnehmen; *tip.* abziehen, drucken; *pint.* abbilden, malen; *fot.* aufnehmen; *Billett* lösen; *Bescheinigung* ausstellen (l.); *Abschrift*, *Liste* anfertigen *od.* m. (l.); ~ *a/c.*

da cabeça (*do sentido*) sich et. aus dem Kopf (dem Sinn) schlagen; *j-m et.* ausreden; *tirando* abzüglich; ausgenommen; außer; **2.** *v/i.* ziehen; schießen; ~ *a* es abgesehen haben auf (*ac.*); streben nach; *ins Grüne usw.* spielen; ~ *por* ziehen (*ac.*); ziehen (*od.* zerren) an (*dat.*); sich wenden nach; = ~ *de Schwert usw.* ziehen; *não* ~ (*nem pôr*) nicht ins Gewicht fallen, nichts ändern; *sem* ~ *nem pôr* ganz genau; *tira que tira* unablässig.

tireóide [ti'rjɔiðə] *f* (*a. glândula f* ~) Schilddrüse *f.*

tiririca *bras.* [tiri'rikɐ] **1.** *f* Zyperngras *n*; **2.** *adj.* wütend, böse.

tiritar [tiri'tar] (1a) *vor Kälte* zittern.

tiro ['tiru] *m* Schuß *m*; Knall *m*; Schießen *n*; Wurf *m*; Zug *m*; Zugriemen *m*; *Pferde- usw.* Gespann *n*; *fig.* Hieb *m*; F Anpumper *m*; ~ *cego* blindlings abgegebene(r) Schuß *m*; ~ *sensacional* Bombenerfolg *m*; *animal m de* ~ Zugtier *n*; *carreira f de* ~ Schießstand *m*; *apoio m de* ~ Schießbock *m*; *abater* (*od. matar*) *a* ~ niederschießen; *levar um* ~ angeschossen w.; etwas abbekommen (*a. fig.*); *bei e-m Handel* hereinfallen (mit *de*).

tirocínio [tiru'sinju] *m* Lehre *f*, Lehrzeit *f*; ⚔ Lehrgang *m.*

tirolês *m*, **-esa** *f* [tiru'leʃ, -ezɐ] Tiroler(in *f*) *m.*

tiroteio [~'teju] *m* Schießerei *f*, Geplänkel *n.*

tir-te ['tirtə]: *sem* ~ *nem guar-te* unversehens, überraschend.

tisana [ti'zɐnɐ] *f* Arzneitrank *m.*

tísic|a ⚕ ['tizikɐ] *f* Schwindsucht *f*; **~o** [~u] schwindsüchtig.

tisn|a ['tiʒnɐ] *f* Schwärze *f*; **~ar** [tiʒ'nar] (1a) schwärzen; *fig.* anschwärzen, verleumden; *Ansehen* schaden (*dat.*); **~ar-se** schwarz (*od.* rußig) w.; leiden (unter [*dat.*] *de*); **~e** ['tiʒnə] *m* Schwärze *f*; Ruß *m.*

tit|ã [ti'tɐ̃] *m* Titan *m*; **~ânico** [~ɐniku] titanisch, riesenhaft.

títere ['titərə] *m* Hampelmann *m.*

titi *infan.* [ti'ti] **1.** *m* Onkel *m*; **2.** *f* = **~a** [~ɐ] *f* Tante *f.*

titilar [~ti'lar] (1a) kitzeln; *fig. a.* schmeicheln (*dat.*); *v/i.* beben.

titio *bras.* [~'tiu] *m* Onkelchen *n.*

titubear [~tu'βjar] (1l) wanken; schwanken; stammeln.

titular [~tu'lar] **1.** *v/t.* (1a) titulieren; rechtlich stützen; urkundlich m.; **2.** *adj.* Titular...; titelführend; **3.** *m* Titular *m*; Titelträger *m*; ~ *da pasta da Justiça* Justizminister *m.*

título ['titulu] *m* Titel *m*; Auf-, Über-schrift *f*; Würde *f*; Name(n) *m*; Benennung *f*; Wertpapier *n*; Urkunde *f*; *Wahl*-Schein *m*; Rechts-anspruch *m*, -grund *m*; Feingehalt *m e-r Münze*; Gewicht *n*, Titer *m der Seide*; *fig.* Grund *m*; Recht *n*, Anspruch *m* (auf [*ac.*] *a*); *a* ~ *de* als; unter dem Vorwand, mit der Begründung; *a justo* ~ mit vollem Recht; *por muitos* (*todos os*) ~*s* in mancher (jeder) Hinsicht.

to [tu] *Zssg der pron. te u. o.*

toa ['toɐ] *f* Schlepptau *n*; *à* ~ aufs Geratewohl; gedankenlos; drauflos.

toad|a ['twaðɐ] *f* Ton *m*; Klang *m*; ♪ *u. fig.* Weise *f*; Art *f*; Geschmack *m*; *fig.* Gerücht *n*; Sage *f*; **~ilha** [twɐ'ðiʎɐ] *f* Volksweise *f*, Liedchen *n.*

toalh|a ['twaʎɐ] *f* Tisch-, Hand-, Küchen-tuch *n*; Altartuch *n*; ~ *de água* (*verdura*) Wasserspiegel *m* (Rasenteppich *m*); **~eiro** [twɐ'ʎeiru] *m* Handtuchhalter *m.*

toar [twar] (1f) tönen; klingen (*a* nach); *fig.* passen; gefallen.

toca ['tɔkɐ] *f* Höhle *f*, Bau *m.*

toca|-discos [ˌtɔkɐ'ðiʃkuʃ] *m* Plattenspieler *m*; **~do** [tu'kaðu] angefault, -gangen; F angeheitert; **~dor** [tukɐ'ðor] *m* ♪ Spieler *m*; *bras.* Lasttiertreiber *m.*

tocai|a *bras.* [to'kajɐ] *f* Hinterhalt *m*; Versteck *n*; **~ar** [~kɐ'jar] (1b) (auf)lauern; **~o** [~u] **1.** *adj.* gleichen Namens; **2.** *m* Namensvetter *m.*

toc|ante [tu'kɐ̃ntə] rührend; ~ *a* betreffend (*ac.*), bezüglich auf (*ac.*); *no* ~ *a* in bezug auf (*ac.*), hinsichtlich (*gen.*); **~ar** [~ar] (1n; *Stv.* 1e) **1.** *v/t.* berühren (*a. fig.*); streifen; treffen; grenzen an (*ac.*); gehen bis an (*ac.*) (*od.* bis zu); *Ziel* erreichen; *Gold, Silber* prüfen; ♪ spielen; blasen; *Trommel, Stunde* schlagen; *Glocke* läuten; ⚓ anlaufen; *fig.* rühren; erschüttern; ergreifen (*Liebe*); betreffen; **2.** *v/i.*: ~ *em* berühren (*ac.*); rühren an (*ac.*); grenzen an (*ac.*); an-greifen, -tasten (*ac.*); ⚓ anlaufen (*ac.*); ~ *a* angehen (*ac.*), betreffen (*ac.*); gehören (*dat.*);

zufallen (*dat.*) (*Erbschaft*); fallen auf (*ac.*) (*Los*); entfallen auf (*ac.*) (*Anteil*); nahestehen (*dat.*) (*Verwandter*); *quando me toca* wenn ich an der Reihe (*od.* F dran) bin; *pelo que me toca* was mich an-geht, -betrifft; *toca a inf.* los!; *toca para cama!* marsch, ins Bett!; **~ar-se** zu faulen beginnen, verderben; F sich benebeln; ~ *para bras.* gehen (*od.* fahren) nach.

tocha [ˈtɔʃɐ] *f* (Pech-, Wachs-) Fackel *f*; *fig.* Brandfackel *f*; Licht *n.*

toco [ˈtoku] *m Baum-, Kerzen-, Mast-*Stumpf *m.*

todavia [toðɐˈviɐ] (je)doch; dennoch.

todo [ˈtoðu] **1.** *adj.* a) ganz (*pl.* alle); b) jede(r, -s); *~s os dias* jeden Tag; *-as as manhãs (vezes)* jeden Morgen (jedesmal); c) all, *z.B. de -a a espécie* aller Art; *em* (*od. por*) *-a a parte* überall; ~ *o mundo fig.* alle Welt, jedermann; **2.** *m* Ganze(s) *n*; *ao* ~ im ganzen; *de* ~ gänzlich; *de* ~ *em* ~ ganz und gar; **~-poderoso** [~puðəˈrozu] allmächtig.

tofo [ˈtofu] *m* Tuff(stein) *m*; ⚕ Kalkablagerung *f.*

toga [ˈtɔɣɐ] *f* Toga *f*; Talar *m*; **~do** [tuˈɣaðu] *m* Richter *m.*

toic... *s. touc...*

toir... *s. tour...*

tojo ⚘ [ˈtoʒu] *m* Stechginster *m.*

told|a [ˈtɔłdɐ] *f* **a)** ⚓ Oberdeck *n*; ⚒ Maisspeicher *m*; = **~o**; **b)** Trübung *f des Weins*; **~ado** [tołˈdaðu] trüb; **~ar** [tołˈdar] (1e) (mit e-r Plane) überspannen; trüben (*a. fig.*); verdecken; **~o** [ˈtołdu] *m* Plane *f*; Markise *f*; Sonnendach *n.*

tolei|ma [tuˈleimɐ] *f* = *tolice*; **~rão** [~leiˈrɐ̃u] **1.** *adj.* strohdumm; **2.** *m*, **-ona** *f* F Rindvieh *n*, Kuh *f.*

toler|ada [~ləˈraðɐ] *f polizeilich eingetragene* Dirne *f*; **~ância** [~ɐ̃sjɐ] *f* Duldsamkeit *f*, Toleranz *f*; Nachsicht *f*; *casa f de* ~ Absteigequartier *n*; **~ante** [~ɐ̃ntə] duldsam; nachsichtig; **~ar** [~ar] (1c) dulden; zulassen; nachsichtig beurteilen, durchgehen l.; ⚕ vertragen; **~ável** [~avɛł] erträglich; ⚕ verträglich.

tolet|e ⚓ [tuˈletə] *m* Dolle *f*; **~eira** [~ləˈteirɐ] *f* Dollbord *n.*

tolh|er [tuˈʎer] (2d) (ver)hindern; hemmen; untersagen; *Glied* lähmen (*a. fig.*); *Atem* benehmen; *Sprache* rauben; ~ *alg. de a/c.* j-m et. nehmen *od.* rauben; ~ *o caminho* sich *j-m* in den Weg stellen, *j-m* den Weg versperren; **~er-se** lahm (*od.* steif) w.; erlahmen; ~ *de* vor *Schreck usw.* erstarren; **~ido** [~iðu] lahm; starr; behindert.

tol|ice [tuˈlisə] *f* Dummheit *f*; dumme(r) Streich *m*; Torheit *f*; **~o** [ˈtolu] **1.** *adj.* dumm; töricht; närrisch; **2.** *m* Dummkopf *m*; Narr *m.*

tom [tõ] *m* Ton *m*; Tonart *f*; Tonfall *m der Stimme*; ⚕ Tonus *m*, Spannkraft *f*; *dar o* ~ *fig.* den Ton angeben; *mudar de* ~ *fig.* e-n andern Ton anschlagen; *sair do* ~ detonieren.

tom|ada [tuˈmaðɐ] *f* Einnahme *f*; Erbeutung *f*; Gefangennahme *f*; ⚡ Steckdose *f*; **~ado** [~aðu] *adj.* benommen; ⚕ angegriffen; belegt (*Stimme*); ~ *de sono (alegria)* schlaf- (freude-)trunken; ~ *de medo (susto)* angst- (schreck-)erfüllt; ~ *de pavor* von Entsetzen ergriffen, entsetzt; **~ar** [~ar] (1f) **1.** *v/t.* nehmen; *Ausmaß, Ansehen, Titel* annehmen; *Arznei, Stadt* einnehmen; *Mahlzeit* zu sich nehmen; *Kaffee, Tee usw.* trinken; *Arbeit* übernehmen; *Zügel, Steuer* in die Hand nehmen; *Gewicht, Anzahl* feststellen; *Temperatur, Höhe* messen; *Stimmen* zählen; *Maßnahmen* ergreifen; *Entschluß, Mut* fassen; *Luft, Kraft, Atem* schöpfen; *Zeit, Raum usw.* beanspruchen; *fremdes Eigentum* wegnehmen; *Feind, Verbrecher* gefangennehmen, fangen; ergreifen (*Gefühl*); ~ *a mal (bem)* übel- (gut auf-)nehmen; ~ *amor* (*od. afeições*) *a* liebgewinnen (*ac.*); ~ *alegria (medo) com* sich freuen (erschrecken) über (*ac.*); ~ *como* auffassen als; ~ *por* halten für; *toma!* Glück zu!; *toma lá!* da!; *toma lá que te dou eu!* dir will ich's geben!; *tomara eu (ele) (que assim fosse)!* das wär' mir (ihm) gerade recht!; *tomara eu saber* wüßte ich nur; **2.** *v/i.*: ~ *por*, ~ *para* gehen (*od.* fahren) nach; **3. ~ar-se** *de* sich zu Herzen nehmen (*ac.*); ergriffen w. von; ~ *de vinho* sich berauschen.

tomat|ada [~mɐˈtaðɐ] *f* Tomatenmark *n*; **~e** [~ˈmatə] *m* Tomate *f*; **~eiro** [~eiru] *m* Tomatenstrauch *m.*

tomba [ˈtõmbɐ] *f* Riester *m.*

tomb|ada *bras.* [tõmˈbaðɐ] *f Berg-*

Hang *m*; **~adilho** ⚓ [~bɐ'ðiʎu] *m* Oberdeck *n*; **~ador** *bras.* [~ba'ðor] *m* Abhang *m*; Schlucht *f*; **~ar** [~'bar] (1a) **1.** *v/t.* a) umwerfen; niederwerfen; (um)stürzen; b) katalogisieren; *Gelände* aufnehmen; **2.** *v/i.* (um)fallen; hin-, her-unterrollen, -purzeln; **3.** **~ar-se** umkippen, -schlagen; **~o** ['tõmbu] *m* **a)** Fall *m*; Sturz *m*; *andar aos ~s* zum Umfallen müde (*od.* abgespannt) sn; herumgestoßen w.; **b)** Grundbuch *n*, Kataster *m*.

tômbola ['tõmbulɐ] *f* Tombola *f*.

tomilho ⚘ [tu'miʎu] *m* Thymian *m*.

tomo ['tomu] *m* Band *m*; Buch *n*; *fig.* Abschnitt *m*; Bedeutung *f*.

tona ['tonɐ] *f* Bast *m*; (Außen-) Haut *f*; *fig.* Oberfläche *f*; *vir à ~* sich zeigen.

tonal [tu'nał] tonal; Ton...; **~idade** [~nɐli'ðaðə] *f* Tonfarbe *f*; ♪ Tonart *f*.

tonante [tu'nẽntə] donnernd, dröhnend; *Júpiter m ~* Donnerer *m*.

tonel [~'nɛł] *m* Tonne *f*.

tonel|ada [~nə'laðɐ] *f* Tonne *f*; *~ métrica* Tonne *f* (= 1000 kg); **~agem** [~aʒẽi] *f* Tonnengehalt *m*.

tónica ♪ ['tɔnikɐ] *f* Grundton *m*.

tonicidade [tunəsi'ðaðə] *f* Spannungszustand *m*; Wortakzent *m*.

tónico ['tɔniku] **1.** *adj.* Ton...; ⚕ tonisch, stärkend; *nota f -a* Grundton *m*; *acento m ~* Wortakzent *m*, Hauptton *m*; *vogal f -a* Tonvokal *m*; **2.** *m* ⚕ Stärkungsmittel *n*.

tonificar [tunəfi'kar] (1n) stärken.

oninha [tu'niɲɐ] *f* junge(r) Thunfisch *m*; Delphin *m*.

tonitruante [toni'trwẽntə] dröhnend; hochtrabend.

tono ['tonu] *m* Ton(fall) *m*; Weise *f*; ⚕ Tonus *m*.

tonsura [tõ'surɐ] *f* Tonsur *f*; **~do** [~su'raðu] **1.** *adj.* geschoren; **2.** *m* katholische(r) Geistliche(r) *m*.

tont|ear [tõn'tjar] (1l) albern; faseln; *a cabeça tonteia-lhe* ihm schwindelt der Kopf; er nickt schläfrig mit dem Kopf; **~ice** [~'tisə] *f* Albernheit *f*; Dummheit *f*; Narrheit *f*; **~o** ['tõntu] **1.** *adj.* schwindlig; benommen, betäubt; albern, närrisch; kindisch; *~ com* (*od.* *de*) *sono* schlaftrunken; **2.** *m* Kindskopf *m*, Narr *m*; **~ura** [~'turɐ] *f* Schwindel(anfall) *m*.

topar [tu'par] (1e) finden; *Spiel* halten; *~ a banca, ~ o monte* va banque spielen; *topo!* topp!; *v/i.* *~ em* stoßen an (*ac.*) *od.* gegen; *~ com* stoßen auf (*ac.*).

topázio [tu'pazju] *m* Topas *m*.

tope ['tɔpə] *m* Zs.-prall *m*, -stoß *m*; ⚓ Topp *m*; Spitze *f*; Gipfel *m* (*a. fig.*).

topet|ada [tupə'taðɐ] *f* Stoß *m*; *dar uma ~* (mit dem Kopf) (an)stoßen; **~ar** [~'tar] (1c) *v/t.* = *v/i.* *~ com*, *~ em* stoßen an (*ac.*) *od.* gegen; sich erheben (bis) zu; **~e** [~'petə] *m* *Haar*-Schopf *m*; Toupet *n*; *fig.* Frechheit *f*; **~udo** [tope'tuðu] *bras. fig.* frech.

tópico ['tɔpiku] **1.** *adj.* örtlich; sachlich (*Argument*); äußerlich (*Arznei*); *lugar m ~* Gemeinplatz *m*, Topos *m*; **2.** *m* äußerliche(s) Heilmittel *n*; Hauptpunkt *m* *z.B.* *e-r Rede*; Gemeinplatz *m*, Topos *m* (*pl.* Topoi); *bras.* „Streiflicht" *n*.

topo ['topu] *m* ⚓ *u. fig.* = *tope*; *topo!* *s.* *topar*.

topogr|afia [tupuɣrɐ'fiɐ] *f* Geländebeschreibung *f*; **~áfico** [~'ɣrafiku] topographisch; *levantamento m ~* Geländeaufnahme *f*.

toponímia [~'nimjɐ] *f* Ortsnamenkunde *f*.

toque ['tɔkə] *m* Berührung *f*; *Trommel*-Schlag *m* (*a. fig.*); *Hörner*-Klang *m*; *Glocken*-Geläut *n*; *Klingel*-Zeichen *n*; (Horn-)Signal *n*; Pinselstrich *m*; ♪ Anschlag *m*; *fig.* Spur *f*; Anstrich *m*, Anschein *m*; Manier *f*; Geschmack *m*, Bukett *n* *des Weins*; *pedra f de ~* Probier-, Prüf-stein *m*.

torar [tu'rar] (1e) zersägen.

tórax ['tɔraks] *m* Brustkorb *m*.

torç|al [tur'sał] *m* Knopflochseide *f*; Seidenschnur *f*; *bras.* Kappzaum *m*; **~ão** [~ẽu] *f* Drehung *f*; Torsion *f*; *vet.* Kolik *f*.

torc|edela [tursə'ðɛlɐ] *f* = *~edura*; **~edoira, -oura** [~ə'ðoirɐ, -orɐ] *f* Zwirnmaschine *f*; **~edor** [~ə'ðor] *m* Zwirnspindel *f*, Knebel *m*; **~edura** [~ə'ðurɐ] *f* Drehung *f*; Zwirnung *f*; Drall *m*; Krümmung *f*; ⚕ Verstauchung *f*; *fig.* Verrenkung *f*; Wortklauberei *f*; Winkelzug *m*; **~er** [~'ser] (2g; *Stv.* 2d) drehen; krümmen; biegen; *Faden* zwirnen; *Arm* verstauchen; *vom Wege usw.* abbringen; *Richtung* ändern; *Wäsche* auswringen; *Lippen* verziehen; *Nase* rümpfen; *Hände* ringen; *Augen* verdrehen; *Ohren* hängen l.; *Hals* umdrehen; *fig.* bezwingen; knebeln; *Wort, Sinn* verdrehen; *Recht* beugen; ~ *e re*~ hin und her drehen; ~ *o passo* umkehren; *dar o braço a* ~ nachgeben; *v/i. u.* **~er-se** sich winden; nachgeben; sich (ver)locken l.; **~icolo** [~si'kɔlu] *m* Windung *f*; steife(r) Hals *m*; *zo.* Wendehals *m*; *fig.* Ausflucht *f*; **~ida** [~'siðɐ] *f* Docht *m*; **~ido** [~'siðu] krumm; schief; *fig.* falsch; *olhos m/pl.* ~*s* schielende (*fig.* neidische) Augen *n/pl.*; *ter a vista -a* schielen.

tordo ['torðu] *m* Drossel *f*; Krammetsvogel *m*.

toré *bras.* [to'rɛ] *m* Rohrflöte *f*.

torment|a [tur'mẽntɐ] *f* Sturm *m*; Seenot *f*; **~o** [~u] *m* Folter *f*; Qual *f*; Marter *f*; Leiden *n*; Not *f*; *meter a* ~ auf die Folter spannen; **~oso** [~mẽn'tozu] stürmisch.

torna ['tɔrnɐ] *f* Draufgeld *n*; Ausgleich(szahlung *f*) *m*.

torn|ada [tur'naðɐ] *f* Rück-, Wieder-kehr *f*; **~adiço** [~nɐ'ðisu] wetterwendisch; abtrünnig; **~ado** [~'naðu] *m* Wirbelsturm *m*, Tornado *m*; **~adura** [~nɐ'ðurɐ] *f* Reifzieher *m*, Bandhaken *m*; **~ar** [~'nar] (1e) **1.** *v/t.* (um)wenden; um-drehen, -kehren; zurück-geben, -bringen, -führen, -schicken; *aus e-r Sprache* übertragen; *Reifen* ziehen; ~ *adj.* m. *adj.*; ~ *su.* machen zu (*dat.*); **2.** *v/i.* zurück-, um-kehren; ~ *a fig.* zurückkommen auf (*ac.*); ~ *a fazer a/c.* et. wieder tun; ~ *de* zurücknehmen (*ac.*), ändern (*ac.*); ~ *por* eintreten für; **3. ~ar-se** werden; = 2.; ~ *a fig.* sich halten (*od.* wenden) an (*ac.*); zurückgreifen auf (*ac.*); ~ *em* sich verwandeln in (*ac.*); **~assol** [~nɐ'sɔł] *m* Sonnenblume *f*; ⚗ Lackmus *n*; **~eador** [~njɐ'ðor] *m* Drechsler *m*; Dreher *m*; **~ear** [~'njar] (1l) **a**) drechseln; drehen; runden; *fig.* umgeben; umfließen; gehen (*od.* fahren) um; **b**) turnieren; **~earia** [~njɐ'riɐ] *f* Drechslerei *f*; **~eio** [~'neju] *m* **a**) Rundung *f*; *fig.* Formvollendung *f*; **b**) Turnier *n*; **~eira** [~'neirɐ] *f* *Faß-*, *Wasser*-Hahn *m* (*abrir [fechar]* auf-[zu-]drehen); **~eiro** [~'neiru] *m* Drechsler *m*; **~ejar** [~nɨ'ʒar] (1d) krümmen; gehen um; umfahren; **~el** [~'nɛł] *m* Wirbel *m*; Handgriff *m der Spannsäge*; **~ilho** [~'niʎu] *m* Zwinge *f*; **~inho** [~'niɲu] *m* Schraubstock *m*; **~iquete** [~ni'ketə] *m* Drehkreuz *n*; *cir.* Aderpresse *f*; **~o** ['tornu] *m* Drechsel-, Dreh-bank *f*; *Holz*-Pflock *m* (*abrir* einlassen); *Faß*-Zapfen *m*; *feito ao*~ gedrechselt; *em* ~ rings umher; *em* ~ *de um* ... (herum); **~ozelo** [~nu'zelu] *m* (Fuß-)Knöchel *m*.

toro ['toru] *m* *Baum*-Stamm *m*; Stumpf *m*; *Holz*-Klotz *m*; Rumpf *m*; △ Wulst *m*; ⚘ Fruchtknoten *m*.

toronja ⚘ [tu'rõʒɐ] *f* Pampelmuse *f*.

torpe ['tɔrpə] **a**) schändlich; abstoßend; schmutzig; unzüchtig; **b**) starr, taub (*Glieder*); benommen.

torped|eamento [turpəðjɐ'mẽntu] *m* Torpedierung *f*; **~ear** [~'ðjar] (1l) torpedieren; **~eiro** [~'ðeiru] *m* Torpedoboot *n*; **~o** [~'peðu] *m zo.* Zitterrochen *m*; ⚔ Torpedo *m*.

torpeza [~'pezɐ] *f* Schändlichkeit *f*; Widerlichkeit *f*; Unanständigkeit *f*.

tórpido ['tɔrpiðu] erstarrt; betäubt.

torpor [tur'por] *m* Starre *f*; Erstarrung *f*; Benommenheit *f*.

torquês *bras.* [tor'kes] *f* Beiß-, Kneif-zange *f*.

torr|ada [tu'ʀaðɐ] *f* (Scheibe) Röstbrot *n*; Toast *m*; **~adeira** [~ʀɐ'ðeirɐ] *f* Toaströster *m*; **~ado** [~aðu] Röst...; schwarzbraun; welk (*Pflanze*); heiß (*Zone*).

torrão [~'ʀɐ̃u] *m* Scholle *f* (*a. fig.*); (Klumpen *m*) Erde *f*; Stück *n* (*Zucker*); *torrões pl.* Landbesitz *m*.

torrar [~'ʀar] (1e) rösten; versengen; *bras.* verschleudern.

torre ['toʀə] *f* Turm *m*; **~ão** [tu'ʀjɐ̃u] *m* (Festungs-)Turm *m*; Erker *m*.

torrefac|ção [toʀəfa'sɐ̃u] *f* Rösten *n*; (*fábrica f de*) ~ Rösterei *f*; **~to** [~'fatu] geröstet, Röst...

torreira [tu'ʀeirɐ] *f* Gluthitze *f*.

torren|cial [~ʀẽ'sjał] strömend; reißend; **~cialmente** [~sjał'mẽntə] in Strömen; **~te** [~'ʀẽntə] *f* Sturz-, Gieß-bach *m*; *fig.* Flut *f*, Strom *m*; Strudel *m*; *Wort*-Schwall *m*; *a* ~*s*, *em* ~*s* in Strömen.

torresmo [~'ʀeʒmu] *m* Griebe *f*.

tórrido ['tɔʀiðu] heiß.

torrificar [tuʀəfi'kar] (1n) rösten.

torrinha [~'ʀiɲɐ] *f tea.* Galerie *f.*
tort|a ['tɔrtɐ] *f* Torte *f*; **~eira** [tur'teirɐ] *f* Torten-, Spring-form *f.*
torto ['tortu] **1.** *adj.* schief; krumm; *fig.* verkehrt; schielend; hinterhältig, falsch; unehrlich; schuftig; ~ *dos olhos*, ~ *da vista* schieläugig; ~ *das pernas* krummbeinig; **2.** *adv.* verkehrt; *a* ~ *e a direito* drauflos; kreuz und quer; recht und schlecht.
tortulho [tur'tuʎu] *m* Pilz *m*; Bündel *n* getrocknete Därme; *fig.* stämmige(r) Bursche *m.*
tortuos|idade [~twuzi'δaδə] *f* Krümmung *f*; Gewundenheit *f*; **~o** [~'twozu] krumm (*a. fig.*); gewunden; schief.
tortur|a [~'turɐ] *f* Folter *f*; Qual *f*, Marter *f*; *aplicar a* ~ *a* foltern (*ac.*); *pôr em* ~*s* martern; **~ar** [~tu'rar] (1a) foltern; martern, quälen.
torv|ação *f*, **~amento** *m* [turvɐ'sɐ̃u, ~ɐ'mẽntu] Bestürzung *f*; Verwirrung *f*; Unruhe *f*; **~ar** [~'var] (1e) bestürzen; verwirren; ~ *de medo* ängstigen; ~ *de susto* erschrecken; **~elinhar** [~əli'ɲar] (1a) wirbeln; wimmeln; **~elinho** [~ə'liɲu] *m* Wirbel *m*; Gewimmel *n*, Gewoge *n.*
torvo ['torvu] fürchterlich; grimmig.
tosa ['tɔzɐ] *f* **a**) *Schaf*-Schur *f*; **b**) Tracht *f* Prügel.
tos|ão [tu'zɐ̃u] *m* Vlies *n*; **~ar** [~ar] (1e) **a**) *Schaf, Tuch* scheren; *fig.* abweiden; **b**) durchprügeln.
tosco ['toʃku] roh, unbearbeitet; unbehauen (*Stein*); ungehobelt.
tosqu|ia [tuʃ'kiɐ] *f* (Schaf-)Schur *f*; Schurzeit *f*; *fig.* Maßregelung *f*; **~iar** [~'kjar] (1g) scheren; *Pflanzen* beschneiden; *fig.* schröpfen.
tosse ['tɔsə] *f* Husten *m*; ~ *convulsa* (*od. bras. comprida*) Keuchhusten *m.*
toss|icar [tusi'kar] (1n) hüsteln; **~idela** [~i'δɛlɐ] *f* Huster *m*; **~ido** [~'siδu] *m* Hüsteln *n*, Räuspern *n*; **~ir** [~'sir] (3f) husten.
tosta ['tɔʃtɐ] *f* Zwieback *m.*
tostão [tuʃ'tɐ̃u] *m ehm. port. Münze, heute = 10 Centavo, entspr. also dtsch.* Groschen *m.*
tostar [tuʃ'tar] (1e) rösten; bräunen.
total [tu'taɫ] **1.** *adj.* ganz, völlig; Gesamt...; total; **2.** *m* Gesamtbetrag *m*, -summe *f*; Gesamtheit *f.*
totali|dade [~tɐli'δaδə] *f* Gesamtheit *f*; Ganzheit *f*; *na* ~ insgesamt; im ganzen; gänzlich; **~tário** [~'tarju]: *Estado m* ~ totale(r) Staat *m*; **~zador** [~zɐ'δor] *m* Zähler *m*; Addiermaschine *f*; **~zar** [~'zar] (1a) zs.-zählen; zs.-fassen; im ganzen (aus)machen (*od.* sich belaufen auf) (*ac.*); ganz verwirklichen (*od.* durchführen); ganz verkaufen.
touca ['tokɐ] *f* Haube *f*; (Nonnen-) Schleier *m*; P Rausch *m.*
touc|ado [to'kaδu] *m* Kopfputz *m*, Frisur *f*; **~ador** [~kɐ'δor] *m* Toiletten-tisch *m*, -zimmer *n*; *objectos m/pl. de* ~ Toilettenartikel *m/pl.*; **~ar** [~ar] (1n) *Haar* frisieren; *fig.* schmücken; umhüllen, krönen.
tou-, toicinho [to-, toi'siɲu] *m* Speck *m*; *manta f de* ~ Speck *m* vom halben Schwein.
toupeira [to'peirɐ] *f* Maulwurf *m.*
tour-, toir|ada [to-, toi'raδɐ] *f* Stierkampf *m*; Stierherde *f*; **~ão** [~'rɐ̃u] *m* Wiesel *n* (*a. fig.*); **~eador** [~rjɐ'δor] *m* Stierkämpfer *m*; **~ear** [~'rjar] (1l) kämpfen mit *e-m Stier*; *fig.* hänseln; quälen; verfolgen; *v/i.* Stierkämpfer sn; **~eio** [~'reju] *m* Stierkampf *m*; **~eiro** [~'reiru] **1.** *m* = ~*eador*; **2.** *adj.* Stier...; **~il** [~'riɫ] *m* Rinderstall *m*; Stierzwinger *m*; **~inha** [~'riɲɐ] *f* Amateurstierkampf *m*; Stierkampf *m* (*als Spiel*); **~o** ['to-, 'toiru] *m* Stier *m*, Bulle *m* (*a. fig.*); *corrida f de* ~*s* Stierkampf *m*; *correr* ~*s* Stierkämpfe abhalten.
touti|ço [to'tisu] *m* Hinterkopf *m*; **~negra** [~ti'nɛɣrɐ] *f* Grasmücke *f.*
tóxico ['tɔksiku] **1.** *adj.* giftig; **2.** *m* Gift *n.*
toxina [tɔk'sinɐ] *f* Giftstoff *m.*
trabalh|adeira [trɐβɐʎɐ'δeirɐ] arbeitsam; **~ado** [~'ʎaδu] sorgfältig (gearbeitet); abgearbeitet; arbeitsreich; mühsam; **~ador** [~ɐ'δor] **1.** *adj.* arbeitsam; **2.** *m* Arbeiter *m*; *bsd.* Landarbeiter *m*, Tagelöhner *m*; **~ão** [~'ʎɐ̃u] *m* Heidenarbeit *f*; **~ar** [~'ʎar] (1b) bearbeiten; ausarbeiten; *Rohstoff* verarbeiten; zu schaffen m. (*dat.*); plagen; *Pferd* zureiten; *v/i.* arbeiten; ~ *por inf.* sich bemühen zu *inf.*; **~eira** [~'ʎeirɐ] *f* Plackerei *f*, Schinderei *f*; **~ismo** [~'ʎiʒmu] *m* Arbeiterbewegung *f*; **~ista** [~'ʎiʃtɐ] *adj.* (*u. m*) (Mitglied *n*) der Arbeiterpartei; **~o** [~'βaʎu] *m* Arbeit *f* (*dar* m.); *biol.* Vorgang *m*; *fig.* Mühe *f*; Schwierigkeit *f*; Plage

f; **~oso** [~'ʎozu] mühsam; mühselig; arbeitsreich.
traça ['trasɐ] *f* **a**) Bauriß *m*; Plan *m*; *fig.* Kunstgriff *m*; Möglichkeit *f*, Handhabe *f*; *bras.* Aussehen *n*; **b**) *zo.* Motte *f*; *fig. a.* Klette *f*.
traç|ado [trɐ'saðu] *m* Linienführung *f*; graphische(s) Bild *n*; Vorzeichnung *f*; Riß *m*; Entwurf *m*; 🚂 Trasse *f*; **~ador** [~sɐ'ðor] *m* (Plan-) Zeichner *m*; Planer *m*; ⊕ Schrotsäge *f*; **~amento** [~sɐ'mẽntu] *m* Zeichnung *f*; Planung *f*; Entwurf *m*; **~ante** [~'sẽntə]: *bala f* ~ Rauchspurgeschoß *n*; **~ar** [~'sar] (1p; *Stv.* 1b) **a**) (auf)zeichnen; *Linie, Grenze* ziehen; *Kreis* beschreiben; *Weg, Bahn* abstecken, trassieren; Linien ziehen (*od.* Striche m.) auf (*dat.*); stricheln; (durch)kreuzen; zer-schneiden, -stückeln; *Zeichnung* anlegen; *Plan, Bild* entwerfen; *fig. a.* planen; *Mittel* ersinnen; *Überraschung* bereiten; *Ausführung* anordnen; *Mantel usw.* überwerfen; **b**) zerfressen; *fig.* untergraben.
tracção [tra'sɐ̃u] *f* Zug *m*; Ziehen *n*; Zugkraft *f*; ~ *animal* Tierkraft-, Pferde-betrieb *m*; ~ *eléctrica* (*a vapor*) elektrische(r) (Dampf-)Betrieb *m*; *prova f de* ~ Zerreißprobe *f*; *resistência f à* ~ Zerreiß-, Zugfestigkeit *f*; *animal m de* ~ Zugtier *n*.
tracejar [trɐsɨ'ʒar] (1d) stricheln; skizzieren.
traço ['trasu] *m* Strich *m*; *Gesichts-, Charakter-*Zug *m*; Merkmal *n*; Spur *f*; Stelle *f aus e-m Buch*; *nos seus* ~*s gerais* im großen und ganzen.
tracoma ⚕ [trɐ'komɐ] *m* Augenlidentzündung *f*.
tracto ['tratu] *m* Trakt *m*; Abschnitt *m*; Strecke *f*.
tractor [tra'tor] *m* Traktor *m*, Schlepper *m*, Trecker *m*.
tradi|ção [trɐði'sɐ̃u] *f* Überlieferung *f*; Herkommen *n*; **~cional** [~sju'nał] überliefert; herkömmlich; traditionell; **~cionalismo** [~sjunɐ'liʒmu] *m* Überlieferungstreue *f*; **~cionalista** [~sjunɐ'liʃtɐ] **1.** *adj.* überlieferungstreu; **2.** *su.* Traditionalist(in *f*) *m*; **~cionalmente** [~sjunał'mẽntə] durch Überlieferung; in überlieferter (*od.* herkömmlicher) Weise.
trado ⊕ ['traðu] *m*: ~ *de forma* Krauskopf *m*; ~ *cilíndrico* Kernbohrer *m*.
tradu|ção [trɐðu'sɐ̃u] *f* Übersetzung *f*; Wiedergabe *f*; Ausdruck *m*; **~tor** [~'tor] *m* Übersetzer *m*; *fig.* Dolmetsch *m*; **~zir** [~'zir] (3m) übersetzen; wiedergeben; zum Ausdruck bringen, ausdrükken; verdolmetschen; ~ *em factos* (*od. obras*) in die Tat umsetzen; **~zir-se** *por* zum Ausdruck kommen in (*dat.*); **~zível** [~'zivɛł] übersetzbar.
trafegar [~fə'ɣar]' (1o; *Stv.* 1c) Handel treiben, handeln; tätig sn; hart arbeiten, sich plagen.
tráfego ['trafəɣu] *m* Verkehr *m*; Handel *m*; 🚂 Güter-abfertigung *f*, -verkehr *m*; Arbeit(slast) *f*; Mühe *f*.
trafic|ância [trɐfi'kɐ̃sjɐ] *f* P Schiebung *f*; Kuhhandel *m*; **~ante** [~ɐ̃ntə] *m* P Schieber *m*; Gauner *m*; **~ar** [~ar] (1n) Handel treiben; *bsd.* F schachern; Schiebungen m.
tráfico ['trafiku] *m* Handel *m*; Verkehr *m*; F Schacher *m*; Kuhhandel *m*.
trag|ada *bras.* [trɐ'ɣaðɐ] *f* Zug *m*; **~adoiro, -ouro** [~ɣɐ'ðoiru, -oru] *m* Schlund *m*; Abgrund *m*; **~ar** [~ar] (1o; *Stv.* 1b) verschlingen (*a. fig.*); (ver)schlucken; *Getränk* hinunterstürzen; *Rauch* einatmen; *fig.* geduldig ertragen; F einstecken; schlucken; *não poder* ~ nicht ausstehen können.
tragédia [~'ʒɛðjɐ] *f* Trauerspiel *n*, Tragödie *f*; Tragik *f*.
tràgicamente [ˌtraʒikɐ'mẽntə]: *morrer* ~ auf erschütternde (*od.* entsetzliche) Weise ums Leben kommen; verunglücken.
trágico ['traʒiku] **1.** *adj.* tragisch; erschütternd; schrecklich; **2.** *m*, **-a** *f* Tragödiendichter(in *f*) *m*; Tragöde *m*; Tragödin *f*.
tragicomédia [ˌtraʒiku'mɛðjɐ] *f* Tragikomödie *f*.
trago ['traɣu] *m* Schluck *m*; Zug *m*; *fig. Schicksals-*Schlag *m*; F bittere Pille *f*.
trai|ção [trai'sɐ̃u] *f* Verrat *m* (*alta* Hoch...); *à* ~ = **~çoeiramente** [~ˌsweirɐ'mẽntə] hinterrücks; meuchlings; **~çoeiro** [~'sweiru] verräterisch; falsch, hinterlistig; (heim)tückisch; irreführend; **~dor**

[~'ðor] **1.** *adj.* verräterisch; treulos; tückisch; **2.** *m*, **-a** *f* Verräter(in *f*) *m*.
train|a ['trainɐ] *f* Schleppnetz *n für den Sardinenfang*; **~eira** [trai'neirɐ] *f* Fischerboot *n mit Schleppnetz*; *peixe m da ~* Frischfisch *m*.
trair [trɐ'ir] (3l) verraten; untreu w. (*dat.*); *Gott* verleugnen; (ver-)fälschen, entstellen; *Pflicht usw.* nicht erfüllen.
traj|ando [trɐ'ʒɐ̃ndu] gekleidet in (*ac.*); *~ modestamente* einfach gekleidet; **~ar** [~ar] (1b) **1.** *v/t.* tragen; **2.** *v/i.* sich kleiden (als *de*); *~ de festa* sich festlich kleiden; **3.** *m* = **~e** ['traʒə] *m* Tracht *f*; Anzug *m*; Kleid *n*; Kostüm *n*; *~ de cerimónia*, *~ de rigor* Gesellschafts-, Abendanzug *m*; Abendkleid *n*; *~(s) menor(es) pl.* Unterwäsche *f*.
traject|o [trɐ'ʒɛtu] *m* Strecke *f*; (Über-)Fahrt *f*; Flug *m*; Weg *m*; Verlauf *m*; **~ória** [~ʒɛ'tɔrjɐ] *f* Flugbahn *f*; *fig.* Bahn *f*, Weg *m*; Entwicklung *f*.
trajo ['traʒu] *m* = *traje*.
tralha ['traʎɐ] *f* Netz *n*; *fig.* Kram *m*.
trama ['trɐmɐ] **1.** *f* Schuß(faden) *m*; Gewebe *n*; **2.** *su.* Anschlag *m*, Komplott *n*; Machenschaft *f*; Knoten *m e-s Dramas usw.*; *bras.* Abmachung *f*; Tauschgeschäft *n*.
tramar [trɐ'mar] (1a) *Weberei*: einschlagen, -schießen; *fig.* anzetteln; aushecken; abkarten.
trambolh|ão P [trɐ̃mbu'ʎɐ̃u] *m* Fall *m*; Purzelbaum *m*; *fig.* Reinfall *m*; *dar um ~* hinschlagen; *fig.* reinfallen; *andar aos -ões* = **~ar** [~ar] (1e) (hin-, durchea.-)purzeln; **~o** [~'boʎu] *m* Klumpen *m*; Hindernis *n*.
tramit|ação *bras.* [trɐmita'sɐ̃u] *f* Bearbeitung *f*; Weiterleitung *f*; **~ar** [~'tar] (1a) weiterleiten; bearbeiten, behandeln.
trâmite ['trɐmitə] *m* Richtweg *m*; Richtung *f*; *fig.* (Dienst-)Weg *m*; (Geschäfts-)Gang *m*; Instanz(enweg *m*) *f*.
tramóia [trɐ'mɔjɐ] *f* Machenschaft *f*, Kniff *m*; Falle *f*.
tramontana [~mõn'tɐnɐ] *f* Polarstern *m*; Nordwind *m*; Norden *m*; *perder a ~* den Kopf verlieren.
trampol|im [trɐ̃mpu'lĩ] *m* Sprungbrett *n*; **~ina** P [~inɐ] *f* Schwindel *m*; Gaunerei *f*; **~inar** [~li'nar] (1a) (sich durch)schwindeln; gaunern; **~ineiro** [~li'neiru] *m* Schwindler *m*; **~inice** [~li'nisə] *f* = *~ina*.
trâmuei ['trɐmwei] *m* Personenzug *m*; Klein- *od.* Straßen-bahn *f*.
tranca ['trɐ̃ŋkɐ] *f* Vorlege-riegel *m*, -stange *f*; Sperrbalken *m*; *fig.* Knüppel *m*; Hindernis *n*; F Rindvieh *n*; *dar às ~s* F ausreißen.
trança ['trɐ̃sɐ] *f* Flechte *f*, Zopf *m*; Trense *f*, Tresse *f*.
trancafiar *bras.* [trɐ̃ŋka'fjar] (1g) einsperren.
trancar [trɐ̃ŋ'kar] (1n) ver-sperren, -riegeln; *fig.* ein Ende m. (*dat.*); streichen; rückgängig m., aufheben; *Klage* zurück-ziehen *od.* -weisen.
trançar [trɐ̃'sar] (1p) flechten.
tranca-ruas [trɐ̃ŋkɐ'ʀuɐʃ] *m* Raufbold *m*.
tranc|elim [trɐ̃sə'lĩ] *m* Goldschnur *f*; = **~inha** [~'siɲɐ] *f* Litze *f*; Borte *f*; *bras. fig.* Intrige *f*.
tranco ['trɐ̃ŋku] *m Reitkunst*: Kapriole *f*; Sprung *m*; Stoß *m*; *a ~s e barrancos* über Stock und Stein; mit Ach und Krach; *aos ~s fig.* holterdiepolter.
tranqu|eira [trɐ̃ŋ'keirɐ] *f* Verschanzung *f*; *fig.* Deckung *f*; *levantar ~* sich verschanzen; **~eiro** [~eiru] *m Säge*-Bock *m*; **~eta** [~etɐ] *f* Riegel *m*; Klinke *f*; **~ilha** [~iʎɐ] *f* Querbaum *m im Pferdestall*; Eckkegel *m*; Federring *m der Uhrkette*; *fig.* Fallstrick *m*; *por ~s* hintenherum.
tranquil|idade [~kwili'ðaðə] *f* Ruhe *f*; Stille *f*; **~izar** [~i'zar] (1a) beruhigen; **~o** [~'kwilu] ruhig; gelassen.
trans... [trɐ̃ʃ..., trɐ̃ʒ..., trɐ̃z...] *in Zssgn* jenseit; Über...; Trans...; über ... hinaus.
trans|acção [trɐ̃za'sɐ̃u] *f* Übereinkunft *f*; Vertrag *m*; ⚕ Geschäft *n*; Transaktion *f*; *-ões pl.* Umsatz *m*; Verkehr *m*; *ter -ões com* in Geschäftsverbindung stehen mit; **~accionar** [~asju'nar] (1f) verhandeln; übereinkommen; ⚕ Geschäfte m.; **~acto** [~'zatu] vergangen; vorig; **~atlântico** [~ɐt'lɐ̃ntiku] **1.** *adj.* überseeisch, Übersee...; **2.** *m* Überseedampfer *m*.
transbord|ar, **~o** [trɐ̃ʒβur'ðar, ~'βorðu] = *trasbord|ar*, *~o*.

transcend|ência [trẽʃsẽn'dẽsjɐ] *f* Überlegenheit *f*; Bedeutung *f*; Tragweite *f*; *fil.* Transzendenz *f*; **~ente** [~ẽntə] überlegen; außergewöhnlich; hoch; bedeutend, wichtig; weitreichend (*Wirkung*); *fil.* übersinnlich, transzendent; **~er** [~er] (2a) überschreiten; übertreffen; *v/i.* sich auszeichnen, hervorragen; ~ *de* hinausgehen über.

trans|crever [~krə'ver] (2c; *p.p.* *~crito*) abschreiben; wiedergeben; anführen; zitieren; umschreiben; ♪ bearbeiten (für *para*); **~crição** [~kri'sɐ̃u] *f* Abschrift *f*; Wiedergabe *f*; Zitat *n*; Umschrift *f*; ♪ Bearbeitung *f*; ~ *fonética* Lautschrift *f*.

transe ['trẽzə] *m* kritische(r) Augenblick *m*; Not *f*; Gefahr *f*; ~ *de morte* Todeskampf *m*; *a todo o* ~ koste es, was es wolle; auf jeden Fall.

trans|epto [trẽ'sɛptu] *m* Querschiff *n*; **~eunte** [trẽ'zjũntə] vorübergehend; *su.* Vorübergehende(r *m*) *m*, *f*.

trans|ferência [trẽʃfə'rẽsjɐ] *f* Übertragung *f*; Überweisung *f* (*a.* ✝); Versetzung *f*; Verlegung *f*; Transfer *m*; **~feridor** [~fəri'ðor] *m* ⚒ Winkelmesser *m*; **~ferir** [~fə'rir] (3c) *Recht* übertragen; *Geld usw.* überweisen; transferieren; *Beamten* versetzen; *Sitz usw.*, *Termin* verlegen; **~ferível** [~fə'rivɛɫ] übertragbar; girierbar (*Wechsel*); verlegbar (*Termin*); **~figuração** [~fiɣurɐ'sɐ̃u] *f* Verwandlung *f*; ♀ Verklärung *f* *Christi*; **~figurar** [~fiɣu'rar] (1a) verwandeln; entstellen; *rel.* verklären; **~formação** [~furmɐ'sɐ̃u] *f* Verwandlung *f*; Veränderung *f*; Um-formung *f*, -wandlung *f*; Umbildung *f*; **~formador** [~furmɐ'ðor] *m* ⚡ Umformer *m*, Transformator *m*; **~formar** [~fur'mar] (1e) verwandeln; um-formen, -wandeln; verändern; *Regierung* umbilden; *Rohstoff* verarbeiten (zu *em*).

trânsfuga ['trẽʃfuɣɐ] *m* Überläufer *m*; *fig.* Apostat *m*; Pflicht-, Ehrvergessene(r) *m*.

transfusão [trẽʃfu'zɐ̃u] *f* *Blut*-Übertragung *f*.

transgre|dir [trẽʒɣrə'ðir] (3d) überschreiten; *fig.* *Gesetz* übertreten; verstoßen gegen; *Pflicht* verletzen; **~ssão** [~'sɐ̃u] *f* Übertretung *f*; Verstoß *m*; Pflichtverletzung *f*; **~ssor** [~'sor] *m* *Gesetzes*-Übertreter *m*.

trans|ição [trẽzi'sɐ̃u] *f* Übergang *m*; **~ido** [~'ziðu] *schreck-*, *scham*-erfüllt; erstarrt (vor *de*); **~igência** [~i'ʒẽsjɐ] *f* Nachgiebigkeit *f*; **~igente** [~i'ʒẽntə] nachgiebig; versöhnlich; **~igir** [~i'ʒir] (3n): ~ *com in e-r Sache* nachgeben; *j-s Wünschen* willfahren; sich mit *j-m* ver-gleichen, -ständigen; **~ir** [~'zir] (3a) durchdringen; erfüllen; **~itado** [~i'taðu] begangen (*Weg*); befahren (*Strecke*); verkehrsreich; **~itar** [~i'tar] (1a) durch-gehen, -fahren, -reisen (durch); verkehren; ~ *para* übergehen zu; überwechseln nach; **~itável** [~i'tavɛɫ] gangbar; befahrbar; benutzbar; **~itivo** [~i'tivu] *gram.* transitiv.

trânsito ['trẽzitu] *m* (Durchgangs-) Verkehr *m*; Durch-fahrt *f*, -reise *f*; (Waren-)Durchfuhr *f*, Transit *m*; Reise *f*; Durchgang *m*; Übergang *m*; Tod *m*; *em* ~ auf der Durchfahrt; im Transit; unterwegs.

transitório [trẽzi'tɔrju] vorübergehend; Übergangs...; vergänglich.

trans|lação [trẽʒlɐ'sɐ̃u] *f* Überführung *f*; *Termin*-Verlegung *f*; Übertragung *f*; Versetzung *f*; *movimento m de* ~ *astr.* Umlaufsbewegung *f*; **~ladar** [~lɐ'ðar] (1b) = *trasladar*; **~lúcido** [~'lusiðu] durchscheinend; **~luzir** [~lu'zir] (3m) durchscheinen; schimmern; hervorgehen; = **~luzir-se** durchschimmern; **~migração** [~miɣrɐ'sɐ̃u] *f* Umsiedlung *f*; Abwanderung *f*; ~ *das almas* Seelenwanderung *f*; **~migrar** [~mi'ɣrar] (1a) *v/i.* übersiedeln; abwandern; **~missão** [~mi'sɐ̃u] *f* Übertragung *f* (*a. Radio*); Übermittlung *f*; *fis.* Fortpflanzung *f*; ⊕ Transmission *f*; ~ *hereditária* Vererbung *f*; **~missível** [~mi'sivɛɫ] übertragbar; **~missor** [~mi'sor] **1.** *adj.*: *papel m* ~ Kohlepapier *n*; *agente* (*od. meio*) *m* ~ = **2.** *m* Übertrager *m*; Übermittler *m*; Auslöser *m*; Taste *f*; ⚓ Maschinentelegraph *m*; **~mitir** [~mi'tir] (3a) übertragen; *Nachricht* übermitteln; weitergeben; **~mitir-se** *fis.* sich fortpflanzen; sich ausbreiten; **~mudação** [~muðɐ'sɐ̃u] *f* = *~mutação*; **~mudar** [~mu'ðar] (1a) um-, ver-wandeln; übertragen; überführen; *Sitz* verlegen; **~muta-**

ção [₋mutɐ'sɐ̃u] *f* Umwandlung *f*; Verwandlung *f*; **₋mutar** [₋mu'tar] (1a) = *₋mudar*; **₋mutável** [₋mu'tavɛɫ] umwandelbar.

transoceânico [trɐ̃zu'sjɐniku] überseeisch, Übersee...; Ozean...

trans|parecer [trɐ̃ʃpɐrə'ser] (2g) (durch)schimmern; zum Vorschein kommen; sich abzeichnen; **₋parência** [₋pɐ'rɐ̃sjɐ] *f* Durchsichtigkeit *f*; **₋parente** [₋pɐ'rɐ̃ntə] **1.** *adj.* durchsichtig (*a. fig.*); **2.** *m* Bild-, Licht-schirm *m*; Rouleau *n*; Transparent *n*; **₋piração** [₋pirɐ'sɐ̃u] *f* Ausdünstung *f*; Schweiß *m*; **₋pirar** [₋pi'rar] (1a) ausdünsten; schwitzen; *fig.* durchsickern; durchschimmern; **₋plantar** [₋plɐ̃n'tar] (1a) verpflanzen; umsiedeln; übertragen; **₋plantar-se** übersiedeln; **₋por** [₋'por] (2zd) versetzen; überschreiten; ♪ transponieren; *auto.* überholen; **₋portador** [₋purtɐ'ðor] *m* Fördereinrichtung *f*; Rollgang *m*; ₋ *aéreo* Seilbahn *f*; **₋portar** [₋pur'tar] (1e) befördern; fortschaffen; fortbewegen; bringen; tragen; ♪ = *₋por*; *fig.* übertragen; hinreißen; **₋portar-se** außer sich geraten; ₋ *a* sich versetzen in (*ac.*); **₋portável** [₋pur'tavɛɫ] transportfähig; fahrbar; beweglich; tragbar; **₋porte** [₋'pɔrtə] *m* Beförderung *f*; Transport *m*; Fortschaffung *f*; Fortbewegung *f*; Überführung *f*; Transport-mittel *n*, -schiff *n*; ♪ Transposition *f*; *fig.* Übertragung *f*; *Rechnungs*-Übertrag *m*; Begeisterung(srausch *m*) *f*; *Zornes*-Ausbruch *m*; *Freuden*-Taumel *m*; Verzückung *f*; **₋posição** [₋puzi'sɐ̃u] *f* Versetzung *f*; Umstellung *f*; ♪ = *₋porte*; **₋tornar** [₋tur'nar] (1e) durchea.-bringen; umstürzen; umwerfen; stören; verwirren; entstellen; verstören (*Schreck usw.*); **₋tornar-se** die Fassung verlieren; verstört (*od.* geistesgestört) w.; **₋torno** [₋'tornu] *m* Umkehrung *f*; Umsturz *m*; Verwirrung *f*; Verstörtheit *f*, Fassungslosigkeit *f*; *bsd.* Störung *f*; Unannehmlichkeit *f*; ₋ *da razão* (*od. cabeça*) Geistesstörung *f*; *causar* ₋ *a alg.* j-n stören; j-m ungelegen kommen.

transud|ação [trɐ̃suðɐ'sɐ̃u] *f* Schweiß *m*; Ausscheidung *f*; **₋ar** [₋'ðar] (1a) schwitzen; sickern (aus, durch *de*); zu lesen sn (auf *od.* in [*dat.*] *de*); *v/t.* ausschwitzen; ausscheiden.

transunto [₋'sũntu] *m* Abschrift *f*; Abbild *n*.

trans|vasar [trɐ̃ʒvɐ'zar] (1b) umfüllen; **₋vazar** [₋vɐ'zar] (1b) vergießen; *Glas* umwerfen; *fig.* leeren; **₋vazar-se** ausfließen; **₋verberar** [₋vərβə'rar] (1c) durchschimmern l.; widerspiegeln; *v/i.* durchschimmern; sich spiegeln; **₋versal** [₋vər'saɫ] schräg; seitlich; Quer...; *linha f* ₋ Seitenlinie *f*; *rua f* ₋ Quer-, Seiten-straße *f*; **₋viar** [₋'vjar] (1g) irre-führen, -leiten; unterschlagen; **₋viar-se** fehl-gehen, -fahren; irregehen; sich verirren; **₋vio** [₋'viu] *m* Irrweg *m* (*a. fig.*), Irrfahrt *f*; Verwirrung *f*; Irreführung *f*; Unterschlagung *f*.

tranvia [trɐ̃'viɐ] *f* = *trâmuei*.

trap|aça, ₋açaria [trɐ'pasɐ, ₋pɐsɐ'riɐ] *f* Schwindel *m*; *fazer* ₋ = **₋acear** [₋pɐ'sjar] (1l) schwindeln, mogeln (bei); *j-n* beschwindeln; **₋aceiro** [₋pɐ'seiru] *m* Schwindler *m*.

trapalh|ada [₋pɐ'ʎaðɐ] *f fig.* Verwirrung *f*, (heilloses) Durchea. *n*; F nette Bescherung *f*; **₋ão** [₋ɐ̃u] *m* Tolpatsch *m*; **₋ice** [₋isə] *f* = *₋ada*.

trapeir|a [₋'peirɐ] *f* Dachluke *f*; *mont.* Falle *f*; **₋o** *m*, **₋a** *f* [₋u, ₋ɐ] Lumpensammler(in *f*) *m*.

trap|ézio [₋'pɛzju] *m* Trapez *n*; Schwebereck *n*; **₋ezista** [₋pə'ziʃtɐ] *m* Luftakrobat *m*, Trapezkünstler *m*.

trapiche ⚓ [₋'piʃə] *m* Lagerschuppen *m*.

trapo ['trapu] *m* Lumpen *m*; Lappen *m*; Fetzen *m*.

traqu|eal [trɐ'kjaɫ] Luftröhren...; **₋eia** [₋'kejɐ] *f* Luftröhre *f*.

traquej|ar [₋kɨ'ʒar] (1d) verfolgen; **₋o** *bras.* [₋'keʒu] *m* Sachkenntnis *f*.

traqueotomia *cir.* [trɐkjutu'miɐ] *f* Luftröhrenschnitt *m*.

traquete ⚓ [₋'ketə] *m* Fock *f*.

traquin|ada [₋ki'naðɐ] *f* Heidenlärm *m*; mutwillige(r) Streich *m*; **₋ar** [₋'nar] (1a) Mutwillen treiben; lärmen; **₋as** [₋'kinɐʃ] ausgelassen; mutwillig; **₋ice** [₋'nisə] *f* Ausgelassenheit *f*; Mutwillen *m*.

trás [traʃ] **1.** *prp. u. adv.* = *atrás*; *de* ₋ = *detrás*; **2.** *int.* klatsch!

tras... [trɐʃ..., trɐʒ..., trɐz...] *in Zssgn* = *trans*; **₋bordar** [trɐʒβur'ðar] (1e) *v/t.* treten über (*ac.*); *fig.* umladen;

umsteigen l.; ~ *o copo, a panela, etc.* = *v/i.* über-fließen (*a. fig.*), -laufen, -treten; (aus)fließen; sich ergießen; *fig.* überschäumen (vor [*dat.*] de); ⚓, 🚂 umsteigen; **~bordo** [~ˈβorδu] *m* 🚂, ⚓ Umladung *f*; Umsteigen *n*.

traseir|a(s) [trɐˈzeirɐ(ʃ)] *f(pl.)* Rückseite *f*; *der* rückwärtige (*od.* hintere) Teil; **~o** [~u] **1.** *adj.* hinter; Hinter...; rückwärtig; **2.** *m der* Hintere; Keule *f*, Schlegel *m*.

tras|fegar [trɐʃfəˈɣar] (1o; *Stv.* 1c) umfüllen; **~foliar** [~fuˈljar] (1g) durchpausen.

trasla|ção, ~dação [trɐʒlɐˈsɐ̃u, ~δɐˈsɐ̃u] *f* = *translação*; **~dar** [~ˈδar] (1b) *an e-n andern Ort* überführen, bringen; versetzen; *Termin* verlegen; *in e-e Sprache, auf j-n* übertragen; abschreiben; **~dar-se** sich begeben; übergehen (auf [*ac.*] *a, para*); sich abzeichnen (auf [*dat.*] *em*); **~do** [~ˈlaδu] *m* Abschrift *f*; Abbild *n*; *pint.* Kopie *f*; *Schreib*-Vorlage *f*; Vorbild *n*.

trasmontano [~mõnˈtɐnu] **1.** *adj.* aus Trás-os-Montes; **2.** *m* Trasmontaner *m*.

trasorelho ⚕ [trɐzuˈreʎu] *m* Mumps *m*.

trasp|assar [trɐʃpɐˈsar] (1b) *Fluß* überschreiten (*a. fig.*); *mit e-r Waffe* durchbohren (*a. fig.*); durchdringen (*z.B. Kälte*), ergreifen; *Gesetz* übertreten; *Termin* verschieben; *in e-e Sprache, auf j-n* übertragen (*a.* ✝); *v/i.* sich *anderswohin* begeben, übergehen; = **~assar-se** durchdrungen (*od.* ergriffen) w. (von de); dahinsiechen; sterben; „*traspassa-se*" ✝ wird abgegeben; **~asse** [~ˈpasə] *m Geschäfts*-Übertragung *f*; *fig.* Hingang *m*, Tod *m*; **~asso** [~ˈpasu] *m* Übergang *m*; Aufschub *m*; = *~asse*.

traste [ˈtraʃtə] *m* Möbel *n*; Gerät *n*; *fig.* P Gauner *m*; *~s pl.* Hausrat *m*; *~(s) velho(s)* Plunder *m*.

trat|ado [trɐˈtaδu] *m* Abhandlung *f*; Vertrag *m*; **~amento** [~tɐˈmẽntu] *m* Behandlung *f* (*a.* ⚕); Anrede *f*, Titel *m*; Umgang(sformen *f/pl.*) *m*; *de ~* vornehm; **~ante** [~ˈtɐ̃ntə] *su.* Gauner(in *f*) *m*; **~ar** [~ˈtar] (1b) behandeln; verhandeln über (*ac.*); für *j-n* sorgen; mit *j-m* verkehren; umgehen mit, betreiben; *~ alg. por* (*od. de*) j-n anreden mit; *~ mal de palavras* be- (*od.* aus-)schimpfen; *v/i. ~ de* (*od. acerca de, sobre*) handeln von (*Buch*); sprechen über (*ac.*); sich beschäftigen mit; sich kümmern um; behandeln (*ac.*); *~ de inf.* (ver)suchen (*od.* sich bemühen) zu *inf.*; beschließen zu *inf.*; *~ com* verhandeln mit; *fig.* verkehren (*od.* umgehen) mit; **~ar-se** *de* sich handeln um; **~ável** [~ˈtavɛł] umgänglich; **~o** [ˈtratu] *m* Umgang *m*; Verkehr *m*; Benehmen *n*; Lebensweise *f*; Unterhalt *m*.

traum|ático [trauˈmatiku]: *choque m ~* Nervenschock *m*; *febre f -a* Wundfieber *n*; **~atismo** [~mɐˈtiʒmu] *m* Trauma *n*.

trautear [~ˈtjar] (1l) trällern; P belästigen; übers Ohr hauen.

trava [ˈtravɐ] *f* (Fuß-)Fessel *f*; Bremse *f*; Querriegel *m*.

trav|ação [trɐvɐˈsɐ̃u] *f* ⚠ Gebälkbindung *f*; = *~amento*; **~ado** [~ˈvaδu] schwer (*Zunge*); sprachbehindert; hitzig, erbittert (*Kampf*); innig, eng (*Freundschaft usw.*); **~adoira, -oura** [~ɐˈδoirɐ, -orɐ] *f* ⊕ Schränkeisen *n*; **~amento** [~ɐˈmẽntu] *m* Bindung *f*; Fessel *f*; Sperrung *f*, Verriegelung *f*, Sicherung *f*; **~anca** [~ˈvɐ̃ŋkɐ] *f* Hindernis *n*; *Lade*-Hemmung *f*; **~ão** [~ˈvɐ̃u] *m* Bremse *f*; Spannstrick *m*; *~ às quatro rodas* Vierradbremse *f*; **~ar** [~ˈvar] (1b) verbinden, zs.-fügen; *Fäden* verschlingen; fesseln; (ver)koppeln; *Wagen, Maschine* (ab)bremsen; *Pferd, Schritt* zügeln; hemmen, hindern; *Gespräch* anknüpfen, beginnen; *Bekanntschaft* schließen; *Degen* kreuzen; *Schlacht* liefern; *Säge* schränken; *fig.* verbittern; *v/i.* bitter schmecken; *~ de* greifen nach; *j-n* fassen an (*dat.*) *od.* bei; **~ar-se** anea.-geraten; sich entspinnen, beginnen (*Kampf*); **~e** [ˈtravə] *f* Balken *m*; **~ejamento** [~ɨʒɐˈmẽntu] *m* Balkenwerk *n*; Zimmerung *f*; **~ejar** [~ɨˈʒar] (1d) *Haus* richten.

través [~ˈvɛʃ]: *de ~* schief.

travessa [~ˈvɛsɐ] *f* Querbalken *m*; 🚂 Schwelle *f*; ⚒ Querschlag *m*; Querstraße *f*, Gasse *f*; *Braten*-Schüssel *f*, Platte *f*; Aufsteckkamm *m*.

travess|ão [~vəˈsɐ̃u] **1.** *adj.* quer; widrig, Gegen...; **2.** *m* starke(r)

Gegenwind *m*; Querbalken *m*; Waagebalken *m*; ♪ Taktstrich *m*; *gram.* Gedankenstrich *m*; **~eira** [~eirɐ] *f* Kopfkissen *n*; **~eiro** [~eiru] *m* Kopfrolle *f in Betten*; Kissenbezug *m*; *consultar o ~* sich die Sache beschlafen; **~ia** [~iɐ] *f* Über- (*od.* Durch-)querung *f*; Überfahrt *f*; Durch-fahrt *f*, -reise *f*; *fazer a ~ de* über- (*od.* durch-)queren; fahren (*od.* reisen) durch; **~o** [~'vesu] **1.** quer; schräg; Seiten...; widrig (*Wind usw.*); **2.** mutwillig, boshaft; ausgelassen; *mão f -a* Handbreite *f*; **~ura** [~urɐ] *f* Mutwillen *m*; Lausbubenstreich *m*; Bosheit *f*.

travo ['travu] *m* herbe(r) Geschmack *m*; Nachgeschmack *m* (*a. fig.*).

trazer [trɐ'zer] (2w) (her[bei]-) bringen; mitbringen; mitführen; *Absicht* haben; *in Schrecken* halten; *Kleid* tragen; *Geschäft* betreiben; *Schriftstelle* anführen; *et. im Munde* führen; zur Folge h.; *~ consigo* bei sich h.; mit sich bringen.

trecent|ésimo [trəsẽn'tɛzimu] **1.** *adj.* dreihundertst; **2.** *m* Dreihundertstel *n*; **~ista** [~iʃtɐ] *m* Dichter *m* (*od.* Maler *m*) des 14. Jahrhunderts.

trecho ['treʃu] *m Weg-*, *Zeit-*Strecke *f*; *Lese-*, *Musik-*Stück *n*; Abschnitt *m*; *a ~(s)* zeitweilig, dann und wann; *a pouco ~*, *a breve ~* alsbald; *~ por ~* abschnitt(s)weise.

tredo ['treðu] verräterisch; falsch.

trégua(s) ['trɛɣwɐ(ʃ)] *f*(*pl.*) Waffenstillstand *m*; *fig.* Ruhe *f*.

trein|ador [treinɐ'ðor] *m Sport*: Trainer *m*; **~ar** [~'nar] (1a) *Vögel* abrichten; *Sport*: trainieren; ⚔ ausbilden; *pol.* schulen; **~o** ['treinu] *m* Dressur *f*; Training *n*; Ausbildung *f*; Schulung *f*.

treita ['treitɐ] *f* Fährte *f*; Spur *f*.

trejeito [trɨ'ʒeitu] *m* Grimasse *f* (*fazer* schneiden); Gebärde *f*.

trel|a ['trɛlɐ] *f Hunde-*Leine *f*; *soltar a ~ a* loskoppeln (*ac.*); = *largar a ~ a* freilassen (*ac.*); = *dar ~* die Zügel schießen l.; erlauben; = **~er** *bras.* [tre'ler] (2l) schwätzen; klatschen.

treliça *bras.* [tre'lisɐ] *f* Fachwerk *n*.

trem [trɐ̃i] *m* Gepäck *n*; ⚔ Troß *m*, Train *m*; Mobiliar *n*; *bras. bsd.* Zug *m*; *~ misto* Bummel-, *~ relâmpago* Blitz-zug *m* (*vgl. comboio*); *~ de aterragem* ✈ Fahrgestell *n*; *~ de cozinha* Küchengerät *n*; *viagem f de ~ bras.* Bahnfahrt *f*.

trem|a ['tremɐ] *m* Trema *n*; **~ado** [trə'maðu] mit Trema (versehen).

trem|ebundo [trəmə'βũndu] schrecklich; zitternd; zaghaft; **~edal** [~ə'ðał] *m* Sumpf(boden) *m*; **~elicar** [~əli'kar] (1n) zittern, schaudern; **~eluzir** [~əlu'zir] (3m) flimmern; glitzern; **~endo** [~'mẽndu] fürchterlich; gewaltig; **~er** [~'mer] (2c) *v/i.* zittern (*como varas verdes* wie Espenlaub), (er)beben; = *~eluzir*; *v/t.* fürchten; erzittern lassen.

trem|ês, **~esinho** [trə'meʃ, ~mə'ziɲu]: *trigo m ~* Sommerkorn *n*.

tremido [~'miðu] **1.** *adj.* zittrig; F riskant; ⸗ überreif; **2.** *m*: *~ da escrita* zittrige Schrift *f*.

tremo|ceiro ⚘ [~mu'seiru] *m* Lupine *f*; **~ço** [~'mosu] *m* Lupinenkern *m*.

tremonha [~'moɲɐ] *f* Einlauftrichter *m*.

tremor [~'mor] *m* Zittern *n*, Beben *n*; Zuckung *f*; *~ de terra* Erdbeben *n*.

trempe ['trẽmpə] *f* Dreifuß *m*; *fig.* F Kleeblatt *n*.

tremul|ar [trəmu'lar] (1a) schwingen; schütteln; *v/i.* flattern; schwanken; flackern; flimmern; ♪ tremulieren; **~ina** [~inɐ] *f* Glitzern *n*.

trémulo ['trɛmulu] **1.** *adj.* zitternd, bebend; zaghaft; glitzernd; **2.** *m* ♪ Tremolo *n*.

trena ['trenɐ] *f* Haarband *n*; *Kreisel-*Schnur *f*; *bras.* Bandmaß *n*.

trenó [trə'nɔ] *m* Schlitten *m*; *~ dirigível* Bob(schlitten) *m*.

trepad|eira [trəpɐ'ðeirɐ] *f*: (*planta*) *~* Kletter-, Schling-pflanze *f*; (*ave*) *~* Specht *m*; **~or** [~or] *m* Klettervogel *m*; *bras.* Lästermaul *n*.

trepanar *cir.* [~pɐ'nar] (1a) Schädel aufmeißeln, trepanieren.

trepar [~'par] (1c) erklettern; *~ a pulso* sich hochziehen an (*dat.*); *v/i.* (hinauf)klettern.

trepid|ação [~piðɐ'sɐ̃u] *f* Beben *n*; Erschütterung *f*; **~ar** [~'ðar] (1a) beben; schwanken.

trépido ['trɛpiðu] bebend.

três [treʃ] **1.** drei; **2.** *m* Drei *f*; Nummer *f* Drei.

tres... [trɨʃ..., trɨʒ..., trəz...] **a)** = *trans...*, *tras...* **b)** = *tris...*

tresandar [trəzɐ̃n'dar] (1a) zurückdrängen; zurückdrehen; verändern; durchea.-bringen; verpesten; *Gestank* ausströmen; *v/i.* stinken.

tres|loucar [trɨʒlo'kar] (1n) verrückt m. (*od.* w.); **~malhar** [~mɐ'ʎar] (1b) *fig.* entwischen l.; verscheuchen; *v/i. u.* **~malhar-se** entwischen; fliehen; **~noitado** [~noi'taðu] übernächtigt; **~noitar** [~noi'tar] (1a) *v/i.* die Nacht durchwachen.

trespano [trɨʃ'pɐnu] *m* Drillich *m.*

tresquiáltera ♪ [~'kjaɫtərɐ] *f* Triole *f.*

tressuar [trə'swar] (1g) stark schwitzen.

treta ['tretɐ] *f esgr.* Finte *f*; **~s** *pl.* Geschwätz *n*; F Quatsch *m.*

trevas ['trɛvɐʃ] *f/pl.* Finsternis *f*, Dunkel *n*; *quarta-feira f de ~* Mittwoch *m* vor Ostern.

trevo ⚘ ['trevu] *m* Klee *m.*

trez|e ['trezə] **1.** dreizehn; **2.** *m* Dreizehn *f*; Nummer *f* Dreizehn; **~entos** [trə'zẽntuʃ] dreihundert.

triangular [triẽŋgu'lar] drei-eckig, -kantig; Dreieck(s)..., Dreikant...

triângulo [tri'ẽŋgulu] *m* Dreieck *n*; ♪ Triangel *m.*

tribo ['triβu] *f* Stamm *m.*

tribulação [triβulɐ'sɐ̃u] *f* Drangsal *f*, Not *f*; Widerwärtigkeit *f.*

tribuna [~'βunɐ] *f* Tribüne *f*; Rednerbühne *f*; Empore *f*; *tea.* Rang *m.*

tribunal [~βu'naɫ] *m* Richterstuhl *m* (*a. fig.*); Gericht(shof *m*) *n*; *~ de comarca* Amts-, *~ da Relação* Landgericht *n*; *~ de contas* Rechnungshof *m*; *~ marítimo* Seeamt *n*; *Supremo* ♀ Oberste(r) Gerichtshof *m*, *dtsch.* Bundesgericht *n.*

tribuno [~'βunu] *m* Tribun *m*; Volksredner *m.*

tribut|ar [~βu'tar] (1a) besteuern; *fig. Huldigung* darbringen; *Lob* zollen; *Ehre* erweisen; **~ário** [~arju] **1.** *adj.* tributpflichtig; **2.** *m* Steuerzahler *m*; **~o** [~'βutu] *m* Tribut *m*; Steuer *f*; *fig.* Zoll *m.*

tri|centenário [trisẽntə'narju] *m* Dreihundertjahrfeier *f*; dreihundertste(r) Geburts- (*od.* Todes-)tag *m*; **~ciclo** [~'siklu] *m* Dreirad *n.*

tricó, -ô [~'kɔ, ~'ko] *m* Trikot(stoff *m*) *n*; Strickarbeit *f*; *agulha f de ~* Stricknadel *f*; *artigos m/pl. de ~* Strick-, Wirk-waren *f/pl.*, Trikotagen *f/pl.*; *fazer ~* stricken.

tri|color [~ku'lor] dreifarbig; **~corne** [~'kɔrnə]: *chapeu m ~* = **~córnio** [~'kɔrnju] *m* Dreispitz *m*; **~cot(e)ar** [~ku't(j)ar] (1e [1l]) stricken; **~dente** [~'ðẽntə] *m* Dreizack *m.*

tri|enal [triə'naɫ] dreijährig; **~énio** [~'ɛnju] *m* Zeitraum *m* von drei Jahren; dreijährige Amtszeit *f.*

tri|fásico ⚡ [tri'faziku]: *corrente f -a* Drehstrom *m*; **~fólio** [~'fɔlju] *m* Kleeblatt *n*; **~forme** [~'fɔrmə]: *pronome m ~* Pronomen *n* mit starker Endung.

trigal [~'ɣaɫ] *m* Weizenfeld *n.*

trigésimo [~'ʒɛzimu] **1.** *adj.* dreißigst; **2.** *m* Dreißigstel *n.*

trigo ['triɣu] **1.** *m* Weizen *m*; *prov.* Korn *n*; (Weizen-)Brot *n*; *~ sarraceno* Buchweizen *m*; **2.** *adj.* Weizen...

trigonometria ⩕ [triɣunumə'triɐ] *f* Trigonometrie *f.*

trigueiro [tri'ɣeiru] brünett.

trilar [tri'lar] (1a) trillern.

trilátero [~'latəru] dreiseitig.

trilha ['triʎɐ] *f* Drusch *m*; *fig.* Weg *m*; Spur *f*; *seguir a ~ de fig. j-s* Beispiel folgen.

trilh|adeira [triʎɐ'ðeirɐ] *f* Dreschmaschine *f*; **~ado** [~'ʎaðu] ausgetreten (*Stufe usw.*); bearbeitet (*Thema*); erprobt; abgedroschen (*Schlager usw.*); **~ador** [~ɐ'ðor] **1.** *m* Drescher *m*; **2.** *adj.*: *máquina f ~a* = *~adeira*; **~ar** [~'ʎar] (1a) (aus-) dreschen; (zer)stampfen; zertreten; betreten, begehen, befahren; *Weg* bahnen (*od.* gehen); *Spur* hinterlassen in (*dat.*); **~o** ['triʎu] *m* Dreschflegel *m*; Dreschwalze *f*; Käseschlegel *m*; *fig.* Weg *m*; Denkungsart *f*; *bras.* Schiene *f*; *Teppich*-Läufer *m*; *chapa f de ~* Spurkranz *m.*

tri|lhão, ~lião [~'ʎɐ̃u, ~'ljɐ̃u] *m* Billion *f.*

trilingue, -língue [tri'lĩŋgə, -gwə] dreisprachig.

trilo ['trilu] *m* Triller *m.*

trimestr|al [trimɨʃ'traɫ] vierteljährlich; **~e** [~'mɛʃtrə] *m* Vierteljahr *n*, Quartal *n.*

trin|ado [tri'naðu] *m* Gezwitscher *n*; ♪ Triller *m*; **~ar** [~ar] (1a) zwitschern, schlagen; ♪ trillern.

trinca ['trĩŋkɐ] *f* Dreiergruppe *f*; drei gleichwertige Karten *f/pl.*; *uma ~ de reis* drei Könige *m/pl.*; ~-

-nozes, *~-pinhas* *m* Kreuzschnabel *m*.
trincar [trĩŋ'kar] (1n) (ab-, zer-) beißen; (auf)knacken; knabbern an (*dat.*); sich beißen auf (*ac.*); ⚓ festmachen; *v/i.* knacken; klirren.
trincha ['trĩʃɐ] *f Art* Dechsel *m*; Flachpinsel *m*; Nagelheber *m*; Schnitz *m*; Scheibe *f*.
trinch|ante [trĩ'ʃẽntə] *m* Tranchiermesser *n*; *hist.* Truchseß *m*; **~ar** [~ar] (1a) tranchieren, vorschneiden; **~eira** [~eirɐ] *f* (Lauf-, Schanz-)Graben *m*; Schützengraben *m*; *taur.* Schutzwand *f um die Arena*; *dahinter liegender* Laufgang *m*; Parterre(plätze *m/pl.*) *n*; ⊕ Meßleine *f*; **~ete** [~etə] *m* Kneif *m*; **~o** ['trĩʃu] *m* Vorlegeschüssel *f*; Tranchierbrett *n*; Tranchieren *n*; Schnittseite *f des Fleisches*; Käsebrett *n*; *fig. das* (*die*) einfachste Mittel (Lösung).
trinco ['trĩŋku] *m Tür*-Drücker *m*, Klinke *f*; Schnalzlaut *m*; *dar ~s* mit den Fingern schnalzen.
trindade [trĩn'daðə] *f* Dreifaltigkeit *f*, Trinität *f* (*a. fig.*); *~s pl.* Vesper(läuten *n*) *f*.
trino ['trinu] drei-fach, -faltig.
trinómio ⅌ [tri'nɔmju] *m* dreigliedrige Größe *f*.
trinque ['trĩŋkə] *m* Kleiderbügel *m*; *fig.* Eleganz *f*; *de ~* hochfein; funkelnagelneu; *andar no ~* sich schniegeln.
trinta ['trĩntɐ] dreißig.
trintanário [trĩntɐ'narju] *m* Lakai *m*.
trint|ão [~'tɐ̃ũ] *m* = *~enário*; **~ena** [~enɐ] *f* etwa dreißig; Dreißigstel *n*; **~enário** [~tə'narju] **1.** *adj.* dreißigjährig; **2.** *m*, **-a** *f* Dreißiger(in *f*) *m*.
trio ['triu] *m* Trio *n*.
tripa ['tripɐ] *f* Darm *m*; *à ~ forra* was das Zeug hält; *~s pl.* Kaldaunen *f/pl.*, Kutteln *f/pl.*; *fazer das ~s coração* sich ein Herz fassen; sich zs.-nehmen.
tri|partir [tripɐr'tir] (3b) dreiteilen; **~pé** [~'pɛ] *m* Dreifuß *m*; *fot.* Stativ *n*; **~peça** [~'pɛsɐ] *f* (Schuster-) Schemel *m*; *fig.* Schusterhandwerk *n*; *iron.* Kleeblatt *n*.
tripeiro [~'peiru] *m* Kaldaunenhändler *m*; *fig.* Portuenser *m*.
triplicar [~pli'kar] (1n) verdreifachen.
tríplice, triplo ['triplisə, 'triplu] dreifach; Drei...
tríptico ['triptiku] *m* dreiteilige(s) (Altar-)Bild *n*; *auto.* Triptyk *n*.
tripudiar [tripu'ðjar] (1g) hopsen; herumtollen; *~ em* sich *dem Laster usw.* ergeben (h.).
tripul|ação [~pulɐ'sɐ̃u] *f* Besatzung *f*; **~ante** [~'lẽntə] *m* Mann *m der Besatzung*; *os ~s* = *~ação*; **~ar** [~'lar] (1a) bemannen; steuern.
triquina [~'kinɐ] *f* Trichine *f*.
tris... [triʃ..., triʒ..., triz...] *in Zssgn* dreifach; Drei...
trisavô *m*, **-ó** *f* [trizɐ'vo, -ɔ] Urgroß-vater *m*, -mutter *f*.
trismo ⚕ ['triʒmu] *m* Mundsperre *f*.
trissar [tri'sar] (1a) zirpen.
trist|e ['triʃtə] traurig; lächerlich *gering*; **~eza** [triʃ'tezɐ] *f* Traurigkeit *f*; Trauer *f*; *~s* Kümmernisse *f/pl.*; *sofrer ~s* Kummer h.; **~onho** [triʃ'toɲu] trübselig; finster.
tritricultura [tritrikuɫ'turɐ] *f* Weizenanbau *m*.
tritur|ador [triturɐ'ðor] *m* Zerkleinerungsmaschine *f*; Steinbrecher *m*; *Pulver*-Mühle *f*; **~ar** [~'rar] (1a) zer-kleinern, -mahlen, -malmen, -reiben, -stoßen.
triunf|ador [trjũfɐ'ðor] **1.** *adj.* siegreich; **2.** *m* Triumphator *m*, Sieger *m*; **~al** [~'faɫ] Triumph...; = **~ante** [~'fẽntə] siegreich; sieghaft; **~ar** [~'far] (1a) triumphieren (über [*ac.*] *de*); frohlocken; **~o** ['trjũfu] *m* Triumph *m*; Sieg *m*.
trivial [tri'vjaɫ] platt, abgedroschen; alltäglich; **~idade** [~vjɐli'ðaðə] *f* Plattheit *f*; Alltäglichkeit *f*; Gemeinplatz *m*.
triz [triʃ]: *nem um ~* keinen Deut; *por um ~* mit genauer Not, um ein Haar; *estar por um ~* an e-m Faden hängen; nahe daran sn (zu *a*); *escapar* (*od. livrar-se*) *por um ~* mit e-m blauen Auge davonkommen.
troar [trwar] (1f) donnern; dröhnen.
troca ['trɔkɐ] *f* Tausch *m*; Austausch *m*; Wechsel *m*; *em ~* dafür; als Gegenleistung; *em ~ de* für.
troça ['trɔsɐ] *f* Spott *m*, Spötterei *f*; *fazer ~ de s. troçar.*
trocadilho [trukɐ'ðiʎu] *m* Wortspiel *n*.
trocar [~'kar] (1n; *Stv.* 1e) (aus-, ein-, um-, ver-)tauschen, (-)wechseln; verwandeln; *Worte* verdrehen.

troçar [~'sar] (1p; *Stv.* 1e) verspotten, hänseln; *v/i.* ~ de spotten über (*ac.*), zum besten haben (*ac.*).
troca-tintas [trɔkɐ'tĩntɐʃ] *m* Maler Klecksel *m*; *fig.* Pfuscher *m*; Gauner *m*.
trocista [tru'siʃtɐ] **1.** *adj.* spöttisch; **2.** *su.* Spötter(in *f*) *m*.
troco ['troku] *m* Kleingeld *n*; Wechselgeld *n*; *dar* ~ *de* herausgeben auf (*ac.*); *dar o* ~ es *j-m* heimzahlen.
troço ['trosu] *m Baum*-Stumpf *m*; Klotz *m*; Knüttel *m*; Strunk *m*; ⚔ Truppenteil *m*; Flottenverband *m*; *allg.* Teil *m*; (Draht-)Bolzen *m*; *fig.* Trupp *m*, Schar *f*. [Sieg *m*.]
troféu [tru'fɛu] *m* Trophäe *f*; *fig.*
troglodita [~ɣlu'ðitɐ] *su.* Höhlenbewohner(in *f*) *m*.
troix... *s. troux...*
trol|e *angl.* ['trɔlə] *m bras.* Draisine *f*; Lore *f*; ⚒ Hunt *m*; *port.* = ~er; **~eibus** [trɔlei'βuʃ] *m* Obus *m*; **~er** *bras.* [~ɛr] *m* Kontakt-rädchen *n od.* -bügel *m* (*Straßenbahn*).
trolha ['troʎɐ] **1.** *f Maurer*-Kelle *f*; **2.** *m* Maurer *m*; Dachdecker *m*; Tüncher *m*; P Lump *m*.
tromba ['trõmbɐ] *f* Rüssel *m*; ~ *de água* Wasserhose *f*.
tromb|eta [trõm'betɐ] *f* Trompete *f*; *hist.* Posaune *f* (*final* des Jüngsten Gerichts); **~etão** [~bə'tɐ̃u] *m* Trompetenblume *f*; **~etear** [~bə'tjar] (1l) trompeten; **~eteiro** [~bə'teiru] *m* Trompeter *m*; **~one** [~'bɔnə] *m* Posaune(nbläser *m*) *f*; **~udo** [~'buðu] Rüssel-...; rüsselartig; *fig.* mürrisch, finster.
trompa ['trõmpɐ] *f* ♪ Horn *n*; *fís.* Saugröhrchen *n*, Luftpumpe *f*; *anat.* Röhre *f*.
tromp|ar *bras.* [trõm'par] (1a) zs.-stoßen; anrennen gegen; **~ázio** [~azju] *m* Schlag *m*, (Zs.-)Stoß *m*.
tronch|ar [trõ'ʃar] (1a) stutzen; verstümmeln; **~o** ['trõʃu] *m Arm- usw.* Stumpf *m*; **~udo** [~uðu] dickstengelig; *fig.* stämmig.
tronc|o ['trõŋku] *m* Stamm *m*; Klotz *m* (*a. fig.*); *anat.* Rumpf *m*; *Nerven*-Strang *m*; ⚠ *Säulen*-Stumpf *m*; *hist.* ⚖ Block *m*, Stock *m*; Gefängnis *n*; ~ *de geração* Stammbaum *m*; *parelha f de* ~*s* Deichselgespann *n*; **~udo** [trõŋ'kuðu] stämmig.
trono ['tronu] *m* Thron *m*.
tropa ['trɔpɐ] *f* Haufen *m*, Trupp *m*; ⚔ Truppe *f*; *bras.* Wanderherde *f*; (Lasttier-)Karawane *f*.
trope|ada [tru'pjadɐ] *f* Getrappel *n*; **~ar** [~ar] (1l) trappeln.
trope|çar [~pə'sar] (1p; *Stv.* 1c) stolpern (über [*ac.*] *em*, *com*); *auf e-e Schwierigkeit* stoßen; straucheln (*a. fig.*); schwanken; **~ço** [~'pesu] *m* Hindernis *n*; *pedra f de* ~ Stein *m* des Anstoßes; Hauptschwierigkeit *f*.
trôpego ['tropəɣu] schwer(fällig); lahm.
trop|eiro *bras.* [tru'peiru] *m* (Lasttier- *od.* Vieh-)Treiber *m*; Viehhändler *m*; **~el** [~ɛł] *m* Trappeln *n*; Getrampel *n*; Haufen *m Menschen*; Durchea. *n*; *de* ~, *em* ~ haufenweise; in wilder Hast, überstürzt.
tropical [~pi'kał] tropisch.
trópico ['trɔpiku] *m* Wendekreis *m*; ~s Tropen *pl.*
trot|ão [tru'tɐ̃u] *m* Traber *m*; **~ar** [~ar] (1e) traben; **~e** ['trɔtə] *m* Trab *m*.
troux-, troix|a ['tro-, 'troiʃɐ] **1.** *f* Bündel *n*; liederliche(s) Frauenzimmer *n*; **2.** *m* Dussel *m*; **3.** *adj.* dußlig; **~e-mouxe, ~e-moixe** [~ə'moʃə, ~ə'moiʃə]: *a* ~ drunter und drüber; aufs Geratewohl.
trov|a ['trɔvɐ] *f* Liedchen *n*; **~ador** *hist.* [truvɐ'ðor] *m* Troubadour *m*; *in Dtschl.* Minnesänger *m*.
trov|ão [tru'vɐ̃u] *m* Donner(schlag) *m*; *fig.* Hagel *m*; **~ejar** [~vɨ'ʒar] (1d) donnern; gewittern; *fig.* wettern; **~iscada** [~viʃ'kaðɐ] *f* Fischgift *n aus Seidelbast*; **~iscar** [~viʃ'kar] (1n) leise donnern; **~isco** [~'viʃku] *m* **a)** leichte(r) Donner *m*; **b)** ⚘ Seidelbast *m*; **~oada** [~'vwaðɐ] *f* Gewitter *n*.
tru|anice [trwɐ'nisə] *f* Possen *m*, Narretei *f*; **~ão** ['trwɐ̃u] *m* Narr *m*, Clown *m*; *hist.* Hofnarr *m*.
trucidar [trusi'ðar] (1a) niedermetzeln.
truculento [~ku'lẽntu] grausam; grimmig.
truf|a ⚘ ['trufɐ] *f* Trüffel *f* (*Pilz*); **~ar** [tru'far] (1a) mit Trüffeln füllen.
truncar [trũŋ'kar] (1n) ab-schneiden, -schlagen; verstümmeln.
trunf|ar [trũ'far] (1a) Trumpf spielen; *fig.* auftrumpfen(können);

~o ['trũfu] *m* Trumpf *m*; *fig.* F große(s) Tier *n*.
truque ['trukə] *m* Kegelbillard *n*; ⊕ Rollwagen *m*, Lore *f*; Schlitten *m*; Drehgestell *n*; *bsd.* F Trick *m*, Kniff *m*.
truta ['trutɐ] *f* Forelle *f*.
tu [tu] du; *tratar por ~* duzen.
tua ['tuɐ] *s. teu.*
tuba ♪ ['tuβɐ] *f* Tuba *f*.
tubagem [tu'βaʒɐ̃i] *f* Röhren-werk *n*, -system *n*, Rohrleitung *f*.
tubarão [tuβɐ'rɐ̃u] *m* Hai *m*.
túbera ♀ ['tuβərɐ] *f* Trüffel *f*.
tubérculo [tu'βɛrkulu] *m* ♀ Knolle(nfrucht) *f*; ⚕ Tuberkel *f*.
tubercul|ose ⚕ [tuβərku'lɔzə] *f* Tuberkulose *f*; **~oso** [~ozu] tuberkulös; ♀ = *tuberoso*.
tuberos|idade [tuβəruzi'δaδə] *f* Auswuchs *m*; Höcker *m*; **~o** [~'rozu] knollig, Knollen...
tubo ['tuβu] *m* Rohr *n*, Röhre *f*; *anat.* Kanal *m*; *Harn*-Leiter *m*; 🕮 Tubus *m*; *~ de gás néon* Glimmröhre *f*.
tubular [tuβu'lar] röhrenförmig, Röhren...
tudo ['tuδu] alles; *~ o que*, *~ quanto* alles, was; *o seu ~* sein ein und alles; *~ o mais* alles andere; *em ~ e por ~* in allem und jedem; unter allen Umständen; *estar por ~* mit allem zufrieden sn; *ser ~ um* alles eins (*od.* ein und dasselbe) sn; **~-nada** [ˌtuδu'naδɐ]: *um ~* ein ganz klein wenig.
tufão [tu'fɐ̃u] *m* Taifun *m*.
tuf|ar [tu'far] (1a) bauschen; blähen; *v/i. u.* **~ar-se** aufgehen (*Brot*); schwellen; **~o** ['tufu] *m* **a**) Büschel *n*; Bausch *m*; **b**) Tuffstein *m*.
tule ['tulə] *m* Tüll *m*.
tulha ['tuʎɐ] *f* Olivenmiete *f*; *Getreide*-Speicher *m*; Vorrat *m*.
tulip|a [tu'lipɐ] *f* Tulpe *f*; **~eiro** [~li'peiru] *m* Tulpenbaum *m*.
tumba ['tũmbɐ] **1.** *f* Grab(stein *m*) *n*; Bahre *f*; **2.** *su.* Pechvogel *m*; **3.** *int.* bums!; klatsch!
tume|facção ⚕ [tuməfa'sɐ̃u] *f* Schwellung *f*; **~facto** [~'faktu] geschwollen; **~fazer** [~fɐ'zer] (2v) = **~ficar** [~fi'kar] (1n) aufschwellen; **~ficar-se** (an)schwellen.
tumidez [tumi'δeʃ] *f* Geschwulst *f*; Geschwollenheit *f* (*a. fig.*).
túmido ['tumiδu] gedunsen; geschwollen (*a. fig.*).
tumor ⚕ [tu'mor] *m* Geschwulst *f*.
tumular [tumu'lar] Grab...
túmulo ['tumulu] *m* Grab(mal) *n*.
tumult|o [tu'multu] *m* Tumult *m*; Lärm *m*; Aufruhr *m*; Getümmel *n*; Gewühl *n*; **~uar** [~muł'twar] (1g) in Aufruhr versetzen, beunruhigen; **~uário**, **~uoso** [~muł'twarju, ~'twozu] lärmend; wild, stürmisch; aufrührerisch.
tun|a ['tunɐ] *f* Faulenzerdasein *n*; Studentenkapelle *f*; *andar (od. ir) à ~* ein Lotterleben führen; **~ante** [tu'nɐ̃ntə] *m* Landstreicher *m*; Gauner *m*; studentische(r) Musiker *m*.
tunda ['tũndɐ] *f* Tracht *f* Prügel; *dar uma ~ fig.* verreißen.
túnel ['tunɛl] *m* Tunnel *m*.
túnica ['tunikɐ] *f* Tunika *f*; Waffenrock *m*; 🕮 Häutchen *n*.
turb|a ['turβɐ] *f* Menschenschwarm *m*; Menge *f*; Chor *m*; *em ~* in hellen Haufen; **~ação**, **~ar** [turβɐ'sɐ̃u, ~'βar] = *turv|ação*, *~ar*.
turbante [tur'βɐ̃ntə] *m* Turban *m*.
túrbido ['turβiδu] verwirrend; wirr; trüb, dunkel.
turbilhão [turβi'ʎɐ̃u] *m* Wirbel (-wind) *m*; Strudel *m*.
turbina [~'βinɐ] *f* Turbine *f*.
turbul|ência [~βu'lẽsjɐ] *f* Ungestüm *n*; Ausgelassenheit *f*; Unruhe *f*, Aufregung *f*; Verwirrung *f*; **~ento** [~ẽntu] ungestüm; ausgelassen (*Kind*); lärmend; unruhig; aufsässig; verworren.
turco ['turku] **1.** *adj.* türkisch; **2.** *m*, **-a** *f* Türke *m*, Türkin *f*; ⚓ Davit *n*.
turdídeos *zo.* [tur'δiδjuʃ] *m/pl.* Drosseln *f/pl.*
turf|a ['turfɐ] *f* Torf *m*; **~eira** [tur'feirɐ] *f* Torfmoor *n*.
túrgido ['turʒiδu] strotzend; aufgequollen; schwülstig.
turíbulo [tu'riβulu] *m* Weihrauchfaß *n*.
turi|smo [tu'riʒmu] *m* Fremdenverkehr *m*; Vergnügungsreise *f*; Reiselust *f*; (*agência f de*) *~* Reisebüro *n*; **~sta** [~ʃtɐ] *su.* Vergnügungsreisende(r *m*) *m*, *f*; Tourist(in *f*) *m*.
turma ['turmɐ] *f* Abteilung *f*; = [*turno*.]
turno ['turnu] *m* Abteilung *f*, Gruppe *f*; *parl.* Lesung *f*; *Industrie*: Schicht *f*; Arbeiter *m/pl. e-r Schicht*; *mudança f de ~* Schichtwechsel *m*; *por ~s* abteilungs-, gruppen-weise; in

(verschiedenen) Schichten; abwechselnd; *por seu* ~ seinerseits.
turqu|esa *min.* [tur'kezɐ] *f* Türkis *m*; **~i** [~i] türkisblau.
turra ['tuʀɐ] *f* Stoß *m* mit dem Kopf; *fig.* Zank *m*, Händel *m/pl.*; Eigensinn *m*; *andar às ~s* sich (herum)zanken.
turturinar *bras.* [turturi'nar] (1a) gurren.
turv|ação [turvɐ'sɐ̃u] *f* Trübung *f*; Bestürzung *f*; **~ar** [~'var] (1a) trüben; **~o** ['turvu] trüb; wirr.
tuss|ilagem ⚘ [tusi'laʒɐ̃i] *f* Huflattich *m*; **~ol** [tu'sɔł] *m* Keuchhustenmittel *n*.
tutano [tu'tɐnu] *m* (Knochen-) Mark *n*; *fig.* Kern *m*.
tutear [tu'tjar] (1l) duzen.
tutel|a [~'tɛlɐ] *f* Vormundschaft *f*; *fig.* Schutz *m*; **~ado** [~tə'laδu] *m* Mündel *n*; **~ar** [~tə'lar] **1.** *adj.* Vormundschafts...; *fig.* Schutz...; **2.** *v/t.* (1c) *als Vormund* sorgen für; *fig.* (be)schützen; *depr.* bevormunden, am Gängelband führen.
tutor *m*, **-a** *f* [tu'tor, -ɐ] Vormund *m*; Beschützer(in *f*) *m*; Stütze *f* (*a.* ↗); **~ia** [~tu'riɐ] *f* Vormundschaft(sgericht *n*) *f*; Besserungsanstalt *f für unmündige Waisen.*
tutu *bras.* [tu'tu] *m* Bumann *m*; *fig.* Ortsgewaltige(r) *m*; große(s) Tier *n*; *cul.* Bohnenbrei *m*.
tuxaua *bras.* [tu'ʃauɐ] *m* (Indianer-) Häuptling *m*.

U

U, u [u] *m* U, u *n*.
uariquena, -ina *bras.* [wari'kenɐ, -inɐ] *f* rote(r) Pfeffer *m*.
uarubé *bras.* [waru'βɛ] *m* Maniokbrühe *f*.
uauaçu *bras.* [wawa'su] *m* = *babaçu*.
ubá [u'βa] *f bras.* Einbaum *m*.
úbere ['uβərə] **1.** *adj.* fruchtbar; üppig; **2.** *m* Euter *n*.
ub|icação [uβikɐ'sɐ̃u] *f* Lage *f*; **~icar** [~i'kar] (1n) legen, plazieren; ~-se liegen; **~iquidade** [~ikwi'δaδə] *f* Allgegenwart *f*; **~íquo** [u'βikwu] allgegenwärtig.
ucharia [uʃɐ'riɐ] *f* Speisekammer *f*; Vorrat(shaus *n*) *m*; Kornkammer *f*; *fig.* einträgliche Sache *f*.
ucraniano [ukrɐ'njɐnu] **1.** *adj.* ukrainisch; **2.** *m*, **-a** *f* Ukrainer(in *f*) *m*.
ué *bras.* [wɛ] *int.* nanu!
ufa ['ufɐ] **1.** *int.* uff!; **2.** *à* ~ reichlich.
ufan|ar [ufɐ'nar] (1a) schmeicheln (*dat.*); freuen; **~ar-se** sich brüsten; prahlen; **~ia** [~iɐ] *f* Stolz *m*; Dünkel *m*; **~o** [u'fɐnu] stolz (auf [*ac.*] *com*, *de*); dünkelhaft, eitel.
uh! [u] hu!
ui! [wi] hui!; hu!
uísque *engl.* ['wiskə] *m* Whisky *m*.
uiv|ar [wi'var] (1a) heulen; **~o** ['wivu] *m* Geheul *n*.
úlcera ['ułsərɐ] *f* Geschwür *n*.
ulcer|ação [ułsərɐ'sɐ̃u] *f* Geschwürbildung *f*; Schwären *n*; *fig.* Eiterherd *m*; **~ar-se** [~'rarsə] (1c) schwären; ein Geschwür bilden; **~oso** [~'rozu] schwärend; Geschwür...
ulm(eir)o ⚘ ['ułmu (uł'meiru)] *m* Ulme *f*
ulterior [ułtə'rjor] später; weiter; jüngst, letzt; *geogr.* jenseitig; Hinter...; **~mente** [~rjor'mẽntə] weiterhin; letzthin.
ultim|ação [~imɐ'sɐ̃u] *f* Fertigstellung *f*; Abschluß *m*; **~ado** [~'maδu] fertig.
ùltimamente [ˌułtimɐ'mẽntə] zuletzt; letzthin, in letzter Zeit.
ultimar [ułti'mar] (1a) fertigstellen; abschließen.
últimas ['ułtimɐʃ] *f/pl.* äußerste Not *f*; letzte(s) Stündlein *n*; P *die schlimmsten Grobheiten f/pl.*; *estar nas ~s* im Sterben liegen; *fig.* auf dem letzten Loch pfeifen.
ultimato [ułti'matu] *m* Ultimatum *n*.
último ['ułtimu] letzt; äußerst; unterst; *por ~* zuletzt.
ultra... [ułtrɐ...] *in Zssgn*: Über..., Ultra...
ultraj|ar [~ɐ'ʒar] (1b) beschimpfen; beleidigen; **~e** [~'traʒə] *m* Beschimpfung *f*; Schimpf *m*.
ultra|mar [~'mar] *m* Übersee *f*; Ultramarin *n*; **~marino** [~mɐ'rinu] **a)** überseeisch, Übersee...; **b)** ultramarin; **~passar** [~pɐ'sar] (1b) (hinaus)gehen über (*ac.*), überschreiten; *auto.* überholen; **~-som** [~'sõ] *m* Ultraschall *m*; **~violeta** [~vju'letɐ] ultraviolett.
ulular [ulu'lar] (1a) heulen.
um *m*, **uma** *f* [ũ, 'umɐ] **1.** *art.* ein, eine; **2.** *pron.* einer, eine, eines; *~ por ~* einzeln; = *~ a ~* nachea.; *s. a. outro*; **3.** *pl.* uns, *umas* etliche, einige; etwa; **4.** *m* Eins *f* (*Zahlwort*); **5. uma** *f*: *~ assim* so etwas; *~ dos diabos* e-e verteufelte Sache; *é ~ das tuas* (*suas*) das sieht dir (ihm *od.* Ihnen) ähnlich; *sempre me meti n~!* da hab' ich mir etwas Schönes eingebrockt!; *à ~* gleichzeitig; plötzlich; einerseits.
umbela [ũm'bɛlɐ] *f* Sonnenschirm *m*; ⚘ Dolde *f*.
umbi|go *anat.* [ũm'biɣu] *m* Nabel *m*; **~lical** [~bəli'kał] Nabel...
umbral [ũm'brał] *m* Schwelle *f*.
umbroso [~'brozu] schattig.
ume ['umə] *adj.* Alaun...
um|edecer, ~idade *etc. s. hum...*
úmero ['umәru] *m* Oberarmknochen *m*.
unânime [u'nɐnimə] ein-mütig, -stimmig.
unanimidade [unɐnəmi'δaδə] *f* Einmütigkeit *f*, Einstimmigkeit *f*; *por ~* einstimmig.

unção [ũ'sɐ̃u] *f* Salbung *f*; *fig.* Inbrunst *f*; *extrema* ~ letzte Ölung *f*; *com* ~ salbungsvoll.
undé|cimo [ũn'dɛsimu] elft; **~cuplo** [~kuplu] elffach.
ungir [ũ'ʒir] (3n) salben.
unguento [ũŋ'gwẽntu] *m* Salböl *n*; Salbe *f*.
ungulados [~gu'laðuʃ] *m/pl.* Huftiere *n/pl.*
unha ['uɲɐ] **1.** *f Fuß-, Finger-*Nagel *m*; *Tier-*Kralle *f*, Klaue *f*; Huf *m*; ⊕ Kerbe *f*; Spitze *f*; ~ *de cavalo* ⚘ Huflattich *m*; *uma* ~ (*negra*) Haarbreit *n*; Nu *m*; ~ *com carne* ein Herz und e-e Seele; *a* ~*s de cavalo* schleunigst; *por uma* ~ *negra* um ein Haar; *enterrar* (*od. meter*) *a* ~ (*em*) sich (widerrechtlich) bereichern (an [*dat.*]); *ter na*(*s*) ~(*s*) in Besitz (*od.* in der Gewalt) haben; *à* ~! los!; drauf!
unh|ada [u'ɲaðɐ] *f* Kratzer *m*; Kratzwunde *f*; **~ar** [~ar] (1a) (zer-)kratzen; *Anker* festhaken; ✓ *Rebe* absenken; **~as-de-fome** ['uɲɐʒðə-'fɔmə] *su.* Geizhals *m*; **~eiro** ⚕ [~eiru] *m* Nagelgeschwür *n*.
uni... *in Zssgn* Ein..., ein...
união [u'njɐ̃u] *f* Vereinigung *f*; Einigkeit *f*; Verbindung *f*; Verband *m*; Bund *m*, Union *f*; *traço m de* ~ Bindestrich *m*.
único ['uniku] einzig; einzigartig; einheitlich; Einzel...; Allein...
unid|ade [uni'ðaðə] *f* Einheit *f*; ⅍ Einer *m*; ~(*s*) *de* Stück *n*; **~o** [u'niðu] vereinigt; einig; ~ *com* zs. mit.
unific|ação [unəfikɐ'sɐ̃u] *f* Vereinheitlichung *f*; Vereinigung *f*; Zs.-legung *f*; Zs.-schluß *m*; **~ar** [~'kar] (1n) vereinheitlichen; einigen; (ver)einen; zs.-legen, -schließen.
uniforme [uni'fɔrmə] **1.** *adj.* einförmig; gleichmäßig; einheitlich; **2.** *m* Uniform *f*.
uniformi|dade [~furmi'ðaðə] *f* Ein-, Gleich-förmigkeit *f*; Einheitlichkeit *f*; **~zação** [~zɐ'sɐ̃u] *f* Vereinheitlichung *f*; Gleichmacherei *f*; **~zar** [~'zar] (1a) uniformieren; vereinheitlichen; gleichmachen.
uni|génito [~'ʒɛnitu] einzig; *rel.* eingeboren; **~lateral** [~lɐtə'rał] einseitig; parteiisch; **~r** [u'nir] (3a) vereinigen; verbinden; zs.-legen, -fügen, -schließen.
uníssono [u'nisunu] **1.** *adj.* ein- (*od.* gleich-)stimmig; **2.** *m* ♪ Unisono *n*; *em* ~ einstimmig.
unitário [uni'tarju] Einheits...
univers|al [~vər'sał] allgemein; (welt)umfassend; Welt...; vielseitig; Universal...; **~alidade** [~sɐli'ðaðə] *f* Allgemeinheit *f*; Gesamtheit *f*; Weltbedeutung *f*; Vielseitigkeit *f*; **~alismo** [~sɐ'liʒmu] *m* Weltanspruch *m*; Weltgeltung *f*; Weltbürgertum *n*; **~alista** [~sɐ'liʃtɐ] allumfassend; weltumspannend; **~alizar** [~sɐli'zar] (1a) verallgemeinern; (über die ganze Welt) verbreiten; **~idade** [~si'ðaðə] *f* Universität *f*; **~itário** [~si'tarju] **1.** *adj.* Universitäts...; **2.** *m* Dozent *m*; **~o** [~'vɛrsu] *m* Welt(all *n*) *f*.
unívoco [u'nivuku] eindeutig; gleichlautend.
uno ['unu] einer, einzig.
unt|ar [ũn'tar] (1a) (be-, ein-)schmieren; einreiben; salben; ~ *as mãos* (*od. unhas*) *j-n* schmieren; **~o** ['ũntu] *m* Schmer *m* (*a. n*); Schmiere *f*; Schmieröl *n*; Fett *n*; **~uoso** [~'twozu] schmierig; fettig; *fig.* salbungsvoll; **~ura** [~urɐ] *f* Einreibung *f*; Einreibe-mittel *n*, -öl *n*; *uma*(*s*) ~(*s*) *fig.* eine Ahnung.
upa ['upɐ] *int.* hopp!; hoppla!
urânio [u'rɐnju] *m* Uran *n*.
urato ⚕ [u'ratu] *m* Harnsalz *n*.
urban|idade [urβɐni'ðaðə] *f* Höflichkeit *f*; **~ismo** [~'niʒmu] *m* Städtebau *m*; städtische Ausdrucksweise *f*; Landflucht *f*; **~ização** [~izɐ'sɐ̃u] *f städtebauliche* Umgestaltung *f*; Bebauung *f*; **~izar** [~i'zar] (1a) *Stadt* umgestalten; *freies Gelände* bebauen; *Sitten* verfeinern; *j-n* zur Höflichkeit erziehen; **~o** [~'βɐnu] städtisch; Stadt...; *fig.* höflich.
urbe ['urβə] *f* Groß-, Welt-stadt *f*.
urd|ideira [urði'ðeirɐ] *f* Schär-, Zettel-rahmen *m*; Schärerin *f*; *fig.* Urheberin *f*; **~idor** [~i'ðor] *m* Schärer *m*; *fig.* Anstifter *m*, Urheber *m*; **~idura** [~i'ðurɐ] *f* Zetteln *n*; Zettel *m*, Kette *f*; *fig.* Machenschaft *f*; **~ir** [~'ðir] (3a) zetteln, scheren; *fig.* anzetteln; aushecken.
ur|eia [u'rejɐ] *f* Harnstoff *m*; **~emia** ⚕ [urə'miɐ] *f* Harnstoffvergiftung *f*; **~éter** *anat.* [u'rɛtɛr] *m* Harnleiter *m*; **~etra** *anat.* [ur'ɛtrɐ] *f* Harnröhre *f*.

urg|ência [ur'ʒẽsjɐ] *f* Dringlichkeit *f*; **~ente** [~ẽntə] dringend; eilig; **~ir** [~ir] (3n) dringend (erforderlich) sn; drängen (*Zeit*); *urge inf.* man muß unverzüglich *inf.*
urina [u'rinɐ] *f* Harn *m*, Urin *m*.
urin|ar [uri'nar] (1a) urinieren; austreten; *v/t.* ausscheiden; mit Urin beschmutzen; **~ário** [~arju] Harn...; **~ol** [~ɔł] *m* Pissoir *n*; ⚕ Uringlas *n*.
urna ['urnɐ] *f* Urne *f*; Sarg *m*.
urolog|ia [urulu'ʒiɐ] *f* Urologie *f*; **~ista** [~iʃtɐ] *m* Facharzt *m* für Blasen- und Nierenleiden.
uropígio [~'piʒju] *m* Steiß *m des Vogels.*
urr|ar [u'ʀar] (1a) brüllen; **~ador** [uʀɐ'ðor] Brüll...; **~o(s)** ['uʀu(ʃ)] *m(pl.)* Gebrüll *n*.
urs|a ['ursɐ] *f* Bärin *f*; ♀ *Maior* (*Menor*) *ast. der* große (kleine) Bär *m* (*od.* Wagen *m*); **~o** [~u] *m* Bär *m* (*a. fig.*); *uni.* Musterstudent *m*.
urti|cáceas ♀ [urti'kasjɐʃ] *f/pl.* Nesselgewächse *n/pl.*; **~cária** ⚕ [~'karjɐ] *f* Nesselsucht *f*; **~ga** ♀ [~'tiγɐ] *f* Brennessel *f*.
urubu [uru'βu] *m* Aasgeier *m* (*a. fig.*).
urz|al [ur'zał] *m* Heide(land *n*) *f*; **~e** ['urzə] *f* Heidekraut *n*.
usado [u'zaðu] gebräuchlich (*Wort*); *muito ~* abgenutzt, abgetragen.
usagre ⚕ [u'zaγrə] *m* Milchschorf *m*.
us|ança [u'zɐ̃sɐ] *f* Brauch *m*, Sitte *f*; ✝ = ~*o*; **~ar** [~ar] (1a) (ge-) brauchen; anwenden; sich befleißigen (*gen.*); *Kleidung, Bart usw.* tragen; verschleißen; ~ *inf.* pflegen zu *inf.*; *v/i.* ~ de Gebrauch m. von; **~ar-se** in Gebrauch (*od.* Mode) sn; gebräuchlich sn; **~ina** *bras.* [~inɐ] *f* Fabrik *f*; *Elektrizitäts- usw.* Werk *n*; **~ineiro** [uzi'neiru] *adj.* (*u. m*) Fabrik... (-besitzer *m*); **~o** ['uzu] *m* Gebrauch *m*; Benutzung *f*; Anwendung *f*; Tragen *n*; Abnutzung *f*; Verschleiß *m*; Brauch *m*, Sitte *f*; Gewohnheit *f*; Mode *f*; ✝ Wechselfrist *f*; *ao ~ de* (zum Gebrauch) für; *fazer ~ de* gebrauchen (*ac.*); *das Wort* ergreifen; *meter* (*od. pôr*, *botar*) *o ~* in Gebrauch nehmen; täglich gebrauchen (*od.* tragen); *perder o ~ da razão* (*fala*, *etc.*) den Verstand (die Sprache *usw.*) verlieren; *ter muito ~* abgenutzt (*od.* verschlissen) sn.
ustório [uʃ'tɔrju] Brenn...
usu|al [u'zwał] gewöhnlich, üblich; **~ário** [~arju] *m* Nutznießer *m*; *Straßen*-Benutzer *m*.
usu|capir [uzukɐ'pir] (3b) *Eigentum* ersitzen; **~fruir** [~'frwir] (3i) aus-, be-nutzen; genießen; **~fruto** [~'frutu] *m* Nutzungsrecht *n*; Nutznießung *f*; Genuß *m*; **~frutuário** [~fru'twarju] *m* Nutznießer *m*.
usur|a [u'zurɐ] *f* Wucher *m*; Zins *m*; **~ário** [uzu'rarju] **1.** *adj.* wucherisch; Wucher...; **2.** *m* Wucherer *m*.
usurp|ação [uzurpɐ'sɐ̃u] *f* widerrechtliche Besitz- (*od.* Macht-) ergreifung *f*; Thronraub *m*; **~ador** [~ɐ'ðor] *m* Ursupator *m*; Thronräuber *m*; **~ar** [~'par] (1a) an sich reißen; sich *et.* anmaßen.
utensílio [utẽ'silju] *m* Gerät *n*; Werkzeug *n*; Gebrauchsgegenstand *m*.
uterino [utə'rinu] Gebärmutter...; *irmão m ~* Halbbruder *m* (mütterlicherseits).
útero ['utəru] *m* Gebärmutter *f*.
útil ['utił] nützlich; brauchbar; zweckmäßig; *dia m ~* Werktag *m*.
utili|dade [utəli'ðaðə] *f* Nützlichkeit *f*; Nutzen *m*; Brauchbarkeit *f*; Zweckmäßigkeit *f*; **~tário** [~'tarju] *adj.* (*u. m*) Nützlichkeits... (-fanatiker *m*); **~tarismo** [~tɐ'riʒmu] *m* Nützlichkeitsstandpunkt *m*; **~tarista** [~tɐ'riʃtɐ] *m* = ~*tário*; **~zar** [~'zar] (1a) benutzen; nutzbar m.; verwerten; verwenden; **~zar-se** *de* sich bedienen (*gen.*); an-, aufwenden (*ac.*); **~zável** [~'zavɛł] benutzbar; verwendbar, verwertbar.
utopia [utu'piɐ] *f* Utopie *f*.
utópico [u'tɔpiku] utopisch.
utopista [utu'piʃtɐ] *su.* Schwärmer (-in *f*) *m*.
uva ['uvɐ] *f Wein*-Traube *f*, Weinbeere *f*; ~ *do norte* P Stachelbeere *f*.
úvula *anat.* ['uvulɐ] *f* Zäpfchen *n*.

V

V, v [ve] *m* V, v *n*.
vá [va] *s. ir.*
vaca ['vakɐ] *f* Kuh *f*; Rindfleisch *n*; *voltar à ~ fria* darauf zurückkommen; **~l** *bras.* [va'kał] ungehörig; **~-leiteira** *bras.* [~lei'teirɐ] *f* Milchwagen *m*; **~-loira, -loura** [~'loi-, ~'lorɐ] *f* Hirschkäfer *m*.
vac|ância [vɐ'kɐ̃sjɐ] *f* unbesetzte Stelle *f*; Vakanz *f*; **~ante** [~ɐ̃ntə] frei, ledig; **~ar** [~ar] (1n; *Stv.* 1b) erledigt sn (*Amt*); Ferien (*od.* nichts zu tun) haben.
vacaria [~kɐ'riɐ] *f* Kuhstall *m*; Molkerei *f*; Kuhherde *f*; Rindvieh *n*.
vacatura [~'turɐ] *f* Vakanz *f*.
vacil|ação [vɐsilɐ'sɐ̃u] *f* Schwankung *f*; Unentschlossenheit *f*; **~ante** [~'lɐ̃ntə] wankelmütig; unbeständig; **~ar** [~'lar] (1a) schwanken; wanken; zögern.
vacin|a [vɐ'sinɐ] *f* Kuhpocke *f*; Impfstoff *m*; *bsd.* Lymphe *f*; **~ação** [~sinɐ'sɐ̃u] *f* (Schutz-)Impfung *f*; **~ar** [~si'nar] (1a) impfen.
vacuidade [vɐkwi'ðaðə] *f* Leere *f*; *fig.* Hohlheit *f*.
vacum ['vakũ] Rind...
vácuo ['vakwu] **1.** *adj.* leer; erledigt; **2.** *m* (luft)leere(r) Raum *m*; ✈ Luftloch *n*; *fig.* Leere *f*.
vadear [vɐ'ðjar] (1l) durch-waten, -schreiten.
vad|iagem [~'ðjaʒɐ̃i] *f* Landstreicherei *f*; **~iar** [~'ðjar] (1g) (herum-) bummeln, (-)schlendern, (-)strolchen; umherschweifen; **~io** [~'ðiu] **1.** *m* Müßiggänger *m*; Strolch *m*, Landstreicher *m*; **2.** *adj.* müßig (-gängerisch); herrenlos (*Hund*).
vaga ['vaɣɐ] *f* **a)** Woge *f*, Welle *f*; **b)** freie Stelle *f*; Ausfall *m*; Muße *f*.
vagabund|ear [vɐɣɐβũn'djar] (1l) umherstreichen, sich herumtreiben; **~o** [~'βũndu] **1.** *adj.* wandernd; unstet; **2.** *m* Landstreicher *m*.
vagalhão [~'ʎɐ̃u] *m* Sturzwelle *f*, Brecher *m*.
vaga-lume [ˌvaɣɐ'lumə] *m* Glühwürmchen *n*.
vagamund... *s. vagabund...*
vagão [vɐ'ɣɐ̃u] *m* Eisenbahnwagen *m*; *~-restaurante* Speise-, *~-lits* (*od.* *-leito*) Schlaf-wagen *m*.
vagar [~'ɣar] **1.** *v/i.* (1o; *Stv.* 1b) erledigt (*od.* frei) sn (*Stelle*); fehlen; sich kümmern (um *a*); = *vaguear* b); *fig.* sich verbreiten; *auf dem Wasser* treiben; **2.** *m* Muße *f*; Zeit *f*; Langsamkeit *f*; *de ~* = *devagar*; **~ento** *bras.* [vaɣa'rẽntu] = **~oso** [~ɣɐ'rozu] langsam; langwierig.
vagem ['vaʒɐ̃i] *f* Schote *f*; grüne Bohne *f*.
vagido [vɐ'ʒiðu] *m* Wimmern *n*.
vagin|a *anat.* [vɐ'ʒinɐ] *f* Scheide *f*; **~al** [~ʒi'nał] Scheiden...
vagir [vɐ'ʒir] (3b) wimmern.
vago ['vaɣu] **a)** leer(stehend); frei (*Zeit*); unbesetzt, erledigt (*Amt*); herrenlos; **b)** unstet; wandernd (*Schmerz*); unbestimmt; verschwommen; *nervo m ~* Vagus *m*.
vagoneta [vɐɣu'netɐ] *f* Kippwagen *m*, Lore *f*; ⚒ Hunt *m*.
vagu|ear [~'ɣjar] (1l) **a)** (umher-) schweifen, (-)irren, müßig gehen; bummeln; abschweifen; unbeständig sn; **b)** wogen, treiben; **~ejar** [~ɣɨ'ʒar] (1d) = *~ear* a).
vai [vai] *s. ir.*
vaia(s) ['vajɐ(ʃ)] *f(pl.)* Spott *m*, Hohn *m*; Pfiffe *m(pl.)*; *dar ~* auspfeifen; *levar ~* ausgepfiffen w.
vaid|ade [vai'ðaðə] *f* Eitelkeit *f*; Nichtigkeit *f*; **~oso** [~ozu] eitel.
vai|-não-vai [~nɐ̃u'vai] **1.** *m* Nu *m*; **2.** *adv.* ums Haar; **~vém** [~'vɐ̃i] (*mst pl.* -*ns*) *hist.* Sturmbock *m*, Widder *m*; *fig.* Hin- und Her(bewegung *f*) *n*; Auf und Ab *n*; Gelaufen*n*, Verkehr *m*.
val|a ['valɐ] *f* (Wasser-)Graben *m*; *~ comum* Massengrab *n*; **~ado** [vɐ'laðu] *m* Wall(graben) *m*; Einfriedigung *f*; **~ar** [vɐ'lar] (1b) befestigen; einfriedigen.
valdevinos [vałdə'vinuʃ] *m* Tagedieb *m*; Strolch *m*; Gauner *m*.
vale ['valə] *m* **a)** Gutschein *m*; *~ do correio* Postanweisung *f*; **b)** Tal *n*.

valência 𝄐 [vɐ'lẽsjɐ] *f* Wertigkeit *f*.
valent|ão [~lẽn'tɐ̃u] *m* Eisenfresser *m*; **~e** [~'lẽntə] tapfer; kräftig; tüchtig; **~ia** [~'tiɐ] *f* Tapferkeit *f*; mutige Tat *f*; Kraft *f*; Tüchtigkeit *f*; **~ona** [~'tonɐ] *f* tapferes (*od.* tüchtiges) Weib *n*; *à ~* gewaltsam.
valer [vɐ'ler] (2p) **1.** *v/i.* gelten; wert sn; kosten; taugen; nützen; helfen; *a ~* tüchtig; F toll; *fazer ~* geltend m.; herausstreichen; zur Geltung bringen; zeigen; *fazer-se ~* auftrumpfen; sich durchsetzen; *fazer--se ~ de* = *~-se*; *~ mais que tudo para j-m* über alles gehen; *tanto vale* das kommt auf dasselbe heraus; *ou coisa que o valha* oder etwas Ähnliches; *valha-me Deus!* Gott steh' mir bei!; um Himmels willen!; *valha-te a breca* (*od. o diabo, não sei quê*) zum Kuckuck mit dir!; *mais vale* (*valia*) es ist (wäre) besser; **2.** *v/t. j-m et.* eintragen; zuziehen; **3.** *~-se de* sich bedienen (*gen.*), benutzen (*ac.*); greifen zu; zurückgreifen auf (*ac.*); sich zunutze m. (*ac.*); s-e Zuflucht nehmen zu.
valeriana [~lə'rjɐnɐ] *f* Baldrian *m*.
valeta [~'letɐ] *f* Straßengraben *m*.
valete [~'lɛtə] *m* Bube *m*, Wenzel *m*.
valetudinário [~lətuδi'narju] siech.
valha *usw.* ['vaʎɐ] *s. valer*; **~couto** [vɐʎɐ'kotu] *m* Asyl *n*, Zuflucht *f*; Ausflucht *f*.
valia [vɐ'liɐ] *f* Wert *m*.
valid|ade [~li'δaδə] *f* Gültigkeit *f*; Rechtskraft *f*; **~ar** [~ar] (1a) gültig (*od.* rechtskräftig) m.; **~ez** [~eʃ] = *~ade*; **~o** [~'liδu] **1.** *adj.* Lieblings...; **2.** *m* Günstling *m*.
válido ['valiδu] gültig; rechtskräftig; kräftig; wirksam.
vali|mento [vɐli'mẽntu] *m* Wert *m*; Geltung *f*; Ansehen *n*; Gunst *f*; Rückhalt *m*; **~oso** [~'ljozu] wertvoll; verdienstvoll; bedeutend; = *válido*.
valor [vɐ'lor] *m* Wert *m*; Tauglichkeit *f*; Wirksamkeit *f*; Tapferkeit *f*; Verdienst *n*; genaue *Wort-*Bedeutung *f*; *Noten-*Dauer *f*; ✝ Valuta *f*; Wertpapier *n*; *~ intrínseco* wahre(r) Wert *m*; *~ extrínseco* Tausch-, *~ estimativo* Liebhaber-, *~ nominal* Nenn-, *~ real* Real-wert *m*; *~es* Bewertung *f e-s Examens*; *12 ~es* die Note 12.
valor|ização [~lurizɐ'sɐ̃u] *f* Bewertung *f*; Aus-nutzung *f*, -wertung *f*; Wert-, Leistungs-steigerung *f*; Preisfestsetzung *f*; **~izar** [~i'zar] (1a) bewerten; den Preis festsetzen für; aus-nutzen, -werten; aufwerten; steigern; **~izar-se** im Wert steigen; **~oso** [~'rozu] tapfer; kräftig; wertvoll.
valquíria [vaɫ'kirjɐ] *f* Walküre *f*.
vals|a ['vaɫsɐ] *f* Walzer *m*; **~ar** [vaɫ'sar] (1a) (Walzer) tanzen.
valva ['vaɫvɐ] *f* ⚘ Fruchtklappe *f*; *zo. Muschel-*Schale *f*.
válvula ['vaɫvulɐ] *f* (Herz-)Klappe *f*; Ventil *n*; *Radio*: Röhre *f*; *~ detectora* Gleichrichterröhre *f*; *~ de segurança* Sicherheitsventil *n*.
vampiro [vẽm'piru] *m* Vampir *m*; *fig.* Vamp *m* (*Frau*); Blutsauger *m*.
vãmente [vɐ̃'mẽntə] = *em vão*.
vand|álico [vɐ̃n'daliku] wandalisch; **~alismo** [~dɐ'liʒmu] *m* Zerstörungswut *f*.
vândalo ['vɐ̃ndɐlu] *m* Wandale *m*.
vangl|ória [vɐ̃ŋ'glɔrjɐ] *f* Ruhmsucht *f*; Eitelkeit *f*; **~oriar** [~glu'rjar] (1g) schmeicheln (*dat.*); **~oriar-se** prahlen (mit *de*); **~orioso** [~glu'rjozu] prahlerisch, eitel.
vanguarda [~'gwarδɐ] *f* Vorhut *f*; *ir na ~* an der Spitze marschieren (*od.* liegen).
vanta|gem [vɐ̃n'taʒɐ̃i] *f* Vorteil *m*; **~joso** [~tɐ'ʒozu] vorteilhaft.
vante ⚓ ['vɐ̃ntə] *f* Vorderschiff *n*.
vão [vɐ̃u] **1.** *adj.* eitel; leer; hohl; grundlos; vergeblich; *em ~* vergebens, umsonst; **2.** *m* Hohlraum *m*; Fach *n*; *Fenster-*Höhle *f*; △ lichte Weite *f*.
vapor [vɐ'por] *m* Dampf *m*, Dunst *m*; ⚓ Dampfer *m*, Dampfschiff *n*; *a ~* schleunigst; *cozer ao ~* dämpfen; *~es pl.* Schwaden *m*; *fig.* Nebel *m*.
vapor|ar [~pu'rar] (1e) dampfen; *v/t.* ausströmen; **~ização** [~rizɐ'sɐ̃u] *f* Ver-dampfung *f*, -dunstung *f*; Zerstäubung *f*; **~izador** [~rizɐ'δor] *m* Zerstäuber *m*; **~izar** [~ri'zar] (1a) zum Verdampfen bringen; zerstäuben; *v/i.* ver-dampfen, -dunsten; **~oso** [~'rozu] dampfend; dunstig; leicht; duftig (*Kleid*); *fig.* nebelhaft.
vaqu|eiro [vɐ'keiru] **1.** *m* Rinderhirt *m*; Senn(er) *m*; **2.** *adj.* Rind(er)...; **~eta** [~etɐ] *f* **a**) Rindleder *n*; **b**) *Schirm-*Stock *m*.
vara ['varɐ] *f* Rute *f*; Gerte *f*; *Ru-*

der- usw. Stange *f*; Stock *m*; Richterstab *m*; *allg.* Amtsstab *m*; *Amtsgerichts*-Bezirk *m*; Elle *f* (= 1,10 m); ~ *de porcos* Herde *f* Mastschweine.
var|ado [vɐ'raðu]: *ficar* ~ *fig.* verblüfft (*od.* entsetzt, F platt) sn; **~adoiro, -ouro** [~rɐ'ðoiru, -oru] *m* Stapelstrand *m*; *bras.* Verbindungsweg *m*, -kanal *m*; **~al** [~'rał] *m* Deichselstange *f*; Tragstange *f*; *Schlitten*-Kufe *f*; *varais pl.* Gabeldeichsel *f*.
varanda [~'rɐ̃ndɐ] *f* Balkon *m*; Veranda *f*.
varão [vɐ'rɐ̃u] *m* **a**) männliche(s) Wesen *n*; Mann *m* (*a. fig.*); *filho m* ~ Kind *n* männlichen Geschlechts; **b**) Stange *f*.
varapau [~rɐ'pau] *m* (lange) Stange *f*; Knüttel *m*.
varar [vɐ'rar] (1b) verprügeln; (ver-) jagen; durchbohren; *Schiff* auf Strand setzen; vorbeifahren an (*dat.*); *fig.* verblüffen; entsetzen; *v/i.* auflaufen; stranden.
varej|ar [~rɨ'ʒar] (1d) *Oliven* abschlagen; *Teppich* ausklopfen; durchsuchen; angreifen, beschießen; peitschen, heimsuchen (*Sturm*); *bras.* (weg)werfen; **~eira** [~'ʒeirɐ] *f* Schmeißfliege *f*; **~ista** *bras.* [~'ʒiʃtɐ] **1.** *m* Kleinhändler *m*; **2.** *adj.* Klein-(handels)...; **~o** [~'reʒu] *m* Abschlagen *n der Oliven usw.*; Kontrolle *f*, Durchsuchung *f*; *fig.* Rüffel *m*; *bras.* = *comércio m a* ~ Einzelhandel *m*; *venda f de* ~ Einzelverkauf *m*.
vareta [~'retɐ] *f* Stäbchen *n*; ⚔ Ladestock *m*; ♘ Schenkel *m*.
vargem ['varʒɐ̃i] *f* = *várzea*.
vari|abilidade [vɐrjɐβəli'ðaðə] *f* Veränderlichkeit *f*; Unbeständigkeit *f*; **~ação** [~ɐ'sɐ̃u] *f* Veränderung *f*; Wechsel *m*; Abwechslung *f*; ♪ Variation *f*; **~ado** [~'rjaðu] mannigfach; bunt; reichhaltig; abwechslungsreich; wechselnd, unbeständig; **~ante** [~'rjɐ̃ntə] *f* Abweichung *f*; Abänderung *f*; (abweichende) Lesart *f*; Abart *f*; **~ar** [~'rjar] (1g) (ab-, ver-)ändern; wechseln; Abwechslung hineinbringen in (*ac.*); variieren; *v/i.* wechseln; sich (ver)ändern; verschieden sn; abweichen; irre w.; phantasieren; **~ável** [~'rjavɛł] veränderlich; wankelmütig; ungleichförmig; Vario...
varicela ⚕ [~ri'sɛlɐ] *f* Windpocken *f/pl.*
varie|dade [~rje'ðaðə] *f* Mannigfaltigkeit *f*; Vielfältigkeit *f*; Verschiedenartigkeit *f*; Wechsel *m*; *zo. u.* ⚘ Ab-, Spiel-art *f*; **~gado** [~'ɣaðu] bunt, Bunt...; **~gar** [~'ɣar] (1o; *Stv.* 1c) bunt färben; sprenkeln; abwechseln; = *variar*.
varina [~'rinɐ] *f* Fischfrau *f*.
vário ['varju] verschieden(artig); bunt, farbig; unbeständig; launisch; schwankend; widersprechend; ~*s pl.* mehrere; allerlei.
varíola ⚕ [vɐ'riulɐ] *f* Blattern *pl.*
variz ⚕ [~'riʃ] *f* Krampfader *f*.
varon|ia [~ru'niɐ] *f* Mannestum *n*; männliche Geschlechtslinie *f*; **~il** [~ił] männlich; mannhaft.
varrão [vɐ'ʀɐ̃u] *m* Zuchteber *m*.
varr|edeira ⚓ [~ʀə'ðeirɐ] *f* Beisegel *n*; **~edoira, -oura** [~ə'ðoirɐ, -orɐ] *f bras.* Kehrmaschine *f*; *rede f* ~ Schleppnetz *n*; **~edor** [~ə'ðor] *m* Straßenkehrer *m*; **~edura** [~ə'ðurɐ] *f* Kehren *n*; ~(*s*) (*pl.*) Kehricht *m*; Überbleibsel *n/pl.*; **~er** [~'ʀer] (2b) (aus-, weg-, zs.-)kehren; fegen; *fig.* (rein-, weg-)fegen; auslöschen; **~ição** *bras.* [~i'sɐ̃u] *f* Kehren *n*; **~ido** [~'ʀiðu] **1.** *adj. fig.* ausgemacht, Erz...; **2.** *m* Kehricht *m*; *dia m de* ~*s* Kehrtag *m*.
várzea ['varʒjɐ] *f* Flur *m*; Grund *m*; *bras.* (Fluß-)Niederung *f*.
vasa ['vazɐ] *f* Schlick *m*, Schlamm *m*; Mahltrog *m der Ölmühle.*
vascão [vɐʃ'kɐ̃u] = *vasco*.
vascas ['vaʃkɐʃ] *f/pl.* Übelkeit *f*, Brechreiz *m*; ~ *da morte* Todeskampf *m*.
vasco ['vaʃku] **1.** *adj.* baskisch; **2.** *m* Baske *m*.
vascolejar [vɐʃkulɨ'ʒar] (1d) schütteln; *fig.* beunruhigen.
vas|conço [~'kõsu] *m* Baskisch *n*; *fig.* Kauderwelsch *n*; **~congado** [~kõŋ'gaðu] = *vasco*.
vascular *anat.* [~ku'lar] Gefäß...
vasculh|ar [~ku'ʎar] (1a) fegen; *fig.* durchstöbern; **~o** [~'kuʎu] *m* langstielige(r) Besen *m*, Feger *m*.
vaselina [vɐzə'linɐ] *f* Vaselin *n*.
vasilh|a [~'ziʎɐ] *f* Behälter *m*; Gefäß *n*; *bsd.* Faß *n*; **~ame** [~zi'ʎɐmə] *m* Behälter *m/pl.*; Fässer *n/pl.*
vaso ['vazu] *m* Gefäß *n* (*a. anat.*); *Blumen*-Topf *m*; *Nacht*-Geschirr *n*; ⚓ Schiff *n*.

vassal|agem [vɐsɐ'laʒɐ̃i] *f* Lehnspflicht *f*; *fig.* Hörigkeit *f*; **~o** [~'salu] *m* Lehnsmann *m*; Vasall *m* (*a. fig.*).

vassoi-, vassou|ra [~'soi-, ~'sorɐ] *f* Besen *m*; *pau m de ~ fig.* Hopfenstange *f*; **~rinha** [~soi-, ~so'riɲɐ] *f* Handfeger *m*; *bras.* ⚘ Besenkraut *n*; **~ro** [~ru] *m* Ofenwischer *m*.

vast|idão [vɐʃti'ðɐ̃u] *f* Weite *f*; Ausdehnung *f*; Bedeutung *f*; Umfang *m*; **~o** ['vaʃtu] weit; ausgedehnt; bedeutend; umfangreich.

vate ['vatə] *m* Seher *m*.

vaticano [vɐti'kɐnu] *m* Vatikan *m*.

vatic|inar [~tisi'nar] (1a) wahrsagen, prophezeien; **~ínio** [~'sinju] *m* Wahrsagung *f*; Voraussage *f*.

vátio ⚡ ['vatju] *m* Watt *n*.

vau [vau] *m* Furt *f*; Untiefe *f*; *fig. günstige* Gelegenheit *f*; *passar a ~* durchwaten.

vaza ['vazɐ] *f Kartenspiel*: Stich *m*; **~-barris** [~βɐ'ʀiʃ] *m* gefährliche Küste *f*; *fig.* Ort *m* verborgener Schätze; *dar em ~* scheitern.

vaz|ador [vɐzɐ'ðor] *m* Locheisen *n*; **~adouro, -oiro** [~ɐ'ðoru, -oiru] *m* Ausguß *m*; Kloake *f*; **~adura** [~ɐ'ðurɐ] *f* Entleerung *f*; Abwasser *n*; **~amento** [~ɐ'mẽntu] *m Metall-*Guß *m*; = *~adura*; **~ante** [~'zɐ̃ntə] **1.** *adj.*: *maré f ~* = **2.** *f* Ebbe *f*; **~ão** [~'zɐ̃u] *m* Abfluß *m*; Ausstoß *m*; *fig. Waren-*Absatz *m*; Abfertigung *f*; **~ar** [~'zar] (1b) (ent)leeren; aus-, ver-gießen; aushöhlen; *Loch* m.; *our. Metall* gießen; *Auge* ausreißen; *v/i.* ausfließen; undicht sn; zurückgehen (*Flut*); sich ergießen; **~io** [~'ziu] **1.** *adj.* leer; unbewohnt; inhaltlos, albern; **2.** *m* Leere *f*; Lücke *f*; *anat.* Weiche *f*; *Fleischerei*: Schoß *m*; *marchar od. trabalhar* (*marcha f*) *em ~* leerlaufen (Leerlauf *m*).

vê [ve] **1.** *m* Name des Buchstaben *v*; *pl. vês od. vv*; **2.** *s. ver.*

vea|ção [vjɐ'sɐ̃u] *f* Wildbret *n*; **~do** ['vjaðu] *m* Hirsch *m*.

ved|a ['vɛðɐ] *f* Schonzeit *f*; **~ação** [vəðɐ'sɐ̃u] *f* Absperrung *f*; Einfried(ig)ung *f*; Zaun *m*; **~ar** [və'ðar] (1c) verbieten; (ab-, ver-)sperren; *Blut* stauen; *Feld* einzäunen; *j-m* wehren, *j-n* hindern; *v/i.* versiegen; stocken.

vedeta [və'ðetɐ] *f* Vorposten *m*; ⚓ Wachtschiff *n*; Schnellboot *n*; *tea.* Star *m*.

vedo *bras.* ['veðu] *m* Einzäunung *f*, Zaun *m*.

vedor [vɛ'ðor] *m* Aufseher *m*; Inspektor *m*; *bsd.* Wassersucher *m*.

veem|ência [vjə'mẽsjɐ] *f* Heftigkeit *f*; Ungestüm *n*; **~ente** [~ẽntə] heftig, ungestüm.

vêem ['ve-ɐ̃i] *s. ver.*

veget|ação [vɨʒətɐ'sɐ̃u] *f* Pflanzenwuchs *m*; ⚕ Wucherung *f*; **~al** [~'tał] **1.** *adj.* Pflanzen..., pflanzlich; *seda f ~* Kunstseide *f*; *papel m ~* Pergamentpapier *n*; **2.** *m* Pflanze *f*; **~ar** [~'tar] (1c) wachsen; wuchern; *fig.* vegetieren; **~ariano, ~arista** [~ɐ'rjɐnu, ~ɐ'riʃtɐ] *m* Vegetarier *m*; **~ativo** [~ɐ'tivu] vegetativ; pflanzlich; pflanzenhaft; **~o-mineral** [~ɔminə'rał]: *água f ~* Bleiwasser *n*.

veia ['vejɐ] *f* Ader *f*; *anat.* Vene *f*; *fig. a.* Anlage *f*, Talent *n*.

veicular [veiku'lar] **1.** *adj.* Fahrzeug...; **2.** *v/t.* (1a) befördern; in Umlauf bringen, aussprengen.

veículo [ve'ikulu] *m* Fahrzeug *n*; Fuhrwerk *n*; *fig.* Leiter *m*; Träger *m*.

veiga ['veiɣɐ] *f* Flur *f*; bebaute(s) Land *n*.

veio ['veju] **1.** *m Erz-*Gang *m*; *Gesteins-*Ader *f*; ⊕ Welle *f*; *fig.* springende(r) Punkt *m*, Kern *m*; *~ de água* Rinnsal *n*; **2.** *s. vir.*

vejo *usw.* ['veʒu] *s. ver.*

vela ['vɛlɐ] *f* **a**) Wachen *n*; (Nacht-)Wache *f*; Kerze *f*, *auto.* Zündkerze *f*; *estar de ~* wachen; **b**) Segel *n*; *fig.* Schiff *n*; *andar* (*od. navegar*) *à ~* segeln; *dar à ~*, *fazer-se de* (*od. à*) *~* unter Segel gehen; absegeln.

vel|acho ⚓ [və'laʃu] *m* Vor-Marssegel *n*; *bras.* Bei-, Spitz-name(n) *m*; **~ador** [~lɐ'ðor] **1.** *m* Wächter *m*; Leuchter *m*; **2.** *adj.* wachsam; **~ame** [~'lɐmə] *m* Segel-riß *m*, -werk *n*; *fig.* Hülle *f*; **~ar** [~ar] (1c) **1.** *v/t.* **a**) bewachen; wachen bei; behüten; *Nacht* durchwachen; **b**) verschleiern; verhüllen; verdunkeln; *pint.* übermalen; **2.** *v/i.* wachen (über [*ac.*] *por, sobre*); brennen (*Licht*).

veleidade [~lei'ðaðə] *f* Anwandlung *f*; Laune *f*; Gelüst *n*.

veleiro [~'leiru] **1.** *adj.* schnellsegelnd; *fig.* leicht; hurtig; *navio m*

~ Schnellsegler *m*, Klipper *m*; **2.** *m* Segelmacher *m*; Segelboot *n*.
velejar [~li'ʒar] (1d) segeln.
veleta [~'letɐ] *f* = *cata-vento*.
velha ['vɛʎɐ] *f* alte Frau *f*, Greisin *f*; F Alte *f*; *conto m da* ~ Ammenmärchen *n*.
velha|caria [viʎɐkɐ'riɐ] *f* Gaunerei *f*; Schurkenstreich *m*; Gerissenheit *f*; **~co** [~'ʎaku] **1.** *adj*. durchtrieben, gerieben; schurkisch; tückisch; **2.** *m* geriebene(r) Bursche *m*, Halunke *m*; *grande* ~ Erzgauner *m*; *cara f de* ~ Galgengesicht *n*.
velh|ice [vi'ʎisə] *f* Alter *n*; **~inho** [vɛ'ʎiɲu] **1.** *adj*. ältlich; **2.** *m*, **-a** *f* alte(s) Männchen *n od.* Mütterchen *n*; **~o** ['vɛʎu] **1.** *adj*. alt; **2.** *m* alte(r) Mann *m*, Greis *m*; F Alte(r) *m*; **~ote** [vɛ'ʎɔtə] **1.** *adj*. bejahrt; **2.** *m*, **-a** *f* = *~inho* 2.
velo ['vɛlu] *m Schaf*-Fell *n*; Vlies *n*; ~ *de oiro das* Goldene Vlies.
veloc|idade [vəlusi'δaδə] *f* Geschwindigkeit *f*; *primeira* (*segunda*) ~ *auto*. erster (zweiter) Gang *m*; *alavanca f de* ~*s* Gangschaltung *f*; *por grande* (*pequena*) ~ 🚂 als Eil-(Fracht-)gut *n*; **~ímetro** [~'simətru] *m* Geschwindigkeitsmesser *m*; **~ípede** [~'sipəδə] *m* Fahrrad *n*.
velódromo [və'lɔδrumu] *m* Radrennbahn *f*.
velório *bras*. [~'lɔrju] *m* Totenwache *f*.
veloso [~'lozu] haarig; wollig; zottig.
veloz [~'lɔʃ] schnell, rasch.
velud|ilho [~lu'δiʎu] *m* ⚕ Halbsamt *m*; **~o** [~'luδu] *m* Samt *m*.
vem, vêm [vɐ̃i, vẽ] *s. vir*.
venado [və'naδu] geadert, gemasert.
venal [~'naɫ] käuflich; *fig. a.* bestechlich; **~idade** [~nɐli'δaδə] *f* Bestechlichkeit *f*.
venatório [~nɐ'tɔrju] Jagd...
venc|edor [vẽsə'δor] **1.** *adj*. siegreich; **2.** *m*, **-a** *f* Sieger(in *f*) *m*; **~er** [~'ser] (2g) besiegen; schlagen; *Prozeß* gewinnen; *Aufgabe* (be-)meistern; über-wältigen, -winden, -treffen; *Gehalt* beziehen; *v/i*. siegen; fällig w. (*Zinsen*); **~er-se** sich beherrschen; ablaufen (*Termin*); verfallen (*Wechsel*); fällig w.; **~ida** [~'siδɐ]: *ir de* ~ besiegt w.; *levar de* ~ besiegen; **~ido** [~'siδu] besiegt; ⚕ fällig; **~ilho** [~'siʎu] *m* Strohseil *n*; **~imento** [~i'mẽntu] *m* Besiegung *f*; ⚕ Fälligkeit *f*; Verfall *m*; Ablauf *m e-r Frist*; Gehalt *n*; ~*s pl.* Bezüge *m/pl.*; *dar* ~ *a* meistern.
vend|a ['vẽndɐ] *f* **a**) Verkauf *m*; Laden *m*; *Wein usw.* Ausschank *m*; Krug *m*; *à* ~ *em* erhältlich bei, zu beziehen durch; *pôr à* ~ feilbieten, auf den Markt bringen; **b**) (Augen-)Binde *f*; **~ar** [vẽn'dar] (1a) *Augen* verbinden; *fig*. blenden.
vendaval [vẽndɐ'vaɫ] *m* Sturm *m*.
vend|ável [~'davɛɫ] = *~ível*; **~edor** [~də'δor] **1.** *adj*. Verkaufs...; **2.** *m*, **-a** (*od. ~edeira*) *f* Verkäufer(in *f*) *m*; **~edoiro, -ouro** [~də'δoiru, -oru] *m* öffentliche Verkaufsstelle *f*; **~eiro** *m*, **-a** *f* [~'deiru, -ɐ] Schankwirt(in *f*) *m*; **~er** [~'der] (2a) verkaufen; *fig. a.* verraten; **~ido** [~'diδu] *estar* ~, *ficar* ~ *fig*. verraten und verkauft sn; **~ilhão** [~di'ʎɐ̃u] *m* (Straßen-)Händler *m*; Hausierer *m*; *fig*. Schacherer *m*; **~ível** [~'divɛɫ] (gut) verkäuflich; gangbar; absatzfähig.
vene|fício [vənə'fisju] *m* Giftmischerei *f*; **~no** [~'nenu] *m* Gift *n*; *fig. a.* gefährliche(r) Mensch *m*; *deitar* ~ *em* vergiften (*ac.*); **~noso** [~'nozu] giftig.
vener|ação [~nərɐ'sɐ̃u] *f* Verehrung *f*; **~ador** [~rɐ'δor] *m* Verehrer *m*; *im Brief*: *de V. Ex.a* ~ Ihr ergebener; **~ando** [~'rɐ̃ndu] verehrungs-, ehrwürdig; **~ar** [~'rar] (1c) (ver-)ehren; **~ável** [~'ravɛɫ] **1.** *adj*. ehrwürdig; **2.** *m* Meister *m* vom Stuhl.
venéreo [~'nɛrju] geschlechtlich, Geschlechts...
veneta [~'netɐ] *f* Wahnsinnsanfall *m*; *allg*. komische(r) Einfall *m*, Laune *f*; *dar na* ~ einfallen.
venezian|a [~nə'zjɐnɐ] *f* Blende *f*, Laden *m*; **~o** [~u] venezianisch.
venho *usw*. ['veɲu] *s. vir*.
vénia ['vɛnjɐ] *f* Erlaubnis *f*; Verzeihung *f*; *bsd*. Verneigung *f*.
venial [və'njaɫ] verzeihlich; *rel*. läßlich.
venoso [~'nozu] geadert; Venen...
venta ['vẽntɐ] *f* Nasenloch *n*; Nüster *f*; ~*s pl*. Nase *f*; *nas* ~*s de alg*. j-m ins Gesicht hinein; in j-s Beisein; *ter cabelinho* (*od. pêlo, cabelo*) *na*(*s*) ~(*s*) Haare auf den Zähnen haben; *de cabelinho na* ~ kratzbürstig.
vent|ania [vẽntɐ'niɐ] *f* heftige(r) Dauerwind *m*; **~ar** [~'tar] (1a)

windig sn, wehen; *fig.* erwachen (*Mut*); lächeln (*Glück*); **~arola** [~ɐ'rɔlɐ] *f* Wedel *m*; Fächer *m*.

ventil|ação [~tilɐ'sɐ̃u] *f* Lüftung *f*; **~ador** [~ɐ'ðor] *m* Ventilator *m*; Entlüftungsanlage *f*; **~ar** [~'lar] (1a) (aus-, ent-)lüften; *Korn* schwingen; *fig.* erörtern.

vento ['vẽntu] *m* Wind *m*; Luftzug *m*; *mont.* Witterung *f*; *cabeça f de* ~ Brausekopf *m*; *aos sete ~s* in alle Winde; *pé m de* ~ Wirbelsturm *m*; *estar* (*od. fazer*) ~ windig sn; *andar com todos os ~s* sein Mäntelchen nach dem Winde hängen; *beber os ~s por* durchs Feuer gehen für; *furtar o* ~ den Wind aus den Segeln nehmen; **~inha** [vẽn'twiɲɐ] *f* = *cata-vento*.

ventos|a [vẽn'tɔzɐ] *f cir.* Schröpfkopf *m*; *zo.* Saugnapf *m*; **~idade** [~tuzi'ðaðə] *f* Blähung *f*; **~o** [~'tozu] windig; blähend; *fig.* eitel, nichtig.

ventr|al [vẽn'trał] Bauch...; **~e** ['vẽntrə] *m* Bauch *m*, Leib *m*; Schoß *m*; Ausbauchung *f*; *fig.* Innere(s) *n*, Kern *m*; *dar de* ~ Stuhlgang h.; **~ículo** [~'trikulu] *m anat.* Herzkammer *f*; *Hirn*-Ventrikel *m*; **~íloquo** [~'trilukwu] *m* Bauchredner *m*; **~udo** [~'truðu] dickbäuchig.

ventur|a [vẽn'turɐ] *f* Glück *n*; Schicksal *n*; Wagnis *n*; *à* ~ aufs Geratewohl; *por* ~ vielleicht, etwa; **~oso** [~tu'rozu] glücklich.

ver [ver] **1.** *v/t.* (2m) sehen; erleben; *intentional*: ansehen; durchsehen; nachsehen (*a. ir* ~), prüfen; ersehen (aus *de*); ~ *se* (zu)sehen (*od.* aufpassen), daß; *fazer* ~ klarmachen; = *deixar* ~ zeigen; erkennen l.; *ir* ~ *alg.* j-n auf-, be-suchen; *ter que* ~ a) kaum glauben; b) noch etwas erleben; c) = *ser de* (*od. para*) ~ sehens- (*od.* bemerkens-)wert sn; (*não*) *ter* (*nada*) *que* ~ *com* (nichts) zu tun h. mit; *vamos a* ~ mal sehen; = *a* ~, *vamos!* abwarten!; wir werden es ja erleben!; *até* ~ bis auf weiteres; *até mais* ~ auf Wiedersehen; *vai* ~*!* also, hören Sie zu!; *veja lá!* sieh da!; sieh (*od.* sehen Sie) mal an!; *já se vê!* versteht sich!; selbstverständlich; *estou a* ~ a) ich verstehe!; b) ich sehe schon, mir scheint; *não há* (*od. tem*) *que* ~*!* da gibt's nur eines!; kein Zweifel!; *maneira f de* ~ Standpunkt *m*; *segundo a minha maneira de* ~ wie ich die Dinge sehe; **2.** **~-se** sich treffen; sich fühlen; sich wissen; ~ *doido* nicht wissen, wo e-m der Kopf steht; ~ *e desejar-se* nicht ein noch aus wissen; **3.** *m*: *a*(*o*) *meu* ~ meiner Ansicht nach, m-s Erachtens.

veracidade [vərɐsi'ðaðə] *f* Wahrhaftigkeit *f*; Glaubwürdigkeit *f*.

veran|eante [~rɐ'njẽntə] *m* Sommerfrischler *m*; **~ear** [~'njar] (1l) den Sommer(urlaub) verbringen; **~eio** [~'neju] *m* Sommerfrische *f*; **~ista** [~'niʃtɐ] *m* = *~eante*.

verão [və'rɐ̃u] *m* Sommer *m*; ~ *de São Martinho* Nach-, Altweibersommer *m*.

veraz [~'raʃ] wahrheitsliebend; wahr.

verba ['vɛrβɐ] *f Vertrags*-Punkt *m*, Klausel *f*; Sparte *f*; Haushaltsposten *m*; (vorgesehener) Betrag *m*; Geld *n*.

verbal [vər'βał] mündlich; *gram.* verbal; **~ismo** [~βɐ'liʒmu] *m* Wortreichtum *m*; Schwulst *m*.

verbena ⚘ [~'βenɐ] *f* Eisenkraut *n*.

verberar [~βə'rar] (1c) geißeln; *fig. a.* verurteilen.

verbete [~'βetə] *m* Aufzeichnung *f*; Notiz-, Kartei-zettel *m*, Stichwort *n*.

verbo ['vɛrβu] *m* Wort *n*; *gram.* Zeitwort *n*, Verb *n*.

verbo|rreia [vərβu'ʀejɐ] *f* Redseligkeit *f*; Wortschwall *m*; **~sidade** [~zi'ðaðə] *f* Zungenfertigkeit *f*; Geschwätz *n*; **~so** [~'βozu] wortreich; redselig; redegewandt.

verdad|e [~'ðaðə] *f* Wahrheit *f*; *em* ~ wahrhaftig; = *em boa* ~, *na* ~ in der Tat; *a dizer* (*od. falar*) ~ eigentlich; = *para dizer* (*od. falar*) *a* ~ offen gestanden; *cair na* ~ *de* einsehen, begreifen; *é* ~*!* richtig!; (*não é*) ~*?* nicht wahr?; ~ *é que* zwar; **~eiro** [~ðɐ'ðeiru] wahr; wahrhaftig; echt.

verde ['verðə] **1.** *adj.* grün; unreif; frisch (*Holz, Fleisch*); jung; zart; rüstig; *anos m/pl.* ~*s* junge Jahre *n/pl.*; *caldo m* ~ Kohlsuppe *f*; *idade f* ~ zarte(s) Alter *n*; *moço m* ~ grüne(r) Junge *m*; *vinho m* ~ *Art* Heurige(r) *m*; **2.** *m* Grün(futter) *n*; *atirar um* ~ *a bras.* auf den Busch klopfen bei; **~al** [vər'ðjał] **1.** *adj.* grünlich; **2.** *m* uniformierte(r)

Universitätsdiener *m in Coimbra*; **~-claro (-escuro)** [~'klaru(~iʃ'kuru)] hell- (dunkel-)grün; **~-cré** [~'krɛ] grüngolden; **~-gaio** [~'γaju] hellgrün; **~jar** [vərδɨ'ʒar] (1d) grünen; **~lhão** [vərδɨ'ʎɐ̃u] *m* Zeisig *m* (*Vogel*); **~-mar** [~'mar] meergrün; **~-montanha** [~mõn'tɐɲɐ] **1.** *adj.* blaugrün; **2.** *m* Grünerde *f*; **~te** [vər'δetə] *m* Grünspan *m*.

verdo|engo [vər'dwẽŋgu] grünlich; unreif; **~r** [~'δor] *m* Grün *n*; *fig.* Jugendkraft *f*; **~so** [~'δozu] grün (-lich).

verdugo [~'δuγu] *m* Henker *m*; 🚂 Spurkranz *m*; ⚓ Rüste *f*.

verdur|a [~'δurɐ] *f* Grün *n*; Pflanze *f*; Gemüse *n*; *fig.* Unreife *f*; Unerfahrenheit *f*; *~s pl. da mocidade* Jugendsünden *f/pl.*; **~eiro** *bras.* [~δu'reiru] *m* Gemüsehändler *m*.

verea|ção [vərjɐ'sɐ̃u] *f* Stadt-, Gemeinde-rat *m*; = *~nça*; **~dor** [~'δor] *m* Stadt-, Gemeinde-rat *m*, -verordnete(r) *m*; **~nça** *bras.* [~'rjẽsɐ] *f* Stadtratsamt *n*.

vereda [və'reδɐ] *f* Fußpfad *m*, Steig *m*; *fig.* Weg *m*, Richtung *f*.

veredicto [vərə'δitu] *m* Spruch *m*.

verga ['verγɐ] *f* Gerte *f*, Rute *f*; *Eisen*-Stange *f*; Fenster-, Tür-Sturz *m*; ⚓ Rahe *f*.

verg|alho [vər'γaʎu] *m* Ochsenziemer *m*; P Halunke *m*; **~ame** ⚓ [~ɐmə] *m* Rahenwerk *n*; **~ão** [~ɐ̃u] *m* Strieme *f*; **~ar** [~ar] (1o; *Stv.* 1c) biegen; *fig.* beugen; **~asta** [~aʃtɐ] *f* (Reit-)Gerte *f*; Peitsche *f*; **~astar** [~γɐʃ'tar] (1b) peitschen.

vergonh|a [~'γoɲɐ] *f* Schande *f*; Scham(gefühl *n*) *f*; *ter ~* sich schämen; **~oso** [~γu'ɲozu] schamhaft; verschämt; schändlich; *partes f/pl. -as* Schamteile *m/pl.*

vergôntea [~'γõntjɐ] *f* Sprößling *m*.

verídico [və'riδiku] wahr, wahrheitsgetreu; wahrheitsliebend.

verific|ação [~rəfikɐ'sɐ̃u] *f* Feststellung *f der Richtigkeit*; Nachprüfung *f*; Erfüllung *f e-r Voraussage*; **~ador** [~ɐ'δor] *m* Zollprüfer *m*; **~ar** [~'kar] (1n) feststellen; nachprüfen; **~ar-se** sich herausstellen; sich erfüllen; stattfinden; **~ável** [~'kavɛɫ] feststellbar.

veris... *s. veros...*

verme ['vɛrmə] *m* Wurm *m*.

vermelh|ão [vərmɨ'ʎɐ̃u] *m* Zinnoberrot *n*; Mennige *f*; Rot *n*, Rouge *n*; = **~idão** [~ʎi'δɐ̃u] *m* (Scham-) Röte *f*; **~o** [~'meʎu (~'meʎu)] **1.** *adj.* rot; **2.** *m* Rot *n*; Röte *f*; *pol.* Rote(r) *m*; **~usco** [~'ʎuʃku] rötlich.

verm|icida [vərmi'siδɐ] *m* Wurmmittel *n*; **~icular** [~iku'lar] wurmförmig; **~ífugo** [~'mifuγu] *m* = *~icida*; **~inose** ⚕ [~i'nɔzə] *f* Würmer *m/pl.*

vermute [vɛr'mutə] *m* Wermut *m*.

vern|aculista [vərnɐku'liʃtɐ] *m* Sprachreiniger *m*, Purist *m*; **~áculo** [~'nakulu] **1.** *adj.* unverfälscht, rein (*Sprache*); **2.** *m* Sprachreinheit *f*.

verniz [~'niʃ] *m* Firnis *m*, Lack *m*.

vero ['vɛru] wahr, echt.

verónica [və'rɔnikɐ] *f* Schweißtuch *n* Christi; Christuskopf *m*; ⚘ Ehrenpreis *m*.

veros|ímil, ~imilhante [vəru'zimiɫ, ~zəmi'ʎẽntə] wahrscheinlich; **~imilitude, ~imilhança** [~zəmili'tuδə, -'ʎẽsɐ] *f* Wahrscheinlichkeit *f*.

verossímil, -emelhante *bras.* [vero'simiɫ, -semi'ʎẽntə] wahrscheinlich.

verrug|a [və'ʀuγɐ] *f* Warze *f*; **~oso, ~uento** [~ʀu'γozu, ~'γẽntu] voller Warzen, warzig.

verrum|a [~'ʀumɐ] *f* Bohrer *m*; **~ar** [~ʀu'mar] (1a) (an-, durch-, vor-)bohren; *v/i. fig.* grübeln.

vers|ado [vər'saδu] bewandert, geschickt; **~al** [~'saɫ] **1.** *adj.*: *letra f ~* = **2.** *f* große(r) Buchstabe *m*; **~alete** [~sɐ'letə] *m tip.* Kapitälchen *n*; **~ão** [~'sɐ̃u] *f* Übersetzung *f*; Darstellung *f*; Lesart *f*, Version *f*; **~ar** [~'sar] (1c) handhaben; (aus-) üben; *Bücher* wälzen; *Fach* studieren; *Thema* behandeln; *v/i.*: *~ sobre* sich drehen um (*Gespräch*); handeln von; sprechen über (*ac.*); **~átil** [~'satiɫ] wetterwendisch; beweglich; **~atilidade** [~sɐtəli'δaδə] *f* Wankelmut *m*; **~ejador** [~sɨʒɐ'δor] *m* Reimschmied *m*, Dichterling *m*; **~ejar** [~sɨ'ʒar] (1d) Reime schmieden; *v/t.* in Reime bringen; **~ículo** [~'sikulu] *m* (Bibel-)Vers *m*; Absatz *m*; **~ificação** [~səfikɐ'sɐ̃u] *f* Versform *f*; Verskunst *f*; **~ificar** [~səfi'kar] (1n) in Verse bringen; **~ista** [~'siʃtɐ] *m* = *~ejador*; **~o** ['vɛrsu] *m* **a)** Vers *m*; **b)** Rück-, Unter-seite *f*; = *reverso*.

vértebra [ˈvɛrtəβrɐ] *f* Wirbel *m*.
vertebr|ado [vərtəˈβraðu] *m* Wirbeltier *n*; **~al** [~ał] Wirbel...
vert|edoiro, -ouro [~təˈðoiru, -oru] *m* Schöpfkelle *f*; **~ente** [~ˈtẽntə] *f* *Berg*-Hang *m*; Abdachung *f*; Dachfläche *f*; **~er** [~ˈter] (2c) (aus)gießen; *Tränen* vergießen; verschütten; *Glas* umwerfen, umkippen; *in e-e Sprache* übersetzen; *v/i.* sich ergießen; überlaufen; undicht sn.
vertical [~tiˈkał] senkrecht.
vértice [ˈvɛrtisə] *m* Scheitel (-punkt) *m*.
vertig|em [vərˈtiʒɐ̃i] *f* Schwindel *m*; *fig.* Taumel *m*; **~inoso** [~tiʒiˈnozu] schwindelerregend; schwindelig; *fig.* betörend.
verve [ˈvɛrvə] *f* Schwung *m*.
ves|go [ˈveʒɣu] schielend; *ser* ~ = **~guear** [vɨʒˈɣjar] (1l) schielen.
vesicatório [vəzikɐˈtɔrju]: (*emplastro*) ~ *m* Blasenpflaster *n*.
vesícula [~ˈzikulɐ] *f* Bläschen *n*; *zo.* Schwimmblase *f*; *anat.* ~ (*biliar*) Gallenblase *f*.
vesp|a [ˈveʃpɐ] *f* Wespe *f*; *fig.* Kratzbürste *f*; **~eiro** [vɨʃˈpeiru] *m* Wespennest *n*.
véspera [ˈvɛʃpərɐ] *f* Vorabend *m*; Tag *m* vorher; *~s pl.* Vesper *f*; *estar em ~s de* davor stehen *od.* im Begriff sein zu.
vesper|al [vɨʃpəˈrał] **1.** *m bras.* Nachmittags-veranstaltung *f*, -vorstellung *f*; **2.** *adj.* = **~tino** [~pərˈtinu] **1.** *adj.* Nachmittags...; **2.** *m* Abendblatt *n*.
veste [ˈvɛʃtə] *f* Kleid *n*; *Priester-*Gewand *n*.
véstia [ˈvɛʃtjɐ] *f* Joppe *f*.
vestiári|a [vɨʃˈtjarjɐ] *f* Kleiderkammer *f*; **~o** [~u] *m* Kleiderwart *m*; *tea.* Kleiderablage *f*.
vestibular [~tiβuˈlar]: *exame m ~ bras.* Aufnahmeprüfung *f*.
vestíbulo [~ˈtiβulu] *m* Vorhalle *f*; Diele *f*; *tea.* Foyer *n*; *anat.* Vorhof *m*.
vestid|o [~ˈtiðu] *m* Kleid *n*; **~ura** [~tiˈðurɐ] *f* Kleidung *f*, Gewand *n*; *rel.* Einkleidung *f*.
vestígio [~ˈtiʒju] *m* Spur *f*.
vest|imenta [~tiˈmẽntɐ] *f* Gewandung *f*; *~s pl.* Meßgewand *n*; **~ir** [~ˈtir] (3c) (be)kleiden; bedecken; *Kleid* anziehen *od.* anhaben, tragen; bemänteln; *v/i.* sich kleiden; **~uário** [~ˈtwarju] *m* Kleidung *f*, Anzug *m*.
vetar [vəˈtar] (1c) sein Veto einlegen *od.* Einspruch erheben gegen; verbieten.
veterano [vətəˈrɐnu] **1.** *adj.* altgedient; **2.** *m* Veteran *m*.
veterinári|a [~riˈnarjɐ] *f* Tierheilkunde *f*; **~o** [~u] **1.** *adj.* tierärztlich; Tierheil...; **2.** *m* Tierarzt *m*.
veto [ˈvɛtu] *m* Einspruch *m*, Veto *n*.
vetust|ez [vətuʃˈteʃ] *f* hohe(s) Alter *n*; **~o** [~ˈtuʃtu] uralt; sehr alt.
véu [vɛu] *m* Schleier *m*.
vex|ação [vɛʃɐˈsɐ̃u] *f* Belästigung *f*, Quälerei *f*; = **~ame** [~ˈʃɐmə] *m* Plage *f*; Verdruß *m*; Schimpf *m*; **~ar** [~ˈʃar] (1a) belästigen; quälen; ärgern; **~ativo, ~atório** [~ɐˈtivu, ~ɐˈtɔrju] lästig; ärgerlich; quälend.
vez [veʃ] *f* Mal *n*; *uma* (*duas*) *~(es)* ein- (zwei-)mal; *uma ~ ou outra* hin und wieder; *às ~es, por ~es* manchmal; *cada ~* jedesmal; *cada ~ mais* immer mehr; *desta ~* diesmal; *de ~* auf einmal; endgültig; = *de uma ~ para sempre* ein- für allemal; *de ~ em quando* bisweilen; dann und wann; *em ~ de* anstatt (*gen.*); *outra ~* ein andermal; noch einmal, nochmals; *da outra ~* das letzte Mal, neulich; *na maior parte* (*od. as mais*) *das ~es* meistens; *muita(s) ~(es)* oft; *raras ~es* selten; *uma* (*de*) *~ que* da nun einmal; *apanhar de ~* überrumpeln (*ac.*); *chega* (*chegou od. é*) *a minha ~* ich komme (bin) an die (der) Reihe; *esperar a* (*sua*) *~* warten, bis man an die Reihe kommt; *fazer as ~es de alg.* j-s Stelle (*od.* j-n) vertreten; *perder a ~* die Gelegenheit (*od.* den Anschluß) verpassen; *tomar as ~es de alg.* an j-s Stelle treten.
vez|eiro [vəˈzeiru] Gewohnheits...; **~o** [ˈvezu] *m* Angewohnheit *f*.
via [ˈviɐ] *f* Weg *m*, Bahn *f*; Straße *f*; *anat.* Weg *m*; 🚂 Spurweite *f*; Gleis *n*; *fig.* Mittel *n*; Ausfertigung *f*; *primeira* (*segunda, terceira*) *~* ☤ Prima- (Sekunda-, Tertia-)Wechsel *m*; *~ larga* Breit-, *~ reduzida* Schmal-spur *f*; *~ permanente* Bahnkörper *m*; *em ~(s) de* auf dem besten Wege zu; im Begriff, dabei; *por ~ de* mittels (*gen.*), durch; *por ~ de regra* durchweg, *pôr em ~* in Gang bringen, einleiten.
via|bilidade [vjɐβəliˈðaðə] *f* Benutz-, Befahr-barkeit *f*; Angängig-

keit *f*; Möglichkeit *f*; **~ção** [~'sẽu] *f* Straßen(fern)verkehr *m*; Straßennetz *n*; Verkehrsmittel *n/pl.*; **~duto** [~'δutu] *m* Überführung *f*; **~gem** ['vjaʒẽi] *f* Reise *f*; Fahrt *f*; *Güter*-Transport *m*; *em ~* unterwegs; *estar de ~* verreisen wollen; = *estar em ~* verreist sn.

viaj|ado [vjɐ'ʒaδu]: *muito (bastante) ~* (ziemlich) weit gereist; **~ante** [~ẽntə] **1.** *adj. caixeiro m ~* = **2.** *m* Reisende(r) *m* (*bsd.* ✝); **~ar** [~ar] (1b) reisen; *v/t.* bereisen.

vianda ['vjẽndɐ] *f* Fleisch *n*; Essen *n*, etwas zu essen.

viandante [vjẽn'dẽntə] *m* Wanderer *m*.

viático ['vjatiku] *m* Reisegeld *n*; Wegzehrung *f* (*a. rel.*).

viatura [vjɐ'turɐ] *f* Transportmittel *n*; Fahrzeug *n*; *~ de incêndios* Feuerwehrwagen *m*.

viável ['vjavɛɫ] gangbar (*a. fig.*); (be)fahrbar; *fig.* angängig; möglich.

víbora ['viβurɐ] *f* Viper *f*.

vibordo ⚓ [vi'βorδu] *m* Reling *f*.

vibr|ação [viβrɐ'sẽu] *f* Schwingung *f*; Beben *n*; Erschütterung *f*; **~ador** [~ɐ'δor] *m* ⚡ Summer *m*; *~ para betão* Betonmischmaschine *f*; *~ para massagens* Massierapparat *m*; **~ante** [~'βrẽntə] *fig.* schwungvoll, mitreißend; **~ar** [~'βrar] (1a) schwingen; schleudern; *Saiten* schlagen; erschüttern; *Wort* (hinaus)schleudern; *Schlag* versetzen; *v/i.* schwingen, beben; vibrieren; tönen; hallen; **~átil** [~'βratiɫ] Zitter...; = **~atório** [~ɐ'tɔrju] schwingend, Schwingungs...

viçar [vi'sar] (1p) = *vicejar*.

vicariato [vikɐ'rjatu] *m* Vikariat *n*.

vice... ['visə...] *in Zssgn* Vize...

vicejar [visɨ'ʒar] (1d) wuchern (*a. fig.*); strotzen; *v/t.* hervortreiben.

vice-reitor [ˌvisəʀei'tor] *m* Prorektor *m*.

vice-versa [~'vɛrsɐ] umgekehrt.

vici|ado [vi'sjaδu] angesteckt; fehlerhaft; **~ar** [~ar] (1g) verderben; (ver)fälschen; **~ar-se** dem Laster verfallen; verderben; verdorben werden (durch *com*, *por*).

vício ['visju] *m* Laster *n*; Fehler *m*; schlechte Angewohnheit *f*; *por ~* aus bloßer Gewohnheit; ohne besonderen Grund; *ter ~* ⚘ wuchern.

vicioso [vi'sjozu] fehlerhaft; lasterhaft; *círculo m ~* unlösbare(r) Trugschluß *m*.

vicissitude [visəsi'tuδə] *f* Wechsel *m*; Zufall *m*; *fig.* Mißgeschick *n*; *~s* Schicksalsschläge *m/pl.*

viço ['visu] *m* (strotzende) Kraft *f*; Saft *m*; Üppigkeit *f*; Feuer *n*; Übermut *m des Kindes*; **~so** [vi'sozu] kräftig; strotzend; üppig (grünend); feurig (*Tier*); ausgelassen (*Kind*).

vida ['viδɐ] *f* Leben *n*; Lebhaftigkeit *f*; Lebensunterhalt *m*; *à boa ~* müßig; *com ~*, *em ~* lebendig, bei lebendigem Leibe; *em ~*, *durante a ~* bei Lebzeiten; *por* (*od. pela*) *minha ~* so wahr ich lebe; *conceder* (*od. poupar*) *a ~* das Leben schenken; *dar ~ a* beleben (*ac.*); glaubhaft m.; *dar a ~ j-m* das Leben geben; sein Leben hingeben (*od.* l.) (für *por*); *estar entre a ~ e a morte* zwischen Tod und Leben schweben; *fazer ~ com* zs.-leben mit; *fazer* (*od. levar*) *~ de* leben wie; *ganhar a ~* s-n Lebensunterhalt verdienen; *levar boa ~* (*od. a ~ direita*), *viver ~ folgada* es sich wohl sn l.; das Leben genießen; *passar desta ~ para a outra* (*od. a melhor ~*) sterben; *tirar a ~ fig.* zugrunde richten; *ser a ~ de alg. fig.* j-s ein und alles sn; *tratar da sua ~* s-n Geschäften nachgehen; sich um s-e Angelegenheiten kümmern; *voltar da morte à ~* dem Leben wiedergeschenkt w. (*od.* sn).

vid|e ['viδə] *m* Rebe *f*; **~eira** [vi'δeirɐ] *f* Weinstock *m*.

vidente [vi'δẽntə] *su.* (Hell-)Seher (-in *f*) *m*.

vidoeiro [vi'δweiru] *m* Birke *f*.

vidr|aça [vi'δrasɐ] *f* Fensterscheibe *f*; Glasfenster *n*; **~aceiro** [~δrɐ'seiru] *m* Glaser *m*; **~ado** [~'δraδu] glasig (*Auge*); **~agem** [~'δraʒẽi] *f* Glasierung *f*; **~ar** [~'δrar] (1a) glasieren; trüben; **~aria** [~δrɐ'riɐ] *f* Glaserei *f*; Glashütte *f*; **~eiro** [~'δreiru] **1.** *adj.* Glas...; *operário m ~* = **2.** *m* Glasbläser *m*; **~ilho** [~'δriʎu] *m* Glasröhrchen *n*; **~o** ['viδru] *m* Glas *n*; Glasscheibe *f*; *auto.* Fenster *n*; *~s pl.* Glaswaren *f/pl.*

viela ['vjɛlɐ] *f* Gäßchen *n*.

viemos *s. vir*.

vienense [vje'nẽsə] **1.** *adj.* wienerisch; **2.** *su.* Wiener(in *f*) *m*.
viés [vjɛʃ] *m* Schrägstreifen *m*; *ao* ~, *de* ~ schräg; schief; von der Seite; gezwungen (*Lächeln*).
vig|a ['viɣɐ] *f Trag*-Balken *m*; *Eisen*-Träger *m*; ~ *mestra* Dachbalken *m*; **~amento** [viɣɐ'mẽntu] *m* Balkenwerk *n*.
vigarice [viɣɐ'risə] *f* Betrug *m*.
vigário [vi'ɣarju] *m* Stellvertreter *m*; *rel.* Vikar *m*; *conto m do* ~ Schwindel *m*.
vigarista [~ɣɐ'riʃtɐ] *m* Betrüger *m*.
vig|ência [vi'ʒẽsjɐ] *f* (Rechts-) Gültigkeit *f*; **~ente** [~ẽntə] gültig; bestehend, in Kraft.
vigésimo [~'ʒɛzimu] **1.** *adj.* zwanzigst; **2.** *m* Zwanzigstel *n*.
vigi|a [vi'ʒiɐ] **1.** *f* Wache *f*; Warte *f*, Ausguck *m*; Guckloch *n*; ⚓ Bullauge *n*; **2.** *m* Wächter *m*; **~ar** [~'ʒjar] (1g) wachen (über [*ac.*] *em*); wachsam sn; *v/t.* bewachen; beobachten.
vigil|ância [viʒi'lɐ̃sjɐ] *f* Wachsamkeit *f*; Fürsorge *f*; **~ante** [~ɐ̃ntə] wachsam; fürsorglich; vorsichtig.
vigília [vi'ʒiljɐ] *f* Nachtwache *f*.
vigor [vi'ɣor] *m* Kraft *f*; Nachdruck *m*; ⚖ Gültigkeit *f*; *com* ~ nachdrücklich; *estar* (*entrar*, *pôr*) *em* ~ in Kraft sn (treten, setzen); *em* ~ geltend.
vigor|ar [~ɣu'rar] (1e) **1.** *v/t.* kräftigen, stärken; **2.** *v/i.* ⚖ in Kraft sn, gelten; *começar a* (*deixar de*) ~ in (außer) Kraft treten; **~izar** [~ri'zar] (1a) = *~ar* 1.; **~oso** [~'rozu] kräftig; rüstig; nachdrücklich.
vil [viɫ] niedrig; niederträchtig.
vila ['vilɐ] *f* Kleinstadt *f*; Villa *f*; **~-diogo** [ˌvilɐ'ðjoɣu]: *dar às de* ~ Reißaus nehmen.
vil|ania [vilɐ'niɐ] *f* Niedrigkeit *f*; Niedertracht *f*, Gemeinheit *f*; **~ão** [~'lɐ̃u] **1.** *adj.* **a**) kleinstädtisch; ländlich; grob; **b**) niederträchtig, gemein; schäbig; **2.** *m*, *-ã f* Kleinstädter(in *f*) *m*; Bauer *m* (*fig.*); gemeine(r) Kerl *m*, niederträchtige Person *f*; Filz *m*; **~arejo**, **~arinho** [~ɐ'reʒu, ~ɐ'riɲu] *m* Flecken *m*; **~egiatura** [~iʒjɐ'turɐ] *f* Sommerfrische *f*; **~eza** [~'lezɐ] *f* = *~ania*.
vilip|endiar [~ləpẽn'djar] (1g) verächtlich behandeln; verachten; verunglimpfen; **~êndio** [~'pẽndju] *m* Verachtung *f*; Verunglimpfung *f*; **~endioso** [~ẽn'djozu] verächtlich.
vimaranense [vimɐrɐ'nẽsə] aus (*od.* von) Guimarães.
vim|e ['vimə] *m* (Weiden-)Rute *f*; *cesto m de* ~ Weidenkorb *m*; **~eiro** [vi'meiru] *m* Weide *f*; **~ieiro** [vi'mjeiru] *m* Weidengebüsch *n*.
vimos ['vimuʃ] *s.* **a**) *ver*; **b**) *vir*.
vinagr|e [vi'naɣrə] *m* Essig *m*; *fig.* Griesgram *m*; *bras.* Wucherer *m*; **~eira** [~nɐ'ɣreirɐ] *f* Essig-faß *n*, -flasche *f*; **~eiro** [~nɐ'ɣreiru] *m* Essighändler *m*.
vinário [vi'narju] Wein...
vinc|ar [vĩŋ'kar] (1n) kniffen, falten; falzen; furchen; *fig.* hervorheben; **~o** ['vĩŋku] *m* Kniff *m*, Falte *f*; Falz *m*; Knick *m*; Furche *f*; Strieme *f*.
vincilho [vĩ'siʎu] *m* Strohseil *n*, Bast *m*.
vincul|ado [vĩŋku'laðu] unveräußerlich, festliegend; ✝ Kompensations...; **~ar** [~ar] (1a) verbinden (mit *a*); knüpfen (an [*dat.*] *a*); festlegen; verpflichten; *fig.* verewigen.
vínculo ['vĩŋkulu] *m* Band *n* (*pl.* *Bande*); unveräußerliche(s) Gut *n*.
vinda ['vĩndɐ] *f* Kommen *n*; Ankunft *f*; *na* ~ auf dem Herweg.
vindic|ação [vĩndikɐ'sɐ̃u] *f* Rechtsanspruch *m*; Forderung *f* auf Anerkennung; **~ar** [~'kar] (1a) s-n Anspruch geltend m. auf (*ac.*); (zurück)fordern; verteidigen; rächen; **~ativo** [~ɐ'tivu] zustehend; Verteidigungs...; rachsüchtig.
vindicta [~'ditɐ] *f* Sühne *f*, Ahndung *f*; Rache *f*.
vindima [~'dimɐ] *f* Weinlese *f*; *allg.* Ernte *f*.
vindim|ador *m*, **-eira** *f* [~dimɐ'ðor, ~mɐ'ðeirɐ] Winzer(in *f*) *m*; **~ar** [~'mar] (1a) *Trauben* lesen; *Weinstock* ablesen; ernten; *fig.* dahinraffen; *v/i.* Weinlese halten; **~o** [~'dimu] Weinlese...; spätreif; *cesto m* ~ Kiepe *f*.
vind|o ['vĩndu] *s. vir*; *bem* ~ willkommen; **~oiro**, **~ouro** [vĩn'doiru, -oru] **1.** *adj.* kommend, künftig; **2.** *m bras.* Neuankömmling *m*; *~s pl.* Nachwelt *f*.
víneo ['vinju] Wein...
ving|ança [vĩŋ'gɐ̃sɐ] *f* Rache *f*; **~ar** [~ar] (1o) rächen; verteidigen;

befreien; *Ziel* erreichen; *v/i.* gelingen; sich durchsetzen; Erfolg h.; gedeihen; **~ativo** [~gɐ'tivu] rachsüchtig; Rache...

vinha ['viɲɐ] *f* Weinberg *m*; ~ *de alhos* Knoblauchbeize *f*.

vinh|aço [vi'ɲasu] *m* Treber *m*; **~ateiro** [~ɲɐ'teiru] **1.** *adj.* Wein(-bau)...; **2.** *m* Winzer *m*; **~edo** [~eδu] *m* Wein-berg *m*, -garten *m*.

vinheta [~'ɲetɐ] *f tip.* Vignette *f*.

vinho ['viɲu] *m* Wein *m*; ~ *branco* Weiß-, ~ *tinto* Rot-, ~ *de consumo* (*od. mesa, pasto*) Tisch-wein *m*.

vínico ['viniku] Wein...

vin|ícola [vi'nikulɐ] Wein...; **~icultor, ~icultura** [~nikuł'tor, -'turɐ] = *viticult|or, ~ura*; **~ificação** [~nəfikɐ'sɐ̃u] *f* Weinbereitung *f*; **~ificar** [~nəfi'kar] (1n) zu Wein verarbeiten; **~oso** [~'nozu] Wein...; wein-artig, -rot.

vint|avo [vĩn'tavu] *m* Zwanzigstel *n*; **~e** ['vĩntə] **1.** zwanzig; **2.** *m* Zwanzig *f*; Nummer *f* Zwanzig; *dar no ~* treffen, es erraten; **~ém** [~'tɐ̃i] *m* Zwanziger *m* (*ehm. Kupfermünze*); *fig.* Dreier *m*; **~ena** [~'tenɐ] *f* etwa zwanzig, Stiege *f*.

viol|a ['vjɔlɐ] *f* Gitarre *f*; ~ (*de arco*) Bratsche *f*; *meter a ~ no saco* den Mund halten; klein beigeben; **~ão** [vju'lɐ̃u] *m* Gitarre *f*.

viol|ação [vjulɐ'sɐ̃u] *f* Verletzung *f*; Schändung *f*; Vergewaltigung *f*; **~ar** [~'lar] (1e) *Gesetz, Geheimnis* verletzen; *Recht, Frau* vergewaltigen; schänden; entweihen; **~ência** [~'lẽsjɐ] *f* Gewalt *f*; Heftigkeit *f*; Gewaltakt *m*; ⚖ Nötigung *f*; **~entar** [~ẽn'tar] (1a) vergewaltigen; Gewalt antun (*dat.*); nötigen; *Tür* (auf)sprengen; **~ento** [~'lẽntu] heftig; gewaltsam; gewalttätig.

violeta [~'letɐ] *f* **a)** ⚘ Veilchen *n*; *cor de ~* veilchenblau, violett; **b)** ♪ Viola *f*.

viol|inista [~li'niʃtɐ] *su.* Geiger(in *f*) *m*; **~ino** [~'linu] *m* Geige *f*; *tocar ~* geigen; **~oncelista** [~õsə'liʃtɐ] *su.* Cellist(in *f*) *m*; **~oncelo** [~õ'sɛlu] *m* (Violon-)Cello *n*.

viperino [vipə'rinu] vipernartig; *fig.* giftig; bösartig.

vir [vir] (3w) kommen; zurückkehren; her-kommen, -rühren; stehen (*in der Zeitung*); ~ *a* a) zustoßen; kommen über (*ac., a. sobre*); b) kommen auf (*ac.*); hinauslaufen auf (*ac.*); gelangen zu; ~ *bem* (*mal*) gut (nicht) stehen; ~ *inf.* kommen und *ind.*; ~ *ter com* aufsuchen (*ac.*); sich wenden an (*ac.*); ~ *a fazer a/c.* (schließlich) et. tun; ~ *a ser* (schließlich) w.; ~ *a ser o mesmo* auf dasselbe herauskommen; *ir e ~* hin- und hergehen, -laufen, -fahren; *ser coisa* (*od. estar*) *para ~* erst noch kommen; *veio-me esta carta* ich habe diesen Brief bekommen; *que vem* kommend, nächst; *quem vem lá?* wer da?; *donde vem isto? fig.* wieso?; *venha daí um abraço!* in meine Arme!

vir|ação [virɐ'sɐ̃u] *f* Brise *f*; **~a-casaca** [ˌvirɐkɐ'zakɐ] *m* unzuverlässige(r) Mensch *m*; **~agem** [~'raʒɐ̃i] *f auto.* Wendung *f*; *fot.* Entwicklerbad *n der Abzüge*.

virago [vi'raɣu] *f* Mannweib *n*.

vira-lata *bras.* [ˌvira'latɐ] *m* Köter *m*.

vir|ar [vi'rar] (1a) (um)drehen; (um)wenden; *Gesicht* abwenden; bekehren; verwandeln; *bras.* werden; *v/i.* wenden; die Kurve nehmen; ~ (*de casaca*) anderen Sinnes w., F umfallen; = **~ar-se** umstürzen; sich überschlagen; kentern (*Schiff*); sich umsehen; **~avolta** [~rɐ'vɔłtɐ] *f* (Kehrt-)Wendung *f*; Umschwung *m*; Umkehr *f*; *dar uma ~* kehrtmachen; e-e andere Wendung nehmen; = *~ar-se*.

virgem ['virʒɐ̃i] **1.** *f* Jungfrau *f*; **2.** *adj.* jungfräulich; rein; *floresta f ~* Urwald *m*; *terra f ~* Neuland *n*.

virg|inal [virʒi'nał] jungfräulich; **~indade** [~ĩn'daδə] *f* Jungfräulichkeit *f*; **~íneo** [~'ʒinju] = *virginal*.

virgo *ast.* ['virɣu] *m* Jungfrau *f*.

vírgula ['virɣulɐ] *f* Komma *n*.

viril [və'rił] **1.** *adj.* männlich; mannhaft; *idade f ~* Mannesalter *n*; **2.** *m* Glasgehäuse *n*; **~idade** [~rili'δaδə] *f* Mannbarkeit *f*; *fig.* Mannhaftigkeit *f*.

virilha *anat.* [və'riʎɐ] *f* Leiste *f*.

virola [vi'rɔlɐ] *f* Zwinge *f*.

virtual [vir'twał] schlummernd; virtuell; **~mente** [~twał'mẽntə] der Möglichkeit nach.

virtu|de [vir'tuδə] *f* Tugend *f*; Vorzug *m*; Heilkraft *f*; Kraft *f*; *em ~ de* vermöge; kraft (*gen.*); auf Grund (*gen.*); **~oso** [~'twozu] **1.** *adj.* tugendhaft; mutig; kräftig (*Mittel usw.*); **2.** *m* Virtuose *m*.

virul|ência [viru'lẽsjɐ] *f* Ansteckungsgefahr *f*, Virulenz *f*; vergiftende Wirkung *f*; **~ento** [~ẽntu] ansteckungsfähig, virulent; *fig.* giftig, vergiftend.

vírus ['viruʃ] *m* Krankheitserreger *m*, Virus *n*.

vis|ão [vi'zɐ̃u] *f* Sehen *n*; Gesicht *n* (*pl.* Gesichte); Vision *f*; Erscheinung *f*; *fig.* Blick *m*; Anblick *m*; *campo m de ~* Gesichtsfeld *n*; *erro m de ~* Augentrug *m*; *fig.* Kurzsichtigkeit *f*; **~ar** [~ar] (1a) *v/t.* **a**) an-peilen, -visieren; zielen nach; *fig.* im Auge h.; abzielen auf (*ac.*); **b**) *Paß* visieren; *v/i.* *~ a* im Auge h. (*ac.*), bezwecken (*ac.*); streben nach; *~ fazer a/c.* die Absicht h. (*od.* beabsichtigen) et. zu tun.

víscera ['viʃsərɐ] *f* innere(s) Organ *n*; *~s pl.* Eingeweide *n/pl.*, Weichteile *pl.*

visceral [viʃsə'rał] Eingeweide...; *fig.* tief.

visco ['viʃku] *m* Mistel *f*; Vogelleim *m*.

viscond|e *m*, **~essa** *f* [~'kõndə, ~kõn'desɐ] Vicomte *m*, Vicomtesse *f*.

viscos|idade [viʃkuzi'ðaðə] *f* Zähflüssigkeit *f*; **~o** [~'kozu] zähflüssig, schleimig; klebrig; *vara -a* Leimrute *f*; **~e** [~'kɔzə] *f* Viskose *f*.

viseira [vi'zeirɐ] *f* (Mützen-, Augen-)Schirm *m*; *Helm*-Visier *n*; *fig.* Maske *f*; P Aussehen *n*; Fratze *f*.

visibilidade [viziβəli'ðaðə] *f* Sichtbarkeit *f*; *met.* Sicht *f*.

visigodos [~'ɣoðuʃ] *m/pl.* Westgoten *m/pl.*

vision|ar [vizju'nar] (1f) (er)schauen; *v/i.* Gesichte h.; **~ário** [~arju] **1.** *adj.* seherisch; phantastisch; **2.** *m* Geisterseher *m*; Phantast *m*.

visita [vi'zitɐ] *f* Besuch *m* (de zu); Besichtigung *f*; Inspektion *f*; *estar com* (*od. ter*) *~s* Besuch h.; *pagar* (*od. retribuir*) *uma ~* e-n Gegenbesuch m.

visit|ação [vizitɐ'sɐ̃u] *f* Visitation *f*; *bras. a.* Besuch *m*; *rel.* ♀ Mariä Heimsuchung *f*; **~ador** [~ɐ'ðor] *m* Inspektor *m*, Untersuchungsbeamte(r) *m*; **~ante** [~'tɐ̃ntə] *m* Besucher *m*; **~ar** [~'tar] (1a) besuchen; besichtigen; inspizieren; *fig. a.* heimsuchen.

visível [~'zivɛł] sichtbar; offenkundig, sichtlich; zu sprechen.

vislumbr|ar [viʒlũm'brar] (1a) matt erleuchten; schwach erkennen; *fig.* ahnen; *v/i.* (er)glimmen; (durch)schimmern; **~e** [~'lũmbrə] *m* Schimmer *m*; *fig.* Ahnung *f*.

viso ['vizu] *m* *Berg*-Spitze *f*; Hügel *m*; *~s pl.* Anschein *m*; Anzeichen *n/pl.*; Ahnung *f*.

visor [vi'zor] *m* *fot.* Sucher *m*.

vista ['viʃtɐ] **1.** *f* Gesicht *n*, Sehen *n*; Augenlicht *n*, Sehkraft *f*; Auge *n*; Blick *m*; Anblick *m*; Ansicht *f* (*Bild, Meinung*); Aussicht *f*; *fig.* Absicht *f*; ⚕ Sicht *f*; *~ curta* Kurzsichtigkeit *f* (*a. fig.*); *~ de olhos* Blick *m* (*dar od. passar a* werfen auf [*ac.*]); *ponto m de ~* Gesichtspunkt *m*; *à ~* ⚕ auf Sicht; gegen bar, Bar...; *à ~ de, em ~ de* angesichts (*gen.*); in Anbetracht (*gen.*); *à* (*od. em*) *~ disto* daraufhin; demzufolge; *à primeira ~* auf den ersten Blick; *com ~ a* im Hinblick auf (*ac.*); zum Zweck (*gen.*); *de ~* von Ansehen; *vinte dias de ~* ⚕ zwanzig Tage nach Sicht; *estar à ~* zu sehen sn; *fig.* auf der Hand liegen; *dar na(s) ~(s)* auffallen; Aufsehen erregen; *fazer ~* sich gut ausnehmen; nach etwas aussehen; *fazer ~ grossa* (*od. gorda*) ein Auge zudrücken; *perder de ~* aus den Augen verlieren; *perder-se de ~* nicht mehr zu sehen sn; *pôr a ~ em* die Augen heften auf (*ac.*); *pôr à ~* offenbar m.; aufdecken; *não pôr a ~ em cima de* nicht zu sehen bekommen; *ter em ~* im Auge h.; **2.** *~s f/pl.* Absichten *f/pl.*; *tea.* *Bühnen*-Prospekt *m*; *ter ~s sobre, ter debaixo das ~s* ein Auge (*od.* Absichten) haben auf (*ac.*).

visto ['viʃtu] **1.** *p.p. v. ver*; **2.** *adj.* *bem* (*mal*) *~* (un)beliebt; *a olhos ~s* zusehends; *está ~* selbstverständlich; *~ su.* angesichts (*gen.*); in Anbetracht (*gen.*); *~ inf.*, *~ que ind.* da *ind.*; **3.** *m* Sichtvermerk *m*, Visum *n*; *pelo(s) ~(s)* offenbar, augenscheinlich; **~ria** [viʃtu'riɐ] *f* Inspektion *f*; **~riar** [viʃtu'rjar] (1g) besichtigen, inspizieren; **~so** [viʃ'tozu] ansehnlich; auffällig; prächtig.

visual [vi'zwał] Gesichts...; Seh...
vit|al [vi'tał] Lebens...; lebenswichtig; *ponto m* ~ springende(r) Punkt *m*; **~alício** [~tɐ'lisju] lebenslänglich; **~alidade** [~tɐli'ðaðə] *f* Lebenskraft *f*, Vitalität *f*; **~alizar** [~tɐli'zar] (1a) (wieder) beleben.
vitam|ina [~tɐ'minɐ] *f* Vitamin *n*; **~inado** [~mi'naðu] Vitamin...; *carências f/pl. -as* Vitaminmangelerscheinungen *f/pl.*; **~inose** [~mi'nɔzə] *f* Vitaminmangelkrankheit *f*.
vitel|a [~'tɛlɐ] *f* Kalb(-fleisch, -sleder) *n*; **~o** [~u] *m* Kalb *n*.
vitícola [~'tikulɐ] weinbauend; Wein...; *indústria f* ~ Weinbau *m*.
viticult|or [~tikuł'tor] *m* Weinbauer *m*, Winzer *m*; **~ura** [~urɐ] *f* Weinbau *m*.
vítima ['vitimɐ] *f* Opfer *n*; *ser* ~ *de* zum Opfer fallen (*dat.*).
vitimar [viti'mar] (1a) opfern; zum Opfer machen; schädigen.
vitória [~'tɔrjɐ] *f* Sieg *m*; *cantar* ~ Siegeshymnen anstimmen.
vitori|ar [~tu'rjar] (1g) zujubeln (*dat.*); **~oso** [~ozu] siegreich.
vitral [vi'trał] *m* buntes (Kirchen-) Fenster *n*.
vítreo ['vitrju] gläsern, Glas...
vitr|ificar [vitrəfi'kar] (1n) verglasen; **~ina** [~'trinɐ] *f* Schaufenster *n*, -kasten *m*; Glasschrank *m*.
vitríolo [~'triulu] *m* Vitriol *n*.
vitrola [~'trɔlɐ] *f* Plattenspieler *m*.
vitualha(s) [~'twaʎɐ(ʃ)] *f*(*/pl.*) Lebensmittel *n/pl.*; ⚔ Proviant *m*.
vitup|erar [~tupə'rar] (1c) scharf tadeln; schmähen; **~erável** [~ə'ravɛł] tadelnswert; verwerflich; **~ério** [~'pɛrju] *m* scharfe(r) Tadel *m*; Schmähung *f*; Schmach *f*; Schandtat *f*; **~erioso** [~ə'rjozu] schmählich; schändlich.
viuvez [vju'veʃ] *f* Witwen-, Witwerstand *m*; *fig.* Vereinsamung *f*.
viúvo [vi'uvu] **1.** *adj.* verwitwet; *fig.* verlassen; **2.** *m*, **-a** *f* Witwe(r *m*) *f*.
viva ['vivɐ] **1.** *int.* hurra!, hoch!; Gesundheit!; es lebe ...!; (*ora*) ~! sei gegrüßt!; **2.** *m* Hoch(ruf *m*) *n*; *dar ~s a* hochleben l. (*ac.*).
vivacidade [vivɐsi'ðaðə] *f* Lebhaftigkeit *f*.
vivalma [vi'vałmɐ]: *nem* ~ keine Menschenseele *f*.
vivandeiro *m*, **-a** *f* [~vɐ̃n'deiru, -ɐ] Marketender(in *f*) *m*.
viv|az [~'vaʃ] lebhaft; widerstandsfähig; zäh; **~edoiro, -ouro** [~və'ðoiru, -oru] langlebig; **~eiro** [~'veiru] *m* Baumschule *f*; Fischweiher *m*, -kasten *m*; *fig.* Brutstätte *f*; **~ência** [~'vẽsjɐ] *f* Erlebnis *n*; **~enda** [~'vẽndɐ] *f* Wohnung *f*, Behausung *f*; *Wohn*-Haus *n*; **~er** [~'ver] (2a) leben; wohnen; ~ *com* zs.-leben mit; wohnen bei; *ter de que* ~ sein Auskommen haben; *v/t.* (er-, durch-)leben.
víveres ['vivərɨʃ] *m/pl.* Lebensmittel *n/pl.*
viveza [vi'vezɐ] *f* Lebhaftigkeit *f*.
vívido [vi'viðu] lebhaft; feurig.
vivificar [vivəfi'kar] (1n) beleben; anfeuern; beseelen.
vivo ['vivu] **1.** *adj.* lebend; lebendig; lebhaft; heftig; hitzig; feurig; scharf (*Kante*); *água f -a* Quellwasser *n*; *peso m* ~ Lebendgewicht *n*; *rocha f -a* nackte(r) Fels *m*; *à -a força* gewaltsam; *à -a voz* mündlich; persönlich; **2.** *m* Lebende(r) *m*; Lebewesen *n*; lebende(s) Fleisch *n*; Innere(s) *n*; Kern *m*; *ao* ~ naturgetreu; = *do* ~ nach der Natur.
viz|indário, ~inhada, -ança [vizĩn'darju, ~i'ɲaðɐ, -ɐ̃sɐ] *f* Nachbarschaft *f*; Nähe *f*; *fig.* Verwandtschaft *f*; **~inho** [~'ziɲu] **1.** *adj.* benachbart; angrenzend; Neben...; nah; verwandt; **2.** *m* Nachbar *m*; Mieter *m*, Partei *f*; *casa f de dois ~s* Zweifamilienhaus *n*.
vo|adoiros, -ouros [vwɐ'ðoiruʃ, -oruʃ] *m/pl.* Schwungfedern *f/pl.*; **~ador** [~ɐ'ðor] **1.** *adj.* fliegend; *fig.* flüchtig; *bomba f -a* Raketengeschoß *n*; **2.** *m* fliegende(r) Fisch *m*; fliegende(r) Mensch *m* (*im Zirkus*); **~ar** [vwar] (1f) fliegen; eilen; aufsteigen; sich wie im Fluge verbreiten (*Gerücht*); ~ (*pelos ares*) sich verlieren, verfliegen; in die Luft fliegen (*Bombe usw.*); *fazer* ~ (*pelos ares*) in die Luft sprengen.
voc|abulário [vukɐβu'larju] *m* Wörterverzeichnis *n*; Wortschatz *m*; **~ábulo** [~'kaβulu] *m* Wort *n* (*pl.* Wörter).
vocação [~kɐ'sɐ̃u] *f innerer* Beruf *m* (*errar* verfehlen); Begabung *f*; Berufung *f*.
vocal [~'kał] Stimm...; Gesangs..., Vokal...; mündlich.

vocal|ismo [~kɐˈliʒmu] *m* Vokalbildung *f*; **~izar** [~liˈzar] (1a) auf e-m Vokal singen, üben; *gram.* in e-n Selbstlaut verwandeln; **~izo** [~ˈlizu] *m* Stimmübung *f*.

vocativo [~kɐˈtivu] *m* Anredefall *m*.

Você [vɔˈse] *Anrede für Niedriggestellte od. vertrauliche Anrede zwischen Gleichgestellten, dtsch.* Sie; *bras. a. Anrede zwischen Ehegatten und Verwandten, dtsch.* du.

vocifer|ação [vusifərɐˈsɐ̃u] *f, mst -ões pl.* laute(s) Schelten *n*, Keifen *n*; **~ar** [~ˈrar] (1c) schreien; *v/i.* schelten, keifen; Gift und Galle speien.

voejar [vwɨˈʒar] (1d) flattern.

voga [ˈvɔɣɐ] *f* Ruderschlag *m*; *fig.* Ruf *m*; Beliebtheit *f*; Verbreitung *f*; Mode *f* (*pôr* bringen).

vogal [vuˈɣal] **1.** *f* Selbstlaut *m*, Vokal *m*; **2.** stimmfähige(s) Mitglied *n*; Beisitzer *m*; ~ *da Câmara* Stadtverordnete(r *m*) *m, f*.

vogar [~ˈɣar] (1o; *Stv.* 1e) rudern; dahingleiten; fahren (*Schiff*); treiben; *fig.* umlaufen (*Gerücht*); im Schwange (*od.* in Mode) sn; *v/t.* rudern; befahren.

vol|ante [vuˈlɐ̃ntə] **1.** *adj.* fliegend; flüchtig; unstet; beweglich; **2.** *m* Voile *m* (*Gewebe*); Federball *m*; ⊕ Schwungrad *n*; Unruhe *f* (*Uhr*); *auto.* Steuer(rad) *n*; **3.** *su.* Autofahrer(in *f*) *m*; **~átil** [~atil] **1.** *adj.* ⚗ flüchtig; *fig.* flatterhaft; **2.** *m* Federvieh *n*; **~atilizar** [~lɐtəliˈzar] (1a) verflüchtigen.

volfrâmio [vɔlˈfrɐmju] *m* Wolfram *n*.

voli|ção [vuliˈsɐ̃u] *f* Wollen *n*, Entschluß *m*; **~tivo** [~ˈtivu] willentlich, Willens...

volta [ˈvɔltɐ] *f* Drehung *f*; Wendung *f*; Umschwung *m*; Umkehr *f*; Rückkehr *f*; Umweg *m*; *Weg*-Kehre *f*, Kurve *f*; Krümmung *f*; *Zeit*-Verlauf *m*; ~ *ao mundo* Reise *f* um die Welt; ~ de Rundreise durch; *Sport*: Rennen *n* rund um (*od.* quer durch); *meia* ~ Kehrtwendung *f*; *à* (*od. por*) ~ *de* gegen; mit etwa *30 Jahren*; etwa *10 Mark*; *em* ~ *de* um ... herum; rings um; *na* ~ *do correio* postwendend; *numa* ~ *de olhos* (*mão*) im Augenblick (Handumdrehen); *andar à* ~ *dos 30* (*anos*) etwa 30 Jahre alt sn, in den Dreißigern sn; *andar às* ~*s* (*od. de* ~) *com* sich herumschlagen mit; *dar meia* ~ kehrtmachen; *dar* ~ *a* umdrehen (*ac.*); *fig.* F hinkriegen, schaukeln; herauskriegen; *não há* ~ *a dar-lhe, não se lhe dá* ~ da ist nichts zu m.; *dar* ~ *aos miolos* (*od. ao juízo*) verrückt m.; *o miolo dá-lhe* ~ er schnappt über; *dar uma* ~ e-n Umweg m.; e-n Bummel m.; *dar uma* ~ *a* e-e andere Wendung geben (*dat.*); anders anfassen (*ac.*); *dar* ~*s fig.* Besorgungen m.; *estar de* ~ zurück sn; *furtar as* ~*s* ausweichen; *fig.* ein Schnippchen schlagen.

volt|agem ⚡ [vɔlˈtaʒɐ̃i] *f* Spannung *f*; **~aico** [~aiku]: *arco m* ~ Lichtbogen *m*; **~âmetro** [~ɐmətru] *m* Voltmesser *n*.

voltar [~ˈtar] (1e) **1.** *v/t.* wenden; um-, zu-wenden; (um)drehen; um *die Ecke* biegen; verwandeln; umstimmen; ~ *a cabeça*, ~ *o miolo j-m* den Kopf verdrehen, *j-n* verrückt m.; ~ *a cara*, ~ *a face*, ~ *o rosto* sich um-drehen, -sehen; **2.** *v/i.* umkehren; zurückkehren; wiederkommen; sich drehen; *fig.* zurückkommen (auf [*ac.*] *a*); ~ *a fazer a/c.* et. wieder (*od.* noch einmal) tun; ~ *a si* (wieder) zu sich kommen; ~ *sobre si* (*od. os seus passos*) in sich gehen; umkehren; **~-se** sich um-drehen, -sehen; sich überschlagen; umkippen; kentern.

volt|ear [~ˈtjar] (1l) **1.** *v/t.* herumgehen, -fahren *usw.* um; umkreisen; kreisen l.; schwingen; **2.** *v/i.* wirbeln; kreisen; (herum)flattern; **~eio** [~ˈteju] *m* Drehung *f*; Luftsprung *m*; *Sport*: Welle *f*; *Reitkunst*: Volte *f*; **~ejar** [~tɨˈʒar] (1d) = *~ear*.

voltímetro ⚡ [~ˈtimətru] *m* Voltmesser *m*.

vóltio ⚡ [ˈvɔltju] *m* Volt *n*.

volubilidade [vuluβəliˈðaðə] *f fig.* Flatterhaftigkeit *f*; Unbeständigkeit *f*.

volum|e [~ˈlumə] *m* Umfang *m*; Rauminhalt *m*; Band *m* (*Buch*); Paket *n*; **~oso** [~luˈmozu] umfangreich, dick.

volunt|ário [~lũnˈtarju] **1.** *adj.* freiwillig; eigenwillig; willkürlich; nicht zum Schul- (*od.* Vorlesungs-) besuch verpflichtet; **2.** *m* Externe(r) *m*; ⚔ Freiwillige(r) *m*; **~arioso** [~tɐˈrjozu] eigenwillig.

volúpia [~'lupjɐ] *f* Wollust *f*.
voluptu|osidade [~luptwozi'ðaðə] *f* Wollust *f*; **~oso** [~'twozu] wollüstig.
voluta ⚠ [~'lutɐ] *f* Schnecke *f*.
volúvel [~'luvɛɫ] flatterhaft; unbeständig; ⚘ Ranken...; *haste f* ~ Ranke *f*.
volver [voɫ'ver] **1.** *v/t. u. v/i.* (2e) = *voltar, tornar; außerdem* a) *v/t.* wälzen, rollen; auf-, um-rühren; umwälzen; b) *v/i.* vergehen (*Zeit*); abrollen (*Ereignis*); *direita* ~! ⚔ rechts schwenkt marsch!; *frente* ~! ⚔ geradeaus!; **2.** *m* Ab-, Ver-lauf *m*; Kreislauf *m*; Entwicklung *f*; *um* ~ *de olhos* ein rascher Blick.
volvo, vólvulo ['voɫvu, 'vɔɫvulu] *m* Darmverschlingung *f*.
vómer *anat.* ['vɔmɛr] *m* Nasenbein *n*.
vómica ['vɔmikɐ] *f* Vereiterung *f*; eitrige(r) Auswurf *m*; *noz* ~ *f* Brechnuß *f*.
vomit|ar [vumi'tar] (1a) ausbrechen; *fig.* (aus)speien; *Fluch, Dampf* ausstoßen; *v/i.* sich erbrechen; *isto faz* ~ das ist ekelhaft; **~ivo** [~ivu] = *vomitório*.
vómito ['vɔmitu] *m* Erbrechen *n*; **~-negro** [~'neɣru] *m* gelbe(s) Fieber *n*.
vomitório [vumi'tɔrju] **1.** *adj.* Brech...; **2.** *m* Brechmittel *n*.
vontade [võn'taðə] *f* Wille(n) *m*; Belieben *n*; Wunsch *m*; Lust *f*; *má* ~ Unlust *f*; Widerwillen *m*; Übelwollen *n*; *à* ~ nach Belieben; ungezwungen; wie's beliebt; ⚔ rührt euch!; ohne Tritt!; *s. à-vontade*; *com* ~ mit Lust; willens *od.* begierig (zu *de*); = *de* (*boa*) ~ gern; *contra* ~ gegen m-n (d-n, s-n *usw.*) Willen; *de má* ~ ungern, widerwillig; *por minha* ~ wenn's nach mir ginge, meinetwegen; *estar à* ~ sich behaglich (*od.* wie zu Hause) fühlen; unbefangen sn; es sich bequem m.; *não estar à* ~ sich unbehaglich (*od.* unfrei) fühlen; gehemmt (*od.* befangen) sn; *estar com* ~ *de* Lust (*od.* das Bedürfnis) h. zu; *fazer as* ~*s* den Willen tun.
voo ['vo-u] *m* Flug *m*; *fig. a.* (Auf-)Schwung *m*; *levantar* ~ auffliegen (*Vogel*); (auf)steigen (*Ballon*); ✈ abfliegen.
vor|acidade [vurɐsi'ðaðə] *f* Gefräßigkeit *f*; **~agem** [~'raʒɐ̃i] *f* Strudel *m*; Schlund *m*; **~aginoso** [~ɐʒi'nozu] strudelnd; gähnend; alles verschlingend; **~az** [~'raʃ] gefräßig, gierig.
vórtice ['vɔrtisə] *m* Wirbel *m*.
vos [vuʃ] Euch, Ihnen.
vós [vɔʃ] Ihr, Sie.
vosmecê *bras.*, **vossemecê** [vɔzme'se, vɔsəmə'se] Sie.
Vossência [vɔ'sẽsjɐ] = *Vossa Excelência, s. excelência*.
vosso, -a ['vɔsu, -ɐ] Ihr(e); euer, eure; *Anwendung vgl. meu, minha*.
vot|ação [vutɐ'sɐ̃u] *f* Abstimmung *f*; **~ado** [~'taðu]: *ser muito* (*o mais*) ~ viele (die meisten) Stimmen erhalten; **~ar** [~'tar] (1e) abstimmen über (*ac.*); *j-n* wählen; *fig.* geloben; weihen; verleihen; *v/i.* abstimmen; ~ *a favor* (*contra*) dafür (dagegen) stimmen; **~ivo** [~'tivu] angelobt; Votiv ...; **~o** ['vɔtu] *m* Gelübde *n*; *parl.* Stimme *f* (*lançar* abgeben); *fig.* Wunsch *m*; ~ *de confiança* Vertrauensvotum *n*; *fazer* ~ *de inf.* geloben zu *inf.*; *fazer* ~*s por* (*que*) innigst wünschen (daß); *ter* ~ Stimmrecht haben; *ter* ~ *na matéria* zuständig sein.
vovô *m*, **-ó** *f infan.* [vo'vo, vɔ'vɔ] Groß-papa *m*, -mama *f*.
voz [vɔʃ] *f* Stimme *f*; Sprache *f*; Wort *n*; Ton *m*; Schrei *m*; Ruf *m*; Befehl *m*; Gerücht *n*; ~ *activa* (*passiva*) Tätigkeits- (Leide-)form *f*, Aktiv (Passiv) *n*; *a* (*od. de*) *uma* ~ einstimmig; *a meia* ~ halblaut; *ao alcance da* ~ in Rufweite; *tomar a* ~ *por j-s* Partei ergreifen, sich erklären für.
voz|eador [vuzjɐ'ðor] *m* Schreier *m*; Schreihals *m*; **~ear** [~'zjar] (1l) schreien; *v/t.* laut herausschreien; *j-m et.* zuschreien; **~earia** [~jɐ'riɐ] *f* Geschrei *n*; **~eirão** [~ei'rɐ̃u] *m* laute Stimme *f*; Schreihals *m*; **~eria** [~ə'riɐ] *f* = *~earia*.
vulc|ânico [vuɫ'kɐniku] vulkanisch; *fig.* ungestüm, heftig; gärend; **~anite** [~kɐ'nitə] *f* Hartgummi *m*; **~anizar** [~kɐni'zar] (1a) vulkanisieren; **~ão** [~'kɐ̃u] *m* Vulkan *m*.
vulg|ar [vuɫ'ɣar] gewöhnlich; alltäglich; üblich; niedrig; Volks...; **~aridade** [~ɣɐri'ðaðə] *f* Alltäglichkeit *f*; Gewöhnlichkeit *f*; Plattheit *f*; *uma* ~ etwas Gewöhnliches; ~*s pl.* plattes Zeug *n*; **~arismo** [~ɣɐ'riʒ-

mu] *m* pöbelhafte(r) Ausdruck *m*; Pöbelhaftigkeit *f*; **~arização** [~ɣɐrizɐ'sɐ̃u] *f* Verbreitung *f*; **~arizador** [~ɣɐrizɐ'ðor] *m* Verbreiter *m*; **~arizar** [~ɣɐri'zar] (1a) gemein m.; *Kenntnisse, Sitten* verbreiten; zum Gemeingut m.; **~armente** [~ɣar'mẽntə] gemeinhin; **~o** ['vulɣu] *m* gemeine(s) Volk *n*, Pöbel *m*.

vulner|ar [~nə'rar] (1c) verletzen; **~ável** [~avɛł] verwundbar, verletzlich; empfindlich.

vulpino [~'pinu] Fuchs...; *fig.* verschlagen.

vult|o ['vułtu] *m* Gesicht *n*; Gestalt *f* (*a. fig.*); Umfang *m*, Ausdehnung *f*; Bedeutung *f*, Wichtigkeit *f*; *de ~* bedeutend; *dar ~* Gestalt verleihen; Bedeutung beimessen; aufbauschen (*ac.*); *tomar ~* Gestalt annehmen; *fig.* Bedeutung gewinnen; **~oso** [vuł'tozu] umfangreich; bedeutend.

vulva *anat.* ['vułvɐ] *f* weibliche Scham *f*.

X

X, x [ʃiʃ] *m* X, x *n*; *raios-X m/pl.* Röntgenstrahlen *m/pl.*
xá [ʃa] *m* Schah *m.*
xácara [ˈʃakɐrɐ] *f* Romanze *f.*
xadrez [ʃɐˈðreʃ] *m* Schach(brett) *n*; Schachbrettmuster *n*; *bras.* (Polizei-)Gefängnis *n*; *em* ~ = **~ado** [ʃɐðrəˈzaðu] gewürfelt, kariert.
xaile [ˈʃailə] *m* = *chaile.*
xairel [ʃaiˈrɛɫ] *m* Schabracke *f.*
xale [ˈʃalə] *m* = *chale.*
xalmas [ˈʃaɫmɐʃ] *f/pl. Wagen*-Leitern *f/pl.*
xamã [ʃɐˈmɐ̃] *m* Schamane *m.*
xamate [ʃaˈmatə] schachmatt.
xará *bras.* [ʃaˈra] **1.** *adj.* gleichnamig; **2.** *su.* Namens-bruder *m*, -schwester *f.*
xarife [ʃɐˈrifə] *m* = *xerife.*
xarop|ada [ʃeruˈpaðɐ] *f* Erfrischung(strank *m*) *f*; P Hustensaft *m*; **~e** [~ˈrɔpə] **1.** *m* Sirup *m*; Fruchtsaft *m*; **2.** *adj. bras.* fade, öde.
xaveco *depr.* [ʃɐˈvɛku] *m* Kahn *m.*
xelim [ʃəˈlĩ] *m* Schilling *m* (*Münze*).
xen|ofobia [ʃənufuˈβiɐ] *f* Fremdenhaß *m*; **~ófobo** [~ˈnɔfuβu] fremdenfeindlich.
xepa *bras.* [ˈʃepɐ] *f* P Kasernenfraß *m.*
xeque [ˈʃɛkə] *m* **a**) Scheich *m*; **b**) Schach *n*; *fig.* (Minister-)Krisis *f*; *pôr em* ~ Schach bieten; *fig.* gefährden; erschüttern; **~-mate** [~ˈmatə] schachmatt.
xerez [ʃəˈreʃ] *m* Sherry *m.*
xerga [ˈʃerɣɐ] *f bras.* Strohsack *m*; *Sattel*-Unterlage *f.*
xerife [ʃəˈrifə] *m* **1.** Scherif *m*; **2.** Sheriff *m.*
xerimbabo *bras.* [ʃerĩmˈbaβu] *m* Haustier *n.*
xeta *bras.* [ˈʃetɐ] *f* Kußhändchen *n.*
xícara [ˈʃikɐrɐ] *f* Tasse *f.*
xilo ⚘ [ˈʃilu] *m* Baumwollstaude *f.*
xilo... [ˈʃilu] *in Zssgn* Holz...; **~fone** ♪ [~ˈfɔnə] *m* Xylophon *n*; **~grafia** [~ɣrɐˈfiɐ] *f* Holzschneidekunst *f*; Holzschnitt *m.*
xilógrafo [~ˈlɔɣrɐfu] *m* Holzschneider *m.*
xing|ação *f*, **~amento** *m* [ʃĩŋgɐˈsɐ̃u, ~ɐˈmẽntu] Beschimpfung *f*; Hohn *m*; **~ar** *bras.* [~ˈgar] (lo) beschimpfen; verhöhnen; *v/i.* schimpfen; spotten; **~o** [ˈʃĩŋgu] *m* Spott *m.*
xiró *bras.* [ʃiˈrɔ] *m* Reissuppe *f.*
xis [ʃiʃ] *m Name des Buchstaben x*; *pl. xis od. xx.*
xisto *min.* [ˈʃiʃtu] *m* Schiefer *m*; **~so** [ʃiʃˈtozu] schiefrig.
xixi [ʃiˈʃi] *m infan.* Pipi *n.*
xixica *bras.* [ʃiˈʃikɐ] *f* Trinkgeld *n.*
xurumbambo(s) *bras.* [ʃurũmˈbɐ̃mbu(s)] *m(pl.)* Plunder *m.*

Z

Z, z [ze] *m* Z, z *n*.
zabumb|a [zɐˈβũmbɐ] *f* = *bombo*; **~ar** [~βũmˈbar] (1a) (aus)trommeln; dröhnen.
zagal [zɐˈɣał] *m* Hirtenjunge *m*.
zaguncho [~ˈɣũʃu] *m* Spieß *m*.
zãibo [ˈzɐ̃imbu] schief; schielend; = *zambro*.
zambeta *bras.* [zɐ̃mˈbetɐ] krummbeinig.
zambo [ˈzɐ̃mbu] *m* Zambo *m* (*Mischling von Neger u. Indianer*).
zamboa *bras.* [zɐ̃mˈboɐ] *f* *Art* Pampelmuse *f*; *fig.* Dummkopf *m*.
zambro [ˈzɐ̃mbru] krumm(beinig).
zambujeiro [zɐ̃mbuˈʒeiru] *m* wilde(r) Ölbaum *m*.
zampar [zɐ̃mˈpar] (1a) (sich voll-) fressen; (ver)schlingen.
zang|a [ˈzɐ̃ŋgɐ] *f* Ärger *m*; Zorn *m*; Zank *m*, Streitigkeit *f*; **~ado** [zɐ̃ŋˈgaδu] ärgerlich, böse.
zangalhão, -o [zɐ̃ŋgɐˈʎɐ̃u, -ˈgaʎu] *m* lange(r) Laban *m*, Schlaks *m*.
zângano [ˈzɐ̃ŋgɐnu] *m* Winkeladvokat *m*; Makler *m*; Trödler *m*.
zangão, zângão [zɐ̃ŋˈgɐ̃u, ˈzɐ̃ŋgɐ̃u] *m* Drohne *f* (*a. fig.*); = *zângano*.
zangar [zɐ̃ŋˈgar] (1o) (ver)ärgern; **~-se** sich ärgern; sich (ver)zanken; **~alhão** [~gɐrɐˈʎɐ̃u] = *zangalhão*.
zangarr|ear [~gɐˈʀjar] (1l) klimpern; **~eio(s)** [~ˈʀeju(ʃ)] *m*(*pl.*) Geklimper *n*.
zanguizarr|a [~giˈzaʀɐ] *f* Lärm *m*; Kreischen *n*; **~ear** [~zɐˈʀjar] (1l) kreischen.
zanzar *bras.* [zɐ̃ˈzar] (1a) (ziellos) herumlaufen.
zape! [ˈzapə] *int.* klatsch!
zarabatana [zɐrɐβɐˈtɐnɐ] *f* Blasrohr *n*.
zaragat|a [zɐrɐˈɣatɐ] *f* Lärm *m*; Rauferei *f*; Streit *m*, F Krach *m*; **~eiro** [~ɣɐˈteiru] **1.** *adj.* streitsüchtig; **2.** *m* Unruhestifter *m*.
zaragatoa [~ɣɐˈtoɐ] *f* Hals- und Nasen-pinsel *m*, -schwämmchen *n*; Tinktur *f* zum Pinseln.
zarcão [zɐrˈkɐ̃u] *m* Mennige *f*.
zarco [ˈzarku] helläugig.
zarolho [zɐˈroʎu] schielend; einäugig.
zarpar [zɐrˈpar] (1b) *Anker* lichten; *v/i.* die Anker lichten; absegeln.
zarzuela [~ˈzwɛlɐ] *f* Singspiel *n*.
zás! [zaʃ] klatsch!, patsch!
zê [ze] *m* *Name des Buchstaben* z; *pl.* zês *od.* zz.
zebr|a [ˈzeβrɐ] *f* Zebra *n*; **~ado** [zəˈβraδu] gestreift.
zebu [zəˈβu] *m* Zebu *m*, Buckelrind *n*.
zefir(e) [zəˈfir(ə)] *m* Zephir *m* (*Gewebe*).
zéfiro [ˈzɛfiru] *m* Zephir *m* (*Wind*).
zel|ação *bras.* [zəlɐˈsɐ̃u] *f* Sternschnuppe *f*; **~ador** [~ɐˈδor] *m* Eiferer *m*; Wächter *m*; städtische(r) Steueraufseher *m*; *hist.* Zelot *m*; ~ *de casa bras.* Hausmeister *m*; **~ar** [~ˈlar] (1c) eifern für; wachen über (*ac.*); eifersüchtig sn auf (*ac.*); **~o** [ˈzelu] *m* Eifer *m*; Hingabe *f*; **~s** *pl.* Eifersucht *f*; **~oso** [~ˈlozu] eifrig; eifersüchtig; sorgfältig; bedacht (auf [*ac.*] *de*).
zénite [ˈzɛnitə] *m* Zenit *m*; *fig.* Gipfel *m*.
zepelim [zəpəˈlĩ] *m* Zeppelin *m*.
zé-povinho [zɛpuˈviɲu] *m* *das* einfache Volk.
zero [ˈzɛru] *m* Null *f*.
zibelina [ziβəˈlinɐ] *f*: (*marta*) ~ Zobel *m*.
zigoma [ziˈɣomɐ] *m* Jochbein *n*.
ziguez|ague [ziɣəˈzaɣə] *m* Zickzack *m*; **~aguear** [~zɐˈɣjar] (1l) hin und her taumeln; sich schlängeln.
zimbório ⌂ [zĩmˈbɔrju] *m* Kuppel *f*.
zimbrar [~ˈbrar] (1a) peitschen; *v/i.* ⚓ stampfen.
zimbro [ˈzĩmbru] *m* **a**) ⚘ Wacholder(busch) *m*; **b**) Tau *m*; Nieselregen *m*.
zímico [ˈzimiku] Gärungs...; *ácido m* ~ Milchsäure *f*.
zina(s) [ˈzinɐ(ʃ)] *f*(*pl.*) Höhepunkt *m*.
zinc|ar [zĩŋˈkar] (1n) verzinken; **~o** [ˈzĩŋku] *m* Zink *n*; **~ogravura** [~kuɣrɐˈvurɐ] *f* Zinkdruck *m*.
zing|a *bras.* [ˈzĩŋgɐ] *f* Staken *m*; **~ar** [zĩŋˈgar] (1o) staken.

zíngaro ['zĩŋgɐru] *m* Zigeuner *m*.
zingrar [zĩŋ'grar] (1a) (ver)spotten.
zínia ['zinjɐ] *f* Zinnie *f*.
zinir [zi'nir] (3a) = *zunir*.
ziziar *bras.* [zi'zjar] (1g) zirpen; zischen; pfeifen (*Wind*).
zo|ada ['zwaðɐ] *f* Tosen *n*; Summen *n*; **~ar** [~ar] (1f) tosen; summen.
zodíaco *ast.* [zu'ðiɐku] *m* Tierkreis *m*.
zomb|ador [zõmbɐ'ðor] **1.** *adj.* spöttisch; **2.** *m*, **-eira** *f* Spötter(in *f*) *m*; **~ar** [~'bar] (1a): ~ *de* spotten (*gen.*); spotten (*od.* scherzen) über (*ac.*); verspotten (*ac.*); **~aria** [~ɐ'riɐ] *f* Spott *m*; Spötterei *f*, Neckerei *f*; **~etear** [~ə'tjar] (1l) = *~ar*; **~eteiro** [~ə'teiru] = *~ador*.
zona ['zonɐ] *f* Zone *f*; Streifen *m*; Gürtel *m*; ⚕ Gürtelrose *f*.
zonch|ar [zõ'ʃar] (1a) pumpen; **~o** ['zõʃu] *m* Pumpenschwengel *m*.
zonz|ear [zõ'zjar] (1l) betäuben; **~o** ['zõzu] betäubt, schwindlig.
zoo... [zuo...] *in Zssgn* Tier...; **~logia** [~lu'ʒiɐ] *f* Tierkunde *f*, Zoologie *f*; **~lógico** [~'lɔʒiku] zoologisch, *jardim m* ~ F Zoo *m*.
zoólogo [zu'ɔluɣu] *m* Zoologe *m*.
zorra ['zoʀɐ] *f* **a**) Rollkarren *m*; Lore *f*; Schleife *f* (*zum Abfahren von Baumstämmen*); *fig.* Schnecke *f*; **b**) Füchsin *f*.
zorr|eiro [zu'ʀeiru] **1.** *adj.* langsam, träge; **2.** *m* Zauderer *m*; Faulpelz *m*; **~ilho** *bras.* [~iʎu] *m* Stinktier *n*; **~o** ['zoʀu] **1.** *m* Fuchs *m*; *fig. bras.* Schlaufuchs *m*; *de* ~ kriechend; rutschend; *pegar de ~ mit gebremsten Rädern* weitergleiten; **2.** *adj.* schlau.
zot|e ['zɔtə] **1.** *adj.* dämlich, blöd; **2.** *m* Blödian *m*; **~ismo** [zu'tiʒmu] *m* Dämlichkeit *f*, Stumpfsinn *m*.
zumba! ['zũmbɐ] plumps!
zumb|aia [zũm'bajɐ] *f* Kratzfuß *m*; *fazer ~s a* = **~aiar** [~bɐ'jar] (1i) *fig.* katzbuckeln vor (*dat.*); lobhudeln.
zumb|ido [~'biðu] *m* Summen *n*; Ohrensausen *n*; **~ir** [~ir] (3a) summen; brausen.
zun|ideira [zuni'ðeirɐ] *f* Polierstein *m*; = **~ido** [~'niðu] *m* Pfeifen *n*; Sausen *n*; Summen *n*; **~ir** [~'nir] (3a) pfeifen (*Wind*); sausen (*a. fig.*), brausen; summen, brummen.
zunz|um [zũ'zũ] *m* Surren *n*; *fig.* Gerücht *n*; **~unar** [~zu'nar] (1a) rascheln, rauschen; *fig.* tuscheln.
zupa! ['zupɐ] puff!; klatsch!
zurrapa [zu'ʀapɐ] *f* Gesöff *n*.
zurr|ar [~'ʀar] (1a) iahen, schreien (*Esel*); **~o** ['zuʀu] *m* Iah *n* (*Eselsruf*); *~s* Eselsgeschrei *n*.
zurzir [zur'zir] (3a) geißeln (*a. fig.*); (aus)peitschen; züchtigen.

Eigennamen — Nomes próprios

A

Abissínia [ɐβə'sinjɐ] *f* Abessinien *n*.
Abr(a)ão [ɐβr(ɐ)'ɐ̃u] *m* Abraham.
Açores [ɐ'soriʃ]: *os* ~ *m/pl.* die Azoren.
Acre ['akrə] *m bras. Bundesstaat.*
Adão [ɐ'δɐ̃u] *m* Adam.
Adelaide [ɐδə'laiδə] *f* Adelheid; = **Adélia, Adelina** [ɐδə'linɐ] Adele.
Adolfo [ɐ'δolfu] *m* Adolf.
Adriático [ɐ'δrjatiku] *m* Adria *f*.
Afonso [ɐ'fõsu] *m* Alfons; ~ *Henriques erster port. König.*
África ['afrikɐ] *f* Afrika *n*.
Agostinho [ɐɣuʃ'tiɲu] *m* Augustin(us).
Alagoas [ala'ɣoɐs] *su. bras. Bundesstaat.*
Albânia [ał'bɐnjɐ] *f* Albanien *n*.
Alberto [ał'bɛrtu] *m* Albert, Albrecht.
Alcobaça [ałku'βasɐ] **1.** *Port. Gemeinde mit berühmtem Kloster*; **2.** *Stadt in Bahia, Bras.*
Aleijadinho [aleiʒa'δiɲu] *o* ~ *bras. Bildhauer.*
Alemanha [ɐlə'mɐɲɐ] *f* Deutschland *n*.
Alencar [álẽŋ'kar]: *José de* ~ *bras. Dichter.*
Alentejo [ɐlẽn'teʒu] *m port. Provinz.*
Alexandre [ɐli'ʃɐ̃ndrə] *m* Alex (-ander).
Alfama [ał'fɐmɐ] *f die Altstadt von Lissabon.*
Alfredo [ał'freδu] *m* Alfred, Fred.
Algarve [ał'ɣarvə] *m port. Provinz.*
Aljubarrota [ałʒuβɐ'ʀɔtɐ] *f Ort der berühmten Schlacht v. 1385.*
Almeida Garrett [ałˌmeiδɐɣɐ'ʀɛt] *port. Dichter.*
Alpes ['ałpiʃ] *m/pl.* Alpen *f*.
Alsácia [ał'zasjɐ] *f* Elsaß *n*.
Amado [ɐ'maδu] *Jorge* ~ *bras. Romanschriftsteller.*
Amália [ɐ'maljɐ] *f* Amalie, Malchen *n*.
Amapá [ɐma'pa] *su. bras. Territorium.*
Amazonas [ɐma'zonɐs] *m* a) Amazonenstrom; b) *bras. Bundesstaat.*
América [ɐ'mɛrikɐ] *f* Amerika *n*; ~ *Central* Mittel-, ~ *Latina* Ibero-, ~ *do Norte* Nord-, ~ *do Sul* Südamerika *n*.
Amsterdã [ɐmiʃtər'δɐ̃] *su.* Amsterdam *n*.
Ana ['ɐnɐ] *f* Anna.
Andes ['ɐ̃ndiʃ] *m/pl.* Anden.
André [ɐ̃n'drɛ] *m* Andreas.
Angola [ɐ̃ŋ'gɔlɐ] *f* Angola *n* (*port. West-Afrika*).
Angora [ɐ̃ŋ'gɔrɐ] *su.* Ankara *n*.
Angra do Heroismo [ˌɐ̃ŋgrɐδwi'rwiʒmu] *su. Hauptstadt der Azoren.*
Anhangabaú [ɐɲɐ̃ŋgaβɐ'u] *m früheres Flußtal, heute Hauptverkehrsstraße in S. Paulo, Stadt.*
Antão [ɐ̃n'tɐ̃u] *m* Anton.
Antero de Quental [ɐn'tɛruδəkẽn'tał] *port. Dichter.*
Antilhas [ɐ̃n'tiʎɐʃ] *f/pl.* Antillen; ~ *Maiores die* Großen A.; ~ *Menores die* Kleinen A.
Ant|oninho [ɐ̃ntu'niɲu] *m* Toni; **~ónio** [~'tɔnju] *m* Anton.
Antuérpia [ɐ̃n'twɛrpjɐ] *f* Antwerpen *n*.
Apenino(s) [ɐpə'ninu(ʃ)] *m/pl.* Apennin(en).
Aquisgrana [ɐkiʒ'ɣrɐnɐ] *f* Aachen *n*.
Arábia [ɐ'raβjɐ] *f* Arabien *n*.
Aracajú [araka'ʒu] *su. Hauptstadt des bras. Bundesstaates Sergipe.*
Araguaia [ara'ɣwajɐ] *m bras. Fluß.*
Argel [ɐr'ʒɛł] *su.* Algier *n*.
Argélia [ɐr'ʒɛljɐ] *f* Algerien *n*.
Argentina [ɐrʒẽn'tinɐ] *f* Argentinien *n*.
Armínio [ɐr'minju] *m* Hermann.
Ásia ['azjɐ] *f* Asien *n*; ~ *Menor* Klein-, Vorder-asien *n*; ~ *oriental* Ostasien *n*, der ferne Osten.
Atenas [ɐ'tenɐʃ] *f* Athen *n*.
Atlântico [ɐt'lɐ̃ntiku] *m* Atlantik.
Augusto [au'ɣuʃtu] *m* August.

Australásia [auʃtrɐ'lazjɐ] *f* Südseeländer *n/pl.*
Austrália [auʃ'traljɐ] *f* Australien *n.*
Áustria ['auʃtrjɐ] *f* Österreich *n.*
Aveiro [ɐ'veiru] *su. Distrikt(hauptstadt) in Portugal.*

B

Bahia, Baía [bɐ'iɐ] *f bras. Bundesstaat.*
Balcãs [bał'kɐ̃ʃ] *m/pl.* Balkan *m.*
Báltico ['bałtiku] *m* Ostsee *f*; *países m/pl.* *~s die* Baltischen Länder Länder *n/pl.*, Baltikum *n.*
Basileia [bɐzi'lejɐ] *f* Basel *n.*
Batalha [bɐ'taʎɐ]: (*mosteiro m da*) *~ berühmtes port. Kloster zur Erinnerung an die Schlacht v. 1385.*
Baviera [bɐ'vjɛrɐ] *f* Bayern *n.*
Beira ['beirɐ] *f Port. Provinz*; *Hafen in Port.-Ostafrika.*
Beja ['beʒɐ] *Distrikt(hauptstadt) in Portugal.*
Belém [bə'lɐ̃i] *f* a) Bethlehem *n*; b) Belém *n* (*Vorstadt von Lissabon*; *Hauptstadt des bras. Staates Pará*).
Bélgica ['bɛłʒikɐ] *f* Belgien *n.*
Belgrado [bɛł'ɣraðu] Belgrad *n.*
Belo Horizonte [ˌbɛluori'zõntə] *m Hauptstadt des bras. Bundesstaates Minas Gerais.*
Bengala [bɐ̃ŋ'galɐ] *f* Bengalen *n.*
Benguela [bɐ̃ŋ'gwɛlɐ] *f Hafen in Port.-Westafrika.*
Benjamim [bɐ̃ʒɐ'mĩ] *m* Benjamin.
Bento ['bɐ̃ntu] *m* Benedikt.
Berlim [bər'lĩ] *f Berlin n.*
Berna ['bɛrnɐ] *f* Bern *n.*
Bernardo [bər'narðu] *m* Bernhard.
Bilac [bi'lak]: *Olavo ~ bras. Dichter.*
Birmânia [bir'mɐnjɐ] *f* Birma *n.*
Biscaia [biʃ'kajɐ] *f* Biskaya.
Bizâncio [bi'zɐ̃sju] *m* Byzanz *n.*
Bocage [bu'kaʒə] *port. Dichter.*
Boémia ['bwɛmjɐ] *f* Böhmen *n.*
Bolívia [bu'livjɐ] *f* Bolivien *n.*
Bona ['bonɐ] *f* Bonn *n.*
Borgonha [bur'ɣoɲɐ] *f* Burgund *n.*
Bósforo ['bɔʃfuru] *m* Bosporus.
Braga ['braɣɐ] *su. Distrikt(hauptstadt) in Portugal.*
Bragança [brɐ'ɣɐ̃sɐ] *su. Distrikt (-hauptstadt) in Portugal*; *Stadt im bras. Bundesstaat Pará.*
Brás [braʃ] *m*: *São ~* Sankt Blasius.
Brasil [brɐ'ził] *m* Brasilien *n.*
Brasília [bra'ziljɐ] *f* Brasilia *n Bundeshauptstadt Brasiliens.*
Bretanha [brə'tɐɲɐ] *f* a) Bretagne; b) Britannien *n.*
Brígida, Brízida ['briʒiðɐ, 'briziðɐ] *f* Brigitte.
Brunswick [brũʒ'vik] *su.* Braunschweig *n.*
Bruxelas [bru'ʃɛlɐʃ] *f* Brüssel *n.*
Buçaco [bu'saku] *m Bergwald bei Coimbra.*
Bucareste [bukɐ'rɛʃtə] *su.* Bukarest *n.*
Budapeste [buðɐ'pɛʃtə] *su.* Budapest *n.*
Buenos Aires ['bwenoz'airɨs] *su.* Buenos Aires *n Hauptstadt Argentiniens.*
Bulgária [buł'ɣarjɐ] *f* Bulgarien *n.*

C

Cabo da Boa Esperança ['kaβuðɐˌβoɐɨʃpə'rɐ̃sɐ] *m* Kap *n* der Guten Hoffnung.
Cafraria [kɐfrɐ'riɐ] *f* Kaffernland *n.*
Camarão, Camarões [kɐmɐ'rɐ̃u, -õiʃ] *m/pl.* Kamerun *n.*
Camilo Castelo Branco [kɐ'milukɐʃ'tɛlu'βrɐ̃ŋku] *port. Romanschriftsteller.*
Camões [ka'mõiʃ] *port. Dichter.*
Campinas [kɐ̃m'pinɐʃ] *su. bras. Industriestadt im Staat S. Paulo.*
Canadá [kɐnɐ'ða] *m* Kanada *n.*
Canal da Mancha [kɐ'nałdɐ'mɐ̃ʃa] *m* Ärmelkanal.
Canárias [kɐ'narjɐʃ] *f/pl.* Kanarisch(e) Inseln.
Carlos (Magno) ['karluʃ (~luʒ'maɣnu)] *m* Karl (der Große).
Carlota [kɐr'lɔtɐ] *f* Lotte.
Carmona [kɐr'monɐ] *ehem. port. Marschall u. Staatspräsident.*
Cárpatos ['karpɐtuʃ] *m/pl.* Karpathen.
Carris [kɐ'ʀiʃ] *f*: *~ de Ferro Name der Lissaboner* Straßenbahngesellschaft.
Cáspio ['kaʃpju] (*Mar*) *~ m* Kaspische(s) Meer *n.*
Castela [kɐʃ'tɛlɐ] *f* Kastilien *n.*
Castelo Branco [kɐʃtɛlu'βrɐ̃ŋku] a) *Distrikt(hauptstadt) in Portugal*; b) *Camilo ~ s. Camilo*; c) *ehem. bras. Staatspräsident.*
Catalunha [kɐtɐ'luɲɐ] *f* Katalonien *n.*
Catarina [kɐtɐ'rinɐ] *f* Katharina, Käthe.

Catete [ka'tɛtə] *m* Stadtteil u. Palast in Rio de Janeiro, früher Residenz d. Staatspräsidenten.
Cáucaso ['kaukɐzu] *m* Kaukasus.
Ceará [sja'ra] *m bras. Bundesstaat.*
Cecília [sə'siljɐ] *f* Cäcilie.
César ['sɛzar] *m* Cäsar.
Checoslováquia [ʃɛkɔʒlu'vakjɐ] *f* Tschechoslowakei.
Chico ['ʃiku] *m* Franz.
Chile ['ʃilə] *m* Chile *n.*
China ['ʃinɐ] *f* China *n.*
Chipre ['ʃiprə] *m* Zypern *n.*
Coimbra ['kwĩmbrɐ] *su. Distrikt (-hauptstadt) in Portugal, älteste port. Universität.*
Colares [ku'larɨʃ] *m port. Fluß und Weinmarke.*
Colombo [ku'lõmbu] *m* Kolumbus.
Colónia [ku'lɔnjɐ] *f* Köln *n.*
Colómbia [ku'lõmbjɐ] *f* Kolumbien *n.*
Conrado [kõ'ʀaðu] *m* Konrad, Kurt.
Constança [kõʃ'tɐ̃sɐ] *f* a) Konstanz *n*; *Lago m de* ~ Bodensee; b) Konstanze.
Copenague, Copenhaga [kopə'naɣə, ~'ɲaɣɐ] *su.* Kopenhagen *n.*
Copacabana [kopaka'βɐnɐ] *f berühmter Badestrand von Rio de Janeiro.*
Corcovado [korko'vaðu] *m das Stadtbild von Rio beherrschender Berg.*
Coreia [ku'rejɐ] *f* Korea *n.*
Córsega ['kɔrsəɣɐ] *f* Korsika *n.*
Costa e Silva [ˌkɔstɐi'silwɐ] *bras. Staatspräsident.*
Craveiro Lopes [krɐveiru'lɔpɨʃ] *ehem. port. Staatspräsident.*
Crimeia [kri'mejɐ] *f* Krim.
Cristo ['kriʃtu] *m* Christus.
Cristóvão [kriʃ'tɔvɐ̃u] *m* Christoph.
Cuiabá [kujɐ'βa] *su. Hauptstadt des bras. Bundesstaates Mato Grosso.*
Curitiba [kuri'tiβɐ] *su. Hauptstadt des bras. Bundesstaates Paraná.*

D

Damão [dɐ'mɐ̃u] *su. Bezirk(shauptstadt) in Port. Indien.*
Damião de Góis [dɐ'mjɐ̃uðə'ɣɔiʃ] *port. Humanist.*
Dantas ['dɐ̃ntɐʃ] *port. Dramatiker.*
Danúbio [dɐ'nuβju] *m* Donau *f.*
Dão [dɐ̃u] *m port. Fluß u. Weinmarke.*
Dardanelos [dɐrðɐ'nɛluʃ] *m/pl.* Dardanellen.
Diamantina [diɐmɐ̃n'tinɐ] *f bras. Stadt aus d. Goldsucherzeit.*
Dinamarca [dinɐ'markɐ] *f* Dänemark *n.*
Dinis [də'niʃ] *m* Dionysius; *D.* ~ *port. König*; *Júlio* ~ *port. Romanschriftsteller.*
Dio ['diu] *su. Bezirk(shauptstadt) in Port. Indien.*
Distrito Federal [diʃ'tritofeðe'rał] *m* Bundesdistrikt (*in Brasilien*).
Doroteia [duru'tejɐ] *f* Dorothea.
Douro ['doru] *m port. Fluß.*
Duarte ['dwartə] *m* Eduard; *D.* ~ *port. König.*
Dunquerque [dũŋ'kɛrkə] *su.* Dünkirchen *n.*
Dutra ['dutrɐ] *ehem. bras. Staatspräsident.*

E

Eça de Queirós [ˌɛsɐðəkei'rɔʃ] *port. Romanschriftsteller.*
Egas Moniz [ˌɛɣɐʒmu'niʃ] *port. Chirurg u. Nobelpreisträger.*
Egeu [i'ʒeu] *m* Ägäisches Meer *n.*
Egídio [ɨ'ʒiðju] *m* Ägidius.
Egipto [i'ʒitu] *m* Ägypten *n.*
Elba ['ɛłβɐ] *m* Elbe *f*; *a ilha de* ~ Elba *n.*
Emílio [i'milju] *m* Emil.
Entre Minho e Douro [ẽntrəˌmiɲwi'ðoru] *su. port. Provinz.*
Equador [ikwɐ'ðor] *m* 1. Äquator; 2. Ekua'dor *n.*
Erico [i'riku] *m* Erich.
Ernesto [ir'nɛʃtu] *m* Ernst.
Escandinávia [ɨʃkɐ̃ndi'navjɐ] *f* Skandinavien *n.*
Eslováquia [ɨʒlu'vakjɐ] *f* Slowakei.
Espanha [ɨʃ'pɐɲɐ] *f* Spanien *n.*
Espírito Santo [ɨʃ'piritu'sɐ̃ntu] *m bras. Bundesstaat.*
Estados Unidos [ɨʃˌtaðuzu'niðuʃ] *m/pl.* Vereinigte Staaten (*da América do Norte* von Nordamerika; *do Brasil* von Brasilien).
Estêvão [ɨʃ'tevɐ̃u] *m* Stephan.
Estocolmo [ɨʃtu'kołmu] *su.* Stockholm *n.*
Estónia [ɨʃ'tɔnjɐ] *f* Estland *n.*
Estoril [ɨʃtu'ril] *m bekanntestes port. Seebad bei Lissabon.*
Estrasburgo [ɨʃtrɐʒ'βurɣu] *su.* Straßburg *n.*

Estrela [iʃ'trelɐ]: *Serra da ~ höchstes port. Gebirge.*
Estremadura [iʃtrəmɐ'ðurɐ] *f port. Provinz.*
Estugarda [iʃtu'ɣarðɐ] *f* Stuttgart *n.*
Etiópia [i'tjɔpjɐ] *f* Äthiopien *n.*
Euclides [eu'kliðiʃ] *m* Euklid.
Eugénio [eu'ʒɛnju] *m* Eugen; *~ de Castro port. Dichter.*
Europa [eu'rɔpɐ] *f* Europa *n.*
Evora ['ɛvurɐ] *f port. Distrikt (-hauptstadt).*

F

Faro ['faru] *su. port. Distrikt(hauptstadt).*
Fátima ['fatimɐ] *f port. Wallfahrtsort.*
Fernando, Fernão [fər'nɐ̃ndu, fər'nɐ̃u] *m* Ferdinand.
Fernando de Noronha [fer,nɐ̃ndoðeno'roɲɐ] *su. bras. Territorium.*
Fernão Lopes [fərnɐ̃u'lɔpiʃ] *port. Geschichtsschreiber.*
Ferreira de Castro [fə,ʀeirɐðə'kaʃtru] *port. Romanschriftsteller.*
Filipe [fə'lipə] *m* Philipp.
Filipinas [fəli'pinɐʃ] *f/pl.* Philippinen.
Finlândia [fĩ'lɐ̃ndjɐ] *f* Finnland *n.*
Flandres ['flɐ̃ndriʃ] *su.* Flandern *n.*
Florença [flu'rẽsɐ] *f* Florenz *n.*
Floresta Negra [flu,rɛʃtɐ'nɛɣrɐ] *f* Schwarzwald *m.*
Florianópolis [florjɐ'nɔpolis] *su. Hauptstadt des bras. Bundesstaates Santa Catarina.*
Fortaleza [forta'lezɐ] *f Hauptstadt des bras. Bundesstaates Ceará.*
França ['frɐ̃sɐ] *f* Frankreich *n.*
Francisca [frɐ̃siʃkɐ] *f* Franziska.
Francisco [frɐ̃'siʃku] *m* Franz.
Francónia [frɐ̃ŋ'kɔnjɐ] *f* Franken *n.*
Francoforte [frɐ̃ŋku'fɔrtə] *su.* Frankfurt *n.*
Frederico [frəðə'riku] *m* Friedrich.
Friburgo [fri'βurɣu] *su.* Freiburg *n.*
Frísia ['frizjɐ] *f* Friesland *n.*
Funchal [fũ'ʃał] *su. Hauptstadt von Madeira.*

G

Gales ['galiʃ] *su.* Wales *n.*
Gália ['galjɐ] *f* Gallien *n.*
Galícia [gɐ'lisjɐ] *f* Galizien *n.*
Galiza [gɐ'lizɐ] *f* Galicien *n (span. Provinz).*
Gama *s. Vasco.*
Garret *s. Almeida.*
Genebra [ʒə'nɛβrɐ] *f* Genf.
Génova ['ʒɛnuvɐ] *f* Genua *n.*
Gerardo [ʒə'rarðu] *m* Gerhard.
Germânia [ʒər'mɐnjɐ] *f* Germanien *n*; Deutschland *n.*
Getúlio Vargas [ʒə,tuljo'varɣɐs] *ehem. bras. Staatspräsident.*
Gil [ʒił] *m* Ägidius; *~ Vicente [~vi'sẽntə] port. Dramatiker.*
Gilberto Freyre [ʒił,βɛrtu'freirə] *bras. Soziologe.*
Goa ['goɐ] *f Hauptstadt von Port. Indien.*
Goiânia [go'jɐnjɐ] *su. Hauptstadt des bras. Bundesstaates Goiás.*
Goiás [go'jas] *su. bras. Bundesstaat.*
Goulart [gu'lar] *s. Jango.*
Grã-Bretanha [grɐ̃βrə'tɐɲɐ] *f* Großbritannien *n.*
Grécia ['grɛsjɐ] *f* Griechenland *n.*
Grisões [gri'zõiʃ] *m/pl.* Graubünden *n.*
Gronelândia [gronə'lɐ̃ndjɐ] *f* Grönland *n.*
Guadiana [gwɐ'ðjɐnɐ] *m Grenzfluß in Südportugal.*
Gualtério [gwał'tɛrju] *m* Walt(h)er.
Guanabara [gwɐna'βarɐ] *f bras. Bundesstaat u. Bucht v. Rio.*
Guaporé [gwapo'rɛ] *m bras. Fluß.*
Guarda ['gwarðɐ] *f port. Distrikt (-hauptstadt).*
Guerra Junqueiro ['gɛʀɐʒũŋ'keiru] *port. Dichter.*
Guiana [gu'jɐnɐ] *f* Guayana *n.*
Guido ['giðu] *m* Veit.
Guilherm|e *m*, **~ina** *f* [gi'ʎɛrmə, giʎər'minɐ] Wilhelm(ine).
Guimarães [gimɐ'rɐ̃iʃ] *su. erste Hauptstadt Portugals.*
Guiné [gi'nɛ] *f port. Guinea.*
Gustavo [guʃ'tavu] *m* Gustav.

H

Haia ['ajɐ] *f* Haag *m.*
Hamburgo [ɐ̃m'burɣu] *su.* Hamburg *n.*
Heitor [ei'tor] *m* Hektor.
Helena [i'lenɐ] *f* Helene; Lene; Hella.
Henrique [ẽ'ʀikə] *m* Heinrich, Heinz.
Herculano [irku'lɐnu] *m port. Dichter u. Historiker.*
Hermínia [ir'minjɐ] *f* Hermine.
Holanda [u'lɐ̃ndɐ] *f* Holland *n.*

Horta ['ɔrtɐ] *f port. Stadt auf den Azoren.*
Hungria [ũŋ'griɐ] *f* Ungarn *n.*

I

Ibéria [i'βɛrjɐ] *f* Iberien *n.*
Iguaçu [iɣwa'su] *m bras. Fluß.*
India ['ĩndjɐ] *f* Indien *n*; *as* ~*s Neerlandesas* (*od. Orientais*) Niederländisch-Indien; *as* ~*s Ocidentais* Südamerika *n.*
Indochina [ĩndu'ʃinɐ] *f* Indochina *n.*
Indonésia [ĩndu'nɛzjɐ] *f* Indonesien *n.*
Indostão [ĩnduʃ'tɐ̃u] *m* Hindostan.
Inês [i'neʃ] *f* Agnes.
Inglaterra [ĩŋglɐ'tɛʀɐ] *f* England *n.*
Ipiranga [ipi'rɐ̃ŋgɐ] *Flüßchen im Staat S. Paulo, Ort der bras. Unabhängigkeitserklärung.*
Irã [i'rɐ̃] *m* Iran.
Iraque [i'rakə] *m* Irak.
Irlanda [ir'lɐ̃ndɐ] *f* Irland *n.*
Isabel [izɐ'βɛɫ] *f* Isabella; Elisabeth.
Islândia [iʒ'lɐ̃ndjɐ] *f* Island *n.*
Israel [iʒrɐ'ɛɫ] *m* Israel *n.*
Itália [i'taljɐ] *f* Italien *n.*
Itamarati [itɐmarɐ'ti] *m Palast in Rio, Sitz des bras. Außenministeriums.*
Iugoslávia *bras.* [juɣoz'lavjɐ] *f* Jugoslawien *n.*

J

Jacó [ʒɐ'kɔ] *m* Jakob.
Jaime ['ʒaimə] *m* Jakob.
Jango ['ʒɐ̃ŋgo] = **João Goulart** [ʒwɐ̃uɣu'lar] *ehem. bras. Staatspräsident.*
Jânio Quadros [ˌʒɐnjo'kwaδrus] *ehem. bras. Staatspräsident.*
Japão [ʒɐ'pɐ̃u] *m* Japan *n.*
Jerónimo [ʒə'rɔnimu] *m* Hieronymus.
Jesus [ʒə'zuʃ] *m* Jesus.
Jó [ʒɔ] *m* Hiob.
Joana ['ʒwenɐ] *f* Johanna.
João [ʒwɐ̃u] *m* Johann(es), Hans.
João Pessoa [ʒwɐ̃upə'soɐ] *su. Hauptstadt des bras. Bundesstaates Paraiba.*
Joaquim [ʒwɐ'kĩ] *m* Joachim.
Job [ʒɔβə] *m* Hiob.
Jorge ['ʒɔrʒə] *m* Georg.
José [ʒu'zɛ] *m* Josef, Joseph.
Jugoslávia [ʒuɣɔ'ʒlavjɐ] *f* Jugoslawien *n.*
Juíz de Fora [ˌʒwizδɨ'fɔrɐ] *su. bras. Universitätsstadt in Minas Gerais.*
Júlio ['ʒulju] *m* Julius.
Juscelino Kubitschek [ʒusə'linu kuβi'tʃɛk] *ehem. bras. Staatspräsident.*

L

Lapónia [lɐ'pɔnjɐ] *f* Lappland *n.*
Leão [ljɐ̃u] *m* a) Leo (*Vorname*); b) Leon *n* (*span. Stadt*).
Leiria [lei'riɐ] *f port. Distrikt* (*-hauptstadt*).
Leixões [lei'ʃõiʃ] *su. Seehafen von Porto.*
Leonardo [lju'narδu] *m* Leonhard.
Leonor [lju'nor] *f* Eleonore, Leonore.
Letónia [lə'tɔnjɐ] *f* Lettland *n.*
Levante [lə'vɐ̃ntə] *m* 1. *die* Levante; 2. Ostspanien *n.*
Libéria [li'βɛrjɐ] *f* Liberien *n.*
Líbia ['liβjɐ] *f* Libyen *n.*
Lídia ['liδjɐ] *f* Lydia.
Lins do Rego [lĩzδo'ʀeɣu] *bras. Romanschriftsteller.*
Lípsia ['lipsjɐ] *f* Leipzig *n.*
Lisboa [liʒ'βoɐ] *f* Lissabon *n.*
Lituânia [li'twɐnjɐ] *f* Litauen *n.*
Londres ['lõn'drɨʃ] *f* London *n.*
Lopes *s. Fernão.*
Lorena [lo'renɐ] *f* Lothringen *n.*
Lourenço [lo'rẽsu] *m* Lorenz.
Lourenço Marques [~'markɨʃ] *su. Hauptstadt v. port. Ostafrika.*
Luanda ['lwɐ̃ndɐ] *f Hauptstadt von port. Westafrika.*
Lucas ['lukɐʃ] *m* Lukas.
Luís [lwiʃ] *m* Ludwig.
Luísa ['lwizɐ] *f* Luise.
Lusíadas [lu'ziɐδɐʃ]: *os* ~ die Lusiaden (*Epos v. Camões*).
Lusitánia [luzi'tɐnjɐ] *f* Lusitanien *n* (= *Portugal*).
Lutero [lu'tɛru] *m* Luther.

M

Macapá [maka'pa] *su. Hauptstadt des bras. Territoriums Amapá.*
Macau [mɐ'kau] *su. port. Kolonie in China.*
Maceió [mase'jɔ] *su. Hauptstadt des bras. Bundesterritoriums Alagoas.*
Machado de Assis [maˌʃaδoδja'sis] *bras. Dichter.*
Madalena [mɐδɐ'lenɐ] *f* Magdalena.
Madeira [mɐ'δeirɐ] *f port. Inselgruppe im Atlantik.*

Mafalda [mɐ'fałdɐ] *f* Mathilde.
Mafoma [mɐ'fomɐ] *m* Mohammed.
Magalhães [mɐɣɐ'ʎɐ̃iʃ] *port. Weltumsegler in span. Diensten.*
Manaus [mɐ'naus] *su. Hauptstadt des bras. Bundesstaates Amazonas.*
Manchúria [mɐ̃'ʃurjɐ] *f* Mandschurei.
Manuel [mɐ'nwɛł] *m* Emanuel, Immanuel.
Maomé [mɐu'mɛ] *m* Mohammed.
Maranhão [marɐ'ɲɐ̃u] *m bras. Bundesstaat.*
Marco ['marku] *m* Markus.
Margarida [mɐrɣɐ'riðɐ] *f* Margarete, Grete.
Maria [mɐ'riɐ] *f* Maria, Marie.
Mariana [mɐ'rjɐnɐ] *f* Marianne.
Marrocos [mɐ'ʀɔkuʃ] *m/pl.* Marokko *n.*
Marte ['martə] *m* Mars.
Mart|im, ~inho [mɐr'tĩ, ~'tiɲu] *m* Martin.
Mateus [mɐ'teuʃ] *m* Matthäus.
Matias [mɐ'tiɐʃ] *m* Matthias.
Mato Grosso [mato'ɣrosu] *m bras. Bundesstaat.*
Maurício [mau'risju] *m* Moritz.
Maximiliano [mɐsəmi'ljɐnu] *m* Maximilian, Max.
Mediterrâneo [məðitə'ʀɐnju] *m* Mittelmeer *n.*
Meireles [mei'rɛlɨs] *Cecília ~ bras. Dichterin.*
Meno ['menu] *m* Main.
México ['mɛʃiku] *m* Mexiko *n.*
Miguel [mi'ɣɛł] *m* Michael.
Milão [mi'lɐ̃u] *m* Mailand *n.*
Minas Gerais [ˌminazʒe'rais] *m bras. Bundesstaat.*
Minho ['miɲu] *m port.-span. Grenzfluß.*
Moçambique [musɐ̃m'bikə] *f Port. Ostafrika.*
Mogúncia [mu'ɣũsjɐ] *f* Mainz.
Moisés [moi'zɛʃ] *m* Moses.
Moldávia [moł'davjɐ] *f* Moldau.
Mondego [mõn'deɣu] *m port. Fluß.*
Mongólia [mõŋ'gɔljɐ] *f* Mongolei.
Moniz *s. Egas.*
Morávia [mu'ravjɐ] *f* Mähren *n.*
Moscou *bras.*, **Moscovo** *su.*, **Moscóvia** *f* [mos'ku, muʃ'kovu, muʃ'kɔvjɐ] Moskau *n.*
Mosela [mu'zɛlɐ] *m* Mosel *f.*
Munique [mu'nikə] *f* München *n.*

N

Napoleão [nɐpu'ljɐ̃u] *m* Napoleon.
Nápoles ['napulɨʃ] *m* Neapel *n.*
Natal [na'tał] *su. Hauptstadt des bras. Bundesstaates Rio Grande do Norte.*
Nicolau [niku'lau] *m* Nikolaus.
Niemeyer [ni'mejɛr] *bras. Baumeister.*
Nilo ['nilu] *m* Nil.
Niterói [nite'rɔi] *su. Hauptstadt des bras. Bundesstaates Rio de Janeiro.*
Nobre ['nɔβrə] *port. Dichter.*
Noé [nwɛ] *m* Noah.
Noruega [nɔ'rwɛɣɐ] *f* Norwegen *n.*
Nova-Iorque [nɔvɐ'jɔrkə] *f* Neuyork *n.*
Nova Zelândia [nɔvɐzə'lɐ̃ndjɐ] *f* Neuseeland *n.*
Nuremberga [nurɐ̃m'bɛrɣɐ] *f* Nürnberg *n.*

O

Oceânia [u'sjɐnjɐ] *f* Ozeanien *n.*
Oliveira Martins [uliˌveirɐ mɐr'tĩʃ] *port. Historiker.*
Oriente [u'rjẽntə] *m* Orient.
Orlando [ur'lɐ̃ndu] *m* Roland.
Otão [u'tɐ̃u] *m* Otto.
Ouro Preto [oru'pretu] *su. frühere Hauptstadt von Minas Gerais.*

P

Pacífico [pɐ'sifiku] *m* Stiller Ozean, Südsee *f.*
Países-Baixos [pɐˌizɨʒ'βaiʃuʃ] *m/pl. die* Niederlande *n/pl.*
Palatinado [pɐlɐti'naðu] *m* Pfalz *f.*
Palestina [pɐlɨʃ'tinɐ] *f* Palästina *n.*
Pará [pa'ra] *m bras. Bundesstaat.*
Paraguai [para'ɣwai] *m bras. Fluß.*
Paraíba [para'iβɐ] *m bras. Bundesstaat.*
Paraná [parɐ'na] *m bras. Fluß u. Bundesstaat.*
Paris [pɐ'riʃ] *f* Paris *n.*
Parnaíba [parna'iβɐ] *m bras. Fluß.*
Paulo ['paulu] *m* Paul.
Paulo Afonso [ˌpaulua'fõsu] *Cachoeira f de ~* Paulo-Afonso-Fälle *m/pl. in S. Francisco.*
Pedro ['peðru] *m* Petrus; Peter; *D. ~ I, D. ~ II Kaiser von Brasilien.*
Pequim [pə'kĩ] *m* Peking *n.*
Pernambuco [pernɐ̃m'buku] *m bras. Bundesstaat.*
Pérsia ['pɛrsjɐ] *f* Persien *n.*
Pessoa [pə'soɐ] *port. Lyriker.*

Piauí [pjau'i] *m bras. Bundesstaat.*
Pireneús [pirə'nɛuʃ] *m/pl.* Pyrenäen.
Polónia [pu'lɔnjɐ] *f* Polen *n.*
Pombal [põm'bał] *port. Staatsmann.*
Pomerânia [pumə'rɐnjɐ] *f* Pommern *n.*
Ponta Delgada [ˌpõntɐδɛł'ɣaδɐ] *f port. Stadt auf den Azoren.*
Portalegre [purta'lɛɣrə] *su. port. Distrikt(hauptstadt).*
Porto ['portu] *m port. Distrikt (-hauptstadt).*
Porto Alegre [portwa'lɛɣrə] *su. Hauptstadt des bras. Bundesstaates Rio Grande do Sul.*
Portugal [purtu'ɣał] *m* Portugal *n.*
Praga ['praɣɐ] *f* Prag *n.*
Príncipe ['prĩsipɐ] *m westafrikanische Insel Portugals.*

R

Rainaldo [ʀai'nałdu] *m* Reineke; Reinhard.
Ramalho Ortigão [ʀɐˌmaʎwurti'ɣɐ̃u] *port. Schriftsteller.*
Ratisbona [ʀɐtiʒ'βonɐ] *f* Regensburg *n.*
Recife [ʀe'sifə] *m Hauptstadt des bras. Bundesstaates Pernambuco.*
Régio ['ʀɛʒju] *port. Romanschriftsteller.*
Renánia [ʀə'nɐnjɐ] *f* Rheinland *n.*
Reno ['ʀenu] *m* Rhein.
Ribatejo [ʀiβɐ'teʒu] *m port. Provinz.*
Ribeiro [ʀi'βeiru]: Aquilino ~ *port. Romanschriftsteller.*
Ricardo [ʀi'karδu] *m* Richard.
Rio Branco [ˌʀio'βrɐ̃ŋku] *m bras. Territorium.*
Rio de Janeiro [ˌʀioδiʒɐ'neiru] *m bras. Bundesstaat und Hauptstadt des Bundesstaates Guanabara.*
Rio Grande [ˌʀio'ɣrɐ̃ndə] *m*: ~ do Norte u. ~ do Sul *bras. Bundesstaaten.*
Rita ['ʀitɐ] *f* Grete.
Roberto [ʀu'βɛrtɐ] *m* Robert.
Ródano ['ʀɔδɐnu] *m* Rhone *f.*
Rodrigo [ʀu'δriɣu] *m* Roderich.
Rolão [ʀu'lɐ̃u] *m* Roland.
Roma ['ʀomɐ] *f* Rom *n.*
Roménia [ʀu'mɛnjɐ] *f* Rumänien *n.*
Roterdão [ʀutər'δɐ̃u] *su.* Rotterdam *n.*
Ruperto [ʀu'pɛrtu] *m* Ruprecht.
Rússia ['ʀusjɐ] *f* Rußland *n.*

S

Salazar [sɐlɐ'zar] *port. Staatsmann, Begründer des „Neuen Staates".*
Sansão [sɐ̃'sɐ̃u] *m* Simson.
Santa Catarina [ˌsɐ̃ntakata'rinɐ] *m bras. Bundesstaat.*
Santarém [sɐ̃ntɐ'rɐ̃i] *su. port. Distrikt(hauptstadt).*
Sant' Iago [sɐ̃n'tjaɣu] *m* der Heilige Jakobus.
Santos ['sɐ̃ntuʃ] *su. wichtigster Ausfuhrhafen Brasiliens.*
São Francisco [sɐ̃ufrɐ̃'sisku] *m bras. Fluß.*
São Luís [sɐ̃u'lwis] *su. Hauptstadt des bras. Bundesstaates Maranhão.*
São Paulo [sɐ̃u'paulu] *su. bras. Bundesstaat u. größte Stadt Brasiliens.*
São Salvador [sɐ̃usałva'δor] *su. Hauptstadt des port. Bundesstaates Bahia.*
São Tomé [sɐ̃utu'mɛ] *westafrikanische Insel Portugals.*
Sardenha [sɐr'δeɲɐ] *f* Sardinien *n.*
Sarre ['saʀə] *m* Saar *f.*
Saxónia [sɐk'sɔnjɐ] *f* Sachsen *n.*
Sebastião [səβɐʃ'tjɐ̃u] *m* Se'bastian.
Sergipe [ser'ʒipə] *m bras. Bundesstaat.*
Sérvia ['sɛrvjɐ] *f* Serbien *n.*
Sete Quedas [ˌsɛtə'kɛδɐʃ] *f/pl. die Ignassu-Fälle in Paraná.*
Setúbal [sə'tuβał] *su. port. Distrikt (-hauptstadt).*
Sião [sjɐ̃u] *m* Siam *n*; Zion *n.*
Sibéria [si'βɛrjɐ] *f* Sibirien *n.*
Silésia [si'lɛzjɐ] *f* Schlesien *n.*
Sintra ['sĩntrɐ] *f ehem. Königsresidenz bei Lissabon.*
Síria ['sirjɐ] *f* Syrien *n.*
Sofia [su'fiɐ] *f* Sophie.
Suábia ['swaβjɐ] *f* Schwaben *n.*
Sudão [su'δɐ̃u] *m* Sudan.
Suécia ['swɛsjɐ] *f* Schweden *n.*
Suiça ['swisɐ] *f* Schweiz.
Susana [su'zɐnɐ] *f* Susanne.

T

Tamisa [tɐ'mizɐ] *m* Themse *f.*
Tânger ['tɐ̃ʒɛr] *su.* Tanger *n.*
Tchecho-Eslováquia *bras.* [tʃɛkɔizlo'vakjɐ] Tschechoslowakei.

Teerão [tiə'rẽu] *su.* Teheran *n.*
Tejo ['teʒu] *m* Tajo.
Teodorico [tjuδo'riku] *m* Dietrich.
Teodoro [tju'δoru] *m* Theodor.
Teófilo Braga [ˌtjɔfilu 'βraɣɐ] *port. Schriftsteller und Politiker.*
Teresa [tə'rezɐ] *f* Therese.
Teresina [tere'zinɐ] *su. Hauptstadt des bras. Bundesstaates Piauí.*
Terra Nova [ˌtɛʀɐ'nɔvɐ] *f* Neufundland *n.*
Timor [ti'mor] *su. port. Provinz in Indonesien.*
Tiradentes [tira'δẽntɨs] *m bras. Freiheitsheld.*
Tocantins [tokẽn'tĩs] *m bras. Fluß.*
Tomás [tu'maʃ] *Américo* ~ *port. Staatspräsident.*
Tomás, Tomé [tu'maʃ, tu'mɛ] *m* Thomas.
Tóquio ['tɔkju] *su.* Tokio *n.*
Torga ['tɔrɣɐ] *port. Dichter.*
Tras-os-Montes [trɐzuʒ'mõntɨʃ] *su. port. Provinz.*
Trento ['trẽntu] *su.* Trient *n.*
Tunísia [tu'nizjɐ] *f* Tunesien *n.*
Tunes ['tunɨʃ] *f* Tunis *n.*
Turíngia [tu'rĩʒjɐ] *f* Thüringen *n.*
Turquia [tur'kiɐ] *f* Türkei.

U

Ucrânia [u'krɐnjɐ] *f* Ukraine.
Ulisses [u'lisɨʃ] *m* Odysseus.
Ulrico [uł'ʀiku] *m* Ulrich.
Uruguai [uru'ɣwai] *m bras. Fluß.*

V

Varsóvia [vɐr'sɔvjɐ] *f* Warschau *n.*
Vasco da Gama [ˌvaʃkuδɐ 'ɣɐmɐ] *Entdecker d. Seewegs n. Indien.*
Veneza [və'nezɐ] *f* Venedig *n.*
Veríssimo [ve'risimu]: *Erico* ~ *bras. Schriftsteller.*
Viana do Castelo [ˌvjɐnɐδukɐʃ'tɛlu] *f port. Distrikt(hauptstadt).*
Vicente *s. Gil.*
Vieira ['vjeirɐ]: *Padre António* ~ *port. Missionar u. Diplomat.*
Viena ['vjɛnɐ] *f* Wien *n.*
Vila Lobos [ˌvila'loβus] *bras. Tondichter.*
Vila Real [vilɐ'ʀjał] *su. port. Distrikt (-hauptstadt).*
Viseu [vi'zeu] *su. port. Distrikt (-hauptstadt).*
Vístula ['viʃtulɐ] *m* Weichsel *f.*
Vitória [vi'tɔrjɐ] *f Hauptstadt des bras. Bundesstaates Espirito Santo.*
Vosgos ['vɔʒɣuʃ] *m/pl. die* Vogesen.

X

Xangai [ʃẽŋ'gai] *su.* Schanghai *n.*

Z

Zé [zɛ] *m* Abk. v. José; ~ *Povinho scherzhafte Bezeichnung des portugiesischen Volkes ähnlich wie dtsch. „der deutsche Michel".*
Zurique [zu'rikə] *su.* Zürich *n.*

Gebräuchliche portugiesische Abkürzungen

Abreviaturas portuguesas usuais

A

(a) assinado *gezeichnet* (gez.).
A. (AA) autor(es) *Verfasser* (Verf., Vf.).
Abr. Abril *April.*
a.C. antes de Christo *vor Christus* (v. Chr.).
a/c. ao cuidado de *bei* (b.), *per Adresse* (p. Adr.).
admin. administrador *Verwalter.*
adm.or admirador *Verehrer* (in Höflichkeitsformeln).
adv.o advogado *Rechtsanwalt.*
af.o afeiçoado *gewogen.*
Ag.to Agosto *August* (Aug.).
agr.o agradecido *dankbar.*
AL América Latina *Lateinamerika.*
alf. alferes *Fähnrich.*
alm. a) almirante *Admiral,* b) almude(s) *20* od. *25 l.*
alq. alqueire(s) *20 l; 2,5 ha.*
am.o amigo *Freund.*
ang. angolar(es) *Angolar* (Münzeinheit).
ant. antigo *früher; alt.*
Ant.o António.
A.P. a protestar *zu Protest.*
apr. aprovado *genehmigt* (gen.).
apart., Ap.to apartamento *Appartement.*
arr. arroba *Arroba.*
art. artilharia *Artillerie.*
art.o artigo *Artikel* (Art.).
a.s. a saber *das heißt* (d. h.).
at.mo atentíssimo *ergebenst.*
at.o atento *ergeben* (erg.).
Aug.o Augusto *August.*
Av. avenida *Allee;* ♀ aviador *Flieger.*
a.v. à vista *nach Sicht.*

B

B., B.o beco *Gasse.*
B.el bacharel *Bakkalaureus.*
B.F. boas-festas *Frohes Fest.*
Bibl. a) bibliografia *Bibliographie;* b) biblioteca *Bibliothek.*
bilh.e bilhete *Schein.*
bras. brasileiro *brasilianisch, Brasilianer;* ♀ Brasil *Brasilien.*

C

c. a) capítulo *Kapitel* (Kap.); b) cena *Auftritt, Szene;* c) cento *Hundert.*
c/ a) caixa *Kasse;* b) com *mit* (m.); c) conta *Rechnung.*
C., Calç. calçada *Straße* (Str.).
C.a companhia *Gesellschaft* (Ges.).
caç. caçador(es) *Jäger.*
c.alm. contra-almirante *Konteradmiral.*
cap. a) capítulo *Kapitel* (Kap.); b) capitão *Hauptmann; Kapitän;* c) ♀ Capital *Hauptstadt;* **~ frag.** capitão de fragata *Fregattenkapitän;* **~-ten.** capitão-tenente *Kapitänleutnant.*
card. cardeal *Kardinal.*
cart. cartonado *kartoniert.*
cat. catálogo *Katalog.*
cav. cavalaria *Kavallerie.*
c/c conta corrente *Konto.*
c.el coronel *Oberst.*
cent. centavo *Centavo.*
cf. confira, confronte *vergleiche* (vgl.).
chancel. chancelaria *Kanzlei.*
C.ia, Cia. Companhia *Gesellschaft.*
cit. citação *Zitat.*
cl. a) centilitro(s) *Zentiliter;* b) classe *Klasse* (Kl.).
cm. centímetro(s) *Zentimeter* (cm).
cód. códice *Handschrift, Kodex* (Hs.); ♀ Código *Gesetzbuch.*
col. coluna *Spalte.*
Col.o Colégio *Schule.*
com. comandante *Kommandant.*
com.o comércio *Handel.*
comp. companhia *Kompanie* (Ko., Komp.).

cor. a) coroa(s) *Krone(n)*; b) = c.el.
cp. compare *vergleiche* (vgl.).
C.P. Companhia Portuguesa de Caminhos de Ferro *Portugiesische Eisenbahngesellschaft.*
Cr. credor *Gläubiger.*
Cr$ cruzeiro.
C.ta Comandita *Kommanditgesellschaft* (KG.).
c.te corrente *laufend.*
ctv. centavo *Centavo.*
cump.to cumprimento *Gruß.*
cv. centavo *Centavo.*
C.V. cavalo-vapor *Pferdestärke* (PS).
CX. caixa *Kasse.*

D

d. dia(s) (*Tag(e)*.
D. direito rechts (r.).
d.C. depois de Cristo *nach Christus* (n. Chr.).
D.C.A. defesa contra ataques aéreos [*Luftschutz.*]
d/d dias de data *Tage vom Rechnungsdatum an.*
DD. = Dig.mo.
déb. débito *Soll.*
ded.o, ddc.o dedicado *ergeben.*
desc. desconto *Skonto, Rabatt.*
desp. despesa(s) *Unkosten, Spesen.*
dev. devedor *Schuldner.*
Dez.o Dezembro *Dezember* (Dez.).
Dig.mo Digníssimo *sehr würdig* (Beiwort zu Titeln).
dipl. diploma *Diplom.*
div. divisão *Division.*
dl. decilitro(s) *Deziliter.*
d.o dito *besagt, genannt.*
doc. documento *Dokument, Papier.*
Dr.(a) Doutor(a) *Doktor.*
d.to direito *rechts* (r.).
d/v dias de vista *Tage nach Sicht.*
dz. dúzia(s) *Dutzend* (Dtzd.).

E

E. a) editor *Herausgeber, Verleger*; b) esquerda, esquerdo *links*; c) este *Osten* (O).
ed. edição *Auflage* (Aufl.), *Ausgabe* (Ausg.).
E.D. espera deferimento (Schlußformel in Gesuchen).
E.M. Estado Maior *Generalstab.*
enc. encadernado *gebunden* (geb[d].).
End.Tel. endereço telegráfico *Telegrammadresse.*
E.N.E. és-nordeste *Ostnordost* (ONO).
enf. enfermeiro *Krankenwärter.*
eng.o engenheiro *Diplomingenieur* (Dipl.-Ing.).
E.R. espera resposta *um Antwort wird gebeten* (u.A.w.g.).
esc. a) escudo(s) *Escudo*; b) ♀ Escola *Schule.*
E.S.E. és-sueste *Ostsüdost* (OSO).
esq. esquerdo *links.*
Est. a) estação *Bahnhof*; b) Estado *Staat*; c) estrada *Landstraße.*
etc. et cetera (lat.) *und so weiter* (usw.).
E.U.A. Estados Unidos da América *Vereinigte Staaten von Amerika* (USA).
E.U.B. Estados Unidos do Brasil *Vereinigte Staaten von Brasilien.*
ex. a) exemplar *Exemplar* (Expl.); b) exemplo *Beispiel* (B.).
Ex.a Excelência *Exzellenz* (Exz.).
Ex.ma(s), Ex.mo(s) Excelentíssima(s), Excelentíssimo(s) *Sehr geehrte(r).*

F

f. folha *Blatt* (Bl.).
F. fulano (s. Wörterverzeichnis).
Fac. Faculdade *Fakultät.*
farm. farmácia, farmacêutico *Apotheke, Apotheker.*
fasc. fascículo *Faszikel, Lieferung.*
Fev.o Fevereiro *Februar* (Febr.).
fig. figura *Abbildung* (Abb.).
fl. a) florim, florins *Gulden*; b) ~, **fls.** folha(s) *Blatt* (Bl.).
F.N.A.T. Federação Nacional da Alegria no Trabalho *Nationalverband „Freude bei der Arbeit".*
f.o a) fólio *Folio*; *Foliant*; b) ♀ Filho *Sohn, Junior* (jr., jun.).
fol., fols. folha, folhas *Blatt* (Bl.).
folh. folheto *Broschüre.*
fr. a) franco(s) *Frank(en)* (Fr.); b) *Fracht*; c) ♀ frei *Bruder* (Br.).
Franc.o Francisco *Franz.*

G

g. a) grama(s) *Gramm* (g); b) grau *Grad.*
g.de grande *groß.*
gen. general *General.*
G.N.R. Guarda Nacional Republicana (port. berittene Polizeitruppe).
Gov. governo *Regierung.*
G/P ganhos e perdas *Gewinn und Verlust.*
gr. a) grátis *gratis*; b) grau(s) *Grad*; c) grosa(s) *Gros.*

H

h. hora(s) *Uhr* (h); *Stunde(n)* (Std.).
H. haver *Haben.*
ha. hectare(s) *Hektar* (ha).
h.c. lat. honoris causa *ehrenhalber.*
hl. hectolitro(s) *Hektoliter.*

I

IAA Instituto do Alcool e do Açúcar.
ib. lat. ibidem *ebenda* (ebd.).
IBC Instituto Brasileiro do Café.
id. lat. idem *dito* (do.).
Il.mo Ilustríssimo *erlaucht.*
incl. a) incluso *beiliegend* (beil.); b) inclusive *inklusive* (inkl.), *einschließlich* (einschl.).
índ. índice *Inhaltsverzeichnis*; *Index.*
inf. inferior *Unter...*
ingl. inglês *Engländer, englisch.*
insp. inspector *Inspektor.*
it. *tip.* itálico *kursiv.*

J

Jan.o Janeiro *Januar* (Jan.).
J.C. Jesus Cristo *Jesus Christus.*
J.é José *Josef.*
J.o João *Johannes, Hans.*
J.or júnior *junior* (jr., jun.).
Jul. Julho *Juli.*
Jun. Junho *Juni.*

K

kg. quilograma(s) *Kilogramm* (kg).
km. quilómetro(s) *Kilometer* (km).
kw. quilovátio(s) *Kilowatt* (kw).

L

l. a) letra *Wechsel*; b) linha *Linie, Zeile*; c) livro *Buch*; d) litro *[Liter* (l).
L. largo *Platz* (Pl.).
larg. largura *Breite* (Br.).
lat. latitude *geographische Breite.*
lb. libra *englisches Pfund.*
L.da Sociedade de Responsabilidade Limitada *Gesellschaft mit beschränkter Haftung* (G.m.b.H.).
L.do Licenciado *Referendar* (Ref.).
líq. líquido *netto.*
Lit. Literatura *Literatur.*
l.o, liv. livro *Buch.*
long. longitude *geogr. Länge.*
L.P. Legião Portuguesa *Portugiesische Legion.*
lr. lira *Lira* (L).
Lt.da = L.da.
L/P lucros e perdas *Gewinn und [Verlust.*
Lx.a Lisboa *Lissabon.*

M

m. a) mês *Monat*; b) metro *Meter* (m); c) minuto *Minute* (Min.); d) morto *gestorben* (gest.).
m/ meu(s), minha(s) *mein(e).*
m.a mesma *dieselbe.*
M.a Maria *Marie.*
m/a meu aceite *mein Akzept.*
maj. major *Major.*
Man. Manuel *Emanuel.*
maq. maquinista *Lok(omotiv)führer.*
m/c a) minha carta *mein Schreiben*; b) minha conta *meine Rechnung.*
M.ço Março *März.*
m/d meses de data *Monate vom Rechnungsdatum an.*
M.D. muito digno *sehr würdig.*
MEC Mercado Comum Europeu *Gemeinsamer Markt* (*EWG*).
méd. (**vet.**) médico (veterinário) (*Tier-*)*Arzt.*
merc. mercadoria *Ware.*
met. metralhadora *Maschinengewehr.*
mg. miligrama *Milligramm* (mg).
mil. milha *Meile.*
min. minuto(s) *Minute(n).*
Min.o Ministro *Minister.*
m/l minha letra *mein Wechsel.*
mm. milímetro(s) *Millimeter* (mm).
m.o mesmo *der-, das-selbe*; ♀ Maio *Mai.*
m/o minha órdem *mein Auftrag.*
m.or morador *wohnhaft.*
m/p meses de prazo *Monate Frist.*
M.P.(F.) Mocidade Portuguesa (Feminia) *die* (*Weibliche*) *Portugiesische Jugend.*
ms. manuscrito *Handschrift, Manuskript* (Ms.).
m.s mais *mehr.*
m.ta, m.to muita, muito *viel.*

N

n. a) nascido *geboren* (geb.); b) nome *Name.*
N. a) nota *Anmerkung* (Anm.); b) norte *Norden.*
nac. nacional *national.*
N.B. note bem *merken Sie!*
n/c a) nossa carta *unser Schreiben*; b) nossa casa *unsere Firma*; c) nossa conta *unsere Rechnung.*
N. da R. (**do A., E., T.**) nota da redacção (do autor, editor, tradutor) *Anmerkung der Redaktion* (*des*

Verfassers, Herausgebers, Übersetzers).
N.E. nordeste *Nordosten* (NO).
n/l nossa letra *unser Wechsel.*
N.N.E. nor-nordeste *Nordnordosten* (NNO).
n.o número *Nummer* (Nr.).
n/o nossa ordem *unser Auftrag.*
N.O. noroeste *Nordwesten* (NW).
Nov.^{o} Novembro *November.*

O

O. oeste *Westen.*
o/ ordem *Auftrag.*
obg.^{do}, obg.^{o} obrigado *verbunden; danke.*
obs. observação *Bemerkung* (Bem.).
O.D.C. oferece(m), dedica(m), e consagra(m) (Zueignungsformel).
of. oferce(m) (Zueignungsformel).
OEA Organização dos Estados Americanos *Organisation der Amerikanischen Staaten* (*OAS*).
OIT Organização Internacional do Trabalho *Internationales Arbeitsamt.*
ONU Organização das Nações Unidas *Vereinte Nationen* (*UNO*).
Out.^{o} Outubro *Oktober* (Okt.).

P

p. a) página *Seite* (S.); *pl.* pp.; b) parte *Teil* (Tl.); c) pé(s) *Fuß*; d) por *für* (f.); *per*; e) próximo *nächst.*
P. Praça *Platz* (Pl.).
P., P.^{e} Padre *Pfarrer* (Pf.).
p.^{a} para *für* (f.); *nach.*
pag. página *Seite, pl.* págs.
pag.^{to} pagamento *Zahlung.*
Part. particular *privat.*
P.B. peso bruto *Bruttogewicht.*
p/c por conta *für Rechnung.*
P.D. Pede Deferimento (Schlußformel in Gesuchen).
P.E.F. (od. **O.**) por especial favor (od. obséquio) (Höflichkeitsformel).
p.ex. por exemplo *zum Beispiel* (z. B.).
p.ext. por extenso *in Worten.*
p.f. próximo futuro *nächst.*
P.F. por favor *bitte.*
p.f.v. por favor, volte *bitte, wenden.*
pg. pagou *bezahlt* (bez.).
P.I.C. Polícia de Investigação Criminal *Kriminalpolizei* (Kripo).
P.I.D.E. Polícia Internacional e de Defesa do Estado *Staats- und Fremdenpolizei.*
P.L. peso líquido *Nettogewicht.*
P.M.P. por mão própria *durch Boten.*
p.o. por ordem *im Auftrag* (i. A.).
pol. polegada(s) *Zoll.*
port. a) português *portugiesisch, Portugiese*; b) ♀ Portugal *Portugal.*
p.p. a) por poder *im Auftrag* (i. A.); b) por procuração *per Prokura* (p.p., p.pa., ppa.); c) próximo passado *letzt* (*vergangen*).
pref. prefeito *Präfekt, Oberbürgermeister.*
pres. presidente *Vorsitzender* (Vors.).
proc. a) processo *Akte, Vorgang*; b) procuração, procurador *Prokura, Prokurist.*
prof. a) professor *Lehrer, Professor*; b) profissão *Beruf.*
ps. peso *Peso* (Münze).
P.S. lat. postscriptum *Nachschrift* (P.S.).
PSD Partido Social Democrático (*Sozialdemokratische Partei*).
pt. peseta *Pesete* (Münze).
PTB Partido Trabalhista do Brasil (*Brasilianische Arbeiterpartei*).

Q

q. quintal *60 kg.*
q̃ que *daß; der, die, das* (relat.).
q.^{do} quando *wann; als, wenn.*
Q.G. Quartel-General *Hauptquartier.*
q^{l}. quilate *Karat.*
q.^{to} quanto *wieviel.*
qual. qualidade *Qualität, Sorte.*
quant. quantidade *Menge.*
quart. quarteirão *25 Stück.*
q.v. queira ver *siehe* (s.).

R

R. a) rei *König*; b) reprovado *nicht bestanden*; c) réu *Angeklagter*; d) rua *Straße* (Str.).
r/c rés-do-chão *Erdgeschoß* (part.).
rec. receita *Rezept* (Rp[t].).
rec.^{o} recebido *erhalten.*
ref. a) referência *Betreff* (Betr.); b) reformado *außer Dienst* (a. D.).
reg. regimento *Regiment.*
reg.^{o} a **registado** *Einschreiben; eingetragen*; b) regulamento *Vorschrift.*
Rem. [te] remetente *Absender* (Abs.).
Rep. Repartição *Amt, Dienststelle, Abteilung.*

Rev. a) Revista *Zeitschrift* (Ztschr.); b) Reverendo *Hochwürden.*
R.P. República Portuguesa *Republik Portugal.*

S

S. a) São *Heilige(r)* (Hl., hl.); b) sul *Süden* (S).
s/ a) sem *ohne* (o.); b) seu(s), sua(s) *Ihr(e)*; c) sobre *auf.*
s/a seu aceite *Ihr Akzept.*
S.A. Sociedade Anónima *Aktiengesellschaft* (AG).
sarg. sargento *Feldwebel.*
S.A.R.L. Sociedade Anónima de Responsabilidade Limitada *Gesellschaft mit beschränkter Haftung* (GmbH).
sc., scs. saco, sacos *Sack.*
s/c a) sua carta *Ihr Schreiben*; b) sua conta *Ihre Rechnung.*
S.C. sentidas condolências *herzliches Beileid.*
s.d. sem data *ohne Datum* (o. D.).
s.e. salvo erro *Irrtum vorbehalten.*
S.E. a) Sua Eminência *Seine Eminenz*; b) Sueste *Südosten* (SO).
séc. século *Jahrhundert* (Jahrh.).
secr. secretário *Sekretär.*
seg. seguinte *folgende* (f.).
S.E.O. salvo erro ou omissão *Irrtum und Auslassung vorbehalten.*
Set.º Setembro *September* (Sept.).
S.Ex.ª Sua Excelência *Seine Exzellenz.*
s/f. seu favor *Ihr Schreiben.*
s.f.f. se faz favor *bitte.*
S.N.I. Secretariado Nacional de Informações *Nationales Propagandasekretariat.*
s/o. sua ordem *Ihr Auftrag.*
S.O. Sudoeste *Südwesten* (SW).
Soc. Sociedade *Gesellschaft* (Ges.); ~ L.da = L.da.
S.or sénior *senior* (sen.).
S.P. a) sentidos pêsames *herzliches Beileid*; b) Serviço Público *Behörde.*
Sr. Senhor *Herr(n).*
S.R. Serviço da República (auf offiziellen Schreiben staatlicher Dienststellen).
Sr.ª Senhora *Frau* (Fr.); *in Port.* = **Sr.ta** Senhorita *Fräulein* (Frl.).
ss. seguintes *folgende* (ff.).
S.S. Sua Santidade *Seine Heiligkeit.*
S.S.E. su-sueste *Südsüdost* (SSO).
S.S.O. su-sudoeste *Südsüdwest* (SSW).
S.ta, S.to Santa, Santo *Heilige(r)* (Hl., hl.).
S.T.F. Supremo Tribunal Federal *Oberstes Bundesgericht.*
suc. a) sucessor(es) *Nachfolger* (Nachf.); b) sucursal *Filiale.*
supl. suplemento *Beiblatt* (Beibl.); *Nachtrag.*

T

t. a) tomo(s) *Band* (*Bände*) (Bd[e].); b) tonelada(s) *Tonne(n)* (t).
T. a) tara *Tara* (T); b) = Trav.
te(l). a) telefone *Telefon* (Tel.); b) telegrama *Telegramm.*
ten. tenente *Leutnant* (Ltn.); **~-cor.** tenente-coronel *Oberstleutnant.*
tes. tesoureiro *Kassenleiter.*
test. testemunha *Zeuge.*
tip. tipografia *Buchdruckerei.*
ton. tonel, -éis *Faß.*
trad. tradução, traduzido *Übersetzung, übersetzt* (Übers., übers.).
Trav. Travessa *Gasse.*
Trib. tribunal *Gericht.*
T.S.F. telegrafia sem fios *Rundfunk.*
T.te = ten.

U

UDN União Democrática Nacional (*Nationaldemokratische Union*).
U.N. União Nacional *Nationale Einheitspartei.*
U.R.S.S. União das Repúblicas Socialistas Soviéticas *Union der Sozialistischen Sowjetrepubliken* (UdSSR).
U.T. Universidade Técnica *Technische Universität* (T.U.).

V

v. a) vapor *Dampfer* (D.); b) veja *siehe* (s.); c) verso *Rückseite* (V.).
v/ vosso(s), vossa(s) *Ihr(e).*
V. a) Você *Sie*; b) visto *gesehen, geprüft.*
V.ª viúva *Witwe* (Wwe.).
v.alm. vice-almirante *Vizeadmiral.*
v/c a) vossa carta *Ihr Schreiben*; b) vossa casa *Ihr Haus*; c) vossa conta *Ihre Rechnung.*
V.Ex.ª Vossa Excelência *Ew. Exzellenz.*
v.g. *lat.* verbi gratia *zum Beispiel* [(z. B.).]

v.º verso *Rückseite* (*V.*).
v/o vossa ordem *Ihr Auftrag.*
vol., vols. volume(s) *Band, Bände* (*Bd., Bde.*).
v.or venerador *verehrungsvoll* (*in Höflichkeitsformeln*).
V.S.a, VV.S.as Vossa(s) Senhoria(s) *Sie.*
v.s.f.f. volte, se faz favor *bitte, wenden.*

W

W. = O. oueste *Westen* (**W**).
w. vátio(s) *Watt* (W).

Konjugation der portugiesischen Verben

In den folgenden Konjugationsmustern sind die Stämme mit gewöhnlicher, die Endungen mit *kursiver* Schrift gedruckt. Unregelmäßigkeiten sind durch **fette** Schrift kenntlich gemacht.

Anweisung für die Bildung der Zeiten

Aus den nachstehenden Stammformen lassen sich folgende Ableitungen*) bilden:

Stammformen	Ableitungen
I. Aus dem **Presente do indicativo** 3. Pers. *sg.* (louva, vende, admite)	der **Imperativ** 2. Pers. *sg.* (louva!, vende!, admite!)
2. Pers. *pl.* (louvais, vendeis, admitis)	der **Imperativ** 2. Pers. *pl.* durch Abtrennung des **-s** (louvai, vendei, admiti)
1. Pers. *sg.* (louvo, vendo, admito)	der **Presente do conjuntivo** durch Verwandlung des **o** in **e** oder **a** (louve, venda, admita)
II. Aus dem **Presente do conjuntivo** 2. u. 3. Pers. *sg.* und 1.-3. Pers. *pl.* (louves, louve, louvemos, louveis, louvem — vendas, venda, vendamos, vendais, vendam — admitas, admita, admitamos, admitais, admitam)	der **Imperativ** 1. Pers. *pl.* und 3. Pers. *sg.* u. *pl.*, sowie die **verneinte** 2. Pers. *sg.* u. *pl.* (não louves, louve, louvemos, não louveis, louvem — não vendas, venda, vendamos, não vendais, vendam — não admitas usw.)
III. Aus dem **Pretérito perfeito** 3. Pers. *pl.* (louvaram, venderam, admitiram)	a) der **Futuro do conjuntivo** durch Abtrennung der Endsilbe **-am** (louvar, vender, admitir) b) der **Mais-que-perfeito** durch Abtrennung des auslautenden **-m** (louvara, vendera, admitira) c) der **Pretérito imperfeito do conjuntivo** durch Verwandlung der Endung **-ram** in **-sse** (louvasse, vendesse, admitisse)
IV. Aus dem **Infinito** (louvar, vender, admitir)	a) der **Gerúndio** durch Verwandlung des **-r** in **-ndo** (louvando, vendendo, admitindo) b) der **Particípio passado** durch Verwandlung von **-ar** in **-ado**, **-er** u. **-ir** in **-ido** (louvado, vendido, admitido) c) der **Futuro do indicativo** durch Anhängen der Präsensendung von **haver** (louvarei, venderei, admitirei) d) der **Conditional** durch Anhängen der Imperfektendung von **haver** (louvaria, venderia, admitiria)
V. Aus dem **Particípio passado** (louvado, vendido, admitido)	Alle **zusammengesetzten Zeiten**

*) Diese Ableitungen entsprechen nur teilweise den sprachgeschichtlichen Zusammenhängen; sie sind als praktische Hinweise für die Bildung der Zeiten zu verstehen.

Aufzählung der portugiesischen Formen mit deutschen Beispielen

AKTIV - Einfache Zeiten

VOZ ACTIVA - Tempos simples

Indicativo (*Wirklichkeitsform*)

Presente louvo - ich lobe

Pretérito imperfeito louvava - ich lobte (wiederholt)

Pretérito perfeito simples louvei - ich lobte (einmalig)

Futuro imperfeito louvarei - ich werde loben

Condicional imperfeito louvaria - ich würde loben

Pretérito mais-que-perfeito louvara - ich hatte gelobt

Conjuntivo (*Möglichkeitsform*)

Presente louve - ich lobe

Pretérito imperfeito louvasse - ich lobte

Futuro imperfeito und Infinitivo pessoal louvar - ich werde loben; loben

Infinito louvar - loben

Imperativo louva (não louves) - lobe (lobe nicht), louve - loben Sie (Anrede an eine Person), louvemos - loben wir, louvai (não louveis) - lobt (lobt nicht), louvem - loben Sie (Anrede an mehrere Personen)

Gerúndio louvando - lobend

Particípio passado louvado - gelobt

AKTIV - Zusammengesetzte Zeiten

VOZ ACTIVA - Tempos compostos

Indicatico (*Wirklichkeitsform*)

Pretérito perfeito composto tenho (hei) louvado - ich habe gelobt

Mais-que-perfeito composto tinha (havia) louvado - ich hatte gelobt

Futuro perfeito terei (haverei) louvado - ich werde gelobt haben

Condicional perfeito teria (haveria) louvado - ich würde gelobt haben

Conjuntivo (*Möglichkeitsform*)

Pretérito perfeito tenha (haja) louvado - ich habe gelobt

Pretérito mais-que-perfeito tivesse (houvesse) louvado - ich hätte gelobt

Futuro perfeito tiver (houver) louvado - ich werde gelobt haben

Infinito perfeito ter (haver) louvado - gelobt haben

Gerúndio perfeito tendo (havendo) louvado - gelobt habend

PASSIV

VOZ PASIVA

Indicativo (*Wirklichkeitsform*)

Presente sou louvado - ich werde gelobt [gelobt}
Imperfeito era louvado - ich war}

Perfeito fui louvado - ich wurde gelobt

Perfeito composto tenho (hei) sido louvado - ich bin gelobt worden

Mais-que-perfeito tinha (havia) sido louvado - ich war gelobt worden

Futuro serei louvado - ich werde gelobt werden

Futuro perfeito terei (haverei) sido louvado - ich werde gelobt worden sein [de gelobt werden}
Condicional seria louvado - ich wür-}

Condicional perfeito teria (haveria) sido louvado - ich würde gelobt worden sein

Conjuntivo (*Möglichkeitsform*)

Presente seja louvado - ich werde gelobt [gelobt}
Imperfeito fosse louvado - ich wäre}

Perfeito tenha (haja) sido louvado - ich sei gelobt worden

Mais-que-perfeito tivesse (houvesse) sido louvado - ich wäre gelobt worden
Futuro for louvado - ich werde gelobt werden
Futuro perfeito tiver (houver) sido louvado - ich werde gelobt worden sein

Infinito presente ser louvado - gelobt werden
Infinito perfeito ter (haver) sido louvado - gelobt worden sein
Gerúndio presente sendo louvado - gelobt werdend
Gerúndio perfeito tendo (havendo) sido louvado - gelobt worden seiend

Erste Konjugation

[1a] louvar Der Stamm bleibt unverändert

Einfache Zeiten

Indicativo

Presente
sg. louvo
louv*as*
louv*a*
pl. louv*amos*
louv*ais*
louv*am*

Fretérito imperfeito
sg. louv*ava*
louv*avas*
louv*ava*
pl. louv*ávamos*
louv*áveis*
louv*avam*

Pretérito perfeito simples
sg. louv*ei*
louv*aste*
louv*ou*
pl. louv*ámos*
louv*astes*
louv*aram*

Futuro imperf.
sg. louvar*ei*
louvar*ás*
louvar*á*
pl. louvar*emos*
louvar*eis*
louvar*ão*

Condicional imperf.
sg. louvar*ia*
louvar*ias*
louvar*ia*
pl. louvar*íamos*
louvar*íeis*
louvar*iam*

Pret. mais-que-perf.
sg. louv*ara*
louv*aras*
louv*ara*
pl. louv*áramos*
louv*áreis*
louv*aram*

Conjuntivo

Presente
sg. louv*e*
louv*es*
louv*e*
pl. louv*emos*
louv*eis*
louv*em*

Pretérito imperf.
sg. louv*asse*
louv*asses*
louv*asse*
pl. louv*ássemos*
louv*ásseis*
louv*assem*

Futuro imperf. und Infinitivo pessoal
sg. louv*ar*
louv*ares*
louv*ar*
pl. louv*armos*
louv*ardes*
louv*arem*

Imperativo: 2. Pers. *sg.* louv*a* (não louv*es*), 3. Pers. *sg.* louv*e*, 1. Pers. *pl.* louv*emos*, 2. Pers. *pl.* louv*ai* (não louv*eis*), 3. Pers. *pl.* louv*em*; **Gerúndio:** louv*ando*; **Participio passado:** louv*ado*

Zusammengesetzte Zeiten

1. Im Aktiv

(Hilfsverb **ter**, selten **haver** vor unveränderlichem Partizip)

Infinito

perfeito: ter (haver) louv*ado*

Gerúndio

perfeito: tendo (havendo) louv*ado*

Indicativo

pret. perf. comp.: tenho (hei) louv*ado*
mais-que-perf. composto: tinha (havia) louv*ado*
fut. perf. terei (haverei) louv*ado*
cond. perf.: teria (haveria) louv*ado*

Conjuntivo

pret. perf.: tenha (haja) louv*ado*
pret. mais-que-perf.: tivesse (houvesse) louv*ado*
fut. perf.: tiver (houver) louv*ado*

2. Im Passiv

(Hilfsverb **ser** [u. **ter** od. selten **haver**] vor veränderlich. Partizip)

Infinito

pres.: ser louv*ado*
perf.: ter (haver) sido louv*ado*

Gerúndio

pres.: sendo louv*ado*
perf.: tendo (havendo) sido louv*ado*

Indicativo

pres.: sou louv*ado*
imperf.: era louv*ado*
perf.: fui louv*ado*
perf. comp.: tenho (hei) sido louv*ado*
mais-que-perf. composto: tinha (havia) sido louv*ado*
futuro imperf. serei louv*ado*
fut. perf.: terei (haverei) sido louv*ado*
condic. imperf.: seria louv*ado*
cond. perf.: teria (haveria) sido louv*ado*

Conjuntivo

pres.: seja louv*ado*
imperf.: fosse louv*ado*
perfeito: tenha (haja) sido louv*ado*
mais-que-perf.: tivesse (houvesse) sido louv*ado*
futuro: for louv*ado*
fut. perf.: tiver (houver) sido louv*ado*

		Presente do indicativo	Presente do conjuntivo	Pret. Perfeito do indicat.
1b	Geschlossenes *a* [ɐ], dem kein *m*, *n* od. *nh* folgt, wird in den stammbetonten Formen zu offenem *a* (a). Entsprechend öffnet sich der Diphthong [ɐi] in diesen Formen zu [ai]. *lavar* [lɐ'var]	lav*o* ['a] lav*as* lav*a* lav*amos* lav*ais* lav*am*	lav*e* lav*es* lav*e* lav*emos* lav*eis* lav*em*	lav*ei* usw.
1c	Tonloses *e* [ə] wird mit Ausnahme der in 1 d genannten Fälle in den stammbetonten Formen zu offenem *e* [ɛ]: *levar* [lə'var]	lev*o* ['ɛ] lev*as* lev*a* lev*amos* lev*ais* lev*am*	lev*e* lev*es* lev*e* lev*emos* lev*eis* lev*em*	lev*ei* usw.
1d	Tonloses *e* [ɨ] vor *m*, *n*, *nh*, *ch*, *lh* od. *j* wird in den stammbetonten Formen zu geschlossenem *e* (e). Entsprechend wird nasaliertes tonloses *e* [ĩ] zu geschlossenem nasaliertem *e* [ẽ]: *desejar* [dəzɨ'ʒar]	desej*o* ['e] desej*as* desej*a* desej*amos* desej*ais* desej*am*	desej*e* desej*es* desej*e* desej*emos* desej*eis* desej*em*	desej*ei* usw.
1e	Tonloses u. geschlossenes *o* (u od. o) werden außer den in 1 f genannten Fällen in den stammbetonten Formen zu offenem *o* (ɔ): *aprovar* [ɐpru'var]	aprov*o* ['ɔ] aprov*as* aprov*a* aprov*amos* aprov*ais* aprov*am*	aprov*e* aprov*es* aprov*e* aprov*emos* aprov*eis* aprov*em*	aprov*ei* usw.

		Presente do indicativo	Presente do conjuntivo	Pret. Perfeito do indicat.
1f	Tonloses *o* vor *m*, *n* od. *nh* oder im Stammauslaut wird in den stammbetonten Formen zu geschlossenem *o* (o): *perdoar* [pər'ðwar]	perdo*o* ['o] perdo*as* perdo*a* perdo*amos* perdo*ais* perdo*am*	perdo*e* perdo*es* perdo*e* perdo*emos* perdo*eis* perdo*em*	perdo*ei* usw.
1g	Verben auf *-iar*[1]) und *-uar*. In den stammbetonten Formen wird das *i* (od. *u*) betont: *adiar* [ɐ'ðjar]	adi*o* ['i] adi*as* adi*a* adi*amos* adi*ais* adi*am*	adi*e* adi*es* adi*e* adi*emos* adi*eis* adi*em*	adi*ei* usw.
1h	Verben auf *-iar*[2]). In den stammbetonten Formen ververwandelt sich das *i* in betontes *ei* [ei]: *odiar* [u'ðjar]	odei*o* ['ei] odei*as* odei*a* odi*amos* odi*ais* odei*am*	odei*e* odei*es* odei*e* odi*emos* odi*eis* odei*em*	odi*ei* usw.
1i	Verben auf *-iar*[3]). Das *i* bildet mit dem vorangehenden Vokal einen Diphthong; in den stammbetonten Formen bleibt deshalb das *i* unbetont: *conluiar* [kõlu'jar]	conlui*o* ['uj] conlui*as* conlui*a* conlui*amos* conlui*ais* conlui*am*	conlui*e* conlui*es* conlui*e* conlui*emos* conlui*eis* conlui*em*	conlui*ei* usw.
1k	Verben auf *-oiar*. Das *o* wird, sofern es ursprünglich geschlossen ist, in den stammbetonten Formen geöffnet u. erhält den Akzent. Die Verben auf *-oiar*, in denen das *o* ursprünglich offen ist, gehen wie *conluiar* (s. 1i): *boiar* [bo'jar]	bói*o* ['ɔj] bói*as* bói*a* boi*amos* boi*ais* bói*am*	bói*e* bói*es* bói*e* boi*emos* boi*eis* bói*em*	boi*ei* usw.
1l	Verben auf *-ear*. In den stammbetonten Formen verwandelt sich das *e* in betontes *ei*: *recear* [ʀə'sjar]	recei*o* ['ej] recei*as* recei*a* rece*amos* rece*ais* recei*am*	recei*e* recei*es* recei*e* rece*emos* rece*eis* recei*em*	rece*ei* usw.
1m	Verben auf *-guar* und *-quar*. In den stammbetonten Formen wird das *u* betont und erhält in einigen den Akzent: *averiguar* [ɐvəri'ɣwar]	averi- gu*o* ['u] averigu*as* averigu*a* averi- gu*amos* averigu*ais* averigu*am*	averigú*e* averigú*es* averigú*e* averi- gu*emos* averigu*eis* averigú*em*	averigu*ei* usw.

		Presente do indicativo	Presente do conjuntivo	Pret. Perfeito do indicat.
1n	Verben auf *-car*. Der Stammauslaut *c* wird zu *qu* vor *e*: *ficar* [fi'kar]	fic*o* fic*as* fic*a* fic*amos* fic*ais* fic*am*	**fiqu***e* (k) **fiqu***es* **fiqu***e* **fiqu***emos* **fiqu***eis* **fiqu***em*	**fiqu***ei* fic*aste* fic*ou* fic*amos* fic*astes* fic*aram*
1o	Verben auf *-gar*. Der Stammauslaut *g* wird zu *gu* vor *e*: *ligar* [li'ɣar]	lig*o* lig*as* lig*a* lig*amos* lig*ais* lig*am*	**ligu***e* [ɣ] **ligu***es* **ligu***e* **ligu***emos* **ligu***eis* **ligu***em*	**ligu***ei* lig*aste* lig*ou* lig*ámos* lig*astes* lig*aram*
1p	Verben auf *-çar*. Der Stammauslaut *ç* wird zu *c* vor *e*: *dançar* [dɐ̃'sar]	danç*o* danç*as* danç*a* danç*amos* danç*ais* danç*am*	**danc***e* [s] **danc***es* **danc***e* **danc***emos* **danc***eis* **danc***em*	**danc***ei* danç*aste* danç*ou* danç*ámos* danç*astes* danç*aram*
1q	*Die Stammvokale i oder u*, denen ein anderer Vokal vorangeht, ohne mit jenen einen Diphthong zu bilden, erhalten in den stammbetonten Formen den Akzent: *saudar* [sɐu'ðar]	sa**ú**d*o* ['u] sa**ú**d*as* sa**ú**d*a* saud*amos* saud*ais* sa**ú**d*am*	sa**ú**d*e* sa**ú**d*es* sa**ú**d*e* saud*emos* saud*eis* sa**ú**d*em*	saud*ei* usw.
1r	**dar.** Unregelmäßigkeiten im *Pres. do ind.* und *Pres. do conj.*, insbesondere durch den Akzentgebrauch; *Pret. perf.* außer 1. Pers. *sg.* nach der zweiten regelm. Konjugation. Sonst regelmäßig	**dou** **dá***s* **dá** d*amos* d*ais* **dão**	**dê** **dê***s* **dê** **dê***mos* d*eis* **dê***em*	d*ei* **deste** **deu** **demos** **destes** **deram**
1s	**estar.** Unregelmäßig einige Formen des *pres. do ind.* und der ganze *pres. do conj.*; ferner *pret. perf.* (vgl. 2v). Sonst regelmäßig	**estou** **estás** **está** est*amos* est*ais* **estão**	**estej***a* **estej***as* **estej***a* **estej***amos* **estej***ais* **estej***am*	**estiv***e* **estiv***este* **esteve** **estiv***emos* **estiv***estes* **estiv***eram*

Zweite Konjugation

[2a] vender Der Stamm bleibt unverändert

Einfache Zeiten

Indicativo		Conjuntivo	Imperativo
Presente	*Futuro imperf.*	*Presente*	
sg. vend*o*	*sg.* vender*ei*	*sg.* vend*a*	*sg.* —
vend*es*	vender*ás*	vend*as*	vend*e* (não vend*as*)
vend*e*	vender*á*	vend*a*	vend*a*
pl. vend*emos*	*pl.* vender*emos*	*pl.* vend*amos*	vend*amos*
vend*eis*	vender*eis*	vend*ais*	vend*ei* (não vend*ais*)
vend*em*	vender*ão*	vend*am*	vend*am*
Pretérito imperfeito	*Condicional imperf.*	*Pretérito imperfeito*	**Gerúndio**
sg. vend*ia*	*sg.* vender*ia*	*sg.* vend*esse*	vend*endo*
vend*ias*	vender*ias*	vend*esses*	
vend*ia*	vender*ia*	vend*esse*	**Particípio passado**
pl. vend*íamos*	vender*íamos*	vend*éssemos*	
vend*íeis*	vender*íeis*	vend*ésseis*	
vend*iam*	vender*iam*	vend*essem*	vend*ido*
Pret. perfeito simples	*Pret. mais-que-perfeito*	*Futuro imperf.*	**Infinito pessoal**
sg. vend*i*	*sg.* vend*era*	*sg.* vend*er*	*sg.* vend*er*
vend*este*	vend*eras*	vend*eres*	vend*eres*
vend*eu*	vend*era*	vend*er*	vend*er*
pl. vend*emos*	*pl.* vend*éramos*	*pl.* vend*ermos*	*pl.* vend*ermos*
vend*estes*	vend*éreis*	vend*erdes*	vend*erdes*
vend*eram*	vend*eram*	vend*erem*	vend*erem*

Zusammengesetzte Zeiten: wie 1. Konjugation

		Presente do indicativo	Presente do conjuntivo	Pret. Perfeito do indicat.
2b	Geschlossenes *a* [ɐ] wird in den stammbetonten Formen zu offenem *a* (a): *abater* [ɐβɐ'ter]	abat*o* ['a] abat*es* abat*e* abat*emos* abat*eis* abat*em*	abat*a* abat*as* abat*a* abat*amos* abat*ais* abat*am*	abat*i* usw.
2c	Tonloses *e* [ə] wird zu offenem *e* [ɛ] in der 2. u. 3. Pers. *sg.* u. der 3. Pers. *pl.* des *Pres. do. indic.*, zu geschlossenem *e* (e) in den anderen stammbetonten Formen: *beber* [bə'βer]	beb*o* ['e] beb*es* ['ɛ] beb*e* ['ɛ] beb*emos* beb*eis* beb*em* ['ɛ]	beb*a* ['e] beb*as* beb*a* beb*amos* beb*eis* beb*am*	beb*i* usw.

	Presente do indicativo	Presente do conjuntivo	Pret. Perfeito do indicat.
2d Tonloses *o* (u) wird zu offenem *o* (ɔ) in der 2. u. 3. Pers. *sg.* u. der 3. Pers. *pl.* des *Pres. do indic.*, zu geschlossenem *o* (o) in den übrigen stammbetonten Formen: *comer* [ku'mer]	com*o* ['o] com*es* ['ɔ] com*e* ['ɔ] com*emos* com*eis* com*em* ['ɔ]	com*a* ['o] com*as* com*a* com*amos* com*ais* com*am*	com*i* usw.
2e Geschlossenes *o* (o) wird zu offenem *o* (ɔ) in der 2. u. 3. Pers. *sg.* u. der 3. Pers. *pl.* des *Pres. do indic.*: *volver* [voł'ver]	volv*o* volv*es* ['ɔ] volv*e* volv*emos* volv*eis* volv*em*	volv*a* volv*as* volv*a* volv*amos* volv*ais* volv*am*	volv*i* usw.
2f Verben mit stammauslautendem, tonlosem *o* (u) haben in der 2. u. 3. Pers. *sg.* des *Pres. do indic. oi* [ɔi], in den übrigen stammbetonten Formen geschlossenes *o* (o) und verlangen in mehreren anderen Formen den Akut: *doer* ['dwer]	do*o* ['o] d*óis* [ɔi] d*ói* [ɔi] do*emos* do*eis* do*em* ['o]	do*a* ['o] do*as* do*a* do*amos* do*ais* do*am*	do*í* do*este* do*eu* do*emos* do*estes* do*eram*

Pret. imperf.: do*ía*, do*ías*, do*ía*, do*íamos*, do*íeis*, do*íam*
Part. pass.: do*ído*

	Presente do indicativo	Presente do conjuntivo	Pret. Perfeito do indicat.
2g Verben auf *-cer*. Der Stammauslaut *c* wird *ç* vor *o* und *a* (Stamm wie 2c, falls nicht anders angegeben): *tecer* [tə'ser]	teç*o* [s] tec*es* tec*e* tec*emos* tec*eis* tec*em*	teç*a* teç*as* teç*a* teç*amos* teç*ais* teç*am*	tec*i* usw.
2h Verben auf *-ger*. Der Stammauslaut *g* wird zu *j* vor *a* u. *o*: *reger* [ʀɨ'ʒer]	rej*o* [ʒ] reg*es* reg*e* reg*emos* reg*eis* reg*em*	rej*a* rej*as* rej*a* rej*amos* rej*ais* rej*am*	reg*i* usw.
2i Verben auf *-guer*. Der Stammauslaut *gu* wird zu *g* vor *a* u. *o*: *erguer* [ir'ɣer]	erg*o* [ɣ] ergu*es* ergu*e* ergu*emos* ergu*eis* ergu*em*	erg*a* erg*as* erg*a* erg*amos* erg*ais* erg*am*	ergu*i* usw.
2k **crer.** Unregelmäßigkeiten durch Einschub von *i* oder Anwendung des Zirkumflex im Präsens; 2. Pers. *pl.* des *Pres. do ind.* auf *-edes*. Sonst regelmäßig	crei*o* crê*s* crê cr*emos* credes crê*em*	crei*a* crei*as* crei*a* crei*amos* crei*ais* crei*am*	cr*i* usw.

		Presente do indicativo	Presente do conjuntivo	Pret. Perfeito do indicat.
2l	**ler.** Die gleichen Unregelmäßigkeiten wie *crer* (2k)	leio lês lê lemos ledes lêem	leia leias leia leiamos leiais leiam	li usw.
2m	**ver.** Die gleichen Unregelmäßigkeiten wie *crer* (2k), nur Einschub von *j* statt *i*. Ferner *Pret. perfeito* nach der 3. Konjugation und unregelmäßiges Partizip Part. pass.: **visto**	vejo vês vê vemos vedes vêem	veja vejas veja vejamos vejais vejam	vi viste viu vimos vistes viram
2n	**prover.** Wie *ver* (2m), jedoch sind im Unterschied zu den übrigen Komposita von *ver Part. pass.* u. *Pret. perfeito* sowie die davon abgeleiteten Formen regelmäßig	provejo provês provê provemos provedes provêem	proveja provejas proveja provejamos provejais provejam	provi proveste proveu provemos provestes proveram
2o	**perder.** Verwandelt in der 1. Pers. *sg.* des *Pres. do ind.* u. im ganzen *Pres. do conj.* das *d* in *c*; sonst regelmäßig	perco perdes perde perdemos perdeis perdem	perca percas perca percamos percais percam	perdi usw.
2p	**valer.** Verwandelt in denselben Formen wie *perder* (2o): *l* in *lh*; sonst regelmäßig	valho vales vale valemos valeis valem	valha valhas valha valhamos valhais valham	vali usw.
2q	**caber.** Unregelmäßiger Stammvokal im Präsens und *Pret. perfeito*	caibo cabes cabe cabemos cabeis cabem	caiba caibas caiba caibamos caibais caibam	coube coubeste coube coubemos coubestes couberam
2r	**saber.** Wie *caber* (2q) mit Ausnahme der unterschiedlichen 1. Pers. *sg.* im *Pres. do indicativo*	sei sabes sabe sabemos sabeis sabem	saiba saibas saiba saibamos saibais saibam	soube soubeste soube soubemos soubestes souberam

		Presente do indicativo	Presente do conjuntivo	Pret. Perfeito do indicat.
2s	**aprazer.** 3. Pers. *sg.* des *Pres. do ind.* ohne *e*, unregelmäßiges *Pret. perfeito*	apraz*o* apraz*es* apraz apraz*emos* apraz*eis* apraz*em*	apraz*a* usw.	aprouv*e* aprouv*este* aprouv*e* aprou-v*emos* aprou-v*estes* aprou-v*eram*
2t	**querer.** Ausfall des *-e* in der 3. *P. sg. do Pres. do ind.*; Konjunktivstamm: *queir-*; unregelmäßiges *Pret. perfeito*	quer*o* queres quer usw.	queir*a* queir*as* queir*a* quei-r*amos* queir*ais* queir*am*	quis quis*este* quis quis*emos* quis*estes* quis*eram*
2u	**requerer.** Stamm der 1. P. *sg. do Pres. do indic.* u. des *Pres. do conj. requeir-*, aber im Unterschied zu *querer* (2t) regelmäßiges *Pret. perfeito*	requeir*o* requer*es* requer*e* reque-r*emos* requer*eis* requer*em*	requeir*a* requeir*as* requeir*a* requei-r*amos* requeir*ais* requeir*am*	requer*i* usw.
2v	**fazer.** Ersetzt *z* vor *a* u. *o* durch *ç*; unregelm. *Pret. perfeito.* Ausfall von *ze* in Fut. u. Cond. und des *e* in 3. P. *sg.* des *Pres. do ind.*	faç*o* faz*es* faz faz*emos* faz*eis* faz*em*	faç*a* faç*as* faç*a* faç*amos* faç*ais* faç*am*	fiz fiz*este* fez fiz*emos* fiz*estes* fiz*eram*

Futuro: far*ei*, far*ás*, far*á*, far*emos*, far*eis*, far*ão*
Part. pass.: feit*o*

2w	**trazer.** Ähnliche Unregelmäßigkeiten wie *fazer* (2v). Partizip regelmäßig	trag*o* traz*es* traz traz*emos* traz*eis* traz*em*	trag*a* trag*as* trag*a* trag*amos* trag*ais* trag*am*	troux*e* troux*este* troux*e* troux*emos* troux*estes* troux*eram*

Futuro: trar*ei*, trar*ás*, trar*á*, trar*emos*, trar*eis*, trar*ão*

2x	**dizer.** Ähnliche Unregelmäßigkeiten wie *fazer* (2v)	dig*o* diz*es* diz diz*emos* diz*eis* diz*em*	dig*a* dig*as* dig*a* dig*amos* dig*ais* dig*am*	diss*e* diss*este* diss*e* diss*emos* diss*estes* diss*eram*

Futuro: dir*ei*, dir*ás*, dir*á*, dir*emos*, dir*eis*, dir*ão*
Part. pass.: dit*o*

		Presente do indicativo	Presente do conjuntivo	Pret. Perfeito do indicat.
2y	**poder.** Ersetzt in 1. Pers. *sg.* des *Pres. do ind.* und im ganzen *Pres. do conj.* *d* durch *ss*; regelm. *Pret. perfeito*	poss*o*	poss*a*	pud*e*
		pod*es*	poss*as*	pud*este*
		pod*e*	poss*a*	pôd*e*
		pod*emos*	poss*amos*	pud*emos*
		pod*eis*	poss*ais*	pud*estes*
		pod*em*	poss*am*	pud*eram*
2z	**haver.** Unregelmäßigkeiten im Präsens u. unregelm. *Pret. perfeito*	**hei**	**haj***a*	**houv***e*
		hás	**haj***as*	**houv***este*
		há	**haj***a*	**houv***e*
		hav*emos*	**haj***amos*	**houv***emos*
		hav*eis*	**haj***ais*	**houv***estes*
		hão	**haj***am*	**houv***eram*
2za	**ter.** Unregelmäßigkeiten im Präsens u. Präteritum	**tenh***o*	**tenh***a*	**tiv***e*
		tens	**tenh***as*	**tiv***este*
		tem	**tenh***a*	**tev***e*
		temos	**tenh***amos*	**tiv***emos*
		tendes	**tenh***ais*	**tiv***estes*
		têm	**tenh***am*	**tiv***eram*

Pret. imperf.: **tinh***a*, **tinh***as*, **tinh***a*, **tính***amos* **tính***eis*, **tinh***am*

2zb	**reter.** Die Komposita von *ter* haben außer den Unregelmäßigkeiten dieses Verbs (2za) den Akut in 2. u. 3. P. *sg.* des *Pres. do indic.* u. 2. P *sg.* des Imper.	**retenh***o*	rete**nh***a*	**retiv***e*
		reténs	usw.	usw.
		retém		
		ret*emos*		
		retendes		
		retêm		

Pret. imperf.: re**tinh***a*, re**tinh***as*, re**tinh***a*, re**tính***amos*, re**tính***eis*, re**tinh***am*

2zc	**ser.** Unregelmäßig in den meisten Formen	**sou**	**sej***a*	**fui**
		és	**sej***as*	**foste**
		é	**sej***a*	**foi**
		somos	**sej***amos*	**fomos**
		sois	**sej***ais*	**fostes**
		são	**sej***am*	**foram**

Pret. imperf.: **er***a*, **er***as*, **er***a*, **ér***amos*, **ér***eis*, **er***am*
Imperativo: 2. Pers. *sg.* **sê**; 2. Pers. *pl.* **sede**

2zd	**pôr.** Unregelmäßig in den meisten Formen	**ponh***o*	**ponh***a*	**pus**
		pões	**ponh***as*	**pus***este*
		põe	**ponh***a*	**pôs**
		pomos	**ponh***amos*	**pus***emos*
		pondes	**ponh***ais*	**pus***estes*
		põem	**ponh***am*	**pus***eram*

Pret. imperf.: **punh***a*, **punh***as*, **punh***a*, **púnh***amos*, **púnh***eis* **punh***am*
Part. pass.: **posto**

Dritte Konjugation

[3a] admitir Der Stamm bleibt unverändert

Einfache Zeiten

Indicativo		Conjuntivo	Imperativo
Presente	*Futuro imperf.*	*Presente*	
sg. admit*o*	*sg.* admit*irei*	*sg.* admit*a*	*sg.* —
admit*es*	admit*irás*	admit*as*	admit*e* (não admit*as*)
admit*e*	admit*irá*	admit*a*	admit*a*
pl. admit*imos*	*pl.* admit*iremos*	*pl.* admit*amos*	*pl.* admit*amos*
admit*is*	admit*ireis*	admit*ais*	admit*i* (não admit*ais*)
admit*em*	admit*irão*	admit*am*	admit*am*
Pretérito imperfeito	*Condicional imperf.*	*Pretérito imperfeito*	**Gerúndio**
sg. admit*ia*	*fg.* admit*iria*	*sg.* admit*isse*	admit*indo*
admit*ias*	admit*irias*	admit*isses*	
admit*ia*	admit*iria*	admit*isse*	
pl. admit*íamos*	*pl.* admi-*tiríamos*	*pl.* admi-*tíssemos*	**Particípio passado**
admit*íeis*	admit*iríeis*	admit*ísseis*	
admit*iam*	admit*iriam*	admit*issem*	admit*ido*
Pret. perf. simples	*Pret. mais-que-perfeito*	*Futuro imperf.*	**Infinito pessoal**
sg. admit*i*	*sg.* admit*ira*	*sg.* admit*ir*	*sg.* admit*ir*
admit*iste*	admit*iras*	admit*ires*	admit*ires*
admit*iu*	admit*ira*	admit*ir*	admit*ir*
pl. admit*imos*	*pl.* admit*íramos*	*pl.* admit*irmos*	*pl.* admit*irmos*
admit*istes*	admit*íreis*	admit*irdes*	admit*irdes*
admit*iram*	admit*iram*	admit*irem*	admit*irem*

Zusammengesetzte Zeiten: wie 1. Konjugation

		Presente do indicativo	Presente do conjuntivo	Pret.Perfeito do indicat.
3b	Geschlossenes *a* [ɐ], dem kein *m*, *n* oder *nh* folgt, wird in den stammbetonten Formen zu offenem ***a*** (a): *invadir* [ĩvɐ'ðir]	invad*o* ['a]	invad*a*	invad*i*
		invad*es*	invad*as*	usw.
		invad*e*	invad*a*	
		invad*imos*	invad*amos*	
		invad*is*	invad*ais*	
		invad*em*	invad*am*	
3c	Tonloses *e* [ə, ɨ] wird zu offenem *e* [ε] in der 2. u. 3. Pers. *sg.* sowie 3. Pers. *pl.* des *Pres. do ind.*, aber zu *i* (i) in der 1. Pers. *sg.* und im ganzen *Pres. do conj.*: *despir* [dɨʃ-'pir]	disp*o* ['i]	disp*a*	desp*i*
		desp*es* ['ε]	disp*as*	usw.
		desp*e* ['ε]	disp*a*	
		desp*imos*	disp*amos*	
		desp*is*	disp*ais*	
		desp*em* ['ε]	disp*am*	

		Presente do		Pret. Perfeito do indicat.
		indicativo	conjuntivo	
3d	In einigen Verben wird tonloses *e* [ə] zu *i* in allen stammbetonten Formen des *Pres. do ind.* u. ganzen *Pres. do conj.*: *agredir* [ɐɣrəˈðir]	agrid*o* [ˈi] agrid*es* agrid*e* agred*imos* agred*is* agrid*em*	agrid*a* agrid*as* agrid*a* agrid*amos* agrid*ais* agrid*am*	agred*i* usw.
3e	Nasaliertes *e* [ẽ] wird zu nasaliertem *i* [ĩ] in der 1. Pers. *sg.* des *Pres. do ind.* u. im ganzen *Pres. do conj.*: *sentir* [sẽnˈtir]	sint*o* [ˈĩ] sent*es* sente sent*imos* sent*is* sent*em*	sint*a* sint*as* sint*a* sint*amos* sint*ais* sint*am*	sent*i* usw.
3f	Tonloses *o* (u) wird zu offenem *o* (ɔ) in der 2. u. 3. Pers. *sg.* sowie 3. Pers. des *Pres. do ind.*, aber zu *u* (u) in der 1. Pers. *sg.* und im ganzen *Pres. do conj.*: *dormir* [durˈmir]	durm*o* [ˈu] dorm*es* [ˈɔ] dorm*e* [ˈɔ] dorm*imos* dorm*is* dorm*em* [ˈɔ]	durm*a* [ˈu] durm*as* durm*a* durm*amos* durm*ais* durm*am*	dorm*i* usw.
3g	**polir.** Das tonlose *o* wird in den stammbetonten Formen des *Pres. do ind.* und im ganzen *Pres. do conj.* zu *u*	pul*o* pul*es* pul*e* pol*imos* pol*is* pul*em*	pul*a* pul*as* pul*a* pul*amos* pul*ais* pul*am*	pol*i* usw.
3h	Der Stammvokal *u* wird zu offenem *o* (ɔ) in der 2. u. 3. Pers. *sg.* sowie 3. Pers. *pl.* des *Pres. do ind.*: *subir* [suˈβir]	sub*o* sob*es* [ˈɔ] sob*e* [ˈɔ] sub*imos* sub*is* sob*em* [ˈɔ]	sub*a* usw.	sub*i* usw.
3i	Verben mit stammauslautendem *u* haben in der 2. u. 3. Pers. *sg.* des *Pres. do ind.* *i* statt *e* und verwenden den Akut in einer Anzahl von Formen: *fruir* [frwir]	fru*o* frui*s* [ui] frui [ui] fruí*mos* fruí*s* fru*em*	fru*a* usw.	fruí fruí*ste* fruí*u* fruí*mos* fruí*stes* fruí*ram*

Pret. imperf.: fruí*a*, fruí*as*, fruí*a*, fruí*amos*, fruí*eis*, fruí*am*

Futuro do conj. u. Infinito pess.: 2. Pers. *sg.* fruír*es*, 3. Pers. *pl.* fruír*em*

Imperativo: 2. Pers. *pl.* fruí

Akut auch im ganzen Mais-que-perfeito und im Pret. imperf. do conj., sowie im Part. pass.

		Presente do indicativo	Presente do conjuntivo	Pret.Perfeito do indicat.
3k	Einige Verben mit stammauslautendem *u* bilden neben *-uis*, *-ui* u. *-uem* im *Pres. do ind.*: *-óis*, *-ói* u. *oem*; im übrigen **wie 3i.** *destruir* [dɨʃ'trwir]	destru*o* destr**ói***s* (od. **-ui***s*) **destrói** (od. **-ui**) destruí*mos* destruí*s* destr**oe***m* (od. **-ue***m*)	destru*a* usw.	destruí vgl. *fruir*, 3i
	(Akzentgebrauch in anderen Formen wie *fruir*, 3i)			
3l	Verben mit stammauslautendem *a* konjugieren wie *fruir* (3i). Eine weitere Unregelmäßigkeit ist der Einschub des *i* in 1. Pers. *sg.* des *Pres. do ind.* u. im ganzen *Pres. do conj.*: *cair* [kɐ'ir]	cai*o* ['kaju] cai*s* ['kaiʃ] cai ['kai] caí*mos* caís ca*em* ['kajẽu]	cai*a* ['kajɐ] cai*as* cai*a* cai*amos* cai*ais* cai*am*	caí vgl. *fruir*, 3i
	(Akzentgebrauch in anderen Formen wie *fruir*, 3i)			
3m	Verben mit dem Stammauslaut *z*, dem ein Vokal vorausgeht, haben kein *e* in der 3. Pers. *sg.* des *Pres. do ind.*: *aduzir* [ɐðu'zir]	aduz*o* aduz*es* aduz aduz*imos* aduz*is* aduz*em*	aduz*a* usw.	aduz*i* usw.
3n	Verben auf *-gir*. Der Stammauslaut *g* wird vor *a* u. *o* zu *j*: *surgir* [sur'ʒir]	surj*o* [ʒ] surg*es* surg*e* surg*imos* surg*is* surg*em*	surj*a* surj*as* surj*a* surj*amos* surj*ais* surj*am*	surg*i* usw.
3na	Verben auf *-cir* verwandeln vor *a* u. *o* das *c* in *ç*: *ressarcir* [ʀəsɐr'sir]	ressarç*o* [s] ressarc*es* ressarc*e* usw.	ressar**ç***a* ressar**ç***as* usw.	ressarc*i* usw.
3o	Verben auf *-guir* u. *-quir* (das *u* wird nicht gesprochen). Der Stammauslaut *gu*, *qu* wird vor *a* u. *o* zu *g*, *q*: *distinguir* [diʃtĩŋ'gir]	disting*o* [g] distingu*es* distingu*e* distin- gu*imos* distingu*is* distingu*em*	disting*a* disting*as* disting*a* distin- g*amos* disting*ais* disting*am*	distingu*i* usw.
3p	Verben auf *-guir* u. *-quir* (das *u* wird in allen Formen gesprochen). In den stammbetonten Formen wird das *u* betont und erhält in einigen den Akut: *arguir* [ɐr'ɣwir]	argu*o* ['ɣu] arg**ú***is* arg**ú***i* argu*imos* argu*is* arg**ú***em*	argu*a* argu*as* argu*a* argu*amos* argu*ais* argu*am*	argu*i* usw.

Unregelmäßige Verben

		Presente do indicativo	Presente do conjuntivo	Pret. Perfeito do indicat.
3q	**frigir.** Verwandlung des *g* in *j* vor *a* und *o*, und des *i* in *e* in der 2. u. 3. Pers. *sg.* sowie 3. Pers. *pl.* des *Pres. do ind.*	frij*o* freg*es* freg*e* frig*imos* frig*is* freg*em*	frij*a* frij*as* frij*a* frij*amos* frij*ais* frij*am*	frig*i* usw.
	Part. pass.: mst irr. frit*o*			
3r	**pedir.** Verwandlung des *d* in *ç* in der 1. Pers. *sg.* des *Pres. do ind.* u. im ganzen *Pres. do conj.* Öffnung des tonlosen *e* [ə] in den stammbetonten Formen. Ebenso: *medir*	peç*o* ['ɛs] ped*es* ['ɛ] ped*e* ['ɛ] ped*imos* ped*is* ped*em* ['ɛ]	peç*a* ['ɛ] peç*as* peç*a* peç*amos* peç*ais* peç*am*	ped*i* usw.
3s	**proibir.** In den stammbetonten Formen erhält *i* den Akut. Ebenso: *coibir*	proíb*o* proíb*es* proíb*e* proib*imos* proib*is* proíb*em*	proíb*a* proíb*as* proíb*a* proib*amos* proib*ais* proíb*am*	proib*i* usw.
3t	**reunir.** In den stammbetonten Formen erhält *u* den Akut	reún*o* reún*es* reún*e* reun*imos* reun*is* reún*em*	reún*a* reún*as* reún*a* reun*amos* reun*ais* reún*am*	reun*i* usw.
3u	**ouvir.** In der 1. Pers. *sg.* des *Pres. do ind.* u. im ganzen *Pres. do conj.* wird der Stamm *ouv-* zu *oiç-* ['ois] oder *ouç-* ['os]	oiç*o*, ouç*o* ouv*es* ouv*e* ouv*imos* ouv*is* ouv*em*	oiç*a*, ouç*a* usw. usw.	ouv*i* usw.
3v	**rir.** Kontraktionsformen im *Pres. do ind.*; sonst regelm.	ri*o* ri*s* ri r*imos* rides ri*em*	ri*a* ri*as* ri*a* ri*amos* ri*ais* ri*am*	ri ri*ste* ri*u* r*imos* ri*stes* ri*ram*
3w	**vir.** Unregelmäßig **in den** meisten Formen	venh*o* ven*s* vem v*imos* vindes vêm	venh*a* venh*as* venh*a* venh*amos* venh*ais* venh*am*	vim vie*ste* veio vie*mos* vie*stes* vie*ram*

Pret. imperf.: vinh*a*, vinh*as*, vinh*a*, vính*amos*, vính*ais*, vinh*am*

Part. pass. = Gerúndio: vind*o*

	Presente do indicativo	Presente do conjuntivo	Pret. Perfeito do indicat.
3x **provir** usw.	Die Komposita von *vir* haben in der 2. u. 3. Pers. *sg.* den Akut (*provéns, provêm*) und regelmäßiges *Part. pass.* (*provido*); im übrigen gehen sie wie *vir*		
3y **ir.** Fast ganz unregelmäßig, da von verschiedenen Stämmen abgeleitet	**vou** **vais** **vai** **vamos** **ides** **vão**	**vá** **vás** **vá** **vamos** **vades** **vão**	**fui** **fo***ste* **foi** **fo***mos* **fo***stes* **fo***ram*

Pret. imperf.: *ia, ias* **usw.**
Futuro: ir*ei*, **ir***ás* **usw.**
Part. pass.: *ido*

Zahlwörter — Numerais

Numerais cardinais
Grundzahlen

0 zero *null*
1 um, uma *eins*
2 dois, duas *zwei*
3 três *drei*
4 quatro *vier*
5 cinco *fünf*
6 seis *sechs*
7 sete *sieben*
8 oito *acht*
9 nove *neun*
10 dez *zehn*
11 onze *elf*
12 doze *zwölf*
13 treze *dreizehn*
14 catorze, *bras.* quatorze *vierzehn*
15 quinze *fünfzehn*
16 dezasseis *sechzehn*
17 dezassete *siebzehn*
18 dezoito *achtzehn*
19 dezanove *neunzehn*
20 vinte *zwanzig*
21 vinte-e-um (uma) *einundzwanzig*
22 vinte-e-dois (duas) *zweiundzwanzig*
30 trinta *dreißig*
31 trinta-e-um (uma) *einunddreißig*
40 quarenta *vierzig*
50 cinquenta *fünfzig*
60 sessenta *sechzig*
70 setenta *siebzig*
80 oitenta *achtzig*
90 noventa *neunzig*
100 cem, cento *hundert*
101 cento-e-um (uma) *hunderteins*
200 duzentos, -as *zweihundert*
300 trezentos, -as *dreihundert*
400 quatrocentos, -as *vierhundert*
500 quinhentos, -as *fünfhundert*
600 seiscentos, -as *sechshundert*
700 setecentos, -as *siebenhundert*
800 oitocentos, -as *achthundert*
900 novecentos, -as *neunhundert*
1000 mil *tausend*
1875 mil oitocentos e setenta-e-cinco *eintausendachthundertfünfundsiebzig; als Jahreszahl: achtzehnhundertfünfundsiebzig*
2000 dois (duas) mil *zweitausend*
3000 três mil *dreitausend*
100 000 cem mil *hunderttausend*
500 000 quinhentos mil *fünfhunderttausend*
1 000 000 um milhão (de) *eine Million*
2 000 000 dois milhões (de) *zwei Millionen*
1 000 000 000 um bilhão (de) *eine Milliarde*
2 000 000 000 dois bilhões (de) *zwei Milliarden*
1 000 000 000 000 mil bilhões (de) *eine Billion*

Numerais ordinais
Ordnungszahlen

1.º, 1.ª primeiro, -a *erste*
2.º, 2.ª segundo, -a *zweite*
3.º, 3.ª terceiro, -a *dritte*
4.º, 4.ª quarto, -a *vierte*
5.º, 5.ª quinto, -a *fünfte*
6.º, 6.ª sexto, -a *sechste*
7.º, 7.ª sétimo, -a *sieb(en)te*
8.º, 8.ª oitavo, -a *achte*
9.º, 9.ª nono, -a *neunte*
10.º, 10.ª décimo, -a *zehnte*
11.º undécimo, décimo primeiro *elfte*
12.º duodécimo, décimo segundo *zwölfte*
13.º décimo terceiro *dreizehnte*
14.º décimo quarto *vierzehnte*
15.º décimo quinto *fünfzehnte*
16.º décimo sexto *sechzehnte*
17.º décimo sétimo *siebzehnte*
18.º décimo oitavo *achtzehnte*
19.º décimo nono *neunzehnte*
20.º vigésimo *zwanzigste*
21.º vigésimo primeiro *einundzwanzigste*
22.º vigésimo segundo *zweiundzwanzigste*
30.º trigésimo *dreißigste*
31.º trigésimo primeiro *einunddreißigste*
40.º quadragésimo *vierzigste*
50.º quinquagésimo *fünfzigste*
60.º sexagésimo *sechzigste*
70.º septuagésimo *siebzigste*
80.º octagésimo *achtzigste*

90.º nonagésimo *neunzigste*
100.º centésimo *hundertste*
101.º centésimo primeiro *hundert-[erste]*
200.º ducentésimo *zweihundertste*
300.º trecentésimo *dreihundertste*
400.º quadringentésimo *vierhundertste*
500.º quingentésimo *fünfhundertste*
600.º sexcentésimo *sechshundertste*
700.º septingentésimo *siebenhundertste*
800.º octingentésimo *achthundertste*
900.º non(in)gentésimo *neunhundertste*
1000.º milésimo *tausendste*
1875.º milésimo octingésimo septuagésimo quinto *eintausendachthundertfünfundsiebzigste*
3000.º trimilésimo *dreitausendste*
10000.º décimo milésimo *zehntausendste*
100000.º centésimo milésimo *hunderttausendste*
500000.º quingentésimo milésimo *fünfhunderttausendste*
1000000.º milionésimo *einmillionste*
2000000.º segundo milionésimo *zweimillionste*

Números fraccionários
Bruchzahlen

$^1/_2$ meio, meia
$^1/_3$ um terço, uma terça parte
$^1/_4$ um quarto, uma quarta parte
$^3/_4$ três quartos, três quartas partes
$^2/_5$ dois quintos, duas quintas partes
$^5/_6$ cinco sextos
$^4/_7$ quatro sétimos
$^7/_8$ sete oitavos
$^4/_9$ quatro nonos
$^9/_{10}$ nove décimos

Für die Bruchzahlen, die kleiner sind als ein Zehntel, bedient man sich der Ordnungszahlen, oder man fügt das Substantiv *avo* zu der Grundzahl, z. B.: $^2/_{11}$ *dois undécimos, dois onze avos*; $^5/_{12}$ *cinco duodécimos, cinco doze avos*; $^7/_{13}$ *sete treze avos*; $^3/_{20}$ *três vigésimos, três vinte avos*; $^7/_{31}$ *sete trinta-e-um avos* usw.

Multiplicadores
Vervielfältigungszahlen

Simples einfach, *duplo* zweifach, doppelt; *triplo* dreifach; *quádruplo* vierfach; *quintuplo* fünffach; *sêxtuplo* sechsfach; *séptuplo* siebenfach; *óctuplo* achtfach; *nónuplo* neunfach; *décuplo* zehnfach; *cêntuplo* hundertfach; *mílimo* tausendfach; *múltiplo* vielfach.

Uma vez einmal; *duas, três, quatro vezes etc.* zwei-, drei-, viermal usw.; *duas vezes tanto* zweimal so viel; *outra vez* noch einmal.

Primeiro, *segundo, terceiro* (1.º, 2.º, 3.º) *etc.*; *em primeiro (segundo, terceiro) lugar*; *primeiramente* erstens, zweitens, drittens usw.

7+8 = 15 *sete e* (od. *mais*) *oito são* (od. *fazem*) *quinze* sieben und acht ist (od. sind) fünfzehn.

10—3 = 7 *dez menos três são sete* zehn weniger drei ist sieben.

2×3 = 6 *duas vezes três são seis* zwei mal drei ist sechs.

20:4 = 5 *vinte (divididos) por quatro são cinco* zwanzig (geteilt) durch vier ist fünf.

Portugiesische Maße und Gewichte

Medidas e pesos portugueses

a) Längenmaße

1 mm. milímetro *Millimeter*
1 cm. centímetro *Zentimeter*
1 dm. decímetro *Dezimeter*
1 m. metro *Meter*
1 km. quilómetro *Kilometer*
1 lég. légua *Wegstunde* (= 5 *km*)
1 mi. milha marítima *Seemeile* (1852 *m*)

b) Hohlmaße

1 dl. decilitro *Deziliter*
1 l. litro *Liter*
1 hl. hectolitro *Hektoliter*
1 quartilho 0,5 *l*
1 almude 20 *od.* 25 *l*
1 alqueire *jetzt mst.* 20 *l*
1 rasa=alqueire

c) Flächenmaße

1 mm.² milímetro quadrado *Quadratmillimeter*
1 cm.² centímetro quadrado *Quadratzentimeter*
1 dm.² decímetro quadrado *Quadratdezimeter*
1 m.² metro quadrado *Quadratmeter*
1 are *Ar*
1 ha. hectare *Hektar*
1 km.² quilómetro quadrado *Quadratkilometer*
1 jeira *Joch, Morgen*
1 alqueire *in Bras.* = *etwa* 2,5 *od.* 4,8 *ha*

d) Raummaße

1 mm.³ milímetro cúbico *Kubikmillimeter*
1 cm.³ centímetro cúbico *Kubikzentimeter*
1 dm.³ decímetro cúbico *Kubikdezimeter*
1 m.³ metro cúbico *Kubikmeter, Raummeter*
1 estere *Festmeter, Ster*

e) Gewichte

1 mg. miligrama *Milligramm*
1 g. grama *Gramm*
1 kg. quilo(grama) *Kilo(gramm)*
1 t. tonelada *Tonne*
1 arroba 15 *kg*
1 q. quintal = 4 arrobas
1 qm. quintal métrico *Doppelzentner*
1 arrátel *Pfund* (429 *g*)

f) Mengenbezeichnungen

1 dz. dúzia *Dutzend*
1 quart. quarteirão 25 Stück
1 gr. grosa *Gros*
1 mão *Buch* (25 *Bogen*)
1 resma ½ *Ries* (500 *Bogen*)

LANGENSCHEIDTS
TASCHENWÖRTERBÜCHER

LANGENSCHEIDT
DICIONÁRIO DE BOLSO
DAS LÍNGUAS PORTUGUESA E ALEMÃ

Tomo Segundo

Alemão-Português

pelo

PROF. DR. ALBIN EDUARD BEAU

LANGENSCHEIDT
BERLIM · MUNIQUE · VIENA · ZURIQUE

LANGENSCHEIDTS
TASCHENWÖRTERBUCH
DER PORTUGIESISCHEN UND DEUTSCHEN SPRACHE

Zweiter Teil

Deutsch-Portugiesisch

von

Prof. Dr. Albin Eduard Beau

LANGENSCHEIDT
BERLIN · MÜNCHEN · WIEN · ZÜRICH

Die Nennung von Waren erfolgt in diesem Werk, wie in Nachschlagewerken üblich, ohne Erwähnung etwa bestehender Patente, Gebrauchsmuster oder Warenzeichen. Das Fehlen eines solchen Hinweises begründet also nicht die Annahme, eine Ware oder ein Warenname sei frei.

Auflage: 14. 13. 12. | *Letzte Zahlen*
Jahr: 1983 82 81 80 | *maßgeblich*

Druck: Graph. Betriebe Langenscheidt, Berchtesgaden/Obb.
Printed in Germany · ISBN 3-468-10275-5

Vorwort

Die vorliegende Neubearbeitung des deutsch-portugiesischen Taschenwörterbuches soll der im Laufe der letzten Jahre eingetretenen erheblichen Erweiterung des Wortschatzes soweit gerecht werden, wie es der Umfang eines Taschenwörterbuches zuläßt. Sie enthält den Wortschatz der lebenden Sprache, wobei entsprechend ihrer heutigen Bedeutung die Bereiche der Wirtschaft, des Verkehrs und der Technik, des Rechtswesens und der Verwaltung, der Naturwissenschaften und des Sports bei gleichzeitiger Aufnahme zahlreicher Neologismen besonders eingehend dargestellt sind. Um nur einige wenige Beispiele zu nennen:

Geburtenregelung (*controle da natalidade*), *Planwirtschaft* (*economia dirigida*), *Eigentumswohnung* (*propriedade horizontal*), *Gefrierfleisch* (*carne congelada*) u. a. m.

Angesichts der ständig wachsenden Bedeutung der wirtschaftlichen und kulturellen Beziehungen zwischen Brasilien und den deutschsprachigen Ländern hat der brasilianische Wortschatz — so beispielsweise *terno* (*Anzug*), *musicista* (*Musikfreund*), *tocaio* (*Namensvetter*), *garoa* (*Nieselregen*) — entsprechende Berücksichtigung erfahren.

Die Aussprachebezeichnung der deutschen Stichwörter ist in der Lautschrift der Association Phonétique Internationale gegeben. Die Rechtschreibung der portugiesischen Wörter steht im Einklang mit den portugiesisch-brasilianischen Vereinbarungen über die Vereinheitlichung der portugiesischen Orthographie nach den Richtlinien, die von den Akademien der Wissenschaften zu Lissabon und Rio de Janeiro gemeinsam ausgearbeitet, aber nur in Portugal selbst durch Regierungserlaß vom 8. Dezember 1945 rechtskräftig geworden sind, während in Brasilien — mit einigen Ausnahmen — weiterhin die Bestimmungen des Abkommens vom 30. April 1931 gelten.

Im Anhang sind in besonderen Verzeichnissen zusammengestellt: die wichtigsten in Deutschland gebrauchten Abkürzungen und Eigennamen, Regeln zur deutschen Konjugation und Deklination, Listen der deutschen starken und unregelmäßigen Verben, Tabellen der deutschen Zahlwörter, Maße und Gewichte.

Verfasser und Verlag

Prefácio

A presente edição refundida do Dicionário de bolso alemão-português toma em consideração — dentro dos limites de um dicionário de bolso — o incremento considerável do vocabulário que se manifestava no decurso dos últimos anos. Apresenta o vocabulário da língua actual e, além de numerosos neologismos, abrange — de acordo com a sua importância na vida de hoje — os campos da economia, do trânsito e da técnica, do direito e da administração pública, das ciências naturais e dos desportos. Alguns exemplos:

Geburtenregelung (*controle da natalidade*), *Planwirtschaft* (*economia dirigida*), *Eigentumswohnung* (*propriedade horizontal*), *Gefrierfleisch* (*carne congelada*), etc.

Dada a crescente importância das relações económicas e culturais entre o Brasil e os países de língua alemã, prestou-se especial atenção ao léxico brasileiro, incluindo palavras de uso exclusivo ou preferido no Brasil, como p. ex. *terno* (*Anzug*), *musicista* (*Musikfreund*), *tocaio* (*Namensvetter*), *garoa* (*Nieselregen*).

As indicações fonéticas, que seguem as normas da «Association Phonétique Internationale», procuram transcrever a pronúncia oficial alemã. A ortografia das palavras portuguesas está em harmonia com o estipulado nas Convenções luso-brasileiras para a unificação da ortografia da Língua portuguesa segundo os princípios estabelecidos pelas Academias das Ciências de Lisboa e de Rio de Janeiro, adoptados, porém, só em Portugal por decreto de 8 de Dezembro de 1945, enquanto que no Brasil continuam a vigorar em princípio as determinações do acordo ortográfico de 30 de Abril de 1931.

A título de suplemento abrange a presente edição listas dos nomes próprios e abreviaturas de uso corrente na Alemanha, regras da conjugação e da declinação alemãs, listas dos verbos alemães fortes e irregulares, quadros dos numerais e dos pesos e medidas alemães.

O AUTOR E A EDITORA

Inhaltsverzeichnis

Índice

Sorgfältige Beachtung des Inhaltes der Seiten 640 – 642 erschließt erst den vollen Wert des Wörterbuches

A leitura cuidadosa das páginas 640 – 642 é imprescindível para a valorização e o aproveitamento integral do Dicionário

---

Bemerkungen über die Einrichtung des Wörterbuches

Notas referentes à organização do Dicionário

1. Die alphabetische Reihenfolge ist durchgehend beachtet worden. Die Umlaute ä, ö, ü wurden hierbei den Buchstaben a, o, u gleichgestellt. Die gebräuchlichsten Eigennamen sind am Schluß des Bandes in einem besonderen Verzeichnis zusammengestellt.

2. Rechtschreibung. Maßgebend sind für das Deutsche der *Große Duden*, für das Portugiesische der *Tratado de Ortografia da Língua Portuguesa* von Rebelo Gonçalves (Coimbra 1947) und das *Vocabulário Ortográfico Resumido da Língua Portuguesa* der Akademie der Wissenschaften in Lissabon (1947).

3. Zusammengesetzte Substantive, die seltener sind und deren Sinn sich aus der Bedeutung der einzelnen Bestandteile leicht ergibt, sind aus Raummangel oft weggelassen worden. Manchmal ist nur eine Übersetzung des Bestimmungswortes gegeben, die für den größten Teil der Gruppe paßt, z. B. '**Jahres...:** *in Zssg(n) oft* anual; es werden dann in der Gruppe nur solche Zusammensetzungen angeführt, die abweichend zu übersetzen sind, z. B. **~tag** aniversário.

4. Geschlecht und Zahl der deutschen Substantive sind stets angegeben (*m*, *f*, *n*; *sg.*, *pl.*), ebenso bei den portugiesischen Übersetzungen.

1. A ordem alfabética foi rigorosamente observada. As metafonias ä, ö, ü foram tratadas como as vogais simples a, o, u. Os nomes próprios mais frequentes são reunidos numa lista especial, no fim do volume.

2. Ortografia. A ortografia alemã segue a do *Grande Duden*, a portuguesa é a do *Tratado de Ortografia da Língua Portuguesa* do Prof. Rebelo Gonçalves (Coimbra 1947), e do *Vocabulário Ortográfico Resumido da Língua Portuguesa* (1947), organizado pela Academia das Ciências de Lisboa.

3. Palavras compostas. Por falta de espaço deixamos de traduzir os substantivos compostos pouco frequentes e cujo significado fàcilmente se deduz dos elementos que os compõem. Muitas vezes indica-se apenas uma tradução da palavra determinativa que serve para traduzir a maior parte das respectivas composições, v. gr. '**Jahres...:** *in Zssg(n) oft* (= em palavras compostas muitas vezes traduzido por) anual; das restantes composições respectivas mencionam-se sòmente aquelas que têm tradução diferente, como p. ex. **~tag** aniversário.

4. O género e o número dos substantivos alemães são sempre indicados (por *m*, *f*, *n* ou *sg.* e *pl.*) assim como os dos substantivos portugueses.

5. Flexion (Beugung). Bei flektierbaren Wörtern steht in runden Klammern ein Hinweis auf die Regeln der Deklination und Konjugation (S. 1219—1231).

v/i. (*sn*) bedeutet, daß das betr. intransitive Verb das Perfekt usw. mit *sein* bildet. Die übrigen Verben werden mit *haben* konjugiert.

6. Partizipien werden nur dann besonders aufgeführt, wenn sie eine eigene Bedeutung haben.

7. Die Verkleinerungsformen auf -chen und -lein (oft mit Umlaut; portugiesisch meist -inho, -inha) werden aus Raummangel nur dann gebracht, wenn sie eine Sonderbedeutung haben.

8. Die Rektion ist angegeben, wenn sie in beiden Sprachen verschieden ist. — Bei den Präpositionen wird der Kasus nur für diejenigen bezeichnet, die zwei Fälle regieren können, z. B. **lachen** *über* (*ac.*).

9. Reflexive Verben. Das reflexive **sich** ohne Bezeichnung ist Akkusativ; ist es Dativ, so wird (*dat.*) hinzugefügt. Wo der reflexive Gebrauch im Deutschen und Portugiesischen übereinstimmt, wird er nicht besonders erwähnt.

10. Der kurze Strich in Wörtern wie **Ab-art** oder **Donners-tag** deutet die Trennung der Sprechsilben an.

11. Übersetzung und Bedeutung. Die Bedeutungsunterschiede sind gekennzeichnet:

a) durch Synonyme in runden Klammern, z. B. **recht** direito; (*gerecht*) justo; (*richtig*) certo; (*echt*) verdadeiro;

b) durch vorgesetzte deutsche Ergänzungen oder Erklärungen, z. B. **Riß,** *Stoff*: rasgão; *Mauer*: fenda; *Haut*: arranhadura;

5. Flexão. As palavras que se declinam ou conjugam são acompanhadas por uma indicação entre parênteses curvas que se refere às regras da declinação e conjugação (págs. 1219—1231).

v/i. (*sn*) significa que o perfeito composto, etc. do respectivo verbo neutro ou intransitivo é formado pelo verbo auxiliar *sein*. Os restantes verbos conjugam-se com *haben*.

6. Dos **particípios** indicam-se apenas aqueles que têm a função de adjectivos com significado especial.

7. Suprimiram-se ainda os **diminutivos** em -chen e -lein (que implicam em geral a metafonia da vogal radical, e aos quais corresponde o diminutivo português -inho, -inha), a não ser que tenham significado especial.

8. Os casos que os verbos pedem, apenas se indicam quando não se correspondem nas duas Línguas. — As preposições só levam a indicação do respectivo caso quando podem reger dois casos, p. ex. **lachen** *über* (*ac.*).

9. Verbos reflexivos. O pronome reflexivo **sich** só por si está no acusativo; no dativo é seguido pela abreviatura (*dat.*). Se o emprego reflexivo de um verbo alemão corresponde inteiramente ao do mesmo verbo em português, o facto não tem menção especial, no Dicionário.

10. O traço curto que se encontre em palavras como **Ab-art** ou **Donners-tag** indica a separação das sílabas na pronúncia.

11. Tradução e significado das palavras. As diferenças de significado indicam-se:

a) por sinónimos que precedem a tradução entre parênteses curvas, v. gr. **recht** direito; (*gerecht*) justo; (*richtig*) certo; (*echt*) verdadeiro;

b) por complementos instrutivos ou explicaçoes que precedem a tradução, v.gr. **Riß,** *Stoff*: rasgão; *Mauer*: fenda; *Haut*: arranhadura;

c) durch vorgesetzte bildliche Zeichen und Abkürzungen, s. S. 643ff.

Die Reihenfolge richtet sich grundsätzlich nach der Gebräuchlichkeit und Häufigkeit des entsprechenden Wortes. Im übrigen wird auch hier die alphabetische Folge beibehalten.

Das Semikolon trennt eine gegebene Bedeutung von einer neuen, wesentlich verschiedenen.

c) por sinais e abreviaturas, cf. págs. 643 e sgs.

Em princípio, a ordem das palavras segue a frequência do seu emprego, de forma que a palavra mais corrente precede a menos usada. De resto, observa-se a ordem alfabética.

O ponto e vírgula separa uma tradução de outra, essencialmente distinta.

O Alfabeto alemão

Letra		Pronúncia
alemã	romana	
𝔄, 𝔞	A, a	aː
𝔅, 𝔟	B, b	beː
ℭ, 𝔠	C, c	tseː
𝔇, 𝔡	D, d	deː
𝔈, 𝔢	E, e	eː
𝔉, 𝔣	F, f	ɛf
𝔊, 𝔤	G, g	geː
ℌ, 𝔥	H, h	haː
ℑ, 𝔦	I, i	iː
𝔍, 𝔧	J, j	jɔt
𝔎, 𝔨	K, k	kaː
𝔏, 𝔩	L, l	ɛl
𝔐, 𝔪	M, m	ɛm
𝔑, 𝔫	N, n	ɛn
𝔒, 𝔬	O, o	oː
𝔓, 𝔭	P, p	peː
𝔔, 𝔮	Q, q	kuː
ℜ, 𝔯	R, r	ɛr
𝔖, ſ	S, s	ɛs
𝔗, 𝔱	T, t	teː
𝔘, 𝔲	U, u	uː
𝔙, 𝔳	V, v	faʊ
𝔚, 𝔴	W, w	veː
𝔛, 𝔵	X, x	iks
𝔜, 𝔶	Y, y	ˈypsilɔn
ℨ, 𝔷	Z, z	tsɛt

Erklärung der im Wörterbuch angewendeten Zeichen und Abkürzungen

Explicação dos Sinais e das Abreviaturas empregados no Dicionário

1. Zeichen — Sinais

~, 2, ~, 2 Tilde oder Wiederholungszeichen. Zusammensetzungen und Ableitungen sind zwecks Raumersparnis oft zu Gruppen vereinigt.

Der senkrechte Strich (|) beim ersten Titelkopf einer solchen Gruppe trennt den Teil ab, der allen folgenden Titelköpfen dieser Gruppe gemeinsam ist.

Die fette Tilde (~) vertritt dabei entweder das ganze Stichwort oder den vor dem senkrechten Strich (|) stehenden Teil des Stichwortes. Die einfache Tilde (~) vertritt das unmittelbar voraufgegangene Stichwort, das selbst schon vermittels der Tilde gebildet sein kann.

Wenn sich der Anfangsbuchstabe ändert (groß in klein od. umgekehrt), steht statt der Tilde die Tilde mit Kreis 2, 2.

Beispiele: **Me'tall, ~geld** = Metallgeld, **2isch** = metallisch. — **'Eis...: ~brecher** = Eisbrecher. — **'Spend|e, 2en** = spenden, **~er(in)** = Spender(in). — **'abweis|en, 2ung** = Abweisung.

Über Betonungswechsel *vgl.* S. 650.

Die Buchstaben *c* und *p*, die in der brasilianischen Rechtschreibung fehlen können, sind durch ( ) oder [ ] eingeklammert; * **Stern** bezeichnet Besonderheiten der Rechtschreibung und des Wortschatzes im Brasilianischen.

Beispiele: **Akt** a(c)to; **Be'stechung** corru(p)cão; **Kon'takt** conta[c]to; **kor'rupt** corru[p]to; **Band** tomo (*'ô); **'Anzug** fato; *terno.

~, 2, ~, 2 til ou sinais de repetição. A falta de espaço impõe a reunião num só parágrafo de muitas das palavras compostas e das derivações.

A parte que precede o traço vertical (|) no título é comum a todas as palavras reunidas no respectivo parágrafo.

O til carregado (~) substitui o título inteiro ou a parte dele que precede o traço vertical. O til simples (~) substitui o título que imediatamente o precede e que, ele próprio, pode ser formado por til.

A alternação entre maiúsculos e minúsculos é indicada pelo sinal 2, 2.

Exemplos: **Me'tall, ~geld** = Metallgeld, **2isch** = metallisch. — **'Eis...: ~brecher** = Eisbrecher. — **'Spend|e, 2en** = spenden; **~er(in)** = Spender(in). — **'abweis|en, 2ung** = Abweisung.

Para as mudanças de acentuação *cf.* pág. 650.

As letras *c* e *p* que a ortografia brasileira eliminou das palavras portuguesas, são marcadas por ( ) ou [ ]; * **asterisco** indica as particularidades ortográficas e lexicais brasileiras.

Exemplos: **Akt** a(c)to; **Be'stechung** corru(p)cão; **Kon'takt** conta[c]to; **kor'rupt** corru[p]to; **Band** tomo (*'ô); **'Anzug** fato; *terno.

†	veraltet, *arcaismo.*
☤	Handel, *comércio.*
⚓	Schiffahrt, *navegação.*
⚔	militärisch, *militar.*
⊕	Technik, *técnica.*
⚒	Bergbau, *indústria mineira.*
🚂	Eisenbahn, *caminhos de ferro.*
✈	Flugwesen, *aviação.*
📯	Post, *correios.*
♪	Musik, *música.*
⛏	Ackerbau, Gartenbau, *agricultura, horticultura.*
⚘	Pflanzenkunde, *botânica.*
⚠	Baukunst, *arquitectura.*
⚲	Mathematik, *matemática.*
⚗	Chemie, *química.*
⚡	Elektrotechnik, *electrotécnica.*
⚕	Medizin, *medicina.*
⚖	Rechtswissenschaft, *jurisprudência.*
=	gleich, *igual a.*

2. Abkürzungen — Abreviaturas

a.	auch, *também.*
Abk.	Abkürzung, *abreviatura.*
abstr.	abstrakt, *abstracto.*
a.c.	*alguma coisa,* etwas.
ac.	Akkusativ, *acusativo.*
adj.	Adjektiv, *adjectivo.*
adv.	Adverb, *advérbio.*
alg.	*alguém,* jemand.
Anat.	Anatomie, *anatomia.*
Arith.	Arithmetik, *aritmética.*
art.	Artikel, *artigo.*
Astr.	Astronomie, *astronomia.*
atr.	attributiv, *atributivo.*
bsd.	besonders, *especialmente.*
cf.	vergleiche, *confere.*
cj.	Konjunktion, *conjunção.*
comp.	Komparativ, *comparativo.*
concr.	konkret, *concreto.*
dat.	Dativ, *dativo.*
d.h.	das heißt, *quer dizer.*
dim.	Diminutiv, *diminutivo.*
ea.	einander, *mutualmente.*
e-e	eine, *uma.*
ehm.	ehemals, *antigamente.*
e-m, e-n	einem, einen, *a um, um.*
e-r	einer, *de uma, a uma.*
e-s	eines, *de um.*
Erdk.	Erdkunde, *geografia.*
et.	etwas, *alguma coisa.*
f	Femininum, *feminino.*
F	familiär, *familiar.*
Fechtk.	Fechtkunst, *esgrima.*
Fernspr.	Fernsprecher, *telefone.*
fig.	figürlich, *em sentido figurado.*
f/pl.	Femininum im Plural, *plural do feminino.*
fut.	Futurum, *futuro.*
gen.	Genitiv, *genitivo.*
Geol.	Geologie, *geologia.*
ger.	Gerundium, *gerúndio.*
Ggs.	Gegensatz, *contrário.*
gr.	Grammatik, *gramática.*
h.	haben, *ter, haver.*
hist.	historisch, *histórico.*
imp.	Imperativ, *imperativo.*
impf.	Imperfekt, *pretérito imperfeito.*
ind.	Indikativ, *indicativo.*
inf.	Infinitiv, *infinitivo.*
int.	Interjektion, *interjecção.*
interr.	Interrogativum, *interrogativo.*
iron.	ironisch, *irónico.*
j.	jemand, *alguém.*
Jgdw.	Jagdwesen, *caça.*
j-m	jemandem, *a alguém (dat.).*
j-n	jemanden, *(a) alguém (ac.).*
j-s	jemandes, *de alguém.*
k.	können, *poder, saber.*
kath.	katholisch, *católico.*
Kchk.	Kochkunst, *arte culinária.*
Kdspr.	Kindersprache, *linguagem infantil.*
l.	lassen, *fazer, mandar, deixar.*
Lit.	Literatur, *literatura.*
m	Maskulinum, *masculino.*
m.	machen, *fazer.*
Mal.	Malerei, *pintura.*
m-e	meine, *a(s) minha(s), os meus.*
m-m	meinem, *a(o) meu (dat.).*
m-n	meinen, *(a) meu (ac.).*
m/pl.	Maskulinum im Plural, *plural do masculino.*
m-r	meiner, *da(s) minha(s), dos meus; à minha.*
m-s	meines, *de (od. do) meu.*
Min.	Mineralogie, *mineralogia.*
Mot.	Motor, *motor.*
Myth.	Mythologie, *mitologia.*
n	Neutrum, *neutro.*
nd.	norddeutsch, niederdeutsch, *regionalismo da Alemanha setentrional, baixo-alemão.*
nom.	Nominativ, *nominativo.*
n/pl.	Neutrum im Plural, *plural do neutro.*

o. ohne, *sem.*
od. oder, *ou.*
Opt. Optik, *óptica.*
örtl. örtlich, *local.*
öst. österreichisch, *austríaco.*
P populär, *popular.*
Parl. Parlament, *parlamento.*
part. Partizip, *particípio.*
p.pt. Partizip des Perfekts, *particípio passado.*
Pers. Person, *pessoa.*
pers. persönlich, *pessoal.*
Phil. Philosophie, *filosofia.*
Phot. Photographie, *fotografia.*
Phys. Physik, *física.*
pl. Plural, *plural.*
poet. poetisch, *poético.*
Pol. Politik, *política.*
port. portugiesisch, *português.*
pred. prädikativ, *empregado como predicado nominal.*
pron. Pronomen (Fürwort), *pronome.*
prot. protestantisch, *protestante.*
prov. provinziell, *regional(ismo).*
prp. Präposition, *preposição.*
prs. Präsens, *presente.*
pt. Präteritum, *pretérito perfeito.*
räuml. räumlich, *referente ao espaço.*
refl. reflexiv, *reflexivo.*
Rel. Religion, *religião.*
s. siehe, *vidé.*
S. Seite, *página.*
sbj. Subjekt, *sujeito.*
sdd. süddeutsch, *regionalismo da Alemanha do Sul.*
s-e seine *sg. f u. pl., m/pl., a(s) sua(s), os seus.*
sg. Singular, *singular.*
s-m seinem, *a(o) seu (dat.).*
sn sein, *ser, estar;* (*o*) *seu* (*nom. u. n ac.*).
s-n seinen, (*o*) *seu, aos seus.*
s-r seiner, (*d*)*a sua.*
s-s seines, *do seu.*
su. Substantiv (*m u. f*), *substantivo* (*m e f*).
subj. Subjunktiv *od.* Konjunktiv (Möglichkeitsform), *subjuntivo, conjuntivo.*
sup. Superlativ, *superlativo.*
Thea. Theater, *teatro.*
Typ. Buchdruck, *tipografia.*
u. und, *e.*
übers. übersetzt, *traduz-se.*
unprs. unpersönlich, *impessoal.*
untr. untrennbar, *inseparável.*
usw. und so weiter, *etcétera.*
uv. unveränderlich, *invariável.*
v. von, vom, *de.*
V vulgär *od.* unanständig, *indecente.*
vb. Verb, *verbo.*
vet. *veterinária,* Tierheilkunde.
vgl. vergleiche, *confere.*
v/i. *verbo intransitivo,* intransitives Verb.
v/r. *verbo reflexivo,* reflexives Verb.
v/t. *verbo transitivo,* transitives Verb.
w. werden, (*chegar a*) *ser, tornar-se, ficar.*
Zahnhlk. Zahnheilkunde, *odontologia.*
z.B. zum Beispiel, *p.ex.* = *por exemplo.*
zeitl. zeitlich, *temporal.*
Zool. Zoologie, *zoologia.*
zs. zusammen, *juntos.*
Zssgn, Zssg(n) Zusammensetzungen, *composições, compostos.*

A Pronúncia alemã

Para a acentuação veja-se pág. 650.

As transcrições fonéticas inserem-se sòmente depois das palavras simples ou quando é preciso marcar, dentro de um grupo de palavras reunidas em parágrafo, determinadas diferenças de pronúncia, p. ex. **Glas** [gla:s], ˈ**~er** [ˈ-zər], ˈ**2ig** [ˈ-ziç]. Nas palavras compostas, a pronúncia é fácil de reconstruir através dos elementos simples da sua composição, separados nos títulos por traço pequeno (-), p. ex.: ˈ**ab-lösen**.

A seguir da tabela fonética insere-se outra da pronúncia dos prefixos, das desinências e dos sufixos mais frequentes em Alemão, que a falta de espaço nem sempre permite incluir no próprio vocabulário.

Explicação das transcrições fonéticas

Letra	Transcrição	Pronúncia	como em	Exemplos
		A) VOGAIS		
a	a:	longa	mar	ˈAbend [ˈa:bənt], kam [ka:m], Paar [pa:r], laden [ˈla:dən]
	a	breve	armar	Ast [ast], Markt [markt], Kamm [kam], ˈRatte [ˈratə]
ä	ɛ:	aberta, longa	sério	ˈähnlich [ˈɛ:nliç], ˈKäse [ˈkɛ:zə], ˈMähne [ˈmɛ:nə], ˈTräger [ˈtrɛ:gər]
	ɛ	aberta, breve	pèzinho	ˈWärme [ˈvɛrmə], ˈTeller [ˈtɛlər], Herr [hɛr]
e	e:	fechada, longa	lê	ˈEsel [ˈe:zəl], ˈleben [ˈle:bən], ˈnehmen [ˈne:mən]
	e	fechada, breve	dèbilmente	Deˈbatte [deˈbatə], ˈTeleˈphon [ˈte:le-ˈfo:n]
	ə	átono, breve, muito superficial	rude	ˈTinte [ˈtintə], ˈRose [ˈro:zə], geˈgeben [gəˈge:bən]

Letra	Transcrição	Pronúncia	como em	Exemplos
i	i:	fechada, longa	ruído	'Bibel ['bi:bəl], Dieb [di:p], 'ihnen ['i:nən]
	i	fechada, breve	boi	in [in], 'binden ['bindən], Wind [vint]
o	o:	fechada, longa	avô	'oben ['o:bən], 'Bote ['bo:tə], Moor [mo:r], 'Rose ['ro:zə], Sohn [zo:n], 'Ofen ['o:fən]
	o	fechada, breve	todavia	To'mate [to'ma:tə], Geo'loge [geo'lo:gə], monoton [mono'to:n]
	ɔ	aberto, breve	avó	Form [fɔrm], 'offen ['ɔfən], 'locken ['lɔkən], Rock [rɔk]
ö	ø:	fechada, longa; desconhecida em Português, produz-se tentando-se pronunciar [e:] com a boca disposta para pronunciar [o:], e sem modificar a posição indicada da boca		'Öse ['ø:zə], 'Töne ['tø:nə], 'Goethe ['gø:tə]
	œ	fechada, breve; desconhecida em Português, produz-se tentando-se pronunciar [ɛ] com a boca disposta para pronunciar [o], e sem modificar a posição indicada da boca		'öffnen ['œfnən], 'Löffel ['lœfəl]
u	u:	fechada, longa	cru	Mut [mu:t], 'Bude ['bu:də], 'Fuhre ['fu:rə], Uhr [u:r]
	u	aberta, breve	língua	und [unt], 'unten ['untən], 'Mutter ['mutər]
ü	y:	fechada, longa; desconhecida em Português, produz-se tentando-se pronunciar [i:] com a boca disposta para pronunciar [u:], e sem modificar a disposição indicada da boca		Tür [ty:r], 'Übel ['y:bəl], 'Mühle ['my:lə]
	y	fechada, breve; desconhecida em Português, produz-se tentando-se pronunciar [i] com a boca disposta para pronunciar [u], e sem modificar a disposição indicada da boca		'Müller ['mylər], dünn [dyn], 'Rücken ['rykən]

Letra	Transcrição	Pronúncia	como em	Exemplos
		B) DIFTONGOS		
ai ei ey	aɪ	aberto, breve	r**ai**va	Mai [maɪ], 'Reise ['raɪzə], Weib [vaɪp]
au	aʊ	aberto, breve	**ao**	'Aufbau ['aʊfbaʊ], Maus [maʊs], 'Brause ['braʊzə]
äu eu	ɔy	aberto, breve	destr**ói**	'läuten ['lɔytən], 'räumen ['rɔymən], 'Beute ['bɔytə], euch [ɔyç]
		C) CONSOANTES		
-b	-p		aptidão	ab [ap], Kalb [kalp], Abt [apt]
c	ts		**cz**ar	'Celsius ['tsɛlzius]
ch	ç	desconhecida em Português; produz-se aproximando a língua do palato, com a ponta da língua a encostar-se contra os dentes inferiores. Aparece ao começo das palavras, seguida por **e** ou **i**, precedida por **e, i, ei, äu, eu, ä, ö, ü,** e pelas consoantes		Che'mie [çe'mi:], 'China ['çi:na], ich [iç], 'rechnen ['rɛçnən], Teich [taɪç], 'leuchten ['lɔyçtən], 'räuchern ['rɔyçərn], 'Bücher ['by:çər], 'Löcher ['lœçər], 'Fläche ['flɛçə], Milch [milç], horch [hɔrç], 'mancher ['mançər]
	x	desconhecida em Português, som gutural semelhante ao **j** ou **x** espanhol; obtém-se procurando-se pronunciar um **r** gutural com a ponta da língua encostada contra a gengiva inferior. Encontra-se precedida por **a, u, au, o**		Dach [dax], Loch [lɔx], Buch [bu:x], auch [aʊx], 'machen ['maxən], acht [axt]
chs	ks	como o **x** em maxila		'Achse ['aksə], Lachs [laks]
-d	-t		a**t**ar	Kind [kint], und [unt]
g	g		**g**ordo, **gu**erra	'geben ['ge:bən], 'Lage ['la:gə]

Letra	Transcrição	Pronúncia	como em	Exemplos
g	ʒ		génio	Ge'nie [ʒe'ni:], Re'gie [re'ʒi:]
	ŋ	como o **m** em be**m**		lang [laŋ], 'Reibung ['raɪbuŋ]
h	h	desconhecida em Português, som fortemente aspirado		'haben ['ha:bən], er'holen [ɛr'ho:lən], 'Uhu ['u:hu]
-h-, -h	-	não se pronuncia		'nahe ['na:ə], 'nähen ['nɛ:ən], 'sehen ['ze:ən]
j	j	como o **i** em Ma**i**o		'jeder ['je:dər], ja [ja:], ge'jagt [gə'ja:kt]
-ll(-)	l		e**l**iminar	hell [hɛl], 'Teller ['tɛlər]
-m(-)	m		a**m**or	Kamm [kam], lahm [la:m], 'Lampe ['lampə]
-n(-)	n		**n**ada, a**n**o	Sohn [zo:n], Kind [kint], 'finden ['fində n]
ph	f			Photo'graph [foto'gra:f]
qu	kv			Qual [kva:l], 'Quelle ['kvɛlə]
s	z		**z**elo	'Sonne ['zɔnə], 'Base ['ba:zə]
	s		a**ss**ar	'Aster ['astər], 'lispeln ['lispəln], Haus [haʊs], Skan'dal [skan'da:l], naß [nas]
sch	ʃ		**ch**á, a**ch**ar	Schein [ʃaɪn], 'Asche ['aʃə], Mensch [mɛnʃ]
sp-, st-	ʃp, ʃt			Spiel [ʃpi:l], Stein [ʃtaɪn], ge'stehen [gə'ʃte:ən]

Letra	Transcrição	Pronúncia	como em	Exemplos
v	f		forte	'Vater ['fa:tər], ver'gessen [fɛr'gɛsən], 'passiv ['pasi:f]
	v		vale	Van'dale [van'da:lə], No'vember [no'vɛmbər]
w	v		vale	Wahl [va:l]
x	ks		maxila	Xan'thippe [ksan'tipə], Kux [kuks]
z	ts	como o **cz** em **czar**		'Zange ['tsaŋə], er'zählen [ɛr'tsɛ:lən], kurz [kurts], 'sitzen ['zitsən], Platz [plats], Arzt [artst]

b- e **-b-**, **d-** e **-d-**, **f**, **k**, **l-**, **p**, **r**, **t** como em Português, mas pronunciados com mais força.

Acentuação. A sílaba acentuada em Alemão é precedida pelo acento [']. Dois acentos indicam acentuação ambígua. Nas palavras reunidas em parágrafo é preciso observar as eventuais transferências de acento, v.gr. **Fa'brik, ~'ant.**

O traço substitui uma parte fàcilmente de reconstruir da palavra que precede.

Por falta de espaço, estas transcrições não se inseriram.

1.º depois das palavras compostas, como Brief-kasten, Hand-buch, visto que a pronúncia de cada um dos seus elementos (Brief, Kasten, Hand, Buch) se indica no respectivo lugar alfabético;

2.º depois das palavras cujo prefixo representa uma palavra independente, de forma que tanto a sua pronúncia como a da palavra básica se indicam no respectivo lugar alfabético, v.gr. Ab-sicht (vejam-se ab e Sicht), Vor-sicht, unter-schreiben, Unter-schrift, auf-gehen, etc.;

3.º para designar prefixos, desinências e sufixos frequentes e fàcilmente de distinguir, como se encontram reunidas na tabela seguinte.

'ab-	['ap-]
be-	[bə-]
'ein-	['aɪn-]
ent-	[ɛnt-]
er-	[ɛr-]
'un-	['un-]
ver-	[fɛr-]
zer-	[tsɛr-]
'-bar	['-ba:r]
-'ei	[-'aɪ]
'-eln(d)	['-əln(t)]
'-end	['-ənt]
'-er(n)	['-ər(n)]
'-haft	['-haft]
'-heit	['-haɪt]
-'ieren	[-'i:rən]
'-ich, '-ig	['-iç]
'-in	['-in]
'-isch	['-iʃ]
-'ismus	[-'ismus]
-'ist(isch)	[-'ist(iʃ)]
'-keit	['-kaɪt]
'-lich	['-liç]
'-ling	['-liŋ]
'-nis	['-nis]
'-sal	['-za:l]
'-sam	['-za:m]
'-schaft	['-ʃaft]
'-sel	['-zəl]
'-ung	['-uŋ]

A

A, a [aː] *n uv.* A, a *m*; ♪ lá *m*; *von A bis Z* de cabo a rabo, de ponta a ponta, desde o princípio até ao fim.
Aal [aːl] *m* (-*ɇs*; -*e*) enguia *f*; '**ꝰen**: *sich* ~ espreguiçar-se; '**ꝰglatt** (*0*) *fig.* habilíssimo; fino.
Aar [aːr] *m* (-*ɇs*; -*e*) águia *f*.
Aas [aːs] *n* (-*es*; -*e*, *Äser*) **1.** carne *f* morta; cadáver *m* em decomposição; **2.** *Schimpfwort*: P canalha *f*, malandro *m*, patife *m*; '**ꝰen** ['-zən] (-*t*): F *mit et.* ~ desperdiçar a.c.; '**~geier** *m* abutre *m*; '**ꝰig** ['-ziç] podre; *fig.* vil.
ab [ap] *räuml.*: de, desde; 🚂 partida *f* (de); *auf und* ~ de cima para baixo; *auf und* ~ *gehen* passear; *Gewehr* ~*!* descansar armas!; *Hut* ~*!* tira(r) o chapéu!; *Thea.* sai; *zeitl.*: desde, a partir de, de ... em diante; ~ *und zu* de vez em quando; ✝ (*abzüglich*) menos.
'**ab·änder|lich** alterável, remediável; *a. gr.* variável; ⚖ comutável; **~n** (-*re*) alterar, mudar; (*berichtigen*) corrigir, emendar; **ꝰung** *f* alteração *f*, modificação *f* (*a.* **ꝰungs-antrag** *m* [-*ɇs*; ⸚*e*]) emenda *f*.
'**ab·arbeiten** (-*e*-) *Schuld*: pagar pelo seu trabalho; *sich* ~ cansar-se, maçar-se, estafar-se, esfalfar-se.
'**Ab·art** *f* variedade *f*; *unechte*: espécie *f* bastarda; (*Spielart*) forma *f*; **ꝰen** (-*e*-; *sn*) variar; **~ung** *f* variação *f*; anomalia *f*.
'**Ab·bau** *m* (-*ɇs*; -*ten*) ⚒ exploração *f*; extra(c)ção *f*; ⚠ demolição *f*, desmontagem *f*; ⊕ *a.* desmantelamento *m*; ⚗ degradação *f*; ⚕ reabsorção *f*, catabolismo *m*; dissolução *f*; *fig. Ausgaben*: restrição *f*; *Löhne*: redução *f*; *Personal*: *a.* demissão *f*; *Preise*: baixa *f*; **ꝰen 1.** *v/t.* ⚒ explorar; extrair; (*entlassen*) despedir; (*herabsetzen*) reduzir, baixar; ⚠ demolir; *Zelt u.* ⊕ desmontar; ⚗ degradar; **2.** *v/i. fig.* enfraquecer; estar cansado; **~hammer** *m* (-*s*; ⸚) picareta *f*.
'**ab|beißen** (*L*) trincar; **~beizen** (-*t*) tirar (com cáustico); ⚕ cauterizar; ⊕ decapar, desoxidar; **~bekommen** (*L*;-) receber, ter a sua parte (*od.* o seu quinhão) de; *Schläge*: apanhar.
'**ab·beruf|en** (*L*; -) chamar; **ꝰung** *f* chamada *f*.
'**ab·bestell|en** (-) ✝ *Auftrag*: anular; **ꝰung** *f* anulação *f*, contra-ordem *f*.
'**ab|bezahlen** (-) pagar em prestações; amortizar; **~biegen** (*L*) **1.** *v/t.* torcer, desviar; **2.** *v/i.* (*sn*): *nach links* ~ cortar à (*od. Weg*: seguir pela) esquerda.
'**Ab·bild** *n* (-*ɇs*; -*er*) imagem *f*; *j-s*: retrato *m*; **ꝰen** (-*e*-) reproduzir, copiar; (*darstellen*) representar; *j-n*: *a.* retratar; *plastisch*: moldar; **~ung** *f* (*Bild*) gravura *f*, ilustração *f*; estampa *f*; (*Bildnis*) retrato *m*; (*Darstellung*) representação *f*; ⚹ diagrama *m*, gráfico *m*; *mit* ~*en versehen* ilustrar.
'**ab·binden** (*L*) desatar, tirar; ⚕ ligar, estrangular; *Faß*: arcar.
'**Ab·bitt|e** *f* desculpa *f*, perdão *m*; ~ *tun*, **ꝰen** (*L*): (*j-m et.*) ~ pedir desculpa (a alg. por a.c.).
'**ab·blasen** (*L*) soprar; ⊕ *Dampf*: descarregar; ⚔ tocar a retirar; dar contra-ordem; *fig.* F anular.
'**ab|blättern** (-*re*) **1.** *v/t.* (d)esfolhar, tirar as folhas a; **2.** *v/i.* desfolhar-se, perder as folhas; esfoliar-se; **~blenden** (-*e*-) *Phot.* diafragmar; *Auto*: baixar as luzes; **ꝰblend-licht** *n* (-*ɇs*; *0*) luz *f* reduzida; iluminação-código *f*; **~blitzen** (-*t*): F *j-n* ~ *l.* mandar alg. passear; **~blühen** *v/i.* (*sn*) murchar, *a. fig.* desflorecer; **~brausen** (-*t*) **1.** *v/t.* duchar; *sich* ~ tomar um duche; **2.** *v/i.* F abalar; **~brechen** (*L*) **1.** *v/t.* romper, quebrar, partir; ⚠ demolir; deitar abaixo; ⚘ colher; *Rede*: interromper; *Verhandlungen*: suspender; *Beziehungen*: cortar; *Belagerung*: levantar; *s-e Zelte* ~ retirar(-se); fazer as malas; *Streik*: terminar; *e-r Sache die Spitze* ~ despontar a.c.; **2.** *v/i.* (*sn*) partir; *fig.* (*aufhören*)

parar; não continuar; *j.*: interromper-se; **~bremsen** (-*t*) travar; *Phys.* retardar; **~brennen** (*L*) **1.** *v/t.* queimar; ⊕ revenir; *Stahl*: temperar; **2.** *v/i.* (*sn*) ficar reduzido a cinzas; *schnell ~* deflagrar; *s. a. abgebrannt*; **~bringen** (*L*) desviar; (*abraten*) dissuadir; F *sich von et. ~ l.* mudar de ideias; **~bröckeln** (-*le*; *sn*) *v/i.* esmigalhar-se; despedaçar-se, desfazer-se, desmoronar-se; *fig. Kurse*: ir baixando.

'**Abbruch** *m* (-*es*; ⸗*e*) demolição *f*; *geol.* desprendimento *m*; *fig. Beziehungen*: corte *m*; *Verhandlungen*: interrupção *f*, suspensão *f*; (*Schaden*) prejuízo *m*; *auf ~ verkaufen* vender para sucata; (*dat.*) *~ tun* prejudicar (*ac.*).

'**ab|brühen** escaldar; *s. a. abgebrüht*; **~buchen** riscar; **~bürsten** (-*e*-) escovar; **~büßen** (-*t*) expiar, ⚖ cumprir.

Ab'c [a:be:'tse:] *n* (-;-) alfabeto *m*; *nach dem ~* por ordem alfabética; **~-Buch** *n* (-*es*; ⸗*er*) abecedário *m*, cartilha *f*; **~-Schütze** *m* (-*n*) menino *m* das primeiras letras.

'**ab-dach|en** ['-daxən] dar uma leve inclinação a; **ℒung** *f* descida *f*, inclinação *f*.

'**abdämm|en** represar, açudar, barrar; *a. fig.* deter; *~ gegen* defender de; **ℒung** *f* represa *f*, dique *m*.

'**Abdampf** *m* (-*es*; ⸗*e*) vapor *m* perdido (*od.* de escape); **ℒen** (*l.*) evaporar; F partir.

'**abdämpfen** amortecer; *Licht, Ton*: *a.* abafar.

'**abdank|en** *v/i.* abdicar, renunciar ao trono (*zugunsten gen.* em); (*zurücktreten*) demitir-se; **ℒung** *f* abdicação *f*, renúncia *f* ao trono; demissão *f*.

'**abdeck|en** abrir, desta(m)par, tirar a tampa; descobrir; *Haus*: destelhar; *Mauer*: tapar; *Tier*: esfolar; *Tisch*: levantar; ⊕ resguardar; *Schuld*: pagar, amortizar, liquidar; **ℒer** *m* esfolador *m*, magarefe *m*; **ℒung** *f* amortização *f*, liquidação *f*; ⊕ cobertura *f*.

'**ab|dichten** (-*e*-) vedar; calafetar (*a.* ⚓), abetumar; ⚡ isolar (*a.* ⊕); **ℒdichtung** *f* vedação *f*; calafetagem *f*; isolação *f*; **~dienen** servir; *Schuld*: pagar pelo seu trabalho; **~drängen** desviar; empurrar para o lado; **~drehen 1.** *v/t.* destorcer; *Gas, Wasser*: fechar; ⊕ tornear; *j-m den Hals ~* estrangular alg.; **2.** *v/i.* ⚓ *u.* ✈ mudar de rumo; afastar-se; retirar; **~drosseln** (-*le*) estrangular.

'**Abdruck** *m* (-*es*; ⸗*e*) impressão *f*, (*Abguß*) molde *m*; (*Abzug*) cópia *f*, (*Nachdruck*) reimpressão *f*, reprodução *f*; (*Probe*ℒ) prova *f*; *e-s Petschafts usw.*: sinal *m*; marca *f*; **ℒen** imprimir, publicar; *wieder ~* reproduzir, reimprimir.

'**ab|drücken** (*abformen*) moldar; ⚔ disparar; **~dunkeln** (-*le*) escurecer; ocultar as luzes; *Farben*: carregar; **~-ebben** *v/i.* ⚓ vazar; *a. fig.* diminuir.

'**Abend** ['a:bənt] *m* (-*s*; -*e*) (*Spätnachmittag*) tarde *f*; *bei Dunkelwerden*: tardinha *f*; *nach Dunkelwerden*: noite *f*; (*Westen*) oeste *m*, ocidente *m*; *am ~* de (*od.* à) tarde *usw.*; *gegen ~* pela parte da tarde, à tardinha; *am ~ vor(her)* na véspera; *gestern* ℒ ontem à tarde *usw.*; *heute* ℒ esta tarde, esta noite; *guten ~!* boa tarde!; boa noite!; *~ werden* anoitecer; *zu ~ essen* jantar; **~-andacht** *f* ofício *m* da tarde, vésperas *f/pl.*; **~-anzug** *m* (-*es*; ⸗*e*) traje *m* de cerimónia; **~brot** *n* (-*es*; *0*), **~-essen** *n* jantar *m*; **~dämmerung** *f* crepúsculo *m*; **~gesellschaft** *f* serão *m*; **~gottesdienst** *m* (-*es*; -*e*) = *~-andacht*; **~kurs** *m* (-*es*; -*e*) curso *m* no(c)turno; **~land** *n* (-*es*; *0*) Ocidente *m*; **ℒländisch** [-lɛndiʃ] ocidental; **ℒlich** no(c)turno; **~mahl** *n* (-*es*; *0*) ceia *f*; *das heilige ~* a Ceia do Senhor, a Eucaristia *f*, a comunhão *f*, o sacramento do altar; o viático (*nehmen* receber; *reichen* administrar); **~rot** *n* (-*es*; *0*), **~röte** *f* (*0*) arrebol *m*; **ℒs** de (*od.* à) tarde, de (*od.* à) tardinha, de (*od.* à) noite; **~segen** *m* ave-maria *f*; **~-sonne** *f* (*0*) sol *m* poente; **~schule** *f* curso(s *pl.*) *m* no(c)turno(s); **~stern** *m* (-*es*; *0*) estrela (*ê) *f* da noite; **~veranstaltung** *f* sarau *m*; **~wind** *m* (-*es*; -*e*) vento *m* (*od.* brisa *f*) da noite; **~zeit** *f* (*0*) tarde *f*, noite *f*; **~zug** *m* (-*es*; ⸗*e*) comboio *m* da noite.

'**Abenteuer** ['a:bəntɔyər] *n* aventura *f* (*erleben* ter); **ℒlich** aventuroso; excêntrico.

ˈ**Abenteurer** [ˈa:bəntɔyrər] *m* aventureiro *m*; **~in** *f* aventureira *f*.

ˈ**aber** [ˈa:bər] mas, porém; oder ~ ou então; ~ ~! ora, ora!; ♀ *n* senão *m*.

ˈ**Aber|glaube** *m* (*-ns*; *0*) superstição *f*; **♀gläubisch** [~glɔybiʃ] supersticioso.

ˈ**ab-erkenn|en** (*L*; -) *j-m* et. ~ negar a.c. a alg.; ⚖ abjudicar a.c. a alg.; desapossar (*od.* privar) alg. de a.c.; **♀ung** *f* negação *f*; ⚖ abjudicação *f*; privação *f*.

ˈ**abermal|ig** [ˈ-ma:liç] novo, repetido, reiterado; **~s** de novo, outra vez, novamente; ~ *tun* voltar a fazer.

ˈ**ab-ernten** (*-e-*) colher.

Abesˈsin|ier(in *f*) *m* [abeˈsi:niɛr-] abıssínio *m* (-ia *f*); etíope *m*/*f*; *pl. a.* abexins; **♀isch** abissínico, abexim, etiópico.

ˈ**abfahren** (*L*) **1.** *v/t. Last*: levar, acarretar; *Strecke*: percorrer; (*abnutzen*) gastar; **2.** *v/i.* (*sn*) partir, sair; ⚓ *a.* levantar ferro; *fig.* ~ *lassen* mandar passear.

ˈ**Abfahrt** *f* partida *f* (*nach* para); *Bergsport*: descida *f*; **~(s)bahnsteig** *m* (*-ẹs*; *-e*) cais *m* de partida; **♀(s)-bereit** pronto para a partida (*od.* para partir); **~(s)zeit** *f* hora *f* de partida.

ˈ**Abfall** *m* (*-ẹs*; *ᵘe*) descida *f*; (*Böschung*) declive *m*; (*Müll*) lixo *m*, despojos *m/pl.*; (*Rest*) restos *m/pl.*; detritos *m/pl.*; ⊕ (*Schrott*) sucata *f*; (*Schutt*) entulho *m*; *Abfälle pl.* aparas *f/pl.*; (*Speisereste*) lavagem *f/sg.*; *fig.* (*Rebellion*) sublevação *f*, levantamento *m*, revolta *f*, rebelião *f*; (*Trennung*) abandono *m*, dissidência *f*; (*Verrat*) traição *f*; ⚔ deserção *f*; *Rel.* apostasia *f*; **♀en** (*L*; *sn*) *v/i.* cair; *fig.* (*abnehmen*) diminuir, descair; *Gelände* descer; (*verlassen*) abandonar, deixar; renegar; ~ *zu* passar-se (*od.* ⚔ desertar) para; *Gewinn*: render; (*übrig sn*) sobejar; *dabei fällt nichts ab* não se lucra nada com isto; ~ *gegen* (*schlechter sn*) ser inferior a; *Sport*: perder terreno.

ˈ**ab|fällig** inclinado; *Urteil*: desfavorável, depreciativo, negativo; **~fangen** (*L*) apanhar, *j-n* ~ *a.* surpreender alg.; ✆, ✈ interceptar; ⚔ deter; *Stoß*: amortecer, atenuar; **~färben** largar tinta; *fig.* ~ *auf* (*ac.*) influenciar; **~fasen** [ˈ~fa:zən] (*-t*) ⊕ chanfrar, biselar; destingir.

ˈ**abfass|en** (*-ßt*) apanhar; *Text*: redigir, compor; **♀ung** *f* reda(c)ção *f*.

ˈ**abfertig|en** [ˈ~fɛrtigən] despachar (*a. fig.* F); *Kunden*: atender, aviar; (*abweisen*) mandar embora; **♀ung(s-stelle)** *f* despacho *m*, expedição *f*; **♀ungs-schein** *m* (*-ẹs*; *-e*) guia *f*.

ˈ**abfeuern** (*-re*) disparar, ⚔ *a.* descarregar.

ˈ**abfind|en** (*L*) pagar, satisfazer; indemnizar; *sich* ~ contentar-se, conformar-se; acomodar-se, resignar-se; **♀ung(s-summe)** *f* indemnização *f*.

ˈ**abflach|en** [ˈ-flaxən] apla(i)nar, nivelar; ⊕ achatar; **♀ung** *f* nivelamento *m*, apla(i)namento *m*; ⊕ achatamento *m*.

ˈ**ab|flauen** [ˈ-flauən] diminuir; **~fliegen** (*L*; *sn*) **1.** *v/i.* voar, levantar voo; ✈ *a.* partir (de avião); descolar; **2.** *v/t.* voar sobre; **~fließen** (*L*; *sn*) escorrer, escoar-se; **♀flug** *m* (*-ẹs*; *ᵘe*) partida *f* (do avião), descolagem *f*; **♀fluß** *m* (*-sses*; *ᵘsse*) escoamento *m*; *a.* ⚕ derramamento *m*, descarga *f*; (*Gosse*) sarjeta *f*; ⚡ emanação *f*; **♀flußrohr** *n* (*-ẹs*; *-e*) cano *m* de esgoto; bueiro *m*; = **♀flußstelle** *f* esgoto *m*; **~fordern** (*-re*) pedir, exigir; **~formen** moldar (*a.* ⊕); modelar; (*kopieren*) copiar; **~fragen** perguntar, ouvir, interrogar; *im Unterricht*: chamar; **♀fuhr** [ˈ-fu:r] *f* transporte *m*; (*Roll♀*) carretagem *f*; *Sport*: derrota *f*; *fig.* repulsa *f*; *j-m e-e* ~ *erteilen Sport*: derrotar alg.; *fig.* mandar alg. passear.

ˈ**abführ|en 1.** *v/t.* transportar; levar; acarretar; *Geld*: pagar, entregar; *Häftling*: prender; *vom Thema, vom Wege*: afastar, desviar; **2.** *v/i.* ⚕ evacuar, obrar, purgar; **~end** ⚕ purgativo; **♀mittel** *n* purgante *m*, laxativo *m*.

ˈ**abfüllen** tirar; *auf Fässer*: envasilhar; *auf Flaschen*: engarrafar.

ˈ**abfüttern** (*-re*) dar de comer a; *Stoff*: forrar.

ˈ**Abgab|e** *f* entrega *f*; (*Steuer*) imposto (*ˈô) *m*; direito *m*; contribuição *f*; taxa *f*; (*Tribut*) tributo *m*; (*Verkauf*) venda *f*; *Wechsel*: saque *m*; ~ *e-r Erklärung* declaração *f*; **♀en-frei** isento de direitos; **♀en-**

pflichtig sujeito a direitos *usw.*, cativo de impostos.

'**Abgang** *m* (*-es*; *"e*) saída *f*, (*Abfahrt*) *a.* partida *f*; *Pol. a.* demissão *f*; (*Abnahme*) diminuição *f*, míngua *f*; (*Ausschuß*) aparas *f/pl.*; (*Verbrauch*) consumo *m*; (*Verkauf*) venda *f*; (*Verlust*) perda *f*; (*Versand*) despacho *m*; **~s-prüfung** *f* exame *m* final; **~s-zeit** *f* hora *f* da partida (*od.* saída *od. e-r Sendung*: do despacho); **~s-zeugnis** *n* (*-ses*; *-se*) diploma *m* (do curso).

'**Abgas** *n* (*-es*; *-e*) gases *m/pl.* de escape.

'**abgeben** (*L*) entregar; dar; (*abtreten*) ceder; renunciar a; (*dienen als*) dar, ser; (*loswerden*) largar; (*zurückgeben*) restituir; *Erklärung*: fazer; *Gepäck*: depositar; *Laden, Raum*: trespassar; *Meinung*: dizer; *Schuß*: disparar; *Visitenkarte*: deixar; *s-e Stimme ~* votar (für em); *e-n Wechsel auf j-n ~* sacar sobre alg.; *e-n guten Arzt usw. ~* (vir a) ser um ...; *sich ~ mit* ocupar-se de, dedicar-se a, tratar de; (*verkehren*) dar-se com; *sich nicht ~ wollen mit* não querer saber de.

'**ab|gebrannt** ['-gəbrant] *p.pt. v. abbrennen*; *fig. ~ sn* estar sem nada; **~gebrochen** ['-gəbrɔxən] *p.pt. v. abbrechen*; *fig.* abrupto; **~gebrüht** ['-gəbry:t] *p.pt. v. abbrühen*; *fig.* sabido; **~gedroschen** ['-gədrɔʃən] *fig.* trivial, banal; *~e Redewendung* lugar *m* comum; **~gefeimt** ['-gəfaɪmt] consumado; (*hinterhältig*) pérfido; *~er Gauner* patife *m*; **~gegriffen** ['-gəgrifən] gasto; *fig.* = *~gedroschen*; **~gehärtet** ['-gəhɛrtət] *p.pt. v. abhärten*; robusto; *~ sn* (*gegen*) resistir (a); *fig.* estar habituado a.

'**abgehen** (*L*; *sn*) ir-se (embora), sair; (*abfahren*) partir; (*fehlen*) faltar; (*sich loslösen*) cair, sair; (*zurücktreten*) demitir-se; (*abgezogen w.*) deduzir-se, descontar-se; (*verkauft w.*) vender-se; (*verschickt w.*) seguir; *das ist noch einmal gut für Sie* (*mich*) *abgegangen* ainda teve (tive) sorte; *mit* (*dem*) *Tod ~* falecer; *von e-r Meinung ~* mudar de opinião (*od.* de ideias); *nicht ~ von* não desistir de; *sich nichts ~ l.* aproveitar tudo; *Genuß*: não deixar passar nada.

'**ab|gehetzt** ['-gəhɛtst] estafado; exausto; **~gekämpft** ['-gəkɛmpft] esgotado, cansado; **~geklärt** ['-gəklɛ:rt] sereno; **~gelebt** ['-gəle:pt] decrépito, gasto; '**~gelegen** afastado, distante, longe.

'**abgelten** (*L*) pagar.

'**ab|gemessen** *p.pt. v. abmessen*; comedido, moderado; ♪, *Rede*: compassado, pausado; *genau ~* certo, exa(c)to, preciso; **~geneigt** pouco inclinado, desfavorável, avesso; *j-m ~ sn* não simpatizar com alg.; **𝔖geneigtheit** *f* (*0*) aversão *f*, antipatia *f*; **~genutzt** ['-genutst] gasto; puído.

'**Abgeordnete(r** *m*) *m*, *f* ['-gəɔrdnɛtə(r)] deputado *m*, -a *f*; (*Vertreter[in]*) delegado *m*, -a *f*; **~n-haus** *n* (*-es*; *"er*) Câmara *f* dos Deputados; Assembleia *f* Nacional.

'**ab|gerissen** *p.pt. v. abreißen*; *adj. a.* roto, esfarrapado; *fig.* incoerente; abrupto; **~gerundet** ['-gərundət] arrondado; redondo; *fig.* rematado; **~gesagt** ['-gəza:kt] **1.** *p.pt. v. absagen*; **2.** (*erklärt, geschworen*) declarado, decidido.

'**Abgesandte(r)** *m* delegado *m*, emissário *m*.

'**abgeschieden** ['-gəʃi:dən] *p.pt. v. abscheiden*; *adj.* recolhido; (*tot*) defunto; saudoso; **𝔖-heit** *f* (*0*) solidão *f*; refúgio *m*; isolamento *m*.

'**abgeschlossen** ['-gəʃlɔsən] *p.pt. v. abschließen*; (*fertig, beendet*) pronto, findo; completo, perfeito; (*allein, zurückgezogen*) isolado, recolhido; (*in sich*) *~* independente; acabado; *~ h. mit* não se importar mais com; já não fazer caso de; **𝔖-heit** *f* (*0*) isolamento *m*, recolhimento *m*; (*Einheit*) integridade *f*; (*Vollkommenheit*) perfeição *f*.

'**abgeschmackt** ['-gəʃmakt] insípido, (*alltäglich*) banal; (*geschmacklos*) de mau gosto; (*töricht*) absurdo; **𝔖-heit** *f* (*0*) sensaboria *f*; falta *f* de gosto; despropósito *m*, banalidade *f*; absurdidade *f*.

'**abgesehen** ['-gəze:ən] *p.pt. v. absehen*; *~ von* excepto; abstraindo de; a não ser (que *subj.*); es *auf* (*ac.*) *~ h.* ter em mira, visar.

'**abgespannt** *p.pt. v. abspannen*; cansado, fatigado, exausto; **𝔖-heit** *f* (*0*) cansaço *m*, fadiga *f*.

'**ab|gestanden** ['-gəʃtandən] choco;

insípido; **~gestumpft** chato, embotado; *fig.* ~ (*gegen*) insensível (a); **~getan** ['-gəta:n] *p.pt. v. abtun*; consumado; sem importância, sem interesse; **~gewinnen** ganhar; (*dat.*) *Geschmack* ~ tomar gosto a *a.c.*; *j-m e-n Vorsprung* ~ tomar a dianteira (*od.* adiantar-se) a alg.; **~gewirtschaftet** ['-gəvirtʃaftət] arruinado; ~ *h. a.* estar liquidado; **~gewöhnen** (-): *j-m et.* ~ desacostumar (*od.* desabituar) alg. de a.c.; fazer perder o costume (*od.* o hábito) a alg.; *sich* (*dat.*) (*das Rauchen*) ~ deixar (de fumar); **~gezählt** ['-gətsɛ:lt] *p.pt. v. abzählen*; certo; **~gezehrt** ['-gətse:rt] consumido; magro.

'**abgießen** (*L*) tirar, deitar fora; *Gemüse*: escorrer; ⚗ decantar; ⊕ fundir; *in Gips usw.*: moldar.

'**Abglanz** *m* (*-es*; *0*) reflexo *m*.

'**ab|gleiten** (*L*; *sn*), **~glitschen** (*sn*) escorregar (para baixo); *Auto*: resvalar; *Riemen*: separar-se, cair; ✝ *Kurse usw.* descer, baixar.

'**Abgott** *m* (*-es*; *⸗er*) ídolo *m*.

'**Abgött|e'rei** ['-gœtə'raɪ] *f* (*0*) idolatria *f*; **ⵈisch** idólatra, idolátrico.

'**ab|graben** (*L*) cavar; sangrar; *Wasser*: desviar; *fig. j-m das Wasser* ~ minar o terreno a alg.; **~grasen** (*-t*) *v/t. Vieh*: pastar, pascer; (*mähen*) ceifar, segar; *fig.* explorar; **~greifen** (*L*) enxovalhar, manusear; *Buch*: *a.* folhear; ✈ compassar, abranger com o compasso; **~grenzen** (*-t*) delimitar, demarcar; *fig.* determinar, *Begriff*: definir; **ⵈgrenzung** ['-grɛntsuŋ] *f* delimitação *f*, demarcação *f*; *begriffliche*: definição *f*.

'**Ab|grund** *m* (*-es*; *⸗e*) abismo *m* (*a. fig.*); (*steiler* ~) precipício *m*; (*Schlund*) garganta *f*; **ⵈgründig** ['-gryndiç], **ⵈgrund-tief** (*0*) abismal, insondável; **ⵈgucken** F: (*sich dat.*) ~ copiar, imitar; **ⵈgünstig** invejoso; **~guß** *m* (*-sses*; *⸗sse*) (*Ausguß*) esgoto *m*; *Figur*: moldagem *f*; ⊕ fundição *f*, cópia *f*; (*Gips*ⵈ) gesso *m*; ⚗ decantação *f*.

'**ab|haben** (*L*): F ~ *wollen* querer também; **~hacken** cortar; **~haken** tirar; desenganchar, soltar.

'**ab-halt|en** (*L*) reter, deter; (*hindern*) impedir; *Kind*: pôr a urinar, F pôr a fazer chichi; *fig. Feier*: celebrar; *Prüfung, Sitzung*: ter; *Versammlung*: realizar; *abgehalten w.* realizar-se, ter lugar; **ⵈung** *f* impedimento *m*; *e-r Veranstaltung*: organização *f*, realização *f*.

'**ab|handeln** (*-le*) (*behandeln, erörtern*) tratar de, dissertar sobre; ✝ *j-m et.* ~ comprar a.c. a alg.; *vom Preise* ~ regatear; *3% von et.* ~ arranjar (*od.* pedir) um desconto de 3% sobre a.c.; **~'handen** [-'handən]: ~ *kommen* perder-se, desaparecer; **ⵈhandlung** *f* tratado *m*, *lit. a.* ensaio *m*; 🕮 *a.* dissertação *f*, tese *f*.

'**Abhang** *m* (*-es*; *⸗e*) encosta *f*, declive *m*, vertente *f*, talude *m*; (*Weg*) ladeira *f*; *steiler* ~ escarpa *f*, precipício *m*.

'**ab-häng|en 1.** *v/t.* tirar; *Wagen*: desatrelar, 🚂 desajoujar; F *fig. Sport*: deixar atrás; **2.** *v/i. Fernspr.* pousar o auscultador, deixar de falar; **3.** *fig.* (*L*) ~ *von* depender de; **~ig** dependente; *Rede*: indire(c)to; *Satz*: subordinado; **ⵈigkeit** *f* (*0*) dependência *f*; *gegenseitige* ~ interdependência *f*.

'**abhärt|en** (*-e-*) robustecer, enrijar, tornar resistente, dar resistência a; imunizar; **ⵈung** *f* (*0*) enrijamento *m*.

'**ab|hauen 1.** *v/t.* cortar, abater; **2.** *v/i.* (*sn*) F safar-se, abalar; **~heben** (*L*) levantar, tirar; *Karten*: partir; cortar (o naipe); (*sich*) ~ realçar(-se); marcar, distinguir(-se), ressaltar, (fazer) sobressair; *sich* (*vom Boden*) ~ ✈ descolar; **~heilen** *v/i.* (*sn*) sarar; **~helfen** (*L*) (*dat.*) remediar; *dem ist nicht abzuhelfen* não tem remédio; paciência!; **~hetzen** (*-t*) cansar; (*sich*) ~ maçar(-se), estafar(-se), afadigar(-se).

'**Abhilfe** *f* (*0*) remédio *m*; ~ *schaffen* remediar.

'**ab|hobeln** (*-le*) aplainar, acepilhar; **~hold** pouco inclinado a; adverso a; *j-m*: desfavorável a; **~holen** (v)ir buscar; ~ *l.* mandar buscar; **~holzen** (*-t*) roçar, arrotear, desmoitar, desarborizar; **~horchen** escutar; interceptar; ⚕ auscultar; **~hören** *Ferngespräche, Funksendungen*: ouvir, interceptar; (estar a) escutar; (*überwachen*) fiscalizar; (*verhören*) interrogar; *j-n* ~, *j-m et.* ~ ouvir a.c. a alg.; **~irren** (*sn*): *vom Wege* ~ errar o caminho, desviar-se do caminho; perder-se; *fig.* aberrar; *in der Rede* ~ divagar; afastar-se do assunto; **2irrung** *f* aberração *f* (*a. Astr.*), desvio *m.*

Abi'tur [abi'tu:r] *n* (*-s; -e*), **~ium** [-ium] *n* (*-s; -rien*) exame *m* final (do liceu); *das* ~ *m.* tirar o curso liceal; **~ri'ent** [-i'ɛnt] *m* (*-en*) finalista *m* (do liceu); **~ri'entenzeugnis** *n* (*-ses; -se*) carta *f* do curso liceal.

'ab|kämmen pentear; limpar; *Wolle*: cardar; **~kanten** (*-e-*) biselar, chanfrar; *Blech*: rebordar; **~kanzeln** ['-kantsəln] (*-le*) F censurar, repreender; F dar uma ensaboadela a; **~karten** (*-e-*) combinar, tramar; **~kaufen** comprar.

'Abkehr [e:] *f* (*0*): ~ (*von*) abandono *m* (de), renegação *f* (de), renúncia *f* (a); **2en:** *sich* ~ *von* afastar-se de; voltar (*od.* virar) as costas a; *fig. a.* renegar (*ac.*); (*aufgeben, verzichten*) abandonar (*ac.*); renunciar a.

'ab|ketten (*-e-*) soltar, desencadear; **~klappen** F ter um chilique; **~klappern** (*-re*) F correr; **~klären** clarificar; ⚗ filtrar, decantar; *fig.* esclarecer; **2klärung** *f* (*0*) clarificação *f*; ⚗ filtração *f*, decantação *f*; *fig.* esclarecimento *m.*

'Abklatsch *m* (*-es; -e*) (*Abdruck*) decalque *m*, cópia *f* (*a. fig.*); (*Nachahmung*) imitação *f*; decalque *m*; **2en** decalcar; *Typ.* estereotipar.

'ab|klingen (*L; sn*) diminuir, acabar; extinguir-se; **~klopfen** bater; *Staub*: sacudir; ♪ interromper; (*beklopfen*) apalpar; ⚕ auscultar; F correr; **~knabbern** (*-re*) roer; **~knallen** disparar; *Rakete*: deitar; F (*erschießen*) abater; **~knappen** ['-knapən], **~knapsen** ['-knapsən] (*-t*) F cortar; arrancar; *sich* (*dat.*) *et.* ~ fazer sacrifício de a.c.; **~kneifen** (*L*) cortar *od.* arrancar (com tenaz *od.* com alicate); **~knicken** quebrar, arrancar; (*verbiegen*) torcer, dobrar; **~knipsen** (*-t*) F *Draht*: cortar; **~knöpfen** desabotoar; *fig.* F *j-m et.* ~ extorquir a.c. a alg.; **~knutschen** F beijocar; **~kochen** **1.** *v/t.* cozer, escaldar; *Milch*: deixar levantar fervura; *Wasser*, ⚗ ferver; **2.** *v/i.* cozer; ⚔ preparar o rancho; **3.** 2 ⚗ *n* deco(c)ção *f*; **~kommandieren** (*-*) ⚔ destacar; transferir.

'Abkomm|e ['-kɔmə] *m* (*-n*) descendente *m*; **2en**[1] (*L; sn*) *v/i.* afastar-se, apartar-se; *vom Wege* ~ perder (*a.* ⚓ desviar-se d)o caminho; *fig.* = *abirren*; *von e-r Absicht* ~ desistir (de); mudar de ideias; *von e-r Meinung* ~ mudar de opinião; *Brauch usw.*: cair em desuso, passar de moda, deixar de ser usado; ⚔ (*zielen*) apontar, acertar; *vom Thema* ~ desviar (*od.* afastar)-se do assunto; ~ *k.* ter tempo, estar livre; **~en**[2] *n* convénio *m*, convenção *f*, acordo (*'ô) *m*, pa(c)to *m*; **~en-schaft** *f* (*0*) descendência *f.*

'abkömm|lich ['-kœmliç] disponível; ~ *sn a.* ter tempo; **2ling** *m* (*-s; -e*) descendente *m*; ⚗ derivado *m.*

'ab|koppeln (*-le*) desengatar, desligar; *Hund*: soltar; *Pferd*: desatrelar; **~kratzen** (*-t*) **1.** *v/t.* raspar; alimpar; **2.** *v/i.* P (*fliehen*) safar-se; (*sterben*) esticar a perna; **~kriegen** = *abbekommen.*

'Abkühl...: *in Zssgn* resfriador, refrigerativo, refrigeratório, de refrigeração; **2en** arrefecer; *phys.* refrigerar; refrescar; resfriar; **~ung** *f* (*0*) resfriamento *m* (*a. fig.*); arrefecimento *m*; ⊕ refrigeração *f.*

'Abkunft *f* (*-; ¨e*) ascendência *f*; linhagem *f*; *von guter* ~ de boa família; *deutscher* ~ de origem alemã.

'abkürz|en (*-t*) cortar; ⚖ reduzir; *Verhandlung, Weg, Wort*: abreviar; **2ung** *f* abreviação *f*; *Wort, Typ.* abreviatura *f.*

'abküssen (*-ßt*) beijocar.

'ab-lad|en (*L*) descarregar; **2e-platz** *m* (*-es; ¨e*) descarregadouro *m*; **2er** *m* descarregador *m*; **2ung** *f* descarga *f.*

'Ab-lage *f* depósito *m*; (*Akten2*) arquivo *m*; (*Kleider2*) vestuário *m.*

'ab-lager|n (*-re*) **1.** *v/t.* depositar; **2.** *v/i.* *Wein*: repousar; *sich* ~ *Geol.* sedimentar; **2ung** *f* depósito *m* (*a.* ⚗), *Geol.* sedimento *m*; ⚗ *Prozeß*, ⚕ sedimentação *f.*

'Ab-laß *m* (*-sses; ¨sse*) ⊕ *Dampf, Wasser*: saída *f*, escape *m*; ✝ *Preis*: desconto *m*; ⚕ *Blut*: sangradura *f*; *Rel.* indulgência *f*, indulto *m*, perdão *m*; **~brief** *m* (*-es; -e*) breve *m* de indulgência.

'ab-lassen (*L*) largar, soltar; ⊕ *Dampf, Luft*: deixar escapar (*od.* sair); *Teich*: sangrar (*a.* ⚕ *Blut* ~); *Wasser*: deixar escorrer; *Wein usw.*:

trasfegar; *Preis*: descontar; fazer um desconto (*od.* abatimento); 🚂 fazer partir; dar (o sinal d)a partida; *von et.* ~ desistir de a.c.; *von j-m* ~ deixar alg. (em paz).

'**Ab·lauf** *m* (-*es*; ⸚*e*) decurso *m*, decorrer *m*; evolução *f*; (*Abfluß*) esgoto *m*; (*Ausgang*) fim *m*; *Frist*: cabo *m*, expiração *f*; ⚕ *Wechsel*: vencimento *m*; *Sport*: partida *f*; *nach* ~ *von* ao cabo de; *vor* ~ (*gen.*) antes do fim de; **2en** (*L*) **1.** *v/i.* (*sn*) decorrer; *Sport*: partir; *Uhr*: parar, *abgelaufen sn* não ter corda; *Wasser*: (es-) correr; *fig.* (*enden*) acabar; *Frist*: *a.* vencer, caducar (*a. Paß*); terminar; expirar; **2.** *v/t. Gegend*: correr; *Schuhe*: gastar; *fig. j-m den Rang* ~ vencer alg., exceder alg.; F *sich* (*dat.*) *nach et. die Beine* (*od. Hacken*) ~ andar atrás de a.c.

'**Ab·laut** *m* (-*es*; -*e*) *gr.* apofonia *f*; **2en** (-*e*-) sofrer apofonia.

'**ab|leben** *v/i.* morrer, falecer; **2leben** *n* morte *f*, falecimento *m*.

'**ab·lecken** lamber.

'**ab·lege|n** depor; *Akten*, *Briefe*: arquivar; *Kleider*: tirar, despir; já não vestir; *abgelegte Kleidung* roupa usada; *Trauer usw.*: deixar; *fig. Bekenntnis*, *Geständnis*, *Prüfung*: fazer, *Eid*: *a.* prestar (*a. Rechenschaft*); *Gewohnheit*: perder; *Probe*, *Zeugnis*: dar; **2r** ✿ *m* estaca *f*, tanchão *m*.

'**ab·lehn|en** recusar; *Einladung*: declinar; *Erbschaft*: renunciar a; *Gesuch*: indeferir; *Verantwortung*: não tomar; *Vorschlag*: rejeitar; **~end** negativo; ~ *gegenüberstehen* (*dat.*) desaprovar (*ac.*), não simpatizar com; **2ung** *f* recusa *f*, negação *f*; *Einladung*: declinação *f*; *Erbschaft*: renúncia *f* a; *Gesuch*: indeferimento *m*; *Vorschlag*: rejeição *f*.

'**ab·leiern** (-*re*) psalmodiar; *sich* ~ gastar-se.

'**ab·leit|bar** derivável; **~en** (-*e*-) *Fluß*: desviar; *Wasser*: desaguar; *fig.*, ♣, *gr.* derivar; deduzir; **2er** ⚡ *m* condutor *m*; *desviador *m*; **2ung** *f* desvio *m*; derivação *f*; dedução *f*; desaguamento *m*; *gr.* derivação *f*; ♣ derivada *f*, quociente *m* diferencial; **2ungs...**: *in Zssgn gr.* derivativo *m*.

'**ab·lenk|en** desviar, apartar; *a.* ⚔ divertir; *fig.* distrair; **2ung** *f* desvio *m*; diversão *f*; *Astr.* digressão *f*; *Phys.* difra(c)ção *f*; ⚡ difusão *f*; (*Unterhaltung*) distra(c)ção *f*; **2ungs...**: *in Zssgn* de diversão *usw.*

'**ab·les|en** (*L*) ler; *Obst*: (re)colher; *j-m e-n Wunsch an den Augen* ~ adivinhar os desejos a alg.; **2ung** *f* (*0*) leitura *f*.

'**ab·leugn|en** (-*e*-) negar, desmentir; **2ung** *f* (*0*) negação *f*; desmentido *m*.

'**ab·liefer|n** (-*re*) entregar; remeter; **2ung** *f* entrega *f*; **2ungs·termin** *m* (-*s*; -*e*) data *f* da entrega.

'**ab|listen** ['-listen] (-*e*-): *j-m et.* ~ surripiar a.c. a alg.; **~locken**: *j-m et.* ~ sacar a.c. a alg.; **~lösbar** separável; ⚖ redimível; **~löschen** apagar; *Tinte*: secar (com mata-borrão).

'**ab·lös|en** (-*t*) desligar, descolar, tirar; ⚖ *u.* ⚕ re(di)mir; ⚔ render; *j-n*: substituir; *sich* ~ *Farbe usw.* descolar; *ea.* ~ alternar-se, revezar-se; **2ung** *f* desligamento *m*; *im Amt*: substituição *f*; ⚔ render *m* (da guarda); ⚖, ⚕ remissão *f*; *gegenseitige* ~ revezamento *m*.

'**abmach|en** (*lösen*) tirar; (*verabreden*) combinar, arranjar, entender-se; *Arbeit*, *Preis*: ajustar; *vertraglich*: estipular, determinar; *abgemacht!* está dito!, está combinado!, está entendido!; F *das ist ein* 2 já que se está com as mãos na massa; **2ung** *f* arranjo *m* (*treffen* fazer); (*Vertrag*) acordo (*'ô) *m*; *pol. a.* pacto *m*; (*Klausel*) estipulação *f*; convénio *m*, convenção *f*, *Personal*: ajuste *m*.

'**abmager|n** (-*re*; *sn*) emagrecer; abater; **2ung** *f* (*0*) emagrecimento *m*.

'**ab|mähen** ceifar; **~malen** pintar; copiar; *j-n*: retratar.

'**Abmarsch** *m* (-*es*; ⸚*e*) partida *f*; **2bereit** pronto para a partida; **2ieren** (-; *sn*) marchar, partir, sair; pôr-se em marcha.

'**abmeld|en** (-*e*-): *j-n* (*bei* ...) ~ avisar (*ac.*) da saída de alg.; participar a partida de alg. (a); riscar alg. da matrícula (*od.* do registo); *sich* ~ despedir-se; *polizeilich*: participar a mudança de residência (*od.* a saída) à polícia; **2ung** *f* despedida *f*; *polizeilich*: participação *f* de saída.

'**ab|messen** (*L*) medir (*a. fig.*); ⊕

regular; *s. a. abgemessen*; **2messung** *f* medição *f*; ⊕ dimensão *f*; regulamento *m*; **~mieten** (*-e-*) alugar; **~montieren** (-) desmontar; **~mühen:** *sich* ~ dar-se muito trabalho; **~mustern** (*-re*) ⚔ *u.* ⚓ licenciar; despedir(-se); **~nagen** roer; **2nagung** [ˈ-na:guŋ] *f* roedura *f*; **~nähen** fazer uma pinça; **2näher** [ˈ-nɛ:ər] *m* pinça *f*.

ˈ**Abnahme** *f* (*0*) ✝ (*Annahme*) aceitação *f*; (*Kauf*) compra *f*; (*Verkauf*) venda *f* (*finden* ter); ⚕ amputação *f*; *Verband*: desligadura *f*; (*technische Prüfung*) vistoria *f*; (*Verminderung*) diminuição *f*, perda *f*; ~ *e-s Eides* ajuramentação *f*; ~ *e-r Prüfung* exame *m*.

ˈ**abnehm|bar** [ˈ-ne:m-] desmontável; **~en** (*L*) **1.** *v/t.* tirar; (*a.* ⊕) desmontar; *Hörer*: levantar; *Karten*: cortar (o naipe); *Obst*: colher; *Parade*: passar em revista; ✝ receber, ☏ aceitar; (*kaufen*) comprar; ⚕ *Glied*: amputar; *Verband*: tirar; ⊕ (*prüfen*) vistoriar; *j-m et.* ~ (*helfen*) ajudar alg. em (*od.* a fazer) a.c.; F (*glauben*) acreditar a.c. a alg.; *j-m e-n Eid* ~ ajuramentar alg.; *e-e Prüfung* ~ examinar; **2.** *v/i.* diminuir; *a. Tage*: decrescer; *Gewicht*: baixar; *Temperatur, Wasser*: *a.* descer; *Mond*: minguar; *fig.* ir abaixo, decair; **2er** *m* comprador *m*, freguês *m*.

ˈ**Abneigung** *f* aversão *f*, antipatia *f*.

abˈ**norm** anormal; irregular; **2i**ˈ**tät** [-iˈtɛ:t] *f* anormalidade *f*, anomalia *f*; monstruosidade *f*.

ˈ**abnötigen** extorquir; arrancar; *Bewunderung*: causar.

ˈ**abnutz|en** (*-t*), ˈ**abnütz|en** (*-t*) gastar, usar; deteriorar; *abgenutzt* usado; **2ung** *f* uso *m*, gasto *m*, desgaste *m* (*a. fig.*); (*Wertverminderung*) deterioração *f*, detrimento *m*; *a.* ⚕ usura *f*, abrasão *f*.

Abonn|eˈ**ment** [abɔnəˈmaŋ] *n* (*-s; -s*) assinatura *f*; **2**ˈ**ieren** (-) assinar; subscrever; **~ent(in** *f*) *m* (*-en*) [-ˈɛnt-] assinante *m/f*.

ˈ**ab-ordn|en** (*-e-*) delegar, deputar; **2ung** *f* delegação *f*, deputação *f*; ⚔ missão *f*.

ˈ**Ab-ort**[1] *m* (*-es; -e*) retrete *f*.

Aˈ**bort**[2] [aˈbɔrt] ⚕ *m* (*-es; -e*) aborto (*ˈô) *m*.

ˈ**ab|packen** tirar, descarregar; **~passen** (*-ßt*) medir; ajustar; *Gelegenheit*: aguardar, *a. j-n*: esperar (por), espreitar; **~pellen** descascar; **~pfeifen** (*L*): (*das Spiel*) ~ apitar para interromper (*od.* terminar) o jogo; **2pfiff** *m* (*-es; -e*) *Sport*: apito *m* de interrupção; apito *m* final; **~pflücken** colher; arrancar; **~placken**, **~plagen:** *sich* ~ cansar-se, maçar-se; esfalfar-se.

ˈ**abplatt|en** (*-e-*) achatar; **2ung** *f* achatamento *m*.

ˈ**Abprall** *m* (*-es; -e*) ressalto *m*, recuo *m*, retrocesso *m*; *Geschoß*: ricochete *m*; **2en** *v/i.* (*sn*) ressaltar, recuar; ricochetear; *fig.* malograr-se; *an j-m* ~ deixar alg. impassível; **2er** *m* ricochete *m*.

ˈ**ab|pressen** (*-ßt*) espremer; *j-m et.* ~ extorquir a.c. a alg.; **~protzen** (*-t*) ⚔ desmontar.

ˈ**Abputz** *m* (*-es; 0*) ⌂ reboco *m*; **2en** (*-t*) (a)limpar; *Licht*: espevitar, aparar o morrão, repuxar a torcida; ⌂ *Haus*: branquear; *Mauer*: rebocar, revestir de reboco.

ˈ**ab|quälen**: *sich* ~ maçar-se; *seelisch*: atormentar-se; **~rackern** [ˈ-rakərn] F (*-re*): *sich* ~ maçar-se; **~rahmen** desnatar; **~rasieren** (-) rapar; arrasar; **~raspeln** (*-le*) ra(s)par; **~raten** (*L*) desaconselhar; *j-m* ~ *von* dissuadir alg. de (*inf.*); **2raum** *m* (*-es; 0*) ⚒ (des)entulho *m*; escombros *m/pl.*; desaterro *m*; **~räumen** arrumar; tirar; *Tisch*: levantar; *den Schutt* ~ *von* desentulhar (*ac.*).

ˈ**abrechn|en** (*-e-*) **1.** *v/t.* (*abziehen*) deduzir, descontar; subtrair; ✝ *Konto*: saldar; liquidar; **2.** *v/i.* fazer (as) contas, *a. fig.* ajustar contas; **2ung** *f* (*Abzug*) desconto *m*; *Konto*: liquidação *f*, balanço *m*, *a. fig.* ajuste *m* de contas; *in* ~ *bringen* descontar; **2ungs-stelle** *f* contabilidade *f*; **2ungs-verkehr** *m* (*-s; 0*) «clearing» *m* (*engl.*).

ˈ**Abrede** *f* acordo (*ˈô) *m*; *in* ~ *stellen* negar, desmentir; **2n** (*-e-*) = *abraten*; (*ver2*) combinar.

ˈ**abreib|en** (*L*) esfregar; (*reinigen*) *a.* limpar; ⚕ *a.* fri(c)cionar; **2ung** *f* esfregadura *f*; ⚕ fri(c)ção *f*; *fig.* descompostura *f*.

ˈ**Abreise** *f* partida *f*; **2n** (*-t; sn*) partir, sair.

ˈ**ab-reiß|en** (*L*) **1.** *v/t.* arrancar, ti-

rar; ⚠ distar abaixo, demolir, derribar; **2.** *v/i.* (*sn*) *Faden*: partir(-se); *fig. nicht* ~ não ter fim; nunca mais acabar; *plötzlich* ~ acabar de um momento para o outro; *s. a. abgerissen*; 2**kalender** *m* calendário *m*.
ˈ**abrennen** (*L*): *sich* (*dat.*) *die Beine* ~ correr para trás e para diante.
ˈ**abricht|en** (-*e*-) adestrar; ⊕ re(c)tificar, aplanar; 2**maschine** *f* re(c)tificador *m*; aplanador *m*; 2**ung** *f* adestramento *m*; ⊕ re(c)tificação *f*; aplanamento *m*.
ˈ**abriegel|n** (-*le*) trancar, aferrolhar, fechar com ferrolho; *a. fig.* bloquear; *polizeilich*: cercar; *Verkehr*: vedar; ⚔ *Graben*: cortar; 2**ung** *f* bloqueio *m*; ⚔ *a.* cerco (*ê) *m*; *polizeiliche*: cordão *m*; *Verkehr*: vedação *f*.
ˈ**Ab|riß** *m* (-*sses*; -*sse*) esboço *m*; *schematischer*: diagrama *m*; *fig.* resumo *m*; (*Buch*) compêndio *m*; ⚠ demolição *f*; 2**rollen 1.** *v/t.* desenrolar; (*befördern*) levar, transportar; **2.** *v/i.* desenrolar-se; *Programm*: correr; 2**rücken 1.** *v/t.* afastar, remover, tirar; **2.** *v/i.* (*sn*) ⚔ partir, retirar; *fig.* ~ *von* distanciar-se de; ~**ruf** *m* (-*es*; -*e*) revocação *f*; *auf* ~ às ordens *f/pl.*, à disposição *f*; 2**rufen** (*L*) chamar; *Geld, Ware*: levantar; 🚂 anunciar a partida de; 2**runden** (-*e*-) (ar)redondar (*nach oben* por excesso; *nach unten* por defeito); 2**rupfen** depenar; arrancar; 2**rüsten** (-*e*-) desarmar; ~**rüstung** *f* desarmamento *m*; 2**rutschen** escorregar; 2**sacken** [ˈ-zakən] (*sn*) cair, baixar(-se); (*nachgeben*) ceder; ⚠ descer; ⚓ afundar-se, ir a pique; *mot.* ir-se abaixo.
ˈ**Absage** *f* recusa *f*; (~*brief*) resposta *f* negativa; 2**n 1.** *v/t.* (*ablehnen*) declinar; não aceitar, recusar; (*widerrufen*) anular; *Fest*: *a.* anular; **2.** *v/i. j-m* ~ declinar (*od.* não aceitar) o convite de alg.; *fig.* (*abschwören*) renegar (*ac.*), abjurar (*ac.*); (*entsagen*) renunciar a; *s. a. abgesagt*.
ˈ**ab|sägen** serrar; cortar (com a serra); F *fig. j-n* ~ correr com alg.; ~**satteln** (-*le*) tirar a sela, tirar a albarda.
ˈ**Absatz** *m* (-*es*; ⸚*e*) (*Abschnitt*) parágrafo *m*, alínea *f*; *Rede*: período *m*; ⚠ ressalto *m*; (*Schuh*2) salto *m*, tacão *m*; (*Treppen*2) patamar *m*; (*Unterbrechung*) intervalo *m*, pausa *f*; (*Verkauf*) venda *f*; 2**fähig**: ~ *sn* ter venda; ~**gebiet** *n* (-*es*; -*e*) mercado *m*.
ˈ**absaug|en** aspirar, chupar; 2**pumpe** *f* bomba *f* aspirante.
ˈ**abschaben** ra(s)par; (*abnutzen*) gastar; *Stoff*: *a.* puir.
ˈ**abschaff|en** abolir, *Einrichtung*: *a.* suprimir, *Gesetz*: *a.* revogar, anular; (*entlassen*) despedir; 2**ung** *f* supressão *f*, abolição *f*, revogação *f*, anulação *f*.
ˈ**abschätz|bar** avaliável; ~**en** (-*t*) avaliar, estimar, apreciar; taxar; ~**ig** depreciativo; 2**ung** *f* avaliação *f*; taxação *f*; 2**ungs...**: *in Zssgn* estimativo.
ˈ**Ab|schaum** *m* (-*es*; *0*) espuma *f*; escuma *f*; *Metall*: escória *f*, *fig.* ralé *f*; 2**schäumen** escumar; 2**scheiden** (*L*) **1.** *v/t.* separar; ⚗ *u.* ⚗ segregar; ⚗ *sich* ~ precipitar; **2.** *v/i.* (*sn*) falecer; partir; ~**scheu** *m* (-*es*; *0*): ~ (*vor dat.*) horror *m* (de), aversão *f* (contra); abominação *f*; abje(c)ção *f*; 2**scheuern** (-*re*) esfregar; limpar; (*abnutzen*) (des)gastar; 2**scheulich** [-ˈʃɔyliç] abominável, detestável, horrível, abje(c)to; ~ˈ**scheulichkeit** *f* (*0*) horror *m*; monstruosidade *f*; (*Untat*) atrocidade *f*; 2**schicken** enviar, mandar, remeter, despachar, expedir; 2**schieben** (*L*) **1.** *v/t.* afastar, remover; empurrar; *fig. Ausländer*: expulsar; **2.** *v/i.* (*sn*) P abalar.
ˈ**Abschied** [ˈ-ʃi:t] *m* (-*es*; *0*) despedida *f*; (*Entlassung*) demissão *f*, ⚔ *a.* reforma *f*; baixa *f*; (*s-n*) ~ *nehmen* despedir-se; demitir-se, ⚔ *a.* pedir a reforma; *j-m den* ~ *geben* demitir alg., despedir alg.; *den* ~ *bekommen* ser demitido; ⚔ passar à reforma; ~**s-besuch** *m* (-*es*; -*e*): (*s-n* ~ *machen* apresentar cumprimentos de) despedida *f*; ~**s-gesuch** *n* (-*es*; -*e*) demissão *f* (*einreichen* dar).
ˈ**abschießen** (*L*) *Schuß*: disparar; descarregar; *Pfeil*: atirar; *Rakete, Torpedo*: lançar; *Flugzeug*: abater (*a. Tier*), derrubar; *Panzer*: destruir, aniquilar.
ˈ**abschinden** (*L*) esfolar; *fig. a.* vexar; *sich* ~ esfalfar-se, maçar-se.
ˈ**abschirm|en** proteger; cobrir; ⚔

u. ⊕ blindar; **2ung** *f* prote(c)ção *f*, cobertura *f*; ⚔ *u.* ⊕ blindagem *f*.

ˈ**abschirren** desarrear, tirar os arreios (a); desatrelar.

ˈ**abschlacht|en** (-*e*-) matar; *Vieh*: *a.* abater; *fig.* chacinar, assassinar; **2ung** *f* matança *f*, *fig. a.* chacina *f*, carnificina *f*.

ˈ**Ab|schlag** *m* (-*es*; ⸚*e*) *Preis*: desconto *m*; *auf* ~ a prestações *f/pl.*; **2schlagen** (*L*) cortar, derribar, abater; ⚒ *a.* desbastar; ⚔ *u.* *Sport*, *Angriff*, *Stoß*: repelir; *fig. Bitte*: declinar, recusar, negar; *Gesuch*: indeferir; **2schlägig** [ˈ-ʃlɛːgiç] negativo; ~ *bescheiden* indeferir; **~schlagszahlung** *f* pagamento *m* a prazo; prestação *f*.

ˈ**abschleif|en** (*L*) ⊕ amolar; afiar; polir; limpar; (*abnutzen*) desgastar; **2en** *n*, **2ung** *f* amolação *f*, afiação *f*, limpeza *f*; ⚠ (*Abnutzung*) desgaste *m*; ⚕ abrasão *f*.

ˈ**ab|schleppen** levar a reboque; *sich mit et.* ~ arrastar a.c., maçar-se com a.c.; **~schließen** (*L*) **1.** *v/t.* fechar à chave; (*abdichten*, *absondern*) isolar; (*beenden*) terminar; *Anleihe*: negociar, contrair; *Handel*: fechar; *Kauf*: efe(c)tuar; *Rechnung*: ajustar, liquidar; *Vertrag*: concluir; **2.** *v/i.* acabar; *mit j-m* ~ chegar a acordo (*ˈô) com alg.; *sich* ~ isolar-se; *innerlich*: ensimesmar-se; **~schließend** definitivo, final; *adv. a.* terminando.

ˈ**Abschluß** *m* (-*sses*; ⸚*sse*) (*Beendigung*) conclusão *f*; (*Ende*) fim *m*, termo *m*; *Anleihe*: contra(c)ção *f*; *Geschäft*: transa(c)ção *f*; (*Geschäfts2*, *Rechnungs2*) saldo *m*, balanço *m*; *Vertrag*: conclusão *f*, assinatura *f*; *zum* ~ *bringen* levar a cabo; terminar; **~kabel** *n* cabo *m* isolado; **~prüfung** *f* exame *m* final.

ˈ**ab|schmecken** provar; **~schmieren** ⊕ lubrificar; untar; P *fig.* copiar; **~schminken** lavar; *Thea.* descaracterizar; **~schmirgeln** (-*le*) esmerilar; **~schnallen** desafivelar, tirar; **~schneiden** (*L*) **1.** *v/t.* cortar (*a. fig.*), ⚔ *a.* isolar; *j-m die Ehre* ~ difamar alg.; *Möglichkeit*: privar alg. de; **2.** *v/i.*: *gut* ~ sair-se bem; fazer boa figura.

ˈ**Abschnitt** *m* (-*es*; -*e*) secção *f*; parte *f*; trecho *m*; ⚹ segmento *m*; ⚔ sector *m*; *Rechnung*, *Schein*: senha *f*; *Scheckbuch*: talão *m*; *Text*: parágrafo *m*, alínea *f*; passo *m*, trecho *m*; (*Zeit2*) época *f*, fase *f*, período *m*; **2(s-)weise** por secções *usw.*

ˈ**ab|schnüren** desligar; *Blut*, *Kehle*: estrangular, ⚕ *a.* ligar; *fig. u.* ⚔ isolar; cortar as comunicações a; **~schöpfen** escumar; tirar de acima (dum líquido); *Fett* ~ *von* desengordurar (*ac.*), *Rahm* ~ *von* desnatar (*ac.*); **~schrägen** [ˈ-ʃrɛːgən] enviesar; ⊕ *a.* chanfrar; **2schrägung** *f* enviesado *m*; chanfradura *f*; **~schrauben** desaparafusar, desandar, desatarraxar.

ˈ**abschreck|en** intimidar; escarmentar, (fazer) desanimar; desalentar; *Ei usw.*: passar por água fria; ⊕ temperar; **~end** desanimador; ~*es Beispiel* lição *f*, escarmento *m*; ~*e Strafe* castigo *m* exemplar; **2ung** *f* (0) intimidação *f*; escarmento *m*; ⊕ têmpera *f*.

ˈ**abschreib|en** (*L*) **1.** *v/t.* copiar, transcrever; *betrügerisch*: plagiar, cometer plágio; (*abrechnen*) deduzir, descontar; *Wert*: depreciar; *auf Konto*: abonar; (*tilgen*) amortizar; **2.** *v/i.* (*absagen*) dar uma resposta negativa; escrever a desculpar-se; **2ung** *f* ✝ amortização *f*.

ˈ**abschreiten** (*L*) medir com passos; *die Front* ~ passar revista (às tropas).

ˈ**Abschrift** *f* cópia *f* (*nehmen* fazer); (*Doppel*) duplicado *m*; traslado *m*; ~ *e-r Urkunde* pública-forma *f*; **2lich** por cópia, copiado; em duplicado.

ˈ**ab|schroten** (-*e*-) talhar; **~schuppen 1.** *v/t.* escamar; **2.** *v/i.* cair; **~schürfen:** (*sich dat. et.*) ~ escoriar (*a.c.*); **2schürfung** *f* escoriação *f*.

ˈ**Abschuß** *m* (-*sses*; ⸚*sse*) tiro *m*; *Rakete*, *Torpedo*: lançamento *m*, ✈ derrubamento *m*, abatido *m*; *Panzer*: destruição *f*; *zum* ~ *bringen* abater; destruir; **~rampe** *f* plataforma *f* de lançamento.

ˈ**abschüssig** [ˈ-ʃysiç] íngreme; escarpado; **2keit** *f* (0) declive *m*.

ˈ**ab|schütteln** (-*le*) sacudir; deitar fora; *fig.* livrar-se de; **~schwächen** abrandar, diminuir, moderar; *Ausdruck*, *Schuld*: atenuar; *Schall*: abafar; *Stoß*: amortecer; **~schwe-**

feln (*-le*) ⊕ (*entschwefeln* des)enxofrar, (des)sulfurar.
'**abschweif|en** (*sn*) desviar-se, afastar-se; *vom Thema* ~ perder-se em divagações; *nicht* ~ *von* cingir-se a; **≈ung** *f* divagação *f*, digressão *f*.
'**ab|schwellen** (*L*; *sn*) diminuir; ⚕ desinchar; **~schwenken** *v/i.* (*sn*) mudar de rumo; ~ (*nach*) virar (para).
'**abseh|bar** ['-ze:ba:r] determinável; *in* ~*er Zeit* em tempo determinado; (*bald*) em breve; *nicht* ~ não de prever; **~en** (*L*) **1.** *v/t.* abranger com a vista; (*voraussehen*) prever; *es ist kein Ende abzusehen* parece que nunca mais acaba; não se vê, onde isto vai acabar; *j-m et.* ~ aprender a.c. de alg. por observação; *j-m e-n Wunsch an den Augen* ~ fazer (*od.* adivinhar) todas as vontades a alg.; (*sich dat.*) *et.* ~ observar; imitar; *es abgesehen haben auf* (*ac.*) ter em mira, ter em vista, ambicionar; *es auf j-n abgesehen haben* F entrar com alg.; **2.** *v/i. von et.* ~ abstrair de a.c.; *Plan*: desistir de; (*unbeachtet l.*) não contar com; *abgesehen von fig.* abstraindo de, a não ser (que *subj.*), não contando com.
'**ab|seifen** ensaboar, lavar com água e sabão; **~seilen** ['-zaɪlən]: (*sich*) ~ (*losbinden*) desatar(-se); (*herunterklettern*) descer pela corda.
'**abseit|ig** ['-zaɪtiç] afastado, desviado; *fig.* anormal; **~s** fora, desviado, afastado; *Sport*: «off-side» (*engl.*).
'**absend|en** (*L*) mandar, enviar, despachar; **≈er(in** *f*) *m* remetente *m/f* (*Abk.* Abs. Rem.); **≈ung** *f* envio *m*, despacho *m*, remessa *f*, expedição *f*.
'**absengen** chamuscar.
'**absenk|en** ⊕ afundar, rebaixar; ⛏ mergulhar, enterrar; ⚘ *Reben*: abacelar; **≈er** ⚘ *m* mergulhão *m*, estaca *f*, tanchão *m*; **≈ung** *f* ⊕ abaixamento *m*.
'**absetz|bar:** ~ *sn* poder ser demitido (*od.* destituído); ✝ *Ware*: ter venda, vender-se; **~en** (*-t*) **1.** *v/t.* pôr no chão; (*entlassen*) depor, demitir; (*entthronen*) destituir, destronar; (*lassen*) deixar, desembarcar; (*unterscheiden*) fazer contrastar (*gegen* com); (*streichen*) riscar; dar baixa a; ✝ *a.* deduzir; (*unterbringen*) colocar; (*verkaufen*) vender; ⚗ depositar, formar um depósito; *Typ.*, *Wort*: separar; **2.** *v/i.* fazer uma pausa, interromper(-se); **≈ung** *f* deposição *f*, demissão *f*; destituição *f*.
'**Absicht** *f* intenção *f*, intuito *m*; (*Plan*) desígnio *m*, intento *m*; (*Ziel*) fim *m*; obje(c)tivo *m*; (*Zweck*) propósito *m*; *mit* ~ = **≈lich** propositado, intencional, deliberado; *adv. a.* de propósito; **≈s-los** sem intenção, sem querer.
'**ab|singen** (*L*) cantar; **~sinken** (*L*) descer; ir(-se) abaixo.
Ab'sinth [ap'zint] *m* (*-es*; *-e*) absinto *m*.
'**absitzen** (*L*) **1.** *v/t.*: *e-e Strafe* ~ expiar uma pena na cadeia; **2.** *v/i.* (*sn*): *vom Pferde* ~ apear-se, desmontar.
abso'lut [apzo'lu:t] absoluto; ~ *nicht* de maneira nenhuma; **≈i'on** [-tsi'o:n] *f* absolvição *f*; *j-m* ~ *erteilen* absolver alg.; **≈'ismus** *m* (-; *0*) absolutismo *m*.
absol'vieren [apzɔl'vi:rən] (-) absolver; (*abschließen*) acabar, terminar; *Schule* frequentar; *Studium*: tirar, cursar.
ab'sonderlich extravagante, estranho, esquisito; **≈keit** *f* extravagância *f*, esquisitice *f*.
'**absonder|n** (*-re*) separar; desagregar; ⚕ segregar; (*sich*) ~ isolar(-se); *e-n Gefangenen*: pôr alg. incomunicável; **≈ung** *f* separação *f*; secreção *f*; isolação *f*; incomunicabilidade *f*.
absor'bier|en [apzɔr'bi:rən] (-) absorver; **~end** absorvedor; **≈ung** *f* absorção *f*.
'**abspalt|en** (*-e-*) separar; ⚗ cindir (*a. fig.*); **≈ung** *f* separação *f*; *fig. a.* cisão *f*, dissidência *f*.
'**abspann|en** desatrelar, soltar; (*Spannung vermindern*) diminuir a força (*od.* a tensão) de; *vgl. abgespannt*; **≈seil** *n* (*-es*; *-e*) espia *f*; **≈ung** *f fig.* cansaço *m*, abatimento *m*.
'**abspeisen** (*-t*) dar de comer a; *fig.* contentar, alimentar; *j-n mit leeren Worten* ~ despachar alg. com palavras.
'**abspenstig** ['-ʃpɛnstiç]: ~ *machen* alienar; ~ *werden* abandonar.
'**absperr|en** (*abriegeln*) fechar, trancar; (*blockieren*) bloquear; (*isolieren*) isolar; *Zugang*: fechar (*od.* ve-

dar) ao trânsito; *Zuleitung*: cortar; ⊕ travar; *sich* ~ isolar-se; **2-hahn** *m* (-*es*; ⸚*e*) torneira *f* de vedação; **2ung** *f* encerramento *m*; barricada *f*; bloqueio *m*; *polizeiliche*: cordão *m*; *Zugang*: interdição *f*; *Zuleitung*: corte *m*; ⊕ vedação *f*; **2ventil** *n* (-*s*; -*e*) válvula *f* corrediça.

'**ab|spiegeln** (-*le*) reflectir; espelhar; **~spielen 1.** ♪ *v/t. Tonband*: rodar; *vom Blatt* ~ tocar à primeira vista; *abgespielt Platte usw.*: gasto; **2.** *sich* ~ passar-se; **~splittern** (-*re*) lascar; **2sprache** *f* acordo (*'ô) *m*, ajuste *m*; **~sprechen** (*L*) negar, disputar; ⚖ abjudicar; *j-m et.* ~ desapossar (*od.* privar) alg. de a.c.; (*vereinbaren*) combinar, ajustar; **~sprechend** negativo, depreciativo; **~springen** (*L*; *sn*) saltar; partir-se; (*sich ablösen*) despegar-se; (*abprallen*) ricochetear; ✈ descer em pára-quedas; ~ *von fig.* abandonar (*ac.*), afastar-se de; *Kunden*: retirar-se, deixar de comprar (*od.* frequentar); F *dabei springt et. für j-n ab* alg. ganha a.c. com isso.

'**abspritzen** (-*t*) lavar.

'**Absprung** *m* (-*es*; ⸚*e*) salto *m*; descida *f* (✈ em pára-quedas).

'**ab|spulen** dobar, ensarilhar; **~spülen** lavar, enxaguar; **~stammen** descender; proceder; *gr. u.* ⚗ derivar; **2stammung** *f* origem *f*; ascendência *f*; filiação *f*; *gr.* derivação *f*; etimologia *f*.

'**Abstand** *m* (-*es*; ⸚*e*) distância *f* (*halten, wahren* guardar); intervalo *m*; (*Spielraum*) margem *f*; *fig.* diferença *f*; ~ *nehmen von* desistir de, renunciar a, desinteressar-se de; (*Abfindung*) indemnização *f*; trespasse *m*.

'**ab|statten** ['-ʃtatən] (-*e*-) *Besuch*: fazer; *Dank*: apresentar; *Glückwunsch*: dar; **~stauben** desempo(eir)ar, tirar o pó de, limpar do pó.

'**abstech|en** (*L*) **1.** *v/t.* cortar; *Tier*: matar; ⊕ *Hochofen*: abrir; **2.** *v/i.*: ~ *gegen*, ~ *von* contrastar com, destacar-se de; **2er** *m* (*Arbeiter*) cortador *m*; (*Ausflug*) saltada *f*.

'**absteck|en** marcar; delimitar; *Kleid*: acertar (com alfinetes); **2pfahl** *m* (-*es*; ⸚*e*) posto (*'ô) *m* de demarcação (*od.* para alinhar *od.* para alinhamento).

'**abstehen** (*L*) *Flüssigkeit*: estragar-se; perder o sabor; *fig.* ~ *von* (*aufgeben*) desistir de; **~d**: ~*e Ohren haben* ter as orelhas muito despegadas.

'**absteif|en** suster; (*verstreben*) escorar; **2ung** *f* escora(mento *m*) *f*.

'**absteige|n** (*L*; *sn*) *v/i.* descer; apear-se; *im Gasthof*: hospedar-se; pernoitar; **2quartier** *n* (-*s*; -*e*) pousada *f*.

'**abstell|en** (*lassen*) deixar; *Auto*: estacionar; *Licht, Wasser*: cortar; *Mot.* parar; *Radio*: desligar; *fig.* acabar com; ⚔ destacar; **2raum** *m* (-*es*; ⸚*e*) arrecadação *f*.

'**ab|stempeln** (-*le*) carimbar; *a. fig.* marcar; *j-n* ~ *als* classificar alg. de; **~steppen** pespontar; **~sterben** (*L*; *sn*) morrer; ⚕ atrofiar; ⚘ murchar; *fig.* esmorecer, extinguir-se.

'**Abstich** ⊕ *m* (-*es*; -*e*) sangria *f*.

'**Abstieg** *m* (-*es*; -*e*) descida *f*; *fig.* decadência *f*.

'**abstimm|en 1.** *v/t.* ♪ afinar; *Radio*: sintonizar (*a. aufeinander* ~); *fig.* conjugar, conciliar; coordenar; *zeitl.*: sincronizar; **2.** *v/i.*: ~ *über* (*ac.*) votar (*ac.*); **2schärfe** *f* (*0*) sele(c)tividade *f*; **2spule** *f* bobina *f* de sintonização; **2ung** *f* ♪ afinação *f*; (*Wahl*) voto *m*, votação *f*; (*Volks2*) plebiscito *m*; *Radio*: sintonização *f*; *fig.* coordinação *f*; *zeitl.*: sincronização *f*; **2ungs-gebiet** *n* (-*es*; -*e*) região *f* plebiscitária; **2ungs-vorrichtung** *f* dispositivo *m* de afinação (*od.* de sintonização).

Absti'nenz [apsti'nɛnts] *f* (*0*) abstinência *f*; **~ler** *m* abstémio *m*.

'**abstoß|en** (*L*) **1.** *v/t.* empurrar; repelir; ♪ cortar; *Besitz*: largar, desfazer-se de; *Waren*: vender; *Stein*: chanfrar; (*abnutzen*) desgastar; *fig.* repugnar; **2.** *v/i.* ⚓ fazer-se ao largo; **~end** repugnante, repulsivo; **2ung** *f* repulsa *f*.

abstra'hieren [apstra'hi:rən] abstrair.

ab'strakt [ap'strakt] abstra(c)to; **2ion** [-tsi'o:n] *f* abstra(c)ção *f*.

'**ab|streichen** (*L*) tirar; (*abziehen*) deduzir, substrair; (*ausstreichen*) riscar, dar baixa a; (*säubern*) limpar; *Maß*: arrasar; *Messer*: dar fio a; **~streifen** tirar; *Kleider*: despir; *Handschuhe*: descalçar; *Fell*: des-

folar; *Gegend*: percorrer; *fig.* deixar; desfazer-se de; **~streiten** (*L*) negar; disputar; contestar; (*leugnen*) desmentir.
ˈ**Abstrich** *m* (-*es*; -*e*) desconto *m*; (*Kürzung*) corte *m*; ~e machen cortar, suprimir; ⚕ colheita *f*.
ˈ**abstuf|en** [ˈ-ʃtuːfən] graduar; *Farben*: matizar (*a. fig.*); *Ton*: modular; **≈ung** *f* grad(u)ação *f*; matiz *m*; ♪ modulação *f*.
ˈ**abstumpfen** [ˈ-ʃtumpfən] embotar(-se); despontar; (*stutzen*) truncar; *fig.* deixar de reagir.
ˈ**Ab|sturz** *m* (-*es*; ⸚*e*) queda *f*; despenh(ament)o *m*; (*Abhang*) precipício *m*; zum ~ bringen abater, derrubar; **≈stürzen** (-*t*) cair, precipitar-se; *Bergsport u.* ✈ despenhar-se; **≈stützen** (-*t*) escorar, apoiar; **≈suchen** dar busca a; revistar; *Gelände*: *a.* percorrer; *Ungeziefer*: catar.
Abˈ**sud** [apˈzuːt] *m* (-*es*; -*e*) deco(c)to *m*, deco(c)ção *f*.
Absˈ**zeß** [apsˈtsɛs] *m* (-*sses*; -*sse*) abcesso *m*.
Absˈ**zisse** [apsˈtsisə] *f* ab(s)cissa *f*.
Abt [apt] *m* (-*es*; ⸚*e*) abade *m*; prior *m*.
ˈ**abtakeln** (-*le*) ⚓ desarmar.
ˈ**abtasten** (-*e*-) tatear, apalpar.
Abˈ**tei** [apˈtaɪ] *f* abadia *f*.
Abˈ**teil** *n* (-*es*; -*e*) compartimento *m*; **≈bar** [ˈap-] divisível; **≈en** [ˈap-] dividir, repartir; (*absondern*) separar.
ˈ**Abteilung**[1] *f* divisão *f*; separação *f*; repartição *f*.
Abˈ**teilung**[2] *f*: ~ (*für*) secção *f* (de), repartição *f* (de), serviços *m*/*pl.* (de); (*Truppe*) destacamento *m*, ⚔ *a.* pelotão *m*; **~s-leiter** *m* chefe *m* de secção *usw.*
ˈ**abteufen** [ˈ-tɔyfən] ⚒ abrir, carar.
Äbˈ**tissin** [ɛpˈtisin] *f* abadessa *f*.
ˈ**abtön|en** matizar; **≈ung** *f* matiz *m*.
ˈ**abtöt|en** (-*e*-) matar; *fig.* mortificar; *Gefühl*: dominar, suprimir; **≈ung** *f* mortificação *f*.
ˈ**Ab|trag** [ˈ-traːk] *m* (-*es*; ⸚*e*) dano *m*, prejuízo *m* (tun causar); **≈tragen** (*L*) levar, tirar; *Berg*: abaixar; *Erde*: escavar; *Geol.* desgastar; *Gebäude*: demolir, derrubar; *Kleidung*: gastar; *Schuld*: pagar; *Tisch*: levantar; **≈träglich** [ˈ-trɛːkliç] prejudicial, nocivo; *Kritik*: desfavorável; **~tragung** [ˈ-traːguŋ] *f* Δ demolição *f*; ✓ desaterro *m*; *Geol.* desgaste *m*, erosão *f*; *Schuld*: liquidação *f*, amortização *f*; **~transport** *m* (-*es*; -*e*) transporte *m*, transferência *f*; **≈transportieren** (-) transportar, transferir, levar.
ˈ**abtreib|en** (*L*) **1.** *v*/*t.* desviar, afastar; ⚓ abater; ⚕ fazer abortar; ⊕ separar, refinar; **2.** *v*/*i.* ✈ *u.* ⚓ derivar, abater; **~end** ⚕ abortivo; **≈ung** *f* ⚕ aborto *m*; ⊕ separação *f*, refinação *f*.
abtrenn|en separar (*a.* ⊕); *Genähtes*: descoser; *Scheine*: cortar; ⊕ truncar; **≈ung** *f* separação *f*, ⊕ *a.* truncamento *m*.
ˈ**abtret|en** (*L*) **1.** *v*/*t.* (*abnutzen*) gastar; (*reinigen*) sich (*dat.*) die Schuhe ~ limpar os sapatos; *fig.* (*überlassen*) ceder; passar; *Geschäft*: traspassar; **2.** *v*/*i.* partir, sair (*a. Thea.*); (*zurücktreten*) demitir-se; ir-se, retirar-se; **≈er** *m* capacho *m*; **≈ung** *f* cessão *f*, cedência *f*; trespasse *m*.
ˈ**Ab|trift** *f* ✓ pastagem *f*; ✈ deriva *f*, ⚓ *a.* abatimento *m*; **~tritt** *m* (-*es*; -*e*) saída *f* (*a. Thea.*), partida *f*; (*Rücktritt*) *a.* demissão *f*; (*Abort*) retrete *f*; **≈trocknen** (-*e*-) secar, enxugar; **≈tropfen** (*sn*) gotejar, pingar, escorrer; **≈trotzen** (-*t*) arrancar.
ˈ**abtrünnig** [ˈ-tryniç] rebelde; renegado, *Rel. a.* apóstata; (*dat.*) ~ werden abandonar (*ac.*), desertar (de), atraiçoar (*ac.*), renegar (*ac.*); **≈keit** *f* deslealdade *f*, traição *f*, deserção *f*; apostasia *f*.
ˈ**abtun** (*L*) (*abnehmen*) tirar; (*erledigen*, kurz ~) despachar; (*töten*) matar; *Gewohnheit*: acabar com, deixar; não se importar com; *s.a.* abgetan; (*geringschätzen*) menosprezar.
ˈ**ab-urteil|en** julgar, sentenciar; *a. fig.* condenar; **≈ung** *f* julgamento *m*, condenação *f*.
ˈ**ab|verlangen** (-) pedir, exigir; **~vermieten** (-*e*-; -) subarrendar, sublocar; trespassar; **~wägen** pesar; *fig.* ponderar, considerar; **~wälzen** (-*t*) rolar, levantar, tirar; *fig.* auf j-n ~ *Arbeit*: descarregar em alg.; *Schuld*: atribuir a alg.; von sich ~ livrar-se de; e-e Schuld von sich ~ desculpar-se; defender-se,

justificar-se; **~wandeln** (*-le*) variar; *gr.* declinar, conjugar; **~wandern** (*-re*; *sn*) emigrar; *in e-n anderen Beruf ~* mudar de profissão; **2wanderung** *f* (e)migração *f*; êxodo *m* (*a.* ⚕ *Kapital*); **2wandlung** *f* variação *f*; **2wärme** ⊕ *f* calor *m* perdido; **~warten** (*-e-*) aguardar, esperar (por); *e-e Zeit ~ a.* temporizar; *~d* temporizador; *sich ~d verhalten* ficar na espectativa.

'**abwärts** ['-vɛrts] para baixo; abaixo; **2bewegung** *f* descida *f*.

'**Abwasch** ['-vaʃ] **1.** *m* (*-s*; *0*) (*Geschirr*) louça *f*; (*Säuberung*) lavagem *f*; **2.** *f* (*Schüssel*) alguidar *m*; **2bar** lavável; **2en** (*L*) lavar; **~ung** *f* lavagem *f*; ⚕ loção *f*; *Rel.* ablução *f*; **~wasser** *n* (*-s*; *⸚*) lavadura *f*.

'**Abwässer** *n/pl.* água *f* de esgoto; despejos *m/pl.*

'**abwassern** (*-re*; *sn*) ✈ descolar (da água), desamarrar.

'**abwechs|eln** (*-le*) alternar, mudar, variar; *sich ~ bei* revezar-se a; **~elnd** alterno; alternativo; variado; periódico; **2(e)lung** *f* mudança *f*; alternação *f*; variedade *f*; variação *f*; (*Zerstreuung*) distra(c)ção *f*; *zur ~* para variar.

'**Abweg** *m* (*-ės*; *-e*) desvio *m*; (*Irrweg*) caminho *m* errado; (*Umweg*) volta *f*; *auf ~e führen* (*geraten*) desencaminhar(-se), afastar(-se) do bom caminho; **2ig** [-giç] errado; despropositado, inoportuno.

'**Abwehr** *f* (*0*) defesa *f*; = **~dienst** ⚔ *m* (*-es*; *-e*) contra-espionagem *f*; **2en** repelir; defender-se (de); (*verscheuchen*) afugentar; *fig.* rejeitar; **2end** defensivo; **~kraft** *f* (*-*; *⸚e*) (poder *m* de) resistência *f*; **~mittel** *n* meio *m* defensivo; ⚕ profilá(c)tico *m*; **~stoff** *m* (*-ės*; *-e*) anticorpo *m*.

'**abweich|en** (*L*; *sn*) **1.** *v/i.* desviar-se, afastar-se; *a. fig.* divergir; (*anders sein*) diferir; *Phys.* aberrar; declinar; **2.** *v/t.* descolar; **~end** divergente, diferente; *a. gr.* irregular; ⚘, *Geol.*, *Phys.* aberrante; **2ung** *f* desvio *m*; divergência *f*; diferença *f*; *Phys.* aberração *f*; declinação *f*; *von e-r Regel*: anomalia *f*, excepção *f*.

'**abweis|en** (*L*) recusar; rejeitar; não aceitar; *Angriff*: repelir; *Gesuch*: indeferir; *j-n ~* não receber alg.; (*fortschicken*) mandar alg. embora; **~end** frio, reservado, pouco amável; **2ung** *f* recusa *f*; rejeição *f*; indeferimento *m*.

'**abwend|bar** evitável; **~en** (*-e- u.L*) desviar; *fig. Gefahr*: afastar; *von j-m ~* proteger (*od.* defender) alg. contra; *Nachteil*: evitar; *sich ~ von* virar as costas a; *fig. a.* abandonar (*ac.*); **2ung** *f* desvio *m*, afastamento *m*; evitação *f*; abandono *m*; alienação *f*.

'**abwerfen** (*L*) tirar; deixar cair; ✈ *Bomben*: lançar; ⚕ *Gewinn*: render, dar; *Joch*: sacudir; *Reiter*: deitar abaixo; ⚓ *Tau*: desamarrar.

'**abwert|en** (*-e-*) depreciar, desvalorizar; **2ung** *f* depreciação *f*, desvalorização *f*.

'**abwesen|d** ausente; *fig.* distraído; **2de(r** *m*) *m*, *f* ausente *m/f*; **2-heit** *f* ausência *f*; ⚖ contumácia *f*.

'**abwick|eln** (*-le*) *Garn*: dobar; desnovelar; *Geschäft*: fazer; *Zahlungen*: liquidar; (*durchführen*) efe(c)tuar; *sich ~* desenvolver-se, desenrolar-se; **2lung** *f* desenvolvimento *m*; transa(c)ção *f*, execução *f*; liquidação *f*.

'**ab|wiegen** (*L*) pesar; **~wimmeln** (*-le*) F livrar-se de; *j-n*: *a.* mandar passear; **2wind** *m* (*-ės*; *-e*) ✈ vento *m* descendente; **~winden** (*L*) dobar; **~winkeln** (*-le*) dar desvio angular a; **~winken** fazer sinal (*fig.* dar a entender) que não; ♪ interromper; **~wischen** limpar; enxugar; **~wracken** ['-vrakən] desmantelar a carcassa (*od.* o casco); **2wurf** *m* (*-ės*; *⸚e*) lançamento *m*; **~würgen** estrangular; **~zahlen** pagar por conta, pagar em prestações; *völlig ~* liquidar; **~zählen** contar (*an den Fingern* pelos dedos); (*abziehen*) descontar; ⚔ *u. Sport*: numerar; **2zahlung** *f* pagamento *m* em prestações; liquidação *f*; *auf ~* a prestações; **~zapfen** tirar; vasar; trasfegar; pungir; *j-m Blut ~*, *fig.* P *j-m Geld ~* sangrar alg.; **~zäumen** desenfrear, tirar o freio a.

'**abzäun|en** ['-tsɔynən] cercar com estacada; **2ung** *f* estacada *f*.

'**abzehr|en** consumir; (*sich*) ~ emagrecer; *s. a. abgezehrt*; **2ung** *f* emagrecimento *m*; ⚕ consumpção *f*.

'**Abzeich|en** *n* emblema *m*, distintivo *m* (*a.* ⚔); *e-r Würde*: insígnia *f*; **2nen** (*-e-*) copiar, desenhar; *Plan*,

Skizze usw.: tirar; *Schriftstück*: rubricar; *sich* ~ marcar; distinguir-se, sobressair, ressaltar; *Entwicklung, Gefahr*: esboçar-se.

'**Abzieh|bild** ['-tsi:-] *n* (-*es*; -*er*) decalcomania *f*; 2**en** (*L*) **1.** *v/t.* tirar; *Arith.* subtrair; *Betrag*: deduzir, descontar; *Aufmerksamkeit*: distrair; *Phot. u. Typ.* tirar uma prova (de); (*vervielfältigen*) tirar cópias (de); *Tier*: esfolar; *Wein, auf Flaschen*: engarrafar; *Messer*: afiar; ⚕ *Geld u.* ⚔ *Truppen*: retirar; (*abdrücken*) disparar; **2.** *v/i.* (*sn*) ir-se embora, retirar(-se); sair; abalar; *Gewitter*: afastar-se; *Rauch*: dispersar-se.

'**ab|zielen:** *auf* (*ac.*) ~ mirar; tender para, ter em vista; *mit Worten*: aludir a; referir-se a; ~**zirkeln** (-*le*) compassar, medir a compasso; calcular; *Begriff*: precisar.

'**Abzug** *m* (-*es*; ⸗*e*) ⚔ partida *f*, retirada *f*, saída *f* (*a.* ⊕); *am Gewehr*: gatilho *m*; ⚕ *Betrag*: dedução *f*, desconto *m*; *Phot.* cópia *f*, prova *f* (*a. Typ.*); *in* ~ *bringen* descontar, deduzir.

'**abzüglich** ['-tsy:kliç] menos; descontando; ~ *der Unkosten* despesas a descontar.

'**Abzugs|graben** *m* (-*s*; ⸗) sangradouro *m*; ~-**hahn** *m* (-*es*; ⸗*e*) gatilho *m*; ~**kanal** *m* (-*s*; ⸗*e*) cano *m* de esgoto, cloaca *f*; desaguadouro *m*.

'**abzwacken** *fig.* extorquir.

'**abzweig|en** ['-tsvaɪgən] **1.** *v/t.* separar; ramificar; *Geld*: transferir; **2.** *v/i.* sair, partir, ramificar-se; 2**ung** *f* bifurcação *f*; *Strecke*: ramal *m*; ⚡ derivação *f*.

ach! [ax] ah!, *Klage*: ai (de mim)!; *Erstaunen*: parece impossível!; será verdade?; ~ *Gott!* ai meu Deus!; ~ *ja!* (pois) é verdade!; ~ je ai Jesus!; ~ *so!* ah, é isso?; ah, já percebo; ~ *was!* qual (*su.*)!; ~ *wo!* nada disso!; ~ *daß* (*doch*) ... oxalá que (*subj.*); *mit* 2 *und Krach* por um triz, a custo.

A'chat [a'xa:t] *m* (-*es*; -*e*) ágata *f*.

'**Achse** ['aksə] *f* eixo *m*; ⊕ *a.* árvore *f*; *Lieferung per* ~ transporte *m* rodoviário.

'**Achsel** ['aksəl] *f* (-; -*n*) ombro *m* (*zucken* encolher); espádua *f*; *fig. über die* ~ *ansehen* menosprezar; *auf die leichte* ~ *nehmen* importar-se pouco com, ligar pouca importância a; ~**höhle** *f* axila *f*, cava *f*; ~**klappe** *f*, ~**stück** *n* (-*es*; -*e*) ⚔ dragona *f*, galão *m*.

acht [axt] oito; *alle* ~ *Tage* de oito em oito dias; *heute über* ~ *Tage, in* ~ *Tagen* de hoje a oito dias.

Acht *f* **1.** oito *m*; **2.** (*0*) (*Bann*) expulsão *f*, proscrição *f*, desterro (*'ê) *m*, exílio *m*; *in* ~ *und Bann tun, in die* ~ *erklären, die* ~ *verhängen über* (*ac.*) = *ächten*; **3.** (*0*) (*Aufmerksamkeit*) atenção *f*; cuidado *m*; *außer* 2 *lassen* descuidar de, deixar de tomar em conta; (*sich*) *in* 2 *nehmen* (*vor*) ter cautela (com), ter cuidado (com); = 2*geben*; '2**bar** respeitável; de respeito, honrado; '~**barkeit** *f* (*0*) respeito *m*, honra *f*; respeitabilidade *f*; honorabilidade *f*.

'**acht|e** ['axtə] oitavo; *am* (*od. den*) ~*n Mai* no dia (*od.* em) oito de Maio; 2-**eck** *n* (-*es*; -*e*) (~-**eckig**) octógono *m* (*a.* octogonal); 2**el** *n* oitavo *m*, oitava parte *f*; 2**el...**: *in Zssgn* ♪ de colcheia; 2**el-note** *f* colcheia *f*.

'**achten** ['axtən] (-*e*-) estimar; considerar; *Gesetz*: respeitar; *auf* (*ac.*) ~ reparar em.

'**ächten** ['ɛçtən] (-*e*-) proscrever; (*verbannen*) desterrar.

'**achtens** ['axtəns] (em) oitavo (lugar).

'**Achter** ['axtər] ⚓ *m* barco *m* de oito remos; ~... *in Zssgn* atrás, traseiro; ⚓ da popa; ~**bahn** *f* montanha *f* russa; 2**lei** [-laɪ] de oito espécies, de oito... diferentes; 2**n** ⚓ a ré.

'**acht|fach,** ~**fältig** ['-fɛltiç] óctuplo, oito vezes tanto; ~**geben** (*L*), ~**haben** (*L*): ~ (*auf ac.*) reparar (em), atender (a), cuidar (de); ~-**hundert** oitocentos; 2-**hundertjahrfeier** *f* (-; -*n*) oitavo centenário *m*; ~**jährig** de oito anos; ~**los** descuidado, desatento, distraído; 2**losigkeit** ['-lo:-ziç-] *f* (*0*) falta *f* de atenção, distra(c)ção *f*; descuido *m*; ~**mal**(**ig**) oito vezes (repetido); ~**sam** atento, cuidadoso; 2**samkeit** *f* (*0*) atenção *f*, cuidado *m*; vigilância *f*; ~**seitig** ['-zaɪtiç] de oito páginas; *s. a.* ~*eckig*; 2**stundentag** *m* (-*es*; -*e*) dia *m* de oito horas de trabalho; ~**stündig** ['-ʃtyndiç] de oito horas; ~**tägig** ['-tɛ:giç] de oito dias, semanal; **~tausend** oito mil; **~undzwanzig** *usw.* vinte-e-oito.

'Achtung ['axtuŋ] *f* (*0*) (*Hoch*2) estima(ção) *f*, consideração *f*, respeito *m* (*hegen für* ter por); (*Vorsicht*) atenção *f*, cautela *f*; (*dat.*) ~ *erweisen* respeitar (*ac.*); *in* ~ *stehen* ser respeitado; ~ *einflößen*, ~ *gebieten* impor respeito.

'Ächtung ['ɛçtuŋ] *f* proscrição *f*.

'achtung|gebietend imponente, impressionante; **~s-voll** respeitoso, atencioso, com respeito.

'acht|zehn dezoito; **~zehntel, ~zehnte(r)** décimo oitavo; **~zig** ['-tsiç] oitenta; *in den* ~*er Jahren* entre oitenta e noventa, no nono decénio; **2ziger(in** *f*) *m* ['-tsigər-] o(c)togenário(-a) *m*/*f*; *in den* ~*n* (*sn* andar) na casa dos oitenta; **~zigjährig** [-jɛ:riç] de oitenta anos, o(c)togenário; **~zigste(r)**, (**2zigstel** *n*) o(c)togésimo (*m*).

'ächzen ['ɛçtsən] (*-t*) **1.** gemer; *Räder usw.*: ranger, chiar (*vor* com, de); **2.** 2 *n* gemido *m*; ranger *m*, chiar *m*.

'Acker ['akər] *m* (*-s*; *=*) campo *m*; *Maß*: acre *m*; **~bau** *m* (*-es*; *0*) agricultura *f*; lavoura *f*; **~baukunde** *f* (*0*) agronomia *f*; **2bau-treibend** agrícola; **~boden** *m* (*-s*; *=*) terra *f* lavradia, terreno *m* arável; **~gerät** *n* (*-es*; *-e*) instrumentos (*od.* utensílios) *m*/*pl.* de lavoura; **~gesetz** *n* (*-es*; *-e*) lei *f* agrária; **~land** *n* (*-es*; *0*) = ~*boden*; **2n** (*-re*) lavrar, arar; **~scholle** *f* gleba *f*.

'Adams-apfel ['a:dams-] *m* (*-s*; *=*) nó *m* da garganta, maçã *f* de Adão.

ad'dier|en [a'di:rən] (-) somar, adicionar; **2maschine** *f* máquina *f* de somar.

a'de [a'de:] *poet.* (= *leb wohl*) adeus.

'Adel ['a:dəl] *m* (*-s*; *0*) nobreza *f*, fidalguia *f*; aristocracia *f*; **2ig** aristocrático; (*a.* **~ige[r** *m*] *m*, *f*) nobre, fidalgo, aristocrata; **2n** (*-le*) enobrecer; conceder título de nobreza a; **~s-herrschaft** *f* aristocracia *f*; **~s-kalender** *m* nobiliário *m*; **~s-prädikat** *n* (*-es*; *-e*) título *m* nobiliárquico; **~s-stand** *m* (*-es*; *=e*) = *Adel*; *in den* ~ *erheben* = *adeln*; **~ung** *f*, **~s-verleihung** *f* enobrecimento *m*.

'Ader ['a:dər] *f* (*-*; *-n*) veia *f*; (*Schlag*2) artéria *f*; ♀ nervura *f*; *Geol.* filão *m*; *zur* ~ *lassen* sangrar; *e-e leichte* ~ *haben fig.* ser leviano; **~haut** *f* (*-*; *=e*) túnica *f*; **~laß** [-las] *m* (*-sses*; *=sse*) sangria *f*.

äder|n ['ɛ:dərn] (*-re*) veiar, marmorar; **2ung** *f* veias *f*/*pl.*; ♀ nervação *f*.

a'dieu [a'djø:] adeus; *j-m* ~ *sagen a.* despedir-se de alg.

'Adjektiv ['atjɛkti:f] *n* (*-s*; *-e*), **2isch** [-viʃ] adje[c]tivo (*m*); *adv.* como adje[c]tivo.

Adju'tant [atju'tant] *m* (*-en*) ajudante *m* (⚔ de campo).

'Adler ['a:dlər] *m* águia *f*; **~-auge** *n* (*-s*; *-n*) olho *m* aquilino; **~blick** *m* (*-es*; *-e*) olhar *m* aquilino (*od.* penetrante); **~horst** *m* (*-es*; *-e*) ninho *m* de águias; **~nase** *f* nariz *m* aquilino.

'adlig ['a:dliç], **2er** [-gər] *m s. adelig*.

Admi'ral [atmi'ra:l] *m* (*-s*; *-e*) almirante *m*; **~i'tät** [-i'tɛ:t] *f* almirantado *m*; **~stab** *m* (*-es*; *=e*) estado *m* maior da armada.

adop't|ieren [adɔp'ti:rən] (-) ado(p)tar, perfilhar; **2i'on** [-tsi'o:n] *f* ado(p)ção *f*, perfilhação *f*; **~iv...**: *in Zssgn* ado(p)tivo.

Adres'sat [adrɛ'sa:t] *m* (*-en*) (**~in** *f*) destinatário (-a) *m*/*f*.

A'dreßbuch [a'drɛs-] *n* (*-es*; *=er*) anuário *m* comercial.

A'dress|e [a'drɛsə] *f* endereço *m*, dire(c)ção *f*, destino *m*; *feierliche*: mensagem *f*; *per* ~ a/c de (ao cuidado de); *fig. an die falsche* ~ *kommen* enganar-se; **2'ieren** (-) endereçar, dirigir.

adri'atisch [adri'a:tiʃ] adriático.

A-Dur ['a:du:r] *n* (*-*; *0*) lá *m* maior.

Ad'vent [at'vɛnt] *m* (*-es*; *-e*), **~s-zeit** *f* advento *m*.

Ad'verb *n* (*-s*; *-ien*) advérbio *m*; **2i'al** adverbial.

Advo'kat *m* (*-en*) advogado *m*; *sich als* ~ *niederlassen* abrir banca de advogado.

A-ero|dy'namik [a'ɛ:ro:-] *f* (*0*) aerodinámica *f*; **2dy'namisch** aerodinámico; **~'lith** [i:] *m* (*-en*, *-s*; *-e*[*n*]) aerólito *m*; **2'lithisch** aerolítico; **~me'chanik** *f* (*0*) aeromecânica *f*; **~'stat** [-'sta:t] *m* (*-es*; *-e*) aeróstato *m*; **~'statik** *f* (*0*) aerostática *f*; **2'statisch** aerostático.

Af'färe [a'fɛ:rə] *f* assunto *m*, caso *m*; escândalo *m*; *sich aus der* ~ *ziehen* safar-se, *gut, geschickt*: dominar a situação.

'Affe ['afə] *m* (*-n*) macaco *m*; mono

m; F *j.*: pantomineiro *m*, ridículo *m*; (*Tornister*) mochila *f*; F e-n ~n (= Rausch) haben estar bêbedo (*od.* borracho *od.* com mona); F sich e-n ~n kaufen apanhar um bico; F ich denke, mich laust der ~ fico (*od.* fiquei) todo pasmado.

Af'fekt [a'fɛkt] *m* (-*es*; -*e*) afe(c)to *m*; afeição *f*; paixão *f*; **2'ieren** (-) afe(c)tar, fingir; **~'iert-heit** *f* (*0*) afe(c)tação *f*, presunção *f*; **~...**: *in Zssgn* emocional, impulsivo.

'äffen ['ɛfən] imitar, mofar; fazer troça de; (*täuschen*) burlar.

'affen|artig simiesco; **2liebe** *f* (*0*) amor *m* louco; **2schande** *f* (*0*) grande vergonha *f*; **2theater** *n* farsa *f*; macaquice *f*.

Afferei [afə'raɪ] *f* macaquice *f*.

Äffe'rei [ɛfə'raɪ] *f* burla *f*; mofa *f*.

'affig ['afiç] P afe(c)tado, ridículo.

Afri'kan|er(in *f*) *m* [afri'ka:nər-], **2isch** africano (*m*) (-a *f*), da África.

'After ['aftər] *m* re(c)to *m*, ânus *m*.

ä'gäisch [ɛ'gɛ:iʃ] egeu.

'Agens ['a:gɛns] ⚗ *n* (-; -*zien*) agente *m*.

A'gen|t [a'gɛnt] *m* (-*en*) agente *m*; **~'tur** [u:] *f* agência *f*.

Agglome'r|at [aglome'ra:t] *n* (-*es*; -*e*) aglomeração *f*, ajuntamento *m*; **2'ieren** (-) aglomerar.

Agglutin|ati'on [aglutinatsi'o:n] *f* aglutinação *f*, aglutinamento *m*; **2'ieren** (-) aglutinar.

Aggre'gat [agre'ga:t] *n* (-*es*; -*e*) (**~zustand** *m* estado *m* de) agregado *m*.

aggres'siv [agrɛ'si:f] agressivo, belicoso.

'Agio ['a:ʒio] *n* (-*s*; *0*) ágio *m*.

Agit|ati'on [agitatsi'o:n] *f* agitação *f*, propaganda *f*; **~'ator** [-'ta:to:r] *m* (-*s*; -*en*) agitador *m*; **2a'torisch** [-a'to:riʃ] demagógico; subversivo.

A'graffe [a'grafə] *f* alfinete *m*, broche *m*.

A'grar|...: *in Zssgn meist* agrícola, *Pol.* agrário; **~ier** *m* agricultor *m*, lavrador *m*; **~preise** *m/pl.* preços *m/pl.* de produtos agrícolas; **~reform** *f* reforma *f* agrária; **~wirtschaft** *f* indústria *f* agrícola.

Ä'gypt|er(in *f*) *m* [ɛ'gyptər], **2isch** egípcio(-a) *m* (*f*); do Egi(p)to.

'Ahle ['a:lə] *f* sovela *f*.

Ahn [a:n] *m* (-*en*) avô *m*; **'~e** [-ə] *f* avó *f*; **~en** *pl.* antepassados *m/pl.*

'ahnd|en ['a:ndən] (-*e*-) castigar; (*rächen*) vingar; **2ung** *f* pena *f*; castigo *m*; vingança *f*.

'ähneln ['ɛ:nəln] (-*le*): *dat.* ~ parecer-se com, *ea.* ~ assemelhar-se.

'ahnen ['a:nən] pressentir; prever; suspeitar; *mir ahnt* palpita-me.

'Ahnen|forschung, ~reihe *f* genealogia *f*; **2tafel** *f* (-; -*n*) árvore *f* genealógica.

'ähnlich ['ɛ:nliç] parecido (com); semelhante (a); análogo (a); (*dat.*) ~ *sehen* parecer-se com; **2keit** *f* semelhança *f*; *fig. a.* analogia *f*; *viel* ~ *haben mit* parecer-se muito com.

'Ahnung ['a:nuŋ] *f* pressentimento *m*; (*Argwohn*) suspeita *f*; (*Vorstellung*) ideia *f* (*haben a.* fazer), noção *f*; **2slos** (-*est*) ignorante; **~slosigkeit** *f* (*0*) ignorância *f*; **2svoll** apreensivo.

'Ahorn ['a:hɔrn] *m* (-*s*; -*e*) ácer *m*, [bordo *m*.]

'Ähre ['ɛ:rə] *f* espiga *f*; ~n *lesen* respigar; **~nlese** *f* respiga *f*; **~nleser(in** *f*) *m* respigadeiro (-a *f*) *m*; ⊕ respigador *m*.

'ais ['a:is] ♪ *n* (-; -) lá *m* sustenido.

Akade'mie [akade'mi:] *f* academia *f*.

Aka'demi|ker [aka'de:mikər] *m*, **2sch** académico (*m*).

Akazie [a'ka:tsiə] *f* acácia *f*.

akklimati'sier|en [aklimati'zi:rən] (-) aclimat(iz)ar; **2ung** *f* aclima(tiza)ção *f*.

Akkord [a'kɔrt] *m* (-*es*; -*e*) ♪ acorde *m*; (*a. Einigung*) acordo (*'ô) *m*; **~-arbeit(er** *m*) *f* trabalho *m* (trabalhador *m*) de empreitada; **~lohn** *m* (-*es*; ⸚*e*) salário *m* por ajuste.

akkredi|'tieren [akredi'ti:rən] (-) acreditar; **2'tiv** [-'ti:f] *n* (-*s*; -*e*) carta *f* credencial (*od.* de crédito); credenciais *f/pl.*

Akkumu|'lator [akumu'la:tor] *m* (-*s*; -*en*) (F *Abk.* **'Akku** *m* [-*s*; -*s*]) acumulador *m* (*laden* carregar); **2'lieren** (-) acumular.

akkura|t [aku'ra:t] exa(c)to; justo; **2'tesse** [-'tɛsə] *f* (*0*) exa(c)tidão *f*.

'Akkusativ ['akuzati:f] *m* (-*s*; -*e*) acusativo *m*; **~-objekt** *n* (-*es*; -*e*) complemento *m* dire(c)to.

A'kontozahlung *f* pagamento *m* a prazo.

Akro'bat [akro'ba:t] *m* (-*en*), **~in** *f* acrobata *m/f*; **~ik** *f* (*0*) acrobatismo *m*; **2isch** acrobático.

Akt *m* (*-es*; *-e*) a(c)to *m*; a(c)ção *f*; *Mal.* nu *m*; '**~e** ['-ə] *f* a(c)ta *f*, documento *m*, auto *m* (*anlegen* lavrar, redigir); *~n pl. a.* processo *m/sg.*; *zu den ~n legen* arquivar; juntar ao processo.

'**Akten|bündel** *n* maço *m*; **~deckel** *m* pasta *f*; **~-hefter** *m* classificador *m*; **⁀kundig** notório; *~ sn* constar do(s) registo(s) *usw.*; **~mappe** *f* pasta *f*, mala *f*; **⁀mäßig** documentado; *~ festlegen* assentar na (*od.* ditar para a) a(c)ta; **~schrank** *m* (*-es*; *⁼e*) arquivo *m*; **~stoß** *m* (*-es*; *⁼e*) maço *m*; **~stück** *n* (*-es*; *-e*) = *Akte*; **~tasche** *f* = *~mappe*; **~zeichen** *n* número *m* de registo.

'**Aktie** ['aktsiə] *f* a(c)ção *f*, título *m*; *fig. s-e ~n sind gestiegen* a sua situação melhorou; **~n-ausgabe** (**~n-bank**) *f* emissão *f* de (banco *m* por) a(c)ções; **~nbesitzer**(**in** *f*) *m* a(c)cionista *m/f*; **~ngesellschaft** *f* sociedade *f* anónima, sociedade *f* por a(c)ções; **~n-inhaber** *m* = *~nbesitzer*; **~nschein** *m* (*-es*; *-e*) título *m*.

Akti'on [aktsi'o:n] *f* a(c)ção *f*; **~'är**(**in** *f*) [-'ɛ:-] *m* (*-s*; *-e*) a(c)cionista *m/f*; **~s-bereich** *m* (*-es*; *-e*), **~sradius** *m* (*-*; *-radien*) raio *m* (*od.* âmbito *m*) de a(c)ção.

ak'tiv 1. [ak'ti:f] a(c)tivo; ⚒ a(c)tivado; *~es Wahlrecht* direito *m* ao voto; **2.** ⁀ ['a] *n* (*-s*; *-e*), **⁀um** [-vum] *n* (*-s*; *Aktiva*) (voz *f*) a(c)tiva *f*; **⁀bestand** *m* (*-es*; *⁼e*) a(c)tivo *m*, fundos *m/pl.*; **~'ieren** (-) a(c)tivar; **⁀i'tät** [-vi'tɛ:t] *f* (*0*) a(c)tividade *f*; eficiência *f*; **⁀kapital** *n* (*-s*; *-e*), **⁀-vermögen** *n* capital *m* efe(c)tivo.

aktu'ell [aktu'ɛl] a(c)tual, de (grande) a(c)tualidade.

A'kust|ik [a'kustik] *f* (*0*) acústica *f*; **⁀isch** acústico.

a'kut [a'ku:t] ⚕ agudo; *fig.* urgente.

Ak'zent [ak'tsɛnt] *m* (*-es*; *-e*) acento *m*; *mit ~ versehen* = **⁀u'ieren** (-) acentuar.

Ak'zept [ak'tsɛpt] *n* (*-es*; *-e*) aceite *m* (*rein* incondicional); aceitação *f*; *mit ~ versehen* = **⁀'ieren** (-) aceitar; honrar; **~'ant** *m* (*-en*) aceitador *m*.

Ak'zise [ak'tsi:zə] *f* sisa *f*; ac(c)isa *f*.

Ala'baster [ala'bastər] *m* (*-s*; *0*) alabastro *m*; **⁀n** alabastrino.

A'larm [a'larm] *m* (*-es*; *-e*) alarme *m* (*blinder* falso); rebate *m* (*blasen, schlagen* tocar a); **⁀bereit** alerta; = *in* **~bereitschaft** *f* de prevenção (*versetzen* pôr); **⁀'ieren** (-) alarmar; alvoroçar; dar o alerta; **~signal** *n* (*-s*; *-e*) sinal *m* de alarme.

A'laun [a'laun] *m* (*-es*; *-e*) alume *m*, alúmen *m*; **~-erde** *f* alumina *f*; **⁀-haltig** ['-haltiç] aluminoso; **~-hütte** *f* fábrica *f* de pedra-ume; **~stein** *m* pedra-ume *f*.

'**albern** ['albərn] parvo, tolo, ridículo; **⁀heit** *f* tolice *f*, parvoíce *f*.

'**Album** ['album] *n* (*-s*; *Alben*) álbum *m*.

Alchi|'mie [alçi'mi:] *f* (*0*) alquimia *f*; **~'mist** *m* (*-en*) alquimista *m*; **⁀'mistisch** alquímico.

Alexan'drin|er [alɛksan'dri:nər] *m*, **⁀isch** alexandrino (*m*).

'**Alg|e** ['algə] *f* alga *f*; **⁀en-artig** algáceo.

'**Algebra** ['algebra:] *f* (*0*) álgebra *f*; **⁀isch** algébrico.

al'gerisch [al'ge:riʃ] argelino.

Ali'mente [ali'mɛntə] *n/pl.* alimentos *m/pl.*

Al'kali [al'ka:li] *n* (*-s*; *-en*) alcali *m*; **⁀sch** alcalino, alcálico.

'**Alkohol** ['alkoho:l] *m* (*-s*; *-e*) álcool *m*; (*Getränk*) bebida *f* alcoólica; **⁀frei** sem álcool, não alcoólico; **~gehalt** *m* (*-es*; *-e*) graduação *f* alcoólica, percentagem *f* de álcool; **⁀-haltig** [-haltiç], **~iker** [-'ho:-] *m*, **⁀isch** [-'ho:-] alcoólico.

Al'koven [al'ko:vən] *m* alcova *f*.

all [al] **1.** *pron.* todo, toda; '*~e* todos os, todas as; *~e beide* os dois, as duas; ambos, ambas; **2.** *adj.*: todo o, toda a; (*jeder*) todos os; (*jeder beliebige*) qualquer; '*~e Augenblicke* a cada instante; '*~e 2 Tage* dia sim, dia não; *~e 3 Tage* de três em três dias; *~es andere als* tudo menos; *~e möglichen* ... toda a espécie de..., todos os... imagináveis; *~e Welt* toda a gente; *auf '~e Fälle* em todo o caso; *in '~er Form* devidamente; *ohne ~en Zweifel* sem a menor dúvida; '*~es Gute!* boa sorte!, felicidades!; '*~es in '~em* em resumo; *bei ~em* em tudo; *vor ~em* sobretudo, antes de mais nada; *~es was* tudo quanto; **3.** ⁀ *n* (*-s*; *0*) universo *m*; **4. ~e** F *adv.*: *~ sn et.*: ter-se acabado; *j.*: *ganz ~ sn* estar estafado; **~'abendlich** todas as tardes (*od.* noites); '**~bekannt** conhecido; notório; famoso; '**~e** ['-ə] F: ~ *machen* acabar com; ~ *sn et.*: ter-se acabado; *j.*: *ganz* ~ *sn* estar estafado; ~ *werden* acabar.

Al'lee [a'le:] *f* avenida *f*, alameda *f*.

al'lein [a'laɪn] **1.** só, sòzinho; (*nur*) *a.* sòmente, apenas; (*einsam*) solitário; (*einzeln*) desacompanhado, isolado; *mit j-m* ~ a sós com alg.; *schon der Gedanke* ~ a própria ideia; **2.** *cj.* mas, porém, contudo, todavia, no entanto; **2besitz** *m* (-*es*; *0*) posse *f* exclusiva; **2-herrschaft** *f* monarquia *f*; **2-herrscher** *m* monarca *m*; **2-hersteller** *m* (**2-herstellung** *f*) fabricante *m* (produção *f*) exclusivo (-a); **~ig** único, exclusivo; **2recht** *n* (-*es*; -*e*) direito *m* exclusivo; monopólio *m*; **2sein** *n* solidão *f*; **~seligmachend** santo, verdadeiro, exclusivo; **~stehend** = *allein*; **2verkauf** *m* (-*es*; ⸚*e*) monopólio *m*; **2vertreter** *m*, **~vertretungsberechtigt** representante *m* (*od.* distribuidor *m*) exclusivo; **2vertrieb** *m* (-*es*; -*e*) distribuição *f* exclusiva (*für* de).

'**alle|mal** todas a vezes, sempre; *ein für* ~ de uma vez para sempre, de vez; F ~! com certeza!; **~nfalls** (*höchstens*) quando muito; (*notfalls*) se preciso for; (*vielleicht*) talvez; **~nthalben** ['-halbən] por toda a parte.

'**aller|'äußerst** extremo; *Preis*: máximo; **~best** melhor de todos; *aufs ~e* da melhor maneira; **~'dings** *zustimmend*: pois!, com certeza!, sem dúvida!; *einschränkend*: na verdade, certamente, no entanto, porém, contudo; **~-erst** primeiro (de todos); *zu* ~ em primeiro lugar, antes de mais nada.

All|er'gie [alɛr'gɪ:] *f* alergia *f*; **2'ergisch** alérgico.

'**aller|'hand** vários, muitos; F *das ist* ~! parece impossível!; não há direito!; **2'heiligen(fest)** *n* (dia *m* de) Todos os Santos *m/pl.*; **~'heiligst** santíssimo; *das 2e* Santuário *m*; **~höchst** altíssimo; supremo; *~ens* quando muito, ao máximo; **~lei** = *~hand*; **2'lei** *n* (-*s*; -*s*) mistura *f*, sortido *m*; **~'letzt** último (de todos), derradeiro; *zu* ~ por fim; em último lugar; **~'liebst 1.** muito lindo, lindinho, engraçad(íssim)o, encantador; **2.** *adv.* primorosamente; **~'meist** máximo; *das ~e a.* a maior parte; *am ~en* (o) mais; **~'nächst** mais próximo; *in ~er Zeit* num futuro muito próximo; **~'neu(e)st** o mais moderno (*od.* recente), *~e Mode* última moda; *das 2e Nachricht*: últimas notícias; *Mode, Neuigkeit*: a última novidade; **~'orten** por toda a parte; **2'seelen** *n* dia *m* dos finados (*od.* defuntos); **~'seits** de (*od.* por) toda a parte, de (*od.* por) todos os lados, F a todos; **2'welts-kerl** *m* (-*s*; -*e*) F faz-tudo *m*; **~'wenigst** mínimo; *am ~en* menos.

'**alles** ['aləs] **1.** *attr.* todo o; **2.** *alleinstehend*: tudo; *Mädchen für* ~ criada *f* para todo o serviço; ~ *in allem* em resumo; *bei allem* em tudo; *vor allem* antes de mais nada, sobretudo; ~ *was* tudo quanto; *da hört doch* ~ *auf!* parece impossível!

'**alle|samt** todos juntos; **~zeit** sempre.

'**All|gegenwart** *f* (*0*) o(m)nipresença *f*, ubiquidade *f*; **2gegenwärtig** o(m)nipresente.

allge'mein geral, genérico, universal; *~e Redensart* lugar comum; ~ *verbreitet* muito frequente, vulgar; **2befinden** *n* (-*s*; *0*) estado *m* geral; **2bildung** *f* (*0*) cultura *f* geral; **~gültig** universal, absoluto; sem excepção; **2gut** *n* património *m* comum; **2heit** *f* (*0*) generalidade *f*, universalidade *f*; público *m*; **~verständlich** ao alcance de todos; simples, popular.

'**All|gewalt** *f* o(m)nipotência *f*; **2gewaltig** o(m)nipotente, todo poderoso; **2gütig** de infinita bondade; **~'heilmittel** *n* remédio *m* universal.

Alli'anz [ali'ants] *f* aliança *f*.

Alli'ierte(r) [ali'i:rtə(r)] *m* aliado *m*.

'**all|'jährlich** anual; todos os anos; **2macht** *f* (*0*) o(m)nipotência *f*; **~'mächtig** o(m)nipotente; todo poderoso; *der 2e a.* Nosso Senhor; **~'mählich** [-'mɛ:liç] gradual; sucessivo; *adv. a.* pouco a pouco; **~'monatlich** mensal; *adv. a.* todos os meses.

Al'lotria [a'lo:tria] *n/pl.* F disparates *m/pl.*

'**all|seitig** ['-zaɪtiç] universal; **2strom...:** *in Zssgn* para todas as correntes; **2tag** *m* (-*es*; -*e*) dia *m* útil; **~'täglich** cotidiano, quotidiano, diário, de todos os dias; *fig.* trivial; **~tags** nos dias úteis; **≈tags...:** *in Zssgn* de todos os dias; **~-umfassend** universal; **~'wissend** o(m)nisciente; **≈'wissen-heit** *f (0)* o(m)nisciência *f*; **~'wöchentlich** semanal; hebdomadário; **~zeit** sempre; **~-zu(sehr)** demasiado, demais; **~zuviel** demasiado, demais.

Alm *f* pastagem *f* (alpina).

'Almanach ['almanax] *m (-s; -e)* almanaque *m*.

'Almosen ['almo:zən] *n* esmola *f*; **~wesen** *n (-s; 0)* esmolaria *f*, caridade *f*.

Alp **1.** *m (-es; -e)* = **'~drücken** *n (-s; 0)* ⚕ pesadelo *m*; **2.** *f*, **'~e** *f* pastagem *f* (alpina).

'Alpen ['alpən] *f/pl.* Alpes *m/pl.*; **~...:** *in Zssgn* dos Alpes, alpino, alpestre; **~glühen** *n* arrebol *m* alpino; **~rose** *f* rododendro *m*; **~veilchen** *n* cíclame *m*, pão-de-porco *m*; **~verein** *m (-es; -e)* clube *m* alpino.

Alpha'bet [alfa'be:t] *n (-es; -e)* alfabeto *m*; **≈isch** alfabético; *adv.* por ordem alfabética; *~ ordnen* alfabetar.

al'pin [al'pi:n], **~isch** alpino, alpinista.

Al'raun [al'raun] *m (-es; -e)*, **~e** *f*, **~wurzel** *f (-; -n)* mandrágora *f*.

als *cj.* (*wie*) como; na sua qualidade de; *~ Junggeselle* em solteiro; *~ da sind* como; *zeitl.* quando; ao (*inf.*); *in dem Augenblick, als* no momento em que; *~ ob, ~ wenn* como se; *sowohl ... ~ auch* tanto ... como também; **~'bald** imediatamente, logo a seguir; **~'dann** (de)pois, então, a seguir.

'als|o ['alzo:] **1.** *cj.* portanto, pois, por conseguinte; **2.** *adv.* assim; **~'bald** imediatamente.

alt **1.** (*=er; =est*) velho, *j.*: *a.* idoso, ancião; (*ehemalig*) antigo, ex-...; (*abgenutzt*) gasto; (*gebraucht*) usado; *Brot*: duro, rijo; *für ~ kaufen* comprar em segunda mão; *wie ~ ist er?* quantos anos tem?, que idade tem?; *er ist (doppelt) so ~ wie ich* tem (o dobro d)a minha idade; *ein ~er Bekannter von mir* um meu conhecido de há muito; F *~er Freund!* meu velho!; seu maroto!; *≈ und Jung* velhos e novos; **2.** ≈ ♪ *m (-es; -e)* contralto *m*.

'Alt...: *in Zssgn meist* ex-, antigo.

Al'tar [al'ta:r] *m (-s; =e)* altar *m*; ara *f*; **~bild** *n (-es; -er)* retábulo *m*; **~gerät** *n (-es; -e)* vaso *m* sagrado; *pl. a.* baixela *f/sg.* sagrada.

'alt|backen duro; **~bekannt** já há muito conhecido; **~bewährt** provado; **~deutsch** alemão antigo (*Sprache*: *a.* arcaico).

'Alte ['altə] *m u. f* velho *m*, -a *f*, ancião *m*, anciã *f*, velhote *m*, -a *f*; *die ~n hist. m/pl.* os antigos *m/pl.*

'Alt-eisen *n (-s; 0)* ferros-velhos *m/pl.*; sucata *f*; **~händler** *m* ferro-velho *m*.

'Alter ['altər] **1.** *m* velho(te) *m*, ancião *m*; **2.** *n* idade *f*; (*Dienst≈*) *u. hist.* antiguidade *f*; (*Greisen≈*) velhice *f*; *im ~ von 5 Jahren* com (*od.* aos) cinco anos de idade; *von ≈s her* desde sempre; *von mittlerem ~* de meia idade.

'älter ['ɛltər] (*comp. v. alt*) mais velho *usw.*; *2 Jahre ~ sn als ...* ter mais dois anos do que ...; *ein ~er Herr* um senhor de idade.

'altern ['altərn] *(-re) v/i. (h. u. sn)* envelhecer.

'Alters|erscheinung *f*: *e-e ~ sn* ser da idade (avançada); **~genosse** *m (-n)* (**~genossin** *f*) contemporâneo *m* (-a *f*), da mesma idade; **~grenze** *f* limite *m* de idade; **~heim** *n (-es; -e)* asilo *m* de velhos; **~klasse** *f* geração *f*; ⚔ ano *m*; **~rente** *f* pensão *f*, reforma *f*; **≈schwach** *(0)* decrépito, senil; **~schwäche** *f (0)* senilidade *f*, caducidade *f*; **~stufe** *f* idade *f*; **~versicherung** *f* seguro *m* contra a velhice; **~versorgung** *f* pensão *f* vitalícia; reforma *f*; **~zulage** *f* diuturnidade *f*.

'Alter|tum *n (-s; 0 u. =er)* antiguidade *f*; **~tümler** ['-ty:mlər] *m* antiquário *m*; cole(c)cionador *m* de antiguidades; **≈tümlich** ['-ty:mliç] antigo; arcaico; **~tums-forscher** *m* arqueólogo *m*; **~tums-kunde** *f (0)* arqueologia *f*.

'ältest ['ɛltəst] (*sup. v. alt*) o mais velho *usw.*; *Sohn*: primogénito (*a. su.*); **≈e(r)** *m* decano *m*; *Sohn*: filho *m* mais velho.

'alt|fränkisch fora da moda; **~gewohnt** habitual, tradicional, inveterado; **~hergebracht** [-gəbraxt] tradicional; **~hochdeutsch** velho alto-alemão.

'**alt|jüngferlich** de solteirona; **~klug** (0) precoce; **2klugheit** *f* (0) precocidade *f*.
'**ältlich** ['ɛltliç] de idade, idoso; avelhado.
'**Alt|material** *n* (-*s*; 0) sucata *f*; **~meister** *m* decano *m*; *Sport*: ex-campião *m*; **~metall** *n* (-*es*; -*e*) sucata *f*; **2modisch** fora da moda; **~papier** *n* (-*s*; 0) papéis *m/pl*. velhos; **~philologe** *m* (-*n*), **~sprachler** [-ʃpra:xlər] *m* filólogo *m* clássico; **2sprachlich** de línguas clássicas; **~stadt** *f* (-; ⸚*e*) bairro *m* antigo; **~stimme** *f* contralto *m*; **2väterlich** patriarcal; **~warenhändler** *m* antiquário *m*; **~'weibersommer** *m* verão *m* de São Martinho.
Alu'minium [alu'mi:nium] *n* (-*s*; 0) alumínio *m*.
am = *an dem*; ~ *besten* (da) melhor (maneira).
Amal'gam [amal'ga:m] *n* (-*s*; -*e*) amálgama *m*; **2'ieren** (-) amalgamar.
Ama'teur [ama'tø:r] *m* (-*s*; -*e*) amador *m*.
Ama'zone [ama'tso:nə] *f* amazona *f*.
'**Amber** ['ambər] *m* (-*s*; -*n*) âmbar *m*.
'**Amboß** ['ambɔs] *m* (-*sses*; -*sse*) bigorna *f*.
ambu'lan|t [ambu'lant] ambulante, ambulatório; **2z** *f* (*Klinik*) banco *m*; (*Krankenwagen*) ambulância *f*.
'**Ameis|e** ['a:maɪzə] *f* formiga *f* (*fliegende* de asas); *weiße* ~ termite *m*; **~en-bär** *m* (-*en*) papa-formigas *m*; **~en-haufen** *m* formigueiro *m*; **~en-säure** *f* (0) ácido *m* fórmico.
Ameri'kan|er(in *f*) *m* [ameri'ka:nər-], **2isch** americano (-a), da América.
'**Amm|e** ['amə] *f* ama *f* (de leite); aia *f*; **~en-märchen** *n* história *f* da carochinha.
'**Ammer** ['amər] *f* (-; -*n*) verdelha *f*, verdelhão *m*.
Ammoni'ak [amoni'ak] *n* (-*s*; 0) amoníaco *m*; **2-haltig** [-haltiç] amoniacal.
Amne'stie [amnɛ'sti:] *f* a(m)nistia *f*; **2ren** (-) a(m)nistiar.
A'möbe [a'mø:bə] *f* amiba *f*, ameba *f*; **~nruhr** *f* (0) disenteria *f* amibiana.
a-'Moll [a:'mɔl] *n* (-*s*; 0) ♪ lá *m* minor.
a'morph [a'mɔrf] amorfo.
Amortisati'on [amɔrtizatsi'o:n] *f* amortização *f*; **~s-wert** *m* (-*es*; -*e*) valor *m* amortizado.
amorti'sier|bar [amɔrti'zi:r-] amortizável; **~en** (-) amortizar.
'**Ampel** ['ampəl] *f* (-; -*n*) lanterna *f*, lampião *m*.
Am'pere [am'pɛ:r] *n* ampério *m*, ampere *m*; **~meter** *n* amperómetro *m*, amperímetro *m*; **~stunde** *f* ampere-hora *m*, ampério-hora *m*; **~zahl** *f* amperagem *f*.
'**Ampfer** ['ampfər] *m* (-*s*; 0) azedas *f/pl*.
Am'phib|ie [am'fi:biə] *f*, **2isch** anfíbio (*m*).
Am'phithea|ter [am'fi:-] *n* anfiteatro *m*; **2'tralisch** anfiteatral, *adv*. em anfiteatro.
'**Amsel** ['amzəl] *f* (-; -*n*) melro *m*.
Amt *n* (-*es*; ⸚*er*) ofício *m*; (*Aufgabe*) função *f*, missão *f*; (*Posten, Tätigkeit*) emprego (* 'ê) *m*; (*Behörde*) serviços *m/pl*.; repartição *f*; Instituto *m* (*für* de); *Auswärtiges* ~ Ministério *m* dos Negócios Estrangeiros (* das Relações Exteriores); (*Fernsprech2*) central *f*; *städtisches* ~ pelouro *m*; = *~sbezirk*; *ein* ~ *antreten* tomar posse; *j-n in ein* ~ *einführen* dar posse a alg.; *von ~s wegen* de ofício, ex ofício; *das ist nicht meines ~es* não é da minha competência, não me compete; **2'ieren** (-): ~ *als* exercer o ofício de, exercer (*od*. desempenhar) a função de; *~d* em exercício; **'2lich** oficial; *~e Mitteilung* ofício *m*; *~e Verlautbarung* comunicado *m*, nota *f* oficiosa; **'~mann** *m* (-*es*; ⸚*er od*. -*leute*) magistrado *m*; bailio *m*.
'**Amts|anmaßung** *f* usurpação *f* de autoridade; **~antritt** *m* (-*es*; -*e*) (tomada *f* de) posse *f*; **~arzt** *m* (-*es*; ⸚*e*) delegado *m* de saúde; **~befugnis** *f* (-; -*se*) autoridade *f*, competência *f*, atribuições *f/pl*.; **~bereich** *m* (-*es*; -*e*) *fig*. competência *f*, incumbência *f*; **~bezirk** *m* (-*es*; -*e*) distrito *m*; ⚖ jurisdição *f*, vara *f*; **~blatt** *n* (-*es*; ⸚*er*) diário *m* do governo; **~dauer** *f* (0) período *m* do mandato; **~diener** *m* contínuo *m*; **~eid** *m* (-*es*; 0) juramento *m*; **~einführung** *f* posse *f*; **~enthebung** *f* deposição *f*, exoneração *f*; *vorläufige*: suspensão *f*; **~geheimnis** *n*

(*-ses*; *-se*) segredo *m* oficial; **~gehilfe** *m* (*-n*) adjunto *m*; **~gericht** *n* (*-es*; *-e*) tribunal *m* de comarca; **~geschäfte** *n/pl.* funções *f/pl.*, despacho *m/sg.*; **~gewalt** *f* (*0*) autoridade *f*, jurisdição *f*, competência *f*; poder *m*; **~handlung** *f* desempenho *m* de uma função; a(c)to *m* oficial; **~miene** *f* ar *m* grave; e-e ~ *aufsetzen* dar-se ares de autoridade; **~mißbrauch** *m* (*-es*; *⸗e*) abuso *m* de autoridade; **~person** *f* entidade *f* oficial, autoridade *f*; **~pflicht** *f* obrigação *f* (*od.* dever *m*) oficial; **~richter** *m* juiz *m* de comarca; **~schimmel** F *m* (*-s*; *0*) burocracia *f*; **~schreiber** *m* escrivão *m*; **~siegel** *n* selo (*ê) *m* oficial; **~sprache** *f* linguagem *f* burocrática; **~stunden** *f/pl.* horas *f/pl.* de serviço; **~tracht** *f* hábito *m* talar; ⚖ toga *f*; **~träger** *m* funcionário *m*; **~verrichtung** *f* = *~handlung f*; **~weg** *m* (*-es*; *-e*) via *f* oficial (*auf dem* por); **~wohnung** *f* residência *f* oficial; **~zeit** *f* (*0*) = *~dauer f*; **~zimmer** *n* gabinete *m*.

Amu'lett [amu'lɛt] *n* (*-es*; *-e*) amuleto *m*.

amü's|ant [amyː'zant] divertido; ~ *sn* ter graça; **~ieren** (-) divertir.

an 1. *prp.* **a)** *örtl.* (*Lage, wo?*) *dat.* em; ~ *Bord* a, *am Tische, Schalter* à; (*neben*) ao pé de, junto a; (*nahe bei*) perto de; ~ *e-m Flusse, am Rhein usw.* do, sobre (*ô) o; *am Meer* à beira-mar; ~ *der Hand usw. fassen* por; **b)** *örtl.* (*Richtung, wohin?*) *ac.*: a; *bis* ~ até a; *fig. s. die betr. vb.*; **c)** (*in bezug auf*) *dat.*: *reich usw.* ~ em; *Auswahl, Vorrat, Zweifel* ~ de, em; *leiden, sterben* ~ (*Ursache*) de; *s. die betr. vb.*; ~ *und für sich* em princípio, a rigor; **d)** *zeitl.* (*wann?*) *dat.*: *am Abend* à (*od.* de *od.* pela) tarde; *am Abend* (*gen.*) na tarde de; *am heutigen Tage* no dia de hoje; *am Tage* (*tags*) de dia; *am 2. Mai* no dia (*od.* em *od.* a) 2 de Maio; *es ist* ~ *ihm zu reden* toca-lhe a ele falar; **e)** (*ungefähr*) *ac.* ~ (*die*) *100 Mark* coisa de ...; ir lá para os ..., ir à volta de ...; **f)** *vor sup.* (*dat.*) *am schnellsten* o mais depressa; **2.** *adv.* 🚂 chegada a; *von* ... ~ desde; de ... em diante; a partir de; ~ *sn Licht*: estar aceso; ⚡ estar ligado; *gegen* ... ~ contra.

ana'lo|g [ana'loːk] análogo; ⁲'**gie** [-'giː] *f* analogia *f*.

Analpha'bet *m* (*-en*) analfabeto *m*; **~en-tum** *n* (*-s*; *0*) analfabetismo *m*.

Ana'ly|se [ana'lyːzə] *f* análise *f*; ⁲'**sieren** (-) analisar; **~tiker** *m* analisador *m*, analista *m*; ⁲**tisch** analítico.

'**Ananas** ['ananas] *f* (*-*; *-* *u.* *-se*) ananás *m*; *süße* ~ abacaxi *m*, *áberas *m*.

An|ar'chie [anar'çiː] *f* anarquia *f*; ⁲'**archisch** anárquico; **~ar'chist** (**-in** *f*) *m* (*-en*) anarquista *m/f*.

Ana'tom [ana'toːm] *m* (*-en*) anatomista *m*; **~'ie** *f* (*0*) anatomia *f*; ⁲**isch** anatómico.

anbahn|en preparar, abrir; iniciar; *sich* ~ ir-se preparando; ⁲**ung** *f* preparação *f*.

'**anbändeln** ['-bɛndəln] (*-le*): *mit j-m* ~ namoricar alg., fazer namoro a alg.; (*Streit suchen*) meter-se com alg.

'**Anbau** *m* (*-es*; *-ten*) ⚒ cultura *f*, cultivo *m*; ⌂ anexo *m*; ⁲**en** ⚒ cultivar; ⌂ anexar (*an ac.* a); construir um anexo; *sich* ~ estabelecer-se; ⁲**fähig** cultivável; **~fläche** *f* área *f* cultivável (*od.* arável *od.* lavradia *od.* cultivada).

'**Anbeginn** *m* (*-es*; *0*) início *m*, princípio *m*, começo (*ê) *m* (*von* desde o).

'**an|behalten** (*L*; -) guardar; ficar com; **~bei** junto, anexo, incluso; **~beißen** (*L*) **1.** *v/t.* trincar um bocado, mordiscar; **2.** *v/i. Fisch*: cair no anzol; *a. fig.* morder a isca, deixar-se apanhar; *zum* ⁲ muito apetitoso; **~belangen** (-) dizer respeito a; *was* (*ac.*) *anbelangt* quanto a, no que diz respeito a; *was mich anbelangt* cá por mim, no que me toca a mim; **~bellen** ladrar contra; *fig.* berrar contra; **~beraumen** ['-bəraumən] (-) *Termin*: fixar, marcar; *Sitzung*: convocar; **~beten** (*-e-*) adorar; ⁲**beter** *m* adorador *m*, venerador *m*; *fig. a.* admirador *m*; ⁲**betracht:** *in* ~ (*gen.*) considerando (*ac.*); *in* ~, *daß* visto que; **~betreffen** = *anbelangen*; **~betteln** (*-le*) *v/t.* pedir esmola a, pedinchar a.

'**Anbetung** ['-beːtuŋ] *f* (*0*) adoração *f*; ⁲**s-würdig** adorável.

'**anbieder|n** (*-re*): *sich mit* (*od. bei*) *j-m* ~ insinuar-se na intimidade de alg.; F dar graxa a alg.; 2ung *f* aproximação *f*.

'**an|bieten** (*L*) oferecer; **~binden** (*L*) **1.** *v/t.* atar, ligar; *fest* ~ amarrar (*an* a); **2.** *v/i. mit j-m* ~ meter-se com alg.; *s. a. angebunden*; **~blasen** *v/t.* soprar; atiçar; ⊕ acender.

'**Anblick** *m* (-*es*; -*e*) vista *f*; (*Aussehen*) aspecto *m*; (*Betrachtung*) contemplação *f*; (*Bild*) espectáculo *m*; 2**en** olhar, mirar, contemplar; (*mustern*) observar, examinar.

'**an|blinzeln** (-*le*) *v/t.* piscar o olho a; **~bohren** *v/t.* furar (*a. Zahn*); *Faß*: espichar; espetar; **~braten** (*L*) alourar; **~brechen** (*L*) **1.** *v/t.* romper; *Brot*: partir, encetar; *Flasche*: abrir; **2.** *v/i.* (*sn*) romper, despontar, começar, surgir; iniciar-se; **~brennen** (*L*) **1.** *v/t.* acender; **2.** *v/i.* (*sn*) pegar fogo; *Speise*: queimar-se; **~bringen** (*L*) (*her~*) trazer; (*befestigen, unterbringen*) colocar; ⚠ construir; *Gesuch, Gründe, Klage*: apresentar; *Verbesserung*: introduzir; *Wort*: dizer; *s. a. angebracht*; 2**bringung** ['-briŋuŋ] *f* colocação *f*; construção *f*; 2**bruch** *m* (-*es*; ⸚*e*) princípio *m*, começo (*ê) *m*, início *m*; ~ *des Tages* alvorada *f*; amanhecer *m*; despontar (*od.* romper) *m* do dia; ~ *der Nacht* anoitecer *m* (*bei* ao); **~brüllen** *v/t.* gritar a, berrar a; **~brüten** (-*e*-) começar a chocar; *angebrütet* meio choco.

'**Andacht** ['-daxt] *f* devoção *f*; *kirchliche*: serviço *m* religioso; (*Gebet*) oração *f*; 2**dächtig** ['-dɛçtiç] devoto, pio; *fig.* atento; **~dachtsübung** *f* exercício *m* espiritual.

'**andauern** (-*re*) continuar, (per-) durar; persistir; **~d** contínuo, permanente; persistente.

'**Andenken** *n* memória *f*; (*Gegenstand*) recordação *f*, lembrança *f* (*zum* em, como; *an ac.* de).

'**ander** ['andər] outro; *ein* ~*er* (um) outro (*als* do que); *e-r um den* ~*n*, *eins um das* ~*e* alternadamente; *e-n Tag um den* ~*n* (*Tag*) dia sim dia não; *am* ~*n Tag* no dia seguinte; *ein* ~*es Hemd anziehen* mudar de camisa; (*das übrige*) o resto, o mais; *alles* ~*e als* tudo menos; et. ~*es* outra coisa; *nichts* ~*es* nada mais; *nichts* ~*es sn als* não ser senão; *unter* ~*em* entre outras coisas; **~erseits** ['-ərzaıts] por outro lado, em contrapartida; *ein* **~mal** outra vez.

'**ändern** ['ɛndərn] (-*re*) mudar, alterar; *teilweise*: modificar; (*berichtigen*) emendar; *s-e Meinung* (*s-n Sinn*) ~ mudar de parecer (de ideias); *nicht zu* ~ *sn* não ter remédio.

'**andern|falls** de contrário; **~teils** por outra parte, por outro.

'**anders** outro, diferente; *adv.* de outra forma, de maneira (*od.* modo) diferente; *jemand* ~ outrem, outra pessoa; alguém outro; *niemand* ~ *als er* ele mesmo; *wer* ~? quem mais?; ~ *denken* divergir (*als* de); *sich* ~ *besinnen* mudar de ideias; ~ *kommen* ser diferente; ~ *werden* mudar; *nicht* ~ *können* não poder deixar (*als* de); *es* ~ *wissen* saber melhor, conhecer outra versão; *falls nicht* ~ *bestimmt* salvo outra determinação; **~-artig** diferente; **~denkend** de opinião diferente (*od.* divergente); de mentalidade diferente (*od.* divergente); **~farbig** de outra cor; **~gläubig** de outra religião; heterodoxo; **~wo** noutra parte; **~woher** de outra parte; **~wohin** para outra parte, para outro sítio.

'**anderthalb**: ~ *Meter* metro e meio; **~jährig** [-jɛːriç] de ano e meio.

'**Änderung** ['ɛndəruŋ] *f* mudança *f*; modificação *f*; alteração *f* (*a.* ⚕ *der Preise*); **~s-vorschlag** *m* (-*es*; ⸚*e*) emenda *f*.

'**ander|wärts** [-vɛrts] noutra parte; **~weitig** [-vaıtiç] outro; *adv.* de outra forma, de outro modo; *örtl.* noutra parte.

'**andeut|en** (-*e*-) indicar; (*anspielen*) aludir a; (*zu bedenken geben*) sugerir, insinuar; (*zu verstehen geben*) dar a entender; (*skizzieren*) esboçar; 2**ung** *f* indício *m*; insinuação *f*, alusão *f*, sugestão *f*; **~ungs-weise** vagamente.

'**andichten** (-*e*-) *j-n*: celebrar (em versos); *j-m et.*: atribuir, imputar.

'**An|drang** *m* (-*es*; *0*) afluência *f*, (*Menge*) aglomeração *f*; (*Zulauf*) *a.* concorrência *f*; ⚕ procura *f* (*nach* de); *Verkehr*: aperto (*ê) *m*; ⚕ (*Blut*2) congestão *f*; 2**drängen** afluir; ~ *gegen* apertar contra.

'**andrehen** ligar; ⚡ *Licht*: *a.* acender; *Motor*: *a.* pôr a trabalhar;

Wasser: abrir; = *anschrauben*; *fig.* *j-m et.* ~ impingir a.c. a alg.
'andre(r) *s. ander.*
'androh|en: *j-m et.* ~ ameaçar alg. de (*od.* com) a.c.; ⚖ *durch Gesetz*: prever; **2ung** *f* ameaça *f*; *unter* ~ *von* (*od. gen.*) sob pena de.
'an-eign|en (*-e-*): *sich* (*dat.*) ~ apropriar-se; *Gedanken*: ado(p)tar; *Gewohnheit*: tomar, *a. Wissen*: adquirir; *widerrechtlich*: usurpar; **2ung** *f* apropriação *f*; ado(p)ção *f*; aquisição *f*; usurpação *f*.
an-ein'ander juntos (*od.* anexos, pegados) um ao outro (*dicht* muito); **~binden** (*L*) ligar; **~fügen** juntar; **~geraten** (*L*; -; *sn*) abalroar; *mit j-m*: pegar-se, chegar a vias de fa(c)to; **~grenzen** (*-t*) confinar; *~d adj.* contíguo; *Land*: limítrofe; **~hängen** (*L*) **1.** *v/t.* pendurar um no outro; **2.** *v/i.* aderir um ao outro; *~d* aderente; **~reihen** enfi(leir)ar, alinhar; **~rücken** aproximar um do outro; **~stoßen** (*L*; *sn*) embater; = *~grenzen*.
Anek'dot|e [anɛk'do:tə] *f* anedota *f*; **2en-haft** anedótico.
'an-ekeln (*-le*) *v/t.* desgostar, repugnar; meter nojo a.
Ane'mone [ane'mo:nə] *f* anémona *f*.
'an-empfehlen (*L*; -; *sn*) recomendar.
'An-erbieten *n* oferecimento *m*; oferta *f* (*a.* ⚕), proposta *f*.
'an-erkannt *p.pt. v. anerkennen*; *adj. a.* indiscutível; *staatlich* ~ oficializado; *j.*: diplomado, encartado; **~er'maßen** como é geralmente aceito; indiscutivelmente.
'an-erkenn|en (*L*; *sn*) reconhecer; (*gelten lassen*) aceitar; (*zulassen*) admitir; (*billigen*) aprovar; (*loben*) apreciar; *nicht* ~ *a.* desaprovar; repudiar; *s. a. anerkannt*; **~end** reconhecido; elogioso; **~ens-wert** louvável, apreciável; **2ung** *f* reconhecimento *m*; (*Lob*) elogio *m*, louvor *m*; ⚖ *Kind*: legitimação *f*; *Urkunde*: legalização *f*; ⚕ *Wechsel*: aceite *m*.
Anero'id [anero'i:t] *n* (*-es*; *-e*) aneróide *m*.
'an|erziehen (*L*; -) inculcar; **~fachen** ['-faxən] atiçar; **~fahren** (*L*) **1.** *v/t.* trazer; acarretar; (*rammen*) atropelar; *j-n a.* colher; ⚓ fazer escala em; *fig.* descompor; **2.** *v/i.* (*sn*) *Auto*: arrancar; *Zug*: partir; (*angefahren kommen* vir a) chegar; ~ *gegen* dar contra; **2fahrt** *f* chegada *f*; entrada *f*; rampa *f*, cais *m*.
'Anfall *m* (*-es*; *⸚e*) ataque *m*, ⚕ *a.* acesso *m*; (*Erbschafts2*) sucessão *f*; (*Ertrag*) rendimento *m*; *Gewinn*: lucro *m*; (*Häufung*) acumulação *f*; **2en** (*L*) **1.** *v/t.* atacar, agredir, acometer, (*a. fig.*) assaltar; **2.** *v/i.* vender, dar; *Arbeit*: haver.
'anfällig fraco, de delicada saúde; ~ *für* susceptível de.
'Anfang *m* (*-es*; *⸚e*) princípio *m*, começo (*ê) *m* (*am, im, zu* a, ao); *von* ~ *an* desde o (*od.* logo no) princípio; *den* ~ *machen* (*mit*), *s-n* ~ *nehmen* = **2en** (*L*) principiar, começar (*zu inf.* a, de, por; *mit* por); (*plötzlich*) ~ *zu inf.* desatar a; (*einleiten*) iniciar; fazer; *mit ... ist nichts anzufangen* não serve (*od.* presta) para nada.
'Anfäng|er(in *f*) *m* ['-fɛŋər-] principiante *m/f*; *Streit*: autor(a *f*) *m*; **2lich** inicial; *adv.* = *anfangs*.
'anfangs ['-faŋs] primeiro, a(o) princípio; começar por (*inf.*); *gleich* ~ desde o princípio.
'Anfangs...: *in Zssgn oft* inicial; **~buchstabe** *m* (*-n*) inicial *f*; **~gehalt** *n* (*-es*; *⸚er*) ordenado *m* inicial; **~geschwindig-keit** *f* velocidade *f* inicial; **~gründe** *m/pl.* elementos *m/pl.*; rudimentos *m/pl.*; **~-unterricht** *m* (*-es*; *0*) ensino *m* elementar; curso *m* para principiantes.
'anfassen (*-ßt*) pegar; (*berühren*) *a.* tocar, (*packen*) *a.* agarrar; *fig.* *j-n*: tratar; *Arbeit*: começar; meter-se a; *mit* ~ ajudar.
'anfecht|bar ['-fɛçt-] discutível; contestável; ⚖ improcedente; **~en** (*L*) *Meinung usw.*: combater; ⚖ impugnar; *Geltung*: contestar; *Urteil*: protestar contra, recorrer de; *j-n*: incomodar, acometer; *Rel.* tentar; **2ung** *f* contestação *f*; protesto *m*; ⚖ impugnação *f*; apelação *f*; recurso *m*; ⚕ acesso *m*; *Rel.* tentação *f*.
'anfeind|en ['-faındən] (*-e-*) hostilizar, perseguir; *stark angefeindet werden* ter muitos inimigos; **2ung** *f* inimizade *f*, ódio *m* (*gen.* contra).
'anfertig|en ['-fɛrtigən] fazer, fabricar, produzir; (*abfassen*) redigir; **2ung** *f* fabricação *f*, fabrico *m*,

produção *f*; *Kleidung*: confe(c)ção *f*; *Schriftstück*: reda(c)ção *f*.

'**an|feuchten** ['-fɔyçtən] (*-e-*) molhar, humedecer; **~feuern** (*-re*) acender; *fig.* animar, exortar; **~finden** (*L*): *sich* ~ aparecer; **~flehen** implorar, suplicar (*j-n um et.* a.c. a alg.); **~flicken** acrescentar; **~fliegen** (*L*) **1.** *v/t.* fazer escala em; **2.** *v/i.* (*sn*): *angeflogen kommen* chegar a voar.

'**Anflug** *m* (*-es*; *⁼e*) chegada *f*; *fig.* acesso *m*; laivo *m*; tintura *f*; (*Beigeschmack*) ressaibo *m*.

'**anforder|n** (*-re*) pedir, requerer, exigir; ⚔ requisitar; **2ung** *f* exigência *f*; pedido *m*; *hohe ~en stellen* exigir muito; ser muito exigente.

'**Anfrage** *f* pergunta *f*; pedido *m* de informação; *pol. a.* interpelação *f*; **2n** perguntar (*bei* a); *bei j-m um et.* ~ pedir a alg. informações sobre a.c.

'**an|fressen** (*L*) picar, roer; ⚗ corroer, carcomer; *Zahn*: cariar; **~freunden** ['-frɔyndən] (*-e-*): *sich* ~ ficar (*od.* tornar-se) amigo (*mit* de); confraternizar; **~frieren** (*L*; *sn*) gelar; **~fügen** juntar; **~fühlen** tocar, apalpar; *sich hart* ~ parecer duro, dar a impressão de (ser) duro.

'**Anfuhr** [u:] *f* carretagem *f*; *An- und Abfuhr f* transporte *m*.

'**anführ|en** *v/t.* dirigir, conduzir, chefiar; (*erwähnen*) citar, mencionar, referir-se a; *Beweis*: alegar; *j-s Zeugnis*: invocar; *einzeln* ~ especificar; (*täuschen*) enganar, entrujar; **2er** *m* chefe *m*; ⚔ comandante *m*; (*Rädelsführer*) cabecilha *m*; **2ungs-striche** *m/pl.*, **2ungs-zeichen** *n/pl.* aspas *f/pl.*, comas *f/pl.*

'**anfüllen** encher (*mit* de).

'**Angab|e** *f* indicação *f*; (*Aussage*) declaração *f* (*a. Zoll*); informação *f*; depoimento *m*; (*Anweisung*) instrução *f*; (*Anzeige*) denúncia *f*; (*Beschreibung*) descrição *f*; *von Einzelheiten*: especificação *f*; F (*Prahlerei*) gabarolice *f*; **~en** *f/pl.* dados *m/pl.*, elementos *m/pl.*; *genauere ~*, *nähere ~* pormenores *m/pl.*

'**an|gaffen** fitar embasbacado; **~gängig** possível, admissível; **~geben** (*L*) **1.** *v/t.* indicar; *Namen*: *a.* dizer; *Ton*: dar; (*aussagen*), *Wert*: declarar; (*behaupten*) alegar; (*melden*) denunciar; (*vorgeben*) pretender; *zu hoch* ~ exagerar; **2.** *v/i.* *Spiel, Sport*: servir; F (*prahlen*) exagerar, gabar-se; **2geber** *m* denunciante *m*; F (*Großtuer*) gabarola *m*; **2gebe'rei** [-'raɪ] *f* denúncia *f*; (*Prahlerei*) gabarolice *f*.

'**an|geblich** ['-ge:pliç] pretenso; *Wert*: nominal; *adv.* segundo se diz; **~geboren** inato; natural; ⚕ congénito; hereditário.

'**Angebot** *n* (*-es*; *-e*) oferta *f*; *Auktion*: primeiro lanço *m*; (*Preis2*) cotação *f*.

'**an|gebracht** ['-gəbraxt] *p.pt. v. anbringen*; *adj.* oportuno; indicado; *gut* ~ apropriado; *schlecht* ~ inoportuno, despropositado; **~gebraust** ['-gəbraust]: ~ *kommen* chegar a toda a pressa (*od. Auto*: velocidade); **~gebunden** *p.pt. v. anbinden*; *kurz* ~ brusco; de poucas palavras; **~gedeihen** (*L*; -): ~ *lassen* dispensar; conceder; outorgar; **~gegossen** ['-gəgɔsən]: *wie* ~ *sitzen* assentar como uma luva; **~geheiratet** ['-gəhaɪratət] por casamento, por afinidade; **~geheitert** ['-gəhaɪtərt] alegre; ~ *sn* F ter um bico; **~gehen** (*L*) **1.** *v/t.* (*angreifen*) atacar, assaltar; (*bitten*) pedir, solicitar (*j-n um et.* a.c. a alg.); (*betreffen*) dizer respeito a, interessar, ser com; *was ... angeht* quanto a; *was geht ... dich an?* o que tens tu com ...?; *alle, die es angeht* todos os interessados; **2.** *v/i.* (*sn*) começar, principiar; *Feuer u.* ⚘ pegar; (*noch*) ~ passar; escapar; *nicht* ~ *können* não poder ser; **~d** *Anfänger*: principiante; (*künftig*) futuro.

'**angehör|en** (-) *dat.* pertencer a, *als Mitglied*: *a.* ser sócio de, fazer parte de; *e-r Partei*: estar filiado em; **~end, ~ig** *dat.* pertencente a; (a)filiado de (*od.* em); **2ige(r** *m*) [-igə(r)] *m u. f* membro *m*, (*Verwandte*[*r*]) familiar *m*, parente *m/f*; *pl. a.* família *f/sg.*

'**Angeklagte(r** *m*) ['-gəkla:ktə(r)] *m u. f* réu *m*, ré *f*; acusado *m*, -a *f*; (*schuldlos*) ~ (falso) culpado *m*.

'**Angel** ['aŋəl] *f* (-; *-n*) (*Fisch2*) anzol *m*; (*Tür2*) gonzos *m/pl.*; *aus den ~n heben* desengonçar; *fig.* modificar fundamentalmente; *zwischen Tür und* ~ já a sair, no último momento.

'**angelangen** (-) chegar (*in dat.*, *bei* a).

'**angelegen:** *sich* (*dat.*) et. ~ *sn lassen* cuidar de a.c., tomar a.c. a peito, interessar-se por a.c.; **2-heit** *f* assunto *m*, questão *f*; *das ist s-e* ~ isto é com ele; **~tlich** insistente; (*herzlich*) afectuoso.

'**Angel|-haken** *m* anzol *m*; **~leine** *f* linha *f*; **2n¹** (*-le*) pescar à linha (*od.* ao anzol); *fig.* F ~ *nach, sich* (*dat.*) et. ~ apanhar a.c., arranjar a.c., conseguir a.c.; **~n²** *n* (*0*) pesca *f*.

'**Angel|punkt** *m* (*-es*; *-e*) eixo *m*; *Astr.* pólo *m*; *fig.* ponto *m* crucial; **~rute** *f* cana *f* de pesca, vara *f*; **~sachse** *m* (*-n*) anglo-saxónio *m*; **2sächsisch** anglo-saxão, anglo-saxónico; **~schnur** *f* (-; *=e*) linha *f*; **2weit:** ~ *offen* escancarado; aberto de par em par.

'**an|gemessen 1.** *p.pt. v. anmessen*; **2.** *adj.* apropriado, adequado; conveniente; correspondente; ✝ módico; **~genehm** agradável; simpático; **~genommen** ['-gənɔmən] **1.** *p.pt. v. annehmen*; **2.** *adj.* (*eingebildet*) fictício; (*gedacht*) ⅍ considerado; (*unnatürlich*) afe(c)tado.

'**Anger** ['aŋər] *m* devesa *f*, prado *m*.

'**an|geregt** ['-gəre:kt] *p.pt. v. anregen*; *adj.*: *a.* vivo, animado; **~geschlossen** *p.pt. v. anschließen*; *adj. a.* anexo; **~gesehen** ['-gəze:hən] *p.pt. v. ansehen*; *adj. a.* (*geachtet*) estimado; ilustre; *bsd.* ✝ conceituado.

'**Angesicht** *n* (*-es*; *-e*) *poet.* cara *f*, rosto (*'ô) *m*; *von* ~ *zu* ~ cara a cara; *ins* ~ *sehen* encarar (*ac.*); **2s** (*gen.*) perante; em presença de, em vista de.

'**an|gespannt** *p.pt. v. anspannen*; *adj.* (in)tenso; **~gestammt** ['-gəʃtamt] natural; nacional, tradicional; *Herrscher*: *a.* legítimo; (*angeboren*) inato, hereditário; *Besitz*: ancestral.

'**Angestellt|e(r** *m*) ['-gəʃtɛltə(r)] *m u. f* empregado *m*, -a *f*; **~en-verhältnis** *n* (*-ses*; *0*): *im* ~ contratado; **~en-versicherung** *f* seguro *m* social.

'**an|gestrengt** ['-gəʃtrɛŋt] *p.pt. v. anstrengen*; *adv.* muito; **~getan** ['-gəta:n] *p.pt. v. antun*; *dazu* (*od. danach*) ~, *daß od. zu* (*inf.*) próprio para; ~ *mit* vestido de; ~ *sn von* ficar bem impressionado com; *wenig* ~ *sn von* gostar pouco de; **~getrunken** ['-gətrunkən] ébrio, F tocado; **~gewiesen** ['-gəvi:sən] *p.pt. v. anweisen*; ~ *sn auf* (*ac.*) precisar de, não poder prescindir de; depender de; *ganz auf sich selbst* ~ *sn* contar apenas com si próprio; **~gewöhnen** (-): *j-m et.* ~ acostumar (*od.* habituar) alg. a a.c.; *sich* (*dat.*) et. ~ habituar-se a a.c.; **2gewohnheit** *f* costume *m*, hábito *m* (*aus* por); *schlechte* ~ vício *m*; **~gewurzelt** ['-gəvurtsəlt] *p.pt. v. anwurzeln*; *fig. wie* ~ imóvel; **~gezeigt** ['-gətsaɪkt] *p.pt. v. anzeigen*; *adj. a.* oportuno.

'**angleich|en** (*L*) assimilar; adaptar; ⊕ ajustar; *ea.* ~ abarbar; **2ung** *f* assimilação *f*; adaptação *f*; ⊕ ajustamento *m*.

'**Angler** ['aŋlər] *m* pescador *m* (à linha).

'**anglieder|n** (*-re*) juntar (a), reunir com, associar (a); agregar (a); **2ung** *f*: ~ (*an ac.*) reunião *f* (com), associação *f* (a), incorporação *f* (em).

'**anglotzen** (*-t*) *v/t.* arregalar os olhos a, fitar embasbacado.

'**angreif|bar** atacável; *fig.* discutível; vulnerável; **~en** (*L*) (*anfassen*) pegar (em); *Gegner*: atacar (*a.* ⚗), ⚔ *a.* agredir, assaltar; (*abnutzen*) gastar; *Gesundheit*: prejudicar; ⚕ *Organe*: afe(c)tar; enfraquecer; cansar; *Kapital, Vorrat*: tocar em; **~end** ⚔ ofensivo; agressivo; ⚕ abalador; fatigante; ⚗ corrosivo; **2er** *m* agressor *m*.

'**angrenzen** (*-t*): ~ *an* (*ac.*) confinar com; **~d** *adj.* adjacente, *Land a.*: vizinho; *Raum*: contíguo.

'**Angriff** *m* (*-es*; *-e*) ataque *m*; (*Friedensbruch u.* ⚖ *tätlicher* ~) agressão *f*; ⚔ (*Sturm2*) assalto *m*; *strategisch*: ofensiva *f*; ⚗ corrosão *f*; *in* ~ *nehmen* começar, empreender; *zum* ~ *übergehen* tomar a (*od.* passar à) ofensiva; **~s...:** *in Zssgn* ofensivo; *pol.* de agressão; **2s-lustig** agressivo.

Angst [aŋst] **1.** *f* (-; *=e*) medo *m*, receio *m*; angústia *f*; (*Schreck*) pavor *m*; (*Sorge*) ansiedade *f*; **2. 2** *adj.*: *mir ist* ~ (*und bange*) tenho medo (*vor dat.* de); *j-m* ~ *machen* = *j-n ängstigen*; '**2beklommen** angustiado; '**2erfüllt** ['-ɛrfylt] aflito; '**~geschrei** *n* (*-es*; *0*) gritos *m/pl.* de pavor; '**~hase** *m* (*-n*) F poltrão *m*.

'**ängst|igen** ['ɛŋstigən] inquietar,

assustar, meter medo a; *sich* ~ (*vor dat.*) recear (*ac.*); **~lich** (*beunruhigt*) inquieto, nervoso; (*furchtsam*) medroso, receoso; (*behutsam*) cuidadoso; (*schüchtern*) tímido; **2lichkeit** *f* (*0*) nervosismo *m*; timidez *f*; escrupulosidade *f*.

'**Angst|schweiß** *m* (-*es*; *0*) suor(es *pl.*) *m* frio(s); **2voll** cheio de medo (*od.* de angústia), muito angustioso.

'**angucken** F olhar, mirar; *sich* (*dat.*) et. ~ ir ver a.c.

'**an-haben** (*L*) *Kleidung*: trazer, vestir, usar; *fig. j-m nichts* ~ *können* não poder fazer mal algum a alg.

'**an-haften** (-*e*-) *v/i.* aderir (a), estar pegado (a); *fig. et. haftet j-m an* (*dat.*) (*nom.*) tem a.c.

'**an-haken** pendurar, enganchar (*an ac.* em); (*bezeichnen*) marcar.

'**An-halt** *m* (-*es*; -*e*) (*Anzeichen*) indício *m*; (*Stütze*) apoio *m*; base *f*, fundamento *m* (*gewähren* oferecer); **2en** (*L*) **1.** *v/t.* fazer parar, *a. polizeilich*: deter; *Atem, Ton*: suspender; *Feuer*: conservar; *Verkehr*: interromper; (*ermahnen*) exortar; (*gewöhnen*) habituar; **2.** *v/i.* parar, deter-se; (*dauern*) continuar; persistir; *um et.* ~ solicitar a.c.; *um j-n* ~ pedir alg. em casamento; **2end** contínuo, continuado; persistente; *Beifall*: prolongado; **~er** *m*: *per* ~ de boleia *f*; **~e-vorrichtung** *f* dispositivo *m* de parada; **~s-punkt** *m* (-*es*; -*e*) fundamento *m*; ponto *m* de referência; *fig.* prova *f*; indício *m*.

'**An-hang** *m* (-*es*; ⸗*e*) (*Beilage, Nachtrag*) apêndice *m*, anexo *m*, suplemento *m*; (*Gefolge*) séquito *m*; (*Gefolgschaft*) sequazes *m/pl.*; (*Verwandtschaft*) família *f*; **2en** (*L*; *sn*) aderir a; seguir (*ac.*).

'**an-häng|en** **1.** *v/t.* pendurar, suspender (*an ac.* em); enganchar; (*hinzufügen*) juntar; 🚗 atrelar; *fig. j-m et.* ~ difamar alg.; imputar a.c. a alg.; *j-m e-n Prozeß* ~ envolver alg. num processo; **2.** *v/i.* (*L*) não largar; *fig. j-m* ~ seguir o partido de alg., ser partidário de alg.; **2er** *m* **a)** (*Wagen*) carro *m* atrelado (*od.* de reboque), (carro-)reboque *m*; (*Schmuck*) pingente *m*; **b)** **2er(in** *f*) *m* (*Parteigänger*) partidário (-a *f*) *m*; (*Jünger*) discípulo (-a *f*) *m*; **2erschaft** *f* (*0*) sequazes *m/pl.*, partidários *m/pl.*; fiéis *m/pl.*; **~ig** ⚖: ~ *sn* estar pendente; *e-e Klage* ~ *machen* intentar um processo; **~lich** fiel; ~ *an* (*ac.*) afeiçoado a; **2lichkeit** *f* (*0*) afeição *f*, lealdade *f*; **2sel** *n* apêndice *m*; (*Schild*) rótulo *m*; (*Schmuck*) penduricalho *m*.

'**an-hauchen** (as)soprar; bafejar; F *fig.* (*rüffeln*) berrar com; *rosig angehaucht* roseado; *poetisch angehaucht sn* ter veia poética.

'**an-häuf|en** acumular, juntar; *Phys.* agregar; **2ung** *f* acumulação *f*; *Phys.* agregação *f*.

'**an|heben** (*L*) levantar um pouco; alçar; (*anfangen*) começar; ♪ entoar; **~heften** (-*e*-) p(r)egar; (*nähen*) alinhavar; (*beifügen*) juntar; **~heilen** (*sn*) sarar, sanar, curar; aglutinar; **~heimeln** ['-haɪməln] *v/t.* (-*le*): *j-n* ~ recordar o lar a alg.; atrair alg.; **~d** aconchegado, lembrando o próprio lar.

an'**heim|fallen** *v/i.* (*L*; *sn*) caber a; reverter para; *der Vergessenheit* ~ cair no esquecimento; **~geben** (*L*), **~stellen**: *j-m* ~ deixar com (*od.* ao parecer de) alg.

'**an|heischig** ['-haɪʃiç]: *sich* ~ *machen zu* comprometer-se a; oferecer-se para; empenhar-se em; **~heizen** (-*t*) *v/t.* acender, aquecer; **~heuern** ['-hɔyərn] ⚓ (-*re*) *v/t.* (*v/i.*) alistar(-se); **2hieb** *m* (-*es*; *0*): *auf* ~ de um golpe, logo à primeira; **~himmeln** (-*le*) adorar, idolatrar; **2höhe** *f* alto *m*, outeiro *m*; **~hören** ouvir, *aufmerksam*: escutar; *sich gut* ~ soar bem; *j-m et.* ~ notar a.c. a alg.

Ani'lin [ani'li:n] *n* (-*s*; *0*), **~farbstoff** *m* (-*es*; -*e*) anilina *f*.

A'nis [a'ni:s] *m* (-*es*; -*e*) anis(eira *f*) *m*.

'**ankämpfen**: ~ *gegen* lutar com; combater; resistir a.

'**Ankauf** *m* (-*es*; ⸗*e*) compra *f*, aquisição *f*; **2en** comprar, adquirir; *sich* ~ comprar um terreno; estabelecer-se.

'**Anker** ['aŋkər] *m* ⚓, ⊕ âncora *f*; *Mot.* induzido *m*; ⚡ armatura *f*; *Uhr*: escapo *m*; *vor* ~ *gehen* ancorar; fundear; *vor* ~ *liegen* estar ancorado; *die* ~ *lichten* levantar ferro; **~boje** *f* baliza *f*; bóia *f*; **~gang** *m* (-*es*; *0*) escapo *m*; **~geld** *n* (-*es*; -*er*) ancoragem *f*; **~grund** *m*

(-*ės*; *⸗e*) ancoradouro *m*; **~kette** *f* cabo *m*, amarra *f*; **~mast** *m* (*-es*; *-en*) poste *m* de amarração; mastro *m* de ancoragem; **2n** (*-re*) ancorar, lançar ferro; **~platz** *m* (*-es*; *⸗e*) ancoradouro *m*; **~schaft** *m* (*-ės*; *⸗e*) haste *m*; **~spitze** *f* pata *f*; **~stock** *m* (*-ės*; *⸗e*) cepo *m*; **~tau** *n* (*-ės*; *-e*) = *~kette*; **~winde** *f* cabrestante *m*.

'**an|ketten** (*-e-*): *~* (*an ac.*) encadear (em); acorrentar (em); *Hund*: prender (em); ⚓ amarrar (a); **~kitten** (*-e-*) betumar, argamassar.

'**Anklage** *f* acusação *f*; *~ erheben* fazer queixa; instaurar processo; *unter ~ stehen* ser processado, ser autuado; *unter ~ stellen* pronunciar; autuar, arguir; **~bank** *f* (*-*; *⸗e*) banco *m* dos acusados (*od.* dos réus); **2n** acusar (*gen. od. wegen* de); **2nd** acusatório; **~punkt** *m* (*-ės*; *-e*) capítulo *m*.

'**Ankläger** *m* acusador *m*; queixoso *m*; ⚖ (*öffentlicher*) *~* delegado *m* do procurador da República; ⚔ promotor *m*.

'**Anklage|rede** *f* requisitório *m*; **~schrift** *f* libelo *m* acusatório; **~zustand** *m* (*-ės*; *0*): *in den ~ versetzen* autuar, arguir, pronunciar.

'**anklammern** (*-re*) engatar (*an ac.* em); prender com gancho (*od.* *Wäsche*: com molas); *sich ~* agarrar-se (*an ac.* a).

'**Anklang** *m* (*-ės*; *⸗e*) ressonância *f*; eco *m*; *fig.* sabor *m*; (*Ähnlichkeit*) reminiscência *f*(*an ac.* de); *~ finden bei* agradar a; ser bem acolhido por.

'**ankleben 1.** *v/t.* colar, pegar (*an ac.* em); **2.** *v/i. a.* aderir, estar colado.

'**ankleide|n** (*-e-*) vestir; **2raum** *m* (*-ės*; *⸗e*), **2zimmer** *n* quarto *m* de vestir.

'**an|klingen** (*L*): *~ an* (*ac.*) (fazer) lembrar (*ac.*); *~ lassen* recordar; evocar; **~klopfen** bater (à porta); *bei j-m ~* F *fig.* sondar alg.; **~knipsen** (*-t*) ⚡ ligar; *Licht*: acender; **~knöpfen**: *~* (*an ac.*) abotoar (a); segurar com botões.

'**anknüpf|en 1.** *v/t.* ligar, atar; *fig.* travar; *Beziehungen ~ mit* (*od.* *zu*) entrar em relações com, pôr-se em contacto com; *Verhandlungen*: entabular, entrar em; *wieder ~* reatar; **2.** *v/i.*: *~ an* (*ac.*) partir de; *Rede*: referir-se a; *Tradition*: continuar; **2ungs-punkt** *m* (*-ės*; *-e*) *fig.* ponto *m* de partida (*od.* de contacto *od.* de referência).

'**ankommen** (*L*) **1.** *v/i.* (*sn*) chegar (*in dat.* a); (*angestellt werden*) encontrar emprego (*od.* colocação) (*bei* em); *fig. gut ~* ser bem recebido (*od.* acolhido); F (*verstanden werden*) pegar; *es kommt mir schwer an* (*zu*) custa-me (*inf.*); *~ auf* (*ac.*) *fig.* depender de; F *das kommt drauf an!* depende!, conforme!; (*nicht*) *darauf ~* (não) importar, (não) interessar; *es kommt darauf an, ob* trata-se de saber se; *es ~ lassen auf* (*ac.*) arriscar (*ac.*); *~ gegen* impor-se; **2.** *v/t.* acometer; *es kommt ihn die Lust an* dá-lhe vontade (*zu* de).

'**Ankömmling** ['-kœmlıŋ] *m* (*-s*; *-e*) recém-chegado *m*.

'**an|koppeln** (*-le*) atrelar; 🚂 engatar; **~krallen**: *sich ~ an* (*ac.*) agarrar-se a; **~kreiden** ['-kraıdən] (*-e-*) marcar (com giz); F *j-m et. ~* levar a.c. a mal a alg., não se esquecer de a.c.; **~kreuzen** (*-t*) marcar (por uma cruz).

'**ankünd|(ig)en**: (*j-m et.*) *~* anunciar (a.c. a alg.), avisar (alg. de a.c.); notificar (a.c. a alg.); **2igung** *f* anúncio *m*, aviso *m*.

'**Ankunft** *f* (*0*) chegada *f* (*in dat.* a); **~s...**: *in Zssgn* de (*od.* da) chegada.

'**ankuppeln** (*-le*) engatar.

'**ankurbel|n** (*-le*) dar à manivela; *Mot.* pôr a trabalhar; *fig.* fomentar, estimular; **2ung** *f fig.* fomento *m*.

'**an|lächeln** (*-le*) *v/t.* sorrir(-se par)a; **~lachen** *v/t.* rir-se para.

'**Anlage** *f* disposição *f*; (*Bau*) construção *f*; (*Beilage*) anexo *m*, *in der ~* junto; (*Einrichtung*) instalação *f*; ⚘ (*Pflanzung*) plantação *f*; *~n f/pl.* parque *m/sg.*, jardim (*od.* passeio) *m/sg.* público; ⚕ investimento *m*; (*Kapitals2*) fundos *m/pl.* investidos (*od.* colocados); *Liste, Sammlung*: organização *f*; ⚠ (*Plan*) plano *m*; *fig.* estrutura(ção) *f*; (*Verwendung*) aplicação *f*, colocação *f*; *fig.* (*Fähigkeit*) jeito *m*; (*Neigung*) tendência *f*, *a.* ⚕ predisposição *f*; **~kapital** *n* (*-s*; *-ien*) capital *m* investido.

'**anlangen 1.** *v/i.* (*ankommen*) chegar; **2.** *v/t.* (*betreffen*) respeitar a, dizer respeito a.

'**Anlaß** *m* (*-sses*; *⸗sse*) motivo *m*,

ocasião *f* (*aus* por); oportunidade *f*; ensejo *m* (*nehmen* aproveitar); ~ *geben zu* dar lugar a, dar pretexto para; *kein* ~! não tem de que!; ~...: *in Zssgn* ⊕ de arranque, *Metall* de revenimento.

'**anlass|en** (*L*) *Kleidung*: deixar ficar, não tirar; (*brennen lassen*) deixar aceso; (*eingeschaltet lassen*) deixar ligado; ⊕ (*anstellen*) *Mot.* pôr a trabalhar; arrancar; *Stahl*: temperar; *revenir; *fig. j-n hart* ~ tratar alg. rudemente; *sich* ~ apresentar-se; *sich gut* ~ *a.* prometer; **2er** ⊕ *m* arranque *m*, arrancador *m*.

'**anläßlich** ['-lɛsliç] (*gen.*) por motivo de, por ocasião de.

'**Anlauf** *m* (-*es*; ⸚*e*) arranque *m* (*a.* ⊕); *Sport*: *e-n* ~ *nehmen* tomar balanço; ⚔ assalto *m*; **2en** (*L*) **1.** *v/t.* ⚓ fazer escala em; **2.** *v/i.* (*sn*) começar a correr (*od.* ⊕ a trabalhar); *Glas*: embaciar; ~ *gegen* chocar com; abalroar; ⚔ atacar; ~ *lassen* pôr em marcha, pôr a trabalhar; *angelaufen kommen* vir a correr; *rot* ~ corar; *übel* ~ F ficar arranjado; ~**-hafen** *m* (-*s*; ⸚) porto *m* de escala; ~**zeit** *f* período *m* inicial.

'**Anlaut** *m* (-*es*; -*e*) som *m* inicial; início *m* (da palavra); **2en** (-*e*-): ~ *mit* começar por; ~*d* inicial; ~**s...**: *in Zssgn* inicial.

'**Anlege|brücke** ['-le:gə-] *f* cais *m* de embarque; ~**gebühr** *f* ancoragem *f*; **2n** **1.** *v/t.* (*anketten*) prender; *Fesseln, Feuer*: pôr; *Geld*: colocar, investir; *Kartei, Liste*: organizar; *Kleider*: vestir; *Konto*: abrir; *Maßstab*: ado(p)tar; ⊕ instalar, montar; △ construir; ✓ plantar; ⚕ aplicar; *Hand* ~ *an* (*ac.*) ajudar; *das Gewehr* ~ *auf* (*ac.*) ⚔ apontar para; *es darauf* ~ *zu* (*inf.*) pretender (*inf.*), fazer a.c. de propósito para (*inf.*); *sich mit j-m* ~ meter-se com alg.; **2.** *v/i.* ⚔ apontar (*auf ac.* para); ⚓ acostar; atracar; fazer escala; ~**platz** *m* (-*es*; ⸚*e*), ~**stelle** *f* ⚓ embarcadouro *m*, cais *m* de embarque; ponto *m* encostável.

'**Anlegung** ['-le:guŋ] *f* △ construção *f*; ⚕, ⚕ aplicação *f*; *Schmuck*: ostentação *f*.

'**anlehn|en:** ~ *an* (*ac.*) encostar a; *sich* ~ *an* (*ac.*) apoiar-se em; *fig.* seguir; imitar; orientar-se por; **2ung** *f* (0) apoio *m*; *fig.* imitação *f*; *in* ~ *an* (*ac.*) apoiando-se em; imitando (*ac.*).

'**Anleihe** ['-laɪə] *f* empréstimo *m* (*aufnehmen* fazer, contrair; *machen* pedir).

'**anleimen** colar (*an ac.* em).

'**anleit|en** (-*e*-) ensinar; instruir, orientar; iniciar (*zu* em); **2ung** *f* instrução *f*; (*Lehrbuch*) método *m*.

'**an|lernen** ensinar; *sich* (*dat.*) *et.* ~ aprender a.c.; ~**liegen** (*L*) (*angrenzen*) confinar (*an dat.* com); *Kleid*: estar justo; *gut* ~ ajustar bem; *zu eng* ~ estar apertado; ~*d adj.* adjacente, contíguo; ✝ junto; *Kleid*: justo; apertado; **2liegen** *n* desejo *m*; (*Bitte*) pedido *m*; *inneres* ~ preocupação *f*; interesse (*'ê) *m*; (*Ziel*) obje(c)tivo *m*; *ein* ~ *an j-n haben* (vir) pedir um favor a alg.; **2lieger** ['-li:gər] *m* morador *m*; vizinho *m*; ~**locken** atrair; (*ködern*) engodar; (*werben*) angariar; ~**löten** (-*e*-) soldar; ~**lügen** (*L*) enganar, entrujar; mentir a; ~**machen** (*befestigen*) pôr; (*mischen*) misturar, preparar; *Feuer*: acender; *Salat*: temperar; ~**malen** pintar; *bunt* ~ colorir; **2marsch** ⚔ *m* (-*es*; ⸚*e*) chegada *f*; ~ *gegen* marcha *f* contra, avanço *m* sobre; marcha *f*; (*Strecke*) caminho *m*; *im* ~ *sn* (*auf ac.*) estar a caminho (de), avançar (sobre); ~**marschieren** (-) aproximar-se, avançar.

'**anmaß|en** (-*ßt*): *sich* (*dat.*) *et.* ~ arrogar-se a.c.; *mit Gewalt*: usurpar a.c.; *sich* (*dat.*) ~ *zu* (*inf.*) atrever-se a; pretender; ~**end** arrogante; petulante; presunçoso, presumido; **2ung** *f* arrogância *f*; presunção *f*; petulância *f*; usurpação *f*.

'**Anmelde|formular** *n* (-*s*; -*e*) boletim *m* de inscrição (*od. polizeiliche*: de alojamento); ~**frist** *f* prazo *m* de inscrição (*od. polizeiliche*: de participação); ~**gebühr** *f* propina *f*; ~**liste** *f* registo *m*; matrícula *f*; **2n** (-*e*-) *v/t.* anunciar; *Devisen, Zoll*: declarar; *Berufung*: interpor; *Forderung, Kandidatur*: apresentar; *Konkurs*: abrir; *Patent*: fazer registar; *Schüler*: inscrever; *Sendung*: avisar; *sich* (*j-n*) *polizeilich* ~ participar a chegada (de alg.) à polícia; *sich* ~ inscrever-se; *sich zum Besuch* ~ anunciar a sua visita; *beim Arzt usw.* marcar uma hora (para ir ao ...); ~**pflicht** *f* (0) registo *m* obrigatório; declaração *f* obrigatória; **~schein** *m* (*-es*; *-e*) = *~formular*; **~stelle** *f* secretaria *f*; **~termin** *m* (*-s*; *-e*) = *~frist*.

'**Anmeldung** *f* participação *f*; *Devisen*: declaração *f*; *Patent*: registo *m*; *Schüler*: inscrição *f*; (*Büro*) recepção *f*.

'**anmerk|en** (*notieren*) apontar; (*sagen*) observar; fazer um comentário; *als Fußnote*: anotar; fazer uma anotação; *j-m ~* notar a alg.; **2ung** *f* anotação *f*, nota *f*; *mit ~en versehen* anotar; anotado.

'**anmessen** (*L*) adaptar; *j-m et. ~* tomar a medida de a.c. a alg.; *vgl. angemessen*.

'**anmuster|n** (*-re*) *v/t.* (*v/i.*) ⚓ matricular(-se); ⚔ alistar(-se); **2ung** *f* ⚓ matrícula *f*; ⚔ alistamento *m*.

'**Anmut** *f* (*0*) graça *f*; garbo *m*, encanto *m*; **2en** (*-e-*) *v/t.* dar a impressão de (*j-n* a alg.); *j-n heimatlich ~* lembrar a sua terra a alg.; **2ig** gracioso, gentil; *Ort*: lindo, ameno.

'**an|nageln** (*-le*) pregar; **~nagen** corroer; **~nähen** coser, pregar (*an ac.* a); **~nähern** (*-re*) aproximar; *~d* aproximativo, *adv.* aproximadamente; *nicht ~d* nem de longe.

'**Annäherung** ['anɛ:əruŋ] *f* aproximação *f*; **~s-wert** *m* (*-es*; *-e*) valor *m* aproximativo.

'**Annahme** ['ana:mə] *f* aceitação *f*; recebimento *m*, recepção *f*; *Antrag*: aprovação *f*; *Kind*, *Plan*: ado(p)ção *f*; (*Vermutung*) suposição *f*, hipótese *f*; *in der ~, daß a.* supondo que; (*Zulassung*) admissão *f*; **~stelle** *f* recepção *f*.

An'nalen [a'na:lən] *pl.* anais *m/pl.*

'**annehm|bar** ['ane:m-] aceitável; (*zulässig*) admissível; *Bedingung*: razoável; *Preis*: *a.* módico; *~* (*leidlich*) *sn* passar; **~en** (*L*) *v/t.* aceitar; *Besuch*: *a.* receber; *Glauben*: abraçar; *Vorschlag*: aprovar; *Kind*, *Titel*: ado(p)tar; *Gestalt*, *Gewohnheit*, *Haltung*, *Vernunft*: tomar; (*vermuten*) supor; (*zulassen*) admitir; *sich j-s ~* interessar-se por alg., intervir a favor de alg., cuidar de alg.; *sich e-r Sache ~* encarregar-se de a.c., tratar de a.c.; **2lichkeit** *f* agrado *m*; comodidade *f*; (*Vorteil*) vantagem *f*.

annek|'tieren [anɛk'ti:rən] (-) anexar; **2ti'on** [-tsi'o:n] *f* anexação *f*.

'**annieten** (*-e-*) ⊕ rebitar.

An'nonc|e [a'nɔŋsə] *f* anúncio *m* (*aufgeben*, *einsetzen* pôr); **2'ieren** (-) anunciar.

annu'lieren [anu'li:rən] (-) anular; cancelar.

A'nod|e [a'no:də] *f* ânodo *m*, anódio *m*; **~en...**: *in Zssgn* de ânodo, de placa.

'**an-öden** ['-ø:dən] F *v/t.* (*-e-*) aborrecer, maçar.

'**anomal** ['anoma:l] anómalo; **2'ie** [-'li:] *f* anomalia *f*.

ano'nym [ano'ny:m] anónimo; **2i'tät** [-i'tɛ:t] *f* (*0*) anonimato *m*, anonímia *f*.

'**an-ordn|en** (*-e-*) ordenar, dar ordens para; (*a.* ⊕) dispor, arranjar; **2ung** *f* arranjo *m*; (*a. Befehl*) ordem *f*; (*a. Maßnahme*) disposição *f* (*treffen* tomar).

'**an-organisch** anorgânico, inorgânico.

'**anpacken** apanhar; *fig.* atacar; (*anfangen*) começar; *j-n hart ~* apertar alg. muito; *mit ~* ajudar.

'**anpassen** (*-ßt*) ajustar; adaptar (*a. fig.*); *sich ~ a.* acomodar-se, avir-se.

'**Anpassung** *f* (*0*) adaptação *f*; acomodação *f*, acomodamento *m*; **2s-fähig** adaptável; acomodável; *j.*: acomodadiço, acomodatício; *~ sn* adaptar-se (fàcilmente); **~s-fähigkeit** *f* (*0*) faculdade *f* de adaptação.

'**anpeilen** ⚓ marcar a posição de.

'**an|pfeifen** (*L*) *Sport*: *das Spiel ~* dar o sinal para começar; *fig.* F *j-n*: descompor; **2pfiff** *m* (*-es*; *-e*) *Sport*: sinal *m* (para começar); F *fig.* descompostura *f*; **~pflanzen** (*-t*) plantar; cultivar, criar; **2pflanzung** *f* plantação *f*; cultura *f*; plantio *m*; **~pflaumen** F entrar com; **~pinseln** (*-le*) pintar; **~pöbeln** (*-le*) insultar; **~pochen** bater (à porta); *bei j-m ~* F *fig.* sondar alg.

'**Anprall** *m* (*-es*; *-e*) choque *m*, embate *m*; **2en** dar contra; embater (*gegen* em).

'**anpranger|n** (*-re*) *fig.* denunciar ao público; **2ung** *f* denunciação *f*.

'**anpreis|en** (*L*) recomendar; *laut*: apregoar; *öffentlich*: fazer a propaganda de; **2ung** *f* recomendação *f*; elogio *m*; propaganda *f*.

'**Anprob|e** *f* prova *f*; **2(ier)en** (-) provar.

'**anpumpen**: F *j-n ~* cravar alg.

'**Anrainer** ['-raɪnər] *m* vizinho *m*; **~staat** *m* Estado *m* limítrofe.
'**anraten** (*L*) **1.** aconselhar, recomendar; **2.** ♀ *n*: *auf* ~ (*gen.*) seguindo o conselho de.
'**anrechn|en** (*-e-*) *v/t.* pôr em (*od. Schuld*: na) conta; (*abziehen*) deduzir, descontar; (*gutschreiben*) abonar, creditar; *hoch* ~ estimar muito; *sich* (*dat.*) *zur Ehre* ~ considerar uma honra; *angerechnet werden Jahre*: contar; ♀**ung** *f* (*0*): *in* ~ *bringen* = *anrechnen*; *unter* ~ (*gen.*) (des)contando (*ac.*).
'**Anrecht** *n* (*-es*; *-e*) direito *m*; título *m* (*auf ac.* a).
'**Anrede** *f* tratamento *m* (*mit* por); (*Ansprache*) alocução *f*; ♀**n** (*-e-*) *v/t.* dirigir a palavra a; *mit Sie usw.* ~ tratar por ...
'**anreg|en** (*anspornen*) incitar, (*a.* ⚕) estimular; *Appetit*: abrir; (*beleben*) animar; (*vorschlagen*) sugerir (*bei* a); **~end** animador; ⚕ estimulante; *geistig*: sugestivo; ♀**ung** *f* estímulo *m*; (*Vorschlag*) (*auf j-s*) ~ (por) sugestão (*od.* iniciativa) *f* de alg.
'**anreicher|n** ['-raɪçərn] (*-re*) ⚗ enriquecer (*hoch* fortemente); (*sättigen*) concentrar; ♀**ung** *f* enriquecimento *m*, concentração *f* (*an dat.* de).
'**an|reißen** (*L*) rasgar; ⚠, ⊕ traçar; ♀**reiz** *m* (*-es*; *-e*) estímulo *m*; **~reizen** (*-t*) estimular, incitar; **~rempeln** ['-rɛmpəln] (*-le*) *v/t.* empeçar em; *fig.* meter-se com, implicar com; **~rennen** (*L*; *sn*) *v/i.*: ~ *gegen* dar (*od.* bater *od.* correr) contra; ⚔ assaltar *ac.*; *angerannt kommen* vir a correr.
'**Anricht|e** ['-riçtə] *f* aparador *m*; (*Raum*) copa *f*; ♀**en** (*-e-*) preparar; (*auftragen*) servir; *es ist angerichtet* (os senhores) estão servidos; (*verursachen*) causar, fazer, provocar; *da hast du was Schönes angerichtet!* arranjaste-a boa!
'**an|rollen** *v/t.* trazer; *v/i.* (*sn*) chegar; **~rosten** (*-e-*) criar ferrugem; **~rüchig** ['-ryçiç] suspeito; **~rükken** *v/i.* (*sn*) aproximar-se; ⚔ *a.* avançar.
'**Anruf** *m* (*-es*; *-e*) chamada *f*; ♀**en** (*L*) chamar; telefonar (*j-n*, *bei j-m* a alg.); *Rel.* invocar, ⚖ *a.* apelar para; **~ung** *f* invocação *f*, ⚖ *a.* apelo (*ê) *m* (*gen.* a).
'**anrühren** *v/t.* tocar (em), mexer em; apalpar; (*mischen*) misturar; *Farben*: temperar; *Teig*: fazer.
ans = *an das*.
'**Ansag|e** *f* anúncio *m*; ♀**en** anunciar; *Karten*: declarar; *j-m den Kampf* ~ desafiar alg.; *sich bei j-m* ~ prevenir alg. da sua visita; **~er(in** *f*) *m* locutor(a) *m/f*.
'**ansamm|eln** (*-le*) reunir; *Sachen a.*: acumular, amontoar; ⚔ *Truppen*: concentrar; ♀**lung** *f* cole(c)ção *f*; acumulação *f*, monte *m*; *von Menschen*: aglomeração *f*, multidão *f*, grupos *m/pl.*; ⚔ *Truppen*: concentração *f*.
'**ansässig** ['-zɛsiç] residente; domiciliado, morador; (*seßhaft*) estabelecido; *sich* ~ *machen*, ~ *werden* fixar residência; estabelecer-se.
'**Ansatz** *m* (*-es*; *⸚e*) (*Anfang*) começo *m*, princípio *m* (*zu* de); *Anat.* inserção *f*; *Geol.*, ⚗ depósito *m*; ℞ indicação *f*; *Zool. u. fig.* rudimento *m*; (*Ergänzung*) peça *f* anexa; (*Mundstück*) embocadura *f*; *in* ~ *bringen* pôr em conta; **~punkt** *m* (*-es*; *-e*) ponto *m* de partida; **~stück** *n* (*-es*; *-e*) embocadura *f*; ⊕ extensão *f*.
'**ansaugen** aspirar; ~ *lassen* ⊕ abeberar.
'**anschaff|en**: (*sich dat.*) ~ comprar, adquirir; arranjar; ♀**ung** *f* compra *f*; aquisição *f*.
'**anschalten** (*-e-*) ligar.
'**anschau|en** contemplar, mirar; **~lich** explícito; claro; vivo; plástico; concreto; gráfico; ~ *machen* demonstrar, ilustrar, concretizar; ~ *schildern* fazer uma descrição plástica de; ♀**lich·keit** *f* (*0*) plasticidade *f*; clareza *f*.
'**Anschauung** ['anʃauuŋ] *f* contemplação *f*; (*Auffassung*) concepção *f*; (*Erkenntnis*) intuição *f*; (*Meinung*) opinião *f*, parecer *m*; (*Vorstellung*) conceito *m*, ideia *f*, noção *f*; visão *f*; *aus eigener* ~ por experiência própria; **~s-material** *n* (*-s*; *-ien*) material *m* ilustrativo; **~s-unterricht** *m* (*-es*; *0*) ensino *m* visual; **~s-vermögen** *n* (*-s*; *0*) faculdade *f* intuitiva; **~s-weise** *f* modo *m* de ver; mentalidade *f*.
'**Anschein** *m* (*-es*; *0*) aparência *f*; (*Wahrscheinlichkeit*) probabilidade *f*; *allem* ~ *nach* aparentemente; *den*

~ *haben, als ob* parecer que; *sich* (*dat.*) *den* ~ (*gen.*) *geben* dar-se ares *m/pl.* de; **°end** aparentemente; ao que parece, pelo visto.

'**an|schicken:** *sich* ~ *zu* preparar-se para, dispor-se a; *sich gerade* ~ *zu* estar mesmo para; **~schirren** aparelhar.

'**Anschlag** *m* (-*es*; ⸚*e*) **1.** golpe *m*; (*Anprall*) embate *m*; ⊕ espera *f*; batente *m*; *Schreibmaschine*, ♪ toque *m*; **2.** (*Bekanntmachung*) edital *m*; (*Plakat*) cartaz *m*; **3.** (*Gewehrkolben*) coronha *f*, culatra *f*; *im* ~ pronto para disparar; **4.** (*Attentat*) atentado *m* (*auf ac.* contra); *e-n* ~ *verüben auf* (*ac.*) atentar contra; (*Komplott*) conjura *f*; **5.** (*Kosten*°) orçamento *m*; *in* ~ *bringen* avaliar (*mit* em); (*berücksichtigen*) ter em conta; **°en** (*L*) **1.** *v/t.* bater; *Geschirr*: estragar; *Gewehr*: apontar (*auf ac.* para); *Masche*: montar; *Plakat*: pôr, afixar; *Saite, Taste*: tocar; *Ton*: dar; *e-n anderen Ton* ~ mudar de tom; (*schätzen*) avaliar, apreciar (*hoch* muito); **2.** *v/i.* (*a. sn*) dar contra; (*bellen*) ladrar; (*wirken*) dar (bom) resultado; *Tennis*: servir; **~säule** *f* coluna *f* Morisse; cartaz *m*; **~vorrichtung** *f* batente *m*; espera *f*; **~winkel** *m* esquadro *m*.

'**anschließen** (*L*) **1.** *v/t.* ligar; encadear; (*anfügen*) juntar; anexar; (*angliedern*) *a.* associar; *sich* (*j-m od. an ac.*) ~ unir-se a, juntar-se com, acompanhar; associar-se a; aderir a; *Beispiel*: seguir; *Urteil*: concordar com; **2.** *v/i.* (*folgen*) seguir(-se); *Kleid*: estar justo; *zu eng* ~ estar apertado; **~d** contíguo; adjacente; vizinho; *zeitl.* subsequente; *adv.* a(c)to contínuo, logo a seguir.

'**Anschluß** *m* (-*sses*; ⸚*sse*) conta(c)to *m*; ⚡ ligação *f*, *a.* 🚂 (*verpassen* perder); *Fernspr. a.* comunicação *f*; (*Gesellschaft*) companhia *f*; *an e-e Gruppe usw.* adesão *f*, afiliação *f*; *Pol.* anexação *f*, união *f*, integração *f*; *im* ~ *an* (*ac.*) a seguir a; *Brief*: *a.* com referência a.

'**anschmieg|en** ajustar, adaptar; (a)conchegar; *sich* ~ *Kind*: estar com mimo; **~sam** insinuante, meigo.

'**anschmieren** untar, engraxar; *fig.* F (*betrügen*) enganar, entrujar.

'**anschnall|en** (a)fivelar; *am Fuß*: calçar; *Degen*: cingir; *sich* ~ ✈ segurar-se na cinta; **°gurt** *m* cinta *f od.* cinto *m* (de segurança).

'**anschnauz|en** (-*t*) F: *j-n* ~ berrar com alg.; descompor alg.; **°er** F *m* descompostura *f*.

'**anschneiden** (*L*) encetar; ⊕ entalhar; *fig. e-e Frage* ~ abordar um assunto.

'**Anschnitt** *m* (-*es*; -*e*) primeiro corte *m*; ⊕ entalha *f*.

An'schovis [an'ʃo:vis] *f* (-; -) anchova *f*.

'**an|schrauben** (a)parafusar, atarraxar; *Schraube*: *a.* apertar, segurar; **~schreiben** (*L*) escrever; notar, tomar nota; *Schuld*: pôr na conta; ~ *lassen a.* comprar a crédito; *fig. bei j-m gut angeschrieben sn* ser persona grata de alg.; **~schreien** (*L*): *j-n* ~ gritar a alg., berrar com alg., vociferar contra alg.

'**Anschrift** *f* endereço *m*, dire(c)ção *f*.

'**anschuldig|en** ['-ʃuldigən] acusar; **°ung** *f* acusação *f*.

'**an|schwärmen** *v/t.* estar louco por; **~schwärzen** (-*t*) pôr negro; denegrir; *fig. a.* difamar, denunciar (*bei* diante de); **~schweißen** (-*t*) soldar (*an ac.* com).

'**anschwell|en** (*L*; *sn*) *v/i.* inchar; *Fluß a.*: crescer (*a. fig.*); **°ung** *f* inchação *f*, inchaço *m*; enchente *m*; ⚕ tumor *m*; tumefa(c)ção *f*; *fig.* incremento *m*.

'**anschwemm|en** arrojar à terra; *Land*: depositar; **°ung** *f* aluvião *m*; enxurrada *f*; (*Schlamm*) enxurro *m*.

'**an|sehen**¹ (*L*) *v/t.* ver, olhar, mirar; * *a.* enxergar; *aufmerksam*: observar; *prüfend*: *sich* (*dat.*) ~ examinar (*genau* de perto); *sich* (*dat.*) *et. im Buch* ~ ver a.c. no livro; *sich* (*dat.*) *et. mit* ~ assistir a; (*ertragen*) aguentar; *j-m et.* ~ notar a.c. a alg.; *man sieht ihm sein Alter nicht an* não parece ter a idade que tem; *fig.* ~ *für*, ~ *als* considerar (como); *fälschlich* tomar por; confundir com; (*behandeln*) tratar como; F *sieh mal einer an!* essa agora!; *s. a. angesehen*; **°sehen**² *n* (-*s*; *0*) (*Achtung*) consideração *f*; (*Anschein*) aparência *f*; (*Geltung*) autoridade *f*, prestígio *m*; (*Ruf*) reputação *f*; *von* ~ *kennen* de vista; *in hohem* ~ *stehen* ser muito considerado; *sich* (*dat.*) *das* ~ (*gen.*) *geben* dar-se ares de; *sich* (*dat.*) *ein* ~ *geben* dar-se muita importância; *ohne* ~ *der Person* sem considerações pessoais, com imparcialidade; **~sehnlich** considerável; *Gestalt*: vistoso; **~seilen** ['-zaɪlən] atar à corda; **~sengen** chamuscar; **~setzen** (*-t*) **1.** *v/t.* (*anfügen*) juntar; (*annähen*) coser; (*anstücken*) meter; (*berechnen*) contar; (*entwikkeln*) dar; produzir; ⚘ vingar; (*schätzen*) avaliar; *Becher*: levar aos lábios; *Blutegel*: aplicar; *Getränk*: preparar, fazer; *Feder*: pegar em; *Preis*: cotar; *Rost*, *Schimmel*: criar; *Stunde*, *Tag*: marcar; *Fett* ~ engordar; **2.** *v/i.*: *zu et.* ~ querer começar a, preparar-se para; (*versuchen*) tentar; **3.** *v/r.*: *sich* ~ ⚗ formar depósito; *Kochk.* pegar-se; *Min.* cristalizar.

'**Ansicht** *f* (*Blick*) vista *f*, aspe(c)to *m*; (*Meinung*) opinião *f*, parecer *m*, ver *m*; *anderer* ~ *werden* mudar de ideias; ✝ *zur* ~ de amostra; ⊕ proje(c)ção *f*; planta *f*; *schematische* ~ diagrama *m*; **ꝰig:** ~ *werden* (*gen.*) avistar (*ac.*); **~s-(post)karte** *f* (bilhete *m*) postal *m* ilustrado; **~s-sache** *f* questão *f* de gosto.

'**ansied|eln** (*-le*) domiciliar, estabelecer; *fig.* localizar; **ꝰler** *m* colono *m*; **ꝰlung** *f* colónia *f*; colonização *f*.

'**Ansinnen** *n* exigência *f*; (*Zumutung*) impertinência *f*; *j-m ein* ~ *stellen* propor a.c. a alg.; *unberechtigt*: abusar de alg.

'**anspann|en** (*dehnen*) estirar, *a. Muskel*: esticar; *Pferd*: atrelar; *fig.* intensificar (os esforços); utilizar, empregar; F *j-n* ~ pôr alg. a trabalhar; *angespannt fig.* (in)tenso; **ꝰung** *f fig.* esforço *m*; tensão *f*; intensidade *f*.

'**anspiel|en** **1.** *v/t. Karte* jogar; **2.** *v/i.* começar; *Kartenspiel*: ter a mão; *fig.* ~ *auf* (*ac.*) aludir a; **ꝰung** *f* alusão *f*.

'**an|spinnen** (*L*) juntar; *fig.* urdir, tramar; começar; *sich* ~ preparar--se, estar a surgir; **~spitzen** (*-t*) apontar, aguçar.

'**Ansporn** *m* (*-ęs*; *0*) estímulo *m*; **ꝰen** espor(e)ar; *fig.* estimular.

'**Ansprache** *f* alocução *f*; palestra *f* (*halten* fazer, proferir).

'**ansprech|bar** acessível; **~en** (*L*) **1.** *v/t.* dirigir-se a; (*gefallen*) agradar a; *j-n um et.* ~ solicitar a.c. a alg.; **2.** *v/i.* agradar; ~ *auf* (*ac.*) responder a; **~end** *et.* atra(c)tivo; *j.*: simpático; *Leistung*: impressionante.

'**an|springen**[1] (*L*) **1.** *v/t. Hund*: saltar para; atacar; **2.** *v/i.* (*sn*) ⊕ começar a trabalhar; *Mot.* pegar; **ꝰspringen**[2] *n* ⊕ arranque *m*; **~spritzen** (*-t*) salpicar.

'**Anspruch** *m* (*-ęs*; *"e*): ~ *auf* (*ac.*) direito *m* a, título *m* a; (*Forderung*) pretensão *f* a, reivindicação *f* de; (*hohe*) *Ansprüche stellen an ac.* ser (muito) exigente para com; exigir (muito) de; *auf* (*ac.*) ~ *machen* (*od. erheben*) exigir (*ac.*), reclamar (*ac.*), reivindicar (*ac.*), pretender (*ac.*) (para si); *in* ~ *nehmen* recorrer a; *j-s Geduld in* ~ *nehmen* incomodar alg.; *Kraft*: exigir; absorver; *Zeit*: levar; *ganz für sich in* ~ *nehmen* monopolizar; **ꝰs-los** (*-est*) modesto, sem pretensões, despretensioso; **~s-losigkeit** [-slo:ziçkaɪt] *f* (*0*) modéstia *f*; **ꝰs-voll** exigente.

'**an|spucken** *v/t.* cuspir a; **~spülen** arrojar à terra; **~stacheln** (*-le*) aguilhoar; espicaçar; *fig. a.* incitar, instigar.

'**Anstalt** ['-ʃtalt] *f* instituto *m*, instituição *f*, estabelecimento *m*; (*Heilꝰ*) sanatório *m*; (*Heim*) asilo *m*; (*Internat*) internato *m*; *pl.* ~*en a.* (*Vorbereitungen*) medidas *f/pl.* (*treffen* tomar); (*keine*) ~*en machen zu* preparar-se para (não fazer menção de).

'**An|stand** *m* (*-ęs*; *0*) (*Benehmen*) boas maneiras *f/pl.*; (*Haltung*) decoro (*'ô) *m*; dignidade *f*; (*Schicklichkeit*) decência *f*; *Jagd*: espera *f*; **ꝰständig** decente, decoroso; honesto; (*genügend*) suficiente; (*tüchtig*) a valer; **~ständigkeit** *f* (*0*) decência *f*; honestidade *f*; **~standsbesuch** *m* (*-ęs*; *-e*) visita *f* de cerimónia; **~stands-dame** *f* dama *f* de companhia; **~stands-gefühl** *n* delicadeza *f*; ta(c)to *m*; **ꝰstands-halber** por delicadeza, por conveniência; para ser amável; **ꝰstands-los** sem hesitação; (*frei*) livremente; **~stands-regel** *f* (*-*; *-n*) etiqueta *f*; **ꝰstands-widrig** indecente, impróprio.

ˈ**anstarren** fitar os olhos em, arregalar os olhos para.
anˈstatt 1. *prp.* (*gen.*) em vez de, em lugar de, em substituição de; ~ *meiner* em meu lugar; **2.** *cj.* ~ *daß*, ~ *zu* em vez de (*inf.*).
ˈ**an|staunen** admirar, olhar pasmado para; **~stechen** (*L*) picar; furar; abrir furo em; *Faß*: espichar.
ˈ**ansteck|en 1.** *v/t.* pôr, meter; (*anzünden*) acender; deitar (*od.* pôr) fogo a; ⚕ infe(c)tar, contagiar; *a. fig.* contaminar; **2.** *v/i.* ⚕ = **~end** *sn* ser contagioso; ser infe(c)tuoso; **2ung** *f* contágio *m*, infe(c)ção *f*, contaminação *f*.
ˈ**anstehen** (*L*; *a. sn*) (*warten*) fazer bicha; *Gestein*: aflorar; *Schuld*: acumular-se; *j-m* ~ (*passen*) ficar bem a alg.; *nicht* ~ *zu* (*inf.*) não ter dúvidas de; ~ *lassen Arbeit*: deixar para outra oportunidade; *Zahlung*: pagar mais tarde.
ˈ**ansteigen** (*L*; *sn*) subir.
ˈ**anstell|en** *v/t.* (*anlehnen*) encostar; (*arbeiten lassen*) *j-n*: empregar, *a.* ⊕ pôr a trabalhar; (*einstellen*) *j-n*: contratar; ⊕ pôr a funcionar; *Heizung*: abrir; ⚡ ligar; *Versuch usw.*, (*tun*) fazer; *sich* ~ ser melindroso; *in e-r Reihe*: pôr-se na bicha; *als ob*: fingir *inf.*; *sich* (*un*)*geschickt* ~ (não) ter jeito; **~ig** hábil, destro, jeitoso; dócil; **2ung** *f* emprego *m*, colocação *f*; **2ungs-vertrag** *m* (*-es*; *⸗e*) contrato *m*.
ˈ**ansteuern** (*-re*) *v/t.* tomar o rumo de, ⚓ *a.* demandar, arrumar, abordar.
ˈ**Anstich** *m* (*-es*; *-e*) furagem *f*; *Faß*: espichadela *f*.
ˈ**Anstieg** [ˈ-ʃtiːk] *m* (*-es*; *-e*) subida *f*; *fig. a.* progresso *m*.
ˈ**anstieren** fitar os olhos em.
ˈ**anstift|en** (*-e-*) *et.* causar, provocar; ⊕ pregar; *j-n*: instigar, incitar; **2er** *m* (f)autor *m*; instigador *m*; ⚖ subornador *m*; (*Rädelsführer*) cabecilha *m*; **2ung** *f* instigação *f*, incitamento *m*; ⚖ suborno *m*.
ˈ**anstimmen** entoar; dar o tom.
ˈ**Anstoß** *m* (*-es*; *⸗e*) (*Anprall*) embate *m*, choque *m*; (*Fußball*) primeiro pontapé *m*; bola *f* de saída; *fig.* (*Antrieb*) impulso *m*; ímpeto *m*; (*Ärgernis*) escândalo *m* (*geben*, *erregen* causar), ~ *nehmen* ofender-se, escandalizar-se (*an dat.* com); *ohne* ~ correntemente; **2en** (*L*) **1.** *v/t.* (*a. gegen*) empurrar; (*beschädigen*) estragar; *Fußball*: dar o primeiro pontapé; **2.** *v/i.* (em)bater, esbarrar; ~ *an* (*ac.*) dar contra; (*angrenzen*) estar contíguo, tocar-se; *auf* (*ac.*) ~ brindar por; *mit der Zunge* ~ ser gago; *fig.* causar escândalo; escandalizar; **2end** contíguo; *Land*: vizinho.
ˈ**anstößig** [ˈ-ʃtøːsiç] escandaloso, indecente.
ˈ**anstreben** *v/t.* aspirar a, ambicionar.
ˈ**anstreich|en** (*L*) pintar; △ caiar; (*bezeichnen*) marcar; *fig. j-m et.* ~ levar a.c. a mal a alg.; **2er** *m* caiador *m*, pintor *m*.
ˈ**anstreng|en** [ˈ-ʃtrɛŋən] (*ermüden*) cansar, fatigar; *Kräfte*: empregar; *Prozeß*: intentar; *fig. den Kopf* ~ puxar pela cabeça; *angestrengt arbeiten usw.* muito; *sich* ~ esforçar-se (*um ... zu* por); **~end** fatigante; ~ *sn a.* cansar; **2ung** *f* esforço *m*; (*Erschöpfung*) cansaço *m*.
ˈ**Anstrich** *m* (*-es*; *-e*) pintura *f*; (*Farbe*) tintura *f*; △ caiadura *f*; (*Überzug*) demão *f*; camada *f*; *fig.* aspe(c)to *m*, aparência *f*; *sich e-n* ~ *geben von fig.* dar-se ares de, afe(c)tar.
ˈ**anstücken** [ˈ-ʃtykən] acrescentar; (*flicken*) (r)emendar; ⊕ juntar, encabeçar.
ˈ**An|sturm** *m* (*-es*; *⸗e*) assalto *m*; (*Andrang*) afluência *f*; **2stürmen** (*sn*): ~ *gegen*, ~ *auf* (*ac.*) assaltar; atacar, arremeter; *angestürmt kommen* adiantar-se impetuosamente; **~suchen** *n* pedido *m*, requerimento *m* (*um* de); **2tasten** (*-e-*) tocar em (*a. fig.*); apalpar; *Ehre*: ofender; *Leben usw.*: atentar contra; (*verletzen*) violar.
ˈ**Anteil** *m* (*-es*; *-e*) parte *f*; quota *f*, cota *f*; (*Gewinn2*) participação *f*; interesse *m* (*a. fig.*); (*Summe*) quota (*od.* cota)-parte *f*; (*Mitgefühl*) simpatia *f*; ~ *haben an* ter quinhão em; ~ *nehmen an* (*dat.*) participar em; interessar-se por; simpatizar com; **2mäßig** por quotas (*od.* cotas); **~nahme** [ˈ-naːmə] *f* (*0*) interesse *m*; simpatia *f*; **~schein** *m* (*-es*; *-e*) a(c)ção *f*.
Anˈtenne [anˈtɛnə] *f* antena *f*.
Anthropo|ˈloge [antropoˈloːgə] *m*

(-*n*) antropólogo *m*; **~lo'gie** [-lo-'gi:] *f* antropologia *f*; **2'logisch** antropológico.

'Anti|alkoholiker *m* abstémio *m*; **~biotikum** *n* (-*s*; *Antibiotika*) antibiótico *m*.

an'tik [an'ti:k] antigo; **2e** [-ə] *f* antiguidade *f*; (*Kunstwerk*) peça *f* antiga.

Anti'lope [anti'lo:pə] *f* antílope *m*.

Anti'mon [anti'mo:n] *n* (-*s*; *0*) antimónio *m*, estíbio *m*; **~blende** *f* (*0*) quermes *m*.

Anti'pode [anti'po:də] *m* (-*n*) antípoda *m*.

An'tiqua [an'ti:kva] *f* (*0*) *Typ.* letra *f* redonda.

Anti'quar [anti'kva:r] *m* (-*s*; -*e*) antiquário *m*; (*Buchhändler*) alfarrabista *m*; **~i'at** [a:] *n* (-*es*; -*e*) antiquariato *m*; antiguidades *f/pl.*; *Bücher a.*: em segunda mão; **2isch** antigo; *adv.* em segunda mão.

Antiqui'täten [antikvi'tɛ:tən] *f/pl.* antiguidades *f/pl.*; velharias *f/pl.*, antiqualhas *f/pl.*; **~-händler** *m* antiquário *m*.

Antise'mit *m* (-*en*), **2isch** anti-semita *m*; **~entum** *n* (-*s*; *0*), **~'ismus** *m* (-; *0*) anti-semitismo *m*.

Anti'the|se *f* antítese *f*; **2tisch** antitético.

'Antlitz ['antlits] *n* (-*es*; -*e*) rosto *m*, cara *f*; semblante *m*; fisionomia *f*.

'antraben (*sn*) pôr-se a trote; *angetrabt kommen* vir ao trote.

'Antrag ['-tra:k] *m* (-*es*; *"e*) proposta *f*; (*Gesuch*) requerimento *m*; (*Heirats2*) pedido *m* de mão; *Parl.* moção *f*, (*Abänderungs2*) emenda *f* (*stellen* apresentar); **2en** (*L*) propor, requerer; **~steller** ['-ʃtɛlər] *m* requerente *m*; *Parl.* proponente *m*.

'an|treffen (*L*) encontrar (em casa); **~treiben** (*L*) impelir; estimular, incitar (*a. fig.*); ⊕ a(c)cionar; *Mot.* ✶ propulsionar; *ans Land*: arrojar à terra; **~treten** (*L*) **1.** *v/t. Reise*: partir para, sair para; *Beweis*: dar, apresentar; *ein Amt* ~ tomar posse; *Erbe*: entrar na posse; *den Rückzug* ~ retirar(-se); *Strafe*: começar a cumprir; **2.** *v/i.* (*sn*) ⚔ alinhar; *bei j-m* ~ apresentar-se a alg.; *gegenea.* ~ enfrentar-se; *zum Kampf* ~ entrar em combate.

'Antrieb *m* (-*es*; -*e*) ⚡ *u.* ⚓ propulsão *f*; *Phys.* ímpeto *m*; ⊕ impulso *m*; a(c)cionamento *m*; comando *m*; *fig.* impulso *m*; motivo *m*; *aus eigenem* ~ motu-próprio; espontâneamente; **~s...**: *in Zssgn oft* propulsor; motor (*f*: motriz); a(c)cionador; de comando.

'antrinken (*L*): *sich* (*dat.*) *e-n* (*Rausch*) ~ apanhar uma bebedeira, F emborrachar-se; *vgl. angetrunken*.

'Antritt *m* (-*es*; -*e*) (*Amts2*) posse *f*; (*Beginn*) começo *m*, início *m*; ~ *e-r Erbschaft* sucessão *f*; ~ *e-r Reise* partida *f*; **~s-besuch** *m* (-*es*; -*e*) primeira visita *f*; *j-m e-n* ~ *machen* apresentar-se a alg.; **~s-rede** *f* discurso *m* inaugural (*bei Aufnahme*: de recepção); **~s-vorlesung** *f* lição *f* inaugural.

'antun (*L*) *j. et.*: fazer; *Ehre*: prestar; *Gewalt* ~ violar, fazer violência a; *Leid*: causar; *sich* (*dat.*) *ein Leid* ~ suicidar-se; *sich* (*dat.*) *Zwang* ~ fazer cerimónia(s).

'Antwort *f* resposta *f*; (*Gegen2*) réplica *f* (*auf ac.* a); *fig. a.* rea(c)ção *f*, eco *m*; (*zur*) ~ *geben* responder, replicar; *um* ~ *wird gebeten* roga-se o favor de responder; **2en** (-*e*-) responder; replicar (*auf ac.* a); reagir; **~karte** *f* bilhete *m* postal com resposta paga; **~schreiben** *n* resposta *f*.

'an|vertrauen (-) confiar; *dem Schutze j-s* ~ encomendar a alg.; **~verwandt** parente; aparentado.

'an|wachsen¹ (*L*; *sn*) pegar; lançar raízes, arraigar; *fig.* aumentar; crescer; *Betrag*: ~ *auf* (*ac.*) montar a; **2wachsen²** *n* incremento *m*, aumento *m*.

'Anwalt ['-valt] *m* (-*es*; *"e*) advogado *m*; (*Sachwalter*) procurador *m*, solicitador *m*; *sich als* ~ *niederlassen* abrir cartório de advogado; **~schaft** *f* (= **~s-beruf** *m* [-*es*; -*e*]) advocacia *f*; (= **~s-kammer** *f* [-; -*n*]) ordem *f* dos advogados.

'anwand|eln (-*le*) *Lust*: dar na vontade (*j-n* de *od.* a alg.); **2lung** *f* capricho *m*; veleidade *f*; impulso *m*; *a.* ⚕ acesso *m*, ataque *m*.

'anwärmen (pôr a) aquecer, esquentar.

'An|wärter *m* aspirante *m*, candidato *m*; pretendente *m* (*auf ac.* a); **~wartschaft** ['-vart-] *f* candidatura *f*; (*Recht*) direito *m* (*auf ac.* a).

'anweis|en (*L*) (*anleiten*) ensinar;

instruir, *a.* (*beauftragen*) encarregar; *Geld*: mandar; *Platz*: indicar; *fig. vgl. angewiesen*; **2ung** *f* instrução *f*, ordem *f*; (*Gutschein*) bónus *m*; ✝ ordem *f* de pagamento, cheque *m*; *a.* ☏ vale *m*.

'**anwendbar** ['-vɛnt-] aplicável (*auf ac.* a); (*brauchbar*) útil, utilizável; *allgemein* ~ de aplicação universal; **2keit** *f* (*0*) aplicação *f*, aplicabilidade *f*.

'**anwenden** (*-e- od. L*) empregar (*falsch* mal); usar; ~ *auf* (*ac.*) aplicar a; *nützlich* ~ fazer bom uso de; *Gewalt, Mittel*: recorrer a; *sich* ~ *lassen* aplicar-se.

'**Anwendung** *f* emprego (*'ê) *m*, uso *m*, utilização *f*; ~ *finden* empregar-se; ter uso; *zur* ~ *kommen* chegar a ser empregado *usw.*; aplicação *f*; **~s-bereich** *m* (*-es*; *-e*) campo *m* de aplicação; **~s-möglichkeit** *f* aplicabilidade *f*, uso *m*; **~s-weise** *f* modo *m* de emprego.

'**anwerb|en** (*L*) ⚔ *u.* ⚓ alistar, aliciar, angariar; recrutar (*sich* ~ *lassen* alistar-se, assentar praça); **2ung** *f* aliciamento *m*, angariação *f*, alistamento *m*, leva *f*, recrutamento *m*.

'**anwerfen** (*L*) ⊕ pôr a trabalhar.

'**Anwesen** *n* propriedade *f*; prédio *m*; ↗ terreno *m*; fazenda *f*; **2d** presente (*bei* em); *die* 2*en pl. a.* os assistentes, a assistência *f/sg.*; **~-heit** *f* (*0*) presença *f*; assistência *f* (*in* na, com a); **~-heitsliste** *f* lista *f* da assistência; *Arbeiter*: ponto *m*.

'**anwidern** (*-re*) ['-vi:dərn] repugnar.

'**Anwohner** *m* vizinho *m*; *e-s Flusses*: ribeirinho *m*; *e-r Straße*: morador *m*.

'**Anwurf** *m* (*-es*; *⸗e*) △ reboco (*'ô) *m*; (*Anschwemmung*) nateiro *m*; ⊕ arranque *m*; *Spiel*: primeiro lance *m*; *fig.* (*Vorwurf*) acusação *f*, imputação *f*.

'**anwurzeln** (*-le*; *sn*) arraigar, enraizar, lançar raízes; *s. a. angewurzelt*.

'**Anzahl** *f* (*0*) número *m*, quantidade *f*; e-e ~ *a.* alguns; **2en** pagar de sinal, dar à conta; **~ung** *f* sinal *m*, pagamento *m* à conta; (*Vorschuß*) adiantamento *m*.

'**anzapfen** *Faß*: furar, espichar; *Baum*: resinar; *Teich*: sangrar (*a. fig.* F).

'**Anzeichen** *n* sinal *m*, indício *m*; ⚕ sintoma *m*; (*Vorbedeutung*) presságio *m*.

'**anzeichnen** (*-e-*) marcar, anotar; desenhar.

'**Anzeig|e** ['-tsaɪgə] *f* anúncio *m* (*aufgeben* pôr, inserir), aviso *m*; (*Familien*2) participação *f*; (*Mitteilung*) *a.* informação *f*; ⚖ notificação *f*; *bei Gericht*: denúncia *f* (*erstatten* fazer); ⊕ indicação *f*, marcação *f*; **2en** *v/t.* indicar; (*mitteilen*) anunciar (*a. in der Zeitung*); participar, dar parte de; informar (*j-m* et. alg. de a.c.); ⚖ notificar; (*a.* ✝) avisar (*j-m* et. alg. de a.c.); *j-n*: denunciar; *den Empfang* ~ acusar a recepção; **~en-annahme** *f*, **~en-büro** *n* (*-s*; *-s*) agência *f* de publicidade; **~enteil** *m* (*-es*; *-e*) anúncios *m/pl.*; **~epflicht** *f* (**2epflichtig** sujeito a) declaração *f od.* participação *f* obrigatória; **~er** *m* ⚖ denunciante *m*; ⚔, *Sport*: marcador *m*; ⊕ indicador *m*; (*Zeitung*) diário *m*.

'**anzetteln** ['-tsɛtəln] (*-le*) urdir; *fig.* tramar.

'**anziehen** (*L*) **1.** *v/t.* puxar; *Kleid*: vestir; *Fußbekleidung, Handschuh*: calçar; *Schraube*: apertar; *sich warm* ~ agasalhar-se; *fig.* atrair; **2.** *v/i. Brettspiel*: jogar primeiro; ser mão; *Mot.* arrancar; *Pferd*: puxar; *Preise*: subir; **3.** 2 *n der Preise*: subida *f*; **~d** atra(c)tivo; interessante.

'**Anziehung** *f* atra(c)ção *f*; **~s-kraft** *f* (-; *⸗e*) atra(c)ção *f*; *Phys.* magnetismo *m*; *der Erde*: gravitação *f*; *fig.* encanto *m*.

'**Anzug** *m* (*-es*; *⸗e*) **a)** fato *m*; *terno *m*; (*Tracht*) traje *m*; **b)**: *im* ~*e sn* estar iminente, estar a chegar, *Gewitter a.* estar a aproximar-se; *Spiel*: ser mão.

'**anzüglich** ['-tsy:kliç] alusivo; insinuador; (*persönlich*) atrevido; malicioso; ~*e Redensart* = **2keit** *f* alusão *f*; remoque *m*; *indire(c)ta *f*.

'**anzünd|en** (*-e-*) acender; *Haus usw.*: incendiar, deitar (*od.* pegar *od.* pôr) fogo a; **2er** *m* acendedor *m*, isqueiro *m*.

'**anzweifeln** (*-le*) pôr em dúvida.

a'part [a'part] singular; esquisito.

'**Apfel** ['apfəl] *m* (*-s*; *⸗*) maçã *f*; **~baum** *m* (*-es*; *⸗e*) macieira *f*; **~most** *m* (*-es*; *0*) cidra *f*; **~mus** *n* (*-es*; *0*) puré *m* de maçãs; **~säure** ⚗ *f* (*0*)

ácido *m* málico; **~schimmel** *m* cavalo *m* ruço-rodado.
Apfel'sine [-'zi:nə] *f* laranja *f*; **~nbaum** *m* (-*es*; ¨*e*) laranjeira *f*; **~nlimonade** *f* laranjada *f*; **~n-saft** *m* (-*es*; ¨*e*) sumo *m* de laranja.
'Apfelwein *m* (-*es*; -*e*) cidra *f*.
Apho'ris|mus [afo'rismus] *m* (-; *Aphorismen*) aforismo *m*; **2tisch** aforístico.
A'postel [a'pɔstəl] *m* apóstolo *m*; **~-amt** *n* (-*es*; ¨*er*) apostolado *m*; **~-geschichte** *f* (*0*) Actos *m/pl.* dos Apóstolos.
Apo'stroph [apɔ'stro:f] *m* (-*s*; -*e*) apóstrofo *m*; **2'ieren** (-) apostrofar.
Apo'thek|e [apo'te:kə] *f* farmácia *f*; F botica *f*; **~er** *m* farmacéutico *m*, F boticário *m*; **~erbuch** *n* (-*es*; ¨*er*) simpósio *m*.
Appa'rat *m* (-*es*; -*e*) aparelho *m*; (*Aufwand*) aparato *m*; máquina *f* (*a. Phot.*); (*Fernsprecher*) telefone *m*; *wer ist am ~?* quem fala?; *am ~ bleiben* não desligar; **~'ur** [u:] *f* aparelhagem *f*, equipamento *m*.
Ap'pell [a'pɛl] *m* (-*s*; -*e*) ⚔ chamada *f*; revista *f* (*abhalten* passar); *fig.* apelo (*ê) *m*, proclamação *f*.
Appel|'lant [apɛ'lant] *m* (-*en*) apelante *m*, apelador *m*; **~lati'on** [-latsi'o:n] *f* apelação *f*, recurso *m*; **~lati'onsgericht(srat** *m* [-*es*; ¨*e*]) *n* (-*es*; -*e*) tribunal *m* de relação (desembargador *m*); **2'lieren** (-) apelar, recorrer.
Appe'tit [ape'ti:t] *m* (-*es*; *0*) apetite *m* (*machen* abrir o), vontade *f* de comer (*machen* dar); *guten ~!* bom proveito!; **2lich** apetitoso; **~losigkeit** [-lo:ziç-] *f* (*0*) falta *f* de apetite.
applau'dieren [aplau'di:rən] (-): ~ (*dat.*) aplaudir (*ac.*), dar palmas (a).
Ap'plaus [a'plaus] *m* (-*es*; -*e*) aplauso *m*.
apportieren [apɔr'ti:rən] (-) trazer [à mão.]
Apri'kose [apri'ko:zə] *f* damasco *m*; **~n-baum** *m* (-*es*; ¨*e*) damasqueiro *m*.
A'pril [a'pril] *m* (-*s od.* -; -*e*) Abril *m*; *in den ~ schicken* entrujar; **~-scherz** *m* (-*es*; -*e*) partida *f* do dia um de Abril.
Aqua'rell [akva'rɛl] *n* (-*s*; -*e*), **~bild** *n* (-*es*; -*er*) aguarela *f*; **~maler** *m* aguarelista *m*.
Ä'quator [ɛ'kva:tɔ:r] *m* (-*s*; *0*) equador *m*.
Ar [a:r] *n* (-*s*; -*e*) ar *m*.
'Ära ['ɛ:ra:] *f* (-; *Ären*) era *f*, época *f*.
'Araber ['a:rabər] *m* (**~in** *f* mulher *f*) árabe *m*.
Ara'beske [ara'bɛskə] *f* arabesco *m*.
a'rabisch [a'ra:biʃ] árabe.
'Arbeit ['arbaɪt] *f* trabalho *m*; *häusliche a.* afazeres *m/pl.*; (*Aufgabe*) tarefa *f*; (*Feld2*) lavoura *f*; (*Schul2*) exercício *m*, dever *m*; *schwere*: labor *m*, labuta *f*; *Werk*: obra *f*; fabrico *m*; *in ~ geben* mandar fazer; *die ~ einstellen* suspender o trabalho; (*streiken*) declarar-se em greve; *sich* (*dat.*) *die ~ machen* (*zu*) dar-se ao trabalho de; **2en** (-*e*-) trabalhar (*an dat.* em); ⊕ *Maschine*: *a.* operar, funcionar; *~ lassen*: *bei welchem Schneider lassen Sie ~?* quem é seu alfaiate?; **2end** trabalhador.
'Arbeiter *m* trabalhador *m*, operário *m* (*gelernter* qualificado, especializado); **~bewegung** *f* movimento *m* operário; **~frage** *f* (*0*) problema *m* operário; **~gewerkschaft** *f* sindicato *m* operário; **~klasse** *f* (*0*) classe *f* operária; **~mangel** *m* (-*s*; *0*) falta *f* de braços (*od.* de mão de obra); **~partei** *f* partido *m* trabalhista; **~schaft** *f* (*0*), **~stand** *m* (-*es*; *0*) operariado *m*; **~viertel** *n* bairro *m* operário.
'Arbeitgeber *m* patrão *m*; **~schaft** *f* (*0*) patronato *m*; **~verband** *m* (-*es*; ¨*e*) sindicato *m* patronal.
'Arbeitnehmer ['-ne:mər] *m* operário *m*; empregado *m*; **~schaft** *f* (*0*) operariado *m*; empregados *m/pl.*; **~verband** *m* (-*es*; ¨*e*) sindicato *m* operário (*od.* dos empregados).
'arbeitsam trabalhador.
'Arbeits|amt *n* (-*es*; ¨*er*) repartição *f* de trabalho; **~aufnahme** *f* (*0*) início *m* do(s) trabalho(s); regresso *m* ao trabalho; **~ausweis** *m* (-*es*; -*e*) cartão *m* profissional; **~beschaffung** *f* (*0*) emprego *m*, colocação *f*; fomento *m*; **~buch** *n* (-*es*; ¨*er*) carteira *f* profissional; **~dienst(pflicht** *f* [*0*]) *m* (-*es*; *0*) serviço *m* de trabalho (obrigatório); **~einsatz** *m* (-*es*; ¨*e*) emprego *m*; **~einstellung** *f* suspensão *f* dos trabalhos, greve *f*; **2fähig** válido; **~gang** *m* (-*es*; ¨*e*) processo *m*; operação *f*; **~gebiet** *n* (-*es*; -*e*) campo *m* de a(c)ção; **~gemein-**

schaft *f* centro *m* de estudos; grémio *m*; **~gericht** *n* (*-es*; *-e*) tribunal *m* de trabalho; **~invalide** *m* (*-n*) inválido *m* do trabalho (*od.* ✝ do comércio); **~kraft** *f* (-; *=e*) energia *f*; *j.*: *e-e gute ~ sn* ter boas capacidades *f/pl.* de trabalho; **~kräfte** *f/pl.* (*Arbeiter*) mão-de-obra *f/sg.*; **~leistung** *f* rendimento *m*, capacidade *f*; **~lohn** *m* (*-es*; *=e*) salário *m*; **2los** desempregado; **~losen-unterstützung** *f* (*0*) subvenção *f* de desemprego; fundo *m* de desemprego; **~losigkeit** *f* (*0*) desemprego *m*; **~markt** *m* (*-es*; *=e*) ofertas *f/pl.* e pedidos *m/pl.* de emprego; **~minister(ium** *n* [*-s*; *-rien*]) *m* ministro *m* (ministério *m*) de trabalho; **~nachweis** *m* (*-es*; *-e*) = *~amt*; **~paß** *m* (*-sses*; *=sse*) = *~buch*; **~pferd** *n* (*-es*; *-e*) cavalo *m* de carga; *fig. j.*: marrão *m*; **~platz** *m* (*-es*; *=e*) lugar *m* de trabalho; emprego *m*; **~raum** *m* (*-es*; *=e*) = *~stätte*, *~zimmer*; **~recht** *n* (*-es*; *0*) direito *m* de trabalho; **~scheu**[1] *f* (*0*) preguiça *f*; **2scheu**[2] preguiçoso; **~stätte** *f* oficina *f*; lugar *m* de trabalho; **~tag** *m* (*-es*; *-e*) dia *m* útil, dia *m* de trabalho; **~teilung** *f* (*0*) divisão *f* de trabalho; **2unfähig** inválido; **~unfähigkeit** *f* (*0*) inabilidade *f*; **~weise** *f* método *m*; **~zeit** *f* horas *f/pl.* (*od.* horário *m od.* tempo *m*) de trabalho; **~zimmer** *n* gabinete *m*, escritório *m*.

ar'chaisch [ar'ça:iʃ] arcaico.

Archäo'lo|ge [arçεo'lo:gə] *m* (*-n*) arqueólogo *m*; **~'gie** [-'gi:] *f* (*0*) arqueologia *f*.

'Arche ['arçə] *f* arca *f*.

Archi'pel [arçi'pe:l] *m* (*-s*; *-e*) arquipélago *m*.

Archi'tekt [arçi'tεkt] *m* (*-en*) arquite(c)to *m*; **~'ur** [u:] *f* arquite(c)tura *f*.

Ar'chi|v [ar'çi:f] *n* (*-s*; *-e*) arquivo *m*; *Staats2 in Lissabon*: Arquivo da Torre do Tombo; **~'var** [-'va:r] *m* (*-s*; *-e*) arquivista *m*.

arg [ark] **1.** (*=er*; *=st*) mau, *adv.* mal; (*bösartig*) malvado, ruim, maligno; *Lärm usw.*: grande, terrível; *Fehler*: grave; *das ist zu ~* é (forte) demais; *es zu ~ treiben* abusar; *nichts 2es finden bei* não ver mal nenhum em; *im argen liegen* ir de mal em pior; **2.** 2 *n* (*-s*; *0*) = *2list*, *2wohn*.

Argen'tin|ier(in *f*) [argεn'ti:niər-] *m*, **2isch** argentino (-a) *m/f*, da Argentina.

'Ärger ['εrgər] **1.** *m* (*-s*; *0*) desgosto (*'ô) *m*, aborrecimento *m*, dissabor *m*, arrelia *f*; **2.** 2 *comp. zu arg*; **2lich** aborrecido; *j.*: *a.* zangado (*auf*, *über ac.* com); **2n** (*-re*) aborrecer, irritar, zangar; *sich ~*: *a.* ter um desgosto (*über ac.* com); **~nis** *n* (*-ses*; *-se*) escândalo *m*; *~ erregen* (*~ nehmen*) escandalizar(-se) (*bei ac.*; *an dat.* com).

'Arg|list *f* (*0*) astúcia *f*, malícia *f*, manha *f*; **2listig** malicioso, manhoso, astuto; **2los** ingénuo, sem desconfiar; (*ohne böse Absicht*) sem malícia; **~losigkeit** [-o:z-] *f* (*0*) ingenuidade *f*; **~wohn** ['-vo:n] *m* (*-s*; *0*) suspeita *f* (*gegen* de), *~ hegen* = **2wöhnen** ['-vø:nən] desconfiar; **2wöhnisch** ['-vø:niʃ] desconfiado.

'Arie ['a:riə] *f* ária *f*.

Aristo'krat [aristo'kra:t] *m* (*-en*), **~in** *f* aristocrata *m/f*; **~'ie** [-'ti:] *f* aristocracia *f*; **2isch** aristocrático.

Arith'meti|k [arit'me:tik] *f* (*0*) aritmética *f*; **~ker** *m*, **2sch** aritmético (*m*).

'arktisch ['arktiʃ] ár(c)tico.

arm[1] (*=er*; *=st*) pobre; *~ machen*, *~ werden* empobrecer.

Arm[2] *m* (*-es*; *-e*) braço *m* (*reichen* dar); *~ in ~* de braços dados; *auf dem ~*, *im ~* ao colo.

Arma'tur [arma'tu:r] ⊕ *f* armatura *f*; **~en-brett** *n* (*-es*; *-er*) *Auto*: «tablier» *fr.*, quadro *m* de instrumentos.

'Arm|band *n* (*-es*; *=er*) pulseira *f*; **~band-uhr** *f* relógio *m* de pulso; **~binde** *f* braçadeira *f*; ⚕ ligadura *f*.

Ar'mee [ar'me:] *f* exército *m*.

'Ärmel ['εrməl] *m* manga *f*; et. *aus dem ~ schütteln* improvisar; **~aufschlag** *m* (*-es*; *=e*) canhão *m*; **~ausschnitt** *m* (*-es*; *-e*) cava *f*; **~kanal** *m* canal *m* da Mancha; **~loch** *n* (*-es*; *=er*) cava *f*; **2los** sem mangas.

'Armen|anstalt ['armən-] *f* (casa *f* de) misericórdia *f*; **~fürsorge** *f* (*0*) auxílio *m* social (*od.* aos pobres), assistência *f* social (*od.* aos pobres); **~-haus** *n* (*-es*; *=er*) casa *f* dos pobres; asilo *m* de mendicidade; **~pflege** *f* (*0*) assistência *f* pública.

'ärmer ['εrmər] (*comp. zu arm*[1]) mais pobre.

Arme'sünder|glocke *f* toque *m* da agonia; **~miene** *f* cara *f* de condenado.
ar'mier|en [ar'mi:rən] (-) armar, equipar (*mit* de); **2ung** *f* armamento *m*, equipamento *m*.
'Arm|lehne *f* encosto *m*; **~leuchter** *m* candelabro *m*.
'ärmlich ['ɛrmliç] pobre.
'arm|los sem braços; **2reif(en)** *m* (-*ẹs*; -*e*), **2ring** *m* (-*ẹs*; -*e*) pulseira *f*; **2schiene** *f* braçal *m*; **~selig** mesquinho, miserável; **2sessel** *m*, **2-stuhl** *m* (-*ẹs*; ⸚*e*) poltrona *f*; cadeira *f* de braços.
ärmst [ɛ] (*sup. zu arm*[1]) mais pobre.
'Armut [u:] *f* (*0*) pobreza *f*; miséria *f*, indigência *f*; **~s-zeugnis** *n* (-*ses*; -*se*) atestado *m* de pobreza (*ausstellen* passar); *fig. sich* (*dat.*) *ein ~ ausstellen* provar a sua incapacidade.
'Arm-voll *m* (-; -) braçada *f*.
aro'matisch [aro'ma:tiʃ] aromático.
Ar'rest [a'rɛst] *m* (-*es*; -*e*) detenção *f*, prisão *f*; ✝ embargo *m*; **~'ant** [-'tant] *m* (-*en*) preso *m*; **~zelle** *f* calabouço *m*.
arre'tieren [are'ti:rən] (-) prender.
arro'gan|t [aro'gant] arrogante, petulante; **2z** [ts] *f* (*0*) arrogância *f*, petulância *f*.
Arsch [arʃ] V *m* (-*es*; ⸚*e*) cu *m*.
Ar'sen [ar'se:n] *n* (-*s*; *0*) arsénio *m*; **2-haltig** [-haltiç], **2ig** arseni(at)ado; **~ik** *n* (-*s*; *0*) arsénico *m*.
Art *f*: (*~ u. Weise*) modo *m*; maneira *f* (*nach, in der* à; *auf die* de); △ *in, nach der ~* (*gen.*) nos moldes de, à laia de; (*Eigen2*) índole *f*; (*Gattung*) espécie *f*; género *m*; (*Sorte*) qualidade *f*; (*Rasse*) raça *f*; *aus der ~ schlagen* degenerar; abastardar; **'2-eigen** próprio da raça, castiço; **'2en** (-*e*-): *~ nach* sair a.
Ar'teri|e [ar'te:riə] *f* artéria *f*; **~en-verkalkung** *f* arteriosclerose *f*.
'artfremd exótico.
'artig ['artiç] gentil, cortês; *Kind*: bom, bem criado; **2keit** *f* gentileza *f*, graça *f*; amabilidade *f*; delicadeza *f*.
Ar'tikel [ar'ti:kəl] *m* artigo *m* (✝ *führen* ter, vender); **~schreiber** *m* articulista *m*.
Artille'r|ie [artilə'ri:] *f* artilharia *f*; **~ist** *m* (-*en*) artilhero *m*.
Arti'schocke [arti'ʃɔkə] *f* alcachofra *f*.
Ar'tist *m* (-*en*), **~in** *f* acrobata *m*/*f*; **2isch** acrobático; *fig.* virtuoso.
Arz(e)'nei [arts(ə)'naɪ] *f* remédio *m*; **~kunde** *f* farmacologia *f*; **~mittel** *n* medicamento *m*.
Arzt [artst] *m* (-*es*; ⸚*e*) médico *m*, doutor *m*.
'Ärzt|ekammer ['ɛrtstə-] *f* (-; -*n*) ordem *f* dos médicos; **~eschaft** *f* (*0*) corpo *m* médico, classe *f* médica; **~in** *f* médica *f*, doutora *f*; **2lich** médico.
As *n* (-*ses*; -*se*) (*Karte*) ás *m*; **2** ♪ *n* (-; -) lá-bemol *m*.
As'best [as'bɛst] *m* (-*es*; *0*) amianto *m*, asbesto *m*.
'Asch|becher ['aʃ-] *m* cinzeiro *m*; **2blond** loiro acinzentado; **~e** *f* cinza(s *f*/*pl.*) *f*; *in ~ legen* reduzir a cinzas; **~eimer** *m* caixote *m* de lixo; **~en-brödel** [-brø:dəl] *n*, **~en-puttel** [-putəl] *n* gata *f* borralheira; **~en-krug** *m* (-*ẹs*; ⸚*e*), **~en-urne** *f* urna *f* cinerária; **~en-salz** *n* (-*es*; *0*) sal *m* alcalino; **~er-mittwoch** *m* (-*s*; *0*) quarta-feira *f* de cinzas; **2fahl, 2-farben, 2grau** acinzentado; **~-kasten** *m* (-*s*; ⸚) cinzeiro *m*.
'äsen ['ɛzən] (-*t*) pascer, pastar.
Asi'at [azi'a:t] *m* (-*en*), **~e** [ə] *m* (-*n*), (**~in** *f*), **2isch** asiático (-a) *m*/*f*, da Ásia.
As'ke|se [as'ke:zə] *f* (*0*) ascese *f*, ascetismo *m*; **~t** *m* (-*en*) asceta *m*; **2tisch** ascético.
'Asphalt ['asfalt] *m* (-*ẹs*; -*e*) asfalto *m*; **~arbeiter** *m* asfaltador *m*; **2'ieren** (-) asfaltar.
'Assel ['asəl] *f* (-; -*n*) bicho-de--conta *m*; sapateiro *m*.
As'sessor [a'sɛso:r] *m* (-*s*; -*en*) adjunto *m*, auxiliar *m*; estagiário *m*.
Assi'sten|t(in *f*) *m* (-*en*) [asi'stɛnt-] assistente *m*/*f*; **~z-arzt** [-ts-] *m* (-*es*; ⸚*e*) médico *m* assistente; ⚔ tenente-médico *m*.
Ast *m* (-*es*; ⸚*e*) ramo *m*; *im Holz*: nó *m*; F *sich e-n ~ lachen* fartar-se de rir.
'Aster ['astər] ⚘ *f* (-; -*n*) sécia *f*.
Ä'sthet [ɛ'ste:t] *m* (-*en*) esteta *m*; **~ik** *f* (*0*) estética *f*; **2isch** estético.
'Asthm|a ['astma:] *n* (-*s*; *0*) asma *f*; **2'atisch** [-'ma:tiʃ] asmático.
'Ast-loch *n* (-*ẹs*; ⸚*er*) galho *m*.
Astro'lo|ge [astro'lo:gə] *m* (-*n*)

astrólogo *m*; ~'**gie** [-'gi:] *f* (*0*) astrologia *f*; 2**gisch** [-giʃ] astrológico.

Astro'nom [astro'no:m] *m* (*-en*) astrónomo *m*; ~'**ie** [i:] *f* (*0*) astronomia *f*; 2**isch** astronómico.

Astrophy'sik [astro-] *f* (*0*) astrofísica *f*.

'**Ast-werk** *n* (*-ẹs*; *0*) ramagem *f*.

A'syl [a'zy:l] *n* (*-s*; *-e*) asilo *m*; *fig.* refúgio *m*; ~**recht** *n* (*-ẹs*; *0*) direito *m* de asilo.

Asym|me'trie [azyme'tri:] *f* assimetria *f*; 2'**metrisch** assimétrico.

Atel'ier [atɛl'je:] *n* (*-s*; *-s*) estúdio *m*.

'**Atem** ['a:təm] *m* (*-s*; *0*) álito *m*, sopro *m*; (~*zug*) fôlego *m* (*in e-m* de um); (*Atmung*) respiração *f*; ~ *holen*, ~ *schöpfen* respirar; *außer* ~ sem respirar, ofegante; *j-n in* ~ *halten* dar que fazer a alg.; *wieder zu* ~ *kommen fig.* cobrar ânimo; 2**beraubend** sensacional, empolgante; ~**beschwerden** *f/pl.* dificuldade *f/sg.* de respirar; ~**gymnastik** *f* (*0*) = ~*übung*; ~-**holen** *n* (*-s*; *0*) respiração *f*; 2**los** sem fôlego; *fig. Spannung*: febril; ~**not** *f* (*0*) dispneia *f*, apneia *f*; ~**pause** *f* (momento *m* de) folga *f*; ~-**übung** *f* exercício *m* respiratório; ~**zug** *m* (*-ẹs*; *⸚e*) aspiração *f*, fôlego *m* (*in e-m* de um).

Athe'is|mus [ate'ismus] *m* (*-*; *0*) ateísmo *m*; ~**t** *m* (*-en*) ateu *m*; 2**tisch** ateu, ateísta, ateístico.

A'then|er(in *f*) *m* [a'te:nər-], 2**isch** ateniense *m/f*; de Atenas.

'**Äther** ['ɛ:tər] *m* (*-s*; *0*) éter *m*.

ä'therisch [ɛ'te:riʃ] etéreo.

Ath'let [at'le:t] *m* (*-en*) atleta *m*; ~**ik** *f* (*0*) atletismo *m*; 2**isch** atlético.

At'lant [at'lant] *m* (*-en*) atlante *m*; atlas *m*; ~**ik(...)** *m* (do) Atlântico *m*; 2**isch** atlântico.

'**Atlas** ['atlas] *m* **1.** *Riese, Gebirge*: Atlante *m*, Atlas *m*; **2.** (*- od. -ses*; *-se od. Atlanten*) (*Landkarte*) atlas *m* (*a. Anat.*); **3.** (*- od. -ses*; *-se*) (*Stoff*) cetim *m*; 2**artig** acetinado.

'**atmen** ['a:tmən] (*-e-*) **1.** *v/i.* (*v/t.*) respirar; **2.** 2 *n* respiração *f*.

Atmo'sphär|e [atmo'sfɛ:rə] *f* atmosfera *f*; *fig.* ambiente *m*; 2**isch** atmosférico.

'**Atmung** ['a:tmuŋ] *f* respiração *f*; ~**s...**: *in Zssgn* respiratório, de respiração; ~**s-organ(e** *pl.*) *n* órgão (aparelho *sg.*) *m* respiratório.

A'tom [a'to:m] *n* (*-s*; *-e*) átomo *m*; ~...: *in Zssgn* atómico; nuclear; ~-**antrieb** *m* (*-ẹs*; *-e*) propulsão *f* atómica; ~**bombe** *f* bomba *f* atómica; ~-**energie** *f* energia *f* atómica (*od.* nuclear); ~**forschung** *f* (*0*) investigação *f* nuclear; ~**gewicht** *n* (*-ẹs*; *-e*) peso *m* atómico; ~**kern** *m* (*-ẹs*; *-e*) núcleo *m* atómico; ~**kraft** *f* (*0*) = ~*energie*; ~**krieg** *m* (*-ẹs*; *-e*) guerra *f* atómica; ~**meiler** *m* rea(c)tor *m* de energia nuclear; ~**müll** *m* (*-s*; *0*) lixo *m* atómico; ~**physik** *f* (*0*) física *f* nuclear; ~-**spaltung** *f* cisão *f* nuclear; ~**theorie** *f* teoria *f* atómica; ~**versuch** *m* (*-ẹs*; *-e*) experiência *f* atómica; ~-**waffe** *f* arma *f* nuclear; ~**wissenschaftler** *m* atomista *m*; ~**zeitalter** *n* (*-s*; *0*) era *f* atómica; ~**zerfall** *m* (*-ẹs*; *0*) desintegração *f* atómica.

Atta'ché [ata'ʃe:] *m* (*-s*; *-s*) adido *m*.

Atten|'tat [atən'ta:t] *n* (*-ẹs*; *-e*) atentado *m*; ~'**täter** *m* autor *m* de um atentado.

At'test [a'tɛst] *n* (*-es*; *-e*) atestado *m* (*ärztliches* médico); 2'**ieren** (-) atestar.

'**ätz|en** ['ɛtsən] (*-t*) corroer; *Platte*: gravar à água forte; ⚕ cauterizar; ~**end** (2**mittel** *n*) corrosivo (*m*), cáustico (*m*); 2**natron** *n* (*-s*; *0*) soda *f* cáustica; 2**ung** *f* gravura *f* à água-forte; ⚕ cauterização *f*; 2**wasser** *n* água-forte *f*.

au![1] [au] ai!

Au[2] [au] *f* = *Aue*.

auch [aux] também; (*dazu*) ainda, além disso; outrossim; (*ebenso*) do mesmo modo; *es* ~ *tun* fazer o mesmo; ~ *nicht adj.* (nem ...) tão-pouco; (*nicht einmal*) nem (sequer); *das* ~ *noch* mais isso, mais isto; *oder* ~ ou seja; *sowohl ... als* ~ tanto ... como; *wenn* ~ se bem que, ainda que, embora (*subj.*); *wer, wo*(*hin*), *wie* ~ (*immer*) ... quer que (*subj.*); *wie dem* ~ *sei* seja como for, como quer que seja.

Audi'enz [audi'ɛnts] *f* audiência *f* (*erteilen* dar).

'**Aue** ['auə] *f* campina *f*, veiga *f*, várzea *f*; (*Wiese*) prado *m*.

'**Auer|hahn** ['auər-] *m* (*-ẹs*; *⸚e*) (~**henne** *f*) galo *m* (galinha *f*) silvestre; ~**ochse** *m* (*-n*) auroque *m*.

auf [auf] **1.** *prp.* **a)** *örtl.* (*obendrauf*,

Lage, wo? dat., Richtung, wohin? ac.) sobre (*a.* ⚔, *Scheck,* ✝); (*nur Lage dat.*) encima de; *fig. Steuer*: sobre; (= in [*Lage, wo?*] *dat.*) em; (*unbestimmter*) por; *Richtung, wohin? (ac.)*: a; para; ~... zu sobre, em direcção a; ~ *dieser Seite* de, por; in bezug ~ com respeito a; **b)** *zeitl.* (= *während*) *dat.* durante; (*ungefähre Zeit*) *ac.*: ~ *den Abend* por; (*für*) para; **c)** *fig.* ~ *Besuch usw.*: de (*s. die su.*); (*gemäß*) *Bitte usw.*: a, *Befehl a.*: por; *Art u. Weise*: ~ *deutsch* em; *beim sup.*: ~s schnellste o mais depressa possível; ~ folgende Art à (*od.* da) maneira seguinte; **2.** *adv.* ~ und ab (= ~ und nieder) de cima para baixo; (*hin u. her*) de um lado para o outro, de cá para lá; ~ und davon sn ter-se safado; ~ (*offen*) sn (*Tür usw.*) estar aberto; ~(*gestanden*) sn estar levantado, estar em pé, estar a pé; **3.** *int.* ~! vamos!; *imper. v.* levantar-se; **4.** *cj.* ~ daß para que.

'auf|arbeiten (-*e*-) acabar, despachar; pôr em dia; *Kleidung*: renovar; **~atmen** (-*e*-) respirar; *fig.* sentir-se aliviado; **~bahren** ['-ba:rən] depositar em câmara ardente; pôr no ataúde.

'Aufbau *m* (-*es*; -*ten*) construção *f*; (*Gliederung*) disposição *f*; estrutura *f*; ⚗, *Geol.* formação *f*; ⚕ síntese *f*, anabolismo *m*; *pl.* ⚠, ⚓ acastelamento *m/sg.*, superstrutura *f/sg.*; *Möbel*: mit ~ de alçado; *fig.* organização *f*; **2en** construir; (*errichten*) erguer; ⊕ montar; *fig.* organizar; **2end** construtivo (*a. fig.*); ⚕ reconstituinte, anabólico.

'auf|bäumen: sich ~ empinar-se; *fig.* revoltar-se; **~bauschen** exagerar; **2bau-wille** *m* (-*ns*; *0*) vontade *f* construtiva; **~begehren** protestar (contra), irritar-se (com); **~behalten** (*L*; -) guardar; *Augen usw.*: ter aberto; den Hut ~ ficar coberto; **~beißen** (*L*) trincar; **~bekommen** (*L*; -) *Tür*: conseguir abrir; *Aufgabe*: ter de fazer.

'aufbereit|en (-*e*-; -) ⚒ preparar; *naß*: lavar; **2ung** *f* preparação *f*; *nasse*: lavagem *f*.

'aufbesser|n (-*re*) melhorar; *Gehalt*: aumentar; **2ung** *f* melhoramento *m*; (*Gehalts2*) aumento *m*.

'aufbewahr|en (-) guardar; *für später*: *a.* reservar; conservar; **2ung(s-ort** *m* [-*es*; -*e*], **-raum** *m* [-*es*; ⸗*e*]) *f* (*0*) depósito *m*; arrecadação *f*; *Speisen*: dispensa *f*.

'auf|bieten (*L*) *Brautpaar*: publicar (*Kirche*: ler) os banhos; (*zs.-rufen*) convocar; ⚔ chamar às armas; alles ~ empregar todos os meios; **~binden** (*L*) ligar, atar; (*lösen*) desligar, desatar; *fig.* F j-m e-n Bären ~ entrujar alg.; **~blähen** abalofar; **2blähung** *f* insuflação *f*; **~blasen** (*L*) soprar, inchar; sich ~ *fig.* abalofar-se; *s. a.* aufgeblasen; **~blättern** (-*re*) folhear; **~bleiben** (*L*; *sn*) (*offen*-) ficar aberto; (*wachen*) ficar levantado; *nachts*: *a.* fazer serão; **~blenden** (-*e*-) *Lichter*: comutar para máximos; **~blicken** levantar os olhos; *fig.* admirar (*ac.*); **~blitzen** (-*t*; *a. sn*) relampejar; *Reflex*: cintilar; **~blühen** (*sn*) abrir-se, desabrochar; *fig.* prosperar; *j.*: animar-se; **~bohren** furar; ⚕ trepanar; **2bohrung** *f* abertura *f* de buracos; ⚕ trepanação *f*; **~braten** (*L*) fritar; aquecer (na sertã *od.* no forno); **~brauchen** gastar, consumir; **~brausen**[1] (-*t*; *a. sn*) ferver, efervescer; borbulhar; *fig.* irritar-se, encolerizar-se; ~d efervescente; *fig.* arrebatado, irascível, impetuoso, colérico; **2brausen**[2] *n* ⚗ ebulição *f*; efervescência *f*; *fig. a.* irritação *f*, cólera *f*; **~brechen** (*L*) **1.** *v/t.* abrir; *gewaltsam*: arrombar; **2.** *v/i.* (*sn*) (*sich öffnen*) abrir, ⚘ *a.* rebentar; (*fortgehen*) partir, abalar; **~bringen** (*L*) *Geld*: conseguir, obter; *Gerücht*: inventar; *Kosten*: cobrar; ⚔ *Truppen*: levantar; *Schiff*: apresar; (*einführen*) introduzir; criar; implantar; *j-n*: irritar; **2bruch** *m* (-*es*; ⸗*e*) partida *f*; abalada *f*; *fig.* advento *m*, levantamento *m*; **~brühen**: Tee ~ fazer o chá; **~bügeln** (-*le*) passar a ferro; **~bürden** ['-byrdən] (-*e*-): j-m et. ~ carregar alg. com a.c.; *Schuld*: imputar a alg.; **~decken** destapar, descobrir (*a. fig.*); *Tischtuch usw.*: pôr; **~drängen**: j-m et. ~ impingir a.c. a alg.; importunar alg. com a.c.; sich ~ *et.*: impor-se, *j.*: importunar (*ac.*); **~drehen** abrir; *Strick*: destorcer; *Gewinde*: desatarraxar, desaparafusar.

'aufdringlich importuno; maçador;

＿keit *f* importunação *f*; *importunância *f*.
'**Aufdruck** *m* (-*es*; -*e*) título *m*, letreiro *m*; *Marke*: sobrecarga *f*; *als ~ haben* levar impresso; **＿en** imprimir, estampar.
'**aufdrücken** imprimir; *Siegel*: pôr; (*öffnen*) abrir (apertando).
auf-ein'ander um sobre o outro; *hinter*: um atrás outro; **＿folge** *f* ordem *f*, sucessão *f*; sequência *f*; **~folgen** seguir-se um ao outro; **~folgend** *adj*. consecutivo; sucessivo, seguido; **~häufen** acumular, amontoar; **~legen** juntar; meter um em cima do outro; **~platzen** (-*t*), **~prallen, ~stoßen** (*L*) embater um no outro, entrechocar-se; **~türmen** acastelar.
'**Aufenthalt** ['-ɛnthalt] *m* (-*es*; -*e*) estância *f*, estadia *f*; (*Unterbrechung*) demora *f*, 🚂 *a*. paragem *f*; (*Wohnung*) morada *f*, *ständiger*: domicílio *m*; *vorübergehender*: residência *f*; **~s-erlaubnis** *f* (*0*) autorização *f* de residência; **~s-ort** *m* (-*es*; -*e*) paradeiro *m*; (*Wohnort*) domicílio *m*.
'**auf-erlegen** (-) impor, *Strafe*: *a*. infligir.
'**auf-ersteh|en** (*L*; -; *sn*) ressuscitar, ressurgir; **＿ung** *f* (*0*) ressureição *f*, ressurgimento *m*.
'**auf|erwecken** (-) ressuscitar; **＿erweckung** *f* ressureição *f*; **~essen** (*L*) comer; **~fädeln** ['-fɛ:dəln] (-*le*) enfiar; (*trennen*) desfiar; **~fahren** (*L*) **1.** *v/t*. ⚔ pôr em posição; F *Speisen*: servir, *~ lassen* mandar vir; **2.** *v/i*. (*sn*) (*hinauffahren*) subir; (*vorfahren*) chegar; entrar; 🚂 embater; ⚓ encalhar; *fig*. *ärgerlich*: irritar-se; *im Bett*: acordar sobressaltado; **~fahrend** sobressaltado; (*jähzornig*) irascível; **＿fahrt** *f* (*Rampe*) rampa *f*; (*Autobahn＿*) acesso *m* rodoviário; *in die Höhe*: subida *f*, ascensão *f*; *feierliche*: desfile *m*, entrada *f* solene; **~fallen** (*L*; *sn*): *auf* (*ac*.) *~* atingir; *fig*. sobressair; dar na vista (*j-m* de alg.); (*befremden*) *j-m fällt et. auf* alg. estranha a.c.; *das ist mir nicht aufgefallen* não reparei, não dei por isto; **~fallend** *adj*., **~fällig** saliente, acentuado; estranho; que dá na vista.
'**auffang|en** (*L*) apanhar; *Flüssigkeit*: receber, *Gruppen*: *a*. acolher; *Sendung, Signal*: captar; *Stoß*: amortecer; *Hieb*: parar; *Strahlen*: absorver; **＿lager** *n* centro *m* de acolhimento.
'**auffärben** retingir.
'**auffassen** (-*ßt*) compreender; conceber; entender, considerar.
'**Auffassung** *f* concepção *f*; (*Deutung*) interpretação *f*; (*Meinung*) opinião *f*; **~s-gabe** *f*, **~s-vermögen** *n* (-*s*; *0*) inteligência *f*, compreensão *f*; *leichte(s) ~* facilidade *f* de compreender.
'**auf|finden** (*L*) descobrir; encontrar, achar; **~fischen** pescar; *fig*. apanhar; **~flackern** (-*re*; *sn*), **~flammen** (*sn*) arder; *wieder ~ fig*. recrudescer; **~fliegen** (*L*; *sn*) levantar voo; subir (a voar); *Mine*: explodir; *Tür usw*.: abrir-se de repente; *fig*. acabar, dissolver-se; **＿flug** *m* (-*es*; ⸚*e*) voo *m*; subida *f*; ascensão *f*.
'**aufforder|n** (-*re*): *~ (zu)* convidar (para; a *inf*.); *stärker*: intimar (a *inf*.); (*ermahnen*) exortar (a); *zum Kampf*: desafiar (para); **＿ung** *f* convite *m*; *amtliche*: intimação *f*, contrafé *f*; (*Ermahnung*) exortação *f*; (*Herausforderung*) desafio *m*.
'**aufforst|en** (-*e*-) arborizar, repovoar; **＿ung** *f* arborização *f*, repovoamento *m* florestal.
'**auffressen** (*L*) devorar.
'**auffrisch|en** refrescar; *Anstrich*: renovar; **＿ung** *f* refresco *m*, refrescamento *m*; renovação *f*.
'**aufführ|en** ⚠ construir; (*nennen*) citar, alegar; ⚕ pôr na conta; *Zahlen*: enumerar; *Zeugen*: apresentar; ♪ executar; *Thea*. representar; *sich ~* comportar-se; **＿ung** *f* ♪ audição *f*; récita *f*, apresentação *f* (*a*. ⚖ *Zeugen*); *Thea*. *a*. representação *f*; (*Benehmen*) conduta *f*.
'**auffüllen**: *~ (mit)* encher (de); abastecer (de); ⚔ completar (por).
'**Aufgabe** *f* tarefa *f*, trabalho *m*, dever *m*; (*Auftrag*) missão *f*; (*Schul＿*) lição *f*, exercício *m*; ♟ problema *m*; 📯 envio *m*; expedição *f*; (*Gepäck＿*) despacho *m*; (*Verzicht*) (*gen*.) renúncia *f* a; abandono *m* de; *e-s Geschäftes*: liquidação *f*.
'**aufgabeln** (-*le*) F apanhar, pescar.
'**Aufgabe|nbereich** *m* (-*es*; -*e*) funções *f/pl*.; **~ort** 📯 *m* (-*es*; -*e*) estação *f* de origem.
'**Aufgang** *m* (-*es*; ⸚*e*) subida *f*; (*Trep-*

pe) escada *f*; *Gestirne*: nascimento *m*, levantar *m*.

'**aufgeben** (*L*) *Anzeige*: pôr, inserir; *Arbeit*: dar, *Schularbeit*: *a*. marcar; *Namen*, *Anschrift*: *a*. indicar; ☏ mandar; *Gepäck*: despachar; *Geschäft*: liquidar; ⚕ *Kranke*: não ter esperanças; *Rätsel*: propor; (*verzichten*) renunciar (a); *Plan*, *Spiel*, ⚔ *Stellung*: abandonar; *Recht*: abdicar; es ~ desistir; den Geist ~ entregar a alma a Deus.

'**aufgeblasen** ['-gəbla:zən] *p.pt. v.* aufblasen; *fig.* presunçoso; **2heit** *f* (*0*) presunção *f*.

'**Aufgebot** *n* (-*és*; -*e*) *Ehe*: banhos *m/pl.*; *Regierung*: proclamação *f*; ⚔ leva *f*; chamamento *m* (às fileiras); *Kräfte*: emprego (*'ê) *m*.

'**auf|gebracht** ['-gəbraxt] *p.pt. v.* aufbringen; *adj.* furioso; ~ werden abespinhar-se; **~gedunsen** ['-gədunzən] inchado; tufado; **~gehen** (*L*; *sn*) (*sich öffnen*) abrir(-se); *Geschwür*: rebentar; *Gestirn*: nascer, levantar-se; *Naht*: descoser-se; *Haar*, *Knoten*: desfazer-se; *Teig*: levedar, abalofar-se; *Vorhang*: subir; ℞ não deixar resto; bater certo (*a. fig.*); ~ in (*dat.*) ficar absorvido por; in Flammen ~ ser consumido pelas chamas; **~gehoben** ['-gəho:bən] *p.pt. v.* aufheben; gut ~ sn estar em boas mãos; **~geklärt** ['-gəklɛ:rt] *p.pt. v.* aufklären; *adj. fig. a.* sem preconceitos; **~geknöpft** ['-gəknœpft] *p.pt. v.* aufknöpfen; *adj.* F *fig.* bem disposto, alegre, expansivo; **~gekratzt** ['-gəkratst] *p.pt. v.* aufkratzen; *adj.* F *fig.* alegre; **2geld** *n* (-*és*; -*er*) ágio *m*; (*Anzahlung*) sinal *m*; (*Zuschlag*) suplemento *m*; **~gelegt** ['-gəle:kt] *p.pt. v.* auflegen; *adj. fig.* disposto (zu a, para); *Schwindel*: evidente; **~gepaßt!** ['-gəpast] atenção!; **~geräumt** ['-gərɔymt] *p.pt. v.* aufräumen; *adj. fig.* de bom humor, alegre.

'**aufgeregt** ['-gəre:kt] *p.pt. v.* aufregen; *adj.* nervoso; **2heit** *f* (*0*) excitação *f*, nervosismo *m*.

'**auf|geweckt** ['-gəvɛkt] *p.pt. v.* aufwecken; *adj. fig.* esperto, vivo; **~geworfen** ['-gəvɔrfən] *p.pt. v.* aufwerfen; *adj.*: *Lippe*: grosso; **~gewulstet** ['-gəvulstət] com protuberâncias; **~gießen** (*L*) deitar; *Tee*: fazer; **~gliedern** (-*re*) dividir; classificar; **2gliederung** *f* divisão *f*; classificação *f*; arranjo *m*; **~graben** (*L*) surribar; **~greifen** (*L*) apanhar, *Dieb*: *a*. prender; *Gedanken*: aproveitar; et. wieder ~ voltar a a.c.

'**Aufguß** *m* (-*sses*; ⸗*sse*) infusão *f*; **~tierchen** *n* infusório *m*.

'**auf|haben** (*L*) *Hut*: ter na cabeça; (*offen haben*) ter aberto; *Aufgaben*: ter de fazer (*od.* estudar); **~hacken** abrir com picareta; ✓ ablaquear; **~haken** desabrochar; **~halsen** ['-halzən] (-*t*): j-m et. ~ maçar alg. com a.c.; **~halten** (*L*) (*offenhalten*) ter aberto, segurar; *Hand*: estender; (*hemmen*) parar, *j-n*: deter; (*verzögern*) atrasar; sich ~ deter-se; *länger*: demorar-se; sich über (*ac.*) ~ queixar-se de; fazer troça de.

'**auf-häng|en** pendurar (an *dat.* em); *Wäsche*: estender; am Galgen, (sich ~): enforcar(-se); **2er** *m* presilha *f*.

'**auf-häuf|en** amontoar, acumular; **2ung** *f* acumulação *f*.

'**auf-heb|en**[1] (*L*) levantar (*a. fig. Tafel*, *Sitzung*, *Belagerung*); vom *Boden*: apanhar; (*abschaffen*) abolir, suprimir, *Gesetz a.*: revogar (*a. Urteil*); *Vertrag*: anular; (*aufbewahren*) guardar; *s. a.* aufgehoben; sich ~ compensar-se; **2en**[2] *n*: viel ~s machen von fazer um grande barulho (*od.* alarido) por causa de; **2ung** *f* (*Abschaffung*) abolição *f*, anulação *f*, supressão *f*; *Sitzung*: encerramento *m*, *a. Belagerung*, *Tafel*: levantamento *m*.

'**auf|heitern** (-*re*) animar, alegrar; sich ~ (*Himmel*) desanuviar-se; **~hellen** ['-hɛlən] aclarar; esclarecer; sich ~ clarear; **2hellung** *f Met.* aberta *f*; **~hetzen** (-*t*) incitar, instigar; *Menge*: sublevar, amotinar; **~holen 1.** *v/t.* ⚓ içar; **2.** *v/i.* recuperar; **~horchen** escutar; **~hören** terminar, acabar; ~ zu cessar de, deixar de; da hört doch alles auf! parece impossível!; não há direito!; ohne 2 sem cessar; **~jauchzen** (-*t*) (re)jubilar.

'**Auf|kauf** *m* (-*és*; ⸗*e*) compra *f*; (*Hortung*) açambarcamento *m*; **2kaufen** comprar; açambarcar; **~käufer** *m* comprador *m*; açambarcador *m*; monopolista *m*.

'**aufklapp|bar** articulado, de abrir; *Verdeck*: descapotável; ~ sn *a.* = **~en** abrir.

ˈ**aufklär|en** aclarar; *Irrtum, Zweifel*: esclarecer, *j-n*: *a.* elucidar; (*bilden*) instruir; *Gelände*, ⚔: reconhecer; **≈er** *m* iluminista *m*, racionalista *m*; ✈ avião *m* de reconhecimento; **≈ung** *f* esclarecimento *m*; (*~sbewegung*) Iluminismo *m*; *Zeit*: século *m* das Luzes; ⚔ reconhecimento *m*; *sexuelle ~* iniciação *f* na vida sexual; *Verbrechen*: descobrimento *m*.

ˈ**auf|kleben** colar; **~knacken** quebrar; F arrombar; **~knöpfen** desabotoar; **~knoten** (*-e-*), **~knüpfen** desatar, desligar; (*hängen*) enforcar; **~kochen** *v/i.* (*sn*) (*v/t.* deixar) levantar fervura; *~ lassen* aferventar; **~kommen**[1] (*L*; *sn*) levantar-se, surgir, (*entstehen*) *a.* nascer; (*sich verbreiten*) divulgar-se, estar em voga; ⚓ aproximar-se; *Kranker*: restabelecer-se; *Steuern*: receber-se; *~ für* responsabilizar-se por; *~ gegen* concorrer com; *~ lassen* tolerar; **≈kommen**[2] *n* (*Entstehung*) advento *m*; (*Genesung*) convalescença *f*; *Steuern*: receitas *f/pl.*; **~kratzen** (*-t*) arranhar; *Wolle*: cardar; **~kreischen** gritar; **~krempeln** (*-le*) arregaçar; **~krempen** abar.

ˈ**aufkündig|en**: *j-m* (*den Dienst*) *~* despedir alg.; *Vertrag*: rescindir; denunciar; **≈ung** *f* despedida *f*.

ˈ**auf-lachen** dar uma gargalhada, desatar a rir.

ˈ**auf-lade|n** (*L*) carregar; **≈r** *m* carregador *m*.

ˈ**Auf-lage** *f* (*Steuer*) imposto *m*; taxa *f*; direito *m*; (*Erhebung*) imposição *f*; *Typ.* tiragem *f*; edição *f*; **~ziffer** *f* (*-*; *-n*) tiragem *f*.

ˈ**auf-lass|en** (*L*) (*offenlassen*) deixar aberto; ⚖ *Grundstück*: transferir; **≈ung** *f* ⚖ transferência *f*.

ˈ**auf-lauern** (*-re*): *j-m ~* esperar alg., espiar alg.; estar à espreita de alg.

ˈ**Auf-lauf** *m* (*-es*; *⸚e*) ajuntamento *m*; *mit Lärm*: motim *m*, tumulto *m*; *Speise*: empadão *m*, «soufflé» *m* (*fr.*); **≈en** (*L*; *sn*) ⚓ encalhar; *auf e-e Mine ~* dar contra; ⚕ acumular-se.

ˈ**auf-leben** (*sn*): *wieder ~* reviver; *fig.* renascer, revigorar; *Kämpfe*: ⚔ reacender-se.

ˈ**Auf-lege|matratze** [ˈ-leːgə-] *f* colchão *m*; **≈n** pôr (em), colocar, meter; ⚕ aplicar; *Fernspr.*: desligar; *Hörer*: pousar; *Anleihe*: emitir; *Buch*: imprimir, publicar; *neu ~* reimprimir; *Steuer*: impor; ⚓ começar a construção de; *vgl.* *aufgelegt fig.*

ˈ**auf-lehn|en**: *sich ~* sublevar-se, insurgir-se; **≈ung** *f* rebelião *f*, insurreição *f*, sublevação *f*.

ˈ**auf-|lesen** (*L*) (re)colher; *Ähren*: respigar; **~leuchten** (*-e-*) reluzir; brilhar; **~liefern** (*-re*) despachar; **≈lieferung** *f* entrega *f*, despacho *m*; **~liegen** (*L*; *sn*) ⚠ descansar; *Buch, Liste*: estar aberto; ⚕ *sich ~* escoriar-se; **~lockern** (*-re*) afofar; revolver, sacudir; *Erde*: cavar, surribar; *Sitten*: *sich ~* relaxar; **≈lockerung** *f* relaxação *f*; *Erde*: escavação *f*; **~lodern** (*-re*; *sn*) chamejar, deitar chamas; *Flamme*: levantar-se; *fig.* arder.

ˈ**auf-lös|bar** (dis)solúvel; ⚗ resolúvel; **≈barkeit** *f* (*0*) dissolubilidade *f*; ⚗ resolubilidade *f*; **~en** *Knoten usw.*: desligar, soltar, desfazer; ⚗ *Bruch*: reduzir; *Gleichung, Rätsel*: resolver; *Ehe, Versammlung*, ⚖ dissolver, *Flüssigkeit*: *a.* diluir; *Phys.* desagregar; *Geschäft*: liquidar; ⚔ *sich ~ fluchtartig*: debandar; *sich in Wohlgefallen ~* acabar bem para todos; **≈ung** *f* desenlace *m* (*a. fig.*); (dis)solução *f*; de(s)composição *f*; ⚗ *Bruch*: redução *f*; *Gleichung, Rätsel*: solução *f*; ⚕ liquidação *f*; ⚔ *in voller ~* em debandadas; **≈ungs-zeichen** *n* ♪ bequadro *m*.

ˈ**aufmach|en** ([*er*]*öffnen*) abrir; *Knoten*: desfazer, desatar, desligar; (*darbieten*) apresentar; *sich ~* partir, abalar (*nach* para); **≈ung** *f* apresentação *f*.

ˈ**Aufmarsch** *m* (*-es*; *⸚e*) ⚔ desfile *m*; concentração *f*; **≈ieren** (*-*; *sn*) desfilar; concentrar-se.

ˈ**aufmeißeln** (*-le*) abrir com escopro; ⚕ trepanar.

ˈ**aufmerk|en**: *~ auf* (*ac.*) reparar em; *s. aufpassen*; **~sam** atento (*auf ac.* a); atencioso (*gegen j-n* para com alg.); *j-n auf* (*ac.*) *~ machen* chamar a atenção de alg. para; **≈samkeit** *f* atenção *f* (*erweisen* prestar; *lenken* chamar); deferência *f*.

ˈ**auf|montieren** (*-*) montar; **~mukken** F arrebitar-se.

ˈ**aufmunter|n** (*-re*) animar; **≈ung** *f* animação *f*.

'**auf|nageln** (*-le*): ~ *auf* (*ac.*) pregar em; **~nähen**: ~ *auf* (*ac.*) coser a, pregar em.

'**Aufnahme** ['-na:mə] *f* recepção *f*; acolhimento *m*; (*Eintragung*) registo *m*; (*Zulassung*) admissão *f*; *Anleihe*: emissão *f*; *topographische*: levantamento *m*; *Phot.* fotografia *f* (*machen* tirar); (*Film*2) filmagem *f*; (*Röntgen*2) radiografia *f*; (*Ton*2) gravação *f*; *Phys.* absorção *f*; (*Wieder*2) readmissão *f*, *Arbeit*: retomada *f*, regresso *m* a; **~-apparat** *m* (*-ęs*; *-e*) *Film*: máquina *f* cinematográfica; *Ton*: gravador *m* de som; **~bedingung** *f* condição *f* de admissão (*od. Film*: de filmagem, *od. Ton*: de gravação); **2fähig** admissível; *Geist*: inteligente; sensível (*für* a); ~ *sn* ⚚ *Markt*: ter capacidade consumidora (*od.* de absorção); **~fähigkeit** *f* (*0*) capacidade *f* (⚚ consumidora); *geistige*: inteligência *f*.

'**aufnehmen** (*L*) *v/t.* (*aufheben*) apanhar; (*empfangen*) receber, acolher, *Gast a.* hospedar; (*eintragen*) registar, incluir; (*fassen*) compreender (*a. fig.*); (*zulassen*) *Gesellschaft*: admitir; *Anleihe*: fazer, contrair; *Arbeit*: começar; *Gedanken*: retomar; *Gelände*: levantar; *Geld*: tomar de empréstimo; *Hypothek*, *Kampf*: aceitar; *Phot.*, *Film*: tirar; *Protokoll*: lavrar; *Ton*: gravar; *Verbindung*: estabelecer; *Waren*: consumir; absorver; *gut* (*übel*) ~ *a.* levar *od.* tomar a bem (a mal); (des)aprovar; *es* ~ *mit* poder concorrer com; não ser inferior a; *in sich* ~ absorver; *wieder* ~ reatar, retomar; *in ein Krankenhaus aufgenommen werden* dar entrada em.

'**aufnötigen** impor; obrigar a aceitar; impingir.

'**aufopfer|n** (*-re*) sacrificar; **~nd** *adj.* abnegado; **2ung** *f* sacrifício *m*.

'**aufpass|en** (*-ßt*) *v/i.* prestar atenção; (*vorsichtig sn*) tomar cuidado; *auf* (*ac.*) ~ atender a; tomar conta de; vigiar; *aufgepaßt!* cuidado!, atenção!; (*auflauern*) espiar (*ac.*); **2er**(**in** *f*) *m* guarda *m*/*f*; *verächtlich*: espia *m*/*f*.

'**auf|peitschen** *fig.* excitar, instigar; **~pflanzen** (*-t*) plantar; *Seitengewehr*: calar; **~pfropfen** enxertar (*auf ac.* sobre); **~platzen** (*-t*; *sn*) rebentar; romper; **~plustern** ['-plu:stərn] (*-re*) abalofar; **~polieren** (-) dar novo lustro a; **~prägen** imprimir (*auf ac.* em).

'**Aufprall** *m* (*-ęs*; *-e*) embate *m*, choque *m*; **2en** (*sn*) embater; ~ *auf* (*ac.*) dar contra.

'**auf|probieren** (-) provar; **~pumpen** dar à bomba; encher com ar; **~putschen** excitar.

'**Aufputz** *m* (*-es*; *0*) enfeite *m*, adorno *m*; **2en** (*-t*) enfeitar, adornar; arranjar; (*polieren*) dar lustro a.

'**auf|quellen** (*L*) inchar, brotar; **~raffen** apanhar; *sich* ~ levantar-se, *fig.* cobrar ânimo.

'**aufrauh|en** ⊕ frisar; cardar; tornar áspero; **2ung** *f* aspereza *f*.

'**aufräum|en** arrumar, pôr em ordem, limpar, arranjar; *mit et.* ~ acabar com a.c.; *vgl. aufgeräumt*; **2ung**(**s-arbeiten** *f*/*pl.*) *f* (obras *f*/*pl.* de) limpeza *f od.* desentulho *m*.

'**aufrechn|en** (*-e-*) contar; ~ *gegen* compensar(-se) com; **2ung** *f* compensação *f*; ⚚ balanço *m*.

'**aufrecht** direito, ao alto, em pé; ere(c)to; *Haltung*: aprumado; *fig.* honesto, sincero, íntegro; **~erhalten** (*L*) manter; **2erhaltung** *f* manutenção *f*.

'**aufreg|en** agitar, excitar, afligir; *sich* ~ *a.* alterar-se (*über ac.* com); **~end** *adj.* emocionante; **2ung** *f* agitação *f*, excitação *f*, aflição *f*, alteração *f*, *freudige*: alvoroço *m*.

'**aufreiben** (*L*) *Wunde*: escoriar; *Kräfte*: gastar, cansar; ⚔ destruir, aniquilar; *sich* ~ consumir-se, extenuar-se; **~d** *adj.* extenuante.

'**auf|reihen** enfiar; ensartar; **~reißen** (*L*) **1.** *v/t.* (*öffnen*) abrir com violência; *weit* ~ escancarar; *Augen*: arregalar; *Mund und Nase* ~ F ficar embasbacado; *Boden*: abarrancar; *Haut*, *Kleid*: rasgar; *Pflaster*, *Schienen*: arrancar; *Plan*: traçar; **2.** *v/i.* (*sn*) *Naht*: descoser-se; fender; **~reizen** (*-t*) provocar, incitar; irritar; **~d** *adj.* provocante; irritante; **2reizung** *f* provocação *f*, incitamento *m*.

'**aufricht|bar** móvel; **~en** (*-e-*) (*geradernachen*) endireitar; △ elevar, erigir, levantar; endireitar; *fig.* erguer; *Herrschaft a.*: estabelecer; (*trösten*) consolar, animar; **~ig** sincero, leal, franco; **2igkeit** *f* (*0*) sinceridade *f*, franqueza *f*; **≈ung** *f* ere(c)ção *f*.

'auf|riegeln (*-le*) desaferrolhar, destrancar; **≈riß** *m* (*-sses*; *-sse*) alçado *m*; **~ritzen** (*-t*) arranhar; **~rollen** (des)enrolar; *Frage*: pôr, levantar; ⚔ *Front*: desorganizar; **~rücken** ⚔ (*sn*) cerrar filas; ~ *zu* ascender a, ser promovido a.

'Aufruf *m* (*-es*; *-e*) (*Namens≈*) chamada *f*; *öffentlicher*: manifesto *m*, proclamação *f*; ~ *zu* apelo *m* a, exortação *f* a; **≈en** (*L*) chamar; *die Namen* ~ fazer a chamada; ~ *zu* convidar a, exortar a.

'Aufruhr [u:] *m* (*-es*; *-e*) tumulto *m*; motim *m*; (*Aufstand*) revolta *f*, insurreição *f*.

'aufrühre|n revolver, agitar (*a. fig.*); *Volk*: revolucionar; amotinar; *Leidenschaften*: atiçar; *Streit*: excitar; **≈r** *m*, **~risch** rebelde (*m*), revolucionário (*m*), revoltoso (*m*), subversivo (*m*).

'auf|runden (*-e-*) arredondar por excesso; **~rüsten** (*-e-*) armar; **≈rüstung** *f* (re)armamento *m*; **~rütteln** (*-le*) sacudir; *fig.* despertar, animar; **~s** = *auf das*; **~sagen** recitar, dizer; *vgl. aufkündigen*.

'aufsässig ['-zɛsiç] rebelde; **≈keit** *f* rebeldia *f*, insubordinação *f*.

'Aufsatz *m* (*-es*; *⸚e*) remate *m*; ⚔ alça *f*; (*Schul≈*) (exercício *m* de) reda(c)ção *f*; (*Tafel≈*) centro *m*; (*Zeitungs≈*) artigo *m*; *Lit.* estudo *m*, ensaio *m*.

'auf|saugen chupar; absorver (*a. fig.*); **~scharren** desenterrar; esgaravatar; **~schauen** levantar os olhos; **~schäumen** (*sn*) espumar; **~scheuchen** espantar; afugentar; **~schichten** (*-e-*) empilhar; **~schieben** (*L*) adiar; **~schießen** (*L*; *sn*) brotar, desabrochar, espigar; crescer ràpidamente; *Strahl*: jorrar.

'Aufschlag *m* (*-es*; *⸚e*) golpe *m*; *Wasser*: queda *m*; ⚔ ricochete *m*; (*Ärmel≈*) canhão *m*; *Tasche*: pala *f*; (*Zuschlag*) suplemento *m*, excesso *m*; (*Preis≈*) aumento *m*; (*Steuer≈*) direito *m* adicional; ♪ levantamento *m*; *Auktion*: lanço *m*; **≈en** (*L*) **1.** *v/t.* abrir; *stärker*: arrombar; *Augen*: levantar; *Bett*: armar; *Decke*: tirar; *Lager*: assentar, estabelecer; *Wohnsitz*: fixar; *Karte*: virar; *Zelt*: erguer; *auf e-n Preis* ~ aumentar um preço por; **2.** *v/i.* (*sn*) dar contra; embater.

'aufschließen (*L*) **1.** *v/t.* abrir (à chave); **2.** *v/i.* cerrar filas.

'aufschlitzen (*-t*) rasgar; fender; abrir.

'Aufschluß *m* (*-sses*; *⸚sse*) explicação *f*; esclarecimento *m*; *Geol.* afloração *f*; **≈reich** instrutivo, elucidativo.

'aufschnallen atar; (*öffnen*) desafivelar.

'aufschnappen apanhar; *fig.*: *a.* ouvir dizer.

'aufschneide|n (*L*) **1.** *v/t.* cortar, talhar; *Wurst*: partir; **2.** *v/i.* exagerar; gabar-se, dizer petas; **≈r** *m* fanfarrão *m*, gabarola *m*; **≈'rei** *f* fanfarronice *f*, gabarolice *f*; peta *f*.

'Aufschnitt *m* (*-es*; *0*) *Chir.*: incisão *f*; *kalter* ~ carnes *f/pl.* frias.

'auf|schnüren (*befestigen*) atar; (*öffnen*) desatar, desligar; desenlaçar; **~schrauben** (*befestigen*) aparafusar; (*öffnen*) desaparafusar, desatarraxar; (*lockern*) soltar; **~schrekken** *v/t.* (*v/i.* [*sn*]) assustar(-se), sobressaltar(-se); **≈schrei** *m* (*-es*; *-e*) grito *m*; **~schreiben** (*L*) escrever; assentar; (*sich dat.*) ~ notar; tomar nota (*od.* apontamento) de; *j-n* ~ (*polizeilich*) autuar; **~schreien** (*L*) soltar um grito; **≈schrift** *f* sobrescrito *m*; título *m*; letreiro *m*; dístico *m*; (*Brief≈*) endereço *m*, dire(c)ção *f*; (*Etikett*) rótulo *m*; *Stein*: inscrição *f*, epígrafe *f*; **≈schub** *m* (*-es*; *⸚e*) prorrogação *f*, adiamento *m*, dilação *f*; *ohne* ~ sem delongas *f/pl.*; **~schürfen** escoriar; **~schütteln** (*-le*) sacudir; afofar.

'aufschütt|en (*-e-*) deitar (*auf ac.* em); (*anhäufen*) amontoar, armazenar; *Damm*: levantar; **≈ung** *f* aterro (*ê) *m*.

'auf|schwatzen (*-t*) F impingir; *sich* (*dat.*) *et.* ~ *lassen a.* deixar-se entrujar; **~schwemmen** inchar; **~schwingen** (*L*): *sich* ~ levantar voo; subir, *a. fig.* elevar-se (*zu* a); *zu e-r Tat*: resolver-se a; **≈schwung** *m* (*-es*; *⸚e*) *fig.* desenvolvimento *m*; prosperidade *f*; *a. Turnübung*: elevação *f*; *e-n guten* ~ *nehmen* prosperar.

'aufsehen (*L*) **1.** levantar os olhos; olhar para cima; **2.** ≈ *n*: ~ *erregen* causar sensação (*od. unliebsames*: celeuma) *f*; **~-erregend** sensacional.

ˈ**Aufseher** *m* guarda *m*; *Personal*: apontador *m*; ↗ abegão *m*; ⚕ (*Lager*≈) fiel *m*.

ˈ**aufsein** (*L*; *sn*) estar aberto; *j.*: estar levantado, estar a pé.

ˈ**aufsetzen** pôr; *schriftlich*: redigir; escrever; *Miene*: tomar.

ˈ**Aufsicht** *f* inspe(c)ção *f*; fiscalização *f*; intendência *f* (*führen* ter); **~s-beamte(r)** *m* fiscal *m*; inspe(c)tor *m*; **~s-behörde** *f* inspe(c)ção *f*; intendência *f*; **~s-rat** *m* conselho *m* fiscal; **~s-stelle** *f* = **~sbehörde**.

ˈ**auf|sitzen** (*L*; *sn*) montar (a cavalo); (*wachen*) velar; passar em branco; ⊕ sobressair; **~d** sobressaliente; **~spalten** (-*e*-) fender; ⚗ *Phys.* cindir; **~spannen** estender; *Schirm*: abrir; **~sparen** guardar, poupar.

ˈ**aufspeicher|n** (-*re*) armazenar; ⚡ *u. fig.* acumular; ≈**ung** *f* armazenagem *f*; ⚡ acumulação *f*.

ˈ**auf|sperren** escancarar; abrir de par em par; *Mund und Nase* ~ F ficar embasbacado; **~spielen** ♪ tocar; *sich* ~ F dar-se importância; *sich* ~ *als* arvorar-se em; **~spießen** espetar; **~splittern** (-*re*) (≈**splitterung** *f*) estilhaçar (*m*); **~sprießen** (*L*) brotar, rebentar, germinar; **~springen** (*L*; *sn*) saltar; levantar-se num pulo; (*sich öffnen*) abrir(-se); (*platzen*) rebentar; *Haut*: gretar; **~spulen** dobar, (en)sarilhar; **~spüren** *v/t.* descobrir; seguir a pista (*od.* o rasto) de, *Hund*: *a.* rastejar; **~stacheln** (-*le*) aguilhoar; incitar, instigar; **~stampfen** bater com o(s) pé(s); ≈**stand** *m* (-*es*; ⸗*e*) tumulto *m*; (*Empörung*) insurreição *f*, rebelião *f*, revolta *f*; **~ständisch** insurre(c)to, sedicioso.

ˈ**aufstapel|n** (-*le*) amontoar; empilhar; ⚕ armazenar; ≈**ung** *f* armazenagem *f*; açambarcamento *m*.

ˈ**auf|stechen** (*L*) picar; furar, *a.* ⚕ abrir; **~stecken** segurar com alfinete; *fig. v/i.* desistir; **~stehen** (*L*; *sn*) levantar-se; *fig. a.* surgir; *gegen j-n*: *a.* sublevar-se, insurgir-se; (*offen sn*) estar aberto; *durch* ≈ *abstimmen* votar por sentados e levantados; **~steigen** (*L*; *sn*) subir, elevar-se, *fig. a.* ascender; ✈ descolar; *Strahl*: jorrar; **~steigend** *adj.* ascendente.

ˈ**aufstell|en** colocar, pôr; ⊕ montar; ⚔ (*sich*) ~ formar; *Sport, Mannschaft*: *a.* compor; *Denkmal*: erguer; *Grundsatz, Rekord*: estabelecer; *Falle*: armar; *Liste*: organizar; *Behauptung, Rechnung*: fazer; *Kandidatur*: apresentar; *Zeugen a.* produzir; ≈**ung** *f* colocação *f*; ⊕ montagem *f*; ⚔ formação *f*, disposição *f*; apresentação *f*; (*Darstellung*) exposição *f*; relação *f*; (*Übersicht*) lista *f*, mapa *m*, quadro *m*; ~ *der Kosten* orçamento *m*.

ˈ**auf|stemmen** fincar; (*stützen*) apoiar (*auf dat.* em); ≈**stieg** *m* (-*es*; -*e*) subida *f*; ascensão *f*; ✈ partida *f*; *fig.* progresso *m*; elevação *f*; ⚕ prosperidade *f*; **~stöbern** (-*re*) desaninhar; *fig.* descobrir; **~stoßen** (*L*) **1.** *v/t.* arrombar; **2.** *v/i.* **a)** (*sn*) dar contra; **b)** *Magen*: arrotar; **~streben** erguer-se; ~ *zu* aspirar a, ambicionar (*ac.*); **~strebend** *adj.* ascendente, progressivo; **~streichen** (*L*) *Butter*: pôr, barrar; *Farbe*: aplicar; **~streifen** arregaçar; **~streuen** deitar, espalhar; **~stülpen** armar; tapar; *Hut*: pôr; **~stützen** (-*t*) apoiar (em); **~suchen** procurar; **~summen**: *sich* ~ acumular-se; **~takeln** (-*le*) ⚓ aparelhar; *fig.* F (*sich*) ~ vestir(-se) sem gosto; ≈**takt** *m* (-*es*; -*e*) ♪ ársis *f*; (*Zeichen*) sinal *m*; *fig.* prelúdio *m*, princípio *m*; **~tauchen** (*sn*) surgir, emergir, aflorar; aparecer, assomar; **~tauen** **1.** *v/t.* derreter; **2.** *v/i.* (*sn*) *a.* degelar; *fig. j.*: começar a sentir-se mais à vontade.

ˈ**aufteil|en** repartir; distribuir; ↗ parcelar; ≈**ung** *f* repartição *f*, ↗ *a.* parcelamento *m*; distribuição *f*.

ˈ**auftischen** servir; pôr na mesa; *fig. Geschichte*: contar.

ˈ**Auftrag** [ˈ-traːk] *m* (-*es*; ⸗*e*) encargo *m*; ⚕ ordem *f*, encomenda *f*; pedido *m* (*auf ac.* de); (*Aufgabe*) missão *f*, tarefa *f*; comissão *f*; *Farbe*: demão *f*; *im* ~*e von* por incumbência *f* de; da parte de; ⚕ (*Abk. i.A.*) por poder (p.p.), *j-s*: por ordem (p.o.) de; por, pelo, pela; ≈**en** (*L*) *Speisen*: servir, trazer; *Farbe*: aplicar; *dick, stark* ~ carregar; (*befehlen*) dar ordem de; *Kleidung*: gastar; *fig.* exagerar; **~geber** *m* ⚖

comitente *m*; ⚕ cliente *m*; **~nehmer** ['-ne:mər] *m* mandatário *m*; **2s-gemäß** conforme ao seu pedido *usw.*

'**auf|treiben** (*L*) (*aufwirbeln*) levantar; (*blähen*) inchar; F (*finden*) descobrir, encontrar; *Geld*: arranjar; **~trennen** descoser, desmanchar, desfazer; **~treten** (*L*) **1.** *v/t.* (*öffnen*) arrombar com os pés; **2.** *v/i.* pôr o pé no chão; *fig.* (*sn*) (*sich benehmen*) comportar-se, proceder; (*erscheinen*) apresentar-se; aparecer; ⚕ *a.* surgir, declarar-se, produzir-se; *Thea.* representar; (*auf die Bühne kommen*) entrar (em cena), *zum erstenmal ~* estrear-se, *~ als* fazer o papel de; *~ gegen* combater; opor-se a; **2treten** *n* (*Benehmen*) comportamento *m*; maneiras *f/pl.*, conduta *f*; (*Erscheinen*) aparição *f*; *Thea.* entrada *f* (em cena); *erstes ~* estreia *f*; (*Vorgehen*) procedimento *m*; **2trieb** *m* (*-es*; *-e*) movimento *m* ascensional; impulsão *f*; *fig.* impulso *m*; **2tritt** *m* (*-es*; *-e*) cena *f*; *j-s*: entrada *f* (em cena); **~trumpfen** teimar; querer impor-se; **~tun** (*L*) abrir; *Speisen*: servir; F (*finden*) encontrar, arranjar; **~wachen** (*sn*) acordar, despertar; **~wachsen** (*L*; *sn*) crescer, criar-se.

'**aufwall|en** (*sn*) ferve(sce)r, borbulhar; *fig.* exaltar-se; **2en** *n*, **2ung** *f* ebulição *f*; *fig.* exaltação *f*; impulso *m*.

'**Aufwand** *m* (*-es*; *0*) (*Kosten*) despesas *f/pl.*; (*Luxus*) luxo *m*; (*Verbrauch*) gasto *m*; *~ an Kraft* esforço *m*; *großen ~ treiben* gastar muito, levar uma vida dispendiosa; **~s-entschädigung** *f* verba *f* destinada para despesas de representação.

'**aufwärmen** (tornar a) aquecer; (*wieder*) *~ fig.* F voltar a falar de.

'**Aufwarte|frau** *f* mulher *f* a dias; **2n** (*-e-*) (*dat.*) servir; *j-m ~* atender alg.; *mit et. ~ können* saber fazer a.c., ter a.c.

'**aufwärts** ['-vɛrts] para cima; **2-bewegung** *f* movimento *m* ascensional; subida *f*, ⚕ *a.* alta *f*.

'**Aufwartung** *f* serviço *m*; *j-m s-e ~ machen* apresentar cumprimentos a alg.

'**Aufwasch** ['-vaʃ] *m* (*-es*; *0*) louça *f*; lavagem *f*; **2en** (*L*) lavar; *das ist ein 2 fig.* já que se está com as mãos na massa.

'**auf|wecken** despertar, acordar; *s. a. aufgeweckt*; **~weichen** *v/t.* (*v/i.* [*sn*]) amolecer; diluir(-se); *Weg*: encharcar; **~weisen** (*L*) mostrar, acusar; ⚕ *e-n Saldo*: apresentar.

'**aufwend|en** (*-e- od. L*) gastar; empregar; **2ung** *f* gasto *m*; dispêndio *m*, emprego (*'ê) *m*.

'**aufwerfen** (*L*) levantar; *Graben*: cavar; *sich ~ zu, sich ~ als* arvorar-se em; *s. a. aufgeworfen.*

'**aufwert|en** (*-e-*) revalorizar; **2ung** *f* revalorização *f*; deflação *f*.

'**aufwickeln** (*-le*) enrolar; enovelar, dobar.

'**aufwiegel|n** ['-vi:gəln] (*-le*) sublevar, amotinar; **2ung** *f* amotinação *f*.

'**aufwieg|en** (*L*) contrapesar; *fig.* compensar; *mit Gold ~* pagar a peso de ouro; *nicht mit Gold aufzuwiegen* impagável; **2ler** *m*, **~lerisch** sedicioso (*m*), agitador (*m*), rebelde (*m*), revoltoso (*m*), subversivo (*m*).

'**Auf|wind** *m* (*-es*; *-e*) vento *m* ascendente; **2winden** (*L*) retorcer, destorcer; (*hoch-*) guindar; **2wirbeln** (*-le*) **1.** *v/t.* levantar; **2.** *v/i.* (*sn*) levantar-se, remoinhar; **2wischen** limpar; (*trocknen*) enxugar; **2wühlen** revolver, remexer; *fig. wieder ~* voltar a provocar.

'**aufzähl|en** enumerar; *Geld*: contar; *im einzelnen ~* especificar; **2ung** *f* enumeração *f*; contagem *f*.

'**auf|zäumen** enfrear; **~zehren** consumir.

'**aufzeichn|en** (*-e-*) desenhar, esboçar; (*notieren*) notar, apontar; **2ung** *f* desenho *m*; nota *f*, apontamento *m*; memorial *m*.

'**aufzeigen** indicar; ⚕ apresentar.

'**aufzieh|en** (*L*) **1.** *v/t.* puxar para cima; *Vorhang*: correr, *Thea.* levantar; *Perlen*: enfiar; *Schublade*: abrir; *Segel, Flagge*: içar; *Uhr*: dar corda a; *Saiten*: pôr, *fig. andere* (*stärkere*) *Saiten ~* mudar de tom (ser mais exigente); *auf Leinwand*: colar; (*ausstatten*) armar; *Kinder*: criar (*a. Vieh*), educar; *fig. et.*: organizar; *j-n*: entrar com, fazer troça de; **2.** *v/i.* (*sn*) *Gewitter*: levantar-se.

'**Auf|zucht** *f* (*0*) criação *f*; ⚘ cultura *f*; **~zug** *m* (*-es*; *⸗e*) (*Aufmarsch*) desfile *m*; (*Festzug*) cortejo *m*, *Rel.* procissão *f*; *Thea.* a(c)to *m*; (*Fahr-*

stuhl) elevador *m*, *Lasten*: monta-cargas *m*; (*Drahtseilbahn*) teleférico *m*; (*Kleidung*) traje *m*; **2zwingen** (*L*) impor; impingir.

'**Aug-apfel** *m* (-*s*; ⁼) globo *m* do olho (*'ô).

'**Auge** ['aʊgə] *n* (-*s*; -*n*) olho (*'ô) *m* (*blau* negro); vista *f*; ⚘ gomo *m*; *Spiel*: ponto *m*; *mit bloßem* ~ a olho nu; ~ *in* ~ cara a cara; *ein* ~ *auf* (*ac.*) *haben* trazer de olho (*'ô), (*bewachen*) olhar por; *ein* ~ *auf* (*ac.*) *werfen* lançar os olhos para, *fig.* interessar-se por; *ein* ~ *für et. haben* ter olhos para a.c.; *ein* ~ *zudrücken* fechar os olhos; *aus dem* ~, *aus dem Sinn* longe da vista, longe do coração; *im* ~ *behalten* não perder de vista; *ins* ~ *fallen* dar na vista; *j-m fest ins* ~ *sehen* fixar a vista em; *e-r Gefahr*: enfrentar (*ac.*), encarar (*ac.*); *ins* ~ *springen* saltar aos olhos; *mit e-m blauen* ~ *davonkommen* escapar por uma unha negra; *das paßt wie die Faust aufs* ~ falo em alhos e tu respondes em bugalhos; *pl. große* ~*n machen* arregalar os olhos; *j-m die* ~*n zudrücken* fechar os olhos a alg.; *j-m Sand in die* ~*n streuen* deitar poeira nos olhos de alg.; *sich* (*dat.*) *keinen Sand in die* ~*n streuen lassen* ter os olhos abertos; *um j-s schöner* ~*n willen* pelos belos olhos de alg.; *unter vier* ~*n* a sós; *unter* (*od. vor*) *die* ~*n kommen* aparecer; *nicht die Hand vor* ~*n sehen* não ver absolutamente nada, não ver um palmo diante do nariz; *j-m wird schwarz vor den* ~*n* alg. tem obscurecimento da visão.

'**äuge(l)n** ['ɔygə(l)n] (-*le*) **1.** *v/i.*: ~ *nach* olhar para, piscar o olho (*'ô) a; **2.** *v/t.* ⚒ enxertar.

'**Augen|arzt** *m* (-*es*; ⁼*e*) oftalmologista *m*; **~blick** *m* (-*es*; -*e*) momento *m*, instante *m*; *im* ~ neste momento, (*schnell*) num instante, (*sofort*) já; *alle* ~*e* a cada momento, a cada passo; *jeden* ~ de um momento para outro; **2blicklich** momentâneo, instantâneo; (*gegenwärtig*) a[c]tual; *adv. a.* num instante; **~braue(nstift** *m* [-*es*; -*e*]) *f* (lápis *m* para) sobrancelha *f*; **~entzündung** *f* inflamação *f* dos olhos, oftalmia *f*; **2fällig** evidente, manifesto; **~glas** *n* (-*es*; ⁼*er*) (*Brille*) óculos *m/pl.*; (*Einglas*) monóculo *m*; (*Fernglas*) binóculo *m*; (*Kneifer*) luneta *f*; **~-heilkunde** *f* (*0*) oftalmologia *f*; **~-höhle** *f* órbita *f* do olho; **~klinik** *f* clínica *f* oftalmológica; **~licht** *n* (-*es*; *0*) vista *f*; **~lid** *n* (-*es*; -*er*) pálpebra *f*; **~linse** *f* cristalino *m*; **~maß** *n* (-*es*; *0*) medida *f* ocular; *nach* ~ a olho (*'ô); *gutes* ~ *haben* ter a vista acertada; **~merk** *n* (-*es*; *0*) atenção *f*; *sn* ~ *auf* (*ac.*) *richten* alvejar (*ac.*); ter (*ac.*) em mira (*a. fig.*); **~mittel** *n* ⚕ colírio *m*; **~nerv** *m* (-*s*; -*en*) nervo *m* ó(p)tico; **~salbe** *f* pomada *f* oftálmica (*od.* para os olhos); **~schein** *m* (-*es*; *0*) aparência *f*, vista *f*; *in* ~ *nehmen* observar, *näher*: examinar; **2scheinlich** evidente; *adv. a.* aparentemente; pelos vistos; **~spiegel** *m* oftalmoscópio *m*; **~stern** *m* (-*es*; -*e*) menina *f* do olho; **~täuschung** *f* ilusão *f* ó(p)tica; **~ntropfen** *m* gota *f* oftálmica; *pl.* = ~*wasser*; **~trost** ⚘ *m* (-*es*; *0*) eufrásia *f*; **~wasser** ⚕ *n* (-*s*; *0*) soluto *m* oftálmico; colírio *m* líquido; **~weh** *n* dor *f* dos olhos; **~weide** *f* deleite *m* dos olhos; **~wimper** *f* (-; -*n*) pestana *f*; **~zahn** *m* (-*es*; ⁼*e*) dente *m* canino; **~zeuge** *m* (-*n*) testemunha *f* ocular.

Au'gust [aʊ'gʊst] *m* Agosto *m*; **~'iner** [-'i:nər] *m* agostinho *m*.

Aukti'on [aʊktsi'o:n] *f* leilão *m*; **~'ator** [-'a:to:r] *m* (-*s*; -*en*) leiloeiro *m*.

'**Aula** ['aʊla:] *f* (-; *Aulen u.* -*s*) sala *f* de a(c)tos, salão *m* nobre.

aus [aʊs] **1.** *prp.* (*dat.*) **a**) *örtl.*, *Herkunft*, (*heraus*): de; *Stoff*: feito de, feito com; em; (*hinaus*) por; ~ *e-r Anzahl* (*heraus* de) entre; ~ *e-m Abstand von* a uma distância de; ~ *et. heraus sn* estar fora de a.c.; **b**) *zeitl.* de; **c**) *Ursache*: por; **d**) *Mittel, Art*: a; ~ *allen Kräften*, ~ *vollem Halse* a toda a força; **2.** *adv. von* … ~ de, desde; *nicht* (*od. weder*) ~ *noch ein wissen* não saber que fazer; *s. a. aussein*; **3.** 2 *n* (-; *0*) *Sport*: saída *f* em falso.

'**aus-arbeit|en** (-*e*-) elaborar; *Schriftstück*: *a.* redigir; (*vervollkommnen*) aperfeiçoar; **2ung** *f* elaboração *f*; reda(c)ção *f*; aperfeiçoamento *m*.

'**aus-art|en** (-*e*-; *sn*) degenerar, acabar (*zu* em); **2ung** *f* degeneração *f*.

'aus-atm|en¹ (*-e-*) expirar; *Duft*: exalar; **2en²** *n*, **2ung** *f* expiração *f*.
'ausbaden (*-e-*) *fig*. F pagar o pato (*od*. as favas).
'ausbagger|n (*-re*) dragar, desassorear; **2ung** *f* dragagem *f*, desassoreamento *m*.
'Ausbau *m* (*-ẹs*; *-ten*) ⚠ acabamento *m* (*od*. amplificação *f*) de uma construção; (*Erker*) sacada *f*; (*Erweiterung*) extensão *f*; (*Nutzung*) exploração *f*; *fig*. *Beziehungen*: intensificação *f*.
'ausbau|en *v/t*. completar; (*erweitern*) alargar, ampli(fic)ar; (*nutzen*) explorar; *fig*. estender; desenvolver; intensificar; **~fähig** explorável; **2-fähigkeit** *f* (*0*) explorabilidade *f*.
'aus|bedingen (*L*; -): *sich* (*dat*.) ~ estipular; reservar-se; **~beißen** (*L*) arrancar com os dentes; *sich* (*dat*.) *e-n Zahn* ~ quebrar; **~bessern** (*-re*) reparar, consertar, compor; *Bild*: restaurar; (*flicken*) remendar; **2-besserung** *f* conserto *m*, reparação *f*, emenda *f*; *Bild*: restauração *f*; **~beulen** desamolgar; abaular.
'Ausbeut|e *f* produto *m*, *a*. ⚒ lucro *m*; **2en** (*-e-*) explorar; *fig*. *a*. F depenar; **~er** *m* explorador *m*; **~ung** *f* exploração *f*.
'ausbezahl|en (-) pagar; **2ung** *f* pagamento *m*.
'ausbiegen (*L*; *sn*) *v/i*. desviar-se, afastar-se; *rechts* ~ virar (*od*. voltar) para a direita; *j-m* ~ deixar passar alg.
'ausbild|en (*-e-*) preparar, instruir; (*sich*) ~ formar(-se) (*zu ac*.; *in dat*. em); *Fähigkeit*: desenvolver; **2er** *m* instrutor *m*; **2ung** *f* preparação *f*, instrução *f*, *besondere*: especialização *f*; **2ungslager** *n* (**2ungslehrgang** *m* [*-ẹs*; *¨e*] curso *m*) campo *m* de instrução.
'aus|bitten (*L*): *sich* (*dat*.) *et*. *von j-m* ~ pedir a.c. a alg.; **~blasen** (*L*) soprar, apagar; extinguir; **~bleiben¹** (*L*; *sn*) *v/i*. não vir, deixar de vir; faltar; *lange*: *a*. tardar a vir, demorar(-se); **2bleiben²** *n* falta *f*, não comparecência *f*, ausência *f*; demora *f*; **2blick** *m* (*-ẹs*; *-e*) vista *f*, panorama *m*; *a*. *fig*. perspectiva *f* (*auf*, *in ac*. de); **~bohren** furar, esburacar, brocar, escarear.
'ausboot|en ['-bo:tən] (*-e-*) desembarcar; *fig*. afastar; eliminar; **2ung** *f* desembarque *m*; *fig*. afastamento *m*, eliminação *f*.
'ausbrechen (*L*) **1.** *v/t*. arrancar; *Speise*: vomitar; (*sich dat*.) *e-n Zahn* ~ quebrar; **2.** *v/i*. (*sn*) (*fliehen*) evadir-se (*aus* de); *Feuer*, *Krankheit*: declarar-se, *Krieg*: rebentar; ~ *in* (*ac*.) romper em; *in ein Gelächter* ~ desatar a rir.
'ausbreit|en (*-e-*) estender, propagar, *fig*. *a*. divulgar, espalhar, propalar; **2ung** *f* extensão *f*, divulgação *f*, propagação *f*, difusão *f*.
'ausbrennen (*L*) **1.** *v/t*. consumir pelo fogo; ⚕ cauterizar; **2.** *v/i*. (*sn*) *Feuer*: extinguir-se, apagar-se; *Gebäude*: ficar com o interior destruído (*od*. consumido) pelo fogo.
'Ausbruch *m* (*-ẹs*; *¨e*) erupção *f*; (*Flucht*) evasão *f*; *Gefühl*: ímpeto *m*, arrebatamento *m*, transporte *m*; *Krankheit*: princípio *m*; *Krieg*: eclosão *f*.
'aus|brüten (*-e-*) chocar; **2buchtung** ['-buxtuŋ] *f* baía *f*; sinuosidade *f*; **~bügeln** (*-le*) passar a ferro; *Naht*: abrir; *fig*. F arranjar; **2bund** *m* (*-ẹs*; *0*) modelo *m*; *ein* ~ *an* ... *sn* ser de um(a) ... exemplar.
'ausbürger|n *v/t*. (*-re*) expatriar; retirar a nacionalidade a; **2ung** *f* expulsão *f*; perda *f* da nacionalidade.
'ausbürsten (*-e-*) escovar.
'Ausdauer *f* (*0*) resistência *f*; *geistige*: perseverança *f*; **2n** (*-re*) resistir, durar; perseverar; **2nd** *adj*. resistente; perseverante; *a*. ⚘ persistente, perene.
'ausdehn|bar elástico; *Phys*. dilatável; *fig*. ~ *auf* (*ac*.) extensível a; **2barkeit** *f* (*0*) elasticidade *f*; dilatabilidade *f*; extensibilidade *f*; **~en** dilatar; *fig*. estender; (*weiten*) alargar; *s*. *a*. *ausgedehnt*; **2ung** *f* (*Ausmaß*) extensão *f*; dimensão *f*, tamanho *m*; *Phys*. dilatação *f*; *Pol*. expansão *f*; **2ungs...**: *in Zssg*(*n*) expansivo.
'aus|denken (*L*) idear; *sich* (*dat*.) ~ imaginar; inventar; *sich* ~ *können* calcular, fazer ideia; **~deuten** (*-e-*) interpretar, explicar; **~dörren** (des)secar; **~drehen** *Licht*: apagar; **~dreschen** (*L*) *Getreide*: de(s)bulhar; **2druck** *m* (*-ẹs*; *¨e*) expressão *f*, (*Wort*) *a*. termo *m*; (*Satz*) frase *f*; (*Sprechweise*) di(c)ção *f*; (*ac*.)

zum ~ bringen, (*dat.*) ~ geben exprimir (*ac.*), manifestar (*ac.*).
'**ausdrück|en** espremer; *fig.* exprimir, manifestar; **~lich** expresso; (*ernst*) formal.
'**Ausdrucks|kunst** *f* (*0*) expressionismo *m*; **2los** sem expressão; **2voll** expressivo; **~weise** *f* estilo *m*; modo *m* de exprimir-se.
'**aus|dünsten** (*-e-*) evaporar; exalar; *Haut*: transpirar; ~ *lassen* pôr ao ar, ventilar; **2dünstung** *f* exalação *f*, transpiração *f*.
aus-ein'ander separados; **~breiten** (*-e-*) desfraldar; **~bringen** (*L*) (conseguir) separar; *Personen*: *a.* desunir; **~fallen** (*L*; *sn*) despedaçar-se; cair em pedaços; desfazer-se; **~falten** (*-e-*) desfraldar; desdobrar; **~fliegen** (*L*; *sn*) dispersar-se pelo ar; (*explodieren*) ir pelos ares; **~gehen** (*L*; *sn*) *et.*: desmanchar-se; *Linien*, *Personen*: separar-se, *a. Meinungen*: divergir; *Versammlung*: dispersar-se; **~halten** (*L*) manter separados; *fig.* distinguir, não confundir; **~kommen** (*L*; *sn*) (chegar a) separar-se; *fig.* divergir; **~laufen** (*L*; *sn*) dispersar-se; *Phys.* divergir; **~nehmbar** ['-ne:m-] desmontável; **~nehmen** (*L*) desfazer, descompor, desmanchar; ⊕ desmontar; **~rollen** desenrolar; **~rücken** *v/t.* (*v/i.* [*sn*]) separar(-se) *od.* afastar(-se) um do outro; **~setzen** (*-t*) (*trennen*) separar; (*erklären*) explicar; *sich* ~ *mit* arranjar-se com; *sich mit j-m über* (*ac.*) ~ discutir a.c. com alg.; **2setzung** *f* (*Erklärung*) explicação *f*; (*Streit*) discussão *f*; disputa *f*; *bewaffnete*: conflito *m*, guerra *f*; **~ziehen** (*L*) esticar, estirar.
'**aus|erkoren** ['-ɛrko:rən], **~erlesen** escolhido, eleito; **~ersehen** (*L*; -), **~erwählen** (-) escolher, eleger; destinar (*zu* para); **~erwählt** escolhido, eleito; (*vorzüglich*) sele(c)to, excelente; primoroso.
'**ausfahr|en** (*L*) **1.** *v/t. et.*: gastar; *j-n*: levar para um passeio (de carro); *Kurve*: seguir na (*od.* pela sua) mão, seguir na curva; *ausgefahren adj. Weg*: gasto; **2.** *v/i.* (*sn*) sair (de carro); ⚓ largar; **2t** *f* saída *f*; (*Spazierfahrt*) passeio *m* (no carro).
'**Ausfall** *m* (*-es*; *⸗e*) queda *f*; (*Angriff*) invectiva *f*; ⚔ surtida *f*; (*Ausbleiben*) falta *f*; (*Verlust*) perda *f*; ⚕ défice *m*; ⚔ baixa *f*; (*Ergebnis*) resultado *m*; (*Nichtstattfinden*) não-realização *f*, *des Unterrichts*: feriado *m*; **2en** *Haare*: cair; *gut*, *schlecht*: sair; (*wegfallen*) faltar; não entrar; (*nicht stattfinden*) não se realizar; ~ *lassen Stunde*: não dar; 🚂 não circular; *vorübergehend* (*a. Dienst*): ficar suspenso; ⚔ fazer uma surtida; *Fechtkunst*: cair a fundo; *s. a. ausgefallen*; **2end** *adj. fig.* agressivo; injurioso.
'**ausfällig** insolente; inve(c)tivo; *gegen j-n* ~ *werden* insultar alg.
'**Ausfall|straße** *f*, **~tor** *n* (*-es*; *-e*) saída *f*; **~winkel** *m* ângulo *m* de reflexão.
'**aus|fasern** (*-re*) *v/t.* (*v/i.*) desfiar(-se); esgarçar; **~fechten** (*L*) *v/t.* decidir pelas armas; *fig.* conseguir; **~feilen** limar; *fig. a.* dar o último retoque em.
'**ausfertig|en** lavrar, exarar; *Quittung*: passar; **2ung** *f* reda(c)ção *f*, exaração *f*; despacho *m*; *in doppelter* ~ em duplicado.
'**aus|findig**: ~ *machen* descobrir; averiguar; **~flicken** remendar; consertar; **~fliegen** (*L*; *sn*) levantar voo; sair do ninho; voar; *fig.* F sair; **~fließen** (*L*; *sn*) sair, escorrer; emanar; **2flucht** *f* (-; *⸗e*) pretexto *m*, subterfúgio *m*; **2flug** *m* voo *m*, saída *f*; *fig.* excursão *f*, passeio *m*; **2flügler** ['-fly:glər] *m* excursionista *m*; turista *m*; **2fluß** *m* (*-sses*; *⸗sse*) escoadouro *m*; (*Abfluß*) esgoto *m*; (*Mündung*) embocadura *f*; ⚕ segregação *f*, fluxo *m*; *Phys.* emanação *f*; *fig. a.* resultado *m*, produto *m*; **~forschen** *et.*: indagar; *j-n*: sondar; **2forschung** *f* indagação *f*; sondagem *f*; **~fragen** interrogar; **~fransen** ['-franzən] (*-t*) desfiar; **~fräsen** (*-t*) fresar; **~fressen** (*L*) comer tudo; F *fig. et.* ~ fazer (das suas).
'**Ausfuhr** [u:] *f* exportação *f*; ~...: *in Zssg(n) meist* de exportação; (*exportierend*) exportador.
'**ausführ|bar** [y:] realizável, exequível; *schwer usw.*: de realizar, de executar; ⚕ exportável; **2barkeit** *f* possibilidade *f* de realização (*od.* ⚕ de exportação); **~en** *j-n*: levar para um passeio; ⚕ *Waren*: exportar; *Auftrag*: executar, *Plan*: realizar;

(*darlegen*) expor; falar sobre; estender-se sobre.
aus'führlich [yː] pormenorizado, minucioso; **2keit** *f* minuciosidade *f*.
'Ausfuhr·ort *m* (*-ẹs*; *-e*) lugar *m* de origem.
'Ausführung *f* *Auftrag*: execução *f*; *Bau*: construção *f*; *Plan*: realização *f*; *Ware*: exportação *f*; (*Darlegung*) exposição *f*; (*Aufmachung*) apresentação *f*; **~sbestimmung** *f* regulamento *m*.
'ausfüllen (pre)encher; *Amt*: desempenhar; *Lücke*: suprir; *Stelle*, *Zeit*: ocupar.
'Ausgabe *f* despesa *f*; (*Aushändigung*) entrega *f*; *Aktien*, *Banknoten*, *Marken*: emissão *f*; *Briefe*, *Lebensmittel*: distribuição *f*; *Bücher*, *Zeitungen*: edição *f* (neueste última); **~schalter** *m*, **~stelle** *f* entrega *f*, despacho *m*.
'Ausgang *m* (*-ẹs*; *⸗e*) saída *f*; *fig.* desenlace *m*, fim *m*, desfecho *m*; (*Erfolg*) resultado *m*, êxito *m*; **~spunkt** *m* (*-ẹs*; *-e*) ponto *m* de partida; **~s-stellung** *f* posição *f* inicial.
'ausgeben (*L*) gastar; (*aushändigen*) entregar; (*verteilen*) distribuir; *Aktien*, *Banknoten*, *Marken*: emitir; *Fahrkarten*: vender; *sich* ~ esgotar-se; *sich für* ... ~ fazer-se passar por, pretender ser.
aus|gebombt ['-gəbɔmpt]: ~ *sn* ter perdido os haveres num bombardeamento; **2geburt** *f* produto *m*, fruto *m*, filho *m*; ~ *der Hölle* coisa *f* infernal, coisa *f* diabólica; **~gedehnt** ['-gədeːnt] *p.pt. v. ausdehnen*; *adj. fig.* extenso; **~gedient** ['-gədiːnt] gasto; ⚔ inválido, veterano, *Offizier*: reformado; **~gefahren** ['-gəfaːrən] *p.pt. v. ausfahren*; *adj.* gasto; **~gefallen** *p.pt. v. ausfallen*; *adj.* extravagante; **~geglichen** ['-gəgliçən] *p.pt. v. ausgleichen*; *adj.* equilibrado.
'ausgehen (*L*; *sn*) *v/i.* sair (*a. fig. gut usw.*); (*alle w.*) esgotar-se, acabar-se; *Atem*, *Kräfte*: faltar; *Farbe*: desbotar; *Feuer*, *Licht*: apagar-se; *Haar*: cair; *frei* ~ ser absolvido; *leer* ~ ficar sem nada; ~ *von fig.* partir de; *auf* (*ac.*) ~ pretender (obter); ter em mira; **~d** *adj.*: *im* ~*en 18. Jahrhundert* em fins do século XVIII.
'aus|gekämpft ['-gəkɛmpft]: ~ *haben* ter acabado de lutar; **~gekocht** ['-gəkɔxt] *p.pt. v. auskochen*; *fig.* F sabido; consumado; **~gelassen** *p.pt. v. auslassen*; *adj. Kind*: endiabrado; *Stimmung*: divertido, animado; **2gelassenheit** *f* alegria *f*, animação *f*; **~geleiert** ['-gəlaɪərt] gasto; **~gelernt**: ~ *haben* ter terminado o curso (*od.* a preparação); **~gemacht** ['-gəmaxt] *p.pt. v. ausmachen*; (*sicher*) certo; manifesto; *Schwindler usw.*: notório, consumado; ~*e Sache* coisa *f* decidida; **~gemergelt** ['-gəmɛrgəlt] *fig.* macilento; **~genommen** ['-gənɔmən] **1.** *p.pt. v. ausnehmen*; **2.** (*ohne*) exce(p)to, menos, salvo; **3.** *cj.* ~, *daß* a não ser que *subj.*; **~geprägt** ['-gəprɛːkt] *p.pt. v. ausprägen*; *adj.* marcado; cara(c)terístico; **~gerechnet** ['-gərɛçnət] *p.pt. v. ausrechnen*; F *adv.* precisamente; **~geschlossen** ['-gəʃlɔsən] *p.pt. v. ausschließen*; ~! de modo algum!, de maneira nenhuma!, nunca!; ~ *sein* ser impossível; **~gestalten** (*-e-*) *v/t.* (in-)formar; aperfeiçoar, acabar; **~gesucht** ['-gəzuːxt] *p.pt. v. aussuchen*; *adj. a.* sele(c)to; **~gewachsen** ['-gəvaksən] *p.pt. v. auswachsen*; *adj. j.*: adulto, feito; *Zool. u.* ⚘ desenvolvido; **~gezeichnet** ['-gətsaɪçnət] *p.pt. v. auszeichnen*; *adj.* excelente, distinto, assinalado, insigne; *et.*: *a.* primoroso; **~giebig** ['-giːbiç] abundante.
'ausgießen (*L*) verter, deitar; *Gefäß*: vazar, esvaziar.
'Ausgleich *m* (*-ẹs*; *-e*) compensação *f*; (*Einigung*) compromisso *m*, acordo *m*; ⚕ saldo *m*; *Budget*: equilíbrio *m*; *Sport*: empate *m*; **2en** (*L*) compensar, equilibrar, ajustar; (*ebnen*) aplanar; ⚕ saldar, liquidar; **~sgetriebe** *n* diferencial *m*; **~sventil** *n* válvula *f* de compensação.
'ausgleiten (*L*; *sn*) escorregar.
'ausglieder|n (*-re*) eliminar; **2ung** *f* eliminação *f*.
'ausgrab|en (*L*) desenterrar, *Leiche*: *a.* exumar; *Ruinen*: escavar; **2ung** *f* escavação *f*; *Leiche*: exumacão *f*.
'Aus|guck *m* (*-ẹs*; *-e*) mirante *m*; ⚓ gávea *f*; **2en**: ~ *nach* F olhar por.
'Ausguß *m Kanne*: bico *m*; (*Abfluß*) cano *m*, *Küche*: *a.* pia *f*.
'aus|hacken cavar; *Auge*: picar; ~-

haken desenganchar, desabrochar; **~halten** (*L*) **1.** *v/t.* resistir a; (*ertragen*) suportar, aguentar, aturar; (*erleiden*) sofrer; (*bezahlen für*) suster, entreter; **2.** *v/i.* perseverar, resistir; *nicht auszuhalten* insuportável.

'**aus-händig|en** ['-hɛndigən] entregar; **2ung** *f* entrega *f.*

'**Aus-hang** *m* (-*es*; ⸚*e*) edital *m*; cartaz *m*; *Standesamt*: banhos *m/pl.*

'**Aus-hänge|bogen** ['-hɛŋə-] *m Typ.* branco *m*; **2n 1.** *v/t.* expor; *Tür*: desengonçar; **2.** *v/i.* estar exposto, estar pendurado; (*aufgeboten sn*) estar nos banhos; **~schild** *n* (-*es*; -*er*) tabuleta *f*; *Ware*: rótulo *m.*

'**aus|harren** perseverar, resistir; **~hauchen** expirar, exalar (*a. Dünste*).

'**aus-heb|en** (*L*) tirar; *Graben*: cavar; *Tür*: desengonçar; ⚔ *Truppen*: recrutar, chamar (às armas); *Verbrecher*: prender; **2ung** *f* recrutamento *m*; *polizeiliche*: prisão *f.*

'**aus|hecken** chocar, *fig. a.* tramar; **~heilen** *v/t.* (*v/i.* [*sn*]) curar; *Wunde*: sarar; **~helfen** (*L*) (*dat.*) ajudar; socorrer.

'**Aus-hilf|e** *f* auxílio *m*; (*Bedienung*) auxiliar *m*; **2sweise** provisòriamente.

'**aus-höhl|en** ['-hø:lən] (es)cavar; **2ung** *f* escavação *f.*

'**aus|holen** *v/i. zum Schlage*: levantar o braço (para bater); *zum Sprunge*: tomar balanço; *weit ~ fig.* começar ab-ovo; **~horchen** sondar, examinar; ⚕ auscultar; **~hungern** (-*re*) esfomear; *s. a. ausgehungert*; **~jäten** (-*e*-) escardear; **~kämmen** pentear; *Wolle*: cardar; (*reinigen*) limpar (*a. fig.*); **~kaufen** comprar tudo; **~kehlen** ['-ke:lən] ⊕ acanelar, encanelar; **2kehlung** *f* estria *f*; **~kehren** varrer; **~keltern** (-*re*) espremer no lagar; **~kennen** (*L*): *sich in* (*dat.*) ~ conhecer bem, ser versado em; **~kernen** ['-kɛrnən] *v/t.* descaroçoar; tirar os caroços (*Äpfel*: as pevides, *Nüsse*: o miolo) a; **~kitten** (-*e*-) betumar; **2klang** *m* (-*es*; ⸚*e*) fim *m*, final *m*, desfecho *m*; **~kleben** forrar.

'**auskleide|n** (-*e*-) despir; ⚠ ~ *mit* forrar de, revestir de; **2raum** *m* (-*es*; ⸚*e*) guarda-roupa *m*, vestiário *m.*

'**ausklingen** (*L*) perder-se, extinguir-se; *fig.* ~ *in* (*ac.*) terminar em.

'**ausklopf|en** bater; **2er** *m* batedor *m.*

'**aus|klügeln** (-*le*) subtilizar; *sich* (*dat.*) et. ~ inventar a.c.; **~kneifen** F (*L*; *sn*) safar-se; **~kneten** (-*e*-) amassar; **~knobeln** (-*le*) F *v/t.* deitar sortes; *fig.* descobrir; **~kochen** extrair a cozer; ferver; *s. a. ausgekocht*; **~kommen** (*L*; *sn*) (*her*-) sair; *mit et.* ~ ter bastante com a.c., poder viver com a.c.; *mit j-m* ~ entender-se com alg., dar-se bem com alg.; **2kommen** *n* meios *m/pl.*; *sn* ~ *haben a.* ter o suficiente; *es ist kein* ~ *mit* não se pode (viver) com; **~kömmlich** ['-kœmliç] suficiente; *Gehalt a.*: que dá para viver; *Leben*: cómodo; **~koppeln** (-*le*) desengatar, desaparelhar; *Hund*: soltar; **~kosten** (-*e*-) *fig.* gozar; *Leiden*: sofrer; **~kramen** tirar; desenterrar, desentulhar, *fig.*: *a.* desabafar; *Kasten*: esvaziar; **~kratzen** (-*t*) **1.** *v/t.* ra(s)par; *Ofen*: limpar; *Augen*: rasgar; **2.** *v/i.* F safar-se; **~kriechen** (*L*; *sn*) sair do ovo; **~kugeln** (-*le*) sortear por esferas; ⚕ deslocar(-se); luxar; **~kundschaften** (-*e*-) espiar, procurar saber; *Land*: explorar; ⚔ reconhecer, devassar.

'**Auskunft** *f* (-; ⸚*e*) informação *f* (*erteilen* dar); = **~'ei** [-'taɪ] *f*, **~sbüro** *n* (-*s*; -*s*), **~s-stelle** *f* (agência *f* de) informações *f/pl.*; **~s-mittel** *n* recurso *m*, expediente *m.*

'**auskuppel|n** (-*le*) desengatar; *Auto*: desembraiar; **2ung** *f* desembraiagem *f.*

'**auskurieren** (-) curar (por completo).

'**auslachen** *v/t.* rir-se de.

'**auslad|en** (*L*) descarregar, ⚓ *a.* desembarcar; *Gast*: desconvidar; ⚠ sobressair, fazer sacada; **2eplatz** *m* (-*es*; ⸚*e*), **2e-stelle** *f* descarregadouro *m*; **2ung** *f* descarga *f*, ⚓ *a.* desembarque *m*; ⚠ sacada *f*; ⊕ (*Bereich*) alcance *m*; (*Weite*) abertura *f.*

'**Auslage** *f* despesas *f/pl.*; *Waren*: exposição *f* (na montra), mostrador *m*; *Fechtkunst*: guarda *f.*

'**Ausland** *n* (-*es*; 0) estrangeiro *m.*

'**Ausländ|er(in** *f*) *m* ['-lɛndər-] estrangeiro(-a *f*) *m*; **2erfeindlich** xenófobo; **2isch** estrangeiro; ✿ exótico.

'**Auslands...**: *in Zssg(n) oft* (do) estrangeiro; no estrangeiro; para (*od.* ⚕ *~wechsel* sobre) o estrangeiro; **~handel** *m* comércio *m* externo; **~schuld** *f*, **~verschuldung** *f* dívida *f* externa.

'**auslass|en** (*L*) (*weglassen*) omitir; deixar (em branco); (*schmelzen*) derreter; *Kleid*: alargar, ensanchar; *Ärger*: desabafar, desafogar (*an dat.* com, contra); *Freude*: dar largas a; *sich ~* manifestar-se; estender-se; **2ung** *f* omissão *f*; *Gram. a.* elisão *f*; *amtliche*: nota *f* oficiosa; (*Äußerung*) declaração *f*; exteriorização *f*; **2ungs-zeichen** *n* apóstrofo *m*.

'**Auslauf** *m* (-*es*; ⸚*e*) saída *f*; *Sport*: *a.* carreira *f* de aterragem; (*Mündung*) foz *f*; **2en** (*L*; *sn*) sair, ⚓ *a.* partir; *Farben*: desbotar, alastrar; (*enden*) acabar (*in ac.* em), *Linien*: vir a morrer, perder-se.

'**Ausläufer** *m* ⚘ estolho *m*; ramificação *f*; *Gebirge*: prolongamento *m*.

'**auslaug|en** *v/t.* ⚗ lixiviar; meter na barrela; **2ung** *f* lixiviação *f*.

'**Auslaut** *m* (-*es*; -*e*) som *m* final; *im ~* no fim (da palavra); **2en** (-*e*-): *~ auf* (*ac.*) terminar em.

'**aus|leben**: *sich ~* gozar bem a vida; esgotar-se; **~lecken** **1.** *v/t.* lamber; **2.** *v/i.* vazar gota por gota.

'**ausleer|en** vazar, esvaziar; ⛏ fazer a tiragem; ⚔ evacuar; **2ung** *f* esvaziamento *m*; ⛏ tiragem *f*; ⚔ evacuação *f*.

'**ausleg|en** expor; *Geld*: emprestar; pagar; *Minen*: colocar; *Text*: interpretar; *~ mit* guarnecer; incrustar (*A mit B* = B em A); **2er** *m* intérprete *m*; ⚓ guiga *f*; **2ung** *f* interpretação *f*; exegese *f*.

'**ausleiern** (-*re*) ⊕ gastar.

'**aus|leihen** (*L*) emprestar; *sich* (*dat.*) *et. von j-m ~* pedir a.c. emprestado a alg.; *aus e-r Bibliothek*: requisitar; **~lernen** terminar a sua preparação (profissional).

'**Auslese** *f* escolha *f*; sele(c)ta *f*; *edle*: *a.* escol *m*; **2n** (*L*) escolher, sele(c)cionar; (*zu Ende lesen*) terminar (a leitura); ler até ao fim.

'**ausliefer|n** (-*re*) entregar; ⚖ extraditar; **2ung** *f* entrega *f*; ⚖ extradição *f*; **2ungs...**: *in Zssg(n)* ⚕ de fornecimento, de entrega; ⚖ de extradição.

'**aus|liegen** (*L*) estar exposto (à venda); estar na montra; *Fechtkunst*: estar em guarda; **~löffeln** (-*le*) comer com a colher; *fig.* pagar o pato; **~löschen** extinguir; apagar; *Wörter*: *a.* riscar; **~losen** (-*t*) deitar sortes; sortear; rifar.

'**auslös|en** (-*t*) desatar, soltar; *Gefangene*: resgatar; *Pfand*: desempenhar; *Schuß*: disparar; *Wirkung*: provocar; *die Kupplung ~ Auto*: desembraiar; **2er** *m Phot.* disparador *m*, ⚡ *a.* propulsor *m*; ⊕ alavanca *f* de desengate.

'**Aus|losung** *f* sorteio *m*; rifa *f*; **~lösung** *f* resgate *m*; *Phot.*, *Schuß*: disparo *m*; ⊕ desengate *m*; *Wirkung*: provocação *f*; **2lüften** (-*e*-) arejar, ventilar; **2machen** (*betragen*) ser; (*bilden*) formar; constituir; (*entdecken*) descobrir; (*löschen*) apagar; ⚡ fechar, desligar; (*vereinbaren*) combinar; ajustar; *nichts ~* não ter importância; *s. a. ausgemacht*; **2malen** pintar, colorir, ilustrar; *fig. sich* (*dat.*) *~* imaginar; **~marsch** *m* (-*es*; ⸚*e*) saída *f*; **2marschieren** (-) marchar, sair; **~maß** *n* (-*es*; -*e*) extensão *f*; (*Format*) tamanho *m*, *in großem ~* em grande escala; **2mauern** (-*re*) revestir de pedras; empedrar; emparedar; **2meißeln** (-*le*) esculpir; **2merzen** ['-mɛrtsən] (-*t*) exterminar, eliminar; **2messen** (*L*) medir; mensurar; **~messung** *f* medição *f*; **2misten** (-*e*-) *v/t.* tirar o esterco, *a.* F *fig.* limpar.

'**ausmuster|n** (-*re*) eliminar; ⚔ dispensar; reformar; **2ung** *f* eliminação *f*; ⚔ isenção *f* (do serviço militar); reforma *f*.

'**Ausnahm|e** ['-na:mə] *f* exce(p)ção *f* (*machen a.* abrir); *mit ~ von a.* exce(p)to; **~e...**: *in Zssg(n) meist* exce(p)cional; **~e-zustand** *m* (-*es*; ⸚*e*) *Pol. a.* estado *m* de emergência; **2s-los** sem exce(p)ção; **2s-weise** por exce(p)ção, exce(p)cionalmente.

'**ausnehmen** (*L*) *Eingeweide*: tirar, amanhar, (d)estripar; *Nest*: desaninhar; (*ausschließen*) exce(p)tuar; *sich gut usw. ~* ficar, apresentar-se; *s. a. ausgenommen*; **~d** *adv.* particularmente.

'**ausnutz|en, ausnütz|en** (-*t*) aproveitar(-se de); *stärker*: explorar; **2ung** *f* (*0*) aproveitamento *m*; exploração *f*.

'**aus|packen** desempacotar, desembrulhar; *Koffer*: desfazer; *fig.* F desabafar, ter que contar; **~peitschen** açoitar, fustigar; **~pfeifen** (*L*) apupar, assobiar; **~pichen** empesgar; **~plaudern** (-*re*) divulgar; revelar; **~plündern** (-*re*) saquear, pilhar, despojar; *fig.* roubar; **~polstern** (-*re*) estofar, acolchoar; **~posaunen** (-) divulgar, contar a toda a gente; **~prägen** cunhar, estampar; *sich* ~ exprimir-se, manifestar-se; *s. a.* *ausgeprägt*; **~pressen** (-*ßt*) espremer; *fig.* extorquir, roubar; **~prob(ier)en** (-) provar; experimentar.

'**Aus-puff** ⊕ *m* (-*es*; -*e*) escape *m*.

'**aus|pumpen** tirar com a bomba; **~pusten** (-*e*-) apagar (soprando); **~quartieren** ['-kvarti:rən] (-) desalojar; **~quetschen** espremer (*a. fig.*); **~radieren** (-) apagar; **~rangieren** (-) eliminar; ⚔ reformar; **~rasieren** (-) cortar, rapar; **~rauben** despojar, roubar; **~räuchern** (-*re*) (de)fumar; *mit Pech*: empezar; *mit Schwefel*: enxofrar; ⚕ fumigar; **~raufen** arrancar; (*dat.*) *Federn* ~ depenar (*ac.*); (*dat.*) *die Haare* ~ arrepelar (*ac.*); *Unkraut*: sachar, mondar; **~räumen** despejar; tirar (as coisas de); arrumar.

'**ausrechn|en** (-*e*-): (*sich dat.*) ~ calcular, fazer o cálculo; computar; *ausgerechnet adv.* precisamente; **2ung** *f* cálculo *m*; cômputo *m*.

'**Ausrede** *f* desculpa *f*, escusa *f*, pretexto *m*; **2n** (-*e*-) **1.** *v/t.*: *j-m et.* ~ dissuadir alg. de a.c.; *sich* ~ escusar-se, arranjar um pretexto; **2.** *v/i.* dizer tudo, terminar; ~ *lassen* deixar falar.

'**ausreichen** bastar, chegar (*j.*: *mit et.* para alg.); **~d** bastante, suficiente.

'**ausreifen** (*sn*) amadurar; maturar.

'**Ausreise** *f* saída *f*; **~erlaubnis** *f* autorização *f* de sair; **2n** (-*t*) sair, partir; **~visum** *n* (-*s*; -*visa*) visto *m* de saída.

'**ausreiß|en** (*L*) **1.** *v/t.* arrancar; **2.** *v/i.* (*sn*) *Naht usw.*: rasgar-se; F (*weglaufen*) safar-se, *Gefängnis*: evadir-se; ⚔ desertar; **2er** *m* fugitivo *m*; evadido *m*; ⚔ desertor *m*.

'**aus|reiten** (*L*) sair a cavalo; **~renken** ['-rɛŋkən] deslocar; **~richten** (-*e*-) *Auftrag*: executar; *Botschaft*: dar; *Grüße*: dizer; *Reihe*: acertar; ⚔ alinhar; (*aufrichten*) endireitar; (*erreichen*) conseguir; ~ *auf* (*ac.*), ~ *nach* (*dat.*) orientar por; **2richtung** *f* (*Ausführung*) execução *f*; (*Übermittlung*) transmissão *f*; ⚔ alinhamento *m*; *fig.* orientação *f*; **~ringen** (*L*) *Wäsche*: torcer; *s. a.* *ausgerungen*; **2ritt** *m* (-*es*; -*e*) passeio *m* a cavalo; **~rollen** desenrolar; *Teig*: estender; ⊕ *Wäsche*: calandrar; **~rotten** ['-rɔtən] (-*e*-) exterminar; **2rottung** *f* exterminação *f*, extermínio *m*; **~rücken 1.** *v/t.* ⊕ desengatar; **2.** *v/i.* (*sn*) sair; F safar-se.

'**Ausruf** *m* (-*es*; -*e*) exclamação *f*; *Straßenhandel*: pregão *f*; **2en** (*L*) exclamar; *Staatsform*, *j-n*: proclamar (*zum* a.c.); *Zeitungen*: apregoar; **~er** *m* apregoador *m*; pregoeiro *m*; *von Zeitungen*: vendedor *m*; **~ung** *f* proclamação *f*, aclamação *f*; **~ungs-zeichen** *n* ponto *m* de exclamação.

'**ausruhen**: (*sich*) ~ descansar.

'**ausrupfen**: *Federn* ~ depenar; *Unkraut*: sachar, mondar; arrancar.

'**ausrüst|en** (-*e*-) fornecer; ⚓ *u.* ⚔ equipar, armar; ⚓ (*bemannen*) tripular; ⊕ apetrechar; *fig.* dotar; **2ung** *f* armamento *m*; equipamento *m*; apetrechamento *m*; *fig.* preparação *f*.

'**ausrutschen** escorregar; *Auto*: derrapar.

'**Aus-saat** *f* sementeira *f*.

'**aus-säen** semear.

'**Aus-sage** *f* declaração *f*, afirmação *f*; depoimento *m*; ⚖ *a.* testemunho *m*; *gr.* predicado *m*; **2n** declarar, afirmar, depor; **~satz** *m* (-*es*; ⸚*e*) oração *f* afirmativa.

'**Aus|satz** ⚕ *m* (-*es*; *0*) lepra *f*; **2-sätzig** ['-zɛtsiç] leproso.

'**aus-saugen** chupar; *fig.* explorar.

'**aus-schacht|en** ['-ʃaxtən] (-*e*-) escavar; ⚒ abrir; **2ung** *f* escavação *f*.

'**aus-schalt|en** (-*e*-) ⚡ interromper, desligar (*a.* ⊕); *Licht*: apagar, fechar; ⚡ *u. fig.* eliminar; **2ung** *f* ⚡ interrupção *f*; *fig.* eliminação *f*.

'**Aus-schank** *m* (-*es*; ⸚*e*) venda *f* de bebidas (a retalho); taberna *f*.

'**Aus-schau** *f* (*0*): ~ *halten nach* = **2en** *nach* procurar (com os olhos); ⚔ espreitar (*ac.*); *sdd.* = *aussehen*; **2end**: *weit* ~ *fig.* de vistas largas.

'**aus-scheid|en** (*L*) **1.** *v/t.* separar;

⚕ *u.* ⚗ segregar; ⚒ *u. Sport*: eliminar; **2.** *v/i.* (*sn*) retirar-se; sair; ser eliminado; **≈ung** *f* secreção *f*, segregação *f*; eliminação *f*; **≈ungs...**: *in Zssg(n) Sport*: eliminatório.

'**aus|schelten** (*L*) *v/t.* censurar; ralhar com; **~schenken** deitar, verter; (*verkaufen*) vender bebidas (a retalho); **~scheren** guinar; **~schikken** enviar; *nach j-m ~* mandar procurar alg., mandar por alg.

'**aus-schiff|en**: (*sich*) ~ desembarcar; **≈ung** *f* desembarque *m*.

'**aus|schimpfen** ralhar com; **~schlachten** (-*e*-) preparar, talhar; *fig.* explorar; **~schlafen** (*L*) dormir bastante; *ausgeschlafen haben* já não ter sono; *noch nicht ausgeschlafen haben* estar ainda com sono; *e-n Rausch ~* cozer a mona.

'**Aus-schlag** *m* (-*es*; ⸗*e*) ⚕ eczema *f*, erupção *f* (cutânea); *Phys.* oscilação *f*, *Waage*: elongação *f*; *den ~ geben bei od. in (dat.)* decidir (de); **≈en** (*L*) **1.** *v/t.* partir; *Teppich*: sacudir; (*ablehnen*) recusar; (*bekleiden*) revestir (*mit* de); **2.** *v/i.* rebentar; *Pferd*: dar um coice; *Pendel*: oscilar, *Waage*: ~ *nach* inclinar-se para; (*feucht w.*) suar, transpirar; *zum Guten ~* (*sn*) dar bom resultado; **≈gebend** decisivo.

'**aus-schließ|en** (*L*) *v/t.* fechar a porta a; *fig.* excluir, *j-n*: *a.* expulsar, *Sport*: desqualificar; *sich ~ von* não tomar parte em; *s. a. ausgeschlossen*; **~lich** exclusivo; *prp.* (*gen.*) com exce(p)ção (*od.* exclusão) de; *nachgestellt*: exclusivo; **≈ung** *f* exclusão *f*.

'**aus-schlüpfen** (*sn*) sair do ovo.

'**Aus-schluß** *m* (-*sses*; ⸗*sse*) exclusão *f*, *j-s*: *a.* expulsão *f*, *Sport*: desqualificação *f*; *unter ~ der Öffentlichkeit* à porta fechada.

'**aus-schmück|en** enfeitar, adornar; ⚠ decorar; **≈ung** *f* enfeite *m*, adorno (*'ô) *m*; decoração *f*.

'**aus|schneiden** (*L*) (re)cortar; (en-)talhar; *Kleid*: decotar (*tief* muito); **≈schnitt** *m* (-*es*; -*e*) corte *m*; *Kleid*: decote *m*; ⚒ sector *m*; (*Zeitungs≈*) recorte *m*; *fig.* aspe(c)to *m*; **~schöpfen** tirar água; esgotar.

'**aus-schreib|en** (*L*) (*abschreiben*) transcrever (de), copiar (de); (*ganz schreiben*) escrever por extenso; *Stelle*, *Wettbewerb*: abrir concurso para; *Preis*: instituir; *Wahlen*: anunciar; *Steuern*: impor; ✝ *Rechnung*, *Scheck*: passar; **≈en** *n*, **≈ung** *f* concurso *m* aberto; *Wahlen*: anunciação *f*.

'**aus-schreien** (*L*) clamar; apregoar.

'**aus-schreit|en** (*L*) *v/i.* caminhar a passos largos; acelerar o passo; *fig.* ~ *gegen* agredir; **≈ung** *f* desordem *f*, excesso *m*.

'**Aus-schuß** *m* (-*sses*; ⸗*sse*) (*Gruppe*): comissão *f*, junta *f*; (*Prüfungs≈*) júri *m*; **~ware** *f* rebotalho *m*, refugo *m*.

'**aus|schütteln** (-*le*) sacudir; **~schütten** (-*e*-) despejar; *Gewinne*: distribuir; *fig. j-m sn Herz ~* desabafar com alg.; *sich vor Lachen ~* fartar-se de rir; **~schwärmen** (*sn*) *Bienen*: enxamear; ⚔ desdobrar-se; **~schwatzen** (-*t*) divulgar; F chocalhar; **~schwefeln** (-*le*) enxofrar; **~schweifen 1.** *v/t.* chanfrar, curvar; **2.** *v/i.* (*a. sn*) desvairar; (*~d leben*) levar uma vida dissoluta; *~d adj.* dissoluto, devasso; *Phantasie*: *a.* extravagante; **≈schweifung** *f* ⊕ chanfradura *f*, curva *f*; (*Abschweifung*) digressão *f*; *moralisch*: desordem *f*; excesso *m*; **~schweigen** (*L*): *sich ~* não dizer nada; ficar calado; **~schwitzen** (-*t*) transpirar, exsudar; **~sehen** (*L*): *nach j-m ~* olhar por; *~ wie*, *~ nach* parecer (*adj. od. nom.*; *als ob* que); *es sieht nach Regen aus* parece que vai chover; *gut ~* ter boa cara (*od.* aparência), ter bom aspe(c)to; *~ nach* ter aspe(c)to de; (*ähneln*) parecer-se com; *sich (dat.) die Augen ~ nach* procurar a toda a força; F *so sieht er aus!* tem mesmo cara disso!; **≈sehen** *n* (-*s*; *0*) aspe(c)to *m*, aparência *f*, (*Gesicht a.*) ar *m*, semblante *m*; **~sein** (*L*; *sn*) (*zu Ende sn*) ter terminado, ter acabado; *es ist (alles) aus* acabou-se (tudo); *fig. auf et. (ac.) ~* ter a.c. em vista.

'**außen** ['ausən] fora; *von ~ (gesehen)* de fora, por fora; *nach ~* para fora; **≈-amt** *n* (-*es*; ⸗*er*) = *≈ministerium*; **≈-antenne** *f* antena *f* exterior; **≈-bezirk** *m* (-*es*; -*e*) subúrbio *m*; **≈-bordmotor** *m* (-*s*; -*en*) motor *m* exterior.

'**aus-senden** (-*e*- *od. L*) enviar; *Strahlen*: emitir; *nach j-m ~* mandar por alg.

'**Außen|hafen** *m* (-*s*; ¨) anteporto *m*; **~linie** *f* contorno (*'ô) *m*; **~minister(ium** *n* [-*s*; -*rien*]) *m* Ministro *m* (Ministério *m*) dos Negócios Estrangeiros (*od.* das Relações Exteriores); **~politik** *f* (*0*) política *f* externa; **~seite** *f* exterior *m*, fachada *f*; *Kleid*: parte *f* de fora; **~seiter** ['-zaɪtər] *m* estranho *m*; individualista *m*; independente *m*; *Sport*: «outsider» *m* (*engl.*); **~stände** ['-ʃtɛndə] *m/pl.* ✝ créditos *m/pl.*, dinheiro *m/sg.* a receber; **~stürmer** *m Sport*: extremo *m*, ponta *m*; **~welt** *f* (*0*) mundo *m* (externo); **~werk** *n* (-*ẹs*; -*e*) antemuralha *f*, ⚔ fortificação *f*; **~winkel** *m* ângulo *m* externo.

'**außer** ['ausər] **1.** *prp.* (*dat.*) fora (de); (*neben*) além de; a parte (*ac.*); (*ohne*) menos, exce(p)to; salvo; *niemand* ~ senão; ~ *Dienst* (*Abk. a. D.*) jubilado, aposentado, *bes.* ⚔ reformado; ~ *Atem* ofegante; ~ *sich bringen* (*geraten*) indignar(-se); **2.** *cj.* ~, *daß*; ~ *wenn* a não ser que *subj.*; **~-amtlich** não-oficial; particular; **~'dem** além disso; de mais a mais; **~dienstlich** fora (das horas) do serviço; **2dienststellung** *f* (*0*) desligação *f* do serviço.

'**äußere** ['ɔysərə] **1.** *adj.* exterior; ~*r Schein m* aparências *f/pl.*; **2.** 2 *n* exterior *m*; (*Aussehen*) aparência *f*, físico *m*; *Pol.* negócios *m/pl.* estrangeiros; * relações *f/pl.* exteriores; *des* ~*n s. Außen-*.

'**außer|-ehelich** extra-matrimonial; *Kind*: ilegítimo, natural; **~gerichtlich** extrajudicial; **~gewöhnlich** extraordinário, excepcional; **~halb 1.** *prp.* (*gen.*) fora de; **2.** *adv.* (por) fora; **2kurs-setzung** *f* retirada *f* da circulação.

'**äußerlich** ['ɔysərliç] exterior, *a.* ⚕ externo; *fig.* superficial; *adv. a.* por fora; **2keit** *f* formalidade *f*.

'**äußern** ['ɔysərn] (-*re*): (*sich*) ~ manifestar(-se) (*in dat.* por); (*sagen*) *a.* dizer, exprimir; *sich* ~ *über* (*ac.*) pronunciar-se sobre.

'**außer|-ordentlich** extraordinário; **~planmäßig** além do quadro.

'**äußerst** ['ɔysərst] extremo; sumo; *Preis*: último; mínimo.

außer'stande [-'ʃtandə] incapaz (*zu* de).

Äußer|ste ['ɔysərstə] *n* extremo *m*; *sein* ~*s tun* fazer os possíveis; *zum* ~*n treiben* levar ao extremo; **~ung** *f* expressão *f*, declaração *f*, palavras *f/pl.*; exteriorização *f*.

'**aus-setz|en** (-*t*) **1.** *v/t.* expor; ⚓ *Boot*: lançar à água, *Fahrgäste*: desembarcar; *Kind*: enjeitar; *Belohnung*: prometer; *Preis*: instituir; *Rente*: pagar; (*unterbrechen*) interromper, suspender; (*tadeln*) (*an dat.*) obje(c)tar (a), criticar (em); *et. auszusetzen haben a.* achar que dizer; (*vermachen*) legar; **2.** *v/i.* interromper-se; ⊕ parar; *Puls*: *manchmal* ~ estar intermitente, ter intercadências; **2ung** *f* exposição *f*; *Boot*: lançamento *m* à água; *Fahrgäste*: desembarque *m*; *Kind*: enjeitamento *m*; *Belohnung*: promessa *f*; *Preis*: instituição *f*; *Rente*: pagamento *m*; (*Unterbrechung*) interrupção *f*, suspensão *f*.

'**Aus-sicht** *f* vista *f*; panorama *m*; *fig.* perspe(c)tiva *f*, esperança *f* (*auf ac.* de); *in* ~ *nehmen* proje(c)tar; *in* ~ *stehen* estar iminente; *in* ~ *stellen* prometer; **2s-los** inútil; desesperado; **~s-losigkeit** [-lo:ziç-] *f* (*0*) inutilidade *f*; **~s-punkt** *m* (-*ẹs*; -*e*), **~s-turm** *m* (-*ẹs*; ¨*e*) miradouro *m*; **2s-reich, 2s-voll** prometedor, auspicioso.

'**aus-sieben** coar, peneirar; *fig.* sele(c)cionar.

'**aus-söhn|en** ['-zø:nən] (re)conciliar; **2ung** *f* (re)conciliação *f*.

'**aus|sondern** (-*re*) apartar, sele(c)cionar; eliminar; ⚔ destacar; (*ab-*) segregar; **2sonderung** *f* apartamento *m*, sele(c)ção *f*; eliminação *f*; ⚔ destacamento *m*; (*Ab-*) segregação *f*, ⚕ secreção *f*; **~spähen**: ~ *nach* olhar por, espiar (*ac.*), espreitar (*ac.*); **~spannen 1.** *v/t.* estirar; *Pferd*: desatrelar; *Ochsen*: descangar; F (*wegnehmen*) tirar; **2.** *v/i. fig.* descansar; **2spannung** *f fig.* descanso *m*; **~sparen** deixar livre; **~speien** (*L*) cuspir; *Lava, Speise*: vomitar; **~sperren** *v/t.* fechar a porta a; *Arbeiter*: despedir, pôr na rua; **2sperrung** *f* exclusão *f*; **~spielen 1.** *v/t.* jogar, *Karte*: *a.* ser mão; *Preis*: disputar-se; *fig. Gegner*: ~ *gegen* aproveitar(-se d)a rivalidade entre; **2.** *v/i.* ♪ tocar até ao fim; *ausgespielt haben* ter terminado, *fig.* ter perdido todo o seu prestígio, F estar arranjado; **~spinnen** (*L*) *fig.* tramar; imaginar (*weiter* o resto); **~spionieren** (-) espiar.

'**Aus·sprache** *f* pronúncia *f*; (*Gespräch*) discussão *f*, troca *f* de impressões; entrevista *f*; **~bezeichnung** *f* pronúncia *f*; transcrição *f* fonética.

'**aus·sprechen** (*L*) **1.** *v/t. Laut, Urteil*: pronunciar; *Wort*: *a.* proferir; (*ausdrücken*) pronunciar; exprimir, manifestar; *sich mit j-m über* (*ac.*) ~ trocar impressões com alg. sobre, discutir a.c. com alg.; *sich ~ für* declarar-se por; *sich offen ~* desabafar; *s. a. ausgesprochen*; **2.** *v/i.* terminar, acabar.

'**aus|spritzen** (*-t*) **1.** *v/t.* espargir; lançar; (*löschen*) apagar (à bomba), extinguir; ⚕ seringar; **2.** *v/i.* emitir; **2spruch** *m* (*-es*; *⸗e*) palavra *f*, dito *m*; *feierlicher*: sentença *f*; **~spucken** cuspir; escarrar; vomitar; **~spülen** lavar, ⚕ *a.* irrigar; **2spülung** *f* lavagem *f*, ⚕ *a.* irrigação *f*; **~spüren** descobrir.

'**aus·staffier|en** ['-ʃtafi:rən] (-) equipar; *Kleid, Raum*: guarnecer; *Wand*: revestir (*mit* com, de); F *j-n*: endomingar; **2ung** *f* aparelho *m*, equipação *f*; guarnição *f*.

'**Aus·stand** *m* (*-es*; *⸗e*) greve *f*; *in den ~ treten* declarar-se em greve; *pl.* ⚚ créditos *m/pl.*, dinheiro *m* a receber.

'**aus·ständig** em greve; ⚚ devido, atrasado; **2e(r)** *m* [-gə(r)] grevista *m*.

'**aus·statt|en** ['-ʃtatən] (*-e-*) equipar; fornecer; ⚠ *u. Thea.* decorar; *Tochter*: dotar, dar enxoval a; **2ung** ⊕ *f* equipamento *m*; (*Braut2*) enxoval *m*; ⚠ *u. Thea.* decoração *f*; (*Aufmachung*) apresentação *f*; **2ungs·stück** *n* (*-es*; *-e*) peça *f* aparatosa; revista *f*.

'**aus|stauben, ~stäuben** desempo(eir)ar; **~stechen** (*L*) abrir; (*gravieren*) gravar; *Augen*: cavar, arrancar; *Rasen, Teig*: cortar; *Flasche*: beber; *fig. j-n*: suplantar, F desbancar; **~stehen** (*L*) **1.** *v/t.* aturar, (*erleiden*) *a.* sofrer, *Schmerzen, Schreck*: *a.* passar; *nicht ~ können a.* não poder com, não aguentar; **2.** *v/i. noch ~* ainda não ter chegado, ficar por vir, ficar por pagar; *~d* ⚚ devido, a(c)tivo, atrasado, pendente; **~steigen** (*L*; *sn*) apear-se, descer, sair; ⚓, ✈ desembarcar.

'**aus·stell|en** expor; *Quittung, Schein*: passar; *Urkunde*: *a.* exarar, lavrar; *Wechsel*: sacar (*auf ac.* sobre); (*tadeln*) (*an dat.*) censurar (em), obje(c)tar (a); **~end, 2er(in** *f*) *m* expositor(a *f*) *m*; ⚚ sacador(a *f*) *m*; **2ung** *f* exposição *f*; *e-r Urkunde*: passagem *f*, exaração *f*; ⚚ saque *m* (de letra); (*Kritik*): crítica *f*, obje(c)ção *f*; **2ungs·gelände** *n* recinto *m*; **2ungs·raum** *m* (*-es*; *⸗e*) sala *f* de exposição.

'**aus·sterben** (*L*; *sn*) extinguir-se, desaparecer; *Land*: despovoar-se.

'**Aus·steuer** *f* (-; *-n*) enxoval *m*; (*Mitgift*) dote *m*; **2n** (*-re*) = *ausstatten*.

'**aus·stopfen** encher (*mit* de); *Tier*: empalhar.

'**aus·stoß|en** (*L*) deitar fora; *Auge*: cavar; *Dampf*: expelir; *Schrei*: soltar; *Worte*: proferir; *j-n*: expulsar; **2rohr** ⚓ *n* (*-es*; *-e*) tubo *m* de lança-torpedos; **2ung** *f* expulsão *f*.

'**aus·strahl|en** irradiar, emitir; **2ung** *f* irradiação *f*, difusão *f*.

'**aus|strecken** estender (*a. Hand*); estirar, esticar; **~streichen** (*L*) riscar; apagar; ⊕ *Fugen*: betumar, encher; (*einfetten*) untar; (*glätten*) alisar; **~streuen** disseminar, espargir; lançar; *a. fig.* espalhar; **~strömen 1.** *v/t. Duft*: exalar; difundir; **2.** *v/i.* (*sn*) sair; *Gas*: fugir; **2strömen** *n*, **2strömung** *f* escoamento *m*; difusão *f*; *Dampf*: saída *f*; *Duft*: exalação *f*; *Gas*: fuga *f*; **~suchen** escolher; *s. a. ausgesucht*.

'**Aus·tausch** *m* (*-es*; *0*) intercâmbio *m*; *Noten, Gedanken, Gefangene*: troca *f*, *Publikationen*: *a.* permuta *f*; **~dienst** *m* (*-es*; *-e*) serviço *m* de intercâmbio (*od. Bücher*: de trocas *od.* de permuta); **2en** trocar; permutar; **~lehrer** *m*, **~professor** *m* (*-s*; *-en*) professor *m* de intercâmbio; **~student** *m* (*-en*) bolseiro *m* do Serviço de Intercâmbio Académico (*od. in Portugal*: do Instituto de Alta Cultura).

'**aus·teil|en** distribuir; *Befehle*: dar, emitir; *Essen*: servir; *Sakrament*: administrar; **2ung** *f* distribuição *f*; administração *f*.

'**Auster** ['austər] *f* (-; *-n*) ostra *f*; **~nbank** *f* (-; *⸗e*) ostreira *f*; **~n-**

-händler *m* ostreiro *m*; **~nzucht** *f* (*0*) ostr(e)icultura *f*.

'aus|tilgen riscar; (*ausrotten*) exterminar; **~toben** desabafar (*an dat.* em); *sich* ~ calmar-se; *Jugend*: gozar; *Sturm*: (*sich*) *ausgetobt haben* abonançar; **2trag** ['-tra:k] *m* (*-es*; *0*) ajuste *m*; (*Ausgang*) fim *m*; (*Lösung*) solução *f*; *zum* ~ *bringen* = **~tragen** *Streit*: resolver, decidir; ✉ *u. Waren*: levar ao domicílio; distribuir; **2träger** *m* portador *m*; distribuidor *m*.

Au'stral|ier(in *f*) *m* [au'stra:liər-], **2isch** australiano (-a *f*) (*m*), da Austrália.

'aus-treib|en (*L*) expulsar; *Vieh*: levar ao pasto; *fig. Geister*: exorcismar; *j-m ein Laster*: fazer perder; **2ung** *f* expulsão *f*; exorcismo *m*.

'aus|treten (*L*) **1.** *v/t.* pisar, acalcanhar; *Schuh*: gastar; *Weg*: trilhar; **2.** *v/i.* (*sn*) sair, retirar-se (*a.* ✝); *Fluß*: trasbordar; F fazer as suas necessidades; **~trinken** (*L*) beber tudo, esvaziar o copo; **2tritt** *m* (*-es*; *-e*) saída *f*; *Fluß*: trasbordo (*'ô) *m*; **~trocknen** (*-e-*) (des)secar; enxugar; *Land*: *a.* desaguar; **~trommeln** (*-le*), **~trompeten** (*-e-*; *-*) *fig.* F chocalhar; **~tüfteln** (*-le*) F subtilizar.

'aus-üb|en exercer, *Amt*: *a.* desempenhar; **2ung** *f* (*0*) exercício *m*; desempenho *m*; prática *f*.

'Ausverkauf *m* (*-es*; *⸗e*) liquidação *f*, saldo *m*; **2t** esgotado, vendido.

'aus|wachsen (*L*): *sich* ~ *zu fig.* redundar em; *s. a. ausgewachsen*; **2wahl** *f* escolha *f*, sele(c)ção *f* (*treffen* fazer); escol *m*; ✝ sortido *m*, variedade *f*; *zur* ~ de amostra; *Lit.* antologia *f*; crestomatia *f*; sele(c)ta *f*; **~wählen** escolher; **2wahlmannschaft** *f Sport*: equipa *f* (*od.* grupo *m od. Fußball*: onze *m*) de sele(c)ção; **2wahlsendung** *f* ✝ amostra *f*, sortido *m*; **~walzen** (*-t*) ⊕ laminar; **2wanderer** *m* emigrante *m*; *Pol. a.* emigrado *m*; **~wandern** (*-re*; *sn*) emigrar; **2wanderung** *f* emigração *f*; **~wärtig** ['-vɛrtiç] forasteiro; estranho; *Pol. a.* estrangeiro; *2es Amt* Ministério *m* dos Negócios Estrangeiros (*od.* * das Relações Exteriores); **~wärts** ['-vɛrts] fora; **~waschen** (*L*) lavar; **2waschung** *f* lavagem *f*; *Geol.* erosão *f*; **~wässern** (*-re*) pôr de molho (*'ô); **~wattieren** (-) acolchoar; estofar.

'auswechsel|bar móvel, substituível; ~ *sn a.* poder ser substituído; **2n** (*-le*) mudar, trocar (*a. Gefangene*), substituir (*gegen* por); **2ung** *f* troca *f*. [remédio *m*.]

'Ausweg *m* (*-es*; *-e*) saída *f*, *fig. a.*

'ausweich|en[1] (*L*; *sn*) (*dat.*) afastar-se de; deixar passar; *rechts* ~! desviar pela direita!; *fig.* esquivar-se de; evitar (*ac.*); **2en**[2] *n* desvio *m*; *fig.* evasão *f*, evasiva *f*; **~end** evasivo; **2g(e)leis(e)** *n* (*-es*; *-e*), **2stelle** *f*, **2straße** *f* desvio *m*.

'aus|weiden (*-e-*) *Wild*: (d)estripar; **~weinen**: *sich* (*dat.*) *die Augen* ~ desfazer-se em lágrimas; *ausgeweint haben* ter acabado de chorar; **2weis** ['-vaɪs] *m* (*-es*; *-e*) legitimação *f*; (*Personal2*) *a.* bilhete *m* (*od.* cartão *f*) de identidade; **~weisen** (*L*) expulsar, desterrar; *sich* ~ legitimar-se (*als* como); **2weisung** *f* expulsão *f*, desterro (*'ê) *m*.

'ausweit|en (*-e-*) alargar, estender; *sich* ~ alastrar; **2ung** *f* extensão *f*; alargamento *m*; alastramento *m*.

'aus|wendig de fora, por fora; *fig.* de cor; ~ *lernen* decorar; **~werfen** (*L*) lançar; deitar (fora); ⚕ expectorar; *Graben*: cavar, abrir; *Summe*: despender, gastar; **~werten** (*-e-*) valorizar; explorar; **2wertung** *f* valorização *f*; exploração *f*; **~wickeln** (*-le*) desembrulhar; desenrolar; desenvolver; **~wirken** conseguir (*j-m* para); *sich* ~ agir, a(c)tuar (*auf ac.* sobre), dar efeito; **2wirkung** *f* consequência *f*, efeito *m*; **~wischen** limpar; *Schrift*: apagar; *j-m eins* ~ F fazer uma partida a alg.; **~wringen** (*L*) torcer; **2wuchs** *m* (*-es*; *⸗e*) excrescência *f*; *Buckel*: corcova *f*; *Anat.* apofise *f*; ⚕ *u.* ♆ tumor *m*; protuberância *f*; *fig.* abuso *m*; **2wurf** *m* (*-es*; *⸗e*) ⚕ expectoração *f*; *fig.* ralé *f*, escória *f*; **~zacken** dentear, chanfrar; **~zahlbar** pagável; **~zahlen** pagar; **~zählen** contar, fazer a conta; **2zahlung** *f* pagamento *m*; **2zählung** *f* contagem *f*; **~zanken** *v/t.* ralhar com.

'aus-zehr|en ⚕ consumir; **2ung** *f* consumpção *f*; tuberculose *f*.

'aus-zeichn|en (*-e-*) marcar; *j-n*:

distinguir, *mit Orden*: condecorar, agraciar; ⚕ rotular; *sich* ~ distinguir-se (*vor dat.* entre); *s. a. ausgezeichnet*; 2**ung** *f* distinção *f*, (*Orden*) condecoração *f*; ⚕ rótulo *m*.
'**aus-zieh|en** (*L*) **1.** *v/t.* tirar; ⚘, ⚗ *u.* ⚕ extrair; *j-n, Kleid*: despir; *Handschuh, Schuh, Strumpf*: descalçar; *Schriften*: excertar; (*dehnen*) distender; **2.** *v/i.* (*sn*) deixar a casa, sair; 2**tisch** *m* (*-es*; *-e*) mesa *f* elástica; 2**tusche** *f* tinta *f* de China.
'**aus-zischen** assobiar, apupar.
'**Aus-zug** *m* (*-es*; *⸚e*) extra(c)to *m*; resumo *m*; excerto *m*; (*Ausmarsch*) saída *f*, partida *f*; êxodo *m*; (*Umzug*) mudança *f* (de casa); ~**s-mehl** *n* (*-es*; *0*) farinha-flor *f*; 2**s-weise** por extra(c)to; resumido; epitomado.
'**aus-zupfen** arrancar.
au'tark [aʊ'tark] autárquico; 2'**ie** [-'i:] *f* autarquia *f*.
au'thentisch [aʊ'tɛntiʃ] autêntico.
'**Auto** ['aʊto] *n* (*-s*; *-s*) automóvel *m*, carro *m* (*fahren* guiar, *fahren im* andar de); ~**bahn** *f* auto-estrada *f*; ~**bus** *m* (*-ses*; *-se*) *Stadt*: autocarro *m*; (*Überland*2) camioneta *f*; ~**dienst** *m* (*-es*; *-e*) estação *f* de serviço; ~**droschke** *f* táxi *m*; ~**fahrer** *m* automobilista *m*; 2'**gen** [-'ge:n] autogéneo; ~'**gramm** *n* (*-s*; *-e*) autógrafo *m*; ~**heber** *m* macaco *m*; ~**hilfsdienst** *m* (*-es*; *-e*) pronto-socorro *m*; ~**industrie** *f* indústria *f* de automóveis; ~**kolonne** *f* cortejo *m* de automóveis; ~'**krat** ['a:] *m* (*-en*) autócrata *m*; ~**kra'tie** [-kra:'ti:] *f* autocracia *f*; ~'**mat** [a:] *m* (*-en*) autómato *m*; ~'**maten...** *in Zssg*(*n*), 2'**matisch** automático; ~**mo'bil** [-mo:'bi:l] *n* (*-s*; *-e*) automóvel *m*; 2'**nom** [-'no:m] autónomo; ~**no'mie** [-no'mi:] *f* autonomia *f*; ~**nummer** *f* (*-*; *-n*) matrícula *f*; ~**parkplatz** *m* (*-es*; *⸚e*) estacionamento *m*; ~**paß** *m* (*-sses*; *⸚sse*) tríptico *m*.
'**Autor** ['aʊtɔ:r] *m* (*-s*; *-en*) autor *m*.
'**Auto|reifen** *m* pneu *m*; ~**rennbahn** *f* pista *f* de automóveis; ~**rennen** *n* corrida *f* de automóveis; ~**reparaturwerkstatt** *f* (*-*; *⸚en*) oficina *f* de automóveis.
Au'torin [aʊ'to:rin] *f* autora *f*.
autori'tä|r [aʊtori'tɛ:r] autoritário; 2**t** *f* autoridade *f*.
'**Auto|ruf** *m* (*-es*; *-e*) telefone *m* de táxis; ~**schlosser** *m* mecânico *m*; ~**sport** *m* (*-es*; *0*) automobilismo *m*; ~**straße** *f* = ~*bahn*; ~**tankstelle** *f* posto (*'ô) *m* de abastecimento; ~**unfall** *m* (*-es*; *⸚e*), ~**unglück** *n* (*-es*; *-e*) acidente *m* de automóvel.
Axt [akst] *f* (*-*; *⸚e*) machado *m*.
Aze|'tat [atse'ta:t] *n* (*-es*; *-e*) acetato *m*; ~**ty'len** [-ty'le:n] *n* (*-s*; *0*) acetilene *f*, acetileno *m*.
a'zur-blau [a'tsu:r] (2 *n*) azul-celeste (*m*).

B

B, b [be:] *n* B, b *m*; ♪ si-bemol *m*; (*Vorzeichen*) bemol *m*.
'**Baby** ['be:bi:] *n* (-*s*; -*s*) bebé *m*.
Bach [bax] *m* (-*es*; ⸚*e*) ribeiro *m*, regato *m*, arroio *m*; '**~e** ['-ə] *f* javalina *f*; '**~stelze** *f* lavandisca *f*, alvéloa *f*.
'**Backbord** [a] ⚓ *n* (-*es*; -*e*) bombordo *m*.
'**Backe** ['bakə] *f* face *f*, bochecha *f*.
'**backen** ['bakən] (*L*) *v/t*. cozer (no forno); *in der Pfanne*: fritar; *nd*. *v/i*. F pegar, estar pegado.
'**Backen|bart** *m* (-*es*; ⸚*e*) suiças *f/pl*.; **~bremse** *f* travão *m* de calço; **~knochen** *m* maçã *f* do rosto; **~zahn** *m* (-*es*; ⸚*e*) (dente *m*) molar *m*.
'**Bäcker** ['bɛkər] *m* padeiro *m*; **~'ei** *f* padaria *f*.
'**Back|fisch** [a] *m* (-*es*; -*e*) peixe *m* frito, peixe *m* para fritar; *fig*. raparigota *f*, moça *f*; adolescente *f*; **~form** *f* forma *f*; **~hähnchen** *n* frango *m* assado; **~obst** *n* (-*es*; *0*) fruta *f* seca (*od*. assada no forno); **~ofen** *m* (-*s*; ⸚) forno *m*; **~pfeife** *f* bofetada *f*; **~pflaume** *f* ameixa *f* seca; **~pulver** *n* fermento *m* em pó; **~stein** *m* (-*es*; -*e*) tijolo *m*, ladrilho *m*; **~stube** *f* amassaria *f*; **~trog** *m* (-*es*; ⸚*e*) masseira *f*; **~ware** *f*, **~werk** *n* (-*es*; *0*) bolos *m/pl*.
Bad [ba:t] *n* (-*es*; ⸚*er*) banho *m*; = *~eanstalt*, *~eort*; *ins ~ reisen* ir às águas; *ins ~ steigen* tomar um banho.
'**Bade|anstalt** ['ba:də-] *f* balneário *m*; banhos *m/pl*.; **~anzug** *m* (-*es*; ⸚*e*) fato *m* de banho; **~arzt** *m* (-*es*; ⸚*e*) médico *m* balneário (*od*. das termas); **~frau** *f* banheira *f*; **~gast** *m* (-*es*; ⸚*e*) banhista *m*, aquista *m*; **~hose** *f* calção *m* de banho; **~kappe** *f* touca *f* de banho; **~kur** *f* cura *f* de águas; **~mantel** *m* (-*s*; ⸚) roupão *m*; **~meister** *m* banheiro *m*.
'**baden** ['ba:dən] (-*e*-) **1.** *v/t*. banhar; *sich ~ a*. tomar banho; **2.** *v/i*. (*kalt*) *~* tomar banho(s frios); *beim* ≗ ao tomar banho.
'**Bade|ofen** *m* (-*s*; ⸚) esquentador *m*; **~ort** *m* (-*es*; -*e*) caldas *f/pl*., termas *f/pl*.; estação *f* termal; (*See*≗) praia *f*; **~reise** *f* viagem *f* às águas (*od*. à praia); vilegiatura *f*; **~saison** *f* (-; -*s*) época (*od*. quadra) *f* balnear; **~strand** *m* (-*es*; -*e*) praia *f*; **~stube** *f* casa *f* (*od*. quarto *m*) de banho; banheiro *m*; **~tuch** *n* (-*es*; ⸚*er*) lençol *m* de banho, toalha *f* turca; **~wanne** *f* banheira *f*; **~zeit** *f* = *~saison*; horas *f/pl*. de serviço (no balneário); **~zelle** *f* barraca *f*, cabine *f*; **~zimmer** *n* = *~stube*.
baff [a] F pasmado, abananado (*sn* ficar).
Baga'telle [baga'tɛlə] *f* bagatela *f*.
'**Bagger** ['bagər] *m* draga *f*; **≗n** (-*re*) dragar.
Bahn [a:] *f* via *f* (*a*. *fig*.), caminho *m*; 🚂 caminho *m* de ferro; ⚡ carro *m* eléctrico, *bonde *m* (*mit der* de); ⚓ rumo *m* (*a*. *fig*.); *Astr*. órbita *f*; *freie*: carreira *f*; (*Flug*≗) trajectória *f*; *Sport*: pista *f*; (*Eis*≗, *Rollschuh*≗) rinque *m* de patinagem; (*Kampf*≗) arena *f*; (*Strecke*) percurso *m*; (*Zeug*) pano *m*; (*Rock*) altura *f*; *sich* (*dat*.) *~ brechen* abrir caminho; '**~angestellter** *m* ferroviário *m*, empregado *m* dos caminhos de ferro; '**~anschluß** *m* (-*sses*; ⸚*sse*) ligação *f* ferroviária; **~arbeiter** *m* operário *m* dos caminhos de ferro; '**~aufseher** *m* guarda-linha *m*; '**~beamte(r)** *m* funcionário *m* dos caminhos de ferro; '**≗brechend** revolucionário; '**~brecher** ['-brɛçər] *m* pioneiro *m*; '**~brücke** *f* viaduto *m*; '**~damm** *m* (-*es*; ⸚*e*) via *f* em aterro; '**≗en** abrir; (*ebnen*) aplanar, preparar, facilitar; '**~fahrt** *f* viagem *f* de caminho de ferro; '**~hof** *m* (-*es*; ⸚*e*) estação *f* (de caminho de ferro); (*Omnibus*≗) estação *f* rodoviária; '**~hofsvorsteher** *m* chefe *m* de estação; '**~körper** *m* via *f*; = *~damm*; '**~linie** *f* linha *f* férrea; '**~post** *f* ambulância *f* dos correios; *mit ~* por caminho de ferro; '**~schranke** *f* barreira *f*; '**~schwelle** *f* chulipa *f*, travessa *f*; dormente

m; '**~steig** *m* (-*es*; -*e*) (plataforma *f* da) gare *f*; '**~steigkarte** *f* bilhete *m* de gare; '**~strecke** *f* = *~linie*; '**~überführung** *f* passagem *f* superior; '**~übergang** *m* (-*es*; *⸚e*) passagem *f* de nível; '**~unterführung** *f* túnel *m*; '**~verbindung** *f* ligação *f* ferroviária; '**~verkehr** *m* (-*es*; *0*) comunicações *f*/*pl*. ferroviárias; (*Straßenbahn*⁓) circulação *f* de carros eléctricos; '**~wärter** *m* guarda *m* de passagem de nível.

'**Bahre** ['ba:rə] *f* maca *f*; (*Toten*⁓) ataúde *m*, féretro *m*, esquife *m*.

Bai *f* baía *f*.

Bai'ser [bɛ'ze:] *n* (-*s*; -*s*) suspiro *m*.

'**Baisse** ['bɛ:s(ə)] ⚚ *f* baixa *f*.

Bajo'nett [bajo'nɛt] *n* (-*es*; -*e*) baioneta *f*.

'**Bake** ['ba:kə] ⚓ *f* baliza *f*; bóia *f*; **~ngeld** *n* (-*es*; -*er*) balizagem *f*.

Bake'lit [bakə'li:t] *n* (-*s*; *0*) baquelite *f*.

Bak'teri|e [bak'te:riə] *f* bactéria *f*; micróbio *m*; **~o'loge** [-o'lo:gə] *m* (-*n*) bacteriólogo *m*; **~olo'gie** [-olo'gi:] *f* (*0*) bacteriologia *f*; ⁓**o'logisch** [-o'lo:giʃ] bacteriológico.

Ba'lanc|e [ba'laŋsə] *f* equilíbrio *m*, balança *f*; ⁓'**ieren** (-) balançar; **~'ier-stange** *f* maromba *f*; ⊕ balanceiro *m*.

bald [balt] logo, (dentro) em breve; *für* ~ para breve; *möglichst* ~ quanto antes; ~ *darauf* pouco depois; ~ ..., ~ ... ora, ... ora; já ..., já...; quer..., quer...; (*fast*) quase.

'**Baldachin** ['baldaxi:n] *m* (-*s*; -*e*) baldaquim *m*, dossel *m*, pálio *m*.

'**baldig** ['baldiç] próximo; iminente; *auf* ~*es Wiedersehen* até breve; **~st** quanto antes.

'**baldmöglichst** quanto mais antes.

'**Baldrian** ['baldria:n] *m* (-*s*; -*e*) valeriana *f*; **~tinktur** *f* valeriânico *m*.

Bal|g [balk] *m* (-*es*; *⸚e*) pele *f*; despojo (*'ô) *m*; (*Puppe*) manequim *m*; (*Blase*⁓) *u*. *Phot*. fole *m*; (*Kind*) F traquinas *m* (*a*. *f*); '⁓**gen** ['-gən]: *sich* ~ brigar; **~ge'rei** [-gə'raı] *f* briga *f*, rixa *f*.

'**Balkan** ['balka:n] *m* (-*s*; *0*) os Balcãs *m*/*pl*.; **~...**: *in Zssg*(*n*) balcânico, dos Balcãs.

'**Balken** ['balkən] *m* trave *f*, viga *f*; *kleiner*: trava *f*; ⚕ trabécula *f*; **~lage** *f* △ abarrotamento *m*; **~träger** *m* escora *f*, dormente *m*; **~waage** *f* balança *f* romana; **~werk** *n* (-*es*; *0*) vigamento *m*.

Bal'kon [bal'kõ:, -'ko:n] *m* (-*s*; -*s*, -*e*) balcão *m* (*a*. *Thea*.); varanda *f*.

Ball *m* (-*es*; *⸚e*) **a**) (*Spiel*⁓) bola *f* (*spielen* jogar à), (*Gummi*⁓) *a*. péla *f*; *Billard*: e-n ~ *m*. meter a bola na ventanilha; **b**) (*Tanzfest*) baile *m* (*auf ac*. ao, *dat*. no).

Bal'lade [ba'la:də] *f* balada *f*; *port*. *a*. romance *m*.

'**Ballast** ['balast] *m* (-*es*; -*e*) lastro *m*; peso (*ê) *m* morto.

'**ballen**[1] ['balən] *Faust*: cerrar; *sich* ~ aglomerar-se, concentrar-se; *Wolken*: acastelar-se.

'**Ballen**[2] *m* bala *f*, fardo *m*; *Stoff*: peça *f*; (*Hand*⁓) ténar *m*, (*Fuß*⁓) joanete *m*.

Bal'lett [ba'lɛt] *n* (-*es*; -*e*) bailado *m*; **~kunst** *f* (*0*) coreografia *f*; **~meister** *m* coreógrafo *m*; **~tänzer**(**in** *f*) *m* bailarino (-a *f*) *m*.

'**Ballkleid** *n* (-*es*; -*er*) vestido *m* de baile.

Bal'lon [ba'lõ:, -'lo:n] *m* (-*s*; -*s*, -*e*) balão *m*; aeróstato *m*; (*Korbflasche*) garrafão *m*, bomba *f*.

'**Ball|saal** *m* (-*es*; -*säle*) sala *f* de baile; **~spiel** *n* (-*es*; -*e*) jogo *m* da bola (*od*. péla).

'**Balsam** ['balza:m] *m* (-*s*; -*e*) bálsamo *m*; ⁓**isch** [-'za:miʃ] balsâmico.

'**Balt|e** ['baltə] *m* (-*n*), ⁓**isch** báltico.

Balu'strade [balus'tra:də] *f* balaustrada *f*.

'**Bambus** ['bambus] *m* (-*ses*; -*se*) bambu *m*; **~rohr** *n* (-*es*; -*e*) cana-da-índia *f*.

'**Bammel** ['baməl] F *m* (-*s*; *0*): e-n ~ *haben* estar com medo.

ba'nal [ba'na:l] banal, trivial.

Ba'nane [ba'na:nə] *f* banana *f*; **~nstecker** *m* ficha *f* de banana.

Band [bant] **a**) *m* (-*es*; *⸚e*) tomo (*'ô) *m*, volume *m*; **b**) *n* (-*es*; *⸚er*) fita *f*; (*Schnur*) corda *f*; (*Faß*⁓) arco *m*; *breites* ~ faixa *f*; *Anat*. ligamento *m*; *am laufenden* ~ a fio, ⊕ em série; **c**) *n* (-*es*; -*e*) *fig*. laço *m*, vínculo *m*.

Ban'dag|e [ban'da:ʒə] *f* ligadura *f*; ⁓'**ieren** (-) fazer uma ligadura.

'**Bande** ['bandə] **1.** *f* banda *f*, bando *m*, quadrilha *f*; (*Pack*) canalha *f*; **2.** *n*/*pl*. *fig*. laços *m*/*pl*., vínculos *m*/*pl*.

'**Band-eisen** *n* fita *f* de ferro.
Bande'role [bandə'ro:lə] *f* cinta *f*.
'**bandförmig** ['-fœrmiç] em forma de fita; ⚘ ligulado.
'**bändig|en** ['bɛndigən] domar; reprimir; **2ung** *f* domesticação *f*; sujeição *f*.
Ban'dit [ban'di:t] *m* (*-en*) bandido *m*.
'**Band|maß** *n* (*-es*; *-e*) fita *f* métrica; **~säge** *f* serra *f* de fita; **~scheibe** *f* disco *m* vertebral; **~stahl** *m* (*-ẹs*; *⸚e*) fita *f* de aço; **~wurm** *m* (*-ẹs*; *⸚er*) ténia *f*, P bicha *f* solitária; **~wurmsatz** *m* (*-es*; *⸚e*) período *m* excessivamente extenso.
'**bang|e** ['baŋə] receoso, medroso, inquieto; *mir ist ~ vor* (*dat.*) tenho (*od.* estou com) medo de; *mir ist ~ um* temo por; *~ m.* assustar, meter medo a; **~en**: *~ vor* (*dat.*) temer (*ac.*); (*sich*) *~ um* estar inquieto por causa de, afligir-se com; **2igkeit** *f* angústia *f*, receio *m*, medo *m*.
Bank [baŋk] *f* **a**) (*-*; *⸚e*) banco *m*; 🚗 assento *m*; (*Schul2*) carteira *f*; *fig. auf die lange ~ schieben* demorar; F *durch die ~* sem distinção; **b**) (*-*; *-en*) banco *m*; (*Spiel2*) banca *f* (*sprengen* levar à glória); '**~abschluß** *m* (*-sses*; *⸚sse*) balanço *m* bancário; '**~aktie** *f* a(c)ção *f* de Banco; '**~anweisung** *f* cheque *m*; '**~beamte(r)** *m* empregado *m* bancário.
Ban'kett [baŋ'kɛt] *n* (*-ẹs*; *-e*) banquete *m*, festim *m*.
'**bank|fähig** negociável; **2filiale** *f* sucursal *f* (de Banco); **2geschäft** *n* (*-ẹs*; *-e*) casa *f* bancária; *pl. a.* operações *f/pl.* bancárias; **2guthaben** *n* crédito *m* bancário, conta-depósito *f*; **2halter** *m* banqueiro *m*; **2haus** *n* (*-es*; *⸚er*) banco *m*, casa *f* bancária, estabelecimento *m* bancário.
Banki'er [baŋki'e:] *m* (*-s*; *-s*) banqueiro *m*.
'**Bank|konto** *n* (*-s*; *-konten*) conta *f* corrente, conta *f* aberta; **~krach** *m* (*-ẹs*; *-e*, *-s*) escândalo *m* financeiro; **~note** *f* nota *f* (bancária); **~notenumlauf** *m* (*-ẹs*; *⸚e*) circulação *f* fiduciária; **~'rott** [baŋk'rɔt] **1.** *m* (*-ẹs*; *-e*) bancarrota *f*, quebra *f*, falência *f* (*betrügerischer* fraudulenta); *~ machen* falir; **2.** **2** insolvente; (*sich*) *~ machen* arruinar-se, quebrar; **~schuld** *f* dívida *f* bancária; **~überweisung** *f* lançamento *m*, transferência *f*; **~verkehr** *m* (*-s*; *0*) operações *f/pl.* bancárias.
Bann *m* (*-ẹs*; *-e*) proscrição *f*; *Rel.* excomunhão *f*; (*Zauber*) encanto *m*; *in den ~ tun* = *2en*; *im ~* (*gen.*) encantado de, fascinado por; '**~bulle** *f* bula *f* de excomunhão; '**2en** proscrever, desterrar; *Rel.* excomungar; anatemizar; *Geister*: exorcismar; *Gefahr*: conjurar; *fig.* encantar, cativar, fascinar; '**~er** *n* bandeira *f*, estandarte *m*; pendão *m*; '**~er-träger** *m* porta-estandarte *m*; '**~fluch** *m* (*-ẹs*; *⸚e*) anátema *m*; '**~kreis** *m* (*-es*; *-e*) área *f*, zona *f*; '**~meile** *f* arredores *m/pl.*; termo *m* da cidade; '**~strahl** *m* (*-ẹs*; *-en*) anátema *m*; '**~ware** *f* contrabando *m*.
bar[1] [a:] **a**) *Geld*: decontado, efe(c)tivo; *in ~* em dinheiro; *fig. für ~e Münze nehmen* tomar a sério; **b**) (*wirklich*) puro, verdadeiro; *mit gen.* (*ohne*) sem, destituído de.
Bar[2] *f* (*-*; *-s*) bar *m*.
Bär [ɛ:] *m* (*-en*) urso *m*; *Astr. der Große* (*Kleine*) *~* a Ursa *f* Maior (Menor); *j-m e-n ~en aufbinden fig.* entrujar alg.
Ba'racke [ba'rakə] *f* barraca *f*; *~n aufschlagen*, *in ~n unterbringen* (*hausen*) abarracar(-se); **~nbau** *m* (*-ẹs*; *-ten*), **~nlager** *n* abarracamento *m*.
Bar'bar [bar'ba:r] *m* (*-en*), **2isch** bárbaro (*m*); **~'ei** *f* barbaridade *f*.
'**Barbe** ['barbə] *f* barbo *m*.
'**bärbeißig** ['bɛ:rbaɪsiç] rabugento.
'**Barbestand** *m* (*-ẹs*; *⸚e*) efe(c)tivos *m/pl.*; fundos *m/pl.*
'**Bardame** *f* menina *f* do bar.
'**Barde** ['bardə] *m* (*-n*) bardo *m*.
'**Bären|haut** *f* (*-*; *⸚e*): *fig. auf der ~ liegen* preguiçar, mandriar; **~hunger** *m* (*-s*; *0*) *fig.* F fome *f* canina; **~klau** ⚘ *f* (*0*) acanto *m*; **~zwinger** *m* jaula *f* de ursos.
Ba'rett [ba'rɛt] *n* (*-ẹs*; *-e*) barrete *m*.
'**bar|fuß, ~füßig** ['-fysiç] descalço; **2füßer** ['-fysər] *m* carmelita (*od.* franciscano) *m* descalço; **2geld** *n* (*-ẹs*; *-er*) dinheiro *m* contado; moeda *f* corrente; efe(c)tivo *m*; **~geldlos** por cheque; **2geschäft** *n* (*-ẹs*; *-e*) negócio *m* de contado; **~haupt, ~häuptig** ['-hɔyptiç] em cabelo.

'Bärin ['bɛ:rin] *f* ursa *f*.
'Bariton ['ba:riton] *m* (-*s*; -*e*) barítono *m*.
Bar'kasse ⚓ *f* lancha *f*.
'Barkauf *m* (-*ẹs*; ⁼*e*) compra *f* de contado.
'Barke ['barkə] *f* barca *f*; barco *m*.
'Bärlapp ⚘ *m* (-*s*; -*e*) licopódio *m*.
barm'herzig [barm'hɛrtsiç] caritativo, misericordioso; **2keit** *f* (*0*) caridade *f*, misericórdia *f*.
ba'rock [ba'rɔk] barroco; **2**(...) *m u. n* (-*s*; *0*) (do) barroco *m*, (no) estilo *m* barroco.
Baro'meter [baro-] *n u. m* barómetro *m*; **~stand** *m* (-*ẹs*; ⁼*e*) situação *f* barométrica.
Ba'ron [ba'ro:n] *m* (-*s*; -*e*) barão *m*; **~in** *f* baronesa *f*.
'Barren ['barən] *m* barra *f*; *Gold usw.*: lingote *m*; *Turngerät*: paralelas *f*/*pl*.
Barri'ere [bari'ɛ:rə] *f* barreira *f*.
Barri'kad|e [bari'ka:də] *f* barricada *f*; **2'ieren** (-) barricar.
Barsch[1] [barʃ] *m* (-*es*; -*e*) *Zool.* perca *f*.
barsch[2] brusco, rude.
'Bar|schaft *f* dinheiro *m*; efe(c)tivos *m*/*pl*.; pecúlio *m*; **~scheck** *m* (-*s*; -*s*) cheque *m* aberto.
Bart [a:] *m* (-*ẹs*; ⁼*e*) barba(s *pl*.) *f*; (*Schnurr*2) bigode *m*; (*Schlüssel*2) palhetão *m*; *j-m um den ~ gehen* lisonjear alg., F dar manteiga a alg.; *in den ~ murmeln* entre dentes; **'~flechte** *f* ⚕ sicose *f*; líquen *m*; ⚘ úsnea *f*.
'bärtig ['bɛ:rtiç] barbudo.
'bartlos sem barba; (*jung*) imberbe.
'Bar-zahlung *f* pagamento *m* à vista; *gegen ~* a pronto, a dinheiro.
Ba'salt [ba'zalt] *m* (-*ẹs*; -*e*) basalto *m*.
Ba'sar [ba'za:r] *m* (-*s*; -*e*) bazar *m*.
'Bas|e ['ba:zə] *f* prima *f*; ⚗ base *f*; **2'ieren** *v*/*t*. (*v*/*i*.) (-) basear(-se) (*auf dat.* em); **~is** *f* (-; *Basen*) base *f*.
'Bask|e ['baskə] *m* (-*n*), (**~in** *f*), **2isch**[1] basco *m* (-a *f*), vascão *m*; **~isch**[2] *n* (-*s*; *0*) *Sprache*: vasconço *m*.
'Bas-relief ['ba-] *n* (-*s*; -*s*, -*e*) baixo-relevo (*'ê) *m*.
Baß [a] *m* (-*sses*; ⁼*sse*) baixo *m*; *zweiter ~*, *tiefer ~* contrabaixo *m*; **'~geige** *f* viola *f*, violão *m*; *große*: contrabaixo *m*; **'~horn** *n* (-*ẹs*; ⁼*er*) baixão *m*.
Bas'sist [ba'sist] *m* (-*en*) (contra-)baixo *m*.
'Baß|klarinette *f* bombardão *m*; **~posaune** *f* tromba *f*; **~schlüssel** *m* clave *f* de fá; **~stimme** *f* (voz *f* de) baixo *m*.
Bast *m* (-*es*; -*e*) ráfia *f*; líber *m*, entrecasca *f*; **'~ard** ['-art] *m* (-*ẹs*; -*e*) bastardo *m*; *Zool.* híbrido *m*; **~'ei** [-'aɪ] *f* bastião *m*; **'2eln** (-*le*) construir, fazer; **'~ler** *m* curioso *m*.
Batai'llon [batali'o:n] *n* (-*s*; -*e*) batalhão *m*.
Ba'tist [ba'tist] *m* (-*es*; -*e*) cambraia *f*.
Batte'rie [batə'ri:] *f* bateria *f*, ⚡ *a.* pilha *f*.
Bau [bau] *m* (-*ẹs*; -*ten*) construção *f*; *im ~ a.* em obras; (*Gebäude*) *a.* edifício *m*; (*Neu*2, *meist pl.*) obras *f*/*pl*.; (*Struktur*) estrutura *f* (*a. fig.*); ⚒ (*nur sg.*) cultura *f*; (*Höhle*) covil *m*, toca *f*; (*Körper*2) estatura *f*; = *~art*, *~platz*; *im ~ sn a.* estar em obras; *vom ~ sn fig.* ser versado (em ...); **'~arbeiten** *f*/*pl*. obras *f*/*pl*.; *Verkehr*: trabalhos *m*/*pl*. na estrada; **'~arbeiter** *m* operário *m* de construções; **'~art** *f* estilo *m*; estrutura *f*; ✈ tipo *m*; **'~behörde** *f* repartição *f* de obras.
Bauch [baux] *m* (-*ẹs*; ⁼*e*) ventre *m*; barriga *f*; *Anat.* abdome *m*, abdómen *m*; **'~binde** *f* faixa *f*; **'~fell** *n* (-*ẹs*; -*e*) peritónio *m*, peritoneu *m*; **'~fell-entzündung** *f* peritonite *f*; **'~fett** *n* (-*ẹs*; *0*) *Schwein*: banha *f*; **'~grimmen** ['-grimən] *n* (-*s*; *0*) cólica *f*; **'~höhle** *f* cavidade *f* abdominal; **'2ig** barrigudo; *et. a.* abaulado; **'~landung** ✈ *f* aterragem *f* de barriga; **'~muskel** *m* (-*s*; -*n*) músculo *m* abdominal; **'~nabel** *m* umbigo *m*; **'~redner** *m* ventríloquo *m*; **'~schmerzen** *m*/*pl*. = *~weh*; **'~speicheldrüse** *f* pâncreas *m*; **'~weh** *n* (-*s*; *0*) dores *f*/*pl*. de barriga.
'Baude ['baudə] *f* casa-abrigo *f*.
'bauen ['bauən] **1.** *v*/*t*. construir; ⚠ *a.* edificar; ⚒ cultivar; **2.** *v*/*i*.: *~ auf* (*ac.*) *fig.* contar com, confiar em.
'Bauer ['bauər]: **a)** *m* (-*n*) camponês *m*, *a. Besitzer*: lavrador *m*; *grober ~* vilão *m*; (*Karte*) valete *m*; *Schach*: pião *m*; **b)** *n* (*a. m*) gaiola *f*.

'**Bäuer|in** ['bɔyərin] *f* camponesa *f*, mulher *f* do lavrador; **²isch, ²lich** rústico, aldeão, campestre; (*grob*) vilão, vilanesco.
'**Bau-erlaubnis** *f* (-; -*se*) licença *f* de construção.
'**Bauern|bursche** *m* (-*n*) moço camponês; **~fang** *m* (-*ęs*; ⸗*e*) trapaceria *f*, entrujice *f*; **~fänger** ['-fɛŋər] *m* trapaceiro *m*, batoteiro *m*; entrujão *m*; **~gut** *n* (-*ęs*; ⸗*er*) quinta *f*, *bras.* fazenda *f*; **~-haus** *n* (-*es*; ⸗*er*) casa *f* rural; **~-hochzeit** *f* bodas *f/pl.* de aldeia; **~-hof** *m* (-*ęs*; ⸗*e*) = ~*gut*; **~mädchen** *n* moça *f* aldeã; **~volk** *n* (-*ęs*; *0*) (classe *f* d)os lavradores *m/pl.*
'**Bau|fach** *n* arquite(c)tura *f*; engenharia *f* civil; **²fällig** ruinoso; caduco; **~fälligkeit** *f* caducidade *f*; **~führer** *m* mestre *m* de obras; **~gelände** *n* terreno *m* para construções; **~gerüst** *n* (-*ęs*; -*e*) andaime *m*; **~geschäft** *n* (-*ęs*; -*e*) empresa *f* de construções civis; **~gewerbe** *n* (indústria *f* de) construções *f/pl.* civis; **~-herr** *m* (-*n od.* -*en*; -*en*) patrão *m*; **~-hof** *m* (-*ęs*; ⸗*e*) estância *f* (de madeira); = ~*platz*; **~-holz** *n* (-*es*; ⸗*er*) madeira *f* de construção; **~-hütte** *f* oficina *f*; *fig.* loja *f* maçónica; **~ingenieur** *m* (-*s*; -*e*) engenheiro *m* civil; **~kasten** *m* (-*s*; ⸗) caixa *f* de construções; mecânico *m*; **~kunst** *f* (*0*) arquite(c)tura *f*; **~leitung** *f* dire(c)ção *f* das obras.
'**baulich** ['bauliç] arquite(c)tónico; **²keit** *f* construção *f*, edifício *m*.
Baum [baum] *m* (-*ęs*; ⸗*e*) árvore *f*; '**²arm** pouco arborizado; '**²artig** arbóreo; '**~bestand** *m* (-*ęs*; ⸗*e*) arvoredo *m*; vegetação *f* arbórea; '**~blüte** *f* florescência *f*.
'**Bau-meister** *m* construtor *m* civil, arquite(c)to *m*; mestre *m* de obras.
'**baumeln** ['bauməln] F (-*le*) bambolear.
'**bäumen** ['bɔymən]: *sich* ~ levantar-se; *Pferd*: empinar-se.
'**Baum|frevel** *m* delito *m* florestal; **~grenze** *f* limite *m* de altitude.
'**Bauminister(ium** *n* [-*s*; -*ministerien*]) *m* Ministro *m* (Ministério *m*) das Obras Públicas.
'**baum|lang** *fig.* muito alto; **~los** sem árvores; desarborizado; **²marder** *m* marta *f*; **²pfahl** *m* (-*ęs*; ⸗*e*) tanchão *m*; **²rinde** *f* cortiça *f*; **²schlag** *m* (-*ęs*; *0*) *Mal.* ramagem *f*, folhagem *f*; **²schule** *f* tanchoal *m*, viveiro *m* de plantas; **²stamm** *m* (-*ęs*; ⸗*e*) tronco *m*; **~stark** robusto; **²stumpf** *m* (-*ęs*; ⸗*e*) cepo *m*.
'**Baumwoll|e** *f* algodão *m*; **²en** de algodão; **~-händler, ~pflanzer** *m*, **~staude** *f* algodoeiro *m*; **~-industrie** *f* indústria *f* algodoeira.
'**Baum|wuchs** *m* (-*es*; *0*) vegetação *f* arbórea; **~zucht** *f* arboricultura *f*.
'**Bau|ordnung** *f* regulamento *m* de construções; **~plan** *m* planta *f*; *städtische Planung*: plano *m* de urbanização; **~platz** *m* (-*es*; ⸗*e*) terreno *m*; **~polizei** *f* (*0*) inspe(c)ção *f* de obras públicas; **~rat** *m* (-*ęs*; ⸗*e*) engenheiro *m* de obras públicas.
'**bäurisch** ['bɔyriʃ] rústico; vilão.
Bausch [bauʃ] *m* (-*es*; ⸗*e*) tufo *m*; *in ~ und Bogen* em globo, totalmente, por completo; '**²en** inchar; *Kleidung*: *sich* ~ afofar; '**²ig** fofo (*'ô).
'**Bau|schlosser** *m* serralheiro *m* de construções; **~schutt** *m* (-*ęs*; *0*) entulho *m*; **~stein** *m* (-*ęs*; -*e*) pedra *f*; *fig.* elemento *m* (construtivo); **~stelle** *f* = ~*platz*; **~stil** *m* (-*ęs*; -*e*) estilo *m* (arquite[c]tónico); **~stoff** *m* (-*ęs*; -*e*) matéria *f* (*od.* material *m*) de construção; **~tätigkeit** *f* (realização *f* de) obras *f/pl.*; *städtische*: urbanização *f*; **~unternehmen** *n* empresa *f* de construções; *öffentliches*: obras *f/pl.* públicas; **~unternehmer** *m* empreiteiro *m*; mestre *m* de obras; **~vorhaben** *n* proje(c)to *m* de construção (*od. öffentliches*: de obras públicas); **~werk** *n* (-*ęs*; -*e*) edifício *m*, construção *f*; obra(s *f/pl.*) *f*; **~wesen** *n* (-*s*; *0*) arquite(c)tura *f*; obras *f/pl.* públicas.
'**Bayer** ['baiər] *m* (-*n*), (**~in** *f*), **²isch** bávaro (-a *f*) *m*, da Baviera.
Ba'zillus [ba'tsilus] *m* (-; *Bazillen*) bacilo *m*.
be'absichtigen [bə'apziçtigən] (-) tencionar; propor-se.
be'acht|en (-*e*-; -) *v/t.* atender; dar por, reparar em; observar; (*berücksichtigen*) ter em boa conta, considerar; atentar a; **~ens-wert, ~lich** considerável, notável; **²ung** *f* (*gen.*) atenção *f* a, consideração *f*; reparo *m*; observação *f*; ~ *finden* ser considerado, ser observado; ~ *schenken* (*dat.*) = *beachten*.

be'ackern (*-re*; -) lavrar.
Be'amte(r) [bə'amtə(r)] *m* empregado *m*, funcionário *m* (*staatlicher* público).
be'ängstigend alarmante, inquietante.
be'anspruch|en [bə'anʃpruxən] exigir, pretender, reclamar; *alte Rechte*: reivindicar; *fig. Zeit*: levar; ⊕ (des)gastar; **2ung** *f* exigência *f*; pretensão *f*; reivindicação *f*; ⊕ desgaste *m*.
be'anstand|en [bə'anʃtandən] (*-e-*; -) *v/t.* fazer reparo(s); reclamar contra; **2ung** *f* (*gen.*) obje(c)ção *f*, reclamação *f* contra.
be'antragen (-) propor; *durch Gesuch*: requerer, solicitar.
be'antwort|en (*-e-*; -) *v/t.* responder a; **2ung** *f*: *in* ~ (*gen.*) em resposta a.
be'arbeit|en (*-e-*; -) *v/t.* trabalhar; ⚒ *Steine*: aparelhar; ↗ cultivar, lavrar; ♪ arranjar; *Buch*: refundir; fazer uma nova edição de; *Text*: redigir; *für den Film usw.* adaptar a; *Thema*: tratar, versar sobre; *j-n* ~ procurar persuadir alg.; ✝ trabalhar alg.; **2er** *m* organizador *m*; *Text*: reda(c)tor *m*; **2ung** *f* trabalho *m*; ⚒ aparelhamento *m*; ↗ cultivo *m*; ♪ arranjo *m*; *Buch*: refundição *f*, reedição *f*; *Text*: reda(c)ção *f*; *Thea.*, *Film*: adaptação *f*; *in* ~ em preparação.
be'argwöhnen (-) suspeitar (de).
be'aufsichtig|en [bə'aufziçtigən] (-) vigiar, fiscalizar; **2ung** *f* vigia *f*, fiscalização *f*; intendência *f*; inspe(c)ção *f*.
be'auftrag|en (-) encarregar, incumbir (*mit* de); **2te(r)** [ə] *m* encarregado *m*, delegado *m*, comissário *m*; ⚖ mandatário *m*.
be'bau|en (-) construir edifício(s) em; fazer obras em; *Stadtgelände*: urbanizar; ↗ cultivar; **2ung** *f* urbanização *f*; ↗ cultura *f*.
'beben ['be:bən] **1.** *v/t.* tremer, estremecer; **2.** 2 *n* tremor *m*.
be'bildern [bə'bildərn] (*-re*; -) ilustrar.
'Becher ['bɛçər] *m* copo *m*, taça *f*; ♀ cálice *m*; ⊕ alcatruz *m*.
'Becken ['bɛkən] *n* bacia *f*, *Anat.*: *a.* pelve *f*; (*Wasch2*) *a.* alguidar *m*; (*Brunnen2*, *Tauf2*) pia *f*; ♪ ~ *pl.* pratos *m/pl.*; ~...: *in Zssg(n) Anat.* ilíaco; **~knochen** *m a.* osso *m* inominado.
Be'dacht [bə'daxt] **1.** *m* (*-es*, *0*) cuidado *m*; ~ *nehmen auf* (*ac.*) tomar a.c. em consideração, ter a.c. em conta; **2.** 2 *p.pt. v. bedenken*; *adj.* ponderado; ~ *sn auf* (*ac.*) pensar em; *auf s-n Vorteil* ~ interesseiro.
be'dächtig [bə'dɛçtiç] prudente, circunspe(c)to, ponderado, cauteloso; pensativo; (*langsam*) vagaroso; **2keit** *f* (*0*) circunspe(c)ção *f*, cautela *f*, ponderação *f*.
Be'dachung ['bədaxuŋ] *f* (construção *f* do) telhado *m*.
be'danken (-): *sich bei j-m für et.* ~ agradecer a.c. a alg.
Be'darf [bə'darf] *m* (*-es*; *0*) necessidade *f*; falta *f*; *mein* ~ o que preciso (*an dat.* de); **~s-artikel** *m/pl.* utilidades *f/pl.*; **~s-fall** *m* (*-es*; *⸗e*) caso *m* de necessidade.
be'dauer|lich [bə'dauərliç] lamentável, deplorável; **~n** (*-re*; -) lamentar; *j-n* ~ *a.* ter pena de alg.; *et.* ~ *a.* sentir a.c.; **2n** *n* pesar *m*, pena *f*; *zu m-m* ~ a meu pesar, com pena minha; **~nswert, ~nswürdig** *j.*: digno de compaixão, desgraçado; *et.*: lastimável.
be'deck|en (-) cobrir (*mit* de), *Öffnung*: *a.* tapar; *Wand*: *a.* revestir; *sich* ~ *a.* abafar-se, *Himmel*: *a.* anuviar-se; **2ung** *f* cobertura *f*; ⚔ escolta *f*.
be'denk|en (*L*; -) *v/t.* considerar, pensar em, refle(c)tir sobre; *vorher* ~ premeditar; *j-n mit et.* ~ contemplar (*od.* beneficiar) alg. com a.c.; legar a.c. a alg.; *sich* ~ deliberar, refle(c)tir, ponderar; (*schwanken*) hesitar; **2en** *n* dúvida *f*, escrúpulo *m*; (*Schwierigkeit*) inconveniente *m*; *ohne* ~ sem reparo, sem escrúpulo, sem hesitar; (*kein*) ~ *tragen zu* (*inf.*) (não) ter dúvida de (*od.* em); (não) ver inconveniente em; **~lich** crítico; grave; precário; **2lichkeit** *f* escrupulosidade *f*; hesitação *f*; **2-zeit** *f* tempo (*od.* prazo) *m* para deliberar.
be'deut|en (*-e-*; -) significar, querer dizer; *j-m* ~ (*sagen*) dar a entender a alg.; *j-m* ~ *zu* intimar alg. a; *zu* ~ *haben* importar; **~end** importante, considerável; **~sam** significativo.
Be'deutung *f* significado *m*, signifi-

cação *f*, (*Sinn*) *a*. sentido *m*; (*Wichtigkeit*) importância *f*; *weittragende* ~ transcendência *f*; *von* ~ de tomo (*'ô); 2**slos** sem importância, insignificante; 2**svoll** significativo; importante; transcendente; ~**swandel** *m* (-*s*; *0*) semântica *f*.

be'dien|en (-) servir, ⚕ *a*. atender, aviar; ⚔ *u*. ⊕ manejar, tratar de; *sich* ~ (*gen*.) servir-se (de); ~**stet** [ə]: ~ *sn bei* servir (*od*. ser criado) em casa de; *su*. *a*. empregado; 2**te** [ə] *m u*. *f*, 2**ter** *m* criado *m*, servente *m*; lacaio *m*; 2**ung** *f* serviço *m*; (*Personal*) pessoal *m*, *häusliche a*. criadagem *f*; ⚔ *u*. ⊕ manejo *m*.

be'ding|en (-) condicionar; (*erfordern*) exigir, reclamar, requerer; ~**t** *adj*. condicional, limitado; ~ *werden*, ~ *sn durch* depender de, ser devido a; 2**t-heit** *f* condicionalismo *m*.

Be'dingung [bə'diŋuŋ] *f* condição *f* (*unter dat. a*. com); 2**s-los** incondicional, sem condições; ~**s-satz** *m* (-*es*; ⸚*e*) oração *f* condicional; 2**sweise** condicionalmente; (*probeweise*) a título de experiência.

be'dräng|en (-) importunar; (*verfolgen*) acossar; (*bekümmern*) afligir; 2**nis** *f* (-; -*se*) dificuldade(s *f*/*pl*.) *f*; aflição *f*; aperto *m*, apuros *m*/*pl*.

be'droh|en (-) ameaçar; ~**lich** ameaçador; crítico; 2**ung** *f* ameaça *f*.

be'drucken (-) imprimir, estampar.

be'drück|en (-) oprimir; afligir; ~**end** opressivo, aflitivo; acabrunhante; ~**t** deprimido, aflito, triste; 2**t-heit** *f* depressão *f*, aflição *f*, tristeza *f*; 2**ung** *f* opressão *f*.

Bedu'in|e [bedu'ʔi:nə] *m* (-*n*), 2**isch** beduíno (*m*).

be'dürf|en (*L*; -) (*gen. od. ac*.) precisar (de); carecer (de); necessitar; 2**nis** *n* (-*ses*; -*se*) necessidade *f*; 2**nis-anstalt** *f* retrete *f* pública; ~**nis-los** modesto, simples; ~**tig** necessitado, precisado, carecido; indigente, pobre; 2**tigkeit** *f* necessidade *f*, indigência *f*, pobreza *f*, penúria *f*.

'Beefsteak ['bi:fste:k] *n* (-*s*; -*s*) bife *m*.

be'ehren (-) honrar (*mit* de), distinguir; *sich* ~ *zu* (*inf*.) ter a honra de.

be'eid(ig)en [bə'ʔaɪd(ig)ən] (-*e*-; - [-]) (fazer) jurar; ajuramentar; afirmar por juramento.

be'eilen (-) apressar.

be'ein|drucken (-) impressionar; ~**flussen** ['-flusən] (-*ßt*; -) *v*/*t*. influenciar, exercer influência sobre (*ô); 2**flussung** *f* (*gen*.) influência *f* (sobre [*ô], em), influenciação *f* (de), a(c)tuação *f* (sobre [*ô]); ~**trächtigen** [-trɛçtigən] (-) afe(c)tar; (*schaden*) *a*. prejudicar; (*stören*) *a*. estorvar; 2**trächtigung** *f* prejuízo *m*, dano *m*; estorvo (*'ô) *m*; lesão *f*.

be'end(ig)|en (-*e*-; - [-]) acabar; terminar; 2**ung** *f* fim *m*; acabamento *m*.

be'eng|en [bə'ʔɛŋən] (-) apertar; 2**t-heit** *f* estreiteza *f*, aperto (*ê) *m*.

be'erben (-) *v*/*t*. herdar de, ser herdeiro de.

be'erdig|en [bə'ʔɛrdigən] (-) enterrar, sepultar; 2**ung** *f* enterro (*'ê) *m*; 2**ungs-institut** *n* (-*es*; -*e*) agência *f* funerária; 2**ungs-unternehmer** *m* cangalheiro *m*.

'Beere ['be:rə] *f* baga *f*, bago *m*.

Beet [e:] *n* (-*es*; -*e*) canteiro *m*, alegrete *m*, quadro *m*; '~**e** ['-ə] *f* (*rote*) ~ beterraba *f*.

be'fähig|en [bə'fɛ:higən] (-) habilitar; ~**t** *adj*.: ~ (*zu*) capaz (de), habilitado (para), qualificado (para); (*begabt*) talentoso, de talento; 2**ung** *f Eigenschaft*: capacidade *f*, aptidão *f*; habilitações *f*/*pl*.; *Handlung*: qualificação *f*; 2**ungsnachweis** *m* certificado *m* de aptidão.

be'fahr|bar ['a:] transitável; ⚓ navegável; ~**en** **1.** *v*/*t*. (*L*; -) passar por; ⚓ navegar em, navegar por; ⚒ descer a; **2.** *adj*. *Weg*: trilhado; *Wasser*: navegado.

be'fallen (*L*; -) **1.** *v*/*t*. acometer; colher; ⚘ atacar; **2.** *adj*. cheio de; *vom Frost* ~ queimado.

be'fangen (*scheu*) acanhado, tímido; (*verwirrt*) atrapalhado, perturbado, confuso; (*voreingenommen*) suspeito, parcial; 2-**heit** *f* acanhamento *m*, timidez *f*; parcialidade *f*.

be'fassen (-*ßt*; -): *sich* ~ *mit* ocupar-se de, tratar de; debruçar-se sobre.

be'fehden [bə'fe:dən] (-*e*-; -) *v*/*t*. fazer guerra a; combater.

Be'fehl [bə'fe:l] *m* (-*es*; -*e*) ordem *f*; (~*sgewalt*) (co)mando *m* (*führen* ter); ⚔ *zu* ~! às ordens!; 2**en** (*L*; -)

ordenar, mandar; *poet.* ('*an*~) encomendar a; ᴤ**igen** [-igən] (-) comandar, chefiar, dirigir.

Be'fehls|form *f* imperativo *m*; ~**haber** [-ha:bər] *m* comandante *m*; ᴤ**-haberisch** imperioso; ~**verweigerung** *f* insubordinação *f*; ᴤ**widrig** contrário às ordens.

be'festig|en (-) segurar, pôr, prender; ⚔ fortificar; abalnartar; ⚓ amarrar; *fig.* consolidar, estreitar; ᴤ**ung** *f* ⚔ fortificação *f*; ⚓ amarração *f*; ᴤ**ungs-winkel** *m* cantoneira *f* de fixação.

be'feuchten [bə'fɔyçtən] (-*e*-; -) molhar; humedecer.

Be'feuerung *f* ⚓ *u.* ✈ sinalização *f* luminosa.

be'find|en (*L*; -) **1.** *v/t.*: *für gut* ~ julgar bem, haver por bem; aprovar; entender; *sich* ~ estar, ficar, achar-se, encontrar-se; **2.** *v/i.*: ~ *über* (*ac.*) decidir (*ac.*); ᴤ**en** *n* (*Ansicht*) parecer *m*, entender *m*, opinião *f*; (*Gesundheit*) (estado *m* de) saúde *f*; ~**lich** situado; *in* (*dat.*) ~ sito em, que se encontra em.

be'flagg|en (-) embandeirar, abandeirar; ᴤ**ung** *f* embandeiramento *m*.

be'fleck|en (-) manchar, sujar; *fig.* desonrar; ᴤ**ung** *f* desonra *f*; infamação *f*; contaminação *f*; polução *f*.

be'fleißigen [bə'flaɪsigən] (-): *sich* (*gen.*) ~ aplicar-se a, dedicar-se a, esforçar-se por.

be'flissen [bə'flisən] (*gen.*) dado a; assíduo, estudioso; obsequioso; ᴤ**-heit** *f* aplicação *f*; zelo *m*; assiduidade *f*; solicitude *f*.

be'flügel|n [bə'fly:gəln] *v/t.* (-) dar asas a; *Schritt*: acelerar; ~**t** *adj.* alado.

be'folg|en (-) *v/t.* seguir; *Befehl, Gesetz*: obedecer a, cumprir; *Regel*: observar; ᴤ**ung** *f* cumprimento *m*, execução *f*; observância *f*.

be'förder|n (-*re*; -) transportar; despachar; *im Rang*: promover; ᴤ**ung** *f* transporte *m*; despacho *m*; expedição *f*; *j-s*: promoção *f*; ᴤ**ungs-mittel** *n* meio *m* de transporte.

be'fracht|en [bə'fraxtən] (-*e*-; -) fretar; (*beladen*) carregar; ᴤ**er** *m* fretador *m*; ᴤ**ung** *f* fretamento *m*, carga *f*.

be'frackt [a] de casaca.

be'fragen (-) *v/t.* interrogar, perguntar (a; *wegen* por); *um Rat* ~ consultar.

be'frei|en *v/t.* (-) livrar, libertar, dar liberdade a; emancipar; *von Hemmnissen*: desembaraçar; *von Abgaben*: isentar; *vom Dienst*: dispensar; ᴤ**er** *m* libertador *m*; ᴤ**ung** *f* libertação *f*; emancipação *f*; isenção *f*; dispensação *f*; ᴤ**ungskrieg** *m* (-*es*; -*e*) guerra *f* de independência (*od.* libertação).

be'fremd|en[1] [bə'frɛmdən] (-*e*-; -) estranhar; ᴤ**en**[2] *n* surpresa *f*; estranheza *f*, estranhamento *m*; ~**end,** ~**lich** estranho.

be'freunde|n [bə'frɔyndən]: *sich* ~ estreitar amizade; *a. mit et.*: familiarizar-se; ~**t** amigo (*mit* de).

be'fried|en [bə'fri:dən] (-*e*-; -) pacificar, apaziguar; ~**igen** [-igən] (-) satisfazer (*a.* ☤ *u. fig.*), contentar; ~**igend** satisfatório; ~**igt** [-içt] satisfeito, contento; ᴤ**igung** *f* satisfação *f*; contentamento *m*; ᴤ**ung** *f* pacificação *f*, apaziguamento *m*.

be'friste|n (-*e*-; -) *v/t.* limitar, estabelecer prazo a; ~**t** limitado, a prazo.

be'frucht|en (-*e*-; -) *v/t.* fecundar, fertilizar; ᴤ**ung** *f* fecundação *f*; ⚕ inseminação *f*.

Be'fug|nis [bə'fu:knis] *f* (-; -*se*) autorização *f*; competência *f*; ᴤ**t** autorizado.

be'fühlen (-) apalpar.

Be'fund *m* (-*es*; -*e*) (*Ergebnis*) resultado *m*; (*Feststellung*) averiguação *f*; ⚕ diagnóstico *m*.

be'fürcht|en (-*e*-; -) recear, temer; ᴤ**ung** *f* receio *m*.

be'fürwort|en *v/t.* (-*e*-; -) recomendar, apoiar, interessar-se por; ᴤ**ung** *f* recomendação *f*; apoio *m*.

be'ga|bt [bə'ga:pt] inteligente; talentoso, de talento; ~ *mit* dotado de; ~ *sn für* ter jeito para; ᴤ**bung** *f* talento *m*, vocação *f*; inteligência *f*.

be'gaffen (-) olhar embasbacado.

be'gatt|en (-*e*-; -): *sich* ~ acasalar-se; ter cópula: ᴤ**ung** *f* cópula *f*; coito *m*.

be'gaunern [bə'gaunərn] (-*re*; -) F entrujar, lograr.

be'geb|en (*L*; -) ☤ negociar; *sich* ~ *nach* deslocar-se (par)a, dirigir-se (par)a; *sich* ~ *zu* ir ter com; *sich auf e-e Reise* ~ partir (*nach* para);

in Gefahr: expor-se a; *in j-s Schutz*: pôr-se sob; (*sich ereignen*) acontecer, suceder, passar-se; *sich e-s Rechtes usw.* ~ renunciar a; **2enheit** *f*, **2nis** *n* (*-ses*; *-se*) acontecimento *m*; **2ung** † *f* endosso (*'ô) *m*.

be'gegn|en [bə'ge:gnən] (*-e-*; *-*; *sn*) (*dat.*): *j-m* ~ encontrar alg.; *Wagen*: cruzar-se com; (*zustoßen*) acontecer, ocorrer; *höflich usw.*: tratar (*ac.*); (*sich entgegenstellen*) opor-se; combater (*ac.*); (*vorbeugen*) prevenir (*ac.*); (*vorkommen*) encontrar--se; **2ung** *f* encontro *m*.

be'gehen (*L*; *-*) percorrer; *Fehler*: cometer, *Verbrechen*: *a.* praticar, perpetrar; *Fest*: festejar, celebrar.

Be'gehr [bə'ge:r] *m* (*n*) (*-s*; *0*), **~en**[1] *n* desejo *m*; **2en**[2] (*-*) desejar; cobiçar, ambicionar; (*verlangen*) pretender; † *sehr begehrt sn* ser muito procurado, ter muita procura; **2enswert** desejável; **2lich** cobiçoso; **~lich-keit** *f* cobiça *f*, avidez *f*.

be'geister|n [bə'gaɪstərn] (*-re*; *-*) entusiasmar (*für* por); **~t** *adj.* entusiástico; **2ung** *f* entusiasmo *m*.

Be'gier *f* (*0*), **~de** [-də] *f* apetite *m*; desejo *m*; cobiça *f*, avidez *f*; *geistig*: ânsia *f*; **2ig** ávido, cobiçoso; ansioso (*nach, auf ac.* de).

be'gießen (*L*; *-*) regar.

Be'ginn [bə'gin] *m* (*-es*; *0*) começo *m*, princípio *m*, início *m* (*bei* ao); **~en**[1] *n* empresa (*'ê) *f*, tentativa *f*; **2en**[2] (*L*; *-*) começar, principiar, iniciar.

be'glaubig|en [bə'glaubigən] (*-*) atestar; ⚖ legalizar, autenticar, reconhecer, abonar; *Diplomaten*: acreditar; *beglaubigte Abschrift* pública-forma *f*; **2ung** *f* atestado *m*, certificado *m*; reconhecimento *m*, legalização *f*; autorização *f*; certificado *m*; **2ungsschreiben** *n* credenciais *f/pl.*

be'gleich|en (*L*; *-*) pagar; **2ung** *f* pagamento *m*.

Be'gleit|adresse *f* guia *f*; **2en** (*-e-*; *-*) acompanhar; ⚓, ⚔ escoltar; **~er(in** *f*) *m* companheiro (-a *f*) *m*; ♪ acompanhador(a *f*) *m*; **~erscheinung** *f* fenómeno (*od.* sintoma) *m* concomitante; consequência *f*; **~flugzeug** *n* (*-es*; *-e*) avião *m* de escolta; **~mannschaft** ⚔ *f* escolta *f*; **~schein** *m* (*-es*; *-e*) guia *f*; **~schiff** *n* navio *m* de escolta; **~schreiben** *n* aviso *m*; **~ung** *f* acompanhamento *m* (*a.* ♪), (*in j-s*) ~ (em) companhia (de), acompanhado (por); *Gefolge*: comitiva *f*; ⚔ escolta *f*.

be'glück|en (*-*) tornar feliz; ~ *mit* agraciar com; F visitar; **~wünschen** (*-*) *v/t.* felicitar; dar os parabéns a; congratular (*zu, wegen* por); *zu* ~ *sn* estar de parabéns.

be'gnadig|en [bə'gna:digən] (*-*) indultar, perdoar; *Pol.* a(m)nistiar; **2ung** *f* indulto *m*, perdão *m*; a(m)nistia *f*.

be'gnügen [bə'gny:gən] (*-*): *sich* ~ contentar-se.

be'graben (*L*; *-*) enterrar, sepultar.

Be'gräbnis [bə'grɛ:pnis] *n* (*-ses*; *-se*) enterro (*'ê) *m*, funeral *m*, sepultura *f* (*a. Gruft*); **~feier(lichkeiten** *pl.*) *f* funerais *m/pl.*; *Rel.* exéquias *f/pl.*

be'gradig|en [bə'gra:digən] (*-e-*; *-*) re(c)tificar; **2ung** *f* re(c)tificação *f*.

be'greif|en (*L*; *-*) compreender, (*verstehen*) *a.* perceber, entender, conceber; *in sich* ~ conter; **~lich** compreensível; ~ *machen* fazer compreender; **~licherweise** como era de supor, naturalmente.

be'grenz|en (*-t*; *-*) limitar; confinar; *fig. a.* reduzir, restringir (*auf ac.* a); **2ung** *f* limitação *f*; restrição *f*; (*Grenzen*) limites *m/pl.*, confins *m/pl.*

Be'griff *m* (*-es*; *-e*) ideia *f*, noção *f*, conceito *m*; *im* ~ *sn zu, im* ~ *stehen zu* estar para, estar a ponto de; ir (*inf.*); *e-n* ~ *haben, sich e-n* ~ *machen* fazer ideia; *schwer von* ~ lento; **2en** *p.pt. v. begreifen*; *im Gehen* ~ *sn* estar para sair; *im Bau* ~ *sn* estar em (vias de) construção, estar a ser construido; **2lich** abstra(c)to; abstra(c)tivo.

Be'griffs|bestimmung *f* definição *f*; **2stutzig** parado, lento; **~vermögen** *n* (*-s*; *0*) inteligência *f*, capacidade *f* de compreensão, intele(c)to *m*; **~verwirrung** *f* confusão *f* de ideias.

be'gründ|en (*-e-*; *-*) fundar, estabelecer; (*beweisen*) dar as suas razões; *fest* ~ fundamentar; consolidar; *Antrag*: defender; motivar (*mit* por); *Tat*: justificar; **2er(in** *f*) *m* fundador(a *f*) *m*; **2ung** *f* (*Erklärung*) razão *f*, motivação *f*; fun-

damento *m*; (*Gründung*) estabelecimento *m*, instituição *f*, fundação *f*.
be'grüß|en (-*ßt*; -) *j-n*: cumprimentar, saudar, dar as boas-vindas a; *et.* aclamar; receber bem, acolher bem, simpatizar com; **ᘓung** *f* cumprimento *m*, saudação *f*; acolhimento *m*; **ᘓungs-ansprache** *f* saudação *f*; alocução *f*.
be'günstig|en [bə'gynstigən] (-) favorecer; proteger; ⚖ encobrir; **ᘓung** *f* prote(c)ção *f*; ✝ bonificação *f*; ⚖ encobrimento *m*.
be'gut-achten (-*e*-; -) *v/t.* apreciar; pronunciar-se (*od.* dar a sua opinião) sobre (*ô); (*prüfen*) examinar.
be'gütert [bə'gy:tərt] abastado, rico; ~ *sn a.* ter propriedades.
be'haar|t peludo, cabeludo; **ᘓung** *f* pêlo *m*, pelugem *f*; *Tier*: pelagem *f*.
be'häbig [bə'hɛ:biç] cómodo, lento, pacato; *adv.* com à-vontade; **ᘓkeit** *f* (*0*) comodidade *f*, à-vontade *m*.
be'hacken (-) cavar, sachar.
be'haftet [bə'haftət]: ~ *sn mit* estar com (*od.* cheio de); ser acometido de.
be'hag|en [bə'ha:gən] *v/i.* (-) agradar; **ᘓen** *n* agrado *m*, satisfação *f*, prazer *m*; = ᘓ*lichkeit*; **~lich** (*angenehm*) agradável; (*bequem*) confortável, cómodo; (*gemütlich*) aconchegado, cómodo; *Leben*: sossegado, pacato; **ᘓlichkeit** *f* comodidade *f*; conforto (*'ô) *m*, bem-estar *m*.
be'halten (*L*; -) guardar, ficar com; (*im Kopfe*) ~ fixar; *im Auge* ~ não perder de vista.
Be'hält|er [bə'hɛltər] *m* recipiente *m*; *großer*: depósito *m*; **~nis** *n* (-*ses*; -*se*) receptáculo *m*.
be'hand|eln (-*le*; -) tratar (*a.* ⚕); *Thema*: *a.* versar sobre (*ô); (*handhaben*) manejar; **ᘓlung** *f* tratamento *m* (*a.* ⚕); manejo *m*.
Be'hang *m* (-*es*; ⸚*e*) colgadura *f*.
be'hängen (-) colgar; guarnecer.
be'harr|en (-) perseverar, persistir, insistir, teimar (*bei*, *auf dat.* em); **~lich** pertinaz; assíduo; teimoso; persistente; **ᘓlichkeit** *f* (*0*) perseverança *f*, persistência *f*, constância *f*; **ᘓung(s-vermögen** *n*) *f* inércia *f*; **ᘓungs-zustand** *m* (-*es*; *0*) estado *m* (de) permanente, permanência *f*.
be'hauen (*L*; -) talhar; *Stein*: aparelhar.
be'haupt|en [bə'hauptən] (-*e*-; -) (*sagen*) afirmar, asseverar; *Stellung*: defender, manter; *sich* ~ *a.* vingar, impor-se; **ᘓung** *f* afirmação *f*; alegação *f*; asserção *f*; manutenção *f*; defesa *f*.
Be'hausung [bə'hauzuŋ] *f* morada *f*, alojamento *m*.
be'heben (*L*; -) remediar.
be'heimatet [bə'haɪma:tət]: ~ *in* (*dat.*) natural de; *ansässig*: domiciliado em.
Be'helf [bə'hɛlf] *m* (-*es*; -*e*) recurso *m*, auxílio *m*; expediente *m*; **ᘓen** (*L*; -): *sich* ~ arranjar-se; *sich* ~ *mit a.* contentar-se com; **~s...**: *in Zssg(n)* = **ᘓsmäßig** provisório.
be'hellig|en [bə'hɛligən] (-) importunar, incomodar; **ᘓung** *f* importunação *f*, *importunância *f*.
be'hend|(e) [bə'hɛnd(ə)] ágil, ligeiro, hábil; **ᘓigkeit** *f* (*0*) ligeireza *f*, agilidade *f*.
be'herberg|en [bə'hɛrbɛrgən] (-) hospedar, alojar; **ᘓung** *f* hospedagem *f*, alojamento *m*.
be'herrsch|en (-) dominar (*a. fig. u. refl.*); *Wissen*: saber a fundo, ser versado em; **ᘓer** *m* soberano *m*, senhor *m*; **ᘓung** *f* (*0*) domínio *m*.
be'herzig|en [bə'hɛrtsigən] (-) tomar a peito; **~enswert** digno de consideração; **ᘓung** *f* (*0*) tomada *f* em consideração.
be'herzt [bə'hɛrtst] corajoso; resoluto; **ᘓheit** *f* (*0*) coragem *f*.
be'hexen (-*t*; -) enfeitiçar.
be'hilflich [bə'hilfliç] prestimoso, solícito; *j-m* ~ *sn* ajudar alg.
be'hinder|n (-*re*; -) estorvar; *fig.* abarrancar; **~t**: *körperlich* ~ incapacitado; aleijado; **ᘓung** *f*: *bei* ~ = *im* **ᘓungs-falle** *m* em caso *m* de impedimento.
Be'hörd|e [bə'hø:rdə] *f* serviços *m/pl.* públicos; *städtische*: serviços *m/pl.* municipalizados; ~ *für* repartição de; **~en(vertreter** *m*) *f/pl.* autoridades *f/pl.*; **ᘓlich** oficial; da parte das autoridades (*od.* dos serviços públicos).
be'hüten (-*e*-; -): ~ (*vor dat.*) guardar (de), preservar (de), proteger (contra); *Gott behüte!* F Deus me livre!
be'hutsam [bə'hu:tza:m] cuidadoso, cauteloso, prudente; **ᘓkeit** *f* (*0*) cuidado *m*, cautela *f*, precaução *f*.

bei [baɪ] **a)** *örtl.*: (*neben*) ao lado de, ao pé de, junto de; (*nahe* ~) perto de; ~ *j-m* com alg.; em casa de alg.; ~ *mir* (*dir usw.*) comigo (contigo, consigo, con[n]osco, convosco, com eles), em minha (tua *usw.*) casa; *die Schlacht* ~ de; ~ ... *siegen*, ~ *e-r Truppe*, ~ *Goethe* em; ~ *den Deutschen* entre; **b)** *zeitl.*: (*während*) durante; *Zeitpunkt*: quando do; ~ *s-r Abreise*, ~ *jedem Schritt* a; *beim* + *inf.* ao; ~ *dieser Gelegenheit* em; ~ *Tage*, ~ *Nacht* de; **c)** *übertragen*: ~ der Arbeit sn estar a trabalhar; ~ *e-r Lampe*, ~ *s-m Charakter*, (*trotz*) com; ~ *offenem Fenster*, ~ *dem Regen* com a; ~ *Gefahr*, ~ *Regen* em caso de; ~ *Gott!* por Deus!; ~ *Todesstrafe* sob; *es steht* ~ *mir* está na minha mão; *nicht ganz* ~ *sich sn* F não regular bem.

'**bei|behalten** (*L*; -) guardar, conservar; manter; 2**blatt** *n* (-*es*; ⸗*er*) suplemento *m*; 2**boot** *n* (-*es*; -*e*) bote *m*; ~**bringen** (*L*) dar; *Beweise*: trazer, apresentar; *Gründe*: *a.* alegar, aduzir; (*lehren*) ensinar; *Wunde*: causar; *j-m e-e Niederlage* ~ derrotar alg.

'**Beicht|e** ['baɪçtə] *f* confissão *f*; *zur* ~ *gehen* ir confessar-se; *j-m die* ~ *abnehmen* confessar alg.; 2**en** (-*e*-) *v/t.* (*v/i.*) confessar(-se) (*j-m* com alg.); ~**geheimnis** *n* (-*ses*; -*se*) segredo (*'ê) *m* de confissão; ~**kind** *n* (-*es*; -*er*) confessado *m*, -a *f*; ~**stuhl** *m* (-*es*; ⸗*e*) confessionário *m*; ~**vater** *m* (-*s*; ⸗) confessor *m*.

'**beide** ['baɪdə] *pl.* (*alle* ~) ambos, um e outro; *die* ~*n* (*anderen*) os dois (outros); *keiner von* ~*n* nem um nem outro.

'**beider|lei** ['baɪdərlaɪ] + *gen.*, *auf* ~ de ambos os; ~**seitig** [-zaɪtiç] (*adv.* ~**seits**) dos dois (*od.* de ambos os) lados; (*gegenseitig*) mútuo, recíproco; *adv. a.* de uma parte e de outra.

'**beides** ['baɪdəs] as duas coisas, uma coisa e outra.

'**beidrehen** ⚓ pôr à capa, meter de capa.

bei-ein'ander juntos; um com outro, um ao pé de outro.

'**Bei|fall** *m* (-*es*; *0*) aplauso *m*; (*Billigung*) aprovação *f*; ~ *klatschen* aplaudir, aclamar; ~ *finden* ser aplaudido; *et.*: *a.* ser bem recebido; 2**fällig** aprobativo, aprobatório; ~ *aufnehmen* aplaudir, receber com aplauso.

'**Beifalls|bezeigung** *f*, ~**klatschen** *n* aplauso(s *pl.*) *m*, palmas *f/pl.*; ~**ruf** *m* (-*es*; -*e*) aclamação *f*; ~**sturm** *m* (-*es*; ⸗*e*) aplausos *m/pl.* frenéticos.

'**beifüg|en** juntar; *e-m Schreiben*: *a.* fazer (*ac.*) acompanhar por; 2**ung** *f* anexo *m*, suplemento *m*; *Gram.*: atributo *m*; *unter* ~ (*gen.*) juntando (*ac.*).

'**Bei|fuß** *m* ♀ (-*es*; *0*) artemísia *f*; ~**gabe** *f* suplemento *m*; 2**geben** (*L*) (a)juntar, dar; associar, agregar; *klein* ~ F desistir, ceder; ~**geordnete(r** *m*) ['-gəɔrdnətə(r)] *m*, *f* adjunto *m*, -a *f*, vogal *m*; ~**geschmack** *m* (-*es*; ⸗*e*) ressaibo *m*, sabor *m*; 2**gesellen** (-) juntar; associar; 2**heften** (-*e*-) juntar; ~**hilfe** *f* subsídio *m*, (*bsd. Staats*2) subvenção *f*, (*bsd. Studien*2) bolsa *f*; ⚖ cumplicidade *f*; auxílio *m*; ~**klang** *m* (-*es*; ⸗*e*) ressonância *f*; 2**kommen** (*L*; *sn*): (*dat.*) ~ apanhar (*ac.*), *j-m*: *a.* competir com.

Beil [baɪl] *n* (-*es*; -*e*) machado *m*; (*Hand*2) machada *f*; *ehm. Waffe*: acha *f*.

'**Bei|lage** *f* suplemento *m*; *Brief*: peça *f* anexa; *mit* ~ (*Gemüse*) com hortaliça *f*, (*Fleisch*) com carnes *f/pl.* frias; 2**läufig** incidente, acidental, acessório; *adv. a.* de passagem.

'**beileg|en** (a)juntar; *Bedeutung*, (*zuschreiben*) atribuir; *Namen*: dar; (*schlichten*) apaziguar, conciliar; ⚓ capear, estar de capa; 2**ung** *f* atribuição *f*; *Streit*: apaziguamento *m*; ⚓ capa *f*.

bei'leibe [-'laɪbə]: ~ *nicht!* de modo algum!; *et.* ~ *nicht sn* estar longe de ser a.c.

'**Beileid** *n* (-*es*; *0*) condolência *f*; pêsames *m/pl.* (*aussprechen* dar); ~**s...**: *in Zssg(n)* de pêsames; ~**sbezeigung** *f* pêsames *m/pl.*

'**bei|liegen** (*L*) ir junto, estar junto; ~**liegend** junto, anexo; ~**m** = *bei dem*; ~**mengen** = ~*mischen*; ~**messen** (*L*): (*dat.*) *et.* ~ atribuir a.c. a; *Glaube*, *Wert*: dar; *Schuld*: imputar; ~**mischen**: (*dat.*) *et.* ~ misturar a.c. (com), juntar a.c. (a), acrescentar a.c. (a).

Bein [baın] *n* (*-ęs*; *-e*) perna *f*; (*Tisch*2) pé *m*; (*Knochen*) osso *m*; *auf den* ~*en sn* estar em pé; *auf die* ~*e bringen* (*kommen*) pôr(-se) em pé; *sich auf die* ~*e machen* pôr-se a caminho; *j-m* ~*e machen* fazer alg. andar; *j-m auf die* ~*e helfen* ajudar alg.; *ein* ~ *stellen* armar um cambapé (*od. fig.* uma armadilha); *die* ~*e in die Hand nehmen* F pôr-se a correr, safar-se; *nicht fest auf den* ~*en stehen* andar a abanar.

'**beinah**(**e**) quase; *bei Zahlen*: *a.* cerca (*ê) de; *bei vb.* por um triz, falta(va) pouco que ...

'**Bei-name** *m* (*-ns*; *-n*) apelido *m*, sobrenome (*sô-) *m*, cognome *m*; (*Spitzname*) alcunha *f*.

'**Bein|amputierte**(**r**) *m* amputado *m* de uma perna; ~**bruch** *m* (*-ęs*; *⸗e*) fra(c)tura *f* de uma perna; 2**ern** ósseo, de osso.

be'inhalten [bə'inhaltən] (*-e-*; *-*) conter.

'**bei|ordnen** (*-e-*) (a)juntar, agregar; *bsd. Gram.* coordinar; *s. a. Beigeordnete*(*r*); ~**pflichten** ['-pfliçtən] (*-e-*) (*dat.*) aplaudir, aprovar (*ac.*); aderir a; 2**rat** *m* (*-ęs*; *⸗e*) junta *f* consultiva; *j.*: vogal *m*.

be'irren (*-*) desconcertar.

bei'sammen [-'zamən] junto(s), reunido(s); 2**sein** *n* (*-s*; *0*) reunião *f*.

'**Bei|satz** *m* (*-es*; *⸗e*) adição *f*; *Gram.* aposto (*'ô) *m*; ~**schlaf** *m* (*-ęs*; *0*) coito *m*; 2**schließen** (*L*) juntar; ~**sein** *n* (*-s*; *0*) presença *f*.

bei'seite à parte; ~ *bringen* salva-(guarda)r; (*entfernen*) eliminar; (*stehlen*) roubar; (*töten*) matar; ~ *gehen* afastar-se; ~ *lassen* deixar, pôr de parte; ~ *schaffen* = ~ *bringen*; † desfalcar; ~ *schieben* afastar; *fig.* pôr de parte; 2**setzung** *f* desconsideração *f*, desprezo (*'ê) *m*; omissão *f*; ~ *stehen* manter-se afastado.

'**bei-setz|en** (*-t*) *v/t.* enterrar, sepultar; ⚓ *Segel*: dar pano; 2**ung** *f* enterro (*'ê) *m*, funeral *m*; 2**ungsfeier** *f* (*-*; *-n*) funerais *m/pl.*; *Rel.* exéquias *f/pl.*

'**Bei-sitzer** *m* vogal *m*; ⚖ juiz *m* adjunto.

'**Bei-spiel** *n* (*-ęs*; *-e*) exemplo *m* (*zum* por; *Abk.* z. B. = p. ex.; v. gr.); *mit gutem* ~ *vorangehen* dar um exemplo; 2**-haft** exemplar, modelar; 2**los** inaudito; sem exemplo, sem igual; 2**s-weise** por exemplo.

'**bei-springen** (*L*; *sn*) (*dat.*) socorrer, vir ao socorro de.

'**beiß|en** ['baısən] (*L*) morder; *Insekten, Pfeffer*: picar; *fig. ins Gras* ~ morder o pó; *in den sauren Apfel* ~ fazer de necessidade virtude; ~**end** *adj.* mordaz, *fig. j.*: *a.* sarcástico; (*ätzend*) cáustico (*a. Stil*); *Speise*: picante; 2**-zahn** *m* (*-ęs*; *⸗e*) incisivo *m*.

'**Bei|stand** *m* (*-ęs*; *⸗e*) assistência *f*; auxílio *m*; ⚖ advogado *m*; ~ *leisten* (*dat.*) = 2**stehen** (*L*) socorrer, ajudar, auxiliar (*j-m* alg.); *Gott steh mir bei!* valha-me Deus!

'**bei-steuern** (*-re*) contribuir com (*zu* para).

'**bei-stimmen** concordar, estar de acordo (*'ô) (*dat.* com), aprovar (*ac.*).

'**Bei-strich** *m* (*-ęs*; *-e*) *gr.* vírgula *f*.

'**Bei|trag** ['-tra:k] *m* (*-es*; *⸗e*) contribuição *f*, (*Anteil*) quota-parte *f*; *Zeitung*: artigo *m*; colaboração *f*; 2**tragen** (*L*): ~ *zu* contribuir para, colaborar em.

'**bei-treib|en** (*L*) cobrar; exigir; reclamar; ⚔ requisitar; 2**ung** *f* cobrança *f*; ⚔ requisição *f*.

'**bei|treten** (*L*) aderir (a); entrar (em); alistar-se, inscrever-se; associar-se a; 2**tritt** *m* (*-ęs*; *-e*) adesão *f* (a); entrada *f* (em); ingresso *m* (em).

'**Bei|wagen** *m Motorrad*: carro *m* lateral; *Straßenbahn*: carro *m* atrelado; *reboque *m*; ~**werk** *n* obra *f* acessória; ornamento *m*; 2**wohnen** *e-r Sache*: assistir a; presenciar (*ac.*); *j-m*: ter cópula com; ~**wort** *n* (*-ęs*; *⸗er*) epíteto *m*; *gr.* adje(c)tivo *m*.

'**Beize** ['baıtsə] *f* corrosão *f*; *Jagd*: altanaria *f* = *Beizmittel*.

bei'zeiten a tempo; (*frühzeitig*) a boa hora, em boa hora.

'**beiz|en** ['baıtsən] (*-t*) (*ätzen*) corroer; ⊕ decapar; ⚕ cauterizar; *Jagd*: caçar com falcão; *Möbel*: dar infusão a; 2**mittel** *n* corrosivo *m*, ⚕ cáustico *m*; *Möbel*: infusão *f*.

be'jahen [bə'ja:hən] (*-*) afirmar, dizer que sim; *Frage*: responder afirmativamente (*od.* pela afirmativa); ~**d** *adj.* afirmativo; ~**denfalls** [-dən-] no caso afirmativo.

be'jahrt [bə'ja:rt] idoso; velho.
Be'jahung [bə'ja:huŋ] *f* afirmação *f*; resposta *f* afirmativa.
be'jammern (*-re*; -) lastimar, deplorar, lamentar; **~s-wert, ~s-würdig** lastimoso, deplorável, lamentável.
be'jubeln (*-le*; -) receber com [júbilo.
be'kämpf|en (-) combater; lutar contra; **2ung** *f* (*gen.*) luta *f* contra, campanha *f* contra.
be'kannt [bə'kant] **1.** *p.pt. v. bekennen*; **2.** *adj. j-m*: conhecido de; *et.*: *a.* sabido; *allgemein* ~ notório, público; ~ *sn mit* conhecer (*ac.*); ~ *werden mit* chegar a conhecer (*ac.*); *j-n mit et.* ~ *machen* familiarizar com, *mit j-m*: apresentar a; *mir ist* ~ (, *daß*) conheço (sei que); **2e** *m, f* conhecido *m*, -a *f*; pessoa *f* amiga; *ein* ~*r von mir* um meu conhecido; *guter* ~*r* amigo *m*; **2enkreis** *m* (*-es*; *-e*) relações *f/pl.*; **2e(r)** *m* = 2e; **~er'maßen** [-'ma:sən], **~lich** como se sabe; **2gabe, 2machung** [-maxuŋ] *f* publicação *f*, proclamação *f*; anúncio *m*, aviso *m*, edital *m*; **~geben** (*L*), **~machen** publicar, anunciar; dar publicidade a; **2schaft** *f* conhecimento *m*; (*Bekannte*) relações *f/pl.*; *j-s* ~ *machen* (chegar a) conhecer alg.; **~werden** (*L*) divulgar-se.
be'kehr|en (-) converter (*zu* a); **2er** *m* missionário *m*; **~t** convertido (*a. su.*); **2ung** *f* conversão *f*; **2ungseifer** *m* (*-s*; *0*) proselitismo *m*.
be'kenn|en (*L*; -) confessar; *Rel.*: professar; *sich* ~ *zu* declarar-se partidário de; *Farbe* ~ servir; *fig.* definir a sua posição; **2er** *m* confessor *m*; **2tnis** *n* (*-ses*; *-se*) confissão *f*; (*Glaubens*2) credo *m*, profissão *f* de fé; **2tnis-schule** *f* escola *f* confessional.
be'klag|en (-) lastimar, lamentar; *sich bei j-m über* (*ac.*) ~ queixar-se a alg. de; **~ens-wert** lastimável, deplorável; **2te(r** *m*) *m*, *f* acusado *m*, -a *f*; réu *m*, ré *f*; arguido *m*, -a *f*.
be|'klatschen (-) *v/t.* aplaudir; *j-n*: *a.* dar palmas a; (*verleumden*) falar mal de; **~'kleben** (-): (*mit et.*) ~ colar *od.* pôr (a.c. em); **~'kleckern** (*-re*; -), **~'klecksen** (*-t-*; -) manchar, sujar; *mit Tinte*: borrar; F *sich* (*nicht gerade*) *mit Ruhm* ~ fazer má figura.
be'kleid|en (*-e-*; -): ~ (*mit*) vestir (de), cobrir (de); *Wand*: forrar (de), revestir (de); *fig. Amt*: exercer, desempenhar; **2ung** *f* vestuário *m*, vestidos *m/pl.*; *e-r Wand*: forro (*'ô) *m*, revestimento *m*; *fig. e-s Amtes*: exercício *m*, desempenho *m*; *mit e-m Amt*: investidura *f* em.
be'klemm|en (-) apertar; afligir, oprimir; **2ung** *f* angústia *f*, ânsia(s *pl.*) *f*; opressão *f*.
be'klommen [-'klɔmən] angustiado, aflito, opresso; **2-heit** *f* (*0*) opressão *f*, angústia *f*.
be'klopfen (-) apalpar; ⚕ auscultar, percutir.
be'kommen (*L*; -) **1.** *v/t.* receber; (*erlangen*) obter, arranjar, (*a. fertig-*~) conseguir (acabar); *Durst, Krankheit*: ter (*a. Kind*), ficar com, apanhar (*a.* 🚂 *Zug*); *das Kind bekommt Zähne* nascem dentes a; *wieviel* ~ *Sie?* quanto lhe devo?; *zu* ~ (*käuflich*) *sn* vender-se; **2.** *v/i.*: *gut* ~ fazer bem; *es bekommt j-m* alg. dá-se bem com a.c.; *wohl bekomm's!* bom proveito!
be'kömmlich [bə'kœmliç] bom, ⚕ *a.* bem assimilável; ~ *sn a.* fazer bem; ~ *finden* dar-se bem com.
be'köstig|en [bə'kœstigən] (-) alimentar, sustentar; **2ung** *f* comida *f*; sustento *m*, alimentação *f*; *mit* ~ com pensão.
be'kräftig|en (-) afirmar, confirmar; corroborar; **2ung** *f* afirmação *f*; confirmação *f*; corroboração *f*.
be|'kränzen [-'krɛntsən] (*-t*; -) coroar (*mit* de); **~'kreuz(ig)en** (*-t*; - [-]): *sich* ~ benzer-se; fazer o sinal da cruz; persignar-se; **~'kriegen** (-) *v/t.* guerrear, fazer guerra a, combater; **~'kritteln** (*-le*; -) criticar; **~'kritzeln** (*-le*; -) cobrir de rabiscas.
be'kümmer|n (*-re*; -) afligir; *sich* ~ *um* cuidar de, tratar de; *et. bekümmert j-n* alg. aflije-se com a.c.; a.c. preocupa alg.; **2nis** *f* (-; *-se*) aflição *f*; preocupação *f*; **~t** *adj.* aflito, preocupado.
be|'kunden [-'kundən] (*-e-*; -) manifestar, exprimir; **~'lächeln** (*-le*; -) *v/t.* sorrir-se de; **~'lachen** (-) *v/t.* rir-se de; **~'laden** (*L*; -) carregar (*mit* de).
Be'lag [bə'la:k] *m* (*-ęs*; *⸚e*) coberta *f*; ⊕ revestimento *m*; (*Brot*2) carne *f* fria; ⚕ saburra *f*; (*Zahn*2) sarro *m*.

Be'lager|er [bə'la:gərər] *m* sitiador *m*; **2n** (*-re*; -) sitiar, cercar; bloquear; *a. fig.* assediar; **~ung** *f* cerco (*ê) *m*, sítio *m*; bloqueio *m*; **~ungszustand** *m* (*-es*; *0*) estado *m* de sítio (*verhängen* proclamar; *aufheben* levantar).

Be'lang [bə'laŋ] *m* (*-es*; *-e*) importância *f*, interesse (*'ê) *m*; **2en** (-) acusar, arguir; autuar; intimar, citar; **2los** insignificante; **~losigkeit** [-lo:ziç-] *f* insignificância *f*, bagatela *f*.

be'lassen (*L*; -): *j-m et.* ~ deixar alg. ficar com a.c.

be'laste|n (*-e-*; -) *v/t.* carregar (*mit* de), (*lasten auf*) *a.* pesar sobre (*ô); ⚖ culpar, incriminar (*mit* de); ✝ debitar; **~nd** *adj.* agravante; **~t**: *erblich* ~ *sn* ter uma tara hereditária.

be'lästig|en [bə'lɛstigən] (-) importunar, molestar, incomodar, F maçar; **2ung** *f* moléstia *f*; F maçada *f*.

Be'lastung [bə'lastuŋ] *f* carga *f*; ⊕ peso (*ê) *m*; *Steuer*: encargo *m*; ⚖ incriminação *f*; ✝ débito *m*; *Haus usw.*: hipoteca *f*; *erbliche* ~ tara *f* hereditária; **~sgrenze** *f* peso (*ê) *m* máximo; **~s-probe** *f* prova *f* de resistência; *fig.* prova(ção) *f*; **~s-zeuge** *m* (*-n*) testemunha *f* da acusação.

be'laub|en [bə'laubən] (-): *sich* ~ cobrir-se de folhas; **~t** *adj.* frondoso.

be'laufen (*L*; -): *sich* ~ *auf* (*ac.*) importar em, montar a, elevar-se a, somar em; *sich etwa* ~ *auf* regular por; *insgesamt*: totalizar (*ac.*).

be'lauschen (-) espreitar; escutar.

be'leb|en (-) animar; vivificar; movimentar; a(c)tivar; *fig.* intensificar; **~end** *adj.* animador; **~t** *adj.* animado; *Ort*: movimentado, frequentado; **2t-heit** *f* (*0*) animação *f*, movimento *m*; **2ung** *f* (*0*) animação *f*.

be'lecken (-) lamber.

Be'leg [bə'le:k] *m* (*-es*; *-e*) prova *f*, documento *m*; **~e** *pl. a.* documentação *f/sg.*; (*Rechnungs2*) recibo *m*; **2en** (-) cobrir (*mit* com, de); *Ausgabe*, (*beweisen*): provar, justificar; documentar; *Brot*: pôr fiambre (*od.* queijo) em; *Haus*: ocupar; *Platz*: marcar, reservar; ⚓ abitar; *mit Abgaben usw.* ~ impor ... a; *mit Bomben* ~ bombardear; *Kolleg, Vorlesungen*: matricular-se em; *mit Beschlag* ~ sequestrar; *j-n mit e-r Strafe* ~ infligir uma pena a alg.; *mit Truppen* ~ acantonar tropas em; **~exemplar** *n* (*-es*; *-e*) exemplar *m* justificativo; **~schaft** *f* pessoal *m*; **~stelle** *f* referência *f*; **2t** *adj.* sujo, saburroso; *~es Brot n* sanduíche *m*.

be'lehn|en (-) investir (*mit* de); **2ung** *f* investidura *f*.

be'lehr|en (-) instruir; informar; ensinar; dar uma lição a; *j-n e-s Besseren* ~ abrir os olhos a alg.; **~end** *adj.* instrutivo; **2ung** *f* instrução *f*; lição *f*.

be'leibt [bə'laɪpt] gordo; barrigudo; obeso, corpulento; ~ *werden a.* engordar; **2-heit** *f* (*0*) corpulência *f*; obesidade *f*.

be'leidig|en [bə'laɪdigən] (-) ofender, insultar, injuriar; **~end** *adj.* ofensivo, injurioso, insultuoso, afrontoso; **2er** *m* ofensor *m*; **2ung** *f* insulto *m*, ofensa *f*.

be'leih|en (*L*; -): *et. mit e-r Summe* ~ emprestar dinheiro sobre (*ô) a.c.; **2ung** *f* empréstimo *m*; avanço *m*.

be'lesen lido; versado; erudito; **2-heit** *f* (*0*) erudição *f*.

be'leucht|en (*-e-*; -) alumiar; iluminar; *fig.* elucidar; focar; **2ung** *f* luz *f*; iluminação *f*; *fig.* elucidação *f*; exame *m*.

Be'leuchtungs|-anlage *f* (instalação *f* de) luz *f*; **~körper** *m* candeeiro *m*; lâmpada *f*; **~technik** *f* (*0*) técnica *f* de iluminação; **~zentrale** *f* central *f* (de luz) elé(c)trica.

be'leum(un)det [bə'lɔym(un)dət] afamado.

'Belg|ier(in *f*) *m* ['bɛlgiər], **2isch** belga *su.*, da Bélgica.

be'licht|en (*-e-*; -) *v/t.* iluminar, expor (à luz); *zu lange* ~ dar demasiada exposição a; **2ung** *f Phot.*: exposição *f*.

Be'lichtungs|dauer *f* tempo *m* de exposição; **~messer** *m* fotómetro *m*; **~tabelle** *f* tabela *f* de tempo de exposição; **~zeit** *f* = *~dauer*.

be'lieb|en (-) **1.** querer; estar disposto a; *j-m*: agradar; *wenn's beliebt* se quiser; *wie es beliebt* como quiser; *wie beliebt?* Senhor?; minha Senhora?; V(ossa) E(xcelência) que diz?; 2. **2en** *n* prazer *m*, vontade *f*, agrado *m*, gosto *m*; *nach* ~ à vontade; à discrição; *nach Ihrem* ~ a seu bel-prazer; **~ig** qualquer; **~t** *adj.* querido; popular; em voga; **2t-heit** *f* (*0*) popularidade *f*; voga *f*.

be'liefer|n (*-re*; -): *j-n mit et.* ~ fornecer a.c. a alg.; **2ung** *f*: ~ (*gen.*) *mit* fornecimento *m* de a.c. para.

'bellen ['bɛlən] ladrar, latir.

Belle'tristik [bɛlə'tristik] *f* (*0*) boas-letras *f/pl.*, belas-letras *f/pl.*

be'lohn|en (-) recompensar; gratificar, remunerar; **2ung** *f* recompensa *f*; gratificação *f*, remuneração *f*.

be'lügen (*L*; -): *j-n* ~ mentir a alg.

be'lustig|en [bə'lustigən] (-) divertir, distrair, entreter; **~end** *adj.* divertido, alegre; **2ung** *f* divertimento *m*, distra(c)ção *f*; recreio *m*.

be|'mächtigen [bə'mɛçtigən] (-): *sich* (*gen.*) ~ apoderar-se de; **~'mäkeln** (*-le*; -) criticar, censurar; **~'malen** (-) pintar; **~'mängeln** [-'mɛŋəln] (*-le*; -) censurar.

be'mann|en [bə'manən] (-) tripular; **2ung** *f* tripulação *f*.

be'mänteln [bə'mɛntəln] (*-le*; -) encobrir, procurar ocultar; disfarçar; paliar.

be'merk|bar ['ɛ] perceptível; visível; ~ *werden*, *sich* ~ *machen* fazer-se notar, *et.*: *a.* manifestar-se; **~en** (-) dar por, reparar (em); (*a. sagen*) notar, observar; (*feststellen*) assinalar; **~ens-wert** notável; **2ung** *f* observação *f*; reparo *m*; nota *f*.

be'messen (*L*; -) limitar (*kurz* muito).

be'mit-leiden (*-e-*; -) *v/t.* compadecer(-se de); ter pena de; **~s-wert** digno de compaixão; deplorável.

be|'mittelt [bə'mitəlt] abastado, rico; **~'mogeln** (*-le*; -) F enganar, entrujar; **~'moost** ['o:] musgoso; *fig.* F **~es** *Haupt n* veterano *m*.

be'müh|en (-) (*belästigen*) incomodar, *sich* ~ *a.* esforçar-se, fazer esforços (*um* para conseguir); dar-se ao trabalho de; *sich um et.* ~ solicitar a.c.; tentar obter a.c.; *sich zu j-m* ~ (v)ir procurar alg., ir ter com alg.; **~t**: *um et.* ~ *sn* fazer esforços para conseguir a.c.; *um j-n* ~ *sn* cuidar de alg.; procurar convencer alg.; **2ung** *f* trabalho *m*, esforço *m*, empenho *m*.

be|'müßigt [bə'my:siçt]: *sich* ~ *fühlen zu* julgar oportuno fazer; **~'muttern** F (*-re*; -) *v/t.* cuidar (com carinho); **~'nachbart** vizinho (*dat.* de, a).

be'nachrichtig|en [bə'naxriçtigən] (-) avisar, informar; participar (a); *im voraus*: prevenir; **2ung** *f* informação *f*, aviso *m*, comunicação *f*, participação *f*.

be'nachteilig|en [bə'naxtaɪligən] (-) prejudicar; **2ung** *f* prejuízo *m* (*unter dat.* com).

be|'nagen (-) roer; **~'nebeln** (*-le*; -) enevoar; *fig.* ofuscar; F *sich* ~ emborrachar-se.

Benedik'tiner [benedik'ti:nər] *m*, **~in** *f* beneditino *m*, -a *f*.

be'nehm|en (*L*; -) *v/t.* (*rauben*) tirar; *j-m die Hoffnung* ~ desenganar alg.; *j-m die Sinne* ~ aturdir alg.; *sich* ~ comportar-se; **2en** *n* conduta *f*, comportamento *m*, procedimento *m*; *sich mit j-m ins* ~ *setzen* entender-se com alg.

be'neiden (*-e-*; -): *j-n um et.* ~ envejar a.c. a alg.; **~s-wert** envejável.

be'nenn|en (*L*; -) *v/t.* denominar, designar, dar nome a; *j-m Zeit u. Ort*: marcar ... a alg.; **2ung** *f* denominação *f*, nome *m*, designação *f*.

be'netzen (*-t*; -) molhar, regar, rociar.

ben'galisch [bɛŋ'ga:liʃ] bengali, de Bengala.

'Bengel ['bɛŋəl] *m* garoto (*'ô) *m*; **2-haft** brejeiro, malcriado.

be'nommen [bə'nɔmən] *p.pt. v. benehmen*; *adj.* perturbado, tonto; **2-heit** *f* (*0*) atordoamento *m*, tontura *f*.

be'nötigen (-) *v/t.* precisar de.

be'nutz|bar utilizável, aproveitável; *Weg*: transitável; **~en** (*-t*; -) usar, utilizar, empregar, aproveitar; **2er** (**-in** *f*) *m* utente *su.*; **2ung** *f* (*0*) utilização *f*, emprego (*'ê) *m*, uso *m*, aproveitamento *m*; *e-s Buches*: consulta *f*; *e-r Bibliothek*: leitura *f* (em); **2ungsrecht** *n* (*-es*; *-e*) direito *m* ao uso (*od.* à utilização).

Ben'zin [bɛn'tsi:n] *n* (*-s*; *-e*) benzina *f*; ⊕ gasolina *f*; **~behälter** (**~kanister**) *m* depósito *m* (bidão *m*) de gasolina; **~pumpe** *f* bomba *f* de gasolina; **~tank** *m* (*-es*; *-s*) = ~*behälter*.

Ben'zol [bɛn'tso:l] *n* (*-s*; *-e*) benzol *m*.
be'ob-acht|en [-'ob-] (*-e-*; -) observar, *Schweigen*: *a*. guardar; **Ꞩer(in** *f*) *m* observador(a *f*) *m*; **Ꞩung** *f* observação *f*; *Regel*: observância *f*; *polizeiliche*: vigilância *f*; **Ꞩungsgabe** *f* (*0*) espírito *m* de observação; **Ꞩungs-station** *f* observatório *m*.
be|'ordern [bə'ʔɔrdərn] mandar; *j-n zu sich* ~ (mandar) chamar alg.; **~'packen** (-) carregar (*mit* de); **~'pflanzen** (*-t*; -) plantar; *mit Bäumen* ~ arborizar; **Ꞩ'pflanzung** *f* plantação *f*; ~ *mit Bäumen* arborização *f*; **Ꞩ'pflasterung** *f* pavimentação *f*; **~'pinseln** (*-le*; -) pincelar; **Ꞩ'plattung** *f* chapeamento *m*.
be'quem [bə'kve:m] cómodo; confortável; *Kleid*: ~ *sn* não incomodar; (*leicht*) fácil; (*träge*) comodista; *es sich* ~ *machen* estar à vontade; **~en** (-): *sich* ~ *zu* acomodar-se a; (*geruhen*) dignar-se; **Ꞩlich-keit** *f* comodidade *f*, conforto (*'ô) *m*; comodismo *m*.
be'rat|en (*L*; -) **1.** *v/t*. aconselhar; **2.** *v/i*. conferenciar, deliberar, estar em reunião, estar em conferência; (*sich*) *mit j-m über et*. ~ consultar alg., conferenciar com alg.; **~end** *adj*. consultivo; **Ꞩer(in** *f*) *m* conselheiro (-a *f*) *m*; (*Fach-*) perito *m*; consultor *m*; **Ꞩung** *f* conferência *f*, deliberação *f*, conselho *m*, reunião *f*; *Arzt*: consulta *f*; **Ꞩungs-stelle** *f* consultório *m*, ⚕ dispensário *m*; **Ꞩungs-zimmer** *n* sala *f* de conselhos.
be'raub|en (-): (*j-n gen*.) ~ roubar (a.c. a alg.); despojar (alg. de a.c.); *fig*. privar (alg. de a.c.); **Ꞩung** *f* despojamento *m*; privação *f*.
be'rausch|en (-) embriagar; *fig*. extasiar; **~end** *adj*. embriagador, embriagante; *fig*. arrebatador; **~t** *adj*. ébrio, bêbedo; *fig*. extático.
'Berber ['bɛrbər] *m*, **Ꞩisch** bérbere (*m*).
be'rechn|en (*-e-*; -) calcular, contar, computar; ✝ pôr na conta; (*schätzen*) avaliar; **~end** *adj*. interesseiro, egoísta; **Ꞩung** *f* cálculo *m*; cômputo *m*; avaliação *f*.
be'rechtig|en [bə'rɛçtigən] (-): ~ *zu* autorizar para; dar direito a; **~t** *adj*. *et*.: legítimo, justo; *j*.: ~ *zu* com direito a; autorizado para; **Ꞩung** *f* autorização *f*; direito *m*; **Ꞩungsnachweis** *m* (*-es*; *-e*) habilitação *f*.
be'red|en (*-e-*; -) *v/t*. discutir; *j-n*: persuadir (*zu* a); **~sam** eloquente; **Ꞩsamkeit** *f* (*0*) eloquência *f*; **~t** eloquente.
Be'reich *m* (*n*) (*-es*; *-e*) âmbito *m*, domínio *m*; esfera *f*; zona *f*; alcance *m*; *das gehört nicht zu meinem* ~ não é da minha competência; *im* ~ *der Möglichkeit liegen* ser possível; **Ꞩern** (*-re*; -): (*sich*) ~ enriquecer; locupletar(-se) (*an dat*. com); **~erung** [-əruŋ] *f* enriquecimento *m*.
be'reif|en (-) *v/t*. **a)** *Auto*: pôr pneus (em); *Faß*: arcar; **b)** *Frost*: cobrir de geada (*od*. escarcha); **Ꞩung** *f* *Auto*: montagem *f* de pneus; *Faß*: arqueamento *m*; (*Gummireifen*) pneus *m/pl*.
be'reinig|en (-) liquidar; **Ꞩung** *f* liquidação *f*.
be'reisen (*-t*; -) *v/t*. viajar em; percorrer, visitar; ✝ fazer praça em.
be'reit [bə'raɪt] pronto; disposto (*zu* a); ~ *sn a*. estar a postos; **~en** **a)** (*-e-*; -) preparar; *Freude*: causar, dar; **b)** (*L*; -) *Pferd*: adestrar, domar; *zu Pferd*: percorrer a cavalo; **Ꞩer** *m* picador *m*; **~halten** (*L*) ter à disposição; **~legen, ~machen** preparar; **~s** já; **Ꞩschaft** *f* disposição *f*; *Polizei*: estado *m* de prevenção; *in* ~ *halten* = *bereithalten*; **Ꞩschaftsdienst** *m* (*-es*; *-e*): ~ *haben* estar de serviço; **~stellen** preparar; pôr à disposição (*j-m* de alg.); **Ꞩung** *f* preparação *f*; **~willig** pronto; solícito; **Ꞩwilligkeit** *f* (*0*) solicitude *f*, boa vontade *f*.
be'reuen (-) *v/t*. arrepender-se de.
Berg [bɛrk] *m* (*-es*; *-e*) montanha *f*; *einzelner mit Namen*: monte *m*; *mit et. hinter dem* ~*e halten* esconder a.c., dissimular a.c.; *über alle* ~*e sn* ter fugido; ter-se safado; *über den* ~ *sn* ter passado as dificuldades (*od*. o perigo); *goldene* ~*e versprechen* prometer mundos e fundos; *zu* ~*e stehen Haare*: arripiar-se; **Ꞩ'ab** descendo, monte abaixo; **'~-akademie** *f* academia *f* mineira, escola *f* superior de engenharia mineira; **Ꞩ'an** subindo, monte acima; **'~arbeiter** *m* mineiro *m*; **'~assessor** *m* (*-s*; *-en*) engenheiro *m* assistente (*od*. adjunto) das minas; **'~bau**

m (-*ęs*; *0*) indústria *f* mineira; exploração *f* das minas; '**~bau-industrie** *f* indústria *f* mineira; '**~baukunde** *f* (*0*) engenharia *f* mineira; '**~besteigung** *f* excursão *f* alpinista; '**~bewohner** *m* montanhês *m*, serrano *m*.

'**bergen** ['bɛrgən] (*L*) salvar; abrigar; *et.*: recolher, pôr a salvo; *in sich* ~ encerrar, conter; abranger.

'**Berg|fahrt** *f* excursão *f* na serra; 🚡 subida *f*; **~führer** *m* guia *m*; **~geist** *m* (-*es*; -*er*) gnomo (*'ô) *m*; **~grat** *m* (-*ęs*; -*e*) cumeada *f*; **~gut** *n* (-*ęs*; *0*) mineral *m*; **~-huhn** *n* (-*ęs*; ⸚*er*) francolim *m*; **ᴤig** [-giç] montanhoso, acidentado; **~kamm** *m* (-*ęs*; ⸚*e*) cumeada *f*; **~kette** *f* serra *f*; **~knappe** *m* mineiro *m*; **~kristall** *m* (-*ęs*; *0*) cristal *m* de rocha; **~land** *n* (-*ęs*; *0*) país *m* montanhoso; **~-mann** *m* (-*ęs*; -*leute*) mineiro *m*; **~predigt** *f* sermão *m* da Montanha; **~recht** *n* (-*ęs*; *0*) código *m* mineiro; **~rücken** *m* cumeada *f*; **~rutsch** (-*es*; -*e*), **~sturz** *m* (-*es*; ⸚*e*) desabamento *m* de terras; **~spitze** *f* pico *m*; **~sport** *m* (-*ęs*; *0*) alpinismo *m*; **~steiger(in** *f*) *m* alpinista *m*/*f*; **~stiefel** *m*/*pl.* botas *f*/*pl.* de alpinista; **~ung** [-guŋ] *f* salvamento *m*; recolhimento *m*; **~volk** *n* (-*ęs*; ⸚*er*) povo *m* montanhês; **~wand** *f* (-; ⸚*e*) rochedo *m*; **~werk** *n* (-*ęs*; -*e*) mina *f*.

Be'richt [bə'riçt] *m* (-*ęs*; -*e*) relatório *m*, relação *f*; *amtlicher*: boletim *m*; (*Zeitungs*ᴤ) reportagem *f*; (*Erzählung*) relato *m*; *laut* ~ segundo aviso; ~ *erstatten* = ᴤ**en** (-*e*-; -) (*j-m ac.*, *über ac.*) informar (alg. de a.c.); referir (a.c. a alg.), relatar (a.c. a alg.); **~-erstatter** [-ɛrʃtatər] *m* relator *m*, informador *m*; (*Zeitungs*ᴤ) *lokaler*: repórter *m*, *auswärtiger*: correspondente *m*; **~-erstattung** *f* informação *f*; (*Zeitungs*ᴤ) reportagem *f*; ᴤ**igen** [-igən] (-) corrigir; re(c)tificar; **~igung** [-iguŋ] *f* re(c)tificação *f*.

be'riechen (*L*; -) cheirar; farejar.

be'riesel|n (-*le*; -) regar, irrigar; ᴤ**ung(sfeld** *n* [-*ęs*; -*er*]) *f* (campo *m* de) rega *f*, irrigação *f*.

be'ritten montado (a cavalo).

Ber'lin|er(in *f*) *m* [bɛr'li:nər-], **~er** *adj.*, ᴤ**(er)isch** berlinês *m*, berlinesa *f*, de Berlim.

'**Bernstein** ['bɛrn-] *m* (-*ęs*; -*e*) âmbar *m*.

'**bersten** ['bɛrstən] (*L*; *sn*) rebentar; estalar, rachar.

be'rüchtigt [be'ryçtiçt] mal-afamado, famigerado.

be'rückend *adj.* encantador, fascinante; sedutor.

be'rücksichtig|en [bə'ryksiçtigən] (-) considerar, tomar em consideração; atender; ᴤ**ung** *f* consideração *f*.

Be'ruf *m* (-*ęs*; -*e*) profissão *f*; emprego (*'ê) *m*, ofício *m*; *innerer*: vocação *f*; ᴤ**en** (*L*; -) **1.** *v*/*t.* chamar; (*tadeln*) *a.* censurar; *zu e-m Amte*: nomear para; *auf e-n Lehrstuhl*: convidar para (reger); *Versammlung*: convocar; *sich* ~ *auf* (*ac.*) referir-se a, reportar-se a, invocar (*ac.*), *a.* ⚖ recorrer (par)a; **2.** *adj.* destinado, categorizado, competente, indigitado (*zu* para); ᴤ**lich** profissional.

Be'rufs|arbeit *f* trabalho *m* profissional; **~ausbildung** *f* formação *f* profissional; **~ausweis** *m* (-*es*; -*e*) carteira *f* profissional; **~beamtentum** *n* (-*ęs*; *0*) funcionários *m*/*pl.* de carreira; **~beratung**(**s-stelle**) *f* (centro *m* de) orientação *f* profissional; **~genosse** *m* (-*n*) colega *m*; **~genossenschaft** *f* corporação *f* profissional; *der Arbeiter*: sindicato *m*; ᴤ**mäßig** profissional; **~leben** *n* (-*s*; *0*) vida *f* profissional; **~soldat** *m* (-*en*) militar *m* de carreira; **~-spieler** *m Sport*: profissional *m*; ᴤ**tätig**: ~ *sn* exercer uma profissão.

Be'rufung [bə'ru:fuŋ] *f* (*Ernennung*) nomeação *f*; *innere*: vocação *f*; *Versammlung*: convocação *f*; ⚖ apelação *f*; ~ *einlegen* interpor recurso; recorrer, apelar (*bei* a; *gegen* de); protestar; **~sgericht** *n* (-*ęs*; -*e*), **~s-instanz** *f*, **~skammer** *f* (-; -*n*) tribunal *m* de relação; **~sverfahren** *n* revisão *f* do processo.

be'ruhen (-): ~ *auf* (*dat.*) depender de, basear-se em; partir de; *auf sich* ~ *lassen* (*ac.*) deixar.

be'ruhig|en [bə'ru:igən] (-) tranquilizar; acalmar, aquietar, (*a. sich* ~) sossegar; serenar; *sich* ~ *bei* conformar-se com, contentar-se com; ᴤ**ung** *f* sossego (*ê) *m*; *zu Ihrer* ~ para seu descanso; ᴤ**ungsmittel** *n* ⚕ calmante *m*.

be'rühmt [bə'ry:mt] célebre, famoso, afamado, ilustre; ~ *werden* celebrizar-se; adquirir fama; **2heit** *f* celebridade *f* (*erlangen* ganhar).

be'rühr|en (-) *v/t.* tocar (*a. fig.*); *im Gespräch*: aludir a, referir-se a; *Gemüt*: afe(c)tar, comover; **2ung** *f* conta(c)to *m*; **2ungs...**: *in Zssg(n)* de conta(c)to.

be'säen (-) semear; ~ *mit fig.* salpicar de.

be'sag|en (-) (querer) dizer, significar; (*lauten*) rezar; **~t** *adj.* mencionado, referido, o tal...

be'saite|n [bə'zaɪtən] (-*e*-; -) pôr cordas em, encordoar; **~t** *adj.*: *zart* ~ sensível.

be'sänftig|en [bə'zɛnftigən] (-) aplacar, apaziguar; (*lindern*) mitigar, atenuar; **2ung** *f* quietação *f*.

Be'satz *m* (-*es*; ⸚*e*) guarnição *f*; fímbria *f*, debrum *m*; **~ung** *f* ⚔ guarnição *f* (militar), *fremde*: tropas *f/pl.* de ocupação; ⚓ *u.* ✈ tripulação *f*; **~ungs...**: *in Zssg(n)* de ocupação; **~ungs-macht** *f* (-; ⸚*e*) potência *f* ocupante.

be'saufen P (*L*; -): *sich* ~ embriagar-se.

be'schädig|en (-) danificar; estragar; ⚓, ⊕, ✈ avariar; **2ung** *f* dano *m*, danificação *f*; estrago *m*; avaria *f*.

be'schaff|en (-) **1.** arranjar; (*liefern*) fornecer; **2.** *adj.*: *gut* ~ em bom estado *m*, em boas condições *f/pl.*; *wie ist es damit* ~? como é?; **2enheit** *f* (*0*) qualidade *f*, natureza *f*, condição *f*; **2ung** *f* fornecimento *m*.

be'schäftig|en [bə'ʃɛftigən] (-) ocupar; empregar; *sich* ~ ocupar-se de (*mit a.* de, em); andar a (*inf.*); **2ung** *f* ocupação *f*; emprego (*'ê) *m*; afazeres *m/pl.*; **~ungslos** desempregado; **2ungs-therapie** *f* terapia *f* (*od.* terapêutica *f*) ocupacional.

be'schäm|en (-) envergonhar; (*übertreffen*) exceder; (*verwirren*) confundir; **~end** *adj.* vergonhoso; **2ung** *f* vergonha *f*; humilhação *f*; confusão *f*.

be'schatten (-*e*-; -) *v/t.* dar sombra(s) a; sombrear; *fig.* seguir.

be'schau|en (-) contemplar; (*prüfen*) examinar; **2er** *m* fiscal *m*; (*Zuschauer*) espe(c)tador *m*; **~lich** contemplativo.

Be'scheid [bə'ʃaɪt] *m* (-*es*; -*e*) (*Antwort*) resposta *f*; (*Auskunft*) informação *f*; (*Entscheidung*) decisão *f*; ordem *f*; ~ *geben* participar; ~ *sagen* informar; *j-m tüchtig* ~ *sagen* dizer as últimas a alg.; ~ *wissen* saber, estar informado.

be'scheiden 1. *v/t.* (*L*; -): *j-n dahin* ~, *daß* responder a alg. que, informar alg. de que; *abschlägig* ~ indeferir; *sich* ~ resignar-se, conformar-se; **2.** *adj.* modesto; **2heit** *f* (*0*) modéstia *f*.

be'schein|en (*L*; -) iluminar; **~igen** [-igən] (-) atestar, certificar; *Empfang*: acusar; **2igung** *f* atestado *m*, certificado *m*; (*Empfangs2*) recibo *m*, aviso *m* de recepção.

be'schenken (-) presentear, contemplar.

be'scher|en (-): *j-m et.* ~ presentear alg. com a.c.; *fig.* arranjar; **2ung** *f* distribuição *f* de presentes; *fig.* e-e *schöne* ~! lindo serviço!; *da haben wir die* ~! estamos arranjados!

be'schick|en (-) *v/t.* *Versammlung*: enviar delegado(s) a; e-e *Ausstellung* ~ expor; *Hochofen*: encher; *Haus*: cuidar de; *et.* ~ adiantar o trabalho; **2ung** *f* *Hochofen*: carga *f*.

be'schieden [bə'ʃiːdən] *p.pt. v. bescheiden*; *adj.* destinado, dado.

be'schienen (-) **1.** *v/t.* calçar (uma roda); meter carris; **2.** *p.pt. v. bescheinen*; *adj.* batido (*von* por).

be'schieß|en (*L*; -) disparar contra; metralhar; bombardear; **2ung** *f* bombardeamento *m*.

be'schilder|n (-*re*; -) sinalizar; **2ung** *f* sinalização *f*.

be'schimpf|en (-) insultar, injuriar; **2ung** *f* insulto *m*, afronta *f*.

be'schirm|en (-) abrigar, proteger, *fig. a.* amparar; **2ung** *f* prote(c)ção *f*.

be'schlafen (*L*; -) *fig. et.* ~ dormir sobre (*ô) a.c.

Be'schlag *m* (-*es*; ⸚*e*) ferradura *f*; guarnição *f*; (*Hauch*) bafo *m*; *mit* ~ *belegen*, *in* ~ *nehmen* apreender; embargar; *fig.* querer só para si; ⚔ requisitar; **2en** (*L*; -) **1.** *v/t.* ferrar, guarnecer; *Rad*: calçar; **2.** *v/i.* embaciar(-se); **3.** *adj.* baço; (*kundig*) versado; **~nahme** [-naːmə] *f* (*0*) apreensão *f*; embargo *m*; sequestro *m*; confiscação *f*; **2nahmen** (-) apreender; sequestrar; confiscar.

be'schleichen (*L*; -) espiar, surpreender; *fig. Furcht*: constranger.

be'schleunig|en [bə'ʃlɔynigən] (-) acelerar, apressar; **$\mathfrak{L}$ung** *f* aceleração *f*.
be'schließen (*L*; -) (*beenden*) terminar, concluir, acabar; (*entscheiden*) resolver, decidir, deliberar; *gemeinsam*: acordar.
Be'schluß *m* (*-sses*; *⸗sse*) conclusão *f*; resolução *f* (*fassen* tomar), decisão *f*; determinação *f*; *den ~ fassen* resolver (*zu ac. od. inf.*); **$\mathfrak{L}$fähig** em número (para votar); **~fähigkeit** *f* (*0*) quórum *m*; **~fassung** *f* votação *f*, resolução *f*; decisão *f*; deliberação *f*.
be'schmieren (-) (bes)untar; borrar.
be'schmutzen (*-t*; -) sujar.
be'schneid|en (*L*; -) cortar; ⚘ *a.* podar, decotar; (*schmälern*) reduzir; ⚕ circuncisar; **$\mathfrak{L}$ung** *f* ⚘ poda *f*; ⚕ circuncisão *f*; *fig.* redução *f*.
be|'schnüffeln (*-le*; -), **~'schnuppern** (*-re*; -) afocinhar, farejar; *fig. alles ~* meter o nariz em tudo.
be'schönig|en [bə'ʃø:nigən] (-) embelezar; paliar, atenuar; **$\mathfrak{L}$ung** *f* paliação *f*.
be'schränk|en [bə'ʃrɛnkən] (-) limitar; restringir; reduzir; *Verbrauch*: *a.* racionar; **~t** *adj. Zeit*: escasso; *fig. j.*: tapado; **$\mathfrak{L}$t-heit** *f* (*0*) escassez *f*; *fig.* pouca inteligência *f*; **$\mathfrak{L}$ung** *f* limitação *f*, restrição *f*, redução *f*; racionamento *m*.
be'schreib|en (*L*; -) *v/t.* descrever; *Blatt*: escrever em; ⊾ traçar; **~end** descritivo; **$\mathfrak{L}$ung** *f* descrição *f*; *e-r Person*: (indicação *f* dos) sinais *m/pl*.
be'schrift|en [bə'ʃriftən] (*-e-*; -) *v/t.* pôr títulos (a, em), pôr legendas (em); explicar; rotular; **$\mathfrak{L}$ung** *f* legenda *f*, inscrição *f*; ✝ letreiro *m*.
be'schuldig|en [bə'ʃuldigən] (-): *j-n* (*e-r Sache*) ~ acusar alg. (de a.c.; imputar a.c. a alg.); *j-n e-s Verbrechens ~* incriminar alg.; **$\mathfrak{L}$ung** *f* acusação *f*; incriminação *f*.
be'schummeln F (*-le*; -) enganar.
be'schütze|n (*-t*; -) proteger, amparar (*vor dat.* de); **$\mathfrak{L}$r(in *f*)** *m* prote(c)tor(a) *m/f*, defensor(a) *m/f*.
be'schwatzen F (*-t*; -) falar de; *j-n*: seduzir; *j-n zu et. ~ a.* impingir a.c. a alg.
Be'schwerde [bə'ʃve:rdə] *f* **a)** (*Mühe, Last*) fadiga *f*, trabalho *m*; *pl.* ⚕ dores *f/pl.*, (*Gebrechen*) achaques *m/pl.*; **b)** (*Klage*) queixa *f*, reclamação *f* (*erheben, führen* fazer); **~buch** *n* (*-es*; *⸗er*) livro *m* das reclamações; **~führer** *m* queixoso *m*, reclamante *m*; **~schrift** *f* queixa *f*.
be'schwer|en [bə'ʃve:rən] *v/t.* (-) carregar, pesar em; (*belästigen*) incomodar; *sich über* (*ac.*) ~ queixar-se de, fazer queixa de (*bei j-m* a alg., junto de alg.); **~lich** penoso; incómodo; fatigante; *~ fallen* (*dat.*) molestar (*ac.*), custar a; **$\mathfrak{L}$lichkeit** *f* incómodo *m*, fadiga *f*, dificuldade *f*.
be|'schwichtigen [bə'ʃviçtigən] (-) sossegar; acalentar; **~'schwindeln** (*-le*; -) F entrujar; **~'schwingt** [-'ʃviŋt] *fig.* alado, vivo; **~'schwipst** [-'ʃvipst] borracho; *präd. a.* alegre.
be'schwör|en (*L*; -) jurar; (*bitten*) suplicar, implorar; *Geister*: evocar; (*austreiben*) exorcismar; *Unheil*: conjurar; **$\mathfrak{L}$ung** *f* juramento *m*; súplica *f*; evocação *f*; exorcismo *m*; conjuração *f*.
be'seel|en [bə'ze:lən] (-) animar; [**~t** *adj.* vivo.]
be'sehen (*L*; -) contemplar, (*a. sich ~*) examinar, ver.
be'seitig|en [bə'zaɪtigən] (-) remover; eliminar; *j-n*: afastar; assassinar; **$\mathfrak{L}$ung** *f* eliminação *f*.
'Besen ['be:zən] *m* vassoura *f*; espanador *m*; **~binder** *m* vassoureiro *m*; **~stiel** *m* (*-es*; *-e*) cabo *m* de (*od.* da) vassoura.
be'sessen [bə'zɛsən] **1.** *p.pt. v.* besitzen; **2.** *adj.* possesso; **$\mathfrak{L}$e(r *m*)** *m, f* possesso *m*, -a *f*, energúmeno *m*, -a *f*; obsesso *m*, -a *f*; **$\mathfrak{L}$-heit** *f* (*0*) obsessão *f*.
be'setz|en (*-t*; -) (*schmücken*) guarnecer (*mit* de); *Amt, Stelle*: nomear para; *Platz*, ⚔ ocupar; ⚓ tripular; *Thea. Rollen*: distribuir; **~t** *adj.* ~ *mit* coberto de; 🚃 completo, (*a. Thea.*) com a lotação esgotada; *Abort*: ocupado, *Fernspr.*: *~ sn a.* estar a falar; **$\mathfrak{L}$t-zeichen** *n* sinal *m* de impedido; **$\mathfrak{L}$ung** *f Amt, Posten*: provimento *m*; ⚔ ocupação *f*; *Thea.*: distribuição *f*.
be'sichtig|en [bə'ziçtigən] (-) visitar; inspe(c)cionar; ⚔ passar revista a; **$\mathfrak{L}$ung** *f* visita(ção) *f*, inspe(c)ção *f*, vistoria *f*; revista *f*.
be'siedel|n (*-le*; -) povoar; **$\mathfrak{L}$ung** *f* povoação *f*, colonização *f*.
be'siegeln (*-le*; -) selar; *fig. a.* confirmar; *Schicksal*: decidir.

be'siegen (-) vencer; triunfar de.
be'singen (*L*; -) cantar; *fig. a.* celebrar.
be'sinn|en (*L*; -): *sich* ~ lembrar-se, recordar-se (*auf ac.* de); refle(c)tir (sobre); (*zu sich kommen*) voltar a si; (*zögern*) hesitar; *sich anders* ~, *sich e-s Besseren* ~ mudar de opinião (*od.* de ideias); **2en** *n* reflexão *f*; hesitação *f*; **~lich** pensativo; **2ung** *f* (*0*) sentidos *m/pl.*; consciência *f*; *wieder zur* ~ *kommen* recuperar sentidos, *a. fig.* voltar a si; **~ungslos** sem sentidos.
Be'sitz *m* (*-es*; *-e*) posse(s) *f*(*pl.*), bens *m/pl.*, haveres *m/pl.*; propriedade *f*; *im* ~ *sn von* estar de posse de; **2anzeigend** possessivo; **2en** (*L*; -) possuir, ter; **~er(in** *f*) *m* possuidor(a *f*) *m*; *Geschäft*: dono (-a *f*) *m*, patrão *m* (patroa *f*); (*bsd. Grund*2) proprietário (-a *f*) *m*; **~-ergreifung** [-ɛrgraɪfuŋ] *f*, **~nahme** [-na:mə] *f* a(c)to *m* de tomar posse; *widerrechtliche*: usurpação *f*; **2los** sem fortuna; *Pol.* proletário; **~recht** *n* (*-es*; *-e*) título *m* de propriedade; **~tum** *n* (*-s*; *"er*), **~ung** *f* propriedade *f*; (*Landgut*) quinta *f*.
be'soffen [bə'zɔfən] P *p.pt. v. besaufen*; *adj.* borracho.
be'sohlen [bə'zo:lən] (-) *v/t.* pôr solas em, solar.
be'sold|en [bə'zɔldən] (*-e-*; -) pagar o salário a, pagar o soldo (*'ô) a; assalariar; **2ung** *f* soldo (*'ô) *m*, salário *m*.
be'sonder particular, peculiar, especial; (*seltsam, ausgezeichnet*) singular; *im* ~*en* particularmente, especialmente; **2heit** *f* particularidade *f*, especialidade *f*; singularidade *f*; **~s** particularmente, em particular, especialmente; sobretudo; (*getrennt*) separadamente; *nicht* ~ F assim, assim; regular; *adj.* pouco.
be'sonnen **1.** *v/t.* (-) expor ao sol; **2.** *p.pt. v. besinnen*; **3.** *adj.* refle(c)tido, prudente; **2-heit** *f* (*0*) reflexão *f*, circunspe(c)ção *f*, prudência *f*.
be'sorg|en (-) *v/t.* arranjar, (*erledigen*) *a.* cuidar de, tratar de; (*kaufen*) comprar; (*befürchten*) recear; **2nis** *f* (-; *-se*) receio *m*, apreensão *f*, cuidado *m*; **~nis-erregend** inquietador, alarmante; que inspira cuidados; **~t** *adj.* inquieto, apreensivo, preocupado; **2t-heit** *f* (*0*) cuidado *m*, inquietação *f*; **2ung** *f* compra *f*, aquisição *f*; (*Auftrag*) recado *m*; (*Erledigung*) execução *f*.
be'spann|en (-): *mit Pferden* ~ atrelar; *mit Saiten* ~ pôr cordas em; *mit Stoff* ~ forrar, revestir; **2ung** *f* forro (*'ô) *m*, revestimento *m*; (*Gespann*) parelha *f*.
be'spitzel|n [bə'ʃpitsəln] (*-le*; -) vigiar, espiar; **2ung** *f* espi(on)agem *f*.
be'spötteln (*-le*; -) *v/t.* troçar de, fazer troça de.
be'sprech|en (*L*; -) *v/t.* falar de, discutir; tratar de; *Lit.*: criticar, fazer a crítica de; recensear; (*beschwören*) conjurar; *Krankheiten*: ensalmar; *Schallplatte*: gravar; *sich* ~ conferenciar (*über ac.* sobre); **2raum** *m* (*-es*; *"e*) *Radio*: estúdio *m*; **2ung** *f* entrevista *f*, conferência *f*; discussão *f* (*abhalten* ter); *Lit.*: resenha *f*, crítica *f*, recensão *f*.
be'sprengen (-) regar; borrifar; rociar; ⚕ abluir.
be'springen (*L*; -) *Zool.* acavalar.
be'spritzen (*-t*; -) regar; *mit Schmutz* ~ manchar, salpicar.
be'spucken (-) cuspir a.
be'spülen (-) banhar.
'besser ['bɛsər] (*comp. v. gut u. wohl*) melhor (*desto, um so tanto*); *die* ~*e Gesellschaft* a sociedade; et. **2es** a.c. de melhor, a.c. de superior; ~ *werden* melhorar; **~n** (*-re*) *et.*: melhorar; *j-n*: corrigir; *Sitten*: reformar; *sich* ~ *j.*: emendar-se, corrigir-se; melhorar (*a. et.*); **2ung** *f* melhoramento *m*; ⚕ melhoras *f/pl.*; *j-m gute* ~ *wünschen* estimar as melhoras de alg.; **2ungs-anstalt** *f* casa *f* de corre(c)ção; **2wisser** [-visər] *m* que julga saber tudo melhor.
best [bɛst] (*sup. v. gut u. wohl*); **1.** *adj.* melhor; *der erste* ~*e* qualquer; **2.** *adv. am* ~*en* o melhor; ~*ens, aufs* ~*e* da melhor maneira, o melhor possível; pelo melhor; *man tut am* ~*en zu* (*inf.*) o melhor será; não há como; **'2e(s)** *n* o melhor; *zum* ~*n* (*gen.*) em benifício de, em proveito de; em prol de; *zu j-s* ~*n* para o bem de alg.; *et. zum* 2*n geben* entreter os seus amigos com, *Geschichte*: contar, *Lied*: cantar; *j-n zum* 2*n haben* fazer troça (*od.* pouco) de alg.

be'stall|en [bə'ʃtalən] (-) nomear; **2ung** *f* nomeação *f*.

Be'stand *m* (-*ẹs*; ⸗*e*) existência *f* (*pl.* ✝ *an dat.* de); (*Inhalt*) recheio *m*; (*Dauer*) duração *f*, estabilidade *f*, resistência *f*; ⚔ efe(c)tivos *m/pl.*; *Wald*: revestimento *m*; *von* ~ estável, constante, seguro; **2en** [-dən] *p.pt. v. bestehen*; *adj.* revestido (*mit* de).

be'ständig constante; estável; contínuo; seguro, duradouro; **2keit** *f* (*0*) estabilidade *f*, constância *f*.

Be'stands|aufnahme *f* inventário *m*, inventariação *f*; **~buch** *n* (-*ẹs*; ⸗*er*), **~liste** *f* rol *m*, inventário *m*.

Be'standteil *m* (-*ẹs*; -*e*) elemento *m*, parte *f* integrante, componente *f*; ⚗ ingrediente *m*; *e-n* ~ *bilden von* ser parte integrante de; entrar em, pertencer a.

be'stärken (-) confirmar, corroborar.

be'stätig|en [bə'ʃtɛ:tigən] (-) confirmar; *Empfang*: acusar; *Urkunde*: autenticar; *Vertrag*: ratificar; **2ung** *f* confirmação *f*, autenticação *f*; ratificação *f*; (*Empfangs2*) aviso *m* de recepção; (*Quittung*) recibo *m*.

be'statt|en [bə'ʃtatən] (-*e*-; -) sepultar, enterrar; **2ung** *f* enterro (*'ê) *m*.

be'stäub|en (-) cobrir de pó, empoeirar; ♀ polinizar; **2ung** *f* ♀ polinização *f*.

be'stech|en (*L*; -) subornar; corromper; *fig.* = **~end** *sn* ser sugestivo, ser sedutor; **~lich** corru(p)to, venal; **2lichkeit** *f* (*0*) corru(p)ção *f*, venalidade *f*; **2ung** *f* corru(p)ção *f*, suborno (*'ô) *m*.

Be'steck [bə'ʃtɛk] *n* (-*ẹs*; -*e*) (*Tisch2*) talher *m*; ⚕ estojo (*'ô) *m*; ⚓ ponto *m* (*nehmen* tirar); **2en** (-) picar, guarnecer (*mit* de).

be'stehen (*L*; -) **1.** *v/t. Gefahr*: sair vitorioso de; *Prüfung*: fazer, passar em; *nicht* ~ ficar reprovado (em), F ficar chumbado (em); **2.** *v/i.* existir, haver; (*fort*~) (per)durar, continuar; (*leben*) subsistir; *vor* (*dat.*) ~ fazer boa figura perante, sair bem, sair justificado; ~ *aus*, ~ *in* (*dat.*) consistir em; compor-se de; ser constituído por; ~ *auf* (*dat.*) insistir em; **3.** 2 *n* existência *f*; **~d** *adj.* existente; (*noch*) ~ subsistente; ~ *aus* composto de.

be'stehlen (*L*; -) roubar.

be'steig|en (*L*; -) *v/t.* subir a; *Pferd*: montar; **2ung** *f* escalada *f*, subida *f*; ascensão *f* (*gen.* a).

be'stell|bar ↗ cultivável, arável; **2bezirk** *m* (-*ẹs*; -*e*) ✉ distrito *m* postal; **~en** (-) *Auftrag*: dar; ↗ cultivar, lavrar; *Grüße*: dizer; *Haus*: governar; *Platz*: marcar; *Ware*: encomendar, mandar vir; *Zeitung*: assinar; (*ernennen*) nomear (*zum*: *ac.*); **2er(in** *f*) *m* (*Käufer*) comprador(a *f*) *m*, cliente *m/f*; *Bibliothek*: requisitante *m/f*; **2schein** *m* (-*ẹs*; -*e*) (boletim *m* de) requisição *f*; **~t**: *gut* ~ *sn um* ir bem, andar bem; **2ung** *f* encomenda *f*; pedido *m*; ↗ cultura *f*; ✉ entrega *f*; **2zettel** *m* = *2schein*.

'besten|falls no melhor dos casos; quando muito; **~s** da melhor maneira, o melhor possível; *danke* ~ muitíssimo obrigado.

be'steuern (-*re*; -) lançar impostos sobre, estabelecer taxas sobre.

besti'al|isch [bɛsti'a:liʃ] bestial, feroz; **2i'tät** [-i'tɛ:t] *f* bestialidade *f*, ferocidade *f*.

'Bestie ['bɛstiə] *f* fera *f*.

be'stimm|bar [bə'ʃtim-] determinável; *j.*: *leicht* ~ *sn* deixar-se influenciar; **~en** (-) determinar, ~ *zu a.* destinar, *Datum*: *a.* fixar, marcar; *Begriff*: definir; ♀ classificar; *vertraglich*: estipular; (*anordnen*) dispor; ~ *über* (*ac.*) dispor de; *j-n* ~ *et. zu tun* levar alg. a fazer a.c.; **~t** *adj.*: determinado, certo, categórico; *gr.* definido; ~ *für* destinado para; relativo a; *adv.* com certeza; **2t-heit** *f* certeza *f*; **2ung** *f* determinação *f*; *gr. adverbiale* ~ complemento *m* invariável; **2ungsort** *m* (-*ẹs*; -*e*) (lugar *m* de) destino *m*.

'Best|leistung *f* melhor resultado *m*; ⊕ rendimento *m* máximo; **2möglich** o melhor possível.

be'straf|en (-) castigar; *mit Geld*: multar; **2ung** *f* castigo *m*, pena *f*.

be'strahl|en (-) irradiar, iluminar; ⚕ (*a. sich* ~ *lassen*) fazer um tratamento radioterapêutico (*od.* de raios); **2ung** *f* irradiação *f*; radioterapia *f*.

be'streb|en (-) **1.** *sich* ~, **~t** *sn zu* (*inf.*) esforçar-se por; pretender; **2.** **2en** *n* esforço *m*; empenho *m*,

ânsia *f*; *es wird mein* ~ *sn* farei tudo quanto puder.
be'streichen (*L*; -) untar; *Brot*: barrar; ⚔ varrer.
be'streit|bar contestável; **~en** (*L*; -) contestar; negar; impugnar; *Gebiet*: disputar; *die Kosten* (*gen.*) ~ custear (*ac.*); **2ung** *f* contestação *f*; ~ *der Kosten* custeamento *m*.
be'streuen (-) *v/t*. deitar sobre, polvilhar; ~ *mit* juncar de.
be'stricken (-) *fig*. encantar, cativar; **~d** *adj*. cativante; encantador.
be'stück|en [bə'ʃtykən] ⚔ (-) artilhar; **2ung** *f* ⚔ artilhamento *m*.
be'stürmen (-) assaltar; *fig*. assediar.
be'stürz|en (-*t*; -) consternar; **~t** consternado; atónito; **2ung** *f* sobressalto *m*, alteração *f*, consternação *f*.
Be'such [bə'zu:x] *m* (-*es*; -*e*) visita *f* (*auf, zu* ~ de; ~ *abstatten* fazer); (*Gäste*) visitas *f/pl*. (*haben a*. estar com); *Benutzung, Besucherzahl*: frequência *f*, *Schule usw*.: *a*. frequentação *f*; **2en** (-) *v/t*. visitar, ir ver; *Schule*: ir a, (*a. häufig* ~) frequentar; *Versammlung*: assistir a, *zahlreich*: concorrer a; **~er(in** *f*) *m* visitante *su*., visita *f*; *Thea*. espe(c)tador(a *f*) *m*; *pl*. público *m*, assistência *f/sg*.; **~s-karte** *f* cartão *m* de visita; **~s-zeit** *f* horas *f/pl*. de visita; **~s-zimmer** *n* sala *f* (de visitas).
be|'sudeln (-*le*; -) manchar, sujar; *mit Blut* ~ ensanguentar; **~'tagt** [-'ta:kt] idoso, de idade; **~'tasten** (-*e*-; -) apalpar; **2'tasten** *n* palpação *f*.
be'tätig|en [bə'tɛ:tigən] (-) provar por a(c)ções; ⊕ manejar, a(c)cionar; *sich* ~ ser a(c)tivo; *sich* ~ *als* fazer de, trabalhar como; a(c)tuar de; *sich als Arzt* ~ ser médico; *sich bei et*. ~ tomar parte (*od*. participar) em a.c.; *sich* ~ *in* (*dat*.) exercer (*ac*.); **2ung** *f* a(c)tividade *f*; (*Teilnahme*) participação *f*; ⊕ manejo *m*, a(c)cionamento *m*.
be'täub|en [bə'tɔybən] (-) atordoar; ⚕ anestesiar, fazer uma anestesia; **~end** *adj*. *Lärm*: atordoante; ⚕ anestésico, narcótico; **2ung** *f* atordoamento *m*; ⚕ anestesia *f*, narcose *f*; insensibilidade *f*; **2ungsmittel** *n* narcótico *m*, anestésico *m*; (*Rauschgift*) estupefaciente *m*.
be'teilig|en [bə'taɪligən] (-) interessar (*an dat*., *bei* em); *sich* ~ (*an dat*.) tomar parte (em), participar (em, de); ✝ estar interessado (em); **~t** *adj*. participante; *bsd*. ✝ interessado; *bsd*. ⚖ implicado, envolvido (*an dat*. em); **2ung** *f* participação *f*; interesses *m/pl*.; (*Mitwirkung*) concorrência *f*, colaboração *f*.
'beten ['be:tən] (-*e*-) orar, fazer preces; *Text*: rezar.
be'teuer|n [bə'tɔyərn] (-*re*; -) (re-)afirmar, reiterar; **2ung** *f* protesto *m*.
be'titel|n [bə'ti:təln] (-*le*; -) intitular; *j-n* ~ tratar alg. de, dar o título de ... a alg.; **~t** *a*. com o título de.
Be'ton [bə'tɔŋ] *m* (-*s*; -*s*) betão *m*, cimento *m* (* *a*. concreto *m*) armado.
be'ton|en [bə'to:nən] (-) *v/t*. acentuar; carregar em; *fig*. insistir em, sublinhar; frisar, realçar; **2ung** *f* acentuação *f*.
beto'nieren [bəto'ni:rən] (-) *v/t*. cimentar.
Be'tonmisch|er *m*, **~maschine** *f* betoneira *f*.
be'tören [bə'tø:rən] (-) seduzir; enganar; engodar.
Be'tracht [bə'traxt] *m* (-*es*; *0*): *in* ~ *kommen* interessar; *in* ~ *ziehen* tomar em consideração, ter em conta; *außer* ~ *lassen* prescindir de; **2en** (-*e*-; -) contemplar, mirar; encarar; *fig*. considerar (*als* como *od*. *unübersetzt*); **~er** *m* observador *m*.
be'trächtlich [bə'trɛçtliç] considerável; de certa monta.
Be'trachtung [bə'traxtuŋ] *f* observação *f*; contemplação *f*, consideração *f*; *pl*. reflexões *f/pl*.; ~*en anstellen über* (*ac*.) pôr-se a refle(c)tir sobre.
Be'trag [bə'tra:k] *m* (-*es*; ⸗*e*) importância *f*, quantia *f*; verba *f*; (*Gesamt*2) montante *m*; ~ *erhalten* recebi a quantia supra.
be'tragen 1. *v/t*. (*L*; -) importar (em), montar a; ser; *sich* ~ comportar-se; **2.** 2 *n* conduta *f*, comportamento *m*.
be'trau|en (-): *j-n mit et*. ~ confiar a.c. a alg.; **~ern** (-*re*; -) *v/t*. chorar; estar de luto por.
Be'treff *m* (-*es*; -*e*): *in* ~ = 2*s*; **2en** (*L*; -) *v/t*. dizer respeito a; atingir; afe(c)tar; (*überraschen*) surpreender (*bei* a); *Verlust*: sofrer; *was* (*ac*.) *betrifft* quanto a; **2end**

p.prs. (*ac.*) relativo a; *adj.* respe(c)tivo, em questão, em causa; **≈s** (*gen.*) com respeito a, em relação a; relativo a, quanto a.

be'treiben (*L*; -) *v/t. Gewerbe*: exercer; *Studien*: fazer; mover; ⚒ explorar; ⊕ a(c)cionar (*mit* a); *Angelegenheit*: tratar de; (*fördern*) a(c)tivar, intensificar; *auf* ≈ *von* por iniciativa de.

be'treten 1. *v/t.* (*L*; -) entrar em, andar sobre, pôr o pé em, trilhar, pisar; **2.** *adj. fig.* perplexo, confuso, embaraçado.

be'treu|en [bə'trɔyən] (-) *v/t.* cuidar de; tomar à sua guarda; *j-n*: *a.* acompanhar; **≈ung** *f* cuidado *m*; acompanhamento *m*, companhia *f*.

Be'trieb *m* (-*es*; -*e*) (*Arbeit*) laboração *f*; serviço *m*; (*Fabrik*) estabelecimento *m*, empresa *f*; fábrica *f*; ⚒ exploração *f*; *fig.* (*haben*) *viel* ~ grande movimento *m*; *in* ~ *sn* estar em laboração; trabalhar, estar a funcionar, estar em serviço, ⚒ estar em exploração; *außer* ~ *sn* não funcionar (*usw.*); *in* ~ *setzen* pôr em marcha, pôr a trabalhar, pôr a andar; *in* ~ *nehmen* fazer entrar em funcionamento; *billig* (*teuer*) *im* ~ *sn* gastar pouco (muito); **≈sam** a(c)tivo, mexido; **~samkeit** *f* (*0*) a(c)tividade *f*.

Be'triebs|angehörige(r) *m* empregado *m*; *pl.* pessoal *m*; **~anlage** *f* instalação *f*; **~appell** *m* (-*s*; -*e*) chamada *f* do pessoal; **~assistent** *m* (-*en*) assistente *m* técnico; **~ausschuß** *m* (-*sses*; ≈*sse*) representação *f* do pessoal; **≈fähig, ≈fertig** em condições (de funcionar); **~führer** *m* chefe *m*, gerente *m*; patrão *m*; **~führung** *f* (*0*) gerência *f*; **~gemeinschaft** *f* pessoal *m*; **~ingenieur** *m* (-*s*; -*e*) engenheiro *m* de serviço; **~kapital** *n* (-*s*; *0*) capital *m* de exploração; **~leiter** *m* dire(c)tor *m* técnico; gerente *m*; **~leitung** *f* dire(c)ção *f*, gerência *f*; **~material** *n* (-*s*; -*ien*) 🚂 material *m* rolante; **~rat** *m* (-*es*; ≈*e*) conselho *m* (*Person*: conselheiro *m*) técnico; *der Arbeitnehmer*: (membro *m* do) conselho *m* dos operários; **~schutz** *m* (-*es*; *0*) prote(c)ção *f* contra os riscos do trabalho; **~sicherheit** *f* (*0*) segurança *f* no trabalho; **~spannung** *f* tensão *f* de serviço; **~stockung, ~störung** *f* avaria *f*; **~stoff** *m* (-*es*; -*e*) combustível *m*, carburante *m*; **~unfall** *m* (-*es*; ≈*e*) acidente *m* no trabalho; **~verhältnisse** *n/pl.* condições *f/pl.* de trabalho; **~versammlung** *f* reunião *f* do pessoal; **~wirtschaft(slehre)** *f* (*0*) economia *f* industrial; **~zelle** *f Pol.* célula *f* operária.

be'trinken (*L*; -): *sich* ~ emborrachar-se, embriagar-se.

be'troffen [bə'trɔfən] *p.pt. v. betreffen*; *adj.* (*verlegen*) confuso, perplexo; (*erstaunt*) surpreendido, admirado.

be'trüb|en (-) afligir; *tief* ~ desolar; **~end, ~lich** triste; aflitivo; **≈nis** *f* (-; -*se*) tristeza *f*, aflição *f*; **~t** *adj.* triste, aflito.

Be'trug *m* (-*es*; *0*) engano *m*, entrujice *f*; ⚖ fraude *f*; *Spiel*: batota *f*.

be'trüge|n (*L*; -) enganar, entrujar; lograr, burlar; *j-n um et.* ~ defraudar a.c. a alg.; *Spiel*: fazer batota; **≈r(in** *f*) *m* impostor(a *f*) *m*; defraudador(a *f*) *m*, embusteiro (-a *f*) *m*, entrujão *m* (entrujona *f*); batoteiro (-a *f*) *m*; **≈'rei** *f* entrujice *f*; **~risch** fraudulento.

be'trunken *p.pt. v. betrinken*; *adj.* borracho, bêbedo, ébrio; **≈-heit** *f* (*0*) embriaguez *f*, bebedeira *f*; borracheira *f*.

Bett [ɛ] *n* (-*es*; -*en*) cama *f* (*zusammenklappbares* articulada, de encartar, de campanha); (*a. Fluß*≈) leito *m*; *im* ~, *zu* ~ na cama (*liegen* estar); *zu* ~ *bringen* deitar; *zu* ~ *gehen, sich ins* ~ *legen* ir para a cama, ir deitar-se; *das* ~ *hüten müssen* guardar a cama, estar de cama; **'~couch** *f* (-; -*es*) cama-divã *f*; **'~decke** *f* coberta *f* da cama; *seidene* ~ colcha *f*.

'Bettel ['bɛtəl] *m* (-*s*; *0*) miséria *f*, *fig. a.* bagatela *f*; **≈-arm** (*0*) pobríssimo; **~brief** *m* (-*es*; -*e*) carta *f* de pedinte; **~'ei** [-'laɪ] *f* mendicidade *f*; *lästige*: pedinchice *f*; **~geld** *n* (-*es*; -*er*) esmola *f*; *fig.* miséria *f*; **~mönch** *m* (-*es*; -*e*) frade *m* mendigo, frade *m* mendicante; **≈n** (-*le*) mendigar, (andar a) pedir; **~-orden** *m* ordem *f* mendicante; **~stab** *m* (-*es*; *0*) bastão *m* de mendigo; *an den* ~ *bringen* reduzir à miséria; **~volk** *n* (-*es*; *0*) mendigos *m/pl.*; canalha *f*.

'**bett|lägerig** ['-lɛgərɪç]: ~ *sn* estar de cama; **2laken** *n* lençol *m*.

'**Bettler** ['bɛtlər] *m* mendigo *m*, pobre *m*; *zum* ~ *machen* reduzir à miséria; **~in** *f* mendiga *f*; pobre *f*.

'**Bett|sack** *m* (-*ęs*; ⸗*e*) enxergão *m*; **~stelle** *f* (armação *f* de) cama *f*; **~tuch** (*bei Trennung*; *sonst*: *Bettuch*) *n* (-*ęs*; ⸗*er*) lençol *m*; **~vorleger** *m* tapete *m* de cama; **~wäsche** *f* (*0*), **~zeug** *n* (-*ęs*; *0*) roupa *f* de cama.

be'**tupfen** (-) tocar ligeiramente; *mit Punkten*: salpicar.

'**beug|en** ['bɔygən] dobrar; curvar; flectir; *fig*. humilhar; *Recht*: violar; *sich* ~ *a*. abaixar-se; **2ung** *f* flexão *f*.

'**Beul|e** ['bɔylə] *f* mossa *f*, amolgadura *f*; inchaço *m*; bossa *f*, abaulamento *m*; *Stirn*: galo *m*; *eitrige*: bubão *m*; **~enpest** *f* (*0*) peste *f* bubónica.

be'**unruhig|en** [bə'unru:igən] (-) inquietar, perturbar, preocupar; **~end** *adj*. inquietador, inquietante; **2ung** *f* inquietação *f*, perturbação *f*, preocupação *f*.

be'**urkunden** [bə'u:rkundən] (-*e*-; -) documentar; *Unterschrift*: reconhecer, legalizar, abonar.

be'**urlaub|en** [bə'u:rlaubən] *v/t*. (-) dar licença a; ⚔ licenciar; (*suspendieren*) suspender; (*sich*) despedir (-se); **~t** *adj*. de licença; **2ung** *f* licença *f*, licenciamento *m*.

be'**urteil|en** (-) julgar; apreciar; **2er** *m* crítico *m*; **2ung** *f* juízo *m*; apreciação *f*; crítica *f*.

'**Beute** ['bɔytə] *f* (*0*) presa *f*; despojo *m*; (*Jagd2*) caçada *f*; *fig*. vítima *f*.

'**Beutel** ['bɔytəl] *m* bolsa (*ô) *f*, saca *f*; (*Mehl2*) saco *m*; **2n** (-*le*) *Mehl*: peneirar; *sich* ~ fazer bolsos; **~ratte** *f* didelfo *m*; **~tier** *n* (-*ęs*; -*e*) canguru *m*; marsupial *m*.

be'**völker|n** [bə'fœlkərn] (-*re*; -) povoar; **2ung** *f* população *f*; povoação *f*; **2ungsdichte** *f* (*0*) densidade *f* populacional; **2ungs-zunahme** *f* acréscimo *m* populacional, evolução *f* demográfica.

be'**vollmächtig|en** [bə'fɔlmɛçtigən] *v/t*. (-) autorizar; dar plenos poderes a; ⚖ constituir alg. seu procurador; **2te(r)** *m Pol*. plenipotenciário *m*; ⚖ mandatário *m*, (*a*. ✝) procurador *m*; **2ung** *f* autorização *f*; procuração *f*.

be'**vor** antes (de) que (*subj*.); antes de (*inf*.); **~munden** (-*e*-; -) tutelar; **2mundung** [-mundʊŋ] *f* tutela *f*; **~rechten** (-*e*-; -) privilegiar; **~stehen** (*L*) ser iminente; **~d** iminente; **~worten** [-vɔrtən] (-*e*-; -) prefaciar; **~zugen** [-tsu:gən] (-) preferir; (*begünstigen*) favorecer; **~zugt** [-tsukt] *adj*. privilegiado; predile(c)to; **2zugung** [-tsu:gʊŋ] *f* preferência *f* (*gen*. dada a).

be'**wach|en** (-) vigiar; guardar; **2ung** *f* guarda *f*, vigilância *f*; detenção *f*.

be'**wachsen**: ~ *mit* coberto de; *mit Bäumen* ~ arborizado.

be'**waffn|en** (-*e*-; -) armar; **~et**: *a*. à mão armada; **2ung** *f* armamento *m*.

be'**wahren** (-) guardar; conservar; ~ *vor* (*dat*.) livrar de, preservar de; (F *i*) *bewahre!* Deus me livre!

be'**währen** (-) (com)provar; dar provas de; confirmar; *sich* ~ afirmar-se, satisfazer; dar bom resultado; *s. a. bewährt*.

be'**wahrheit|en** [bə'va:rhaɪtən] (-*e*-; -): *sich* ~ confirmar-se; **2ung** *f* confirmação *f*.

be'**währ|t** [bə'vɛ:rt] *p.pt. v. bewähren*; *adj*. comprovado; experimentado; **2ung** *f* prova *f*; **2ungsfrist** *f* tempo *m* de prova; *Strafe mit* ~ pena *f* condicional.

be'**walde|n** [bə'valdən] (-*e*-; -) arborizar; **~t** *adj*. *a*. revestido de florestas.

be'**wältig|en** [bə'vɛltigən] (-) vencer, dominar; *Arbeit*: levar a cabo; **2ung** *f* domínio *m*; realização *f*.

be'**wandert** [bə'vandərt] versado.

Be'**wandtnis** [bə'vantnis] *f* (-; -*se*) condição *f*; *damit hat es e-e* (*eigene usw*.) ~ é um caso (particular *usw*.); *was für e-e* ~ *hat es mit ...?* o que há com ... ?

be'**wässer|n** (-*re*; -) regar; irrigar; **2ung** *f* rega *f*; irrigação *f*; regadio *m*; **2ungs-anlage** *f* obra *f* de rega; **2ungsgraben** *m* (-*s*; ⸗) rego *m*.

be'**weg|en** [bə've:gən] (-) mover, *hin und her*: agitar, mexer; *Gemüt*: comover, abalar; impressionar; (*veranlassen*) induzir, determinar, levar; **2grund** *m* (-*ęs*; ⸗*e*) motivo *m*; **~lich** móvel; ágil; vivaz; **~e** *Habe f* bens *m/pl*. móveis; **2lichkeit** *f* (*0*) mobilidade *f*; agilidade *f*; elastici-

dade *f*; ≈**theit** *f* (*0*) agitação *f*; (*Rührung*) emoção *f*; ≈**ung** *f* movimento *m*; agitação *f*; (*Dreh*≈) rotação *f*; *körperliche*: exercício *m*; (*Rührung*) emoção *f*, comoção *f*.
Be'wegungs|freiheit *f* liberdade *f* de movimentos (*od.* de acção); margem *f*; ≈**los** imóvel; ~**losigkeit** [-lo:ziç-] *f* (*0*) imobilidade *f*.
be'weinen (-) chorar, deplorar.
Be'weis [bə'vaɪs] *m* (-*es*; -*e*) prova *f*; documentação *f*; (~*grund*) argumento *m*; ⅋ demonstração *f* (*antreten* dar, fazer); *unter* ~ *stellen* evidenciar; ~-**aufnahme** *f* ⚖ provas *f*/*pl*.; ≈**bar** demonstrável.
be'weisen (*L*; -) provar; evidenciar; ⅋ demonstrar; (*feststellen*) comprovar; *Mut usw.*: dar provas de, manifestar.
Be'weis|führung *f* demonstração *f*; argumentação *f*; ~**grund** *m* (-*es*; ¨*e*) argumento *m*; ~**kraft** *f* (*0*) força *f* comprobatória; ~**mittel** *n* prova *f*; ~**stück** *n* (-*es*; -*e*) prova *f*, documento *m*.
be'wenden: *es dabei* ~ *lassen* dar-se por satisfeito; deixar ficar; não insistir mais; *dabei mag es sein* ≈ *haben* chega, basta.
be'werb|en (*L*; -): *sich* ~ *um* solicitar (*ac.*), requerer (*ac.*), concorrer (para); (*freien*) pedir a mão de; ≈**er(in** *f*) *m* concorrente *m*, candidato (-a *f*) *m*; (*a. Freier*) pretendente *m*; ≈**ung** *f* concurso *m*; pedido *m* de mão; ≈**ungs-schreiben** *n* requerimento *m*.
be'werfen (*L*; -): *mit et.* ~ atirar a.c. a; ⚠ *mit Kalk*: rebocar.
be'werkstellig|en [bə'vɛrkʃtɛligən] (-) realizar, efe(c)tuar; *a. es* ~, *daß* conseguir que; ≈**ung** *f* realização *f*.
be'wert|en (-*e*-; -) avaliar, valorizar; ≈**ung** *f* valorização *f*, avaliação *f*.
be'willig|en [bə'viligən] (-) conceder; outorgar; *durch Mehrheitsbeschluß*: votar; ≈**ung** *f* concessão *f*.
be'willkommnen [bə'vilkɔmnən] (-*e*-; -) *v/t*. dar as boas-vindas a.
be'wirken (-) efe(c)tuar; realizar; (*erregen*) causar; (*erreichen*) conseguir.
be'wirten [bə'virtən] (-*e*-; -) *v/t*. receber, hospedar; *mit Essen*: tratar, servir.
be'wirtschaft|en (-*e*-; -) administrar; explorar; racionar; ≈**ung** *f* administração *f*; exploração *f*; racionamento *m*.
Be'wirtung [bə'virtuŋ] *f* hospedagem *f*; *mit Essen*: trato *m*, serviço *m*.
be'witzeln (-*le*; -) fazer troça de.
be'wohn|bar [bə'vo:n-] habitável; ~**en** (-) habitar; ≈**er(in** *f*) *m* habitante *m*/*f*; *e-r Straße*: *a.* morador(a *f*) *m*.
be'wölk|en [bə'vœlkən] (-) anuviar; ≈**ung** *f* (*0*) nuvens *f*/*pl*.
Be'wund|(e)rer(in *f*) *m* [bə'vund(ə)rər-] admirador(a *f*) *m*; ≈**ern** (-*re*; -) admirar; ≈**ernswert**, ≈**ernswürdig** admirável; ~**erung** *f* admiração *f*.
Be'wurf *m* (-*es*; ¨*e*) reboque *m*.
be'wußt [bə'vust] consciente; cônscio; (*bekannt*) conhecido, o tal ...; *sich* ~ *sn*, *sich* ~ *werden* (*gen.*) ter a consciência de; ~**los** sem sentidos; ≈**losigkeit** [-lo:ziç-] *f* (*0*) desmaio *m*; ≈**sein** *n* (-*s*; *0*) consciência *f* (*bei* em); *das* ~ *verlieren* (*wieder zu* ~ *kommen*) perder os (recuperar) sentidos; ≈**seins-spaltung** *f* desdobramento *m* de personalidade.
be'zahl|en (-) pagar; remunerar; *was habe ich zu* ~? quanto é?; *sich bezahlt machen fig.* valer a pena; ≈**ung** *f* pagamento *m*; remuneração *f*.
be'zähmen (-) domar; *fig.* (*sich*) ~ dominar(-se).
be'zaubern (-*re*; -) encantar, enfeitiçar; ~**d** *adj.* encantador.
be'zeichn|en (-*e*-; -) marcar, designar, indicar; (*bedeuten*) significar; ~ *als* qualificar de; ~**end** *adj.* característico; significativo; ~ *für a.* típico de; ≈**ung** *f* designação *f*; marca *f*; nome *m*; classificação *f*.
be'zeig|en (-) demo(n)strar, manifestar; *Ehren*: prestar; ≈**ung** *f* manifestação *f*.
be'zeug|en (-) atestar; testemunhar; *Ehren*: prestar; ≈**ung** *f* testemunho *m*; (*Ehren*≈) continência *f*.
be'zichtig|en [bə'tsiçtigən] (-) acusar, incriminar; ≈**ung** *f* acusação *f*; incriminação *f* (*gen.* por).
be'zieh|bar [bə'tsi:-] *Wohnung*: habitável; *Ware*: ~ *sn* estar à venda; ~**en** (*L*; -) receber; *Haus*: ir habitar; ⚔ *Quartier* ~ aquartelar-se; alojar-se; *Stellung*: ir ocupar; *Waren*: comprar (*aus* em); *Wechsel*: sacar; *Zeitung*: assinar; *mit Saiten* ~

pôr cordas em; (*überziehen*) cobrir (*mit* de); *Bett*: *a.* pôr roupa limpa em; *zu ~ durch* à venda em (casa de); *~ auf* (*ac.*) aplicar a, relacionar com; *sich ~ Himmel*: anuviar-se; *sich ~ auf* (*ac.*) dizer respeito a; relacionar-se com; referir-se a; **2er(in** *f*) *m* assinante *m/f*; freguês *m* (freguesa *f*); cliente *m/f*; ⚓ *Wechsel*: sacador(a *f*) *m*; **2ung** *f* relação *f*; *~ nehmen auf* (*ac.*) referir-se a; *in ~ setzen zu* relacionar com; *in ~ stehen zu* relacionar-se com; (*Hinsicht*) respeito *m* (*in dat.* com, *auf ac.* a); *in jeder ~* sob todos os aspe(c)tos; **~ungsweise** (*Abk. bzw.*) respe(c)tivamente; ou seja...; **2ungswort** *n* (*-es*; *=er*) pronome *m* relativo.

be'ziffern [bə'tsifərn] (*-re*; -) numerar, cifrar; *~ auf* (*ac.*) calcular em; *sich ~ auf* (*ac.*) montar a.

Be'zirk [bə'tsirk] *m* (*-es*; *-e*) distrito *m*; circunscrição *f*; termo (*ê) *m*; comarca *f*; ⚖ vara *f*; (*Stadt2*) bairro *m*; freguesia *f*; área *f*; **~s...**: *in Zssg(n)* distrital, do distrito; **~samt** *n* (*-es*; *=er*) junta *f* da freguesia.

Be'zug *m* (*-es*; *=e*) (*Überzug*) cobert(ur)a *f*; (*Kissen2*) fronha *f*; (*Waren2*) compra *f*; *e-r Zeitung*: assinatura *f*; *m/pl.* Bezüge (*Gehalt*) vencimentos *m/pl.*; *in 2 auf* (*ac.*), *mit ~ auf* (*ac.*) com respeito a, com referência a; *~ nehmen auf* (*ac.*) referir-se a.

be'züglich [bə'tsy:kliç] relativo, com respeito (*gen.* a).

Be'zugnahme [-na:mə] *f*: *unter ~ auf* (*ac.*) com referência a.

Be'zugs|bedingungen *f/pl.* condições *f/pl.* (de fornecimento *od.* de compra); **~ebene** *f* plano *m* relativo; **~preis** *m* (*-es*; *-e*) preço *m* de compra; **~quelle** *f* casa *f* fornecedora; **~recht** *n* (*-es*; *-e*) assinatura *f*.

be'zwecken [bə'tsvɛkən] (-) visar a, ter em vista, ter em mira, ter por fim; pretender (conseguir).

be'zweifeln (*-le*; -) *v/t.* duvidar de, pôr em dúvida.

be'zwingen (*L*; -) dominar (*a. fig.*), subjugar; *Festung*: tomar; *Tier*: domar.

'Bibel ['bi:bəl] *f* (-; *-n*) Bíblia *f*; **~spruch** *m* (*-es*; *=e*) versículo *m*; **~stelle** *f* texto *m*; **~stunde** *f* leitura e exegese *f* de textos bíblicos.

'Biber ['bi:bər] *m* castor *m*; **~bau** *m* (*-es*; *-e*) toca *f* de castor.

Biblio|gra'phie [bi:bliogra'fi:] *f* bibliografia *f*; **2'graphisch** bibliográfico.

Biblio'thek [bi:blio'te:k] *f* biblioteca *f*; **~'ar(in** *f*) *m* (*-s*; *-e*) bibliotecário (-a *f*) *m*.

'biblisch ['bi:bliʃ] bíblico.

'bieder ['bi:dər] leal; probo; honesto; **2keit** *f* (*0*) probidade *f*, re(c)tidão *f*; **2mann** *m* (*-es*; *=er*) homem *m* de bem; **2meier** *n* (*-s*; *0*) estilo *m* burguês da primeira metade do século XIX.

'bieg|en ['bi:gən] (*L*) **1.** *v/t.* dobrar, torcer, curvar; *auf 2 oder Brechen* a todo o transe; ou vai ou racha; **2.** *v/i. um die Ecke ~* dobrar (*ac.*); **~sam** flexível, elástico; **2samkeit** *f* (*0*) flexibilidade *f*, elasticidade *f*; **2ung** *f* curva *f*; ⊕ flexão *f*.

'Biene ['bi:nə] *f* abelha *f*.

'Bienen|haus *n* (*-es*; *=er*) colmeal *m*; **~königin** *f* abelha-mestra *f*; **~korb** *m* (*-es*; *=e*) colmeia *f*, cortiço *m*; bobina *f* em ninho de abelha; **~nest** *n* (*-es*; *-er*) abelheira *f*; **~schwarm** *m* (*-es*; *=e*) abelhal *m*; **~stich** *m* (*-es*; *-e*) ⚕ ferroada *f*; **~stock** *m* (*-es*; *=e*) = *~korb*; **~zucht** *f* (*0*) apicultura *f*; **~züchter** *m* apicultor *m*, colmieiro *m*, abelheiro *m*.

Bier [bi:r] *n* (*-es*; *-e*) cerveja *f* (*dunkles* preta; *helles* branca); **'~brauer** *m* cervejeiro *m*, fabricante *m* de cerveja; **~braue'rei** *f* cervejaria *f*, fábrica *f* de cerveja.

'Biese ['bi:zə] *f* nervura *f*.

Biest [bi:st] P *n* (*-es*; *-er*) fera *f*.

'bieten (*L*) oferecer (*dat.* a); *j-m die Tageszeit ~* dar os bons dias *usw.* a alg., cumprimentar alg.; *Hand*: estender; *die Stirn ~* fazer frente a; *Trotz ~* (*dat.*) desafiar (*ac.*); resistir (a); *sich* (*dat.*) et. *~ lassen* tolerar a.c., admitir a.c.

Biga'mie [biga'mi:] *f* bigamia *f*.

bi'gott [bi'gɔt] beato.

Bi'lanz [bi'lants] *f* balanço *m* (*ziehen* fazer); saldo *m*; **~verschleierung** *f* balanço *m* desfigurado.

Bild [bilt] *n* (*-es*; *-er*) imagem *f*; figura *f*; (*Gemälde*) quadro *m*, pintura *f*; (*Abbildung*) gravura *f*; estampa *f*; *j-s*: retrato *m*; (*Licht2*) fotografia *f*; *auf Münzen*: efígie *f*; *fig.* ideia *f*, noção *f*, imagem *f*; (*Sinn2*)

símbolo *m*; *im* ~*e sn* estar informado, estar ao corrente (*über ac.* de); '**~bericht** *m* (-*ẹs*; -*e*) reportagem *f* (foto)gráfica; '**~berichterstatter** *m* repórter *m* fotográfico.
'**bilden** ['bildən] (-*e*-) formar; *geistig*: *a.* informar; instruir; civilizar, educar; (*zs.-setzen*) constituir; *gebildet j.*: culto; **~d** *adj.* instrutivo; (in)formativo; civilizador; *Kunst, Künstler*: plástico.
'**Bilder|bogen** ['bildər-] *m* (-*s*; - *od.* ⸚) folha (*ô) *f* com figuras; **~buch** *n* (-*ẹs*; ⸚*er*) livro *m* ilustrado (*od.* com estampas, com gravuras); **~galerie** *f* galeria *f* (*od.* museu *m*) de pintura; **~rahmen** *m* moldura *f*, caixilho *m*; **~rätsel** *n* enigma *m* figurado; **2reich** *Stil*: figurado; metafórico; **~sprache** *f* linguagem *f* figurada (*od.* metafórica); **~stürmer** *m* iconoclasta *m*.
'**Bild|fläche** *f* tela *f*; *fig. auf der* ~ *erscheinen* aparecer, surgir; *von der* ~ *verschwinden* desaparecer; **~funk** *m* (-*ẹs*; *0*) radiofotografia *f*, telefotografia *f*; (*Fernsehen*) televisão *f*; **2haft** gráfico; *fig.* plástico; **~hauer(in *f*)** *m* escultor(a *f*) *m*; **~hauerarbeit** *f*, **~hauerkunst** *f* (*0*) escultura *f*; **2hübsch** (*0*) F formos(íssim)o; **2lich** figurado, metafórico; = *2haft*; **~nis** *n* (-*ses*; -*se*) retrato *m*; *Münze*: efígie *f*; **~säule** *f* estátua *f*; **~schirm** *m* (-*ẹs*; -*e*) tela *f*; **~seite** *f* anverso *m*; **~telegramm** *n* (-*s*; -*e*) fotograma *m*; **~telegraphie** *f* telefotografia *f*.
'**Bildung** ['bilduŋ] *f* formação *f*; constituição *f*; (*Gestalt*) forma *f*; *geistige*: cultura *f* (intelectual); (*a. Schul2*) educação *f*, instrução *f*.
'**bildungs|bedürftig** inculto; **2gang** *m* (-*ẹs*; *0*) preparação *f*.
'**Bildwerfer** ['-vɛrfər] *m* proje(c)tor *m*; máquina *f* de proje(c)ções.
'**Billard** ['biljart] *n* (-*s*; -*e*) bilhar *m*; **~stock** *m* (-*ẹs*; ⸚*e*) taco *m*.
'**Billett** [bi'ljɛt] *n* (-*ẹs*; -*e od.* -*s*) bilhete *m*.
'**billig** ['biliç] barato (*a. fig.*); *Preis*: *a.* módico; ~ *im Betrieb* (*od. Verbrauch*) *sn* ser económico, gastar pouco; *fig.* (*recht u.* ~) justo; **~en** [-gən] aprovar; **2keit** *f* (*0*) justiça *f*, equidade *f*; ✝ barateza *f*, preço *m* baixo; **2ung** [-guŋ] *f* aprovação *f*.
Bil'lion [bili'oːn] *f* bilhão *m*; e-e ~ mil bilhões *m/pl.*
'**bimmeln** (-*le*) F tocar; **2** *n* repique *m*.
'**Bims-stein** *m* (-*ẹs*; -*e*) pedra-[-pomes *f*.]
'**Binde** ['bində] *f* (*Arm2*) braçadeira *f*; (*Band*) cinta *f*; (*Leib2*) faixa *f*, (*Schärpe*) *a.* banda *f*; (*Schlips*) gravata *f*; ⚕ ligadura *f*, (*a. Stirn2*) venda *f*; **~gewebe** *n* tecido *m* conjuntivo; **~glied** *n* (-*ẹs*; -*er*) vínculo *m*, conjunção *f*; **~haut** *f* (*0*) conjuntiva *f*; **~haut-entzündung** *f* conjuntivite *f*; **~maschine** *f* enfardadeira *f*; **~mittel** *n* conglutinante *m*; (*Mörtel*) argamassa *f*; (*Zement*) cimento *m*; **2n** (*L*) atar; (*a.* ♪ *u. fig.*) ligar; *Besen*: fazer; *Buch*: encadernar; empastar; *Faß*: arcar; *sich* (*ver*)~ *fig.* comprometer-se; *nicht gebunden sn* estar à vontade; (*kleben*) pegar; *fig. j-m et. auf die Nase* ~ fazer acreditar a.c. a alg.; **~n** *n* *Buch*: encadernação *f*; empaste *m*; *Faß*: guarnição *f* com arcas; **2nd** *adj. fig.* obrigatório; **~strich** *m* (-*ẹs*; -*e*) traço *m* de união, hífen *m*; **~wort** *n* (-*ẹs*; ⸚*er*) conjunção *f*.
'**Bindfaden** ['bint-] *m* (-*s*; ⸚) guita *f*, cordel *m*, fio *m*.
'**Bindung** ['binduŋ] *f* ligação *f*; ⚗ *a.* liga *f*; combinação *f*; (*Verpflichtung*) compromisso *m*; e-e ~ *eingehen* comprometer-se; ⚗ ligar.
'**binnen** ['binən] (*gen. u. dat.*) dentro de; no prazo de.
'**Binnen...**: *in Zssg(n) meist* interior, interno; **~fischerei** *f* (*0*) pesca *f* em águas doces; **~gewässer** *n/pl.* águas *f/pl.* continentais; **~hafen** *m* (-*s*; ⸚) porto *m* (*'ô) fluvial; **~klima** *n* (-*s*; *0*) clima *m* continental; **~land** *n* (-*ẹs*; ⸚*er*) interior *m*; **2ländisch** [-lɛndiʃ] interno; continental; **~meer** *n* (-*ẹs*; -*e*) mar *m* interior; **~schiffahrt** *f* (*0*) navegação *f* fluvial; **~währung** *f* moeda *f* nacional; cotação *f* interna.
'**Bins|e** ['binzə] *f* junco *m*; **~enwahrheit** F *f* lugar *m* comum; trivialidade *f*.
Bio|che'mie *f* (*0*) bioquímica *f*; **~'graph** [-'graːf] *m* (-*en*) biógrafo *m*; **~gra'phie** [-gra'fiː] *f* biografia *f*; **2'graphisch** biográfico; **~'loge** [-'loːgə] *m* (-*n*) biólogo *m*, biologista *m*; **~lo'gie** [-lo'giː] *f* (*0*) biologia *f*; **2'logisch** biológico.

'Birk|e ['birkə] *f* bétula *f*, vido *m*, vidoeiro *m*; **2en**, *aus* **~en-holz** *n* de bétula *f*, betuláceu; **~hahn** *m* (*-es*; *⸗e*) galo *m* silvestre.

'Birn|baum *m* (*-es*; *⸗e*) pereira *f*; **~e** *f* pêra *f*; ⚡ lâmpada *f* elé(c)trica; ⊕ convertedor *m*.

bis [bis] **1.** *prp.* ~ (*zu, nach*; *auf, in ac.*) a, até; ~ *auf ac.* (= *außer*) menos; **2.** *cj.* ~ (*daß*) até que (*subj.*), até que (*subj.* + *inf.*).

'Bisam ['bi:zam] *m* (*-s*; *-e*) almíscar *m*.

'Bisch|of ['biʃɔf] *m* (*-s*; *⸗e*) bispo *m*; **2öflich** [-øfliç] episcopal.

'Bischofs...: *in Zssg(n) meist* episcopal; **~-amt** *n* (*-es*; *⸗er*) episcopado *m*; **~-hut** *m* (*-es*; *⸗e*), **~mütze** *f* mitra *f*; **~mantel** *m* (*-s*; *⸗*) pálio *m*; **~-stab** *m* (*-es*; *⸗e*) báculo *m*; **~würde** *f* (*0*) = **~amt**.

bis'her até agora; **~ig** que + *vb.* (*im Perf.*) até agora.

Bis'kuit [bis'kvi:t] *m* (*-es*; *-e*) biscoito *m*.

'Bison ['bi:zɔn] *m* (*-s*; *-s*) bisonte *m*.

Biß [bis] *m* (*-sses*; *-sse*) mordedura *f*; dentada *f*; **'2chen** ['-çən] pouco, bocadinho; F *ein* ~ um migalho.

'Biss|en ['bisən] *m* bocado *m*; **2ig** mordaz (*a. fig.*); mordedor.

'Bißwunde *f* mordedura *f*.

'Bistum ['bistu:m] *n* (*-s*; *⸗er*) bispado *m*.

bis'weilen às vezes, de vez em quando.

'Bitt|e ['bitə] *f* pedido *m*; (*Gesuch*) requerimento *m*; *e-e* ~ *an j-n haben* ir pedir um favor a alg.; **2en** (*L*) pedir (*j-n um et.* a.c. a alg.); *zu sich* ~, *zu Tisch* ~ convidar; ~ *zu* (*inf.*), ~, *daß* rogar que (*subj.*); *aber ich bitte Sie!* mas por amor de Deus!; por quem é!; *ich lasse* ~! que entre; *bitte, wenn ich* ~ *darf* faz favor, faça-me o favor (*od.* o obséquio); tenha a bondade; *nachgestellt*: se faz favor; com licença!, perdão!; *bitte schön!* à vontade; *bitte (sehr)!* (*Antwort auf Dank*) não há de quê, não tem de quê; de nada!

'bitter ['bitər] amargo, *fig. a.* duro; **~er** *Ernst* a pura verdade; ~ *kalt sn* estar um frio a valer; **~böse** (*0*) muito zangado; furioso; **2-erde** *f* magnésia *f*; **2keit** *f* amargor *m*; *fig.* amargura *f*, azedume *m*; **~lich** amargamente; **2salz** *n* (*-es*; *-e*) sulfato *m* de magnésia; **2wasser** *n* (*-s*; *⸗*) água *f* purgativa.

'Bitt|gang *m* (*-es*; *⸗e*) procissão *f*; **~gesuch** *n* (*-es*; *-e*), **~schrift** *f* súplica *f*, requerimento *m*, petição *f*; **~steller(in** *f*) *m* ['-ʃtɛlər] peticionário (-a *f*) *m*, requerente *m*, solicitante *m*.

'Biwak ['bi:vak] *n* (*-s*; *-s od. -e*) bivaque *m*; **2'ieren** (-) bivacar.

bi'zarr [bi'tsar] esquisito, excêntrico.

'Bizeps ['bi:tsɛps] *m* (*-es*; *-e*) biceps *m*, bicípete *m*.

'bläh|en ['blɛ:ən] inchar; ⚕ causar flatos; *sich* ~ *fig.* inchar-se; **~end** ⚕ flatoso, flatulento; **2ung** *f* ⚕ flato *m*, flatulência *f*, ventosidade *f*.

Bla'm|age [bla'ma:ʒə] *f* situação *f* ridícula; **2ieren** (-) ridicularizar; desacreditar; colocar mal; *sich* ~ fazer má figura; ficar mal colocado.

blank [blaŋk] liso, brilhante; *Waffe*: branco; F (*abgebrannt*) abanado.

'blanko ['blaŋko:]: *in* ~ = **'Blanko...**: *in Zssg(n)* em branco; **2-kredit** *m* (*-es*; *-e*) crédito *m* aberto; **2vollmacht** *f* carta *f* branca.

'Bläs-chen ['blɛ:s-çən] *n* borbulha *f*, empola *f*.

'Blase ['bla:zə] *f* (*Wasser2*) borbulha *f*, bolha *f*, empola *f* (*a. Haut2*); *Anat.* (*Harn2*) bexiga *f*, (*Gallen2*) vesícula *f*; ⚗ abóbora *f*; alambique *m*, cucúrbita *f*; *Geol.* geode *m*; *pl.* **~n** *werfen* borbulhar; **~balg** *m* (*-es*; *⸗e*) fole *m*; *den* ~ *ziehen* tanger os foles.

'blasen ['bla:zən] (*L*) soprar; ♪ (*a. auf dat.*) tocar (*ac.*); **2...**: *in Zssg(n)* ⚕ vesical; **2entzündung** *f* cistite *f*; **2pflaster** *n* vesicatório *m*, vesicante *m*; **2stein** *m* (*-es*; *-e*) cálculo *m* vesical.

'Bläser ['blɛ:zər] *m* soprador *m*; ♪ tocador *m* (de um instrumento de sopro [*'ô]); ♪ sopro (*'ô) *m*.

bla'siert [bla'zi:rt] snobe; **2heit** *f* (*0*) snobismo *m*.

'blasig ['bla:ziç] bolhoso.

'Blas|instrument ['bla:s-] *n* (*-es*; *-e*) instrumento *m* de sopro (*'ô); **~rohr** *n* (*-es*; *-e*) zarabatena *f*, maçarico *m*.

blaß [blas] pálido; ~ *werden* empalidecer.

'Blässe ['blɛsə] *f* (*0*) palidez *f*.

Blatt *n* (-*ẹs*; ⸗*er*, *als Maß im pl. uv.*) folha (*ô) *f*; (*Zeitung*) jornal *m*, periódico *m*; (*Ruder*♀) leme *f*; *fig. kein* ~ *vor den Mund nehmen* não ter papas na língua; ♪ *vom* ~ à primeira vista; *das* ~ *hat sich gewendet* as coisas mudaram; *auf e-m anderen* ~ *stehen* ser outra coisa; '~**ansatz** *m* (-*es*; ⸗*e*) estípula *f*.

'**Blatter** ['blatər] ⚕ *f* (-; -*n*) bexiga *f*; *pl. a.* varíola *f/sg*.

'**Blätter|magen** ['blɛtər-] *m* folhoso *m*; ♀**n** (-*re*) folhear (*in* et. a.c.).

'**Blatternarb|e** *f* sinal *m* de bexiga, varíola *f*; ♀**ig** bexigoso.

'**Blätterteig** *m* (-*ẹs*; -*e*) massa *f* folhada.

'**Blatt|gold** *n* (-*ẹs*; *0*) ouro *m* em folhas; ~**grün** *n* (-*s*; *0*) clorofila *f*; ~**laus** *f* (-; ⸗*e*) pulgão *m*; ♀**los** desfolhado; ~**pflanze** *f* planta *f*; ~**stiel** *m* (-*ẹs*; -*e*) pé *m*, pecíolo *m*; ♀**weise** por folha (*ô).

blau [blau] **1.** *adj.* azul; *Auge* (*geschwollen*): negro; F (*betrunken*) borracho; ~*er Fleck m* negra *f*; ~ *machen* não trabalhar; *j-m* ~*en Dunst vormachen* pregar uma peta a alg.; *mit e-m* ~*en Auge davonkommen* escapar por um triz; **2.** ♀ *n* (-*s*; *0*) azul *m*; *ins* ~*e hinein* à toa; *das* ~*e vom Himmel herunterlügen* mentir que é uma beleza; '~**äugig** ['-ɔygiç] zarco, de olhos azuis; '♀**bart** *m* (-*ẹs*; ⸗*e*) barba-azul *m*; ♀**beere** *f* aixela *f*; ♀**buch** *n* (-*ẹs*; ⸗*er*) livro *m* azul.

'**Bläue** ['blɔyə] *f* (*0*) azul *m*.

'**Blau|fuchs** *m* (-*es*; ⸗*e*) raposa *f* azul; ♀**gefroren** roxo de frio; ♀**grau** azul acinzentado; ♀**grün** verde azulado; ~**kehlchen** ['-ke:lçən] *n* pisco *m* de peito azul.

'**bläulich** ['blɔyliç] azulado; ⚕ lívido.

'**Blau|meise** *f* chapim *m* azulado; ~**pause** *f* cianotipia *f*; ~**säure** *f* (*0*) ácido *m* prússico; ~**stift** *m* (-*ẹs*; -*e*) lápis *m* de tinta; ~**strumpf** *m* (-*ẹs*; ⸗*e*) sabichona *f*; pedante *f*; ~**sucht** *f* (*0*) cianose *f*.

Blech [blɛç] *n* (-*ẹs*; -*e*) lata *f*; chapa *f* de ferro; (*Weiß*♀) folha-de-flandres (*ô) *f*; *fig.* F disparate(s *pl.*) *m*; '~**büchse** *f*, '~**dose** *f* lata *f*; '♀**en** F pagar (o pato *od.* a patente); '♀**ern** de lata; '~**geschirr** *n* (-*ẹs*; -*e*) louça *f* de (folha de) lata; '~-**instrument** *n* (-*ẹs*; -*e*) instrumento *m* de metal; '~**musik** *f* (*0*) charanga *f*; '~**schmied** *m* (-*ẹs*; -*e*) latoeiro *m*, funileiro *m*; '~**walzwerk** *n* (-*ẹs*; -*e*) laminador *m* de folhas.

'**blecken** ['blɛkən] mostrar os dentes.

Blei [blaɪ] **a)** *n* (-*ẹs*; -*e*) chumbo *m*; **b)** *m* (-*ẹs*; -*e*) *Zool.* brema *f*; (~*stift*) lápis *m*.

'**Bleib|e** ['blaɪbə] F *f* alojamento *m*; ♀**en** (*L*; *sn*) *v/i.* ficar; (*a. übrig*~) restar; (*sich aufhalten, aus*~) demorar(-se), (*weiter*~) permanecer, continuar; *poet.* (*sterben*) não voltar; (*beharren*) insistir (*bei* em; *dabei, daß* em que); *bei der Sache, der Wahrheit* ~ não se afastar de; *j-m vom Halse* ~ deixar alg. em paz; *am Leben* ~ sobreviver; *es bleibt dabei* fica combinado, fica assente, ficamos nisso; *wo* ~ *Sie denn so lange?* então, nunca mais vem?; ♀**end** *adj.* permanente, constante, duradouro.

bleich [blaɪç] pálido; '♀**e** *f* coradouro *m*; (*Prozeß*) cora *f*; '~**en** *v/t.* (*v/i.* [*L*; *sn*]) corar, branquear; *Farben*: desbotar; *Haare*: aclarar, embranquecer; ♀**e'rei** [-ə'raɪ] *f* branquearia *f*; '♀**mittel** *n* corante *m*; '♀**prozeß** *m* (-*sses*; -*sse*) cora *f*; '♀**sucht** *f* (*0*) anemia *f*, clorose *f*; '~**süchtig** anémico; '♀**verfahren** *n* cora *f*.

'**blei|ern** de chumbo; ~**farben**, ~**farbig** plúmbeo; ♀**gießer** *m* chumbeiro *m*; ♀**glanz** *m* (-*es*; *0*) galena *f*; ~**haltig** ['-haltiç] plumífero; ♀**stift** *m* (-*ẹs*; -*e*) lápis *m*; ♀**vergiftung** *f* saturnismo *m*; ♀**weiß** *n* (-; *0*) alvaiade *m*, cerusa *f*; ♀**zucker** *m* (-*s*; *0*) açúcar *m* de chumbo, acetato *m*.

'**Blend|e** ['blɛndə] *f* mira *f*; ⚒ blenda *f*; *Phot.*: diafragma *m*; ♀**en** (-*e*-) cegar; *vorübergehend*: encandear; assombrar; ofuscar; deslumbrar, *fig. a.* deitar poeira nos olhos dos outros; ♀**end** *adj.* brilhante, deslumbrante; ~**ling** *m* (-*s*; -*e*) bastardo *m*; ~**ung** *f* privação *f* da vista; deslumbramento *m* (*a. fig.*); ~**werk** *n* (-*ẹs*; -*e*) ilusão *f*, fantasmagoria *f*; poeira *f* (deitada aos olhos dos outros).

Blick *m* (-*ẹs*; -*e*) olhar *m* (*werfen* lançar); (*Aussicht*) vista *f*; *auf den ersten* ~ à primeira vista; *so weit* der ~ *reicht* a perder de vista; '**2en** olhar; mirar; *sich ~ lassen* aparecer; *tief ~ lassen* dar muito que pensar; *zu Boden ~* pôr os olhos no chão; '**~feld** *n* (*-es;-er*) campo *m* visual; '**~punkt** *m* (*-es*; *-e*) ponto *m* de mira.

blind [blint] cego (*auf dat.* de); *Glas*: baço; (*schmutzig*) sujo; ⚠ postiço; *Alarm*: falso; *Passagier*: clandestino; '**2darm(entzündung** *f*) *m* (*-es*; *⸗e*) apêndice *m* (apendicite *f*).

'**Blinde(r** *m*) *m u. f* cego *m*, mulher *f* cega; **~-kuh(spiel** *n* [*-es*; *-e*]) *f* (*0*) jogo (*'ô) *m* da cabra cega.

'**Blinden|anstalt** *f*, **~heim** *n* (*-es*; *-e*) asilo *m* de cegos; **~schrift** *f* (*0*) escrita *f* em relevo.

'**Blind|flug** *m* (*-es*; *⸗e*) voo *m* sem visibilidade, voo *m* às cegas; **~gänger** ['-gɛŋər] *m* ⚔ (bomba *f*) não deflagrada; **2geboren** cego de nascimento; **~heit** *f* (*0*) cegueira *f*; *mit ~ schlagen* cegar; **2lings** ['-liŋks] às cegas; **~schleiche** ['-ʃlaɪçə] *f* cobrelo *m*, licranço *m*.

'**blink|en** ['bliŋkən] reluzir; cintilar; fazer sinais luminosos; *Auto*: piscar; **2feuer** *n* fogos *m/pl.* falsos; farol *m* de luz intermitente; **2-zeichen** *n* sinal *m* luminoso.

'**blinzeln** ['blintsəln] (*-le*) pestanejar; piscar os olhos.

Blitz [blits] *m* (*-es*; *-e*) relâmpago *m*; (*~strahl*) raio *m*; '**~-ableiter** *m* pára-raios *m*; '**2-artig** fulminante; como um raio; '**2blank** (*0*) resplandescente; muito limpo; '**2en** (*-t*) relampejar; *fig.* fulminar; '**~krieg** *m* (*-es*; *-e*) guerra-relâmpago *f*; '**~licht** *n* (*-es*; *-er*) «flash» *m* (*engl.*); '**~-licht-aufnahme** *f* «flash» *m*; '**~schlag** *m* (*-es*; *⸗e*) raio *m*; '**2-schnell** (*0*) como um raio; '**~schutz** *m* (*-es*; *0*) pára-raios *m*; '**~strahl** *m* (*-es*; *-en*) raio *m*.

Block [ɔ] *m* (*-es*; *⸗e u. -s*) bloco *m*; (*Holz2*) cepo *m*; (*Häuser2*) bairro *m*; (*Straf2*) canga *f*; **~'ade** [-'a:də] *f* bloqueio *m*; '**~-haus** *n* (*-es*; *⸗er*) casa *f* de madeira; ⚔ fortim *m*; **2'ieren** (-) bloquear; '**~kondensator** *m* (*-s*; *-en*) condensador *m* fixo; '**~konstruktion** *f*: *in ~* feito de uma peça única; '**~rolle** *f* polé *f*; ⚓ moitão *m*; '**~s-berg** *m* (*-es*; *0*) monte *m* das bruxas; '**~stelle** *f* 🚂 posto (*'ô) *m* de sinais.

'**blöd|e** ['blø:də] imbecil; estúpido; (*schüchtern*) tímido; **2igkeit** *f* (*0*) estupidez *f*, imbecilidade *f*; timidez *f*; **2sinn** *m* (*-s*; *0*) idiotice *f*; estupidez *f*; imbecilidade *f*; F disparate(s *m/pl.*) *m*; **~sinnig** idiota, imbecil, parvo; F disparatado.

'**blöken** ['blø:kən] *v/i. Kalb*: berrar; *Rind*: mugir; *Schaf*: balar.

blond [blɔnt], '**~-haarig** louro; **2'ine** [-'di:nə] *f* loura *f*.

bloß [o:] **1.** *adj.* nu, despido; (*nur*) mero; *mit ~en Füßen* descalço; *mit ~em Auge* a olho nu, à vista desarmada; *mit ~em Kopfe* descoberto; **2.** *adv.* meramente, sòmente; apenas.

'**Blöße** ['bløsə] *f* nudez *f*; *fig.* ponto *m* fraco; *sich e-e ~ geben* descobrir-se; *sich keine ~ geben* não dar o braço a torcer.

'**bloß|legen** descobrir; **~liegen** (*L*) estar descoberto; **~stellen** *fig.* expor; comprometer.

Bluff [blœf] *m* (*-s*; *-s*) atoarda *f*; logro *m*; *blefe *m*; '**2en** *v/t.* entrujar, lograr, **a.* blefar.

'**blühen** ['bly:ən] **1.** *v/i.* estar em flor, florescer, *fig. a.* prosperar; **2.** 2 *n* florescência *f*; prosperidade *f*; **~d** *adj.* florescente, próspero; em flor.

'**Blume** ['blu:mə] *f* flor *f*; *Wein*: aroma *m*, *Bier*: espuma *f*; *fig. durch die ~* discretamente, veladamente.

'**Blumen|beet** *n* (*-es*; *-e*) canteiro *m*; **~blatt** *n* (*-es*; *⸗er*) pétala *f*; **~brett** *n* (*-es*; *-er*) jardineira *f*; **~gewinde** *n* grinalda *f*, festão *m*; **~händler(in** *f*) *m* florista *m/f*; **~kohl** *m* (*-es*; *0*) couve-flor *f*; **~mädchen** *n* florista *f*; **~ständer** *m* = *~brett*; **~stengel** *m* pé *m*, talo *m*; **~strauß** *m* (*-es*; *⸗e*) ramalhete *m*; ramo *m* de flores; **~topf** *m* (*-es*; *⸗e*) vaso *m* para flores; **~vase** *f* floreira *f*; **~zucht** *f* (*0*) floricultura *f*; **~züchter** *m* floricultor *m*; **~zwiebel** *f* (*-*; *-n*) bolbo *m*.

'**blumig** ['blu:miç] florido; *Wein*: aromático.

'**Bluse** ['blu:zə] *f* blusa *f*.

Blut [u:] *n* (*-es*; *0*) sangue *m* (*auswerfen, spucken* deitar, expe(c)torar; *zum Stocken bringen* estancar); *böses ~ machen* causar grande irritação; '**~ader** *f* veia *f*; '**~andrang** *m* (*-es*; *0*) congestão *f*; '**2arm** (*0*) anémico; *fig.* pobríssimo; '**~armut**

f (*0*) anemia *f*; '~-**ausstrich** ⚕ *m* (-*es*; *0*) esfregaço *m*; '~**bad** *n* (-*es*; *0*) carnificina *f*, matança *f* (*anrichten* fazer); '~**bahn** *f* circulação *f* de sangue; '**2befleckt** ['-bəflɛkt] ensanguentado; '~**bild** *n* (-*es*; -*er*) fórmula *f* do sangue; '**2bildend** regenerador do sangue; tónico; '~**druck** *m* (-*es*; *0*) tensão *f* arterial; '**2dürstig** ['-dyrstiç] sanguinário, feroz.

'**Blüte** ['bly:tə] *f* flor(escência) *f*; *in* ~ *stehen* estar em flor(escência).

'**Blut|egel** *m* sanguessuga *f*, P ventosa *f*; ~**eiweiß** *n* (-*es*; *0*) albumina *f* do sangue.

'**bluten** ['blu:tən] (-*e*-) deitar sangue; sangrar.

'**Blüten|blatt** *n* (-*es*; ⸚*er*) ['bly:tən-] pétala *f*; ~**knospe** *f* gomo *m* floral, botão *m*; ~**stand** *m* (-*es*; ⸚*e*) inflorescência *f*; ~**staub** *m* (-*es*; *0*) pólen *m*.

'**Blut|er** *m* hemófilo *m*; ~-**erguß** *m* (-*sses*; ⸚*sse*) efusão *f* de sangue; ~**erkrankheit** *f* (*0*) hemofilia *f*.

'**Blütezeit** *f* florescência *f*; *fig.* apogeu *m*; século *m* de ouro.

'**Blut|fluß** *m* (-*sses*; ⸚*sse*) hemorragia *f*; ~**gefäß** *n* (-*es*; -*e*) vaso *m* sanguíneo; ~**gericht** *n* (-*es*; -*e*) tribunal *m* de morte; ~**gerinnsel** *n* embolia *f*; ~**gerinnung** *f* (*0*) coagulação *f* de sangue; ~**hochzeit** *f* (*0*): *Pariser* ~ matança *f* da noite de S. Bartolomeu; ~**hund** *m* (-*es*; -*e*) braço *m*; ~**husten** *m* (-*s*; *0*) hemoptisa *f*; **2ig** sangrento; ensanguentado; **2jung** (*0*)novíssimo; ~**körperchen** [-çən] *n* glóbulo *m* de sangue; *rotes* ~ hemoglobina *f*; *weißes* ~ leucócito *m*; ~**kreislauf** *m* (-*es*; *0*) circulação *f* de sangue; ~**kuchen** *m* grumo *m*, posta *f* de sangue; **2leer** exangue; ~**leere** *f* (*0*), ~**mangel** *m* (-*s*; *0*) anemia *f*; ~**probe** *f* análise *f* de sangue; ⚖ prova *f* de sangue; ~**rache** *f* (*0*) vingança *f* de morte; **2reinigend** (~*es Mittel*) depurativo (*m*); ~**reinigung** *f* (*0*) depuração *f* de sangue; **2rot** (*0*) encarnado; **2rünstig** ['-rynstiç] sangrento; *fig.* sanguinário; ~**sauger** *m* sanguessuga *m*; *fig.* vampiro *m*; ~**schande** *f* (*0*) incesto *m*; ~**schänder** *m* ['-ʃɛndər], **2schänderisch** incestuoso; ~**schuld** *f* (*0*) homicídio *m*; ~**senkung** *f* sedimentação *f* do sangue; ~**spender** *m* dador *m* de sangue; **2stillend** (~*es Mittel*) hemostático (*m*); ~**sturz** *m* (-*es*; *0*) hemorragia *f*, hemoptise *f*; **2s-verwandt** consanguíneo; ~**s-verwandtschaft** *f* consanguineidade *f*; ~**tat** *f* assassínio *m*; ~**übertragung** *f* transfusão *f* de sangue; ~**ung** *f* perda *f* de sangue; hemorragia *f*; **2unterlaufen** vermelho; ~**vergießen** *n* derramamento *m* de sangue; ~**vergiftung** *f* septicémia *f*; ~**wasser** *n* (-*s*; *0*) linfa *f*, soro *m*; serosidade *f*; ~**wurst** *f* (-; ⸚*e*) morcela *f*; ~**zeuge** *m* (-*n*) mártir *m*.

b-Moll *n* (-; *0*) si *m* bémol minor.

Bö [ø:] *f* rajada *f*, golpe *m* de vento.

'**Boa** ['bo:a] *f* (-; -*s*) boa *f*.

'**Bobschlitten** ['bɔp-] *m* «tobogan» *m*.

Bock [ɔ] *m* (-*es*; ⸚*e*) bode *m*, carneiro *m*; (*Holz*2) cavalete *m*; (*Kutscher*2) boleia *m*; *fig.* (*Fehler*) estenderete *m* (*schießen* fazer, dar); (*Trotz*) teimosia *f*; '2(**bein**)**ig** teimoso; '**2en** *Zool.* estar com o cio; *fig.* ser teimoso; '~**s-horn** *n* (-*es*; ⸚*er*) corno (*'ô) *m* de bode; *ins* ~ *jagen* intimidar; meter medo a; '~**springen** *n* (jogo [*'ô] *m* do) eixo *m*; '~**sprung** *m* (-*es*; ⸚*e*) capriola *f*, pulo *m*; *Turnen*: (salto *m* do) eixo *m*; '~**wurst** *f* (-; ⸚*e*) salchicha *f*.

'**Boden** ['bo:dən] *m* (-*s*; ⸚) solo *m*, terra *f*; chão *m*, (*Fuß*2) *a.* soalho *m*, sobrado *m*; (~*art*) terreno *m*; (*Dach*2) sótão *m*, desvão *m*; águas-furtadas *f*/*pl.*; (*Grund*) fundo *m*; ⚠ pavimento *m*; (*Grundlage*) base *f*; *zu* ~ *blicken* pôr os olhos no chão; *zu* ~ *werfen* deitar abaixo, derrubar; *zu* ~ *gehen Boxer*, (*den*) ~ (*unter den Füßen*) *verlieren* perder pé, perder terreno; (*an*) ~ *gewinnen* ganhar terreno; ✈ *sich vom* ~ *heben* descolar-se; *in Grund und* ~ radicalmente; *sich in Grund und* ~ *schämen* ter muita vergonha; ~-**abwehr** ⚔ *f* (*0*) defesa *f* antiaérea; ~**beschaffenheit** *f* (*0*) natureza *f* do solo; ~-**erhebung** *f* elevação *f* do terreno; eminência *f*; ~-**ertrag** *m* (-*es*; ⸚*e*) (~-**erzeugnis** *n* [-*ses*; -*se*]) produção *f* (produto *m*) agrícola; ~**fenster** *n* trapeira *f*; ~**kammer** *f* sótão *m*, desvão *m*; ~**kredit** *m* (-*es*; -*e*) crédito *m* hipotecário; ~**kredit-anstalt** *f*, ~**kredit-bank** *f* Banco *m* hipotecário; **2los** sem fundo; (*tief*) *a.* insondável; *fig.* espantoso; **~reform** *f* reforma *f* agrária; **~satz** *m* (-*es*; *0*) borra *f*, pé *m*; **~schätze** [-ʃɛtsə] *m/pl.* riquezas *f/pl.* do solo; **~senke** *f* depressão *f* (do terreno); **~senkung** *f* abatimento *m*; **~spekulation** *f* especulação *f* em terrenos; **2ständig** autóctono; popular; regional; nacional; **~ventil** *n* (-*s*; -*e*) válvula *f* de pé (*od.* de fundo).

'**Bogen** ['bo:gən] *m* (-*s*; - *od.* ⁼) arco *m*; (*Biegung*) curva *f*; (*Krümmung*) contorno (*'ô) *m*; (*Brücken*2) vão *m*; (*Papier*) folha (*'ô) *f*; (*Spitz*2) ogiva *f*; (*Sattel*2) arção *m*; **~brücke** *f* ponte *f* de arcos; **2förmig** arqueado; abobadado; (*spitz~*) ogival; **~dach** *n* (-*es*; ⁼*er*) abóbada *f*; **~gang** *m* (-*es*; ⁼*e*) arcada *f*; *im Ohr*: conduto *m* auditivo; **~gewölbe** *n* abóbada *f* arqueada; **~-halle** *f* pórtico *m*; **~-lampe** *f* lâmpada *f* de arco; **~licht** *n* (-*es*; *0*) luz *f* de arco; **~schießen** *n* tiro *m* de arco, setada *f*; **~schluß** *m* (-*sses*; ⁼*sse*) chave *f* de abóbada; **~schütze** *m* (-*n*) besterro *m*.

'**Bohl|e** ['bo:lə] *f* pranchão *m*, madeiro *m*; **2en** solhar, forrar de tábuas.

'**Böhm|e** ['bø:mə] *m* (-*n*), (**~in** *f*), **2isch** boémio *m* (-a *f*); *das sind ihm böhmische Dörfer* para ele é grego.

'**Bohne** ['bo:nə] *f* feijão *m*; *grüne ~n pl.* feijão *sg.* verde; (*Kaffee*2) grão *m* de café; (*Pferde*2, *Sau*2) fava *f*; *blaue ~* ⚔ P bala *f*; **~nkaffee** *m* (-*s*; *0*) café *m* puro; **~nkraut** *n* (-*es*; *0*) segurelha *f*; **~nstange** *f* vara *f*, rama *f*; *fig.* trangalhadanças *su.*; **~nstroh** *n* (-*s*; *0*) palha *f* de favas; *fig. dumm wie ~* estúpido.

'**Bohner|maschine** *f* enceradora *f*; **2n** (-*re*) encerar; **~wachs** *n* (-*es*; -*e*) cera *f*.

'**Bohr|arbeit** [o:] *f* furagem *f*; **2en** furar, brocar; *in* (*ac.*) *hinein~* cravar; *in den Grund ~* ⚓ meter a pique; ⚒ sondar; **~er** *m* verruma *f*, broca *f*; (*Arbeiter*) furador *m*; **~lehre** *f* calibre *m* de perfuração; **~loch** *n* (-*es*; ⁼*er*) furo *m*, buraco *m*; ⚒ barreno *m*; *Petroleum*: poço *m* petrolífero; **~maschine** *f* máquina *f* de furar (*od. zum Ausbohren*: de escarear; *zum Durchbohren*: de perfurar); **~turm** *m* (-*es*; ⁼*e*) torre (*ô) *f* de perfuração; poço *m* petrolífero; **~ung** *f* furagem *f*; brocagem *f*; perfuração *f*; (*Erd*2) sondagem *f*; **~werk** *n* (-*es*; -*e*) máquina *f* de furar; **~winde** *f* arco *m* de pua; **~wurm** *m* (-*es*; ⁼*er*) broma *f*.

'**böig** ['bø:iç] às rajadas, forte e violento.

'**Boje** ['bo:jə] *f* bóia *f*, baliza *f*.

'**Böller** ['bœlər] *m* morteiro *m*.

'**Bollwerk** [ɔ] *n* (-*es*; -*e*) baluarte *m*, bastião *m*.

Bolsche'wis|mus [bɔlʃə'vismus] *m* (-; *0*) bolchevismo *m*; **~t(in** *f*) *m* (-*en*), **2tisch** bolchevista.

'**Bolzen** ['bɔltsən] *m* frecha *f*, dardo *m*, perno *m*, pino *m*, cavilha *f*, seta *f*.

Bombard|e'ment [bɔmbardə'maŋ] *n* (-*s*; -*s*) bombardeamento *m*; **2'ieren** (-) bombardear.

bom'bastisch [bɔm'bastiʃ] bombástico.

'**Bombe** ['bɔmbə] *f* bomba *f* (*abwerfen* lançar); *pl. mit ~n belegen, bewerfen* bombardear.

'**Bomben|abwurf** *m* (-*es*; ⁼*e*) lançamento *m* de bombas; **~anschlag** *m* (-*es*; ⁼*e*), **~attentat** *n* (-*es*; -*e*) atentado *m* terrorista; **~erfolg** F *m* (-*es*; -*e*) éxito *m* retumbante; **2sicher** (*0*) à prova de bomba; F *adv.* absolutamente; **~flugzeug** *n* (-*es*; -*e*) = *Bomber*.

'**Bomber** ['bɔmbər] *m* bombardeiro *m*, avião *m* de bombardeamento.

Bon [bɔŋ] *m* (-*s*; -*s*) bónus *m*; **~'bon** *m u. n* (-*s*; -*s*) rebuçado *m*.

'**Bonze** ['bɔntsə] *m* (-*n*) bonzo *m*.

Boot [o:] *n* (-*es*; -*e*) barco *m*; batel *m*; (*Motor*2) (lancha *f* de) gasolina *f*.

'**Boots|fahrt** *f* passeio *m* de barco; **~führer** *m*, **~mann** *m* (-*es*; -*leute*) barqueiro *m*; contra-mestre *m*; **~-rennen** *n* regata *f*; **~verleih** *m* (-*es*; -*e*) aluguer *m* de barcos.

'**Borax** ['bo:raks] *m* (-*es*; *0*) borato *m* de sódio.

Bord [bɔrt]: **a**) *m* (-*es*; -*e*) ⚓ bordo *m* (*an* a); (*Reling*) balustrada *f*; *an ~ gehen* embarcar; *von ~ gehen* desembarcar; *Mann über ~!* homem à água!; *fig. über ~ werfen* desembaraçar-se de; **b**) *n* (-*es*; -*e*) (*Bücherbrett*) estante *f*; (*Küchenbrett*) prateleira *f*.

Bor'dell [bɔr'dɛl] *n* (-*s*; -*e*) bordel *m*, lupanar *m*.

'**Bord|funker** *m* (radio)telegrafista

m; **~monteur** *m* (*-s*; *-e*) mecânico *m*; **~schwelle** *f* limiar *m*, soleira *f*; **~wand** *f* (-; *¨e*) costado *m*, *Wagen*: taipal *m*.

Borg [bɔrk] *m* (*-es*; *0*): *auf ~* a crédito; emprestado *m*; '**2en** ['-gən] *j-m*: emprestar a; *sich* (*dat.*) et. ~ pedir a.c. emprestado a.

'**Borke** ['bɔrkə] *f* cortiça *f*, casca *f*.

Born [ɔ] *m* (*-es*; *-e*) fonte *f*.

bor'niert [bɔr'ni:rt] tapado; **2heit** *f* (*0*) pouca inteligência *f*.

'**Borretsch** ['bɔrɛtʃ] *m* (*-es*; *0*) borragem *f*.

'**Bor|salbe** [o:] *f* (*0*) pomada *f* bórica; **~säure** *f* (*0*) ácido *m* bórico.

'**Börs|e** ['bœrsə] *f* bolsa *f*; **~en...**: *in Zssg(n) meist* de Bolsa, da Bolsa; **~enbericht** *m* (*-es*; *-e*) *a.* notícias *f/pl.* financeiras; **2enfähig, 2engängig** cotizável; **~enmakler** *m a.* agente *m* de câmbio; **~enspekulant** *m* (*-en*) agiota *m*; **~enwucher** *m* (*-s*; *0*) agiotagem *f*.

'**Borst|e** ['bɔrstə] *f* cerda *f*; **~enbesen** *m* vassoura *f* de sedas; **~enpinsel** *m* brocha *f*; **2ig** cerdoso, hirsuto, eriçado; *fig.* arisco.

Bort [ɔ] *n* (*-es*; *-e*) (*Bücher2*) estante *f*; (*Küchen2*) prateleira *f*; '**~e** ['-ə] *f* debrum *m*; (*Tresse*) galão *m*; (*Franse*) franja *f*.

'**Borwasser** [o:] *n* (*-s*; *0*) água *f* bórica.

'**bösartig** ['bø:s-] maligno (*a.* ⚕), mau; **2keit** *f* maldade *f*, malignidade *f* (*a.* ⚕).

'**Böschung** ['bœʃuŋ] *f* declive *m*; *steile*: talude *m*; escarpa *f*.

'**böse** ['bø:zə] **1.** *adj.* mau; (*ärgerlich*) zangado (*auf ac.* com); *~ machen* zangar; **2.** *adv.* mal; *ich habe es nicht ~ gemeint* não foi por mal; *es ist nicht ~ gemeint* não é por mal; **2** *m* (*-n*) *fig.* diabo *m*; = **2wicht** *m* (*-es*; *-e od. -er*) malvado *m*.

'**bos|haft** ['bo:s-] malicioso, mau; **2h(aftigk)eit** *f* maldade *f*, malícia *f*.

'**böswillig** ['bø:s-] malévolo; **2keit** *f* má fé *f*, perfídia *f*.

Botan|ik [bo'ta:nik] *f* (*0*) botânica *f*; **~iker** *m*, **2isch** botânico (*m*).

'**Bot|e** ['bo:tə] *m* (*-n*) mensageiro *m*, emissário *m*; *für Gänge*: moço *m* de recados, recadista *m*; **~enfrau** *f* recadeira *f*; **~engang** *m* (*-es*; *¨e*) recado *m*; **~enlohn** *m* (*-es*; *0*) gratificação *f*; **2mäßig** tributário; **~mäßigkeit** *f* tutela *f*; *unter s-e ~ bringen* sujeitar; avassalar; **~schaft** *f* mensagem *f*; recado *m*; *Pol.* embaixada *f* (*deutsche* da Alemanha); **~schafter(in** *f*) *m* mensageiro(-a *f*) *m*; *Pol.* embaixador *m* (embaixatriz *f*); **~schafts...**: *in Zssg(n)* de embaixada.

'**Böttcher** ['bœtçər] *m* tanoeiro *m*; **~'ei** *f* tanoaria *f*.

'**Bottich** ['bɔtiç] *m* (*-es*; *-e*) cuba *f*, tina *f*.

Bouil'lon [bul'jɔŋ] *f* (-; *-s*) caldo *m*; (*Hühner2*) canja *f*; **~würfel** *m* cubo *m* de caldo.

'**Bowle** ['bo:lə] *f* «cup» *m* (*engl.*).

'**box|en** ['bɔksən] **1.** *v/i.* (*-t*) jogar o «box»; **2. 2en** *n* pugilismo *m*; **2er** *m* pugilista *m*; **2handschuh** *m* (*-es*; *-e*) cesto *m*; **2kampf** *m* (*-es*; *¨e*) pugilato *m*; **2sport** *m* (*-es*; *0*) pugilismo *m*; «box» *m* (*engl.*).

Boy'kott [bɔy'kɔt] *m* (*-es*; *-e*) boicotagem *f*; **2'ieren** (-) boicotear.

brach [bra:x] inculto, baldio; '**2e** ['-ə] *f*, '**2feld** *n* (*-es*; *-er*), '**2land** *n* (*-es*; *0*) baldio *m*, terra *f* de alqueive, pousio *m*; '**~liegen** (*L*) alqueivar, barbechar; *dauernd*: estar ermo; *a. fig.* ficar improdutivo; '**2vogel** *m* (*-s*; *¨*) tarambola *f*.

'**brack|ig** ['brakiç] salobre; **2wasser** *n* água *f* salobre.

'**Bramsegel** ['bra:m-] *n* vela *f* de joanete.

'**Branche** ['bra:ŋʃə] *f* ramo *m*.

Brand [brant] *m* (*-es*; *¨e*) incêndio *m*; ⚕ gangrena *f*; ⚘ alforra *f*, mela *f*, mangra *f*; F (*Durst*) sede *f* ardente; *in ~ geraten* incendiar-se; *in ~ stekken* incendiar, deitar (*od.* pôr *od.* lançar) fogo a; '**~blase** *f* empola *f* (de queimadura); '**~bombe** *f* bomba *f* incendiária; '**2en** ['brandən] (*-e-*) bater contra, quebrar-se; '**~fackel** *f* brandão *m*; '**~fleck** *m* (*-es*; *-e*) queimadura *f*; '**~geruch** *m* (*-es*; *¨e*) chamusco *m*; '**2ig** ['brandiç] ⚘ mangrado; ⚕ gangrenoso; '**~mal** *n* (*-es*; *-e od. ¨er*) queimadura *f*; *a. fig.* estigma *m*; ferrete *m*; '**~malerei** *f* pirogravura *f*; '**2marken** estigmatizar; '**~mauer** *f* parede *f* mestra; '**~-opfer** *n* holocausto *m*; vítima *f* de um incêndio; '**~rodung** *f* queimada *f*; '**~schaden** *m* (*-s*; *¨*) prejuízo *m* causado por incêndio; '**2schatzen** ['-ʃatsən] (*-t*) impor contribuições a; (*plündern*) saquear; '~**schatzung** ['-ʃatsuŋ] *f* saque *m*; '~**sohle** *f* segunda sola *f*; '~**stätte** *f* lugar *m* do incêndio; '~**stifter** *m* incendiário *m*; *krankhafter*: pirómano *m*; '~**stiftung** *f* fogo *m* posto; '~**ung** ['branduŋ] *f* rebentação *f*; '~**wache** *f* guarda *f* de bombeiros; '~**wunde** *f* queimadura *f*.

'**Branntwein** ['brant-] *m* (-*ẹs*; -*e*) aguardente *f*; ~**brennerei** *f* fábrica *f* de aguardente.

Brasili'an|er(in *f*) *m* [brazili'a:nər], 2**isch** brasileiro (-a *f*) *m*, do Brasil.

Brat... [a:] *in Zssg(n)*: *im Ofen*: assado; *in der Pfanne*: frito.

'**brat|en** ['bra:tən] **1.** (*L*) *v/t. im Ofen*: assar; *in der Pfanne*: fritar; **2.** 2**en** *m* assado *m*; 2**ofen** *m* (-*s*; ⸚) forno *m*; 2**pfanne** *f* sertã *f*, frigideira *f*; 2**rost** *m* (-*ẹs*; -*e*) grelha *f*.

'**Bratsche** ['bra:tʃə] *f* viola *f*.

'**Brat|spieß** *m* (-*es*; -*e*) espeto *m*; ~**wurst** *f* (-; ⸚*e*) salsicha *f* fresca.

Brauch [braux] *m* (-*ẹs*; ⸚*e*) costume *m*, uso *m*; prática *f*; '2**bar** útil; ~ *sn a.* servir; '~**barkeit** *f* (*0*) utilidade *f*; '2**en** *v/t.* (*a. ge*~) (*nötig haben*) precisar de; necessitar (de); carecer de; *man braucht nur zu* (*inf.*) basta (*inf. od.* que *subj.*), é só (*inf.*); '~**tum** *n* (-*s*; ⸚*er*) costumes *m/pl.* (populares), tradições*f/pl.*

'**Brau|e** ['brauə] *f* sobrancelha *f*; 2**en** *Bier*: fabricar, fazer; *Unheil*: tramar; *Nebel*: formar-se; ~**er** *m* fabricante *m* de cerveja; ~**e'rei** [-ə'raɪ] *f*, ~**haus** *n* (-*es*; ⸚*er*) cervejaria *f*; ~**meister** *m* mestre *m* cervejeiro.

braun [braun] castanho; pardo; *Butter*: derretida; *Haut*: moreno, ~*gebrannt*: queimado; *Pferd*: baio; '~**äugig** ['-ɔygiç] de olhos castanhos.

'**Bräun|e** ['brɔynə] *f* (*0*) cor *f* queimada, cor *f* castanha; ⚕ angina *f*; crupe *m*, garrotilho *m*; 2**en** torrar; *Sonne*: queimar; *Kuchen usw.*, *leicht* ~ aloirar; crestar; tostar.

'**Braun|kohle** *f* lignite *f*; ~**stein** *m* (-*ẹs*; *0*) manganés *m*.

'**bräunlich** ['brɔynliç] pardaço, pardacento.

Braus [braus] *m nur in*: *in Saus und* ~ *leben* levar boa vida; ser estroina.

'**Brause** ['brauzə] *f*, ~**bad** *n* (-*ẹs*; ⸚*er*) duche *m*, chuveiro *m*; ~**limonade** *f* gasosa *f*; 2**n** (-*t*) *v/i. Wind*: soprar; *Meer, Sturm*: bramar, rugir; *Ohren*: zunir; ⚗ fermentar, estar em efervescência; ~**n** *n* rugido *m*, bramido *m*, zunido *m*; ~**pulver** *n* magnésia *f* efervescente.

Braut [braut] *f* (-; ⸚*e*) noiva *f*; desposada *f*; '~**bett** *n* (-*ẹs*; -*en*) leito *m* nupcial, tálamo *m*; '~**führer(in** *f*) *m* paraninfo *m* (dama *f* de honor); '~**gemach** *n* (-*ẹs*; ⸚*er*) câmara *f* nupcial.

'**Bräutigam** ['brɔytigam] *m* (-*s*; -*e*) noivo *m*; desposado *m*.

'**Braut|jungfer** *f* dama *f* de honor; ~**kranz** *m* (-*es*; ⸚*e*) coroa *f* nupcial; ~**leute** *pl.* noivos *m/pl.*

'**Braut|nacht** *f* (*0*) noite *f* de núpcias; ~**paar** *n* (-*ẹs*; -*e*) noivos *m/pl.*; ~**schau** *f* (*0*): *auf* ~ *gehen* andar à procura de uma noiva; ~**schleier** *m* véu *m* de noivado; ~**stand** *m* (-*ẹs*; *0*) noivado *m*; ~**werbung** *f* pedido *m* de casamento.

bra|v [bra:f] valente; (*artig*) bom; (*bieder*) honesto; 2'**vour** [-'vu:r] *f* (*0*) brio *m*.

'**Brech|bohne** ['brɛç-] *f* feijão *m* verde; ~**durchfall** *m* (-*ẹs*; ⸚*e*) colerina *f*; ~**eisen** *n* alavanca *f*; 2**en** (*L*) **1.** *v/t.* romper, quebrar; ⚕ fra(c)turar; *sich* (*dat.*) *ein Bein* ~ partir; *die Ehe* ~ cometer adultério; *Flachs*: trilhar; *Gesetz*: violar, infringir; *Herz*: destroçar; *Papier*: dobrar; *Strahlen*: refle(c)tir, refra(c)tar; *Vertrag, Wort*: faltar a; *Widerstand*: vencer; *et. vom Zaune* ~ romper com a.c.; *auf Biegen und* 2 ou vai ou racha; **2.** *v/i.* (*sn*) partir; romper-se; *a. Augen*: quebrar(-se), *Stimme*: *a.* mudar; *Herz*: destroçar-se; *mit j-m* ~ cortar relações com alg., romper com alg.; (*sich er*~) (*haben*) vomitar; ~**mittel** *n* vomitivo *m*, vomitório *m*; ~**reiz** *m* (-*es*; *0*) enjoo *m*, náusea *f*; ~**stange** *f* alavanca *f*; ~**ung** *f Phot.* refra(c)ção *f*.

Brei [braɪ] *m* (-*ẹs*; -*e*) papa(s *f/pl.*) *f*; puré *m*; '2**artig**, '2**ig** pastoso.

breit [braɪt] *m* largo, amplo; *Nase*: chato; *weit und* ~ por toda (*ô) a parte; '~**beinig** ['-baɪniç] com as pernas abertas; '2**e** ['-ə] *f* largura *f*, largo *m*; amplitude *f*; *geogr.* =

ˈ**2en-grad** *m* (-*es*; -*e*) latitude *f*; ˈ**~krempig** [ˈ-krɛmpiç] abado; ˈ**~machen**: *sich* ~ estender-se; *fig. a.* divulgar-se; ˈ**~schlagen** (*L*) achatar; *fig.* persuadir; ˈ**~schult(e)rig** [ˈ-ʃult(ə)riç] de ombros largos; ˈ**2seite** *f* ⚓ costado *m*; ˈ**~spurig** [ˈ-ʃpu:riç] 🚂 de via larga; *sich* ~ *hinstellen* ostentar-se; ˈ**~treten** (*L*) pisar; *fig.* não largar.

ˈ**Brei-umschlag** *m* (-*es*; ⸚*e*) cataplasma *f*; papas *f/pl.*

ˈ**Bremsbelag** [ˈbrɛms-] *m* (-*es*; ⸚*e*) calço *m* (de travão).

ˈ**Brems|e** [ˈbrɛmzə] *f* freio *m*, travão *m*; *Zool.* moscardo *m*; **2en** (-*t*) travar; **~er** *m* guarda-freio *m*; **~pedal** *n* (-*s*; -*e*) travão *m* de pé; maxila *f* de freio; **~rakete** *f* fogetão *m* de travagem; retrofogetão *m*; **~schuh** *m* (-*es*; -*e*) calço *m* (*od.* pé *m*) de roda; **~stange** *f* alavanca *f* do travão.

ˈ**brenn|bar** [ɛ] combustível; **2eisen** *n* ferro *m* de frisar; cautério *m*; ferrete *m*; **~en** (*L*) **1.** *v/t.* queimar; *Branntwein*: destilar; *Haare*: frisar; *Kaffee*: torrar; *schwarz* ~ esturrar; *Kalk, Ziegel*: cozer; *Kohlen*: fazer, carbonizar; *Wunden*: cauterizar; **2.** *v/i.* (estar a) arder, (*a. heizen*) estar a queimar; pegar fogo; *darauf* ~ *zu* (*inf.*) estar morto por; **3.** 2 *n a. Brennessel*: ferrões *m/pl.*; *Porzellan*: cozedura *f*; **~end** ardente; *fig. a.* palpitante; **2er** *m Gas*: bico *m*; *Branntwein*: destilador *m*; ⊕ incendiário *m*; **2eˈrei** [-əˈraɪ] *f* destilação *f*; **2glas** *n* (-*es*; ⸚*er*) lente *f* ustória; **2holz** *n* (-*es*; ⸚*er*) lenha *f*; **2material** *n* (-*s*; -*ien*) combustível *m*, combustíveis *m/pl.*; **2(n)essel** *f* urtiga *f*; **2öl** *n* (-*es*; -*e*) óleo *m* de queimar; **2punkt** *m* (-*es*; -*e*) foco *m*; **~punktlos** astigmático; **2spiegel** *m* espelho *m* ustório; **2spiritus** *m* (-; *0*) álcool *m* desnaturado; **2stoff** *m* (-*es*; -*e*) *Auto*: gasolina *f*; = *2material*; **2weite** *f Phot.* distância *f* focal.

ˈ**brenzlig** [ˈbrɛntsliç] chamusco; *fig.* melindroso; F bicudo.

ˈ**Bresche** [ˈbrɛʃə] *f* abertura *f*, brecha *f* (*schlagen* fazer, abrir, rachar).

Brett [ɛ] *n* (-*es*; -*er*) tábua *f*, prancha *f*; *im Schrank*: prateleira *f*; (*Schach2*) tabuleiro *m*; (*Tablett*) bandeja *f*; *Schwarzes* ~ quadro *m*; *ein* ~ *vor dem Kopf haben* ser tapado, ser parvo; *bei j-m e-n Stein im* ~ *haben* estar nas boas graças de alg.; ˈ**~er** *n/pl. Schisport*: esquís *m/pl.*; *Thea.*: palco *m/sg.*; ˈ**~ergerüst** *n* (-*es*; -*e*) andaime *m*; ˈ**~spiel** *n* (-*es*; -*e*) jogo *m* de taboleiro.

Breˈvier [breˈvi:r] *n* (-*s*; -*e*) breviário *m*.

ˈ**Brezel** [ˈbre:tsəl] *f* rosquilha *f*.

Brief [bri:f] *m* (-*es*; -*e*) carta *f*; epístola *f*; *Börse* (*Angebot*): papel *m*; ˈ**~-aufschrift** *f* endereço *m*, dire(c)ção *f*; ˈ**~-ausgabe** *f* distribuição *f* (das cartas); ˈ**~beschwerer** [ˈ-bəʃve:rər] *m* pesa-papel *m*; ˈ**~bogen** *m* folha *f* (de papel de carta); ˈ**~form** *f* forma *f* epistolar; ˈ**~geheimnis** *n* (-*ses*; -*se*) segredo (*ˈê) *m* postal; ˈ**~kasten** *m* (-*s*; ⸚) marco *m* (postal); *privat*: receptáculo *m* postal; ˈ**2lich** por carta; ˈ**~mappe** *f* carteira *f*, pasta *f*; ˈ**~marke** *f* selo *m* postal; estampilha *f*; ˈ**~marken-sammler** *m* filatelista *m*; ˈ**~öffner** [ˈ-œfnər] *m* corta-papel *m*, marcador *m*; ˈ**~ordner** *m* classificador *m* (de correspondência); ˈ**~papier** *n* (-*s*; *0*) papel *m* de carta; ˈ**~post** *f* (*0*) correio *m*; ˈ**~schaften** [ˈ-ʃaftən] *f/pl.* correspondência *f/sg.*; ˈ**~schreiber(in** *f*) *m* autor(a *f*) *m* da carta; remetente *m/f*; *Lit.* epistológrafo (-a *f*) *m*; ˈ**~steller** [ˈ-ʃtɛlər] *m* epistolário *m*, epistoleiro *m*; ˈ**~stil** *m* (-*es*; -*e*) estilo *m* epistolar; ˈ**~tasche** *f* carteira *f*; ˈ**~taube** *f* pombo-correio *m*; ˈ**~träger** *m* carteiro *m*; distribuidor *m* dos correios; ˈ**~umschlag** *m* (-*es*; ⸚*e*) sobrescrito *m*, envelope *m*; ˈ**~verkehr** *m* (-*s*; *0*), ˈ**~wechsel** *m* correspondência *f*; *in* ~ *stehen* corresponder-se; ˈ**~waage** *f* pesa--cartas *m*.

Briˈgade [briˈga:də] *f* brigada *f*; **~general** *m* (-*s*; -*e od.* ⸚*e*) brigadeiro *m*.

Brigg [brik] *f* (-; -*s*) brigue *m*.

Briˈkett [briˈkɛt] *n* (-*es*; -*e od.* -*s*) briquete *m*.

Brilˈlant [brilˈjant] **1.** *m* (-*en*), **2.** 2 *adj.* brilhante (*m*).

ˈ**Brille** [ˈbrilə] *f* óculos *m/pl.*

ˈ**Brillen|futteral** *n* (-*s*; -*e*) estojo *m* (*od.* caixa *f*) de óculos; **~glas** *n* (-*es*; ⸚*er*) vidro *m* de óculos; **~schlange** *f* cobra *f* (de) capelo; *fig.*

caixa *f* de óculos; **~träger** *m*: *~ sn* usar óculos.

'**bringen** ['briŋən] (*L*) (*her~*) trazer; (*hin~*, *weg~*) levar; (*begleiten*) acompanhar; (*ein~*) render, dar; (*hervor~*) produzir; *Opfer*: fazer; (*fertig~*) conseguir; *es weit ~* chegar longe; *j-n dahin* (*od. dazu*) *~*, *daß* (*od. zu inf.*) conseguir que alg. (*subj.*); abalançar alg. a; levar alg. a; obrigar alg. a; *an den Tag ~* trazer à luz; *j-n auf et.* (*ac.*) *~* sugerir a.c. a alg.; *auf die Seite ~* desviar, pôr de lado; *es auf 70 Jahre ~* chegar à idade de ...; *in Erfahrung ~* chegar a saber; *in Gang ~* pôr a trabalhar; *in Ordnung ~* arranjar; *mit sich ~* trazer consigo, *fig. a.* implicar; *über sich ~ fig.* resolver-se; *j-n um et. ~* fazer perder a.c. a alg.; privar alg. de a.c.; *ums Leben ~* matar; *von der Stelle ~* (re)mover; *fig.* adiantar; *j-n zum Lachen ~* fazer rir a alg.; *es zu et. ~* fazer fortuna, fazer carreira; chegar a ser alg.; fazer-se gente.

'**Brise** ['bri:zə] *f* brisa *f*, viração *f*.

'**Brit|e** ['britə] *m* (*-n*), (**~in** *f*), **2isch** inglês (-esa *f*) *m*; britânico (-a *f*) *m*.

'**bröck|(e)lig** ['brœk(ə)liç] inconsistente; *Mauer*: desmoronadiço; *Gestein*: friável; **~eln** (*-le*) desmoronar-se.

'**Brocken** ['brɔkən] **1.** *m* pedaço *m*; bocado *m*; (*Krume*) migalha *f*; (*Stein*) naco *m*; **2.** **2**: *in* (*ac.*) *~* migar em; **2weise** aos pedaços.

'**brodeln** ['bro:dəln] **1.** *v/i.* (*-le*) borbulhar; fervilhar; **2.** **2** *n* efervescência *f*.

'**Brodem** ['bro:dəm] *m* vapor *m*, fumo *m*; bruma *f*.

Bro'kat [bro'ka:t] *m* (*-ës*; *-e*) brocado *m*.

Brom [o:] *n* (*-s*; *0*) bromo *m*.

'**Brom-beer|e** [ɔ] *f* amora *f* (de silva); **~strauch** *m* (*-ës*; *⸚er*) amoreira *f*.

'**brom|haltig** ['-haltiç] brómico ('ô); **2säure** *f* (*0*) ácido *m* brómico ('ô).

Bronch|i'al-katarrh [brɔnçi'a:l-] *m* (*-s*; *-e*) bronquite *f*; '**~ien** ['-iən] *f/pl.* brônquios *m/pl.*

'**Bronz|e** ['brɔŋsə] *f* bronze *m*; **2e-farben** bronzeado; **2'ieren** (-) bronzear.

'**Brosame** ['bro:za:mə] *f* migalha *f*.

'**Brosch|e** ['brɔʃə] *f* broche *m*; **2'ieren** (-) brochar; **~'üre** [-'ʃy:rə] *f* folheto *m*.

Brot [o:] *n* (*-ës*; *-e*) pão *m*; '**~baum** *m* (*-ës*; *⸚e*) jaqueira *f*; '**~beutel** *m* saco *m* para pão; '**~brei** *m* (*-ës*; *-e*) açorda *f*.

'**Brötchen** ['brø:tçən] *n* pãozinho *m*; *belegtes ~* sanduíche *f*.

'**Brot|erwerb** *m* (*-ës*; *0*) ganha-pão *m*; **~frucht** *f* (-; *⸚e*) jaca *f*; **~getreide** *n* trigo *m*; **~herr** *m* (*-en*) patrão *m*; **~karte** *f* senha *f* de pão, carta *f* de racionamento de pão; **2los** sem pão; *fig.* desempregado; *Kunst*: improdutivo; **~neid** *m* (*-ës*; *0*) inveja *f* professional; **~rinde** *f* côdea *f* de pão; **~schneide-maschine** *f* máquina *f* para cortar pão; **~schnitte** *f* fatia *f* de pão; **~suppe** *f* sopa *f* de pão; açorda *f*; **~teig** *m* (*-ës*; *-e*) massa *f* de pão.

Bruch [brux] **a)** *m* (*-ës*; *⸚e*) rotura *f*; avaria *f*; *Geol.* fra(c)tura *f*; ⚕ (*Knochen2*) fra(c)tura *f*, (*Unterleibs2*) hérnia *f*; *Papier*: dobra *f*; *Zahl*: fra[c]ção *f*; *fig.* ruptura *f*; corte *m*; *e-s Vertrags*: violação *f*; *in die Brüche gehen fig.* partir-se; perder-se; **b)** *m u. n* (*-ës*; *⸚e*) (*Sumpf*) sapal *m*; (*Stein2*) canteira *f*, pedreira *f*; '**~band** *n* (*-ës*; *⸚er*) cinto *m* para hérnias; bragueiro *m*; suspensório *m*.

'**brüchig** ['bryçiç] frágil, quebradiço.

'**Bruch|rechnung** *f* cálculo *m* de fra(c)ções; **~schaden** *m* (*-s*; *⸚*) estragos *m/pl.*; ⚓ avaria *f*; **~stein** *m* (*-ës*; *-e*) pedra *f* bruta, cantaria *f*; **~stück** *n* (*-ës*; *-e*) fragmento *m*; **~teil** *m* (*-ës*; *-e*) fra(c)ção *f*; *im ~ e-r Sekunde* em menos de um segundo.

'**Brücke** ['brykə] *f* ponte *f* (*schlagen* lançar).

'**Brücken|bau** *m* (*-ës*; *-ten*) construção *f* de pontes; **~bogen** *m* arco *m* (*od.* arcada *f*) de ponte; **~geländer** *n* peitoril *m*, parapeito *m*; **~kopf** *m* (*-ës*; *⸚e*) testa *f* de ponte; **~waage** *f* báscula *f*; **~zoll** *m* (*-ës*; *⸚e*) portagem *f*.

'**Bruder** ['bru:dər] *m* (*-s*; *⸚*) irmão *m*; (*bsd.* *) mano *m*; *fig.* confrade *m*; (*Kloster2*) frade *m*; **~krieg** *m* (*-ës*; *-e*) guerra *f* civil (*od.* fratricida).

'**brüderlich** ['bry:dərliç] fraternal; **2keit** *f* (*0*) fraternidade *f*.

'**Bruder|liebe** *f* amor *m* fraternal; **~mord** *m* (-*ẹs*; -*e*) fratricídio *m*; **~mörder(in** *f*) *m*, **2mörderisch** fratricida (*m*/*f*).
'**Brüderschaft** ['bry:dərʃaft] *f* irmandade *f*; *Rel.*: *a.* congregação *f*, confraria *f*.
'**Bruder|volk** *n* (-*ẹs*; ⁼*er*) povo *m* irmão; **~zwist** *m* (-*es*; -*e*) querela *f* entre irmãos.
'**Brüh|e** ['bry:ə] *f* caldo *m*; **2en** escaldar; **2-heiß** (*0*) a ferver; a escaldar; **~kartoffeln** *f*/*pl.* batatas *f*/*pl.* fervidas; **2warm** (*0*) *fig.* como novidade recente; *adv.* *a.* logo.
'**brüllen** ['brylən] *v*/*i.* gritar; bramir; *Kalb*: berrar, *Kind*: *a.* chorar; *Löwe*: rugir; *Rind*: mugir; *Stier*: bramar; *fig.* *a.* vociferar.
'**Brumm|bär** *m* (-*en*), **~bart** *m* (-*ẹs*; ⁼*e*) resmungão *m*; **~baß** *m* (-*sses*; ⁼*sse*) bordão *m*, contrabaixo *m*; **2eln** (-*le*) murmurar entre (os) dentes; **2en** zunir; zumbir; zumbar; *fig.* resmungar; F (*im Gefängnis sn*) estar preso; *in den Bart* ~ = 2*eln*; **~er** *m* *Zool.* moscão *m*, vareja *f*; ♪ bordão *m*; **2ig** resmungão; **~kreisel** *m* pião *m*.
brü'nett [bry'nɛt] moreno; **2e** ['-ə] *f* morena *f*.
Brunft *f* (-; ⁼*e*), '**~zeit** *f* brama *f*; cio *m*; '**2en** (-*e*-) estar no cio.
'**Brunnen** ['brunən] *m* poço *m*; fonte *f*; ⚕ termas *f*/*pl.*, águas *f*/*pl.* (medicinais) (*trinken* tomar as ...); (*Spring*2) repuxo *m*; **~bauer** *m*, **~gräber** *m* poceiro *m*; **~kresse** *f* agrião *m*; **~kur** *f* cura *f* de águas; **~röhre** *f* bica *f*; **~schwengel** *m* cegonha *f*; **~wasser** *n* água *f* de pé (*od.* de fonte); **~winde** *f* cegonha *f*.
Brust *f* (-; ⁼*e*) peito *m*; *weibl.*: *a.* mamas *f*/*pl.*; *fig.* alma *f*, coração *m*; *die* ~ *geben* dar o peito, dar a mamar; *sich in die* ~ *werfen* ufanar-se; '**~bein** *n* (-*ẹs*; *0*) esterno *m*; '**~beklemmung** *f*, '**~beschwerden** *f*/*pl.* asma *f*/*sg.*; angústia *f*/*sg.*; '**~bild** *n* (-*ẹs*; -*er*) meio-corpo *m*; busto *m*; '**~drüse** *f* glândula *f* mamária.
'**brüsten** ['brystən] (-*e*-): *sich* ~ ufanar-se, vangloriar-se (*mit* de).
'**Brust|fell** *n* (-*ẹs*; -*e*) pleura *f*; **~fell-entzündung** *f* pleurisia *f*; **~harnisch** *m* (-*es*; -*e*) couraça *f*; **~höhle** *f* cavidade *f* torácica, cavidade *f* do peito; **~kasten** *m* (-*s*; ⁼), **~korb** *m* (-*ẹs*; ⁼*e*) tórax *m*; **2krank**, **2leidend** doente do peito; tísico; **~schwimmen** *n* (-*s*; *0*) natação *f* de bruços; **~stück** *n* (-*ẹs*; -*e*) peito *m*; **~tasche** *f* bolso (*'ô) *m* interior (*od.* *äußere*: sobre [*ô] o peito); **~tee** *m* (-*s*; -*s*) chá *m* peitoral; **~umfang** *m* (-*ẹs*; *0*) medida *f* de peito; ⚕ perímetro torácico.
'**Brüstung** ['brystuŋ] *f* parapeito *m*.
'**Brust|warze** *f* bico *m* do peito; mamilo *m*; **~wehr** *f* parapeito *m*; **~weite** *f* (*0*) = ~*umfang*.
Brut [u:] *f* ninhada *f*; *Insekten*, *Würmer*: sementes *m*/*pl.*; *fig.* raça *f*; (*Brüten*) incubação *f*, choco (*'ô) *m*; '**~-apparat** *m* (-*ẹs*; -*e*) incubador *m*, chocadeira *f*.
'**brüten** ['bry:tən] (-*e*-) (estar a) chocar; *fig.* meditar, (andar a) cogitar (*über dat.* em), cismar; aboborar (*ac.*); *v*/*t.* *Rache*: tramar.
'**Brut|henne** *f* galinha *f* choca; **~hitze** *f* (*0*) calor *m* infernal; **~ofen** *m* (-*s*; ⁼) incubador *m*, chocadeira *f*; **~schrank** *m* (-*ẹs*; ⁼*e*) estufa *f*; **~stätte** *f* lugar *m* para chocar; ⚕ *u.* *fig.* foco *m*.
'**brutto** ['bruto:] bruto; **2gewicht** *n* (-*ẹs*; -*e*) peso (*ê) *m* bruto; **2register-tonne** *f* tonelada *f* de registro bruto.
'**Brut-zeit** *f* (tempo *m* de) incubação *f*.
'**Bube** ['bu:bə] *m* (-*n*) rapaz *m*, menino *m*; garoto *m*, maroto *m*; (*Schurke*) patife *m*; (*Karte*) valete *m*; **~nstreich** *m* (-*ẹs*; -*e*) velhacaria *f*, patifaria *f*; **~nstück** *n* (-*ẹs*; -*e*) felonia *f*, perfídia *f*.
'**Bubikopf** ['bu:bi:-] *m* (-*ẹs*; ⁼*e*) cabelo *m* cortado curto.
'**bübisch** ['by:biʃ] velhaco.
Buch [bu:x] *n* (-*ẹs*; ⁼*er*) livro *m*; *uv.* ~ *Papier* mão *f* de; ~ *führen über* (*ac.*) registar, escriturar; *wie ein* ~ *reden* falar como um livro aberto, falar que nem um missal; '**~binder** ['-bindər] *m* encadernador *m*; **~binde'rei** *f* encadernação *f*; '**~deckel** *m* capa *f*.
'**Buchdruck** *m* (-*ẹs*; -*e*) impressão *f*; tipografia *f*; **~er** *m* impressor *m*, tipógrafo *m*; **~e'rei** *f* imprensa *f*, tipografia *f*; **~erkunst** *f* (*0*) arte *f* de imprimir, arte *f* da impressão; **~farbe** *f* tinta *f* de impressão; **~presse** *f* prensa *f* tipográfica.

'**Buch|e** ['bu:xə] *f* faia *f*; **~-ecker** ['-ɛkər] *f* (-; -*n*) fruto *m* da faia; **~-einband** *m* (-*es*; *¨e*) encadernação *f*.

'**buchen** ['bu:xən] **1.** assentar, registar; escriturar; lançar, fazer lançamento; **2.** *adj.* de faia; **2wald** *m* (-*es*; *¨er*) faial *m*.

'**Bücher|-abschluß** ['by:çər-] *m* (-*sses*; *¨sse*) balanço *m*; **~brett** *n* (-*es*; -*er*) estante *f*; **~'ei** *f* biblioteca *f*; livraria *f*; **~freund** *m* (-*es*; -*e*) bibliófilo *m*; **~gestell** *n* (-*es*; -*e*) estante *f*; **~liebhaber** *m* bibliófilo *m*; **~narr** *m* (-*en*) bibliómano *m*; **~schrank** *m* (-*es*; *¨e*) estante *f*, biblioteca *f*; **~trödler** *m* alfarrabista *m*; **~verzeichnis** *n* (-*ses*; -*se*) catálogo *m*; **~wart** [-vart] *m* (-*es*; -*e*) bibliotecário *m*; **~weisheit** *f* (*0*) saber *m* teórico; **~wurm** *m* (-*es*; *¨er*) traça *f*; *fig.* bibliómano *m*.

'**Buch|fink** *m* (-*en*) tentilhão *m*; **~führer** *m*, **~-halter** *m* guarda-livros *m*; contabilista *m*; **~führung** *f*, **~-haltung** *f* contabilidade *f*, escrituração *f* mercantil (*einfache* por partidas simples, *doppelte* por partidas dobradas); **~-handel** *m* (-*s*; *0*) comércio *m* de livros; **~-händler** *m* livreiro *m*; **~-handlung** *f*, **~laden** *m* (-*s*; *¨*) livraria *f*; **~macher** *m* *Sport*: totalizador *m*; **2mäßig** livresco; **~rücken** *m* lombada *f*.

'**Buchsbaum** ['buks-] *m* (-*es*; *¨e*) buxo *m*.

'**Büchse** ['byksə] *f* caixa *f*; (*Blech2*) lata *f*; (*Gewehr*) espingarda *f*; F (*Hose*) calças *f/pl.*; **~nfleisch** *n* (-*es*; *0*) carne *f* de conserva; **~n-öffner** ['-œfnər] *m* abre-latas *m*.

'**Buchstab|e** ['-ʃta:bə] *m* (-*ns od.* -*n*; -*n*) letra *f*, cará(c)ter *m*; tipo *m*; *großer ~* maiúscula *f*, *kleiner ~* minúscula *f*; **~en-rechnung** *f* álgebra *f*; **2'ieren** (-) soletrar.

'**buchstäblich** ['-ʃtɛ:pliç] literal; *adv. a.* à letra, pé-a-pé.

'**Buchstütze** *f* segura-livros *m*.

Bucht [buxt] *f* baía *f*, golfo (*'ô) *m*; enseio *m*.

'**Buch|-umschlag** *m* (-*es*; *¨e*) capa *f*; **~ung** *f* escrituração *f*, registo *m*; lançamento *m*; **~ungszeichen** *n* número (*od.* sinal) *m* do registo (*od.* do lançamento); **~verleih** *m* (-*es*; -*e*) serviço *m* de empréstimo; **~weizen** *m* (-*s*; *0*) fagopiro *m*; **~wert** *m* (-*es*; -*e*) valor *m* normal; **~wissen** *n* (-*s*; *0*) saber *m* teórico.

'**Buck|el** ['bukəl] *m* corcunda *f*, corcova *f*; **2(e)lig** corcovado.

'**bück|en** ['bykən]: *sich ~* curvar-se, inclinar-se; abaixar-se; **2ling** *m* (-*s*; -*e*) vénia *f*, cortesia *f*, mesura *f*; *agachado *m*; *Zool.* arenque *m* defumado.

'**buddeln** ['budəln] F (-*le*) cavar; *Kinder*: brincar na areia.

'**Bude** ['bu:də] *f* quiosque *m*; (*Markt2*) barraca *f*, tenda *f*; F (*Studenten2*) quarto *m*; **~nstadt** *f* (-; *¨e*) abarracamento *m*.

Bu'dget [by'dʒe:] *n* (-*s*; -*s*) orçamento *m*.

Bü'fett [by'fe:] *n* (-*es*; -*e*) aparador *m*, bufete *m*.

'**Büffel** ['byfəl] *m* búfalo *m*; **~'ei** F *f* trabalho *m* estúpido; **2n** F (-*le*) meter na cabeça.

Bug [bu:k] ⚓ *m* (-*es*; *¨e od.* -*e*) proa *f*.

'**Bügel** ['by:gəl] *m* arco *m*; asa *f*; (*Brillen2*) haste *f*; (*Kleider2*) cruzeta *f*; ⊕ abraçadeira *f*; (*Gewehr2*) guarda-mato *m*; (*Steig2*) estribo *m*; **~brett** *n* (-*es*; -*er*) tábua *f* de engomar; **~-eisen** *n* ferro *m* (de engomar); **~falte** *f* dobra *f*; **2n** (-*le*) engomar; passar a ferro.

bug'sieren [bug'zi:rən] ⚓ (-) *v/t.* rebocar; F levar.

'**Bühne** ['by:nə] *f* palco *m*, cena *f*; *allg.*: teatro *m*; *über die ~ gehen fig.* subir à cena; *auf die ~ bringen* pôr em cena.

'**Bühnen|anweisung** *f* rubrica *f*, nota *f* cénica; **~arbeiter** *m* operário *m* do palco; **~bearbeitung** *f* ada(p)tação *f* (cénica); **~bild** *n* (-*es*; -*er*) cena *f*; **~bildner** *m* cenógrafo *m*; **~dichter** *m* dramaturgo *m*; **~künstler(in** *f*) *m* a(c)tor *m* (a[c]triz *f*); **~maler** *m* cenógrafo *m*; **2mäßig** teatral; **~stück** *n* (-*es*; -*e*) peça *f* de teatro.

Bu'kett [bu'kɛt] *n* (-*es*; -*e*) ramalhete *m*; *Wein*: aroma *m*.

Bul'gar|e [bul'ga:rə] *m* (-*n*), (**~in** *f*), **2isch** búlgaro *m* (-a *f*), da Bulgária.

'**Bull|auge** ⚓ *n* (-*s*; -*n*) vigia *f*; **~dogge** *f* buldogue *m*; **~e** [-ə] **a)** *m* (-*n*) *Zool.* touro *m*; **b)** *f* *Rel.* bula *f*.

'**Bummel** ['buməl] F *m* passeio *m*; **~'ant** *m* (-*en*) pândego *m*; *ein ~ sn a.* chegar sempre atrasado; **~'ei** *f* vadiagem *f*; falta *f* de cuidado (*od.* de pontualidade); demora *f*; 2**ig** lento; demorado; 2**n** (*-le*) andar na pândega; atrasar-se; **~leben** *n* (*-s*; *0*) pândega *f*; **~zug** *m* (*-es*; *⸗e*) comboio *m* misto, ó(m)nibus *m*.

'**Bummler** ['bumlər] *m* vadio *m*; (*Straßen*2) quebra-esquinas *m*; *s.a.* *Bummelant.*

bums *int.* pumba!

'**Buna** ['bu:na] *m u. n* (*- od. -s*; *0*) borracha *f* sintética.

Bund [bunt] **1.** *m* (*-es*; *⸗e*) união *f*; (co)liga(ção) *f*; = *~esstaat*; *Rel. Alte(r) usw.*: Testamento *m*; *im ~e mit* aliado com, aliado de; **2.** *n* (*-es*; *-e*; *nach Zahlen ohne Plural*) (*Schlüssel*2), *~ Gemüse* molho *m*; feixe *m*, faixa *f*.

'**Bündel** ['byndəl] *n* feixe *m*; trouxa *f* (*schnüren* fazer, emalar); embrulho *m*; *Banknoten*: maço *m*; 2**n** (*-le*) embrulhar.

'**Bundes|arbeitsgericht** ['bundəs-] *n* (*-es*; *0*) tribunal *m* federal de trabalho; **~behörde** *f* autoridade *f* federal; **~gebiet** *n* (*-es*; *0*) território *m* federal; **~genosse** *m* (*-n*) aliado *m*; **~genossenschaft** *f* aliança *f*; **~gericht** *n* (*-es*; *0*) tribunal *m* federal; **~gesetz** *n* (*-es*; *-e*) lei *f* federal; **~gesetzblatt** *n* (*-es*; *⸗er*) diário *m* do governo (*ê) federal; **~kanzler(amt** *n* [*-es*; *0*]) *m* chanceler *m* (chancelaria *f*) federal; **~lade** *f* (*0*) *Rel.* Arca *f* da Aliança; **~minister(ium** *n* [*-s*; *-rien*]) *m* ministro *m* (ministério *m*) federal; **~präsident** *m* (*-en*) presidente *m* da República federal; **~rat** *m* (*-es*; *0*) conselho *m* federal; **~regierung** *f* governo (*ê) *m* federal; **~republik** *f*: *Deutsche ~* República *f* Federal da Alemanha; **~-staat** *m* (*-es*; *-en*) confederação *f*, Estado *m* confederado; 2**-staatlich** federal; **~tag** *m* (*-es*; *0*) parlamento *m* federal; dieta *f* federal; congresso *m*; **~verfassung** *f* (*0*) constituição *f* federal; **~verfassungsgericht** *n* (*-es*; *0*) tribunal *m* constitucional da República Federal; **~wehr** *f* (*0*) exército *m* federal.

'**bündig** ['byndiç] terminante, concludente; (*knapp*) conciso; *kurz und ~* sem rodeios; 2**keit** *f* (*0*) concisão *f*.

'**Bündnis** ['byntnis] *n* (*-ses*; *-se*) aliança *f*, liga *f*; pacto *m*.

'**Bunker** ['buŋkər] *m* ⚔ fortim *m*; *zum Schutz*: abrigo *m*; ⚓ carvoeira *f*; 2**n** (*-re*) carregar carvão.

'**Bunsenbrenner** ['bunzən-] *m* bico *m* de Bunsen.

bunt variegado; multicolor, policromo; garrido; *~er Abend* sarau *m*; *~e Reihe* senhores e senhoras a alternar; *~es Durcheinander* grande confusão *f*; *das wird mir zu ~* é demais; '2**druck** *m* (*-es*; *-e*) cromotipografia *f*, impressão *f* em várias cores, «ofset» *m* (*engl.*); '2**-heit** *f* variedade *f*; policromia *f*; '2**stift** *m* (*-es*; *-e*) lápis *m* de cor.

'**Bürde** ['byrdə] *f* carga *f*, fardo *m*.

Burg [burk] *f* castelo *m*.

'**Bürg|e** ['byrgə] *m* (*-n*), (**~in** *f*) fiador(a *f*) *m*; abonador(a *f*) *m*; garante *m/f*; 2**en** responder, responsabilizar-se (*für* por); abonar (*ac.*); afiançar (*ac.*).

'**Bürger** ['byrgər] *m* burguês *m*; *Pol.* cidadão *m*; (*Nichtsoldat*) civil *m*, paisano *m*; **~in** *f* burguesa *f*; *Pol.* cidadã *f*; **~krieg** *m* (*-es*; *-e*) guerra *f* civil; **~kunde** *f* (*0*) instrução *f* cívica; 2**lich** civil (*a.* ⚖); burguês; **~meister** *m* burgomestre *m*; presidente *m* do município (*od.* da Câmara Municipal); **~recht** *n* (*-es*; *-e*) direito *m* de cidadão; *cidadania *f*; *das ~ verleihen* (*erwerben*) naturalizar(-se); **~schaft** *f* município *m*, municipalidade *f*; **~sinn** *m* (*-es*; *0*) civismo *m*; **~stand** *m* (*-es*; *0*) = *~tum*; **~steig** *m* (*-es*; *-e*) passeio *m*; **~tum** *n* (*-es*; *0*) burguesia *f*; classe *f* média; **~wehr** *f* milícia *f*; guarda *f* nacional.

'**Burg|friede** *m* (*-ns*; *0*) trégua *f*; **~graben** *m* (*-s*; ⸗) fosso (*'ô) *m*; **~herr** *m* (*-n*; *-en*) senhor *m* do castelo, castelão *m*; **~herrin** *f* castelã *f*.

'**Bürgschaft** ['byrkʃaft] *f* fiança *f*, garantia *f* (*leisten* dar, prestar; *für* por).

Bur'gund|er [bur'gundər] *m*, 2**isch** borgonhês (*m*), de Borgonha.

bur'lesk [bur'lɛsk] burlesco; 2**e** [-ə] *f* burleta *f*.

Bü'ro [by'ro:] *n* (*-s*; *-s*) escritório *m*; **~-angestellte(r)** *m* empregado *m* de escritório; **~bedarf** *m* (*-es*; *0*) artigos *m/pl.* de escritório; **~heftmaschine** *f* agrafador *m*; **~klammer** *f* (*-*; *-n*) gancho *m*.

Büro'krat [byro'kra:t] *m* (*-en*) buro-

crata *m*; **~entum** *n* (*-s*; *0*), **~'ie** [-'i:] *f* burocracia *f*; **²isch** burocrático.
Bü'ro|stunden *f/pl.* horas *f/pl.* de serviço; **~vorsteher** *m* chefe *m* de escritório (*od.* de secretaria).
'Bursch|e ['burʃə] *m* (*-n*) rapaz *m*, moço *m*; criado *m*; estudante *m*; ⚔ impedido *m*; *iron. sauberer* ~ grande maroto *m*; **~en-schaft(ler** *m*) *f ehm.* (membro *m* da) liga *f* patriótica dos estudantes alemães; **²i'kos** [-i'ko:s]: ~ *sn* ser rapaz.
'Bürste ['byrstə] *f* escova (*ô) *f*.
'bürsten (*-e-*) escovar; **~artig** com aspe(c)to de escova (*ô); **²abzug** *m* (*-es*; *"e*) prova *f* tipográfica; **²binder** [-bindər] *m* escoveiro *m*; **²binde'rei** *f* fábrica *f* (*od.* fabrico *m*) de escovas.
'Bürzel ['byrtsəl] *m* rabadilha *f*.
'Busch [buʃ] *m* (*-es*; *"e*) arbusto *m*; (*Gebüsch*) bosque *m*, moita *f*; (*Gestrüpp*) brenha(s) *f*(*pl.*); (*Urwald*) selva *f*; *auf den ~ klopfen fig.* tentar o vau, examinar, estudar o terreno.
'Büschel ['byʃəl] *m u. n* crista *f*, tufo *m*; penache *m*, molho *m*; **²ig** fasciculado, capilar.
'buschig ['buʃiç] espesso; *Gelände*: matoso; *Haar*: tufado.
'Busch|klepper *m* salteador *m*; **~mann** *m* (*-es*; *"er*) bosquímano *m*; **~werk** *n* (*-es*; *0*) moita *f*.
'Busen ['bu:zən] *m* peito *m*; colo *m*; *poet.* seio *m*; *fig.* coração *f*; (*Meer²*) golfo (*'ô) *m*; **~freund** *m* (*-es*; *-e*) amigo *m* íntimo.
'Bussard ['busart] *m* (*-es*; *-e*) busardo *m*.
'Buße ['bu:sə] *f* penitência *f*; (*Geld²*) multa *f*.
'büß|en ['by:sən] (*-ßt*): (*für*) et. ~ expiar (a.c.), ser castigado (por a.c.); *Rel.* fazer penitência (de a.c.); *das soll er mir* ~ lá irei para onde o pague; **²er(in** *f*) *m* penitente *m/f*.
'buß|fertig [u:] penitente, arrependido; **²(- und 'Bet)tag** [e:] *m* dia *m* da penitência; **²übung** *f* penitência *f*.
'Büste ['bystə] *f* busto *m*; **~n-halter** [-haltər] *m* «soutien» *m* (*fr.*).
'Büttel ['bytəl] *m* beleguim *m*.
'Büttenpapier ['bytən-] *n* (*-s*; *-e*) papel *m* farpado.
'Butter ['butər] *f* (*0*) manteiga *f*; **~blume** *f* taraxo *m*; dente-de-leão *m*; **~brot** *n* (*-es*; *-e*) pão *m* com manteiga; **~brotpapier** *n* (*-s*; *-e*) papel *m* vegetal; **~dose** *f* manteigueira *f*; **~faß** *n* (*-sses*; *"sser*) batedeira *f*; **~milch** *f* (*0*) soro (*'ô) *m* de manteiga; **²n** *v/i.* (*-re*) fazer manteiga; F *fig. Uhr*: andar atrasado; *Studentenspr.* ⚕ deitar pus.
'Butzenscheibe ['butsən-] *f* vidro *m* redondo.

C

C, c [tse:] *n uv.* C, c *m*; ♪ dó *m* (*hohes* agudo). [*Kaffee.*]
Café [ka'fe:] *n* (*-s*; *-s*) café *m*; *s.*
'**Cape** [ke:p] *n* (*-s*; *-s*) capa *f.*
C-'Dur *n* (*-*; *0*) dó *m* maior. [*m.*]
Cel'list [tʃɛ'list] *m* (*-en*) violoncelista
'**Cello** ['tsɛlo] *n* (*-s*; *-s od. Celli*) violoncelo *m.* [centígrado.]
'**Celsius** ['tselzius]: *Grad m* ~ grau *m*
'**Cembalo** ['tʃɛmbalo] *n* (*-s*;*-s*) cravo
ces [tsɛs] ♪ *n* (*-*; *-*) dó-bemol *m.* [*m.*]
Cha'mäleon [ka'mɛ:leɔn] *n* (*-s*; *-s*) camaleão *m.* [champanhe *m.*]
Cham'pagner [ʃam'panjər] *m*
'**Chaos** ['ka:ɔs] *n* (*-*; *0*) caos *m.*
cha'otisch [ka'o:tiʃ] caótico.
Cha'rakter [ka'raktər] *m* (*-s*; *-e*) (*pl. Charaktere* [-'te:rə]) cará(c)ter *m*, índole *f*; (*Rang*) categoria *f*; **~bild** *n* (*-es*; *-er*) retrato *m* moral, perfil *m* moral; **⁓fest** íntegro; **~festigkeit** *f* (*0*) integridade *f* (moral); **⁓'istisch** cara(c)terístico; **⁓los** sem cará(c)ter; **~losigkeit** [-o:z-] *f* (*0*) falta *f* de cará(c)ter; **~zug** *m* (*-es*; *⁼e*) feição *f*, feitio *m.*
'**charter|n** ['ʃartərn] ⚓ (*-re*) fretar; **⁓ung** *f* fretamento *m.*
Chauf'f|eur [ʃɔ'før] *m* (*-s*; *-e*) motorista *m*; * volante *m*; **⁓'ieren** (*-*) guiar. [çada *f.*]
Chaus'see [ʃɔ'se:] *f* estrada *f*, cal-
Chef [ʃɛf] *m* (*-s*; *-s*) chefe; *m*; dire(c)tor *m*; '**~arzt** *m* (*-es*; *⁼e*) médico *m* chefe; '**~redakteur** *m* (*-s*; *-e*) reda(c)tor-chefe *m*, chefe *m* da reda(c)ção.
Che'mie [çe'mi:] *f* (*0*) química *f.*
Chemi'kalien [çemi'ka:liən] *f/pl.* produtos *m/pl.* químicos.
'**Chem|iker** ['çemikər] *m* químico *m*; *praktischer* ~ analista *m*; **⁓isch** químico; *~e Fabrik* fábrica *f* de produtos químicos; et. ~ *untersuchen* fazer a análise química de a.c.
'**Chiffr|e** ['ʃifər] *f* cifra *f*; **~e...** *in Zssg(n)* em cifra, cifrado; **⁓'ieren** (*-*) cifrar; **⁓'iert** *adj.* em código.
Chi'len|e [tʃi'le:nə] *m* (*-n*) (**~in** *f*), **⁓isch** chileno *m* (*-a f*), do Chile.
'**Chinarinde** ['çi:na-] *f* (*0*) quina *f.*
Chi'nes|e [çi'ne:zə] *m* (*-n*) (**~in** *f*), **⁓isch** chinês *m* (*-esa f*), da China.
Chi'nin [çi'ni:n] ℞ *n* (*-s*; *0*) quinina *f.*
Chi'rur|g [çi'rurk] *m* (*-en*) cirurgião *m*; **~'gie** [-'gi:] *f* (*0*) cirurgia *f* (*plastische* estética); **⁓gisch** [-giʃ] cirúrgico; de cirurgia.
Chlor [klo:r] *n* (*-s*; *0*) cloro *m*; **~'at** [-'ra:t] *n* (*-es*; *-e*) clorato *m*; **~'kali** *n* (*-s*; *0*) cloro *m* de potassa; '**~kalk** *m* (*-es*; *0*) clorato *m* (de cal); **~o'form** [kloro-] *n* (*-s*; *0*) clorofórmio *m*; **⁓ofor'mieren** (*-*) cloroformizar; '**⁓sauer** clorato.
'**Cholera** ['ko:lәra] *f* (*0*) cólera *f*; **⁓krank** (*0*) colérico. [colérico *m.*]
Cho'ler|iker [ko'le:rikər] *m*, **⁓isch**
Chor [ko:r] *m* (⚠ *a. n*) (*-es*; *⁼e*) coro (*'ô) *m*; **~'al** [ko'ra:l] *m* (*-s*; *⁼e*) canto *m*, coral *m*; '**~gesang** *m* (*-es*; *⁼e*) canto *m* coral; '**~herr** *m* (*-n*; *-en*) cónego *m*; **~'ist(in** *f*) *m* (*-en*), '**~sänger(in** *f*) *m* corista *m u. f.*
Christ [krist] *m* **a**) (*-en*) cristão *m*; **b**) (*-s*; *0*) Cristo *m*; '**~en-heit** *f* (*0*) Cristandade *f*; '**~entum** *n* (*-es*; *0*) cristianismo *m*; '**~fest** *n* (*-es*; *0*) (festa *f* de) Natal *m*; '**~in** *f* cristã *f*; '**~kind** *n* (*-es*; *0*) menino *m* Jesus; '**⁓lich** cristão; '**~messe** *f* missa *f* do galo; '**~nacht** *f* (*0*) noite *f* de Natal.
Chrom [kro:m] *n* (*-s*; *0*) cromo *m*, crómio *m*; **⁓'atisch** [-'a:tiʃ] cromático.
'**Chron|ik** ['kro:nik] *f* crónica *f*; **⁓isch** crónico; **~'ist** *m* (*-en*) cronista *m*; **~olo'gie** [-olo'gi:] *f* cronologia *f*; **⁓o'logisch** cronológico; **~o'meter** *n* cronómetro *m.*
Chrysan'theme [krysan'te:mə] *f* crisántemo *m.*
cis ♪ [tsis] *n* (*-*; *-*) dó *m* sostenido.
Clown [klaun] *m* (*-s*; *-s*) palhaço *m.*
c-'Moll *n* (*-*; *0*) dó *m* minor.
'**Code** ['ko:də] *m* (*-s*; *-s*) código *m*; chave *f.* [cama-sofá *f.*]
Couch [kautʃ] *f* (*-*; *-es*) divã *m*,
Cou'pé [ku'pe:] *n* (*-s*; *-s*) compartimento *m*; (*Kutsche*) cupé *m.*
'**Cut(away)** ['kat(əve:)] *m* (*-s*; *-s*) fraque *m.*

D

D, d [de:] *n uv.* D, d *m*; ♪ ré *m.*
da [da:] **1.** *adv.* a) *örtl.* (*dort*) lá, ali, acolá; (*hier*) aí, aqui; cá; (*dabei*) neste caso; ~ *bin ich* aqui estou, cá estou, eis-me (aqui); ~ *haben wir's!* lá está! *hier und* ~ cá e lá; *wer* ~? ⚔ quem vive?; ~ *sn* estar; b) *zeitl.* então; c) *Füllwort* (*oft unübersetzt*): *nichts* ~! nada disso!; **2.** *cj.* (~ *ja, weil*) como, visto que, já que, porque, porquanto, pois que, que.
da'bei: (*nahe*) ~ ao pé; perto; junto; (*außerdem*) de mais a mais; (*zugleich*) ao mesmo tempo, nessa altura; nisso, com isso; nisto, com isto; (*in diesem Fall*) neste caso; (*trotzdem*) apesar disso; ~ *sn, et. zu tun* estar a *inf.*; *es ist nichts* ~ não há inconveniente, não faz *od.* não tem mal (nenhum); ~ *bleiben* persistir em; continuar a; *es bleibt* ~ ficamos nisso; **~bleiben** (*L*) (*anwesend*) ficar; **~sein** (*L*), **~sitzen** (*L*) assistir (a), estar presente.
'da·bleiben (*L*) ficar.
Dach [dax] *n* (*-es*; *⸚er*) telhado *m*, te(c)to *m*; *unter* ~ *und Fach* salvo; *j-m aufs* ~ *steigen fig.* F dizer a sua a alg.; **'~antenne** *f* antena *f* exterior; **'~boden** *m* (*-s*; ⸚) sótão *m*; desvão *m*; **'~decker** *m* telhador *m*; **'~fenster** *n* trapeira *f*; **'~first** *m* (*-es*; *-e*) cume *m*; **'~kammer** *f* (*-*; *-n*) águas-furtadas *f/pl.*; **'~luke** *f* trapeira *f*; **'~pappe** *f* cartão *m* alcatroado; **'~rinne** *f* caleira *f*, goteira *f*, algeroz *m.*
Dachs [daks] *m* (*-es*; *-e*) te(i)xugo *m*; **'~bau** *m* (*-es*; *-e*) toca *f* de te(i)xugo; **'~hund** *m* (*-es*; *-e*) cão *m* rasteiro.
'Dach|sparren *m* caibro *m*; **~stein** *m* (*-es*; *-e*) telha *f*; **~stuhl** *m* (*-es*; *⸚e*) espigão *m*; **~werk** *n* (*-es*; *0*) cobertura *f*, telhado *m*; **~ziegel** *m* telha *f.*
'da'durch 1. ['a:] por isso, assim, com isto; ~, *daß* por (*inf. perf.*); **2.** ['u] por ali, através daquilo.
'da'für 1. ['a:] para isso, para isto; em compensação, em contrapartida, em troca; ~, *daß Zweck*: para que (*subj.*), *Grund*: por (*inf.*); se se considera que; **2.** ['y:]: ~ *sn* aprovar, estar conforme; *ich kann* (*doch*) *nichts* ~ que culpa tenho eu?; a culpa não é minha; **~halten a)** (*L*) achar, julgar; **b)** ♀ *n* parecer *m*, opinião *f.*
'da'gegen 1. ['a:] **a)** *adv.* contra isso (*od.* isto), em comparação com isso (*od.* isto); **b)** ['e:]: ~ *sn* ser contra; ser de opinião contrária; *nichts* ~ *haben* estar de acordo (*'ô); não ter nada que dizer (*od.* que obje[c]tar); **2.** *cj.* ['e:] ao (*od.* pelo) contrário; em compensação, em contrapartida; por outro lado; **~halten** ['e:] (*L*) (*vergleichen*) comparar com, opor a; (*einwenden*) obje(c)tar.
da'heim 1. *adv.* em casa; na (minha *usw.*) terra; **2.** ♀ *n* (*-s*; *0*) casa *f*, lar *m*; terra *f*, pátria *f.*
'da'her ['a:] **1.** daí, dali, de lá; **2.** por isso; assim; por conseguinte; eis porque; *das kommt* ~, *daß* isto é porque ...; **3.** ['e:]: ~(*gelaufen*) *kommen* aparecer.
'da'hin 1. *meist*: ['a:] (para) ali, (até) ali; *zeitl.* então; **2.** ['i]: ~ *sn* estar perdido; (*vergangen*) ter passado; *et. ist* ~ *a.* perdeu-se, foi-se; passou-se; (*tot*) morreu; **~'ab** por ali abaixo.
da'hin|eilen (*sn*) correr, fugir; ir de abalada; **~'ein** lá para dentro; **~fahren** (*L*; *sn*), **~gehen** (*L*; *sn*) ir-se; **~gehören** *fig.*: *nicht* ~ não vir ao caso; **~gestellt** [-gəʃtɛlt]: ~ *sn lassen* deixar em suspenso, deixar indeciso; **~jagen** (*sn*) passar como um raio; **~leben** vegetar; **~raffen** arrebatar; **~schwinden** (*L*; *sn*) desvanecer(-se); **~sein** (*L*; *sn*) *s. dahin* 2; **~siechen** definhar-se, languescer.
da'hinten lá atrás.
da'hinter atrás, detrás; ~ *steckt et.* aí há coisa; *sich* ~*machen* meter-se a (*inf.*) a.c.; **~kommen** (*L*; *sn*) descobrir.
'dahin'unter por aí abaixo.
'Dahlie ['da:liə] *f* dália *f.*
'damal|ig [-ma:liç] de então; *der*

(*die*) ~e o (a) então + *su.*; ~s então; naquele tempo.
Da'mast [da'mast] *m* (*-es*; *-e*) damasco *m*.
'**Dame** ['da:mə] *f* senhora *f*; *bsd.* (*Ehren*⁀) dama *f* (*a. Karte*), *Spiel*: damas *f/pl.* (*spielen* jogar às); ~**brett** *n* (*-es*; *-er*) tabuleiro *m* das damas.
'**Damen|binde** *f* pano *m* higiénico; paninho *m*; ~**hut** *m* (*-es*; *⸗e*) chapéu *m* de senhora; ~**schneider(in** *f*) *m* costureiro *m* (-a *f*); ~**welt** *f* (*0*): *die* ~ as senhoras *f/pl.*
'**Dame|spiel** *n* (*-es*; *-e*) jogo (*'ô) *m* das damas; ~**stein** *m* (*-es*; *-e*) peão *m*.
'**Damhirsch** ['dam-] *m* (*-es*; *-e*) gamo *m*.
'**da'mit** **1.** *adv.* ['a:] com isso, com isto; **2.** *cj.* ['i] para que, afim que, para (+ *pers. inf.*), afim de.
'**dämlich** ['dɛ:mliç] parvo; imbecil; ⁀**keit** *f* tolice *f*.
Damm *m* (*-es*; *⸗e*) dique *m*, barreira *f* (*a. fig.*); mota *f*; (*Fahr*⁀) calçada *f*; (*Hafen*⁀) molhe *m*, cais *m*; ⚕ períneo *m*; *auf dem* ~ *sn fig.* sentir-se bem; '~**bruch** *m* (*-es*; *⸗e*) rotura *f* de um dique.
'**dämmer|ig** ['dɛməriç] crepuscular; ⁀**licht** *n* (*-es*; *0*) meia-luz *f*; ~**n** (*-re*) *morgens*: amanhecer; alvorecer; *abends*: anoitecer; *es dämmert mir fig.* começo a compreender; ⁀**schein** *m* (*-es*; *0*) luz *f* crepuscular; ⁀**ung** *f* crepúsculo *m*; (*Morgen*⁀) alvorada *f*; (*Abend*⁀) noitinha *f*, entardecer *m*; ⁀**zustand** ⚕ *m* (*-es*; *⸗e*) sonolência *f*.
'**Dämon** ['dɛ:mɔn] *m* (*-s*; *-en*) demónio *m*; ⁀**isch** ['o:] demoníaco; *fig.* sobrenatural, fatídico.
Dampf *m* (*-es*; *⸗e*) vapor *m*; (*Rauch*) fumo *m*; (*Dunst*) bafo *m*; *unter* ~ ⚓ sob pressão; ~**boot** *n* (*-es*; *-e*) vapor *m*; '~**druck** *m* (*-es*; *0*) pressão *f* do vapor; '~**druckmesser** *m* manómetro *m*; '⁀**en** fumegar, evaporar (-se).
'**dämpfen** ['dɛmpfən] reprimir, amortecer; *fig. a.* abater; *Fleisch*: estufar; *Schall*: abafar; *Stimme*: baixar; *Ton*: *a.* abemolar.
'**Dampfer** ['dampfər] *m* vapor *m*.
'**Dämpfer** ['dɛmpfər] *m* amortecedor *m*; abafador *m*; *Schall a.*: surdina *f*; *Stoß*: pára-choque *m*; F *fig.* abafarete *m*; *j-m e-n* ~ *geben fig.* reprimir alg.
'**Dampfer|linie**, ~**verbindung** *f* carreira *f* de vapores.
'**Dampf|hammer** *m* (*-s*; *⸗*) martinete *m*; martelo-pilão *m* a vapor; ~**heizung** *f* aquecimento *m* a vapor; ~**kessel** *m* caldeira *f*; ~**kraft** *f* (*0*): *mit* ~ a vapor; ~**leitung** *f* tubagem *f*; ~**maschine** *f* máquina *f* a vapor; ~**pfeife** *f* sereia *f*; ~**ramme** *f* = ~*hammer*; ~**schiff** *n* (*-es*; *-e*) vapor *m*; ~**schiffahrt** *f* (*0*) navegação *f* a vapor; ~**schiffahrtsgesellschaft** *f* companhia *f* de navegação; ~**turbine** *f* turbina *f* a vapor; ~**walze** *f*, ~**zylinder** *m* cilindro *m* a vapor.
'**Dämpfung** ['dɛmpfuŋ] *f* amortecimento *m*, abafamento *m*, abafação *f*, abafadela *f*, repressão *f*; ✈ estabilização *f*; ~**s...**: *in Zssg(n)* ✈, *Radio*: amortecedor.
'**Damwild** ['da:m-] *n* (*-es*; *0*) caça *f* de gamo.
'**da'nach** **1.** *zeitl.* depois (disto); logo; **2.** örtl. atrás (disto); **3.** ['da:-] (*demnach*) segundo isto; conforme isso.
'**Däne** ['dɛ:nə] *m* (*-n*) dinamarquês *m*.
da'neben ao lado, junto; (*außerdem*) além disso, e mais; ~**hauen** (*L*) falhar.
da'niederliegen [da'ni:dər-] (*L*) estar por baixo; ✝ estar paralizado; ⚕ estar de cama.
'**Dän|in** ['dɛ:nin] *f* dinamarquesa *f*; ⁀**isch** dinamarquês, da Dinamarca.
Dank [daŋk] **1.** *m* (*-es*; *0*) agradecimento *m* (*für* por), *Rel.* graças *f/pl.*; *besten* ~, *vielen* ~ muito obrigado; *Gott sei* ~! graças a Deus!; *j-m* ~ *sagen* (*od. wissen*) *für* agradecer a.c. a alg.; **2.** ⁀ *prp.* (*dat.*) graças a, devido a; ⁀**bar** agradecido, grato; '~**barkeit** *f* (*0*) gratidão *f*; '⁀**en** **1.** *v/i.*: *j-m für et.* ~ agradecer a.c. a alg.; *danke* obrigado, agradecido (*bestens, schön, sehr* muito); **2.** *v/t.* (*ver*~) dever; '⁀**end**: ~ *erhalten* recebi; '⁀**ens-wert** louvável; '~**gebet** *n* (*-es*; *-e*) oração *f* de graças; '~**gottesdienst** *m* (*-es*; *-e*) a(c)ção *f* de graças; '~**sagung** ['-za:guŋ] *f*, '~**schreiben** *n* agradecimento *m*.
dann então, depois, a seguir, em seguida, seguidamente; ~ *und wann*

de vez em quando; '**~en**: *von* ~ *gehen* ir-se (embora).

'**da'ran 1.** ['da:-] a isto, a isso, nisto, nisso; **2.** [-'ran]: *nahe* ~ muito perto de, *dicht* ~ pegado, anexo; *der Reifen ist schon* ~ já está posto; *ich bin* ~ é a minha vez; *gut* ~ *sn* ter sorte; *übel* ~ *sn* ter pouca sorte; *es ist et.* ~ há lá qualquer coisa; *es ist nichts* ~ não tem importância; *man weiß nicht, wie man mit ihm* ~ *ist* não se sabe que fazer dele.

da'ran|gehen (*L*; *sn*), **~machen**: (*sich*) pôr mãos à obra, meter-se ao trabalho, meter-se a *inf.*; **~setzen** (*-t*), **~wenden** (*-e- od. L*) gastar, arriscar, sacrificar.

'**da'rauf** ['da'rauf] **1.** *zeitl.* depois (disso *od.* disto); a seguir, em seguida, seguidamente; logo; *ein Jahr* ~ um ano depois; *am Tage* ~ no dia seguinte; **2.** *örtl.* em cima (disto *od.* disso); **~'hin** então; por conseguinte, em consequência disto (*od.* disso); **~'los** à toa; *gehen*: *a.* dire(c)tamente para.

'**da'raus** ['da:'raus] daqui, dali, daí, disto, disso.

'**darben** ['darbən] passar fome, viver na indigência.

'**darbiet|en** ['da:r-] (*L*) oferecer; apresentar; *Thea.* representar; **2ung** *f* apresentação *f*; representação *f*; *pl. a.* programa *m/sg.*

'**darbring|en** (*L*) oferecer; **2ung** *f* oferta *f*, apresentação *f*.

'**da'rein** ['da:'raın] **1.** *bei vb.*: em a.c.; **2.** *örtl.* lá dentro.

da'reinreden (*-e-*) intrometer-se na conversa; *j-m* ~ criticar alg.

'**da'rin** ['da:'rin] nisto; lá dentro.

'**darleg|en** expor; *fig. a.* mostrar, demonstrar; **2ung(en** *pl.*) *f* exposição *f/sg.*

'**Darlehen** *n* empréstimo *m*; **~s-empfänger** *m* mutuário *m*; **~s-kasse** *f* caixa *f* de empréstimo.

Darm *m* (*-es*; *⸚e*) intestino *m* (*a.* ⚕); tripa *f*; **~...** *in Zssg(n)* ⚕ *meist* intestinal; '**~entzündung** *f*, '**~katarrh** *m* (*-s*; *-e*) enterite *f*, colite *f*; '**~saite** *f* corda *f* (de tripa); '**~verschlingung** *f* íleo *m*, vólvulo *m*; '**~verschluß** *m* (*-sses*; *0*) oclusão *f* intestinal, volvo *m*.

'**Darre** ['darə] *f* secadouro *m*; ⚕ consumpção *f*, consunção *f*.

'**darreichen** apresentar, oferecer.

'**darstell|bar** ['da:rʃtɛlba:r] visível; *Thea.* representável; **~en** representar (*a. Thea.*); constituir; (*beschreiben*) descrever; 🎬 preparar; obter; **2er(in** *f*) *m* a(c)tor *m* (a[c]triz *f*); **2ung** *f Thea. u. bildl.* representação *f*; *Rolle*: interpretação *f*: cara(c)terização *f*; (*Beschreibung*) descrição *f*, exposição *f*; (*Stil*) estilo *m*; 🎬 produção *f*, preparação *f*.

'**dartun** (*L*) demonstrar, provar; pôr em evidência.

'**da'rüber** ['da:'ry:bər] **1.** *örtl.*: em cima, por cima, acima (disto *od.* disso); ~ *hinaus*, ~ *hinweg* mais além; **2.** *zeitl.*: entretanto; com isso; *10 Jahre und* ~ e mais; *fig.* a esse respeito, sobre isto; **~legen** ['y:] pôr em cima; **~stehen** ['y:] (*L*) estar por cima.

'**da'r|um** ['da:'rum] **1.** *örtl.*: ~ (*herum*) em volta (de); **2.** *Grund*: por (causa d)isso, por (causa d)isto; eis porque; **~'unter** debaixo; por baixo de; (*weiter unten*) mais abaixo; *Preis*: a um preço mais baixo; *aus e-r Anzahl*: entre, em meio de; *10 Jahre und* ~ e menos.

das *n art.*, *hinweisendes pron.*, *relatives pron.*: *s.* der; (*dies*) isto, isso, aquilo; ~ *was* (aquil)o que.

'**dasein 1.** *v/t.* (*L*; *sn*) estar (presente); ter vindo; (*bestehen*) existir; (*vorhanden sn*) haver; *nie dagewesen* sem precedentes; **2.** 2 *n* (*-s*; *0*) existência *f*, vida *f*; *Kampf m ums* ~ luta *f* pela vida; **2s-berechtigung** *f* (*0*) razão *f* de ser.

'**dasitzen** (*L*) estar (sentado) ali.

'**dasjenige** *s. derjenige.*

daß [das] que; = *auf* ~ (*subj.*) para que, afim que.

'**dastehen** (*L*) estar ali; *müßig* ~ estar sem fazer nada; *fig. gut* ~ prosperar; ficar bem; fazer boa figura; *schlecht* ~ não ficar bem; fazer má figura; *mit leeren Händen* ~ ficar de (*od.* com as) mãos a abanar.

'**Daten** ['da:tən] *n/pl.* (*Gegebenheit*) dados *m/pl.*; elementos *m/pl.*; (*Angaben*) indicações *f/pl.*

da'tier|en [da'ti:rən] (-) datar; pôr a data; **2ung** *f* datação *f*.

'**Dativ** ['da:ti:f] *m* (*-s*; *-e*) dativo *m*; **~-objekt** *n* (*-es*; *-e*) complemento *m* indire(c)to.

'**Dattel** ['datəl] *f* (-; -*n*) tâmara *f*; **~palme** *f* tamareira *f*.
'**Datum** ['da:tum] *n* (-*s*; *Daten*) data *f*.
'**Daube** ['daubə] ⊕ *f* aduela *f*.
'**Dauer** ['dauər] *f* (*0*) duração *f*, continuidade *f*; *von kurzer ~ sn* durar pouco; *auf die ~* por muito tempo; **~gast** *m* (-*es*; ⸚*e*) hóspede *m* permanente; **2haft** (-*est*) duradouro, durável, resistente; **~haftigkeit** *f* (*0*) resistência *f*; estabilidade *f*; duração *f*, durabilidade *f*; **~karte** *f* passe *m*; **~lauf** *m* (-*es*; ⸚*e*) corrida *f* ginástica, corrida *f* de resistência; **2n** (-*re*) **a**) (per)durar (*lange* muito; *kurze Zeit* pouco); (*andauern*) prolongar-se; (*Zeit brauchen*) levar; **b**) *j-n ~* fazer pena a alg.; *sie dauert mich* tenho pena dela; **2nd** *adj*. contínuo, permanente; perpétuo; **~stellung** *f* emprego *m* fixo; **~welle** *f* (ondulação *f*) permanente *f*; **~wurst** *f* (-; ⸚*e*) salchicha *f* defumada.
'**Daumen** ['daumən] *m* polegar *m*; **~schrauben** *f/pl*. algemas *f/pl*.; *j-m ~ anlegen* algemar alg.; *fig*. coagir alg.
'**Däumling** ['dɔymliŋ] *m* (-*s*; -*e*) dedeira *f*; (*Märchenfigur*) anão *m*, João *m* pequenito.
'**Daun|e** ['daunə] *f* frouxel *m*; penugem *f*; **~enbett** *n* (-*es*; -*en*) edredão *m*.
'**da'von** disso, disto, daí; *auf und ~ sn* ['ɔ] ter-se fugido; *nichts ~ haben* não levar a melhor; *das kommt ~, daß* é porque; *~ lassen* desistir de; *die Hände ~ lassen* não tocar em.
da'von|eilen (*sn*), **~fliegen** (*L*; *sn*) ir-se (*od*. partir) a toda a pressa; ir de abalada; **~kommen** (*L*; *sn*) escapar; **~laufen** (*L*; *sn*), *sich* (*auf und*) **~machen** fugir; **~schleichen** (*L*), **~stehlen** (*L*): *sich ~* esquivar-se; esgueirar-se; **~tragen** (*L*) levar; *Sieg*: ganhar.
'**da'vor** **1.** *örtl*.: diante, em frente; **2.** *zeitl*.: antes; primeiro.
'**da'zu** a isso, a isto, além disso, além disto, com isso, com isto; *Zweck*: com esse fim, para esse fim; para isso, para isto; (*noch*) *~* de mais a mais; tanto mais que; *~ ist er da* é esta a sua obrigação.
da'zu|gehören (-) pertencer a a.c., fazer parte (de a.c.); (*nötig sn*) ser preciso; **~gehörig** correspondente, respe(c)tivo; **~kommen** (*L*; *sn*) sobrevir, juntar-se a, acrescer.
'**dazumal** então, outrora.
da'zu|nehmen (*L*), **~tun** (*L*) juntar, acrescentar.
da'zwischen entre, no meio de; **~fahren** (*L*), **~kommen** (*L*) intervir, imiscuir-se; **~legen** interpor; **~liegen** (*L*) estar de permeio; **~d** *adj*. intermédio, intermediário; **~reden** (-*e*-) interromper; **~treten** **1.** (*L*; *sn*) intrometer-se, intervir; **2.** 2 *n* intervenção *f*.
D-'Dur *n* (-; *0*) ré *m* maior.
De'batt|e [de'batə] *f* debate *m*; discussão *f*; disputa *f*; *zur ~ stellen* levar à discussão; **2'ieren** (-) discutir.
'**Debet** ['de:bət] *n* (-*s*; -*s*), **~seite** *f* deve *m*; débito *m*.
debi'tieren [de:bi'ti:rən] (-) debitar.
dechif'frieren [deʃi'fri:rən] (-) decifrar.
Deck [ɛ] *n* (-*es*; -*e od*. -*s*) ⚓ convés *m*; ponte *f*; '**~-adresse** *f* dire(c)ção *f* fingida; '**~bett** *n* (-*es*; -*en*) edredão *m*; (*Decke*) colcha *f*; '**~blatt** *n* (-*es*; ⸚*er*) capa *f*; ♀ bráctea *f*; '**~e** *f* coberta *f*, cobertor *m*; manta *f*; (*Bett*2) colcha *f*; (*Belag*) revestimento *m*; (*Hülle*) envólucro *m*; (*Tisch*2) toalha *f*; (*Zimmer*2) te(c)to *m*; *mit j-m unter e-r ~ stekken fig*. ser cúmplice de alg.; '**~el** *m* tampa *f*; (*Buch*2) capa *f*; (*Eisen*2, *Ton*2) testo *m*; '**2en**[1] cobrir (*a*. *Bedarf*, *Kosten*, ⚒, *Tiere*); *Tisch*: pôr; *j-n ~* responder por alg.; defender alg., proteger alg.; *sich ~* corresponder-se; ⚠ ser congruente; '**~en**[2]...: *in Zssg*(*n*) do te(c)to; '**~farbe** *f* cor *f* opaca; '**~mantel** *m* (-*s*; ⸚) *fig*. pretexto *m*; '**~name** *m* (-*ns*; -*n*) pseudónimo *m*; '**~platte** *f* plataforma *f*; '**~ung** *f* **a**) cobertura *f*; ⚕ fundos *m/pl*., garantia *f*; segurança *f*; *Auslagen*: reembolso *m*; *ohne ~* a descoberto; *zur ~* (*gen*.) para cobrir (*ac*.); **b**) ⚔ abrigo *m*; escolta *f*; *~ nehmen*, *in ~ gehen* abrigar-se.
De'fekt [de'fɛkt] **1.** *m* (-*es*; -*e*) defeito *m*; falha *f*; **2.** 2 *adj*. defeituoso.
'**Defizit** ['de:fitsit] *n* (-*s*; -*e*) défice *m*.
Deflati'on [deflatsi'o:n] *f* deflação *f*.

'**Degen** ['de:gən] *m* espada *f*; *j.*: † guerreiro *m*.
Degener|ati'on [degeneratsi'o:n] *f* degeneração *f*; **2'ieren** (-) degenerar.
'**Degenstoß** *m* (*-es*; *⸗e*) estocada *f*.
'**dehn|bar** ['de:nba:r] elástico; *Metall*: dúctil; flexível (*a. fig*); **2barkeit** *f* (*0*) elasticidade *f*; estensibilidade *f*; ductilidade *f*; **~en** estender; dilatar; esticar; ♪ alongar; **2ung** *f* dilatação *f*; distensão *f*; extensão *f*, prolongação *f* (*a. zeitl.*).
Deich [daıç] *m* (*-es*; *-e*) dique *m*; mota *f*.
'**Deichsel** ['daıksəl] *f* (*-*; *-n*) lança *f*; temão *m*; **~gabel** *f* (*-*; *-n*) varais *m/pl.* do carro.
dein [daın] *in Briefen*: 2 (o) teu; '**~e** tua(s), a(s) tua(s), (os) teus; '**~er 1.** de teu(s), de tua(s); **2.** (*gen. v. du*) de ti; '**~erseits** [-zaıts] por teu lado, por tua parte; '**~es-gleichen** teu (*od.* tua) igual, teus (*od.* tuas) iguais; '**~ethalben** ['-əthalbən], '**~et-wegen**, *um* '**~et-willen** por amor de ti, por tua causa; '**~ige** ['-igə]: *der* ~, *das* ~ o teu, *die* ~ a tua.
De'kade [de'ka:də] *f* década *f*.
De'kan [de'ka:n] *m* (*-s*; *-e*) dire(c)tor *m*; *Ältester, Geistlicher*: decano *m*; **~'at** [-'a:t] *n* (*-es*; *-e*) dire(c)ção *f*.
dekla|'mieren (-) declamar; (*vortragen*) recitar; **~'rieren** (-) declarar.
Dekolle|'té [de'kɔl(ə)'te:] *n* (*-s*; *-s*) decote *m*; **2'tiert** [-'ti:rt] decotado.
De'kor [de'ko:r] *m* (*-s*; *-s*) decoração *f*; **~a'teur** [-ora'tø:r] *m* (*-s*; *-e*) decorador *m*; **~ati'on** [-atsi'o:n] *f* decoração *f*; *Thea.* cena *f*; **~ati'onsmaler** *m* decorador *m*; *Thea.* cenógrafo *m*; **2a'tiv** [-a'ti:f] decorativo; **2'ieren** (-) decorar; **~um** *n* (*-s*; *0*) decoro (*'ô) *m*.
De'kret *n* (*-es*; *-e*) decreto *m*; **2'ieren** (-) decretar.
Dele|gati'on *f* delegação *f*; **2'gieren** (-) delegar; **~'gierte(r)** *m* delegado *m*.
deli'kat [deli'ka:t] (*-est*) delicado; *Speise*: delicioso; **2'esse** [-a'tɛsə] *f* delicadeza *f*; *Speise*: petisco *m*; **2'essen-handlung** *f* salchicharia *f*.
De'likt *n* (*-es*; *-e*) delito *m*.
De'lirium [de'li:rium] *n* (*-s*; *Delirien*) delírio *m*.
Del'phin [dɛl'fi:n] *m* (*-s*; *-e*) toninha *f*, golfinho *m*.
dem [de:m] *dat. sg. v. der*; *wie ~ auch sei* seja como for; *wenn ~ so ist* se assim é.
Dema'gog|e [dema'go:gə] *m* (*-n*) demagogo *m*; **~'ie** [-o'gi:] *f* demagogia *f*; **2isch** demagógico.
demas'kieren (-) desmascarar.
De'ment|i [de'mɛnti] *n* (*-s*; *-s*) desmentido *m*; **2'ieren** (-) desmentir.
'**dem|-entsprechend** ['de:m-] em conformidade com isto, em consequência disto; **~gegenüber** pelo contrário; em contrapartida; **~gemäß** = *~entsprechend*; **~nach** logo, assim, portanto; **~nächst** logo, brevemente, em breve.
demobil|i'sieren (-) desmobilizar; **2machung** *f* desmobilização *f*.
Demo'krat [demo'kra:t] *m* (*-en*) democrata *m*; **~'ie** [-a'ti:] *f* democracia *f*; **2isch** democrático.
Demon'str|ant *m* (*-en*) manifestante *m*; **~ati'on** [-atsi'o:n] *f* demonstração *f* (*a.* ⚔); *Pol.* manifestação *f*; **2'ieren** (-) demonstrar; manifestar-se.
Demon'tage *f* desmantelamento *m*.
demorali'sieren (-) desmoralizar.
'**Demut** ['de:mu:t] *f* (*0*) humildade *f*.
'**demütig** ['de:my:tiç] humilde; **~en** [-gɛn] humilhar; **2ung** [-guŋ] *f* humilhação *f*.
'**demzufolge** por conseguinte; em consequência disso.
'**dengeln** ['dɛŋəln] (*-le*) afiar, aguçar.
'**Denk|art** ['dɛŋk-] *f* mentalidade *f*, maneira *f* de pensar; **2bar** imaginável; **2en 1.** (*L*) pensar (*an ac.* em; *zu ~ geben* dar que ...; *bei sich dat.* para consigo); *sich* (*dat.*) ~ imaginar; *sich ~ lassen* compreender-se; **2.** 2 *n* pensamento *m*, raciocínio *m*; **~er** *m* pensador *m*; **~fähigkeit** *f* (*0*) faculdade *f* de pensar; inteligência *f*; **~mal** *n* (*-es*; *⸗er od. -e*) monumento *m*; **~schrift** *f* memorial *m*; **~spruch** *m* (*-es*; *⸗e*) sentença *f*; **~übung** *f* exercício *m* intelectual; **~vermögen** *n* (*-s*; *0*) = *~fähigkeit*; **~weise** *f* modo *m* de pensar; **2würdig** memorável; **~würdigkeiten** *f/pl. geschehene*: feitos *m/pl.* memoráveis; *geschriebene*: memórias *f/pl.*; **~zettel** *m* lembrete *m*; *fig. a.* lição *f*.

denn [dɛn] pois (que); (por)que; *wo ist er* ~? onde é que está?; (*als*) do que, de; '**~och** contudo, todavia, não obstante; sempre.

Den'tist [dɛn'tist] *m* (*-en*), **~in** *f* dentista *m u. f.*

De'pesch|e [de'pɛʃə] *f* telegrama *m*; *a. diplomatische*: despacho *m*; **♀'ieren** (-) telegrafar.

depo'nieren [depo'ni:rən] (-) depositar.

Depo'siten|bank [depo'zi:tən-] *f* banco *m* de depósitos; **~konto** *n* (*-s*; *-konten*) conta-depósito *f*; **~-schein** *m* (*-ės*; *-e*) senha *f* de depósito.

De'pot [de'po:] *n* (*-s*; *-s*) depósito *m*.

Depu'tierte [depu'ti:rtə] *m u. f*, **~r** *m* deputado *m*, -a *f*.

der [dɛr] *m*, **die** [di:] *f*, **das** *n* **1.** *art.* o *m*, a *f*; **2.** *pron.* **a**) *relativ*: que *m u. f*, o qual *m*, a qual *f*; **b**) *hinweisend*: aquele *m*, -a *f*, este *m*, -a *f*.

'**der-art** ['de:r-] de tal maneira; **~ig** tal; et. ~es (a.)c. semelhante, a.c. neste género.

derb [dɛrp] (*hart*) duro; (*kräftig*) forte; *Stoff*: resistente; (*grob*) rude, grosseiro; '**♀heit** *f* vigor *m*; rudeza *f*, grossaria *f*.

der'einst um dia.

'**deren** ['de:rən] **1.** *relativ*: cuja(s) *f*(*pl.*), cujos *m*/*pl.*, *nachgestellt*: de quem, da qual *f*, dos (das) quais *m* (*f*)/*pl.*; **2.** *hinweisend* (*nachgestellt*): desta(s) *f* (*pl.*), daquela(s) *f*(*pl.*), destes *m*/*pl.*, daqueles *m*/*pl.*

'**dere(n)t|halben** [-halbən], **~wegen,** (*um*) **~willen 1.** *hinweisend*: por (causa d)eles *m*/*pl.*, por (causa d)ela *f*, por (causa d)elas *f*/*pl.*; **2.** *relativ*: por causa de quem, por causa da qual *f*, pela qual *f*, por causa dos (das) quais *m*(*f*)/*pl.*, pelos (pelas) quais *m*(*f*)/*pl.*

'**der|gestalt** de tal maneira; ~ *daß a.* de jeito que; **~'gleichen** tal; (coisa) semelhante; *nichts* ~ nada disto.

Deri'vat [deri'va:t] *n* (*-ės*; *-e*) derivado *m*.

'**der-** *m*, '**das-** *n*, ('**die-** *f*)**jenige** ['-jenigə] aquele *m* (-a *f*); o *m* (a *f*).

'**dermaßen** [-ma:sən] tanto; *bei adj. u. adv.* tão.

der- *m*, **das-** *n*, (**die-** *f*)'**selbe** [-'zɛlbə] o mesmo (a mesma) (*wie* que).

'**der-zeitig** a(c)tual.

des [dɛs] *gen. v.* der do; **♀** ♪ *n* (-; -) ré-bemol *m*.

Deser't|eur [dezɛr'tø:r] *m* (*-s*; *-e*) desertor *m*; **♀ieren** (-) desertar.

des'gleichen igualmente, também, do mesmo modo.

'**des-halb** por isso; ~, *weil* porque.

Desinfekti'on [dɛs-] desinfe(c)ção *f*; **~s-mittel** *n* desinfe(c)tante *m*.

desinfi'zieren (-) desinfe(c)tar.

Des'pot [dɛs'po:t] *m* (*-en*) déspota *m*; **♀isch** despótico.

'**dessen** ['dɛsən] *relativ*: cujo; *nachgestellt*: de quem, do qual; *hinweisend, nachgestellt*: daquele; **~-ungeachtet** todavia, ainda assim.

Des'sert [dɛ'ser] *n* (*-s*; *-s*) sobremesa *f*; **~wein** *m* (*-ės*; *-e*) vinho *m* de sobremesa.

Destil'lier|-apparat [dɛsti'li:r-] *m* (*-ės*; *-e*) alambique *m*; **♀en** (-) destilar; **~kolben** *m* cucúrbita *f*.

'**desto** ['dɛsto] tanto; *je mehr,* ~ *besser* quanto mais, melhor.

'**des'wegen** por isso; ~ *weil* porque.

De'tail [de'taɪ] *n* (*-s*; *-s*) pormenor *m* (*im* ao); *im* ~ ♆ *u. oft in Zssg*(*n*) **~...** a retalho; **~-händler** *m* retalheiro *m*; **♀'lieren** (-) pormenorizar; especificar.

Detek'tiv [detɛk'ti:f] *m* (*-s*; *-e*) agente *m* da polícia; **~-film** *m* (*-ės*; *-e*) filme *m* policial; **~roman** *m* (*-ės*; *-e*) romance *m* policial.

'**deut|eln** ['dɔytəln] (*-le*) sofismar; '**~en** (*-e-*) **1.** *v*/*t.* interpretar; **2.** *v*/*i.*: ~ *auf* (*ac.*) indicar; *fig. a.* deixar prever; pressagiar; '**~lich** distinto, claro, nítido; '**♀lichkeit** *f* nitidez *f*, clareza *f*.

deutsch [dɔytʃ] alemão *m* (*auf* em), alemã *f*; da Alemanha; germânico *m*, -a *f*; ~ *mit j-m reden fig.* falar sem rodeios; '**~feindlich** germanófobo; anti-alemão; '**~freundlich,** '**~gesinnt** germanófilo; '**♀kunde** *f* (*0*) história *f* da cultura alemã; '**~-portugiesisch** luso-alemão; '**♀tum** *n* (*-ės*; *0*) nacionalidade *f* alemã; germanismo *m*.

'**Deutung** ['dɔytuŋ] *f* interpretação *f*; *Rel.* exegese *f*.

De'vise [de'vi:zə] *f* divisa *f*, ♆ *a.* cambial *m*; **~n...**: *in Zssg*(*n*) de cambiais, de divisas.

de'vot [de'vo:t] (*-est*) submisso; (*fromm*) devoto.

De'zember [de'tsɛmbər] *m* dezembro *m*.
Dezer'nat [detsɛr'na:t] *n* (*-és*; *-e*) secção *f*, repartição *f*.
'Dezi|gramm ['detsi-] *n* (*-s*; *-e*) decigrama *m*; **~liter** *n* decilitro *m*; **~'mal...**: *in Zssg(n)* decimal; **~meter** *n* decímetro *m*; **≗'mieren** [-'mi:rən] (-) dizimar.
Dia|'dem [dia'de:m] *n* (*-s*; *-e*) diadema *m*; **~'gnose** [-'gno:zə] *f* diagnóstico *m*; **≗go'nal** [-go'na:l] diagonal; **~'gramm** *n* (*-s*; *-e*) diagrama *m*; gráfico *m*; **~ko'nisse** [-ko'nisə] *f* diaconisa *f*; **~'lekt** [-'lɛkt] *m* (*-és*; *-e*) diale(c)to *m*; **~'lektik** *f* (*0*) dialé(c)tica *f*; **≗'lektisch** dialé(c)tico; **~log** [-'lo:k] *m* (*-és*; *-e*) diálogo *m*.
Dia'mant *m* (*-en*) diamante *m*; **≗en** diamantino; **~enschleiferei** *f* lapidagem *f* de diamantes.
Diar'rhöe [dia'rø:] *f* diarreia *f*.
Di'ät [di'ɛ:t] ⚕ *f* dieta *f*, regime(n) *m* (*halten* fazer); **~en** *f/pl. Geld*: gratificações *f/pl*.
dich [diç] (*ac. v. du*) te, a ti.
dicht [diçt] (*-est*) denso; espesso; cerrado; (*undurchlässig*) impermeável; *~ machen* = *~en²*; *~ sn*, *~ halten Fenster*: fechar bem; *~ bei* perto de; justo de (*od.* a), cerca de; **'~belaubt** frondoso; **'≗e** *f* (*0*) densidade *f*; *Phys.* massa *f* específica; **'~en¹** **1.** (*-e-*) poetar, fazer versos, compor versos; trovar; **2.** *≗ n* composição *f* (de versos); *~ und Trachten* pensamento *m*, interesse (*'ê) *m*; **'~en²** ⊕ (*-e-*) compor; *Rohr*: empangar; *Ritze usw.*: calafatear, calafetar; **'≗er(in** *f*) *m* poeta *m* (poetisa *f*); autor(a *f*) *m*; **'~erisch** poético; **'≗erling** *m* (*-s*; *-e*) versejador *m*; **'~halten** (*L*) (*schweigen*) calar-se; **'≗igkeit** *f* (*0*) densidade *f*; espessura *f*; **'≗kunst** *f* (*0*) arte *f* poética; poesia *f*; **'≗ung** *f* poesia *f*; poema *m*; versos *m/pl.*; ⊕ calafetagem *f*; *Rohr*: empanque *m*.
dick [dik] grosso; *j.*: gordo, forte, F gorducho; ⚕ (*geschwollen*) inchado; *~ werden j.*: engordar; ⚕ inchar; *Milch*: coalhar; *fig. Freund*: muito íntimo; *'~e Luft fig.* F situação *f* crítica; *durch ~ und dünn* por paus e pedras; **'~bändig** ['-bɛndiç] volumoso; **'~bäuchig** ['-bɔyçiç] barrigudo, ventrudo; **'≗darm** *m* (*-és*; *¨e*) intestino *m* grosso; **'≗e** *f* (*0*) grossura *f*; gordura *f*; **'~fellig** ['-fɛliç] *fig.* teimoso; **'~flüssig** consistente, pastoso; **'≗häuter** ['-hɔytər] *m*, **'~häutig** ['-hɔytiç] paquiderme *m*; **'≗icht** ['-içt] *n* (*-és*; *-e*) espessura *f* (de um bosque), mata *f* espessa; **'≗kopf** *m* (*-és*; *¨e*), **'~köpfig** ['-køpfiç] cabeçudo *m*; *fig.* teimoso *m*; **'≗köpfigkeit** *f* (*0*) teimosia *f*; **'~leibig** ['-laɪbiç] gordo, obeso; abdominoso; **'≗leibigkeit** *f* (*0*) obesidade *f*; **'~tun** (*L*): *sich ~* gabar-se, pavonear-se.
die [di:] *s. der*.
Dieb [di:p] *m* (*-és*; *-e*) ladrão *m*, gatuno *m*; **~e'rei** [-bə'raɪ] *f* ladroíce *f*, gatunice *f*.
'Diebes|bande ['di:bəs-] *f* quadrilha *f* (*od.* bando *m*) de ladrões; **~gut** *n* (*-és*; *0*) roubo *m*; **~höhle** *f* ladroeira *f*; **≗sicher** bem seguro; à prova de ladrões; **~sprache** *f* geringonça *f*, gíria *f*.
'Dieb|in ['di:bin] *f* ladra *f*, gatuna *f*; **≗isch** ladro; *fig.* F imenso; **~stahl** *m* (*-és*; *¨e*) roubo *m*, furto *m*.
'diejenige ['-je:nigə] *s. derjenige*.
'Diel|e ['di:lə] *f* (*Brett*) tábua *f*; pranchão *m*; (*Fußboden*) soalho *m*, chão *m*; (*Vorraum*) vestíbulo *m*; (*Tanz≗*) bar *m*; **≗en** entaboar, assoalhar.
'dien|en ['di:nən] servir (*als* de; *zu* para; *womit?* ✝ em quê?); **≗er** *m* **a**) criado *m*; **b**) (*Verbeugung*) reverência *f*, vénia *f*; **≗erin** *f* criada *f*; **≗erschaft** *f* criadagem *f*; pessoal *m*; **~lich** útil; oportuno.
Dienst [di:nst] *m* (*-es*; *-e*) serviço *m* (*haben* estar de; *erweisen* prestar); (*Gefälligkeit*) *a.* favor *m*; *außer ~* (*Abk. a. D.*) na ina(c)tividade, aposentado, jubilado, *bsd.* ⚔ reformado; *zu ~en pl.* às ordens, *was steht zu ~en?* ✝ em quê posso servir?; *~e nehmen* ⚔ assentar praça; *in ~ nehmen* contratar.
'Dienstag ['di:nsta:k] *m* (*-és*; *-e*) terça-feira *f*; **≗s** às terças-feiras.
'Dienst|alter *n* (*-s*; *0*) antiguidade *f*; tempo *m* de serviço; **~älteste(r)** *m* decano *m*; **~antritt** *m* (*-és*; *-e*) entrada *f* em serviço (*od.* em funções); **~anweisung** *f* regulamento *m*; **≗bar** tributário; **~barkeit** *f* servidão *f*; **≗beflissen** serviçal, solícito; **~bote** *m* (*-n*) criado *m*; **~eid** *m* (*-és*; *-e*): *den ~ leisten* prestar

juramento; **~eifer** *m*(*-s*; *0*) solicitude *f*, zelo *m*; **2eifrig** solícito; **~entlassung** *f* demissão *f*; **2fähig** apto para o serviço; **2frei** feriado; **2habend** de serviço; **~herr(in** *f*) *m* (*-n od. -en*; *-en*) patrão *m* (patroa *f*); amo *m* (-a *f*); **~leistung** *f* serviço *m*; **2lich** oficial, de ofício; **~mädchen** *n* criada *f*; **~mann** *m* **a**) (*-es*; *=er od. -leute*) moço *m* (de fretes), carregador *m*, carrejão *m*; **b**) (*-es*; *-en*) vassalo *m*; **~ordnung** *f* regulamento *m*; **~pflicht** *f* dever *m*, ofício *m*; ⚔ serviço *m* militar obrigatório; **~sache** *f* correspondência *f* oficial; **~stelle** *f* repartição *f*; (*Büro*) escritório *m*; **2tauglich** válido; **2tuend** ['-tu:ɛnt] de serviço; **2unfähig, 2untauglich** inválido; incapaz (de prestar serviço); **~weg** *m* (*-es*; *-e*) via *f* oficial; **2willig** obsequioso; **~wohnung** *f* residência *f* oficial; **~zeit** *f* horas *f/pl.* de serviço.

dies [di:s] *s. dieser*; **'~bezüglich** respe(c)tivo; *adv.* com respeito a isto.

'die|se ['di:zə] *f s. dieser*; **~'selbe** *f s. derselbe*.

'dieser ['di:zər] *m*, **'diese** *f*, **'die(se)s** *n* este (*'ê) *m*, esta *f*; *beim Angeredeten*: esse (*'ê) *m*, essa *f*; *su.* este (*'ê) *m*, esta *f*; *am 5. dieses Monats* (*Abk. d.M.*) ✝ corrente (*Abk.* cte).

'diesig ['di:ziç] fusco.

'dies|jährig deste ano; **~mal(ig** d)esta vez; **~seitig** ['-zaıtiç] deste lado; do lado de cá; citerior; **~seits** ['-zaıts] **1.** (*gen.*) aquém (de); **2.** **2** *n* (*-*; *0*) este mundo *m*.

'Dietrich ['di:triç] *m* (*-es*; *-e*) gazua *f*; chave *f* falsa.

Differenti'al [diferɛntsi'a:l] *n* (*-s*; *-e*), **~...**: *in Zssg(n)* diferencial *f*.

Diffe'renz [difə'rɛnts] *f* diferença *f*.

Dikta'phon [dikta'fo:n] *n* (*-s*; *-e*) ditafone *m*.

Dik'tat [dik'ta:t] *n* (*-es*; *-e*) ditado *m* (*nach* ao); **~or** *m* (*-s*; *-en*) ditador *m*; **2'orisch** ['o:] ditatorial; **~'ur** ['u:] *f* ditadura *f*.

dik'tieren [dik'ti:rən] (-) ditar.

Dilet'tant [dilɛ'tant] *m* (*-en*) diletante *m*; amador *m*; **2isch** diletante, superficial.

Dill ⚘ *m* (*-es*; *-e*) aneto *m*.

Ding [diŋ] **a**) *n* (*-es*; *-e*) coisa *f*; obje(c)to *m*; (*Angelegenheit*) assunto *m*; *guter ~e* bem disposto; optimista; *vor allen ~en* sobretudo, antes de mais nada; *das geht nicht mit rechten ~en zu* não é natural; ali há coisa; *ein ~ der Unmöglichkeit* impossível; **b**) *n* (*-es*; *-er*) F (*Mädchen*) cachopa *f*; **'2en** alugar; contratar; **'2fest**: *~ machen* prender; **'2lich** real, efe(c)tivo; concreto; **'~wort** *n* (*-es*; *=er*) substantivo *m*.

Diö'zese [diœ'tse:zə] *f* diocese *f*.

Diphther'ie [diftə'ri:] *f* (*0*) difteria *f*.

Diph'thong [dif'tɔŋ] *m* (*-es*; *-e*) ditongo *m*.

Di'plom [di'plo:m] *n* (*-es*; *-e*) diploma *m*; **~...**: *in Zssg(n) oft* diplomado; licenciado (em).

Diplo'mat [diplo:'ma:t] *m* (*-en*) diplomata *m*; **~'ie** *f* (*0*) diplomacia *f*; **2isch** diplomático; *j.*: diplomata.

Di'plom|forstwirt *m* (*-es*; *-e*) engenheiro *m* silvicultor; **~-ingenieur** *m* (*-s*; *-e*) engenheiro *m*; **~landwirt** *m* (*-es*; *-e*) engenheiro *m* agrónomo.

dir [i:] (*dat. v. du*) (par)a ti; *tonlos*: te; *mit ~* contigo.

di'rekt [di'rɛkt] dire(c)to; *adv. a.* direito; ✝ *~e Annahme* aceite *m* incondicional; **2i'on** [-tsi'o:n] *f* dire(c)ção *f*; **2or** [o:] *m* (*-s*; *-en*) (**2'orin** *f*) dire(c)tor(a *f*) *m*; ✝ *a.* gerente *su.*: *Schule*: *a.* reitor(a *f*) *m*; **2'orium** [-'o:rium] *n* (*-s*; *Direktorien*) dire(c)ção *f*; junta *f*; *Pol.* dire(c)tório *m*; **2'rice** [-'ri:sə] *f* modista *f* chefe; **2sendung** *f* emissão *f* dire(c)ta.

Diri'g|ent [diri'gɛnt] *m* (*-en*) dire(c)tor *m* (substituto); ♪ regente *m*, chefe *m* de orquestra; **2ieren** [-'gi:rən] (-) reger, dirigir.

'Dirne ['dirnə] *f* prostituta *f*; V puta *f*.

dis [dis] ♪ *n* (*-*; *-*) ré-sustenido *m*.

Dis|harmo'nie [dis-] *f* desarmonia *f*; dissonância *f*; **2har'monisch** desarmónico, desarmonioso; dissonante.

Dis'kant [dis'kant] ♪ *m* (*-es*; *-e*) tiple *m*.

Dis'kont [dis'kɔnt] *m* (*-es*; *-e*) desconto *m*; **2'ieren** (-) descontar; **~satz** *m* (*-es*; *=e*) taxa *f* de desconto.

diskredi'tieren [dis-] (-) desacreditar; difamar.
'Diskus ['diskus] *m* (-; *Disken od. -se*) disco *m*.
Diskussi'on [diskusi'o:n] *f* discussão *f*.
'Diskus|werfen *n* lançamento *m* de disco; **~werfer(in** *f*) *m* discóbolo *m* (-a *f*); **~wurf** *m* (-*ės*; *"e*) = ~werfen.
disku't|abel [disku'ta:bəl] discutível; ponderável; **~ieren** (-) discutir.
Dis'pens [dis'pɛns] *m* (-*es*; -*e*) dispensa *f*; **~'ieren** [-'zi:rən] (-) dispensar, eximir.
dispo'nier|en [dispo'ni:rən] (-) dispor (*über ac.* de); **⁓t** *adj.*: *nicht* ~ indisposto.
Dispositi'on [dis-] *f* disposição *f*.
Dis'put [dis'pu:t] *m* (-*ės*; -*e*) disputa *f*.
Dissertati'on [disɛrtatsi'o:n] *f* tese *f*; dissertação *f*.
Disso'nanz [diso'nants] *f* dissonância *f*.
'Distel ['distəl] *f* (-; -*n*) cardo *m*; **~fink** *m* (-*ės*; -*e*) pintassilgo *m*.
Di'strikt [dis-'trikt] *m* (-*ės*; -*e*) distrito *m*.
Diszi'plin [distsi'pli:n] *f* disciplina *f*; **~'ar...**: *in Zssg(n)*, **⁓'ar(isch)** disciplinar; **⁓'ieren** (-) disciplinar.
'Diva ['di:va:] *f* (-; -*s od. Diven*) estrela (*'ê) *f*.
Divi'den|d [divi'dɛnt] ⅍ *m* (-*en*), **~de** *f* ✝ dividendo *m*.
'Diwan ['di:va:n] *m* (-*s*; -*e*) divã *m*.
doch [dɔx] **1.** *betont*: sempre; *auf verneinte Fragen*: ~! *übers. durch Wiederholung des vb.* (+ pois!), *als Gegenbehauptung übers. durch* isso é que + *vb.*; *wenn ... auch, so ...* ~ embora (*subj.*) ..., sempre ...; **2.** *unbetont*: (*aber*) porém; *nach Aufforderungen*: então; porque (é que) não...?; *Wunsch*: oxalá que (*subj.*); '*ja* ~! sim!; tenha paciência!; '*nicht* ~! não!; por favor, não!; *Sie wissen* ~, *daß* sabe muito bem que; então não sabe que ...?
Docht [dɔxt] *m* (-*ės*; -*e*) torcida *f*, mecha *f*.
Dock [dɔk] *n* (-*ės*; -*e od.* -*s*) doca *f*, estaleiro *m*; '**~e** *f Garn*: meada *f*.
'Dogge ['dɔgə] *f* cão *m* de fila; dogue *m*.
'Dohle ['do:lə] *f* gralha *f*, -o *m*.
'Doktor ['dɔktɔr] *m* (-*s*; -*en*): **a**) doutor *m* (*der Medizin, med.* em medicina; *jur.* em direito; *phil.* em letras); *s-n* ~ *machen* doutorar-se; **b**) F médico *m*; **~-examen** *n* (-*s*; -*examina*) doutoramento *m*; **~-hut** *m* (-*ės*; *"e*) borla *f*; **~-insignien** *f/pl.* insígnias *f/pl.* doutorais.
Doku'ment [doku'mɛnt] *n* (-*ės*; -*e*) documento *m*; (*Bescheinigung*) certificado *m*; *pl. a.* documentação *f/sg.*; **⁓'arisch** [-'ta:riʃ] documental; **⁓'ieren** (-) documentar.
Dolch [dɔlç] *m* (-*ės*; -*e*) punhal *m*; '**~stich** *m* (-*ės*; -*e*), '**~stoß** *m* (-*es*; *"e*) punhalada *f*.
'Dolde ['dɔldə] *f* umbela *f*.
'dolmetsch|en ['dɔlmɛtʃən] *v/t.* interpretar; traduzir; *v/i.* servir de intérprete; **⁓er(in** *f*) *m* intérprete *m u. f*.
Dom [do:m] *m* (-*ės*; -*e*) catedral *f*, sé *f*; **~'äne** *f* domínio *m*; senhorio *m* real; '**~herr** *m* (-*n od.* -*en*; -*en*) cónego *m*; '**~herren-würde** *f* (*0*) canonicato *m*; '**~kapitel** *n* capítulo *m*; '**~pfaff** *m* (-*en*) *Zool.* pisco *m* (chilreiro).
'Donner ['dɔnər] *m* trovão *m*; **~keil** *m* (-*ės*; -*e*) *Geol.* belemnita *f*; **⁓n** (-*re*) trovejar; **~schlag** *m* (-*ės*; *"e*) detonação *f*; **~s-tag** *m* (-*ės*; -*e*) quinta-feira *f* (*Grün⁓* ... Santa); **~wetter** *n* trovoada *f*; (*zum*) ~! com mil raios!
'Doppel ['dɔpəl] *n* duplicado *m*.
'Doppel...: *in Zssg(n) oft* de dois..., de duas...; *mit* ~-*a* com dois aa; **~-adler** *m* águia *f* imperial austro-húngara; **~bett** *n* (-*ės*; -*en*) cama *f* de casal; **~decker** *m* biplano *m*; **~-ehe** *f* bigamia *f*; **~fenster** *n* janela *f* dupla; **~gänger** [-gɛŋər] *m* sósia *m*; **⁓gleisig** [-glaɪzɪç] de via dupla; **~kinn** *n* (-*ės*; -*e*) papada *f*; **~konsonant** *m* (-*en*) duas consoantes *f/pl.*; **~punkt** *m* (-*ės*; -*e*) dois pontos *m/pl.*; **⁓reihig** [-raɪɪç] de (*od.* em) duas filas *f/pl.*; ~*er Rock* jaquetão *m*; **⁓seitig** [-zaɪtɪç] duplo; bilateral; *adv. a.* por ambos os lados; **~sinn** *m* (-*ės*; *0*) duplo sentido *m*, ambiguidade *f*; **⁓sinnig** ambíguo, equívoco; **~sohle** *f* sola *f* dupla; **~spiel** *n* (-*ės*; -*e*) *Tennis*: «double» *m* (*fr.*); quadrado *m*; *ein* ~ *treiben fig.* ser ambíguo; **⁓spra-**

chig [-ʃpraːxɪç] bilingue; **~staatlichkeit** *f* (*0*) dupla nacionalidade *f*; **~stecker** ⚡ *m* ficha *f* dupla; **2t** dobre, duplo; et. ~ *haben* ter a.c. repetido; *Buchführung*: por partidas dobradas; ~ *soviel, das* ~*e* o duplo; **2t-kohlen-sauer**: ~*es Natron* bicarbonato *m* de sódio; **~tür** *f* porta *f* dupla; **~verdienst** *m* (-*es*; -*e*) acumulação *f*; **~zimmer** *n* quarto *m* com duas camas; **2züngig** [-tsyŋɪç] falso, ambíguo; **~züngigkeit** *f* (*0*) ambiguidade *f*.

Dorf [ɔ] *n* (-*es*; ⸗*er*) aldeia *f*; *größeres*: povoação *f*; **'~bewohner(in** *f*) *m* aldeão *m*, aldeã *f*; **'~gemeinde** *f* freguesia *f*, comarca *f*.

Dorn [ɔ] *m* (-*es*; -*en*, ⊕ *a.* -*e*) espinho *m*; ⊕ espigão *m*; *j-m ein* ~ *im Auge sn fig.* ser antipático a alg.; **'~busch** *m* (-*es*; ⸗*e*) sarça(l *m*) *f*, espinheiro *m*; **'2en-voll**, **'2ig** espinhoso.

'dörr|en ['dœrən] secar, torrar; **2...**: *in Zssg(n)* seco (*ê).

Dorsch [dɔrʃ] *m* (-*es*; -*e*) (a)badejo *m*.

dort [ɔ] ali, (aco)lá; *beim Angeredeten*: aí; **'~-her** dali, de lá; **'~-hin** (para) lá; **'~ig** dali.

'Dos|e ['doːzə] *f* caixa *f*; (*Blech2*) lata *f*; (*Tabak2*) tabaqueira *f*; = ~*is*; **~en-öffner** [-œfnər] *m* abre-latas *m*; **2'ieren** (-) dos(e)ar, dosificar; **~is** *f* (-; *Dosen*) dose *f*.

'Dotter ['dɔtər] *m* gema *f* (de ovo); **~blume** *f* taraxaco *m*, pamposto *m*; **2gelb** (da) cor da gema de ovo.

Do'z|ent [do'tsɛnt] *m* (-*en*) docente *m*; professor *m* agregado; **2ieren** (-) ensinar.

'Drachen ['draxən] *m* dragão *m*; (*Papier2*) papagaio *m*; **~baum** *m* (-*es*; ⸗*e*) dragoeiro *m*.

Draht [aː] *m* (-*es*; ⸗*e*) arame *m*; fio *m* metálico; (*Eisen2*) fio *m* de ferro; ⚡ (*Leitungs2*) fio *m* elé(c)trico; ☏ telégrafo *m*; F (*Geld*) massa *f*; *auf* ~ *sn* F *fig.* estar esplêndido; **'~-antwort** *f* resposta *f* telegráfica; **'~bericht** *m* (-*es*; -*e*) informação *f* telegráfica; **'~...**: *in Zssg(n)* ☏ telegráfico; **'~bürste** *f* escova *f* de arame; ⊕ carda *f*; **'2en** (-*e*-) telegrafar; **'~fenster** *n* rede *f*; **'~funk** *m* (-*es*; *0*) radiotelegrafia *f*; **'~geflecht** *n* (-*es*; -*e*), **'~gitter** *n* rede *f*; **'~-hindernis** *n* (-*ses*; -*se*) ⚔ arame *m* farpado; **'2los** sem fios; ~*es Telegramm* radiograma *m*; **'~nachricht** *f* telegrama *m*; **'~nagel** *m* (-*s*; ⸗) prego *m* de arame; **'~seil** *n* (-*es*; -*e*) cabo *m*; **'~seilbahn** *f* teleférico *m*; **'~verhau** *n* (-*es*; -*e*) arame *m* farpado; **'~zange** *f* alicate *m*; **'~zaun** *m* (-*es*; ⸗*e*) rede *f*; **'~zieher** ['-tsiːər] *m fig.* tramador *m*; maquinador *m*.

Drall 1. ⊕ *m* (-*es*; -*e*) estria *f*; torcedura *f*; **2.** 2 *adj. j.*: rijo.

'Drama ['draːma] *n* (-*s*; *Dramen*) drama *m*; **~tiker** [dra'maːtikər] *m* dramaturgo *m*; autor *m* dramático; **2tisch** [-'aːtiʃ] dramático; **2ti'sieren** [-ti'ziːrən] (-) dramatizar; **~'turg** *m* (-*en*) dire(c)tor *m* artístico; **~tur'gie** [-tur'giː] *f* dramaturgia *f*.

Drang [draŋ] *m* (-*es*; *0*) (*Gedränge, Bedrängnis*) aperto *m*; pressão *f*; aflição *f*; ⚕ puxo *m*; (*Trieb*) impulso *m*, ímpeto *m*; *Sturm und* ~ *Lit.* Titanismo *m*, Impetuosismo *m*.

'drängeln ['drɛŋəln] (-*le*) F empurrar.

'drängen ['drɛŋən] **1.** *v/t.* empurrar; *fig.* impelir, estimular; *zur Eile* ~ urgir; *es drängt mich zu* (*inf.*) impõe-se me (*inf.*); *sich* ~ *Volk*: aglomerar-se; *Ereignisse*: seguir-se com muita pressa; *sich durch* ... ~ romper por entre; **2.** *v/i.* urgir; *auf* (*ac.*) ~ insistir em; **3.** 2 *n* impulso *m*; (*Bitte*) instâncias *f/pl*.

'Drangsal ['draŋzaːl] *f* (-; -*e*) *u. n* (-*es*; -*e*) aperto *m*; apuro *m*; tormento *m*, aflição *f*; **2'ieren** (-) vexar, atormentar.

'drastisch ['drastiʃ] drástico; forte, enérgico.

drauf [drauf] F *s. darauf*; ~ *und dran sn zu* (*inf.*) estar para (*od.* a ponto de); **'2gänger** ['-gɛŋər] *m* valente *m*; homem *m* corajoso; **'~gehen** (*L*; *sn*) F gastar-se; P *j.*: morrer.

'draußen ['drausən] fora; (*im Freien*) ao ar livre.

'Drechsel|bank ['drɛksəl-] *f* (-; ⸗*e*) torno (*'ô) *m*; **2n** (-*le*) tornear.

'Drechsler ['drɛkslər] *m* torneiro *m*; **~'ei** [-'raɪ] *f* tornearia *f*.

Dreck [ɛ] *m* (-*es*; *0*) porcaria *f*; (*Müll*) lixo *m*; (*Schlamm*) lama *f*; *Schmutz, a. fig.* imundícia *f*; V merda *f*; **'~fink** *m* (-*en*) porcalhão *m*; **'2ig** sujo; **'~loch** *n* lodaçal *m*, lamaçal *m*.

Dreh [eː] P *m* (*-ęs*; *-e od. -s*) jeito *m*; *den ~ heraus haben* conhecer o segredo (de a.c.); '**~achse** *f* eixo *m* de rotação; '**~bank** *f* (*-*; *⸗e*) torno (*'ô) *m*; '**᷈bar** giratório; '**~bleistift** *m* (*-ęs*; *-e*) lapiseira *f*; '**~brücke** *f* ponte *f* giratória; '**~buch** *n* (*-ęs*; *⸗er*) *Film*: argumento *m*; '**~buch-autor** *m* (*-s*; *-en*) argumentista *m*; '**~bühne** *f* palco *m* giratório; '**᷈en** *v/t.* (*v/i.*) virar; voltar (*a.* rodar); ⊕ dar volta a; torcer; *j-m e-n Strick ~ fig.* arranjar uma carrapata a alg.; *Film*: realizar; rodar (*a. Knopf*); *Tüten*: fazer; *im Kreise ~* fazer girar; *sich ~* girar (*um* em volta de); *fig. a.* tratar-se de, *Unterhaltung*: versar sobre; *alles dreht sich um ihn* ele é o centro; *~ und wenden* virar e revirar; '**~er** *m* torneiro *m*; '**~kondensator** ⚡ *m* (*-s*; *-en*) condensador *m* variável; '**~krankheit** *f* vertigem *f*; modorra *f*; '**~kreuz** *n* (*-es*; *-e*) torniquete *m*, molinate *m*; '**~-orgel** *f* (*-*; *-n*) realejo *m*; '**~punkt** *m* (*-ęs*; *-e*) centro *m* de rotação; '**~schalter** *m* interruptor *m* rotativo; '**~scheibe** *f* torno (*'ô) *m*; falca *f*; 🚂 placa *f* giratória; '**~strom** ⚡ *m* (*-ęs*; *0*) corrente *f* trifásica; '**~tür** *f* porta *f* giratória; F parasita *m*; '**~ung** *f* volta *f* (*a.* ⚔), rotação *f*; '**~zahl** *f* número *m* de rotações.

drei [aɪ] **1.** três; **2.** ᷈ *f* três *m*; *Karte*: terno *m*; '**᷈-akter** ['-aktər] *m* peça *f* em três a(c)tos; '**~-armig** ['-armiç] de três braços (*od.* bicos); '**᷈bund** *m* (*-ęs*; *0*) tríplice aliança *f*; '**᷈-eck** *n* (*-ęs*; *-e*) triângulo *m*; '**~-eckig** triangular; ᷈'**einigkeit** *f* (*0*) Trindade *f*; ᷈**-elek'trodenröhre** *f* tríodo *m*; '**~erlei** ['-ɛrlaɪ] de três espécies; três ... diferentes; *auf ~ Arten* de três modos; '**~fach**, '**~fältig** ['-fɛltiç] triplo, tríplice; ᷈'**faltigkeit** *f* (*0*) Trindade *f*; ᷈'**farbendruck** *m* (*-ęs*; *-e*) tricromia *f*; '**~farbig** trícolor; '**᷈fuß** *m* (*-es*; *⸗e*) tripeça *f*, tripó *m*; trípode *f*; '**᷈gespann** *n* (*-ęs*; *-e*) parelha *f* de três cavalos; '**~hundert** trezentos; '**᷈hundertjahrfeier** *f* (*-*; *-n*) tricentenário *m*; '**~hundertste(r)**, **~hundertstel** trecentésimo; '**~jährig** ['-jɛːriç] de três anos, trienal; ᷈'**käse-hoch** F *m* (*-s*; *- od. -s*) três reis de gente *m*; '**᷈klang** *m* (*-ęs*; *⸗e*) trítono *m*; ᷈'**königs-tag** *m* (*-ęs*; *0*) Dia *m* dos Reis; '**~mal(ig)** três vezes (repetido); '**᷈master** ['-mastər] ⚓ *m* náu *f* de três mastros; (*Hut*) tricórnio *m*; '**~monatig** trimestral; *a.* '**~monatlich** *adv.* de três em três meses; '**~motorig** trimotor.

drein [draɪn] F *s. darein.*

'**Drei|phasen-motor** *m* (*-s*; *-en*) motor *m* trifásico; **~rad** *n* (*-ęs*; *⸗er*) triciclo *m*; **᷈räd(e)rig** ['-rɛd(ə)riç] a três rodas, de três rodas; **~röhrengerät** *n* (*-ęs*; *-e*) *Radio*: receptor *m* de três válvulas; **᷈seitig** ['-zaɪtiç] ⩓ trilateral, trilato; **~sitzer** ['-zitsər] *m*, **᷈sitzig** ['-zitsiç] de três assentos; **᷈sprachig** ['-ʃpraːxiç] trilíngue; **~sprung** *m* (*-ęs*; *⸗e*) triplo-salto *m*.

'**dreißig** ['draɪsiç] trinta; **᷈er(in** *f*) *m* [-gər-] homem *m* (mulher *f*) de trinta anos; *in den ~n* (*sn* andar) na casa dos trinta; **~jährig** [-jɛːriç] de trinta anos; **~ste(r)** [-stə(r)], **᷈stel** [-stəl] *n* trigésimo *m*.

dreist [draɪst] atrevido; ousado.

'**dreistellig** ['-ʃtɛliç] de três algarismos.

'**Dreistigkeit** [st] *f* atrevimento *m*, ousadia *f*.

'**drei|stimmig** ['-ʃtimiç] de (*adv.* a) três vozes; **~stöckig** ['-ʃtœkiç] de três andares (*od.* pisos); **~stündig** ['-ʃtyndiç] de três horas; **~tägig** ['-tɛgiç] de três dias; **~tausend** três mil; **~(᷈)tausendste(l)** (*n*) terceira milésima parte *f*; **~teilig** ['-taɪliç] de três partes, tripartido; **᷈teilung** *f* tripartição *f*; divisão *f* em três partes; **~viertel** três quartos; ᷈'**vierteltakt** *m* (*-ęs*; *-e*) compasso *m* ternário, compasso *m* de valsa; **~wöchentlich** trissemanal; *adv.* de três em três semanas; **᷈zack** ['-tsak] *m* (*-ęs*; *-e*) tridente *m*; **~zehn** treze; **~zehnte(r)** décimo terceiro; **᷈zehntel** *n* décimo *m* terço; **~ziffrig** ['-tsifriç] de três algarismos.

'**Dresch|e** ['drɛʃə] F *f* (*0*; *o. art.*) pancada *f*; **᷈en** ⸝ **1.** (*L*) malhar; **2.** ᷈ *n* malhada *f*; **~er** *m* malhador *m*; **~flegel** *m* malho *m*; **~maschine** *f* malhadeiro *m*, debulhadora *f*.

dres's|ieren [drɛ'siːrən] (-) adestrar; **᷈ur** [uː] *f* adestramento *m*.

Drift ⚓ *f* corrente *f*.

Drill ⚔ *m* (*-ęs*; *0*) exercício *m*, disciplina *f*; '**~bohrer** ⊕ *m* berbequim *m*, broca *f*; '2en fazer girar, verrumar; adestrar; ⚔ *a.* disciplinar, exercer; '~ich *m* (-*ės*; -*e*) trespano *m*; '~ing ['-iŋ] *m* (-*s*; -*e*) trigémeo *m*; ⊕ carrete *m*, rodinha *f*; (*Gewehr*) espingarda *f* de três canos; '~ings...: *in Zssg(n)* de três, triplo, tri...

drin F *s. darin, drinnen.*

'**dring|en** ['driŋən] (*L*) **a**) (*sn*): ~ *aus* sair de; ~ *durch* trespassar; ⊕ traspassar, perfurar; (com)penetrar; *in* (*ac.*) ~ penetrar em; ~ *bis zu* chegar até; **b**) (*h.*): (*drängen*) urgir; *auf* (*ac.*) ~ insistir em; *in j-n* ~ instar com alg., solicitar de alg.; *gedrungen Wuchs*: baixo(te); *Stil*: conciso; (*gezwungen*) constrangido; ~**end** *adj.*, ~**lich** urgente; *Gefahr*: iminente; *adv. bitten*: com insistência; ~e *Bitte* instância *f*; 2**lichkeit** *f* (*0*) urgência *f*.

'**drinnen** ['drinən] por dentro, lá dentro, no interior.

dritt: *zu* ~ aos três; '2**el** *n* terço *m*; '~**eln** (-*le*) dividir em três partes, tripartir; '~**en**: *zum* ~, '~**ens** (em) terceiro (lugar); '~**e**(**r**) terceiro; '~**letzte**(**r**) antepenúltimo.

'**droben** ['dro:bən]: (*da*) ~ (lá) em cima.

'**Drog|e** ['dro:gə] *f* droga *f*; ~**e'rie** [-ə'ri:] *f* drogaria *f*; ~'**ist** *m* (-*en*) droguista *m*.

'**Droh|brief** [o:] *m* (-*ės*; -*e*) carta *f* de ameaça; 2**en** (*dat.*) ameaçar (*ac.*); *Unheil*: *a.* estar iminente; 2**end** *adj.* ameaçador; iminente.

'**Drohne** ['dro:nə] *f* abelhão *m*, zangão *m*.

'**dröhnen** ['drø:nən] ribombar, *a. fig.* retumbar.

'**Drohung** ['dro:uŋ] *f* ameaça *f*.

'**drollig** ['drɔliç] engraçado.

Drome'dar [drome'da:r] *n* (-*s*; -*e*) dromedário *m*.

'**Droschke** ['drɔʃkə] *f* coche *m*, carro *m* (de praça).

'**Drossel** ['drɔsəl] *f* (-; -*n*) tordo *m*; (*Schwarz*2) melro *m*; ~**klappe** *f* válvula *f* estranguladora (*od.* de estrangulação); ~**knopf** *m* (-*ės*; ⸚*e*) punho *m*; 2**n** (-*le*) estrangular; ~**spule** *f* bobina *f* de choque; ~**ung** *f* estrangulação *f*, estrangulamento *m*; ~**ventil** *n* (-*s*; -*e*) = ~*klappe*.

'**drübe|n** ['dry:bən] além; acolá; no outro lado; (*a. von* ~) do outro lado, da outra banda; *nach* ~ para o outro lado; ~**r** F *s. darüber*; *s. drunter*.

Druck *m* (-*ės*; ⸚*e*) pressão *f* (*a. fig.*); *Last*: peso (*ê) *m*; ⚕ (*u. Bedrükkung*) opressão *f*, *Typ.* (*pl.* -*e*) impressão *f*, edição *f*, (*Bild*) estampa *f*; *im* ~ no prelo, em impressão, a imprimir-se; *fig.* aflito; '~**bogen** *m* folha (*ô) *f*; prova *f*.

'**Drückeberger** ['drykəbɛrgər] F *m* cobarde *m*, poltrão *m*.

drucken ['drukən] *Typ.* imprimir; *Exemplar*: tirar; ⊕ estampar; *lügen wie gedruckt* mentir como um livro.

'**drücken** ['drykən] apertar, *Hand*: *a.* estender; (*schieben*) empurrar; *Preise*: (fazer) baixar; (*zusammen*~) comprimir; ~ *auf* (*ac.*) oprimir (*ac.*), (*lasten*) pesar sobre; *fig.* deprimir; *sich* ~ (*vor dat.*) esquivar-se (a), subtrair-se (a); safar-se (de); *vgl. gedrückt fig.*; ~**d** *adj.* pesado; *Luft*: abafado(r), abafante; *Hitze*: sufocante.

'**Drucker** ['drukər] *m* impressor *m*, tipógrafo *m*.

'**Drücker** ['drykər] *m* (*Schlüssel*) gazua *f*; (*Tür*2) tranqueta *f*; puxador *m*; *Gewehr*: gatilho *m*; disparador *m*.

Drucker|'ei [drukə'raı] *f* tipografia *f*; '~**presse** *f* prelo *m*; '~**schwärze** *f* (*0*) tinta *f*.

'**Druck|fehler** *m* errata *f*, gralha *f*; ~**fleck** *m* (-*ės*; -*e*) negra *f*; ~**höhe** *f* altura *f* de elevação; ~**kessel** *m* autoclave *f*; ~**knopf** *m* (-*ės*; ⸚*e*) (botão *m* de) mola *f*; ⊕ botão *m* de pressão, * *a.* pulsador *m*; ~**legung** [-le:guŋ] *f* impressão *f*; ~**luft** *f* (*0*) ar *m* comprimido; ~**messer** ⊕ *m* manómetro *m*; ~**papier** *n* (-*s*; -*e*) papel *m* de imprimir; ~**probe** *f* prova *f* (tipográfica); ~**pumpe** *f* bomba *f* de pressão; ~**sache** *f* impresso *m*; ~**schrift** *f* impresso *m*; *in* ~ em cara(c)teres de imprensa; em letra *f* redonda; ~**stock** *m* (-*ės*; ⸚*e*) cliché *m*, matriz *f*.

drum F *s. darum*; 2 *und Dran n uv.* pormenores *m/pl.*; *mit allem* 2 *und Dran a.* com todos os pertences (*od.* matadores).

'**drunte|n** ['druntən]: (*da*) ~ (lá) em baixo; ~**r** *s. darunter*; ~ *und drüber gehen* estar numa grande confusão.

Drusch ⸗ [druʃ] *m* (*-es*; *-e*) malhada *f*.
'**Drüs|e** ['dry:zə] *f* glândula *f*; **~en...**: *in Zssg(n)* glandular; **~en-entzündung** *f* adenite *f*.
'**Dschungel** ['dʒuŋəl] *m*, *f* (-; *-n*), *n* selva *f*.
'**Dschunke** ['dʒuŋkə] *f* junco *m*.
du [u:] tu; ~ + *su*. seu..., sua...; *auf ~ und ~ stehen* dar-se por tu; ser muito íntimo; *mit ~ anreden* tratar por tu.
Du'blee [du'ble:] *n* (*-s*; *-s*) plaqué *m*.
'**duck|en** ['dukən] (a)baixar (a proa), *fig. a.* humilhar; *ins Wasser*: mergulhar; **2mäuser** [-moyzər] F *m* hipócrita *m*.
'**dudel|n** ['du:dəln] (*-le*) sanfoninar; **2sack** *m* (*-es*; *⸗e*) gaita *f* (de foles); **2sack-pfeifer** *m* gaiteiro *m*.
Du'ell [du'ɛl] *n* (*-s*; *-e*) duelo *m*; **~'ant** *m* (*-en*) duelista *m*; **2'ieren** (-): *sich ~* bater-se (em duelo).
Du'ett [du'ɛt] ♪ *n* (*-es*; *-e*) du(et)o *m*.
Duft *m* (*-es*; *⸗e*) perfume *m*, cheiro *m*, aroma *m*, odor *m*; '**2en** (*-e-*) cheirar (*nach* a); '**2end** *adj*. aromático, vaporoso; *stark ~* re(s)cendente; *poet*. oloroso; '**2ig** perfumado; vaporoso; (*leicht*) airoso.
Du'katen [du'ka:tən] *m* ducado *m*.
'**duld|en** ['duldən] (*-e-*) (*ertragen*) sofrer, padecer, aguentar; (*gestatten*) tolerar; **2er(in** *f*) *m* mártir *m*/*f*; **~sam** tolerante; **2samkeit** *f* (*0*), **2ung** *f* tolerância *f*.
dumm (*⸗er*; *⸗st*) parvo, tolo; *~e Geschichte fig*. coisa *f* aborrecida; *~es Zeug* disparate(s *pl*.) *m*; *sich ~ stellen* abobar-se; '**~dreist** impertinente; '**2heit** *f* parvoíce *f*, tolice *f*; '**2kopf** *m* (*-es*; *⸗e*) imbecil *m*; F parvo *m*.
dumpf *Klang*: surdo, abafado, *a*. *Luft*: pesado; *Raum*: húmido; (*gefühllos*) apático; '**2heit** *f* (*0*) *fig*. apatia *f*; '**~ig** húmido; mofento.
'**Düne** ['dy:nə] *f* duna *f*.
Dung [duŋ] *m* (*-es*; *0*) estrume *m*.
'**Dünge|mittel** ['dyŋə-] *n* adubo *m*; **2n** adubar, estrumar; **~r** *m* estrume *m*.
'**Dung|grube** *f*, **~haufen** *m* esterqueira *f*, estrumeira *f*.
'**Düngung** ['dyŋuŋ] *f* adubação *f*, adubamento *m*, estrumação *f*.
'**dunkel** ['duŋkəl] **1.** *adj*. (*-kl-*) escuro; sombrio; obscuro; (*geheim*) oculto; misterioso; (*undurchsichtig*) nebuloso; *~ werden* escurecer(-se), *abends*: anoitecer; **2.** **2** *n* (*-s*; *0*) escuridão *f*; *im ~n* às escuras.
'**Dünkel** ['dyŋkəl] *m* (*-s*; *0*) presunção *f*; petulância *f*.
'**dunkelbraun** castanho escuro; moreno.
'**dünkel-haft** petulante.
'**Dunkel|heit** *f* escuridão *f*; obscuridade *f*; *bei einbrechender ~* ao anoitecer; **~kammer** *Phot*. *f* (-; *-n*) câmara *f* escura; **2n** (*-le*) escurecer (-se), *abends*: anoitecer; **2rot** encarnado.
'**dünken** ['dyŋkən]: *mich* (*a. mir*) *dünkt* parece-me; *sich ~* crer-se, julgar-se.
dünn [y] delgado; magro; franzino; *Kaffee*: fraco; *Haar*: raro; '**2darm** *m* (*-es*; *⸗e*) intestino *m* delgado; '**~(e-)machen**: F *sich ~* safar-se, pôr-se ao largo; '**~flüssig** fluido.
Dunst *m* (*-es*; *⸗e*) vapor *m*; *fig*. fumo *m*; *blauer ~* fantasmagorias *f*/*pl*.; *sich keinen blauen ~ vormachen lassen* F não se deixar entrujar; *keinen* (*blassen*) *~ haben* F não ter a mínima ideia; não saber patavina; '**2en** (*-e-*) exalar.
'**dünsten** ['dynstən] (*-e-*) estufar.
'**dunst|ig** vaporoso, húmido; '**2kreis** *m* (*-es*; *-e*) atmosfera *f*.
'**Dünung** ['dy:nuŋ] *f* ressaca *f*, movimento *m* das ondas; *an der afrikanischen Küste*: calema *f*.
Dupli'kat [dupli'ka:t] *n* (*-es*; *-e*) duplicado *m*.
Dur [u:] ♪ *n* (-; -) (tom *m*) maior *m*.
durch [durç] **1.** *prp*. (*ac*.) por (meio de), mediante, através de (*a. quer ~*) por entre; (*geteilt*) dividido por; *~ vieles + inf*. devido a ...; **2.** *adv*.: *~ und ~* completamente; de cima a baixo; *die Nacht ~* pela noite fora; *~ sn j*.: ter passado, *Examen*: *a*. ter sido aprovado; ⚕ estar fora do perigo; *et*.: estar partido; '**~-arbeiten** (*-e-*) estudar; *Körper*: exercer, treinar; *v*/*i*. não interromper o trabalho; **~'aus** inteiramente; *~ nicht* (não ...) de modo nenhum; *~ nicht leicht* nada fácil; '**~backen** (*L*) cozer bem; '**~beißen** (*L*) partir com os dentes, trincar; **2'biegung** *f* flexão *f*; '**~blasen** (*L*) insuflar; '**~blättern** (*-re*) folhear; '**2blick** *m* (*-es*; *-e*) vista *f*; '**~blicken** *v*/*i*. ver;

~ *lassen fig.* deixar entrever, dar a entender, dar a perceber; ~'**bohren** (-) perfurar; traspassar; '~**braten** (*L*) (p)assar bem; '~**brechen** (*L*) **1.** *v/t.* quebrar, abrir (*a. Straße*), romper; perfurar; **2.** *v/i.* (*sn*) (ir-) romper; ~'**brechen** (*L*; -) *v/t.* romper (*a.* ⚔); '~**brennen** *v/i.* (*L*; *sn*) ⚡ fundir-se; ir(-se) abaixo, vir abaixo; *Sicherung*: (ar)rebentar; *fig.* fugir, evadir-se; '~**bringen** (*L*) *Geld*: dissipar; ~'**brochen** [-'brɔxən] **1.** *p.pt. v.* ~*brechen*; **2.** *adj.* aberto; ~*e Arbeit* bordado *m* a crivo; '♀**bruch** *m* (-*es*; ⸗*e*) ru(p)tura *f*, rompimento *m* (*a.* ⚔); *Wasser*: trasbordamento *m*; perfuração *f*; abertura *f*, brecha *f*; *zum* ~ *kommen* manifestar-se; '~**denken** (*L*) (*ac.*) meditar sobre; pensar em; examinar a fundo; '~**drängen** romper por; *sich* ~ abrir caminho (por); '~**dringen** *v/i.* (*L*; *sn*) penetrar; *fig.* prevalecer, triunfar, acabar por impor-se; ~'**dringen** *v/t.* (*L*; -) (com)penetrar; '~**dringend** *adj.* penetrante; ♀'**dringung** [-'driŋuŋ] *f* (*0*) (com)penetração *f*; *wechselseitige* ~ interpenetração *f*; '~**drücken** romper; *fig.* conseguir; *Knie*: tender; ~'**eilen** (-) percorrer.

durch-ein'ander **1.** *adv.* confundido, misturado; sem distinção; **2.** ♀ *n* confusão *f*, trapalhada *f*; ⋆ afobação *f*; ~**bringen** (*L*), ~**mengen,** ~**werfen** (*L*) confundir, misturar; atrapalhar, barafundar.

'**durch**|'**fahren** (*L*) *v/t.* ['a:] (-), *v/i.* ['u] (*sn*) atravessar, passar por; ♀**fahrt** *f* passagem *f*; ⚓ *a.* travessia *f*; ♀**fall** *m* (-*es*; ⸗*e*) ⚕ diarreia *f*, soltura *f*; *Thea.* fracasso *m*; *Examen*: reprovação *f*, F chumbo *m*, raposa *f*; ~**fallen** (*L*; *sn*) cair mal, fracassar; *Prüfung*: ficar mal (*od.* reprovado *od.* F chumbado); *j-n* ~ *lassen* reprovar alg.; P chumbar alg.; ~**fechten** (*L*) defender (até vencer); *sich* ~ abrir caminho com a espada em punho; ~**feilen** limar; ~**finden** (*L*): (*sich*) ~ orientar-se; ~'**flechten** (*L*; -) entrelaçar; ~'**fliegen** (*L*) **1.** *v/t.* ['i:] (-) voar por; ✈ atravessar; *fig.* folhear; **2.** *v/i.* ['u] (*sn*) passar; ✈ não fazer escala; ~'**fließen** (*L*) *v/t.* ['i:] (-), *v/i.* ['u] (*sn*) atravessar, correr através; ~'**forschen** (-) investigar; *Land*: explorar; ♀'**forschung** *f* exploração *f*; ~**frieren** (*L*) gelar de frio; ♀**fuhr** [u:] *f* trânsito *m*; ~**führbar** ['-fy:r-ba:r] realizável; exequível; ~**führen** conduzir; *fig.* realizar; levar a efeito; efe(c)tuar; ♀**führung** *f* realização *f*, execução *f*; efe(c)tivação *f*; ⊕ travessia *f*; ♀**führungsbestimmungen** *f/pl.* decreto *m/sg.* (*od.* modalidades *f/pl.*) de execução (*od.* de aplicação); ~'**furchen** (-) sulcar; ~**füttern** (-*re*) sustentar; ♀**gang** *m* (-*es*; ⸗*e*) passagem *f*; abertura *f*; *Zug*: corredor *m*; *Verkehr*: trânsito *m*; ~**gängig** geral, universal; corrente; *adv.* sem excepção.

'**Durchgangs**|**bahnhof** *m* (-*es*; ⸗*e*) estação *f* de trânsito; ~**gut** *n* (-*es*; ⸗*er*) mercadoria *f* de trânsito; ~**handel** *m* (-*s*; *0*) comércio *m* de trânsito; ~**verkehr** *m* (-*s*; *0*) trânsito *m*; ~**wagen** *m* carruagem *f* de corredor; ~ *nach* carruagem *f* dire(c)ta para; ~**zoll** *m* (-*es*; ⸗*e*) direitos *m/pl.* de trânsito; ~**zug** *m* (-*es*; ⸗*e*) rápido *m.*

'**durchgehen** (*L*) **1.** *v/i.* (*sn*) passar; atravessar; (*weglaufen*) evadir-se; *Pferd*: tomar o freio nos dentes; **2.** *v/t.* (*h. u. sn*): *noch einmal et.* ~ rever; *j-m et.* ~ *lassen* deixar passar a.c. a alg.; ~**d** *adj.* contínuo; 🚂 dire(c)to; ✝ de trânsito; (*allgemein*) geralmente, sem excepção; de ponta a ponta.

'**durch**|**greifen** (*L*) *fig.* tomar medidas eficientes; impor-se; ~*d adj.* radical; enérgico; '~**halten** (*L*) perseverar, resistir, manter-se firme; *nicht* ~ ir(-se) abaixo, vir abaixo; '~**hauen** (*L*) partir, cortar; (*prügeln*) espancar; '~**hecheln** (-*le*) ⊕ cardar, rastelar; *fig.* falar mal de; '~**helfen** (*L*) tirar duma dificuldade; *sich* ~ ir-se vivendo; '~**kämmen** pentear; *fig. a.* ⚔ limpar; '~**kämpfen**: (*sich*) ~ lutar (até vencer); '~**kauen** mastigar bem; F *fig.* repetir, repassar; '~**kneten** (-*e*-) amassar bem; '~**kommen** (*L*; *sn*) passar; *Prüfung*: *a.* ficar aprovado; ⚕ ser curado; '~**können** (*L*) poder passar; '~'**kreuzen** (-*t*) **1.** ['u] riscar; cortar; **2.** ['ɔy] (-) cruzar; *fig.* contrariar; '♀**laß** *m* (-*sses*; ⸗*sse*) abertura *f*, passagem *f*; '~**lassen** (*L*) deixar passar; '~**lässig** permeável, poroso; '♀**lässigkeit** *f* (*0*) permeabilidade *f*; porosidade *f*; '**♀laucht** ['-lauxt] *f* Alteza *f*; '**~laufen** (*L*) **1.** *v/i.* (*sn*) *Wasser*: passar; **2.** *v/t. Sohlen*: gastar; *sich die Füße* ~ ficar com os pés a doer; ~'**laufen** (*L*; -) *v/t.* percorrer; ~'**leben** (-) passar (por), atravessar; '**~legen** *Straße*: abrir; '**~lesen** (*L*) percorrer; (acabar de) ler; ~'**leuchten** (-*e*-; -) ⚕ fazer uma radioscopia; ♀'**leuchtung** [-'lɔyçtuŋ] *f* ⚕ radioscopia *f*; '**~liegen** (*L*) escoriar-se; ~'**lochen** (-), ~'**löchern** [-'lœçərn] (-*re*; -) perfurar; esburacar; '**~lüften** (-*e*-) arejar; '**~machen** *v/t.* passar por; (*dulden*) aguentar, sofrer; '**♀marsch** *m* (-*es*; ⸗*e*) passagem *f*; '**~marschieren** (-) passar (por), atravessar; ~'**messen** (*L*; -) atravessar; '**♀messer** *m* diâmetro *m*; ~'**nässen** (-*ßt*; -) molhar, encharcar; '**~nehmen** (*L*) ensinar; '**~pausen** (-*t*) calcar; '**~probieren** (-) provar um atrás outro; ~'**queren** [-'kve:rən] (-) atravessar; ♀'**querung** *f* travessia *f*; '**~rasseln** (-*le*) F *Prüfung*: ficar chumbado; '**~rechnen** (-*e*-) *v/t.* calcular; *noch einmal* ~ rever; '**~regnen** (-*e*-) chover para dentro; '**♀reise** *f* passagem *f* (*auf der* de); '**~reisen** (-*t*; *sn*) passar, atravessar; '**♀reisende(r** *m*) *m u. f* passante *m u. f*; turista *m u. f*; '**~reißen** (*L*) *v/t.* (*v/i.* [*sn*]) romper(-se); *Papier usw.*: rasgar; '**~ringen** (*L*): *sich* ~ vencer (os obstáculos); impor-se; *sich zu et.* ~ conseguir a.c.; '**~rühren** passar (pelo passador); **~s** = *durch das*; '**~sagen** *Fernspr.* telefonar; '**~schauen** *v/i.* ver; ler; ~'**schauen** (-) *v/t. fig.* descobrir; ~'**schauern** (-*re*; -) fazer estremecer; '**~scheinen** (*L*) transparecer, transluzir, passar; **~d** *adj.* transparente; '**~scheuern** (-*re*): ⚕ *sich die Haut* ~ escoriar-se; ~'**schiffen** (-) *v/t.* navegar por; *poet.* sulcar; '**~schimmern** (-*re*) = *~scheinen*; '**~schlafen** (*L*) dormir (sem despertar); '**♀schlag** *m* (-*ɇs*; ⸗*e*) *Schreibmaschine*: cópia *f*; (*Sieb*) passador *m*, coador *m*; '**~schlagen** (*L*) **1.** *v/t.* passar; copiar; *Band*: percutir, atravessar; *Sicherung*: fundir; *sich* ~ ir(-se) vivendo; ⚔ abrir-se caminho (por), conseguir atravessar (*ac.*); **2.** *v/i.* (*Erfolg haben*) ter êxito, ser eficaz; **~d** *adj. Erfolg*: completo; retumbante; ~'**schlagen** (*L*; -) *v/t.* atravessar, percutir; romper; '**♀schlagpapier** *n* (-*s*; -*e*) papel *m* para cópias; '**♀schlagskraft** *f* (*0*) (força [*ô] *f* de) penetração *f* (*od.* [de] percussão *f*); efeito *m*; '**~schleusen** (-*t*) fazer passar (por uma represa); '**~schmelzen** (*L*; *sn*) *v/i.* ⚡ fundir-se; '**~schmuggeln** (-*le*) passar (de) contrabando; '**~schneiden** (*L*) cortar, partir; ~'**schneiden** (*L*; -) cruzar, atravessar, sulcar; '**♀schnitt** *m* (-*ɇs*; -*e*) ⩓ *u.* ⚠ corte *m*; (*Mittelwert*) média *f*; *über dem* ~ acima da craveira; '**♀schnitts...**: *in Zssg(n)*, '**~schnittlich** *adj.* médio; (*mittelmäßig*) medíocre; *adv.* em média; '~'**schnüffeln** (-*le*) espiar; '**~schreiten** *v/i.* (*L*; *sn*), ~'**schreiten** *v/t.* (*L*; -) atravessar; '**♀schuß** *m* (-*sses*; ⸗*sse*) ⊕ trama *m*; *Typ.* entrelinha *f*; ~'**schweifen** (-) *v/t.* vaguear por; '**~schwimmen** *v/i.* (*L*; *sn*), ~'**schwimmen** *v/t.* (*L*; -) atravessar a nadar (*od.* a nado); '**~schwitzen** (-*t*) transpirar, suar; '**~sehen** (*L*) examinar, ler, rever; '**~seihen** passar, coar; '~'**setzen** (-*t*) **a**) ['u] conseguir; (*sich* ~) impor(-se); **b**) ['ɛ] (-) impregnar; ~'**setzt** *a.* disseminado; '**♀sicht** *f* golpe *m* de vista; leitura *f*, revisão *f*; '**~sichtig** transparente, diáfano; '**♀sichtigkeit** *f* (*0*) transparência *f*; translucidez *f*; '**~sickern** (-*re*) passar; *a. fig.* ressumar; '**~sieben** coar, crivar, passar; '**~sprechen** (*L*) discutir; telefonar; ~'**stechen** (*L*; -) cortar, perfurar, (*suchen*) espicaçar; ♀**steche'rei** [-ʃtɛçə'raɪ] *f* manejo *m* ilícito; '**~stecken** passar; '**~stehen** (*L*) aguentar; '**♀stich** *m* (-*ɇs*; -*e*) abertura *f*, furo *m*; '**~stöbern** (-*re*) (ver e) rever, revistar; '~'**streichen** (*L*) **a**) ['u] riscar; **b**) ['aɪ] (-) *Wind*: (per)passar; ~'**streifen** (-) percorrer, ⚔ reconhecer; '**~strömen** atravessar; ~'**suchen** (-) revistar, rebuscar; ♀'**suchung** [-'zu:xuŋ] *f* busca *f*; '~'**tanzen** (-*t*) **a**) ['u] *Schuhe*: gastar; **b**) ['a] (-): *die Nacht* ~ dançar por toda a noite; ~'**tränken** (-) impregnar; ~'**trieben** [-'tri:bən] manhoso; abelha; ~'**wachen** (-): *die Nacht* ~ passar a noite em branco; ~'**wachsen** *adj. Speck*: entremeado; ~'**wandern** (-*re*; -) atravessar (a pé); '**~wärmen** aquecer bem; '**2weg** *m* (-*ës*; -*e*) travessa *f*; ~'**weg** geralmente, sem excepção, (quase) sempre; ~'**weichen** (-) *v/t.* embeber, molhar; '~**weichen** (*sn*) *v/i.* molhar-se; '~**winden** (*L*): *sich* ~ *et.*: serpentear; *j.*: abrir caminho; ~'**wirken** (-) entrelaçar, entretecer; *mit Gold*: bordar de; ~'**wühlen** (-) revolver; '~**zählen** contar; ~'**zechen** (-): (*die Nacht*) ~ passar (a noite) a beber; '~**zeichnen** (-*e*-) calcar; ~'**ziehen** (*L*; -) *v/t.* atravessar; (per)passar (*a. v/i.*); ~'**zukken** (-) fazer estremecer; *Schmerz*: sacudir; '2**zug** *m* (-*ës*; ⸚*e*) passagem *f*; *Luft*: corrente *f* (de ar); '~**zwängen** fazer passar com força; *sich* ~ passar com força; *sich* ~ passar a custo.

'**dürf|en** ['dyrfən] (*L*) poder; ter licença (de); *darf ich?* posso?; dá (*od. pl.* dão) licença que (*subj.*)?; *darf ich Sie um das Glas bitten?* fazia-me (V.E.) o favor de me passar o copo?; *das dürfte nicht sn* não devia ser; ~**tig** ['-tiç] escasso; pobre; mesquinho; 2**tigkeit** *f* (*0*) escassez *f*; pobreza *f*; mesquinhez *f*.

dürr [dyr] árido; seco (*ê); '2**e** *f* aridez *f*; sec(ur)a *f*.

Durst *m* (-*es*; *0*) sede (*'ê) *f* (*a. fig.*; *nach* de); '2**en** (-*e*-), **dürsten** ['dyrstən] (-*e*-), '2**ig** *sn* ter sede (*'ê).

'**Dusche** ['duʃə] *f* duche *m*; chuveiro *m*; (*Regen*) molha(dela) *f*; 2**n** tomar um duche.

'**Düse** ['dy:zə] *f* bico *m*; tubeira *f*; * bocal *m*.

'**Dusel** ['du:zəl] F *m* (-*s*; *0*) (*Glück*) sorte *f*; *im* ~ (*Rausch*), 2**ig** borracho; (*schläfrig*) quase a dormir.

'**Düsen|antrieb** *m* (-*ës*; -*e*) propulsão *f* a jacto; ~**flugzeug** *n* (-*ës*; -*e*) avião *m* a jacto.

'**Dussel** ['dusəl] *m*, 2**ig** parvo *m*.

'**düster** ['dy:stər] sombrio, escuro.

'**Dutzend** ['dutsənt] *n* (-*s*; -*e*) dúzia *f*; ~**ware** *f* mercadoria *f* ordinária; 2**weise** às dúzias.

'**duz|en** ['du:tsən] (-*t*) *v/t.* tratar por tu; 2**freund** *m* (-*ës*; -*e*) amigo *m* íntimo.

Dy'nam|ik [dy'na:mik] *f* (*0*) dinâmica *f*; *fig.* dinamismo *m*; 2**isch** dinâmico; ~'**it** *n* (-*ës*; *0*) dinamite *f*; *mit* ~ *in die Luft sprengen* dinamitar; 2**o**(**maschine** *f*) *m* (-*s*; -*s*) dínamo *m*.

Dyna'stie [dyna'sti:] *f* dinastia *f*.

dy'nastisch dinástico.

D-Zug *m* (-*ës*; ⸚*e*) rápido *m*.

E

E, e [eː] *n* E, e *m*; ♪ mi *m*.

ˈ**Ebbe** [ˈɛbə] *f* baixa-mar *f*, maré *f* vazia; refluxo *m*, vazante *f*; ~ *und Flut* maré *f*.

ˈ**eben** [ˈeːbən] **1.** *adj*. plano; chão; (*glatt*) liso; *zu* ~*er Erde* no rés-do--chão; **2.** *adv*. *Zeit*: agora mesmo; (*a. Zustimmung*) justamente, precisamente; *er ist* ~ *angekommen* acaba de chegar; (*na*) ~! (ora) pois!; pois é!; *erklärend*: é que ...; (*nur so*) ~ um tanto; 2**bild** *n* (-*ės*; -*er*) retrato *m*; imagem *f* (*Gottes de Deus*); ~**bürtig** [-byrtiç] igual; ~ˈ**da**(ˈ**her** d)ali mesmo; ~**daˈhin** lá mesmo; ~**das-**, ~**derselbe** o mesmo; ~ˈ**deshalb** por isso mesmo; ~**dieselbe** a mesma; 2**e** [-ə] *f* planície *f*; ⩚ plano *m*; *fig. a*. nível *m*; ~**erdig** térreo; ~**falls** também, igualmente; 2**-holz** *n* (-*es*; *0*) ébano *m*; 2**maß** *n* (-*es*; -*e*) simetria *f*; ~**mäßig** simétrico; bem proporcionado; ~**so** do mesmo modo; (bem) assim; ~ *groß* (*wie*) do mesmo tamanho (que, tão grande como); ~**soˈsehr** tanto; ~**soˈviel** outro tanto; ~**soˈwenig** tão-pouco; ~ *wie* tão pouco como.

ˈ**Eber** [ˈeːbər] *m* javali *m*; ~**-esche** *f* sorveira *f*.

ˈ**ebnen** [ˈeːbnən] (-*e*-) aplanar, nivelar.

ˈ**Echo** [ˈɛço] *n* (-*s*; -*s*) eco *m*; ~**lot** *n* (-*ės*; -*e*) sonda *f*, ecómetro *m*.

echt [ɛçt] autêntico (*a. Dokument*), puro, genuino; (*recht*) legítimo (*a.* ⊕); *Gold*: de lei; *Rasse usw.*: castiço; ˈ2**heit** *f* (*0*) autenticidade *f*; genuinidade *f*; legitimidade *f*.

ˈ**Eck|e** [ˈɛkə] *f äußere*: esquina *f*; *innere*: canto *m*; (*Ende*) ponta *f*; *an allen* ~*n und Enden* por toda a parte; *um die* ~ *biegen* dobrar a esquina; *um die* ~ *bringen fig*. levar, F matar; ~...: *in Zssg(n)* ⚠, ⚒ de gaveto; ~**fenster** *n* janela *f* da esquina; ~**haus** *n* (-*es*; ⸚*er*) casa *f* de esquina; prédio *m* de gaveto; 2**ig** angular, esquinado; *fig*. rude; ~*e Klammer* re(c)ta *f*; ~**pfeiler** *m* pilastra *f* angular; *Brücke*: estribo *m*; *fig*. garante *m*; ~**platz** *m* (-*es*; ⸚*e*) (lugar *m* de) canto *m*; ~**schrank** *m* (-*ės*; ⸚*e*) cantoneira *f*; ~**stein** *m* (-*ės*; -*e*) pedra *f* angular; ~**zahn** *m* (-*ės*; ⸚*e*) dente *m* canino.

ˈ**edel** [ˈeːdəl] fidalgo, nobre; *fig. a. Wein*: generoso; *Stein*: precioso; 2**gas** *n* (-*es*; -*e*) gás *m* raro; ~**gesinnt** [-gəzint] generoso; 2**leute** *pl*. fidalgos *m*/*pl*.; 2**mann** *m* (-*ės*; -*leute*) fidalgo *m*; 2**metall** *n* (-*s*; -*e*) metal *m* precioso; 2**mut** *m* (-*ės*; *0*) generosidade *f*; nobreza *f* (moral); ~**mütig** [-myːtiç] nobre, generoso; 2**sinn** *m* (-*ės*;*0*) fidalguia *f*; 2**sitz** *m* (-*es*; -*e*) solar *m*; 2**stahl** *m* (-*ės*; ⸚*e*) aço *m* fino; 2**stein** *m* (-*ės*; -*e*) pedra *f* preciosa, jóia *f*; 2**tanne** *f* abeto *m* branco; 2**wild** *n* (-*ės*; *0*) caça *f* brava, veação *f*.

Eˈ**dikt** [eˈdikt] *n* (-*ės*; -*e*) edito *m*; edital *m*.

ˈ**Efeu** [ˈeːfɔy] *m* (-*s*; *0*) hera *f*.

Efˈfekt *m* (-*ės*; -*e*) efeito *m*, resultado *m*; ~**en** *pl*. efe(c)tivo *m*/*sg*.; valores *m*/*pl*.; papéis *m*/*pl*. de crédito; ~**-hascheˈrei** [-haʃəˈraɪ] *f* caça *f* ao efeito; 2ˈ**iv**, ~ˈ**iv...** [-ˈtiːf]: *in Zssg(n)* efe(c)tivo; 2**voll** que faz efeito.

eˈgal [eˈgaːl] F igual; *das ist* ~ tanto faz.

ˈ**Egel** [ˈeːgəl] *m* sanguessuga *f*.

ˈ**Egge** [ˈɛgə] *f* grade *f* (de desterroar), rastelo *m*; 2**n** gradar, (d)esterroar.

Ego|ˈismus [egoˈismus] *m* (-; *0*) egoísmo *m*; ~ˈ**ist**(**in** *f*) *m* (-*en*), 2ˈ**istisch** egoísta (*su*.); 2ˈ**zentrisch** [-ˈtsɛntriʃ] egocêntrico, egotista.

ˈ**ehe**[1] [ˈeːə] antes de (*inf*.), antes (de) que (*subj*.), primeiro que (*subj*.).

ˈ**Ehe**[2] *f* matrimónio *m*, consórcio *m*; *wilde* ~ concubinato *m*; *zweite* ~ segundas núpcias *f*/*pl*.; *Kind*: *erster* ~ do primeiro leito; *e-e* ~ *eingehen* consorciar-se (*schließen a*.: casar); *die* ~ *brechen* cometer adultério.

ˈ**Ehe...**: *in Zssg(n) oft* matrimonial; conjugal; ~**bett** *n* (-*ės*; -*en*) cama *f* de casal; ²**brechen** (*nur im inf.*) cometer adultério; ~**brecher(in** *f*) *m* [-brɛçər-], ²**brecherisch** adúltero *m* (-a *f*); ~**bruch** *m* (-*ẹs*; ⁼*e*) adultério *m*; ~**bund** *m* (-*ẹs*; ⁼*e*) união *f* conjugal.

ˈ**ehe·dem** antigamente, outrora.

ˈ**Ehe|frau** *f* esposa (*ô) *f*; mulher *f* (casada); ~**gatte** *m* (-*n*) marido *m*; consorte *m*; ~**gattin** *f* esposa (*ô) *f*; consorte *f*; ~**hälfte** *f* (cara) metade *f*; ~**leute** *pl.* cônjuges *m/pl.*; *junge* ~ recém-casados *m/pl.*; ²**lich** conjugal; *Kind*: legítimo; ²**lichen** [-liçən] *v/t.* casar (com); desposar; ²**los** solteiro; *Mann*: *a.* celibatário; ~**losigkeit** [-lo:ziç-] *f* (*0*) celibato *m.*

ˈ**ehemal|ig** [-ma:liç] antigo; ~**s** antigamente, outrora.

ˈ**Ehe|mann** *m* (-*ẹs*; ⁼*er*) marido *m*; ~**paar** *n* (-*ẹs*; -*e*) casal *m*; ~**partner** *m* cônjuge *m.*

ˈ**eher** [ˈe:ər]: ~ (*als*) antes (de); mais cedo (do que); (*schneller*) mais depressa (do que); (*lieber*) antes (de); *je* ~, *je* (*comp.*), *je* ~ *desto* (*comp.*) quanto antes melhor.

ˈ**Ehe|recht** *n* (-*ẹs*; *0*) direito *m* matrimonial; ~**ring** *m* (-*ẹs*; -*e*) aliança *f.*

ˈ**ehern** [ˈe:ərn] de bronze, brônzeo.

ˈ**Ehe|scheidung** *f* divórcio *m*; ~**schließung** *f* casamento *m*; consórcio *m*; (*Trauung*) enlace *m* matrimonial; ~**stand** *m* (-*ẹs*; *0*) matrimónio *m*; *in den* ~ *treten* casar; ~**stands...**: *in Zssg(n)* matrimonial, conjugal.

ˈ**ehesten** [ˈe:əstən]: *am* ~ o mais fàcilmente; (*am frühesten*) o mais cedo; ~**s** quanto antes.

ˈ**Ehe-versprechen** *n* promessa *f* de casamento.

ˈ**Ehr|abschneider** [ˈe:r-] *m* caluniador *m*, detra(c)tor *m*; ~**abschneideˈrei** *f* calúnia *f*, difamação *f*; ²**bar** honesto, honrado, probo, respeitável; ~**barkeit** *f* (*0*) honestidade *f*, probidade *f.*

ˈ**Ehre** [ˈe:rə] *f* honra *f* (*erweisen* prestar); ~ *einlegen* distinguir-se; *auf* ~! palavra (de honra)!; *pl.* *in* ~*n bestehen* ficar bem; *in* ~*n halten* = ²*n*; *zu j-s* ~*n* em honra de alg.; *sich* (*dat.*) *et. zur* ~ *anrechnen* considerar a.c. uma honra; ²**n** honrar, respeitar; prestar homenagem a, homenagear; *sehr geehrter Herr!* *Brief*: Excelentíssimo (*Abk.* Exmo) Senhor!; *Ilustríssimo (*Abk.* Il.^{mo}) Senhor!

ˈ**Ehren|amt** *n* (-*ẹs*; ⁼*er*) cargo *m* honorífico; ²**amtlich** honorário; ~**bezeigung** ⚔ *f* continência *f*; honras *f/pl.* (*erweisen* prestar); ~**bürger** *m* cidadão *m* honorário; ~**dame** *f* dama *f* de honor; ~**erklärung** *f* satisfação *f*; reabilitação *f*; ²**fest** digníssimo; ~**gast** *m* (-*es*; ⁼*e*) convidado *m* de honra; ~**geleit** *n* (-*ẹs*; -*e*) escolta *f* (de honra); cortejo *m*; *j-m das* ~ *geben* escoltar alg., acompanhar alg.; ²**haft** honroso; ~**haftigkeit** *f* (*0*) honestidade *f*, honradez *f*; ²**halber** por honra; honoris causa; ~**handel** *m* (-*s*; ⁼) questão *f* de honra; ~**kränkung** *f* agravo *m*, ultraje *m*; ~**mal** *n* (-*ẹs*; -*e*) monumento *m* comemorativo; ~**mann** *m* (-*ẹs*; ⁼*er*) homem *m* de bem; ~**mitglied** *n* (-*ẹs*; -*er*) sócio *m* honorário; ~**pforte** *f* arco *m* triunfal; ~**platz** *m* (-*es*; ⁼*e*) lugar *m* de honra; ~**preis** ⚘ *m* (-*es*; -*e*) verónica *f*; ~**rechte** *n/pl.*: *bürgerliche* ~ direitos *m/pl.* cívicos (e políticos); ~**rettung** *f* reabilitação *f*; ²**rührig** desonroso, infamante; ~**sache** *f* questão *f* de honra; ~**strafe** *f* pena *f* infamante; ~**tag** *m* (-*ẹs*; -*e*) aniversário *m*; dia *m* solene; dia *m* festivo; ~**titel** *m* título *m* honorífico; ²**voll** honroso, decoroso; glorioso; ²**wert** honesto; digno; ~**wort** *n* (-*ẹs*; -*e*) palavra *f* de honra; ~**zeichen** *n* insígnia *f*; (*Orden*) condecoração *f.*

ˈ**ehr|erbietig** [ˈ-ɛrbi:tiç] respeitoso; ²**erbietung** *f* respeito *m*; ²**furcht** *f* (*0*): ~ (*vor dat.*) veneração *f* (por, perante); respeito *m* (de); *j-m s-e* ~ *bezeigen* apresentar os seus respeitos a alg.; ~ *gebieten* impor respeito; ~**furchtgebietend** imponente; *j.*: venerável; ~**fürchtig** [-fyrçtiç], ~**furchtsvoll** respeitoso; ²**gefühl** *n* (-*ẹs*; *0*) sentimento *m* de honra; ²**geiz** *m* (-*es*; *0*) ambição *f*; ~**geizig** ambicioso; ~**lich** honrado, honesto, leal; ²**lichkeit** *f* (*0*) honradez *f*, honestidade *f*, lealdade *f*; ~**liebend** pundonoroso; ~**los** desonrado; *a. et.*: infame; ²**losigkeit** [-lo:ziç-] *f* (*0*) desonra *f*; ~**sam** honesto; ²**ung** *f j-s*: homenagem *f* a; ²**verlust** *m* (-*es*; *0*) degradação *f*; perda *f* dos direitos cívicos e políticos; **~würdig** venerável; *Geistlicher*: reverendo.

Ei *n* (*-es*; *-er*) ovo (*'ô) *m*.

'Eib|e ['aɪbə] *f* teixo *m*; **~isch** *m* (*-es*; *-e*) malva *f* silvestre.

'Eich|amt ['aɪç-] *n* (*-es*; *"er*) posto (*'ô) *m* de aferição; **~baum** *m* (*-es*; *"e*), **~e** *f* carvalho *m*; **~el** *f* (*-*; *-n*) bolota *f*; *Anat.* glande *f*; **~en** *n* aferição *f*; **2en 1.** *v/t.* aferir; **2.** *adj.* de carvalho; **~en-holz** *n* (*-es*; *"er*) carvalho *m*; **~enlaub** *n* (*-es*; *0*) folhas *f/pl.* de carvalho; **~enwald** *m* (*-es*; *"er*) carvalhal *m*; **~horn** *n* (*-es*; *"er*), **~hörnchen** *n*, **~katze** *f*, **~kätzchen** *n* esquilo *m*; **~maß** *n* (*-es*; *-e*) padrão *m*.

Eid [aɪt] *m* (*-es*; *-e*) juramento *m* (*leisten*, *schwören* [*abnehmen* fazer] prestar; ajuramentar; *brechen* violar); *an ~es Statt* a título de juramento; pela sua honra; **'~bruch** *m* (*-es*; *"e*) quebra *f* de juramento, perjúrio *m*; **'2brüchig** perjuro.

'Eidechse ['aɪdɛksə] *f* lagarto *m*.

'Eiderdaune(n *pl.*) ['aɪdər-] *f* edredão *m*.

'Eides|formel ['aɪdəs-] *f* (*-*; *-n*) fórmula *f* de juramento; **~leistung** *f* prestação *f* de juramento; **2stattlich** sob palavra de honra; **~verweigerung** *f* recusa *f* de prestar juramento.

'Eid|genosse *m* confederado *m*; **~genossenschaft** *f* confederação *f*; **2genössisch** [-gənœsiʃ] federal; sob juramento.

'Eidotter *m* gema *f* de ovo (*'ô).

'Eier|händler(in *f*) *m* ['aɪər-] vendedor *m* (vendedeira *f*) de ovos; **~kuchen** *m* crepe *m*; **~pflanze** *f* beringela *f*; **~schale** *f* casca *f* (do ovo); **~stock** *m* (*-es*; *"e*) *Anat.* ovário *m*.

'Eifer ['aɪfər] *m* (*-s*; *0*) zelo (*ê) *m*; fervor *m*; *in ~ geraten für*: entusiasmar-se, *gegen*: encolerizar-se; **~er** *m* fanático *m*; **2n** (*-re*) zelar; *~ gegen* bradar contra, clamar contra; **~sucht** *f* (*0*) ciúme *m*; inveja *f*; **2süchtig** ciumento; invejoso (*auf ac.* de); **~suchts...**: *in Zssg(n)* passional, de ciúmes.

'eiförmig ['aɪfœrmiç] oval.

'eifrig [aɪfriç] solícito; zeloso.

'Ei-gelb *n* (*-es*; *-e*) gema *f* do ovo (*'ô).

'eigen ['aɪgən] próprio; particular; especial; específico; (*seltsam*) singular; estranho; (*gepflegt*) cuidadoso; *mein ~, mir zu ~* o meu; *sein ~er Herr sn* ser senhor de si, ser independente; *auf ~e Faust, auf ~e Rechnung* por conta própria; *sich* (*dat.*) et. *zu ~ machen* apropriar-se a.c.; *fig.* fazer seu a.c., adoptar a.c.; **2-art** *f* particularidade *f*; **~-artig** particular, singular; **2bedarf** *m* (*-es*; *0*) consumo *m* próprio; necessidades *f/pl.* pessoais (*od. e-s Volkes*: nacionais); **2brötler** [-brø:tlər] *m* homem *m* esquisito; original *m*; F maduro *m*; **2dünkel** *m* presunção *f*; **~-händig** [-hɛndiç] do (meu, seu *usw.*) próprio punho; *~ (geschrieben)* autógrafo; **2-heim** *n* (*-es*; *-e*) moradia *f*; **2-heit** *f* particularidade *f*, singularidade *f*; **2lob** *n* (*-es*; *0*) jactância *f*; **~mächtig** arbitrário; **2name** *m* (*-ns*; *-n*) nome *m* próprio; **2nutz** *m* (*-es*; *0*) interesse (*'ê) *m* pessoal, egoísmo *m*; **~nützig** [-nytsiç] interesseiro, egoísta; **~s** expressamente, de propósito; **2schaft** *f* qualidade *f*; *wirksame*: virtude *f*; **2schaftswort** *n* (*-es*; *"er*) adje(c)tivo *m*; **2sinn** *m* (*-es*; *0*) teimosia *f*; **~sinnig** teimoso; **~tlich** [-tliç] **1.** *adj.* verdadeiro, próprio; **2.** *adv. a.* no fundo, a dizer a verdade; com efeito; pràticamente; *nicht ~* não pròpriamente; *recht ~* (muito) particularmente, especìficamente; **2tum** *n* (*-s*; *0*) propriedade *f*; pertença *f*; **2tümer(in** *f*) *m* [-ty:mər-] proprietário *m* (-a *f*); dono *m* (-a *f*); **~'tümlich** [-'ty:mliç] particular, cara(c)terístico; singular; **2tümlichkeit** *f* particularidade *f*, cara(c)terística *f*; singularidade *f*; **2tums-wohnung** *f* propriedade *f* horizontal; **2wille** *m* (*-ns*; *0*) teimosia *f*; **~willig** teimoso.

'eign|en ['aɪgnən] (*-e-*): *sich ~ zu* prestar-se a; **2ung** *f* aptidão *f*; **2ung-sprüfung** *f* exame *m* de aptidão.

'Ei-land *n* (*-es*; *-e*) *poet.* ilha *f*.

'Eil|bote ['aɪl-] *m* (*-n*) correio *m* expresso; *durch ~n* por próprio; **~brief** *m* (*-es*; *-e*) carta *f* expressa (*od.* por próprio).

'Eile ['aɪlə] *f* (*0*) pressa *f* (*in aller* a toda a); *~ haben et.*: ter pressa, *j.*: *a.* estar com pressa.

'**Ei-leiter** *m Anat.* oviduto *m.*
'**eil|en** ['aılən] **1.** (*sn*) correr; **2.** (*h.*): (*sich*) ~ apressar(-se); **~ends** de pressa, apressadamente; **~fertig** apressado; solícito; **Ωfertigkeit** *f* pressa *f*; solicitude *f*; **Ωfracht** *f*, **Ωgut** *n* (-*es*; ¨*er*): *als* ~ por grande velocidade; **~ig** apressado; (*dringlich*) urgente; es ~ *haben* estar com pressa; **Ωmarsch** *m* (-*es*; ¨*e*) marcha *f* forçada; **Ωzug** *m* (-*es*; ¨*e*) (comboio *m*) semi-dire(c)to *m.*
'**Eimer** ['aımər] *m* balde *m*; **Ωweise** por cântaros (*a. fig.*).
ein [aın] **1.** um; ~ *für allemal* de (uma) vez; ~ *und derselbe* o mesmo (mesmíssimo); **2.** *Zahlw.*: *um* ~ *Uhr* à uma (hora); **3.** *weder* (*od. nicht*) ~ *noch aus wissen* não saber que fazer; '**Ω-akter** ['-aktər] *m* peça *f* de um só a(c)to; **~'ander** um ao outro; uns aos outros; uma(s) à(s) outra(s); mùtuamente; recìprocamente; '**~-arbeiten** (-*e*-): (*in ac.*) ~ iniciar (em); familiarizar (com); '**~-armig** ['-armiç] manco; '**~-äschern** ['-ɛʃərn] (-*re*) reduzir a cinzas; incinerar; *Leiche*: cremar; '**Ω-äscherung** *f* incineração *f*; cremação *f*; '**~atmen** (-*e*-) aspirar; ⚕ inalar; '**Ω-atmung** *f* (*0*) aspiração *f*, respiração *f*; ⚕ inalação *f*; '**~äugig** ['-ɔygiç] cego de um olho (*'ô).
'**Einbahn|straße** *f* (rua *f* de) dire(c)ção *f* única; **~verkehr** *m* (-*s*; *0*) trânsito *m* de via única.
'**einbalsamier|en** ['-balzami:rən] (-) embalsamar; **Ωung** *f* embalsamento *m.*
'**Ein|band** *m* (-*es*; ¨*e*) encadernação *f*; **Ωbändig** ['-bɛndiç] num só volume; **~bau** *m* (-*es*; -*ten*) ⊕ encaixe *m*, encaixamento *m*; instalação *f*, montagem *f*; *fig.* integração *f*, incorporação *f*; **Ωbauen** ⊕ encaixar; instalar, montar; *fig.* integrar, incorporar; **~baum** ⚓ *m* (-*es*; ¨*e*) piroga *f*; **Ωbegreifen** (*L*; -) incluir, abranger; **Ωbegriffen** inclusive; **Ωbehalten** (*L*; -) reter; **Ωberufen** (*L*; -) convocar; ⚔ chamar; **~berufung** *f* convocação *f*, (*schriftliche*) convocatória *f*; ⚔ alistamento *m*; **Ωbetten** (-*e*-) enterrar; meter; deitar; **Ωbeulen** [-bɔylən] amolgar; **Ωbeziehen** (*L*; -) incluir; abranger, compreender; **Ωbiegen** (*L*) **1.** *v/t.* dobrar; **2.** *v/i.* (*sn*): ~ *in* (*ac.*) entrar em, tomar; *nach rechts* ~ cortar à direita.
'**einbild|en** (-*e*-): *sich* (*dat.*) ~ imaginar(-se); fazer ideia; *sich et.* ~ *auf* (*ac.*) gabar-se de; *s. a. eingebildet*; **Ωung** *f* imaginação *f*; ilusão *f*; *eitle*: presunção *f*; **Ωungskraft** *f*, **Ωungsvermögen** *n* (-*s*; *0*) fantasia *f*; faculdade *f* imaginativa.
'**ein|binden** (*L*) encadernar; empastar; **~blasen** (*L*) soprar; insuflar; *fig.* sugerir; **~bleuen** ['-blɔyən] *fig.* inculcar; **Ωblick** *m* (-*es*; -*e*) olhadela *f*, lance *m* de olhos; *fig.* conhecimento *m*; ideia *f*; ~ *haben* estar informado; ~ *gewähren* (*gewinnen*, *tun*) informar(-se) (*in ac.* sobre, de).
'**einbrech|en** (*L*) **1.** *v/t.* romper; derrocar; aluir; **2.** *v/i.* *Dieb*: arrombar; *in ein Land* ~ invadir (*ac.*), penetrar em; *auf dem Eise* ~ cair na água; *Nacht*: romper, cair, anoitecer; **Ωer** *m* gatuno *m*, ladrão *m*, larápio *m.*
'**ein|brennen** (*L*) marcar, queimar; **~bringen** (*L*) *Ernte*: recolher; *Nutzen*: render, produzir, dar; *Geld*: trazer; e-n *Antrag* ~ propor; apresentar uma proposta (*od.* uma moção); *Verlust*: *wieder* ~ reparar, recuperar; **~brocken** ensopar; *fig.* *j-m et.* ~ pregar uma partida a alg.
'**Einbruch** *m* (-*es*; ¨*e*) *in ein Land*: invasão *f* (de); *Deich*: rompimento *m*; *bei* ~ *der Nacht* ao cair da noite; **~s-diebstahl** *m* (-*es*; ¨*e*) furto *m*, roubo *m*; **~s-versicherung** *f* seguro *m* contra roubos.
'**Einbuchtung** ['-buxtuŋ] *f* sinuosidade *f.*
'**einbürger|n** (-*re*) naturalizar; *sich* ~ *fig. Wort, Sitte*: ganhar foros de cidade; **Ωung** *f* naturalização *f.*
'**Ein|buße** *f* perda *f*, dano *m*, prejuízo *m*, míngua *f*; ~ *erleiden* = **Ωbüßen** (-*ßt*) perder; **Ωdämmen** ['-dɛmən] construir um dique; reprimir, represar; **Ωdämpfen** espessar; **Ωdecken**: *sich* ~ *mit* abastecer--se de; **~decker** ['-dɛkər] *m* monoplano *m*; **Ωdeichen** ['-daıçən] construir um dique; reprimir, represar; **Ωdeutig** ['-dɔytiç] inequívoco; **Ω-deutschen** ['-dɔytʃən] germanizar.
'**eindring|en** (*L*; *sn*) introduzir-se; penetrar; infiltrar-se; *in ein Land* ~ invadir (*ac.*); *in einen Wald* ~

embrenhar-se por; **2en** *n* invasão *f*; penetração *f*; infiltração *f*; **~lich** penetrante; (*drängend*) insistente, *adv. a.* com insistência; (*ergreifend*) comovente, emocionante; **2ling** *m* (*-s*; *-e*) intruso *m*; ⚔ invasor *m*.

'**Ein|druck** *m* (*-es*; *⸗e*) impressão *f*; *auf j-n ~ machen a.* impressionar alg.; **2drucken, 2drücken 1.** imprimir, estampar; **2.** romper; *Tür*: arrombar; **2drucks-voll** impressionante; **2e** uma; **2-ebnen** (*-e-*) aplanar; nivelar; **~-ebnung** ['-e:bnuŋ] *f* terraplanagem *f*; *geol.* aplanação *f*; **~-ehe** *f* monogamia *f*; **2eiig** ['-aıiç] homozigótico; **2en** unir; **2-engen** ['-ɛŋən] apertar; estreitar; *fig.* coa(c)tar.

'**einer** ['aınər] **1.** *nom.* um; *gen.* de uma, *dat.* a uma; (*man*) a gente, se; **2.** **2** *m* unidade *f*; **~'lei** *uv. präd.* o mesmo, igual; indiferente; **2'lei** *n* (*-s*; *0*) monotonia *f*; **~seits** [-zaıts], '**eines·teils** por um lado; por uma parte.

'**einfach** simples; *~e Fahrt* ida *f* (só); **2heit** *f* (*0*) simplicidade *f*.

'**einfädeln** ['-fɛ:dəln] (*-le*) enfiar; *fig.* tramar; entabular.

'**einfahr|en** (*L*) **1.** *v/t.* fazer entrar; levar para dentro; *Getreide*: acarretar; recolher; *Wagen*: provar; *Auto*: *eingefahren werden* estar em rodagem; **2.** *v/i.* (*sn*): *~ in* (*ac.*) entrar em; ⚒ descer a; **2t** *f* entrada *f*; ⚒ descida *f*; ⚓ (*Hafen2*) barra *f*.

'**Einfall** *m* (*-es*; *⸗e*) ⚠ queda *f*, desabamento *m*, *Mauer*: *a.* desmoronamento *m*; ⚔ invasão *f* (*in ac.* de); *Phys. e-s Strahles*: incidência *f*; *fig.* ideia *f*; lembrança *f*; *auf den ~ kommen, zu* lembrar-se de; **2en** (*L*; *sn*) ⚠ cair, desmoronar-se; (*abmagern*) emagrecer; *~ in* (*ac.*) ⚔ invadir (*ac.*); ♪ entrar; *fig.* lembrar-se de; ocorrer; vir à mente; *sich ~ lassen zu* (*inf.*) atrever-se a; *was fällt Ihnen ein?* que ideia!; *s. a.* *eingefallen*; **2s-reich** engenhoso; **~s-winkel** *m* ângulo *m* incidente.

'**Ein|falt** *f* (*0*) simplicidade *f*; ingenuidade *f*; **2fältig** ['-fɛltiç] simples; simplório; **~fältigkeit** *f* (*0*) = *~falt*; **~falts·pinsel** *m* simplório *m*; **~familien·haus** *n* (*-es*; *⸗er*) moradia *f*; **2fangen** (*L*) apanhar.

'**einfarbig** unicolor; monocrom(ático)o; *Stoff*: liso; **2keit** *f* (*0*) monocromia *f*.

'**einfass|en** (*-ßt*) *Kleid*: guarnecer, debruar; *Stein*: engastar; *in e-n Rahmen ~* encaixilhar; *Zahnrad*: *~ in* (*ac.*) encaixar em, engrenar (*ac.*); **2ung** *f* guarnição *f*; debrum *m*; engaste *m*; *a.* ⊕ cercadura *f*; *Brille*: aro *m*.

'**ein|fetten** ['-fɛtən] (*-e-*) untar; engraxar; **~finden** (*L*): *sich ~* aparecer, vir; **~flechten** (*L*) entretecer (*a. fig.*); entrelaçar (*in ac.* com); **~fließen** (*L*; *sn*) entrar; **~flößen** ['-flø:sən] (*-ßt*) meter (*a. Furcht*); instilar; infundir; *fig.* insinuar, sugerir, inspirar.

'**Einfluß** *m* (*-sses*; *⸗sse*) influxo *m*; (*Mündung*) foz *f*; *fig.*: *~ auf* (*ac.*) influência *f* em (*od.* sobre); *stärker*: *großen ~ haben auf* (*ac.*) exercer grande ascendente *m* em; **2reich** influente; **~sphäre** *f* esfera *f* de influência.

'**einflüster|n** (*-re*) *fig.* insinuar; **2ung** *f* insinuação *f*.

'**einfordern** (*-re*) *v/t.* reclamar; *Geld*: cobrar.

'**einförmig** ['-fœrmiç] uniforme; **2keit** *f* uniformidade *f*.

'**einfried(ig)|en** ['-fri:d(ig)ən] cercar; **2ung** *f* cerca (*ê) *f*; recinto *m*.

'**einfrieren** (*L*; *sn*) gelar; ⚓ *Schiff*: ficar preso no gelo; ⚚ *Kredite*: congelar.

'**einfügen** inserir; incluir; ⊕ encaixar; *sich ~ in* (*ac.*) acomodar-se a, adaptar-se a.

'**einfühl|en**: *sich ~ in* (*ac.*) tratar de compreender, penetrar (em); *sich in j-n ~* saber ver com os olhos de alg.; **2ung** *f* (*0*), **2ungs-vermögen** *n* (*-s*; *0*) intuição *f*.

'**Einfuhr** [u:] *f* importação *f*; *am Zoll*: *a.* entrada *f*; **~beschränkung** *f* importação *f* restrita, restrição *f* de importação.

'**einführen** introduzir; ⚚ importar; *Lehrbuch*: adoptar; *Sitte, System*: implantar; *in e-e Kunst ~* iniciar em; *in ein Amt ~* empossar.

'**Einfuhr|erlaubnis** *f* (*-*; *-se*) licença (*od.* autorização) *f* de importação (*od.* de importar); **~handel** *m* (*-s*; *0*) (comércio *m* de) importação *f*; **~überschuß** *m* (*-sses*; *⸗sse*) excedente *m* de importação.

'**Einführung** *f* introdução *f*; ⚚

importação *f*; *fig.* iniciação *f*; (*Amts*2) emposse *f*; (*Errichtung*) implantação *f*; **~s-übung** *f* exercício *m* de iniciação.

'**Einfuhr|verbot** *n* (-*es*; -*e*) importação *f* proibida, proibição *f* de importação; **~zoll** *m* (-*es*; ⸚*e*) direitos *m/pl.* de entrada.

'**einfüllen** deitar; encher.

'**Eingabe** *f* petição *f*; requerimento *m*; abaixo-assinado *m*; memorial *m* (*machen* apresentar).

'**Eingang** *m* (-*es*; ⸚*e*) entrada *f*; ingresso *m*; *Waren*: chegada *f*; *pl.* *Eingänge* (*Briefe*) ✝ correio *m* do dia; (*Beträge*) entradas *f/pl.*; 2**s** ao princípio; de entrada; acima; **~sbuch** ✝ *n* (-*es*; ⸚*er*) livro *m* de entradas; **~sformel** *f* (-; -*n*) preâmbulo *m*.

'**ein|gearbeitet** ['-gəarbaɪtət] *p.pt.* *v.* *einarbeiten*; *adj.* *a.* experto, versado; **~geben** (*L*) dar; *fig.* inspirar; **~gebildet** *p.pt.* *v.* *einbilden*; *adj.* imaginário; *fig.* *j.*: presunçoso; F peneirento; **~geboren** indígena; (*angeboren*) inato; *Rel.* Unigénito; 2**gebung** ['-ge:buŋ] *f* inspiração *f*; **~gedenk**: ~ *sn* (*gen.*) recordar-se de; ter presente (*ac.*), ter em vista (*ac.*); **~gefallen** *p.pt.* *v.* *einfallen*; *adj.* ⚕ magro; **~gefleischt** ['-gəflaɪʃt] encarniçado; *fig.* incorrigível, notório; *~er Junggeselle* solteirão; **~gehen** (*L*) **1.** *v/t.* (*sn*) *Ehe*, *Verpflichtung*: contrair; *e-e Wette* ~ apostar; **2.** *v/i.* (*sn*) entrar; *Briefe*: chegar, receber-se; (*aufhören*) extinguir-se, deixar de existir, *Zeitung*: *a.* deixar de aparecer; *Gesellschaft*: dissolver-se; *Zool. u.* ♀ morrer; *Stoff*: encolher; *auf* (*ac.*) ~ entrar em; consentir em; aceitar (*ac.*); *näher auf* (*ac.*) ~ aprofundar a.c., pormenorizar a.c.; ~ *lassen* acabar com; **~gehend** *fig. adj.* pormenorizado; ~ *behandeln* aprofundar; **~gekeilt** ['-gəkaɪlt] encalhado; **~gelegt** ['-gəle:kt] *p.pt.* *v.* *einlegen*; *adj.*: *~e Arbeit* embutido *m*; 2**gemachte**(**s**) ['-gəmaxtə(s)] *n* doce *m* de conserva; **~gemeinden** ['-gəmaɪndən] (-*e*-; -): *in* (*ac.*) ~ incorporar em; **~genommen** ['-gənɔmən] *p.pt.* *v.* *einnehmen*; ~ *sn für* simpatizar com; ~ *sn gegen* antipatizar com, ter (uma) antipatia contra; *von sich* ~ presunçoso; arrogante; **~geschlossen** *p.pt.* *v.* *einschließen*; *adj.* *a.* inclusive; **~gesessen** ['-gəzɛsən] residente, domiciliado; *Bevölkerung*: do país, indígena; 2**geständnis** *n* (-*ses*; -*se*) confissão *f*; ⚖ *a.* declaração *f*; **~gestehen** (*L*) confessar; *sich* (*dat.*) *et.* ~ convencer-se de a.c., reconhecer a.c.; 2**geweide** ['-gəvaɪdə] *n/pl.* vísceras *f/pl.*; (*Gedärme*) intestinos *m/pl.*; entranhas *f/pl.*; **~gewöhnen** (-): *sich* ~ habituar-se; aclima(ta)r-se; **~gießen** (*L*) deitar; **~gipsen** engessar; *Nagel*: segurar com gesso; 2**glas** *n* (-*es*; ⸚*er*) monóculo *m*; **~gleisig** ['-glaɪziç] em via única; **~gliedern** (-*re*) encorporar; 2**gliederung** *f* incorporação *f*; **~graben** (*L*) enterrar; gravar (*a.* ⊕ *u.* *fig.*); *sich* ~ ⚔ entrincheirar-se; **~gravieren** (-) gravar; **~greifen** (*L*) *v/i.*: *in* (*ac.*) ~ engrenar (*ac.*); *j.*: intervir em; 2**greifen** *n* intervenção *f*; 2**griff** *m* (-*es*; -*e*) ⊕ engrenagem *f*; *Rechte*: usurpação *f* (*in ac.* de); ⚕ operação *f*, intervenção *f* cirúrgica; **~haken** enganchar.

'**Ein-halt** *m* (-*es*; *0*): ~ *gebieten*, ~ *tun* (*dat.*) pôr termo a; 2**en** (*L*) **1.** *v/t.* (*aufhalten*) deter; *Frist*: observar; **2.** *v/i.* deter-se.

'**ein-hämmern** (-*re*) cravar; *fig.* gravar na memória.

'**ein-handeln** (-*le*): ~ *gegen* trocar por.

'**ein-händig** ['-hɛndiç] manco; 2**ung** [-guŋ] *f* entrega *f*.

'**ein|hängen** enganchar; ⊕ *u.* 🚂 engatar; **~hauen** (*L*) *Nagel*: pregar; cravar; *Tür*: arrombar; *v/i.* F *beim Essen*: ser comilão; *auf* (*ac.*) ~ dar tareia a, ⚔ cair sobre; **~heften** (-*e*-) coser; alinhavar; *Buch*: brochar; **~heimisch** nacional, natural, indígena, do país, da terra; **~heimsen** ['-haɪmzən] (-*t*) recolher; *fig.* embolsar; ficar com; **~heiraten** (-*e*-): *in* (*ac.*) ~ afiliar-se por casamento com; adquirir (*ac.*) por casamento.

'**Ein-heit** ['aɪnhaɪt] *f* unidade *f*; (*Ganzes*) conjunto *m*; (*Zusammenhang*) coesão *f*; continuidade *f*; 2**lich** uniforme; homogéneo; *Vorgehen*: comum; **~lichkeit** *f* (*0*) unidade *f*; homogeneidade *f*; uniformidade *f*; **~s...**: *in Zssg*(*n*): unitário, único; **~s-zeit** *f* hora *f* universal.

'**ein-heizen** (-*t*) aquecer; *fig.* *j-m* ~

apertar alg.; dar uma boa ensaboadela a alg.

'**ein-hellig** ['-hɛliç] unânime; **⁓keit** *f* (*0*) unanimidade *f*.

ein'her|gehen (*L*; *sn*) andar por aí; **⁓stolzieren** (-; *sn*) pavonear-se.

'**ein-holen** *v/t. Anweisungen*: pedir; *Auskünfte*, ✈ *Ballon usw.*: recolher; *Fahne, Segel*: arrear; (*empfangen*) receber solenemente; (*erreichen*) alcançar, F apanhar; *Zeit*: recuperar; (*kaufen*) comprar; ir às compras.

'**Ein-horn** *n* (-*es*; ⁓*er*) unicórnio *m*, licorne *m*.

'**Ein-huf|er** ['-hu:fər] *m*, **⁓ig** solípede *m*, equídeo *m*.

'**ein-hüllen** embrulhar; (*warm*) ⁓ abafar.

'**ein-hundert** cem; ⁓ (*und*) ... cento e ...

'**einig** ['aɪniç] de acordo (*'ô); (*geeint*) unido.

'**einige** ['aɪnigə] (alg)uns, (alg)umas; *Zeit*: algum; **⁓n** unir; unificar; *sich dahin* ⁓, *daß* acordar em que (*subj.*); **⁓rmaßen** [-ma:sən] em algum modo; razoàvelmente; F regular; **⁓s** algo (de).

'**Einig|keit** *f* (*0*) unidade *f*; concórdia *f*; **⁓ung** [-iguŋ] *f* uni(ficaç)ão *f*; acordo (*'ô) *m*.

'**ein|impfen** inocular; *fig. a.* inculcar; **⁓jagen**: *j-m e-n Schrecken* ⁓ meter medo a alg.; **⁓jährig** de um ano; anual; **⁓kalkulieren** (-) pôr em conta.

'**einkapsel|n** (-*le*): *sich* ⁓ ⚕ enquistar; *fig.* isolar-se; **⁓ung** *f* ⚕ enquistamento *m*.

'**einkassier|en** (-) cobrar; **⁓ung** *f* cobrança *f*.

'**Einkauf** *m* (-*es*; ⁓*e*) compra *f*; **⁓en** comprar, fazer compras.

'**Einkäufer** *m* comprador *m*; ecónomo *m*.

'**Einkaufs|abteilung** *f* se(c)ção *f* de compras; **⁓preis** *m* (-*es*; -*e*) preço *m* de compra; custo *m*.

'**einkehlen** ['-ke:lən] acanalar, estriar, canelar.

'**Einkehr** [e:] *f* descanso *m*, recolhimento *m*; *fig. innere* ⁓ exame *m* de consciência (*halten* fazer); **⁓en** entrar (num restaurante *od.* numa pousada); hospedar-se.

'**einkeil|en** encravar; entravar; **⁓ung** *f* encravamento *m*; entravamento *m*.

'**einkerker|n** (-*re*) encarcerar; **⁓ung** *f* encarceramento *m*.

'**einkessel|n** (-*le*) cercar; **⁓ung** *f* cerco (*ê) *m*.

'**ein|klagen** reclamar em justiça o pagamento de; **⁓klammern** (-*re*) pôr entre parênteses; **⁓klang** *m* (-*es*; ⁓*e*) ♪ unissonância *f*; acordo (*'ô) *m*, *fig. a.* harmonia *f* (*im* de); *im* ⁓ *mit a.* consentâneo com; **⁓kleben** colar; **⁓kleiden** (-*e*-) (re-)vestir; **⁓kleidung** *f* investidura *f*; *poet.* (con)figuração *f*; **⁓kochen** *v/t.* (*v/i.* [*sn*]) reduzir(-se); *Obst*: fazer conserva de.

'**einkommen 1.** *v/i.* (*L*; *sn*) *Geld*: chegar; receber-se; ⁓ *um* requerer (*ac.*), solicitar (*ac.*); ⁓ *wegen* (*gen.*) protestar contra; **2.** ⁓ *n* rendimento *m*; **⁓steuer** *f* (-; -*n*) imposto *m* complementar.

'**einkreis|en** (-*t*) ⚔ envolver, cercar; *Pol.* isolar; **⁓ung** *f* ⚔ cerco (*ê) *m*; *Pol.* isolamento *m*; **⁓ungspolitik** *f* (*0*) política *f* de isolamento.

'**Einkünfte** ['-kynftə] *f/pl.* rendimentos *m/pl.*

'**einlad|en** (*L*) *et.*: carregar; *j-n*: convidar; **⁓end** *adj.* convidativo; sedutor; **⁓ung** *f* convite *m*.

'**Ein|lage** *f* carta *f* inclusa; *Geld*: depósito *m*; entrada *f*; fundos *m/pl.*; *Kleider*: entretela *f*; *Möbel*: incrustação *f*; *Schuh*: palmilha *f*; *Thea.* intermédio *m*; *a.* ♪ fora *m* do programa; *Zahn*: penso *m*; **⁓lagern** (-*re*) armazenar; **⁓laß** *m* (-*sses*; ⁓*sse*) entrada *f*; admissão *f*; (*dat.*) ⁓ *gewähren*, **⁓lassen** (*L*) deixar entrar; admitir; ⊕ encaixar; ⚠ embeber; *sich auf* (*ac.*) ⁓, *sich in* (*ac.*) ⁓ meter-se em; *sich mit j-m* (*in ein Gespräch*) ⁓ travar relações (conversa) com alg.; meter-se com alg.

'**Einlauf** *m* (-*es*; ⁓*e*) *Briefe*: correio *m* (do dia); ⚕ clister *m*, lavagem *f* (intestinal); **⁓en** (*L*; *sn*) ⚓ entrar; 🚂 chegar; *Stoff*: encolher; **⁓trichter** *m* ⊕ tremonha *f*.

'**einläuten** (-*e*-) anunciar (*od.* iniciar) por repiques.

'**einleben**: *sich* ⁓ (*in ac.*) acostumar-se (a); aclima(ta)r-se (a).

'**Einlege-arbeit** *f* embutido *m*; incrustação *f*.

'**einlege|n** pôr (de sal, de conserva, de escabeche, de molho); (*beifügen*) incluir, juntar; *Geld*: depositar; *Holz*: embutir; *Zug*: desdobrar; *Ehre* ~ distinguir-se; *ein gutes Wort* ~ *für* intervir em favor de; **2r** ✝ *m* depositante *m*; **2sohle** *f* palmilha *f*.

'**einleit|en** (-*e*-) introduzir; iniciar; *Verhandlungen*: entabular; *Prozeß*: instruir; *Scheidung*: solicitar; **~end** *adj.* preliminar; **2ung** *f* introdução *f*; ⚖ instrução *f*; (*Vorbereitung*) preparação *f*; ♪ prelúdio *m*.

'**ein|lenken**: ~ *in* (*ac.*) (fazer) entrar em; *fig.* transigir; **~lesen** (*L*): *sich* ~ *in* (*ac.*) familiarizar-se com; **~leuchten** (-*e*-) parecer evidente; **~d** óbvio, evidente; **~liefern** (-*re*) entregar; **2lieferung** *f* entrega *f*; **2lieferungs-schein** *m* (-*es*; -*e*) senha *f* da entrega; **~liegend** ✝ incluso, junto; **~lösbar** ✝ conversível, convertível; **~lösen** (-*t*) desempenhar; pagar; remir; resgatar; *Wechsel*: sacar; *Wertpapier*: converter; **2lösung** *f* pagamento *m*; desempenho *m*; resgate *m*; *Wechsel*: saque *m*; *Wertpapier*: conversão *f*; **~lullen** arrulhar.

'**einmach|en** pôr de conserva; **2glas** *n* (-*es*; ¨*er*) frasco *m* para conservas.

'**einmal** uma vez, *Zeit*: *a.* um dia; (*einst*) antes, outrora; *auf* ~ de vez; (*plötzlich*) de repente; *noch* ~ outra vez; *nicht* ~ nem sequer; *gib mir doch* ~ deixa-lá ver; **2'eins** *n* (-; -) tabuada *f*; **~ig** único.

'**Ein|marsch** *m* (-*es*; ¨*e*) entrada *f*; **2marschieren** (-; *sn*) entrar; **2mauern** (-*re*) emparedar; enclausurar; **2meißeln** (-*le*) cinzelar, gravar; **2mengen** = *einmischen*.

'**einmieten** (-*e*-): *sich* ~ alugar uma habitação, alojar-se.

'**einmisch|en** misturar; *sich* ~ interferir; imiscuir-se; **2ung** *f* ingerência *f*, interferência *f*.

'**ein|motorig** ['-motoriç] de um só motor, monomotor; **~mumme(l)n** ['-mumə(l)n] (-*le*) F: *sich* ~ agasalhar-se bem; **~münden** (-*e*-) desembocar.

'**einmütig** ['-myːtiç] unânime; **2keit** *f* (*0*) unanimidade *f*.

'**einnähen** coser.

'**Einnahme** ['-naːmə] *f Geld*: entradas *f/pl.*, receitas *f/pl.*, rendimento *m*; *Steuern*: cobrança *f*; ⚔ tomada *f*, ocupação *f*; **~buch** *n* (-*es*; ¨*er*) livro *m* de receitas; **~quelle** *f* fonte *f* de receitas.

'**einnebeln** ['-neːbəln] (-*le*) enevoar.

'**einnehm|en** (*L*) tomar (*a.* ⚔), ⚕ *a.* ingerir; *Platz*: abranger, *a. Raum, Stelle*: ocupar; ✝ cobrar, receber; *fig. für*: ganhar, fazer simpatizar com; *gegen*: fazer antipatizar com; *für sich* ~ ser simpático; *gegen sich* ~ ser antipático; *vgl. eingenommen*; **~end** *adj. fig.* simpático.

'**ein|nicken** (*sn*) adormecer; **~nisten** (-*e*-): *sich* ~ aninhar-se; *fig.* estabelecer-se; instalar-se; **2-öde** *f* deserto *m*, solidão *f*; ermo (*ê) *m*; **~-ölen** lubrificar; engraxar; **~-ordnen** (-*e*-) registar; classificar; **2-ordnung** *f* classificação *f*; **~-packen** embalar, embrulhar; encaix(ot)ar; *v/i.* (*Koffer packen*) fazer a(s) mala(s); emalar; **~passen** (-*ßt*) ajustar, adaptar; **~pauken** inculcar; **~pferchen** amalhar; meter no aprisco; **~pflanzen** (-*t*) (im)plantar; **~phasig** ['-faːziç] monofásico; **~pökeln** (-*le*) pôr em salmoura; **~polig** ['-poːliç] unipolar; **~prägen** gravar; *sich* (*dat.*) ~ fixar.

'**einquartier|en** (-) alojar; aquartelar; **2ung** *f* alojamento *m*; ⚔ aquartelamento *m*; *Personen*: alojados *m/pl.*

'**ein|rahmen** encaixilhar, emoldurar; **~rammen** fincar; **~räumen** *Sachen*: arrumar; *Wohnung*: mobilar, instalar; *fig. Recht usw.*: (con)ceder; **~rechnen** (-*e*-): ~ *in* (*ac.*) pôr em conta; incluir.

'**Einrede** *f* obje(c)ção *f*; réplica *f*; **2n** (-*e*-): *j-m* ~ fazer crer a alg., insinuar a alg.; meter na cabeça de alg.

'**einregnen** (-*e*-; *sn*) apanhar chuva.

'**einreib|en** (*L*) fri(c)cionar; esfregar; *mit Fett*: untar; **2ung** *f* fri(c)ção *f*.

'**einreichen** apresentar.

'**einreih|en**: ~ *in* (*ac.*) incorporar a; ⚔ pôr em fila; alistar em; **~ig**: **~er** *Rock* paletó *m*.

'**Einreise** *f* entrada *f*; **2n** (-*t*; *sn*) entrar.

'**ein|reißen** (*L*) **1.** *v/t.* rasgar; lacerar; ⚠ demolir; **2.** *v/i.* (*sn*) rasgar-se; *fig. Sitte*: vulgarizar-se; **2reißen** *n* laceração *f*; **~renken** ['-rɛŋkən] destorcer; encaixar; *a.*

fig. endireitar; **~rennen** (*L*) *Tür*: arrombar; *sich* (*dat.*) *den Schädel* ~ quebrar a cabeça.

'**einricht|en** (-*e*-) dispor; organizar; arranjar; (*errichten*) instituir; *Wohnung*: mobilar; *sich* ~ pôr casa; instalar-se; *fig.* arranjar-se; *sich* ~ *auf* (*ac.*) preparar-se para; **≗ung** *f* organização *f*; disposição *f*; instituição *f*; (*Wohnungs*≗) instalação *f*; mobília *f*.

'**ein|ritzen** (-*t*) gravar; **~rollen** enrolar; **~rosten** (-*e*-) enferrujar-se; **~rücken** *v/t.* inserir; *in j-s Stelle* ~ substituir alg.; *Typ.* abrir parágrafo; *v/i.* (*sn*) ⚔ entrar.

eins [aɪns] **1.** um(a); uma coisa; *um* ~ à uma (hora); *fig.* ~ *ums andere* um depois do outro; alternadamente; **2.** ≗ *f* um *m*; *Zeugnis*: nota *f* de muito bom.

'**einsacken** ['-zakən] ensacar.

'**einsalzen** (-*t*) salgar; pôr em sal.

'**einsam** solitário; só; **≗keit** *f* (*0*) solidão *f*.

'**einsamm|eln** (-*le*) recolher, *Geld*: *a.* cobrar; **≗ler** *m* colector *m*; **≗lung** *f* recolha *f*.

'**einsargen** ['-zargən] amortalhar; meter no ataúde.

'**Einsatz** *m* (-*es*; ⸚*e*) *Geld*: abonos *m/pl.*; ♪ entrada *f* (⚔ em a(c)ção); *des Lebens*: risco *m*; sacrifício *m*; *der Kräfte*: emprego (*'ê) *m*; mobilização *f*; (*Brust*≗) peitilho *m*; (*Spitzen*≗) entremeio *m*; *der Gasmaske*: cartucho *m*; filtro *m*; *im* ~ ⚔ em a(c)ção; **≗bereit** disposto a entrar em a(c)ção; *fig.* disposto a sacrificar-se; arrojado; **~bereitschaft** *f* arrojo *m*; espírito *m* de sacrifício; **~wagen** *m* carro *m* de reserva.

'**einsäumen** abainhar.

'**einschalt|en** (-*e*-) intercalar; ⚡ ligar; *Auto*: *e-n Gang*: meter, *Kupplung*: embraiar; *fig.* *sich* ~ intervir; **≗en** *n*, **≗ung** *f* intercalação *f*; ⚡ ligação *f*; (*Kupplung*) embraiagem *f*; *fig.* intervenção *f*.

'**ein|schärfen** inculcar; **~scharren** enterrar; **~schätzen** (-*t*) calcular; avaliar; taxar; *richtig* ~ apreciar bem; **≗schätzung** *f* taxação *f*; avaliação *f*; **~schenken** deitar; **~schieben** (*L*) introduzir, intercalar, inserir; *Lit.* interpolar; **~schienig** ['-ʃiːniç] de via única; **~schießen** (*L*) (*zerstören*) demolir (a canhonaços); ⊕ tramar, entretecer; *Geld*: contribuir com; *Waffe*: ensaiar; *sich* ~ ⚔ corrigir o tiro.

'**einschiff|en** embarcar (*a. refl.*); **≗ung** *f* embarque *m*.

'**einschlafen** (*L*; *sn*) adormecer.

'**einschläfern** (-*re*) ['-ʃlɛːfərn] adormentar; **~d** *adj.* sonolento.

'**Einschlag** *m* (-*es*; ⸚*e*) ⚔ empa(c)to *m*; *rassischer*: sangue *m*; ⊕ *Weberei*: trama *f*; **≗en** (*L*) **1.** *v/t.* *Nagel*: pregar, cravar; *Paket*: embrulhar; *Stoff*: refegar; *Tür*: arrombar; *Weg*: seguir, tomar; (*zerstören*) partir; **2.** *v/i.* **a**) (*h.*) apertar a mão de (*od.* a); aceitar com um aperto (*ê) de mão; *Blitz*: cair; *Schuß*: acertar; *es hat eingeschlagen Blitz*: caíu um raio; *Schuß*: acertou; **b**) (*sn*) *fig.* *gut* ~ dar bom resultado, ter bom êxito; *Ware*: ter boa venda.

'**ein|schlägig** ['-ʃlɛːgiç] correspondente, respe(c)tivo; **~schleichen** (*L*): *sich* ~ introduzir-se furtivamente, insinuar-se; **~schleppen** ⚓ rebocar; ⚕ importar, trazer.

'**einschließ|en** (*L*) fechar; encerrar; ⚔ cercar; (*beifügen*) incluir; *fig.* conter, compreender; **~lich** (*gen.*) *adv.* inclusive, inclusivamente; incluido, compreendido; **≗ung** *f* ⚔ cerco (*ê) *m*.

'**ein|schlummern** (-*re*) adormecer, adormentar; **≗schluß** *m* (-*sses*; ⸚*sse*) inclusão *f*; **~schmeicheln**: *sich* ~ insinuar-se; abemolar-se; *sich bei j-m* ~ cativar as simpatias de alg.; **~d** *adj.* insinuante; **~schmelzen** (*L*) fundir, derreter; **≗schmelzen** *n*, **≗schmelzung** ['-ʃmɛltsuŋ] *f* fundição *f*; fusão *f*; **~schmieren** untar, engraxar; F sujar; **~schmuggeln** (-*le*) introduzir por contrabando; *sich* ~ infiltrar-se; **~schmutzen** (-*t*) sujar; **~schnappen** **a**) (*h.*) fechar bem; **b**) *fig.* (*sn*) melindrar-se, ofender-se (*über* com).

'**einschneiden** (*L*) cortar, (en)talhar; incisar; **~d** *adj.* incisivo; *fig. a.* radical.

'**einschneien** (*sn*) ficar por baixo da neve; 🚂 ser detido pela neve.

'**Einschnitt** *m* (-*es*; -*e*) incisão *f* (*a. Vers u.* ⚕); corte *m*; (*Erd*≗, *Kerbe*) entalho *m*.

'**einschnür|en** estrangular; **≗ung** *f* estrangulamento *m*.

'**einschränk|en** ['-ʃrɛŋkən] limitar,

reduzir, restringir; *sich* ~ arranjar-se; *s. a. eingeschränkt*; **&ung** *f* restrição *f*.

'**einschrauben** parafusar.

'**Einschreibe|brief** ['-ʃraɪbə-] *m* (*-es*; *-e*) carta *f* registada; **~gebühr** 📯 *f* (prémio *m* de) registo *m*; *Schule usw.*: matrícula *f*, propina *f*; **~n** *n* registo *m*; **&n** (*L*): ~ (*lassen* mandar) registar; (*sich*) ~ (*lassen*) inscrever (-se); *Schule usw.*: matricular (-se).

'**einschreiten** (*L*) **1.** *v/i.* (*sn*) intervir; **2.** & *n* intervenção *f*.

'**ein|schrumpfen** (*sn*) encolher; enrugar; **~schüchtern** intimidar; **~schulen** matricular (numa escola); **&schuß** *m* (*-sses*; *⸗sse*) ⚔ entrada *f*; ⊕ trama *f*; **~schwenken** (*sn*) ⚔ fazer uma evolução; **~segnen** (*-e-*) abençoar; *Kind*: comungar; **&segnung** *f* (primeira) comunhão *f*; confirmação *f*; bênção *f*.

'**einsehen** (*L*) **1.** *v/t.* consultar; (*begreifen*) compreender; entender; *Irrtum*: reconhecer; **2.** & *n*: *ein* ~ *haben* ter juízo, ser razoável.

'**einseifen** ensaboar.

'**einseitig** ['-zaɪtɪç] unilateral, parcial (*a. Urteil*); ⚕ simples; ~ *bedrucken* de um lado só; **&keit** *f* unilateralidade *f*; parcialidade *f*, doutrinarismo *m*.

'**einsend|en** (*L*) remeter, enviar; escrever; **&er** *m* remetente *m*; **&ung** *f* envio *m*; (*Eingesandt*) carta *f*.

'**Einsenkung** *f* depressão *f*; abaixamento *m*.

'**einsetz|en** (*-t*) **1.** *v/t.* pôr, colocar; *Anzeige*: inserir; ✓ plantar; ⚘ substituir; ✝ (*buchen*) assentar; (*errichten*) instituir, estabelecer; *in ein Amt*: investir de; ⚔ pôr em combate, levar ao combate; *fig.* pôr em jogo; *Kraft*: empregar; *Leben*: arriscar, sacrificar; *sich* ~ *für* lutar por, defender (*ac.*), intervir a favor de; **2.** *v/i.* começar; ♪ entrar; **&ung** *f* (*Ernennung*) nomeação *f*; (*Errichtung*), *Erben*: instituição *f*; *Kraft*: emprego (*'ê) *m*; *Leben*: sacrifício *m*; ✓ plantação *f*; *Typ.* inserção *f*; *in ein Amt*: instalação *f*; ⚘ substituição *f*; ⚔ entrada *f* em combate.

'**Einsicht** *f* (*Kenntnis*) conhecimento *m*; (*Verstand*) juízo *m*, inteligência *f*; ~ *nehmen in* (*ac.*) examinar (*ac.*); ver (*ac.*); *zur gefälligen* ~ para a sua informação; **&ig, &svoll** inteligente; compreensivo.

'**einsickern** (*-re*) infiltrar-se.

'**Einsied|e'lei** ['-zi:də'laɪ] *f* ermida *f*, ermo *m*; **~ler** *m* ermitão *m*, eremita *m*; **~lerkrebs** *m* (*-es*; *-e*) caranguejo *m* eremita.

'**ein|silbig** ['-zilbiç] monossílabo, monossilábico; *fig. j.*: taciturno, lacónico; **~sinken** (*L*) enterrar-se; afundar-se; **&sitzer** ['-zitsər] *m* carro *m* de um lugar só; **~spannen** *Pferd*: atrelar; aparelhar; ⊕ engatar; *fig.* empregar.

'**einspar|en** economizar; **&ung** *f* economia *f*.

'**ein|sperren** encarcerar, prender; *Kind*: fechar; **~spielen** *Waage*: equilibrar-se; *sich* ~ ♪ fazer alguns exercícios; *Sport*: treinar-se; **~spinnen** (*L*): *sich* ~ fazer o casulo; *fig.* recolher-se, ensimesmar-se; **~sprengen** aspergir; **~springen** (*L*; *sn*): *für j-n* ~ substituir alg.

'**einspritz|en** (*-t*) ⚕ inje(c)tar; **&ung** *f* ⚕ inje(c)ção *f*.

'**Einspruch** *m* (*-es*; *⸗e*) reclamação *f*; protesto *m*; ~ *erheben* protestar.

'**einspurig** ['-ʃpu:riç] de via única.

einst [aɪnst] um dia; *Vergangenheit*: *a.* (*von* ~ de) outrora.

'**ein|stampfen** *Papier*: amassar; **~stauben** (*sn*) cobrir-se de pó; **~stechen** (*L*) furar; **~stecken** pôr (*od.* meter) dentro; meter no bolso, *Geld*: *a.* arrecadar; 📯 pôr no correio; *Schwert*: embainhar; F (*einsperren*) meter na prisão; F *fig.* (*behalten*) ficar com; *Beleidigung usw.*: engulir; **~stehen** (*L*): ~ *für* responder por; **~steigen** (*L*; *sn*): ~ *in* (*ac.*) subir para, entrar em; 🚂 ~! partida!

'**einstell|en** meter (em), colocar (em); *Personal*: contratar, ⚔ alistar, incorporar; *Arbeit, Kampf*: suspender; ⚖ *Prozeß*: arquivar; *Apparat*: regular, ajustar, graduar; *Phot.* focar (*scharf* bem; *unscharf* mal); *Radio*: afinar, sintonizar; *in e-e Richtung*: orientar; *sich* ~ (*kommen*) comparecer; aparecer, *Schmerzen*: *a.* fazer-se sentir; *sich* ~ *auf* (*ac.*) preparar-se para, adaptar-se a, contar com; **~ig** dígito, simples; **&ung** *f* colocação *f*; ⚔ alistamento *m*; *Arbeit, Kampf*: suspensão *f*; ⚖ arquivação *f*; *Phot.* focagem *f*;

Radio: sintonização *f*, afinação *f*; ⊕ acerto *m*; *fig.* orientação *f*, (*Haltung*) atitude *f*.

ˈ**einstig** [ˈaɪnstiç] antigo; (*künftig*) futuro.

ˈ**einstimm|en** acompanhar; ~ in (*ac.*) juntar a sua voz a; **~ig** unânime; *adv.* por unanimidade; ♪ a uma só voz; uníssono; **2igkeit** *f* unanimidade *f*; ♪ unissonância *f*.

ˈ**ein|stöckig** [ˈ-ʃtœkiç] de um andar só, de um piso só; **~stoßen** (*L*) romper, derribar; **~streichen** (*L*) *Geld*: ficar com; **~streuen** entremeter, entremear; **~strömen** (*sn*) afluir; **~studieren** (-) ensinar; *Thea.* ensaiar (*ac.*); **~stündig** [ˈ-ʃtyndiç] de uma hora; **~stürmen**: ~ *auf* (*ac.*) arrojar-se (*od.* abalaçar-se) contra; precipitar-se sobre; *fig.* assaltar (*ac.*); **2sturz** *m* (-*es*; ⸗*e*) queda *f*; ⚠ *a.* desabamento *m*; derrocada *f*; desmoronamento *m*; **~stürzen** (-*t*) cair; desabar, abater, ir-se (*od.* vir) abaixo; ruir; desmoronar-se.

ˈ**einstweil|en** por enquanto; entretanto; **~ig** interino, provisório.

ˈ**ein|tägig** [ˈ-tɛːgiç] de um só dia; *fig.* efémero; **2tags-fliege** *f* efémera *f*; **2tänzer** *m* dançarino *m* (profissional); **~tauchen** molhar, mergulhar; submergir; **~tauschen** trocar (*gegen* por).

ˈ**einteil|en** dividir (*in ac.* em); distribuir, repartir; classificar (por); **2ung** *f* divisão *f*, distribuição *f*; classificação *f*.

ˈ**eintönig** [ˈ-tøːniç] monótono; **2keit** *f* monotonia *f*.

ˈ**Ein|tracht** *f* (*0*) concórdia *f*; união *f*; **2trächtig** de acordo (*ˈô); unânime.

ˈ**Ein|trag** [ˈ-traːk] *m* (-*es*; ⸗*e*) registo *m*; **2tragen** (*L*) inscrever, registar; averbar; ⚕ assentar; escriturar; (*verursachen*) causar; *Nutzen*: render, produzir; **2träglich** [ˈ-trɛːkliç] lucrativo, rendoso; F chorudo; **~tragung** [ˈ-traːguŋ] *f* inscrição *f*; registo *m*; ⚕ lançamento *m*.

ˈ**ein|träufeln** (-*le*) instilar; **~treffen** (*L*; *sn*) *v/i.* chegar; (*geschehen*) acontecer; **2treffen** *n* chegada *f*; **~treiben** (*L*) cravar; *Geld, Vieh*: recolher; **~treten** (*L*) **1.** *v/t.* arrombar (por pontapés); **2.** *v/i.* (*sn*) entrar; (*geschehen*) suceder, realizar-se; *Kälte usw.*: começar; sobrevir; *für j-n* ~ substituir alg.; *fig.* ~ *für* intervir em favor de, defender (*ac.*); **~trichtern** [ˈ-triçtərn] (-*re*) F inculcar.

ˈ**Eintritt** *m* (-*es*; -*e*), **~s-geld** *n* (-*es*; -*er*) entrada *f*; **~s-karte** *f* bilhete *m* (de entrada).

ˈ**ein|trocknen** (-*e*-; *sn*) secar; enxugar; **~tröpfeln** (-*le*) instilar; **~tunken** [ˈ-tuŋkən] molhar, ensopar; **~üben** ensaiar; estudar.

ˈ**einverleib|en** [ˈ-fɛrlaɪbən] (-) encorporar (*dat.* a, em); *sich* (*dat.*) *et.* ~ ficar com a.c.; **2ung** *f* encorporação *f*, anexação *f*.

ˈ**Ein|vernehmen** *n* (-*s*; *0*) acordo (*ˈô) *m* (*im* de, *ins* ao); **2verstanden** [ˈ-fɛrʃtandən] de acordo (*ˈô) (*sn* estar); **~verständnis** *n* (-*ses*; -*se*) acordo (*ˈô) *m*; consentimento *m*; **2wachsen** (*L*) penetrar; **~wand** *m* (-*es*; ⸗*e*) obje(c)ção *f*; reparo *m*; réplica *f*; **~wanderer** *m* imigrante *m*; **2wandern** (-*re*) imigrar; **~wanderung** *f* imigração *f*; **2wand-frei** corre(c)to, inta(c)to; incontestável; **2wärts** [ˈ-vɛrts] para dentro; **2wechseln** (-*le*) trocar, ⚕ *a.* cambiar (*gegen* por); **2wecken**: *et.* ~ fazer conserva de a.c.; **2weichen** pôr de molho (*ˈô); ensopar; aboborar.

ˈ**einweih|en** inaugurar; consagrar; F estrear; *fig. in* (*ac.*) ~ iniciar em; confiar um segredo a; *eingeweiht sn a.* estar no segredo; **2ung** *f* inauguração *f*; consagração *f*.

ˈ**einweis|en** (*L*): *j-n* ~ conferir posse a alg.; *j-n in ein Krankenhaus usw.* ~ internar alg.; **2ung** *f* posse *f*; *in ein Krankenhaus usw.*: internamento *m*.

ˈ**einwend|en** (*L*) obje(c)tar, reparar, retorquir; **2ung** *f* = *Einwand*.

ˈ**ein|werfen** (*L*) romper, partir; *fig.* obje(c)tar; **~wickeln** (-*le*) embrulhar; enrolar; *fig.* apanhar.

ˈ**einwillig|en** [ˈ-viligən] consentir; **2ung** *f* consentimento *m*; *stille*: aquiescência *f*.

ˈ**einwirk|en** a(c)tuar, operar (*auf ac.* em), *a. geistig*: influir (sobre); *sittlich*: morigerar (*ac.*); **2ung** *f* a(c)ção *f*, a(c)tuação *f*, influência *f*; morigeração *f*.

ˈ**einwöchentlich** semanal, hebdomadário.

ˈ**Einwohner**(**in** *f*) [ˈ-voːnər] *m* habitante *m u. f*, morador(a *f*) *m*;

~schaft *f* (*0*) população *f*; habitantes *m/pl.*
'**Ein|wurf** *m* (-*es*; ⸚*e*) ✉ abertura *f*; *fig.* obje(c)ção *f*, réplica *f*; **2wurzeln** (-*le*) arraigar, enraizar; *eingewurzelt fig. adj. a.* inveterado, notório.
'**Einzahl** *f* singular *m*; **2en** pagar; depositar; **~er**(**in** *f*) *m* depositante *m*, *f*; **~ung** *f* pagamento *m*; depósito *m*; *pl.* (*Eingänge*) entradas *f/pl.*
'**einzäun|en** ['-tsɔynən] cercar; vedar; **2ung** *f Zaun*: grades *f/pl.*; *Gebiet*: cercado *m*, tapada *f*.
'**einzeichn|en** (-*e*-) marcar; *sich* ~ inscrever-se; **2ung** *f* inscrição *f*.
'**Einzel|ausgabe** ['aıntsəl-] *f* edição *f* avulso; **~fall** *m* (-*es*; ⸚*e*) caso *m* isolado; **~-haft** *f* (*0*) incomunicabilidade *f*; **~-handel** *m* (-*s*; *0*) comércio *m* a retalho; **~-händler** *m* retalhista *m*; **~-haus** *n* (-*es*; ⸚*er*) moradia *f*; **~-heit** *f* pormenor *m*; *besondere*: particularidade *f*.
'**einzellig** ['-tsɛliç] unicelular.
'**einzel|n** só; isolado; singular; *jeder* ~*e* cada um por si; *im* ~*en* nos seus pormenores; *verkaufen*: a retalho, por miúdo; avulso; *adv.* um a um; *ins* ~*e gehen* pormenorizar; **2spiel** *n* (-*es*; -*e*) *Tennis*: «single» *m* (*engl.*); **2stück** *n* (-*es*; -*e*), **2teil** *m* (-*es*; -*e*) peça *f* avulso; **2verkauf** *m* (-*es*; ⸚*e*) venda *f* a retalho; **2wesen** *n* indivíduo *m*; **2zimmer** *n* quarto *m* de uma cama.
'**einzieh|bar** ['-tsi:ba:r] *Zool.* retrá(c)til (*a.* ✈), retra(c)tivo; **~en** (*L*) **1.** *v/t.* retrair; ⚓ *Segel*: arrear (*a. Flagge*); amainar; *Ruder u.* ✈ (*Fahrgestell*): recolher; ⚔ chamar às fileiras, mobilizar; *Geld*: retirar da circulação, recolher; *Steuern*: arrecadar; ⚖ confiscar; *Erkundigungen*: colher; *Luft*: aspirar; **2.** *v/i.* (*sn*) entrar; *in e-e Wohnung* ~ mudar(-se) para, ir instalar-se em; **2ung** *f* ⚕ cobrança *f*; ⚖ confiscação *f*; ⚕ estreitamento *m*, incisura *f*.
'**einzig** ['aıntsiç] único; ~ (*und allein*) *adv.* ùnicamente; **~-artig** *a.* singular, sem par; **~er** [-gər] único.
'**Einzug** *m* (-*es*; ⸚*e*): ~ *in* (*ac.*) entrada *f* em, ingresso *m* em; *Wohnung*: mudança *f* para.
'**einzwängen** apertar; fazer entrar à força (*ô).

'**Ei|pulver** *n* ovos *m/pl.* em pó; **2rund** oval.
Eis [aıs] *n* (-*es*; *0*) gelo (*ê) *m*; (*Frucht2*, *Speise2*) gelado *m*; sorvete *m*.
'**Eis...**: *in Zssg*(*n*) *meist* de gelo (*ê); **~bahn** *f* pista *f* de patinagem (no gelo); **~bär** *m* (-*en*) urso *m* branco; **~bein** *n* (-*es*; -*e*) mão *f* de porco (em salmoura); **~berg** *m* (-*es*; -*e*) icebergue *m*; **~brecher** ['-brɛxər] *m* (navio *m*) quebra-gelo *m*.
'**Eisen** ['aızən] *n* ferro *m* (*a. Plätt2*); (*Huf2*) ferradura *f*.
'**Eisenbahn** *f* caminho *m* de ferro; **~...**: *in Zssg*(*n*) *oft* ferroviário; **~beamte**(**r**) *m* (-*n*) funcionário *m* dos caminhos de ferro; **~er** *m* ferroviário *m*; **~fahrplan** *m* (-*es*; ⸚*e*) horário *m* de comboios; **~fahrt** *f* viagem *f* de caminho de ferro; **~knotenpunkt** *m* (-*es*; -*e*) entroncamento *m*; **~linie** *f* via *f* férrea; **~netz** *n* (-*es*; -*e*) rede (*'ê) *f* ferroviária; **~schiene** *f* carril *m*; **~-unglück** *n* (-*es*; -*e*) desastre *m* ferroviário; **~verbindung** *f* ligação *f* ferroviária; **~wagen** *m* carruagem *f*; **~zug** *m* (-*es*; ⸚*e*) comboio *m*.
'**Eisen|bau** *m* (-*es*; -*ten*) construção *f* em ferro; **~bergwerk** *n* (-*es*; -*e*) mina *f* de ferro; **~beschlag** *m* (-*es*; ⸚*e*) ferragem *f*; **2beschlagen** blindado; **~beton** *m* (-*s*; -*s*) cimento (* concreto) *m* armado; **~blech** *n* (-*es*; -*e*) ferro *m* em folha (*ô); chapa *f* de ferro; **~-erz** *n* (-*es*; -*e*) minério *m* de ferro; **~gießerei** *f*, **~guß** *m* (-*sses*; *0*) fundição *f* de ferro; **2haltig** ['-haltiç] ferruginoso; **~hut** ⚘ *m* (-*es*; ⸚*e*) acónito *m*; **~hütte** *f* ferraria *f*; *usina *f* siderúrgica; **~-industrie** *f* indústria *f* siderúrgica; siderurgia *f*; **~kraut** ⚘ *n* (-*es*; ⸚*er*) verbena *f*; **~verhüttung** *f* (*0*) tratamento *m* siderúrgico; **~waren** *f/pl.* ferragens *f/pl.*; **~waren-handlung** *f* loja *f* de ferragens; **~zeit** *f* (*0*) idade *f* de ferro.
'**eisern** ['aızərn] de ferro; férreo; ~*er Bestand* últimas reservas *f/pl.*; ~*e Ration* ⚔ ração *f* de reserva.
'**Eis|fläche** *f* pista *f* de gelo (*ê); **2frei** desembaraçado de gelo (*ê); **~gang** *m* (-*es*; ⸚*e*) rompimento *m* de gelo (*ê); **2gekühlt** ['-gəky:lt] gelado; **2grau** encanecido; **~hockey**

n (-*s*; *0*) «hockey» (*engl.*) *m* em patins (no gelo).

'**eisig** ['aɪzɪç] gelado; glacial; *fig.* impassível.

'**eis|kalt** = *eisig*; **2keller** *m* geleira *f*; **2lauf** *m* (-*ẹs*; ⸚*e*) patinagem *f*; **2läufer(in** *f*) *m* patinador(a *f*) *m*; **2maschine** *f* sorveteira *f*; **2meer** *n* (-*ẹs*; -*e*) mar *m* glacial; **2scholle** *f* pedaço *m* de gelo; **2schrank** *m* (-*ẹs*; ⸚*e*) frigorífico *m*, frigorífero *m*; **2vogel** *m* (-*s*; ⸚) alcião *m*; **2waffel** *f* (-; -*n*) bolacha *f* baunilha; **2zapfen** *m* caramelo; **2zeit** *f* época *f* glaciária; período *m* glaciário; **2zone** *f* região *f* glacial, zona *f* (ant)ár(c)tica.

'**eitel** ['aɪtəl] (-*tl*-) *j.*: vaidoso; *et.*: vão; fútil; (*nichts als* [*oft uv.*]) mero, puro; **2keit** *f* vaidade *f*.

'**Eiter** ['aɪtər] *m* (-*s*; *0*) pus *m*; **~beule** *f* abscesso *m*; **~pustel** *f* (-; -*n*) pústula *f*; **~geschwür** *n* furúnculo *m*; **~herd** *m* (-*ẹs*; -*e*) foco *m* purulento; **2ig** purulento; **2n** (-*re*) criar pus, supurar; ab(s)ceder; **~ung** *f* supuração *f*.

'**Eiweiß** *n* (-*es*; -*e*) clara *f* do ovo; ⚗ albumina *f*; **2-haltig** [-haltɪç] albuminoso.

'**Ekel** ['e:kəl] **1.** *m* asco *m*, *mit Übelkeit*: nojo *m*, náusea *f*; (*Widerwille*) repugnância *f* (*vor dat.* de); F *j.* (*n*): tipo *m* antipático; **2.** 2 = **2-haft** nojento, repugnante; **2ig** (-*kl*-) fastidioso; aborrecido; antipático; **2n**: *j-n* ~, *j-m* ~ causar nojo (*od.* repugnância) a alg.; repugnar a alg.

ekla'tant [ekla'tant] retumbante; evidente.

Ek'sta|se [ɛk'sta:zə] *f* êxtase *m*; **2tisch** extático.

e'lasti|sch [e'lastiʃ] elástico; **2zi'tät** [-tsi'tɛ:t] *f* elasticidade *f*.

Elch [ɛlç] *m* (-*ẹs*; -*e*) alce *m*.

Ele'fant [ele'fant] *m* (-*en*) elefante *m*.

Ele'gie [ele'gi:] *f* elegia *f*.

e'legisch [e'le:giʃ] elegíaco.

elektrifi'zier|en (-) [elɛktrifi'tsi:rən] ele(c)trificar; **2ung** *f* ele(c)trificação *f*.

E'lektr|iker [e'lɛktrikər] *m* ele(c)tricista *m*; **2isch** elé(c)trico.

elektri'sier|en (-) [elɛktri'zi:rən] ele(c)trizar; **2maschine** *f* ele(c)trizador *m*.

Elektrizi'tät [elɛktritsi'tɛ:t] *f* ele(c)tricidade *f*, corrente *f* elé(c)trica, energia *f*; **~swerk** *n* (-*ẹs*; -*e*) central *f* elé(c)trica.

Elek'trode [elɛk'tro:də] *f* elé(c)trodo *m*.

E'lektro|dy'namik [e'lɛktro-] *f* (*0*) ele(c)trodinámica *f*; **~'lyse** [-'ly:zə] *f* ele(c)trólise *f*; **~motor** *m* (-*s*; -*en*) ele(c)tromotor *m*.

Elek'tron [elɛk'tro:n] *n* (-*s*; -*en*) elé(c)trão *m*; **~en...**: *in Zssg(n)* ele(c)trónico; de ele(c)trões; **~enhülle** *f* camada *f* de electrões.

Elektro'techni|k *f* (*0*) ele(c)trotécnica *f*; **~ker** *m* ele(c)tricista *m*; **2sch** ele(c)trotécnico.

Ele'ment [ele'mɛnt] *n* (-*ẹs*; -*e*) elemento *m*.

elemen'tar [elemɛn'ta:r], **2...**: *in Zssg(n)* elementar; **2schule** *f* escola *f* primária.

'**Elend** ['e:lənt] **1.** *n* (-*ẹs*; *0*) miséria *f*; (*Unglück*) desgraça *f*, desdita *f*; **2.** 2 *adj.* mísero, miserável, desgraçado, desditoso; (*kränklich*) muito fraco; ~ *aussehen* ter mau aspe(c)to; *fig.* mesquinho.

elf [ɛlf] onze.

Elf **1.** *f* onze *m*; **2.** *m* (-*en*) silfo *m*; '**~e** ['-ə] *f* sílfide *f*; **~enbein** *n* (-*ẹs*; *0*) marfim *m*; **2fach** onze vezes; **2te** undécimo; *Regent, Tag, Jahrhundert*: *der* ~, *das* ~ onze; *a.* **~tel** *n*, **2tens** undécimo (*m*).

E'lite [e'li:tə] *f* escol *m*; **~...**: *in Zssg(n)* sele(c)to, de sele(c)ção.

'**Ell|e** ['ɛlə] *f* vara *f*, côvado *m*; *Anat.* cúbito *m*; **~(en)bogen** *m* cotovelo *m*; **~(en)bogenfreiheit** *f* *fig.* liberdade *f* de a(c)ção; **2enlang** do comprimento de uma vara; *fig.* sem fim.

El'lipse [e'lipsə] *f* elipse *f*.

'**Elsässer** ['ɛlzɛsər] *m*, (**~in** *f*) Alsaciano *m* (-a *f*), da Alsácia.

'**Elster** ['ɛlstər] *f* (-; -*n*) pega *f*.

'**elterlich** ['ɛltərliç] dos pais; paterno e materno; patrimonial.

'**Eltern** ['ɛltərn] *pl. uv.* pais *m/pl.*; **~liebe** *f* (*0*) amor *m* paterno; **2los** orfão (de pai e mãe).

E'mail [e'maɪ(l)] *n* (-*s*; -*s*), **~le** [e'maljə] *f* esmalte *m*; **2'lieren** [-'ji:rən] (-) esmaltar.

Emanzi|pati'on [emantsipatsi'o:n] *f* emancipação *f*; **2'pieren** (-) emancipar.

'**Embryo** ['ɛmbryo] *m* (-*s*; -*s*) embrião *m*.

emeri'tier|en [emeri'ti:rən] (-) aposentar; **~t** aposentado, jubilado; **2ung** *f* jubilação *f*, aposentação *f*.
Emi'gr|ant [emi'grant] *m* (*-en*) emigrado *m*; **2ieren** emigrar.
Emi'nenz [emi'nɛnts] *f* Eminência *f*.
Emissi'on [emis'jo:n] *f* emissão *f*.
Em'pfang [ɛm'pfaŋ] *m* (*-es*; *=e*) recepção *f*; *a.* (*Aufnahme*) acolhimento *m*; **2en** (*L*; -) receber; acolher; *Frau*: conceber.
Em'pfäng|er [ɛm'pfɛŋər] *m*: **a**) **~er(in** *f*) *m* ✉ destinatário *m* (-a *f*); ⚓ consignatário *m* (-a *f*); **b**) *Radio*: receptor *m*; **2lich**: ~ *für* susceptível de; predisposto para; *Gemüt*: sensível a; **~lichkeit** *f* susceptibilidade *f*; sensibilidade *f*; ⚕ predisposição *f*; **~nis** *f* (-; *-se*) *Frau*: concepção *f*; *Rel.*: Conceição *f*.
Em'pfangs|-anlage *f* posto *m* de recepção; **~bescheinigung** *f* recibo *m*; **~bestätigung** *f* aviso *m* de recepção; **~gerät** *n* (*-es*; *-e*) receptor *m*; **~station** *f* estação *f* receptora; **~-zimmer** *n* sala *f* (de recepção); salão *m* (nobre).
em'pfehl|en [ɛm'pfe:lən] (*L*; -) recomendar; *et.*: *a.* aconselhar; ~ *Sie mich* (*dat.*) apresente os meus respeitos a; *sich* ~ (*verabschieden*) despedir-se; *Briefschluß*: apresentar cumprimentos; (*ratsam sn*) convir; **~enswert** recomendável, de recomendar; aconselhável; **2ung** *f* recomendação *f*; *pl.* (*Grüße*) cumprimentos *m/pl.*
empfind|en (*L*; -) *v/t.* sentir; **~lich** sensível; (*fein*) delicado; **2lichkeit** *f* sensibilidade *f*; delicadeza *f*; **~sam** sentimental; **2samkeit** *f* sensibilidade *f*; sentimentalidade *f*, sentimentalismo *m*.
Em'pfindung [ɛm'pfinduŋ] *f* sentimento *m*, sensação *f*; **2slos** insensível; **~slosigkeit** [-lo:ziç-] *f* insensibilidade *f*; **~svermögen** *n* (*-s*; *0*) sensibilidade *f*.
Em'phase [ɛm'fa:zə] *f* ênfase *f*.
Em'pire [ã'pi:r] *n* (*-s*; *0*), **~stil** *m* (*-es*; *0*) estilo *m* Império.
em'por [ɛm'po:r] (para) acima, para o ar; **~-arbeiten** (*-e-*): *sich* ~ *fig.* vencer pelo seu trabalho; **~blicken** levantar os olhos.
Em'pore [ɛm'po:rə] △ *f* tribuna *f*, coro (*'ô) *m*.
em'pör|en [ɛm'pø:rən] (-) indignar, revoltar; **~end** revoltante, escandaloso.
em'por|fahren (*L*; *sn*) subir; *fig.* levantar-se (de sobressalto); **~-kommen** (*L*; *sn*) subir, prosperar; **2kömmling** [-kœmliŋ] *m* (*-s*; *-e*) novo rico *m*; arrivista *m*; **~lodern** subir; **~ragen** (*sn*) sobressair; ~ *über* erguer-se por cima de; dominar (*ac.*); **~recken, ~richten** (*-e-*): *sich* ~ erguer-se; **~schnellen** (*sn*) levantar-se de um salto; **~-schwingen** (*L*): *sich* ~ levantar voo (*'ô); **~steigen** (*L*; *sn*) subir; ascender.
Em'pörung [ɛm'pø:ruŋ] *f* sublevação *f*, insurreição *f*; *fig.* indignação *f*.
em'porwachsen (*L*; *sn*) crescer.
'emsig ['ɛmziç] assíduo, a(c)tivo; **2keit** *f* assiduidade *f*.
'End|e ['ɛndə] *n* (*-s*; *-n*) *örtl.* extremo *m*, extremidade *f*; topo (*'ô) *m*; *von e-m* ~ *zum anderen* de lés *m* a lés; *zeitl.* fim *m*; termo (*ê) *m* (*machen* pôr); (*letzter Teil*) final *m*; *örtl. u. zeitl.* cabo *m* (*zu ... führen* levar a); (*am, gegen*) ~ *des Monats*, ~ *Mai usw.*: em fins de; *am* ~ por fim; (*vielleicht*) porventura; *von Anfang bis* ~ de cabo a rabo *m*; *letzten* **~s** afinal de contas; *zu* ~ *gehen* estar a acabar, estar a findar; aproximar-se do seu fim; *zu* ~ *lesen usw.* terminar a leitura de; *ein* ~ *machen mit* pôr cobro a; *ein* ~ *nehmen* acabar(-se); F *das dicke* ~ *kommt noch nach* ainda não acabou; aquilo traz água no bico; **2en** (*-e-*) *v/t. u. v/i.* acabar(-se) (*mit* por, *auf ac.* em), (*a. aufhören*) terminar, (*sterben*) *u. Frist*: expirar; **~-ergebnis** *n* (*-ses*; *-se*) resultado *m* final; **~es-unterzeichnete** ⚖ *m u. f*, **~es-unterzeichneter** *m* (o [a *f*]) abaixoassinado(-a *f*) *m*; **~glied** *n* (*-es*; *-er*) falangeta *f*; **2gültig** definitivo; *adv. a.* de vez.
En'divie [ɛn'di:viə] *f* endívia *f*, chicória *f*.
'End|kampf ['ɛnt-] *m* (*-es*; *=e*) *Sport*: (encontro *m*) final *m*; **2lich** 𝔄 finito; final; *adv.* finalmente, enfim, por fim; ~ *et. tun* acabar por fazer a.c.; *na* ~! até que enfim!; **2los** ilimitado; sem fim; infinito; **~punkt** *m* (*-es*; *-e*) termo (*ê) *m*; extremo *m*; **~silbe** *f* sílaba *f* final; **~spiel** *n* (*-es*; *-e*) *Sport*: final *m*;

~station *f* estação-términus *f*; **~summe** *f* total *m*; **~ung** [-duŋ] *f Gram.* desinência *f*; **~ziel** *n* (*-es*; *-e*), **~zweck** *m* (*-es*; *-e*) fim *m*, finalidade *f*.

Ener'gie [enɛr'gi:] *f* energia *f*; **2los** sem energia.

e'nergisch [e'nɛrgiʃ] enérgico.

eng [ɛŋ] estreito; apertado; *Gewebe*: tapado; *Rock*: travado; *Freundschaft*: íntimo; *~er machen* apertar; *~ere Wahl* sele(c)ção *f*; opção *f*; *Pol.* (*Stichwahl*) escrutínio *m* decisivo; *aufs ~ste* ìntimamente; **'~anliegend, ~anschließend** estreito; *Kleid*: (muito) justo; apertado; (*geschlossen*) abafado; **'2e** ['~ə] *f* estreiteza *f*, aperto *m*; = *Engpaß*; *in die ~ treiben* apertar muito.

'Engel ['ɛŋəl] *m* anjo *m*; **2haft, ~s...** *in Zssg(n)* angélico.

'Engerling ['ɛŋərliŋ] *m* (*-s*; *-e*) larva *f*.

'engherzig mesquinho; **2keit** *f* (*0*) mesquinhice *f*; falta *f* de generosidade.

'Engländer ['ɛŋlɛndər] *m* inglês *m*; ⊕ chave *f* inglesa; **~in** *f* inglesa *f*.

'englisch ['ɛŋliʃ] inglês (*auf* em); *Kirche*: anglicano; *~e Krankheit* raquitismo *m*.

'eng|maschig ['~maʃiç] com malhas espessas; **2paß** *m* (*-sses*; *⸗sse*) desfiladeiro *m*, garganta *f*; passagem *f* estreita.

en'gros [ã'gro:], **2...** *in Zssg(n)* por junto.

'engstirnig ['-ʃtirniç] pouco inteligente, tapado.

'Enkel ['ɛŋkəl] *m*, (**~in** *f*), **~kind** *n* (*-es*; *-er*) neto (-a *f*) *m*.

En'semble [ã'sãbəl] *n* (*-s*; *-s*) elenco *m*.

ent'art|en [ɛnt'artən] (*-e-*; *-*; *sn*) degenerar; abastardar-se; **2ung** *f* degeneração *f*; abastardamento *m*.

ent'äußern [ɛnt-] (*-re*; *-*): *sich ~* (*gen.*) desfazer-se de, renunciar a.

ent'behr|en [ɛnt'be:rən] (*-*) *v/t.* não ter; passar sem; carecer de; sentir a falta de; **~lich** dispensável; prescindível; **2ung** *f* privação *f*.

ent|'binden (*L*; *-*) desatar; *fig.* dispensar; *vom Amt*: exonerar; *vom Eide*: desligar; ⚕ partejar; *entbunden werden von* ⚕ dar à luz (*ac.*); **2'bindung** *f* exoneração *f*; ⚕ parto *m*; **2'bindungs-anstalt** *f* maternidade *f*; **~'blättern** (*-re*; *-*) desfolhar; **~'blößen** [-'blø:sən] (*-t*; *-*) desnudar; *fig.* despojar; **2'blößung** [-'blø:suŋ] *f* desnudação *f*, desnudamento *m*; **~'brennen** (*L*; *-*; *sn*) inflamar-se; *fig. in Liebe ~* zu apaixonar-se de; *Kampf*: travar-se; *von neuem ~* reacender-se; **~'decken** (*-*) descobrir; (*enthüllen*) revelar; **2'decker** [-'dɛkər] *m* descobridor *m*; **2'deckung** *f* descobrimento *m*; descoberta *f*.

'Ente ['ɛntə] *f* pato *m*, pata *f*; *fig.* peta *f*; (*Zeitungs2*) atoarda *f*.

ent'ehr|en [ɛnt-] (*-*) desonrar, difamar; **~end** *adj.* desonroso, difamante; **2ung** *f* desonra *f*; difamação *f*.

ent'eign|en [ɛnt-] (*-e-*; *-*) expropriar; **2ung** *f* expropriação *f*; **2ungsverfahren** *n* (processo *m* de) expropriação *f*.

ent|'eilen [ɛnt-] (*-*) fugir; **~'erben** (*-*) deserdar; **2'erbung** [-'ɛrbuŋ] *f* deserdação *f*.

'Enter|haken ['ɛntər-] ⚓ *m* (a)balroa *f*; arpão *m* (de abordagem); **~ich** *m* (*-s*; *-e*) pato *m* macho; **2n**[1] ⚓ abalroar, abordar; **~n**[2] ⚓ *n*, **~ung** *f* abalroação *f*, abalroamento *m*.

ent|'fachen [ɛnt'faxən] (*-*) atiçar; **~'fahren** (*L*; *-*; *sn*) *Wort*: escapar; **~'fallen** (*L*; *-*; *sn*) *den Händen*: cair de; *Wort*: escapar; *dem Gedächtnis*: passar (da memória), esquecer (*j-m* a alg.); *auf* (*ac.*) *~* recair em; (*wegfallen*) deixar de existir; **~'falten** (*-e-*; *-*) desdobrar; (*zeigen*) ostentar; *Fahne*: despregar; **2'faltung** *f* desdobramento *m*; ostentação *f*; **~'färben** (*-*) descorar.

ent'fern|en (*-*) afastar; tirar; ⚕ extirpar; **~t** *adj.* distante, remoto; *Verwandter*: afastado; *10 km ~ von* a dez km de; **2ung** *f* distância *f* (*in dat.*, *auf ac.* a); *durch Eingriff*: afastamento *m*; ⚕ ablação *f*, extirpação *f*; **2ungsmesser** *m* telémetro *m*.

ent|'fesseln [ɛnt-] (*-le*; *-*) desatar, *fig. a.* desencadear; **2'fesselung** *f* desencadeamento *m*; **~'fetten** (*-e-*; *-*) desengordurar; **2'fettungskur** [-'fɛtuŋs-] *f* tratamento *m* para emagrecer; **~'flammen** (*-*) *v/t.* (*v/i.* [*sn*]) inflamar(-se); *fig.* entusiasmar (-se); **~'fliehen** (*L*; *-*) fugir, esca-

par; ~'**fremden** (-*e*-; -) alhear, desviar; 2**fremdung** [-'frɛmdʊŋ] *f* alheamento *m*; ~'**führen** (-) raptar, levar, arrebatar; 2'**führer** *m* raptor *m*; 2'**führung** *f* rapto *m*; ~'**gasen** [-'ga:zən] (-*t*; -) *v/t*. tirar os gases de.
ent'gegen [ɛnt-] (*dat*.) ao encontro de; *Gegensatz*: contra, contrário a; ao contrário de; ~-**arbeiten** (-*e*-) (*dat*.) contrariar; ~**bringen** (*L*) *fig*. manifestar; ~**gehen** (*L*; *sn*) (*dat*.) ir ao encontro de; *s-r Vollendung* ~ estar a terminar; ~**gesetzt** oposto; inverso; *fig*. *a*. contrário; ~-**halten** (*L*) opor, confrontar; (*einwenden*) obje(c)tar; (*reichen*) estender; ~-**handeln** (-*le*) (*dat*.): *j-m* ~ contrariar alg.; *Gesetz*: transgredir (*ac*.); ~**kommen** (*L*) *v/i*. (*sn*) vir ao encontro de; *fig*. ceder; mostrar boa vontade; transigir; 2**kommen** *n* amabilidade *f*, boa vontade *f*; 2**nahme** [-na:mə] *f* recepção *f*; ~-**nehmen** (*L*) receber; aceitar; ~**sehen** (*L*) (*dat*.) esperar, aguardar (*ac*.); ~**setzen** (-*t*), ~**stellen** opor; ~**stehen** (*L*; *haben u. sn*) opor-se a, ser contrário a; ~**strecken** estender; ~**treten** (*L*; *sn*) (*dat*.) *fig*. opor-se (a), fazer frente a; ~**wirken** (*dat*.) reagir (contra).
ent'gegn|en [ɛnt'ge:gnən] (-*e*-; -) (*dat*.) responder, replicar; 2**ung** *f* resposta *f*, réplica *f*.
ent|'gehen [ɛnt-] (*L*; *sn*) (*dat*.) escapar a; *sich* (*dat*.) ~ *lassen* não aproveitar, deixar de aproveitar; privar-se de; ~'**geistert** [-'gaɪstərt] pasmado; 2'**gelt** [-'gɛlt] *n u. m* (-*es*; *0*) remuneração *f*; *ohne* ~ de graça; gratuitamente; ~'**gelten** (*L*; -) pagar; remunerar; *j-n et*. ~ *lassen* fazer pagar a.c. a alg.; vingar-se de alg.; ~'**giften** [-'gɪftən] (-*e*-; -) *v/t*. desintoxicar.
ent'gleis|en [ɛnt'glaɪzən] (-*t*; -) descarrilar; *fig*. disparatar; 2**ung** *f* descarrilamento *m*; *fig*. disparate *m*.
ent|'gleiten [ɛnt-] (*L*; *sn*) (*dat*.) escapar, fugir a (*od*. de); ~'**haaren** (-) pelar; ⚕ despilar; ~'**halten** (*L*; -) conter; *sich* ~ abster-se (*gen*. de); ~'**haltsam** sóbrio; abstinente; *geschlechtlich*: continente; 2'**haltsamkeit** *f* (*0*) sobriedade *f*; abstinência *f*; temperança *f*; *geschlechtliche*: continência *f*; 2'**haltung** *f* (*0*) abstenção *f*; ~'**haupten** [-'hauptən] (-*e*-; -) decapitar, degolar; 2'**hauptung** [-'hauptʊŋ] *f* decapitação *f*, degolação *f*; ~'**heben** (*L*; -) dispensar; desobrigar (de); *des Amtes*: exonerar (de); ~'**heiligen** (-) profanar; ~'**hüllen** (-) descobrir; *Denkmal*: inaugurar; *fig*. *a*. revelar; 2'**hüllung** [-'hylʊŋ] *f* descoberta *f*; revelação *f*; (*Einweihung*) inauguração *f*; ~'**hülsen** [-'hylzən] (-*t*; -) descascar; ~'**jungfern** (-*re*; -) de(s)florar; ~'**keimen** (-) esterilizar; ~'**kernen** [-'kɛrnən] (-) descaroçar, tirar o(s) caroço(s) a; ~'**kleiden** (-*e*-; -) despir; ~'**kommen**[1] (*L*; *sn*) escapar(-se), salvar-se; 2'**kommen**[2] *n* (-*s*; *0*) saída *f*; ~'**korken** (-) des(ar)rolhar; destapar; ~'**kräften** (-*e*-; -) enfraquecer; *fig*. invalidar; desvirtuar; 2'**kräftung** [-'krɛftʊŋ] *f* (*0*) enfraquecimento *m*, extenuação *f*; invalidação *f*; ~'**laden** (*L*; -) descarregar; 2'**lader** [-'la:dər] *m* excitador *m*; 2'**ladung** *f* descarga *f*; ~'**lang** (*adv. u. prp. mit vorangehendem ac. od. an dat*.) ao longo de; ~'**larven** (-) desmascarar; ~'**lassen** (*L*; -) despedir, demitir; *aus dem Gefängnis* ~ pôr em liberdade; *aus dem Krankenhaus* ~ dar alta a; *als geheilt* ~ *werden* ⚕ sair curado; 2'**lassung** [-'lasʊŋ] *f* demissão *f*; ⚕ alta *f*; ~'**lasten** (-*e*-; -) aliviar; descarregar; *von Pflichten*: dispensar, exonerar; *für e-e Summe*: abonar em favor de; 2'**lastung** [-'lastʊŋ] *f* descarga *f*; *fig*. descargo *m*; 2'**lastungszeuge** *m* (-*n*) testemunha *f* de defesa; ~'**lauben** [-'laubən] (-) desfolhar; ~'**laufen** (*L*; -; *sn*) fugir, evadir-se (*dat*. de); ⚔ desertar; ~'**lausen** (-*t*; -) despiolhar; ~'**ledigen** [-'le:digən] (-): *sich* ~ libertar-se (*gen*. de); *sich e-s Auftrages* ~ desempenhar-se de; ~'**leeren** esvaziar; *den Briefkasten* ~ tirar o correio; ⚕ *die Blase* ~ urinar; *den Darm* ~ evacuar; 2'**leerung** *f* despejo *m*; *des Briefkastens*: tiragem *f*; ⊕, ⚕ evacuação *f*; ~'**legen** remoto; afastado; distante; ~'**lehnen** (-) = ~*leihen*; *fig*. plagiar; 2'**lehnung** [-'le:nʊŋ] *f* = 2*leihung*; (*Zitat*) citação *f*; plágio *m*; ~'**leiben** [-'laɪbən] (-): *sich* ~ suicidar-se; ~'**leihen** (*L*; -) pedir emprestado; *Bibliothek*: requisitar; 2**leiher(in** *f*) *m* requisitante *m*, *f*; 2'**leihung**

[-ˈlaɪʊŋ] *f* requisição *f*; 2ˈ**leihzettel** *m* (boletim *m* de) requisição *f*; ~ˈ**loben** (-): *sich* ~ desfazer o noivado; ~ˈ**locken** (-) tirar com manha; *Geheimnis*: arrancar; *Töne*: tirar; desencantar; ~ˈ**lohnen** (-) remunerar; assalariar; pagar; 2ˈ**lohnung** [-ˈloːnʊŋ] *f* remuneração *f*; pagamento *m*; ~ˈ**lüften** (-*e*-; -) ventilar; 2ˈ**lüfter** [-ˈlyftər] *m* ventilador *m*; ⊕ exaustor *m*; 2ˈ**lüftung** *f* ventilação *f*; ~ˈ**mannen** [-ˈmanən] (-) castrar; *fig*. enervar; 2ˈ**mannung** [-ˈmanʊŋ] *f* castração *f*; ~ˈ**menscht** [-ˈmɛnʃt] desumano, bárbaro; ~**militariˈsieren** [-militariˈziːrən] (-) desmilitarizar; ~ˈ**mündigen** [-ˈmyndigən] (-) pôr sob tutela; 2ˈ**mündigung** [-ˈmyndigʊŋ] *f* interdição *f*; ~ˈ**mutigen** [-ˈmuːtigən] (-) desanimar; descoroçoar; 2ˈ**mutigung** [-ˈmuːtigʊŋ] *f* desânimo *m*; desanimação *f*; 2ˈ**nahme** [-ˈnaːmə] *f* tiragem *f*; ⚘ colheita *f*; ⚕ compra *f*; livrança *f*; *bei* ~ *von* ao comprar (*ac.*); ~ˈ**nehmen** (*L*; -) (re)tirar; *fig*. deduzir de; ~ˈ**nerven** [-ˈnɛrfən] (-) enervar; ~*d adj*. enervante; ~ˈ**puppen** [-ˈpupən] (-): *sich* ~ sair do casulo; *fig*. *sich* ~ *als* revelar-se (*nom.*); ~ˈ**rahmen** (-) desnatar; ~ˈ**raten** (*L*; -) (*gen.*) passar sem, prescindir de; ~ˈ**rätseln** [-ˈrɛːtsəln] (-*le*; -) decifrar; ~ˈ**rechten** (-*e*-; -) privar dos seus direitos; desapossar; ~ˈ**reißen** (*L*; -) arrancar; ~ˈ**richten** (-*e*-; -) pagar; contribuir; ~ˈ**rinnen** (*L*; -; *sn*) (*dat.*) escapar a; ~ˈ**rollen** (-) desenrolar; *fig*. desenvolver; ~ˈ**rosten** (-*e*-; -) desenferrujar; ~ˈ**rücken** (-): (*den Augen*) ~ ocultar; *fig*. enlevar; *den Sorgen entrückt* livre de; ~ˈ**rümpeln** [-ˈrympəln] (-*le*; -) arrumar; 2ˈ**rümpelung** [-ˈrympəlʊŋ] *f* arrumação *f*; ~ˈ**rüsten** (-*e*-; -): *sich* ~ indignar-se; 2ˈ**rüstung** *f* indignação *f*; ~ˈ**sagen** (-) (*dat.*) renunciar (a); desistir (de); resignar (*ac.*); 2ˈ**sagung** [-ˈzaːgʊŋ] *f* renúncia *f*; resignação *f*; abnegação *f*; 2ˈ**satz** *m* (-*es*; *0*) socorro *m*; ~ˈ**schädigen** (-) indemnizar; 2ˈ**schädigung** *f* indemnização *f*; 2ˈ**scheid** [-ˈʃaɪt] *m* (-*es*; -*e*) decisão *f*; ~ˈ**scheiden** (*L*; -) decidir (*über ac.*, *für* de); resolver; ~*d adj*. decisivo; 2ˈ**scheidung** *f* decisão *f*; ~ˈ**schieden** [-ˈʃiːdən] *p.pt. v.* ~*scheiden*; *adj. a.* resoluto, firme; 2ˈ**schiedenheit** *f* (*0*) decisão *f*; firmeza *f*; ~ˈ**schlafen** (*L*; -; *sn*) adormecer; *fig*. falecer; ~ˈ**schleiern** [-ˈʃlaɪərn] (-*re*; -) *v/t*. tirar o véu a; desvelar (*a. fig.*); ~ˈ**schließen** (*L*; -): *sich* ~ decidir-se, resolver(-se); 2ˈ**schließung** *f* resolução *f*; ~ˈ**schlossen** [-ˈʃlɔsən] *p.pt. v.* ~*schließen*; *adj*. resoluto, determinado; 2ˈ**schlossenheit** *f* (*0*) determinação *f*, firmeza *f*; ~ˈ**schlüpfen** (-; *sn*) escapar; esgueirar-se; sair; 2ˈ**schluß** *m* (-*sses*; ⸚*sse*) resolução *f*, determinação *f* (*fassen* tomar); ~ˈ**schuldbar** desculpável; ~ˈ**schuldigen** [-ˈʃuldigən] (-) perdoar; (*sich*) ~ desculpar(-se), escusar(-se); *sich bei j-m* ~ pedir desculpa a alg.; *nicht zu* ~ *sn* não ter desculpa; 2ˈ**schuldigung** [-ˈʃuldigʊŋ] *f* desculpa *f*; perdão *m*; ~ˈ**schweben** (-; *sn*), ~ˈ**schwinden** (*L*; -; *sn*) desaparecer, desvanecer-se; ~ˈ**seelt** [-ˈzeːlt] exânime; morto; ~ˈ**senden** (*L*; -) enviar, *j-n*: *a.* delegar; ablegar; 2ˈ**sendung** *f* envio *m*, *j-s*: *a.* delegação *f*; ablegação *f*; ~ˈ**setzen**[1] (-*t*; -) *v/t*.: *e-s Amtes*: destituir; exonerar; ⚔ fazer levantar o sítio (a, de); (*sich*) ~ espantar(-se), horrorizar(-se), abismar-se (*über ac.* com); 2ˈ**setzen**[2] *n* (-*s*; *0*) horror *m*, espanto *m*; ~ˈ**setzlich** [-ˈzɛtsliç] horrível, terrível; ~ˈ**seuchen** [-ˈzɔyçən] (-) desinfe(c)tar; sanear; ~ˈ**sichern** (-*re*; -) *v/t*. tirar o fecho a; desfechar; destrancar; ⚔ engatilhar; ~ˈ**siegeln** (-*le*; -) abrir, desselar; ~ˈ**sinnen** (*L*; -): *sich* ~ recordar-se (*gen.* de); ~ˈ**spannen** (-) afrouxar; *fig*. (*sich*) ~ *j.*: descansar; *pol. Beziehungen*: normalizar(-se); 2ˈ**spannung** *f* descanso *m*; *pol.* normalização *f*; ~ˈ**spinnen** (*L*; -): *sich* ~ começar; travar-se; ~ˈ**sprechen** (*L*; -) corresponder; ~*d adj*. correspondente, respe(c)tivo; relativo; análogo; ~ˈ**springen** (*L*; -; *sn*) (*fliehen*) evadir-se (*dat.*, *aus* de); *Fluß*: nascer; ~ˈ**stammen** (-; *sn*) (*dat.*) provir de; *j.*: descender de; ~**stehen** (*L*; -; *sn*) nascer; *fig. a.* resultar (*aus* de); 2ˈ**stehung** [-ˈʃteːʊŋ] *f* nascimento *m*, formação *f*; origem *f*, génese *f*; ~ˈ**steigen** (*L*; -; *sn*) (*dat.*) sair de; surgir de; ~ˈ**steinen** [-ˈʃtaɪnən] (-) *v/t*. descaroçar, tirar os caroços a; ~'**stellen** (-) desfigurar; (*häßlich machen*) afear; *Text*: deturpar; ♀'**stellung** *f* desfiguração *f*; deturpação *f*; ~'**strömen** (-; *sn*) (*dat.*) sair de; ~'**täuschen** (-) desenganar, desiludir; desapontar; *Hoffnung*: frustrar; ♀'**täuschung** *f* desengano *m*; desilusão *f*; decepção *f*; desapontamento *m* (über *ac.* com); ~'**thronen** (-) destron(iz)ar; ~'**völkern** [-'fœlkərn] (-*re*; -) despovoar; ♀'**völkerung** [-'fœlkəruŋ] *f* despovoamento *m*; ~'**waffnen** (-*e*-; -) desarmar; ♀'**waffnung** [-'vafnuŋ] *f* desarmamento *m*; ~'**warnen** (-) ⚔ dar o sinal de «fim de alerta»; ♀'**warnung** ⚔ *f* fim *m* de alerta; ~'**wässern** (-*re*; -) enxugar; drainar; desaguar; ♀'**wässerung(s-anlage)** [-'vɛsəruŋ(s-)] *f* drainagem *f*; enxugo *m*; ♀'**wässerungsgraben** *m* (-*s*; ⸗) desaguadouro *m*; ~'**weder**: ~ ... oder ou ... ou; quer ... quer; seja ... ou seja; ~'**weichen**[1] (*L*; -; *sn*) *v/i. j.*: evadir-se; *a. et.*: escapar, sair; (*j-m* a alg., *aus* de); ♀'**weichen**[2] *n* fuga *f*, evasão *f*; escape *m*; ~'**weihen** (-) profanar; ♀'**weihung** [-'vaɪuŋ] *f* profanação *f*; ~'**wenden** (-*e*-; -) extraviar, furtar, roubar; ♀'**wendung** *f* extravio *m*, furto *m*, roubo *m*; ~'**werfen** (*L*; -) traçar, esboçar; proje(c)tar; *fig.* delinear; ~'**werten** (-*e*-; -) depreciar; desvalorizar; *Marken*: inutilizar; ♀'**wertung** *f* depreciação *f*, desvalorização *f*; ~'**wickeln** (-*le*; -) desenvolver; *Phot.* revelar; ⚔ desdobrar; *Geschwindigkeit*: alcançar; ♀'**wickler** [-'viklər] *m Phot.* revelador *m*; ♀'**wicklung** [-'vikluŋ] *f* desenvolvimento *m*, evolução *f*; ⚔ desdobramento *m*; *Phot.* revelação *f*; ♀'**wicklungshilfe** *f* assistência *f* a países subdesenvolvidos; ♀'**wicklungsjahre** *n/pl.* período *m* da puberdade; ♀'**wicklungslehre** *f* evolucionismo *m*; ♀'**wicklungszeit** *f* ⚕ (período *m* de) incubação *f*; ~'**winden** (*L*; -): *j-m* ~ arrancar a (*od.* às mãos de) alg.; ~'**wirren** [-'virən] (-) desenredar; destrinçar; des(e)maranhar; ♀'**wirrung** [-'viruŋ] *f* desenredo *m*; destrinça *f*; *Lit.* desfecho *m*; desenlace *m*; ~'**wischen** (-) escapar-se; ~'**wöhnen** [-'vøːnən] (-) desacostumar; desabituar; *Kind*: desmamar; ableitar; abla(c)tar; ♀'**wöhnung** *f* abla(c)tação *f*; ~'**würdigen** (-) degradar, aviltar; ~*d adj.* degradante, humilhante; ♀'**wurf** *m* (-*es*; ⸗*e*) proje(c)to *m*; (*Konzept*) rascunho *m*; minuta *f*; ~'**wurzeln** (-*le*; -) desenraizar; desarraigar; ~'**zaubern** desencantar; ♀'**zauberung** *f* desencanto *m*; ♀'**zerrer** [-'tsɛrər] *m Radio*: restituidor *m*; ~'**ziehen** subtrair; *Vertrauen, Wort*: retirar; (*dat.*) et. ~ privar (*ac.*) de a.c.; ♀'**ziehung** *f* subtra(c)ção *f*; privação *f*; ~'**ziffern** decifrar; ♀'**zifferung** [-'tsifəruŋ] *f* decifração *f*; ~'**zücken**[1] *v/t.* encantar; ♀'**zücken**[2] *n* (-*s*; *0*) encanto *m*; ♀'**zückend** *adj.* encantador; ♀'**zug** *m* (-*es*; *0*) subtra(c)ção *f*; ~'**zündbar** [-'tsyndbaːr] inflamável; ~'**zünden** (-*e*-; -) inflamar; *sich* ~ acender-se; *a.* ⚕ inflamar-se; ♀'**zündung** *f* inflamação *f*; ~'**zwei** roto, partido, quebrado; ~'**zwei-brechen** (*L*) *v/t.* (*v/i.* [*sn*]) romper(-se); partir(-se) em dois; ~'**zweien** [-'tsvaɪən] (-): *sich* ~ desavir-se; cortar (relações); ~'**zwei-gehen** (*L*; *sn*) partir-se; ~'**zwei-machen**, ~'**zwei-schlagen** (*L*) partir; ~'**zwei-reißen** (*L*) *v/t.* (*v/i.* [*sn*]) rasgar(-se); ♀'**zweiung** [-'tsvaɪuŋ] *f* desavença *f*; desunião *f*; corte *m* de relações.

'**Enzian** ['ɛntsiaːn] *m* (-*s*; -*e*) genciana *f*.

Enzyklopä|'**die** [ɛntsyklopɛ'diː] *f* enciclopédia *f*; ♀**disch** [-'pɛːdiʃ] enciclopédico.

Epide|'**mie** [epide'miː] *f* epidemia *f*; ♀**misch** [-'deːmiʃ] epidémico.

Epi'gone [epi'goːnə] *m* (-*n*) epígono *m*; ♀**n-haft** sem originalidade.

Epi'gramm [epi'gram] *n* (-*s*; -*e*) epigrama *m*.

'**Epik** ['eːpik] *f* (*0*) (poesia *f*) épica *f*; ~**er** *m* (poeta *m*) épico *m*.

Epile'psie [epilɛ'psiː] *f* (*0*) epilepsia *f*.

Epi'lept|**iker** [epi'lɛptikər] *m*, ♀**isch** epiléptico *m*.

Epi'log [epi'loːk] *m* (-*s*; -*e*) epílogo *m*.

'**episch** ['eːpiʃ] épico.

Epi'sod|**e** [epi'zoːdə] *f* episódio *m*; ♀**isch** episódico.

E'poche [e'pɔxə] *f* época *f*; ~ *machen* marcar uma época.

'**Epos** ['e:pɔs] *n* (-; *Epen*) epopeia *f*, poema *m* épico.
er [e:r] ele (*'ê); ♀ † tu, você.
er'achten [ɛr-] (-*e*-; -) **1.** julgar, considerar; **2.** ♀ *n*: *m-s* ~*s* ao meu parecer, ao meu ver, ao meu entender.
er-'arbeiten (-*e*-; -): *sich* ~ alcançar (*od.* conseguir) pelo seu trabalho.
'**Erb|anlage** ['ɛrp-] *f* predisposição *f* hereditária; ~**anspruch** *m* (-*ɇs*; ⸚*e*) pretensão *f* à herança (*pol.* ao trono); ~**anteil** *m* (-*ɇs*; -*e*) parte *f* da herança.
er'barmen [ɛr'barmən] **1.** (-): *sich j-s* ~ compadecer-se de alg.; *daß Gott erbarm!* valha-me Deus!; **2.** ♀ *n* compaixão *f*; misericórdia *f*; *zum* ~ = ~**s-wert,** ~**s-würdig** lastimável; ~ *sn* ser uma desgraça, ser uma miséria.
er'bärmlich [ɛr'bɛrmliç] deplorável; (*armselig*) mesquinho; ♀**keit** *f* miséria *f*; mesquinhez *f*.
er'barmungslos [ɛr'barmuŋslo:s] despiedado; *adv.* sem piedade, sem remissão.
er'bau|en [ɛr-] (-) construir, levantar, erguer, *a. fig.* (*sich*) ~ edificar (-se) (*an dat.* com); ♀**er** *m* construtor *m*, arquite(c)to *m*; ~**lich** edificante; ♀**ung** *f* construção *f*; *a. fig.* edificação *f*.
'**erb|bedingt** hereditário; ♀**begräbnis** *n* (-*ses*; -*se*) jazigo *m* de família; ~**berechtigt** legítimo; com direitos legítimos à sucessão; ~ *sn* suceder na herança, ter direitos legítimos à sucessão; ~**biologisch** biogenético.
'**Erbe** ['ɛrbə] **a)** *m* (-*n*) herdeiro *m*; **b)** *n* (-*s*; *0*) herança *f*.
er'beben (-) tremer; *j.*: *a.* estremecer.
'**erben** ['ɛrbən] *v/t.* herdar.
er'beuten [ɛr'bɔytən] (-*e*-; -) capturar, apreender; ganhar.
'**erbfähig** hábil para suceder, habilitado à sucessão; ♀**keit** *f* (*0*) idoneidade (*od.* habilidade) *f* para suceder.
'**Erb|fall** *m* (-*ɇs*; ⸚*e*) sucessão *f*; ~**fehler** *m* defeito *m* hereditário; ~**feind** *m* (-*ɇs*; -*e*) inimigo *m* hereditário; ~**folge** *f* sucessão *f*; ~**forschung** *f* ciências *f*/*pl.* genéticas; ~**gut** *n* (-*ɇs*; *0*) património *m*.
er'bieten (*L*; -): *sich* ~ *zu* oferecer-se para.
'**Erbin** ['ɛrbin] *f* herdeira *f*.
er'bitten (*L*; -): (*sich dat.*) et. ~ solicitar a.c.; *sich* ~ *lassen* condescender.
er'bitter|n (-*re*; -) irritar, exasperar; ~**t** *adj.* encarniçado; cerrado; ♀**ung** *f* irritação *f*, exasperação *f*; (*Wut*) sanha *f*.
'**erbkrank** acometido de doença hereditária; ~ *sn a.* ter uma doença hereditária; ♀**heit** *f* doença *f* hereditária.
er'blassen [ɛr'blasən] (-*ßt*; -; *sn*) empalidecer.
'**Erblasser** ['ɛrplasər] *m*, (~**in** *f*) testador(a *f*) *m*.
er'bleichen (*L*; -; *sn*) empalidecer.
'**erblich** ['ɛrpliç] hereditário; ~ *belastet sn* ter uma tara hereditária; ♀**keit** *f* (*0*) hereditariedade *f*.
er|'blicken (-) avistar, ver; *das Licht der Welt* ~ vir à luz; ~'**blinden** [-'blindən] (-*e*-; -; *sn*) cegar; ♀-'**blindung** [-'blinduŋ] *f* perda *f* da vista; cegueira *f*; ~'**blühen** (-) abrir-se, desabrochar, florescer.
'**Erbmasse** ['ɛrp-] *f* sangue *m*.
er|'bosen [ɛr'bo:zən] (-) irritar; ~'**bötig** [-'bø:tiç] disposto (*zu* a).
'**Erb|pacht** *f* enfiteuse *f*; ~**prinz** *m* (-*en*) príncipe *m* herdeiro.
er'brechen 1. (*L*; -) *v/t.* (*öffnen*) arrombar; *sich* ~ ⚕ vomitar; **2.** ♀ *n* ⚕ vómito(s *pl.*) *m*.
'**Erb|recht** *n* (-*ɇs*; *0*) direito *m* hereditário (*od.* de sucessão); ~**reich** *n* (-*ɇs*; -*e*) monarquia *f* hereditária.
er'bringen (*L*; -) *Beweise*: apresentar, alegar.
'**Erbschaft** *f* herança *f*; sucessão *f*; ~**s-steuer** *f* (-; -*n*) imposto *m* de transmissão.
'**Erbschleicher** *m* captador *m*; ~'**ei** *f* captação *f*.
'**Erbse** ['ɛrpsə] *f* ervilha *f*; (*Kicher*♀) grão-de-bico *m*.
'**Erb|stück** *n* (-*ɇs*; -*e*) peça *f* herdada; ~**sünde** *f* (*0*) pecado *m* original; ~**teil** *n* (-*ɇs*; -*e*) herança *f*, legado *m*; quinhão *m*; ~**teilung** *f* partilha *f*; ~**vertrag** *m* (-*ɇs*; ⸚*e*) pacto *m* de sucessão.
'**Erd|-achse** ['e:rt-] *f* (*0*) eixo *m* da Terra; ~-**anschluß** *m* (-*sses*; ⸚*sse*) *Radio*: (tomada *f* de) terra *f*; ~-**antenne** *f* antena-terra *f*; ~-**arbeiten** *f*/*pl.* obras *f*/*pl.* de aterro (*ê); ~**arbeiter** *m* cavador *m*; ~**bahn** *f*

(*0*) órbita *f* da Terra; **~ball** *m* (-*ẽs*; *0*) globo *m*; **~beben** *n* terramoto *m*, tremor (*od.* abalo) *m* de terra; sismo *m*; **~bebenmesser** *m* sismógrafo *m*; **~beere** *f* morango *m*; **~beschreibung** *f* geografia *f*; **~bewegung** *f* movimento *m* telúrico; **~boden** *m* (-*s*, *0*) solo *m*, terra *f*; *dem ~ gleichmachen* arrasar.

'**Erde** ['e:rdə] *f* terra *f*; (*Boden*) solo *m*, chão *m*; *zu ebener ~* no rés-do-chão; (*Welt*): (*auf ~n* na) Terra *f*; ↯ (tomada *f* de) terra *f*; **2n** (-*e*-) ↯ *Radio*: ligar à terra; **~nbürger** *m* (ser *m*) mortal *m*.

er'**denk|en** (*L*; -) imaginar; **~lich** imaginável.

'**Erden|leben** *n* (-*s*; *0*) vida *f* (na Terra); **~rund** *n* (-*ẽs*; *0*) orbe *m*.

'**Erd|erschütterung** *f* abalo *m*; movimento *m* telúrico; **~geist** *m* (-*es*; -*er*) génio *m* da terra; (*Zwerg*) gnomo *m*; **~geschichte** *f* (*0*) geologia *f*; **~geschoß** △ *n* (-*sses*; -*sse*) rés-do-chão *m*; piso *m* térreo; **~gürtel** *m* zona *f*; **~hälfte** *f* hemisfério *m*.

er'**dicht|en** (-*e*-; -) imaginar, fingir, inventar; **~et** *adj. a.* fictício; **2ung** *f* invenção *f*; ficção *f*.

'**erdig** ['e:rdiç] terroso.

'**Erd|induktor** *m* (-*s*; -*en*) indutor *m* terrestre; **~innere** *n* (-*n*; *0*) interior *m* da Terra; **~kabel** *n* cabo *m* subterrâneo; **~karte** *f* mapa *m* (mundi); planisfério *m*; **~klumpen** *m* torrão *m*; **~kreis** *m* (-*es*; *0*) orbe *m*, universo *m*; **~kugel** *f* (-; -*n*) globo *m* (terrestre); **~kunde** *f* (*0*) geografia *f*; **~leitung** *f* fio *m* de terra; **~nuß** *f* (-; *¨sse*) amendoim *m*; **~oberfläche** *f* (*0*) superfície *f* da Terra; **~öl** *n* (-*ẽs*; *0*) petróleo *m*; **~ölvorkommen** *n* jazigo(s *pl.*) *m* petrolífero(s).

er'**dolchen** [ɛr'dɔlçən] (-) apunhalar.

'**Erd|pol** *m* (-*s*; -*e*) pólo *m*; **~reich** *n* (-*ẽs*; *0*) terra *f*; subsolo *m*.

er'**dreisten** [ɛr'draɪstən] (-*e*-; -): *sich ~ zu* atrever-se a.

'**Erd-rinde** *f* (*0*) crosta *f* da Terra.

er|'dröhnen (-) retumbar; **~'drosseln** (-*le*; -) estrangular; **~'drücken** (-) esmagar; **~*d*** *adj.* esmagador, *Beweis*: concludente.

'**Erd|rutsch** *m* (-*es*; -*e*) desabamento *m* de terra; **~schicht** *f* camada *f*; **~scholle** *f* leiva *f*; **~spalte** *f* greta *f*, racha *f*; **~stoß** *m* (-*es*; *¨e*) abalo *m*, desabamento *m* de terra; **~strich** *m* (-*ẽs*; -*e*) região *f*, zona *f*; **~teil** *m* (-*ẽs*; -*e*) continente *m*.

er'**dulden** (-*e*-; -) sofrer, passar, padecer.

'**Erd|umfang** *m* (-*ẽs*; *0*) circunferência *f* da Terra; **~ung** ['-duŋ] *f*, **~verbindung** *f* ligação *f* à terra; **~wall** *m* (-*ẽs*; *¨e*) aterro (*ê) *m*; trincheira *f*.

er'**eifern** (-*re*; -): *sich ~* exaltar-se.

er'**eig|nen** (-*e*-; -): *sich ~* suceder, acontecer; dar-se; **2nis** *n* (-*ses*; -*se*) acontecimento *m*.

er'**eilen** (-) alcançar; *Tod*: surpreender.

Ere'mit [ere'mi:t] *m* (-*en*) eremita *m*; ermitão *m*.

er'**erben** (-) herdar.

er'**fahr|en** **1.** *v/t.* (*L*; -) (chegar a) saber; *Leid*: sofrer; **2.** *adj.* versado; experto; experimentado; **2ung** *f* experiência *f* (*aus* por); *in ~ bringen* (*ac.*) saber; averiguar; ouvir; **2ungs-...**: *in Zssg(n)* empírico; **~ungsgemäß** como a experiência ensina; **~ungsmäßig** empírico.

er|faßbar apreensível; **~'fassen** (-*ßt*; -) agarrar; atingir; *fig.* compreender, abranger, alcançar.

er'**find|en** (*L*; -) inventar; **2er** *m* inventor *m*; **~erisch** engenhoso; **2ung** *f* invenção *f*; **2ungsgabe** *f* (*0*) génio *m* inventivo; engenho *m*; **~ungsreich** engenhoso.

er'**flehen** (-) implorar.

Er'folg [ɛr'fɔlk] *m* (-*ẽs*; -*e*) êxito *m*; resultado *m*; *guten ~!* boa sorte!; *~ haben a.* ter sorte; **2en** [-gən] (-; *sn*) resultar, suceder; ter lugar; efe(c)tuar-se (*a.* ⚔), realizar-se; **2los** ineficaz, infrutífero; frustrado, sem resultado; **2reich** eficaz; coroado de êxito; *j.*: feliz, *~ sn a.* ter sorte; ser bem sucedido; *adv.* com êxito.

er'**forderlich** [ɛr'fɔrdərliç] preciso, necessário; **~enfalls** se for preciso, em caso de necessidade.

er'**forder|n** (-*re*; -) requerer, exigir; **2nis** *n* (-*ses*; -*se*) necessidade *f*; exigência *f*.

er'**forsch|en** (-) investigar, estudar; *genau*: perscrutar; *Land*: explorar; *j-s Absichten ~* sondar alg.; **2er** *m* explorador *m*; investigador *m*; **2ung** *f* exploração *f*; investigação *f*; estudo *m*; sondagem *f*.

er|'fragen (-): *et. bei j-m* ~ perguntar a.c. a alg.; **~'frechen** [-'frɛçən] (-): *sich* ~ *zu* atrever-se a; **~'freuen** (-) alegrar, regozijar (*an dat.* com); *sich* ~ (*gen.*) *a.* gozar de; **~'freulich** [-'frɔyliç] agradável, satisfatório; **~'freulicher'weise** felizmente; **~'freut** [-'frɔyt] contente, satisfeito (*über ac.* com); *sehr* ~, *Sie kennenzulernen* muito prazer em conhecer V.E.; **~'frieren** (*L*; -) gelar, morrer de frio.

er'frisch|en (-) refrescar; **~end** *adj.* refrescante; **2ung** *f* refresco *m*; (*Getränk*) refrigerante *m*; **2ungs-raum** *m* (-*es*; ⸚*e*) restaurante *m*, cantina *f*.

er'füll|en (-) cumprir; desempenhar; *Zweck*: *a.* satisfazer; *sich* ~, *erfüllt werden* realizar-se, cumprir-se; **2ung** *f* cumprimento *m*; realizaçaõ *f*; *in* ~ *gehen* realizar-se, cumprir-se; **2ungs-ort** *m* (-*es*; -*e*) lugar *m* de pagamento.

er'gänz|en [ɛr'gɛntsən] (-*t*; -) completar; **~end** *adj.*: complementar, suplementar; **2ung** *f* complemento *m*, suplemento *m*; **2ungs...**: *in Zssg*(*n*) complementar, suplementar.

er|'gattern [ɛr'gatərn] F (-*re*; -) apanhar; abichar; **~'gaunern** [-'gaunərn] F (-*re*; -) surripiar.

er'geb|en 1. *v/t.* (*L*; -) *Summe usw.*: dar (♣ como resultado); *Nutzen*: render, produzir; *sich* ~ *Folge*: resultar (*aus dat.* de); ⚔ render-se, capitular; (*widmen*) dedicar-se; *e-m Laster*: dar-se a, entregar-se a; abandonar-se a; (*sich fügen*) resignar-se (*in ac.* com); **2.** *p.pt. v.* 1.; **3.** *adj.* dedicado; *Brief*: atencioso e obrigado (*Ihr* de Vossa Excelência, *Abk.* de V.E. atº. e obg.dº); **~sten** *Dank* muit(íssim)o reconhecido; **2en-heit** *f* afe(c)to *m*, devoção *f*, dedicação *f*; **2nis** *n* (-*ses*; -*se*) resultado *m*; **~nislos** sem resultado, infrutífero; **2ung** *f* (*0*): ~ *in* (*ac.*) submissão *f* (a), resignação *f* (com); ⚔ rendição *f*, capitulação *f*.

er'gehen (*L*; -; *sn*) *v/i.* publicar-se; *e-n Ruf* ~ *lassen an* (*ac.*) apelar para; *Gnade vor Recht* ~ *lassen* usar indulgência; *über sich* ~ *lassen* sofrer; aguentar, suportar; *j-m* (*unpers.*): estar, passar; *sich* ~ passear; *sich in Worten usw.* ~ fazer (*ac.*); **2** *n* (estado *m* de) saúde *f*.

er'giebig [ɛr'gi:biç] produtivo; rendoso, lucrativo; **2keit** *f* (*0*) rendimento *m*; produtividade *f*.

er|'gießen (*L*; -): (*sich*) ~ derramar (-se); *sich* ~ (*münden*) desembocar, desaguar; **~'glänzen** (-*t*; -; *sn*) resplandecer; brilhar; **~'glühen** (-; *sn*) abrasar; *fig.* exaltar-se, entusiasmar-se, apaixonar-se; (*erröten*) corar.

er'götz|en [-'gœtsən] (-*t*; -) deleitar (*an dat.* com); **2en** *n* deleite *m*; **~lich** divertido, engraçado.

er|'grauen (-; *sn*) encanecer, *j.*: *a.* envelhecer; **~'greifen** (*L*; -) *v/t.* apanhar, agarrar; * agaturrar; *Schwert*: pegar em; (*festnehmen*) prender; capturar; *Beruf*: escolher; *Gelegenheit*: aproveitar; *Partei*: seguir; *Wort*: tomar, usar de; *Gemüt*: comover; *die Flucht* ~ pôr-se em fuga; **~'greifend** *adj.* comovedor, emocionante; **2'griffenheit** [-'grifənhaɪt] *f* (*0*) comoção *f*, emoção *f*; **~'grimmen** [-'grimən] (-; *sn*) irritar-se, embirrar (*über ac.* com); **~'gründen** (-*e*-; -) saber; indagar; sondar; penetrar; **2guß** *m* (-*sses*; ⸚*sse*) derramamento *m*; derrame *m*; ⚕ (*Blut*2) hemorragia *f*; (*Gefühls*2) efusão *f*; (*Herzens*2) desabafo *m*; *lyrischer* ~ lirismo *m*; **~'haben** elevado; alto; *fig. a.* sublime; augusto; ⊕ saliente; em relevo; ~ *über* (*ac.*) superior a; acima de; **2'haben-heit** *f* (*0*) elevação *f*; **2'halt** ✝ *m* (-*es*; *0*): *bei* ~ ao receber; **~'halten** (*L*; -) (*bekommen*) receber; (*erlangen*) obter, conseguir; (*bewahren*) conservar; guardar; manter; (*ernähren*) suster; *dankend* ~ ✝ recebi; **2'halter** *m* conservador *m*; (*Ernährer*) sustentador *m*; **~'hältlich** [-'hɛltliç]: ~ *sn* estar a venda; vender-se; **2'haltung** *f* (*0*) conservação *f*; manutenção *f*; sustento *m*; **~'hängen** (-): *sich* ~ enforcar-se; **~'härten** (-*e*-; -) **1.** *v/i.* endurecer; *fig. u.* **2.** *v/t.* corroborar, provar(-se), justificar(-se); **~'haschen** (-) apanhar.

er'heb|en (*L*; -) levantar; alçar; *meist fig.* elevar (*a.* ♣); *Geld*: recolher; *Steuern*: impor; arrecadar; (*preisen*) enaltecer; *sich* ~ levantar-se; (*sich empören*) *a.* sublevar-se; *über andere*: elevar-se; destacar-se; *Schwierigkeiten*: surgir; **~end** *adj.*

sublime; **~lich** considerável; **≈ung** *f* saliência *f*; *a. fig.* elevação *f*; sublevação *f*; levantamento *m*; *Steuern*: imposição *f*.

er|'heischen (-) requerer, reclamar; **~'heitern** [-'haɪtərn] (*-re*; -) divertir; **~'hellen** [-'hɛlən] (-) *v/t.* aclarar, iluminar; **~'hitzen** [-'hitsən] (*-t*; -) aquecer; *sich ~ fig.* exaltar-se; **~'höhen** [-'hø:ən] (-) levantar; (*steigern*) elevar, aumentar (*um* por); **≈höhung** [-'hø:uŋ] *f* elevação *f*, *Erdk. a.* montículo *m*; aumento *m*; **≈höhungszeichen** *n* sustenido *m*; **~'holen** (-): *sich ~* restabelecer-se; descansar; **≈'holung** [-'ho:luŋ] *f* repouso *m*; recreio *m*; descanso *m*; **≈'holungs-heim** *n* (*-es*; *-e*) casa *f* de repouso; **~'hören** (-) atender.

er'inner|lich: *et. ist mir ~* recordo (-me de) a.c.; **~n** (*-re*; -): *an* (*ac.*) *~* recordar, lembrar (*j-n* a alg.); *sich an* (*ac.*) *~* lembrar-se de, recordar-se de; **≈ung** *f* recordação *f*, lembrança *f*; (*Gedächtnis*) memória *f* (*zur ~ an ac.* em ... de); (*Mahnung*) advertência *f*; **≈ungsvermögen** *n* (*-s*; *0*) memória *f*.

er'jagen (-) alcançar; **~'kalten** [-'kaltən] (*-e-*; -; *sn*) arrefecer; esfriar, *fig. a.* afrouxar; **~'kälten** [-'kɛltən] (*-e-*; -): *sich ~* constipar-se; **≈'kältung** [-'kɛltuŋ] *f* resfriamento *m*; constipação *f*; **~'kämpfen** (-): *sich* (*dat.*) *~* lutar por; **~'kaufen** (-) comprar, adquirir; ganhar.

er'kenn|bar [ɛ]: *~ sn* distinguir-se, conhecer-se (*an dat.* por); **~en** (*L*; -) (re)conhecer (*an dat.* por); ⚕ diagnosticar; ⚖ sentenciar; *j-n als ... ~ a.* ⚖ identificar alg.; *gegen j-n ~ auf* (*ac.*) condenar alg. a; ✝ *j-n ~ für, j-s Konto ~ mit* lançar no crédito de alg.; *~ lassen* dar a perceber.

er'kennt|lich: = *erkennbar*; *fig.* reconhecido; **≈lichkeit** *f* reconhecimento *m*; **≈nis a)** *f* (*-*; *-se*) inteligência *f*; conhecimento *m*; intuição *f*; cognição *f*; *zur ~* (*gen.*) *kommen* reconhecer (*ac.*); **b)** *n* (*-ses*; *-se*) ⚖ sentença *f*; **≈nisvermögen** *n* (*-s*; *0*) inteligência *f*.

Er'kennung [ɛr'kɛnuŋ] *f* reconhecimento *m*; **~s-dienst** *m* (*-es*; *0*) serviço *m* de identificação; **~s-marke** *f* chapa *f* de identidade; **~s-zeichen** *n* (sinal *m*) distintivo *m*.

'Erker ['ɛrkər] *m* balcão *m*, sacada *f* (de janela).

er'klär|bar ['ɛ:] explicável; *~ sn* explicar-se; **~en** (-) explicar; interpretar; (*sagen*) declarar (*a. Krieg*); *~ für, ~ als* qualificar de; *sich für besiegt usw. ~* dar-se por ...; **~end** *adj.* explicativo; **~lich** = *~bar*; **≈ung** *f*: (*e-e*) *~* (*abgeben* dar uma) explicação *f*; (fazer uma) declaração *f*; (*Deutung*) interpretação *f*; (*Erläuterung*) comentário *m*.

er|'klecklich F [ɛr'klɛkliç] considerável; **~'klettern** (*-re*; -), **~'klimmen** (*L*; -) *v/t.* galgar, trepar a, subir a; **~'klingen** (*L*; -; *sn*) (res-)soar; fazer-se ouvir; **~'kranken** (-; *sn*) adoecer (*an dat.* de, com); **≈'krankung** [-'kraŋkuŋ] *f* adoecimento *m*; doença *f* (súbita); **~'kühnen** [-'ky:nən] (-): *sich ~ zu* atrever-se a, ousar (*inf.*).

er'kund|en [ɛr'kundən] (*-e-*; -) reconhecer, sondar; **~igen** [-igən] (-): *sich ~* informar-se (*nach* de; *über ac.* sobre); **≈igung** [-iguŋ] *f* informação *f* (*einziehen* colher); **≈ung**(s-... *in Zssgn*: de) *f* reconhecimento *m*.

er|'lahmen (-; *sn*) enfraquecer, afrouxar; tolher-se; **~'langen** (-) obter; conseguir; **≈'laß** ['a] *m* (*-sses*; *⸗sse*) (*Regierungs≈*) decreto *m*; edital *m*; (*Ministerial≈*) portaria *f*; despacho *m*; *e-s Gesetzes*: promulgação *f*; (*Rund≈*) circular *f*; *Steuer, Dienst*: isenção *f*; *Strafe*: dispensa *f*; *Schuld*: diminuição *f*; **~'lassen** (*L*; -) *v/t.* dispensar de, isentar de; *Strafe a.*: perdoar; *j-m e-e Schuld ~* renunciar ao pagamento de uma dívida de alg.; *Befehl*: dar; *Gesetz*: promulgar; decretar; **~'lauben** [-'laubən] (-) permitir, dar licença; **≈'laubnis(-schein** *m* [*-es*; *-e*]) [-'laupnis-] *f* (*0*) licença *f*, **~'laubt** [-'laupt] *adj.* lícito; **~'laucht** [-'lauxt] ilustre, augusto; **~'läutern** (*-re*; -) esclarecer, explicar, comentar; **≈'läuterung** *f* esclarecimento *m*, explicação *f*, comentário *m*.

'Erle ['ɛrlə] *f* amieiro *m*; (*Schwarz≈*) choupo *m*.

er'leb|en (-) viver (*a. Phil.*); presenciar; assistir a; (*erfahren*) experimentar, sofrer; *noch et. ~ können* ir ter ainda surpresas; **≈nis** *n* (*-ses*;

-*se*) aventura *f*; experiência *f*; *inneres, Phil.* emoção *f* (*gen.* causada por), vivência *f*; *zum ~ werden* causar profunda emoção.
er'ledig|en [ɛr'le:digən] (-) despachar; *Auftrag*: executar; **~t** [-çt] *adj. Stelle*: vago; (*fertig*) pronto; F (*müde*) moído; **&ung** *f* despacho *m*; execução *f*.
er'legen (-) *Wild*: abater.
er'leichter|n [ɛr'laıçtərn] (-*re*; -) aliviar (*a.* ⚕); alijar; *fig. a.* facilitar; **&ung** *f* alívio *m*; facilitação *f*; *pl.* facilidades *f/pl.*
er|'leiden (*L*; -) sofrer, padecer; **~'lernen** (-) aprender; **~'lesen** (*L*; -) escolher; *adj. a.* sele(c)to.
er'leucht|en (-*e*-; -) iluminar, *fig. a.* inspirar; **&ung** *f* iluminação *f*; *fig.* inspiração *f*; revelação *f*.
er'liegen (*L*; -) sucumbir.
er|'logen [ɛr'lo:gən] falso, mentiroso; **&'lös** [-'lø:s] *m* (-*es*; -*e*) produto *m*; **~'löschen** (*L*; -; *sn*) apagar-se; *a. fig.*: extinguir-se; *Vollmacht usw.*: caducar.
er'lös|en (-) salvar; *Rel. a.* redimir; (*befreien*) libertar; **&er** *m Rel.* Redentor *m*, Salvador *m*; *Pol.*: libertador *m*; **&ung** *f* redenção *f*, salvação *f*.
er'mächtig|en [ɛr'mɛçtigən] (-) autorizar; **&ung** *f* autorização *f*; procuração *f*.
er'mahn|en (-) advertir; *~ zu et.* exortar a (fazer) a.c.; **&ung** *f* advertência *f*; exortação *f*.
er'mangel|n (-*le*; -) (*gen.*) carecer de; **&ung** *f*: *in ~* (*gen.*) por falta *f* de.
er'mannen [ɛr'manən] (-): *sich ~* afoitar-se, animar-se.
er'mäßig|en (-) reduzir; **&ung** *f* redução *f*.
er'matt|en [ɛr'matən] (-*e*-; -) *v/t.* (*v/i.* [*sn*]) cansar; esmorecer; **&ung** *f* (*0*) cansaço *m*, extenuação *f*, fadiga *f*.
er'messen 1. *v/t.* (*L*; -) medir; *fig.* julgar, avaliar; (*erwägen*) considerar; **2. &** *n* discrição *f*, parecer *m*; et. *in j-s ~ stellen* deixar a.c. com alg.; **~s...**: *in Zssgn* discricionário.
er'mitt|eln [ɛr'mitəln] (-*le*; -) averiguar, verificar; (*nachforschen*) indagar; **&lung** *f* averiguação *f*, pesquisa *f* (*anstellen* fazer); indagação *f*, apuramento *m*.
er'möglichen [ɛr'mø:kliçən] (-) facilitar, possibilitar; proporcionar.
er'mord|en (-*e*-; -) assassinar; **&ung** *f* assassínio *m*.
er'müd|en [ɛr'my:dən] (-*e*-; -) *v/t.* (*v/i.* [*sn*]) cansar; fatigar(-se); **~end** *adj.* fatigante; **&ung** *f* cansaço *m*, fadiga *f*.
er'munter|n (-*re*; -) acordar, animar; estimular; **&ung** *f* animação *f*; estímulo *m*.
er'mutig|en [ɛr'mutigən] (-) instigar, encorajar; **~end** *adj.* animador; **&ung** *f* instigação *f*, estímulo *m*.
er'nähr|en (-) alimentar; (*erhalten*) suste(nta)r; **&er** *m* quem sustenta; **&ung** *f* alimentação *f*, nutrição *f*; sustento *m*; *Pol.* abastecimento *m*.
er'nenn|en (*L*; -): *~ (zu)* nomear (*ac.*); **&ung** *f* nomeação *f*.
er'neu|e(r)n [ɛr'nɔyə(r)n] (-*re*; -) renovar; *Dank usw.*: reiterar; **&(er)ung** *f* renovação *f*; reiteração *f*.
er'niedrig|en [ɛr'ni:drigən] (-) abaixar; *fig. a.* humilhar, degradar; **~end** *adj.* abaixador; humilhante; **&ung** *f* abaixamento *m*, redução *f*, abate *m*; *fig.* humilhação *f*, degradação *f*.
Ernst [ɛ] **1.** *m* (-*es*; *0*) seriedade *f*; (*Schwere*) gravidade *f*; *im ~* a sério; *das ist mein ~* falo sério; *allen ~es* sèriamente; *~ machen mit* começar a sério; **2. '&(haft), '&lich** sério; grave; *adv. a.* deveras; et. *~ nehmen* levar a.c. a sério.
'Ernte ['ɛrntə] *f* colheita *f*; **~-arbeiter** *m* ceifador *m*; **~dankfest** *n* festa *f* da colheita; **&n** (-*e*-) fazer a colheita, (*fig. a.* re)colher; **~zeit** *f* ceifa *f*.
er'nüchter|n (-*re*; -) entibiar, afrouxar; *fig. a.* desiludir; **&ung** *f* afrouxamento *m*; desilusão *f*.
Er'ober|er [ɛr'o:bərər] *m* conquistador *m*; **&n** (-*re*; -) conquistar; *Stadt*: tomar; **~ung** *f* conquista *f*, tomada *f*.
er'öffn|en (-*e*-; -) abrir; *feierlich*: inaugurar; *Feindseligkeiten*: romper; (*beginnen*) iniciar; (*mitteilen*) fazer saber, notificar, participar; **&ung** *f* abertura *f*; inauguração *f*; (*Beginn*) início *m*; (*Mitteilung*) participação *f*.
er'örter|n [ɛr'œrtərn] (-*re*; -) discutir; **&ung** *f* discussão *f*.
E'rot|ik [e'ro:tik] *f* (*0*) erotismo *m*; **&isch** erótico.

er'picht [ɛr'piçt]: *auf (ac.)* ~ *sn* estar ansioso por a.c.

er'press|en (*-ßt*; -) extorquir; fazer chantagem; **2er** *m* exa(c)tor *m*; extorsionário *m*; **2ung** *f* extorsão *f*; **2ungsversuch** *m* (*-es*; *-e*) chantagem *f*.

er'proben (-) provar, experimentar.

er'quick|en [ɛr'kvikən] (-) refrescar, (*stärken*) recrear; **~end** *adj.* refrescante; **~lich** recreativo; *fig.* agradável; **2ung** *f* refresco *m*, alívio *m*, recreio *m*; *poet.* refrigério *m*.

er|'raten (*L*; -) adivinhar, acertar; es ~ F dar no vinte; **~'rechnen** (*-e-*; -) calcular.

er'regbar [ɛr're:k-] excitável, irritável; susceptível; **2keit** *f* (*0*) irritabilidade *f*; susceptibilidade *f*.

er'reg|en (-) excitar, *Gemüt a.*: comover; (*reizen*) irritar; *Volk*: agitar; (*verursachen*) suscitar, causar; *Streit*: provocar; ⚗ *u.* ⚕ produzir; **2er** *m* bacilo *m*; agente *m* provocador (*od.* patológico); micróbio *m* patogénico; ⚡, **2ermaschine** *f* excitatriz *f*; **2ung** *f* excitação *f*, agitação *f*; alvoroço *m*.

er'reich|bar [ɛr'raɪç-] acessível, *a.* realizável; *j-m*: ao alcance de; **~en** (-) *v/t.* alcançar, apanhar; *fig. a.* conseguir; *Ort*: *a.* chegar a.

er'rett|en (*-e-*; -) salvar; **2ung** *f* (*0*) salvação *f*.

er'richt|en (*-e-*; -) erguer, levantar, construir; (*gründen*) fundar, estabelecer, instituir; **2ung** *f* levantamento *m*, construção *f*, ⚠ *a.* elevação *f*, implantação *f*; (*Gründung*) estabelecimento *m*, instituição *f*.

er|'ringen (*L*; -) ganhar, conquistar; **~'röten** (*-e-*; -; *sn*) *v/i.* corar; **2'röten** *n* rubor *m*; **2'rungenschaft** [-'ruŋən-] *f* aquisição *f*; *fig.* progresso *m*; realização *f*.

Er'satz *m* (*-es*; *0*) substituto *m*; substituição *f*; (*Schaden2*) indemnização *f*; *der Kosten*: compensação *f*; ⚕ prótese *f*; ~ *leisten* reparar, indemnizar.

Er'satz|anspruch *m* (*-es*; *⸗e*) recurso *m*; **~batterie** *f* pilha *f* de reserva; **~glied** *n* (*-es*; *-er*) prótese *f*; **~mann** *m* (*-es*; *⸗er*) suplente *m*; **~mittel** *n* substituto *m*; sucedâneo *m*; **~pflicht** *f* responsabilidade *f*; **~rad** *n* (*-es*; *⸗er*) (**~reifen** *m*) roda *f* (pneu *m*) de reserva; **~spieler** *m* suplente *m*; **~stoff** *m* (*-es*; *-e*) substituto *m*; **~stück** *n* (*-es*; *-e*) peça *f* de reserva; **~wahl** *f* eleição *f* complementar.

er|'saufen (*L*; -) afogar-se; **~'säufen** [-'zɔyfən] (-) afogar; **~'schaffen** (*L*; -) criar; **2'schaffung** *f* criação *f*; **~'schallen** (-) (res)soar; *Glocken*: repicar.

er'schein|en (*L*; -; *sn*) *v/i.* aparecer, *Buch*: *a.* publicar-se, sair; (*kommen*) vir, apresentar-se; *offiziell*: comparecer; (*scheinen*) parecer; ~ *lassen* publicar; **2en** *n* aparecimento *m*, publicação *f*; *j-s*: presença *f*; comparecimento *m*; **2ung** *f* aparição *f*; fenómeno *m*; visão *f*; ⚕ sintoma *m*; (*Auftreten*) manifestação *f*, aparecimento *m*; (*Aussehen*) aspecto *m*, *j-s*: *a.* figura *f*; **2ungsform** *f* manifestação *f*.

er'schieß|en (*L*; -) fuzilar; *sich* ~ suicidar-se; **2ung** *f* fuzilamento *m*.

er'schlaff|en (-; *sn*) afrouxar; *fig. a.* relaxar-se; **2ung** *f* (*0*) afrouxamento *m*; relaxação *f*; abatimento *m*.

er'schlagen (*L*; -) abater; assassinar; *Blitz*: fulminar.

er'schleich|en (*L*; -) captar; **2ung** *f* captação *f*.

er'schließ|en (*L*; -) abrir; *der Bebauung* ~ urbanizar; *fig.* deduzir (*aus* de); **2ung** *f* exploração *f*.

er'schöpf|en (-) esgotar; **~end** *adj.* extenuante; (*vollkommen*) completo; *adv. a.* a fundo; **2ung** *f* esgotamento *m*.

er'schrecken 1. *v/t.* (-) assustar, meter medo a; espantar; espavore(ce)r; abismar; **2.** *v/i.* (*L*; -; *sn*) assustar-se, ter medo (*vor dat.* de); atemorizar-se; **~d** *adj.* assustador.

er'schütter|n [ɛr'ʃytərn] (*-re*; -) abalar, sacudir; *fig. a.* comover; **~nd** *adj.* abalador, comovente; **2ung** *f* abalo *m*; comoção *f*.

er'schweren [-'ʃve:rən] (-) dificultar; abarancar; (*verschlimmern*) agravar; **~d** *adj.* agravante.

er'schwindeln (*-le*; -): *sich* ~ captar, conseguir por entrujices.

er'schwing|en (*L*; -): ~ *können* ter dinheiro (bastante) para; *zu* ~ = **~lich** acessível; ~ *sn* vender-se a um preço razoável.

er'sehen (*L*; -) deduzir, concluir (*aus* de).

er'sehnen (-) ansiar.

er'setz|bar [ɛr'zɛts-] reparável; substituível; ~ *sn* substituir-se; **~en** (*-t*; -) substituir; suprir; *Verlust*: reparar, restituir; restabelecer; *j-m e-n Schaden* ~ indemnizar alg.; *j-m s-e Kosten* ~ reembolsar alg.

er|'sichtlich evidente, manifesto; ~ *sn a.* depreender-se (*aus* de); **~'sinnen** (*L*; -) idear; engenhar; inventar; **~'spähen** (-) espiar; avistar; lobrigar.

er'spar|en (-) economizar; *a. fig.* poupar; **2nis** *f* (-; *-se*) economia(s *pl.*) *f*.

er'sprießlich [ɛr'ʃpri:sliç] vantajoso; (*heilsam*) salutar; benéfico.

erst [e:rst] primeiro; (*einstweilen*) por agora, por enquanto; ~ *morgen usw.* só, sòmente; não ... senão; *eben* ~, *jetzt* ~ só agora, agora mesmo; ~ *recht* com maior razão; ~ *recht nicht* muito menos ainda; *nun* ~ *recht nicht!* menos do que nunca!

er'starken [ɛr'ʃtarkən] (-; *sn*) robustecer.

er'starr|en (-; *sn*) entorpecer, inteiriçar; *Flüssigkeit*: coalhar, ⚗ coagular; *Phys.* solidificar-se; *durch Kälte u. fig.* (con)gelar; **2ung** *f* (*0*) entorpecimento *m*; *Phys.* solidificação *f*; ⚗ coagulação *f*; congelação *f*.

er'statt|en (*-e-*; -) restituir, devolver; *Kosten*: reembolsar; *Bericht* ~ fazer um relatório; relatar, informar; *Anzeige* ~ (*gegen*) denunciar (*ac.*); **2ung** *f e-s Berichts*: apresentação *f*; ~ *e-r Anzeige* denúncia *f*; ~ *der Unkosten* reembolso (*'ô) *m*.

'Erst-aufführung *f* estreia *f*.

er'staun|en (-; *sn*) *v/i.* admirar-se, ficar pasmado (*über ac.* de); **2en** *n* assombro *m*; admiração *f*, espanto *m*; *in* ~ *setzen* assombrar; estranhar; **~lich** assombroso, admirável.

'Erst-ausgabe *f* primeira edição *f*; *älteste*: edição *f* príncipe.

'erstbeste: *der, die, das* ~ qualquer.

'erste, 2 *su.* ['e:rstə] primeiro *m*, -a *f*; *der (die, das)* ~ *beste* qualquer; *zum* ~*n Mal* pela primeira vez; *fürs* ~ primeiro, (*einstweilen*) por enquanto; *als* ~*r ankommen* ser o primeiro a chegar; *an* ~*r Stelle* em primeiro lugar.

er|'stechen (*L*; -) apunhalar, esfaquear; **~'stehen** (*L*; -) **1.** *v/i.* (*sn*) nascer; ressurgir; **2.** *v/t.* adquirir, comprar; **~'steigen** (*L*; -) *v/t.* subir a; montar.

'erstens ['e:rstəns] (em) primeiro (lugar); primeiramente.

'erstere ['e:rstərə]: *der, (die), das* ~ o (a) primeiro(-a); aquele(-a).

'erst|geboren primogénito; **2geburt(s-recht** *n* [*-es, 0*]) *f* primogenitura *f*; **~genannt** ['-gənant] primeiro citado.

er'stick|en (-) *v/t.* (*v/i.* [*sn*]) sufocar (*a. fig.*); abafar; *durch Gas*: asfixiar (-se); **2en** *n* = **2ung**; **~end** *adj.* asfixiante; *Hitze*: sufocante, abafador; **2ung** *f* (*0*) sufocação *f*; asfixia *f*; abafação *f*, abafamento *m*; **2ungsgefahr** *f* perigo *m* de morrer asfixiado.

'erstklassig ['-klasiç] de primeira ordem; primoroso.

er|'streben (-) *v/t.* aspirar a, pretender; *stärker*: ambicionar; **~'strebens-wert** desejável; **~'strecken** (-): *sich* ~ estender-se (*auf ac.* a); *sich* ~ *über* (*ac.*), *sich ... lang* ~ ter ... de extensão; **~'stürmen** (-) tomar de assalto; **~'suchen** (-) *v/t.*: *j-n um et.* ~ solicitar a.c. de (*od.* a) alg., pedir a.c. a alg.; **2'suchen** *n* solicitação *f*; **~'tappen** (-) apanhar, surpreender; **~'teilen** (-) dar; *Vollmacht*: conferir; *Segen*: lançar; **~'tönen** (-) ressoar; *Glocke*: repicar.

Er'trag [ɛr'tra:k] *m* (*-es*; *"e*) rendimento *m*, produto *m*, receita *f*; *Baum*: carga *f*; **2en** (*L*; -) suportar, aguentar, aturar; **2fähig** produtivo.

er'träglich [ɛr'trɛ:kliç] suportável; (*leidlich*) sofrível, tolerável.

er|'tränken (-) afogar; **~'träumen** (-) *v/t.*: (*sich dat.*) ~ imaginar; sonhar (para si); **~'trinken** (*L*; -; *sn*) afogar-se; **2'trinken** *n* afogamento *m*.

er'tüchtig|en [ɛr'tyçtigən] (-) educar, exercer; *Sport*: *a.* treinar; **2ung** *f* (*0*): *körperliche* ~ educação *f* física; exercício(s *pl.*) *m* físico(s), treino *m*.

er|'übrigen [-'y:brigən] (-) economizar; dispensar; *sich* ~ já não ser preciso; ser escusado; **~'wachen** (-; *sn*), (**2'wachen** *n*) despertar (*m*), acordar (*m*); **~'wachsen 1.** *v/i.* (*L*; -; *sn*) resultar (*aus* de); **2.** *adj.* adulto (*a. su.*); **~'wägen** (*L*; -) considerar, ponderar; **2'wägung** [-'vɛ:-guŋ] *f* consideração *f* (*in ~ ziehen* tomar em ...); **~'wählen** (-) escolher, eleger.

er'wähn|en (-) mencionar, citar; **~enswert** digno de ser mencionado; **2ung** *f* menção *f*.

er'wärmen (-) aquecer; *fig.* entusiasmar (*für* por).

er'wart|en (-*e*-; -) aguardar, esperar (*es steht zu* é de); prever; *wider* (*alles*) *2* contra todas as previsões; **2ung** *f* espera *f*; expe(c)tativa *f*; (*Hoffnung*) esperança *f*; **~ungsvoll** *adv.* ansioso, impaciente.

er|'wecken (-) despertar; *vom Tode ~* ressuscitar; *fig.* provocar; **~'wehren** (-): *sich ~* defender-se (*gen.* de); *des Lachens usw.*: conter (*ac.*); **~'weichen** (-) *v/t.* (*v/i.* [*sn*]) abrandar; amolecer; *fig.* enternecer(-se), comover(-se); *sich ~ lassen* (acabar por) ceder; **~'weisen** (*L*; -) provar dar provas de; *Dienst, Ehre*: prestar; *Gerechtigkeit*: fazer; *Dankbarkeit*: manifestar; *j-m Wohltaten ~* fazer bem a alg.; *sich ~ als* mostrar-se; *sich würdig ~* saber corresponder (*gen.* a); **~'weitern** [-'vaɪtərn] (-*re*; -) alargar; estender; *bsd.* ⚕ dilatar; **2'weiterung** *f* alargamento *m*, extensão *f*; ⚕ dilatação *f*.

Er'werb [ɛr'vɛrp] *m* (-*es*; -*e*) aquisição *f*; (*Gewinn*) lucro *m*, ganho *m*; (*Beruf*) ganha-vida *m*; trabalho *m*; **2en** [-bən] (*L*; -) (*sich dat.*) *~* adquirir; *durch Arbeit*: ganhar; *sich* (*dat.*) *Verdienste ~* merecer bem (*um* de).

er'werbs|fähig válido; **~los** desempregado; **2mittel** *n/pl.* meios *m/pl.* de subsistência; **2quelle** *f* recurso(s *pl.*) *m*; **2sinn** *m* (-*es*; *0*) espírito *m* mercantil; **~unfähig** inválido; **2zweig** *m* (-*es*; -*e*) ramo *m* de indústria.

Er'werbung *f* aquisição *f*.

er'wider|n [ɛr'vi:dərn] (-*re*; -) *v/t.* responder, replicar; (*vergelten*) (cor)responder a; *Besuch, Glückwunsch*: retribuir; **2ung** *f* réplica *f*, resposta *f*.

er|'wirken (-) obter, conseguir; **~'wischen** (-) apanhar; **~'wünscht** [-'vynʃt] desejado; oportuno; *~ kommen* vir a propósito; **~'würgen** (-) estrangular.

Erz [ɛrts] *n* (-*es*; -*e*) minério *m*; (*Metall*) bronze *m* (*a. fig.*); **'~-ader** *f* (-; -*n*) veio *m*, filão *m*.

er'zähl|en (-) contar; **~end** *adj.* narrativo; **2er(in** *f*) *m* narrador(a *f*) *m*; contista *m, f*; *Lit.*: *a.* novelista *m, f*; **2ung** *f* narrativa *f*; narração *f*; *Lit.*: conto *m*; novela *f*.

'Erz|bischof *m* (-*s*; *¨e*) arcebispo *m*; **2bischöflich** arcebispal; **~bösewicht** *m* (-*es*; -*e*) grande malvado *m*; velhaco *m*; **~-engel** *m* arcanjo *m*.

er'zeug|en (-) gerar; (*hervorbringen*) produzir; (*hervorrufen*) provocar; **2er** *m* procriador *m*, pai *m*; ⚒ produtor *m*; **2nis** *n* (-*ses*; -*se*) produto *m*; **2ung** *f* produção *f*; fabricação *f*, fabrico *m*, manufa(c)tura *f*; **2ungs...**: *in Zssg(n)* de produção, produtor.

'erz|faul (*0*) muito preguiçoso; **2feind** *m* (-*es*; -*e*) inimigo *m* mortal, émulo *m*; **2gang** *m* (-*es*; *¨e*) filão *m*; **2gauner** *m* grande malandro *m*; **2grube** *f* mina *f*; **~haltig** ['-haltiç] metalífero; **2herzog(in** *f*) *m* (-*es*; *¨e*) arquiduque(sa *f*) *m*.

er'zieh|en (*L*; -) educar; (*aufziehen*) criar; **2er(in** *f*) *m* pedagogo *m* (-a *f*); mestre *m* (-a *f*); professor(a *f*) *m*; preceptor(a *f*) *m*; **2ung** *f* educação *f*.

Erziehungs...: *in Zssg(n) meist* pedagógico, educativo; **~anstalt** *f* casa *f* de corre(c)ção; **~beihilfe** *f* subsídio *m* escolar; **~kunst** *f* (*0*), **~lehre** *f* pedagogia *f*; **~minister(ium** *n* [-*s*; -*rien*]) *m* Ministro (Ministério) *m* de Educação Nacional; **~wesen** *n* (-*s*; *0*) ensino *m*, instrução *f* pública, educação *f* (nacional).

er'zielen (-) conseguir, obter.

er'zittern (-*re*; -; *sn*) estremecer; tremer.

'Erzpriester *m* arcipreste *m*.

er'zürnen (-) irritar, zangar; *mit j-m erzürnt sn* estar zangado com alg.

'Erzvater *m* (-*s*; *¨er*) patriarca *m*.

er'zwingen (*L*; -) forçar.

es [ɛs] *pron. n* ele (*'ê) *m*, ela *f*; *tonloser ac.* o, a; *auf das Folgende bezogen und als Subjekt meist nicht übersetzt*: *ich bin ~* sou eu; *~ regnet* chove; *~ fertig bringen, zu* conseguir (*inf.*).

Es ♪ *n uv.* mi-bemol *m*.

'Esche ['ɛʃə] *f* freixo *m*.

'Esel ['e:zəl] *m* burro *m* (*a. fig.*);

jumento *m*; *bsd. fig.* asno *m*; **~'ei** *f* asneira *f*; **~in** *f* burra *f*; asna *f*; **~sbrücke** *f* F *fig.* burro *m*; **~sfüllen** *n* burrico *m*; **~s-ohr** *n* (-*ȩs*; -*en*) *fig.* dobra *f*; **~s-treiber** *m* arriero *m*.
'Eskimo ['ɛskimo] *m* (-*s*; -*s*) esquimó *m*.
Es'kort|e [ɛs'kɔrtə] *f* escolta *f*; **♀'ieren** (-) escoltar.
'Espe ['ɛspə] *f* álamo *m*.
Es'say [ɛ'se:] *m* (-*s*; -*s*) ensaio *m*.
'eß|bar [ɛ] comestível; ~ *sn a.* comer-se; **♀besteck** *n* (-*ȩs*; -*e*) talher *m*.
'Esse ['ɛsə] *f* forja *f*; chaminé *f*; (*Feuerstelle*) fogão *m*.
'ess|en ['ɛsən] (*L*) comer; *zu Abend* ~ jantar; *zu Mittag* ~ almoçar; *zur Nacht* ~ cear; **♀en** *n* comida *f*, refeição *f*; (*Abend*♀) jantar *m*; (*Mittag*♀) almoço *m*; **♀enszeit** *f* hora *f* de comer (*od.* das refeições); **♀er** *m* comedor *m*; *starker* ~ comilão *m*.
'Essig ['ɛsiç] *m* (-*s*; -*e*) vinagre *m*.
'Essig...: *in Zssg(n) meist* de vinagre, ⚗ acético; **~flasche** *f* vinagreira *f*; **~gurke** *f* pepino *m* em vinagre; **~- und Ölgestell** *n* galheteiro *m*; **~säure** *f* (*0*) ácido *m* acético.
'Eß|löffel *m* colher *f* de sopa; **~lust** *f* (*0*) apetite *m*, vontade *f* de comer; **~waren** *f/pl.* comestíveis *m/pl.*, géneros *m/pl.* alimentícios; **~zimmer** *n* sala *f* de jantar.
'Est|e ['ɛstə] *m* (-*n*), (**~in** *f*), **♀ländisch** ['-lɛndiʃ], **♀nisch** estónio *m*, (-a *f*), da Estónia.
E'tage [e'ta:ʒə] *f* andar *m*, piso *m*; **~nwohnung** *f* habitação *f*; (meio-) andar *m*.
E'tappe [e'tapə] *f* fase *f*, ⚔ (zona *f* da) retaguarda *f*; *pl. in* ~*n* sucessivamente, um após outro.
E'tat [e'ta] *m* (-*s*; -*s*) orçamento *m*; verba *f*; **~(s)jahr** *n* (-*ȩs*; -*e*) ano *m* económico; **♀mäßig** *Ausgabe*: ordinário; *j.*: do quadro.
'Eth|ik ['e:tik] *f* (*0*) ética *f*; **~iker** *m*, **♀isch** ético *m*.
Ethno|'loge [ɛtno'lo:gə] *m* (-*n*) etnólogo *m*; **~lo'gie** [-lo'gi:] *f* (*0*) etnologia *f*; **♀'logisch** etnológico.
Eti'kett [eti'kɛt] *n* (-*ȩs*; -*e*) rótulo *m*; **~e** *f* protocolo *m*, ceremonial *m*.
'etliche ['ɛtliçə] *pl.* (alg)uns *m/pl.*; (alg)umas *f/pl.*
E'tüde ♪ [e'ty:də] *f* estudo *m* (musical).
E'tui [ɛt'vi:] *n* (-*s*; -*s*) estojo (*'ô) *m*.
'etwa ['ɛtva] aproximadamente, cerca (*ê) de; ~ *hundert* uns ...; **~ig** eventual; **~s** alguma coisa; *adv. a.* um pouco; algo (de); ~ *Großes usw.* alguma coisa de, algo de; ~ *anderes* outra coisa; *so* ~ tal coisa.
euch [ɔyç] vos, a vós.
'euer ['ɔyər] **1.** de vós; **2.** ~, *der,* (*die*) *das* ~*e* o vosso (a vossa).
'Eule ['ɔylə] *f* coruja *f*; mocho (*'ô) *m*.
'Eulenspiegel *m* maganão *m*; **~'ei** *f* travessura *f*.
Eu'nuch [ɔy'nu:x] *m* (-*en*) eunuco *m*.
'eure ['ɔyrə] (o) vosso, (a) vossa, (os) vossos, (as) vossas; **~r** da(s) vossa(s), dos vossos; **~r-seits** [-zaɪts] por vosso lado, da vossa parte; **~s-gleichen** vosso igual; **~t-halben, ~t-wegen,** *um* **~t-willen** por vossa causa.
'eurige ['ɔyrigə] *s. euer* 2.
Euro'pä|er(in *f*) *m* [ɔyro'pɛ:ər-], **♀isch** europeu *m* (europeia *f*); da Europa.
'Euter ['ɔytər] *n* úbere *m*, teta *f*.
evaku'ier|en [evaku'i:rən] (-) evacuar; **♀ung** *f* evacuação *f*.
evangel|isch [evaŋ'ge:liʃ] evangélico; protestante; **♀ium** *n* (-*s*; -*lien*) evangelho *m*.
eventu'ell [evɛntu'ɛl] eventual; *adv. a.* talvez.
'ewig ['e:viç] eterno, perpétuo; **♀keit** *f* eternidade *f*; **~lich** eternamente.
e'xakt [ɛ'ksakt] exa(c)to; **♀heit** *f* exa(c)tidão *f*.
E'xam|en [ɛ'ksa:mən] *n* (-*s*; *Examina*) exame *m*; **♀i'nieren** (-) examinar.
Exekut|i'on [ɛksəkutsi'o:n] *f* execução *f*; **♀'iv...** [-'ti:f...] executivo; **~'ive** [-'ti:və] *f* poder *m* executivo.
E'xempel [ɛ'ksɛmpəl] *n* problema *m*; (*Beispiel*) exemplo *m*.
Exem'plar [ɛksɛm'pla:r] *n* (-*s*; -*e*) exemplar *m*; **♀isch** exemplar.
exer'zier|en[1] [ɛksɛr'tsi:rən] (-) exercer, exercitar, fazer exercícios; **♀en**[2] *n* exercício *m*; instrução *f*; **♀platz** *m* (-*es*; ⸗*e*) campo *m* de manobras.
E'xil [ɛ'ksi:l] *n* (-*s*; -*e*) desterro (*'ê) *m*, exílio *m*.
Exis'tenz [ɛksis'tɛnts] *f* existência *f*; ✝ posição *f*; **~berechtigung** *f* (*0*)

direito *m* à existência; **~minimum** *n* (*-s; -minima*) mínimo *m* para viver; **~mittel** *n/pl.* meios *m/pl.* de subsistência.
exis'tieren [ɛksis'ti:rən] (-) existir.
exklu'siv [ɛksklu'zi:f] exclusivo.
Exkommuni|kati'on [ɛkskomunikatsi'o:n] *f* excomunhão *f*; **2'zieren** [-'tsi:rən] (-) excomungar.
exmatriku'lieren [ɛksmatriku'li:rən] (-) riscar da matrícula; *sich ~ lassen* pedir para ser riscado da matrícula.
e'xotisch [ɛ'kso:tiʃ] exótico.
Exped|i'ent [ɛkspedi'ɛnt] *m* (*-en*) despachante *m*; expedidor *m*; expedicionário *m*; **2'ieren** (-) expedir, despachar; **~iti'on** [-itsi'o:n] *f* ✝ despacho *m*; expedição (*a.* ⚔) *f*; **~iti'ons...**: *in Zssg(n)*, **~iti'onsteilnehmer** *m* expedicionário *m*.
Experi'ment [ɛksperi'mɛnt] *n* (*-ẹs; -e*) experiência *f*; **2'ieren** (-) experimentar.
Ex'perte [ɛks'pɛrtə] *m* (*-n*) perito *m*, experto *m*.
explo|'dieren [ɛksplo'di:rən] (-; *sn*) explodir, deflagar; **2si'on** [-zi'o:n] *f* explosão *f*, deflagração *f*; **~'siv** [-'zi:f], **2'sivstoff** *m* explosivo *m*.
Expo'n|ent [ɛkspo'nɛnt] *m* (*-en*) expoente *m*; *fig.* representante *m*; **2ieren** (-) expor.
Ex'port [ɛks'pɔrt] *m* (*-ẹs; -e*) exportação *f*; **~'eur** [-'tø:r] *m* (*-s; -e*) exportador *m*; **~handel** *m* (*-s; 0*) comércio *m* de exportação; **2'ieren** (-) exportar.
Expreß *m* = **2-zug** *m* (*-ẹs; ⸗e*) (comboio) expresso *m*.
'extra ['ɛkstra] extra; **2...**: *in Zssg(n)* especial; (*zusätzlich*) suplementar, acessório; **~fein** extrafino.
Ex'trakt [ɛks'trakt] *m u. n* (*-ẹs; -e*) extra(c)to *m*.
ex'trem [ɛks'tre:m], (**2** *n*) extremo (*m*); **2i'täten** [-i'tɛ:tən] *f/pl.* extremidades *f/pl.*
Exzel'lenz [ɛktsɛ'lɛnts] *f* (*-; -en*) Excelência *f.*
ex'zentrisch [ɛk'tsɛntriʃ] excêntrico.
Ex'zeß [ɛk'tsɛs] *m* (*-sses; -sse*) excesso *m.*

F

F, f [ɛf] *n uv.* F, f *m*; ♪ fa *m*.

ˈ**Fabel** [fa:bəl] *f* (-; -*n*) fábula *f*; *Drama*: argumento *m*; **~dichter** *m* fabulista *m*; **2-haft** fabuloso; *fig.* estupendo; **~land** *n* Utopia *f*.

Faˈ**brik** [faˈbri:k] *f* fábrica *f*; **~...**: *in Zssg(n) oft* fabril; **~ˈant** [-iˈkant] *m* (-*en*) fabricante *m*, industrial *m*; **~-arbeit** *f* trabalho *m* na(s) fábrica(s); **~-arbeiter** *m* operário (*od.* trabalhador) *m* de fábrica; **~ˈat** [-ˈka:t] *n* (-*ẹs*; -*e*) produto *m*; fabrico *m*; **~atiˈon(s...)** [-atsiˈo:n(s)] *f* (de) fabricação *f*; (de) produção *f*; (de) manufactura *f*; **2mäßig** fabril; **~marke** *f* marca *f* da fábrica; **2neu** recém-fabricado; **~stadt** *f* (-; ⸚*e*) cidade *f* industrial; **~ware** *f* artigos *m/pl.* manufacturados; **~zeichen** *n* = *~marke*.

fabriˈzieren [fabriˈtsi:rən] (-) fabricar.

Fach [fax] *n* (-*ẹs*; ⸚*er*) divisão *f*; (*Schub2*) gaveta *f*; (*Lehr2*) matéria *f*, disciplina *f*; (*Tätigkeit*) ramo *m*; especialidade *f*; profissão *f*; (*Bord*) prateleira *f*; *vom ~* especialista; profissional, especializado; ˈ**~-arbeiter** *m* operário *m* especializado; ˈ**~-arzt** *m* (-*es*; ⸚*e*) (médico *m*) especialista *m*; ˈ**~(-aus)bildung** *f* preparação *f* profissional; **~-ausdruck** *m* (-*ẹs*; ⸚*e*) termo (*ê) *m* técnico.

ˈ**fäch|eln** [ˈfɛçəln] (-*le*) abanar; abanicar; **2eln** *n* abanação *f*; **2er** *m* leque *m*; abanador *m*, abano *m*.

ˈ**Fach|gelehrte(r)** *m* (-*n*) especialista *m*; **~genosse** *m* (-*n*) colega *m*; **~kenntnisse** *f/pl.*: *~ haben* saber da sua especialidade; ser especializado, ser versado; **2kundig** perito, competente; versado; **~leute** *pl.* = *pl. v.* **~mann** *m* (-*ẹs*; ⸚*er*) especialista *m*, perito *m*, técnico *m*; **2männisch** [ˈ-mɛniʃ] competente; especial(ista); **~schule** *f* escola *f* profissional; **2simpeln** [ˈ-zimpəln] (-*le*) F não falar senão da sua especialidade; **~studium** *n* (-*s*; -*studien*) estudos *m/pl.* de especialização; **~werk** ⚠ *n* (-*ẹs*; -*e*) madeiramento *m*; **~wissenschaft** *f* especialidade *f*; **~zeitschrift** *f* revista *f* de especialidade.

ˈ**Fackel** [ˈfakəl] *f* (-; -*n*) archote *m*, facho *m*; **2n** F vacilar; perder tempo; **~träger** *m* porta-facho *m*; **~zug** *m* (-*ẹs*; ⸚*e*) marcha *f* luminosa.

ˈ**fade** [ˈfa:də] insípido, insosso.

ˈ**Faden** [ˈfa:dən] *m* (-*s*; ⸚) fio *m* (*a. fig.*); (*Näh2*) linha *f*; ⚓ *Maß*: braça *f*; *~ ziehen Flüssigkeit*: estar em ponto de fio; *an e-m* (*seidenen*) *~ hängen* estar por um fio; **2förmig** filiforme; em forma de fio; **~kreuz** *n* (-*es*; -*e*) *Optik*: retículo *m*; **~nudeln** *f/pl.* aletria *f/sg.*; **2scheinig** [-ʃaɪniç] gasto; puído; *fig. ~ sn* não convencer ninguém; **2weise** aos fios; fio por fio.

ˈ**Fadheit** [ˈfa:t-] *f* (*0*) insipidez *f*.

Faˈ**gott** [faˈgɔt] *n* (-*ẹs*; -*e*) fagote *m*; **~bläser** *m* fagotista *m*.

ˈ**fähig** [ˈfɛ:iç] capaz; apto; idóneo; **2keit** *f* capacidade *f*; idoneidade *f*; aptidão *f*.

fahl [a:] pálido, descorado, lívido.

ˈ**fahnd|en** [ˈfa:ndən] (-*e*-): *~ nach* (*dat.*), *~ auf* (*ac.*) andar atrás de, andar à busca de; procurar, buscar; perseguir; **2ung** *f* pesquisa *f*, busca *f* (*nach* de).

ˈ**Fahne** [ˈfa:nə] *f* bandeira *f*; *Typ.* granel *m*.

ˈ**Fahnen|abzug** *m* (-*ẹs*; ⸚*e*) (prova *f* de) granel *m*; **~eid** *m* (-*ẹs*; -*e*) juramento *m* de bandeira; **~flucht** *f* (*0*) deserção *f*; **2flüchtig** desertor; *~ werden* desertar, abandonar a bandeira; **~stange** *f*, **~stock** *m* (-*ẹs*; ⸚*e*) pau *m* de (*od.* da) bandeira; **~träger** *m* porta-bandeira *m*; **~weihe** *f* (*0*) consagração *f* da bandeira.

ˈ**Fähnrich** [ˈfɛ:nriç] *m* (-*ẹs*; -*e*) alferes *m*; *~ zur See* guarda-marinha *m*.

ˈ**Fahr|bahn** [a:] *f* rodovia *f*, pista *f*; = *~damm*; **2bar** móvel, ⊕ *a.* com rodas; *Weg*: transitável, viável, ⚓ navegável; **2bereit** disposto para sair; pronto para a partida.

ˈ**Fährboot** [ɛ:] *n* (-*ẹs*; -*e*) = *Fähre*.

ˈ**Fahr|damm** *m* (-*ẹs*; ⸚*e*) calçada *f*;

faixa *f* de rodagem; meio *m* da rua, leito *m* de estrada; * rodagem *f*; **~dienst** 🚂 *m* (*-es*; *-e*) serviço *m* ferroviário; **~dienstleiter** *m* chefe *m* de serviço.

'**Fähre** [fɛːrə] *f* barca *f*, batelão *m*.

'**fahr|en** ['faːrən] (*L*) **1.** *v/t.* conduzir; *Wagen*: *a.* guiar; *j-n*: *a.* levar; *Last*: acarretar; **2.** *v/i.* (*sn*) andar *od.* ir (de carro, comboio, barco); ~ *durch*, ~ *über* (*ac.*) atravessar (*ac.*), passar por; *auf dem Meer*: *a.* cruzar; *zur Hölle* ~ descender ao inferno; *gut* ~ *bei* ganhar com, ficar bem servido com; ~ *lassen* largar; abandonar; *fig.* *a.* desistir de; **~end** ✝. ambulante; ⚔ motorizado; *Ritter*: errante; andante; *~er Schüler* escolar vagante; *~es Volk* vagabundos *m/pl.*, *Thea.* comparsaria *f* ambulante; **℥er** *m* condutor *m*; *Auto*: motorista *m*, condutor *m*, *volante *m*; *Straßenbahn*: guarda-freio *m*, *motoreiro *m*; **℥gast** *m* (*-es*; *⸚e*) passageiro *m*; viajante *m*; **℥geld** *n* (*-es*; *0*) preço *m* do bilhete; ⚓ passagem *f*; **℥gelegenheit** *f* possibilidade *f* de ir (de carro *usw.*); ⚓ carreira *f*; *unentgeltliche*: F boleia *f*; **℥geschwindigkeit** *f* velocidade *f*; marcha *f*; **℥gestell** *n* (*-es*; *-e*) *Auto*: «chassis» (*fr.*) *m*; ✈ trem *m* de aterragem; **~ig** distraído, descuidado, nervoso; **℥igkeit** *f* (*0*) distra(c)ção *f*, descuido *m*, nervosismo *m*; **℥karte** *f* bilhete *m*, ⚓ passagem *f*; **℥karten-ausgabe** *f*, **℥kartenschalter** *m* bilheteira *f*; **~lässig** descuidado, desleixado; ⚖ involuntário; *~e Tötung* homicídio por imprudência; **℥lässigkeit** *f* descuido *m*, desleixo *m*, imprudência *f*; **℥lehrer** *m* instrutor *m*.

'**Fährmann** [ɛː] *m* (*-es*; *-männer*, *-leute*) barqueiro *m*.

'**Fahr|plan** *m* (*-es*; *⸚e*) horário *m*; **℥planmäßig** ordinário; à tabela; **~preis** *m* (*-es*; *-e*) preço *m* do bilhete; **~rad** *n* (*-es*; *⸚er*) bicicleta *f*; **~rinne** *f* corredor *m*; **~schein** *m* (*-es*; *-e*) bilhete *m*; **~schein-heft** *n* (*-es*; *-e*) caderneta *f* (de bilhetes); **~schule** *f* escola *f* de condução; **~straße** *f* estrada *f*; **~strecke** *f* traje(c)to *m*; **~stuhl** *m* (*-es*; *⸚e*) elevador *m*.

Fahrt [aː] *f* viagem *f*; (*Strecke*) caminho *m*, traje(c)to *m*; (*Wander℥*) excursão *f*; (*Wett℥*) corrida *f*; (*Geschwindigkeit*) velocidade *f*, marcha *f*; *halbe* ~ meia força (*ô) *f*; meio vapor *m*; ~ *durch* passagem *f* por; ~ *über* (*ac.*) travessia *f* de; *auf der* ~ *nach* a caminho *m* de; *in* ~ *kommen* começar a andar; *fig.* ficar furioso.

'**Fährte** ['fɛːrtə] *f* pista *f*, rasto *m*, trilha *f*.

'**Fahrtrichtung** *f* dire(c)ção *f*; ⚓ rumo *m*.

'**Fahr|vorschrift** *f* regulamento *m* de trânsito; guia *f* de automobilista; **~wasser** *n* (*-s*; *0*) água *f* navegável; canal *m*; *fig.* elemento *m*; **~weg** *m* (*-es*; *-e*) = *~damm*; **~werk** *n* (*-es*; *-e*) = *~gestell*; **~zeit** *f* horário *m*, tabela *f*; tempo *m* da viagem; **~zeug** *n* (*-es*; *-e*) veículo *m*, viatura *f*; ⚓ embarcação *f*.

'**fakt|isch** ['faktiʃ] efe(c)tivo; *adv.* de fa(c)to; **℥or** *m* (*-s*; *-en*) fa(c)tor *m* (*a.* ♄); feitor *m*, gerente *m*; *Typ.* *a.* dire(c)tor *m* de imprensa; **℥o'rei** [-o'raɪ] *f* feitoria *f*; **~'otum** [-'otum] *n* (*-s*; *-s*) faz-tudo *m*; **℥um** *n* (*-s*; *Fakta*, *Fakten*) fa(c)to *m*.

Fakul'tät [fakul'tɛːt] *f* faculdade *f*; *Juristische* (*Mathematische*, *Naturwissenschaftliche*, *Medizinische*, *Philosophische*, *Theologische*) ~ Faculdade *f* de Direito (Ciências, Medicina, Letras, Teologia).

falb [falp] (d)escorado; *Pferd*: fulvo.

'**Falk|e** ['falkə] *m* falcão *m*; **~enbeize**, **~enjagd** *f* falcoaria *f*.

Fall [fal] *m* (*-es*; *⸚e*) queda *f* (*a. fig.*); *der Preise*: baixa *f*; ⚖ (*Ereignis*) *u.* *Gram.* caso *m*; *auf jeden* ~ em todo o caso; a todo o transe; *im ~e, daß* = *falls*; *erforderlichenfalls* em caso de necessidade; *gesetzt den* ~, *daß* suposto que (*subj.*); *zu* ~ *bringen* fazer cair, derribar; *zu* ~ *kommen* cair; '**~baum** *m* (*-es*; *⸚e*) barreira *f*; '**~beil** *n* (*-es*; *-e*) guilhotina *f*; '**~brücke** *f* ponte *f* levadiça; '**~e** ['-ə] *f* armadilha *f*; trápola *f*; laço *m*; cilada *f*; insídia *f*; *fig.* (*Mause℥*) ratoeira *f* (*stellen* armar, *in die* ~ *gehen* cair); (*Gardinen℥*) sanefa *f*; (*Vorhang*) bambolim *m*; '**℥en** (*L*; *sn*) *v/i.* cair; (*sinken*) baixar (✝ *um* por); *Schuß*: disparar-se; ⚔ morrer em combate; *Anteil*: *auf j-n fällt* ... alg. fica com ...; *in e-e Kategorie* ~ entrar em; *j-m in den Rücken* ~ ⚔ atacar alg. pelas costas; ~ *lassen* deixar cair; *Vorhang*: baixar; descer; *fig. Thema*: desistir de; deixar; *j-n*: desinteressar-se de; *j-m ins Wort* ~ cortar (*od.* atalhar) a palavra a alg.; *auf die Nerven*: dar a; *leicht*~ dar pouco trabalho; *schwer*~ custar; '**~en** *n* = *Fall*.

'**fällen** abater; ⚔ abaixar; ⚖ *Urteil*: pronunciar.

'**Fall|gatter** *n* rastrilho *m*; **~grube** *f* fojo *m*; trápola *f*; **2'ieren** ✝ falir.

'**fällig** ['fɛliç] vencível; ~ *sn a.* vencer-se, ser pagável; **2keit** *f* (*0*) vencimento *m*; **2keitstermin** *m* (*-s*; *-e*) prazo *m* de vencimento.

'**Fall|obst** *n* (*-es*; *0*) fruta *f* do chão; **~reep** [e:] *n* (*-ės*; *-e*) escada *f* de portaló; **2s** caso que, no caso de (*subj. u. inf.*); se; ~ *es so ist* a ser assim; ~ *es nicht* ... a menos que (*subj.*); **~schirm**(**-absprung** *m* [*-ės*; *"e*]) *m* (*-ės*; *-e*) (descida *f* em) pára-quedas *m*; **~schirmjäger, ~schirmspringer** *m*, (**~schirmtruppen** *f/pl.* tropas *f/pl.*) pára-quedista(s) *m*/(*pl.*); **~strick** *m* (*-ės*; *-e*) cilada *f*, trama *f* (*a. fig.*); **~sucht** *f* (*0*) epilepsia *f*; **2süchtig** ['-zyçtiç] epiléptico; **~tür** *f* alçapão *m*; porta *f* levadiça.

falsch [falʃ] **1.** *adj.* falso; (*unrichtig*) errado; *Bewegung*: em falso; ~*es Gerücht a.* balela *f*; *Haar, Gebiß*: postiço; (*treulos*) *a.* desleal, traidor; *verstehen*: mal; ~ *fahren Auto*: errar, enganar-se; ~ *gehen Uhr*: andar mal; ~ *rechnen usw.* enganar-se; ~ *spielen* fazer batota; ♪ desafinar (*a.* ~ *singen*); **2.** 2 *m* (*-s*; *0*) = *2heit*; *ohne* ~ leal; '**2eid** *m* (*-ės*; *-e*) perjúrio *m*.

'**fälsch|en** ['fɛlʃən] falsear, falsificar; **2er**(**in** *f*) *m* falsificador(a *f*) *m*, falsário *m*, -a *f*.

'**Falschheit** *f* (*0*) falsidade *f*; *fig. a.* perfídia *f*.

'**fälschlich** ['fɛlʃliç], **~erweise** falsamente, errôneamente; por equívoco, sem razão.

'**Falschmünzer** ['-myntsər] *m* moedeiro *m* falso, falsário (*od.* falsificador) *m* de moedas; **~'ei** *f* (**~werkstatt** *f* [*-*; *"en*]) fabricação (fábrica) *f* de moedas falsas.

'**Falschspieler** *m* batoteiro *m*.

'**Fälschung** ['fɛlʃuŋ] *f* falsificação *f*.

Fal'sett [fal'sɛt] *n* (*-ės*; *-e*) falsete *m*.

'**Falt|boot** *n* (*-ės*; *-e*) barco *m* desmontável; **~e** *f* prega *f*; *Haut*: ruga *f*; *in* ~*en legen* = **2en** (*-e-*) dobrar; fazer pregas; *Hände*: juntar, pôr; *Stirn*: franzir; **~enrock** *m* (*-ės*; *"e*) saia *f* com pregas; **~enwurf** *m* (*-ės*; *"e*) pregueado *m*; **~er** *m* borboleta *f*; **2ig** amarrotado; *Haut*: enrugado; **~tür** *f* porta *f* dobradiça; **~ung** *f Geol.* dobra *f*.

Falz [falts] *m* (*-es*; *-e*) corrediça *f*, entalhe *m*; vinco *m*; '**~bein** ⊕ *n* (*-ės*; *-e*) dobradeira *f*; '**2en** dobrar (as folhas); descarnar; '**~hobel** *m* guilherme *m*.

famili'är [famili'ɛ:r] familiar.

Fa'milie [fa'mi:liə] *f* família *f*.

Fa'milien|-anschluß *m* (*-sses*; *"sse*): ~ *haben* ser tratado como pessoa de família; **~begräbnis** *n* (*-ses*; *-se*) jazigo *m* de família; **~glück** *n* (*-ės*; *0*) felicidade *f* doméstica; **~kreis** *m* (*-es*; *-e*) família *f*; **~leben** *n* (*-s*; *0*) vida *f* familiar (*od.* doméstica); **~mitglied** *n* (*-ės*; *-er*) pessoa *f* de família; **~name** *m* (*-ns*; *-n*) apelido *m*; **~-unterstützung, ~zulage** *f* abono *m* de família.

fa'mos [fa'mo:s] F esplêndido, magnífico, *iron.* extraordinário.

Fa'nat|iker [fa'na:tikər] *m*, **2isch** fanático *m*; **~'ismus** *m* (*-*; *0*) fanatismo *m*.

Fan'far|e [fan'fa:rə] *f* (**~en-stoß** *m* [*-es*; *"e*] toque *m* de) fanfarra *f*.

Fang [faŋ] *m* (*-ės*; *"e*) captura *f*; (*Fisch2*) pesca *f*; (*Beute*) presa (*ê) *f*; (*Kralle*) garra *f*; '**~arm** *m* (*-ės*; *-e*) tentáculo *m*; '**~ball** *m* (*-ės*; *0*) péla *f*; '**~eisen** *n* venábulo *m*; '**2en** (*L*) apanhar; (*festnehmen*) prender; *Feuer* ~ pegar fogo; *fig.* apaixonar-se, entusiasmar-se; *sich* ~ embrulhar-se, *Wind*: enfunar-se; *sich gefangen geben* render-se; '**~leine** ⚓ *f* boça *f*; '**~netz** *n* (*-es*; *-e*) rede (*'ê) *f*; '**~zahn** *m* (*-ės*; *"e*) colmilho *m*; navalha *f* (do javali *usw.*).

'**Farb|-abzug** [farp-] *m* (*-ės*; *"e*) cópia *f* a cores; **~band** *n* (*-ės*; *"er*) fita *f* (para máquina de escrever).

'**Farbe** ['farbə] *f* cor (*ô) *f*; tinta *f*; *Mal. a.* pintura *f*; (*Färbung*) colorido *m*; *Kartenspiel*: naipe *m*; ~ *bekennen* servir; *fig.* definir a sua posição.

'**farb-echt** de cor (*ô) *f* garantida; **2heit** *f* (*0*) garantido *m* (*od.* qualidade *f* garantida) da cor (*ô).

'**Färb|e-mittel** ['fɛrbə-] *n* tinta *f*; **2en** tingir; *Lebensmittel*: corar.

'**farben|blind** daltónico; **2blindheit** *f* (*0*) daltonismo *m*; **2brechung** *f* (*0*) difra(c)ção *f*; **2druck** *m* (-*es*; -*e*) cromo-litografia *f*; **~empfindlich** ortocromático; **~freudig** multicolor, garrido, variegado, vistoso; **2gebung** [-ge:buŋ] *f* (*0*) colorido *m*; **2lehre** *f* (*0*) teoria *f* das cores; **2spiel** *n* (-*es*; *0*) matizes *m*/*pl*.; irisação *f*.
'**Färber** ['fɛrbər] *m* tintureiro *m*; tintor *m*; **~'ei** *f* tinturaria *f*.
'**Farb|film** *m* (-*es*; -*e*) filme *m* colorido (*od*. a cores); **~holz** *n* (-*es*; *"er*) campeche *m*.
'**farbig** ['farbiç] colorido, de cor (*ô), a cores.
'**farb|los** sem cor (*ô); incolor; descorado; **2photographie** *f* fotografia *f* a cores; **2stift** *m* (-*es*; -*e*) lápis *m* de cor (*ô); **2stoff** *m* (-*es*; -*e*) tinta *f*; **2ton** *m* (-*es*; *"e*) matiz *f*.
'**Färbung** ['fɛrbuŋ] *f* coloração *f*; tintura *f*, cor (*ô) *f*, colorido *m*; *fig*. tendência *f*.
'**Farce** ['farsə] *f* farsa *f*.
Farm *f* quinta *f*, fazenda *f*; '**~er** *m* feitor *m*, colono *m*.
Farn *m* (-*es*; -*e*), '**~kraut** *n* (-*es*; *"er*) feto *m*.
'**Färse** ['fɛrzə] *f* bezerra *f*.
Fa'san [fa'za:n] *m* (-*es*; -*e*, -*en*) faisão *m*.
'**Fasching** ['faʃiŋ] *m* (-*s*; -*e*, -*s*) carnaval *m*; entrudo *m*.
Fase'l|ei [fazə'laı] *f* palavrório *m*, palavreado *m*; disparate *m*; '**2n** (-*le*) palavrear, disparatar; *a*. ⚕ delirar.
'**Faser** ['fa:zər] *f* (-; -*n*) fibra *f*; filamento *m*; (*Tuch2*) fio *m*; **2ig** fibroso; **2n** (-*re*) desfiar(-se); esgarçar.
Faß [fas] *n* (-*sses*; *"sser*) pipa *f*; barril *m*; tonel *m*; cuba *f*; barrica *f*; casco *m*.
Fas'sade [fa'sa:də] *f* fachada *f*.
'**faß|bar** palpável, apreensível, *fig*. *a*. compreensível; **2binder** *m* tanoeiro *m*; **2daube** *f* aduela *f*.
'**fassen** ['fasən] (-*ßt*) **1.** *v*/*t*. tomar; agarrar; segurar (*bei* por); *j-n* (*fangen*): apanhar, prender; filar; *Stein*: engastar; ⚔ *Essen*: ir buscar, ir receber; (*aufnehmen können*) comportar; ter lugar para; *fig*. compreender; *Gedanken*: conceber; *Mut*: cobrar; *Neigung*: sentir; *Entschluß*: tomar; *in Worte* ~ exprimir por; *sich* ~ acalmar-se; *sich in Geduld* ~ resignar-se, ter paciência; *sich kurz* ~ ser breve; **2.** *v*/*i*. ⊕ ligar; endentar.
'**Faß|hahn** *m* (-*es*; *"e*) torneira *f*; **2lich** compreensível; **~reif** *m* (-*es*; -*e*) arco *m*.
'**Fassung** ['fasuŋ] *f* (*Ein2*) guarnição *f*; engaste *m*; *Brille*: armação *f*, aro *m*; ⚡ suporte *m*; *schriftliche*: reda(c)ção *f*; (*Wortlaut*) texto *m*; *deutsche usw*., *erste usw*.: versão *f*; *seelische*: disposição *f*; calma *f*; sangue-frio *m*; resignação *f*; *aus der* ~ *bringen* desconcertar; *aus der* ~ *geraten*, *die* ~ *verlieren* desconcertar-se.
'**fassungs|los** desconcertado, perplexo; (*untröstlich*) desconsolado; **2losigkeit** [-lo:ziç-] *f* (*0*) desconsolo *m*; perplexidade *f*; **2vermögen** *n* (-*s*; *0*) capacidade *f*; ⚓ tonelagem *f*; *geistiges*: compreensão *f*; inteligência *f*.
fast quase; (*nahe an*) cerca (*ê) de; ~ *nur* quase que só, quase que apenas; '**~en** (-*e*-) jejuar; **2en** *n* jejum *m*; ⚕ dieta *f*; *pl*. = ~*enzeit*; '**2enspeise** *f* comida *f* quaresmal; '**2enzeit** *f* quaresma *f*; '**2nacht** *f* (*0*) terça-feira *f* gorda, carnaval *m*, entrudo *m*; '**2nachts...**: *in Zssg*(*n*) carnavalesco, do carnaval; '**2tag** *m* (-*es*; -*e*) dia *m* de jejum.
fa'tal [fa'ta:l] (*unangenehm*) desagradável; (*unheilvoll*) fatídico, funesto.
'**Fatum** ['fa:tum] *n* (-*s*; *Fata*) fado *m*, destino *m*; fatalidade *f*.
'**Fatzke** F ['fatskə] *m* (-*n*) janota *m*, pantomineiro *m*.
'**fauchen** ['fauxən] bufar; ⊕ deitar vapor, deitar fumo.
faul [faul]: **a**) podre; choco; (*Obst*) estragado; **b**) *fig*. *Kunde*: de pouca confiança; incerto; ✝ *Firma*: insolvente; *Witz*: estúpido; ~ *sn* ter pouca graça, ser de mau gosto; *hier ist et*. ~ cheira mal; aqui parece que há coisa; *Staat*: corru(p)to; **c**) (*träge*) preguiçoso; cábula; '**2baum** *m* frangulina *f*; amieiro *m* preto.
'**Fäule** ['fɔylə] *f* (*0*) = *Fäulnis*.
'**faul|en** ['faulən] (*sn u. h.*) apodrecer; estragar-se; ficar choco; **~enzen** ['-lɛntsən] (-*t*) preguiçar, mandriar; **2enzer** ['-lɛntsər] *m* man-

drião *m*; **2enze'rei** [-lɛntsə'raɪ], **2heit** *f* (*0*) preguiça *f*, mandrice *f*; **~ig** podre, choco.

'**Fäulnis** ['fɔylnis] *f* (*0*) podridão *f*, ⚕ cárie *f*; *fig.* corrupção *f*.

'**Faul|pelz** F *m* (*-es*; *-e*) cábula *m*; **~tier** *n* (*-es*; *-e*) *Zool.* preguiça *f*; ai *m*; *fig.* = *Faulenzer*.

Faun [faʊn] *m* (*-es*; *-e*) fauno *m*; '**~a** *f* (*-*; *Faunen*) fauna *f*.

Faust [faʊst] *f* (*-*; *⸗e*) punho *m*; *auf eigene ~ fig.* por conta própria; '**~ball(spieler)** *m* (*-es*; *⸗e*) (jogador *m* de) voleibol *m* (voleibolista *m*).

'**Fäustchen** ['fɔystçən] *n* pequeno punho *m*; *sich (eins) ins ~ lachen* rir-se.

'**faust|dick**: *fig. es ~ hinter den Ohren haben* ser finório; **2handschuh** *m* (*-es*; *-e*) manopla *f* de atleta; **2kampf** *m* (*-es*; *⸗e*) pugilato *m*; **2kämpfer** *m* pugilista *m*; **2recht** *n* (*-es*; *0*) direito *m* do mais forte; **2schlag** *m* (*-es*; *⸗e*) punhada *f*, murro *m*.

Favo'rit [favo'ri:t] *m* (*-en*) (**~in** *f*) favorito *m* (-a *f*).

'**Faxen** F ['faksən] *f/pl.* *uv.* macaquices *f/pl.*, momices *f/pl.*, pantominices *f/pl.* (*mach keine* deixa-te de); **~macher** [-maxər] *m* pantomineiro *m*.

'**Fazit** ['fa:tsit] *n* (*-s*; *-e*, *-s*) resultado *m*.

'**F-Dur** *n* (*-*; *0*) fa *m* maior.

'**Februar** ['fe:bruar] *m* (*-s*, *-*; *0*) fevereiro *m*.

'**Fecht|boden** ['fɛçt-] *m* (*-s*; *⸗*) sala *f* de esgrima; **2en** (*L*) esgrimir; (*kämpfen*) lutar; **~er** *m* esgrimista *m*; gladiador *m*; **~kunst** *f* (*0*) esgrima *f*.

'**Feder** ['fe:dər] *f* (*-*; *-n*) pena *f*; (*Flaum*) pluma *f*; (*Uhr2*) corda *f*; ⊕ mola *f*; *pl. in den ~n* F na cama; **~ball** *m* (*-es*; *⸗e*) volante *m*; **~besen** *m* espanador *m*; **~bett** *n* (*-es*; *-en*) cama *f* de plumas; edredão *m*; **~busch** *m* (*-es*; *⸗e*) penacho *m*; *Vogel*: poupa *f*; **~deckbett** *n* (*-es*; *-en*) edredão *m*; **~fuchser** [-fuksər] F *m* escrevinhador *m*; rabiscador *m*; **2führend** representativo; **~gewicht** *n* (*-es*; *-e*) *Sport*: peso-pluma (*ê) *m*; **~halter** *m* caneta *f*; **~kasten** *m* (*-s*; *⸗*) estojo (*'ô) *m* (escolar); **~kleid** *n* (*-es*; *-er*) plumagem *f*; **~krieg** *m* (*-es*; *-e*) polémica *f*; **2leicht** muito leve; **~lesen** *n*: *nicht viel ~s machen* não fazer cerimónias, não perder tempo; **~matratze** *f* colchão *m* elástico (*od.* de molas); **~messer** *n* canivete *m*; **2n** (*-re*) ⊕ ser elástico; ter (boas) molas; (*a. sich ~*), *Vögel*: mudar; estar na muda; **~d** *adj.* ⊕ elástico; **~strich** *m* (*-es*; *-e*) rasgo *m*; **~ung** ⊕ *f* elasticidade *f*; *Wagen*: molas *f/pl.*; **~waage** *f* balança *f* de molas; **~vieh** *n* (*-es*; *0*) aves *f/pl.* (da capoeira); **~wolke** *f* cirro *m*; **~zeichnung** *f* desenho *m* à pena; **~zug** *m* (*-es*; *⸗e*) rasgo *m*.

Fee [fe:] *f* fada *f*; **2n-haft** mágico; encantador.

'**Fegefeuer** ['fe:gə-] *n* (*-s*; *0*) *Rel.* Purgatório *m*.

'**fegen** ['fe:gən] varrer (*a. v/i.*, *sn*), limpar.

'**Fehde** ['fe:də] *f* conflito *m*, contenda *f*; **~brief** *m* (*-es*; *-e*) cartel *m*, (carta *f* de) desafio *m*; **~handschuh** *m* (*-es*; *-e*): *j-m den ~ hinwerfen* lançar a luva a alg.

fehl [e:] **1.**: *~ am Platz* despropositado, inoportuno; **2. 2** *m*: *ohne ~* impecável; '**~...**, '**2...** *in Zssg(n)*: em falso; '**2anzeige** *f* resposta *f* negativa; ⊕ indicação *f* negativa; '**2betrag** *m* (*-es*; *⸗e*) défice *m*, déficit *m*; '**2bildung** *f* deformação *f*, deformidade *f*; '**2bitte** *f* pedido *m* inútil; *e-e ~ tun* rogar em vão; '**~en** *v/i.*: *~* (*an dat.*) faltar (*nom.*), *et. a.*: fazer falta (*nom.*); (*abwesend sn*) *a.* estar ausente; *poet.* (*sündigen*) pecar; *was fehlt Ihnen?* que tem?; *an mir soll es nicht ~* não será culpa minha; *das fehlte gerade noch iron.* não faltava mais nada; *es an nichts ~ lassen* fazer todos os possíveis; *weit gefehlt* está muito enganado; errado; **2en** *n* falta *f*, ausência *f*; '**2er** *m* erro (*ê) *m*; falta *f*; falha *f*; *a. dauernder*: defeito *m*; *moralisch*: vício *m*; '**~erfrei** sem defeito; sem erros, corre(c)to; perfeito, inta(c)to; '**~erhaft** defeituoso; com erros; errado; '**~erlos** = *~erfrei*; '**2farbe** *f* = *2karte*; '**2geburt** *f* aborto (*'ô) *m*, F desmancho *m*; '**~gehen** (*L*) errar caminho; *fig.* estar enganado; '**2gewicht** *n* (*-es*; *0*) falta *f* de peso (*ê); '**~greifen** (*L*) errar, enganar-se; '**2griff** *m* (*-es*; *-e*) erro (*ê) *m*, engano *m*; '2**karte** *f* descarte *m*; '~**schießen** (*L*) desacertar; *fehlgeschossen!* está enganado!; não acertou!; '2**schlag** *m* (-*es*; ⸚*e*) *fig.* malogro (*'ô) *m*, fracasso *m*; '~**schlagen** (*L*; *sn*) frustrar-se, fracassar, malograr-se; '2**schluß** *m* (-*sses*; ⸚*sse*) sofisma *m*; '2**schuß** *m* (-*sses*; ⸚*sse*) tiro *m* errado; '2**spruch** *m* (-*es*; ⸚*e*) = 2*urteil*; '~**treten** (*L*) tropeçar, dar um passo em falso; '2**tritt** *m* (-*es*; -*e*) passo *m* em falso, tropeção *m* (*tun* dar); *fig.* falta *f*, pecado *m*; '2**urteil** *n* (-*es*; -*e*) erro (*ê) *m* judiciário; '2**zündung** ⊕ *f* falha *f* (na ignição).

'**Feier** ['faɪər] *f* (-; -*n*) festa *f*; celebração *f*; cerimónia *f*; ~-**abend** *m* (-*s*; -*e*) fim *m* do trabalho diário; ~ *machen* parar com o trabalho; 2**lich** solene; ~**lichkeit** *f* solenidade *f*, cerimónia *f*; 2**n** (-*re*) **1.** festejar, celebrar, solenizar; *j-n*: *a.* homenagear; **2.** descansar, fazer feriado; ~**schicht** *f*: e-e ~ *einlegen* suprimir um turno; ~**stunde** *f* hora *f* de descanso; *ernste*: a(c)to *m* solene; cerimónia *f*; ~**tag** *m* (-*es*; -*e*) dia *m* feriado, dia *m* de festa; *allgemeiner* ~ feriado *m* nacional; *Rel.* dia *m* santo.

'**feige** ['faɪgə] cobarde.

'**Feige** ⚘ *f* figo *m*; ~**nbaum** *m* (-*es*; ⸚*e*) figueira *f*; ~**nblatt** *n* (-*es*; ⸚*er*) folha *f* de figueira; ~**nkaktus** *m* (-; -*teen*) nopal *m*, opúncia *f*.

'**Feig|heit** *f* (*0*) cobardia *f*; pusilanimidade *f*; ~**ling** *m* (-*s*; -*e*) cobarde *m*, poltrão *m*.

feil [faɪl]: ~ *sn* vender-se; *fig. j.*: venal; '~**bieten** (*L*) oferecer, ter à venda; '2**e** [ə] *f* lima *f*; '~**en** limar; *Stil*: rematar, dar o último retoque em; '~**schen** ['-ʃən]: ~ *um* regatear (*ac.*); '2**späne** ['-ʃpɛːnə] *m/pl.* limalha *f/sg.*

fein [faɪn] fino (*a. fig.*); (*dünn*) delgado; (~*sinnig*) subtil; (*schön*) belo; (*erlesen*) delicado; (*vornehm*) distinto, elegante; *Regen usw.*: miúdo; *sich* ~ *machen* F fazer-se elegante; '2**bäcker** *m* pasteleiro *m*; '2**bäckerei** *f* pastelaria *f*.

Feind [faɪnt] *m* (-*es*; -*e*), '~..., '~**es**... ['-dəs...] *in Zssg(n)* inimigo; '~**fahrt** ⚓ *f* cruzeiro *m*; *auf* ~ *a.* em a(c)ção contra o inimigo; '~**flug** ✈ *m* (-*es*; ⸚*e*) incursão *f* aérea (em território inimigo); *auf* ~ *a.* em a(c)ção contra o inimigo; '~**in** ['-dɪn] *f* inimiga *f*; '2**lich** inimigo, hostil; *Geschick*: adverso; '~**schaft** *f* inimizade *f*; '2**selig** hostil; '~**seligkeit** *f* hostilidade *f*.

'**Fein|-einstellung** *f* ⊕ precisão *f*; *Radio*: sintonização *f*; 2**fühlend,** 2**fühlig** ['-fyːlɪç] delicado, sensível; ~**gebäck** *n* (-*es*; *0*) pastéis *m/pl.*; ~**gefühl** *n* (-*s*; *0*) delicadeza *f*, sensibilidade *f*; ~**gehalt** *m* (-*es*; -*e*) título *m*, toque *m*; quilate *m*, lei *f*; ~**gewinde** *n* filete *m* fino; ~-**heit** *f* fineza *f*; delicadeza *f*; subtileza *f*; ~**kost-handlung** *f* salsicharia *f*; ~**maß-schraube** *f* micrómetro *m*; ~**mechanik(er** *m*) *f* (*0*) mecânica *f* (-o *m*) de precisão; ~**schmecker** ['-ʃmɛkər] *m* guloso *m*; 2**sinnig** subtil; ~**s'liebchen** F *n* amor *m*.

feist [faɪst] gordo; ~*es Gesicht* cara *f* de abade; 2**heit** *f* (*0*) obesidade *f*.

'**Felbel** ['fɛlbəl] *m od. f* (-; -*n*) felpa *f*.

Feld [fɛlt] *n* (-*es*; -*er*) campo *m* (*frei* raso); *im Spiel*: quadrado *m*; ⚠ entre-pano *m*; ⚔ campanha *f*, frente *f*, guerra *f*, *ins* ~ *rücken*, *ins* ~ *ziehen* (part)ir para a frente *usw.*; *aus dem* ~*e schlagen* derrotar; '~**arbeit** *f* lavoura *f*; '~**arbeiter** *m* lavrador *m*; 2'-**aus,** 2'-**ein** através dos campos; '~**bau** *m* (-*es*; *0*) lavoura *f*, agricultura *f*; '~**bett(stelle** *f*) *n* (-*es*; -*en*) cama *f* de campanha; catre *m*; '~**blume** *f* flor *f* de campo, flor *f* silvestre; '~**diebstahl** *m* (-*es*; ⸚*e*) furto *m* campestre; '~**flasche** *f* cantil *m*; '2**grau** *fig.* militar; '~-**herr** *m* (-*n*; -*en*) general *m*; *großer*: *a.* capitão *m*; '~-**huhn** *n* (-*es*; ⸚*er*) perdiz *f*; '~-**hüter** *m* guarda *m*; '~**jäger** *m* correio *m* real; caçador *m*; '~**küche** *f* cozinha *f* ambulante (*od.* de campanha); '~**lager** *n* acampamento *m*; '~**lazarett** *n* (-*es*; -*e*) ambulância *f*; '~**lerche** *f* laverca *f*, calhandra *f*; '~**marschall** *m* (-*s*; ⸚*e*) marechal *m* (do campo); '~**maus** *f* (-; ⸚*e*) ratinho *m* campestre; '~**messer** *m* agrimensor *m*, abalizador *m*; '~**messung** *f* agrimensura *f*; '~**post** *f* (*0*) correio *m* militar, correspondência *f* militar; '~**schlacht** *f* batalha *f* (campal); '~**spat** *m* (-*es*; -*e*) feldspato *m*; '~**stecher** ['-ʃtɛçər] *m* binóculo *m*; '~**stein** *m* (-*es*; -*e*) marco *m*; '~**webel** ['-veːbəl] *m* segundo-

-sargento *m*; '~**weg** *m* (-*ės*; -*e*) atalho *m*, travessa *f*; '~**zug** *m* (-*ės*; ¨*e*) campanha *f*.

'**Felge** ['fɛlgə] *f* jante *f*; pina *f*; camba *f*; * *a.*: aro *m* (de roda), cambota *f*.

Fell [ɛ] *n* (-*ės*; -*e*) pele *f*; *j-m das ~ über die Ohren ziehen fig.* explorar alg. escandalosamente, esfolar alg.; *ein dickes ~ haben* F *fig.* ser da pele do diabo; não se importar nada; '~**eisen** *n* alforge *m*.

Fels [fɛls] *m* (-*en*) rochedo *m*, penedo *m*, penha(sco) *f* (*m*); *im Meer*: escolho *m*; '~**abhang** *m* (-*ės*; ¨*e*) escarpa *f*, barranco *m*; '~**block** *m* (*ės*; ¨*e*) rocha *f*; '~**brocken** *m* naco *m* de rocha.

'**Felsen** ['fɛlzən] *m* = *Fels*; ~**bein** *Anat.* *n* (-*ės*; -*e*) rochedo *m*; ≈**fest** firme como uma rocha; *fig.* inabalável; ~ *glauben* ter a certeza absoluta; ~**gebirge** *n* montanha *f* rochosa; ~-**höhle** *f*, ~**keller** *m* caverna *f*; ~**klippe** *f* escolho *m*; ~**küste** *f* costa *f* rochosa; ~**riff** *n* (-*ės*; -*e*) recife *m*.

'**felsig** ['fɛlziç] rochoso, penhascoso.

'**Fels|massiv** *n* (-*s*; -*e*) maciço *m* rochoso; ~**wand** *f* (-; ¨*e*) penha *f* escarpada; rochedo *m* a pique.

'**Fenchel** ['fɛnçəl] *m* funcho *m*.

'**Fenster** *n* janela *f*; (*Laden*≈, *Schau*≈) montra *f*, vitrina *f*; (*Kirchen*≈) vitral *m*; ~**brett** *n* (-*ės*; -*er*), ~**brüstung** *f* peitoril *m*; ~**flügel** *m* batente *m* da janela; ~**glas** *n* (-*es*; *0*) vidraça *f*; ~**giebel** *m* frontão *m* de janela; ~**laden** *m* (-*s*; ¨) porta *f*; *äußerer*: adufa *f*; ~**nische** *f* vão *m* de janela; ~**rahmen** *m* caixilho *m*; ~**riegel** *m* ferrolho (*'ô) *m*; ~**scheibe** *f* vidro *m*.

'**Ferien** ['fe:riən] *pl.* férias *f*/*pl.*; ~...: *in Zssg*(*n*) de férias; ~**aufenthalt** *m* (-*ės*; -*e*), ~**reise** *f* vilegiatura *f*.

'**Ferkel** ['fɛrkəl] *n* porquinho *m*, leitão *m*; *fig.* porcalhão *m*.

Fer'ment [fɛr'mɛnt] *n* (-*s*; -*e*) fermento *m*.

fern [ɛ] longe, distante; (*sehr* ~) remoto; *der* ≈*e Osten* o Extremo Oriente; '≈**amt** ☏ *n* (-*ės*; ¨*er*) linhas *f*/*pl.*, troncas *f*/*pl.*; serviço *m* interurbano; (central *f* de comunicações) interurbana(s) *f* (/*pl.*); '≈**anruf** *m* (-*ės*; -*e*) chamada *f* (de fora); '≈**aufnahme** *f* telefotografia *f*; '≈**betrieb** *m* serviço *m* interurbano; '≈**bild-übertragung** *f* televisão *f*; '~**bleiben** (*L*) abster-se (de), manter-se afastado (de); '≈**blick** *m* (-*ės*; -*e*) panorama *m*; '≈**e** [-ə] *f* distância *f*; *aus der* ~ de longe; *in der* ~ ao longe; '~**er** *adj.* ulterior; seguinte; *adv.* depois, além disso, mais; '~**er-hin** para o futuro, de futuro; '≈**flug** ✈ *m* (-*ės*; ¨*e*) voo (*ô) *m* a grande distância; '≈**g(e)leis** *n* (-*es*; -*e*) via *f* geral; '~**gelenkt** teleguiado; '≈**gespräch** *n* (-*ės*; -*e*) chamada *f*, telefonema *m* (*nach, von auswärts* para, de fora, interurbano); '~**gesteuert** teleguiado; '≈**glas** *n* (-*es*; ¨*er*) binóculo *m*; '~**halten** (*L*) manter afastado; '≈**heizung** *f* aquecimento *m* a distância; '≈**kabel** *n* cabo *m* subterrâneo (*od.* ⚓ submarino); '≈**leitung** *f* cabo *m*; '≈**lenkung** *f* telecomando *m*; '≈**licht** *n* (-*ės*; -*er*) *Auto*: máximos *m*/*pl.*; '~**liegen** (*L*) *fig.*: *j-m* ~ estar longe de alg., ser de pouco interesse para alg.; ~*d* *adj.* remoto; '~**mündlich** telefónico; *adv. a.* por telefone; '≈**photographie** *f* telefotografia *f*; '≈**rohr** *n* (-*ės*; -*e*) telescópio *m*; '≈**schreiben** *n* telex *m*; '≈**schreiber** *m* teleimpressor *m*, teletipo *m*.

'**Fernseh|apparat** *m* (-*ės*; -*e*), ~**empfänger** *m* aparelho *m* de televisão; ~**en**[1] *n* televisão *f*; ≈**en**[2] (*L*) ver televisão; ~**gerät** *n* (-*ės*; -*e*) = ~*apparat*; ~**sender** *m* emissora *f* de televisão; ~**sendung** *f* emissão *f* de televisão; ~**teilnehmer** *m*, ~**zuschauer** *m* teleespe(c)tador *m*.

'**Fernsicht** *f* panorama *m*, vista *f*.

'**Fernsprech|amt** [-ʃprɛç-] *n* (-*ės*; ¨*er*) central *f* telefónica; ~-**anschluß** *m* (-*sses*; ¨*sse*): ~ *haben* ter telefone; ~-**automat** *m* (-*en*) posto (*'ô) *m* público; telefone *m* com mealheiro; ~**buch** *n* (-*ės*; ¨*er*) lista *f* telefónica; ~**er** *m* telefone *m*; ~**leitung** *f* linha *f* telefónica; ~**stelle** *f* posto (*'ô) *m* telefónico (*öffentliche* público); ~**teilnehmer** *m* assinante *m* (da rede telefónica); ~**verbindung** *f* ligação *f* (*herstellen* fazer); comunicação *f*; ~**wesen** *n* (-*s*; *0*) telefonia *f*; serviços *m*/*pl.* telefónicos; ~**zelle** *f* cabine *f* telefónica.

'**fern|stehen** (*L*) (*dat.*) *fig.* ser estranho a; *j-m* ~ não ter relações com alg.; ≈**steuerung** *f* telecomando *m*; **²verkehr** *m* (*-s*; *0*) serviços (*od.* transportes) *m/pl.* a grande distância; serviços *m/pl.* (*od.* comunicações *f/pl.*) interurbanos (-as); **²zug** *m* (*-es*; *"e*) expresso *m*.

'**Ferse** ['fɛrzə] *f* calcanhar *m*, talão *m*; *pl. j-m auf den ~n sn* (*od. folgen*) seguir no encalço de alg.; perseguir alg. de perto; **~nbein** *n* (*-es*; *-e*) calcâneo *m*; **~ngeld** *n* (*-es*; *0*): *~ geben fig.* dar aos calcanhares; fugir.

'**fertig** ['fɛrtiç] pronto; *~ werden* acabar; *mit et. ~ werden* (*können*) ser capaz de fazer a.c.; conseguir fazer a.c., levar a.c. a cabo; *mit j-m ~ werden* (*können*) dar-se com alg.; *~ sn* ter terminado (*a. fig.*); ter acabado; **~bekommen** (*L*; -), **~bringen** (*L*) conseguir (fazer); *iron.* ser capaz de; **²fabrikat** *n* (*-es*; *-e*) produto *m* manufa(c)turado (*od.* pronto); **²keit** *f* habilidade *f*, jeito *m*; prática *f*; **~machen** acabar, terminar; *sich ~* preparar-se; **~stellen** fabricar; **²ung** [-guŋ] *f* fabrico *m*, fabricação *f*, produção *f*, manufa(c)tura *f*; **²ware** *f* = *²fabrikat*.

Fes [fɛs] ♪ *n* (-; *0*) fá-bemol *m*.

fesch [fɛʃ] elegante, chique; F giro.

'**Fessel** ['fɛsəl] *f* (-; *-n*) cadeia *f*; ferros *m/pl.* (*a. fig.*), prisão *f*; (*Hand²*) algemas *f/pl.*; (*Gelenk*) artelho *m*; *in ~n legen, in ~n schlagen* = *²n*; **~ballon** *m* balão *m* cativo; **²n** (*-le*) encadear, atar, *an den Füßen*: agrilhoar; *fig.* interessar, cativar; **²nd** interessante.

fest[1] [fɛst] firme (*a. Land u. fig.*); sólido (*a. Phys.*); *Punkt, Preis*: fixo, constante; ⚔ forte; *Schlaf*: profundo; *adv.* a valer; *nicht ~ auf den Beinen stehen fig.* andar a abanar.

Fest[2] *n* (*-es*; *-e*) festa *f*, festividade *f*; *bsd.* ♪ festival *m*; *frohes ~!* boas festas *f/pl.*; '**~abend** *m* (*-s*; *-e*) sarau *m* solene; '**~beleuchtung** *f* iluminação *f*; '**²binden** (*L*) atar; '**²bleiben** (*L*; *sn*) ficar firme; '**~e** ['-ə] *f* ⚔ fortaleza *f*; (*Himmels²*) firmamento *m*; '**~-essen** *n* banquete *m*; festim *m*; '**²fahren** (*L*; *sn*) *v/i.* encalhar; '**²gelage** *n* festim *m*; '**²gesetzt** *p.pt. v.* *²setzen*; *adj.*: *Stunde*: *a.* certo; '**²halten** (*L*) **1.** *v/t.* segurar; não largar; *sich an* (*dat.*) *~* segurar-se em, agarrar-se a; **2.** *v/i. fig. an* (*dat.*) *~* não desistir de, insistir em, perseverar em; '**²igen** ['-igən] consolidar, firmar; *Gesundheit*: fortalecer; *Währung*: estabilizar; '**~igkeit** *f* firmeza *f*, solidez *f* (*a.* ⊕); estabilidade *f*; *j-s*: integridade *f*; inteireza *f*; '**²klammern** (*-re*) segurar (com gancho); '**²kleben** *v/t. u. v/i.* (*sn*) pegar; '**~land** *n* (*-es*; *"er*) continente *m*, terra *f* firme; '**²ländisch** ['-lɛndiʃ] continental; '**²legen** fixar; *schriftlich*: assentar; ✝ imobilizar; *j-n ~* comprometer alg.; *sich auf* (*ac.*) *~* comprometer-se a (*inf.*); '**²lich** festivo; solene; '**~lichkeit** *f* festividade *f*; solenidade *f*, cerimónia *f*; '**²liegen** (*L*) estar detido; *Termin*: estar determinado; ⚓ estar amarrado; ✝ *Kapital*: ser imóvel; '**²machen** segurar; ⚓ amarrar; *Datum*: combinar, fixar; *v/i.* atracar; '**~mahl** *n* (*-es*; *"er*, *-e*) = *~essen*; '**~meter** *m u. n* estere *m*; '**²nageln** (*-le*) pregar; *fig.*: *j-n* = *²legen*; '**~nahme** ['-na:mə] *f* detenção *f*, prisão *f*; captura *f*; '**²nehmen** (*L*) prender, deter; '**~rede** *f* discurso *m* solene, *akademische*: oração *f* de sapiência; '**²schnallen** afivelar; '**²schnüren** atar; '**~schrift** *f* publicação *f* comemorativa; *für j-n*: homenagem *f* a; '**²setzen** (*-t*) fixar; estabelecer; *Preis*: tabelar; *Stunde*: marcar; *vertraglich*: *a.* estipular; *gesetzlich*: *a.* decretar; *sich ~* estabelecer-se; '**~setzung** *f der Preise*: tabelamento *m*; '**~spiel** *n* (*-es*; *-e*) festival *m*; '**²stampfen** (a)piscar; '**²stehen** (*L*) manter-se firme; *fig.* ser certo; *~d adj.* positivo; '**²stellen** ver(ificar), averiguar; assinalar; (*beweisen*) comprovar; (*sagen, bemerken*) registar, afirmar, observar; *j-n*: identificar; ⊕ parar; *den Standort* (*gen.*) *~* localizar (*ac.*); '**~stellung** *f* verificação *f*; identificação *f*; (*Bemerkung*) observação *f*, afirmação *f* (*treffen* fazer); registo *m*; *~ des Wahlergebnisses* escrutínio *m*; '**~tag** *m* (*-es*; *-e*) dia *m* de festa, (dia *m*) feriado *m*; '**²treten** (*L*) apiscar.

'**Festung** ['fɛstuŋ] *f* fortaleza *f*; praça *f* forte.

'**Festungs|bau** *m* (*-es*; *-ten*) fortificação *f*; **~haft** *f* (*0*) presídio *m*; prisão *f* militar; **~werke** *n/pl.* fortificações *f/pl.*

'**fest|verzinslich** a juro fixo; **²vorstellung** *f* representação *f* (*od.* espectáculo *m*) de gala; **&zug** *m* (*-es*; *⸚e*) cortejo *m*.

'Fetisch ['fe:tiʃ] *m* (*-es*; *-e*) fetiche *m*, feitiço *m*.

fett[1] [fɛt] gordo; ⚘ viçoso; *~ machen*, *~ werden* engordar.

Fett[2] *n* (*-es*; *-e*) gordura *f*; (*Tier&*) *a.* banha *f*; pingue *m*; **'~auge** *n* olho *m*; **'~druck** *m* (*-es*; *-e*) cara(c)teres *m/pl.* negros; **'~fleck** *m* (*-es*; *-e*) mancha *f* (de gordura); **'~kohle** *f* hulha *f* betuminosa; **'&leibig** ['-laɪbiç] pançudo, obeso; **'~leibigkeit** *f* (*0*) obesidade *f*; **'~papier** *n* (*-s*; *-e*) papel *m* vegetal; **'&schmieren** lubrificar; **'~sucht** ⚕ *f* (*0*) polisarcia *f*, hipertrofia *f* do tecido adiposo; **'~wanst** F *m* (*-es*; *⸚e*) pança *f*.

'Fetzen ['fɛtsən] *m Papier*: pedaço *m*; *Stoff*: farrapo *m*, trapo *m*; *in ~ reißen* rasgar, despedaçar, dilacerar.

feucht [fɔyçt] húmido; *im &en* ao relento; **'&igkeit** *f* (*0*) humidade *f*; **'&igkeitsmesser** *m* higrómetro *m*.

'Feuer ['fɔyər] *n* fogo *m* (*fangen* pegar, *geben* ⚔ fazer, *heftiges*: *a.* nutrido); (*Herd&*, *Zigarren&*) lume *m*; *fig.* ardor *m*, brio *m*; *unter ~ nehmen* ⚔ abrir fogo sobre; alvejar; *fig. ~ und Flamme sn für* entusiasmar-se por; **~-alarm** *m* (*-es*; *-e*) rebate *m*; **&beständig** = *&fest*; **~bestattung** *f* cremação *f*, incineração *f*; **~brand** *m* (*-es*; *⸚e*) tição *f*; **~-eifer** *m* (*-s*; *0*) fervor *m*; **&fest** incombustível; à prova de fogo; **&gefährlich** inflamável; **~gefecht** ⚔ *n* (*-es*; *-e*) tiroteio *m*; **~-haken** *m* gancho *m* de fogão, esgaravatador *m*; **~-herd** *m* (*-es*; *-e*) fogão *m*; lareira *f*; **~kugel** *f* (*-*; *-n*) *Astron.* bólide *f*; **~leiter** *f* (*-*; *-n*) escada *f* de incêndio; **~loch** *n* (*-es*; *⸚er*) fornalha *f*; **~lösch-apparat** *m* (*-es*; *-e*), **~löscher** *m* extintor *m* de incêndios; **~melder** *m* campainha *f* de incêndios; **&n** ⚔ (*-re*) fazer fogo; *mit Holz usw.*: aquecer com; **~probe** *f* prova *f* de fogo; (*Probealarm*) simulacro *m* de um incêndio; **~rad** *n* (*-es*; *⸚er*) girandola *f*; **&rot** rubro; **~s-brunst** *f* (*-*; *⸚e*) incêndio *m*; **~schaden** *m* (*-s*; *⸚*) prejuízo *m* causado por incêndio; **~schiff** *n* (*-es*; *-e*) barco-farol *m*; **~s-glut** *f* brasa(s *pl.*) *f*; **&sicher** = *&fest*; **&speiend** [-ʃpaɪənt] vulcânico; *~er Berg* vulcão *m*; **~spritze** *f* bomba *f* de incêndios; **~stahl** *m* (*-es*; *0*) fuzil *m*; **~stein** *m* (*-es*; *-e*) pederneira *f*; silex *m* pirómaco; **~stelle** *f* fogão *m*; lareira *f*; **~taufe** *f* ba(p)tismo *m* de fogo; **~tod** *m* (*-es*; *0*): *den ~ erleiden* morrer na fogueira; **~-überfall** *m* (*-es*; *⸚e*) assalto *m*; **~ung** *f* combustível *m*; = *~stelle*; **~versicherung** *f* seguro *m* contra incêndios; **~wache** *f* posto *m* de bombeiros; (*Brand-*) guarda *f* de bombeiros; **~waffe** *f* arma *f* de fogo; **~wehr** *f* bombeiros *m/pl.*; **~wehrmann** *m* bombeiro *m*; **~werk** *n* (*-es*; *-e*) fogo *m* de artifício; **~werker** *m* pirotécnico *m*; **~zange** *f* tenaz *f*; **~zeichen** *n* toque *m* de fogo; **~zeug** *n* (*-es*; *-e*) isqueiro *m*, acendedor *m*.

Feuille'ton [fœj(ə)'tõ] *n* (*-s*; *-s*) folhetim *m*.

'feurig ['fɔyriç] ardente; *fig.* fogoso.

'Fibel ['fi:bəl] *f* (*-*; *-n*) cartilha *f*; abecedário *m*; (*Spange*) fíbula *f*.

'Fiber ['fi:bər] *f* (*-*; *-n*) fibra *f*.

'Fichte ['fiçtə] *f* abeto *m*, pinheiro *m*; **~n-holz** *n* (*-es*; *⸚er*) pinho *m*; **~n-nadel** *f* (*-*; *-n*) agulha *f* de pinheiro, carum(b)a *f*; **~nwald** *m* (*-es*; *⸚er*) pinhal *m*.

fi'del [fi'de:l] alegre.

'Fieber ['fi:bər] *n* febre *f*; **&-artig** febril; **&frei** sem febre; **~frost** *m* (*-es*; *⸚e*) calafrios *m/pl.*; **&haft**, **&ig** febril; **&krank**: *~ sn* estar com febre; **~kurve** *f* curva *f* de febre; **~mittel** *n* febrífugo *m*; **&n** (*-re*) ter febre, estar com febre; **~rinde** *f* quina *f*; **~thermometer** *n* termómetro *m* clínico.

'Fied|el ['fi:dəl] *f* (*-*; *-n*) rabeca *f*, violino *m*; **&eln** (*-le*) tocar a rabeca; **&ern** (*-re*) emplumar.

Fi'gur [fi'gu:r] *f* figura *f*; *j-s*: *a.* estatura *f*; forma *f*; *im Spiel*: peça *f*; **&'ieren** (-) figurar.

fi'gürlich [fi'gy:rliç] (em sentido) figurado.

Fi'let [fi'le:] *n* (*-s*; *-s*) filete *m*; = **~-arbeit** *f* filé *m*; **~braten** *m* lombo *m*.

Fili'ale [fili'a:lə] *f* sucursal *f*.

Fili'gran [fili'gra:n] *n* (*-s*; *-e*), **~-arbeit** *f* filigrana *f*.

Film *m* (*-es*; *-e*) película *f*; filme *m*; *vorgeführter*: *a.* fita *f* (cinematográfica) (*drehen* fazer, *laufen lassen*, *vorführen* passar, exibir); cinema *m*; **'~-archiv** *n* (*-s*; *-e*) filmoteca *f*;

'~-**atelier** *n* (-*s*; -*s*) estúdio *m*; '~-**aufnahme** *f* filmagem *f*, rodagem *f* de um filme; '~-**apparat** *m* (-*ės*; -*e*) aparelho *m* (cinematográfico), máquina *f* (cinematográfica), (*Vorführ*2) *a.* cinematógrafo *m*; '~-**bearbeitung** *f* adaptação *f* cinematográfica; '2**en** filmar; '~-**industrie** *f* indústria *f* cinematográfica; '~**pack** *m* (-*ės*; -*e*) «film-pack» *m*; '~**regisseur** *m* (-*s*; -*e*) realizador *m*; '~-**schauspieler(in** *f*) *m* artista *m*/*f* de cinema, actor *m* (actriz *f*) de cinema; '~**star** *m* (-*s*; -*s*), '~**stern** *m* (-*ės*; -*e*) estrela *f* de cinema; '~**streifen** *m* fita *f*; '~**vorführung** *f* proje(c)ção (*od.* exibição) *f* de um filme; '~**vorstellung** *f* sessão *f* de cinema; *nachmittags*: matiné *f*.

'**Filt|er** ['filtər] *m* filtro *m*; 2**ern** (-*re*) filtrar.

fil'trier|en [fil'tri:rən] (-) filtrar; 2**papier** *n* (-*s*; -*e*) papel *m* de filtrar.

Filz [filts] *m* (-*es*; -*e*) feltro *m*; '~**hut** *m* (-*ės*; ⸚*e*) chapéu *m* de feltro; '2**ig** felpudo, felpado; '~**laus** *f* (-; ⸚*e*) chato *m*, ladilha *f*.

Fi'nanz [fi'nants] *f* (*meist pl.* ~*en*) fazenda *f*, finanças *f*/*pl.*; ~-**amt** *n* (-*ės*; ⸚*er*) repartição *f* de finanças; fazenda *f*; 2**i'ell** [-i'ɛl] financeiro; pecuniário; 2'**ieren** (-) *v*/*t.* financiar; et. ~ *a.* dar (o) dinheiro para a.c.; ~'**ierung** [-'i:ruŋ] *f* financiamento *m*; ~**mann** *m* (-*ės*; -*leute*) financeiro *m*; ~**minister(ium** *n* [-*s*; -*ministerien*]) *m* Ministro (Ministério) *m* das Finanças; ~**wesen** *n* (-*s*; *0*), ~**wirtschaft** *f* fazenda *f* (pública); finanças *f*/*pl.*

'**Findel|haus** ['findəl-] *n* (-*es*; ⸚*er*) hospício *m*, asilo *m*; ~**kind** *n* (-*ės*; -*er*) enjeitado *m*; criança *f* exposta.

'**find|en** ['findən] (*L*) achar; encontrar; *wie* ~ *Sie* ...? *a.* que lhe parece?; *sich* ~: *das wird sich* ~ ver-se-há; veremos; *sich in* (*ac.*) ~ conformar-se com; 2**er** *m* achador *m*; 2**erlohn** *m* (-*ės*; ⸚*e*) alvíssaras *f*/*pl.*; ~**ig** engenhoso; 2**ling** *m* (-*s*; -*e*) = *Findelkind*; *Stein*: bloco *m* erático, rocha *f* erática.

'**Finger** ['fiŋər] *m* dedo *m*; *kleiner* ~ auricular *m*; *sich aus den* ~*n saugen* inventar; *j-m auf die* ~ *sehen* vigiar alg.; *j-m auf die* ~ *klopfen* chamar alg. à ordem; *j-n um den kleinen* ~ *wickeln können* fazer de alg. o que se quere; *an den* ~*n abzählen* contar pelos dedos; *sich* (*dat.*) *an den* ~*n abzählen können* ver-se, ser evidente; ~**abdruck** *m* impressão *f* digital; dedada *f*; 2**breit**, 2**dick** da largura de um dedo; 2**fertig** ágil, destro; manipresto, prestímano; ~**fertigkeit** *f* destreza *f*, agilidade *f*; prestidigitação *f*; ~**hut** *m* (-*ės*; ⸚*e*) dedal *m*; ♀ digital *m*; ~**kuppe** *f* polpa *f* do dedo; ~**ling** *m* (-*s*; -*e*) dedeira *f*; 2**n** (-*re*) F manejar; dedilhar; ~**nagel** *m* (-*s*; ⸚) unha *f*; ~**ring** *m* (-*ės*; -*e*) anel *m*; ~**satz** *m* (-*es*; ⸚*e*) dedilhação *f*; ~**spitze** *f* ponta *f* do dedo; ~**spitzengefühl** *n* (-*ės*; *0*) ta(c)to *m*, sensibilidade *f*; ~**sprache** *f* (*0*) da(c)tilologia *f*; ~**zeig** [-tsaɪk] *m* (-*ės*; -*e*) indicação *f*, indício *m*; aviso *m*.

fin'gier|en [fiŋ'gi:rən] (-) fingir; ~**t** *adj.* fictício.

Fink [fiŋk] *m* (-*en*) tentilhão *m*.

'**Finn|e** ['finə] **1.** *f Zool.* sarna *f*; (*Pustel*) pústula *f*; **2.** *m* (-*en*) (~**in** *f*), 2**isch** finlandês *m* (-esa *f*), da Finlândia.

'**finster** ['finstər] escuro; obscuro; tenebroso; *fig.* sombrio; lúgubre; *im* 2*n* às escuras; 2**nis** *f* (-; -*se*) escuridão *f*, escuridade *f*; trevas *f*/*pl.*; eclipse *f*.

'**Finte** ['fintə] *f* peta (*ê) *f*; pretexto *m*.

'**Firlefanz** ['firləfants] *m* (-*es*; -*e*) futilidade *f*; *j.*: néscio *m*.

'**Firma** ['firma] *f* (-; *Firmen*) firma *f*, casa *f* (comercial); *unter der* ~ sob a razão de; ~'**ment** [-'mɛnt] *n* (-*ės*; -*e*) firmamento *m*.

'**firm|en** ['firmən] crismar, confirmar; 2**ung** *f* crisma *f*; confirmação *f*.

'**Firmen|bezeichnung** ['firmən-] *f*, ~**name** *m* (-*ns*; -*n*) nome *m* da firma; ~**register**, ~**verzeichnis** *n* (-*ses*; -*se*) anuário *m* comercial.

Fir|n *m* (-*ės*; -*e*) neve *f* gelada; '~**nis** *m* (-*ses*; -*se*) verniz *m*; '2**nissen** ['-nisən] (-*ßt*) envernizar.

First *m* (-*es*; -*e*) cume *m*; remate *m*; '~**ziegel** *m* espigão *m*.

Fis ♪ *n* (-; -) fá *m* sustenido.

Fisch [fiʃ] *m* (-*es*; -*e*) peixe *m*; '~-**adler** *m* águia *f* pesqueira (*od.* do mar); '~**behälter** *m* viveiro *m*; '~**bein** *n* (-*ės*; *0*) (barba *f* de) baleia *f*; '~**besteck** *n* (-*ės*; -*e*) talher *m* para peixe; '~**blase** *f* bexiga *f* de peixe; '~brut *f* peixe *m* miúdo; '~dampfer *m* vapor *m* de pesca; *kleiner*: traineira *f*; '2en[1] pescar; '~en[2] *n* pesca *f*; '~er *m* pescador *m*; '~erboot *n* (-es; -e) barco *m* de pesca; ~e'rei *f* pesca *f*; ~e'rei-fahrzeug *n* (-es; -e) arrastão *m* de pesca; ~e'rei-gewerbe *n* (-s; 0), '~fang *m* (-es; ⸗e) pesca *f*; '~flosse *f* barbatana *f*; '~gericht *n* (-es; -e) prato *m* de peixe; '~-händler(in *f*) *m* peixeiro (-a *f*) *m*; '~laich *m* (-es; -e) desova *f*; '~leim *m* (-es; 0) cola *f* de peixe, ictiocola *f*; '~markt *m* (-es; ⸗e) mercado *m* de peixe; '~netz *n* (-es; -e) rede (*'ê) *f* (de pescar); *mit Bleigewichten*: chumbeira *f*; '~otter *f u. m* (-; -n) lontra *f*; '2reich abundante em peixe; '~reiher *m* garça *f* cinzenta; '~teich *m* (-es; -e) viveiro *m*; '~zucht *f* (0) piscicultura *f*; '~zug *m* (-es; ⸗e) pesca *f*, lanço *m*.

'Fistel ['fistəl] *f* (-; -n) ⚕ fístula *f*; ♪ = ~stimme *f* falsete *m* (*mit* de).

'Fittich ['fitiç] *m* (-es; -e) asa *f*.

fix [fiks] ágil; *adv.* depressa; ~ *und fertig* F prontinho; pronto e direito; ~e *Idee* ideia *f* fixa.

Fi'xier|bad [fi'ksi:r-] *n* (-es; ⸗er) *Phot.* banho *m* fixador; 2en (-) fixar.

'Fix|stern *m* (-es; -e) estrela *f* fixa; 2um *n* (-s; *Fixa*) quantidade *f* fixa; *Gehalt*: ordenado *m* fixo.

flach [flax] chato, plano; (*seicht*) pouco profundo; *a. Ufer*: baixo; *Absatz, Dach, Flugbahn*: raso; *fig.* trivial, banal; ~e *Hand* palma; ~ *ausbreiten* espalmar; ~ *verlaufend* arrasador.

'Fläch|e ['flɛçə] *f* plano *m*; (*Ober*2) superfície *f*; *e-s Würfels*: face *f*; (*Land*) planície *f*; = ~*eninhalt*; 2en-haft bidimensional; ~en-inhalt *m* (-es; -e) superfície *f*, área *f*; ~enmaß *n* (-es; -e) medida *f* de superfície.

'Flach|heit *f fig.* trivialidade *f*; banalidade *f*; ~land *n* (-es; ⸗er) terra *f* plana; planície *f*; 2nasig ['-na:ziç] de nariz chato; ~relief *n* (-s; -s, -e) baixo-relevo (*'ê) *m*; ~zange *f* alicate *m* de bico chato.

Flachs [flaks] *m* (-es; 0) linho *m* (*brechen* gramar); '~bau *m* (-es; 0) cultura *f* do linho; '2blond loiro como o trigo; '~kopf *m* (-es; ⸗e) loiro *m*, -a *f*.

'flackern ['flakərn] (-re) chamejar, bruxulear; ~d *adj.* trémulo.

'Fladen ['fla:dən] *m* bolo (*'ô) *m* folhado; (*Kuh*2) bosta *f*.

'Flagg|e ['flagə] *f* bandeira *f*; ⚓ *a.* pavilhão *m*; ~ *einziehen* arrear a bandeira; ~ *hissen* = 2en içar a bandeira; embandeirar; ~en-stange *f* haste *f*, pau *m* de (*od.* da) bandeira; ~schiff *n* navio-almirante *m*.

Flak *f* (-; -, -s) *Abk. für Fliegerabwehr(kanone)* DCA; '~...: *in Zssg(n)* antiaéreo, de defesa antiaérea.

'Flam|e ['fla:mə] *m* (-n), (~in *f*), **'flämisch** ['flɛ:miʃ] flamengo (-a), de Flandres.

'Flamm|e ['flamə] *f* chama *f*, labareda *f*; *Brenner*: queimador *m*; *fig.* amor *m*; *in* ~*en aufgehen* ser consumido pelas chamas; 2en (estar a) chamejar, (estar a) arder; *Stoff*: fulgurar; 2end *adj.* chamejante; ardente; *fig. Protest*: veemente, violento; ~en-werfer *m* lança-chamas *m*; 2ig: *drei*~ com três queimadores.

'flandrisch ['flandriʃ] flamengo.

Fla'nell [fla'nɛl] *m* (-s; -e) flanela *f*.

fla'nieren [fla'ni:rən] (-) flanar; passear.

'Flank|e ['flaŋkə] *f* lado *m*; costas *f/pl.*; (*Weiche*) ilharga *f*; ⚔ flanco *m*; *j-m in die* ~ *fallen* atacar alg. pelo flanco; 2'ieren (-) flanquear; ladear.

'Fläschchen ['flɛʃ-çən] *n* frasquinho *m*.

'Flasche ['flaʃə] *f* garrafa *f*; frasco *m*; (*Kinder*2) biberão *m*; *pl. auf* ~*n ziehen* engarrafar; *einschließlich* ~*n* com vasilhame *m*; ~nbier *n* (-es; -e) cerveja *f* engarrafada (*od.* em garrafas); ~n-hals *m* (-es; ⸗e) gargalo *m* de garrafa; ~nkind *n* (-es; -er) criança *f* criada a biberão; ~n-kürbis ⚘ *m* (-ses; -se) cabaça *f*; ~nzug *m* (-es; ⸗e) polé *f*, roldana *f*.

'flatter|haft ['flatər-] volúvel; 2-haftigkeit *f* volubilidade *f*, inconstância *f*; ~n (-re, *haben u. sn*) esvoaçar, adejar; *Fahne*: *a.* flutuar; *Tiere*: *a.* revolutear.

flau [flau] fraco; *mir ist* ~ sinto-me fraco.

Flaum [flaum] *m* (-es; 0) froixel *m*; penugem *f*; '~bart *m* (-es; ⸗e) buço *m*; '~feder *f* (-; -n) penugem *f*; '2ig plumoso, veloso, felpudo.

Flaus [flaus] *m* (*-es*; *-e*), **Flausch** [flauʃ] *m* (*-es*; *-e*) frisa *f*, pelo (*ê) *m*.
'**Flause** ['flauzə] *f* peta (*ê) *f*; mentirola *f* (*machen* dizer).
'**Flecht|e** ['flɛçtə] *f* trança *f*; ⚕ impigem *f*; ⚘ líquen *m*; **2en** (*L*) entrançar; tecer; **~weide** *f* vime *m*, vimeiro *m*; **~werk** *n* (*-es*; *0*) entrançadura *f*, grade *f*, rede (*'ê) *f*.
Fleck [ɛ] *m* (*-es*; *-e*) mancha *f*, nódoa *f* (*a. fig.*); (*Ort*) sítio *m*, lugar *m*; *blauer* ~ negra *f*; *nicht vom* ~ *kommen* estar parado, não avançar; '**~en**[1] *m* povoação *f*; (*Markt*2) vila *f*; '**2en**[2] manchar; '**2enlos** sem mancha, imaculado (*a. fig.*); '**2fieber** *n* (*-s*; *0*) febre *f* exantemática; '**2ig** manchado, malhado; com manchas; '**~typhus** *m* (*-*; *0*) tifo *m* exantemático; '**~wasser** *n* tira-nódoas *m*.
'**Fleder|maus** ['fle:dər-] *f* (*-*; *⸚e*) morcego *m*; **~wisch** *m* (*-es*; *-e*) espanador *m*.
'**Flegel** ['fle:gəl] *m* mangual *m*, malho *m*; *fig. j.*: malcriado *m*; **~'ei** *f* má-criação *f*; **2haft, 2ig** malcriado; **~jahre** *n/pl.* mocidade *f/sg.*, adolescência *f/sg.*; **2n** (*-le*): *sich* ~ espreguiçar-se.
'**flehen** ['fle:ən] **1.** suplicar, implorar (*um et.* a.c.); **2.** 2 *n* súplica *f*, rogo *m*; **~d** *adj.*, **~tlich** suplicante, fervoroso, instante; *adv. a.* com instância.
Fleisch [flaɪʃ] *n* (*-es*; *0*) carne *f*; ⚘ polpa *f*; *mein* (*eigen*) ~ *und Blut* sangue do meu sangue; *in* ~ *und Blut übergehen* entranhar-se; entrar na massa do sangue; ~ *werden* encarnar-se; '**~beschauer** *m* inspe(c)tor *m* de carnes; '**~brühe** *f* caldo *m*; '**~er** *m* carniceiro *m*, talhante *m*, cortador *m*; **~e'rei** [-ə'raɪ] *f*, '**~erladen** *m* (*-s*; *⸚*) talho *m*; '**2farben** cor (*ô) de carne; '**2fressend** carnívoro, carniceiro; '**~hackmaschine** *f* máquina *f* para passar (a carne); '**2ig** carnoso, carnudo; '**~klößchen** ['-klø:sçən] *n* almôndega *f*; '**~kost** *f* (*0*) comida *f* de carne; '**2lich** carnal; '**2los** sem carne; **~e** *Kost* *f* regime *m* vegetariano; '**~speise** *f* prato *m* de carne; '**~topf** *m* (*-es*; *⸚e*) panela *f*; '**~vergiftung** *f* intoxicação *f* por ingestão de carne; '**~werdung** ['-vɛrduŋ] *f* (*0*) encarnação *f*.
Fleiß [flaɪs] *m* (*-es*; *0*) aplicação *f*, diligência *f*; *mit* ~ *a.* de propósito; '**2ig** diligente; a(c)tivo; assíduo; aplicado; estudioso.
'**flennen** ['flɛnən] chorami(n)gar.
'**fletschen** ['flɛtʃən]: *die Zähne* ~ mostrar os dentes.
'**flick|en** ['flikən] remendar; consertar; **2en** *m u. n* remendo *m*; **2erin** ['-ərin] *f* remendona *f*; **2schneider** (**2schuster**) *m* alfaiate (sapateiro) *m* remendão; **2werk** *n* (*-es*, *0*) remendo *m*; *fig.* má compilação *f*; **2wort** *n* (*-es*; *⸚er*) palavra *f* expletiva; partícula *f* de realce; **2zeug** *n* (*-es*; *0*) (*Nähzeug*) costura *f*; ⊕ ferramentas *f/pl.*
'**Flieder** ['fli:dər] *m* lilás *m*; (*Holunder*) sabugo *m*; **~baum** *m* (*-es*; *⸚e*) sabugueiro *m*; **~(blüten)tee** *m* (*-s*; *0*) chá *m* de flor de sabugueiro.
'**Fliege** ['fli:gə] *f Zool.* mosca *f*; *spanische* ~ cantárida *f*; (*Schleife*) laço *m*; *pl.* ~*n fangen* F *fig.* (andar a) abanar moscas, ser um abana--moscas; *zwei* ~*n mit einer Klappe schlagen* matar de uma cajadada dois coelhos.
'**fliegen** ['fli:gən] (*L*; *sn*, *selten haben*) voar; *im Flugzeug*: ir de avião; ~ *lassen* soltar; *in die Höhe* ~ elevar--se; levantar voo (*'ô); *in die Luft* ~ explodir; ir pelos ares; **~d** *adj.* volante; *Ameise*: de asas; *Händler*: ambulante; „*Der* 2*e Holländer*" *a.* «O Navio Fantasma».
'**Fliegen|fänger** [-fɛŋər] *m* apanha--moscas *m*; **~fenster** *n* rede (*'ê) *f*; **~gewicht** *n* (*-es*; *-e*) *Sport*: peso--mosca (*ê, ô) *m*; **~klappe** *f* moscadeiro *m*; ⚘ dioneia *f*; **~schrank** *m* (*-es*; *⸚e*) mosqueiro *m*; **~wedel** *m* abana-moscas *m*.
'**Flieger** ['fli:gər] *m* aviador *m*, piloto (*'ô) *m*; **~-abwehr** *f* (*0*) defesa *f* antiaérea; **~-alarm** *m* (*-es*; *-e*) rebate *m*; **~-angriff** *m* (*-es*; *-e*) ataque *m* aéreo; **~-aufnahme** *f* fotografia *f* aérea; **~in** *f* aviadora *f*; **~sicht** *f* (*0*): *gegen* ~ contra reconhecimentos *m/pl.* aéreos; **~staffel** *f* (*-*; *-n*) esquadrilha *f* de aviões; **~truppe** *f* (corpo *m* de) aviação *f*, (corpo *m* de) aviadores *m/pl.*; **~warnung** *f* = ~*alarm*.
'**flieh|en** ['fli:ən] (*L*; *sn*) fugir (*vor dat.* de); abalar; **2kraft** *f* (*-*; *⸚e*) *Phys.* força (*ô) *f* centrífuga.

'Fliese ['fli:zə] *f* ladrilho *m*, laje *f*.

'Fließ|band *n* (*-es*; *⸗er*) tela *f* condutora (*od.* transportadora); **2en** (*L*; *sn*, *selten haben*) correr; *durch*: atravessar; ~ *in* (*ac.*) desaguar em, desembocar em; **2end** *adj. Sprache*: corrente; *Stil*: fluente; *Wasser*: encanada; ~ *sprechen* falar correntemente; **~papier** *n* (*-s*; *-e*) mata-borrão *m*.

'flimmern ['flimərn] **1.** *v/i.* (*-re*) cintilar; vibrar; *es flimmert mir vor den Augen* foge-me a vista; **2.** 2 *n* cintilação *f*, vibração *f*.

flink [fliŋk] ligeiro, desembaraçado, lesto.

'Flinte ['flintə] *f* espingarda *f*; *die* ~ *ins Korn werfen* desanimar, desistir; **~nlauf** *m* (*-es*; *⸗e*) cano *m*; **~nschuß** *m* (*-sses*; *⸗sse*) tiro *m* de espingarda.

Flirt [flœrt] *m* (*-es*; *-e*) namorico *m*; **'2en** (*-e-*) namoricar.

'Flitter ['flitər] *m* lantejoula *f*; palhetas *f/pl.*; = **~gold** *n* (*-es*; *0*) ouropel *m*; = **~kram** *m* (*-es*; *0*) ninharias *f/pl.*; = **~staat** *m* penduricalho *m*; **~wochen** *f/pl.* lua-de-mel *f/sg.*

'Flitz|bogen ['flits-] *m* (*-s*; *⸗*) arco *m*; **2en** (*-t*) voar, correr.

'Flock|e ['flɔkə] *f* floco *m*; **2ig** flocoso, flocado.

Floh [flo:] *m* (*-es*; *⸗e*) pulga *f*.

'flöhen ['flø:ən] espulgar.

Flor [flo:r] *m* (*-s*; *-e*) ⚘ flor(escência) *f*, *fig. a.* prosperidade *f*; (*Fülle*) profusão *f*; *Stoff*: (*Trauer2*) crepe *m* (de luto); **~'ett** [-'rɛt] *n* (*-es*; *-e*) florete *m*; **~'ett-fechter** *m* floretista *m*; **2'ieren** (-) florescer, *fig. a.* prosperar.

'Floskel ['floskəl] *f* (*-*; *-n*) flor *f* de retórica.

Floß [flo:s] *n* jangada *f*; *Fähre*: balsa *f*.

'Flosse ['flɔsə] *f* barbatana *f*.

'flöß|en ['fløsən] levar em jangada; **2er** *m* jangadeiro *m*; **2e'rei** [-ə'raı] *f* transporte *m* por jangadas.

'Flöt|e ['flø:tə] *f* flauta *f*; **2en** (*-e-*) tocar flauta; **2engehen** (*L*) F ir-se embora; perder-se; **~enspiel** *n* (*-es*; *-e*) música *f* de flauta; **~enspieler** *m* flautista *m*.

flott [flɔt] ligeiro; descuidado; desembaraçado; ~ *gehen* ir de vento em popa; F ⚕ *Geschäft*: andar bem; ~ *leben* F viver vida alegre; viver na pândega.

'Flott|e ['flɔtə] *f* frota *f*; marinha *f*; (*Kriegs2*) armada *f*; **~en...**: *in Zssg(n)* naval; **~'ille** *f* flotilha *f*; **2machen** ⚓ pôr a nado, desencalhar, safar.

Flöz [flø:ts] *n* (*-es*; *-e*) estrato *m*; veio *m*.

Fluch [flu:x] *m* (*-es*; *⸗e*) maldição *f*; praga *f*; **'2beladen** amaldiçoado, maldito; **'2en** praguejar (*über ac.*, *auf ac.* contra); (*dat.*) ~ amaldiçoar (*ac.*), renegar (*ac.*).

Flucht [fluxt] *f* fuga *f*; evasão *f*; abalada *f*; ⚠ série *f*; alinhamento *m*; *in e-r* ~ numa linha; a fio; *die* ~ *ergreifen* pôr-se em fuga; *in die* ~ *schlagen* pôr em fuga, derrotar; *in wilder* ~ = **'2-artig** em debandada.

'flücht|en ['flyçtən] (*-e-*; *sn*) fugir (*vor dat.* de); *sich* ~ refugiar-se; **2ig** fugitivo; ⚖ prófugo, ~ *sn* andar à monte; ⚗ volátil; *fig.* (*kurz*) fugaz; passageiro; (*oberflächlich*) ligeiro; descuidado; feito a pressa; *j.*: destraído; **2igkeit** *f* descuido *m*; ligeireza *f*; volatilidade *f*; inconstância *f*; **2igkeitsfehler** *m* lapso *m*; **2ling** *m* (*-s*; *-e*) fugitivo *m*; *Pol.* refugiado *m*; ⚔ desertor *m*.

'Flucht|linie ⚠ *f* alinhamento *m*; **~versuch** *m* (*-es*; *-e*) tentativa *f* de evasão.

'fluchwürdig execrável, nefasto.

Flug [flu:k] *m* (*-es*; *⸗e*) voo (*'ô) *m*; (*Schwarm*) bandada *f*; *im* ~*e fig.* de abalada; **'~-abwehr** ⚔ *f* (*0*) defesa *f* antiaérea; **'~bahn** *f* traje(c)tória *f*; **'~blatt** *n* (*-es*; *⸗er*) folheto *m*; folha (*ô) *f* volante; **'~boot** *n* (*-es*; *-e*) hidro-avião *m*; **'~dauer** *f* (*0*) duração *f* do voo (*'ô); **'~dienst** *m* serviço *m* aéreo.

'Flügel ['fly:gəl] *m* asa *f* (*a.* ⚘); (*Fenster2*) batente *m*, (*Tür2*) *a.* meia-porta *f*; ⚔ ala *f*; ♪ piano *m* de cauda; **~-adjutant** *m* (*-en*) ajudante *m* de campo; **2lahm** de asas quebradas (*od.* fracas); **~mann** *m* (*-es*; *⸗er*) cabo *m*; **~mutter** *f* (*-*; *-n*) porca *f* de borboleta; **~schlag** *m* (*-es*; *⸗e*) adejo *m*; **~schraube** *f* parafuso *m* de orelhas; **~stürmer** *m* *Sport*: extremo-direito *m*; **~tür** *f* porta *f* de dois batentes.

'Flug|fahrplan *m* (*-es*; *⸗e*) horário *m* (do serviço) aéreo; **~feuer** *n*

chispa *f*; **~gast** *m* (*-es*; *⸚e*) passageiro *m* (de avião); **~gewicht** *n* (*-es*; *-e*) peso (*ê) *m* no voo (*'ô).
'**flügge** ['flygə] emplumado; *fig.* F núbil, casadeiro; ~ *werden* tomar o voo (*'ô); *noch nicht* ~ *sn* estar ainda no ninho.
'**Flug|geschwindigkeit** *f* (*0*) velocidade *f*; **~hafen** *m* aeroporto (*'ô) *m*; **~halle** *f* hangar *m*, alpendre *m*; **~haut** *f* (*-*; *⸚e*) *Zool.* asa *f* membranosa; **~kapitän** *m* (*-s*; *-e*) capitão *m* aviador (*od.* da aviação); piloto (*'ô) *m* civil; **~lehrer** *m* instrutor *m* de pilotagem; **~linie** ✈ *f* linha (*od.* carreira) *f* aérea; **~maschine** *f* aparelho *m*; **~motor** *m* (*-s*; *-en*) motor *m* de aviação (*od.* do avião); **~netz** *n* (*-es*; *-e*) rede (*'ê) *f* aérea; **~platz** *m* (*-es*; *⸚e*) campo *m* de aviação; **~post** *f* (*0*) correio *m* aéreo; *mit* ~ por avião, por via aérea.
flugs [flu:ks] logo, depressa.
'**Flug|sand** *m* (*-es*; *0*) areia *f* movediça; **~schrift** *f* panfleto *m*, libelo *m*, folheto *m*; **~schüler** *m* aluno *m* da escola de aviação; **~strecke** *f* carreira *f* aérea; **~stützpunkt** *m* (*-ês*; *-e*) base *f* aérea; **~technik** *f* (*0*) aeronáutica *f*; **~warndienst** *m* serviço *m* de vigilância aérea; **~weite** ✈ *f* alcance *m*; **~wesen** *n* (*-s*; *0*) aviação *f*; **~zeit** *f* tempo *m* do voo (*'ô).
'**Flugzeug** *n* (*-ês*; *-e*) avião *m*; aeroplano *m*; **~führer** *m* piloto (*'ô) *m*; **~geschwader** *n* esquadra *f* de aviões; **~halle** *f* hangar *m*; **~kabine** *f* cabine *f* do avião; **~modell** *n* (*-s*; *-e*) aviominiatura *f*; **~mutterschiff** *n* (*-ês*; *-e*) = *~träger*; **~schuppen** *m* hangar *m*; **~rumpf** *m* (*-es*; *⸚e*) fuselagem *f*; **~staffel** *f* (*-*; *-n*) esquadrilha *f* de aviões; **~träger** *m* porta-aviões *m*.
'**Flunder** ['flundər] *f* (*-*; *-n*) solha (*ô) *f*.
'**flunkern** ['fluŋkərn] F (*-re*) mentir.
Flur [flu:r] **a)** *f* campo(s *pl.*) *m*; campina *f*; **b)** *m* (*-ês*; *-e*) vestíbulo *m*; corredor *m*; entrada *f*; '**~hüter** *m* guarda *m* das searas; '**~schaden** *m* (*-s*; *⸚*) danos (*od.* prejuízos) *m/pl.* causados no campo; '**~schütze** *m* (*-n*) = *~hüter*.
Fluß [flus] *m* (*-sses*; *⸚sse*) rio *m*; (*Fließen*) fluxo *m*; (*a.* ⊕, ⚕); *in* ~ *bringen*, *in* ~ *kommen* adiantar; **≈'abwärts** rio abaixo; ~ *von* a jusante de; **≈'aufwärts** rio acima; ~ *von* a montante de; '**~bett** *n* (*-ês*; *-en*) álveo *m*, leito *m* (*cama *f*) do rio; '**~fisch** *m* (*-es*; *-e*) peixe *m* de água doce.
'**flüssig** ['flysiç] líquido; † *a.* disponível; *Stil*: fluente; ~ *machen* (*werden*) liquidar(-se); † realizar; **≈keit** *f* líquido *m*; **≈machung** [-maxuŋ] *f von Kapitalien*: realização *f*.
'**Fluß|-insel** *f* (*-*; *-n*) ínsula *f*; **~netz** *n* (*-es*; *-e*) rede (*'ê) *f* fluvial; **~pferd** *n* (*-ês*; *-e*) hipopótamo *m*; **~schiffahrt** *f* navegação *f* fluvial; **~schiffer** *m* barqueiro *m*; **~spat** *m* (*-ês*; *-e*) espato *m* fluor; **~stahl** *m* (*-ês*; *0*) aço *m* macio; **~ufer** *n* beira-rio *f*.
'**flüster|n** ['flystərn] (*-re*) *v/i.* segredar, cochichar; *fig.* sussurrar; **~nd** [-t] *adj.* sussurrante; *adv.* = *mit* **≈stimme** *f* em voz baixa.
Flut [flu:t] *f* ⚓ maré *f* cheia, preia-mar *f*; *steigende*: maré enchente (*Fließen*) *a. fig.* torrente; *pl.* águas *f/pl.*, ondas *f/pl.*; (*Fülle*) plenitude *f*; '**≈en** (*-e-*; *haben u. sn*) correr; (*wogen*) ondear; flutuar; agitar-se; ⚓ *über* (*ac.*) ~, *fig. durch die Straßen* ~ inundar (*ac.*); '**~zeit** *f* maré *f* enchente.
'**Fock|mast** [fɔk-] *m* (*-ês*; *-en*) mastro *m* de (*od.* do) traquete; **~segel** *n* traquete *m*.
'**Fohlen** ['fo:lən] **1.** *n* poldro *m*, potro *m*; **2.** ≈ parir.
Föhn [fø:n] *m* (*-ês*; *-e*) vento *m* quente das montanhas.
'**Föhre** ['fø:rə] *f* pinheiro *m*.
'**Folge** ['fɔlgə] *f* (*Reihe*) série *f*; *a.* ♪ sequência *f*; *a.* (*Nach≈*) sucessão *f*; (*Fortsetzung*) continuação *f*; (*Ergebnis*) resultado *m*, consequência *f*, efeito *m*; *zur* ~ *haben* ter como consequência; (*dat.*) ~ *leisten* obedecer (a); *e-r Einladung*: aceitar (*ac.*); *in der* ~ a seguir, em seguida; **~erscheinung** *f* consequência *f*.
'**folgen** ['fɔlgən] (*sn*) (*dat.*) seguir (*ac.*); (*Nachfolger sn*) suceder a; (*gehorchen*) obedecer; (*sich ergeben*) resultar; *es folgt* segue-se; **~d** *adj.* seguinte; *im* ~*en* a seguir, em seguida; **~dermaßen** [-dərma:sən]

da seguinte maneira; **~reich, ~schwer** grave, transcendente.
'**folge-richtig** consequente, lógico; **⁓keit** *f* (*0*) consequência *f* lógica *f*.
'**folger|n** ['fɔlgərn] (*-re*) concluir, deduzir; **⁓ung** *f* conclusão *f*; dedução *f*.
'**Folge|satz** *m* (*-es*; *⁼e*) oração *f* consecutiva; **~zeit** *f* (tempo *m*) futuro *m*; *in der ~* a seguir; depois.
'**folg|lich** ['fɔlkliç] por conseguinte; por consequência; **~sam** obediente; dócil; **⁓samkeit** *f* (*0*) obediência *f*; docilidade *f*.
Foli'ant [foli'ant] *m* (*-en*) (livro *m* in-) fólio *m*.
'**Folie** ['fo:liə] *f* folha (*ô) *f*, folheta *f*; *fig. zur ~ dienen* (*dat.*) fazer ressaltar, dar relevo (*'ê) a.
'**Folter** ['fɔltər] *f* (*-*; *-n*) tortura *f* (*a. fig.*); *auf die ~ spannen* = ⁓*n*; **~bank** *f* (*-*; *⁼e*) potro *m*; **~kammer** *f* (*-*; *-n*) câmara *f* de tortura; **⁓n** (*-re*) torturar; atormentar; **~qual** *f* tortura *f*, tormento *m*.
Fön [fø:n] *m* (*-es*; *-e*) secador *m* elé[c]trico.
Fonds [fõ] *m uv.* fundo(s *pl.*) *m*, ⚕ *a.* capital *m*.
Fon'täne [fɔn'tɛ:nə] *f* (fonte *f* de) repuxo *m*.
Fonta'nelle [fɔnta'nɛlə] *f* fontanela *f*.
'**foppe|n** ['fɔpən] *v/t.* troçar de, fazer troça de, fazer pouco de; **⁓'rei** *f* troça *f*.
'**Förder|-anlage** ⚒ *f* ['fœrdər-] instalação *f* de extra[c]ção; **~band** *n* (*-es*; *⁼er*) fita *f* transportadora; **~er** *m* promotor *m*, bemfeitor *m*, prote[c]tor *m*; **~gut** ⚒ *n* (*-es*; *⁼er*) produto *m* de extra[c]ção; **~haspel** *f* (*-*; *-n*) sarilho *m*; **⁓lich** profícuo, útil; **~mittel** *n* meio *m* de transporte.
'**fordern** ['fɔrdərn] (*-re*) exigir, requerer, *Recht*: *a.* reclamar; (*heraus~*) desafiar; *Opfer*: causar.
'**förder|n** ['fœrdərn] (*-re*) promover; (fazer) adiantar; fomentar, *j-n*: proteger; ⚒ extrair; *zu Tage ~ fig.* trazer à luz; **⁓rinne** *f* calha *f* de transportes; **⁓schacht** ⚒ *m* (*-es*; *⁼e*) poço *m* de extra[c]ção; **⁓seil** ⚒ *n* (*-es*; *-e*) cabo *m* de extra[c]ção.
'**Forderung** ['fɔrdəruŋ] *f* exigência *f*; demanda *f*; reclamação *f*; (*Heraus⁓*) desafio *m*; ⚕ dívida *f* a[c]tiva; crédito *m*.
'**Förderung** ['fœrdəruŋ] *f* adiantamento *m*; promoção *f*; fomento *m*; ⚒ extra[c]ção *f*.
Fo'relle [fo'rɛlə] *f* truta *f*.
'**Forke** ['fɔrkə] *f* forcado *m*; garfo *m*; forquilha *f*.
Form [ɔ] *f* forma *f*; (*Guß⁓*) molde *m*; (*Machart*) feitio *m*; (*Umgangs⁓*) maneira *f*; (*gut*) *in ~ sn Sport*: estar em boa disposição.
for'mal [fɔr'ma:l] formal; **⁓i'tät** [-ali'tɛ:t] *f* formalidade *f*.
For'mat [fɔr'ma:t] *n* (*-es*; *-e*) formato *m*, tamanho *m*; **~i'on** [-atsi'o:n] *f Geol.* formação *f*; ⚔ unidade *f*.
'**Formblatt** *n* (*-es*; *⁼er*) impresso *m*; formulário *m*.
'**Formel** ['fɔrməl] *f* (*-*; *-n*) fórmula *f*; **~buch** *n* (*-es*; *⁼er*) formulário *m*; **⁓haft** formalista.
for'mell [fɔr'mɛl] formal, ceremonioso.
'**form|en** ['fɔrmən] formar, moldar (*a.* ⊕); **⁓en** *n* formação *f*; moldagem *f*; **⁓enlehre** *f* morfologia *f*; **⁓enmensch** *m* (*-en*) formalista *m*; **⁓er** ⊕ *m* formador *m*, moldador *m*; **⁓fehler** *m* falta *f* formal; incorre(c)ção *f*; '**⁓gebung** ['-ge:buŋ] *f* (*0*) moldagem *f*; *fig.* informação *f*.
'**förmlich** ['fœrmliç] formal, cerimonioso; em forma, protocolar; **⁓keit** *f* formalidade *f*; cerimónia *f*.
'**form|los** amorfo, informe; *fig. Benehmen*: rude, grosseiro; sem cerimónia; **⁓sache** *f* formalidade *f*.
Formu'l|ar [fɔrmu'la:r] *n* (*-s*; *-e*) impresso *m*; **⁓ieren** (*-*) formular; **~ierung** [-'li:ruŋ] *f* reda[c]ção *f*.
forsch [fɔrʃ] enérgico.
'**forsch|en** ['fɔrʃən] investigar; **⁓er** *m* investigador *m*.
'**Forschung** ['fɔrʃuŋ] *f* investigação *f*; **~s-gebiet** *n* (*-es*; *-e*) campo *m* de investigação; **~s-gemeinschaft** *f* junta *f* de investigações; **~s-reise** *f* viagem *f* de estudo; expedição *f*; **~s-reisende(r)** *m* explorador *m*.
Forst [fɔrst] *m* (*-es*; *-e*) floresta *f*; mata *f*; '**~-akademie** *f* escola *f* florestal; '**~-amt** *n* (*-es*; *⁼er*) administração *f* das águas e florestas; '**~aufseher** *m* guarda *m* florestal; '**~beamte(r)** *m* (*-n*) funcionário *m* florestal.
'**Förster** ['fœrstər] *m* regente *m*

florestal; ~'ei *f* casa *f* (do regente) florestal.

'**Forst|meister** *m* inspe[c]tor *m* das matas; **~revier** *n* (-*s*; -*e*) distrito *m* florestal; **~wesen** *n* (-*s*; *0*), **~wirtschaft** *f* (*0*) silvicultura *f*.

Fort[1] [foːr] *n* (-*s*; -*s*) forte *m*, castelo *m*; *kleines*: fortim *m*.

fort[2] [fɔrt]: *~!* vamos!; *~ (damit)!* fora!; *~ sn j.*: ter-se ido; *et.*: ter-se perdido, ter desaparecido; (*abwesend*) ausente; *in e-m ~* sem descanso; *und so ~* e assim por diante; **~'an** de aqui em diante; desde então; '**~begeben** (*L*; -): *sich ~* ir-se (embora); partir; '**⁀bestand** *m* (-*ẹs*; *⸚e*) continuação *f*; estabilidade *f*; subsistência *f*; '**~bestehen** (*L*; -) continuar; (per)durar; subsistir; '**~bewegen** (-): *sich ~* mover-se; andar; '**⁀bewegung** *f* movimento *m*; locomoção *f*; '**~bilden** (-*e*-): *sich ~* aperfeiçoar-se; '**⁀bildung** *f* aperfeiçoamento *m*; '**⁀bildungsschule** *f* escola *f* complementar; '**~bleiben** (*L*) não vir; *lange ~* demorar-se; '**~bringen** (*L*) levar; '**⁀dauer** *f* (*0*) continuação *f*; '**~dauern** (-*re*) continuar, (per)durar; **~d** *adj.* contínuo; '**~fahren** (*L*) **a)** (*sn*) (*abfahren*) partir; **b)** (*haben*) continuar, prosseguir; '**~fallen** (*L*) faltar, suprimir-se; '**~fliegen** (*L*) (partir a) voar; '**~führen** continuar; (*wegführen*) levar; '**⁀gang** *m* continuação *f*; progresso *m*; *j-s*: saída *f*, partida *f*; '**~gehen** (*L*) sair; (*dauern*) continuar; '**~gesetzt** [-gəzɛtst] **1.** *pt. v.* *~setzen*; **2.** *adj.* contínuo; ininterrupto; '**⁀jagen** despedir; afugentar; '**~kommen** (*L*; *sn*) *v/i.* sair; (*gedeihen*) progredir; '**⁀kommen** *n* carreira *f*; progresso *m*; subsistência *f*; *sn ~ finden* ganhar a vida; '**~lassen** (*L*) deixar sair; (*auslassen*) omitir, suprimir; '**~laufen** (*L*) fugir, seguir; **~d** *adj.* seguido, contínuo; ininterrupto; '**~leben** continuar a viver; '**~machen**: *sich ~* ir-se (embora); '**~nehmen** (*L*) levar; '**~pflanzen** (-*t*) propagar; reproduzir; '**⁀pflanzung** *f* propagação *f*, reprodução *f*; '**~reißen** (*L*) arrastar; arrebatar; '**⁀satz** *m* (-*es*; *⸚e*) prolongamento *m*; *Anat.* apófise *f*; '**~schaffen** tirar; '**~schicken** despedir, mandar embora; *et.*: despachar; '**~schreiten** (*L*) progredir; **~d** *adj.* progressivo; '**⁀schritt** *m* (-*ẹs*; -*e*) progresso *m*; '**⁀schrittler** *m* progressista *m*; '**~schrittlich** progressivo; '**~sehnen**: *sich ~* estar com saudades (*od.* com vontade) de se ir embora; '**~setzen** (-*t*) continuar; '**⁀setzung** *f* continuação *f*; *~ folgt* continua; '**~stürmen** *v/i.* (*sn*) *j.*: sair precipitadamente; *unpers.*: continuar a tempestuar; '**~treiben** (*L*) expulsar; (*fortsetzen*) continuar; '**~während** contínuo; constante; '**~werfen** (*L*) deitar fora; '**~wirken** continuar a[c]tuando (*od.* a a[c]tuar); '**~ziehen** (*L*) retirar, *v/i. a.* sair, partir, mudar (*nach* para).

'**Foto...** *s. Photo...*

Fracht [fraxt] *f* transporte *m*; frete *m*; ⚓ carregamento *m*, carga *f*; *Geld*: porte *m*; *per ~* por (*od.* com) pequena velocidade; '**~brief** *m* (-*ẹs*; -*e*) guia *f* (de transporte); ⚓ conhecimento *m*; '**~(dampf)er** *m* cargueiro *m*; navio *m* de carga; '**~flugzeug** *n* (-*ẹs*; -*e*) avião *m* de carga; '**~fuhrwesen** *n* (-*s*; *0*) carretagem *f*; '**~geld** *n* (-*ẹs*; -*er*) porte *m*; '**~geschäft** *n* (-*ẹs*; -*e*) negócio *m* (*Firma*: casa *f*, agência *f*) de transportes; '**~gut** 🚃 *n* (-*ẹs*; *⸚er*) (mercadoria *f* a) pequena velocidade *f*; ⚓ cargo *f*; '**~kosten** *pl.* portes *m/pl.*; '**~satz** *m* (-*es*; *⸚e*) tarifa *f* ferroviária; ⚓ tarifa *f* de frete; '**~stück** (-*ẹs*; *⸚e*) *n* fardo *m*, volume *m*; '**~tarif** *m* (-*s*; -*e*) = *~satz*; '**~verkehr** *m* (-*s*; *0*) transporte *m* de mercadorias; '**~zuschlag** *m* (-*ẹs*; *⸚e*) suplemento *m*, excesso *m*.

Frack *m* (-*ẹs*; *⸚e*, -*s*) casaca *f* (*im* de).

'**Frage** ['fraːgə] *f* pergunta *f* (*stellen* fazer); *gr.* interrogação *f*; (*Streit⁀*, *Problem*) questão *f*; problema *m*; *in ~ stehend* em questão; *in ~ gestellt sn*, *noch die ~ sn* ser duvidoso; *keine ~ sn* não haver dúvida, não caber dúvida; *in ~ kommen* interessar; *ohne ~* sem dúvida; **~bogen** *m* questionário *m*; **~fürwort** *n* pronome *m* interrogativo; **⁀n** perguntar (*j-n* a alg.; *nach* por); (*ausfragen*) interrogar; *nichts ~ nach* não se importar com; *es fragt sich* importa saber; *gefragt* ✝ procurado; **⁀nd** interrogativo; **~r(in** *f*) *m* interrogador(a *f*) *m*; **~satz** *m* (-*es*; *⸚e*) oração *f* inter-

rogativa; **~steller(in** *f*) [-ʃtɛlər] *m* interrogador(a *f*) *m*; **~stellung** *f* *gr.* construção *f* interrogativa; *Philos. usw.*: posição *f* do problema, maneira *f* de pôr o problema; **~wort** *n* (-*ẹs*; ¨*er*) partícula *f* interrogativa; **~zeichen** *n* ponto *m* de interrogação.
'**frag|lich** ['fra:kliç] em questão; em causa; (*unsicher*) duvidoso, incerto; **~los** indiscutível; sem dúvida; **~würdig** discutível, duvidoso, problemático.
Frakti'on [fraktsi'o:n] *f* fra[c]ção *f*; *Pol.* grupo *m*.
Frak'tur [frak'tu:r] *f* *Typ.* letra *f* gótica; *fig.* ~ *reden* falar sem papas na língua.
frank [fraŋk] **1.** *adj.* (*frei*), **2.** ♀ *m* ✝, '**♀e** ['-ə] *m* (-*n*) franco *m*; '**♀en** *m* franco *m*; '**~ieren** (-) pôr (os) selos, franquear; '**♀ierung** ['-i:ruŋ] *f* franquia *f*.
'**fränkisch** ['frɛŋkiʃ] franco, da Francónia.
'**franko** ['fraŋko] ✝ franco.
'**Franse** ['franzə] *f* franja *f*.
'**Franz|band** ['frants-] *m* (-*ẹs*; ¨*e*) encadernação *f* em bezerro; '**~branntwein** *m* (-*ẹs*; *0*) aguardente *f* de França (*od.* de cana).
Fran'zose [fran'tso:zə] *m* (-*n*) francês *m*; **♀nfeindlich** francófobo; **♀nfreundlich** francófilo.
Fran'zös|in [fran'tsø:zin] *f* francesa *f*; **♀isch** francês, da França.
'**Fräs|e** ['frɛ:zə] *f* frese *m*; **♀en** *v/t.* fresar; **~en** *n* fresagem *f*; **~maschine** *f* fresadora *f*.
Fraß [fra:s] *m* (-*es*; -*e*) comida *f*; pasto *m*.
Fratz [frats] F *m* (-*es*; -*e od.* -*en*) janota *m*; boneco *m*; '**~e** ['-ə] *f* careta *f* (*schneiden* fazer); '**♀en-haft** grotesco.
Frau [frau] *f* mulher *f*; (*Ehe♀*) *a.* esposa (*ô); ~ X (a) senhora de X, (a) senhora Dona (*Vorname*) X; ~ *Professor usw.* X a esposa (*ô) do professor X; ~ *Maria X* (a) senhora Dona Maria (X); (*Dame*) senhora; *gnädige* ~ minha senhora; *Brief*: *an* ~ ... Ex.ma (*Abk. für* Excelentíssima) Senhora D. (*Abk. für* Dona)...; *Ihre* ~ *Gemahlin* sua senhora, sua esposa (*ô); (*Haus♀*) dona da casa; *zur* ~ *nehmen*: casar com.
'**Frauen|arzt** *m* (-*es*; ¨*e*) médico *m* para (doenças de) senhoras; ginecólogo *m*; **~bewegung** (*0*), **~frage** *f* feminismo *m*; **~-haar** ⚘ *n* (-*ẹs*; *0*) avenca *f*; **~kloster** *n* (-*s*; ¨) convento *m* de freiras; **~krankheit** *f*, **~leiden** *n* doença *f* de senhoras (*od.* de mulheres); **~rechtlerin** [-rɛçtlərin] *f* feminista *f*, sufragista *f*; **~rock** *m* (-*ẹs*; ¨*e*) saia *f*; **~stimmrecht** *n* (-*ẹs*; *0*), **~wahlrecht** *n* (-*ẹs*; *0*) sufrágio *m* feminino; **~zimmer** *n* mulher *f*; *ehm. a.* cachopa *f*.
'**Fräulein** ['frɔylaɪn] *n* (-*s*; - *od.* -*s*) menina *f*; senhora *f* (solteira); *senhorita *f*; *gnädiges* ~ minha senhora; ~ X (a) senhora Dona *od.* (a) menina (*Vorname*); *Brief*: *an* ~ ... Ex.ma (*Abk. für* Excelentíssima) Senhora D. (*Abk. für* Dona) (*Vorname*) ..., Ex.ma Menina (*Vorname*) ...
frech [frɛç] atrevido, impertinente; fresco, insolente; '**♀dachs** F *m* (-*es*; -*e*) atrevido *m*; '**♀heit** *f* atrevimento *m*, impertinência *f*.
Fre'gatt|e [fre'gatə] *f* fragata *f*; **~en...**: *in Zssgn* de fragata.
frei [fraɪ] livre (*werden* ficar), *von e-r Verpflichtung usw.*: *a.* isento de; (*offen*) aberto; (*unbesetzt*) vago; *Beruf*: liberal; (*ungehemmt*) licencioso; (*aufrichtig*) franco, *a.* ✝ (*kostenlos*) gratuito; ~ *Haus* ao domicílio; *aus ~en Stücken* espontâneamente, voluntàriamente, mótu-próprio; *j-m ~e Hand lassen* dar carta branca a alg.; *~er Tag* feriado *m*; ~ *haben Schule*: ter feriado; ~ *machen* libertar; ✉ franquear; pôr (os) selos; *so ~ sn zu* (*inf.*) tomar a liberdade de; *ich bin so ~!* com licença!; *im ♀en* ao ar livre; *auf ~em Felde* em campo aberto; '**♀antenne** *f* antena *f* exterior; '**♀bad** *n* (-*ẹs*; ¨*er*) piscina *f*; '**♀ballon** *m* (-*s*; -*s*) balão *m*, aeróstato *m*; '**♀beuter** ['-bɔytər] *m* corsário *m*, pirata *m*; '**♀billet** *n* (-*s*; -*e*) bilhete *m* gratuito (*od.* de graça); '**~bleibend** ✝ sem compromisso; '**♀brief** *m* (-*ẹs*; -*e*) *ehm.* foral *m*; carta *f* branca; *fig.* privilégio *m*; '**♀denker** *m*, '**~denkerisch** livre-pensador *m*; '**♀denkertum** *n* (-*s*; *0*) livre-pensamento *m*; '**♀e** ['-ə] *n* campo *m*, ar *m* livre; '**~en** pedir em casamento; '**♀er** *m* pretendente *m*; noivo *m*; '**♀exemplar** *n* (-*s*; -*e*)

exemplar *m* gratuito; '2**fläche** *f* espaço *m* livre; '2**frau** *f* baronesa *f*; '2**gabe** *f* restituição *f*, entrega *f*; ⚖ desembargo *m*; *j-s*: = 2*lassung*; '~**geben** (*L*) libertar, soltar; (*erlauben*) permitir; ⚖ pôr desembargo a; *Schule*: dar feriado; '~**gebig** ['-ge:biç] generoso; '2**gebigkeit** *f* (*0*) generosidade *f*; '2**geist**(**e**'**rei** *f*) *m* (*-es*; *-er*) = 2*denker(tum)*; '2**gepäck** *n* (*-es*; *0*) bagagem *f* gratuita; '2**hafen** *m* (*-s*; ⸚) porto-franco (*'ô) *m*; '2**hafenzone** *f* zona *f* franca do porto (*'ô); '~**halten** (*L*) *Straße, Platz*: deixar livre; *j-n* ~ pagar por alg.; '2**handel** *m* (*-s*; *0*) comércio *m* livre; '~**händig** ['-hɛndiç] *zeichnen, zielen*: à mão livre; ✝ no mercado livre; em leilão; '2**hand-zeichnen** *n* desenho *m* à mão livre; '2**heit** *f* liberdade *f*; independência *f*; autonomia *f*; *von Lasten*: isenção *f*; *der* ~ (*gen.*) *berauben* privar de ..., ⚖ sequestrar; '~**heitlich** liberal.

'**Freiheits**|**beraubung** *f* sequestração *f*; ~**drang** *m* (*-es*; *0*) ânsia *f* da liberdade; ~**krieg** *m* (*-es*; *-e*) guerra *f* da (*od.* de) independência; ~**strafe** *f* pena *f* de prisão.

'**frei**|**heraus** com franqueza, francamente; 2**herr** *m* (*-n*; *-en*) barão *m*; 2**karte** *f* bilhete *m* (*od.* entrada *f*) gratuito (-a) *od.* de graça; 2**korps** *n* = 2*schar*; ~**lassen** (*L*) deixar livre; soltar; pôr em (*od.* restituir à) liberdade; 2**lassung** ['-lasuŋ] *f* libertação *f*; 2**lauf** *m* (*-es*; ⸚*e*) *Rad*: roda *f* livre; ~**legen** pôr a descoberto; ⚕ *a.* descobrir; *Weg*: abrir; desentulhar; ~**lich** *bekräftigend*: com certeza, decerto; sem dúvida; *einschränkend*: todavia; 2**licht...**: *in Zssgn* ao ar livre; 2**los** *n* (*-es*; *-e*) reintegro *m*; ~**machen** libertar, livrar; 🖂 pôr selos; *sich* ~ alijar-se; 2**marke** *f* estampilha *f*, selo (*ê) *m*; 2**maurer** *m* pedreiro-livre *m*, (franco-)mação *m*; 2**maurer...**: *in Zssgn* maçónico; 2**maure**'**rei** *f* (*0*) (franco-)maçonaria *f*; ~**maurerisch** maçónico; 2**mut** *m* (*-es*; *0*) franqueza *f*; ~**mütig** ['-my:tiç] franco, sincero; 2**schar** *f* corpo *m* de voluntários; 2**schärler** ['-ʃɛ:rlər] *m* guerrilha *f*; guerrilheiro *m*; voluntário *m*; 2**schütz**(**e**) *m* (*-en*) franco-atirador *m*; 2**sinn** *m* (*-es*; *0*) espírito *m* liberal; *Pol.* liberalismo *m*; ~**sinnig** liberal; ~**sprechen** (*L*) absolver; 2**sprechung** ['-ʃprɛçuŋ] *f* absolvição *f*; ilibação *f*; 2**spruch** *m* (*-es*; ⸚*e*) sentença *f* absolutória; 2**staat** *m* (*-es*; *-en*) Estado *m* livre; república *f*; 2**statt** (*-*; ⸚*en*), 2**stätte** *f* asilo *m*; ~**stehen** (*L*) *Wohnung*: não estar ocupado; *es steht j-m frei zu* (*inf.*) alg. tem a liberdade de; 2**stelle** *f* lugar *m* gratuito (numa escola); bolsa *f*; ~**stellen**: *j-m et.* ~ deixar a.c. com (*od.* à) escolha de alg.; 2**stoß** *m* (*-es*; ⸚*e*) *Sport*: pontapé *m* livre; 2**stunde** *f* hora *f* de recreio; 2**tag** *m* (*-es*; *-e*) sexta-feira *f*; 2**tisch** *m* (*-es*; *-e*) mesa *f* franca; 2**tod** *m* (*-es*; *0*) suicídio *m*; 2**treppe** *f* escadaria *f*; 2**übung** *f* exercício *m* de ginástica (sueca); ~**willig** voluntário; 2**willigkeit** *f* (*0*) espontaneidade *f*; 2**zeit** *f* tempo *m* livre, horas *f/pl.* vagas; 2**zügigkeit** ['-tsy:giçkaɪt] *f* (*0*) liberdade *f* de residência.

fremd [frɛmt] alheio; (*unbekannt*) desconhecido; (*orts*~) forasteiro; (*ausländisch*) estrangeiro; (*seltsam*) estranho; '~**artig** heterogéneo; (*seltsam*) estranho; '2**artigkeit** *f* (*0*) heterogeneidade *f*; (*Seltsamkeit*) estranheza *f*.

'**Fremde** ['frɛmdə] **1.** *f* (*0*) estrangeiro *m*; terra *f* alheia; **2.** *m u. f*, (*-n*), ~**r** *m* estrangeiro *m*, -a *f*; (*Orts*2) forasteiro *m*, -a *f*; (*Unbekannte*[*r*]) desconhecido *m*, -a *f*.

'**Fremden**|**buch** *n* (*-es*; ⸚*er*) livro (*od.* registo) *m* de visitantes; ~**führer** *m* guia *m*; ~**industrie** *f* indústria *f* de turismo; ~**legion** *f* legião *f* estrangeira; ~**legionär** *m* (*-s*; *-e*) legionário *m*; ~**liste** *f* = ~*buch*; ~**verkehr** *m* (*-s*; *0*) turismo *m*; ~**zimmer** *n* quarto *m* de hóspedes.

'**Fremd**|**herrschaft** *f* domínio *m* estrangeiro, dominação *f* estrangeira; ~**körper** *m* corpo *m* estranho; 2**ländisch** ['-lɛndiʃ] estrangeiro; exótico; ~**ling** *m* (*-s*; *-e*) estranho *m*; estrangeiro *m*; forasteiro *m*; ~**sprache** *f* língua *f* estrangeira; 2**sprachig** ['-ʃpraxiç], 2**sprachlich** de língua(s) estrangeira(s); ~**wort** *n* (*-es*; ⸚*er*) palavra *f* estrangeira.

Fre'quenz [fre'kvɛnts] *f* frequência *f*; **~band** *n* (-*es*; ⸚*er*) *Radio*: zona *f* de frequência; **~umfang** *m* (-*es*; ⸚*e*) faixa *f* de frequências.

'Fresko ['frɛsko] *n* (-*s*; *Fresken*) fresco *m*; **~gemälde** *n* pintura *f* a fresco.

'Fress|e ['frɛsə] P *f* boca (*ô) *f*, cara *f*; *in die ~ schlagen* partir a cara a; **Ↄen** (*L*) comer; *Raubtiere*: *a.* devorar; P tragar, engolir; *Rost*, *Eisen*: corroer; *fig. um sich ~* estender-se, propalar-se; *j-n gefressen haben* ter alg. travessado na garganta; *e-n Narren an j-m gefressen haben* estar doido por alg.; **~en** *n* = *Fraß*; *fig. ein gefundenes ~* uma pechincha; **~er** *m* comilão *m*, glutão *m*.

'Freß|gier ['frɛs-] *f* (*0*) gula *f*; **Ↄgierig** guloso, voraz; **~napf** *m* (-*es*; ⸚*e*) comedoiro *m*; **~sucht** *f* (*0*) gula *f*.

'Frettchen ['frɛtçən] *n* furão *m*, doninha *f*.

'Freude ['frɔydə] *f* alegria *f*; prazer *m*; regozijo *m*; alvoroço *m*; *innere*: *a.* satisfação; *s-e ~ haben an* (*dat.*) gostar de, ter prazer em; *j-s ~ sn* ser o encanto de alg.

'Freuden|bezeigung(**en** *pl.*) *f* júbilo *m*; **~botschaft** *f* boa notícia *f*; **~fest** *n* (-*es*; -*e*) festa *f*; festejo *m*; **~haus** *n* (-*es*; ⸚*er*) lupanar *m*; **~mädchen** *n* prostituta *f*; **~tag** *m* (-*es*; -*e*) dia *m* de festa; **~taumel** *m* transporte *m* de alegria.

'freude|strahlend radiante de alegria; **~trunken** ébrio de alegria.

'freud|ig ['frɔydiç] alegre, contente, satisfeito; **~los** triste; **~voll** alegre, cheio de alegria.

'freuen ['frɔyən] *v/t.* alegrar, causar alegria (a); *sich ~ a.* ficar satisfeito, folgar (*über, auf ac.* com).

Freund [frɔynt] *m* (-*es*; -*e*) amigo *m*; **~in** *f* amiga *f*; **'Ↄlich** am(ig)ável; cordial; *seien Sie bitte so ~ zu* (*inf.*) tenha a bondade de, faça o obséquio (*od.* o favor) de; **'~lichkeit** *f* amabilidade *f*; **'~schaft** *f* amizade *f*; *~ schließen* (*mit*) ficar amigo (de); **'Ↄschaftlich** amistoso, amigável, de amigo.

'Frevel ['fre:fəl] *m* injúria *f*; delito *m*; *Rel.* sacrilégio *m*; *~ gegen* atentado a; **Ↄhaft** injurioso, criminoso; **~mut** *m* (-*es*; *0*) temeridade *f*; **Ↄn** *Rel.* pecar; *~ gegen* atentar contra, violar (*ac.*); **~sinn** *m* (-*es*; *0*) = *~mut*; **~tat** *f* crime *m*.

'frev|entlich ['fre:fɛntliç], **Ↄler** ['-lər] *m* malfeitor *m*; criminoso *m*; *Rel.* sacrílego *m*.

'Friede ['fri:də] *m* (-*ns*; -*n*), **~n** *m* paz *f* (*im* em tempos de; *stiften* restabelecer); *~ schließen* fazer as pazes.

'Friedens|bewegung *f* movimento *m* pacifista; **~bruch** *m* (-*es*; ⸚*e*) agressão *f*; **~konferenz** *f* conferência *f* de paz; **~miete** *f* renda *f* de antes da guerra; **~richter** *m* juiz *m* de paz; **~schluß** *m* (-*sses*; ⸚*sse*) conclusão *f* da paz; **~störer** [-ʃtø:rər] *m* perturbador *m* da paz; **~verhandlung** *f* negociação *f* de paz; **~vertrag** *m* (-*es*; ⸚*e*) tratado *m* de paz; **~wille** *m* (-*ns*; *0*) pacifismo *m*; intenções *f/pl.* pacíficas; **~zeit** *f* (tempo[s *pl.*] *m* de) paz.

'fried|fertig ['fri:t-] pacífico; tranquilo; **Ↄfertigkeit** *f* (*0*) pacifismo *m*; *j-s*: índole *f* pacífica; tranquilidade *f*; **Ↄhof** *m* (-*es*; ⸚*e*) cemitério *m*; **~lich** pacífico; *fig. a.* tranquilo; *Vergleich*: amigável, amistoso; **~liebend** pacífico.

'frieren ['fri:rən] (*L*) gelar; *j.*: ter frio.

Fries [fri:s] *m* (-*es*; -*e*) ⚠ friso *m*; *Stoff*: frisa *f*.

'Fries|e ['fri:zə] *m* (-*n*) frísio *m*; **~eln** ⚕ *pl.* febre *f/sg.* miliar; **~in** *f* frísia *f*; **Ↄisch** frísio, da Frísia.

frisch [friʃ] fresco; (*neu*) novo, recente, *vor p.pt.* recém-; (*rein*) limpo; (*gesund*) vivo; (*fröhlich*) alegre, radiante; *~ gestrichen* pintado de fresco; *noch ~* bem conservado; *von ~em* de novo; *auf ~er Tat* em flagrante delito; **'Ↄe** ['-ə] *f* frescura *f*, fresco *m*; ⚕ vigor *m*; *fig. a.* brio *m*; **'Ↄfleisch** *n* (-*es*; *0*) carne *f* fresca; **'Ↄgemüse** *n* hortaliça *f* fresca; **'Ↄling** *m* (-*s*; -*e*) *Zool.* javardo *m*; **~'weg** sem hesitar.

Fri'seu|r [fri'zø:r] *m* (-*s*; -*e*) (**~rladen** *m* (-*s*; ⸚) salão *m* de) cabeleireiro *m*; *für Herren*: *a.* barbeiro *m*; **~se** [-zə] *f* cabeleireira *f*.

fri'sier|en [fri'zi:rən] (-) pentear; frisar (*a. fig.*); **Ↄmantel** *m* (-*s*; ⸚) penteador *m*; **Ↄsalon** *m* (-*s*; -*s*) salão *m* de cabeleireiro; **Ↄtisch** *m*

(-*es*; -*e*) toucador *m*; penteadeira *f*; **߸umhang** *m* (-*es*; ⸗*e*) penteador *m*.

Frist *f* prazo *m*; termo (*ê) *m*; (*Aufschub*) ⚖ moratória *f*; (*Zeitraum*) período *m*, tempo *m*; *nach kurzer* ~ pouco depois; '**~ablauf** *m* vencimento *m* (*od.* expiração *f*) do prazo; '**߸en** (-*e*-) prorrogar; prolongar; *sn Leben* ~ levar uma vida miserável; ir-se vivendo; **߸los** sem (pre)aviso; '**~verlängerung** *f* prorrogação *f* do prazo.

Fri'sur [fri'zu:r] *f* penteado *m*.

fri'vol [fri'vo:l] frívolo.

froh [fro:] contente, alegre, satisfeito; '**~e** *Ostern usw.* feliz.

'**fröhlich** ['frø:liç] alegre; ~*e Ostern usw.*: feliz; **߸keit** *f* (*0*) alegria *f*.

froh|'locken (-) jubilar; exultar; ~ *über* (*ac.*) regozijar-se com; '**߸sinn** *m* (-*es*; *0*) alegria *f*; jovialidade *f*; '**~sinnig** alegre.

fromm [ɔ] piedoso; religioso; devoto.

Frömm|e'lei [frœmə'laɪ] *f* beatice *f*; '**߸eln** (-*le*) ser beato, fazer-se beato; afe[c]tar devoção; '**߸elnd** beato.

'**Frömm|igkeit** ['frœmiç-] *f* (*0*) devoção *f*; religiosidade *f*; **~ler(in** *f*) *m* beato *m* (-a *f*).

Fron [fro:n] *f*, '**~arbeit** *f*, '**~dienst** *m* (-*es*; -*e*) geira *f*; *fig.* escravidão *f*; '**߸en** fazer o serviço de geira.

'**frönen** ['frø:nən]: (*dat.*) ~ ser escravo de; entregar-se a.

Fron'leichnam(**sfest** *n* [-*es*; *0*]) *m* (-*es*; *0*) festa *f* do Corpo de Deus; **~s-spiel** *n* (-*es*; -*e*) auto *m* sacramental.

Front [frɔnt] *f* ⚠ fachada *f*; frontispício *m*; *a.* ⚔ frente *f*; ~ *machen gegen* fazer frente a; '**~angriff** *m* (-*es*; -*e*) ataque *m* de frente; '**~dienst** *m* (-*es*; -*e*) serviço *m* na frente; '**~kämpfer** *m* combatente (*alter* antigo, ex-).

Frosch [frɔʃ] *m* (-*es*; ⸗*e*) rã *f*; *Feuerwerk*: petardo *m*, bicha *f*; '**~laich** *m* (-*es*; -*e*) ovas *f*/*pl.* de rã.

Frost [frɔst] *m* (-*es*; ⸗*e*) gelo (*ê) *m*; geada *f*; (*Kälte*) frio *m*; *vom* ~ *zerstört* queimado pela geada; '**~beule** *f* frieira *f*.

'**frösteln** ['frœstəln] (-*le*) ter frio, ter calafrios; **~d** *adj.* friorento.

'**frost|ig** gelado; *a. fig.* frio; **߸igkeit** *f* (*0*) frieza *f*; **߸schaden** *m* (-*s*; ⸗) prejuízos *m*/*pl.* causados pela geada; **߸wetter** *n* (-*s*; *0*) tempo *m* de frio (*od.* de geada).

frot'tier|en [frɔ'ti:rən] (-) fri[c]cionar; **߸tuch** *n* (-*es*; ⸗*er*) toalha *f* turca, pano *m* turco.

Frucht [fruxt] *f* (-; ⸗*e*) fruto *m*; (*Obst*) fruta *f*; (*Ergebnis*) resultado *m*; ⚕ feto *m*; '**߸bar** fecundo; ⚘ fértil; *Mensch, Tier*: prolífico; ~ *machen* fecundar, fertilizar; '**~barkeit** *f* (*0*) fecundidade *f*; fertilidade *f*; '**~boden** ⚘ *m* (-*s*; ⸗) receptáculo *m*; '**߸bringend** frutífero; frutuoso, *fig. a.* produtivo, proveitoso; '**~eis** *n* sorvete *m*; '**߸en** (-*e*-) render; dar; servir para; '**~folge** *f* afolhamento *m*; '**~knoten** *m* ovário *m*; '**߸los** infrutífero, estéril; '**~losigkeit** ['~lo:ziç-] *f* (*0*) inutilidade *f*; '**~saft** *m* (-*es*; ⸗*e*) sumo *m*; '**~schale** ⚘ *f* casca *f*; *Gefäß*: fruteira *f*; '**߸tragend** frutífero; '**~wechsel** *m* (-*s*; *0*) afolhamento *m*.

früh [fry:] **1.** *adj.* temporão; (*zu*) ~ prematuro; *am* ~*en Morgen* de manhã cedo, de madrugada; *ein* ~*er Dürer usw.* um ... da primeira fase; **2.** *adv.* cedo; (*zu*) ~ prematuramente; *heute* ~ esta manhã; *morgen* ~ amanhã de manhã; *von* ~ *bis spät* da manhã até à noite; ~ *aufstehen* madrugar; '**߸aufsteher** (-**in** *f*) *m* [-ʃte:ər] madrugador(a *f*) *m*; '**߸e** ['-ə] *f* (*0*) madrugada *f*; (*in aller* muito de); '**~er** **1.** *comp. v. früh*; **2.** *adj.* (*ehemalig*) antigo, ex-; (*vorhergehend*) anterior; **3.** *adv.* mais cedo; (*vorher*) antes, anteriormente; (*einst*) outrora; ~ *oder später* mais dia, menos dia; '**~est** *sup. v. früh*; (*erst*) primeiro; (*ältest*) mais antigo; '**~estens** ['-əstəns] o mais cedo; não (...) antes de; '**߸geburt** *f* parto *m* prematuro; '**߸jahr** *n* primavera *f*; '**߸konzert** *n* (-*es*; -*e*) concerto *m* matinal; '**߸ling** *m* (-*s*; -*e*) primavera *f*; '**߸lings...**: *in Zssgn* primaveril, de primavera; '**߸messe**, '**߸mette** *f* matinas *f*/*pl.*; '**߸nebel** *m* nevoeiro *m* matinal; '**~reif** precoce; *Obst*: temporão; '**߸reife** *f* precocidade *f*; '**߸stück** *n* (-*es*; -*e*) (*morgens*: pequeno) almoço (*'ô) *m*; '**~stükken** tomar o (pequeno) almoço (*'ô), almoçar; '**~zeitig** cedo; prematuro; '**߸zug** *m* (-*es*; ⸗*e*) comboio *m* de manhã; '2**zündung** *f* avanço *m* à (*od.* da) inflamação (*od.* ignição); inflamação *f* prematura; *auf* ~ *einstellen* avançar a ignição.

Fuchs [fuks] *m* (*-es*; *⸗e*) raposa *f*; (*Pferd*) alazão *m*; (*Student*) caloiro *m*; *fig.* manhoso *m*; '~**bau** *m* (*-es*; *-e*) toca *f*; covil *m*; '2**en** (*-t*) F intrigar; '~**falle** *f* trápola *f*.

'**Fuchsie** ['fuksiə] *f* fúcsia *f*.

'**Fuchs|jagd** *f* caça à raposa; ~**loch** *n* (*-es*; *⸗er*) = ~*bau*; ~**schwanz** *m* (*-es*; *⸗e*) rabo *m* de raposa; ⊕ serrote *m*; ⚘ amaranto *m*; 2(**teufels**)'**wild** fora de si; furiosíssimo.

'**Fuchtel** ['fuçtəl] *f* (*-*; *-n*) férula *f*; 2**n** (*-le*): ~ *mit* agitar (*ac.*).

'**Fuder** ['fu:dər] *n* carr(et)ada *f*.

Fug [fu:k] *m* (*-es*; *0*): *mit* ~ (*und Recht*) com (toda a) razão.

'**Fug|e** ['fu:gə] *f* junta *f*; (*Naht*) entrelinha *f*; (*Rille*) ranhura *f*; ♪ fuga *f*; *aus den* ~*n gehen* escangalhar-se; '2**en** ensamblar.

'**füg|en** ['fy:gən] juntar; encaixar; = *fugen*; (*bestimmen*) dispor; *sich* ~ (in *ac.*) submeter-se (a); sujeitar-se (a); conformar-se (com); *sich gut* ~ *fig.* vir a propósito; ~**lich** com (toda a) razão; (*wohl*) bem; ~**sam** dócil; 2**samkeit** *f* docilidade *f*; 2**ung** ⊕ *f* = *Fuge*; (*Schicksals*2) destino *m*; *Gottes*: vontade *f*; desígnios *m/pl.*

'**fühl|bar** ['fy:lba:r] sensível; (*greifbar*) palpável; *sich* ~ *machen* fazer-se sentir; ~**en** sentir; (*tasten*) apalpar; *Puls*: tomar; 2**er** *m Zool.* antena *f*; *pl. die* ~ *ausstrecken fig.* sondar (o terreno); 2**erfaden** *m* (*-s*; *-*), 2**-horn** *n* (*-es*; *⸗er*) tentáculo *m*; = 2*er*; ~**los** insensível; 2**ung** *f* conta[c]to *m*; ~ *nehmen mit fig.* pôr-se em conta[c]to com; 2**ungnahme** [-na:mə] *f* conta[c]to *m*; troca *f* de impressões.

'**Fuhre** ['fu:rə] *f* carrada *f*.

'**führen** ['fy:rən] conduzir; levar; (*lenken*) guiar; ⚔ (*leiten*) dirigir; tomar a dianteira; ir à frente (*a. Sport*); ✈ pilotar; *Amt*: exercer, desempenhar; *Aufsicht*: ter; *Beweis*: apresentar; dar; *Bücher*: ⚕ fazer escrituração; *Degen*: manejar; *Feder*: escrever; *Beschwerde* ~, *Klage* ~ queixar-se (*über ac.* de; *bei* a); *Krieg*: fazer conduzir; *Leben*: levar; *Prozeß* ~ pleitear; *in Versuchung* ~ tentar; *Waren*: vender; ter (à venda); *weiter* ~ continuar; adiantar; *zu weit* ~ levar (muito) longe; *bei sich* ~ trazer; *sich gut usw.* ~ (com)portar-se; ~**d** *adj.* dirigente; mais importante; representativo.

'**Führer** ['fy:rər] *m* condutor *m*; *Auto*: motorista *m*, * volante *m*; ✈ piloto (*'ô) *m*; (*Fremden*2) guia *m*; *Pol.* chefe *m*, dirigente *m*; ⚕ dire[c]tor *m*; ~**in** *f* dire[c]tora *f*; ~**prinzip** *n* (*-s*; *0*) princípio *m* autoritário; ~**raum** ✈ *m* (*-es*; *⸗e*) cabine *f* do piloto (*'ô); ~**schaft** *f* dire[c]ção *f*; ~**schein** *m* carta *f* de condução (*od.* ✈ de piloto [*'ô]); ~**sitz** *m* (*-es*; *-e*) lugar *m* do motorista (*od.* ✈ do piloto [*'ô]); ~**stand** 🚂 *m* (*-es*; *⸗e*) posto (*'ô) *m* do maquinista.

'**Fuhr|leute** *pl.* carroceiros *m/pl.*; carreteiros *m/pl.*; ~**lohn** *m* (*-es*; *⸗e*) carreto (*ê) *m*, frete *m*; ~**mann** *m* (*-es*; *-leute*) carroceiro *m*, carreteiro *m*; ~**park** ⚔ *m* (*-es*; *-s*) parque *m*.

'**Führung** ['fy:ruŋ] *f* conduta *f*; (*Benehmen*) *a.* comportamento *m*; (*Leitung*) dire[c]ção *f*, chefia *f*; (*Geschäfts*2) gerência *f*; administração *f*; ⚔ *u.* ⚓ comando *m*; *e-s Amtes*: exercício *m*; ⊕ guia *f*; condução *f*; ~ *der Bücher* ⚕ escrituração *f*; ~ *durch* visita *f* a; ~**s-anspruch** *m* (*-es*; *0*): *den* ~ *erheben auf* reclamar a chefia (*od.* a dire[c]ção) de; ~**s-bahn** *f* guia *f*; ~**s-nute** ⊕ *f* ranhura *f* em T; ~**s-zeugnis** *n* (*-ses*; *-se*) certificado *m* de conduta.

'**Fuhr|-unternehmen** ['u:] *n* empresa (*'ê) *f* de transportes; ~**unternehmer** *m* dono *m* de uma empresa (*'ê) de transportes; ~**werk** *n* (*-es*; *-e*) veículo *m*; *für Fracht*: carro *m*, carroça *f*; ~**wesen** *n* (*-s*; *0*) transportes *m/pl.*; ⚔ trem *m*.

'**Füll|bleistift** ['fyl-] *m* (*-es*; *-e*) lapiseira *f*; ~**e** ['-ə] *f* abundância *f*; plenitude *f*; 2**en**[1] encher; (*aus*~) preencher; *Geflügel*: rechear; *Zahn*: chumbar, obturar; *auf* (*od.* *in*) *Flaschen* ~ engarrafar; *in ein Faß* ~ embarricar; ~ *aus* tirar de; *bis an den Rand* ~ abarrotar; ~**en**[2] *n Zool.* poldro *m*; ~**er** *m* ; ~**feder-**

halter *m* caneta *f* de tinta permanente; **~federhaltertinte** *f* tinta *f* permanente; **~-horn** *n* (*-és*; *"er*) cornucópia *f*; **~maschine** *f* máquina *f* de enchimento; **~sel** *n*, **~ung** *f* enchimento *m*, recheio *m*; (*Zahn*≈) chumbo *m*; (*Tür*≈) almofada *f* (da porta); ⊕ carga *f*; **~wort** *n* (*-és*; *"er*) palavra *f* expletiva; partícula *f* de realce.

Fund [funt] *m* (*-és*; *-e*) achado *m*; descoberta *f*.

Funda'ment ⚠ [funda'mɛnt] *n* (*-és*; *-e*) alicerces *m/pl.*; fundamento *m*; ≈'**al** [-'ta:l] fundamental; **~anker** ⊕ *m* parafuso *m* de fundação.

'**Fund|büro** *n* (*-s*; *-s*) depósito *m* de obje[c]tos achados; **~grube** *f fig.* mina *f*; ~ *für* fonte *f* de.

fun'dieren [fun'di:rən] (-) fundamentar; assegurar; ✝ *Schuld*: consolidar; *gut fundiert* sólido.

'**Fund|-ort** *m* (*-és*; *-e*) achadeiro *m*; lugar *m* do achado; **~sache** *f* (obje[c]to *m*) achado *m*; **~stelle** *f* = *~ort*.

fünf [fynf] **1.** cinco; ~ *gerade sn lassen* não se importar muito; fechar os olhos; **2.** ≈ *f* cinco *m*; '**~armig** ['-armiç] de cinco braços; '**~blättrig** ['-blɛtriç] de cinco folhas (*ô); '≈**eck** *n* (*-és*; *-e*) pentágono *m*; '**~eckig** pentágono, pentagonal; '**~erlei** ['-ərlaɪ] cinco espécies de; '**~fach** quíntuplo; *adv.* cinco vezes; '**~hundert**(**st...**) quinhentos (quingentésimo); ≈'**jahresplan** *m* (*-és*; *"e*) plano *m* quinquenal; '**~jährig** de cinco anos; '**~jährlich** quinquenal; de cinco em cinco anos; '≈**kampf** *m* (*-és*; *"e*) *Sport*: pentalto *m*; '**~mal**(**ig** de) cinco vezes; ≈'**markstück** *n* (*-és*; *-e*) moeda *f* de cinco marcos; '**~seitig** ['-zaɪtiç] pentagonal; '≈**silber** *m*, '≈**silbig** ['zilbiç] pentassílabo; '**~tausend** cinco mil; '**~te** ['-tə] quinto; *der* (*den, am 5. März* (a, em, no dia) cinco (5) de Março; *Karl der* ≈ Carlos-Quinto; '≈**tel** *n* quinto *m*; '**~tens** (em) quinto (lugar); '**~-undzwanzig** vinte e cinco; '**~zehn** quinze; *etwa* ~ uma quinzena; '**~zehntel** *n* décimo quinto *m*; '**~zig** ['-tsiç] cinquenta; *in den* ≈*ern sn* andar na casa dos cinquenta anos; '≈**ziger**(**in** *f*) *m* quinquagenário *m* (-a *f*); F cinco tostões *pl.*; '**~zigjährig** *s.* ...*jährig*; '≈**zigstel** ['-tsiçstəl] *n*, '≈**zigste**(**r**) quinquagésimo (*m*).

fun'gieren [fuŋ'gi:rən] (-) a[c]tuar; trabalhar.

Funk [fuŋk] F *m*; (*-s*; *0*) (*Rund*~) rádio *m*, *f*, radiotelefonia *f*; '**~anlage** *f* instalação *f* radiotelefónica; estação *f* de rádio; '**~apparat** *m* (*-és*; *-e*) aparelho *m* de rádio; posto (*'ô) *m* emissor; '**~bericht** *m* (*-és*; *-e*) radiograma *m*; '**~bild** *n* (*-és*; *-er*) rádio-fotografia *f*; '**~e** ['-ə] *m* = *~en 1.*; '≈**eln** (*-le*) cintilar, brilhar; *~d adj.* resplandecente (*a. fig.*); '≈**el-nagel-neu** novinho em folha (*ô); '**~en 1.** *m* centelha *f*, faísca *f*, chispa *f*; **2.** '≈**en** telegrafar; F funcionar; '**~en-induktor** ⚡ *m* (*-s*; *-en*) carrete *m* de indução; '**~(en-)telegraphie** *f* (*0*) telegrafia *f* sem fios (*Abk.* T.S.F.); radiotelegrafia *f*; '**~er** *m* (radio-) telegrafista *m*; '**~mast** *m* (*-es*; *-e*, *-en*) antena *f*; '**~peiler** ['-paɪlər] *m* radiogoniómetro *m*; '**~peilung** *f* marcação *f* por radiogoniometria (*od.* por T.S.F.); '**~raum** *m* (*-es*; *"e*) ⚓ *u.* ✈ cabine *f* de T.S.F.; câmara *f* de radiotelegrafia; '**~-spruch** *m* (*-és*; *"e*) radiograma *m*; '**~station** *f* emissora *f*; estação *f* radiofónica, posto (*'ô) *m* de rádio.

Funkti'on [fuŋktsi'o:n] *f* função *f*; ~'**är** [-'nɛr] *m* (*-s*; *-e*) funcionário *m*; ≈'**ieren** (-) funcionar.

'**Funk|turm** *m* (*-és*; *"e*) (torre *f*) emissora *f*; **~verbindung** *f* comunicação *f* radiofónica.

für [fy:r] **1.** *prp. Zweck, Bestimmung*: para, destinado a; *Verhältnis* (*z.B. groß* ~ *sein Alter*), *Zeit*: para; *Interesse, Gunst, Stellvertretung, Wort* ~ *Wort, Tag* ~ *Tag*: por; *Preis*: por, a; *Schritt* ~ *Schritt, Blatt* ~ *Blatt*: a; *Vorteil*: a favor de; *es hat et.* ~ *sich* não parece mal; ~'*sich* por si; diferente; *ich* ~ *meine Person* (*od. meinen Teil*) cá por mim; *~s erste* por enquanto; por agora; *was* ~ *ein*(*er*) que; **2.** *adv.*: ~ *und* ~ (para) sempre; **3.** ≈ *n uv.*: *das* ~ *und Wider* o pró e o contra.

'**Fürbitt|e** *f* intercessão *f*; *Rel.* prece *f*; **~er** *m* advogado *m*, intercessor *m*.

ˈ**Furch|e** [ˈfurçə] *f* sulco *m*; (*Runzel*) ruga *f*; △ canelura *f*; 2**en** sulcar, enrugar; 2**ig** enrugado.
Furcht [furçt] *f* (*0*) medo (*ê) *m*, receio *m* (*aus* por, *vor dat* de); *in* ~ *versetzen* meter medo (*ê) a; atemorizar; ˈ2**bar** terrível, formidável, medonho.
ˈ**fürcht|en** [ˈfyrçtən] (-*e*-) temer, recear; cuidar; *sich* ~ ter medo (*ê) (*vor dat.* de); ~**erlich** terrível, formidável, medonho.
ˈ**furcht|los** intrépido; 2**losigkeit** [ˈ-lo:ziç-] *f* (*0*) intrepidez *f*; ~**sam** medroso; 2**samkeit** *f* (*0*) pusilanimidade *f*; timidez *f*.
fürˈliebnehmen (*L*) contentar-se.
Furˈnier ⊕ [furˈni:r] *n* (-*s*; -*e*) chapa *f*; 2**en** (-) chap(e)ar; ~**holz** *n* madeira *f* de folheado; contraplacado *m*.
fürs [fy:rs] = *für das*.
ˈ**Fürsorge** *f* (*0*) assistência *f* (*für* a); ~**amt** *n* (-*es*; ⸚*er*) repartição *f* de assistência; ~**anstalt** *f* tutoria *f*; ~**erziehung** *f* (*0*) educação *f* corre[c]cional; ~**r(in** *f*) *m* funcionário *m* (-a *f*) *od.* delegado *m* (-a *f*) da assistência social; ~**staat** *m* (-*es*; -*en*) Estado *m* tutelar; ~**wesen** *n* (-*s*; *0*) assistência *f* social.
ˈ**für|sorglich** cuidadoso; 2**sprache** *f* intercessão *f*; ~ *einlegen* F meter uma cunha; 2**sprecher** *m* advogado *m*; intercessor *m*.
Fürst [fyrst] *m* (-*en*) príncipe *m*; ˈ~**engeschlecht** *n* (-*es*; -*er*), ˈ~**enhaus** *n* (-*es*; ⸚*er*) dinastia *f*; ˈ~**entum** *n* (-*s*; ⸚*er*) principado *m*; ˈ~**in** *f* princesa *f*; ˈ2**lich** principesco; ˈ~**lichkeit** *f* príncipe *m*.
Furt [furt] *f* vau *m*.
Fuˈrunkel [fuˈrunkəl] *m* furúnculo *m*.
für|ˈwahr deveras; ˈ2**wort** *n* pronome *m*.
Furz V [furts] *m* (-*es*; ⸚*e*) traque *m*.
ˈ**Fusel** [ˈfu:zəl] *m* aguardente *f* ordinária.
Fusiˈon [fuziˈo:n] *f* fusão *f*.
Fuß [fu:s] *m* (-*es*; ⸚*e*) pé *m* (*zu* a; *am* ao); (*Tier*2) *a.* pata *f*; *Gebirge*: sopé *m*, *a. Säule*: base *f*; *Denkmal*: pedestal *m*; peanha *f* (*a.* ⊕); *j-m auf den* ~ *treten* pisar alg.; *fig.* magoar alg.; *gut zu* ~ *sn* ser bom andarilho; ter boas pernas; andar bem; (*festen*) ~ *fassen* (*a. fig.*) tomar pé; (*hart*) *auf dem* ~*e* de perto; mesmo a seguir; *auf großem* ~*e leben* viver à larga (*od.* à grande); *auf gleichem* ~*e* de igual a igual; *pl. j-m zu Füßen* aos pés de alg.; *j-m zu Füßen fallen a.* prostrar-se diante de alg.; *mit geschlossenen Füßen* os pés juntos; *auf eigenen Füßen stehen* ser independente; *mit Füßen treten* dar pontapés a; ˈ~**angel** *f* (-; -*n*) armadilha *f*, ratoeira *f*; ˈ~**anlasser** *m Auto*: pedal *m* de arranque; ˈ~**bad** *n* (-*es*; ⸚*er*) banho *m* aos pés; ˈ~**ball** (-**spiel** *n* [-*es*; -*e*]) *m* (-*es*; ⸚*e*) futebol *m* (*spielen* jogar o); ˈ~**ballen** *m* joanete *m*; ˈ**ballmannschaft** *f* equipa *f*, onze *m*; ˈ~**ballplatz** *m* (-*es*; ⸚*e*) campo *m* de futebol; ˈ~**ballspieler** *m* futebolista *m*, jogador *m* de futebol; ˈ~**bank** *f* (-; ⸚*e*) escabelo *m*; ˈ~**bekleidung** *f* calçado *m*; ˈ~**boden** *m* (-*s*; ⸚) chão *m*, soalho *m*, sobrado *m* (*auf dem no*); ˈ~**bremse** *f* travão *m* de pé; ˈ2**en** *fig.* basear-se, fundar-se (*auf dat.* em); ˈ~**ende** *n*: *am* ~ aos pés; ˈ~**fall** *m* (-*es*; ⸚*e*) genuflexão *f*; *fig.* prostração *f*; *e-n* ~ *tun* prostrar-se, prosternar-se (*vor dat.* diante de); ˈ2**fällig** de joelhos; prostrado; ˈ~**fesseln** *f/pl.* peias *f/pl.*; grilhões *m/pl.*; ˈ~**gänger** [ˈ-gɛŋər] *m* peão *m*; ~**gänger-übergang** *m* (-*es*; ⸚*e*) passagem *f* para a travessia de peões; ˈ~**gängerweg** *m* (-*es*; -*e*) passeio *m*; ˈ~**gas-hebel** *m Auto*: acelerador *m*; ˈ~**gicht** *f* (*0*) podagra *f*; ˈ2**hoch** da altura de um pé; ˈ~**knöchel** *m* tornozelo *m*; ˈ2**krank** doente dos pés; ˈ~**lappen** *m* pano *m* para (cobrir) os pés; ˈ~**leiste** rodapé *m*.
ˈ**Füßling** [ˈfy:sliŋ] *m* (-*s*; -*e*) pé *m* (de uma meia).
ˈ**Fuß|matte** *f* capacho *m*; ~**note** *f* anotação *f*; ~**pfad** *m* (-*es*; -*e*) atalho *m*; ~**sack** *m* (-*es*; ⸚*e*) saco *m* para meter os pés; ~**schemel** *m* banquinho *m*; ~**sohle** *f* planta *f* do pé; ~**spitze** *f* ponta *f* do pé; ~**spur** *f*, ~**stapfe** *f* pegada *f*, rasto *m*; *in j-s* ~*n treten* seguir o exemplo de alg.; ~**ste(i)g** *m* atalho *m*; ~**tritt** *m* (-*es*; -*e*) pontapé *m*; ~**truppe** *f* infantaria *f*; ~**ventil** *n* (-*s*; -*e*) válvula *f* de pé (*od.* de fundo); ~**volk**

n (-*ẹs*; *0*) infantaria *f*; **~wanderung** *f* passeio *m*; **~weg** *m* (-*ẹs*; -*e*) passeio *m*; atalho *m*; **~wurzel** *f* (-; -*n*) tarso *m*.

futsch F [futʃ]: es *ist* ~ foi-se; lá vai!

'Futter ['futər] *n* (-*s*; *0*) (*Essen*) comida *f*; (*Grün*♀) pasto *m*; forragem *f*; (*Stoff*♀) forro (*'ô) *m*; *Werkzeugmaschine*: bucha *f*; **~'al** [-'raːl] *n* (-*s*; -*e*) estojo (*'ô) *m*; **~beutel** *m* farnel *m*; **~krippe** *f* comedoiro *m*; **~mittel** *n/pl.* forragem *f/sg.*

'füttern ['fytərn] (-*re*) *v/t.* alimentar; dar de comer a, dar que comer a; *Kleid*: forrar (*mit* de).

'Futter|napf *m* (-*ẹs*; ¨*e*) comedoiro *m*; **~pflanze** *f* planta *f* forrageira; **~stück** *n* (-*ẹs*; -*e*) ⊕ peça *f* de enchimento; **~trog** *m* (-*ẹs*; ¨*e*) = *~napf*.

'Fütterung ['fytəruŋ] *f* *Tiere*: pasto *m*, forragem *f*; *Kleid*: forro (*'ô) *m*, forramento *m*.

Fu'tur [fu'tuːr] *n* (-*s*; -*e*) futuro *m*; **~'ismus** *m* (-; *0*) futurismo *m*; **~'ist** *m* (-*en*), **♀'istisch** futurista *m*.

G

G, g [ge:] *n uv.* G, g *m*; ♪ sol *m.*
'**Gabe** ['ga:bə] *f* dom *m*, prenda *f* (*a. fig.*); dádiva *f*; presente *m*; ⚕ dose *f*; *milde* ~ esmola *f.*
'**Gabel** ['ga:bəl] *f* (-; -*n*) garfo *m* (*a.* ⊕); ↗ forcado *m*; **~-arm** *m* (-*es*; -*e*) lança *f*, timão *m*; **~deichsel** *f* (-; -*n*) varais *m/pl.*; **2förmig** [-fœrmiç] bifurcado; **~frühstück** *n* (-*es*; -*e*) almoço (*'ô) *m*; **2n** (-*le*) (a)forquilhar; *sich* ~ bifurcar-se; **~schlinge** ⊕ *f* mangote *m*; **~ung** *f* bifurcação *f*; **~voll** *f* (-; -) garfada *f*; **~zinke** *f* ponta *f* do garfo.
'**gackern** ['gakərn] **1.** (-*re*) cacarejar; **2.** 2 *n* cacarejo *m.*
'**gaff|en** ['gafən] olhar embasbacado; F papar moscas; **2er** *m* papa-moscas *m.* [(*'ô) *m.*]
'**Gage** ['ga:ʒə] *f* paga *f*, ⚔ soldo
'**gähnen** ['gɛ:nən] bocejar.
ga'lant [ga'lant] galante; (*höflich*) cortês.
Galante'rie [galantə'ri:] *f* galantaria *f*, garbo *m*, galanteio *m*; **~waren** *f/pl.* quinquilharias *f/pl.*, miudezas *f/pl.*; artigos *m/pl.* de luxo.
Ga'leere [ga'le:rə] *f* galera *f*, galé *m*; **~nsträfling** *m* (-*s*; -*e*) galeote *m.*
Gale'rie [galə'ri:] *f* galeria *f*; tribuna *f*; *Thea.* Geral *f.*
'**Galgen** ['galgən] *m* forca (*'ô) *f*; patíbulo *m*; *an den* ~ *kommen* ser enforcado; **~frist** *f* muito pouco tempo; quarto *m* de hora de graça; **~gesicht** *n* (-*es*; -*er*) cara *f* patibular; **~-humor** *m* (-*s*; *0*) alegria *f* macabra; **~strick** *m* (-*es*; -*e*), **~vogel** *m* (-*s*; ¨) pícaro *m*, patife *m.*
Galic|ier(in *f*) *m* [ga'li:tsiər-], **2isch** galego *m* (-a *f*), da Galiza.
Ga'liz|ier(in *f*) *m* [ga'li:tsiər-], **2isch** galício *m* (-a *f*), da Galícia.
'**Gall|-apfel** *m* (-*s*; ¨) bugalho *m*; **~e** ['-ə] *f* bílis *f*; fel *m*; *fig.*: *j-m läuft die* ~ *über* alg. exalta-se, alg. irrita-se; **2en-bitter** amargo como fel; muito amargo; **~en-blase** *f* vesícula *f* biliar; **~enfieber** *n* (-*s*; *0*) febre *f* biliosa; **~enstein** *m* (-*es*; -*e*) cálculo *m* biliar.
'**Gallert** ['galərt] *n* (-*es*; -*e*) gelatina *f*; geleia *f*; **2-artig** gelatinoso; **~e** [ga'lɛrtə] *f* = *Gallert.*
'**Gall|ier(in** *f*) *m* ['galiər-], **2isch** gaulês *m* (-esa *f*), da Gália.
'**gallig** ['galiç] bilioso, amargo.
Ga'lopp [ga'lɔp] *m* (-*s*; -*e od.* -*s*) galope *m* (*im* ao; *gestreckter* largo), galopada *f*; **2'ieren** galopar; **~d** *adj.* galopante (*a.* ⚕).
Ga'losche [ga'lɔʃə] *f* galocha *f.*
gal'van|isch [gal'va:niʃ] galvânico; **~isieren** [-i'zi:rən] (-) galvanizar; **2o'meter** *n* galvanómetro *m*; **2o-'plastik** *f* galvanoplástica *f.*
Ga'masche [ga'maʃə] *f* polaina *f.*
Gang [gaŋ] *m* (-*es*; ¨*e*) (*Weg*) caminho *m*, (*Durch*2) passeio *m*; via *f*; passagem *f*, travessa *f*; ⛫ corredor *m* (*a.* 🚃), passadiço *m*; *unterirdischer*: galeria *f*; *Anat.* conduto *m*; *geschäftlicher*: comissão *f*, serviço *m*; (*Spazier*2) passeio *m*; volta *f* (*machen* dar); *Gestirn*: curso *m*; (*Bewegung*) andamento *m*; movimento *m*; *Zool. vgl.* **~art**; *Ereignisse u.* ⚚ marcha *f*; ⊕ arranque *m*; *Auto*: velocidade *f* (*einschalten* meter); *Essen*: prato *m*; *als erster* ~ de entrada *f*; *Fechtk.* assalto *m*; *Lit.* entrecho *m*, enredo *m*; ⚒ galeria *f*, corredor *m*; (*Erz*2) veio *m*, filão *m*; *im* (*vollen*) **~e** *sn* estar em (plena) marcha, estar em (pleno) curso; *in* ~ *bringen*, *in* ~ *setzen* pôr a andar, pôr em andamento; *fig.* a(c)tivar; '**~art** *f* andamento *m*; ⚒ *Erz*: ganga *f*; *Zool.* andadura *f*, passo *m*; '**2bar** praticável, viável; *fig.* corrente; ⚚ ~ *sn* ter venda.
'**Gängel|band** ['gɛŋəl-] *n* (-*es*; ¨*er*) andadeiras *f/pl.*; *am* ~ *führen* = **2n** (-*le*) conduzir em andadeiras.
'**Gang|hebel** *m*, **~schaltung** *f* ⊕ mudança *f* de velocidade.
'**gängig** ['gɛŋiç] corrente; ⚚ ~ *sn* ter venda.
Gans [gans] *f* (-; ¨*e*) ganso *m*; (*wilde*) lavanco *m*; *fig.* (*dumme*) ~ parva *f.*
'**Gänse|blümchen** ['gɛnzəblymçən] *n* margarida *f*, malmequer *m*, bo-

nina *f*; **~braten** *m* ganso *m* assado; **~füßchen** [-fysçən] *n/pl. Typ.* aspas *f/pl.*; comas *f/pl.*; **~haut** *f* (*0*) *fig.* pele *f* arripiada; F pele *f* de galinha; *mich überläuft e-e ~* arripia-se-me a pele; **~klein** *n* (*-s*; *0*) cabidela *f* de ganso; **~leberpastete** *f* «foie-gras» (*fr.*) *m*; fígado *m* de ganso; **~marsch** *m* (*-es*; *0*) fila *f* indiana; **~rich** [-riç] *m* (*-es*; *-e*) ganso *m* macho; **~schmalz** *n* (*-es*; *0*) gordura (*od.* enxúndia) *f* de ganso; **~wein** F *m* (*-es*; *0*) água *f*.

ganz [gants] **1.** *adj.* todo; (*ungeteilt*) inteiro; (*heil*) inta(c)to; (*vollständig*) completo; *die ~e Stadt* toda a cidade; a cidade inteira; *von ~em Herzen* de todo o coração; *~e Note* ♩ semibreve *f*; *wieder ~ machen* reparar, consertar; **2.** *adv.* inteiramente, completamente, de todo; *vor adj. u. adv. a.*: muito, bem; *ein ~ bißchen* muito pouco; (*ziemlich*) bastante; *~ und gar* completamente, totalmente; *~ und gar nicht* nada, de modo algum; *~ recht* exa(c)tamente; *~ recht haben* ter toda a razão; **3.** '**≈e(s)** *n* todo *m*, conjunto *m*; (*Summe*) total *m*; (*~e Zahl*) inteiro *m*; *im ≈en* ao total, ao todo; em resumo; em conjunto; '**≈fabrikat** *n* (*-es*; *-e*) produto *m* acabado; '**≈heit** *f* (*0*) totalidade *f*; '**≈heitsmethode** *f* (*0*) método *m* global (*od.* integral); '**≈leder** *n* (*-s*; *0*): *in ~* em couro.

gänzlich ['gɛntsliç] total, completo; *adv. a.* inteiramente.

'**Ganzmetall** *n* (*-s*; *0*): *aus ~* metálico.

gar [ga:r] **1.** *adj.* pronto; bem cozido; *~ machen Leder*: curtir; **2.** *adv.* bem, muito; (*sogar*) até; (*vielleicht*) porventura; *~ nicht* nada; de modo algum; *~ nichts* absolutamente nada; *~ keiner* absolutamente ninguém; *~ zu* (*sehr*) demasiado; *warum nicht ~!* não faltava mais nada!; ora essa!

Ga'rage [ga'ra:ʒə] *f* garage (*m*) *f*.

Ga'rage [ga'ra:ʒə] *f* garage(m) *f*.

Garant [ga'rant] *m* (*-en*) garante *m*; **~ie** [-'ti:] *f* garantia *f*; **≈'ieren** (-) garantir.

'**Gar-aus** *m uv.*: (*dat.*) *den ~ machen* acabar com; aniquilar (*ac.*).

'**Garbe** ['garbə] *f* feixe *m* (*binden* fazer).

'**Garde** ['gardə] *f* guarda *f*.

Garde'robe [gardə'ro:bə] *f* guarda-roupa *m*; vestuário *m*; *Thea. a.* roupagem *f*.

Garde'roben|frau *f* mulher *f* do vestiário; **~-halter** *m* cabide *m*; **~-marke** *f* ficha *f* (do vestiário); **~-raum** *m* (*-es*; *⸚e*), **~schrank** *m* (*-es*; *⸚e*) = *Garderobe*; **~ständer** *m* bengaleiro *m*.

Gar'dine [gar'di:nə] *f* cortina *f*; **~n** *pl.* cortinado *m/sg.*; *hinter schwedischen ~n* F na prisão; **~npredigt** *f* sermão *m*; F esfola-gato *m*.

'**gär|en** ['gɛrən] fermentar; *Teig*: levedar; *fig.* ferver; **~ig** refervido.

Garn [garn] *n* (*-es*; *-e*) fio *m*; (*Netz*) rede (*'ê) *f*; *j-m ins ~ gehen* deixar-se apanhar por alg.; '**~-haspel** *f* (*-*; *-n*) bobina *f*.

gar'nier|en [gar'ni:rən] (-) guarnecer; (*einfassen*) orlar; **≈ung** *f* guarnição *f*; enfeite *m*.

Garni'son [garni'zo:n] *f* guarnição *f*.

Garni'tur [garni'tu:r] *f* guarnição *f*; jogo (*'ô) *m*; (*Kleidung*) conjunto *m* (de).

'**Garn|knäuel** *n* novelo (*'ê) *m*; **~spule** *f* bobina *f*; **~winde** *f* dobadoura *f*, sarilho *m*.

'**garstig** ['garstiç] feio, antipático.

'**Garten** ['gartən] *m* (*-s*; *⸚*) jardim *m*; (*Nutz≈*) quintal *m*; (*Gemüse≈*) horta *f*; (*Obst≈*) pomar *m*; **~-anlagen** *f/pl.* parque *m/sg.*; jardim *m/sg.* público; **~-arbeit** *f* jardinagem *f*; **~bau** *m* (*-es*; *0*) horticultura *f*; **~-erde** *f* (*0*) terra *f* vegetal; **~fest** *n* (*-es*; *-e*) festa *f* no jardim (*od.* no parque); **~gerät** *n* (*-es*; *-e*) utensílio *m* de jardineiro; **~gewächs** *n* (*-es*; *-e*) hortaliça *f*; planta *f* do jardim; **~-haus** *n* (*-es*; *⸚er*) traseiras *f/pl.* da casa; = **~-häus-chen** *n* chalé *m*; casa *f* de campo; casa *f* com quintal; pavilhão *m*; **~kunst** *f* (*0*) jardinagem *f*, horticultura *f*; **~laube** *f* caramanchão *m*, cabana *f*; **~lokal** *n* (*-s*; *-e*) restaurante *m* ao ar livre (*od.* do parque); **~schlauch** *m* (*-es*; *⸚e*) mang(ueir)a *f*; **~stadt** *f* (*-*; *⸚e*) cidade-jardim *f*.

'**Gärtner** ['gɛrtnər] *m* jardineiro *m*, hortelão *m*; **~'ei** *f* jardinagem *f*; horta *f*; (estabelecimento *m* de) horticultura *f*; **~in** *f* jardineira *f*.

'**Gärung** ['gɛ:ruŋ] *f* fermentação *f*;

fig. efervescência *f*; agitação *f*; **~s-erreger** *m* fermento *m*; **~s-verfahren** *n* processo *m* de fermentação.

Gas [ga:s] *n* (-*es*; -*e*) gás *m*; '**~-angriff** ⚔ *m* (-*ẹs*; -*e*) ataque *m* de gases; '**~-anstalt** *f* fábrica *f* de gás; '**~-austausch** *m* (-*es*; *0*) troca *f* gasosa; '**~behälter** *m* gasómetro *m*; '**~beleuchtung** *f* (*0*) iluminação *f* a gás; '**~bildung** *f* gaseificação *f*; '**~brenner** *m* bico *m* de gás; queimador *m*; '**2dicht** hermético, impermeável para gás; '**~druck** *m* (-*ẹs*; *0*) pressão *f* do gás; '**~flamme** *f* chama *f* do gás; bico *m* de gás; '**2förmig** ['-fœrmiç] gaseiforme; '**2gekühlt** ['-gəky:lt] arrefecido a gás; '**~glühlicht** *n* (-*ẹs*; *0*) luz *f* *od.* lâmpada *f* (de gás) incandescente; '**2-haltig** ['-haltiç] gasoso; '**~-hahn** *m* (-*ẹs*; ⁼*e*) torneira *f* de gás; '**~-hebel** *m* *Auto*: acelerador *m*; '**~-herd** *m* (-*ẹs*; -*e*), '**~kocher** *m* fogão *m* a (*od.* de) gás; '**~kammer** *f* (-; -*n*) câmara *f* de gás; '**2krank** (*0*) intoxicado (por gases); '**~kühlung** *f* (*0*) arrefecimento *m* a gás; '**~leitung** *f* canos *m/pl.* do gás, canalização *f* do gás; '**~maske** *f* máscara *f* anti-gás; '**~messer** *m* contador *m* de gás; gasómetro *m*; '**~schutz** *m* (-*es*; *0*) defesa *f* contra gases; '**~schutzraum** *m* (-*ẹs*; ⁼*e*) abrigo *m* contra gases.

'**Gasse** ['gasə] *f* viela *f*, travessa *f*, beco *m*; *hohle* ~ desfiladeiro *m*; **~n-hauer** *m* modinha *f*; **~njunge** *m* (-*n*) garoto (*'ô) *m*.

Gast [gast] *m* (-*es*; ⁼*e*) (*Logier2*) hóspede *m*; (*eingeladener* ~, *Tisch2*) convidado *m*; (*Besuch*) visita *f*; (*Bade2*) banhista *m*; (*Fremder*) forasteiro *m*; (*Tischgenosse*) comensal *m*; conviva *m*; *Restaurant*: (*Stamm2*) freguês *m*; (*Hotel2*) cliente *m*; *zu* ~ *sn bei* estar (hospedado) em casa de; *zu* ~*e laden* convidar.

'**Gästebuch** ['gɛstə-] *n* (-*ẹs*; ⁼*er*) livro *m* de honra; *Hotel*: livro *m* de hóspedes.

'**gast|frei,** '**~freundlich** hospitaleiro; '**2freundschaft** *f* (*0*) hospitalidade *f*; '**2geber(in** *f*) *m* anfitrião *m*, dono *m* (-a *f*) da casa; '**2haus** *n* (-*es*; ⁼*er*) hospedaria *f*; pousada *f*; estalagem *f*; restaurante *m*; '**2hof** *m* (-*ẹs*; ⁼*e*) hotel *m*; **~'ieren** (-) representar (num outro teatro); '**~lich** hospitaleiro; '**2mahl** *n* (-*ẹs*; ⁼*er od.* -*e*) banquete *m*, festim *m*; '**2recht** *n* (-*ẹs*; *0*) direito *m* de hospitalidade; '**2rolle** *f* *Thea.*: e-e ~ *geben* = *2ieren*; '**2spiel** *n* (-*ẹs*; -*e*) representação *f* (de actor estranho *od.* num outro teatro); '**2stätte** *f* restaurante *m*; '**2stättengewerbe** *n* (-*s*; *0*) indústria *f* hoteleira; '**2stube** *f* sala *f* (de hóspedes); '**2vorstellung** *f* = *~spiel*; '**2wirt** *m* (-*ẹs*; -*e*) hospedeiro *m*, hoteleiro *m*; estalajadeiro *m*; '**2wirtschaft** *f* restaurante *m*; '**2zimmer** *n* quarto *m* (de hóspedes).

'**Gas|-uhr** *f* = *~messer*; **~vergiftung** *f* intoxicação *f* por gases; **~versorgung** *f* (*0*) serviço *m* de gás; **~werk** *n* (-*ẹs*; -*e*) = *~anstalt*; **~-zelle** *f* câmara *f* de gás.

'**Gatt|e** ['gatə] *m* (-*n*) marido *m*; **~en** *m/pl.* casal *m/sg.*; **~er** *n* grade *f*; **~in** *f* mulher *f*, esposa (*ô) *f*; **~ung** *f* *Zool. u.* ⚘ espécie *f*; classe *f*; género *m* (*a. Lit.*); **~ungs...**: *in Zssg(n)* genérico.

Gau [gau] *m* (-*ẹs*; -*e*) distrito *m*; comarca *f*; cantão *m*.

'**Gaukel|bild** ['gaukəl-] *n* (-*ẹs*; -*er*) fantasma *m*, fantasmagoria *f*; **~'ei** [-'laɪ] *f* prestidigitação *f*; *fig.* ilusão *f*; charlatanaria *f*; **2n** (-*le*) fazer jogos de passe-passe (*od.* de prestidigitação); **~spiel, ~werk** *n* (-*ẹs*; -*e*) = *~ei*.

'**Gaukler** ['gauklər] *m* saltimbanco *m*; *fig.* charlatão *m*.

Gaul [gaul] *m* (-*ẹs*; ⁼*e*) cavalo *m*.

'**Gaumen** ['gaumən] *m* palato *m*, palatino *m*, céu *m* da boca; paladar *m*; **~laut** *m* (-*ẹs*; -*e*) letra *f* palat(in)al; **~segel** *n* vela *f* palatina.

'**Gauner** ['gaunər] *m* gatuno *m*, ladrão *m*; trapaceiro *m*, vigarista *m*; **~'ei** [-'raɪ] *f* vigarice *f*; **2n** (-*re*) gatunar; **~sprache** *f* gíria *f*.

'**Gaze** ['ga:zə] *f* gaza *f*.

Ga'zelle [ga'tsɛlə] gazela *f*.

'**G-Dur** *n* sol *m* maior.

ge'ächtet [gə'ɛçtət] proscrito.

Ge'äder [gə'ɛ:dər] *n* (-*s*; *0*) veias *f/pl.*; ⚘, ⚒ filamento *m*.

Ge'äst [gə'ɛst] *n* (-*es*; *0*) ramada *f*.

Ge'bäck [gə'bɛk] *n* (-*ẹs*; -*e*) pastéis *m/pl.*

Ge'bälk [gə'bɛlk] *n* (-*ẹs*; *0*) vigamento *m*, travejamento *m*.

Ge'bärde [gə'bɛ:rdə] *f* gesto *m*; trejeito *m*; *pl. heftige* ~*n machen* gesticular; **≗n** (-*e*-): *sich* ~ portar--se; dar mostras de; dar-se ares de; *sich ernst* ~ assumir um ar sério; **~nspiel** *n* (-*ẹs*; *0*) mímica *f*; **~n-sprache** *f* pantomima *f*.

ge'baren [gə'ba:rən] **1.** (-): *sich* ~ (com)portar-se; proceder (de certa forma); **2.** ≗ *n* conduta *f*, procedimento *m*; porte *m*.

ge'bär|en [gə'bɛ:rən] (*L*; -) parir; *j.*: *a.* dar à luz; **≗mutter** *f* (-; ⸚) *Anat.* útero *m*, matriz *f*.

Ge'bäude [gə'bɔydə] *n* edifício *m*; construção *f*.

Ge'bein [gə'bain] *n* (-*ẹs*; -*e*), **~e** *pl.* ossada *f*/*sg.*, ossos *m*/*pl.*

Ge'bell [gə'bɛl] *n* (-*ẹs*; *0*) latido *m*; ladrar *m*.

'geb|en ['ge:bən] **1.** (*L*) dar (*verloren*: por ...; *zu verstehen*: a entender); (*über*~) entregar; ✝ *Rabatt, Kredit*: conceder; *Thea. Stück*: representar, levar à cena; *in Verwahrung* ~ depositar; (*vorhanden sn*) haver (*nicht mehr* deixar de); es *gibt* há; *auf die Post* ~ levar ao ...; *in Pension* ~ alojar, hospedar, *Schule*: pôr interno; *es j-m tüchtig* ~ dar uma tareia a alg.; *viel* (*wenig*) ~ *auf* (*ac.*) fazer (pouco) caso de; ligar muita (pouca) importância a; *von sich* ~ proferir; dar; *Speisen*: vomitar, lançar; *sich* ~ passar; *sich freundlich* ~ apresentar-se ...; **2.** **≗en** *n*: *auf* ~ *und Nehmen* a compra *f* e venda *f*; **≗er**(**in** *f*) *m* dador(a *f*) *m*, doador(a *f*) *m*.

Ge'bet [gə'be:t] *n* (-*ẹs*; -*e*) oração *f*; *ins* ~ *nehmen fig.* chamar; **~buch** *n* (-*ẹs*; ⸚*er*) breviário *m*, livro *m* de orações.

Ge'biet [gə'bi:t] *n* (-*ẹs*; -*e*) região *f*; área *f*; território *m*; terreno *m*; *j-s*: domínio *m*; *fig.* ramo *m*, campo *m*, esfera *f*; **≗en** (*L*; -) dar ordens; *j-m*: mandar (*ac.*); ~ *über* (*ac.*) dominar (*ac.*), comandar (*ac.*); *fig.* dispor de; *j-m Schweigen* ~ impor ... a alg.; **~er**(**in** *f*) *m* senhor(a *f*) *m*, soberano *m* (-a *f*); **≗erisch** imperioso, *fig. a.* urgente, absoluto; **~s-abschnitt** *m* (-*ẹs*; -*e*) sector *m*; área *f*; **~s-abtretung** *f* cessão *f* de território; **~s-anspruch** *m* (-*ẹs*; ⸚*e*) reivindicação *f* territorial; **~s-erweiterung** *f* alargamento *m* (*od.* anexação *f*) territorial; **~sstreifen** *m* zona *f*.

Ge'bilde [gə'bildə] *n* forma(ção) *f*; (*Erzeugnis*) produto *m*, criação *f*; composição *f*; complexo *m*; **≗t** **1.** *p.pt. v. bilden*; **2.** *adj. fig. j.*: culto, instruído.

Ge'bimmel [gə'biməl] *n* (-*s*; *0*) repiques *m*/*pl.*

Ge'binde [gə'bində] *n* madeixa *f*; (*Blumen*≗) grinalda *f*.

Ge'birg|e [gə'birgə] *n* serra *f*; montanha *f*; **≗ig** montanhoso.

Ge'birgs|bewohner *m* serrano *m*; montanhês *m*; **~kamm** *m* (-*ẹs*; ⸚*e*) cumeada *f*; **~kette** *f* serra *f*; cordilheira *f*; **~paß** *m* (-*sses*; ⸚*sse*) desfiladeiro *f*; **~pflanze** *f* planta *f* serrana (*od.* montesina); **~stock** *m* (-*ẹs*; ⸚*e*) maciço *m*; **~zug** *m* (-*ẹs*; ⸚*e*) cordilheira *f*.

Ge'biß [gə'bis] *n* (-*sses*; -*sse*) dentadura *f* (*künstliches* artificial, postiça); *Pferd*: freio *m*.

Ge'bläse [gə'blɛ:zə] *n* foles *m*/*pl.*; ventilador *m*.

ge'blümt [gə'bly:mt] florido, com ramagem.

Ge'blüt [gə'bly:t] *n* (-*ẹs*; *0*) sangue *m*, linhagem *f*, raça *f*.

ge'bogen [gə'bo:gən] **1.** *p.pt. v. biegen*; **2.** *adj. Nase*: aquilino.

ge'boren [gə'bo:rən] *p.pt. v. gebären*; nascido; ~ *in* (*dat.*) *a.* natural de; ~ *sn*, ~ *werden* nascer; *blind* ~, ~*e*(*r*) *Deutsche*(*r*) ... de nascimento.

ge'borgen [gə'bɔrgən] **1.** *p.pt. v. bergen*; **2.** *adj.* salvo.

Ge'bot [gə'bo:t] *n* (-*ẹs*; -*e*) mandamento *m* (*a. Rel.*), ordem *f*; *zu* ~*e stehen* estar à disposição; *die zehn* ~*e* o decálogo; **≗en** **1.** *p.pt. v.* (*ge-*) *bieten*; **2.** *adj.* indicado, necessário.

ge'brannt [gə'brant] **1.** *p.pt. v. brennen*; **2.** *adj. Kaffee*: torrado.

Ge'bräu [gə'brɔy] *n* (-*ẹs*; -*e*) bebida *f*, beberagem *f*.

Ge'brauch [gə'braux] *m* (-*ẹs*; ⸚*e*) uso *m*; (*Anwendung*) *a.* emprego (*'ê) *m*; *pl. Gebräuche Rel.* ritual *m*/*sg.*; *außer* ~ (*kommen* cair) em desuso; *in* ~ *nehmen* = **≗en** *v*/*t.* (-) usar, empregar, servir-se de; *zu* ~ *sn* servir para; **≗t** *adj.* usado, servido.

ge'bräuchlich [gə'brɔyçliç] usual, em uso, de uso, vulgar.

Ge'brauchs|-anweisung *f* modo *m*

de emprego (*'ê) (*od.* de usar); **~-artikel** *m* artigo *m* de consumo; **2fähig, 2fertig** pronto; **~gegenstand** *m* (-*ęs*; *"e*) = *~artikel*; **~-graphik** *f* (*0*) gráfica *f* aplicada; **~muster** *n* modelo (*'ê) *m* registado; **~musterschutz** *m* (-*es*; *0*) prote(c)ção *f* legal para modelos registados.

ge'brech|en [gə'brɛçən] (*L*; -): *es gebricht mir an* (*dat.*) falta(m)-me, faz(em)-me falta (*nom.*); preciso de; **2en** *n* defeito *m*; enfermidade *f*; achaque *m*; **~lich** débil, doente, achacoso; *Greis*: *a.* caduco; **2lichkeit** *f* fragilidade *f*, fraqueza *f*; decrepidez *f*.

ge'brochen [gə'brɔxən] **1.** *p.pt. v. brechen*; **2.** *adj. fig. j.*: abalado; **3.** *adv.*: *~ Deutsch sprechen* arranhar o alemão.

Ge'brüder [gə'bry:dər] *pl.* irmãos *m/pl.*

Ge'brüll [gə'bryl] *n* (-*ęs*; *0*) urro *m*; *Stier*: bramido *m*; *Rind*: mugido *m*; *Löwe*: rugido *m*; *a. fig.* vozearia *f*.

Ge'bühr [gə'by:r] *f* (*Abgabe*) taxa *f*, direito *m*; ✉ porte *m*; (*Kosten*) emolumento *m*; (*Zahlung*) propina *f*; *nach ~* devidamente; *über ~* mais do que era preciso, sobremaneira.

ge'bühren [gə'by:rən] (-) dever-se, ser devido; *sich ~* ser justo; convir; **~d** devidamente; **2-erlaß** *m* (-*sses*; *"sse*) isenção *f* de propinas; **2-ordnung** *f* tarifa *f*, tabela *f*, pauta *f*; **~pflichtig** [-pfliçtiç] sujeito a direitos *usw.*; **2rechnung** *f* ⚖ minuta *f*.

ge'bunden [gə'bundən] *p.pt. v. binden*; *adj. fig.* comprometido; **2heit** *f* (*0*) vinculação *f*; falta *f* de liberdade.

Ge'burt [gə'burt] *f* nascimento *m*; (*Herkunft*) *a.* origem *f*; (*Gebären*) parto *m*; *vor* (*nach*) *Christi ~* antes (depois) de Cristo; **~enbeschränkung** *f* limitação *f* de nascimentos; **~enregelung** *f* controle (*'ô) *m* da natalidade; **~enrückgang** *m* (-*ęs*; *"e*) baixa *f* de natalidade; **~enüberschuß** *m* (-*sses*; *"sse*) excedente *m* de nascimentos; **~enziffer** *f* (-; -*n*) natalidade *f*; **~enzuwachs** *m* (-*es*; *0*) aumento *m* de natalidade.

ge'bürtig [gə'byrtiç] natural (*aus* de).

Ge'burts|-adel *m* (-*s*; *0*) nobreza *f* de sangue, nobreza *f* hereditária; **~-anzeige** *f* participação *f* de nascimento; **~fehler** *m* defeito *m* natural; **~-helfer** *m* médico *m* parteiro; **~-helferin** *f* parteira *f*; **~-hilfe** *f* (*0*) obstetrícia *f*; **~jahr** *n* (-*ęs*; -*e*) ano *m* de nascimento; **~land** *n* (-*ęs*; *"er*) terra *f* natal, país *m* natal; **~-ort** *m* (-*ęs*; -*e*) lugar *m* do nascimento; **~schein** *m* (-*ęs*; -*e*) certidão *f* de idade; **~tag** *m* (-*ęs*; -*e*) dia *m* de anos, aniversário *m* (natalício); *~ haben* fazer anos; **~-urkunde** *f* = *~schein*; **~zange** ⚕ *f* fórcipe *m*, fórceps *m*.

Ge'büsch [gə'byʃ] *n* (-*es*; -*e*) mata *f*, bosque *m*.

Geck [gɛk] *m* (-*en*) janota *m*; peralta *m*.

ge'dacht [gə'daxt] *p.pt. v. denken*; *adj.* imaginário.

Ge'dächtnis [gə'dɛçtnis] *n* (-*ses*; -*se*) memória *f* (*aus dem, nach dem* de, da); *zum ~* em comemoração *f* de; *ins ~ zurückrufen* recordar, lembrar; **~feier** *f* (-; -*n*) comemoração *f*, festa *f* comemorativa; **~-kunst** *f* (*0*) mnemotecnia *f*, mnemónica *f*; **~schwäche** *f* falta *f* de memória; **~schwund** ⚕ *m* (-*ęs*; *0*) amnesia *f*.

ge'dämpft [gə'dɛmpft] *p.pt. v. dämpfen*; *adj. a. Stimme*: baixo.

Ge'danke [gə'daŋkə] *m* (-*ns*; -*n*) pensamento *m*, ideia *f* (*kommen, verfallen auf ac., haben* ter, *mir kommt der ~* lembra-me, ocorre--me); *pl. in ~n* mentalmente; *in ~n sn* pensativo, (*zerstreut*) distraído; *in ~n tun* por distra(c)ção; *in ~n versunken* preocupado, ensimesmado; *auf andere ~n bringen* (*kommen*) distrair(-se); *sich ~n machen über* (*ac.*) preocupar-se com; *kein ~!* nem se pensa nisso!

Ge'danken|-austausch *m* (-*es*; *0*) troca *f* de impressões; **~folge** *f*, **~-gang** *m* (-*ęs*; *"e*) ordem *f* de ideias (*é); **~freiheit** *f* (*0*) liberdade *f* de pensamento; **~gut** *n* (-*ęs*; *0*) ideário *m*; ideologia *f*; **2los** (-*est*) distraído; descuidado; irrefle(c)tido; **~losigkeit** [-lo:ziç-] *f* descuido *m*, inadvertência *f*; **2reich** profundo; **~splitter** *m* aforismo *m*; **~strich** *m* (-*ęs*; -*e*) travessão *m*; **2voll** pensativo; **~welt** *f* (*0*) pensamento(s) *m*(*pl.*).

Ge'därm(e) [gə'dɛrm(ə)] *n* (-*es*; -*e*) intestinos *m/pl.*; F tripas *f/pl.*

Ge'deck [gə'dɛk] *n* (-*es*; -*e*) talher *m*; (*Mahlzeit*) refeição *f*.

Ge'deih [gə'daɪ] *m uv.*: *auf ~ und Verderb* a todo o risco, para a vida e para a morte; **2en** (*L*; -; *sn*) prosperar; ♀ medrar, crescer, dar-se; *gut ~ a.* atingir grande porte; *fig.* dar bons resultados; *so weit gediehen sn, daß* ter chegado a tal ponto que; **~en** *n* prosperidade *f*; ♀ medra(nça) *f*; **2lich** próspero, propício.

ge'denk|en [gə'dɛŋkən] (*L*; -) (*gen. od. an ac.*) pensar (em); (*sich erinnern*) lembrar-se (de), recordar-se (de); (*erwähnen*) fazer menção de; *feierlich*: comemorar (*ac.*); *zu* (*inf.*) ~ (*beabsichtigen*) tencionar (*inf.*); **2en** *n* memória *f*; *feierliches*: comemoração *f* (*an ac.* de); **2feier** *f* (-; -*n*) festa *f* comemorativa; comemoração *f*; **2stein** *m* (-*es*; -*e*) monumento *m* (comemorativo); **2tafel** *f* (-; -*n*) placa *f* comemorativa; **2tag** *m* (-*es*; -*e*) aniversário *m*.

Ge'dicht [gə'diçt] *n* (-*es*; -*e*) poesia *f*; poema *m*; **~sammlung** *f* cole(c)ção *f* de poesias, antologia *f*, crestomatia *f*.

ge'diegen [gə'di:gən] sólido; puro; *Holz*: maciço; F curioso.

Ge'dräng|e [gə'drɛŋə] *n* (-*s*; *0*) aperto (*ê) *m*; *ins ~ kommen* abarrancar-se; **2t** *adj.* apinhado; *~ voll* à cunha; *fig. Stil*: conciso.

ge'drückt [gə'drykt] *p.pt. v. drükken*; *adj. fig. j.*: deprimido; **2-heit** *f* (*0*) depressão *f*, tristeza *f*.

ge'drungen [gə'druŋən] *p.pt. v. dringen* b; *adj. Wuchs*: baixo(te); *Stil*: conciso; (*gezwungen*) constrangido.

Ge'duld [gə'dult] *f* (*0*) paciência *f* (*mir reißt* acaba-se me); pachorra *f*; **2en** [-dən] (-*e*-; -): *sich ~* ter paciência; **2ig** paciente; **~s-faden** F *m* (-*s*; ″) = *Geduld*; **2spiel** *n* (-*es*; -*e*) jogo (*'ô) *m* de paciência, quebra-cabeças *m*.

ge'dunsen [gə'dunzən] inchado; tufado.

ge'ehrt [gə'e:rt] *p.pt. v. ehren*; *adj.* (*sehr*) *~er Herr* Excelentíssimo (*Abk.* Ex.mo) Senhor; * Ilustríssimo (*Abk.* Il.mo) Senhor; (*sehr*) *~e Hörer* estimados ouvintes; *Ihr ~es Schreiben* a sua estimada (carta).

ge'eignet [gə'aɪgnət] *p.pt. v. eignen*; *adj. et.*: próprio, apropriado; adequado; (*passend*) conveniente; *Zeit*: oportuno; *j.*: apto, idóneo.

Geest [ge:st] *f*, '**~land** *n* (-*es*; *0*) terreno *m* estéril.

Ge'fahr [gə'fa:r] *f* perigo *m*; (*Risiko*) risco *m* (*bringen* pôr, *laufen* correr, *schweben* estar); *auf die ~ hin zu* (*inf.*) a risco de; **~en-herd** *m* (-*es*; -*e*) *Pol.* fonte *f* (*od.* foco *m*) de conflitos.

ge'fähr|den [gə'fɛ:rdən] (-*e*-; -) pôr em perigo, arriscar; **~lich** perigoso; (*riskant*) arriscado; *Krankheit*: grave.

ge'fahrlos (-*est*) seguro, sem perigo.

Ge'fährt [gə'fɛ:rt] *n* (-*es*; -*e*) veículo *m*, carruagem *f*; **~e** *m* (-*n*) (**~in** *f*) companheiro *m* (-a *f*).

ge'fahrvoll muito perigoso.

Ge'fälle [gə'fɛlə] *n* declive *m*, pendente *f*; *Fluß*: queda *f*, *starkes ~* corrente *f* rápida; *pl.* (*Abgaben*) direitos *m/pl.*; (*Einnahmen*) emolumentos *m/pl.*

ge'fallen [gə-] **1.** (*L*; -) agradar; *j-m gefällt* alg. gosta de; *sich* (*dat.*) *~ lassen* admitir, aturar, tolerar; *sich* (*dat.*) *nichts ~ lassen* não dar o braço a torcer; *sich* (*dat.*) *~ in* comprazer-se em; **2.** **2** *n* gosto (*'ô) *m*, agrado *m*, prazer *m*; aprazimento *m*; **3.** **2** *m* (*Gefälligkeit*) favor *m*; *j-m zu ~* para obsequiar alg., para ser agradável a alg.; **4.** *p.pt. v. fallen*; **5.** *adj.* ⚔ morto em combate.

ge'fällig [gə'fɛliç] *et.*: agradável; *j.*: amável, obsequioso, solícito; *Brief*: ✝ estimado; *j-m ~ sn* obsequiar alg.; *was ist Ihnen ~?* em que posso servir?; **2keit** *f* favor *m*, obséquio *m* (*erweisen* fazer); **~st** *adv.* se faz favor.

Ge'fall|sucht [gə'fal-] *f* (*0*) afe(c)tação *f*; coquetismo *m*; **2süchtig** coquete, afe(c)tado.

ge'fangen [gə-] **1.** *p.pt. v. fangen*; **2.** *adj.* (**3.** **2e[r]** *m*) ⚖ preso (*ê) (*m*); *in Haft*: detido (*m*), ⚔ prisioneiro (*m*); **2enwärter** *m* guarda *m* de prisão, carcereiro *m*; **~-halten** (*L*) deter; **2nahme** [-na:mə] *f* (*0*) prisão *f*; detenção *f*; **~nehmen** (*L*) aprisionar, prender; ⚔ fazer prisioneiro; **2schaft** *f* (*0*) prisão *f*; cativeiro *m*; *in ~ geraten* ser feito prisioneiro; **~setzen** (-*t*) meter na prisão.

Ge'fängnis [gə'fɛŋnis] *n* (-*ses*; -*se*) prisão *f*, cadeia *f*; presídio *m*; **~-insasse** *m* (-*n*) presidiário *m*, recluso *m*; **~strafe** *f* (pena *f* de) prisão *f*; **~wärter** *m* carcereiro *m*, guarda *m* de prisão; **~-zelle** *f* cárcere *m*, cela *f*; calabouço *m*.

Ge'fasel [gə'fa:zəl] *n* (-*s*; *0*) disparates *m/pl*.

Ge'fäß [gə'fɛ:s] *n* (-*es*; -*e*) vaso *m*; (*Degen*2) punho *m*.

ge'faßt [gə'fast] **1.** *p.pt. v. fassen*; **2.** *adj*. (*ruhig*) sereno; senhor de si; ~ *sn auf* (*ac*.) estar preparado para, contar com; *sich* ~ *machen auf* (*ac*.) preparar-se para; 2**-heit** *f* (*0*) serenidade *f*, sangue-frio *m*.

Ge'fecht [gə'fɛçt] *n* (-*es*; -*e*) combate *m*, luta *f*; *außer* ~ *setzen* pôr fora de combate; **~s-stärke** *f* efe(c)tivo *m* de combatentes; **~s-übung** *f* manobra *f*, simulacro *m* de combate.

ge'feit [gə'faɪt] imune.

ge'festigt [gə'fɛstiçt] **1.** *p.pt. v. festigen*; **2.** *adj*. (*fest*) firme.

Ge'fieder [gə'fi:dər] *n* plumagem *f*; 2**t** emplumado.

Ge'filde [gə'fildə] *n* campo *m*, campina *f*.

Ge'flecht [gə'flɛçt] *n* (-*es*; -*e*) (*Flechtwerk*) entrançadura *f*; (*Draht*2) rede (*'ê) *f*; *Anat*. plexo *m*.

ge'fleckt [gə'flɛkt] manchado, malhado, salpicado.

Ge'fluche [gə'flu:xə] *n* (-*s*; *0*) praguejar *m*.

Ge'flügel [gə-] *n* (-*s*; *0*) criação *f*, aves *f/pl*. de capoeira; **~farm** *f* aviário *m*; **~-händler(in** *f*) *m* vendedor *m* (vendedeira *f*) de galinhas, galinheiro *m* (-a *f*); **~klein** *n* (-*s*; *0*) cabidela *f*; * abatis *m*; 2**t** alado (*a. fig*.), com asas; ~*e Worte fig*. sentenças *f/pl*., ditos *m/pl*. proverbiais; **~zucht** *f* avicultura *f*; **~züchter(...)** *m* avicultor *m*, (... avícola).

Ge'flüster [gə'flystər] *n* (-*s*; *0*) murmúrio *m*; sussurro *m*; segredos (*'ê) *m/pl*.; conversa *f* em voz baixa; F cochichar *m*.

Ge'folg|e [gə-] *n* (-*s*; *0*) comitiva *f*, séquito *m*; cortejo *m*; *im* ~ *haben* ter por consequência; **~schaft** *f* (*Anhänger*) sequazes *m/pl*.; (*Personal*) pessoal *m*.

ge'fragt [gə'fra:kt] *p.pt. v. fragen*; *adj*. ✝ procurado.

ge'fräßig [gə'frɛ:siç] voraz, guloso; glutão; 2**keit** *f* (*0*) voracidade *f*; gula *f*.

Ge'freite(r) [gə'fraɪtə(r)] *m* (segundo) cabo *m*.

Ge'frier|-anlage [gə'fri:r-] *f* instalação *f* frigorífera; 2**en** (*L*; -; *sn*) (con)gelar(-se); **~fleisch** *n* (-*es*; *0*) carne *f* congelada; **~kammer** *f* (-; -*n*) frigorífero *m*; **~punkt** *m* (-*es*; -*e*) ponto (*od*. termo [*ê]) *m* de congelação; *auf dem* ~ *stehen* estar a zero.

Ge'frorene(s) [gə'fro:rənə(s)] *n* gelado *m*; sorvete *m*.

Gefüg|e [gə'fy:gə] *n* estrutura *f* (*a. fig*.), encaixe *m*; ⊕ ajoujamento *m*; 2**ig** dócil; brando.

Ge'fühl [gə'fy:l] *n* (-*es*; -*e*) sentimento *m*; (*Eindruck*) impressão *f*; (*Sinneseindruck*) sensação *f*; = **~s-sinn**; ~ *haben für* ser sensível a; 2**los** insensível (*für, gegen* a); **~-losigkeit** [-lo:ziç-] *f* (*0*) insensibilidade *f*, falta *f* de sensibilidade; **~s-duselei** [-duzəlaɪ] *f* sentimentalismo *m*; **~s-leben** *n* (-*s*; *0*) vida *f* sentimental; **~s-mensch** *m* (-*en*) sentimental *m*; **~s-sache** *f* questão *f* de sentimento; **~s-sinn** *m* (-*es*; *0*) (sentido *m* do) ta(c)to *m*; 2**voll** sentimental.

ge'geben [gə-] *p.pt. v. geben*; **~enfalls** em caso afirmativo, dado o caso; eventualmente; 2**-heit** *f* realidade *f*; dado *m*.

'gegen ['ge:gən] (*ac*.) *Richtung, Zeit*: para, a; *Uhrzeit*: ~ *3* pelas três; ~ *Abend* ao anoitecer; (*ungefähr*) cerca (*ê) de; *freundlich*: para com; *feindlich*: contra; *Tausch*: contra, em troca de; *Vergleich*: em contraposição a, em comparação com; 2**-angriff** *m* (-*es*; -*e*) contra-ataque *m*; 2**-antwort** *f* tréplica *f*; 2**befehl** *m* (-*es*; -*e*) contra-ordem *f*; 2**besuch** *m* (-*es*; -*e*): *e-n* ~ *machen* retribuir uma visita; 2**beweis** *m* (-*es*; -*e*) contra-prova *f*; 2**bild** *n* (-*es*; -*er*) par *m*.

'Gegend ['ge:gənt] *f* região *f*; paisagem *f*; terra *f*.

'Gegen|dienst *m* (-*es*; -*e*) serviço (*od*. favor) *m* recíproco; **~druck** *m*

(-*ës*; *ᵘe*) contra-pressão *f*; rea(c)ção *f*; ♀**-einander** um contra *usw.* outro; ~ *antreten* enfrentar-se; ~**forderung** *f* pedido *m* de compensação; ⚖ reconvenção *f*; ~**geschenk** *n* (-*ës*; -*e*) prenda *f* dada em troca de outra; ~**gewicht** *n* (-*ës*; -*e*) contrapeso (*ê) *m*; (*dat.*) *das* ~ *halten* contrabalançar (*ac.*), contrapesar (*ac.*); ~**gift** *n* (-*ës*; -*e*) contra-veneno *m*, antídoto *m*; ~**grund** *m* (-*ës*; *ᵘe*) argumento *m* contrário; ~**kandidat** *m* (-*en*) oponente *m*; concorrente *m*; ~**klage** *f* reconvenção *f* (*anstrengen, erheben* intentar uma a(c)ção de); reconvir; ~**kurve** *f* contracurva *f*; ~**leistung** *f* equivalente *m*, compensação *f*; ~**licht** *n* (-*ës*; *0*) contraluz *f*; ~**liebe** *f* (*0*) amor *m* correspondido; *j-m* ~ *erweisen* corresponder ao amor de alg.; ~ *finden, auf* ~ *stoßen* ser correspondido no seu amor; ~**maßnahme** *f* contramedida *f*; represália *f*; ~**mittel** ⚕ *n* antídoto *m*; ~**partei** *f* oposição *f*; ⚖ partido *m* adverso; ~**rechnung** *f* verificação *f* de contas; contra-prova *f*; = ~*forderung*; ~**rede** *f* réplica *f*; (*Einwand*) obje(c)ção *f*; ~**reformation** *f* Contra-Reforma *f*; ~**revolution** *f* contra-revolução *f*; ~**satz** *m* (-*es*; *ᵘe*) contraste *m*; oposição *f*; antagonismo *m*; *im* ~ *zu* em contraposição *f* a; *im* ~ *dazu* em contrapartida *f*; *im* ~ *stehen zu* contrastar com; ♀**sätzlich** [-zɛtsliç] oposto, contrário; ~**schlag** *m* (-*ës*; *ᵘe*) resposta *f*; ~**schrift** *f* réplica *f*; ~**seite** *f* lado *m* oposto; adversário *m*, inimigo *m*; (*Umseite*) reverso *m*; ♀**seitig** [-zaɪtiç] mútuo, recíproco; ~**seitigkeit** *f* (*0*) reciprocidade *f*, mutualismo *m*; *auf* ~ = ♀*seitig*; ~**spieler** *m* adversário *m*, rival *m*; ~**stand** *m* (-*ës*; *ᵘe*) obje(c)to *m*; assunto *m*; ♀**ständig** ⚘ oposto; ♀**ständlich** [-ʃtɛntliç] obje(c)tivo, concreto; ♀**standslos** sem interesse (*ˈê); supérfluo; ~**stoß** *m* (-*es*; *ᵘe*) rechaço *m*; ricochete *m*; ⚔: *e-n* ~ *führen* fazer um contra-ataque; responder; reagir; ~**stück** *n* (-*ës*; -*e*) equivalente *m*, contrapartida *f* (*zu* de); *ein* ~ *bilden zu* corresponder a; fazer jogo com; ~**teil** *n* (-*ës*; -*e*) contrário *m* (*im* ao); ♀**teilig** = ♀*sätzlich*.

gegen-ˈüber 1. *adv.* em frente (*eo.* um do outro); **2.** *prp.* (*dat.*) em frente de, defronte de; *fig.* perante; *j-m* (= *gegen j-n*): para com; (*verglichen mit*) em comparação (com); **3.** ♀ *n j.*: vizinho *m*; *et.*: vizinhança *f*; ~**liegend** oposto; (situado) em frente; ~**stehen** (*L*; *a. sn*) (*dat.*) defrontar; estar defronte de, estar em frente de; *eo.* ~, *sich* ~ estar face a face; abarbar-se; ~**stellen** (*dat.*) opor a; *eo.* ~ confrontar; ⚖ *a.* acarear (*ac.*; *j-m* com); ♀**stellung** *f* confronto *m*, acareação *f*; ~**treten** (*L*; *sn*) (*dat.*) defrontar; pôr-se defronte de; *fig.* fazer frente a.

ˈ**Gegen|vorschlag** *m* (-*ës*; *ᵘe*) contraproposta *f*; ~**wart** [-vart] *f* (*0*) *j-s*: presença *f*; *Zeit*: a(c)tualidade *f*, época *f* a(c)tual; *Gram.* presente *m*; ♀**wärtig** [-vɛrtiç] presente, *Zeit*: *a.* a(c)tual; *adv.* a(c)tualmente; ♀**wartsnah** a(c)tual; ~**wehr** *f* defesa *f*, resistência *f*; ~**wert** *m* (-*ës*; -*e*) equivalente *m*; ~**wind** *m* (-*ës*; -*e*) vento *m* ponteiro; ~**winkel** *m* ângulo *m* oposto; ~**wirkung** *f* rea(c)ção *f*; ♀**zeichnen** (-*e*-) contra-rubricar; ~**zeichnung** *f* contra-rubrica *f*; ~**zeuge** *m* (-*n*) testemunha *f* de defesa; ~**zug** *m* (-*ës*; *ᵘe*) *Spiel*: lance *m* (*od.* mudança *f*) do adversário; 🚂 comboio *m* correspondente.

ˈ**Gegner** [ˈgeːgnər] *m*, ~**in** *f* adversário *m*, -a *f*, contrário *m*, -a *f*; *Meinung*: antagonista *m*, *f*; ⚔ *a.* inimigo *m*, -a *f*; *a. Sport*: rival *m*, *f*; ♀**isch** adversário, contrário, inimigo; rival; ~**schaft** *f* inimizade *f*; oposição *f*; antagonismo *m*; rivalidade *f*; = *Gegner pl.*

Geˈ**hackte**(s) [gəˈhaktə(s)] *n* (-*n*; *0*) carne *f* picada.

Geˈ**halt** [gəˈhalt] **1.** *m* (-*ës*; -*e*) conteúdo *m*; substância *f*; ⚗ percentagem *f* (*an dat.* de); *fig.* (*innerer*) ~ (*Wert*) valor *m* (intrínseco); **2.** *n* (-*ës*; *ᵘer*) ordenado *m*; salário *m*; ♀**los** sem substância; *fig.* sem valor; fútil; ♀**reich** de grande valor; substancioso; ~**s-empfänger** *m* assalariado *m*; empregado *m*; ~**s-erhöhung** *f* aumento *m* do ordenado; ~**s-zulage** *f* gratificação *f*; ♀**voll** = ♀*reich*.

Geˈ**hämmer** [gəˈhɛmər] *n* (-*s*; *0*) martelada(s *pl.*) *f*.

Ge'hänge [gə'hɛŋə] *n* pendente *m*, penduricalho *m*.
ge'harnischt [gə'harniʃt] em arnês; *fig.* enérgico.
ge'hässig [gə'hɛsiç] hostil; odioso; **꠸keit** *f* hostilidade *f*; ódio *m*.
Ge'häuse [gə'hɔyzə] *n* caixa *f* (*a. Uhr*꠸); cápsula *f*; (*Etui*) estojo (*'ô) *m*; *Zool.* concha *f*; ♀ casa *f*, (*Kern*꠸) coração *m*.
Geh|bahn ['ge:-] *f* passeio *m*; **꠸bar** viável.
Ge'hege [gə'he:gə] *n* cerca (*ê) *f*, recinto *m*; couto *m*; *j-m ins ~ kommen fig.* incomodar alg., molestar alg., estorvar alg., meter-se com alg.
ge'heim [gə'haım] secreto; (*verborgen*) clandestino; **꠸bericht** *m* (*-es*; *-e*) relatório *m* confidencial; **꠸fach** *n* (*-es*; *⸚er*) gaveta *f* secreta; **~-halten** (*L*) *v/t.* ocultar; guardar segredo (*'ê) sobre (*ô); **꠸lehre** *f* doutrina *f* mística (*od.* esotérica *od.* oculta), arcano *m*; **꠸mittel** *n* meio *m* secreto, arcano *m*; **꠸nis** *n* (*-ses*; *-se*) segredo (*'ê) *m*; mistério *m*; **꠸nis-krämer** *m* segredeiro *m*, segredista *m*; **꠸nis-krämerei** *f* (*0*) mania *f* dos segredos; **~nis-voll** misterioso; *~ tun* andar com segredos; **꠸polizei** *f* (*0*) (**꠸polizist** *m* [*-en*] agente *m* da) polícia *f* secreta; **꠸rat** *m* (*-es*; *⸚e*) conselheiro *m* titular; **꠸schreiber** *m* escrivão *m* da puridade; **꠸schrift** *f* cifra *f*; *in ~* cifrado; **꠸tue'rei** [-tuə'raı] *f* (*0*) mania *f* dos segredos; **~tun** (*L*) fazer segredo (*'ê) (*mit* de).
Ge'heiß [gə'haıs] *n* (*-es*; *0*) ordem *f*.
'gehen ['ge:ən] **1.** *v/i.* (*L*; *-*; *sn*) ir (*nach*, *zu* [par]a, *zu j-m* à casa de alg.); (*sich bewegen*) andar; *zu Fuß*: *a.* caminhar; *Art*: marchar; ⊕ *a.* funcionar, trabalhar; (*möglich sn*) ser possível, poder-se fazer; (*weg~*) ir-se (embora); *Zug*: partir, sair; *Teig*: levedar; *Gerücht*: correr; *gut ~ Ware*: vender-se bem; *es geht mir gut* estou bem; *falsch ~ Uhr*: não estar certo; *hoch~ j.*: exaltar-se, irritar-se; *See*: estar bravo, estar encapelado; *wie geht es Ihnen?* como está?, como vai?; *wie geht's?* que tal?; *es geht* lá vai indo; assim, assim; menos mal; *es geht ein scharfer Wind* está, faz; *es ~ 6 Personen hinein* cabem; *sich ~lassen* abandonar-se, descuidar-se; *mit prp.*: *an die Arbeit ~* pôr-se a trabalhar, meter mãos à obra; *auf die Straße ~*, *Fenster*: dar para; *~ aus* sair de; *~ durch* passar por, *~ in* (*ac.*) entrar em, *hinein*: caber em; *Krankenhaus*: dar entrada em; *in See ~* fazer-se ao mar; *ins Theater ~* ir ao; *in sich ~* arrepender-se; fazer um exame de consciência; *nach mir geht es nicht* não está no meu poder; *~ über* (*ac.*) atravessar, cruzar, passar por; *über die Kräfte j-s ~* ser superior a alg.; *es geht nichts über* (*ac.*) não há como, não há nada melhor do que; *es geht um* trata-se de; está em jogo (*nom.*); *vor sich ~* suceder, acontecer; passar-se; *zu weit ~ fig.* exagerar; abusar; **2.** ꠸ *n*: *das ~ fällt ihm schwer* custa-lhe andar; *Kommen und ~* vaivem *m*.
Ge'henkte(r) [gə'hɛŋktə(r)] *m* enforcado *m*.
ge'heuer [gə'hɔyər]: *nicht ganz ~* suspeito; *da ist es nicht ~* ali anda coisa.
Ge'heul [gə'hɔyl] *n* (*-es*; *0*) uivo(s *pl.*) *m*; gritaria *f*; choradeira *f*.
Ge'hilf|e [gə'hilfə] *m* (*-n*), (**~in** *f*) ajudante *m*, *f*; servente *m*, *f*; (*Handlungs*꠸) caixeiro *m* (-a *f*); (*Geselle*) oficial *m*.
Ge'hirn [gə'hirn] *n* (*-es*; *-e*) cérebro *m*; **~-entzündung** *f* encefalite *f*; **~-erschütterung** *f* comoção *f* cerebral; **~-erweichung** *f* amolecimento *m* cerebral; **~-haut** *f* (*-*; *⸚e*), **~rinde** *f* meninge *f*; **~-haut-entzündung** *f* meningite *f*; **~schlag** *m* (*-es*; *⸚e*) apoplexia *f* cerebral; **~tätigkeit** *f* funções *f/pl.* cerebrais.
ge'hoben [gə'ho:bən] *p.pt. v. heben*; *adj. fig.* elevado, sublime; *in ~er Stimmung* alegre, entusiasmado.
Ge'höft [gə'hø:ft] *n* (*-es*; *-e*) casal *m*; quinta *f*.
Ge'hölz [gə'hœlts] *n* (*-es*; *-e*) mata *f*, bosque *m*.
Ge'hör [gə'hø:r] *n* (*-es*; *0*) ouvido *m* (*nach dem* ♪ de); *~ schenken* (*dat.*) atender (*ac.*), (*nachgeben*) ceder; *~ finden* ser escutado, ser atendido.
ge'horchen [gə-] (*-*) (*dat.*) obedecer a.
ge'hören [gə-] (*-*) *j-m*: ser de, (*a. j-m zukommen*, *zu et. ~*) pertencer a; fazer parte de; *mit dazu~* entrar em;

et. gehört mir é meu; *fig.* (*nicht*) *hierher* ~ (não) vir a propósito; (não ter nada com o assunto); (*nötig sn*) ser preciso, precisar-se; *sich* ~ ser próprio; fazer-se.

Ge'hör|gang *m* (-*ės*; ⸚*e*) canal *m* auditivo; **⁀ig** *j-m, zu et.*: pertencente a; próprio de, relacionado com; afe(c)to a; (*zukommend*) conveniente, devido; (*tüchtig*) a valer; *iron. a.*: que é uma beleza; **~leiden** *n* doença *f* dos ouvidos; **⁀los** surdo; **~losigkeit** [-lo:ziç-] *f* (*0*) surdez *f*.

Ge'hörn [gə'hœrn] *n* (-*ės*; -*e*) armação *f*; chavelho *m*; pontas *f/pl.*; chifre *m*.

Ge'hörnerv *m* (-*s*; -*en*) nervo *m* auditivo.

ge'hörnt [gə'hœrnt] cornudo; *fig.* F corneado.

ge'horsam [gə'ho:rsa:m] **1.** *adj.* obediente; **2.** ⁀ *m* (-*ės*; *0*) obediência *f*; *den* ~ *verweigern* desobedecer; **⁀s-pflicht** *f* dever *m* de obediência.

Ge'hörsinn *m* (-*ės*; *0*) (sentido *m* do) ouvido *m*.

'Geh|sport *m* (-*ės*; *0*) pedestrianismo *m*; **~steig** *m* (-*ės*; -*e*) passeio *m* lateral da rua; **~weg** *m* (-*ės*; -*e*) passeio *m*; **~werk** ⊕ *n* (-*ės*; -*e*) mecanismo *m*, rodagem *f*.

'Geier ['gaɪər] *m* abutre *m*.

'Geifer ['gaɪfər] *m* (-*s*; *0*) baba *f*, escuma *f*; **⁀n** (-*re*) babar, escumar; *fig.* raivar.

'Geig|e ['gaɪgə] *f* violino *m*, rabeca *f*; ~ *spielen* = **⁀en** tocar violino; **~enbauer** *m* violeiro *m*, fabricante *m* de violinos; **~enspieler**(**in** *f*) *m* = **~er**(**in** *f*) *m* violinista *m/f*, rabequista *m/f*.

geil [gaɪl] ⚘ viçoso, exuberante; *j.*: lascivo; '**⁀-heit** *f* (*0*) viço *m*, exuberância *f*; luxúria *f*, lascividade *f*.

'Geisel ['gaɪzəl] *f* (-; -*n*) refém *m*.

Geiß [gaɪs] *f* cabra *f*; '**~blatt** *n* (-*ės*; *0*) madressilva *f*; '**~bock** *m* (-*ės*; ⸚*e*) bode *m*.

'Geißel ['gaɪsəl] *f* (-; -*n*) açoute *m*; flagelo *m* (*a. fig.*); **⁀n** (-*le*) açoutar, flagelar; fustigar, *fig. a.* censurar; **~ung** *f* flagelação *f*.

Geist [gaɪst] *m* (-*es*; -*er*) espírito *m*, mente *f*; (*Seele*) alma *f*; (*Verstand*) inteligência *f*, intele(c)to *m*; (*Begabung*) engenho *m*; (*Genius*) génio *m*; (*Gespenst*) fantasma *m*, espe(c)tro *m*; *e-s Toten*: *a.* aparição *f*; *im* ~*e* em mente, mentalmente; *s-n* ~ *aufgeben* entregar a alma a Deus.

'Geister|banner ['gaɪstər-] *m*, **~beschwörer** [-bəʃvø:rər] *m* nigromante *m*; **~beschwörung** *f* nigromancia *f*, conjuro *m*, exorcismo *m*; **~-erscheinung** *f* aparição *f*; **⁀haft** fantástico.

'Geistes... ['gaɪstəs-]: *in Zssgn oft* mental, (*Verstandes...*) intele(c)tual; **⁀-abwesend** distraído; abstra(c)to; **~-abwesenheit** *f* (*0*) distra(c)ção *f*; **~-arbeiter** *m* (trabalhador *m*) intele(c)tual *m*; **~gabe** *f* talento *m*; **~gegenwart** *f* (*0*) presença *f* de espírito; **⁀gestört** [-gəʃtø:rt] alienado, demente; **~gestörtheit** *f* (*0*) alienação *f* mental, demência *f*; **~größe** *f* génio *m*; **⁀krank** alienado, demente; **~krankheit** *f* doença *f* mental; **⁀schwach** imbecil; **~schwäche** *f* imbecilidade *f*; **~verfassung** *f* (*0*) mentalidade *f*; ⚔ moral *f*; **⁀verwandt** congenial; **~verwandtschaft** *f* afinidade *f* intele(c)tual; **⁀verwirrt** tresloucado; **~verwirrung** *f* perturbação *f* mental; **~wissenschaft** (-**en** *pl.*) *f* Letras *f/pl.*, ciências *f/pl.* do espírito, ciências *f/pl.* morais.

'geist|ig ['gaɪstiç] espiritual, intele(c)tual; mental (*a.* ⚕); moral; *Getränk*: espirituoso, alcoólico; **⁀igkeit** *f* (*0*) espiritualidade *f*; **~lich** espiritual; (*kirchlich*) eclesiástico; clerical; *Orden*: religioso; ~*e Musik* música *f* sacra; ~*er Stand* clero *m*; **⁀liche**(**r**) *m* sacerdote *m*, padre *m*; *prot.* pastor *m*; **⁀lichkeit** *f* (*0*) clero *m*; **~los** insípido; sem graça; **~reich** espirituoso, engenhoso; brilhante; ~ *sn* ter muita graça; **~tötend** monótono, maçador; **~voll** = ~*reich*.

Geiz [gaɪts] *m* (-*es*; *0*) avareza *f*; '**⁀en** (-*t*): ~ *mit* ser avaro de; '**~-hals** *m* (-*es*; ⸚*e*), '**⁀ig**, '**~kragen** *m* avar(ent)o *m*.

Ge'jammer [gə-] *n* (-*s*; *0*) lamúrias *f/pl.*

Ge'johle [gə'jo:lə] *n* (-*s*; *0*) gritaria *f*.

Ge'keife [gə'kaɪfə] *n* (-*s*; *0*) berros *m/pl.*

Ge'kicher [gə'kiçər] *n* (-*s*; *0*) risos *m/pl.* suprimidos.

Ge'kläff(**e**) [gə'klɛf(ə)] *n* (-*ės*; *0*) latidos *m/pl.*, ganido *m*.

Ge'klapper [gə'klapər] *n* (*-s*; *0*) estrépido *m*; retintim *m*; taramelar *m*; (*Zähne*∼) tremor *m*.
Ge'klatsch(e) [gə'klatʃ(ə)] *n* (*-es*; *0*) *n* palmas *f/pl.*; *fig.* bisbilhotice *f*; mexerico *m*; mexeriquice *f*.
Ge'klimper [gə'klimpər] *n* (*-s*; *0*) piano *m* mal tocado.
Ge'klingel [gə-] *n* (*-s*; *0*) tilintar *m*.
Ge'klirr [gə'klir] *n* (*-es*; *0*) tinido *m*; *beim Zerbrechen*: estrépido *m*.
Ge'knatter [gə'knatər] *n* (*-s*; *0*) estalos *m/pl.*
Ge'knister [gə'knistər] *n* (*-s*; *0*) [crepitação *f*.]
Ge'krächze [gə'krɛçtsə] *n* (*-s*; *0*) gralhada *f*.
Ge'kreisch [gə'kraɪʃ] *n* (*-es*; *0*) gritaria *f*.
Ge'kritzel [gə'kritsəl] *n* (*-s*; *0*) gatafunhos *m/pl.*, rabiscos *m/pl.*, garatujas *f/pl.*
Ge'kröse [gə'krø:zə] *n* dobrada *f*; miudezas *f/pl.*; **∼lava** *f* (-; *∼laven*) lava *f* encordoada.
ge'künstelt [gə'kynstəlt] artificial, artificioso; *Stil*: afe(c)tado.
Ge'lächter [gə'lɛçtər] *n* risada *f*; gargalhada *f*; (*Hohn*∼) galhofa *f*, F risota *f*; in (ein) ∼ ausbrechen desatar a rir.
ge'lackmeiert [gə'lakmaɪərt] F: (der) ∼e sn ser o logrado.
Ge'lage [gə'la:gə] *n* banquete *m*, festim *m*; F patuscada *f*.
ge'lähmt [gə'lɛ:mt] *p.pt. v.* lähmen; *adj.* entrevado; ⚕ paralítico.
Ge'lände [gə'lɛndə] *n* terreno *m*; *abgeschlossenes* (*Ausstellungs*∼) recinto *m*; **∼-abschnitt** *m* (*-es*; *-e*) sector *m*, área *f*; **∼-aufnahme** *f* triangulação *f*; **∼gängig** *Auto*: do tipo (*od.* de) todo o terreno; **∼gewinn** *m* (*-es*; *-e*) conquista *f* de terreno; **∼lauf** *m* (*-es*; *⸚e*) pedestrianismo *m*; **∼r** *n* corrimão *m*; guardas *f/pl.*; (*Säulen*∼) balustrada *f*; **∼ritt** *m* (*-es*; *-e*) passeio *m* a cavalo (através dos campos); **∼verhältnisse** *n/pl.* condições *f/pl.* topográficas (*od.* de terreno).
ge'langen [gə-] (-; *sn*) chegar; zu Reichtum ∼ chegar a ser rico; zum Verkauf ∼ ser posto à venda.
Ge'laß [gə'las] *n* (*-sses*; *-sse*) lugar *m*, aposento *m*.
ge'lassen [gə-] *p.pt v.* lassen; *adj.* calmo, sereno; **∼-heit** *f* (*0*) calma *f*, serenidade *f*, sangue-frio *m*.
Gela'tin|e [ʒela'ti:nə] (*0*) gelatina *f*; **∼'ieren** (-) gelatinizar.
ge'läufig [gə-] corrente; (*vertraut*) familiar; **∼keit** *f* (*0*) facilidade *f*, agilidade *f*; ♪ técnica *f*, virtuosidade *f*.
ge'launt [gə'launt] disposto.
Ge'läut [gə'lɔyt] *n* (*-es*; *-e*), **∼e** *n* toque *m* de sinos; repique *m*; dobre *m*; (*Glockenspiel*) carrilhão *m*; (*Schellen*∼) toque *m* de guizos.
gelb [gɛlp] amarelo; **'∼braun** amarelo torrado; **'∼filter** *m* filtro *m* amarelo; **'∼lich** amarelado; **'∼schnabel** *m* (*-s*; *⸚*) fedelho *m*; **'∼sucht** *f* (*0*) icterícia *f*; **'∼süchtig** ictérico.
Geld [gɛlt] *n* (*-es*; *-er*) dinheiro *m* (kleines miúdo); (*Wechsel*∼) troco *m*; (*Münze*, *Währung*) moeda *f*; *pl* ∼er fundos *m/pl.*; e-e Menge ∼ um dinheirão *m*; zu ∼ machen vender; **'∼-angelegenheit** *f* negócio *m* financeiro; **'∼-anweisung** *f* vale *m* postal, vale *m* do correio; **'∼-aufwertung** *f* revalorização *f*; **'∼beutel** *m* bolsa *f*; **'∼brief** *m* (*-es*; *-e*) carta *f* de valor declarado; **'∼buße** *f* multa *f*; **'∼-entschädigung** *f* indemnização *f* pecuniária; **'∼-entwertung** *f* depreciação (*od.* desvalorização) *f* da moeda; **'∼forderung** *f* dívida *f* a(c)tiva; **'∼geber** *m* capitalista *m*; **'∼geschäft** *n* (*-es*; *-e*) transa(c)ção *f* financeira; **'∼geschenk** (*-es*; *-e*) *n* donativo *m*; **'∼gier** *f* (*0*) cubiça *f*; **'∼heirat** *f* casamento *m* por dinheiro; **'∼klemme** *f* apuro *m*; **'∼knappheit** *f* (*0*) falta (*od.* escassez) *f* de dinheiro; **'∼kurs** *m* (*-es*; *-e*) câmbio *m*; cotação *f*; **'∼mangel** *m* (*-s*; *0*) = ∼knappheit; **'∼markt** *m* (*-es*; *⸚e*) mercado *m* monetário; **'∼mittel** *n/pl.* meios *m/pl.* (de fortuna); recursos *m/pl.*; **'∼rolle** *f* rolo *m* de dinheiro; **'∼schrank** *m* (*-es*; *⸚e*) cofre *m*; **'∼strafe** *f* multa *f*; **'∼stück** *n* (*-es*; *-e*) peça *f*, moeda *f*; **'∼summe** *f* quantidade *f*, soma *f*; **'∼tasche** *f* bolsa *f*; **'∼-umlauf** *m* (*-es*; *0*), **'∼-umsatz** *m* (*-es*; *⸚e*) circulação *f* monetária; **'∼verlegenheit** *f* apuros *m/pl.*; **'∼wechsel** *m* câmbio *m*; **'∼wechsler** *m* cambista *m*; **'∼wert** *m* (*-es*; *-e*) valor *m* em dinheiro; **'∼wucher** *m* (*-s*; *0*) agiotagem *f*.
Ge'lee [ʒe'le:] *n* geleia *f*.

ge'legen [gə'le:gən] **1.** *p.pt. v. liegen*, **2.** *adj. örtl.* situado; sito; (*passend*) oportuno; *adv.* a propósito; ~ *kommen* fazer arranjo; *j-m ist an* (*dat.*) ~ alg. importa-se com, alg. tem empenho em; **2-heit** *f* ocasião *f* (*bei* em); *günstige*: *a.* oportunidade *f*; aberta *f*; ~ *macht Diebe* a ocasião faz o ladrão; *bei* ~ = ~*tlich*; **2-heitskauf** *m* (-*es*; ⁼*e*) compra *f* ocasional; **~tlich** ocasional, casual; *adv. a.* em tempo oportuno; acidentalmente; (*beiläufig*) de passagem; *prp.* (*gen.*) a propósito de, na altura de, por motivo de, aquando de.

gelehr|ig [gə'le:riç] dócil; **2igkeit** *f* (*0*) docilidade *f*; **2samkeit** *f* (*0*) erudição *f*; **~t** *p.pt. v. lehren*; *adj.* (**2te[r]** *m*) sábio (*m*), erudito (*m*).

Ge'leise [gə'laɪzə] *n* carril *m* (carris *pl.*); 🚂 via *f* férrea; *aus dem* ~ *kommen* descarrilar, *fig. a.* sair do bom caminho; *wieder ins* ~ *bringen fig.* endireitar, repor.

Ge'leit [gə'laɪt] *n* (-*es*; -*e*) escolta *f*; ⚓ = ~*zug*; (*Trauer*2) acompanhamento *m*, préstito *m*; *das* ~ *geben* = 2*en*; *im* ~ *fahren* ⚓ ser comboiado; *freies* ~ = **~brief** *m* (-*es*; -*e*) salvo-conduto *m*; **2en** (-*e*-; -) acompanhar; ⚔ escoltar, ⚓ *a.* comboiar; **~wort** *n* (-*es*; -*e*) prefácio *m*; *mit e-m* ~ *versehen* prefaciar; **~zug** ⚓ *m* (-*es*; ⁼*e*) comboio *m*.

Ge'lenk [gə'lɛŋk] *n* (-*es*; -*e*) articulação *f*; **~-entzündung** *f* artrite *f*; **2ig** flexível, elástico; (*flink*) ágil; **~igkeit** *f* (*0*) flexibilidade *f*, elasticidade *f*; agilidade *f*; **~pfanne** *f* *Anat.* acetábulo *m*; **~rheumatismus** *m* (-; *0*) artrite *f*; **~versteifung** *f* artrose *f*.

Ge'lichter [gə'liçtər] *n* (-*s*; *0*) ralé *f*; canalha *f*.

Ge'liebte [gə'li:ptə] *m u. f*, **~r** *m* querido *m*, -a *f*; amante *m*, *f*.

ge'lind(e) [gə'lind(ə)] suave, benigno; *adv. fig.* com indulgência; *gelindere Saiten aufziehen* não ser assim tão severo (*od.* tão exigente).

ge'ling|en [gə'liŋən] (*L*; -; *sn*) sair bem; dar bom resultado; *es gelingt j-m zu* (*inf.*) alg. consegue (*inf.*); *nicht* ~ frustrar-se, fracassar; **2en** *n* êxito *m*; sucesso *m*.

Ge'lispel [gə'lispəl] *n* (-*s*; *0*) cício *m*; (*Geflüster*) murmúrio *m*.

'gellen ['gɛlən] ressoar, zunir; **~d** *adj.* estridente.

ge'loben [gə-] (-) prometer, fazer voto.

Ge'löbnis [gə'løpnis] *n* (-*ses*; -*se*) promessa *f*; voto *m*; *ein* ~ *ablegen* = *geloben*.

'gelt|en ['gɛltən] (*L*) valer; *et. bei j-m* ~ ser muito estimado por alg.; (*gültig sn*) ser válido; *Gesetz*: estar em vigor; *für et.* ~ passar por; ~ *von* (*dat.*) poder-se dizer de; *das gilt mir* isto é comigo, isto é para mim; ~ *lassen* deixar passar, admitir; *es gilt* (*ac. od. zu inf.*) trata-se de; está em jogo; *was gilt die Wette?* quere apostar?; *jetzt gilt's!* chegou o momento!; '**~end** *adj.* vigente; em vigor; ~ *machen* fazer valer; '**2ung** *f* valor *m*; (*Gültigkeit*) validez *f*; ⚖ vigência *f*; (*Ansehen*) crédito *m*, prestígio *m*; ~ *haben* valer; ser válido; *Gesetz usw.*: estar em vigor; *zur* ~ *bringen* fazer valer; *zur* ~ *kommen, sich* (*dat.*) ~ *verschaffen* impor-se; (*dat.*) ~ *verschaffen* fazer respeitar (*ac.*); '**2ungs-bedürfnis** *n* (-*ses*; *0*) vaidade *f*; '**2ungs-bereich** *m* (-*es*; -*e*) domínio *m*; âmbito *m*; *e-s Gesetzes*: (zona *f* de) vigência *f*.

Ge'lübde [gə'lypdə] *n* voto *m*.

ge'lungen [gə'luŋən] **1.** *p.pt. v. gelingen*; **2.** *adj.* F (*seltsam*) estranho, esquisito; (*gut*) bem feito; *das ist* ~! é boa!; tem graça!

Ge'lüst [gə'lyst] *n* (-*es*; -*e*), **~e** *n* apetite *m*, desejo *m*; **2en** (-*e*-; -): *j-n gelüstet* (*es*) *nach et.* alg. deseja a.c., alg. cubiça a.c.; a.c. apetece a alg.

Ge'mach [gə'ma:x] **1.** *n* (-*es*; ⁼*er*, *poet.* -*e*) aposento *m*; **2.** 2 *adv.* devagar, lentamente.

ge'mächlich [gə'mɛ:çliç] cómodo; vagoroso; calmo; *adv.* = *gemach* 2; **2keit** *f* (*0*) comodidade *f*; paciência *f*.

Ge'mahl [gə'ma:l] *m* (-*es*; -*e*) marido *m*; esposo (*'ô) *m*; **~in** *f* esposa (*'ô) *f*, senhora *f*.

ge'mahnen [gə-] (-): *j-n an* (*ac.*) ~ recordar (*ac.*) a alg., lembrar (*ac.*) a alg.

Ge'mälde [gə'mɛ:ldə] *n* painel *m*, quadro *m*, pintura *f*; **~-ausstellung** *f* (**~galerie** *f*) exposição *f* (museu *m*, galeria *f*) de pintura.

Ge'markung [gə'markuŋ] *f* término *m.*
ge'masert [gə'ma:zərt] com veias.
ge'mäß [gə'mɛ:s] (*dat.*) segundo (*ac.*), conforme a; de acordo (*'ô) com; *adj.* adequado; **2heit** *f* (*0*) conformidade *f*; **~igt** [-içt] moderado; *Klima*: temperado.
Ge'mäuer [gə'mɔyər] *n*: *altes* ~ ruínas *f/pl.*; pardeeiro *m.*
Ge'mecker [gə'mɛkər] *n* (-*s*; *0*) berros *m/pl.*; *fig.* F (*Lachen*) risadas *f/pl.*; (*Nörgelei*) critiquice *f.*
ge'mein [gə'maɪn] comum; (*öffentlich*) *a.* público; (*gewöhnlich*) ordinário, vulgar; (*niedrig*) baixo; indecente; (*bösartig*) infame; *das* ~*e Volk* o vulgo, o povo; *der* ~*e Mann* o homem na rua; *sich* ~ *machen* baixar-se; ~*er Soldat* = **2e(r)** ⚔ *m* soldado *m* raso; praça *m*; ⚓ marinheiro *m.*
Ge'meinde [gə'maɪndə] *f* comuna *f*, comunidade *f*; *städtische*: *a.* município *m*; (*Pfarr*2) paróquia *f*; freguesia *f*; *christliche*: comunhão *f*; ~...: *in Zssgn oft* comunal, (*städtisch*) municipal; *Rel.* parroquial; **~bezirk** *m* (-*es*; -*e*) concelho *m*; **~haus** *n* (-*es*; ¨*er*) junta *f* da freguesia; *Rel.* casa *f* paroquial; **~mitglied** *n* (-*es*; -*er*) paroquiano *m*; **~rat** *m* (-*es*; ¨*e*) (*Person*: membro *m* do) conselho *m* municipal (*od. Rel.* paroquial), junta *f* da freguesia; **~schule** *f* escola *f* primária municipal; **~verwaltung** *f* administração *f* municipal; **~vorsteher** *m* regedor *m*; presidente *m* da (junta da) freguesia.
ge'mein|gefährlich: ~ *sn* constituir um perigo para o público; *j.*: ser inimigo público; **2geist** *m* (-*es*; *0*) civismo *m*; solidariedade *f*; espírito *m* de camaradagem; **~gültig** geralmente aceito; **2gut** *n* (-*es*; *0*) bens *m/pl.* públicos; *fig.* património *m* comum geralmente admitido; **2-heit** *f* baixeza *f*; vilania *f*; infâmia *f*; **~-hin** geralmente, **~nützig** [-nytsiç] de utilidade pública; de interesse (*'ê) geral; **2platz** *m* (-*es*; ¨*e*) *fig.* lugar-comum *m*; banalidade *f*; **~sam** comum; cole(c)tivo; ~*e Sache machen* fazer causa comum; mancomunar-se; *der* 2*e Markt* o Mercado Comum; *adv.* em comum; **~schädlich** prejudicial ao interesse (*'ê) geral.
Ge'meinschaft *f* comunidade *f*; cole(c)tividade *f*; sociedade *f*; *Rel.* comunhão *f*; (*Beziehungen*) relações *f/pl.*; *in* ~ (*mit*) junto (com); **2lich** em comum; **~s-erziehung** *f* (*0*) coeducação *f*; **~s-gefühl** *n* (-*es*; *0*), **~s-geist** *m* (-*es*; *0*) = *Gemeingeist*; **~s-leben** *n* (-*s*; *0*) vida *f* em comum; **~s-sinn** *m* (-*es*; *0*) = *Gemeingeist*.
Ge'mein|sinn *m* (-*es*; *0*) = ~*geist*; **2verständlich** ao alcance de todos; popular; ~ *machen* vulgarizar; **~wesen** *n* cole(c)tividade *f*; Estado *m*; república *f*; **~wohl** *n* (-*s*; *0*) bem *m* público, bem *m* comum.
Ge'menge [gə'mɛŋə] *n* mistura *f*; (*Hand*2) desordem *f*; briga *f.*
ge'messen [gə-] **1.** *p.pt. v. messen*; **2.** *adj. Schritt*: pausado; *Befehl*: categórico; (*ernsthaft*) formal; (*ruhig, gemäßigt*) sensato; comedido; **2-heit** *f* (*0*) mesura *f*; (*Ernst*) gravidade *f.*
Ge'metzel [gə'mɛtsəl] *n* matança *f*; carnificina *f.*
Ge'misch [gə'miʃ] *n* (-*es*; -*e*) mistura *f.*
'Gemme ['gɛmə] *f* camafeu *m.*
'Gems|bock ['gɛms-] *m* (-*es*; ¨*e*) macho *m* da camurça; **~e** ['-zə] *f*, **~leder** *n* (-*s*; *0*) camurça *f.*
Ge'murmel [gə'murməl] *n* (-*s*; *0*) murmurinho *m*; murmúrios *m/pl.*
Ge'müse [gə'my:zə] *n* legumes *m/pl.*; hortaliça *f*; **~bau** *m* (-*es*; *0*) horticultura *f*; **~garten** *m* (-*s*; ¨) horta *f*; **~gärtner** *m* hortelão *m*; **~händler** *m* vendedor *m* de hortaliças; **~handlung** *f*, **~laden** *m* (-*s*; ¨) loja *f* de hortaliças, F lugar *m*; **~konserven** *f/pl.* legumes *m/pl.* em conserva; **~reibe** *f* passa-legumes *m.*
Ge'müt [gə'my:t] *n* (-*es*; -*er*) ânimo *m*; alma *f*; coração *m*; mente *f*; faculdades *f/pl.* afe(c)tivas; *j-m et. zu* ~*e führen* fazer sentir (vivamente) a.c. a alg., *sich* (*dat.*) *et. zu* ~*e führen* F gozar de a.c., *iron.* ficar sabendo a.c.; **2lich** *et.*: aconchegado; confortável, cómodo; agradável; *hier ist es* ~ aqui está-se muito bem; *j.*: jovial; bem disposto; **~lichkeit** *f* (*0*) comodidade *f*, conforto (*'ô) *m*; *des Heims*: intimidade *f*; *j-s*: jovialidade *f.*

Ge'müts|-art *f* cará(c)ter *m*, mentalidade *f*; índole *f*; temperamento *m*; **~bewegung** *f* afe(c)to *m*; comoção *f*; **~-erregung** *f* emoção *f*; **2krank** hipocondríaco, melancólico; **~krankheit** *f* hipocondria *f*; depressão *f*; melancolia *f*; **~mensch** *m* (-*en*) homem *m* sensível; *ironisch* F bruto *m*; **~ruhe** *f* (*0*) serenidade *f*; **~verfassung** *f*, **~zustand** *m* (-*ės*; *⸚e*) disposição *f* mental; estado *m* de ânimo; humor *m*.

ge'mütvoll afe(c)tuoso, sensível.

ge'nau [gə'nau] exa(c)to; preciso; justo; estri(c)to; (*streng*) escrupuloso, rigoroso; *wissen*: com certeza; (*pünktlich*) pontual; *adv. Uhrzeit*: em ponto; (*sparsam*) económico; *~est Preis* ⚕ mínimo; *~ wie* tal qual, tal como; *~ nehmen* ser meticuloso (com); *~ genommen* em rigor; *~ angeben* especificar; *so ~ wie möglich* sensìvelmente; *mit ~er Not* por um triz, **2igkeit** *f* (*0*) exa(c)tidão *f*, precisão *f*, justeza *f*; economia *f*; meticulosidade *f*; (*Strenge*) *a.* rigor *m*.

Gen'darm [ʒan'darm] *m* (-*en*) guarda *m*; **~e'rie** *f* guarda *f* nacional.

ge'nehm [gə'ne:m]: *~ sn* agradar, convir; **~igen** [-igən] (-) (*annehmen*) aceitar; *Gesuch*: deferir; anuir a; (*billigen*) aprovar; *Vertrag*: ratificar; (*erlauben*) permitir, autorizar, **2igung** [-iguŋ] *f* aprovação *f*; beneplácito *m*; *Gesuch*: deferimento *m*, *Vertrag*: ratificação *f*; (*Erlaubnis*) licença *f*, autorização *f* (*erteilen* dar, = *~igen*); **~igungspflichtig** [-pfliçtiç] sujeito a autorização.

ge'neigt [gə'naıkt] **1.** *p.pt. v. neigen*, **2.** *adj.* inclinado; disposto (*zu* a); (*zu~*) afeiçoado; **2heit** *f* (*0*) inclinação *f*; afeição *f*.

Gene'ral [genə'ra:l] *m* (-*s*; -*e od.* *⸚e*) general *m*; **~-agent** *m* (-*en*) agente *m* geral; **~baß** *m* (-*sses*; *⸚sse*) baixo *m* contínuo; **~direktor** *m* (-*s*; -*en*) dire(c)tor-geral *m*; **~'feldmarschall** *m* (-*s*; *⸚e*) marechal *m* (do campo); **~i'tät** [-ali'tɛ:t] *f* os generais *m*/*pl*.; **~kommando** *n* (-*s*; -*s*) comando-geral *m*; **~leutnant** *m* (-*s*; -*s*) tenente-general *m*; **~major** *m* (-*s*; -*e*) brigadeiro *m*; **~nenner** *m* denominador *m* comum; *auf den ~ bringen* reduzir ao mesmo denominador; **~oberst** *m* (-*en*) major-general *m*; **~probe** *f* ensaio *m* geral; **~stab** *m* (-*ės*; *⸚e*) estado-maior *m*; **~streik** *m* (-*ės*; -*s*) greve *f* geral; **~versammlung** *f* assembleia *f* geral; **~vollmacht** *f* plenos poderes *m*/*pl*.; ⚕ procuração *f* geral.

Generati'on [generatsi'on] *f* geração *f*.

Gene'rator [gene'ra:tor] *m* (-*s*; -*en*) gerador *m*; **~gas** *n* gás *m* de gasogénio.

gene'rell [gene'rɛl] geral.

ge'nes|en [gə'ne:zən] (*L*; -; *sn*) convalescer, restabelecer-se; *e-s Kindes ~* dar à luz uma criança; **2ung** *f* convalescença *f*; restabelecimento *m*; **2ungs-heim** *n* (-*ės*; -*e*) sanatório *m*.

'Genfer ['gɛnfər] *m* genebrês *m*; *adj. a.* genebrino, de Genebra; **~in** *f* genebresa *f*.

geni'al [geni'a:l] genial.

Ge'nick [gə'nik] *n* (-*ės*; -*e*) nuca *f*; pescoço *m*; colo *m*; **~fang** *m* (-*ės*; *0*): *den ~ geben* jarretar; **~starre** *f* meningite *f* cérebro-espin(h)al.

Ge'nie [ʒe'ni:] *n* (-*s*; -*s*) génio *m*.

ge'nieren [ʒə'ni:rən] (-) incomodar; *sich ~* ter vergonha; fazer cerimónia.

ge'nieß|bar [gə'ni:sba:r] comestível; *~ sn a.* poder-se comer; (*trinkbar*) potável; *fig.* tolerável, suportável; **~en** *v*/*t*. (*L*; -) comer, beber; saborear; *fig.* gozar de; **2er** *m* folgazão *m*; *ein ~ sn a.* saber gozar.

Geni'talien [geni'ta:liən] *pl.* orgãos *m*/*pl*. genitais.

'Genitiv ['ge:niti:f] *m* (-*s*; -*e*) genitivo *m*.

'Genius ['ge:nius] *m* (-; *Genien*) génio *m*; *guter ~* anjo *m* custódio.

Ge'noss|e [gə'nɔsə] *m* (-*n*) companheiro *m*; camarada *m* (*a. pol.*); ⚕ sócio *m*; *~n pl.* consortes *m*/*pl*.; **~enschaft** *f* (sociedade *f*) cooperativa *f*; sindicato *m*; **~enschaftswesen** *n* (-*s*; *0*) cooperativismo *m*; sindicalismo *m*; **~in** *f* companheira *f*, camarada *f*.

Genu'es|e(r) [genu'e:zə(r)] *m* (**~in** *f*) genovês *m* (-esa *f*); **2isch** genovês.

ge'nug [gə'nu:k] bastante, suficiente; *~!* basta!; chega!; (*kurzum*) enfim; *~ zu leben* o suficiente para ...; *~ haben von fig.* estar farto de; *nicht ~, daß* não só que.

Ge'nüg|e [gə'ny:gə] *f* (*0*) suficiência *f*; (*Befriedigung*) satisfação *f*; *zur* ~ o suficiente; (*dat.*) ~ *tun*, ~ *leisten* satisfazer (*ac.*), *e-r Pflicht*: cumprir (*ac.*); **2en** (-) bastar, chegar; = *Genüge tun*; *sich* (*dat.*) ~ *lassen an* (*dat.*) contentar-se com; **2end** bastante; suficiente; (*befriedigend*) *a.* satisfatório; **2sam** modesto; (*mäßig*) sóbrio, moderado; frugal; **~samkeit** *f* (*0*) modéstia *f*; moderação *f*; sobriedade *f*.

ge'nug·tu|n (*L*) (*dat.*) satisfazer (*ac.*); **2ung** *f* (*0*) satisfação *f*; *für e-e Kränkung*: *a.* desagravo *m*; ~ *geben* (*dat.*) desagravar (*ac.*), desafrontar (*ac.*); *sich* (*dat.*) ~ *verschaffen* desagravar-se, desafrontar-se; vingar-se.

'Genus ['genus] *n* (-; *Genera*) *Gram.* género *m*; *des Verbs*: voz *f*.

Ge'nuß [gə'nus] *m* (-*sses*; *"sse*) gozo (*'ô) *m*; prazer *m*; (*a. Besitz, Nutzen*) usufruto *m*; *nach* ~ *von* depois de ter comido (*od.* bebido *od.* ingerido); **~mittel** *n* estimulante *m*; **~sucht** *f* (*0*) sensualidade *f*; sibaritismo *m*; **2süchtig** sibarítico.

Geo'graph [geo'gra:f] *m* (-*en*) geógrafo *m*; **~ie** [-a'fi:] *f* (*0*) geografia *f*; **2isch** geográfico.

Geo'lo|ge [geo'lo:gə] *m* (-*n*) geólogo *m*; **~'gie** [-o'gi:] *f* (*0*) geologia *f*; **2gisch** [-giʃ] geológico.

Geomet|er [geo-] *m* agrimensor *m*; **~rie** [-me'tri:] *f* (*0*) geometria *f*; **2risch** geométrico.

Geor'gine [geɔr'gi:nə] *f* dália *f*.

Ge'päck [gə'pɛk] *n* (-*ḗs*; *0*) bagagem *f*; **~-abfertigung** *f* despacho *m*; **~-annahme** *f* recepção *f* de bagagens; **~-aufbewahrung** *f* depósito *m* de bagagens; **~-aufgabe** *f* (*0*) despacho *m*; **~-ausgabe** *f* entrega *f* de bagagens; **~halter** *m* porta-bagagens *m*; **~netz** *n* (-*es*; -*e*) rede (*'ê) *f* das bagagens; **~raum** *m* (-*ḗs*; *"e*) depósito *m*; *Auto*: porta-mala *m*; **~schein** *m* (-*ḗs*; -*e*) guia *f*; senha *f*; **~stück** *n* (-*ḗs*; -*e*) volume *m*; mala *f*; **~träger** *m* moço (*'ô) *m* de fretes, carregador *m*; *e-s Hotels*: corre(c)tor *m*; **~versicherung** *f* seguro *m* de bagagens; **~wagen** *m* vagão *m* bagageiro (*od.* das bagagens).

ge'panzert [gə'pantsərt] *j.*: couraçado; *et. a.*: blindado.

Ge'pfeife [gə-] *n* (-*s*; *0*) assobios *m/pl.*

Ge'pflogenheit [gə'pflo:gənhaɪt] *f* costume *m*, hábito *m*.

Ge'plänkel [gə'plɛŋkəl] *n* escaramuça *f*, tiroteio *m*.

Ge'plapper [gə'plapər] *n* (-*s*; *0*) tagarelice *f*.

Ge'plärr(e) [gə'plɛr(ə)] *n* (-*ḗs*; *0*) berros *m/pl.*, choros (*'ô) *m/pl.*

Ge'plätscher [gə'plɛtʃər] *n* (-*s*; *0*) murmurinho *m*, chapinada *f*.

Ge'plauder [gə'plaudər] *n* (-*s*; *0*) cavaco *m*.

Ge'polter [gə'pɔltər] *n* (-*s*; *0*) barulho *m*.

Ge'präge [gə'prɛ:gə] *n* cunho *m*, cará(c)ter *m*.

Ge'pränge [gə'prɛŋə] *n* (-*s*; *0*) pompa *f*, fausto *m*.

Ge'prassel [gə'prasəl] *n* (-*s*; *0*) estrépito *m*, fragor *m*; *Feuer*: crepitar *m*, crepitação *f*.

ge'prüft [gə'pry:ft] *p.pt. v. prüfen*; *adj. staatlich*: diplomado.

Ge'quake [gə'kva:kə] *n* (-*s*; *0*) grasnar *m* (das rãs).

Ge'quengel [gə'kvɛŋəl] *n* (-*s*; *0*) quezília *f*.

ge'rade [gə'ra:də] **1.** *adj.* direito (*a. fig.*); re(c)to (*a. fig.*); *Zahl*: par; **2.** *adv.* direito; (*eben*) justamente, (*a. genau*) precisamente; (*soeben*) acabar de (*inf.*); ~ *dabei sn zu* estar a; ~ (*inf.*) *wollen* estar para (*inf.*); **3.** **2** *f* (linha *f*) re(c)ta *f*; **~-'aus** a direito; **~-he'raus** francamente, com franqueza, redondamente; **~machen, ~richten** (-*e*-) endireitar; **~setzen** (-*t*): *sich* ~, **~sitzen** endireitar-se; **~so** assim mesmo; **~stehen** (*L*) endireitar-se; *fig.* ~ *für* tomar a responsabilidade de; **~n-wegs** [-nve:ks], **~'zu** dire(c)tamente; *fig.* francamente.

Ge'rad|heit [gə'ra:thaɪt] *f* (*0*) re(c)tidão *f*; *fig. a.* franqueza *f*, sinceridade *f*; **2linig** [-li:niç] re(c)tilíneo.

Ge'rassel [gə'rasəl] *n* (-*s*; *0*) fragor *m*; estrépito *m*; crepitação *f*.

Ge'rät [gə'rɛ:t] *n* (-*ḗs*; -*e*) aparelho *m* (*a. Turn2, Radio2*), utensílio *m*; instrumento *m*; (*Eisen2*) ferramentas *f/pl.*

ge'raten [gə-] **1.** (*L*; -; *sn*) ~ *nach* chegar a; ~ *in* (*ac.*) cair em; *in Brand* ~ pegar fogo; *in Schwierigkeiten* ~, *an* (*ac.*) ~ encontrar; *in*

Streit ~ zangar-se; *in Wut* ~ enraivecer; *außer sich* (*dat.*) ~ ficar fora de si (*vor* com); *in Schulden* ~ contrair (*ac.*); *aneinander* ~ chegar-se; envolver-se em desordem; *gut* ~ sair bem; **2.** *p.pt. v. raten*; **3.** *adj.* (*ratsam*) conveniente.

Ge'räteturnen [gə'rɛ:tə-] *n* (*-s*; *0*) ginástica *f* aplicada.

Gerate'wohl [gə'ra:tə'vo:l] *n uv.*: *aufs* ~ ao acaso; à toa; a esmo.

ge'raum [gə'raum]: ~*e Zeit* longo espaço *m* de tempo; (por) largo tempo; *vor* ~*er Zeit* há tempos.

ge'räumig [gə'rɔymiç] espaçoso; *sehr* ~ vasto; **2keit** *f* (*0*) amplidão *f*.

Ge'räusch [gə'rɔyʃ] *n* (*-es*; *-e*) ruído *m*, barulho *m*; **~filter** *m Radio*: filtro *m* antiparasita; **2los** silencioso, sem ruído; **2voll** ruidoso; barulhento.

'gerb|en ['gɛrbən] **1.** curtir, surrar; *fig. j-m das Fell* ~ chegar a alg.; **2.** **2en** *n* curtimento *m*; **2er** *m* curtidor *m*; **2e'rei** [-ə'raɪ] *f* (fábrica *f* de) curtume(s) *m*; **2er-lohe** *f* curtume *m*, tanino *m*; **2säure** *f* (*0*), **2stoff** *m* tanino *m*, curtim *m*.

ge'recht [gə'rɛçt] justo; *j.*: *a.* justiceiro; ~ *werden j-m*: fazer justiça a; *e-r Forderung*: satisfazer (*ac.*); *in allen Sätteln* ~ *fig.* desembaraçado; **2igkeit** *f* (*0*) justiça *f* (*widerfahren lassen* fazer).

Ge'rede [gə-] *n* (*-s*; *0*) boato *m*; rumor *m*; *leeres*: palavreado *m*; *dummes*: disparates *f/pl.*; *ins* ~ *bringen* comprometer.

ge'reichen [gə-] (-): *zu et.* ~ causar (*ac.*); *j-m zum Nutzen* ~ ser em proveito de alg.; (*dat.*) *zur Ehre* ~ fazer honra a, honrar (*ac.*).

ge'reizt [gə'raɪtst] *p.pt. v. reizen*; *adj. a.* nervoso; abespinhado; **2heit** *f* (*0*) irritação *f*.

ge'reuen [gə-] (-): *es gereut mich* arrependo-me de, tenho pena de; *sich et. nicht* ~ *lassen* não se arrepender de a.c.

Ge'richt [gə'riçt] *n* (*-es*; *-e*) **a)** ⚖ juízo *m*; julgamento *m*; (~*shof*) tribunal *m* (de justiça); (*Justiz*) justiça *f*; ~ *halten* julgar; *vor* ~ *ziehen* citar; *zu* ~ *sitzen* constituir-se em tribunal; *über j-n zu* ~ *sitzen* julgar alg., processar alg.; **b)** (*Speise*) prato *m*; **2lich** ⚖ judicial, judiciário; ~ *belangen* acusar; intimar.

Ge'richts|-akte *f* auto *m*; **~-arzt** *m* (*-es*; *⸗e*) médico *m* judicial; **~-assessor** *m* (*-s*; *-en*) auxiliar *m*, adjunto *m*; **~barkeit** *f* jurisdição *f*; **~beamte(r)** *m* empregado *m* forense; **~beschluß** *m* (*-sses*; *⸗sse*) disposição (*od.* decisão) *f* do tribunal; **~bezirk** *m* (*-es*; *-e*) vara *f*; julgado *m*; **~diener** *m* oficial *m* de diligências; **~ferien** *pl.* férias *f/pl.* judiciais; **~gebäude** *n* Palácio *m* de Justiça; **~-hof** *m* (*-es*; *⸗e*) tribunal *m*; **~kosten** *pl.* custas *f/pl.* (judiciais); **~saal** *m* (*-es*; *-säle*) sala *f* de audiências; **~medizin** *f* (*0*) medicina *f* legal; **~ordnung** *f* regulamento *m* judiciário; **~schreiber** *m*, **~sekretär** *m* (*-s*; *-e*) escrivão *m*; **~sitzung** *f* reunião *f* do tribunal; (*Verhör*) audiência *f*; **~tag** *m* (*-es*; *-e*) dia *m* de audiência(s); *poet.* dia *m* de juízo; **~verfahren** *n* processo *m*; **~verhandlung** *f* (audiências *f/pl.* de um) processo *m*; **~vollzieher** *f* [-fɔltsi:ər] *m* meirinho *m*, oficial *m* de diligências; **~wesen** *n* (*-s*; *0*) justiça *f*; foro (*'ô) *m*.

ge'rieben [gə'ri:bən] *p.pt. v. reiben*; *adj. fig.* F finório, astuto, sabido.

ge'ring [gə'riŋ] pequeno; diminuto; *Wert, Umfang*: pouco; (*niedrig*) baixo; = ~*fügig*; *um ein* ~*es* por pouco; ~*er comp.* (~*st superl.*) menor (*a.* mínimo); *Qualität*: ~*er* inferior; ~*st* ínfimo; *kein* 2*erer als* o próprio; *nicht im* ~*sten* de modo nenhum; **~-achten** (*-e-*) = ~*schätzen*; **~fügig** [-fy:giç] insignificante; de pouca monta; **2fügigkeit** *f* insignificância *f*; **~schätzen** (*-t*) desprezar, menosprezar; ter em pouca conta, fazer pouco de; **~schätzig** [-ʃɛtsiç] desdenhoso, depreciativo; **2schätzung** *f* (*0*) desdém *m*, menosprezo (*'ê) *m*, desprezo (*'ê) *m*.

ge'rinn|en [gə-] (*L*; -; *sn*) coalhar, coagular-se; *Milch*: F estragar-se; **2sel** *n* (*Rinnsal*) regueira *f*, regueiro *m*; (*Blut*2) derramamento *m*; ⚕ coágulo *m*.

Ge'ripp|e [gə-] *n* esqueleto *m*; ⊕ *u.* ⚓ carcaça *f*, casco *m*; **2t** ⚠ canelado; estriado; ⚘ nervado.

ge'rissen [gə'risən] **1.** *p.pt. v. reißen*; **2.** *adj. fig.* sabido.

Ger'man|e [gɛr'ma:nə] *m* (*-n*) (~*in f*) germano *m* (-a *f*); **2isch**

germânico; ~'**ist** *m* (*-en*) germanista *m*; ~'**istik** *f* (*0*) filologia *f* germânica.
'**gern**|(**e**) ['gɛrn(ə)] com muito gosto (*'ô), de boa vontade, de bom grado; ~ *haben., mögen, tun usw.* gostar de ...; ~ *gesehen* bem visto, bem acolhido; *j.*: *a.* bemquisto; *das glaube ich* ~ creio bem; 2**egroß** *m* (-; *-e*) vaidoso *m*, fanfarrão *m*.
Ge'röchel [gə'rœçəl] *n* (*-s*; *0*) estertor *m*.
Ge'röll [gə'rœl] *n* (*-ẹs*; *-e*) cascalho *m*; detritos *m*/*pl*.
'**Gerste** ['gɛrstə] *f* (*0*) cevada *f*.
'**Gersten...**: *in Zssgn oft* de cevada; ~**feld** *n* (*-ẹs*; *-er*) cevadal *m*; ~**korn** ⚕ *n* (*-ẹs*; *⸗er*) terçol *m*.
'**Gerte** ['gɛrtə] vara *f*; chibata *f*; chicote *m*; (*Reit*2) vergasta *f*.
Ge'ruch [gə'rux] *m* (*-ẹs*; *⸗e*) cheiro *m*; = ~*ssinn*; 2**los** inodoro; sem cheiro; ~**s-nerv** *m* (*-s*; *-en*) nervo *m* olfa(c)tivo; ~**s-sinn** *m* (*-ẹs*; *0*) olfa(c)to *m*; faro *m*.
Ge'rücht [gə'ryçt] *n* (*-ẹs*; *-e*) boato *m*, rumor *m*; atoarda *f*; *es geht das* ~ = 2**weise** *verlautet* corre o boato; dizem; consta.
ge'ruh|**en** [gə-] (-) dignar-se; haver por bem; ~**sam** pacatamente.
Ge'rümpel [gə'rympəl] *n* (*-s*; *0*) coisas *f*/*pl*. velhas; ferros-velhos *m*/*pl*.; trapalhada *f*; tralha *f*.
Ge'rüst [gə'ryst] *n* (*-ẹs*; *-e*) retículo *m*; suporte *m*; esqueleto *m*; △ andaime *m*; (*Aufbau*) cadafalso *m*.
ges ♪ [gɛs] *n* (-; -) sol-bemol *m*.
ge'samt [gə'zamt] global, inteiro, total.
Ge'samt...: *in Zssgn oft* total, global, integral; ~-**ansicht** *f* panorama *m*; vista *f* global; ~-**ausgabe** *f* edição *f* completa; ~**betrag** *m* (*-ẹs*; *⸗e*) montante *m*; ~**bild** *n* (*-ẹs*; *-er*) conjunto *m*; panorama *m*; 2**deutsch** de toda a Alemanha; ~-**eigentum** *n* (*-s*; *0*) propriedade *f* cole(c)tiva; bens *m*/*pl*. cole(c)tivos; ~-**eindruck** *m* (*-ẹs*; *⸗e*) impressão *f* geral; ~-**heit** *f* (*0*) totalidade *f*, conjunto *m*; cole(c)tividade *f*; ~**note** *f* nota *f* final; ~**wille** *m* (*-ns*; *0*) vontade *f* geral.
Ge'sandt|**e**(**r**) [gə'zantə(r)] *m* ministro *m* (plenipotenciário) (*deutsche*[*r*] da Alemanha); enviado *m*; *päpstlicher* ~ núncio *m* apostólico; ~**schaft** *f* legação *f* (*deutsche* da Alemanha); *päpstliche* ~ nunciatura *f*; ~**schafts...**: *in Zssgn* de legação, da legação.
Ge'sang [gə'zaŋ] *m* (*-ẹs*; *⸗e*) canto *m*; *Rel*. (*Lied*) cântico *m*, hino *m*; ~**buch** *n* (*-ẹs*; *⸗er*) cancioneiro *m*; ~**lehrer**(**in** *f*) *m* professor(a *f*) *m* de canto; ~-**unterricht** *m* (*-ẹs*; *0*) lições *f*/*pl*. de canto; ~**verein** *m* orfeão *m*; ~(**s-**)**vortrag** *m* (*-ẹs*; *⸗e*) recital *m* de canto.
Ge'säß [gə'zɛːs] *n* (*-es*; *-e*) assento *m*; nádega(s) *f*(*pl*.).
Ge'säusel [gə'zɔyzəl] *n* (*-s*; *0*) murmúrio *m*, sussurro *m*; aragem *f*.
Ge'schäft [gə'ʃɛft] *n* (*-ẹs*; *-e*) negócio *m*, ☿ *a.* transa(c)ção *f*; (*Geld*2) *a.* operação *f*; (*Handel*) comércio *m*; (*Laden*) loja *f*; (*Firma*) casa *f* comercial; (*Kontor*) escritório *m*; (*Tätigkeit*) ocupação *f*; (*häusliche* ~*e*) afazeres *m*/*pl*.; *sn* ~ *verrichten* F fazer as suas necessidades; 2**ig** a(c)tivo; (*eifrig*) solícito; ~**igkeit** *f* (*0*) a(c)tividade *f*; 2**lich** comercial; de negócios; *adv*. em negócios.
Ge'schäfts...: *in Zssgn oft* de negócio(s), comercial; ~-**abschluß** *m* (*-sses*; *⸗sse*) conclusão *f* de um negócio; balanço *m*; ~-**anteil** *m* (*-ẹs*; *-e*) quota *f*, cota *f*; ~-**aufgabe** *f* liquidação *f*; ~-**aufsicht** *f* (*0*) fiscalização *f*; ~-**auto** *n* (*-s*; *-s*) furgoneta *f*; ~**bereich** *m* (*-ẹs*; *-e*) campo *m* de a(c)ção; competência *f*; *Minister ohne* ~ sem pasta *f*; ~**bericht** *m* (*-ẹs*; *-e*) relatório (*od*. balanço) *m* de negócios; ~**brief** *m* (*-ẹs*; *-e*) carta *f* comercial; ~**buch** *n* (*-ẹs*; *⸗er*) livro *m* de comércio; ~-**eröffnung** *f* inauguração *f* da casa; ~**freund** *m* (*-ẹs*; *-e*) correspondente *m*; 2**führend** dirigente; técnico; ~**führer** *m* gerente *m*, administrador *m*; dire(c)tor *m* técnico; ~**führung** *f* gerência *f*; dire(c)ção *f* (técnica); ~**gang** *m* (*-ẹs*; *⸗e*) marcha *f* dos negócios; ~**gegend** *f* bairro *m* comercial; ~**haus** *n* (*-es*; *⸗er*) casa *f* comercial, casa *f* de comércio; ~-**inhaber** *m* patrão *m*; ~**jahr** *n* (*-ẹs*; *-e*) ano *m* económico; ~**kreis** *m* (*-es*; *-e*) = ~*bereich*; *in* ~*en* nos círculos comerciais; ~**leben** *n* (*-s*; *0*) comércio *m*; negócios *m*/*pl*.; ~**leitung** *f* dire(c)ção *f*; ~**leute** *pl*. comerciantes *m*/*pl*.; comércio *m*/*sg*.; ~**mann** *m* (*-ẹs*; *⸗er*

od. ~*leute*) homem *m* de negócios; comerciante *m*; **2mäßig** regular; **~-ordnung** *f* regulamento *m*; lei *f* orgânica; **~papiere** *n/pl.* documentos *m/pl.*, documentação *f/sg.*; **~raum** *m* (-*ès*; *ᵘe*) estabelecimento *m*; **~reise** *f* viagem *f* de negócios; **~reisende(r)** *m* caixeiro *m* viajante; **~schluß** *m* (-*sses*; *0*): ~ *haben, machen* fechar; **~-stelle** *f* escritório *m*; administração *f*; repartição *f*; **~-stil** *m* (-*es*; *0*) estilo *m* comercial; **~-stille** *f* (*0*), **~-stockung** *f* estagnação *f* de negócios; **~-stunden** *f/pl.* horas *f/pl.* de trabalho (*od.* de serviço); **~träger** *m* encarregado *m* de negócios (*deutscher* da Alemanha); **~-unkosten** *pl.* despesas *f/pl.* (gerais); **~verbindung** *f*, **~verkehr** *m* (-*s*; *0*) relações *f/pl.* comerciais; **~viertel** *n* = ~*gegend*; **~wagen** *m* furgoneta *f*; **~zweig** *m* (-*ès*; -*e*) ramo *m* do comércio.

ge'scheh|en [gə'ʃeːən] **1.** *v/i.* (*L*; -; *sn*) acontecer; suceder; dar-se; *es ist um* (*ac.*) ~ (*nom.*) está perdido; ~ *lassen* deixar fazer; *j-m geschieht recht* alg. bem o merece; **2. 2en** *n* história *f*; sucessos *m/pl.*, acontecimentos *m/pl.*; **2nis** *n* (-*ses*; -*se*) acontecimento *m*, sucesso *m*; evento *m*.

ge'scheit [gə'ʃaɪt] (-*est*) inteligente; sensato.

Ge'schenk [gə'ʃɛŋk] *n* (-*ès*; -*e*) presente *m*; prenda *f*; dádiva *f*; lembrança *f*; **~-artikel** *m* artigo *m* de luxo; lembrança *f*.

Ge'schicht|e [gə'ʃiçtə] *f* história *f*, (*Erzählung*) *a.*: conto *m*; *immer die alte* ~ sempre a mesma cantiga; *das ist e-e schöne* ~! *iron.* bem feito!; estamos arranjados!; **2lich** histórico; **~sforscher** *m* historiador *m*; **~sforschung** *f* estudos *m/pl.* históricos; **~(s)schreiber** *m* historiador *m*, historiógrafo *m*; **~(s)schreibung** *f* (*0*) historiografia *f*, historiação *f*; **~swissenschaft** *f* (*0*) ciências *f/pl.* históricas; história *f*.

Ge'schick [gə'ʃik] *n* (-*ès*; -*e*) **a)** destino *m*, sorte *f*; (*Fatum*) fado *m*; **b)** = **~lichkeit** *f* habilidade *f*; jeito *m*; **2t 1.** *p.pt. v. schicken*; **2.** *adj.* hábil, jeitoso; *sich* ~ *anstellen bei* ter jeito para.

Ge'schimpfe [gə'ʃimpfə] *n* (-*s*; *0*) ralhar *m*; *fig.* inve(c)tivas *f/pl.*

Ge'schirr [gə'ʃir] *n* (-*ès*; -*e*) (*Tisch2*) baixela *f*; louça *f*; (*Pferde2*) arreios *m/pl.*; *Küche*: trem *m* de cozinha; *ins* ~ *gehen, sich ins* ~ *legen* fazer todos os esforços.

Ge'schlecht [gə'ʃlɛçt] *n* (-*ès*; -*er*) sexo *m*; *Gram.* género *m*; (*Sippe*) família *f*, estirpe *f*, raça *f*, linhagem *f*; (*Generation*) geração *f*; **2lich** sexual; (*gattungsmäßig*) genérico; **~-lichkeit** *f* (*0*) sexualidade *f*.

Ge'schlechts|-akt *m* (-*ès*; -*e*) cópula *f*, coito *m*; **2krank**: ~ *sn* = e-e **~krankheit** *f haben* ter uma doença venérea; **~leben** *n* (-*s*; *0*) vida *f* sexual; **2los** *Zool.* neutro; ⚘ ágamo; **~name** *m* (-*ns*; -*n*) apelido *m*; **~reife** *f* puberdade *f*; **~teile** *m/pl.* orgãos *m/pl.* genitais (*od.* sexuais); **~trieb** *m* (-*ès*; *0*) instinto *m* sexual; **~verkehr** *m* (-*s*; *0*) cópula *f*; relações *f/pl.* sexuais; **~wort** *n* (-*ès*; *ᵘer*) *Gram.* artigo *m*.

Ge'schlinge [gə'ʃliŋə] *n* confusão *f*; entrelaçado *m*; *Tiere*: fressura *f*; miudezas *f/pl.*

ge'schlossen [gə'ʃlɔsən] *p.pt. v. schließen*; *adj.*: ~*e Gesellschaft* reunião *f* particular; *in sich* ~ coerente; **2heit** *f* (*0*) unidade *f*; coesão *f*; coerência *f*.

Ge'schluchze [gə'ʃluxtsə] *n* (-*s*; *0*) soluços *m/pl.*

Ge'schmack [gə'ʃmak] *m* (-*ès*; *ᵘe*) sabor *m*; (*a.* ~*ssinn u. fig.*) gosto (*'ô) *m*; ~ *finden an* (*dat.*), (*dat.*) ~ *abgewinnen* tomar gosto (*'ô) em; **2los** insípido, sensabor, sem gosto (*'ô); *fig.* de mau gosto (*'ô); **~losigkeit** [-loːziç-] *f* sensaboria *f*, falta *f* de gosto (*'ô); *fig.* mau gosto (*'ô) *m*; **~sache** *f* questão *f* de gosto (*'ô); **~s-sinn** *m* (-*ès*; *0*) gosto (*'ô) *m*; **2voll** de bom gosto (*'ô).

Ge'schmeid|e [gə'ʃmaɪdə] *n* jóias *f/pl.*; adereço *m*; **2ig** flexível; elástico; dúctil; *fig.* insinuante.

Ge'schmeiß [gə'ʃmaɪs] *n* (-*es*; *0*) bicharia *f*; canalha *f* (*a. fig.*).

Ge'schmetter [gə'ʃmɛtər] *n* (-*s*; *0*) fanfarra *f*, charanga *f*.

Ge'schmiere [gə'ʃmiːrə] *n* (-*s*; *0*) garatuja *f*; garafunhos *m/pl.*

Ge'schnatter [gə'ʃnatər] *n* (-*s*; *0*) grasnada *f*; *fig.* palavreado *m*.

Ge'schöpf [gə'ʃœpf] *n* (-*ès*; -*e*) criatura *f*.

Ge'schoß [gə'ʃɔs] *n* (-*sses*; -*sse*) projé(c)til *m*; bala *f*; ⚠ andar *m*, piso *m*; **~bahn** *f* traje(c)tória *f*.

ge'schraubt [gə'ʃraupt] *p.pt. v. schrauben*; *adj. fig.* afe(c)tado, amaneirado; retorcido.

Ge'schrei [gə-] *n* (-*ės*; *0*) gritos *m*/*pl.*; gritaria *f*; *ein ~ erheben* (*od. machen*) fazer alarido.

Ge'schütz [gə'ʃyts] *n* (-*es*; -*e*) canhão *m*; peça *f* de artilharia; *schweres ~* peça *f* pesada (*auffahren* instalar, pôr em posição); **~feuer** *n* fogo *m* de artilharia; **~rohr** *n* (-*ės*; -*e*) tubo *m* de canhão; **~turm** ⚔ *u.* ⚓ *m* (-*ės*; ⁼*e*) torre (*ô) *f* couraçada.

Ge'schwader [gə'ʃva:dər] *n* ⚓ *u.* ⚔ esquadra *f*; *von kleinen Schiffen*: esquadrilha *f*.

Ge'schwätz [gə'ʃvɛts] *n* (-*es*; *0*) palavrório *m*; **2ig** falador, loquaz; **~igkeit** *f* (*0*) verbosidade *f*; indiscreção *f*.

ge'schweige [gə'ʃvaɪgə]: *~ denn* quanto menos, ainda menos, muito menos; para já não falar de.

ge'schwind [gə'ʃvint] veloz; rápido; depressa.

Ge'schwindigkeit [gə'ʃvindiçkaɪt] *f* velocidade *f*; rapidez *f*; *mit einer ~ von* à razão de; **~sbegrenzung** *f* limitação *f* de velocidade; **~smesser** *m* taquímetro *m*; **~s-zunahme** *f* aceleração *f*.

Ge'schwister [gə'ʃvistər] *pl.* irmãos *m*/*pl.*, irmãs *f*/*pl.*; irmão *m*/*sg.* e irmã *f*/*sg.*; **~kind** *n* (-*ės*; -*er*) sobrinho *m*, -a *f*; **2lich** fraterno, fraternal.

ge'schworen [gə'ʃvo:rən] jurado; **2e(r)** *m* jurado *m*; *pl.* júri *m*/*sg*.

Ge'schwulst [gə'ʃvulst] *f* (-; ⁼*e*) tumor *m*; abscesso *m*; * *a.* calombo *m*.

Ge'schwür [gə'ʃvy:r] *n* (-*ės*; -*e*) [úlcera *f*; abscesso *m*.]

Ge'sell|e [gə'zɛlə] (-*n*) companheiro *m*; (*Handwerks2*) oficial *m*; **2en** (-): *sich ~ zu* juntar-se a, associar-se a; **2ig** *j.*: sociável; bom companheiro; *et.*: social; **~igkeit** *f* (*0*) vida *f* da (*od.* na) sociedade; *j-s*: sociabilidade *f*.

Ge'sellschaft *f* companhia *f* (*leisten* fazer); sociedade *f* (*mit beschränkter Haftung* anónima [de responsabilidade] limitada); (*Verband*) associação *f*; (*Fest2*) sarau *m*; banquete *m* (*geben* oferecer); (*Verein*) clube *m*; círculo *m*; *gute, feine*: *a.* alta roda *f*; *in ~* em grupo *m*; (*gemeinsam*) em comum; **~er** *m* ✝ sócio *m*; *guter ~* bom companheiro *m*; **~erin** *f* dama *f* de companhia; ✝ sócia *f*; *gute ~* boa companheira *f*; **2lich** social; da sociedade; (*umgänglich*) sociável, tratável.

Ge'sellschafts|-abend *m* (-*s*; -*e*) sarau *m*; **~-anzug** *m* (-*ės*; ⁼*e*) fato *m* de cerimónia; **~dame** *f* dama *f* de companhia; **~kapital** *n* (-*s*; -*ien*) capital *m* social; **~kleid** *n* (-*ės*; -*er*) traje *m* de cerimónia; **~lehre** *f* sociologia *f*; **~raum** *m* (-*ės*; ⁼*e*) sala *f*; **~reise** *f* viagem *f* cole(c)tiva; **~schicht** *f* camada (*od.* classe) *f* social; **~-spiel** *n* (-*ės*; -*e*) jogo *m* de roda; **~vertrag** *m* contrato *m* social; **~-zimmer** *n* sala *f*.

Ge'setz [gə'zɛts] *n* (-*es*; -*e*) lei *f*; *zum ~ erheben* (*werden*) dar (ter) força (*ô) de lei; **~blatt** *n* (-*ės*; ⁼*er*) Diário *m* do Governo (*ê); **~buch** *n* (-*ės*; ⁼*er*) código *m*; **~-entwurf** *m* (-*ės*; ⁼*e*) proje(c)to *m* de lei; **~esbestimmung** *f* determinação (*od.* disposição) *f* legal; **~eskraft** *f* (*0*) força (*ô) *f* de lei; **~es-übertretung** *f* transgressão (*od.* violação) *f* da lei; **~esvorlage** *f* proje(c)to *m* de lei; **2gebend** legislativo; **~geber** *m* legislador *m*; **~gebung** [-ge:buŋ] *f* legislação *f*; **2lich** legal; legítimo; *~ geschützt* registado; **~lichkeit** *f* (*0*) legalidade *f*; legitimidade *f*; **2los** anárquico; **~losigkeit** [-lo:ziç-] *f* (*0*) anarquia *f*; **2mäßig** = *2lich*; nos termos da lei; normal; regular; **~mäßigkeit** *f* regularidade *f*; normalidade *f*; **2t 1.** *p.pt. v. setzen*; **2.** *adj. fig.* sério, grave; *~ (den Fall), daß* (suposto o) caso que (*subj.*); *~es Wesen* seriedade *f*, gravidade *f*; formalismo *m*; **2widrig** ilegal; (*unrechtmäßig*) ilegítimo; **~widrigkeit** *f* ilegalidade *f*; (*Unrechtmäßigkeit*) ilegitimidade *f*.

Ge'sicht [gə'ziçt] **1.** *n* (-*ės*; -*er*) cara *f*; face *f*; rosto *m*; (*~ssinn*, *~sfeld*) vista *f* (*aus dem* de); (*Grimasse*) careta *f* (*schneiden* fazer); *zu ~ bekommen* (chegar a) ver; **2.** *n* (-*ės*; -*e*) *poet. u. zweites ~* visão *f*; (*Erscheinung*) aparição *f*.

Ge'sichts|-ausdruck *m* (-*ės*; ⁼*e*) cara *f*; fisionomia *f*; **~farbe** *f* cor *f*; tez *f*; **~feld** *n* (-*ės*; -*er*) visão *f*, vista *f*; **~kreis** *m* (*-es*; *-e*) horizonte *m*; **~massage** *f* maçagem *f* facial; **~muskel** *m* (*-s*; *-n*) músculo *m* facial; **~punkt** *m* (*-es*; *-e*) ponto *m* de vista; aspe(c)to *m*; **~winkel** *m* ângulo *m* facial (*optischer*: ó(p)tico, visual); *fig.* aspe(c)to *m*; **~-zug** *m* (*-es*; *⸗e*) feição *f*.

Ge'sims [gəzims] *n* (*-es*; *-e*) friso *m*; cornija *f*; moldura *f*.

Ge'sinde [gə'zində] *n* criadagem *f*; **~l** *n* (*-s*; *0*) corja *f*, canalha *f*, gentalha *f*; **~-ordnung** *f* regulamento *m* para os criados.

ge'sinnt [gə'zint] intencionado; ~ *sn a.* pensar; (*dat.*) *freundlich* ~ *sn* simpatizar com.

Ge'sinnung [gə'zinuŋ] *f* modo *m* de pensar; mentalidade *f*; sentimentos *m/pl.*; cará(c)ter *m*; atitude *f* moral; (*Bau*2) orientação *f*; *Pol.* opinião *f*, credo *m*, atitude *f* política; *niedrige* ~ mesquinhez *f*; **~s-genosse** *m* (*-n*) correligionário *m*; **2s-los** sem cará(c)ter, sem dignidade; **~s-losigkeit** [-lo:ziç-] *f* (*0*) falta *f* de dignidade (*od.* de cará(c)-ter); **2s-treu** leal; **~swechsel** *m* mudança *f* de opinião.

ge'sitt|et [gə'zitət] civilizado; urbano; ~ *machen* civilizar; **2ung** *f* (*0*) civilização *f*, cultura *f*; urbanidade *f*.

Ge'söff P [gə'zœf] *n* (*-es*; *-e*) droga *f*, beberagem *f*.

ge'sonnen [gə'zɔnən] **1.** *p.pt. v. sinnen*; **2.** *adj.* = *gesinnt*; ~ *sn zu* (*inf.*) estar disposto a (*inf.*).

Ge'spann [gə'ʃpan] *n* (*-es*; *-e*) *Pferde*: parelha *f*; *Ochsen*: junta *f*; **2t** **1.** *p.pt. v. spannen*; **2.** *adj. Lage usw.*: tenso, crítico; *Aufmerksamkeit*: vivo; *adv.* com interesse (*'ê); ~ *auf* (*ac.*) curioso (*od.* morto) por saber; **~t-heit** *f* (*0*) tensão *f*; (*Neugier*) curiosidade *f*.

Ge'spenst [gə'ʃpɛnst] *n* (*-es*; *-er*) espe(c)tro *m*; fantasma *m*; **2er-haft, 2isch** fantástico.

Ge'spiel|e [gə'ʃpi:lə] *m* (*-n*) companheiro *m*; **~in** *f* companheira *f*.

Ge'spinst [gə'ʃpinst] *n* (*-es*; *-e*) teia *f*; tecido *m*; **~faser** *f* (*-*; *n-*) fibra *f* têxtil.

Ge'spött [gə'ʃpœt] *n* (*-es*; *0*) escárnio *m*, zombaria *f*; *zum* ~ *machen* (*werden*) meter a (cair no) ridículo.

Ge'spräch [gə'ʃprɛ:ç] *n* (*-es*; *-e*) conversa(ção) *f*; diálogo *m*; colóquio *m*; *Fernspr.*: telefonema *m*; *Zeitung*: entrevista *f* (*führen* ter); *das* ~ *auf* (*ac.*) *bringen* levar a conversa para, começar (*od.* chegar) a falar de; **2ig** loquaz; falador; expansivo; **~igkeit** *f* (*0*) loquacidade *f*; expansividade *f*; **~sform** *f*: *in* ~ dialogado, em forma *f* de diálogo; **~sgegenstand** *m* (*-es*; *⸗e*) assunto *m* de (*od.* da) conversa; **~s-partner** *m* interlocutor *m*; **~s-stoff** *m* (*-es*; *-e*) assunto *m* de (*od.* da) conversa; **2sweise** em conversa.

ge'sprenkelt [gə'ʃprɛŋkəlt] mosqueado.

ge'spreizt [gə'ʃpraɪtst] *p.pt. v. spreizen*; *adj.* afe(c)tado; **2heit** *f* afe(c)tação *f*.

Ge'stade [gə'ʃta:də] *n* praia *f*; costa *f*.

Ge'stalt [gə'ʃtalt] *f* forma *f*; feição *f*; figura *f*; vulto *m*; *Lit.* personagem *f*; *Erde*: configuração *f*; ~ *annehmen* tomar forma, tomar corpo; ~ *geben* = **2en** (*-e-*; *-*) (in)formar; afeiçoar; dar forma a; *künstlerisch*: plasmar; *fig.* realizar; *sich schwierig usw.* ~ *fig.* ser; **~lehre** *f* (*0*) morfologia *f*; somatologia *f*; **2los** amorfo; **~ung** *f* formação *f*, realização *f*, configuração *f*; *künstlerische*: plasmação *f*; **~ungskraft** *f* (*0*) força (*ô) *f* criadora (*od.* [in]formativa *od.* de realização).

Ge'stammel [gə'ʃtaməl] *n* (*-s*; *0*) balbuciar *m*, balbuciações *f/pl.*

ge'ständ|ig [gə'ʃtɛndiç] confesso; **2nis** *n* (*-ses*; *-se*) confissão *f*, ⚖ *a.* declaração *f* (*ablegen* fazer).

Ge'stank [gə'ʃtaŋk] *m* (*-es*; *0*) fedor *m*; mau cheiro *m*; *aca *m*.

ge'statten [gə'ʃtatən] (*-e-*; *-*) permitir, dar licença.

'Geste ['gɛstə] *f* gesto *m*.

ge'stehen [gə-] (*L*; *-*) confessar; declarar as próprias culpas; *offen gestanden* francamente, com franqueza.

Ge'stein [gə-] *n* (*-es*; *-e*) pedra(s *pl.*) *f*, rocha *f*; mineral *m*; **~skunde** *f* (*0*) petrografia *f*, mineralogia *f*.

Ge'stell [gə'ʃtɛl] *n* (*-es*; *-e*) cavalete *m*; (*Bücher*2 *usw.*) estante *f*; ⊕ armação *f*; (*Wagen*2) «chassis» *m* (*fr.*); **~ung** *f*, **~ungs-befehl** ⚔ *m* (*-es*; *-e*) chamada *f* às fileiras (⚔ *a.* ordem *f* de mobilização).

'gestern ['gɛstərn] ontem (*morgen*

de manhã; *abend* à tarde; *nacht* à noite).
ge'stiefelt [gə'ʃti:fəlt] calçado; ~ *und gespornt* pronto para sair.
ge'stielt [gə'ʃti:lt] pedunculado, peciolado.
gestiku'lieren [gɛstiku'li:rən] (-) gesticular; fazer gestos.
Ge'stirn [gə'ʃtirn] *n* (-*ɇs*; -*e*) astro *m*; (*Sternbild*) constelação *f*; **ᘔt** estrelado.
Ge'stöber [gə'ʃtø:bər] *n* turbilhão [*m* de neve.]
Ge'stöhne [gə'ʃtø:nə] *n* (-*s*; *0*) gemer *m*, gemidos *m/pl.*; *fig.* queixas *f/pl.*
Ge'sträuch [gə'ʃtrɔyç] *n* (-*ɇs*; -*e*) arbustos *m/pl.*; mato *m*.
ge'streift [gə'ʃtraɪft] *p.pt. v. streifen*; *adj.* (*streifig*) riscado, listrado, de riscas.
ge'streng [gə-] severo.
'gestrig ['gɛstriç] de ontem.
Ge'strüpp [gə'ʃtryp] *n* (-*ɇs*; -*e*) brenha(s *pl.*) *f*.
Ge'stühl [gə'ʃty:l] *n* (-*ɇs*; -*e*) cadeirado *m*, cadeiral *m*; ⩕ cruzeiro *m*.
Ge'stüt [gə'ʃty:t] *n* (-*ɇs*; -*e*) coudelaria *f*.
Ge'such [gə'zu:x] *n* (-*ɇs*; -*e*) requerimento *m* (*um* de); **ᘔt 1.** *p.pt. v. suchen*; **2.** *adj.* raro; ✝ *a.* precisa-se; *fig.* afe(c)tado; rebuscado.
Ge'sudel [gə'zu:dəl] *n* (-*s*; *0*) porcaria *f*; gatafunhos *m/pl.*; garatujas *f/pl.*
Ge'summe [gə'zumə] *n* (-*s*; *0*) zumbido *m*.
ge'sund [gə'zunt] (*ᵘer*; *ᵘest*) são, de boa saúde; (*heilsam*) saudável, salutar; sadio; higiénico; (*wieder*) ~ *machen* curar; restabelecer; (*wieder*) ~ *werden* curar-se, restabelecer-se; **ᘔbeter(in** *f*) *m* abençoador *m* (-deira *f*); **~en** [-dən] (-*e*-; -) restabelecer-se, recobrar saúde; sarar; **ᘔheit** *f* (*0*) saúde *f*; higiene *f*; (*Heilsamkeit*) salubridade *f*; ~! *beim Niesen*: F viva!; santinha!; *bei guter* ~ de boa saúde; **~heitlich** sanitário, higiénico; *wie geht's Ihnen* ~? como vai essa saúde?
Ge'sundheits|-amt *n* (-*ɇs*; *ᵘer*) Dire(c)ção *f* de Saúde; **~dienst** *m* (-*es*; *0*) serviço(s *pl.*) higiénico(s) *od.* sanitário(s); **ᘔhalber** [-halbər] por motivos de saúde; **~lehre** *f* (*0*) higiene *f*; **~pflege** *f* (*0*) higiene *f*; *öffentliche*: *a.* serviço(s) *m* (*pl.*) sanitário(s *od.* de higiene); **~polizei** *f* (*0*) junta *f* de saúde; polícia *f* sanitária; **~rücksichten** *f/pl.*: *aus* ~ por razões (*od.* motivos) de saúde; **ᘔschädlich** nocivo; ~ *sn* fazer mal à saúde; **~wesen** *n* (-*s*; *0*) sanidade *f*; serviços *m/pl.* sanitários (*od.* higiénicos); **~zustand** *m* (-*ɇs*; *ᵘe*) estado *m* de saúde; *der Gesamtheit*: estado *m* sanitário.
Ge'sundung [gə'zunduŋ] *f* (*0*) convalescença *f*, restabelecimento *m*; (*Sanierung*) saneamento *m*.
Ge'täfel [gə'tɛ:fəl] *n* (-*s*; *0*) painéis *m/pl.*; alizares *m/pl.*; **ᘔt** *Decke*: artesoado; *Wand*: apainelado; embutido.
Ge'tändel [gə'tɛndəl] *n* (-*s*; *0*) brincadeira *f*.
Ge'tier [gə-] *n* (-*ɇs*; *0*) bichos *m/pl.*; animais *m/pl.*
Ge'töse [gə'tø:zə] *n* (-*s*; *0*) estrondo *m*, bulha *f*.
Ge'trampel [gə'trampəl] *n* (-*s*; *0*) pateada *f*.
Get'ränk [gə'trɛŋk] *n* (-*ɇs*; -*e*) bebida *f*; **~esteuer** *f* imposto *m* sobre bebidas.
Ge'trappel [gə'trapəl] *n* (-*s*; *0*) tropel *m*, (es)tropeada *f*; trote *m*.
ge'trauen [gə-] (-): *sich* ~ *zu* (*inf.*) atrever-se a.
Ge'treide [gə'traɪdə] *n* cereais *m/pl.*; (*Korn*) grão(s *pl.*) *m*; (*Weizen u. allgemein*) trigo *m*; ~ *auf dem Halm* seara *f* de pé; **~bau** *m* (-*ɇs*; *0*) cultura *f* dos cereais; **~boden** *m* (-*s*; *ᵘ*) terra *f* lavradia; (*Speicher*) celeiro *m*; **~brand** ⚘ *m* (-*ɇs*; *0*) alforra *f*; **~feld** *n* (-*ɇs*; -*er*) seara *f*, trigal *m*; **~händler** *m* negociante *m* de cereais; **~speicher** *m* celeiro *m*.
ge'treu [gə'trɔy], **~lich** fiel, leal; verídico; *adv.* fielmente.
Ge'triebe ⊕ [gə'tri:bə] *n* mecanismo *m*, mola *f*; (*Räderwerk*) rodas *f/pl.*; engrenagem *f*; (*Treibrad*) volante *m*, tambor *m*; *fig.* movimento *m*, agitação *f*; = **~kasten** *m* (-*s*; *ᵘ*) caixa *f* de engrenagem; *Auto*: caixa *f* de velocidades; **~motor** *m* (-*s*; -*en*) motor *m* redutor de velocidade; **ᘔn 1.** *p.pt. v. treiben*; **2.** *adj.* ~(*e Arbeit* obra *f*) lavrada (*od.* de cinzel); **~schaltung** *f Auto*: embraiagem *f*.
ge'trost [gə'tro:st] confiadamente, descansadamente.

Ge'tue [gə'tu:ə] *n* (*-s*; *0*) afe(c)tação *f*; espalhafato *m*.
Ge'tümmel [gə'tyməl] *n* tumulto *m*, barulho *m*; assuada *f*; ⚔ peleia *f*.
ge'übt [gə'y:pt] **1.** *p.pt. v. üben*; **2.** *adj.* hábil, destro; **2heit** *f* (*0*) habilidade *f*, prática *f*.
Ge'vatter [gə'fatər] *m* (*-s od. -n*; *-n*), (**~in** *f*) padrinho *m* (madrinha *f*); *fig.* compadre *m* (comadre *f*).
Ge'wächs [gə'vɛks] *n* (*-es*; *-e*) planta *f*; ⚕ excrescência *f*, tumor *m*.
ge'wachsen [gə-]: *p.pt. v. wachsen*; *adj. fig.* (*dat.*) ~ *sn* estar à altura de; *j-m*: *a.* poder rivalizar com; *e-r Sache*: *a.* ser capaz de fazer a.c.
Ge'wächshaus *n* (*-es*; *⸗er*) estufa *f*.
ge'wagt [gə'va:kt] arriscado, ousado; *frisch ~ ist halb gewonnen* quem acomete vence; coisa bem acometida, meia vencida.
ge'wahr [gə'va:r] ~ *werden* avistar; descobrir; (a)perceber(-se de).
Ge'währ [gə'vɛ:r] *f* (*0*) garantia *f*; *ohne ~ a.* sem compromisso.
ge'währ|en [gə-] (-) *v/t.* conceder (a. ✝), outorgar; *Bitte*: consentir em; *Gesuch*: deferir; (*bieten*) oferecer; ~ *lassen* deixar fazer; **~leisten** (*-e-*; -) *v/t.* (*untr.*) garantir.
Ge'wahrsam [gə'va:rza:m] *m* (*-es*; *-e*) (*Aufbewahrung*) custódia *f* (*in* sob); depósito *m*; (*Haft*) detenção *f*, prisão *f*; *in ~ nehmen* guardar; deter.
Ge'währsmann *m* (*-es*; *⸗er od. ~leute*) fiador *m*; abonador *m*; (*Quelle, Zeuge*) informador *m*.
Ge'währung [gə'vɛ:ruŋ] *f Bitte*: aprovação *f*; *Gesuch*: deferimento *m*; *Gunst, Recht*: outorga *f*; *Kredit*: concessão *f*; (*Ermächtigung*) autorização *f*.
Ge'walt [gə'valt] *f* (*Macht*) poder *m* (*ausübende* executivo, *gesetzgebende* legislativo; *geraten in ac.* cair em); domínio *m*; *moralische*: autoridade *f*; (*Stärke*) força (*ô) *f* (*höhere* maior; *mit* a, com; *anwenden, brauchen* recorrer à); potência *f*; *verletzende* (*a. Ungestüm*): violência *f* (*antun* fazer); *in s-e ~ bringen* apoderar-se de; *in der ~ haben* (saber) dominar; *rohe ~* brutalidade *f*; **~-akt** *m* (*-es*; *-e*) a(c)to *m* de violência; **~haber** *m* [-ha:bər] *m* detentor *m* do poder; **~herrschaft** *f* despotismo *m*, tirania *f*; **~herrscher** *m* déspota *m*, tirano *m*; **2ig** poderoso; (*stark*) forte; *bes.* ⊕ potente; (*groß*) imenso; *fig.* enorme; *sich irren*: redondamente, completamente; **~maßnahme** *f* medida *f* arbitrária; **2sam** violento; *adv.* com violência, à força (*ô); **~streich** *m* (*-es*; *-e*), **~tat** *f* (a[c]to *m* de) violência *f*; **2tätig** violento, brutal; **~tätigkeit** *f* brutalidade *f*, violência *f*.
Ge'wand [gə'vant] *n* (*-es*; *⸗er, poet. -e*) vestido *m*, hábito *m*, roupagem *f*; **2t** *adj.* hábil, ágil; *Stil*: elegante; **~theit** *f* (*0*) habilidade *f*, agilidade *f*; *Stil*: elegância *f*.
ge'wärti|g [gə'vɛrtiç]: ~ *sn* = *sich* **~gen** [-gən] (-) (*gen.*), *et. zu ~ haben* contar com a.c.; aguardar a.c.
Ge'wässer [gə'vɛsər] *n* água(s *pl.*) *f* (*stehendes* estofa[s]).
Ge'web|e [gə've:bə] *n* tecido *m*; **~e...**: *in Zssgn*, **2lich** tissular.
Ge'wehr [gə've:r] *n* (*-es*; *-e*) espingarda *f*; arma *f*; armas!; **~feuer** *n* fusilaria *f*; **~kolben** *m* coronha *f*; **~lauf** *m* (*-es*; *⸗e*) cano *m* (de espingarda).
Ge'weih [gə'vaɪ] *n* (*-es*; *-e*) armação *f*; cornadura *f*.
Ge'werbe [gə'vɛrbə] *n* indústria *f*; (*Handwerk*) ofício *m*; (*Geschäft*) profissão *f*, negócio *m* (*betreiben* exercer); **~-aufsicht** *f* inspe(c)ção *f* de indústrias; **~freiheit** *f* liberdade *f* industrial; **~kammer** *f* (-; *-n*) câmara *f* de indústria; **~-ordnung** *f* regulamento *m* de trabalho; código *m* industrial; **~schein** *m* (*-es*; *-e*) cartão *m* profissional; **~schule** *f* (**~schullehrer** *m* professor *m* de) escola *f* profissional; **~steuer** *f* (-; *-n*) imposto (*'ô) *m* profissional; **2treibend** industrial, profissional.
ge'werb|lich [gə'vɛrpliç] industrial; **~smäßig** profissional, de profissão.
Ge'werkschaft [gə'vɛrkʃaft] *f* sindicato *m*; ⚒ sociedade *f* de exploração; **~ler** *m*, **2lich**, **~s...** sindicalista (*m*); **~sbewegung** *f* sindicalismo *m*; **~s-haus** *n* (*-es*; *⸗er*) sede *f* do(s) sindicato(s).
Ge'wicht [gə'viçt] *n* (*-es*; *-e*) peso (*ê) *m* (✝ *nach* ao); ~ *haben* pesar (*a. fig.*); *fig.* autoridade *f*; importância *f*; *schwer ins ~ fallen* ter

grande importância; ~ *legen auf* (*ac.*) dar (*od.* atribuir) importância a; **~-heben** *n* (*-s; 0*) *Sport*: levantamento *m* de pesos; **ᘔig** pesado; de peso (*ê); *fig.* importante, grave; **~s...**: *in Zssgn* de peso (*ê).
ge'wiegt [gə'vi:kt] *fig.* esperto.
Ge'wieher [gə'vi:ər] *n* (*-s; 0*) relincho *m*, rincho *m*. [(zu a).]
ge'willt [gə'vilt] disposto, resolvido
Ge'wimm|el [gə'viməl] *n* (*-s; 0*) bulício *m*, formigueiro *m*; **~er** *n* (*-s; 0*) choradeira *f*, lamentações *f/pl.*, lamúria(s *pl.*) *f*.
Ge'winde [gə'vində] *n* (*Blumen*ᘔ) grinalda *f*; ⚠ festão *m*; (*Schrauben*ᘔ) rosca (*ô) *f*, filete (*'ê) *m*; **~-ansatz** *m* (*-es; ⸚e*) entrada *f* roscada; **~bohrer** *m* (macho *m* de) tarraxa *f*; **~steigung** *f* passo *m*.
Ge'winn [gə'vin] *m* (*-es; -e*) ganho *m*; ⚚ *a.* lucro *m*; (*Vorteil*) proveito *m*; (*Lotterie*ᘔ) prémio *m*; **~-anteil** *m* (*-es; -e*) lucro *m*, dividendo *m*; **~beteiligung** *f* participação *f* nos lucros; **ᘔbringend** lucrativo, vantajoso; **ᘔen** (*L*; -) ganhar (*an dat.*, *bei* em, com); *Sport*: *a.* vencer (*2 zu 0* por 2 a 0), ⚚ *a.* lucrar; ⚒ extrair; ⚗ obter (*aus* de); (*besser w.*) melhorar; *es über sich ~ zu* (*inf.*) poder decidir-se a; *die Überzeugung ~* (chegar a) convencer-se *od.* persuadir-se; **ᘔend** *adj. fig.* simpático; **~er** *m* vencedor *m*; o que ganha; premiado *m*; **~liste** *f* lista *f* dos prémios; **~los** *n* (*-es; -e*) número *m* premiado; **~spanne** *f* margem *f* de lucro; **~sucht** *f* (*0*) cubiça *f*, ganância *f*; **ᘔsüchtig** cubiçoso, ganancioso; interesseiro; **~ung** *f* ⚗ obtenção *f*; ⚒ extra(c)ção *f*.
Ge'winsel [gə'vinzəl] *n* (*-s; 0*) ganidos *m/pl.*
Ge'wirr [gə'vir] *n* (*-es; -e*) enredo (*'ê) *m*, embrulhada *f*, confusão *f*.
ge'wiß [gə'vis] **1.** *adj.* (*-sser; -ssest*) a) certo; (*sicher*) *a.* seguro; b) *ein gewisser ...* um tal...; *ein gewisses Etwas* um não sei quê; **2.** *adv.* com certeza, certamente (*nicht* que não).
Ge'wissen [gə'visən] *n* consciência *f*; *sich* (*dat.*) *kein ~ machen aus* não ter escrúpulo de (*od.* em) *inf.*; *j-m ins ~ reden* apelar à consciência de alg.; **ᘔ-haft** escrupuloso, consciencioso; **~-haftigkeit** *f* (*0*) escrupulosidade *f*; **ᘔlos** (*-est*) sem escrúpulo; **~losigkeit** [-lo:ziç-] *f* (*0*) falta *f* de consciência, falta *f* de escrúpulo.
Ge'wissens|-angst *f* (*-; ⸚e*) angústia *f*; **~biß** *m* (*-sses; -sse*) remorso *m*; **~frage** *f* caso *m* de consciência; **~freiheit** *f* (*0*) liberdade *f* de consciência; **~konflikt** *m* (*-es; -e*) conflito *m* de consciência; **~skrupel**, **~zweifel** *m* escrúpulo *m*; **~zwang** *m* (*-es; 0*) coa(c)ção *f* moral.
gewisser'maßen [gəvisər'ma:sən] de certo modo.
Ge'wiß|heit *f* certeza *f*; *sich ~ verschaffen über* (*ac.*) certificar-se de.
Ge'witter [gə'vitər] *n* trovoada *f*; **~luft** *f* (*0*) ar *m* de trovoada; **~regen**, **~schauer** *m* aguaceiro *m*; **~schwüle** *f* (*0*) ar *m* abafado, ar *m* de trovoada; **~sturm** *m* (*-es; ⸚e*) temporal *m*; **~wolke** *f* nuvem *f* de trovoada.
ge'witz(ig)t [gə'vits(iç)t] fino, finório; escaldado.
ge'wogen [gə'vo:gən] **1.** *p.pt. v. wägen, wiegen*; **2.** *adj.* (*dat.*) afeiçoado, favorável; *j-m ~ sn* ser amigo de alg.; **ᘔ-heit** *f* (*0*) simpatia *f*, afe(c)to *m*, interesse (*'ê) *m*.
ge'wöhnen [gə'vø:nən] (-) habituar, acostumar; *sich ~* * *a.* adomar-se.
Ge'wohnheit [gə'vo:nhaɪt] *f* costume *m*, hábito *m*; (*Brauch*) uso *m*, prática *f*; **ᘔsmäßig** habitual; rotineiro; **~smensch** *m* (*-en*) homem *m* de hábitos; rotineiro *m*; **~srecht** *n* (*-es; -e*) direito *m* consuetudinário; **~s-trinker** *m* alcoólico *m*.
ge'wöhnlich ordinário; corrente (*a.* ⚚); banal; (*üblich*) usual; (*normal*) regular; (*gemein*) vulgar; *adv.* (*für*) ~ em geral, geralmente; *wie ~* como sempre, como de costume.
ge'wohnt **1.** *p.pt. v. wohnen*; **2.** *adj.* habitual; de costume; (et.) ~ (*sn* estar) acostumado (a a.c.).
Ge'wöhnung [gə'vø:nuŋ] *f* habitude *f*.
Ge'wölbe [gə'vœlbə] *n* abóbada *f*; abobadilha *f*; (*Grab*ᘔ) cova *f*.
Ge'wölk [gə'vœlk] *n* (*-es; 0*) nuvens *f/pl.*
Ge'wühl [gə'vy:l] *n* (*-es; 0*) turba *f*, multidão *f*, tumulto *m*.
ge'wunden [gə'vundən] **1.** *p.pt. v. winden*; **2.** *adj.* sinuoso.
ge'würfelt [gə'vyrfəlt] **1.** *p.pt. v. würfeln*; **2.** *adj.* quadriculado.
Ge'würm [gə'vyrm] *n* (*-es; -e*) bicharia *f*.

Ge'würz [gə'vyrts] *n* (*-es*; *-e*) condimento *m*; ⚕ especiaria *f*; **~händler** *m* especieiro *m*; **~handlung** *f* especiaria *f*; **~nelke** *f* cravinho *m*; **~ware** *f* especiaria *f*.

ge|'zackt [gə'tsakt], **~zahnt** [-'tsa:nt], **~'zähnt** [-'tsɛ:nt] dentado.

Ge'zänk [gə'tsɛŋk] *n* (*-ẹs*; *0*) disputa *f*, discussão *f*.

Ge'zeiten [gə'tsaɪtən] *pl.* maré *f/sg.*

Ge'zeter [gə'tse:tər] *n* (*-s*; *0*) berreiro *m*; *ein ~ erheben* clamar.

ge'ziemen [gə'tsi:mən] (-) (*dat.*) *sich ~* convir; **~d** conveniente; decente; (*schuldig*) devido.

Ge'zier|e [gə'tsi:rə] *n* (*-s*; *0*) afe(c)tação *f*, cerimónias *f/pl.*; **&t 1.** *p.pt. v. zieren*; **2.** *adj. j.*: afe(c)tado; abemolado; **~theit** *f* afe(c)tação *f*.

Ge'zisch [gə'tsiʃ] *n* (*-es*; *0*) assobios *m/pl.*; apupada *f*; **~el** *n* (*-s*; *0*) cochichar *m*.

Ge'zwitscher [gə'tsvitʃər] *n* (*-s*; *0*) [gorjeio *m*, trinado *m*.]

ge'zwungen [gə'tsvuŋən] **1.** *p.pt. v. zwingen*; **2.** *adj.* afe(c)tado; *Lachen*: amarelo; **~ermaßen** [-ma:sən] sem querer; coa(c)to; sob pressão.

Gicht [giçt] *f* **a)** *Hochofen*: carga *f*; boca *f*; **b)** ⚕ (*0*) gota (*ô) *f*; **'&brüchig, '&isch** gotoso; **'~knoten** *m* nodosidade *f* gotosa; **'&krank, '&leidend** gotoso.

'Giebel ['gi:bəl] *m* frontão *m*; empena *f*; cumeeira *f*; **~dach** *n* (*-ẹs*; *⸗er*) telhado *m* de duas águas; **~seite** *f* frontispício *m*, frente *f*.

Gier [gi:r] *f* (*0*) cubiça *f*; avidez *f*; **'&ig** ávido, cubiçoso (*nach* de).

'Gieß|bach ['gi:s-] *m* (*-ẹs*; *⸗e*) torrente *f*; enxurrada *f*; **&en** (*L*) verter, deitar, vazar; ⊕ fundir, *in Form*: moldar; ✓ regar; *es gießt (in Strömen)* F chove a cântaros; **~en** *n* fundição *f*; ✓ regadia *f*; **~er** *m* fundidor *m*; **~e'rei** *f* fundição *f*; **~form** *f* molde *m*; **~kanne** *f* regador *m*.

Gift [gift] *n* (*-ẹs*; *-e*) veneno *m*; tóxico *m*; peçonha *f*; *fig.* *~ und Galle spucken* F estar danado; *darauf ~ nehmen können, daß* poder ter a certeza absoluta de que; **'~gas** *n* (*-es*; *-e*) gás *m* asfixiante, gás *m* tóxico; **'&ig** venenoso; ⚕ tóxico; *Haß*: envenenado; **'~igkeit** *f* (*0*) toxidicade *f*; ⚕ virulência *f*; *fig.* malícia *f*; **'~mischer** [-miʃər] *m* envenenador *m*; **'~mord** *m* (*-ẹs*; *-e*) envenenamento *m*; **'~pflanze** *f* planta *f* venenosa; **'~schein** *m* (*-ẹs*; *-e*) licença *f* para a compra (*od.* venda) de drogas tóxicas; **'~schlange** *f* serpente *f* venenosa; **'~stoff** *m* (*-ẹs*; *-e*) toxina *f*.

Gi'gant [gi'gant] *m* (*-en*) gigante *m*; **&isch** gigantesco.

'Gilde ['gildə] *f* corporação *f*.

'Gimpel ['gimpəl] *m* *Zool.* pisco *m*; *fig.* simplório *m*, piegas *m*, *f*; tolo *m*.

'Ginster ['ginstər] *m* giesta *f*; (*Stech&*) tojo *m*.

'Gipfel ['gipfəl] *m* alto *m*; cume *m*, cimo *m*, cima *f*; píncaro *m*; (*höchster Berg, Spitze*) pico *m*; *fig.* cume *m*, cúmulo *m*, auge *m*; **~konferenz** *f* conferência (*od.* reunião) *f* de alto nível; **&n** (*-le*) culminar; **~punkt** *m* (*-ẹs*; *-e*) ponto *m* culminante.

Gips [gips] *m* (*-es*; *-e*), **'~-abguß** *m* (*-sses*; *⸗sse*) gesso (*ê) *m*; **'&en** (*-t*) (en)gessar; **'~figur** *f* (figura *f* de) gesso (*ê) *m*; **'~stein** *m* (*-ẹs*; *-e*) **'~verband** *m* (*-ẹs*; *⸗e*) gesso (*ê) *m*.

Gi'raffe [gi'rafə] *f* girafa *f*.

Gi'r|ant [ʒi'rant] *m* (*-en*) endossante *m*; **~at** [-a:t] *m* (*-en*) endossatário *m*; **&ieren** (-) endossar; lançar.

Gir'lande [gir'landə] *f* grinalda *f*; ⚠ festão *m*.

'Giro ['ʒi:ro] *n* (*-s*; *-s*) giro *m*, endosso (*'ô) *m*; transferência *f* de fundos; *mit dem ~ versehen* endossar.

'Giro...: *in Zssgn* de transferências.

'girren ['girən] arrul(h)ar.

gis ♪ [gis] *n* (-; -) sol-sustenido *m*.

Gischt [giʃt] *m* (*-es*; *-e*) espuma *f*, escuma *f*.

Gi'tarre [gi'tarə] *f* guitarra *f*; **~nspieler(in** *f*) *m* guitarrista *m*, *f*.

'Gitter ['gitər] *n* grade *f*; (*Eisen&*) gradeamento *m*; (*Netz*) *Radio*: grelha *f*; **~fenster** *n* janela *f* de grades; **~spannung** *f* (*Radio*) tensão *f* de grelha; **~tür** *f* grade *f*; *aus Holz*: cancela *f*; **~werk** *n* (*-ẹs*; *-e*), **~zaun** *m* (*-ẹs*; *⸗e*) caniçada *f*.

Gla'cé|handschuh [gla'se:-] *m* (*-ẹs*; *-e*) luva *f* de pelica; **~leder** *n* (*-s*; *0*) pelica *f*.

Gladi|'ator [gladi'a:tor] *m* (*-s*; *-en*) gladiador *m*; **~'ole** [-'o:lə] *f* gladíolo *m*, espadana *f*.

Glanz [glants] *m* (*-es*; *0*) brilho *m*, lustre *m* (*verleihen* dar); *fig. a.* pompa *f*, esplendor *m*; **'~bürste** *f* escova *f* macia.

'**glänzen** ['glɛntsən] (-*t*) brilhar; (*a. fig.*) (re)luzir, resplandecer; **~d** brilhante; reluzente; *Leder*: *usw.* lustroso; *fig. a.* esplêndido; *adv.* maravilhosamente, admiràvelmente.

'**Glanz|leder** *n* (-*s*; *0*) pelica *f* de verniz; **≈los** sem brilho; mate; **~papier** *n* (-*s*; -*e*) papel *m* setim (*od.* assetinado); **~punkt** *m* (-*ẹs*; -*e*) ponto *m* mais brilhante; cume *m*; **≈voll** brilhante, lustroso, faustoso; **~zeit** *f* época *f* áurea; século *m* de ouro; *j-s*: auge *m*.

Glas [gla:s] *n* (-*es*; *=er*; *als Maß im pl. uv.*) vidro *m*; cristal *m*; (*~gefäß*) frasco *m*; (*Trink≈*) copo *m*; (*Brille*) óculos *m/pl.* (*geschliffene* graduados); '**≈-artig** vítreo; cristalino; '**~-auge** *n* (-*s*; -*n*) olho (*'ô) *m* de vidro; '**~bläser** *m* vidreiro *m*; '**~dach** *n* (-*ẹs*; *=er*) telhado *m* de vidro; '**~er** [-zər] *m* vidraceiro *m*; **~e'rei** [-zə'raɪ] *f* vidra(ça)ria *f*.

'**gläsern** ['glɛ:zərn] vítreo.

'**Glas|fabrik** *f* fábrica *f* de vidros; **~glocke** *f* redoma *f*; campânula *f*; **≈grün** verde-gaio; **~-haus** *n* (-*es*; *=er*) estufa *f*; **~-hütte** *f* = *~fabrik*; **≈ieren** [gla'zi:rən] (-) vidrar; envernizar; **≈ig** [-ziç] vítreo; vidroso; **~kasten** *m* (-*s*; *=*) vitrina *f*; **~kirsche** *f* cereja *f* garrafal; **~körper** *m* corpo *m* vítreo; **~malerei** *f* pintura *f* em vidros; **~perle** *f* vidrilho *m*, missanga *f*; **~scheibe** *f* vidraça *f*; **~scherbe** *f* caco *m* de vidro; **~schleifer** [-ʃlaɪfər] *m* talhador *m* de vidro; **~schrank** *m* (-*ẹs*; *=e*) vitrina *f*; **~splitter** *m* = *~scherbe*; **~tür** *f* porta *f* envidraçada, porta *f* de vidros; **~'ur** [-'zu:r] *f* verniz *m*; esmalte *m*; vidrado *m*; **~waren** *f/pl.* cristais *m/pl.*; **≈weise** ao(s) copo(s).

glatt [glat] **1.** *adj.* (-*er od.* *=er*; -*est od.* *=est*) liso; escorregadiço; *Weg*: plano, livre; (*gewandt*) diplomático; elegante, hábil; *See*: calmo; **2.** *adv.* sem dificuldade; (*durchaus*) absolutamente; *~ heraus* redondamente; *~ rasiert* de barba rapada; sem barba nem bigode.

'**Glätte** ['glɛtə] *f* lisura *f*, lustro *m*, polimento *m*; *fig.* elegância *f*.

'**Glatt-eis** *n* (-*es*; *0*) regelo (*'ê) *m*; *j-n aufs ~ führen fig.* armar um laço a alg., lograr alg.

'**glätt|en** ['glɛtən] (-*e*-) alisar; raspar; (*ebnen*) apla(i)nar; ⚠, ⊕ afagar; (*polieren*) polir, brumir; **≈-hobel** *m* garlopa *f*, cepilho *m*.

'**glatt|streichen** (*L*) alisar; **~weg** redondamente.

'**Glatz|e** ['glatsə] *f*, **~kopf** *m* (-*ẹs*; *=e*) calva *f*, careca *f*; *e-e ~ bekommen* ficar calvo; **≈köpfig** [-kœpfiç] calvo, careca; **~köpfigkeit** *f* (*0*) calvície *f*.

'**Glaub|e** ['glaʊbə] (-*ns*; *0*), **~en**[1] (-*s*; *0*) *m* crença *f*; (*a. Vertrauen*) fé *f* (*an ac.* em); (*dat.*) *~n schenken*, *~n beimessen* dar crédito a; *auf Treu und ~n* de boa fé; **≈en**[2] crer, acreditar (*an ac.* em; *daran* o); *es ist kaum zu ~* parece impossível, parece mentira; *dran ~ müssen* ter de sofrer as consequências; (*sterben*) morrer.

'**Glaubens|-artikel** *m* artigo *m* de fé; **~bekenntnis** *n* (-*ses*; -*se*) credo *m*; **~freiheit** *f* liberdade *f* de cultos; **~genosse** *m* (-*n*) correligionário *m*; **~lehre** *f*, **~satz** *m* (-*es*; *=e*) doutrina *f*, dogma *m*; **~spaltung** *f* cisma *m*; **~zwang** *m* (-*ẹs*; *0*) coa(c)ção *f* religiosa.

'**Glaubersalz** ['glaʊbər-] *n* (-*es*; *0*) sulfato *m* de sódio.

'**glaubhaft** ['glaʊp-] crível; fidedigno; **≈igkeit** *f* (*0*) credibilidade *f*.

'**gläubi|g** ['glɔybiç] crente; *pl. Rel. a.* fiéis; **≈ger** [-gər] *m* credor *m*.

'**glaub|lich** ['glaʊp-] crível; **~würdig** fidedigno; autêntico; **≈würdigkeit** *f* (*0*) autenticidade *f*; *j-s ~* confiança *f* (*od.* crédito *m*) que alg. merece.

gleich [glaɪç] **1.** *adj.* igual (⚹ [=] a); idêntico; uniforme; *das ist mir ~* é-me indiferente; *der ~e* o mesmo; *in ~er Weise* sem distinção; *mit ~er Post* pelo mesmo correio; **2.** *adv.* *~ groß* do mesmo tamanho, de igual volume; *~ hoch* da mesma altura; *~ hoch machen* (*od. stellen*) abarbar; *zeitlich*: não tardar em (*inf.*); já, logo; *ich komme ~!* já vou!; *~ darauf* logo depois, logo a seguir; *~ heute* hoje mesmo; *~ anfangs* desde o princípio; **3.** *cj. wenn ... ~, ob ... ~* se bem que (*subj.*), ainda que (*subj.*); '**~alt(e)rig** ['-alt(ə)riç] da mesma idade; '**~-artig** idêntico, homogéneo; igual; '**≈-artigkeit** *f* identidade *f*, homogeneidade *f*; igualdade *f*; '**~bedeutend** equivalente; sinónimo; '**~berechtigt**: *~ sn* (*mit*) ter os mesmos direitos (que); '**2berechtigung** *f* (*0*) igualdade *f* de direitos; '**~bleiben** (*L*; *sn*) *sich* (*dat.*) ~ não mudar, não variar; *et.*: *a.* ser indiferente; '**~bleibend** constante, invariável; '**2e(s)** *n* mesmo *m*; *~s mit ~m vergelten* pagar na mesma moeda; '**~en** (*L*) (*dat.*) parecer-se com; igualar (*ac.*); '**~ermaßen** [-ma:sən], '**~erweise** igualmente; do mesmo modo; '**~falls** também; igualmente; '**~förmig** uniforme; monótono; '**2förmigkeit** *f* (*0*) uniformidade *f*; monotonia *f*; '**~gesinnt** correligionário; '**~gestellt** ['-gəʃtɛlt] (de categoria) igual; '**~gestimmt** ['-gəʃtimt] unissonante, uníssono; '**2gewicht** *n* (*-es*; *0*) equilíbrio *m*; balança *f*; ⚓ estiva *f*; *im ~ Waage*: horizontal; *a. fig.* equilibrado; *aus dem ~ bringen* desequilibrar; '**~gültig** indiferente; '**2gültigkeit** *f* indiferença *f*; '**2heit** *f* igualdade *f*; equidade *f*; '**2heitszeichen** *n* 𝔄 igual *m*; '**2klang** *m* (*-es*; *⸚e*) acordo (*'ô) *m*; uníssono *m*; '**~kommen** (*L*; *sn*) (*dat.*) igualar (*ac.*); '**~laufend** paralelo; '**~lautend** idêntico; ⚕ conforme; '**~machen** igualar; nivelar; **2mache'rei** [-maxə'raɪ] *f* (mania *f* da) uniformização *f*; '**2maß** *n* (*-es*; *0*) simetria *f*; justa proporção *f*; '**~mäßig** bem proporcionado; simétrico; uniforme; constante; *~ verlieren* empatar; '**2mäßigkeit** *f* uniformidade *f*; simetria *f*; '**2mut** *m* (*-es*; *0*) serenidade *f*, equanimidade *f*; sangue-frio *m*; '**~mütig** ['-my:tiç] sereno, impassível; '**~namig** ['-na:miç] homónimo; do mesmo nome; 𝔄 do mesmo denominador; '**2nis** *n* (*-ses*; *-se*) parábola *f*; alegoria *f*; símbolo *m*; metáfora *f*; '**2richter** ⚡ *m Radio*: re(c)tificador *m*; '**~sam** como que; '**~schalten** (*-e-*) coordenar; ⊕ sincronizar; '**2schaltung** *f* coordenação *f*; sincronização *f*; '**~schenk(e)lig** ['-ʃɛnk(ə)liç] 𝔄 isósceles; '**2schritt** *m* (*-es*; *0*) passo *m* militar; *im ~* a passo; '**~seitig** ['-zaɪtiç] 𝔄 equilátero; '**~setzen** (*-t*) equiparar; **2stand** *m* (*-es*; *0*) paridade *f*; empate *m*; '**~stellen** equiparar; '**2stellung** *f* paridade *f*; equiparação *f*; '**2strom** ⚡ *m* (*-es*; *⸚e*) corrente *f* contínua; '**~tun** (*L*): *es j-m ~* imitar alg.; = *~kommen*; '**2ung** *f* equação *f*; '**~'viel** outro tanto; o mesmo; *adv.* tanto faz; '**~wertig** ['-ve:rtiç] equivalente; '**2wertigkeit** *f* (*0*) equivalência *f*; '**~wink(e)lig** 𝔄 equiângulo; **~'wohl** não obstante; '**~zeitig** simultâneo, contemporâneo; *adv. a.* ao mesmo tempo (*mit* que); '**2zeitigkeit** *f* (*0*) simultaneidade *f*.

Gleis 🚂 [glaɪs] *n* (*-es*; *-e*) via *f* (férrea); carril *m*; *ins ~ kommen fig.* entrar nos eixos; '**~-anlage** *f* linha *f* ferroviária.

'**gleißen** ['glaɪsən] (*-t*) *poet.* brilhar.

'**Gleis-übergang** *m* (*-es*; *⸚e*) passagem *f* de nível.

'**Gleit|bahn** ['glaɪt-] *f* resvaladouro *m*; **2en** (*L*; *sn*) deslizar; (*aus~*) escorregar, resvalar; ✈ pairar; **2end** *adj.* resvalante; móvel; variável; **~flug** *m* (*-es*; *⸚e*) voo (*'ô) *m* planado; **~lager** *n* chamuceira *f* (*od.* casquilho *m*) deslizante; **~platte** *f* placa *f* de escorregamento; **~schiene** ⊕ *f* guia *f*; **~schutz** *m* (*-es*; *0*) antideslizante *m*; **~winkel** ✈ *m* ângulo *m* de deslizamento.

'**Gletscher** ['glɛtʃər] *m* glaciar *m*, geleira *f*; **~brand** *m* (*-es*; *0*) insolação *f*; **~spalte** *f* fenda *f* de glaciar.

Glied [gli:t] (*-es*; *-er*) membro *m*; articulação *f*; *Kette*: elo *m*; ⚔ fil(eir)a *f*; *Stammbaum*: geração *f*.

'**Glieder|bau** ['gli:dər-] *m* (*-es*; *0*) estrutura *f*; articulação *f*; **2n** (*-re*) dividir; classificar; dispor; coordenar; organizar; *a. Anat.* articular; **~puppe** *f* bonifrate *m*; títere *m*; **~reißen** *n* (*-s*; *0*) dores *f/pl.* reumáticas; **~tier** *n* (*-es*; *-e*) (animal *m*) articulado *m*; **~ung** *f* articulação *f*; estrutura(ção) *f*; disposição *f*; classificação *f*; organização *f*; (*Abteilung*) se(c)ção *f*; corpo *m*; ⚔ destacamento *m*.

'**Gliedmaßen** [-ma:sən] *pl.* membros *m/pl.*; extremidades *f/pl.*

'**glimm|en** ['glimən] arder (sem chama); **2er** *m Min.* mica *f*; **2erschiefer** *m* (*-s*; *0*) xisto *m* micáceo.

'**glimpflich** ['glimpfliç] *Strafe*: leve; *adv. behandeln*: com indulgência; *davonkommen*: sem grande prejuízo. [**~ig** escorregadiço.]

'**glitsch|en** ['glitʃən] (*sn*) escorregar;

'**glitzern** ['glitsərn] (*-re*) cintilar.

'**Globus** ['glo:bus] *m* (*-* *od.* *-ses*; *Globen od. -se*) globo *m*.

'**Glocke** ['glɔkə] *f* sino *m*; campainha *f* (*läuten* tocar); (*Glas*≈) redoma *f*; (*Kuh*≈) chocalho *m*; (*Pferde*≈) guizo(s *pl.*) *m*; *an die große* ~ *hängen fig.* espalhar por toda a parte.
'**Glocken|blume** ['glɔkən-] *f* campainha *f*, campânula *f*; ≈**förmig** campanudo; ~**geläut(e)** *n* (-*es*; -*e*) toque (*od.* repique) *m* de sinos; ~**gießer** *m* sineiro *m*; ≈-**hell** (*0*) ♪ argênteo; ~**schlag** *m* (-*es*; ¨*e*) badalada *f*; *auf den* ~, *mit dem* ~ em ponto; ~**schwengel** *m* badalo *m*; ~**spiel** *n* (-*es*; -*e*) carrilhão *m*; ~**stuhl** *m* (-*es*; ¨*e*) armação *f* do sino; ~**turm** *m* (-*es*; ¨*e*) campanário *m*.
'**Glöck|lein** ['glœklaın] *n* sineta *f*; ~**ner** [-nər] *m* sineiro *m*.
'**Glor|ie** ['glo:riə] *f* glória *f*; ~**ienschein** *m* (-*es*; -*e*) auréola *f*, nimbo *m*; ≈**reich** glorioso.
Gloss|ar [glɔ'sa:r] *n* (-*s*; -*e*) glossário *m*; '~**e** *f* glosa *f*; ~*n machen über* (*ac.*) = ≈'**ieren** (-) *v/t.* glosar (*ac.*), comentar (*ac.*), criticar (*ac.*).
'**Glotz|-auge** ['glɔts-] *n* (-*s*; -*n*) olho (*'ô) *m* arregalado; ≈**en** (-*t*) arregalar os olhos.
Glück [glyk] *n* (-*es*; *0*) felicidade *f*; fortuna *f*; *zufälliges*: sorte *f*; *ein* ~, *daß* ... ainda bem que (*subj.*); *auf gut* ~ ao acaso; *j-m* ~ *wünschen* felicitar alg., dar os parabéns a alg., cumprimentar alg., desejar boa sorte a alg.; *sein* ~ *machen* fazer fortuna; '≈**bringend**: ~ *sn* trazer fortuna.
'**Gluck|e** ['glukə] *f* galinha *f* (choca); [≈**en** chocar.]
'**glück|en** ['glykən] (*sn*) sair bem; ser bem sucedido; ~**lich** feliz; ditoso; propício; ~**licher'weise** felizmente; afortunadamente; ~**selig** bem-aventurado; ≈**seligkeit** *f* (*0*) bem-aventurança *f*.
'**Glücks|fall** *m* (-*es*; ¨*e*) sorte *f*; feliz acaso *m*; ~**göttin** *f* Fortuna *f*; ~**güter** *n/pl.* riquezas *f/pl.*; ~**kind** *n* (-*es*; -*er*), ~**pilz** *m* (-*es*; -*e*) felizão *m*, felizardo *m*; ~**rad** *n* (-*es*; ¨*er*) roda *f* da fortuna; ~**sache** *f* (*0*) (questão *f* de) sorte *f*; ~**spiel** *n* (-*es*; -*e*) jogo *m* (de azar); ~**stern** *m* (-*es*; *0*) boa estrela (*'ê) *f* (*unter e-m* em); ~**zufall** *m* (-*es*; ¨*e*) acaso *m* feliz.
'**glück|verheißend** de bom agouro; ≈**wunsch** *m* (-*es*; ¨*e*) felicitação *f*; *pl. a.* felicidades *f/pl.*; parabéns *m/pl.* (*aussprechen*, *darbringen* apresentar; *herzlich* sincero, cordial, afe[c]tuoso).
'**Glüh|birne** ['gly:-] ⚡ *f* lâmpada *f* elé(c)trica; ≈**en 1.** *v/t.* pôr em brasa; = ≈*end machen*; **2.** *v/i.* arder (*a. fig. vor dat.* de); estar em brasa; ≈**end** *adj.* ardente; *fig. a.* fervoroso, apaixonado, entusiástico; *Metall*: candente; ~ *machen* recozer; ~**faden** *m* (-*s*; ¨) fio *m* incandescente; ~**lampe** *f* lâmpada *f* incandescente; ~**licht** *n* (-*es*; *0*) luz *f* incandescente; ~**strumpf** *m* (-*es*; ¨*e*) meia *f* incandescente; ~**wein** *m* (-*es*; -*e*) vinho *m* quente; ~**wurm** *m* (-*es*; ¨*er*), ~**würmchen** [-vyrmçən] *n* pirilampo *m*.
Glut [glu:t] *f* ardor *m*, *fig. a.* fervor *m*, paixão *f*; (*Kohlen*≈) brasa *f*; (*Herd*≈, *Zigarren*≈) lume *m*; '≈**flüssig** *geol.* incandescente; '~**hitze** *f* (*0*) calor *m* intenso. [cerina *f*.]
Glyze'rin [glytsə'ri:n] *n* (-*s*; *0*) gli-
'**Gnade** ['gna:də] *f* graça *f* (*a. Rel.*); (*Barmherzigkeit*) misericórdia *f*; (*Gunst*) favor *m*, mercê *f*; (*Milde*) clemência *f*; *um* ~ *bitten* pedir perdão *od.* clemência *od.* ⚔ quartel; ~ *für Recht ergehen lassen* deixar passar; *auf* ~ *und 'Un*≈ à mercê; *Euer* ~*n* Vossa Senhoria.
'**Gnaden|-akt** *m* (-*es*; -*e*) a(c)to *m* de graça (*od.* de clemência); ~**bezeigung** *f* mercê *f*; ~**bild** *n* (-*es*; -*er*) imagem *f* milagrosa; ~**brot** *n* (-*es*; *0*) pão *m* de caridade; ~**gesuch** *n* (-*es*; -*e*) pedido *m* de clemência; ~**stoß** *m* (-*es*; ¨*e*) golpe *m* de misericórdia (*versetzen* dar).
'**gnädig** ['gnɛ:diç] clemente, misericordioso; magnânimo; ~ *sn* ter misericórdia; *Gott sei uns* ~! valha-nos Deus!; ~*e Frau* minha Senhora, Senhora Dona (*Vorname*); ~*er Herr* Senhor.
Gold [gɔlt] *n* (-*es*; *0*) ouro *m*; '~-**ader** *f* (-; -*n*) ⚒ filão *m* de ouro; '~-**ammer** *f* (-; -*n*) verdelhão *m*; '~**bestand** *m* (-*es*; ¨*e*) reserva *f* de ouro; '~**brasse** *f* dourada *f*; '~**deckung** *f* = ~*bestand*; '≈**en** [-dən] dourado; de ouro (*a. Hochzeit*); ≈*er Schnitt* ⚘ se(c)ção *f* áurea; '~**fasan** *m* (-*es*; -*e*) faisão *m* dourado; '~**fisch** *m* (-*es*; -*e*) peixe *m* dourado; '~**füllung** *f* aurificação *f*; '~**gehalt** *m* (-*es*; -*e*) quilate *m*; '≈**gelb** áureo

amarelo, dourado, louro; '~gräber [-grɛ:bər] *m* pesquisador *m* de ouro; '~grube *f* mina *f* de ouro; *fig.* manancial *m* de riquezas; '2haltig [-haltiç] aurífero; '2ig [-diç] dourado; *fig.* rico, ~ *sn a.* ser um amor; '~käfer *m* escaravelho *m* dourado; '~kind F *n* (-es; -er) *in Anrede*: rico ...; '~klausel *f* (-; -n) obrigação *f* de pagar em ouro; cláusula-ouro *f*; '~klumpen *m* pepita *f* de ouro; '~lack ⚘ *m* (-es; -e) goivo *m* amarelo; '~mark *f* (-; -) marco-ouro *m*; '~münze *f* moeda *f* de ouro; ~plombe *f* = ~füllung; ~regen ⚘ *m* codesso-dos-alpes *m*; cítiso *m*; '~schmied *m* (-es; -e) ourives *m*; '~schmiede-arbeit *f*, '~schmiede-kunst *f* (0) ourivesaria *f*; '~schnitt *m* (-es; 0) corte *m* dourado; '~staub *m* (-es; 0) ouro *m* em pó; '~stickerei *f* bordado *m* em ouro; '~stoff *m* (-es; -e) brocado *m* de ouro; ~stück *n* (-es; -e) moeda *f* de ouro; '~waage *f* balança *f* de ouro; *auf die ~ legen fig.* pesar; '~währung *f* padrão-ouro *m*.

Golf [gɔlf] *m* (-es; -e) golfo (*'ô) *m*; *Sport*: (-s; 0) «golf» (*engl.*) *m*.

Gondel ['gɔndəl] *f* (-; -n) gôndola *f*; barca *f*; ✈ carlinga *f*; *Drahtseilbahn*: cabina *f*; ~führer *m* gondoleiro *m*; barqueiro *m*; 2n (-le; sn) ir na (*od.* de) gôndola; F passar, ir.

Gong [gɔŋ] *m* (-s; -s) tantã *m*; '2en tocar o tantã.

'**gönn|en** ['gœnən] não envejar; *nicht ~* envejar; 2er(in *f*) *m* prote(c)tor(a *f*) *m*; ~erhaft altaneiro; 2ermiene *f* ar *m* de prote(c)tor.

'**Göpel** ['gø:pəl] *m*, ~werk *n* (-es; -e) nora *f*.

Gör [gø:r] *n* (-es; -en) garoto (*'ô) *m*; '~e *f* F garota *f*.

Go'rilla [go'rila] *m* (-s; -s) goril(h)a *m*.

'**Gosse** ['gɔsə] *f* cano *m* de esgoto (*'ô); (*Abfluß*) sarjeta *f*.

'**Got|e** ['go:tə] *m* (-n) (~in *f*) godo *m* (-a *f*); ~ik ⩓ *f* (0) (estilo *m*) gótico *m*; 2isch godo; *Sprache, Stil*: gótico, ⩓ *a.* ogival.

Gott [gɔt] *m* (-es; ⸚er) deus *m*; Deus *m*; *um ~es willen!* por amor de Deus!; *~ befohlen!* va(i) com Deus!; *~ bewahre!* Deus me livre!; *~ gebe, daß* Deus queira que (*subj.*); *~ sei Dank* graças a Deus!; *~ vergelt's* Deus lhe pague; *so ~ will* se Deus quiser.

'**Götterdämmerung** *f* (0) crepúsculo *m* dos deuses.

'**gott-ergeben** religioso, devoto; '2heit *f* (0) devoção *f*.

'**Götter|speise** *f* ambrósia *f*; ~trank *m* (-es; ⸚e) néctar *m*.

'**Gottes|dienst** *m* (-es; -e) culto *m*; serviço *m* religioso; missa *f*; ~furcht *f* (0) temor *m* de Deus; devoção *f*; 2fürchtig [-fyrçtiç] devoto; ~gericht *n* (-es; -e) ordálio *m*; juízo *m* de Deus; ~haus *n* (-es; ⸚er) igreja *f*; templo *m*; ~lästerer *m* blasfemo *m*; ~lästerung *f* blasfémia *f*.

'**gott|gefällig** grato a Deus; *leben*: como Deus manda; 2heit *f* divindade *f*.

'**Gött|in** ['gœtin] *f* deusa *f*; 2lich divino.

gott|'lob graças a Deus, Deus louvado!, '~los ateu, ateísta; '2losigkeit ['-lo:ziç-] *f* ateísmo *m*; ~'selig pio, devoto; '~vergessen impio; '~verlassen abandonado por Deus; '2vertrauen *n* (-s; 0) confiança *f* em Deus; '~voll *fig.* F delicioso, impagável.

'**Götze** ['gœtsə] *m* (-n), ~nbild *n* (-es; -er) ídolo *m*; ~ndiener *m* idólatra *m*; ~ndienst *m* (-es; -e) idolatria *f*; ~ntempel *m* templo *m* pagão.

Gouver'n|ante [guvɛr'nantə] *f* professora *f*; preceptora *f*; ~eur [-'nø:r] *m* (-s; -e) governador *m*.

Grab [gra:p] *n* (-es; ⸚er) túmulo *m*; sepultura *f*; campa *f*; cova *f*; *das Heilige ~* o Santo Sepulcro; *zu ~e tragen* sepultar; assistir ao enterro (*'ê) de; '~denkmal *n* (-es; ⸚er) monumento *m* sepulcral; cenotáfio *m*.

'**Grab|en** ['gra:bən] *m* (-s; ⸚) fosso *m*; cova *f*; *a.* ⚔ trincheira *f*; (*Bewässerungs*2) canal *m*; (*Wasser*2) vala *f*; 2en (*L*) (es)cavar; abrir a terra; ⊕ gravar.

'**Grabes...** ['gra:bəs...]: *in Zssgn meist* sepulcral; = *Grab...*

'**Grab|geläute** *n* dobre *m* dos sinos; ~gewölbe *n* cripta *f*; ~hügel *m* túmulo *m*; ~kapelle *f* mausoléu *m*; ~legung [-le:guŋ] *f* sepultura *f*; enterro (*'ê) *m*; ~mal *n* (-es; ⸚er) = *~denkmal*; ~rede *f* oração *f* fúnebre; ~schändung *f* profanação *f*

de sepulcro; **~schrift** *f* epitáfio *m*; **~stätte** *f* jazigo *m*; **~stein** *m* (*-es*; *-e*) pedra *f* sepulcral; campa *f*; lousa *f*; **~stichel** ⊕ *m* buril *m*, cinzel *m*.
Grad [gra:t] *m* (*-es*; *-e*; *als Maß im pl. uv.*) grau *m*; *höchster* ~ máximo *m*; (*Dienst*2) *a.* categoria *f*; *wir haben* 2 ~ estamos a 2 graus; *fig. a.* escala *f*; ordem *f*; intensidade *f* (*hoher* grande); *in solchem* ~*e* a tal ponto; ~ *Celsius* grau centígrado; '**~-abzeichen** *n* insígnia *f*; '**2e** [-də] *usw. s. gerade*; '**~-einteilung** *f* graduação *f*; escala *f*; '**~messer** *m* escala *f*; **2u'ieren** (-) graduar; '**2weise** graduado; *adv.* gradualmente.
Graf [gra:f] *m* (*-en*) conde *m*; '**~enstand** *m* (*-es*; *0*) condado *m*.
'**Gräf|in** ['grɛ:fin] *f* condessa *f*; **2lich** condal; de conde.
'**Grafschaft** *f* condado *m*.
Gram [gra:m] **1.** *m* (*-es*; *0*) desgosto (*'ô) *m*; tristeza *f*; aflição *f*; **2.** 2: *j-m* ~ *sn* estar zangado com alg., ter rancor contra alg.
'**gräm|en** ['grɛ:mən]: *sich* ~ (*über ac.*) afligir-se (com); *sich zu Tode* ~ morrer de desgosto (*'ô); **~lich** rabugento.
Gramm [gram] *n* (*-s*; *-e*, *als Maß im pl. uv.*) grama *m*.
Gram'mat|ik [gra'matik] *f* gramática *f*; **~iker** *m* gramático *m*; **2isch** gramático, *adj. a.* gramatical, de gramática.
Grammo'phon [gramo'fo:n] *n* (*-s*; *-e*) gramofone *m*; **~-aufnahme** *f* gravação *f* em disco; **~platte** *f* disco *m*.
Gran [gra:n] *n* (*-es*; *-e*, *-*) grão *m*.
Gra'nat [gra'na:t] *m* (*-es*; *-e*) *Min.* granate *m*, granada *f*; **~-apfel** *m* (*-s*; *¨*) romã *f*; **~-apfelbaum** *m* (*-es*; *¨e*) romãzeira *f*; **~e** ⚔ *f* [-ə] granada *f*; **~splitter** *m* estilhaço *m* de granada; **~trichter** *m* cratera *f* de granada; **~werfer** [-vɛrfər] *m* lança-granadas *m*.
Gra'nit [gra'ni:t] *m* (*-s*; *-e*) granito *m*.
'**Granne** ['granə] *f* aresta *f*; pragana *f*, barba *f*.
'**Graphi|k** ['gra:fik] *f* (artes *f/pl.*) gráfica(s) *f*/(*pl.*); (*Zeichnung*) desenho *m*; **~ker** *m* gravador *m*; **2sch** gráfico.
Gra'phit [gra'fi:t] *m* (*-s*; *-e*) grafite *f*.
Grapho'log|e [grafo'lo:gə] *m* (*-n*) grafólogo *m*; **~ie** [-o'gi:] *f* (*0*) grafologia *f*; **2isch** grafológico.
Gras [gra:s] *n* (*-es*; *¨er*) erva *f*; *Gräser pl. a.* gramíneas *f/pl.*; *fig. das* ~ *wachsen hören* ouvir tossir as moscas; ser muito finório; *ins* ~ *beißen* (*müssen*) *fig.* morder o pó; morrer; **2en** ['gra:zən] (*-t*) pastar; '**~fläche** *f* relva *f*, prado *m*; '**2fressend** herbívoro; '**2grün** verde-gaio; '**~halm** *m* (*-es*; *-e*) vergôntea *f*; '**~hüpfer** ['-hypfər] *m* gafanhoto *m*; '**~land** *n* (*-es*; *0*) ervaçal *m*; '**~mähmaschine** *f* ceifeira *f*; '**~mücke** *f* t(o)utinegra *f*; '**~platz** *m* (*-es*; *¨e*) = *~fläche*.
gras'sieren [gra'si:rən] (-) reinar, grassar.
'**gräßlich** ['grɛsliç] horrível.
Grat [gra:t] *m* (*-es*; *-e*) cumeada *f*; crista *f*; espinhaço *m*; ⊕ rebarba *f*.
'**Gräte** ['grɛ:tə] *f* espinha *f*.
'**gratis** ['gra:tis] grátis, de graça, gratuitamente.
'**Grätsche** ['grɛ:tʃə] *f* salto *m* de pernas afastadas; **2n**: *die Beine* ~ afastar as pernas.
Gratu|'lant [gratu'lant] *m* (*-en*) felicitante *m*, congratulante *m*; **~lati'on** [-latsi'o:n] *f* felicitação *f*; parabéns *m/pl.*; **2'lieren** [-'li:rən] (-): *j-m* ~ felicitar alg.; dar os parabéns a alg.
grau [grau] **1.** *adj.* (**2.** 2 *n* [*-s*; *0*]) cinzento (*m*); pardo (*m*); *Haar*: grisalho (*m*); ~ *werden*, ~*e Haare bekommen* encanecer; '**2bart** *m* (*-es*; *¨e*) barba *f* grisalha; velhote *m*; '**~blau** azul acinzentado; '**~en** a) *Tag*: amanhecer, alvorecer; b) *sich* ~ ter medo (*ê) (*vor dat.* de); **2en** *n* (*-s*; *0*) *Tag*: alvorada *f*; (*Schreck*) horror *m*, medo (*ê) *m*; '**~en-erregend,** '**~en-haft,** '**~en-voll** horrível, medonho; '**~haarig** grisalho; '**2kopf** *m* (*-es*; *¨e*) velhote *m*; '**~len**: *sich* ~ ter medo (*ê) (*vor dat.* de).
'**gräulich** ['grɔyliç] (*Farbe*) grisalho.
'**Graupe** ['graupə] *f* cevadinha *f*; **~ln** *f/pl.* granizo *m/sg.*; **2ln** (*-le*) granizar.
Graus [graus] *m* (*-es*; *0*) horror *m*, espanto *m*.
'**grausam** ['grauza:m] cruel; atroz; bárbaro; **2keit** *f* crueldade *f*; atrocidade *f*; barbaridade *f*.
'**Grau-schimmel** *m* cavalo *m* rodado.
'**graus|en** ['grauzən] (*-t*): *mir graust*

tenho horror (*vor dat.* a); **2en** *n* = *Graus*; **~en-erregend, ~ig** horrível, espantoso.

Gra'v|eur [gra'vø:r] *m* (-*s*; -*e*) gravador *m*; **2ieren** (-) gravar; *fig.* agravar; **~ier-nadel** *f* (-; -*n*) buril *m*; **~ierung** *f*, **~itati'on(skraft)** [-itatsi'o:n-] *f* (*0*) gravitação *f*; **2i'tätisch** [-i'tɛ:tiʃ] grave, solene.

'Grazi|e ['gra:tsiə] *f* graça *f*, donaire *m*; **2ös** [-'ø:s] (-*est*) gracioso, donairoso.

Greif [graɪf] *m* (-*es od.* -*en*; -*e od.* -*en*) grifo *m*; condor *m*; **'2bar** palpável; *fig. a.* concreto, positivo; ✝ disponível; **'2en** (*L*) *v/t.* agarrar, apanhar; pegar em; ♪ tocar; *in die Saiten*: dedilhar; ~ *nach* lançar (a) mão a; *in die Tasche* ~ meter a mão no bolso (*'ô); *um sich* ~ propagar-se, propalar-se, espalhar-se; *zu e-m Mittel* ~ recorrer a; *zu hoch* ~ exagerar; *j-m unter die Arme* ~ fazer costas a alg.; *fig.* ajudar alg.; **'~zirkel** *m* compasso *m* simples (*od. Dicke*: de espessura).

Greis [graɪs] **1.** *m* (-*es*; -*e*) ancião *m*; **2. 2** *adj.* (-*est*) velho, encanecido.

'Greis|en-alter ['graɪzən-] *n* (-*s*; *0*) velhice *f*; **2en-haft** senil; **~in** *f* anciã *f*.

grell [grɛl] *Licht*: forte, deslumbrante, cru; *Farbe*: vivo, garrido; *Ton*: agudo, penetrante.

Grena'dier [grəna'di:r] *m* (-*s*; -*e*) granadeiro *m*, soldado *m* da infantaria.

'Grenz|-abkommen ['grɛnts-] *n* acordo (*'ô) *m* de demarcação; **~-anwohner** *m* raiano *m*; **~-aufseher** *m* guarda-fronteira *m*, guarda-fiscal *m*; **~bahnhof** *m* (-*es*; *⸚e*) estação *f* da fronteira; **~bewohner** *m* raiano *m*, habitante *m* das fronteiras; **~e** [-ə] *f* limite *m* (*a. fig.*); (*Landes2*) fronteira *f*, *pl. a.* confins *m/pl.*; **2en** (-*t*): ~ *an* (*ac.*) confinar com; avizinhar-se de; (*hart*) ~ *an* (*ac.*) *fig.* chegar a (ser), ser quase, aproximar-se de; **2enlos** ilimitado, imenso; infinito; **~er** *m* = *~wächter*; **~fall** *m* (-*es*; *⸚e*) caso-limite *m*; **2flächen-aktiv(er Stoff** *m*) detergente (*m*); **~gebiet** *n* (-*es*; -*e*), **~land** *n* (-*es*; *⸚er*) região (*od.* zona) *f* fronteiriça; **~linie** *f* linha *f* divisória (*od.* de demarcação); **~mark** *f* = *~gebiet*; **~pfahl** *m* (-*es*; *⸚e*) marco *m*, baliza *f*; **~schutz** *m* (-*es*; *0*) defesa *f* da fronteira; **~situation** *f* situação-limite *f*; **~sperre** *f* encerramento *m* da fronteira; **~stadt** *f* (-; *⸚e*) cidade *f* na fronteira; **~station** *f* = *~bahnhof*; **~stein** *m* (-*es*; -*e*) = *~pfahl*; **~streit** *m* (-*es*; -*e*) litígio *m* de fronteiras; **~-übertritt** *m* (-*es*; -*e*) passagem *f* da fronteira; **~verkehr** *m* (-*s*; *0*) trânsito *m* na fronteira; **~verletzung** *f* violação *f* da fronteira; **~wache** *f* guarda-fronteira *m*; **~wächter** *m* guarda-fiscal *m*; **~wert** *m* (-*es*; -*e*) valor-limite *m*; **~-zoll** *m* (-*es*; *⸚e*) alfândega *f*; direitos *m/pl.* alfandegários; **~-zwischenfall** *m* (-*es*; *⸚e*) incidente *m* na fronteira.

'Greu|el ['grɔyəl] *m* horror *m*; *ein* ~ *sn* causar horror; **~el-tat** *f* atrocidade *f*; **2lich** horrível, atroz.

'Griebe ['gri:bə] *f* torresmo *m*.

'Griech|e ['gri:çə] *m* (-*n*) grego *m*; **~en-tum** *n* (-*s*; *0*) helenismo *m*; **~in** *f* grega *f*; **2isch** grego, da Grécia; **2isch-ka'tholisch** greco-ortodoxo; **2isch-'römisch** greco-romano.

'Gries|gram ['gri:s-] *m* (-*es*; -*e*) rabugice *f*; *j.* = **2grämig** [-grɛ:miç] rabugento; abetumado; macambúzio.

Grieß [gri:s] *m* (-*es*; -*e*) sémola *f*; ⚕ [areias *f/pl.*]

Griff [grif] *m* (-*es*; -*e*) (*Greifen*) jeito *m*; (*Tatze*) garra *f*; (*Henkel*) asa *f*; (*Degen2*, *Messer2*, *Stock2*) cabo *m*; punho *m*; (*Stiel*) pega *f*; *Schublade*: puxador *m*; ⊕ manípulo *m*; *zum Drehen*: manivela *f*; ♪ (*Töne*) acordo *m*; *pl.* *~e mit dem Gewehr*: ⚔ manejo *m/sg.*; *e-n guten* ~ *tun fig.* ter sorte (*f*); **'2bereit** à mão; **'~brett** *n* (-*es*; -*er*) ♪ braço *m*; **'~el** *m* lápis *m* (de lousa); ⊕ buril *m*; ⚘ estilete *m*, pistilo *m*.

'Grille ['grilə] *f* grilo *m*; *fig.* capricho *m*, mania *f*; *~n fangen* estar hipocondríaco; **2n** grelhar.

Gri'masse [gri'masə] *f* careta *f*, trejeito *m* (*schneiden* fazer); **~nschneider** *m* pantomineiro *m*.

Grimm [grim] *m* (-*es*; *0*) raiva *f*; ira *f*; **'2ig** furioso; irado; feroz; *Kälte*: penetrante, a rachar; *Schmerz*: agudo.

Grind [grint] *m* (-*es*; -*e*) tinha *f*; **'2ig** ['-diç] tinhoso.

'grinsen ['grinzən] **1.** (-*t*) sorrir-se

irònicamente; arreganhar os dentes; **2.** ♀ *n* sorriso *m* irónico.
'**Grippe** ['gripə] *f* gripe *f*; ♀**krank** engripado.
grob [gro:p] (*⸗er*; *⸗st*) grosso; *fig.* grosseiro, rude (*werden* ser; *gegen* para com); (*in großen Zügen*) rudimentar; *Einstellung*: ⊕ aproximativo; *Fehler*: grave; *Lüge*: manifesto; '♀**-heit** *f* grossaria *f*; grosseria *f*; rudez(a) *f*; brutalidade *f*.
'**Grobian** ['gro:bia:n] *m* (*-es*; *-e*) homem *m* grosseiro; labrego *m*.
'**grob-körnig** grosso.
'**gröblich** ['grø:pliç] grosseiramente; gravemente.
'**grob|schlächtig** ['-ʃlɛçtiç] grosseiro; ♀**schmied** *m* (*-es*; *-e*) ferreiro *m*.
Grog [grɔk] *m* grogue *m*.
'**grölen** ['grø:lən] P berrar.
Groll [grɔl] *m* (*-es*; *0*) rancor *m*; '♀**en** guardar rancor (*gegen* a); *Donner*: trovejar.
Gros *n* **1.** ⚔ [gro:] (-; -) grosso *m*; **2.** [grɔs] (*-ses*; *-se*, -) (*12 Dutzend*) grosa *f*.
groß [gro:s] (*⸗er*; *⸗t*) grande; (*hochgewachsen*) *u. Einsatz*: alto; *Buchstabe*: grande, maiúsculo; *Maßstab*: largo; (*erwachsen*) adulto; *gleich* ~ de igual tamanho (*od.* volume); *so* ~ tamanho; *wie* ~? de que tamanho (*od.* volume *od.* capacidade)?; *die* ~*e Zehe* o polegar do pé; ~ *ansehen*, ~*e Augen machen* arregalar os olhos (para); *im* ~*en* em grande escala, ✝ por atacado; *im* ~*en* (*und*) *ganzen* em geral grosso modo; ~ (*od. größer*) *werden* crescer, aumentar; '♀**-abnehmer** *m* comprador *m* por grosso; '♀**-admiral** *m* (*-s*; *-e*) grande-almirante *m*, almirante-mor *m*; '~**-artig** grandioso; '♀**-aufnahme** *f* *Film*: primeiro plano *m*; '♀**bauer** *m* (*-n*; *-n*) lavrador *m* rico; '♀**-Berlin** *n* Berlim *f* e arredores; '♀**betrieb** *m* (*-es*; *-e*) exploração *f* em grande escala; grande fábrica *f*.
'**Größe** ['grø:sə] *f* grandeza *f* (*a. fig.*); (*Umfang*) tamanho *m*; *Person*: estatura *f*; *Phys.* (*Weite*) amplitude *f*; (*Rauminhalt*) volume *m*; magnitude *f* (*a. Großartigkeit*); (*Ausdehnung*) extensão *f*; ℞ (*Menge*) quantidade *f*; ⚔ calibre *m*; (*Berühmtheit*) celebridade *f*.
'**Groß|-eltern** *pl.* avôs *m/pl.*; ~**-enkel(in** *f*) *m* bisneto *m* (-a *f*); ♀**enteils** em grande parte.
'**Größen|verhältnis** ['grø:sən-] *n* (*-ses*; *-se*) proporção *f*; ~**wahn** *m* (*-es*; *0*) megalomania *f*; ♀**wahnsinnig** megalómano.
'**größer** ['grø:sər] *comp. v. groß* maior; superior.
'**Groß|flugzeug** *n* (*-es*; *-e*) avião *m* gigante; ~**fürst(in** *f*) *m* (*-en*) *s.* ~*herzog*; ~**grundbesitz** *m* (*-es*; *0*) grande propriedade *f*, latifúndio *m*; ~**grundbesitzer** *m* grande proprietário *m*, latifundiário *m*, ~**handel** *m* (*-s*; *0*) comércio *m* por junto; ~**händler** *m* negociante *m* por grosso; ♀**herzig** magnânimo; ~**herzog(in** *f*) *m* (*-es*; *-e od.* *⸗e*) grão-duque *m* (grã-duquesa *f*); ~**hirn** *n* (*-es*; *-e*) cérebro *m*; ~**hirn...**: *in Zssgn* cerebral; ~**herzogtum** *n* (*-s*; *⸗er*) grão-ducado *m*; ~**industrie** *f* grande indústria *f*; ~**industrielle(r)** *m* grande industrial *m*.
Grossist [grɔ'sist] *m* (*-en*) = *Großhändler*.
'**groß|jährig** ['-jɛ:riç] maior; ♀**jährigkeit** *f* (*0*) maioridade *f*; ♀**kapital** *n* (*-s*; *-ien*) grandes capitais *m/pl.*; alta finança *f*; ♀**kaufmann** *m* (*-es*; *-leute*) = ♀*händler*; ♀**macht** *f* (-; *⸗e*) grande potência *f*; ~**mächtig** muito poderoso; ♀**mama** *f* (-; *-s*) avòzinha *f*; ♀**maul** *n* (*-es*; *⸗er*), ~**mäulig** ['-mɔyliç] fanfarrão *m*; ♀**mut** *f* (*0*) generosidade *f*; ~**mütig** ['-my:tiç] generoso; ♀**mutter** *f* (-; *⸗*) avó *f*; ♀**neffe** *m* (*-n*) sobrinho-neto *m*; ♀**nichte** *f* sobrinha-neta *f*; ♀**-onkel** *m* tio-avô *m*; ♀**-oktav** *n* oitavo *m* maior; ♀**papa** *m* (*-s*; *-s*) avôzinho *m*; ♀'**rein(e)machen** *n* limpeza *f* geral; ♀**sprecher(**'**ei** *f*) *m*, ~**sprecherisch** fanfarrão *m* (fanfarrice *f*, fanfarronada *f*); ~**spurig** ['-ʃpu:riç] de via larga; *fig.* jactancioso; ~**stadt** *f* (-; *⸗e*) grande cidade *f*; grande centro *m*, capital *f*; ♀**städter(in** *f*) *m* habitante *m/f* duma grande cidade; ~**städtisch** das grandes cidades, dos grandes centros.
größt [grø:st] *sup. v. groß* maior; superior; (*höchst*) máximo.
'**Groß|tante** *f* tia-avó *f*; ~**tat** *f* façanha *f*.
'**größtenteils** ['grø:stəntaɪls] pela maior parte.
'**Groß|tuer** ['-tu:ər] *m* valentão *m*;

gabarola *m*; **~tuerei** *f* gabarolice *f*; **2tun** (*L*) gabar-se (*mit* de); **~-unternehmer** *m* grande industrial *m*; **~vater** *m* (-*s*; =) avô *m*; **~vaterstuhl** *m* (-*ės*; =*e*) poltrona *f*; **~vieh** *n* (-*ės*; *0*) gado *m* grosso; **2ziehen** (*L*) criar; **2zügig** ['-tsy:giç] generoso, liberal; **~zügigkeit** *f* (*0*) generosidade *f*, liberalidade *f*.

gro'tesk [gro'tɛsk] grotesco; **2e** *f* farsa *f*.

'Grotte ['grɔtə] *f* gruta *f*.

'Grübchen ['gry:pçən] *n* covinha *f*.

'Grube ['gru:bə] *f* cova *f*, fossa *f*; ⚒ mina *f*.

Grübe|'lei [gry:bə'laɪ] *f* reflexão *f*, meditação *f*; **'2ln** (-*le*) cismar, meditar.

'Gruben|-arbeiter *m* mineiro *m*; **~gas** *n* (-*es*; -*e*) grisu *m*; **~-holz** *n* (-*es*; =*er*) madeira *f* para minas; **~lampe** *f*, **~licht** *n* (-*ės*; -*er*) lanterna *f* de mineiro.

'Grübler ['gryplər] *m* cismador *m*; **2isch** pensativo.

Gruft [gruft] *f* (-; =*e*) sepultura *f*, cova *f*; túmulo *m*; jazigo *m*; cripta *f*.

'Grum(me)t ['grum(ə)t] *n* (-*ės*; *0*) feno *m* seródio.

grün [gry:n] **1.** *adj.* verde (*a. fig.* = *unerfahren*); *~er Junge* fedelho *m*; (*gewogen*) afeiçoado a, amigo de; *~ werden* verdejar; **2.** 2 *n* (-*s*; *0*) (cor *f*) verde *m*; (*Pflanzen*2) verdura *f*; *ins ~e* ao campo.

Grund [grunt] *m* (-*ės*; =*e*) (*tiefste Stelle*) fundo *m*; (*Erdboden*) solo *m*; terreno *m*; terra *f*; (*Tal*) vale *m*; (*Niederschlag*) sedimentos *m/pl.*; precipitação *f*; (*~lage*) fundamento *m*, base *f*; (*Vernunft*2) razão *f*; argumento *m*; (*Beweg*2) motivo *m*; (*Ursache*) causa *f*; *~ und Boden* terras *f/pl.*; bens *m/pl.* de raiz; *auf eigenem ~* em terra *f* própria; no próprio solo; *in ~ und Boden fig.* a fundo; profundamente; *den ~ verlieren* perder pé; *den ~ legen für* fundamentar (*ac.*); *auf ~ von* (*od. gen.*) na base de, com base em; (*kraft*) em virtude de; *e-r Sache auf den ~ gehen* examinar a.c. a fundo; ⚓ *auf ~ geraten* encalhar; *in den ~ bohren* meter a pique; *von ~ aus* radicalmente; desde o princípio; *im ~e genommen* no fundo; *zu ~e* = *zugrunde*; **'~bedeutung** *f* sentido (*od.* significado) *m* primitivo; **'~bedingung** *f* condição *f* fundamental; **'~begriff** *m* (-*ės*; -*e*) noção *f* (*od.* conceito *m*) fundamental; elemento *m*; **'~besitz** *m* (-*es*; *0*) bens *m/pl.* de raiz; *einzelner*: propriedade *f*, terreno *m*; **'~besitzer(in** *f*) *m* proprietário *m* (-a *f*); **'~buch** *n* (-*ės*; =*er*) cadastro *m*; **'~buch...**: *in Zssgn* cadastral; **2'-ehrlich** (*0*) absolutamente honesto; **'~-eigentum** *n* (-*s*; *0*) = *~besitz*; **'~-eigentümer(in** *f*) *m* = *~besitzer(in)*; **'~eis** *n* (-*es*; *0*) gelo (*ê) *m* de fundo.

'gründ|en ['gryndən] (-*e*-) fundar; (*einrichten*) *a.* estabelecer, instituir; (*sich*) *~ auf* (*ac.*) basear(-se) em; **2er(in** *f*) *m* fundador(a *f*) *m*.

'grund|'falsch (*0*) completamente falso (*od.* errado); **2farbe** *f* cor (*ô) *f* primitiva, cor (*ô) *f* fundamental; **2fehler** *m* erro (*ê) *m* fundamental; **2feste** *f* alicerce *m*; **2fläche** *f* base *f*; **2form** *f* forma *f* primitiva; *gr. Verb*: infinit(iv)o *m*; *Substantiv*: nominativo *m*; **2gedanke** *m* (-*ns*; -*n*) ideia (*é) *f* fundamental; **2gehalt** *m* (-*ės*; -*e*) teor-base *m*; **2gesetz** *n* (-*es*; -*e*) lei *f* básica; estatuto *m*; (*Verfassung*) constituição *f*; **~'ieren** [-'di:rən] (-) *Mal.* imprimar; **2kapital** *n* (-*s*; -*ien*) capital *m* nominal; **2lage** *f* base *f*, fundamento *m*; **~legend** fundamental.

'gründlich ['gryntliç] (*tiefgehend*) profundo; sólido; metódico; (*eingehend*) pormenorizado; (*erschöpfend*) exaustivo; (*v. Grund aus*) radical; *adv. a. bom*; a fundo, fundamentalmente; **2keit** *f* (*0*) solidez *f*; profundidade *f*.

'Gründling ['gryntliŋ] *m* (-*s*; -*e*) *Zool.* gobião *m*; *im Fluß*: cadoz *m*.

'Grund|linie *f* base *f*, princípio *m*; linha *f* geral; *topographische*: distância *f*; * caminhamento *m*; **2los** (*tief*) sem fundo; *Weg*: intransitável; *fig.* infundado, sem fundamento, sem razão; gratuito; **~losigkeit** ['-lo:ziç-] *f* (*0*) gratui(ti)dade *f*; **~mauer** *f* (-; -*n*) fundamento *m*, alicerce *m*, * baldrame *m*.

Grün'donnerstag *m* (-*ės*; -*e*) Quinta-feira *f* Santa.

'Grund|pfeiler *m* pilar *m*; **~regel** *f* (-; -*n*) regra *f* fundamental; **~rente** *f* renda *f*, rendimento *m*; **~riß** *m* (-*sses*; -*sse*) plano *m*; ⚠ planta *f*;

(*Buch*) compêndio *m*; **~satz** *m* (*-es*; *⸗e*) princípio *m*; ⟨Math⟩ axioma *m*; **~satz-entscheidung** *f* ⚖ acórdão *m* doutrinário; **⸗sätzlich** [ˈ-zɛtsliç] em (*od.* por) princípio; **~satz-urteil** *n* (*-s*; *-e*) ⚖ acórdão *m* doutrinário; **~schuld** *f* dívida *f* hipotecária; **~schule** *f* escola *f* primária; **~stein** *m* (*-es*; *-e*): *den ~ legen* lançar (*od.* colocar) a primeira pedra; **~steinlegung** [-le:guŋ] *f* lançamento *m* da primeira pedra; **~steuer** *f* (*-*; *-n*) contribuição *f* predial; **~stock** *m* (*-es*; *⸗e*) base *f*; **~stoff** *m* (*-es*; *-e*) matéria *f* prima; ⚗ corpo *m* simples, elemento *m*; **~strich** *m* (*-es*; *-e*) perna *f* de letra; **~stück** *n* (*-es*; *-e*) (lote *m* de) terreno *m*; (*Gebäude*) imóvel *m*, prédio *m*; **~stufe** *f* ensino *m* primário; **~ton** ♪ *m* (*-es*; *⸗e*) (nota *f*) tónica *f*; **~-übel** *n* mal *m* fundamental, causa *f*; **~-umsatz** *m* (*-es*; *⸗e*) metabolismo *m* basal.

ˈ**Gründung** [ˈgrynduŋ] *f* fundação *f*, estabelecimento *m*, instituição *f*.

ˈ**grund|verschieden**: *~* (*von*) essencialmente diferente (de); inconfundível (com); **⸗wasser**(**-stand** *m*) *n* (nível *m* das) águas *f/pl.* subterrâneas; **⸗wissenschaft** *f* ciência *f* fundamental; **⸗zahl** *f* número *m* cardinal; **⸗zins** *m* (*-es*; *-en*) contribuição *f* predial; **⸗zug** *m* (*-es*; *⸗e*) rasgo *m* essencial; cara(c)terística *f*; *Grundzüge pl. Wissenschaft*: elementos *m/pl.*

ˈ**grün|en** [ˈgry:nən] verdejar; reverdescer; **⸗futter** *n* (*-s*; *0*) forragem *f*; **⸗kohl** *m* (*-es*; *0*) couve *f* verde (*od.* galega); **~lich** esverdeado, verdoengo; **⸗schnabel** F *m* (*-s*; *⸗*) fedelho *m*; **⸗span** *m* (*-es*; *0*) verdete *m*; **⸗specht** *m* (*-es*; *-e*) pianço (*od.* peto) *m* verde.

ˈ**grunzen** [ˈgruntsən] **1.** (*-t*) grunhir; **2.** ⸗ *n* grunhido *m*.

ˈ**Grupp|e** [ˈgrupə] *f* grupo *m*; agrupamento *m*; turma *f*, turno *m*; ⚔ pelotão *m*; **~en-aufnahme** *f*, **~enbild** *n* (*-es*; *-er*) fotografia *f* de um grupo; **⸗enweise** em grupos; **⸗ˈieren** (*-*) agrupar; ˈ**~ierung** *f* agrupamento *m*.

Grus [gru:s] *m* (*-es*; *-e*) cascalho *m*.

ˈ**grusel|ig** [ˈgru:zəliç] medonho, horripilante; **~n** (*-le*): *j-n* (*od. j-m*) *gruselt vor* (*dat.*) (*nom.*) faz medo (*ê) a alg.; *j-n ~ machen* meter medo (*ê) a alg.

Gruß [gru:s] *m* (*-es*; *⸗e*) saudação *f*; cumprimento *m*, ⚔ continência *f*; *Grüße pl. bsd. im Brief*: lembranças *f/pl.*, saudades *f/pl.* (*bestellen* dar, dizer).

ˈ**grüßen** [ˈgry:sən] *v/t.* (*-t*) saudar; cumprimentar; *j-n ~ lassen* mandar (dizer) saudades *od.* cumprimentos a alg. [*Kopf* miolos *m/pl.*, jeito *m.*]

ˈ**Grütze** [ˈgrytsə] *f* papa *f*; *fig.* *~ im*

ˈ**guck|en** [ˈgukən] F olhar; **⸗fenster** *n* postigo *m*; **⸗kasten** *m* (*-s*; *⸗*) câmara *f* ó(p)tica; **⸗loch** *n* (*-es*; *⸗er*) postigo *m*; ralo *m*.

ˈ**Gulasch** [gu:laʃ] *n* (*-es*; *0*) guisado *m* de vaca; **~kanone** F *f* cozinha *f* ambulante.

ˈ**Gulden** [ˈguldən] *m* florim *m*.

ˈ**gültig** [ˈgyltiç] válido; *Gesetz*: em vigor, vigente; (*echt*) legítimo; **⸗keit** *f* (*0*) validade *f*, vigor *m*.

ˈ**Gummi** [ˈgumi] *n u. m* (*-s*; *- od. -s*) borracha *f*; goma *f*; **~-absatz** *m* (*-es*; *⸗e*) salto *m* de borracha; **~ball** *m* (*-es*; *⸗e*) bola *f* de borracha; **~band** *n* (*-es*; *⸗er*) elástico *m*; **~baum** *m* (*-es*; *⸗e*) árvore *f* gomífera (*od.* da borracha); * *a.* cauchu *m*, seringueira *f*.

gumˈmieren [guˈmi:rən] (*-*) engomar, colar, deitar cola.

ˈ**Gummi|handschuh** *m* (*-es*; *-e*) luva *f* de borracha; **~knüppel** *m* cacete *m*, cacheira *f*; **~mantel** *m* (*-s*; *⸗*) impermeável *m*, casaco *m* de borracha; **~reifen** *m* pneu(mático) *m*; **~scheibe** *f* disco *m* de borracha; **~schlauch** *m* (*-es*; *⸗e*) tubo *m* de borracha; *Auto*: câmara *f* de ar; **~schuh** *m* (*-es*; *-e*) galocha *f*; **~sohle** *f* sola *f* de borracha; **~strumpf** *m* (*-es*; *⸗e*) meia *f* elástica (*od.* de borracha); **~zug** *m* (*-es*; *⸗e*) elástico *m*.

Gunst [gunst] *f* (*0*) favor *m*; graça *f*; *bei j-m in ~ stehen, in j-s ~ stehen* ser grato a alg.; *sich bei j-m in ~ setzen* procurar agradar a alg.; *pl. zu j-s ~en* a favor de alg.

ˈ**günst|ig** [ˈgynstiç] favorável, propício; oportuno; *j-m ~ gesinnt sn* ter simpatias para com alg.; ser amigo de alg.; **⸗ling** *m* (*-s*; *-e*) favorito *m*; *e-s Fürsten*: *a.* valido *m*; **⸗lingswirtschaft** *f* (*0*) favoritismo *m*.

'**Gurgel** ['gurgəl] *f* (-; -*n*) garganta *f*; goela *f*; *j-m die ~ abschneiden* degolar alg.; **2n** (-*le*) gargarejar; **~wasser** *n* (-*s*; ꞏꞏ) gargarejo *m*.
'**Gurke** ['gurkə] *f* pepino *m*.
'**gurren** ['gurən] arrul(h)ar.
Gurt [gurt] *m* (-*ęs*; -*e*) cinto *m*; (*Sattel2*) cilha *f*; (*Patronen2*) cartucheira *f*; **~band** *n* (-*ęs*; ꞏꞏ*er*) precinta *f*.
'**Gürtel** ['gyrtəl] *m* cinto *m*; cinta *f*; *fig. u.* ⚕ **~flechte, ~rose** *f* zona *f*; **~tier** *n* (-*ęs*; -*e*) armadilho *m*, tatu *m*.
'**gürten** ['gyrtən] (-*e*-) cingir; *Pferd*: cilhar.
Guß [gus] *m* (-*sses*; ꞏꞏ*sse*) ⊕ fusão *f*; fundição *f*; *Wasser*: pancada (*od.* bátega) *f* de água; (*Regen2*) aguaceiro *m*; (*Zucker2 usw.*) cobertura *f*; *aus e-m ~ fig.* perfeito; '**~-abdruck** *m* (-*ęs*; ꞏꞏ*e*) cliché *m*; '**~-eisen** *n* (-*s*; *0*) ferro *m* fundido; '**~form** *f* molde *m*; '**~stahl** *m* (-*ęs*; *0*) aço *m* fundido; '**~stahlwerk** *n* (-*ęs*; -*e*) fundição *f*.
Gut[1] *n* (-*ęs*; ꞏꞏ*er*) bem *m*; ⚚ mercadoria *f*; (*Land2*) quinta *f*, herdade *f*.
gut[2] (*besser*; *best*) *adj.* bom, *f* boa; *adv.* bem; *es ist ~, (schon) ~!* está bem!; *seien Sie so ~* tenha a bondade, faça(-me) o favor *od.* o obséquio (*zu inf.*, *und* de); *zu et. ~ sn* servir para a.c., prestar para a.c.; *es ~ sn lassen* deixar; não insistir; *es ~ haben* ter sorte; *es ~ meinen mit* ser amigo de; *Sie haben ~ reden* V. pode falar; *zu ~er Letzt* por fim, por último; *~, daß* ainda bem que (*subj.*); *~ denn!* pois bem!; *~ 2 Monate* pelo menos ...; *so ~ wie sicher* quase; *sich ~ stehen* ganhar bem; *sich mit j-m ~ stehen* dar-se bem com alg.; '**2-achten** *n* parecer *m*; '**2-achter** [-axtər] *m* perito *m*; '**~-artig** bom, de boa índole; ⚕ benigno; '**2dünken** *n* (-*s*; *0*) critério *m*, arbítrio *m*; *nach ~* à vontade; a bel-prazer, '**2e(s)** *n* bem *m*; *~s tun* fazer bem; *des ~n zuviel tun* exagerar; comer (*od.* beber) demasiado; *alles ~!* boa sorte!; felicidades!; *im 2n* amigàvelmente; em bons termos; = *gutwillig*.
'**Güte** ['gy:tə] *f* (*0*) bondade *f*; (*Beschaffenheit, Wert*) qualidade *f*; *in ~* amigàvelmente; *du meine ~!* F valha-me Deus!; (tenha) paciência!
'**Güter**|**-abfertigung** *f* expedição *f* de mercadorias (*od.* de volumes); despacho *m*; **~-annahme** *f* recepção *f* de mercadorias (*od.* de volumes); **~bahnhof** *m* (-*ęs*; ꞏꞏ*e*) estação *f* de mercadorias; **~gemeinschaft** *f* comunhão *f* de bens; **~trennung** *f* separação *f* de bens; **~verkehr** *m* (-*s*; *0*) tráfego *m*; **~wagen** *m* carruagem *f* de mercadorias; **~zug** *m* (-*ęs*; ꞏꞏ*e*) comboio *m* de mercadorias.
'**gut**|**gelaunt** ['-gəlaunt] bem disposto; **~gemeint** ['-gəmaɪnt], **~gesinnt** bem intencionado; **~gläubig** de boa fé; **~haben** (*L*) ⚚ *v/t.* ser credor de; **2haben** *n* haver *m*; saldo *m* a(c)tivo; crédito *m*; **~heißen** (*L*) aprovar; **~herzig** bondoso, benévolo.
'**güt**|**ig** ['gy:tiç] bondoso; (*wohlwollend*) benévolo; *Sie sind sehr ~* é muito amável; *wollen Sie ~st inf.* tenha a bondade de; **~lich** amigável, amistoso; *sich ~ tun* regalar-se (*an dat.* com).
'**gut**|**machen**: (*wieder*) *~* remediar, emendar, reparar; *nicht wieder gutzumachen* irreparável, irremediável; **~mütig** ['-my:tiç] bondoso, benévolo; bonacheirão; **2mütigkeit** *f* (*0*) bondade *f*, benevolência *f*; **~sagen**: *für et. ~* garantir a.c.; **2s-besitzer** *m* lavrador *m*; proprietário *m*; **2schein** *m* (-*ęs*; -*e*) abono *m*, abonação *f*; **~schreiben** (*L*) ⚚ abonar, levar a crédito; **2schrift**(**-anzeige**) *f* (nota *f* de) crédito *m*; **2s-herr** *m* (-*n*; -*en*) lavrador *m*; proprietário *m*; senhor *m*; **2s-hof** *m* (-*ęs*; ꞏꞏ*e*) herdade *f*; quinta *f*; casal *m*; **~situiert** ['-zitui:rt] afortunado; **~stehen** (*L*) = *~sagen*; **2s-verwalter** *m* administrador *m*; **2s-verwaltung** *f* administração *f*; **~tun** (*L*) fazer bem; **~willig** de boa (*od.* de livre) vontade; *Zögling*: dócil, obediente; **2willigkeit** *f* (*0*) complacência *f*; boa vontade *f*.
Gymnasi'al|**bildung** [gymnazi'a:l-] *f* (*0*) curso *m* liceal; **~direktor** *m* reitor *m* de liceu.
Gymn|**asi'ast** [gymnazi'ast] *m* (-*en*) estudante *m* do liceu; **~asium** [-'na:zium] *n* (*s*; *Gymnasien*) escola *f* secundária, liceu *m*.
Gym'nast|**ik** [gym'nastik] *f* (*0*) ginástica *f*; **2isch** ginástico.
Gynäko|**'loge** [gynɛko'lo:gə] *m* (-*n*) ginecólogo *m*; **~lo'gie** [-lo'gi:] *f* (*0*) ginecologia *f*.

H

H, h [ha:] *n* (-; -) H, h *m*; ♪ si *m*.
ha! [ha:] ah!
Haar [ha:r] *n* (-*es*; -*e*) pêlo *m*; (*Kopf*≈) cabelo *m*; *bsd. langes* (*kollektiv*) cabeleira *f*; *weißes* ~ cãs *f/pl.*; (*Ross*≈) crina *f*; *auf ein* ~, *aufs* ~ exa(c)tamente, = ≈*klein adv.*; *um ein* ~ por um cabelo (*od.* triz); *kein gutes* ~ *an* (*dat.*) *lassen* dizer cobras e lagartas de; *pl.* ~*e lassen müssen* ficar depenado; ~*e auf den Zähnen haben* não ter papas na língua; *sich in die* ~*e geraten, sich in den* ~*en liegen* pegar-se; '**~-ausfall** *m* (-*es*; ⸚*e*) queda *f* dos cabelos; ⚕ alopecia *f*; '**~bürste** *f* escova (*ô) *f* de cabelo; '**~-busch** *m* (-*es*; ⸚*e*) penacho *m*; '**~büschel** *m*, *n* madeixa *f* de cabelo; '**≈en** *v/t.* (*v/i.*) pelar(-se), mudar; '**~-entferner** *m* depilatório *m*; '**~-ersatz** *m* (-*es*; *0*) cabelo *m* postiço; '**~esbreite** *f*: *um* ~ por um triz; '**~färbemittel** *n* tinta *f* para o cabelo; '**≈fein** delgado como um cabelo, capilar; *fig.* subtil; '**~festiger** ['-fɛstigər] *m* fixador *m* (para cabelos); '**≈ig** cabeludo, peludo; *fig.* F escandaloso; '**≈klein** subtil; *adv.* com todos os pormenores; '**~knoten** *m* chinó *m*, monho *m*; '**≈los** calvo; '**~nadel** (**-kurve**) *f* (-; -*n*) (curva *f* de) gancho *m*; grampo *m*; '**~netz** *n* (-*es*; -*e*) rede (*'ê) *f* para o cabelo; '**≈scharf** afiadíssimo; *fig.* muito certo; ~ *vorbei an* (*dat.*) passando mesmo por; '**~schneiden** *n* corte *m* de cabelo; '**~schnitt** *m* (-*es*; -*e*) = ~*schneiden*; (*Frisur*) penteado *m*; '**~schopf** *m* (-*es*; ⸚*e*) topete *m*, F poupa *f*; '**~sieb** *n* (-*es*; -*e*) tamis *m*; **~spalte'rei** [-ʃpaltə'raɪ] *f* subtilezas *f/pl.*; '**≈sträubend** horripilante; '**~strich** *m* (-*es*; -*e*) linha *f* delgada; '**~tracht** *f* penteado *m*; '**~trockner** *m* secador *m* elé(c)trico; '**~waschmittel**, '**~wasser** *n* loção *f* para o cabelo; '**~wickel** *m* «bigoudi» *m* (*fr.*); papelote *m*; '**~wuchs** *m* (-*es*; *0*) crescimento *m* do cabelo; (*Haar*) cabeleira *f*.

Hab [ha:p]: ~ *und Gut n* (-*es*; *0*) = ~**e** ['ha:bə] *f* (*0*) haveres *m/pl.*
haben ['ha:bən] **1.** (*L*) ter (*zu inf.* que); (*besitzen a.*) possuir; *et. bei sich* ~ levar, trazer; *was* ~ *wir davon?* que ganhamos com isto?, para que nos serve isto?; *nichts davon* ~ não levar a melhor; *da* ~ *wir's!* ora aí está!; ~ *wollen* querer; *zu* ~ (*kaufen*) *sn* estar à venda; *nicht mehr zu* ~ *sn* estar esgotado; *Mädchen*: *noch zu* ~ por casar; *nichts auf sich* ~, *nichts zu sagen* ~ não ser nada, não ter importância; *sich* ~ F fazer-se esquisito; *wir* ~ *den 1. März* estamos em um de Março; *wir* ~ *Winter* estamos no inverno; **2.** ≈ ✝ *n* haver *m*.
'**Habenichts** *m* (-, -*es*; -*e*) pobretão *m*, pobre diabo *m*.
'**Hab|gier** *f* (*0*) avidez *f*, cubiça *f*; ≈**gierig** ávido (*nach* de); ≈**haft**: ~ *werden* (*gen.*) (conseguir) apoderar-se de; *j-s* ~ *werden* apanhar alg.
Habicht ['ha:biçt] *m* (-*es*; -*e*) açor *m*; **~snase** *f* nariz *m* aquilino.
Habilit|ati'on [habilitatsi'o:n] *f* doutoramento *m*; concurso *m* para professor agregado; ≈'**ieren** (-): *sich* ~ doutorar-se, fazer o seu doutoramento; fazer concurso para professor agregado.
'**Hab|seligkeiten** *f/pl.* haveres *m/pl.*, coisas *f/pl.*; **~sucht** *f* (*0*), ≈**süchtig** = ~*gier*, ≈*gierig*.
'**Hack|beil** ['hak-] *n* (-*es*; -*e*) machadinha *f*; **~block** *m* (-*es*; ⸚*e*) cepo *m*; talho *m*, *a.* **~brett** ♪ *n* (-*es*; -*er*) tímpano *m*; **~e** ['-ə] *f* enxada *f*; picareta *f*; sacho *m*; (*Ferse*) = **~en**[1] *m* calcanhar *m* (*zusammenschlagen* ⚔ bater); *Schuh*: tacão *m*, salto *m*; ≈**en**[2] picar; *Holz*: partir, rachar; ⚒ cavar, sachar; **~fleisch** *n* carne *f* picada; **~klotz** *m* (-*es*; ⸚*e*) talho *m*; **~messer** *n* cutelo *m* para picar carne; talhador *m*.
'**Häcksel** ['hɛksəl] *m u. n* palhiço *m*; **~maschine** *f* talhadeira *f*.
'**Hader** ['ha:dər] *m* contenda *f*, briga *f*; querela *f*; zanga *f*; ≈**n** (-*re*): ~

mit estar zangado com; *mit j-m*: *a.* querelar (*od.* discutir) com.

'**Hafen** ['ha:fən] *m* (*-s*; *=*) porto (*'ô) *m*; (*Gefäß*) pote *m*, jarro *m*; aquário *m*; **~-abgaben** *f/pl.* direitos *m/pl.* de porto (*'ô); **~-anlage** *f* instalação *f* do porto (*'ô); **~behörde** *f* capitania *f*; **~damm** *m* (*-es*; *=e*) molhe *f*; **~-einfahrt** *f* entrada *f* do porto (*'ô); **~kommandantur** *f* capitania *f*; **~platz** *m* (*-es*; *=e*) porto (*'ô) *m* do mar; **~sperre** *f* embargo *m*; **~stadt** *f* (*-*; *=e*) cidade *f* marítima, porto (*'ô) *m*.

'**Hafer** ['ha:fər] *m* (*-s*; *-*) aveia *f*; **~flocke** *f* floco *m* de aveia; **~grütze** *f*, **~schleim** *m* (*-es*; *-e*) sopa (*od.* papa) *f* de flocos de aveia.

Haff [haf] *n* (*-es*; *-s*, *-e*) ria *f*; baía *f*.

Haft [haft] *f* (*0*) prisão *f*; (*Polizei*~) *a.* detenção *f*; *in* ~ *nehmen* prender, deter; *aus der* ~ *entlassen* pôr em liberdade; '**~bar** responsável; '**~befehl** *m* (*-es*; *-e*) mandato *m* de captura, ordem *f* de prisão; '**~en** (*-e-*) estar preso; ~ *an* (*dat.*) estar pegado (*od.* agarrado) a; *fig.* ficar com; ~ *für* ficar responsável por; responder por.

'**Häftling** ['hɛftliŋ] *m* (*-s*; *-e*) recluso *m*, detido *m*.

'**Haft-pflicht** *f* (*0*) responsabilidade *f*; **~ig** responsável; **~versicherung** *f* seguro *m* de responsabilidade civil.

'**Haftung** ['haftuŋ] *f* = *Haftpflicht*.

Hag [ha:k] *m* (*-es*; *-e*) mata *f*; bosque *m*; tapada *f*.

'**Hage|buche** ⚘ ['ha:gə-] *f* carpa *f*; **~butte** [-butə] *f* fruto *m* da roseira brava; **~dorn** *m* (*-es*; *-en*) espinheiro *m* alvar.

'**Hagel** ['ha:gəl] *m* (*-s*; *0*) saraiva *f*; granizo *m*; *Jgdw.*: escumilha *f*; *fig.* granizada *f*; **~korn** *n* (*-es*; *=er*) (grão *m* de) granizo *m*; pedrisco *m*; *Jgdw.*: grão *m* de escumilha; **~n** granizar; **~schaden** *m* (*-s*; *=*) prejuízo *m* causado pelo granizo; **~schauer** *m* granizada *f*; saraivada *f*; **~schlag** *m* (*-es*; *=e*) granizo *m*; **~wetter** *n* pedrisco *m*.

'**hager** ['ha:gər] magro; seco (*ê); **~keit** *f* (*0*) magreza *f*.

'**Hage-stolz** ['ha:gə-] *m* (*-es*; *-e*) celibatário *m*; solteirão *m*.

'**Häher** ['hɛ:ər] *m* *Zool.* gaio *m*.

Hahn [ha:n] *m* (*-es*; *=e*) galo *m*; (*Wasser*~ *usw.*) torneira *f*; ⚔ cão *m*, gatilho *m*; F ~ *im Korbe fig.* o menino bonito; *es kräht kein* ~ *danach fig.* ninguém se importa com isto.

'**Hähnchen** ['hɛ:nçən] *n* frango *m*.

'**Hahnen|fuß** ['ha:nən-] ⚘ *m* (*-es*; *0*) ra(i)núnculo *m*; **~kamm** *m* (*-es*; *=e*) crista *f* de galo; **~kampf** *m* (*-es*; *=e*) combate *m* de galos; **~schrei** *m* (*-es*; *-e*) canto *m* do galo; **~tritt** *m* (*-es*; *-e*) galadura *f*.

'**Hahnrei** [-raɪ] *m* (*-es*; *-e*) corn(ud)o *m*.

Hai [haɪ] (*-es*; *-e*), '**~fisch** *m* (*-es*; *-e*) tubarão *m*.

Hain [haɪn] *m* (*-es*; *-e*) mata *f*; bosque *m*.

'**Häkchen** ['hɛ:kçən] *n* colchete *m*, ganchinho *m*; *Typ.* apóstrofo *m*.

'**Häkel|-arbeit** ['hɛ:kəl-] *f* «crochet» *m* (*fr.*); **~n** (*-le*) fazer «crochet»; **~nadel** (*-*; *-n*) *f* agulha *f* de «crochet».

'**Haken** ['ha:kən] **1.** *m* gancho *m*; (*Nagel*) escápula *f*, (*Kleider*~) cabide *m*; *für Öse*: colchete *m*; *Häkelnadel*: barbela *f*; *e-n* ~ *haben fig.* ter um defeito; trazer água no bico; **2.** ~ enganchar; **~förmig** gancheado, ganchoso, adunco; **~schraube** *f* grampo *m* de parafuso.

halb [halp] meio, metade (de); *ein* ~*es Kilo n* meio quilo *m*; *drei und ein* ~*es Kilo* três quilos e meio; *um* ~ *3* (*Uhr*) às duas (horas) e meia; ~*e Fahrt* ⚓ meia força, meio vapor; ~*e Note* ♩ mínima *f*; semítono *m*; *auf* ~*er Höhe* a meia altura; *ein* ~*es Jahr* seis meses, meio ano; *zum* ~*en Preis* por metade do preço; *nur* ~ *so viel* só metade; *er ist nicht* ~ *so fleißig wie* ... não trabalha metade daquilo que ...; ~ *öffnen* entreabrir; *erst* ~ *fertig sn* faltar ainda metade para acabar; ~ *und* ~ meio por meio; ~ ..., ~ ... entre ... e ...; '**~amtlich** oficioso; '**~bildung** *f* (*0*) pseudo-cultura *f*; '**~bruder** *m* (*-s*; *=*) meio-irmão *m*; '**~dunkel** *n* (*-s*; *0*) penumbra *f*; luso-fusco *m*; *Mal.* claro-escuro *m*; meia-tinta *f*; '**~er** [-bər] *nachgestellte prp.* (*gen.*) por (causa de); para (efeitos de); '**~fabrikat** *n* (*-es*; *-e*) produto *m* semi-manufa(c)turado; '**~fertig**: *erst* ~ *sn* estar ainda por acabar; *schon* ~ *sn* faltar apenas a metade para acabar; '**~franz(band** [*-es*; *=e*]) *m* (*-*; *0*) meia encadernação *f*; '**~gar** mal cozido; '**~gebildet** pseudo-intele(c)tual; '**≈gefrorene(s)** *n* (*-n*) sorvete *m*; '**≈geschwister** *pl.* meios-irmãos *m/pl.*; '**≈gott** *m* (*-es*; *⸚er*), ('**≈göttin** *f*) semi-deus(a *f*) *m*; '**≈heit** *f* imperfeição *f*, insuficiência *f*; medida *f* insuficiente; **~'ieren** [-'bi:rən] (-) dividir em duas partes iguais; **≈'ierung** [-'bi:ruŋ] *f* bisse(c)ção *f*; **≈'ierungslinie** *f* bisse(c)triz *f*; '**≈insel** *f* península *f*; '**≈jahr** *n* (*-ẹs*; *-e*) semestre *m*; '**~-jährig** ['-jɛ:riç] de seis meses; semestral; '**~jährlich** semestral; *adv. a.* de seis em seis meses; '**≈kreis** *m* (*-es*; *-e*) semi-círculo *m*; '**≈kugel** *f* hemisfério *m*; '**~lang** a (*od.* de) meio comprimento; '**~laut** a meia voz; '**≈leinen** *n* meio linho *m*; '**≈mast** *m* (*-es*; *-e od. -en*): *auf ~* a meia haste (*od.* adriça); '**≈messer** *m* raio *m*; '**~monatlich** bimensal, quinzenal; '**≈mond** *m* (*-ẹs*; *-e*) meia-lua *f*; '**~offen** entreaberto; '**~part** ['-part] de (*od.* a) meias (*machen* dividir); '**~rund** semi-circular; '**≈schatten** *m* penumbra *f*; '**≈schlaf** *m* (*-ẹs*; *0*) sonolência *f*; '**≈schuh** *m* (*-ẹs*; *-e*) sapato *m*; '**≈schwergewicht** *n* (*-ẹs*; *0*) *Sport*: peso (*ê) *m* médio; '**≈schwester** *f* meia-irmã *f*; '**≈seide** *f* meia-seda *f*; '**~seitig** ['-zaɪtiç] parcial; de um lado; '**≈starke(r)** *m* garoto (*'ô) *m*; '**~starr** ✈ semi-rígido; '**~steif** *Kragen*: meio mole; '**~stündig** ['-ʃtyndiç] de meia hora; '**~stündlich** de meia em meia hora; '**≈stürmer** *m Sport*: meio-avançado *m*; '**~tägig** ['-tɛ:giç] de (*od.* para) metade de um dia; '**≈ton** *m* (*-ẹs*; *⸚e*) meio-tom *m*; semítono *m*; '**~tot** meio-morto; '**≈vers** *m* (*-es*; *-e*) hemistíquio *m*; '**~voll** cheio até metade; '**≈waise** *f* orfão *m* do pai (*od.* da mãe); '**~wegs** ['-ve:ks] a meio caminho; *fig.* sofrivelmente; '**≈welt** *f* (-; *0*) «demi-monde» *m* (*fr.*); meio-mundo *m*; '**≈wolle** *f* (*0*) lã *f* mesclada; '**~wollen** de meia-lã; '**~wüchsig** ['-vy:ksiç] *j.*: adolescente; *m a.* imberbe; '**≈zeit** *f Sport*: meio-tempo *m*.

'**Halde** ['haldə] *f* ladeira *f*, encosta *f*; ⚒ vazadouro *m*; montão *m* de minerais; (*Schlacken≈*) escorial *m*.

'**Hälfte** ['hɛlftə] *f* metade *f* (*zur* por, a); *meine bessere ~* (*Ehefrau*) F minha cara metade.

'**Halfter** ['halftər] *f*, *a. m od. n*, **~band** *n* (*-ẹs*; *⸚er*), **~riemen** *m*, **~strick** *m* (*-ẹs*; *-e*) cabresto *m*; (*Pistolenhalfter*) coldre *m*.

'**Halle** ['halə] *f* átrio *m*, «hall» *m* (*engl.*); (*Vor≈*) vestíbulo *m*; (*Säulen≈*) pórtico *m*, galeria *f*; (*Markt≈*) mercado *m*; (*Turn≈*) ginásio *m*; ⊕ sala *f*; ✈ hangar *m*; 🚂 recolha *f*; **≈n** ressoar, retumbar; **~nbad** *n* (*-ẹs*; *⸚er*) piscina *f* coberta; **~ntennis** *n* (-; *0*) ténis *m* em pista coberta.

hal'lo [ha'lo:] **1.** *~!* olé!, alto lá!, *Fernspr.* está lá?; **2.** ≈ *n* (*-s*; *-s*) gritaria *f*, alvoroço *m*.

Halluzinati'on [halutsinatsi'o:n] *f* halucinação *f*.

Halm [halm] *m* (*-ẹs*; *-e*) pé *m*, talo *m*, cálamo *m*; '**~früchte** *f/pl.* cereais *m/pl.*

Hals [hals] *m* (*-es*; *⸚e*) colo *m*, pescoço *m*; (*Gurgel*) garganta *f*; *Geige*: braço *m*; *j-m um den ~ fallen* abraçar alg.; *~ über Kopf* precipitadamente; *auf dem ~e haben* ter às costas; *j-m auf dem ~e liegen* importunar alg.; *aus vollem ~e* a toda (*ô) a força (*ô); *lachen*: às gargalhadas; F *j. hat es im ~e* dói a garganta a alg.; *sich* (*dat.*) *vom ~e schaffen* desembaraçar-se de; '**~-abschneider** *m fig.* usurário *m*; '**~-ausschnitt** *m* (*-ẹs*; *-e*) decote *m*; '**~band** *n* (*-ẹs*; *⸚er*) colar *m*; (*Hunde≈*) coleira *f*; '**~binde** *f* gravata *f*; '**≈brecherisch** ['-brɛçəriʃ] arriscado; '**~entzündung** *f* inflamação *f* da garganta; '**~kette** *f* colar *m*; '**~kragen** *m* colarinho *m*; '**~krause** *f* gargantilha *f*; volta *f*; '**~-**, '**Nasen-**, '**Ohren-Arzt** *m* (*-es*; *⸚e*) otorrinolaringologista *m*; '**~schlag-ader** *f* (-; *-n*) carótida *f*; '**~schmerz** *m* (*-es*; *-en*) dor *f* de garganta; '**≈starrig** ['-ʃtariç] teimoso; '**~tuch** *n* (*-ẹs*; *⸚er*) lenço *m*; cachecol *m*; '**~weh** *n* (*-ẹs*; *0*) = *~schmerz*; '**~weite** *f* medida *f* do colarinho; '**~wirbel** *m Anat.* vértebra *f* cervical.

Halt [halt] **1.** *m* (*-ẹs*; *-e*) paragem *f*; ⚔ alto *m*; (*Stütze*) apoio *m* (*innerer ~*) consistência *f*; força (*ô) *f* moral; **2.** ≈! alto (lá); **3.** *adv. sdd.* pois; *da kann man ~ nichts machen* paciência!; '**≈bar** sólido; *Stoff*: resistente; *Speise*: *unbegrenzt ~* imputrescível; ~ *sn* conservar-se; '~**barkeit** *f (0)* durabilidade *f*; '**2en** *(L)* **1.** *v/t.* segurar; *in der Hand* ~ *a.* empunhar; *(zurück~)* deter; *sich (dat.) e-n Diener, Wagen*: ter (o. *art.*); *(stützen, aufrecht~)* manter; *Gebote*: observar; *Mahlzeit*: tomar; *maß~* moderar-se; *Messe*: dizer; ⚔ defender; *Rede*: fazer, pronunciar; *Versprechen, Wort*: cumprir, *nicht* ~ faltar a; *Zeitung*: assinar; *gegen-ea.* ~ comparar; *gut* ~ tratar bem; *Hochzeit* ~ casar; *Schule* ~ dar aula; *Takt* ~ ir ao compasso; ~ *für* crer, julgar, considerar; tomar por; ~ *von* pensar de; *viel von j-m* ~, *große Stücke auf j-n* ~ ser muito amigo de alg., ter grande estima por alg.; *es mit j-m* ~ simpatizar com alg.; ~ *Sie es, wie Sie wollen* faça como quiser; **2.** *v/i.* parar; resistir; ~ *(dauerhaft sn)* durar, continuar; *schwer* ~ ser difícil; *an sich* ~ *fig.* conter-se; *auf (ac.)* ~ dar importância a; preocupar-se com; **3.** *refl. sich* ~ manter-se; *Obst.*: conservar-se; ⚔ resistir; *sich an (ac.)* ~ ater-se a; *sich (da)'ran* ~, *sich da'zu* ~ não descansar; *sich bereit halten* estar pronto.

'**Halte|platz** ['haltə-] *m* (-*es*; ⸚*e*) paragem *f*; 🚉 estação *f*; apeadeiro *m*; ~**r** *m* suporte *m*; ~**signal** *n* (-*s*; -*e*) sinal *m* de parar; ~**stelle** *f* paragem *f*; ~**tau** *n* (-*es*; -*e*) ⚓, ✈ amarra *f*; ~**vorrichtung** *f* dispositivo *m* de fixação; ~**zeichen** *n* = ~*signal*.

'**halt|los** inconsistente: *fig.* inconstante; *adv. a.* abandonadamente; *Behauptung*: infundado; '**2losigkeit** [-lo:ziç-] *f (0)* inconsistência *f*; *fig.* inconstância *f*; ~**machen** parar; ⚔ fazer alto; **2ung** *f* porte *m*; atitude *f*; *aufrechte* ~ aprumo *m* (*a. fig.*); ⚔ continência *f*; ~ *bewahren* manter-se firme; ter a linha; *die* ~ *verlieren* perder a linha.

Ha'lunke [ha'lunkə] *m* (-*n*) patife *m*; velhaco *m*.

'**Hamburg|er(in** *f*) *m* ['hamburgər-], **2isch** hamburguês(a *f*) *m*; de Hamburgo.

'**hämisch** ['hɛ:miʃ] malicioso.

'**Hammel** ['haməl] *m* (-*s*; - *od.* ⸚) (~**braten**) carneiro *m* (assado); ~**fleisch** *n* (-*es*; *0*) (~**keule** *f*, ~**kotelett** *n* [-*es*; -*e od.* -*s*]) carne *f* (perna *f*, costeleta *f*) de carneiro.

'**Hammer** ['hamər] *m* (-*s*; ⸚) martelo *m*; *unter den* ~ *bringen* pôr em leilão, leiloar; arrematar em hasta pública; *unter den* ~ *kommen* ser posto em leilão, ser leiloado, ser arrematado em hasta pública.

'**hämmer|bar** ['hɛmər-] maleável; ~**n** (-*re*) martelar, bater.

'**Hammer|schlag** *m* (-*es*; ⸚*e*) martelada *f*; ~**werk** *n* (-*es*; -*e*) forja *f*.

Hämorrho'iden [hɛ:mɔro'i:dən] ⚕ *pl.* hemorróides *f*/pl.

'**Hampelmann** ['hampəl-] *m* (-*es*; ⸚*er*) boneco *m* de engonços; títere *m*; *fig.* manequim *m*.

'**Hamster** ['hamstər] *m Zool.* «hamster» *m*; ~'**ei** *f* a(çam)barcamento *m*; ~**er** *m* a(çam)barcador *m*; **2n** (-*re*) a(çam)barcar; ~**ung** *f* = ~*ei*.

Hand [hant] *f* (-; ⸚*e*) mão *f* (*an der* debaixo de; *bei der, zur* ~ *haben, sn, führen, nehmen, mit der* ~ *gestickt usw.* à); *(Schrift)* letra *f*; *flache* ~ palma *f*; *die* ~ *lassen von* não se meter em; *weder* ~ *noch Fuß haben* não ter pés nem cabeça; *an* ~ *von, an* ~ *(gen.)* baseado em, com base em; *an die* ~ *geben* sugerir; fornecer; *j-m an die* ~ *gehen* ajudar alg.; ~ *anlegen* meter ombro (*an, bei* a); *mit* ~ *anlegen* ajudar; *die letzte* ~ *(an)legen an (ac.)* dar a última demão a, dar o último remate a; ~ *an sich legen* suicidar-se; *auf der* ~ *liegen fig.* ser evidente; *aus der* ~ *in den Mund leben* viver ao Deus dará; *aus der* ~ *geben* largar; ~ *in* ~ de mãos dadas; *unter der* ~ *(ver)kaufen* à socapa; *von langer* ~ *fig.* de há muito; et. *geht j-m leicht von der* ~ alg. tem jeito para a.c.; *von der* ~ *weisen* refutar, não admitir; *nicht die* ~ *vor Augen sehen* não ver um palmo adiante do nariz, não ver absolutamente nada; *vorder2* por enquanto; *zur* ~ *gehen* ajudar; *pl. alle Hände voll zu tun haben* não ter mãos a medir; *die Hände in den Schoß legen* não fazer nada; não reagir; *j-m in die Hände arbeiten* fazer o jogo de alg.; *j-m et. in die Hände spielen* fazer passar a.c. para as mãos de alg.; *j-n auf Händen tragen fig.* trazer alg. nas palmas da mão; *mit gefalteten Händen* de mãos postas; *mit leeren Händen dastehen* ficar com as (*od.* de) mãos a abanar; *unter den Händen haben fig.* ter entre mãos; *zu Händen von* aos cuidados de; *zu eigenen Händen* ao próprio; '**~-arbeit** *f* trabalho *m* manual; *weibliche*: costura *f*; lavores *m/pl.*; '**~-arbeiter(in** *f*) *m* trabalhador(a *f*) *m* manual; '**~ball** (**-spiel** *n* [*-es*; *-e*]) *m* (*-es*; *⁼e*) handebol *m*; '**~bewegung** *f* gesto *m* (de mão); '**~breit** *f* (*0*) palmo *m*; e-e ~ *a.* da largura de uma mão; '**~bremse** *f* travão *m* de mão; '**~buch** *n* (*-es*; *⁼er*) (**~bücherei** *f* biblioteca *f*) manual *m*.

'**Hände|druck** ['hɛndə-] *m* (*-es*; *⁼e*) aperto (*ê) *m* de mãos; **~klatschen** *n* (*-s*; *0*) palmas *f/pl.*; aplauso(s *pl.*) *m*.

'**Handel** ['handəl] *m* (*-s*; *0*) ✝ comércio *m*; (*Verkehr*) movimento *m* comercial, tráfico *m*, tráfego *m*; (*Geschäft*) negócio *m*; ⚖ pleito *m*; (*Vereinbarung*) compromisso *m*; ~ *treiben* = ♀*n*.

'**Händel** ['hɛndəl] *m/pl.* querela *f/sg.*, contenda *f/sg.*; briga *f/sg.*; ~ *anfangen* querelar; ~ *suchen* andar de brigas.

'**handeln** ['handəln] (*-le*) comerciar; fazer negócio(s *pl.*) *m*; ~ *mit* negociar em; (*feilschen*) ajustar; regatear; (*tun*) agir; ~ *von* tratar de; *sich* ~ *um* tratar-se de; *mit sich* ~ *lassen* ser tratável.

'**Handels|-abkommen** *n* acordo (*'ô) *m* comercial; **~-adreßbuch** *n* (*-es*; *⁼er*) anuário *m* comercial; **~-agent** *m* (*-en*) agente *m* comercial; **~-artikel** *m* artigo *m* de comércio; **~beziehung** *f* relação *f* comercial; **~bilanz** *f* balanço *m*; **♀-einig**, **♀-eins**: ~ *sn* (*werden*) estar (pôr-se) de acordo (*'ô); **~flagge** *f* pavilhão *m* da marinha mercante; **~flotte** *f* marinha *f* mercante; **~freiheit** *f* (*0*) liberdade *f* de comércio; **♀gerichtlich**: ~ *eingetragen* devidamente registado; **~gesellschaft** *f* sociedade *f* comercial; companhia *f*; **~gesetzbuch** *n* (*-es*; *⁼er*) Código *m* Comercial; **~haus** *n* (*-es*; *⁼er*) casa *f* comercial; **~hochschule** *f* escola *f* superior de comércio (*od.* de ciências económicas e financeiras); **~kammer** *f* (*-*; *-n*) Câmara *f* de Comércio; **~korrespondenz** *f* correspondência *f* comercial; **~marine** *f* = *~flotte*; **~minister(ium** *n* [*-s*; *-rien*]) *m* Ministro *m* (Ministério *m*) de Comércio; **~niederlassung** *f* feitoria *f*; **~recht** *n* (*-es*; *0*) direito *m* comercial; **~register** *n* registo *m* comercial; **~reisende(r)** *m* caixeiro *m* viajante; **~schiff** *n* (*-es*; *-e*) navio *m* mercante; **~schule** *f* escola *f* comercial; **~sperre** *f* embargo *m*; bloqueio *m*; **~stadt** *f* (*-*; *⁼e*) cidade *f* mercantil; **~-teil** *m* (*-es*; *-e*) secção *f* comercial (*od.* económica e financeira); **♀üblich** corrente.

'**Händel|sucht** *f* (*0*) mania *f* de provocar; **♀süchtig** provocador; provocante.

'**Handels|-unternehmen** *n* empresa (*'ê) *f* comercial; **~verbindung** *f*, **~verkehr** *m* (*-s*; *0*) comércio *m*, relações *f/pl.* comerciais; tráfico *m*, tráfego *m*; **~vertrag** *m* (*-es*; *⁼e*) tratado *m* comercial; **~vertreter** *m* agente *m* comercial; **~volk** *n* (*-es*; *⁼er*) povo *m* mercantil; **~ware** *f* artigo *m* de comércio; **~zeichen** *n* marca *f*; **~zweig** *m* (*-es*; *-e*) ramo *m* do comércio.

'**handel-treibend** mercantil.

'**hände-ringend** ['hɛndə-] *fig.* desesperado; suplicando.

'**Hand|feger** ['-fe:gər] *m* espanador *m*; **~fertigkeit** *f* destreza *f* manual, jeito *m* manual; **~fessel** *f* (*-*; *-n*) algema *f*; **♀fest** robusto; **~feuerwaffe** *f* arma *f* portátil; **~fläche** *f* palma *f* (da mão); **~geld** *n* (*-es*; *-er*) sinal *m*, penhor *m*; **~gelenk** *n* (*-es*; *-e*) pulso *m*; **♀gemein**: ~ *werden* vir às mãos; engalfinhar-se; **~gemenge** *n* peleja *f*; briga *f*; **~gepäck** *n* (*-es*; *0*) volumes *m/pl.* de mão; **~gepäck-abgabe** *f* depósito *m* de volumes de mão; **~granate** *f* granada *f* de mão; **♀greiflich** ['-graɪfliç] palpável; evidente; ~ *werden* passar a vias de fa(c)to; **~griff** *m* (*-es*; *-e*) *Bewegung*: manejo *m*; jeito *m*; *zum Anfassen*: cabo *m*; punho *m*; asa *f*; **~habe** *f fig.* motivo *m*, pretexto *m*; **♀haben** manejar, manipular; *Gesetz usw.*: aplicar; **~habung** ['-ha:buŋ] *f* manejo *m*; *fig.* administração *f*; ⚖ aplicação *f*; **~hebel** *m* manivela *f*; alavanca *f* manual; **~karre** *f* carrinho *m* de mão; **~koffer** *m* mala *f* de mão;

~korb *m* (*-es; ¨e*) cesta *f*; **~kuß** *m* (*-sses; ¨sse*) beija-mão *m*; **~langer** ['-laŋər] *m* ajudante *m*; criado *m*; cúmplice *m*; ⚠ servente *m*; **~laterne** *f* lanterna *f* portátil.

'**Händler** ['hɛntlər] *m* comerciante *m*; (*Hausierer*) vendedor *m* ambulante; **~in** *f* vendedeira *f*; **~preis** *m* (*-es; -e*) preço para revendedores; (* por grosso).

'**Hand|lesekunst** *f* (*0*) quiromância *f*; **~leuchter** *m* palmatória *f*; **~lexikon** *n* (*-s; -lexika*) manual *m*; **꠸lich** manejável; portátil; **~lung** *f* (*Tat*) a(c)ção *f*; a(c)to *m*; feito *m*; ☤ comércio *m*; loja *f*; negócio *m*.

'**Handlungs|freiheit** *f* liberdade *f* de a(c)ção; **~gehilfe** ☤ *m* (*-n*) empregado *m* de comércio; **~reisende(r)** *m* caixeiro *m* viajante; **~vollmacht** *f* procuração *f*; **~weise** *f* procedimento *m*, proceder *m*.

'**Hand|pflege** *f* (*0*) higiene *f* das mãos; **~presse** *f* imprensa *f* manual; **~reichung** ['-raɪçuŋ] *f* serviço *m*; **~schelle** *f* algema *f*; **~schlag** *m* (*-es; 0*) palmada *f*; aperto (*ê) *m* de mão; **~schreiben** *n* carta *f* autógrafa.

'**Handschrift** *f* letra *f*, escrita *f*; manuscrito *m*; **~endeuter** *m* grafólogo *m*; **~endeutung** *f* grafologia *f*; **~enkunde** *f* (*0*) paleologia *f*; **꠸lich** manuscrito; por escrito; autógrafo.

'**Handschuh** *m* (*-es; -e*) luva *f* (*anziehen* calçar); **~laden** *m* (*-s; ¨*) luvaria *f*; **~macher** [-maxər] *m* luveiro *m*; **~weite** *f* número *m* da luva.

'**Hand|stand** *m* (*-es; ¨e*) *Turnen*: pino *m*; **~streich** *m* (*-es; -e*) golpe *m* de mão; **~tasche** *f* malinha *f* de mão; bolsa *f*; carteira *f*; **~teller** *m* palma *f* da mão; **~tuch** *n* (*-es; ¨er*) toalha *f*; **~tuch-halter** *m* toalheiro *m*; **~-umdrehen**: *im ~* num instante; **~voll** *f* (*0*) punhado *m*; mão-cheia *f*; **~wagen** *m* carroça *f* (*od.* carrinho *m*) de mão.

'**Handwerk** *n* (*-es; -e*) ofício *m*; (*Stand*) = *die ~er*; *j-m das ~ legen* acabar com os manejos de alg.; *j-m ins ~ pfuschen* intrometer-se nos negócios de alg.; **~er** *m* artífice *m*; artista *m*; operário *m*; **~sbursche** (*-n*), **~sgeselle** *m* (*-n*) oficial *m*; **꠸smäßig** mecânico; **~s-zeug** *n* (*-es; 0*) utensílios *m/pl.*; *eisernes*: ferramentas *f/pl.*

'**Hand|wörterbuch** *n* (*-es- ¨er*) dicionário *m* portátil; **~wurzel** *f* (*-; -n*) carpo *m*; **~zeichnen** *n*, **~zeichnung** *f* desenho *m* à mão; debuxo *m*; **~zettel** *m* talão *m*.

Hanf [hanf] *m* (*-es; 0*) cânhamo *m*; '**~breche** ['-brɛçə] *f* gramadeira *f*; '**꠸en** de cânhamo; '**~korn** *n* (*-es; ¨er*) grão *m* de cânhamo.

'**Hänfling** ['hɛnfliŋ] *m* (*-es; -e*) pintarroxo *m*, milheiro *m*.

Hang [haŋ] *m* (*-es; ¨e*) (*Ab꠸*) encosta *f*, declive *m*, talude *m*; *fig.* inclinação *f*, tendência *f*.

'**Hänge|boden** ['hɛŋə-] *m* (*-s; ¨*) sótão *m*; **~brücke** *f* ponte *f* suspensa (*od.* de suspensão); **~lampe** *f* candeeiro *m* de suspensão; **~lippe** *f* beiço *m*; **~matte** *f* rede (*ê) *f* (de descanso); ⚓ maca *f* (de bordo).

'**hängen** ['hɛŋən] **1.** *v/i.* (*L*) pender; estar pendurado; *fig. an* (*ac.*) *~* ser afeiçoado a; (*ab~ von*) depender de; *an j-s Lippen ~* estar suspenso das palavras de alg.; **2.** *v/t.* pendurar, (sus)pender; *Menschen*: enforcar; *fig. den Kopf ~ lassen* andar cabisbaixo, estar desanimado; **3.** ꠸ F: *mit ~ und Würgen* a muito custo; **~bleiben** (*L; sn*) ficar pendurado, *a. fig.* ficar preso; **~d** *adj.* pendente, suspenso.

'**Hängeschloß** *n* (*-sses; ¨sser*) cadeado *m*.

'**Hans|a** ['hanza], **~e** [-ə] *f* (*0*) Hansa *f*; Liga *f* hanseática; **~a...**, **~e...**: *in Zssgn.*, **~e'at** [-e'a:t] *m* (*-en*), **꠸e'atisch** hanseático *m*.

Häns|e'lei [henzə'laɪ] *f* troça *f*; '**꠸eln** *v/t.* (*-le*) fazer troça *f* de.

Hans|'narr [hans'-] *m* (*-en*) palerma *m u. f*; **~'wurst** *m* (*-es; -e*) palhaço *m*; arlequim *m*.

'**Hantel** ['hantəl] *f* (*-; -n*) haltere *m*; **꠸n** (*-le*) fazer ginástica com halteres.

han'tieren [han'ti:rən] (-): *~ mit* manejar (*ac.*); ꠸ *n* manejo *m* (*mit* de).

'**hapern** ['ha:pərn] (*-re*) haver dificuldades; *es hapert mit et.* a.c. não adianta; *da hapert es* é ali onde dói.

'**Happ|en** ['hapən] *m* bocado *m*; **꠸ig** F *j.*: ávido; *et.*: forte.

'**Harf|e** ['harfə] *f* harpa *f*; **~e'nist** *m* (*-en*), **~ner(in** *f*) *m* harpista *m*, *f*;

~en-spiel *n* (*-ẹs*; *0*) música *f* de harpa.

ˈ**Hark|e** [ˈharkə] *f* ancinho *m*; engaço *m*; **2en** engaçar; limpar com o ancinho.

ˈ**Harlekin** [ˈharləki:n] *m* (*-s*; *-e*) arlequim *m*.

Harm [harm] *m* (*-ẹs*; *0*) aflição *f*; (*Kränkung*) ofensa *f*; (*Schaden*) dano *m*.

ˈ**härmen** [ˈhɛrmən]: *sich über* (*ac.*) ~ afligir-se com.

ˈ**harmlos** inofensivo; *j.*: *a.* inocente; **2igkeit** [-lo:ziç-] *f* (*0*) inocuidade *f*; inofensivo *m*; *j-s*: inocência *f*; candura *f*.

Harmoˈn|ie [harmoˈni:] *f* harmonia *f*; **2ieren** (-) harmonizar; concordar; condizer.

Harˈmoni|ka [harˈmo:nika:] *f* (*-*; *-ken od. -s*) acordeão *m*; gaita *f*; **2sch** harmonioso; **~um** *n* (*-s*; *-ien*) harmónio *m*, pequeno órgão *m*.

Harn [harn] *m* (*-ẹs*; *0*) urina *f*; ˈ**~blase** *f* bexiga *f*; ˈ**~drang** *m* (*-ẹs*; *0*) necessidade *f* de urinar; = *~zwang*; ˈ**2en** urinar; F mijar; ˈ**~-entleerung** *f* urinação *f*, mi(c)ção *f*; ˈ**~grieß** * *m* (*-es*; *0*) areias *f/pl.*

ˈ**Harn|röhre** *f* uretra *f*; **~ruhr** *f* (*0*) diabetes *m u. f*; ˈ**~säure** *f* (*0*) ácido *m* úrico; ˈ**~stoff** *m* (*-ẹs*; *-e*) ureia *f*; ˈ**~-untersuchung** *f* análise *f* da(s) urina(s); ˈ**~verhaltung** *f* retenção *f* da urina; ˈ**~zwang** *m* (*-ẹs*; *0*) estrangúria *f*.

Harˈpun|e [harˈpu:nə] *f* arpão *m*; **2ˈieren** (-) arp(o)ar.

ˈ**harren** [ˈharən]: *j-s* ~, ~ *auf j-n*: esperar (*ac.*), *et.*: aguardar (*ac.*).

harsch [harʃ] áspero, duro, rude.

hart [hart] duro; (*streng*) rigoroso; *Ei*: cozido; *Kampf*: cerrado; renhido; *e-n ~en Stand haben* estar numa situação difícil; ~ *werden* endurecer, *Phys.* solidificar-se; ~ *an* (*dat.*) pegado a, mesmo ao pé de; ~ *ankommen* custar; ~ *auf* ~ impiedoso; encarniçado.

ˈ**Härt|e** [ˈhɛrtə] *f* dureza *f*; *Stahl*: têmpera *f*; (*Strenge*) rigor(ismo) *m*, severidade *f*; **2en** (*-e-*) endurecer; *Stahl*: temperar; **~ung** *f* têmpera *f*.

ˈ**Hart|flügler** [ˈ-fly:klər] *m Zool.* coleóptero *m*; **~futter** *n* (*-s*; *0*) grãos *m/pl.*; **2gekocht** [ˈ-gəkɔxt], **2gesotten** [ˈgəzɔtən] duro (*a. fig.*); **~geld** *n* (*-ẹs*; *0*) moeda *f* metálica; miúdos *m/pl.*; **~gummi** *n* (*-s*; *0*) ebonite *f*; **2herzig** desapiedado; **~herzigkeit** *f* (*0*) dureza *f* (de coração); **2hörig** mouco; **2leibig** [ˈlaɪbiç]: ~ *sn* ter prisão de ventre; **~leibigkeit** *f* (*0*) prisão *f* de ventre; **~meißel** *m* corta-frio *m*; **2näckig** [ˈnɛkiç] tenaz, pertinaz, *j.*: *a.* obstinado, teimoso; ~ *darauf bestehen zu* ... teimar em; **~näckigkeit** *f* (*0*) teim(osi)a *f*, afinco *m*; obstinação *f*; tenacidade *f*.

Harz *n* (*-es*; *-e*) resina *f*; ˈ**~gewinnung** *f* (*0*) resinagem *f*; ˈ**2ig** resinoso.

ˈ**haschen** *f* **1.** apanhar; *nach et.* ~ andar atrás de a.c., *fig.* ambicionar a.c.; **2.** 2 *n fig.* ambição *f* (*nach* de).

ˈ**Häscher** [ˈhɛʃər] *m* esbirro *m*.

ˈ**Hase** [ˈha:zə] *m* (*-n*) lebre *f*; coelho *m*.

ˈ**Hasel** [ˈha:zəl] *f* aveleira *f*; **~nuß** *f* (*-*; *⸗sse*) avelã *f*; (**~rute** *f*), **~strauch** *m* (*-ẹs*; *⸗er*) (varinha *f* de) aveleira *f*.

ˈ**Hasen|braten**: *m* lebre *f* assada; **~fuß** *m* (*-es*; *⸗e*), **~herz** *n* (*-ens*; *-en*) *fig.* medrica(s) *m/f*, poltrão *m*; **~jagd** *f* caça *f* à lebre; **~klein** *n* (*-s*; *0*) cabidela *f* (de lebre); **~panier** *n* (*-s*; *0*): *das* ~ *ergreifen* dar às de vila-diogo; **~scharte** * *f* bico-de--lebre *m*.

ˈ**Haspe** [ˈhaspə] *f* dobradiça *f*; gonzo *m*; **~l** *f* (*-*; *-n*) dobadoura *f*; **2ln** (*-le*) dobar; guindar.

Haß [has] *m* (*-sses*; *0*) ódio *m* (*gegen* a).

ˈ**hassen** [ˈhasən] (*-ßt*) odiar; **~s-wert, ~swürdig** odioso.

ˈ**häßlich** [ˈhɛsliç] feio; **2keit** *f* fealdade *f*.

Hast [hast] *f* (*0*) pressa *f*; (*in* de, *in der* na); *stärker*: precipitação *f* (*in* com); ˈ**2en** (*-e-*) apressar-se, precipitar-se; ˈ**2ig** apressado, precipitado.

ˈ**hätscheln** [ˈhɛtʃəln] (*-le*) acariciar; (*ver~*) amimar.

ˈ**Haube** [ˈhaʊbə] *f* touca *f*; *Auto*: capota *f*; *unter die* ~ *bringen* (*kommen*) casar(-se); **~nlerche** *f* cotovia *f*.

Hauˈbitze [haʊˈbitsə] *f* obus *m*.

Hauch [haʊx] *m* (*-ẹs*; *-e*) (*Atem*) hálito *m*; (*Wind2*) sopro (*ˈô) *m*; *Gram.* aspiração *f*; ˈ**2dünn** (muito) fininho; ˈ**2en** soprar; ˈ**~laut** *m* (*-ẹs*; *-e*) letra *f* aspirada.

'**Hau|degen** ['haʊ-] *m* espadão *m*; **~e** [-ə] *f* ⚒ picareto *m*, enxadão *m*; F pancada *f*; **2en** *j-n*: bater; *Holz*: cortar; rachar; *Loch*: fazer; *Stein*: talhar; *um sich ~* dar golpes; F *j-n übers Ohr ~* lograr alg.; **~er** *m Zool.* presa *f*; ⚒ mineiro *m*; **~e'rei** [-ə'raɪ] *f* pancadaria *f*.

'**Hauf|e** ['haʊfə] *m*, (*-n*) **~en** *m* montão *m*; *geschichteter*: *a.* pilha *f*; (*Volk*) multidão *f*, turba *f*; *der große ~en* o vulgo; *in hellen ~en pl.* em bandadas; *über den ~en werfen od. rennen* atropelar; *fig.* deitar abaixo, desfazer; *über den ~en schießen* matar a tiros.

'**häuf|eln** ['hɔyfəln] ⚒ (*-le*) amontoar; *Rebe*: abacelar; **~en** acumular.

'**haufen|weise** em (*od.* aos) montões; *a. Leute*: em massa, em bandadas; **2wolke** *f* cúmulo *m*.

'**häuf|ig** ['hɔyfiç] frequente; amiúde; muitas vezes; **2igkeit** *f* frequência *f*; **2ung** *f* frequência *f*.

Haupt [haʊpt] *n* (*-es*; *⸗er*) cabeça *f*, *fig. a.* chefe *m*; '**~-abschnitt** ⚔ *m* (*-es*; *-e*) se(c)tor *m* principal; '**~-altar** *m* (*-es*; *⸗e*) altar-mor *m*; '**~-amt** *n* (*-es*; *⸗er*) central *f*; '**2-amtlich** principal, oficial; '**~-augenmerk** *n* (*-es*; *-e*): *sn ~ auf* (*ac.*) *richten* olhar (*od.* interessar-se) principalmente para (por); '**~bahnhof** *m* (*-es*; *⸗e*) estação *f* central; '**~bestandteil** *m* (*-es*; *-e*) elemento *m* principal; '**~buch** *n* (*-es*; *⸗er*) livro-razão *m*; livro-mestre *m*; '**~darsteller(in** *f*) *m* a(c)tor *m* (a[c]triz *f*) principal; protagonista *m/f*; '**~eingang** *m* (*-es*; *⸗e*) entrada *f* principal; '**~-erbe** *m* ('**~-erbin** *f*) (*-n*) herdeiro *m* (-a *f*) principal; '**~fach** *n* (*-es*; *⸗er*) *Studium*: cadeira (*od.* disciplina) *f* nuclear; '**~fernsprechamt** *n* (*-es*; *⸗er*) central *f* telefónica; '**~geschäft** *n* (*-es*; *-e*) sede *f*; '**~geschäftsstunden** *f/pl.*, '**~geschäftszeit** *f* horas *f/pl.* de serviço (*od.* ✝ *a.* de comércio); '**~gewinn** *m* (*-es*; *-e*) primeiro prémio *m*; '**~gleis** *n* (*-es*; *-e*) via *f* geral; '**~glied** *n* (*-es*; *-er*) *Gram.* sujeito *m*; '**~haar** *n* (*-es*; *-e*) cabelo(s *pl.*) *m*; '**~-inhalt** *m* (*-es*; *0*) sumário *m*, resumo *m*; substância *f*; '**~kasse** *f* caixa *f* central.

'**Häuptling** ['hɔyptlɪŋ] *m* (*-s*; *-e*) chefe *m*; (*Anführer*) cabo *m*; cabecilha *m*; (*Neger2*) soba *m*.

'**Haupt|linie** *f* linha *f* principal; **~mann** ⚔ *m* (*-es*; *-leute*) capitão *m*; **~merkmal** *n* (*-s*; *-e*) cara(c)terística *f* principal; **~nenner** ♈ *m* denominador *m* geral; **~person** *f* personagem *f* principal; **~post(-amt** *n* [*-es*; *⸗er*]) *f* estação *f* central dos Correios; **~punkt** *m* ponto *m* capital; **~quartier** *n* (*-s*; *-e*) quartel *m* general; **~sache** *f* essencial *m*, principal *m*; **2sächlich** principal; *adv. a.* mormente; **~satz** *m* (*-es*; *⸗e*) oração *f* principal; **~schlag-ader** *f* (*-*; *-n*) aorta *f*; **~schlüssel** *m* chave-mestra *f*; chave *f* principal; **~schriftleiter** *m* reda(c)tor-chefe *m*; **~schwierigkeit** *f* dificuldade *f* principal; **~segel** *n* vela *f* maior; **~sitz** *m* (*-es*; *-e*) sede *f*; **~stadt** *f* (*-*; *⸗e*) capital *f*; **2städtisch** da capital; **~straße** *f* estrada *f* (*od.* rua *f*) principal; **~teil** *m* (*-es*; *-e*) parte *f* principal; **~treffer** *m* = *~gewinn*; **~verfahren** *n* processo *m* principal; **~verhandlung** *f* ⚖ audiência *f* principal; **~verkehr** *m* (*-s*; *0*) maior movimento *m*; **~verkehrs-zeit** *f* horas *f/pl.* do maior movimento; 🚋 *a.* horas *f/pl.* de ponta; **~versammlung** *f* assembleia *f* geral; **~wort** *n* (*-es*; *⸗er*) substantivo *m*.

Haus [haʊs] *n* (*-es*; *⸗er*) casa *f* (*nach* a, para; *zu* em), *Pol.* câmara *f*; *fig.* casa *f*; família *f*; linhagem *f*; dinastia *f*; F *altes, fideles, gelehrtes* (*j.*): tipo *m*; *~ und Hof, ~ und Herd* lar *m*; *ins ~ liefern* ✝ ao domicílio; *bei mir zu ~e* na minha casa, (*in meiner Heimat*) na minha terra; *zu ~e* em casa; (*wohnhaft*) domiciliado, residente, (*stammend aus*) natural de; *fig. in* (*dat.*) *zu ~e sn* (*wissen*) ser versado em; *von ~ aus fig.* por si, por natureza; '**~angestellte(r** *m*) *m u. f* criado *m*, -a *f*; empregado *m* (-a *f*) doméstico (-a); **~apotheke** *f* pequena farmácia *f* (de família); farmácia *f* portátil; '**~arbeit** *f* trabalho *m* doméstico; = *~aufgabe*; '**~arzt** *m* (*-es*; *⸗e*) médico *m* da casa; médico *m* assistente; '**~aufgabe** *f* exercício *m* em casa; '**2backen** *fig.* caseiro, prosaico; trivial; '**~ball** *m* (*-es*; *⸗e*) baile *m* em casa particular; '**~bedarf** *m* (*-es*; *0*) uso da casa, consumo *m* doméstico; '**~besitzer(in** *f*) *m* proprietário *m* (-a *f*); '**~bewohner(in** *f*) *m* inquilino *m* (-a *f*); '**~brand** *m* (-*es*; *⸚e*) combustível *m* de uso doméstico; '**~briefkasten** *m* (-*s*; *⸚*) receptáculo *m* postal domiciliário.

'**Häuschen** ['hɔysçən] *n* casinha *f*; *fig. aus dem ~ sn (bringen)* estar (fazer sair) fora de si (*vor Freude* de contente).

'**Haus|dame** *f* governanta *f*; **~diebstahl** *m* (-*es*; *⸚e*) furto *m* doméstico; **~diener** *m* criado *m*; **~drache** *m* (-*n*) *fig.* virago *f*.

'**hausen** ['hauzən] morar, viver; *übel ~* devastar.

'**Häuser|block** ['hɔyzər-] *m* (-*es*; *⸚e*) quarteirão *m* de casas; **~makler** *m* agente *m* predial.

'**Haus|flur** *m* (-*es*; -*e*) vestíbulo *m*; entrada *f*; **~frau** *f* dona *f* de casa; **~freund** *m* (-*es*; -*e*) íntimo *m*; **~friedensbruch** *m* (-*es*; *⸚e*) violação *f* do lar; **~gebrauch** *m* (-*es*; *0*) = *~bedarf*; **~gehilfin** *f* empregada *f* doméstica; **~gerät** *n* (-*es*; -*e*) mobília *f*; utensílio(s) *m* (*pl.*) doméstico(s); **~gesetz** *n* (-*es*; -*e*) lei *f* de família; **~halt** *m* (-*es*; -*e*) governo (*ê) da casa; família *f*; *e-n ~ gründen* casar; montar casa; *den ~ führen* = **⁀halten** (*L*) governar a casa (*j-m* de alg.).

'**Haus-hälter|in** ['-hɛltər-] *f* governanta *f*; **⁀isch** económico; *~ umgehen mit* economizar (*ac.*).

'**Haushalts|-ausschuß** *m* (-*sses*; *⸚sse*) comissão *f* orçamental (*od.* de contas); **~jahr** *m* (-*es*; -*e*) ano *m* económico; **~plan** *m* (-*es*; *⸚e*) orçamento *m*.

'**Haus-haltung** *f* = *Haushalt*; **~skosten** *pl.* despesas *f* da casa; **~svorstand** *m* (-*es*; *⸚e*) chefe *m* de família.

'**Haus|herr(in** *f*) *m* (-*en*) dono *m* (-a *f*) da casa; **⁀hoch** da altura de uma casa; *fig.* enorme; **~hofmeister** *m* mordomo *m*; **~hund** *m* (-*es*; -*e*) cão *m* caseiro, cão *m* doméstico.

hau'sier|en [hau'zi:rən] (-) vender pelas ruas; **⁀er** *m* vendedor *m* ambulante.

'**Haus|-industrie** *f* indústria *f* caseira; **~jacke** *f*, **~joppe** *f* casaco *m* caseiro; **~lehrer(in** *f*) *m* professor(a *f*) *m* particular; explicador *m*.

'**Häus|ler** ['hɔyslər] *m* caseiro *m*; **⁀lich** caseiro (*a. j.*), doméstico; *sich ~ niederlassen* instalar-se; **~lichkeit** *f* casa *f*; vida *f* doméstica; afeição *f* à vida caseira.

'**Haus|macher...**: *in Zssgn* feito em casa; caseiro; **~macht** *f* (-; *⸚e*) domínios *m*/*pl.* dinásticos; **~mädchen** *n* criada *f*; **~mannskost** *f* (*0*) comida *f* caseira; **~marder** *m* fuinha *f*; **~meister** *m* porteiro *m*; administrador; *königlicher*: almoxarife *m*; **~-miete** *f* renda *f*; **~mittel** *n* remédio *m* caseiro; **~musik** *f* (*0*) música *f* caseira; **~mutter** *f* (-; *⸚*) mãe *f* de família; **~personal** *n* (-*s*; *0*) pessoal *m* da casa *f*; **~putz** *m* (-*es*; *0*) limpeza *f* da casa; **~rat** *m* (-*es*; *0*) recheio *m* da casa; = *~gerät*; **~recht** *n* (-*es*; *0*) direito *m* doméstico; autoridade *f* doméstica; **~schlüssel** *m* chave *f* da casa; **~schneiderin** *f* costureira *f* a dias; **~schuh** *m* chinela *f*.

'**Hausse** ['ho:s] ✝ *f* alta *f*; **~spekulant** *m* (-*en*) altista *m*; **~spekulation** *f* especulação *f* na alta (do câmbio).

'**Haus|stand** *m* (-*es*; *⸚e*) = *~halt*; **~suchung** ['-zu:xuŋ] *f* busca *f*; *e-e ~ vornehmen* passar revista *f* à casa; **~telefon** *n*, **~telephon** *n* (-*es*; -*e*) telefone *m* interno (*od.* privativo); **~tier** *n* (-*es*; -*e*) animal *m* doméstico; **~tor** *m* (-*es*; -*e*) portão *m*; **~tür** *f* porta *f* da rua; **~vater** *m* pai *m* de família; **~verwalter** *m* administrador *m* (da casa); **~wart** ['-vart] *m* (-*es*; -*e*) porteiro *m*; *Schloß*: castelão *m*; **~wirt(in** *f*) *m* (-*es*; -*e*) senhorio *m*/*f*; **~wirtschaft** *f* (*0*) = *~halt*.

Haut [haut] *f* (-; *⸚e*) pele *f*; (*Ober⁀*) *a.* cútis *f*; epiderme *f*; *Milch*: nata *f*; *ehrliche ~ fig.* pessoa *f* honrada (*od.* de bem); *mit heiler ~ davonkommen* escapar; *aus der ~ fahren* enfurecer; embirrar; *sich s-r ~ wehren* defender-se; '**~-abschürfung** *f* esfoladela *f*, esfolamento *m*; '**~-arzt** *m* dermatólogo *m*; '**~-ausschlag** *m* (-*es*; *⸚e*) erupção *f* cutânea, eczema *m*.

'**Häut|chen** ['hɔytçən] *n* película *f*; membrana *f*, ⚕ *a.* túnica *f* (*a.* ⚘); *Ei*: vitelina *f*; *Zwiebel*: camisa *f*; **⁀en** despelar, tirar a pele a (*od.* de); *sich ~* mudar a pele; pelar-se.

ˈ**Haut|entzündung** *f* inflamação *f* da pele; dermatite *f*; **~farbe** *f* cor (*ô) *f* da pele; tez; **~flügler** [-fly:klər] *m* himenóptero *m*; **~gefäß** *m* (-*es*; -*e*) vaso *m* cutâneo.

ˈ**häutig** [ˈhɔytiç] membranoso.

ˈ**Haut|jucken** *n* (-*s*; *0*) comichão *f*; prurido *m*; **~krankheit** *f* dermatose *f*, doença *f* da pele; **~pflege** *f* (*0*) higiene *f* da pele; **~salbe** pomada *f* para a pele.

ˈ**Häutung** [ˈhɔytuŋ] *f* muda *f*.

Haˈvanna-zigarre [haˈvana-] *f* havano *m*.

Havaˈrie [havaˈri:] *f* avaria *f*.

he! [he:] olé!

ˈ**Hebamme** [ˈhe:p-] *f* parteira *f*.

ˈ**Hebe|baum** [ˈhe:bə] *m* (-*ɇs*; ⸚*e*) alavanca *f*; **~bock** *m* (-*ɇs*; ⸚*e*) cabra *f*, cábrea *f*; **~l** *m* alavanca *f*; *alle ~ in Bewegung setzen* empregar todos os meios.

ˈ**heb|en** [ˈhe:bən] (*L*) levantar; alçar; içar; *fig.* elevar; (*vergrößern*) aumentar; ⚔ reduzir; *Schatz*: desenterrar; (*be~*) remediar, eliminar; *e-n ~* F (*trinken*) matar o bicho; *gehoben adj. fig. Stil*: elevado, sublime; *in gehobener Stimmung* alegre, entusiasmado; **2er** *m* sifão *m*; (*Stech2*) argal *m*; *Auto*: macaco *m*.

ˈ**Hebe|stelle** *f* portagem *f*; **~vorrichtung** *f*, **~werk** *n* (-*ɇs*; -*e*) elevador *m*, dispositivo *m* de elevação; **~winde** *f* cábrea *f*, guindaste *m*.

Heˈbrä|er(in *f*) *m* [heˈbre:ər-] hebreu *m* (hebreia *f*); **2isch** hebraico.

ˈ**Hebung** [ˈhe:buŋ] *f* elevação *f*; levantamento *m*, aumento *m*; *Vers*: sílaba *f* tónica, ársis *f*.

ˈ**Hechel** [ˈhɛçəl] *f* (-; -*n*) rastelo (*ê) *m*, sedeiro *m*; **2n** cardar, rastelar.

Hecht [hɛçt] *m* (-*ɇs*; -*e*) lúcio *m*.

Heck [hɛk] ⚓ *n* (-*es*; -*e*, -*s*) popa (*ô) *f*; ˈ**~bauer** *n*, ˈ**~e** [ˈ-ə] *f Vögel*: (gaiola) chocadeira *f*, postura *f*, ⚘ sebe *f*; ˈ**2en** pôr ovos; chocar; ˈ**~enrose** *f* rosa-dos-valados *f*; **~enschütze** *m* franco-atirador *m*, guerrilheiro *m*; ˈ**~motor** *m* (-*s*; -*en*) motor *m* à retaguarda.

Heer [he:r] *n* (-*ɇs*; -*e*) exército *m*; tropa *f*; (*Menge*) multidão *f*; ˈ**~esbericht** *m* (-*ɇs*; -*e*) comunicado (oficial de guerra); ˈ**~esleitung** *f* Alto Comando *m*; ˈ**~führer** *m* general(íssimo) *m*; comandante *m*; ˈ**~schau** *f* revista *f*; ˈ**~straße** *f* estrada *f* nacional.

ˈ**Hef|e** [ˈhe:fə] *f* fermento *m*; (*Back2*) levedura *f*; *fig.* fezes *f/pl.*, escória *f*; ralé *f*; **2ig** borrento.

Heft [hɛft] *n* (-*ɇs*; -*e*) (*Schreib2*) caderno *m*, caderneta *f*; (*Broschüre*) folheto *m*; *Zeitschrift*: fascículo *m*; (*Griff*) punho *m*; (*Stiel*) cabo *m*; *das ~ in der Hand haben fig.* F ter a faca e o queijo na mão; ˈ**2en** (-*e*-) atar; (*nähen*) alinhavar; *Typ.* brochar; *den Blick auf* (*ac.*) *~* fitar (*ac.*); ˈ**~faden** *m* (-*s*; ⸚), ˈ**~garn** *n* (-*ɇs*; -*e*) linha *f* de alinhavar.

ˈ**heftig** [ˈhɛftiç] violento; (*stürmisch*) impetuoso; *et.*: *a.* veemente; *Wind usw.*: *a.* forte; *~ sn j.*: ter mau génio, ser irascível; *~ werden* irritar-se; **2keit** *f* violência *f*; veemência *f*.

ˈ**Heft|klammer** *f* (-; -*n*) «clip» *m* (*engl.*), gancho *m*; **~mappe** *f* classificador *m*; **~maschine** *f* (*Büro2*) agrafador *m*; *Bücher*: brochadeira *f*; **~naht** *f* (-; ⸚*e*) costura *f* alinhavada; **~pflaster** *n* adesivo *m*; **~stich** *m* (-*ɇs*; -*e*) alinhavo *m*; **~zwecke** *f* percevejo *m*.

ˈ**hegen** [ˈhe:gən] *v/t.* cuidar de; guardar; criar; *fig.* nutrir.

Hehl [he:l] *n* dissimulação *f*; *kein ~ aus et. machen* não dissimular a.c., não ocultar a.c.; ˈ**2en** ocultar, encobrir; ˈ**~er(in** *f*) *m* receptador(a *f*) *m*; encobridor(a *f*) *m*, (encobrideira *f*); **~eˈrei** [-əˈraɪ] *f* encobrimento *m*, dissimulação *f*.

hehr [he:r] augusto, sublime.

ˈ**Heide** [ˈhaɪdə] **1.** *m* (-*n*) pagão; *pl. a.* gentios *m/pl.*; **2.** *f*, **~land** *n* (-*ɇs*; *0*) charneca *f*, landa *f*; **~kraut** *n* (-*ɇs*; *0*) urze *f*; **~l-beere** *f* arando *m*.

ˈ**Heiden|-angst** *f* (*0*) medo (*ê) *m* terrível, grande horror *m* (*vor dat.* de); **~geld** *n* (-*ɇs*; *0*) dinheirão *m*; **~lärm** *m* (-*es*; *0*) barulho *m* infernal; **~tum** [-tu:m] *n* (-*s*; *0*) paganismo *m*.

ˈ**Heide(n)rös|chen** [-røsçən] *n* rosinha *f* brava.

ˈ**Heid|in** [ˈhaɪdin] *f* pagã *f*; **2nisch** [-niʃ] pagão; **~schnucke** [ˈ-ʃnukə] *f* ovelha *f* de charneca.

ˈ**heik|el** [ˈhaɪkəl] espinhoso, melindroso, delicado; F bicudo; *Lage usw.*: precário.

Heil [haɪl] **1.** *n* (-*ɇs*; *0*) salvação *f*, felicidade *f*; bem *m*; *~!* viva!; **2.** 2

adj. inteiro, inta(c)to; (*gesund*) são (e salvo); (*geheilt*) curado; '**~and** ['-ant] *m* (*-s; 0*) Salvador *m*; '**~anstalt** *f* sanatório *m*, casa *f* de saúde; '**~bad** *n* (*-es; ⸚er*) banhos *m/pl.* medicinais; termas *f/pl.*; estação *f* termal; '**2bar** curável; *~ sn* curar-se; '**~barkeit** *f* (*0*) curabilidade *f*; '**2en** curar; *v/i. a.* sarar; '**~-erfolg** *m* (*-es; -e*) efeito *m* terapêutico; '**~-gymnastik** *f* (*0*) ginástica *f* terapêutica.

'**heilig** ['haılıç] santo; *die 2e Schrift* a Bíblia Sagrada; *das 2e Land* a Terra Santa; *die ~en drei Könige* os três reis magos; **2'abend** *m* (*-es; -e*) Véspera *f* do Natal.

'**heiligen** ['haılıgən] santificar; (con-) sagrar; **2bild** *n* (*-es; -er*) imagem *f* (de um santo); **2leben** *n* lenda *f* de um santo; **2literatur** *f* literatura *f* hagiológica, hagiologia *f*; hagiografia *f*; **2schein** *m* (*-es; -e*) nimbo *m*; auréola *f*; **2schrein** *m* (*-es; -e*) relicário *m*.

'**Heilig|keit** *f* santidade *f*; **2sprechen** (*L*) canonizar; **~sprechung** [-ʃprɛçuŋ] *f* canonização *f*; **~tum** [-tu:m] *n* (*-s; ⸚er*) santuário *m*; templo *m*; coisa *f* sagrada.

'**Heil|kraft** *f* (*-; ⸚e*) virtude *f* curativa; **2kräftig** curativo, salutar; **~kraut** *n* (*-es; ⸚er*) planta (*od.* erva) *f* medicinal; **~kunde** *f* (*0*) medicina *f*; **~kunst** *f* (*0*) terapêutica *f*; **2los** *et.*: desesperado, monstruoso; **~magnetismus** *m* (*-; 0*) mesmerismo *m*; **~massage** *f* massagem *f* terapêutica; **~methode** *f* terapêutica *f*; terapia *f*; **~mittel** *n* remédio *m*; **~pflanze** *f* planta *f* medicinal; **~praktiker** *m* médico-naturalista *m*; **~quelle** *f* fonte *f* de água medicinal; **2sam** salutar; **~s-armee** *f* (*0*) exército *m* de salvação; **~serum** *n* (*-s; -seren, -sera*) soro *m* antitóxico; **~stätte** *f* sanatório *m*; **~ung** *f* cura *f*; *Wunde*: cicatrização *f*; **~verfahren** *n* tratamento *m*; = *~methode*; **~wirkung** *f* efeito *m* terapêutico.

Heim [haım] **1.** *n* (*-es; -e*) lar *m*, casa *f*; asilo *m*; sede *f*; (*Herberge*) hospício *m*, pousada *f*; **2.** 2 *adv.* para casa; '**~-arbeit** *f* indústria *f* caseira (*od.* doméstica).

'**Heimat** ['haıma:t] *f* (*0*) pátria *f*; país *m* (natal), terra *f* (natal); *in die ~ entlassen* ⚔ licenciar; **2berechtigt** domiciliado; **~dichter** *m*, **~dichtung** *f* (*0*) poeta *m* (poesia *f*) regionalista; **~hafen** ⚓ *m* (*-s; ⸚*) porto (*'ô) *m* de matrícula; porto (*ô)-sede (*od.* -base) *m*; **~kunde** *f* (*0*) geografia *f* local (*od.* regional); **~kunst** *f* (*0*) arte regional; regionalismo *m* (na arte); **~land** *n* (*-es; ⸚er*) terra *f*; **2lich** natal, pátrio; **2los** sem pátria; apátrida; desterrado; vagabundo; **~recht** *n* (*-es; 0*) direito *m* de domicílio; (*Bürgerrecht*) direito *m* de cidadão; * cidadania *f*; **~staat** *m* (*-es; -en*) país *m* de origem.

'**heim|begeben** (*L*; -): *sich ~* regressar; **2chen** ['-çən] *n Zool.* grilo *m*; **2fahrt** *f* regresso *m*, volta *f*; **2fall** ⚖ *m* (*-es; ⸚e*) devolução *f*; **~fallen** (*L; sn*) ⚖ reverter (*an a.* para); **~führen** *v/t.* levar (*od.* acompanhar *od.* reconduzir) à casa; *Braut*: casar com; **2gang** *m* (*-es; ⸚e*) = *2kehr*; *fig.* falecimento *m*, óbito *m*; trespasse *m*; **~gehen** (*L; sn*) = *~kehren*; *fig.* falecer; **~isch** domiciliado; (*eingeboren*) indígena (*a.* ⚘); natal; pátrio; local; *a.* ✝ nacional; *Gefühl*: à vontade, como em casa; aclimado; *~ in* (*dat.*) *fig.* versado em; *~ werden* aclimatar-se; **2kehr** *f* (*0*) volta *f*; regresso *m* (*nach, in ac.* a); **~kehren, ~kommen** (*L; sn*) voltar, regressar; **~leuchten** (*-e-*): *j-m ~ fig.* F dar uma ensinadela a alg., mandar alg. passear; **~lich** secreto; clandestino; oculto; *a. j.*: dissimulado; (*traulich*) íntimo, familiar; *adv.* em segredo; à socapa; *vor j-m*: às escondidas de; **2lichkeit** *f* segredo *m*, mistério *m*; **2reise** *f* = *2fahrt*; **~senden** (*L*) mandar à casa *f* (*od.* à terra); repatriar; **2stätte** *f* casa *f*; domicílio *m*, lar *m*; **~suchen** visitar; castigar; **2suchung** ['-zu:xuŋ] *f* visitação *f*; prova *f*, tribulação *f*; **2tücke** *f* perfídia *f*; **~tückisch** pérfido; **~wärts** ['vɛrts] para casa; **2weg** *m* (*-es; -e*) regresso *m*; **2weh** *n* (*-s; 0*) nostalgia *f*; saudades *f/pl.* da terra; **~zahlen** *fig.* pagar na mesma (moeda).

'**Heinzelmännchen** ['-tsəlmɛnçən] *n* duende *m*.

'**Heirat** ['haıra:t] *f* casamento *m*; (*Ehe*) matrimónio *m*; **2en** (*-e-*) casar(-se) (*j-n* com alg.).

'**Heirats|-antrag** *m* (*-es; ⸚e*) pedido

m de casamento; **~-anzeige** *f* participação *f* de casamento; (*Ehewunsch*) anúncio *m* (para casamento); **2fähig** casadouro; núbil; **~gut** *n* (-*es*; ⸗*er*) dote *m*; **~kandidat** *m* (-*en*) pretendente *m*; **2lustig** casadouro; **~schwindler** *m* burlão (*od.* vigarista) *m* casamenteiro; **~-urkunde** *f* certificado *m* de casamento; **~vermittler(in** *f*) *m* agente *m*, *f* de matrimónios; casamenteiro *m* (-a *f*); **~vermittlung** *f* agência *f* de matrimónios.

'**heischen** ['haɪʃən] exigir, pedir.

'**heiser** ['haɪzər] rouco; ~ *machen*, ~ *werden* enrouquecer; **2keit** *f* (*0*) rouquidão *f*.

heiß [haɪs] quente; a ferver; ardente; *Zeit*: calmoso; *Zone*: tórrido; *es ist* ~ está calor, há calor; *mir ist* ~ tenho calor; '**~blütig** ['-bly:tiç] ardente, fogoso.

'**heißen** ['haɪsən] (*L*) **1.** *v/t.* chamar; (*befehlen*) mandar; *j-n willkommen* ~ dar as boas vindas a alg.; ⚓ içar; **2.** *v/i.* chamar-se; (*bedeuten*) significar; querer dizer; *das heißt* isto é; *es heißt* dizem, diz-se, consta; *wie heißt ... auf deutsch?* como se diz ... em alemão?

'**Heiß|hunger** *m* (-*s*; *0*) fome *f* canina; apetite *m* irresistível (*auf* de); **2hungrig** faminto, esfomeado; **~laufen** (*L*): ⊕ *sich* ~ aquecer; **~luftheizung** *f* aquecimento por ar quente; **~sporn** *m* (-*es*; -*e*) homem *m* fogoso, exaltado; **~wasser...** *s. Warm~.*

'**heiter** ['haɪtər] sereno; (*lustig*) alegre; *iron.* bonito; **2keit** *f* (*0*) serenidade *f*, alegria *f*; (*Gelächter*) hilaridade *f*; risos *m/pl.*

'**Heiz|-apparat** ['haɪts-] *m* (-*es*; -*e*) calorífero *m*; **2bar** aquecível; que se pode aquecer; **~batterie** *f Radio*: acumulador *m*; **2en** aquecer; (*Ofen*) acender; **~er** ⊕ *m* fogueiro *m*; **~faden** *m* (-*s*; ⸗) filamento *m*; **~fläche** *f* superfície *f* de calefa(c)ção; **~kissen** ⚡ *n* almofada *f* elé(c)trica; **~körper** *m* aquecimento *m*; calorífero *m*; ⚡ radiador *m*; **~kraft** *f* (*0*) potência *f* calorífica; **~material** *n* (-*s*; -*materialien*) combustíveis *m/pl.*; **~raum** *m* (-*es*; ⸗*e*) ⊕ fornalha *f*, fornilha *f*; câmara *f* de aquecimento; ⚓ casa *f* das caldeiras (*od.* das máquinas); **~schlange** *f* serpentina *f* aquecedora; **~sonne** ⚡ *f* radiador *m*; **~strom** ⚡ *m* (-*es*; ⸗*e*) energia *f* industrial; **~ung** *f* aquecimento *m*; calefa(c)ção *m*; **~wert** *m* (-*es*; -*e*) efeito *m* calorífero; **~widerstand** *m* (-*es*; ⸗*e*) reóstato *m*, resistência *f*.

'**Hek|tar** *m u. n* ['hɛkta:r] (-*s*; -*e*) hectare *m*; **~to-liter** [-to:-] *n* hectolitro *m*.

Held [hɛlt] *m* (-*en*) herói *m*; *Lit. a.* protagonista *m*.

'**Helden|dichtung** ['hɛldən-] *f* (*0*) poesia *f* épica; **~gedicht** *n* (-*es*; -*e*) poema *m* épico; epopeia *f*; **2haft, 2mütig** [-my:tiç] heróico; **~mut** *m* (-*es*; *0*) heroismo *m*; **~sage** *f* lenda *f* heróica; **~tat** *f* a(c)ção *f* heróica; façanha *f*; proeza *f*; **~tenor** *m* (-*s*; ⸗*e*) tenor *m* dramático; **~tod** *m* (-*es*; *0*) morte *f* heróica; *den* ~ *sterben* morrer pela pátria; **~tum** [-tu:m] *n* (-*s*; *0*) heroismo.

'**Heldin** ['hɛldin] *f* heroína *f*; *Lit. a.* protagonista *f*.

'**helf|en** ['hɛlfən] (*L*) ajudar, auxiliar, socorrer, assistir, valer; (*j-m* a alg. *j-m bei* et. alg. em a.c. *od.* a *inf.*); ~ *aus* tirar de; ~ *gegen* ⚕ ser bom para; ~ *zu* servir para; *nichts* ~ não valer nada; *es hilft* (*alles*) *nichts* não há remédio; *sich nicht zu* ~ *wissen* não saber que fazer; *so wahr mir Gott helfe!* assim Deus me ajude!; **2er(in** *f*) *m* ajudante *m*, *f*; assistente *m*, *f*; coadjutor(a *f*) *m*; acólito *m* (-a *f*); **2ers-helfer** *m* cúmplice *m* (*bei* em).

Helio|gra'vüre [heliogra'vy:rə] *f* heliogravura *f*; **~'trop** [-'tro:p] ⚘ *n* heliotrópio *m*.

'**Helium** ['he:lium] *n* (-*s*; *0*) hélio *m*.

hell [hɛl] claro; (*erleuchtet*) alumiado; iluminado; ~ *sn* haver luz; ser dia; *j.*: (*geweckt*) esperto; *Freude usw.*: grande; ~(*er*) *werden* aclarar-se; desanuviar-se; ~ *werden* (*morgens*) amanhecer, alvorecer; *am* ~*en* (*lichten*) *Tage* em pleno dia; *in* ~*er Verzweiflung* desesperado; '**~blau** azul claro, *Auge*: *a.* zarco; '**~blond** louro; '**2dunkel** *n* penumbra *f*, *Mal.* claro-escuro *m*; '**2e** ['-ə] *f* (*0*) claridade *f*.

Helle'barde [hɛlə'bardə] *f* alabarda *f*.

'**Heller** ['hɛlər] *m* óbulo *m*, real *m*; *auf* ~ *und Pfennig* até ao último

tostão; *keinen roten ~ haben* não ter um tostão; ser pobre.
'**hell|gelb** amarelo claro; **~glänzend** luminoso; brilhante; **~grün** verde-gaio; **~hörig**: ~ *sn j.*: ter o ouvido apurado; ~ *werden* aguçar o ouvido; **2igkeit** *f* (*0*) claridade *f*; **2sehen** *n* telepatia *f*; **2seher(in** *f*) *m* visionário *m* (-a *f*); **~seherisch** telepático; **~sichtig** [-ziçtiç] clarividente; lúcido; **2sichtigkeit** *f* (*0*) clarividência *f*; lucidez *f*; **~tönend** sonoro.
Helm [hɛlm] *m* (-*ɇs*; -*e*) elmo *m*; (*Stahl2*) capacete *m*; ⚠ zimbório *m*; '**~busch** *m* penacho *m*; '**~dach** *n* (-*ɇs*; ⁼*er*) cúpula *f*.
Hemd [hɛmt] *n* (-*ɇs*; -*en*) camisa *f*; '**~-ärmel** *m* manga *f* de camisa; '**~bluse** *f* camisola *f*.
'**Hemden|-einsatz** ['hɛmdən-] *m* (-*es*; ⁼*e*) peitilho *m*; **~fabrikant** *m* (-*en*) camiseiro *m*; **~geschäft** *n* camisaria *f*; **~knopf** *m* (-*ɇs*; ⁼*e*) botão *m* da camisa; **~matz** F *m* (-*ɇs*; ⁼*e*) menino *m* em camisa.
'**Hemd|hose** *f* combinação *f*; **~kragen** *m* colarinho *m*.
Hemi'sphäre [hemi'sfɛ:rə] *f* hemisfério *m*.
'**hemm|en** ['hɛmən] impedir, deter; obstruir; (*bremsen*) travar; (*lähmen*) tolher; **~end** *adj.* inibitivo; obstrutivo; **2nis** *n* (-*ses*; -*se*) obstáculo *m*; estorvo (*'ô) *m*; entrave *m*; **2schuh** ⊕ *m* (-*ɇs*; -*e*) travão *m*; *a. fig.* peia *f*; **2ung** *f* retardação *f*; travação *f*; ⚔ travanca *f*; ⊕ *Uhr usw.*: escapo *m*; *Psych.* inibição; *pl.* ~*en haben* sentir-se embaraçado; ter dúvidas; *Psych.* ter inibições; **~ungslos** desenfreado; **2vorrichtung** *f* freio *m*.
Hengst [hɛŋst] *m* (-*es*; -*e*) garanhão *m*.
'**Henkel** ['hɛŋkəl] *m* asa *f*; **~...**: *in Zssgn* com asa(s); asado.
'**henk|en** ['hɛŋkən] enforcar; **2er** *m* carrasco *m*; verdugo *m*; **2ersknecht** *m* (-*ɇs*; -*e*) moço (*'ô) *m* do verdugo; **2ersmahl(zeit** *f*) *n* (-*ɇs*; ⁼*er*) última refeição *f*.
'**Henne** ['hɛnə] *f* galinha *f*; *junge* ~ franga *f*.
her [he:r] cá; aqui; ~ *mit* ..., ~ *damit!*, *nur immer* ~*!* que venha(m); *von* ... ~ de; *von da* ~ daí, dali; (*von*) *wo* ... ~*?* donde?; *hinter et.* ~ *sn* andar atrás de a.c.; *Hin und* 2 *n* vaivém *m*; (*so*) *neben*~ (de passagem), ao lado de, a acompanhar; *fig. nicht weit* ~ *sn* não ser grande coisa; *ein Jahr* ~ *sn* fazer; *von je*~ desde sempre; *s.* ~*kommen usw.*
he'rab [hɛ'rap] para baixo; abaixo; *von oben* ~ de cima; *fig.* sobranceiro; **~blicken** = ~*sehen*; **~drücken** carregar em; ✝ rebaixar; **~fahren** descer; *Blitz*: cair; **~fallen** (*sn*) cair; **~fliegen** (*L*; *sn*) descer; **~hängen** (*L*) pender, estar pendurado; (*bis*) *auf den Boden* ~ bater no chão; ~*d adj.* suspenso; *Ohr*: caído; **~klettern** (-*re*; *sn*) descer a trepar; **~kommen** (*L*; *sn*) descer; vir para baixo; *fig.* decair; **~lassen** (*L*) baixar; *sich* ~ descer; *fig.* condescender; dignar-se (*zu inf.* de); abaixar-se; **~lassend** condescendente; (*geringschätzig*) desdenhoso; com ar de desprezo; **2lassung** [-lasuŋ] *f* condescendência *f*; **~mindern** (-*re*) diminuir, reduzir; **~nehmen** tirar; **~rutschen** (-*t*) resvalar; **~schießen** *v/i.* (*L*; *sn*) = ~*stoßen*; **~schweben** (*sn*) vir a descer lentamente; **~schwingen** (*L*): *sich* ~ = ~*springen*; **~sehen** olhar para baixo, olhar de cima; *fig. auf* (*ac.*) ~ olhar com desprezo para; **~setzen** (-*t*) baixar, reduzir; ✝ *a.* abater; *Geschwindigkeit*: diminuir; *fig.* desfazer; *j-n*: *a.* desacreditar, difamar; **2setzung** [-zɛtsuŋ] *f* redução *f*, abatimento *m*, abate *m*; abaixamento *m* (*a. fig.*); *Wert*: depreciação *f*; **~sinken** (*L*; *sn*) vir a descer vagarosamente; **~springen** (*L*; *sn*) saltar para baixo; **~steigen** (*L*; *sn*) descer; **~stoßen** *v/i.* (*L*; *sn*) *Vogel*: cair, precipitar-se (*auf ac.* sobre); ✈ descer em voo (*'ô) picado; **~stürzen** (-*t*; *sn*) cair; precipitar-se; (*ab-*) despenhar-se; **~würdigen** degradar; **2würdigung** *f* degradação *f*; abaixamento *m*; **~ziehen** (*L*) tirar (*od.* puxar) para baixo; *fig.* degradar.
he'ran [hɛ'ran] para cá; *an* (*ac.*) ~ para junto de; *nur* ~*!* venha(m) cá; chegue(m)-se! **~-arbeiten** (-*e*-): *sich an* (*ac.*) ~ ⚔ conseguir aproximar-se de; **~bilden** (-*e*-) criar; **~blühen** (*sn*) *fig.* entrar na adolescência; **~bringen** (*L*) trazer; *fig.* apresentar; **~drängen**: *sich an* (*ac.*)

~ acercar-se (aos empurrões) de; **~gehen** (*L*; *sn*): *an* (*ac.*) ~ aproximar-se de; abeirar-se de; *fig.* meter-se a; **~holen** apanhar; **~kommen** (*L*; *sn*) aproximar-se; *an sich* ~ *lassen* ficar na espe(c)tativa; **~machen**: *sich an* (*ac.*) ~ = *~gehen*; *sich an j-n* ~ *fig.* insinuar-se na confiança de alg.; **~nahen** (*sn*) aproximar-se; **2nahen** *n* aproximação *f*, chegada *f*; **~reichen**: *an* (*ac.*) ~ alcançar (*ac.*); abarbar (*ac.*); **~rücken** *v/t.* [*v/i.* (*sn*)] aproximar(-se), abeirar(-se) (*an ac.* de); **~schaffen** arranjar, trazer; **~schleichen** (*L*; *sn*): (*sich*) ~ aproximar-se cautelosamente (*an ac.* de); **~tragen** (*L*) = *~bringen*; **~treten** (*L*; *sn*) = *~gehen*; *an j-n* ~ dirigir-se a alg.; **~wachsen** (*L*; *sn*) crescer; ir crescendo; *das ~de Geschlecht* a nova geração; **~wagen**: *sich an* (*ac.*) ~ ousar aproximar-se de; *fig.* ter coragem para; **~wälzen** (*-t*): *sich* ~ chegar em vagas; **~winken**: *j-n* ~ fazer sinal para que alg. se aproxime; **~ziehen** (*L*) **1.** *v/t.* atrair; *fig.* recorrer a; ~ *zu* chamar para, empregar em; fazer contribuir para; ⚔ *zum Heeresdienst* ~ chamar, alistar; **2.** *v/i.* aproximar-se (*an ac.* de).

he'rauf [hɛ'rauf] acima, (cá) para cima; **~beschwören** evocar; *Gefahr, Unheil, Streit*: provocar; **~bitten** (*L*) pedir para subir; **~bringen** (*L*) trazer (*od.* levar) para cima; **~führen** acompanhar para cima; *fig. et.*: iniciar; **~helfen** (*L*) ajudar a subir; **~holen** fazer subir; **~kommen** (*L*) (vir a) subir; **~schrauben, ~setzen** (*-t*) *Preis*: aumentar, fazer subir; **2setzung** ['-zetsuŋ] *f* aumento *m*; **~steigen** (*L*; *sn*) = *~kommen*; **~ziehen** (*L*) **1.** *v/t.* içar, alçar; **2.** *v/i.* (*sn*) *Gewitter*: aproximar-se.

he'raus [hɛ'raus] (para) fora! (*meist raus!*) *a.* rua!; ⚔ às armas; *aus et.* ~ de dentro de a.c.; *frei* ~, *offen* ~ francamente, com franqueza; *~damit!* diga-lá!; **~arbeiten** (*-e-*) destacar; *sich* ~ *aus* conseguir livrar-se de; **~bekommen** (*L*; -) *v/t.* conseguir arrancar (*od.* tirar) (*aus* de; *aus j-m* a alg.); *Geld*: ter que receber; *Geheimnis* (chegar a) descobrir; *Rätsel*: adivinhar; ⚗ resolver; *Wort*: dizer, proferir; **~bitten** (*L*) convidar para sair; **~brechen** (*L*) arrancar (*aus* de); *Zahn*: romper, partir; **~bringen** (*L*) levar para fora; *Buch*: publicar; *Wort*: dizer, proferir; *Thea.* estreiar; **~drehen** des(a)parafusar, desatarraxar; **~fallen** (*L*; *sn*) cair para fora; **~finden** (*L*) distinguir (*aus, zwischen dat.* entre); descobrir; divisar; (*klären*) apurar; (*sich*) ~ encontrar a saída; **~fliegen** (*L*), **~fließen** (*L*; *sn*) sair; **~fordern** (*-re*) provocar; *zum Duell*: desafiar; **2forderer** [-fɔrdərər] *m* desafiador *m*; **2forderung** *f* provocação *f*, desafio *m*; **~fühlen** ter a impressão de; sentir; **2gabe** *f* entrega *f*; ⚖ restituição *f*; *Buch*: publicação *f*; edição *f*; **~geben** (*L*) devolver, restituir; *Buch*: publicar, editar, organizar a edição; **2geber** *m* editor *m*; *e-s Textes* organizador *m*; *e-r Sammlung, e-r Zeitschrift*: dire(c)tor *m*; **~geh(e)n** (*L*) sair (*aus* de); **~greifen** (*L*) escolher; **~gucken** olhar para fora; **~haben** *v/t.* (*L*) ter a solução de; **~hängen** pendurar para fora; **~heben** (*L*) tirar; *fig.* acentuar, salientar; **~helfen** (*L*): *j-m* ~ tirar alg. de dificuldades; *beim Aussteigen*: ajudar alg. a sair; **~holen**: ~ *aus* tirar de (*a. fig.*); ir buscar em; **~hören** *j-n*: distinguir a voz de (*aus* entre); *et.*: perceber (*aus* de); **~kehren**: *fig. den* ... ~ dar-se ares de ...; **~kennen** (*L*) (*aus*) saber distinguir (de); reconhecer (entre); **~klauben** apanhar; ~ *aus* (es)colher de entre; **~klingeln** (*-le*), **~klopfen**: *j-n* ~ chamar alg.; **~kommen** (*L*; *sn*) sair, aparecer; *Geheimnis*: descobrir-se; vir à luz; vir a saber-se; *dabei kommt nichts heraus* não dá (nenhum) resultado; não se lucra nada com isto; *auf eins* ~ ser o mesmo; *mit der Wahrheit* ~ confessar (*ac.*); **~können** (*L*) poder sair; **~kriechen** (*L*; *sn*) sair de rastos; **~lassen** (*L*) deixar sair; *Auto*: *die Luft aus den Reifen* ~ esvaziar os pneus; **~laufen** (*L*; *sn*) sair; **~legen** pôr aparte; **~lehnen**: *sich zum Fenster* ~ debruçar-se pela janela; **~lesen** (*L*) = *~klauben*; ~ *aus Text*: ler; entender; **~locken** fazer sair; *Geheimnis*: fazer descerrar; **~lügen** (*L*): *sich* ~ sair-se com mentiras; **~machen** *Fleck*: tirar; *sich* ~ desenvolver-se (bem); ⚕ melhorar; **~nehmen** (*L*) (re)tirar; extrair; *sich* (*dat.*) et. ~ tomar liberdades, ser atrevido; permitir-se (*zu inf.*); **~platzen** (*-t*) (*sn*): ~ *mit* desatar a (*inf.*); **~pressen** (*-ßt*) espremer; sacar; **~putzen** (*-t*) enfeitar; **~quellen** (*L*; *sn*) brotar, emanar; **~ragen**: ~ (*aus*), ~ (*über ac.*) distinguir-se (de), destacar-se (de), sobressair (entre); **~reden** (*-e-*): *frei* ~ falar com franqueza; *sich* ~ desculpar-se, arranjar pretextos; **~reißen** (*L*) arrancar; *sich* ~ tirar-se de apuros; **~rücken** (*sn*) dar; *mit dem Gelde* ~ dar o dinheiro; *mit der Sprache* ~ falar, explicar-se; **~rufen** (*L*) chamar (para fora); ⚔ *die Wache*: chamar às armas; **~schaffen** tirar, levar para fora; **~schälen** tirar; **~schauen** olhar para fora; **~schlagen** (*L*) *Geld*: lucrar (*aus* com); **~schleudern** (*-re*) ejectar; **~schneiden** (*L*) (re)cortar; **2schneiden** *n* recorte *m*; ⚕ abcisão *f*; **~sehen** (*L*) olhar para fora; **~sein** (*L*; *sn*) ter saído; **~springen** (*L*; *sn*): ~ (*aus*) sair a saltar; saltar para fora (de); *fig.* ganhar-se (*bei* com); **~spritzen** (*-t*) (*sn*) espirrar; **~sprudeln** (*-le*) (*sn*) borbotar; **~stecken** mostrar; ostentar; *den Kopf zum Fenster* ~ assomar à janela, debruçar-se pela janela; **~stellen** *Stiefel*: pôr à porta; *sich* ~ (*als*) provar-se, evidenciar-se, verificar-se; dar-se o caso (de); *fig.* salientar; focar; pôr em relevo (*'ê), destacar; **~strecken** mostrar; **~streichen** (*L*) riscar; *fig.* = *~stellen fig.*; **~strömen** (*sn*) efundir-se; ~ *lassen* derramar; deixar sair; **~stürmen** sair arrebatado; **~stürzen** (*-t*) precipitar(-se) para fora; **~suchen** escolher; sele(c)cionar; **~treten** (*L*; *sn*): ~ (*aus*) sair (de); sobressair (entre); **~wachsen** (*L*; *sn*) brotar, sair; (*aus e-m Kleid*) ~ já não caber (em); **~winden** (*L*): *sich* ~ *fig.* (conseguir) desembaraçar-se; **~wollen** querer sair; *nicht mit der Sprache* ~ não querer falar; teimar em calar-se; **~ziehen** (*L*): ~ (*aus*) sacar (de); extrair (de); = *~reißen*.

herb [hɛrp], '**~e**[1] ['-bə] acerbo, acre, áspero; *Wein*: seco (*ê); '**2e**[2] *f* acrimónia *f*; aspereza *f*.

her'bei [hɛr'baɪ] para aqui; *~! a.* venham!; **~bringen** (*L*) trazer; **~eilen** (*sn*) acorrer, acudir; vir de abalada; **~führen** trazer; *fig.* causar, produzir, levar a; **~holen** trazer; ir buscar; **~lassen**: *sich* ~ *zu* consentir em, anuir a, aceder a, prestar-se a; **~laufen** (*sn*) acorrer; **~locken** atrair; **~rufen** (*L*) chamar; **~schaffen** trazer; arranjar; procurar; **~schleppen** trazer (arrastado); **~sehnen** ansiar (a chegada de); **~strömen** (*sn*) afluir; **~winken**: *j-n* ~ fazer sinal a alg. para vir; **~wünschen** = *~sehnen*; **~ziehen** (*L*): *an* (*dat.*) ~ puxar por; trazer por.

'**her|bekommen** (*L*; -) conseguir trazer; **~bemühen**: *j-n* ~ pedir que alg. venha; mandar vir alg.; *sich* ~ dar-se ao incómodo de vir.

'**Herberge** ['hɛrbɛrgə] *f* albergue *m*; hospedaria *f*; pousada *f*; (*Zuflucht*) abrigo *m*.

'**her|bestellen** mandar vir; chamar; **~beten** (*-e-*) rezar; *fig.* recitar màquinalmente.

'**Herbheit** ['hɛrp-haɪt] *f* (*0*) acrimónia *f*, aspereza *f*.

'**her|bitten** (*L*) convidar; chamar; **~bringen** (*L*) trazer; *s. a.* *~gebracht*.

Herbst ['hɛrpst] *m* (*-es*; *-e*) outono *m*; '**2lich** outonal, do outono; '**~zeitlose** ⚘ *f* cólquico *m*.

Herd [he:rt] *m* (*-es*; *-e*) fogão *m*; *offener*: lareira *f*; fornalha *f*; *Krankheit, Seuche, Erdbeben*: foco *m*.

'**Herde** ['he:rdə] *f* rebanho *m*, tropel *m*; *fig.* grei *f*; **~ntrieb** *m* instinto *m* gregário; **2nweise** em (*od.* aos) rebanhos.

he'rein [hɛ'raɪn] para (aqui) dentro; cà para dentro; *~!* entre! **~...**: *in Zssgn oft übers. durch* entrar (a *inf.*); **~begeben** (*L*; -): *sich* ~ entrar; **~bekommen** (*L*; -) ⚡ receber; *Sender*: apanhar; **~bemühen**: *sich* ~ ter o incómodo de entrar; **~bitten** (*L*): *j-n* ~ pedir que alg. entre; **~brechen** (*L*; *sn*) irromper; sobrevir; *Nacht*, ~ *über* (*ac.*) *a.* cair; **~bringen** (*L*) trazer (para dentro); fazer entrar; ⚡ importar; **~drängen**: *sich* ~ forçar a entrada; **~fahren** (*L*) **1.** *v/i.* entrar (de carro); **2.** *v/t.* trazer (no carro); **2fall** *m* (*-es*; *=e*) fiasco *m*;

fracasso *m*; **~fallen** (*L*; *sn*) deixar-se apanhar, deixar-se enganar; **~führen** introduzir; trazer (para dentro); *j-n*: *a.* acompanhar para dentro; **~geh(e)n** (*L*; *sn*) entrar; (*Platz h.*) caber; **~-holen** *j-n*: fazer entrar; *et.*: = *~bringen*; **~kommen** (*L*; *sn*) entrar; **~lassen** (*L*) deixar entrar; **~legen** *fig.* enganar; apanhar; **~locken** atrair (*in ac.* para); **~platzen** F (*-t*; *sn*) aparecer (de repente); irromper; **~regnen** (*-e-*) chover para dentro; **~reißen** (*L*) comprometer; **~rufen** (*L*) chamar (para dentro); **~schleichen** (*L*): *sich ~* entrar (*od.* introduzir-se) furtivamente; *fig.* insinuar-se; **~-schneien 1.** (*h.*) nevar para dentro; **2.** (*sn*) *fig.* aparecer; **~stürmen, ~stürzen** (*-t*) irromper, entrar de arremesso; **~tragen** (*L*) trazer (para dentro); **~wagen**: *sich ~* ousar entrar; **~winken**: *j-n ~* fazer sinal a alg. para entrar; **~ziehen** (*L*): puxar para dentro; *fig. j-n*: comprometer.

'**her|fahren** (*L*) **1.** *v/t.* trazer (no carro); *et.*: *a.* acarretar; **2.** *v/i.* (*sn*) vir de carro; *vor usw. j-m ~* = *~gehen*; **~fallen** (*L*; *sn*): *über* (*ac.*) *~* cair sobre, lançar-se sobre; **~finden** (*L*) encontrar o caminho (para cá); **~-führen** trazer; levar para aqui; **²gang** *m* (*-ęs*; *⸚e*) acontecimento *m*; desenrolar *m*; (*Verlauf*) marcha *f*; *die Sache hatte folgenden ~* eis como o caso se passou; ⊕ *u.* ⚕ processo *m*; **~geben** (*L*) dar (cá); *fig. a.* render; *sich ~ zu* prestar-se a; **~gebracht** [-gəbraxt] **1.** *p. pt. v. ~bringen*; **2.** *adj.* tradicional; F da praxe; **²gebrachte** *n* tradição *f*; **~geh(e)n** (*L*; *sn*): *hinter* (*dat.*) *~* seguir (*ac.*); ir atrás de; *neben* (*dat.*) *~* acompanhar (*ac.*), ir ao lado de; *vor* (*dat.*) *~* preceder (*ac.*), ir diante de; *fig. hoch ~* haver grande alvoroço (*'ô); *es geht bei j-m hoch her* alg. vive à grande; *es geht im Kampf scharf* (*od. hart*) *her* há renhido combate; **~halten** apresentar; *~ müssen* ter que sofrer; ter que servir (*als* de); **~holen** *v/t.* ir buscar; **~hören** ouvir, escutar.

'**Hering** ['he:riŋ] *m* (*-s*; *-e*) arenque *m*; *wie die ~e fig.* apinhados como as sardinhas na lata.

'**her|jagen**: *vor sich ~* perseguir; **~kommen** (*L*) vir (cá); *fig.* derivar, provir; **²kommen** *n* tradição *f*; costume *m*; **~kömmlich** ['-kœmliç] tradicional.

her'kulisch [her'ku:liʃ] hercúleo.

'**Her|kunft** ['he:rkunft] *f* (*0*) origem *f*; proveniência (*a.* ✝); (*Abstammung*) filiação *f*; ascendência *f*; linhagem *f*; **²laufen** (*L*; *sn*) correr (*hinter dat.* atrás de); *hergelaufener Kerl fig.* vagabundo; **²leiern** (*-re*) salmodiar; recitar màquinalmente; **²leiten** (*-e-*) aduzir; *fig.* derivar; deduzir; **²machen**: *sich über* (*ac.*) *~* lançar-se sobre; *Arbeit*: meter-se a; *Speise*: pôr-se a comer.

Herme'lin [hɛrmə'li:n] (*-s*; *-e*) *Zool. n*, *Pelz m* arminho *m*.

her'metisch [hɛr'me:tiʃ] hermético.

her'nach [her'-] depois, a seguir; mais tarde.

'**hernehmen** ['he:r-] (*L*) tomar, tirar.

her'nieder [her'-] para baixo; abaixo; *von ... ~* do alto de; *~...*: *in Zssgn.* = *herab..., herunter...*

he'ro|isch [he'ro:iʃ] heróico; **²'ismus** *m* heroismo *m*.

'**Herold** ['he:rɔlt] *m* (*-ęs*; *-e*) arauto *m*; rei *m* de armas.

Herr [hɛr] *m* (*-en*) senhor *m*; cavalheiro *m*; (*Besitzer*) dono *m*; patrão *m*; *des Dieners*: *a.* amo *m*; *~* (*und Frau*) X o(s) senhor(es) X, (*Anrede o. art.*; ⚔ *~ Oberst*: meu ...); (*Gott*) *der ~* o (nosso) Senhor *m*; *alte(r) ~ studentisch*: antigo estudante *m*, veterano *m*; *mein usw. alter ~* pai *m*; *mein ~* senhor; *gnädiger ~ a.* meu amo *m*; *Brief*: *sehr geehrter ~*, (*an*) *~n* X Excelentíssimo (*abgek.* Ex.mo; * Ilustríssimo, Il.mo) Senhor X; *sein eigener ~ sn* ser independente; *~ über sich* senhor de si; *pl. aus aller '~en Länder* de todo o mundo; de toda a parte.

'**her|reichen** ['he:r-] passar; chegar; **²reise** *f* (viagem *f* da) ida *f*.

'**Herren|artikel** *m* artigo *m* para senhores; **~doppelspiel** *n* (*-ęs*; *-e*) *Tennis*: quadrado *m* de cavalheiros; **~einzelspiel** *n* (*-ęs*; *-e*) *Tennis*: «single» (*engl.*) *m* de cavalheiros; **~geschäft** *n* (*-ęs*; *-e*) camisaria *f*; **~haus** *n* (*-ęs*; *⸚er*) solar *m*; casa *f* senhorial; *Pol.* Senado *m*; Câmara *f* Alta; **~kleidung** *f* (*0*) vestuário *m* de cavalheiro; **~leben** *n* (*-s*; *0*): *ein ~ führen* viver à grande, viver à larga; **2los** sem dono; vago; abandonado; *Tier*: vadio; ⚖ jacente; **~mode** *f* moda *f* masculina; **~sitz** *m* solar; *im ~ reiten* montar a cavaleiro; **~zimmer** *n* escritório *m*.

'**Herrgott** *m* (*-es*; *0*): *der ~* Deus *m*; Nosso Senhor *m*.

'**herrichten** ['he:r-] (*-e-*) preparar, arranjar.

'**Herr|in** *f* senhora *f*; ama *f*; *des Hauses*: dona *f*; (*Besitzerin*) *a.* patroa *f*; **2isch** imperioso, autoritário; **2'je(mine)** [-'je:(mine:)] F meu Deus!; **2lich** magnífico; esplêndido; *~ und in Freuden leben* viver de grande, viver à grande, viver à larga; **~lichkeit** *f* magnificência *f*; *Rel.* glória *f*; **~schaft** *f* senhorio *m*; domínio *m* (*a. Gebiet*), dominação *f*; *stärker*: império *m*; soberania *f*; (*Brotherren*) amos *m/pl.*; *meine ~en!* minhas senhoras e meus senhores!; **2schaftlich** senhoril; **~schafts...**: *in Zssgn* senhorial; *stärker*: imperial(ista).

'**Herrsch|begierde** ['hɛrʃ-] *f* (*0*) = *~sucht*; **2en** mandar; *Monarch*: reinar (*a. fig.*); *über* (*ac.*) *~ a.* dominar (*ac.*); **2end** *adj.* reinante (*a. fig.*); **~er(in** *f*) *m* soberano *m* (-a *f*); regente *m*, *f*; **~erhaus** *n* (*-es*; *"er*) casa *f* reinante, dinastia *f*; **~sucht** *f* (*0*) despotismo *m*; ambição *f* do poder; **2süchtig** despótico.

'**her|rufen** ['he:r-] (*L*) chamar; **~rühren** (pro)vir, derivar, emanar; **~sagen** recitar; enunciar; **~schaffen** trazer; arranjar; **~schreiben** (*L*): *sich ~* = *~rühren*; **~stammen** *j.*: descender; *aus e-m Ort*: ser natural de; *et.*: = *~rühren*.

'**herstell|en** ['he:r-] fazer; fabricar; produzir; *Verbindung*: estabelecer; **2er** *m* fabricante *m*; ✝ produtor *m*; **~ung** *f* fabricação *f*; produção *f*; preparação *f*.

he'rüber [hɛ'ry:bər] para este lado; para aqui, para cá; *a. in Zssgn* (*vgl. hinüber...*); **~geben** (*L*), **~reichen** passar.

he'rum [hɛ'rum]: *rings ~* em redor, em volta; *um ... ~* em volta de; *dort ~* por ali; *hier ~* por aqui; *um j-n ~ sn* estar com alg., acompanhar alg.; **~balgen**: *sich ~* andar a brigar; **~bringen** (*L*) *fig. Nachricht*: divulgar; espalhar; **~bummeln** (*-le*; *sn*) andar na pândega; **~drehen** virar, voltar; *sich ~* girar; volver-se; **~fahren** (*L*) **1.** *v/t.* dar um passeio (no carro); **2.** *v/i.* (*sn*): *~ in* (*dat.*) remexer (*ac.*); *~ um* dar a volta de; *Ecke, Kap*: dobrar (*ac.*); **~fliegen** (*L*) andar a voar; **~fuchteln** (*-le*): *~ mit* agitar (*ac.*); **~führen**: *in* (*dat.*) *~* levar por; *um et. e-e Mauer ~* cercar a.c. dum muro; **~geben** (*L*) = *~reichen*; **~gehen** (*L*; *sn*) *et.*: circular; *a. j.*: *~ um* dar a volta de; *in* (*dat.*) *~* andar por; **~greifen** (*L*) apanhar (*od.* atingir) em torno; circundar; **~horchen** procurar informar-se; **~irren** (*sn*) errar, vadiar (*in dat.* por); *~d adj.* vadio; **~kommen** (*L*; *sn*): *um die Ecke ~* dobrar (*ac.*); *nicht ~ um* não poder evitar (*ac.*); *weit herumgekommen sn* ser muito viajado, ter corrido mundo; **~kramen**: *in* (*dat.*) *~* andar a remexer (*od.* a revolver) (*ac.*); **~laufen** (*L*; *sn*) dar voltas (*um* a); F andar a abanar moscas; *frei ~* andar à solta; **~liegen** (*L*) *et.*: estar espalhado; **~lungern** (*-re*) fazer cera; **~reichen** fazer circular; *bei Tisch*: passar; **~reisen** (*-t*; *sn*) andar (viajando) (*in dat.* por); **~reiten** (*L*; *sn*): *fig. auf* (*dat.*) *~* não largar (*ac.*) **~schleppen**: *mit sich ~* arrastar consigo; **~schnüffeln** (*-le*) *fig.* andar a espiar; **~schwänzeln** (*-le*; *sn*): *~ um* cortejar (*ac.*); **~schwenken** **1.** *v/t.* fazer girar; **2.** *v/i.* (*sn*) girar; *Fahrzeuge u.* ⚓: virar; **~segeln** (*-le*; *sn*): *~ um* dobrar (*ac.*); **~sprechen** (*L*): *sich ~* divulgar-se; espalhar-se; **~springen** (*sn*) *Kind*: andar aos saltos, andar aos pulos; **~stechen** (*L*): *in* (*dat.*) *~*: (andar a) espicaçar a.c.; **~stehen** (*L*; *h. u. sn*) estar em volta (*um* de); *j.*: (*müßig*) *~* estar a mandriar; *et.*: estar em desordem; **~stöbern** (*-re*): *in* (*dat.*) *~* andar a remexer (*ac.*); **~streichen** (*L*), **~streifen** (*sn*): *~ in* (*dat.*), *~ durch* andar a vag(ue)ar por; **~streiten** (*L*): (*sich*) *~* andar a discutir (*od.* a disputar); **~tanzen** (*-t*) andar a dançar; *fig.* F *j-m auf der Nase ~* fazer pouco de alg.; **~tappen** (*sn*) andar às apalpadelas; **~treiben** (*L*): *sich ~* andar a vag(ue)ar; andar a estroinar; **2treiber** *m* vagabundo *m*; pândego *m*; estróina *m*; **~wälzen** (*-t*): *sich* ~ revolver-se; **~werfen** (*L*) (fazer) virar; **~wühlen** = *~kramen*; **~zanken** = *~streiten*; andar às turras; **~ziehen** (*L*) **1.** *v/t.*: *e-n Graben um et.* ~ rodear (*od.* cercar) a.c. de ...; **2.** *v/i.* (*sn*): *in* (*dat.*) ~ andar por; *~d adj.* ambulante.

he'runter [hɛ'runtər] (cá) para baixo; *die Treppen* ~ as escadas abaixo; ~ (*da*)*mit* ...! abaixo ...!; = *~sein*; **~bringen** trazer para baixo; *fig.* reduzir; *j-n*: arruinar; **~handeln** (*-le*) ☤ regatear; conseguir mais barato; **~hauen**: *j-m e-e* ~ F chegar a alg.; **~holen** ir buscar em cima; *Flagge*: arrear; ✈ derrubar; **~klappen** fechar; *v/i. a.* vir abaixo; **~kommen** (*L*; *sn*) descer; vir para baixo; *a. fig.* vir (*od.* ir-se) abaixo; *fig.* abaixar; arruinar-se; *moralisch*: acanalhar-se; **~lassen** (*L*) baixar; *sich mit dem Fallschirm* ~ descer em pára-quedas; **~leiern** (*-re*) dizer a sua lengalenga; **~machen** *fig.* falar mal de; *j-n*: *a.* descompor; **~nehmen** (*L*) tirar; **~purzeln** (*-le*) dar cambalhotas cá para baixo; **~putzen** (*-t*) F descompor; **~reichen** chegar, passar; **~reißen** (*L*) arrancar; △ demolir; *fig.* criticar; **~schießen** (*L*) ⚔ *u.* ✈ derrubar; **~schlagen** (*L*) *Kragen*, *Verdeck*: baixar; **~schlucken** engulir; **~schrauben** baixar; *fig.* reduzir; **~sein** (*L*; *sn*) andar mal, estar abatido; **~werfen** (*L*) deitar abaixo; **~ziehen** (*L*) tirar para baixo.

her'vor [hɛr'-] para fora; para diante; *hinter* ... ~ (por) detrás de; *zwischen* ... ~ de entre; **~blicken** aparecer, ver-se (*aus* em); **~brechen** (*L*; *sn*) rebentar, irromper; **~bringen** (*L*) produzir; *Worte*: proferir; **~drängen**: *sich* ~ aflorar, brotar; *fig.* pôr-se à frente; **~dringen** (*L*) brotar; **~gehen** (*L*; *sn*) sair, nascer, provir; *fig. a.* ~ *aus* (*dat.*) resultar de; depreender-se de; **~heben** (*L*) acentuar; salientar; **~holen** tirar (*aus* de); **~kommen** (*L*; *sn*) sair; aparecer; **~leuchten** (*-e-*) reluzir; *fig.* distinguir-se (*aus* entre); **~locken** chamar (para fora); fazer sair; **~quellen** (*L*; *sn*) brotar; **~ragen** (*a. fig.*) sobressair, distinguir-se (*aus* entre); abalizar-se; *~d adj.* saliente; *fig.* eminente; excelente, distinto; abalizado; **⁀ruf** *m* (*-es*; *-e*) *Thea.* chamada *f*; **~rufen** (*L*) chamar; *fig.* provocar, causar; **~schauen, ~stechen** (*L*), **~stehen** (*L*) sobressair; destacar-se; salientar-se; **~treten** (*L*; *sn*) adiantar-se; *fig.* ressaltar; *j.*: distinguir-se; pôr-se em evidência; **~tun** (*L*): *sich* ~ distinguir-se; abalizar-se; **~zaubern** (*-re*) produzir; **~ziehen** tirar.

'her|wagen ['he:r-]: *sich* ~ ousar vir; **~wärts** ['-vɛrts] na ida; **⁀weg** *m* (*-es*; *-e*) ida *f*, caminho *m* para cá.

Herz [hɛrts] *n* (*-ens*; *-en*) coração *m*; (*gebrochenes* destroçado); (*Mut*) *a.* ânimo *m*; *Kartenspiel*: copas *f/pl.*: *von ~en gern* com todo o gosto (*'ô); *j-m zu ~en gehen* sensibilizar alg., afligir alg.; *sich zu ~en nehmen* afligir-se com; *ein ~ und e-e Seele sn* ser unha com carne; *das ~ auf der Zunge* com o coração nas mãos; *et. übers ~ bringen* ser capaz de; *es tut mir von ~en leid* sinto muito; *sich ein ~ fassen* cobrar ânimo; F fazer das tripas coração; *mir fällt ein Stein vom ~en* sinto um grande alívio.

'herzählen ['he:r-] enumerar.

'Herz|-anfall *m* (*-es*; *⸗e*) ataque *m* cardíaco; **~beklemmung** *f* angústia *f*; **~beschwerde** *f* perturbação *f* cardíaca; **~beutel** *m* pericárdio *m*; **~blatt** *n* (*-es*; *⸗er*) ⚘ folha (*ô) *f* central; *fig.* amor; **⁀brechend** pungente; **~'bube** *m* (*-n*) (*Karte*) valete *m* de copas; **~'dame** *f* (*Karte*) dama *f* de copas; **~e-leid** *n* (*-es*; *0*) aflição *f*; **⁀en** (*-t*) acariciar.

'Herzens|-angst *f* (*-*; *⸗e*) angústia *f*; **~freude** *f* sincera satisfação *f*; **⁀gut** muito bondoso; *ein ~er Kerl* muito bom rapaz; **~lust** *f* (*0*): *nach* ~ à vontade; **~wunsch** *m* (*-es*; *⸗e*) desejo *m* ardente.

'herz|ergreifend comovente; **~-erquickend** que causa íntima satisfação; **⁀-erweiterung** *f* (*0*) hipertrofia (*od.* dilatação) *f* cardíaca; **⁀fehler** *m* afe(c)ção *f* cardíaca; **~förmig** cordiforme, em forma de coração; **~haft** corajoso; resoluto; *Schluck*: grande; *Kuß*: efusivo; **⁀haftigkeit** *f* (*0*) ânimo *m*, valentia *f*, coragem *f*.

'herziehen ['he:r-] (*L*) mudar para cá; *über* (*ac.*) ~ ⚔ *Land*: invadir (*ac.*); *fig.* falar mal de.

'**herz|ig** caro; **2-infarkt** *m* (*-ęs*; *-e*) infar(c)to *m* cardíaco; **2kammer** *f* (-; *-n*) ventrículo *m* do coração, cavidade *f* do coração; **2kirsche** *f* cereja *f* garrafal; **2klappe** *f* válvula *f* do coração; **2klopfen** *n* (*-s*; *0*) palpitações *f*/*pl*. (do coração); **~krank, ~leidend** doente de coração, cardíaco; **2krankheit** *f*, **2leiden** *n* doença *f* do coração, afe(c)ção *f* cardíaca; **~lich** cordial, efusivo, afe(c)tuoso; *adv. a.* do coração; *~ gern* com muito gosto (*'ô); **~los** desalmado; insensível; sem coração; desumano; **2losigkeit** ['-lo:ziç-] *f* (*0*) crueldade *f*; falta *f* de sensibilidade; desumanidade *f*.

'**Herzog** ['hɛrtso:k] *m* (*-ęs*; *-e*, *¨e*) duque *m*; **~in** [-gin] *f* duquesa *f*; **2lich** ducal; **~tum** [-tu:m] *n* (*-s*; *¨er*) ducado *m*.

'**Herz|schlag** *m* (*-ęs*; *¨e*) palpitação *f*; ⚕ ataque *m* cardíaco, apoplexia *f*; **~spezialist** *m* (*-en*) cardiólogo *m*; **2stärkend** cordial; *fig.* reconfortante; *~es Mittel* = **~stärkung** *f* cordial *m*, tónico *m* cardíaco.

her'zu [hɛr'-] = *herbei, heran*.

'**Herz|verfettung** *f* adiposidade *f* do coração; **~verpflanzung** *f* enxerto *m* cardíaco (*od.* de um coração); **2zerreißend** lacerante, pungente.

'**hessisch** ['hɛsiʃ] de Hesse.

hetero'gen [hetero'ge:n] heterogéneo.

'**Hetz|-artikel** ['hɛts-] *m* artigo *m* provocador (*od.* demagógico); **~blatt** *n* (*-ęs*; *¨er*) panfleto *m*; **~e** ['-ə] *f* (*Eile*) pressa *f*; (*Jagd*) caçada *f*; (*Verfolgung*) perseguição *f*; *fig.* campanha *f* difamatória; *Pol.* demagogia *f*; **2en** (*-t*) **1.** *v/t.* acossar; dar caça a; correr; *Hunde*: açular; *mit allen Hunden gehetzt fig.* sabido, matreiro; **2.** *v/i.* (*sn*) agitar; fazer propaganda (subversiva); provocar; **~er** *m fig.* agitador *m*; arruaceiro *m*; procovador *m*; demagogo *m*; **~jagd** *f* = *~e*; **~rede** *f* discurso *m* demagógico; **~schrift** *f* panfleto *m*.

Heu [hɔy] *n* (*-s*; *0*) feno *m*; *Geld wie ~ haben* ser podre de rico; '**~boden** *m* (*-s*; *¨*) palheiro *m*.

Heuch|e'lei [hɔyçə'laɪ] *f* hipocrisia *f*; (*Verstellung*) dissimulação *f*; '**2eln** (*-le*) ser hipócrita; fingir.

'**Heuchler** ['hɔyçlər] *m*, **~in** *f*, **2isch** hipócrita *m*, *f*.

'**heuen** ['hɔyən] segar feno; fenar.

'**heuer**[1] ['hɔyər] *sdd.* este ano.

'**Heuer**[2] ⚓ *f* paga *f* (dos marinheiros); **2n** alistar; *Schiff*: fretar.

'**Heu|-ernte** *f* sega *f* do feno, ceifa *f* do feno; * fenação *f*; **~fieber** *n* ⚕ febre *f* dos fenos; **~gabel** *f* (-; *-n*) forcado *m*; **~haufen** *m* meda *f* de feno.

'**heulen** ['hɔylən] **1.** uivar; *Hund*: ganir, * ganicar; F chorar; **2.** 2 *n* uivo *m*.

'**heurig** ['hɔyriç] *sdd. Wein*: novo; deste ano.

'**Heu|schnupfen** ⚕ *m* (*-s*; *0*) febre *f* dos fenos; **~schober** *m* meda *f* de feno; **~schrecke** *f* locusta *f*, gafanhoto *m*.

'**heut|**(e) ['hɔyt(ə)] hoje; *~ morgen* esta manhã; *~ vor 8 Tagen* (*ist*) faz (*od.* há) oito dias (que...); *in 8 Tagen* de hoje a ..., aqui a...; **~ig** de hoje; a(c)tual; *~en Tages* (*jetzig*) = **~zutage** hoje em dia.

He'xameter [hɛk'sa:-] *m* hexâmetro *m*.

'**Hex|e** ['hɛksə] *f* bruxa *f*; feiticeira *f*; **2en** (*-t*) fazer bruxarias; **~enmeister** *m* bruxo *m*; feiticeiro *m*; **~ensabbat** *m* (*-ęs*; *-e*) festa *f* das bruxas; *fig.* barulho *m* terrível; **~enschuß** ⚕ *m* (*-sses*; *¨sse*) lumbago *m*; **~er** *m* bruxo *m*; feiticeiro *m*; **~e'rei** [-ə'raɪ] *f* bruxaria *f*, bruxedo *m*.

Hieb [hi:p] *m* (*-ęs*; *-e*) golpe *m*; (*a. fig. auf e-n ~* de um), pancada *f*; *pl. es setzt ~e* apanha(s); apanham; '**2- und** '**stichfest** invulnerável; '**~waffe** *f* arma *f* branca.

hier [hi:r] aqui, cá; (*am Ort*) nesta; *~!* (*anwesend*) presente!; '*der ~* este; *~ ist, ~ sind* eis (aqui); *~ ist er!* ei-lo!; *~ herum* por aqui; *von ~ ab, von ~ an* de aqui em diante; *~ und da örtl.* aqui e ali; *zeitl.* às vezes; '**~an** para aqui; *bei vb.*, nisto, disto.

Hierar'ch|ie [hierar'çi:] *f* hierarquia *f*; jerarquia *f*; **2isch** [-'rarçiʃ] hierárquico, jerárquico.

'**hier|auf** *örtl.* nisto, em cima; *zeitl.* em seguida; **~aus** disto; daqui; **~bei** com isto, nisto; (*anbei* aqui) junto; **~bleiben** (*sn*) ficar aqui; **~durch** por aqui; *fig.* por este meio;

assim; deste modo; ✝ *Brief*: pela presente; = *~mit*; **~für** para isso; em compensação, em troca; **~gegen** contra isto; ao contrário; **~her** (para) cá; *bis ~* até aqui; *~ gehören* pertencer a isto; fazer parte disto; *fig.* vir a propósito; **~herum** por aqui; aqui em volta; **~hin** (para) cá; *~ und dorthin* de um lado para o outro; **~in** aqui dentro; nisto; **~mit** com isto; *Brief*: por este meio; **~nach** *zeitl.* depois (disto); logo, (*demnach*) *a.* segundo isto; (*folglich*) portanto; **~neben** aqui ao lado; ao lado disto.

Hiero'glyph|e [hiero'gly:fə] *f* hieróglifo *m*, jeróglifo *m*; **2isch** hieroglífico, jeroglífico.

'hier|orts por aqui; ✝ nesta; **~sein** (*L*; *sn*) estar presente; **2sein** *n* presença *f*; **~selbst** aqui mesmo; **~über** sobre isto; a este respeito; *Richtung*: para este lado; **~unter** *örtl.* cá abaixo; (*unter diesen*) entre estes; *verstehen*: sob isto; **~von** disto; daqui; **~zu** a(lém d)isto; **~zulande** neste país; **~zwischen** entre estas coisas.

'hiesig ['hi:ziç] deste país, nacional; de aqui; local.

'Hift-horn ['hift-] *n* (-*ẹs*; ¨*er*) corneta *f*.

'Hilfe ['hilfə] *f* ajuda *f*; auxílio *m* (*zu* em, para; *leisten* prestar); socorro *m* (*a.* [*zu*] *~!*); = *~leistung*; *um* (*od. zu*) *~ rufen* pedir socorro (*j-n* a alg.); **2flehend** suplicante; **~leistung** *f* assistência *f*; **~ruf** *m* (-*ẹs*; -*e*) grito *m* de socorro.

'hilf|los ['hilf-] desamparado; abandonado; sem forças; **2losigkeit** [-lo:ziç-] *f* (*0*) desamparo *m*; abandono; fraqueza *f*; **~reich** solícito; prestimoso.

'Hilfs|-arbeiter *m* auxiliar *m*; assistente *m*; **2bedürftig** necessitado, indigente; **2bedürftigkeit** *f* (*0*) indigência *f*; desamparo *m*; **2bereit** solícito; **~bereitschaft** *f* (*0*) solicitude *f*; *Rel.* caridade *f*; **~gelder** [-gɛldər] *n/pl.* subsídios *m/pl.*; **~kasse** *f* caixa *f* de socorros; **~kraft** *f* (-; ¨*e*) *j.*: auxiliar *m/f*; assistente *m/f*; **~lehrer(in** *f*) *m* professor(a *f*) *m* agregado (-a); **~linie** ⩕ *f* linha *f* auxiliar; **~mittel** *n* remédio *m*, expediente *m*; meio *m*, recurso *m*; **~motor** *m* (-*en*) motor *m* auxiliar; **~quelle** *f* recurso(s *pl.*) *m*; **~verb** *n* (-*s*; -*en*) (verbo *m*) auxiliar *m*; **~werk** *n* (-*ẹs*; -*e*) obra *f* de assistência; **~zeitwort** *n* (-*ẹs*; ¨*er*) = *~verb*; **~zug** *m* (-*es*; ¨*e*) comboio *m* de socorro.

'Himbeer|e ['himbe:rə] *f* framboesa *f*; **~strauch** *m* (-*ẹs*; ¨*er*) framboeseiro *m*; **~saft** *m* (-*ẹs*; ¨*e*), **~wasser** *n* sumo *m* de framboesas.

'Himmel ['himəl] *m* (-*s*; *0*) céu *m*; (*Bett2*) sobrecéu *m*; (*Thron2*) dossel *m*; *unter freiem ~* ao ar livre; *um ~s willen!* por amor de Deus!; *fig. in den ~ heben* enaltecer; **2'an** para o céu; **~bett** *n* (-*ẹs*; -*en*) cama *f* com sobrecéu; **2blau** azul celeste; **~fahrt** *f Christi*: Ascensão *f*; *Mariä*: Assunção *f*; **2hoch** altíssimo; *bitten*: por todos os santos; **~reich** *n* (-*ẹs*; *0*) reino *m* dos céus; paraíso *m*; **2schreiend** que clama ao céu, inaudito.

'Himmels|-erscheinung *f* meteoro *m*; *Rel.* visão *f* celeste; **~gegend** *f* região *f*; zona *f*; = *~richtung*; **~gewölbe** *n* (-*s*; *0*) abóbada *f* celeste; **~karte** *f* planisfério *m*; **~körper** *m* *Astr.* corpo *m* celeste; **~kugel** *f* (-; *0*) esfera *f* celeste; **~kunde** *f* (*0*) astronomia *f*; **~richtung** *f* ponto *m* cardial; **~schlüssel** ⚘ *m* primavera *f*, prímula *f*; **~strich** *m* zona *f*; clima *m*; **~zelt** *n* (-*ẹs*; *0*) firmamento *m*.

'himmel|wärts [-vɛrts] = *~an*; **~weit** enorme, *adv.* longe.

'himmlisch ['himliʃ] celeste; divino (*a. fig.*).

hin [hin] (para) lá, ali; *zeitl. lange ~ sn bis* faltar muito para; *~ und her* para cá e para lá; de trás para diante; *das 2 und Her* o vaivém; *~ und zurück* 🚆 ida e volta; *~ und wieder* de vez em quando; de quando em quando; uma vez por outra; *vor sich ~ reden* para si; *~ sn* (*verloren*) estar perdido, (*verschwunden*) ter desaparecido; *~ ist ~* o que lá vai, lá vai.

hi'nab [hi'nap] para baixo; **~gehen** (*L*), **~steigen** (*L*) descer; **~rutschen** (-*t*) resvalar; **~stürzen** (-*t*) abismar, precipitar.

hi'nan [hi'nan] para cima; **~steigen** (*L*) subir.

'hin-arbeiten (-*e*-): *auf* (*ac.*) *~* pro-

curar conseguir; *darauf* ~ *zu* (*inf.*) propor-se (*inf.*).
hi'nauf [hi'naʊf] (lá) para cima; a subir; *den Fluß usw.* ~ rio acima; **~-arbeiten** (*-e-*): *sich* ~ fazer o seu caminho; **~begeben** (*L*; -): *sich* ~ = ~*gehen*; **~begleiten** (*-e-* ;-) acompanhar a subir; **~bringen** levar (*od.* trazer) para cima; fazer subir; **~-fahren** (*L*) *v/t.* (*h*), *v/i.* (*sn*) subir; *v/t. a.* levar (no carro); **~gehen** (*L*) subir; **~klettern** (*-re*), **~klimmen** (*L*) subir a trepar; **~lassen** (*L*) deixar subir; **~laufen** (*L*) correr para cima; subir a correr; **~reichen** *v/i.* chegar; *v/t.* passar para cima; **~schaffen** = ~*bringen*; **~schrauben** *fig. Preise*: fazer subir; **~steigen** (*L*; *sn*) subir (a); **~tragen** (*L*) = ~*bringen*; **~treiben** (*L*) fazer subir.
hi'naus [hi'naʊs] para fora; *über* ... ~ mais além de ...; *über et.* ~ *sn* ter passado de a.c.; *zu* ... ~ por, *auf Jahre* ~ por alguns anos; **~begeben** (*L*; -) *sich* ~ sair; **~begleiten** (*-e-*; -) acompanhar até à porta; **~beugen**: *sich* ~ debruçar-se (*zu* por); **~blicken** = ~*sehen*; **~bringen** (*L*) levar para fora; fazer sortir; *j-n*: acompanhar até à saída; **~drängen** fazer sair, obrigar a sair; **~fahren** (*L*) **1.** *v/i.* (*sn*) sair; **2.** *v/t.* levar (ao campo *od.* para fora); **~fliegen** (*L*; *sn*) sair (a voar); *fig.* ser despedido, ser posto na rua; **~führen** = ~*begleiten*; **~gehen** (*L*) sair; *auf* (*ac.*) ~ *Fenster*: dar para, deitar para; *fig.* = ~*laufen auf*; *über* (*ac.*) ~ ultrapassar (*ac.*); exceder (*ac.*); **~greifen** (*L*): *über et.* ~ ultrapassar a.c.; **~horchen** estar à espreita; **~jagen** expulsar; **~können** (*L*) poder sair; **~laufen** (*L*; *sn*) sair a correr; *auf* (*ac.*) ~ acabar em, chegar a ser; *auf eins* ~, *auf dasselbe* ~ ser o mesmo; **~lehnen**: *sich* ~ debruçar-se (*zu* por); **~ragen**: *über et.* ~ estender-se para além de a.c.; **~schaffen** tirar, levar para fora; **~scheren**: *sich* ~ sair; *scher dich hinaus!* tira-te daqui!; **~schicken** mandar sair; **~schieben** (*L*) puxar para fora; *fig.* adiar, protelar; demorar; **~schleichen** (*L*) sair furtivamente, sair às furtadelas; **~schmeißen** (*L*) F = ~*werfen*; **~sehen** (*L*) olhar para fora; **~sein** (*L*; *sn*): *über* (*ac.*) ~ *zeitl.* ter (ultra)passado (*ac.*); *fig.* ser superior a; estar acima de; **~sollen** estar para ser mandado para fora; *fig.* ir acabar; **~stürzen** (*-t*) precipitar(-se) para fora (*zum Fenster* pela janela); **~tragen** (*L*) ~*schaffen*; **~wagen**: *sich* ~ ousar sair; **~weisen** (*L*) *fig.* mandar sair; **~werfen** (*L*) lançar para fora; *aus dem Fenster* ~ atirar pela janela; *fig. j-n* ~ pôr alg. na rua; **~wollen** querer sair; *fig.* = ~*sollen*; = *hinarbeiten*; *hoch* ~ mirar bem alto; **~ziehen** (*L*) **1.** *v/i.* (*sn*) sair; **2.** *v/t.* puxar para fora; *fig.* = **~zögern** (*-re*) demorar; protelar; contemporizar; **⁲zögerung** *f* contemporização *f*.
'hin|begeben (*L*; -): *sich* ~ dirigir-se, deslocar-se (*nach* [par]a); **~bestellen** chamar; **⁲blick** *m* (*-es*; *0*): *im* ~ *auf* (*ac.*) considerando (*ac.*); com vista a; **~bringen** (*L*) levar; *die Zeit* ~ passar o tempo (*mit* a).
'hinder|lich ['hindər-] embaraçoso; impeditivo, contrário; **~n** (*-re*) impedir; estorvar, obstar a; **⁲nis** *n* (*-ses*; *-se*) obstáculo *m*; impedimento *m*; entrave *m*; estorvo (*'ô) *m*; **⁲nisrennen** *n* corrida *f* de obstáculos.
'hindeuten (*-e-*): *auf* (*ac.*) ~ indicar (*ac.*), assinalar (*ac.*), apontar (*ac.*); aludir a; referir-se a.
'Hindin ['hindin] *f* cerva *f*.
'hindrängen: ~ *zu* impelir (par)a; *fig.* afluir a.
hin'durch (*prp. mit ac., nachgestellt*): *örtl. durch* ... ~ através de; *zeitl.* por, durante; ao longo de; **~...**: *in Zssgn* = *durch*...; **~gehen** (*L*; *sn*) passar (por), atravessar.
'hineilen acudir; acorrer.
hi'nein [hi'naɪn] (para) dentro; em; *durch* ... ~ entrado por; *ins Land* (*Meer*) ~ terra (mar) dentro; *bis in die Nacht* ~ até alta noite; **~-arbeiten** (*-e-*): *sich in* (*ac.*) ~ familiarizar-se com; **~begeben** (*L*): *sich* ~ entrar; **~denken** (*L*): *sich in et.* (*ac.*) ~ imaginar a.c.; *sich in j-n* ~ pôr-se na situação de alg.; **~drängen** empurrar para dentro; **~drükken** introduzir; **~fahren** (*L*) *v/i.* (*sn*) entrar; **~fallen** (*L*; *sn*) cair; *fig.* deixar-se apanhar, deixar-se enganar; **~finden** (*L*): *sich in* (*ac.*) ~ conformar-se com; resignar-se

com; (chegar a) compreender; **~flechten** (*L*) entretecer, entrelaçar; **~fließen** (*L; sn*) entrar; *Fluß*: desaguar, desembocar; **~führen** acompanhar para dentro; **~gehen** (*L; sn*) entrar; = *~passen*; **~geraten** (*L; sn*) cair; **~gießen** (*L*) deitar; **~greifen** (*L*) meter as mãos; **~klettern** (*-re; sn*) = *~steigen*; **~kommen** (*L; sn*) entrar, penetrar, **~können** (*L*) poder entrar; **~kriechen** (*L; sn*) entrar de rastos; **~lassen** (*L*) deixar entrar; **~leben**: *in den Tag ~* viver ao Deus dará; **~legen** meter; *fig. j-n* enganar; entrujar; **~lesen** (*L*): *sich in* (*ac.*) *~* familiarizar-se com; **~mischen** intrometer; **~passen** (*-ßt*) caber; **~reden** (*-e-*) interromper; intrometer-se; **~reißen** (*L*) comprometer; **~reiten** (*L; sn*) entrar a cavalo; *fig.* comprometer; **~schaffen** levar para dentro; **~schieben** (*L*) empurrar (*od.* meter) para dentro; introduzir; **~schlüpfen** (*-t*): *in et. ~* deslizar para dentro de a.c.; *in ein Kleidungsstück ~*: enfiar (*ac.*); **~schreiben** (*L*) escrever; assentar, inscrever; (*notieren*) apontar; **~springen** (*L; sn*): *in* (*ac.*) *~* entrar a saltar, saltar para dentro (de); **~stecken** introduzir, meter; *Kapital*: investir; **~steigen** (*L; sn*) entrar; **~stoßen** (*L*): *in* (*ac.*) *~* empurrar para dentro; **~strömen** acorrer; **~tragen** (*L*) = *~schaffen*; **~treiben** (*L*) *Nagel*: introduzir; cravar; **~tun** (*L*) meter; *e-n Blick*: deitar; **~wagen**: *sich ~* ousar entrar; **~ziehen** (*L*) **1.** *v/t.* puxar para dentro; *fig.* comprometer, intrometer; **2.** *v/i.* (*sn*) *in e-e Wohnung*: mudar para; entrar; (v)ir habitar (*ac.*); **~zwängen** introduzir à força (*ô); encaixar.

'**hin|fahren** (*L; sn*) **1.** *v/t.* levar (no carro); **2.** *v/i.* ir (lá); ir-se; *mit der Hand über* (*ac.*) *~* passar a mão por; **2fahrt** *f* ida *f*; **~fallen** (*L; sn*) cair (ao chão); **~fällig** caduco (*a.* ⚖); débil; (*zwecklos*) ilusório; nulo; *~ werden* caducar; **2fälligkeit** *f* (*0*) debilidade *f*; caducidade *f*; **~finden** (*L*): encontrar o caminho; **~fliegen** (*L; sn*) voar para lá; F (*fallen*) cair; escorregar; **~'fort** de aqui em diante, de hoje em diante; de futuro; **2fracht** ✈ *f* carga *f* de ida, frete *m* de ida; **~führen** levar (para) lá; **2gabe** *f* (*0*) abandono *m*; *körperliche a.* entrega *f*; (*Selbstverleugnung*) abnegação *f*; (*Eifer*) dedicação *f*; fervor *m* (*an ac.* por); **2gang** *m* (*-es; 0*) ida *f*; *fig.* falecimento *m*; **~geben** (*L*) dar, entregar; (*preisgeben*) abandonar; (*widmen*) dedicar; *~d adj.* fervoroso, abnegado; **2gebung** ['-ge:buŋ] *f* (*0*) = *~gabe*; **~'gegen** pelo contrário; porém; em contrapartida; **~gehen** (*L; sn*) ir (lá); *Zeit*: passar, correr; *über* (*ac.*) *~* passar por; (*ac.*) *~ lassen* deixar passar; não reparar (em); **~gehören** estar no seu lugar; *fig.* vir ao acaso, vir a propósito; **~gelangen, ~geraten** (*sn*): *~* (*nach*) chegar (a); ir parar (a); **~-halten** (*L*) *v/t.* estender; apresentar; oferecer; *fig.* demorar; fazer esperar; *mit Versprechungen*: entreter; *~d adj.* dilatório; **~-hören** escutar, ouvir, prestar atenção.

'**hinken** ['hiŋkən] coxear; andar coxo; claudicar; *~d adj.* coxo.

'**hin|knien** (*sn*) ajoelhar; **~kommen** (*L; sn*) = *~gelangen*; (*zutreffen*) estar certo; bater certo; **~kritzeln** (*-le*) = *~schmieren*; **~langen** alcançar; chegar; **~länglich** suficiente; *a. adv.* bastante; **~lassen** (*L*) deixar ir; **~laufen** (*L*) acorrer; *~ zu* correr (par)a; **~legen** pôr, deitar; pousar; *flach ~* espalmar; *~!* ⚔ depor!; **~leiten** (*-e-*), **~lenken** conduzir, guiar; dirigir; *Gespräch*: levar; **2marsch** *m* (*-es; ⸗e*) ida *f*; **~nehmen** (*L*) tomar, aceitar; *fig.* aguentar, suportar; *Beleidigung*: engulir; **~neigen**: *~ zu* propender a; *sich ~ zu* inclinar(-se) para; **2neigung** *f* propensão *f*; inclinação *f*.

'**hinnen** ['hinən]: *von ~ poet.* daqui.

'**hin|-opfern** (*-re*) imolar, sacrificar; **~passen** (*-ßt*) estar no seu lugar; **~pflanzen** (*-t*): *sich ~* F colocar-se; **~raffen** arrebatar; **~reichen 1.** *v/t.* passar; oferecer; *Hand*: estender; **2.** *v/i.* alcançar; chegar; *~d adj.* bastante; **2reise** *f* ida *f*; **~reisen** (*-t; sn*) ir lá; **~reißen** (*L*) arrebatar; enlevar, abalançar; entusiasmar; *sich ~ lassen* deixar-se levar (*von* por; *zu* a); *~d adj.* irresistível; arrebatador; **~richten** (*-e-*) executar; **2-richtung** *f* execução *f*; **~schaffen** levar (para lá); **~schau-**

en = *~sehen*; **~scheiden** (*L*) falecer; **2scheiden** *n* falecimento *m*; desenlace *m*; **~schicken** enviar, delegar; **~schlachten** degolar; assassinar; **2schlachtung** *f* matança *f*; morticínio *m*; **~schlagen** (*L*; *sn*) cair; **~schleppen** arrastar; *fig.* (*dauern, verzögern*) demorar; **~schmieren** escrevinhar; escrever à pressa; **~schreiben** (*L*) escrever; assentar; **~schwinden** (*L*; *sn*) desvanecer-se; **~sehen** (*L*) olhar (*nach* para); *genau ~* fixar bem; **~setzen** (*-t*) pôr, colocar; *sich ~* sentar-se; **2sicht** *f* respeito *m*; *in ~ auf* (*ac.*) = **~sichtlich** (*gen.*) a respeito de, com respeito a; **~siechen** (*sn*) definhar-se, languescer; **~sinken** (*L*; *sn*) desfalecer; *tot*: cair; **~stellen** colocar; *~ als* apresentar como; **~sterben** (*L*; *sn*) agonizar; morrer; **~strecken** estender; (*niederwerfen*) derrubar; **~strömen** (*sn*) afluir; *Blut*: derramar-se; correr; **~stürzen** (*-t*; *sn*) (*fallen*) cair; (*eilen*) precipitar-se (para ali).

hint'an|halten [hint'-] (*L*) deter; demorar; **~setzen** (*-t*), **~stellen** pôr de lado; postergar; descuidar.

'hinten ['hintən] atrás; detrás; (*im Hintergrunde*) no fundo; *nach ~* para atrás (*liegen* dar, deitar); *weiter ~* mais atrás; **~'an** detrás, no fim; **~'über** de costas, às avessas.

'hinter ['hintər] **1.** *prp.* (*Lage dat., Richtung ac.*) detrás; atrás de; *~ et.* (*ac.*) *kommen fig.* descobrir *a.c.*; *2 Jahre Dienst ~ sich haben* ter passado por dois anos de serviço; *~ sich* (*dat.*) *lassen* ultrapassar, adiantar-se a; **2.** *adj.* posterior; traseiro; derradeiro; **2achse** *f* eixo *m* traseiro; **2backe** *f* nádega *f*; anca *f*; **2bein** *n* (*-es*; *-e*) pé *m* traseiro; *sich auf die ~e stellen* levantar-se; *Pferd*: empoleirar-se; *fig.* ser teimoso; **2'bliebenen** [-'bli:bənən] *pl.*: *die ~* a família do falecido; **2'bliebenenbeihilfe** *f* subsídio *m* por morte; **2'bliebenenpension** *f* pensão de sobrevivência *f*; **~'bringen** (*L*; -) denunciar; **2deck** *n* (*-es*; *-s, -e*) tombadilho *m*; convés *m* da popa; **~'drein** depois; a seguir; posteriormente; *~ laufen* correr atrás; seguir; **~ei'nander** um atrás do outro; em linha; em fila indiana; *drei Tage ~* seguidos; **2e(r)** *m* traseiro *m*; assento *m*; V cu *m*; **2flosse** *f* barbatana *f* traseira; **2front** *f* traseiras *f/pl.*; **2gedanke** *m* intenção *f* reservada; *e-n ~n haben* levar água *f* no bico; **~'gehen** (*L*) enganar, iludir; **2gestell** ⊕ *n* (*-es*; *-e*) jogo (*'ô) *m* traseiro; **2grund** *m* (*-es*; *⸚e*) fundo; *in den ~ treten fig.* passar para o segundo plano; **2halt** *m* (*-es*; *⸚e*) cilada *f*, emboscada *f*; *aus dem ~ fig.* nas costas; **~hältig** [-hɛltiç] pérfido; manhoso; **2hand** *f* (-; *⸚e*) *des Pferdes*: patas *f/pl.* traseiras; *Spiel*: pé *m*; *die ~ haben* ser pé; **2haupt** *Anat. n* (*-es*; *⸚er*) occiput *m*; **2haus** *n* (*-es*; *⸚er*) traseiras *f/pl.* da casa; **~her** = *~drein*; **2hof** *m* (*-es*; *⸚e*) saguão *m*; **2kopf** *m* (*-es*; *⸚e*) occipício *m*; occipital *m*; **2land** *n* (*-es*; *⸚er*) «hinterland» *m*; interior *m* do país; ⚚ mercado *m* consumidor; **~'lassen** (*L*) deixar, (*vererben*) *a.* legar; *~, daß* deixar o recado de que ...; *~e Werke n/pl.* obras *f/pl.* póstumas; **2'lassenschaft** *f* herança *f*; sucessão *f*; espólio *m*; **2lauf** *m* (*-es*; *⸚e*) pata *f* traseira; **~'legen** depositar; ⚖ consignar; **2'legung** [-'le:guŋ] *f* depósito *m*; consignação *f*; **2leib** *m* (*-es*; *-er*) *Zool.* abdómen *m*; abdome *m*; **2list** *f* perfídia *f*, insídia *f*; **~listig** pérfido; insidioso; **2mann** ⚔ *m* (*-es*; *⸚er*) soldado *m* (da fila) posterior; ⚚ endossante *m* subsequente (*od.* prévio); vendedor *m*; comprador *m*; (*Auftraggeber*) comitente *m*; *fig.* responsável *m*; **2pfote** *f* = *2lauf*; **2rad** *n* (*-es*; *⸚er*) roda *f* traseira; **~rücks** [-ryks] por detrás; pelas costas; *fig. a.* traiçoeiramente; **2seite** *f* (re)verso *m*; costas *f/pl.*; **~st** (*sup. v. hinten*) extremo; (*letzter*) último; **2stich** *m* (*-es*; *-e*) ponto *m* atrás; **2stube** *f* = *~zimmer*; **2teil** *n* (*-es*; *-e*) parte *f* posterior ⚓ popa *f*; F = *2e(r)*; **2treffen** ⚔ *n* retaguarda *f*; *ins ~ geraten fig.* perder terreno *m*; ficar atrás; **~'treiben** (*L*; -) impedir; contra-minar; frustrar; **~treppe** *f* escada *f* traseira (*od.* de serviço); **2treppen-roman** *m* (*-s*; *-e*) romance *m* barato; **2tür** *f* porta *f* traseira; *fig.* saída *f*; escapatória *f*; **2wäldler** [-vɛltlər] *m* homem *m* primitivo; **2wand** *f* (-; *⸚e*) parede *f* traseira; **~'ziehen** (*L*; -) defraudar;

Steuern: subtrair; 2'**ziehung** *f* defraudação *f*; 2**zimmer** *n* quarto *m* traseiro.

'**hin|tragen** (*L*) levar (para lá); ~**treten** (*L*; *sn*): *vor j-n* ~ apresentar-se a alg.; ~**tun** (*L*) pôr, meter.

hi'nüber [hi'ny:bər] para lá; para aquêle lado; para o outro lado, para a outra banda; *über* ... (*ac.*) ~ por cima de; ~**blicken** olhar para o outro lado; *zu j-m* ~ olhar para (o lado de) alg.; ~**bringen** (*L*) levar para o outro lado; ~**fahren** (*L*) **1.** *v/t.* = ~*bringen*; **2.** *v/i.* (*sn*), ~**gehen** (*L*) passar para o outro lado; *über* (*ac.*) ~ atravessar; ~**helfen** (*L*): *über* (*ac.*) ~ ajudar a passar; ~**reichen 1.** *v/t.* passar; **2.** *v/i.* ~ *bis* chegar até; ~**schaffen** = ~*bringen*; ~**schwimmen** (*L*): *über den Fluß* ~ atravessar o rio a nadar; ~**springen** (*L*): *über* (*ac.*) ~ saltar para o outro lado de; ~**setzen** (-*t*) = ~*fahren*; ~**steigen** (*L*): *über* (*ac.*) ~ passar por cima de; ~**ziehen** (*L*) *Gram.* ligar; *zu sich* ~ atrair.

'**hin- und** '**her|bewegen** agitar; ~**gehen** (*L*), ~**laufen** (*L*; *sn*) andar de trás para diante; ~**schwanken** oscilar; (*taumeln*) cambalear; *fig.* vacilar; ~**schwenken,** ~**schwingen** (*L*) = ~*bewegen*; *Tuch*: abanicar.

Hin- und '**Rückfahrt** *f* ida *f* e volta *f*.

hi'nunter [hi'nuntər] para baixo; *den Fluß* (*die Treppe*) ~ rio (as escadas) abaixo; ~... *in Zssgn* para baixo; *vgl. herab..., herunter...*; ~**begleiten** (-*e*-) acompanhar (até à porta da casa); ~**bringen** (*L*) *et.*: levar para baixo; *j-n*: = ~*begleiten*; ~**fahren** (*L*) **1.** *v/t.* = ~*bringen*; **2.** *v/i.* (*L*; *sn*) descer; ~**fallen** (*L*) cair (*e-n Abhang* por); ~**führen** conduzir para baixo; = ~*bringen*; ~**lassen** (*L*) (a)baixar, descer; ~**schaffen** = ~*bringen*; ~**steigen** (*L*) descer; ~**tragen** (*L*) levar para baixo; ~**schlingen** (*L*), ~**schlucken** tragar; engolir; ~**werfen** (*L*) deitar abaixo, arremessar para baixo; ~**würgen** tragar.

'**Hinweg** *m* (-*es*; -*e*) ida *f*.

hin'weg [-'vɛk]: ~! vamos!; ~ (*damit*)! fora!; tire(m) isto daqui!; *über* (*ac.*) ~ por cima de; ~...: *in Zssgn s. a. weg...*; ~**gehen** (*L*): *über* (*ac.*) ~ passar por cima de; ~**raffen** arrebatar; ~**schreiten** (*L*): = ~*gehen*; ~**sehen** (*L*): *über* (*ac.*) ~ não fazer caso de; ~**setzen** (-*t*): *sich über* (*ac.*) ~ não se importar com; ~**springen** (*L*): *über* (*ac.*) ~ saltar por cima de; ~**täuschen**: *j-n über* (*ac.*) ~ enganar alg. acerca de; ocultar a.c. a alg.

'**Hin|weis** [-vaɪs] *m* (-*es*; -*e*) indicação *f*; (*unter*) ~ *auf* (*ac.*) (com) referência *f* a; 2**weisen** (*L*): *auf* (*ac.*) ~ indicar (*ac.*); apontar para; referir-se a; (*anspielen*) aludir a; *j-n auf* (*ac.*) ~ chamar a atenção de alg. para; remeter alg. para; 2**weisend** *adj. Gram.* demonstrativo; 2**welken** (*sn*) murchar; *fig.* definhar-se; 2**werfen** (*L*) deitar *od.* atirar (ao chão); (*skizzieren*) esboçar; 2'**wieder(um)** em contrapartida; *zeitlich*: de novo.

Hinz [hints] *m* (-; *0*): ~ *und Kunz m* Fulano *m* e Sicrano *m*.

'**hin|zeigen**: *auf* (*ac.*) ~ apontar para; ~**ziehen** (*L*) **1.** *v/t.* puxar para ...; *fig.* (*erstrecken*) estender; *zeitlich*: demorar; **2.** *v/i.* (*sn*) ir-se; passar; **3.** *v/r. sich* ~ estender-se, alongar-se; (*dauern*) demorar; *sich über 2 km* ~ ter dois quilómetros de extensão; ~**zielen**: *auf* (*ac.*) ~ ter em vista; *mit Worten*: aludir a; ~**zögern** (-*re*) *v/t.* demorar.

hin'zu para; além de; a isso, a mais; além disso; por cima; ~**bekommen** (*L*; -) receber a mais (*od.* além disso); ~**denken** (*L*) acrescentar em pensamento; ~**fügen** acrescentar; ~**gesellen**: *sich* ~ *zu* juntar-se a; ~**kommen** (*L*; *sn*) acrescer; (*erscheinen*) aparecer; ~**rechnen** (-*e*-) ⅍ acrescentar; *fig.* ter em conta; ~**setzen** (-*t*), ~**tun** (*L*) acrescentar; ~**treten** (*L*) juntar-se (*zu* a); ~**ziehen** (*L*) chamar; *Arzt*: *a.* consultar; 2**ziehung** *f Arzt*: consultação *f*.

'**Hiobs|botschaft** ['hi:ɔps-] *f* (*0*), ~**post** *f* (*0*) má nova *f*.

'**Hippe** ['hipə] *f* podadeira *f*; (*Sense*) foicinha *f*.

Hirn [hirn] *n* (-*es*; *0*) cérebro *m*; '~**gespinst** *n* (*es*; -*e*) quimera *f*; fantasma *m*; '~**-haut** *f* (-; ⁼*e*) meninge *f*; '~**-haut-entzündung** *f* meningite *f*; ~**schädel** *m*, '~**schale** *f* crânio *m*; F cachola *f*; '2**verbrannt** ['-ferbrant] louco, doido.

Hirsch [hirʃ] *m* (*-ẹs*; *-e*) veado *m*; **'~fänger** ['-fɛŋər] *m* faca *f* de mato; **'~geweih** *n* (*-ẹs*; *-e*) chifre *m* (*od.* armação *f*) do veado; **'~hornsalz** *n* (*-es*; *0*) carbonato *m* de amónio; **'~käfer** *m* vaca-loura *f*; **'~kalb** *n* (*-ẹs*; *⸗er*) enho *m*; **'~kuh** *f* (*-*; *⸗e*) cerva *f*.

'Hirse ['hirzə] *f* (*0*) milho-miúdo *m*, painço *m*; **~brei** *m* (*-ẹs*; *-e*) papas *f/pl.* de milho-miúdo.

Hirt [hirt] *m* (*-en*) pastor *m*; (*Rinder*2) vaqueiro *m*.

'Hirten...: *in Zssgn meist* pastoril, *Lit. a.* bucólico; **~brief** *m* (*-ẹs*; *-e*) pastoral *f*; **~flöte** *f* charamela *f*; gaita *f*; **~junge** *m* (*n*) pastorinho *m*; **~mädchen** *n* pastorinha *f*; **~pfeife** *f* = *~flöte*; **~stab** *m* (*-ẹs*; *⸗e*) cajado *m*; *Rel.* báculo *m*; **~tasche** *f* surrão *m*.

'Hirtin ['hirtin] *f* pastora *f*.

His [his] ♪ *n* (*-*; *0*) *uv.* si *m* sustenido.

'hiss|en ['hisən] (*-ßt*) ⚓ içar; arvorar.

His'tor|ie [his'to:riə] *f* história *f*; **~iker** [-ikər] *m* historiador *m*; historiógrafo *m*; **2isch** histórico.

'Hitz|e ['hitsə] *f* (*0*) calor *m* (*vor dat.* de); (*Glut*) *a. fig.* ardor *m*; *fig.* ímpeto *m*; *in ~ geraten fig.* alterar-se; **~e-ausschlag** *m* (*-ẹs*; *⸗e*), **~ebläschen** *n/pl.* erupção *f/sg.* de calor; **~epickel** *m/pl.* empolas *f/pl.*; fogagem *f/sg.*; **~ewelle** *f* onda (*od.* vaga) *f* de calor; **2ig** *Fieber*: agudo; *fig.* fogoso, veemente; **~kopf** *m* (*-ẹs*; *⸗e*) homem *m* colérico; F bota-fogo *m*; espirra-canivetes *m*; **2köpfig** ['-kœpfiç] fogoso; **~schlag** ⚕ *m* (*-ẹs*; *⸗e*) insolação *f*; congestão *f* (por excesso de calor).

'Hobel ['ho:bəl] *m* plaina *f*; cepilho *m*; **~bank** *f* (*-*; *⸗e*) banco *m* de carpinteiro; **~maschine** *f* aplainador *m*; **2n** (*-le*) aplainar, acepilhar; **~span** *m* (*-ẹs*; *⸗e*) apara *f*; *pl.* *~späne a.* acepilhadura *f/sg.*

hoch [ho:x] (*höher*; *⸗st*) (*ch vor* e > *h*: *hohe, hoher, hohes*); **1.** alto (*a. adv.*); *Alter*: avançado; *Ehre, Spiel*: grande; *Fest*: solene; *Rang*: elevado; (*erhaben*) sublime; *~ oben* muito alto; *~ oben in*, *~ oben auf* muito em cima de; *~ über* muito por cima de; *fig.* muito superior a; *3 Meter ~* de (*od. Lage*: a) três metros de altura; *3 Treppen ~* no terceiro andar; *3 ~ 5* três (elevado) à quinta; (*er lebe*) *~!* viva!; *~ und niedrig* grandes e pequenos; *~ in den Dreißigern sn* ter quase quarenta anos; *fig. ~ hinaus wollen* querer abarcar o céu com as mãos; *wenn es ~ kommt* quando muito; *das ist mir zu ~* não compreendo; *~ und heilig* solenemente; **2.** **2** *n* viva *m*; brinde *m*, *ein ~ auf* (*ac.*) *ausbringen* dar vivas a; brindar por; *Luftdruck*: alta pressão *f* = *2druckgebiet.*

'hoch|-achten (*-e-*) ter em grande estima; apreciar muito; **2-achtung** *f* grande estima *f*; alta consideração *f*; *mit* (*od. in*) *vorzüglicher ~* = **~-achtungsvoll** *im Brief*: com a maior consideração de Vossa Excelência atento venerador e obrigado (*Abk.* de V. Exa. atto. ven.dor e obgdo.); **2-altar** *m* (*-ẹs*; *⸗e*) altar-mor *m*; **2-amt** *n* (*-ẹs*; *⸗er*) missa *f* solene; **2-antenne** *f* antena *f* exterior (*od.* aérea); **~-arbeiten** (*-e-*): *sich ~ fig.* vencer pelo seu trabalho; **2bahn** *f* metropolitano *m*; **2bau** *m* (*-ẹs*; *-ten*) arquite(c)tura *f*; (*Oberbau*) superstrutura *f*; = *2haus*; *s. 2- und Tiefbau*; **~bedeutsam** transcendente; **~begabt** extremamente prendado (*od.* talentoso); de grandes qualidades; **~beglückt** muito contente; **~bejahrt** muito idoso; **~berühmt** muito ilustre, celebérrimo; **~betagt** = *~bejahrt*; **2betrieb** *m* (*-ẹs*; *0*) grande a(c)tividade *f*, grande movimento *m*; (*Andrang*) grande afluência *f*; *Zeiten des ~s* 🚃 horas *f/pl.* de ponta; **~bringen** (*L*) *fig.* desenvolver, fazer prosperar; *j-n*: elevar; (*reizen*) irritar; **2burg** *f* cidadela *f*; *fig.* centro *m*, foco *m*; **~deutsch** alto alemão; **2druck** *m* (*-ẹs*; *0*) alta pressão *f* (*mit* a); *Typ.* (*pl. -e*) impressão *f* em relevo (*'ê); **2druckgebiet** *n* (*-ẹs*; *-e*) anticiclone *m*; **2ebene** *f* planalto *m*; **~-empfindlich** ultra-sensível; **~-erfreut** encantado; **~fahren** (*L*): *aus dem Schlaf ~* acordar de sobressalto; **~fahrend** altivo; arrogante; **~fein** superfino; **2finanz** *f* alta finança *f*; **2fläche** *f* planalto *m*; **~fliegend** altaneiro; *fig. a.* ambicioso; *Plan*: vasto; **2flut** *f* preia-mar; maré *f* cheia; *fig.* invasão *f*; avalanche *f*;

2**frequenz** ⚡ *f* (*0*) alta frequência *f*; 2**gebirge** *n* altas montanhas *f/pl.*; ~**geboren** ilustre; 2**gefühl** *n* (*-és*; *-e*) entusiasmo *m*, exaltação *f*; ~**gehen** (*L*; *sn*) subir; explodir; *See*: estar encapelado, estar agitado; *fig.* irritar-se; indignar-se; abespinhar-se; ~**gelegen** elevado; ~**gelehrt** douto; 2**genuß** *m* (*-sses*; *⸗sse*) delícia *f*, alto prazer *m*; 2**gericht** *n* (*-és*; *-e*) patíbulo *m*; ~**geschossen** ['-gəʃɔsən] crescido, alto; ~**geschürzt** ['-gəʃyrtst] arregaçado; ~**gesinnt** ['-gəzint] magnânimo; ~**gespannt** ⚡ de alta tensão; ⊕ *Dampf*: de alta pressão; *fig.* alto; exagerado; ~**gestellt** ['-gəʃtelt] de (alta) categoria; ~**gewachsen** ['-gəvaksən] crescido, alto; 2**glanz** *m* (*-es*; *0*) lustre *m*; ~**gradig** ['-gra:diç] altamente, em alto grau; ~**halten** (*L*) levantar; *fig.* = ~*achten*; 2**haus** *n* (*-es*; *⸗er*) arranha-céus *m*; ~**heben** (*L*) levantar; ~**herrschaftlich**: *Familie*: ilustre; *Wohnung*: de luxo; ~**herzig** magnânimo; 2**herzigkeit** *f* (*0*) magnanimidade *f*; 2**kirche** *f* (*0*) Igreja *f* anglicana, Igreja *f* episcopal; ~**klappen** levantar; ~**kommen** (*L*; *sn*) subir; *fig. a.* prosperar; 2**konjunktur** *f* período *m* de grande prosperidade; 2**land** *n* (*-és*; *⸗er*) país *m* montanhoso; 2**länder** ['-lɛndər] *m* montanhês *m*, serrano *m*; ~**leben**: ~ *lassen* dar vivas a, brindar por; ... *lebe hoch!* viva ...!

'**Hoch|meister** *m* grão-mestre *m*; ~**mut** *m* (*-és*; *0*) altivez *f*; soberba *f*; 2**mütig** ['-my:tiç] altivo; soberbo; 2**näsig** ['-nɛ:ziç] arrogante, sobranceiro; ~**-ofen** ⊕ *m* (*-s*; *⸗*) alto-forno; ~**parterre** *n* (*-s*; *-s*) sobreloja *f*; 2**prozentig** de alta percentagem; 2**ragend** elevado, alto; ~**relief** *n* (*-és*; *-e*) alto-relevo (*'ê) *m*; ~**ruf** *m* (*-és*; *-e*) viva *m*; ~**saison** *f* plena estação *f*; 2**schätzen** (*-t*) = 2*achten*; 2**schlagen** (*L*) *Kragen*: levantar; 2**schnellen** subir de repente; 2**schrauben** fazer subir; ~**schul...**: *in Zssgn meist* universitário, académico; ~**schule** *f* escola *f* superior; universidade *f*; academia *f*; ~**schüler** *m* estudante *m*; ~**schulreife** *f* (*0*) curso *m* liceal; 2**schwanger** em estado avançado de gravidez; ~**seefischer(ei** *f* [*0*]) *m* pescador *m* (pesca *f*) do alto; ~**seeflotte** *f* esquadra *f* do alto (mar); 2**selig** santo, defunto; saudoso; 2**sinnig** magnânimo; ~**sommer** *m* alto verão *m*; pino *m* do verão; estio *m*; ~**spannung** *f* alta tensão *f*; *fig. a.* ânsia *f*; ~**spannungsleitung** *f* fio *m* de alta tensão; 2**springen** (*L*) saltar para cima; ~**sprung** *m* (*-és*; *⸗e*) salto *m* em altura.

höchst [hø:çst] *sup. von hoch*; (o) mais alto; *fig.* supremo; sumo; magno; (*größt*) maior; *Phys.*, ⊕ *u.* ⚕ máximo; (*vornehmst*) da mais alta categoria; (*äußerst*) extremo; *am ~en* (o) mais alto; *es ist ~e Zeit* são horas; não há tempo a perder.

'**hoch|stämmig** de alto tronco; 2**stape'lei** ['-ʃta:pə'laɪ] *f* entrujice *f*; vigarice *f*; aldrabice *f*; 2**stapler** ['-ʃta:plər] *m* vigarista *m*; cavalheiro *m* de indústria, aldrabão *m*.

'**Höchst|belastung** *f* carga *f* máxima; ~**betrag** *m* (*-és*; *⸗e*) máximo *m*; ~**dauer** *f* (*0*) tempo *m* máximo.

'**hoch-stehend** elevado, de categoria, grado.

'**höchst|ens** ['hø:çstəns] quando muito; ao mais; 2**gehalt 1.** *m* percentagem *f* máxima; **2.** *n* ordenado *m* máximo; 2**geschwindigkeit** *f* velocidade *f* máxima; 2**kommandierende(r)** *m* supremo comandante *m*; generalíssimo *m*; 2**leistung** *f* record(e) *m*; 2**maß** *n* (*-es*; *-e*) máximo *m*; 2**preis** *m* (*-es*; *-e*) preço *m* máximo; 2**tarif** *m* (*-s*; *-e*) tarifa *f* máxima.

'**Hoch|strom** ⚡ *m* (*-és*; *0*) corrente *f* elevada (*od.* de alta intensidade); 2**tönend** altissonante; ~**tourist** *m* (*-en*) alpinista *m*; 2**trabend** *fig.* patético; 2**treiben** (*L*) impelir para cima; fazer subir; 2**verdient** benemérito; ~**- und Tiefbau** *m* engenharia *f* civil; ~**verehrt** ['-fɛre:rt] muito venerado; ~**verrat** *m* (*-és*; *0*) alta traição *f*; ~**verräter** *m* réu *m* de alta traição; 2**verzinslich** de altos juros; ~**wald** *m* (*-és*; *⸗er*) floresta *f*; ~**wasser** *n* enchente *f*; crescente *f*; cheia *f*; ~**wasserkatastrophe** *f* grandes inundações *f/pl.*; 2**wertig** ['-ve:rtiç] de alto valor; ⚒ rico; 2**wild** *n* (*-és*; *0*) caça *f* grossa; 2**wohl-geboren** ilustríssimo; ~**würden** ['-vyrdən] (*0*):

Euer (Seine) ~ Vossa (Sua) Reverendíssima *f*; 2**würdig** reverend(íssim)o.

'**Hochzeit** ['hɔxtsaɪt] *f* casamento *m*; núpcias *f/pl.*; *silberne* ~ bodas *f/pl.* de prata; *goldene* ~ bodas *f/pl.* de ouro; ~ *halten* celebrar as bodas; 2**lich** nupcial; ~**sfeier** *f* (-; -*n*) núpcias *f/pl.*; ~**sgast** *m* (-*es*; ⸗*e*) convidado *m* ao casamento; ~**sgedicht** *n* (-*ẹs*; -*e*) epitalámio *m*; ~**smarsch** *m* (-*ẹs*; ⸗*e*) marcha *f* nupcial; ~**sreise** *f* viagem *f* de núpcias.

'**hochziehen** (*L*) levantar; ⚓ içar.

'**Hock|e** ['hɔkə] *f* cócoras *f/pl.*; (*Getreide*2) gavela *f* de trigo; *Turnen*: salto *m* de pernas encolhidas; 2**en** estar (*od.* pôr-se) de cócoras; acocorar-se; ~**er** *m* banquinho *m*.

'**Höcker** ['hœkər] *m* carcunda *f*, corcova *f*, giba *f*; ⚕ bossa *f*, protuberância *f*; (*Erd*2) eminência *f*; 2**ig** corcovado, carcunda, giboso; *Boden*: acidentado.

'**Hockey** ['hɔkɛ] *n* (-*s*; *0*) hóquei *m*; ~**spieler** *m* hoquista *m*.

'**Hod|e** ['ho:də] *f*, ~**e(n)** *m* testículo *m*; ~**ensack** *m* (-*ẹs*; ⸗*e*) escroto *m*.

Hof [ho:f] *m* (-*ẹs*; ⸗*e*) (*Innen*2) pátio *m*; (*Hühner*2 *usw.*) curral *m*; (*Gut*) quinta *f*, casal *m*; *e-s Fürsten*: corte (*ô) *f* (*bei, zu* na, à); (*Mond*2) aréola *f*, halo *m*; *j-m den* ~ *machen* cortejar alg.; '~**-amt** *n* (-*ẹs*; ⸗*er*) cargo *m* áulico (*od.* na corte [*ô]); '~**dame** *f* dama *f* de honor; '2**fähig** admitido à corte (*ô).

'**Hof|fart** ['hɔfart] *f* (*0*) altivez *f*; desvanecimento *m*; soberba; 2**färtig** ['-fɛrtiç] altivo, soberbo.

'**hoffen** ['hɔfən] esperar; ~**tlich** oxalá que, espero que.

'**Hoffnung** ['hɔfnuŋ] *f* esperança *f* (*aufgeben* perder; *machen* dar); *sich* ~*en machen auf* ter esperanças em, estar esperançado em; *guter* ~ *sn fig.* estar no seu estado interessante; 2**slos** desesperado; sem esperança; ~**slosigkeit** [-lo:ziç-] *f* (*0*) desesperança *f*; 2**svoll** esperançoso; cheio de esperança; o[p]timista.

'**Hof|haltung** *f* corte (*ô) *f*; ~**hund** *m* (-*ẹs*; -*e*) mastim *m*.

'**höf|isch** ['hø:fiʃ] cortesão, palaciano, áulico; ~**lich** cortês, delicado; 2**lichkeit** *f* (*0*) cortesia *f*, delicadeza *f*.

'**Hoflieferant** *m* (-*en*) fornecedor *m* da casa real.

'**Höfling** ['hø:fliŋ] *m* (-*s*; -*e*) cortesão *m*.

'**Hof|marschall** *m* (-*s*; ⸗*e*) mordomo-mor *m*; ~**marschall-amt** *n* superintendência *f* da casa real; ~**meister** *m* mordomo *m*; (*Erzieher*) aio *m*, preceptor *m*; 2**meistern** (-*re*) morigerar, censurar; ~**narr** *m* (-*en*) bobo (*'ô) *m*; ~**prediger** *m* pregador *m* da corte (*'ô); ~**rat** *m* (-*ẹs*; ⸗*e*) conselho *m* áulico; *j.*: conselheiro *m* áulico; ~**staat** *m* (-*ẹs*; -*en*) corte (*ô) *f*; ~**tor** *n* (-*ẹs*; -*e*) portão *m*; ~**wohnung** *f* habitação *f* interior.

'**Höhe** ['hø:ə] *f* altura *f* (*a.* ⚓ *u. fig.*; *in, auf der* à); (*Erhebung*) elevação *f*; *über dem Meere*: altitude *f*; *in gleicher* ~ no mesmo nível, ao nível; *in die* ~ ao alto, para o ar; *bei vb.* = *hoch...*; *in die* ~ *schießen* espigar; *in* ~ *von* ⚜ numa quantidade de, que monta a; *fig. das ist die* ~! é o cúmulo!

'**Hoheit** ['ho:haɪt] *f* grandeza *f*; nobreza *f*; (*Ober*2) suserania *f*; *Titel*: Alteza *f*; ~**sgewässer** *n/pl.* águas *f/pl.* territoriais; ~**s-recht** *n* direito *m* de soberania; prerrogativa *f*, regalia *f*; ~**s-träger** *m* representante *m*, autoridade *f*; ~**s-zeichen** *n* emblema *m*, insígnia *f*.

Hohe'lied *n* (-*ẹs*; *0*): *das* ~ o Cântico dos Cânticos.

'**Höhen|flug** ✈ *m* (-*ẹs*; ⸗*e*) voo (*ô) *m* de grandes alturas; ~**linie** *f* curva *f* de nível; ~**luft** *f* (*0*) ar *m* das montanhas; ~**messer** *m* altímetro *m*; ~**rekord** *m* (-*ẹs*; -*e*) record(e) *m* de altura; ~**sonne** *f* (*0*) sol *m* de altitude; ⚕ sol *m* artificial; ~**steuer** ✈ *n* leme *m* da profundidade; ~**zahl** *f* cota *f* de altitude; ~**zug** *m* (-*ẹs*; ⸗*e*) cumeada *f*.

Hohe'priester *m* pontífice *m*.

'**Höhepunkt** *m* (-*ẹs*; -*e*) ponto *m* culminante, cume *m*, cúmulo *m*, auge *m*, *fig. a.* apogeu *m*.

'**höher** ['hø:ər] (*comp. v. hoch*) mais alto *usw.*, *fig.* superior; *Gewalt*: maior; ~*e Schule* escola *f* secundária; instituto *m* de ensino secundário; *bei vb.* = *hoch...*; ~ *machen* altear.

hohl [ho:l] oco (*a. fig.*); vazio; côncavo; *Auge, Wange*: encovado; *Schall*: surdo; *Zahn*: furado; *aus* der *~en Hand trinken* beber na mão; *~ gehen* ⚓ estar cavado; '**~-äugig** ['-ɔygiç] de olhos cavados, com olheiras.

'**Höhle** ['hø:lə] *f* caverna *f* (*a.* ⚔), cova *f*, covil *m*, gruta *f*; **~nbewohner** *m* troglodita *m*; **~nforscher** *m* espeleólogo *m*; **~nforschung** *f* espeleologia *f*; **~nwohnung** *f* gruta *f*.

'**Hohl|fläche** *f* concavidade *f*; **2geschliffen** côncavo; **~heit** *f* cavidade *f*; *fig.* nulidade *f*; insignificância *f*; **~kopf** *m* (-*ės*; ⁼*e*) *fig.*, **2köpfig** ['-kœpfiç] imbecil *m*; **~maß** *n* (-*es*; -*e*) medida *f* de capacidade; **~meißel** ⊕ *m* goiva *f*; **~raum** *m* (-*ės*; ⁼*e*) cavidade *f*; **~reifen** ⊕ *m* pneumático *m*; **~saum** *m* (-*ės*; ⁼*e*) bainha *f* aberta; **~spiegel** *m* espelho *m* côncavo.

'**Höhlung** ['hø:luŋ] *f* (con)cavidade *f*.

'**Hohlweg** *m* (-*ės*; -*e*) desfiladeiro *m*; azinhaga *f*.

Hohn [ho:n] *m* (-*ės*; *0*) escárnio *m* ironia *f*; (*dat.*) *zum ~* em desprezo (*'ê) *m* de.

'**höhnen** ['hø:nən] *v/t.* escarnecer, fazer troça de.

'**Hohngelächter** *n* riso *m* sardónico, riso *m* mofador.

'**höhnisch** ['hø:niʃ] irónico, sardónico.

'**Hohn|lächeln** *n* sorriso *m* irónico; **2lachend** com riso irónico; **2sprechen** (*dat.*) ser incompatível com, desmentir (*ac.*).

Hokus'pokus [ho:kus'po:kus] *m* (-; *0*) *uv.* charlatanaria *f*, peloticas *f/pl.*

hold [hɔlt] *Glück*: propício; (*dat.*) *~ sn* ser afeiçoado a; '**~selig** gracioso, encantador.

'**holen** ['ho:lən] *v/t.* (v)ir buscar; (v)ir procurar; *~ lassen* mandar buscar; *sich* (*dat.*) *e-e Krankheit usw. ~* apanhar; *Atem ~* tomar ar; respirar; *da ist nichts zu ~* não há nada para ganhar; *der Teufel* (*od. Kuckuck*) *soll ihn ~!* os diabos o levem!; raios o partem!

'**Holländ|er(in** *f*) *m* ['hɔlɛndər-], **2isch** holandês *m* (-esa *f*), de Holanda.

'**Hölle** ['hœlə] *f* (*0*) inferno *m*; *j-m die ~ heiß machen* dar que fazer a alg.; apertar alg.

Höllen...: *in Zssgn meist* infernal; **~-angst** *f* (-; ⁼*e*) angústias *f/pl.* mortais; *in ~ a.* com o credo na boca; **~fahrt** *f* descida *f* aos infernos; **~qual** *f* suplício *m*; **~schlund** *m* (-*ės*; ⁼*e*) abismo *m*; **~stein** *m* (-*ės*; -*e*) ⚗ nitrato *m* de prata; pedra *f* infernal.

'**höllisch** ['hœliʃ] infernal.

Holm [hɔlm] *m* (-*ės*; -*e*) *Leiter*: banzos *m/pl.*; *Turnen*: barra *f*; *poet.* ilha *f*.

'**holp|(e)rig** ['hɔlp(ə)riç] escabroso, desigual; acidentado; **~ern** (-*re*; *sn*) dar solavancos.

Ho'lunder [ho'lundər] *m* sabugueiro *m*; (*Flieder*) lilás *m*.

Holz [hɔlts] *n* (-*ės*; ⁼*er*) madeira *f*; pau *m*; (*Brenn2*) lenha *f*; (*Gehölz*) mata *f*, bosque *m*; *Stück ~* cavaca *f*; '**~-apfel** *m* (-*s*; ⁼) maçã *f* silvestre; '**~-arbeit** *f* obra *f* de madeira *f* (*od.* de talha); '**2-artig** lenhoso, ligniforme; '**~block** *m* (-*ės*; ⁼*e*) talho *m*, cepo *m*; '**~bock** *m* cavalete *m*; (*Käfer*) capricórnio *m*, carraça *f*, carrapato *m*; '**2en** (-*t*) cortar lenha no bosque; F *v/i.* sovar; **~e'rei** [-ə'raɪ] F *f* pancadaria *f*.

'**hölzern** ['hœltsərn] de madeira; de pau; *fig.* acanhado.

'**Holz|-essig** *m* (-*s*; *0*) ácido *m* pirolenhoso; **~fäller** ['-fɛlər] *m* lenhador *m*; **~faser** *f* (-; -*n*) fibra *f* lenhosa; **2frei** *Papier*: sem celulose; **~feuerung** *f* combustão *f* de lenha; **~fußboden** *m* (-*s*; ⁼) soalho *m*, sobrado *m*; **~gas** *n* (-*es*; -*e*) gasogénio *m*; **~hammer** *m* maço *m*; **~handel** *m* (-*s*; *0*) negócio *m* de madeiras; **~händler** *m* negociante *m* de madeiras; **~handlung** *f* estância *f* (de madeiras); **~haus** *n* (-*es*; ⁼*er*) isba *f*; **~hütte** *f* isba *f*; **2ig** lenhoso; **~-industrie** *f* indústria *f* de madeiras; **~käfer** *m* = *~bock*; **~klotz** *m* (-*es*; ⁼*e*) = *~block*; **~kohle** *f* sobro *m*; carvão *m* vegetal; **~papier** *n* (-*s*; *0*) papel *m* de celulose; **~pflock** *m* (-*ės*; ⁼*e*) estaca *f*; tarugo *m*; **~scheit** *n* (-*ės*; -*e*) cavaca *f*; **~schlag** *m* (-*ės*; ⁼*e*) talho *m* de mato; **~schnitt** *m* (-*ės*; -*e*) gravura *f* em madeira; **~schnitzerei** *f* obra *f* de talha; escultura *f* em madeira; **~schuh** *m* (-*ės*; -*e*) tamanco *m*, soco *m*; **~schuhmacher** *m* tamanqueiro *m*; **~span** (-*ės*; ⁼*e*), **~splitter** *m* cavaco *m*, lasca *f*; **~stoß** *m* (-*ės*; ⁼*e*) pilha *f* de lenha; (*Scheiterhaufen*) fogueira *f*; **~taube** *m* pombo *m* bravo; torcaz *m*; **~weg** *m* (-*es*; -*e*) beco (na floresta); *auf dem ~ sn fig.* estar enganado; **~wolle** *f* (*0*) raspas *f/pl.* de carpinteiro; **~wurm** *m* (-*es*; ¨*er*) bicho-carpinteiro *m*; caruncho *m*.

homo'gen [homo'ge:n] homogéneo; **2i'tät** [-i'tɛ:t] *f* homogeneidade *f*.

Homöo'path [homøo'pa:t] *m* (-*en*) homeopata *m*; **~ie** [-'ti:] *f* homeopatia *f*; **2isch** homeopático.

Homosexu|ali'tät [homozɛksuali'tɛ:t] *f* (*0*) homossexualidade *f*; **2'ell** homossexual; F panasco.

'Honig ['ho:niç] *m* (-*s*; *0*) mel *m*; *j-m ~ um den Bart schmieren* dar manteiga *f* a alg.; **~biene** *f* abelha *f*; **~kuchen** *m* bolo (*'ô) *m* de mel; **~mond** *m* (-*es*; -*e*) lua-de-mel *f*; **2süß** melífluo; **~wabe** *f* favo *m*.

Hono'r|ar [-a:r] *n* (-*s*; -*e*) honorário *m*; **2ieren** (-) pagar.

'Hopfen ['hɔpfən] *m* (-*s*; *0*) lúpulo *m*; *fig. an j-m ist ~ und Malz verloren* alg. é incorrigível; *an et.* (*dat.*) *ist ~ und Malz verloren* a.c. não tem remédio; **~stange** *f* estaca *f* de lúpulo; *fig.* espinhaço *m*.

hop|p! [hɔp] **'~s(a)!** ['-s(a)] catrapus!; upa!; **'~sen** ['-sən] (-*t*; *sn*) = *hüpfen*; **'2ser** ['-sər] *m* pulo *m*.

'Hör|-apparat ['hø:r-] *m* (-*es*; -*e*) receptor *m*; *für Schwerhörige*: aparelho *m* acústico; ⚕ fonendoscópio *m*; **2bar** audível, perceptível.

'horch|en ['hɔrçən] escutar; *auf et.* (*ac.*) ~ estar à espreita de; **2er(in** *f*) *m* escutador(a *f*) *m*; curioso *m* (-a *f*); espia *m*, *f*; *der ~ an der Wand hört seine eigne Schand* quem escuta de si ouve; **2gerät** ⚔ *n* (-*es*; -*e*) aparelho *m* de escuta; **2posten** ⚔ *m* esculca *m*; guarda *f* avançada.

'Horde ['hɔrdə] *f* horda *f*; bando *m*.

'hör|en ['hø:rən] **1.** ouvir (*von et.* falar de); *zu~, auf* (*ac.*) ~ escutar (*ac.*); (*sagen*) ~ ouvir dizer; *ein Kolleg* ~ assistir a; *sich ~ lassen* fazer-se ouvir, (*annehmbar sn*) poder ser; *et. von sich ~ lassen* dar notícias suas; *er läßt nichts von sich ~* estamos sem notícias dele; *auf den Namen ... ~* dar pelo nome de ...; **2.** **2en** *n* audição *f*; *j-m vergeht ~ und Sehen* alg. está tonto; **2en-sagen** *n*: *vom ~, von ~* de tradição, de ouvir dizer; **2er**[1](**in** *f*) *m* ouvinte *m*, *f*; *e-s Professors* aluno *m* (-a *f*), estudante *m*, *f*; **2er**[2] *m Gerät*: auscultador *m*; **2erschaft** *f* auditório *m*; **2fehler** *m* erro (*ê) *m* de audição; ⚕ defeito *m* do ouvido; *e-n ~ haben* ouvir mal; **2folge** *f* programa *m* de audições; **~ig** sujeito a; dependente de; servo de; **2igkeit** *f* (*0*) servidão *f*.

Hori'zont [hori'tsɔnt] *m* (-*es*; -*e*) horizonte *m*.

Hor'mon [hɔr'mo:n] *n* (-*s*; -*e*) hormona *f*.

'Hörmuschel *f* (-; -*n*) orelha *f*; concha *f*; ⊕ auscultador *m*.

Horn [hɔrn] *n* (-*es*; ¨*er*) corno (*'ô) *m* (*a. Stoff*), *Tiere*: *a.* chifre *m*, ponta *f*; ⚕ *u.* ♪, *bsd.* ⚔ corneta *f*; (*Jagd2*) trompa *f*; (*Bergspitze*) pico *m*; *sich* (*dat.*) *die Hörner ablaufen* ficar escarmentado; *j-n auf die Hörner nehmen Stier*: colher alg.; **'~blende** *f* (*0*) anfíbolo *m*.

'Hörn|chen ['hœrnçən] *n* cornucho *m*; **2en** **1.** *adj.* córneo; cornífero; **2.** *v/i.* estar na muda do chifre *m*; **3.** *v/t.* F cornear; **~erklang** (-*es*; *0*), **~erstoß** *m* (-*es*; ¨*e*) ♪ som *m* da corneta.

'Hörnerv *m* (-*s*; -*en*) nervo *m* auditivo.

'Horn|haut *f* (*0*) calo(sidade *f*) *m*; *im Auge*: córnea *f*; **~'isse** [-'nisə] *f* vespão *m*, moscardo *m*; **~'ist** *m* (-*en*) corneta *f*, corneteiro *m*; trompa *f*; **~signal** *n* (-*s*; -*e*) sinal *m* da corneta; **~vieh** *n* (-*es*; *0*) gado *m* cornífero; *fig.* F (grande) burro *m*.

'Hör-organ *n* (-*s*; -*e*) ouvido *m*, órgão *m* auditivo.

Horo'skop [horɔ'sko:p] *n* (-*s*; -*e*) horoscópio *m*, horóscopo *m*.

'Hör|rohr ⚕ *n* (-*es*; -*e*) estetoscópio *m*; *für Taube*: corneta *f* acústica; **~saal** *m* (-*es*; -*säle*) sala *f* de aula; auditório *m*; *großer*: anfiteatro *m*; **~schärfe** *f* (*0*) sensibilidade *f* auditiva; **~spiel** *n* (-*s*; -*e*) peça *f* radiofónica.

Horst [hɔrst] *m* (-*es*; -*e*) ninho *m*; *geol.* horst *m*; **'2en** (-*e*-) fazer o ninho.

'Hörstärke *f* (*0*) potência *f* auditiva, intensidade *f* auditiva.

Hort [hɔrt] *m* (-*es*; -*e*) (*Schatz*) tesouro *m*; (*Schutz*) refúgio *m*;

(*Kinder*≈) infantário *m*, asilo *m* de infância; '≈**en** (-*e*-) açambarcar.
'**Hörweite** *f* (*0*) alcance *m* da voz.
'**Hose** ['ho:zə] *f* (*meist* ~n *pl.*) calças *f/pl.*; (*Knie*≈) calções *m/pl.*
'**Hosen|band** *n* (-*es*; ⸗*er*) jarreteira *f*; ~**bein** *n* (-*es*; -*e*) perna *f*, cano *m* das calças; ~**boden** *m* (-*s*; ⸗) fundilho(s *pl.*) *m*; ~**schlitz** *m* (-*es*; -*e*) barguilha *f*; ~**spanner,** ~**strecker** *m* esticador *m*; ~**träger** *m* (*meist pl.*) suspensórios *m/pl.*, alças *f/pl.*
Hospi't|ant(in *f*) *m* [hɔspi'tant-] ouvinte *m*, *f*; voluntário *m* (-a *f*); ≈**ieren** (-) assistir (como ouvinte *od.* como voluntário).
Hos'piz [hɔs'pi:ts] *n* (-*es*; -*e*) hospício *m*.
'**Hostie** ['hɔstiə] *f* hóstia *f*.
Ho'tel *n* [ho'tɛl] hotel *m*; ~**besitzer** *m* hoteleiro *m*; ~**diener** *m* corretor *m*; ~**gewerbe** *n* (-*s*; *0*) indústria *f* hoteleira.
hott! [hɔt] arre!
hü! [hy:] arre!
Hub [hu:p] *m* (-*es*; ⸗*e*) elevação *f*; levantamento; ⊕ curso *m*.
'**hüben** ['hy:bən] aquém; ~ *und drüben* por ambos os lados.
'**Hubraum** *m* (-*es*; ⸗*e*) cilindrada *f*.
hübsch bonito, lindo, gentil; *adv.* F bem, muito; *oft übersetzt durch Diminutiv* -inho.
'**Hub|schrauber** ['-ʃraubər] *m* helicóptero *m*; ~**seil** *n* (-*es*; -*e*) cabo *m* de elevação.
'**huckepack** ['hukəpak] às cavaleiras, às cavalinhas.
Huf [hu:f] *m* (-*es*; -*e*) pé *m*; (*Pferde*≈) casco *m*; '~**beschlag** *m* (-*es*; ⸗*e*), '~**-eisen** *n* ferradura *f*; '~**lattich** *m* (-*es*; *0*) tussilagem; F unha-de--cavalo *f*; '~**nagel** *m* (-*s*; ⸗) cravo *m* de ferradura; '~**schlag** *m* (-*es*; ⸗*e*) tropel *m*; coice *m*; '~**schmied** *m* (-*es*; -*e*) ferrador *m*.
'**Hüft|bein** ['hyft-] *n* (-*es*; -*e*) osso *m* ilíaco, osso *m* da anca; ~**e** [-ə] *f* anca *f*; quadril *m*; ~**gelenk** *n* (-*es*; -*e*) articulação *f* coxo-femural; ~**gürtel,** ~**halter** *m* cinta *f*.
'**Huftier** *n* (-*es*; -*e*) ungulado *m*.
'**Hüft|knochen** *m* = ~*bein*; ≈**lahm** derreado; ~**weh** *n* (-*s*; *0*) ciática *f*.
'**Hügel** ['hy:gəl] *m* colina *f*; outeiro *m*; cabeço *m*; (*Grab*≈) túmulo *m*; ~**land** *n* (-*es*; ⸗*er*) terreno *m* acidentado (*od.* ondulado); ≈**ig** acidentado, ondulado.
Huhn [hu:n] *n* (-*es*; ⸗*er*) galinha *f*; *junges*: franga *f*.
'**Hühn|chen** ['hy:nçən] *n* frango *m*, -a *f*; *mit j-m ein* ~ *zu rupfen haben fig.* ter que ajustar contas com alg.
'**Hühner|-auge** ['hy:nər-] *n* calo *m*; ~**-augen-operateur** *m* (-*s*; -*e*) calista *m*; ~**brühe** *f* canja *f*; ~**farm** *f* aviário *m*; criação *f* de galinhas; ~**geier** *m* milhafre *m*; ~**hof** *m* (-*es*; ⸗*e*) capoeira *f*; galinheiro *m*; ~**hund** *m* (-*es*; -*e*) perdigueiro *m*, podengo *m*; ~**leiter** *f* poleiro *m*; ~**mist** *m* galinhaça *f*; ~**pastete** *f* empa(na)da *f* de frangos; ~**pest** *f* peste *f* aviária (*od.* de galinhas); ~**stall** *m* (-*es*; ⸗*e*) = ~*hof*; ~**stange,** ~**stiege** *f* poleiro *m*; ~**suppe** *f* canja *f*; ~**zucht** *f* criação *f*.
Huld [hult] *f* graça *f*, benevolência *f*.
'**huldig|en** ['huldigən] prestar homenagem; *e-r Ansicht*: ser de; *e-m Brauch*: cultivar (*ac.*), ter o culto de; *e-r Sache*: ser afeiçoado a; ≈**ung** *f* homenagem *f*.
'**huld|reich,** ~**voll** clemente, afável, benévolo.
'**Hüll|e** ['hylə] *f* invólucro *m* (*a.* ⚘); envoltório *m*; (*Schutz*≈) capa *f*; *sterbliche* ~ restos *m/pl.* mortais, despojos *m/pl.* mortais; *in* ~ *und Fülle* em grande abundância *f*; à farta; ≈**en** envolver; (en)cobrir; *sich in Schweigen* ~ guardar silêncio *m*.
'**Hüls|e** ['hylzə] *f* estojo (*'ô) *m*, caixa *f*; ⚘ vagem *f*, folhelho *m*, casca *f*; ⚔ cartucho *m*; (*Bleistift*≈) lapiseiro *m*; ~**enfrucht** *f* (-; ⸗*e*) leguminosa *f*.
hu'man [hu'ma:n] humano; ≈'**ismus** *m* (-*s*; *0*) humanismo *m*; ≈'**ist** *m* (-*en*) humanista *m*; ~'**istisch** humanístico; *Schule, Studium*: *a.* clássico.
'**Humbug** ['humbuk] *m* (-*s*; *0*) disparate(s) *m* (*pl.*).
'**Hummel** ['huməl] *f* (-; -*n*) abelhão *m*, zangão *m*; *fig. wilde* ~ menina *f* traquinas.
'**Hummer** ['humər] *m* lavagante *m*; lagosta *f*.
Hu'mor [hu'mo:r] *m* (-*s*; *0*) humor *m*; graça *f*; *Lit.* humorismo *m*; ~'**eske** [-'eskə] *f* peça *f* humorística, farça *f*; ~'**ist** *m* (-*en*) humorista *m*; ≈'**istisch,** ≈**voll** humorístico.

'humpeln ['humpəln] (*-le, h. u. sn*) coxear.
'Humpen ['humpən] *m* caneca *f*.
'Humus ['hu:mus] *m* (-; *0*) humo *m*; **~boden** *m* (*-s*; ¨) terra *f* vegetal.
Hund [hunt] *m* (*-es*; *-e*) cão *m*; ⚒ vagonete *m*, vagoneta *f*; *fig. auf den ~ kommen* cair na miséria; *pl. mit allen ~en gehetzt* sabido, matreiro.
'Hunde|ausstellung *f* exposição *f* canina; **~hütte** *f* canil *m*; **~kälte** *f* (*0*) frio *m* de rachar (pedras); **~kuchen** *m* biscoito *m* para cães; **~leben** *n* (*-s*; *0*) vida *f* miserável (*od.* de cão); **~leine** *f* trela *f*; **~marke** *f* chapa *f* (de cão); **2müde** estafado; **~rasse** *f* raça *f* canina.
'hundert ['hundərt] (2 *n u. f*) cem; ~ + *Zahl*: cento (*m*); *3 von* 2 três por cento; *etwa* ~ uma centena; *pl.* 2e centenas; *zu* 2*en* às centenas; **2er** *m* número *m* centenário; F nota *f* de cem; **~erlei** [-ərlaɪ] centenas de; **~fach, ~fältig** [-fɛltiç] cêntuplo; **~gradig** [-gra:diç] centígrado; **2'jahr-feier** *f* centenário *m*; **~jährig** [-jɛ:riç] centenário; *fig.* secular; **~mal** cem vezes; **~prozentig** [-pro:tsɛntiç] cem por cem; *fig.* perfeito, *adv.* absolutamente; **2satz** *m* percentagem *f*; **~st** (**2stel** *n*) centésimo (*m*); **~tausend** cem mil.
'Hunde|sperre *f* proibição *f* de deixar andar os cães à solta; **~steuer** *f* (-; *-n*) imposto *m* sobre os cães; **~wetter** *n* (*-s*; *0*) tempo *m* dos diabos; **~zwinger** *m* canil *m*.
'Hünd|in ['hyndin] *f* cadela *f*; **2isch** canino; *fig.* servil.
'hunds|gemein infame; **2stern** *m* (*-es*; *0*) *Astr.* Sírio *m*; Canícula *f*; **2tage** *m/pl.* canícula(s *pl.*) *f*.
'Hün|e ['hy:nə] *m* (*-n*) gigante *m*; **~en-grab** *n* (*-es*; ¨*er*) dólmen *m*, anta *f*; **2en-haft** gigantesco.
'Hunger ['huŋər] *m* (*-s*; *0*) fome *f* (*~s, vor* de, com; *bekommen* ficar com; *stillen* matar); **~künstler** *m* jejuador *m*, jejuadeiro *m*; **~kur** *f* dieta *f* absoluta; **~leider** *m* pobre diabo *m*; pobretão *m*; **~lohn** *m* (*-es*; ¨*e*) salário *m* miserável; **2n** (*-re*) ter fome (*mich* 2*t, es* 2*t mich* tenho ...); (*fasten*) jejuar; ⚕ guardar dieta; **2nd** *adj.* faminto; **~s-not** *f* (-; ¨*e*) fome *f*; carestia *f*; **~streik** *m* (*-es*; *-s*) greve *f* de fome; **~tod** *m* (*-es*; *0*): *den ~ sterben* morrer de fome; **~tuch** *n* (*-es*; ¨*er*): *am ~e nagen fig.* viver na miséria.
'hungrig ['huŋriç] faminto; *~ sn* estar com fome, ter fome.
'Hunne ['hunə] *m* (*-n*) huno *m*.
'Hup|e ['hu:pə] *f* buzina *f*; **2en** buzinar, tocar a buzina.
'hüpfen ['hypfən] (*h. u. sn*) saltar, dar pulos.
'Hürde ['hyrdə] *f* barreira *f*; sebe *f*; **~en-lauf** *m* (*-es*; ¨*e*) **~en-rennen** *n* corrida *f* de barreiras.
'Hure ['hu:rə] *f* prostituta *f*; puta *f*; meretriz *f*; **2n** fornicar, *Frau*: prostituir-se; **~'rei** [-'raɪ] *f* prostituição *f*; luxúria *f*.
hur'ra! [hu'ra:] hurra!, viva!; **2patriot** *m* (*-en*) patrioteiro *m*; **2patriotismus** *m* (-; *0*) patrioteirismo *m*.
'hurtig ['hurtiç] *adj.* ágil, ligeiro; *adv.* depressa.
Hu'sar [hu'za:r] *m* (*-en*) hússar *m*.
'huschen ['huʃən] deslizar.
'hüsteln ['hy:stəln] (*-le*) tossicar.
'husten ['hu:stən] **1.** (*-e-*) tossir, ter tosse; **2.** 2 *m* (*-s*; *0*) tosse *f*; **2mittel** *n* peitoral *m*.
Hut[1] [hu:t] *m* (*-es*; ¨*e*) chapéu *m*.
Hut[2] *f* (*Schutz*) prote(c)ção *f*; (*Aufsicht*) custódia *f*; (*Wache*) guarda *f*; *auf der ~ sn* estar com cautela; estar de vigilância; abarreirar-se.
'hüt|en ['hy:tən] (*-e-*) guardar, vigiar; *das Bett ~* guardar o leito, estar de cama; *das Zimmer ~* (*müssen*) não (poder) sair de casa; *sich vor* (*dat.*) *~* guardar-se de, ter cautela com; **2er(in** *f*) *m* guarda *m*, *f*; (*Hirt*[*in*]) pastor(a *f*) *m*.
'Hut|geschäft *n* (*-es*; *-e*), **~laden** *m* (*-s*; ¨) chapelaria *f*; **~krempe** *f*, **~rand** *m* (*-es*; ¨*er*) aba *f*; **~macher(in** *f*) *m* chapeleiro *m* (modista *f* de chapéus); **~schachtel** *f* (-; *-n*) chapeleira *f*; **~schnur** *f* (*0*): *über die ~ gehen fig.* F ser demais.
'Hütt|e ['hytə] *f* cabana *f*; ⊕ fundição *f*; ⚒ mina *f*; **~en-industrie** *f* (*0*) indústria *f* siderúrgica; **~enkunde** *f* (*0*) metalurgia *f*; (*Eisen*2) siderurgia *f*; **~en-werk** *n* (*-es*; *-e*) ferraria *f*; fundição *f*; **~en-wesen** *n* (*-s*; *0*) metalurgia *f*; siderurgia *f*.
'hutzelig ['hutsəliç] giboso.
Hy'äne [hy'ɛ:nə] *f* hiena *f*.
Hya'zinthe [hya'tsintə] *f* jacinto *m*.

Hy'drant [hy'drant] *m* (*-en*) boca (*ô) *f* de incêndio.
Hy'draul|ik [hy'draulik] *f* (*0*) hidráulica *f*; **≗isch** hidráulico.
Hygi'en|e [hygi'e:nə] *f* (*0*) higiene *f*; **≗isch** higiénico.
'Hymn|e ['hymnə] *f* hino *m*; **≗isch** hínico; **~us** *m* hino *m*.
Hy'perbel [hy'pɛrbəl] *f* (*-; -n*) hipérbole *f*.
Hyp'nose [hyp'no:zə] *f* hipnose *f*.
Hypnoti's|eur [hypno:ti'zø:r] *m* (*-s; -e*) hipnotizador *m*; **≗ieren** (-) hipnotizar.
Hypo'chond|er [hypo'xɔndər] *m*, **≗risch** hipocondríaco *m*.
Hypote'nuse [hypote'nu:zə] *f* hipotenusa *f*.
Hypo'thek [hypo'te:k] *f* hipoteca *f*; *mit e-r ~ belasten, e-e ~ auf* (*ac.*) *aufnehmen* hipotecar (*ac.*); **≗'arisch** [-'ka:riʃ], **~en...**: *in Zssgn* hipotecário.
Hypo'the|se [hypo'te:zə] *f* hipótese *f*; **≗tisch** [-tiʃ] hipotético.
Hyste'rie [hyste'ri:] *f* histerismo *m*.
hy'sterisch [hy'ste:riʃ] histérico.

I

I, i [i:] *n uv.* I, i *m.*
I'amb|e [i'ambə] *m* (*-n*) iambo *m*; **⁁isch** iâmbico; **~us** *m* (*-*; *Iamben*) iambo *m.*
I'ber|er [i'be:rər] *m* ibero *m*; **⁁isch** ibérico; **⁁o-amerikanisch** ibero-americano.
ich [iç] **1.** eu; '~ *bin* es sou eu; *hier 'bin* ~ aqui estou, eis-me aqui; **2.** ⁁ *n* (*-s*; *-s*) eu *m*; **'⁁sucht** *f* (*0*) egoísmo *m.*
Ide'al [ide'a:l] **1.** *n* (*-s*; *-e*) ideal *m*; **2.** ⁁ *adj.* ideal; **⁁i'sieren** [-i'zi:rən] (-) idealizar; **~'ismus** *m* (*-*; *0*) idealismo *m*; **~'ist(in** *f*) *m*, **⁁'istisch** idealista *m, f.*
I'dee [i'de:] *f* ideia (*'é) *f.*
ide'ell [ide'ɛl] ideado, ideal.
I'deen|gut [i'de:ən-] *n* (*-es*; *0*) ideário *m*, ideologia *f*; **~verbindung** *f* associação *f* de ideias (*é); **~welt** *f* (*0*) mundo *m* ideal; *j-s*: = **~gut.**
identi|fi'zieren [idɛntifi'tsi:rən] (-) identificar; **~sch** [i'dɛntiʃ] idêntico; **⁁'tät** [~'tɛ:t] *f* identidade *f.*
Idi'om [idi'o:m] *n* (*-s*; *-e*) idioma *m*; **⁁'atisch** [-'ma:tiʃ] idiomático.
Idi'ot [idi'o:t] *m* (*-en*), **⁁isch** idiota *m*; **~'ie** [-'ti:] *f* idiotia *f.*
I'dol [i'do:l] *n* (*-s*; *-e*) ídolo *m.*
I'dyll [i'dyl] *n* (*-s*; *-e*), **~e** [-ə] *f* idílio *m*; **⁁isch** idílico.
'Igel ['i:gəl] *m* ouriço *m.*
igno'rieren [igno'ri:rən] (-) ignorar; *j-n* ~ não fazer caso de alg., não se importar com alg.
ihm [i:m] (*dat. v. er, es*) a ele; *tonlos*: lhe; *ich gebe es ihm* dou-lho.
ihn [i:n] (*ac. v. er*) *j-n*: a ele, *tonlos u. et.*: o; *ich sehe* ~ vejo-o; *sie sehen* ~ vêem-no; **'~en 1.** (*dat. pl. v. er, sie, es*) a eles, a elas; *tonlos*: lhes, os (as), **2.** ⁁ (*dat. von Sie*) a V.ª(ˢ) Ex.ª(ˢ) = a Vossa(s) Excelência(s), a Você(s); *tonlos*: lhe(s), o(s), a(s).
ihr [i:r] **1.** (*dat. v. sie sg.*) a ela; *tonlos*: a, lhe; **2.** (*nom. pl. v. du, in Briefen* ⁁) vós, vocês; **3.** *besitzanzeigend*: (o) seu, (a) sua; dela(s), dele(s); ⁁ *a.* de Você(s), de V.ª(ˢ) Ex.ª(ˢ) = de Vossa(s) Excelência(s); *pl.* **'~e** ['-ə] os seus, as suas; dela(s), dele(s); ⁁ *a.* de Você(s), de V.ᵃˢ Ex.ᵃˢ = de Vossa(s) Excelência(s); **4.** *der, die, das* **'⁁e** o seu, a sua, deles, dela(s), *pl. die* **'⁁en** os seus; **'~er 1.** (*gen. v. sie, gen. u. dat. v. ihre*) *sg.* dela(s *pl.*); **2.** ⁁ (*gen. v. Sie, gen. u. dat. v. Ihre*) de *od.* do(s) seu(s), de *od.* da(s) sua(s), de Você(s), de V.ª(ˢ) Ex.ª(ˢ) = de Vossa(s) Excelência(s); **'~erseits** [-zaɪts] **1.** da parte deles *od.* dela(s), da sua parte, por sua vez; **2.** ⁁ da sua parte, ⁁ da parte de V.ª(ˢ) Ex.ª(ˢ) = de Vossa(s) Excelência(s) *od.* de Você(s) *od.* do(s) Senhor(es), da(s) Senhora(s); **'~esgleichen,** ⁁ seu *od.* sua igual, seus *od.* suas iguais; **'~et-halben** [-halbən], **'~et-wegen,** (*um*) **'~et-willen** por sua causa, por amor *od.* por causa dela(s) [*od.* deles *od.* ⁁ de V.ª(ˢ) Ex.ª(ˢ) = de Vossa(s) Excelência(s); de Você(s) *od.* do(s) senhor(es), da(s) senhora(s)]; **'~ig**: *der, die, das* ~e [-gə] **1.** o seu, a sua; dela(s), deles; **2.** ⁁ de Você(s), da V.ª(ˢ) Ex.ª(ˢ) = de Vossa(s) Excelência(s).
'illegitim ['ilegiti:m] ilegítimo.
Illumin|ati'on [iluminatsi'o:n] *f* iluminação *f*; **⁁'ieren** (-) iluminar.
Illus|i'on [iluzi'o:n] *f* ilusão *f*; **⁁'orisch** [-'zo:riʃ] ilusório.
Illustr|ati'on [ilustratsi'o:n] *f* ilustração *f*; **⁁'ieren** (-) ilustrar.
'Iltis ['iltis] *m* (*-ses*; *-se*) tourão *m.*
im [im] = *in dem.*
'Imbiß ['imbis] *m* (*-sses*; *-sse*) pequena refeição *f*, merenda *f.*
'Imker ['imkər] *m* abelheiro *m*, apicultor *m*; **~'ei** *f* apicultura *f.*
Immatrikul|ati'on [imatrikulatsi'o:n] *f* inscrição *f* (na matrícula); **⁁'ieren** (-): (*sich*) ~ (*lassen*) inscrever(-se), matricular(-se).
'Imme ['imə] *f* abelha *f.*
'immer ['imər] sempre (*auf, für* para; *wenn* que); ~ *drei auf einmal* a três e três; *vor comp.* cada vez; ~ *noch, noch* ~ ainda; continuar (a);

wer auch ~ quem quer que seja que; ~ *wieder* sempre de novo; ~ *und* ~ *wieder* = ~*zu*; **~dar** [-da:r] para sempre; **~fort** = ~*zu*; **~grün**[1] sempre-verde; **2grün**[2] ♀ *n* (-*s*; *0*) pervince *f*, congrossa *f*; **~'hin** sempre, todavia, ainda assim; ~*!* embora!; (*wenigstens*) pelo menos; *mag er* ~ que (*subj.*); **~während** contínuo, perpétuo; **~'zu** continuadamente, sempre; ~*!* mais!

Immo'bilien [imo'bi:liən] *pl. uv.* imóveis *m/pl.*; bens *m/pl.* de raiz.

Immor'telle [imɔr'tɛlə] *f* sempre-viva *f.*

im'mun [i'mu:n] imune; *Pol. a.* inviolável; **2i'tät** [-muni'tɛ:t] *f* imunidade *f*; *Pol. a.* inviolabilidade *f.*

'Imperativ ['imperati:f] *m* (-*s*; -*e*) imperativo *m.*

'Imperfekt ['impɛrfɛkt] *n* (-*s*; -*e*) imperfeito *m.*

Imperia'lis|mus *m* (-; *0*) imperialismo *m*; **~t** *m*, **2tisch** imperialista *m.*

'impf|en ['impfən] vacinar; **2schein** *m* (-*es*; -*e*) certificado *m* de vacina(ção); **2stoff** *m* (-*es*; -*e*) vacina *f*; **2ung** *f* vacina(ção) *f*; **~zwang** *m* (-*es*; *0*) vacinação *f* obrigatória.

impo'nieren [impo'ni:rən] (-) impressionar (*j-m* alg.); **~d** *adj.* impressionante, imponente.

Im'port [im'pɔrt] *m* (-*es*; -*e*) importação *f*; **~'eur** [-'tø:r] *m* (-*s*; -*e*) importador *m*; **2'ieren** (-) importar.

impo'sant [impo'zant] imponente.

imprägʼnier|en [imprɛg'ni:rən] (-) impregnar, impermeabilizar; **~t** *adj.* impermeável.

im'stande [im'ʃtandə]: ~ *sn zu* ser capaz de.

in [in]: a) *dat.* (*Lage, wo?, Zeit wann?*; *fig.*) em, *unbestimmter a.*: por; (*innerhalb, binnen*) dentro de, daqui a; *im Norden usw.*, ~ *der Sonne*, *im Schatten* a(o), no, à, na; ~ *e-r Entfernung von* ... a uma distância de ...; ~ *aller Eile* a toda a pressa; ~ *Öl gemalt* pintado a óleo; ~ *dieser Hinsicht* a esse respeito; b) *ac.* (*Richtung, wohin?*): (*nach* ... *hin*) para, a; (~ ... *hinein*) a, em, para dentro de.

'in-aktiv ina(c)tivo; ⚔ reformado.

In-'an|griff-nahme [-na:mə] *f* (*0*) começo *m*; *bei* ~ (*gen.*) ao começar (*ac.*); **~spruch-nahme** [-na:mə] *f* (*0*) ⊕ desgaste *m*; (*Benutzung*) uso *m*, emprego (*'ê) *m*; *starke* ~ *j-s*: muitos afazeres *m/pl.*

'In-begriff *m* suma *f*, essência *f*; mais alta representação *f*; *mit* ~ *gen.* = **2en** incluído, inclusive, incluso.

In-be'trieb|nahme [-na:mə] *f* (*0*), **~setzung** *f* começo *m* da exploração.

'In|brunst *f* (*0*) fervor *m*, ardor *m*; **2brünstig** fervoroso.

in'dem **1.** *cj.*: *übers. durch ger.*; (*während*) *a.* ao + *inf.*, enquanto (que); quando; ao mesmo tempo que; **2.** *adv.* nisso.

'Inder(in *f*) *m* ['indər-] indiano *m* (-a *f*).

in'des(sen) **1.** *adv.* (no) entretanto; neste comenos; (*jedoch*) todavia, porém, contudo, ainda assim; **2.** *cj.* enquanto que.

'Index ['indɛks] *m* (-; *Indizes*), **~zahl** *f* índice *m.*

Indi'an|er(in *f*) *m* [indi'a:nər-], **2isch** índio *m* (-a *f*).

In'dienststellung *f* emprego *m*; entrada *f* em serviço.

'Indigo ['indigo] *m* (-*s*; *0*) índigo *m*, anil *m.*

'Indikativ ['indikati:f] *m* (-*s*; -*e*) indicativo *m.*

'indirekt ['indirɛkt] indire(c)to.

'indisch ['indiʃ] indiano; hindu.

'indiskret ['indiskre:t] indiscreto; **2i'on** [-tsi'o:n] *f* indiscreção *f.*

indisku'tabel [indisku'ta:bəl] inadmissível, inaceitável.

indi|vidu'ell [individu'ɛl] individual; **2'viduum** [-'vi:duum] *n* (-*s*; *Individuen*) indivíduo *m.*

In'dizienbeweis [in'di:tsiən-] ⚖ *m* (-*es*; -*e*) prova *f* indiciária.

Indoger'man|e [indo:-] *m* (-*n*), **2isch** indo-europeu.

Indoss|a'ment [indɔsa'mɛnt] *n* (-*s*; -*e*), **~'ierung** [-'si:ruŋ] *f* endosso (*'ô) *m*, endosse *m*, endossamento *m*; **~'ant** [-'ant] *m* (-*en*) endossante *m*; **~'at** [-'a:t] *m* (-*en*) endossatário *m*, endossado *m.*

Indukt|i'on [induktsi'o:n] *f* indução *f*; **~or** [-'duk-] *m* (-*s*; -*en*) indutor *m.*

industriali'sier|en [industriali'zi:-

rən] (-) industrializar; **≈ung** *f* industrialização *f*.
Indu'strie [indu'stri:] *f* indústria *f*; ~...: *in Zssgn* industrial.
industri'ell [industri'ɛl], **≈er** *m* industrial *m*.
in-ein'ander *m(pl.)* um (uns) ao(s) outro(s); *f(pl.)* uma(s) à(s) outra(s); **~flechten** (*L*) entrelaçar; **~fließen** (*L*; *sn*) confluir, *a. fig.* confundir-se; **~fügen** juntar; **~greifen** (*L*) engrenar.
in'fam [in'fa:m] infame; **≈'ie** [-'mi:] *f* infâmia *f*.
'Infanter|ie ['infantəri:] *f* infantaria *f*; **~ist** *m* (*-en*) soldado *m* de infantaria.
Infekti'on [infɛktsi'o:n] *f* infe(c)ção *f*; **~s...**: *in Zssgn* infe(c)cioso.
'Infinitiv ['infiniti:f] *m* (*-s*; *-e*) infinitivo *m*.
infi'zieren [infi'tsi:rən] (-) infe(c)tar, contagiar.
Inflati'on [inflatsi'o:n] *f* inflação *f*.
Influ'enza [influ'ɛntsa] *f* (*0*) influenza *f*, gripe *f*.
in'folge (*gen.*) em consequência de, devido a; **~'dessen** por conseguinte.
Inform|ati'on [infɔrmatsi'o:n] *f* informação *f*; **≈'ieren** (-) informar.
'infrarot infravermelho.
Infu'sorien [infu'zo:riən] *pl.* infusórios *m/pl.*
Ingeni'eur [inʒeni'ø:r] *m* (*-s*; *-e*) engenheiro *m*; **~wesen** *n* (*-s*; *0*), **~wissenschaft** *f* engenharia *f*.
Ingredi'enz [ingredi'ɛnts] *f* ingrediente *m*.
In'grimm [in'grim] *m* (*-ɇs*; *0*) raiva *f*; **≈ig** raivoso.
'Ingwer ['iŋgvɛr] *m* (*-s*; *0*) gengibre *f*.
'In-haber ['inha:bər] *m*, **~in** *f* proprietário *m*, -a *f*; dono *m*, -a *f*; *e-s Papiers*: portador(a *f*) *m*; *e-s Ordens*: condecorado *m*, -a *f* com; *e-s Regiments*: chefe *m*; ⚖, *Macht, Titel*: detentor(a *f*) *m*; **~aktie** *f*, **~papier** *n* (*-s*; *-e*) ✝ título *m* ao portador.
in|haf'tieren [inhaf'ti:rən] (-) deter; **≈'haftnahme** [-namə] *f* detenção *f*.
In-hal|ati'on(s-apparat *m* [*-ɇs*; *-e*]) *f* [inhalatsi'o:n-] inalação *f* (inalador *m*); **≈'ieren** (-) inalar.
'In-halt ['inhalt] *m* (*-ɇs*; *-e*) conteúdo *m*; *Brief*: teor *m*; (*Raum≈*) capacidade *f*; ⩚ volume *m*; **~s-angabe** *f* resumo *m*, sumário *m*; **≈(s-)leer, ≈(s-)los** vazio; *fig.* fútil; **≈(s-)reich** substancial, substancioso, interessante; **~s-verzeichnis** *n* (*-ses*; *-se*) índice *m*.
Initi'ale [initsi'a:lə] *f* inicial *f*.
Initia'tive [initsia'ti:və] *f* (*0*) iniciativa *f* (*ergreifen* tomar).
In|jekti'on [injɛktsi'o:n] *f* inje(c)ção *f*; **≈ji'zieren** (-) [-ji'tsi:rən] inje(c)tar.
In'kasso [in'kaso] *n* (*-s*; *-s*) cobrança *f* (*besorgen* efe[c]tuar).
inklu'sive [inklu'zi:və] inclusive; incluido, incluso.
'inkorrekt ['inkorɛkt] incorre(c)to; **≈-heit** *f* incorre(c)ção *f*.
In'kraft-treten *n* entrada *f* em vigor.
'In|land *n* (*-ɇs*; *0*) país *m*; interior *m* (do país); metrópole *f*.
'Inländ|er(in *f*) *m* ['inlɛndər-], **≈isch, Inlands...**: *in Zssgn* nacional; interno.
'Inlaut *m* (*-ɇs*; *-e*) letra *f* medial; *im* ~ no interior da palavra.
'Inlett ['inlɛt] *n* (*-ɇs*; *-e*) travesseiro *m*; saco *m* (de cama).
'inliegend incluso, junto.
in'mitten (*gen.*) no meio (de).
'innehaben ['inə-] (*L*) ter, possuir; *Amt*: ocupar; *Macht*: deter; **~halten** (*L*) **1.** *v/t.* observar; submeter-se a; **2.** *v/i.* parar, deter-se.
'innen ['inən] (por) dentro, no interior; *nach* ~ (*hinein, zu*) para dentro; adentro; *von* ~ *her(aus)* de dentro; **≈architekt** *m* (*-en*) decorador *m*; **≈architektur** *f* (*0*) decoração *f*; **≈aufnahme** *f* interior *m*; **≈dienst** *m* serviço *m* interno; **≈leben** *n* (*0*) vida *f* íntima, vida *f* (senti)mental; **≈minister(ium** *n* [*-s*; *-ministerien*]) *m* Ministro (Ministério) *m* do Interior; **≈politik** *f* (*0*) política *f* interna; **≈raum** *m* (*-ɇs*; *⸗e*) interior *m*; **≈stadt** *f* (-; *⸗e*) centro *m*; *in Lissabon a.*: Baixa *f*; **≈winkel** *m* ângulo *m* interior.
'inner ['inər] interior; *Dienst*, ⚕ interno; *Wert usw.*: intrínseco; ⚕ **~e** *Krankheiten f/pl.* clínica *f/sg.* médica; **≈e(s)** *n* interior *m*; **~-halb** **1.** *adv.* (por) dentro; **2.** *prp.* (*gen.*) dentro de; **~lich** interno; (*geistig, seelisch*) mental; *Gemüt*: contemplativo; **~st** (mais) íntimo; **≈ste(s)**

n íntimo *m*; âmago *m*, centro *m*, fundo *m*.
'inne|werden (*L*; *sn*) (*gen.*) perceber; **~wohnen** (*dat.*) ser inerente a, ser próprio de.
'innig ['iniç] íntimo; efusivo; profundo; (*herzlich*) afe(c)tuoso; **2keit** *f* (*0*) cordialidade *f*, afe(c)to *m*.
'Innung ['inuŋ] *f* corporação *f*; grémio *m*; **~s-wesen** *n* (*-s*; *0*) corporativismo *m*; grémios *m/pl*.
ins [ins] = *in das*.
Inqui|siti'on [inkvizitsi'on] *f* inquisição *f*; **~'sitor** [-'zitor] *m* (*-s*; *-en*) inquisidor *m*.
'Insass|e ['inzasə] *m* (*-n*), **~in** *f* habitante *m*, *f*; *Haus*: *a.* morador (-a *f*) *m*, ocupante *m*, *f*; *Anstalt*: internado *m*, -a *f*; *Fahrzeug*: passageiro *m*, -a *f*.
ins-be'sondere especialmente, particularmente, nomeadamente.
'Inschrift *f* inscrição *f*; *Gebäude*: *a.* epígrafe *f*; *Grab*: epitáfio *m*.
In'sekt [in'zɛkt] *n* (*-es*; *-en*) inse(c)to *m*; **2en-fressend, ~en-fresser** *m* inse(c)tívoro *m*; **~en-kunde** *f* (*0*) entomologia *f*; **~en-pulver** *n* pó *m* inse(c)ticida.
'Insel ['inzəl] *f* (*-n*) ilha *f*; *kleine*: ilhota *f*; (*Verkehrs2*) placa *f*; **~bewohner** *m* ilheu *m*, insular *m*, insulano *m*; **~gruppe** *f*, **~meer** *n* (*-es*; *-e*) arquipélago *m*; **~volk** *n* (*-es*; *⸗er*) povo *m* insular.
Inse'r|at [inze'ra:t] *n* (*-es*; *-e*) anúncio *m*; **2ieren** (-) inserir, anunciar.
ins|ge'heim em segredo (*'ê); **~ge'samt** em soma; em globo; tudo junto.
in'sofern [in'zo:fɛrn] **1.** *adv.* caso que, neste ponto; nisso; até aqui; **2.** *cj.* ~ (*als*) contanto que.
in'sonderheit = *insbesondere*.
in'soweit = *insofern*.
Inspekt|i'on [inspɛktsi'o:n] *f* inspe(c)ção *f*; **'~or** [-'spɛktor] *m* inspe(c)tor *m*; ⚒ administrador *m*.
Inspir|ati'on [inspiratsi'o:n] *f* inspiração *f*; **2'ieren** (-) inspirar.
Inspiz|i'ent [inspitsi'ɛnt] *m* (*-en*) inspe(c)tor *m*; *Thea.* contra-regra *m*; **2'ieren** (-) inspe(c)cionar.
Install|a'teur [instala'tø:r] *m* (*-s*; *-e*) instalador *m*; ⚡ ele(c)tricista *m*; *Wasser*: canalizador *m*; **~ati'on** [-atsi'o:n] *f* instalação *f*; **~ati'ons-geschäft** *n* (*-es*; *-e*) casa *f* de instalações; **2'ieren** (-) instalar.
in'stand|halten (*L*) conservar (em bom estado); **2haltung** *f* manutenção *f*.
'inständig ['inʃtɛndiç] instante; *adv.* com insistência; encarecidamente; ~*e Bitte* instância *f*.
in'standsetz|en (*-t*) arranjar, compor; *wieder* ~ restaurar, ⊕ consertar, reparar; **2ung** *f* arranjo *m*; restauração *f*; conserto *m*, reparação *f*.
In'stanz [in'stants] ⚖ *f* instância *f*; **~en-weg** *m* (*-es*; *-e*) instâncias *f/pl*.
In'stinkt [in'stiŋkt] *m* (*-es*; *-e*) instinto *m*; **2'iv** [-'ti:f], **2mäßig** instintivo.
Insti'tut [insti'tu:t] *n* (*-es*; *-e*) instituto *m*; (*privates Erziehungs2*) colégio *m*.
Instru'ment [instru'mɛnt] *n* (*-es*; *-e*) instrumento *m*; **2'ieren** (-) orquestrar; **~'ierung** *f* orquestração *f*.
insze'nier|en [instse'ni:rən] (-) ensaiar; encenar; **2ung** *f* encenação *f*.
in'takt [in'takt] inta(c)to; *fig.* íntegro; **2heit** *f* (*0*) integridade *f*.
Integri'tät [integri'tɛ:t] *f* (*0*) integridade *f*.
Intel|'lekt [intɛ'lɛkt] *m* (*-es*; *0*) intele(c)to *m*; **2lektu'ell** [-tu'ɛl] intele(c)tual; **2li'gent** [-li'gɛnt] inteligente; **~li'genz** [-li'gɛnts] *f* inteligência *f*.
Inten'dant [intɛn'dant] *m* (*-en*) intendente *m*; *staatlicher*: comissário *m* do governo (*ê); **~'ur** [-'tu:r] *f* intendência *f*.
inten'siv [intɛn'zi:f] intenso; ⚒ intensivo; **~'ieren** [-i'vi:rən] (-) intensificar.
Inter'dikt [intɛr'dikt] *n* (*-es*; *-e*) interdito *m*, interdição *f*.
interes's|ant [interɛ'sant] interessante; **2e** [-'ɛsə] *n* (*-s*; *-n*) interesse (*'ê) *m* (*an dat.* em); **2'ent** [-'sɛnt] *m* (*-en*) interessado *m*; **~'ieren** (-) interessar (*j-n a.* alg. *an dat., für* por).
'Interim ['intɛrim] *n* (*-s*; *-s*) ínterim *m*; interinado *m*; **2'istisch, ~s...**: *in Zssgn* interino, provisório.
Inter|jekti'on [intɛrjɛktsi'o:n] *f* interjeição *f*; **~'mezzo** [-'mɛtso] *n* (*-s*; *-s*, *-i*) intermédio *m*, entremez *m*; *fig.* incidente *m*, episódio *m*; **2n** [in'tɛrn] interno; **~'nat** [-'na:t] *n*

internato *m*; 2**national** internacional; 2'**nieren** [-'ni:rən] (-) internar; ~'**nierung** [-'ni:ruŋ] *f* internamento *m*, internação *f*; ~'**nierungslager** *n* campo *m* de concentração; ~'**pret** [-'pre:t] *m* (-*en*) intérprete *m*; ~**pretati'on** [-pretatsi'o:n] *f* interpretação *f*; 2**pre'tieren** [-pre'ti:rən] (-) interpretar; 2**pun'gieren** [-puŋ-'gi:rən] (-), 2**punk'tieren** (-) pontuar; ~**punkti'on** *f* pontuação *f*; ~'**vall** [-'val] *n* (-*s*; -*e*) intervalo *m*; 2**ve'nieren** [-ve'ni:rən] (-) intervir; ~**venti'on** [-vɛntsi'o:n] *f* intervenção *f*; '~**view** ['-vju:] *n* (-*s*; -*s*) entrevista *f*; 2'**viewen** [-'vju:ən] (-) entrevistar.

in'tim [in'ti:m] íntimo; 2**i'tät** [-i'tɛ:t] *f* intimidade *f*.

Intonati'on [intonatsi'on] *f* entoação *f*.

'**intra|nsitiv** ['intranziti:f] intransitivo; ~**venös** [-venø:s] intravenoso, endovenoso.

In'tri|ge [in'tri:gə] *f* intriga *f*, trama *f*; 2'**gieren** [-'gi:rən] (-) intrigar, tramar.

'**in- und 'auswendig**: ~ *wissen* saber de cor e salteado.

Inva'lid|e [inva'li:də] *m* (-*n*) inválido *m*; ⚔ mutilado *m*; ~**en-rente** *f* pensão *f* de invalidez; ~**en-versicherung** *f* seguro *m* contra a invalidez; ~**i'tät** [-i'tɛ:t] *f* (*0*) invalidez *f*.

Inven'tar [invɛn'ta:r] *n* (-*s*; -*e*) inventário *m*; ~ *aufnehmen* inventariar, ~-**aufnahme** *f* inventariação *f*; 2**i'sieren** (-) inventariar; ~**verzeichnis** *n* inventário *m*; rol *m*.

Inven'tur [invɛn'tu:r] *f* = *Inventar* (-*aufnahme*); ~-**ausverkauf** (-*es*; ⸚*e*) *m* liquidação *f*, saldo *m*.

Inversi'on [invɛrzi'o:n] *f* inversão *f*.

inve'stier|en [invɛ'sti:rən] (-) colocar, investir; 2**ung** *f* colocação *f*, investimento *m*.

'**in-wendig** interior; *adv*. *a*. por dentro.

in-wie|'fern, ~'**weit** até que ponto; (*wieso*) como.

In'zest [in'tsɛst] *m* (-*es*; -*e*) incesto *m*.

'**In-zucht** *f* (*0*) cruzamento *m* consanguíneo.

in'zwischen entretanto.

I'on [i'o:n] *n* (-*s*; -*en*) ião *m*.

'**I-Punkt** *m* (-*es*; -*e*) ponto *m* sobre o i.

'**ird|en** ['irdən] de barro; ~**isch** terreno; terrestre; (*weltlich*) temporal; mundano; (*sterblich*) mortal.

'**Ire** ['i:rə] *m* (-*n*) irlandês *m*.

'**irgend** ['irgənt]: ~ *etwas* (*Gutes*) qualquer coisa (de bom), algo (de bom); ~ *jemand* qualquer pessoa; alguém; *wenn* ~ *möglich* se (porventura) for possível; ~-**ein**(**e**) algum(a); qualquer; seja qual for; ~-**einer** alguém, uma pessoa qualquer, seja quem for; ~-**einmal** alguma vez; ~ **etwas** qualquer coisa; ~**wann** qualquer dia, em qualquer altura; ~**was** qualquer coisa; ~**welche** *f*(*pl*.) alguma(s); *m*/*pl*. alguns; ~**welcher** = ~*ein*; ~**wer** alguém, qualquer pessoa; ~**wie** de qualquer modo; ~**wo**('**her**), ~**wo'hin** (de) algures; em (de) qualquer ponto; ~**wo'mit** com qualquer coisa; ~**wo-'zu** para qualquer coisa.

'**Ir|in** ['i:rin] *f* irlandesa (*ê) *f*, 2**isch,** ~**länder**(**in** *f*) *m* ['irlɛndər-] irlandês *m*, -esa (*ê) *f*, da Irlândia.

Iro'n|ie [iro'ni:] *f* ironia *f*; 2**isch** [i'ro:niʃ] irónico.

'**irre** ['irə] **1.** *adj*. (*verirrt*) perdido, desviado; extraviado; *a*. *fig*. desorientado; (*wirr*) confuso; ⚕ *a*. *su*. alienado, demente, louco; **2.** 2 *f*: *in die* ~ *führen* enganar; ionduzir a erro; *in die* ~ *gehen* perder-se; *fig*. enganar-se; ~**führen** enganar; desorientar; conduzir a erro (*ê); ~*d* *adj*. *fig*. enganador, falso; ~**gehen** (*L*; *sn*) enganar-se, errar o caminho; ~**leiten** (-*e*-) = ~*führen*.

'**irrelevant** ['irelevant] sem importância.

'**irre-machen** desconcertar, confundir.

'**irren** (*herum*~) errar, *sich* ~ *a*. enganar-se; (*sündigen*) pecar; 2**anstalt** *f* = ~*haus*; 2**arzt** *m* (-*es*; ⸚*e*) alienista *m*; psiquiatra *m*; 2**haus** *n* (-*es*; ⸚*er*) manicómio *m*.

'**irre|reden** (-*e*-) delirar, desatinar; ~**werden** (*L*) ⚕ enlouquecer, endoidecer; perder o juízo; *an* (*dat*.) ~ perder a confiança em, desconfiar de.

'**Irr|fahrt** ['ir-] *f* odisseia *f*; ~**gang** (-*es*; ⸚*e*), ~**garten** *m* (-*s*; ⸚) labirinto *m*; 2**gläubig** herético, heterodoxo; 2**ig** equivocado, erróneo, ~**lehre** *f* heresia *f*; **~licht** *n* (-*ęs*; -*er*) fogo *m* fátuo; **~sinn** *m* (-*ęs*; *0*) loucura *f*; **2sinnig** louco, doido; **~tum** ['-tu:m] *m* (-*s*; ¨*er*) erro (*ê) *m*, equívoco; *im* ~ errado, equivocado, enganado; **2tümlich(er·weise)** ['-ty:mliç-] por equívoco, por engano; **~ung** *f* erro (*ê) *m*, engano *m*; **~weg** *m* (-*ęs*; -*e*) caminho *m* errado; *auf* ~*e geraten* desviar-se, extraviar-se.

'**Ischias** ['iʃias] *f* (*0*) ciática *f*; **~nerv** *m* (-*s*; -*en*) nervo *m* ciático.

'**Islam** ['isla:m] *m* (-*s*; *0*) islame *m*, islamismo *m*.

'**Isländ|er(in** *f*) *m* ['i:slɛndər-], **2isch** islandês *m*, -esa (*ê) *f*, da Islândia.

Iso'l|ator [izo'la:to:r] *m* (-*s*; -*en*), **~ier...**: *in Zssgn* isolador *m*; **~ier-band** *n* (-*ęs*; ¨*er*) fita *f* isoladora; **2ieren** (-) isolar; **~ierung** [-i:ruŋ] *f* isolamento *m*, isolação *f*.

Iso'top [izo'to:p] *n* (-*s*; -*e*) isótopo *m*.

Israe'lit [israe:'lit] *m* (-*en*), **~in** *f*, **2isch** isrealita.

'**Ist|bestand** ['ist-] *m* (-*ęs*; ¨*e*), **~stär-ke** *f* efe(c)tivo *m*.

'**Isthmus** ['istmus] *m* (-; *Isthmen*) istmo *m*.

Itali'en|er(in *f*) *m* [itali'e:nər], **2isch** italiano *m*, -a *f*, da Itália.

J

J, j [jot] *n uv.* J, j *m.*
ja [ja:] **1.** *adv.* sim; *o ~!, ~ doch!* sim pois!; *~ sagen* dizer que sim; *das ist ~ zu* (*inf.*) (pois) é de ...; *ich habe ~ schon* ... mas eu já ...; *~* (*sogar*) até mesmo, e até; *sei ~ vorsichtig!* (não deixes de ter) cautela!; *geh ~ nicht!* não vás!; **2.** **≈** *n uv.*, **≈wort** *n* (*-és*; *-e*) sim *m*; *sn ~ geben* consentir, estar de acordo (*ˈô).
Jacht [jaxt] *f* iate *m*; ˈ**~klub** *m* (*-s*; *-s*) clube *m* naval.
ˈ**Jack|e** [ˈjakə] *f* casaco *m*; *a.* = **~ˈett** [jaˈkɛt] *n* (*-s*; *-e*, *-s*) jaqueta *f.*
Jagd [ja:kt] *f* caça *f*, caçada *f*; (*auf der* na, *auf die* à); *~ machen auf* (*ac.*) dar caça a; ˈ**~-aufseher** *m* monteiro *m*; couteiro *m*; ˈ**~beute** *f* caça(da) *f*; ˈ**~flieger** *m* aviador *m* de caça; ˈ**~flinte** *f* espingarda *f* caçadeira; ˈ**~flugzeug** *n* (*-és*; *-e*) (avião *m* de) caça *m*; ˈ**~frevel** *m* caça *f* ilegal (*od.* criminosa); delito *m* de caça; ˈ**~geschwader** *n* esquadra *f* de «caças»; **~gewehr** *n* (*-és*; *-e*) = *~flinte*; ˈ**~horn** *n* (*-és*; *-e*) buzina *f*; ˈ**~hund** *m* (*-és*; *-e*) cão *m* de caça; ˈ**~revier** *n* (*-s*; *-e*) tapada *f*, coutada *f*; ˈ**~schein** *m* (*-és*; *-e*) licença *f* para caçar; **~spieß** *m* (*-es*; *-e*) venábulo *m*; ˈ**~wesen** *n* (*-s*; *0*) montaria *f*; arte *f* venatória; ˈ**~zeit** *f* temporada *f* de caça.
ˈ**jagen** [ˈja:gən] **1. a)** *v/t.* caçar; correr, (*ver~*) varrer (*aus* de); **b)** *v/i.* [*h. u. sn*] correr; ir a galope; **2.** **≈** *n* caça *f* (*nach* a); perseguição *f* (de).
ˈ**Jäger** [ˈjɛ:gər] *m* caçador *m*; ✈ «caça» *m*; **~bursche** *m* (*-n*) monteiro *m*; **~ˈei** *f* (*0*) montaria *f*; **~latein** *n* (*-s*; *0*) patranhas *f/pl.*; **~meister** *m* monteiro-mor *m*; **~s-mann** (*-és*; *-leute*) *m* caçador *m.*
jäh [jɛ:] repentino; súbito; brusco; (*heftig*) precipitado; (*steil*) íngreme; ˈ**~lings** [ˈ-liŋs] de repente; precipitadamente.
Jahr [ja:r] *n* (*-és*; *-e*) ano *m* (*übers* para o, daqui a um); *im ~e* ... em ..., no ano de ...; *ein halbes ~* meio ano, seis meses; *pl.* ... *~e alt* com ... anos de idade; ... *~e alt sn* ter ... anos; *nach ~en* anos depois; *nach ~en gehen* ser por anos; *bei ~en* idoso, de idade; *in den besten ~en* na flor da idade; *~ für ~* = **≈-aus, ≈-ˈein** todos os anos, ano por ano; ˈ**~buch** *n* (*-és*; *⸚er*) anuário *m*; *~bücher pl.* anais *m/pl.*; ˈ**≈e-lang** de muitos anos; *adv.* durante (muitos) anos.
ˈ**jähren** [ˈjɛ:rən]: *sich ~* fazer um ano (dois *usw.* anos).
ˈ**Jahres...**: [ˈja:rəs-] *in Zssgn oft* anual; **~-abschluß** *m* [ˈja:rəs-] (*-sses*; *⸚sse*) ✝ balanço *m* anual; **~-anfang** *m* princípio *m* do ano; **~bericht** *m* relatório *m* anual; **~bilanz** = *~abschluß*; **~-einkommen** *n* receita *f* anual; **~feier** *f* (*-*; *-n*), **~fest** *n* (*-es*; *-e*) aniversário *m*; **~frist** *f*: *in ~, nach ~* no prazo de um ano, dentro de um ano; **~gehalt** *n* (*-es*; *⸚er*) ordenário *m* anual; **~rate** *f* anu(al)idade *f*; **~ring** *m* (*-es*; *-e*) cerne *m*; **~schluß** *m* (*-sses*; *⸚sse*) fim *m* do ano; **~tag** *m* (*-és*; *-e*) aniversário *m*; **~wechsel** *m*, **~wende** *f* passagem *f* do ano; Ano *m* Novo; **~zahl** *f* data *f*; ano *m*; **~zeit** *f* estação *f* (do ano).
Jahr|ˈ**fünft** *n* (*-és*; *-e*) quinquénio *m*; lustro *m*; ˈ**~gang** *m* (*-es*; *⸚e*): *der ~ ... Wein*: do ano de ...; ⚔ classe *f* de ...; **~ˈhundert** *n* século *m*; **~ˈhundertfeier** *f* (*-*; *-n*) (festa *f* do) centenário *m.*
ˈ**jähr|ig** [ˈjɛ:riç] de um ano; *drei~* (*usw.*) de três (*usw.*) anos; **~lich** anual; *adv.* por ano.
ˈ**Jahr|markt** *m* (*-és*; *⸚e*) feira *f*; **~ˈtausend** *n* (*-s*; *-e*) milénio *m*, mil anos *m/pl.*; **~ˈzehnt** [-ˈtse:nt] *n* (*-és*; *-e*) decénio *m*; década *f*; dez anos *m/pl.*
ˈ**Jäh-zorn** *m* (*-és*; *0*) cólera *f*; *Eigenschaft*: irascibilidade *f*; **≈ig** irascível, colérico.
Jakoˈbin|er [jakoˈbi:nər] *m*; **≈isch** jacobino *m.*
Jalouˈsie [ʒaluˈzi:] *f* persiana *f.*
ˈ**Jammer** [ˈjamər] *m* (*-s*; *0*) (*Klage*) lamento *m*, lamentação *f*; (*Kummer*)

dor *f*; (*Elend*) miséria *f*; es ist ein ~ é uma lástima; **~geschrei** *n* (*-es*; *0*) lamentações *f*/*pl*., clamores *m*/*pl*.; **~gestalt** *f* mísero *m*, desgraçado *m*.
'**jämmerlich** ['jɛmərliç] lastimoso, lastimável; (*minderwertig*) miserável.
'**jammer|n** (*-e-*) lamentar-se; *j*.: (es) ~*t mich* tenho pena de; faz(-me) pena; **~schade**: ~ *sn* ser uma grande pena; **2tal** *n* (*-es*; *0*) vale *m* de lágrimas; **~voll** = *jämmerlich*.
'**Januar** ['janua:r] *m* (*-s*; *-e*) janeiro *m*.
Ja'pan|er(in *f*) *m* [ja'pa:nər-], **2isch** japonês *m* (japonesa *f*), do Japão.
'**japsen** ['japsən] (*-t*) F (estar a) ofegar; *nicht* ~ *können* não poder respirar.
Jar'gon [ʒar'gɔŋ] *m* (*-s*; *-s*) calão *m*; gíria *f*. [mim *m*.]
Jas'min [jas'mi:n] *m* (*-s*; *-e*) jas-
'**Jaspis** ['jaspis] *m* (*-ses*; *-se*) jaspe *m*.
'**jät|en** ['jɛ:tən] (*-e-*) mondar, sachar; **2hacke** *f* sacho *m*.
'**Jauch|e** ['jauxə] *f* estrume *m*; ⚕ pús *m*; **2ig** purulento, fétido.
'**jauchzen** ['jauxtsən] (*-t*) **1.** jubilar; **2.** 2 *n* júbilo *m*, clamor *m*.
ja'wohl pois sim; sim senhor.
'**Jawort** *n* (*-es*; *-e*) sim *m*; consentimento *m*; *sn* ~ *geben a*. concordar; estar de acordo (*'ô).
je [je:] nunca, jamais; *von* ~ desde sempre; ~ *ein(er)*, ~ *10 Wörter kosten* cada; ~ *zwei* de dois em dois; ~ *zwei (und zwei)* dois a dois; ~ *drei auf einmal* a três e três; ~ + *comp*. ... ~ (*od. desto*) quanto mais ... tanto mais ...; ~ *nach* conforme a, segundo; de acordo (*'ô) com; ~ *nachdem* conforme.
'**jede** ['je:də] cada, toda(s) a(s); ~ *einzelne*, e-e ~ cada uma.
'**jedenfalls** ['je:dən-] em todo o caso, em qualquer caso; *ich* ~ eu pelo menos.
'**jeder** cada; ~ (*beliebige*) qualquer; ~ *einzelne*, *ein* ~ cada um; (*all und*) ~, **~mann** todo o mundo, qualquer, cada qual; **~zeit** a qualquer hora; sempre.
'**jedes** ['je:dəs] = *jede(r)*; **~mal(ig)** (de) todas (*ô) as vezes, (de) cada vez.
je'doch todavia, contudo, no entanto.
'**jegliche** ['je:kliçə], **~r**, **~s** = *jede(r)*.
'**je'her**: *von* ~ desde sempre; abinício.
Je'längerje'lieber [je:'lɛŋərje:'li:bər] *n* madressilva *f*.
'**jemals** ['je:ma:ls] jamais.
'**jemand** ['je:mant] *m* alguém; *verneint*: ninguém.
'**jene** ['je:nə] aquela(s), aqueles; essa(s), esses; **~r**, **~s** aquele (*'ê), esse (*'ê).
'**jenseit|ig** ['jɛnzaɪtiç] do outro lado, oposto, além; **~s** *adv. u. prp.* (*gen.*) do outro lado de, oposto a, além de; **2s** *n* (*-*; *0*) outro mundo *m*, Além *m*.
Jesu'it [ʒezu'i:t] *m* (*-en*) jesuita *m*; **~enorden** *m* Companhia *f* de Jesus.
'**jetzig** ['jɛtsiç] a(c)tual, presente.
jetzt [jɛtst] agora; *bis* ~ *a*. até aqui.
'**jeweil|s** ['je:vaɪls] cada vez; **~ig** respe(c)tivo.
Joch [jɔx] *n* (*-es*; *-e*) jugo *m*; canga *f*; *Maß*: jugada *f*, jeira *f*; (*Berg2*) cume *m*; (*Brücken2*) estacada *f*; ~ *Ochsen* junta *f* de bóis; '**~bein** *n* (*-es*; *-e*) osso *m* malar, osso *m* zigomático.
Jod [jo:t] *n* (*-s*; *0*) iodo *m*.
'**jodeln** ['jo:dəln] (*-le*) cantar à tirolesa.
Jo'hannis [jo'hanis] *n* = *~tag*; **~beere** *f*, **~beersaft** *m* (*-es*; *⸗e*) groselha *f*; **~beerstrauch** *m* (*-es*; *⸗er*) groselheira *f*; **~brot** *n* (*-es*; *0*) alfarroba *f*; **~brotbaum** *m* alfarrobeira *f*; **~tag** *m* (*-es*; *-e*) dia *m* (*od.* festa *f*) de São João; **~würmchen** [-vyrmçən] *n* pirilampo *m*.
Johan'niter [joha'ni:tər] *m* cavaleiro *m* da ordem de São João.
'**johlen** ['jo:lən] berrar, uivar.
'**Jolle** ['jɔlə] *f* canoa *f*.
Jong'l|eur [ʒɔŋ'lø:r] *m* (*-s*; *-e*) equilibrista *m*; **2ieren** (*-*) fazer jogo (*ô) de equilibrista.
'**Joppe** ['jɔpə] *f* jaquetão *m*, gibão *m*.
Jour'nal [ʒur'na:l] *n* (*-s*; *-e*) jornal *m*.
Journa'list *m* (*-en*) jornalista *m*; **~ik** *f* (*0*) jornalismo *m*; **~in** *f* jornalista *f*; **2isch** jornalístico.
jovi'al [jovi'a:l] condescendente.
'**Jubel** ['ju:bəl] *m* (*-s*; *0*) júbilo *m*; **~greis** F *m* (*-es*; *-e*) jubilado *m*; **~jahr** *m* (*-es*; *-e*) (ano *m* de) jubileu *m*; *alle ~e einmal* F raríssimas vezes; **2n** (*-le*) (re)jubilar.
Jubi'l|ar [jubi'la:r] *m* (*-s*; *-e*) festejado *m*; **~äum** [-'lɛ:um] *n* (*-s*; *Jubiläen*) jubileu *m*.
'**Juchten** ['juxtən] *n*, **~leder** *n*

(-*s*; *0*) coiro (*od.* couro) *m* da Rússia.

'**juck|en** ['jukən] **1.** fazer comichão; *dir juckt wohl das Fell?* F comem-te as costas?, queres que te escove?, *sich* ~*en* coçar-se; **2.** 2**en** *n*, ~**reiz** *m* comichão *f*, prurido *m*.

'**Jude** ['ju:də] *m* (-*n*) judeu *m*; *der Ewige* ~ o judeu errante.

'**Juden|feind** *m* (-*es*; -*e*), 2**feindlich** antisemita *m*; ~**feindschaft** *f* (*0*) antisemitismo *m*; ~**frage** *f* (*0*) questão *f* judaica; ~**schaft** *f* (*0*) judeus *m/pl.*, judiaria *f*, *a.* = ~**tum** *n* (-*s*; *0*) judaísmo *m*; ~**viertel** *n* judiaria *f*.

'**Jüd|in** ['jy:din] *f* judia *f*; 2**isch** judaico; judengo.

'**Jugend** ['ju:gənt] *f* (*0*) juventude *f*, mocidade *f*; (*Kindesalter*) infância *f*; *von* ~ *auf* desde pequeno; ~**alter** (-*s*; *0*) *n* idade *f* juvenil; ~**amt** *n* (-*es*; ⸗*er*) serviços *m/pl.* de assistência a menores; tutoria *f*; ~**bewegung** *f* (*0*) movimento *m* da juventude; ~**blüte** *f* (*0*) flor *f* da idade; ~**fürsorge** *f* (*0*) assistência *f* a menores; ~**gericht** *n* (-*es*; -*e*) tribunal *m* para menores; ~**herberge** *f* albergue *m* da juventude; ~**kraft** *f* (*0*) vigor *m* juvenil; ~**kriminalität** *f* delinquência *f* juvenil; 2**lich** juvenil; jovem (*a. su.*); *die* 2*en* os menores; ~**liebe** *f* (*0*) primeiros amores *m/pl.*; ~**pflege** *f* (*0*) assistência *f* a menores; ~**schrift** *f* livro *m* infantil; ~**schutzgesetz(gebung** *f* [*0*]) *n* (-*es*; -*e*) lei *f* (legislação *f*) da prote(c)ção de menores; ~**streich** *m* (-*es*; -*e*) estroinice *f*; loucura *f* de rapaz.

Jugo'slaw|e [jugo'sla:və] *m*, (-**in** *f*), 2**isch** jugoslavo *m* (-a *f*) (*iu-).

'**Juli** ['ju:li] *m* (-*s*; -*s*) Julho *m*.

jung [juŋ] jovem, novo (*a. Wein*); *Gemüse*: verde; *alt und* ~ velhos e novos *m/pl.*; *von* ~ *auf* desde pequeno; ~*e Eheleute* recém-casados *m/pl.*; ~*er Mann* menino *m*, rapaz *m*; ~*es Mädchen* menina *f*; *wieder* ~ *machen od. werden* rejuvenescer; *vgl. jünger, jüngst.*

'**Junge** ['juŋə] (-*n*) **a)** *m* rapaz *m*; *kleiner* ~ menino; *schwerer* ~ *fig.* criminoso *m*; **b)** ~(**s**) *n* cria *f*; filho *m*; ~ *werfen*, ~ *bekommen* = 2**n** parir; 2**n-haft** pueril, arrapazado; ~**nstreich** *m* (-*es*; -*e*) rapaziada *f*; *dummer* ~ estroinice *f*.

'**jünger** ['jyŋər] **1.** *comp. v. jung* mais jovem, mais novo; **2.** 2 *m* discípulo *m*.

'**Jungfer** ['juŋfər] *f* (-; -*n*) donzela *f*; (*alte*) ~ solteirona *f*; *noch* ~ *sn* ser virgem.

'**Jungfern|fahrt** *f* viagem *f* inaugural; ~**haut** *f*, ~**häutchen** *n* hímen *m*; ~**kranz** *m* (-*es*; ⸗*e*) coroa (*'ô) *f* virginal (*od.* nupcial); ~**rede** *f Pol.* estreia *f*; ~**reise** ⚓ *f* primeira viagem *f*; = ~*fahrt*; ~**schaft** *f* (*0*) virgindade *f*.

'**Jung|frau** *f* donzela *f*; menina *f*; *poet.* virgem *f*; *die Heilige* ~ a Virgem; 2**fräulich** [-frɔyliç] virginal; ~**geselle** *m* (-*n*) solteiro *m*, celibatário *m*; *alter* ~ solteirão *m*; ~**lehrer(in** *f*) *m* estagiário *m* (-a *f*).

'**Jüngling** ['jyŋliŋ] *m* (-*s*; -*e*) adolescente *m*, jovem *m*, rapaz *m*; ~**s-alter** *n* (-*s*; *0*) adolescência *f*.

jüngst [jyŋst] **1.** *adj. sup. v. jung* mais jovem, mais novo; *zeitl.* recente, último; *das* 2*e Gericht, der* 2*e Tag* o dia do Juízo, o Juízo final; **2.** *adv.* recentemente, há pouco, *vor part.* recém-.

'**Jung-stier** *m* (-*es*; -*e*) novilho *m*.

'**Juni** ['ju:ni] *m* (-, -*s*; -*s*) Junho *m*.

'**junior** ['ju:niɔr] júnior, filho.

'**Junker** ['juŋkər] *m* morgado *m*; (*Fahnen*2) cadete *m*; ~**tum** *n* aristocracia *f* agrária.

'**Jura** ['ju:ra] *n/pl. uv.* Direito *m/sg.*

Ju'rist [ju'rist] *m* (-*en*) jurista *m*; (*Student*) estudante *m* de Direito; 2**isch** jurídico; *Fakultät*: de Direito.

just [just] F justamente.

Jus'tiz [jus'ti:ts] *f* (*0*) justiça *f*; ~**irrtum** *m* (-*es*; ⸗*er*) erro (*ê) *m* judiciário; ~**minister(ium** *n* [-*s*; -*ministerien*]) *m* Ministro (Ministério) *m* de Justiça; ~**mord** *m* (-*es*; -*e*) assassínio *m* jurídico; ~**palast** *m* (-*es*; ⸗*e*) palácio *m* de Justiça; ~**rat** *m* (-*es*; ⸗*e*) conselheiro *m*.

'**Jute** ['ju:tə] *f* (*0*), ~**hanf** *m* (-*es*; *0*) juta *f*.

Ju'wel [ju've:l] *n* (-*s*; -*en*) jóia *f*; ~**enhandel** *m* (-*s*; *0*) joalharia *f*; comércio *m* de jóias; ~**en-händler** *m*, ~'**ier** [-'li:r] *m* joalheiro *m*, ourives *m*; ~'**ier-geschäft** *n* (-*es*; -*e*) joalharia *f*, ourivesaria *f*.

Jux [juks] F *m* (-*es*; -*e*) piada *f*, brincadeira *f*.

K

K, k [ka:] *n uv.* K, k *m.*
Ka'bale [ka'ba:lə] *f* cabala *f*, intriga *f*.
'Kabel ['ka:bəl] *n* cabo *m*; **~bericht** *m* (-es; -e), **~depesche** *f* cabo(grama) *m*; **~jau** [-jaʊ] *m* (-s; -e, -s) bacalhau *m* fresco; **~länge** *f* cumprimento *m* de uma amarra (120 braços); **2n** (-le) mandar um cabo (-grama), telegrafar por cabo.
Ka'bine [ka'bi:nə] *f* ⚓ camarote *m*, beliche *m*; ✈, (*Ankleide*2), *Fernspr.*, *Film*: cabine *f*.
Kabi'nett [kabi'nɛt] *n* (-s; -e) gabinete *m*; *Pol. a.*: conselho *m* de ministros; **~skrise** *f* crise *f* ministerial.
Kabrio'lett [kabrio'lɛt] *n* (-s; -e) cabriolé *m*.
'Kachel ['kaxəl] *f* (-; -n) azulejo *m*; ladrilho *m*; **2n** (-le) pôr azulejos, pôr ladrilhos; **~ofen** *m* (-s; ⸚) estufa *f* de ladrilhos.
Ka'daver [ka'da:vər] *m* cadáver *m*; **~gehorsam** *m* (-s; 0) obediência *f* cega.
Ka'denz [ka'dɛnts] *f* cadência *f*.
Ka'dett [ka'dɛt] *m* (-en) cadete *m*, aspirante *m* (militar), aluno *m* da escola do exército; **~en-anstalt** *f* escola *f* do exército.
'Käfer ['kɛ:fər] *m* escaravelho *m*; coleóptero *m*.
Kaffee (-s; -s) **1.** ['kafe] *m* café *m* (*ungemahlener* em grão; *ungerösteter* cru; *kochen* fazer; *trinken* tomar); **2.** [ka'fe:] *n* café *m*; **~baum** *m* (-es; ⸚e) cafèzeiro *m*; **~bohne** *f* grão *m* de café; **~geschirr** *n* (-es; -e) serviço *m* para café; **~haus** *n* (-es; ⸚er) café *m*; **~kanne** *f* cafeteira *f*; **~klatsch** F *m* (-es; -e) chocalhice *f*, mexericos *m/pl.*; **~maschine** *f* máquina *f* para fazer café; **~mühle** *f* moinho *m* de café; **~pflanzer** *m* cafèzista *m*; **~pflanzung** *f* cafèzal *m*; **~satz** *m* (-es; 0) depósito *m*; borras *f/pl.*; **~tasse** *f* chávena *f* de café, chícara *f* de café; **~wärmer** *m* abafador *m*.
'Kaffer ['kafər] *m* cafre *m*.
'Käfig ['kɛ:fiç] *m* (-s; -e) gaiola *f*; jaula *f*; *in den ~ sperren* meter na jaula, enjaular.
kahl [ka:l] *j.*: calvo; ⚘ desfolhado; *Tier*: pelado; *Gegend*: escalvado; *a. fig.*: nu, despido, raso; **'2heit** *f* (0) nudez *f*, pobreza *f* (*a. fig.*); *Kopf*: calvície *f*; **'2kopf** *m* (-es; ⸚e) calva *f*; *j.*: calvo *m*, F careca *f*; **'~köpfig** ['kœpfiç] calvo; F careca, **'2köpfigkeit** *f* (0) calvície *f*.
Kahn [ka:n] *m* (-es; ⸚e) barco *m*, bote *m*, batel *m*; (*Fischer*2) barca *f*; (*Last*2) batelão *m*; **'~bein** *anat. n* (-es; -e) escafoide *m*; **'~fahrt** *f* passeio *m* de barco.
Kai [kai:, *a.* ke:] *m* (-s; -s) cais *m*; **'~anlagen** *f/pl.* cais *m/pl.*; **'~gebühr** *f*, **'~geld** *n* direitos *m/pl.* de cais; **'~mauer** *f* (-; -n) muro-cais *m*, paredão *m* (de cais).
'Kaiser ['kaɪzər] *m* imperador *m*; **~in** *f* imperatriz *f*; **2lich** imperial; **~reich** *n* (-es; -e) império *m*; **~schnitt** ⚕ *m* (-es; -e) operação *f* cesariana; **~tum** *n* império *m*.
Ka'jüte [ka'jy:tə] *f* camarote *m*.
Kakadu ['kakadu] *m* (-s; -s) cacatua *f*.
Ka'kao [ka'ka:o] *m* (-s; - 0) cacau *m*; **~baum** *m* cacaueiro *m*.
'Kaktus ['kaktus] *m* (-; *Kak'teen*) cacto *m*.
Kalb [kalp] *n* (-es; ⸚er) vitela *f*; (*Milch*2) bezerro *m*.; **'2en** ['kalbən] parir; **'~fleisch** *n* (-es; 0) (carne *f* de) vitela *f*.
'Kalbs|braten *m* vitela *f* assada; **~fuß** *m* (-es; ⸚e) mão *f* de vitela; **~leder** *n* (-s; 0) (pele *f* de) vitela *f*; bezerro *m*; **~nieren-braten** *m* lombo *m* de vitela.
Kal'daunen [kal'daunən] *f/pl.* tripas *f/pl.*
Ka'lender [ka'lɛndər] *m* calendário *m*; almanaque *m*; **~jahr** *n* (-es; -e) ano *m* civil, **~tag** *m* (-es; -e) dia *m*.
kal'fatern [kal'fa:tərn] (-re) calafetar.
'Kali ['ka:li] *n* (-s; 0) potassa *f*.
Ka'liber [ka'li:bər] *n* calibre *m*.

Ka'lif [ka'li:f] *m* (*-en*) califa *m*.

'Kali|salpeter ['ka:li-] *m* (*-s*; *0*) nitrato *m* de potassa; **~salz** *n* (*-es*; *-e*) potassa *f*; **~um** *n* (*-s*; *0*) potássio *m*.

Kalk [kalk] *m* (*-ęs*; *-e*) cal *f* (*gelöschter* extinta, apagada; *ungelöschter* virgem, viva); ⚗ cálcio *m*, **'~anstrich** *m* (*-ęs*; *-e*) caiadura *f*; **'2artig** calcário; **'~bewurf** *m* (*-ęs*; *¨e*) caiadura *f*; **'~brennen** *n* calcinação *f*; **'~brenner** *m* caieiro *m*, caleiro *m*; **'~brennerei** *f* caieira *f*, forno *m* de cal; fábrica *f* de cal; **'~bruch** *m* (*-ęs*; *¨e*) caleira *f*; **'2en** caiar; **'~grube** *f* cova (*od.* fossa) *f* para a cal; **'2(-halt)ig** calcário; **'~hütte** *f*, **'~ofen** *m* (*-s*; *¨*) caieira *f*, forno *m* de cal; **'~spat** *m* (*-ęs*; *0*) espato *m* calcário; **'~stein** *m* (*-es*; *0*) calcário *m*; pedra *f* de cal.

Kalku|lati'on [kalkulatsi'o:n] *f* cálculo *m*; **2'lieren** [-'li:rən] (-) calcular.

Kalo'rie [kalo'ri:] *f* caloria *f*.

kalt [kalt] (*¨er*; *¨est*) frio (*es ist* faz, está; *mir ist* tenho), *fig. a.* indiferente, impassível; *~ werden* arrefecer; *~e Küche* pratos *m/pl.* frios; *~es Buffet* copo-de-água *m*; ceia *f* volante; *j-m die ~e Schulter zeigen* desinteressar-se de alg.; **'~blütig** ['-bly:tiç] de (*adv.* com) sangue frio; *fig. a.* sereno; **'~blütigkeit** *f* (*0*) sangue-frio *m*.

'Kälte ['kɛltə] *f* (*0*) frio *m*; *fig.* frieza *f*; **~...**: *in Zssgn* de frio; **2erzeugend** ⊕ frigorífero, frigorífico.

'kalt|herzig frio, indiferente; **~machen** *fig.* matar; **2schale** *f* sopa *f* fria; **~stellen** pôr ao fresco; *fig.* afastar; **2'wasser(heil)...**: ⚗ *in Zssgn* hidroterápico.

'Kalzium ['kaltsium] *n* (*-s*; *0*) cálcio *m*.

Ka'mel [ka'me:l] *n* (*-s*; *-e*) camelo *m*; *einhöckriges*: dromedário *m*; *Schimpfwort*: burro *m*; **~ie** [-iə] *f* camélia *f*; *Strauch*: cameleira *f*; **~treiber** *m* cameleiro *m*.

'Kamera ['kaməra] *f* (*-*; *-s*) câmara *f* fotográfica, máquina *f* fotográfica.

Kame'rad [kame'ra:t] *m* (*-en*), **~in** [-din] *f* camarada *f*, companheiro *m*, -a *f*; **~schaft** *f* camaradagem *f*; ⚔ = (*Gruppe*) esquadra *f*; **2schaftlich** de camarada(gem); **~schaftsgeist** *m* (*-es*; *0*) espírito *m* de companheirismo *m*; solidariedade *f*.

'Kameramann *m* (*-ęs*; *¨er*, *-leute*) fotógrafo *m*; *Film*: operador *m*.

Ka'mille [ka'milə] *f* macela *f*, camomila *f*; **~ntee** *m* (*-s*; *0*) chá *m* de macela.

Ka'min [ka'mi:n] *m* (*-s*; *-e*) chaminé *f*; fogão *m*; **~feger** *m* limpa-chaminés *m*; **~(ge)sims** *n* (*-es*; *-e*) frontal *m* de fogão; **~kehrer** [-ke:rər] *m* = *~feger*.

Kamm [kam] *m* (*-ęs*; *¨e*) pente *m*; *runder*: travessa *f*; ⊕ carda *f*; (*Staub2*) pente *m* de caspa; (*Hahnen2*) crista *f*; (*Gebirgs2*) cumeada *f*; *alles über e-n ~ scheren fig.* passar tudo pela mesma fieira, medir tudo pelo mesmo rasoiro.

'kämmen ['kɛmən] pentear; ⊕ cardar.

'Kammer ['kamər] *f* (*-*; *-n*) câmara *f* (*a.* ⊕); quarto *m*; **~diener** *m* criado *m* do quarto.

Kämme'rei [kɛmə'raɪ] *f* tesouraria *f*.

'Kämmerer ['kɛmərər] *m* tesoureiro; (*Kammerherr*) camareiro *m*.

'Kammer|frau *f* criada *f* grave; **~gericht** *n* (*-ęs*; *0*) Tribunal *m* Superior; **~herr** *m* (*-en*) camareiro *m*; **~musik** *f* música *f* de câmara; **~ton** ♪ *m* (*-ęs*; *0*) diapasão *m* normal.

'Kamm|garn *n* (*-ęs*; *-e*) (fio *m* de) estambre *m*; **~linie** *f* linha *f* de cumeada.

Kampf [kampf] *m* (*-es*; *¨e*) combate *m*; ⚔ *a.* a(c)ção *f*; campanha *f*; (*Nah2*) peleja *f*; (*Ringen, a. fig.*) luta *f*; *Sport*: desafio *m*; *im ~e stehen* (*gegen*) combater (*ac.*), lutar (contra); *zum ~e stellen* obrigar ao combate; **'~bahn** *f* estádio *m*; pista *f*, arena *f*; **'~begier(de)** *f* ardor *m* bélico; **'2bereit** pronto para o combate; **'~einheit** *f* unidade *f* combativa.

'kämpfen ['kɛmpfən] combater (*gegen ac.*), lutar (*für, um* por); *um e-n Preis*: disputar-se (*ac.*).

'Kampfer ['kampfər] *m* (*-s*; *0*) cânfora *f*; **~...**: *in Zssgn* canforado; de cânfora.

'Kämpfer *m* combatente *m* (*für* por).

'Kampf...: *in Zssgn* ⚔ *oft* de combate; **2fähig** em condições de combater; **~geist** *m* (*-es*; *0*) espírito *m* combativo; ⚔ *a.* moral *f*; **~genosse** *m* (*-n*) camarada *m*, companheiro *m* de armas; **~handlung** *f* operação *f* (militar); **2lustig** belicoso; **~platz** *m* (*-es*; *⸚e*) arena *f*; ⚔ campo *m* de batalha; **~preis** *m* (*-es*; *-e*) prémio *m*; *Sport*: *a.* troféu *m*; **~richter** *m* árbitro *m*; **2unfähig** incapaz de combater; ~ (*machen* pôr) fora de combate; **~wert** *m* (*-es*; *-e*) valor *m* militar.

kam'pieren [kam'pi:rən] (-) *v/i.* acampar.

Ka'nad|ier(in *f*) *m* [ka'na:diər-], **2isch** canadiano *m*, -a *f*, do Canadá.

Ka'nal [ka'nal] *m* (*-s*; *⸚e*) canal *m*; (*Rinne*) via *f*; (*Röhre*) tubo *m*; *Erdk.* (*Ärmel2*) Mancha *f*.

Kanali|sati'on [kanalizatsi'o:n] *f* canalização *f*; (*städtische ~s-anlage*) saneamento *m*; **2'sieren** [-'zi:rən] (-) canalizar.

Ka'narienvogel [ka'na:riən-] *m* [(*-s*; *⸚*) canário *m*.]

Kandi'd|at(in *f*) *m* (*-en*) [kandi-'da:t-] candidato *m*, -a *f*; (*Lehramts2*) estagiário *m*, -a *f*; **~a'tur** [-da'tu:r] *f* candidatura *f*; **2ieren** (-) apresentar a sua candidatura.

kan|'dieren [kan'di:rən] (-) cristalizar (com açúcar); **'2dis(-zucker)** ['-dis-] *m* (-; *0*) cândi *m*; *brauner* ~ caramelo *m*.

'Känguruh ['kɛŋguru] *n* (*-s*; *-s*) canguru *m*.

Ka'ninchen [ka'ni:nçən] *n* coelho *m*; **~bau** *m* (*-es*; *-e*) toca *f*; **~jagd** *f* caça *f* ao coelho; **~stall** *m* (*-es*; *⸚e*) coelheira *f*.

Ka'nister [ka'nistər] *m* lata *f*.

'Kanne ['kanə] *f* jarro *m*; caneca *f*; (*Gieß2*) regador *m*; (*Kaffee2*) cafeteira *f*; (*Milch2*) leiteira *f*; (*Tee2*) bule *m*.

Kanni'bal|e [kani'ba:lə] *m* (*-n*) canibal *m*; **2isch** canibalesco.

'Kanon ['ka:nɔn] *m* (*-s*; *-s*) cânon(e) *m*, regra *f*, norma *f*.

Kano'nade [kano'na:də] *f* canhoneio *m*.

Ka'none [ka'no:nə] *f* canhão *m*; F *Sport j.*: ás *m*; *unter aller* ~ F detestável; **~nboot** *n* (*-es*; *-e*) canhoneira *f*; **~ndonner** *m* canhonada *f*; **~nfutter** *n* carne *f* de canhão; **~nkugel** *f* (-; *-n*) bala *f* de canhão; **~nrohr** *n* (*-es*; *-e*) tubo *m* de canhão; **~nschuß** *m* (*-sses*; *⸚sse*) canhonaço *m*, tiro *m* de canhão.

Kano'nier [kano'ni:r] *m* (*-s*; *-e*) artilheiro *m*, canhoneiro *m*.

Ka'noni|ker [ka'no:nikər] *m* cónego *m*; **2sch** canónico *m*.

Kan'tate [kan'ta:tə] *f* cantata *f*.

'Kant|e ['kantə] *f* canto *m*, bordo *m*, borda *f*; ⩚ aresta *f*; (*Tuch2*) orla *f*, ourela *f*; *auf die hohe* ~ *legen* economizar; **~en**[1] *m* canto *m*; **~en**[2] *f/pl.* rendas *f/pl.*; **2en**[3] (*-e-*) pôr de canto; **2ig** anguloso; esquinado; **~'ine** [-'ti:nə] *f* cantina *f*.

Kan'ton [kan'to:n] *m* (*-s*; *-e*) cantão *m*; **2'ieren** [-to'ni:rən] (-) acantonar; **~'ist** *m* (*-en*): *unsicherer* ~ sujeito *m* de pouca confiança.

'Kantor ['kantɔr] *m* (*-es*; *-e*) cantor *m*, chantre *m*; organista *m*.

Kanu [ka'nu:, 'ka:nu] *n* (*-s*; *-s*) canoa *f*; **~fahrer** *m* canoeiro *m*.

Ka'nüle [ka'ny:lə] *f* cânula *f*; ⚕ agulha *f*.

'Kanzel ['kantsəl] *f* (-; *-n*) púlpito *m*; **~rede** *f* sermão *m*; **~redner** *m* pregador *m*; *prot.*: predicador *m*.

Kanz|'lei [kants'laɪ] *f* chancelaria *f*; **'~ler** *m* chanceler *m*.

Kap [kap] *n* (*-s*; *-s*) cabo *m*, promontório *m*.

Ka'paun [ka'paʊn] *m* (*-s*; *-e*) capão *m*.

Ka'pell|e [ka'pɛlə] *f* capela *f*; *im Freien*: ermida *f*; ♪ banda *f* (de música), orquestra *f*; **~meister** *m* mestre (*od.* regente) *m* de orquestra; ⚔ chefe *m* de banda.

'Kaper ['ka:pər] **1.** ⚘ *f* (-; *-n*) alcaparra *f*; **2.** ⚓ *m* (*-s*; -) corsário *m*, pirata *m*; **2n** (*-re*) capturar.

ka'pieren [ka'pi:rən] (-) F compreender.

Kapi'tal [kapi'ta:l] *n* (*-s*; *-e*, *-ien*) capital *m*; *pl. a.* fundos *m/pl.*; **~abwanderung** *f* emigração *f* de capitais; **~-anlage** *f* colocação (*od.* aplicação) *f* de capitais; **~besitz** *m* capitais *m/pl.*; **~-bildung** *f* constituição *f* de capitais; **~flucht** *f* evasão *f* de capitais; **~'ismus** *m* (-; *0*) capitalismo *m*; **~'ist** *m* (*-en*) capitalista *m*; **2'istisch** capitalista; **2kräftig**: ~ *sn* ter fortuna; dispor de meios; **~markt** *m* (*-es*; *⸚e*) mercado *m* de capitais; **2schwach** sem recursos suficientes; **~verbrechen** *n* crime *m* capital.

Kapi'tän [kapi'tɛ:n] *m* (*-s*; *-e*) capitão *m* (*zur See* de mar e guerra);

~leutnant *m* (*-s*; *-s*) capitão-tenente *m*.
Ka'pitel [ka'pitəl] *n* capítulo *m*; *Rel. a.* cabido *m*.
Kapi'tell ⚠ [kapi'tɛl] *n* (*-s*; *-e*) capitel *m*.
Kapitu|lati'on [kapitulatsi'o:n] *f* capitulação *f*, rendição *f*; **2'lieren** (-) capitular, render-se.
Ka'plan [ka'pla:n] *m* (*-s*; *⸚e*) capelão *m*.
'**Kapp|e** ['kapə] *f* boné *m*; (*Priester2*) barrete *m*; casquete *m*; (*Bauern2*, *Fischer2*) carapuça *f*; capuz *m*, capota *f*; gorra *f*; ⚠ cúpula *f*, ⊕ contraforte *m*, (*Schuh2*) biqueira *f*; et. *auf s-e ~ nehmen fig.* F tomar a responsabilidade de a.c.; **2en** cortar; *Baum*: podar; *Hahn*: capar; *den Anker ~* ⚓ picar a amarra.
Kapri|'ole [kapri'o:lə] *f* cabriola *f*; **2zi'ös** [-tsi'ø:s] caprichoso.
'**Kapsel** ['kapsəl] *f* (*-*; *-n*) cápsula *f*, ⚕ *a.* hóstia *f*; caixa *f*, (*Etui*) *a.* estojo *m*.
ka'putt [ka'put] F (*zerbrochen*) partido; (*zerrissen*) roto; (*müde*) estafado; (*bankrott*) arruinado; *~ gehen* partir-se; estragar-se; *~ machen* partir; estragar; arruinar.
Ka'puz|e [ka'pu:tsə] *f* capuz *m*; **~'iner** [-u'tsi:nər] *m* (frade *m*) capuchinho *m*.
Kara'biner [kara'bi:nər] *m* carabina *f*; **~haken** *m* mosquetão *m*.
Ka'raffe [ka'rafə] *f* garrafa *f*.
Ka'r|at [ka'ra:t] *n* (*-es*; *-e*) quilate *m*; **2ätig** [-'rɛ:tiç]: *10~* de dez quilates; *24~es Gold* ouro *m* de lei.
Kara'wane [kara'va:nə] *f* caravana *f*.
Kar'bid [kar'bi:d] *n* (*-es*; *-e*) carboneto *m*; **~lampe** *f* lâmpada *f* de acetileno.
Kar'bol [kar'bo:l] *n* (*-s*; *0*) fenol *m*; **~säure** *f* (*0*) ácido *m* fénico.
Kar'bunkel [kar'buŋkəl] *m* (*-s*; *-*) carbúnculo *m*.
Kardi'nal [kardi'na:l] *m* (*-s*; *⸚e*) cardeal *m*, purpurado *m*; **~s-hut** *m* (*-es*; *⸚e*) barrete *m* cardinalício; **~s-würde** *f* (*0*) cardinalato *m*; **~tugend** *f* virtude *f* cardeal; **~zahl** *f* número *m* cardinal.
Kar'freitag [ka:r'-] *m* (*-s*; *-e*) Sexta-feira *f* Santa.
karg [kark] escasso, pobre, parco; (*geizig*) mesquinho; '**~en** ['-gən]: *~ mit* ser forreta com; '**2heit** *f* (*0*) escassez *f*, parcimónia *f*.
'**kärglich** [kɛrkliç] escasso.
ka'riert [ka'ri:rt] aos quadrados; quadriculado.
Karik|atur [karika'tu:r] *f* caricatura *f*; **2'ieren** (-) caricaturar.
Karm|e'sin [karmə'zi:n] *n* (*-s*; *0*) carmesim *m*; **~'in** [-'mi:n] *n* (*-es*; *0*) carmim *m*; **2'inrot** carmim.
Karne'ol *min.* [karne'o:l] *m* (*-s*; *-e*) cornalina *f*.
'**Karneval** ['karnəval] *m* (*-s*; *-e*, *-s*) carnaval *m*, entrudo *m*.
Kar'nickel [kar'nikəl] F *n* coelho *m*; *das ~ sn fig.* F servir de bode expiatório (*od.* de cabeça de turco).
'**Karo** ['ka:ro] *n* (*-s*; *-s*) quadrado *m*; *Kartenspiel*: ouros *m/pl.*; **~'linger** [-'liŋər] Carolíngio *m*.
Ka'rosse [ka'rɔsə] *f* coche *m*; **~'rie** [-'ri:] *f* carroçaria *f*.
Ka'rotte [ka'rɔtə] *f* cenoura *f*.
'**Karpfen** ['karpfən] *m* carpa *f*; **~teich** *m* (*-es*; *-e*) viveiro *m* de carpas.
'**Karre** ['karə] *f* carroça *f*; carro *m*; carreta *f*; zorra *f*.
Kar'ree [ka're:] *n* (*-s*; *-s*) quadr(ad)o *m*.
'**karren** [karən] acarretar.
Karri'ere [kari'ɛ:rə] *f* carreira *f*.
Karst [karst] *m* (*-es*; *-e*) enxada *f*; *Erdk.* carso *m*; '**~...**: *in Zssgn* cársico.
Kar'täuser [kar'tɔyzər] *m*, **~mönch** *m* (*-es*; *-e*) cartuxo *m*; (*Likör*) «Chartreuse» *m* (*fr.*); **~orden** *m* Cartuxa *f*.
'**Karte** ['kartə] *f* (*Besuchs2*) cartão *m* (de visita); (*Brot2 usw.*) senha *f*; (*Anzeige*) participação *f*; (*Einladungs2*) convite *m*; (*Eintritts2*, *Fahr2*) bilhete *m*; (*Land2*) carta *f* (geográfica), mapa *m*; (*Post2*) bilhete *m* postal; (*Speise2*) lista *f* (*nach der* à), ementa *f*; (*Spiel2*) carta *f* (*legen* deitar).
Kar'tei [kar'taɪ] *f* ficheiro *m*; **~karte** *f* ficha *f*; verbete *m*.
Kar'tell [kar'tɛl] *n* (*-s*; *-e*) cartel *m*, sindicato *m* industrial; **~träger** *m* padrinho *m*; **~wesen** *n* (*-s*; *0*) (organização *f* dos) cartéis *m/pl.*, (organização *f* dos) sindicatos *m/pl.* industriais.
'**Karten...** ['kartən-]: *in Zssgn oft* de cartas *usw.*; **~kunst-stück** *n* (*-es*; *-e*) passe-passe; *m* **~leger(in** *f*)

m [-le:gər-] cartomante *m/f*; **~spiel** *n* (-*ęs*; -*e*) jogo (*'ô) *m* de cartas; (*Spielkarten*) baralho *m*; **~werk** *n* (-*ęs*; -*e*) obra *f* cartográfica; **~zeichner** *m* cartógrafo *m*.
Kar'toffel [kar'tɔfəl] *f* (-; -*n*) batata *f*; **~brei** *m* (-*ęs*; -*e*) puré *m* de batatas; **~feld** *n* (-*ęs*; -*er*) batat(eir)al *m*; **~käfer** *m* escaravelho *m* da batateira; **~mehl** *n* (-*ęs*; *0*) farinha *f* de batata; **~puffer** *m* bolo (*'ô) *m* de batata; **~salat** *m* (-*ęs*; -*e*) salada *f* de batatas; **~schälmaschine** [-ʃɛ:l-] *f* máquina *f* de descascar batatas; **~suppe** *f* sopa *f* de batatas.
Kar'ton [kar'tɔŋ; -to:n] *m* (-*s*; -*s*) cartolina *f*, cartão *m* (*a*. *Schachtel*); **♀'ieren** [-to'ni:rən] (-) cartonar.
Karto'thek [karto'te:k] *f* ficheiro *m*; **~karte** *f* ficha *f*; verbete *m*.
Karus'sell [karu'sɛl] *n* (-*s*; -*e*, -*s*) carrocel *m*, cavalinhos *m/pl*.
'Karwoche ['ka:r-] *f* Semana *f* Santa.
'Karzer ['kartsər] *m* calabouço *m* (universitário); *cafua *f*.
Ka'schemme [ka'ʃɛmə] *f* tasco *m*.
'Kaschmir ['kaʃmi:r] *m* (-*s*; -*e*) casimira *f*.
'Käse ['kɛ:zə] *m* (-*s*; *0*) queijo *m*.
Kase'matte [ka:zə'matə] *f* casamata *f*.
Ka'sern|e [ka'zɛrnə] *f* quartel *m*; aquartelamento *m*; **♀'ieren** (-) aquartelar.
Kas'kade [kas'ka:də] *f* cascata *f*.
'Kasper(le) ['kaspər(lə)] *m* (*a*. *n*) polichinelo *m*; **~theater** *n* Robertos *m/pl*.
'Kasko-versicherung *f* seguro *m* contra todos os riscos.
'Kasse ['kasə] *f* caixa *f*; *Thea*. *usw*. bilheteira *f*; (*Bargeld*) dinheiro *m* de contado; *bei ~ sn* ter dinheiro.
'Kassen|-abschluß *m* (-*sses*; *¨sse*) balanço *m*; **~anweisung** *f* cheque *m*; vale *m*; letra *f*; nota *f*; **~bestand** *m* (-*ęs*; *¨e*) dinheiro *m* em caixa; *den ~ aufnehmen* dar balanço; **~bote** *m* (-*n*) cobrador *m*; **~erfolg** *m* (-*ęs*; -*e*) êxito *m* de bilheteira; **~führer** *m* tesoureiro *m*; caixa *m*; **~revision** *f* balanço *m*; **~schein** *m* (-*ęs*; -*e*) vale *m*; **~stunden** *f/pl*. horas *f/pl*. de serviço (*od*. de despacho); **~wart** [-vart] *m* (-*ęs*; -*e*) tesoureiro *m*; caixa *m*; **~zettel** *m* vale *m*.
Kasse'rolle [kasə'rɔlə] *f* caçarola *f*; tacho *m*.
Kas'sette [ka'sɛtə] *f* cofre *m*; estojo (*'ô) *m*.
kas'sier|en [ka'si:rən] (-) ✝ cobrar; ⚖ anular, cassar; **♀er(in** *f*) *m* caixa *m*.
Kas'tani|e [kas'ta:niə] *f* castanha *f*; = **~enbaum** *m* castanheiro *m* (*wilder* bravo; *a*. castinceira *f*); **♀enbraun** castanho; **~enfest** (-*es*; -*e*), **~enfeuer** *n* magusto *m*; **~enwäldchen** *n* castanhal *m*, castinçal *m*.
'Kästchen ['kɛstçən] *n* caixinha *f*, cofresinho *m*.
'Kaste ['kastə] *f* casta *f*, classe *f*, raça *f*.
kas'tei|en [kas'taɪən] (-) mortificar, macerar; **♀ung** *f* mortificação *f*.
Kas'tell [kas'tɛl] *n* (-*s*; -*e*) castelo *m*.
'Kasten ['kastən] *m* (-*s*; *¨*) caixa *f*; (*Brief♀*) marco *m*, *häuslicher*: receptáculo *m*; (*Truhe*) arca *f*; *alter ~* F (*Haus*) velho pardeeiro *m*; ⚓ chaveco *m*; **~geist** *m* (-*es*; *0*), **~wesen** *n* (-*s*; *0*) espírito *m* de classe; exclusivismo *m*.
Kastil|i'aner(in *f*) *m* [kastili'a:nər], **♀i'anisch, ~ier(in** *f*) *m* [kas'ti:liər], **♀isch** castelhano *m*, -a *f*, de Castela.
Kas'tr|at [ka'stra:t] *m* (-*en*) castrado *m*, eunuco *m*; **♀ieren** (-) castrar, capar.
Kata|'falk [kata'falk] *m* (-*s*; -*e*) catafalco *m*; **~'kombe** [-'kɔmbə] *f* catacumba *f*.
Kata'lan|e [kata'la:nə] *m* (-*n*) catalão *m*; **~in** *f* catalã *f*; **♀isch** catalão.
Kata'log [kata'lo:k] *m* (-*ęs*; -*e*) catálogo *m*; **♀i'sieren** [-gi'zi:rən] (-) catalogar.
Kata'pult [kata'pult] *m u*. *n* (-*ęs*; -*e*) catapulta *f*.
Ka'tarrh [ka'tar] *m* catarro *m*.
Ka'taster [ka'tastər] *m u*. *n* cadastro *m*.
kata|stro'phal [katastro:fa:l] catastrófico; **♀'strophe** [-'stro:fə] *f* catástrofe *f*.
Kate|'chet [kate'çe:t] *m* (-*en*) catequista *m*; **~'chismus** [-'çismus] *m* (-; *Katechismen*) catecismo *m*; **~go'rie** [-go'ri:] *f* categoria *f*; **'♀gorisch** [-'go:riʃ] categórico.
'Kater ['ka:tər] *m* gato *m*; *fig*. *e-n ~ haben* estar enjoado, saber a alg. a boca a chapéu velho.

Ka'theder [ka'te:dər] *m u. n* cátedra *f*.
Kathe'drale [kate'dra:lə] *f* catedral *f*, sé *f*.
Ka'thete [ka'te:tə] *f* cateto *m*.
Ka'thode [ka'to:də] *f* cátodo *m*; **~n...**: *in Zssgn* catódico.
Katho'l|ik(in *f*) *m* (*-en*) [kato'li:k-] católico *m*, -a *f*; **⁀isch** [-'to:liʃ] católico; **~i'zismus** [-i'tsismus] *m* (-; *0*) catolicismo *m*.
Kat'tun [ka'tu:n] *m* (*-s*; *-e*) chita *f*.
'katz|balgen ['kats-]: *sich ~* engalfinhar-se; **⁀balge'rei** *f* pancadaria *f*; **~buckeln** [-bukəln] (*-le*): *vor j-m ~ fig.* dar manteiga a alg.
'Kätzchen ['kɛtsçən] *n* gatinho *m*; ♀ amentilho *m*, candeia *f*.
'Katze ['katsə] *f* gato *m*, gata *f*.
'katzen|-artig felino; **⁀-auge** ⊕ *n* refle(c)tor *m*; **~freundlich** falso, traiçoeiro; **⁀geschrei** *n* miado *m*, miadura *f*; **⁀jammer** *m* (*-s*; *0*) enjoo (*'ô) *m*; *s. a. Kater fig.*; *moralischer*: abatimento *m*; **⁀kopf** *m* (*-es*; *⁼e*) *fig.* bofetada *f*; **⁀musik** *f* (*0*) miadura *f*; pandorga *f*; **⁀sprung** *m* (*-es*; *⁼e*): *nur ein ~ fig.* (a) dois passos.
'Kauderwelsch ['kaudərvɛlʃ] *n* (*-s*; *0*) algarvia *f*, geringonça *f*, gíria *f*.
'kau|en ['kauən] mastigar, mascar; **~ern** (*-re*, *sn*), *sich ~* acocorar-se, pôr-se de cócoras.
Kauf [kauf] *m* (*-es*; *⁼e*) compra *f* (*abschließen, tätigen* fazer, efe(c)tuar, realizar); *a.* (*Gekauftes*) aquisição *f*; *vorteilhafter ~* F pechincha *f*; (*mit*) *in ~ nehmen* aguentar; *leichten ~es* sem grande prejuízo; **'~auftrag** *m* (*-es*; *⁼e*) ordem *f* de compra(r); **'⁀en** comprar.
'Käufer ['kɔyfər] *m* comprador *m*; freguês *m*; **~in** *f* compradora *f*; freguesa *f*.
'Kauf|haus *n* (*-es*; *⁼er*) armazém *m*, armazéns *m/pl.*; **~kraft** *f* (*0*) poder *m* de compra; **~leute** *pl. s.* **~mann**.
'käuflich ['kɔyfliç] comprável; *~ sn a.* estar à venda; (*bestechlich*) venal; *~ erwerben* adquirir por compra; **⁀keit** *f* (*0*) venalidade *f*.
'Kauf|lust *f* (*0*) interesse (*'ê) *m*; (*Nachfrage*) demanda *f*; **~mann** *m* (*-es*; *-leute*) comerciante *m*, negociante *m*; mercador *m*; **⁀männisch** [-mɛniʃ], **~manns...**: *in Zssgn* comercial, mercantil; **~preis** *m* (*-es*; *-e*), **~summe** *f* preço *m* (de compra); **~vertrag** *m* (*-es*; *⁼e*) contrato *m* de compra; **~zwang** *m* obrigação *f* de comprar.
'Kaugummi ['kaugumi] *m* (*-s*; *-s*) pastilha *f* elástica.
'Kaul|barsch ['kaul-] *m* (*-es*; *-e*) perca *f*; **~quappe** ['-kvapə] *f* girino *m*.
kaum [kaum] apenas, mal (*als* que); *~ glauben können* custar (a alg.) crer.
'Kau|muskel ['kau-] *m* (*-s*; *-n*) músculo *m* mastigador; **~tabak** *m* (*-s*; *-e*) tabaco *m* de mascar.
Kauti'on [kautsi'o:n] *f* caução *f*, fiança *f* (*stellen* depositar).
'Kautschuk ['kautʃuk] *m u. n* (*-s*; *-e*) cauchu *m*, borracha *f* (*künstlicher* sintético, -a).
Kauz [kauts] *m* (*-es*; *⁼e*) *Zool.* coruja *f*; *komischer ~ fig.* tipo *m* esquisito.
Kava'lier [kava'li:r] *m* (*-s*; *-e*) cavalheiro *m*.
Kaval'kade [kaval'ka:də] *f* cavalgada *f*.
'Kavaller|ie ['kavaləri:] *f* cavalaria *f*; **~ist** *m* (*-en*) soldado *m* de cavalaria.
'Kaviar ['ka:via:r] *m* (*-s*; *-e*) caviar *m*.
keck [kɛk] atrevido, destemido; **'⁀heit** *f* atrevimento *m*, ousadia *f*.
'Kegel ['ke:gəl] *m* (-; *-n*) ⩘ cone *m*; (*Spiel⁀*) pau *m* de jogar; bola *f*; *mit Kind und ~ fig.* com todos os seus; **~bahn** *f* carreira *f* do jogo da bola; **⁀förmig** cónico; **~kugel** *f* (-; *-n*) bola *f*; **⁀n** jogar os paus, jogar a bola; **~schnitt** ⩘ *m* (*-es*; *-e*) se(c)ção *f* cónica; **~spiel** *n* (*-es*; *-e*) jogo *m* dos paus (*od.* da bola).
'Kehl|deckel ['ke:l-] *m* epiglote *f*; **~e** ['-ə] *f* garganta *f*; (*Gurgel*) *a.* goela *f*; (*Schlund*) *a.* fauce; ⊕ entalha *f*, chanfradura *f*; △ canelura *f*, estria *f*; *aus voller ~* de plenos pulmões *m/pl.*; F *et. in die falsche ~ bekommen* engasgar-se; *fig.* melindrar-se; **~kopf** *m* (*-es*; *⁼e*) laringe *f*; **~kopfkatarrh** *m* (*-s*; *-e*) laringite *f*; **~kopfspiegel** *m* laringoscópio *m*; **~laut** *m* (*-es*; *-e*) som *m* gutural.
'Kehr|-aus ['ke:r-] *m* (-; *0*): *~ machen fig.* dar bota-fora; arrumar; **~besen** *m* vassoura *f*; **~e** ['-ə] *f* volta *f*, curva *f*; **⁀en** (*fegen*) varrer; *Kamin*: limpar; (*wenden*) volver;

gegen: dirigir; *sich nicht* ~ *an* (*ac.*) não fazer caso de; *in sich gekehrt* ensimesmado; *das Oberste zu unterst* ~ revolver tudo; *s. a. kehrtmachen*; **~icht** ['-çt] *m u. n* (*-es*; *0*) lixo *m*; **~reim** *m* (*-es*; *-e*) estribilho *m*, refrão *m*; **~seite** *f* reverso *m*.

'**kehrtmachen** [ke:rt-] voltar atrás; ⚔ dar meia volta.

'**keifen** ['kaɪfən] berrar.

Keil [kaɪl] *m* (*-es*; *-e*) cunha *f*; *im Stoff*: nesga *f*; '**2en** apertar (*od.* segurar) com uma cunha; *fig.* (*werben*) angariar; apanhar; '**~er** *m Zool.* javali *m*; **~e'rei** [-ə'raɪ] F *f* pancadaria *f*; '**2förmig** ['-fœrmiç] em forma de cunha; cuneiforme; '**~kissen** *n* travesseiro *m*; '**~schrift** *f* (*0*) caracteres *m/pl.* cuneiformes.

Keim [kaɪm] *m* (*-es*; *-e*) germe *m*, gérmen *m*; embrião *m*; '**~bildung** *f* germinação *f*; '**~blatt** *n* (*-es*; *=er*) ectoderma *m*; '**~drüse** *f* glândula *f* generativa; '**2en** (*h. u. sn*) germinar; brotar; '**2fähig** germinativo; '**2frei** esterilizado; '**2tötend** bactericida; '**~träger** *m* porta-bacilos *m*; **~zelle** *f* célula *f* germinativa, embrião *m*.

kein [kaɪn] *m u. n* **a**) *nom.*: não ... nenhum; não ... algum; não há ... que (*subj.*); **b**) *ac.* não ... (algum), não ... (nenhum); '**~e** ['-ə] **1.** *f* **a**) *nom.*: não ... nenhuma; não ... alguma; não há ... que (*subj.*); **b**) *ac.* não ... (alguma), não ... (nenhuma); ~ *von beiden* nem uma nem outra; **2.** *pl. v. kein*(*e*); '**~er 1.** *m* ninguém (não); ~ *von beiden* nem um nem outro; **2.** *f* **a**) *gen.* de nenhuma; **b**) *dat.* a nenhuma; '**~erlei** ['-ərlaɪ] nenhum; '**~(e)s 1.** *n* não ... nenhum; ~ *von beiden* nem um nem outro; **2.** *m u. n gen.* de nenhum; '**~esfalls,** '**~eswegs** [-ve:ks] em caso algum; (não ...) de modo nenhum; nada!; '**~mal** (não ...) nem uma vez; nunca.

Keks [ke:ks] *m* (*-es*; *-e*) bolacha *f*.

Kelch [kɛlç] *m* (*-es*; *-e*) cálice *m*; '**~glas** *n* (*-es*; *=er*) taça *f*; '**~blatt** *n* (*-es*; *=er*) sépala *f*.

'**Kelle** ['kɛlə] *f* colher(ão *m*) *f*; (*Suppen2*) concha *f*; caço *m*; △ trolha *f*.

'**Keller** ['kɛlər] *m* cave *f*; (*Luftschutz2*) abrigo *m*; (*Wein2*) adega *f*; **~-assel** *f* (*-*; *-n*) bicho-de-conta *m*, centopeia *f*; **~'ei** [-'raɪ] *f* adegas *f/pl.*; **~geschoß** *n* (*-sses*; *-sse*) cave *f*, subterrâneo *m*; **~loch** *n* (*-es*; *=er*) respiradoiro *m*; **~meister** *m* despenseiro *m*, botelheiro *m*; **~wechsel** ⚕ *m* giro *m* fictício.

'**Kellner** ['kɛlnər] *m* criado *m*; *Ruf*: ó chefe!; **~in** *f* criada *f*, sirvente *f*; *Ruf*: menina *f*.

'**Kelte** ['kɛltə] *m* (*-n*) celta *m*.

'**Kelter** ['kɛltər] *f* (*-*; *-n*) lagar *m*, lagariça *f*; **2n** (*-re*) espremer.

'**kenn|bar** ['kɛn-] conhecível (*an dat.* por); ~ *sn a.* conhecer-se; **~en** (*L*) conhecer; (*wissen*) saber; *nicht* ~ *a.* desconhecer; **~enlernen** (chegar a) conhecer; **2er** *m* conhecedor *m*, perito *m*, versado *m*; **2karte** *f* bilhete *m* de identidade; **~tlich** = **~bar**.

'**Kenntnis** ['kɛntnis] *f* (*-*; *-se*) conhecimento *m*; *pl. a.* noções *f/pl.*; ~ *von et. erhalten* chegar a saber a.c.; ~ *nehmen* tomar (boa) nota; *j-n von et. in* ~ *setzen*, *j-m et. zur* ~ *bringen* fazer saber a.c. a alg., informar alg. de a.c.; *amtlich*: notificar a.c. a alg., oficiar a.c. a alg.; **~nahme** [-na:mə] *f*: *zur* ~ para a sua informação; **2reich** muito instruído, muito versado.

'**Kenn|wort** *n* (*-es*; *=er*) lema *m*, divisa *f*; **~zeichen** *n* distintivo *m*, sinal *m*, marca *f*; *besondere* ~ *pl.* sinais *m/pl.* particulares; **2zeichnen** (*-e-*) assinalar, marcar; *j-n*: cara(c)terizar; *einzeln* ~ individualizar; ~ *als*: qualificar de; **2zeichnend** *adj.* cara(c)terístico (*für* de); **~zeichnung** *f* cara(c)terização *f* (*als* de).

'**kentern** ['kɛntərn] (*-re*; *sn*) sossobrar, virar-se.

Ke'ramik [ke'ra:mik] *f* cerâmica *f*; **~er** *m* ceramista *m*.

'**Kerb|e** ['kɛrbə] *f* entalho *m*, mossa *f*, corte *m*; **~el** *m* cerefólio *m*, cerefolho *m*; **2en** entalhar, cortar; **~holz** *n* (*-es*; *=er*) talha *f*, marca *f*; *et. auf dem* ~ *haben fig.* ter culpas no cartório; **~schnitt** *m* (*-es*; *-e*) entalhadura *f*; **~tier** *n* (*-es*; *-e*) insecto *m*.

'**Kerker** ['kɛrkər] *m* cárcere *m*; (*Verlies*) calabouço *m*; **~haft** *f* (*0*) prisão *f*; **~meister** *m* carcereiro *m*.

Kerl [kɛrl] *m* (*-es*; *-e*) homem *m*; sujeito *m*; *großer* ~ homenzarrão *m*; *guter* ~ tipo *m* simpático (*sonderbarer* esquisito; *übler* antipático).

Kern [kɛrn] *m* (*-ẹs*; *-e*) núcleo *m*; (*Kirsch*♀, *usw.*) caroço *m*; (*Apfel*♀ *usw.*) pevide *f*; *Weintraube*: grão *m*; (*Nuß*♀) miolo *m*; *Holz*: coração; *fig.* núcleo *m*; âmago *m*; (*Gehalt*) substância *f*, essência *f*; ˈ**~forschung** *f* (*0*) investigação *f* nuclear; ˈ**~gehäuse** *n* coração *m*; ˈ**♀gesund** são como um pero; ˈ**~-holz** *n* (*-es*; *⸚er*) coração *m* da madeira; ˈ**♀ig** *fig.* vigoroso, enérgico; (*stämmig*) robusto; ˈ**~leder** *n* (*-s*; *0*) couro *m* forte; ˈ**~obst** *n* (*-es*; *0*) fruta *f* de caroços; ˈ**~physik** *f* (*0*) física *f* nuclear; ˈ**~punkt** *m* (*-ẹs*; *-e*) ponto *m* essencial; ˈ**~reaktor** *m* (*-s*; *-en*) rea(c)tor *m* nuclear; ˈ**~spaltung** *f* cisão *f* nuclear; ˈ**~spruch** *m* (*-ẹs*; *⸚e*) sentença *f*; ˈ**~teilung** *f* = *~spaltung*; ˈ**~truppe** *f* escol *m* do exército; ˈ**~waffe** *f* arma *f* nuclear.

ˈ**Kerze** [ˈkɛrtsə] *f* vela *f*; *Rel.* círio *m*.

ˈ**kerzen|gerade** aprumado; ˈ**♀leuchter** *m* candeeiro *m*; ˈ**♀licht** *n* (*-ẹs*; *-er*), ˈ**♀schein** *m* (*-ẹs*; *-e*) luz *f* de vela; ˈ**♀stumpf** *m* (*-ẹs*; *⸚e*) couto *m* de vela.

keß [kɛs] (*-sser*; *-ssest*) F fresco.

ˈ**Kessel** [ˈkɛsəl] *m* caldeira *f*; (*Tee*♀) chaleira *f*; ⚔ bolsa *f*; (*Tal*♀) barranco *m*; **~flicker** [-flikər] *m* caldeireiro *m*; **~-haken** *m* cremalheira *f*; **~pauke** *f* timbal *m*; **~raum** *m* (*-ẹs*; *⸚e*) casa *f* das caldeiras; **~schlacht** *f* batalha *f* de envolvimento; **~schmied** *m* (*-ẹs*; *-e*) caldeireiro *m*; **~schmiede** *f* caldeiraria *f*; **~stein** *m* (*-ẹs*; *-e*) incrustação *f*; pedra *f*; **~treiben** *n* *Jagd*: batida *f* (*veranstalten* dar, *gegen* a).

ˈ**Kette** [ˈkɛtə] *f* cadeia *f*, corrente *f*; (*Hals*♀) colar *m*; (*Berg*♀) serra *f*; (*Reihe*) enfiada *f*; *fig.* série *f*.

ˈ**ketten** [ˈkɛtən] (*-e-*) encadear; **♀antrieb** *m* (*-ẹs*; *-e*) transmissão *f* por cadeia; **♀bruch** ⚕ *m* (*-ẹs*; *⸚e*) fra(c)ção *f* contínua; **♀brücke** *f* ponte *f* pênsil; **♀gebirge** *n* cordilheira *f*; **♀gelenk** (*-ẹs*; *-e*), **♀glied** *n* (*-ẹs*; *-er*) elo *m* (*od.* argola *f*) da cadeia; **♀-hund** *m* (*-ẹs*; *-e*) mastim *m*; **♀rad** *n* (*-ẹs*; *⸚er*) roda *f* de engrenagem; **♀raucher** *m* fumador *m* inveterado; **♀reaktion** *f* rea(c)ção *f* em cadeia; **♀regel** *f* (*-*; *-n*) regra *f* de três; **♀stich** *m* (*-ẹs*; *-e*) ponto *m* de cadeia.

ˈ**Ketzer** [ˈkɛtsər] *m* herege *m*, herético *m*; **~ˈei** [-ˈraɪ] *f* heresia *f*; **♀isch** herético; **~verbrennung** *f* auto-de-fé *m*.

ˈ**keuch|en** [ˈkɔyçən] ofegar, arquejar, arfar; **♀husten** *m* (*-s*; *0*) coqueluche *f*, tosse *f* convulsa.

ˈ**Keule** [ˈkɔylə] *f* clava *f*; maça *f*; moca *f*; (*Mörser*♀) pilão *m*; (*Bein*) perna *f*.

keusch [kɔyʃ] casto; ˈ**♀heit** *f* (*0*) castidade *f*.

ˈ**Kicher|-erbse** [ˈkiçər-] *f* grão-de-bico *m*; **♀n** (*-re*) rir-se à socapa.

ˈ**Kiebitz** [ˈkiːbits] *m* (*-es*; *-e*) abibe *m*, galispo *m*; *fig.* F mirão *m*.

ˈ**Kiefer** [ˈkiːfər] **1.** *m* *Anat.* queixada *f*, maxila *f*; **2.** *f* (*-*; *-n*) ⚘ pinheiro *m* bravo; **~höhle** *f* seio *m* maxilar; **~nadel** *f* (*-*; *-n*) caruma *f*; **~n-holz** *n* (*-es*; *⸚er*) pinheiro *m*; **~(n-)wald** *m* (*-ẹs*; *⸚er*) pinhal *m*.

Kiel [kiːl] *m* (*-ẹs*; *-e*) (*Feder*♀) cano *m* da pena; ⚓ quilha *f*; *auf ~ legen* assentar a quilha; querenar; **♀ˈoben** com a quilha no ar; ˈ**~raum** *m* (*-ẹs*; *⸚e*) sentina *f*; (*Lade*♀) porão *m*; ˈ**~wasser** *n* (*-s*; *0*) esteira *f*.

ˈ**Kieme** [ˈkiːmə] *f* guelra *f*; **~n** *pl.* brânquias *f/pl.*; **~n...**: *in Zssgn* branquial.

Kien [ˈkiːn] *m* (*-ẹs*; *0*) lenha *f* resinosa; ˈ**~-apfel** *m* (*-s*; *⸚*) pinha *f*; ˈ**~fackel** *f* (*-*; *-n*) tocha *f*; ˈ**~-holz** *n* (*-es*; *⸚er*) lenha *f* resinosa; ˈ**♀ig** resinoso; ˈ**~-öl** *n* (*-ẹs*; *0*) terebintina *f*; ˈ**~span** *m* (*-ẹs*; *⸚e*) cavaco *m* de pinheiro.

ˈ**Kiepe** [ˈkiːpə] *f* poceiro *m*.

Kies [kiːs] *m* (*-es*; *-e*) saibro *m*, cascalho *m*; ˈ**~boden** *m* (*-s*; *⸚*) terreno *m* saibroso.

ˈ**Kiesel** [ˈkiːsəl] *m* seixo *m*, calhau *m*; ⚗ sílex *m*, sílice *m*; **~-erde** *f* silício *m*; **♀-haltig** [-haltiç] silicioso; **~säure** *f* (*0*) ácido *m* silícico; **~stein** *m* (*-ẹs*; *-e*) = *Kiesel*.

ˈ**Kilo** [ˈkiːlo], (**~gramm** [*-s*; *-e*, *-*]) *n* (*-s*; *-*, *-s*) quilo(grama) *m*.

Kiloˈmeter *n u. m.* quilómetro *m*; **~leistung** *f* quilometragem *f*; **~stein** *m* (*-ẹs*; *-e*) marco *m* quilométrico; **~zahl** *f* quilometragem *f*; **~zähler** *m* conta-quilómetros *m*.

Kiloˈwatt *n* quilovátio *m*; **~stunde** *f* quilovátio-hora *m*.

ˈ**Kimme** [ˈkimə] *f* javre *m*, entalho *m* (*a.* ⚔); ⚓ horizonte *m*.

Kind [kint] *n* (*-ẹs*; *-er*) *allgem.* criança *f*, menino *m*, -a *f*; *j-s*: filho *m*, -a *f*; *an* ~*es Statt annehmen* ado(p)tar; *sich bei j-m lieb* ~ *machen* insinuar--se nas graças de alg.; *mit* ~ *und Kegel fig.* com todos os seus.

'**Kindbett** *n* (-*ẹs*; *0*) parto *m*; ~**fieber** *n* (-*s*; *0*) febre *f* puerperal.

'**Kinder**|-**arbeit** *f* trabalho *m* infantil; ~-**arzt** *m* (-*es*; ¨*e*) médico *m* de crianças, pediatra *m*; ~**beihilfe** *f* abono *m* de família; ~'**ei** [-'raɪ] *f* criancice *f*; ~**frau** *f* ama *f* seca; ~**garten** *m* (-*s*; ¨) (~**gärtnerin** *f* professora *f* de) jardim-escola *m od.* jardim *m* de infância; ~-**heilkunde** *f* pediatria *f*; ~**heim** *n* (-*ẹs*; -*e*) colónia *f* infantil; ~**hort** *m* (-*ẹs*; -*e*) infantário *m*; ~**krankheit** *f* doença *f* infantil; ~**lähmung** *f* (*0*) paralisia *f* infantil; poliomielite *f*; ♀-**leicht** facílimo; ♀**lieb** menineiro; ~ *sn* ser amigo de crianças; ~**lied** *n* (-*ẹs*; -*er*) canção *f* infantil; ♀**los** sem filhos; ~**mädchen** *n* criada *f* para as crianças; ~-**märchen** *n* conto *m* infantil; ~**mord** *m* (-*ẹs*; -*e*) infanticídio *m*; ~**pflege** *f* puericultura *f*; ♀**reich**: ~ *sn* ter muitos filhos; ser pai de família numerosa; ~**schar** *f* rancho *m*; ~**schuh** *m* (-*ẹs*; -*e*): *noch in den* ~*en stecken fig. j.*: estar na infância; ser ainda muito verde; *et.*: estar ainda nos seus princípios; ~**spiel** *n* (-*ẹs*; -*e*) jogo *m* infantil; *fig.* bagatela *f*; ~**sterblichkeit** *f* (*0*) mortalidade (*od.* mortandade) *f* infantil; ~**streich** *m* (-*ẹs*; -*e*) garotice *f*; ~**stube** *f* quarto *m* de crianças; *fig.* (*k*)*eine gute* ~ *gehabt haben* (não) ter tomado chá em pequeno; ~-**wagen** *m* carrinho *m* de crianças; ~**zulage** *f* = ~*beihilfe*.

'**Kindes**|-**alter** ['kindəs-] *n* (-*s*; *0*) meninice *f*, infância *f*; ~**beine** *n/pl.*: *von* ~*n an* desde pequeno; ~**kind** *n* (-*ẹs*; -*er*) neto *m*; ~**liebe** *f* (*0*) amor *m* filial; ~**mörder**(**in** *f*) *m* infanticida *m*, *f*.

'**Kind**|**heit** ['kinthaɪt] *f* (*0*) meninice *f*, infância *f*; ♀**isch** ['-diʃ] pueril; ~ *sn a.* ser muito criança; ♀**lich** infantil, ingénuo; de criança; *Liebe*: filial; ~**taufe** *f* ba(p)tismo *m*, ba(p)tizado *m*.

'**Kinkerlitzchen** ['kinkərlitsçən] F *n/pl.* bugigangas *f/pl.*

Kinn [kin] *n* (-*ẹs*; -*e*) queixo *m*; '~**backe**(**n** *m*) *f* maxila *f*, queixada *f*; '~**band** *n* (-*ẹs*; ¨*er*) correia *f*; '~**bart** *m* (-*ẹs*; ¨*e*) pera *f*; '~**haken** *m Boxkampf*: direito *m* ao queixo.

'**Kino** ['ki:no] *n* (-*s*; -*s*) cinema *m*; ~**vorstellung** *f* sessão *f* cinematográfica; *nachmittags*: matiné *f*.

'**Kiosk** ['ki:ɔsk] *m* (-*ẹs*; -*e*) quiosque *m*.

'**Kipp**|**e** ['kipə] *f Turnen*: dominação *f*; *auf der* ~ *stehen* estar a pique, estar para cair, ✝ estar para falir; ♀**en** 1. *v/t.* voltar, virar; 2. *v/i.* (*h. u. sn*) perder o equilíbrio; cair; virar--se; ~**karren** *m* carro *m* de taipais; ~**lastwagen** *m*, (~**lore** *f*) camião *m* (vagoneta *f*) basculante; ~**ung** *f* desequilíbrio *m*.

'**Kirche** ['kirçə] *f* igreja *f*; (*Gottesdienst*) serviço *m* religioso; missa *f*.

'**Kirchen**|-**älteste**(**r**) *m* decano *m*; deão *m*; ~**bann** *m* (-*ẹs*; *0*) excomunhão *f*; *in den* ~ *tun* excomungar; ~**buch** *n* (-*es*; ¨*er*) registo *m* paroquial; ~**diener** *m* sacristão *m*; ~**fenster** *n* vitral *m*; ~**fest** *n* (-*es*; -*e*) festa *f* religiosa; ~**gemeinde** *f* paróquia *f*; ~**gerät** *n* (-*ẹs*; -*e*) vaso *m* sagrado; ~**geschichte** *f* (*0*) história *f* eclesiástica (*od.* da Igreja); ~**jahr** *n* (-*ẹs*; -*e*) ano *m* eclesiástico; ~**konzert** *n* (-*ẹs*; -*e*) concerto *m* de música sacra; ~**lehre** *f* doutrina *f*; dogma *m*; ~**lied** *n* (-*ẹs*; -*er*) hino *m* religioso, canção *f* religiosa; cântico *m*; coral *m*; ~**musik** *f* música *f* sacra; ~**rat** *m* (-*ẹs*; ¨*e*) consistório *m*; sínodo *m*; conselho *m* paroquial; *Titel*: conselheiro *m* consistorial; ~**recht** *n* (-*ẹs*; -*e*) direito *m* canónico; ~**schändung** *f* sacrilégio *m*; ~**spaltung** *f* (*0*) cisma *m*; ~**staat** *m* (-*ẹs*; -*en*) Estado *m* do Vaticano; *hist.* Património *m* de São Pedro; ~-**steuer** *f* (-; -*n*) imposto *m* para os cultos; ~**tag** *m* (-*ẹs*; -*e*) *kath.* congresso *m* eucarístico; *prot.* congresso *m* evangélico; ~**vater** *m* (-*s*; ¨) Padre *m* da Igreja; ~**vorsteher** *m* deão *m*; mordomo *m*; fabriqueiro *m*.

'**Kirch**|**gang** ['kirç-] *m* (-*ẹs*; ¨*e*) ida *f* à missa; ~**gänger**(**in** *f*) [-gɛŋər-] *m* praticante *m*, *f*; *eifrige*(*r*): papa--cantos *m*, *f*, papa-missas *m*, *f*; ~**hof** *m* cemitério *m*; ♀**lich** eclesiástico; da Igreja; religioso; (*fromm a.*) devoto; ⚖ canónico; ~**spiel** *n* (-*ẹs*; -*e*) paróquia *f*, freguesia *f*; **~sprengel** *m* diocese *f*; **~turm** *m* (-*ės*; *"e*) campanário *m*; **~weihe** *f* consagração da igreja; *a.* = **~weih(fest** *n* [-*es*; -*e*]) *f* = **'Kirmes** ['kirmɛs] *f* romaria *f*.

'kirre ['kirə]: ~ machen = **~n** domesticar, amansar; (*ködern*) engodar.

Kirsch [kirʃ] *m* ginginha *f*; **'~baum** *m* (-*ės*; *"e*) cerejeira *f*; **'~e** ['-ə] *f* cereja *f*; *saure*: ginja *f*; mit j-m ist nicht gut ~n essen alg. não está para brincadeiras; **'~kern** *m* (-*ės*; -*e*) caroço *m*; **'~kuchen** *m* torta *f* de cerejas; **'2rot** acerejado; **'~stein** *m* (-*es*; -*e*) caroço *m*; **'~wasser** *n* (-*s*; *0*) ginginha *f*.

'Kissen ['kisən] *n* almofada *f*; *länglich-rund*: travesseiro *m*; **~bezug** *m* (-*ės*; *"e*) fronha *f*.

'Kiste ['kistə] *f* caixa *f*; caixote *m*.

Kitsch [kitʃ] *m* (-*es*; *0*) pseudo-arte *f*; (*Schundware*) porcaria *f*; *a.* **'2ig** de gosto inferior; pires.

Kitt [kit] *m* (-*ės*; -*e*) betume *m*, argamassa *f*, almocega *f*; **'~chen** F *n* cadeia *f*, prisão *f*; **'~el** ['-əl] *m* blusa *f*; *für Kinder a.*: bibe *m*; **'2en** (-*e*-) betumar; argamassar.

'Kitz|el ['kitsəl] *m* (-*s*; *0*) cócegas *f/pl.*; ⚕ comichão *f*, pruridade *f*; (*Gelüst*) desejo *m*; (*Sinnen2*) lascívia *f*; **2(e)lig** comichoso; ~ sn ter cócegas; *fig.* melindroso; **2eln** (-*le*) fazer cócegas, fazer comichão; *fig.* lisonjear.

'Kladde ['kladə] *f* rascunho *m*.

'klaffen ['klafən] (*h. u. sn*) estar (entre)aberto; ter uma fenda; (*sich öffnen*) abrir-se; (*schlecht schließen*) não encaixar bem; ~d *adj.* aberto.

'kläff|en ['klɛfən] ladrar, latir, ganir; **2er** *m* ladrador *m*.

'Klafter ['klaftər] *f* (-; -*n*) braça *f*, toesa *f*.

'Klage ['kla:gə] *f* queixa *f*, lamentação *f*; ⚖ querela *f*, demanda *f*, a[c]ção *f* (anstrengen, einreichen, erheben, führen intentar); **~lied** *n* (-*ės*; -*er*) canto *m* fúnebre; lamentação *f*; **2n** queixar-se (j-m et. de a.c. a alg.; über *ac.* de), ~ (gegen) ⚖ dar queixa (de), instaurar processo (contra).

'Kläger ['klɛ:gər] *m* queixoso *m*; acusador *m*; **~in** *f* queixosa *f*; acusadora *f*; **~partei** *f* parte *f* queixosa.

'Klage|ruf *m* (-*ės*; -*e*) gemido *m*; *pl.* = ~geschrei; **~sache** *f* processo *m*; causa *f*; **~schrift** *f* libelo *m*; **~weg** *m* (-*ės*; -*e*): auf dem ~e por meio judicial; den ~ beschreiten proceder.

'kläglich ['klɛ:kliç] (*weinerlich*) lastimoso; (*elend*) lastimável; (*kümmerlich*) triste, ridículo.

Kla'mauk [kla'mauk] *m* (-*s*; *0*) barulho *m*.

klamm [klam] **1.** *adj.* apertado; vor Kälte: inteiriçado; **2.** 2 *f* garganta *f*, desfiladeiro *m*.

'Klammer ['klamər] *f* (-; -*n*) (*Metall2*) gancho *m*; gato *m*; ⚕ *a.* erina *f*; (*Wäsche2*) mola *f*; *Typ.* parêntese *m* (in entre; runde curvo; eckige re[c]to); große ~ chaveta *f*; **2n** enganchar, engatar, segurar com ganchos *usw.*; sich an (*ac.*) ~ agarrar-se a.

'Klampfe ['klampfə] *f* guitarra *f*.

Klang [klaŋ] *m* (-*ės*; *"e*) som *m*; *in Worten*: acento *m*; mit Sang und ~ com grande aparato *m*; **'~farbe** *f* timbre *m*; tonalidade *f*; **'~fülle** *f* (*0*) sonoridade *f*; **'~lehre** *f* (*0*) acústica *f*; **'2los** afónico; áfono; surdo; *fig.* sang- und ~ sem chus nem bus; **'2rein** nítido; **'~reinheit** *f* (*0*) nitidez *f*; **'2voll** sonoro.

'Klapp|bett ['klap-] *n* (-*ės*; -*en*) catre *m*, cama *f* articulada; camilha *f*, dobradiça *f*; **~e** *f* portinhola *f*, válvula *f*; (*a.* ⚕); batente *f*; ♪ lingueta *f* chave; (*Tisch2*) aba *f*; F (*Bett*) cama *f*; F (*Mund*) boca (*'ô) *f*; die ~ halten calar o bico; **2en** *v/t. u. v/i.* bater; *auseinander*: abrir; *fig.* dar certo, bater certo; nicht ~ não andar; es kommt zum 2 F chega o momento crítico.

'Klapper ['klapər] *f* (-; -*n*) matraca *f*; **2dürr** magríssimo; **2ig** fraco; **~kasten** F *m* (-*s*; *"*) chocolateira *f*; **2n** (-*re*) bater (*mit ac.*); matraquear; dar estalos (*a. Storch*); *Mühle u. fig.* taramelar; **~schlange** *f* (cobra *f*) cascável *f*; crótalo *m*; **~storch** F *m* (-*ės*; *"e*) cegonha *f*.

'Klapp|fenster *n* janela *f* de bandeira; **~sitz** *m* (-*es*; -*e*) dobradiça *f*; **~stuhl** *m* (-*ės*; *"e*) cadeira *f* articulada (*od.* dobradiça); **~tisch** *m* (-*es*; -*e*) mesa *f* articulada (*od.* dobradiça); **~verdeck** *n* (-*ės*; -*e*) capota *f*.

Klaps [klaps] *m* (*-ẹs*; *-e*) pancada *f*, palmada *f*.

klar [kla:r] claro, *fig. a.* evidente; (*rein*) nítido; ~ *zu* ⚓, ⚔ pronto a; ~ *werden* aclarar-se; *fig.* evidenciar-se; *sich* ~*werden* resolver-se; *sich über* (*ac.*) ~*werden* compreender (*ac.*); *sich über* (*ac.*) *im* ~*en sn* não ter dúvidas sobre.

'**Klär**|**-anlage** ['klɛ:r-] *f* clarificador *m*; filtro *m*; ~**becken** *n* tanque *m* de sedimentação.

'**klar-blickend** inteligente, perspicaz.

'**klären** clarificar; ⚗ filtrar; *fig.* esclarecer; *sich* ~ aclarar-se.

'**Klarheit** *f* claridade *f*, clareza *f*; ~ *in et. bringen* abrir um clarão em a.c.

Klari'nett|**e** [klari'nɛtə] *f*, ~'**ist** *m* (*-en*) clarinete *m*.

'**klar**|**legen,** ~**machen,** ~**stellen** esclarecer; *j-m et.* ~ explicar a.c. a alg.; ♀**stellung** *f* esclarecimento *m*.

'**Klärung** ['klɛ:ruŋ] *f* clarificação *f*, purificação *f*; *fig.* esclarecimento *m*.

'**Klasse** ['klasə] *f* classe *f*; *höhere Schule*: ano *m*.

'**Klassen**|**arbeit** *f* exercício *m*; ~**buch** *n* (*-ẹs*; ⸗*er*) sumários *m/pl.* da aula; ~**einteilung** *f* classificação *f*; ~**geist** *m* (*-ẹs*; *0*) exclusivismo *m*; ~**kampf** *m* (*-ẹs*; ⸗*e*) luta *f* das classes; ~**zimmer** *n* sala *f* de aula.

klassifi'zier|**en** [klasifi'tsi:rən] (-) classificar; ♀**ung** *f* classificação *f*.

'**Klassi**|**k** ['klasik] *f* (*0*) classicismo *m*; ~**ker** [-kər] *m* clássico *m*; ♀**sch** clássico; ~'**zismus** [-'tsismus] *m* (*-*; *0*) classicismo *m*.

Klatsch [klatʃ] *m* (*-es*; *-e*) bisbilhotice *f*; '~**base** *f* indiscreta *f*; mexeriqueira *f*; '~**e** ['-ə] *f* (*Fliegen*♀) moscadeiro *m*; '♀**en** *Peitsche*: estalar, dar estalos; *Hände*: bater (*a. Regen*), dar palmas; *Beifall* ~ *a.* aplaudir; (*schwatzen*) ser indiscreto, mexericar; ~**e'rei** [-ə'raɪ] *f* bisbilhotice *f*; '♀**haft** ('~**maul** *n* [*-ẹs*; ⸗*er*]) indiscreto (*m*), mexeriqueiro (*m*); '~**mohn** *m* (*-ẹs*; *0*), '~**rose** *f* papoila *f*; '♀**süchtig** = ~*haft*, ~'**weib** *n* (*-ẹs*; *-er*) = ~*base*.

'**Klau**|**e** ['klaʊə] *f* unha *f*; *Raubtier, Raubvogel*: garra *f*; *Spalthufer a.* casco *m*; pata *f*, F *Schrift*: letra *f* horrível; ♀**en** P rapar; ~**en-seuche** *f*: *Maul- und* ~ febre *f* aftosa.

'**Klaus**|**e** ['klaʊzə] *f* cela *f*; ermida *f*; (*Engpaß*) desfiladeiro *m*; ~**el** *f* (*-*; *-n*) cláusula *f*; ~**ner** [-nər] *m* ermitão *m*, eremita *m*; ~'**ur** [-'zu:r] *f* clausura *f*; ~'**urarbeit** *f* prova *f* escrita.

Klavia'tur [klavia'tu:r] *f* teclado *m*.

Kla'vier [kla'vi:r] *n* (*-s*; *-e*) piano *m* (*spielen* tocar); ~**-auszug** *m* (*-ẹs*; ⸗*e*) partitura *f* para piano; ~**lehrer**(**in** *f*) *m* professor(a *f*) *m* de piano; ~**schule** *f* método *m* de piano; ~**spiel** *n* (*-es*; *0*) execução *f* (ao piano); ~**spieler**(**in** *f*) *m* pianista *m*, *f*; ~**stimmer** [-ʃtimər] *m* afinador *m* de pianos; ~**stunde** *f* lição *f* de piano; ~**unterricht** *m* (*-ẹs*; *0*) lições *f/pl.* de piano.

'**Klebe** ['kle:bə] *f* (*0*) cola *f*; ~**marke** *f* selo (*ê) *m* (de seguro social); ~**mittel** *n* cola *f*; ⚗ aglutinante *m*; ♀**n** colar, pegar (*v/i. a.* estar pegado); *j-m e-e* ~ P chegar a alg.; ~**presse** *f* coladeira *f* de pressão a seco (*ê); ~**r** *m* ⚗ glúten *m*, goma *f*; ♀ aparina *f*; *fig. j.*: chato *m*.

'**Kleb**|**pflaster** ['kle:p-] *n* (emplastro *m*) adesivo *m*; ♀**rig** [-riç] pegajoso; (*schleimig*) viscoso; ~**stoff** *m* (*-ẹs*; *-e*) cola *f*; ~**streifen** *m* fita *f* adesiva.

'**kleckern** ['klɛkərn] (*-re*) sujar-se; deixar cair.

Klecks [klɛks] *m* (*-es*; *-e*) borrão *m*; nódoa *f*; '♀**en** (*-t*) pôr nódoas; borrar; manchar; ~**e'rei** [-ə'raɪ] *f* monte *m* de borrões.

Klee [kle:] *m* (*-s*; *0*) trevo *m*; '~**blatt** *n* (*-es*; ⸗*er*) trevo *m*; (*vierblättriges* de quatro folhas), *dreiblättriges* ~ trifólio *m*; *fig.* tripeça *f*, três amigos *m/pl.*

Kleid [klaɪt] *n* (*-ẹs*; *-er*) vestido *m*; traje *m*.

'**kleiden** ['klaɪdən] (*-e-*) vestir; *j-n gut* ~ ficar bem a alg.

'**Kleider**|**-ablage** ['klaɪdər-] *f* vestuário *m*, guarda-roupa *f*; ~**bügel** *m* cruzeta *f*; ~**bürste** *f* escova (para fatos); ~**haken** *m* cabide *m*; ~**schrank** *m* (*-ẹs*; ⸗*e*) guarda-vestidos *m*, guarda-fatos *m*; ~**ständer** *m* cabide *m*.

'**kleidsam** ['klaɪtza:m] bonito; ~ *sn a.* ficar bem, vestir bem.

'**Kleidung** ['klaɪduŋ] *f* vestuário *m*; roupa *f*; traje *m*; vestidos *m/pl.*; indumentária *f*; *warme* ~ abafo *m*, agasalho *m*; ~**s-stück** *n* (*-ẹs*; *-e*) peça *f* do vestuário.

'**Kleie** ['klaɪə] *f* farelo(s *pl.*) *m*; sêmea *f*.
klein [klaɪn] pequeno; *j.*: *Gestalt*: baixo; (*winzig*), *Geld*: miúdo; *der* ~*e Mann fig.* o homem do povo; ~ *anfangen* partir do nada; ~ *beigeben* ceder; ~ *machen* esmiuçar; *Holz* ~ *machen* partir lenha; *Steine*: britar; *sich* ~ *machen* baixar-se; *j-n* ~ *kriegen* F dar cabo de alg.; *im* ~*en* em escala pequena; ⚕ em ponto pequeno; por miúdo; *von* ~ *auf* desde pequeno; *ein* ~ *wenig*, *ein* ~ *bißchen* (um) poucochinho; *pl. die* 2*en* (*Kinder*) os petizes, os pequenos, os miúdos; (*Leute*) a gente miúda, os pequenos burgueses *usw.*; ~*er machen*, ~*er werden* diminuir; '2**bahn** *f* via *f* férrea reduzida; '2**bürger** *m* pequeno burguês *m*; '2**geld** *n* (-*es*; *0*) (dinheiro *m*) miúdo *m*, troco *m*; 2**handel** *m* (-*s*; *0*) comércio *m* a retalho (*od.* por miúdo); '2**händler** *m* retalhista *m*, retalheiro *m*; '2**heit** *f* (*0*) pequenez(a) *f*; '2**hirn** *n* (-*es*; -*e*) cerebelo *m*.
'**Kleinigkeit** ['klaɪniçkaɪt] *f* bagatela *f*, insignificância *f*; F *e-e ganze* ~ uma coisa de nada; ~**skrämer** *m* esmiuçador *m*, (homem *m*) agarrado aos pormenores mais insignificantes.
'**Klein|kind** *n* (-*es*; -*er*) bebé *m*, criança *f* pequena; ~**kram** *m* (-*es*; *0*) bagatelas *f/pl.*, ninharias *f/pl.*; ~**krieg** *m* (-*es*; -*e*) guerra *f* de guerrilhas; 2**laut** desanimado, modesto; 2**lich** mesquinho; ~**lichkeit** *f* mesquinhez *f*; ~**malerei** *f* pormenorização *f*; ~**mut** *m* (-*es*; *0*) pusilanimidade *f*, desalento *m*; ~**-od** ['-o:t] *n* (-*es*; -*odien*) jóia *f*, brinco *m*; ~**-staat** *m* (-*es*; -*en*) pequeno Estado *m*; ~**staate'rei** ['-ʃta:tə'raɪ] *f* particularismo *m*; ~**stadt** *f* (-; ¨*e*) vila *f*, cidade *f* na província; '~**städter(in** *f*) *m* provinciano *m*, -a *f*; 2**städtisch** provinciano; ~**vieh** *n* (-*es*; *0*) gado *m* miúdo; 2**zellig** [-tsɛliç] microcelular.
'**Kleister** ['klaɪstər] *m* cola *f*; grude *m*; pegamasso *m*; 2**n** (-*re*) grudar, colar.
'**Klemm|e** ['klɛmə] *f* aperto (*ê) *m*; ⊕ pinça *f*; ⚡ borne *m*; (*Mund*2) trismo *m*; *fig.* apuro *m*, embaraço *m*; 2**en**: (*sich* [*dat.*] *e-n Finger*) ~ apertar, entalar; (*sich*) ~ ⊕ estar entalado; ~**enspannung** ⚡ *f* tensão *f* nos bornes; ~**er** *m* lunetas *f/pl.*; ~**schraube** *f* parafuso *m* de aperto (*ê).
'**Klempner** ['klɛmpnər] *m* latoeiro *m*; funileiro *m*; canalizador *m*; ~'**ei** [-'raɪ] *f* latoaria *f*.
'**Klepper** ['klɛpər] *m* rocim *m*.
kler|i'kal [kleri'ka:l] clerical; '2**iker** *m* clérigo *m*; sacerdote *m*; '2**us** *m* (-; *0*) clero *m*.
'**Klette** ['klɛtə] *f* bardana *f*; pegamassa *f*; *fig. j.*: chato *m*.
'**Kletter|er** ['klɛtərər] *m* trepador *m*; *guter* ~ *a.* bom alpinista; 2**n** (-*re*, *sn*) trepar, subir (*auf ac.* a); ~**pflanze** *f* (planta *f*) trepadeira *f*; ~**seil** *n* (-*es*; -*e*) corda *f*; ~**stange** *f* pau *m* de cocanha.
Kli'ent [kli'ɛnt] *m* (-*en*) cliente *m*; freguês *m*; ~**in** *f* cliente *f*; freguesa *f*.
'**Klima** ['kli:ma] *n* (-*s*; -*s*, *Klimata*) clima *m*; ~**anlage** *f* condicionador *m* de ar; ar *m* condicionado; 2**tisch** [-'ma:tiʃ] climático, climatérico.
'**klimm|en** ['klimən] (*h. u. sn*) = *klettern*; '2**zug** *m* (-*es*; ¨*e*) elevação *f*.
'**Klimper|kasten** ['klimpər-] F *m* (-*s*; ¨) chocolateira *f*; 2**n** F (-*re*) arranhar; *mit dem Gelde* ~ fazer tilintar (*ac.*).
'**Klinge** ['kliŋə] *f* lâmina *f*; folha (*ô) *f*; (*Schwert*) espada *f*; *j-n über die* ~ *springen lassen* passar alg. pelas armas; matar alg.
'**Klingel** ['kliŋəl] *f* (-; -*n*) campainha *f*; ~**beutel** *m* saquinho *m* de peditório; 2**n** (-*le*) tocar (a campainha); ~**schnur** *f* (-; ¨*e*), ~**zug** *m* (-*es*; ¨*e*) puxador *m* da campainha.
'**kling|en** ['kliŋən] (*L*) soar; ~**end** sonante; sonoro; *Vers*: feminino.
'**Klin|ik** ['kli:nik] *f* clínica *f*; casa *f* de saúde; 2**isch** clínico.
'**Klinke** ['kliŋkə] *f* tranqueta *f*; puxador *m*; ~**r** ⚠ *m* tijolo *m* holandês; ladrilho *m*.
klipp [klip]: ~ *und klar* evidente; *adv. a.* redondamente, claramente.
'**Klipp|e** ['klipə] *f* escolho *m*, recife *m* (*a. fig.*); ~**fisch** *m* (-*es*; -*e*) bacalhau *m*.
'**klirr|en** ['klirən] soar; bater; *Gläser usw.*: tinir, tilintar.
Klis'tier [klis'ti:r] *n* (-*s*; -*e*) clister *m*; irrigador *m*; ~**spritze** *f* seringa *f*.

'**klitschig** ['klitʃiç] pastoso; viscoso, pegadiço.
Klo'ake [klo'akə] *f* cloaca *f*.
'**Klob|en** ['klo:bən] *m* cepo *m*; toro *m*; **⁀ig** maciço; *fig.* grosseiro, bruto.
'**klopf|en** ['klɔpfən] bater (*auf ac.* em); *es klopft* estão a bater à porta; *mit dem Hammer* ~ martelar; *auf den Busch* ~ *fig.* estudar o terreno; sondar (*bei ac.*); **⁀er** *m* (*Tür⁀*) ferrolho (*'ô) *m*; (*Teppich⁀*) batedor *m*.
'**Klöppel** ['klœpəl] *m* (*Spitzen⁀*) bilro *m*; (*Glocken⁀*) badalo *m*; **⁀n** (*-le*): fazer rendas de bilro.
Klops [klɔps] *m* (*-es*; *-e*) almôndega *f*.
Klo'sett [klo'zɛt] *n* (*-s*; *-e*, *-s*) retrete *f*; **~bürste** *f* escovilhão *m*; **~papier** *n* (*-s*; *0*) papel *m* higiénico.
Kloß [klo:s] *m* (*-es*; *⁼e*) (*Erd⁀*) torrão *m*; (*Fleisch⁀*) almôndega *f*; bolinho *m*.
'**Kloster** ['klo:stər] *n* (*-s*; *⁼*) mosteiro *m*, (*Nonnen⁀*) *a.* convento *m*; *ins* ~ *gehen* tomar o hábito, *Nonne*: tomar o véu; **~bruder** *m* (*-s*; *⁼*) freire *m*, frade *m*; irmão *m*; **~frau** *f* freira *f*; **~kirche** *f* igreja *f* conventual; **~leben** *n* vida *f* monástica.
'**klösterlich** ['klø:stərliç] monástico, conventual.
'**Kloster|regel** *f* (*-*; *-n*) regra *f* monástica; **~schule** *f* colégio *m* conventual; **~zelle** *f* cela *f*.
Klotz [klɔts] *m* (*-es*; *⁼e*) tronco *m*, cepo *m*, talho *m*; *fig. j.*: bruto *m*; '**⁀ig** maciço; *fig.* bronco.
Klub [klup] *m* (*-s*; *-s*) clube *m*; (*Gesellschafts⁀*) *a.* círculo *m*; *Lit.*: centro *m*; '**~sessel** *m* «maple» *m* (*engl.*).
Kluft [kluft] *f* abismo *m*, precipício *m*; F (*Kleidung*) traje *m*.
klug [klu:k] (*⁼er*; *⁼st*) inteligente; esperto; prudente; ~ *werden aus* compreender (*ac.*); *durch Schaden* ~ *werden* apreender com.
Klüge'l|ei [kly:gə'laɪ] *f* subtileza *f*; subtilidade *f*; '**⁀n** ['kly:-] (*-le*) subtilizar.
'**Klugheit** *f* (*0*) inteligência *f*; prudência *f*.
'**Klump|en** ['klumpən] *m* torrão *m*; montão *m*; *runder*: pilha *f*; *durch Gerinnen*: grumo *m*; **~fuß** *m* (*-es*; *⁼e*) pé *m* equino, pé *m* aleijado.
'**Klüngel** ['klyŋəl] *m* camarilha *f*; clique *f*; conventículo *m*.

'**Klunker** ['kluŋkər] *m* caroço *m*.
'**Klüver** ['kly:vər] ⚓ *m*, **~baum** *m* (*-es*; *⁼e*) bujarrona *f*.
'**knabbern** [knabərn] (*-re*): (*an dat.*) ~ roer (*ac.*), debicar (*ac.*), mordiscar (*ac.*).
'**Knabe** ['kna:bə] *m* (*-n*) rapaz *m*, menino *m*.
'**Knaben|-alter** *n* (*-s*; *0*) adolescência *f*; **⁀haft** rapaz; **~kraut** ⚘ *n* (*-es*; *⁼er*) satirião *m*; **~liebe** (*0*), **~schändung** *f* pederastia *f*.
knack|en ['knakən] **1.** *v/t.* quebrar; **2.** *v/i.* estalar; crepitar; '**⁀mandel** *f* (*-*; *-n*) amêndoa *f* com casca; **⁀s** *m* (*-es*; *-e*) estalo *m*; *fig.* e-n ~ *haben* não estar bom; '**⁀wurst** *f* salchicha *f*.
Knall [knal] *m* (*-es*; *-e*) estalo *m*: estampido *m*; (*Krachen*) estrondo *m*, detonação *f*; (*Peitschen⁀*) estalido *m*; ~ *und Fall* de repente; '**~bonbon** *m u. n* (*-s*; *-s*) rebuçado *m* fulminante; '**~effekt** *m* (*-es*; *0*) efeito *m* teatral, efeito *m* espe(c)taculoso; '**⁀en** **1.** *v/i.* estalar, dar estalos; **2.** *v/t.* dar tiros; '**~erbse** *f* estalinho *m*; '**~frosch** *m* (*-es*; *⁼e*) bicha *f* de rabiar; '**~gas** *n* (*-es*; *-e*) gás *m* fulminante; '**⁀rot** muito encarnado.
knapp [knap] escasso, raro; (*eng*) estreito; *Stil*: conciso, sucinto, lacónico; *adv.* apenas, mal; *mit* ~*er Not* a muito custo; ~ *leben* viver pobremente; ~ *sn* escassear, estar a faltar; *j-n* ~ *halten* apertar alg.
'**Knapp|e** ['knapə] *m* (*-n*) escudeiro *m*; ⚒ mineiro *m*; **~heit** *f* escassez *f*; (*Enge*) estreiteza *f*; *Stil*: concisão *f*, laconismo *m*; **~schaft** ⚒ *f* corpo *m* de mineiros.
'**Knarr|e** ['knarə] *f* matraca *f*; **⁀en** chiar, ranger.
Knast [knast] *m* (*-es*; *-e*) nó *m* na madeira; '**~er** *m* tabaco *m* picado (*od.* em fios).
'**knattern** [knatərn] (*-re*) **1.** crepitar, estalar; (*Gewehr*) mosquetear; **2.** **⁀** *n* mosquetaria *f*; estalos *m/pl.*; crepitar *m*.
'**Knäuel** ['knɔyəl] *n u. m* novelo *m*; *Menschen*: aglomeração *f*.
Knauf [knauf] *m* (*-es*; *⁼e*) (*Degen⁀*) maçã *f* (do punho); maçaneta *f*; △ capitel *m*, remate *m*.
'**Knauser** ['knaʊsər] *m* forreta *m*, sovina *m*; **~'ei** [-'raɪ] *f* mesquinhez

f, sovinice *f*; **Ⅎig** avaro, mesquinho; **Ⅎn** ser forreta.
'knautschen ['knaʊtʃən] F amarrotar, amachucar, amassar.
'Knebel ['kne:bəl] *m* (*HolzℲ*) garrote *m*; (*MundℲ*) mordaça *f*; **Ⅎn** (*-le*) pôr garrote a, pôr mordaça a, amordaçar; **~ung** *f* opressão *f*.
Knecht [knɛçt] *m* (*-es*; *-e*) servo *m*, criado *m* (de lavoura), moço *m*; **'Ⅎen** (*-e-*) subjugar, oprimir; **'Ⅎisch** servil; **'~schaft** *f* (*0*) servidão *f*.
'kneif|en ['knaɪfən] (*L*) beliscar; *fig.* fugir, ser cobarde; **Ⅎer** *m* lunetas *f/pl.*; **Ⅎzange** *f* tenaz *f*, alicate *m*.
'Kneipe ['knaɪpə] *f* taberna *f*.
'kneten ['kne:tən] (*-e-*) amassar.
Knick [knik] *m* (*-es*; *-e*, *s*) prega *f*; dobra *f*; quebra *f*; ⚘ mata *f*; **'~-ei** *n* (*-es*; *-er*) ovo *m* amolgado; **'Ⅎen** quebrar, rachar, vergar; **'Ⅎerig** = *knauserig*; **~s** *m* (*-es*; *-e*) cortesia *f*, mesura *f*; **'Ⅎsen** ['-zən] (*-t*) fazer uma cortesia (*od.* mesura); **'~ung** *f* flexão *f*; angulação *f*; cotovelo *m*; cotoveladura *f*.
Knie [kni:] *n* joelho *m* (*liegen* estar; *auf pl.* de *o. art.*); *Fluß*, *Weg*: curva *f*; ⊕ *Rohr*: sifão *m*; **'~beuge** *f* genuflexão *f*; **'~fall** *m* (*-es*; *"e*) genuflexão *f*; *fig.* prostração *f*; **'Ⅎfällig** de joelhos, ajoelhado, prostrado; **'Ⅎfrei** *Rock*: curto; **'~gelenk** *n* (*-es*; *-e*) articulação *f* do joelho; **'~geige** *f* violoncelo *m*; **'~holz** *m* (*-es*; *"er*) (madeira *f*) curva *f*; **'~hosen** *f/pl.* calções *m/pl.*; **'~kehle** *f* jarrete *m*; **'Ⅎn** estar de joelhos, ajoelhar; prostrar-se; **'~scheibe** *f* rótula *f*; **'~schützer** *m* joelheira *f*; **'Ⅎtief** (que chega) até aos joelhos.
Kniff [knif] *m* (*-es*; *-e*) (*Kneifen*) beliscão *m*; (*Falte*) prega *f*; vinco *m*; *fig.* manha *f*, jeito *m*; **'Ⅎen** dobrar; vincar; **'Ⅎlig** ['-liç] complicado; (*heikel*) bicudo.
'knips|en ['knipsən] *Fahrkarten*: furar; *Phot.* tirar (uma fotografia); ⚡ (*an~*) acender; dar uma volta (a); *mit den Fingern*: dar estalos com; **Ⅎer** *m*, **Ⅎzange** *f* perfurador *m*.
Knirps [knirps] *m* (*-es*; *-e*) homenzinho *m*; anão *m*; *Kind*: petiz *m*.
'knirschen ['knirʃən] ranger (*mit den Zähnen* os dentes).
'knistern ['knistərn] (*-re*) crepitar, estalar; (*Papier*) ranger.
'knitter|frei ['knitər-] anti-rugas; **~sn** não enrugar; **~n** engelhar, amarrotar.
'knobeln ['kno:bəln] (*-le*) F jogar aos dados.
'Knoblauch ['kno:plaʊx] *m* (*-es*; *0*) alho *m*; **~wurst** *f* (*-*; *"e*) alheira *f*; **~zehe** *f* dente *m* de alho.
'Knöchel ['knœçəl] *m* nó *m*; (*FußℲ*) maléolo *m*.
'Knochen ['knɔxən] *m* osso *m*; **~bruch** *m* (*-es-* *"e*) fra(c)tura *f*; **~fraß** *m* (*-es*; *0*) cárie *f*; **~gerüst** *n* (*-es*; *-e*) esqueleto *m*, ossamenta *f*; **~haut** *f* (*0*) periósteo *m*; **~kohle** *f* (*0*) carvão *m* animal; **~mark** *n* (*-es*; *0*) medula *f*; tutano *m*; **~splitter** *m* esquírola *f*.
'knöchern ['knœçərn] ósseo, ossuoso.
'knochig ['knoxiç] ossudo.
'Knödel ['knø:dəl] *m* almôndega *f*.
'Knoll|e ['knɔlə] *f* ⚘ bolbo *m*, tubérculo *m*; **~en...**: *in Zssgn* tuberculoso, tuberculado; abatatado; **Ⅎig** tuber(cul)oso; abatatado; nodular.
Knopf [knɔpf] *m* (*-es*; *"e*) botão *m*; (*StockℲ*) castão *m*; (*DeckelℲ*) meão *m*.
'knöpfen ['knœpfən] abotoar.
'Knopf|fabrik *f* fábrica *f* de botões; **~loch** *n* (*-es*; *"er*) casa *f* (de botão); **~loch-seide** *f* torçal *m*.
'Knorpel ['knɔrpəl] *m* cartilagem *f*; *Kchk.* tendão *m*; **Ⅎig** cartilagíneo, cartilaginoso.
'Knorr|en ['knɔrən] *m* nó *m*; **Ⅎig** nodoso; *fig.* rude.
'Knosp|e ['knɔspə] *f* botão *m*; olho (*'ô) *m*, rebento *m*; borbulha *f*; **Ⅎen** brotar; abotoar.
'Knot|e ['kno:tə] F *m* (*-n*) vilão *m*; **~en** *m* nó *m*; (*NervenℲ*) gânglio *m*; (*Geschwulst*) caroço *m*; **Ⅎen** (*-e-*) fazer um nó; **~enpunkt** *m* 🚂 entroncamento *m*; **~enstock** *m* (*-es*; *"e*) cajado *m*; **Ⅎig** nodoso; *fig.* grosseiro.
Knuff [knuf] *m* (*-es*; *-e*) murro *m*; empurrão *m*; **'Ⅎen** *v/t.* dar um murro a.
'knüllen ['knylən] enrugar; amarrotar.
'knüpfen ['knypfən] ligar, atar; *fig.* travar.
'Knüppel ['knypəl] *m* cacete *m*, (vara)pau *m*; cachamorra *f*, moca *f*; estaca *f*.

'knurr|en ['knurən] rosnar; *j.*: resmungar; **⁓hahn** *m* (*-es*; *⸚e*) *Zool.* ruivo *m*; **⁓ig** resmungão.

'knusp(e)rig ['knuspəriç] tostado; *Brot*: estaladinho.

'Knute ['knu:tə] *f* látego *m*, chicote *m*.

'knutschen F ['knu:tʃən] (*drücken*) amarrotar; (*küssen*) beijocar.

'Kobalt ['ko:balt] *m* (*-s*; *0*) cobalto *m*.

'Koben ['ko:bən] *m* pocilga *f*.

'Kobold ['ko:bɔlt] *m* (*-es*; *-e*) duende *m*; *fig.* brincalhão *m*.

Ko'bolz [ko'bɔlts] F *m*: ⁓ *schießen* dar cambalhotas *f/pl.*

Koch [kɔx] *m* (*-es*; *⸚e*) cozinheiro *m*; **'⁓apfel** *m* (*-s*; *⸚*) maçã *f* para cozer (*od.* para fazer compota); **'⁓birne** *f* pera *f* para cozer (*od.* para fazer compota); **'⁓buch** *n* (*-es*; *⸚er*) livro *m* de cozinha (*od.* de receitas); **'⁓en**: **a)** *v/t.* cozer, cozinhar; *Milch, Wasser*: ferver; *Kaffee, Tee*: fazer; **b)** *v/i.* (estar a) ferver; **'⁓en** *n* ⚗ cocção *f*; (*Sieden*) ebulição *f*; *das* ⁓ *besorgen* tratar da cozinha; **'⁓end** a ferver; **'⁓er** *m* máquina *f*, esquentador *m*.

'Köcher ['kœçər] *m* aljava *f*, carcaz *m*.

'Koch|gerät *n* (*-es*; *-e*), **⁓geschirr** *n* (*-es*; *-e*) trem *m* de cozinha; ⚔ marmita *f*; **⁓herd** *m* (*-es*; *-e*) fogão *m*.

'Köchin ['kœçin] *f* cozinheira *f*.

'Koch|kessel *m* marmita *f*; **⁓kiste** *f* estufa *f*; **⁓kunst** *f* arte *f* culinária; **⁓löffel** *m* colher *f*; **⁓salz** *n* (*-es*; *0*) sal *m* (comum *od.* das cozinhas); ⚗ cloreto *m* de sódio; **⁓salzlösung** *f* ⚗ solução *f* salina (de cloreto de sódio); ⚕ *physiologische* ⁓ *a.* soro *m* fisiológico; **⁓schule** *f* curso *m* de cozinhar; **⁓topf** *m* (*-es*; *⸚e*) *hoher*: panela *f*; *niedriger*: tacho *m*; *mit Stiel*: caçarola *f*; *für Milch*: fervedor *m*.

'Köder ['kø:dər] *m* isca *f*, engodo *m* (*a. fig.*); **⁓n** (*-re*) iscar, engodar (*a. fig.*).

'Kodex ['ko:dɛks] *m* (*-es*, *-*; *-e*, *Kodizes*) códice *m*; ⚖ código *m*.

Koffe'in [kɔfe'i:n] *n* (*-es*; *0*) cafeína *f*; **⁓frei** sem cafeína.

'Koffer ['kɔfər] *m* mala *f*; (*Hand⁓*) maleta *f*, mala *f* de mão; **⁓raum** *m* (*-es*; *⸚e*) *Auto*: mala *f*; **⁓träger** *m* carregador *m*, moço *m* (de fretes), carrejão *m*.

'Kognak ['kɔnjak] *m* (*-s*; *-s*) conhaque *m*.

Kohl [ko:l] ⚘ *m* (*-es*; *-e*) couve *f*; *fig.* F disparates *f/pl.*; **'⁓dampf** F *m* (*-es*; *0*) fome *f* (*schieben* passar).

'Kohle ['ko:lə] *f* carvão *m*; *pl. glühende* ⁓*n* brasa *f/sg.*; (*Holz⁓*) carvão *m* vegetal; (*Stein⁓*) carvão *m* de pedra; hulha *f*; *weiße* ⁓ hulha *f* branca; (*wie*) *auf* ⁓*n sitzen* estar sobre brasas; **⁓hydrat** *n* (*-es*; *-e*) hidrato *m* de carvão; **⁓n** *v/i.* carbonizar-se; arder mal; ⚓ abastecer-se de carvão; *fig.* dizer disparates.

'Kohlen|-arbeiter *m* mineiro *m* de carvão; **⁓becken** *n* braseira *f*; ⚒ bacia *f* (carbonífera), jazigo *m* (hulhífero); **⁓bergwerk** *n* (*-es*; *-e*) mina *f* de carvão; **⁓bunker** *m* carvoeira *f*; **⁓flöz** *n* (*-es*; *-e*) camada *f*; **⁓grube** *f* mina *f* de carvão; **⁓haltig** [-haltiç] carbonífero; hulhífero; **⁓händler** *m* carvoeiro *m*; **⁓handlung** *f* carvoaria *f*; **⁓kasten** *m* (*-s*; *⸚*), **⁓keller** *m* carvoeira *f*; **⁓lager** *n* depósito *m* de carvão; ⚒ jazigo *m*; **⁓oxyd** *n* (*-es*; *0*) óxido *m* de carvão; **⁓revier** *n* (*-s*; *-e*) região (*od.* bacia) *f* carbonífera; **⁓sauer** carbónico; **⁓säure** *f* (*0*) ácido *m* carbónico; anidrido *m* carbónico; **⁓schaufel** *f* (*-*; *-n*) pá *f*; **⁓staub** *m* (*-es*; *0*) cisco *m*; **⁓stoff** ⚗ *m* (*-es*; *0*) carbono *m*; **⁓trimmer** ⚓ *m* carvoeiro *m*; **⁓wagen** 🚂 *m* tênder *m*; **⁓zeche** ⚒ *f* mina *f*; **⁓wasserstoff** *m* (*-es*; *-e*) hidrogénio *m* carburado.

'Kohlepapier *n* (*-s*; *-e*) papel *m* químico.

'Köhler ['kø:lər] *m* carvoeiro *m*.

'Kohle|stift *m* (*-es*; *-e*) carvão *m*; **⁓zeichnung** *f* desenho *m* a carvão.

'Kohl|kopf *m* (*-es*; *⸚e*) repolho (*'ô) *m*; cabeça *f* de couve; **⁓meise** *f* mejengra *f*; **⁓(raben)schwarz** preto como o carvão; **⁓'rabi** [-'ra:bi] *m* (*-*, *-s*; *-*, *-s*) couve-rábano *f*; **⁓rübe** *f* nabo *m*; **⁓weißling** *m* (*-s*; *-e*) borboleta *f* da couve.

'Koje ['ko:jə] *f* ⚓ beliche *m*; F cama *f*.

Koka'in [koka'i:n] *n* (*-s*; *0*) cocaína *f*; **⁓süchtig** cocainómano.

Ko'karde [ko'kardə] *f* cocar *m*, distintivo *m*.

Koke'rei [kokə'raɪ] *f* fábrica *f* de coque.
ko'kett [ko'kɛt] janota, garrido, casquilho; **Ϩe'rie** [-'ri:] *f* garridice *f*; **~'ieren**: *~ mit* namor(ic)ar (*ac.*), brincar com.
Ko'kon [ko'kɔŋ] *m* (*-s*; *-s*) casulo *m*.
'Kokos|nuß ['ko:kɔs-] *f* coco *m*; **~palme** *f* coqueiro *m*.
Koks [ko:ks] *m* (*-es*; *-e*) coque *m*.
'Kolben ['kɔlbən] *m* ⚗ alambique *m*, balão *m*; ⊕ êmbolo *m*, pistão *m*; (*Gewehr*Ϩ) coronha *f*; ⚘ (*Mais*Ϩ) espiga *f* (de milho), maçaroca *f*; (*Streit*Ϩ) maça *f*, clava *f*; **~hub** *m* ⊕ jogo *m* de êmbolo; **~pumpe** *f* bomba *f* de êmbolo.
'Ko'lik ['ko:lik, ko'li:k] *f* cólica *f*.
Kol'leg [kɔ'le:k] *n* (*-s*; *-s*) curso *m*; *einzelnes*: aula *f*; **~e** [-gə] *m* colega *m*, companheiro *m*; **~geld** *n* propina *f*; **Ϩi'al** [-gi'a:l] de colega; **~iali'tät** [-giali'tɛt] *f* (*0*) (espírito *m* de) camaradagem; **~heft** *n* (*-es*; *-e*) apontamentos *m*/*pl*. (da aula); **~ium** [-gium] *n* (*-s*; *Kollegien*) colégio *m*; (*Lehrerschaft*) corpo *m* docente.
Kol'lekte [ko'lɛktə] *f* colheita *f*; peditório *m*; cole[c]ta *f*.
Kollek'tiv [kɔlɛk'ti:f] *n* (*-s*; *-e*) cole[c]tivo *m*; **~...**: *in Zssgn* cole[c]tivo; **~'ierung** [-'vi:ruŋ] *f* cole[c]tivização *f*.
'Koller ['kɔlər] **1.** *n* gibão *m*; **2.** *m* ⚕ *vet*. vertigem *f*; *fig*. doidice *f*, telha *f*; **Ϩn** (*-re*) *v*/*i*. (*fallen*) rolar, rebolar; (*h.*) *Truthahn*: gorgolejar; *Eingeweide*: roncar.
kolli'dieren [koli'di:rən] (-) colidir; *zeitl*. coincidir; *~ mit* haver incompatibilidade com.
koloni'al [koloni'a:l], **Ϩ...**: *in Zssgn* colonial; **Ϩwaren-händler** *m* merceeiro *m*; **Ϩwaren-handlung** *f* mercearia *f*.
Kolo'n|ie [kolo'ni:] *f* colónia *f*; **Ϩi'sieren** [-i'zi:rən] (-) colonizar; **~ist** *m* (*-en*) colono *m*.
Kolon'nade [kolɔ'na:də] *f* arcada *f*.
Ko'lonne [ko'lɔnə] *f* coluna *f*.
Kolo|'phonium [kolo'fo:nium] *n* (*-s*; *0*) colofónia *f*, **~ra'tur** [-a'tu:r] ♪ *f* trinado *m*; **Ϩ'rieren** [-'ri:rən] (-) colorir; **~'rit** [-'ri:t] *n* (*-es*; *-e*) colorido *m*.
Ko'loß [ko'lɔs] *m* (*-sses*; *-sse*) colosso *m*.
Kolos'seum [kolo'se:um] *n* (*-s*; *0*) coliseu *m*.
kolpor'tieren [kɔlpɔr'ti:rən] (-) divulgar.
Ko'lumb|ier(in *f*) *m* [ko'lumbiər-] columbino *m*, -a *f*; **Ϩisch** columbino, da Colúmbia *f*.
Kombi|nati'on [kɔmbinatsi'o:n] *f* combinação *f*; **Ϩ'nieren** [-'ni:rən] combinar.
Ko'met [ko'me:t] *m* (*-en*) cometa *m*; **~enbahn** *f* órbita *f* do cometa.
Kom'fort [kom'fo:r] *m* (*-s*; *0*) conforto (*'ô) *m*; comodidades *f*/*pl*.; **Ϩ'abel** [-fɔr'ta:bəl] confortável, cómodo.
'Komi|k ['ko:mik] *f* (*0*), **~ker** [-kər] *m* cómico *m*; **Ϩsch** cómico, ridículo; esquisito; *Thea.*: burlesco; *Oper*: bufa.
Komi'tee [komi'te:] *n* (*-s*; *-s*) comissão *f*; junta *f*.
'Komma ['kɔma] *n* (*-s*; *-s*, *Kommata*) vírgula *f*.
Komman|'dant [kɔman'dant] *m* (*-en*) comandante *m*; **~dan'tur** [-'tu:r] *f* governo (*ê) *m* militar; **~'deur** [-'dø:r] *m* (*-s*; *-e*) comandante *m*; chefe *m*; **Ϩ'dieren** [-'di:rən] (-) comandar; **~'ditgesellschaft** [-'di:t-] *f* comandita *f*.
Kom'mando [kɔ'mando] *n* (*-s*; *-s*) ⚔ comando *m*; (*Abteilung*) destacamento *m*; *das ~ führen* mandar; **~brücke** ⚓ *f* ponte *f* de comando; **~ruf** *m* (*-es*; *-e*), **~wort** *n* (*-es*; *-e*) voz *f* de comando.
'kommen ['kɔmən] (*L*) **1.** (*sn*): **a**) vir, (*an~*) chegar ([*an*]*gelaufen usw*. a correr); *vom Sprechenden weg*: ir; *nach Hause*: voltar; *ich komme schon* já vou; *~ lassen* mandar vir; **b**) *teuer* (*zu stehen*) *~* custar, resultar, *fig. a.* sair; *wie es gerade kommt* como calha(r); *woher* (*od. wie*) *kommt es, daß?* como se explica que?; *dahin ~, daß* acabar por *inf*.; **c**) *mit prp*.: *an den Tag ~* vir à luz; *auf* (*ac.*) *~* (*erreichen*) alcançar; (*sich belaufen*) montar a; *Anteil*: *auf ihn kommt* ... cabe(m)-lhe, ele fica com...; (*sich entsinnen*) lembrar-se de; *Kosten*: vir a custar (*ac.*); *auf seine Kosten ~* ✝ não ficar prejudicado; *fig*. ficar satisfeito; *auf* (*ac.*) *nichts ~ lassen* não admitir (*od.* não tolerar) que se fale mal de; *aus e-r Sprache ~* derivar de; *aus der Mode*

~ passar de; ~ *durch* passar por; *hinter et.* (*ac.*) ~ (chegar a) descobrir; *in Gefahr* ~ pôr-se em perigo, expor-se ao perigo; *ins Laufen usw.* ~ começar a ...; *um et.* ~ ficar sem; *von der Stelle* ~ avançar, *a. fig.* adiantar; *das kommt davon* eis as consequências; *zu et.* ~ conseguir a.c.; *es kommt zu et.* chega a haver a.c.; produz-se a.c.; *wieder zu sich* ~ tornar a si; *wie kommst du dazu?* quem te deu o direito (de...)?; como te lembras(te) (de ...)?; para que fazes isto?; *hinzu kommt, daß* acresce que ...; **2.** ♀: ~ *und Gehen n* vinda *f*; vaivém *m*; **~d** *adj.* vindouro, futuro; *Monat usw.*: que vem; *Mann*: de amanhã, (do) futuro.

Kommen'tlar [kɔmɛn'ta:r] *m* (*-s*; *-e*) comentário *m*; **~ator** [-'ta:tɔr] *m* (*-s*; *-en*) comentador; **♀ieren** comentar.

Kom'mers [kɔ'mɛrs] *m* (*-es*; *-e*) reunião *f* de estudantes.

kommerzi|'ell [kɔmɛrtsi'ɛl] comercial; **♀enrat** [kɔ'mɛrtsiən-] *m* (*-es*; *=e*) conselheiro *m* comercial (= título honorífico).

Kommili'ton|e *m* (*-n*), **~in** *f* colega *m, f*; companheiro *m* (-a *f*) de estudos.

Kom'm|is [kɔ'mi:] *m* (-; -) caixeiro *m*; **~iß** [-'mis] F ⚔ *m* (*-sses*; *0*) tropa *f*.

Kommis'sar [kɔmi'sa:r] *m* (*-s*; *-e*) comissário *m*; delegado *m*; **~i'at** [-ri'a:t] *n* (*-es*; *-e*) comissariado *m*; **♀isch** provisório; em exercício.

Kom'mißbrot ⚔ *n* (*-es*; *-e*) munício *m*, pão *m* de munição.

Kommissi'on [kɔmisi'o:n] *f* comissão *f*; **~'är** [-'nɛ:r] *m* (*-s*; *-e*) comissionário *m*; **~s-geschäft** *n* (*-es*; *-e*) comissão *f*.

Kom'mode [kɔ'mo:də] *f* cómoda *f*.

kommu'nal [kɔmu'na:l] comunal, municipal.

Kom'mun|e [kɔ'mu:nə] *f* município *m*; **~i'on** [-i'o:n] *f* comunhão *f*; **~'ismus** *m* (-; *0*) comunismo *m*; **~'ist(in** *f*) *m* comunista *m, f*; **♀'istisch** comunista; **♀i'zieren** [-ni'tsi:rən] (-) comunicar; *Rel.* comungar.

Komödi'ant [kɔmø:di'ant] *m* (*-en*) (**~in** *f*) comediante *m, f*; a[c]tor *m* cómico (a[c]triz *f* cómica).

Ko'mödie [kɔ'm:ø:diə] *f* comédia *f*.

'Kompa|gnon ['kɔmpaniõ] *m* (*-s*; *-s*) sócio *m*; **~'nie** [-'ni:] *f* companhia *f*.

'Komparativ ['kɔmparati:f] *m* (*-s*; *-e*) comparativo *m*.

Kom'pars|e [kɔm'parzə] *m* (*-n*), **~in** *f* comparse *m, f*, **~e'rie** [-'ri:] *f* comparsaria *f*; comparsas *m/pl.*

'Kompaß ['kɔmpas] *m* (*-sses*; *sse*) bússola *f*; **~häuschen** [-'hɔysçən] *n* bitáculo *f*; **~nadel** *f* (-; *-n*) agulha *f* de marear; **~strich** *m* (*-es*; *-e*) rumo *m*.

kompen'sieren [kɔmpɛn'zi:rən] (-) compensar.

kompe'ten|t [kɔmpe'tɛnt] competente; autorizado; categorizado; **♀z** *f* competência *f*, autoridade *f*.

Kom'ple|t [kɔm'ple:] *n* (-, *-s*; *-s*) conjunto *m*; **♀tt** [-ɛt] completo; **~x** [-ɛks] *m* (*-es*; *-e*) complexo *m*; **♀x** complexo.

Kom'plice [kɔm'pli:tsə] *m* (*-n*) [cúmplice *m.*]

Kompli|'ment [kɔmpli'mɛnt] *n* (*-es*; *-e*) cumprimento *m*; **♀men'tieren** [-'ti:rən] (-) cumprimentar; **~ze** [-'pli:tsə] *m* (*-n*) cúmplice *m*; **♀'zieren** [-'tsi:rən] (-) complicar.

Kom'plott [kɔm'plɔt] *n* (*-es*; *-e*) conspiração *f*, trama *f*, intriga *f*.

kompo|'nieren [kɔmpo'ni:rən] (-) compor; **♀'nist** *m* (*-en*) compositor *m*; **♀siti'on** [-zitsi'o:n] *f* composição *f*.

Kom'post [kɔm'pɔst] *m* (*-es*; *-e*) estrume *m*.

Kom'pott [kɔm'pɔt] *n* (*-es*; *-e*) compota *f*; doce *m*; **~schale** *f*, **~schüssel** *f* (-; *-n*) taça *f*; compoteira *f*.

Kom'press|e [kɔm'prɛsə] *f* compressa *f*; **~i'on** [-i'o:n] *f* compressão *f*; **~or** *m* (*-s*; *-en*) compressor m.

Kompro'miß [kɔmpro'mis] *m* (*n*) (*-sses*; *-sse*) compromisso *m*, acordo (*'ô) *m*; **♀los** intransigente; **~lösung** *f* compromisso *m*.

kompromit'tieren [kɔmpromi'ti:rən] (-) comprometer.

Konden's|ator [kɔndɛn'za:tɔr] *m* (*-s*; *-en*) condensador *m*; **♀ieren** (-) condensar.

Kon'ditor [kɔn'di:tɔr] *m* (*-s*; *-en*) confeiteiro *m*; pasteleiro *m*; **~'ei** [-'raɪ] *f* confeitaria *f*; pastelaria *f*.

Kondo'l|enz [kɔndo'lɛnts] *f* pêsame(s *pl.*) *m*; condolência(s *pl.*) *f*; **♀ieren** (-) dar os pêsames.

Kon'fekt [kɔn'fɛkt] *n* (*-ės*; *-e*) doces *m/pl.*; confeitos *m/pl.*; **~i'on** [-tsi-'o:n] *f* (*0*) confe[c]ção *f*.

Konfe'r|enz [kɔnfe'rɛnts] *f* conferência *f*; conselho *m*; **2ieren** (-) conferenciar; estar em conselho; reunir-se em conselho.

Konfessi'on [kɔnfɛsi'o:n] *f* religião *f*, confissão *f*; **2slos** sem confissão; **~s-schule** *f* escola *f* confessional.

Kon'fetti [kɔn'fɛti] *pl. uv.* papelinhos *m/pl.*

Konfir'man|d [kɔnfir'mant] *m* (*-en*) catecúmeno *m*, catequizado *m*; confirmando *m*; **~den-unterricht** [-dən-] *m* (*-ės*; *0*) catequese *f*, catequização *f*; doutrina *f*; **~din** [-din] *f* catecúmena *f*, catequizada *f*; confirmanda *f*.

Konfirm|ati'on [kɔnfirmatsi'o:n] *f* confirmação *f*; **2'ieren** (-) confirmar.

Konfis|kati'on [kɔnfiskatsi'o:n] *f* confiscação *f*; **2'zieren** (-) [-'tsi:rən] confiscar.

Konfi'türen [kɔnfi'ty:rən] *f/pl.* doces *m/pl.*

Kon'flikt [kɔn'flikt] *m* (*-ės*; *-e*) conflito *m*; *innerer*: dilema *m*.

konfron'tieren [kɔnfrɔn'ti:rən] (-) confrontar.

kon'fus [kɔn'fu:s] confuso.

Kon'greß [kɔn'grɛs] *m* (*-sses*; *-sse*) congresso *m*; **~teilnehmer** *m* congressista *m*.

'König ['kø:niç] *m* (*-ės*; *-e*) rei *m*; **~in(-mutter** [-; "]) *f* [-gin-] rainha(-mãe) *f*.

'könig|lich ['kønik-] real; régio; **2reich** *n* (*-ės*; *-e*) reino *m*.

'Königs...: *in Zssgn oft*: real; régio; **~kerze** ⚘ *f* verbasco *m*; **~mord** *m* (*-ės*; *-e*) regicídio *m*; **~mörder** *m* regicida *m*; **~paar** *n* (*-ės*; *-e*) reis *m/pl.*; **2treu** legitimista, monárquico; **~würde** *f* (*0*) realeza *f*.

'Königtum ['-niç-] *n* (*-s*; *"er*) realeza *f*.

'konisch ['ko:niʃ] cónico.

Konju|gati'on [kɔnjugatsi'o:n] *f* conjugação *f*; **2'gieren** (-) conjugar; **~nkti'on** [-juŋktsi'o:n] *f* conjunção *f*, **~nktiv** ['-juŋkti:f] *m* (*-s*; *-e*) subjuntivo *m*, conjuntivo *m*.

Konjunk'tur [kɔnjuŋk'tu:r] *f* conjuntura *f*; *bsd.* ✝ *steigende ~* alta *f*; *fallende ~* baixa *f*; **~forschung** *f* estudo *m* comparativo dos mercados; **~schwankungen** *f/pl.* flutuação *f/sg.* dos mercados.

kon'kav [kɔn'ka:f] côncavo.

Konkor'dat [kɔnkɔr'da:t] *n* (*-ės*; *-e*) concordata *f*.

kon'kret [kɔn'kre:t] concreto.

Konkur'r|ent [kɔnku'rɛnt] *m* (*-en*) concorrente *m*; competidor *m*; **~enz** [-'rɛnts] *f* concorrência *f*, competição *f*; **2enzfähig** capaz de concorrer; **2enzlos** único; **2ieren** (-) concorrer, competir.

Kon'kurs [kɔn'kurs] *m* (*-es*; *-e*) falência *f* (*anmelden* abrir), quebra *f*; *in ~ geraten* falir; **~eröffnung** *f* abertura *f* da falência; **~gläubiger** *m* credor *m* do falido; **~masse** *f* massa *f* falida; **~verwalter** *m* administrador *m* da massa falida.

'könn|en ['kœnən] (*L*) poder; (*gelernt h.*) saber; *ich kann nichts dafür* a culpa não é minha; *nicht umhin ~ zu ...* não poder deixar de; **2en** *n* saber *m*; capacidade *f*; talento *m*; virtuosidade *f*; **2er** *m* virtuoso *m*.

Konnosse'ment [konɔsə'mɛnt] *n* (*-ės*; *-e*) conhecimento *m*.

konse'quen|t [kɔnzə'kvɛnt] consequente; **2z** [-ts] *f* consequência *f*.

konserva|'tiv [kɔnzɛrva'ti:f] conservador; **2'torium** [-'to:rium] *n* (*-s*; *Konservatorien*) instituto (*staatlich*: conservatório) *m* de música.

Kon'serv|e [kɔn'zɛrvə] *f* conserva *f*; **~enbüchse** *f* lata *f* de conservas; **2'ieren** (-) conservar.

Konsis'torium [kɔnzis'to:rium] *n* (*-s*, *Konsistorien*) consistório *m*.

Kon'sole [kɔn'zo:lə] *f* consola *f*.

konsoli'dier|en [kɔnzoli'di:rən] (-) consolidar; **2ung** *f* consolidação *f*.

Kon|so'nant [kɔnzo'nant] *m* (*-en*) consoante *f*; **~'sortium** [-'zɔrtsium] *n* (*-s*; *Konsortien*) consórcio *m*; **2sta'tieren** [-sta'ti:rən] (-) verificar; afirmar; **2stitu'ieren** [-stitu'i:rən] (-) constituir; **~stituti'on** [-stitutsi'o:n] *f* constituição *f*; **2stitutio'nell** [-stitutsio'nɛl] constitucional; **2stru'ieren** [-stru'i:rən] (-) construir; **~struk'teur** [-struk'tø:r] *m* (*-s*; *-e*) construtor *m*; **~strukti'on(s...)** [-struktsi'o:n(s...)] *f* (de) construção *f*.

'Konsul ['kɔnzul] *m* (*-s*; *-n*) cônsul *m*; **2'arisch** [-'la:riʃ] consular; **~'at** [-'la:t] *n* (*-ės*; *-e*) consulado *m*;

~'**ats...**: *in Zssgn* consular; do consulado.
konsul|'tieren [kɔnzul'ti:rən] (-) consultar; 2**tati'on** [-tatsi'o:n] *f* consulta *f*; 2**ta'tiv-vertrag** [-ta'ti:f-] *m* (-*ẹs*; ⸗*e*) tratado *m* de consulta.
Kon'sum [kɔn'zu:m] *m* (-*s*; -*e*) consumo *m*; ~'**ent** [-'mɛnt] *m* (-*en*) consumidor *m*; 2'**ieren** (-) consumir, gastar; ~**verein** *m* (-*ẹs*; -*e*) cooperativa *f* de consumo.
Kon'takt [kɔn'takt] *m* (-*ẹs*; -*e*) conta[c]to *m*; ~**schnur** ⚡ *f* (-; ⸗*e*) fio *m* elé[c]trico; ~**stecker** *m*, ~**stöpsel** *m* ⚡ ficha *f* de tomada.
'**Konter|admiral** *m* (-*s*; ⸗*e*) contra-almirante *m*; ~**bande** *f* contrabando *m*; ~**fei** [-faɪ] *n* (-*s*; -*e*) retrato *m*; ~**marke** *f* contramarca *f*, contra-senha; ~**revolution** *f* contra-revolução *f*.
Konti'nent [kɔnti'nɛnt] *m* continente *m*; 2'**al** [-'ta:l] continental; ~'**al-sperre** *f* Bloqueio *m* continental.
Kontin'gent [kɔntiŋ'gɛnt] *n* (-*ẹs*; -*e*) contingente *m*; 2'**ieren** (-) limitar.
'**Konto** ['kɔnto] *n* (-*s*; *Konten*) conta *f* (corrente); ~**auszug** *m* (-*ẹs*; ⸗*e*) extra[c]to *m* da conta; ~**inhaber** *m* titular *m* da (*od.* de uma) conta.
Kon'tor [kɔn'to:r] *n* (-*s*; -*e*) escritório *m*; ~'**ist(in** *f*) *m* (-*en*) [-to'rist-] empregado *m* (-a *f*) de escritório.
'**Kontra|baß** *m* (-*sses*; ⸗*sse*) contrabaixo *m*; ~'**hent** [-'hɛnt] *m* (-*en*) contraente *m*; parte *f* contratante; *Duell*: adversário *m*.
Kon'trakt [kɔn'trakt] *m* (-*ẹs*; -*e*) contrato *m*.
Kon'trast [kɔn'trast] *m* (-*es*; -*e*) contraste *m*; 2'**ieren** [-'ti:rən] (-) contrastar.
Kon'troll|abschnitt [kɔn'trɔl-] *m* (-*ẹs*; -*e*) senha *f*, talão *f*; ~**e** [-ə] *f* controle (*'ô) *m*; fiscalização *f*; revisão *f*; inspe(c)ção *f*; regist(r)o *m*; vistoria *f*; ronda *f*; ~'**eur** [-'lø:r] *m* (-*s*; -*e*) revisor *m*; ~**gang** *m* (-*ẹs*; ⸗*e*) ronda *f*; 2'**ieren** (-) fiscalizar; revisar; examinar; fazer a revisão de, fazer a vistoria de; ~**kasse** *f* caixa *f* regist(r)adora; ~**marke** *f*, ~**zettel** *m* senha *f* (de saída).
Kon'tur [kɔn'tu:r] *f* contorno (*'ô) *m*.

Konventi'on [kɔnvɛntsi'o:n] *f* convénio *m*; convenção *f*; ~'**alstrafe** [-'na:l-] *f* multa *f* convencional; 2'**ell** [-'nɛl] convencional.
konver|'gieren [kɔnvɛr'gi:rən] (-) convergir; 2**sati'on** [-zatsi'o:n] *f* conversa(ção) *f*; 2**sati'ons-lexikon** *n* (-*s*; -*lexika*) enciclopédia *f*; ~'**tierbar** [-'ti:rba:r] conversível, convertível; ~'**tieren** [-'ti:rən] (-) converter; 2'**tit(in** *f*) *m* (-*en*) [-'ti:t-] convertido *m*, -a *f*.
kon'vex [kɔn'vɛks] convexo.
Konzentr|ati'on(s...) [kɔntsɛntratsi'o:n(s-)] *f* (de) concentração *f*; 2'**ieren** (-) concentrar.
Kon'zept [kɔn'tsɛpt] *n* (-*ẹs*; -*e*) minuta *f*, borrão *m*; rascunho *m*; *aus dem ~ kommen* (*bringen* fazer) perder o fio.
Kon'zern [kɔn'tsɛrn] *m* (-*s*; -*e*) união *f*, companhias *f*/*pl.* reunidas.
Kon'zert [kɔn'tsɛrt] *n* (-*ẹs*; -*e*) concerto (*ê) *m*; ~-**abend** *m* (-*ẹs*; -*e*) sarau *m* musical; *Solist*: recital *m*; 2'**ieren** (-) dar concertos; ~**sänger** (-**in** *f*) *m* concertista *m*, *f*; cantor(a *f*) *m* de concerto (*ê); ~**verein** *m* (-*ẹs*; -*e*) círculo *m* musical; sociedade *f* de concertos.
Konzessi'on [kɔntsɛsi'o:n] *f* alvará *m*, concessão *f*; 2'**ieren** *v*/*t.* (-) admitir; ~**s-inhaber** *m* concessionário *m*.
Kon'zil [kɔn'tsi:l] *n* (-*s*; -*e*, *Konzilien*) concílio *m*.
Koordi'n|ate [ko'ɔrdi'na:tə] *f* coordenada *f*; 2**ieren** (-) coordenar.
Kopf [kɔpf] *m* (-*ẹs*; ⸗*e*) cabeça *f*; *fig.* inteligência *f*; (~*ende*) cabeceira *f*; *den ~ hängen lassen* andar cabisbaixo, andar desanimado; *s-n ~ anstrengen* puxar pela (sua) cabeça; *j-m den ~ zurechtsetzen* compor alg.; *j-m den ~ waschen fig.* dar uma ensaboadela a alg.; *~ oder Schrift? Münze*: cruzes ou cunhos?; *nicht auf den ~ gefallen sn* F não ser tolo; *auf den ~ zusagen* dizer na cara; *auf den ~ hauen* F *fig.* gastar; *auf den ~ stellen* remexer, revolver, pôr às avessas; *aus dem ~* de cor; *sich* (*dat.*) *aus dem ~ schlagen* desistir de; *sich* (*dat.*) *in den ~ setzen* meter-se na cabeça; *mit dem ~ durch die Wand wollen* ser teimoso; *j-m über den ~ wachsen* exceder as forças de alg., *fig.* emancipar-se (da

autoridade) de alg.; *von ~ bis Fuß* dos pés à cabeça; *j-n vor den ~ stoßen fig.* ofender alg.; escandalizar alg.; *wie es ihm gerade in den ~ kommt* para onde lhe dá; **'~-arbeit** *f* trabalho *m* intele(c)tual; **'~-arbeiter** *m* intele(c)tual *m*; **'~bedeckung** *f* chapéu *m*.

'köpfen ['kœpfən] *j-n*: decapitar, degolar; cortar a cabeça a; *Bäume*: podar, decotar.

'Kopf|-ende *n* (-*s*; -*n*) cabeceira *f*; **~-haut** *f* (*0*) couro *m* cabeludo; **~-hörer** *m* auscultador *m*; **~kissen** *n* travesseira *f*; **2los** sem cabeça; *fig. a.* perplexo; **~nicken** *n* aceno *m* da cabeça, gesto *m* afirmativo da cabeça; **~nuß** *f* (-; *"sse*) sopapo *m*; pescoçada *f*; **~putz** *m* (-*es*; *0*) toucado *m*; **~rechnen** *n* cálculo *m* mental; **~salat** *m* (-*ės*; -*e*) alface *m*; **2scheu** espantado, medroso; desconfiado; **~schmerz** *m* (-*es*; -*en*) dor *f* de cabeça; **~schütteln** *n* abanar *m* da cabeça, gesto *m* negativo da cabeça; **~sprung** *m* (-*ės*; *"e*) salto *m* de cabeça (*machen* dar); **~steuer** *f* (-; -*n*) capitação *f*; imposto *m* pessoal; **~stimme** *f* (voz *f* de) falsete *m*; **~stoß** *m* (-*es*; *"e*) *Sport*: cabeçada *f*; **~tuch** *n* (-*ės*; *"er*) lenço *m* (para a cabeça); **2-über** de cabeça (para baixo); **~wäsche** *f* lavagem *f* (da cabeça); **~zerbrechen** *n* (-*s*; *0*) preocupação *f*; *j-m ~ machen* causar preocupações a alg.; pôr a cabeça de alg. em água.

Ko'pie [ko'pi:] *f* cópia *f*; **2ren** (-) copiar.

Ko'pier|presse [ko'pi:r-] *f* prensa *f* de copiar; **~stift** *m* (-*ės*; -*e*) lápis *m* de copiar; **~tinte** *f* tinta *f* comunicativa (*od.* de copiar).

'Koppe ['kɔpə] *f* cume *m*, cima *f*.

'Koppel ['kɔpəl]: **a)** *f* (-; -*n*) *Hunde*: matilha *f*; *Pferde*: récua *f*; (*Weide*) campo *m*, couto *m*; **b)** *n* ⚔ cinturão *m*; **2n** (-*le*) ligar; ⊕ *u.* ⚡ *a.* ajoujar; enganchar; *a. Radio*: acoplar; *Tiere*: aparelhar, atrelar; **~schloß** *n* (-*sses*; *"sser*) fecho *m* do cinturão.

'Koppl|er ['kɔplər] *m* acoplador *m*; **~ung** *f* ligação *f*; acoplamento *m*; ajoujo *m*; copulacão *f*, colhera *f*.

Ko'rall|e [ko'ralə] *f* coral *m*; **~en...**: *in Zssgn meist* de coral, de corais; **~en-fischer** *m* coraleiro *m*; **2en-rot** coralino.

Ko'ran [ko'ra:n] *m* Alcorão *m*.

Korb [kɔrp] *m* (-*ės*; *"e*) cesto (*ê) *m*, cesta *f*; canastra *f*, (*Markt*2) cesto (*ê) *m* de compras; (*geschlossener Henkel*2) cabaz *m*; *kleiner, geschlossener*: condessa *f*; *henkelloser, offener, flacher, runder*: açafate *m*; *fig.*: *e-n ~ bekommen* levar uma recusa; *e-n ~ geben* recusar; rejeitar; **'~ball** *m* (-*ės*; *0*) basquetebol *m*; * cestobol *m*; **'~flasche** *f* garrafão *m*; **'~flechter** [-flɛçtər] *m* cesteiro *m*, vimeiro *m*; **'~geflecht** *n* (-*ės*; -*e*) vimes *m/pl.*; **'~weide** ⚘ *f* vimeiro *m*.

'Kordel ['kɔrdəl] *f* (-; -*n*) cordão *m*, cordel *m*.

Ko'rinth|e [ko'rintə] *f* passa *f*, corinto *m*; **2isch** coríntio.

Kork [kɔrk] *m* (-*ės*; -*e*) cortiça *f*; **'~-eiche** *f* sobreiro *m*; **'~-eichenhain** *m* (-*ės*; -*e*) sobreiral *m*; **'~-eichenpflanzung** *f* sobral *m*; **'~en**[1] *m* (*Propfen*) rolha *f*; **'2en**[2] **a)** *v/t.* (ar)rolhar, tapar; **b)** *adj.* de cortiça; **'~en-industrie** *f* (*0*) indústria *f* rolheira; **'~enzieher** [-tsi:ər] *m* saca-rolhas *m*.

Korn [kɔrn] *n* (-*ės*; *~arten*) grão *m*; (*Getreide*) cereais *m/pl.*; (*Weizen*) trigo *m*; (*Roggen*) centeio *m*; (*Mais*) milho *m*; (*Samen*2) semente *f*; = *~branntwein*; ⚔ (ponto *m* de) mira *f*; *aufs ~ nehmen* (*ac.*) visar; apontar; **'~ähre** *f* espiga *f* de trigo; **'~blume** *f* escovinha *f*; **'~boden** *m* (-*s*; *"*) celeiro *m*; **'~branntwein** *m* (-*ės*; *0*) aguardente *f* de trigo.

'körnen ['kœrnən] granular; *Leder*: *sich ~* ficar granuloso.

'Korn|feld *n* (-*ės*; -*er*) campo *m* de trigo, trigal *m*, seara *f*; *Roggen*: centeal *m*; *Mais*: milh(eir)al *m*.

'körnig ['kœrniç] granuloso, granulado.

'Korn|kammer *f* (-; -*n*) celeiro *m* (*a. fig.*); **~speicher** *m* celeiro *m*, silo *m*; **~wurm** *m* (-*ės*; *"er*) gorgulho *m*.

'Körper ['kœrpər] *m* corpo *m*; **~bau** *m* (-*ės*; *0*) estatura *f*; **~beschaffenheit** *f* constituição *f*; compleição *f* física; **~chen** [-çən] *n* corpúsculo *m*, partícula *f*; **~-erziehung** *f* (*0*) educação *f* física; **~fülle** *f* (*0*) corpulência *f*; **~größe** *f* estatura *f*; **~-haltung** *f* atitude *f*; porte *m*; **~kraft** *f* (-; *"e*) força (*ô) *f* física; **~kultur** *f* (*0*) cultura *f* física;

~kunde *f* (*0*) somatologia *f*; **²lich** corpóreo; físico; **²los** sem corpo; imaterial; **~pflege** *f* (*0*) cultura *f* física; higiene *f* do corpo; (*Reinlichkeit*) asseio *m* pessoal; **~schaft** *f* entidade *f*; corporação *f*; **~schwäche** *f* debilidade *f* física; **~verletzung** *f* lesão *f* corporal; ferida *f*; **~wuchs** *m* (*-es*; *0*) estatura *f*.

Korpo'ral [kɔrpo'ra:l] *m* (*-s*; *-e*) cabo *m* (de esquadra).

Korpora|ti'on *f* corporação *f*; **²'tiv** [-'ti:f] corporativo.

Korps [ko:r] *n* (-; -) corpo *m* (⚔ do exército).

korpu'len|t [kɔrpu'lɛnt] corpulento; **²z** [-ts] *f* (*0*) corpulência *f*.

kor'rekt [kɔ'rɛkt] corre[c]to; **²heit** *f* (*0*) corre[c]ção *f*.

Korrek'tur [kɔrɛk'tu:r] *f* emenda *f*; **~-abzug** *m* (*-es*; *⸚e*), **~bogen** *m* (*-s*; *⸚*) prova *f* (tipográfica) (*lesen* rever); **~fahne** *f* prova *f* de granel.

Korrespon'd|ent(in *f*) *m* [kɔrɛspɔn'dɛnt-] (*-en*) correspondente *m*, *f*; (*Zeitungs²*) *inländisch a.* delegado *m*, -a *f*; **~enz** [-'dɛnts] *f* correspondência *f*; **²ieren** (-) corresponder-se.

'Korridor ['kɔrido:r] *m* (*-s*; *-e*) corredor *m*.

korri'gieren [kɔri'gi:rən] (-) corrigir, emendar.

kor'rupt [kɔ'rupt] corru[p]to; **²i'on** [-tsi'o:n] *f* corru[p]ção *f*.

'Korse ['kɔrzə] *m* (*-n*) corso *m*.

Kor'sett [kɔr'zɛt] *n* (*-es*; *-e*, *-s*) espartilho *m*; colete *m*; cinta *f*; **~stange** *f* tira *f*.

'Kors|in ['kɔrzin] *f* corsa *f*; **²isch** corso, da Córsega.

Kor'vett|e [kɔr'vɛtə] *f* corveta *f*; **~enkapitän** *m* (*-s*; *-e*) capitão *m* de corveta.

Ko'sak [ko'zak] *m* (*-en*) cossaco *m*.

'koscher ['ko:ʃər] puro, limpo.

'kose|n ['ko:zən] acariciar; fazer festas a; **²name** *m* (*-ns*; *-n*) nome *m* familiar (*od.* de carinho); alcunha *f*; **²wort** *n* (*-es*; *⸚er*) palavra *f* carinhosa.

'Kosinus ['ko:zinus] *m* (-; -, *-se*) co-seno *m*.

Kos'meti|k [kɔs'me:tik] *f* (*0*) arte *f* cosmética; **²sch** cosmético.

'kosmisch ['kɔsmiʃ] cósmico.

Kosmopo'lit [kɔsmopo'li:t] *m* (*-en*) cosmopolita *m*; **²isch** cosmopolita.

Kost [kɔst] *f* (*0*) comida *f*, alimento *m*; (*Unterhalt*) sustento *m*; *~ und Wohnung* pensão *f* completa; *in ~* hospedado; *auf schmale ~ setzen* pôr de dieta; **'²bar** precioso; (*teuer*) custoso; **'~barkeit** *f* preciosidade *f*.

'kosten¹ ['kɔstən] (*-e-*) **1.** *v/i.* custar (*was?* quanto?); *koste es, was es wolle* custe o que custar; a todo o transe; **2.** *v/t.* provar; saborear; gozar de.

'Kosten² *pl. uv.* custo *m*; despesas *f/pl.*; gastos *m/pl.*; *auf ~ gen.*, *auf ~ von* à custa de; a expensas *f/pl.* de; *auf meine ~* por minha conta; **~-anschlag** *m* (*-es*; *⸚e*) orçamento *m*; **~-aufwand** *m* (*-es*; *0*) dispêndio *m*; gastos *pl.*; despesas *f/pl.*; **~frage** *f* questão *f* de (*od.* do) preço; **²los** sem despesas, livre de despesas; gratuito; **²pflichtig** [-pfliçtiç]: *~ sn* pagar; **~preis** *m* (*-es*; *-e*) preço *m* de custo; **~punkt** *m* (*-es*; *-e*) preço *m*.

'Kost|gänger ['-gɛŋər] *m* hóspede *m*; pensionista *m*; **~geld** *n* pensão *f*; **~-happen** *m* bocadinho *m*.

'köstlich ['kœstliç] delicioso.

'Kost|probe *f* bocadinho *m*; *fig.* amostra *f*; **²spielig** [-ʃpi:liç] dispendioso, caro.

Kos'tüm [kɔs'ty:m] *n* (*-s*; *-e*) traje *m*; (*Schneider²*) saia *f* e casaco *m*; (*Verkleidung*) disfarce *m*; **~fest** *n* (*-es*; *-e*) baile *m* de trajes; **²'ieren** (-) disfarcar (*als* de); **~'ierung** [-'mi:ruŋ] *f* disfarce *m*.

'Kost-verächter *m*: *kein ~ sn* ter boa boca (*ô).

Kot [ko:t] *m* (*-es*; *0*) lodo *m*, lama *f*; imundícia *f*; ⚕ excrementos *m/pl.*

Kote'lett [kot(ə)'lɛt] *n* (*-es*; *-e*, *-s*) costeleta *f*.

'Köter ['kø:tər] *m* cão *m*, mastim *m*.

'Kot|flügel *m* guarda-lama *m*; **~grube** *f* cloaca *f*, fossa *f*; **²ig** sujo de lama, enlameado.

'kotzen ['kɔtsən] P (*-t*) vomitar; *zum ²* nojento; *zum ² sn a.* meter nojo.

'Krabb|e ['krabə] *f* camarão *m*; *fig.* petiz *m*; **²eln** (*-le*) formigar, mexer; F (*kriechen*) arrastar-se.

Krach [krax] *m* (*-es*; *-e*, *-s*) ruído *m*; barulho *m*; fracasso *m*; (*Streit*) arrelia *f*; ✝ quebra *f*, catástrofe *f* financeira; *~ schlagen* fazer barulho *m*; '**2en** estalar; rebentar; '**~en** *n* estalido *m*, estampido *m*; '**~mandel** *f* (-; -*n*) amêndoa *f* com casca.

'**krächzen** ['krɛçtsən] (-*t*) grasnar.

Kraft [kraft] (-; ⸚*e*) **1.** *f* força (*ô) *f*, vigor *m a.* ⚖; ⊕ potência *f*; ⚡ *a.* energia *f*; *moralische*: virtude *f*; *geistige*: faculdade *f*; *mit voller* ~ ⚓ a toda a força, a todo o vapor; *außer* ~ ⚖ nulo; sem efeito *m*; *außer* ~ *setzen* anular; *pl. nach Kräften* quanto mais possível; **2.** 2 *prp.* (*gen.*) em virtude de; '**~-anstrengung** *f*, '**~-aufwand** *m* (-*ės*; *0*) esforço *m*; '**~-ausdruck** *m* (-*ės*; ⸚*e*) termo *m* expressivo; expressão *f* enérgica, expressão *f* violenta; '**~brühe** *f* caldo *m*; '**~-einheit** *Phys. f* unidade *f* dinâmica; '**~-ersparnis** *f* (-; -*se*) economia *f* de energia; '**~fahrer** *m* automobilista *m*; motorista *m*; * volante *m*; '**~fahrwesen** *n* (-*s*; *0*) automobilismo *m*; **~fahrzeug** *n* (-*ės*; -*e*) automóvel *m*.

'**kräftig** ['krɛftiç] forte; vigoroso; robusto; (*wirksam*) eficaz; (*nahrhaft*) substancioso; *fig. a.* enérgico.

'**kräftig|en** ['krɛftigən] *v/t.* fortalecer; vigor(iz)ar; corroborar; ⚕ tonificar; **2ung** *f* fortalecimento *m*; ⚕ tonificação *f*; **2ungsmittel** ⚕ *n* tónico *m*.

'**Kraft|lehre** *f* (*0*) dinâmica *f*; **2los** fraco; sem forças; **~mensch** *m* (-*en*) atleta *m*; **~messer** *m* dinamómetro *m*; **~probe** *f* prova *f* (de forças); **~stoff** *m* (-*ės*; -*e*) combustível *m*, gasolina *f*; **2strotzend** pujante, robusto; **2voll** vigoroso; **~wagen** *m* auto(móvel) *m*; **~wagenfernverkehr** *m* (-*s*; *0*) camionagem *f*; **~wagenverkehr** *m* (-*s*; *0*) trânsito *m* rodoviário; **~werk** ⚡ *n* (-*ės*; -*e*) central *f* (de energia) elé[c]trica; casa *f* de dínamos.

'**Kragen** ['kra:gən] *m* colarinho *m*; gola *f*; *es geht j-m an den* ~ alg. está perdido; **~knopf** *m* (-*ės*; ⸚*e*) botão *m* de colarinho; **~nummer** *f*, **~weite** *f* (-; -*n*) medida *f* do colarinho.

'**Kräh|e** ['krɛ:ə] *f* gralha *f*; **2en** *Hahn*: cantar; **~enfüße** [-fy:sə] *m/pl. Schrift*: rabiscos *m/pl.*; gatafunhos *m/pl*; (*Runzeln*) pés-de--galinha *m/pl.*

'**Krake** ['kra:kə] *f* polvo *m*.

Kra'keel [kra'ke:l] F *m* (-*s*; -*e*) barulho *m*; ~ *machen* = **2en** fazer barulho; **~er** *m* brigão *m*.

'**Krall|e** ['kralə] *f* unha *f*, garra *f*; **2en**: *sich an* (*ac.*) ~ agarrar-se a.

Kram [kra:m] *m* (-*ės*; *0*) coisas *f/pl.*; *der ganze* ~ F toda a tralha; *in den* ~ *passen* F dar jeito; '**2en**: *in* (*dat.*) ~ remexer (*ac.*), revolver (*ac.*).

'**Krämer** ['krɛ:mər] *m* merceeiro *m*; **~...**: *in Zssgn meist* mercantil.

'**Kramladen** *m* (-*s*; ⸚) mercearia *f*.

'**Krammetsvogel** ['kramɛts-] *m* (-*s*; ⸚) tordo *m*; torda *f*.

'**Krampe** [krampə] ⊕ *f* gancho *m*, gato *m* (de ferro), grampo *m*.

Krampf [krampf] *m* (-*es*; ⸚*e*) cãibra *f*; breca *f*; convulsão *f*, espasmo *m*; '**~-ader** *f* (-; -*n*) variz *f*; '**2haft** convulsivo, espasmódico; *fig.* forçado; '**2stillend** antiespasmódico.

Kran [kra:n] ⊕ *m* (-*ės*; ⸚*e*) guindaste *m*, grua *f*.

'**Kranich** ['kra:niç] *m* (-*ės*; -*e*) grou *m*.

krank [kraŋk] (⸚*er*; ⸚*est*) doente; enfermo; ~ *werden* adoecer; *sich* ~ *melden* dar parte de doente.

'**kränkeln** ['krɛŋkəln] (-*le*) estar doente, estar adoentado, ser doentio.

'**kranken** ['kraŋkən]: *an* (*dat.*) ~ sofrer de; *fig.* ter o defeito do (*od.* da), ter o defeito de + *inf.*

'**kränken** ['krɛŋkən] ofender, magoar, melindrar.

'**Kranken|-auto** *n* (-*s*; -*s*) ambulância *f*; **~bahre** *f* maca *f*; **~bericht** *m* (-*es*; -*e*) boletim *m* médico; **~besuch** *m* (-*es*; -*e*) visita *f* a um doente; *e-n* ~ *machen* visitar um doente; **~bett** *n* (-*es*; -*en*): *auf dem* ~ *liegen* estar de cama; **~geld** *n* (-*ės*; -*er*) diária *f* paga pelas Caixas de Previdência em caso de doença; **~haus** *n* (-*es*; ⸚*er*) hospital *m*, casa *f* de saúde (*ins* ~ *kommen* dar entrada no ...); **~kasse** *f* Caixa *f* de Previdência; **~kost** *f* (*0*) dieta *f*; regime *m*; **~pflege** *f* assistência *f* aos enfermos; enfermagem *f*; **~pfleger(in** *f*) *m* enfermeiro *m*, -a *f*; **~saal** *m* (-*ės*; ⸚*e*) enfermaria *f*; **~schein** *m* (-*ės*; -*e*) atestado *m* de doença; **~schwester** *f* (-; -*n*) enfermeira *f*; **~stuhl** *m* (-*ės*; ⸚*e*) cadeira *f* de rodas; **~versicherung** *f* seguro *m* contra a enfermidade;

~wagen *m* ambulância *f*; **~wärter (-in** *f*) *m* enfermeiro *m*, -a *f*; **~wesen** *n* (*-s*; *0*) serviços *m/pl.* sanitários (*od.* de saúde); **~zimmer** *n* quarto *m* de doente(s); enfermaria *f*.
'**krank|haft** patológico, doentio; **2heit** *f* doença *f*, mal *m*.
'**Krankheits|bestimmung** *f* diagnóstico *m*; **~-erreger** *m* micróbio *m* patogénico; **~-erscheinung** *f* sintoma *m*; **2-halber** por motivo de doença; **~-herd** *m* (*-es*; *-e*) foco de infe[c]ção; **~keim** *m* (*-es*; *-e*) = *~erreger*; **~zeichen** *n* sintoma *m*.
'**kränk|lich** ['krɛŋkliç] doentio, achacado; **2lichkeit** *f* estado *m* de doentio; **2ung** *f* ofensa *f*, agravo *m*.
Kranz [krants] *m* (*-es*; *⸚e*) coroa *f*, grinalda *f*; ⚠ cornija *f*.
'**Krapfen** ['krapfən] *m* sonho *m*.
kraß [kras] (*-sser*; *-ssest*) crasso; flagrante.
'**Krater** ['kra:tər] *m* cratera *f*.
'**kratz|bürstig** ['kratzbyrstiç] *fig.* rabugento; **2e** ['-ə] *f* raspador *m*, carda *f*.
'**Krätze** ['krɛtsə] ⚕ *f* (*0*) sarna *f*, morrinha *f*.
'**kratzen** (*-t*) raspar; coçar; arranhar; (*ritzen*) esgravatar (*an dat.* em); ⊕ *Wolle*: cardar.
'**Kratzfuß** *m* (*-es*; *⸚e*) *fig.* F rapapé *m*.
'**Kratzwunde** *f* arranhadura *f*.
'**krau|len** ['kraulən] nadar ao «crawl» (*engl.*); **~s** crespo, enrugado; *~ ziehen Stirn*: franzir; **2se** ['-zə] *f* colar *m*, golilha *f*, cabeção *m*.
'**kräuseln** ['krɔyzəln] (*-le*) enrugar, encrespar, franzir; *Haar*: frisar.
Kraut [kraut] *n* (*-es*; *⸚er*) erva *f*; hortaliça *f*; (*sdd. Kohl*) couve *f*; *wie ~ und Rüben* numa grande desordem.
'**Kräuter|handlung** ['krɔytər-] *f* ervanário *m*; **~käse** *m* queijo *m* verde; **~sammler(in** *f*) *m* herborizador(a *f*) *m*; **~tee** *m* (*-s*; *-s*) chá *m* de ervas medicinais; tisana *f*.
Kra'wall [kra'val] *m* (*-s*; *-e*) tumulto *m*, desordem *f*.
Kra'watte [kra'vatə] *f* gravata *f*.
Krea'tur [krea'tu:r] *f* criatura *f*.
Krebs [kre:ps] *m* (*-es*; *-e*) caranguejo *m*; ⚕ cancro *m*; *Astr.* Câncer *m*; '**2-artig** canceroso; '**2en** apanhar caranguejos; *fig.* arrastar a vida; '**2-erregend** cancerígeno; '**~gang** *m* (*-es*; *0*) andamento *m* de caranguejo; *den ~ gehen fig.* andar de mal em pior; '**~geschwür** *n* (*-es*; *-e*) cancro *m*, tumor *m* canceroso, úlcera *f* cancerosa; '**2krank** canceroso; '**~schaden** *m* (*-s*; *⸚*) ⚕ afe[c]ção *f* cancerosa; *fig.* gangrena *m*; '**~schere** *f* tenaz *f* de caranguejo.
kre'denz|en [kre'dɛntsən] (*-t*) oferecer; **2tisch** *m* aparador *m*, credência *f*.
'**Kredit**[1] ['kre:dit] ⚜ *n* (*-s*; *-s*) haver *m*.
Kre'dit[2] [kre'di:t] *m* (*-es*; *-e*) crédito *m* (*auf* a; *laufender* aberto; *eröffnen, geben* dar); **~bank** *f* banco *m* de crédito; **~brief** *m* (*-es*; *-e*) carta *f* de crédito; **2fähig** solvente; **~fähigkeit** *f* (*0*) solvência *f*; **~geschäft** *n* (*-es*; *-e*) negócio *m* a crédito; **2'ieren** (-) creditar, lançar em crédito de; dar a crédito; **~'iv** [-'ti:f] *n* (*-es*; *-e*) credenciais *f/pl.*; **2würdig** solvente.
'**Kreide** ['kraɪdə] *f* cré *m*, greda *f* (branca); (*Schreib2*) giz *m*; **2bleich** branco como a parede; **~felsen** *m* rocha *f* cretácea; **2-haltig** [-haltiç] cretáceo; gredoso; **~zeichnung** *f* desenho *m* a giz.
Kreis [kraɪs] *m* (*-es*; *-e*) círculo *m*; *Lit. a.* cenáculo *m*, *fig. a.* esfera *f*; (*Bezirk*) distrito *m*, comarca *f*; (*Gesellschafts2*) roda *f*; *pl. die höheren* (*od. besseren*) *~e* a alta roda; *im Familien2* no seio da familia; *im engsten ~e* na maior intimidade; '**~-abschnitt** ⩕ *m* (*-es*; *-e*) segmento *m*; '**~-arzt** *m* (*-es*; *⸚e*) médico *m* do distrito; '**~-ausschnitt** ⩕ *m* (*-es*; *-e*) sector *m*; '**~bahn** *f* *Astr.* órbita *f*; 🚂 caminho *m* de ferro local; '**~bewegung** *f* rotação *f*; '**~bogen** *m* arco *m*.
'**kreischen** ['kraɪʃən] gritar; *Räder usw.*: guinchar, chiar.
'**Kreisdrehung** *f* rotação *f*.
'**Kreisel** ['kraɪzəl] *m* pião *m*; '**~kompaß** *m* (*-sses*; *-sse*) giroscópio *m*; **2n** rodopiar; **~pumpe** *f* bomba *f* centrífuga.
'**kreis|en** ['kraɪzən] *Blut, Geld*: circular; *phys.* gravitar; **2fläche** *f* círculo *m*; **~förmig** [-fœrmiç] circular; **2korn** *n* (*-es*; *⸚er*) ⚔ mira *f* circular; **2lauf** *m* (*-es*; *0*) circulação

f; 2**laufstörung** *f* perturbação *f* circulatória; 2**linie** *f* linha *f* circular; **~rund** circular; orbicular; 2**-säge** *f* serra *f* circular; 2**-sehne** *f* corda *f*; 2**-stadt** *f* (-; ¨*e*) cabeça *f* de comarca.

'**kreißen** ['kraɪsən] (-*t*) estar de parto.

'**Kreis|-umfang** *m* (-*es*; ¨*e*) circunferência *f*; **~verkehr** *m* (-*s*; *0*) sentido *m* giratório.

Krema'torium [krema'to:rium] *n* (-*s*; *Krematorien*) crematório *m*.

Kreml [kreml] *m* Cremlim *m*.

'**Krempe** ['krɛmpə] *f* aba *f*; rebordo *m*; **~l**: **a**) F *m* trastes *m/pl.*; farraparia *f*; **b**) ⊕ *f* carda *f*; 2**ln** ⊕ (-*le*) cardar.

Kre'ol|e [kre'o:lə] *m* (-*n*) crioulo *m*; **~in** *f* crioula *f*.

kre'pieren [kre'pi:rən] (-; *sn*) (*platzen*) rebentar; (*sterben*) morrer.

Krepp [krɛp] *m* (-*s*; -*e*, -*s*) crepe *m*, fumo *m*.

'**Kresse** ['krɛsə] *f* agrião *m*, agriões *m/pl.*

Kreuz [krɔyts] *n* (-*es*; -*e*) cruz *f* (*a. fig.*); *Anat.* espinha *f*, cruzes *f/pl.*; (*Kruppe*) garupa *f*; ♪ (sinal *m* de) sustenido *m*; *Kartenspiel*: paus *m/pl.*; *Astr.* cruzeiro *m*; *das* (*od.* ein) ~ *schlagen* benzer-se; 2 *und quer* em todos os sentidos; ao ziguezague; '**~-abnahme** *f* (*0*) descimento *m* da cruz; '**~band** *n* (-*es*; ¨*er*): *unter* ~ com cinta *f*; cintado; '**~bein** *n* (-*es*; -*e*) sacro *m*; '**~berg** *m* (-*es*; -*e*) calvário *m*; '**~blütler** ['-bly:tlər] *m* crucífera *f*; '2**en** (-*t*) cruzar (*a.* ⚓); (*gegen den Wind*) ~ barlaventear; pôr-se a barlavento; '**~er** *m* ⚓ cruzador *m*; *Münze*: cruzado *m*; '**~fahrer** *m* cruzado *m*; '**~fahrt** *f* ⚓ cruzeiro *m*; *Rel.* cruzada *m*; '**~feuer** *n* (-*s*; *0*) fogo *m* cruzado ; 2**fi'del** folgazão; muito alegre; '2**förmig** ['-fœrmiç] cruciforme; '**~gang** *m* (-*es*; ¨*e*) claustro *m*; '**~gewölbe** *n* abóbada *f* de arestas; '2**igen** ['-igən] crucificar; '**~igung** ['-iguŋ] *f* crucificação *f*; '2**lahm** derreado; '**~-otter** *f* (-; -*n*) víbora *f*; '**~-spinne** *f* aranhão *m*, aranha *f* cruzeira; '**~-stich** *m* (-*es*; -*e*) ponto *m* de cruz; '**~ung** *f* cruzamento *m*; ⅄ intersecção *f*; '**~ungs-punkt** *m* (-*es*; -*e*) encruzilhada *f*; 🚂 entroncamento *m*; ⅄ ponto *m* de intersecção; '**~verhör** *n* (-*es*; -*e*) interrogatório *m* contraditório; '**~weg** *m* (-*es*; -*e*) encruzilhada *f*; '2**weise** *adv.* em cruz; *adj.* encruzado; atravessado; ~ *legen* (en)cruzar; '**~wort-rätsel** *n* (charada *f* de) palavras *f/pl.* cruzadas; crucigrama *m*; '**~zug** *m* (-*es*; ¨*e*) cruzada *f*.

'**kribbel|ig** ['kribəliç] F nervoso; **~n** (-*le*) F formigar; (*jucken*) irritar; *fig.* apetecer.

'**kriech|en** ['kri:çən] (*L*; *h. u. sn*) arrastar-se; rastejar; (*auf allen vieren*) ~ andar de rasto, andar de gatas; *aus dem Ei*: sair de; **~end** *adj.* rasteiro; *fig.* servil; 2**er** *m fig.* homem *m* servil, adulador *m*; 2**e'rei** [-ə'raɪ] *f fig.* servilismo *m*; **~erisch** ['-əriʃ] servil; 2**tier** *n* (-*es*; -*e*) reptil *m*.

Krieg [kri:k] *m* (-*es*; -*e*) guerra *f*; ~ *führen* (*gegen*) fazer guerra (a), guerrear (*ac.*); *in den* ~ *ziehen* partir para a guerra.

'**kriegen** ['kri:gən] apanhar; (*erhalten*) receber, obter; *klein*~ F dar cabo de; amarfanhar; *sich* ~ F casar.

'**Krieger|denkmal** *n* monumento *m* aos mortos da guerra; 2**isch** guerreiro, belicoso; *Aussehen*: marcial; *Handlung*: bélico.

'**krieg|führend** beligerante; 2**führung** *f* (*0*) estratégia *f*; condução *f* da guerra.

'**Kriegs|anleihe** *f* empréstimo *m* de guerra; **~-ausbruch** *f* (-*es*; ¨*e*) eclosão *f* da guerra; início *m* das hostilidades; **~bedarf** *m* (-*es*; *0*) material *m* de guerra; *für den* ~ para (as necessidades *f/pl.* d)a guerra; 2**bereit** mobilizado; em pé de guerra; '**~berichter**(**statter**) *m* correspondente *m* de guerra; **~beschädigte**(**r**) [-bəʃɛ:diçtə(r)] *m* mutilado *m* de guerra; **~beute** *f* despojos *m/pl.* de guerra; **~dauer** *f* (*0*): *für die* ~ durante a guerra; **~dienst** *m* (-*es*; -*e*) serviço *m* militar; **~dienstverweigerer** [-fɛrvaɪgərər] *m* refractário *m*; **~-einsatz** *m* (-*es*; ¨*e*) mobilização *f*; *im* ~ *stehen* ser mobilizado; 2**-erfahren** aguerrido; **~-erklärung** *f* declaração *f* de guerra; **~fall** *m* (-*es*; ¨*e*) caso *m* de guerra; **~flotte** *f* armada *f*, marinha *f* de guerra; **~fuß** *m* (-*es*; *0*): *auf dem* ~ em pé de guerra; **~gebiet** *n* (-*es*; -*e*) zona *f* de guerra;

~gefangene(r) *m* prisioneiro *m* de guerra; **~gefangenschaft** *f* (*0*) cativeiro *m*; *in ~ geraten* ser feito prisioneiro; **~gericht** *n* (*-es*; *-e*) conselho *m* de guerra; **~geschädigte(r)** [-gəʃɛ:diçtə(r)] *m* sinistrado *m* da guerra; **~geschichte** *f* (*0*) história *f* militar; **~gesetz** *n* (*-es*; *-e*) lei *f* marcial; **~-hafen** *m* (*-s*; *=*) porto (*'ô) *m* militar; **~-hetzer** *m* belicista *m*; **~-industrie** *f* indústria *f* de guerra; **~kamerad** *m* (*-en*) companheiro *m* de armas; **~kosten** *pl.* gastos *m/pl.* de guerra, despesas *f/pl.* de guerra; **~list** *f* estratagema *m*; **~macht** *f* (*-*; *=e*) força (*'ô) *f* militar; **~marine** *f* = *~flotte*; **~minister(ium** *n* [*-s*; *-ministerien*]) *m* Ministro (Ministério) *m* da Guerra; **~recht** *n* (*-es*; *0*) lei *f* marcial; **~-schaden** *m* (*-s*; *=*) estrago *m* de guerra; **~-schauplatz** *m* (*-es*; *=e*) teatro *m* da guerra; **~-schiff** *n* (*-es*; *-e*) vaso *m* de guerra, navio *m* de guerra; **~-schuld** *f* (*0*) responsabilidade *f* da guerra; (*Geld*): dívida *f* de guerra; **~-stärke** *f* efe[c]tivo *m* de guerra; **~-teilnehmer** *m* (antigo) combatente *m*; **~-treiber** *m* = *~hetzer*; **~verbrecher** *m* criminoso *m* de guerra; **~verdienst** *n* (*-es*; *-e*) mérito *m* de guerra; **~wesen** *n* (*-s*; *0*) guerra *f*; **2wichtig** de importância militar; **~-zug** *m* (*-es*; *=e*) expedição *f* militar; **~-zustand** *m* (*-es*; *0*) estado *m* de guerra.

Krimi'nal|beamte(r) [krimi'na:l-] *m* agente *m* da polícia; **~film** *m* (*-es*; *-e*) filme *m* policial; **~gericht** *n* (*-es*; *-e*) tribunal *m* criminal, juízo *m* criminal; **~polizei** *f* (*0*) polícia *f* judiciária; **~roman** *m* (*-s*; *-e*) romance *m* policial.

'Krimskrams ['krimskrams] F *m* (*-es*; *0*) tralha *f*.

'Kringel ['kriŋəl] *m* rosquilha *f*, rosca *f*.

'Krippe ['kripə] *f* manjedoura *f*; (*Kinder2*) infantário *m*; creche *f*; (*Weihnachts2*) presépio *m*.

'Kris|e ['kri:zə] *f* crise *f*; **2eln** (*-le*) estar em crise; *es kriselt a.* há uma crise; **2en-fest**: *~ sn* resistir a crises.

Kris'tall [kris'tal] *m* (*-s*; *-e*) cristal *m*; **~glas** *n* (*-es*; *=er*) cristal *m* (fino, talhado), bacará *m*; **2'inisch** [-'li:niʃ] cristalino; **2i'sieren** [-li'zi:rən] (*-*; *sn*) cristalizar; **2klar** cristalino; **~zucker** *m* (açúcar *m*) pilé *m*, açúcar *m* cristalizado.

Kri'terium [kri'te:rium] *n* (*-s*; *Kriterien*) critério *m*.

Kri'tik [kri'ti:k] *f* crítica *f*, reparo *m* (*üben* fazer); **~'aster** [-ti'kastər] *m* F critiqueiro *m*.

'Krit|iker ['kri:tikər] *m* crítico *m*; **2isch** crítico; **2i'sieren** [-i'zi:rən] (*-*) criticar.

Kritt|e'lei [kritə'laı] *f* critiquice *f*; **'2eln** (*-le*) fazer crítica mesquinha; **'~ler** ['-lər] *m* critiqueiro *m*.

Kritze|'lei [kritsə'laı] *f* garatujas *f/pl.*, rabiscos *m/pl.*; **'2ln** (*-le*) rabiscar.

Kro'at|e [kro'a:tə] *m* (*-n*), **~in** *f* croata *m*, *f*; **2isch** croata; da Croácia.

Kroko'dil [kroko'di:l] *n* (*-s*; *-e*) crocodilo *m*; **~s-tränen** *f/pl.*: *~ weinen* chorar por um olho azeite e por outro vinagre.

'Krokus ['kro:kus] *m* (*-*; *-*, *-se*) croco *m*, açafrão *m*.

'Krone ['kro:nə] *f* coroa *f*; (*Baum2*) copa *f*; (*Blüten2*) corola *f*; *e-r Sache* (*dat.*) *die ~ aufsetzen fig.* ser o cúmulo. [tar.]

'krönen ['krø:nən] coroar; ⚠ rema-

'Kron|gut ['kro:n-] *n* (*-es*; *=er*) bens *m/pl.* da coroa; **~leuchter** *m* lustre *m*; **~prinz** *m* (*-en*) príncipe *m* herdeiro (*od.* real); **~prinzessin** *f* princesa *f* real; esposa *f* do príncipe herdeiro; **~rat** *m* (*-es*; *=e*) conselho *m* da coroa.

'Krönung ['krø:nuŋ] *f* coroação *f*; ⚠ *a.* remate *m*.

'Kronzeuge ⚖ *m* (*-n*) testemunha *f* principal.

Kropf [krɔpf] *m* (*-es*; *=e*) papo *m*; ⚕ bócio *m*, P papeira *f*.

'kröpfen ['krœpfən] *Baum*: podar, decotar; ⊕ dobrar, pregar.

'Kröte ['krø:tə] *f* sapo *m*.

'Krück|e ['krykə] *f*, **~stock** *m* (*-es*; *=e*) muleta *f*.

Krug [kru:k] *m* (*-es*; *=e*) cântaro *m*; *kleiner Schöpf2*: púcaro *m*; *einhenkliger*: jarro *m*; (*Wirtshaus*) taberna *f*.

'Krume ['kru:mə] *f* migalha *f*; miolo *m* de pão.

'Krümel ['kry:məl] *n u. m* migalha *f*; **2ig** esmigalhado; **2n** (*-le*) esmigalhar(-se).

krumm [krum] curvo; (en)curvado; torto; (*verbogen*) torcido; (*gewunden*) sinuoso, tortuoso (*a. fig.*); ~ *nehmen fig.* levar a mal; '**~beinig** ['-baɪnɪç] de pernas tortas, cambado, cambeta.

'**krümmen** ['krymən] (en)curvar; torcer, dobrar; arquear; *a. sich* ~ vergar; *Holz a.*: empenar; *gekrümmt adj.*: *a.* ⚙ curvo.

'**Krümmung** ['krymuŋ] *f* curva *f*, curvatura *f*, sinuosidade *f*.

'**Kruppe** ['krupə] *f* garupa *f*.

'**Krüppel** ['krypəl] *m* aleijado *m*, mutilado *m*; **2-haft** aleijado, mutilado.

'**Kruste** ['krustə] *f* crusta *f*, crosta *f*; (*a. Brot*2) côdea *f*.

'**Kübel** ['ky:bəl] *m* cuba *f*.

Ku'bik|meter [ku'bi:k-] *n* (*a. m*) metro *m* cúbico; **~wurzel** ⚙ *f* (-; -*n*) raíz *f* cúbica; **~zahl** *f* cubo *m*.

'**Kubus** ['ku:bus] *m* (-; -, *Kuben*) cubo *m*.

'**Küche** ['ky:çə] *f* cozinha *f*; *die* ~ *besorgen* cozinhar; tratar da comida; *kalte* ~ carnes *f/pl.* frias.

'**Kuchen** ['ku:xən] *m* bolo *m*, pastel *m* (*backen* fazer); **~bäcker** *m* pasteleiro *m*; **~bäckerei** *f* pastelaria *f*; **~blech** *n* (-*ės*; -*e*) tabuleiro *m*.

'**Küchen-einrichtung** ['ky:çən-] *f* trem *m* de cozinha.

'**Kuchenform** *f* forma *f* (para bolos).

'**Küchen|garten** *m* (-*s*; ⸚) horta *f*; quintal; **~geschirr** *n* (-*ės*; -*e*) trem *m* de cozinha; **~-herd** *m* (-*ės*; -*e*) fogão *m* de cozinha; **~junge** *m* (-*n*) moço (*'ô) *m* de cozinha; **~latein** *n* (-*s*; *0*) latinório *m*, latim *m* macarrónico; **~meister** *m* cozinheiro--chefe *m*; **~schrank** *m* (-*ės*; ⸚*e*) armário *m* de cozinha; **~zettel** *m* lista *f*; ementa *f*.

'**Küchlein** ['kyçlaɪn] *n* pintainho *m*.

'**Kuckuck** ['kukuk] *m* (-*s*; -*e*) cuco *m*; F *zum* ~! com mil diabos!; F *der* ~ *soll ihn holen!* diabos o levem!, raios o partem!

'**Kufe** ['ku:fə] *f* dorna *f*, cuba *f*, tina *f*; *pl.* ~*n am Schlitten u.* ✈ varais *m/pl.*

'**Küfer** ['ky:fər] *m* tanoeiro *m*; (*Kellermeister*) adegueiro *m*.

'**Kugel** ['ku:gəl] *f* (-; -*n*) ⚙ esfera *f*; (*Erd*2) globo *m* terrestre; (*Geschoß*) bala *f*; (*Spiel*2) bola *f*; *sich* (*dat.*) e-e ~ *durch den Kopf jagen* (*od. schießen*) suicidar-se (por um tiro); **~-abschnitt** ⚙ *m* (-*ės*; -*e*) segmento *m*; **2-artig** globular; **~-ausschnitt** ⚙ *m* (-*ės*; -*e*) sector *m* esférico; **~fang** *m* (-*ės*; ⸚*e*) pára-balas *m*; **2fest** à prova de bala; invulnerável; **~förmig** [-fœrmɪç] esférico; globular; **~gelenk** *n* (-*ės*; -*e*) articulação *f* esférica (*od.* móvel); **~gestalt** *f* forma *f* esférica; esfericidade *f*; **~lager** *n* rolamento *m* de esferas; **2n** (-*le*) *v/i.*: **a**) (*sn*) rolar (*a. v/t.* [*h.*]); **b**) (*h.*) rotar por esferas; *sich* ~ rebolar-se; *fig. sich vor Lachen* ~ fartar-se de rir; **~regen** *m* (-*s*; *0*) rajada *f*; **2rund** redondo como uma bola; **~schreiber** *m* esferográfica *f*; **~stoßen** *n Sport*: lançamento *m* de peso (*ê); **~ung** *f* rotação *f* por esferas.

Kuh [ku:] *f* (-; ⸚*e*) vaca *f*; *Spiel*: *blinde* ~ cabra-cega *f*; '**~blume** *f* dente-de-leão *m*; '**~fladen** *m* bosta *f*; '**~futter** *n* forragem *f* (*od.* penso *m*) para gado bovino; '**~glocke** *f* chocalho *m*; '**~-handel** *m fig.* regateio *m*; '**~haut** *f* (-; ⸚*e*): *das geht auf keine* ~ *fig.* F parece mesmo impossível; '**~-hirt** *m* (-*en*) vaqueiro *m*.

kühl [ky:l] fresco; *fig.* frio; *adv.* com frieza; ~ *werden* arrefecer; '**2-anlage** *f* frigorífico *m*.

'**Kuhle** ['ku:lə] *f* cova *f*.

'**Kühl|e** ['ky:lə] *f* frescura *f*; fresco *m* (*in der* ao); *fig. j-s.*: reserva; **2en** refrescar, esfriar; ⊕ *u.* ⚕ refrigerar; **2end** *adj.* refrescante; ⊕ *u.* ⚕ refrigerante; **~er** *m Auto*: radiador *m*; **~-haus** *n* (-*es*; ⸚*er*) armazém *m* frigorífero; **~raum** *m* (-*ės*; ⸚*e*) câmara *f* fria; **~schiff** *n* (-*ės*; -*e*) barco *m* frigorífero; **~schlange** *f* radiador *m*; **~schrank** *m* (-*ės*; ⸚*e*) frigorífico *m*; **~ung** ⊕ *f* refrigeração *f*, refrigério *m*; **~wasser** *n* (-*s*; *0*) água *f* de arrefecimento.

'**Kuh|magd** *f* (-; ⸚*e*) vaqueira *f*; **~mist** *m* (-*es*; -*e*) bosta *f*.

kühn [ky:n] temerário, ousado, audaz; '**2heit** *f* (*0*) audácia *f*; ousadia *f*; arrojo *m*.

'**Kuh|pocken** *f/pl.* vacina *f/sg.*; **~reigen** *m* charangueiro *m*; **~stall** *m* (-*ės*; ⸚*e*) curral *m*; vacaria *f*.

'**Küken** ['ky:kən] *n* pintainho *m*.

ku'lant [ku'lant] amável; atencioso.

Ku'liss|e [ku'lisə] *f* bastidor *m*; **~enschieber** *m* operário *m* do palco.
Kulmi|nati'on(s-punkt *m* [-*es*; -*e*]) *f* [kulminatsi'o:n-] culminação *f* (ponto *m* culminante); **ℒ'nieren** (-) culminar.
Kult [kult] *m* (-*es*; -*e*) culto *m*; **ℒi'vieren** [-ti'vi:rən] (-) cultivar.
Kul'tur [kul'tur] *f* cultura *f*; *a.* ↗ cultivo *m*; (*Gesittung*) civilização *f*; **~-abteilung** *f* serviços *m/pl.* culturais; **~-aufgabe** *f* missão *f* civilizadora; **ℒ'ell** [-tu'rɛl] cultural; **ℒfähig** cultivável; **~film** *m* (-*es*; -*e*) documentário *m*; **~geschichte** *f* história *f* da cultura (*od.* da civilização); **ℒgeschichtlich** histórico-cultural; **~kunde** *f* (*0*) estudo *m* da cultura (*od.* da civilização); **~land** *n* (-*es*; ⸗*er*) ↗ terra *f* de cultura; **~pflanze** *f* planta *f* cultivada; **~stufe** *f* grau *m* de cultura (*od.* de civilização); **~träger** *m* obreiro *m* da civilização; **~volk** *n* povo *m* civilizado.
'Kultus ['kultus] *m* (-; *0*) culto *m*; **~minister(ium** *n* [-*s*; -*ministerien*]) *m* Ministro *m* (Ministério *m*) de Educação (Nacional *od.* de Instrução Pública).
'Kümmel ['kyməl] *m* (-*s*; *0*) cominho *m*; *Schnaps*: kúmel *m*.
'Kummer ['kumər] *m* (-*s*; *0*) aflição *f*, desgosto (*'ô) *m*, pena *f* (*bereiten* causar).
'kümmer|lich ['kymərliç] pobre, miserável; **~n** (-*re*) preocupar, afligir; *verneint od. fragend*: importar, interessar; *sich ~ um* tratar de, cuidar de, interessar-se por; **ℒnis** *f* = *Kummer*.
'kummervoll aflito, muito preocupado.
Kum'pan [kum'pa:n] *m* (-*s*; -*e*) companheiro *m*, compadre *m*; ⚖ cúmplice *m*.
'Kumpel ['kumpəl] *m* mineiro *m*.
'kündbar ['kyntba:r] revogável.
'Kunde ['kundə] **a)** *f* (*0*) (*Kenntnis*) conhecimento *m*; (*Nachricht*) notícia *f*, nova *f*; **b)** *m* (-*n*) freguês *m*; cliente *m*.
'Kunden|dienst *m* (-*es*; *0*) serviço *m* da clientela; **~werbung** *f* propaganda *f*.
'kundgeb|en ['kunt-] (*L*) manifestar; *mit Worten a.*: exprimir; **ℒung** *f* manifestação *f*, demonstração *f*, (*Ausdruck*) expressão *f*; (*Erklärung*) manifesto *m*.
'kundig ['kundiç] conhecedor; perito; versado em.
'kündig|en ['kyndigən]: *j-m ~* despedir alg.; mandar alg. embora; (*aufgeben*) *Stellung*: despedir-se; *Wohnung*: sair, mudar de; *Vertrag*: denunciar; rescindir; **ℒung** *f j-s*: despedida *f*; *Vertrag*: denúncia *f*; rescisão *f*; *Wohnung*: aviso *m* de mudança (*od.* de saída); *mit monatlicher ~* com aviso *m* de um mês.
'Kundin ['kundin] *f* freguesa *f*; cliente *f*.
'Kundschaft ['kuntʃaft] *f* clientela *f*, freguesia *f*; *poet.* (*Nachricht*) nova *f*; **~er** *m* emissário *m*; espia *m*, *f*; explorador *m*.
'kund|tun (*L*) manifestar, exprimir; **~werden** (*L*; *sn*) anunciar-se; divulgar-se, espalhar-se.
'künftig ['kynftiç] futuro.
Kunst [kunst] *f* (-; ⸗*e*) arte *f* (*bildende* plástica; *gráfica*); = *~fertigkeit*, *schwarze ~* necromancia; magia *f* negra; **~-akademie** *f* (Academia das) Belas Artes; **'~-ausstellung** *f* exposição *f* de (obras de) arte; salão *m*; **'~betrachtung** *f* crítica *f* estética; **'~dünger** *m* adubo *m* (químico).
Künste'lei [kynstə'laɪ] *f* afe[c]tação *f*; artificialidade *f*; requinte *m*.
'Kunst|erziehung *f* (*0*) educação *f* estética; **~faser** *f* (-; -*n*) fibra *f* artificial; **ℒfertig** hábil, destro; **~fertigkeit** *f* habilidade *f*; destreza *f*; **~flieger** *m* aviador *m* acrobático; **~flug** (-*es*; ⸗*e*) *m* voo (*'ô) *m* acrobático; **~freund** *m* (-*es*; -*e*) amador *m* das belas artes; **~genuß** *m* (-*sses*; ⸗*sse*) prazer *m* estético; **~geschichte** *f* (*0*) história *f* de arte; **~gewerbe** *n* (-*s*; *0*) arte *f* aplicada; artesanato *m*; **ℒgewerblich** decorativo; **~griff** *m* (-*es*; -*e*) artifício *m*, jeito *m*; F truque *m*; **~handel** *m* (-*s*; *0*) comércio *m* de obje[c]tos de arte; **~händler** *m* negociante *m* de obje[c]tos de arte; **~handwerk** *n* (-*es*; *0*) arte(s *pl.*) *f* aplicada(s); **~handwerker** *m* artista *m*; artífice *m*; **~kenner** *m* conhecedor (*od.* versado) *m* em matéria de arte; **~kritik** *f* crítica *f* de arte; **~kritiker** *m* crítico *m* de arte; **~lauf** *m* (-*es*; ⸗*e*) *Eissport*: patinagem *f* artística; **~leder** *n* (-*s*; *0*) couro *m* artificial.

'Künstler ['kynstlər] *m* artista *m* (*bildender* plástico; gráfico); *Thea.*: a[c]tor *m*; **~in** *f* artista *f*; *Thea.*: a[c]triz *f*; **2isch** artístico, estético.
'künstlich [kynstliç] artificial; *Gebiß, Haar*: postiço; ⚗ sintético; plástico.
'Kunst|liebhaber *m* = *~freund*; **2los** sem arte; simples, natural; **~maler** *m* pintor *m* (artista); **~reiter** *m* picador *m*; **~reiterin** *f* amazona *f*; **~richtung** *f* estilo *m*; **~sammlung** *f* cole[c]ção *f* (de obje[c]tos) de arte; **~seide** *f* seda *f* vegetal, seda *f* artificial; **~sinn** *m* (*-és*; *0*) sensibilidade *f* estética; **~-stickerei** *f* bordado *m* artístico; **~-stoff** *m* (*-és*; *-e*) (material *m*) plástico *m*; **2-stopfen** cerzir; **~-stopferin** *f* cerzideira *f*; **~-stück** *n* habilidade *f*; **~-tischler** *m* ebanista *m*, marceneiro *m*; **~tischlerei** *f* marcenaria *f*; **2verständig**: *~ sn* entender de arte; **~werk** *n* (*-és*; *-e*) obra *f* de arte; **~wert** *m* (*-és*; *-e*) valor *m* artístico (*od.* estético); **~wolle** *f* (*0*) lã *f* artificial.
'kunterbunt ['kuntər-]: *~ durcheinander* baralhado.
Kunz [kunts] *m*: *Hinz und ~* Fulano *m* e Sicrano *m*.
'Kupfer ['kupfər] *n* (*-s*; *0*) cobre *m*; = *~stich*; **~blech** *n* (*-és*; *-e*) cobre *m* laminado; **~druck** *m* (*-és*; *-e*) = *~stich*; **2farben, 2farbig** cor-de-cobre; acobreado; **~geld** *n* (*-és*; *0*) cobre *m*; **2haltig** [-haltiç] cuprífero; **2n** de cobre; **~schmied** *m* (*-és*; *-e*) caldeireiro *m*; **~stecher** *m* gravador *m* em cobre; **~stich** *m* (*-és*; *-e*) gravura *f* em cobre; estampa *f*; **~stich-kabinett** *n* (*-és*; *-e*) cole[c]ção *f* de estampas; **~vitriol** *n* (*-s*; *0*) sulfato *m* de cobre.
Ku'pon [ku'põ] *m* (*-s*; *-s*) talão *m*.
'Kuppe ['kupə] *f* cimo *m*; cume *m*; (*Nagel2, Nadel2*) cabeça *f*.
'Kuppel ['kupəl] *f* (*-*; *-n*) cúpula *f*; abóbada *f*; zimbório *m*; **~'ei** [-'laɪ] *f* proxenetismo *m*; **2förmig** [-fœrmiç] abobadado; **2n** (*-le*) alcovitar; ⊕ acoplar, ligar; *Auto*: embraiar, *embrear; 🚂 engatar; **~ung** *f* ligação *f*; acoplamento *m*; engate *m*; *Auto*: embraiagem *f*; * embreagem *f*.
'Kuppler ['kuplər] *m*, (**~in** *f*) alcoviteiro *m* (-a *f*), casamenteiro *m* (-a *f*).

Kur [ku:r] *f* tratamento *m*, cura *f* (*gebrauchen* fazer); **'~-anstalt** *f* sanatório *m*.
Kura'tel [kura'tɛl] *f* curadoria *f*, curatela *f*; *unter ~ stellen* pôr sob tutela *f*.
Ku'rator [ku'ra:tɔr] *m* (*-s*; *-en*) curador *m*, administrador *m*; **~ium** [-'to:rium] *n* (*-s*; *Kuratorien*) conselho (*'ê) *m* administrativo.
'Kur|-aufenthalt *m* (*-és*; *-e*) cura *f*; (*Sommerfrische*) vilegiatura *f*; **~bad** *n* (*-és*; *"er*) termas *f/pl.*, estação *f* balnear.
'Kurbel ['kurbəl] *f* (*-*; *-n*) manivela *f*; **2n** (*-le*) **1.** *v/i.* dar à manivela; *Film*: filmar; **2.** *v/t.* (*aufziehen*) dar corda *f* a; **~lager** *n* mancal *m* de manivela; **~stange** *f* biela *f*; **~welle** *f* cambota *f*.
'Kürbis ['kyrbis] *m* (*-ses*; *-se*) abóbora *f*; **~feld** *n* (*-és*; *-er*) aboboral *m*; **~flasche** *f* ca(la)baça *f*; **~pflanze** *f* aboboreira *f*.
'küren ['ky:rən] eleger.
'Kur|fürst *m* (*-en*) Príncipe *m* Eleitor; **~fürstentum** *n* (*-s*; *"er*) eleitorado *m*; **2fürstlich** eleitoral; **~gast** *m* (*-es*; *"e*) banhista *m*, aquista *m*; **~haus** *n* (*-es*; *"er*) estabelecimento *m* balnear; casino *m*; **~hotel** *n* (Grande) Hotel *m* das Termas.
Ku'rier [ku'ri:r] *m* (*-s*; *-e*), **~dienst** *m* (*-es*; *0*) correio *m* oficial (*od.* diplomático); **2en** (-) curar; **~zug** *m* (*-és*; *"e*) comboio *m* expresso.
kuri'os [kuri'o:s] curioso, estranho; **2i'tät** [-zi'tɛ:t] *f* curiosidade *f*.
'Kur|karte *f* cartão *m* de banhista; **~kosten** *pl.* (despesas *f/pl.* para o) tratamento *m/sg.*; **~liste** *f* lista *f* dos banhistas; **~-ort** *m* (*-és*; *-e*) estação *f* termal, termas *f/pl.*; caldas *f/pl.*; águas *f/pl.*; (*Luft2*) estação *f* climática; **~pfuscher** *m* curandeiro *m*, charlatão *m*; **~pfusche'rei** *f* curandice *f*, charlatanaria *f*.
Kurs [kurs] *m* (*-es*; *-e*) rumo *m*, rota *f*, curso *m* (*wechseln* mudar de); ⚚ câmbio *m*; *außer ~ setzen* retirar da circulação; **'~bericht** *m* (*-és*; *-e*) ⚚ boletim *m* da bolsa; cotações *f/pl.*; **'~buch** 🚂 *n* (*-és*; *"er*) horário *m*; guia *m* (dos caminhos de ferro).
'Kur-saal *m* (*-és*; *"e*) casino *m*.
'Kürschner ['kyrʃnər] *m* peleiro *m*; **~'ei** [-'raɪ] *f* pelicaria *f*.

'**Kurs|festsetzung** *f* cotação *f*; **~gewinn** *m* (-*es*; -*e*) lucro *m* de bolsa.
kur'sieren [kur'zi:rən] (-) circular.
kur'siv [kur'zi:f] em itálicos; **2druck** *m* (-*es*; -*e*), **2schrift** *f* itálico *m*.
'**Kurs|makler** *m* agente *m* de câmbio; **~notierung** *f* cotação *f*; **2'orisch** [-'zo:riʃ] *Lektüre*: seguida; **~-steigerung** *f* alta; **~us** ['-zus] *m* curso *m*; **~verlust** *m* (-*es*; -*e*) perda *f* ao câmbio; **~wert** *m* (-*es*; -*e*) valor *m* cotizado; **~zettel** *m* boletim *m* de cotação; lista *f* de câmbios.
'**Kurtaxe** *f* taxa *f* de turismo.
'**Kurve** ['kurvə] *f* curva *f*; *Temperatur*: gráfico *m*; e-e ~ *fahren*, *in die* ~ *gehen* entrar na curva.
kurz [kurts] (*=er*; *=est*) curto; *zeitl.*, *fig. u. adv.* (*sich* ~ *fassen* ser) breve; (*vergänglich*) efémero; ~ *und bündig* conciso; *adv. a.* em poucas palavras; ~ (*und gut*) numa palavra, emfim; em resumo; ~(*e Zeit*) pouco (tempo); *in* ~*em*, *binnen* ~*em* (dentro) em breve, dentro de pouco; *nach* ~*er Zeit* pouco depois, passado pouco tempo; *vor* ~*em* há pouco; recentemente; *über* ~ *oder lang* mais dia menos dia; ~ *nachdem* (*pron.* ...) pouco depois (de *inf.*); *zu* ~ *kommen* ficar atrás; ~ *treten* ⚔ marchar a passo miúdo; ~ *angebunden fig.* lacónico, de poucas palavras; ~ *entschlossen adv.* de brusca resolução; ~ *und klein schlagen* espancar, escangalhar; *es* ~ *machen* ser breve; *kürzer machen* encurtar, abreviar; *den kürzeren ziehen* perder, ficar atrás; '**2-arbeit** *f* trabalho *m* reduzido; '**~-atmig** ['-a:tmiç] asmático; '**2atmigkeit** *f* (*0*) asma *m*.
'**Kürze** ['kyrtsə] *f* (*0*) curteza *f*; *zeitl.* brevidade *f*; *Ausdruck*: concisão *f*; *in* ~ (dentro) em breve; *der* ~ *halber* para abreviar, para ser breve.
'**Kur-zeit** *f* época *f* balnear.
'**Kürzel** ['kyrtsəl] *n* abreviatura *f*.
'**kürzen** ['kyrtsən] (-*t*) abreviar; *räumlich a.*: encurtar; *Text*: cortar; ⅍ *u.* (*mindern*) reduzir.
'**kurz|er-hand** sem rodeios, sem mais nada; **2film** *m* (-*es*; -*e*) filme *m* de curta metragem; **~fristig** ['-fristiç] a curto prazo; **~gefaßt** breve, sucinto, resumido; conciso; **~lebig** ['-le:biç] efémero; de curta duração.
'**kürzlich** ['kyrtsliç] recentemente, há pouco; *vor part. pt.* recém-...; *er ist* ~ *angekommen* acaba de chegar.
'**Kurz|schluß** *m* (-*sses*; *=sse*) curto-circuito *m*; **~schrift** *f* estenografia *f*; taquigrafia *f*; **2sichtig** ['-ziçtiç] míope; **~sichtigkeit** *f* (*0*) miopia *f*; **~strecke**(**nläufer** *m*) *f* (corredor *m* a) pouca distância *f*; **2-'um** numa palavra; emfim.
'**Kürzung** ['kyrtsuŋ] *f* abreviação *f*; (*Minderung*) corte *m*, *a.* ⅍ redução *f*.
'**Kurzwaren** *f/pl.* miudezas *f/pl.*; **~geschäft** *n* (-*es*; -*e*) retrosaria *f*; **~-händler** *m* retroseiro *m*.
'**Kurz-weil** *f* (*0*) passatempo *m*, divertimento *m*, distra[c]ção *f*; **2ig** divertido, agradável, interessante.
'**Kurz-welle** *f* onda *f* curta; **~nsender** *m* emissora *f* de ondas curtas.
Ku'sine [ku'zi:nə] *f* prima *f*.
Kuß [kus] *m* (-*sses*; *=sse*) beijo *m*.
'**küssen** ['kysən] (-*ßt*) beijar.
'**kuß|fest** à prova de beijo; **2-hand** *f* (-; *=e*) beijos *m/pl.* (atirados com a mão); *mit* ~! com todo o prazer!
'**Küste** ['kystə] *f* costa *f*; = ~*nland*; *an der* ~ *von* ao largo de.
'**Küsten|batterie** *f* bateria *f* costeira; **~bewohner** *m* habitante *m* do litoral; **~gewässer** *n/pl.* águas *f/pl.* litorais; **~land** *n* (-*es*; *=er*) litoral *m*; **~schiffahrt** *f* (*0*) navegação *f* costeira, cabotagem *f*; **~streifen** *m* área *f* marginal; **~strich** *m* (-*es*; -*e*) litoral *m*; **~wachschiff** *n* (-*es*; -*e*) patrulha-costeiro *m*.
'**Küster** ['kystər] *m* sacristão *m*; **~'ei** [-'raɪ] *f* sacristia *f*.
'**Kustos** ['kustos] *m* (-; *Kustoden*) conservador *m*.
'**Kutsch|bock** ['kutʃ-] *m* (-*es*; *=e*) boleia *f*; **~e** ['-ə] *f* coche *m*; carro *m*; **~er** *m* cocheiro *m*; **2'ieren** (-) conduzir num coche, ir de coche; **~wagen** *m* = ~e.
'**Kutt|e** ['kutə] *f* hábito *m*; **~er** ⚓ *m* balandra *f*, chalupa *f*.
Ku'vert [ku'vert] *n* (-*s*; -*s*) (*Gedeck*) talher *m*; (*Brief*2) sobrescrito *m*, envelope *m*; **2'ieren** [-'ti:rən] (-) meter num envelope.
Kux [kuks] ⚒ *m* (-*es*; -*e*) a[c]ção *f* de minas.

L

L, l [ɛl] *n uv.* L, l *m.*
ˈ**laben** [ˈla:bən] animar, refrescar; *sich* ~ deleitar-se (*an dat.* com); **~d** *adj.* delicioso, refrigerante.
laˈbil [laˈbi:l] instável; **≈iˈtät** [-biliˈtɛ:t] *f* (*0*) instabilidade *f.*
ˈ**Lab|kraut** [ˈla:p-] *n* (*-es*; *=er*) coalha-leite *f*; **~magen** *m* (*-s*; *=*) coagulador *m.*
Laboˈr|ant [laboˈrant] *m* (*-en*) praticante *m* de laboratório; assistente *m* de analista; **~aˈtorium** [-ˈto:rium] *n* (*-s*; *Laboratorien*) laboratório *m.*
ˈ**Lab|sal** [ˈla:pza:l] *n* (*-es*; *-e*), **~ung** [ˈla:buŋ] *f* refresco (*ˈê) *m*; bálsamo *m*; *fig.* alívio *m.*
Labyˈrinth [labyˈrint] *n* (*-es*; *-e*) labirinto *m.*
ˈ**Lache** [ˈlaxə] *f*: **a**) poça *f*, charco *m*; **b**) gargalhada *f.*
ˈ**lächeln** [ˈlɛçəln] **1.** (*-le*) sorrir; **2.** ≈ *n* sorriso *m*; **~d** *adj.* sorridente.
ˈ**lachen** [ˈlaxən] **1.** rir(-se) (*über ac.* de); *ich muß über* (*ac.*) ~ (*nom.*) faz (-me) rir; *sich krank* ~ fartar-se de rir; **2.** ≈ *n* riso *m*; *zum* ~ ridículo.
ˈ**lächerlich** [ˈlɛçərliç] ridículo; irisório; ~ *machen* ridicul(ar)izar, tornar ridículo; *sich* ~ *machen* ficar ridículo; **≈keit** *f* ridículo *m*; (*Geringfügigkeit*) bagatela *f.*
ˈ**Lach|gas** *n* (*-es*; *-e*) gás *m* hilariante; **≈-haft** ridículo, caricato, irisório; **~krampf** *m* (*-es*; *=e*) riso *m* convulso.
Lachs [laks] *m* (*-es*; *-e*) salmão *m.*
ˈ**Lach-salve** *f* gargalhada *f.*
ˈ**Lachs|fang** *m* (*-es*; *0*) pesca *f* de salmão; **≈farben** cor-de-salmão, assalmonado; **~forelle** *f* truta *f* assalmoada; **~schinken** *m* presunto *m* (em febra) cor-de-salmão.
ˈ**Lachtaube** *f* rola-das-índias *f.*
Lack [lak] *m* (*-es*; *-e*), ˈ**~farbe** *f*, ˈ**~firnis** *m* (*-ses*; *-se*) verniz *m*, laca *f*; charão *m* (*a. Glanz*≈); **≈ˈieren** (-) envernizar; acharoar; ˈ**~leder** *n* (*-s*; *0*) cabedal *m* envernizado; polimento *m*; ˈ**~mus** *m* (*-*; *0*) tornassol *m*; ˈ**~schuh** *m* (*-es*; *-e*) sapato *m* de polimento (*od.* de verniz).
ˈ**Lade** [ˈla:də] *f* arca *f*; cofre *m*; (*Schub*≈) gaveta *f*; **~fähigkeit** *f* capacidade *f*; ⚓ tonelagem *f*; **~hemmung** ⚔ *f* atravanco *m*, travanca *f.*
ˈ**laden**¹ [ˈla:dən] (*L*) carregar; ⚖ citar; intimar; convocar; (*ein*~) convidar.
ˈ**Laden**² *m* (*-s*; *=*) ⚚ loja *f*; (*Fenster*≈) porta(da) *f* de janela; **~hüter** *m* mono *m*; **~inhaber**(**in** *f*) *m* lojista *m/f*; **~kasse** *f* caixa *f* (do estabelecimento); **~preis** *m* (*-es*; *-e*) preço *m* de venda (*Buch*: de capa); **~schild** *n* (*-es*; *-er*) taboleta *f*; **~schluß** *m* (*-sses*; *0*) encerramento *m*; **~tisch** *m* (*-es*; *-e*) balcão *m.*
ˈ**Lade|platz** *m* (*-es*; *=e*) embarcadouro *m*; **~raum** ⚓ *m* (*-es*; *=e*) porão *m*; ⚔ câmara *f*; **~schein** ⚓ *m* (*-es*; *-e*) conhecimento *m*; **~ventil** *n* (*-s*; *-e*) válvula *f* de carregamento.
ˈ**Ladung** [ˈla:duŋ] *f* carga *f* (*a.* ⚔ *u.* ⚡); carregamento *m*; ⚖ citação *f*; **~sfähigkeit** *f* capacidade *f*; tonelagem *f.*
Laˈfette [laˈfɛtə] *f* carreta *f* da peça.
ˈ**Laffe** [ˈlafə] *m* (*-n*) pateta *m.*
ˈ**Lage** [ˈla:gə] *f* situação *f*; (*Stellung*) posição *f*; (*Ort*) *a.* sítio *m*; (*Zustand*) estado *m*; *fig. a.* condições *f/pl.* (*bei* em); (*Schicht*) camada *f*; ~ (*Wolle*) meada *f* (de lã); ⚓ bordada *f*; *in der* ~ *sn zu* ... estar em condições de; *in die* ~ *versetzen zu* ... pôr em condições de; **~beziehung** *f* posição *f* recíproca.
ˈ**Lager** [ˈla:gər] *n* jazigo *m* (*a. geol. u.* ⚒); (*Bett*) cama *f*, leito *m*; *Tier*: cova *f*; ⚚ armazém *m*; depósito *m*; abastecedouro *m*; (*Vorrat*) sortido *m*; «stock» *m* (*engl.*); ⊕ caixa *f*; mancal *m*; chumeceira *f*; ⚔ acampamento *m*, *a. pol.* campo *m*; arraial *m*; **~aufseher** *m* guarda *m*; **~bestand** *m* (*-es*; *=e*) «stock» *m* (*engl.*); **~bier** *n* (*-es*; *-e*) cerveja *f* de conserva; **~feuer** *n* fogueira *f* de

acampamento; **~geld** *n* (*-es*; *-er*) armazenagem *f*; **~-halter** *m* armazenista *m*; **~-haus** *n* (*-es*; *⸗er*) armazém *m*; **2n** (*-re*) **1.** *v/i.* (*h.*, *sn*), (*sich*) ~ acampar, ⚔ *a.* bivacar; (*ausruhen*) descansar; ⚚ estar armazenado; *Wein*: estar na adega; **2.** *v/t.* ⚚ armazenar; *Wein*: pôr na adega; **~platz** *m* (*-es*; *⸗e*), **~raum** *m* (*-es*; *⸗e*), **~stätte** *f* = *Lager*; **~ung** *f* armazenagem *f*; *geol.* estratificação *f*; ⊕ = *Lager*; **~verwalter** *m* armazenista *m*; **~verzeichnis** *n* (*-ses*; *-se*) inventário *m*.

ˈ**Lagune** [laˈguːnə] *f* lagoa *f*.

lahm [laːm] *teilweise*: aleijado (*an dat.* de); *ganz*: paralítico; (*hinkend*) coxo; *fig. j.*: sem forças (*ô); *et.*: sem efeito; ˈ**~en** coxear.

ˈ**lähmen** [ˈlɛːmən] paralisar; tolher; aleijar.

ˈ**lahmleg|en** paralisar; **2ung** *f* paralisação *f*.

ˈ**Lähmung** [ˈlɛːmuŋ] *f* ⚕ paralisia *f*; *fig.* paralisação *f*.

Laib [laɪp] *m* (*-es*; *-e*): ~ *Brot* pão *m* (grande).

Laich [laɪç] *m* (*-es*; *-e*) desova *f*, ovas *f/pl.*; ˈ**2en**[1] desovar; ˈ**~en**[2] *n*, ˈ**~zeit** *f* desova(ção) *f*.

ˈ**Laie** [ˈlaɪə] *m* (*-n*) leigo *m*; *Rel. a.* profano *m*; *fig.* ignorante *m*; não-versado *m*.

ˈ**Laien|bruder** *m* (*-s*; *⸗*) irmão *m* leigo (*od.* converso); **~brüderschaft** *f* confraria *f*; **2haft** leigo; *Rel. a.* profano; *fig.* estranho ao assunto; ignorante; **~priester** *m* padre *m* secular; **~spiel** *n* (*-es*; *-e*), **~theater** *n* teatro *m* de amadores.

Laˈ**kai** [laˈkaɪ] *m* (*-en*) lacaio *m*.

ˈ**Lake** [ˈlaːkə] *f* salmoura *f*; **~n** *n* lençol *m*.

laˈ**konisch** [laˈkoːnɪʃ] lacónico.

Laˈ**kritze** [laˈkrɪtsə] *f* alcaçuz *m*.

ˈ**lallen** [ˈlalən] balbuciar; gaguejar.

Laˈ**melle** [laˈmɛlə] *f* lamela *f*.

Lamm [lam] *n* (*-es*; *⸗er*) cordeiro *m*, *nicht älter als 1 Jahr* borrego (*ê) *m*; ˈ**2en** parir.

ˈ**Lämmer|geier** [ˈlɛmər-] *m* abutre-dos-alpes *m*; **~wolke** *f* cirro *m*.

ˈ**Lamm|fell** *n* (*-es*; *-e*) agnelina *f*; **2fromm** manso como um borrego (*ê); **~sgeduld** *f* (*0*) paciência *f* de anjo; **~wolle** *f* (*0*) lã *f* agnelina; aninho *m*.

ˈ**Lampe** [ˈlampə] **a)** *f* candeeiro *m*; **b)** *m poet.* a lebre.

Lampen|fieber *n* (*-s*; *0*) nervosidade *f*, nervosismo *m*; **~schirm** *m* (*-es*; *-e*) abaju(r) *m*; abaixa-luz *m*; (*a. Reflektor*) pantalha *f*.

ˈ**Lampi**ˈ**on** [ˈlampiˈoːn] *m* (*-s*; *-s*) lampião *m*.

Lamˈ**prete** [lamˈpreːtə] *f* lampreia *f*.

Land [lant] *n* (*-es*; *⸗er*) terra *f* (*zu* por); *Art*: *a.* terreno *m*; *Stück* ~ terra *f*, fazenda *f*; (*Ggs. zu Stadt*) campo *m* (*auf dem* no, *aufs* ao); *Pol.* país; *an* ~ *gehen* desembarcar; *außer* ~*es gehen* emigrar, sair; *des* ~*es verweisen* expulsar; ˈ**~-arbeit** *f* lavoura *f*; ˈ**~-arbeiter** *m* trabalhador *m* agrícola; ˈ**~-arzt** *m* (*-es*; *⸗e*) médico *m* de aldeia; ˈ**~-aufenthalt** *m* (*-es*; *-e*) estância *f* no campo, descanso *m* no campo; ˈ**~bau** *m* (*-es*; *0*) agricultura *f*, lavoura *f*; ˈ**~besitz** *m* (*-es*; *-e*) propriedade(s *pl.*) *f*; quinta *f*; *großer*: latifúndio *m*; ˈ**~besitzer** *m* proprietário *m*; ˈ**~bewohner** *m* camponês *m*; **2-**ˈ**einwärts** terra adentro; ˈ**2en** [ˈ-dən] (*-e-*) **1.** *v/t.* desembarcar; **2.** *v/i.* ⚓ *Schiff*: abicar; *Passagier*: desembarcar; ✈ aterrar; *Boxhieb*: F chegar; ˈ**~-enge** *f* istmo *m*; ˈ**~eplatz** [ˈlandə-] *m* (*-es*; *⸗e*) desembarcadouro *m*; ✈ campo *m* de aterragem; aeroporto *m*.

ˈ**Länder|**ˈ**eien** [lɛndəˈraɪən] *f/pl.* bens *m/pl.* de raiz; terrenos *m/pl.*; **~kampf** *m* (*-es*; *⸗e*) *Sport*: campeonato *m* internacional; **~kunde** *f* (*0*) geografia *f* política; **~name** *m* (*-ns*; *-n*) nome *m* de país; **~spiel** *n* (*-es*; *-e*) jogo (*ˈô) (*od.* desafio) *m* internacional.

ˈ**Landes|aufnahme** [ˈlandəs-] *f* levantamento *m* topográfico; topografia *f* oficial; **~beschreibung** *f* topografia *f*; **~brauch** *m* (*-es*; *⸗e*) costume *m* nacional; **~-erzeugnis** *n* (*-ses*; *-se*) produto *m* nacional; **~farben** *f/pl.* cores *f/pl.* nacionais; **2flüchtig** desertor, prófugo; **~-grenze** *f* fronteira *f*; **~-herr** *m* (*-en*) (**2-herrlich** do) soberano *m*; **~-hoheit** *f* soberania *f*; **~kirche** *f* Igreja *f* nacional (*od.* regional); **~kunde** *f* (*0*) geografia *f*; **~regierung** *f* governo (*ê) *m*; **~-sprache** *f* língua *f* (*od.* idioma *m*) nacional; **~trauer** *f* (*0*) luto *m* nacional; **2-üblich** usual; ~ *sn* ser costume nacional, ser uso nacional; **~verrat** *m* (-*es*; *0*) crime *m* de lesa-pátria; **~verräter** *m* traidor *m* à pátria; **~verteidigung** *f* (*0*) defesa *f* nacional; **~verweisung** *f* desterro (*'ê) *m*, expulsão *f*.

'Land|flucht *f* (*0*) êxodo *m* rural; **~frau** *f* camponesa *f*; **~gemeinde** *f* conselho *m*; **~gericht** *n* (-*es*; -*e*) juízo *m* de primeira instância, juízo *m* de comarca; **~gerichtsrat** *m* (-*es*; ⸗*e*) juiz *m* de direito; **~gut** *n* quinta *f*; **~haus** *n* (-*es*; ⸗*er*) casa *f* de campo; * chácara *f*; **~heim** *n* (-*es*; -*e*) colónia *f* infantil (*od.* escolar); **~jäger(ei** *f*) *m* guarda *m* (*f*) civil; **~karte** *f* mapa *m*, carta *f* geográfica; **~kreis** *m* (-*es*; -*e*) distrito *m*; comarca *f*; **~krieg** *m* (-*es*; -*e*) guerra *f* terrestre; **⁓läufig** usual, corrente; **~leben** *n* (-*s*; *0*) vida *f* rústica; **~leute** *pl.* aldeões *m/pl.*, camponeses *m/pl.*; gente *f/sg.* do campo; lavradores *m/pl.*

'ländlich ['lɛntliç] campestre, rústico, aldeão; *a. Pol.* rural.

'Land|luft *f* (*0*) ares *m/pl.* do campo; **~mann** *m* (-*es*; -*leute*) camponês *m*; lavrador *m*; **~messer** *m* agrimensor *m*; **~partie** *f* excursão *f*, passeio *m* ao campo; pique-nique *m*; **~pfarrer** *m* cura *m* de aldeia; **~plage** *f* calamidade *f*, praga *f*, flagelo *m*; **~rat** *m* (-*es*; ⸗*e*) administrador *m* do concelho; **~ratte** ⚓ *f* marinheiro *m* de água doce; **~regen** *m* chuva *f* geral; **~rücken** *m* alto *m*.

'Landschaft *f* paisagem *f*; *Pol.* província *f*, região *f*; **⁓lich** regional; *Anblick, Bild*: da paisagem; paisagístico; **~sbild** *n* (-*es*; -*er*) panorama *m*; paisagem *f*; **~sgestaltung** *f* arquite(c)tura *f* paisagista; **~smaler** *m* paisagista *m*.

'Land|schildkröte *f* tartaruga *f*; **~schule** *f* escola *f* rural; **~schulheim** *n* (-*es*; -*e*) colónia *f* escolar; **~sitz** *m* (-*es*; -*e*) quinta *f*.

'Lands|knecht *m* (-*es*; -*e*) lansquenete *m*; **~mann** *m* (-*es*; -*leute*), **~männin** [-mɛnin] *f* compatriota *m*, *f*; conterrâneo *m*, -a *f*, patrício *m*, -a *f*; *was für ein(e) ~?* de que terra?; **~mannschaft** *f* *ehm.* associação *f* («nação» *f*, «república» *f*) de estudantes.

'Land|spitze *f* cabo *m*; **~stadt** *f* (-; ⸗*e*) cidade *f* de província; vila *f*; **~stände** *m/pl.* Cortes (*ô) *f/pl.*; **~straße** *f* estrada *f* (nacional); **~streicher(ei** *f*) *m* vagabundo *m* (vagabundagem *f*); **~streitkräfte** ⚔ *f/pl.* forças (*ô) *f/pl.* terrestres; **~strich** *m* (-*es*; -*e*) região *f*; **~tag** *m* (-*es*; -*e*) dieta *f*; **~tier** *n* (-*es*; -*e*) animal *m* terrestre.

'Landung ['landuŋ] *f* ⚓ arribação *f*; *j-s*: desembarque *m*; ✈ aterragem *f*; **~sbahn** *f* ✈ pista *f* de aterragem; **~sbrücke** *f* ponte *f* de desembarque; **~splatz** *m* ⚓ (-*es*; ⸗*e*) desembarcadouro *m*; ✈ campo *m* de aterragem; **~s-steg** *m* (-*es*; -*e*) prancha *f*, ponte *f* de atracar.

'Land|weg *m* (-*es*; -*e*) via *f* terrestre (*auf dem* por); **~wein** *m* (-*es*; -*e*) vinho *m* da região; **~wirt** *m* (-*es*; -*e*) agricultor *m*, lavrador *m*; *Diplom⁓* engenheiro *m* agrónomo; **~wirtschaft** *f* (*0*) agricultura *f*, lavoura *f*; **⁓wirtschaftlich** agrícola; agronómico; **~wirtschaftsminister(ium** *n* [-*s*; -*ministerien*]) *m* ministro (ministério) *m* da agricultura; **~zunge** *f* língua *f* de terra.

lang [laŋ] (⸗*er*; ⸗*st*) **a**) *räuml.* comprido; *10 Meter ~* com (*od.* de) dez metros; *1 Meter ~ sn* ter um metro de comprimento; *~ hinfallen* cair ao comprido; estatelar-se; *(des) ~(en) und breit(en)* com todos os pormenores; **b**) *zeitl.* longo, largo; *ein Jahr ~* durante um ano; *seit ~em* desde (*od.* há *od.* faz) muito tempo; *von ~er Hand fig.* de antemão; *vgl. lange, länger, längst*; **'~-armig** ['-armiç] de braços largos; **'~-atmig** ['-aːtmiç] *fig.* prolixo; circunstanciado; enfadonho; **'~beinig** ['-baɪniç] de pernas altas, pernalto, **'~e** *adv.* (há) muito tempo; *nicht ~* pouco (tempo); *es ist ~ her, daß* faz muito tempo que; *noch ~ nicht* falta ainda muito; *so ~* tanto tempo; *so ~ bis* até que, até (*pron. u. inf. pers.*); *wie ~?* (há) quanto tempo?; *wie ~ (noch)?* até quando?; *~ (aus)bleiben, ~ machen* demorar(-se), levar muito tempo; *ich habe ihn ~ nicht gesehen* há muito que não o vejo.

'Länge ['lɛŋə] *f* comprimento *m*; extensão *f*; longura *f*; *Zeit*: duração *f*; *Erdk. u.* ♈ longitude *f*; *der ~ nach, in die ~* ao longo, ao compri-

do; (*sich*) *in die* ~ *ziehen* prolongar(-se); demorar; *Stoff*: esticar.
'**langen** ['laŋən] **1.** *v/i.* (*genügen*) chegar, bastar; ~ *nach* estender a mão para; *in* (*ac.*) ~ meter a mão em; **2.** *v/t.* F apanhar; passar, deixar ver; *j-m e-e* (*Ohrfeige*) ~ chegar a alg.
'**Längen|grad** *m* (grau *m* de) longitude *f*; ~**kreis** *m* (-*es*; -*e*) meridiano *m*; ~**maß** *n* (-*es*; -*e*) comprimento *m*.
'**länger** ['lɛŋər] (*comp. v. lang*) mais comprido, mais longo, mais extenso; *zeitl.* mais (tempo); ~ *machen* alongar, esticar.
Lange'weile *f* (*0*) aborrecimento *m*, tédio *m* (*aus, vor dat.* de); ~ *haben*, ~ *bekommen* aborrecer-se, ficar aborrecido.
'**Lang|finger** F *m* ladrão *m*, gatuno *m*; 2**fristig** [-fristiç] a longo prazo; 2**haarig** de cabelo comprido; 2**jährig** de muitos anos; antigo; 2**lebig** longevo; ♀ vivaz; ~**lebigkeit** *f* (*0*) longevidade *f*.
'**länglich** ['lɛŋliç] oblongo; alongado; ~**rund** oval.
'**Lang|mut** *f* (*0*) paciência *f*, longanimidade *f*; 2**mütig** ['-my:tiç] paciente.
längs [lɛŋs] (*gen., dat.*) ao longo de.
'**langsam** lento; *adv.* devagar; ~**er** *werden* (*od. fahren*) diminuir (*od.* baixar) o ritmo (*od.* a velocidade); 2**keit** *f* (*0*) vagar *m*, lentidão *f*.
'**Längs|ansicht** *f* vista *f* longitudinal; ~**schiff** *n* ⛪ (-*es*; -*e*) nave *f* central; (*Web*2) lançadeira *f*.
'**Lang|schläfer** *m* dorminhão *m*, dorminhoco *m*; ~**spielplatte** *f* (disco *m* de) microgravação *f*.
'**Längsschnitt** *m* (-*es*; -*e*) corte *m* longitudinal.
längst [lɛŋst] (*superl. v. lang*) o mais comprido, o mais longo; *adv.* há muito (tempo); '~**ens** o mais tardar.
'**lang|stielig** ['-ʃti:liç] com pé alto; *fig.* maçador; 2**strecken...**: *in Zssgn* a grande distância.
Lan'guste [laŋ'gustə] *f* lagosta *f*.
'**lang|weilen** aborrecer, maçar; ~**weilig** [-vaıliç] aborrecido, maçador; 2**welle** *f* onda *f* comprida; ~**wierig** [-vi:riç] moroso; ⚕ crónico; 2**wierigkeit** *f* (*0*) morosidade *f*.

'**Lanze** ['lantsə] *f* lança *f*; 2**nförmig** [-fœrmiç] lanceolado; ~**nstechen** *n* torneio *m*.
Lan'zette [lan'tsɛtə] ⚕ *f* lanceta *f*.
Lap'palie [la'pa:liə] *f* bagatela *f*; insignificância *f*.
'**Lapp|e** ['lapə] *m* (-*n*) lapão *m*, lapónio *m*; ~**en** *m* trapo *m*; farrapo *m*; *Anat.* lobo *m*; 2**ig** trapento, ♀ *u. Zool.* lobado; ~**in** *f* lapoa *f*, lapónia *f*.
'**läppisch** ['lɛpiʃ] parvo, pueril; trivial.
'**Lappländ|er**(**in** *f*) *m* ['laplɛndər-], 2**isch** lapão *m*, lapónio *m* (lapónia *f*), da Lapónia.
'**Lärche** ['lɛrçə] ♀ *f* larício *m*.
Lärm [lɛrm] *m* (-*es*; *0*) ruído *m*, barulho *m*; *blinder* ~ rebate *m* falso; ~ *schlagen* tocar a rebate; = ~ *machen* (*a. fig.*) = '2**en** fazer barulho; '2**end** *adj.* ruidoso, barulhento.
'**Larve** ['larvə] *f* máscara *f*; *Zool.* larva *f*.
lasch [laʃ] frouxo; lasso; F mole; '2**e** *f* ⊕ encaixe *m*; (*Schuh*2) pala *f*, presilha *f*; 🚃 eclisa *f*; '2**enschraube** *f* parafuso *m* de junta; '2**heit** *f* (*0*) frouxidão *f*; lassidão *f*; *fig. a.* inércia *f*.
'**lassen** ['lasən] (*L*) (*erlauben, ver*~) deixar; (*aufgeben, unter*~), (*sn*) ~ deixar (*das Rauchen* de fumar), deixar ficar, deixar-se de; (*veran*~) mandar, fazer; ~ *von* desistir de, renunciar a; *sn Leben* ~ sacrificar a vida; *j-n* (*hoch*)*leben* ~ dar vivas a alg.; *vom Stapel* ~ lançar à água; *j-m Zeit* ~ dar tempo a alg.; *sich* (*dat.*) *Zeit* ~ não ter pressa; *Möglichkeit*: *sich auswechseln usw.* ~ poder-se; *sich sehen* ~ aparecer; *sich sehen* ~ *können fig.* apresentar-se bem; *darüber ließe sich viel sagen* sobre isto havia muito que dizer; *laß mich!* deixa-me em paz!; *laß nur!* deixa estar!
'**lässig** ['lɛsiç] negligente, indiferente; descuidado; 2**keit** *f* (*0*) descuido *m*; indiferença *f*.
'**Lasso** ['laso:] *n* (-*s*; -*s*) laço *m*.
Last [last] *f* carga *f*; (*Gewicht, Bürde*) peso (*ê) *m*, fardo *m*; ⚖ agravo *m*, acusação *f*; responsabilidade *f*; ónus *m*; *j-m et. zur* ~ *legen* imputar a.c. a alg.; atribuir a alg. a responsabilidade de a.c.; incriminar alg. de (*od.* por) a.c.; † *zu*

~en a cargo; à conta; *Bank*: a débito; '~-**auto** *n* (-*s*; -*s*) camião *m*.
'**lasten** ['lastən] (-*e*-) pesar, carregar (*auf dat.* sobre); ♀-**aufzug** *m* (-*es*; ⸗*e*) monta-cargas *m*; ♀-**ausgleich** *m* (-*es*; *0*) perequação *f* de encargos; ~**frei** isento de encargos.
'**Laster** ['lastər] *n* vício *m*.
'**Lästerer** ['lɛstərər] *m* difamador *m*; detra[c]tor *m*, *Rel.* blasfemo *m*.
'**lasterhaft** vicioso; perverso, depravado, corru[p]to; ♀**igkeit** *f* (*0*) perversidade *f*, depravação *f*.
'**Läster|maul** *n* ['lɛstər-] (-*es*; ⸗*er*), ~**zunge** *f* má-língua *m*, *f*; ♀**n** (-*re*) *Rel.* blasfemar (contra), renegar; (*schmähen*) ofender, difamar; (*verleumden*) caluniar; ~**ung** *f* blasfémia *f*.
'**lästig** ['lɛstiç] importuno, enfadonho, maçador; *Ausländer*: indesejável; ~ *fallen* ser importuno *usw.*; molestar, maçar.
'**Last|kahn** *m* (-*es*; ⸗*e*) batelão *m* de carga, barcaça *f*; ~**kraftwagen** *m* camião *m*; ~**pferd** *n* (-*es*; -*e*) (~**tier** *n* [-*es*; -*e*]) cavalo *m* (besta *f*) de carga; ~**träger** *m* moço *m* (de fretes); ~**wagen** *m* camião *m*; zorra *f*, carroça *f*.
La'tein [la'taın] *n* (-*s*; *0*) latim *m*; ~**er** *m* latino *m*; ♀**isch** latino; *Buchstabe*: romano.
La'tern|e [la'tɛrnə] *f* lanterna *f*; candeeiro *m*; ⚓ *u.* 🚗 farol *m*; ~**enpfahl** *m* (-*es*; ⸗*e*) poste *m*.
'**Latsch|e** ['la:tʃə] *f* chinela *f*, pantufo *m*; ⚘ pinheiro *m* anão; ♀**en** arrastar os pés.
'**Latte** ['latə] *f* ripa *f*, fasquia *f*, sarrafo *m*.
'**Latten|gestell** *n* (-*es*; -*e*) grade *f*; ~**verschlag** *m* (-*es*; ⸗*e*) grade *f*; ~**zaun** *m* (-*es*; ⸗*e*) taipa *f*, estacada *f*.
'**Lattich** ['latiç] *m* (-*es*; -*e*) alface *m*.
Latz [lats] *m* (-*es*; ⸗*e*) (*Brust*♀) peitilho *m*; (*Hosen*♀) braguilha *f*.
'**Lätzchen** ['lɛtsçən] *n* babete *m*, babadouro *m*.
lau [laʊ] tépido, morno (*'ô); *fig.* tíbio.
Laub [laʊp] *n* (-*es*; *0*) folhagem *f*; *dürres* ~ folhas (*ô) *f*/*pl.* secas (*ê); '~**baum** *m* (-*es*; ⸗*e*) árvore *f* de folha (*ô) caduca; '~**dach** *n* (-*es*; ⸗*er*) ramagem *f*.
'**Laube** ['laʊbə] *f* caramanchão *m*; ~**ngang** *m* (-*es*; ⸗*e*) ramada *f*; ⚠ arcadas *f*/*pl.*; ~**nkolonie** *f* colónia *f* de hortas pequenas com chalés; jardins *m*/*pl.* de operários.
'**Laub|fall** *m* (-*es*; *0*) desfolha *f*; ~**frosch** *m* (-*es*; ⸗*e*) rela *f*, reineta *f*; ~**holz** *n* (-*es*; ⸗*er*) árvores *f*/*pl.* de folha (*ô) caduca; mato *m* folhudo; ~**hüttenfest** *n* (-*es*; -*e*) festa *f* dos tabernáculos; ~**säge** *f* serra *f* mecânica; ~**wald** *m* (-*es*; ⸗*er*) floresta *f* de folha (*ô) caduca; ~**werk** *n* (-*es*; -*e*) folhagem *f*, ramagem *f*.
Lauch [laʊx] *m* (-*es*; -*e*) (alho-)porro *m*.
'**Lauer** *f* (*0*): *auf der* ~ *liegen* estar à espreita; *sich auf die* ~ *legen* embos-car-se, pôr-se de emboscada; ♀**n** (-*re*): *auf* (*ac.*) ~ estar à espreita de; (*warten*) aguardar, esperar (*ac.*); (*j-m auf*~) espiar *alg.*
Lauf [laʊf] *m* (-*es*; ⸗*e*) carreira *f*; curso *m*; *Wasser*: corrente *f*; (*Ver*♀) marcha *f*; decurso *m*, decorrer *m*; evolução *f*; (*Rohr*, *Gewehr*♀) cano *m*; ♪ passagem *f*; *Zool.* pata *f*; *im vollen* ~*e* em plena corrida, *im* ~*e des Lebens* pela vida fora; *im* ~*e der Zeit* com o tempo; '~**bahn** *f Sport*: pista *f*; *fig.* carreira *f*; '~**brücke** *f* ponte *f* provisória; '~**bursche** *m* (-*n*) moço *m* de recados; contínuo *m*; '♀**en** (*L*; *sn*) correr (*a. fließen*); (*gehen*) andar; marchar, ⊕ *a.* funcionar; *Film*: exibir-se, proje[c]tar-se; ser rodado; *Gefäß*: deitar; *aus dem Hafen* ~ ⚓ partir; levantar ferro; *sarpar; ~ *lassen* F *a.* soltar; *j-m in* (*od. über*) *den Weg* ~ cruzar o caminho de alg.; *ins Geld* ~ sair caro; '♀**end** *adj.* corrente; *Nummer*: corrido; *adv.* permanentemente; *am* ~*en Band* sem interrupção; em série; *auf dem* ~*en* ao corrente (*halten* pôr, *sn* estar).
'**Läufer** ['lɔyfər] *m* corredor *m*; ⚔ ordenança *f*; correio *m*; (*Flur*♀, *Treppen*♀) passadeira *f*; *Schach*: bispo *m*; *Sport*: médio *m*.
Lauf|e'rei [laʊfə'raı] *f* correria *f*; *viel* ~ *haben* ter que ir para trás e para diante; '~**feuer** *n* rastilho *m* de pólvora; *wie ein* ~ com a rapidez de um raio; ràpidamente; '~**graben** *m* (-*s*; ⸗) trincheira *f*.
'**läufig** ['lɔyfiç] *Zool.*: ~ *sn* estar no cio.
'**Lauf|junge** *m* (-*n*) = ~*bursche*;

~käfer *m* cárabo *m*; **~katze** ⊕ *f* carrete *m*; **~kran** *m* (*-és*; *⸗e*) guindaste *m*; **~paß** F *m* (*-sses*; *0*): *j-m den ~ geben* despedir alg.; mandar alg. passear; **~schritt** *m* (*-és*; *-e*) passo *m* acelerado; **~steg** *m* (*-és*; *-e*) passadouro *m*; **~werk** *n* (*-és*; *-e*) movimento *m* por carretos; **~zeit** *f* *Sport*: tempo *m* de corrida; ⚕ prazo *m* de circulação; *Zool.*: cio *m*, brama *f*; **~zettel** *m* circular *f*; guia *f*.

ˈ**Laug|e** [ˈlaʊgə] *f* barrela *f*, lixívia *f*; **⁀en** meter na barrela, embarrelar; **~en-asche** *f* (*0*) barreleiro *m*; **~ensalz** *n* (*-es*; *-e*) potassa *f*; **~enwasser** *n* (*-s*; *0*) lixívia *f*, decoada *f*.

ˈ**Lau|heit** *f* (*0*), **~igkeit** *f* (*0*) tibieza *f*, frouxidão *f*.

ˈ**Laun|e** [ˈlaʊnə] *f* humor *m*; (*Grille*) capricho *m*; *gute ~* boa disposição; *bei guter ~* bem disposto; **⁀en-haft** caprichoso, esquisito; **~en-haftigkeit** *f* (*0*) esquisitice *f*, casmurrice *f*; **⁀ig** alegre, jovial, humorístico; **⁀isch** = *⁀enhaft*.

Laus [laʊs] *f* (*-*; *⸗e*) (*Kopf⁀*) piolho *m*; (*Filz⁀*) chato *m*; ˈ**~bub** *m* (*-en*) maroto *m*.

ˈ**lausch|en** [ˈlaʊʃən] escutar; *heimlich*: estar à escuta, espreitar; **~ig** conchegado, sossegado, agradável.

ˈ**laus|en** catar; **~ig** piolhento; *fig.* P chato.

laut [laʊt] **1.** *adj.* *Stimme*: alto, sonoro; (*lärmend*) ruidoso; *adv.* em voz alta; *fig. ~ werden Stimmen*: correr; = *~bar werden*; **2.** *prp.* (*gen.*) segundo (*ac.*), conforme a; (*Kraft*) em virtude de; **3.** *⁀ m* (*-és*; *-e*) som *m*; *keinen ~ von sich geben* ficar calado; ˈ**~bar**: *~ werden* divulgar-se; ˈ**⁀e** ♪ *f* alaúde *m*; ˈ**~en** (*-e-*) soar; *Text*: dizer; rezar; *folgendermaßen ~*: ser do teor seguinte, ser concebido nos seguintes termos, rezar assim; *auf* (*ac.*) *~* ⚕ ir em nome de; ⚖ *Urteil*: *auf 3 Jahre Gefängnis usw. ~* determinar (*ac.*).

ˈ**läuten** [ˈlɔytən] (*-e-*) **1.** tocar; *Kirchenglocken*: *a.* repicar, *zu Grabe*: dobrar; (*ertönen*) soar; *es läutet* estão a tocar; *ich habe et. ~ hören fig.* palpita-me; ouvi dizer a.c.; **2.** *⁀ n* toque *m*, repique *m*.

ˈ**lauter** [ˈlautər] **1.** (*comp. v. laut*) mais alto; **2.** (*rein*) puro; *fig.* sincero; leal; **3.** *uv.* (*nichts als*) não… senão; só; mero; (*viel*) uma data de; **⁀keit** *f* (*0*) pureza *f*, sinceridade *f*, lealdade *f*, integridade *f* (moral).

ˈ**läuter|n** [ˈlɔytərn] (*-re*) purificar, apurar; *im Feuer*: acrisolar; *Zucker*: refinar; *fig.* sublimar; **⁀ung** *f* purificação *f*; sublimação *f*.

ˈ**Laut|form** *f* forma *f* fonética; **~gesetz** *n* (*-es*; *-e*) *Gram.* lei *f* fonética; **~gestalt** *f* fonema *m*; **~lehre** *f* (*0*) fonética *f*; **⁀los** silencioso; **⁀malend** onomatopaico; **~malerei** *f* onomatopeia *f*; **~schrift** *f* transcrição *f* fonética; **~sprecher** *m* alto-falante *m*; **⁀stark** potente; intenso; **~stärke** *f* volume *m* do som, intensidade *f* do som; *Radio*: *a.* potência *f* sonora (*od.* do som); **~verschiebung** *f* *Gram.* mutação *f* consonântica; **~verstärker** *m* amplificador *m* de som; **~wandel** *m* (*-s*; *0*) alteração *f* fonética.

ˈ**lauwarm** (*0*) morno.

Laˈ**vendel** [laˈvɛndəl] *m* (*-s*; *0*) alfazema *f*.

laˈ**vieren** ⚓ (*-*; *h.*, *sn*) bordejar; *fig.* oscilar, manobrar.

Laˈ**wine** [laˈviːnə] *f* alude *m*, avalancha *f*.

lax [laks] desleixado, frouxo, lasso; ˈ**⁀-heit** *f* (*0*) lassidão *f*.

Lazaˈ**rett** [latsaˈrɛt] *n* (*-és*; *-e*) hospital *m* (militar); **~schiff** *n* (*-és*; *-e*) navio-hospital *m*; **~zug** *m* (*-és*; *⸗e*) ambulância *f*.

ˈ**Lebe|hoch** [ˈleːbə-] *n* (*-s*; *-s*) viva *m*; brinde *m*; **~mann** *m* (*-és*; *⸗er*) pândego *m*; homem *m* galante.

ˈ**leben** [ˈleːbən] **1.** viver; *~ bleiben* sobreviver; *zu ~ haben* ter de que viver; *gut ~* levar boa vida; *~ Sie wohl!* adeus!; (*hoch*)*~ lassen* beber à saúde de; dar vivas a; *so wahr ich lebe!* pela minha vida!, pela minha alma!; **2.** *⁀ n* vida *f* (*führen* levar); *am ~ sn* ser vivo, estar com vida; *am ~ bleiben* sobreviver; *ums ~ bringen* matar, assassinar; *ums ~ kommen* perder a vida, perecer; *~ (und Treiben)*: *a.* animação *f*, movimento *m*; a(c)tividade *f*; *für sein ~ gern* (*inf.*) dar a vida por; *j-m das ~ schenken* perdoar a vida a alg., *e-m Kinde*: dar à luz (*ac.*); *ins ~ rufen* fundar, criar; *nach dem ~ Mal.* do natural; *zu neuem ~ erstehen* ressuscitar, ressurgir; *sich* (*dat.*) *das* ~ *nehmen* suicidar-se; *mein* ~ *lang* (em) toda a minha vida; **~d** *adj.* vivo, vivente; **2d-gewicht** *n* (-*ės*; -*e*) peso (*ê) *m* vivo.

le'bendig [le'bɛndiç] vivo; **2keit** *f* (*0*) vida *f*, vitalidade *f*; vivacidade *f*.

'Lebens|-abend *m* (-*s*; -*e*) velhice *f*; **~-alter** *n* idade *f*; **~-art** *f* modo *m* de vida; (*Geschick*) jeito *m*; (*Umgangsformen*) maneiras *f/pl.*; **~-baum** *m* (-*ės*; ⸚*e*) tuia *f*; **~bedingung** *f* condição *f* de vida; **~bedürfnis** *n* (-*ses*; -*se*) necessidade *f* vital; **~beschreibung** *f* biografia *f*; **~dauer** *f* (*0*) (tempo *m* da) vida *f*; *auf* ~ *a.* vitalício; ⚘ *u. fig.* duração *f* (*geringe, kurze* pouca); **~-ende** *n* (-*s*; *0*) fim *m* da vida; morte *f*; **~-erfahrung** *f* experiência *f* da vida; **~-erinnerung** *f*: *~en* memórias *f/pl.*; **2fähig** *fig.* viável; **~fähigkeit** *f* (*0*) vitalidade *f*; **2feindlich** biófobo; **~feindlichkeit** *f* (*0*) biofobia *f*; **~frage** *f* questão *f* vital; **2fremd** ingénuo, inexperiente; **~-freude** *f* (*0*) = *~lust*; **2freundlich** biófilo; **2froh** alegre; **~führung** *f* modo *m* de viver; vida *f*; conduta *f*; **~gefahr** *f* perigo *m* de morte; *bei* ~, *mit* ~, *unter* (*dat.*) ~ com risco *m* da vida; **2gefährlich** muito perigoso, muito grave; **~gefährte** *m* (**~gefährtin** *f*) consorte *m*(*f*), companheiro *m*, (-a *f*); **~geister** *m/pl.* espíritos *m/pl.* vitais; vitalidade *f/sg.*; **~geschichte** *f* biografia *f*; **2groß**, *in* **~größe** *f* (*0*) de tamanho *m* natural; *Bild*: em corpo *m* inteiro; **~-haltung(skosten** *pl.*) *f* (custo *m/sg.* da) vida *f*; **2klug** (*0*) prudente; **~-klugheit** *f* (*0*) experiência *f* da vida; prudência *f*; **~kraft** *f* (-; ⸚*e*) vitalidade *f*; força (*ô) *f* vital; **2-kräftig** vigoroso; **2länglich** perpétuo; *Rente, Stellung usw.*: vitalício; **~lauf** *m* (-*ės*; ⸚*e*) vida *f*; carreira *f*; *Schrift*: curriculum *m* vitae; **~licht** *n* (-*ės*; -*e*) vida *f*; **~lust** *f* alegria *f* da vida (*od.* de viver); **2lustig** vivo, alegre, folgazão; **~mittel** *n/pl.* víveres *m/pl.*; **~mittelkarte** *f* senha *f* de racionamento; **~mittelversorgung** *f* abastecimento *m*; **2müde** cansado da vida; farto de viver; **~mut** *m* (-*ės*; *0*) energia *f* vital, vitalidade *f*; **~nähe** *f* (*0*) realismo *m*; **~raum** *m* (-*ės*; ⸚*e*) espaço *m* vital; **~regel** *f* (-; -*n*) regra (*od.* norma) *f* de conduta, máxima *f*; **~rente** *f* renda *f* vitalícia; **~retter** *m*: (*mein*) ~ salvador *m* da (minha) vida; **~standard** *m* (-*s*; *0*) nível *m* da vida; **~stellung** *f* posição *f* (social); (*Posten*) lugar *m* vitalício; **~trieb** *m* (-*ės*; *0*) instinto *m* vital; **2tüchtig** a[c]tivo; **~-überdruß** *m* (-*sses*; *0*) tédio *m* da vida; **2-überdrüssig** desgostoso da vida; **~-unterhalt** *m* (-*ės*; *0*) subsistência *f*; sustento *m*; *sich* (*dat.*) *den* ~ *verdienen* ganhar a (sua *usw.*) vida; **~versicherung** *f* seguro *m* de vida; **~wandel** *m* (-*s*; *0*) vida *f* (*j-s* que alg. leva); **~weg** *m* (-*ės*; -*e*) vida *f*; carreira *f*; **~weise** *f* hábito *m*; ⚕ regime *m*; **~weisheit** *f* filosofia *f* prática; **~werk** *n* (-*ės*; -*e*): *sein* ~ a obra da sua vida; **2wichtig** (de interesse [*'ê]) vital; **~-zeit** *f*: *auf* ~ por toda (*ô) a vida; vitalício.

'Leber ['le:bər] *f* fígado *m*; *frisch von der* ~ *weg fig.* sem rodeios, F sem papas na língua; **~fleck** *m* (-*ės*; -*e*) sarda *f*, sinal *m*; **2krank** doente do fígado; ~ *sn a.* sofrer do fígado; **~krankheit** *f*, **~leiden** *n* doença *f* do fígado; hepatite *f*; **~tran** *m* (-*ės*; *0*) óleo *m* de fígados de bacalhau; **~wurst** *f* (-; ⸚*e*) chouriço *m* de fígado (picado).

'Lebe|wesen *n* ser *m* vivo; *kleinstes* ~ micróbio *m*; **~'wohl** *n* (-*s*; *0*) adeus *m*.

'lebhaft ['le:phaft] vivo; animado; caloroso; *Verkehr*: intenso; **2igkeit** *f* (*0*) vivacidade *f*; animação *f*; *Verkehr*: intensidade *f*.

'Leb|kuchen ['le:p-] *m* broa *f* de mel; **2los** sem vida, inânime; **~tag** *m* (-*ės*; -*e*): *mein* ~ toda a minha vida; **~zeiten** *f/pl.*: *bei* (*od. zu*) *j-s* ~ em vida de alg.

'lechzen ['lɛçtsən] (-*t*): ~ *nach* ser ávido de, ser sequioso (*od.* sedento) de.

leck [lɛk] **1.** *adj.* roto; ~ *sn* escorrer; estar com água aberta; ~ *werden* meter água; **2.** 2 *n* (-*ės*; -*e*) furo *m*; ⚓ rombo *m*; **'~en 1.** *v/i.* = *leck sn*; deitar (água); **2.** *v/t.* lamber; *sich die Finger nach et.* ~ *fig.* F lamber-se todo por (*inf.*) a.c.

'lecker ['lɛkər] delicioso, rico;

≈**bissen** *m* petisco *m*; ≈'**ei** *f* lambarice *f*; ≈**maul** *n* (-*ės*; ⸚*er*) guloso *m*.
'**Leder** ['le:dər] *n* couro *m*; (*feines* ~) cabedal *m*; pele *f*, pelica *f*; *vom* ~ *ziehen* desembainhar (a espada); ≈-**artig** coriáceo; ~(-**ein**)**band** *m* (-*ės*; ⸚*e*) encadernação *f* em couro; ~**händler** *m* coureiro *m*; ~**haut** ⚕ *f* (-; ⸚*e*) derme *f* esclerótica; ≈**n** de couro, de pelica; encorreado; *fig.* insípido; ~**riemen** *m* correia *f*; ~**zeug** *n* (-*ės*; *0*) correame *m*.
'**ledig** ['le:diç] livre; (*unverheiratet*) solteiro; celibatário; ≈**ensteuer** ['-digən-] *f* (-; -*n*) imposto *m* de celibatários; ~**lich** ['-dig-] meramente; pura e simplesmente.
Lee [le:] ⚓ *f* (*0*) sotavento *m*.
leer [le:r] vazio; oco (*'ô) (*a. fig.*); *Stelle*: vago; (*unbewohnt*) desocupado (*stehen* estar); (*unbeschrieben*) em branco; *fig.* vão, fútil, insignificante; ~ *ausgehen, mit leeren Händen dastehen* ficar com as mãos a abanar; ⊕ ~ *machen* = ~*en*; ~ *werden* esvaziar-se, ficar vazio; '≈**e** *f* vazio *m*; *Phys.* vácuo *m*; *fig.* vaidade *f*; '~**en** esvaziar; *Briefkasten usw.*, (*ausräumen*) tirar ... de; '≈**gewicht** *n* (-*ės*; -*e*) peso (*ê) *m* em vazio; ⚚ tara *f*; '≈**lauf** ⊕ *m* (-*ės*; ⸚*e*) funcionamento *m* em vazio; *Motor*: ponto *m* morto (*auf* em); '~**laufen** (*L*) *Faß*: esvaziar-se; ⊕ andar em ponto morto; ~'**stehen** (*L*) estar desocupado, estar sem mobília; ~*d* devoluto; '≈**ung** *f* tiragem *f*; esvaziamento *m*; '≈**zug** 🚂 *m* (-*ės*; ⸚*e*) comboio *m* sem passageiros (*od.* sem carga).
'**Leeseite** *f* ⚓ sotavento *m*.
'**Lefze** ['lɛftsə] *f* beiço *m*; *dicke*: belfo *m*.
Le'gat [le'ga:t] **1.** *m* (-*en*) legado *m*, núncio *m*; **2.** *n* (-*ės*; -*e*) legado *m*.
'**Lege-henne** ['le:gə-] *f* galinha *f* de pôr, galinha *f* poedeira.
'**legen** ['le:gən] pôr (*a. Eier*); *in* (*ac.*) *hinein a.*: meter; *Grund*(*stein*) lançar; *Kartoffeln*: semear; *Schienen*: assentar, colocar; *auf Kiel* ~ assentar a quilha; *aus der Hand* ~ largar, deixar; *zur Last* ~ atribuir, imputar; *sich* ~ (*nachlassen*) acalmar-se, abrandar, passar; *sich* (*lang hin*)~ deitar-se; estender-se; *sich auf* (*ac.*) ~ *fig.* dedicar-se a, tratar de.
Le'gend|e [le'gɛndə] *f* lenda *f*; ≈**en-haft** lendário.
'**Lege|stachel** *m Zool.* aguilhão *m* (para depositar os ovos); ~**zeit** *f* época *f* de postura.
le'gier|en [le'gi:rən] (-) ligar; ≈**ung** *f* liga *f*.
Legisla'tur [legisla'tu:r] *f* legislação *f*; legislatura *f*; ~**periode** *f* período *m* legislativo.
legi'tim [legi'ti:m] legítimo; ≈**ati'on** [-timatsi'o:n] *f* documento (*od.* bilhete) *m* de identidade; ~'**ieren** (-): *sich* ~ provar a sua identidade.
'**Lehen** ['le:ən] *n* feudo *m*.
Lehm [le:m] *m* (-*ės*; -*e*) barro *m*; argila *f*; '~**boden** *m* (-*s*; ⸚) terreno *m* argiloso; '~**grube** *f* barreiro *m*; '≈**ig** argiloso; '~**wand** *f* (-; ⸚*e*) taipa *f*; '~**ziegel** *m* adobe *m*.
'**Lehne** ['le:nə] *f* (*Arm*≈) braço *m*; (*Rücken*≈) espaldar *m*, costas *f/pl.*; (*Stütze*) apoio *m*; (*Berg*≈) pendor *m*, encosta *f*; ≈**n**: (*sich*) ~ *an* (*ac.*) *od. gegen* apoiar(-se) em, encostar(-se) a; *sich* ~ *aus* debruçar-se de.
'**Lehns|herr** *m* (-*en*) suserano *m*; ~**mann** *m* vassalo *m*; ~**pflicht** *f* vassalagem *f*.
'**Lehnswesen** *n* (-*s*; *0*) feudalismo *m*, sistema *m* feudal.
'**Lehn|stuhl** ['le:n-] *m* (-*ės*; ⸚*e*) poltrona *f*, cadeira *f* de braços; ~**wort** *n* (-*ės*; ⸚*er*) palavra *f* de empréstimo.
'**Lehr|-amt** ['le:r-] *n* (-*ės*; ⸚*er*) ensino *m*, magistério *m*, professorado *m*; ~-**anstalt** *f* estabelecimento *m* de ensino (*höhere* secundário); ~-**auftrag** *m* (-*ės*; ⸚*e*): e-n ~ *haben* ser encarregado da regência de um curso; ~**brief** *m* (-*ės*; -*e*) certificado *m* (de aprendizagem); ~**buch** *n* (-*ės*; ⸚*er*) livro *m* escolar; manual *m*, método *m*, compêndio *m*.
'**Lehr|e** ['le:rə] *f* ensin(ament)o *m*; doutrina *f*; 🕮 teoria *f*; ciência *f*; *gewerblich*: aprendizagem *f*; *einzelne*: lição *f*; *laß dir das e-e* ~ *sn* não te esqueças desta lição; *in der* ~ *sn* ser aprendiz, (estar a) aprender; *in die* ~ *kommen* ir de aprendiz; ≈**en** ensinar; dar lições (de); *Univ.*: *a.* professar; ~**er**(**in** *f*) *m* professor(a *f*) *m*; ~**erschaft** *f* professorado *m*, corpo *m* docente; ~**fach** *n* (-*ės*; ⸚*er*) disciplina *f*; ~**film** *m* (-*ės*; -*e*) filme *m* didá[c]tico; ~**freiheit** *f* (*0*) liberdade *f* de ensino; ~**gang** *m* (-*ės*; ⸚*e*)

curso *m*; *praktischer* ~ tirocínio *m*; **~gebäude** *n* sistema *m*; **~gedicht** *n* (-*es*; -*e*) poema *m* didá[c]tico; **~geld** *n* (-*es*; -*er*) (paga *f* de) aprendizagem *f*; *fig.* ~ *zahlen müssen* pagar cara a lição; **~herr** *m* (-*en*) patrão *m*; **~jahr** *n* (-*es*; -*e*) ano *m* (*gewerbl.* de aprendizagem, *Schule*: escolar); **~junge** *m* (-*n*) aprendiz *m*; **~körper** *m* corpo *m* docente; **~kraft** *f* professor *m*; **~ling** *m* (-*s*; -*e*) aprendiz *m* (*Schuster*~ *usw.* de sapateiro), praticante *m*; ⚕ marçano *m*; **~mädchen** *n* aprendiza *f*, praticante *f*; **~meister** *m* patrão *m*; mestre *m*; **~mittel** *n/pl.* material *m/sg.* didá[c]tico; **~plan** *m* (-*es*; ⸚*e*) programa *m*; **~reich** instrutivo; **~saal** *m* (-*es*; -*säle*) sala *f* de aula; **~satz** *m* (-*es*; ⸚*e*) tese *f*; *Rel.* dogma *m*; ⩘ teorema *m*; **~stelle** *f* lugar *m* de aprendiz; **~stoff** *m* (-*es*; -*e*) matéria *f* (de ensino); programa *m*; **~stuhl** *m* (-*es*; ⸚*e*) cadeira *f*, cátedra *f* (*innehaben* reger; *für* de); **~stunde** *f* aula *f*; lição *f*; **~tätigkeit** *f* ensino *m*; **~weise** *f* método *m* de ensino; **~zeit** *f* (tempo *m* da) aprendizagem *f*.

Leib [laɪp] *m* (-*es*; -*er*) corpo *m*; (*Bauch*) ventre *m*; barriga *f*; (*Unter*~) abdómen *m*; (*dat.*) *zu* ~*e gehen*, (*dat.*) *auf den* ~ *rücken* atacar (*ac.*); *sich vom* ~*e halten* manter afastado; *bleib mir vom* ~*e* deixa-me em paz; *bei lebendigem* ~*e* vivo; '**~-arzt** *m* (-*es*; ⸚*e*) médico *m* assistente, médico *m* de câmara; '**~-binde** *f* cinta *f*; faixa *f*; '**~chen** [-çən] *n* corpete *m*, colete *m*; '**~-eigen** servo; '**~-eigenschaft** *f* (*0*) servidão *f*.

'**Leibes|beschaffenheit** ['laɪbəs-] *f* constituição *f*; **~frucht** *f* (-; ⸚*e*) fruto *m*; *ungeborene*: feto *m*; **~fülle** *f* corpulência *f*; obesidade *f*; **~größe** *f* tamanho *m*, estatura *f*; **~kraft** *f* (-; ⸚*e*) força (*ô) *f* física; *pl. aus* ~*kräften* a mais não poder; **~-übung** *f* exercício *m* físico; *pl. a.* educação *f/sg.* física; **~-untersuchung** *f*, **~visitation** *f* revista *f*.

'**Leib|garde** *f* (**~gardist** *m*) guarda *f* (*m*) de corpo; **~gericht** *n* (-*es*; -*e*) prato *m* favorito; **~haft(ig)** mesmo, em pessoa; *der* ~*e* o demónio; **~lich** corporal, carnal; *Verwandter*: consanguíneo; **~rente** *f* renda *f* vitalícia; **~schmerz** *m* (-*es*; -*en*) dor *f* de barriga; **~wache** *f* (**~wächter** *m*) guarda *f* (*m*) de corpo; **~wäsche** *f* roupa *f* branca, roupa *f* de interior; **~weh** *n* (-*es*; *0*) = ~*schmerz*.

'**Leiche** ['laɪçə] *f* cadáver *m*; corpo *m*.

'**Leichen|begängnis** [-bəgɛŋnis] *n* (-*ses*; -*se*) funeral *m*, enterro (*'ê) *m*; **~bitter-miene** *f* cara *f* de farricoco; **~blaß** (*0*) lívido; **~feier** *f* (-; -*n*) funerais *m/pl.*; exéquias *f/pl.*; **~-halle** *f* capela *f* mortuária; **~-haus** *n* (-*es*; ⸚*er*) casa *f* mortuária; **~-hemd** *n* (-*es*; -*en*) mortalha *f*; **~rede** *f* oração *f* fúnebre; **~schändung** *f* profanação *f* do(s) morto(s); **~schau** *f* (*0*) autópsia *f*; **~schau-haus** *n* (-*es*; ⸚*er*) necrotério *m*, morgue *f*; **~träger** *m* gato-pingado *m*, farricoco *m*; **~tuch** *n* (-*es*; ⸚*er*) mortalha *f*; **~verbrennung** *f* cremação *f*; **~wagen** *m* carro *m* fúnebre; **~zug** *m* (-*es*; ⸚*e*) cortejo *m* fúnebre, préstito *m*.

'**Leichnam** ['laɪçna:m] *m* (-*es*; -*e*) cadáver *m*, corpo *m*.

leicht [laɪçt] ligeiro; leve; *zu tun*: fácil (*zu* de); *adv. a.* à vontade; *zu* ~ *sn Gewicht*: não ter o peso (*ê); ~*fallen* dar pouco trabalho, não custar; ~(*er*) *machen* facilitar; *mir wird* ~*er* (*ums Herz*) sinto-me aliviado; *et. auf die* ~*e Achsel nehmen* importar-se pouco com a.c.; '**~-athletik** *f* (*0*) atletismo *m* ligeiro; '**~blütig** ['-bly:tiç] alegre, jovial; '**~er** ⚓ *m* lancha *f*, lanchão *m*; '**~fertig** leviano; frívolo; '**~fertigkeit** *f* leviandade *f*; frivolidade *f*; '**~fuß** *m* (-*es*; ⸚*e*) leviano *m*, estróina *m*; '**~füßig** ['-fy:siç] ágil, ligeiro; '**~gewicht** *n* (-*es*; -*e*) *Sport*: leve *m*; '**~gläubig** crédulo; '**~gläubigkeit** *f* (*0*) credulidade *f*; '**~-hin** ao de leve; ligeiramente; sem pensar, à toa; '**~igkeit** *f* (*0*) facilidade *f*; (*Behendigkeit*) ligeireza *f*; agilidade *f*; *a. fig.* desenvoltura *f*, desembaraço *m*; '**~lebig** ['-le:biç] leviano, descuidado; '**~matrose** *m* (-*n*) grumete *m*; '**~metall** *n* (-*es*; -*e*) metal *m* ligeiro; '**~metall-fabrik** *f* fábrica *f* de metais ligeiros; '**~sinn** *m* (-*es*; *0*) leviandade *f*, descuido *m*; '**~sinnig** leviano, descuidado; '**~-verwundet** levemente ferido.

leid [laɪt] **1.** *adj. uv.*: *es tut mir* ~

tenho pena (*um* de), lamento, sinto (muito); **2.** ≈ *n* (-*es*; *0*) (*Übel*) mal *m*; (*Schmerz*) pena *f*, dor *f*, mágoa *f*.

'**Leideform** *gr.* ['laɪdə-] *f* voz *f* passiva.

'**leiden** ['laɪdən] **1.** (*L*) *v/i.* sofrer, padecer (*an dat.* de); *unter* (*dat.*) ~ ressentir-se de; **2.** *v/t.* tolerar, sofrer, admitir, suportar; **3.** ≈ *n* sofrimento *m*, dor *f*; ⚕ doença *f*, padecimentos *m/pl.*; achaques *m/pl.*; *Rel.* paixão *f*; **~d** ⚕ doente; **≈schaft** *f* paixão *f* (*für* por); afe[c]to *m*; **~schaftlich** apaixonado; **~schaftslos** impassível, frio, obje[c]tivo.

'**Leidens|gefährte** *m* (-*n*), **~genosse** *m* (-*n*) companheiro *m* do infortúnio; **~geschichte** *f* (*0*) história *f* trágica, *Rel.* paixão *f*; **~weg** *m* (-*es*; -*e*) calvário *m*.

'**leid|er** ['laɪdər] infelizmente, por desgraça; sinto que ...; **~ig** triste, maçador, enfadonho; **~lich** razoável, sofrível; (*so*) ~ regular(mente); **~tragend** enlutado; **~voll** triste; **≈wesen** *n* (-*s*; *0*): *zu meinem* ~ com grande pena minha (*od.* desgosto [*'ô] meu).

'**Leier** ['laɪər] *f* (-; -*n*) lira *f*; *immer die alte* ~ *fig.* sempre a mesma cantiga; **~kasten** *m* realejo *m*; **~kastenmann** *m* (-*es*; ⸚*er*) tocador *m* de realejo; **≈n** tocar o realejo; *fig.* salmodiar; et. *herunter*~ dizer a sua lenga-lenga.

'**Leih|amt** ['laɪ-] *n* (-*es*; ⸚*er*) casa *f* de penhores; **~bibliothek** *f*, **~bücherei** *f* biblioteca *f* pública; **≈en** (*L*): *j-m et.* ~ emprestar a.c. a alg.; *Gehör, Hilfe*: prestar; *et. von j-m* ~ pedir a.c. emprestado a alg.; **~frist** *f* prazo *m* de empréstimo; **~gebühr** *f* (propina *f* de) empréstimo *m*; **~-haus** *n* (-*es*; ⸚*er*) = ~*amt*; **~schein** *m* (-*es*; -*e*) cautela *f* de penhor; **~verkehr** *m* (-*s*; *0*) serviço *m* de empréstimo; **≈weise** emprestado; **~zettel** *m* boletim *m* de requisição.

Leim [laɪm] *m* (-*es*; -*e*) cola *f*; (*dat.*) *auf den* ~ *gehen fig.* deixar-se apanhar (por); deixar-se entrujar (por); *aus dem* ~ *gehen* desfazer-se; '**≈en** colar; '**~farbe** *f* tinta *f* desfeita em cola; '**≈ig** pegajoso; viscoso; '**~rute** *f* vara *f* viscosa.

Lein [laɪn] *m* (-*es*; -*e*) linho *m*; '**~e** *f* corda *f*; (*Angel*≈) linha *f*; (*Jagd*≈) trela *f*; (*Pferde*≈) guia *f*; ⚓ sirga *f*; *an der* ~ *führen* levar preso por uma corda; '**~en** *n* (pano *m* de) linho *m*; tela *f*; '**≈en** de linho; '**~endamast** *m* (-*es*; *0*) linho *m* adamascado; '**~engarn** *n* (-*es*; -*e*) (fio *m* de) linho *m*; '**~en-industrie** *f* (*0*) indústria *f* linifícia; '**~enzeug** *n* (-*es*; *0*) roupa *f* branca; '**~kraut** *n* (-*es*; ⸚*er*) linária *f*; **~-öl** *n* (-*es*; *0*) óleo *m* de linhaça; **~same(n)** *m* linhaça *f*; **~tuch** *n* (-*es*; ⸚*er*) lençol *m*; **~wand** *f* (*0*) tela; = ~*enzeug*; '**~weber** *m* tecelão *m*, tecedor *m*; '**~weberei** *f* tecedura *f*; (*Fabrik*) tecelagem *f*.

'**leise** ['laɪzə] baixo; *fig.* leve, suave, manso; *adv. a.* em voz baixa; sem ruído; *auf* ~*n Sohlen* com pèsinhos de lã; **≈treter** [-tre:tər] *m* pisa--mansinho *m*.

'**Leiste** ['laɪstə] *f* régua *f*; remate *m*, limite *m*; (*Borte*) orla *f*, borda *f*; (*Tuch*≈) ourela *f*; *Anat.* virilha *f*; **≈n** (-*e*-) fazer (*a. Gesellschaft*), realizar; *Zahlung a.*: efe[c]tuar; *Dienst, Eid, Hilfe*: prestar; *den Fahneneid* ~ jurar a bandeira; *Folge*: aceitar; ⊕ render, produzir; *Versprochenes*: cumprir; *in e-m Fach et.* ~ ser forte em, distinguir-se em; *sich* (*dat.*) ~ permitir-se; **~n** *m* encospas *f/pl.*, encóspias *f/pl.*; *alles über e-n* ~ *schlagen fig.* medir tudo pelo mesmo rasoiro; **~nbeuge** *f* região *f* inguinal; **~nbruch** ⚕ *m* (-*es*; ⸚*e*) hérnia *f* inguinal; **~ngegend** *f* = ~*nbeuge*.

'**Leistung** ['laɪstuŋ] *f* (*Arbeit*) trabalho *m*, obra *f*; realização *f*; (*Aufgabe*) função *f*; (*Erfolg*) resultado *m*, êxito *m*; (*Dienst*≈), *Eid*: prestação *f*; ⊕ força (*ô) *f*, potência *f*, poder *m*; rendimento *m*; *Schule*: aproveitamento *m*; (*Zahlung*) pagamento *m*, débito *m*; **≈sfähig** capaz, produtivo; eficiente; ⚕ solvente, de crédito; ⚔ *Truppe*: forte; ⊕ potente, eficiente; **~sfähigkeit** *f* força (*ô) *f*, capacidade *f*, ⊕ *a.* potência *f*, eficiência *f*; ⚕ solvência *f*; **~smesser** *m* wattímetro *m*; **~sprüfung** *f* prova *f* de resistência; **~s-steigerung** *f* valorização *f*.

'**Leit-artik|el** ['laɪt-] *m* editorial *m*, artigo *m* de fundo; **~ler** *m* autor *m* do editorial (*od.* do artigo de fundo).

'**leiten** ['laɪtən] (-*e*-) conduzir (*a.* ⚡),

guiar; *fig.* dirigir; *Orchester*: reger; *in die Wege* ~ preparar; iniciar; encaminhar; **~d** *adj.* dirigente; ⚡ condutor; *Gedanke*: fundamental.

'**Leiter** ['laɪtər] **1. a)** **~(in** *f*) *m* dire[c]tor(a *f*) *m*, chefe *m*, † *a.* gerente *m*, *f*; presidente *m*, -a *f*; (*Schul*2) reitor(a *f*) *m*; **b)** *m* ⚡ condutor *m*; fase *f*; **2.** *f* (-; -*n*) escada *f* (de mão); escadote *m*; **~sprosse** *f* escalão *m*; **~wagen** *m* carro *m* com xalmas.

'**Leit|faden** *m* (-*s*; ⸚) (*Lehrbuch*) método *m*, guia *m*; 2**fähig** ⚡ condutivo; **~fähigkeit** *f* (*0*) condutibilidade *f*; **~gedanke** *m* (-*ns*; -*n*) ideia *f* fundamental; **~-hammel** *m* carneiro-mestre *m*; **~motiv** ♪ *n* (-*s*; -*e*) motivo *m* condutor (*od.* principal); **~rad** *n* (-*es*; ⸚*er*) distribuidor *m*; **~seil** *n* (-*es*; -*e*) trela *f*; guias *f/pl.*; **~stern** *m* (-*es*; -*e*) (estrela [*'ê] *f* do) norte *m*.

'**Leitung** ['laɪtuŋ] *f* dire[c]ção *f*, † gerência *f*; ⚡ *u.* ⊕ instalação *f* (elé[c]trica *usw.*), ⚡ *a.* fio *m*, linha *f*; ⊕ *a.* condução *f*; (*Kanal*) canalização *f*; *Anat.* conduto *m*; *fig.* F *e-e lange* ~ *haben* ser muito lento, ser muito parado.

'**Leitungs|draht** *m* (-*es*; ⸚*e*) fio *m* elé[c]trico; **~mast** *m* (-*es*; -*en*) poste *m* elé[c]trico; **~netz** ⚡ *n* (-*es*; -*e*) rede (*'ê) *f* elé[c]trica; **~rohr** *n* (-*es*; -*e*) tubo *m* (de gás *usw.*); **~schnur** *f* (-; ⸚*e*) fio *m* elé[c]trico; **~wasser** *n* (-*s*; *0*) água *f* da torneira, água *f* encanada.

'**Leitvermögen** *n* (-*s*; *0*) condutibilidade *f*.

Lekti'on [lɛktsi'o:n] *f* lição *f* (*erteilen* dar).

'**Lekt|or** ['lɛkto:r] *m* (-*s*; -*en*) leitor *m*; **~'üre** [-'ty:rə] *f* leitura *f*.

'**Lende** ['lɛndə] *f* (*Hüfte*) anca *f*, coxa *f*; ~*n pl.* rins *m/pl.*; *Tier*: lombo *m*.

'**Lenden|braten** *m* lombo *m* assado; **~gegend** *f* região *f* lombar; **~schurz** *m* (-*es*; -*e*) tanga *f*; **~stück** *n* (-*es*; -*e*) lombo *m*; **~weh** *n* (-*es*; *0*) lumbago *m*.

'**lenk|bar** dirigível; (*folgsam*) dócil; **~en** *Wagen*: guiar, conduzir, *a. fig.* dirigir; governar; ✈ *u.* ⚓ pilotar; *Blick*: virar, fitar; 2**er** *m* condutor *m*; ✈ piloto (*'ô) *m*; *fig.* senhor *m*; 2**rad** *n* (-*es*; ⸚*er*) volante *m*; **~sam** dócil, manso; 2**stange** *f* guiador *m*; 2**ung** *f* condução *f*, governo (*ê) *m*.

Lenz [lɛnts] *m* (-*es*; -*e*) primavera *f*; '2**en** ⚓ (-*t*) achicar.

'**Lepra** ['le:pra:] *f* (*0*) lepra *f*; 2**krank** leproso.

'**Lerche** ['lɛrçə] *f* cotovia *f*.

'**Lern|begier(de)** ['lɛrn-] *f* (*0*) interesse (*'ê) *m*, curiosidade *f*; 2**begierig** estudioso; **~-eifer** *m* (-*s*; *0*) aplicação *f*, zelo (*ê) *m*; 2**en** aprender; estudar.

'**Les|art** ['le:s-] *f* lição *f*; variante *f*; versão *f*; 2**bar** legível.

'**Lese** ['le:zə] *f* colheita *f*; (*Wein*2) vindima *f*; **~buch** *n* (-*es*; ⸚*er*) livro *m* de leitura; antologia *f*; 2**n** (*L*) ler; (*aussuchen*) escolher; (*entziffern*) decifrar; *Ähren*: apanhar; *Früchte*: colher; *Messe*: dizer; *Professor*: dar aula; *über* (*ac.*) ~ prele[c]cionar sobre, reger um curso de; *Korrektur*: rever; *nicht zu* ~ ilegível; **~n** *n* leitura *f*; 2**nswert** digno de ser lido, interessante; **~probe** *f* ensaio *m* de leitura; *aus e-m Buch*: trecho *m*; **~pult** *n* (-*es*; -*e*) estante *f*, púlpito *m*; **~r(in** *f*) *m* leitor(a *f*) *m*; **~ratte** F *f* apaixonado leitor *m*; **~rkreis** *m* (-*es*; -*e*) leitores *m/pl.*, público *m*; 2**rlich** legível; **~rschaft** *f* = ~*rkreis*; **~saal** *m* (-*es*; -*säle*) sala *f* de leitura; **~stoff** *m* (-*es*; -*e*) leitura *f*; **~stück** *n* (-*es*; -*e*) trecho *m*; **~zeichen** *n* marca *f*, sinal *m*; fita *f*; **~zimmer** *n* gabinete *m* de leitura; **~zirkel** *m* círculo *m* de leitura.

'**Lesung** ['le:zuŋ] *f* leitura *f*; versão *f*.

'**Lett|e** ['lɛtə] *m* (-*n*), 2**isch** letão *m*; **~in** *f* letã *f*.

'**Letter** ['lɛtər] *f* letra *f*, cará[c]ter *m*.

letzt [lɛtst] **1.** último, derradeiro; (*äußerst, höchst*) *a.* extremo, supremo; (*vorig*) passado, † próximo passado (*Abk.* pp.); *zum* ~*enmal* pela última vez; *in* ~*er Stunde* à última da hora; **2.** 2 *f* (*0*): *zu guter* ~ por último; '**~ens** ['-əns] em último lugar, finalmente; = ~*hin*; '**~ere** ['-ərə]: *der* ~, *das* ~ o último, este (*'ê); *die* ~ a última, esta; '**~erer,** '**~eres** o último, este (*'ê); '**~hin,** '**~lich** ùltimamente, há pouco; '**~willig** testamentário; ~*e Verfügung* testamento *m*.

'**Leucht|e** ['lɔyçtə] *f poet.* (*Fackel*) brandão *m*; lanterna *f*; *fig.* celebridade *f*; **꠸en** (*-e-*) luzir; (*glänzen*) brilhar; *j-m*: alumiar; **꠸end** *adj.* luminoso; **~er** *m* castiçal *m*; (*Hand*꠸) palmatória *f*; (*Kron*꠸) lustre *m*; **~feuer** *n* fanal *m*; ⚓ farol *m*; **~gas** *n* (*-es*; *-e*) gás *m* (de iluminação); **~käfer** *m* pirilampo *m*; **~kraft** *f* (*0*) intensidade *f* de luz; luminiscência *f*; **~kugel** *f* (*-*; *-n*) bala *f* luminosa; **~pistole** ⚔ *f* pistola *f* lança-foguetes; **~rakete** *f* foguete *m* luminoso; **~reklame** *f* reclamo *m* luminoso; **~schiff** *n* (*-es*; *-e*) navio-farol *m*; **~spurgeschoß** ⚔ *n* (*-sses*; *-sse*) projé[c]til *m* de traje[c]tória luminosa, projé[c]til *m* traçador; **~tafel** *f* (*-*; *-n*) tabuleta *f* luminosa; **~turm**(**wächter**) *m* (*-es*; *⸚e*) farol(eiro) *m*; **~zeichen** *n* sinal *m* luminoso; **~zifferblatt** *n* (*-es*; *⸚er*) mostrador *m* luminoso.

'leugn|en ['lɔyknən] (*-e-*) negar; **꠸er** *m* negador *m*; **꠸ung** *f* negação *f*.

'Leumund ['lɔymunt] *m* (*-es*; *0*) reputação *f*, fama *f*; **~s-zeugnis** *n* ⚖ (*-ses*; *-se*) certificado *m* criminal.

'Leute ['lɔytə] *pl.* gente *f*/*sg.*; pessoas *f*/*pl.*; populares *m*/*pl.*; (*Angestellte*) pessoal *m*/*sg.*; (*Gesinde*) criadagem *f*/*sg.*; criados *m*/*pl.*; ⚔ praças *f*/*pl.*, soldados *m*/*pl.*; *die armen ~* os pobres; *die jungen ~* os rapazes; *die kleinen ~* o povo (miúdo); *gute ~* boa gente.

'Leutnant ['lɔytnant] *m* (*-s*; *-s*) (segundo-)tenente *m*.

'leutselig ['lɔytze:liç] afável, urbano; **꠸keit** *f* (*0*) afabilidade *f*, urbanidade *f*.

Le'viten [le'vi:tən] *pl.*: *j-m die ~ lesen* dar uma descompostura a alg.

Lev'koje [lɛf'ko:jə] *f* goivo *m*.

'Lexikon ['lɛksikɔn] *n* (*-s*; *Lexika*) dicionário *m*; (*Konversations*꠸) enciclopédia *f*.

Li'ane [li'a:nə] *f* cipó *m*.

Li'belle [li'bɛlə] *f* libélula *f*, libelinha *f*; ⊕ nível *m* de água.

libe'ral [libe'ra:l] liberal; **~i'sieren** [-i'zi:rən] (-) liberalizar; **꠸i'sierung** *f* liberalização *f*; **꠸'ismus** *m* (*-*; *0*) liberalismo *m*.

Licht [liçt] **1.** *n* (*-es*; *-er*) luz *f* (*a. Beleuchtung*) (*bei* à); (*Kerze*) vela *f*; *das ~ der Welt erblicken* nascer; *ans ~ kommen* vir à luz, vir a lume; *ans ~ bringen* trazer à luz; *gegen das ~* a contraluz; *j-n hinters ~ führen fig.* enganar alg., entrujar alg.; *ins rechte ~ rücken* (*od. setzen*) *fig.* pôr os pontos nos ii; pôr em relevo (*'ê); **2.** ꠸ claro, luminoso; *Haar, Wald*: raro, ralo; *~er Augenblick* momento *m* lúcido; *~e Stelle* aberta *f*, clareira *f*; *~e Weite* ⊕ diâmetro *m* interior; **'~-anlage** *f* instalação *f* da luz; luzes *f*/*pl.*; iluminação *f*; **'~bild** *n* (*-es*; *-er*) fotografia *f*; **'~bildervortrag** *m* (*-es*; *⸚e*) conferência *f* acompanhada por proje[c]ções luminosas; **'~bildwerfer** [-vɛrfər] *m* máquina *f* de proje[c]ções; epidiascópio *m*; **'~blick** *m* (*-es*; *-e*) *fig.* rasgo *m* de esperança; **'~bogen** ⚡ *m* (*-s*; *⸚*) arco *m* voltaico; **'~brechung** *f* refra[c]ção *f*; **'~druck** *m* (*-es*; *-e*) fototipia *f*; heliogravura *f*; **'꠸durchlässig** translúcido, diáfano; **'꠸-echt** insensível à luz; *~ sn Stoff, Tapete*: não desbotar; **'~-einheit** *f* unidade *f* de luz; **'꠸-empfindlich** sensível à luz; **'꠸en** (*-e-*) *Baum*: podar; *Wald*: aclarar; *Haare* (*sich ~*) rarear; *die Anker ~* levantar ferro, *sarpar; *sich ~* aclarar-se; **'꠸erloh** [-ər'lo:]: *~ brennen* estar em chamas; **'~-erscheinung** *f* fenómeno *m* luminoso; **'~hof** *m* (*-es*; *⸚e*) clarabóia *f*; *Mond usw.*, *Phot.* halo *m*; **'~jahr** *n* (*-es*; *-e*) ano-luz *m*; **'~kegel** *m* cone *m* de luz; **'~kreis** *m* (*-es*; *-e*) círculo *m* luminoso; **'~lehre** *f* ó[p]tica *f*; **'~leitung** *f* instalação *f* (da luz) elé[c]trica; **'~meß** ['-mɛs] *f* Candelária *f*, festa *f* das candeias; **'~netz** ⚡ *n* (*-es*; *-e*) rede (*'ê) *f* de iluminação; **'~pause** ⊕ *f* calco *m* heliográfico; **'~quelle** *f* fonte *f* luminosa (*od.* de luz); **'~reklame** *f* reclamo *m* luminoso; **'~schacht** *m* (*-es*; *⸚e*) clarabóia *f*; **'~schein** *m* (*-es*; *-e*) clarão *m*; **'꠸scheu** lucífugo; *~ sn a.* temer a luz (do dia); *~es Gesindel* ralé *f*; **'꠸schwach** pouco luminoso, de pouca luz; **'~seite** *f* lado *m* da luz; *fig.* aspe[c]to *m* favorável; **'~signal** *n* (*-s*; *-e*) sinal *m* luminoso; **'~spiel**(**-haus** *n* [*-es*; *⸚er*], **-theater** *n*) *n* (*-es*; *-e*) filme *m* (cinema *m*); **'꠸stark** muito luminoso, de luz intensa; **'~stärke** *f* intensidade *f* luminosa (*od.* de luz); **'~strahl** *m* (*-es*; *-en*) raio *m* de luz; **'~streifen** *m* rasto *m* luminoso;

'**~ung** *f Wald*: aberta *f*, clareira *f*; *Anker*: leva *f*; '**⁀voll** lúcido, *fig. a.* elucidativo.
Lid [li:t] *n* (*-es*; *-er*) pálpebra *f*.
lieb [li:p] caro, querido, amado; (*angenehm*) agradável, *j. a.*: amável, simpático; *Gott*: bom; ... *ist mir* ~ gosto de ...; *es ist mir* ~ estimo; convém-me muito; *den* ~*en langen Tag* todo o dia; *um des* ~*en Friedens willen* por amor da paz; *vgl.* ~*er*, ~*st*; '**~äugeln** (*-le*): ~ *mit* namorar (*ac.*); *mit e-m Gedanken* ~ acariciar (*ac.*), nutrir (*ac.*).
'**Liebe** ['li:bə] *f* amor *m* (*zu* de, a, por); (*Eltern*⁀) amor *m* paternal; (*Kindes*⁀) amor *m* filial; (*Mutter*⁀) amor *m* maternal; abafos *m/pl.* maternos; (*Nächsten*⁀) caridade *f*; ~'**lei** [-'laɪ] *f* namorico *m*.
'**lieben** ['li:bən] amar; (*gern haben*) gostar de; ser amigo de; **~d** *adj.* amante, *su. a.* namorado; **~s-würdig** amável, gentil; **⁀s-würdigkeit** *f* amabilidade *f*, gentileza *f*.
'**lieber** ['li:bər] (*comp. v. lieb, gern*): antes; ~ *haben*, ~ *mögen*, ~ *wollen* gostar mais de, preferir; *er sollte* (*eigentlich*) ~ ... devia, mas era ...; *hätte er* ~ ... que (*plusqu. subj.*).
'**Liebes|-abenteuer** ['li:bəs-] *n* aventura *f* amorosa; **~brief** *m* (*-es*; *-e*) carta *f* de amor; **~dienst** *m* (*-es*; *-e*) obséquio *m*; *Rel.* = ~*werk*; **~-drama** *n* (*-s*; *-dramen*) drama *m* de amor; *fig. a.* crime *m* passional; **~-erklärung** *f* declaração *f* (de amor); **~gabe** *f* oferta *f*, dádiva *f* (de caridade); **~gedicht** *n* (*-es*; *-e*) poema *m* de amor; **~geschichte** *f* história *f* de amor(es), história *f* amorosa; **~kummer** *m* desgosto (*'ô) *m* amoroso; **~lied** *n* (*-es*; *-er*) canção (*od.* cantiga) *f* de amor; **~-mahl** *n* (*-es*; *⸚er*) *Rel.* ágape *m*, *f*; ⚔ banquete *m* de oficiais; **~paar** *n* (*-es*; *-e*) par *m* (de namorados); **~roman** *m* (*-s*; *-e*) romance *m* de amor; **~werk** *n* (*-es*; *-e*) obra *f* de caridade.
'**liebe-voll** afe[c]tuoso.
'**Lieb|frauen...**: *in Zssgn* de Nossa Senhora; **⁀gewinnen** *v/t.* (*L*) afeiçoar-se a; **⁀haben** (*L*) querer a; = *lieben*; **~haber(in** *f*) *m* ['-ha:-bər-] amante *m*, *f*; namorado *m* (-a *f*); *Thea.* galante *m* (dama *f*); *Kunst*, *Sport*: amador(a *f*) *m*; **~habe'rei** [-'raɪ] *f* paixão *f*; **~haber-wert** *m* (*-es*; *-e*) valor *m* de estimação; **⁀kosen** acariciar; F fazer festas a; **~kosung** ['-ko:zuŋ] *f* carícia *f*; F festa *f*; **⁀lich** lindo; ameno; **~lichkeit** *f* (*0*) graça *f*; amenidade *f*; **~ling** *m* (*-s*; *-e*) favorito *m*; amor *m*; **~lings...**: *in Zssgn* favorito, predile[c]to, preferido; **⁀los** insensível, sem carinho, duro, seco (*ê), rude; egoísta; **~losigkeit** ['-lo:ziç-] *f* (*0*) falta *f* de carinho; rudeza *f*; egoísmo *m*; **⁀reich** afe[c]tuoso; **~reiz** *m* (*-es*; *0*) encanto *m*, graça *f*; **⁀reizend** encantador; **~schaft** *f* namoro *m*.
liebst [li:pst] (*superl. v. lieb, gern*) preferido, favorito; *am* ~*en haben* preferir a todos; *am* ~*en würde* ... o que mais gostaria era ...; '**⁀e** *m u. f*, '**⁀er** *m* amor *m*, querido *m*, querida *f*.
Lied [li:t] *n* (*-es*; *-er*) canção *f*, cantiga *f*; canto *m*, *Rel. a.* cântico *m*; *fig. immer das alte* ~ sempre a mesma cantiga.
'**Lieder|-abend** ['li:dər-] *m* (*-s*; *-e*) recital *m* de canto; **~buch** *n* (*-es*; *⸚er*) cancioneiro *m*; **~dichter** *m* cancionista *m*, poeta *m* lírico; **~jan** [-ja:n] F *m* (*-es*; *-e*) estróina *m*; **⁀lich** desmazelado; descuidado; devasso; desregrado; **~lichkeit** *f* (*0*) descuido *m*, desleixo *m*; devassidão *f*; **~tafel** *f* (*-*; *-n*) orfeão *m*.
Liefe'rant [li:fə'rant] *m* (*-en*) fornecedor *m*; abastecedor *m*; **~en-eingang** *m* (*-es*; *⸚e*) escada *f* de serviço.
'**Liefer|-auto** ['li:fər-] *n* (*-s*; *-s*) furgoneta *f*; **⁀bar** à venda; ✝ *in 3 Tagen* ~ a entregar no prazo de três dias; **~firma** *f* (*-*; *-firmen*) casa *f* fornecedora; **~frist** *f* prazo *m* da entrega; **⁀n** (*-re*) fornecer; (*ab*~) entregar; *Ertrag u.* ⚔ *Schlacht*: dar (*o. art.*); **~schein** *m* (*-es*; *-e*) guia *f*, recibo *m*; **~termin** *m* (*-s*; *-e*) = ~*frist*; **~ung** *f* fornecimento *m*; (*Ab*⁀) entrega *f*; *Buch*: fascículo *m*; **~(ungs)geschäft** *n* negócio *m* a prazo; **~(ungs)zeit** *f* = ~*frist*; **~wagen** *m* furgoneta *f*.
'**Liegekur** ['li:gəku:r] *f* cura *f* de repouso.
'**liegen** ['li:gən] (*L*) estar deitado; (*sich befinden*) encontrar-se; ficar; (*darnieder*~, *krank sn*) estar de

cama; *im Grabe*: jazer; *Erdk.* estar situado; ficar; *fig.* residir; *nach ... zu* ~ dar a; *fig.* et. *liegt j-m* alg. tem jeito para a.c.; *an* (*dat.*) ~ ser (culpa) de; *woran liegt es?* qual é a causa?; *j-m liegt an* (*dat.*) alg. tem empenho em; *in* (*dat.*) ~ jazer em, residir em; **~bleiben** (*L*) ficar (*im Bett*: deitado; ⚔ imobilizado); **~d** *adj.* deitado; **~lassen** (*L*) deixar; *Arbeit*: suspender, abandonar; (*vergessen*) esquecer-se de; **2schaften** *f/pl.* bens *m/pl.* de raiz, imóveis *m/pl.*

'Liege|stuhl *m* (*-es*; *⸚e*) cadeira *f* articulada; cadeira *f* de repouso; **~zeit** *f* tempo *m* de repouso, hora *f* de repouso; ⚓ estadia *f*.

Lift [lift] *m* (*-es*; *-e*, *-s*) elevador *m*.

Li'kör [li'kø:r] *m* (*-s*; *-e*) licor *m*; **~glas** *n* (*-es*; *⸚er*) cálice *m*.

'lila ['li:la:] *uv.*, **~farben** (cor [*ô] de) lilás.

'Lilie ['li:liə] *f* lírio *m*; *weiße*: açucena *f*; lis *m*, flor-de-lis *f*.

Limo'nade [limo'na:də] *f* (*Zitronensaft*) limonada *f*; (*Brause*2) gasosa *f*; (*Fruchtsaft*) sumo *m* (de ...).

Limou'sine [limu'zi:nə] *f* limosina *f*.

lind [lint] suave.

'Lind|e ['lində] *f*, **~enbaum** *m* tília *f*; **~enblüte(ntee** *m* [*-s*; *0*]) *f* (chá *m* de) tília *f*.

'linder|n ['lindərn] (*-re*) mitigar, atenuar, aliviar; *den Reiz* ~ abirritar; **~nd** *adj.* calmante, lenitivo, mitigante, atenuante, paliativo; **2ung** *f* alívio *m*; **2ungsmittel** *n* calmante *m*; paliativo *m*.

Line'al [line'a:l] *n* (*-s*; *-e*) régua *f*.

Lingu'ist [liŋgu'ist] *m* (*-en*) linguísta *m*; **~ik** *f* linguística *f*; **2isch** linguístico.

'Lini|e ['li:niə] *f* linha *f*; *in erster* ~ *fig.* em primeiro lugar; **~en...** ⚔ de linha; **~enblatt** *n* (*-es*; *⸚er*) pauta *f*; **~enführung** *f* (*0*) traçado *m*; **~enpapier** *n* (*-s*; *-e*) papel *m* pautado; **~enrichter** *m Sport*: juiz (*od.* fiscal) *m* de linha; **~enschiff** *n* (*-es*; *-e*) navio *m* de linha; **2'(i)eren** [-(i)'i:rən] (-) pautar.

link [liŋk] esquerdo; ~*e Seite e-s Tuches usw.* avesso *m*; **'2e** *f* esquerda *f*; *zur* '~*en* = '**~er-hand** à esquerda; '**~isch** acanhado.

links [liŋks] à esquerda; *von* ~ da esquerda; F *fig.* ~ *liegen lassen* não se importar com; **'2-außen(-stürmer)** *m Sport*: (dianteiro *od.* avançado) extremo-esquerdo *m*; ponta-esquerda *m*; '**~gerichtet** *Pol.* esquerdista, das esquerdas; **'2händer** ['-hɛndər] *m*, **~händig** canhoto *m*; **'2-innen(-stürmer)** *m Sport*: (dianteiro *od.* avançado) interior-esquerdo *m*; **'2steuerung** *f Auto*: condução *f* pela esquerda; '**~-'um!** ⚔ esquerda volver!

Li'noleum [li'no:leum] *n* (*-s*; *0*) oleado *m*.

'Linse ['linzə] *f* ⚘ lentilha *f*; *optische*: lente *f*; *im Auge*: cristalino *m*; **2nförmig** [-fœrmiç] lenticular.

'Lippe ['lipə] *f* lábio *m*; (*Unter*2) beiço *m*; *an j-s* ~*n hängen fig.* estar suspenso das palavras de alg.; **~nbildung** *f* formação *f* plástica de lábios; **~nblütler** [-bly:tlər] *m* labiada *f*; **~nlaut** *m* labial *f*; **~nstift** *m* «bâton» *m* (*fr.*).

Liquid|ati'on [likvidatsi'o:n] *f* liquidação *f*; **2'ieren** liquidar; pagar.

'lispeln ['lispəln] (*-le*) sibilar, ciciar.

List [list] *f* astúcia *f*, manha *f*; '**~e** *f* lista *f* (*aufstellen* organizar); **'2ig** astuto; *adv.* com manha, com astúcia.

Lita'nei [lita'naı] *f* ladainha *f*; lenga-lenga *f*.

'Litau|er(in *f*) *m* ['litauər-], **2isch** lituano *m* (-a *f*), da Lituânia.

'Liter ['li:tər] *n u. m* litro *m*.

lite'ra|risch [litə'ra:riʃ] literário; **2t** *m* (*-en*) literato *m*, homem *m* de letras; **2'tur** [-'tu:r] *f* literatura *f*; *schöne* ~ belas-letras *f/pl.*, boas-letras *f/pl.*; = **2'tur-angaben** *f/pl.* bibliografia *f/sg.*

'Litfaß-säule ['litfas-] *f* coluna *f* Morisse; cartaz *m*.

Lito'graph [lito'gra:f] *m* (*-en*) litógrafo *m*; ~'**ie** *f* litografia *f*; **2'ieren** (-) litografar; **2isch** litográfico.

Litur|'gie [litur'gi:] *f* liturgia *f*; **2gisch** [li'turgiʃ] litúrgico.

'Litze ['litsə] *f* cordão *m*, sutache *m*; ⚔ galão *m*.

'Livländ|er(in *f*) *m*, **2isch** livónio *m* (-a *f*); da Livónia.

Li'vree [liv're:] *f* libré *f*; farda *f*.

Lizen|ti'at [litsɛntsi'at] *m* (*-en*) licenciado *m*; **~z** [li'tsɛnts] *f* licença *f*, autorização *f*; alvará *m*; **~z-erteilung** *f* licenciamento *m*, autorização *f*; **~z-inhaber** *m* conces-

sionário *m*; **2z-pflichtig** [-pfliçtiç] sujeito a autorização (superior).
Lob [lo:p] *n* (-*es*; -*e*) elogio *m*; louvor *m*.
'**loben** ['lo:bən] louvar, elogiar; **~d** *adj.* elogioso; **~s-wert** louvável, digno de louvor.
'**Lob|gedicht** *n* (-*es*; -*e*) poema *m* encomiástico; **~gesang** *m* (-*es*; *¨e*) hino *m*, cântico *m*.
'**löblich** ['lø:pliç] louvável.
'**Lob|lied** *n* (-*es*; -*er*) hino *m*; **~preis** *m* encómio *m*; **2preisen** (*L*) glorificar; exaltar; **~rede** *f* elogio *m*, panegírico *m*; **~redner** *m* elogiador *m*, encomiasta *m*, panegirista *m*; **~spruch** *m* (-*es*; *¨e*) elogio *m*, louvor *m*; *Lit.* encómio *m*.
Loch [lɔx] *n* (-*es*; *¨er*) buraco *m*; (*Bohr2*) furo *m*; (*Luft2*) vácuo *m*; F (*Kerker*) cárcere *m*; *im Zeug*: rasgão *m*; *elendes ~* cubículo *m*; *auf dem letzten ~ pfeifen fig.* estar nas últimas; '**~-eisen** ⊕ *n* saca-bocados *m*, abre-ilhós *m*, vazador *m*, furador *m*; '**2en** furar; '**~er** ⊕ *m* (per)furador *m*, vazador *m*.
'**löcherig** ['lœçəriç] (per)furado, poroso.
'**Loch|karte** *f* ficha *f* perfurada; **~ung** *f* perfuração *f*; **~zange** *f* saca-bocados *m*, abre-ilhós *m*.
'**Locke** ['lɔkə] *f* caracol *m*.
'**locken 1.** (*an~*) atrair; engodar; chamar; **2.** encaracolar, frisar; **~d** *adj.* sedutor, atra[c]tivo; **2kopf** *m* (-*es*; *¨e*) cabelo *m* encaracolado; **2-wickel** *m* bigodim *m*; papelote *m*.
'**lock|er** ['lɔkər] frouxo; fofo (*'ô); abalofado; (*beweglich*) movediço; *~ sitzen* abanar; *fig.* relaxado; desarticulado; *moralisch*: pouco sério; *nicht ~ lassen fig.* não desistir; **~ern** (-*re*) afrouxar, afofar, alargar, soltar; *Erde*: cavar; *fig.* relaxar; desarticular; desvincular; **~ig** encaracolado, anelado; **2mittel** *n* engodo (*'ô) *m*; **2pfeife** *f*, **2ruf** *m* (-*es*; -*e*) chamariz *m*, *f*; **2speise** *f* isca *f*; **2spitzel** *m* agente *m* provocador; **2ung** *f* sedução *f*; atra[c]ção *f*; **2vogel** *m* (-*s*; *¨*) chamariz *m*, reclamo *m*.
'**Loden** ['lo:dən] *m* pano *m* bruto, pano *m* não pisoado.
'**lodern** ['lo:dərn] (-*re*) chamejar; arder em labaredas.
'**Löffel** ['lœfəl] *m* colher *f*; *Hase*: orelha *f*; *j-n über den ~ barbieren* F entrujar alg.; **~bagger** *m* escavador *m*; **2n** (-*le*) comer com a colher; **~voll** *m* colherada *f*; **2weise** às colheradas.
Loga'rithm|enrechnung [loga'ritmən-] *f* cálculo *m* logarítmico; **~entafel** *f* (-; -*n*) tábua *f* de logaritmos; **~us** *m* (-; *Logarithmen*) logaritmo *m*.
'**Logbuch** ⚓ *n* (-*es*; *¨er*) diário *m* de bordo.
'**Loge** ['lo:ʒə] *f* camarote *m*; (*Freimaurer2*) loja *f*; **~nbruder** *m* (-*s*; *¨*) mação *m*; **~nschließer** *m Theat.* camaroteiro *m*.
Lo'gier|besuch [lo'ʒi:r-] *m* (-*es*; -*e*) visitas *f/pl.*; **2en** *v/t* (-) hospedar; *v/i.* estar hospedado; **~gast** *m* (-*es*; *¨e*) hóspede *m*; **~-haus** *n* (-*es*; *¨er*) casa *f* de hóspedes.
'**Logik** ['lo:gik] *f* (*0*) lógica *f*.
Lo'gis [lo'ʒi:] *n* (-; -) alojamento *m*; morada *f*.
logisch ['lo:giʃ] lógico.
'**Logleine** ⚓ *f* cordel *m* da barquilha.
'**Loh|e** ['lo:ə] *f*: **a)** labareda *f*, chamas *f/pl.*; **b)** ⊕ curtume *m*, tanino *m*; **2en** *v/i.* chamejar; *v/t.*, ⊕ curtir; **~gerber** *m* curtidor *m*; **~gerberei** *f* fábrica *f* de curtumes.
Lohn [lo:n] *m* (-*es*; *¨e*) salário *m*; (*Tage2*) diária *f*; *fig.* recompensa *f*, prémio *m*; '**~-arbeit** *f* trabalho *m* assalariado; '**~-arbeiter** *m* jornaleiro *m*; '**~-empfänger** *m* assalariado *m*; '**2en** (re)compensar, pagar; *sich ~* valer a pena; '**2end** *adj.* lucrativo, vantajoso.
'**Lohn|-erhöhung** *f* aumento *m* da salário; **~kampf** *m* (-*es*; *¨e*) luta *f* pelo aumento dos salários; **~kürzung** *f*, **~senkung** *f* redução *f* dos salários; **~steuer** *f* (-; -*n*) imposto *m* de trabalho; **~tag** *m* (-*es*; -*e*) dia *m* da paga dos salários; **~tarif** *m* (-*s*; -*e*) tarifa *f* de salário; *nach ~* à tabela; **~zahlung** *f* pagamento *m* do salário.
'**Löhnung** ['lø:nuŋ] *f* paga(mento) [*m*) *f*.
Lo'kal [lo'ka:l] **1.** *n* (-*es*; -*e*) restaurante *m*, café *m*; **2.** 2 local; **~es** *n Zeitung*: local *f*; crónica *f* local (*od.* da cidade); **~farbe** *f* cor (*ô) *f* local; **2i'sieren** [lokali'zi:rən] (-) localizar; **~i'tät** [~i'tɛ:t] *f* localidade *f*; lugar *m*; **~patriotismus**

m (-; *0*) regionalismo *m*; bairrismo *m*; **~termin** ⚖ *m* (-*s*; -*e*) reconstituição *f* do crime *usw.*

Lokomo'tiv|e [lokomo'ti:və] *f* locomotiva *f*, máquina *f*; **~führer** *m* maquinista *m*.

Lom'bardgeschäft [lɔm'bart-] *n* (-*es*; -*e*) negócio *m* de empréstimos.

'Lorbeer ['lɔrbe:r] *m* (-*s*; -*en*) lour(eir)o *m*; *fig.* ~*en pl.* lauréis.

'Lore 🚃 ['lo:rə] *f* vagoneta *f*.

Los[1] [lo:s] *n* (-*es*; -*e*) sorte *f*, (*Schicksal*) *a.* destino *m*; (*Anteil*) lote *m*; (*Lotterie*2) bilhete *m* (de lotaria), (*Teil*2) cautela *f*; *das große* ~ a sorte grande; o prémio grande; F a taluda.

los[2] (*vgl. lose*) solto (*'ô); (*frei*) livre; ~ *sn Hund, Teufel*: andar à solta; ~! vamos!; *was ist* ~? que é?; que há?; *mit ... ist nichts* ~ ... não presta para nada, não serve para nada; et. ~ *haben* ter que se lhe diga; ser inteligente.

'lösbar ['lø:sbar] solúvel; **2keit** *f* (*0*) solubilidade *f*.

'los|bekommen (*L*; -) conseguir tirar; **~binden** (*L*) desatar, desligar; soltar; **~brechen** (*L*) *v/t.* (*v/i.* [*sn*]) desprender(-se), romper, brotar; *fig.* rebentar; estalar.

'Lösch|apparat ['lœʃ-] *m* (-*es*; -*e*) extintor *m*; **~blatt** *n* (-*es*; ⸗*er*) mata-borrão *m*; **2en** apagar; *Brand a.*: extinguir (*a. fig.*: *Schuld*); *fig. Durst*: matar; ✝ *Firma, Hypothek*: liquidar; *Ladung*: desembarcar; ⚓ descargar; *Tinte*: chupar; **~er** *m* enxugador *m*; **~gerät** *n* (-*es*; -*e*) extintor *m*; **~mannschaft** *f* bombeiros *m/pl.*; **~papier** *n* (-*s*; -*e*) = ~*blatt*; **~platz** ⚓ *m* (-*es*; ⸗*e*) desembarcadouro *m*.

'los|drehen desaparafusar, desandar; **~drücken** disparar.

'lose ['lo:zə] solto (*'ô), desapertado; (*locker*) frouxo, movediço; desarticulado; (*beweglich*) móvel; *Ware*: avulso; a granel; *Zunge fig.*: má; ~*r Streich* travessura *f*.

'Löse|geld ['lø:zə-] *n* (-*es*; -*er*) resgate *m*; **~mittel** *n* ⚗ dissolvente *m*; ⚕ expectorante *m*.

'losen ['lo:zən] deitar sortes; sortear.

'lösen ['lø:zən] soltar, desligar (*a. fig.*); ⚗ dissolver; *Aufgabe, Zweifel*: resolver; *Eintrittskarte, Fahrkarte*: tomar; comprar; *Pfand*: desempenhar; *Rätsel*: adivinhar; *Schuß*: disparar; *Thea. Konflikt*: desenlaçar; *Vertrag*: anular; rescindir; *noch zu* ~(*d*) *Frage*: pendente; por resolver; *sich vom Erdboden* ~ ✈ descolar.

'los|fahren (*L*; *sn*) pôr-se em marcha, partir; ir andando; *fig.*: ~ *auf j-n* increpar alg.; **~gehen** (*L*; *sn*) pôr-se em marcha, partir; ir andando; (*sich lösen*) desligar-se; *Feuerwaffe*: descarregar-se; *auf* (*ac.*) ~ investir contra; *auf j-n* ~ *a.* ir direito a alg.; arrojar-se sobre alg.; **~-haken** *Ösen*: desabrochar; *Wagen*: desengatar, desajoujar; **2kauf** *m* (-*es*; ⸗*e*) resgate *m*; **~kaufen** resgatar; **~ketten** (-*e*-) desencadear, soltar; **~kommen** (*L*; *sn*) conseguir livrar-se, conseguir desembaraçar-se; ✈ descolar; **~lassen** (*L*) largar (*a. fig.*); soltar; **~legen** F começar; (*antworten*) desfechar.

'löslich ['lø:sliç] solúvel; **2keit** *f* (*0*) solubilidade *f*.

'los|lösen, ~machen desprender, despegar; tirar; = ~*binden*; **~reißen** (*L*) arrancar; **~-sagen**: *sich* ~ *von* separar-se de; renunciar a; *Rel.* renegar (*ac.*); abjurar (*ac.*); **2-sagung** [-za:guŋ] *f* separação *f*; renegação *f*; abjuração *f*, abjuramento *m*; **~schießen** (*L*) ⚔ disparar; *fig.* F começar a falar; *schießen Sie* (*mal*) *los!* (então) diga lá!; *auf* (*ac.*) ~ (*sn*) lançar-se sobre; **~schlagen 1.** *v/i.* (*L*) ⚔ atacar; *auf* (*ac.*) ~ bater em, golpear (*ac.*); **2.** *v/t.* tirar com golpes; *Ware*: vender a qualquer preço; **~schnallen** desafivelar; **~schrauben** desatarraxar; **~sprechen** (*L*) absolver; **2sprechung** [-ʃprɛçuŋ] *f* absolvição *f*; **~stürmen** (*sn*), **~stürzen** (-*t*; *sn*) arremessar-se (*auf ac.* a, contra, sobre); **~trennen** separar; *Naht*: descoser.

'Losung ['lo:zuŋ] *f* sorteio *m*; *des Wildes*: frago *m*; ⚔ = **~s-wort** *n* (-*es*; -*e*) (contra-)senha *f*.

'Lösung ['lø:zuŋ] *f* solução *f* (*a.* ⚕ *u.* ⚗); (*Ausgang*) desenlace *m*; desfecho *m*; (*Trennung*) separação *f*; descolamento *m*; *Fahrkarten usw.*: compra *f*; *Vertrag*: rescisão *f*; ⊕ desengate *m*; **~smittel** *n* solvente *m*.

'**los|werden** (*L*; *sn*) livrar-se de; desembaraçar-se de; ficar sem; *Geld a.*: gastar; **~-ziehen** (*L*) pôr-se em marcha, partir; abalar.
Lot [lo:t] *n* (-*es*; -*e*) **a)** *ehm. Gewicht* (*16 g*) (-*es*; *0*) meia onça *f*; **b)** ⚒ perpendicular *m*; vertical *f* (*fällen* baixar); (*Senkblei*) prumo *m*; ⚓ sonda *f*; '**2en** (-*e*-) tomar o prumo; ⚓ sondar.
'**löten** ['lø:tən] (-*e*-) soldar.
'**Lothring|er(in** *f*) *m* ['lo:triŋər-], **2isch** loreno *m* (-a *f*), da Lorena.
'**Löt|kolben** ['løt-] *m* soldador *m*, ferro *m* de soldar; **~lampe** *f* maçarico *m*; **~mittel** *n* solda *f*.
'**Lotos** ['lo:tɔs] *m* (-; -), **~-blume** *f* lódão *m*.
'**lot-recht** perpendicular, vertical.
'**Lots|e** ['lo:tsə] *m* (-*n*) piloto (*'ô) *m*; **2en** (-*t*) pilotar; F arrastar; **~enboot** *n* (-*es*; -*e*), **~endampfer** *m* navio-piloto (*'ô) *m*; **~endienst** *m* (-*es*; -*e*) pilotagem *f*.
'**Löt-stelle** *f* soldadura *f*.
Lotte'rie [lɔtə'ri:] *f* lotaria *f*; (*Verlosung*) rifa *f*; **~los** *n* (-*es*; -*e*) bilhete *m* de lotaria; (*Teil-*) cautela *f*.
'**Lotter|leben** *n*, **~wirtschaft** *f* (*0*) boémia *f*, estroinice *f*.
'**Lotung** ['lo:tuŋ] ⚓ *f* sondagem *f*.
'**Lötung** ['lø:tuŋ] *f* soldagem *f*.
'**Löw|e** ['lø:və] *m* (-*n*) leão *m*; **~enanteil** *m* (-*es*; -*e*) *fig.* maior parte *f*; **2en-artig** leonino; **~engrube** *f* covil *m* de leões; **~enjagd** *f* caça *f* ao leão; **~enmaul** ⚘ *n* (-*es*; *0*) antirrino *m*, pé-de-bezerro *m*, *gelbes* ~ linária *f*; **~enzahn** *m* (-*es*; *0*) dente-de-leão *m*; **~in** *f* leoa *f*.
lo'yal [loa'ja:l] leal; **2i'tät** [-i'tɛ:t] *f* (*0*) lealdade *f*.
Luchs [luks] *m* (-*es*; -*e*) lince *m*, lobo-cerva *m*.
'**Lück|e** ['lykə] *f* lacuna *f*; *Öffnung*: abertura *f*; fenda *f*; *fig.* vácuo *m*; defeito *m*; **~en-büßer** *m* suplente *m*; substituto *m*; ⚠ rípio *m*; **2enhaft** cheio de lacunas; deficiente (*a. fig.*); **2enlos** contínuo, completo.
'**Luder** ['lu:dər] *n fig.* P *faules* ~ (grande) preguiçoso *m*; *dummes* ~ (grande) burro *m*.
Luft [luft] *f* (-; ⸗*e*) ar *m*; *umgebende*: atmosfera *f*, ambiente *m*; *in frischer* ~ ao ar livre; (*frische*) ~ *schöpfen* respirar, tomar ar; *nach* ~ *schnappen*, *keine* ~ *bekommen* (*od. kriegen*) não poder respirar; ter falta de ar; *sich* (*dat.*) ~ *machen* aliviar-se; ~ *herauslassen aus* (*dat.*) ⊕ esvaziar (*ac.*), deixar escapar o ar de; *s-m Herzen* ~ *machen* desabafar; *aus der* ~ *gegriffen* sem fundamento; *in der* ~ *liegen* andar no ar; *fig. a.* palpitar (a alg.); *an die* ~ *setzen* pôr na rua; *in die* ~ *gehen* explodir; *in die* ~ *sprengen* fazer explodir; dinamitar; '**~-abwehr** *f* (*0*) defesa *f* antiaérea; '**~-angriff** *m* (-*es*; -*e*) ataque *m* aéreo; '**~-aufklärung** *f* reconhecimento *m* aéreo; '**~-aufnahme** *f* aerofotografia *f*; '**~ballon** *m* (-*s*; -*s*) balão *m* aerostático, aeróstato *m*; '**~beobachtung** *f* observações *f/pl.* feitas de bordo de aviões; '**~bild** *n* (-*es*; -*er*) aerofotografia *f*; '**~blase** *f* borbulha *f*; *Fisch*: bexiga *f* de peixe; '**~brücke** *f* ponte *f* aérea; '**2dicht** hermético; '**~draht** ⚡ *m* (-*es*; ⸗*e*) antena *f*; '**~druck** *m* (-*es*; *0*) pressão *f* atmosférica; '**~druckbremse** *f* freio *m* pneumático; '**~druckmesser** *m* barómetro *m*.
'**lüften** ['lyftən] (-*e*-) arejar, ventilar; *Schleier*: erguer; *schlecht gelüftet* abafado.
'**Luftfahrt** *f* aviação *f*; transportes *m/pl.* aéreos; **~gesellschaft** *f* companhia *f* de transportes aéreos; **~minister(ium** *n* [-*s*; -*ministerien*]) *m* Ministro (Ministério) *m* da Aviação *od.* do Ar; **~wesen** *n* (-*s*; *0*) aeronáutica *f*; aviação *f*.
'**Luftfeuchtigkeit** *f* (*0*) humidade *f* atmosférica; **~sgrad** *m* grau *m* higrométrico; **~smesser** *m* higrómetro *m*.
'**Luft|flotte** *f* aviação *f*; **2gekühlt** [-gəky:lt] refrigerado por ar; **~gewehr** *n* (-*es*; -*e*) espingarda *f* de pressão de ar; **~-hauch** *m* (-*es*; *0*) sopro (*'ô) *m* (de vento); **~-heizung** *f* calefa[c]ção *f* por ar quente; **2ig** aéreo, (*windig*) ventoso; *Zimmer*: arejado; *Kleid*: ligeiro; **~kampf** *m* (-*es*; ⸗*e*) combate *m* aéreo; **~kissen** *n* almofada *f* pneumática (*od.* de ar); **~klappe** *f* válvula *f*; **~korridor** *m* (-*s*; -*e*) corredor *m* aéreo; **2krank** enjoado; ~ *werden* enjoar; **~krankheit** *f* (*0*) enjoo (*'ô) *m*; **~krieg** *m* (-*es*; -*e*) guerra *f* aérea; **~kühlung** *f* refrigeração *f* por ar; **~kur** *f* climato-

terapia *f*; cura *f* de repouso; **~kurort** *m* (-*es*; -*e*) estação *f* climática; **~landetruppen** ⚔ *f/pl.* tropas *f/pl.* de aterragem; **~landung** *f* desembarque *m* aéreo; **2leer**: ~(*er Raum*) vácuo (*m*); **~leiter** ⚡ *m* antena *f*; **~linie** *f* linha *f* recta; ✈ linha *f* aérea; **~loch** *n* (-*es*; ⁼*er*) △ respiradouro *m*; ✈ vácuo *m*; **~mangel** *m* (-*s*; *0*) falta *f* de ar; abafamento *m*; abafação *f*; **~messer** *m* aerómetro *m*; **~post** *f* (*0*) correio *m* aéreo; *durch ~, mit ~* por avião, via aérea; **~pumpe** *f* bomba *f* pneumática; *Auto, Rad*: bomba *f* de ar; **~raum** *m* (-*es*; *0*) *Phys.* atmosfera *f*; ✈ espaço *m* aéreo; **~reifen** *m* pneu (-mático) *m*; **~röhre** *f* traqueia *f*; **~röhren-entzündung** ⚕ *f* traqueite *f*; **~röhren-schnitt** *m* (-*es*; -*e*) traqueotomia *f*; **~schacht** *m* (-*es*; ⁼*e*) ⚒ poço *m* de ventilação; △ clarabóia *f*; **~schiffahrt** *f* (-) aeronáutica *f*; **~schlauch** *m* (-*es*; ⁼*e*) *des Reifens*: câmara-de-ar *f*; **~schloß** *n* (-*sses*; ⁼*sser*) castelo *m* no ar (*bauen* levantar); **~schraube** *f* hélice *m*, *f*; **~schutz** *m* (-*es*; *0*) defesa *f* civil do território; **~schutzkeller** *m*, **~schutzraum** *m* (-*es*; ⁼*e*) abrigo *m* antiaéreo; **~schutz-übung** *f* exercício *m* de defesa civil; **~sperrgebiet** *n* (-*es*; -*e*) zona *f* vedada à aviação; **~spiegelung** *f* miragem *f*; **~sprung** *m* (-*es*; ⁼*e*) salto *m*, pulo *m*; **~stewardeß** *f* (-; -*ssen*) hospedeira *f* de bordo; **~streitkräfte** *f/pl.* forças (*ô) *f/pl.* aéreas; aviação *f* militar; **~strom** *m* (-*es*; ⁼*e*) corrente *f* de ar; **~strömung** *f* corrente *f* atmosférica; **~stützpunkt** *m* (-*es*; -*e*) base *f* aérea.

'**Lüftung** ['lyftuŋ] *f* arejamento *m*; ventilação *f*; **~s...**: *in Zssgn* de ventilação.

'**Luft|veränderung** *f* mudança *f* de ar(es); **~verband** *m* (-*es*; ⁼*e*) formação *f* aérea; **2verdünnt** de ar diluído; **~verkehr** *m* (-*s*; *0*) serviço(s *pl.*) *m* aéreo(s); tráfego *m* aéreo; **~verkehrslinie** *f* linha *f* aérea, carreira *f* aérea; **~waffe** *f* arma *f* aérea; aviação *f* (militar); **~warte** *f* observatório *m* aeronáutico; **~weg** *m* (-*es*; -*e*) via *f* aérea (*auf dem* por); **~widerstand** *m* (-*es*; *0*) resistência *f* do ar; **~wirbel** *m* remoinho *m* (de ar); **~ziegel** △ *m* adobe *m*; **~zufuhr** *f* ventilação *f*; **~zug** *m* (-*es*; *0*) corrente *f* de ar; **~zwischenfall** *m* (-*es*; ⁼*e*) incidente *m* aéreo.

Lug [lu:k] *m* (-*es*; *0*): ~ *und Trug* pura mentira *f*.

'**Lüge** ['ly:gə] *f* mentira *f*; *pl.* ~*n strafen* desmentir; ~*n haben kurze Beine* mais depressa se apanha um mentiroso que um coxo.

'**lugen** ['lu:gən] mirar, espiar, espreitar (*aus dat.* por).

'**lügen** ['ly:gən] (*L*) mentir; **~-haft** (**2maul** *n* [-*es*; ⁼*er*]) mentiroso (*m*).

'**Lügner** ['ly:knər] *m*, (**~in** *f*), **2isch** mentiroso *m* (-a *f*).

'**Luke** ['lu:kə] *f* gateira *f*; (*Dach2*) *a.* fresta *f*; ⚓ escotilha *f*.

'**Lulatsch** ['lu:la:tʃ] F *m* (-*es*; -*e*) trangalha-danças *m*.

'**lullen** ['lulən]: *in den Schlaf* ~ embalar, arrulhar, ninar.

'**Lümmel** ['lyməl] *m*, **2-haft** malcriado *m*, maroto *m*, patife *m*; **~'ei** *f* malcriadez *f*, patifaria *f*.

Lump [lump] *m* (-*en*) velhaco *m*; *armer* ~ pobretão *m*.

'**Lumpen** ['lumpən] **1.** *m* farrapo *m*, trapo *m*; **2.** 2: *sich nicht* ~ *lassen* ser liberal, ser generoso; **~gesindel** *n* canalha *f*; **~-händler** *m*, **~sammler** *m* trapeiro *m*.

Lumpe'rei [lumpə'raɪ] *f* patifaria *f*, velhacaria *f*; (*Kleinigkeit*) bagatela *f*.

'**lumpig** ['lumpiç] esfarrapado; *fig.* miserável, malvado.

'**Lunge** ['luŋə] *f* pulmão *m*.

'**Lungen|-entzündung** *f* pneumonia *f*; **~flügel** *m* pulmão *m*; **~-heilstätte** *f* sanatório *m* para tuberculosos; **2krank** tuberculoso; **~krankheit** *f*, **~leiden** *n* doença *f* dos pulmões; tuberculose *f*; **~schwindsucht** *f* (*0*) tísica *f*; tuberculose *f*; **~spitze** *f* ponta *f* do pulmão.

'**lungern** ['luŋərn] (-*re*; *h. u. sn*) vadiar, vagabundear.

'**Lunte** ['luntə] *f* morrão *m*, mecha *f*; ~ *riechen fig.* cheirar a caça.

'**Lupe** ['lu:pə] *f* lupa *f*; *unter die* ~ *nehmen fig.* examinar bem (*od.* de perto).

Lu'pin|e [lu'pi:nə] *f* tremoceiro *m*, = **~en-kern** *m* (-*es*; -*e*) tremoço *m*.

Lust [lust] *f* (-; ⁼*e*) (*Genuß*) prazer *m*, gozo (*'ô) *m*; (*Verlangen*) vontade *f*, gosto (*'ô) *m*, desejo *m*; ~ *auf* (*ac.*) apetite *m* de; *ich habe keine* ~

não me apetece; '⁓**barkeit** *f* festa *f*; folia *f*.

'**Lüster** ['lystər] *m* lustre *m*; ²**n** cubiçoso (*nach* de); (*geil*) lascivo, concupiscente; *nach et.* ⁓ *sn* cubiçar a.c.; ⁓**n·heit** *f* (*0*) concupiscência *f*.

'**lustig** ['lustiç] alegre, divertido; jovial, jocoso; ⁓*e Person Thea.* gracioso *m*; *sich* ⁓ *machen* fazer troça, fazer pouco (*über ac.* de); ²**keit** *f* (*0*) jovialidade *f*.

'**Lüstling** ['lystliŋ] *m* (*-s*; *-e*) (homem *m*) lascivo *m*; libertino *m*.

'**lust|los** ✝ desanimado; ²**mord** *m* (*-es*; *-e*) assassínio *m* com estupro; ²**mörder** *m* assassino *m* estuprador; ²**spiel** *n* (*-es*; *-e*) comédia *f*; ²**spieldichter** *m* comediógrafo *m*; ⁓**wandeln** (*-le*) (*untr.*) passear.

Luthe'r|aner [lutə'ra:nər] *m*, ²**isch** ['-iʃ; -'teriʃ] luterano *m*.

'**lutsch|en** ['lutʃən] chupar; ²**er** *m* chucha *f*.

Luv ⚓ [lu:f] *f* (*0*), '⁓**seite** *f* barlavento *m*; '²**en** ['-vən] orçar.

'**Luxemburg|er(in** *f*) ['luksəmburgər-] *m* luxemburguês *m* (-esa *f*); ²**isch** luxemburguês.

luxuri'ös [luksuri'ø:s] luxuoso, sumptuoso.

'**Luxus** ['luksus] *m* (-; *0*) luxo *m*; ⁓...: *in Zssgn* de luxo.

Lu'zerne [lu'tsɛrnə] ⚘ *f* alfafa *f*, luzerna *f*.

'**Lymph|drüse** ['lymf-] *f* glândula *f* linfática; ⁓**drüsenschwellung** *f* linfatismo *m*; íngua *f*; ⁓**e** *f* linfa *f*.

'**lynch|en** ['lynçən] linchar; ²**justiz** *f* (*0*) linchamento *m*.

'**Lyr|a** ['ly:ra] *f* (-; *Lyren*) lira *f*; ⁓**ik** *f* (poesia *f*) lírica *f*; ⁓**iker** *m* poeta *m* lírico; ²**isch** lírico.

M

M, m [ɛm] *n uv.* M, m *m.*
Maat [ma:t] ⚓ *m (-es; -e od. -en)* marinheiro-cabo *m.*
'Mach|-art ['max-] *f* feitio *m*; **~e** *f (0)* dissimulação *f*; *fig.* afe[c]tação *f.*
'machen ['maxən] **1.** *v/t.* fazer; ~ + *adj. oft*: tornar, *s. a. die betr. adj.*; ~ + *su. oft*: dar, *s. a. die betr. su.*; *was macht ...?* que é feito de ...?; *was machst du (da)?* que estás a fazer?; *was (od. wieviel) macht es?* quanto é?; *in (dat.)* ~ ✝ fazer negócios de (*od.* com); *das macht nichts* não faz mal, não tem importância; *was ist da zu ~?* que quere que se faça?; *da ist nichts zu* ~ não há nada que fazer; *schnell* ~ aviar-se; despachar-se; **2.** *v/refl.*: *sich (gut)* ~ *et.*: ir (bem); *j.*: fazer boa figura; *sich* ~ *lassen* arranjar-se; *sich (dat.) et.* ~ *lassen* mandar fazer; *sich auf den Weg* ~ pôr-se a caminho; *sich (dat.) die Arbeit (od. Mühe)* ~ dar-se ao trabalho (zu de); *sich (dat.) et.* ~ *aus fig.* fazer caso de, importar-se com; *gemacht adj. Mann*: feito, de fortuna; (*gespielt*) afe[c]tado; **2-schaft** *f* intriga *f*; manobra *f.*
'Macherlohn *m (-es; ⸗e)* feitio *m*, trabalho *m.*
Macht [maxt] *f (-; ⸗e)* poder *m*; (*Staat*) potência *f*; (*Kraft*) força (*ô) *f*; (*Einfluß*) ascendente *m*, autoridade *f*; **'~befugnis** *f (-; -se)* autoridade *f*; poder *m*; **'~bereich** *m (-es; -e)* alcance *m*; autoridade *f*; competência *f*; **'~haber** ['-ha:bər] *m* detentor *m* do poder; governante *m*; potentado *m.*
'mächtig ['mɛçtiç] poderoso, forte; (*imponierend a.*) imponente, impressionante; ⊕ potente; (*groß*) imenso; *des Deutschen usw.* ~ *sn* saber alemão *usw.*; dominar o alemão *usw.*; *s-r nicht* ~ *sn* não ser senhor de si; **2keit** ⚒ *f (0)* riqueza *f*; ⊕ potência *f.*
'macht|los (*-est*) impotente; ~ *sn gegen* não se poder fazer nada; **2losigkeit** ['-lo:ziç-] *f (0)* impotência *f*; **2politik** *f (0)* imperialismo *m*; **2spruch** *m (-es; ⸗e)* decisão *f* autoritária; a[c]to *m* autoritário; **2-übernahme** *f* advento *m* (*od.* subida *f*) ao poder (*durch* de); **2vollkommenheit** *f (0)* autoridade *f*; *aus eigener* ~ de moto próprio; **2wort** *n (-es; -e)* = *~spruch*; *ein* ~ *sprechen* intervir com autoridade (em); pôr termo (a).
'Machwerk *n (-es; -e)* obra *f* mal feita.
'Mädchen ['mɛ:tçən] *n* menina *f*, rapariga *f*; moça *f*; (*Dienst2*) criada *f*; **2-haft** de menina; juvenil; (*jungfräulich*) virginal; **~-handel** *m (-s; 0)* escravatura *f* branca; **~schule** *f* escola *f* feminina; *Höhere* ~ liceu *m* feminino; *private* ~ colégio *m* feminino.
'Made ['ma:də] *f* bicho *m*, verme *m*, gusano *m.*
'madig ['ma:diç] bichoso.
Ma'donna [ma'dɔna] *f (-; Madonnen)* Virgem *f*, Nossa Senhora *f.*
Maga'zin [maga'tsi:n] *n (-s; -e)* armazém *m*; depósito *m*, ⚔ *a.* arsenal *m*, (*Bibliothek a.*) arquivo *m*; *Zeitschrift*: revista *f.*
Magd [ma:kt] *f (-; ⸗e)* criada *f*; servente *f.*
'Magen ['ma:gən] *m (-s; ⸗)* estômago *m*; (*Geflügel*) moela *f*; *schwer im* ~ *liegen* ser indigesto; *j-m im* ~ *liegen fig.* F afligir alg.; *auf den* ~ *schlagen fig.* fazer mal ao estômago; **~beschwerden** *f/pl.* dores *f/pl.* no estômago; indigestão *f/sg.*; **~-'Darm-Kanal** *m (-s; 0)* tubo *m* digestivo; **~drücken** *n (-s; 0)* peso (*ê) *m* no estômago; **~geschwür** *n (-es; -e)* úlcera *f* no estômago; **~grube** *f* epigástrio *m*; **~katarrh** *m (-s; -e)* gastrite *f*; **~krampf** *m (-es; ⸗e)* convulsão *f* estomacal; **~krebs** *m (-es; 0)* cancro *m* no estômago; **~leiden** *n* gastrose *f*; **~saft** *m (-es; ⸗e)* suco *m* gástrico; **~säure** *f* ácido *m* gástrico; **~schmerzen** *m/pl.* dores *f/pl.* no estômago; **2stärkend** estomacal;

tónico; **∼tropfen** *m/pl.* gotas (*ô) *f/pl.* estomacais; **∼verstimmung** *f* indisposição *f* gástrica (*od.* do estômago), indigestão *f*.
'**mager** ['ma:gər] magro; *fig.* insuficiente, pouco satisfatório; ∼ *werden* emagrecer; **2keit** *f* (*0*) magreza *f*; **2milch** *f* (*0*) leite *m* desnatado.
Ma'gie [ma'gi:] *f* (*0*) magia *f*.
'**Mag|ier** ['ma:giər] *m* mago *m*; **2isch** mágico.
Magis'trat [magis'tra:t] *m* (*-es*; *-e*) conselho *m* municipal; município *m*; **∼s-person** *f* vereador *m*.
Mag'nesi|a [mag'ne:zia] *f* (*0*) magnésia *f*; **∼um** *n* (*-s*; *0*) magnésio *m*.
Mag'net [mag'ne:t] *m* (*-es od. -en*; *-e od. -en*) magnete *m*; iman (*ímã) *m*; ⚡ electroíman (*-ímã) *m*; **∼feld** *n* (*-es*; *-er*) campo *m* magnético; **2isch** magnético; **2i'sieren** [-i'zi:rən] (-) magnetizar; **∼'ismus** *m* (-; *0*) magnetismo *m*; **∼nadel** *f* (-; *-n*) agulha *f* magnética; **∼spule** *f* bobina *f* do electroíman (*-ímã); **∼zündung** ⊕ *f* ignição *f* de (*od.* por) magnete.
Maha'goni [maha'go:ni] *n* (*-s*; *0*), **∼holz** *n* (*-es*; *0*) mogno *m*.
Mahd [ma:t] ✓ *f* ceifa *f*.
'**mäh|en** ['mɛ:ən] ceifar; segar; **2er(in** *f*) *m* ceifeiro *m* (-a *f*), segador(a *f*) *m*.
Mahl [ma:l] *n* (*-es*; *⸚er od. -e*) refeição *f*, comida *f*; (*Fest2*) banquete *m*; '**2en** (*L*) moer; '**∼gang** *m* (*-es*; *⸚e*) moenda *f*; '**∼zahn** *m* (*-es*; *⸚e*) (dente *m*) molar *m*; '**∼zeit** *f* refeição *f*; (*gesegnete*) ∼! bom proveito!
'**Mähmaschine** ['mɛ:-] *f* ceifeira *f*; gadanheira *f*.
'**Mahnbrief** ['ma:n-] *m* (*-es*; *-e*) reclamação *f*.
'**Mähne** ['mɛ:nə] *f* crina *f*; (*Löwen2*) juba *f*.
'**mahn|en** ['ma:nən] advertir, admoestar; *j-n an* (*ac.*) ∼ lembrar (*ac.*) a alg.; (*er∼*) exortar (*zu* a); ∼ *wegen* reclamar (*ac.*); **2er** *m* admoestador *m*; ✝ credor *m*; **2ruf** *m* (*-es*; *-e*) grito *m* de alarme; exortação *f*; **2ung** *f* advertência *f*; admoestação *f*; exortação *f*; ✝ reclamação *f*; **2wort** *n* (*-es*; *-e*) advertência *f*; **2zettel** *m* aviso *m*.
'**Mähre** ['mɛ:rə] *f* rocim *m*, pileca *f*.
Mai [maɪ] *m* (*-es od.* -; *-e*) Maio *m*; **∼blume** *f* lírio *m* convale.

Maid [maɪt] *f* donzela *f*; moça *f*.
'**Mai|feier** *f* (-; *-n*) maia *f*; festa *f* de maio; **∼glöckchen** ['-glœkçən] *n* = *∼blume*; **∼käfer** *m* besouro *m*.
'**Mailänd|er(in** *f*) *m* ['maɪlɛndər-], **2isch** milanês *m* (-esa *f*), de Milão.
Mais [maɪs] *m* (*-es*; *-e*) milho *m*; '**∼brot** *n* (*-es*; *-e*) broa *f* (de milho).
'**Maische** ['maɪʃə] *f* mosto *m* de malte; **2n** molhar o malte.
'**Mais|feld** *n* (*-es*; *-er*) milheiral *m*; '**∼-hülse** *f* camisa *f* de milho; '**∼kolben** *m* maçaroca *f*, espiga *f* de milho.
Maje'stät [majɛs'tɛ:t] *f* majestade *f*; *Titel*: Majestade *f*; **2isch** majestoso; **∼s-beleidigung** *f* crime *m* de lesa-majestade.
Ma'jor [ma'jo:r] *m* (*-s*; *-e*) major *m*; **∼'an** [-'ra:n] ♀ *m* (*-s*; *-e*) manjerona *f*; **∼'at** [-'ra:t] *n* (*-es*; *-e*), **∼s-herr** *m* (*-n*; *-en*) morgado *m*; **2'enn** [-'rɛn] maior (de idade); **∼enni'tät** [-ɛni'tɛ:t] *f* (*0*) maioridade *f*; **∼i'tät** [-i'tɛ:t] *f* maioria *f*.
Makel ['ma:kəl] *m* mácula *f*, mancha *f*.
Mäke'lei [mɛ:kə'laɪ] *f* critiquice *f*.
'**makellos** (*-est*) imaculado.
'**mäkeln** ['mɛ:kəln] (*-le*): *an* (*dat.*) ∼ criticar (*ac.*).
Makka'roni [maka'ro:ni] *pl. uv.* macarrão *m/sg.*; massa *f/sg.*
'**Makler** ['ma:klər] *m* corretor *m*, agente *m*; *beeideter*: solicitador *m*; **∼gebühr** *f* corretagem *f*; **∼geschäft** *n* (*-es*; *-e*) agência *f*, corretagem *f*.
'**Mäkler** ['mɛ:klər] *m* critiqueiro *m*.
Ma'kr|ele [ma'kre:lə] *f* cavala *f*; **∼one** *f* bolo *m* de amêndoa.
Makula'tur [makula'tu:r] *f* maculatura *f*.
Mal [ma:l] *n* (*-es*; *-e*) **1.** (*pl. a. ⸚er*) (*Fleck*, *Zeichen*) sinal *m*, marca *f*; (*Mutter2*) *a.* lunar *m*; (*Denk2*, *Mahn2*) monumento *m*; *Sport*: meta *f*; **2.** vez *f* (*zum* pela); *mit e-m* ∼(e) de repente; **3.** 2 *adv.* F uma vez; *sagen Sie* 2 ora diga lá; *nicht* ∼ nem sequer.
Ma'lai|e [ma'laɪə] *m* (*-n*), (**∼in** *f*), **2isch** malaio *m* (-a *f*), da Malásia.
Ma'laria [ma'la:ria] *f* (*0*) malária *f*; paludismo *m*; sezonismo *m*; **∼-anfall** *m* (*-es*; *⸚e*) sezões *f/pl.*; **∼bekämpfung** *f* (*0*) campanha *f* anti-sezonática.

'**mal|en** ['ma:lən] pintar (*a. fig.*); (*porträtieren*) retratar; **2en** *n* pintura *f*.

'**Maler** ['ma:lər] *m* (**~in** *f*) pintor(a *f*) *m*; **~'ei** *f* pintura *f*; **2isch** pitoresco; (*gemalt*) pitórico; **~meister** *m* mestre *m* pintor.

'**Mal|kasten** *m* (-*s*; ≈) caixa *f* de cores; **2nehmen** (*L*) multiplicar (*mit* por); **~schule** *f* escola *f* de pintura; **~stock** *m* (-*ęs*; ≈*e*) tento *m*.

'**Malve** ['malvə] *f* malva *f*.

Malz [malts] *n* (-*es*; *0*) malte *m*; '**~bereitung** *f* maltagem *f*; '**~bier** *n* (-*ęs*; *0*) cerveja *f* de malte; '**~bonbon** *m* (-*s*; -*s*) rebuçado *m* de malte; '**~darre** *f* estufa *f* de cervejeiro; '**~extrakt** *m* (-*ęs*; -*e*) maltina *f*; '**~kaffee** *m* (-*s*; *0*) (café *m* de) cevada *f*, (café *m* de) malte *m*.

'**Ma'ma** [ma'ma:, 'mama] *f* (-; -*s*) mamã *f*; mãe *f*.

'**Mammon** ['mamɔn] *m* (-*s*; *0*) ouro *m*, riquezas *f*/*pl*.

'**Mammut** ['mamu:t] *n* (-*s*; -*e od.* -*s*) mamute *m*.

man [man] (*dat. m einem, f einer; ac. m einen, f eine*) a gente, se; *a. übers. durch 3. Person pl.*; *~ sagt* diz-se, dizem, consta; *~ muß* é preciso (*inf. od.* que *subj.*).

manch [manç]: '*~er m*, '*~es n*, ('*~e f*) muitos *m*/*pl*. (-as *f*/*pl*.), mais que um(a *f*) *m*; '*~e (Leute) pl.* alguns *m*/*pl*. (algumas *f*/*pl*.), muitos *m*/*pl*. (-as *f*/*pl*.); muita gente, há quem (*subj*.); '*~es Mal* muitas vezes; = *~mal*; *so* '*~es Mal* tanta(s) vez(es); *wie* '*~es Mal!* quantas vezes!; **~er'lei** [-ər'laɪ] *uv. adj.* vários, muitos; *su.* várias coisas; '**~mal** às vezes, por vezes, de vez em quando.

Man|'dant(in *f*) [man'dant-] *m* (-*en*) constituinte *m*, *f*; **~da'rin** [-da'ri:n] *m* (-*s*; -*e*) mandarim *m*; **~da'rine** ⚘ *f* tangerina *f*; **~'dat** [-'da:t] *n* (-*ęs*; -*e*) mandato *m*; (*Befehl*) ordem *f*; **~da'tar** [-da'ta:r] *m* (-*s*; -*e*) mandatário *m*; **~'datsgebiet** *n* (-*ęs*; -*e*) território *m* sob administração.

'**Mandel** ['mandəl] *f* (-; -*n*) ⚘ amêndoa *f* (*gebrannte* torrada); ⚕ amígdala *f*; adenóide *f*; (*15 Stück*) quinzena *f*; **~baum** *m* (-*ęs*; ≈*e*) amendoeira *f*; **~blüte** *f einzelne*: flor *f* da amendoeira; *Zustand*: as amendoeiras em flor; **~-entzündung** *f* angina *f*; amigdalite *f*; **~kleie** *f* (*0*) farelo *m* de amêndoas; **~milch** *f* (*0*) amendoada *f*; **~-öl** *n* (-*ęs*; *0*) óleo *m* de amêndoas.

Mando'line [mando'li:nə] *f* bandolim *m*.

Ma'nege [ma'ne:ʒə] *f* picadeiro *m*; *Zirkus*: arena *f*.

Man'gan [maŋ'ga:n] *n* (-*s*; *0*) manganés(io) *m*; **~-eisen** *n* (-*s*; *0*) ferro *m* manganífero.

'**Mangel** ['maŋgəl] **1.** ⊕ *f* (-; -*n*) calandra *f*; enxugador *m*; **2.** *m* (-*s*; ≈) falta *f* (*aus* por, *an dat.* de); (*Fehler*) defeito *m*; (*Not*) penúria *f*; *~ an Anstand* indecoro *m*; *~ leiden an* (*dat.*) carecer de, ter falta de; **2-haft** defeituoso, imperfeito, deficiente; insuficiente; *adv.* mal; **~-haftigkeit** *f* (*0*) imperfeição *f*; deficiência *f*; insuficiência *f*; **2n** (-*le*) ⊕ calandrar; (*fehlen*) (vir a) faltar, fazer falta; **~n** *n* ⊕ calandragem *f*; (*Fehlen*) falta *f*; **2s** (*gen.*) por falta de.

'**Mangold** ['maŋgɔlt] ⚘ *m* (-*ęs*; -*e*) acelga *f*.

Ma'nie [ma'ni:] *f* mania *f*.

Ma'nier [ma'ni:r] *f* maneira *f*; modo *m*; *Kunst*: estilo *m*; **2'iert** [-ni'ri:rt] afe[c]tado, amaneirado; **~'iertheit** *f* afe[c]tação *f*; **2lich** bem educado, de boas maneiras.

Mani'fest [mani'fɛst] *n* (-*es*; -*e*) manifesto *m*.

Mani'küre [mani'ky:rə] *f* manicura *f*; **2n** (-) tratar das mãos.

'**manisch** ['ma:niʃ] maníaco.

'**Manko** ['maŋko] *n* (-*s*; -*s*) defeito *m* ✝ défice *m*.

Mann [man] *m* (-*ęs*; ≈*er*, *poet.* -*en*, ⚔ *u.* ⚓ *pl. uv.*) homem *m*; (*männliches Wesen*) varão *m*; (*Ehe2*) marido *m*; *an den ~ bringen Ware*: vender; *Tochter*: casar; *an den rechten ~ geraten* encontrar a pessoa indicada; *~ für ~* um atras outro; todos sem excepção; *~ gegen ~* ⚔ corpo a corpo; *mit ~ und Maus* ⚓ com toda a carga; *wenn Not am ~ ist* em caso de necessidade; *den wilden ~ machen* simular; *s-n ~ stehen* cumprir; fazer boa figura; '**2bar** *Mädchen*: núbil; *Jüngling*: púbere; '**~barkeit** *f* (*0*) nubilidade *f*; puberdade *f*.

'**Männchen** ['mɛnçən] *n* homenzinho *m*; *Zool.* macho *m*; *~ machen* pôr-se nas patas traseiras.

'Männer|chor ['mɛnər-] *m* (-*ẹs*; ⸚*e*) coro (*'ô) *m* masculino; **~gesangverein** *m* (-*ẹs*; -*e*) orfeão *m*; **~stimme** *f* voz *f* varonil (*od.* de homem).

'Mannes|-alter ['manəs-] *n* (-*s*; *0*) virilidade *f*; idade *f* viril; **~kraft** *f* (-; ⸚*e*) virilidade *f*, força (*ô) *f* viril.

'mann-haft viril, varonil; (*tapfer*) valente; **℞igkeit** *f* (*0*) virilidade *f*, valentia *f*.

'mannig|fach, ~faltig ['maniç-] vário, diferente, variado, diverso, múltiplo; **℞faltigkeit** *f* (*0*) variedade *f*.

'männlich ['mɛnliç] másculo; varonil (*a. fig.*); (*tapfer*) valente; *Kind ~en Geschlechts a.* filho *m* varão; (*Tier*) macho; *Gram.* masculino; **℞keit** *f* (*0*) virilidade *f*.

'Mannschaft *f* ⚔ homens *m/pl.*, praças *f/pl.*, tropas *f/pl.*; ⚓ *u.* ✈ tripulação *f*; *Sport*: grupo *m*, equipa *f*; **~sführer** *m Sport*: chefe *m* (do grupo).

'manns|-hoch (*0*) da altura de um homem; **~toll** doida pelos homens; maluca.

'Mannweib *n* (-*ẹs*; -*er*) mulherão *m*; marimacho *m*, virago *f*.

Ma'növ|er [ma'nø:vər] *n* manobra(s) *f*(*pl.*); **℞rieren** [-'vri:rən] (-) manobrar; **℞'rier-fähig** ⚓ governável.

Man'sarde [man'zardə] *f*, **~nstübchen, ~nzimmer** *n* águas-furtadas *f/pl.*

'manschen ['manʃən] misturar, fazer mistura.

Man'schette [man'ʃɛtə] *f* punho *m*; *vor* (*dat.*) *~en haben* F ter medo (*ê) *m* de; **~nknopf** *m* (-*ẹs*; ⸚*e*) botão *m* de punho.

'Mantel ['mantəl] *m* (-*s*; ⸚) sobretudo *m*, casaco *m*; (*Umhang*) capa *f*, manto *m*; *langer*: ⚔ capote *m*; (*Hülle*), *Geschoß*, *Ofen*: camisa *f*; ⚙ superfície *f* (lateral); *den ~ nach dem Winde hängen fig.* mudar fàcilmente de opinião, ser catavento; *unter dem ~* (*gen.*) *fig.* sob o pretexto de.

Manufak'tur [manufak'tu:r] *f* manufa[c]tura *f*; **~waren** *f/pl.* artigos *m/pl.* manufa[c]turados.

Manu'skript [manu'skript] *n* (-*ẹs*; -*e*) manuscrito *m*; *Typ.*: *a.* original *m*.

'Mappe ['mapə] *f* pasta *f*.

Mär [mɛ:r] *f* conto *m*, lenda *f*.

'Marathon-lauf ['ma:ratɔn-] *m* (-*ẹs*; ⸚*e*) maratona *f*.

'Märchen ['mɛ:rçən] *n* conto *m* (de fadas); história *f* (*a. fig.*); lenda *f*; **℞-haft** fabuloso, fantástico; **~stück** *n* (-*ẹs*; -*e*) *Thea.* conto *m* dramatizado; **~welt** *f* (*0*) mundo *m* fantástico, mundo *m* fabuloso.

'Marder ['mardər] *m* marta *f*, (*Stein℞*) fuinha *f*.

Marga'rine [marga'ri:nə] *f* (*0*) margarina *f*.

Ma'rien|bild [ma'ri:ən-] *n* (-*ẹs*; -*er*) imagem *f* da Virgem, imagem *f* de Nossa Senhora; **~käfer** *m* joaninha *f*; **~kult** *m* (-*ẹs*; *0*) culto *m* mariano.

Ma'rine [ma'ri:nə] *f* (*Handels℞*) marinha *f* (mercante); ⚔ armada *f*; **~-attaché** *m* (-*s*; -*s*) adido *m* naval; **℞blau** azul-marinho; **~-ingenieur** *m* (-*s*; -*e*) engenheiro *m* naval; (oficial *m*) maquinista *m* da Armada; **~-offizier** *m* (-*s*; -*e*) oficial *m* da Armada; **~soldat** *m* (-*en*) marinheiro *m*; **~station** *f* base *f* naval.

mari'nieren [mari'ni:rən] (-) pôr de escabeche.

Mario'nette [mario'nɛtə] *f* títere *m*, boneco *m*; **~ntheater** *n* teatro *m* de títeres.

Mark [mark] **a**) *n* (-*ẹs*; *0*) medula *f*; miolo *m*; (*Knochen℞*) tutano *m*; *j-m durch ~ und Bein gehen fig.* fazer estremecer alg.; **b**) *f* comarca *f*; província *f* limítrofe, região *f* fronteiriça; **c**) ⚜ *f* (-; -) marco *m*.

mar'kant [mar'kant] marcado, cara[c]terístico; *j.*: de relevo (*'ê).

'Marke ['markə] *f* marca *f* (*a.* ⚜); sinal *m*; ✉ selo (*ê) *m*, estampilha *f*; (*Erkennungs℞*) placa *f* de identidade; (*Kontroll℞*) senha *f*; (*Spiel℞*) ficha *f*; *Wein*: qualidade *f*; **~n-artikel** ⚜ *m* artigo *m* registado (*od.* marcado); **~nsammler** *m* filatelista *m*; **~nsammlung** *f* cole[c]ção *f* filatélica (*od.* de selos); **~nschutz** ⚜ *m* (-*es*; *0*) prote(c)ção *f* legal das marcas registadas.

'mark-erschütternd horripilante.

'Mark|graf *m* (-*en*) marquês *m*; *ehm.* margrave *m*; **~gräfin** *f* marquesa *f*; **~grafschaft** *f* marquesado *m*, margraviado *m*.

mar'kier|en [mar'ki:rən] (-) marcar; *Ton*: acentuar; (*darstellen*) si-

mular (*a.* ⚔); 2**ung** *f* marcação *f*, sinais *m/pl.*
'**markig** ['markiç] *fig.* meduloso; *fig.* vigoroso.
Mar'kise [mar'ki:zə] *f* toldo (*'ô) *m.*
'**Mark|knochen** *m* osso *m* com tutano; **~stein** *m* (-*es*; -*e*) marco *m*; *ein ~ sn*, *e-n ~ bilden* marcar; **~stück** *n* (-*es*; -*e*) moeda *f* de um marco.
Markt [markt] *m* (-*es*; ¨*e*) mercado *m*, praça *f*; *monatlicher u. Jahr*2: feira *f*; *auf den ~ bringen* lançar no mercado; '**~bericht** *m* (-*es*; -*e*) boletim *m* (do mercado); '**~bude** *f* barraca *f*; '**~flecken** *m* vila *f*; '**~frau** *f* regateira *f*; vendedora *f* (no mercado); '2**gängig**: *~ sn* ter venda; '**~-halle** *f* praça *f*; '**~platz** *m* (-*es*; ¨*e*) praça *f* (do mercado); '**~preis** *m* (-*es*; -*e*) preço *m* corrente; '**~schreier** *m* charlatão *m*; '**~stand** *m* (-*es*; ¨*e*) lugar *m*; '**~tag** *m* (-*es*; -*e*) dia *m* da feira (*od.* do mercado); '**~weib** *n* (-*es*; -*er*) regateira *f.*
Marme'lade [marmə'la:də] *f*: (*Erdbeer*)~ doce *m* (de morangos); *Quitten*2 marmelada *f.*
'**Marmor** ['marmɔr] *m* (-*s*; -*e*) mármore *m*; 2**-artig** *m* marmóreo; **~bruch** *m* (-*es*; ¨*e*) canteira *f* de mármore; 2'**ieren** (-) marmorizar; 2**n** de mármore; **~platte** *f* lousa *f* de mármore; *auf Möbeln usw.*: tampo *m* de mármore.
ma'rode [ma'ro:də] cansado; fatigado; ⚔ doente.
Marok'kan|er(in *f*) *m* [marɔ'ka:nər-], 2**isch** marroquino *m* (-a *f*), de Marrocos.
Ma'rotte [ma'rɔtə] *f* capricho *m*, mania *f.*
Mar'qui|s [mar'ki:] *m* (-; -) marquês *m*; **~se** [-zə] *f* marquesa *f.*
Mars [mars] *m* **a**) *ast.* Marte *m*; **b**) ⚓ (-; -*e*) (cesto [*ê] *m* da) gávea *f.*
Marsch [marʃ] **1.** *m* (-*es*; ¨*e*) marcha *f* (*auf dem* em); **2.** 2! ⚔ marche!; F embora!; **3.** *f* lezíria *f.*
'**Marschall** ['marʃal] *m* (-*s*; ¨*e*) marechal *m*; **~stab** *m* (-*es*; ¨*e*) bastão *m* de marechal; **~würde** *f* (*0*) marechalado *m.*
'**Marsch|befehl** *m* (-*es*; -*e*) ordem *f* de partir; 2'**ieren** (-; *sn*) marchar; **~land** *n* (-*es*; ¨*er*) lezíria *f*; **~route** *f* itinerário *m.*
'**Mar-stall** ['mar-] *m* (-*es*; ¨*e*) cavalariças *f/pl.* reais; estrebaria *f.*
'**Marter** ['martər] *f* (-; -*n*) martírio *m*, tortura *f*; suplício *m*; 2**n** (-*re*) torturar; **~pfahl** *m* (-*es*; ¨*e*) pelourinho *m*; **~tod** *m* (-*es*; *0*) martírio *m.*
'**Märtyrer** ['mɛrtyrər] *m*, **~in** *f* mártir *m*, *f*; **~tum** *n* (-*s*; *0*) martírio *m.*
Mar'xis|mus [mark'sismus] *m* (-; *0*) marxismo *m*; **~t** *m* (-*en*), 2**tisch** marxista *m.*
März [mɛrts] *m* (- *od.* -*es*; -*e*) Março *m.*
Marzi'pan [martsi'pan] *n* (-*s*; -*e*) maçapão *m.*
'**Masche** ['maʃə] *f* malha *f* (*aufheben* apanhar); **~ndraht** *m* (-*es*; *0*) rede (*'ê) *f* de arame; 2**nfest**: *~ sn* não desmalhar.
Ma'schine [ma'ʃi:nə] *f* máquina *f*; ✈ aparelho *m*; *mit der ~ schreiben* escrever à máquina, da[c]tilografar; 2**ll** [-'nɛl] mecânico; *adv. a.* à máquina.
Ma'schinen|-antrieb *m* (-*es*; -*e*) força (*ô) *f* mecânica; **~-arbeit** *f* trabalho *m* (feito) à máquina; **~bau** *m* (-*es*; *0*) construção *f* de máquinas; **~defekt** *m* (-*es*; -*e*) avaria *f* (na máquina); **~fabrik** *f* fábrica *f* de construções mecânicas; **~gewehr** *n* (-*es*; -*e*) metralhadora *f*; **~gewehrfeuer** *n* metralha *f*, rajadas *f/pl.* de metralhadora *f*; *mit ~ angreifen* metralhar; **~-haus** *n* (-*es*; ¨*er*) casa (*od.* sala *od.* secção) *f* das máquinas; 2**mäßig** mecânico; **~meister** *m* maquinista *m*; **~-öl** *n* (-*es*; -*e*) óleo *m* lubrificante; **~pistole** *f* pistola *f* automática; **~raum** *m* (-*es*; ¨*e*) = *~haus*; **~satz** *m* (-*es*; *0*) *Typ.* linotipia *f*; composição *f* mecânica; **~schaden** *m* (-*s*; ¨) avaria *f*; **~schlosser** *m* mecânico *m*; **~schreiben** *n* (-*s*; *0*) da[c]tilografia *f*; **~schreiber(in** *f*) *m* da[c]tilógrafo *m* (-a *f*); **~schrift** *f* da[c]tilografia *f*; *in ~* da[c]tilografado; **~teile** *m/pl.* peças *f/pl.* duma máquina; **~werk** *n* (-*es*; *0*) mecanismo *m.*
Maschin|e'rie [maʃinə'ri:] *f* mecanismo *m*; **~'ist** *m* (-*en*) maquinista *m.*
'**Maser** ['ma:zər] *f* (-; -*n*) veia *f*; nó *m*; **~holz** *n* (-*es*; ¨*er*) madeira *f* betada, madeira *f* listrada; **~n** *pl.* ⚕ sarampo *m/sg.*; 2**n** (-*re*) veiar; **~ung**

f veio *m*, list(r)a *f*, beta (*ê) *f*, veias *f*/*pl*.

'**Mask|e** ['maskə] *f* máscara *f*; *Thea.* caracterização *f*; (*Verkleidung*) *a.* disfarce *m*; **~enball** *m* (-*ẹs*; ⸚*e*) baile *m* de máscaras; **~enzug** *m* (-*ẹs*; ⸚*e*), **~e'rade** [-'ra:də] *f* mascarada *f*; cortejo *m*; **2'ieren** (-) mascarar, disfarçar.

Maß [ma:s] **a**) *f* (-; -*e*, *nach Zahlen uv.*) caneca *f* de litro; **b**) *n* (-*es*; -*e*) medida *f* (*nach* à; *nehmen* tomar a); (*Aus*2) proporção *f*; extensão *f*, (*Grad*) grau *m*; escala *f*; *fig.* moderação *f*; *in vollem* ~*e* plenamente; *in dem* ~*e wie* na (*od.* à) medida que, conforme; *in reichem* ~*e* profusamente; *über die* ~*en* sobremaneira, extremamente.

Mas'sage [ma'sa:ʒə] *f* maçagem *f*.

'**Maß-anzug** *m* (-*ẹs*; ⸚*e*) fato (* terno) *m* por medida.

'**Masse** ['masə] *f* massa *f*; (*Menschenmenge*) *a.* multidão *f*, vulgo *m*; (*Anzahl*) quantidade *f*; (*Umfang*) volume *m*, *Phys. a.* mole *f*; ⚔ *des Heeres*: grosso *m*.

'**Maß-ein|heit** *f* unidade *f* métrica; **~teilung** *f* graduação *f*; *mit* ~ graduado.

'**Massen|-absatz** *m* (-*es*; *0*) venda *f* em grande escala; **~-artikel** *m* artigo *m* de grande consumo; **~-aufgebot** *n* (-*ẹs*; -*e*) leva *f* em massa; **~erkrankung** *f* epidemia *f*; **~-erzeugung, ~fabrikation** *f* produção *f* em grande escala (*od.* em série); **~grab** *n* (-*ẹs*; ⸚*er*) vala *f* comum; **2-haft** em grande quantidade; enorme; **~konsum** *m* consumo *m* em grande escala; **~kundgebung** *f* manifestação *f* popular; **~mord** *m* (-*ẹs*;- *e*) morticínio *m*; matança *f*; **~psychose** *f* psicose *f* geral; **~suggestion** *f* hipnotização *f* das multidões; **~versammlung** *f* = ~*kundgebung*; **2weise** em massa(s).

Mas'seu|r [ma'sø:r] *m* (-*s*; -*e*), **~se** [-zə] *f* maçagista *m*, *f*.

'**Maß|gabe** *f* (*0*): *nach* ~ conforme a; na medida que, à razão de; **2gebend, 2geblich** [-ge:pliç] *j.*: competente, abalizado; *et.*: normativo; ~ *an* (*dat.*) *beteiligt sn* contribuir em larga escala para; ter intervenção decisiva em; **2-halten** (*L*) moderar-se, conter-se; **~-hemd** *n* (-*ẹs*; -*en*) camisa *f* por medida.

mas's|ieren [ma'si:rən] (-) ⚕ dar maçagem a; ⚔ *Truppen*: concentrar; '**~ig** maciço.

'**mäßig** ['mɛ:siç] módico, moderado; frugal, sóbrio; (*mittel*~) medíocre, regular; **~en** ['-igən] moderar; reprimir; temperar; **2keit** *f* (*0*) moderação *f*; frugalidade *f*; sobriedade *f*; temperança *f*; **2ung** ['-iguŋ] *f* moderação *f*.

mas'siv [ma'si:f] **1.** maciço, sólido; **2.** 2 *n* (-*s*; -*e*) maciço *m*.

'**Maß|krug** *m* (-*ẹs*; ⸚*e*) caneca *f* de litro; **~liebchen** ⚘ *n* bem-me-quer *m*; **2los** (-*est*) desmedido; imenso, enorme; *fig.* imoderado; **~losigkeit** ['-lo:ziç-] *f* imoderação *f*; excesso *m*; **~nahme** ['-na:mə] *f*, **~regel** *f* (-; -*n*) medida *f*, (*Vorkehrung*) prevenção *f*; providência *f* (*treffen* tomar); **2regeln** (-*le*) repreender, castigar; **~regelung** *f* castigo *m* disciplinário; **~-schneider** *m* alfaiate *m* (que trabalha por medida); **~-stab** *m* (-*ẹs*; ⸚*e*) metro *m*; bitola *f*; craveira *f*; *Karten*: escala *f*; *fig.* critério *m*, norma *f* (*anlegen* seguir); **2voll** moderado.

Mast [mast]: **a**) *f* engorda *f*, ceva *f*; **b**) *m* (-*es*; -*e* *od.* -*en*) ⚓, *a.* '**~baum** *m* (-*ẹs*; ⸚*e*) mastro *m*; (*Leitungs*2) poste *m*; '**~darm** *m* (-*ẹs*; ⸚*e*) (intestino *m*) re[c]to *m*.

'**mästen** ['mɛstən] (-*e*-) engordar, cevar.

'**Mast|futter** *n* (-*s*; *0*) cevadura *f*; **~korb** ⚓ *m* (-*ẹs*; ⸚*e*) (cesto [*ê] *m* da) gávea *f*; **~kur** ⚕ *f* cura *f* de engorda; **~vieh** *n* (-*ẹs*; *0*) gado *m* cevado (*od.* para cevar).

Materi'al [materi'a:l] *n* (-*s*; -*ien*) material *m*; **~'ismus** *m* (-; *0*) materialismo *m*; **~'ist** *m* (-*en*), **2'istisch** materialista *m*; **~kosten** *pl.* preço *m*/*sg.* dos materiais; **~schaden** *m* (-*s*; ⸚) prejuízo(s *pl.*) *m* material (materiais); **~verlust** *m* (-*es*; -*e*) perda *f* em material.

Ma'teri|e [ma'te:riə] *f* matéria *f*; **2'ell** [-'ɛl] material.

Mathema't|ik [matema'ti:k] *f* (*0*) matemática(s *pl.*) *f*; **~iker** [-'ma:tikər] *m*, **2isch** [-'ma:tiʃ] matemático *m*.

Ma'tratze [ma'tratsə] *f* colchão *m*; enxergão *m*.

Ma'tri|kel [ma'trikəl] *f* (-; -*n*) matrícula *f*; **~ze** [-tsə] *f Typ.* matriz *f*.
Ma'trose [ma'tro:zə] *m* (-*n*) marinheiro *m*, marujo *m*.
Matsch [matʃ] *m* (-*es*; *0*) lama *f*, lodo (*'ô) *m*; '**⁓ig** lamacento, lamoso.
matt [mat] (-*est*) fraco, débil, *j.*: *a.* abatido, extenuado; *Farbe*: apagado; baço; *Glas*: fosco, *Licht*: *a.* mortiço; *Phot.*, *Papier*, *Schach*: mate, *Metall*: *a.* embaciado; ~ *setzen* (*ac.*) dar mate a, pôr em xeque.
'**Matt|e** ['matə] *f* esteira *f*; (*Wiese*) prado *m*; **~heit, ~igkeit** *f* (*0*) fraqueza *f*, abatimento *m*; astenia *f*; **~scheibe** *f* vidro *m* fosco (*'ô).
'**Mauer** ['mauər] *f* (-; -*n*) muro *m*; (*Stadt*⁓) muralha *f*; (*Wand*) parede *f*; **~-absatz** *m* (-*es*; ⁼*e*) ressalto *m*; **~-arbeit** *f* obra *f* de pedreiro, alvenaria *f*; **~blümchen** [-bly:mçən] *n fig.* F: ~ *sn* ficar sem par; **~kelle** *f* trolha (*ô) *f*; **⁓n** (-*re*) fazer obra de pedreiro; *v/t.* murar; *Wand*: levantar; **~segler** *m* guincho *m*, andorinhão *m*; **~stein** *m* (-*ẹs*; -*e*) tijolo *m*, ladrilho *m*; **~vorsprung** *m* (-*ẹs*; ⁼*e*) ressalto *m*, sacada *f*; **~werk** *n* (-*ẹs*; -*e*) muros *m/pl.*; alvenaria *f*.
Maul [maul] *n* (-*ẹs*; ⁼*er*) boca (*ô) *f*; (*Schnauze*) focinho *m*; *fig.* P *ein großes* ~ *haben*, *das* ~ *weit aufreißen* falar muito; P *das* ~ *halten* calar o bico; '**~affen** *pl.*: ~ *feilhalten* papar moscas; '**~beerbaum** *m* (-*ẹs*; ⁼*e*) amoreira *f*; '**~beere** *f* amora *f*; '**⁓en** (estar a) amuar; '**~-esel(in** *f*) *m* mulo *m* (-a *f*), macho *m*; '**~-esel-treiber** *m* almocreve *m*; '**⁓faul** de poucas palavras; '**~-held** *m* (-*en*) fanfarrão *m*; '**~korb** *m* (-*ẹs*; ⁼*e*) açamo *m*, focinheira *f*, mordaça *f*; (*dat.*) e-*n* ~ *anlegen* abarbilhar (*ac.*); '**~schelle** *f* bofetada *f*; F pastilha *f*; '**~sperre** *f* trismo *m*; '**~tier** *n* (-*ẹs*; -*e*) muar *m*; = ~*esel*; '**~trommel** *f* (-; -*n*) berimbau *m*; '**~- und 'Klauen-seuche** *f* febre *f* aftosa, epizootia *f*; '**~weite** ⊕ *f* abertura *f* (da boca [*ô]) da chave; '**~werk** *n* (-*ẹs*; -*e*): P *ein gutes* ~ *haben* não ter papas na língua; '**~wurf** *m* (-*ẹs*; ⁼*e*) toupeira *f*; '**~wurfsgrille** *f* grilo *m* toupeirinho; '**~wurfs-hügel** *m* montículo *m* de terra levantado pela toupeira.
'**Maure** ['maurə] *m* (-*n*) mouro *m*.
'**Maurer** ['maurər] *m* pedreiro *m*; trolha (*ô) *m*; **~kelle** *f* trolha (*ô) *f*; **~meister** *m* mestre-pedreiro *m*; **~polier** *m* (-*s*; -*e*) (pedreiro) contra-mestre *m*.
'**Maur|in** ['maurin] *f* moura *f*; **⁓isch** mourisco.
Maus [maus] *f* (-; ⁼*e*) rato *m*.
'**Mäus-chen** ['mɔysçən] *n* ratinho *m*; *fig.* F amor *m*; **⁓still** (*0*) caladinho, quietinho.
'**Mause-** (*od.* **Mäuse-**)|**falle** ['mauzə-, 'mɔyzə-] *f* ratoeira *f*; **~loch** *n* (-*ẹs*; ⁼*er*) buraco *m* de rato.
'**maus|en** ['mauzən] (-*t*) *v/i. Katze*: apanhar ratos; *fig.* F (*v/t.*) roubar; **⁓er** *f* (*0*) muda *f*; *in der* ~ *sn* = (*sich*) **~ern** (-*re*) mudar, estar de muda; **~e-tot** (*0*) F morto, morto; bem morto; **~ig**: F *sich* ~ *machen* fazer-se fino.
maxi'mal [maksi'ma:l], **⁓...**: *in Zssgn*, **⁓betrag** *m* (-*ẹs*; ⁼*e*) máximo *m*.
Ma'xime [ma'ksi:mə] *f* máxima *f*; axioma *m*; norma *f*.
'**Maximum** ['maksimum] *n* (-*s*; *Maxima*) máximo *m*; *Auditorium* ⁓ aula *f* máxima.
Mayon'naise [majo'nɛ:zə] *f* maionese *f*.
Mä'zen [mɛ'tse:n] *m* (-*s*; -*e*) mecenas *m*.
Me'chan|ik [me'ça:nik] *f* mecânica *f*; **~iker** *m*, **⁓isch** mecânico *m*; **⁓i'sieren** [-i'zi:rən] (-) mecanizar; **~'ismus** *m* (-; *Mechanismen*) mecanismo *m*.
'**Mecker|er** ['mɛkərər] *m fig.* critiqueiro *m*; **⁓n** (-*re*) berrar; *fig.* criticar; fazer critiquice.
Me'daill|e [me'daljə] *f* medalha *f*; **~on** [-'ljɔŋ] *n* (-*s*; -*s*) medalhão *m*.
Medika'ment [medika'mɛnt] *n* (-*ẹs*; -*e*) medicamento *m*, remédio *m*.
'**Medium** ['me:dium] *n* (-*s*; *Medien*) médio *m*; médium *m*.
Medi'zin [medi'tsi:n] *f* medicina *f*; (*Arznei*) remédio *m*; **~er(in** *f*) *m* estudante *m*, *f* de medicina; professor(a *f*) *m* de medicina; médico *m* (-a *f*); **⁓isch** medicinal, médico; ~*e Fakultät* Faculdade *f* de Medicina.
Meer [me:r] *n* (-*ẹs*; -*e*) mar *m*; *am* ~(*e*) *gelegen* marítimo; '**~-aal** *m* (-*ẹs*; -*e*) congro *m*; '**~busen** *m* golfo (*'ô) *m*, baía *f*; '**~-enge** *f* estreito *m*.

'**Meeres**|**-arm** *m* (*-es*; *-e*) braço *m* de mar; estreito *m*; **~brandung** *f* ressaca *f*; **~fläche** *f* superfície *f* do mar; **~kunde** *f* (*0*) oceanografia *f*; **~-spiegel** *m* (*-s*; *0*) nível *m* do mar; **~-stille** *f* (*0*) calma *f*, bonança *f*; **~-strömung** *f* corrente *f* (marítima); **~-ungeheuer** *n* monstro *m* marítimo.

'**meer**|**grün** verde-mar, glauco; **2katze** *f* cercopiteco *m*; **2rettich** *m* (*-s*; *0*) rábano *m*; **2salz** *n* (*-es*; *0*) sal *m* marinho; **2schaum** *m* (*-es*; *0*) escuma (*od.* espuma) *f* do mar; **2schwein** *n* (*-es*; *-e*) porco-do-mar *m*, boto (*'ô) *m*; **2schweinchen** *n* cobaia *f*, porquinho-da-índia *m*.

Mehl [me:l] *n* (*-es*; *0*) farinha *f* (*sehr feines*: flor *f* de farinha); '**2artig** farináceo; '**~brei** *m* (*-es*; *-e*) papa(s *pl.*) *f*; '**~-händler** *m* farinheiro *m*; '**2ig** farinhoso; farinhento; '**~käfer** *m* tenebrião *m*; '**~sack** *m* (*-es*; *⸗e*) saco *m* (de farinha); *fig.* gordo *m*, gorducho *m*; '**~sieb** *n* (*-es*; *-e*) peneiro *m*; '**~speise** *f* pudim *m*, creme *m*; '**~wurm** *m* (*-es*; *⸗er*) bicho *m* da farinha.

mehr [me:r] **1.** (*comp. v. viel*) mais (*als* do que); *nicht ~* já não; *nicht ~ als* apenas; não ... senão; *nicht ~* (*inf.*) deixar de (*inf.*); *nicht ~* (*wieder*) não voltar a (*inf.*); *und dergleichen ~* e outras coisas assim; **2.** **2** *n* (*- od. -s*; *0*) excedente *m*; '**2-arbeit** *f* trabalho *m* adicional; excesso *m* de trabalho; '**2-aufwand** *m* (*-es*; *0*), '**2-ausgabe** *f* aumento *m* de gastos; gastos *m*/*pl.* a mais; '**2betrag** *m* (*-es*; *0*) excedente *m*; '**~deutig** ['-dɔytiç] ambíguo, equívoco; '**2-einnahme(n)** *f*(*pl.*) aumento *m* de receitas; *Überschuß*: excedente *m* de receitas; '**~en** aumentar; '**~ere** ['me:rərə] *pl.* vários; '**~eres** várias coisas; '**~fach** reiterado; várias vezes; *adv. a.* muito; '**~farbig** em cores, de várias cores; policromo, multicolor; '**2gebot** *n* (*-es*; *-e*) oferta *f* maior; *Auktion*: sobrelanço *m*; '**2gewicht** *n* (*-es*; *0*) excesso *m* de peso (*ê); '**2heit** *f* maioria *f*; pluralidade *f*; '**~jährig** de vários anos; '**2kosten** *pl.* excesso *m*/*sg.*; gastos *m*/*pl.* adicionais (*od.* suplementares); '**~malig** ['-ma:liç] reiterado, repetido; '**~mals** ['-ma:ls] várias vezes; '**~phasig** ⚡ ['-fa:ziç] polifásico; '**~silbig** ['-zilbiç] polissílabo; '**~sprachig** ['-ʃpra:xiç] poligloto; '**~stimmig** ['-ʃtimiç] polifónico; a várias vozes; '**2verbrauch** *m* (*-es*; *0*) consumo *m* adicional, excedente *m* de consumo; '**2wert** *m* (*-es*; *0*) excedente *m*, aumento *m* de valor; '**2zahl** *f* maioria *f*; *Gram.* plural *m*.

'**meiden** ['maɪdən] (*L*) evitar, fugir (a).

'**Meil**|**e** ['maɪlə] *f* légua *f*, (*deutsche u. See2*) milha *f*; **~enstein** *m* (*-es*; *-e*) pedra *f* miliária; **2enweit** (*0*): *~ entfernt* muito longe; **~er** *m* carvoaria *f*.

mein [maɪn] meu; '**~e** (a[s]) minha[s], (os) meus; *der, das ~e* o meu; *die ~e* a minha.

'**Mein-eid** *m* (*-es*; *-e*) perjúrio *m*; juramento *m* falso; *e-n ~ schwören* perjurar; **2ig** [-diç] perjuro.

'**meinen** ['maɪnən] pensar, achar, julgar, considerar, ser de opinião, opinar; *ich meine a.* parece-me; (*verstehen unter, beabsichtigen*) querer dizer, entender; (*sagen*) dizer; *j-n ~* referir-se a alg.; *ehm.* (*lieben*) amar; *damit bin ich gemeint* isto é comigo; *das will ich ~!* pois é claro!; *es gut ~* ter as melhores intenções; *es gut mit j-m ~* ser amigo de alg., querer bem a alg.; *was ~ Sie?* que lhe parece?

'**mein**|**er** ['maɪnər] **1.** meu; **2.** (*gen. v. ich*) de mim; **3.** (*gen. u. dat. v. meine*) da(s) minha(s), à(s) minha(s); **~erseits** [-zaɪts] da (*od.* por) minha parte; **~es'gleichen** meu igual; **~et'halben** ['-ət'halbən], **~etwegen** por (amor de) mim; *~!* cá por mim!; seja!; **~ige** ['-igə]: *der, das ~* o meu; *die ~* a minha.

'**Meinung** ['maɪnuŋ] *f* opinião *f*, parecer *m* (*sagen* dar); (*Absicht*) intenção *f*; *vorgefaßte ~* preconceito *m*; *e-r ~ sn* (*mit*) ser da mesma opinião (como); *j-m* (*gehörig*) *die ~ sagen* F dizer as verdades a alg.; *meiner ~ nach* no meu entender; *in der ~, daß* julgando que; **~s-austausch** *m* (*-es*; *0*) troca *f* de impressões; **~s-verschiedenheit** *f* divergência *f* (de opinião).

'**Meise** ['maɪzə] *f* abelheiro *m*.

'**Meißel** ['maɪsəl] *m* cinzel *m*, escopro *m*; **2n** (*-le*) cinzelar.

meist [maɪst] (*sup. v. viel*): *die ~en*

(*Fälle usw.*) a maioria (de), *a. das* ~e a maior parte (de); *am* ~en (o) mais; '~**begünstigt** mais favorecido; preferido; '2**begünstigung** *f* preferência *f*; '~**bietend**: ~ *verkaufen* vender em leilão; '~**ens**, '~**en-teils** na maior parte (das vezes); em geral, geralmente.

'**Meister** ['maɪstər] *m* mestre *m*; *Sport*: campeão *m*, F ás *m*; 2**haft** 2**lich** magistral; ~**in** *f* mestra *f*; 2**n** *v/t.* (*-re*) dominar; vencer; ~**schaft** *f* mestrado *m*; mestria *f*; *Sport*: campeonato *m*; ~**singer** *m* mestre-cantor *m*; ~**stück**, ~**werk** *n* (*-es*; *-e*) obra-prima *f*.

Melanchol|ie [melaŋko'liː] *f* melancolia *f*; ~**iker** [-'koːlikər] *m*, 2**isch** [-'koːliʃ] melancólico *m*.

Me'lasse [me'lasə] *f* melaço *m*.

'**Melde|-amt** ['mɛldə-] *n* (*-es*; *¨er*) repartição *f* de registo (*od.* de recenseamento); (*polizeiliches*) arquivo *m* de identificação; polícia *f*; ~**frist** *f* prazo *m* para a apresentação (*od.* inscrição), prazo *m* para a participação (da presença de ...); 2**n** (*-e-*) anunciar; (*mitteilen*) informar, notificar, participar, comunicar; *polizeilich*: denunciar, (*an*~) participar à polícia; *sich* ~ apresentar-se (*bei* a); *Schule*: pedir (*od.* oferecer-se) para ser chamado; *sich krank* ~ dar parte de doente; *sich zu et.* ~ oferecer-se para a.c., *Examen*: requerer (*ac.*); *sich zum Wort* ~ pedir a palavra; ~**zettel** *m* boletim *m* de alojamento.

'**Meldung** ['mɛlduŋ] *f* participação *f*, informe *m*, relatório *m*; (*Zeitungs*2) informação *f*; notícia *f*; *amtliche*: comunicado *m*; (*Vorstellung*) apresentação *f*.

Me'lisse [me'lisə] ⚘ *f* melissa *f*, erva-cidreira *f*.

'**melk|en** ['mɛlkən] (*L*) mungir, ordenhar; 2-**kuh** *f* (-; *¨e*) vaca *f* leiteira; 2**schemel** *m* escabelo (*'ê) *m*.

Melo|'die *f* melodia *f*; 2**disch** [-'loːdiʃ], 2**di'ös** [-di'øːs] melodioso; ~'**drama** *n* (-; ~*dramen*) melodrama *m*; 2**dra'matisch** melodramático.

Me'lone [me'loːnə] *f* melão *m*; (*Wasser*2) melancia *f*; F (*Hut*) coco (*'ô) *m*.

Mem'bran [mem'braːn] *f*, ~**e** *f* membrana *f*; ⚡ diafragma *m*.

'**Memme** ['mɛmə] *f* cobarde *m*, poltrão *m*.

Memoiren [memo'aːrən] *pl.* memórias *f/pl.*; ~**schreiber** *m* memorialista *m*.

Menage'rie [menaʒə'riː] *f* exposição *f* de feras; circo *m*.

'**Meng|e** ['mɛŋə] *f* quantidade *f*; 𝔄 conjunto *m*; (*Menschen*2) multidão *f*; e-e ~ + *su.* grande número *m* de, uma data de; e-e ~ *Wasser* uma abada de água; 2**en** misturar.

'**Menni|g** ['mɛniç] *m* (*-es*; *0*), ~**ge** [-gə] *f* (*0*) ⚗ mínio *m*, vermelhão *m*.

Mensch [mɛnʃ] *m* (*-en*) homem *m*; ser *m* humano; pessoa *f*; *pl.* (*Leute*) *a.* gente *f/sg.*; *kein* ~ ninguém.

'**Menschen|-affe** *m* (*-n*) antropóide *m*; 2-**ähnlich** antropomorfo; ~-**alter** *n* idade *f* humana; geração *f*; ~**feind** *m* (*-es*; *-e*) misantropo *m*; ~**fresser** [-frɛsər] *m* antropófago *m*; canibal *m*; ~**fresse'rei** *f* (*0*) canibalismo *m*, antropofagia *f*; ~**freund** *m* (*-es*; *-e*) filantropo *m*; 2**freundlich** filantrópico; humano; humanitário; ~**freundlichkeit** *f* (*0*) filantropia *f*; humanitarismo *m*; ~**gedenken** *n*: *seit* ~ desde tempos imemoráveis; ~**geschlecht** *n* (*-es*; *0*) género *m* humano, geração *f* humana; humanidade *f*; ~**kenner** *m* psicólogo *m*; ~**kenntnis** *f* (*0*) conhecimento *m* da natureza humana; *gute* ~ *haben a.* ser bom psicólogo; ~**leben** *n* vida *f* humana; 2**leer** despovoado; (*öde*) deserto; ~**liebe** *f* (*0*) filantropia *f*; amor *m* dos homens; caridade *f*; ~**material** *n* (*-s*; *0*) material *m* humano; ~**menge** *f* multidão *f*; 2**möglich** humanamente possível; ~**raub** *m* (*-es*; *0*) rapto *m*; ~**recht** *n* (*-es*; *-e*) direito *m* do homem; direito *m* humano; ~**scheu** *f* (*0*) timidez *f*, acanhamento *m*; 2**scheu** tímido; acanhado; ~**schlag** *m* (*-es*; *¨e*) raça *f*; ~**seele** *f*: *keine* ~ nem vivalma *f*; ~**tum** *n* (*-es*; *0*) humanidade *f*; ~**verstand** *m* (*-es*; *0*) inteligência *f* humana; *gesunder* ~ senso *m* comum, bom-senso *m*; tino *m*; ~**würde** *f* (*0*) dignidade *f* humana; 2**würdig** digno dum homem; humano, civilizado.

'**Mensch|heit** *f* (*0*) humanidade *f*; 2**lich** humano; humanitário; ~**lich-**

keit *f* (*0*) humanidade *f*; condição *f* humana; caridade *f*, humanitarismo *m*; **~werdung** [-vɛrduŋ] *f* (*0*) *Rel.* encarnação *f*.

Menstruati'on [mɛnstruatsi'o:n] *f* menstruação *f*.

Men'sur [mɛn'zu:r] *f* distância *f*; ♪ compasso *m*; medida *f*; *Fechtk.* duelo *m*.

Me'nü [me'ny:] *n* (*-s*; *-s*) ementa *f*.

Menu'ett [menu'ɛt] *n* (*-ẹs*; *-e*) minuete *m*.

'Mergel ['mɛrgəl] *m* marga *f*.

Meridi'an [meridi'a:n] *m* (*-s*; *-e*) meridiano *m*.

'merk|bar ['mɛrk-] perceptível; sensível; **2blatt** *n* (*-ẹs*; *"er*) aviso *m*; (folha [*ô] *f* de) instruções *f*/*pl.*; **2buch** *n* (*-ẹs*; *"er*) agenda *f*; **~en** *v*/*t.* notar; perceber; sentir; *auf* (*ac.*) ~ atender a; *sich* (*dat.*) et. ~ tomar nota de a.c.; ficar sabendo; ~ *lassen* dar a perceber; *sich* (*dat.*) *nichts* ~ *lassen* dissimular; ficar impenetrável; **~lich** = *~bar*; visível; **2mal** *n* (*-ẹs*; *-e*) indício *m*, marca *f*, sinal *m* cara(c)terístico; cara(c)terística *f*; **~würdig** notável, estranho, esquisito; **~würdiger'weise** [-vyrdigər-] é estranho que (*subj.*); **2würdigkeit** *f* coisa *f* notável, curiosidade *f*; **2zeichen** *n* sinal *m*.

'Mesner ['mɛsnər] *m* sacristão *m*.

'Meß|-amt ['mɛs-] *n* (*-ẹs*; *"er*) *Rel.* ofício *m*, missa *f*; ⚕ secretaria *f* da feira; **~band** *n* (*-ẹs*; *"er*) fita *f* métrica; **2bar** mensurável; **~bildverfahren** *n* fotogrametria *f*; **~buch** *n* (*-ẹs*; *"er*) livro *m* de missa; missal *m*; **~diener** *m* acólito *m*.

'Messe ['mɛsə] *f* *Rel.* missa *f* (*lesen* dizer); ⚕ feira *f*; ⚓, ⚔ messe *f*, sala *f* dos oficiais; **~-amt** *n* (*-ẹs*; *"er*) ⚕ secretaria *f* da feira; **~gelände** *n* recinto *m* da feira.

'messen ['mɛsən] (*L*) medir; *Temperatur*: tirar; *sich* ~ *mit* medir as forças (*ô) com; *sich mit j-m* ~ *können* igualar alg. (*an dat.* em).

'Messer ['mɛsər]: **a**) *m j.*: medidor *m*; *et.*: contador *m*; **b**) *n* faca *f*; (*Klapp2*) navalha *f*, (*Taschen2*) canivete *m*; ⚕ escalpelo (*'ê) *m*; **~klinge** *f* lâmina *f* de faca; folha *f*; **~rücken** *m* costas *f*/*pl.* da faca; **~schmied** *m* (*-ẹs*; *-e*) cuteleiro *m*; **~schneide** *f* fio *m* (da faca); **~spitze** *f* ponta *f* da faca; e-e ~ (*voll*) uma pitada; **~stecher** *m* faquista *m*; **~steche'rei** *f* facadas *f*/*pl.*; **~stich** *m* (*-ẹs*; *-e*) facada *f*.

'Meß|gehilfe *m* (*-n*) acólito *m*; **~gerät** *n* (*-ẹs*; *-e*) ⊕ instrumento *m* de agrimensor; *Rel.* vasos *m*/*pl.* sagrados; **~gewand** *n* (*-ẹs*; *"er*) casula *f*; **~glas** *n* (*-es*; *"er*) copo *m* graduado.

'Messing ['mɛsiŋ] *n* (*-s*; *0*) latão *m*; **~blech** *n* (*-ẹs*; *-e*) folha (*ô) *f* de latão; **~draht** *m* (*-ẹs*; *"e*) fio *m* de latão.

'Meß|platte *f* placa *f* graduada; **~-stange** *f* vara *f*; **~tisch** *m* (*-es*; *-e*) prancheta *f*; **~tuch** *n* (*-ẹs*; *"er*) *Rel.* corporal *m*; **~-uhr** *f* contador *m*.

'Messung ['mɛsuŋ] *f* medição *f*; e-e ~ *vornehmen* medir.

Mes'tiz|e [mes'ti:tsə] *m* (*-n*), **~in** *f* mestiço *m*, -a *f*.

Met [me:t] *m* (*-ẹs*; *0*) hidromel *m*, água-mel *f*.

Me'tall [me'tal] *n* (*-s*; *-e*) metal *m*; **~-arbeiter** *m* operário *m* metalúrgico; **~belag** *m* (*-ẹs*; *"e*) metalização *f*, camada *f* metálica; *mit* ~ (*versehen*) metalizado (metalizar); **2en** de metal, metálico; metalúrgico; **~gehalt** *m* (*-ẹs*; *-e*) liga *f* metálica; **~geld** *n* (*-ẹs*; *0*) metálico *m*; **~glanz** *m* (*-es*; *0*) lustre *m* metálico; **2-haltig** [-haltiç] metalífero; **~-industrie** *f* indústria *f* metalúrgica; **2isch** metálico; **2i'sieren** (-) metalizar; **~kunde** *f* (*0*) metalografia *f*; **~säge** *f* serrote *m* (para metal); **~späne** [-ʃpɛ:nə] *m*/*pl.* cisalhas *f*/*pl.*; **~waren** *f*/*pl.* artigos *m*/*pl.* metálicos.

Metamor'phose [metamɔr'fo:zə] *f* metamorfose *f*.

Me'taph|er [me'tafər] *f* (*-*; *-n*) metáfora *f*; **2'orisch** [-'fo:riʃ] metafórico.

Meta|phy'sik [meta-] *f* (*0*) metafísica *f*; **2'physisch** metafísico.

Mete'or [mete'o:r] *m* (*-s*; *-e*) meteoro *m*; **~o'loge** [-oro'lo:gə] *m* (*-n*) meteorologista *m*; **~olo'gie** [-rolo'gi:] *f* (*0*) meteorologia *f*; **~stein** *m* (*-ẹs*; *-e*) aerolito *m*.

'Meter ['me:tər] *n u. m* metro *m*; **~maß** *n* (*-es*; *-e*) *Band*: fita *f* métrica; *Zollstock*: metro *m*; **2weise** ao metro.

Me'thod|e [me'to:də] *f* método *m*; **~enlehre** *f*, **~ik** *f* metodologia *f*; **2isch** metódico.

Me'thyl [me'ty:l] *n* (-*s*; *0*) metilo *m*; **~-alkohol** *m* (-*s*; *0*) álcool *m* metílico.

'Metr|ik ['me:trik] *f* métrica *f*; **2isch** métrico.

Metro'pole [metro'po:lə] *f* metrópole *f*.

'Mette ['mɛtə] *f* matinas *f/pl.*; (*Christ2*) missa-do-galo *f*.

'Mettwurst ['mɛt-] *f* (-; *ᐧᐧe*) salsicha *f* defumada.

'Metz|e'lei [mɛtsə'laɪ] *f* mortícínio *m*, matança *f*, carnificina *f*; **2eln** (-*le*) degolar; **~ger** [-gər] *m* carniceiro *m*; talhante *m*, cortador *m*; açougueiro *m*; **~ge'rei** [-gə'raɪ] *f* talho *m*.

'Meuchel|mord ['mɔyçəl-] *m* (-*es*; -*e*) assassínio *m*, assassinato *m*; **~mörder** *m*, **2mörderisch** assassino *m*; **2n** (-*le*) assassinar.

'meuch|lerisch ['mɔyçləriʃ] pérfido, traiçoeiro; *adv.* = **~lings** ['-liŋs] atraiçoadamente, traiçoeiramente, pèrfidamente.

'Meute ['mɔytə] *f* matilha *f*; **~'rei** *f* motim *m*; revolta *f*; **~rer** *m* revoltoso *m*; sublevado *m*; amotinado *m*; **2rn** (-*re*) amotinar-se, revoltar-se, sublevar-se.

Mexi'kaner(in *f*) *m* [meksi'ka:nər-], **2isch** mexicano *m* (-a *f*), do México.

mi'auen [mi'auən] (-) miar.

mich [miç] (*ac. v. ich*) (a) mim; *tonlos*: me.

'Mieder ['mi:dər] *n* corpete *m*.

'Mien|e ['mi:nə] *f* cara *f* (*aufsetzen* fazer); ar *m*; *~ machen zu* fazer menção *f* de; preparar-se para; *gute ~ zum bösen Spiel machen* fazer das tripas coração; *ohne e-e ~ zu verziehen* sem pestanejar; **~enspiel** *n* (-*es*; *0*) mímica *f*, gestos *m/pl.*; fisionomia *f*.

mies [mi:s] (-*est*) F mau; **'2macher** *m* pessimista *m*, detra(c)tor *m*; desmancha-prazeres *m*; **'2muschel** *f* (-; -*n*) mexilhão *m*.

'Miet|e *f*: **a**) (*Vermietung*) arrendamento *m*; (*a. ~preis*) aluguer *m*, aluguel *m*; *zur ~ wohnen* ter alugado (um andar *usw.*); (*Haus2*) renda *f* (da casa); (*Schiffs2*) frete *m*; **b**) ⚘ meda *f*; **c**) *Zool.* traça *f*, bicho *m*; **2en** (-*e*-) alugar, arrendar; *Schiff*: fretar; **~er(in** *f*) *m* inquilino *m* (-a *f*); ⚓ fretador *m*; **~geld** *n* (-*es*; -*er*) aluguel *m*, aluguer *m*; **~preis** *m* (-*es*; -*e*) = *~geld*; **~s-haus** *n* (-*es*; *ᐧᐧer*), **~s-kaserne** *f* casa *f* de andares; **~vertrag** *m* (-*es*; *ᐧᐧe*) contrato *m* de arrendamento; **~s-wohnung** *f* andar *m*, habitação *f*; **~wagen** *m* carro *m* de aluguer; automóvel *m* de praça (*od.* de aluguer); **~zins** *m* (-*es*; -*e*) aluguer *m*, renda *f*.

Mi'gräne [mi'grɛ:nə] *f* (*0*) enxaqueca *f*; hemicrania *f*.

Mi'kro|be [mi'kro:bə] *f* micróbio *m*; **'~film** *m* (-*es*; -*e*) microfilme *m*; **'~filmherstellung** *f* microfilmagem *f*; **~'filmstelle** *f* serviços *m/pl.* de microfilmagem; **~'phon** [-o'fo:n] *n* (-*s*; -*e*) microfone *m*; **~'skop** [-o'sko:p] *n* (-*s*; -*e*) microscópio *m*; **2'skopisch** microscópico.

'Milbe ['milbə] *f* ácaro *m*.

Milch [milç] *f* (*0*) leite *m* (*dicke* coalhado); (*Fisch2*) ovas *f/pl.*; **'2artig** leitoso; **'~bart** *m* (-*es*; *ᐧᐧe*) buço *m*; *fig.* imberbe *m*; **'~brei** *m* (-*es*; -*e*) papas *f/pl.*; **'~drüse** *f* *Anat.* glândula *f* mamária; **'~geschäft** *n* (-*es*; -*e*) leitaria *f*; **'~flasche** *f* garrafa *f* de leite; *Säugling*: biberão *m*; **'~glas** *n* (-*es*; *ᐧᐧer*) copo *m* de leite; *Glasart*: vidro *m* fosco; **'~-händler** *m* leiteiro *m*; **'~-handlung** *f* leitaria *f*; **'2ig** lá[c]teo, leitoso; **'~kaffee** *m* (-*s*; -*s*) café *m* com leite; **'~kalb** *n* (-*es*; *ᐧᐧer*) vitela *f* la(c)tante; **'~kanne** *f* leiteira *f*; **'~kuh** *f* (-; *ᐧᐧe*) vaca *f* leiteira; **'~kur** *f* tratamento *m* com leite; **'~mädchen** *n* leiteira *f*; **'~mann** *m* (-*es*; *ᐧᐧer*) leiteiro *m*; **'~produkt** *n* (-*es*; -*e*) la(c)ticínio *m*; **'~reis** *m* (-*es*; *0*) arroz *m* doce; **'~säure** *f* (*0*) ácido *m* lá[c]tico; **'~speise** *f* la[c]ticínio *m*; = *~brei*; **'~straße** *f* (*0*) *Astr.* via *f* lá[c]tea; **'~topf** *m* (-*es*; *ᐧᐧe*) fervedor *m*; **'~zahn** *m* (-*es*; *ᐧᐧe*) dente *m* de leite; **'~zucker** *m* (-*s*; *0*) açúcar *m* de leite; ⚗ la(c)tose *f*, la(c)tina *f*.

mil|d [milt] (-*est*), **'~de** ['~də] suave, doce; ameno; *Temperatur usw.*: moderado; *j.*: indulgente, clemente; benévolo; meigo; *Strafe*: ligeiro; *milde Gabe* esmola *f*; *milde Stiftung* obra *f* pia; *mild(er) werden* abrandar; **'2de** *f* (*0*) suavidade *f*, doçura *f*; amenidade *f*; *j-s*: benevolência *f*, indulgência *f*, clemência *f*; *a. Klima*: benignidade *f*; **'~dern** (-*re*) suavizar; amenizar; (*abschwächen*) atenuar; *Schmerz*: mitigar, aliviar; ⚖ comutar; *~der Umstand* atenuante *m*; '**⁀derung** ['-dəruŋ] *f* suavização *f*; amenização *f*; atenuação *f*; ⚖ comutação *f*; '**⁀derungsgrund** *m* (-*es*; ⁼*e*) atenuante *m*; '**~d-herzig**, '**~d-tätig** caritativo, caridoso; '**⁀d-tätigkeit** *f* (*0*) caridade *f*.

Mili'eu [mi'ljø:] *n* (-*s*; -*s*) meio *m*, ambiente *m*.

Mili'tär [mili'tɛ:r] **a)** *m* (-*s*; -*s*) militar *m*; **b)** *n* (-*s*; *0*) tropa *f*; exército *m*; **~dienst(pflicht** *f* [*0*]) *m* (-*es*; *0*) serviço *m* militar (obrigatório); **⁀dienstpflichtig** sujeito ao serviço militar; **~flugzeug** *n* (-*es*; -*e*) avião *m* militar; **~gefängnis** *n* (-*ses*; -*se*) presídio *m* militar; **~geistliche(r)** *m* capelão *m*; **~gericht(sbarkeit** *f* [*0*]) *n* (-*es*; -*e*) tribunal *m* (jurisdição *f*) militar; **⁀isch** militar; **~pflicht** *f* (*0*) = *~dienst(pflicht)*; **~regierung** *f* governo (*ê) *m* militar; **~verwaltung** *f* administração *f* militar; **~wesen** *n* (-*s*; *0*) assuntos *m/pl.* militares, exército *m*; **~zeit** *f* (*0*) tempo *m* do serviço militar (*od.* da tropa).

Mi'liz [mi'li:ts] *f* (*0*) milícia *f*; **~soldat** *m* (-*en*) miliciano *m*.

Milliar'd|är [miliar'dɛ:r] *m* (-*s*; -*e*) *m* multimilionário *m*; **~e** [-'ardə] *f* bilião *m*.

Milli|'gramm [mili-] *n* (-*s*; -*e u.* -) miligrama *m*; **~'meter** *n u. m* milímetro *m*; **~'on** [-'o:n] *f* milhão *m*; **~o'när** [-o'nɛ:r] *m* (-*s*; -*e*) milionário *m*.

Milz [milts] *f* baço *m*; '**~brand** *m* (-*es*; *0*) baceira *f*; '**~brandbazillus** *m* (-; -*bazillen*) bacilo *m* antrácico; '**⁀krank** esplenético; '**~krankheit** *f* esplenite *f*.

'**Mim|e** ['mi:mə] *m* (-*n*) mimo *m*; **~ik** *f* (*0*) mímica *f*; **~ikry** ['mimikri:] *f* (*0*) mimetismo *m*; **⁀isch** mímico.

'**minder** ['mindər] (*geringer, weniger*) menor, inferior; *adv.* menos; **~bemittelt** modesto; menos abastado; **⁀betrag** *m* (-*es*; ⁼*e*), **⁀-einnahme** *f* défice *m*; **⁀gewicht** *n* (-*es*; -*e*) falta *f* de peso (*ê); **⁀heit** *f* minoria *f*; **~jährig** menor; **⁀jährigkeit** *f* (*0*) menoridade *f*; **~n** (-*re*) diminuir; reduzir; **~wertig** [-ve:rtiç] inferior; **⁀wertigkeit** *f* inferioridade *f*; **⁀zahl** *f* (*0*) minoria *f*.

'**mindest** ['mindəst] (*sup. v. minder*): *der ~e* o menor, *das ~e a.* o menos, *nicht das ~e* nem a mínima parte; nada; *nicht im ~en* de modo nenhum; *zum ~en* pelo menos, ao menos; * *a.* no mínimo; **⁀betrag** *m* (-*es*; ⁼*e*) mínimo *m*; quota *f* mínima, quantia *f* mínima; *Preis*: preço *m* mínimo; **~ens** pelo menos, ao menos; * *a.* no mínimo; **⁀maß** *n* (-*es*; -*e*) mínimo *m*; **⁀preis** *m* (-*es*; -*e*) preço *m* mínimo.

'**Mine** ['mi:nə] *f* mina *f* (*legen* colocar; *laufen auf ac.* chocar com).

'**Minen|feld** *n* (-*es*; -*er*) campo *m* minado (*od.* de minas); **~gang** ⚒ *m* (-*es*; ⁼*e*) galeria *f* de mina; **~leger** ⚓ [-le:gər] *m* lança-minas *m*; **~räumboot** [-rɔym-] *n* (-*es*; -*e*) draga-minas *m*; **~schacht** ⚒ *m* (-*es*; ⁼*e*) poço *m* de mina; **~sperre** *f*, **~sperrgürtel** *m* barragem *f* de minas; **~suchboot** [-zu:x-] *n* (-*es*; -*e*), **~sucher** *m* draga-minas *m*; **~treffer** *m* explosão *f* de minas; **~werfer** [-vɛrfər] ⚔ *m* lança-minas *m*.

Mine'ral [minə'ra:l] *n* (-*s*; -*e od.* -*ien*) mineral *m*; **~bad** *n* (-*es*; ⁼*er*) banho *m* de águas minerais; **⁀isch** mineral; **~'oge** [-'lo:gə] *m* (-*n*) mineralogista *m*; **~o'gie** [-lo'gi:] *f* (*0*) mineralogia *f*; **~quelle** *f* fonte *f* de águas minerais; **~wasser** *n* (-*s*; ⁼) água *f* mineral.

Minia'tur [minia'tu:r] *f* miniatura *f*; **~...**: *in Zssgn* em miniatura; **~maler** *m* miniaturista *m*.

'**Minimum** ['mi:nimum] *n* (-*s*; *Minima*) mínimo *m*.

Mi'nister [mi'nistər] *m* ministro *m*.

Ministeri'al|beamte(r) [ministeri'a:l-] *m* funcionário *m* de (*od.* do) ministério; **~direktor** *m* (-*s*; -*en*) dire[c]tor-geral *m*; **~-erlaß** *m* (-*sses*; ⁼*sse*) despacho *m* ministerial.

ministeri'ell [ministeri'ɛl] ministerial.

Minis'terium [minis'te:rium] *n* (-*s*; *Ministerien*) ministério *m*.

Mi'nister|krise *f* crise *f* ministerial; **~präsident** *m* (-*en*) Presidente *m* do Conselho (de Ministros); **~rat** *m* (-*es*; ⁼*e*) Conselho *m* de Ministros; *der ~ trat zusammen* os ministros reuniram-se em conselho.

Minis'tr|ant [minis'trant] *m* (*-en*) *Rel.* acólito *m*; **ᘔieren** (-) acolitar.
'Minne ['minə] *f* (*0*) *poet.* amor *m*; **~lied** *n* (*-ęs*; *-er*) cantiga *f* de amor; **~sang** *m* (*-ęs*; *0*) lírica *f* trovadoresca; **~sänger, ~singer** *m* trovador *m* (alemão).
'minus ['mi:nus] **1.** menos; **2.** ᘔ *n* (-; -) ✝ défice *m*; *Arith.* menos *m*; **ᘔpol** ⚡ *m* (*-ęs*; *-e*) pólo *m* negativo; **ᘔ-zeichen** *n* menos *m*.
Mi'nut|e [mi'nu:tə] *f* minuto *m*; *auf die ~* em ponto; **ᘔenlang** durante alguns minutos; **~enzeiger** *m* ponteiro *m* de minutos.
'Minze ['mintsə] *f* hortelã *f*.
mir [mi:r] (*dat. v. ich*) a mim; *tonlos*: me; *mit ~* comigo; *ein Freund von ~ ...* meu; *es gehört ~* é meu; *die Reihe ist an ~* é a minha vez; *~ nichts dir nichts* sem mais nem menos.
Mira'belle [mira'bɛlə] *f* abrunho *m* amarelo.
'Misch|-art ['miʃ-] *f* espécie *f* bastarda; **ᘔbar** misturável; *Phys.* miscível; **~barkeit** *f* (*0*) miscibilidade *f*; **~ehe** *f* casamento *m* misto; **ᘔen** misturar; *Karten*: baralhar; *sich in* (*ac.*) *~* intrometer-se em, imiscuir-se em; *gemischt* misto; variado; **~er** *m* misturador *m*; **~ling** *m* (*-s*; *-e*) mestiço *m*; **~masch** [-maʃ] *m* (*-es*; *-e*) mistura(da) *f*; **~maschine** *f* misturador *m*; (*Beton*ᘔ) betoneira *f*; **~rasse** *f* cruzamento *m* (de raças); **~ung** *f* mistura *f*; misto *m*; (*Metall*ᘔ) liga *f*; **ᘔungsfähig** miscível; **~ungsverhältnis** *n* (*-ses*; *-se*) dosagem *f*.
'Mispel ['mispəl] *f* (-; *-n*) nêspera *f*; **~baum** *m* (*-ęs*; *⸚e*) nespereira *f*.
miß|-'achten (*-e-*; -) desprezar, menosprezar; **ᘔ-'achtung** *f* (*0*) desprezo (*'ê) *m*, desdém *m*; **'ᘔbehagen** *n* (*-s*; *0*) desgosto (*'ô) *m*, aborrecimento *m*, desagrado *m* (*zu* com); *körperlich*: mal-estar *m*; **'ᘔbildung** *f* deformação *f*; deformidade *f*; **'~billigen** (-) desaprovar; **'ᘔbilligung** *f* desaprovação *f*, reprovação *f*; **'ᘔbrauch** *m* (*-ęs*; *⸚e*) abuso *m*; **~'brauchen** (-) abusar de; **'~bräuchlich** ['-brɔyçliç] abusivo; **'~deuten** (*-e-*; -) interpretar mal; **'ᘔdeutung** *f* interpretação *f* falsa (*od.* errada).
'missen ['misən] *v/t.* (*-ßt*) prescindir de, passar sem.

'Miß|-erfolg *m* (*-ęs*; *-e*) fracasso *m*, insucesso *m*; *e-n ~ haben* falhar; **~-ernte** *f* má colheita *f*.
'Misse|tat ['misə-] *f* crime *m*, delito *m*; **~täter(in** *f*) *m* malfeitor(a *f*) *m*, criminoso *m* (-a *f*), delinquente *m*, *f*.
miß|'fallen (*L*; -) desgradar, não agradar, não gostar; **'ᘔfallen** *n* (*-s*; *0*) desagrado *m*, desgosto (*'ô) *m*; **'~fällig** desfavorável; **'ᘔgeburt** *f* criatura *f* deforme; monstro *m* (*a. fig.*); **'ᘔgeschick** *n* (*-ęs*; *-e*) má sorte *f*; infortúnio *m*; contratempo *m*; *dauerndes*: *a.* adversidade *f*; **'ᘔgestalt** *f* deformidade *f*; **'~gestalt(et)** disforme, deformado; **'~gestimmt** de mau humor; **~'glücken** (-; *sn*) falhar, fracassar, malograr-se, frustrar-se; **~'gönnen** (-) invejar; **'ᘔgriff** *m* (*-ęs*; *-e*) erro (*ê) *m*; **'ᘔgunst** *f* (*0*) inveja *f*; **'~günstig** invejoso; **~'handeln** (*-le*; -) maltratar; **ᘔ'handlung** *f* mau trato *m*; sevícia *f*; **'ᘔheirat** *f* casamento *m* desigual; **'ᘔhelligkeit** *f* dissensão *f*, desacordo (*'ô) *m*; desavença *f*.
Missi'on [misi'o:n] *f* missão *f*; **~'ar** [-o'na:r] *m* (*-s*; *-e*) missionário *m*.
'Miß|klang *m* (*-ęs*; *⸚e*) ♩ dissonância *f* (*a. fig.*); cacofonia *f*; **~kredit** *m* (*ęs*; *0*) descrédito *m* (*geraten* cair); *in ~ bringen* desacreditar; **ᘔlich** precário; (*heikel*) melindroso; (*unangenehm*) desagradável; **'ᘔliebig** ['-li:biç] não bem visto; *sich ~ machen bei* perder as simpatias de; **ᘔ'lingen** [-'liŋən] (*L*; -; *sn*) falhar; **~'lingen** *n* (*-s*; *0*) fracasso *m*; **~mut** *m* (*-ęs*; *0*) mau humor *m*; **ᘔmutig** de mau humor, mal-humorado; **ᘔ'raten** (*L*; -; *sn*) sair mal, falhar; *adj. Kind*: ruim; **~stand** *m* (*-ęs*; *⸚e*) mal *m*; **~stimmung** *f* mau humor *m*; (*Verstimmung*) desavença *f*; **~ton** *m* (*-ęs*; *⸚e*) nota *f* falsa; dissonância *f* (*a. fig.*); **ᘔ'trauen** (-) (*dat.*) desconfiar de, suspeitar de; **~trauen** *n* (*-s*; *0*) desconfiança *f*; suspeita *f*; **~trauens-antrag** *m* (*-ęs*; *⸚e*) moção *f* de desconfiança; **~trauens-votum** *n* (*-s*; *-voten*) voto *m* de desconfiança; **ᘔtrauisch** ['-trauiʃ] desconfiado (*gegen* de); F *~ sn* estar de pé atrás; **~vergnügen** *n* (*-s*; *0*) desgosto (*'ô) *m*; **ᘔvergnügt** aborrecido, des-

contente; **~verhältnis** *n* (*-ses*; *-se*) desproporção *f*; **2verständlich** equívoco; **~verständnis** *n* (*-ses*; *-se*) mal-entendido *m*, equívoco *m*; **2verstehen** (*L*; -; *untr.*, *aber ~zu-verstehen*) entender mal; **~wirtschaft** *f* (*0*) desgoverno (*'ê) *m*; corrupção *f*.

Mist [mist] *m* (*-es*; *-e*) esterco *m*; lixo *m*; (*Dünger*) estrume *m*; ⚓ nevoeiro *m*; *fig.* disparate *m*; **'~beet** *n* (*-es*; *-e*) alfobre *m*; **'~el** *f* (-; *-n*) visco *m*; **'2en** (*-e-*) estercar (*a. v/i. Tier*), estrumar, adubar com esterco; (*säubern*) limpar; **'~fink** F *m* (*-en*) porcalhão *m*; **'~gabel** *f* (-; *-n*) forcado *m*; **'~grube** *f*, **'~haufen** *m* esterqueira *f*, estrumeira *f*; **'~käfer** *m* estercoreiro *m*.

mit [mit] **1.** *prp.* (*dat.*) *Begleitung*: com; ~ *mir*, *dir*, *sich*, *ihm usw.* comigo, contigo, consigo, com ele (*'ê), com ela, con[n]osco, convosco, com eles, com elas; *Mittel*: com, a, por; *Ergänzung oft*: de (*s. die betr. vb.*); em; ~ *blauen Augen* de olhos (*'ô) azuis; ~ *e-m Wort* numa palavra, em resumo; *Art u. Weise oft*: a; ~ *Gewalt* à força (*ô); **2.** *adv.* ~ (*dabei*) também.

'Mit|-angeklagte(r *m*) *m*, *f* co-acusado *m*, -a *f*; co-reu *m*, co-ré *f*; **~-arbeit** *f* colaboração *f*, cooperação *f*; **~-arbeiter** *m* colaborador *m*; colega *m*; **2bekommen** (*L*; -) receber (*als Mitgift* em dote); **~benutzung** *f* uso *m* comum; ⚖ participação *f* no usufruto; *unter ~ von* servindo-se também de; **~besitzer** *m* co-proprietário *m*; **~bewerber** *m* concorrente *m*, competidor *m*; **~bewohner** *m* companheiro *m* de casa; *pl. a.* os outros inquilinos; **2bringen** (*L*) trazer (consigo); (*beisteuern*) contribuir com; **~bürger** *m* concidadão *m*; **~-eigentümer** *m* = *~besitzer*; **2-einander** junto; um com outro; **~-empfinden** *n* (*-s*; *0*) simpatia *f*; **2-empfinden** (*L*; -) simpatizar; **~-erbe** *m* (*-n*), (**~-erbin** *f*) co-herdeiro *m* (-a *f*); **2-erleben** (-) *v/t.* assistir a; **~-esser** ⚕ *m* espinha *f*; cravo *m*; **2fahren** (*L*; *sn*) acompanhar (*ac.*); [v]ir também; **~fahr(end)er** *m* companheiro *m* (de viagem), *pl.* os outros passageiros; *Sportmannschaft*: suplente *m*; **2fühlen** simpatizar; **2führen** levar (consigo); **2geben** (*L*) entregar (para levar; *e-r Braut*: em dote); **~gefühl** *n* (*-es*; *-e*) simpatia *f*; = *~leid*; **2gehen** (*L*; *sn*) ir também; acompanhar, ~ *mit a.* ir com; ~ *heißen* levar, roubar; **~gift** *f* dote *m*.

'Mitglied *n* (*-es*; *-er*) membro *m*; componente *m*; *Verein usw.*: sócio *m*; **~sbeitrag** *m* (*-es*; *⸚e*) quota *f*, cota *f*; **~schaft** *f* (*0*) qualidade *f* de sócio (*od.* de membro); **~skarte** *f* cartão *m* de sócio; **~staat** *m* (*-es*; *-en*) Estado-membro *m*.

'mit|haften (*-e-*): ~ *für* ser (também) fiador de; **~halten** (*L*) *v/t.* segurar também; *Zeitung*: participar na assinatura; *v/i.* acompanhar; **2herausgeber** *m* co-editor *m*; **2hilfe** *f* colaboração *f*, cooperação *f*; concurso *m*; ⚖ cumplicidade *f* (*unter dat.* com + *art.*); **~'hin** pois, portanto; **~hören** *Fernspr.* escutar; **2-inhaber** *m* (con)sócio *m*; co-proprietário *m*; **~kommen** (*L*; *sn*): ~ *mit* [v]ir com; acompanhar, *a. fig.* = **~können** (*L*) poder seguir (*od.* concorrer); **~laufen** (*L*; *sn*) concorrer; **2läufer** *m fig.* sequaz *m*; partidário *m* irrefle[c]tido; **2laut** *m* (*-es*; *-e*) *Gram.* consoante *f*; **2leid** *n* (*-es*; *0*) compaixão *f*; comiseração *f*; pena *f* (*erwecken* fazer); **2leidenschaft** *f* (*0*): *in ~ ziehen* afe[c]tar; **~leidig** compassivo, piedoso; **~leid(s)los** despiedoso, impassível; frio; **~machen** acompanhar; tomar parte em, assistir a; **2mensch** *m* (*-en*) próximo *m*; **~nehmen** (*L*) levar (consigo); *Gelegenheit*: aproveitar; (*hart, sehr*) ~ *fig.* tratar mal; afe[c]tar; *Gebiet a.*: devastar; ⚕ enfraquecer; *seelisch*: abalar, deprimir; **~'nichten** [-'niçtən] de modo nenhum; nada; **~rechnen** (*-e-*) **1.** *v/t.* acompanhar a contar; incluir (no cálculo *usw.*); **2.** *v/i. et.*: contar; **~reden** (*-e-*) tomar parte na discussão; (*ein Wort od. Wörtchen*) *mitzureden haben bei* ter voz em; *dabei habe ich auch ein Wort* (*od. Wörtchen*) *mitzureden* eu também tenho que ser ouvido; **2reisende(r** *m*) *m*, *f* = *2fahr(end)er*; **~reißen** (*L*) arrastar (consigo); arrebatar, *fig. a.* entusiasmar; **~'samt** (*dat.*) (junto) com; **~schicken** juntar, incluir; mandar também, mandar acompanhado por;

~schleppen arrastar consigo, arrastar atrás de si; **~schreiben** (*L*) (acompanhar a) escrever; ir escrevendo; **2schuld** *f* (*0*) cumplicidade *f*; **~schuldig** cúmplice (*an dat.* de); **2schüler(in** *f*) *m* condiscípulo *m* (-a *f*), companheiro *m* (-a *f*), colega *m*/*f*; **~singen** (*L*) cantar também, acompanhar (a cantar); **~spielen** tomar parte no jogo; *Sport, Thea.*: entrar (também); *j-m übel* ~ fazer uma partida a alg.; **2spieler** *m* companheiro *m*, par (-ceiro) *m*; **2sprache-recht** *n* (-*es*; *0*) voto (*'ô) *m*; **~sprechen** (*L*) = *~reden*; *alle*: falar em coro; *Gründe*: entrar em conta; acrescer.

'Mittag ['mita:k] *m* (-*es*; -*e*) meio-dia *m* (*am, des* ao); *zu* ~ *essen* almoçar; **~brot** *n* (-*es*; *0*), **~essen** *n* almoço (*'ô) *m*; **2s** ao meio-dia; **~s-pause** *f* hora *f* do almoço (*'ô); **~sruhe** *f* (*0*), **~s-schlaf** *m* (-*es*; *0*) sesta *f* (*halten* dormir); **~s-tisch** *m* (-*es*; -*e*) pensão *f*; **~s-zeit** *f* (*0*) meio-dia *m* = *~spause*.

'Mittäterschaft *f* (*0*) cumplicidade *f*.

'Mitte ['mitə] *f* meio *m* (*in der* a, *von* de), (*Mittelpunkt*) centro *m* (*in der* no, ao); ~ *Mai usw.* em meados *m*/*pl.* de Maio *usw.*; *in unsre(r)* ~ entre nós, *aus unsrer* ~ de (entre) nós.

'mit-teil|bar comunicável; **~en** comunicar, participar, notificar; *schriftlich auf dem Dienstwege*: *a.* oficiar; **~sam** expansivo; **2ung** *f* comunicação *f*, participação *f*; informação *f*; *amtliche*: *a.* ofício *m*.

'Mittel ['mitəl] *n* meio *m*; (*Geld2*) *pl. a.* recursos *m*/*pl.*; (*Ausweg*) *u.* ⚕ remédio *m*; ⚔ *u.* (*Durchschnitt*) média *f*; *sich ins* ~ *legen* intervir; mediar; **~-alter** *n* (-*s*; *0*) idade *f* média; **2-alterlich** medieval; **~-amerika** *f* (**2-amerikanisch** da) América *f* Central; **2bar** indire[c]to; **~ding** *n* (-*es*; -*e*) meio termo *m*; coisa *f* intermédia; **~-europa** *n* (**2-europäisch** da) Europa *f* Central (*Zeit* hora); **~finger** *m* dedo *m* médio; **~gebirge** *n* montanha *f* média; montanha *f* central; **~gewicht** *n* (-*es*; *0*) *Sport*: peso (*ê) *m* médio; **~glied** *n* (-*es*; -*er*) articulação *f* média, falange *f* média; ⚔ termo *m* médio; **2groß** (*0*) mediano; meão; de tamanho médio; *j.*: de estatura média; **~-hand** *f* (-; ¨*e*) metacarpo *m*; **2-hochdeutsch** médio alto alemão; **~-insel** *f* (-; -*n*) *Verkehr*: placa *f* central; **2ländisch** [-lɛndiʃ] mediterrâneo; **~läufer** *m* *Sport*: médio-centro *m*; **~linie** *f* ⚔ mediana *f*; *Sport*: linha *f* do meio; **2los** sem meios, sem recursos; **2mäßig** medíocre; regular; **~mäßigkeit** *f* (*0*) mediocridade *f*; **~-ohr** *n* (-*es*; *0*) ouvido *m* médio; **~-ohrentzündung** *f* otite *f* média; **~punkt** *m* (-*es*; -*e*) centro *m*; **2s(t)** *gen.* por meio de, mediante; **~schule** *f* escola *f* primária complementar; escola *f* secundária; **~s-mann** *m* (-*es*; ¨*er od.* -*leute*), **~s-person** *f* medianeiro *m*; intermediário *m*; **~stand** *m* (-*es*; *0*) classe *f* média; **~straße** *f* rua *f* do meio; *fig. goldene* ~ meio termo *m*, justo meio *m*; **~streifen** *m* faixa *f* central; **~stück** *n* (-*es*; -*e*) parte *f* central; ⊕ (peça *f* de) ligação *f*; **~stürmer** *m* *Sport*: avançado-centro *m*; **~weg** *m* (-*es*; -*e*) = *~straße*; **~welle** *f* onda *f* média; **~wort** *n* (-*es*; ¨*er*) *Gram.* particípio *m*.

'mitten ['mitən]: ~ *in*, ~ *auf*, ~ *unter*, ~ *hinein* no meio de, em pleno; ~ *durch* através de; **~'drin, ~'drunter** mesmo no meio; **~'durch** de permeio, pelo meio, de meio a meio.

'Mitter|nacht ['mitər-] *f* (-; ¨*e*) meia-noite *f* (*um* à); **2nächtig** [-nɛçtiç] de meia noite; = **2nächtlich** no[c]turno.

'Mittler ['mitlər] *m*, (-**in** *f*) medianeiro *m* (-a *f*); **2e(r)** *adj.* meio; *Größe*: meão; (*durchschnittlich*) mediano; *Lage*: central, do meio, médio; **2'weile** (no) entretanto.

'mittschiffs ['mitʃifs] a meia nau.

'Mittwoch ['mitvɔx] *m* (-*es*; -*e*) quarta-feira *f*; **2s** às quartas-feiras.

mit|-'unter às vezes, por vezes, de vez em quando; **'~-unterzeichnen** (-*e*-; -) assinar também; **'2-ursache** *f* causa *f* secundária; **'~verantwortlich** co-responsável; **'2welt** *f* (*0*) contemporâneos *m*/*pl.*; **'~wirken** cooperar, colaborar, concorrer (*bei* em); *bei et. mitgewirkt haben a.* não ser estranho a; **'2wirkung** *f* (*0*) colaboração *f*; **'2wissen** *n* (-*s*; *0*) conhecimento *m* (*unter dat.* com + *art.*); *ohne mein* ~ sem eu saber;

'**⁓wisser** ['-visər] *m* consabedor *m*; confidente *m*; cúmplice *m*; '**⁓zählen** = ⁓*rechnen*.

'**mix|en** ['miksən] (-*t*) misturar; **⁓'tur** [-'tu:r] *f* mistura *f*; poção *f*.

Mob [mɔp] *m* (-*s*; *0*) populaça *f*, plebe *f*.

'**Möbel** ['mø:bəl] *n* móvel *m*; *pl. a.* mobiliário *m/sg.*; **⁓fabrik** *f* fábrica *f* de móveis; **⁓geschäft** *n* (-*es*; -*e*) (**⁓händler** *m*) armazém *m od.* loja *f* (vendedor *m*) de móveis; **⁓tischler** *m* marceneiro *m*; **⁓transport** *m* (-*es*; -*e*) mudança *f*; transporte *m* (de mobília); **⁓wagen** *m* carro *m* de mudanças, carro *m* de transporte.

mo'bil [mo'bi:l] ⚔ mobilizado; ✝ líquido, móvel; F bem disposto; ⁓ *machen* ⚔ mobilizar; **⁓i'ar** [-i'a:r] *n* (-*s*; -*e*) mobília *f*; recheio *m* de casa; **⁓ien** [-iən] *pl. uv.* (bens *m/pl.*) móveis *m/pl.*; **⁓i'sieren** [-i'zi:rən] (-) mobilizar; **⁓machung** [-maxuŋ] *f* mobilização *f*.

mö'blieren [mœ'bli:rən] (-) mobilar.

'**Mode** ['mo:də] *f* moda *f* (*nach* à; *neuste* última); ⁓ *sn a.* estar na moda; *aus der* ⁓ fora da moda; *aus der* ⁓ *kommen* passar da moda; *in* ⁓ em voga; **⁓-artikel** *m* artigo *m* de moda; novidade *f*; **⁓dame** *f* senhora *f* à moda; **⁓dichter** *m* poeta *m* em voga; **⁓geck** *m* (-*en*) janota *m*; **⁓heft** *n* (-*es*; -*e*) revista *f* de modas; figurinos *m/pl.*

Mo'dell [mo'dɛl] *n* (-*s*; -*e*) modelo (*ê) *m*; △ maqueta *f*; (*Guß*⁓) molde *m*; (*Muster*) padrão *m*; ⁓ *stehen* servir de modelo (*ê); *Mal.* posar; **⁓flugzeug** *n* (-*es*; -*e*) avião-modelo (*ê) *m*; **⁓'ieren** (-) modelar; ⊕ moldar; **⁓zeichnen** *n* (-*s*; *0*) desenho *m* de figuras.

'**modeln** ['mo:dəln] (-*le*) formar, moldar.

'**Mode|narr** *m* (-*en*) janota *m*; **⁓nschau** *f* exposição *f* de modas; passagem *f* de modelos; **⁓nzeitung** *f* = ⁓*heft*; **⁓puppe** *f* figurino *m*; *j.*: *a.* sécia *f*.

'**Moder** ['mo:dər] *m* (-*s*; *0*) mofo (*'ô) *m*; **⁓'ator** [-'ra:tor] *m* moderador *m*; **⁓geruch** *m* (-*es*; ⁓*e*) cheiro *m* a mofo (*'ô); **⁓ig** podre, mofento; **⁓n**¹ (-*re*) apodrecer, criar mofo (*'ô).

mo'dern² [mo'dɛrn] moderno; **⁓i'sieren** [-i'zi:rən] (-) modernizar.

'**Mode|schöpfer** *m* figurinista *m*; **⁓schriftsteller** *m* autor *m* em voga; **⁓waren** *f/pl.* modas *f/pl.*, novidades *f/pl.*; **⁓zeitung** *f* = ⁓*heft*.

'**modisch** ['mo:diʃ] de moda; *adv.* à moda.

Mo'distin [mo'distin] *f* modista *f*.

'**Modus** ['mo:dus] *m* (-; *Modi*) modo *m*.

Moge'lei [mo:gə'laɪ] *f* batota *f*.

'**mogel|n** ['mo:gəln] (-*le*) fazer batota; **⁓zettel** *m* cábula *f*.

'**mögen** ['mø:gən] (*L*) (*wahrscheinlich sn, können, dürfen*) poder; (*wollen*) gostar de; *j-n gern* (*od. leiden*) ⁓ *a.* achar alg. simpático; *lieber* ⁓ gostar mais (de), preferir; *gern haben* ⁓ querer; *das möchte schwer sn usw.* será, seria; *man möchte meinen* dir-se-ia; *mag er* (*inf.*)! er *möge* (*inf.*)! que (*subj.*)!; *was er auch sagen mag* (*od. möge*) diga o que quiser; *mag er auch noch so reich sn* por mais rico que seja.

'**möglich** ['mø:kliç] possível; *nicht für* ⁓ *halten* custar (a. alg.) acreditar; *alle* ⁓*en* ... todos os ... imagináveis; *so* ... *wie* (*od. als*) ⁓ = ⁓*st*; **⁓er-weise** possìvelmente, talvez; **⁓keit** *f* possibilidade *f*; eventualidade *f*; contingência *f*; *nach* ⁓ quanto seja possível, no que puder; **⁓keits-form** *f* subjuntivo *m*; modo *m* conjuntivo; **⁓st**: *sn* ⁓*es tun* fazer todos os possíveis; ⁓ *groß usw.* o maior possível; ⁓ *bald*, ⁓ *früh a.* quanto antes.

Mohamme'dan|er(in *f*) *m* [mo:hamɛ'da:nər-], **⁓isch** maometano *m* (-a *f*), da seita de Maomé.

Mohn [mo:n] *m* (-*es*; -*e*) papoula *f*.

Mohr [mo:r] *m* (-*en*) ('**⁓in** *f*) preto (*ê) *m* (-a *f*); (*Maure, Maurin*) mouro *m* (-a *f*).

'**Möhre** ['mø:rə] *f*, '**Mohr-rübe** *f* cenoura *f*.

mo'k|ant [mo'kant] malicioso; **⁓ieren** (-): *sich* ⁓ *über* (*ac.*) fazer troça de.

'**Mokka** ['mɔka] *m* (-*s*; -*s*) café *m* muito forte.

Molch [mɔlç] *m* (-*es*; -*e*) salamandra *f*.

'**Mole** [mo:lə] *f* molhe *m*.

Mole|'kül [molə'ky:l] *n* (-*s*; -*e*) molécula *f*; **⁓ku'lar...** [-ku'la:r]: *in Zssgn*, **⁓ku'lar** molecular.

ˈ**Molke** [ˈmɔlkə] *f* soro (*ˈô) *m* de leite; ~ˈ**rei** *f* leitaria *f*, vacaria *f*.
Moll ♪ [mɔl] *n* (-; -) bemol *m*; ˈ~**ton** (-**art** *f*) *m* (-*ęs*; ⁼*e*) tom *m* menor.
ˈ**Möller** [ˈmœlər] *m* ⊕ *Hochofen*: mistura *f*.
ˈ**mollig** [ˈmɔliç] (*weich*) mole; *Wärme*: agradável; F bem quentinho.
Molˈluske [mɔˈluskə] *f* molusco *m*.
Moˈment [moˈmɛnt] **1.** *m* (-*ęs*; -*e*) momento *m*, instante *m*; **2.** *n* (-*ęs*; -*e*) fa[c]tor *m*, elemento *m*; *Phys.* momento *m*; 2ˈ**an** [-ˈta:n] momentâneo; pelo momento; por agora; ~-**aufnahme** *f*, ~**bild** *n* (-*ęs*; -*er*) instantâneo *m*.
Moˈnarch [moˈnarç] *m* (-*en*) monarca *m*; ~**ie** [-ˈçi:] *f* monarquia *f*; 2**isch**, ~ˈ**ist**(**in** *f*) *m* (-*en*) monárquico *m* (-a *f*).
ˈ**Monat** [ˈmo:nat] *m* (-*ęs*; -*e*) mês *m*; *am 5. dieses* ~*s* ✝ corrente (*Abk.* cte.); *des vorigen* ~*s* ✝ próximo passado (*Abk.* pp.); 2**e-lang** de alguns meses; *adv.* durante (*od.* por) meses inteiros; 2**lich** mensal; *adv. a.* por mês; todos os meses.
ˈ**Monats**|-**abschluß** *m* (-*sses*; ⁼*sse*) balanço *m* mensal; ~**frist** *f*: *binnen* ~ no prazo de um mês; ~**gehalt** *n* (-*ęs*; ⁼*er*) ordenado *m* mensal; mesada *f*; ~**karte** *f* bilhete *m* mensal, passe *m* mensal; ~**rate** *f* mensalidade *f*; mesada *f*; ~**schluß** *m* (-*sses*; ⁼*sse*) fim *m* do mês (*am* ao); ~-**schrift** *f* revista *f* mensal; 2**weise** aos meses, mensal.
Mönch [mœnç] *m* (-*ęs*; -*e*) monge *m*, frade *m*; religioso *m*; ˈ2**isch** monástico, monacal; de frade.
ˈ**Mönchs**|**kloster** *n* (-*s*; ⁼) mosteiro *m*; ~**kutte** *f* hábito *m*, capelo *m*; ~-**orden** *m* ordem *f* religiosa; ~**tum** [-tu:m] *n* (-*ęs*; *0*), ~**wesen** *n* (-*s*; *0*) monacato *m*, monaquismo *m*; instituições *f*/*pl.* monásticas.
Mond [mo:nt] *m* (-*ęs*; -*e*) lua *f*; *poet.* (*Monat*) mês *m*; ˈ~**bahn** *f* órbita *f* da lua; ˈ~**finsternis** *f* (-; -*se*) eclipse *m* da lua; ˈ2**hell** lua clara; iluminado pela lua; ~*e Nacht* = ~*nacht*; ˈ~**kalb** *n* (-*ęs*; ⁼*er*) *fig.* tolo *m*; ˈ~**karte** *f* mapa *m* selenográfico; ˈ~**landung** *f* alunagem *f*; ˈ~**nacht** *f* (-; ⁼*e*) noite *f* de luar; ˈ~**rakete** *f* foguetão *m* lunar; ˈ~**scheibe** *f* disco *m* da lua; ˈ~**schein** *m* (-*ęs*; *0*) luar *m*; ˈ~**sichel** *f* quarto *m* (da lua) crescente *od.* minguante; ˈ2**süchtig** lunático; sonâmbulo; ˈ~**wechsel** *m* lunação *f*; fases *f*/*pl.* da lua.
Moˈneten [moˈne:tən] F *pl. uv.* massa *f*/*sg*.
Monˈgol|**e** [mɔŋˈgo:lə] *m* (-*n*), ~**in** *f* mongol *m*, *f*; da Mongólia; 2**isch** mongol, da Mongólia; *bsd. Rasse*: mongólico.
moˈnieren [moˈni:rən] (-) criticar, censurar.
Mono|ˈ**gramm** [monoˈgram] *n* (-*s*; -*e*) monograma *m*; ~**kel** [-ˈnɔkəl] *n* monóculo *m*; ~ˈ**log** [-ˈlo:k] *m* (-*s*; -*e*) monólogo *m*; solilóquio *m*; ~ˈ**pol** *n* (-*s*; -*e*) monopólio *m*; 2**poli**ˈ**sieren** [-poliˈzi:rən] (-) monopolizar; ~ˈ**polware** *f* artigo *m* monopolizado; ~**the**ˈ**ismus** *m* (-; *0*) monoteísmo *m*; 2ˈ**ton** monótono.
Monˈstranz [mɔnsˈtrants] *f* custódia *f*.
ˈ**Monstrum** [ˈmɔnstrum] *n* (-*s*; *Monstren od. Monstra*) monstro *m*.
Monˈsun [mɔnˈzu:n] *m* (-*s*; -*e*) monção *f*.
ˈ**Montag** [ˈmo:nta:k] *m* (-*ęs*; -*e*) segunda-feira *f* (*am* na); *des* ~*s* às segundas-feiras; F *blauen* ~ *machen* não trabalhar.
Monˈtage [monˈta:ʒə] *f* montagem *f*.
ˈ**montags** às segundas-feiras.
Monˈtan-industrie [mɔnˈta:n-] indústria *f* mineira e metalúrgica.
Monˈt|**eur** [mɔnˈtø:r] *m* (-*s*; -*e*) *Auto u.* ✈ mecânico *m*; ⚡ ele(c)tricista *m*; *Gas, Wasser*: canalizador *m*; ⊕ montador *m*; ~**eur-anzug** *m* (-*ęs*; ⁼*e*) (fato *m*) macaco *m*; 2**ieren** (-) montar; ~**ierung** *f* ⊕ = ~*age*; ⚔ = ~**ur** [-ˈtu:r] *f* farda *f*.
Moor [mo:r] *n* (-*ęs*; -*e*) pântano *m*, paúl *m*; ˈ~**bad** *n* (-*ęs*; ⁼*er*) banho *m* de lodo (*ˈô); ˈ2**ig** pantanoso; ˈ~**land** *n* (-*ęs*; *0*) terra *f* pantanosa.
Moos [mo:s] *n* (-*es*; -*e*) ♀ musgo *m*; F (*Geld*) massa *f*; ˈ2**ig** [-ziç] musgoso.
Mops [mɔps] *m* (-*es*; ⁼*e*) doguezinho *m*; ˈ2**en** (-*t*) F (*stehlen*) rapar; *sich* ~ F aborrecer-se.
Moˈral [moˈra:l] *f* moral *f*; (*geistige, seelische Verfassung*) moral *m*; 2**isch** moral; ~**prediger** *m* moralizador *m*.
Moˈräne [moˈrɛ:nə] *f* morena *f*.
Moˈrast [moˈrast] *m* (-*es*; -*e od.* ⁼*e*)

lama *f*, pântano *m*; lamaçal *m*; lameiro *m*; lodaçal *m*; ⁲**ig** pantanoso.

Mora'torium [mora'to:rium] *n* (-*s*; *Moratorien*) moratória *f*.

'**Morchel** ['mɔrçəl] *f* (-; -*n*) cogumelo *m*.

Mord [mɔrt] *m* (-*ęs*; -*e*) assassínio *m*; (*Totschlag*) homicídio *m*; '**~-anschlag** *m* (-*ęs*; ⁼*e*) atentado *m*; (à vida); '**~brenner** *m* incendiário *m* e assassino; *m* '⁲**en** [-dən] (-*e*-) assassinar, matar; *v/i. a.* cometer homicídio.

'**Mörder** ['mœrdər] *m* assassino *m*, homicida *m*; **~grube** *f* (*0*) *fig.*: *aus s-m Herzen keine ~ machen* ser franco; ⁲**isch** homicida, sangrento, mortal; *fig.* F danado.

'**Mord|geselle** *m* (-*n*) assassino *m*; **~gier** *f* (*0*) instintos *m/pl.* sanguinários, sede (*'ê) *f* de sangue; ⁲**gierig** sanguinário; **~s...**: *in Zssgn* = ⁲**s-mäßig** formidável; F danado; **~s-kerl** *m* (-*ęs*; -*e*) F tipo *m* formidável; **~-tat** *f* = *Mord*; **~versuch** *m* (-*ęs*; -*e*) tentativa *f* de assassínio.

'**Morgen** ['mɔrgən] **1.** *m* manhã *f*; (*Osten*) oriente *m*; ⸗ *Feldmaß*: jugada *f*, jeira *f*; *am ~*, *des ~s* de manhã, pela manhã; *am anderen ~* na manhã seguinte; *um 8 Uhr* ⁲*s*: às 8 da manhã; *frühe(r) ~* = *~frühe*; *guten ~* bom dia (*a. pl.*); *heute (gestern) ~* hoje (ontem) de manhã; **2.** ⁲ *adv.* amanhã (*früh* cedo, de manhã; *mittag* ao meio dia; *abend* à tarde, à noitinha); **~-ausgabe** *f* edição *f* de manhã; **~dämmerung** *f* alvorada *f*; ⁲**dlich** matutino; da manhã; **~frühe** *f* (*0*) madrugada *f* (*in der* de); **~grauen** *n* (-*s*; *0*) alvorada *f*; **~land** *n* (-*ęs*; *0*) Oriente *m*, Levante *m*; ⁲**ländisch** [-lɛndiʃ] oriental; **~post** *f* (*0*) correio *m* da manhã; **~rock** *m* (-*ęs*; ⁼*e*) robe *m*; **~rot** *n* (-*ęs*; *0*), **~röte** *f* (*0*) aurora *f*, alva *f*; ⁲**s** de manhã, pela manhã; **~sonne** *f* (*0*) sol *m* nascente (*od.* matutino *od.* da manhã); **~stern** *m* (-*ęs*; *0*) estrela (*'ê) *f* da manhã, Vénus *f*; **~stunde** *f* hora *f* matutina; **~zeitung** *f* jornal *m* da manhã, diário *m* da manhã; matutino *m*.

'**morgig** ['mɔrgiç] de amanhã.

Morph|i'nist(in *f*) *m* (-*en*) [mɔrfi'nist-] morfinómano *m* (-a *f*); '**~ium** *n* (-*s*; *0*) morfina *f*.

morsch [mɔrʃ] podre; (*Zahn*) cariado.

'**Morse|-alphabet** ['mɔrzə-] *n* (-*ęs*; *0*) alfabeto *m* Morse; ⁲**n** (-*t*) transmitir sinais telegráficos.

'**Morse|schrift** *f* (*0*): *in ~* em Morse *m*; **~zeichen** *n* sinal *m* de Morse.

'**Mörser** ['mœrzər] *m* morteiro *m* (*a.* ⚔); almofariz *m*.

'**Mörtel** ['mœrtəl] *m* argamassa *f*.

Mosa'ik [moza'i:k] *n* (-*s*; -*en*) mosaico *m*.

Mo'schee [mɔ'ʃe:] *f* mesquita *f*.

'**Moschus** ['mɔʃus] *m* (-; *0*) almíscar *m*.

'**Mosel-wein** ['mo:zəl-] *m* (-*ęs*; -*e*) vinho *m* do Mosela.

Mos'kito [mɔs'ki:to] *m* (-*s*; -*s*) mosquito *m*; **~netz** *n* (-*es*; -*e*) mosquiteiro *m*.

'**Moslem** ['mɔslɛm] *m* (-*s*; -*s*) muçulmano *m*.

Most [mɔst] *m* (-*es*; -*e*) mosto *m*; (*Apfel*⁲) cidra *f*.

'**Mostrich** ['mɔstriç] *m* (-*ęs*; *0*) mostarda *f*.

Mo'tiv [mo'ti:f] *n* (-*s*; -*e*) motivo *m*.

'**Motor** ['mo:tor] *m* (-*s*; -*en*) motor *m*; **~-antrieb** *m* (-*ęs*; *0*) força (*ô) *f* motriz; **~boot** *n* (-*ęs*; -*e*) (lancha *f* de) gasolina *f*; **~defekt** *m* (-*ęs*; -*e*) avaria *f* (do *od.* no motor); **~fahrzeug** *n* (-*ęs*; -*e*) veículo *m* motorizado; **~gehäuse** *n* caixa *f*; **~haube** *f* «capot» *m* (*fr.*); ⁲**i'sieren** [motori'zi:rən] (-) motorizar; **~pflug** *m* (-*ęs*; ⁼*e*) (charrua *f* de) tra[c]tor *m*; **~rad** *n* (-*ęs*; ⁼*er*) motocicleta *f*; **~radfahrer** *m* motociclista *m*; **~-sport** *m* (-*ęs*; *0*) motorismo *m*.

'**Mott|e** ['mɔtə] *f* traça *f*; *von ~n zerfressen werden* ser corroído pela traça; traçar-se; **~enfraß** *m* (-*es*; *0*) roedura *f* de traça; **~enpulver** *n* naftalina *f*

'**Motto** ['mɔto] *n* (-*s*; -*s*) lema *m*, divisa *f*; *Text*: mote *m*, epígrafo *m*.

mous'sieren [mu'si:rən] (-) espumar.

'**Möwe** ['mø:və] *f* gaivota *f*.

'**Mücke** ['mykə] *f* mosquito *m*.

'**Mucken** ['mukən] **1.** F *pl. uv.* caprichos *m/pl.*; *~ haben* = **2.** ⁲ estar com manha; *s. mucksen*.

'**Mücken|netz** *n* (-*es*; -*e*), **~schleier**

m mosquiteiro *m*; **~stich** *m* (-*ẹs*; -*e*) picada *f* de mosquito.
'**Mucker** ['mukər] *m* beato *m*, hipócrita *m*; **~'ei** *f*, **~tum** *n* (-*ẹs*; *0*) beatice *f*, hipocrisia *f*.
'**mucksen** ['muksən] (-*t*) mexer-se; *sich nicht* ~ (*dürfen*) ficar quietinho, ficar sem dizer pio.
'**müd|e** ['my:də] cansado, fatigado; ~ *sn a.* estar com sono; *e-r Sache* (*gen.*) ~ *sn* estar farto de a.c.; ~ *machen* cansar; ~ *werden* cansar-se; **2igkeit** *f* (*0*) cansaço *m*, fadiga *f* (*umfallen vor* já não poder mais de).
Muff [muf] *m* **a**) (-*ẹs*; -*e*) regalo *m*; **b**) (-*ẹs*; *0*) F mofo (*'ô) *m*, (cheiro *m* a) bolor *m*; '**~e** ⊕ *f* manga *f*; '**~enrohr** *n* (-*ẹs*; -*e*) tubo *m* de encaixe; '**2ig** mofoso; *Luft*: abafado; ~ *riechen* cheirar a mofo (*'ô); F *j.*: (*a.* '**~el** *m*) focinho *m*.
'**Mühe** ['my:ə] *f* trabalho *m*, incómodo *m* (*sich dat. die* ~ *machen* dar-se ao ...); fadiga *f*; pena *f*; *der* ~ *wert sn* valer a pena; *mit* (*knapper*) ~ *u. Not* a (muito) custo; quase que não; *sich* ~ *geben* ter cuidado; esforçar-se; *geben Sie sich keine* ~ não se incomode; **2los** (-*est*) fácil; *adv. a.* com facilidade; **2n**: *sich* ~ esforçar-se, afadigar-se; **2voll** penoso; **~waltung** [-valtuŋ] *f* incómodo *m*, trabalho *m*.
'**Mühl|bach** ['my:l-] *m* (-*ẹs*; ⸚*e*) levada *f*, ribeiro *m*, arroio *m*; **~e** *f* moinho *m*, (*Wasser*2) azenha *f*; **~en-industrie** *f* (*0*) indústria *f* moleira; **~(en)rad** *n* (-*ẹs*; ⸚*er*) roda *f* de moinho; **~stein** *m* (-*ẹs*; -*e*) mó *f*, *Ölmühle*: galga *f*.
'**Muhme** ['mu:mə] *f* tia *f*; comadre *f*.
'**Müh|sal** ['my:za:l] *f* (-; -*e*) labuta *f*, fadiga *f*; **2sam**, **2selig** penoso, dificultoso; *adv.* com muito trabalho; **~seligkeit** *f* moléstia *f*, dificuldade *f*.
Mu'latt|e [mu'latə] *m* (-*n*) (**~in** *f*) mulato *m* (-a *f*).
'**Mulde** ['muldə] *f* tigela *f*, gamela *f*, escudela *f*; (*Erd*2) vale *m*, depressão *f*.
Mull [mul] *m* (-*ẹs*; -*e*) musselina *f*, «etamine» *f* (*fr.*), cassa *f*; gaza *f*.
Müll [myl] *m* (-*ẹs*; *0*) lixo *m*; '**~abfuhr** *f*: *städtische* ~ Serviço *m* Municipal de Limpeza; '**~-eimer** *m* balde *m* de lixo.
'**Müller** ['mylər] *m* moleiro *m*.
'**Müll|-haufen** *m* (montão *m* de) lixo *m*; **~kasten** *m* (-*s*; ⸚) caixote *m* de lixo; **~wagen** *m* carroça *f* de lixo.
'**mulmig** ['mulmiç] abafado; *fig.* F crítico, suspeito.
Multipli|'kand [multipli'kant] *m* (-*en*) multiplicando *m*; **~kati'on** [-katsi'o:n] *f* multiplicação *f*; **~'kator** [-'ka:tor] *m* (-*s*; -*en*) multiplicador *m*; **2'zieren** (-) multiplicar.
'**Mumi|e** ['mu:miə] *f* múmia *f*; **2fi'zieren** [mumifi'tsi:rən] (-) mumificar.
Mumm [mum] F *m* (-*s*; *0*): ~ *haben* ter fígado *m*; **~elgreis** *m* (-*es*; -*e*) velhote *m*; '**~enschanz** [-ʃants] *m* (-*es*; *0*) mascarada *f*.
'**Mumpitz** ['mumpits] F *m* (-*es*; *0*) disparate(s *pl.*) *m*.
Mumps [mumps] ⚕ *m* (-; *0*) parotidite *f*; papeira *f*.
Mund [munt] *m* (-*ẹs*; ⸚*er*) boca (*ô) *f* (*halten* calar); *nicht auf den* ~ *gefallen sn*, *kein Blatt vor den* ~ *nehmen* não ter papas na língua; *j-m nach dem* ~*e reden* dar manteiga a alg.; falar ao gosto (*'ô) de alg.; '**~-art** *f* diale[c]to *m*, idioma *m*; '**2-artlich** diale[c]tal, idiomático.
'**Mündel** ['myndəl] *m u. n* pupilo *m*, pupila *f*; **2sicher** pupilar, absolutamente seguro.
'**munden** ['mundən] (-*e*-) saber bem; *sich* ~ *lassen* gozar, saborear.
'**münden** ['myndən] (-*e*-) desaguar, desembocar.
'**mund|faul** de poucas palavras; muito lacónico; **2fäule** *f* (*0*) estomatite *f*; **~gerecht**: ~ *machen* arranjar; **2-harmonika** *f* (-; -*s*) gaita *f*; **2-höhle** *f* cavidade *f* bucal.
'**mündig** ['myndiç] maior; ~ *sprechen* emancipar; **2keit** *f* (*0*) maioridade *f*; **2keits-erklärung**, **2sprechung** [-ʃprɛçuŋ] *f* emancipação *f*.
'**mündlich** ['myntliç] *Examen*, *Überlieferung*: oral; *Erklärung usw.*: verbal; *adv.* de viva voz.
'**Mund|pflege** *f* (*0*) higiene *f* da boca (*ô); **~schenk** *m* (-*en*) copeiro *m*; **~stück** *n* (-*ẹs*; -*e*) *Instrument*: bocal *m*, embocadura *f*; *Pfeife usw.*: bocadilha *f*; *Pferd*: bocado *m*; **2tot**

interdito; *j-n* ~ *machen* interdizer; obrigar a calar-se; ~**tuch** *n* (-*ės*; "*er*) guardanapo *m*.

'**Mündung** ['myndʊŋ] *f* (*Fluß*~) foz *f*; *Gefäß*, *Instrument* (*a.* ⚔) boca (*ô) *f*; ~**s-arm** *m* (-*ės*; -*e*) braço *m* do delta.

'**Mund**|**voll** *m* (-; -) bocado *m*; ~-**vorrat** *m* (-*ės*; "*e*) víveres *m*/*pl*.; provisão *f*; ~**wasser** *n* (-*s*; ") água *f* dentífrica; ~**werk** *n* (-*ės*; -*e*): *ein gutes* ~ *haben* F não ter papas na língua; ~**winkel** *m* canto *m* da boca (*ô), comissura *f* dos lábios.

Muniti'on [munitsi'o:n] *f* munição *f*; ~**s...**: *in Zssgn* de munições.

'**munkeln** ['mʊnkəln] (-*le*) murmurar; *man munkelt* consta, corre; *ich habe* ~ *hören* palpitou-me, ouvi dizer.

'**Münster** ['mynstər] *n u. m* catedral *f*, sé *f*.

'**munter** ['mʊntər] alegre, vivo; (*wach*) acordado; *gesund und* ~ são e salvo; *wieder* ~ ⚕ restabelecido; ~ *werden* acordar; ~**keit** *f* (*0*) alegria *f*, saúde *f*, vivacidade *f*.

'**Münz**|-**amt** ['mynts-] *n* (-*ės*; "*er*), ~-**anstalt** *f* Casa *f* da Moeda; ~**e** *f* moeda *f*, peça *f*; (*Gedenk*~) medalha *f*; = ~*amt*; *für bare* ~ *nehmen* acreditar piamente; ~-**einheit** *f* unidade *f* monetária; ~**en** (-*t*) cunhar; *auf j-n gemünzt sn* ser com alg.; ~(**en-**)**sammlung** *f* cole[c]ção *f* numismática (*od.* de moedas); ~-**fernsprecher** *m* telefone *m* com mealheiro; ~**kunde** *f* (*0*) numismática *f*; ~**recht** *n* (-*ės*; -*e*) direito *m* de cunhar moeda; ~-**stempel** *m* cunho *m*; ~-**system** *n* (-*s*; -*e*) sistema *m* monetário; ~-**umlauf** *m* (-*ės*; "*e*) circulação *f* monetária; ~-**zeichen** *n* marca *f*.

'**mürbe** ['myrbə] mole; bem cozido; *j.*: *fig.* cansado; ~ *machen fig.* domar; ~ *werden fig.* acabar por ceder.

'**Murmel** ['mʊrməl] *f* (-; -*n*) belindre *m*; ~**n** (-*le*) murmurar; * bisbilhar; *Spiel*: jogar aos belindres; ~**n** *n* murmúrio *m*; ~**tier** *n* (-*ės*; -*e*) marmota *f*.

'**murren** **1.** resmungar; **2.** ~ *n* queixas *f*/*pl*.

'**mürrisch** ['myrɪʃ] rabugento; *Miene*: de poucos amigos.

Mus [mu:s] *n* (-*es*; -*e*) puré *m*; *von Früchten*: *a.* doce *m*.

'**Muschel** ['mʊʃəl] *f* (-; -*n*) concha *f*, (*Ohr*~) *a.* pavilhão *m*; *eßbare*: marisco *m*, (*Mies*~) mexilhão *m*; (*Hör*~) auscultador *m*; ~**bank** *f* (-; "*e*) burgalhão *m*; ~**kalk** *m* (-*ės*; *0*) calcário *m* conchífero; ~**schale** *f* concha *f*, *halbe*: valva *f*; ~**tier** *n* (-*ės*; -*e*) molusco *m* testáceo.

'**Muse** ['mu:zə] *f* (-; -*n*) musa *f*.

Mu'seum [mu'ze:ʊm] *n* (-*s*; *Museen*) museu *m*.

Mu'sik [mu'zi:k] *f* (*0*) música *f*; ~-**abend** *m* (-*s*; -*e*) concerto (*ê) *m*; sarau *m* musical; ~'**alien-handlung** [-zi'ka:liən-] *f* casa *f* de músicas; ~'**alisch** [-zi'ka:lɪʃ] musical; *j.*: músico; ~ *sn a.* ter sensibilidade musical; gostar de música; ~'**ant** [-'kant] *m* (-*en*) músico *m*; ~**begleitung** *f* acompanhamento *m* musical; ~**direktor** *m* (-*s*; -*en*) dire[c]tor *m* de orquestra; ~**drama** *n* (-*s*; -*dramen*) drama *m* musical; ~**er**(**in** *f*) *m* ['muzikər-] músico *m* (-a *f*); ~**fest** *n* (-*es*; -*e*) festival *m*; ~-**freund** *m* (-*ės*; -*e*) amador (*od.* apaixonado) *m* da música; * musicista *m*; ~**kapelle** *f*, ~**korps** ⚔ *n* (-; -) banda *f* de música; ~**kritiker** *m* crítico *m* musical; ~**lehrer**(**in** *f*) *m* professor(a *f*) *m* de música; ~-**liebhaber** *m* = ~*freund*; ~**stück** *n* (-*ės*; -*e*) peça *f* de música; ~-**unterricht** *m* (-*ės*; *0*) ensino *m* da música; lições *f*/*pl*. de música; ~-**verein** *m* (-*ės*; -*e*) sociedade *f* de concertos (*ê), círculo *m* de cultura musical; filarmónica *f*.

musi'zieren [muzi'tsi:rən] (-) tocar.

Mus'kat [mʊs'ka:t] *m* (-*ės*; -*e*), ~-**nuß** *f* (-; "*sse*) noz-moscada *f*; ~'**eller**(-**wein** *m* [-*ės*; -*e*]) *m* (vinho *m*) moscatel *m*.

'**Muskel** ['mʊskəl] *m* (-*s*; -*n*) músculo *m*; ~**kater** F *m* dores *f*/*pl*. musculares; ~**kraft** *f* (-; "*e*) força (*ô) *f* muscular; ~**krampf** *m* (-*ės*; "*e*) cãibra *f*; ~**schwäche** *f* (*0*) debilidade *f* muscular; ~**schwund** *m* (-*ės*; *0*) atrofia *f* muscular; ~**system** *n* (-*s*; -*e*) musculatura *f*; ~**stark** musculoso; ~**zerrung** ⚕ *f* distensão *f* muscular.

Muskul|**a'tur** [mʊskula'tu:r] *f* musculatura *f*; ~'**ös** [-'lø:s] (-*est*) musculoso.

'**Muße** ['mu:sə] *f* (*0*) vagar *m*, ócio *m*.

Musse'lin [musə'li:n] *m* (*-s*; *-e*) musselina *f*.

'**müssen** ['mysən] (*L*) dever; *innerer Zusammenhang*: *a.* haver de; *Notwendigkeit*: precisar de; carecer de; *Zwang*: ter que, ter de, ser obrigado a; ser preciso que (*subj.*).

'**müßig** ['my:siç] ocioso; ~ *gehen* ser preguiçoso; **2gang** *m* (*-es*; *0*) ociosidade *f*; **2gänger** [-gɛŋər] *m* preguiçoso *m*, cábula *m*.

'**Muster** ['mustər] *n* modelo (*ê) *m*; (*Stoff2*, *~ung*) padrão *m*, (*Zeichnung*) desenho *m*; (*Waren2*) amostra *f*; = **~bild** *n* (*-es*; *-er*) protótipo *m*; ideal *m*; **~buch** *n* (*-es*; *⸚er*) cole[c]ção *f* de amostras (*od.* de padrões); **2gültig**, **2haft** (*-est*) exemplar, modelar, perfeito; **~knabe** *m* (*-n*) menino *m* exemplar; **~koffer** *m* mostruário *m*; **~lager** *n* sortido *m* de amostras; **~messe** *f* feira *f* (de amostras); **2n** *v/t.* (*-re*) examinar; ⚔ passar revista a, inspe[c]cionar; *Stoff*: desenhar; modelar; *gemustert a.* de fantasia; **~schau** *f* = *~messe*; **~schutz** *m* (*-es*; *0*) prote[c]ção *f* legal (das marcas registadas); **~sendung** *f* *s.* *~buch*; **~ung** ⚔ *f* revista *f*; recrutamento *m*; **~werk** *n* (*-es*; *-e*) obra *f* exemplar; **~zeichner(in** *f*) *m* desenhador(a *f*) *m*.

Mut [mu:t] *m* (*-es*; *0*) coragem *f*; ânimo *m* (*fassen*, *schöpfen* cobrar); *j-m ~ machen* animar alg.; *den ~ sinken lassen* (*od.* *verlieren*) desanimar; abichar; *guten* (*od.* *gutes*) *~es* optimista.

'**Mütchen** ['my:tçən] *n*: *sein ~ an* (*dat.*) *kühlen* vingar-se em; descarregar a ira sobre.

mut|ig corajoso, valente; **~los** (*-est*) desanimado, desalentado; **2losigkeit** ['-lo:ziç-] *f* (*0*) desânimo *m*, desalento *m*.

'**mutmaß|en** ['-ma:sən] (*-t*; *untr.*) presumir; *Böses*: suspeitar; **~lich** presuntivo; **2ung** *f* conje[c]tura *f*, presunção *f*.

'**Mutter** ['mutər] *f*: **a**) (*-*; *⸚*) mãe *f*; *Anat.* madre *f*; útero *m*; matriz *f*; **b**) ⊕ (*-*; *-n*) (*Schrauben2*) porca *f*; **~brust** *f* (*0*) seio *m* maternal; **~gewinde** ⊕ *n* filete *m* matriz; **~'gottesbild** *n* (*-es*; *-er*) imagem *f* da Nossa Senhora; **~-haus** *n* (*-es*; *⸚er*) casa-mãe *f*; central *f*; sede *f*; **~korn** ♀ *n* (*-es*; *-e*) cravagem *f*; fungão *m*; **~kuchen** ⚕ *m* placenta *f*, secundinas *f/pl.*; **~land** *n* (*-es*; *⸚er*) país *m* natal; metrópole *f*; **~leib** *m* (*-es*; *0*) seio *m*.

'**mütterlich** ['mytərliç] materno; maternal; **~erseits** [-ərzaɪts] (pelo lado) materno; **2keit** *f* (*0*) sentimento *m* materno.

'**Mutter|liebe** *f* (*0*) amor *m* maternal; **2los** órfão da mãe; **~mal** *n* (*-es*; *-e*) sinal *m*; nevo *m* (materno); **~milch** *f* (*0*) leite *m* materno; **~mord** *m* (*es*; *-e*) matricídio *m*; **~mörder(in** *f*) *m* matricida *m*, *f*; **~mund** *m* (*-es*; *0*) *Anat.* orifício *m* da matriz; **~schaft** *f* (*0*) maternidade *f*; **~schiff** *n* (*-es*; *-e*) navio-mãe *m*; **~schutz** *m* (*-es*; *0*) prote[c]ção *f* da maternidade (*od.* das mães); **2seelen-al'lein** completamente sòzinho; **~söhnchen** [-zø:nçən] *n* menino *m* amimado; **~sprache** *f* língua *f* materna; **~stelle** *f* (*0*): *~ vertreten* fazer de mãe, fazer as vezes da mãe; **~tag** *m* (*-es*; *-e*) Dia das Mães; **~teil** ⚖ *n* (*-es*; *-e*) legítima *f* materna; **~witz** *m* (*-es*; *0*) senso *m* comum; graça *f* natural; *~ haben* ter graça.

'**Mutti** ['muti:] F *f* (*-*; *-s*) mãezinha *f*.

'**Mut|wille** *m* (*-ns*; *0*) maldade *f*, malícia *f*, petulância *f*; *Unart*: diabrura *f*, travessura *f*; **2willig** traquinas; travesso; maligno; *adv.* de propósito, intencionalmente.

'**Mütz|e** ['mytsə] *f* boné *m*; barrete *m*; (*Zipfel2*) gorro (*'ô) *m*; *fig.* (*dat.*) *die ~ aufsetzen* abarretar-se; **~enschirm** *m* (*-es*; *-e*) pala *f*.

Myri'ade [myri'a:də] *f* miríade *f*.

'**Myrte** ['myrtə] *f* murta *f*, mirto *m*.

myst|eri'ös (*-est*) misterioso; **2'erium** [-'te:rium] *n* (*-s*; *Mysterien*) mistério *m*; **2ifikati'on** [mystifikatsi'o:n] *f* burla *f*; **~ifi'zieren** [-ifi'tsi:rən] (-) mistificar, burlar; '**2ik** *f* (*0*) mística *f*; misticismo *m*; '**2iker** *m*, '**~isch** místico *m*.

'**Myth|e** ['my:tə] *f* mito *m*; **2enhaft**, **2isch** mítico.

Mytho|lo'gie [mytolo'gi:] *f* mitologia *f*; **2'logisch** mitológico.

'**Myth|os** [mytɔs], **~us** [-us] *m* (*-*; *Mythen*) mito *m*.

N

N, n [ɛn] *n uv.* N, n *m.*
na! F [na] ora!; ~ *(also)!* então!
'**Nabe** ['na:bə] ⊕ *f* meão *m*; cubo *m.*
'**Nabel** ['na:bəl] *m* umbigo *m*; **~binde** *f* faixa *f* umbilical; **~bruch** *m* (-*ęs*; *ᵕe*) hérnia *f* umbilical; **~schnur** *f* (-; *ᵕe*) cordão *m* umbilical.
nach [na:x] **1.** *prp.* (*dat.*): **a**) *räuml.*: (*für vorübergehenden Aufenthalt*) a, (*für dauernden Aufenthalt*) para; ~ *j-m schicken* por; *Reihenfolge*: após; depois; ~ ... (zu) do lado de; **b**) *zeitl.*: depois de; passado; ~ (*Ablauf von*) ao cabo de; *5 Minuten* ~ *eins* uma e cinco; **c**) (*gemäß*) (je) ~ segundo, conforme a, de acordo (*'ô) com; por; **d**) (*wie*) *riechen, schmecken*: a; **2.** *adv. mir* ~*!* sigam!; ~ *und* ~ sucessivamente, pouco a pouco; ~ *wie vor* (depois) como dantes; como de costume.
'**nachäffen** ['-ɛfən] (*dat. od. ac.*) arremedar (*ac.*), macaquear (*ac.*); = *nachahmen.*
'**nach-ahm|en** ['-a:mən] imitar; **~enswert** digno de imitação; **ᵹer** *m* imitador *m*; **ᵹung** *f* imitação *f.*
'**Nachbar** ['naxba:r] *m* (-*s od.* -*n*; -*n*) (**~in** *f*) vizinho *m* (-a *f*); **~land** *n* (-*ęs*; *ᵕer*) país *m* vizinho; **ᵹlich** vizinho; **~schaft** *f* vizinhança *f.*
'**nach|bekommen** (*L*; -) receber em suplemento; *Speise*: repetir; ✝ = *~bestellen*; **~bessern** (-*re*) retocar; **~bestellen** (-) *v/t.* mandar vir mais; fazer outra encomenda; **ᵹbestellung** *f* nova encomenda *f*; **~beten** (-*e*-) repetir (màquinalmente); **~bezahlen** (-) pagar o resto (mais tarde); **~bilden** (-*e*-) copiar, imitar; **ᵹbildung** *f* cópia *f*, imitação *f*, reprodução *f*; (*unerlaubte*) ~ contrafa[c]ção *f*; **~blicken** (*dat.*) seguir (*ac.*) com a vista; **~datieren** (-) pós-datar.
nach'dem **1.** *cj.* depois que (*ind.*); depois de (*inf.*); **2.** *adv.*: je ~ conforme (*subj. futur.*).
'**nach|denken** (*L*) meditar, cismar; considerar; (*über ac.*) ~ refle[c]tir (sobre), ponderar (*ac.*); **ᵹdenken** *n* reflexão *f*, consideração *f*, ponderação *f*; **~denklich** pensativo, meditativo; **~dichten** (-*e*-) imitar, adaptar; **ᵹdichtung** *f* versão *f* poética; adaptação *f*; **~drängen, ~dringen** (*L*; *sn*) seguir; ⚔ perseguir o inimigo; **ᵹdruck** *m* (-*ęs*; *0*) ênfase *f*; insistência *f*; ~ *auf* (*ac.*) *legen* insistir em; (*Tatkraft*) energia *f*; *Typ.* (*pl.* -*e*) reprodução *f*; reimpressão *f*; (*unerlaubter* pirata); **~drucken** reimprimir; *ungesetzlich*: contrafazer; **~drücklich** ['-dryklįç] enérgico, expresso; enfático; **~dunkeln** (-*le*; *sn*) ficar (mais) escuro; **~-eifern** (-*re*) (*dat.*) procurar imitar (*ac.*); emular (*ac.*); pôr os olhos em; **ᵹ-eiferung** *f* emulação *f*; **~-eilen** (*sn*) (*dat.*) correr atrás de; **~-ei'nander** um atrás do outro; sucessivamente; **~-empfinden** (*L*; -) = *~fühlen.*
'**Nachen** ['naxən] *m* barco *m.*
'**nach|-erzählen** (-) narrar, contar; **ᵹ-erzählung** *f* narração *f*; **ᵹfahr** ['-fa:r] *m* (-*s*; -*en*) descendente *m pl. a.* posteriores *m/pl.*; **~fahren** (*L*; *sn*) (*dat.*) seguir (*ac.*), ir atrás de; **~färben** retingir; **ᵹfolge** *f* (*0*) sucessão *f*; **ᵹfolge...**: *in Zssg(n)* sucessor; **~folgen** (*sn*) (*dat.*) seguir (-se) a; suceder a; **~folgend** seguinte; **ᵹfolger(in** *f*) *m* sucessor(a *f*) *m*; **~fordern** (-*re*) *v/t.* pedir a mais (*von et.*: de, *von j-m*: a); **ᵹforderung** *f* exigência *f* suplementar (*od.* a mais); **~forschen** (*dat.*) indagar, investigar; informar-se sobre; **ᵹforschung** *f* investigação *f*; indagação *f*; ✝ busca *f*; *polizeiliche*: *a.* pesquisa *f* (*anstellen* fazer, realizar); **ᵹfrage** *f*: ~ (*nach*) informação *f* (sobre); interesse (*'ê) *m* (por); ✝ procura *f* (de), demanda *f* (de), pedido *m* (de); **~fragen** perguntar, informar-se; **ᵹfrist** *f* prorrogação *f* de prazo; **~fühlen**: es *j-m* ~ *können* compreender os sentimentos de alg.; **~füllen** deitar

mais; **~geben** (*L*) *v/i.* ceder; *Boden*: abater(-se); *Preise*: baixar; *v/t.* dar mais; **2geben** *n* ceder *m*; *Preise*: baixa *f*; ⚠ assentamento *m*; **2gebühr** *f* sobretaxa *f*; **2geburt** ⚕ *f* páreas *f/pl.*, secundinas *f/pl.*; **~gehen** (*L*; *sn*) (*dat.*) *j-m*: seguir (*ac.*); *Geschäft*: ocupar-se de; *Vergnügen*: entregar-se a; (*untersuchen*) examinar, estudar; *v/i. Uhr*: estar (*od.* andar) atrasado; **~geordnet** subordinado; **~gerade** pouco a pouco; ir + *ger.*; acabar por; **2geschmack** *m* (-*ės*; *0*) ressaibo *m*; *a. fig.* travo *m*; **~gewiesenermaßen** ['-gəvi:zənərma:sən] como fica provado; **~giebig** ['-gi:biç] flexível; *fig.* condescendente, transigente (*gegenüber* para com); **2giebigkeit** *f* flexibilidade *f*; *fig.* condescendência *f*, transigência *f* (*gegenüber* para com); **~graben** (*L*) escavar; **2grabung** *f* escavação *f*; **~grübeln** (-*le*) (*dat.*, *über ac.*) ponderar (*ac.*), meditar ([sobre] *ac.*), ruminar (*ac.*), matutar (*ac.*); **2hall** *m* (-*ės*; -*e*) ressonância *f*; eco *m*; **~hallen** ressoar, retumbar, ecoar; **~haltig** ['-haltiç] eficaz, duradouro, persistente; **~hängen** (*L*) *e-m Gedanken*: entregar-se a; acariciar (*ac.*); **2'hauseweg** [-'hauzəve:k] *m* (-*ės*; -*e*) caminho *m* para casa; regresso *m*; **~helfen** (*L*) (*dat.*) auxiliar (*ac.*); **~'her** depois; em seguida; **2hilfe(stunde)** *f* explicação *f*; **~hinken** (*sn*) (*dat.*) *fig.* ficar atrás, vir atrás; vir tarde; **~holen** recobrar, reparar; *Zeit*: recuperar; **2hut** *f* retaguarda *f*; **~jagen** (*sn*) (*dat.*) perseguir (*ac.*), correr atrás (de); **2klang** *m* (-*ės*; *"e*) = *2hall*; *fig.* reminiscência *f*; **~klingen** (*L*) = *~hallen*; **2komme** *m* (-*n*) descendente *m*; **~kommen** (*L*; *sn*) (*dat.*) seguir (*ac.*); *später*: vir (*od.* chegar) mais tarde; *Bitte*: aceder a, satisfazer; *Pflicht*: cumprir; **2kommenschaft** *f* descendência *f*; *bsd. zahlreiche*: prole *f*; **2kömmling** ['-kœmliŋ] *m* (-*s*; -*e*) (descendente *m*) atrasado *m*; **2kriegs-zeit** *f* após-guerra *m*; **2kur** *f* cura *f* complementar; **2laß** [-las] *m* (-*sses*; *"sse*) ✝ redução *f*, abatimento *m*; ⚖ herança *f*; espólio *m*, *literarischer*: *a.* obras *f/pl.* póstumas; **~lassen** (*L*) **1.** *v/t. Seil*: alargar, relaxar; (*am*) *Preis*: reduzir (*ac.*), abater (em); **2.** *v/i.* diminuir, abater, esmorecer; *Spannung, Zucht*: *a.* afrouxar; *Regen, Wind*: *a.* abrandar; acalmar; *Widerstand*: *a.* enfraquecer; *nicht ~ j.*: não desistir (*in dat.* de); *nachgelassenes Werk* obra *f* póstuma; **~lassend** ⚕ remitente; **~lässig** negligente, desleixado, descuidado, desmazelado; **2lässigkeit** *f* negligência *f*, descuido *m*, desleixo *m*; incúria *f* (*aus* por); **2laßpfleger** ⚖ *m* administrador *m*; **~laufen** (*L*; *sn*) (*dat.*) correr atrás (de); **~legen** *Feuerung*: deitar mais, pôr mais; **2lese** *f* respiga(dura) *f*; *Buch*: suplemento *m*; **~lesen** (*L*) respigar; *in e-m Buch*: ler em, ver em; consultar (*ac.*); **~liefern** (-*re*) entregar mais tarde; suprir; mandar ainda (o que falta); **2lieferung** *f* remessa *f* suplementar; **~lösen** (-*t*) *Fahrkarte*: comprar no comboio; **~machen** imitar (*j-m et.* a.c. de alg. *od.* a alg.); copiar; contrafazer; falsificar; **~malen** copiar; repintar, (*restaurieren a.*) retocar (*a. Phot.*); **~mals** ['ma:ls] posteriormente; **~messen** (*L*) remedir, medir outra vez; verificar; **2mittag** *m* (-*ės*; -*e*) tarde *f*; *am ~, des ~s* = **~mittags** de tarde, à tarde, pela tarde; **2mittags...**: *in Zssgn* da tarde; **2mittagsvorstellung** *f* matiné *f*; **~nähen** coser outra vez; **2nahme** ✉ ['-na:mə] *f* reembolso (*'ô) *m*; cobrança *f* (*gegen* à); **~plappern** (-*re*) repetir apenas; **2porto** *n* (-*s*; -*s*) sobretaxa *f*; **~prüfen** examinar, averiguar; conferir; **2prüfung** *f* revisão *f*; **~rechnen** (-*e*-) verificar uma conta; conferir; **2rede** *f* epílogo *m*; *üble ~* má língua *f*, difamação *f*; **~reden** (-*e*-) = *~sagen*; **~reifen** (*sn*) (a)madurecer depois de colhido; **~reisen** (-*t*; *sn*) (*dat.*) seguir (*ac.*), viajar atrás de; **2richt** ['-riçt] *f* notícia *f*; nova *f*; informação *f*; **2richten-agentur** *f* agência *f* noticiosa; **2richtendienst** *m* (-*es*; -*e*) serviço *m* de informações, ⚔ serviço *m* de comunicações; *Zeitung*: serviço *m* informativo; *Pol. geheimer*: serviço *m* secreto; **~rücken** (*sn*) seguir; avançar, *im Amt*: *a.* ser promovido; **2ruf** *m* (-*ės*; -*e*) necrológio *m*; **2ruhm** *m* (-*ės*; *0*) fama *f* (póstuma); **~rühmen** dizer em louvor (*j-m* de, *ihm* seu); **~sagen** dizer (*j-m* de); **2saison** *f* (-; -*s*) fim *m* da estação; **2satz** *m* (-*es*; ⸚*e*) *gr.* segunda parte *f*; *Phil.* consequente *m*, menor *f*; *Brief*: pós-escrito *m*; **~schauen** = *~blicken*; **~schicken** fazer seguir, remeter (*nach* para); **~schlagen** (*L*) consultar (*ac.*); *~* (*in dat.*) procurar (em); **2schlagewerk** *n* (-*es*; -*e*) obra *f* de consulta; **~schleichen** (*L*; *sn*) (*dat.*) seguir (*ac.*) furtivamente; **~schleppen** arrastar (atrás de sí); **2schlüssel** *m* gazua *f*; **2schrift** *f Brief*: pós-escrito *m*; (*Diktat*) ditado *m*; **2schub** ⚔ *m* (-*es*; ⸚*e*) *Material*: (re)abastecimento *m*, aprovisionamento *m*; *Truppen*: reforços *m/pl.*; **~sehen** (*L*): *j-m ~* seguir alg. com os olhos (*ˈô); *et. ~* procurar a.c., examinar a.c.; *Hefte*: corrigir; *in e-m Buch ~* consultar um livro, ver num livro; *~, ob* verificar, se; ir ver, se; *j-m et. ~* deixar passar; fazer vista grossa; **2sehen** *n*: *das ~ haben* ficar a ver navios no mar, ficar a chuchar no dedo; **~senden** (*L*) fazer seguir, remeter (*nach* para); **~setzen** (-*t*) **1.** *v/t.* pospor; **2.** *v/i.* (*sn*): *j-m ~* perseguir alg.; **2sicht** *f* (*0*) indulgência *f*; *~ üben*, *~ haben* = *~sichtig sn*; **~sichtig** indulgente (*mit* para com); **2silbe** *f* sufixo *m*; **~sinnen** (*L*) meditar; *~ über* (*ac.*) cogitar em; **~sitzen** (*L*): *~* (*müssen*) ficar retido; **2sommer** *m* verão *m* de São Martinho; **2spiel** *n* (-*es*; -*e*) epílogo *m*; *fig.* consequências *f/pl.*; **~sprechen** (*L*) repetir (*j-m et.* as palavras de alg.); **~spüren** (*dat.*) seguir o rasto de.

nächst [nɛ:çst] **1.** *adj.* (*sup. v. nahe*) mais perto, mais chegado, mais próximo (*a. zeitl.*), *Weg*: *a.* mais curto; *in ~er Nähe* (*gen.*) nas imediações de; *in ~er Zeit* em breve; brevemente; **2.** *prp.* (*dat.*) perto de, ao pé de; (*nach*) depois de; (logo) a seguir a; **ˈ~best** o primeiro que se apresente; (*zweitbest*) segundo em qualidade; **~ˈdem** depois (disto); (logo) a seguir; **ˈ2e 1.** *m* (*f*) próximo *m* (-a *f*); *an der Reihe*: seguinte *m, f*; **2.** *n* o mais próximo; *das ~* (*zu tun*) a primeira coisa (a fazer).

ˈnach|stehen (*L*) ficar atrás (de); *fig. a.* ser inferior a; *~d adj.* seguinte; que segue; *adv.* a seguir; **~stellen** pôr detrás (de); *Uhr*: atrasar; ⊕ ajustar; *j-m ~* perseguir alg., armar ciladas a alg.; **2stellung** *f* perseguição *f*; cilada *f*; *gr.* inversão *f*.

ˈNächst|enliebe [ˈnɛ:çstən-] *f* (*0*) amor *m* do próximo; caridade *f*; **2ens** em breve, dentro em pouco; **~e(r)** *m* próximo *m*; **2folgend** seguinte, subsequente, a seguir; **2liegend** mais perto; *das 2e fig.* o mais indicado.

ˈnach|stürzen (-*t*; *sn*) ⚠ vir a desmoronar-se também, aluir também; *j-m*: lançar-se (*od.* correr) atrás de; **~suchen** procurar; (*um*) *et. ~* solicitar a.c., requerer a.c.

Nacht [naxt] *f* (-; ⸚*e*) noite *f* (*bei* de; *zur* à; *über* durante a); *über ~* (*plötzlich*) de um dia para outro; *über ~ bleiben* passar a noite; *gute ~!* ... boa(s) noite(s) (*wünschen* dar as); *heute 2* hoje à noite; *zu ~ essen* cear; *in der ~ arbeiten* fazer serão; *~ werden* anoitecer; *bei einbrechender ~* ao anoitecer; **ˈ~angriff** *m* (-*es*; -*e*) ataque *m* no(c)turno; **ˈ~arbeit** *f* trabalho *m* no(c)turno; serão *m*, vigília *f*; **ˈ~asyl** *n* (-*s*; -*e*) asilo *m* de noite; **ˈ2blind** hemeralópico; **ˈ~blindheit** *f* (*0*) hemeralopia *f*; **ˈ~dienst** *m* (-*es*; *0*) serviço *m* no(c)turno (*od.* de noite).

ˈNach·teil *m* (-*es*; -*e*) desvantagem *f*, defeito *m*, inconveniente *m*; (*Schaden*) prejuízo *m*; *zum ~ für* em detrimento *m* de; **2ig** desvantajoso; prejudicial.

ˈnächtelang [ˈnɛçtəlaŋ] noites inteiras.

ˈNacht|-essen *n* ceia *f*; **~falter** *m* falena *f*; **~flug** *m* (-*es*; ⸚*e*) voo (*ˈô) *m* no(c)turno (*od.* de noite); **~geschirr** *n* (-*es*; -*e*) bacio *m*; P penico *m*; **~gleiche** [ˈ-glaɪçə] *f* equinóxio *m*; **~hemd** *n* (-*es*; -*en*) camisa *f* de noite.

ˈNachtigall [ˈnaxtigal] *f* rouxinol *m*.

ˈnächtigen [ˈnɛçtigən] pernoitar.

ˈNach·tisch *m* (-*es*; *0*) sobremesa *f*.

ˈNacht|jäger ✈ *m* caça *m* no(c)turno; **~lager** *n* cama *f*; pousada *f*; acampamento *m* no(c)turno; **~lampe** *f* lamparina *f*.

ˈnächtlich [ˈnɛçtliç] no(c)turno.

Nacht|lokal *n* (*-s*; *-e*) bar *m*; «boîte» *f* (*fr.*); **~musik** *f* (*0*) serenata *f*.
ˈ**Nach|trag** [ˈ-tra:k] *m* (*-ės*; *⸗e*) suplemento *m*, aditamento *m*; **2tragen** (*L*) levar atrás de; *fig.* (*hinzufügen*) acrescentar; (*j-m* et.) ~ guardar rancor (a alg. por a.c.); **2träglich** [ˈ-trɛ:kliç] ulterior; posterior; = **~trags...**: *in Zssgn* suplementar, adicional.
ˈ**Nacht|ruhe** *f* (*0*) sono *m*; **2s** de noite; **~schatten** ⚘ *m* erva-moura *f*; **~schattengewächs** *n* (*-es*; *-e*) solanácea *f*; **~schicht** *f* turno *m* da noite; **~schwärmer** *m Zool.* falena *f*, esfinge *f*, noitibó *m* (*a. fig.*); **~tisch** *m* (*-es*; *-e*) mesinha *f* da cabeceira; **~topf** *m* (*-ės*; *⸗e*) bacio *m*; P penico *m*.
ˈ**nach|trauern** (*-re*) (*dat.*) ter saudades de; **~tun** (*L*): es *j-m* ~ imitar alg., seguir o exemplo de alg.
ˈ**Nacht|wache** *f* velada *f*; vigília *f*; ⚔ vigia *f*; ~ *halten* (*bei*) velar (*ac.*); **~wächter** *m* guarda-no(c)turno *m*; sereno *m*; **2wandeln** (*-le*; *sn*) ser sonâmbulo; **~wandler** *m* sonâmbulo *m*; **~zeit** *f*: *zur* ~ de noite; **~zeug** *n* (*-ės*; *0*) roupa *f* da noite.
ˈ**Nach|-urlaub** *m* (*-ės*; *-e*) prorrogação *f* da licença; **~versicherung** *f* seguro *m* suplementar; **2wachsen** (*L*; *sn*) voltar (a crescer); deitar rebentos; **~wahl** *f* segunda eleição *f*; eleição *f* complementar; **~wehen** ⚕ *f/pl.* dores *f/pl.* puerperais; *fig.* consequências *f/pl.*; **2weinen** (*dat.*) ter saudades de; **~weis** *m* (*-es*; *-e*) prova *f*; atestado *m*, documento *m* comprobativo (*erbringen* trazer, apresentar); documentação *f*; índice *m*; **2weisbar** = *2weislich*; **2weisen** (*L*) provar, demonstrar; apontar; indicar; *Arbeit*: arranjar, procurar, proporcionar; **2weislich** demonstrável; que se pode provar (*od.* demonstrar); declarado; *adv.* segundo se pode provar; **~welt** *f* (*0*) posteridade *f*; **2wiegen** (*L*) pesar outra vez; verificar o peso (*ê); **2wirken** fazer sentir-se; continuar a a[c]tuar, continuar a produzir efeito; **~wirkung** *f* consequência *f*; repercussão *f*; **~wort** *n* (*-ės*; *-e*) epílogo *m*; posfácio *m*; **~wuchs** *m* (*-es*; *0*) *fig.* nova geração *f*; os jovens *m/pl.*; **2zahlen** pagar a diferença; pagar depois; **2zählen** contar; verificar; **~zahlung** *f* (pagamento *m* da) diferença *f*, (pagamento *m* do) suplemento *m*; **2zeichnen** (*-e-*) copiar; tirar (de um modelo); **2ziehen** (*L*) arrastar atrás de si; *Linie*: destacar; *Schraube*: apertar mais; **~zügler** [ˈ-tsy:klər] *m* atrasado *m*; ⚔ retardatário *m*.
ˈ**Nacken** [ˈnakən] *m* nuca *f*, pescoço *m*; *Tier*: cachaço *m*; *den Kopf in den* ~ *werfen* empertigar-se; **2d** = *nackt*; **~schlag** *m* (*-ės*; *⸗e*) pancada *f* na nuca; *fig.* revés *m*; **~schutz** *m* (*-es*; *0*) cobre-nuca *m*.
nackt [nakt] nu; despido; *ganz* ~ em pélo; *fig. die* ~*e Wahrheit* a verdade nua a crua; ˈ**2heit** *f* (*0*) nudez *f*; ˈ**2kultur** *f* (*0*) nudismo *m*.
ˈ**Nadel** [ˈna:dəl] *f* (*-*; *-n*) agulha *f* (*a.* ⚘); (*Steck2*) alfinete *m*; **~baum** *m* (*-ės*; *⸗e*) conífera *f*; **~-holz** *n* (*-es*; *⸗er*) (árvores *f/pl.*) coníferas *f/pl.*; **~kissen** *n* alfineteira *f*, pregadeira *f*; **~-öhr** *n* (*-ės*; *-e*) olho *m* (da agulha), fundo *m*; **~stich** *m* (*-ės*; *-e*) picad(el)a *f*; **~wald** *m* (*-ės*; *⸗er*) floresta *f* de coníferas; pinhal *m*.
ˈ**Nagel** [ˈna:gəl] *m* (*-s*; *⸗*) *Anat.* unha *f* (*eingewachsen* encravada); ⊕ prego *m*; (*Holz2*) cavilha *f*; *fig. den* ~ *auf den Kopf treffen* acertar (com a.c.); *an den* ~ *hängen* deixar, abandonar; desistir (de); *auf den Nägeln brennen* ser urgente; *ein* ~ *zu j-s Sarg sn* contribuir para a morte de alg.; **~bürste** *f* escova *f* de unhas; **~feile** *f* lima *f* (para unhas); **2fest**: *niet- und* ~ absolutamente seguro; **~geschwür** *n* (*-ės*; *-e*) unheiro *m*, panarício *m*; **~lack** *m* (*-ės*; *-e*) verniz *m* para unhas; **2n** (*-le*) pregar, cravar; **2neu** (*0*) novo em folha; **~pflege** *f* (*0*) higiene *f* das unhas; **~schere** *f* tesoura *f* para unhas; **~schuh** *m* (*-ės*; *-e*) sapato *m* ferrado; bota *f* cardada.
ˈ**nage|n** [ˈna:gən] roer; **2tier** *n* (*-ės*; *-e*) roedor *m*.
ˈ**nah**(e) [ˈna:(ə)] (*⸗er*; *nächst*) perto; *a. zeitl.* próximo, (*bevorstehend*) iminente; *adv.*: ~ (*bei*) perto de, ao pé de, próximo de; ~ *daran sn zu* (*inf.*) estar para; *j-m zu* ~ *treten* ofender alg., magoar alg., melindrar alg.; *von* ~ *und fern* de todas as partes.
ˈ**Näh-arbeit** [ˈnɛ-] *f* costura *f*.

'Nah-aufnahme *f Phot.* fotografia *f* a pouca distância.

'Nähe ['nɛ:ə] *f* (*0*) proximidade *f*, vizinhança *f*; *aus der* ~ de muito perto; *in der* ~ muito perto.

'nahe|bei muito perto, ao pé, próximo; **~bringen** (*L*): *j-m* ~: fazer compreender a alg.; *j-n*: aproximar de alg.; **~gehen** (*L*; *sn*): *j-m* ~ sensibilizar alg.; (*bekümmern*) afligir alg.; **~kommen** (*L*; *sn*) (*dat.*) aproximar-se (de); *j-m* ~ *fig.* chegar a conhecer alg. bem; entrar na intimidade de alg.; **~legen** sugerir, dar a entender; **~liegen** (*L*) *fig.* ser de supor, ser natural; **~liegend** perto; *fig.* fácil de compreender, natural, evidente.

'nahen ['na:ən] (*sn*) aproximar-se.

'nähen ['nɛ:ən] **1.** coser; **2.** ♀ *n* costura *f*.

'näher ['nɛ:ər] (*comp. v. nahe*) mais perto; *adv.* mais de perto; *fig.* ~ *ausführen* pormenorizar; ~ *auf* (*ac.*) *eingehen a.* entrar em pormenores, ser mais extenso; aprofundar (*ac.*); *sich mit et.* ~ *bekannt machen* familiarizar-se com a.c.; *~e Umstände m/pl.* = ♀es; *j-m ~bringen* fazer melhor compreender a alg.; **♀e(s)** *n* (mais) pormenores *m/pl.*

Nähe'rei [nɛ:ə'raɪ] *f* costura *f*.

'Näherin ['nɛ:ərin] *f* costureira *f*.

'näher|kommen (*L*) aproximar-se; *fig.* compreender (melhor); começar a compreender; **~n** (*-re*): (*sich*) ~ aproximar(-se); chegar(-se); avizinhar(-se); abeirar(-se de); **~treten** (*L*) *a.* entrar; *e-r Sache* (*dat.*) ~ estudar a.c., interessar-se por a.c.; familiarizar-se com a.c.

'nahe|stehen (*L*) (*dat.*) *fig.* simpatizar com; *j-m*: *a.* ser (amigo) íntimo de; *~d adj. fig.* íntimo; **~zu** quase.

'Nähgarn ['nɛ:-] *n* (*-ẹs*; *-e*) linha *f*, fio *m* para coser.

'Nah-kampf *m* (*-ẹs*; *⸗e*) luta *f* corpo a corpo; combate *m* a pouca distância.

'Näh|korb *m* (*-ẹs*; *⸗e*) cestinha *f* de costura; **~maschine** *f* máquina *f* de costura; **~nadel** *f* (*-*; *-n*) agulha *f*

'Nähr|boden ['nɛ:r-] *m* (*-s*; *⸗*) solo *m* alimentício; *fig.* foco *m*; **♀en** nutrir, alimentar (*a. fig.*); *Kind*: amamentar.

'nahrhaft ['na:rhaft] nutritivo; ⚒ produtivo.

'Nähr|kraft *f* (*0*) poder *m* nutritivo; **~mittel** *n* produto *m* alimentar (*od.* alimentício); **~salz** *n* (*-es*; *-e*) sal *m* alimentício (*od.* nutritivo); **~stoff** *m* (*-ẹs*; *-e*) substância *f* nutritiva.

'Nahrung ['na:ruŋ] *f* alimento *m*; *für Tiere*: pasto *m*.

'Nahrungs|-aufnahme *f* (*0*) alimentação *f*; **~mangel** *m* (*-s*; *0*) falta *f* de víveres; carestia *f*; **~mittel** *n* alimento *m*; *pl.* géneros *m/pl.* alimentícios; víveres *m/pl.*; **~sorgen** *f/pl.* cuidados *m* da vida.

'Nährwert ['nɛ:r-] *m* (*-ẹs*; *-e*) valor *m* nutritivo.

'Nähseide *f* retrós *m*.

Naht [na:t] *f* (*-*; *⸗e*) costura *f*; ⚕ sutura *f*.

'Nähtisch *m* (*-es*; *-e*) mesa *f* de costura.

'Nahverkehr ['na:-] 🚃 *m* (*-s*; *0*) linhas *f/pl.* de cintura.

'Nähzeug ['nɛ:-] *n* (*-ẹs*; *-e*) (estojo [*'ô] *m* de) costura *f*.

na'iv [na'i:f] ingénuo; **♀i'tät** [-ivi'tɛ:t] *f* (*0*) ingenuidade *f*.

'Nam|e ['na:mə] (*-ns*; *-n*), **~en** *m* nome *m*; (*Familien♀*) apelido *m*; (*Ruf♀*) primeiro nome *m*; *dem ~n nach* de nome; pelo nome; *die ~n aufrufen* fazer a chamada; *die Dinge beim rechten ~n nennen* chamar as coisas pelo seu nome, dizer as coisas como são.

'Namen|forschung *f* (*0*) onomasologia *f*, onomástica *f*; **~gebung** [-ge:buŋ] *f* denominação *f*; apelidação *f*; **~gedächtnis** *n* (*-ses*; *0*) memória *f* para nomes; **~liste** *f* lista *f* nominativa; matrícula *f*; índice *m* onomástico; nomenclatura *f*; **♀los** sem nome, anónimo; *fig.* imenso, indizível; **~register** *n* índice *m* onomástico; nomenclatura *f*.

'namens chamado; de nome; *prp.* (*gen.*) em nome de; **♀-aktie** *f* a[c]ção *f* pessoal, a[c]ção *f* nominativa; **♀-aufruf** *m* (*-ẹs*; *-e*) chamada *f*; **♀tag** *m* (*-ẹs*; *-e*) dia *m* onomástico, dia *m* de santo; **♀-unterschrift** *f* assinatura *f*; **♀verzeichnis** *n* (*-ses*; *-se*) índice *m* onomástico; **♀vetter** *m* (*-s*; *-n*) homónimo *m*, * tocaio *m*; **♀zug** *m* (*-ẹs*; *⸗e*) rubrica *f*, monograma *m*.

'**nam|entlich** ['na:məntliç] nominal; *adv.* por nomes; (*besonders*) nomeadamente, sobretudo, especialmente, particularmente; **~-haft** considerável, notável; ilustre; ~ *machen* nomear, denominar.

'**nämlich** ['nɛ:mliç] **1.** *adj.* mesmo; **2.** *adv.* a saber; *begründend*: é que ...

na'nu! [na'nu:] essa agora!

Napf [napf] *m* (-*es*; ⸗*e*) tigela *f*; (*Eß*ꟹ) gamela *f*; '**~kuchen** *m* bolo (*'ô) *m*.

'**Naphtha** ['nafta] *n u. f* (-*s*; *0*) nafta *f*; **~'lin** [-'li:n] *n* (-*s*; *0*) naftalina *f*.

'**Narb|e** ['narbə] *f* cicatriz *f*; *Leder*: grão *m*; ⚘ estigma *m*; ⛏ camada *f* vegetal; céspedo *m*; **ꟹen** *Leder*: dar grão; **ꟹig** cheio de cicatrizes, *Leder*: granoso.

Nar'ko|se [nar'kozə] *f* narcose *f*; anestesia *f*; **ꟹtisch** narcótico; **ꟹti'sieren** [-ti'zi:rən] (-) narcotizar; anestesiar.

Narr [nar] *m* (-*en*) louco *m*; bobo (*'ô) *m*, tolo *m*; *Thea. ehm.* gracioso *m*; *fig. an j-m e-n gefressen haben* estar doido por alg., *j-n zum ~en haben* (*od. halten*) = *j-n ꟹen* fazer troça de alg., fazer pouco de alg.

'**Narren|-haus** *n* (-*es*; ⸗*er*) manicómio *m*; **~kappe** *f* barrete *m* de bobo (*'ô); **~(s)possen** *f/pl.* doidices *f/pl.*; **~streich** *m* (-*ẹs*; -*e*) loucura *f*.

'**Narrheit** *f* loucura *f*.

Nar'zisse [nar'tsisə] *f* narciso *m*, junquilho *m*.

'**naschen** ['naʃən] petiscar.

Näsche'rei [nɛʃə'raɪ] *f* gulodice *f*.

nasch|haft ['naʃ-] guloso; **ꟹhaftigkeit** *f* (*0*) gulodice *f*, gulosice *f*, lambarice *f*.

'**Nase** ['na:zə] *f* nariz *m* (*putzen* assoar; *rümpfen* torcer; *stecken* meter); *fig.* olfa[c]to *m*; *e-e gute ~ haben* ter bom nariz; *j-m e-e lange ~ machen fig.* fazer pouco de alg.; *an der ~ herumführen* fazer troça de, conduzir pelo nariz, fazer gato-sapato de; *j-m auf der ~ herumtanzen* não se importar nada com alg.; fazer pouco de alg.; *j-m unter die ~ reiben* F atirar à cara de alg.; *j-m die Tür vor der ~ zuschlagen* F dar com a porta na cara de alg.; *immer der ~ nach* F sempre a direito; **ꟹlang** F: *alle ~* a cada passo.

'**näseln** ['nɛ:zəln] (-*le*) falar pelo nariz; ser fanhoso; **~d** fanhoso.

'**Nasen|bein** *n* (-*ẹs*; -*e*) vómer *m*; **~bluten** *n* epistaxe *f*; ~ *haben* deitar sangue *m* pelo nariz; **~flügel** *m* asa *f* do nariz; **~höhle** *f* fossa *f* nasal; **~laut** *m* (-*ẹs*; -*e*) nasal *f*; **~loch** *n* (-*ẹs*; ⸗*er*) narícula *f*, venta *f*; **~rücken** *m* cana *f* do nariz; **~-spitze** *f* ponta *f* do nariz; **~stüber** [-ʃty:bər] *m* piparote *m*; **~wurzel** *f* (-; -*n*) raíz *f* do nariz.

'**naseweis** [-vaɪs], (ꟹ *m* [-*es*; -*e*]) indiscreto (*m*).

'**nas|führen** ['na:s-] (*untr.*) conduzir pelo nariz; enganar; **ꟹ-horn** *n* (-*ẹs*; ⸗*er*) rinoceronte *m*.

naß [nas] (⸗*sser od.* -*sser*; ⸗*ssest od.* -*ssest*) molhado; (*feucht*) húmido; ~ *machen* (*werden*) molhar(-se); *nasse Füße bekommen* molhar(-se) os pés.

'**Nassauer** ['nasauər] *m* F *fig.* borlista *m*; **ꟹn** (-*re*) F ir de borla.

'**Nässe** ['nɛsə] *f* (*0*) humidade *f*; **ꟹn** (-*ßt*) molhar, humedecer; *v/i.* transpirar *a.* ⚕; *ins Bett*: urinar.

'**naß|kalt** frio e húmido; **ꟹluftfilter** *m* filtro *m* húmido de ar.

Nati'on [natsi'o:n] *f* nação *f*.

natio'nal [natsio'na:l] nacional; **ꟹ-bewußtsein** *n* (-*s*; *0*) consciência *f* nacional; **ꟹfeiertag** *m* (-*ẹs*; -*e*) feriado *m* nacional, dia *m* de festa nacional; **ꟹgefühl** *n* (-*ẹs*; *0*) sentimento *m* nacional; **ꟹ-hymne** *f* hino *m* nacional; **ꟹ'ismus** *m* (-; *0*) nacionalismo *m*; **ꟹ'ist(in** *f*) *m* (-*en*) nacionalista *m*, *f*; **~'istisch** nacionalista; **ꟹi'tät** [-i'tɛt] *f* nacionalidade *f*; **ꟹmannschaft** *f Sport* equipa *f* nacional; **ꟹ-ökonomie** *f* (*0*) ciencias *f/pl.* económicas; economia *f* política; **ꟹtracht** *f* traje *m* nacional; **ꟹversammlung** *f* assembleia *f* nacional.

'**Natr|ium** ['na:trium] *n* (-*s*; *0*) sódio *m*; *doppeltkohlensaures ~*, **~on** [-ɔn] *n* (-*s*; *0*) bicarbonato *m* de sódio.

'**Natter** ['natər] *f* (-; -*n*) víbora *f*, cobra *f*.

Na'tur [na'tu:r] *f* natureza *f*; (*Körper*) físico *m*; (*Körperbeschaffenheit*) constituição *f*, compleição *f*; (*Geistesart, Gemütsart*) = **~ell**; *in* (*gen.*) ~ *liegen* ser próprio de; *freie ~* campo *m*; *nach der ~ malen* do natural.

Natu'ral|ien [natu'ra:liən] *pl. uv.* produtos *m/pl.* do solo; obje[c]tos *m/pl.* de história natural; *in* ~ em géneros; **2i'sieren** [-i'zi:rən] (-) naturalizar; **~'ismus** *m* (-; *0*) naturalismo *m*; **~'ist** *m* (-*en*) naturalista *m*; **2'istisch** naturalista, naturalístico; **~leistung** *f* pagamento *m* em géneros.

Na'tur|-anlage *f* disposição *f* natural; = **~'ell** [-'rɛl] *n* (-*s*; -*e*) índole *f*; génio *m*; feitio *m*; **~-erscheinung** *f* fenómeno *m* natural; **~forscher** *m* naturalista *m*; **~forschung** *f* (*0*) (estudo *m* das) ciências *f/pl.* naturais; **~freund** *m* (-*ės*; -*e*) amigo *m* da natureza; **2gemäß** natural; normal; **~geschichte** *f* (*0*) história *f* natural; **2geschichtlich** histórico-natural; **~gesetz** *n* (-*es*; -*e*) lei *f* natural, lei *f* da natureza; **2gesetzlich** determinado pela (*od.* segundo a) lei natural; **~gesetzlichkeit** *f* (*0*) determinação *f* natural; **2getreu** (ao) natural; **~-heilkunde** *f* (*0*) medicina *f* naturalista; **~heilverfahren** *n* terapêutica *f* naturalista; **~kunde** *f* (*0*) ciências *f/pl.* naturais.

na'türlich [na'ty:rliç] natural; *adv.* *a.* evidentemente; F *aber* ~! pois é claro!; **2keit** *f* naturalidade *f*.

Na'tur|recht *n* (-*ės*; *0*) direito *m* natural; **~reich** *n* (-*ės*; *0*) reino *m* da natureza; **2rein** natural; **~schätze** [-ʃɛtsə] *m/pl.* riquezas *f/pl.* naturais; **~schilderung** *f* descrição *f* natural (*od.* da natureza); **~schutz** *m* (-*es*; *0*) prote[c]ção *f* dos exemplares raros da fauna e vegetação; **~schutzpark** *m* (-*ės*; -*s*) parque *m* nacional; reserva *f*; **~trieb** *m* (-*ės*; -*e*) instinto *m*; **~volk** *n* (-*ės*; ¨*er*) povo *m* primitivo; **~wissenschaften** *f/pl.* ciências *f/pl.* (físicas e naturais); **~zustand** *m* (-*ės*; *0*) estado *m* natural, estado *m* primitivo.

Navigati'on [navigatsi'o:n] *f* (*0*) navegação *f*; **~s...**: *in Zssgn* náutico.

'Nebel ['ne:bəl] *m* nevoeiro *m*, névoa *f*, ⚓ bruma *f*; *Astr.* nebulosas *f/pl.*; **~fleck** *m* (-*ės*; -*e*) *Astr.* nebulosa *f*; **2-haft** (-*est*) nebuloso, vago; **~horn** ⚓ *n* (-*ės*; ¨*er*) sereia *f*; **2ig** nebuloso; nevoento; brumoso; *es ist* ~ está nevoeiro; **~krähe** *f* gralha *f* cinzenta; **~scheinwerfer** *m* farol *m* de (*od.* para) nevoeiro; **~schleier** *m* nuvem *f*; véu *m* nebuloso (*od.* brumoso); **~streifen** *m* nuvem *f*; tira *f* de nevoeiro.

'neben ['ne:bən] (*Lage wo?*: *dat.*, *Richtung wohin?*: *ac.*) junto de, ao pé de, ao lado de; ~ *sich haben* ser ladeado por; (*außer*) (*dat.*) fora de, a par de, além de; = *nebst*; **2-absicht** *f* segunda intenção *f*; **2-amt** *n* (-*ės*; ¨*er*) emprego (*'ê) *m* acessório; **~-'an** ao lado; **2-anschluß** *m* (-*sses*; ¨*sse*) *Fernspr.* extensão *f*; 🚂 = *2linie*; **2-arbeit** *f* trabalho *m* acessório; **2-ausgabe** *f* despesa *f* acessória (*od.* complementar); **2-ausgang** *m* (-*ės*; ¨*e*) saída *f* lateral; **~'bei** ao lado; *fig.* de passagem; (*außerdem*) além disso; **2beschäftigung** *f* ocupação *f* acessória; **2-buhler(in** *f*) *m* rival *m*, *f*; **~-ei'nander** um ao lado do outro; **~ei'nanderstellen** pôr junto; justapor; *fig.* confrontar, comparar; **2-einanderstellung** *f* justaposição *f*; *fig.* *a.* confronto *m*, comparação *f*; **2-eingang** *m* (-*ės*; ¨*e*) entrada *f* lateral (*od.* de serviço); **2-einkünfte** *f/pl.*, **2-einnahme(n** *pl.*) *f* emolumentos *m/pl.*; acumulações *f/pl.*, receitas *f/pl.* acessórias (*od.* eventuais); **2-erzeugnis** *n* (-*ses*; -*se*) derivado *m*; **2figur** *f* figura (*od.* personagem) *f* secundária; **2fluß** *m* (-*sses*; ¨*sse*) afluente *m*; tributário *m*; **2gebäude** *n* dependência *f*; (*Anbau*) (edifício *m*) anexo *m*; **2gedanke** *m* (-*ns*; -*n*) outra intenção *f*; **2geleise, 2gleis** *n* (-*es*; -*e*) contra-carril *m*; **2geräusch** *n* (-*es*; -*e*) *Radio*: ruído *m* parasita; **2-handlung** *f* episódio *m*; **2-haus** *n* (-*es*; ¨*er*) casa *f* ao lado; casa *f* vizinha; **~-'her, ~-'hin** = *~bei*; acessòriamente; **2kläger** ⚖ *m* co-autor *m*; assistente *m*, litisconsorte *m*; **2linie** *f* linha *f* (co)lateral; 🚂 ramal *m*; **2mann** *m* vizinho *m*; companheiro *m* (*rechter* do lado direito); **2person** *f* personagem *f* secundária; **2produkt** ⚗ *n* (-*ės*; -*e*) derivado *m*; **2raum** *m* (-*ės*; ¨*e*) = *2zimmer*; **2rolle** *f* *Thea.* papel *m* secundário; **2sache** *f* coisa *f* secundária; ~ *sn* não importar, não interessar; **~sächlich** secundário; de pouca importância; **2satz** *m* (-*es*; ¨*e*) oração (*od.* proposição) *f* subordinada; **~stehend** ao lado; à margem; **≈straße** *f* travessa *f*; (*Fahr≈*) estrada *f* secundária; **≈tisch** *m* (*-es*; *-e*) mesa *f* ao lado; **≈tür** *f* porta *f* lateral; **≈-umstand** *m* (*-es*; *⸗e*) circunstância *f* secundária (*od.* acessória), pormenor *m*; **≈-ursache** *f* causa *f* secundária; **≈verdienst** *m* (*-es*; *-e*) ganhos *m/pl.* casuais; **≈-winkel** Å *m* ângulo *m* adjacente; **≈zimmer** *n* quarto *m* contíguo.

nebst [neːpst] *dat.* (juntamente) com; acompanhado por; mais.

ˈ**neck|en** [ˈnɛkən] *v/t.* troçar, fazer troça de; brincar; (*reizen*) provocar; **≈eˈrei** [-əˈraɪ] *f* troça *f*; **~isch** engraçado.

ˈ**Neffe** [ˈnɛfə] *m* (*-n*) sobrinho *m*.

ˈ**negativ** (≈ *n* [*-s*; *-e*]) [ˈneːgatiːf] negativo (*m*).

ˈ**Neger** [ˈneːgər] *m* negro *m*, preto *m*; **~häuptling** *m* (*-s*; *-e*) soba *m*; **~in** *f* negra *f*, preta *f*.

ˈ**nehmen** [ˈneːmən] (*L*) tomar (*als, für, zum* por; *beim* pelo; *Platz* lugar); (*an~*) aceitar; (*mit~*) levar; (*weg~*) tirar; *Hindernis*: vencer; *an sich* (*ac.*) ~ ficar com; *auf sich* (*ac.*) ~ tomar a seu cargo; *in Empfang* ~ receber, *zu sich* (*dat.*) ~ *j-n*: *a.* acolher, *et.*: tomar, comer; ingerir; *Rache* ~ vingar-se (*für* de, *an* em); *j-n zu* ~ *verstehen* saber lidar com alg.; dar-se com alg.; *j-n beim Wort* ~ lembrar; *auf die leichte Schulter* ~ fazer pouco caso de, ligar pouca importância a; *wie man's nimmt* conforme; *im ganzen genommen* afinal, depois de tudo; *genau genommen* a rigor.

ˈ**Nehrung** [ˈneːrʊŋ] *f* *Erdk.* língua *f* de terra.

Neid [naɪt] *m* (*-es*; *0*) inveja *f* (*erregen* causar); ˈ**≈en** [ˈ-dən] (*-e-*) invejar; ˈ**~er** [ˈ-dər] *m* invejoso *m*; ˈ**≈isch** [ˈ-dɪʃ] invejoso (*auf* de).

ˈ**Neig|e** [ˈnaɪgə] *f* resto *m*; fundagem *f*; (*Bodensatz*) borra *f*, pé *m*; *bis zur* ~ *trinken* beber até à última gota; **≈en**: (*sich*) ~ inclinar(-se); *fig. a.* tender para; *geneigt sn a.* estar disposto (*zu* a); *j-m*: ser afeiçoado a; *sich* (*zum Ende*) ~ *Tag*: declinar; **~ung** *f* inclinação *f* (*a.* Å); *fig. a.* tendência *f*; (*Zuneigung*) afeição *f*; simpatia *f*; (*Abhang*) declívio *m*, pendor *m*.

nein [naɪn] não; ~ *sagen*, *mit* (*e-m*) ≈ *antworten* que não; ~ *so was!* parece impossível!; vejam-lá!

ˈ**Nelke** [ˈnɛlkə] *f* cravo *m* (*Gewürz≈*) cravo-da-índia *m*.

ˈ**nenn|en** [ˈnɛnən] (*L*) nomear; dizer *od.* indicar *od.* (*als Kandidaten*) indigitar (o nome de); chamar; *mit Spitznamen*: alcunhar (de); (*benennen, betiteln*) designar de, qualificar de; (*erwähnen*) mencionar; referir; *das nenne ich Glück usw.* isto é que é ...; que grande ...; *was man so nennt* como quem diz; **~ens-wert** digno de menção; **≈er** Å *m* denominador *m*; **≈fall** *m* (*-es*; *⸗e*) nominativo *m*; **≈form** *f* infinitivo *m*; **≈wert** ✝ *m* (*-es*; *-e*) valor *m* nominal.

ˈ**Neon** [ˈneːɔn] *n* (*-s*; *0*) néon *m*, neónio *m*.

Nerv [nɛrf] *m* (*-s*; *-en*) nervo *m*; *auf die* ~*en fallen* (*od. gehen*) dar aos nervos; ⚘ nervura *f*.

ˈ**Nerven|-arzt** *m* (*-es*; *⸗e*) especialista *m* de doenças nervosas, neurologista *m*; **~bündel** *n* feixe *m* de nervos; **~-entzündung** *f* nevrite *f*; **~fieber** *n* (*-s*; *0*) febre *f* nervosa, febre *f* tifóide; **~-heilanstalt** *f* casa *f* de saúde (para doenças nervosas); clínica *f* psiquiátrica; **~-heilkunde** *f* neurologia *f*; **~kitzel** *m* sensação *f*; **~knoten** *m* gânglio *m*; **≈krank** nervoso; **~-krankheit** *f*, **~leiden** *n* doença *f* nervosa; **~schmerzen** *m/pl.* neuralgia *f*; **~schock** *m* (*-es*; *-s*) ataque *m* nervoso; abalo *m*; **≈schwach** neurasténico; **~schwäche** *f* (*0*) neurastenia *f*; **≈stärkend** tónico *m* nervino; **~system** *n* (*-s*; *-e*) sistema *m* nervoso; **~-überreizung** *f* neurose *f*; excitação *f* nervosa; **~zucken** *n* tique *m* nervoso; **~zusammenbruch** *m* (*-es*; *⸗e*) crise *f* nervosa.

ˈ**nerv|ig** [ˈnɛrvɪç] nervudo; **~ˈös** [-ˈvøːs] nervoso; ~ *machen* irritar; **≈osiˈtät** [-oziˈtɛːt] *f* (*0*) nervosismo *m*; neurastenia *f*.

Nerz [nɛrts] *m* (*-es*; *-e*), ˈ**~fell** *n* (*-es*; *-e*) marta *f* do Canadá.

ˈ**Nessel** [ˈnɛsəl] ⚘ *f* (*-*; *-n*) urtiga *f*; **~fieber** *n* ⚕ urticária *f*; **~tuch** *n* (*-es*; *⸗er*) pano *m* cru.

Nest [nɛst] *n* (*-es*; *-er*) ninho *m*; *kleiner Ort*: aldeiazinha *f*; *fig. elendes* ~ lugarejo *m*, aldeola *f*; ˈ**≈eln** (*-le*) (*auf~* des)atar; ligar;

~ *an* (*dat.*) estar a mexer em; '**~-häkchen** ['-hɛ:kçən] *n* menino *m* mais novo; benjamin *m*; * cacula *m*.

nett [nɛt] simpático; (*freundlich*) *a.* gentil; (*hübsch*) engraçado, bonito; *et.*: *oft übers. durch Diminutiv*: *das ist ~ von dir* és muito amável; '**2igkeit** *f* gentileza *f*.

'**netto** ['nɛto] **2...**: *in Zssgn* líquido.

Netz [nɛts] *n* (*-es*; *-e*) rede (*'ê) *f*; *großes Fang2* arrastão *m*; *Anat.* redenho *m*; *pl.* *~e stellen* armar laços; *ins ~ gehen* cair no laço; '**~-anschluß** ⚡ *m* (*-sses*; *=sse*) ligação *f* à corrente; '**2en** (*-t*) molhar; '**~flügler** ['-fly:klər] *m* neuróptero *m*; '**2förmig** ['-fœrmiç] reticular, reticulado; '**~-haut** *f* (*-*; *=e*) retina *f*; '**~-hemd** *n* (*-es -en*) camisola *f* de rede (*'ê); '**~werk** *n* (*-es*; *-e*) obra *f* de malha; △ entrelaçado *m*.

neu [nɔy] novo; (*kürzlich*) recente; moderno; *fast ~, wie ~* em estado de novo; *~ere Sprachen* línguas *f/pl.* vivas; *~este Mode* última; *nichts 2es* nada de novo; *das ist mir ~* não sabia; para mim é novidade; *~* (*adv.*), *aufs ~e, von ~em* de novo, voltar a (*inf.*), outra vez; '**~-angekommen** ('**2-ankömmling** ['-ankœmliŋ] *m* [*-s*; *-e*]) recém-chegado (*m*); '**2-anschaffung** *f*: *~ von* aquisição *f* de novos ...; '**~-artig** moderno; '**2-auflage** *f* = *2druck*; '**2bau** *m* (*-es*; *-ten*) **a**) casa *f* nova, casa *f* recém-construída; casa *f* em construção; **b**) reconstrução *f*; '**2bearbeitung** *f* edição *f* refundida; '**2belebung** *f* reanimação *f*; '**2bildung** *f* reprodução *f*; *sprachliche*: neologismo *m*; ⚕ neoplasma *m*; '**2druck** *m* (*-es*; *-e*) reimpressão *f*; '**2e(s)** *n* novo *m* (et. algo de); '**~-einstudieren** (-) *Thea.* repor em cena; '**2-einstudierung** [-ʃtudi:ruŋ] *f* encenação *f* nova; '**2-einteilung** *f* nova classificação *f*.

'**neuer|dings** ['nɔyərdiŋs] recentemente, agora; novamente; **2er** *m* inovador *m*; **~lich** recente; (*von neuem*) de novo, novamente.

'**Neu|-erscheinung** *f* novidade *f* (literária); **~erung** ['-əruŋ] *f* inovação *f*; reforma *f*; **~erungs-sucht** *f* (*0*) mania *f* da inovação; reformismo *m*; **2erungs-süchtig** inovador; **~este** ['-əstə] *n* actualidades *f/pl.*; **2geboren** recém-nascido; *sich wie ~ fühlen* sentir-se como rejuvenescido; **2gestalten** (*-e-*; -) reorganizar; **~gestaltung** *f* reorganização *f*; **~gier(de)** *f* (*0*) curiosidade *f*; **2gierig** curioso (*auf ac.* por); indiscreto; **~heit** *f* novidade *f*; **2hochdeutsch** do moderno alto alemão; **~igkeit** *f* notícia *f*, nova *f*; novidade *f*; **~jahr(s-tag** *m* [*-es*; *-e*]) *n* (*-es*; *0*) (dia *m* do) Ano-Novo *m*; **~jahrswunsch** *m* (*-es*; *=e*) votos *m/pl.* de feliz Ano-Novo; **~land** *n* (*-es*; *0*) terra *f* virgem; *fig.* novos horizontes *m/pl.*; **2lich** *adj.* recente; *adv. a.* o outro dia, há pouco; **~ling** *m* (*-s*; *-e*) principiante *m*, novato *m*; **2modisch** à última moda; **~mond** *m* (*-es*; *0*) lua *f* nova; *Zeit des ~s* novilúnio *m*.

neun [nɔyn] (**2** *f*) nove (*m*); '**2-auge** *n* (*-s*; *-n*) *Zool.* lampreia *f*; '**~erlei** ['-ərlaɪ] nove espécies de; '**~fach** nónuplo, nove vezes tanto; '**~hundert** novecentos; '**~jährig** de nove anos (de idade); '**~mal(ig)** nove vezes (repetido); '**~tausend** nove mil; '**2tel** *n*, '**~te(r)** nono *m*; '**~tens** (em) nono (lugar); '**~zehn** dezanove; '**~zehnte** décimo nono; '**~zig** ['-tsiç] noventa; '**~ziger** ['-tsigər] **1.** *in den ~ Jahren* na década de noventa; *j.*: *in den ~n* (*sn* andar) na casa dos noventa (anos); **2. 2** *m* nonogenário *m*; '**~zigste** nonogésimo.

'**Neuphilologe** *m* (*-n*) professor *m* de línguas vivas; filòlogo *m* moderno.

Neural|'gie [nɔyral'gi:] *f* neuralgia *f*; **2gisch** [-'ralgiʃ] neurálgico.

'**Neu|regelung** *f* reorganização *f*; **2reich** novo-rico; **~schnee** *m* (*-s*; *0*) neve *f* recém-caída; **~silber** *n* (*-s*; *0*) cristofle *m*; **~sprachler** ['-ʃpra:xlər] *m* = *~philologe*.

neu'tral [nɔy'tra:l] neutral, neutro; **~i'sieren** [-i'zi:rən] (-) neutralizar; **2i'tät(s-bruch** *m* [*-es*; *=e*]) *f* (*0*) [-i'tɛ:t-] (violação *f* da) neutralidade *f*.

Neu'tron [nɔy'tro:n] *n* (*-s*; *-en*) neutrão *m*.

'**Neutrum** ['nɔytrum] *n* (*-s*; *-tra od. -tren*) género *m* neutro.

'**neu|vermählt** recém-casado; *die 2en pl. a.* os noivos *m/pl.*; '**2wahl** *f* novas eleições *f/pl.*; **2zeit** *f* (*0*) tempos *m/pl.* modernos; **~zeitlich** moderno.

nicht [niçt] não; ~ *wahr?* não é verdade?; *auch* ~ nem; '~ *doch!* (por favor,) não!; '~ *etwa* de modo algum; *durchaus* ~ de modo nenhum; nada; *gar* ~ nada, de modo algum; ~ *einmal* nem sequer; ~ *mehr* já não.

'**Nicht|-achtung** *f* (*0*) irreverência *f*; falta *f* de respeito; '**~-angriffspakt** *m* (*-es*; *-e*) pa[c]to *m* de não-agressão; **~-annahme** ⚕ *f* recusa *f*; não-aceitação *f*; **~beachtung, ~befolgung** *f* inobservância *f*; desrespeito *m*; **~bezahlung** *f* não-pagamento *m*, falta *f* de pagamento.

'**Nichte** ['niçtə] *f* sobrinha *f*.

'**Nicht|-einhaltung** *f* inobservância *f*; **~-einmischung** *f* não-ingerência *f*; não-intervenção *f*; **~-erfüllung** *f* falta *f* ao compromisso; não-execução *f*; **~-erscheinen** *n* (*-s*; *0*) falta *f*, ausência *f*, não-comparência *f*; ⚖ contumácia *f*; *Zeitung*: suspensão *f*; **2ig** fútil, vão; (*null und*) ~ nulo; **~igkeit** *f* futilidade *f*, nulidade *f*; **~igkeits-erklärung** *f* anulação *f*; **~lieferung** *f* não-fornecimento *m*; **2mischbar, 2mischungsfähig** imiscível; **2-öffentlich** privado, particular; **~-raucher** *m* não-fumador *m*.

nichts [niçts] **1.** (não ...) nada; *für* (*od. um*) ~ *und wieder* ~ por nada; *mir* ~ *dir* ~ sem mais nem menos; ~ *wissen von* não saber nada de; F não saber patavina de; **2.** 2 *n uv.* nada *m*, vácuo *m*; '**~desto'weniger** nem por isso, não obstante, contudo; '**2nutz** *m* (*-es*; *-e*) mandrião *m*; abana-moscas *m*; '**~nutzig** ruim; '**~sagend** insignificante; '**2tuer** ['-tu:ər] *m* mandrião *m*; '**2tun** *n* (*-s*; *0*) ócio (*od.* descanso) *m* completo; '**~würdig** indigno; '**2würdigkeit** *f* indignidade *f*.

'**Nicht|wissen** *n* (*-s*; *0*) desconhecimento *m*, ignorância *f*; **~zulassung** *f* não-admissão *f*; **~zutreffende(s)** *n* o que não diz respeito.

'**Nickel** ['nikəl] *m u. n* (*-s*; *0*) niquel *m*.

'**nick|en** ['nikən] inclinar a cabeça, acenar com a cabeça; *zustimmend*: abanar a cabeça, fazer que sim; **2erchen** [-ərçən] *n* F soneca *f*.

nie [ni:]: ~ (*und nimmer*) nunca, jamais.

'**nieder** ['ni:dər] **1.** *adj.* baixo; *Rang, Wert*: inferior; *fig. a.* ignóbil; **2.** *adv.* abaixo; ~ *mit ...!* abaixo (*ac.*)!, morra (*nom.*)!; **~beugen** inclinar; dobrar; *fig.* abater, humilhar; **~brennen** (*L*) queimar, destruir pelo fogo; **~bücken** curvar; **~deutsch** baixo-alemão; **~drücken** abaixar; oprimir; *fig. a.* deprimir; **~d** *adj.* abatedor; deprimente; **~ducken** agachar; **~fallen** (*L*; *sn*) cair para o chão; precipitar-se; *vor* (*dat.*) ~ lançar-se aos pés de; prostrar-se (*od.* prosternar-se) diante de; **2frequenz** ⚡ *f* baixa frequência *f*; **2gang** *m* (*-es*; *⸗e*) *fig.* decadência *f*; **~gehen** (*L*; *sn*) descer; ✈ *a.* aterrar, baixar; *aufs Wasser*: amarar; **~geschlagen** deprimido, abatido; **2geschlagen-heit** *f* (*0*) depressão *f*, abatimento *m*, desânimo *m*; **~holen** ⚓, *a. Flagge*: arrear (o. *art.*); ✈ abater; obrigar a aterrar; **~kauern** (*-re*; *sn*), *sich* ~ acocorar-se; **~knien** (*sn*) ajoelhar; **~knallen** abater (por tiro); **~kommen** (*L*; *sn*) parir; ~ *mit* dar à luz (*ac.*); **2kunft** *f* (*-*; *⸗e*) parto *m*; **2lage** *f* ⚕ armazém *m*, depósito *m*; sucursal *f*; ⚔ derrota *f*; *j-m* e-e ~ *beibringen* derrotar alg.; **2länder(in** *f*) *m* [-lɛndər-] neerlandês *m* (-esa *f*); **~ländisch** [-lɛndiʃ] neerlandês, dos Países-Baixos; **~lassen** (*L*) abaixar; *sich* ~ (*sich setzen*) sentar-se; (*s-n Wohnsitz nehmen, sich festsetzen*) estabelecer-se, instalar-se; *sich als Rechtsanwalt* ~ abancar-se, abrir cartório de advogado; **2lassung** [-lasuŋ] *f* colónia *f*; ⚕ estabelecimento *m*; (*Zweig*2) sucursal *f*; **~legen** pôr no chão; deitar; ⚠ = **~reißen**; *Amt*: renunciar a; demitir-se de; *Geld*: depo(sita)r; *Kranz, Waffen*: depor; *Krone*: abdicar; *schriftlich*: assentar; expor; *sich* ~ deitar-se; **~machen** abater; = **~metzeln** (*-le*) matar, assassinar; massacrar; acutilar; **~reißen** (*L*) abater; derrubar; ⚠ *a.* demolir; deitar abaixo; **~rheinisch** do Baixo-Reno; **~schießen** (*L*) matar (a tiros); **2schlag** *m* (*-es*; *⸗e*) ⚗ precipitado *m*, sedimento *m*; *pl.* (*Regen*) chuvas *f/pl.*; *fig.* *s-n* ~ *finden* manifestar-se; **~schlagen**

(*L*) *v/t.* abater, derribar; *Augen, Temperatur:* baixar; *fig.* abater, abafar, ⚖ *a.* arquivar; *sich* ~ ⛰ precipitar-se; ~*d adj.* deprimente; calmante; **~schmettern** (*-re*) derrubar, fulminar; *fig.* aterrar, esmagar; ~*d adj.* fulminante *fig.* desolador, esmagador; **~schreiben** (*L*) assentar; **2schrift** *f* minuta *f*; escrito *m*; relação *f*; manuscrito *m*; *Schule:* reda[c]ção *f*; **~setzen** (*-t*) pôr no chão; posar; *sich* ~ sentar-se; **~sinken** (*L*; *sn*) ir descendo; deixar-se cair; sumir-se; **2spannung** ⚡ *f* baixa tensão *f*; **~stechen** (*L*) matar a punhaladas; **~steigen** (*L*; *sn*) descer; **~stoßen** (*L*), **~strecken** derrubar; abater; **2tracht** *f* infâmia *f*; **~trächtig** infame; abje[c]to; **~treten** (*L*) calcar aos pés; acalcanhar; **2ung** *f* terreno *m* baixo; chã *f*; **~werfen** (*L*) derrubar; *Aufstand:* reprimir; (*sich*) ~ prostrar(-se); **2werfung** [-vɛrfuŋ] *f* repressão *f*.

'**niedlich** ['ni:tliç] engraçado.

'**Niednagel** ['ni:t-] ⚕ *m* (*-s*; ⸚) espiga *f*, espigão *m*.

'**niedrig** ['ni:driç] baixo; *hoch und* ~ *Leute:* grandes e pequenos *m/pl.*; ~*er machen, hängen, schrauben* abaixar; **2keit** *f* baixeza *f*; *der Herkunft:* humildade *f*; **2wasser** *n* baixa-mar *f*.

'**nie|mals** ['-ma:ls] (não ...) nunca, jamais; **~mand** (não ...) ninguém; **2mandsland** ['-mant] ⚔ *n* (*-ɇs*; *0*) terra *f* de ninguém.

'**Niere** ['ni:rə] *f* rim *m*; **~n-entzündung** nefrite *f*; **2nkrank, 2nleidend** nefrítico, doente dos rins; ~ *sn a.* = *ein* **~nleiden** *n haben* sofrer dos rins; **~nstein** *m* (*-ɇs*; *-e*) cálculo *m* renal; **~nstück** *n* (*-ɇs*; *-e*) lombo *m*.

'**niesel|n** ['ni:zəln] (*-le*) chuviscar; * garoar; **2regen** *m* chuvisco *m*; * garoa *f*.

'**niesen** ['ni:zən] (*-t*) espirrar.

'**Nieß|brauch** ['ni:s-] (*-ɇs*; *0*) *m* usufruto *m*.

'**Nieswurz** ['ni:svurts] *f* heléboro *m*.

Niet [ni:t] *n* (*-ɇs*; *-e*) ⊕ rebite *m*; '**~e** *f*: **a)** ⊕ rebite *m*; **b)** sorte *f* em branco; '**2en** (*-e-*) rebitar; '**2- und** '**nagelfest** absolutamente seguro; '**~ung** *f* rebitagem *f*.

Nihi'lis|mus [nihi'lismus] *m* (*-*; *0*) niilismo *m*; (**~t** *m* [*-en*]), **2tisch** niilista (*m*).

Niko'tin [niko'ti:n] (*-s*; *0*) nicotina *f*; **2frei** sem nicotina; **2-haltig** [-haltiç] com nicotina; **~vergiftung** *f* intoxicação *f* de nicotina.

'**Nilpferd** ['ni:l-] *n* (*-ɇs*; *-e*) hipopótamo *m*.

'**Nimbus** ['nimbus] *m* (*-*; *-se*) nimbo *m*; *a. fig.* auréola *f*.

'**nimmer** ['nimər], **~mehr** nunca mais; jamais; **2satt** *m* (*-ɇs*; *-e*) comilão *m*; **2'wiedersehen** *n*: *auf* ~ para (todo o) sempre; para nunca mais voltar.

'**nipp|en** ['nipən]: ~ (*an dat.*) provar (*ac.*); F beberricar (*ac.*); **2sachen** *f/pl.* nicas *f/pl.*, quinquilharias *f/pl.*

'**nirgend** ['nirgənt], **~s, ~wo** em parte alguma; nenhures.

'**Nische** ['ni:ʃə] *f* nicho *m*.

'**nisten** ['nistən] (*-e-*) aninhar; nidificar.

Ni'veau [ni:'vo:] *n* (*-s*; *-s*) nível *m*.

nivel'lier|en [nivɛ'li:rən] (*-*) nivelar; aplanar; **2ung** *f* nivelamento *m*.

'**Nixe** ['niksə] *f* ninfa *f*.

'**nobel** ['no:bəl] (*-bl-*) generoso; distinto.

noch [nɔx] ainda; outro (-a); mais um(a); ~ *einmal* outra vez (*so viel* tanto; *so breit* a largura); ~ *immer* ainda, sempre; *immer* ~ (*inf.*) continuar a; ~ *zu* (*inf.*) *sn usw.* ficar por (*inf.*); *heute* ~ hoje mesmo; *wenn ... auch* ~ *so ...* por mais ... que (*subj.*); *weder ...* ~ *...* (não) nem ... nem ...; '**~malig** ['-ma:liç] repetido, reiterado; '**~mal(s)** outra vez, mais uma vez.

'**Nocken** ⊕ ['nɔkən] *m* came *f*, excêntrico *m*; **~welle** *f* árvore *f* cames.

No'mad|e [no'ma:də] *m* (*-n*) nómada *m*; **2enhaft, 2isch** nómada; **~enleben** *n* vida de nómada; **~entum** *n* (*-s*; *0*) nomadismo *m*.

nomi'n|al [nomi'na:l], **2al...** *in Zssgn*, **~ell** [-'nɛl] nominal; **2ativ** ['nominati:f] *m* (*-s*; *-e*) nominativo *m*.

'**Nonne** ['nɔnə] *f* freira *f*.

Nord [nɔrt] *m* (*-ɇs*; *0*) *poet.* = **~en**; **~wind**; '**~...**: *in Zssgn mit Länder- und Völkerbezeichnungen* do Norte, setentrional; **~-ameri'kaner** *m*, **2-ameri'kanisch** norte-americano

(*m*); **~-at'lantik(pakt** [-*ẹs*; *0*]) *m* (-*s*; *0*) (tratado *m* do) Atlântico *m* Norte; '**~en** ['-dən] *m* (-*s*; *0*) norte *m*; '**2isch** ['-diʃ] do Norte; nórdico.
'**nördlich** ['nœrtliç] setentrional; do (*adv.* ao) norte; *Breite*: norte; *Erdhälfte*: *a.* boreal; *Pol*(*arkreis*): ártico.
'**Nord|licht** *n* (-*ẹs*; -*er*) aurora *f* boreal; **~-'ost(en)** *m* (-*ens*; *0*) (**2-'östlich** do, *adv.* ao) nordeste *m*; **~pol** *m* (-*s*; *0*) pólo *m* norte, pólo *m* ártico, pólo *m* boreal; **~see** *f* (*0*) mar *m* do Norte; **~stern** *m* (-*ẹs*; *0*) estrela (*'ê) *f* polar; **~'west(en)** *m* (-*ens*; *0*) (**2'westlich** do, *adv.* ao) noroeste *m*; **~wind** *m* (-*ẹs*; -*e*) vento *m* norte, nortada *f*.
Nörg|e'lei [nœrgə'laɪ] *f* critiquice *f*; '**2eln** (-*le*) fazer critiquice; estar descontente; *j-n*: irritar; '**~ler** *m* critiqueiro *m*; sempre descontente *m*.
Norm [nɔrm] *f* norma *f*.
nor'mal [nɔr'ma:l] normal; **~spurig** [-ʃpu:riç] de via normal; **2-uhr** *f* relógio *m* padrão; **2zeit** *f* hora *f* oficial.
Nor'mann|e [nɔr'manə] *m* (-*n*) normando *m*; **2isch** normando.
'**norm|en** ['nɔrmən] normalizar; **2ung** *f* normalização *f*.
'**Norweg|er(in** *f*) *m* ['nɔrve:gər-] norueguês *m* (-esa *f*); **2isch** norueguês, da Noruega.
Not [no:t] *f* (-; ⸗*e*) necessidade *f*; (*Mangel*) *a.* falta *f*; (*Elend*) miséria *f*; (*Eile*) urgência *f*, precisão *f*; (*Gefahr*) perigo *m*; (*Kummer*) pena *f*, aflicão *f*; ~ *leiden* estar na miséria; *an* (*dat.*) ~ *leiden* carecer de; *s-e* (*liebe*) ~ *haben mit* estar a braços com; ter dificuldades com; ver-se aflito com; *es hat keine* ~ não há perigo, não tem dúvida; *mit genauer* ~ a unhas, a muito custo; *zur* ~ no pior dos casos; ~ *tun* ser preciso; *wenn* ~ *am Mann ist* em caso de urgência.
No'tar [no'ta:r] *m* (-*s*; -*e*) notário *m*; **~i'at** [-i'a:t] *n* (-*ẹs*; -*e*) (*Amt*) notariado *m*; (*Büro*) cartório *m* de notário; **~i'ats...** *in Zssgn*, **2i'ell** [-i'ɛl] notarial.
'**Not|-ausgang** *m* (-*ẹs*; ⸗*e*) porta *f* de segurança; **~behelf** *m* (-*ẹs*; -*e*) provisório *m*, expediente *m*, recurso *m*; **~bremse** 🚃 *f* freio *m* de alarme; **~brücke** *f* ponte *f* provisória; **~durft** *f* (*0*) necessidade *f* (*verrichten* fazer *pl.*); **2dürftig** necessitado; provisório; *adv. a.* mal.
'**Note** ['no:tə] *f* nota *f*; ♪ *pl. a.* música *f*/*sg*.
'**Noten|-austausch** *m* (-*es*; *0*) troca *f* de notas; **~bank** *f* banco *m* emissor; **~blatt** ♪ *n* (-*ẹs*; ⸗*er*) folha (*'ô) *f* de música; **~-heft** ♪ *n* (-*ẹs*; -*e*) caderno *m* de música; **~pult** *n* (-*ẹs*; -*e*), **~ständer** *m* estante *f* de música; **~-umlauf** *m* (-*ẹs*- ⸗*e*) circulação *f* das notas.
'**Not|fall** *m* (-*ẹs*; ⸗*e*) (**2falls** em) caso *m* de necessidade; (a caso; casualmente); **2gedrungen** forçoso; *adv. a.* à força (*'ô); **~groschen** *m* mealheiro *m*; pecúlio *m*; **~-hafen** *m* porto (*'ô) *m* de salvação (*od.* de abrigo); refúgio *m a. fig.*; **~-hilfe** *f* serviço *m* de emergência.
no'tier|en [no'ti:rən] (-) notar; tomar nota; ✝ cotizar; **2ung** *f* apontamento *m*; ✝ cotação *f*.
'**nötig** ['nø:tiç] preciso, necessário; ~ *haben* precisar de, necessitar; ter necessidade de; **~en** [-gən] obrigar; coagir; (*drängen*) urgir; *sich* ~ *lassen* fazer-se rogar, fazer cerimónias; **~enfalls** em caso de necessidade, se for preciso; **2ung** [-guŋ] *f* intimação *f*; (*Dringlichkeit*) urgência *f*, (*Zwang*) coa[c]ção *f*, obrigação *f*.
No'tiz [no'ti:ts] *f* nota *f*, apontamento *m* (*sich dat. machen* tomar); (*Zeitungs2*) notícia *f*; ~ *nehmen von* (*bemerken*) dar por, reparar em; **~block** *m* (-*ẹs*; ⸗*e*) bloco *m* de notas; **~buch** *n* (-*ẹs*; ⸗*er*) livro *m* de notas, agenda *f*.
'**Not|lage** *f* calamidade *f*; necessidade *f*; más condições *f*/*pl.*; **2landen** ✈ (-*e*-) (sn *u.* h.) fazer uma aterragem forçada; **~landung** *f* ✈ aterragem (⚓ arribação) *f* forçada *od.* de emergência; **2leidend** necessitado; **~lüge** *f* mentira *f* forçada (*od.* oficiosa); **~maßnahme** *f* medida *f* urgente.
no'torisch [no'to:riʃ] notório, público.
'**Not|ruf** *m* (-*s*; -*e*), **~schrei** *m* (-*ẹs*; -*e*) grito *m* de socorro; **~signal** *n* (-*s*; -*e*) sinal *m* de alarme; **~sitz** *m* (-*es*; -*e*) *Auto*: lugar *m* sobressalente; **~stand** *m* (-*ẹs*; ⸗*e*) estado *m*

de necessidade (*od.* de emergência); crise *f*, calamidade *f* pública; **~stands-arbeiten** *f/pl.* obras *f/pl.* públicas urgentes (*od.* extraordinárias); **~taufe** *f* ba[p]tismo *m* «in articulo mortis»; **~verband** ⚕ *m* (*-es*; *⸗e*) ligadura *f* provisória; **~verordnung** *f* decreto-lei *m*; **~wehr** *f* (*0*) legítima defesa *f* (*aus* em); **2wendig** preciso, necessário; **~wendigkeit** *f* necessidade *f*; **~zucht** *f* (*0*) estupro *m*, violação *f*; **2züchtigen** estuprar, violar.

No'velle [no'vɛlə] *f* novela *f*.

No'vember [no'vɛmbər] *m* Novembro *m*.

No'vize [no'vi:tsə] *m* (*-n*) (*f*) noviço *m* (-a *f*).

Nu [nu:]: *im* ~ num ai, num instante, num ápice.

Nu'anc|e [ny'ã:sə] *f* grau *m*, matiz *f*; cambiante *f*; e-e ~ + *comp.* F uma coisa de nada mais ...; **2'ieren** (-) graduar, matizar, variar.

'nüchtern ['nyçtərn] *j.*: em jejum; *a. et.*: sóbrio; (*salzlos*) sem sal, insosso (*'ô), (*a. fade*) insípido; *fig. a.* prosaico; (*besonnen*) sensato; *j.*: *wieder* ~ desembriagado; **2-heit** *f* (*0*) sobriedade *f*, *fig. a.* prosaísmo *m*.

'Nudel ['nu:dəl] *f* (-; *-n*), (*meist* **~n** *pl.*) massa(s *pl.*) *f*; (*Faden2*) aletria *f*; *italienische*: macarrão *m*, macaronete *m*; **2n** (*-le*) cevar, engordar; *sich* ~ F enrolar-se.

'Nugat ['nu:gat] *n* (*-s*; *-s*) nogado *m*.

null [nul] **1.** zero; ~ (*und nichtig*) nulo; **2.** 2 *f* zero *m*, *fig.* nulidade *f*; **'2punkt** *m* (*-es*; *-e*) zero *m*; *Achsenkreuz*: origem *f*.

nume'rier|en [numə'ri:rən] (-) numerar; **2ung** *f* numeração *f*.

'Nummer ['numər] *f* (-; *-n*) número *m*; *Bibliothek*: cota *f*; **~n-scheibe** *f* *Fernspr. usw.*: disco *m*; **~n-schild** *n* (*-es*; *-er*) *Auto usw.*: placa *f* da matrícula.

nun [nu:n] agora; então; ~ (*aber*) *überleitend*: ora; ~ *ja!*, ~ *gut!* ora bem!, pois bem!; seja!; **'~mehr** de ora avante; agora; daqui em diante; **'~mehrig** ['-me:riç] a[c]tual.

'Nuntius ['nuntsius] *m* (-; *Nuntien*) núncio *m*.

nur [nu:r] só, apenas, sòmente, não ... senão; ~ (*noch*) não ... mais que; *nicht* ~, *sondern auch* não só ... mas (*od.* como) também; ~ *zu!* vamos!; *wenn* ~ contanto que.

Nuß [nus] *f* (-; *⸗sse*) noz *f*; (*Hasel2*) avelã *f*; *fig. harte* ~ bico-de-obra *m*; **'~baum(-holz** *n*) *m* nogueira *f*; **'~kern** *m* (*-es*; *-e*) amêndoa *f*, miolo *m*; **'~knacker** *m* quebra-nozes *m*; **'~schale** *f* casca *f* (da noz); ⚓ casquinha-de-noz *f*.

'Nüster ['nystər] *f* (-; *-n*) venta *f*, narina *f*.

'Nut|e ['nu:tə] ⊕ *f* ranhura *f*, entalho *m*; **2en** (*-e-*) entalhar.

nutz [nuts] (*nur pred.*) útil (*zu* para); *zu nichts* ~ *sn* não prestar para nada; **'2-anwendung** *f* aplicação *f*; *Lehre*: lição *f*; **'~bar** útil, proveitoso; ~ *machen* ⛏ cultivar; *sich* ~ *machen* aproveitar; **'~bringend** útil; **'2-effekt** *m* (*-es*; *-e*) rendimento *m*.

'nutz|en ['nutsən] (*-t*) *v/t.* aproveitar, utilizar, tirar proveito de; **2en** *m* utilidade *f*; proveito *m*, ✝ *a.* benifício *m* (*zum* em).

'nützen ['nytsən] (*-t*) **a)** *v/i.* servir, prestar, ser útil (*zu* para); *j-m* ~ valer a alg.; *nichts* ~ ser inútil; não adiantar (nada); **b)** *v/t.* = *nutzen*.

'Nutz|garten *m* (*-s*; *⸗*) horta *f*; **~-holz** *n* madeira *f*; **~last** *f* carga *f* útil.

'nützlich ['nytsliç] útil; **2keit** *f* (*0*) utilidade *f*; proveito *m*.

'nutz|los inútil; **2losigkeit** ['-lo:ziç-] (*0*) inutilidade *f*; **2nießer** ['-ni:sər] *m* beneficiário *m*, usufrutuário *m*; **2nießung** ['-ni:suŋ] *f* us(ufrut)o *m*; **2pflanze** *f* planta *f* útil; **2ung** *f* us(ufrut)o *m*, gozo (*'ô) *m*; ✝ *u.* ⛏ exploração *f*; **2ungs-recht** *n* (*-es*; *-e*) domínio *m* útil.

'Nymphe ['nymfə] *f* ninfa *f*.

O

O, o [o:] *n* O, o *m*.
O'ase [o'a:zə] *f* oásis *m*.
ob [ɔp] **1.** *cj.* se; *als* ~ como se (*subj.*); *und* ~ (...)! se...!; pois (é claro que...)!; ~ ... *auch* ainda que (*subj.*); **2.** + *prp.* (*gen.*) por causa de; (*dat.*) por cima de.
'Obacht ['o:paxt] *f* (*0*): ~ (*geben* ter *od.* tomar) cuidado *m*, (fazer *od.* prestar) atenção *f*.
'Obdach ['ɔpdax] *n* (-*ės*; *0*) casa *f*; abrigo *m*; asilo *m* (*gewähren* dar); **2los** sem casa, desabrigado, **~losen-asyl** *n* (-*s*; -*e*) albergue *m*; **~losig-keit** [-lo:ziç-] *f* (*0*) desabrigo *m*.
Obdu|kti'on [ɔpduktsi'o:n] *f* autópsia *f*; **2'zieren** (-) fazer a autópsia.
'O-|Beine ['o:baɪnə] *n/pl.* pernas *f/pl.* curvas, pernas *f/pl.* arqueadas; **2beinig** [-baɪniç] cambado.
Obe'lisk [obe'lisk] *m* (-*en*) obelisco *m*.
'oben ['o:bən] em cima, por cima; *da* ~, *dort* ~ lá em cima; *hier* ~ cá em cima; *nach* ~ para cima; *von* ~ *bis unten* de cima para baixo; *von* ~ *herab fig.* sobranceiro; **~'an** em cima; à frente; em primeiro lugar; **~'(dr)auf** = *oben*; ~ *sn fig.* ser alegre e optimista; F estar no poleiro; = *die Oberhand haben*; **~'drein** demais a mais; além disso, por cima; **~-erwähnt**, **~genannt** supracitado, mencionado atrás; **~-'hin** ao de leve, superficialmente.
'ober ['o:bər] **1.** (*nur attr.*) superior; **2.** 2 F *m* (*Herr*) ~ chefe *m*.
'Ober|-arm *m* (-*ės*; -*e*) braço *m*; **~-arzt** *m* (-*es*; ⸗*e*) chefe *m* de serviço; ⚔ tenente *m* médico; **~-auf-sicht** *f* (*0*) inspe[c]ção *f* geral; superintendência *f*; **~bau** *m* (-*ės*; -*ten*) superstrutura *f*; construção *f* superior; *Auto.*: carroçaria *f*; **~be-fehl** *m* (-*ės*; *0*) comando *m* supremo; **~befehlshaber** *m* comandante-em-chefe *m*; **~bett** *n* (-*ės*; -*en*) edredão *m*; **~bürgermeister** *m* presidente *m* da câmara (municipal); primeiro-burgomestre *m*; **~deck** ⚓ *n* (-*ės*; -*e*) tolda *f*; **2-deutsch** alto-alemão; **~e(r)** *m* (-*n*) superior *m*, chefe *m*; **~'feld-arzt** ⚔ *m* tenente-coronel *m* médico; **~-feldwebel** *m* primeiro-sargento *m*; **~fläche** *f* superfície *f*; *Wasser*: *a.* tona *f*; *an der* ~ à flor da ...; **2fläch-lich** [-flɛxliç] superficial; sumário; **~geschoß** *n* (-*sses*; -*sse*) andar *m* superior; **2halb** (*gen.*) na parte de cima de; acima de; *am Fluß*: o rio acima; **~hand** *f* (*0*): *die* ~ *haben* predominar, prevalecer; *die* ~ *gewinnen* sobrepor-se, impor-se (*über ac.* a); **~haupt** *n* (-*ės*; ⸗*er*) chefe *m*; **~haus** *n* (-*es*; ⸗*er*) Câmara *f* Alta, Câmara *f* dos Pares; **~haut** *f* (*0*) epiderme *f*; cútis *f*; **~hemd** *n* (-*ės*; -*en*) camisa *f*; **~herrschaft** *f* soberania *f*; supremacia *f*, hegemonia *f*; **~hoheit** *f* suserania *f*; supremo poder *m*; **~in** *f Rel.* madre-superiora *f*; ⚕ enfermeira-dire[c]tora *f*; **2-irdisch** aéreo; **~kellner** *m* chefe *m* de criados; **~kiefer** *m* maxila *f* superior; **~kommando** *n* (-*s*; -*s*) alto-comando *m*; **~körper** *m* busto *m*, meio-corpo *m*; **~'landesgericht** *n* (-*ės*; -*e*) tribunal *m* de relação; **~-lauf** *m* (-*ės*; ⸗*e*) curso *m* superior; **~leder** *n* cabedal *m*; **~lehrer** *m* professor *m* efe[c]tivo do liceu; **~-leitung** *f* dire[c]ção *f* geral; ⊕ catenária *f*; ⚡ rede (*'ê) *f* (elé[c]trica) aérea; **~leutnant** *m* (-*s*; -*s*) primeiro-tenente *m*; **~licht** *f* (-*es*; -*er od.* -*e*) luz *f* de cima; *Fenster*: clarabóia *f*; **~lippe** *f* lábio *m* superior; **~post-direktion** *f* administração *f* geral dos correios; **~priester** *m* pontífice *m*; **~prima** *f* (-; -*men*) nono ano *m* liceal; **~primaner(in** *f*) *m* finalista *m*, *f* do liceu; **~(real)schule** *f* liceu *m*; **2rheinisch** [-raɪniʃ] do Reno superior; **~schenkel** *m* coxa *f*; **~-schicht** *f Pol.* classes *f/pl.* superiores; **~schulrat** *m* (-*ės*; ⸗*e*) inspe[c]tor-geral *m* do ensino secundário; **~schwester** ⚕ *f* primeira-enfermeira *f*; **~sekunda(ner** *m*) *f* (aluno *m* do) sétimo ano *m* (do liceu).

'**oberst** ['o:bərst] **1.** *superl. v. ober* o mais alto; supremo; sumo; *zu~* em cima; **2.** ♀ ⚔ *m (-en)* coronel *m.*

'**Ober**|'**staats-anwalt** *m (-es; ⸚e)* procurador *m* geral da República; **~'stabs-arzt** ⚔ *m (-es; ⸚e)* médico *m* do estado-maior.

Oberst'-leutnant *m (-s; -s)* tenente-coronel *m.*

'**Ober**|**studien-direktor** *m (-s; -en)* reitor *m* de liceu; **~teil** *m (-es; -e)* parte *f* superior, parte *f* de cima; **~tertia(ner** *m) f (-; -tien)* (aluno *m* do) quinto ano *m* (do liceu); **~wasser** *n (-s; 0)*: *~ bekommen fig.* conseguir sobrepor-se (*od.* impor-se).

ob'gleich [ɔp'glaɪç] ainda que, se bem que, embora (*subj.*).

'**Obhut** ['ɔphu:t] *f (0)* guarda *f*; prote[c]ção *f*; *in j-s ~* aos cuidados *m/pl.* de alg., sob a custódia de alg.

'**obig** ['o:biç] sobredito, supradito.

Ob'jekt [ɔp'jɛkt] *n (-es; -e)* obje[c]to *m*; *gr.* complemento *m*; **~'iv** [-'ti:f] *n (-es; -e)* obje[c]tiva *f*; ♀'**iv** obje[c]tivo; **~ivi'tät** [-ivi'tɛ:t] *f (0)* obje[c]tividade *f.*

O'blate [o'bla:tə] *f* obreia *f*; *Rel.* [hóstia *f.*]

'**ob-liegen** (*dat.*) (*L*): *e-r Sache* (*gen.*) *~* dedicar-se a a.c.; *j-m ~* cumprir a alg., caber a alg.; ♀-**heit** *f* incumbência *f*, obrigação *f.*

obli'gat [obli'ga:t] de rigor; **~'orisch** [-ga'to:riʃ] obrigatório.

'**Ob-mann** *m (-es; ⸚er)* chefe *m*, (*Schiedsrichter*) árbitro *m*; ⚖ presidente *m.*

O'brigkeit ['o:briçkaɪt] *f* autoridade(s *pl.*) *f*; ♀**lich** da autoridade.

ob'schon ainda que, se bem que, embora (*subj.*).

obs'kur [ɔps'ku:r] obscuro.

Obst [o:pst] *n (-es; -sorten)* fruta *f*; '**~bau** *m (-es; 0)* fruticultura *f*; '**~baum** *m (-es; ⸚e)* árvore *f* de fruto, árvore *f* frutífera; '**~ernte** *f* colheita *f* de fruta; '**~garten** *m (-s; ⸚)* pomar *m*; '**~händler(in** *f*) *m* vendedor(a *f*) *m* de fruta; fruteiro (-a *f*) *m*; '**~kern** *m (-es; -e)* pevide *f*; caroço *m*; **~markt** *m (-es; ⸚e)* mercado *m* de fruta; '**~messer** *n* faca-de-fruta *f*; '**~schale** *f* pele *f* da fruta, casca *f* da fruta; (*Schüssel*) fruteira *f*; '**~zucht** *f (0)* pomicultura.

obs'zön [ɔps'tsø:n] obsceno.

ob'wohl = *obgleich.*

'**Ochse** ['ɔksə] *m (-n)* boi *m*; *fig.* burro *m*; ♀**n** F (-*t*) estudar como um burro.

'**Ochsen**|-**auge** ⚓ *n (-s; -n)* olho-de-boi (*'ô) *m*; **~fleisch** *n (-es; 0)* carne *f* de vaca; **~gespann** *n (-es; -e)* junta *f* (de bois); cambão *m*; **~schwanz-suppe** *f* sopa *f* de rabo de boi; **~stall** *m (-es; ⸚e)* curral *m*; **~treiber** *m* boieiro *m*; **~zunge** *f* língua *f* de boi.

'**Ocker** ['ɔkər] *m (-s; -)* ocra *f*; (*Rötel*) almagre *m.*

'**Ode** ['o:də] *f* ode *f.*

'**öde** [ø:də] **1.** deserto, despovoado, ermo; *fig.* aborrecido, desolador; **2.** ♀ *f* deserto *m*, ermo *m*; solidão *f.*

'**oder** ['o:dər] ou; *~ aber, ~ auch* ou então.

'**Ödland** ['ø:t-] *n (-es; ⸚ereien)* terreno *m* inculto; ermo *m*; *hohes*: páramo *m.*

'**Ofen** ['o:fən] *m (-s; ⸚)* fogão *m*; (*Back*♀) *u.* ⊕ forno *m*; **~rohr** *n (-es; -e)* cano *m* do fogão; chaminé *f* do fogão; **~röhre** *f* estufa *f*; = *~rohr*; **~schirm** *m (-es; -e)* guarda-fogo *m*; **~setzer** *m* estufeiro *m*; **~tür** *f* porta *f* do forno.

'**offen** ['ɔfən] aberto (*bleiben* ficar em); descoberto; (*unbesetzt*) vago, livre; (*unausgefüllt*) em branco; *Betrag*: por liquidar; *Frage*: em suspenso; *Kredit*: ilimitado; *See*: alto; ⚔ *Stadt*: aberta, indefesa; *fig.* franco, sincero; *~ gesagt, ~ gestanden* com franqueza; *auf ~er Straße* em plena rua; *~es Konto* conta-corrente *f*; **~bar** evidente, manifesto, patente; *adv. a.* pelos vistos; *~ werden* evidenciar-se, revelar-se; **~'baren** [-'ba:rən] (-) manifestar; (*aufdecken*) revelar; ♀'**barung** [-'ba:ruŋ] *f* revelação *f*; *~* (*Johannis*) Apocalipse *m*; ♀'**barungs-eid** *m (-es; -e)* declaração *f* ajuramentada de insolvência; **~-halten** (*L*) deixar aberto; *fig.* reservar; ♀-**heit** *f (0)* franqueza *f*, sinceridade *f*; **~-herzig** franco, sincero; ♀-**herzigkeit** *f (0)* franqueza *f*, sinceridade *f*; **~kundig** notório; evidente; **~sichtlich** evidente; *~ sn a.* saltar aos olhos; ♀'**sive** [-'zi:və] *f* ofensiva *f* (*ergreifen* tomar); **~stehen** (*L*) estar aberto; *~d adj.* aberto; *Geschäft*: pendente; *Stelle*: vago, vacante.

'öffentlich ['œfəntliç] público, notório; **~e** *Hand* fisco *m*; *adv.* em público; **~** *bekanntmachen* publicar; **2keit** *f* (*0*) público *m*; publicidade *f*; *an die* **~** *bringen* fazer público, dar publicidade a; *an die* **~** *treten* apresentar-se (*od.* dirigir-se) ao público; *unter Ausschluß der* **~** à porta fechada.

offe'rieren [ɔfə'ri:rən] ♰ (-) oferecer.

Of'ferte [ɔ'fɛrtə] *f* oferta *f*.

Offizi|'al-verteidiger [ɔfitsi'a:l-] *m* defensor *m* oficioso (*od.* de ex-ofício); **2'ell** [-'ɛl] oficial; *adv. a.* de ofício.

Offi'zier [ɔfi'tsi:r] *m* (*-s*; *-e*) oficial *m*; *erster* **~** ⚓ imediato *m*; **~s-anwärter** *m* aspirante *m*; **~s-bursche** *m* (*-n*) impedido *m*; **~(s-)korps** *n* (-; -) oficialidade *f*; **~s-messe** *f* cantina *f* de oficiais, «messe» *f* (*engl.*).

offizi'ös [ɔfitsi'ø:s] oficioso.

'öffn|en ['œfnən] (*-e-*) abrir; *Gefäß*: destapar; **2ung** *f* abertura *f*; aberta *f*; (*Ausgang*) saída *f*; (*Loch*) buraco *m*, orifício *m*; (*Spalt*) fenda *f*.

oft [ɔft] frequentemente; a miúdo; muitas vezes; *so* **~** tantas vezes, quantas vezes (*wie* que *subj.*); *wie* **~** quantas vezes; *so***~** ... sempre que (*subj.*).

'öfter ['œftər] (*comp. v. oft*) mais vezes; com mais frequência; **~(s)** às vezes.

'oftmal|ig [-ma:liç] frequente; **~s** = *oft*.

oh! [o:] oh!

Ohm ⚡ *n* ómio *m*.

'ohne ['o:nə] *prp.* (*ac.*), **~** *zu* (*inf.*) sem; *cj.* **~** *daß* sem que (*subj.*); sem (*nom.* + *inf.*); **~** *weiteres* sem mais nada; sem detenças; **~'dem, ~'dies** sem isso; = **~***hin*; **~'gleichen** sem igual, sem par; **~'hin** mesmo assim, além disso; (*übrigens*) aliás.

'Ohn|macht ['o:n-] *f* impotência *f*; fraqueza *f*; ⚕ desmaio *m*, desfalecimento *m*; *in* **~** *fallen* desmaiar; **~machts-anfall** *m* (*-s*; *¨e*) desmaio *m*, P chilique *m*; **2mächtig** impotente; ⚕ desmaiado; **~** *werden* desmaiar; perder os sentidos.

Ohr [o:r] *n* (*-ẹs*; *-en*) orelha *f*, ouvido *m*; *die* **~***en steif halten fig.* não desaminar; *sich aufs* **~** *legen* deitar--se; *bis über die* **~***en verliebt in* (*ac.*) doido por; *bis über die* **~***en verschuldet* endividado até às orelhas; *es* (*faustdick*) *hinter den* **~***en haben* ser finório; *noch nicht trocken hinter den* **~***en fig.* muito verde; *sich* (*dat.*) *hinter die* **~***en schreiben können* ficar sabendo; *j-m in den* **~***en liegen fig.* maçar alg.; *j-n übers* **~** *hauen*, *j-m das Fell über die* **~***en ziehen fig.* entrujar alg.; explorar alg.

Öhr [ø:r] *n* (*-ẹs*; *-e*) olho *m* (da agulha), fundo *m*; asa *f*.

'Ohren|-arzt *m* (*-es*; *¨e*) médico *m* especializado em doenças do ouvido; *Hals-, Nasen-,* **~***-arzt m* otorinolaringologista *m*; **~beichte** *f* confissão *f* auricular; **2betäubend** estrondoso; **~-entzündung** *f* otite *f*; **~-heilkunde** *f* (*0*) otologia *f*; **~-sausen** *n* (*-s*; *0*) zunido (*od.* zumbido) *m* dos ouvidos; **~schmalz** *n* (*-es*; *0*) cerume *m*, cera *f* dos ouvidos; **~schmaus** *m* (*-es*; *0*) encanto *m* para os ouvidos; **~schmerz** *m* (*-es*; *-en*) dor *f* nos ouvidos; **~spiegel** ⚕ *m* otoscópio *m*; **~zeuge** *m* (*-n*) testemunha *f* auricular.

'Ohr|feige *f* bofetada *f*; **2feigen** ['-faɪgən] esbofetear; dar bofetada(s) em; **~gehänge** *n* brinco *m*, arrecada *f*; **~läppchen** ['-lɛpçən] *n* lóbulo *m*; **~löffel** esgravador *m* das orelhas; **~muschel** *f* (-; *-n*) concha *f* do ouvido; **~ring** *m* (*-ẹs*; *-e*) brinco *m*; **~wurm** *m* (*-ẹs*; *¨er*) bicha-cadela *f*.

Öko'nom [ø:ko'no:m] *m* (*-en*) ecónomo *m*; (*Landwirt*) engenheiro *m* agrónomo *m*; (*Verwalter*) administrador *m*; mordomo *m*; **~'ie** [-no'mi:] *f* economia *f*; (*Verwaltung*) administração *f*; **2isch** económico.

Okta'eder [ɔkta'e:dər] *n* octaedro *m*.

Ok'tav [ɔk'ta:f] *n* (*-s*; *-e*): *in* **~**, *in* **~***format*, **~**...: *in Zssgn* em oitavo *m*; **~e** [-və] *f* oitava *f*.

Ok'tober [ɔk'to:bər] *m* Outubro *m*; **~fest** *n* (*-es*; *-e*) feira *f* de outubro.

oku'lieren [oku'li:rən] (-) enxertar.

Öl [ø:l] *n* (*-ẹs*; *-e*) (*Oliven2*) azeite *m*; (*Erdnuß2 usw.*) *Rel.*, *Mal. u.* (*Schmier2*) óleo *m* (*in* a); **'~baum** *m* (*-ẹs*; *¨e*) oliveira *f*; **'~berg** *m* (*-ẹs*; *0*) *Rel.* Horto *m* das Oliveiras; **'~bild** *n* (*-ẹs*; *-er*) pintura *f* a óleo, quadro *m* a óleo; **'~druck** *m* (*-ẹs*; *-e*) oleografia *f*.

Ole'ander [ole'a:ndər] *m* (e)loendro *m*.
'öl|en ['ø:lən] ⊕ untar (*a. salben*), lubrificar; olear; **2en** *n* lubrificação *f*; **2er** ⊕ *m* oleador *m*; = *2kanne*; **2farbe** *f* tinta *f* de óleo; **2feuerung** *f* combustível *m* líquido; combustão *f* a óleo; **2flasche** *f* azeiteira *f*, galheta *f*; **2frucht** *f* fruto *m* oleaginoso; **2gemälde** *n* = *2bild*; **2götze** *m* (-*n*) *fig*. F pateta *m*; **~ig** oleoso, gorduroso; oleaginoso; *~ sn a.* ter óleo.
O'live [o'li:və] *f* azeitona *f*.
O'liven|baum *m* (-*ęs*; *ᵚe*) oliveira *f*; **~ernte** *f* apanha *f* da azeitona; **2farbig** cor-de-azeitona; **~hain** *m* (-*ęs*; -*e*) olival *m*; **~öl** *n* azeite *m*; **~pflanzung** *f* olival *m*.
'Öl|kanne *f* azeiteira *f*; (*Kanister*) lata *f*; **~krug** *m* (-*ęs*; *ᵚe*) almotolia *f*; **~lampe** *f* candeeiro *m* de azeite; **~leitung** *f* oleoduto *m*; **~malerei** *f* = *~bild*; **~mühle, ~presse** *f* lagar *m*; **~pflanze** *f* planta *f* oleaginosa; **~pumpe** *f* bomba *f* de óleo; **~quelle** *f* poço *m* de petróleo; **~sardine** *f* sardinha *f* em azeite (*od.* em lata); **~stoff** *m* (-*ęs*; -*e*) oleína *f*; **~ung** *f Rel.* unção *f* (*letzte* extrema); ⊕ *~* lubrificação *f*; **~wechsel** *m* mudança *f* de óleo.
O'lymp [o'lymp] *m* (-*s*; *0*) Olimpo *m*; F *Thea.* geral *f*; **~i'ade** [-i'a:də] *f* Olimpíada *f*; **2isch** olímpico.
'Öl|zeug ⚓ *n* (-*ęs*; *0*) oleado *m*; **~zweig** *m* (-*ęs*; -*e*) ramo *m* de oliveira.
Ome'lett [omə'lɛ:t] *n* (-*ęs*; -*e*) omeleta *f*.
'Om|en ['o:mən] *n* (-*s*; *Omina*) agouro *m*, augúrio *m*; **2i'nös** [-i'nø:s] (-*est*) ominoso, de mau augúrio.
'Omnibus ['ɔmnibus] *m* (-*ses*; -*se*) ó[m]nibus *m*; (*Autobus*) auto-carro *m*; **~bahnhof** *m* (-*ęs*; *ᵚe*) estação *f* rodoviária.
Ona'nie [ona'ni:] *f* (*0*) masturbação *f*; **2ren** (-) masturbar-se.
ondu'lieren [ondu'li:rən] (-) ondular.
'Onkel ['ɔnkəl] *m* tio *m*.
O'pal [o'pa:l] *m* (-*s*; -*e*) ópalo *m*, ópala *f*.
'Oper ['o:pər] *f* (-; -*n*) ópera *f* (*komische* bufa).
Opera|'teur [opəra'tø:r] *m* (-*s*; -*e*) operador *m*; **~ti'on** [-tsi'o:n] *f* operação *f*; **~ti'ons-saal** *m* (-*ęs*; -*säle*) sala *f* de operações; **~ti'ons-tisch** *m* (-*es*; -*e*) mesa *f* operatória; **2'tiv** [-'ti:f] cirúrgico, operatório.
Ope'rette [opə'rɛtə] *f* opereta *f*.
ope'rieren [opə'ri:rən] (-) operar; *sich ~ lassen* fazer uma operação.
'Opern|dichter ['o:pərn-] *m* libretista *m*; **~glas** *n* (-*es*; *ᵚer*), **~gucker** *m* binóculo *m*; **~-haus** *n* (-*es*; *ᵚer*) (teatro *m* da) ópera *f*; **~sänger(in** *f*) *m* cantor(a *f*) *m* de ópera; **~text** *m* (-*es*; -*e*) libreto *m*; **~-übertragung** *f* ópera *f* radiodifundida; transmissão *f* radiofónica de uma ópera.
'Opfer ['ɔpfər] *m* sacrifício *m* (*a. fig.*) (*bringen* fazer); (*Sühn2*) holocausto *m*; (*~tier*) vítima *f* (*a. fig.*); *e-s Raubtiers*: presa (*ê) *f*; **~bereitschaft** *f* (*0*) espírito *m* de sacrifício, abnegação *f*; **~gabe** *f* oferenda *f*; **~gefäß** *n* (-*es*; -*e*) libatório *m*; **~lamm** *n* (-*ęs*; *ᵚer*) vítima *f* (*fig.* inocente); **2n** (-*re*) sacrificar (*a. fig.*); (*schlachten*) imolar; *Gabe*: oferecer; **~stock** *m* (-*ęs*; *ᵚe*) cepo *m* (de esmolas); **~tag** *m* (-*ęs*; -*e*) dia *m* de peditório; **~ung** *f* sacrifício *m*; imolação *f*; **~wille** *m* (-*ns*; *0*) abnegação *f*.
'Opium ['o:pium] *n* (-*s*; *0*) (**~tropfen** *m/pl.* tintura *f/sg.* de) ópio *m*.
Oppo|'nent [ɔpo'nɛnt] *m* (-*en*) oponente *m*, opositor *m*; **2'nieren** (-) opor-se; **~siti'on** [-zitsi'o:n] *f* oposição *f*.
op'tieren [ɔp'ti:rən] (-) optar.
'Optik ['ɔptik] (*0*) óptica *f*; **~er** *m* óptico *m*, oculista *m*.
Opti'mis|mus [ɔpti'mismus] *m* (-; *0*) optimismo *m*; **~t(in** *f*) *m* (-*en*) optimista *m*, *f*; **2tisch** optimista.
'optisch ['ɔptiʃ] óptico.
O'rakel [o'ra:kəl] *n*, **~spruch** *m* (-*ęs*; *ᵚe*) oráculo *m*.
O'rang|e [o'raŋʒə] **1.** *f* laranja *f*; **2.** 2 *adj.* cor-de-laranja; **~'eade** [-'ʒa:də] *f* laranjada *f*; **~enbaum** *m* (-*ęs*; *ᵚe*) laranjeira *f*; **2enfarben, 2enfarbig** cor-de-laranja; **~e'rie** [-ʒə'ri:] *f* estufa *f* de laranjeiras.
'Orang-'Utan ['o:raŋ-'u:tan] *m* (-*s*; -*s*) orangotango *m*.
Ora'torium [o:ra'to:rium] *m* (-*s*; *Oratorien*) oratório *m*.
Or'chester [ɔr'kɛstər] *n* orquestra *f*; **~platz** *m* (-*es*; *ᵚe*), **~sitz** *m* (-*es*; -*e*)

Thea. cadeira *f*; «fauteuil» *m* (*fr.*) de orquestra.

Orchi'dee [ɔrçi'de:] *f* orquídea *f*.

'Orden ['ɔrdən] *m* ordem *f*; (*Ehrenzeichen*) condecoração *f*; *j-m e-n ~ verleihen* condecorar alg.

'Ordens|band *n* (-*es*; ⸚*er*) banda *f*; **~bruder** *m* (-*s*; ⸚) confrade *m*; (*Mönch*) frade *m*, religioso *m*; **~geistlichkeit** *f* (*0*) clero *m* regular; **~gesellschaft** *f* congregação *f*; **~gelübde** *n* voto *m* monástico; **~kleid** *n* (-*es*; -*er*) hábito *m*; **~meister** *m* mestre *m*; **~-schnalle** *f* fivela (*od.* barreta) *f* de condecorações; **~schwester** *f* (-; -*n*) (irmã *f*) religiosa *f*; **~verleihung** *f* condecoração *f*; imposição *f* de insígnias; **~-zeichen** *n* insígnia *f*; condecoração *f*.

'ordentlich ['ɔrdəntliç] *adj.* ordeiro, regular; metódico; *Mitglied*: efe[c]tivo; *Professor*: catedrático, ordinário; *adv. a.* devidamente; *fig.* bastante, (*kräftig*) a valer.

'Order ['ɔrdər] *f* (-; -*n*) ordem *f*; *~ parieren* F obedecer.

Ordi'n|alzahl [ɔrdi'na:l-] *f* número *m* ordinal; **2är** [-'nɛr] ordinário; indecente; **~arius** [-'na:rius] *m* (-; *Ordinarien*) (professor *m*) catedrático *m*; **~ate** [-'na:tə] ⩘ *f* ordenada *f*; **~ati'on** [-atsi'o:n] *f* ordenação *f*; **2ieren** (-) *Rel.* ordenar; ⚕ receitar.

'ordn|en ['ɔrtnən] (-*e*-) ordenar; pôr em ordem; **2er** *m j.*: ordenador *m*; organizador *m*; *für Aktien*: classificador *m*; **2ung** *f* (*0*) ordem *f*; disciplina *f*; *in ~ sn et.*: *a.* estar arrumado, estar arranjado; *in ~ bringen* pôr em ordem; arranjar, ⊕ *a.* compor.

'Ordnungs|dienst *m* (-*es*; *0*) serviço *m* de ordem; **~liebe** *f* (*0*) amor *m* da ordem; **2liebend** ordeiro; **2mäßig** regular; legal; rotineiro; **~ruf** *m* (-*es*; -*e*) chamada *f* à ordem; **~sinn** *m* (-*es*; *0*) espírito *m* ordeiro, espírito da ordem; **~strafe** *f* multa *f*; pena *f* disciplinar; **2widrig** contrário à ordem; irregular; **~-zahl** *f* número *m* ordinal.

Ordon'nanz [ɔrdɔ'nants] ⚔ *f* ordenança *f*, impedido *m*.

Or'gan [ɔr'ga:n] *n* (-*s*; -*e*) órgão *m*; (*Stimme*) voz *f*; **~isati'on** [-izatsi'o:n] *f* organização *f*; **~i'sator** [-i'za:tɔr] *m* (-*s*; -*en*) organizador *m*; **2isch** orgânico; **2i'sieren** [-i'zi:rən] (-) organizar; **~'ismus** [-'nismus] *m* (-; *Organismen*) organismo *m*; **~'ist** *m* (-*en*) organista *m*.

'Orgel ['ɔrgəl] *f* (-; -*n*) órgão *m*; (*Dreh2*) realejo *m*; **~bauer** *m* organeiro *m*; **2n** (-*le*) tocar o órgão; *Hirsch*: bramar; **~konzert** *n* (-*es*; -*e*) recital *m* de órgão; **~pfeife** *f* tubo *m* de órgão; **~spiel** *n* (-*es*; *0*) música *f* de órgão; **~spieler** *m* organista *m*.

'Orient ['o:riɛnt] *m* (-*s*; *0*) oriente *m*; **~'ale** [-'ta:lə] *m* (-*n*), **~'alin** [-'ta:lin] *f* oriental *m*, *f*; **2'alisch** [-'ta:liʃ] oriental; **2'ieren** [-'ti:rən] (-) orientar, informar; **~'ierung** [-'ti:ruŋ] *f* orientação *f*; *die ~ verlieren* ficar desorientado.

origi'n|al [origi'na:l] (**2al** *n* [-*s*; -*e*]), **2al...**: *in Zssg*(*n*) original (*m*; *a. j.* F tipo esquisito); **~ell** [-'nɛl] original; interessante.

Or'kan [ɔr'ka:n] *m* (-*es*; -*e*) furação *m*.

Orna'ment [ɔrna'mɛnt] *n* (-*es*; -*e*) ornamento *m*, adorno (*'ô) *m*; **~ik** *f* (*0*) ornamentos *m/pl.*, adornos (*'ô) *m/pl.*

Or'nat [ɔr'na:t] *m* (-*es*; -*e*) hábito-talar *m*; toga *f*.

Ort [ɔrt] *m* (-*es*; -*e u. Örter*) lugar *m*, sítio *m*; = *~schaft*; **'2en** ⚓ *u.* ✈ (-*e*-) tomar a situação; localizar.

ortho'dox [ɔrto'dɔks] (-*est*) ortodoxo.

Orthogra'ph|ie [ɔrtogra'fi:] *f* (*0*) ortografia *f*; **2isch** [-'gra:fiʃ] ortográfico.

'örtlich ['œrtliç] local; **2keit** *f* localidade *f*.

'Orts|-angabe *f* indicação *f* do lugar; **2-ansässig** domiciliado; local; habitante; **~beschreibung** *f* topografia *f*; **~bestimmung** *f* orientação *f*; localização *f*.

'Ortschaft ['ɔrtʃaft] *f* lugar(ejo) *m*; povoação *f*.

'Orts|-empfang *m* (-*es*; ⸚*e*) *Radio*: recepção *f* local; **2fest** ⊕ fixo; preso (*ê); **2fremd** forasteiro; **~gespräch** *n* (-*es*; -*e*) *Fernspr.* chamada *f* local; **~gruppe** *f* secção *f* local; **~-heilige(r)** *m* (-*n*) orago *m*; **~kenntnis** *f* (-; -*se*) conhecimentos *m/pl.* locais; **~kommandant** *m* (-*en*) ⚔ comandante *m* da praça;

℞**kundig**: ~ *sn* ter conhecimentos locais; conhecer o(s) sítio(s); ℞**-name** *m* (*-ns*; *-n*) nome *m* de lugar; **~namenforschung** *f* (*0*), **~namenkunde** *f* (*0*) toponímia *f*; **~polizei** *f* polícia *f* local; **~sender** *m* emissora *f* local; ℞**-üblich** local; *Preise usw.* da praça; **~veränderung** *f* mudança *f* de lugar; locomoção *f*; **~-verkehr** *m* (*-s*; *0*) movimento *m* local, trâfego *m* local; ☏ serviços *m/pl.* locais; *Fernspr.* comunicações *f/pl.* locais; **~vorsteher** *m* regedor *m*; **~-zeit** *f* hora *f* local.
'**Ortung** ['ɔrtuŋ] *f* localização *f*.
'**Öse** ['øːzə] *f* colcheta *f*; *Haken und ~n* colchetes *m/pl.*; macho *m* e fêmea *f*; (*Schlinge*) aselha *f*.
Ost [ɔst] *m* (*-es*; *0*) *poet.* = *~en*; = *~wind*; '*~...*: *in Zssg*(*n*) oriental; *mit Ländernamen* Oriental; '**~en** *m* (*-s*; *0*) leste *m*, oriente *m*; *der Ferne ~* o Extremo Oriente; *der Nahe ~* o Próximo Oriente.
'**Oster**|**blume** ['oːstər-] pulsatilha *f*, bonina *f*; **~-ei** *n* (*-es*; *-er*) ovo *m* da Páscoa; **~fest** *n* (*-es*; *-e*) = *~n*; **~lamm** *n* (*-es*; *¨er*) cordeiro *m* pasc[o]al.
'**österlich** ['øːstərliç] pasc[o]al.
'**Ostern** ['oːstərn] *n* (*-*; *0*) Páscoa *f/sg.*; *fröhliche ~* uma Páscoa muito feliz.
'**Österreich**|**er**(**in** *f*) *m* ['øːstəraɪçər-] austríaco *m* (-a *f*); ℞**isch** austríaco, da Áustria.
'**Oster**|**woche, ~zeit** *f* Semana *f* Santa.
'**Ost**|**gote** *m* (*-n*) ostrogodo *m*; ℞**-indisch** das Índias *f/pl.* Orientais.
'**östlich** ['œstliç] oriental, de leste; *adv.* a leste.
'**Ost**|**see** *f* (*0*) (mar *m*) Báltico *m*; **~wind** *m* (*-es*; *-e*) vento *m* leste.
'**Otter** ['ɔtər] *f* (*-*; *-n*): **a**) *oft m* (*Fisch*℞) lontra *f*; **b**) víbora *f*.
Ouver'ture [uvɛr'tyːrə] *f* abertura *f*.
o'val [o'vaːl] oval; (*adv.* em) oval.
Ovati'on [ovatsi'oːn] *f* ovação *f*; *j-m e-e ~ darbringen* ovacionar alg., aclamar alg.
O'xy|**d** [ɔk'syːt] *n* (*-es*; *-e*) óxido *m*; ℞**'dieren** [-'diːrən] (-) *v/t.* (*v/i.* [sn]) oxidar; **~'dierung** [-'diːruŋ] *f* oxidação *f*.
'**Ozean** ['oːtseaːn] *m* (*-s*; *-e*) oceano *m*; **~dampfer** *m* transatlântico *m*; **~flug** *m* (*-es*; *¨e*) voo (*'ô) *m* transatlântico; ℞**isch** [-'aːniʃ] oceânico.
O'zon [o'tsoːn] *n* (*-s*; *0*) ozone *m*.

P

P, p [pe:] *n uv.* P, p *m.*
Paar [pa:r] **1.** *n* (*-es*; *-e*) par *m* (de); (*Braut*⌒) noivos *m/pl.*; (*Ehe*⌒) casal *m* (*a. Tiere*); *bsd. Pferde*: parelha *f*; *ein* ~ *Hosen* umas calças *f/pl.*; **2.** ⌒: *ein* ~ um par de; alguns, uns poucos; **'⌒en** emparelhar; juntar (*a. fig.*); *Tiere*: copular, acasalar; **'⌒ig** par; **'⌒mal**: *ein* ~ algumas vezes, umas poucas vezes, várias vezes; **'~ung** *f* cópula *f*; **'⌒weise** aos pares; dois a dois, em fila de dois.
Pacht [paxt] *f* renda *f*, arrendamento *m*; **'⌒en** (*-e-*) arrendar; tomar de (ar)renda(mento).
'Pächter ['pɛxtər] *m* (**~in** *f*) arrendatário *m* (-a *f*), caseiro *m* (-a *f*).
'Pacht|geld *n* (*-es*; *-er*) = *Pacht*; **~gut** *n* (*-es*; *⸗er*) herdade *f*, fazenda *f*, casal *m*; **~herr** *m* rendeiro *m*; **~ung** *f* arrendamento *m*; **~zins** *m* (*-es*; *-en*) = *Pacht*.
Pack [pak]: **a)** *m u. n* (*-es*; *-e*) pacote *m*, *großer*: fardo *m*; *Papier*: maço *m*; *Zeug*: trouxa *f*; **b)** *fig. n* (*-es*; *0*) canalha *f*, gentalha *f*, corja *f*.
'Päckchen ['pɛkçən] *n* pacote *m*; *Tabak, Zigaretten(papier)*: maço *m.*
'Pack|-eis *n* (*-es*; *0*) gelos (*ê) *m/pl.* movediços; **⌒en** embrulhar, empacotar; ⚓ embalar; encaixar; *Koffer*: fazer; (*fassen*) agarrar; filar; *fig.* impressionar, arrebatar; *voll*~ encher; **⌒end** *adj. fig.* impressionante, empolgante; **~er** *m* empacotador *m*; embrulhador *m*, enfardador *m*; **~-esel** *m* burro *m* de carga (*a. fig.*); **~leinwand** *f* (*0*) serapilheira *f*; canhamaço *m*; **~nadel** *f* (*-*; *-n*) agulha *f* de albarda; **~papier** *n* (*-s*; *-e*) papel *m* de embrulho; **~raum** *m* (*-es*; *⸗e*) sala *f* de embalagem; **~sattel** *m* albarda *f*; **~ung** *f* embalagem *f*; ⚕ cataplasma *m*; **~-wagen** *m* zorra *f*; carroça *f*; 🚂 furgão *m*, vagão *m* bagageiro.
Päda'gog|e [pɛda'go:gə] *m* (*-n*) pedagogo *m*; **~ik** *f* (*0*) pedagogia *f*; **⌒isch** pedagógico.
Padd|el-boot ['padəl-] *n* (*-es*; *-e*) canoa *f*; **⌒eln** (*-le*) andar de canoa; **~ler** *m* canoeiro *m.*
Päde'rast [pɛdə'rast] *m* (*-en*) pederasta *m*; **~'ie** [-'ti:] *f* pederastia *f.*
paffen ['pafən] fumar a grandes fumaças; bufar.
'Page ['pa:ʒə] *m* (*-n*) paje(m) *m.*
Pa'ket [pa'ke:t] *n* (*-es*; *-e*) pacote *m*; embrulho *m*; (*Post*⌒) encomenda *f* (postal); **~-adresse** *f* guia *f* de encomenda; **~-abfertigung, ~-annahme** *f* expedição *f* de encomendas; **~-ausgabe** *f* entrega *f* de encomendas.
Pakt [pakt] *m* (*-es*; *-e*) pa[c]to *m*; convénio *m*; acordo (*'ô) *m.*
Pa'l|ais [pa'lɛ:] *n* (*-*; *-*): (*kleines* ~) palacete *m*; **~ast** *m* (*-es*; *⸗e*) palácio *m.*
Pa'lette [pa'lɛtə] *f* paleta *f.*
Pali'sade [pali'za:də] *f* paliçada *f*; **~n-zaun** *m* estacada *f.*
Pali'sander [pali'zandər] *m* (*-s*; *0*); **~holz** *n* (*-es*; *0*) palissandro *m.*
'Palm|baum ['palm-] *m* (*-es*; *⸗e*), **~e** *f* palm(ei)ra *f*; **~en-hain** *m* (*-es*; *-e*) palmar *m*; **~-öl** *n* (*-es*; *0*) óleo *m* de palma; **~sonntag** *m* (*-es*; *-e*) Domingo *m* de Ramos; **~zweig** *m* (*-es*; *-e*) palma *f*, ramo *m* de palmeira.
Pam'phlet [pam'fle:t] *n* (*-es*; *-e*) panfleto *m*; **~'ist** [-e'tist] *m* (*-en*) panfletista *m.*
Pa'neel [pa'ne:l] △ *n* (*-s*; *-e*) painel *m.*
Pa'nier [pa'ni:r] *n* (*-s*; *-e*) bandeira *f*, pendão *m*; **⌒en** (*-*) panar.
'Pan|ik ['pa:nik] *f* (*0*) pânico *m*; **⌒isch** pânico.
'Panne ['panə] *f* avaria *f.*
'panschen ['panʃən] aguar, *Wein a.*: ba[p]tizar, adulterar.
'Panther ['pantər] *m* pantera *f.*
Pan'tine [pan'ti:nə] *f* tamanco *m.*
Pan'toffel [pan'tɔfəl] *m* (*-s*; *-n*) chinela *f*, pantufo *m*; *mit Absätzen*: chinelo *m*; (*Holz*⌒) tamanco *m*; *fig. unter dem* ~ *stehen, ein* ~*held sn* estar debaixo da férula da mulher.
'Panzer ['pantsər] *m* couraça *f*; =

~ung; = ~wagen; ~-**abwehr** *f* defesa *f* anti-carro; ~**division** *f* divisão *f* blindada; ~**hemd** *n* (-*es*; -*en*) cota *f* de malha; ~**kreuzer** *m* (cruzador *m*) couraçado *m*; ♀**n** (-*re*) blindar; couraçar; *sich* ~ *gegen fig.* defender-se de; ~**platte** *f* chapa *f* de blindagem; ~**truppen** *f/pl.* unidades *f/pl.* blindadas; ~**turm** *m* (-*es*; ⸚*e*) torre (*ô) *f* blindada; ~**ung** *f* blindagem *f*; ~**wagen** *m* carro *m* blindado.

Papa [pa'pa:, F 'papa] *m* (-*s*; -*s*) papá *m*.

Papa'gei [papa'gaɪ] *m* (-*es od.* -*en*; -*en*) papagaio *m*; ~**enkrankheit** *f* (*0*) psitacose *f*.

Pa'pier [pa'pi:r] *n* (-*s*; -*e*) papel *m* (*Fetzen* bocado *m* de, pedaço *m* de); ⚖ *u.* ✝ *a.* documento *m*, *pl. a.* documentação *f/sg.*; (*Wert*♀) título *m*; valor *m*; *zu* ~ *bringen* assentar, escrever; ~**drachen** *m* papagaio *m*; ~**geld** *n* (-*es*; *0*) papel *m* (moeda), notas *f/pl.*; ~**geschäft** *n* (-*es*; -*e*), ~-**handlung** *f* papelaria *f*; ~**korb** *m* (-*es*; ⸚*e*) cesto (*ê) *m* dos papéis; ~**krieg** *m* (-*es*; *0*) *fig.* burocracia *f*; ~**messer** *n* corta-papel *m*; ~**mühle** *f* fábrica *f* de papel; ~**schere** *f* tesoura *f* para (re)cortar papel; ~**schlange** *f* serpentina *f*; ~**schneide-maschine** *f* guilhotina *f*; ~**streifen** *m* tira *f* de papel; ~**wisch** *m* (-*es*; -*e*) papelório *m*.

'**Papp**|-**arbeit** *f* cartonagem *f*; ~**band** *m* encadernação *f* em cartão; livro *m* cartonado; ~**deckel** *m* cartão *m*; ~**e** *f* cartão *m*, papelão *m*.

'**Pappel** ⚘ ['papəl] *f* choupo *m*.

'**pappen** ['papən] F (*essen*) papar; (*kleben*) pegar; ♀**stiel** F *m* bagatela *f*.

'**papp**|**ig** ['papiç] pastoso; ♀**karton** *m* (-*s*; -*s*) cartão *m*.

'**Paprika** ['paprika] *m* (-*s*; -*s*) pimento *m*, colorau *m*.

Papst [pa:pst] *m* (-*es*; ⸚*e*) Papa *m*, Sumo Pontífice *m*; '~**krone** *f* tiara *f*.

'**päpstlich** ['pɛ:pstliç] papal, pontifical.

'**Papst**|**tum** *n* (-*es*; *0*) papado *m*; pontificado *m*; papismo *m*; ~**würde** *f* (*0*) pontificado *m*.

Pa'rabel [pa'ra:bəl] *f* (-; -*n*) parábola *f*.

Pa'rade [pa'ra:də] *f* parada *f* (*a. Fechtkunst*), ⚔ *a.* desfile *m*, revista *f*; *die* ~ *abnehmen* passar em revista; ~**marsch** *m* (-*es*; ⸚*e*) desfile *m* = ~*schritt*; ~**pferd** *n* (-*es*; -*e*) cavalo *m* de batalha (*a. fig.*); ~**schritt** *m* (-*es*; *0*) passo *m* militar.

Para'die|**s** [para'di:s] *n* (-*es*; -*e*) paraíso *m*; ♀**sisch** [-ziʃ] paradisíaco.

para'dox [para'dɔks] paradoxo, paradoxal.

Paraf'fin [para'fi:n] *n* (-*s*; -*e*) parafina *f*; ♀'**ieren** (-) parafinar.

Para'graph [para'gra:f] *f* (-*en*) parágrafo *m*; (*Gesetzes*♀) artigo *m*.

paral'lel [para'le:l] paralelo; ♀**e** *f* paralela *f*; *fig. u.* ♀**o'gramm** [-lo'gram] *n* (-*s*; -*e*) paralelograma *m*; ♀**schaltung** ⚡ *f* ligação *f* em paralelo.

Para'ly|**se** [para'ly:zə] *f* paralisia *f*; ♀**tisch** [-tiʃ] paralítico.

para'phieren [para'fi:rən] (-) rubricar.

Para'sit [para'zi:t] *m* (-*en*) parasita *m*; ♀**isch** parasítico.

Par'don [par'dɔŋ] *m* (-*s*; *0*) perdão *m*.

Paren'these [parɛn'te:zə] *f* parêntese *m*; *in* ~ entre parênteses.

Par'füm [par'fy:m] *n* (-*s*; -*e od.* -*s*) perfume *m*; ~**e'rie** [-ə'ri:] *f* perfumaria *f*; ~**fläschchen** *n* frasquinho *m* de perfumes; ♀'**ieren** (-) perfumar; ~**zerstäuber** *m* pulverizador *m* (de perfume).

'**pari** ['pa:ri] **1.** (ao) par; **2.** ♀ *n* (-*s*; *0*) par *m*.

pa'rieren [pa'ri:rən] (-) parar; (*gehorchen*) obedecer.

Pa'riser [pa'ri:zər] *m*, ~**in** *f* parisiense *m*, *f*; ♀**isch** parisiense, de Paris.

Pari'tät [pari'tɛ:t] *f* igualdade *f* de direitos; paridade *f*; ♀**isch** igual.

Park [park] *m* (-*es*; -*s*) parque *m*; '~-**anlage** *f* jardim *m* público *m*; '♀**en** *Auto*: estacionar; '~**en** *n* estacionamento *m*.

Par'kett [par'kɛt] *n* (-*es*; -*e*) *Thea.* plateia *f*; = ~(**fuß**)**boden** *m* (-*s*; ⸚) parquete *m*; ~**loge** *f* frisa *f*; ~**platz** *m* (-*es*; ⸚*e*), ~**sitz** *m* (-*es*; -*e*) plateia *f*, cadeira *f*.

'**Park**|**platz** *m* (-*es*; ⸚*e*) (parque *m* de) estacionamento, *Taxis*: praça *f*; ~**verbot** *n* (-*es*; -*e*) proibição *f* de estacionar; estacionamento *m* proibido; ~**wächter** *m* guarda(-automóveis) *m*.

Parla'ment [parla'mɛnt] *n* (-*ęs*; -*e*) parlamento *m*, Câmara *f* dos Deputados; *in Portugal ehm. a.* Cortes *f/pl.*, *jetzt*: Assembleia *f* Nacional; **~'är** [-'tɛːr] *m* (-*s*; -*e*) parlamentário *m*; **~'arier** [-'taːriər] *m* deputado *m*; **2'arisch** [-'taːriʃ] parlamentar.

Paro'd|ie [paro'diː] *f* paródia *f*; **2ieren** (-) parodiar; **2istisch** paródico.

Pa'role [pa'roːlə] ⚔ *f* santo-e-senha *f* (*ausgeben* dar).

Par'tei [par'taɪ] *f* partido *m* (*ergreifen* tomar; *eintreten in ac.* filiar-se em); fra[c]ção *f*; ⚖ parte *f*; ~ *nehmen für* declarar-se por, aderir a; **~-abzeichen** *n* distintivo *m* do partido; **~buch** *n* (-*ęs*; ⸚*er*) caderneta *f* de membro do partido; **~führer** *m* (**~führung** *f*) chefe *m* (dire[c]ção *f*) do partido; **~gänger** [-gɛŋər] *m* partidário *m*; (*aufständischer*) sedicioso *m*; **~geist** *m* (-*ęs*; *0*) fa[c]ciosismo *m*; partidarismo *m*; **~genosse** *m* (-*n*) correligionário *m*; camarada *m*; = **~mitglied** *n* (-*ęs*; -*er*) membro *m* do partido; partidário *m*; **2isch, 2lich** fa[c]cioso, parcial; **2los** independente; neutro; **~nahme** [-naːmə] *f* parcialidade *f*; ~ *für* adesão *f* a; **~politik** *f* (*0*) política *f* partidária; **~tag** *m* (-*ęs*; -*e*) Congresso *m* do Partido; **~wesen** *n* partidarismo *m*; **~zugehörigkeit** *f* filiação *f* partidária.

Par'terre [par'tɛr] *n* (-*s*; -*s*) rés--do-chão *m*; *Thea.* plateia *f*.

Par'tie [par'tiː] *f* (*Ausflug*) excursão *f*; (*Heirat*) partido *m*; (*Spiel*) partida *f*; *Teil* (*a.* ♪) parte *f*; ✝ lote *m*; *von der* ~ *sn* tomar parte.

parti'ell [partsi'ɛl] parcial.

Par'tikel [par'tikəl] *f* (-; -*n*) partícula *f*.

Partikula'ris|mus [partikula'rismus] *m* (-; *0*) particularismo *m*; **~t** *m* (-*en*) particularista *m*; **2tisch** particularista.

Parti'san [parti'zaːn] *m* (-*s od.* -*en*; -*en*) guerrilha *m*, guerrilheiro *m*.

Parti'tur [parti'tuːr] *f* partitura *f*.

Parti'zip [parti'tsiːp] *n* (-*s*; -*ien*) particípio *m* (*erstes* do presente; *zweites* passado).

'Partner ['partnər] *m*, (**~in** *f*) ✝ sócio *m* (-a *f*); *Gespräch*: interlocutor(a *f*) *m*; *Spiel*: parceiro *m* (-a *f*); *Tanz*: par *m*, *f*; *Thea.* j-s ~ *sn* contracenar com alg.

'Parze ['partsə] *f* parca *f*.

Par'zell|e [par'tsɛlə] *f* parcela *f*; lote *m*; **2'ieren** (-) parcelar; lotar.

'Paspel ['paspəl] *f* (-; -*n*) galão *m*.

Paß [pas] *m* (-*sses*; ⸚*sse*) *Erdk.*: desfiladeiro *m*; (*Reise*2) passaporte *m* = **~gang**.

Pas'sage [pa'saːʒə] *f* passagem *f*; (*a.* ⚓) travessa *f*; (*Stück, Teil*) passo *m*.

Passa'gier [pasa'ʒiːr] *m* (-*s*; -*e*) passageiro *m* (*blinder* clandestino); **~...**: *in Zssgn meist*: de passageiros; **~gut** *n* (-*ęs*; ⸚*er*) bagagem *f*.

'Paßamt *n* (-*ęs*; ⸚*er*) repartição (*od.* se[c]ção) *f* de passaportes.

Pas'sant [pa'sant] *m* (-*en*), **~in** *f* transeunte *m*, *f*.

Pas'sat [pa'saːt] *m* (-*ęs*; -*e*), **~wind** *m* (-*ęs*; -*e*) monção *m*.

'Passe ['pasə] *f* *Kleidung*: cabeção *m*, encaixe *m*.

'passen ['pasən] (-*ßt*) servir, caber; ⊕ ajustar; *Kleidung*: *a.* ser justo; assentar; (*genehm sn*) convir; não fazer diferença; *Spiel*: passar; *zu et.* ~ dizer bem com a.c., fazer jogo (*'ô) com a.c., prestar-se a a.c.; *j.*: *für j-n* ~ ser bom para alg.; *zu j-m*: ser próprio de alg.; *zuea.* ~ condizer; quadrar; adaptar-se; convir; **~d** *adj.* justo; próprio; conveniente; (*günstig*) oportuno.

'Paß-gang *m* (-*ęs*; ⸚*e*) andadura *f*; hacaneia *f*.

pas'sier|bar [pa'siːrbar] transitável; praticável; **~en** (-; *sn*) *v/i.* passar (*a. v/t.*); suceder, acontecer; **2-schein** *m* (-*ęs*; -*e*) passe *m*, bilhete *m* de livre trânsito.

Passi'on [pasi'oːn] *f* paixão *f*; *Rel.* Paixão *f*; **2'iert** [-o'niːrt] apaixonado; **~sblume** *f* flor-da-quaresma *f*; **~s-spiel** *n* (-*ęs*; -*e*) Mistério *m* da Paixão; **~s-zeit** *f* quaresma *f*.

'passiv ['pasiːf] **1.** passivo; **2.** 2 *n* (-*s*; *0*) *n gr.* voz *f* passiva; **2a** [-va], **2en** [-vən] *pl.* ✝ passivo *m/sg*.

'Paß|stelle *f* se[c]ção (*od.* agência) *f* de passaportes; **~zwang** *m* (-*ęs*; *0*) passaporte *m* obrigatório.

'Past|e ['pastə] pasta *f*; **~'ell** [-s'tɛl] *n* (-*ęs*; -*e*) pastel *m*; **~'ell-maler** *m* pastelista *m*; **~'ell-malerei** *f* (*0*) pintura *f* a pastel; **~'ete** [-s'teːtə] *f*

pastel *m*; empada *f*; **~'ille** [-s'tilə] *f* pastilha *f*.
'Pastor ['pastɔr] *m* (*-s*; *-en*) pastor *m*; sacerdote *m* (protestante).
'Pat|e ['pa:tə] *m* (*-n*) padrinho *m*; ~ stehen bei apadrinhar (*ac.*); **~engeschenk** *n* (*-es*; *-e*) prenda *f* de ba[p]tizado; **~enkind** *n* (*-es*; *-er*) afilhado *m* (-a *f*); **~enschaft** *f* patrocínio *m*; **~enstelle** *f*: ~ vertreten bei apadrinhar (*ac.*).
Pa'tent [pa'tɛnt] **1.** *n* (*-es*; *-e*) patente *f*; diploma *m*; **2.** ♀ F *adj.* prático; *j.*: *a.* jeitoso; **~-amt** *n* (*-es*; *⸚er*) registo *m*; **♀'ieren** (-) regist(r)ar; sich (*dat.*) et. ~ lassen tirar a patente de a.c.
'Pater ['pa:tər] *m* (*-s*; - *od. Patres*) Padre *m*; **~'noster** ['-nɔstər] **1.** *n uv.* padre-nosso *m*, rosário *m*; **2.** ⊕ *m* (*Aufzug*) elevador *m* sem fim.
pa'thetisch [pa'te:tiʃ] patético.
Patho'log|e [pato'lo:gə] *m* (*-n*) patologista *m*; **~'ie** [-'gi:] *f* (*0*) patologia *f*; **♀isch** patológico.
'Pathos ['pa:tɔs] *n* (-; *0*) patético *m*; *Stil*: ênfase *f*; patetismo *m*.
Pati'ent [patsi'ɛnt] *m* (*-en*), **~in** *f* doente *m*, *f*.
'Patin ['pa:tin] *f* madrinha *f*.
Patri'arch [patri'arç] *m* (*-en*) patriarca *m*; **♀'alisch** [-'ça:liʃ] patriarcal.
Patri'ot [patri'o:t] *m* (*-en*), **~in** *f* patriota *m*, *f*; **~'ismus** [-'tis-] *m* patriotismo *m*.
Pa'triz|ier(in *f*) *m* [pa'tri:tsiər-] patrício *m* (-a *f*); **♀isch** patrício.
Pa'tron [pa'tro:n] *m* (*-s*; *-e*) patrão *m*; (*Schutz♀*) padroeiro *m*; *übler usw.* ~ tipo ...; **~'at** [-o'na:t] *n* (*-es*; *-e*) *Rel.* padroado *m*; *Fest usw.*: patrocínio *m*.
Pa'trone [pa'tro:nə] *f* cartucho *m*; **~ngurt** *m* (*-es*; *-e*) canana *f*, cartucheira *f*; **~n-hülse** *f* cápsula *f*; cartucho *m* vazio; **~nlager** *n* câmara *f*; **~nmagazin** *n* (*-s*; *-e*) depósito *m*.
Pa'trouill|e [pa'truljə] *f* patrulha *f*; (*Stadt♀*) ronda *f*; **~enboot** *n* (*-es*; *-e*) patrulha *m*; **♀'ieren** (-; *sn*) patrulhar; fazer ronda.
'Patsche ['patʃə] *f* F (*Hand*) mãosinha *f*; (*Pfütze*) charco *m*; atoleiro *m*; *fig.*: in der ~ sn (*od.* sitzen) estar num autêntico atoleiro; **♀'naß** molhado até aos ossos.
'patzig ['patsiç] arrogante, impertinente, rabugento.
'Pauk|e *f* timbale *m*; **'♀en** tocar os timbales; (*fechten*) esgrimir; F (*lernen*) meter na cabeça; **~er** F *m* (*Lehrer*) professor *m*.
'Paus|backen *f/pl.* bochechas *f/pl.*; **♀bäckig** [-bɛkiç] papudo.
Pau'schal... [pau'ʃa:l]: *in Zssgn* global; **~e** *n*, **~summe** *f* soma *f* global.
'Paus|e ['pauzə] *f*: **a)** pausa *f*; intervalo *m*; aberta *f*; **b)** (*Durchzeichnung*) calco *m*, cópia *f*; **♀en** (*-t*) (de)calcar, trasfoliar; **~enzeichen** *n* ♪ pausa *f*; *Radio*: sinal *m* (da Rádio); **♀'ieren** (-) pausar, parar; interromper (o trabalho); **~papier** *n* (*-s*; *-e*) papel *m* transparente; papel *m* químico.
'Pavian ['pa:via:n] *m* (*-s*; *-e*) babuino *m*.
'Pavillon ['paviljõ, -o:n] *m* (*-s*; *-s*) pavilhão *m*.
Pazi'fismus [patsi'fismus] *m* (-; *0*); **~t(in** *f*) (*-en*) pacifista *m*, *f*; **♀tisch** pacifista.
Pech [pɛç] *n* (*-es*; *0*) pez *m*, breu *m*; *fig.* azar *m*, má sorte *f*; F macaca *f*; **'~blende** *f* pechblenda *f*; uraninite *f*; **'~draht** *m* (*-es*; *⸚e*) linhol *m*; **'~fackel** *f* (-; *-n*) archote *m*; **~'kohle** *f* azeviche *m*; **'♀schwarz** (*0*) negro como azeviche *m*; *Nacht*: escuro; **'~strähne** *f fig.* azar *m*; **'~vogel** *m* (*-s*; *⸚*) desgraçado *m*, pessoa *f* de pouca sorte.
Pe'dal [pe'da:l] *n* (*-s*; *-e*) pedal *m*; **~stange** *f* pedaleiro *m*.
Pe'dant [pe'dant] *m* (*-en*) caturra *m*; **~e'rie** [-ə'ri:] *f* caturrice *f*; **♀isch** caturra; ultra-meticuloso.
Pe'dell [pe'dɛl] *m* (*-s*; *-e*) bedel *m*.
Pedi'küre [pedi'ky:rə] *f* tratamento *m* dos pés; *j.*: pedicura *f*.
'Pegel ['pe:gəl] *m* fluviómetro *m*; marégrafo *m*; **~stand** *m* (*-es*; *⸚e*) nivel *m* da água.
'Peil|-antenne ['paɪl-] *f* antena *f* radiogoniométrica; **♀en** ⚓ *u.* (✈) orientar-se (por [radio]goniometria); **~funk** *m* (*-es*; *0*) radiogoniometria *f*; **~station** *f* radiofarol *m*; **~ung** *f* ⚓ *u.* (✈) orientação *f* ([radio]goniométrica).
Pein [paɪn] *f* (*0*) pena *f*, tormento *m*; sofrimento *m*; tortura *f*; **'♀igen** ['-igən] atormentar, torturar; **'~iger**

['-igər] *m* verdugo *m*; '**2lich** penoso; *j. a.*: meticuloso; *j-m*: desagradável, desgostoso; ~ *berührt* mal impressionado, melindrado.
'**Peitsch**|**e** ['paɪtʃə] *f* chicote *m*; açoite *m u. f*; **2en** chicotear, fustigar, vergastar; *j-n*: *a.* açoitar; **~enhieb** *m* (-*ęs*; -*e*) chicotada *f*.
pekuni'är [pekuni'ɛ:r] pecuniário, financeiro.
Pele'rine [pelə'ri:nə] *f* capa *f*; manto *m*.
'**Pelikan** ['pe:lika:n] *m* (-*s*; -*e*) pelicano *m*.
'**Pell**|**e** ['pɛlə] *f nd.* casca *f*; pele *f*; **2en** descascar; **~kartoffeln** *f/pl.* batatas *f/pl.* cozidas com a casca.
Pelz [pɛlts] *m* (-*es*; -*e*) pele *f*; peliça *f*; '**~besatz** *m*: *mit* ~ debruado de peles *f/pl.*; '**~-händler** *m* peleiro *m*; '**~-handlung** *f* pelaria *f*; '**~mantel** *m* (-*s*; ⸗) casaco *m* de peles; peliça *f*; '**~-stiefel** *m* bota *f* forrada de peles; '**~waren** *f/pl.* peles *f/pl.*
Pen'dant [pã'dã:] *n* (-*s*; -*s*) correspondente *m*; *ein* ~ *bilden* fazer jogo (*zu* com).
'**Pendel** ['pɛndəl] *n u. m* pêndulo *m*; (*Uhr*2) *a.* pêndula *f*; **~-ausschlag** *m* (-*ęs*; ⸗*e*) amplitude *f* das oscilações do pêndulo; **2n** (-*le*) *v/t. u. v/i.* oscilar; **~schwingung** *f* oscilação *f*; **~-uhr** *f* pêndula *f*; **~verkehr** *m* (-*s*; *0*) serviço *m* de ida e volta.
pe'nibel [pe'nibəl] meticuloso, minucioso; (*schwierig*) melindroso.
Penici'llin [penitsi'li:n] *n* (-*s*; *0*) penicilina *f*.
Pen'n|**äler** [pɛ'nɛ:lər] F *m* estudante *m* (do liceu); '**~bruder** *m* (-*s*; ⸗) F vagabundo *m*; '**~e** F *f* escola *f*; '**2en** F dormir.
Pensi'on [pãzi'o:n, pɛnzi'o:n] *f* pensão *f* (*volle* completa); casa *f* de hóspedes; (*Alters*2) reforma *f* (*a.* ⚔); (*Hinterbliebenen*2) pensão *f*; **~'är** [-o'nɛ:r] *m* (-*s*; -*e*) pensionista *m*; *Schüler*: interno *m*; **~'at** [-o'na:t] *n* (-*ęs*; -*e*) colégio *m* para internos; internato *m*; **2'ieren** (-) reformar; *sich* ~ *lassen* pedir a reforma; **2'iert** [-'ni:rt] reformado, aposentado, jubilado; **~'ierung** [-'ni:ruŋ] *f* reforma *f*, aposentação *f*; **2s-berechtigt** com direito à reforma; **~s-empfänger** *m* pensionista *m*; **~s-kasse** *f* caixa *f* de aposentações; **~s-preis** *m* (-*es*; -*e*) diária *f*.
'**Pensum** ['pɛnzum] *n* (-*s*; *Pensa od. Pensen*) matéria *f*, programa *m*.
per [pər] por; ~ *Adresse* aos cuidados de (*Abk.* a/c); ~ *Bahn* por grande (*od.* por pequena) velocidade; **~'fekt** [-'fɛkt] perfeito; ~ *machen* concluir; '**2fekt** *n* (-*ęs*; -*e*) pretérito *m* (perfeito *od.* definitivo), perfeito *m*; **2fekti'on** [-tsi'o:n] *f* (*0*) perfeição *f*.
Perga'ment [pɛrga'mɛnt] *n* (-*ęs*; -*e*) pergaminho *m*.
Peri'od|**e** [peri'o:də] *f* período *m*; **2isch** periódico.
Periph|**e'rie** [perife'ri:] *f* periferia *f*; circunferência *f*; **2'erisch** [-'fe:riʃ] periférico.
Peri'skop [peris'ko:p] *n* (-*s*; -*e*) periscópio *m*.
'**Perl**|**e** ['pɛrlə] *f* pérola *f*; *fig.* F criada; **2en**[1] brilhar, borbulhar; **~en**[2]**...**: *in Zssgn* de pérolas; **2grau** aperolado; **~-huhn** *n* (-*ęs*; ⸗*er*) galinha-de-angola *f*; **~muschel** *f* (-; -*n*) ostra *f* perolífera, madre-pérola *f*; **~mutter** *f* (*0*) madre-pérola *f*, nácar *m*; **~schrift** *f Typ.* missanga *f*.
perma'nen|**t** [pɛrma'nɛnt] permanente; **2z** *f* (*0*) permanência *f*.
Perpen'dikel [pɛrpɛn'di:kəl] *m*, *n* perpendículo *m*.
per'plex [pɛr'plɛks] perplexo; consternado.
'**Pers**|**er**(**in** *f*) *m* persa *m*, *f*; **2isch** pérsio; *Golf*: Pérsico.
Per'son [pɛr'zo:n] *f* pessoa *f* (*in eigener* em); *Thea.* personagem *f*; *ich für m-e* ~ cá por mim.
Perso'nal [pɛrzo'na:l] *n* (-*s*; *0*) pessoal *m*; **~-akte** *f* folha (*ô) *f* de serviços; processo *m*; **~-ausweis** *m* (-*es*; -*e*) bilhete *m* de identidade; cédula *f* pessoal; **~beschreibung** *f* ficha *f* (antropométrica); sinais *m/pl.* pessoais; **~ien** [-iən] *pl.* papéis *m/pl.* de identidade; documentação *f/sg.*; **~-union** *f Pol.* dualismo *m*; união *f*.
Per'sonen|**-aufzug** *m* (-*ęs*; ⸗*e*) elevador *m*; **~beförderung** *f* transporte *m* de passageiros; transporte *m* cole[c]tivo; **~dampfer** *m* vapor *m* de passageiros; **~kraftwagen** *m* automóvel (*od.* carro) *m* particular; **~name** *m* (-*ns*; -*n*) nome *m* de pessoa; (*Familien*~) apelido *m*; **~stand** *m* (-*ęs*; *0*) estado *m* civil;

~tarif *m* (-*es*; -*e*) tarifa *f* de passageiros; **~zug** *m* (-*es*; ⁼*e*) comboio *m*.
per'sönlich [pɛr'zøːnliç] pessoal; *adv. a.* em pessoa; ~ *werden* (*nehmen*) ofender(-se); **⁀keit** *f* personalidade *f*; (*hohe*) ~ (alta) individualidade *f*; (*offizielle*) ~ entidade *f* (oficial).
Perspek'tiv|e [pɛrspɛk'tiːvə] *f* perspe[c]tiva *f*; **⁀isch** perspe[c]tívico.
Peru'an|er(in *f*) *m* [peru'aːnər] peruano *m* (-a *f*); **⁀isch** peruano, do Perú.
Pe'rück|e [pɛ'rykə] *f* cabeleira *f*; chinó *m*; **~enmacher** *m* cabeleireiro *m*.
per'vers [pɛr'vɛrs] perverso, depravado.
Pessi'mis|mus [pɛsi'mismus] *m* (-; *0*) pessimismo *m*; **~t(in** *f*) *m* (-*en*) pessimista *m*, *f*; **⁀tisch** pessimista.
Pest [pɛst] ⚕ *f* (*0*) peste *f*; *Beulen*⁀ peste *f* bubónica; '**⁀-artig** pestilencial; '**~beule** *f* bubão *m*; '**⁀krank** empestado.
Peter'silie [petər'ziːliə] *f* salsa *f*.
Pe'troleum [pe'troːleum] *n* (-*s*; *0*) petróleo *m*; **~gesellschaft** *f* companhia *f* petroleira; **⁀-haltig** [-haltiç] petrolífero; **~lampe** *f* candeeiro *m* de petróleo; **~(tank)-schiff** *n* (-*es*; -*e*) petroleiro *m*.
'**Petschaft** ['pɛtʃaft] *n* (-*es*; -*e*) sinete *m*.
Pfad [pfaːt] *m* (-*es*; -*e*) atalho *m*; senda *f*; '**~finder** *m* escoteiro *m*.
'**Pfaffe** ['pfafə] (-*n*) padre *m*; clérigo *m*; frade *m*; P padreco *m*; **~ntum** *n* (-*es*; *0*) clero *m*; clericalismo *m*.
Pfahl [pfaːl] *m* (-*es*; ⁼*e*) estaca *f*; (*Mast*) poste *m*; (*Baum*⁀, *Wein*⁀) tanchão *m*, mourão *m*; (*Schand*⁀) pelourinho *m*; '**~bau** *m* (-*es*; -*ten*) habitação *f* lacustre; '**~dorf** *n* (-*es*; ⁼*er*) aldeia *f* lacustre.
'**Pfahl|rost** *m* (-*es*; -*e*) soleira *f*; estacada *f*; **~werk** *n* (-*es*; -*e*) estacaria *f*; ⚔ paliçada *f*; **~wurzel** *f* (-; -*n*) raiz *f* mestra.
Pfand [pfant] *n* (-*es*; ⁼*er*) penhor *m*; fiança *f*; prenda *f*; depósito *m*; *in* ~ *geben* penhorar, empenhar; *auf* ~ *leihen* emprestar sobre penhores; '**~brief** *m* (-*es*; -*e*) (título *m* de) hipoteca *f*.
'**pfänd|en** ['pfɛndən] (-*e*-) penhorar, *j-n*: *a.* executar; **⁀er-spiel** *n* (-*es*; -*e*) jogo *m* de prendas.
'**Pfand|haus** *n* (-*es*; ⁼*er*) casa *f* de penhores; P prego *m*; **~leiher** [-laɪər] *m* penhorista *m*; P preguista *m*; **~recht** *n* (-*es*; *0*) direito *m* hipotecário; **~schein** *m* (-*es*; -*e*) cautela *f* de penhor.
'**Pfändung** ['pfɛnduŋ] *f* penhora *f*.
'**Pfann|e** ['pfanə] *f* sertã *f*; frigideira *f*; *Anat.* (*Gelenk*⁀) cótilo *m*; **~kuchen** *m* crepe *m*; (*Berliner*) ~ bolo *m* de Berlim.
'**Pfarr|-amt** ['pfar-] *n* (-*es*; ⁼*er*) curato *m*; *Funktion*: *a.* sacerdócio *m*; **~bezirk** *m*, **~e** *f* paróquia *f*; **~er** *m* cura *m*, pároco *m*, abade *m*; *protestantischer*: pastor *m*; **~gemeinde** *f* paróquia *f*; **~haus** *n* (-*es*; ⁼*er*) casa do cura, casa *f* do pastor; **~kind** *n* (-*es*; -*er*) paroquiano *m*; **~kirche** *f* igreja *f* paroquial.
Pfau [pfau] *m* (-*es*; -*en*) pavão *m*.
'**Pfeffer** ['pfɛfər] *m* pimenta *f*; *spanischer* ~ pimentão *m*; F *da liegt der Hase im* ~ aí está o caso; **~büchse** *f*, **~dose** *f* pimenteira *f*; **~kuchen** *m* pão *m* de espécie; broa *f* de Natal; **~minze** ⚘ *f* hortelã-pimenta *f*; **~mühle** *f* moinho *m* de pimenta; **⁀n** (-*re*) apimentar; *gepfeffert fig.* picante; *Preis*: exorbitante; **~nuß** *f* (-; ⁼*sse*) = **~***kuchen*; **~strauch** *m* (-*es*; ⁼*er*) pimenteiro *m*.
'**Pfeife** ['pfaɪfə] *f* apito *m*, assobio *m*; (*Dampf*⁀) sereia *f*; ♪ (*Quer*⁀) pífaro *m*; flautim *m*; (*Orgel*⁀) tubo *m*; (*Tabaks*⁀) cachimbo *m*, pito *m*; **⁀n** (*L*) apitar, assobiar; tocar o pífaro; *auf* (*ac.*) ~ *fig.* rir-se de, fazer pouco de; *nach j-s* ~ *tanzen* fazer tudo que alg. manda; **~nspitze** *f* boquilha *f*; **~r** ♪ *m* pífaro *m*.
Pfeil [pfaɪl] *m* (-*es*; -*e*) frecha *f*, seta *f*; '**~er** *m* pilar *m*, pilastre *f*; '**~gift** *n* (-*es*; -*e*) curare *m*; '**⁀-schnell** (*0*) como um raio; '**~schuß** *m* (-*sses*; ⁼*sse*) setada *f*.
'**Pfennig** ['pfɛniç] *m* (-*s*; -*e*), (*als Maß im pl. uv.*) (centésima parte do marco) «pfennig» *m*; **~fuchser** [-fuksər] F *m* sovina *m*.
Pferch [pfɛrç] *m* (-*es*; -*e*) redil *m*, aprisco *m*; '**⁀en** meter em redil.
Pferd [pfeːrt] *n* (-*es*; -*e*) cavalo *m*; *Turngerät*: cavalo *m* de pau; *sich aufs hohe* ~ *setzen fig.* meter-se em cavalarias altas; ser arrogante; *mit ihm kann man* ~*e stehlen* ele é um excelente companheiro.

'Pferde|-apfel ['pfe:rdə-] *m* (*-s*; *⸗*) esterco (*'ê) *m* de cavalo; **~futter** *n* forragem *f*; **~geschirr** *n* (*-es*; *-e*) arreios *m/pl.*; **~haar** *n* (*-es*; *-e*) seda *f* de cavalo; crina *f*; **~händler** *m* contratador *m* de cavalos; **~länge** *f* distância *f* de um cavalo; **~rennen** *n* corrida *f* (de cavalos); concurso *m* hípico; **~sport** *m* (*-es*; *0*) hipismo *m*; **~stall** *m* (*-es*; *⸗e*) cavalariça *f*; **~stärke** ⊕ *f* (*Abk. PS*) cavalo-vapor *m*, cavalo-força (*ô) *m*; **~zucht** *f* (*0*) criação *f* de gado cavalar; coudelaria *f*.

Pfiff [pfif] *m* (*-es*; *-e*) assobio *m*, apito *m*; *fig.* jeito *m*, manha *f*; **'~erling** ['-ərliŋ] ⚘ *m* (*-s*; *-e*) fungo *m*; *fig. keinen ~ wert sn* não valer um figo; **'2ig** esperto; finório, manhoso; **'~igkeit** *f* (*0*) manha *f*; finura *f*; inteligência *f*; **'~ikus** ['-ikus] *m* (*-*; *-se*) espertalhão *m*.

'Pfingst|en ['pfiŋstən] *n* (*-*; *0*) Espírito *m* Santo; Pentecostes *m*; **~rose** ⚘ *f* peónia *f*.

'Pfirsich ['pfirziç] *m* (*-es*; *-e*) pêssego *m*; **~baum** *m* (*-es*; *⸗e*) pessegueiro *m*.

'Pflanz|e ['pflantsə] *f* planta *f*; **2en** (*-t*) plantar.

'Pflanzen|butter *f* margarina *f*; manteiga *f* vegetal; **~faser** *f* (*-*; *-n*) fibra *f* vegetal; **~fett** *n* (*-es*; *-e*) margarina *f*; banha *f* vegetal; **2fressend** herbívoro; **~kost** *f* (*0*) regime *m* vegetariano; **~kunde** *f* (*0*) botânica *f*; **~reich** *n* (*-es*; *0*) reino *m* vegetal; **~sammlung** *f* herbário *m*; **~welt** *f* = *~reich*; **~zelle** *f* alvéolo *m*.

'Pflanz|er ['pflantsər] *j.*: colono *m*; *a. et.*: plantador *m*; **~ung** *f* plantação *f*.

'Pflaster ['pflastər] *n* (*Heft2*) adesivo *m* (*auflegen* aplicar); (*Straßen2*) calçada *f*, pavimento *m*; pavimentação *f*; **2n** (*-re*) *Straßen*: calçar; calcetar, empedrar; *mit Fliesen*: ladrilhar, lajear; **~stein** *m* (*-es*; *-e*) pedra *f* de calçada.

'Pflaume ['pflaumə] *f* ameixa *f* (*getrocknete* seca); **~nbaum** *m* (*-es*; *⸗e*) ameix[o]eira *f*; **~nkern** *m* (*-es*; *-e*) caroço *m* de ameixa; **~nmus** *n* (*-es*; *-e*) doce *m* de ameixas; **2nweich** (*0*) F muito mole.

'Pflege ['pfle:gə] *f* tratamento *m*, cuidado(s) *m* (*pl.*); assistência *f*; *Garten*: cultura *f*; *geistige*: cultivo *m*; (*Förderung*) prote[c]ção *f*; **2bedürftig**: *~sn* precisar de assistência (*od.* de tratamento, *od.* de cuidados); **~-eltern** *pl.* pais *m/pl.* adoptivos; **~mutter** *f* (*-*; *⸗*) mãe *f* adoptiva; (*Amme*) ama *f*, aia *f*; **2n** *v/t.* cuidar de, tratar (de) (*beide a. refl.*); atender a; *Freundschaft, Künste*: cultivar; *Umgang*: ter; *~ zu* (*inf.*) costumar (*inf.*); **~r(in** *f*) *m* ⚕ enfermeiro *m* (*-a f*); ⚖ curador(a *f*) *m*; (*Vormund*) tutor *m*; **~sohn** *m* filho *m* adoptivo.

'pfleg|lich ['pfle:kliç] cuidadosamente; **2ling** *m* (*-s*; *-e*) pupilo *m*, -a *f*; **2schaft** *f* (*0*) curadoria *f*; tutela *f*.

Pflicht [pfliçt] *f* dever *m*, obrigação *f*; obrigatoriedade *f*; **'2bewußt** consciente do(s) seu(s) dever(es); cumpridor; **'~bewußtsein** *n* (*-s*; *0*) consciência *f* do(s) seu(s) dever(es); **'~-eifer** *m* (*-s*; *0*) zelo (*ê) *m*; **'2-eifrig** zeloso; **'~-erfüllung** *f* cumprimento *m* do dever; **~fach** *n* (*-es*; *⸗er*) disciplina *f* obrigatória; cadeira *f* obrigatória; **'~gefühl** *n* (*-s*; *0*) sentimento *m* do dever; **'2gemäß** devido; **'2(ge)treu** leal, cumpridor; **'2ig** (*dat.*) cativo de; **'2schuldig** obrigatório; devido; **'~teil** ⚖ *n* (*-es*; *-e*) legítima *f*; **'2vergessen** descuidado (dos seus deveres); prevaricado; **'~vergessenheit** (*0*), **'~verletzung** *f* falta *f* (ao dever); prevaricação *f*; **2widrig** contrário ao dever; desleal.

Pflock [pflɔk] *m* (*-es*; *⸗e*) cavilha *f*, estaca *f*, calço *m*.

'pflücken ['pflykən] colher.

Pflug [pflu:k] *m* (*-es*; *⸗e*) arado *m*; charrua *f*; **'~-eisen** *n* relha *f*.

'pflüg|en ['pfly:gən] arar, lavrar; **2er** *m* arador *m*; lavrador *m*.

'Pflug|schar *f* selha *f*; **~sterz** (*-es*; *-e*) *m* rabiça *f*; esteva *f*.

'Pforte ['pfɔrtə] *f* porta *f*.

'Pförtner ['pfœrtnər] *m*: **a)** (**~in** *f*) porteiro *m* (*-a f*); **b)** *Anat.* piloro *m*.

'Pfosten ['pfɔstən] *m* poste *m*; (*Tür2*) ombreira *f*.

'Pfote ['pfo:tə] *f* pata *f*.

Pfriem [pfri:m] *m* (*-es*; *-e*) sovela *f*; ⊕ punção *f*.

'Pfropf|en ['prɔpfən] *m* (*Kork2*) rolha (*ô) *f*; *dicker*: batoque *m*, *a.* ⚔ (*Gewehr2*) taco *m*; (*Lade2*) bucha

f; '♀en (ar)rolhar; tapar (*od.* fechar) com rolha (*ô); ⚘ enxertar; '~reis ⚘ *n* (*-es*; *-er*) enxerto (*'ê) *m*.
'Pfründ|e ['pfryndə] *f* benefício *m*; prebenda *f*; sinecura *f*; **~ner** [-nər] *m* prebendado *m*.
Pfuhl [pfu:l] *m* (*-es*; *-e*) charco *m*, lameiro *m*, paul *m*; abafeira *f*.
pfui! [pfui] que feio!, que vergonha!
Pfund *n* [pfunt] (*-es*; *-e*), (*als Maß im pl. uv.*) arrátel *m*, meio quilo *m*; ~ *Sterling* libra *f* esterlina; '♀**ig** [-diç], **~s...**: *in Zssgn* P formidável; '♀**weise** por libras, aos meio-quilos.
'pfusch|en ['pfuʃən] trabalhar mal; remendar; P aldravar; ♀**er**(**in** *f*) *m* incompetente *m*, *f*; trapalhão *m* (trapalhona *f*); P aldravão *m*; (aldravona *f*); ♀**e'rei** [-ə'raɪ] *f*, ♀**werk** *n* (*-es*; *0*) obra *f* mal feita; porcaria *f*.
'Pfütze ['pfytsə] *f* poça *f* (de água), charco *m*, atoleiro *m*.
Phäno'men [fɛno'me:n] *n* (*-s*; *-e*) fenómeno *m*.
Phanta'sie [fanta'zi:] *f* fantasia *f*; imaginação *f*; ♀**ren** [-rən] (-) desvairar; ⚕ delirar; ♪ improvisar.
Phan'tast [fan'tast] *m* (*-en*) fantasista *m*; utopista *m*; ♀**isch** fantástico; fabuloso, utópico.
Phan'tom [fan'to:m] *n* (*-s*; *-e*) fantasma *m*.
Phari'sä|er(**tum** *n* [*-s*; *0*]) *m* [fari'zɛ:ər-] fariseu *m* (farisaísmo *m*).
Pharma'zeut(**in** *f*) *m* (*-en*) farmacêutico *m* (-a *f*); **~ik** *f* (*0*) ciências *f*/*pl.* farmacêuticas; ♀**isch** farmacêutico.
'Phase ['fa:zə] *f* fase *f*.
Philan'trop [filan'tro:p] *m* (*-en*) filantropo *m*; ♀**isch** filantrópico.
philhar'monisch [fil-] filarmónico.
Phi'list|er [fi'listər] *m* filisteu *m*; ♀**erhaft** aburguesado.
Philo'log|e [filo'lo:gə] *m* (*-n*) filólogo *m*; **~ie** [-lo'gi:] *f* (*0*) filologia *f*; ♀**isch** filológico.
Philo'soph [filo'zo:f] *m* (*-en*) filósofo *m*; **~'ie** [-zo'fi:] *f* (*0*) filosofia *f*; ♀'**ieren** (-) filosofar, fazer filosofia; raciocinar; ♀**isch** filosófico.
Phi'ole [fi'o:lə] *f* frasquinho *m*.
'Phlegma ['flɛgma] *n* (*-s*; *0*) fleuma *m*.
Phleg'mat|iker [fleg'ma:tikər] *m* fleumático *m*; ♀**isch** fleumático.
Pho'net|ik [fo'ne:tik] *f* (*0*) fonética *f*; ♀**isch** fonético.
'Phosphor ['fɔsfɔr] *m* (*-s*; *0*) fósforo *m*; ♀**es'zieren** [-forɛs'tsi:rən] (-) fosforescer; ♀**sauer**: ~*es Salz* fosfato *m*; **~säure** *f* (*0*) ácido *m* fosfórico.
'Photo ['fo:to] F *n* (*-s*; *-s*) foto *f*; **~-apparat** *m* (*-es*; *-e*) máquina *f* fotográfica.
Photo'graph [foto'gra:f] *m* (*-en*) fotógrafo *m*; **~'ie** [-gra'fi:] *f* (-) fotografia *f*; (*Bildnis*) retrato *m*; ♀'**ieren** (-) tirar uma fotografia (de); fotografar; **~in** *f* fotógrafa *f*; ♀**isch** fotográfico.
Photo|ko'pie *f* fotocópia *f*; ♀**ko'pieren** (-) tirar uma fotocópia (de); **~montage** *f* fotomontagem *f*.
'Phras|e ['fra:zə] *f* frase *f*; *pl.* ~*en!* palavras *f*/*pl.*!; palavrório *m*/*sg.*!; **~endrescher** *m* palavreiro *m*; ♀**enhaft** palavroso, verboso.
Phy'sik [fy'zi:k] *f* (*0*) física *f*; ♀'**alisch** [-i'ka:liʃ] físico.
'Physiker ['fy:zikər] *m* físico *m*.
Physio|gno'mie [fyziɔgno'mi:] *f* fisionomia *f*; **~'loge** [-'lo:gə] *m* (*-n*) fisiologista *m*; fisiólogo *m*; **~lo'gie** [-lo'gi:] *f* (*0*) fisiologia *f*; ♀'**logisch** fisiológico.
'physisch ['fy:siʃ] físico.
Pia'n|ist(**in** *f*) [pia'nist-] *m* (*-en*) pianista *m*, *f*; '**~o** [pi'a:no] *n* (*-s*; *-s*) piano *m*.
'pichen empesgar; ⚓ calafetar.
'Picke ['pikə] *f* picareta *f*.
'Pickel ['pikəl] *m* picareta *f*; ⚕ borbulha *f*; ♀**ig** cheio de nódoas (*od.* de borbulhas).
'picken ['pikən] picar; debicar.
'Picknick ['piknik] *n* (*-s*; *-e od. -s*) piquenique *m*.
'piek|en ['pi:kən] F *nd.* picar; **~fein** F muito elegante; *j.*: muito janota.
'piep|en ['pi:pən] piar, chiar; ♀**matz** [-mats] P *m* (*-es*; *⸚e*) passaroco *m*; **~sen** [-sən] = ~*en*; **~sig** [-ziç] fraquinho.
Pier [pi:r] *m* (*-s*; *-e*) molhe *m*; desembarcadouro *m*.
Pie'tät [pie'tɛ:t] *f* (*0*) piedade *f*; respeito *m*; *aus* ~ *für* em memória de; ♀**voll** piedoso; discreto.
Pik [pi:k] *n* (*-s*; *-e*) (*Berg*) pico *m*; *Kartenspiel*: espadas *f*/*pl.*; *fig.* *m* F *e-n* ~ *auf j-n haben* guardar rancor a alg.; ♀'**ant** [pi'kant] picante; in-

teressante; '~e *f* lança; *fig.* rancor *m*; von der ~ auf desde o início; ~'ee [pi'ke:] *m* (-*s*; -*e*) piqué *m*; ♀'iert [-'ki:rt] melindrado.

'**Pilger**(**in** *f*) *m* ['pilgər-] peregrino *m* (-a *f*); romeiro *m* (-a *f*); ~**fahrt** *f* peregrinação *f*; romaria *f*, romagem *f*; ♀**n** (-*re*) peregrinar, ir em romaria (nach a); ~**stab** *m* (-*és*; ≈*e*) bordão *m*.

'**Pille** ['pilə] *f* pílula *f*, grajeia *f*; ~**en-dreher** *m* F boticário *m*.

Pi'lot [pi'lo:t] *m* (-*en*) piloto (*'ô) *m*.

Pilz [pilts] *m* (-*es*; -*e*) fungo *m*, cogumelo.

'**pimp**(**e**)**lig** ['pimp(ə)liç] F fraquinho, mimoso.

'**Pinie** ['pi:niə] *f* pinheiro *m*; ~**nhain** *m* (-*és*; -*e*) pinhal *m*; ~**nkern** (-*és*; -*e*) *m* pinhão *m*.

'**Pinne** ['pinə] *f* percevejo *m*; ⚓ (*Ruder*♀) temão *m*.

'**Pinscher** ['pinʃər] *m* cão *m* frald(iqu)eiro.

'**Pinsel** ['pinzəl] *m* pincel *m*; *grober*: brocha *f*; *fig. j.*: simplório *m*; ~'**ei** [-'laɪ] *f* borradura *f*; ♀**n** (-*le*) pincelar; (*schmieren*) borrar; *j-n*: ⚕ dar uma tintura a; ~**strich** *m* (-*és*; -*e*) pincelada *f*.

Pin'zette [pin'tsɛtə] *f* pinça *f*.

Pio'nier [pio'ni:r] *m* (-*s*; -*e*) pioneiro *m*; *fig. a.* iniciador *m*; ⚔ sapador *m*, soldador *m* de engenharia; ~...: *in Zssgn* ⚔ de engenharia, de sapadores.

Pips [pips] *m* (-*es*; *0*) gogo (*'ô) *m*, gosma *f*.

Pi'rat [pi'ra:t] *m* (-*en*) pirata *m*.

Pi'rol [pi'ro:l] *m* (-*s*; -*e*) melro *m* dourado.

Pirsch [pirʃ] *f* caça *f*; '♀**en** caçar.

'**pissen** P (-*ßt*) mijar.

Pis'tazie [pis'ta:tsiə] *f* pistácia *f*.

Pis'tol|**e** [pis'to:lə] *f* pistola *f*; ~**en...**: *in Zssgn* de pistola(s); ~**enschuß** *m* (-*sses*; ≈*sse*) pistolada *f*.

pitto'resk [pito'rɛsk] pitoresco.

pla'cier|**en** [pla'si:rən] (-) colocar; *Sport*: classificar (*an dat.* em); ♀**ung** *f* colocação *f*; classificação *f*.

'**placke**|**n** ['plakən] vexar; *sich* ~ esfalfar-se, maçar-se; ♀'**rei** [-'raɪ] *f* vexação *f*; maçada *f*.

plä|'**dieren** [plɛ'di:rən] (-): ~ (*für*) defender, advogar (a causa de); ♀**do'yer** [-doa'je:] *n* (-*s*; -*s*) ⚖ defesa *f*; discurso *m* final.

'**Plage** ['pla:gə] *f* mal *m*, calamidade *f*; (*Land*♀) praga *f*; flagelo *m*; (*Last*) maçada *f*; (*Qual*) dor *f*, tormento *m*; ~**geist** *m* (-*és*; -*er*) demónio *m*; *j.*: maçador *m*; ♀**n** atormentar; maçar; *sich* ~ esfalfar-se, maçar-se.

Plagi'at [plagi'a:t] *n* (-*és*; -*e*) plágio *m*; ~**or** [-ɔr] *m* (-*en*) plagiário *m*.

Pla'kat [pla'ka:t] *n* (-*és*; -*e*) cartaz *m*.

Pla'kette [pla'kɛtə] *f* distintivo *m*, medalha *f*; (*Wand*♀) placa *f* (comemorativa).

Plan [pla:n] **1.** *m* (-*és*; ≈*e*) plano *m*; proje[c]to *m*; (*Grundriß*, *Stadt*♀) planta *f*; desenho *m* (entwerfen esboçar, traçar); (*offenes Feld*) campo *m*; *fig.* auf dem ~ erscheinen surgir; auf den ~ rufen provocar a rea[c]ção de; **2.** ♀ plano, liso; '~**e** *f* lona *f*.

'**planen** ['pla:nən] proje[c]tar, planear; planificar.

Pla'net [pla'ne:t] *m* (-*en*) planeta *m*; ♀'**arisch** [-e'ta:riʃ], ~**en...**: *in Zssgn* planetário, dos planetas; ~**enbahn** *f* órbita *f*.

pla'nier|**en** [pla'ni:rən] (-) aplanar; nivelar; ♀**ung** *f* nivelação *f*.

'**Planke** ['plankə] *f* prancha *f*; tábua *f*.

Plänk|**e'lei** [plɛŋkə'laɪ] *f* tiroteio *m*, escaramuça *f*; '♀**eln** (-*le*) escaramuçar.

'**Plankton** ['plaŋktɔn] *n* (-*s*; *0*) plâncton *m*.

'**plan**|**los** sem plano, sem método; desorientado; ♀**losigkeit** [-lo:ziç-] *f* (*0*) falta *f* de método; ~**mäßig** metódico, sistemático; *verlaufen a.*: segundo o(s) plano(s) prestabelecido(s); *Beamter*: do quadro; efe[c]tivo; ♀**mäßigkeit** *f* (*0*) ordem *f*; método *m*.

'**planschen** ['planʃən] patinhar, chapinhar.

Plan'tage [plan'ta:ʒə] *f* plantação *f*.

'**Plan**|**ung** ['pla:nuŋ] *f* planificação *f*; (*städtebauliche* ~) urbanização *f*; ♀**voll** = ~mäßig; ~**wagen** *m* carro *m* com toldo; ~**wirtschaft** *f* economia *f* dirigida (*od.* planificada); dirigismo *m*.

'**Plapper**|**maul** ['plapər-] *n* (-*és*; ≈*er*) palreiro *m*; indiscreto *m*; ♀**n** (-*re*) palrar; ser indiscreto; não ter freio na língua; *Kind*: galrear.

'**plärren** ['plɛrən] chorami[n]gar.

'**Plast**|**ik** ['plastik] **1.** *f* (arte *f*) plástica *f*; escultura *f*; *Anschaulich-*

keit plasticidade *f*; **2. ~ik** *n* (*0*) (*Kunststoff*) plástico *m*; **2isch** plástico; *Chirurgie*: estética.
Pla'tane [pla'ta:nə] *f* plátano *m*.
Pla'teau [pla'to:] *n* (*-s*; *-s*) planalto *m*; * platô *m*.
'Platin ['pla:ti:n] *n* (*-s*; *0*) plátina *f*.
pla'tonisch [pla'to:niʃ] platónico.
'plätschern ['plɛtʃərn] (*-re*) patinhar; *Bach*: murmurar.
platt [plat] plano; chato; *Nase*: achatado; *fig.* trivial; F (*erstaunt*) pasmado, espantado.
'Plättbrett ['plɛt-] *n* (*-ęs*; *-er*) tábua *f* de engomar.
'Plattdeutsch *n* baixo-alemão *m*; *auf* ~ em baixo-alemão.
'Platte ['platə] *f* chapa *f*; lâmina *f*; (*Schall*2) disco *m*; (*Speise*2) prato *m*; (*Schüssel*) travessa *f*; (*Stein*2) laje *f*; lousa *f*; (*Tisch*2) tampo *m*; F (*Glatze*) careca *f*.
'Plätt|-eisen ['plɛt-] *n* ferro *m* de engomar; **2en** (*-e-*) engomar; passar a ferro.
'Platten|druck *m* (*-ęs*; *-e*) *Typ.* estereotipia *f*; **~spieler** *m* gira-discos *m*; **~trockner** *m* *Phot.* secador *m*.
Plätt|e'rei [plɛtə'raɪ] *f* engomadaria *f*; **'~erin** *f* engomadeira *f*.
'Platt|form *f* plataforma *f*; **~fuß** *m* (*-es*; *¨e*) pé *m* chato; F *Auto*: furo *m*; **~fuß-einlage** *f* palmilha *f* ortopédica; **2füßig** [-fy:siç]: ~ *sn* ter os pés chatos; **2gedrückt** achatado; **~-heit** *f* achatadura *f*; achatado *m*; *fig.* trivialidade *f*; **2'ieren** (-) chapear; **~nasig** [-na:ziç] (de nariz) chato.
'Plättwäsche ['plɛt-] *f* (*0*) roupa *f* para engomar.
Platz [plats] *m* (*-es*; *¨e*) *öffentlicher*, ✝ *u.* ⚔ praça *f*; (*Ort*) sítio *m*; (*a. Sitz*2 *u.* ✝) lugar *m*; (*Gelände, Raum*) recinto *m*; ✈ *u. Sport*: campo *m*; (*Anzahl der Plätze*) lotação *f*; ~ *finden* caber; ~ *machen* abrir caminho; ~ *nehmen* sentar-se; *bis auf den letzten* ~ *besetzt a.* a abarrotar; *am* ~*e* ✝ *a.* local; *am* ~*e sn fig.* ser oportuno, estar indicado; *nicht* (*od. fehl*) *am* ~*e sn fig.* estar fora do seu lugar, *fig. a.* ser inoportuno, ser despropositado; **'~-angst** *f* ⚕ (*0*) agorafobia *f*; **'~anweiser(in** *f*) *m* ['-anvaɪzər-] arrumador(a *f*) *m*.
'Plätzchen ['plɛtsçən] *n* bolacha *f*.
'platz|en ['platsən] (*-t*, *sn*) (ar)rebentar; estalar; **2karte** *f* 🚂 (bilhete *m* de) marcação *f* de lugar; **2patrone** *f* cartucho *m* de pólvora seca; **2regen** *m* aguaceiro *m*; **2wechsel** *m* mudança *f* de lugar; ✝ letra *f* local.
Plaud|e'rei [plaudə'raɪ] *f* palestra *f*; cavaco *m*; conversa(ção) *f*; (**'~erer** *m*), **'2erhaft** falador (*m*); **'2ern** (*-re*) cavaquear; conversar; *fig.* (*aus der Schule*) ~ ser indiscreto; **'~erstündchen** [-ʃtyntçən] *n* conversa(ção) *f*.
plau'sibel [plau'zi:bəl] plausível, razoável.
Ple'bej|er(in *f*) *m* [ple'be:jər-] plebeu *m* (plebeia *f*); **2isch** plebeu.
Plebs [plɛps] *m* (*-es*; *0*) plebe *f*.
'Pleite ['plaɪtə] F **1.** *f* bancarota *f*; falência *f*; fracasso *m*; ~ *machen* falir; **2.** 2 falido; ~ *gehen* falir.
Ple'nar... [ple'na:r]: *in Zssg(n)* plenário.
'Pleuelstange ['plɔyəl-] *f* biela *f*.
'Plomb|e ['plɔmbə] *f* chumbo *m*; **2'ieren** chumbar; obturar; *mit Gold*: aurificar.
'plötzlich ['plœtsliç] súbito, repentino; *adv. a.* de repente.
plump [plump] (*schwer*) pesado; maciço; (*grob, ungeschickt*) grosseiro, deselegante; **'2-heit** *f* peso (*ê) *m*; informidade *f*; *fig.* grosseria *f*; deselegância *f*; **'~sen** ['-sən] (*-t*, *sn*) cair.
'Plunder ['plundər] *m* (*-s*; *0*) farraparia *f*; tarecos *m/pl.*
'Plünder|er ['plyndərər] *m* saqueador *m*; pilhador *m*; **2n** (*-re*) saquear; **~ung** *f* saque *m*, pilha(gem) *f*.
plus [plus] **1.** ⅄ mais; **2.** 2 *n* (*0*) vantagem *f*; *ein* ~ *haben a.* ter uma coisa em seu favor; ✝ superavit *m*.
Plüsch [ply:ʃ] *m* (*-es*; *-e*) pelúcia *f*.
'Plusquamperfekt ['pluskvampərfɛkt] *m* (*-ęs*; *-e*) mais-que-perfeito *m*.
Plu'tonium [plu'to:nium] *n* (*-s*; *0*) plutónio *m*.
Pneu'mat|ik [pnɔy'ma:tik] *f* (*0*) pneumático *m*; **2isch** pneumático.
'Pöbel ['pø:bəl] *m* (*-s*; *0*) plebe *f*; populaça *f*; **2-haft** plebeu, ordinário; indecente.
'poch|en ['pɔxən] bater, *Herz*: *a.*

palpitar; ⊕ *Erz*: moer; *fig. auf* (*ac.*) ~ prevalecer-se de; (*fordern*) reclamar (*ac.*).
'**Pock|e** ⚕ ['pɔkə] *f* bexiga *f* (negra); **~en** *pl. a.* varíola *f*/*sg.*; **~en-impfung** *f* vacinação *f*; **2en-narbig** bexigoso.
'**Podium** ['po:dium] *n* (*-s*; *Podien*) estrado *m*.
Poe'sie [poe'zi:] *f* poesia *f*.
Po'et [po'e:t] *m* (*-en*) poeta *m*; **~ik** *f* poética *f*; **2isch** poético.
Po'inte [po'ɛ̃:tə] *f* graça *f*.
Po'kal [po'ka:l] *m* (*-s*; *-e*) taça *f*.
'**Pökel** ['pø:kəl] *m*, **~brühe** *f* salmoura *f*; **~faß** *n* (*-sses*; *⸗sser*) salmoeira *f*; **~fleisch** *n* (*-es*; *0*) carne *f* salgada; febra *f*; P salé *f*; **2n** (*-le*) salgar, pôr de salmoura.
Pol [po:l] *m* (*-es*; *-e*) pólo *m*.
po'lar [po'la:r] polar; **2-expedition** *f* expedição *f* polar; **2forscher** *m* explorador *m* das regiões polares; **2isati'on** [-izatsi'o:n] *f* polarização *f*; **~i'sieren** [-i'zi:rən] polarizar; **2ität** [-i'tɛ:t] *f* polaridade *f*; **2kreis** *m* (*-es*; *-e*) círculo *m* polar (*od.* ár[c]tico); **2licht** *n* (*-es*; *-er*) aurora *f* boreal; **2stern** *m* (*-es*; *-e*) estrela (*'ê) *f* polar.
'**Pole** ['po:lə] *m* (*-n*) polaco *m*.
Po'lem|ik [po'le:mik] *f* polémica *f*; controvérsia *f*; **~iker** [-ikər] *m* polemista *m*; **2isch** polémico; **2i'sieren** [-i'zi:rən] (-) fazer polémica, polemicar.
Po'lice [po'li:sə] *f* apólice *f*.
Po'lier [po'li:r] ⚠ *m* (*-s*; *-e*) (pedreiro *m*) contra-mestre *m*; **2en** (-) polir, brunir, dar polimento a, dar lustro a; ⊕ afagar; **~er** *m* polidor *m*; brunidor *m*.
'**Poliklinik** ['poli-] *f* policlínica *f*; banco *m* (de hospital).
'**Polin** ['po:lin] *f* polaca *f*.
Poli'tik [poli'ti:k] *f* política *f*.
Po'liti|ker [po'li:tikər] *m* político; **2sch** político; **2'sieren** [-'zi:rən] (-) *v/i.* fazer política; discutir política.
Poli'tur [poli'tu:r] *f* polimento *m*; lustre *m*.
Poli'zei [poli'tsaɪ] *f* polícia *f*; **~-aufsicht** *f* (*0*) policiamento *m*; vigilância *f* da polícia; **~beamte(r)** *m* (*-n*) agente *m* da polícia; **~behörde** *f* polícia *f* (de segurança pública); **~gewahrsam** *m* (*-es*; *-e*) prevenção *f* (*in* de); *in* ~ detido; **~gewalt** *f* (*0*) autoridade *f* (policial); **~kommissar** *m* (*-s*; *-e*) comissário (*od.* delegado) *m* de polícia; **2lich** policial; de polícia, da polícia; *adv.* pela polícia; **~präsident** *m* (*-en*) chefe *m* da polícia; **~präsidium** *n* (*-s*; *-dien*) = *~behörde*; **~revier** *n* (*-s*; *-e*) sector *m* de polícia; = *~wache*; **~spitzel** *m* agente *m* (secreto) da polícia; **~streife** *f* patrulha *f* de polícia; (*Razzia*) rusga *f*; **~stunde** *f* hora *f* de recolha; **~wache** *f* esquadra *f* da polícia, posto *m* da polícia.
Poli'zist [poli'tsist] *m* (*-en*) polícia *m*, guarda *m*.
'**Pollen** ['pɔlən] *m* pólen *m*.
'**polnisch** ['pɔlniʃ] polaco, da Polónia.
'**Polster** ['pɔlstər] *n* estofo (*'ô) *m*; (*Kissen*) almofada *f*, coxim *m*; **~möbel** *n*/*pl.* móveis *m*/*pl.* estofados; **2n** (*-re*) estofar; almofadar; **~stuhl** *m* (*-es*; *⸗e*) cadeira *f* estofada; **~ung** *f* estofo (*ô) *m*.
'**Polter|-abend** ['pɔltər-] *m* (*-es*; *-e*) véspera *f* de núpcias; **~geist** *m* (*-es*; *-er*) duende *m*, diabrete *m*; **2n** (*-re*) fazer barulho; raivar.
Poly|'eder [poly:'e:dər] *n* poliedro *m*; **~ga'mie** [-ga'mi:] *f* poligamia *f*; **~'gon** [-'go:n] *n* (*-s*; *-e*) polígono *m*.
Po'lyp [po'ly:p] *m* (*-en*) ⚕ pólipo *m*; *Zool.* polvo *m*.
Poly'technikum [poly'-] *n* (*-s*; *-ken*) escola *f* politécnica.
Po'mad|e [po'ma:də] *f* pomada *f*; **2ig** *fig.* F fleumático.
Pome'ranze [pomə'rantsə] *f* laranja *f*; (*Baum*) laranjeira *f*.
Pomp [pɔmp] *m* (*-es*; *0*) pompa *f*; fausto *m*; '**2-haft, 2'pös** [-'pø:s] pomposo, faustoso.
Pon'ton [pɔn'tõ] *m* (*-s*; *-s*), **~brücke** *f* pontão *m*.
'**Popanz** ['po:pants] *m* (*-es*; *-e*) espantalho *m*; estafermo *m*.
Pope'lin [popə'li:n] *m* (*-s*; *-e*) popeline *f*.
Po'po [po'po:] *m* (*-s*; *-s*) nádegas *f*/*pl.*; *Kind*: fofo *m*.
popu|lär [popu'lɛ:r] popular; **2lari'tät** [-lari'tɛ:t] *f* (*0*) popularidade *f*.
'**Por|e** ['po:rə] *f* poro *m*; **2'ös** [-'rø:s] poroso.
'**Porphyr** ['pɔrfy:r] *m* (*-s*; *-e*) pórfiro *m*.

'Porree ['pore] *m* (*-s*; *-s*) alho-porro *m*.
Por'tal [pɔrta:l] *n* (*-s*; *-e*) portal *m*.
Portemon'naie [pɔrtmɔ'ne:] *n* (*-s*; *-s*) porta-moedas *m*.
Porti'er [porti'e:] *m* (*-s*; *-s*) porteiro *m*; **~(s)frau** *f* porteira *f*; **~(s)-loge** *f*: in der ~ ao porteiro *m*.
Porti'on [pɔrtsi'on] *f* porção *f*; *Restaurant a.*: prato *m*.
'Porto ['pɔrto] *n* (*-s*; *-s od. Porti*) porte *m*; franquia *f*; **~-auslagen** *f/pl.* despesas *f* de porte; portes *m/pl.*; **2frei** isento de porte, franco de porte; **~kosten** *pl.* portes *m/pl.*; **2pflichtig** sujeito a porte; **~zuschlag** *m* (*-ęs*; *¨e*) porte *m* adicional.
Por'trät [pɔr'trɛ:] *n* (*-s*; *-s*) retrato *m*; **2'ieren** (-) retratar; **~maler** *m* retratista *m*.
Portu'gies|e [pɔrtu'gi:zə] *m* (*-n*) (**~in** *f*) português *m* (-esa *f*); **2isch** português, de Portugal.
'Portwein ['pɔrt-] *m* (*-ęs*; *-e*) vinho *m* do Porto (*'ô).
Porzel'lan [pɔrtsə'la:n] *n* (*-s*; *-e*) porcelana *f*; **~...**: *in Zssg(n)* de porcelana.
Po'saun|e [po'zaunə] *f* trombone *m*; *fig.* trombeta *f*; **2en** (-) tocar trombone; *fig.* vociferar.
'Pose ['po:zə] *f* pose *f*; afe[c]tação *f*; postura *f*. [situação *f*.]
Positi'on [pozitsi'o:n] *f* posição *f*;
'positiv ['poziti:f] **1.** positivo; **2.** 2 *n* (*-s*; *-e*) *Phot.* prova *f* positiva; **2ismus** [-'vismus] *m* (-; *0*) positivismo *m*; **2'vist** [-'vist] *m* (*-en*) positivista *m*; **~'istisch** positivista.
Posi'tur [pozi'tu:r] *f* postura *f*; in ~ perfilado; sich in ~ setzen compor-se.
'Posse ['pɔsə] *f* farsa *f*; **2n-haft** burlesco; **~nreißer** *m* charlatão *m*; farsista *m*.
'possessiv ['pɔsəsi:f] possessivo; **2pronomen** *n* (*-s*; *- od. Pronomina*) pronome *m* possessivo.
pos'sierlich [pɔ'si:rliç] engraçado.
Post [pɔst] *f* correio *m* (mit der, per por); (*Brief2*) *a.* correspondência *f*; auf die ~ bringen pôr no correio; * postar; mit gleicher ~ ✝ separado; **'~-abschnitt** *m* (*-ęs*; *-e*) talão *m* do vale do correio; **2'alisch** [-'ta:liʃ] postal.
Posta'ment [pɔsta'mɛnt] *n* (*-ęs*; *-e*) pedestal *m*.
'Post|-amt *n* (*-ęs*; *¨er*) (estação *f* de) correio(s) *m(pl.)*; **~-anweisung** *f* vale *m* do correio; **~-auftrag** *m* (*-ęs*; *¨e*) reembolso (*'ô) *m*; cobrança *f* postal; **~auto** *n* carro *m* dos correios; (*Überlandauto*) autocarro *m*; **~beamte(r)** *m* (*-n*) (**~beamtin** *f*) empregado *m* (-a *f*) do correio; **~beförderung** *f* expedição *f* postal; **~beutel** *m* saco *m* postal (*od.* de correspondência); **~bezirk** *m* (*-ęs*; *-e*) zona *f* postal, área *f* postal; **~boot** *m* (*-ęs*; *-e*) paquete *m*; **~bote** *m* (*-n*) carteiro *m*; distribuidor *m* dos correios; **~direktion** *f* administração *f* dos correios; **~-eingang** ✝ *m* (*-ęs*; *¨e*) correio *m* do dia, correspondência *f* do dia; **~-einzahlung** *f* vale *m* do correio.
'Posten ['pɔstən] *m* posto (*'ô) *m*; (*Amt*) *a.* cargo *m*; emprego (*'ê) *m*; (*Wach2*) sentinela *f* (stehen estar de); ⚔ parte *f*; ✝ *Buchung*: entrada *f*; *Rechnung*: verba *f*; *Ware*: lote *m*, partida *f*, remessa *f*; *fig.* nicht auf dem ~ sn não se sentir bem; ter uma indisposição; **~kette** ⚔ *f* linha *f* de sentinelas.
'Post|fach *n* (*-ęs*; *¨er*) apartado *m*, caixa *f* postal; **~flugzeug** *n* (*-ęs*; *-e*) avião *m* de correio; **~horn** *n* (*-ęs*; *¨er*) corneta *f* de postilhão; **2'ieren** (-) colocar; **~karte** *f* bilhete *m* postal; **~kutsche** *f* diligência *f*; **2lagernd** posta restante; **~nachnahme** *f*: per ~ contra reembolso (*'ô) *m*; **~paket** *n* (*-ęs*; *-e*) encomenda *f* postal; **~sack** (*-ęs*; *¨e*) *m* = ~beutel; **~schalter** *m* postigo *m*; **~scheck** *m* (*-s*; *-s*) cheque *m* postal; **~schließfach** (*-ęs*; *¨er*) = ~fach; **~sendung** *f* remessa *f* postal; **~stempel** *m* carimbo *m* postal; **~tarif** *m* (*-ęs*; *-e*) taxa *f* postal; **~vermerk** *m* (*-ęs*; *-e*) nota *f* postal; **~wagen** *m* mala-postal *f*; 🚂 vagão *m* postal; **2wendend** na volta do correio; **~wertzeichen** *n* selo (*ê) *m* postal; **~wesen** *n* (*-s*; *0*) serviço(s) *m(pl.)* postal (-ais); **~zug** 🚂 *m* (*-ęs*; *¨e*) comboio-correio *m*.
Po'tenz [po'tɛnts] *f* potência *f*; **2'ieren** (-) elevar a uma potência.
'Pott|-asche ['pɔt-] *f* (*0*) potassa *f*; reine ~ carbonato *m* de potássio; **~fisch** (*-es*; *-e*), **~wal** *m* (*-ęs*; *-e*) cachalote *m*.

Prä'ambel [prɛ'ambəl] *f* (-; -*n*) preâmbulo *m*.
Pracht ['praxt] *f* (*0*) fausto *m*, luxo *m*, esplendor *m*, magnificência *f*; pompa *f*.
'prächtig ['prɛçtiç] magnífico, vistoso, faustoso, sumptuoso; *j.*: excelente.
'Pracht|kerl *m* (-*s*; -*e*) jóia *f* de rapaz; '**~stück** *n* exemplar *m* primoroso; '**≈voll** = *prächtig*.
Prädi'kat [prɛdi'ka:t] *n* (-*ẹs*; -*e*) (*Adels≈ usw.*) título *m*; *gr.* predicado *m*; (*Zensur*) nota *f*.
Prä'fix [prɛ:'fiks] *n* (-*es*; -*e*) *gr.* prefixo *m*.
prä'g|en ['prɛ:gən] estampar; *Münze*: cunhar; **≈e-stempel** *m* cunho *m*; **~'nant** [-'nant] expressivo; conciso; vincado; **≈'nanz** [-'nants] *f* (*0*) expressividade *f*; concisão *f*; **≈ung** *f* cunho *m*.
'prahl|en ['pra:lən] blasonar; gabar-se, vangloriar-se (*mit* de); **≈er** *m* fanfarrão *m*; **≈e'rei** [-ə'raɪ] *f* bazófia *f*, fanfarronice *f*, jactância *f*; **~erisch** [-əriʃ], (**≈hans** *m* [-*en*; ⸚*e*]) fanfarrão (*m*).
Prahm [pra:m] *m* (-*ẹs*; -*e*) pontão *m*.
Prakti'kant [prakti'kant] *m* (-*en*) praticante *m*; estagiário *m*.
'Prakti|ken ['praktikən] *pl. uv.* manobras *f/pl.*, maquinações *f/pl.*; **~ker** *m* homem *m* prático; **≈sch** prático; *Arzt*: clínico; **≈'zieren** (-) praticar; exercer; ⚕ fazer clínica.
Prä'lat [prɛ'la:t] *m* (-*en*) prelado *m*.
Pra'lin|e [pra'li:nə] *f*, **~'é** [-'ne:] *n* (-*s*; -*s*) bombom *m*.
prall 1. [pral] *adj.* (*eng*) apertado, justo; (*straff*) te[n]so; (*voll u. rund*) repleto; *Backe usw.*: gordo, cheio; *Muskel*: marcado; *Sonne*: pleno; **2.** ≈ *m* (-*ẹs*; -*e*) choque *m*, ricochete *m*, ressalto *m*, rechaço *m*; '**~en** *v/i. u. v/t.* ressaltar; ricochetear; ~ *gegen* embater em.
Prä'ludium [prɛ'lu:dium] *n* (-*s*; -*dien*) prelúdio *m*.
'Prämie [prɛ:miə] *f* prémio *m*.
prämi'ier|en [prɛmi'irən] (-) premiar; **≈ung** *f* distinção *f*; (*Preisverteilung*) distribuição *f* de prémios.
'prang|en ['praŋən] brilhar, ostentar-se; **≈er** *m* pelourinho *m*.
'Pranke ['praŋkə] *f* garra *f*.
Präpa'r|at [prɛpa'ra:t] *n* (-*ẹs*; -*e*) preparado *m*; **≈ieren** (-) preparar; ⚕ dissecar.
Präpositi'on [prɛpozitsi'o:n] preposição *f*.
'Präsens ['prɛ:zɛns] *n* (-; *Präsentia*) presente *m*.
Prä'sen|t [prɛ'zɛnt] *n* (-*ẹs*; -*e*) presente *m*; **≈'tieren** [-'ti:rən] (-) apresentar (*das Gewehr* armas); **~z** [-ts] (*0*) assistência *f*, frequência *f*; **~z-liste** *f* ponto *m*.
Präsi'dent [prɛzi'dɛnt] *m* (-*en*) presidente *m*; **~in** *f* presidenta *f*; **~schaft** *f* presidência *f*.
präsi'dieren [prɛzi'di:rən] (-) presidir.
Prä'sidium [prɛ'zi:dium] *n* (-*s*; -*dien*) dire[c]ção *f*, presidência *f*; mesa *f*.
'prasse|ln ['prasəln] (-*le*) crepitar; *Regen*: bater; **~n** (-*ßt*) banquetear-se; **≈r** *m* glutão *m*; *pl.* comes e bebes *m/pl.*
Präten'dent [prɛtɛn'dɛnt] *m* (-*en*) pretendente *m*.
Prä'teritum [prɛte:ritum] *n* (-*s*; -*ta*) pretérito *m*.
präven'tiv [prɛvɛn'ti:f], **≈...**: *in Zssgn* preventivo.
'Praxis ['praksis] *f* (-; *Praxen*) prática *f*; ⚖, ⚕ consultório *m*, ⚕ *a.* clínica; (*Kundschaft*) clientela *f*.
Präze'denzfall [prɛtse'dɛnts-] *m* (-*ẹs*; ⸚*e*) precedente *m*, antecedente *m*.
prä'zis [prɛ'tsi:s] preciso, exa[c]to.
präzi's|ieren [prɛtsi'zi:rən] (-) precisar, especificar; **≈i'on(s...**: ⊕) (-i'o:n[s]) *f* (de) precisão *f*.
'predig|en ['pre:digən] pregar; **≈er** *m* pregador *m*; capelão *m*; **≈t** [-çt] *f* sermão *m* (*halten* fazer, proferir); homília *f*.
Preis [praɪs] *m* (-*es*; -*e*) preço *m* (*im*, *zum* ao); (*Gewinn*) prémio *m*; (*Lob*) elogio *m*, honra *f*; *im ~ steigen* subir de preço; *um jeden ~* custe o que custar; *um keinen ~* de modo algum; *e-n ~ ansetzen für* cotizar; *e-n ~ ausschreiben* abrir concurso; '**~-abbau** *m* (-*ẹs*; *0*) redução *f* de (*od.* dos) preços; '**~-angabe** *f* indicação *f* do preço; '**~-aufgabe** *f* tema *m* de concurso; '**~-aufschlag** *m* (-*ẹs*; ⸚*e*) sobretaxa *f*; aumento *m*; '**~-ausschreiben** *n* concurso *m*, *künstlerisches a.* certame *m*.
'Preiselbeere ['praɪzəl-] *f* murtinho *m*.

ˈ**preisen** [ˈpraɪzən] elogiar, exaltar, enaltecer.

ˈ**Preis|-erhöhung** *f* alta *f*; aumento *m* de (*od.* dos) preços; **~-ermäßigung** *f* abatimento *m* (do preço), desconto *m*; **~festsetzung** *f* tabelamento *m* dos preços; **~frage** *f* questão *f* de preço; problema *m*; = *~aufgabe*; **~gabe** *f* (*0*) abandono *m*; *Geheimnis*: revelação *f*; **♀geben** (*L*) abandonar; **♀gekrönt** premiado; **~gericht** *n* (*-es*; *-e*) júri *m*; **~-gestaltung** *f* formação *f* dos preços; **~-herabsetzung** *f* abate *m* (*od.* redução *f*) dos preços; = *~ermäßigung*; **~lage** *f* preço *m* (*in* a, por); **~liste** *f* tabela *f*; **~nachlaß** *m* (*-sses*; *⸚sse*) = *~ermäßigung*; **~notierung** *f* cotização *f*; **~richter** *m* juiz *m*; membro *m* do júri; **~-schwankung** *f* flutuação *f* dos preços; **~-senkung** *f* = *~herabsetzung*; **~-steigerung** *f* = *~erhöhung*; **~-sturz** *m* (*-es*; *⸚e*) queda (*od.* baixa) *f* súbita dos preços; **~träger** *m* premiado *m*; **~treibeˈrei** [-traɪbəˈraɪ] *f* alta *f* forçada; especulação *f*; **~-überwachung** *f* fiscalização *f* de (*od.* dos) preços; **~vermerk** *m* (*-es*; *-e*) marca *f* de preço; **~verteilung** *f* distribuição *f* de (*od.* dos) prémios; **~verzeichnis** *n* (*-ses*; *-se*) tabela *f*; **♀wert** barato.

preˈkär [preˈkɛːr] precário.

ˈ**Prell|bock** [ˈprɛl-] 🚂 *m* (*-es*; *⸚e*) pára-choque *m*; **♀en** mantear; (*verletzen*) contusionar; *fig.* lograr; **~eˈrei** [-əˈraɪ] *f* logro *m*, roubalheira *f*; **~stein** *m* (*-es*; *-e*) marco *m*; frade *m* (de pedra); **~ung** ⚕ *f* contusão *f*.

Premiˈere [premiˈɛːrə] *f* estreia *f*.

ˈ**Presse** [ˈprɛsə] *f* prensa *f*; *Typ. a.* prelo *m*; *Zeitungswesen*: imprensa *f*; (*Öl♀*, *Wein♀*) lagar *m*; (*Schule*) colégio *m*; **~-amt** *n* (*-es*; *⸚er*), **~-dienst** *m* (*-es*; *-e*) *Pol.* se[c]ção *f* (*od.* repartição *f od.* serviços *m/pl.*) da imprensa, serviço *m* de informações; **~freiheit** *f* (*0*) liberdade *f* da imprensa; **~gesetz** *n* (*-es*; *-e*) lei *f* de imprensa; **~konferenz** *f* conferência *f* de imprensa (*abhalten* realizar); **♀n** (*-ßt*) apertar, prensar, comprimir; espremer; **~photograph** *m* (*-en*) repórter *m* fotográfico; **~-schau** *f* revista *f* da imprensa; **~-zensur** *f* (*0*) censura *f* da imprensa.

ˈ**Preß|glas** *n* (*-es*; *0*) vidro *m* comprimido; **~kohle** *f* carvão *m* comprimido; **~luft** *f* (*0*) ar *m* comprimido.

ˈ**Preuß|e** [ˈprɔysə] *m* (*-n*), (**~in** *f*) prussiano *m* (-a *f*); **♀isch** prussiano, da Prússia.

ˈ**prickeln** [ˈprikəln] **1.** (*-le*) picar; arder, fazer comichão; *Wein*: espumar; **2.** ♀ *n* comichão *f*; **~d** *adj.* picante.

Priem [priːm] *m* (*-es*; *-e*) pedaço *m* de tabaco para mascar; ˈ**♀en** mascar tabaco.

ˈ**Priester** [ˈpriːstər] *m* sacerdote *m*; **~-amt** *n* (*-es*; *⸚er*) sacerdócio *m*; **~-herrschaft** *f* teocracia *f*; **♀lich** sacerdotal; **~rock** *m* (*-es*; *⸚e*) sota[i]na *f*; **~tum** *n* (*-es*; *0*) clero *m*; **~weihe** *f* ordenação *f*.

ˈ**Prima** [ˈpriːma] **1.** *f* (*-*; *Primen*) oitavo e nono (*a.* primeiro) ano *m* do liceu; **2.** ♀ da primeira qualidade; primoroso; F *a.* esplêndido; **~-wechsel** ⚚ *m* primeira via *f* de letra.

ˈ**Primel** [ˈpriːməl] *f* (*-*; *-n*) primavera *f*; prímula *f*.

primiˈtiv [primiˈtiːf] primitivo.

ˈ**Prim-zahl** *f* número *m* primo.

Prinz [prints] *m* (*-en*) príncipe *m*; **~ˈessin** [-ˈtsɛsin] *f* princesa *f*; ˈ**~-gemahl** *m* (*-es*; *-e*) príncipe-consorte *m*.

Prinˈzip [prinˈtsiːp] *n* (*-s*; *-ien*) princípio *m*; **♀iˈell** [-ipiˈɛl] em princípio, de princípio.

ˈ**Prinz|regent** *m* (*-en*) (príncipe-) regente *m*.

ˈ**Prior** [ˈprior] *m* (*-s*; *-en*) prior *m*; **~in** [-oːˈrin] *f* superiora *f*; **~iˈtät** -i[ˈtɛːt] *f* prioridade *f*.

ˈ**Prise** [ˈpriːzə] *f* ⚓ presa (*ê) *f*; *Tabak*: pitada *f*.

ˈ**Pritsche** [ˈpritʃə] *f* catre *m*; ⚔ tarimba *f*.

priˈvat [priˈvaːt] particular; privado, pessoal; *~ wohnen* estar alojado em casa particular; **♀-angelegenheit** *f* assunto *m* particular; *j-s ~ sn* ser (só) com alg.; **♀-audienz** *f* audiência *f* particular; **♀-auto** *n* (*-s*; *-s*) automóvel *m* particular; **♀besitz** (*-es*; *0*) propriedade *f* particular (*od.* pessoal); **♀dozent** *m* (*-en*) professor *m* livre; **♀-eigentum** *n* (*-es*; *0*) = *~besitz*; **♀fahrzeug** *n* (*-es*; *-e*) veículo *m* particular; **♀gelehrte(r)** *m* (*-n*) homem *m* de letras; **♀-haus** *n*

(*-es*; *=er*) casa *f* particular; **2-interesse** *n* interesse (*'ê) *m* pessoal (*od.* particular); **2leben** *n* (*-s*; *0*) vida *f* privada; intimidade *f*; **2lehrer(in** *f*) *m* professor(a *f*) *m* particular; **2mann** *m* (*-es*; *-leute*), **2person** *f* particular *m*; **2recht** *n* (*-es*; *0*) direito *m* privado; **2sache** *f* negócio *m* particular; **2schule** *f* colégio *m*; **2sekretär(in** *f*) *m* (*-s*; *-e*) secretário *m* (-a *f*) (particular); **2stunde** *f* lição *f* particular; **2-unterricht** *m* (*-es*; *0*) ensino *m* particular; **2vermögen** *n* (*-s*; *0*) fortuna *f* pessoal; **2versicherung** *f* seguro *m* privado; **2wagen** *m* carro *m* particular; **2weg** *m* (*-es*; *-e*) caminho *m* privado; **2wirtschaft** *f* (*0*) economia *f* privada; **2wohnung** *f* domicílio *m*; = *2haus*; **2zweck** *m* (*-es*; *-e*) fim *m* pessoal.

Privi'le|g [privi'le:k] *n* (*-es*; *-ien*) privilégio *m*; **2'gieren** [-'gi:rən] (-) privilegiar.

pro [prɔ] **1.** por, o, a; **2.** 2 *n* (-; *0*) pro *m*.

pro'bat [pro'ba:t] (com)provado, seguro.

'Probe ['pro:bə] *f* prova *f*; ⚕ amostra *f* (*auf*, *zur* de, para, como); *Thea.*: ensaio *m*, (*Versuch*): *a.* experiência *f*; *auf die ~ stellen* pôr à prova; **~-abzug** *m* (*-es*; *=e*) prova *f*; **~fahrt** *f* (viagem *f* de) experiência *f* (*auf* em); **~flug** *m* (*-es*; *=e*) voo (*'ô) *m* de experiência; **~jahr** *n* (*-es*; *-e*) aprendizado *m*; *Rel.* noviciado *m*; **2n** provar, experimentar; *Thea.* ensaiar; **~nummer** *f* (-; *-n*) espécime[n] *m*; **~sendung** *f*, **~stück** *n* (*-es*; *-e*) amostra *f*; **2weise** a título de experiência; **~zeit** *f* = *~jahr*.

pro'bier|en [pro'bi:rən] (-) provar, experimentar; **2glas** ⚗ *n* (*-es*; *=er*) proveta *f*.

Pro'blem [pro'ble:m] *n* (*-s*; *-e*) problema *m*.

Proble'mat|ik [proble'ma:tik] *f* (*0*) problemática *f*; **2isch** problemático.

Pro'dukt [pro'dukt] *n* (*-es*; *-e*) produto *m*; **~en...**: *in Zssgn* de mercadorias; **~en-handlung** *f* mercearia *f*; **~i'on** [-tsi'o:n] *f* produção *f*; **~i'ons...**: *in Zssgn* de produção; **2'iv** [-'ti:f] produtivo; **~ivi'tät** [-tivi'tɛ:t] *f* (*0*) produtividade *f*.

Produ'z|ent [produ'tsɛnt] *m* (*-en*) produtor *m*; ⊕ fabricante *m*; **2ieren** (-) produzir, fabricar.

pro'fan [pro'fa:n] profano; **~'ieren** (-) profanar.

professionell [-fɛsio:'nɛl] profissional.

Pro'fessor [pro'fɛsɔr] *m* (*-s*; *-en*) professor *m*; (*Universitäts~*) *a.* lente *m*; *ordentlicher ~ a.* catedrático *m*; **~enschaft** [-'so:rən-] *f* (*0*) professorado *m*; corpo *m* docente.

Profes'sur [profə'su:r] *f* cadeira *f*; cátedra *f* (*für* de).

Pro'fil [pro'fi:l] (*-s*; *-e*) perfil *m*.

Pro'fit [pro'fi:t] *m* (*-es*; *-e*) proveito *m*, lucro *m*; **~gier** *f* (*0*) cobiça *f*; **2'ieren** [-fi'ti:rən] (-) lucrar, aproveitar (*bei*, *von* com); **2lich** interesseiro.

Pro'gnose [pro'gno:zə] *f* prognóstico *m* (*stellen* fazer).

Pro'gramm [pro'gram] *n* (*-s*; *-e*) programa *m*; **2'atisch** [-'ma:tiʃ] programático; **~gestaltung** *f* organização *f* do programa.

Pro'jekt [pro'jɛkt] *n* (*-es*; *-e*) proje[c]to *m*.

Projekti'on *f* [projɛktsi'o:n] proje[c]ção *f*; **~s-apparat** *m* (*-es*; *-e*) aparelho *m* (*od.* máquina *f*) de proje[c]ções; proje[c]tor *m*.

proji'zieren [proji'tsi:rən] (-) proje[c]tar.

Proklam|ati'on [proklamatsi'o:n] *f* proclamação *f*; **2'ieren** (-) proclamar.

Pro'kur|a [pro'ku:ra] *f* (*0*) procuração *f*; **~'ist** [-u'rist] *m* (*-en*) procurador *m*; ⚕ gerente *m*.

Pro'let [pro'le:t] *m* (*-en*) plebeu *m*; **~ari'at** [-letari'a:t] *n* (*-es*; *-e*) proletariado *m*; **~'arier** [-le'ta:riər] *m*, **2'arisch** proletário (*m*).

Pro'log [pro'lo:k] *m* (*-es*; *-e*) prólogo *m*.

prolon'gieren [prolɔŋ'gi:rən] (-) prolongar; prorrogar; *Wechsel*: reformar.

Prome'n|ade [promə'na:də] *f* passeio *m*; **2ieren** (-; *sn*) dar um passeio.

promi'nent [promi'nɛnt] proeminente.

Promo|ti'on [promotsi'o:n] *f* licenciatura *f*, formatura *f*; doutoramento *m*; **2'vieren** [-'vi:rən] (-) **1.** *v/t.* promover; doutorar; **2.** *v/i.* (*h.*) formar-se; doutorar-se.

prompt [prɔmpt] pronto; rápido.
Propa'g|anda [propa'ganda] (*0*) (*in Zssgn* de) propaganda *f*; **~an'dist** *m* (*-en*) propagandista *m*; **2ieren** (-) propagar; divulgar.
Pro'peller [pro'pɛlər] *m* hélice *m, f*.
Pro'phet [pro'fe:t] *m* (*-en*) profeta *m*; **~in** *f* profetisa *f*; **2isch** profético.
prophe'zei|en [profe'tsaɪən] (-) profetizar; *bsd. Wetter*: prognosticar; prever; **2ung** *f* profecia *f*; vaticínio *m*.
Proporti'on [propɔrtsi'o:n] *f* proporção *f*; **~'al** [-o'na:l] proporcional; ⅍ *~ sn a.* estar na razão dire[c]ta (*od. umgekehrt* inversa *od.* indire[c]ta; *zu* de).
Propst [pro:pst] *m* (*-es*; *⸚e*) prior *m*; (padre *m*) prepósito *m*; *protestantischer*: primeiro-pastor *m*.
'Pro-rektor ['pro:-] *m* (*-s*; *-en*) vice--reitor *m*.
Pro'sa ['pro:za] *f* (*0*) prosa *f*.
pro'saisch [pro'za:iʃ] prosaico; em prosa.
Prose'lyt [proze'ly:t] *m* (*-en*) prosélito *m*.
'prosit! ['pro:zit] à sua saúde!; *~ Neujahr!* F Feliz Ano Novo!
Pros'pekt [pro'spɛkt] *m* (*-ɇs*; *-e*) prospe[c]to *m*.
prost [pro:st] = *prosit*.
prostitu|'ieren [prostitu'i:rən] (-) prostituir; **2'ierte** [-'i:rtə] *f* prostituta *f*; **2ti'on** [-tsi'o:n] *f* (*0*) prostituição *f*.
prote'gieren [prote'ʒi:rən] (-) proteger.
Protekt|i'on [protɛktsi'o:n] *f* prote[c]ção *f*; **~or** [-'tɛktɔr] *m* (*-s*; *-en*) prote[c]tor *m*; **~o'rat** [-o'ra:t] *n* (*-ɇs*; *-e*) prote[c]torado *m*; patrocínio *m*.
Pro'test [pro'tɛst] *m* (*-ɇs*; *-e*) protesto *m*; *~ erheben* protestar.
Protes'tant [protɛs'tant] *m* (*-en*), **~in** *f* protestante *m, f*; **2isch** protestante; **~'ismus** *m* (*-*; *0*) protestantismo *m*.
protes'tieren [protɛs'ti:rən] (-) protestar.
Pro'these [pro'te:zə] *f* prótese *f*.
Proto'koll [proto'kɔl] *n* (*-s*; *-e*) a[c]ta *f*, auto *m* (*aufnehmen* lavrar); protocolo *m*; *~ führen* secretariar, ser o secretário; *zu ~ nehmen* registar; **~führer** *m* secretário *m*; *mit j-m als ~* secretariado por alg.; **2'ieren** (-) registar.
Pro'ton [pro'to:n] *n* (*-s*; *-en*) protão *m*.
Protz [prɔts] *m* (*-en*) ricaço *m*; **'2en** (*-t*) F *~ mit* ostentar (*ac.*), gabar-se de; **2ig** empolado, ostentoso.
Provi'ant [provi'ant] *m* (*-ɇs*; *-e*) provisões *f/pl.*, víveres *m/pl.*; abastecimento *m*; **~-amt** *n* (*-ɇs*; *⸚er*) administração (*od.* intendência) *f* dos abastecimentos.
Pro'vinz [pro'vints] *f* província *f*; **~...**: *in Zssgn*, **2i'al...**: *in Zssgn* [-i'a:l], **2'ell** [-i'ɛl], **~ler** *m* provincial (*m*), provinciano (*m*), da província.
Provis|i'on [provizi'o:n] *f* comissão *f*; **~or** [-'vi:zɔr] *m* (*-s*; *-en*) ajudante *m* de farmácia; **2'orisch** [-'zo:riʃ] provisório, interino.
provo'zieren [provo'tsi:rən] (-) provocar.
Proze'dur [protse'du:r] *f* procedimento *m*, processo *m*.
Pro'zent [pro'tsɛnt] *n* (*-ɇs*; *-e*) por cento *m*; **~e** *pl.* juros *m/pl.*, interesses (*'ê) *m/pl.*; **~satz** *m* (*-es*; *⸚e*) percentagem *f* (*hoch* grande); **2u'al** [-tu'a:l] proporcional, a tanto por cento.
Pro'zeß [pro'tsɛs] *m* (*-sses*; *-sse*) processo *m* (*kurzer* sumário; *anstrengen* intentar); *j-m den ~ machen* processar alg.; proceder contra alg,; *kurzen ~ machen mit fig.* dar despacho rápido a; acabar com; **~-akte** *f* auto *m*; **2führend** litigante; **~führung** *f* procedimento *m*.
prozes'sieren [protsɛ'si:rən] (-) pleitear, litigar, processar.
Prozessi'on [protsɛsi'o:n] *f* procissão *f*.
Pro'zeß|-ordnung *f* procedimento *m* judicial; *Straf2* código *m* do processo criminal; **~recht** *n* (*-ɇs*; *0*) direito *m* processual (*od.* judicial).
'prüde ['pry:də] pudibundo; afe[c]tado.
'prüf|en ['pry:fən] examinar; (*nachprüfen*) verificar, conferir; (*erproben*) experimentar, provar; **2er** *m* examinador *m*, ✈ revisor *m*; **2ling** *m* (*-s*; *-e*) candidato *m*, examinando *m*; **2stein** *m* (*-ɇs*; *-e*) pedra-de-toque *f*; **2ung** *f* exame *m* (*ablegen* fazer); prova *f* (*mündliche* oral; *schriftliche* escrita); (*Heimsuchung*) pro-

vação *f*, tribulação *f*; ⚕ revisão *f*; ⊕ ensaio *m*; *die* ~ *bestehen* passar, ficar aprovado; *in der* ~ *durchfallen* não passar, ficar reprovado.
'**Prüfungs|-arbeit** *f* prova *f* escrita; **~-aufgabe** *f* ponto *m*; **~-ausschuß** *m* (*-sses*; *⸗sse*), **~kommission** *f* júri *m*; **~gebühren** *f/pl.* propinas *f/pl.* de exame; **~-zeugnis** *n* (*-ses*; *-se*) diploma *m*.
'**Prügel** ['pry:gəl] *m* pau *m*, cacete *m*; *pl.* pancada *f/sg.*; **~'ei** *f* pancadaria *f*; **~knabe** *m* (*-n*) malhadeiro *m*; **2n** (*-le*) bater; dar pancada a; *sich* ~ pegar-se; andar na pancadaria; **~-strafe** *f* corre[c]ção *f* (*od.* castigo *m*) corporal.
Prunk [pruŋk] *m* (*-ês*; *0*) pompa *f*, fausto *m*; '**~...**: *in Zssgn oft* de luxo, de gala; '**2en** brilhar; ~ *mit* ostentar; '**2haft** sumptuoso, faustoso, luxuoso; '**~sucht** *f* (*0*) ostentação *f*; '**2süchtig** ostentoso; '**2voll** = *2haft*.
Psal|m [psalm] *m* (*-ês*; *-en*) salmo *m*; **~'mist** *m* (*-en*) salmista *m*; '**~ter** *m* saltério *m*.
Pseudo'nym [psɔydo'ny:m] *n* (*-s*; *-e*) pseudónimo *m*.
'**Psych|e** ['psy:çə] *f* alma *f*; psique *f*; **~i'ater** [-i'a:tər] *m* psiquiatra *m*, alienista *m*; **2isch** psíquico, mental.
Psycho|-ana'lyse [psy:ço-] *f* (*0*) psicanálise *f*; **~-ana'lytiker** *m* psicanalista *m*; **~'loge** [-'lo:gə] *m* (*-n*) psicólogo *m*; **~lo'gie** [-lo'gi:] *f* (*0*) psicologia *f*; **2'logisch** psicológico; **~'path** [-'pa:t] *m* (*-en*) psicopata *m*; **2'pathisch** psicopático; **~se** [psy-'ço:zə] *f* psicose *f*; **~thera'pie** *f* (*0*) psicoterapia *f*, psicoterapêutica *f*.
Puber'tät [pubər'tɛ:t] *f* (*0*) puberdade *f*.
'**Publi|kum** ['publikum] *n* (*-s*; *0*) público *m*; **2'zieren** [-'tsi:rən] (-) publicar; **~'zist** *m* (*-en*) publicista *m*; **~'zistik** *f* (*0*) publicismo *m*; jornalismo *m*.
'**Pudel** ['pu:dəl] *m* cão-de-água *m*; **~mütze** *f* carapuça *f*; **2naß** (*0*) molhado até os ossos.
'**Puder** ['pu:dər] *m* pó(-de-arroz) *m*; **~dose** *f* caixa *f* de pó-de-arroz; **2n** (*-re*) pôr pó; empoar; **~quaste** *f* borla *f* do pó-de-arroz; **~zucker** *m* (*-s*; *0*) açúcar *m* em pó.
Puff [puf] *m* (*-ês*; *⸗e*) murro *m*; safanão *m*; *Spiel*: ganha-perde *m*; P bordel *m*; '**~ärmel** *m* manga *f* fofa; '**2en** empurrar, dar um murro a; (*bauschen*) afofar; '**~er** *m* bolo (*'ô) *m*; ⚓ defesa *f*; 🚂 bomba *f*, tampão *m* de choque; '**~er-staat** *m* (*-ês*; *-en*) estado-tampão *m*.
'**Pulle** ['pulə] F *f* garafa *f*.
Puls [puls] *m* (*-ês*; *-e*) pulso *m* (*fühlen* tomar); '**~-ader** *f* (*-*; *-n*) artéria *f*; '**2en** [-'zən] (*-t*), **2'ieren** [-'zi:rən] (-) pulsar, latejar, palpitar; *Blut*: circular *~des Leben* vida *f* intensa; '**~-schlag** *m* (*-ês*; *⸗e*) pulsação *f*; '**~wärmer** ['-vɛrmər] *m* punho *m*; manguito *m*.
Pult [pult] *n* (*-ês*; *-e*) (*Redner2*) púlpito *m*; (*Schreib2*) escrevaninha *f*; (*Ständer*) estante *f*; '**~dach** *n* (*-ês*; *⸗er*) telhado *m* de uma só água.
'**Pulver** ['pulvər] pólvora *f*; ⚕ pós *m/pl.*; **2förmig** [-fœrmiç] em pó; **2i'sieren** [-i'zi:rən] (-) pulverizar; **~schnee** *m* (*-s*; *0*) neve *f* solta.
Pump [pump] F *m* (*-ês*; *-e*) crédito *m*; empréstimo *m*; '**~e** *f* bomba *f*; '**2en** dar à bomba; *fig.* F: *j-m* ~ emprestar a alg.; *von j-m* ~ pedir emprestado a alg.; '**~enkolben,** '**~en-schwengel** *m* êmbolo *m*, pistão *m*; '**~-hosen** *f/pl.* calças *f/pl.* afofadas; '**~werk** *n* (*-ês*; *-e*) máquina *f* hidráulica, central *f* hidráulica.
Punkt [puŋkt] *m* (*-ês*; *-e*) ponto *m*, (*für, nach, um* por); *pl.* *~e für Auslassungen* (...) reticências *f/pl.*; *2 3 Uhr* às três em ponto; *der springende ~ fig.* o que interessa; o busílis; **2'ieren** (-) pontear, pontilhar; ⚕ puncionar; **~i'on** [-tsi'o:n] *f* ⚕ punção *f*.
'**pünktlich** ['pyŋktliç] pontual, exa[c]to; *adv.* *a.* em ponto; 🚂 à tabela; **2keit** *f* (*0*) pontualidade *f*; exa[c]tidão *f*.
Punsch [punʃ] *m* (*-ês*; *-e*) ponche *m*.
Pu'pill|e [pu'pilə] *f* pupila *f*, menina-do-olho (*'ô) *f*.
'**Pupp|e** ['pupə] *f* boneca *f*; *Thea.* títere *m*; (*Schneider2*) figurino *m*, manequim *m*; *Zool.* ninfa *f*; crisálida *f*; **~en-spiel** (*-ês*; *-e*), **~en-theater** *n* teatro *m* de títeres; **~en-wagen** *m* carrinho *m* de bonecas.
pur [pu:r] puro; ⚕ *a.* incondicional; *~er Unsinn* autêntico disparate *m*.
Pü'ree [py're:] *n* (*f*) (*-s*; *-s*) puré *m*.
'**Purpur** ['purpur] *m* (*-s*; *0*) púr-

pura *f*; **ꝰfarbig, ꝰn, ꝰrot** purpúreo, purpurino; **~schnecke** *f* púrpura *f*; múrice *m*.

'Purzel|baum ['purtsəl-] *m* (-*ės*; ᐨ*e*) cabriola *f*, trambolhão *m*, cambalhota *f* (*schlagen* dar); **~n** (-*le*; *sn*) cair; dar um trambolhão *usw*.

'Pust|e ['pu:stə] F *f* (*0*) *aus der ~ kommen, keine ~ mehr haben* perder o fôlego; **~el** ['pustəl] ⚕ *f* (-; -*n*) pústula *f*; **ꝰen** (-*e*-) soprar.

'Put|e ['pu:tə] *f* perua *f*; **~er** *m* peru *m*; **ꝰer-rot** rubro.

Putsch [putʃ] *m* (-*es*; -*e*) revolta *f*, golpe-de-estado *m*; **~'ist** *m* (-*en*) reviralhista *m*.

'Putte ['putə] *f Mal.* anginho *m*.

Putz [puts] *m* (-*es*; *0*) enfeite *m*; adorno (*'ô) *m*; «toilette» *f* (*fr*.); artigos *m*/*pl*. de moda; ⚠ reboco (*'ô) *m*; **'ꝰen** (-*t*) limpar; (*blank machen*) polir; *Metalle*: *a*. arrear; *Schuhe*: *a*. engraxar; ⚠ rebocar; *Licht*: espevitar; *Zähne*: lavar; *sich ~* enfeitar-se; *sich* (*dat*.) *die Nase ~* assoar-se; **'~frau** *f* mulher *f* a dias (*od*. de limpeza); **'~geschäft** *n* (-*ės*; -*e*) loja *f* de modas; **'ꝰig** engraçado; **'~lappen** *m* pano (*od*. trapo *od*. farrapo) *m* para limpar; **'~macherin** ['-maxərin] *f* modista *f*; **'~mittel** *n* limpa-metais *m*; **'~-sucht** *f* (*0*) vaidade *f*; **'ꝰ-süchtig** vaidoso; **'~waren** *f*/*pl*. artigos *m*/*pl*. de moda; **'~-zeug** *n* (-*ės*; *0*) = *~lappen*.

Pyra'mide [pyra'mi:də] *f* pirâmide *f*.

Pyro'technik [pyro-] *f* (*0*) pirotécnica *f*.

Q

Q, q [ku:] *n uv.* Q, q *m.*
ˈ**quabb(e)lig** [ˈkvab(ə)liç] mole, balofo, gelatinoso.
ˈ**Quacksalber** [ˈkvakzalbər] *m* curandeiro *m*; charlatão *m*; **~**ˈ**ei** [-ˈraɪ] *f* charlatanaria *f*; **2n** (*-re*) fazer de curandeiro.
ˈ**Quaddel** [ˈkvadəl] *f* ⚕ pápula *f*; inje(c)ção *f* subcutânea.
ˈ**Quaderstein** [ˈkva:dər-] *m* (*-es*; *-e*) bloco *m* de pedra; pedra *f* de cantaria.
Quaˈ**drant** [kvaˈdrant] *m* (*-en*) quadrante *m.*
Quaˈ**drat** [kvaˈdra:t] *n* (*-es*; *-e*) quadrado *m*; **2isch** quadrado; *Gleichung*: do segundo grau; **~(kilo)meter** *n, m* (quiló)metro *m* quadrado; **~**ˈ**ur** [-ˈtu:r] *f* quadratura *f*; **~wurzel** *f* (*-*; *-n*) raiz *f* quadrada.
ˈ**quaken** [ˈkva:kən] grasnar, coaxar.
Qual [kva:l] *f* dor *f*, pena *f*, tormento *m*, tortura *f*, martírio *m.*
ˈ**quäl|en** [ˈkvɛ:lən] atormentar, torturar; (*belästigen*) importunar; (*beunruhigen*) afligir, preocupar; (*plagen*) maçar; **2e**ˈ**rei** [-əˈraɪ] *f* tormento *m*, tortura *f*; (*Plackerei*) maçada *f*; **2geist** *m* (*-es*; *-er*) importuno *m.*
Qualifi|katiˈ**on** [kvalifikatsiˈo:n] *f* qualificação *f*; aptidão *f*; **2**ˈ**zieren** [-ˈtsi:rən] (-) qualificar; **2ziert** *a.* diplomado.
Quali|ˈ**tät** [kvaliˈtɛ:t] *f* qualidade *f*; **2ta**ˈ**tiv** [-taˈti:f] qualitativo.
ˈ**Qualle** [kvalə] *f* medusa *f.*
Qualm [ˈkvalm] *m* (*-es*; *0*) fumo *m*, fumaça *f*; fumaceira *f*; ˈ**2en** fum(eg)ar; ˈ**2ig** cheio de fumo.
ˈ**qualvoll** doloroso; torturoso; cruel.
ˈ**Quan|tentheorie** [ˈkvantən-] *f* teoria *f* dos quantas; **2ti**ˈ**tät** [-tiˈtɛ:t] *f* quantidade *f*; **2titativ** [-titati:f] quantitativo; **~tum** [-tum] *n* (*-s*; *Quanten*) quantidade *f*, porção *f.*
Quark [kvark] *m* (*-es*; *0*) queijo *m* mole; requeijão *m*; *fig.* F disparate *m.*
Quart [kvart]: *f* ♪ *u. Fechtk.*: quarta *f*; **~**ˈ**al** [-ˈta:l] *n* (*-s*; *-e*) trimestre *m*; **2**ˈ**al(s)weise** trimestral; de três em três meses; ˈ**~band** *m* (*-es*; *¨e*) livro em quarto; ˈ**~blatt** *n* (*-es*; *¨er*) quartilho *m*; **~**ˈ**ett** [-ˈtɛt] *n* (*-es*; *-e*) quarteto *m.*
Quarˈ**tier** [kvarˈti:r] *n* (*-s*; *-e*) alojamento *m*; ⚔ quartel *m*; aquartelamento *m*; **~macher** ⚔ *m* boleteiro *m.*
Quarz [kvarts] *m* (*-es*; *-e*) quarço *m*; quartzo *m.*
ˈ**quassel|n** [ˈkvasəln] F (*-le*) dizer disparates; disparatar.
ˈ**Quaste** [ˈkvastə] *f* borla *f.*
Quatsch [kvatʃ] F *m* (*-es*; *0*) disparate(s *pl.*) *m*; ˈ**2en** dizer disparates; ˈ**~kopf** *m* (*-es*; *¨e*) pateta *m.*
ˈ**Quecke** [ˈkvɛkə] *f* grama *f.*
ˈ**Quecksilber** [ˈkvɛk-] *n* (*-s*; *0*) mercúrio *m*; **~...**: *in Zssgn* ⚕ mercurial, de mercúrio; ⚗ mercúrico.
Quell [kvɛl] *m* (*-es*; *-e*) *poet.*, ˈ**~e** *f* fonte *f* (*a. fig.*), manancial *m*, nascente *f*; mina *f*; ˈ**2en** *v/i.* (*L*; *sn*) brotar, saltar, nascer; *Erbsen usw.*: inchar; ˈ**~en-angabe** *f*, ˈ**~en-nachweis** *m* (*-es*; *-e*) indicação *f* das fontes; ˈ**~gebiet** *n* (*-es*; *-e*) cabeceira *f*; ˈ**~wasser** *n* água *f* de mina.
ˈ**Quendel** [ˈkvendəl] *m* serpão *m*, serpol *m*; serpilho *m.*
Queng|eˈ**lei** [kvɛŋəˈlaɪ] F *f* quezília *f*; ˈ**2elig** quezilento; ˈ**2eln** (*-le*) quezilar, embirrar.
quer [kve:r] transversal; *adv.* de través; ~ *durch*, ~ *über* (*ac.*) através de; *sich* ~ *stellen* atravessar-se; ˈ**2balken** *m* travessa *f*; travessão *m*; ˈ**2e** *f* (*0*): *j-m in die* ~ *kommen et.*: vir ao encontro de alg.; passar pelo caminho a alg., *j.*: contrariar (os proje[c]tos de) alg.; **~feld**ˈ**ein** (a) corta-mato; ˈ**2flöte** *f* flauta *f* travessa; (ˈ**2kopf** *m* [*-es*; *¨e*]), ˈ**~köpfig** [-kœpfiç] teimoso (*m*); intratável (*m*); ˈ**2pfeife** *f* pífaro *m*; ˈ**2schiff** *n* (*-es*; *-e*) *Kirche*: nave *f* transversal; ˈ**2schnitt** *m* (*-es*; *-e*) corte *m* (*od.* secção *f*) transversal; ˈ**2stange** *f* travessa *f*; ˈ**2straße** *f* travessa *f*;

große ~ travessão *m*; '**≈strich** *m* (*-es*; *-e*) risco *m* (*od.* linha *f*) transversal *m*; *Typ.* barra *f* transversal; *fig.* contratempo *m*; '**≈summe** *f* soma *f* dos algarismos dum número; '**≈treiber** *m* intrigante *m*; **≈treibe'rei** [-traɪbə'raɪ] *f* intriga *f*; **≈u'lant** [kveru'lant] *m* (*-en*) querelante *m*; '**≈verbindung** *f* ligação *f* transversal.

'**Quetsch|e** ['kvɛtʃə] *f* prensa *f*; **≈en** esmagar; pisar; **~kartoffeln** *f/pl.* puré *m/sg.* de batatas; **~ung** *f* contusão *f*; pisadura *f*.

'**quie|ken** ['kvi:kən], **~tschen** [-tʃən] *Schwein*: grunhir; *j.*: guinchar; *Tür*: chiar.

Quint [kvint], '**~e** ♪ *f* quinta *f*; '**~a** ['-ta] *f* (-; *-ten*) segundo ano do liceu; '**~-essenz** *f* quinta-essência *f*; **~'ett** [-'tɛt] *n* (*-es*; *-e*) quinteto *m*.

Quirl [kvirl] *m* (*-es*; *-e*) molinilho *m*, batedor *m*; *fig. Kind*: traquina *m*, *f*; '**≈en** remexer (com o molinilho).

quitt [kvit] livre; quite; *wir sind* ~ estamos pagos; '**≈e** *f* marmelo *m*; '**≈enmarmelade** *f* marmelada *f*; **~'ieren** (-) *v/t.* passar recibo; '**≈ung** *f* recibo *m*.

'**Quote** ['kvo:tə] *f* quota *f*, cota *f*.

Quoti'ent [kvotsi'ɛnt] *m* (*-en*) quociente *m*.

R

R, r [ɛr] *n uv.* R, r *m.*
Ra'batt [ra'bat] *m (-ḙs; -e)* desconto *m*, abate *m*, abatimento *m*; **~e** ✓ *f* alegrete *m.*
Rab'biner [ra'bi:nər] *m* rabino *m.*
'Rab|e ['ra:bə] *m (-n)* corvo *m*; **~eneltern** *pl.* pais *m/pl.* desnaturados; **2enschwarz** *(0)* muito preto (*ê); *Nacht*: muito escuro.
rabi'at [rabi'a:t] raivoso.
'Rache ['raxə] *f (0)* vingança *f*; ~ nehmen vingar-se; **~gefühl** *n* rancor *m* (hegen guardar); **~göttin** *f* fúria *f.*
'Rachen ['raxən] *m* goela *f*; *Tier*: fauces *f/pl.*; ⚕ garganta *f*, faringe *f.*
'rächen ['rɛçən] vingar (an *dat.*, für, wegen de); **~d** *adj.* vingador.
'Rachen|höhle faringe *f*; **~katarrh** *m (-s; -e)* faringite *f.*
'Rächer ['rɛçər] *m* (**~in** *f*) vingador (a *f*) *m.*
'Rach|gier *(0)*, **~sucht** ['rax-] *f (0)* sede (*'ê) *f* de vingança; rancor *m*; **2gierig, 2süchtig** vingativo, rancoroso.
Ra'chiti|s [ra'xi:tis] *f (0)* raquitismo *m*; **2sch** raquítico.
'Racker ['rakər] F *m* maroto *m.*
Rad [ra:t] *n (-ḙs; ⁼er)* roda *f*; *Bewegung*: *a.* pirueta *f* (schlagen fazer); *(Fahr2)* bicicleta *f*; *s. a.* Rädchen.
'Radar|gerät ['ra:dar-] *n (-ḙs; -e)* aparelho *m* de radar; **~schirm** *m (-ḙs; -e)* «écran» *m (fr.)* de radar.
Ra'dau [ra'dau] F *m (-s; 0)* barulho *m.*
'Rädchen ['rɛ:tçən] *n Schneiderei*: recartilha *(od.* roseta) *f* de alfaiate.
'Rad-dampfer *m* vapor *m* de rodas.
'radebrechen ['ra:də-] arranhar.
'radeln ['ra:dəln] *(-le)* andar de bicicleta; F pedalar.
'Rädelsführer ['rɛ:dəls-] *m* chefe *m* (dum bando), cabecilha *m.*
'räder|n ['rɛ:dərn] *(-re)* rodar; *fig.* moer; **2werk** *n (-ḙs; -e)* rodado *m*; engrenagem *f (a. fig.).*
'Rad|fahrbahn *f* velódromo *m*; **2fahren** *(L)* = radeln; **~fahrer(in** *f)* *m* ciclista *m, f*; **~(fahr)sport** *m (-ḙs; 0)* ciclismo *m*; **2förmig** [-fœrmiç] ⚘ rotáceo.
'Radi ['ra:di:] *m* rábano *m*, bávaro.
ra'dier|en [ra'di:rən] (-) raspar; ⊕ gravar; **2gummi** *n u. m (-s; -s)* borracha *f*; **2messer** *n* raspadeira *f*; **2nadel** *f (-; -n)* buril *m*; **2ung** *f* raspadura *f*; água-forte *f.*
Ra'dieschen [ra'di:sçən] *n* rabanete *m.*
radi'kal [radi'ka:l] radical; *Pol. a.* extremista.
'Radio ['ra:dio] *n (-s; -s)* rádio *m, f*; T.S.F. (=telegrafia *f* sem fio); im ~ sprechen falar na Rádio; **2-aktiv** rádioa[c]tivo; **~aktivi'tät** *f (0)* radioa[c]tividade *f*; **~-apparat** *m (-ḙs; -e)* aparelho *m* de rádio; **~-empfang** *m* recepção *f* (radiofónica); audição *f*; **~-empfänger** *m* receptor *m*; **~hörer** *m* radio-ouvinte *m*; **~-industrie** *f (0)* indústria *f* radiofónica; **~logie** *f (0)* radiologia *f*; **~sender** *m* emissora *f*; **~sendung** *f* emissão *f* (radiofónica); **~(tele)gramm** *n (-ḙs; -e)* radiograma *m*; **~telegraphie** *f (0)* radiotelegrafia *f*; **~teleskop** *n (-s; -e)* radiotelescópio *m*; **~-übertragung** *f* transmissão *f* radiofónica; radiodifusão *f.*
'Radium ['ra:dium] *n (-s; 0)* rádio *m*; **~therapie** *f* radioterapia *f.*
'Radius ['ra:dius] *m (-; Radien)* raio *m.*
'Rad|mantel *m (-s; ⁼)* capa *f*; **~nabe** *f* meão *m*; **~reifen** *m* pneu *m*; **~rennbahn** *f* velódromo *m*; **~rennen** *n* corrida *f* de bicicletas; **2schlagen** *(L)* fazer a roda, fazer a pirueta; **~sport** *m (-ḙs; 0)* ciclismo *m*; **~spur** *f* sulco *m* das rodas; rodeira *f*; *(Geleise)* via *f.*
'raff|en ['rafən] apanhar; arrebatar; **2gier** *f (0)* rapacidade *f*; **~gierig** ávido, rapace.
Raffi'n|ade [rafi'na:də] *f* açúcar *m* refinado; **~e'rie** *f* [-ə'ri:] refinaria *f*; **2'ieren** (-) refinar; **2'iert** [-'ni:rt] *fig.* fino.

'ragen ['ra:gən] erguer-se.
Ra'gout [ra'gu:] *n* (*-s*; *-s*) * ragu *m*.
'Rahe ['ra:ə] *f* verga *f*.
Rahm [ra:m] *m* (*-s*; *0*) nata *f*; creme *m*.
'Rahmen ['ra:mən] **1.** ♀ *m* (*Bilder*♀) moldura *f*, (*a. Fenster*♀, *Tür*♀) caixilho *m*; ⊕ armação *f*; (*Stick*♀) bastidor *m*; *fig.* quadro *m*; ambiente *m*; **2.** ♀ emoldurar; encaixilhar; **~antenne** *f* antena *f* de quadro; **~gestell** *n* (*-ẹs*; *-e*) armação *f*.
'rahmig ['ra:miç] cremoso.
Rain [raɪn] *m* (*-ẹs*; *-e*) ourela *f*, linda *f*.
Ra'ket|e [ra'ke:tə] *f* foguete *m* (*steigen lassen* fazer subir); *rojão *m*; ⚔, ✈ foguetão *m*; **~en-abschuß(rampe** *f*) *m* (*-sses*; *⸗sse*) (rampa *f* de) lançamento *m* de foguetões; **~en-antrieb** *m* (*-ẹs*; *-e*) propulsão *f* por ja[c]to (*mit* de); **~enbasis** *f* (*-*; *-basen*) base *f* de foguetões; **~enflugzeug** *n* (*-ẹs*; *-e*) avião *m* de ja[c]to.
'Ramm|bär ['ram-] *m* (*-en*), **~bock** ⊕ *m* (*-ẹs*; *⸗e*), **~e** *f* bate-estacas *m*; maço *m* de calceteiro, malho *m*; ♀**eln** (*-le*) cravar; *Hase usw.*: estar com cio, rolar; ♀**en** cravar, bater estacas; (*anfahren*) abalroar; **~ler** *m* macho *m* de lebre.
'Ramp|e ['rampə] 🚂 *f* plataforma *f*, *a. Thea.*: rampa *f*; **~enlicht** *n* (*-ẹs*; *-er*) ribalta *f*.
rampo'nieren [rampo'ni:rən] (-) estragar, avariar.
Ramsch [ramʃ] *m* (*-es*; *0*) refugo *m*; rebotalho *m*; *im ~ (ver)kaufen* em globo (*'ô), a saldo, por junto; **'~laden** *m* (*-s*; *⸗*) barateiro *m*; **'~ware** *f* refugo *m*, rebotalho *n*.
ran [ran] F = *heran*.
Rand [rant] *m* (*-ẹs*; *⸗er*) margem *f*; borda *f*; bordo *m*; *Fluß*: *a.* beira *f* (*a. Grab*); *Besatz*: cairel *m*; *Gebirge*, *Hut*: aba *f*; (*Kante*) canto *m*; *Münze*: serrilha *f*; (*Saum*) orla *f*; *pl. Ränder unter den Augen* olheiras *f/pl.*; (*äußerster*) ~ extremidade *f*; *außer ~ und Band sn* andar fora dos eixos; *an den ~ legen, stellen usw.*: abeirar, *bis an den ~ füllen* (*bis an den ~ voll* a) abarrotar; *mit et. zu ~e kommen* levar a.c. a cabo, (conseguir) acabar a.c.; **'~-auslöser** *m* *Schreibmaschine*: solta-margem *m*; **~bemerkung** *f* nota *f* marginal.
'Rand|gebiet *n* (*-ẹs*; *-e*) periferia *f*; **~leiste** *f* bordo *m* (*od.* crista *f*) marginal; **~meer** *n* (*-ẹs*; *-e*) mar *m* litoral; **~staat** *m* (*-ẹs*; *-en*) Estado *m* limítrofe; ♀**ständig** periférico; **~steller** [-ʃtɛlər] *m* *Schreibmaschine*: ajustador *m* marginal, marcador *m* marginal; **~verzerrung** *f* aberração *f* de esfericidade.
Rang [raŋ] *m* (*-ẹs*; *⸗e*) categoria *f*; dignidade *f*; posição *f*; (*~stufe*) grau *m*; ⚔ posto (*'ô) *m*, patente *f*; *Thea.* ordem *f*; *j-m den ~ ablaufen* levar as lampas a alg., deixar alg. para trás; **'~-abzeichen** *n* distintivo *m*; **'♀ältest** mais velho; **'~älteste(r)** *m* decano *m*; **'~e** *m* (*-n*) (*f*) maroto *m* (-a *f*).
Ran'gier|bahnhof [raŋ'ʒi:r-] *m* (*-ẹs*; *⸗e*) estação *f* de manobras; ♀**en** (-) *v/t.* 🚂 manobrar; ⚔ *Zug*: formar; *v/i.* ocupar um lugar, ter uma categoria; **~en** *n* 🚂 manobras *f/pl.*; **~gleis** *n* (*-es*; *-e*) via *f* de manobras; **~lokomotive** *f* máquina *f* de manobras.
'Rang|liste *f* ⚔ anuário *m* militar; **~-ordnung** *f* hierarquia *f*, jerarquia *f*; precedência *f*; **~streit** *m* (*-ẹs*; *-e*) conflito *m* de precedências; **~stufe** *f* grau *m*.
rank [raŋk] esbelto; (*biegsam*) flexível.
'Ranke ['raŋkə] *f* gavinha *f*; abraço *m*; (*Kletter*♀) trepadeira *f*; (*Erdbeer*♀) estolho *m*.
'Ränke ['rɛnkə] *m/pl.* intrigas *f*; *~ schmieden* intrigar.
'ranken ['raŋkən]: *sich ~ um* trepar por.
'Ränke|spiel *n* (*-ẹs*; *-e*) intrigas *f/pl.*; ♀**voll** intrigante.
'Ranzen ['rantsən] *m* mochila *f*; *a. fig.* alforge *m*.
'ranzig ['rantsiç] rançoso.
'Rappe ['rapə] *m* (*-n*) (cavalo *m*) morzelo *m*; *auf Schusters ~n* a pé.
'Rappel ['rapəl] F *m*: e-*n ~ haben* não regular bem; ter manias *f/pl.*; ♀**(köpf)ig** [-(kœpf)iç] tolo, doido; ♀**n** (*-le*) fazer ruído; *bei j-m rappelt* es alg. não regula bem.
Raps [raps] ⚘ *m* (*-es*; *-e*) colza *f*.
Ra'punzel [-'puntsəl] raponço *m*, *f* rapôncio *m*.
rar [ra:r] raro, escasso; ♀**i'tät** [-i'tɛ:t] *f* raridade *f*, curiosidade *f*.

rasch [raʃ] rápido; *adv. a.* depressa; '**~eln** (*-le*) sussurrar; fazer ruído.

'**rasen**[1] ['ra:zən] raivar; enfurecer-se; estar furioso; (*jagen*) correr a toda a pressa; (*stürmen*) tempestear; **~d** *adj.* furioso, raivoso; (*schnell*) a toda a pressa.

'**Rasen**[2] *m*, **~fläche** *f*, **~platz** *m* (*-es*; *=e*) relva *f*, relvado *m*; **~stück** *n* (*-es*; *-e*) céspede *m*.

Rase'rei [ra:zə'raɪ] *f* raiva *f*, fúria; ⚕ delírio *m*; (*Fahrt*) correria *f* louca.

Ra'sier|-apparat [ra'zi:r] *m* (*-es*; *-e*) máquina *f* de barbear; aparelho *m* para fazer a barba; **2en** *sich* ~ (*lassen* mandar) fazer a barba; **~messer** *n* navalha *f* de barba; **~pinsel** *m* pincel *m* de barba; **~seife** *f* sabão *m* de barbear; **~zeug** *n* (*-es*; *0*) utensílios *m/pl.* de barbear.

'**Raspel** ['raspəl] *f* (*-*; *-n*) lima *f* grossa, limatão *m*; *Küche*: ralo *m*, ralador *m*; **2n** (*-le*) raspear, limar; ralar; *Süßholz* ~ *fig.* namorar; galantear.

'**Rasse** ['rasə] *f* raça *f*.

'**Rassel** ['rasəl] *f* (*-*; *-n*) matraca *f*; **2n** matraquear; fazer ruído; *mit der Kette* ~ sacudir a cadeia; *durchs Examen* ~ F chumbar.

'**Rassen|frage** *f* (*0*) questão *f* (*od.* problema *m*) racial; **~kunde** *f* (*0*) etnografia *f*; **~lehre** *f* (*0*) racismo *m*; **~mischung** *f* miscegenação *f*.

'**Rass|e-pferd** *n* (*-es*; *-e*) cavalo *m* de raça; **2e-rein, 2ig** de raça pura, castiço; **2isch** racial.

Rast [rast] *f* descanso *m*; repouso *m*; ⚔ alta *f*; '**2en** (*-e-*) descansar; ⚔ fazer alta; '**~er** *m Typ.* retículo *m*; '**~-haus** *n* (*-es*; *=er*) pousada *f*; '**2los** infatigável, sem descanso; '**~losigkeit** ['-lo:ziç-] *f* (*0*) a(c)tividade *f* infatigável; '**~-ort** *m* pousada *f*.

Ra'sur [ra'zu:r] *f* raspagem *f*, raspadura *f*.

Rat [ra:t] *m* (*-es*; *=e*) conselho *m*; (*Berater*) conselheiro *m*; (*Mittel*) remédio *m*; *sich bei j-m* ~ *holen, j-n zu* ~*e ziehen, j-n um* ~ *fragen* pedir conselho a alg., consultar alg., aconselhar-se com alg.; *sich* (*dat.*) *keinen* ~ *mehr wissen* já não saber que fazer; ~ *schaffen* encontrar remédio; *da ist guter* ~ *teuer* é difícil encontrar uma solução.

'**Rate** ['ra:tə] *f* prestação *f*; quota *f*; cota *f*.

'**raten** ['ra:tən] (*L*) aconselhar; (*er*~) adivinhar, acertar; *zu et.* ~ recomendar a.c.; **~weise** a prestações; **2zahlung** *f* pagamento *m* a prestações.

'**Räte|regierung** ['rɛ:tə-] *f* governo *m* soviético; soviétes *m/pl.*

'**Rat|geber** *m* conselheiro *m*; *Buch*: prontuário *m*; **~haus** *n* (*-es*; *=er*) Câmara *f* Municipal, Paço *m* de Concelhos.

ratifi'zieren [ratifi'tsi:rən] (*-*) ratificar.

Rati'on [ratsi'o:n] *f* ração *f*, porção *f*; **2'ell** [-'nɛl] racional, razoável; **2'ieren** (*-*) racionar; **~'ierung** [-'ni:ruŋ] *f* racionamento *m*.

'**rat|los** perplexo; **2losigkeit** [-lo:ziç-] *f* (*0*) perplexidade *f*; desespero (*'ê) *m*; **~sam** conveniente, oportuno, de aconselhar; **2schlag** *m* (*-es*; *=e*) conselho *m*; **2schluß** *m* (*-sses*; *=sse*) decreto *m*.

'**Rätsel** ['rɛ:tsəl] *n* enigma *m*, problema *m* (*a. fig.*); adivinha *f*; **2-haft** enigmático; misterioso.

'**Rats|herr** ['ra:ts-] *m* (*-en*) vereador *m*; **~keller** *m* restaurante *m* da Câmara.

'**Ratte** ['ratə] *f* ratazana *f*; **~nfalle** *f* ratoeira *f*; **~nfänger** [-fɛŋər] *m* caçador *m* de ratos; *Hund*: rateiro *m*; **~ngift** *n* (*-es*; *-e*) veneno *m* para ratos; mata-ratos *m*.

'**rattern** ['ratərn] **1.** (*-re*) fazer barulho; estalar; crepitar; **2.** **2** *n* barulho *m*; estalos *m/pl.*; crepitação *f*.

Raub [raup] *m* (*-es*; *-e*) roubo *m*; (*Beute*) *a.* presa (*ê) *f*; (*Entführung*) rapto *m*; '**~bau** *m* (*-es*; *0*) cultura *f* exaustiva; *a. fig.* abuso *m*; ~ *treiben* abusar (*an dat., mit* de).

'**rauben** ['raubən] *et.*: roubar; *j-n*: raptar.

'**Räuber** ['rɔybər] *m* ladrão *m*; (*Straßen*2) salteador *m*, bandido *m*; **~bande** *f* quadrilha *f*; **~geschichte** *f fig.* façanha *f*; **~höhle** *f* ladroeira *f*; **2isch** de ladrão; rapace; **2n** (*-re*) roubar, saquear.

'**Raub|fisch** *m* (*-es*; *-e*) peixe *m* voraz; **~gesindel** *n* bandidos *m/pl.*; **~gier** *f* (*0*) rapacidade *f*; **2gierig** rapace, carniceiro; **~mord** *m* (*-es*; *-e*) assassínio *m* (seguido de roubo); **~ritter** *m* salteador *m*; **~tier** *n* (*-es*; *-e*) animal *m* de presa (*ê); *großes*:

fera *f*; **~vogel** *m* (-*s*; ⁼) ave *f* de rapina; **~zug** *m* (-*ẹs*; ⁼*e*) saque *m*.
Rauch [raux] *m* (-*ẹs*; *0*) fumo *m*; '**≈en** *j.*: fumar; *pitar; *et.*: deitar fumo; ≈ *verboten!* proibido fumar!; '**~er** *m* fumador *m*; *pitador *m*; '**~er-abteil** *n* (-*ẹs*; -*e*) compartimento *m* de fumadores.
'**Räucher|hering** ['rɔyçər-] *m* (-*s*; -*e*) arenque *m* fumado; **~kammer** *f* (-; -*n*) fumeiro *m*, fumigatório *m*; **~kerze** *f* pivete *m*; **≈n** (-*re*) defumar; fumigar; *Rel.* incensar; **~ware** *f* produto *m* fumado.
'**Rauch|fahne** *f* fumaça *f*; **~fang** *m* (-*ẹs*; ⁼*e*) fumeiro *m*; **~fleisch** *n* (-*es*; *0*) carne *f* fumada; **≈ig** fumarento; cheio de fumo; **~leder** *n* (-*s*; *0*) coiro *m* bronzeado; **≈los** sem fumo; **~salon** *m* (-*s*; -*s*) fumatório *m*; **~säule** *f* coluna *f* de fumo; **~schwaden** *m* fumaçada *f*, fumarada *f*; **~schwalbe** *f* martinete *m*; **~tisch** *m* (-*ẹs*; -*e*) mesinha *f*; **~verbot** *n* (-*ẹs*; -*e*) proibição *f* de fumar; **~verzehrer** [-fɛrtse:rər] fumívoro *m*; **~waren** *f/pl.* *f* (*Pelze*) pelicaria *f/sg.*; **~wolke** *f* fumaça *f*, fumarada *f*; *Vulkan*: fumarola *f*; **~zimmer** *n* fumatório *m*.
'**Räud|e** ['rɔydə] *f* sarna *f*; *Hunde*: rabugem *f*; *Pferde*, *Schafe*: ronha *f*; **≈ig** sarnoso; rabugento; ronhoso.
rauf [rauf] F = *herauf*.
'**Rauf|bold** ['-bɔlt] *m* (-*ẹs*; -*e*) brigão *m*; arruaceiro *m*; **~e** *f* grade *f* de manjedoura; **≈en** *Haare*: arrancar (*a. refl.*); (*sich*) ~ brigar; **~e'rei** [-ə'raɪ] *f* briga *f*, rixa *f*; **~lust** *f* (*0*) mania *f* de brigar; **≈lustig** brigoso, rixoso.
rauh [rau] áspero; (*grob*) rude, brusco; (*heiser*) rouco; '**≈bank** ⊕ *f* garlopa *f*; '**≈beinig** ['-baɪnɪç] rude.
'**Rauheit** ['rauhaɪt] *f* (*0*) aspereza *f*, rudeza *f*; (*Heiserkeit*) rouquidão *f*.
'**rauh|en** ['rauən] ⊕ *Tuch*: cardar; *Vögel*: estar na muda; **~haarig** hirsuto; **≈reif** *m* (-*s*; *0*) geada *f*.
Raum [raum] *m* (-*ẹs*; ⁼*e*) espaço *m*; lugar *m*, (*Platz*) *a.* sítio *m*; (*Ausdehnung*, *Gegend*) área *f*; *abgegrenzt*: recinto *m*; zona *f* (*a. fig.*); (*Zimmer*) quarto *m*; *e-r Wohnung*: divisão *f*.
'**räumen** ['rɔymən] (*Gebiet*) evacuar; *Wohnung*: desocupar; sair de; (*frei machen*) despejar; (*säubern*) limpar; *aus dem Wege* ~ tirar do caminho, (*ermorden*) assassinar; *Schutt*: desentulhar.
'**Raum|ersparnis** *f* (-; -*se*) aproveitamento *m* de espaço; *aus* ~ para ganhar espaço; **~fahrer** *m* astronauta *m*; cosmonauta *m*; **~-inhalt** *m* (-*ẹs*; -*e*) capacidade *f*, volume *m*; **~kunst** *f* (*0*) arte *f* decorativa; **~lehre** *f* (*0*) geometria *f*.
'**räumlich** ['rɔymlɪç] espacial; **≈keit** *f* = *Raum*.
'**Raum|mangel** *m* (-*s*; *0*) falta *f* de espaço (*aus* por); **~meter** *n* metro *m* cúbico; *Holzmaß*: estere *m*; **~schiff** *n* (-*ẹs*; -*e*) nave *f* espacial; **~schiffahrt** *f* (*0*) astronáutica *f*; **~sonde** *f* sonda *f* interplanetária; **~ton** (... *in Zssgn*) *m* (-*ẹs*; *0*) estereofonia *f* (estereofónico).
'**Räumung** ['rɔymuŋ] *f* evacuação *f* (*a.* ⚔); ⚖ despejo *m* (*gerichtliche* judicial); ✝ = **~s-ausverkauf** *m* (-*ẹs*; ⁼*e*) saldo *m*; **~sklage** *f* a[c]ção *f* de despejo.
'**raunen** ['raunən] segredar; murmurar; *fig.* sussurar.
'**Raupe** ['raupə] *f* lagarta *f*; **~n-schlepper** ⊕ *m* tra[c]tor *m* de lagarta (*od.* de rasto contínuo).
raus [raus] F = *heraus*, *hinaus*.
Rausch [rauʃ] *m* (-*es*; ⁼*e*) bebedeira *f*; embriaguês *f*; *fig.* êxtase *m*; *e-n* ~ *haben* estar ébrio, estar embriagado; *s-n* ~ *ausschlafen* cozer a mona; '**≈en**[1] rumorejar; *sanft*: murmurar; *Laub*: ciciar, sussurrar, ramalhar; *heftig*, *Meer*: marulhar; *Stoffe*: fazer frufru; *daher*~ vir ruidosamente; *vorbei*~ passar ruidosamente; '**~en**[2] *n* rumor *m*, murmúrio *m*; sussurro *m*; marulhada *f*; *Stoffe*: frufru *m*; '**≈end** *adj.* ruidoso; rumoroso, rumorejante; sussurrante; '**~gift** *n* (-*ẹs*; -*e*) estupefaciente *m*; '**~gift-handel** ('**~gift-händler** *m*) *m* (-*s*; *0*) tráfico (traficante) *m* de estupefacientes; '**~gold** *n* (-*ẹs*; *0*) ouropel *m*.
'**räuspern** ['rɔyspərn] (-*re*): *sich* ~ tossir levemente; pigarr(e)ar.
'**Raute** ['rautə] *f* ⚘ arruda *f*; ⩓ rombo *m*, losango *m*.
'**Razzia** ['ratsia] *f* (-; -*s*, *Razzien*) busca *f*, rusga *f*.
Rea'g|ens [rea'gɛnts] ⚗ *n* (-*s*; *Reagenzien*) reagente *m*; **~enz-glas** *n* (-*es*; ⁼*er*) proveta *f*; **≈ieren** (-) reagir.

Reakti'on [reaktsi'o:n] *f* rea[c]ção *f*; **♀är** [-'nɛ:r] rea[c]cionário; **∼s-vermögen** *n* faculdade *f* de rea[c]ção.

re'al [re'a:l] real, efe[c]tivo; **♀ien** [-liən] *pl. uv.* coisas *f/pl.* reais; **∼i'sieren** [-i'zi:rən] (-) realizar; **♀'ismus** *m* realismo *m*; **'♀ist** *m* (*-en*), **'∼istisch** realista (*m*); **♀i'tät** [-li'tɛ:t] *f* realidade *f*; **♀lohn** *m* (*-es*; *∸e*) salário *m* efe[c]tivo; **♀politik** *f* (-) política *f* realista; **♀wert** *m* (*-es*; *-e*) valor *m* real.

'Rebe ['re:bə] *f* vide *f*, videira *f*; *Ranke*: sarmento *m*.

Re'bell [re'bɛl] *m* (*-en*) rebelde *m*; **'♀ieren** (-) rebelar; insurgir-se; **∼i'on** [-li'o:n] *f* rebelião *f*; sublevação *f*; **♀isch** rebelde.

'Reb|huhn ['rɛp-] *n* (*-es*; *∸er*) perdiz *f*; **∼laus** *f* (-; *∸e*) filoxera *f*; **∼stock** *m* (*-es*; *∸e*) cepa (*ê) *f*; vide *f*, videira *f*.

'Rechen ['rɛçən] ⚒ *m* ancinho *m*.

'Rechen|-aufgabe *f* problema *m* de aritmética; **∼brett** *n* (*-es*; *-er*) ábaco *m*; **∼buch** *n* (*-es*; *∸er*) livro *m* de aritmética; **∼-exempel** *n* operação *f* aritmética; cálculo *m*; **∼fehler** *m* erro (*ê) *m* de cálculo; **∼lehrer** *m* professor *m* de aritmética; **∼maschine** *f* máquina *f* de calcular (*od.* de cálculo); **∼schaft** *f* conta *f* (*ablegen* dar, prestar *pl.*); *j-n zur ∼ ziehen* pedir contas *f/pl.* a alg.; **∼schaftsbericht** *m* (*-es*; *-e*) relatório *m*; **∼schaftslegung** [-le:guŋ] *f* apresentação *f* de contas; **∼schieber** *m* régua *f* de cálculo; aritmógrafo *m*.

'rechn|en ['reçnən] (*-e-*) **1.** calcular; fazer a conta; *∼ auf* (*ac.*) contar com; *∼ zu* **a)** *v/t.* incluir em, acrescentar a; **b)** *v/i.* pertencer a, fazer parte de; *sich* (*dat.*) *zur Ehre ∼* considerar uma honra; **2. ♀en** *n* cálculo *m*, aritmética *f*; **∼erisch** [-əriʃ] aritmético, calculador.

'Rechnung ['rɛçnuŋ] *f* cálculo *m*, operação *f* aritmética; ☤ conta *f* (*auf* na, = *für* por); (*Waren♀*) fa[c]tura *f*; (*dat.*) *∼ tragen* ter em conta (*ac.*); *auf eigene ∼* por conta própria; **∼s-abschluß** *m* (*-sses*; *∸sse*) balanço *m*; saldo *m*; **∼s-art** Ѧ *f* conta *f*; regra *f* fundamental aritmética, operação *f* aritmética; **∼s-auszug** *m* (*-es*; *∸e*) extra[c]to *m* de contas; **∼sführung** *f* contabilidade *f*; **∼s-jahr** *n* (*-es*; *-e*) ano *m* económico; **∼s-hof** *m* (*-es*; *0*) Tribunal *m* de Contas; **∼swesen** *n* (*-s*; *0*) contabilidade *f*.

recht[1] [rɛçt] direito; Ѧ re[c]to; (*gerecht*): *∼ und billig* justo, (*richtig*) *a.* certo; exa[c]to; *adv.* bem; (*passend*) conveniente; (*echt*) verdadeiro, autêntico; *∼e Seite Stoff*: direito *m*; *Münze*: face *f*; *zur ∼en Zeit, gerade ∼* a tempo, mesmo a propósito; (*sehr*) muito, bastante; *ganz ∼* exa[c]tamente; *∼ haben* ter razão; *erst ∼* com maior razão; *j-m ∼ sn* parecer bem a alg., convir a alg.; *es j-m ∼ machen* contentar alg.; *keiner kann es ihm ∼ machen* (ele) nunca está satisfeito; *das geschieht ihm ∼* bem (o) merece; *∼ so!* bem feito!

Recht[2] *n* (*-es*; *-e*) direito *m* (*auf ac.* a); (*Gerechtigkeit*) justiça *f*; *Doktor der ∼e* Doutor em Direito; *Student der ∼e* estudante de Direito; *∼ sprechen* julgar, sentenciar, pronunciar sentença; *mit* (*vollem*) *∼* com (toda a) razão; *von ∼s wegen* de direito, ⚖ segundo a lei; *zu ∼* com razão *f*; *zu ∼ bestehen* ser legal; *alle ∼e vorbehalten* com todos os direitos reservados; *j-m ∼ widerfahren lassen* fazer justiça a alg.; *j-m zu s-m ∼ verhelfen* cuidar de que seja feito justiça a alg.; *j-m das ∼ verweigern* (de)negar justiça a alg.; **'∼e 1.** *f* (mão *f*) direita *f* (*zur* à); *Pol.* direitas *f/pl.*; **2.** *n* bem *m*; *nichts ∼s* nada de valor; *nach dem ∼n sehen* ver o que se passa; **'∼-eck** *n* (*-es*; *-e*) re[c]tângulo *m*; **'♀-eckig** re[c]tangular; **'♀en**: *um et. ∼* discutir a.c.; **'♀ens** legal; **'♀fertigen** justificar; explicar; **'∼fertigung** *f* justificação *f*; explicação *f*; **'♀gläubig** ortodoxo; **'∼gläubigkeit** *f* (*0*) ortodoxia *f*; **'∼haber** ['-ha:bər] *m* teimoso *m*; **∼habe'rei** [-habə'raɪ] *f* mania *f* de ter sempre razão; teimosia *f*; **'♀haberisch** ['-habəriʃ] teimoso; **'♀lich** ⚖ jurídico; **'∼lichkeit** *f* (*0*) legalidade *f*; **'♀los** destituído de direitos; ilegal; **'∼losigkeit** ['-lo:ziç-] *f* (*0*) ausência (*od.* privação) *f* de direitos; ilegalidade *f*; **'♀mäßig** legítimo, legal; **∼mäßigkeit** *f* legitimidade *f*; legalidade *f*.

rechts [rɛçts] à direita; *∼ stehen Pol.* ser das direitas.

'Rechts|-anspruch *m* (*-es*; *∸e*) direito *m* (*auf ac.* a); **~-anwalt** *m* (-*ės*; *⸚e*) advogado *m*; **~-auskunft** *f* (-; *⸚e*) informação *f* jurídica, consulta *f* jurídica; **~'außen** *m Sport*: extremo-direito *m*; **~beistand** *m* (-*ės*; *⸚e*) advogado *m*; **~berater** *m* jurisconsulto *m*; **~bruch** *m* (-*ės*; *⸚e*) violação *f* da lei.

'recht-schaffen honrado, honesto, re[c]to, íntegro; **⁓heit** *f* (*0*) honradez *f*, lealdade *f*, re[c]tidão *f*; integridade *f*.

'Rechtschreibung *f* (*0*) ortografia *f*.

'Rechts|fähigkeit *f* (*0*) capacidade *f* legal; **~fall** *m* (-*ės*; *⸚e*) caso *m*, causa *f*; **~form** *f* forma *f* legal; **~frage** *f* questão *f* jurídica, questão *f* de direito; **~gelehrte(r)** *m* jurista *m*, jurisconsulto *m*; **~geschäft** *n* (-*ės*; -*e*) negócio *m* jurídico; **⁓grundlage** *f* fundamento *m* jurídico (*od.* legal); **⁓gültig** legal; autêntico; **~gültigkeit** *f* validez *f*; autenticidade *f*; **~handel** *m* (-*s*; *⸚*) processo *m*, pleito *m*, litígio *m*; **~'innen** *m Sport*: interior-direito *m*; **~kraft** *f* (*0*) força (*ô) *f* de lei; **⁓kräftig** válido; ~ *machen* validar; ~ *sn* vigorar; ~ *werden* entrar em vigor; **'~kunde** *f* (*0*) jurisprudência *f*; **⁓kundig** versado em direito (*od.* em leis); **~lage** *f* situação *f* jurídica; **~mittel** *n* meio *m* legal; recurso *m*; *ein* ~ *einlegen* recorrer; **~nachfolge** *f* (*0*) sucessão *f*; **~person** *f* pessoa *f* moral; **~pflege** *f* (*0*) justiça *f*.

'Rechtsprechung ['-ʃprɛçuŋ] *f* jurisdi[c]ção *f*.

'Rechts|sache *f* processo *m*; causa *f*; **~satz** *m* (-*ės*; *⸚e*) norma (*od.* disposição) *f* jurídica; **~schutz** *m* (-*ės*; *0*) prote[c]ção *f* das leis; **~sprache** *f* (*0*) linguagem *f* jurídica; **~spruch** *m* (-*ės*; *⸚e*) sentença *f*; **~staat** *m* (-*ės*; -*en*) Estado-Direito *m*; **~streit** *m* (-*ės*; -*e*) controversa *f* jurídica; **⁓um 1.** à direita; **2. ~'um!** direita volver!; **⁓-ungültig** inválido; **~-ungültigkeit** *f* invalidez *f*; **~verdreher** ['-fɛrdreːər] *m* rábula *m*; **~verfahren** *n* processo *m*; procedimento *m* legal; **~verkehr** *m* (-*s*; *0*) ⚖ justiça *f*; (*Verkehrswesen*) circulação *f* pela direita; **~vertreter** *m* procurador *m*; **~weg** *m*: *den* ~ *beschreiten* recorrer aos tribunais; **⁓widrig** ilegal; **~widrigkeit** *f* (*0*) ilegalidade *f*; **~wissenschaft** *f* (*0*) jurisprudência *f*; *Student der* ~ de Direito; *Doktor der* ~ em Direito

'recht|winklig re[c]tangular; **~zeitig** oportuno; *adv.* a tempo, 🚂 à tabela.

Reck [rɛk] *n* (-*ės*; -*e*) barra *f* fixa; **'⁓en** esticar; *sich* ~ *a.* espreguiçar-se.

Redak't|eur [redak'tøːr] *m* (-*s*; -*e*) reda[c]tor *m*; **~i'on** [-tsi'oːn] *f* reda[c]ção *f*.

'Rede ['reːdə] *f* discurso *m* (*a. gr.*), *feierliche*: oração *f*, (*Ansprache*) alocução *f* (*halten* fazer, pronunciar); (*Gerücht*) boato *m*; (*Unterhaltung*) conversa *f*; (*un*)*gebundene* ~ (prosa *f*) poesia *f*; *in* ~ *stehend* em questão; *wovon ist die* ~? de que se trata?; *j-m in die* ~ *fallen* interromper alg.; *j-m* ~ (*und Antwort*) *stehen* dar contas *f/pl.* a alg., responder a alg.; *j-n zur* ~ *stellen* pedir explicações *f/pl.* a alg.; *nicht die* ~ *sn können von* nem se discutir; nem pensar em; *nicht der* ~ *wert sn* não ter importância; **~fluß** *m* (-*sses*; *0*) verbosidade *f*; loquacidade *f*; **~freiheit** *f* (*0*) liberdade *f* de falar; **~gabe** *f* (*0*) eloquência *f*; **⁓gewandt** eloquente; **~kunst** *f* (*0*) retórica *f*; **⁓n** falar (*über ac.* de, sobre); *mit sich* ~ *lassen* não ser intransigente; *wie ein Buch* ~ falar como um livro aberto, falar que nem um missal; **~ns-art** *f* modo *m* de falar, locução *f*; frase *f*; expressão *f* idiomática; (*das sind*) ~*n!* palavrório *m/sg.*!, palavras *f/pl.*!; **~'rei** [-'raɪ] *f* palavrório *m*; (*Gerücht*) rumor *m*, boato *m*; **~schwall** *m* (-*ės*; *0*) verbosidade *f*; verborreia *f*; **~weise** *f* modo *m* de falar; linguagem *f*; estilo *m*; **~wendung** *f* = ~*nsart*.

redi'gieren [redi'giːrən] (-) redigir; *Zeitung*: dirigir.

'redlich ['reːtliç] honrado, honesto; sério; **⁓keit** *f* (*0*) honradez *f*; probidade *f*; seriedade *f*.

'Redner ['reːtnər] *m* orador *m*; **~bühne** *f* tribuna *f*; **~gabe** *f* (*0*) eloquência *f*.

'redselig ['reːt-] falador; **⁓keit** *f* (*0*) loquacidade *f*.

Redu|kti'on [reduktsi'oːn] *f* redução *f*; **⁓'zieren** (-) reduzir (*auf ac.* a); *Erz*: beneficiar.

'Reede ['reːdə] *f* ancoradouro *m*;

auf der ~ liegen estar fundeado; **~r** *m* armador *m*; **~'rei** [-'raɪ] *f* companhia *f* de navegação.
re'ell [re'ɛl] *Wert*: efe[c]tivo, real; *Ware*: bom; *Geschäft, Bedienung*: sério, de confiança; *Preis*: módico.
Reep [re:p] ⚓ *n* (-*es*; -*s*) cabo *m*.
Refe|'rat [refe'ra:t] *n* (-*es*; -*e*) relatório *m*; exposição *f*; *Kongreß*: comunicação *f* (*halten* fazer); **~ren'dar** [-ren'da:r] *m* (-*s*; -*e*) estagiário *m*; **~'rent** [-'rɛnt] *m* (-*en*) relator *m*; informador *m*; *Behörden, Institute usw.*: *a.* dire[c]tor *m* de uma se[c]ção (*od.* repartição); *Prüfungen*: arguente *m*; **~'renz** [-'rents] *f* referência *f*; **2'rieren** [-'ri:rən] (-): (*über ac.*) ~ referir (*ac.*), relatar (*ac.*); apresentar um relatório, informar (sobre).
'reffen ['rɛfən] ⚓ colher os rizes.
Reflek't|ant [reflɛk'tant] *m* (-*en*) interessado *m*; **2ieren** (-) *Phys.* refle[c]tir; ~ *auf* (*ac.*) ✝ interessar-se por, ter em vista.
Re'flex [re'flɛks] *m* (-*es*; -*e*), **~bewegung** *f* reflexo *m*; **2iv** [-'ksi:f] reflexivo.
Re'form [re'fɔrm] *f* reforma *f*; **~ati'on** [-atsi'o:n] *f* Reforma *f*; **~'ator** [-'ma:tɔr] *m* (-*s*; -*en*) reformador *m*; **2'ieren** [-'mi:rən] (-) reformar; **~'ierte(r)** [-'mi:rtə(r)] *m* *Rel.* calvinista *m*.
Re'frain [rə'frɛ̃:] *m* (-*s*; -*s*) estribilho *m*.
Re'gal [re'ga:l] *n* (-*s*; -*e*): **a**) (*Gestell*) estante *f*; (*Küchen2*) prateleira *f*; **b**) *Pol.* regalia *f*.
Re'gatta [re'gata] *f* (-; *Regatten*) regata *f*.
'rege ['re:gə] a[c]tivo; (*lebhaft*) vivo, *Verkehr*: animado.
'Regel ['re:gəl] *f* (-; -*n*) regra *f*; norma *f*; ⚕ menorreia *f*; *in der ~* em regra; **2los** desordenado, confuso, irregular; **~losigkeit** [-lo:ziç-] *f* irregularidade *f*; desordem *f*; **2mäßig** regular; **~mäßigkeit** *f* regularidade *f*; ⚡ simetria *f*; **2n** (-*le*) regular, arranjar; *gesetzlich*: regulamentar; **2recht** corre[c]to, normal; autêntico; **~ung** *f* regulamento *m*; **2widrig** irregular, contra a regra.
'regen¹ ['re:gən] mover; mexer; *sich ~ fig. et.*: fazer-se sentir; dar conta de si.
'Regen² *m* chuva *f*; *feiner*: chuvisco *m*; *garoa *f*; **~bogen** *m* (-*s*; ¨) arco-íris *m*; **~bogen-haut** *f* (-; ¨*e*) íris *f*; **~dach** *n* ⌂ telheiro *m*, alpendre *m*; *Wagen*: tejadilho *m*, toldo (*'ô) *m*; **2dicht** impermeável; **~fall** *m* (-*es*; ¨*e*) chuva *f*; **~guß** *m* (-*sses*; ¨*sse*) chuvada *f*, aguaceiro *m*; **~-höhe** *f* altura *f* pluviométrica; **~jahr** *n* (-*es*; -*e*) ano *m* chuvoso; **~mantel** *m* (-*s*; ¨) impermeável *m*; **~menge** *f* (quantidade *f* de) chuva *f* caída; **~messer** *m* pluviómetro *m*, pluvímetro *m*; **~rinne** *f* caleira *f*; **~schauer** *m* = *~guß*; **~schirm** *m* (-*es*; -*e*) guarda-chuva *m*; chapéu-de-chuva *m*; **~tag** *m* (-*es*; -*e*) dia *m* de chuva.
Re'gent [re'gɛnt] *m* (-*en*), **~in** *f* regente *m, f*; **~schaft** *f* regência *f* (*führen* exercer).
'Regen|wasser *n* (-*s*; *0*) águas *f/pl.* pluviais; **~wetter** *n* (-*s*; *0*) tempo *m* de chuva; **~wurm** *m* (-*es*; ¨*er*) minhoca *f*; **~zeit** *f* estação *f* das chuvas.
Re'gie [re'ʒi:] *f* *Thea.* dire[c]ção *f* artística; ~ *führen* dirigir.
re'gier|en [re'gi:rən] (-) *v/t. a.* ~ *über* (*ac.*) governar (*ac.*); *gr.* reger (*ac.*); *fig.* dirigir (*ac.*); (*König sn*) reinar (sobre); **2ung** *f* governo (*ê) *m*; *e-s Königs*: reinado *m*; *zur ~ gelangen* subir ao poder (*Herrscher*: ao trono).
Re'gierungs|-antritt *m* (-*es*; -*e*) advento *m* ao poder, subida *f* ao poder (*Herrscher*: ao trono); **~bezirk** *m* (-*es*; -*e*) distrito *m*; **2feindlich** antigovernamental; **~form** *f* regime *m*; **2freundlich** governamental; **~partei** *f* partido *m* governamental; **~krise** *f* crise *f* ministerial; **~mehrheit** *f* maioria *f* governamental; **~präsident** *m* (-*en*) chefe *m* do distrito; **~rat** *m* (-*es*; ¨*e*) conselheiro (= título de alto funcionário administrativo); **~-zeit** *f* reinado *m*.
Regi'ment [regi'mɛnt] *n* **a**) (-*es*; -*e*) *Pol.* regime *m*; *das ~ führen* mandar; **b**) (*pl.* -*er*) ⚔ regimento *m*.
Regi'on [regi'o:n] *f* região *f*.
Regis'seur [reʒi'sø:r] *m* (-*s*; -*e*) dire[c]tor *m* artístico, ensaiador *m*, encenador *m*; *Film*: realizador *m*.
Re'gister [re'gistər] *n* registo *m* (*a.* ♪ *u. fig.*); *im Buch*: índice *m*.
Regis'tr|ator [regis'tra:tɔr] *m* (-*s*;

-en) registador *m*; **~a'tur** [-a'tu:r] *f* registo *m*, arquivo *m*; **2ieren** (-) registar; arquivar; **~ierkasse** [-i:r-] *f* caixa *f* registadora.

'Regler ['re:klər] *m* regulador *m*; ⚡ reóstato *m*.

'regne|n ['re:knən] (-*e*-) chover; *fein*: choviscar; *garoar; **~risch** [-riʃ] chuvoso.

Re'greß [re'grɛs] ⚖ *u.* ⚕ *m* (-*sses*; -*sse*) recurso *m*; **2pflichtig** responsável.

'regsam ['re:kza:m] a[c]tivo, mexido, vivo; **2keit** *f* (*0*) a[c]tividade *f*; vivacidade *f*; *geistige*: *a.* curiosidade *f*.

regu'l|är [regu'lɛ:r] regular, normal; **~ieren** [-'li:rən] (-) regul(amen)ar; **2ierwiderstand** *m* (-*ës*; ⸗*e*) reóstato *m*.

'Regung ['re:guŋ] *f* movimento *m*; *fig.* emoção *f*, sentimento *m*; *plötzliche*: acesso *m*; **2s-los** imóvel, inerte; **~s-losigkeit** [-lo:ziç-] *f* (*0*) imobilidade *f*, inércia *f*; *fig. a.* impassível *m*.

Reh [re:] *n* (-*ës*, -*e*), **'~bock** *m* (-*ës*; ⸗*e*) corço *m*.

'Reib|e ['raɪbə] *f*, **~-eisen** ['raɪp-] *n* ralo *m*, ralador *m*; **~elaut** *m* (-*ës*; -*e*) *gr.* fricativa *f*; **2en** (*L*) esfregar; *leicht*: roçar; *Küche*: ralar (*ab~*) esfregar, ⚙ fri[c]cionar; *gerieben adj. fig.* finório, sabido; **~e'rei** [-ə-'raɪ] *f fig.* atrito *m*; **~fläche** ['raɪp-] *f* lixa *f*; **~ung** *f* fri[c]ção *f*; atrito *m* (*a. fig.*); **2ungs-los** *fig.* sem dificuldade(s), sem atritos.

reich[1] [raɪç] rico (*an dat.* em); ~ *machen*, ~ *werden* enriquecer; *Land*: ~ *sn an* (*dat.*) abundar em.

Reich[2] (-*ës*; -*e*) império *m* (*a. Kaiser*2); (*König*2) reino *m*.

'reich|en 1. *v/t.* passar, *Hand*: estender; **2.** *v/i.* ir, estender-se; chegar (*a. aus~*); (*genügen*) *a.* bastar; *bis auf den Boden* ~ bater no chão; *so weit der Blick reicht* a perder de vista; **~haltig** [-haltiç] abundante, rico; **2haltigkeit** *f* (*0*) abundância *f*, riqueza *f*; **~lich** = *~haltig*; *adv.* bastante; abastadamente; ~ *vorhanden sn* abundar.

'Reich|tum *m* (-*s*; ⸗*er*) riqueza *f*; **~weite** *f* alcance *m* (*in* ao); proje[c]ção *f*.

reif[1] [raɪf] maduro; *fig.* (*entwickelt*) *a.* feito; ~ *werden* = *reifen*.

Reif[2] *m*: **a**) (-*ës*; -*e*) ar[c]o *m*; círculo *m*; anel *m*; **b**) (-*ës*; *0*) (*Frost*) geada *f*.

'Reife ['raɪfə] *f* (*0*) maturidade *f*, madureza *f*; maturação *f*.

'reifen[1] ['raɪfən] (a)madurecer, madurar; maturar; *Oliven, Kartoffeln*: vingar; *Frost*: gear; ~ *lassen fig.* aboborar.

'Reifen[2] *m* arco *m*; roda *f*; *Auto*: pneu(mático) *m*; **~panne** *f* furo *m*.

'Reife|prüfung *f* exame *m* final do liceu; **~zeugnis** *n* (-*ses*; -*se*) carta *f* do curso liceal.

'reif|lich maduro, refle[c]tido; **2-rock** *m* (-*ës*; ⸗*e*) crinolina *f*.

'Reigen ['raɪgən] *m* roda *f*.

'Reihe ['raɪə] *f* fil(eir)a *f*; (*Folge*) enfiada *f*; série *f*; *der ~ nach* por ordem; *außer der ~* salteado; fora do turno; *ich bin an der ~* é a minha vez; *wer ist jetzt an der ~?* quem segue?; *in e-r ~ maschieren* marchar a um de fundo; *in e-r ~ stehen* (*od. gehen*) formar bicha; *in Reih und Glied* em fila; **2n** colocar em fila; pôr em fila; enfi(leir)ar; alinhavar; **~nfolge** *f* em ordem *f*; **~nschaltung** ⚡ *f* ligação *f* em série; **~n-untersuchung** *f* exame *m* em série; rastreio *m*; **2nweise** por filas; ⚕ em série.

'Reiher ['raɪər] *m* garça *f*; **~busch** *m* (-*es*; ⸗*e*) penacho *m*.

reih'um [raɪ'um] por turno; por turmas.

Reim [raɪm] *m* (-*ës*; -*e*) rima *f*; **'2en**: (*sich*) ~ rimar; (*übereinstimmen*) concordar; *fig.* compreender-se; **'~los** sem rima; não rimado; *Vers*: *a.* solto.

rein[1] [raɪn] limpo; (*unvermischt*) *u. fig.* puro; (*nur*) *a.* mero; *Gewicht*: líquido; ⚕ *Akzept*: incondicional; ~ *gar nichts* absolutamente nada; *mit et.* (*j-m*) *ins ~e kommen* resolver a.c., arranjar a.c. (arranjar-se com alg.).

rein[2] F = *herein, hinein.*

'Rein|ertrag *m* (-*ës*; ⸗*e*), **~gewinn** *m* (-*s*; -*e*) produto *m* líquido; **~fall** F *m* (-*ës*; ⸗*e*) fracasso *m*; engano *m*; **2fallen** F (*L*) fracassar, enganar-se; **~gewinn** *m* (-*ës*; -*e*) = *~ertrag*; **~-heit** *f* (*0*) limpeza *f*; pureza *f* (*a. fig.*); (*Klarheit*) nitidez *f*; **2igen** [-nigən] limpar; assear; *Flüssigkeit*: depurar; *Luft u. fig.*: purificar; ⚙

abluir; ~d ⚕ abluente, ablutor; ~igung [-niguŋ] *f* limpeza *f*; depuração *f*; purificação *f*; ⚕ ablução *f*; ~kultur *f*: *in* ~ puro; ≈legen: F *j-n* ~ lograr alg.; meter uma peta a alg.; ≈lich limpo; asseado; ~lichkeit *f* (*0*) limpeza *f*; asseio *m*; ~machefrau *f* mulher *f* de limpeza; ≈machen limpar; fazer limpeza; ≈rassig de raça pura; castiço; ~schrift *f* cópia *f* a limpo.

Reis [raɪs]: a) *m* (*-es*; *0*) arroz *m*; b) *n* (*-es*; *er*) rebento *m*.

'**Reise** ['raɪzə] *f* viagem *f*; *pl. auf* ~*n sn* estar de viagem; *auf* ~*n gehen* partir para uma viagem; ~-**abkommen** *n* acordo (*'ô) *m* turístico; ~-**apotheke** *f* farmácia *f* portátil; ~**büro** *n* (*-s*; *-s*) agência *f* de viagens (*od.* de turismo); ~**bus** *m* (*-ses*; *-se*) autocarro *m*; ~**decke** *f* manta *f*; ≈**fertig** pronto para partir; ~**führer** *m* guia *m*; ~**gefährte** *m* (*-n*) (~**gefährtin** *f*) companheiro *m* (-a *f*) de viagem; ~**geld** *n* (*-es*; *-er*) dinheiro *m* para a viagem; ~**gepäck** *n* (*-es*; *-e*) bagagem *f*; ~**gesellschaft** *f* grupo *m* de turistas; ≈**lustig**: ~ *sn* gostar de viajar.

'**reisen** ['raɪzən] (*-t*; *sn*) viajar; ~ *nach* partir para; ir a; ~ *durch* atravessar; ~ *über* (*ac.*) passar por; ≈**de(r)** *m* passageiro *m*; turista *m*; viajante *m*; ☤ caixeiro-viajante *m*.

'**Reise|paß** *m* (*-sses*; *⸗sse*) passaporte *m*; ~**plan** *m* (*-es*; *⸗e*), ~**route** [-ruːtə] *f* itinerário *m*; ~**stipendium** *n* (*-s*; *-stipendien*) bolsa (*ô) *f* de viagem; ~**tasche** *f* mala *f*; ~**verkehr** *m* (*-s*; *0*) turismo *m*; movimento *m* (de passageiros); viagens *f/pl.*; ~**ziel** *n* (*-es*; *-e*) destino *m*.

'**Reis-feld** *n* (*-es*; *-er*) arrozal *m*.

'**Reisig** ['raɪziç] *n* (*-s*; *0*) chamiço *m*.

Reiß|'-**aus** [raɪs-]: ~ *nehmen* fugir, safar-se; '~**brett** *n* (*-es*; *-er*) estirador *m*; '≈**en**[1] (*L*) **1.** *v/t.* (*ab*~, *weg*~) tirar, arrancar; (*zer*~) rasgar; *Witze*: dizer, fazer; *an sich* (*ac.*) ~ apoderar-se de, usurpar; abarcar; *sich um et.* ~ disputar-se a.c.; **2.** *v/i.* rasgar, romper-se; partir; *mir reißt die Geduld* já não tenho paciência; *gerissen adj. fig.* sabido; '~**en**[2] ⚕ *n* reumatismo *m*; dores *f/pl.* reumáticas; (*Ab*≈) arrancamento *m*; (*Zer*≈) rotura *f*; '≈**end** *adj.* rápido; *Schmerz*: agudo, reumático; *Strom*: caudaloso, torrencial; ☤ ~*en Absatz finden* vender-se num instante; '~**er** F *m* artigo *m* de moda; *Thea.* êxito *m* teatral; '~**feder** *f* (*-*; *-n*) tira-linhas *f*; '~**schiene** *f* régua *f*; '~**verschluß** *m* (*-sses*; *⸗sse*) fecho *m* de correr; '~-**zeug** *n* (*-es*; *0*) estojo (*'ô) *m* de desenho; '~-**zwecke** *f* percevejo *m*.

'**Reit|bahn** ['raɪt-] *f* picadeiro *m*; ≈**en**[1] (*L*) montar; andar a cavalo, ir a cavalo; ~**en**[2] *n* equitação *f*; ≈**end** *adj.* montado, a cavalo.

'**Reiter** ['raɪtər] *m* cavaleiro *m*; ⚔ *a.* soldado *m* de cavalaria; *spanischer* ~ cavalo *m* de frisa; ~'**ei** [-'raɪ] *f* cavalaria *f*; ~**in** *f* amazona *f*; ~**standbild** *n* estátua *f* equestre; ~**zug** *m* (*-es*; *⸗e*) cavalgada *f*.

'**Reit|gerte** *f* chibata *f*; ~-**hose** *f* calções *m/pl.* de montar; ~**knecht** *m* (*-es*; *-e*) estribeiro *m*, moço (*'ô) *m* de estribeira; ~**kunst** *f* (*0*) (~**lehrer** *m* professor *m* de) equitação *f*; ~**peitsche** *f* chicote *m*; ~**pferd** *n* (*-es*; *-e*) cavalo *m* de sela (*od.* de montar); ~**schule** *f* escola *f* de equitação; picadeiro *m*; ~**sport** *m* (*-es*; *0*) hipismo *m*; ~**stall** *m* (*-es*; *⸗e*) picadeiro *m*; ~**stiefel** *m* bota *f* alta, bota *f* de montar; ~**tier** *n* (*-es*; *-e*) cavalgadura *f*; ~- **und** '**Springturnier** *n* (*-s*; *-e*) concurso *m* hípico; ~**weg** *m* caminho *m* para cavaleiros.

Reiz [raɪts] *m* (*-es*; *-e*) (*Empfindung*) sensação *f*; (*An*≈) estímulo *m*; (~*ung*) irritação *f*, (*Juck*≈) comichão *f*; (*Lieb*≈) encanto *m*, atra[c]tivo *m*; *den* ~ *lindern* abirritar; '≈**bar** irritável; sensível; '~**barkeit** *f* (*0*) irritabilidade *f*; sensibilidade *f*; '≈**en** (*-t*) estimular, excitar; irritar; provocar; (*locken*) atrair; interessar; '≈**end** *adj.* excitante; (*hübsch*) encantador; '≈**lindernd** abirritante; '≈**los** sem graça; (*fade*) insípido; '~**mittel** ⚕ *n* estimulante *m*; excitante *m*; '~**ung** *f* irritação *f*; '≈**voll** encantador, interessante.

'**rekeln** ['reːkəln] F (*-le-*): *sich* ~ espreguiçar-se.

Reklamati'on [reklamatsi'oːn] *f* reclamação *f*.

Re'klame [re'klaːmə] *f* reclamo *m*; propaganda *f*; publicidade *f*; (*machen* dar; *für* a); (~*teil*) anúncios *m/pl.*; ~**fachmann** *m* (*-es*; *-leute*) agente *m* de publicidade; propagandista *m*; **~schild** *n* (*-es*; *-er*) cartaz *m*; **~wesen** *n* (*0*) propaganda *f*; publicidade *f*. [reclamar.]

rekla'mieren [rekla'mi:rən] (-)

Rekonvales'zen|t [rekɔnvalɛs'tsɛnt] *m* (*-en*) convalescente *m*; **~z** *f* convalescença *f*.

Re'kord [re'kɔrt] *m* (*-es*; *-e*) recorde *m* (*aufstellen* estabelecer; *brechen, schlagen* bater).

Re'krut [re'kru:t] *m* (*-en*) recruta *m*; **2'ieren** [-u'ti:rən] (-) recrutar; **~'ierung** *f* recrutamento *m*.

'Rektor ['rɛktɔr] *m* (*-s*; *-en*) reitor *m*; **~'at** [-o'ra:t] *n* (*-es*; *-e*) reitoria *f*; (*Amtzeit*) *a.* reitorado *m*; **~in** [-'to:rin] *f* reitora *f*.

'relativ ['relati:f] relativo; **2vi'tät** *f* relatividade *f*; **2pronomen** [-'ti:f-] *n* (*-s*; *-pronomina*) pronome *m* relativo; **2satz** [-'ti:f-] *m* (*-es*; *=e*) oração *f* relativa.

Reli'ef [reli'ɛf] *n* (*-s*; *-s*) relevo (*'ê) *m*.

Religion [religi'o:n] *f* religião *f*.

Religi'ons|freiheit *f* (*0*) liberdade *f* de culto; **~geschichte** *f* (*0*) história *f* sagrada; história *f* das religiões; **~krieg** *m* (*-es*; *-e*) guerra *f* religiosa; **~lehrer** *m* professor *m* de doutrina; catequista *m*; **~-unterricht** *m* (*-es*; *-e*) (ensino *m* da) doutrina *f*; catequese *f*.

religi'ös [religi'ø:s] (*-est*) religioso.

'Reling ⚓ ['re:liŋ] *f* (*-*; *-s*) balustrada *f*.

Re'liquie [re'li:kviə] *f* relíquia *f*; **~nschrein** *m* (*-es*; *-e*) relicário *m*.

Re'mise [re'mi:zə] *f* cocheira *f*.

Renais'sance [renɛ'sã:s] *f* renascimento *m*; (*Zeit*) (*0*) Renascença *f*; **~...**: *in Zssgn* renascentista.

'Renn|bahn ['rɛn-] *f* pista *f*; **2en**¹ (*L*) **1.** *v/i.* (*sn*) correr; *gegen*: dar; **2.** *v/t. zu Boden*: atropelar; **~en**² *n* corrida *f*; **~er** *m* cavalo *m* corredor; **~fahrer** *m* corredor *m*; **~pferd** *n* (*-es*; *-e*) cavalo *m* de corridas; **~platz** *m* (*-es*; *=e*) hipódromo *m*; **~sport** *m* (*-es*; *0*) (desporte *m* de) corridas *f/pl.*; **~stall** *m* (*-es*; *=e*) cavalariça *f*; **~strecke** *f* percurso *m*; **~tier** *n* (*-es*; *-e*) rangífer *m*; **~wagen** *m* carro *m* de corridas.

Renom'm|ee [renɔ'me:] *n* (*-s*; *-s*) reputação *f*, fama *f*; **2ieren** (-) fanfarronar.

ren't|abel [rɛn'ta:bəl] (*-bl-*) rentável; lucrativo; **2abili'tät** [-abili'tɛ:t] *f* (*0*) produ[c]tividade *f*; rendimento *m*; **'2en-anspruch** *m* (*-es*; *=e*) direito *m* a uma pensão; **'2ner** *m* (**~in** *f*) pensionista *m, f*; **~'ieren** (-): *sich* ~ render; ser lucrativo.

Repar|ati'on [reparatsi'o:n] *f* reparação *f*; **~atur** [-a'tu:r] *f* reparação *f*; conserto *m*; **~-a'turwerkstatt** *f* (*-*; *=en*) oficina *f*; *Auto.*: estação *f* de serviço; **2'ieren** (-) reparar, consertar.

Reperto'ire [reperto'a:r] *n* (*-s*; *-s*) repertório *m*.

Repor't|age [repɔr'ta:ʒə] *f* reportagem *f*; **~er** [-'pɔrtər] *m* repórter *m*.

Repräsen't|ant [reprezɛn'tant] *m* (*-en*) representante *m*; **2ieren** (-) representar.

Repres'salie [reprɛ'sa:liə] *f* represália *f*.

reprodu|'zieren [re-] (-) reproduzir; **2kti'on** *f* reprodução *f*.

Rep'til [rɛp'ti:l] *n* (*-s*; *-e*, *Reptilien*) réptil *m*.

Repu'blik [repu'bli:k] *f* república *f*; **~'aner** [-i'ka:nər] *m* republicano *m*; **2'anisch** republicano.

requi|'rieren [rekvi'ri:rən] (-) requisitar; **2'sit** [-'zi:t] *n* (*-es*; *-en*) requisito *m*; *Thea. pl.* apetrechos *m*.

Re'serv|e [re'zɛrvə] *f* reserva *f*; **~e...**: *in Zssgn*: ⚔ *u.* ⚓ de (*od.* da) reserva; **~e-rad** *n* (*-es*; *=er*) roda *f* sobresselente; **2'ieren** (-) reservar, guardar; *Platz*: *a.* marcar; **~'ist** *m* (*-en*) reservista *m*; **~o'ir** [-o'a:r] *n* (*-s*; *-e*) depósito *m*, tanque *m*.

Resi'd|enz [rezi'dɛnts] *f* residência *f*; **2ieren** (-) residir.

Resign|ati'on [rezignatsi'o:n] *f* resignação *f*; **2'ieren** (-) resignar-se.

reso'lut [rezo'lu:t] resoluto; **2i'on** [-tsi'o:n] *f* resolução *f*; deliberação *f*.

Reso'nanz [rezo'nants] *f* (**~boden** *m* [*-s*; *=*] caixa *f* de) ressonância *f*.

Re'spekt [re'spɛkt] *m* (*-es*; *0*) respeito *m* (*vor dat.* por); **2'ieren** (-) respeitar; **2'ive** [-'ti:və] *adv.* respe[c]tivamente; **2los** irreverente; **~losigkeit** [-lo:ziç-] *f* falta *f* de respeito, irreverência *f*; **2voll** respeitoso; **2widrig** irreverente.

Res'sort [rɛ'so:r] *n* (*-s*; *-s*) repartição *f*; competência *f*.

Rest [rɛst] *m* **a)** (*-es*; *-e*) resto *m*;

~ 3 ♧ três de resto; ⛏ resíduo *m*; **b)** (*-es*; *-er*) (*Tuch*≈ *usw.*) retalho *m*; saldo *m*; '**~auflage** *f* resto *m* da edição.
Restau'ra|nt [rɛsto'rã:] *n* (*-s*; *-s*) restaurante *m*; (*Bier*≈) cervejaria *f*; **~'teur** [-ratø:r] *m* (*-s*; *-e*) dono *m* de um restaurante; **~ti'on** [-ratsi'o:n] *f* restauração *f*; restauro *m*; (*Speisehaus*) restaurante *m*; cantina *f*.
Restau'rierung [restau'ri:ruŋ] *f* restauro *m*, restauração *f*.
'**Rest|befund** *m* (*-es*; *-e*) estase *f*, resíduos *m/pl.*; **~bestand** ✝ *m* (*-es*; *⸚e*) saldo *m*; = Rest; **~betrag** *m* resto *m*; ≈**lich** restante; ≈**los** *adv.* completamente, inteiramente; **~schuld** *f* dívida *f* restante; **~stickstoff** *m* (*-es*; *-e*) azote *m* restante.
Resul|'tat [rezul'ta:t] *n* (*-es*; *-e*) resultado *m*; ≈**tieren** (-) resultar (*aus* de).
Re'torte [re'tɔrtə] *f* retorta *f*; alambique *m*.
'**rett|en** ['rɛtən] (*-e-*) salvar; ≈**er** *m* salvador *m*; (*Befreier*) libertador *m*.
'**Rettich** ['rɛtiç] *m* (*-s*; *-e*) rábano *m*.
'**Rettung** ['rɛtuŋ] *f* salvação *f*; *a.* ⚓ salvamento *m*; (*Befreiung*) libertação *f*.
'**Rettungs|-anker** *m* âncora *f* de salvação; **~boot** *n* (*-es*; *-e*) (barco *m*) salva-vidas *m*; ≈**los** sem remissão; irremediàvelmente; **~mannschaft** *f* corpo *m* de socorros; **~ring** *m* (*-es*; *-e*) salva-vidas *m*; **~stelle**, **~wache** *f* posto (*'ô) *m* de socorros.
Re'tusch|e [re'tuʃə] *f* retoque *m*; ≈'**ieren** *v/t.* (-) retocar, dar um retoque a.
'**Reu|e** ['rɔyə] *f* (*0*) arrependimento *m*; ≈**en** fazer arrepender; *es reut mich* estou arrependido; ≈**e-voll** arrependido; *Rel.* penitente; ≈**ig**, ≈**mütig** [-my:tiç] = ≈*evoll*.
'**Reuse** ['rɔyzə] *f* nassa *f*.
Re'van|che [re'vã:ʃə] *f* desforra *f*; desagravo *m*; ≈'**chieren** [-vã'ʃi:rən] (-): *sich* ~ pagar (*od.* tirar) a desforra, desforrar-se; *sich bei j-m für etwas* ~ retribuir a.c. a alg.
Re'vers [re'vɛrs] *m* (-; -) declaração *f*; recibo *m*; (*Rückseite*) reverso *m*; anverso *m*; *Kleidung*: virado *m*.
revi'dieren [revi'di:rən] (-) rever; revistar.
Re'vier [re'vi:r] *n* (*-s*; *-e*) distrito *m*, comarca *f*; bairro *m*; (*Jagd*≈) devesa *f*; **~stube** *f* ⚔ enfermaria *f*.
Revis|i'on [revizi'o:n] *f* revisão *f*; vistoria *f*; inspe[c]ção *f*; **~or** [-'vi:zɔr] *m* (*-s*; *-en*) revisor *m*; inspe[c]tor *m*.
Re'volt|e [re'vɔltə] *f* revolta *f*; ≈'**ieren** (-) revoltar-se.
Revoluti'on [revolutsi'o:n] *f* revolução *f*; ≈'**är** (~'**är** *m* [*-s*; *-e*]) [-o'nɛ:r] revolucionário (*m*).
Re'volver [re'vɔlvər] *m* revólver *m*; **~held** *m* (*-es*; *-en*) pistoleiro *m*.
Re'vue [re'vy:] *f* revista *f*.
Rezen's|ent [retsɛn'zɛnt] *m* (*-en*) crítico *m*; ≈'**ieren** (-) criticar; **~i'on** [-i'o:n] *f* recensão *f*; crítica *f*, resenha *f* (bibliográfica).
Re'zept [re'tsɛpt] *n* (*-es*; *-e*) receita *f*.
rezi'prok [retsi'pro:k] recíproco.
Rezit|a'tiv [retsita'ti:f] *n* (*-s*; *-e*) recitativo *m*; ≈'**ieren** (-) recitar.
Rha'barber [ra'barbər] *m* ruibarbo *m*.
'**rhein|isch** (≈**länder** [-lɛndər] *m*) renano (*m*), do Reno.
Rhe'tor|ik [re'to:rik] *f* (*0*) retórica *f*; ≈**isch** retórico.
'**Rheuma**('**tismus** *m* [-; *0*]) ['rɔyma('tismus)] *n* (*-s*; *0*) (*m*) reumatismo *m*; ≈**tisch** [-'ma:tiʃ] reumático.
Rhi'nozeros [ri'no:tsərɔs] *n* (-; *-ses*; *-se*) rinoceronte *m*.
'**Rhombus** ['rɔmbus] *m* (-; *Rhomben*) rombo *m*.
'**Rhythm|ik** ['rytmik] *f* (*0*) rítmica *f*; ≈**isch** rítmico; **~us** *m* (-; *Rhythmen*) ritmo *m*.
'**Richt|-antenne** ['riçt-] *f* antena *f* dirigida; ≈**en** (*-e-*) dirigir (*auf*, *an ac.* a, para); *Brief*: *a.* endereçar a; ⊕ ajustar; *Geschütz*: apontar; ⚖ julgar; pronunciar; condenar; (*her*~) arranjar; *poet.* (*hin*~) supliciar; (*gerade*)~ endireitar; acertar; *sich nach e-m Vorbild* ~ guiar-se por, regular-se por; governar-se por; atender a; orientar-se por.
'**Richter** ['riçtər] *m* juiz *m*; *fig. a.* abalizador *m*; (*Schieds*≈) árbitro *m*; ≈**lich** jurisdicional, judicial, judiciário, de juiz.
'**Richt|fest** ⌂ *n* (*-es*; *-e*) alboroque *m*; ≈**ig** corre[c]to; justo; certo (*echt*) autêntico, verdadeiro, típico; ~! exa[c]tamente!; *sehr* ~! apoiado!; *das* ≈*e treffen* acertar; *für* ~ *halten*

ter por bem; aprovar; (*für*) ~ (*be-*) *finden* achar (por) bem; *Konto*: achar conforme; **~igkeit** *f* (*0*) corre[c]ção *f*; exa[c]tidão *f*; *s-e* ~ *haben* estar certo, estar em ordem; **2ig-stellen** re[c]tificar; corrigir; **~ig-stellung** *f* re[c]tificação *f*; **~linie** *f* norma *f*, dire[c]tiva *f*, instrução *f*; **~scheit** ⚠ *n* (*-és*; *-e*) regra *f*; **~-schnur** ⚠ *f* (*0*) fio *m* de alinhar; *fig.* norma *f*; **~strahler** *m* antena *f* dirigida; onda *f* dirigida.

'**Richtung** ['riçtuŋ] *f* dire[c]ção *f* (*in* em, com; *auf ac.* a); orientação *f*, *fig. a.* tendência *f*; *Kunst*: escola *f*, estilo *m*; *nach allen* ~*en a.* em todos os sentidos; **~sanzeiger** *m* indicador *m* (de dire[c]ção).

'**Ricke** ['rikə] *f* corça *f*.

'**riech|en** ['ri:çən] (*L*) cheirar (*nach* a); *v/i. a.* ter cheiro; *v/t. a.* sentir; (*wittern*) farejar; F *j-n nicht* ~ *können fig.* não poder ver alg.; *et.* (*doch*) *nicht* ~ *können* não poder adivinhar ac.; **2er** F *m* nariz *m*; *fig.* faro *m*; **2fläschchen** *n* frasquinho *m* de cheiro; inalador *m*.

Ried [ri:t] *n* (*-és*; *-e*) cana *f*; canavial *m*; '**~gras** *n* (*-es*; *⸚er*) caniço *m*, esparto *m*.

'**Riege** ['ri:gə] *f* turma *f*.

'**Riegel** ['ri:gəl] *m* ferrolho (*'ô) *m*, tranca *f*, trinco *m* (*vorschieben* fechar); *Kleidung*: meia-cinta *f*; *Seife*: barra *f*; *fig.* barreira *f*; *hinter Schloß und* ~ na cadeia; **~stellung** ⚔ *f* posição *f* de barreira.

'**Riemen** ['ri:mən] *m* ⊕ correia *f*, tira *f*; ⚓ remo *m*; **~-antrieb** *m* (*-és*; *-e*) transmissão *f* por correia; **~scheibe** *f* polé *m*.

Ries [ri:s] *n* (*-es*; *-e*) (*als Maß nach Zahlen uv.*) resma *f*.

'**Riese** ['ri:zə] *m* (*-n*) gigante *m*.

'**Riesel|feld** ['ri:zel-] *n* (*-és*; *-er*) campo *m* de regadio, campo *m* de irrigação; **2n** correr; *Sand*: escorregar; (*quellen*) manar; (*regnen*) choviscar, * garoar.

'**Riesen|gestalt** *f* colosso *m*; **2groß**, **2-haft** gigantesco, enorme; **~kraft** *f* (*-*; *⸚e*) força (*ô) *f* hercúlea; **~schlange** *f* boa *f*, gibóia *f*; **~schritt** *m* (*-és*; *-e*): *mit* ~*en* a passos *m/pl.* de gigante.

'**ries|ig** ['ri:ziç] gigantesco; *es hat mich* ~ *gefreut* tive grande prazer; **2in** *f* gigante *f*.

Riff [rif] *n* (*-és*; *-e*) recife *m*; '**2eln** ⊕ (*-le*) esbaganhar; ⚠ canelar.

'**Rill|e** ['rilə] *f* canela *f*, encaixe *m*, estria *f*; *Schallplatte*: sulco *m*.

Rind [rint] *n* (*-és*; *-er*) bezerro *m*; *pl. a.* gado *m/sg.* bovino.

'**Rinde** ['rində] *f* casca *f*; (*Baum2*) córtice *f*; (*Brot2*) côdea *f*; *Anat.* córtex *f*.

'**Rinder|braten** *m* carne *f* de vaca assada; **~-herde** *f* manada *f* de bois; * boiada *f*; **~pest** *f* (*0*) peste *f* bovina; **~schmorbraten** *m* carne *f* de vaca estufada.

'**Rind|fleisch** *n* (*-es*; *0*) carne *f* de vaca; **~leder** *n* bezerro *m*; **~vieh** *n* (*-és*; *0*) gado *m* bovino; *fig.* F burro *m*, estúpido *m*.

Ring [riŋ] *m* (*-és*; *-e*) anel *m*; (*Ehe2*) aliança *f*; (*Reifen*) aro *m*; *Kette*: elo *m*; (*Kreis*) ciclo *m*; círculo *m*; *Pol. a.* grémio, *a.* † sindicato *m*; (*Turn2*, *Servietten2*) *u. an Vorhängen*: argola *f*; *Boxsport*: ringue *m*; *pl.* ~*e um die Augen* olheiras *f/pl.*; '**~bahn** *f* carro *m* de circulação.

'**Ringel|locke** ['riŋəl-] *f* caracol *m*, anelzinho *m*; **2n** (*-le*) encaracolar, anelar; *sich* ~ contorcer-se; **~natter** *f* (*-*; *-n*) cobra-de-água *f*; **~reigen** *m* dansa *f* de roda; **~taube** *f* rola *f*.

'**ring|en** ['riŋən] (*L*) **1.** *v/t.* torcer; **2.** *v/i.* lutar (*a. fig. nach*, *um* por); *mit dem Tode* ~ *a.* agonizar; *nach Atem* ~ respirar com dificuldade; **2en** *n* luta *f*; **2er** *m* lutador *m*.

'**Ring|finger** *m* dedo *m* anular; **2förmig** [-fœrmiç] em anel; circular; **~heft** *n* (*-és*; *-e*) caderno *m* de argolas; **~kampf** *m* (*-és*; *⸚e*) luta *f* greco-romana; **~kämpfer** *m* lutador *m*; **~mauer** *f* (*-*; *-n*) cerca *f*; **~richter** *m Sport*: árbitro *m*; **2s**, **2s-(her)'um** ao redor, em redor, em volta, em torno (*'ô) (*um* de).

'**Rinn|e** ['rinə] *f* rego *m*; calha *f*; (*Dach2*) caleira *f*; ⚠ canelura *f*; **2en** (*L*) correr; *Topf*: deitar (água); **~sal** [-za:l] *n* (*-és*; *-e*) regato *m*, arroio *m*; regueira *f*, regueiro *m*; *Blut*: derramamento *m*; **~stein** *m* (*-és*; *-e*) valeta *f*; (cano de) esgoto; agueiro.

'**Rippe** ['ripə] *f* costela *f*; *kurze*: costeleta *f*; ⚘ nervo *m*, *a.* ⚠ nervura *f*; ⊕ alheta *f*; ⚓ entre-costado *m*; **2n** estriar; acanelar; **~nfell** *n*

(-*ės*; -*e*) pleura *f*; **~nfell-entzündung** *f* pleurisia *f*; **~nstoß** *m* (-*ės*; ⁼*e*) entrecosto *m*.
Rips [rips] *m* (-*es*; -*e*) gorgorão *m*.
'**Risiko** ['ri:ziko] *n* (-*s*; -*s*, *Risiken*) risco *m*.
ris'k|ant [ris'kant] arriscado, perigoso; de responsabilidade; **~ieren** (-) arriscar; experimentar, ousar.
'**Rispe** ['rispə] *f* panícula *f*.
Riß [ris] *m* (-*sses*; -*sse*) rotura *f*; *Stoff*: rasgão *m*, rasgadela *f*, rasgadura *f*; *Mauer*: fenda *f*, racha *f*; *Haut*: arranhadura *f*; (*Plan*) planta *f*, plano *m*, desenho *m*; (*Spaltung*) cisão *f*; e-n ~ bekommen ⚠ gretar, fender-se.
'**rissig** ['risiç] rachado, fendilhado, com fendas.
Rist [rist] *m* (-*es*; -*e*) (*Fuß*∘) metatarso *m*; (*Hand*∘) metacarpo *m*.
Ritt [rit] *m* (-*ės*; -*e*) corrida *f* a cavalo; (*Spazier*∘) passeio *m* a cavalo; *auf* e-n ~, in e-m ~ *fig.* F de uma vez.
'**Ritter** ['ritər] *m* cavaleiro *m* (*fahrender* andante); zum ~ schlagen armar cavaleiro; arme ~ *pl. Speise*: fatias *f/pl.* douradas; **~burg** *f* castelo *m* feudal; **~gut** *n* (-*ės*; ⁼*er*) solar *m*, morgado *m*; **∘lich** cavalheiresco; **~lichkeit** *f* (*0*) cavalheirismo *m*; **~-orden** *m* ordem *f* militar, ordem *f* de cavalaria (*od.* equestre); **~schlag** *m* (-*ės*; ⁼*e*): den ~ erhalten ser armado cavaleiro; j-m den ~ erteilen armar alg. cavaleiro; **~sporn** ⚘ *m* (-*ės*; -*e*) espor(eir)a *f*; **~tum** *n* (-*ės*; *0*) cavalaria *f*.
'**rittlings** [-liŋs] às cavaleiras.
Ritu|'al [ritu'a:l] *n* (-*s*; -*e*, *Ritualien*) ritual *m*; **∘'ell** [-'ɛl] ritual; **~s** ['ri:tus] *m* (-; *Riten*) rito *m*.
'**Ritz|e** ['ritsə] *f* fenda *f*, racha *f*; *Fenster*: frincha *f*; **∘en** (-*t*) rachar, arranhar; *Phys.* raiar.
Ri'val|e [ri'va:lə] *m* (-*n*), **~in** *f* rival *m*, *f*, concorrente *m*, *f*; **∘i'sieren** [-vali'zi:rən] (-) rivalizar, concorrer; **~i'tät** [-i'tɛ:t] *f* rivalidade *f*, concorrência *f*.
'**Rizinusöl** ['ri:tsinusˀø:l] *n* (-*ės*; *0*) óleo *m* de rícino.
'**Robbe** ['rɔbə] *f* foca *f*.
'**Roboter** ['robɔtər] *m* robot *m*.
'**Robe** ['ro:bə] *f* vestido *m*, ⚖ toga *f*.
ro'bust [ro'bust] robusto.
'**röcheln** ['rœçəln] (-*le*) **1.** estertorar, agonizar; **2.** ∘ *n* estertor *m*.
'**Rochen** ['rɔxən] *m* (ar)raia *f*.
Rock [rɔk] *m* (-*ės*; ⁼*e*) casaco *m*; casacão *m*; *doppelreihiger*: jaquetão *m*; *einreihiger* paletó *m*; (*Frauen*∘) saia *f*; '**~en** *m* roca *f*; '**~schoß** *m* (-*es*; ⁼*e*) aba *f* (do casaco); '**~weite** *f* roda *f*; rodado *m*.
'**Rodel|bahn** ['ro:dəl-] *f* pista *f* de trenós; **∘n** (-*le*) descer de trenó; **~schlitten** *m* trenó *m*; **~sport** *m* (-*ės*; *0*) desporte *m* de trenó.
'**rod|en** ['ro:dən] (-*e*-) arrotear, desbravar; desmoitar; **∘ung** *f* desmoita *f*; derrubada *f*.
'**Rogen** ['ro:gən] *m* (-*s*; *0*) ovas *f/pl.* de peixe; ovário *m* do peixe.
'**Roggen** ['rɔgən] *m* (-*s*; *0*) centeio *m*.
roh [ro:] cru; (*unbearbeitet*) tosco (*'ô), bruto; *Buch*: em folhas (*'ô) soltas; *fig.* rude, brutal; (*unvollkommen*) rudimentar; '**∘bau** ⚠ *m* (-*ės*; -*bauten*) obra *f* de alvenaria; '**∘baumwolle** *f* (*0*) algodão *m* em rama; '**∘eisen** *n* (-*s*; *0*) ferro *m* em bruto.
'**Roheit** ['ro:haɪt] *f* crueza *f*; *fig.* rudeza *f*; brutalidade *f*.
'**Roh|fabrikat** *n* (-*ės*; -*e*) produto *m* em bruto (*od.* não manufa[c]turado); **~kost** *f* (*0*) regime *m* vegetariano; comida *f* não cozida; **~köstler** [-kœstlər] *m* vegetariano *m*; **~ling** *m* (-*s*; -*e*) bruto *m*; **~material** *n* (-*s*; -*materialien*) matéria-prima *f*; **~-öl** *n* (-*ės*; -*e*) petróleo *m* em rama.
Rohr [ro:r] *n* ⚘ (-*ės*; -*e*) cana *f*, junco *m* (*spanisches* da Índia); ⊕ tubo *m*; ⚔ cano *m*; '**~bruch** *m* (-*ės*; ⁼*e*) rotura *f* de cano; '**~dach** *n* (-*ės*; ⁼*er*) telhado *m* de canas (*od.* de caniço); '**~dickicht** *n* (-*s*; -*e*) canavial *m*, juncal *m*; '**~dommel** ['-dɔməl] *f* (-; -*n*) alcaravão *m*.
'**Röhre** ['rø:rə] *f* tubo *m*; *Anat. a.* trompa *f*; cano *m*; *Phys.* vaso *m*; *Radio*: lâmpada *f*; **∘n** *Hirsch*: bramar; **∘nförmig** [-fœrmiç] tubular; **~nsystem** *n* (-*s*; -*e*) canalização *f*.
'**Rohr|flöte** *f* charamela *f*; **~geflecht** *n* (-*ės*; -*e*) obra *f* de verga; palhinha *f*.
'**Röhricht** ['rø:riçt] *n* (-*s*; -*e*) canavial *m*, juncal *m*.
'**Rohr|leger** ['-le:gər] *m* canalizador *m*; **~leitung** *f* conduta *f*; **~post** *f* (*0*) correio *m* pneumático; **~schlange** *f* serpentina *f*; **~spatz**

m (*-en*) verdelhão-de-cana *m*; **~stock** *m* (*-ẹs*; *⸚e*) cana *f*; **~stuhl** *m* (*-ẹs*; *⸚e*) cadeira *f* de palhinha; **~weite** *f* calibre *m*, diâmetro *m* (do tubo); **~zucker** *m* (*-s*; *0*) açúcar *m* de cana.

'**Roh|seide** *f* seda (*ê) *f* crua; **~stoff** *m* (*-ẹs*; *-e*) matéria-prima *f*.

'**Rolladen** ['rɔla:dən] *m* (*-s*; *⸚*) gelosia *f* (*herunterlassen* correr).

'**Roll|bahn** ['rɔl-] *f* ✈ pista *f* de descolagem; **~e** *f* rolo (*'ô) *m*; ⊕ roldana *f*, (*Winde*) polé *f*; (*Garn*♀) carrinho *m*; (*Spule*) bobina *f*; (*Walze*) cilindro *m*; (*Tuch*♀) peça *f*; (*Wäsche*♀) calandra *f*; *Thea.* papel *m* (*a. fig.*; *spielen* fazer, desempenhar); *keine ~ spielen* não ter importância; *aus der ~ fallen* sair do seu papel; F perder a linha; **♀en 1.** *v/i.* (*h.*, *bei Ortsveränderungen sn*); rodar; ⚓ balançar(-se); *Donner*: retumbar; *Geld*: correr; gastar-se; **2.** *v/t.* rolar; (*ein~*) enrolar; *Wäsche*: calandrar; **~enbesetzung** *Thea.* *f* distribuição *f* (dos papéis); **♀end** *adj.* rolante; *Angriff*: ⚔ ininterrupto; *Material*: rodoviário; **~er** *m Kinderspielzeug*: trotinete *f*; (*Kanarienvogel*) canário *m* flauta; **~feld** ✈ *n* (*-ẹs*; *-er*) pista *f* de aterragem; **~film** *m* (*-ẹs*; *-e*) película *f*; **~geld** *n* (*-ẹs*; *-er*) recovagem *f*, carreto *m*, camionagem *f*; **~mops** *m* (*-es*; *⸚e*) arenque de escabeche enrolado; **~schinken** *m* paio *m*; **~schuh** *m* (*-ẹs*; *-e*) patim (de rodas); *~ laufen* (*sn*) patinar (sobre rodas); **~sitz** ⚓ *m* (*-es*; *-e*) banco *m* móvel; **~stuhl** *m* (*-ẹs*; *⸚e*) cadeira *f* de rodas; **~treppe** *f* escada *f* rolante.

Ro'man [ro'ma:n] *m* (*-s*; *-e*) romance *m*; **~e** *m* (*-n*) latino *m*; **♀-haft** romanesco; **~ik** *f* (*0*) estilo *m* românico; **♀isch** românico; **~'ist** [-a'nist] *m* (*-en*) romanista *m*; **~'istik** [-a'nistik] *f* (*0*) filologia *f* românica; **~schreiber** *m*, **~schriftsteller** *m* romancista *m*.

Ro'mant|ik [ro'mantik] *f* (*0*) romant[ic]ismo *m*; **~iker** *m*; **♀isch** romântico (*m*); *wild ~ Landschaft*: acidentado.

Ro'manze [ro'mantsə] *f* romance *m*, romança *f*; balada *f*.

'**Röm|er** ['rø:mər] *m* **a)** *Glas*: copo *m* (verde para vinho branco); **b)** **~er(in** *f*) *m* romano *m* (-a *f*); **♀isch** romano, de Roma.

'**röntgen** ['rœntgən] *v/t.* tirar uma radiografia, radiografar; **♀-apparat** *m* (*-ẹs*; *-e*) aparelho *m* de radiografia (*od.* de raios-X); **♀aufnahme** *f* radiografia *f*; **♀behandlung** *f* radioterapia *f*; **♀bild** *n* (*-ẹs*; *-er*) radiografia *f*; **♀reihen-untersuchung** *f* radio-rastreio *m*; **♀-strahlen** *m/pl.* raios-X *m/pl.*, raios *m/pl.* de Rœntgen; **♀-untersuchung** *f* radioscopia *f*.

'**rören** ['rø:rən] bramar.

'**rosa** ['ro:za] *uv.* cor-de-rosa.

'**Rose** ['ro:zə] *f* rosa *f*; ⚕ erisipela *f*.

'**Rosen|busch** *m* (*-es*; *⸚e*) roseira *f*, rosal *m*; **~garten** *m* ros(eir)al *m*; **~kohl** *m* (*-ẹs*; *0*) couve *f* de Bruxelas; **~kranz** *m* (*-es*; *⸚e*) *Rel.* rosário *m*; **~montag** *m* (*-ẹs*; *-e*) segunda-feira *f* do carnaval; **~-öl** *n* (*-ẹs*; *0*) essência *f* de rosas; **~stock** *m* (*-ẹs*; *⸚e*), **~strauch** *m* (*-ẹs*; *⸚er*) rosal *m*, roseira *f* (*wilder* brava); **~wasser** *n* (*-s*; *0*) água *f* de rosas; **~züchter** *m* roseirista *m*.

Ro's|ette [ro'zɛtə] *f* roseta *f*; △ rosetão *m*; '**♀ig** ['ro:ziç] rosado, róseo; *in ~er Laune sn* estar bem disposto, navegar num mar de rosas; **~'ine** [-'zi:nə] *f* uva *f* passa.

Rosma'rin [rɔsma'ri:n] *m* (*-s*; *0*) alecrim *m*.

Roß [rɔs] *n* (*-sses*; *⸚sser*) cavalo *m*; '**~haar(matratze** *f*) *n* (*-ẹs*; *-e*) (colchão *m* de) crina *f*; '**~kamm** *m* (*-ẹs*; *⸚e*) brossa *f*; '**~kastanie** *f* castanha-da-índia *f*.

'**Rösselsprung** ['rœsəl-] *m* (*-ẹs*; *⸚e*) salto *m* de cavalo.

Rost [rɔst] *m* (*-es*; *0*) ferrugem *f*; (*Brat*♀) grelha *f*; '**~braten** *m* carne *f* grelhada, carne *f* assada na grelha.

'**Röstbrot** ['rœst-] *n* (*-ẹs*; *-e*) torrada *f*, pão *m* torrado.

'**rosten** ['rɔstən] (*-e-*; *h. u. sn*) enferrujar.

'**rösten** ['rœstən] (*-e-*) grelhar; tostar; *Brot, Kaffee*: torrar; *stark ~, tief ~* esturrar; *Flachs*: curtir.

'**rost|frei** inoxidável; **~ig** ferrugento, enferrujado; **♀schutz-anstrich** *m* (*-ẹs*; *-e*) pintura *f* anti-corrosiva.

rot [ro:t] (*⸚er*; *⸚est*) **1.** vermelho, encarnado; *Haar*: ruivo; *Meer*: roxo; *~ werden j.*: corar; **2.** ♀ *n* vermelho *m*, encarnado *m*; *~ (Schminke) auflegen* pintar-se.

Rotati'ons|maschine *f*, **~presse** [rotatsi'o:ns-] *f* (máquina *f*) rotativa *f*.
'**Rot|-auge** *n* (*-s*; *-n*) *Fisch*: eritroftalmo *m*; sargo *m*; **2bäckig** ['-bɛkiç] de faces vermelhas; **2-blond** ruivo; **2braun** moreno; castanho; **~buche** *f* faia *f* vermelha; **~dorn** *m* (*-ẹs*; *-e*) espinheiro *m* de flores vermelhas; **~drossel** *f* (*-*; *-n*) ruiva *f*.
'**Röte** ['rø:tə] *f* (*0*) rubor *m*; vermelhidão *f*.
Rote-'Kreuz ['ro:tə-]: *in Zssgn* da Cruz Vermelha.
'**Röt|el** ['rø:təl] *m* (*-s*; *0*) *Mal.* almagra *f*; **~eln** *pl.* ⚕ sarampo *m*/*sg.*; **2en** (*-e-*) avermelhar; corar.
'**Rot|fuchs** *m* (*-es*; *⸚e*) alazão *m*; **2gelb** amarelo avermelhado; **2glühend** candente, em brasa; **2haarig** ruivo; **~haut** (*-*; *⸚e*) *f* pele-vermelha *m*; **2'ieren** [ro'ti:rən] (*-*) girar; **2'ierend** *adj.* giratório, rotativo; **~kehlchen** ['-ke:lçən] *n* pintarroxo *m*, pisco *m*; **~kohl** *m* (*-ẹs*; *0*) repolho (*'ô) *m* roxo; **~lauf** *m* ⚕ (*-ẹs*; *0*) disentaria *f*; (*Rose*) erisipela *f*.
'**rötlich** ['rø:tliç] avermelhado.
'**Rot|schimmel** *m* ruão *m*; **~schwänzchen** ['-ʃvɛntsçən] *n* pega *f* parda; **~stift** *m* (*-ẹs*; *-e*) lápis *m* vermelho.
'**Rotte** ['rɔtə] *f* bando *m*, quadrilha *f*; assuada *f*; turma *f*; ⚔ fila *f*; pelotão *m*.
'**rot|wangig** ['-vaŋiç] de faces vermelhas; **2wein** *m* (*-ẹs*; *-e*) vinho *m* tinto; **2wild** *n* (*-ẹs*; *0*) veado *m*, caça *f* de veação.
Rotz [rɔts] *m* (*-es*; *-e*) ranho *m*, muco *m*; '**~nase** *f* nariz *m* mucoso; *fig.* fedelho *m*.
'**Rot-zunge** *f Fisch*: patença *f*.
Rou'l|ade [ru'la:də] *f* rolo (*'ô) *m*; bife *m* enrolado; **~eau** [-'lo:] *n* (*-s*; *-s*) estore *m*; **~ett** [-'lɛt] *n* (*-ẹs*; *-e*, *-s*) roleta *f*.
'**Rout|e** ['ru:tə] *f* rumo *f*; **~'ine** [ru'ti:nə] *f* rotina *f*; prática *f*, experiência *f*; **2'inemäßig** rotineiro; **2i'niert** [ruti'ni:rt] experimentado.
'**Rübe** ['ry:bə] *f* nabo *m*; *gelbe*: cenoura *f*; (*Zucker2*) beterraba *f*.
'**Rubel** ['ru:bəl] *m* rublo *m*.
'**Rüben|feld** ['ry:bən-] *n* (*-ẹs*; *-er*) nabal *m*; **~zucker** *m* (*-s*; *0*) açúcar *m* de beterraba.

Ru'bin [ru'bi:n] *m* (*-s*; *-e*) rubi(m) *m*.
'**Rüb-öl** ['ryp-] *n* (*-ẹs*; *0*) azeite *m* de colza.
Ru'br|ik [ru'bri:k] *f* rubrica *f*; coluna *f*; quadro *m*; **2i'zieren** [-i'tsi:rən] (*-*) rubricar; classificar.
'**Rüb|samen** ['ry:p-] *m* (*-s*; *0*) colza *f*.
'**ruch|bar** ['ru:xba:r] público, notório; *~ werden* divulgar-se; **~los** perverso, malvado; desalmado; **2losigkeit** ['-lo:ziç-] *f* (*0*) perversidade *f*; maldade *f*; depravação *f*.
Ruck [ruk] *m* (*-ẹs*; *-e*) empurrão *m*, arranque *m*, solavanco *m*, aban(ã)o *m*; *mit e-m ~*, *auf e-n ~* de um golpe, num pulo.
'**Rück|-ansicht** *f* (re)verso *m*; **~antwort** *f* resposta *f*; *mit ~* ☏ com resposta paga; **~-äußerung** *f* réplica *f*; **2bezüglich** *gr.* relativo; reflexivo; **~bildung** *f* involução *f*; **~blick** *m* (*-ẹs*; *-e*) olhar *m* retrospe[c]tivo.
'**rücken**[1] ['rykən] **1.** *v*/*t.* (*v*/*i. an* [*dat.*] *~*) mover (*ac.*), empurrar (*ac.*), afastar (*ac.*); tirar (*ac.*) do seu lugar; (*zurecht~*) assestar (*ac.*); **2.** *v*/*i.* (*sn*) sair do sítio; (*Platz machen*) mudar para lá (*od.* para cá); *sich nicht ~ noch rühren* não (se) mexer; *an j-s Stelle ~* substituir alg.
'**Rücken**[2] *m* costas *f*/*pl.* (*hinter j-s*, *auf dem* às; *auf den* nas; *in den* pelas); dorso *m*; *Berg*: espinhaço *m*; *Buch*: lombada *f*; *Schlachttier*: lombo *m*; **~deckung** ⚔ *f* prote[c]ção *f* da retaguarda; *fig.* apoio *m*; **~lehne** *f* costas *f*/*pl.* da cadeira; espaldar *m*; = *~stütze*; **~mark** *n* (*-ẹs*; *0*) medula *f* espinhal; **~markentzündung** *f* medulite *f*; **~schmerz** *m* (*-es*; *-en*) dor *f* dorsal (*od.* nas costas); **~schwimmen** *n* natação *f* de costas; **~stück** *n* (*-ẹs*; *-e*) lombo *m*; **~stütze** *f* encosto *m*; **~wind** *m* (*-ẹs*; *-e*) vento *m* em popa; **~wirbel** *m* vértebra *f* espinhal.
'**Rück|-erstattung** *f* restituição *f*; reembolso (*'ô) *m*; **~fahrkarte** *f* bilhete *m* de ida e volta; **~fahrt** *f* volta *f*; regresso *m*; **~fall** *m* (*-ẹs*; *⸚e*) recaída *f*, ⚕, ⚖ *a.* recidiva *f*, reincidência *f*; **2fällig** recidivo, reincidente *m*; **~flug** *m* (*-ẹs*; *⸚e*) (voo [*'ô] de) regresso; **~fluß** *m* (*-sses*; *⸚sse*) refluxo *m*; **~fracht** *f* carga *f* (*od.*

frete *m*) de retorno (*'ô); **~frage** *f*: ~ *halten* pedir mais informações; **~gabe** *f* restituição *f*, devolução *f*; retorno (*'ô) *m*; **~gang** *m* (-*ės*; ⸚*e*) retrocesso *m*; *Temperatur*: descida *f*; *fig.* diminuição *f*; ☤ *a.* baixa *f*, quebra *f*; **≈gängig** retrógrado; ~ *machen* anular; **~gewinnung** *f* recuperação *f*; **~grat** *n* (-*ės*; -*e*) espinha *f* dorsal; *fig.* aprumo *m*; dignidade *f*; **~halt** *m* (-*ės*; *0*) reserva *f*; (*Stütze*) apoio *m*; **≈haltlos** sem reserva; abandonadamente; **~kauf** *m* (-*ės*; ⸚*e*) rea[d]quisição *f*; resgate *m*; **~kehr** ['-ke:r] *f* volta *f*; regresso *m*; **~koppler** ['-kɔplər] *m* aparelho *m* de rea[c]ção; **~kopp(e)lung** *f* rea[c]ção *f*; **~lage** *f* reserva *f* (*machen* acumular); **~lauf** *m* (-*ės*; ⸚*e*) retrocesso *m*; **≈läufig** retrógrado; **~lehne** *f* = *~enlehne*; **~licht** *n* (-*ės*; -*er*) (luz *f* do) retrovisor *m*; **~lieferung** *f* restituição *f*; retorno (*'ô) *m*; **≈lings** ['-liŋs] para trás; (*von*) ~ pelas costas; **~marsch** *m* (-*es*; ⸚*e*) volta *f*; regresso *m*; **~prall** *m* (-*ės*; *0*) recuo *m*, rechaço *m*; **~reise** *f* = *~kehr*.

'**Rucksack** ['ruk-] *m* (-*ės*; ⸚*e*) saco *m* alpino, mochila *f*.

'**Rück|schalt-taste** *f* tecla *f* de retrocesso; **~schau** *f* (*0*) retrospe[c]ção *f*; vista *f* retrospe[c]tiva; ~ *halten* olhar para trás; **~schlag** *m* = *~wirkung*; *fig.* revés *m*; **~schluß** *m* (-*sses*; ⸚*sse*) conclusão *f*; **~schritt** *m* (-*ės*; -*e*) retrocesso *m*; *Pol.* rea[c]ção *f*; **≈schrittlich** retrógrado; rea[c]cionário; atrasado; **~seite** *f* (re)verso *m*; costas *f/pl.*; *Gebäude*: traseiras *f/pl.*; **≈seitig** ['-zaɪtiç] no verso; **~sendung** *f* remessa *f*; **~sicht** *f* consideração *f*; *auf et.* (*ac.*) ~ *nehmen* tomar a.c. em consideração; *auf j-n* ~ *nehmen* respeitar alg., atender alg.; *mit* ~ *auf* (*ac.*) tendo presente; atendendo a; considerando que; *mit* ~ *auf j-n* por consideração por alg.; **≈sichts-los** desconsiderado; pouco delicado; brutal; **~sichtslosigkeit** [-lo:ziç-] *f* falta *f* de consideração (*od.* de delicadeza *od.* de atenção), brutalidade *f*; **≈sichts-voll** atencioso, delicado; **~sitz** *m* (-*es*; -*e*) assento *m* de trás; **~spiegel** *m* espelho *m* retrovisor (*od.* de retrovisão); **~sprache** *f*: ~ *nehmen* (*nach* ~ *mit* depois de) conferenciar com; **~stand** *m* (-*ės*; ⸚*e*) resto *m*; ⚗ resíduo *m*; refugo *m*; ⚖ reliquat *m*; ☤ atraso *m* (*meist pl.*); *im* ~ = **≈ständig** atrasado; *mit Zahlungen*: *a.* (ainda) devedor de; **~ständigkeit** *f* atraso *m*; **~stoß** *m* (-*es*; ⸚*e*) ⚔ retrocesso *m*; rechaço *m*, recuo *m*; **~strahler** *m* refle[c]tor *m* (*Schlußlicht*) farolim *m* (da retaguarda); **~taste** *f Schreibmaschine*: tecla *f* de retrocesso; **~tritt** *m* (-*ės*; -*e*) demissão *f* (*einreichen* pedir); **~tritt-bremse** *f Fahrrad*: travão *m* de pé; **~-übersetzung** *f* retroversão *f*; **≈vergüten** (-) reembolsar; **~vergütung** *f* reembolso (*'ô) *m*; **~versicherung** *f* resseguro *m*; **~wand** *f* (-; ⸚*e*) parede *f* traseira; **≈wärtig** ['-vɛrtiç] *Bewegung*: retrógrado; de retirada; *Verbindung, Gelände*: ⚔ da retaguarda; **≈wärts** ['-vɛrts] para trás; **~wärts-gang** ⊕ *m* (-*ės*; ⸚*e*) marcha *f* atrás; (*einschalten* meter); **~wechsel** ☤ *m* recâmbio *m*; **~weg** *m* (-*ės*; -*e*) = *~kehr*.

'**ruck-weise** aos arrancos; por intervalos.

'**rück|wirkend** rea[c]tivo; ⚖ retroa[c]tivo; **≈wirkung** *f* rea[c]ção *f*; *fig. a.* repercussão *f*; ⚖ retroa[c]tividade *f*; **~zahlbar** reembolsável; **≈zahlung** *f* reembolso (*'ô) *m*; **≈zug** *m* (-*ės*; ⸚*e*) retirada *f*; *zum* ~ *blasen* tocar a retirar.

'**Rüde** ['ry:də] **1.** *m* (-*n*) mastim *m*; **2.** ≈ rude.

'**Rudel** ['ru:dəl] *n* bando *m*; tropel *m*; *Hunde*: matilha *f*; *Hirsche*: manada *f*; *Wölfe*: alcateia *f*.

'**Ruder** ['ru:dər] *n* remo *m*; *fig. u.* (*Steuer≈*) leme *m*, temão *m*; *ans* ~ *kommen fig.* subir ao poder; **~bank** *f* (-; ⸚*e*) banco *m* de remar; **~blatt** *n* (-*ės*; ⸚*er*) pá *f* do remo; leme *m*; **~boot** *n* (-*ės*; -*e*) barco *m* de remos; **~er** *m* remador *m*; **~gast** ⚓ *m* temoneiro *m*; **~haus** *n* (-*es*; ⸚*er*) casa *f* do leme; **~klub** *m* (-*s*; -*s*) clube *m* náutico; **≈n 1.** (*h. u. sn*) remar; ⚓ *a.* vogar; **2.** ≈ *n* remo *m*; **~regatta** *f* (-; -*regatten*) regata *f* de barcos a remo; **~schlag** *m* (-*ės*; ⸚*e*) remada *f*; **~verein** *m* (-*ės*; -*e*) = *~klub*.

Ruf [ru:f] *m* (-*ės*; -*e*) grito *m*; (*An≈*) chamada *f*; (*Ansehen*) reputação *f*, fama *f* (*stehen in* [*dat.*] ter [*ac.*], gozar de); ☤ crédito *m*; (*Beru-*

fung) convite *m*; nomeação *f*; *fig.* vocação *f*; *von* ~ de renome; *e-n* ~ (*als Professor, auf e-n Lehrstuhl*) *erhalten* ser convidado para reger a cadeira de; *in üblen* ~ *bringen* desacreditar, difamar; *besser als sein* ~ melhor do que se diz; '2**en** (*L*) chamar (*nach* por); (*schreien*) gritar; *um Hilfe* ~ pedir socorro; *wie gerufen kommen fig.* vir (mesmo) a propósito.

'**Rüffel** ['ryfəl] F *m* ensaboadela *f* (*bekommen* ter); 2**n** *v/t.* (*-le*) F dar uma ensaboadela a.

'**Ruf|name** *m* (*-ns*; *-n*) primeiro nome *m*; ~**weite** *f* (*0*) alcance *m* da voz; ~**zeichen** *n Fernspr.* sinal *m* (de chamada).

'**Rüge** ['ry:gə] *f* repreensão *f*; descompostura *f*; *j-m e-e* ~ *erteilen* = *j-n* 2**n** censurar alg.

'**Ruhe** ['ru:ə] *f* (*0*) (*Ausruhen*) descanso *m*, repouso *m* (*a.* ⚕); (*Stille*) silêncio *m*; ⚓ calma *f*, *a. Gemüt*; tranquilidade *f*, sossego *m*; (*Friede*) paz *f*; *in* ~ *lassen* deixar em paz, deixar em sossego; (*sich*) *aus der* ~ *bringen* (*lassen*) abalar(-se); *sich zur* ~ *begeben* ir deitar-se; *sich zur* ~ *setzen* retirar-se dos negócios, *Beamter*: aposentar-se; 2**bedürftig**: ~ *sn* precisar de descansar; ~**gehalt** *n* (*-es*; *⸚er*) reforma *f*; pensão *f*; ~**lage** *f* descanso *m*; (*Gleichgewicht*) equilíbrio *m*; 2**los** agitado, irrequieto; ~**losigkeit** [-lo:ziç-] *f* (*0*) agitação *f*, desassossego *m*, irrequietude *f*; 2**n** descansar, repousar; *Arbeit, Verkehr*: suspender-se; (*liegen*) jazer; ~ *lassen* deixar (em paz); 2**nd** *j.*: a descansar, a repousar; *et.*: inerte; (*unterbrochen*) suspenso; ~**pause** *f* pausa *f*, intervalo *m*; *e-e* ~ *machen* descansar; ~**stand** *m* (*-es*; *0*): *im* ~ jubilado, aposentado, reformado; *in den* ~ *versetzen* jubilar, aposentar, reformar; ~**stätte** *f* asilo *m*; *letzte* ~ jazigo *m*; ~**stellung** *f* descanso *m*; ⚔ *in* ~ na reserva *f*; ~**störer** [-ʃtø:rər] *m* perturbador *m*; ~**störung** *f* alteração *f* da ordem, perturbação *f* da ordem; ~**tag** *m* (*-es*; *-e*) dia *m* de repouso; dia *m* de descanso; 2**voll** calmo, sossegado; ~**zustand** *m* = ~*lage*.

'**ruhig** ['ru:iç] quieto; tranquilo; calmo (*a.* ⚓); (*beruhigt*) descansado, sossegado (*sich verhalten* estar, *sn a.* ficar); (*sanft*) suave (*a.* ⊕); *Tier*: manso.

Ruhm [ru:m] *m* (*-es*; *0*) glória *f*; fama *f*; renome *m*; '2**bedeckt** glorioso.

'**rühmen** ['ry:mən] *j-n*: elogiar; *et.*: enaltecer; *Gott*: glorificar; *sich* ~ gabar-se, vangloriar-se; ~**s-wert** louvável.

'**Ruhmes|blatt** *n* (*-es*; *⸚er*) página *f* gloriosa; ~**halle** *f* panteão *m*.

'**rühmlich** ['ry:mliç] glorioso, louvável.

'**ruhm|los** sem glória, inglório, obscuro; ~**reich** glorioso; 2**sucht** *f* (*0*) ambição *f*; ~**süchtig** ambicioso; ~**voll** glorioso.

Ruhr [ru:r] ⚕ *f* (*0*) disenteria *f*.

'**Rühr|-ei** ['ry:raɪ] *n* (*-es*; *-er*) ovos *m/pl.* mexidos; 2**en** (re)mover; (re)mexer; *Trommel*, ♪ *an* (*ac.*) ~ tocar (*ac.*); *fig.* comover, enternecer; *zu Tränen* ~ abalar; *Schlag* ⚕ acometer; ⚔ descansar; *sich* ~ mexer-se; abelhar-se; 2**end** *adj.* emocionante, enternecedor, comovedor, comovente; 2**ig** a[c]tivo; mexido; ~**igkeit** *f* (*0*) a[c]tividade *f*; 2**selig** sentimental; ~**ung** *f* comoção *f*.

Ru'in [ru'i:n] *m* (*-s*; *0*), ~**e** *f* ruína *f*; 2'**ieren** [-i'ni:rən] (-) arruinar; F estragar.

'**rülpse|n** ['rylpsən] (*-t*) arrotar; 2**r** *m* arroto (*'ô) *m*.

rum [rum] **1.** F = *herum*; **2.** 2 *m* (*-s*; *0*) rum *m*.

Ru'män|e [ru'mɛ:nə] *m* (*-n*), (~**in** *f*) romeno *m* (-a *f*); 2**isch** romeno; da Roménia.

'**Rummel** ['ruməl] *m* barulho *m*, sarilho *m*; (*Plunder*) tarecos *m/pl.*; *fig.* F *den* ~ *kennen* saber o que é; = ~**platz** *m* (*-es*; *⸚e*) feira *f* popular.

ru'moren [rumo:rən] (-) rumorejar.

'**Rumpel|kammer** ['rumpəl-] *f* (-; *-n*) arrecadação *f*, casa *f* de despejo; 2**n** (*-le*) dar solavancos.

Rumpf [rumpf] *m* (*-es*; *⸚e*) tronco *m*; ⚓ casco *m*; ✈ fuselagem *f*; *Kunst*: busto *m*, torso *m*.

'**rümpfen** ['rympfən] torcer.

rund [runt] redondo; curvo; (*kreisförmig*) circular; *adv. fig.* ~ *heraus* francamente; (*ungefähr*) aproximadamente; à volta de; '2**bau** *m* (*-es*;

-*ten*) rotunda *f*; '**2blick** *m* (-*ês*; -*e*) panorama *m*; '**2bogen** *m* (-*s*; ¨) arco *m* redondo, cimbre *m*; cambota *f*.

'**Rund|e** ['rundə] *f* volta *f* (*machen* dar); *Boxen*: «round» *m* (*engl.*); ⚔ ronda *f*; (*Gesellschaft*) grupo *m*; círculo *m*; (*Rundheit*, *Umkreis*) redondeza *f*; circuito *m*; *die ~ machen* correr; **2en** (-*e*-) arredondar; bolear.

'**Rund|fahrt** *f* circuito *m*; volta *f*; **~flug** *m* (-*ês*; ¨*e*) circuito *m* aéreo; **~frage** *f* inquérito *m*.

'**Rund-funk** *m* (-*ês*; *0*) rádio *f*, radiotelefonia *f*; *Sender*: Emissora *f*; *durch ~ verbreiten* radiodifundir; **~darbietung** *f* emissão *f* radiofónica; **~-empfang** *m* (-*ês*; ¨*e*) audição *f*; recepção *f*; **~gebühr** *f* taxa *f* radiofónica; **~gerät** *n* (-*ês*; -*e*) aparelho *m* de rádio; **~hörer** *m* radiouvinte *m*; **~meldung** *f* notícia *f* radiofónica; **~programm** *n* (-*ês*; -*e*) programa *m* radiofónico; **~rede** *f* discurso *m* radiodifundido; **~sender** *m* (estação *f*) emissora *f*; **~sendung** *f* emissão *f* pela rádio; radiodifusão; **~sprecher** *m* locutor *m* da rádio; **~station** *f* = *~sender*; **~-übertragung** *f* radiodifusão *f*.

'**Rund|gang** *m* (-*ês*; ¨*e*) volta *f*; ⚔ ronda *f*; **~gesang** *m* (-*ês*; ¨*e*) canção *f* cantada em roda; **2-heraus** francamente; redondamente; **2-herum** ao redor, em torno (*'ô), em volta; **~lauf** *m* (-*ês*; ¨*e*) passos *m*/*pl*. de gigante; **2lich** redondinho; **~marsch** *m* (-*es*; ¨*e*) circuito *m* pedestre; volta *f*; **~reise** *f* circuito *m*; volta *f*; **~reisefahrkarte** *f* bilhete *m* circular; **~schau** *f* panorama *m*; *Lit*. revista *f*; **~schreiben** *n* circular *f*; **2-um**('**her**) ao redor; **~ung** [-duŋ] *f* redondeza *f*; rotundidade *f*; curva *f*; **2weg** redondamente.

'**Run|e** ['ru:nə] *f* runa *f*; **~en...**: *in Zssgn* rúnico.

'**Runkelrübe** ['ruŋkəl-] *f* beterraba *f*.

'**runter** ['runtər] F *s. herunter, hinunter.*

'**Runzel** ['runtsəl] *f* (-; -*n*) ruga *f*; **2ig** rugoso, enrugado; *~ werden* enrugar-se; **2n** (-*le*) enrugar; *Stirn*: franzir.

'**Rüpel** ['ry:pəl] *m* malcriado *m*; **~'ei** [-'laɪ] *f* má-criação *f*; **2-haft** malcriado.

'**rupf|en** ['rupfən] **1.** *Gras*: arrancar, tirar; *Federn u. fig.*: depenar; **2. 2** *m Stoff*: estopa *f*.

'**Rüsche** ['ry:ʃə] *f* rufo *m*, folho (*'ô) *m*.

Ruß [ru:s] *m* (-*es*; *0*) ferrugem *f*; fuligem *f*.

'**Russe** ['rusə] *m* (-*n*) russo *m*.

'**Rüssel** ['rysəl] *m* tromba *f*; *Schwein*: focinho *m*.

'**ruß|en** ['ru:sən] (-*t*) causar fuligem; fumegar; **~ig** fuliginoso.

'**Russ|in** ['rusin] *f* russa *f*; **2isch** russo, da Rússia.

'**rüst|en** ['rystən] (-*e*-) preparar; ⚔ armar; **2er** ♀ *f* olm(eir)o *m*; **~ig** robusto, forte, vigoroso; **2igkeit** *f* (*0*) robustez *f*, força (*ô) *f*, vigor *m*; **2ung** *f* ⚔ armamento *m*; (*Harnisch*) armação *f*, armadura *f*; **2ungs...**: *in Zssgn* ⚔ de armamentos; **2zeug** ⊕ *n* (-*ês*; *0*) ferramenta *f*; material *m*.

'**Rute** ['ru:tə] *f* vara *f* (*a. Maß*); *zum Schlagen*: verga(sta) *f*, açoute *m*; *Anat*. membro *m* viril; (*Schwanz*) cauda *f*.

Rutsch [rutʃ] *m* (-*es*; -*e*) (*Berg2*) desabamento *m*; F resvalo *m*; F (*Ausflug*) passeio *m*; '**~bahn** *f* resvaladouro *m*; montanhas *f*/*pl*. russas; '**~e** *f* escorrega *m*; '**2en** (*h. u. sn*) resvalar, escorregar; '**~tuch** *n* (-*ês*; ¨*er*) *Feuerwehr*: pano *m* deslizadeiro.

'**rütteln** ['rytəln] (-*le*): *an* (*dat.*) *~* sacudir (*ac.*); abalar (*ac.*); abanar (*ac.*); *Wagen*: dar solavancos.

S

S, s [ɛs] *n uv.* S, s *m.*
Saal [za:l] *m* (-*es*; *Säle*) sala *f.*
Saat [za:t] *f* (*Säen*) sementeira *f*; (*Samen*) semente(s) *f*(*pl.*); = ˈ**~feld** *n* (-*es*; -*er*) seara *f*; ˈ**~korn** *n* (-*es*; ⸚*er*) trigo *m*; semente *f*; ˈ**~krähe** *f* gralha *f* calva; ˈ**~zeit** *f* (tempo *m* de) semeação *f.*
ˈ**Sabbat** [ˈzabat] *m* (-*s*; -*e*) sábado *m.*
ˈ**Säbel** [ˈzɛ:bəl] *m* sabre *m*; espada *f*; **~-hieb** *m* (-*es*; -*e*) espadadeira *f*; **2n** (-*le*) acutilar.
Sabo't|age [zaboˈta:ʒə] *f* (*0*) sabotagem *f*; **2ieren** (-) sabotar.
Sacha'rin [zaxaˈri:n] *n* (-*s*; *0*) sacarina *f.*
ˈ**Sach|bearbeiter** [ˈzax-] *m* relator *m*; encarregado *m*; **~beschädigung** *f* danos *m*/*pl.* materiais; **2dienlich** útil; ~ *sn a.* ter utilidade, vir a propósito; **~e** *f* coisa *f*; (*Gegenstand*) obje[c]to *m*; (*Angelegenheit*) assunto *m*; negócio *m*; ⚖ *u. Pol.* causa *f*, questão *f*; (*Fall*) caso *m*; (*Stoff*) matéria *f*; *alte* ~ velharia *f*; *zur* ~ *gehören*, *zur* ~ *kommen* vir ao caso; *nichts zur* ~ *tun* nada fazer ao caso; *bei der* ~ *bleiben* cingir-se ao assunto, não fugir do assunto; *nicht bei der* ~ *sn* estar distraído; *e-e* ~ *für sich* outra coisa; *j-s* ~ *sn* caber a alg.; *nicht j-s* ~ *sn a.* não ser com alg.; **~n** *pl.* (*Habe*) *a.* bens *m*/*pl.*, haveres *m*/*pl.*; (*Wäsche*) roupa *f*; **~-erklärung** *f* explicação *f* dos fa[c]tos; comentário *m*; **2gemäß** apropriado, próprio, específico; obje[c]tivo; **~katalog** *m* (-*es*; -*e*) catálogo *m* de assuntos; **~kenner** *m* experto *m*, perito *m*, versado *m*; **~kenntnis** (-; -*se*), **~kunde** *f* (*0*) experiência *f*, conhecimento *m* da matéria; perícia *f*; **2kundig** experto, versado na matéria; **~lage** *f* situação *f*; estado *m* de coisas; circunstâncias *f*/*pl.*; condições *f*/*pl.*; **~leistung** *f* pagamento *m* em géneros; **2lich** obje[c]tivo; pragmático; *j.*: *a.* prático, realista.
ˈ**sächlich** [ˈzɛçliç] *gr.* neutro.
ˈ**Sach|lichkeit** *f* (*0*) obje[c]tividade *f*; realismo *m*; pragmatismo *m*; **~lieferung** *f* fornecimento *m* (*od.* entrega *f*) de géneros; **~register** *n* índice *m* de matérias; **~schaden** *m* (-*s*; ⸚) dano *m* material.
ˈ**Sachse** [ˈzaksə] *m* (-*n*) saxão *m.*
ˈ**Sächs|in** [ˈzɛksin] *f* saxónia *f*; **2isch** saxónio, da Saxónia.
ˈ**sacht**(**e**) [ˈzaxt(ə)] lento, *adv. a.* de mansinho, ao de leve, pouco a pouco.
ˈ**Sach|verhalt** [ˈ-fɛrhalt] *m* (-*es*; -*e*) fa[c]tos *m*/*pl.*; matéria *f*; constelação *f*; ⚖ tipo *m* legal; **2verständig** perito, técnico (*a. su.*); **~walter** [ˈ-valtər] *m* procurador *m*; advogado *m*; **~wert** *m* (-*es*; -*e*) valor *m* real, valor *m* efe[c]tivo; **~wörterbuch** *n* (-*es*; ⸚*er*) dicionário *m.*
Sack [zak] *m* (-*es*; ⸚*e*) saco *m*, saca *f*; F *mit* ~ *und Pack* com tudo.
ˈ**Sack|gasse** *f* beco *m* sem saída; **~leinen** *n* (-*s*; *0*), **~leinwand** *f* (*0*) linhagem *f*, serapilheira *f.*
ˈ**säen** [ˈzɛ:ən] **1.** semear; **2.** **2** *n* sémea *f.*
ˈ**Saffian** [ˈzafia:n] *m* (-*s*; *0*) marroquim *m.*
ˈ**Safran** [ˈzafra:n] *m* (-*s*; *0*) açafrão *m.*
Saft [zaft] *m* (-*es*; ⸚*e*) suco *m*; (*Frucht*2) sumo *m*; ⚘ seiva *f*; *Physiol.* *Säfte pl.* humores *m*/*pl.*; *fig.* (*Kraft*) força (*ô) *f*; ˈ**2ig** suculento; *fig.* F (*derb*) forte; ˈ**2los** seco (*ê); *fig. a.* mole; ˈ**~presse** *f* espremedor *m.*
ˈ**Sage** [ˈza:gə] *f* lenda *f* heróica; mito *m*; tradição *f.*
ˈ**Säge** [ˈzɛ:gə] *f* serra *f*; **~blatt** *n* (-*es*; ⸚*er*) lâmina *f* de serra, folha *f* de serra; **~bock** *m* (-*es*; ⸚*e*) burro *m*; **~fisch** *m* (-*es*; -*e*) peixe-serra *m*; **~gestell** *n* (-*es*; -*e*) testicos *m*/*pl.*; **~maschine** *f* serra *f* mecânica; **~mühle** *f* serração *f*; (*Dampf*2) serraria *f*; **~mehl** *n* (-*es*; *0*) serradura *f.*
ˈ**sagen** [ˈza:gən] dizer (*zu* a; *über ac.* sobre, acerca de); *fig. nichts zu* ~ *haben et.*: não ser nada, não ter importância; *j.*: não mandar; *was*

Sie (nicht) ~! parece impossível!; *sich (dat.) gesagt sn lassen* ficar sabendo; *sich nichts ~ lassen (wollen)* não ouvir ninguém; *damit ist nicht gesagt* isto não quer dizer.
'**sägen** ['zɛ:gən] serrar.
'**sagen-haft** lendário.
'**Säge|späne** [-ʃpɛ:nə] *m/pl.* serradura *f/sg.*; **~werk** *n* (-*ẹs*; -*e*) serração *f*, serraria *f*.
'**Sago** ['za:go] *m* (-*s*; *0*) sagu *m*; tapioca *f*.
'**Sahne** ['za:nə] *f* (*0*) nata *f*; creme *m*; (*Schlag*♀) nata *f* batida.
Sai'son [zɛ'zõ] *f* (-; -*s*) estação *f*; (*Bade*♀ *usw.*) época *f* (de ...); **~-arbeit** *f* trabalho *m* de estação, trabalho *m* durante a época de ...; **~-schlußverkauf** *m* (-*ẹs*; ⸗*e*) saldo *m*.
'**Sait|e** ['zaɪtə] *f* corda *f*; *fig. andere (stärkere)* ~*en aufziehen* mudar de tom (ser mais rigoroso); **~en-instrument** *n* (-*ẹs*; -*e*) instrumento *m* de cordas.
'**Sakko** ['zako] *m* paletó *m*.
Sakra'ment [zakra'mɛnt] *n* (-*s*; -*e*) sacramento *m*.
Sakris't|an [zakris'ta:n] *m* (-*s*; -*e*) sacristão *m*; **~ei** *f* sacristia *f*.
Sala'mander [zala'mandər] *m* salamandra *f*.
Sa'lat [za'la:t] *m* (-*ẹs*; -*e*) salada *f*; (*Kopf*♀) alface *f*; *fig.* disparates *m/pl.*; *da haben wir den* ~! F estamos arranjados!; **~schüssel** *f* (-; -*n*) saladeira *f*.
'**Salb|e** ['zalbə] *f* pomada *f*; bâlsamo *m*; **~ei** ⚘ *m* (-*s*; *0*) *u. f* (*0*) salva *f*; ♀**en** ungir, untar; **~ung** *f* unção *f*, consagração *f*; ♀**ungsvoll** untuoso.
'**Saldo** ['zaldo] *m* (-*s*; -*en od. Saldi*) saldo *m*.
Sa'line [za'li:nə] *f* salina *f*.
Sali'zyl [zali'tsy:l] *n* (-*s*; *0*) salicilato *m*; **~säure** *f* (*0*) ácido *m* salicílico.
Salm [zalm] *m* (-*ẹs*; -*e*) salmão *m*; *fig.* sermão *m*.
'**Salmiak** ['zalmiak] *m* (-*s*; *0*) sal *m* amoníaco; **~geist** *m* (-*es*; *0*) amoníaco *m*.
Sa'lon [za'lõ] *m* (-*s*; -*s*) salão *m*; sala *f* (de visitas); ♀**fähig**: ~ *sn j.*: apresentar-se bem; ter boas maneiras; *et.*: ser chique.
sa'lopp [za'lɔp] negligente.
Sal'peter [zal'pe:tər] *m* (-*s*; *0*) salitre *m*; nitro *m*; **~grube** *f* nitreira *f*, salitral *m*; ♀**ig** nitroso, salitroso; **~säure** *f* (*0*) ácido *m* nítrico (*od.* azótico).
Sa'lut [za'lu:t] *m* (-*ẹs*; -*e*) salva *f*; ♀'**ieren** (-) saudar; ⚔ fazer a continência.
'**Salve** ⚔ ['zalvə] *f* salva *f*; descarga *f*.
Salz [zalts] *n* (-*es*; -*e*) sal *m*; '**~bergwerk** *n* (-*ẹs*; -*e*) mina *f* de sal, salina *f*; '♀**en** (-*t*) salgar, pôr sal em; '**~gehalt** *m* (-*ẹs*; *0*) salinidade *f*; '**~gurke** *f* pepino *m* de conserva; '♀**-haltig** ['haltɪç] salino; = '♀**ig** salgado; '**~säure** *f* (*0*) ácido *m* clorídico; '**~see** *m* (-*s*; -*n*) marinha *f* de sal; '**~streuer** ['-ʃtrɔyər] *m* saleiro *m*; '**~wasser** *n* (-*s*; ⸗) água *f* salgada.
'**Sä|mann** *m* (-*ẹs*; ⸗*er*), **~maschine** *f* ['-zɛ:-] semeador *m*.
'**Sam|e** ['za:mə] (-*ns*; -*n*), **~en** *m* semente *f*; grão *m*; *männlicher* ~ esperma *m*, sémen *m*.
'**Samen|-erguß** *m* (-*sses*; ⸗*sse*) ejaculação *f*; polução *f*; **~-handlung** *f* comércio *m* (loja *f*) de sementes; **~kapsel** *f* (-; -*n*) cápsula *f*; **~korn** *n* (-*ẹs*; ⸗*er*) grão *m*; **~leiter** *m* canal *m* seminífero; **~staub** ⚘ *m* (-*ẹs*; *0*) pólen *m*.
Säme'rei [zɛmə'raɪ] *f* sementes *f/pl.*
'**sämig** ['zɛ:mɪç] espesso; ligado.
'**Sammel|band** ['zaməl-] *m* (-*ẹs*; ⸗*e*) miscelânea *f*, colectânea *f*; **~becken** *n* reservatório *m*, depósito *m*; **~-büchse** *f* mealheiro *m*; **~gut** *n* (-*ẹs*; ⸗*er*), **~ladung** *f* 🚆 expedição *f* cole[c]tiva; ✝ consignação *f* global; **~lager** *m* campo *m* (de concentração); acampamento *m*; **~linse** *f* lente *f* convergente; **~mappe** *f* álbum *m*; ♀**n** (-*le*) **1.** *v/t.* reunir, juntar (*a. refl.*); (*ein*♀) recolher; *Bilder usw.*: cole[c]cionar; fazer cole[c]ção (et. de a.c.); *Pflanzen* ~ herborizar; *sich* ~ *fig.* concentrar-se; recolher-se consigo; **2.** *v/i.* fazer um peditório; **~name** *m* (-*ns*; -*n*) nome *m* cole[c]tivo; **~paß** *m* (-*sses*; ⸗*sse*) passaporte *m* cole[c]tivo; **~platz** (-*ẹs*; ⸗*e*), **~punkt** *m* (-*ẹs*; -*e*) lugar *m* de concentração; ponto *m* de encontro; **~stelle** *f* depósito *m* central, depósito *m* geral; **~'surium** [-'zu:rium] F *n* (-*s*; -*surien*) grande mistura *f*, confusão *f*; mixórdia *f*; **~transport** *m* (-*ẹs*; -*e*) transporte *m* cole[c]tivo.

'Samml|er(in *f*) *m* ['zamlər-] cole[c]cionador(a *f*) *m*; cole[c]cionista *m*, *f*; (*Straßen*2) cole[c]tor(a *f*) *m*; **~ung** *f* cole[c]ção *f*; cole[c]tânea *f*; (*Auswahl*) sele[c]ta *f*; (*Straßen*2) peditório *m*; *fig.* recolhimento *m*, concentração *f*.

'Samstag ['zamsta:k] *m* (-*es*; -*e*) sábado *m*; **2s** aos sábados.

samt[1] [zamt] (*dat.*) com; mais; *~ und sonders* todos juntos; sem excepção.

Samt[2] *m* (-*es*; -*e*) veludo *m*; *'~...*: *in Zssgn* = **'2-artig** aveludado; = **'2en** de veludo.

'sämtlich ['zɛmtliç] todos; *~e Werke* Obras *f*/*pl.* Completas.

Sana'torium [zana'to:rium] *n* (-*s*; -*torien*) (*Heilstätte*) sanatório *m*; (*Erholungsheim*) casa *f* de repouso.

Sand [zant] *m* (-*es*; -*e*) areia *f* (*bestreuen mit* deitar *ac.*); *j-m ~ in die Augen streuen fig.* deitar poeira nos olhos de alg., entrujar alg., deslumbrar alg.; *sich* (*dat.*) *keinen ~ in die Augen streuen lassen* ter os olhos abertos; *sich im ~ verlaufen fig.* ficar sem efeito.

San'dale [zan'da:lə] *f* sandália *f*.

'Sand|bank ⚓ *f* (-; ⸗*e*) banco *m* (de areia), alfaque *m*; restinga *f*; *auf e-e ~ geraten* encalhar; **~boden** *m* (-*s*; ⸗) terreno *m* arenoso; **~floh** *m* nígua *f*; **~grube** *f* areal *m*; **2ig** [-diç] arenoso; **~korn** *n* (-*es*; ⸗*er*) grão *m* de areia; **~mann** *m* (-*es*; *0*) *fig.* João Pestana *m*; **~papier** *n* (-*s*; -*e*) papel *m* de lixa; **~stein** *m* (-*es*; -*e*) arenito *m*; **~strahlgebläse** *n* aparelho *m* de ja[c]to de areia; **~uhr** *f* ampulheta *f*.

sanft [zanft] suave, brando; *fig.* afável; = *~mütig*; *adv. a.* docemente, levemente, (ao) de leve.

'Sänfte ['zɛnftə] *f* liteira *f*.

'Sanft|-heit *f* (*0*) suavidade *f*, brandura *f*; **~mut** *f* (*0*) mansidão *f*; **2mütig** ['-my:tiç] manso; meigo.

Sang [zaŋ] *m* (-*es*; ⸗*e*) canto *m*; *mit ~ und Klang* com grande aparato *m*; *'2- und klanglos* sem chus nem bus.

'Sänger ['zɛŋər] *m* (**~in** *f*) cantor(a *f*) *m*; P cantadeiro *m* (-a *f*); (*Singende*[*r*]) cantador(a *f*) *m*, cantante *m*, *f*.

Sangu'in|iker [zaŋgu'i:nikər] *m* sanguíneo *m*; **2isch** sanguíneo; vivo.

sa'nier|en [za'ni:rən] (-) sanear; **2ung** *f* saneamento *m*.

Sani'täter [zani'tɛ:tər] *m* enfermeiro *m*; socorrista *m*.

Sani'täts|wagen *m* ambulância *f*; **~wesen** *n* (-*s*; *0*) serviços *m*/*pl.* de Saúde.

Sankt [zaŋkt]: *vor Namen mit vokalischem* (*konsonantischem*) *Anlaut*: Santo (São) *m*, Santa (*a.* Sã) *f*.

Sankti'on [zaŋktsi'o:n] *f* sanção *f*; **2'ieren** [-o'ni:rən] (-) sancionar.

'Saphir ['za:fir] *m* (-*s*; -*e*) safira *f*.

Sar'delle [zar'dɛlə] *f* anchova *f*.

Sar'dine [zar'di:nə] *f* sardinha *f* (*in Öl* em azeite).

Sarg [zark] *m* (-*es*; ⸗*e*) caixão *m*, urna *f*; ataúde *m*, féretro *m*.

Sar'kas|mus [zar'kasmus] *m* (-; -*men*) sarcasmo *m*; **2tisch** [-tiʃ] sarcástico.

'Satan ['za:tan] *m* (-*s*; -*e*) Satanás *m*; **2isch** [za'ta:niʃ] satânico.

Satel'lit [zatɛ'li:t] *m* (-*en*) satélite *m*.

Sa'tin [za'tɛ̃] *m* (-*s*; -*s*) cetim *m*.

Sa'tir|e [za'ti:rə] *f* sátira *f*; (**~iker** [-ikər] *m*), **2isch** satírico (*m*).

satt [zat] farto, satisfeito; *sich ~ essen* (*trinken*) saciar-se; fartar-se de comer (de beber); *sich '~ gegessen haben* ficar como um abade; (*ac.*) *~ sn* estar farto de; (*ac.*) *~ haben* ficar farto de.

'Sattel ['zatəl] *m* (-*s*; ⸗) sela *f*; *Fahrrad*: selim *m*; (*Berg*2) cresta *f*; cume *m*; (*Saum*2) albarda *f*; *aus dem ~ heben fig.* derribar; *ohne ~ reiten* montar em pelo (*ê); **~decke** *f* manta *f*; xairel *m*; **2fest** firme na sela; *fig.* seguro; versado; **~gurt** *m* (-*es*; -*e*) cilha *f*; **2n** (-*le*) selar; **~zeug** *n* (-*es*; *0*) arreios *m*/*pl.*

'sättig|en ['zɛtigən] saciar (*mit* de), fartar; ⚗ saturar; **2ung** *f* saciedade *f*; ⚗ saturação *f*.

'Sattler ['zatlər] *m* seleiro *m*; **~'ei** [-'raɪ] *f* selaria *f*.

Satz [zats] *m* (-*es*; ⸗*e*) *gr.* frase *f*, oração *f*; *Logik u.* 𝔄 teorema *m*; proposição *f*; axioma *m*; (*Behauptung*) tese *f*; (*Bestimmung*) norma *f*; (*Sprung*) salto *m* (*mit* de); (*Boden*2) borra *f*, pé *m*; (*Reihe*) *Spiel*: série *f*; jogo (*'ô) *m*, conjunto *m*; (*Ein*2) parada *f*, entrada *f*; *Typ.* composição *f*; ♪ *a.* andamento *m*; (*Zins*2) percentagem *f*; ⚕ (taxa *f* de) juro *m*; **'~-aussage** *f gr.* predicado *m*;

verbo *m*; **'~bau** *m* (-*ęs*; *0*) construção *f* (da frase), fraseologia *f*; **'~gefüge** *n* período *m*; **'~gegenstand** *m* (-*ęs*; ⸚*e*) sujeito *m*; **'~lehre** *f* (*0*) sintaxe *f*; **'~teil** *m* (-*ęs*; -*e*) parte *f* da oração; elemento *m* sintá[c]tico; **'~ung** *f* estatuto *m*; regulamento *m*; norma *f*; *Rel.* dogma *m*; **'~zeichen** *n* sinal *m* de pontuação.

Sau [zaʊ] *f* (-; ⸚*e od.* -*en*) porca *f*, *fig. a.* porcalhona *f*; (*Wild*2) javalina *f*.

'sauber ['zaʊbər] limpo (*a. fig.*), *j.*: *a.* asseado; (*blank*) polido; (*hübsch*) bonito (*a. iron.*); **2keit** *f* (*0*) limpeza *f*; *j-s*: *a.* asseio *m*.

'säuber|lich ['zɔybərliç] limpo; *Trennung*: nítido; *adv. a.* com limpeza; bem; **~n** (-*re*) limpar; ⚕ lavar; desinfe[c]tar; *fig.* depurar; (*befreien*) livrar; von Unkraut ~ roçar; **2ung** *f* limpeza *f*; *fig.* depuração *f*.

'Sau-bohne *f* fava *f*.

'sauer ['zaʊər] (*saurer*; *sauerst*) azedo; acre; ⚗ ácido; *fig.* (*mühsam*) penoso, árduo; (*verdrießlich*) tristonho, aborrecido, carrancudo; ~ werden azedar; ficar azedo; *Milch*: estragar-se; ~ werdend ⚗ acescente; *fig.* j-m ~ werden custar a alg.; **2-ampfer** *m* (-*s*; *0*) azedas *f/pl.*; **2braten** *m* assado *m* em vinagre; estufado *m*; **2brunnen** *m* água *f* mineral gasosa; **2'ei** *f* P porcaria *f*; **2kirsche** *f* ginja *f*; **2klee** *m* (-*s*; *0*) azedinha *f*; **2kohl** *m* (-*ęs*; *0*), **2kraut** *n* (-*ęs*; *0*) «choucroute» *f*, couve *f* fermentada, couve *f* picada.

'säuer|lich ['zɔyərliç] azedo; acídulo; ⚗ acescente; **~n** (-*re*) azedar; avinagrar; ⚗ acidificar, oxidar; *Teig*: meter levedura na massa; (fazer) fermentar.

'Sauer-stoff *m* (-*ęs*; *0*) oxigénio *m*; **~flasche** *f* bomba *f* de oxigénio, garrafa *f* de oxigénio.

'Sauerteig *m* (-*ęs*; *0*) massa *f* azeda, fermento *m*.

'saufen ['zaʊfən] (*L*) beber (muito).

'Säufer ['zɔyfər] *m* alcoólico *m*; F bêbado *m*; beberrão *m*, borrachão *m*.

Sauf|erei [zaʊfə'raɪ] *f*, **'~gelage** *n* órgia *f*.

'saugen ['zaʊgən] chupar; *Kind*: mamar; ⊕ aspirar.

'säugen ['zɔygən] **1.** amamentar; *bsd. Tier*: criar; **2.** 2 *n* la[c]tação *f*.

'Sauger ['zaʊgər] *m* chupador *m*; chupeta *f*; ⊕ êmbolo *m*.

'Säugetier ['zɔygə-] *n* (-*ęs*; -*e*) mamífero *m*.

'Saugflasche ['zaʊk-] *f* biberão *m*.

'Säugling ['zɔykliŋ] *m* (-*s*; -*e*) bébé *m*; criança *f* de peito (*od.* de mama); ⚕ lactante *m*; **~s-heim** *m* (-*ęs*; -*e*) creche *f*; **~s-pflege** *f* (*0*) puericultura *f*; **~s-sterblichkeit** *f* (*0*) mortalidade *f* infantil.

Saug-pumpe *f* bomba *f* aspirante.

'sau-grob (*0*) F rude, grosseiro, bruto.

'Saug|rohr *n* (-*ęs*; -*e*) tubo *m* de aspiração; **~rüssel** *m* chupador *m*; **~- und Hebepumpe** *f* bomba *f* aspirante e premente; **~ventil** *n* (-*s*; -*e*) válvula *f* de aspiração.

'Säul|e ['zɔylə] *f* coluna *f*; *Pfeiler*: pilha *f*; **~en-gang** *m* (-*ęs*; ⸚*e*) arcada *f*; colunata *f*; claustro *m*; **~enhalle** *f* pórtico *m*; alpendre *m*; **~en-knauf** *m* (-*ęs*; -*e*) capitel *m*.

Saum [zaʊm] *m* (-*ęs*; ⸚*e*) (*Rand*) orla *f*; *Gebirge*: aba *f*; *Kleid*: bainha *f*, debrum *m*.

'säum|en ['zɔymən] **1.** *v/t.* debruar, abainhar; zum *Schmuck*: orlar; **2.** *v/i.* tardar; **~ig** demorado, tardio, lento; ✝ moroso; ~ sn demorar(-se).

'Saum|pfad *m* (-*ęs*; -*e*) senda *f*, sendeiro *f*; **~sattel** *m* (-*s*; ⸚) albarda *f*; **2selig** = säumig; **~seligkeit** *f* (*0*) demora *f*, lentidão *f*; **~tier** *n* (-*ęs*; -*e*) besta *f* de carga.

'Säure ['zɔyrə] *f* ácido *m*; **~bildung** *f* acidificação *f*; **2fest** à prova de ácidos; ~ sn resistir aos ácidos; **~gehalt** *m* (-*ęs*; *0*) acidez *f*; azedume *m*.

Saure'gurken-zeit [zaʊrə-] F *f* canícula *f*.

Saus [zaʊs] *m* (-*es*; *0*): in ~ und Braus leben viver à farta; ser estróina.

'säuseln ['zɔyzəln] (-*le*) sussurrar, murmurar.

'sausen ['zaʊzən] (-*t*) sibilar; zunir; (*eilen*) correr.

'Sau-wetter *n* (-*s*; *0*) F tempo *m* horrível.

'Schabe ['ʃa:bə] *f* barata *f*; **~fleisch** *n* (-*es*; *0*) carne *f* picada; **2n** ra[s]par; **~r-nack** [-nak] *m* (-*ęs*; -*e*) travessuras *f/pl.* (treiben fazer); partida *f* (spielen pregar).

'schäbig ['ʃɛ:biç] mesquinho, pelintra, sórdido.

Scha'blon|e [ʃa'blo:nə] *f* padrão *m*; modelo *m*; *fig.* rotina *f*; **2n-haft** mecânico; *fig.* rotineiro.

Schach [ʃax] *n* (-*ės*; *0*) xadrez *m*; ~! xeque! (*bieten* dar; *stehen* estar); *im* ~ *halten fig.* atalhar; meter respeito a; '**~brett** *n* (-*ės*; -*er*) tabuleiro *m* de xadrez; '**~er** *m* regateio *m*; tráfico *m*; *übler* ~ *a.* baldroca *f*.

'**Schach|erer** *m* regateiro *m*; traficante *m*; **2ern** (-*re*) regatear; traficar, baldrocar; **~figur** *f* peça *f* de xadrez; **2'matt** (*0*) xamate; xeque e mate; *fig.* alquebrado; **~meister** (**-schaft** *f*) *m* campeão (campeonato) *m* de xadrez; **~spiel** *n* (-*ės*; -*e*) (jogo [*'ô] *m* de) xadrez *m*; **~spieler** *m* jogador *m* de xadrez.

Schacht [ʃaxt] *m* (-*ės*; *⸗e*) ⚠ clarabóia *f*; ⚒ *a.* poço *m*.

'**Schachtel** ['ʃaxtəl] *f* (-; -*n*) caixa *f*; *alte* ~ *fig.* F carcassa *f*; **~-halm** ⚘ *m* (-*ės*; -*e*) cavalinha *f*, equiseto *m*; **~satz** *m* (-*es*; *⸗e*) frase *f* encadeada.

'**Schach|turnier** *n* (-*s*; -*e*) concurso *m* de xadrez; **~zug** *m* (-*ės*; *⸗e*) lance *m*; *fig.* estratagema *m*.

'**schade** ['ʃa:də]: *es ist* ~ é pena; ~ *um* ... mal empregado (*nom.*); (*wie*) ~! que pena!

'**Schädel** ['ʃɛ:dəl] *m* crânio *m*; (*Toten2*) caveira *f*; *fig.* cabeça *f*; **~bruch** *m* (-*ės*; *⸗e*) fra[c]tura *f* do crânio; **~dach** *n* (-*ės*; *⸗er*) abóbada *f* craniana (*od.* do crânio).

'**schaden**[1] ['ʃa:dən] (-*e*-) (*dat.*) prejudicar (*ac.*); fazer mal a; *was schadet das?* que importa?; que mal faz?

'**Schaden**[2] *m* (-*s*; *⸗*) dano *m*, estrago *m*, (*a. Nachteil*) prejuízo *m*, detrimento *m* (*zum* em; *anrichten* causar); ⚓ *u.* ⊕ avaria *f*; ~ *nehmen, zu* ~ *kommen et.*: estragar-se, *j.*: ferir--se, ficar prejudicado; *den* ~ *haben* não levar a melhor; *durch* ~ *klug werden* escarmentar; receber uma lição; **~ersatz** *m* (-*es*; *0*) indemnização *f*; *j-m* ~ *leisten* indemnizar alg.; **~-ersatzpflicht** *f* (*0*) responsabilidade *f*; **~freude** *f* (*0*) alegria (*od.* satisfação) *f* maliciosa; **2froh** malicioso.

'**schadhaft** ['ʃathaft] deteriorado; defeituoso; ⚕ lesado; *Zahn*: cariado; ~ *sn a.* ter um defeito; estar estragado; ~ *werden* estragar-se.

'**schädig|en** ['ʃɛ:digən] prejudicar; lesar (*um* em); **2ung** *f* danificação *f*; lesão *f*; prejuízo *m*.

'**schäd|lich** [ʃɛ:tliç] nocivo, pernicioso; ⚖ prejudicial; ⚘ *u. Zool.* daninho; **2lichkeit** *f* (*0*) nocividade *f*; **2ling** *m* (-*s*; -*e*) parasita *m* (*a. fig.*); ⚘ *a.* planta *f* daninha; *Zool. a.* bicho *m* daninho; *j.*: perigo *m*, elemento *m* anti-social; **2lings-bekämpfungs-mittel** *n* pestiada *m*; insecticida *m*.

'**schadlos** ['ʃa:tlo:s]: ~ *halten* indemnizar (*für* por); (*sich*) ~ *halten* compensar(-se) (*für* de).

Schaf [ʃa:f] *n* (-*ės*; -*e*) ovelha *f*; *fig.* F pateta *m*; simplório *m*; '**~bock** *m* (-*ės*; *⸗e*) carneiro *m*.

'**Schäfchen** ['ʃɛ:fçən] *n* cordeiro *m*, anho *m*; ⚘ amentilho *m*; *pl. Wolken*: carneiros *m/pl.*, cirros *m/pl.*; *fig. sn* ~ *ins trockne bringen* pôr o seu pé de meia a salvo; encher-se.

'**Schäfer** ['ʃɛ:fər] *m* pastor *m*; **~hund** *m* (-*ės*; -*e*) mastim *m*, cão-de-pastor *m*, cão *m* de gado; **~in** *f* pastora *f*; **~stunde** *f fig.* hora *f* de amor.

'**Schaf-fell** *n* (-*ės*; -*e*) tosão *m*.

'**schaffen** ['ʃafən] **1.** (*arbeiten*) trabalhar; (*bewirken*) criar, (*hin~*) levar; (*ver~*) procurar; *es* ~ conseguir; levar a cabo; *zu* ~ *haben mit* ter que ver (*od.* que lidar) com; *j-m zu* ~ *machen* dar que fazer a alg.; *aus der Welt* ~ acabar com; **2.** (*L*) criar; produzir; **~d** *adj.* criador; trabalhador; produtivo; **2s-kraft** *f* (-; *⸗e*) força (*ô) *f* criadora (*od.* produtiva); **2s-lust** *f* (*0*) vontade *f* de trabalhar, amor *m* ao trabalho.

'**Schaffner** ['ʃafnər] *m* ✝ *u.* ⚒ feitor *m*; 🚃 revisor *m*; *Straßenbahn, Autobus*: condutor *m*; **~in** *f* condutora *f*; † ⚒ governanta *f*.

'**Schaf|garbe** *f* milefólio *m*; **~herde** *f* rebanho *m* de ovelhas; **~leder** *n* badana *f*, carneira *f*.

Scha'fott [ʃa'fɔt] *n* (-*ės*; -*e*) cadafalso *m*.

'**Schaf|pelz** *m* (-*es*; -*e*) pele *f* de carneiro; **~schur** *f* tosquia *f*; **~stall** *m* (-*ės*; *⸗e*) redil *m*.

Schaft [ʃaft] *m* (-*ės*; *⸗e*) cabo *m*; (*Blüten2*) escapo *m*; (*Gewehr2*) coronha *f*; (*Lanzen2*) haste *m*, *a.* (*Säulen2*) fuste *m*; (*Stiefel2*) cano *m*; '**~stiefel** *m* bota *f* alta.

'**Schaf|zucht** *f* (**~züchter** *m*) criação *f* (criador *m*) de gado ovino.
Schah [ʃa:] *m* (-*s*; -*s*) xá *m*.
Scha'kal [ʃa'ka:l] *m* (-*s*; -*e*) chacal *m*.
'**Schäker** ['ʃɛ:kər] *m* brincalhão *m*, gracejador *m*; **2n** (-*re*) gracejar, brincar; namoricar.
schal[1] [ʃa:l] sensabor, sem-sabor, insípido.
Schal[2] *m* (-*s*; -*e od.* -*s*) chaile *m*; manta *f*; (*Halstuch*) cachecol *m*.
'**Schale** ['ʃa:lə] *f* ♀ casca *f*; *dünne*: pele *f*; (*Tier2*, *Waag2*) concha *f*; (*Umhüllung*) invólucro *m*; *Gefäß*: taça *f*.
'**schälen** ['ʃɛ:lən] descascar; tirar a casca; *Baum*: descortiçar; *sich ~ a.* perder a casca.
Schalk [ʃalk] *m* (-*ěs*; -*e od.* ⸚*e*) maganão *m*; '**2haft** maganão, travesso; chistoso; '**~haftigkeit** *f* maganice *f*, travessura *f*.
Schall [ʃal] *m* (-*ěs*; ⸚*e*) som *m*; (*Widerhall*) ressonância *f*; '**~brechung** *f* refra[c]ção *f* do som; '**~dämpfer** *m* abafador *m*; *Motor*: amortecedor *m* de som; ♪ *u. Radio*: surdina *f*; '**~deckel** *m* guarda-voz *m*; '**2dicht** à prova de ruídos; '**~dose** *f* diafragma *m*; '**2en** (*L*) ressoar; '**2end** *adj.* sonoro, retumbante; *~es Gelächter* gargalhada *f*; '**~geschwindigkeit** *f* velocidade *f* do som; '**~grenze** *f*, '**~mauer** *f* (-; -*n*) barreira *f* do som; '**~(l)ehre** *f* (*0*) acústica *f*; '**~messer** *m* fonómetro *m*; '**~platte** *f* disco *m*; *auf ~n aufnehmen* gravar; '**~plattensammlung** *f* discoteca *f*; '**~trichter** *m* buzina *f*; '**~welle** *f* onda *f* sonora.
Schal'mei [ʃal'maɪ] *f* charamela *f*.
'**Schalt|brett** ['ʃalt-] ⚡ *n* (-*ěs*; -*er*) = *~tafel*; **2en** ⚡ (-*e*-) comutar; ligar; *fig.* (*verstehen*) perceber; *fig. ~ und walten* mandar; pôr e dispor; *~ mit* dispor livremente de, dispor à vontade de; **~er** *m* bilheteira *f*; postigo *m*; ⚡ comutador *m*, interruptor *m*; **~er-beamte(r)** *m* empregado *m* de serviço (*od.* de «guichet» *fr.*); **~erstunden** *f/pl.* horas *f/pl.* de despacho (*od.* de serviço); **~gehäuse** *n* caixa *f* de velocidades; **~hebel** *m* ⚡ alavanca *f* de comutação (*Auto*: de velocidade).
'**Schaltier** ['ʃa:l-] *n* (-*ěs*; -*e*) crustáceo *m*.
'**Schalt|jahr** *n* (-*ěs*; -*e*) ano *m* bissexto; **~röhre** *f* interruptor *m* de mercúrio; **~skizze** ⚡ *f* esquema *m* de conta[c]tos; **~tafel** ⚡ *f* (-; -*n*) quadro *m* de comutadores (*od.* de distribuição *od.* de comando); **~tag** *m* (-*ěs*; -*e*) dia *m* intercalar; **~ung** *f* ligação *f*; conta[c]to *m*; *Auto*: caixa *f* de velocidades; embraiagem *f*; *Radio*: montagem *f*.
Scha'luppe [ʃa'lupə] *f* chalupa *f*, lancha *f*.
Scham [ʃa:m] *f* (*0*) vergonha *f*; pejo *m*; = *~haftigkeit*; *Anat.* vulva *f*, vergonhas *f/pl.*; '**~bein** *n* (-*ěs*; -*e*) pubes *m*, púbis *m*.
'**schämen** ['ʃɛ:mən]: *sich ~* ter vergonha, envergonhar-se, estar envergonhado (*gen.*, *über ac.* de); *schäme dich!* não tens vergonha?; *sich zu Tode ~* morrer de vergonha.
'**Scham|gefühl** *n* (-*ěs*; -*e*) = *Scham*; **~gegend** *f* região *f* pudenda; **2-haft** púdico; (*beschämt*) envergonhado; **~-haftigkeit** *f* (*0*) pudor *m*; **2los** desavergonhado, impudente; indecente; (*frech*) descarado; **~losigkeit** ['-lo:ziç-] *f* falta *f* de vergonha, descaramento *m*.
Scha'motte [ʃa'mɔtə] *f* barro *m* refra[c]tário.
'**scham|rot** corado de vergonha (*od.* de pejo); **2röte** *f* (*0*) pudor *m*, rubor *m*; **2teile** *m/pl.* partes *f/pl.* pudendas.
'**Schande** ['ʃandə] *f* (*0*) vergonha *f*; desonra *f* (*zur* com); (*Schimpf*) opróbrio *m*, ignomínia *f*; *j-m ~ machen*, *j-m zur ~ gereichen* desonrar alg.
'**schänden** ['ʃɛndən] (-*e*-) desonrar; *a. Frau*: violar, prostituir; *Rel.* profanar.
'**Schandfleck** *m* (-*ěs*; -*e*) mácula *f*.
'**schändlich** ['ʃɛntliç] vergonhoso, infame.
'**Schand|mal** *n* (-*ěs*; ⸚*er*) estigma *m*; mácula *f*; **~pfahl** *m* (-*ěs*; ⸚*e*) pelourinho *m*; **~tat** *f* crime *m*, infâmia *f*.
'**Schändung** ['ʃɛnduŋ] *f* violação *f*; *e-r Frau*: *a.* estupro *m*; *Rel.* profanação *f*.
Schank [ʃaŋk] *m* (-*ěs*; -*e*), '**~betrieb** *m* (-*ěs*; -*e*) venda *f* de bebidas (a retalho); '**~er** ⚕ *m* cancro *m* venéreo, cavalo *m*; '**~tisch** *m* (-*es*; -*e*) balcão *m* (de taberna); '**~wirt** *m* (-*ěs*;

-*e*) taberneiro *m*; '**~wirtschaft** *f* taberna *f*.
'**Schanz|e** ['ʃantsə] *f* trincheira *f*; reduto *m*; *kleine*: fortim *m*; **2en** (-*t*) entrincheirar.
Schar [ʃa:r] *f* grupo *m*, bando *m*; *Kinder*: rancho *m*; *große*: multidão *f*; ⚒ (*Pflug*2) relha (*ê) *f*; *pl. in (hellen)* **~en** em bandos, em massa.
Scha'rade [ʃa'ra:də] *f* charada *f*.
'**Schäre** ['ʃɛ:rə] *f* escolho *m*, recife *m*.
'**scharen** ['ʃa:rən] reunir, juntar; **~weise** em bandos, em massa.
scharf [ʃarf] **1.** cortante, afiado; (*spitz*) *u. fig. Stimme, Geist*: agudo; penetrante (*a. Blick, Kälte*); ⚗ *u. Brille*: forte; *Gehör*: fino; apurado, afinado; *Geruch*: acre; *Hund*: mordedor; *Luft*: frio; *Phot.* focado; *Speise*: picante; *Wind*: cortante; *Zunge*: *fig.* mordaz; (*deutlich*) claro, nítido; (*genau*) preciso; (*streng*) rigoroso, severo; **2.** *adv.* ~ *ansehen* fitar; ~ *einstellen Phot.* focar bem; *fahren*: ràpidamente; *schießen*: ⚔ com bala(s); '**2blick** *m* (-*ęs*; *0*) perspicácia *f*; '**~blickend** perspicaz.
'**Schärf|e** ['ʃɛrfə] *f* corte *m*, fio *m*; agudeza *f*; ⚗ acidez *f*; *fig.* acrimónia *f*; (*Deutlichkeit*) nitidez *f*; (*Geistes*2) agudeza *f*; (*Genauigkeit*) precisão *f*; (*Strenge*) rigor *m*; *s. Scharfsinn*; **2en** afiar, aguçar.
'**Scharf|-einstellung** *f Phot.*: *in* ~ focado; **2kantig** anguloso; **~macher** *m fig.* agitador *m*, instigador *m*; **~richter** *m* verdugo *m*, carrasco *m*; **~schütze** *m* (-*n*) bom atirador *m*, caçador *m* destro; **2sichtig** ['-ziçtiç] *fig.* perspicaz; **~sichtigkeit** *f* (*0*) perspicácia *f*; **~sinn** *m* (-*ęs*; *0*) penetração *f*, sagacidade *f*, perspicácia *f*; **2sinnig** fino, sagaz.
'**Scharlach** ['ʃarlax] **1.** *m* (-*s*; -*e*) (*Farbe*) escarlate *m*; **2.** *n* (-*s*; *0*) escarlatina *f*; **2rot** (*0*) escarlate.
'**Scharlatan** ['ʃarlata:n] *m* (-*s*; -*e*) charlatão *m*.
Schar'mützel [ʃar'mytsəl] *n* escaramuça *f*.
Schar'nier [ʃar'ni:r] *n* (-*s*; -*e*) charneira *f*, dobradiça *f*.
'**Schärpe** ['ʃɛrpə] *f* faixa *f*, cinto *m*, banda *f*.
'**scharren** ['ʃarən] *v/t. u. v/i.* esgravatar; patear; raspar.
'**Schart|e** ['ʃartə] *f Messer*: mossa *f*, falha *f*; *Mauer*: brecha *f*; *die ~ auswetzen fig.* tirar a desforra; **~'eke** [-'te:kə] *f Buch*: alfarrábio *m*; *j.*: carcassa *f*; **2ig** com bocas; amolgado; ~ *werden* amolgar.
'**Schatten** ['ʃatən] *m* sombra *f*; *Mal.* sombras *f/pl.*; *in den ~ stellen fig.* sobrepujar, exceder; **~bild** *n* (-*ęs*; -*er*) silhueta *f*, perfil *m*; **2-haft** vago; **~seite** *f* sombra *f* (*auf der* na); *fig.* lado *m* fraco, reverso *m*, inconveniente *m*; **~spiel** *n* (-*ęs*; -*e*) sombras *f/pl.* chinesas, sombrinhas *f/pl.*
schat't|ieren [ʃa'ti:rən] (-) sombrear; (*abtönen*) matizar; **2ierung** *f* matiz *m*, cambiante *f*; sombreado *m*; '**~ig** sombrio, sombroso.
Scha'tulle [ʃa'tulə] *f* cofre *m*, caixa *f*.
Schatz [ʃats] *m* (-*es*; ⸚*e*) tesouro *m*; património *m*; F *j.*: amor *m* (*a. Anrede*; *lieber* meu, rico); '**~-amt** *n* (-*ęs*; ⸚*er*) Tesouraria *f*; '**~-anweisung** *f* título *m* do Tesouro.
'**schätz|en** ['ʃɛtsən] (-*t*) (*ab~*) avaliar (*auf ac.* em); *a. fig.* apreciar, estimar (*a.* ✝); *wie alt ~ Sie ihn?* que idade julga que tem?; *sich glücklich ~* congratular-se (*über ac.* com); **~ens-wert** estimável.
'**Schatz|gräber** ['-grɛ:bər] *m* pesquisador *m* de tesouros; **~kammer** *f* (-; -*n*) tesouro *m*; **~meister** *m* tesoureiro *m*.
'**Schätzung** ['ʃɛtsuŋ] *f* avaliação *f*; cálculo *m*; taxação *f*; estima[ção] *f*; **2s-weise** aproximadamente.
Schau [ʃau] *f* vista *f*, aspe[c]to *m*; *Phil.* intuição *f*, *a. Rel.* visão *f*; (*Ausstellung*) exposição *f*; (*Gewerbe*2) exibição *f*; (*Muster*2) *a.* mostra *f*; (*Revue*) revista *f*; *zur ~ stellen* expor, exibir, pôr à mostra; *zur ~ tragen* ostentar; (*heucheln*) afe[c]tar; '**~bild** *n* diagrama *m*.
'**Schauder** ['ʃaudər] *m* arrepio *m*; calafrio *f*; ~ *einflößen* causar horror; horrorizar; **2haft** horrível, horrendo, horripilante; **2n** (-*re*) *v/i.* estremecer; arrepiar-se, horripilar-se; *vor Kälte*: ter calafrios.
'**schauen** ['ʃauən] ver, olhar, contemplar, mirar.
'**Schauer** ['ʃauər] *m* (*Schauder*) arrepio *m*, horror *m*; (*Anfall*) calafrio *m*; (*Regen*2) aguaceiro *m*, borrasca *f*; **2lich** horrível, horripilante; **2n**

(*-re*) estremecer; arrepiar-se; *vor Kälte*: ter calafrios.

'**Schaufel** ['ʃaufəl] *f* (-; -*n*) pá *f*; (*Rad*≗) palheta *f*; ≗**n** (-*le*) trabalhar (*od.* remexer) com a pá; *Korn*: aventar; *Grab*(*en*): abrir; ~**rad** *n* (-*ẹs*; ⸚*er*) roda *f* de palhetas.

'**Schau|fenster** *n* vitrina *f*; montra *f*; ~**kasten** *m* (-*s*; ⸚) vitrina *f*.

'**Schaukel** ['ʃaukəl] *f* (-; -*n*) baloiço *m*; ≗**n** (-*le*) *v*/*t*. (*v*/*i*. *u. sich*) baloiçar(-se), balançar, oscilar; ~**pferd** *n* (-*ẹs*; -*e*) cavalo *m* de baloiço; ~**stuhl** *m* (-*ẹs*; ⸚*e*) cadeira *f* de baloiço.

'**Schau-lust** *f* (*0*) curiosidade *f*; ≗**ig** curioso.

Schaum ['ʃaum] *m* (-*ẹs*; ⸚*e*) espuma *f*, escuma *f*; *zu ~ werden* esvanecer(-se); ≗**bedeckt** espumoso, escumoso.

'**schäumen** ['ʃɔymən] espumar; *vor Wut ~* espumejar, (estar a) raivar; ~**d** *adj*. espumante, espumoso.

'**Schaum|feuerlöscher** *m* extintor *m* de espuma; ~**gummi** *m* (-*s*; *0*) espuma *f* de borracha; ≗**ig** espumoso; ~**kelle** *f*, ~**löffel** *m* escumadeira *f*; ~**schläger** *m* batedor *m* de claras; *fig*. pantomineiro *m*; aldrabão *m*; ~**wein** *m* (-*ẹs*; -*e*) vinho *m* espumoso.

'**Schau|platz** *f* (-*es*; ⸚*e*) cena *f*; teatro *m*; ≗**rig** ['-riç] horripilante; ~**spiel** *n* (-*ẹs*; -*e*) espe[c]táculo *m*; *Thea*. drama *m*, peça *f* (de teatro); ~**spieldichter** *m* dramaturgo *m*, autor *m* dramático; ~**spieler** *m* a[c]tor *m*; comediante *m*; ~**spielerei** *f* comédia *f*; ~**spielerin** *f* a[c]triz *f*; comediante *f*; ≗**spielern** (-*re*) ser a[c]tor (*od.* a[c]triz); *fig*. simular; ~**spiel-haus** *n* (-*es*; ⸚*er*) teatro *m*; ~**stellung** *f* exibição *f*; ~**turnen** *n* exibição *f* de ginástica.

Scheck [ʃɛk] *m* (-*s*; -*s*) cheque *m*; '~**buch** *n* (-*ẹs*; ⸚*er*) caderneta *f* de cheques; '~**e** *m* (-*n*) cavalo *m* malhado; '≗**ig** malhado; desbotado; '~**-inhaber** *m* portador *m* de um cheque; '~**verkehr** ⚕ *m* (-*s*; *0*) transacções *f*/*pl*. por cheques.

scheel [ʃe:l], '~**-äugig** ['-ɔygiç] vesgo.

'**Scheffel** ['ʃɛfəl] *m* alqueire *m*; ≗**n** (-*le*) *Geld*: acumular; ≗**weise** às arrobas; *fig*. a granel.

'**Scheibe** ['ʃaɪbə] *f* disco *m*; *Brot, Käse usw.*: fatia *f*; *Obst usw.*: talhada *f*, roda *f*; (*Dreh*≗) torno (*'ô) *m*; (*Fenster*≗) vidro *m*; *Honig*: favo *m*; (*Schieß*≗) alvo *m*.

'**Scheiben|-honig** *m* (-*s*; *0*) mel *m* em favos; ~**rad** 🚂 *n* roda *f* maciça; ~**schießen** *n* tiro *m* ao alvo; ~**wischer** *m* limpa-vidros *m*; *Auto*: limpador *m* do pára-brisas.

'**Scheide** ['ʃaɪdə] *f* bainha *f*; *Anat*. vágina *f*; *Waffe*: *in die ~ stecken* (*aus der ~ ziehen* des)embainhar; ~**linie** *f* linha *f* divisória; ≗**n** (*L*) **1.** *v*/*t*. separar; *sich ~ lassen* divorciar-se; **2.** *v*/*i*. [*sn*] despedir-se; *aus dem Amte ~* demitir-se; ser jubilado; (*freiwillig*) *aus dem Leben ~* falecer (suicidar-se); ~**n** *n* despedida *f*; ≗**nd** *adj*. que parte; demissionário; ~**wand** *f* (-; ⸚*e*) parede *f* divisória, tabique *m*; ⚘, ⚡ diafragma *m*; *Anat. a.* septo *m*; ~**weg** *m* (-*ẹs*; -*e*) encruzilhada *f*, bifurcação *f*, *fig*. dilema *m*.

'**Scheidung** ['ʃaɪduŋ] *f* separação *f*; (*Ehe*≗) divórcio *m* (*einreichen pedir*); ⚗ decomposição *f*; ~**s-grund** *m* (-*ẹs*; ⸚*e*) causa *f* do divórcio; ~**s-klage** *f* a[c]ção *f* de divórcio; *die ~ einreichen* pedir o divórcio; ~**s...**: *in Zssgn* divórcio.

Schein [ʃaɪn] *m* (-*ẹs*; -*e*) luz *f*, brilho *m*; clarão *m*; (*An*≗) aparência(s) *f* (*pl.*; *wahren* salvar; *trügen* iludir; *zum* para salvar as); *nur zum ~* para disfarçar; F para inglês ver; (*Bescheinigung*) certificado *m*; (*Geld*≗) nota *f*; (*Fahr*≗) bilhete; (*Gepäck*≗) senha *f*; (*Quittung*) recibo *m*; (*Gut*≗) abono *m*; (*Schuld*≗) título *m* de dívida; '~**-angriff** *m* (-*ẹs*; -*e*) ataque *m* simulado (*od.* fingido); '≗**bar** aparente; '~**blüte** *f* prosperidade *f* ilusória; '~**-ehe** *f* matrimónio *m* fictício; '≗**en** (*L*) brilhar; *fig*. parecer; *die Sonne scheint a.* faz sol; *auf, in et. ~* bater em a.c.; *in et. hinein ~* entrar em a.c.; '≗**-heilig** hipócrita; '~**-heiligkeit** *f* (*0*) hipocrisia *f*; '~**tod** *m* (-*ẹs*; *0*) catalepsia *f*; '≗**tot** cataléptico; '~**vertrag** *m* (-*ẹs*; ⸚*e*) contrato *m* fictício; '~**werfer** ['-vɛrfər] *m* proje[c]tor *m*; *Auto*.: farol *m*.

'**Scheiß|e** ['ʃaɪsə] V *f* (*0*) merda *f*; ≗**en** V (*L*) cagar; ~**kerl** V *m* (-*s*; -*e*) tipo *m* da merda.

Scheit [ʃaɪt] *n* (-*ẹs*; -*e*) cavaca *f*, acha *f*.

'**Scheitel** ['ʃaɪtəl] *m* vértice *m* (*a.* ⩚ *u. fig.*); *Berg*: cume *m*; *Haar*: risca *f*; *vom ~ bis zur Sohle* dos pés até à cabeça; **~linie** *f* linha *f* vertical; **2n** (*-le*): *das Haar ~* fazer a risca; **~punkt** *m* (*-es*; *-e*) vértice *m*; *Astr.* zenite *m*; *fig. a.* auge *m*.

'**Scheiterhaufen** [ʃaɪtər-] *m* fogueira *f*.

'**scheitern** ['ʃaɪtərn] **1.** (*-re*) *v/i.* ⚓ naufragar; *fig.* falhar, fracassar; **2.** 2 *n* naufrágio *m*; *fig. a.* fracasso *m*.

'**Schellack** ['ʃɛlak] *m* (*-es*; *-e*) laca *f*.

'**Schelle** ['ʃɛlə] *f* cascável *m*, guizo *m*; choca *f*; (*Klingel*) campainha *f*; (*Hand2*) algema *f*; (*Maul2*) bofetada *f*; **2n** tocar (a campainha); **~ngeläute** *n* (*-s*; *0*) (tinido *m* de) cascáveis *m/pl*.

'**Schellfisch** ['ʃɛl-] *m* (*-es*; *-e*) bacalhau *m* fresco.

Schelm [ʃɛlm] *m* (*-es*; *-e*) maroto *m*, maganão *m*; garoto *m*; *armer ~* desgraçado *m*; *Lit.* pícaro *m*; **-~en-roman** *m* (*-s*; *-e*) romance *m* picaresco; '**~en-streich** *m* (*-es*; *-e*), **~en-stück** *n* (*-es*; *-e*) garotice *f*; **~e'rei** [-mə'raɪ] *f* travessura *f*; '**2isch** maganão; chistoso.

'**Schelt|e** ['ʃɛltə] *f* descompostura *f* (*bekommen* apanhar uma); **2en** (*L*) ralhar; (*nennen*) (*ac.*) tratar de; **~wort** *n* (*-es*; *⸗er*) inve[c]tiva *f*, injúria *f*.

'**Schema** ['ʃe:ma] *n* (*-s*; *-s od. Schemata*) esquema *m*; **2tisch** [-'ma:tiʃ] esquemático; **2ti'sieren** [-ti'zi:rən] (-) esquematizar.

'**Schemel** ['ʃe:məl] *m* escabelo *m*, banquinho *m*.

'**Schemen** ['ʃe:mən] *m* sombra *f*, fantasma *m*; **2-haft** fantasmagórico.

Schenke [ʃɛŋkə] *f* taberna *f*; tenda *f*.

'**Schenkel** ['ʃɛŋkəl] *m Anat.* (*Ober2*) coxa *f*, (*Unter2*) perna *f* (*a. Zirkel*); ⩚ *Winkel*: lado *m*; **~bein** *n* fémur *m*; **~bruch** *m* (*-es*; *⸗e*) fra[c]tura *f* femoral.

'**schenk|en** ['ʃɛŋkən] oferecer, dar de presente; *j-m et. ~ a.* presentear alg. com a.c.; ⚖ legar; (*erlassen*) dispensar alg. de a.c.; perdoar; *Freiheit usw.*: restituir à; *e-m Kinde das Leben ~* dar à luz (*ac.*); **2ung** *f* doação *f*; dotação *f*.

'**Scherbe** ['ʃɛrbə] *f* caco *m*; † vaso *m*.

'**Schere** ['ʃe:rə] *f* tesoura *f*; *Zool. pl.* tenazes *f/pl.*; **2n 1.** (*L*) *Tiere*: tosquiar; *Tuch*: aparar, tosar; *Haare*: cortar; *Bart*: fazer; **2.** *fig.* (*kümmern*) importar a; *sich ~ um* fazer caso de; F dar cavaco de; *was schert das dich?* que tens tu com isso?; *scher dich!* vá! (*zum Teufel* para o diabo, à fava).

'**Scheren|fernrohr** ⚔ *n* (*-es*; *-e*) binóculo *m* de tesouras; **~schleifer** [-ʃlaɪfər] *m* amolador *m*; **~schnitt** *m* (*-es*; *-e*) silhueta *f*.

Schere'rei [ʃe:rə'raɪ] *f* maçada *f*.

'**Scherflein** ['ʃɛrflaɪn] *n* óbolo *m*.

Scherz [ʃɛrts] *m* (*-es*; *-e*) brincadeira *f*, gracejo *m*; *derber*: piada *f*; *aus ~, im ~, zum ~* por brincadeira; *~ beiseite!* deixemo-nos de brincadeiras!; '**~-artikel** *m* artigo *m* humorístico; '**2en** (*-t*) brincar, gracejar; '**2-haft** engraçado, jovial; = '**2weise** por brincadeira; '**~wort** *n* (*-es*; *⸗er*) gracejo *m*.

scheu [ʃɔy] **1.** tímido, envergonhado; *Pferd u. fig.*: medroso; *~ machen* espantar; *~ werden* espantar-se; **2.** 2 *f* (*0*) timidez *f*; medo (*ê) *m*.

'**Scheuch|e** ['ʃɔyçə] *f* espantalho *m*; **2en** espantar, afugentar.

'**scheuen** ['ʃɔyən]: (*sich*) *~* ter medo (*ê) de; *sich nicht ~ et. zu tun a.* não ter pejo de fazer a.c.; não se poupar de fazer a.c.; *Pferd*: espantar-se (*vor dat.* de).

'**Scheuer|bürste** *f* escova (*ô) *f* de esfregar; **~frau** *f* esfregadeira *f*; **~lappen** *m* esfregão *m*; **2n** (*-re*) esfregar, lavar; **~sand** *m* (*-es*; *0*) areia *f* de limpar; **~tuch** *n* (*-es*; *⸗er*) serapilheira *f*.

'**Scheu-klappen** *f/pl.* antolhos (*'ô) *m/pl*.

'**Scheune** ['ʃɔynə] *f* celeiro *m*, granja *f*.

'**Scheusal** ['ʃɔysa:l] *n* (*-s*; *-e*) monstro *m*.

'**scheußlich** ['ʃɔysliç] monstruoso, horrível; (*Tat*) atroz; **2keit** *f* monstruosidade *f*; atrocidade *f*.

Schi [ʃi:] *m* (*-s*; *od. -es*) esqui *m* (*laufen* andar aos).

Schicht [ʃiçt] *f* camada *f* (*a. fig.*); *a. Geol.* estrato *m*; *Holz*: pilha *f*; *Steine*: carreira *f*; *Luft*: região *f*; *Arbeiter*: turma *f*; (*Arbeits2*) turno *m*; '**2en** (*-e-*) acamar, dispor em camadas; (*sich*) *~* estratificar(-se); '**~ung** *f* (*Geol.* folhas [*ô] *f/pl.* de) estratificação *f*, camadas *f/pl.* (sedimentares); *Holz*: empilhamento *m*; '**~wolke** *f* estrato *m*.

schick [ʃik] **1.** chique, elegante; **2.** ℒ *m* elegância *f*.

'**schick|en** ['ʃikən] mandar, enviar (*nach* por, buscar); remeter; *sich* ~ *für* convir a; *sich* ~ *in* (*ac.*), conformar-se com; resignar-se a; **~lich** conveniente, decoroso; **ℒlichkeit** *f* (*0*) decência *f*, decoro *m*.

'**Schicksal** ['ʃikza:l] *n* (*-s; -e*) destino *m*; (*Los*) sorte *f*; (*Fatum*) fado *m*; *launenhaftes*: fortuna *f*; **ℒ-haft** fatal; **~s-frage** *f* questão *f* vital; **~s-fügung** *f* destino *m*; fatalidade *f*; **~s-glaube** *m* (*-n*) fatalismo *m*; **~s-schlag** *m* (*-es; ⸗e*) revés *m*.

'**Schiebe|dach** ['ʃi:bə-] *n* (*-es; ⸗er*) te[c]to *m* de correr; **~fenster** *n* janela *f* de correr; **ℒn** (*L*) empurrar, impelir; *Kegel*: jogar; *Schuld*: atribuir, imputar (*auf ac.* a); *zur Seite* ~ afastar, tirar; *fig.* F traficar; **~r** *m* (*Riegel*) ferrolho (*'ô) *m*, trinco *m*; tranca *f*; *Radio*: regist[r]ador *m*; ⊕ corrediça *f*; *j.*: *fig.* traficante *m*; **~-tür** *f* porta *f* de correr; porta *f* deslizante.

'**Schiebung** ['ʃi:buŋ] *f* tráfico *m*; traficância *f*; patifaria *f*; F batota *f*.

'**Schieds|gericht** ['ʃi:ts-] *n* (*-es; -e*) tribunal *m* arbitral (*od.* de arbitragem); **~gerichtsbarkeit** *f* (*0*) arbitragem *f*; **~richter** *m* árbitro *m*; **ℒrichterlich** arbitral; **~-spruch** *m* (*-es; ⸗e*) sentença *f* arbitral, árbitrio *m*, arbitragem *f*.

schief [ʃi:f] oblíquo; enviezado; (*geneigt*) inclinado; (*krumm*) torto; *fig.* equívoco; *adv. a.* de través; de viés; *ansehen*: de soslaio, de esguelha; ~ *gehen fig.* falhar, fracassar, andar mal.

'**Schiefer** ['ʃi:fər] *m* ardósia *f* (*a. Geol.*), lousa *f*; **~bruch** *m* (*-es; ⸗e*) louseira *f*; **~dach** *n* (*-es; ⸗er*) telhado *m* de lousa; **~tafel** *f* lousa *f*, pedra *f*.

'**schief-wink(e)lig** de ângulos oblíquos, obliquângulo.

'**schielen** ['ʃi:lən] **1.** ser vesgo, ser estrábico, olhar de través, olhar de soslaio, ter olhos (*'ô) tortos; *nach et.* ~ *fig.* cubiçar a.c.; **2.** ℒ *n* ⚕ estrabismo *m*; **~d** *adj.* vesgo, estrábico.

'**Schien|bein** ['ʃi:n-] *n* (*-es; -e*) canela *f*, tíbia *f*; **~e** *f* 🚂 carril *m*; ⚕ tala *f*; ⊕ chapa *f*; **ℒen** ⚕ entalar, encanar; ⊕ chapear, calçar.

'**Schienen|strang** *m* (*-es; ⸗e*) via *f* férrea, carris *m/pl.*; **~weg** *m* (*-es; -e*) via *f* (férrea).

schier [ʃi:r] puro, mero; *Fleisch*: limpo, só febra; *adv.* quase; '**ℒling** ⚘ *m* (*-es; -e*) cegude *f*, cicuta *f*.

'**Schieß|baumwolle** ['ʃi:s-] *f* (*0*) algodão *m* explosivo, algodão-pólvora *m*; **ℒen** (*L*) tirar, (*ab~*) disparar; *Fußball*: lançar, arrojar; *sich e-e Kugel durch den Kopf* ~ suicidar-se a tiro; *fig.* (*sn*) (*stürzen*) precipitar-se; ~ *lassen* largar; (*sprießen*) crescer; espigar, *ins Kraut* ~ *a.* grelar; **~en** *n* tiros *m/pl.*; = **~e'rei** [-ə'raɪ] *f* tiroteio *m*; **~gewehr** *n* (*-es; -e*) arma *f* de fogo; espingarda *f*; **~platz** *m* (*-es; ⸗e*) carreira *f* de tiro; **~pulver** *n* (*-s; 0*) pólvora *f*; **~scharte** *f* seteira *f*; *Geschütz*: canhoneira *f*; **~stand** *m* (*-es; ⸗e*) carreira *f* de tiro; **~-übung** *f* exercício *m* de tiro.

Schiff [ʃif] *n* (*-es; -e*) navio *m*, (*Dampf*ℒ) vapor *m* (*zu* de); *kleines*: embarcação *f*; ⛪ nave *f*; ⊕ = **~chen**; *Typ.* galé *f*; '**~(f)ahrt** *f* (*0*) navegação *f*; '**~(f)ahrtsgesellschaft** *f* companhia *f* de navegação; '**ℒbar** navegável; '**~barkeit** *f* (*0*) navigabilidade *f*; '**~bau** *m* (*-es; 0*) construção *f* de navios; construção *f* naval; '**~bau-ingenieur** *m* (*-s; -e*) engenheiro *m* naval; '**~-bruch** *m* (*-es; ⸗e*) naufrágio *m*; '**ℒ-brüchig** náufrago; '**~brücke** *f* ponte *f* de barcas; '**~chen** ['-çən] *n* ⊕ (*Web*ℒ) lançadeira *f*; naveta *f*; '**ℒen** *v/i.* navegar; V mijar; '**~er** *m* marinheiro *m*; patrão *m*; (*Kahn*ℒ) barqueiro *m*; '**~er-patent** *n* (*-es; -e*) carta *f* de piloto (*'ô).

'**Schiffs|-arzt** *m* (*-es; ⸗e*) médico *m* de bordo; **~besatzung** *f* tripulação *f*; **~-eigentümer, ~-eigner** *m* armador *m*; patrão *m*; **~flagge** *f* pavilhão *m*; **~junge** *m* (*-n*) grumete *m*; **~ladung** *f* carga *f*, frete *m*; **~-mannschaft** *f* tripulação *f*; **~modell** *n* (*-s; -e*) navio-miniatura *m*; **~papiere** *n/pl.* papéis *m/pl.* de bordo; **~raum** *m* (*-es; ⸗e*) porão *m*; (*Tonnengehalt*) tonelagem *f*; **~-rumpf** *m* (*-es; ⸗e*) casco *m*; **~schnabel** *m* (*-s; ⸗*) esporão *m*, talhamar *m*;

~schraube *f* hélice *f*; **~-spediteur** *m* (*-es*; *-e*) agente *m* de transportes marítimos; **~verkehr** *m* (*-s*; *0*) tráfego *m* marítimo, movimento *m* marítimo; **~wache** *f* vigia *f*; **~-werft** *f* estaleiro *m*; **~zusammenstoß** *m* (*-es*; *⸗e*) abalroamento *m*, abalroada *f*, abalroação *f*; **~-zwieback** *m* (*-es*; *-e*) bolacha *f* de munição.

Schi'kan|e [ʃi'ka:nə] *f* chicana *f*; **2'ieren** [-ka'ni:rən] (-) *v/t*. fazer chicanas a, chicanar.

'Schi|kursus *m* (-; *-kurse*) curso *m* de esquis; **~laufen** *n* corrida *f* de esquis; **~läufer** *m* esquiador *m*.

Schild [ʃilt]: **a**) *m* (*-es*; *-e*) escudo *m*; (*Lang2*) adarga *f*; (*Rund2*) rodela *f*; *kleiner*: broquel *m*; et. *im ~e führen fig*. levar água no bico; **b**) *n* (*-es*; *-er*) letreiro *m*; rótulo *m*; (*Laden2*) tabuleta *f*, *a*. (*Nummern2*) placa *f*; **'~bürger-streich** *m* (*-es*; *-e*) tolice *f*, disparate *m*; **'~drüse** *f* *Anat*. (glândula *f*) tireóide *f*.

'Schilder|haus ['ʃildər-] *n* (*-es*; *⸗er*) guarita *f*; **2n** (*-re*) descrever; **~ung** *f* descrição *f*.

'Schild|kröte *f*, **~patt** ['-pat] *n* (*-es*; *0*) tartaruga *f*; **~wache** *f* sentinela *f*.

'Schi-lehrer *m* professor *m* de esqui.

Schilf [ʃilf] *n* (*-es*; *-e*) canavial *m*; **'2ig** caniçoso; **'~matte** *f* esteira *f*; **'~rohr** *n* (*-es*; *-e*) cana *f*, junco *m*.

'schillern ['ʃilərn] (*-re*) cintilar; reluzir; *Stoff*: ser de cores cambiantes; **~d** *adj*. *Stoff*: furta-cor.

'Schilling *m* (*-s*; *-e*) xelim *m*; dinheiro *m*.

Schi'märe [ʃi'mɛ:rə] *f* quimera *f*.

'Schimmel ['ʃiməl] *m* cavalo *m* branco; ♀ bolor *m*, mofo (*'ô) *m*; **2ig** bolorento; *~ werden* = **2n** (*-le*) criar bolor; **~pilz** *m* (*-es*; *-e*) penicilo *m*.

'Schimmer ['ʃimər] *m* brilho *m*; *fig*. vislumbre *m*; F ideia *f*, sombra *f*; **2n** (*-re*) brilhar, cintilar, vislumbrar.

Schim'panse [ʃim'panzə] *m* (*-n*) chimpanzé *m*.

Schimpf [ʃimpf] *m* (*-es*; *-e*) ultraje *m*, afronta *f*; (*Schande, Schmach*) vergonha *f*; *mit ~ und Schande* vergonhosamente; **'2en¹** ralhar; *j-n e-n Schuft usw. ~* F chamar nomes a alg.; *auf j-n ~* vociferar contra alg.; **'~en²** *n* = **~e'rei** [-ə'raɪ] *f* invectivas *f/pl*.; **'2lich** vergonhoso; ignominioso; **'~name** *m* (*-ns*; *-n*) nome *m* injurioso, alcunha *f*; *pl*. *j-n mit ~n belegen* chamar nomes a alg.; **'~wort** *n* (*-es*; *⸗er*) injúria *f*, insulto *m*.

'Schindel ['ʃindəl] *f* (-; *-n*) ripa *f*; **~dach** *n* (*-es*; *⸗er*) telhado *m* de ripas.

'schind|en ['ʃindən] (*L*) desfolar; *fig*. vexar; *Pferd*: arruinar, *desflorar; *sich ~* matar-se com o trabalho; **2er** *m* esfolador *m*; algoz *m*; **2e'rei** [-ə'raɪ] *f* canil *m*, esfoladura *f*; *fig*. vexame *m*, trabalho *m* de preto; **2luder** *n*: *~ treiben mit* vexar (*ac*.); **2mähre** *f* rocim *m*.

'Schinken ['ʃiŋkən] *m*: *roher ~* presunto *m*; *gekochter ~* fiambre *m*; **~brötchen** *n* sanduíche *f* com fiambre; **~speck** *m* (*-es*; *0*) toucinho *m*.

'Schipp|e ['ʃipə] *f* pá *f*; **2en** trabalhar (*od*. remexer) com a pá.

Schirm [ʃirm] *m* (*-es*; *-e*) (*Lampen2*) abaju *m*, abaixa-luz *m*; pantalho *m*; (*Mützen2*) pala *f*; (*Ofen2*) guarda-fogo *m*; (*Regen2*) guarda-chuva *m*, chapéu-de-chuva *m*; (*Sonnen2*) guarda-sol *m*, chapéu-de-sol *m*; (*Wand2*) biombo *m*; *fig*. abrigo *m*, amparo *m*; **'2en** proteger; **'~herr** *m* (*-en*) prote[c]tor *m*; patrono *m*; padroeiro *m*; **'~-herrschaft** *f* patrocínio *m*; *bsd. Pol*. prote[c]torado *m*; **'~mütze** *f* boné *f* de pala; **'~ständer** *m* bengaleiro *m*.

'schirren ['ʃirən] aparelhar.

'Schisma ['ʃisma] *n* (*-s*; *Schismen*) cisma *m*; (**~tiker** [-'ma:tikər] *m*), **2-tisch** [-'ma:tiʃ] cismático (*m*).

'Schi|sport *m* (*-s*; *0*) desporto *m* de esquis; **~springen** *n* salto *m* com esquis.

Schiß V [ʃis] *m* (*-sses*; *0*) *fig*. medo *m* danado.

Schlacht [ʃlaxt] *f* batalha *f* (*bei* de; *schlagen* ferir; *liefern* dar); **'~bank** *f* matadouro *m*, *a*. *fig*. açougue *m*; **'2en¹** (*-e-*) matar; (*Vieh*) *~* abater (rêses); (*opfern*) imolar; **'~en²** *n* matança *f*; **'~en-bummler** *m* espe[c]tador *m* de batalhas (*od*. de manobras militares).

'Schlächter ['ʃlɛçtər] *m* (*Fleischer*) carniceiro *m*; açougeiro *m*; abatedor *m*; *Verkäufer*: talhante *m*, cortador *m*; **~'ei** *f fig*. matança *f*; carnificina *f*; = **~laden** *m* talho *m*.

'**Schlacht|feld** *n* (-*ės*; -*er*) campo *m* de batalha; **~-haus** *n* (-*es*; ⸗*er*), **~-hof** *m* (-*ės*; ⸗*e*) matadouro *m*; **~-schiff** *n* (-*ės*; -*e*) navio *m* de linha; **~vieh** *n* (-*s*; *0*) rêses *f/pl.*

'**Schlack|e** ['ʃlakə] *f* escória *f*; ⚒ ganga *f*; **~en-halde** *f* escorial *m*; **♀ig** impuro, cheio de escórias; **~-wurst** *f* (-; ⸗*e*) salsichão *m.*

Schlaf [ʃla:f] *m* (-*ės*; *0*) sono *m*; *im ~e liegen* estar a dormir; '**~abteil** 🚃 *n* (-*ės*; -*e*) compartimento *m* de cama; **~anzug** *m* (-*ės*; ⸗*e*) pijama *m.*

'**Schläfchen** ['ʃlɛ:fçən] *n* soneca *f.*

'**Schläfe** ['ʃlɛ:fə] *f* fonte *f.*

'**schlafen** ['ʃla:fən] (*L*) dormir; *~ gehen* ir deitar-se; *~ legen* deitar.

'**Schläfen-bein** *n* (-*ės*; -*e*) osso *m* temporal.

'**Schlafens-zeit** *f* hora *f* de dormir.

'**Schläfer** ['ʃlɛ:fər] *m* (**~in** *f*) adormecido *m* (-a *f*); dorminhoco *m* (-a *f*).

schlaff [ʃlaf] frouxo; brando; *j.*: *a.* indolente, mole; '**♀heit** *f* (*0*) frouxidão *f*; *j-s*: indolência *f.*

'**Schlaf|gast** *m* hóspede *m* para a noite; **~gemach** *n* (-*ės*; ⸗*er*) quarto *m* de dormir; **~krankheit** *f* (*0*) doença *f* do sono, pedra-escrófula *f*; **~lied** *n* (-*ės*; -*er*) canção *f* de embalar; **♀los** sem dormir; **~losigkeit** [-lo:ziç-] *f* (*0*) insónia *f*; **~mittel** *n* soporífero *m*; dormitivo *m*; **~mütze** *f* touca *f*; *fig.* dorminhão *m*; burro *m.*

'**schläfrig** ['ʃlɛ:friç] sonolento; *fig.* lento; *~ sn a.* ter sono; *~ machen* fazer adormecer; *~ werden* ficar com sono; **♀keit** *f* (*0*) sonolência *f*; *fig.* indolência *f.*

'**Schlaf|rock** *m* (-*ės*; ⸗*e*) roupão *m*; «robe» *m* (*fr.*); **~saal** *m* (-*ės*; -*säle*) dormitório *m*; **~stelle** *f* cama *f*; alojamento *m* para a noite; **~sucht** *f* (*0*) modorra *f*; sonolência *f*; **♀trunken** sonolento; tonto de sono; **~-trunkenheit** *f* (*0*) sonolência *f*; **~-wagen** 🚃 *m* carruagem-cama *f*, carruagem-leito *f*; **~wandeln**[1] *n* sonambulismo *m*; **♀wandeln**[2] (-*le*) ser sonâmbulo; **~wandler(in** *f*) *m* ['-vantlər-] sonâmbulo *m* (-a *f*); **~-zimmer** *n* quarto *m* (de dormir); *camarinha *f.*

Schlag *m* (-*ės*; ⸗*e*) golpe *m* (*mit e-m* de um); pancada *f* (*a.fig.pl.*); *Herz*: palpitação *f*; (*Puls♀*) pulsação *f*; ⚕ (*Herz♀*) síncope *f*; (*vom*) *~* (*gerührt werden* ter uma) apoplexia *f*; (*Hitz♀*) insolação *f*; ⚡ choque *m* (*bekommen* apanhar); *e-s Vogels*: canto *m*; (*Wagentür*) portinhola *f*; = *~baum*; *Forst*: tala *f*; 🖌 folha (*ô) *f*, *pl. in Schläge teilen* afolhar; (*Art*) espécie *f*, raça *f*; *~ 2 Uhr* às duas em ponto; *harter ~*, *schwerer ~ fig.* golpe rude, grande perda *f*; '**~-ader** *f* (-; -*n*) artéria *f*; '**~-anfall** ⚕ *m* (-*ės*; ⸗*e*) ataque *m* de apoplexia; '**♀-artig** repentino; '**~baum** *m* (-*ės*; ⸗*e*) barreira *f.*

'**schlag|en** ['ʃla:gən] (*L*) **1.** *v/t.* bater (*a. Ei, Rekord*), (*besiegen*) *a.* vencer, ⚔ *a.* derrotar; *in die Flucht ~* pôr em fuga; *Brücke, Wurzel*: lançar; *Wurzeln ~ fig.* pegar de estaca; *Falten, Feuer*: fazer; *Holz*: talar; *Kapital aus* (*dat.*) *~* explorar (*ac.*); *zum Kapital*: juntar; *Kreis*: ⩚ descrever; *ans Kreuz* (*nageln*): pregar; *in Papier ~* embrulhar; *zum Ritter ~* armar cavaleiro; *Schlacht*: ferir; *sich auf j-s Seite ~ a.* pôr-se do lado de alg.; **2.** *v/i.*: **a)** (*h.*) bater; *Herz*: *a.* palpitar; *Gewissen*: acusar (*ac.*); *Pferd*: dar coices; *Uhr*: dar horas; *es* (*od. die Glocke*) *schlägt drei* estão a dar as três; *nun schlägt's dreizehn* F passa das marcas; *Vogel*: cantar; **b)** (*sn*): *an* (*ac.*) *~*, *auf* (*ac.*) *~* dar contra; *aus der Art ~* degenerar, abastardar; *in j-s Fach ~* ser com alg., ser da especialidade de alg.; interessar a alg.; *nach j-m ~* (*arten*) sair a alg.; *e-e geschlagene Stunde* uma hora inteira; **~end** *adj. fig.* concludente, convincente; *~e Wetter* ⚒ *n/pl.* grisu *m/sg.*; **♀er** *m* ♪ canção *f* (que está na moda); modinha *f*; ✝ êxito *m* da temporada.

'**Schläger** ['ʃlɛ:gər] *m Golf, Hockey*: «club» *m* (*engl.*), clava *f*; *Tennis*: raqueta *f*; *Waffe*: espada *f*; **~'ei** *f* briga *f*, pancadaria *f*, desordem *f.*

'**schlag|fertig** *fig.* de resposta pronta; *~ sn a.* não ter papas na língua; ter boas saídas; **♀fertigkeit** *f* (*0*) *fig.* prontidão *f* (na resposta); presença *f* de espírito; **♀-holz** *n* (-*es*; ⸗*er*) *Sport*: palheta *f*; **♀kraft** *f* (*0*) força (*ô) *f* (⚒ combativa *od.* ofensiva); **~kräftig** ⚔ de grande força (*ô) combativa; *Grund*: concludente; **♀licht** *n*

(-*ęs*; -*er*) golpe *m* de luz; **⁓ring** *m* (-*ęs*; -*e*) boxe *m*; **⁓sahne** *f* (*0*) nata *f* batida; **⁓seite** ⚓ *f* balanço *m*; ⁓ *haben* adernar; **⁓werk** *n* (-*ęs*; -*e*) mecanismo *m* de dar horas; **⁓wetter** ⚒ *n* grisu *m*; **⁓wort** *n* (-*ęs*; ⁼*er*) tópico *m*; **⁓zeile** *f* letreiro *m*, título *m*; **⁓zeug** ♪ *n* (-*ęs*; -*e*) instrumentos *m/pl.* de percussão.

Schlamm [ʃlam] *m* (-*ęs*; -*e*) lodo (*ˈô) *m*, lama *f* (*a.* ⚕); **ˈ⁓ig** lamacento.

ˈSchlämmkreide [ˈʃlɛm-] *f* branco *m* de Mendon.

ˈSchlamp|e [ˈʃlampə] *f* F porcalhona *f*; **⁓eˈrei** *f* F porcaria *f*; **⁓ig** mal feito; desmazelado; *Arbeit*: obra da feira.

ˈSchlange [ˈʃlaŋə] *f* serpente *f*, cobra *f*; *giftige*: víbora *f*; ⊕ serpentina *f*; *fig.* víbora *f*; (*Reihe*) bicha *f* (*stehen* fazer; estar na).

ˈschlängeln [ˈʃlɛŋəln] (-*le*): *sich* ⁓ serp(ent)ear; (*kriechen*) arrastar-se; *um et.*: enroscar-se.

ˈSchlangen|biß *m* (-*sses*; -*sse*) mordedura *f* de serpente; **⁓brut** *f* (*0*) ninhada *f* de víboras; **⁓förmig** [-fœrmiç] anguiforme; serpentino, sinuoso; **⁓gift** *n* (-*ęs*; *0*) veneno *m* de serpente; **⁓kraut** *n* dragonteia *f*, serpentária *f*; **⁓linie** *f* linha *f* sinuosa; **⁓mensch** *m* (-*en*) contorcionista *m*; **⁓rohr** ⊕ *n* (-*ęs*; -*e*) serpentina *f*.

schlank [ʃlaŋk] delgado; *Wuchs*: elegante, esbelto, esguio; ⁓ *werden* emagrecer; ⁓*er machen* adelgaçar; ⁓*e Linie* = **ˈ⁓heit** *f* (*0*) elegância *f*.

schlapp [ʃlap] frouxo; *j.*: mole; ⁓*machen* F pôr-se abaixo das pernas; **ˈ⁓e** *f* derrota *f*; e-e ⁓ *erleiden* ficar derrotado, ficar escarmentado; **ˈ⁓hut** *m* (-*ęs*; ⁼*e*) chapéu *m* mole de aba caída.

Schlaˈraffenland [ʃlaˈrafən-] *n* (-*ęs*; *0*) país *m* das delícias, país *m* de cucanha.

schlau [ʃlaʊ] (-*est od.* -*st*) esperto; astuto; **ˈ⁓berger** [ˈ-bɛrgər] F *m* espertalhão *m*.

Schlauch [ʃlaʊx] *m* (-*ęs*; ⁼*e*) mangueira *f*; tubo *m* (de borracha); (*Reifen*) pneu(mático) *m*; *innerer*: câmara-de-ar *f*; (*Wein*⁓) *u. fig.* F *j.*: odre *m*; **ˈ⁓los** sem câmara-de-ar.

ˈschlauerˈweise [ˈʃlaʊər-] prudentemente.

ˈSchlaufe [ˈʃlaʊfə] *f* laço *m*.

ˈSchlau|heit *f* (*0*) esperteza *f*; astúcia *f*; **⁓kopf** *m* (-*ęs*; ⁼*e*), **⁓meier** F *m* espertalhão *m*.

schlecht [ʃlɛçt] mau; *adv.* mal; *Zahn*: podre; ⁓ *machen fig.* falar mal de; ⁓ *werden et.*: estragar-se; deteriorar-se; *j-m*: sentir-se mal; ⁓ *auf j-n zu sprechen sn* estar arreliado com alg.; estar mal com alg.; ⁓ *und recht* sofrìvelmente; **ˈ⁓er** *comp.* pior; ⁓ *als a.* inferior a; (*immer*) ⁓ *werden* ir de mal em pior; ficar (cada vez) pior; piorar (cada vez mais); **ˈ⁓erdings** [ˈ-ər-diŋs] simplesmente; **ˈ⁓est** [ˈ-əst] *sup.* pior; mais inferior; **ˈ⁓gelaunt** mal disposto; **ˈ⁓gesinnt** mal intencionado; **ˈ⁓ˈhin** pura e simplesmente; **ˈ⁓igkeit** *f* maldade *f*; inferioridade *f*; *sittliche*: perversidade *f*.

ˈschlecken [ˈʃlɛkən] lamber.

ˈSchlegel [ˈʃleːgəl] *m* malho *m*, maço *m*; ♪ baqueta *f*; (*Wild*⁓) perna *f*.

ˈSchleh|dorn [ˈʃleː-] *m* (-*ęs*; -*e*) abrunheiro *m* bravo; **⁓e** *f* abrunho *m* bravo.

ˈschleich|en [ˈʃlaɪçən] (*L*; *sn*) andar de vagarinho, andar às furtadelas; (*sich*) *in* (*ac.*) ⁓ coar(-se) em; entrar furtivamente em; **⁓end** *adj.* furtivo; *Übel usw.*: lento; insidioso; latente; *adv. a.* às furtadelas; **⁓er** *m fig.* hipócrita *m*, surrateiro *m*; **⁓-handel** *m* (-*s*; *0*) contrabando *m*; mercado *m* negro; **⁓-händler** *m* contrabandista *m*; **⁓weg** *m* (-*ęs*; -*e*) caminho *m* torto; rodeio *m*.

ˈSchleie [ˈʃlaɪə] *f* tenca *f*.

ˈSchleier [ˈʃlaɪər] *m* véu *m*; **⁓-eule** *f* coruja-das-torres *f*; **ˈ⁓-haft** *fig.* misterioso.

ˈSchleif|e [ˈʃlaɪfə] *f* laço *m*; nó *m* (*a. Schlips*); (*Runde*) volta *f* (*machen, ziehen* dar); curva *f*; **⁓en** **1.** (*L*) afiar, amolar; *spitz*: aguçar; *opt. Glas*: graduar; *Stein usw.*: polir; lavrar; *fig. j-n*: vexar; fazer suar (sangue); **2.** arrastar, rojar; *Festung*: arrasar; *Mauer*: demolir; *v/i.* arrastar, roçar (*am Boden* pelo chão); resvalar, deslizar, rojar; **⁓er** *m* afiador *m*; amolador *m*; re[c]tificador *m*; **⁓eˈrei** [-əˈraɪ] *f* oficina *f* de afiador (*od.* de amolador *od.* de brunidor); **⁓maschine** *f* máquina *f* de afiar (*od.* de amolar *od.* de re[c]tificar); **~mittel** *n* abrasivo *m*; **~ring** ⚡ *m* (-es; -e) cole[c]tor *m*; **~scheibe** *f* rebolo (*'ô) *m*; **~stein** *m* (-es; -e) afiador *m*, amoladeira *f*; **~ung** *f* afiação *f*, amoldura *f*; re[c]tificação *f*.

Schleim ['ʃlaım] *m* (-es; -e) muco *m*; escarro *m*; mucosidade *f*; viscosidade *f*; '**~-absonderung** *f* secreção *f* mucosa; '**2-artig** mucoso; viscoso; **~-auswurf** *m* (-es; ⸗e) expe[c]toração *f*; '**~fluß** *m* (-sses; ⸗sse) ⚕ pituíta *f*; blenorreia *f*; '**~-haut** *f* (-; ⸗e) mucosa *f*; '**2ig** viscoso; ⚕ mucoso; *fig*. adulão.

'**schlemm|en** ['ʃlɛmən] regalar-se; **2er** *m* patusco *m*; *pl*. comes e bebes *m/pl*.; **2e'rei** [-ə'raı] *f* patuscada *f*.

'**schlend|ern** ['ʃlɛndərn] (-*re*) vadiar, (andar a) passear; **2rian** ['-ria:n] *m* (-es; *0*) praxe *f*; rotina *f*; (*Schlamperei*) desleixo *m*.

'**schlenkern** (-*re*) *v/t*. *u*. ~ *mit* agitar (*ac*.), menear (*ac*.); *v/i*. gingar; *Auto*: derrapar.

'**Schlepp|dampfer** ['ʃlɛp-] *m* rebocador *m*; **~e** *f* cauda *f*; **2en** *v/t*. arrastar; (= *sich* ~ *mit*) ir carregado de; ⚓ rebocar; **2end** *adj*. lento; **~er** *m* rebocador *m*; **~kahn** *m* (-es; ⸗e) batelão *m* de carga; **~netz** *n* (-es; -e) arrastão *m*; **~seil** *n* (-es; -e) sirga *f*, toa *f*; = **~ tau** *n* (-es; -e) reboque *m* (*ins* ~ *nehmen* levar de ...); **~-trosse** *f* cabo *m* de reboque.

'**Schleuder** ['ʃlɔydər] (-; -*n*) *f* funda *f*; ✈ catapulta *f*; **~bewegung** *f* *Auto*.: derrapagem *f*; **~kraft** *f* força (*ô) *f* centrífuga; **~maschine** *f* ⊕ (máquina *f*) centrífuga *f*; ✈ *u*. *ehm*. ⚔ catapulta *f*; **2n**[1] (-*re*) arrojar; lançar; arremessar; *v/i*. *Auto*.: derrapar; **~n**[2] *n* lançamento *m*; *Auto*.: derrapagem *f*; *ins* ~ *geraten* derrapar; **~preis** *m* (-es; -e) preço *m* muito baixo; *zu* ~*en* ao desbarato; **~ware** *f* refugo *m*, rebotalho *m*.

'**schleunig** ['ʃlɔyniç] rápido; *adv*. *a*. depressa; **~st** *adv*. quanto antes, o mais depressa possível.

'**Schleus|e** ['ʃlɔyzə] *f* (re)presa *f*; açude *m*; = **~en-tor** *n* (-es; -e) comporta *f*; **~en-wärter** *m* guarda (-represa) *m*.

Schlich [ʃliç] *m* (-es; -e) artimanha *f*; *pl*. ~e rodeios *m/pl*., tretas *f/pl*.; intrigas *f/pl*.

schlicht [ʃliçt] (-*est*) simples; despretencioso; (*glatt*) liso; '**~en** (-*e*-) aplanar, alisar; *fig*. apaziguar; arranjar; '**2heit** *f* (*0*) simplicidade *f*; '**2ung** *f* arbitragem *f*; acordo (*'ô) *m*; '**2ungs-ausschuß** *m* (-*sses*; ⸗*sse*) comissão *f* de arbitragem.

Schlick [ʃlik] *m* (-es; -e) lamas *f/pl*.

'**schließ|en** ['ʃli:sən] (*L*) fechar (*a*. *v/i*.); *v/i*. (*gut, dicht*) ~ vedar (bem); *in s-e Arme* ~ abraçar; *Freundschaft*: travar; estreitar; *Frieden* ~ fazer as pazes; *Geschäft*, *Veranstaltungen*: encerrar; *Kreis*: formar; (*beenden*) *u*. *v/i*. terminar, acabar; (*folgern*) deduzir, concluir (*aus* de); *Vertrag*: concluir, fazer; *in sich* ~ implicar, incluir, abranger; **2fach** *n* (-es; ⸗er) 📯 apartado *m*, caixa *f* postal, caixa *f* do correio; † cofre *m*; **~lich** definitivo; final; *adv*. finalmente, por fim; ~ *et*. *tun* acabar por fazer a.c.; **2muskel** *m* (-*s*; -*n*) esfíncter *m*; músculo *m* anular; **2ung** *f* encerramento *m*.

Schliff [ʃlif] *m* (-es; -e) gume *m*, fio *m*; (*Glätte*) polimento *m*; *fig*. maneiras *f/pl*., educação *f*; ⚔ F rigorosa instrução *f* militar.

schlimm [ʃlim] mau; *Zustand*, *Folge*: grave; *Zahn*: doente; *adv*. mal; '**~er** *comp*. pior; ~ *werden* piorar; **~st** *sup*. pior; '**~sten-falls** na pior das hipóteses, em caso pior.

'**Schling|e** ['ʃliŋə] *f* laço *m*, (*Falle*) *a*. armadilha *f*; **~el** *m* maroto *m*; **2en** (*L*) (*binden*) atar; *ineinander*: entrelaçar; (*schlucken*) engulir, tragar; *sich* ~ *um* enroscar-se a; **2ern** ⚓ (-*re*) balançar, balouçar, rolar; **~-pflanze** *f* trepadeira *f*.

Schlips [ʃlips] *m* (-es; -e) gravata *f*.

'**Schlitt|en** ['ʃlitən] *m* trenó *m*; ⊕ carro *m* (de rojo [*'ô]); **~en-bahn** *f* pista *f* de neve; **~en-fahrt** *f* passeio *m* de (*od*. em) trenó; **~er-bahn** *f* resvaladouro *m*; **2ern** (-*re*) resvalar (sobre o gelo [*ê]); **~schuh** *m* (-es; -e) patim *m*; ~ *laufen* patinar (sobre o gelo [*ê]); **~schuh-laufen** *n* patinagem *f*; **~schuh-läufer** *m* patinador *m*.

Schlitz [ʃlits] *m* (-es; -e) abertura *f*; *Hose*: braguilha *f*; (*Riß*) rasgão *m*; (*Spalt*) fenda *f*; '**~-augen** *n/pl*. ('**2-äugig** ['-ɔygiç] de) olhos *m/pl*. oblíquos; '**2en** (-*t*) abrir, fender, cortar, rachar.

Schloß [ʃlɔs] *n* (-*sses*; ⸗*sser*) **a**) fechadura *f*; fecho *m*; (*Gewehr*⁀) gatilho *m*, cão *m*; (*Vorhänge*⁀) cadeado *m*; *hinter ~ und Riegel* na cadeia; **b)** ⚠ palácio *m*, castelo *m*.

'**Schlosser** ['ʃlɔsər] *m* serralheiro *m*; **~'ei** *f* serralharia *f*.

'**Schloß|herr(in** *f*) *m* (*-en*) senhor(a *f*) *m* do castelo; castelão *m* (-lã *f*); **~vogt** *m* (*-es*; *⸚e*) castelão *m*.

Schlot [ʃlo:t] *m* (*-es*; *-e*) chaminé *f* (*a. Geol.*); *fig.* F malcriado *m*.

'**schlott|(e)rig** ['ʃlɔt(ə)riç] a tremer; tremulante; *Kleidung*: desleixado; **~ern** (*-re*) tremer; cambalear; *Anzug*: cair, estar muito largo.

Schlucht [ʃluxt] *f* garganta *f*, barranco *m*.

'**schluchzen** ['ʃluxtsən] **1.** (*-t*) soluçar; **2.** ⁀ *n* soluços *m/pl*.

Schluck [ʃluk] *m* (*-es*; *-e*) gole *m*, trago *m*; '**~auf** *m* (*-s*; *0*) soluços *m/pl.*; '**⁀en** engulir, tragar; deglutir; (*aufstoßen*) arrotar; '**~er** *m*: *armer ~* pobre diabo *m*.

'**Schlummer** ['ʃlumər] *m* (*-s*; *0*) sono *m* (ligeiro); soneca *f*; **~lied** *n* (*-es*; *-er*) canção *f* de embalar; **⁀n** (*-re*) dormitar.

Schlund [ʃlunt] *m* (*-es*; *⸚e*) goela *f*, fauce *f*; garganta *f*; (*Abgrund*) abismo *m*.

'**schlüpf|en** ['ʃlypfən] *v/i.* meter-se, enfiar-se; *~ aus* sair de; **⁀er** *m* calças *f/pl.* de senhoras.

'**Schlupf-loch** ['ʃlupf-] *n* (*-es*; *⸚er*) esconderijo *m*.

'**schlüpfrig** ['ʃlypfriç] escorregadiço, escorregadio; *fig.* equívoco, lascivo, obsceno.

'**Schlupf|wespe** *f* icnêumon *m*; **~winkel** *m* esconderijo *m*.

'**schlürfen** ['ʃlyrfən] sorver, saborear; (*gehen*) arrastar os pés.

Schluß [ʃlus] *m* (*-sses*; *⸚sse*) fim *m* (*zum* por); termo (*ê) *m*; *logischer*: conclusão *f*; (*~teil*) final *m*; *~ machen mit* pôr termo (*ê) a, pôr cobro (*'ô) a, acabar com; '**~bemerkung** *f* observação *f* final.

'**Schlüssel** ['ʃlysəl] *m* chave *f*; ♪ clave *f*; **~bein** *n* (*-es*; *-e*) clavícula *f*; **~blume** *f* primavera *f*; **~bund** *n* (*-es*; *-e*) molho *m* de chaves; **~loch** *n* (*-es*; *⸚er*) buraco *m* de fechadura; **⁀n** (*-le*) cifrar; **~ring** *m* (*-es*; *-e*) argola *f* de chaves; **~stellung** *f* posição-chave *f*; **~wort** *n* (*-es*; *⸚er*) palavra-chave *f*.

'**Schluß|-ergebnis** *n* (*-ses*; *-se*) resultado *m* final; **~folgerung** *f* conclusão *f*.

'**schlüssig** ['ʃlysiç] decidido; *Beweis*: concludente; *sich ~ werden* decidir-se, resolver-se.

'**Schluß|kurs** *m* (*-es*; *-e*) cotização *f* de última hora; **~licht** *n* (*-es*; *-er*) farolim *m* da retaguarda; ⚓ luz *f* da popa; **~rechnung** *f* balanço *m*; **~runde** *f* *Sport*: final *m*; **~-satz** *m* (*-es*; *⸚e*) conclusão *f*; ♪ final *m*; **~-sitzung** *f* sessão *f* de encerramento; **~-stein** *m* (*-es*; *-e*) chave *f* (*od.* fecho *m*) da abóbada; **~wort** *n* (*-es*; *-e*) epílogo *m*; ⚖ *u. Pol.* última palavra *f*.

Schmach [ʃma:x] *f* (*0*) vergonha *f*, ignomínia *f*; ultraje *m*; opróbio *m*.

'**schmachten** ['ʃmaxtən] (*-e-*) languir; *~ nach* suspirar por; estar sequioso de; **~d** *adj.* lânguido; sequioso.

'**schmächtig** ['ʃmɛçtiç] magro, franzino.

'**schmach-voll** infame, ignominioso, ignóbil.

'**schmackhaft** ['ʃmakhaft] saboroso, gostoso; **⁀igkeit** *f* (*0*) sabor *m*, bom gosto (*'ô) *m*, bom paladar *m*.

'**schmäh|en** ['ʃmɛ:ən] injuriar, insultar; (*herabsetzen*) difamar; **~lich** ignominioso, vergonhoso; **⁀rede** *f* inve[c]tiva *f*; **⁀schrift** *f* panfleto *m*; **⁀ung** *f* insulto *m*, injúria *f*; difamação *f*.

schmal [ʃma:l] estreito; *j.*: magro; definhado; *fig.* escasso, pouco.

'**schmäle|rn** [ʃmɛ:lərn] (*-re*) reduzir, estreitar, minguar; **⁀rung** [-ruŋ] *f* redução *f*; míngua *f*.

'**Schmal|film** *m* (*-es*; *-e*) filme *m* de formato reduzido; **~spur...**: *in Zssgn*, **⁀spurig** ['-ʃpu:riç] de via reduzida.

Schmalz [ʃmalts] *n* (*-es*; *-e*) pingue *m*; banha *f*; (*Schweine*⁀) *a.* manteiga *f* de porco; '**⁀ig** *fig.* sentimental.

schma'rotz|en [ʃma'rɔtsən] (*-t*) parasitar; **⁀er** *m* parasita *m*; **⁀er-tum** *n* (*-s*; *0*) parasitismo *m*.

'**Schmarr|e** ['ʃmarə] *f* gilvaz *m*; (*Narbe*) cicatriz *m*; **~en** *m* filhó *m*; *fig.* porcaria *f*; pieguice *f*.

schmatzen [ʃmats-] (*-t*) mascar.

Schmau|s [ʃmaus] *m* (*-es*; *⸚e*) regalo

m, repasto *m*; festim *m*; '**2sen** ['-zən] (*-t*) regalar-se.
'**schmecken** ['ʃmɛkən]: ~ (*nach*) saber (a); ter gosto (*'ô) (de); (*kosten*) provar; *sich* (*dat.*) *et.* ~ *lassen* gozar; *es schmeckt ihm* ele gosta.
Schmeichel|ei [ʃmaɪçə'laɪ] *f* lisonja *f*; adulação *f*; '**2-haft** lisonjeiro; '**~katze** *f fig.* adulador(a *f*) *m*; '**2n** (*-le*) (*dat.*) lisonjear (*ac.*), adular (*ac.*); *Bild*: ser lisonjeiro; *sich geschmeichelt fühlen* sentir-se lisonjeado; '**2nd** lisonjeiro.
'**Schmeichler** ['ʃmaɪçlər] *m*, (**~in** *f*) lisonjeador(a *f*) *m*; adulador(a *f*) *m*; **2isch** lisonjeiro, adulador, bajulador.
'**schmeiß|en** ['ʃmaɪsən] F atirar, arrojar, botar, arremessar; **2fliege** *f* varejeira *f*.
Schmelz [ʃmɛlts] *m* (*-es*; *-e*) esmalte *m*; (*Glanz*) brilho *m*; *Stimme*: suavidade *f*; '**2bar** fusível; '**~barkeit** *f* (*0*) fusibilidade *f*; '**~e** *f* fundição *f*; fusão *f*; (*Schnee2*) degelo (*'ê) *m*; '**2en** *v/t.* (*-t*) (*v/i.* [*L*; *sn*]) derreter(-se); *Metalle*: fundir(-se); '**2end** *adj. Eis*: fundente; *fig.* ♪ melodioso; '**~-hütte** *f* fundição *f*; '**~-ofen** *m* (*-s*; ⸚) forno *m* de fundição; '**~-punkt** *m* (*-es*; *-e*) ponto *m* de fusão; '**~tiegel** *m* crisol *m*.
Schmerbauch [ʃme:r-] *m* (*-es*; ⸚*e*) pança *f*.
Schmerz [ʃmɛrts] *m* (*-es*; *-en*) dor *f*; (*Kummer*) pena *f*, mágoa *f*, desgosto (*'ô) *m*; '**2en** (*-t*) causar dor; (*weh tun*) doer; *fig.* magoar, afligir; '**2end** *adj.* dorido; '**~ens-geld** *n* (*-es*; *-er*) indemnização *f*, multa *f*; '**2-haft**, '**2lich** doloroso; *fig. a.* aflitivo; '**2lindernd** calmante; lenitivo; '**2los** sem dor; ⚕ anestésico, análgico; '**2-stillend** analgésico; sedativo; paliativo; '**2voll** doloroso.
'**Schmetterling** ['ʃmɛtərliŋ] *m* (*-s*; *-e*) borboleta *f*; mariposa *f*.
'**schmettern** ['ʃmɛtərn] (*-re*) **1.** *v/t.* arrojar (*od.* atirar) com força (*ô); *Lied*: cantar com brio; *zu Boden* ~ derribar; *fig. a.* esmagar; **2.** *v/t.* ♪ ressoar; **3.** 2 *n* estrépito *m*; **~d** *adj.* retumbante.
Schmied [ʃmi:t] *m* (*-es*; *-e*) ferreiro *m*; forjador *m*; (*Huf2*) ferrador *m*.
'**Schmiede** ['ʃmi:də] *f* forja *f*, ferraria *f*; **~-eisen** *n* ferro *m* forjado; **2-eisern** de (*od.* em) ferro forjado; **~-hammer** *m* (*-s*; ⸚) martelo *m*; **~-handwerk** *n* (*-es*; *0*) ofício *m* de ferreiro; **2n** (*-e-*) forjar; *Ränke* ~ tramar (*od.* urdir) intrigas; *Verse* ~ versejar.
'**schmieg|en** ['ʃmi:gən]: *sich* ~ dobrar-se; *sich an* (*ac.*) ~ ajustar-se a, adaptar-se a; *j.*: estar com mimo; *fig.* afeiçoar-se a; **~sam** flexível; *fig.* dócil, insinuante; **2samkeit** *f* (*0*) flexibilidade *f*; *fig.* docilidade *f*.
'**Schmier|e** ['ʃmi:rə] *f* graxa *f*; (*Wagen2*) unto *m*; ⊕ lubrificante *m*; *Thea.* barraca *f*; ~ *stehen* P estar à espreita, fazer de espia; **2en a**) *v/t.* untar; *Brot*: barrar; ⊕ lubrificar; engraxar; *fig.* F *j-n* ~ dar luvas, peitar; **b**) *v/i.* (*beschmutzen*) sujar; *Feder*: borrar; (*schreiben*) rabiscar, garatujar; **~e'rei** [-ə'raɪ] *f* porcaria *f*, borratada *f*; **~fink** *m* (*-en*) porco *m*; porcalhão *m*; **~geld** F *n* (*-es*; *-er*) peita *f*; **2ig** ensebado, engordurado; *fig.* sórdido, ignóbil; **~mittel** *n* lubrificante *m*; **~-öl** *n* (*-es*; *-e*) óleo *m* (lubrificante); **~seife** *f* sabão *m* mole.
'**Schmink|e** ['ʃmiŋkə] *f* arrebique *m*; *rote*: «rouge» *m* (*fr.*); **2en** pintar; arrebicar; *Thea.* caracterizar.
'**Schmirgel** ['ʃmirgəl] *m* esmeril *m*; **2n** esmerilhar.
Schmiß [ʃmis] *m* (*-sses*; *-sse*) (*Narbe*) cicatriz *f*; (*Schneid*) brio *m*; elegância *f*.
'**schmissig** ['ʃmisiç] F elegante, brioso, chique.
'**Schmöker** ['ʃmø:kər] F *m* alfarrábio *m*; **2n** (*-re*): *in* (*dat.*) ~ folh(e)ar (*ac.*).
'**schmollen** ['ʃmɔlən] amuar; estar amuado.
'**Schmor|braten** ['ʃmo:r-] *m* carne *f* estufada; **2en** estufar; *fig.* abafar de calor.
Schmu [ʃmu:] F *m* (*-s*; *0*) batota *f*.
Schmuck [ʃmuk] **1.** *m* (*-es*; *0*) adorno *m*, enfeite *m*; ornamento *m*; jóias *f/pl.*; **2.** 2 bonito, lindo.
'**schmücken** ['ʃmykən] enfeitar, adornar, ornamentar.
'**Schmuck|kästchen** ['-kɛstçən] *n* cofresinho *m*, estojo (*'ô) *m*; **2los** simples; sem adorno; **~losigkeit** ['-lo:ziç-] *f* (*0*) simplicidade *f*; (*Stil*) sobriedade *f*; **~stück** *n* (*-es*; *-e*) jóia *f*.
'**Schmugg|el** ['ʃmugəl] *m* contra-

bando *m*; 2**eln** (*-le*) fazer contrabando; ~**el-ware** *f* contrabando *m*; ~**ler** *m* contrabandista *m*.

'**schmunzeln** ['ʃmuntsəln] (*-le*) sorrir-se satisfeito.

Schmus [ʃmu:s] F *m* (*-es*; *0*) palavrório *m*; '2**en** ['-zən] (*-t*) palavrear, gastar palavras; *mit j-m* ~ dar manteiga a alg.

Schmutz [ʃmuts] *m* (*-es*; *0*) sujidade *f*; porcaria *f*; (*Kehricht*) lixo *m*; *durch den* ~ *ziehen fig.* infamar; poluir; '2**en** (*-t*) sujar-se, manchar-se; '~**fink** *m* (*-en*) porcalhão *m*; '~**fleck** *m* (*-es*; *-en*) nódoa *f*; '2**ig** sujo; *fig.* indecente; '~**literatur** *f* literatura *f* pornográfica.

'**Schnabel** ['ʃna:bəl] *m* (*-s*; ¨) bico *m* (*fig.* F *halten* calar); (*Schiffs*2) esporão *m*, talhamar *m*.

'**schnäbeln** ['ʃnɛ:bəln] (*-le*): (*sich*) ~ espicaçar-se; beij(oc)ar-se.

'**Schnake** ['ʃna:kə] *f* mosquito *m*.

'**Schnall|e** ['ʃnalə] *f* fivela *f*; 2**en** afivelar; *enger* ~, *fester* ~ apertar mais.

'**schnalzen** ['ʃnaltsən] (*-t*) dar estalos com a língua (*od.* com os dedos).

'**schnapp|en** ['ʃnapən] apanhar (*nach* et. a.c. com a boca); fechar-se, *Tür*: *a.* estalar no fecho; *nach Luft* ~ respirar com dificuldade; 2**feder** *f* (*-*; *-n*) mola *f*; 2**schloß** *n* (*-sses*; ¨*sser*) fechadura *f* com mola (*od.* de salto); 2**schuß** *m* (*-sses*; ¨*sse*) *Phot.* instantâneo *m*, flagrante *m*.

Schnaps [ʃnaps] *m* (*-es*; ¨*e*) aguardente *f*, cachaça *f*; licor *m*; '~**brennerei** *f* destilaria *f*; '~**glas** *n* (*-es*; ¨*er*) copinho *m*; '~**-idee** *f* disparate *m*.

'**schnarchen** ['ʃnarçən] ressonar, roncar.

'**schnarren** ['ʃnarən] ranger, roncar; chilr(e)ar.

'**schnattern** ['ʃnatərn] (*-re*) grasnar; *fig.* F palrar.

'**schnauben** ['ʃnaubən] soprar; bufar, bafejar; *Pferd*: fungar; *Rache*: clamar; *Wut* ~ esbravejar; (*sich dat.*) *die Nase* ~ assoar-se.

'**schnaufen** ['ʃnaufən] ofegar.

'**Schnauz|bart** ['ʃnauts-] F *m* (*-es*; ¨*e*) bigode *m*; 2**bärtig** F com bigode; ~**e** *f* focinho *m*; ⊕ bica *f*; *fig.* P bico *m* (*halten* calar); 2**en** F (*-t*) ralhar.

'**Schnecke** ['ʃnɛkə] *f Zool.* caracol *m* (*a. Anat.*); *nackte*: lesma *f*; △ voluta *f*; ⊕ rosca *f*.

'**schnecken|förmig** [-fœrmiç] espiral; ⊕ enroscado; helicoidal; 2**gang** *m* (*-es*; *0*) *fig.*: *im* ~ como um caracol; 2**getriebe** *n* engrenagem *f* helicoidal; 2**-haus** *n* (*-es*; ¨*er*) cas(c)a *f* de caracol, concha *f* de caracol; 2**linie** *f* espiral *f*; 2**tempo** *n* (*-s*; *0*) = 2*gang*.

Schnee [ʃne:] *m* (*-s*; *0*) neve *f*; *zu* ~ *schlagen Eier*: bater a(s) clara(s) (*steif*: em castelo); '~**ball** *m* (*-es*; ¨*e*) bola *f* de neve; '2**bedeckt** coberto de neve; '2**blind** cegado pela neve; '~**decke** *f* lençol *m* de neve; '~**fall** *m* (*-es*; ¨*e*) nevada *f*; '~**feld** *n* campo *m* de neve; '~**flocke** *f* floco *m* de neve; '~**gestöber** *n* nevão *m*, nevasca *f*; '~**grenze** *f* limite *m* de altitude das neves; '~**-huhn** *n* (*-es*; ¨*er*) tetraz *f* branca; ~**kette** *f Auto*: cadeia *f* anti-deslizante; '~**mann** *m* (*-es*; ¨*er*) boneco *m* de neve; '~**pflug** *m* (*-es*; ¨*e*) limpa-neve *m*; '~**schläger** *m* batedor *m*; '~**schmelze** *f* degelo (*'ê) *m*; '~**schuh** *m* (*-es*; *-e*) esqui *m*; '~**sturm** *m* (*-es*; ¨*e*) temporal *m* de neve; '~**treiben** *n* nevão *m*; '~**wasser** *n* (*-s*; ¨) água *f* de neve; '~**wehe** *f* nevão *m*; '2**weiß** branco como a neve; '~**wetter** *n* tempo *m* nevoso.

Schneid [ʃnaɪt] *m* (*-es*; *0*) brio *m*.

'**Schneide** ['ʃnaɪdə] *f* corte *m*; fio *m*, gume *m*; *Waage*: navalha *f*, cutelo *m*; ~**mühle** *f* serração *f*; 2**n**[1] (*L*) cortar, partir; *Fleisch usw.*: *a.* talhar; ✓ (*be*~) podar; (*mähen*) ceifar; ⊕ gravar; *Holz*: serrar; *Gewinde*: lavrar; *fig. j-n* ~ deixar de cumprimentar alg.; *Gesichter* ~ fazer caretas; *ins Herz* ~ partir o coração; *sich an et.* ~ cortar-se com a.c.; ~**n**[2] *n* corte *m*; 2**nd** *adj.* cortante; *fig.* agudo.

'**Schneider** ['ʃnaɪdər] *m* alfaiate *m*; ~**geselle** *m* (*-n*) oficial *m* de alfaiate; ~**in** *f* modista *f*; (*Haus*2) costureira *f*; ~**kreide** *f* giz *m*; ~**lohn** *m* (*-es*; ¨*e*) feitio *m*; 2**n** (*-re*) trabalhar de alfaiate, fazer fatos; *Schneiderin*: trabalhar na costura, fazer vestidos; ~**meister** *m* (mestre-)alfaiate *m*; ~**puppe** *f* cabide-manequim *m*; ~**werkstatt** *f* (*-*; ¨*en*) alfaiataria *f*, oficina *f* de alfaiate.

'**Schneide-zahn** *m* (-*es*; =*e*) (dente *m*) incisivo *m*.
'**schneidig** ['ʃnaɪdiç] elegante, brioso.
'**Schneid-zange** *f* alicate *m* corta-arame.
'**schneien** ['ʃnaɪən] nevar; *es schneit* cai neve.
'**Schneise** ['ʃnaɪzə] *f* (*Weg*) atalhada *f*; *Zool.* (a)boiz *m*.
schnell [ʃnɛl] rápido; veloz; *Schritt*: acelerado; *adv.* depressa; '**2boot** *n* (-*es*; -*e*) vedeta *f* rápida; '**2e** *f* (*0*) rapidez *f*; '**~en 1.** *v/t.* arremessar, arrojar, lançar; **2.** *v/i.* (*sn*): *in die Höhe ~* dar um salto; *Preis*: subir ràpidamente; '**2feuer** *n* fogo *m* rápido; '**~füßig** ['-fy:siç] ligeiro; '**2gericht** *n* (-*es*; -*e*) tribunal *m* sumário; '**2-hefter** ['-hɛftər] *m* classificador *m*; '**2igkeit** *f* (*0*) rapidez *f*; *a. Phys. u.* ⊕ velocidade *f*; '**2kraft** *f* (*0*) elasticidade *f*; '**2(l)auf** *m* (-*es*; =*e*) corrida *f*; '**2(l)äufer** *m* corredor *m*; '**2presse** *f Typ.* rotativa *f*; '**2verfahren** ⚖ *n* processo *m* sumário; '**2waage** *f* (balança *f*) romana *f*; '**2zug** *m* (-*es*; =*e*) rápido *m*.
'**Schnepfe** ['ʃnɛpfə] *f* galinhola *f*.
'**schneuzen** ['ʃnɔytsən] (-*t*) assoar.
'**schniegeln** ['ʃni:gəln] (-*le*) enfeitar, ataviar; *geschniegelt und gebügelt* de vinte e quatro alfinetes, catita, muito janota.
'**Schnipp|chen** ['ʃnipçən] *n*: *j-m ein ~ schlagen* fazer troça de alg., pregar uma partida a alg.; **2eln** F (-*le*) retalhar, cortar em pedaços; **2isch** impertinente.
'**Schnipsel** ['ʃnipzəl] *m u. n* bocado *m*, retalho *m*.
Schnitt [ʃnit] *m* (-*es*; -*e*) corte *m*; ⊕ *a.* talho *m*; ⚕ *a.* abcisão *f*; amputação *f*; △ *a.* se[c]ção *f*; ⩘ (inter)se[c]ção *f*; *Bier*: meio quartilho; *Buch*: borda *f*; (*Ein2*) incisão *f*; *Kleidung*: feitio *m*; talhe *m*; *Kunst*: gravura *f*; '**~blumen** *f/pl.* flores *f/pl.* cortadas; '**~bohnen** *f/pl.* feijão *m/sg.* verde; '**~e** *f* talhada *f*; *Brot usw.*: fatia *f*; '**~er(in** *f*) *m* segador(a *f*) *m*, ceifeiro *m* (-a *f*); '**~fläche** *f* superfície *f* do corte; '**2ig** elegante, chique; '**~lauch** *m* (-*es*; *0*) cebolinha *f* francesa; '**~linie** *f* secante *f*; linha *f* de interse[c]ção; '**~muster** *n* molde *m*, risco *m*, padrão *m*; '**~punkt** *m* (-*es*; -*e*) (ponto *m* de) interse[c]ção *f*; '**~waren** *f/pl.* retalhos *m/pl.*; '**~wunde** *f* golpe *m*, cortadela *f*.
'**Schnitz|-arbeit** ['ʃnits-] *f* obra *f* de talha; entalhe *m*; **~el** *n* retalho *m*, apara *f*; (*Wiener*) *~* escalope *m* de vitela; **2eln** (-*le*) aparar, cortar; **2en** (-*t*) entalhar, esculpir; **~er** *m* entalhador *m*; (*Fehler*) lapso *m*; **~e'rei** [-ə'raɪ] *f*, **~werk** *n* (-*es*; *0*) escultura *f*; entalhe *m*; **~messer** *n* cinzel *m*, buril *m*.
'**schnoddrig** ['ʃnɔdriç] F irreverente, impertinente; **2keit** *f* irreverência *f*, impertinência *f*.
'**schnöde** ['ʃnø:də] vil, indigno; *adv.* com desprezo (*'ê).
'**Schnörkel** ['ʃnœrkəl] *m* floreado *m*; arabesco *m*; △ *a.* voluta *f*; *Namenszug*: rubrica *f*.
'**schnorren** ['ʃnɔrən] F mendigar.
'**Schnösel** ['ʃnø:zəl] F *m* malcriado *m*.
'**schnüff|eln** ['ʃnyfəln] (-*le*) tomar o faro; *fig.* meter o nariz, ser indiscreto; **2ler** *m* espia *m*; indiscreto *m*.
'**Schnuller** ['ʃnulər] *m* chupeta *f*.
'**Schnupf|en**[1] ['ʃnupfən] *m* constipação *f*; coriza *f*, defluxo *m*; *e-n ~ kriegen, sich e-n ~ holen* constipar-se; *den ~ haben* estar constipado; **2en**[2] tomar rapé; **~tabak** *m* (-*es*; -*e*) rapé *m*.
'**schnupp|e** ['ʃnupə] F: *das ist mir ~* pouco me importa; quero lá saber!; **~ern** (-*re*) tomar o faro.
Schnur ['ʃnu:r] *f* (-; =*e*) cordão *m*, cordel *m*; (*Bindfaden*) guita *f*; fio *m*; ⚔ galão *m*; *über die ~ hauen fig.* passar os limites.
'**Schnür|band** ['ʃny:r-] *n* (-*es*; =*er*) atacador *m*; **~boden** *m Thea.* desvão *m*; **~chen** ['-çən] *n*: *wie am ~ gehen* F ir que é uma beleza; **2en** atar; apertar (*a. v/i.*); *sein Bündel ~* fazer (*od.* emalar) a trouxa; *sich ~* espartilhar-se.
'**schnur-gerade** direitinho.
'**Schnurr|bart** ['ʃnur-] *m* (-*es*; =*e*) bigode *m*; **2bärtig** de bigode, com bigode; **2en** fazer ronrom; ronronar; **2ig** engraçado.
'**Schnür|schuh** *m* (-*es*; -*e*) sapato *m* de atacadores; (*Damen2*) sapato *m* abotinado; **~senkel** *m* atacador *m*; **~stiefel** *m* bot(in)a *f* de atacadores.
'**schnurstracks** ['ʃnu:rʃtraks] dire[c]tamente, direito.

'Schober ['ʃo:bər] *m* feneiro *m*.
Schock [ʃɔk] **a)** *m* (*-es*; *-s*) choque *m*; ⚕ *a.* abalo *m*; **b)** *n* (*-es*; *-e*; *nach Zahlen uv.*): sessenta.
'schofel ['ʃo:fəl] miserável, pelintra.
Schöff|e ['ʃœfə] *m* (*-n*) jurado *m*; vereador *m*; **~en-gericht** *n* (*-es*; *-e*) tribunal *m* de jurados; vereamento *m*.
Schof'för [ʃɔ'fø:r] *m* (*-s*; *-e*) motorista *m*, * volante *m*.
'Schoko'lad|e [ʃoko'la:də] *f* chocolate *m*; **2en-braun** achocolado; **~en-fabrik** *f* chocolataria *f*; **~en-fabrikant** *m* (*-en*) chocolateiro *m*; **~en-plätzchen** *n* pastilha *f* de chocolate.
Scho'last|ik [ʃo'lastik] *f* (*0*) Escolástica *f*, escolasticismo *m*; (**~iker** *m*), **2isch** escolástico (*m*).
'Scholle ['ʃɔlə] *f* gleba *f*, *fig. a.* torrão *m*; (*Eis2*) pedaço *m* de gelo (*ê); (*Erd2*) leiva *f*; (*Fisch*) solha (*ô) *f*.
schon [ʃo:n] já; ~ *jetzt* agora mesmo; ~ *lange* desde há muito; ~ *der Gedanke* a própria ideia; ~ *gut* está bem; *wenn* ~ (*!*) embora (!); *wenn er* ~ *geht usw.*, ... desde que (já) vai ...
schön [ʃø:n] **1.** *adj.* belo, lindo; formoso; (*nett*) bonito (*a. iron.*), amável; *~e Literatur* belas-letras *f/pl.*, boas-letras *f/pl.*; *das wäre noch ~er iron.* não faltava mais nada; **2.** *adv. a.* bem; *bitte ~!* à vontade!; (*Antwort auf Dank*) não há de quê!; *danke ~!* muito obrigado!; *aufs ~ste*, *~stens* da melhor maneira; **'2e** *n* belo *m*.
'schon|en ['ʃo:nən] poupar; *sich* ~ *a.* cuidar da saúde; = *~end behandeln* tratar bem, tratar com cuidado; **~end** *adj.* cuidadoso; *adv. a.* com cuidado; **2er** *m* ⚓ escuna *f*.
'schön|färben pintar cor-de-rosa; **2färberei** *f* ilusionismo *m*; o[p]-timismo *m*; **~geistig** estético; *~e Literatur* belas-letras *f/pl.*, boas-letras *f/pl.*; **2-heit** *f* beleza *f*; formosura *f*.
'Schönheits|fehler *m* defeito *m*; **~königin** *f* rainha *f* de beleza; **~mittel** *n* cosmético *m*; **~pflaster** *n* mosca *f*; **~pflege** *f* (*0*) cosmética *f*.
'Schön|schrift *f* caligrafia *f*; **~tuerei** ['-tuəraɪ] *f* preciosismo *m*, afe[c]tação *f*; **2tun** (*L*): *mit j-m* ~ cortejar alg., galantear alg.
'Schon|ung ['ʃo:nuŋ] *f* cuidado *m*; conservação *f*; (*Rücksicht*) consideração *f*, deferência *f*; (*Forst*) tapada *f*, vedação *f*, criadouro *m*; **2ungs-los** sem piedade, impiedoso; cruel; **~zeit** *f* veda *f*, defeso *m*.
Schopf [ʃɔpf] *m* (*-es*; *⸗e*) poupa *f*, topete *m*; *beim ~e fassen* agarrar pelos cabelos; *fig. Gelegenheit*: aproveitar.
'Schöpf|brunnen ['ʃœpf-] *m* poço *m*; nora *f*; **~-eimer** *m* alcatruz *m*; **2en** *mit e-m Gefäß*: tirar; *poet.* haurir; *Recht*: (*erschaffen*) criar; *leer* ~ vasar; *Atem usw.* ~ tomar fôlego; *Hoffnung*, *Mut*: ganhar; *Verdacht* ~ suspeitar (*gegen* de); **~er** *m* criador *m*; **2erisch** criador, produtivo; **~erkraft** *f* (*-*; *⸗e*) força (*ô) *f* criadora (*od.* produtiva); **~löffel** *m* concha *f*, colherão *m*; **~rad** *n* (*-es*; *⸗er*) nora *f*; **~ung** *f* criação *f*; **~ungs-geschichte** *f* (*0*) Génese (*'ê) *m*.
'Schoppen ['ʃɔpən] *m* (½ *l*) quartilho *m*; copo *m* (pequeno).
Schorf [ʃɔrf] *m* (*-es*; *-e*) escara *f*; crusta *f*; **'~bildung** *f* escarificação *f*; **'2ig** escarificado.
'Schorn-stein ['ʃɔrn-] *m* (*-es*; *-e*) chaminé *f*; **~feger** *m* limpa-chaminés *m*.
Schoß 1. [ʃɔs] ⚘ *m* (*-sses*; *-sse*) rebento *m*, pimpolho (*'ô) *m*; **2.** [ʃo:s] *m* (*-es*; *⸗e*) regaço *m*; *bsd. fig.* seio *m*, colo *m*; (*Rock2*) aba *f*; **'~-hund** *m* (*-es*; *-e*) cãozinho *m* fraldeiro; **'~kind** *n* (*-es*; *-er*) mimalho *m*.
'Schößling ['ʃø:sliŋ] *m* (*-s*; *-e*) rebento *m*, pimpolho (*'ô) *m*.
'Schot|e ['ʃo:tə] *f* **a)** ⚘ vagem *f*; *grüne*: ervilha *f*; **b)** ~(e) ⚓ escota *f*.
'Schott|e ['ʃɔtə] *m* (*-n*) escocês *m*; **'~er** *m* cascalho *m*; 🚂 balastro *m*; **'2ern** (*-re*) encher de cascalho; balastrar; **'~in** *f* escocesa *f*; **'2isch** escocês, da Escócia.
schraf'fier|en [ʃra'fi:rən] (-) tracejar; **2ung** *f* tracejado *m*.
schräg [ʃrɛ:k] oblíquo; ⚔ transversal, diagonal; (*geneigt*) inclinado; *adv. a.* de través, de esguelha; **'2e** ['-gə] *f* obliquidade *f*; = **'2lage**, **'2stellung** *f* inclinação *f*; **~-'über** quase em frente.

'**Schramm|e** ['ʃramə] *f* arranhadura *f*, esfoladela *f*; beliscadura *f*; **2en** arranhar, roçar.

Schrank [ʃraŋk] *m* (-*ẹs*; ⸚*e*) armário *m*; (*Kleider*2) guarda-vestidos *m*; (*Küchen*2) guarda-louça *m*; '**~e** *f* barreira *f*; *fig.* limite *m*; (*Kampfplatz*) liça *f*; '**2en-los** ilimitado; '**~enwärter** *m* guarda-barreira *m*; '**~fach** *n* (-*ẹs*; ⸚*er*) prateleira *f*; '**~koffer** *m* mala-armário *f*, mala--cabide *f*.

'**Schraube** ['ʃraubə] *f* parafuso *m*; ⚓ *u.* ✈ hélice *m*, *f*; F *fig. bei j-m ist* e-e ~ *los* alg. não regula bem; **2n** (a)parafusar; atarraxar; *in die Höhe ~ Preis*: fazer subir; *geschraubt fig.* torcido; amaneirado; afe[c]tado.

'**Schrauben|bohrer** *m* broca *f*; **~dampfer** *m* vapor *m* de hélice; **~flügel** *m* pá *f* de hélice; **2förmig** [-fœrmiç] em forma de parafuso, helicóide, helicoidal; **~gang** *m* (-*ẹs*; ⸚*e*) volta *f* de parafuso; **~gewinde** *n* rosca *f*; **~linie** *f* hélice *f*, *m*, rosca *f*, espira(l) *f*; **~mutter** *f* (-; -*n*) porca *f* de parafuso; **~rad** *n* (-*ẹs*; ⸚*er*) roda *f* helicoidal; **~schlüssel** *m* desandador *m*, chave *f* inglesa; **~windung** *f* volta *f* de parafuso, espira *f*; **~zieher** [-tsi:ər] *m* chave *f* de fundo; **~zwinge** *f* gastalho *m*.

'**Schraub-stock** ['ʃraup-] *m* (-*ẹs*; ⸚*e*) torno (*'ô) *m*, tornilho *m*.

'**Schreber-garten** ['ʃre:bər-] *m* (-*s*; ⸚) horta *f* pequena (independente).

Schreck [ʃrɛk] *m* (-*ẹs*; -*e*) susto *m*, medo *m* (*einflößen* meter); espanto *m*; *j-m e-n ~ einjagen* assustar alg.; *e-n ~ bekommen* assustar-se; '**~bild** *n* (-*ẹs*; -*er*) espantalho *m*; '**~en**¹ *m* = *Schreck*; '**2en**² *v/t.* (*v/i.* [*L*; *sn*]) assustar(-se); (*kühlen*) passar por água fria; esfriar; '**~ens-herrschaft** *f* terrorismo *m*, *hist. a.* Terror *m*; '**~ens-jahr** *n* ano *m* terrível; '**~gespenst** *n* (-*es*; -*er*) espe[c]tro *m*, espantalho *m*; '**2haft** medroso, assustadiço; '**~haftigkeit** *f* (*0*) temor *m*; timidez *f*; '**2lich** terrível, horrível; espantoso, medonho, tremendo; **~nis** *n* (-*ses*; -*se*) horror *m*; **~schuß** *m* (-*sses*; ⸚*sse*) tiro *m* de prevenção (*abgeben* disparar).

Schrei [ʃraɪ] *m* (-*ẹs*; -*e*) grito *m* (*ausstoßen* soltar).

'**Schreib|-art** ['ʃraɪp-] *f* estilo *m*; di[c]ção *f*; = *~ung*; **~bedarf** *m* (-*ẹs*; *0*) artigos *m*/*pl.* de escritório; **~block** *m* (-*ẹs*; ⸚*e*) bloco *m* de papel.

'**schreib|en**¹ ['ʃraɪbən] (*L*) escrever; **2en**² *n* carta *f*; *amtliches*: ofício *m*; **2er(in** *f*) *m* autor(a *f*) *m*; ✝ escrevente *m*, *f*; escrivão *m* (*a.* ⚖), secretário(-a *f*) *m*; (*Ab*2) copista *m*, *f*; **2e'rei** [-ə'raɪ] *f* papelada *f*.

'**schreib|faul**: ~ *sn* não gostar muito de escrever; **2feder** *f* (-; -*n*) aparo *m*, pena *f* de escrever; **2fehler** *m* erro (*ê) *m* ortográfico; lapso *m*; **2-heft** *n* (-*ẹs*; -*e*) caderno *m*; **2mappe** *f* pasta *f*; **2maschine** *f* máquina *f* de escrever; ~ *schreiben* escrever à máquina, da[c]tilografar; **2(maschinen-)papier** *n* (-*s*; -*e*) papel *m* para (máquina de) escrever; **2pult** *n* (-*ẹs*; -*e*) secretária *f*, escrivaninha *f*; **2stube** *f* escritório *m*; **2tafel** *f* (-; -*n*) lousa *f*; (*Wandtafel*) quadro *m*; **2tisch** *m* (-*es*; -*e*) secretária *f*.

'**Schreibung** ['ʃraɪbuŋ] *f* escrita *f*; ortografia *f*.

'**schreib|-unkundig** analfabeto, iletrado; **2-unterlage** *f* pasta *f*; **2waren** *f*/*pl.* artigos *m*/*pl.* de escritório; **2waren-geschäft** *n* (-*ẹs*; -*e*) papelaria *f*; **2weise** *f* (*0*) (orto)grafia *f*; *j-s*: estilo *m*; **2zeug** *n* (-*ẹs*; *0*) coisa(s) *f*(*pl.*) para escrever; **2zimmer** *n* escritório *m*; sala *f* de escrever.

'**schrei|en**¹ ['ʃraɪən] (*L*) gritar; *Kind*: chorar; *laut*: dar vozes; *zornig*: vociferar, clamar; *Hirsch*: bramar; **2en**² *n* gritos *m*/*pl.*, vozes *f*/*pl.*, bramidos *m*/*pl.*; **~end** *adj.*: *laut ~* a gritar; *a. fig.* (*grell*) berrante; *Unrecht*: que clama aos céus; **2er** *m* clamador *m*, vociferador *m*; *Pol.* agitador *m*; = **2-hals** *m* (-*es*; ⸚*e*) *Kind*: chorami(n)gas *m*.

Schrein [ʃraɪn] *m* (-*s*; -*e*) armário *m*; cofre *m*; escrínio *m*; '**~er** *m* marceneiro *m*.

'**schreiten** ['ʃraɪtən] (*L*; *sn*) andar, caminhar; ~ *zu fig.* proceder a.

Schrift [ʃrift] *f* escrita *f*, (*Hand*2) *a.* letra *f*; *Typ.* cara[c]teres *m*/*pl.*, corpo *m*, tipo(s) *m*(*pl.*); *Lit.* publicação *f*, escrito *m*; estudo *m*, dissertação *f*; (*Werk*) obra *f*; *kleine ~* opúsculo *m*; (*Heilige*) ~ Escritura *f* Sagrada; '**~deutsch** *n* alemão *m* literário; '**~führer** *m* secretário *m*; *mit ... als ~* secretariado por ...; '**~gelehrte(r)** *m* escriba *m*; *ehm.* letrado *m*; '**~kasten** *m* (-*s*; ⸗) caixa *f* tipográfica; '**~leiter** *m* reda[c]tor *m*; '**~leitung** *f* reda[c]ção *f*; '**⁓lich** (*adv.* por) escrito; '**~sachverständige(r)** *m* grafólogo *m*; '**~satz** *m* (-*es*; ⸗*e*) ⚖ libelo *m*; *Typ.* composição *f*; '**~setzer** *m* tipógrafo *m*, compositor *m*; '**~sprache** *f* (*0*) linguagem *f* literária (*od.* escrita).

'**Schrift·steller** ['-ʃtɛlər] *m* (**~in** *f*) escritor(a *f*) *m*, autor(a *f*) *m*; **⁓isch** literário; **⁓n** (-*re*; -) escrever (livros); ser autor(a), ser escritor(a).

'**Schrift|stück** *n* (-*ẹs*; -*e*) escrito *m*, documento *m*; **~tum** *n* (-*s*; *0*) letras *f*/*pl.*; literatura *f*; **~verkehr** *m* (-*s*; *0*) correspondência *f*; **~wart** *m* (-*ẹs*; -*e*) secretário *m*; **~wechsel** *m* (troca *f* de) correspondência *f*; *mit j-m im ~ stehen* corresponder-se com alg., cartear-se com alg.; **~zeichen** *n* cará[c]ter *m*; **~zug** *m* (-*ẹs*; ⸗*e*) assinatura *f*, rubrica *f*; *pl.* **~züge** letra *f*/*sg*.

schrill [ʃril] estridente, agudo.

Schritt [ʃrit] *m* (-*ẹs*; -*e*) passo *m* (*für, im, vor ac.* a); *fig.* diligência *f* (*unternehmen* fazer, efe[c]tuar); *Hose*: junta *f*; *auf ~ und Tritt* a cada passo; *j-m auf ~ und Tritt folgen* não largar alg., seguir os passos de alg.; *~ halten mit* aguentar (*ac.*); estar à altura de; *pl. mit schnellen ~en* a passos largos; '**~macher** *m* pioneiro *m*, precursor *m*; '**⁓weise** passo a passo.

schroff [ʃrɔf] *Berg*: escarpado; *fig.* brusco, rude; '**⁓heit** *f* (*0*) escarpado *m*; *fig.* rudeza *f*, brusquidão *f*.

'**schröpf|en** ['ʃrœpfən] *v/t.* ⚕ aplicar ventosas a; *fig.* esfolar, cardar, lograr; **⁓kopf** ⚕ *m* (-*ẹs*; ⸗*e*) ventosa *f*.

Schrot [ʃro:t] *m u. n* (-*ẹs*; -*e*) trigo *m* triturado, centeio *m* mondado; *Jagdw.* chumbo *m*, escumilha *f*; ⊕ *s. Schrott*; *fig. von echtem ~ und Korn* da gema, às direitas; '**⁓en** (-*e*-) triturar; '**~korn** *n* (-*ẹs*; ⸗*er*) grão *m* de chumbo; '**~mehl** *n* (-*ẹs*; *0*) farinha *f* grossa (*od.* de aveia mondada), rolão *m*; '**~mühle** *f* triturador *m*; '**~säge** *f* serra *f* grande.

Schrott [ʃrɔt] *m* (-*ẹs*; -*e*) sucata *f*; ferros-velhos *m*/*pl*.

'**schrubb|en** ['ʃrubən] esfregar; **⁓er** *m* escova *f* de esfregar.

'**Schrull|e** ['ʃrulə] *f* capricho *m*, mania *f*; **⁓en-haft, ⁓ig** caprichoso, extravagante; esquisito.

'**schrumpel|ig** ['ʃrumpəliç] F enrugado, arrugado; **~n** F (-*le*; *sn*) = *schrumpfen*.

'**schrumpf|en** ['ʃrumpfən] (*sn*) enrugar-se; encolher; ⚕ atrofiar, ficar atrofiado; **⁓niere** *f* rim *m* atrofiado; **⁓ung** *f* encolhimento *m*; *fig.* diminuição *f*; ⚕ atrofia *f*.

'**Schrunde** ['ʃrundə] *f* fenda *f*, greta *f*; (*Schramme*) arranhadura *f*.

Schub [ʃu:p] *m* (-*ẹs*; ⸗*e*) empurrão *m*, surto *m*, puxada *f*; *Brot*: fornada *f*; ⚕ leva *f*; 🚂, 🚗 transporte *m*; '**~fach** *n* (-*ẹs*; ⸗*er*) gaveta *f*; '**~karren** *m* carrinho *m* de mão, carreta *f*; '**~lade** *f* gaveta *f*; '**~lehre** *f* craveira *f*; '**⁓weise** aos empurrões; por surtos.

'**schüchtern** ['ʃyçtərn] tímido, acanhado; **⁓-heit** *f* (*0*) timidez *f*.

Schuft [ʃuft] *m* (-*ẹs*; -*e*) patife *m*; '**⁓en** F (-*e*-) trabalhar como um preto; '**⁓ig** vil, infame.

Schuh [ʃu:] *m* (-*ẹs*; -*e*) sapato *m*; *Maß* (*im pl. uv.*): pé *m*; *Phot.* calço *m*; *fig. pl. j-m et. in die ~e schieben* imputar a.c. a alg.; *wo drückt der ~?* onde é que está o mal?; '**~-anzieher** ['-antsi:ər] *m* calçador *m*, calçadeira *f*; '**~bürste** *f* escova *f* (para o calçado); '**~fabrik** *f* fábrica *f* de calçado; '**~geschäft** *n* (-*ẹs*; -*e*), '**~laden** *m* (-*s*; ⸗) sapataria *f*; '**~krem** *f* (-; -*s*) pomada *f*, graxa *f*; '**~macher** *m* sapateiro *m*; '**~nagel** *m* (-*s*; ⸗) prego (*od.* cravo) *m* de sapato; tacha *f*; '**~putzer** *m* engraxador *m*; '**~sohle** *f* (meia-)sola *f*; '**~werk** *n* (-*ẹs*; *0*) = **~zeug**; '**~wichse** *f* graxa *f*; '**~zeug** *n* (-*ẹs*; *0*) calçado *m*.

'**Schul|-amt** ['ʃu:l-] *n* (-*ẹs*; ⸗*er*) = *~behörde*; **~-anfang** *m* (-*ẹs*; ⸗*e*) abertura *f* das aulas; início *m* do ano escolar; **~-arbeit** *f* dever *m*, obrigação *f*; *pl. ~en machen a.* preparar a lição, estudar; **~ausflug** *m* (-*ẹs*; ⸗*e*) excursão *f* escolar; **~bank** *f* (-; ⸗*e*) carteira *f*; **~behörde** *f* inspe[c]ção *f* do ensino (primário *od.* secundário); **~beispiel** *n* (-*ẹs*; -*e*) exemplo *m* clássico; **~besuch** *m* (-*ẹs*; -*e*) frequência *f* da escola;

~betrieb *m* (-*ẹs*; -*e*) ensino *m* (escolar); **~bildung** *f* instrução *f*; habilitações *f*/*pl.* literárias.
Schuld [ʃult] *f* culpa *f*; ✝ dívida *f*; (*Sünde*) pecado *m*; (*Vergehen*) delito *m*, crime *m*; *in j-s ~ stehen* estar em dívidas *pl.* com alg.; *pl. in ~en geraten* endividar-se; * infusar; *j-m* ♀ *geben* atribuir a culpa a alg.; ♀ *sn* ter culpa (*an dat.* de, em); '**~bekenntnis** *n* (-*ses*; -*se*) confissão *f* da (sua) culpa(bilidade); '**♀bewußt** consciente da sua culpa(bilidade); '**~bewußtsein** *n* (-*s*; *0*) consciência *f* da (sua) culpabilidade; '**~buch** *n* (-*ẹs*; ⸚*er*) livro *m* de contas.
'**schulden** ['ʃuldən] (-*e*-) dever; **~frei** sem dívidas; **♀last** *f* dívidas *f*/*pl.*; cargos *m*/*pl.*; **♀tilgung** *f* amortização *f*.
'**Schuld|forderung** *f* dívida *f* a[c]tiva; crédito *m*; **~frage** *f* (questão *f* das) responsabilidades *f*/*pl.*; '**♀haft** culposo; culpado; '**~haftigkeit** *f* (*0*) culpabilidade *f*.
'**schuldig** ['ʃuldiç] culpado; ✝ *u. Rel.* devedor; *et. ~ sn* dever a.c.; **♀e**(**r** *m*) ['-digə(r)] *m*, *f* culpado *m*, -a *f*; ⚖ *a.* réu *m*, ré *f*; **♀keit** *f* (*0*) obrigação *f*, dever *m*.
'**Schul-direktor**(**in** *f*) *m* (-*s*; -*en*) reitor(a *f*) *m* de (*od.* do) liceu; *Vor- u. Privatschule*: dire[c]tor(a *f*) *m*.
'**Schuld|klage** *f* a[c]ção *f* por dívidas; **♀los** (-*est*) inocente, sem culpa; * inculpe; *~ angeklagt* falso culpado; **~losigkeit** ['-lo:ziç-] *f* (*0*) inocência *f*; **~ner**(**in** *f*) *m* devedor(a *f*) *m*; **~schein** *m* (-*ẹs*; -*e*) título *m* de dívida; **~verschreibung** *f* obrigação *f*; promissória *f*.
'**Schul|e** ['ʃu:lə] *f* escola *f* (primária); *höhere ~* escola *f* secundária, liceu *m*; *~ haben* ter aula; *keine ~ haben* ter feriado; *aus der ~ plaudern fig.* ser indiscreto; **♀en** instruir; formar; adestrar.
'**Schüler** ['ʃy:lər] *m* aluno *m*; estudante *m* (de liceu); (*Jünger*) discípulo *m*; **♀-haft** (-*est*) de principiante, de estudante; imperfeito; **~in** *f* aluna *f*; estudante *f* (de liceu); discípula *f*; **~schaft** *f* alunos *m*/*pl.*; alunas *f*/*pl.*; **~streich** *m* (-*ẹs*; -*e*) brincadeira *f* de rapazes, garotice *f*.
'**Schul|feier** *f* (-; -*n*), **~fest** *n* (-*ẹs*; -*e*) festa *f* escolar; **♀frei** feriado; **~freund** *m* (-*ẹs*; -*e*) companheiro *m* de escola (*od.* de liceu *od.* de colégio); **~funk** *m* (-*ẹs*; *0*) emissão *f* escolar; **~garten** *m* (-*s*; ⸚) horto *m* escolar; **~gebäude** *n* edifício *m* escolar (*od.* da escola *od.* do liceu); **~geld** *n* (-*ẹs*; -*er*) propina *f* escolar; **~-hof** *m* (-*ẹs*; ⸚*e*) pátio *m* de recreio; **~jahr** *n* (-*ẹs*; -*e*) ano *m* le[c]tivo, ano *m* escolar; **~kamerad** *m* (-*en*) colega *m*, condiscípulo *m*; = *~freund*; **~kind** *n* (-*ẹs*; -*er*) aluno *m*; estudante *m* do liceu; **~klasse** *f* classe *f*; (*Raum*) sala *f* de aula; **~lehrer**(**in** *f*) *m* professor(a *f*) *m* (do ensino primário *od.* secundário); **~mappe** *f* pasta *f*; carteira *f*; **~meister** *m* mestre-escola *m*; *fig.* doutrinário *m*; maçador *m*; **♀meistern** (-*re*) censurar; *j-n ~ a.* dar uma lição a alg.; **~-ordnung** *f* regulamento *m* escolar; **~pflicht** *f* (*0*) (**♀pflichtig** sujeito ao) ensino *m* obrigatório; **~rat** *m* (-*ẹs*; ⸚*e*) inspe[c]tor *m* de ensino; **~reform** *f* reforma *f* do ensino escolar; **~reiten** *n* alta escola *f*; **~schiff** *n* (-*ẹs*; -*e*) navio-escola *m*; **~stunde** *f* aula *f*; **~tag** *m* (-*ẹs*; -*e*) dia *m* de aula; **~tafel** *f* (-; -*n*) quadro *m*; **~tasche** *f* sacola *f* de colégio.
'**Schulter** ['ʃultər] *f* (-; -*n*) ombro *m*; espádua *f*; *~ an ~* lado a lado; *fig. j-m die kalte ~ zeigen* não atender alg.; *et. auf die leichte ~ nehmen* não fazer caso de a.c.; **~blatt** *n* (-*ẹs*; ⸚*er*) omoplata *f*; **♀n** (-*re*) pôr ao ombro; ⚔ *das Gewehr ~* carregar armas; **~riemen** *m*: (*am*) *~* (em) bandoleira *f*; (ao) tira-colo *m*; **~stück** *n* (-*ẹs*; -*e*) espaldeira *f*, ombreira *f*; (*Achselstück*) ⚔ dragona *f*, galão *m*.
'**Schul|ung** ['ʃu:luŋ] *f* instrução *f*; **~-unterricht** *m* (-*ẹs*; *0*) ensino *m* escolar; **~versäumnis** *n* (-*ses*; -*se*) falta *f*; **~weg** *m* (-*ẹs*; -*e*) caminho *m* da escola; **~vorsteher**(**in** *f*) *m* dire[c]tor(a *f*) *m* de (*od.* do) colégio; **~wesen** *n* (-*s*; *0*) ensino *m*, instrução *f* pública.
'**Schul|zeit** *f* horas *f*/*pl.* de aula; anos *m*/*pl.* de escola; **~zeugnis** *n* (-*ses*; -*se*) certidão *f*, certificado *m*, diploma *m*; **~zimmer** *n* sala *f* de aula; **~zwang** *m* (-*ẹs*; *0*) ensino *m* obrigatório.
'**Schumm|e'lei** ['ʃumə'laɪ] *f* batota

f; 2**eln** (*-le*) fazer batota; 2(**e**)**rig** crepuscular.

Schund [ʃunt] *m* (*-és*; *0*) refugo *m*; (*a. fig.*) porcaria *f*; coisa *f* sem valor; '**~literatur** *f* (*0*) literatura *f* barata; literatura *f* pornográfica; '**~ware** *f* refugo *m*; rebotalho *m*.

'**Schupo** ['ʃu:po] **a**) *m* (*-s*; *-s*) *Abk. für* (Schutz-)Polizist, Schutzmann guarda *m*, polícia *m*; **b**) *f uv. Abk. für* Schutzpolizei guarda *f*, polícia *f*.

'**Schupp|e** ['ʃupə] *f Fisch*: escama *f*; (*Kopf*2) caspa *f*; 2**en**[1] escamar; *sich* ~ coçar-se; esfolar-se; **~en**[2] *m* alpendre *m*; ✝ armazém *m*; (*Wagen*2) cocheira *f*; (*Auto*2) garagem *f*; ✈ hangar *m*; **~en-panzer** *m* loriga *f*; 2**ig** escamoso.

Schur [ʃu:r] *f* tosquia *f*, tosadura *f*.

'**Schür|-eisen** ['ʃy:r-] *n* atiçador *m*; 2**en** atiçar.

'**schürfen** ['ʃyrfən] arranhar; ⚒ fazer sondagens (*nach* de).

'**Schurk|e** ['ʃurkə] *m* (*-n*) malandro *m*; patife *m*; **~en-streich** *m* (*-és*; *-e*), **~e'rei** [-ə'raɪ] *f* malandrice *f*; 2**isch** infame, vil, velhaco.

Schurz [ʃurts] *m* (*-es*; *-e*) mandil *m*; tanga *f*; avental *m*.

'**Schürz|e** ['ʃyrtsə] *f* avental *m*; e-e ~ *voll* uma abada; **~en-jäger** *m* mulherengo *m*, «Dom João» *m*.

'**Schurz-leder** *n* mandil *m* de couro, fraldilha *f*.

Schuß [ʃus] *m* (*-sses*; *‥sse*) ⚔ tiro *m* (*abgeben* disparar); *Fußball*: pontapé *m*; ⚘ = Schößling; *Weberei*: trama *f*; ⚕ ferida *f*; ein ~ *Pulver* uma carga *f* de; ein ~ *Rum usw.* uma pinguinha de; *fig.* weit vom ~ sn estar longe, não correr perigo; im ~ sn estar perfeito; in ~ bringen compor, arranjar; '**~bereich** *m u. n* (*-és*; *-e*): im ~ a alcance *m* de tiro; '2**bereit** pronto para disparar.

'**Schüssel** ['ʃysəl] *f* (*-*; *-n*) prato *m* (*a. Gericht*), travessa *f*; *tiefe*: alguidar *m*; *mit Deckel*: terrina *f*.

'**Schuß|linie** *f* linha *f* de proje[c]ção; **~waffe** *f* arma *f* de fogo; **~weite** *f* = ~bereich; **~wunde** *f* tiro *m*, ferida *f*.

'**Schuster** ['ʃu:stər] *m* sapateiro *m*; 2**n** (*-re*) fazer (*od.* consertar) sapatos; *fig.* trabalhar mal. [lancha *f*.]

'**Schute** ['ʃu:te] *f* ⚓ gabarra *f*,

Schutt [ʃut] *m* (*-és*; *0*), '**~-abladestelle** *f* escombros *m*/*pl.*, entulho *m*, lixo *m*.

'**Schüttel|frost** ['ʃytəl-] *m* (*-és*; *‥e*) calafrios *m*/*pl.*; 2**n** (*-le*) sacudir; *Gefäß*: agitar; *Kopf*: abanar; *Hand*: apertar; **~reim** *m* (*-és*; *-e*) rima *f* trocada.

'**schütt|en** ['ʃytən] (*-e-*) deitar, despejar; **~er** ralo, raro; 2**gut** *n* (*-és*; *‥er*) material *m* a granel.

'**Schutt|-halde** *f* escorial *m*; **~-haufen** *m* montão *m* de entulho (*od.* de lixo).

Schutz [ʃuts] *m* (*-es*; *0*) prote[c]ção *f*; (*Obhut*) amparo *m*; (*Zuflucht*) refúgio *m*, abrigo *m*; (*Verteidigung*) defesa *f* (*vor dat.* de, contra); in ~ nehmen defender; in s-n ~ nehmen proteger; im ~e (*gen.*) ao abrigo de; a coberto de; '**~-anstrich** *m* (*-és*; *-e*) pintura *f* prote[c]tora; ⚔ camuflagem *f*; '**~befohlene**(**r** *m*) *m*, *f* ['-bəfo:lənə(r)] protegido *m*, -a *f*; pupilo *m*, -a *f*; '**~blech** *n* (*-és*; *-e*) guarda-lamas *m*; '**~brief** *m* (*-és*; *-e*) salvo-conduto *m*; '**~brille** *f* óculos *m*/*pl.* de resguardo; '**~bündnis** *n* (*-ses*; *-se*) aliança *f* defensiva; '**~dach** *n* (*-és*; *‥er*) telheiro *m*, abrigo *m*.

'**Schütz|e** ['ʃytsə] **1.** *m* (*-n*) atirador *m*; ⚔ fusileiro *m*; (*Jäger*) caçador *m*; *ehm.* besteiro *m*; *Astr.* Sagitário *m*; **2.** ⊕ *f* comporta *f*; *Weberei*: lançadeira *f*; 2**en** (*-t*): ~ vor (*dat.*), ~ gegen proteger de, proteger contra, amparar de; defender de, defender contra; (*schirmen*) abrigar, resguardar de; geschützt vor (*dat.*) ao abrigo de; **~en-fest** *n* (*-és*; *-e*) festa *f* de tiro ao alvo.

'**Schutz-engel** *m* anjo *m* custódio, anjo *m* da guarda.

'**Schützen|graben** *m* (*-s*; *‥*) trincheira *f*; **~stand** *m* (*-és*; *‥e*) tiro *m*.

'**Schutz|farbe** *f* cor (*ô) *f* de prote[c]ção; = **~färbung** *f* ⚔ camuflagem *f*; *Zool.* mimetismo *m*; **~gebiet** *n* (*-és*; *-e*) *Pol.* prote[c]torado *m*; **~gitter** *n* grada *f* de prote[c]ção; *gegen Feuer*: guarda-fogo *m*; **~-haft** *f* (*0*) detenção *f* preventiva; **~-heilige**(**r** *m*) *m*, *f* padroeiro *m*, -a *f*; **~-herr**(**in** *f*) *m* (*-en*) prote[c]tor(a *f*) *m*; **~-herrschaft** *f* (*0*) prote[c]torado *m*; **~-hülle** *f* capa *f*; **~-hütte** *f* abrigo *m*; **~-impfung** *f* vacinação *f* (preventiva).

'**Schützling** ['ʃytsliŋ] *m* (-*s*; -*e*) protegido *m*, -a *f*.
'**schutz|los** desamparado, desprotegido; ⚔ indefeso; **2macht** *f* (-; ⁼*e*) potência *f* prote[c]tora; **2mann** *m* (-*ės*; ⁼*er od.* -*leute*) polícia *m*, guarda *m*; **2marke** ✝ *f* marca *f* registrada; **2mittel** ⚕ *n* preservativo *m*; **2patron(in** *f*) *m* (-*s*; -*e*) padroeiro *m* (-a *f*); **2polizei** *f* (*0*) polícia *f* de segurança pública, guarda *f*; **2polizist** *m* (-*en*) guarda *m*, polícia *m*; **2raum** ⚔ *m* (-*ės*; ⁼*e*) abrigo *m* (✈ antiaéreo); **2scheibe** *f* parabrisa(s) *m*; **2streitkräfte** *f/pl.* forças (*ô) *f/pl.* de cobertura; **2-verband** *m* (-*ės*; ⁼*e*) sociedade (*od.* associação) *f* prote[c]tora; **2wache** *f* guarda *f* (de honra), escolta *f*; **2-waffe** *f* arma *f* defensiva; **2zoll** *m* (-*ės*; ⁼*e*) direitos *m/pl.* proibitivos; **2zoll-system** *n* (-*s*; -*e*) prote[c]cionismo *m*.
schwach [ʃvax] (⁼*er*; ⁼*st*) fraco; débil; *Stimme*: *a.* sumido; **~e** *Stunde* momento *m* de fraqueza; **~e** *Seite* fraco *m*; **~** *werden* enfraquecer.
'**Schwäche** ['ʃvɛçə] *f* fraqueza *f*; ⚕ *a.* astenia *f*, abirritação *f*; *fig.* defeito(s) *m*(*pl.*); fraco *m* (*für* por); **~gefühl** *n* (-*ės*; -*e*) sensação *f* de fraqueza; **2n** enfraquecer.
'**Schwach|heit** *f* fraqueza *f*; (**~-kopf** *m* [-*ės*; ⁼*e*]) **2köpfig** ['-kœpfiç] imbecil (*m*).
'**schwäch|lich** ['ʃvɛçliç] fraquinho; ⚕ doentio, delicado; *a. fig.* sem energia, fraco; **2ling** *m* (-*s*; -*e*) homem *m* fraco (*od.* sem energia); F fracote *m*; abóbora *m*.
'**schwach|sichtig** ['-ziçtiç] míope; **~** *sn a.* não ver bem, ter a vista cansada; **2sinn** *m* (-*ės*; *0*) imbecilidade *f*; **~sinnig** imbecil; **2strom** *m* (-*ės*; *0*) corrente *f* de baixa tensão.
'**Schwächung** ['ʃvɛçuŋ] *f* enfraquecimento *m*.
'**Schwaden** ['ʃva:dən] *m* tufo *m*; ⚒ mofeta *f*, grisu *m*; *pl.* (*Nebel2*) nevoeiro *m/sg.*, nuvens *f/pl.*; (*Rauch2*) fumaçada *f*, fumarada *f*.
Schwa'dron [ʃva'dro:n] *f* esquadrão *m*; **2'ieren** (-) fanfarronar.
'**schwafeln** ['ʃva:fəln] F (-*le*) disparatar.
'**Schwager** ['ʃva:gər] *m* (-*s*; ⁼) cunhado *m*.
'**Schwäger|in** ['ʃvɛ:gərin] *f* cunhada *f*; **~schaft** *f* (*0*) cunhadia *f*, -o *m*.
'**Schwalbe** ['ʃvalbə] *f* andorinha *f*.
Schwall [ʃval] *m* (-*ės*; -*e*) torrente *f*; *Menge*: multidão *f*, data *f*.
Schwamm [ʃvam] *m* (-*ės*; ⁼*e*) esponja *f*; ⚘ fungo *m*, cogumelo *m*; (*Feuer2*) isca *f* (para fazer lume); *fig.* **~** *d(a)rüber!* pronto, acabou-se!; já não se fala nisso!; o que lá vai, lá vai!; água em terra!; '**2ig** esponjoso; abalofado; fungoso; *fig.* mole.
Schwan [ʃva:n] *m* (-*ės*; ⁼*e*) cisne *m*; '**2en**: *mir schwant* palpita-me; '**~en-gesang** *m* (-*ės*; ⁼*e*) canto *m* de cisne.
'**schwanger** [ʃvaŋər] grávida; pejada; prenhe (*a. fig.*).
'**schwängern** ['ʃvɛŋərn] (-*re*) tornar grávida, emprenhar; *fig.* impregnar.
'**Schwangerschaft** *f* gravidez *f*.
Schwank [ʃvaŋk] *m* (-*ės*; ⁼*e*) facécia *f*; *Thea.* farsa *f*; *Lit.* conto *m* burlesco; '**2en** abanar; *a. fig.* vacilar, oscilar; *j.*: *a.* hesitar; '**2end** *adj.* oscilante, vacilante, indeciso; *Gesundheit*: precário *m*; '**~ung** *f* oscilação *f*.
Schwanz [ʃvants] *m* (-*es*; ⁼*e*) cauda *f* (*a. Astr.*); rabo *m*.
'**schwänz|eln** ['ʃvɛntsəln] (-*le*) agitar (*od.* mover) a cauda; *fig.* saracotear-se; **~en** (-*t*) pôr (uma) cauda a; *fig.* F *die Schule* **~** gazear.
'**Schwanz|feder** *f* (-; -*n*) pena *f* da cauda; **~flosse** *f* barbatana *f*; ✈ deriva *f* caudal.
'**Schwär|e** ['ʃvɛ:rə] *f* úlcera *f*; ab(s)cesso *m*; **2en** supurar, criar pús, ulcerar.
Schwarm [ʃvarm] *m* (-*ės*; ⁼*e*) *Bienen*: enxame *m*; *Fische*: cardume *m*; *Menschen*: tropel *m*, rancho *m*, multidão *f*; chusma *f*; *Vögel*: bando *m*; *fig.* paixão *f*, amor *m*, fraco *m*.
'**schwärm|en** ['ʃvɛrmən] (*h. u. sn*) voltear; vaguear; *Bienen*: enxamear; ⚔ dispersar-se; (*bummeln*) levar vida alegre; ir à pândega; *fig.* (*h.*): **~** *von* delirar de, imaginar (*ac.*); **~** *für* entusiasmar-se com, apaixonar-se por, andar doido por; **2er** *m j.*: exaltado *m*, entusiasta *m*; *Rel.* visionário *m*; fanático *m*; *Zool.* esfinge *f*; *Feuerwerk*: busca-pé *m*; **2e'rei** [-ə'raɪ] *f* paixão *f*, entusiasmo *m*, exaltação *f*, fanatismo *m*;

~erisch entusiástico; exaltado; *Rel.* fanático.
'**Schwarte** ['ʃvartə] *f* pele *f* de porco, couro *m* de toucinho; (*altes Buch*) cartapácio *m*, calhamaço *m*.
schwarz [ʃvarts] (*⁼er*; *⁼est*) preto; negro (*a. Meer*), *fig. a.* ilegal, ilícito; *~ auf weiß* por escrito; em letra redonda; *~ machen*, *~ werden* enegrecer; *~ machen Kartenspiel*: dar capote; *j-m wird ~ vor den Augen* foge a vista a alg.; *warten, bis man ~ wird* até que lhe crescesse uma barba grisalha; *~ sehen* ser pessimista; *ins* *2e treffen* acertar, dar em cheio; *fig.* dar no vinte; '**2-arbeit** *f* trabalho *m* ilegal (*od.* ilícito); '**~-äugig** ['-ɔygiç] de olhos pretos; '**~bärtig** de barba preta; '**~blau** azul negro, roxo; '**2blech** *n* (*-es*; *-e*) chapa *f* de ferro; '**~braun** moreno; *Pferd*: baio escuro; '**2brot** *n* (*-es*; *-e*) pão *m* de centeio; '**2dorn** *m* (*-s*; *-e*) abrunheiro *m* silvestre; '**2drossel** *f* (*-*; *-n*) melro *m*, toutinegra *f*.
'**Schwärz|e** ['ʃvɛrtsə] *f* negridão *f*; (*Drucker2*) tinta *f*; **2en** (*-t*) enegrecer, pintar preto.
'**Schwarz|fahrer** *m* passageiro *m* sem bilhete (*od.* de borla); *Auto*: motorista *m* sem licença; **~fahrt** *f* viagem *f* sem bilhete; *Auto*: passeio *m* não autorizado; **2gestreift** com riscas pretas; **2-haarig** de cabelos pretos; **~-handel(s...:)** *m* (do) mercado *m* negro; **~-händler** *m* traficante *m* do mercado negro; **~-hörer** *m* radiouvinte *m* clandestino; **~-kunst** *f* (*0*) necromancia *f*; **~künstler** *m* necromante *m*.
'**schwärzlich** ['ʃvɛrtsliç] negrinho.
'**Schwarz|markt...**: *in Zssg(n)* do mercado negro; **~-seher** *m* tele-espe[c]tador *m* clandestino; *fig.* pessimista *m*; **~-sender** *m Radio*: emissora *f* clandestina; **~'weißzeichnung** *f* desenho *m* em branco e preto; **~wild** *n* (*-es*; *0*) javali *m*, caça *f* grossa; **~wurz** ['-vurts] *f* (*0*) consolda *f* maior; **~wurzel** *f* (*-*; *-n*) escorcioneira *f*.
Schwatz [ʃvats] *m* (*-es*; *-e*) cavaco *m*; '**2en** (*-t*) palrar, cavaquear; ser indiscreto.
'**schwätz|en** ['ʃvɛtsən] (*-t*) = *schwatzen*; **2er(in** *f*) *m* falador(a *f*) *m*, indiscreto(-a *f*) *m*; tagarela *m*, *f*.
'**schwatz-haft** palrador; indiscreto; **2igkeit** *f* (*0*) loquacidade *f*; indiscreção *f*.
'**Schwebe** ['ʃve:bə] *f* (*0*): *in der ~* = *2nd*; **~bahn** *f* teleférico *m*; **~-balken** *m* trave *f* olímpica; **2n** pairar; estar suspenso; *in Gefahr*: estar; *noch ~ fig.* = *2nd sn*; **2nd** *adj.* suspenso, *fig. a.* pendente, em suspensão; *Schuld*: ⚕ flutuante.
'**Schwebung** ['ʃve:buŋ] *f Phys.* interferência *f*.
'**Schwed|e** ['ʃve:də] *m* (*-n*) (**~in** *f*) sueco *m* (-a *f*); **2isch** sueco, da Suécia.
'**Schwefel** ['ʃve:fəl] *m* (*-s*; *0*) enxofre *m*; **~...**: *in Zssg(n)* ⚗ (*z.B. ~eisen*) *a.* sulfureto de ...; = *2haltig*; **~bad** *n* (*-es*; *⁼er*) banho *m* sulfuroso (*od.* sulfúreo); *Ort*: = *~quellen*; **~faden** *m* (*-s*; *⁼*) mecha *f*; **2farbig**, **2gelb** sulfurino; **~grube** *f* mina *f* de enxofre; **2-haltig** [-haltiç] sulfúreo, sulfúroso; **~-holz** *n* (*-es*; *⁼er*), **~-hölzchen** [-hœltsçən] *n* fósforo *m*; **2ig** sulfuroso; **~kies** *m* (*-es*; *0*) pirite *f* sulfúrea; **2n** (*-le*) enxofrar, sulfurar; **~quellen** *f/pl.* águas *f/pl.* sulfurosas; **2sauer** sulfato *m* de ...; **~säure** *f* (*0*) ácido *m* sulfúrico; **~-wasserstoff** *m* (*-es*; *0*) ácido *m* sulfídrico.
Schweif [ʃvaɪf] *m* (*-es*; *-e*) cauda *f*; '**2en** *v/i.* (*h. u. sn*) vaguear; errar; *~ lassen Blick*: passar; *v/t.* chanfrar, abaular; *geschweift adj. a.* curvado; *Tier*: de cauda; '**~stern** *m* (*-es*; *-e*) cometa *m*.
'**Schweige|geld** ['ʃvaɪgə-] *n* (*-es*; *-er*) suborno *m* (para impor silêncio); **2n¹** (*L*) calar(-se); estar calado, ficar calado; *~ über* (*ac.*), *~ von* calar (*ac.*); **~n²** *n* silêncio *m*; *zum ~ bringen* fazer calar; **2nd** *adj.* calado, silencioso, tácito (*sich verhalten* ficar); **~pflicht** *f* (*0*) segredo *m* profissional.
'**schweigsam** ['ʃvaɪkza:m] silencioso, taciturno; **2-keit** *f* (*0*) taciturnidade *f*; mutismo *m*.
Schwein [ʃvaɪn] *n* (*-es*; *-e*) porco *m* (*wildes* montês; javali *m*), varrão *m*, suíno *m*; *fig.* F (*Glück*) sorte *f*.
'**Schweine|braten** *m* porco *m* assado; **~fett** *n* (*-es*; *-e*) banha *f*; **~-fleisch** *n* (*-es*; *0*) (carne *f* de) porco *m*; **~-hirt** *m* (*-en*) porqueiro *m*; **~-hund** F *m* (*-es*; *-e*) patife *m*, velhaco *m*; **~'rei** [-'raɪ] *f* porcaria *f*; **~-**

schmalz *n* (*-es*; *0*) banha *f*, manteiga *f* de porco; **~stall** *m* (*-es*; *⸚e*) curral *m* de porcos, casa *f* de porcos; chiqueiro *m* (*a. fig.*); **~zucht** *f* (*0*) criação *f* de porcos.

'schweinisch ['ʃvaɪnɪʃ] porco; obsceno; pornográfico.

'Schweins|blase *f* bexiga *f* de porco; **~borste** *f* cerda *f*; **~kopf** *m* (*-es*; *⸚e*) cabeça *f* de porco (*od. Wildschwein*: de javali); **~leder** *n* couro *m* de porco; pergaminho *m*.

Schweiß [ʃvaɪs] *m* (*-es*; *0*) suor *m* (*a. fig.*); transpiração *f*; *Jägersprache*: sangue *f*; (*Angst*~, *kalter* ~) suores *m/pl.* frios; *in ~ geraten* começar a suar; **'~-absonderung** *f* transpiração *f*; **'~blatt** *n* (*-es*; *⸚er*) sovaco *m*; **'~brenner** *m* maçarico *m* de soldar; **'~drüse** *f* glândula *f* sudorífera; **'~en** (*-t*) **1.** *v/t.* ⊕ soldar; **2.** *v/i. Jägersprache*: deitar sangue; **'~er** *m* ⊕ soldador *m*; **'~hund** *m* (*-es*; *-e*) braco *m*; **'~ig** em suor, a suar, suarento, suado; **'~naht** *f* (*-*; *⸚e*) ⊕ soldadura *f*; **'~treibend** sudorífico; **'~triefend** suado, banhado em suor, gotejante de suor; **'~tropfen** *m* gota *f* de suor; **'~tuch** *n* (*-es*; *⸚er*) sudário *m*.

'Schweizer ['ʃvaɪtsər] *m* (**~in** *f*) suíço *m* (-a *f*); **~isch** suíço, helvético, da Suíça.

'schwel|en[1] ['ʃveːlən] arder sem chama; *Teer ~* extrair pez; **~en**[2] *n* ⊕ carbonização *f* incompleta.

'schwelg|en ['ʃvɛlgən] gozar; *~ in* (*dat.*) regalar-se com; **~er** *m* patusco *m*; **~e'rei** [-ə'raɪ] *f* patuscada *f*; excesso *m*; **~erisch** luxuoso; *Mahl*: opíparo.

'Schwell|e ['ʃvɛlə] *f* limiar *m* (*a. fig.*); soleira *f*, umbral *m*; 🚂 travessa *f*, chulipa *f*, dormente *f*; **~en** *v/t. u. v/i.* (*L*) inchar; entumecer, tumefazer; *v/i. Wasser*: crescer; **~ung** *f* inchaço *m*.

'Schwemm|e ['ʃvɛmə] *f* vau *m*; bebedouro *m*; F cervejaria *f* popular; **~en** levar; fazer flutuar; *Pferd*: banhar; **~land** *n* (*-es*; *⸚er*) aluvião *m*.

'Schwengel ['ʃvɛŋəl] *m* manivela *f*; braço *m* (da bomba), picota *f*; palança *f*; (*Glocken*~) badalo *m*; *am Wagen*: balancim *m*.

'schwenk|bar ['ʃvɛŋk-] giratório; **~en** **1.** *v/t.* agitar; (*drehen*) virar, fazer girar; (*spülen*) lavar; **2.** *v/i.* virar-se, ⚔ fazer uma evolução; **~ung** *f* conversão *f*, evolução *f*; volta *f*.

schwer [ʃveːr] **1.** *adj.* pesado (*a.* ⚔); (*schwierig*) difícil; (*mühevoll*) penoso, duro; (*ernst*) grave; (*streng*) severo; *Getränk usw.*: forte; *~es Geld* um dinheirão; **2.** *adv. arbeiten, wiegen*: muito; *krank*: gravemente; *drei Kilo ~ sn* pesar; *~ werden* = *~fallen*; *ich habe es ~ mit ihm* (ele) dá-me muito que fazer; **'~-arbeit** *f* (*0*) trabalho *m* de indústrias pesadas; **'~-arbeiter** *m* operário *m* de indústrias pesadas; **'~-athletik** *f* (*0*) atletismo *m* pesado; **'~be'laden** muito carregado; **'~beschädigte(r)** ['-bəʃɛːdiçtə(r)] *m* gravemente mutilado *m*; **'~e** *f* (*0*) peso (*ê) *m*; *fig. a.* gravidade *f*; (*Schwierigkeit*) dificuldade *f*; **'~e-los** liberto de gravidade; **'~e-nöter** [-nøːtər] *m* galante(ador) *m*; maroto *m*; **'~fallen** (*L*) custar; **'~fällig** pesado(nho), lento, parado; **'~fälligkeit** *f* (*0*) peso (*ê) *m*; *fig.* lentidão *f*; **'~flüssig** refra[c]tário; **'~gewicht** *n* (*-es*; *-e*) peso (*ê) *m* (*Sport*: pesado); **'~hörig** mouco; surdo; **'~hörigkeit** *f* (*0*) surdez *f*; **'~-industrie** *f* indústria *f* pesada; **'~kraft** *f* (*0*) gravitação *f*; **'~krank** gravemente doente; **'~kriegs-beschädigte(r)** [-bəʃɛːdiçtə(r)] *m* mutilado *m* grave de guerra; **'~lich** dificilmente; **'~mut** *f* (*0*) melancolia *f*; ⚕ hipocondria *f*; **'~mütig** ['-myːtiç] melancólico, triste; **'~-öl** *n* (*-es*; *-e*) óleo *m* pesado; **'~punkt** *m* (*-es*; *-e*) centro *m* de gravidade; *fig.* ponto *m* principal; **'~reich** muito rico; **'~spat** *m* (*-es*; *-e*) espato *m* pesado, sulfato *m* de barita.

Schwert [ʃveːrt] *n* (*-es*; *-er*) espada *f*; **'~fisch** *m* (*-es*; *-e*) peixe-espada *m*; **'~förmig** ['-fœrmiç] ensiforme; **'~lilie** *f* espadana *f*, gladiolo *m*.

'Schwer|verbrecher *m* grande criminoso *m*; **~verdaulich** indigesto; **~verständlich** difícil de compreender; **~verwundet** gravemente ferido; **~wiegend** *fig.* grave, transcendente.

'Schwester ['ʃvɛstər] *f* (*-*; *-n*) irmã *f*; (*Kranken*~) enfermeira *f*; **~lich** de irmã, como irmã; **~n-schaft** ⚕ *f* (*0*) as enfermeiras *f/pl.*; **~schiff** *n*

(*-ęs*; *-e*) navio *m* irmão, navio *m* gêmeo; **~sprache** *f* língua *f* irmã.

'**Schwib-bogen** ['ʃvip-] ⚠ *m* (*-s*; *=*) arco *m* botante.

'**Schwieger|eltern** ['ʃvi:gər-] *pl.* sogros (*'ô) *m/pl.*; **~mutter** *f* (*-*; *=*) sogra *f*; **~sohn** *m* (*-ęs*; *=e*) genro *m*; **~tochter** *f* (*-*; *=*) nora *f*; **~vater** *m* (*-s*; *=*) sogro (*'ô) *m*.

'**Schwiel|e** ['ʃvi:lə] *f* calo(sidade *f*) *m*; **2ig** caloso.

'**schwierig** ['ʃvi:riç] difícil; **2keit** *f* dificuldade *f*.

'**Schwimm|bad** ['ʃvim-] *n* (*-ęs*; *=er*), **~bassin** *n* (*-s*; *-s*), **~becken** *n* piscina *f*; **~blase** *f* bexiga *f* natatória; **~dock** *n* (*-ęs*; *-s od. -e*) doca *f* flutuante; **2en**[1] (*L*; *sn*) flutuar, boiar; *j.*: nadar; *in Tränen*: desfazer-se; *es schwimmt mir vor den Augen* foge-me a vista; **~en**[2] *n* natação *f*; **~er** *m* **a**) ⊕ bóia *f*; flutuador *m* (*a. Angel*); **b**) **~er(in** *f*) *m* nadador(a *f*) *m*; **~fähigkeit** *f* (*0*) flutuabilidade *f*; **~gurt** *m* (*-ęs*; *-e*), **~gürtel** *m* cinto *m* de natação; **~-haut** *f* (*-*; *=e*) membrana *f*; **~körper** *m* = *~er a*); **~lehrer** *m* professor (*od.* mestre) *m* de natação; **~(m)eisterschaft** *f* campeonato *m* de natação; **~sport** *m* (*-ęs*; *0*) natação *f*; **~stoß** *m* (*-es*; *=e*) braçada *f*; **~vogel** *m* (*-s*; *=*) ave *f* aquática, ave *f* palmípede; **~weste** *f* = *~gurt*; salva-vidas *m*.

'**Schwindel** ['ʃvindəl] *m* **a**) = **~-anfall** *m* (*-ęs*; *=e*) vertigem *f*, tonturas *f/pl.*; **b**) = **~'ei** *f* mentira *f*, peta *f*; burla *f*, entrujice *f*, embuste *m*; **2-erregend** vertiginoso; **2frei**: *~ sn* não ter vertigens; **~gefühl** *n* (*-ęs*; *-e*) sensação *f* de vertigens; **2-haft** fraudulento, mentiroso; **2ig** vertiginoso; *~ sn* ter vertigens, ter tonturas; **2n** (*-le*): *j-m schwindelt* alg. está com vertigens; *fig.* (*lügen*) mentir, dizer petas, ser mentiroso.

'**schwinden** ['ʃvindən] (*L*; *sn*) (*abnehmen*) diminuir; (*hin~*) desvanecer; fugir; (*ver~*) desaparecer; *j-m ~ die Sinne* alg. perde os sentidos.

'**Schwind|ler** ['ʃvintlər] *m* aldrabão *m*, embusteiro *m*; tratante *m*; burlador *m*; **~sucht** *f* (*0*) tísica *f*; **2süchtig** tísico.

'**Schwing|-achse** ['ʃviŋ-] *f* árvore *f* de cambo; **~e** *f* asa *f*; (*Getreide2*) ventilabro *m*, ciranda *f*, joeira *f*; (*Flachs2*) espadela *f*; **2en** (*L*) **1.** *v/t.* agitar; *Degen*: vibrar; *Lanze*: arrojar; *Korn*: cirandar, joeirar; *Flachs*: espadelar; *sich ~* lançar-se, arrojar-se; **2.** *v/i.* vibrar; *Pendel*: oscilar; **~ung** *f* vibração *f*; *Pendel*: oscilação *f*; **~ungs-kreis** *m* (*-es*; *-e*) circuito *m* oscilante; **~ungs-weite** *f* amplitude *f* oscilatória; **~ungs-zahl** *f* frequência *f*.

Schwips [ʃvips] F *m* (*-es*; *-e*) bico *m*.

'**schwirren** ['ʃvirən] (*h. u. sn*) vibrar; zunir; *pfeifend*: sibilar; *Gerücht*: circular.

'**Schwitz|bad** ['ʃvits-] *n* (*-ęs*; *=er*) banho *m* de vapor; **2en** (*-t*) suar, transpirar; **~kasten** *m* (*-s*; *=*) estufa *f*, casa *f* de abafos.

'**schwören** ['ʃvø:rən] (*L*) jurar; *e-n Eid ~* prestar juramento.

schwül [ʃvy:l] abafado; pesado; '**2e** *f* (*0*) calor *m* sufocante (*od.* abafadiço); abafamento *m*.

Schwulst [ʃvulst] *m* (*-es*; *=e*) estilo *m* empolado; *Lit.* cultismo *m*, gongorismo *m*.

'**schwülstig** ['ʃvylstiç] empolado, bombástico.

Schwund [ʃvunt] *m* (*-ęs*; *0*) redução *f*, diminuição *f*, definhamento *m*; ⚕ atrofia *f*; *gänzlicher*: desaparecimento *m*, perda *f*.

Schwung [ʃvuŋ] *m* (*-ęs*; *=e*) arranco *m*; (*Antrieb*) impulso *m*, ímpeto *m*, *fig. a.* brio *m*; *Höhe*: elevação *f*; *in ~ bringen* (*ac.*) pôr em marcha; *fig.* dar impulso a, a[c]tivar; '**~brett** *n* (*-ęs*; *-er*) trampolim *m*; '**~feder** *f* (*-*; *-n*) remígio *m*; '**2haft** (*-est*) florescente, próspero, lucrativo; '**~-kraft** *f* (*-*; *=e*) força (*ô) *f* motriz (*od.* centrífuga); *fig.* elasticidade *f*; brio *m*; '**2los** (*-est*) monótono, aborrecido; '**~rad** *n* (*-ęs*; *=er*) volante *m*; '**2voll** = *2haft*; enfático, brilhante, brioso.

Schwur [ʃvu:r] *m* (*-ęs*; *=e*) juramento *m*; '**~gericht** *n* (*-ęs*; *-e*) (tribunal *m* de) jurados *m/pl.*, júri *m*.

sechs [zɛks] (*2 f*) seis (*m*); '**2-eck** *n* hexágono *m*; '**~-eckig** hexagonal; '**~erlei** ['-ərlaɪ] de seis espécies, de seis ... diferentes; '**~fach**, '**~fältig** ['-fɛltiç] sêxtuplo; '**~-hundert** seiscentos; '**~hundertste(r)** seiscentésimo; '**~jährig** ['-jɛ:riç] de seis anos (de idade); '**~mal(ig)** seis vezes (repetido); '**~monatlich** semestral; '**~seitig** ['-zaɪtiç] de seis páginas; = ~*eckig*; '~**silbig** de seis sílabas, hexassílabo; '~**stimmig** a seis vozes; '~**stündig** de seis horas; ♀'**tage-rennen** *n* corridas *f/pl.* de seis dias; '~**tägig** ['-tɛːgiç] de seis dias; '~**tausend** seis mil; '~**te** sexto; '♀**tel** *n* sexto *m*; '~**tens** ['-tǝns] (em ...) sexto (lugar); '~**ter** sexto; '~**und'zwanzig** vinte-e-seis.

'**sechzehn** ['zɛçtseːn] dezasseis, * *a.* dezesseis; ~**te** décimo sexto; *Ludwig XVI.* (*der* ♀) Luís XVI (dezasseis); ♀**tel** *n* décimo *m* sexto; ♀**telnote** ♪ *f* semicolcheia *f.*

'**sechzig** ['zɛçtsiç] sessenta; ♀**er**(**in** *f*) *m* [-gǝr-] sexagenário *m* (-a *f*); *in den* ~*n* (*sn* andar) na casa dos sessenta; ~**jährig** [-jɛːriç] sexagenário; ~**ste** [-stǝ] (♀**stel** *n*) sexagésimo (*m*).

See [zeː] **a)** *f* (-; -*n*) mar *m* (*auf der* no; *zur* por); (*Sturz*♀) vagalhão *m*; (*Woge*) onda *f*, vaga *f*; *in* ~ *gehen, in* ~ *stechen* fazer-se ao mar; embarcar; *zur* ~ *fahren* ser marinheiro; *zur* ~ ⚓ marítimo; ⚔ de mar e guerra; **b)** *m* (-*s*; -*n*) lago *m*; '~-**aal** *m* (-*ës*; -*e*) congro *m*; '~-**adler** *m* pigargo *m*; '~-**anemone** *f* anémona *f* do mar; '~**bad** *n* (-*ës*; "*er*) banho *m* de mar; *Ort*: praia *f*; '~**bär** *m* (-*en*) *fig.* velho marujo *m*; lobo (*'ô) *m* do mar; '~**beben** *n* maremoto *m*; '~**fahrer** *m* marinheiro *m*; navegador *m*; '~**fahrt** *f* navegação *f*; (*Reise*) viagem *f* marítima; '~**fischerei** *f* (*0*) pesca *f* marítima; '~**flughafen** *m* (-*s*; ") base *f* aero-naval; '~**frachtbrief** *m* (-*ës*; -*e*) conhecimento *m*; '~**gang** *m* (-*ës*; "*e*) marulho *m*; '~**geruch** *m* (-*ës*; "*e*) cheiro *m* de marisco; '~**gras** *n* (-*es*; "*er*) sargaço *m*; algas *f/pl.*; '~**herrschaft** *f* domínio *m* do(s) mar(es); '~**hund** *m* (-*ës*; -*e*) foca *f*; '~**hundsfell** *n* (-*ës*; -*e*) lixa *f*; '~**jungfer** *f* (-; -*n*) sereia *f*; *Zool.* libelinha *f*; '~**kabel** *n* cabo *m* submarino; '~**karte** *f* mapa *m* náutico; '♀**krank** enjoado; ~ *sn*, ~ *werden*: *a.* enjoar; '~**krankheit** *f* (*0*) enjoo (*'ô) *m*; '~**küste** *f* litoral *m*.

'**Seele** ['zeːlǝ] *f* alma *f*; *e-e* ~ *von Mensch* uma santa pessoa; *j-m in der* ~ *weh tun* afligir alg. muito; *j-m in der* ~ *zuwider sn* repugnar profundamente a alg.; *j-m aus der* ~ *sprechen* pensar como alg.

'**Seelen**|-**amt** *n* (-*ës*; "*er*) ofício *m* de defuntos; ~-**angst** *f* (*0*) angústias *f/pl.* mortais; ~**größe** *f* (*0*) magnanimidade *f*; ~-**heil** *n* (-*s*; *0*) salvação *f*; ~**messe** *f* sufrágio *m*; ~**ruhe** *f* (*0*) serenidade *f*; ♀**ruhig** sereno; todo sossegado; ♀**vergnügt** muito satisfeito, contentíssimo; (♀**verwandt**), ~**verwandtschaft** *f* (de) afinidades *f/pl.* espirituais; ~**wanderung** *f* metempsicose *f*.

'**seel**|**isch** ['zeːliʃ] psíquico, anímico; íntimo; ♀**sorge** *f* (*0*) cura *f* (♀**sorger** *m* cura *m*) de almas.

'**See**|**luft** *f* (*0*) ar *m* marítimo; ares *m/pl.* do mar; ~**macht** *f* (-; "*e*) poder *m* naval; *Staat*: potência *f* naval, potência *f* marítima; *Flotte*: forças (*ô) *f/pl.* navais; ~**mann** *m* (-*ës*; -*leute*) marinheiro *m*; ♀**männisch** ['-mɛniʃ] de marinheiro; náutico; ~**meile** *f* milha *f*, légua *f* marítima; ~**muschel** *f* (-; -*n*) marisco *m*; ~**not** *f* (*0*) perigo *m*; ~**raub** *m* (-*ës*; *0*) pirataria *f*; ~**räuber** *m* pirata *m*; ~**recht** *n* (-*ës*; *0*) direito *m* marítimo; ~**reise** *f* viagem *f* marítima (*od.* por mar); ~**rose** *f Zool.* a[c]tínia *f*; ⚘ anémona *f* do mar; nenúfar *m*; ~**schlacht** *f* batalha *f* naval; ~**stern** *m* (-*ës*; -*e*) estrela (*'ê)-do-mar *f*; ~**streitkräfte** *f/pl.* forças (*ô) *f/pl.* navais; ~**sturm** *m* (-*ës*; "*e*) temporal *m*, borrasca *f*; ~**tang** *m* (-*s*; *0*) sargaço *m*; algas *f/pl.*; ♀**tüchtig** em condições de navegar; ♀-**untüchtig** inavegável; ~**warte** *f* observatório *m* marítimo; ♀**wärts** ao largo, para o mar, do lado do mar; ~**wasser** *n* (-*s*; *0*) água *f* salgada, água *f* do mar; ~**weg** *m* (-*ës*; -*e*) via *f* marítima (*auf dem* por ... *od.* por mar); ~**wesen** *n* (-*s*; *0*) marinha *f*; ciência *f* náutica; ~**wind** *m* (-*ës*; -*e*) vento *m* mareiro; brisa *f* do mar; ~**zeichen** *n* bóia *f*; ~**zunge** *f Zool.* linguado *m*.

'**Segel** ['zeːgǝl] *n* vela *f*; *unter* ~ *gehen* fazer-se à vela, ir à vela; *pl. mit vollen* ~*n* a todo o pano; ~**boot** *n* (-*ës*; -*e*) barco *m* à vela; ~**flieger** *m* aviador *m* de voo (*'ô) à vela; ~**flug** *m* (-*ës*; "*e*) aviação *f* de voo (*'ô) à vela; *einzelner*: voo (*'ô) à vela; ~**flugzeug** *n* (-*ës*; -*e*) avião *m* de voo (*'ô) à vela, planador *m*; ~**macher** *m* veleiro *m*; ♀**n** (-*le*) *v/i. u. v/t.* ir à vela; ~**schiff** *n* (-*ës*; -*e*) (navio *m*) veleiro *m*; **~sport** *m* (*-es*; *0*) desporto *m* de barco à vela; **~tuch** *n* (*-es*; *-e*) lona *f*; brim *m*; **~verein** *m* (*-s*; *-e*) clube *m* naval; **~werk** *n* (*-es*; *0*) velame *m*.

'**Segen** ['ze:gən] *m* bênção *f* (*erteilen* lançar); *fig. a.* prosperidade *f*, felicidade *f*; **~spender** *m* abençoador *m*; **2sreich** abençoado; propício, benéfico; **~s-wunsch** *m* (*-es*; *⸚e*) felicitação *f*; voto *m*.

'**segn|en** ['ze:knən] (*-e-*) abençoar, *Rel. a.* benzer; *gesegnet a.* bendito; **2ung** *f* bênção *f*.

'**sehen** ['ze:ən] **1.** (*L*) ver; (*an~, hin~*) *a.* olhar (*auf ac.* para; *sorgend*: por); *zu ~ sn* ver-se; *sich ~ lassen* aparecer; *sich ~ lassen können* apresentar-se bem; fazer boa figura; *j-m ähnlich ~* parecer-se com alg.; *gern ~* gostar de ver, ver com agrado; **2.** **2** *n* vista *f*; visão *f*; *vom ~ kennen* conhecer de vista; **~s-wert** (*-est*), **~s-würdig** notável, interessante; **2s-würdigkeit** *f* coisa *f* interessante; *pl.* *~en* monumentos *m/pl.*

'**Seh|fehler** ['ze-] *m* defeito *m* visual (*od.* nos olhos [*'ô]); **~kraft** *f* (*0*) vista *f*, força (*ô) *f* visual.

'**Sehn|e** ['ze:nə] *f Anat.* tendão *m*, nervo *m*; ⚔ *u.* (*Bogen2*) corda *f*; **2en**: *sich* (*zurück*)*~ nach* ter saudades de; *sich nach et.* (*künftigem*) *~* ansiar (*ac.*); **~en-zerrung** *f* distensão *f* do tendão.

'**Seh-nerv** *m* (*-s*; *-en*) nervo *m* ó[p]tico, nervo *m* visual.

'**sehnig** ['ze:niç] *j.*: musculoso, nervudo; *Fleisch*: tendinoso.

'**sehn|lich** ['ze:nliç] ardente, veemente; **2sucht** *f* (*-*; *⸚e*) *nach Vergangenem*: saudade *f*; *nach Künftigem*: ânsia *f* (*nach* de); **~süchtig** saudoso; ansioso.

sehr [ze:r]: *~* (*viel*) muito; *so ~* tanto; *so* (*od. wie*) *~ ... auch* por mais que (*subj.*); *wie ~* quanto.

'**Seh|rohr** ⚓ *n* (*-es*; *-e*) periscópio *m*; **~schärfe** *f* (*0*), **~vermögen** *n* (*-s*; *0*) = *~kraft*; **~weite** *f* alcance *m* da vista; **~winkel** *m* ângulo *m* visual.

seicht [zaıçt] baixo, pouco profundo; *fig.* superficial; fútil.

'**Seide** ['zaıdə] *f* seda (*ê) *f*.

'**seiden** de seda (*ê); **~-artig** sedoso, seríceo; **2faden** *m* (*-s*; *⸚*) fio *m* de seda (*ê), retrós *m*; **2-handel** *m* (*-s*; *0*) comércio *m* de sedas (*ê); **2-industrie** *f* indústria *f* de sedas (*ê); **2raupe** *f* bicho-da-seda (*ê) *m*; *prov.* sirgo *m*; **2schnur** *f* (*-*; *⸚e*) torçal *m*; **2waren** *f/pl.* sedas (*ê) *f/pl.*; **2zucht** *f* (*0*) sericicultura *f*.

'**seidig** ['zaıdiç] sedoso.

'**Seife** ['zaıfə] *f* sabão *m*; sabonete *m*; **2n** ensaboar.

'**Seifen|behälter** *m*, **~dose** *f* saboneteira *f*; **~blase** *f* bola *f* de sabão; **~fabrik** *f a.* saboaria *f*; **~flocken** *f/pl.* flocos *m/pl.* de sabão; **~lauge** *f* lixívia *f*; **~pulver** *n* sabão *m* em pó; **~schaum** *m* (*-es*; *⸚e*) espuma *f* de sabão; **~sieder** [-zi:dər] *m* saboeiro *m*; **~siederei** *f* saboaria *f*; **~zäpfchen** ⚕ *n* supositório *m*, saponáceo *m*.

'**seifig** ['zaıfiç] ensaboado.

'**seihen** ['zaıən] coar, passar, filtrar.

Seil [zaıl] *n* (*-es*; *-e*) corda *f*; cabo *m*; '**~bahn** *f* funicular *m*; teleférico *m*; '**~er** *m* cordoeiro *m*; **~e'rei** [-ə'raı] *f* cordoaria *f*; '**~tänzer** *m* saltimbanco *m*; '**~werk** *n* (*-es*; *0*) cordame *m*, cordagem *f*, cordoalha *f*.

Seim [zaım] *m* (*-es*; *-e*) mucilagem *f*; '**2ig** mucilaginoso.

sein[1] [zaın] **1.** (*L*; *sn*) ser; *örtl.*, *Zustand*: estar; *Ergebnis a.* ficar; *im Perfekt der v/i.*: ter; *es ist* (*od. sind*) *... Jahr*(*e*) *her* há, faz; *es ist* (*od. sind*) *... vorhanden* há; *mir ist wohl* estou bem, sinto-me bem; *was ist dir?* que tens? *wie wär's?* que lhe parece?; *nicht zu* (*inf.*) *~* não se poder ...; *ich bin dran, ich bin an der Reihe* é a minha vez; et. *~ lassen* deixar (estar) a.c.; *es sei denn, daß* a não ser que (*subj.*); a menos que (*subj.*); **2.** **2** *n* ser *m*, existência *f*; vida *f*.

sein[2] **1.** (o) seu, (a) sua; **2.** *gen. v. er* = '**~er**[1] dele; '**~er**[2] do(s) seu(s), da(s) sua(s); '**~erseits** [-zaıts] da sua parte, pela sua parte, da parte dele, por sua vez; '**~er-zeit** a seu tempo, em tempos; '**~es-gleichen** (seu) igual; *nicht ~ haben a.* não ter rival.

'**seinet|-halben** ['zaınəthalbən], **~-wegen**, *um* **~willen** por ele, por causa dele.

'**seinige** ['zaınigə]: *der ~, das ~* (o) seu; *die ~* (a) sua.

Seismo'graph [zaɪsmo'gra:f] *m* (*-en*) sismógrafo *m*.
seit [zaɪt] **1.** *prp.* (*dat.*) desde, a partir de; **2.** *cj.* desde que; **~'dem** desde então; *cj.* desde que.
'Seite ['zaɪtə] *f* lado *m*, *Körper*: *a.* ilharga *f*, ⚔ *u.* ⚓: *a.* flanco *m*, ⚓ *u.* *Fluß*: *a.* banda *f*; *Buch*, *Zeitung*: página *f*; *Münze* (*Stoff*): *rechte ~* face *f*; *linke ~* verso *m* (*a.* avesso *m*, invés *m*); *fig.* aspe[c]to *m*; *von der ~ ansehen* de soslaio, de esguelha; *auf die ~ gehen*, *zur ~ gehen* passar para o lado; *mit j-m zur ~* ladeado por alg.; *auf die ~ bringen* pôr de lado; *j-n auf s-e ~ bringen* convencer alg.; *j-s schwache ~* o fraco *m* de alg.; *von* ♀*n* (*gen.*) = ♀*ns*; *j-m zur ~ stehen* assistir (a) alg.; *j-m an die ~ stellen* comparar com alg.; *s-e guten ~n haben j.*: ter boas qualidades; *et.*: ter as suas vantagens.
'Seiten|ansicht *f* perfil *m*; **~blick** *m* (*-es*; *-e*) relance *m*; **~-eingang** *m* (*-es*; *⸚e*) entrada *f* lateral (*od.* do lado); **~fläche** *f* face *f* lateral; **~-flügel** △ *m* ala *f*; **~front** △ *f* fachada *f* lateral; **~gang** *m* (*-es*; *⸚e*) corredor *m* lateral; **~gasse** *f* travessa *f*; **~gebäude** *n* anexo *m*; **~-gewehr** *n* (*-es*; *-e*) baioneta *f*; **~-hieb** *m* (*-es*; *-e*) revés *m*; *fig.* remoque *m*; **~linie** *f* linha *f* lateral *od.* 🚂 secundária *od.* *Stammbaum*: colateral; **~rand** *m* (*-es*; *⸚er*) margem *f*; **~riß** *m* (*-sses*; *-sse*) proje[c]ção *f* lateral; perfil *m*; **~ruder** *n* dire[c]ção *f* lateral, condução *f* lateral; ♀**s** (*gen.*) da parte de; **~schiff** △ *n* (*-es*; *-e*) nave *f* lateral; **~-schmerz** *m* (*-es*; *-en*) dor *f* de ilharga; **~schwimmen** *n* natação *f* à indiana; **~sprung** *m* (*-es*; *⸚e*) salto *m* para o lado; *fig.* escorregadela *f*; **~stechen** ⚕ *n* pontada(s *pl.*) *f* no lado; **~steuer** *n* = *~ruder*; **~straße** *f* travessa *f*; **~stück** *n* (*-es*; *-e*) peça *f* lateral; *fig.* par *m*; **~tasche** *f* bolsa *f* do lado; **~weg** *m* (*-es*; *-e*) atalho *m*.
seit|'her desde então; **'~lich** lateral; *~ zu* de flanco para; = **'~wärts** ['-vɛrts] de lado, ao lado.
Se'kante [ze'kantə] *f* secante *f*.
Se'kret [ze'kre:t] *n* (*-es*; *-e*) secreção *f*.
Sekre|'tär(in *f*) *m* [zekre'tɛ:r-] (*-s*; *-e*) secretário *m* (-a *f*); **~tari'at** [-tari'a:t] *n* (*-es*; *-e*) secretaria(do) *f* (*m*); **~ti'on** [-tsi'o:n] *f* secreção *f*.
Sekt [zɛkt] *m* (*-es*; *-e*) champanhe *m*; **'~e** *f* seita *f*; **'~en-wesen** *n* (*-s*; *0*) se[c]tarismo *m*; seitas *f*/*pl.*; **~'ierer** [-'ti:rər] *m* se[c]tário *m*; **~i'on** [-tsi'o:n] *f* se[c]ção *f*; ⚕ autópsia *f*, disse[c]ção *f*.
Se'kun|da [ze'kunda] *f* (-; *Sekunden*) sexto (*od.* segundo) ano *m* do liceu; **~'dant** [-'dant] *m* (*-en*) padrinho *m*, testemunha *f*; ♀**'där** [-'dɛr] secundário; subsidiário; **~de** *f* segundo *m*; **~den-zeiger** *m* ponteiro *m* de segundos; ♀**'dieren** [-'di:rən] (-) (*dat.*) apadrinhar, servir de padrinho, servir de testemunha; ♪ acompanhar.
selbst [zɛlpst] **1.** *adj.* mesmo, próprio; *Herr X ~* o próprio senhor X; *von ~* por si (mesmo), espontâneamente; ⊕ automàticamente; **2.** *adv.* mesmo, até; *~ wenn* ainda que (*subj.*); **'♀-achtung** *f* (*0*) dignidade *f*.
'selbständig ['zɛlpʃtɛndiç] independente, autónomo; ♀**keit** *f* (*0*) independência *f*, autonomia *f*.
'Selbst|-aufopferung *f* (*0*) abnegação *f*; **'~-auslöser** *m* disparador *m* automático; **~bedarf** *m* (*-es*; *0*) consumo *m* próprio; **'~bedienung** *f* auto-serviço *m*; **~beherrschung** *f* (*0*) auto-domínio *m*, sangue-frio *m*; **~beköstigung** *f* auto-alimentação *f*; **~bestimmung** *f* (*0*) liberdade *f*, independência *f*; auto-determinação *f*; **~bestimmungsrecht** *n* (*-es*; *0*) direito *m* à auto-determinação; **~betrug** *m* (*-es*; *0*) ilusão *f*; ♀**bewußt** consciente de si; (*stolz*) presunçoso; **~bewußtsein** *n* (*-s*; *0*) consciência *f* do seu valor (*od.* da sua dignidade); (*Stolz*) presunção *f*; **~bildnis** *n* (*-ses*; *-se*) auto-retrato *m*; **~biographie** *f* autobiografia *f*; **~-einschätzung** *f* declaração *f*; *fig.* presunção *f*; **~-entzündung** *f* inflamação *f* espontânea; auto-inflamação *f*; **~-erhaltung(strieb** *m* [*-es*; *0*]) *f* (*0*) (instinto *m* de) conservação *f*; **~-erkenntnis** *f* (*0*) conhecimento *m* de si próprio (*od.* dos seus próprios defeitos); *Phil.*: *a.* introspe[c]ção *f*; **~-erniedrigung** *f* (*0*) humilhação *f* voluntária; servilismo *m*; **~gebrauch** *m* (*-es*; *0*) uso *m* pessoal; ♀**gefällig** vaidoso, presunçoso; **~gefälligkeit** *f* (*0*) vaida-

de *f*, presunção *f*; **2gefertigt** caseiro; **~gefühl** *n* (-*es*; *0*) orgulho *m*; dignidade *f* própria; **2gemacht** feito por mim *usw.*; feito em casa; **2gerecht** presumido, presunçoso; **~gespräch** *n* (-*es*; -*e*) monólogo *m*, solilóquio *m*; **2-herrlich** autocrático; **~-herrschaft** *f* (*0*) autocracia *f*; **~-herrscher** *m* autócrata *m*; **~-hilfe** *f* (*0*) defesa *f* própria (*od.* pessoal); **~kosten(-preis** *m* [-*es*; -*e*]) *pl.* custo *m*/*sg.* da fábrica; **~kritik** *f* auto-crítica *f*; **~ladepistole** *f* pistola *f* automática; **~laut** *m* (-*es*; -*e*) vogal *f*; **~liebe** *f* (*0*) amor-próprio *m*; **2los** desinteressado; abnegado(r), altruísta; **~losigkeit** ['-lo:ziç-] *f* (*0*) desinteresse (*'ê) *m*; abnegação *f*; altruísmo *m*; **~mord** *m* (-*es*; -*e*) suicídio *m*; **~mörder(in** *f*) *m*, **2mörderisch** suicida (*m*, *f*); **2redend** naturalmente, claro que ...; **~schutz** *m* (-*es*; *0*) auto-prote[c]ção *f*; defesa *f* legítima; **2sicher** seguro de si (próprio); aprumado; **~sicherheit** *f* (*0*) aprumo *m*; **~sucht** *f* (*0*) egoísmo *m*; **2süchtig** egoísta; **2tätig** auto-a[c]tivo; espontâneo; automático; **~täuschung** *f* ilusão *f*; **~-unterricht** *m* (-*es*; *0*) (instrução *f*) autodidá[c]tica *f*, ensino *m* autodidá[c]tico; **~verbrennung** *f* combustão *f* espontânea; **~verleugnung** *f* abnegação *f*; **2verschuldet** por sua (própria) culpa; **2verständlich** natural; indiscutível; *adv. a.* evidentemente; **~verständlichkeit** *f* naturalidade *f*; coisa *f* natural (*od.* evidente); **~verstümmelung** *f* mutilação *f* voluntária; **~verteidigung** *f* legítima defesa *f*; **~vertrauen** *n* (-*s*; *0*) confiança *f* (em si mesmo); **~verwaltung** *f* autonomia *f* administrativa; **2zufrieden** vaidoso, presunçoso; **~zweck** *m* (-*es*; *0*): ~ *sn* ter o seu fim em si mesmo.

Se'len [ze'le:n] ⚗ *n* (-*s*; *0*) selénio *m*; **2-haltig** [-'haltiç] seleniado.

'selig ['ze:liç] bemaventurado; *fig.* feliz; (*verstorben*) saudoso; que Deus haja; **2keit** *f* bemaventurança *f*, glória *f*; felicidade *f*; **~sprechen** (*L*) beatificar; **2sprechung** [-ʃprɛçuŋ] *f* beatificação *f*.

'Sellerie ['zɛləri:] *m* (-*s*; -*s*), *f* (-; -) aipo *m*.

'selten ['zɛltən] raro; *adv. a.* raras vezes; *nicht* ~ frequentemente; **2heit** *f* raridade *f*; coisa *f* rara.

'Selterswasser ['zɛltər-] *n* (-*s*; ⸚) água *f* gasosa, água *f* de seltz.

'seltsam ['zɛltza:m] estranho, esquisito, singular; **2keit** *f* singularidade *f*, estranheza *f*, esquisitice *f*.

Se'mester [ze'mɛstər] *n* semestre *m*.

Semi'kolon [zemi'ko:lɔn] *n* (-*s*; -*s*, *Semikola*) ponto *m* e vírgula.

Semi'nar [zemi'na:r] *n* (-*s*; -*e*) seminário *m*, (*Universitäts2*) *a.* instituto *m*; (*Lehrer2*) escola *f* normal, *für Vorschullehrer*: escola *f* de magistério primário; **~'ist** *m* (-*en*) seminarista *m*; normalista *m*.

Se'mit [ze'mi:t] *m* (-*en*), **~in** *f* semita *m*, *f*; **2isch** semita, semítico.

'Semmel ['zɛməl] *f* (-; -*n*) pãozinho *m*; *pl.* pãezinhos *m*/*pl.*

Se'nat [ze'na:t] *m* (-*es*; -*e*) senado *m*; **~or** *m* (-*s*; -*en*) senador *m*.

'Sendbote ['zɛnt-] *m* (-*n*) emissário *m*, enviado *m*.

'Sende|-anlage ['zɛndə-] *f* (instalação *f*) emissora *f*; **~beginn** *m* (-*es*; *0*) abertura *f* da estação; **2n** (*L*) enviar, mandar, expedir; remeter; *Radio*: transmitir; **~r** *m* remetente *m*; *Radio*: (estação *f*) emissora *f*; **~raum** *m* (-*es*; ⸚*e*) estúdio *m*.

Sendschreiben *n* missiva *f*, epístola *f*, circular *f*.

'Sendung ['zɛnduŋ] *f* ✝ remessa *f*; *fig.* missão *f*; *Radio*: emissão *f*.

Senf [zɛnf] *m* (-*es*; -*e*) mostarda *f*; *fig.* (*Unsinn*) disparates *m*/*pl.*; **'~gurke** *f* pepino *m* de conserva; **'~korn** *n* (-*es*; ⸚*er*) semente *f* de mostardeira, mostarda *f* (⚘ branca); **'~pflaster** *n* sinapismo *m*; **'~topf** *m* (-*es*; ⸚*e*) mostardeira *f*.

'sengen ['zɛŋən] chamuscar.

'senior ['ze:niɔr] **1.** sénior, pai; **2.** 2 *m* (-*s*; -*en*) decano *m*.

'Senk|blei [zɛŋk-] *n* (-*es*; -*e*) prumo *m*, sonda *f*; **~e** *f* depressão *f*; **~el** *m* atacador *m*; **2en** (a)baixar; abater; *sich* ~ baixar; *in et. hinein*: (*sich*) ~ mergulhar; **~fuß** *m* (-*es*; ⸚*e*) pé *m* chato; **~grube** *f* desaguadouro *m*, escoadouro *m*; **2recht** vertical, perpendicular; *adv. a.* a prumo; ~ *zu* normal a; **~rechte** *f* vertical *f*, perpendicular *f* (*fällen* baixar); **~reis** ✐ *n* (-*es*; -*er*) tanchão *m*; mergulhão *m*; **~ung** *f* descida *f*; ⚠ *u. Geol.* abaixamento *m*; ✝ baixa *f*;

Vers: tésis *f*; *Meteor.* depressão *f*; ⚕ *Blut*: sedimentação *f*; **~waage** *f* aerómetro *m*.

Senn [zɛn] *m* (*-en*), '**~e(rin** *f*) *m* (*-n*) vaqueiro *m* (-a *f*); '**~es-blätter** ⚕ *n/pl.* folhas (*ô) *f/pl.* de senes; '**~-hütte** *f* vacaria *f* alpina.

Sensati'on [zɛnzatsi'o:n] *f* sensação *f*, acontecimento *m* sensacional; **2'ell** [-o'nɛl], **~s...**: *in Zssg(n)* sensacional; **~s-prozeß** *m* (*-sses*; *-sse*) causa *f* célebre.

'**Sense** ['zɛnzə] *f* foice *f*, gadanha *f*.

Sen'tenz [zɛn'tɛnts] *f* sentença *f*; (*Spruch*) adágio *m*; **2-artig**, **2en-haft** sentencioso.

sentimen'tal [zɛntimɛnta:l] sentimental; **2i'tät** [-tali'tɛ:t] *f* sentimentalismo *m*.

sepa'rat [zepa'ra:t] *adj.* separado, particular, reservado; *Eingang usw.*: independente; *adv.* à parte; **2'is-mus** [-ra'tismus] *m* (-; *0*) separatismo *m*; (**2'ist** *m* [*-en*]), **~'istisch** separatista (*m*).

'**Sepia** ['ze:pia] *f* (*0*) *Farbstoff*: sépia *f*.

Sep'tember [zɛp'tɛmbər] *m* setembro *m* (*im* em).

Sep'tett [zɛp'tɛt] *n* (*-ɇs*; *-e*) séptuor *m*.

Se'rail [ze'rail] *n* (*-s*; *-s*) serralho *m*.

'**Serb|e** ['zɛrbə] *m* (*-n*) (**~in** *f*) sérvio *m* (-a *f*); **2isch** sérvio, da Sérvia.

Sere'nade [zere'na:də] *f* serenata *f*.

Ser'geant [sɛr'ʒant] *m* (*-en*) sargento *m*.

'**Seri|e** ['ze:riə] *f* série *f*; **~en...**: *in Zssg(n)*, **2en-weise** em série.

Serpen'tine [zɛrpen'ti:nə] *f* serpentina *f*.

'**Serum** ['ze:rum] *n* (*-s*; *Sera*, *Seren*) soro *m*, linfa *f*; **~behandlung** *f* soroterapia *f*, seroterapia *f*.

Ser'v|ice [zɛr'vi:s] *n* serviço *m*; (*Tafel2*) baixela *f*; **2ieren** (-) servir; **~i'ette** [-vi'ɛtə] *f* guardanapo *m*.

'**Sessel** ['zɛsəl] *m* cadeira *f* (de braço), poltrona *f*, «maple» (*engl.*) *m*; **~lift** *m* (*-ɇs*; *-e*, *-s*) teleférico *m*.

'**seßhaft** ['zɛshaft] sedentário; (*wohnhaft*) domiciliado.

'**Setzei** ['zɛts?aı] *n* (*-ɇs*; *-er*) ovo (*'ô) *m* estrelado.

'**setzen** ['zɛtsən] (*-t*) **1.** *v/t.* pôr (*a. fig.*), meter, colocar; *Belohnung*, *Frist*: fixar, estabelecer; *Denkmal*: levantar, erguer; *in Brand* ~ lançar fogo a; *in Erstaunen* ~ admirar, assombrar; *den Fall* ~ supor; *die Hoffnung auf* (*ac.*) ~ confiar em; *in den Kopf*: meter; *an Land* ~ desembarcar; ♪ *u. Typ.* compor; (*pflanzen*) plantar; semear; *Schläge*: haver; *Segel* ~ içar vela; *Spiel*: entrar com; (*wetten*) apostar (*auf ac.* em); **2.** *v/i.* (*sn*): ~ *über* (*ac.*) (*springen*) saltar por cima de; (*fahren*) transpor (*ac.*); **3.** *v/r. sich* ~ sentar-se; *Flüssigkeit*: assentar; *sich in Betrieb* ~ entrar em funcionamento.

'**Setzer** ['zɛtsər] *m* tipógrafo *m*, compositor *m*; **~'ei** *f* tipografia *f*.

'**Setz|kasten** *m* (*-s*; *⸗*) caixa *f* tipográfica; **~ling** *m* (*-s*; *-e*) tanchão *m*, estaca *f*; (*Fisch*) peixinho *m*; **~maschine** *f* máquina *f* de compor; **~ung** *f* estabelecimento *m*; posição *f*; ⚖ *a.* positivização *f*.

'**Seuche** ['zɔyçə] *f* epidemia *f*; **2n-artig** epidémico; **~nbekämpfung** *f* luta *f* antiepidémica; **~n-erreger** *m* micróbio *m*, bacilo *m*, bactéria *f*; **2nfrei** desinfe[c]to; **~n-herd** *m* (*-ɇs*; *-e*) foco *m* de contágio.

'**seufz|en** ['zɔyftsən] (*-t*) suspirar (*nach* por); *stärker*: gemer; **2er** *m* suspiro *m*; gemido *m*.

sexu'ell [zɛksu'ɛl] sexual.

Se'zier|besteck [ze'tsi:r-] *n* (*-ɇs*; *-e*) bisturi *m*; **2en** (-) dissecar; fazer a autópsia de, autopsiar; **2messer** *n* escalpelo (*'ê) *m*.

sich [ziç] se; *mit prp.* si; *an* ~ em si, de per si; pròpriamente; em princípio; *für* ~ para si; *für* ~ *leben*: retirado; *bei* ~ *denken* para consigo; *nichts auf* ~ *haben* não ter importância.

'**Sichel** ['ziçəl] *f* (-; *-n*) foicinha *f*; (*Mond2*) crescente *m* (da lua); **2-förmig** [-fœrmiç] falciforme.

'**sicher** ['ziçər] seguro (*gehen* andar; estar); (*gewiß*) certo; sem falta, sem dúvida; (*treff~*) certeiro; ~ *vor* (*dat.*) ao abrigo de; **2heit** *f* segurança *f*; certeza *f*; garantia *f*; (*Treff2*) acerto *m*; precisão *f*; *im Auftreten*: aprumo *m*; firmeza *f*; *in* ~ *bringen* pôr a salvo; **2heits...**: *in Zssg(n)* de segurança; ✝, ⚖ *a.* de caução; **~lich** certamente, sem dúvida; **~n** *v/t.* (*-re*), **~stellen** segurar; ✝ garantir; (*befestigen*) con-

solidar; (*schützen*) proteger, pôr a salvo, abrigar; *sich* ~ reservar-se; **𝟐ung** *f* segurança *f*; garantia *f*; (*Schutz*) prote[c]ção *f*; (*Befestigung*) consolidação *f*; ⚡ fusível *m*; **𝟐ungs...**: *in Zssg(n)* de segurança.
Sicht [ziçt] *f* vista *f* († *auf* à); *Wetter*: *a.* visibilidade *f*; *fig.* aspecto *m*, perspectiva *f* (*aus* sob); *auf kurze* (*lange*) ~ a curto (longo) prazo; *in* ~ = '**𝟐bar** visível; evidente; '**~barkeit** *f* (*0*) visibilidade *f*; '**𝟐en** (*-e-*) avistar (*a.* ⚓); (*ordnen*) ordenar; classificar, (*auswählen*) *a.* eliminar; '**𝟐lich** visível; manifesto; '**~ung** *f* exame *m*, classificação *f*; '**~vermerk** *m* (*-es*; *-e*) visto *m*; '**~wechsel** † *m* letra *f* à vista; '**~weite** *f* horizonte *m*; alcance *m* da vista.
'**sickern** ['zikərn] (*-re*; *h. u. sn*) passar, infiltrar-se.
sie [zi:] **1.** *pron.* **a**) *3. Pers. f sg.* (*pl.*) ela(s), *ac. tonlos*: -a(s); **b**) *3. Pers. m/pl. u. n/pl.* eles; *ac. tonlos*: -os; **c**) *Anrede*: *sg.* (*pl.*) 𝟐 Vossa(s) Excelência(s), o(s) Senhor(es) + (*Titel u.*) *Familienname*; o(s) meu(s) amigo(s); a(s) Senhora(s) Dona(s) + *Vorname(n)*; *weniger förmlich*: Vossê(s *pl.*); *ac. tonlos*: -o(s), -a(s); F 𝟐 (*Esel*)! seu (burro)!; **2.** 𝟐 *f* fêmea *f*.
Sieb [zi:p] *n* (*-es*; *-e*) crivo *m*; peneira *f*; (*Küchen*𝟐) passador *m*.
'**sieben** ['zi:bən] **1.** *v/t.* peneirar; *bsd. Flüssigkeiten*: passar; *fig.* escolher; **2.** (*Zahl*) sete; **3.** 𝟐 *f* sete *m*; F *böse* ~ mulher *f* endiabrada; **𝟐eck** *n* (*-es*; *-e*) heptágono *m*; **~eckig** heptagonal; **~erlei** [-ərlaı] de sete espécies, de sete ... diferentes; **~fach**, **~fältig** [-fɛltiç] séptuplo; sete vezes tanto; **𝟐gestirn** *n* (*-es*; *0*) Pleiades *f/pl.*; **~-hundert** setecentos; **~jährig** de sete anos (de idade); **~mal(ig)** sete vezes (repetido); **𝟐sachen** *f/pl.* coisas *f/pl.*; trouxa *f/sg.* (*packen* fazer); **𝟐schläfer** *m Zool.* arganaz *m*; *fig.* (*Langschläfer*) dorminhão *m*, dorminhoco *m*; *pl.* os sete dormentes; **~seitig** [-zaıtiç] de sete páginas; = *~eckig*; **~stündig** [-ʃtyndiç] de sete horas; **~tägig** [-tɛ:giç] de sete dias; **~tausend** sete mil; **~te** sétimo; **𝟐tel** *n* sétimo *m*; **~tens** (em) sétimo (lugar); **~-und-zwanzig** vinte-e--sete.
'**siebte** ['zi:ptə], **𝟐l**, **~ns**, **~r** = *siebente usw.*
'**siebzehn** ['zi:ptse:n] dezassete; **~te** (**𝟐tel** *n*) décimo sétimo (*m*).
'**siebzig** ['zi:ptsiç] setenta; **𝟐er(in** *f*) *m* [-igər-] septuagenário *m* (-a *f*); *in den ~n* (*sn* andar) na casa dos setenta; **~jährig** septuagenário; **~ste** (**𝟐stel** *n*) septuagésimo (*m*).
siech [zi:ç] doente, doentio, enfermo; '**~en** definhar-se; languescer; '**𝟐en-haus** *n* (*-es*; *⸚er*) hospício *m* de inválidos; '**𝟐tum** *n* (*-s*; *0*) enfermidade *f*.
'**Siede|grad** ['zi:də-] *m* (*-es*; *-e*) grau *m* de ebulição; **~hitze** *f* (*0*) temperatura *f* de ebulição; *fig.* calor *m* tropical; **𝟐n**[1] (*-e-*) ferver; **~n**[2] *n* ebulição *f*, fervor *m*; **𝟐nd** *adj.* a ferver, em ebulição; **~punkt** *m* (*-es*; *-e*) ponto *m* de ebulição.
'**Siedl|er** ['zi:tlər] *m* colono *m*; **~ung** *f* colónia *f*; (*Wohnviertel*) bairro *m* económico; (= **~ungspolitik** *f* [*0*] política *f* de) colonização *f* interna; **~ungs-haus** *n* (*-es*; *⸚er*) casa *f* económica.
Sieg [zi:k] *m* (*-es*; *-e*) vitória *f*, triunfo *m*; (*dat.*) *zum ~e verhelfen* fazer triunfar (*ac.*).
'**Siegel** ['zi:gəl] *n* selo (*ê) *m*; **~lack** *m* (*-es*; *-e*) lacre *m*; **𝟐n** (*-le*) selar; *mit Siegellack*: lacrar; **~ring** *m* (*-es*; *-e*) anel *m* para selar.
'**sieg|en** ['zi:gən]: ~ (*über ac.*) vencer (*ac.*); triunfar (de); **𝟐er(in** *f*) *m* vencedor(a *f*) *m*.
'**Sieges|feier** ['zi:gəs-] *f* (*-*; *-n*) festa (*od.* celebração *f*) *f* da vitória; **𝟐gewiß** certo da vitória; **~preis** *m* (*-es*; *-e*) prémio *m*; *fig.* palma *f*; = **~-zeichen** *n* troféu *m*.
'**siegreich** vitorioso, triunfal.
Siel [zi:l] *n* (*-es*; *-e*) esgoto (*'ô) *m*; '**~e** *f* correão *m*, tirante *m*; *pl. in den ~n sterben fig.* morrer em plena a[c]tividade; '**~en-geschirr** *n* (*-es*; *-e*) arreios *m/pl.*
'**siezen** ['zi:tsən] tratar por Vossa Excelência (*od.* por Vossê).
'**Sigel** ['zi:gəl] *n* sigla *f*, abreviatura *f*.
Sig'nal [zig'na:l] *n* (*-s*; *-e*) sinal *m*; **~-anlage** *f* sinalização *f*; **~e'ment** [-ə'mã] *n* (*-s*; *-s*) sinais *m/pl.* pessoais (*od.* particulares); **~feuer** *n* almenara *f*; **~flagge** *f* sinal *m*; bandeira *f* de sinalização; **~gast** ⚓ *m*

(-*es*; -*en*) sinaleiro *m*; 2i'**sieren** [-ali'zi:rən] (-) dar sinal, assinalar, avisar; **~lampe** *f* lâmpada-piloto (*'ô) *f*; **~mast** *m* (-*es*; -*en*) semáforo *m*; **~scheibe** 🚂 *f* disco *m* de sinalização.

Sign|a'tarmacht [zigna'ta:r-] *f* (-; ⸚*e*) potência *f* signatária; **~a'tur** [-a'tu:r] *f* assinatura *f*; (*Zeichen*) marca *f*; sinal *m*; *auf Landkarten*: sinais *m/pl.* topográficos; 2'**ieren** (-) assinar; (*bezeichnen*) marcar.

'**Silbe** ['zilbə] *f* sílaba *f*.

'**Silben|maß** *n* (-*es*; -*e*) quantidade *f* (das sílabas); **~rätsel** *n* charada *f*; **~trennung** *f* divisão *f* silábica.

'**Silber** ['zilbər] *n* (-*s*; *0*) prata *f*; 2-**farben**, 2**farbig** prateado, argênteo; **~fuchs** *m* (-*es*; ⸚*e*) raposa *f* branca; **~gehalt** *m* (-*es*; -*e*) lei *f*; **~geschirr** *n* (-*es*; -*e*) pratas *f/pl.*; 2-**haltig** [-haltiç] argentífero; com prata; **~hochzeit** *f* bodas *f/pl.* de prata; 2**n** de prata; argentino, argênteo; **~papier** *n* (-*s*; -*e*) papel *m* prateado (*od.* de estanho); **~pappel** *f* (-; -*n*) álamo *m* branco; **~tanne** *f* abeto *m* branco; **~währung** *f* padrão-prata *m*; **~waren** *f/pl.*, **~zeug** *n* (-*es*; *0*) pratas *f/pl.*

Silhou'ette [zilu'ɛtə] *f* silhueta *f*.

Si'lizium [zi'li:tsium] *n* (-*s*; *0*) silécio *m*.

'**Silo** ['zi:lo] *m* (-*s*; -*s*) silo *m*; **~-futter** *n* (-*s*; *0*) silagem *f*.

Sil'vester [zil'vɛstər] *m*, **~-abend** *m* (-*s*; -*e*) véspera *f* do Ano Novo; noite *f* de São Silvestre.

Sims [zims] *m*, *n* (-*es*; -*e*) cornija *f*; friso *m*.

Simu'l|ant(in *f*) [zimu'lant-] *m* (-*en*) simulador(a *f*) *m*; 2**ieren** (-) simular.

Simul'tan|-anlage [zimul'ta:n-] *f* sistema *m* de tradução simultânea; **~dolmetschen** *n* tradução *f* simultânea; **~schule** *f* escola *f* interconfessional.

'**Sing|akademie** ['ziŋ-] *f* academia *f* de canto; 2**bar** cantável; de cantar; 2**en**¹ (*L*) cantar; **~en**² *n* canto *m* coral; **~sang** *m* (-*es*; *0*) ladainha *f*; **~spiel** *n* (-*es*; -*e*) opereta *f*, melodrama *m*; comédia *f* lírica; **~-stimme** *f* voz *f*; parte *f* vocal; parte *f* do canto; **~stunde** *f* lição *f* de canto; *Schule*: aula *f* de canto coral.

'**Singular** ['ziŋgula:r] *m* (-*s*; -*e*) singular *m*.

'**Singvogel** *m* (-*s*; ⸚) ave *f* canora.

'**sink|en**¹ ['ziŋkən] (*L*; *sn*) descer; baixar; abaixar(-se); ir(-se) abaixo; ⚓ *a.* afundar-se, ir-se a pique; *fig.* mergulhar; (*fallen*) cair, *j.*: *a.* deixar-se cair; (*abnehmen*) diminuir; *den Mut ~ lassen* desanimar; 2**en**² *n* baixa *f*, descida *f*; afundamento *m*; diminuição *f*.

Sinn [zin] *m* (-*es*; -*e*) sentido *m*; (*Bedeutung*) *a.* significado *m*, (*Geist, Verstand*) mente *f*, espírito *m*; *~ für interesse* (*'ê) *m* por, gosto (*'ô) *m* de; inclinação *f* para, disposição *f* para; *keinen ~ (Zweck) haben* não fazer sentido; *ohne ~ (und Verstand)* = 2*los*; e-s *~es sn mit* estar de acordo (*'ô) *m* com, concordar com; *anderen ~es werden* mudar de ideias *f/pl.*; *nach j-s ~ sn* agradar a alg.; *j-m in den ~ kommen* dar na cabeça, lembrar, ocorrer; *das will mir nicht in den ~* não (o) compreendo; *das kommt mir nicht aus dem ~* não me posso esquecer disto; não me sai da cabeça; *sich* (*dat.*) *aus dem ~ schlagen* deixar-se de, abandonar a ideia de; procurar esquecer-se de; *aus dem Auge, aus dem ~* longe da vista, longe do coração; *von ~en sn, nicht recht bei ~en sn* não ter juízo; '**~bild** *n* (-*es*; -*er*) símbolo *m*; emblema *m*; alegoria *f*; '2**bildlich** simbólico; alegórico; *~ darstellen* simbolizar.

'**sinnen** ['zinən] **1.** (*L*) meditar, refle[c]tir, cismar; *~ auf* (*ac.*) pensar em; *s. a. gesonnen, gesinnt*; **2.** 2 *n* pensamento *m*, meditação *f*, reflexão *f*; *all sn ~ und Trachten* todo o seu pensar, todos os seus pensamentos; **~d** *adj.* pensativo; meditativo; *adv. a.* a meditar, a refle[c]tir, a cismar; 2**lust** *f* (*0*), 2**rausch**, 2-**taumel** *m* sensualidade *f*, volúpia *f*; prazeres *m/pl.* sensuais; 2**welt** *f* (*0*) mundo *m* físico.

'**Sinnes|-änderung** *f* mudança *f* de ideias; **~-art** *f* (*0*) mentalidade *f*; índole *f*; **~-organ** *n* (-*s*; -*e*) sentido *m*; **~-täuschung** *f* alucinação *f*.

'**sinn|fällig** manifesto, patente, evidente; 2**gedicht** *n* (-*es*; -*e*) epigrama *m*; **~gemäß** análogo; adequado; que corresponde (ao sentido); respe[c]tivo; **~getreu** exa[c]to, fiel;

~ig engenhoso; (*zart*) fino; **~lich** sensual, erótico; *Phys.* físico; **2lichkeit** *f* (*0*) sensualidade *f*; volúpia *f*; **~los** absurdo; sem sentido; *Handlung*: *a.* insensato; ~ *sn* não fazer sentido; **2losigkeit** ['-lo:ziç-] *f* absurdo *m*, insensatez *f*; **~reich** engenhoso; **2spruch** *m* (*-es*; *"e*) sentença *f*, adágio *m*; **~verwandt** sinónimo; **~widrig** absurdo.

'**Sinter** ['zintər] *m* concreção *f* calcária; **2n** (*-re*; *sn*) ressum(br)ar.

'**Sint-flut** ['zint-] *f* dilúvio *m*.

'**Sinus** ['zi:nus] ⟨Math⟩ *m* (*-*; *-*, *-se*) seno *m*; **~kurve** *f* sinusóide *f*.

'**Sipp|e** ['zipə] *f*, **~schaft** *f* parentela *f*; *verächtlich*: malta *f*.

Si'rene [zi're:nə] *f* sereia *f*.

'**Sirup** ['zi:rup] *m* (*-s*; *-e*) xarope *m*; *Rest*: melaço *m*.

'**Sitte** ['zitə] *f* costume *m*.

'**Sitten|bild** *n* (*-es*; *-er*), **~gemälde** *n* quadro *m* de costumes; **~gesetz** *n* (*-es*; *-e*) lei *f* moral; **~lehre** *f* (*0*) moral *f*; ética *f*; **2los** imoral; **~losigkeit** [-lo:ziç-] *f* (*0*) imoralidade *f*; **~polizei** *f* (*0*) polícia *f* de costumes; **~prediger** *m* moralizador *m*; **2streng** austero *m*; **~strenge** *f* (*0*) austeridade *f*; **~verderbnis** *f* (*0*) desmoralização *f*; corrupção *f*; **~verfall** *m* (*-es*; *0*) decadência *f* moral (*od.* de costumes).

'**Sittich** ['zitiç] *m* (*-es*; *-e*) periquito *m*.

'**sittlich** ['zitliç] moral; ético.

'**Sittlichkeit** *f* (*0*) moralidade *f*; **~s-verbrechen** *n*, **~s-vergehen** *n* atentado *m* (*an dat.* na pessoa de).

'**sittsam** ['zitza:m] honesto; decente, modesto; **2keit** *f* (*0*) honestidade *f*, decência *f*, modéstia *f*.

Situ|ati'on [zituatsi'o:n] *f* situação *f*; **2'iert** [-'i:rt]: *gut* ~ em boa situação, em boas condições.

Sitz [zits] *m* (*-es*; *-e*) lugar *m*; assento *m*; (*a. fig.* ⚕ *u. Pol.*) sede *f*; (*Wohn2*) domicílio *m*, residência *f*; *Reiter*: posição *f*; *Kleid*: feitio *m*; '**~bad** *n* (*-es*; *"er*) banho *m* de assento.

'**sitzen** ['zitsən] (*L*; *h. u. sn*) estar (sentado; *Vogel*: pousado, empoleirado); (*im Gefängnis*) ~ estar preso (*'ê); *e-m Maler*: pousar; *Hieb, Schuß, gut*: acertar bem; *Kleid*: assentar; ficar; *locker* ~ abanar; ⚘ inserir-se; *e-e Beleidigung usw. auf sich* ~ *lassen* engulir; **~-bleiben** (*L*; *sn*) ficar sentado; *Schule*: não passar; *Mädchen*: ficar solteira; *beim Tanz*: não ter par, não encontrar par; **~d** *adj.* sentado; **~e** *Lebensweise* vida sedentária; **~lassen** (*L*) abandonar.

'**Sitz|fleisch** *n* (*-es*; *0*): ~ *haben* ser sedentário; *kein* ~ *haben* não ter paciência, não ter pachorra; **~gelegenheit** *f*, **~platz** *m* (*-es*; *"e*) assento *m*, lugar *m* (sentado *od.* para se sentar); **~reihe** *f* bancada *f*; fila *f*.

'**Sitzung** ['zitsuŋ] *f* sessão *f*; ⚖ *a.*: audiência *f*; **~s-bericht** *m* (*-es*; *-e*) a[c]ta *f*; **~s-periode** *f* legislatura *f*; **~s-protokoll** *n* (*-s*; *-e*) = **~sbericht**; **~s-saal** *m* (*-es*; *-säle*) sala *f* de sessões.

Sizili'an|er(in *f*) *m* [zitsili'a:nər-] siciliano *m* (-a *f*); **2isch** siciliano, da Sicília.

'**Skala** ['ska:la] *f* (*-*; *Skalen*) escala *f* (*gleitende* variável), graduação *f*; ♪, *Farbe*: gama *f*.

Skalp [skalp] *m* (*-s*; *-e*) escalpo *m*; **~'ell** [-'pɛl] *n* (*-s*; *-e*) escalpelo (*'ê) *m*; **2'ieren** (-) escalpar.

Skan'dal [skan'da:l] *m* (*-s*; *-e*) escândalo *m*; (*Lärm*) barulho *m*; **2'ös** [-'lø:s] escandaloso.

skan'dieren [skan'di:rən] (-) escandir.

Skandi'nav|ier(in *f*) *m* [skandi'na:viər-] escandinavo *m* (-a *f*); **2isch** escandinavo, da Escandinávia.

Ske'lett [ske'lɛt] *n* (*-es*; *-e*) esqueleto *m*.

'**Skep|sis** ['skɛpsis] *f* (*0*) cepticismo *m*; **~tiker** ['-tikər] *m* céptico *m*; **2tisch** ['-tiʃ] céptico.

Ski [ski:, ʃi:] *m* (*-s*; *-er*) = *Schi*.

'**Skizz|e** ['skitsə] *f* esboço (*'ô) *m*; rascunho *m*; ⚔ *a.* «croquis» (*fr.*) *m*; **2en-haft** esboçado ràpidamente; **2'ieren** (-) esboçar.

'**Sklav|e** ['skla:və] *m* (*-n*) escravo *m*; **~en-handel** *m* (*-s*; *0*) tráfico de escravos, escravatura *f*; **~en-händler** *m* tanganhão *m*, negociante *m* de escravos; **~e'rei** [-ə'raɪ] *f* (*0*) escravidão *f*; **~in** *f* escrava *f*; **2isch** servil.

Skle'rose [skle'ro:sə] *f* esclerose *f*.

'**Skonto** ['skɔnto] ⚕ *m*, *n* (*-s*; *-s*) desconto *m*.

Skor'but [skor'bu:t] *m* (*-es*; *0*) escorbuto *m*.

Skorpi'on [skɔrpi'o:n] *m* (-*s*; -*e*) escorpião *m*; *Zool. a.*: lacrau *m*.
'Skrofel ['skro:fəl] *f* (-; -*n*) escrófula *f*;
skrofu|'lös [skrofu'lø:s] escrofuloso; **⁀'lose** *f* escrofulose *f*.
'Skrupel ['skru:pəl] *m* escrúpulo *m*; **⁀-haft** escrupuloso; **⁀los** sem escrúpulos.
Skulp'tur [skulp'tu:r] *f* escultura *f*.
'Slaw|e ['sla:və] *m* (-*n*) eslavo *m*; **~in** *f* eslava *f*; **⁀isch** eslavo.
Sma'ragd [sma'rakt] *m* (-*s*; -*e*) esmeralda *f*; **⁀en** esmeraldino.
so [zo:] assim; *vor adj. u. adv.* tão; ~ *groß*, ~ *hoch a.* tamanho; (*wenn*) † se; *im Nachsatz* (*dann*): então (*od. unübersetzt*); ~? é verdade?, será verdade?; (*ach*) ~! já compreendo!; não sabia!; ~ (*sehr*) tanto; *um* ~ *beim comp.* tanto; ~ *ein* tal; ~ *ein* ...! que ...!; ~ *etwas* tal coisa, uma coisa assim; ~ *etwas!* essa!; *ganz* ~ *a.*: tal e qual; ~ *oder* ~ duma maneira ou doutra; ~ *groß usw. wie möglich* o maior possível; ~ *bald wie möglich*, ~ *bald* (*wie*) *j. kann* quanto antes; ~ ... *auch* por ... que (*subj.*); ~ *daß* de modo que, de maneira que, a modos que; ~ *ziemlich* quase; **~'bald**: ~ (*als*) logo que, assim que; mal.
'Sock|e ['zɔkə] *f* peúga *f*; **~el** *m* pedestal *m*; base *f*, soco *m*; **~enhalter** *m* liga *f*.
'Soda ['zo:da] *f* (*0*) soda *f*.
so'dann depois, logo, a seguir, em seguida.
'Soda-wasser *n* (-*s*; *0*) soda *f*, água *f* gasosa.
'Sodbrennen ['zo:t-] *n* (-*s*; *0*) azia *f*, azedume *m* do estômago, pirose *f*.
so'eben agora mesmo; ~ *et. getan haben* acabar de fazer a.c.
'Sofa ['zo:fa] *n* (-*s*; -*s*) sofá *m*.
so'fern contanto que (*subj.*); ~ *nicht* a não ser que (*subj.*).
So'ffitte [zɔ'fitə] *f Thea.* bambolina *f*.
so'fort imediatamente, logo a seguir; **~ig** imediato.
Sog [zo:k] *m* (-*ės*; -*e*) ⚓ *u.* ✈ esteira *f*; *Brandung*: ressaca *f*.
so|'gar até, mesmo; ~ *der usw.* ... o próprio ...; **'~genannt** ['-gənant] chamado; pretenso; **~'gleich** imediatamente, logo a seguir, de caminho.
'Sog-wirkung *f* aspiração *f*.
'Sohle ['zo:lə] *f* (*Fuß⁀*) planta *f* (do pé); (*Schuh⁀ usw.*) (meia-)sola *f*; (*Strumpf⁀*) palmilha *f*; (*Tal⁀*) *u.* ⚒ fundo *m*; *auf leisen* ~*n* com pèzinhos *m/pl.* de lã.
Sohn [zo:n] *m* (-*ės*; ⸚*e*) filho *m* (*verloren* pródigo).
so'lange tanto tempo; ~ (*wie od. als*) enquanto.
'Sola-wechsel ['zo:la-] *m* única (letra) *f* de câmbio.
'Solbad [zo:l-] *n* (-*ės*; ⸚*er*) banho *m* de águas salinas; *Ort*: caldas *f/pl.*
solch [zɔlç]: ~ *ein*(*e*) tal, ... semelhante; ~ *ein*(*e*) ...! que ...!; **'~er-'lei** ['-ər'laı] tais, semelhantes; **'~er-maßen** de tal maneira.
Sold [zɔlt] *m* (-*ės*; -*e*) pré *m*, soldo (*'ô) *m*, paga *f*.
Sol'dat [zɔl'da:t] *m* (-*en*) soldado *m*; militar *m*; ~ *werden* assentar praça; ir para a tropa; **~en-sprache** *f* (*0*) linguagem *f* militar; **⁀isch** militar.
'Sold-buch *n* (-*ės*; ⸚*er*) livro *m* de pré, livro *m* de soldo, livro *m* de salário.
'Söldner ['zœltnər] *m* mercenário *m*.
'Sol|e ['zo:lə] *f* água *f* salina; ⚗ solução *f* salina; (*Salzlake*) salmoura *f*; **~-ei** *n* (-*ės*; -*er*) ovo (*'ô) *m* cozido em água salgada.
soli'dar|isch [zoli'da:riʃ] solidário; **⁀i'tät** [-ari'tɛ:t] *f* (*0*) solidariedade *f*.
so'lid|e [zo'li:də] sólido; *j.*: sério; *Ware*: de boa qualidade; **⁀i'tät** [-i'tɛ:t] *f* (*0*) solidez *f*.
So'list [zo'list] *m* (-*en*), **~in** *f* solista *m*, *f*.
Soll [zɔl] ⚚ *n* (-*s*; -*s od. uv.*) débito *m*; ~ *und Haben* deve *m* e haver; **'~bestand** ⚚ *m* (-*ės*; ⸚*e*) existências *f/pl.* teóricas; **'~-einnahme** *f* receitas *f/pl.* previstas.
'sollen ['zɔlən] *v/t.* dever; ser obrigado a; *ich soll* quere(m) que eu (*subj.*) *soll ich lesen usw.*? *a.*: leio *usw.*?; *was soll ich* (*inf.*)? que quere(s) que eu (*subj.*)?; *ich sollte eigentlich* ... devia, mas era ...; *was soll das?* que significa isto?; *was soll das heißen?* que quer isto dizer?; *sollte es möglich sn?* seria possível?; *man sollte meinen* dir-se-ia; *Befehl*: *übers. durch subj.*: *er soll kommen* que venha; *du sollst nicht töten!* não matarás!; *Behaup-*

tung: diz-se que; dizem que, consta que; *er soll reich sn* dizem que é rico; *Möglichkeit*: *sollte er kommen, falls* (*od. wenn*) *er kommen sollte* se (ele) vier.

'Solo ['zo:lo] *n* (-*s*; *Soli*) solo *m*; **~sänger(in** *f*) *m* solista *m*, *f*.

'Solquelle ['zo:l-] *f* fonte *f* de águas salinas.

'so'mit assim, por consequência, por conseguinte, pois, portanto.

'Sommer ['zɔmər] *m* verão *m*; estio *m*; **~frische** *f* vilegiatura *f*; *in die ~ gehen* ir veranear, ir passar o verão; **~frischler** [-friʃlər] *m*, **~gast** *m* (-*es*; ⸗*e*) veraneante *m*, turista *m*; * veranista *m*; *in Badeorten*: banhista *m*; **ℒlich** estival; de verão; **~semester** *n* semestre *m* de verão; **~sitz** *m* (-*es*; -*e*) residência *f* de verão; **~sonnenwende** *f* solstício *m* de verão; **~sprosse** *f* sarda *f*; **~zeit** *f* verão *m*; (*Uhrzeit*) hora *f* de verão.

'so·nach por conseguinte.

So'nate [zo'na:tə] *f* sonata *f*.

'Sonde ['zɔndə] *f* sonda *f*;

'sonder [zɔndər] (*ac.*) sem; **ℒ-abdruck** *m* (-*es*; -*e*) separata *f*; **ℒ-angebot** *n* (-*es*; -*e*) oferta *f* especial; **ℒ-auftrag** *m* (-*es*; ⸗*e*): *im ~* em missão *f* especial; **ℒ-ausgabe** *f* edição *f* especial; **~bar** estranho; esquisito; singular; **~barer·weise** o que estranha é que; coisa estranha; **ℒbericht-erstatter** *m* correspondente *m* especial; **ℒfriede(n)** *m* paz *f* separada; **ℒgericht** *n* (-*es*; -*e*) tribunal *m* especial; **~'gleichen** sem igual, sem par; **ℒ-interesse** *n* (-*s*; -*n*) interesse (*'ê) *m* particular; **~lich** = *~bar*, *nicht ~ a.* regular; *nicht ~ groß usw.* não muito ...; **~ling** *m* (-*s*; -*e*) original *m*; homem *m* esquisito; F tipo *m* esquisito; **~n 1.** *cj.* senão; mas sim; **2.** *v/t.* (-*re*) apartar, separar; (*unterscheiden*) distinguir; *gesondert* à parte; **ℒrecht** *n* (-*es*; -*e*) privilégio *m*; **~s**: *samt und ~* todos juntos; **ℒstellung** *f* posição *f* privilegiada, situação *f* privilegiada; **ℒung** *f* separação *f*; distinção *f*; **ℒvollmachten** *f/pl.* poderes *m/pl.* extraordinários; **ℒzug** 🚂 *m* (-*es*; ⸗*e*) comboio *m* especial; **ℒzuteilung** *f* ração *f* extraordinária.

son'dier|en [zɔn'di:rən] (-) sondar; **ℒung** *f* sondagem *f*.

So'nett [zo'nɛt] *n* (-*es*; -*e*) soneto *m*.

'Sonn|-abend ['zɔn-] *m* (-*s*; -*e*) sábado *m*; **ℒ-abends** aos sábados; **~e** *f* sol *m*; **ℒen** pôr ao sol; expor ao sol; assoalhar; *sich ~* tomar um banho de sol; *fig.* gozar (*in* de).

'Sonnen|-aufgang *m* (-*es*; ⸗*e*) nascer (*od.* nascimento) *m* do sol; **~bad** *n* (-*es*; ⸗*er*) banho *m* de sol; **~batterie** *f* bateria *f* solar; **~blende** *Phot.* *f* pára-sol *m*; **~blume** *f* girassol *m*; **~brand** *m* (-*es*; ⸗*e*) queimadura *f* do sol; **~brille** *f* óculos *m/pl.* escuros; **~dach** *n* (-*es*; ⸗*er*) toldo (*'ô) *m*; **~deck** *n* (-*es*; -*e*, -*s*) solário *m*; **~finsternis** *f* (-; -*se*) eclipse *m* solar; **~fleck** *m* (-*es*; -*e*) mancha *f* solar; **ℒklar** evidente; **~satellit** *m* (-*en*) planetóide *m*; **~schein** *m* (-*es*; *0*) (luz *f* do) sol *m*; **~schirm** *m* (-*es*; -*e*) guarda-sol *m*, sombrinha *f*; **~spektrum** *n* (-*s*; -*spektren*) espectro *m* solar; **~stand** *m* (-*es*; *0*) altura *f* do sol; **~stich** ⚕ *m* (-*es*; -*e*) insolação *f*; **~uhr** *f* solário *m*, relógio-de-sol *m*; **~-untergang** *m* (-*es*; ⸗*e*) pôr-de-sol *m*; **ℒverbrannt** queimado pelo sol; **~wende** *f* solstício *m*.

'sonn|ig ['zɔniç] soalheiro; exposto ao sol; *j.*: radiante; **ℒtag** *m* (-*es*; -*e*) domingo *m*; **~täglich** dominical; de domingo; *~ gekleidet* endomingado; **~tags** aos domingos; **ℒtags-...**: *in Zssg(n)* = *~täglich*; **ℒtagskind** *n* (-*es*; -*er*) que nasceu num domingo; *fig.* felizardo *m*.

sonst [zɔnst] (*einst*) outrora, antes; (*oder aber*) senão; (*übrigens*) aliás; *~* (*noch*) mais; *wie ~* como de costume; *~ nichts* nada mais; *~ niemand* mais ninguém; *~ nirgends* em parte alguma; *mehr als ~* mais do que de costume; *was* (*wer*) *~?* que(m) senão...?; *was* (*wer*) *~ noch?* que(m) mais?; *wie ~?* como, senão assim?; **'~ig** outro; **'~wo** noutra parte.

so'oft sempre que.

So'phist [zo'fist] *m* (-*en*) sofista *m*; **~e'rei** [-ə'raɪ] *f* sofisma *m*; **ℒisch** sofístico.

So'pran [zo'pra:n] *m* (-*s*; -*e*) soprano *m*, tiple *m*.

'Sorge ['zɔrgə] *f* cuidado *m* (*a. Für-ℒ, Sorgfalt*), *stärker*: preocupação *f*, inquietação *f* (*machen* dar, inspirar); *~ tragen für* cuidar de; tratar de; *keine ~!, seien Sie ohne ~!* fique descansado, pode ficar descansado; *pl. sich keine ~n machen* descansar; *lassen Sie das meine ~ sn!* deixe isto comigo!

'**sorgen** ['zɔrgən]: ~ *für* cuidar de, tratar de; providenciar; (*beschaffen*) arranjar, procurar; (*wachen über*) velar por; *sich* ~ preocupar-se, inquietar-se (*um* com); **~frei** descansado, despreocupado; **2kind** *n* (-*es*; -*er*): *ein* (*od. j-s*) ~ *sn* dar muito cuidado (a alg.); **~voll** cheio de cuidados; muito preocupado.

'**Sorg|falt** ['zɔrkfalt] *f* (*0*) cuidado *m*; **2fältig** ['-fɛltiç] cuidadoso; esmerado; **2los** despreocupado, sem cuidados; (*fahrlässig*) descuidado; **~losigkeit** ['-lo:ziç-] *f* (*0*) sossego *m*, descanso *m*; descuido *m*; **2sam** cuidadoso.

'**Sort|e** ['zɔrtə] *f* qualidade *f*, espécie *f*; género *m*; **2'ieren** (-) classificar; separar; **~'ierung** [-'ti:ruŋ] *f* classificação *f*; separação *f*; **~i'ment** [-i'mɛnt] *n* (-*es*; -*e*) sortido *m*; sortimento *m*; **~i'menter** *m* livreiro *m*; **~i'ments-buchhandlung** *f* livraria *f* (geral).

'**Soß|e** ['zo:sə] *f* molho (*'ô) *m*; **~enschüssel** *f* (-; -*n*) molheira *f*.

Sou'brette [zu'brɛtə] *f* cantadeira *f*.

Souf'fleur [zu'flø:r] *m* (-*s*; -*e*) ponto *m*; **~kasten** *m* (-*s*; ¨) caixa *f* do ponto.

Souf'fl|euse [zu'flø:zə] *f* ponto *m*; **2ieren** (-) ser o ponto, servir de ponto; *fig.* sugerir.

'**So-und-so**: *Herr* (*Frau*) ~ Fulano (-a); 2 *viel*(*e*) tantos (e tantos); **2vielte** [-fi:ltə]: *den ~n Juli* a tantos de.

souve'rän [zuvə'rɛ:n] (2 *m* [-*s*; -*e*]) soberano (*m*); **2i'tät** [-eni'tɛ:t] *f* (*0*) soberania *f*.

so|'viel tanto; ~ + *Satz*: quanto; ~ *ich weiß* ao que eu saiba; *noch einmal* ~ outro tanto; ~ ... *auch* (*inf.*) *mag* por mais que (*subj.*); **~'wenig** tão pouco; **~'wie** assim como; (*sobald*) logo que, assim que; **~wie-'so** em todo o caso, duma maneira ou doutra, em qualquer das hipóteses.

'**Sowjet** ['zɔvjɛt] *m* (-*s*; -*s*) soviete *m*; **~...** *in Zssg*(*n*) soviético, dos sovietes.

so'wohl: ~ *als auch* tanto ... como; não só ..., como ainda ...

sozi'al [zotsi'a:l] social; **2-abgabe** *f* contribuição *f* social; **2beamte**(**r**) *m* funcionário *m* da assistência social; (**2demokrat** *m* [-*en*]), **~demokratisch** social-democrata (*m*); **2demokratie** *f* social-democracia *f*; **2-ethik** *f* (*0*) ética *f* social; **2fürsorge** *f* (*0*) assistência *f* social; **~i'sieren** [-i'zi:rən] (-) nacionalizar; **2i'sierung** [-i'zi:ruŋ] *f* nacionalização *f*; **2'ismus** *m* (-; *0*) socialismo *m*; **2'ist**(**in** *f*) *m* (-*en*) socialista *m*, *f*; **~'istisch** socialista; **2politik** *f* (*0*) política *f* social; **~politisch** político-social; **2reform** *f* reforma *f* social; **2rente** *f* renda *f* social; **2versicherung** *f* seguro *m* social; **2wissenschaft** *f* ciências *f/pl.* sociais.

Sozio|'loge [zotsio'lo:gə] *m* (-*n*) sociólogo *m*; **~lo'gie** [-lo'gi:] *f* (*0*) sociologia *f*; **2'logisch** sociológico.

'**Sozius** ['zo:tsius] *m* (-; -*se*) sócio *m*; **~sitz** *m* (-*es*; -*e*) *Motorrad*: assento *m* suplementar.

sozu'sagen [zotsu-] por assim dizer, como quem diz; à laia de.

'**Spachtel** ['ʃpaxtəl] *m* espátula *f*.

'**späh|en** ['ʃpɛ:ən]: ~ *nach* espreitar (*ac.*), espiar (*ac.*); **2er** *m* espia *m*; **2trupp** *m* (-*s*; -*s*) patrulha *f*.

Spa'lier [ʃpa'li:r] ⚒ *n* (-*s*; -*e*) ramada *f*, latada *f*; (*Wein*2) parreira *f*; *fig.* ~ *stehen* formar alas (*od.* fileiras) *f/pl.*

Spalt [ʃpalt] *m* (-*es*; -*e*) fenda *f*, racha *f*; frincha *f*; abertura *f*; '**2bar** ⚗ fissível; *Phys.*: cindível; '**~e** *f* = *Spalt*; *Typ.* coluna *f*; '**2en** (-*e*-) fender, rachar; *Holz* ~ *a.* partir lenha; *Baum*: esgalhar; ⚗ dissociar, *a. Phys.* cindir; *fig.* dividir, separar; '**~pilz** *m* (-*es*; -*e*) micróbio *m*; '**~ung** *f* separação *f*, desdobramento *m*, fra[c]ção *f*; divisão *f*; *atomphys.* cisão *f* (*a. fig.*); (*Kirchen*2) cisma *m*; '**~ungs-produkt** *n* (-*es*; -*e*) produto *m* de cisão.

Span [ʃpa:n] *m* (-*es*; ¨*e*) falha *f*, apara *f*; (*Hobel*2) lasca *f*; *Metall*: limalha *f*; '**~ferkel** *n* leitão *m*.

'**Spange** ['ʃpaŋə] *f* fivela *f*, gancho *m*, colchete *m*, broche *m*; (*Arm*2) bracelete *m*.

'**Span|ier**(**in** *f*) *m* ['ʃpa:niər-] espanhol(a *f*) *m*; **2isch** espanhol, da Espanha; *fig. das kommt mir ~ vor* acho muito esquisito; *s. Fliege, Reiter, Rohr, Wand.*

Spann [ʃpan] *m* (*-ẹs*; *-e*) peito *m* do pé; '**~e** *f* palmo *m*; (*Zeit*2) espaço *m* (de tempo); '**2en** **1.** *v/t.* esticar, tender, estirar; *weit* ~ estender; *Feder, Bogen usw., Phot.*: armar; *in den Schraubstock*: pôr; *vor den Wagen* ~ atrelar; *auf die Folter* ~ torturar; *fig.* excitar; *seine Erwartungen zu hoch* ~ ter ilusões exageradas; *s. a. gespannt*; **2.** *v/i.* apertar; '**2end** *fig.* muito interessante, palpitante; '**~er** *m* ⊕ esticador *m*; *Zeitungen*: suporte *m* (para jornais); '**~feder** *f* (*-*; *-n*) mola *f*; '**~futter** *n* bucha *f*; '**~kraft** *f* (*0*) elasticidade *f*; energia *f*; '**~muskel** *m* (*-s*; *-n*) extensor *m*; '**~ung** *f* tensão *f*; ⚡ *a.* voltagem *f*, (*Dampf*2) pressão *f*; (*Erwartung*) interesse (*'ê) *m*; angústia *f*, aperto *m*; impaciência *f*; = *~weite*; '**~ungs-messer** *m* voltímetro *m*; '**~ungs-prüfer** *m* busca-pálos *m*; '**~ungs-teiler** *m* distribuidor *m* de tensão; '**~weite** *f* envergadura *f*, ⚠ vão *m*.

Spant [ʃpant] *n* (*-ẹs*; *-en*) caverna *f*.

'**Spar|buch** ['ʃpa:r-] *n* (*-ẹs*; *¨er*) caderneta *f* de depósitos; **~-büchse** *f* mealheiro *m*; **~-einlage** *f* depósito *m* na caixa económica; **2en** poupar, fazer economias; **~er** *m* economizador *m*.

'**Spargel** ['ʃpargəl] *m* espargo *m*.

'**Spar|gelder** *n/pl.* economias *f/pl.*; pecúlio *m/sg.*; **~guthaben** *n* depósito *m* na caixa económica; **~herd** *m* (*-ẹs*; *-e*) fogão *m* económico; **~kasse** *f* caixa *f* económica, caixa *f* de depósitos; **~kassenbuch** *n* (*-ẹs*; *¨er*) = *~buch*.

'**spärlich** ['ʃpɛ:rliç] escasso, raro; parco; *Mahl*: frugal; **2keit** *f* (*0*) escassez *f*; raridade *f*; frugalidade *f*.

'**Spar|maßnahme** *f* (medida *f* de) economia *f*; **~pfennig** *m* (*-ẹs*; *-e*) pequenas economias *f/pl.*; pecúlio *m*.

'**Sparren** ['ʃparən] *m* caibro *m*, barrote *m*; asna *f*; *fig.* telha *f*; **~werk** *n* (*-ẹs*; *-e*) vigamento *m*, madeiramento *m*.

'**sparsam** ['ʃpa:rza:m] económico, poupado; **2keit** *f* (*0*) economia *f*; parcimónia *f*.

'**Sparte** ['ʃpartə] *f* se[c]ção *f*, coluna *f*.

Spaß [ʃpa:s] *m* (*-es*; *¨e*) brincadeira *f* (zum por); (*Vergnügen*) prazer *m*; (*Witz*) graça *f*, gracejo *m*; ~ *machen*, *s-n* ~ *treiben* = *2en*; *an* (*dat.*) *s-n* ~ *haben* gostar de; ~ *verstehen* gostar de brincadeiras; *keinen* ~ *verstehen* não estar para brincadeiras, melindrar-se fàcilmente; '**2en** (*-t*) brincar, fazer brincadeira; '**2-haft**, '**2ig** engraçado; **~macher** *m*, '**~vogel** *m* (*-s*; *¨*) brincalhão *m*, trocista *m*.

Spat [ʃpa:t] *m* (*-ẹs*; *-e*, *¨e*) *Min.* espato *m*; *Pferd*: esparavão *m*.

spät [ʃpɛ:t] *adj.* tardio, atrasado; *Stunde*: adiantado; *Alter, verspätet*: seródio; *Alterswerk*: da última fase; *adv.* tarde; *wie ~ ist es?* que horas são?; *bis ~ in die Nacht* até alta noite; *s. a. ~er, ~est.*

'**Spat|el** ['ʃpa:təl] *m*, *f* espátula *f*; **~en** *m* pá *f*; **~enstich** *m* (*-ẹs*; *-e*) enxadada *f*.

'**spät|er** ['ʃpɛ:tər] *adj.* posterior, (*weiter*) ulterior; *adv.* mais tarde; **~est** último; **~estens** o mais tardar; **2herbst** *m* (*-es*; *-e*) fim *m* do outono (*im* ao); **2-obst** *n* (*-es*; *0*) fruta *f* seródia; **2sommer** *m* fim *m* do verão.

Spatz [ʃpats] *m* (*-en*) pardal *m*.

'**Spät-zündung** *f* inflamação (*od.* ignição) *f* retardada *od.* retardatária; atraso *m* da inflamação (*od.* ignição); *auf ~ einstellen* retardar a ignição.

spa'zieren [ʃpa'tsi:rən] (*-*) passear; **~führen** levar para um passeio; **~gehen** (*L*) (**~fahren** [*L*], **~reiten** [*L*]) (*sn*) dar um passeio (de carro, a cavalo).

Spa'zier|fahrt [ʃpa'tsi:r-] *f* passeio *m*; **~gang** *m* (*-ẹs*; *¨e*) passeio *m*; **~gänger** [-gɛŋər] *m* passeante *m*; **~-ritt** *m* (*-ẹs*; *-e*) passeio *m* a cavalo; **~stock** *m* (*-ẹs*; *¨e*) bengala *f*; **~weg** *m* (*-ẹs*; *-e*) passeio *m*.

Specht [ʃpɛçt] *m* (*-ẹs*; *-e*) picanço *m*, picapau *m*.

Speck [ʃpɛk] *m* (*-ẹs*; *-e*) toucinho *m*; '**~grieben** ['-gri:bən] *f/pl.* rijões *m/pl.*; '**2ig** gordo, sebento; '**~schwarte** *f* pele *f* de toucinho; '**~seite** *f* tira (*od.* banda) *f* de toucinho.

Spedi't|eur [ʃpedi'tø:r] *m* (*-s*; *-e*) despachante *m*; **~i'on** [-tsi'o:n] *f* expedição *f*, transporte *m*, despacho *m*; **~i'ons-geschäft** *n* (*-ẹs*; *-e*) agência *f* de transportes (*od.* de despachos).

Speer [ʃpe:r] *m* (-*es*; -*e*) lança *f*, dardo *m*; '**~werfen** *n Sport*: lançamento *m* do dardo.

'**Speiche** ['ʃpaɪçə] *f* raio *m*.

'**Speichel** ['ʃpaɪçəl] *m* (-*s*; *0*) saliva *f*; * *a.* babo *m*; (*Auswurf*) escarro *m*, cuspo *m*; **~drüse** *f* glândula *f* salivar; **~fluß** *m* (-*sses*; *⸗sse*) salivação *f*; ⚕ prialismo *m*; **~lecker** *m* bajulador *m*; manteigueiro *m*, sabujo *m*; louvaminheiro *m*; **~leckerei** *f* bajulação *f*.

'**Speicher** ['ʃpaɪçər] *m* armazém *m*, depósito *m*; (*Korn*2) celeiro *m*; 2**n** (-*re*) armazenar; **~ung** *f* armazenagem *f*; acumulação *f*.

'**speien** ['ʃpaɪən] (*L*) cuspir, escarrar: *fig.* vomitar; lançar.

'**Speise** ['ʃpaɪzə] *f* comida *f*; (*Gericht*) prato *m*; *süße* ~ doce *m*; **~-eis** *n* (-*es*; *0*) gelado *m*, sorvete *m*; **~kammer** *f* (-; -*n*) despensa *f*; **~karte** *f* carta *f*, lista *f*; ementa *f*; 2**n** (-*t*) **1.** *v/t.* alimentar (*a.* ⊕); dar de comer a; ⊕ encher; **2.** *v/i.* comer, *zu Mittag* ~ almoçar; *zu Abend* ~ jantar; *zur Nacht* ~ cear; *wünsche wohl zu* ~! bom proveito!; **~n-aufzug** *m* (-*es*; *⸗e*) elevador *m*; **~nfolge** *f* ementa *f*; **~-öl** *n* (-*es*; -*e*) azeite *m* de mesa; **~röhre** *f* esófago *m*; **~saal** *m* (-*es*; -*säle*) sala *f* de jantar; *Kloster, Kaserne*: refeitório *m*; **~wagen** *m* vagão-restaurante *m*.

'**Speisung** ['ʃpaɪzuŋ] *f* alimentação *f*.

Spek'takel [ʃpɛk'ta:kəl] *m* ruído *m*, barulho *m*, sarilho *m*.

Spek|'tral-analyse [ʃpɛk'tra:l-] *f* análise *f* espectral; '**~trum** ['-trum] *n* (-*s*; *Spektren*) espectro *m*.

Speku'l|ant [ʃpeku'lant] *m* (-*en*) especulador *m*; **~ati'on** [-atsi'o:n] *f* (-) especulação *f*; 2'**ieren** especular.

Spe'lunke [ʃpe'luŋkə] *f* espelunca *f*; taverna *f*; tasca *f*.

Spelz [ʃpɛlts] *m* (-*es*; -*e*) espelta *f*; '**~e** *f* gluma *f*, barba *f* das espigas.

'**Spend|e** ['ʃpɛndə] *f* donativo *m*, dádiva *f*; 2**en** (-*e*-) dar; (*gewähren*) dispensar; *Lob*: fazer; *Sakrament*: administrar; *Segen*: lançar; **~er(in** *f*) *m* doador(a *f*) *m*; 2'**ieren** (-): et. ~ fazer regalo de a.c.

'**Sperber** ['ʃpɛrbər] *m* gavião *m*.

'**Sperling** ['ʃpɛrliŋ] *m* (-*s*; -*e*) pardal *m*.

'**sperrangel'weit** ['ʃpɛrʔaŋəl'vaɪt] de par em par.

'**Sperr|balken** ['ʃpɛr-] *m* tranca *f*; **~baum** *m* (-*es*; *⸗e*) barreira *f*; **~druck** *m* (-*es*; -*e*): *in* ~ espaçado; **~e** *f* barreira *f*; *Zugang*: encerramento *m*; ⚔, ⚓ bloqueio *m*; 🚂 entrada *f* (do cais); (*Verbot*) interdição *f*, vedação *f*; (*Hunde*2) proibição *f* de deixar os cães andar à solta; 2**en** fechar; (*ver*~) obstruir, impedir, (*a.* ✝, ⚓, 🚂) bloquear, travar; *Gas, Wasser, Verbindung*: cortar; *ins Gefängnis*: meter; (*verbieten*) proibir, vedar; *Urlaub*: cancelar, anular; *Typ.* espaçar; *sich* ~ opor-se (*gegen* a); **~feder** *f* tranqueta *f*, mola *f* de escape; **~feuer** ⚔ *n* fogo *m* de barragem; **~haken** *m* tranqueta *f*, travão *m*; **~holz** *n* contraplacado *m*; 2**ig** esc(arr)anchado; perro; *Güter*: volumoso; **~kette** *f* tranca *f*, tranqueta *f*; ⚔ cordão *m*; **~klinke** *f* travinca *f*; **~konto** ✝ *n* (-*s*; -*konten*) conta *f* bloqueada; **~kreis** *m* (-*es*; -*e*) *Radio*: circuito *m* eliminador; **~(r)ad** *n* (-*es*; *⸗er*) roqueta *f*; **~sitz** *m* (-*es*; -*e*) *Thea.* cadeira(s *pl.*) *f*; **~ung** *f* encerramento *m*; ⚔, ⚓, 🚂 bloqueio *m*; **~vorrichtung** *f* travão *m*; **~zone** *f* zona *f* interdita.

'**Spesen** ['ʃpe:zən] *pl. uv.* despesas *f/pl.*

Spezi'al|arbeiter [ʃpetsi'a:l-] *m* operário *m* especializado; 2**i'sieren** [-ali'zi:rən] (-) especializar; **~'ist** *m* (-*en*) especialista *m* (*a.* ⚕).

spezi'ell [ʃpetsi'ɛl] especial, particular.

'**Spezies** ['ʃpe:tsiɛs] *f* (-; -) espécie *f*.

spe'zif|isch [ʃpe'tsi:fiʃ] específico; **~i'zieren** [-tsifi'tsi:rən] (-) especificar.

'**Sphär|e** ['sfɛ:rə] *f* esfera *f*; *fig. a.* ambiente *m*; 2**isch** esférico.

Sphinx [sfiŋks] *f* (-; -*e*) esfinge *f*.

'**Spick|aal** ['ʃpik-] *m* (-*es*; -*e*) enguia *f* defumada; 2**en** lardear; F *fig.* untar as unhas; **~nadel** *f* (-; -*n*) lardeadeira *f*.

'**Spiegel** ['ʃpi:gəl] *m* espelho *m*; ⚓ carro *m*; *Wasser*: nível *m*; ⚕ espéculo *m*; (*Gehalt*) percentagem *f*; taxa *f*; ~ *am Kragen* distintivo *m* da gola; ⚔ *Scheibe*: centro *m*; **~bild** *n*

(-*ės*; -*er*) imagem *f*, reflexo *m*; (*Täuschung*) miragem *f*; **2blank** muito limpo; **~-ei** *n* (-*ės*; -*er*) ovo (*'ô) *m* estrelado; **~fechte'rei** [-fɛçtə'raɪ] *f* espalhafato *m*; **~fernrohr** *n* (-*ės*; -*e*) telescópio *m* catóptrico; **~glas** *n* (-*es*; ="*er*) cristal *m*; **2glatt** liso, espelhado; ~ *sn a*. parecer um espelho; **2n** (-*le*) refle[c]tir; *sich in der Sonne* ~ espelhar-se; brilhar; **~scheibe** *f* vidraça *f* de cristal; **~schrank** *m* (-*ės*; ="*e*) guarda-fato *m* com espelhos; **~schrift** *f* escrita *f* invertida; **~ung** *f* reflexo *m*; **~zahl** *f* capicua *f*.

Spiel [ʃpi:l] *n* (-*ės*; -*e*) jogo *m*; = *~erei*; ~ *Karten* baralho *m*; *j-s*: *Thea*. realização *f*, *e-r Gruppe*: representação *f*; interpretação *f*; ♪ *a*. execução *f*; = *~art*; ⊕ folga *f*; *aufs ~ setzen* arriscar; *auf dem ~e stehen* estar em jogo; *sn ~ treiben mit* brincar com; *die Hand im ~e haben* ter mão no jogo; *gewonnenes ~ haben* ter o jogo na mão; **'~art** *f* ♀ variedade *f*; ♪ maneira *f* de tocar; **'~ball** *m* (-*es*; ="*e*) péla *f*; *fig*. joguete *m*; **'~bank** *f* casa *f* de jogo; **'~dose** ♪ *f* caixa *f* de música; **'2en** jogar (*Billard* o bilhar, *Karten* as cartas); ♪ tocar; *Kinderspiele usw*.: brincar a; *Thea*. *Rolle*: desempenhar; *Stück*: representar; *Handlung*: (*v/i*.) passar-se; *e-e traurige Rolle ~* fazer triste figura; *den Dummen ~* fingir-se; *j-m e-n Streich ~* fazer (*od*. pregar) uma partida a alg.; *ins Blaue ~* tirar para; *falsch ~* fazer batota; **'~er(in** *f*) *m* jogador(a *f*) *m*; ♪ tocador(a *f*) *m*; artista *m*, *f*; (*Klavier2*) pianista *m*, *f*; (*Geigen2*) violinista *m*, *f*; (*Gitarren2*) guitarrista *m*, *f*; *Thea*. a[c]tor *m* (a[c]triz *f*); **~e'rei** [-ə'raɪ] *f* brincadeira *f*; **'2erisch** [-ərɪʃ] ligeiro; **'~feld** *n* (-*ės*; -*er*) campo *m* de jogo(s); **'~gefährte** *m* (-*n*) companheiro *m*; **'~geld** *n* (-*ės*; -*er*) (*Einsatz*) entrada *f*; **'~hölle** *f* = *~bank*; **'~kamerad** *m* (-*en*) companheiro *m* de brinquedos; **'~karte** *f* carta *f* de jogo; **'~leiter** *m* dire[c]tor *m*; realizador *m*; **'~leitung** *f* dire[c]ção *f*; realização *f*; **'~marke** *f* tento *m*, ficha *f*; **'~plan** *m* (-*ės*; ="*e*) programa *m*; repertório *m*; **'~platz** *m* (-*es*; ="*e*) *Sport*: campo *m* de jogos (*od*. de desportos); (*Kinder2*) parque *m* infantil; **'~raum** *m* (-*ės*; ="*e*) *fig*. margem *f*, espaço *m*; ⊕ folga *f*; **'~regel** *f* (-; -*n*) regra *f* do jogo; **'~stunde** *f* hora *f* de recreio; **'~sucht** *f* (*0*) paixão *f* (*od*. vício *m*) do jogo; **'~tisch** *m* (-*ės*; -*e*) mesa *f* de jogo; **'~-uhr** *f* = *~dose*; **'~verbot** *n* (-*ės*; -*e*) interdição *f*; **'~verderber** *m* desmancha-prazeres *m*; **'~waren** *f/pl*. brinquedos *m/pl*.; **'~wart** *Thea*. *m* (-*ės*; -*e*) contra-regra *m*; **'~zeit** *f* *Sport*: período *m*; *Thea*. estação *f*, época *f*; **'~zeug** *n* (-*ės*; -*e*) brinquedo(s *pl*.) *m*.

Spieß [ʃpi:s] *m* (-*es*; -*e*) pique *m*, alabarda *f*; (*Brat2*) espeto *m*; (*Speer*) lança *f*; (**'~bürger** *m*) **'2bürgerlich** *fig*. burguês (*m*); atrasado (*m*); **'2en** (-*t*) espetar; traspassar; **'~er** *m* *Jagd*: cervato *m*; = *~bürger*; **'2ig** = *2bürgerlich*; **'~rute** *f* vareta *f*; *pl*.: *~n laufen* passar pelas varetas; *fig*. correr as ruas.

Spill [ʃpil] ⚓ *n*, (-*ės*; -*e*) cabrestante *m*.

Spi'nat [ʃpi'na:t] *m* (-*ės*; -*e*) espinafre *m*.

Spind [ʃpint] *n*, *m* (-*ės*; -*e*) armário *m*.

'Spindel ['ʃpindəl] *f* (-; -*n*) fuso *m*; **2dürr** muito magro, magro como um bacalhau.

Spi'nett [ʃpi'nɛt] ♪ *n* (-*ės*; -*e*) espineta *f*.

'Spinn|e ['ʃpinə] *f* aranha *f*; **2efeind**: *j-m ~ sn* ter um ódio figadal a alg.; **2en** fiar; *Katze*: fazer ronrom; *fig*. tramar; F *v/i*. não regular bem; **~er(in** *f*) *m* fiandeiro *m* (-a *f*); **~e'rei** [-ə'raɪ] *f* (fábrica *f* de) fiação *f*; **~(ge)webe** *n* teia *f* de aranha; **~maschine** *f* máquina *f* de fiar; **~rad** *n* (-*ės*; ="*er*) roda *f* de fiar; **~rocken** *m* roca *f* (de fiar).

Spi'on *m* (-*s*; -*e*) espião *m*; **~'age** [-o'na:ʒə] *f* espionagem *f*; **~'ageabwehr** *f* (*0*) contra-espionagem *f*; **2'ieren** (-) espiar, fazer espionagem; **~in** *f* espia *f*.

Spi'ral|bohrer [ʃpi'ra:l-] *m* broca *f* espiral; **~e** *f* espiral *f*; **~feder** *f* (-; -*n*) mola *f* espiral; **2förmig** [-fœrmiç] espiral, em hélice; **~linie** *f* espiral *f*.

Spiri't|ismus [ʃpiri'tismus] *m* (-; *0*) espiritismo *m*; (**~ist** *m*) **2istisch** espiritista (*m*); **~u'osen** [-tu'o:zən] *pl*. bebidas *f/pl*. alcoólicas.

'Spiritus ['ʃpi:ritus] *m* (-; -*se*) álcool *m*; **~kocher** *m* máquina *f* de álcool.

Spi'tal [ʃpi'ta:l] *n* (-*s*; ⸚*er*) hospital *m*; (*Armenhaus*) casa *f* dos pobres.
spitz [ʃpits] **1.** *adj.* (-*est*) (ponte) agudo; *Nase*: *a.* afilado; *fig.* mordaz; **2.** ♀ *m* (-*es*; -*e*) *Hund*: lulu *m*; F (*Rausch*) piteira *f*; '♀**bart** *m* (-*ės*; ⸚*e*) pera *f*; '♀**bogen** *m* (-*s*; ⸚) ogiva *f*; arco *m* ogival; '♀**bohrer** *m* furador *m*; '♀**bube** *m* (-*n*) ladrão *m*, patife *m*; '♀**bübin** *f* ladra *f*; '**~bübisch** de gatuno, velhaco; (*verschmitzt*) gaiato; '♀**e** *f* ponta *f*; (*Berg*♀) pico *m*, cume *m*; (*Ende*) extremidade *f*; topo (*a.* ⚓) *m*; *Feder*: bico *m*; *Handarbeit*: renda *f*; ⚔ frente *f*, vanguarda *f*; (*Zigarren*♀) boquilha *f*; *fig. gegen j-n*: dentada *f*, alusão *f*, remoque *m*; *indireta *f*; *an der* ~ à frente; *die* ~*n pl. der Behörden* as altas autoridades *f/pl.*; *die* ~ *bieten* (*dat.*) fazer frente a; *auf die* ~ *treiben* exagerar, abusar; '♀**el** *m* agente *m* provocador; '**~en** *v/t.* (-*t*) aguçar, apontar; abicar; *die Ohren* ~ arrebitar as orelhas; *den Mund* ~ fazer bico; *sich auf* (*ac.*) ~ contar com, esperar ansiosamente.
'**Spitzen|-einsatz** *m* (-*es*; ⸚*e*) entremeio *m*, aberto *m*; **~fabrikant** *m* (-*en*) rendeiro *m*; **~gruppe** *f Sport*: sele[c]ta *f*; **~klöpplerin** *f* rendeira *f*; **~leistung** *f* «record» *m*; *Sport*: *a.* campeonato *m*.
'**spitz|findig** subtil, sofístico; ♀**findigkeit** *f* subtileza *f*, sofisma *m*; ♀-**hacke** *f* alvião *m*; **~ig** *fig.* mordaz; ♀**maus** *f* (-; ⸚*e*) musaranho *m*; ♀**name** *m* (-*ns*; -*n*) alcunha *f*; ♀**nase** *f* nariz *m* ponteagudo, nariz *m* afilado; **~wink(e)lig** acutângulo.
Splint [ʃplint] ⊕ *m* (-*ės*; -*e*), '**~holz** *n* (-*es*; ⸚*er*) alburno *m*.
'**Splitter** ['ʃplitər] *m* estilha *f*; (*Glas*♀, *Granat*♀) estilhaço *m*; (*Holz*♀, *Stein*♀) lasca *f*; (*Knochen*♀) esquirola *f*; *sich* (*dat.*) *e-n* ~ *einreißen* espetar um pico; ♀(**faser**-)**nackt** nu (em pêlo), em couro, despido; ♀**n** (-*re*; *h. u. sn*) lascar(-se); (*zer*~) estilh(aç)ar; (*sich spalten*) fender-se; **~partei** *f* minoria *f* dissidente; ♀**sicher** ⚔ à prova de estilhaços.
spon'tan [ʃpɔn'ta:n] espontâneo.
spo'radisch [ʃpo'ra:diʃ] esporádico.
'**Spore** [ʃpo:rə] *f* espora *f*, esporo *m*.
Sporn [ʃpɔrn] *m* (-*ės*; -*e*) espora *f*; *Vögel*: esporão *m*; *pl. dem Pferde die Sporen geben* dar com as esporas a; '♀**en** *fig.* estimular; '♀**streichs** ['-ʃtraɪçs] a toda a pressa, imediatamente .
Sport [ʃpɔrt] *m* (-*ės*; -*e*) desporto *m*; '**~-abzeichen** *n* insígnia *f* desportiva; '**~-artikel** *m* artigo *m* de desporto(s); '**~beilage** *f* crónica *f* desportiva; '**~bericht** *m* (-*ės*; -*e*) reportagem *f* desportiva; '**~eln** *f/pl.* emolumentos *m/pl.*; '**~flugzeug** *n* (-*ės*; -*e*) avião *m* de desporto; '**~journalist** *m* (-*en*) jornalista *m* desportivo; '**~lehrer** *m* instrutor *m*, professor *m* de educação física; '**~ler** *m* desportista *m*; '♀**lich** desportivo; '**~nachricht** *f* notícia *f* desportiva; '**~palast** *m* (-*es*; ⸚*e*) palácio *m* de desportos; '**~platz** *m* (-*es*; ⸚*e*) campo *m* de desportos; '**~s-mann** *m* (-*ės*; -*leute*) = ~*ler*; '♀**treibend** = ♀*lich*; '**~trikot** *n* (-*s*; -*s*) fato *m* de malha; '**~verein** *m* (-*ės*; -*e*) clube *m* desportivo; '**~zeitung** *f* jornal *m* de desportos.
Spott [ʃpɔt] *m* (-*ės*; *0*) escárnio *m*, troça *f*; '**~bild** *n* (-*ės*; -*er*) caricatura *f*; '♀**billig** baratíssimo, ao desbarato; ~ *sn* ser uma pechincha.
Spötte'l|ei [ʃpœtə'laɪ] *f* = *Spott*; '♀**n** (-*le*) = *spotten*.
'**spotten** ['ʃpɔtən] (-*e*-) fazer troça (*über ac.* de); *jeder Beschreibung* ~ ser espantoso, ultrapassar todos os limites.
'**Spötter** ['ʃpœtər] *m* trocista *m*; *Rel.* blasfemo *m*.
'**Spott|gedicht** *n* (-*ės*; -*e*) sátira *f*; **~geld** *n* (-*ės*; -*er*) = ~*preis*.
'**spöttisch** ['ʃpœtiʃ] trocista.
'**Spott|lied** *n* (-*ės*; -*er*) canção *f* satírica; **~name** *m* (-*ns*; -*n*) alcunha *f*; **~preis** *m* (-*es*; -*e*): *zu e-m* ~ ao desbarato; **~schrift** *f* sátira *f*; **~sucht** *f* (*0*) mania *f* de fazer troça *f*; ♀**süchtig** trocista; ♀**wenig** muito pouco.
'**Sprach|-atlas** ['ʃpra:x-] *m* (-*ses*; *0*) atlas *m* linguístico; **~e** *f* língua *f* (*a. Sprachfähigkeit*); idioma *m*; (*Ausdrucksweise*) linguagem *f*; (*Sprechart*) fala *f*; *zur* ~ *kommen* ser tratado; **~-eigentümlichkeit** *f* idiotismo *m*; **~en-kenner** *m* filólogo *m*; poliglota *m*; **~fehler** *m* erro (*ê) de gramática, solecismo *m*; ⚕ defeito *m* de língua; **~forscher** *m* filólogo *m*, linguista *m*; **~forschung** *f* filologia *f*, linguística *f*; **~führer** *m* manual *m* de conversação; **~gebiet**

n (-*ęs*; -*e*): *deutsches* ~ países *m/pl.* de língua alemã; **~gebrauch** *m* (-*ęs*; *0*) uso *m*; ~ *sn a.* ser corrente; **~gefühl** *n* (-*ęs*; *0*) sentimento *m* da língua; sensibilidade *f* estilística; **~grenze** *f* fronteira *f* linguística; **~kunde** *f* filologia *f*, linguística *f*; **2kundig** versado numa língua; *allgemein*: versado em filologia; **~lähmung** ⚕ *f* afasia *f*; **~laut** *m* fonema *m*; **~lehre** *f* gramática *f*; método *m* de língua; **~lehrer** *m* professor *m* de língua(s); **2lich** de língua, de linguagem, linguístico, idiomático; **2los** mudo, sem fala; ~ *sn*, ~ *dastehen fig.* ficar pasmado, ficar de boca aberta; **~regel** *f* (-; -*n*) regra *f* de gramática; **~regelung** *f* versão *f* oficial; **~reiniger** *m* purista *m*; **~rohr** *n* (-*ęs*; -*e*) porta-voz *m* (*a. fig.*); ⚓ trombeta *f* marinha (*od.* falante); **~schatz** *m* (-*es*; *0*) vocabulário *m*; **~unterricht** *m* (-*ęs*; *0*) ensino *m* da(s) língua(s); *deutscher usw.* ~ ensino de Alemão *usw.*; **~vergleichung** *f* filologia *f* comparada; gramática *f* comparada; **2widrig** incompatível com o génio da língua; *~er Ausdruck* barbarismo *m*; **~wissenschaft** *f* = *~forschung*; **~wissenschaftler** *m* filólogo *m*; linguista *m*; **2wissenschaftlich** filológico, linguístico.

'**Sprech|-art** ['ʃprɛç-] *f* modo *m* de falar; fala *f*; **~-chor** *m* (-*ęs*; ⁼*e*) coro (*'ô) *m* falado; **2en** (*L*) falar (*j-n*: a, com; *über ac.* de, sobre); *Gedicht*: recitar; *Worte*: dizer; *a. Urteil*: pronunciar; proferir; *schuldig* ~ condenar; *Anzeichen usw.*: ~ *für* denotar (*ac.*), indicar (*ac.*); *zu* ~ *sn* estar (em casa); *für j-n zu* ~ *sn* receber alg.; *auf* (*ac.*) *nicht gut zu* ~ *sn* não gostar de, não simpatizar com; estar zangado com; **2end** *adj.* expressivo; *adv.* ~ *ähnlich* muito parecido; **~er** *m* orador *m*; *Beauftragter*: porta-voz *m*; representante *m*; *Radio*: locutor *m*; **~gebühr** *f* taxa *f* telefónica; **~stunde** *f* ⚖ *u.* ⚕ horas *f/pl.* de consulta; *Krankenhaus*: horas *f/pl.* de visita; ~ *haben* receber; dar consulta; **~-übung** *f* exercício *m* de conversação; **~weise** *f* = *~art*; **~zelle** *f Fernspr.* cabine *f*; **~zimmer** *n* gabinete *m*; ⚖ *u.* ⚕ consultório *m*; *Kloster*: locutório *m*.

'**spreiz|en** ['ʃpraɪtsən] (-*t*) estender; *Beine*: escarranchar; abduzir; ⚠ espeçar; *sich* ~ *fig.* pavonear-se; *gegen*: ser teimoso; **2ung** *f* abdução *f*; alargamento *m*.

'**Spreng|bombe** ['ʃprɛŋ-] *f* bomba *f* explosiva; **~el** *m Rel.* diocese *f*; (*Kirchspiel*) freguesia *f*; **2en 1.** *v/t.* *Garten usw.*: regar; *Wäsche usw.*: borrifar; *Weihwasser*: aspergir; *Ring*: romper; *Tür*: arrombar; (*in die Luft*) ~ fazer saltar; fazer ir pelos ares; dinamitar; **2.** *v/i.* (*sn*): *heran~* vir a galope; (*fort~*) ir a galope; **~geschoß** *n* (-*sses*; -*sse*) projé[c]til *m* explosivo; **~kapsel** *f* (-; -*n*) detonador *m*; **~kraft** *f* (*0*) força (*ô) *f* explosiva; **~ladung** *f* carga *f* explosiva; **~loch** *n* (-*ęs*; ⁼*er*) buraco *m* para tiro de mina; **~schuß** *m* (-*sses*; ⁼*sse*) tiro *m* (de mina), barreno *m*; **~stoff** *m* (-*ęs*; -*e*) explosivo *m*; **~ung** *f* destruição *f* (por meio de dinamite); *a. fig.* rotura *f*; = *~schuß*; **~wagen** *m* carro *m* de irrigação; **~wirkung** *f* = *~kraft*; explosão *f*.

'**Sprenkel** ['ʃprɛŋkəl] *m* salpico *m*; **2n** (-*le*) salpicar; malhar.

Spreu [ʃprɔy] *f* (*0*) debulho *m*; moinha *f*; *a. fig.* joio *m*.

'**Sprich|wort** ['ʃpriç-] *n* (-*ęs*; ⁼*er*) provérbio *m*, dito *m*, adágio *m*; **2wörtlich** proverbial.

'**sprießen** ['ʃpri:sən] (*L*; *h. u. sn*) brotar, nascer.

'**Spring|brunnen** ['ʃpriŋ-] *m* repuxo *m*; **2en** (*L*; *sn u. h.*): ~ (*über ac.*) saltar (por cima de); galgar (*ac.*); (*hüpfen*) pular, dar pulos; (*zer~*, *bersten*) estalar; *Wasser*: brotar, jorrar; *fig. in die Augen* ~ saltar aos olhos; ser evidente; *Geld* ~ *lassen* gastar um dinheirão; *der ~de Punkt* o principal; o busílis; **~er** *m* saltador *m*; *Schach*: cavalo *m*; **~flut** *f* (maré *f* de) águas-vivas *f/pl.*; **~ins-feld** *m* (-*ęs*; *0*) estouvado *m*; **~maus** *f* (-; ⁼*e*) gerbo *m*; **~seil** *n* (-*ęs*; -*e*) corda *f* de saltar.

Sprit F [ʃprit] *m* (-*ęs*; -*e*) álcool *m*.

'**Spritz|e** ['ʃpritsə] *f* (*Feuer2*) bomba *f* de incêndios; (*Garten2*) mangueira *f*; ⚕ seringa *f*; (*Einspritzung*) inje[c]ção *f*; **2en** (-*t*) *v/t.* deitar água a; regar; esguichar; ⚕ inje[c]tar; *a. v/i.* (*h. u. sn*) esguichar; **~enhaus** *n* (-*es*; ⁼*er*) casa (*od.* estação) *f* das bombas de incêndio; bombeiros *m/pl.*; **~er** *m* salpico *m*, esguicho *m*, salpicadura *f*; **~fahrt** *f* passeio *m*; ~**guß** *m* (*-sses*; *⸗sse*) fundição *f* por inje[c]ção; ~**kuchen** *m* filhó *m*; ~**leder** *n* guarda-lamas *m*; ~**rohr** *n* (*-es*; *-e*) lança *f*.

'**spröd|e** ['ʃprœːdə] frágil, quebradiço; *Haut*: áspero, gretado; *j.*: reservado, arisco; frio; *Metall*: imaleável; (*rauh*) áspero; 2**igkeit** *f* (*0*) fragilidade *f*; aspereza *f*; *Haut*: cieiro *m*; *j-s*: reserva *f*; esquivez *f*.

Sproß [ʃprɔs] *m* (*-sses*; *-sse*) renovo (*'ô) *m*; rebento *m*, vergôntea *f*; *j.*: descendente *m*.

'**Spross|e** ['ʃprɔsə] *f* degrau *m*; (*Sommer*2) sarda *f*; 2**en** (*-ßt*) brotar, nascer; ~**ung** *f* proliferação *f*.

'**Sprößling** ['ʃprœslɪŋ] *m* (*-s*; *-e*) = *Sproß*; *fig.* filho *m*.

'**Sprotte** ['ʃprɔtə] *f* pequeno arenque *m*.

Spruch [ʃprux] *m* (*-es*; *⸗e*) sentença *f*; ⚖ *a.* veredi[c]to *m*; (*Bibel*2) versículo *m*; (*Sinn*2) dito *m*, provérbio *m*, adágio *m*; (*Zauber*2) fórmula *f* (mágica); '~**band** *n* (*-es*; *⸗er*) letreiro *m*, dístico *m*; '2**reif**: ~ *sn* estar suficientemente esclarecido.

'**Sprudel** ['ʃpruːdəl] *m* jorro (*'ô) *m*, borbulhão *m*; ⚕ fonte *f* termal; *Getränk*: água *f* gasosa; ⚕ águas *f/pl.* medicinais; 2**n** (*-le*; *sn u. h.*) brotar, borbulhar; *fig.* falar muito depressa; *Witz*: ter muita graça, ter muito espírito; 2**nd** *adj.* espumoso; *fig. j.*, *Witz*: brilhante.

'**sprüh|en** ['ʃpryːən] faiscar; saltar; (*regnen*) chuviscar; *garoar; ~**end** *adj.* brilhante, cintilante; 2**regen** *m* chuvisco *m*; *garoa *f*.

Sprung [ʃprʊŋ] *m* (*-es*; *⸗e*) salto *m*, pulo *m* (*machen* dar; *in e-m* de); (*Riß*) fenda *f*, racha *f*; *auf dem* ~*e stehen zu* (*inf.*) estar para; *pl. Sprünge bekommen* rachar, estalar; *j-m auf die Sprünge helfen* dar uma ajuda a alg.; meter alg. no caminho; '~**brett** *n* (*-es*; *-er*) trampolim *m*; '~**feder** *f* (*-*; *-n*) mola *f*; '~**federmatratze** *f* colchão *m* de molas; '~**gelenk** *n* (*-es*; *-e*) *Anat.* astrágalo *m*; tendão *m* da perna; *Tier*: jarrete *m*, curvão *m*; '2**haft** saltitante, incoerente; '~**kraft** *f* (*0*) elasticidade *f*; '~**riemen** *m* gamarra *f*, correão *m*; '~**tuch** *n* (*-es*; *⸗er*) pano *m* salva-vidas; '2**weise** aos saltos.

'**Spuck|e** ['ʃpukə] *f* (*0*) cuspo *m*, escarro *m*; esputo *m*; * *a.* babo *m*; 2**en** cuspir, escarrar; *beim Sprechen*: perdigotar; ⚕ expe[c]torar; ~**napf** *m* (*-es*; *⸗e*) escarrador *m*.

Spuk [ʃpuːk] *m* (*-es*; *-e*) aparição *f* de fantasmas; rumor *m* (de duendes); '2**en**: *es spukt* andam fantasmas (pela casa); *es spukt in s-m Kopf* tem manias; '~**geschichte** *f* conto *m* fantástico (*od.* de fantasmas); '2**haft** fantástico.

'**Spul|e** ['ʃpuːlə] *f* bobina *f*; fuso *m*; *im Schiffchen*: canilha *f*; 2**en** dobar, bobinar.

'**spül|en** ['ʃpyːlən] lavar; enxaguar; passar por água; *den Mund* ~ bochechar; *an den Strand*: arrojar; (*be*~) banhar; 2**becken** *n* tina *f*; 2**ung** *f* lavagem *f*; ⚕ *a.* irrigação *f*; *des Mundes*: bochecho *m*; = 2**vorrichtung** *f am Klosett*: autoclismo *m*.

'**Spul-wurm** ['ʃpuːl-] *m* (*-es*; *⸗er*) ascáride *f*; lombriga *f*; oxiuro *m*.

Spund [ʃpʊnt] *m* (*-es*; *⸗e*) batoque *m*; rolha *f*; = ~*loch*; '2**en** ['-dən] (*-e-*) (a)batocar; tapar; '~**loch** *n* (*-es*; *⸗er*) batoqueira *f*; orifício *m* da pipa.

Spur [ʃpuːr] *f* vestígio *m* (*a. fig.*); (*Fährte*) pista *f*, rasto *m*; (*Fuß*2) pisada *f*; (*Rad*2) carril *m*; 🚃 (~*weite*) via *f*; *keine* ~ *fig.* F nada, nem rasto; nem patavina; *keine* ~ *von et. haben* não ter sombra de a.c.

'**spür|bar** ['ʃpyːrbaːr] sensível, notável; ~**en** *v/t.* *Jagd*: encontrar (*od.* seguir) a pista de, (*wittern*) farejar; (*fühlen, merken*) sentir, notar; perceber.

'**Spuren-element** *n* (*-es*; *-e*) elemento-traço *m*.

'**Spür-hund** *m* (*-es*; *-e*) cão *m* de busca.

'**Spur|-kranz** *m* 🚃 (*-es*; *⸗e*) rebordo (*'ô) *m*, friso *m*; 2**los** sem deixar vestígios.

'**Spür|nase** *f* farejador *m*; ~**sinn** *m* (*-es*; *0*) faro *m*; *fig.* sagacidade *f*.

'**Spur-weite** *f* 🚃 via *f*; *Auto*: distância *f*.

'**sputen** ['ʃpuːtən] (*-e-*): *sich* ~ mexer-se, aviar-se, abelhar-se.

Staat [ʃtaːt] *m* (*-es*; *-en*) Estado *m*; (*Prunk*) gala *f*, luxo *m*; aparato *m*; ~ *machen* brilhar; '~**en-bund** *m* (*-es*; *⸗e*) confederação *f*; '~**enkunde** *f* (*0*) (geografia) política *f*; '2**enlos** sem nacionalidade, apátrida; '2**lich** público, do Estado, nacional; estatal, estadual; ~ *anerkannt* oficializado; ~ *geprüft* diplomado; ~ *unterhalten* financeiramente ligado ao Estado.

'**Staats|-akt** *m* (-*ẹs*; -*e*) cerimónia *f*; **~-angehörige** *f*, **~-angehörige(r)** *m* cidadão *m*, cidadã *f*; súbdito *m*, -a *f*; *pl.* nacionais *pl.*; **~-angehörigkeit** *f* (*0*) nacionalidade *f*; e-e ~ *erwerben* naturalizar-se; **~-anwalt** *m* (-*ẹs*; ⸚*e*) procurador *m* da República; **~-anwaltschaft** *f* ministério *m* público; **~-anzeiger** *m* Diário *m* do Governo (*ê); **~beamte(r)** *m* funcionário *m* público; **~begräbnis** *n* (-*ses*; -*se*) funerais *m/pl.* nacionais; **~bürger** *m* cidadão *m*; **~bürgerkunde** *f* (*0*) instrução *f* cívica; **2bürgerlich** civil; cívico; **~dienst** *m* (-*es*; *0*) serviço *m* público; **~-eigentum** *n* (-*s*; *0*) património *m* nacional; **~-examen** *n* (-*s*; -*examina*) exame *m* do Estado; licenciatura *f*; **~feind** *m* (-*ẹs*; -*e*) inimigo *m* público; **2feindlich** hostil ao Estado; **~form** *f* forma *f* do governo (*ê); **~führung** *f* governo (*ê) *m* da nação; **~gebäude** *n* edifício *m* público; **2gefährdend** subversivo; **~geheimnis** *n* (-*ses*; -*se*) segredo (*'ê) *m* de Estado; **~gerichtshof** *m* (-*ẹs*; ⸚*e*) (Supremo) Tribunal *m* Político; **~gewalt** *f* (*0*) autoridade *f* pública; **~haushalt** *m* (-*ẹs*; -*e*) orçamento *m* nacional; **~-hoheit** *f* (*0*) soberania *f* (nacional); **~kasse** *f* Tesouro *m* (do Estado); **~kirche** *f* Igreja *f* nacional; **~klugheit** (*0*), **~kunst** *f* (*0*) política *f*, diplomacia *f*; **~lehre** *f* (*0*) política *f*; teoria *f* política (*od.* do Estado); filosofia *f* política; **~lenker** *m*, **~mann** *m* (-*ẹs*; ⸚*er*) estadista *m*; **2männisch** ['-mɛniʃ] político; de estadista; **~-minister** *m* ministro *m* do Estado; **~-oberhaupt** *n* (-*ẹs*; ⸚*er*) chefe *m* do Estado; **~papier** *n* (-*s*; -*e*) documento *m*; *pl.* ☤ **~e** fundos (*od.* valores) *m/pl.* públicos; **~polizei** *f* (*0*) Polícia *f* Internacional e de Defesa do Estado; **~rat** *m* (-*ẹs*; ⸚*e*) conselho *m* do Estado; *j.*: conselheiro *m* do Estado; **~recht** *n* (-*ẹs*; *0*) direito *m* público; **~rechtler** ['-rɛçtlər] *m* professor *m* de direito público; **2rechtlich** de (*od.* do) direito público; **~schatz** *m* (-*es*; ⸚*e*) Tesouro *m* público; **~schuld** *f* dívida *f* pública; **~-sekretär** *m* (-*s*; -*e*) secretário-geral *m* do Ministério; secretário *m* de Estado; **~sicherheitsdienst** *m* (-*es*; *0*) serviços *m/pl.* de segurança pública (*od.* do Estado); **~-streich** *m* (-*ẹs*; -*e*) golpe-de-estado *m*; **~verbrechen** *n* crime *m* político; **~verbrecher** *m* criminoso *m* político; **~vertrag** *m* (-*ẹs*; ⸚*e*) tratado *m* político; contrato *m* com o Estado; **~wesen** *n* Estado *m*; **~wissenschaft** *f* ciências *f/pl.* políticas; **~wohl** *n* (-*ẹs*; *0*) bem *m* público; **~-zuschuß** *m* (-*sses*; ⸚*sse*) subsídio *m* oficial (*od.* do governo [*ê]).

Stab [ʃtaːp] *m* (-*ẹs*; ⸚*e*) bastão *m*; haste *f*; (*Eisen*2) barra *f*; *zum Springen*: vara *f*; ⚔ Estado-Maior *m*; *den* ~ *über j-n brechen* condenar alg.; '**~-eisen** *n* ferro *m* em barras; '**2en** ['-bən] aliterar; '**~(hoch-)sprung** *m* (-*ẹs*; *0*) salto *m* à vara (em altura).

sta'bil [ʃta'biːl] estável; (*fest*) seguro, sólido; **~i'sieren** [-bili'ziːrən] (-) estabilizar; **2i'sierung** *f* estabilização *f* (☤ monetária); **2i'tät** [-i'tɛːt] *f* (*0*) estabilidade *f*.

'**Stab|reim** *m* (-*ẹs*; -*e*) aliteração *f*; **~s...** *in Zssg(n)*: do Estado-Maior; **~s-quartier** *n* (-*s*; -*e*) quartel *m* general; **~träger** *m* bastonário *m*.

'**Stachel** ['ʃtaxəl] *m* ponta *f*, pico *m*; aguilhão *m*, *Zool. a.* ferrão *m*; espinho *m*; ⚘ acúleo *m*; **~beere** *f* uva-espim *f*; **~draht(-verhau** *m* [-*ẹs*; -*e*]) *m* (-*ẹs*; ⸚*e*) (linha *f* de) arame *m* farpado; **2ig** espinhoso, eriçado; ⚘ aculeado; **2n** (-*le*) picar; aguilhoar; *fig.* estimular; **~schwein** *n* (-*ẹs*; -*e*) porco-espinho *m*.

'**Stadi|on** ['ʃtaːdiɔn] *n* (-*s*; *Stadien*) estádio *m*; **~um** *n* (-*s*; *Stadien*) fase *f*.

Stadt [ʃtat] *f* (-; ⸚*e*) cidade *f*; *kleinere*: vila *f*; '**~bahn** *f* caminho *m* de ferro urbano; '**~baumeister** *m* arquite[c]to *m* municipal; '**2bekannt** notório; '**~bevölkerung** *f* população *f* urbana; '**~bibliothek** *f* biblioteca *f* municipal; '**~bild** *n* (-*ẹs*; -*er*) vista *f* da cidade, panorama *m* da cidade.

'**Städtchen** ['ʃtɛːtçən] *n* vila *f*.

'**Stadt-direktor** *m* (-*s*; -*en*) governador *m* civil.

'**Städte|bau(kunst** *f* [*0*]) ['ʃtɛːtə-] *m* (-*ẹs*; *0*) urbanização *f*; **~bauer** *m* urbanizador *m*; 2**baulich** urbanístico; **~gründer** *m* povoador *m*; **~r** (**-in** *f*) *m* habitante *m*, *f* da cidade; urbano *m* (-a *f*); burguês *m* (burguesa *f*); **~tag** *m* (-es; -e) congresso *m* de delegados municipais.

'**Stadt|garten** *m* (-s; ¨) jardim *m* municipal; **~gebiet** *n* (-es; -e) área *f* urbana, área *f* municipal; **~gemeinde** *f* município *m*; **~gespräch** *n* (-es; -e) *Fernspr.* chamada *f* local (*od.* urbana); *fig.* ~ *sn* ser notório; estar na boca de toda a gente; **~innere(s)** *n* centro *m*; *in port. Städten oft*: F Baixa *f*.

'**städtisch** ['ʃtɛ:tiʃ] urbano; *Pol.* municipal.

'**Stadt|kommandant** *m* (-en) comandante *m* da praça; 2**kundig**: ~ *sn* ter conhecimentos locais; = 2*bekannt*; **~mauer** *f* (-; -n) muralha *f*; **~mitte** *f* centro *m*; **~park** *m* (-s; -s) parque *m* municipal (*od.* da cidade); **~plan** *m* (-es; ¨e) planta *f* da cidade; **~planung** *f* (plano *m* de) urbanização *f*; **~polizei** *f* (0) polícia *f* da cidade; **~rand** *m* (-es; ¨er) periferia *f* (*od.* abas *f*/*pl.*) da cidade; **~rat** *m* (-es; ¨e) câmara *f* municipal; *j.*: vereador *m*; **~teil** *m* (-es; -e) bairro *m*; **~theater** *n* teatro *m* municipal; **~väter** *m*/*pl.* edilidade *f*/*sg.*; **~verkehr** *m* (-s; 0) serviço *m* urbano; **~verordnete(r)** *m* vereador *m*; **~verordneten-versammlung** *f* vereação *f*; conselho *m* municipal; **~verwaltung** *f* serviços *m*/*pl.* municipais; câmara *f*; **~viertel** *n* bairro *m*; **~wappen** *n* armas *f*/*pl.* da cidade.

Sta'fett|e [ʃta'fɛtə] *f* estafeta *f*; **~en-lauf** *m* (-es; ¨e) corrida *f* de estafetas.

Sta'ffage [ʃta'fa:ʒə] *f* cenário *m*; [enfeite *m*.]

'**Staffel** ['ʃtafəl] *f* (-; -n) degrau *m*; ✝ escalão *m*, ⚔ *u. Sport*: *a.* turma *f*; ✈ esquadrilha *f*; **~'ei** *f* cavalete *m*; **~lauf** *m* (-es; ¨e) corrida *f* de estafetas; 2**n** (-le) escal(on)ar; graduar; **~tarif** *m* (-s; -e) tarifa *f* em escalões; **~ung** *f* escalamento *m*; graduação *f*.

Stagn|ati'on [stagnatsi'o:n] *f* estagnação *f*; paralização *f*; 2'**ieren** (-) estagnar; estar paralizado.

Stahl [ʃta:l] *m* (-es; ¨e) aço *m*; *in* ~ *verwandeln* ace(i)rar; '2**artig** aceirado; '2**blau** azul ferrete.

'**stähl|en** ['ʃtɛ:lən] ace(i)rar, temperar com aço; *fig.* fortalecer; **~ern** de aço; *fig.* de ferro.

'**Stahl|feder** *f* (-; -n) mola *f* de aço; (*Schreibfeder*) pena *f* de escrever; **~-helm** *m* (-es; -e) capacete *m* de aço; **~kammer** *f* (-; -n) casa-forte *f*; **~stich** *m* (-es; -e) gravura *f* em aço; **~trosse** *f* cabo *m* de aço; **~waren** *f*/*pl.* aços *m*/*pl.*; **~werk** *n* (-es; -e) aceraria *f*; * acearia *f*.

'**staken** ['ʃta:kən] **1.** levar à vara; **2.** 2 *m* percha *f*.

Sta'ket [ʃta'kɛt] *n* (-es; -e) estacada *f*, paliçada *f*.

Stall [ʃtal] *m* (-es; ¨e) estábulo *m*, curral *m*; (*Pferde*2) caval(h)ariça *f*; '**~dienst** *m* (-es; -e) serviço *m* das estrebarias; '**~fütterung** *f* estabulação *f*; '**~knecht** *m* (-es; -e) moço (*'ô) *m* de estrebaria; '**~meister** *m* estribeiro *m*; '**~ung** *f* currais *m*/*pl.*, caval(h)ariças *f*/*pl.*, estrebarias *f*/*pl.*

Stamm [ʃtam] *m* (-es; ¨e) ♣ tronco *m*; (*Geschlecht*) estirpe *f*, linhagem *f*, raça *f*; (*Volks*2) tribo *f*; *Gram.* raiz *f*; *Personal*: quadro *m*; '**~aktie** *f* a[c]ção *f* primitiva; '**~baum** *m* (-es; ¨e) árvore *f* genealógica; '**~buch** *n* (-es; ¨er) álbum *m*; '2**eln** (-le) balbuciar; '2**en** (*sn*) *et.*: (pro)vir; *Gram.* derivar; *j.*: ~ *aus* ser natural de; ~ *von* descender de, ser descendente de; '**~gast** *m* (-es; ¨e) freguês *m*, cliente *m*; '**~-halter** *m* (filho *m*) primogénito *m*, morgado *m*; '**~-haus** *n* (-es; ¨er) ✝ casa-mãe *f*, central *f*; '**~-holz** *n* (-es; ¨er) árvores *f*/*pl.* de haste alta.

'**stämmig** ['ʃtɛmiç] robusto.

'**Stamm|kapital** *n* (-s; -*kapitalien*) fundos *m*/*pl.*; **~ler** *m* gago *m*; **~lokal** *n* (-es; -e) restaurante *m* (*od.* café *m*) onde alg. costuma ir; **~personal** *n* (-s; 0) pessoal *m* do quadro; **~rolle** ⚔ *f* matrícula *f*; **~silbe** *f* radical *f*; **~tisch** *m* (-es; -e) mesa *f* reservada; **~vater** *m* (-s; ¨) tronco *m*; 2**verwandt** da mesma origem, da mesma raça; **~wort** *n* (-es; ¨er) radical *m*, palavra *f* primitiva.

'**Stampfe** ['ʃtampfə] *f* maço *m*, malho *m*; 2**n** bater com o(s) pé(s); patear; calcar; ⚒ triturar; moer; ✓ *Trauben*: pisar; ⚓ arfar; ⊕ machucar; **~r** *m* pilão *m*, calcador *m*.

Stand [ʃtant] *m* (-*ẹs*; ⸗*e*) posto (*'ô) *m*; (*Droschken*⸗) praça *f*; (*Lage*) posição *f*, situação *f*; (*Höhe*) altura *f*; ⚕ câmbio *m*, cotização *f*; *Preis, Wasser*: nível *m*; (*Zu*⸗) estado *m*; (*Klasse*) *a*. classe *f*, condição *f*; (*Rang*) categoria *f*; (*Beruf*) profissão *f*; (*Zeitungs*⸗) quiosque *m*; (*Ausstellungs*⸗) «stand» *m* (*engl.*); *e-n schweren* ~ *haben* estar numa situação difícil.

'**Standard** ['ʃtandart] *m* (-*s*; -*s*) norma *f*; modelo (*ê) *m*; ⸗**i'sieren** [-di'zi:rən] (-) normalizar.

Stan'darte [ʃtan'dartə] *f* estandarte *m*, pendão *m*.

'**Stand·bild** *n* (-*ẹs*; -*er*) estátua *f*.

'**Ständchen** ['ʃtɛntçən] *n* serenata *f* (*bringen* fazer).

'**Ständer** ['ʃtɛndər] *m* suporte *m*; cavalete *m*.

'**Standes**|**-amt** ['ʃtandəs-] *n* (-*ẹs*; ⸗*er*) registo *m* civil; ⸗**amtlich** (do registo) civil; ~**beamte**(**r**) *m* funcionário *m* do registo civil; ~**dünkel** *m* (-*s*; *0*) altivez *f*, arrogância *f*; ⸗**gemäß** conforme à (sua) categoria; ~**person** *f* pessoa *f* de categoria; ~**register** *n* registo *m* do estado civil; ~**vorurteil** *n* (-*ẹs*; -*e*) preconceito *m* da casta; ⸗**widrig** derogante; ~ *handeln* derogar.

'**stand**|**fest** firme, inabalável; ⸗**gericht** *n* (-*ẹs*; -*e*) conselho *m* de guerra; ~**haft** constante, firme; ⸗**haftigkeit** *f* (*0*) constância *f*, firmeza *f*; ~**halten** (*L*) resistir.

'**ständ**|**ig** ['ʃtɛndiç] permanente, contínuo; ~**isch** corporativo.

'**Stand**|**licht** *n* (-*ẹs*; -*er*) mínimos *m/pl.*; ~**-ort** *m* (-*ẹs*; -*e*) posição *f*; posto *m*; ⚔ praça *f*, guarnição *f*; *den* ~ *feststellen* localizar; ~**pauke** F *f* descompostura *f* (*halten* dar; *a*. ler a cartilha a); ~**platz** = ~*ort*; ~**-punkt** *m* (-*ẹs*; -*e*) ponto *m* de vista; *das ist ein überwundener* ~ já não se pensa assim; *j-m den* ~ *klarmachen* dizer a alg. o que se pensa; ~**quartier** ⚔ *n* (-*s*; -*e*) quartel *m*, guarnição *f*, acantonamento *m*; ~**recht** *n* (-*ẹs*; *0*) lei *f* marcial; ⸗**rechtlich**: ~ *erschießen* fuzilar, (fazer) passar pelas armas; ~**-uhr** *f* relógio *m* de pé alto.

'**Stange** ['ʃtaŋə] *f* (*Holz*⸗) percha *f*; *kürzere*: vara *f*; (*Metall*⸗) barra *f*; *Siegellack*: pau *m*; *Hühnerstall*: poleiro *m*; (*Bohnen*⸗) vara *f*, rama *f*; (*Korsett*⸗) tira *f*; *j-m die* ~ *halten fig*. ajudar alg.; *bei der* ~ *bleiben fig*. não fugir; *von der* ~ *kaufen* comprar já feito; ~**nbohne** *f* fava *f* estacada (*od*. de estaca); ~**nspargel** *m* espargo *m* comprido.

'**Stänker** ['ʃtɛŋkər] *m fig*. P intrigante *m*; ⸗**n** (-*re*) cheirar mal, feder; *fig*. (andar a) intrigar.

Stanni'ol [ʃtani'o:l] *n* (-*s*; -*e*) folha (*ô) *f* de estanho.

'**Stanz**|**e** ['ʃtantsə] *f Lit*. estância *f*; ⊕ perfuradora *f*; estampa *f*; ⸗**en** (-*t*) (per)furar; estampar; ~**maschine** *f* máquina *f* de perfurar (*od*. de estampar).

'**Stapel** ['ʃta:pəl] *m* ⚕ depósito *m*; *Holz usw.*: pilha *f*, montão *m*; ⚓ (*auf*) ~ (*legen* colocar na) carreira *f*; *vom* ~ *laufen* ser lançado à água; *vom* ~ *laufen lassen* lançar à água; *fig*. apresentar, F *e-e Rede*: pronunciar; ~**lauf** *m* (-*ẹs*; ⸗*e*) lançamento *m* à água, bota-fora *m*; ⸗**n** (-*le*) empilhar, amontoar; ~**platz** *m* (-*es*; ⸗*e*) depósito *m*; *Stadt*: empório *m*.

'**stapfen** ['ʃtapfən] andar com dificuldade.

Star [ʃta:r] *m* **a**) (-*ẹs*; -*e*) *Zool*. estorninho *m*; **b**) ⚕ (-*ẹs*; -*e*) *grauer* ~ catarata *f*; *grüner* ~ glaucoma *m*; *schwarzer* ~ gota *f* serena, amaurosa *f*; **c**) (-*s*; -*s*) *Thea*. estrela (*'ê) *f*.

stark [ʃtark] (⸗*er*; ⸗*st*) robusto; *a. fig*. vigoroso, forte, enérgico; intenso; (*dick*) grosso, *j*.: gordo; (*groß*) grande; (*heftig*) violento; (*zahlreich*) numeroso; *adv. a*. muito; ~*e Seite* forte *m*; *das ist ein* ~*es Stück fig*. F é forte; *100 Mann* ~ de ...; *100 Mann* ~ *sn* contar ...; ~ *werden, stärker werden* aumentar; robustecer, *j*.: *a*. engordar.

'**Stärke** ['ʃtɛrkə] *f*: **a**) robustez *f*, vigor *m*; ⊕ potência *f*, *a. fig*. força (*ô) *f*, intensidade *f*; (*Anzahl*) quantidade *f*, número *m*, ⚔ *a*. efe[c]tivo *m*; (*Dicke*) grossura *f*; *j-s* ~ *sn* ser o forte de alg.; *j-s besondere* ~ *sn* ser a especialidade de alg.; **b**) ⚗ fécula *f*, amido *m*; *Wäsche*: goma *f*; ⸗**haltig** [-haltiç] feculento, feculoso, amidólico; ~**-mehl** *n* (-*ẹs*; *0*) fécula *f*, amido *m*; ⸗**n** fortificar, fortalecer; robuste-

cer; vigorizar; (*be*~) corroborar; ⚕ *a.* tonificar; *Wäsche*: engomar; *sich* ~ tomar a.c., comer a.c.; ≗**nd** *adj.* tonificante; fortificante; ~**zucker** *m* (-*s*; *0*) glucose *f*, glicose *f*.
'**stark|knochig** ossudo, robusto; ≗**strom** ⚡ *m* (-*és*; *0*) corrente *f* de alta tensão.
'**Stärkung** ['ʃtɛrkuŋ] *f* fortalecimento *m*; (*Imbiß*) refeição *f*; ~**smittel** *n* tónico *m*; fortificante *m*.
starr [ʃtar] rígido (*a.* ✈); (*unbeweglich*) imóvel, teso, hir(su)to; (*unbeugsam*) inflexível; intransigente; (~*sinnig*) teimoso; *Blick*: fixo; ~ *ansehen* fixar, fitar; *vor Kälte*: enteiriçado; ~ *vor Entsetzen usw.* atónito; '~**en**: ~ *auf* (*ac.*), ~ *nach* fitar (*ac.*), cravar os olhos (*'ô) em; ~ *von* estar cheio de, estar repleto de; '≗**heit** *f* (*0*) rigidez *f*; (*Blick*) fixidez *f*; *fig.* intransigência *f*; ('≗**kopf** *m* [-*és*; ⸚*e*]) '~**köpfig** ['-kœpfiç] teimoso (*m*); '≗**köpfigkeit** *f* (*0*) teimosia *f*; '≗**krampf** *m* (-*és*; ⸚*e*) tétano *m*; '≗**sinn** *m* (-*es*; *0*) teimosia *f*, obstinação *f*; '~**sinnig** teimoso; '≗**sucht** *f* (*0*) catalépsia *f*.
Start [ʃtart] *m* (-*és*; -*e*, -*s*) partida *f*, ✈ *a.* descolagem *f*, ⚓ *a.* largada *f*; *Auto*: arranque *m*; *Sport*: arrancada *f*; = ~*platz*; '~**bahn** *f* ✈ pista *f* de descolagem; '≗**bereit** pronto para a partida; '≗**en** (-*e*-; *h. u. sn*) partir (*nach* para), ✈ *a.* descolar; '~**platz** *m* (-*es*; ⸚*e*) ponto *m* de partida; ✈ = ~*bahn*; '~**schuß** *m* (-*sses*; ⸚*sse*) sinal *m* de partida.
'**Statik** ['ʃta:tik] *f* (*0*) estática *f*.
Stati'on [ʃtatsi'o:n] *f* 🚂 estação *f*; ⚕ se[c]ção *f*, enfermaria *f*; *Polizei*: posto (*'ô) *m*; (*Halt*) apeadeiro *m*; *freie* ~ pensão *f* completa; ~ *machen* parar, ficar; ~**s-vorsteher** *m* chefe *m* de estação.
'**statisch** ['ʃta:tiʃ] estático.
Sta'tist [ʃta'tist] *m* (-*en*), ~**in** *f* figurante *m*/*f*, comparsa *m*/*f*; ~**ik** *f* estatística *f*; (~**iker** *m*) ≗**isch** estatístico (*m*).
Sta'tiv [ʃta'ti:f] *n* tripé *m*.
statt [ʃtat] **1.** *prp.* (*gen.*, *zu* + *inf.*) em vez de, em lugar de, em substituição de; ~ *meiner* em meu lugar; **2.** ≗ *f* (*0*) lugar *m*, sítio *m*; *an Eides* ~ por ..., *an Zahlungs* ~ em lugar de; *an Kindes* ~ *annehmen* perfilhar.

'**Stätte** ['ʃtɛtə] *f* lugar *m*, sítio *m*.
'**statt|finden** (*L*) ter lugar, haver, realizar-se; ~**geben** (*L*) (*dat.*) admitir (*ac.*), permitir (*ac.*), aceder a; dar seguimento a; ~**haben** (*L*) = ~*finden*; ~**haft** lícito, admissível; ≗**halter** *m* lugar-tenente *m*; governador *m*; ~**lich** imponente, *et.*: *a.* considerável.
'**Statue** ['ʃta:tuə] *f* estátua *f*.
statu'ieren ['ʃtatu'i:rən] (-) estabelecer; (*feststellen*) registar.
Sta'tu|r [ʃta'tu:r] *f* estatura *f*; ~**t** *n* (-*és*; -*en*) estatuto *m*, regulamento *m*.
'**Stauanlage** ['ʃtau-] *f* represa *f*, [barragem *f*.]
Staub [ʃtaup] *m* (-*és*; *0*) pó *m*; *viel* ~ *a.* uma grande poeira; ~ *aufwirbeln* fazer pó, espalhar pó; *fig.* causar sensação *f*, ser um escândalo; *in* ~ *verwandeln* pulverizar, reduzir a pó, fazer em pó, desfazer; *in* ~ *zerfallen* desfazer-se, reduzir-se a pó; *in den* ~ *ziehen fig.* desacreditar, desonrar, desprestigiar; *sich aus dem* ~*e machen* safar-se; '~**beutel** ⚘ *m* antera *f*.
'**Stau-becken** *n* represa (*ê) *f*.
'**stauben** ['ʃtaubən] (*h. u. sn*) fazer pó; *es staubt a.* está poeira.
'**stäuben** ['ʃtɔybən) *v*/*t.* (*ab*~) desempoeirar; (*be*~) empoeirar; *v*/*i.* = *stauben*.
'**Staub|faden** ⚘ *m* (-*s*; ⸚) estame *m*; ~**fänger** ['-fɛŋər] *m* guarda-pó *m*; ~**flügler** ['-fly:klər] *Zool.* *m* lepidóptero *m*; ≗**frei** sem pó, limpo; *Luft*: puro; ~**gefäß** ⚘ *n* (-*es*; -*e*) estame *m*; ≗**ig** ['-biç] poeirento, cheio de pó; ~**körnchen** ['-kœrnçən] *n* cisco *m*; ~**lappen** *m* = ~*tuch*; ~**mantel** *m* (-*s*; ⸚) guarda-pó *m*; ~**regen** *m* chuvisco *m*; * garoa *f*; ~**sauger** *m* aspirador *m* (de pó); ~**tuch** *n* (-*és*; ⸚*er*) pano *m* de limpar (o pó); ~**wedel** *m* espanador *m*; ~**wolke** *f* poeirada *f*.
'**stauch|en** ['ʃtauxən] torcer; cavalgar; ≗**ung** *f* cavalgamento *m*.
'**Stau-damm** *m* represa (*'ê) *f*, dique *m*, barragem *f*.
'**Staud|e** ['ʃtaudə] *f*, ~**engewächs** *n* (-*es*; -*e*) subarbusto *m*.
'**stauen** ['ʃtauən] *Wasser*: estancar; ⚓ estivar; *sich* ~ ⚕ *Blut*: congestionar-se.
'**staun|en** ['ʃtaunən] admirar-se (*über ac.* de), ficar admirado; ≗**en**

n admiração *f*; **~ens-wert** admirável, estupendo.

'Staupe ['ʃtaupə] *f* fustigação *f*; *vet.* mo(n)quilho *m*, P esgana *f*.

'Stau|see *m* (-*s*; -*n*) represa (*'ê) *f*; **~ung** *f* estancação *f*; ⚕ congestão *f*; **~wasser** *n* água *f* estancada, água *f* morta; **~werk** *n* (-*es*; -*e*) represa (*'ê) *f*, barragem *f*.

Stea'rin [ʃtea'ri:n] *n* (-*s*; -*e*) estearina *f*.

'Stech|-apfel ['ʃtɛç-] *m* (-*s*; ⸗) estramónio *m*; figueira-do-inferno *f*; **~becken** *n* arrastadeira *f*; **2en** (*L*) picar; *Biene*: ferrar; *Sonne*: queimar; ferir; *j-m den Degen durch den Leib* ~: passar ...; *Karte*: cortar; *in Kupfer*: gravar; *Loch*: fazer; *Spargel*: cortar; *Torf*: tirar, cavar; (*schlachten, töten*) matar; *in See* ~ ⚓ fazer-se ao mar; *den Star* ~ ⚕ *u. fig.* tirar as cataratas; *ins Auge* ~ dar na vista; *ins Grüne* ~ tirar para o verde; *ihn sticht der Hafer* o êxito sobe-lhe à cabeça; **2end** *adj. Blick*: duro; *Schmerz*: agudo; **~er** *m Gewehr*: gatilho *m*; **~fliege** *f* moscardo *m*; **~ginster** *m* tojo *m*; **~-heber** *m* pipeta *f*; **~mücke** *f* mosquito *m*; **~palme** *f* aquifólio *m*, P azevinho *m*; **~-uhr** *f* hodómetro *m*.

'Steck|brief ['ʃtɛk-] *m* (-*es*; -*e*) (**2brieflich** por) mandado *m* de captura; **~dose** *f* tomada *f*; **'2en a)** *v/t.*: *an* (*ac.*) ~ pôr em; *in* (*ac.*) ~ meter em (*a. fig.*); cravar em; *Pflanzen*: plantar; *in Brand* ~ incendiar; deitar fogo a; *Geld in ein Unternehmen*: colocar; *in die Scheide* ~ embainhar; *die Nase aus dem Fenster* ~ deitar o nariz de fora da janela; *fig. j-m et.* ~ sugerir a.c. a alg., *unfreundlich*: dar a entender a.c. a alg.; *sich hinter j-n* ~ valer-se de alg.; **b)** *v/i.* estar (metido), encontrar-se; *in der Kehle* ~ *h.* ter alojado em; *dahinter steckt et.* ali há coisa; **~en** *m* bastão *m*, pau *m*, bengala *f*; estaca *f*.

'stecken|bleiben (*L*; *sn*) atolar-se, atascar-se; *beim Sprechen*: atrapalhar-se; * afobar-se; **~lassen** (*L*) deixar (metido); **2pferd** *n* (-*es*; -*e*) cavalo *m* de cana; *fig.* mania *f*; passatempo *m*.

'Steck|er ⚡ ['ʃtɛkər] *m* ficha *f*; **~kontakt** ⚡ *m* (-*es*; -*e*) tomada *f*; **~ling** ✓ *m* (-*s*; -*e*) estaca *f*; **~nadel** *f* (-; -*n*) alfinete *m*; **~reis** *n* (-*es*; -*er*) tanchão *m*; **~rübe** *f* nabo *m*.

Steg [ʃte:k] *m* (-*es*; -*e*) atalho *m*, vereda *f*; (*Brücke*) ponte *f* pequena; prancha *f*; ♪ *u. Typ.* cavalete *m*; *Hose*: presilha *f*; *Weg und* ~ rodeios e atalhos *m/pl.*; **'~reif** *m* (-*es*; -*e*): *aus dem* ~ de improviso; *aus dem* ~ *sprechen a.*: improvisar (um discurso); **'~reif-dichter** *m* improvisador *m*; **'~reif-gedicht** *n* (-*es*; -*e*) improvisação *f*.

'Steh|auf(-männchen *n*) ['ʃte:-] *m* teimoso *m*; **~bier-halle** *f* quiosque *m* de cerveja; bar *m*.

'stehen ['ʃte:ən] (*L*) **1.** (*h. u. sn*) estar; *j.*, (*aufrecht* ~) estar em pé; (*Uhr*) estar parado; ✝ ~ *auf* estar em, *Betrag*: *a.* estar a; *auf dem Programm* ~ vir em, figurar em; *Gram.* empregar-se; *Kleid usw.*: ficar; ~ *für* substituir (*ac.*), (*ein*~) responder por; *bei j-m* ~ *fig.* depender de; *Geld bei e-r Bank* ~ *h.* ter (depositado) em; *j-m teuer zu* ~ *kommen* sair caro a alg., vir a custar caro a alg.; *es steht zu hoffen* é de; *auf Mord steht* ... ⚖ é punido com ...; *wie steht es mit* (*od. um*) ...? que tal vai ...?; *die Sache steht gut* vai bem, anda bem; *sich gut* ~ viver em boas condições, *mit j-m*: dar-se bem com; *s-n Mann* ~ cumprir; *nicht fest auf den Beinen* ~ andar a abanar; **2.** 2 *n*: *zum* ~ *bringen* deter; *Blut*: fazer parar; **~bleiben** (*L*; *sn*) parar, ficar parado; **~d** *adj.* em pé, de pé; *a. et.*: direito; *aufrecht*: ao alto; *Heer*: permanente; *Wasser*: estagnado, manente; *Ausdruck*: corrente; estereotipado; *~en Fußes* sem demora, imediatamente, a[c]to contínuo; **~lassen** (*L*) deixar (lá *od.* ficar); (*vergessen*) esquecer, *sich* (*dat.*) *den Bart* ~ deixar crescer.

'Steh|kragen *m* (-*s*; ⸗) colarinho *m* alto; **~lampe** *f* candeeiro *m*; **~leiter** *f* (-; -*n*) escada *f* de mão; escadote *m*.

'stehlen ['ʃte:lən] (*L*) roubar, furtar; *sich* ~ *aus* sair furtivamente de, sair às escondidas de; *sich in* (*ac.*) ~ entrar furtivamente em, entrar às escondidas em; *fig.* insinuar-se em; *du kannst mir gestohlen bleiben!* F vai passear!

'Steh|platz *m* (-*es*; ⸗*e*) lugar *m* de

pé; geral *f*; **~pult** *n* (-*es*; -*e*) estante *f*.

steif [ʃtaɪf] teso, rígido, rijo, inteiriçado; *Wäsche*: engomado; *~er Hals* torcicolo *m*; *fig. Benehmen*: acanhado, constrangido; cerimonioso; *Grog, Wind*: forte; *Stil*: duro; *~ machen* = *~en*; *~ werden* enteiriçar-se; *Speise*: coalhar; *fig. die Ohren ~ halten* (*zuhören*) prestar atenção, (*fest bleiben*) não desanimar; *~ und fest behaupten* afirmar com toda a certeza; *sich* (*dat.*) *~ und fest einbilden, daß* estar absolutamente persuadido de que; **'~en** enrijar, entesar; *Wäsche*: engomar; *fig. j-m den Rücken ~* apoiar alg.; *sich auf* (*ac.*) *~* insistir em, teimar em; **'2-heit** *f* (*0*) rigidez *f*; *fig. a.* acanhamento *m*, constrangimento *m*; **'2leinen** *n* (-*s*; *0*) entretela *f*, bocaxim *m*.

Steig [ʃtaɪk] *m* (-*es*; -*e*) caminho *m*, vereda *f*; **'~bügel** *m* estribo *m*; **'~bügelriemen** *m* loro *m*; **'~-eisen** *n* degrau *m* de ferro; *pl. Sport* sapatos *m/pl.* de pontas.

'steig|en[1] ['ʃtaɪgən] (*L*; *sn u. h.*) subir (*auf, in ac.* a), *Pferd*: empinar-se; *aufs Pferd*: montar a; *vom Pferde, aus dem Wagen* descer-de; *an Land ~* desembarcar; *ins Fenster ~* entrar pela janela; *über et. ~* passar (*od.* trepar) por cima de a.c.; *Wasser*: crescer; (*zunehmen*) *a.*: aumentar; *~ lassen Ballon, Rakete*: lançar; **2en**[2] *n* subida *f*, aumento *m*; **~end** *adj. fig.* crescente; **2er** ⚒ *m* capataz *m* (de minas); *Feuerwehr*: bombeiro *m*; **~ern** *v/t.* fazer subir; aumentar; elevar; desenvolver; *fig. a.* intensificar; *Gram.* formar os graus de comparação de; *sich ~* intensificar-se; acentuar-se; **2erung** *f* aumento *m*, subida *f*; desenvolvimento *m*; (*Ertrags2*) melhoramento *m*; *Gram.* comparação *f*; ♪ *u. Rhetorik*: gradação *f*; intensificação *f*; **2fähigkeit** ✈ *f* (*0*) poder *m* ascensional; **2höhe** ✈ *f* altura *f* alcançada; **2leitung** ⚡ *f* cabo *m* vertical; **2ung** *f* subida *f*.

steil [ʃtaɪl] íngreme, abrupto, escarpado, alcantilado; *adv.* a pique; *~ stellen* endireitar, pôr vertical; **'2-hang** *m* (-*es*; ⸚*e*) escarpa *f*; **'2-heit** *f* ingremidade *f*, escarpado *m*; **'2küste** *f* riba *f*; *a.* **2-ufer** *n* ribanceira *f*; **'2wand** *f* (-; ⸚*e*) escarpa *f*.

Stein [ʃtaɪn] *m* (-*es*; -*e*) pedra *f* (*des Anstoßes* de escândalo; *der Weisen* filosofal); ⚕ *a.* cálculo *m*; *Spiel*: peão *m*; *Obst*: caroço *m*; (*Gedenk2*) lápide *f*; *fig. ~ u. Bein schwören* por todos os santos; *bei j-m e-n ~ im Brett haben* ser muito estimado por alg.; *j-m fällt ein ~ vom Herzen* alg. sente um grande alívio; **'~-adler** *m* xofrango *m*; **'2-alt** muito velho; **'~bock** *m* (-*es*; ⸚*e*) bode *m*, cabrito *m* montês; *Astr.* Capricórnio *m*; **'~boden** *m* (-*s*; ⸚) terreno *m* pedregoso; = *~fußboden*; **'~bruch** *m* (-*es*; ⸚*e*) pedreira *f*; **'~butt** ['-but] *m* (-*es*; -*e*) *Zool.* rodovalho *m*; **'~druck** *m* (-*es*; -*e*) litografia *f*; **'~drucker** *m* litógrafo *m*; **'~eiche** *f* azinheiro *m*; **'2ern** de pedra; **'~fliese** *f* ladrilho *m*, laje *f*; **'~frucht** *f* (-; ⸚*e*) drupa *f*; **'~fußboden** *m* (-*s*; ⸚) lajes *f/pl.*, chão *m* de pedra, soalho *m* de pedra; **'~garten** *m* (-*s*; ⸚) rocheira *f*; **'~gut** *n* (-*es*; *0*) louça *f* (de pó de pedra); **'2-hart** duro como pedra; **'~-hauer** *m* canteiro *m*; **'2ig** pedregoso; **'2igen** ['-nigən] apedrejar; **'~igung** ['-niguŋ] *f* apedrejamento *m*, lapidação *f*; **'~klopfer** *m* britador *m*; **'~kohle(n...)** *f* (de) carvão *m* de pedra; (de) hulha *f*; **'~krug** *m* (-*es*; ⸚*e*) botija *f*, cântaro *m* (de pó de pedra); **'~marder** *m* fuínha *f*; **'~meißel** *m* cinzel *m*, escopro *m*; **'~metz** ['-mɛts] *m* (-*en*) canteiro *m*; **'~metz...**: *in Zssg(n)* de cantaria; **'~-obst** *n* (-*es*; *0*) drupa *f*; **'~pflaster** *n* calçada *f*, laje(a)do *m*, pavimento *m*; **'~pilz** *m* (-*es*; -*e*) boleto *m* comestível; **'~platte** *f* laje *f*; lousa *f*; **'2reich** muito rico; **'~salz** *n* (-*es*; *0*) sal *m* gema; **'~schlag** *m* (-*es*; ⸚*e*) desabamento *m* de pedras; (*Geröll*) cascalho *m*, entulho *m*; **'~schotter** *m* pedregulho *m*, cascalho *m*; **'~setzer** *m* calceteiro *m*, ladrilhador *m*; **'~splitter** *m* lasca *f*; **'~tafel** *f* (-; -*n*) lápide *f*, lousa *f*; **'~wurf** *m* (-*es*; ⸚*e*) pedrada *f*; **'~zeit** *f* idade *f* da pedra lascada; *ältere ~* paleolítico *m*; *jüngere ~* neolítico *m*; *mittlere ~* mesolítico *m*.

Steiß [ʃtaɪs] *m* (-*es*; -*e*) traseiro *m*; *Vögel*: uropígio *m*; *a.* **'~bein** *n* (-*es*; -*e*) cóccix *m*.

'**stell|bar** ['ʃtɛlba:r] movediço; **2-bock** *m* (-*ės*; *⸗e*) cavalete *m* de manobra; **2-dich-ein** *n* entrevista *f*.
'**Stelle** ['ʃtɛlə] *f* lugar *m*, sítio *m*; local *m*; *bsd.* ⚔ ponto *m*; (*Amt*) emprego *m*, colocação *f*; *Buch*: passo *m*, trecho *m*; *amtliche* (*Dienst*2): repartição *f*; serviços *m/pl.*; *Zahl*: casa *f*; *freie* ~ vaga *f*; ⚕ ferida *f*; mancha *f*; *an* ~ *von* (*od. gen.*) em lugar de, em substituição de; *an* + *gen.* ~ *treten* substituir (*ac.*); *an* + *gen* ~ *setzen* substituir por; *auf der* ~ *fig.* já, imediatamente, sem demora; *auf der* ~ *treten* marcar passo; *nicht von der* ~ *kommen* não avançar, não adiantar o trabalho; *zur* ~! presente!; *zur* ~ *schaffen* trazer; *an Ort und* ~ *sn* estar no seu lugar; *an Ort und* ~ *ankommen* chegar.
'**stellen 1.** *v/t.* pôr, colocar, meter; *Antrag*: fazer; *Pol.*, ⚖ propor; *Bürgen, Zeugen*: trazer, apresentar; *Bürgschaft*: dar; *Falle*: armar; *Frage*: fazer, pôr, formular; *Frist*: marcar; *Uhr*: acertar; *Wild*: parar; (*liefern*) fornecer; *j-n*: apanhar; *zum Kampfe* ~ obrigar a lutar; *zur Rede* ~ pedir explicações a; **2.** *refl. sich* ~ (*erscheinen*) apresentar-se, ⚖ comparecer; *sich krank usw.* ~ fingir-se ...; *sich* ~ *als ob* fingir + *inf.*; *sich quer* ~ atravessar-se; *sich teuer* ~ sair caro, ficar caro; *sich auf* (*ac.*) ~ custar; **2-angebot** *n* (-*ės*; -*e*) procura *f*; vaga *f*; **2gesuch** *n* (-*ės*; -*e*) oferta *f*; **~los** desempregado; **2-nachweis** *m* (-*es*; -*e*), **2vermittlung(s-büro** *n* [-*s*; -*s*]) *f* agência *f* de colocações; **~weise** parcial(mente); aqui e acolá; por vezes.
'**Stell|macher** *m* segeiro *m*; **~-schraube** *f* rosca *f* móvel.
'**Stellung** ['ʃtɛluŋ] *f* posição *f* (*bringen* pôr); (*Haltung*) atitude *f*; (*Amt*) emprego *m*, colocação *f*; (*Lage*) situação *f*; ~ *nehmen* tomar posição, definir a sua posição; (*sich äußern*) pronunciar-se (*zu* sobre); **~nahme** [-na:mə] *f* tomada *f* de posição; (*Erklärung*) declaração *f*; (*Urteil*) parecer *m*; **~s-befehl** ⚔ *m* (-*ės*; -*e*): *s-n* ~ *erhalten* ser chamado (às fileiras); **~s-krieg** *m* (-*ės*; -*e*) guerra *f* das trincheiras; **2s-los** desempregado; **~s-wechsel** *m* mudança *f* de posição.
'**stell-vertret|end** vice-..., substituto; interino; adjunto; **2er** *m* representante *m*, substituto *m*; lugar-tenente *m*; *Rel.* vigário *m*; **2ung** *f* representação *f*; substituição *f*; *in* ~ ✝ por procuração.
'**Stell-werk** 🚂 *n* (-*ės*; -*e*) guarita *f* de sinais.
'**Stelz|e** *f* andas *f/pl.*; **2en** (-*t*; *h. u. sn*) andar sobre andas.
'**Stemm|-eisen** ['ʃtɛm-] *n* escopro *m*; (*Hebel*) alavanca *f* de ferro; **2en** fincar; *Gewichte*: levantar; *sich* ~ *auf* (*ac.*) apoiar-se em; *sich* ~ *gegen* encostar-se contra; *fig.* opor-se a.
'**Stempel** ['ʃtɛmpəl] *m* carimbo *m*; selo (*ê) *m*; (*Münz*2) *u. fig.* cunho *m*; (*Waren*2) marca *f*; ⚠ *u.* ⚒ pilão *m*, punção *m*; ⚘ estilete *m*; **~gebühr** *f* taxa *f* de selo (*ê); **~marke** *f* selo (*ê) *m* (fiscal); **2n** carimbar; *Marke*: inutilizar; *bsd. Wertpapiere*: selar; *j-n* ~ *zum fig.* qualificar alg. de; ~ *gehen* F estar desempregado; **~papier** *n* (-*s*; -*e*) papel *m* selado.
'**Stengel** ['ʃtɛŋəl] *m* caule *m*; haste *m*; (*Blüten*2) pedúnculo *m*; **2los** acaule; **2-umfassend** abarcante, amplexicaule.
Steno'gramm [ʃteno'-] *n* (-*ės*; -*e*) taquigrama *m*, apontamentos *m/pl.* estenográficos.
Steno-'graph [-'gra:f] *m* (-*en*) estenógrafo *m*, taquígrafo *m*; **~'ie** *f* estenografia *f*, taquigrafia *f*; **2'ieren** (-) estenografar, taquigrafar; **~in** *f* estenógrafa *f*, taquígrafa *f*; **2isch** estenográfico, taquigráfico.
Steno-ty'pist [-ty'pist] *m* (-*en*), (**~in** *f*) esteno-dactilógrafo *m* (-a *f*).
'**Stepp|decke** ['ʃtɛp-] *f* colcha *f*; cobertor *m*; **~e** *f* estepe *f*; **2en** pespontar.
'**Sterbe|bett** ['ʃtɛrbə-] *n* (-*ės*; -*en*) leito *m* de morte; **~fall** *m* (-*ės*; *⸗e*) falecimento *m*; óbito *m*; **~geld** *n* (-*ės*; -*er*) lutuosa *f*; **~-haus** *n* (-*es*; *⸗er*) casa *f* mortuária; **~-hemd** *n* (-*ės*; -*en*) mortalha *f*; **~kasse** *f* lutuosa *f*; **~lager** *n* leito *m* de morte; **2n**[1] (*L*; *sn*) morrer (*an dat.* de), falecer; **~n**[2] *n* morte *f*, falecimento *m*; *im* ~ *liegen* estar moribundo, agonizar; **~nde(r** *m*) *m*, *f* moribundo *m*, -a *f*; **2ns-krank**: ~ *sn* estar à morte; **~nswörtchen** *n*: *kein* ~ nem palavrinha, nem pio; **~sakramente** *n/pl.* últimos sacramentos

m/pl., extrema-unção *f/sg.*, viático *m/sg.*; **~stunde** *f* hora *f* da morte; **~-urkunde** *f* certidão *f* de óbito; **~-zimmer** *n* quarto *m* mortuário.

'sterblich ['ʃtɛrpliç] mortal; **2keit** *f* mortalidade *f*, mortandade *f*.

Stereo|me'trie [stereome'tri:] *f* (*0*) estereometria *f*; **2'metrisch** estereométrico; **~'skop** [-ɔ'sko:p] *n* (*-s*; *-e*) estereoscópio *m*; **~'ton** *m* estereofonia *f*; **2'typ** estereotípico; estereotipado; **~ty'pie** [-ty'pi:] *f* (*0*) estereotipia *f*.

ste'ril [ʃte'ri:l] estéril; **~i'sieren** [-rili'zi:rən] (-) esterilizar; **2i'sierung** *f* esterilização *f*; **2i'tät** [-i'tɛ:t] *f* (*0*) esterilidade *f*.

Stern [ʃtɛrn] *m* (*-es*; *-e*) estrela (*'ê) *f*, *Astr. a.*: astro *m*; **'~bild** *n* (*-es*; *-er*) *Astr.* constelação *f*; **'~chen** ['-çən] *n Typ.* asterisco *m*; **'~deuter** ['-dɔytər] *m* astrólogo *m*; **'~en-banner** *n* bandeira *f* estrelada; **'~(en)-himmel** *m* céu *m* estrelado; **'2(en)-klar** estrelado; *es ist ~* vêem-se as estrelas; **'~en-zelt** *n* (*-es*; *0*) cúpula *f* celeste, esfera *f* celeste; **'2förmig** ['-fœrmiç] estrelado; **'~karte** *f* carta *f* (*od.* mapa *m*) celeste; **'~kunde** *f* (*0*) astronomia *f*; **'2los** sem estrelas (*'ê); **'~schnuppe** *f* estrela (*'ê) *f* cadente; **'~warte** *f* observatório *m* astronómico.

stet [ʃte:t], **'~ig** contínuo; constante; **'2igkeit** *f* (*0*) continuidade *f*; constância *f*; **~s** sempre.

'Steuer ['ʃtɔyər]: **a)** *f* (*-*; *-n*) imposto *m*; contribuição *f*; **b)** *n* ⚓ *u.* ✈ leme *m*, timão *m*; *Auto.* volante *m*; **c)** *f fig.*: *zur ~ der Wahrheit* em honra *f* da verdade; **~-abzug** *m* (*-es*; *⸗e*) desconto *m* do imposto (sobre os salários); **~-amt** *n* (*-es*; *⸗er*) repartição *f* de impostos, recebedoria *f*; *cole[c]toria *f*; **~-anschlag** *m* (*-es*; *⸗e*) avaliação *f* dos impostos; **~beamte(r)** *m* oficial *m* de impostos; **~behörde** *f* = *~amt*; **~berater** *m* consultor *m* fiscal; **~-bord** ⚓ *n* (*-es*; *-e*) estibordo *m*; *boreste *m*; **~-erhebung** *f* cobrança *f* de impostos, levantamento *m* de impostos; **~-erklärung** *f* declaração *f* de rendimentos; **~-erleichterung** *f*, **~-ermäßigung** *f* redução *f* de impostos; **2frei** isento de impostos; **~freiheit** *f* (*0*) isenção *f* de impostos; **~gesetz** *n* (*-es*; *-e*) lei *f* fiscal; **~gesetzbuch** *n* (*-es*; *⸗er*) código *m* fiscal; **~gesetzgebung** *f* legislação *f* fiscal; **~-hinterziehung** *f* fraude *f* de contribuições; **~kasse** *f* caixa *f* de impostos; **~knüppel** ✈ *m* alavanca *f* (do leme); **~last** *f* impostos *m/pl.*, contribuições *f/pl.*; **2los** *Fahrzeug*: desarvorado; **~-mann** *m* (*-es*; *⸗er*, *-leute*) piloto (*'ô) *m*; ⚓ *a.* timoneiro *m*; **~-manns...** *in Zssg(n)*: de pilotagem; **2n** ⚓ (*-re*) governar, estar ao leme; *a.* ✈ dirigir, pilotar; *Auto.* guiar, conduzir; *~ nach* dirigir-se (par)a; *~ (dat.)* (*Zahlen*) pagar impostos a; *fig.* remediar (*ac.*), (*hindern*) impedir (*ac.*); refrear (*ac.*); **2pflichtig** sujeito a impostos; *j.*: contribuinte; *~ sn a.*: pagar impostos; **~rad** *n* (*-es*; *⸗er*) ⚓ roda *f* do leme; *Auto.* volante *m*; **~recht** *n* (*-es*; *0*) ⚖ direito *m* fiscal; **2rechtlich** fiscal; **~-reform** *f* reforma *f* fiscal; **~register** *n* registro *m* dos contribuintes; **~revisor** *m* (*-s*; *-en*) agente *m* de impostos; **~ruder** *n* leme *m*, timão *m*; **~sache** *f* matéria *f* fiscal (*od.* de impostos); **~satz** *m* (*-es*; *⸗e*) taxa *f* de impostos; **~schraube** *f*: *die ~ anziehen fig.* aumentar os impostos; **~ung** *f* ⚓ manobra *f*; governo (*ê) *m*; ⊕, ✈, *Auto.* comando *m*; (*Führung*) comando *m*; condução *f*; ✈ pilotagem *f*; = *Steuer b*); **~veranlagung** *f* distribuição *f* de contribuições; **~vergünstigung** *f* = *~erleichterung*; **~wesen** *n* (*-s*; *0*) impostos *m/pl.*; **~zahler** *m* contribuinte *m*; **~zettel** *m* aviso *m* para pagar impostos; **~zuschlag** *m* (*-es*; *⸗e*) imposto *m* adicional.

'Steven ['ʃte:vən] ⚓ *m* roda *f*; proa *f*.

'Stewardeß ['stju:ərdɛs] *f* (*-*; *-ssen*) hospedeira *f*.

sti'bitzen [ʃti'bitsən] F (*-t*) empalmar, bifar, ladripar, surripiar.

Stich [ʃtiç] *m* (*-es*; *-e*) picad(el)a *f*; *a.* ⚕ pontada *f*; (*Insekten2*) ferrada *f*; *Näherei*: ponto *m*; *Kartenspiel*: vaza *f*; *Kunstwerk*: gravura *f*; (*Säure*) acescência *f*; *fig.* *e-n ~ bekommen Speise*: estragar-se; *e-n ~ haben Speise*: estar estragado; *e-n ~ ins Grüne usw. haben* tirar a; *im ~ lassen* abandonar, *Gedächtnis*: falhar; *auf Hieb und ~* de ponta e de talho; **'~el** ⊕ *m* buril *m*, cinzel *m*; **~e'lei**

[-əˈlaɪ] *f* picada *f*; *fig. a.* alusão *f*; quezília *f*; ˈ**≗eln** (-*le*) coser; *fig.* picar; quezilar; ˈ**≗fest** invulnerável; ˈ**~flamme** *f* labareda *f*, língua *f* de fogo, espadena *f*; ˈ**≗-haltig** [ˈ-haltiç] plausível, convincente; sólido; ˈ**~ling** *m* (-*s*; -*e*) *Zool.* gastrósteo *m*, esgana-gata *m*; ˈ**~probe** *f* prova *f* (feita ao acaso); ˈ**~tag** *m* (-*ės*; -*e*) dia *m* marcado; ˈ**~waffe** *f* arma *f* de ponta; ˈ**~wahl** *f* escrutínio *m* decisivo; eleição *f* de desempate; ˈ**~wort** *n* (-*ės*; ⁼*er*, -*e*) (*Notiz*) apontamento *m*; *Thea.* deixa *f*; *Typ.* título *m*; ˈ**~wunde** *f* ferida *f* de ponta.

ˈ**Stick|arbeit** [ˈʃtik-] *f* bordado *m*; ˈ**≗en** *v/t.* bordar; **~eˈrei** [-əˈraɪ] *f* bordado *m*; **~erin** [ˈ-ərin] *f* bordadora *f*; ˈ**~fluß** ⚕ *m* (-*sses*; ⁼*sse*) apoplexia *f* pulmonar; ˈ**~gas** *n* (-*es*; 0) gás *m* mefítico; ˈ**≗ig** abafado, abafadiço; ˈ**~muster** *n* padrão *m* para bordados; ˈ**~rahmen** *m* bastidor *m*; ˈ**~stoff** ⚗ *m* (-*ės*; 0) azoto *m*, azote *m*, nitrogéneo *m*; ˈ**~stoffdünger** *m* adubos *m/pl.* azotados; ˈ**≗stoffhaltig** [-haltiç] azotado.

ˈ**Stiefbruder** [ˈʃtiːf-] *m* (-*s*; ⁼) meio-irmão *m*.

ˈ**Stiefel** [ˈʃtiːfəl] *m* bota *f*; **~knecht** *m* (-*ės*; -*e*) descalçador *m*; **≗n** (-*le*) **1.** *v/t.* calçar; **2.** *v/i.* F andar (a grandes passos); **~schaft** *m* (-*ės*; ⁼*e*) cano *m* da bota.

ˈ**Stief-eltern** *pl.* padrastos *m/pl.*

ˈ**Stiefel-wichse** *f* graxa *f*.

ˈ**Stief|geschwister** *pl.* meios-irmãos *m/pl.*; **~kind** *n* (-*ės*; -*er*) = **~sohn**, **~tochter**; *als ~ fig.* = ≗*mütterlich*; **~mutter** *f* (-; ⁼) madrasta *f*; **~mütterchen** [ˈ-mytərçən] ⚘ *n* amor-perfeito *m*; **≗mütterlich** de madrasta, como madrasta; *fig. adv.* com indiferença; com desprezo; **~schwester** *f* (-; -*n*) meia-irmã *f*; **~sohn** *m* (-*ės*; ⁼*e*) enteado *m*; **~tochter** *f* (-; ⁼) enteada *f*; **~vater** *m* (-*s*; ⁼) padrasto *m*.

ˈ**Stiege** [ˈʃtiːgə] *f* escada *f*.

Stiel [ʃtiːl] *m* (-*ės*; -*e*) cabo *m*; ⚘ talo *m*, haste *m*; *a. Anat.* pedículo *m*; (*Blatt*≗) pecíolo *m*; (*Blüten*≗) pedúnculo *m*; (*Frucht*≗) pé *m*; ˈ**~augen** *n/pl.*: *~ machen* arregalar os olhos.

Stier [ʃtiːr] **1.** *m* (-*ės*; -*e*) touro *m*; **2.** ≗ fixo; ˈ**≗en** fitar, olhar fixamente; ˈ**~kampf** *m* (-*ės*; ⁼*e*) tourada *f*, corrida *f* de touros; ˈ**~kämpfer** *m* toureiro *m*; ˈ**~kampf-platz** *m* (-*es*; ⁼*e*) praça *f* de touros.

Stift [ʃtift] (-*ės*; -*e*) **a)** *m* ponta *f*, agulheta *f*; cavilha *f*; (*Nagel*) prego *m*; (*Blei*≗) lápis *m*; *im Schloß*: broca *f*; (*Zahn*≗) arruela *f*; F (*Lehrling*) marçano *m*; **b)** *n* fundação *f*; asilo *m*, instituto *m*; (*Kloster*) convento *m*; (*Dom*≗) capítulo *m*; ˈ**≗en** (-*e*-) fundar; instituir; (*schenken*) doar; (*hervorrufen*) causar, provocar; *Frieden ~* restabelecer a paz; ˈ**~er(in** *f*) *m* fundador(a *f*) *m*.

ˈ**Stiftung** [ˈʃtiftuŋ] *f* fundação *f*; instituição *f*; *milde ~* obra *f* pia; (*Schenkung*) doação *f*; donativo *m*; **~s-fest** *n* (-*ės*; -*e*) aniversário *m* da fundação.

ˈ**Stift-zahn** *m* (-*ės*; ⁼*e*) pivô *m*.

Stil [ʃtiːl] *m* (-*ės*; -*e*), ˈ**~-art** *f* estilo *m*; ˈ**~bruch** *m* (-*ės*; ⁼*e*) quebra *f* de estilo; ˈ**~bühne** *f* cenário *m* estilizado; **~ˈett** [stiˈlɛt] *n* (-*ės*; -*e*) punhal *m*, estilete *m*; ˈ**~gebung** [ˈ-geːbuŋ] *f* estilização *f*; ˈ**≗gerecht** estilizado, adequado (ao estilo); **≗iˈsieren** (-) [-iˈziːrən] redigir; *a. Mal.*: estilizar; **~ˈist** *m* (-*en*) estilista *m*; **~ˈistik** [-ˈlistik] *f* (0) estilística *f*; **≗ˈistisch** estilístico; ˈ**~kunde** *f* (0) estilística *f*.

still [ʃtil] (*ruhig*) quieto, sossegado; tranquilo; calmo, imóvel; (*lautlos*) silencioso; *fig. Krieg*: frio; *Schmerz*: surdo; (*heimlich*) secreto; ⚚ *Geschäft*: desanimado; *Teilhaber*: comanditário; *Rel. Freitag, Woche*: Santa; *Gebet*: mental; *der* ≗*e Ozean* o Pacífico; *~e Zeit* estaçaõ *f* morta; *~es Wasser* água *f* morta; ˈ**~bleiben** (*L*) ficar quieto; (*schweigen*) ficar calado; ˈ**≗e**[1] *f* tranquilidade *f*; silêncio *m*; sossego *m*; ⚓ *u.* ⚚ calma *f*; *in der ~, in aller ~* na intimidade; em segredo (*ˈê); ˈ**~e**[2] F = *still*; ˈ**≗(l)eben** *n* idílio *m*; *Mal.* natureza *f* morta; ˈ**≗(l)egen** *v/t.* ⊕ par(alis)ar; suspender, fechar; embargar; ˈ**≗(l)egung** [ˈ-leːguŋ] *f* suspensão *f*; encerramento *m*; paralisação *f*; embargo *m*.

ˈ**Stil-lehre** *f* (0) estilística *f*.

ˈ**still|en** [ˈʃtilən] (a)calmar; sossegar; *Blut*: estancar; *Durst, Hunger*: matar; *nüchtern*: F matar o bicho; *Kind*: amamentar; *s-e Sehnsucht ~*

matar saudades; **~end** *adj.* ⚕ calmante, sedativo; **~gestanden!** ⚔ sentido!; **2-halte-abkommen** *n* ⚕ convenção *f* de moratória; **~-halten** (*L*) ficar quieto, estar quieto; não se mexer; parar; ⚕ conceder uma moratória; **~(l)iegen** (*L*) não se mexer; ⚕ *u.* ⊕ estar para(lisa)do.

ˈ**stil-los** sem estilo; sem gosto (*ˈô).

ˈ**still|schweigen** (*L*) estar calado, ficar calado; **2schweigen** *n* silêncio *m* (*bewahren* guardar); **~-schweigend** calado; *fig.* tácito, mental; implícito; **~sitzen** (*L*) ficar quieto, não se mexer; **2stand** *m* (-*ęs*; *0*) demora *f*, pausa *f*; *Arbeit*: suspensão *f*, paralisação *f* (*a.* ⚕ *u.* ⊕); *Bewegung*: cessação *f*; **~stehen** (*L*) *j.*: parar; não se mexer; ⊕ estar parado; ⚕ ficar paralisado; **~-vergnügt** muito contente, com satisfação íntima.

ˈ**Stil|möbel** *n/pl.* móveis *m* estilizados, móveis *m* no estilo da época; **~-übung** *f* exercício *m* estilístico, exercício *m* de reda[c]ção; **2voll** estilizado; de (bom) estilo.

ˈ**Stimm|-abgabe** [ˈʃtim-] *f* voto *m*, votação *f*; **~band** *n* (-*ęs*; ⸚*er*) corda *f* vocal; **2berechtigt** com direito de votar; vogal, votante; **~bruch** *m* (-*ęs*; *0*) muda(nça) *f* da voz.

ˈ**Stimme** [ˈʃtimə] *f* voz *f*; ♪ (*Part*) *a.* parte *f*; *Pol.* voto *m*; *s-e* ~ *abgeben* votar; *die* ~*n zählen* apurar o escrutínio; ♪ *bei* ~ *sn* estar de boa voz.

ˈ**stimmen 1.** *v/t.* ♪ afinar; (*un*)*günstig* ~ (in)dispor; *milder* ~ apaziguar; **2.** *v/i.* ♪ estar afinado, *mehrere*: ir de acordo (*ˈô); *fig.* estar certo; ⚕ estar conforme; *Pol.* ~ *für* votar em; **2gewirr** *n* vozes *f/pl.*; balbúrdia *f*, algaravia *f*; **2gleichheit** *f* (*0*) empate *m*; **2mehrheit** *f* maioria *f* (de votos).

ˈ**Stimm|enthaltung** *f* abstenção *f*; **~en-zähler** *m* escrutinador *m*; **~enzählung** *f* escrutínio *m*; **~gabel** *f* (-; -*n*) diapasão *m*; **2-haft** sonoro; **~lage** *f* registo *m*; **2los** áfono; afónico; surdo; **~losigkeit** [-loːziç-] *f* (*0*) afonia *f*; **~recht** *n* direito *m* de votar; voto *m*, sufrágio *m* (*allgemeines* universal); **~ritze** *f* glote *f*; **~ung** *f* ♪ afinação *f*; *fig.* disposição *f*; *allgemeine*: ambiente *m*, atmosfera *f*; *Mal.* efeito *m*; ⚕ tendência *f*; ⚔ moral *m*.

ˈ**Stimmungs|bild** *n* (-*ęs*; -*er*) impressão *f*; **~mensch** *m* (-*en*) pessoa *f* impressionável; **2voll** impressionante; íntimo; expressivo.

ˈ**Stimm|wechsel** *m* muda(nça) *f* da voz; **~zettel** *m* voto *m*, lista *f*.

ˈ**stink|en** [ˈʃtiŋkən] (*L*) cheirar mal, feder; **~end** *adj.*, **~ig** fedorento, fétido; **2tier** *n* (-*ęs*; -*e*) zorilha *f*.

Stipendi|ˈat(in *f*) [ʃtipɛndiˈaːt-] *m* (-*en*) bolseiro *m* (-a *f*); **~um** [ˈ-pɛndium] *n* (-*s*; *Stipendien*) bolsa *f*.

ˈ**stippen** [ˈʃtipən] molhar.

Stirn [ʃtirn] *f* testa *f*; (*Frechheit*) descaro *m*, descaramento *m*; *die* ~ *bieten fig.* fazer frente a; ˈ**~-ader** *f* (-; -*n*) veia *f* frontal; ˈ**~band** *n* (-*ęs*; ⸚*er*) testeira *f*; frontal *m*; *Schmuck*: diadema *m*; ˈ**~bein** *n* (-*ęs*; -*e*) osso *m* frontal; ˈ**~-höhle** *f* seio *m* frontal; ˈ**~-höhlen-katarrh** *m* (-*s*; -*e*) sinusite *f* frontal; ˈ**~locke** *f* topete *m*, melena *f*; ˈ**~riemen** *m* frontal *m*, testeira *f*; ˈ**~seite** △ *f* fachada *f*, frontaria *f*, lado *m* frontal.

ˈ**stöbern** [ˈʃtøːbərn] (-*re*) *Schnee*: cair miudinha; *in* (*dat.*) ~ remexer (*ac.*).

ˈ**stochern** [ˈʃtɔxərn] (-*re*): ~ *in* (*dat.*) *Essen*: remexer (*ac.*); *Feuer*: atiçar (*ac.*); *Zähne*: esgaravatar, palitar (*ac.*).

Stock [ʃtɔk] *m* (-*ęs*; ⸚*e*) **a)** bastão *m*; (*Almosen*2) cepa *f*; (*Berg*2) varapau *m*; bordão *m*, *Geol.* maciço *m*; (*Bienen*2) colmeia *f*; *Billard*: taco *m*, (*Knüppel*) pau *m*; (*Rohr*2) cana *f*; junco *m*; (*Rosen*2) pé *m*; (*Spazier*2) bengala *f*; (*Wein*2) cepa *f*; *über* ~ *und Stein* por paus e pedras, por montes e vales; **b)** △ andar *m*, piso *m* (*hoch sn* ter); **c)** ⚕ capital *m*; **2ˈdumm** (*0*) idiota, estúpido; **2-ˈdunkel** (*0*) escuro como breu.

ˈ**Stöckel-schuh** [ˈʃtœkəl-] *m* (-*ęs*; -*e*) sapato *m* com salto alto.

ˈ**stock|en** [ˈʃtɔkən] (*h. u. sn*) interromper-se; *beim Sprechen*: *a.* hesitar; (*haltmachen*) parar; ⚕ ficar paralisado, *Verkehr*: *a.* congestionar--se; *Zahn*: cariar; (*schimmeln*) criar bolor; **~finster** (*0*) escuro como breu; **2fisch** *m* (-*es*; -*e*) bacalhau *m*; **2fleck** *m* (-*ęs*; -*e*) caruncho *m*; **2-hieb** *m* (-*ęs*; -*e*) paulada *f*; **~ig** carunchoso; *Zahn*: cariado; 2-

schnupfen *m*: ~ *haben* ter o nariz entupido; ~'**taub** (*0*) mouco de todo, surdo de todo; **2ung** *f* interrupção *f*; paralisação *f*; congestionamento *m*; ⚕ congestão *f*; **2werk** *n* (-*ẹs*; -*e*) andar *m*, piso *m*.

Stoff [ʃtɔf] *m* (-*ẹs*; -*e*) matéria *f*; material *m*; (*Zeug*) fazenda *f*, tecido *m*, estofo (*'ô) *m*; (*Grund*2) elemento *m*; (*Thema*) assunto *m*; '~**el** *m* imbecil *m*; '2**lich** material; '~**wechsel** *m* metabolismo *m*.

'**stöhnen** ['ʃtø:nən] gemer; *über* (*ac.*) ~ *fig.* queixar-se de.

'**Sto|iker** ['ʃto:ikər] *m* estóico *m*; **2isch** estóico.

'**Stollen** ['ʃtɔlən] *m* ⚒ galeria *f*; (*Hufeisen*2) calo *m*; (*Kuchen*) bolo *m*.

'**stolpern** ['ʃtɔlpərn] (-*re*; *sn u. h.*): ~ *über* (*ac.*) tropeçar em, topar com.

stolz [ʃtɔlts] **1.** (-*est*) orgulhoso, *a. et.*: soberbo; (*stattlich*) imponente; ~ *sn auf* (*ac.*) orgulhar-se de, ufanar-se de; **2.** 2 *m* (-*es*; *0*) orgulho *m*, soberba *f*; ~'**ieren** (-) pavonear-se.

'**stopf|en** ['ʃtɔpfən] meter (*in ac.* em); (*füllen*) encher (*mit* de), *Gänse, Wurst*: *a.* embuchar, cevar; *Loch*: tapar; *Pfeife*: carregar; *Strumpf*: passajar, pontear; ⚕ constipar, produzir prisão de ventre; **2garn** *n* (-*ẹs*; -*e*) algodão *m* de passajar; **2mittel** *n* ⚕ astringente *m*; **2nadel** *f* (-; -*n*) agulha *f* de passajar.

stopp! [ʃtɔp] alto!

'**Stoppel** ['ʃtɔpəl] *f* (-; -*n*) restolho (*'ô) *m*; ~**bart** *m* (-*ẹs*; ⁼*e*) barba *f* rala; ~**feld** *n* (-*ẹs*; -*er*) restolhal *m*.

'**stopp|en** ['ʃtɔpən] parar; '2**uhr** *f* hodómetro *m*.

'**Stöpsel** ['ʃtœpsəl] *m* (*Flaschen*2) rolha (*ô) *f*; ⊕ válvula *f*; ⚡ ficha *f*; **2n** (-*le*) arrolhar; tapar.

Stör [ʃtø:r] *m* (-*ẹs*; -*e*) esturjão *m*.

Storch [ʃtɔrç] *m* (-*ẹs*; ⁼*e*) cegonha *f*; '~**schnabel** *m* (-*s*; ⁼) bico *m* de cegonha; ⚘ gerânio *m*; ⊕ *u. Mal.* pantógrafo *m*; (*Kran*) grua *f*; '~**schnabel-gewächse** *n/pl.* geraniáceas *f/pl.*

'**stören** ['ʃtø:rən] estorvar, perturbar; *j-n*: incomodar, molestar; *Ordnung*: alterar; *Plan*: causar transtorno (*'ô) a; ⚡ interromper, interceptar; ~**d** *adj.* perturbador, incómodo; molesto; **2fried** [-fri:t] *m* (-*ẹs*; -*e*) perturbador *m*; desmancha-prazeres *m*.

'**störr|ig** ['ʃtœriç], ~**isch** teimoso, recalcitrante, obstinado, *j.*: *a.* cabeçudo.

'**Störung** ['ʃtø:ruŋ] *f* perturbação *f* (*a.* ⚕); desordem *f*, desarranjo *m*; (*Belästigung*) incómodo *m*, (*Hindernis*) estorvo (*'ô) *m*; *Phys.* interferência *f*; *Radio*: parasita *m*; avaria *f*; (*Veränderung*) transtorno (*'ô) *m*; *Verkehr u.* ⚡: interrupção *f*; ~**s-geräusch** *n* (-*es*; -*e*) *Radio*: parasita *m*.

Stoß [ʃto:s] *m* (-*es*; ⁼*e*) golpe *m*; (*Anprall*) choque *m*, encontrão *m*; (*Erschütterung*) sacudid(el)a *f*, *a. fig.* abalo *m* (*versetzen* causar); *Fechtk.* estocada *f*; (*Haufen*) maço *m*, monte *m*; (*Schub*) empurrão *m*; (*Schwimm*2) braçada *f*; *Wagen*: solavanco *m*; '~**dämpfer** *m* amortecedor *m*; '~**degen** *m* espada *f*, estoque *m*.

'**Stößel** ['ʃtø:səl] *m* pilão *m*.

'**stoß|en** ['ʃto:sən] (*L*) **1.** *v/t.* empurrar; impelir; (*klein*)~ moer, pilar, pisar; *aus dem Hause* ~ pôr na rua; *mit den Hörnern* ~ levantar nas pontas; *sich an* (*dat.*) ~ dar contra (*ac.*); *fig.*: ofender-se com, escandalizar-se com; *vor den Kopf* ~ *fig.* ofender; escandalizar; *von sich* ~ repelir; *fig.* repudiar; **2.** *v/i.* (*h. u. sn*) *Wagen*: dar solavancos; ~ *an* (*ac.*) bater em, dar contra; *stolpernd*: tropeçar com; (*grenzen*) confinar com; ~ *auf* (*ac.*) encontrar (*ac.*), topar com; *Raubvogel*: cair sobre; ~ *gegen* bater contra; *ins Horn*: tocar (*ac.*); *mit den Hörnern* ~ dar cornada; *mit dem Kopf* ~ marrar; *vom Ufer*: fazer-se ao largo; *zu j-m* ~ juntar-se a; 2**gebet** *n* (-*ẹs*; -*e*) jaculatória *f*.

'**Stoß|kante** *f* barra *f*, guarda-lama *m*; = ~*litze*; ~**kraft** *f* (*0*) ⊕ força (*ô) *f* de propulsão; *a. fig.* impulso *m*, energia *f*; ⚔ força (*ô) *f* ofensiva; ~**litze** *f* guarda-pisa *f*; ~**seufzer** *m* suspiro *m* ardente, grito *m* de aflição; ~**-stange** *f Auto.* pára-choque *m*; ~**trupp** *m* (-*s*; -*s*) destacamento *m* de tropas de choque (*od.* de assalto); ~**waffe** *f* estoque *m*; **2weise** aos empurrões; intermitente; ~**wind** *m* (-*ẹs*; -*e*) rajada *f*; ~**zahn** *m* (-*ẹs*; ⁼*e*) defesa *f*.

'**Stotter|er** ['ʃtɔtərər] *m* gago *m*;

2n[1] (*-re*) gaguejar, balbuciar, tartamudear; **~n**[2] *n* gaguez *f*; *auf* ~ ✝ F a prestações.

'**Straf|-abteilung** ['ʃtra:f-] *f* ⚔ depósito *m* disciplinar; **~-anstalt** *f* casa *f* de corre[c]ção; **~-antrag** *m* (*-es; ⁼e*) requisitório *m*, deprecada *f* (*stellen* fazer); **~-anzeige** *f* denúncia *f* (*erstatten* fazer uma); **~-arbeit** *f* ⚖ trabalho *m* forçado; *Schule*: castigo *m*; **~-aufschub** *m* (*-es; ⁼e*) suspensão *f* de pena; **2bar** punível; criminal; *sich ~ machen* cometer delito; ser sujeito a procedimento; **~barkeit** *f* (*0*) punibilidade *f*; culpabilidade *f*; criminalidade *f*; **~befehl** *m* (*-es; -e*) auto *m*; intimação *f*; **~e** *f* castigo *m*; ⚖ pena(lidade) *f*; sanção *f* penal; (*Geld2*) multa *f*; ~ *zahlen müssen* ser multado; **2en** punir; *Kind*: castigar; **~-erlaß** *m* (*-sses; -sse*) remissão *f* de uma pena; amnistia *f*.

straff [ʃtraf] teso; rígido; esticado; liso; *j.*: rijo, *fig.* enérgico, *et.*: rigoroso; ~ *sitzen* apertar; ~ *ziehen* esticar.

'**straf-fällig** = *strafbar*.

'**straff|en** tender; esticar; **2-heit** *f* (*0*) tensão *f*, rigidez *f*; *j-s*: vigor *m*, *fig. a.* energia *f*, rigor *m*.

'**straf|frei** = *~los*; **2freiheit** *f* (*0*) = *2losigkeit*.

'**Straffung** ['ʃtrafuŋ] *f* rigor *m*; tensão *f*.

'**Straf|gefangene(r)** *m* preso (*ê) *m*, recluso *m*; **~gericht** *n* (*-es; -e*) julgamento *m*; castigo *m*; punição *f*; **~gerichtsbarkeit** *f* jurisdição *f* criminal; **~gesetz(buch** *n* [*-es; ⁼er*]) *n* (*-es; -e*) código *m* penal; **~kammer** *f* (*-; -n*) tribunal *m* corre[c]cional; **~kolonie** *f* degredo *m*, colónia *f* penal; **~kompanie** *f* companhia *f* de corre[c]ção.

'**sträf|lich** ['ʃtrɛ:fliç] = *strafbar*; *fig.* incrível, imperdoável; **2ling** *m* (*-s; -e*) presidiário *m*; recluso *m*.

'**straf|los** impune (*ausgehen* ficar); **2losigkeit** ['-lo:ziç-] *f* (*0*) impunidade *f*; **2mandat** *n* (*-es; -e*) = *~befehl*; **2maßnahme** *f* sanção *f*; **~mildernd** atenuante; **2milderung** *f* comutação *f* da pena; **~mündig**: ~ *sn* estar na idade da responsabilidade criminal; **2porto** *n* (*-s; -s*) sobretaxa *f* postal, multa *f*; **2predigt** *f* prédica *f*, descompostura *f* (*halten* dar); **2prozeß** *m* (*-sses; -sse*) processo *m* criminal; **2prozeßordnung** *f* código *m* do processo criminal; **2punkt** *m* (*-es; -e*) *Sport*: «penalty» *m* (*engl.*), penalidade *f*; **2recht** *n* (*-es; 0*) direito *m* penal (*od.* criminal); **2rechtler** ['-rɛçtlər] *m* criminalista *m*; **~rechtlich** penal; ~ *verfolgen* autuar; **2rechtswissenschaft** *f* (*0*) criminologia *f*; **2register** *n* cadastro *m* judiciário; **2richter** *m* juiz *m* criminal; **2sache** *f* causa *f* criminal; **2stoß** *m* (*-es; ⁼e*) *Fußball*: (pontapé de) «penalty» *m* (*engl.*); **2verfahren** *n* processo *m* criminal; **~verschärfend** agravante; **2verschärfung** *f* agravamento *m* da pena; **2versetzung** *f* degradação *f*; transferência *f* disciplinar; **2vollstreckung** *f* execução *f* da pena; **2zeit** *f* pena *f*.

Strahl [ʃtra:l] *m* (*-es; -en*) raio *m*; (*Wasser2*) ja[c]to *m*; (*Blut2*) golfada *f*; *Huf*: ranilha *f*; '**2en** (ir)radiar; brilhar; *fig.* estar radiante.

'**strählen** ['ʃtrɛ:lən] pentear; *Tiere*: *a.* almofaçar.

'**Strahlen|behandlung** *f* radioterapia *f*; **~brechung** *f* refra[c]ção *f*; **2d** *adj.* radiante, radioso; **2förmig** [-fœrmiç] radiado; **~kranz** *m* (*-es; ⁼e*) auréola *f*; **~kunde** *f* (*0*) radiologia *f*.

'**Strahlung** ['ʃtra:luŋ] *f* radiação *f*; **~s-feld** *n* (*-es; -er*) campo *m* de irradiação; **~s-wärme** *f* (*0*) calor *m* irradiado.

'**Strähn|e** ['ʃtrɛ:nə] *f* madeixa *f*; **2ig** liso; desgrenhado.

stramm [ʃtram] = *straff*; *fig.* direito, robusto; '**~stehen** (*L*) ⚔ pôr-se em posição de sentido.

'**strampeln** ['ʃtrampəln] (*-le*) estrebuchar; espernear.

Strand [ʃtrant] *m* (*-es; -e*) praia *f*; beira-mar *f*; (*Fluß2*) ribeira *f*; *auf den ~ laufen* ⚓ = '**2en** ['-dən] (*-e-; h. u. sn*) encalhar, naufragar; '**~gut** *n* (*-es; ⁼er*) despojos (*'ô) *m/pl.* do mar, bens *m/pl.* naufragados; '**~korb** *m* (*-es; ⁼e*) cadeira *f* de praia; '**~räuber** *m* pirata *m*; '**~see** *m* (*-s; -n*) albufeira *f*; '**~ung** ['-duŋ] *f* encalhe *m*, naufrágio *m*.

Strang [ʃtraŋ] *m* (*-es; ⁼e*) corda *f*; cordão *m*; (*Zug2*) tirante *m*; 🚂 lance *m* de carril; *Wolle*: meada *f*; *durch den ~ sterben* morrer estrangulado; *zum Tod durch den* ~ *verurteilen* condenar a ser enforcado; *über die Stränge schlagen* ultrapassar os limites; *wenn alle Stränge reißen* no pior dos casos.

Stra'paz|e [ʃtra'pa:tsə] *f* fadiga *f*; faina *f*, estafa(deira) *f*; **♀'ieren** [-pa'tsi:rən] (-) cansar, estafar; *et.*: gastar; **♀'ierfähig** resistente.

'Straße ['ʃtra:sə] *f* rua *f*, (*Land*♀) estrada *f*; (*Weg*) caminho *m*, via *f* pública (*od.* ⚓ marítima); *Geogr.* estreito *m*.

'Straßen|-anlage *f* arruamento *m*; **~-anzug** *m* (-*ẹs*; ⸚*e*) traje *m* de passeio; **~-arbeiter** *m* cantoneiro *m*; **~-aufsicht** *f* inspe[c]ção (*od.* fiscalização) *f* das vias públicas (*od.* das estradas) *usw.*; **~bahn(wagen** *m*) *f* carro *m* eléctrico; * bonde *m*; **~bahner** [-ba:nər] *m* condutor *m*; funcionário *m* dos serviços municipalizados de tra[c]ção elé[c]trica; **~bau** *m* (-*ẹs*; *0*) arruamento *m*; **~beleuchtung** *f* iluminação *f* das ruas; **~damm** *m* (-*ẹs*; ⸚*e*) meio *m* da rua; calçada *f*; **~-ecke** *f* esquina *f*; **~feger** [-fe:gər] *m* varredor *m*; **~graben** *m* (-*s*; ⸚) valeta *f*; **~-handel** *m* (-*s*; *0*) venda *f* ambulante; **~-händler** *m* vendedor *m* ambulante; **~junge** *m* (-*n*) garoto (*'ô) *m*; **~kampf** *m* (-*ẹs*; ⸚*e*) combate *m* nas ruas; **~kehrer** [-ke:rər] *m* varredor *m*; **~kehr-maschine** *f* varredouro *m* mecânico; **~kleid** *n* (-*ẹs*; -*er*) vestido *m* de passeio; **~kreuzung** *f* encruzilhada *f*; encruzamento *m* de ruas; **~laterne** *f* candeeiro *m*, lampião *m* da rua; **~leben** *n* movimento *m* na(s) rua(s); **~mädchen** *n* prostituta *f*; **~netz** *n* (-*es*; -*e*) rede (*'ê) *f* de estradas; **~pflaster** *n* calçada *f* da rua, pavimento *m*; **~rand** *m* (-*ẹs*; ⸚*er*) bordo *m*; **~raub** *m* (-*ẹs*; *0*) assalto *m*; **~reinigung** *f* serviços *m/pl.* municipalizados de limpeza pública; **~sammlung** *f* colheita *f*; **~sänger(in** *f*) *m* cantadeiro *m* (-a *f*); **~schild** *n* (-*ẹs*; -*er*) placa *f* das ruas; **~seite** *f* *Haus*: frente *f* (da casa); **~-überführung** *f* passagem *f* superior; **~-übergang** *m* (-*ẹs*; ⸚*e*) passagem *f* de nível; *zwischen zwei Häusern*: passadiço *m*; **~-unterführung** *f* passagem *f* inferior; **~verkehr** *m* (-*s*; *0*) trânsito *m*, circulação *f*; movimento *m* nas ruas; **~verkehrs-ordnung** *f* código *m* das estradas; **~verzeichnis** *n* (-*ses*; -*se*) índice *m* das ruas (*od.* estradas); **~walze** *f* cilindro *m*; **~zoll** *m* (-*ẹs*; ⸚*e*) portagem *f*, direitos *m/pl.* de trânsito; **~zug** *m* (-*ẹs*; ⸚*e*) ⚠ arruamento *m*.

Stra'teg|e [ʃtra'te:gə] *m* (-*n*) estrategista *m*; **~'ie** [-te'gi:] *f* estratégia *f*; **♀isch** estratégico.

Strato'sphär|e [ʃtratɔ-] *f* (*0*) estratosfera *f*; **~en...**: *in Zssg(n)* estratosférico.

'sträuben ['ʃtrɔybən] eriçar; *sich* ~ arripiar-se; *fig.* opor-se, resistir (*gegen* a); teimar em não (*inf.*).

Strauch [ʃtraux] *m* (-*ẹs*; ⸚*er*) arbusto *m*; **'~dieb** *m* (-*ẹs*; -*e*) bandido *m*; salteador *m*; **'♀eln** (-*le*; *sn*) tropeçar.

Strauß [ʃtraus] *m*: **a)** (-*es*; ⸚*e*) ramo *m* (de flores), ramalhete *m*; **b)** (-*es*; -*e*) *Zool.* avestruz *m*, *f*; **'~en...**: *in Zssg(n)* de avestruz.

'Strebe ['ʃtre:bə] *f* escora *f*, espeque *m*; **~balken** *m* pontalete *m*; **~bogen** *m* (-*s*; ⸚) arcobotante *m*; **~mauer** *f* (-; -*n*) contraforte *m*; **♀n¹**: ~ *nach* aspirar a, ambicionar (*ac.*), esforçar-se por alcançar (*ac.*); **~n²** *n* (*nach*) aspiração *f* (a), tendência *f* (para), ambição *f* (de); **~pfeiler** *m* botaréu *m*, contraforte *m*; **~r** *m* ambicioso *m*; *Schule*: urso *m*; **♀rhaft** ambicioso, arrivista.

'strebsam ['ʃtre:pza:m] aplicado; assíduo; ambicioso; **♀keit** *f* (*0*) aplicação *f*, assiduidade *f*, zelo (*ê) *m*.

'Streckbett ['ʃtrɛk-] *n* (-*ẹs*; -*en*) cama *f* ortopédica.

'Strecke ['ʃtrɛkə] *f* espaço *m*; lanço *m*; (*Reise*) traje[c]to *m* (*zurücklegen* percorrer); (*Weg*♀) pedaço *m* de caminho; troço *m*; distância *f*; *auf einer* ~ *von* numa extensão de; 🚆 linha *f* (*nach* de); (*Gleis*) via *f*; ⚒ galeria *f* (de avanço); (*Jagdbeute*) caça *f*; *zur* ~ *bringen* matar; **♀n¹** estender, distender, alongar; (*sich*) ~ esticar(-se; espreguiçar-se); *Waffen*: depor; *Vorräte*: racionar; *zu Boden* ~ derribar, derrotar; prostrar; *in gestrecktem Galopp* a rédea solta; **~n²** *n* repuxamento *m*.

'Strecken|-arbeiter *m* ⚒ mineiro *m*; 🚆 cantoneiro *m*; **~bau** ⚒ (-*ẹs*; *0*) *m* construção *f* de galerias; **~personal** 🚆 *n* (-*s*; *0*) pessoal *m* da linha; ~**wärter** 🚃 *m* guarda-linha *m*; 2**weise** aqui e acolá; de tempos a tempos.

'**Streck|er** *m* extensor *m*; ~**muskel** *m* (-*s*; -*n*) músculo *m* extensor.

Streich [ʃtraɪç] *m* (-*ẹs*; -*e*) golpe *m*, pancada *f*; *fig.* partida *f* (spielen fazer, pregar); dummer ~ tolice *f*, disparate *m*; garotice *f*; lustiger ~ travessura *f*; '2**eln** (-*le*) acariciar, afagar; '2**en** (*L*) **1.** *v/i.* (*sn u. h.*) passar (über *ac.* por, sobre; mit der *Hand* a); (*herum*~) vag(ue)ar; **2.** *v/t.* *Brot*: pôr manteiga em; barrar (com manteiga); *Haar*: alisar; *Messer*: passar (über *ac.* por, sobre); *Wand*: pintar (frisch de fresco); ♪ *Baß*: tocar; ⚓ *Flagge*: arrear, *Segel*: *a.* amainar; (*aus*~) riscar; † *Betrag*: abater; ~ lassen *fig.* largar; mit Ruten ~ açoitar; **3.** 2 *n Geol.* alinhamento *m*; '~**er** *m/pl.* (tocadores *m/pl.* de) instrumentos *m/pl.* de corda; '~-**holz** *n* (-*es*; ¨*er*) fósforo *m*; '~-**holz-schachtel** *f* (-; -*n*) caixa *f* de fósforos; '~-**instrument** *n* (-*ẹs*; -*e*) instrumento *m* de corda; '~**konzert** ('~**orchester** *n*) *n* (-*ẹs*; -*e*) concerto *m* (orquestra *f*) de instrumentos de corda; '~**quartett** *n* (-*ẹs*; -*e*) quarteto *m* de cordas; '~-**riemen** *m* afiador *m*, couro *m* para amolar; '~**ung** *f* abate *m*.

Streif [ʃtraɪf] *m* (-*ẹs*; -*e*) tira *f*; risca *f*, risco *m*, listra *f*; estria *f*; '~**band** *n* (-*ẹs*; ¨*er*) 🖂 cinta *f*; '~**e** *f* ⚔ patrulha *f*; '~**en**[1] *m* = Streif; schmaler ~ filete *m*; *pl.* ⚔ galões *m/pl.*; 2**en**[2] **a**) *v/t.* roçar; *vom Finger*: tirar; in die Höhe ~ arregaçar; (*berühren*) *a. fig.* tocar (ao de leve); **b**) *v/i.*: ~ an (*ac.*) tocar as raias de; *fig.* chegar a ser; ~ durch vag(ue)ar por; '2**ig** riscado, listrado, de riscas; '~**licht** *n* (-*ẹs*; -*er*) reflexo *m* de luz, raio *m* de luz; '~**schuß** *m* (-*sses*; ¨*sse*), '~**wunde** *f* arranhadura *f*, arranhadela *f*, roçadura *f*; '~**zug** *m* (-*ẹs*; ¨*e*) correria *f*; ⚔ incursão *f*.

Streik [ʃtraɪk] *m* (-*ẹs*; -*s*) greve *f*; in ~ treten = 2en; '~**brecher** ['-brɛçər] *m* anti-grevista *m*, não-grevista *m*; '2**en** declarar-se em greve, estar em greve; fazer greve; *fig.* não andar; '~**ende**(**r**) [-də(r)] *m*, '~**er** *m* grevista *m*; '~**posten** *m* sentinela *f* dos grevistas.

Streit [ʃtraɪt] *m* (-*ẹs*; -*e*) contenda *f*, conflito *m*; (*Kampf*) luta *f*; ⚖ litígio *m*, questão *f*; pleito *m*; (*Unstimmigkeit*) desavença *f*; (*Wort*2) disputa *f*, discussão *f*, controvérsia *f*, polémica *f*; (*Zank*) briga *f*, rixa *f*; ~ suchen andar de brigas; '2**bar** belicoso; *a. fig.* militante; (*tapfer*) valente; '2**en** (*L*): (sich) ~ um, über (*ac.*) lutar por; brigar por; discutir (*ac.*); disputar-se (*ac.*); sich ~ altercar; ⚖ pleitear, litigiar; die ~den Parteien as partes litigantes; ~ für *a.* defender (*ac.*); '~**er** *m* combatente *m*, lutador *m*; ~ für defensor *m* de; '~**fall** *m* (-*ẹs*; ¨*e*) litígio *m*; '~**frage** *f* questão *f*; diferendo *m*; '2**ig** duvidoso, discutível; ~ machen disputar; negar; '~**igkeit** *f* desavença *f*; contenda *f*; quizília *f*; '~**kräfte** *f/pl.* forças (*ô) *f/pl.* (armadas); '~**macht** *f* (-; ¨*e*) = ~kräfte; '~-**objekt** *n* (-*ẹs*; -*e*) obje[c]to *m* do litígio; '~**punkt** *m* (-*ẹs*; -*e*) ponto *m* litigioso; '~**sache** *f* causa *f*; = ~objekt; '~**schrift** *f* polémica *f*, escrito *m* polémico, libelo *m*; '~**sucht** *f* (*0*) mania *f* das discussões (*od.* das polémicas); '2**süchtig** polémico; brigoso; quezilento.

streng [ʃtrɛŋ] severo, rigoroso, *a. Sitte*: austero; (*genau*) exa[c]to; *Geschmack*: acerbo, agro; *adv.* ~, ~stens, aufs ~ste *a.* à risca; '2**e** *f* (*0*) severidade *f*; rigor *m*; (*Genauigkeit*) exa[c]tidão *f*; (*Sitten*2) austeridade *f*; '~-**genommen** em rigor; '~-**gläubig** ortodoxo.

Streu [ʃtrɔy] *f* cama *f* (de gado); (*Stroh*) palha *f*; '~**dose** *f* für *Pfeffer*: pimenteira *f*; für *Salz*: saleiro *m*; für *Sand*: areeiro *m*; für *Zucker*: açucareiro *m*; '2**en** espalhar, semear, deitar, polvilhar; disseminar; Blumen auf den Weg ~ juncar o caminho; '~**sand** *m* (-*ẹs*; *0*) areia *f*; '~**zucker** *m* (-*s*; *0*) açúcar *m* pilé, açúcar *m* em pó.

Strich [ʃtriç] *m* (-*ẹs*; -*e*) traço *m*; risco *m*; linha *f* (*a.* 🔧); *am Kompaß*: rumo *m*; (*Land*2) terreno *m*; região *f*; (*Quer*2) travessão *m*; (*Streifen*) estria *f*; *Fische*: desova *f*; *Vögel*: voo (*'ô) *m*, passo *m*; *Zeug*: fio *m*; ♪ *mit dem Bogen*: arcada *f*; *mit der Bürste*: escovadela *f*; *mit dem Kamm*: penteadela *f*; *mit dem Pinsel*: pincelada *f*; gegen den ~ a contrapelo; *gegen den ~ gehen fig.* ser antipático, não convir; *unter dem ~ Zeitung*: no folhetim; F *fig. j-n auf dem ~ haben* não gostar nada de alg.; ter espinha com alg.; *fig. j-m e-n ~ durch die Rechnung machen* contrariar alg., frustrar os planos de alg.; '**2eln** (*-le*) tracejar; '**~elung** *f* tracejado *m*; '**~punkt** *m* (*-es*; *-e*) ponto *m* e vírgula; '**~regen** *m* chuva *f* parcial, chuvas *f/pl.* locais; '**2weise** local; regional; *adv.* em alguns pontos; a riscas.

Strick [ʃtrik] *m* (*-es*; *-e*) corda *f*; baraço *m*; *fig.* maroto *m*; '**~arbeit** *f*, **~e'rei** *f* (trabalho *m* de) malha *f*; '**2en** fazer malha; *Strumpf*: fazer meia; *Netze*: fazer rede (*'ê); *gestrickt* de malha; '**~garn** *n* (*-es*; *-e*) estambre *m*; *baumwollenes*: algodão *m* para malha (*od.* para meia); *wollenes*: lã *f* para malha (*od.* para meia); '**~jacke** *f* casaco *m* de malha; '**~leiter** *f* (*-*; *-n*) escada *f* de corda; '**~maschine** *f* máquina *f* de tricotar; '**~nadel** *f* (*-*; *-n*) agulha *f* de fazer malha (*od.* meias); '**~strumpf** *m* (*-es*; *⸚e*) meia *f* feita à mão; '**~waren** *f/pl.* malhas *f/pl.*; '**~zeug** *n* (*-es*; *-e*) = *~arbeit*.

'**Striegel** ['ʃtri:gəl] *m* brossa *f*, almofaça *f*; **2n** (*-le*) almofaçar.

'**Striem|e** ['ʃtri:mə] *f*, **~en** *m* vergão *m*, vinco *m*; estria *f*.

strikt [ʃtrikt] estrito, rigoroso.

'**Strippe** ['ʃtripə] *f* corda *f*.

'**strittig** ['ʃtritiç] duvidoso, discutível, ⚖ litigioso.

Stroh [ʃtro:] *n* (*-es*; *0*) palha *f*; '**2blond** ruço; '**~blume** *f* perpétua *f*; '**~boden** *m* (*-s*; *⸚*) palheiro *m*; '**~dach** *n* (*-es*; *⸚er*) telhado *m* de colmo; '**~decke(r** *m*) *f* esteira *f* (colmeiro *m*); '**2farben** cor-de-palha, cor-de-milho; '**~flasche** *f* garrafão *m*; '**~flechter** ['-flɛçtər] *m* palheireiro *m*; '**2gedeckt** *Haus*: colmado; '**~geflecht** *n* (*-es*; *-e*) obra *f* de palha; *um Flaschen usw.*: barça *f*, balsa *f*; '**2gelb** = *2farben*; '**~-halm** *m* (*-es*; *-e*) palhinha *f*, cálamo *m*; '**~-hut** *m* (*-es*; *⸚e*) chapéu *m* de palha; '**~-hütte** *f* colmado *m*, choça *f*, palhoça *f*; '**~lager** *n* cama *f* de palha; '**~mann** *m* (*-es*; *⸚er*) 🌾 espantalho *m*; *fig.* ✝ testa-de-ferro *m*; *Spiel*: morto *m*; '**~matte** *f* esteira *f* de palha; '**~sack** *m* (*-es*; *⸚e*) enxergão *m*; '**~seil** *n* (*-es*; *-e*) vencelho *m*; '**~witwe(r** *m*) *f*: *~ sn* estar sem o marido (sem a esposa).

Strolch [ʃtrɔlç] *m* (*-es*; *-e*) vadio *m*, vagabundo *m*; '**2en** (*h. u. sn*) vadiar, vaguear.

Strom [ʃtro:m] *m* (*-es*; *⸚e*) rio *m*, (*Berg2*) *u. fig.* torrente *f*; (*Strömung*) caudal *m*, *a.* ⚡ corrente *f*; *Blut*: golfada *f*; *fig. Menschen*: multidão *f*; *in Strömen regnen*: a cântaros; '**~-abnehmer** ⚡ *m* consumidor *m* (de corrente elé[c]trica); **2-'ab(wärts)** rio abaixo; jusante; **2-'auf(wärts)** rio acima, contra a corrente; (a) montante (do rio); '**~-bett** *n* (*-es*; *-en*) álveo *m*, leito *m* (* cama *f*) do rio.

'**strömen** ['ʃtrø:mən] (*h. u. sn*) correr; *Regen*: chover torrencialmente, cair a cântaros; *fig.* (*herbei~*), *~ nach* afluir a; *~ aus* sair em massa de; *~ in* (*ac.*) entrar em massa em; **~d** *adj. Regen*: torrencial.

'**Strom-enge** *f* estreito *m* de um rio.

'**Stromer** [ʃtro:mər] *m* vagabundo *m*.

'**Strom|-erzeuger** ⚡ *m* gerador *m*, ele[c]tro-motor *m*; **~gebiet** *n* (*-es*; *-e*) bacia *f* de um rio; **~kreis** ⚡ *m* (*-es*; *-e*) circuito *m*; **~leiter** ⚡ *m* fio *m* condutor; **~linie** *f* forma *f* aerodinâmica; **~-messer** ⚡ *m* amperímetro *m*, ampere-metro *m*; **~netz** ⚡ *n* (*-es*; *-e*) rede (*'ê) *f* elé[c]trica; **~schnelle** *f* salto *m*, rápido *m*; **~spannung** ⚡ *f* voltagem *f*; **~-sperre** ⚡ *f* corte *m* de energia (elé[c]trica); **~stange** *f* trólei *m*; **~stärke** ⚡ *f* intensidade *f* da corrente; amperagem *f*.

'**Strömung** ['ʃtrø:muŋ] *f* corrente *f*.

'**Strom|verbrauch** ⚡ *m* (*-es*; *0*) consumo *m* de energia (elé[c]trica); **~verlust** ⚡ *m* (*-es*; *-e*) perda *f* de corrente; **~versorgung** ⚡ *f* abastecimento *m* de energia (elé[c]trica); **~zähler** ⚡ *m* contador *m* (de ele[c]tricidade).

'**Strontium** ['ʃtrɔntsium] *n* estrôncio *m*.

'**Strophe** ['ʃtro:fə] *f* estrofe *f*; estância *f*.

'**strotzen** ['ʃtrɔtsən] (*-t*) regorgitar; **~d** *adj.* regorgitante, pujante (*vor dat.*, *von* de).

'**Strudel** ['ʃtru:dəl] *m* turbilhão *m* (*a. fig.*); re(de)moinho *m*; * jupia *f*; **2n** (*-le*) re(de)moinhar.

Struk'tur [ʃtruk'tuːr] *f* estrutura *f*.
Strumpf [ʃtrumpf] *m* (-*es*; ¨*e*) meia *f*; (*Herren*∼) peúga *f*; (*Glüh*∼) camisa *f* (de lâmpada de gás); '∼**band** *n* (-*es*; ¨*er*), '∼-**halter** *m* liga *f*; '∼**waren** *f/pl.* artigos *m/pl.* de malha.
Strunk [ʃtruŋk] *m* (-*es*; ¨*e*) talo *m* (de couve), tronco *m*.
'**struppig** ['ʃtrupiç] desgrenhado, esguedelhado, hirsuto; *Bart*: eriçado.
Strych'nin [ʃtryç'niːn] *n* (-*s*; *0*) estricnina *f*.
'**Stübchen** ['ʃtyːpçən] *n* quartinho *m*, saleta *f*.
'**Stube** [ʃtuːbə] *f* quarto *m*; *gute* ∼ sala *f*.
'**Stuben|-älteste(r)** *m* chefe *m* de turma; ∼-**arrest** *m* (-*es*; -*e*) proibição *f* de sair; ∼**fliege** *f* mosca *f*; ∼**gelehrte(r)** *m* teórico *m*, teorista *m*; ∼-**hocker** *m*: *ein* ∼ *sn* ser muito caseiro; ∼**mädchen** *n* criada *f* do quarto, criada *f* de dentro; ∼**rein** limpo.
Stuck [ʃtuk] *m* (-*es*; *0*) estuque *m*.
Stück [ʃtyk] *n* (-*es*; -*e*; *als Maß nach Zahlen uv.*) *ganzes*: peça *f* (*a. Thea.*, ⚔ *u.* ♪); *pro* ∼ ✝ a ..., cada um; *Vieh*: cabeça *f*; *Teil*: pedaço *m*; *Zucker*: torrão *m*; (*Bruch*∼) fragmento *m*; (*Lese*∼) trecho *m*; (*Strekke*) troço *m*; *e-r Anleihe*: título *m*; *altes* ∼ *a.* velharia *f*; ∼ *für* ∼ peça por peça, um por um; *das ist ein starkes* ∼! é forte!, parece impossível!, não há direito!; *aus e-m* ∼, *in e-m* ∼ inteiro; *pl. in allen* ∼*en* inteiramente, completamente; *große* ∼*e auf j-n halten* estimar alg. muito, ter alg. em muita consideração; ser muito amigo de alg.; *aus freien* ∼*en* espontâneamente; mótu-próprio; *in vielen* ∼*en* a muitos respeitos; *in* ∼*e schlagen* partir, despedaçar; *in* ∼*e gehen* partir-se, despedaçar-se; '∼-**arbeit(er** *m*) *f* trabalho *m* (trabalhador *m*) de empreitada; '∼**eln** (-*le*) despedaçar; dividir (✝ em títulos; ✔ em parcelas); '∼**en** remendar, consertar; '∼-**zucker** *m* (-*s*; *0*) açúcar *m* em quadradinhos; '∼**gut** *n* (-*es*; ¨*er*) carga *f* diversa; '∼**lohn** *m* (-*es*; ¨*e*) salário *m* por ajuste; '∼**weise** aos pedaços; por partes; ✝ a retalho; avulso; '∼**werk** *n* (-*es*; *0*) obra *f* mal feita; ∼ *sn* ser incompleto, ser fragmentário; '∼**zoll** *m* (-*es*; ¨*e*) direitos *m/pl.* específicos.
Stu'dent [ʃtu'dɛnt] *m* (-*en*) estudante *m* (da Universidade); ∼**en-ausweis** *m* (-*es*; -*e*) cartão *m* de estudante; ∼**en-haus** *n* (-*es*; ¨*er*) casa *f* dos estudantes, Associação *f* Académica; ∼**en-heim** *n* (-*es*; -*e*) residência *f* universitária; ∼**enschaft** *f* estudantes *m/pl.*; (*Körperschaft*) Associação *f* Académica; ∼**enwohnheim** *n* (-*es*; -*e*) = ∼*enheim*; ∼**in** *f* estudante *f* (da Universidade); ∼**innen-heim** *n* (-*es*; -*e*) lar *m*; ∼**isch** de estudante, académico.
'**Studie** ['ʃtuːdiə] *f* estudo *m*.
'**Studien|-assessor(in** *f*) *m* (-*s*; -*en*) professor(a *f*) *m* agregado(-a); ∼**direktor(in** *f*) *m* (-*s*; -*en*) reitor(a *f*) *m* de liceu; ∼**rat** *m* (-*es*; ¨*e*) (∼**rätin** *f*) professor(a *f*) *m* efe[c]tivo(-a); ∼**referendar(in** *f*) *m* (-*s*; -*e*) estagiário *m* (-a *f*); ∼**zeit** *f* anos *m/pl.* de estudante.
stu'dier|en [ʃtu'diːrən] (-) estudar; ∼**te(r)** *m* universitário *m*; ∼**zimmer** *n* gabinete *m*, escritório *m*, quarto *m* de estudo.
'**Studium** ['ʃtuːdium] *n* (-*s*; *Studien*) estudo(s *pl.*) *m*.
'**Stufe** ['ʃtuːfə] *f* degrau *m*; ⊕ andar *m*; velocidade *f*; *fig.* grau *m*; fase *f*; (*Rang*∼) categoria *f*.
'**Stufen|folge** *f* graduação *f*, progressão *f*; ∼**förmig** [-fœrmiç] gradual; *Anordnung*: em escadaria; ∼**gang** *m* (-*es*; ¨*e*) = ∼*folge*; ∼**leiter** *f* (-; -*n*) escala *f*; *fig.* hierarquia *f*; ∼**los** infinitamente variável; ∼**weise** gradualmente.
Stuhl [ʃtuːl] *m* (-*es*; ¨*e*) cadeira *f*; *der Heilige* ∼ a Santa Sé *f*; '∼**gang** ⚕ *m* (-*es*; *0*) evacuação *f*; fezes *f/pl.*; excrementos *m/pl.*; *flüssiger*: soltura *f*; ∼**lehne** *f* costas *f/pl.* da cadeira, espaldar *m* da cadeira.
Stukka'tur [ʃtuka'tuːr] *f* estuque *m*.
'**Stulle** ['ʃtulə] *f* fatia *f* de pão (com manteiga).
'**Stulpe** ['ʃtulpə] *f* canhão *m* (de bota); (*Manschette*) punho *m*.
'**stülpen** ['ʃtylpən] (*auf*∼) tapar, (*um*∼) virar.
'**Stülp-nase** ['ʃtylp-] *f* nariz *m* arrebitado.
stumm [ʃtum] mudo; *fig.* calado; ∼ *werden* emudecer; '∼**el** *m* (*Arm*∼, *Bein*∼ *usw.*) coto *m*, (*Licht*∼) *a.* toco *m*, *a.* (*Zahn*∼) arnela *f*; (*Zigarren*∼)

ponta *f*; F beata *f*; '**2-heit** *f* (*0*) mudez *f*; mutismo *m*, *fig*. *a*. silêncio *m*.

'**Stümper** ['ʃtympər] *m* ignorante *m*; remendão *m*; *ein* ~ *sn*: *a*. não ter jeito; **~'ei** *f* obra *f* mal feita; **2-haft** remendão; **2n** fazer a.c. sem jeito; ♪ *auf der Geige*: arranhar (*ac*.).

stumpf [ʃtumpf] **1.** embotado, rombo; *Klinge*: *a*. gasto; *Nase*: chato; & *Kegel*: troncado; *Winkel*: obtuso; *fig*. apático; ~ *machen* embotar; ~ *werden* embotar-se; **2.** 2 *m* (-*es*; ⸚*e*) *Baum*: cepo *m*, tronco *m*; *Gliedmaßen*: coto *m*; *mit* ~ *und Stiel ausrotten* exterminar, extirpar; '**2heit** *f* (*0*) embotamento *m*; *fig*. apatia *f*; desinteresse (*'ê) *m*; toleima *m*, parvoice *f*; '**2nase** *f* nariz *m* chato, F narigueta *f*; '**2sinn** *m* (-*es*; *0*) estupidez *f*; '**~sinnig** estúpido, parvo; **~'winklig** obtusângulo, obtusangulado; amblígono.

'**Stunde** ['ʃtundə] *f* hora *f* (*festgesetzte* certa, prefixa; *in zwölfter fig*. à última); (*Unterrichts*2) lição *f*, aula *f*.

'**stunden** *v/t*. adiar um prazo; **2geschwindigkeit** *f* velocidade *f* horária; **2glas** *n* (-*es*; ⸚*er*) ampulheta *f*; **2kilometer** *n* (*m*) quilómetro *m* horário; **~lang** por horas (inteiras); *adv*. horas e horas; **2lohn** *m* (-*es*; ⸚*e*) salário *m* por hora; *im* ~ a tanto por hora; **2plan** *m* (-*es*; ⸚*e*) horário *m*; **~weise** por horas; *Unterricht*: por lições; **2zeiger** *m* ponteiro *m* de horas.

'**stündlich** ['ʃtynt-] de hora em hora; de uma hora para outra; *einmal* ~ por hora.

'**Stundung** ['ʃtunduŋ] *f* (*gen*.) prorrogação *f*.

stu'pide [ʃtu'pi:də] parvo; estúpido.

'**Stups-nase** ['ʃtups-] *f* F nariz *m* arrebitado.

stur [ʃtu:r] parado; obstinado, cabeçudo.

Sturm [ʃturm] *m* (-*es*; ⸚*e*) tempestade *f*, tormenta *f* (*a*. *fig*.); (*Gewitter*2) trovoada *f*; (*Regen*2) temporal *m*; ⚓ procela *f*, borrasca *f*; ⚔ assalto *m* (*im* de); *fig*. tumulto *m*; ~ *laufen gegen* assaltar (*ac*.); *fig*. fazer uma campanha contra; ~ *läuten* tocar (a) rebate; '**~-angriff** *m* (-*es*; -*e*) assalto *m*.

'**stürm|en** ['ʃtyrmən] **1.** *v/t*. assaltar, tomar de assalto; forçar; **2.** *v/i*. ⚔ dar assalto, assaltar; *gegen*: arremessar-se; *Wetter*: *es stürmt* há vento, há temporal; **2er** *m* assaltador *m*; *Sport*: avançado *m*; **~erreihe** *f* linha *f* de avançados.

'**Sturm|flut** *f* grande cheia *f*, inundação *f*; **2frei** ao abrigo do vento; *fig*. ~*e Bude* F quarto *m* independente; **~glocke** *f* sino *m* de rebate; *die* ~ *läuten* tocar a rebate.

'**stürmisch** ['ʃtyrmiʃ] tempestuoso, ⚓ proceloso; *a*. *fig*. turbulento; *j*.: impetuoso.

'**Sturm|läuten** *n* rebate *m*, alarme *m*; **~leiter** *f* (-; -*n*) escada *f* de escalar; **~riemen** *m* francalete *m*; **~schaden** *m* (-*s*; ⸚) prejuízos *m/pl*. causados pela tempestade; **~schritt** *m* (-*es*; -*e*): *im* ~ à carga; **~signal** *n* (-*es*; -*e*) sinal *m* de alarme; ~ **und Drang** *m Lit*.: «Titanismo» *m od*. «Impetuosismo» *m* (literário alemão); **~wind** *m* (-*es*; -*e*) ventania *f*, borrasca *f*, ciclone *m*.

Sturz [ʃturts] *m* (-*es*; ⸚*e*) queda *f*; ✝ *u*. *Meteor*: baixa *f* (repentina *od*. súbita); '**~acker** *m* (-*s*; ⸚) campo *m* recém-arado; '**~bach** *m* (-*es*; ⸚*e*) torrente *f*, enxurrada *f*.

'**stürzen** ['ʃtyrtsən] (-*t*) **1.** *v/t*. deitar abaixo; derribar (*a*. *fig*.); (*kippen*) vazar; (*werfen*) precipitar, lançar, arrojar; *die Kasse* ~ ✝ fazer balanço; *ins Unglück* ~ arruinar; **2.** *refl*.: *sich* ~ atirar-se (*auf ac*. a; *aus dem Fenster* de); precipitar-se, lançar-se, arrojar-se (*auf ac*. sobre); *sich* ~ *in* (*ac*.) *fig*. *Gefahr*: expor-se a; *sich in Schulden* ~ fazer (*ac*.); **3.** *v/i*. (*sn*) cair; (*eilen*) correr, (*herbei*~) acorrer; (*ab*~) ✈ despenhar-se; (*zusammen*~) derribar; vir (*od*. ir-se) abaixo.

'**Sturz|flug** ✈ *m* (-*es*; ⸚*e*) voo (*'ô) *m* picado; **~-helm** *m* (-*es*; -*e*) capacete *m* de aviador; **~see** *f*, **~welle** *f* vagalhão *m*.

'**Stute** ['ʃtu:tə] *f* égua *f*, jumenta *f*.

'**Stütz|balken** ['ʃtyts-] *m* esteio *m*, escora *f*; **~e** *f* apoio *m*; ⚘ tutor *m*; estaca *f*; ⊕ suporte *m*; ⚠ = **~balken**; *fig*. amparo *m*, auxílio *m*; (*der Hausfrau*) governanta *f*.

'**stutz|en** ['ʃtutsən] (-*t*): **a)** *v/t*. cortar; *Bart*: aparar; ⚘ podar; **b)** *v/i*. ficar perplexo, ficar surpreendido;

pasmar; *Pferd*: espantar; **≈en** *m* ⚔ carabina *f*; (*Wadenstrumpf*) meia (*od.* peúga) *f* até ao joelho, *Kind*: soquete *m*.
'**stützen** ['ʃtytsən] (-*t*) apoiar (*a. refl.*), suster; amparar; *fig. Behauptung*: corroborar; *sich ~ auf* (*ac.*): *a.* encostar-se em; *fig.*: *a.* fundar-se em, basear-se em.
'**Stutz|er** ['ʃtutsər] *m* janota *m*; peralta *m*; **≈erhaft** janota; **~flügel** ♪ *m* piano *m* de meia-cauda; **≈ig** perplexo, surpreendido, admirado (*machen* deixar, *werden* ficar).
'**Stütz|mauer** *f* (-; -*n*) muro *m* de apoio; **~pfahl** *m* (-*es*; ⸚*e*) estaca *f*; **~pfeiler** *m* esteio *m*, pilar *m*; **~punkt** *m* (-*es*; -*e*) ponto *m* de apoio; *Pol.*, ✈, ⚔ *u.* ⚓ base *f*; (*Schanze*) reduto *m*.
Sub'jekt [zup'jɛkt] *n* (-*es*; -*e*) sujeito *m*; **≈'iv** [-'ti:f] subje[c]tivo; **~ivi'tät** [-tivi'tɛ:t] *f* (*0*) subje[c]tivismo *m*.
Subli'm|at [zubli'ma:t] *n* (-*es*; -*e*) sublimado *m*; **≈ieren** (-) sublimar.
Sub'sidium [zup'zi:dium] *n* (-*s*; -*dien*) subsídio *m*.
Subskri|'bent [zupskri'bɛnt] *m* (-*en*) subscritor *m*, assinante *m*; **≈'bieren** [-'bi:rən] (-) subscrever, assinar; **~pti'on** [-ptsi'o:n] *f* subscrição *f*, assinatura *f*.
substanti'ell [zupstantsi'ɛl] substancial; substancioso.
'**Substantiv** ['zupstanti:f] *n* (-*s*; -*e*) substantivo *m*; **≈isch** [-'iviʃ] substantivo.
Sub'stanz [zup'stants] *f* substân-cia *f*.
subtra|'hieren [zuptra'hi:rən] (-) subtrair; **≈'hier-maschine** *f* máquina *f* subtra[c]tora; **≈kti'on** [-ktsi'o:n] *f* subtra[c]ção *f*.
Subventi'on [zupvɛntsi'o:n] *f* subvenção *f*; **≈'ieren** (-) subvencionar.
'**Such|e** ['zu:xə] *f*: (*auf* [*der*] *~ nach*) (à) procura *f* (de); (em) busca *f* (de); (à) cata *f* (de); ⚒ prospe[c]ção *f*; **~dienst** *m* (-*es*; -*e*) serviço *m* de informações; **≈en** procurar; *~ zu inf.*: *a.* tratar de; *gesucht adj. fig.* afe[c]tado; rebuscado; ✝ *gesucht werden* precisar-se (de); **~er** *m Phot.* visor *m*; ⚒ prospe[c]tor *m*; = **~gerät** *n* (-*es*; -*e*) ⚒ aparelho *m* de prospe[c]ção.
Sucht [zuxt] *f* (-; ⸚*e*) mania *f* (*nach* de).
'**süchtig** ['zyçtiç]: *~ sn nach* ter o vício de.
Süd ['zy:t] *m* (-*es*; *0*) sul *m*; ('**~-afrikaner** *m*), '**≈-afrikanisch** sul-africano (*m*); ('**~-amerikaner** *m*), '**≈-amerikanisch** sul-americano (*m*); '**≈-deutsch** da Alemanha meridional, da Alemanha do Sul.
Sude|'lei [zudə'laɪ] *f* porcaria *f*, coisa *f* mal feita; **≈ln** ['zu:dəln] (-*le*) sujar, fazer a.c. muito mal.
'**Süden** ['zy:dən] *m* (-*s*; *0*) sul *m*.
'**Süd|frucht** *f* (-; ⸚*e*) fruta *f* meridional; (**~länder[in** *f*] *m*) **≈ländisch** ['-lɛndiʃ] meridional (*m*, *f*); **≈lich** meridional, do sul; *adv.* ao sul; *Astr.*, *Zone*: austral; *~e Breite* latitude *f* sul; **~-'ost(en)** *m* (-*es*; *0*) sudeste *m*; **≈'-östlich** do sudeste; *adv.* ao sudeste; **~pol** *m* (-*s*; *0*) pólo *m* sul; **~-süd'osten** *m* (-*s*; *0*) su-sudeste *m*; **~-süd'westen** *m* (-*s*; *0*) su-sudoeste *m*; **≈wärts** ['-vɛrts] para o sul; **~'west(en)** *m* (-*es*; *0*) sudoeste *m*; **≈'westlich** de sudoeste; *adv.* ao sudoeste; **~wind** *m* (-*es*; -*e*) vento *m* sul.
Suff [zuf] P *m* (-*es*; *0*) alcoolismo *m*; *im ~* borracho.
'**süffig** ['zyfiç]: F *~ sn* ter bom paladar.
Suf'fix [zu'fiks] *n* (-*es*; -*e*) sufixo *m*.
sugge|'rieren [zugə'ri:rən] (-) sugerir; **≈sti'on** [-sti'o:n] *f* sugestão *f*.
'**Sühn|e** ['zy:nə] *f* expiação *f*; ⚖ *a.* desagravo *m*; *Rel. a.* penitência *f*; (*Entschädigung*) reparação *f*; = **~e-maßnahme** *f* sanção *f*; **≈en** expiar; desagravar; **~-opfer** *n* holocausto *m*; sacrifício *m* expiatório.
Sul'fat [zul'fa:t] *n* (-*es*; -*e*) sulfato *m*.
'**Sultan** ['zulta:n] *m* (-*s*; -*e*) sultão *m*; **~'at** [-ta'na:t] *n* (-*es*; -*e*) sultanado *m*.
'**Sülze** ['zyltsə] *f* geleia *f* de carne.
sum'marisch [zu'ma:riʃ] sumário.
'**Summ|e** ['zumə] *f* soma *f*; (*Anzahl*) número *m*; (*Betrag*) quantia *f*; (*Gesamtbetrag*) total *m*; **~en¹** *n* sumido *m*; zumbido *m*; sussurro *m*; **≈en²** zumbir; **~er** ⚡ *m* vibrador *m*; **≈'ieren** (-) somar.
Sumpf [zumpf] *m* (-*es*; ⸚*e*) pântano *m*; paúl *m*; abafeira *f*; '**~boden** *m* (-*s*; ⸚) solo *m* pantanoso; '**~dotterblume** *f* malmequer-dos-brejos *m*; '**~-fieber** *n* febre *f* intermitente,

malária *f*, sezões *f/pl.*, (im)paludismo *m*; '**♀ig** pantanoso; '**~land** *n* (*-es*; *⁻er*) terra *f* pantanosa; '**~pflanze** *f* planta *f* palustre; '**~vogel** *m* (*-s*; *⁻*) ave *f* palustre, ave *f* dos charcos.

Sund [zunt] *m* (*-es*; *-e*) estreito *m*.

'**Sünde** ['zyndə] *f* pecado *m*.

'**Sünden|bekenntnis** *n* (*-ses*; *-se*) confissão *f* de pecados; **~bock** *m* (*-es*; *⁻e*) bode *m* expiatório (*od.* emissário); **~-erlaß** *m* (*-sses*; *-sse*) absolução *f*; **~fall** *m* (*-es*; *0*) pecado *m* original (*od.* de Adão).

'**Sünd|er(in** *f*) *m* pecador(a *f*) *m*; *arme(r)* ~ delinquente *m*, *f*; **♀-haft**, **♀ig** pecaminoso, vicioso, pecador; **♀igen** ['-igən] pecar (*an dat.* contra).

'**super|fein** ['zu:pər-] superfino; **♀-intendent** *m* (*-en*) superintendente *m*; **~klug** (*0*) esperto demais.

'**Suppe** ['zupə] *f* sopa *f*, caldo *m*.

'**Suppen|fleisch** *n* (*-es*; *0*) cozido *m*; *roh*: carne *f* para cozer; **~grün** *n* (*-s*; *0*) verdura *f*; **~kelle** *f* concha *f*; **~kraut** *n* (*-es*; *⁻er*) ervas *f/pl.* para a sopa; **~löffel** *m* colher *f* de sopa; **~schüssel** *f* (*-*; *-n*) terrina *f*; *ensopadeira *f*; **~teller** *m* prato *m* de sopa; **~würfel** *m* cubo *m* de caldo.

'**surren** ['zurən] vibrar, zunir, zumbir.

Surro'gat [zuro'ga:t] *n* (*-es*; *-e*) sucedâneo *m*, substituto *m*.

suspen'dieren [zuspɛn'di:rən] (-) suspender (*vom Amt* das suas funções).

süß [zy:s] doce; açucarado; *Wein*: abafado; *fig.* suave; (*reizend*) encantador; *~es Geschöpf* F amor *m*; '**♀e** *f* (*0*) doçura *f*; '**~en** (*-t*) adoçar; açucarar, deitar açúcar; '**♀-holz** *n* (*-es*; *0*) alcaçuz *m*; *~ raspeln fig.* F galantear, fazer a corte a; '**♀igkeit** *f* doçura *f*; *~en pl.* doces *m/pl.*; '**~lich** adocicado, *fig. a.* sentimental; '**~sauer** agridoce; '**♀stoff** *m* (*-es*; *-e*) sacarina *f*; '**♀wasser** *n* água *f* doce.

Sym'bol [zym'bo:l] *n* (*-s*; *-e*) símbolo *m*; emblema *m*; **~ik** *f* simbólica *f*, simbolismo *m*; **♀isch** simbólico; **♀i'sieren** [-i'zi:rən] (-) simbolizar.

Sym|me'trie [zyme'tri:] *f* simetria *f*; **♀'metrisch** simétrico; **~pa'thie** [-pa'ti:] *f* simpatia *f*; **♀'pathisch** [-'pa:tiʃ] simpático; **♀pathi'sieren** (-) [-pati'zi:rən] simpatizar; **~pho'nie** [-fo'ni:] *f* sinfonia *f*; **♀'phonisch** [-'fo:niʃ] sinfónico.

Symp'tom [zymp'to:m] *n* (*-s*; *-e*) sintoma *m*; **♀'atisch** [-to'ma:tiʃ] sintomático.

Syna'goge [zyna'go:gə] *f* sinagoga *f*.

synchroni'sier|en [zynkroni'zi:rən] (-) sincronizar; **♀ung** *f* sincronização *f*.

Syndi'kat [zyndi'ka:t] *n* (*-es*; *-e*) sindicato *m*.

'**Syn|dikus** ['zyndikus] *m* (*-*; *Syndiken*, *Syndizi*) síndico *m*; **~'kope** [-'ko:pə] ♪ *f* síncope *f*; **♀ko'pieren** sincopar; *v/i.* fazer síncope; **~'ode** [-'no:də] *f* sínodo *m*; **♀o'nym** [-o'ny:m] sinónimo; **♀'taktisch** sintá[c]tico; **~tax** [-taks] *f* (*0*) sintaxe *f*; **~'these** *f* síntese *f*; **♀'thetisch** [-'te:tiʃ] sintético.

'**Syphil|is** ['zy:filis] *f* (*0*) sífilis *f*; (**~'itiker** [zyfi'li:tikər] *m*) **♀'itisch** [zyfi'li:tiʃ] sifilítico (*m*).

'**Syr|er(in** *f*) *m* ['zy:rər-], **~ier(in** *f*) *m* ['-iər-] sírio *m* (-a *f*); **♀isch** sírio, da Síria.

Sys'tem [zys'te:m] *n* (*-s*; *-e*) sistema *m*; **♀'atisch** [-te'ma:tiʃ] sistemático.

'**Szen|e** ['stse:nə] *f* cena *f*; *in ~ setzen* pôr em cena (*a. refl.*); levar ao palco; (*Streit*) *a.*: disputa *f*; escândalo *m*; **~en-wechsel** *m* mudança *f* de cena; **~e'rie** [-ə'ri:] *f* cenário *m*; **♀isch** cénico.

T

T, t [te:] *n uv.* T, t *m.*

ˈ**Tabak** [ˈta:bak] *m* (*-ẹs*; *-e*) tabaco *m*; **~bau** *m* (*-s*; *0*) cultura *f* do tabaco; **~händler** *m* estanqueiro *m*; **~laden** *m* (*-s*; *=*) tabacaria *f*; estanco *m*; **~monopol** *n* (*-s*; *0*) monopólio *m* de tabaco; **~(s)beutel** *m* bolsa (*ô) *f* do tabaco; **~(s)dose** *f* tabaqueira *f*; *ehm.* caixa *f* de rapé; **~(s)-pfeife** *f* cachimbo *m*; **~steuer** *f* (-; *-n*) direito *m* sobre o tabaco.

tabel'l|arisch [tabɛˈla:riʃ] tabelar; em forma de tabela, sinóptico; **2e** [-ˈbɛlə] *f* tabela *f*, lista *f*; quadro *m* sinóptico.

Ta'blett [taˈblɛt] *n* (*-ẹs*; *-e*) bandeja *f*, tabuleiro *m*; **~e** *f* comprimido *m*.

Tacho'meter [taxoˈme:ter] *m* taxímetro *m*.

ˈ**Tadel** [ˈta:dəl] *m* repreensão *f*; *Schule*: censura *f*, *scharfer*: descompostura *f*; *ohne* ~ = **2los** irrepreensível, perfeito, sem defeito; (*vorzüglich*) impecável; **2n** (*-le*) censurar, desaprovar, criticar; *j-n*: *a.* repreender; *hart* ~ increpar; **2nswert** repreensível, de censurar.

ˈ**Tafel** [ˈta:fəl] *f* (-; *-n*) (*Holz2*) tábua *f*; (*Metall2*) placa *f*; (*Schiefer2*) lousa *f*; (*Schild*) letreiro *m*; *Schokolade*: pau *m*; (*Tabelle*) tabela *f*; (*Tisch*) mesa *f*; (*Wand2*) quadro *m*; *geogr.* platô *m*; *Typ.* (*Bild*) lâmina *f*; **~-aufsatz** *m* (*-es*; *=e*) centro *m* de mesa; **~besteck** *n* (*-ẹs*; *-e*) faqueiro *m*; **2förmig** [-fœrmiç] tabular; **~-geschirr** *n* (*-ẹs*; *-e*) baixela *f*, louça *f*; **~-land** *n* (*-ẹs*; *=er*) meseta *f*, planalto *m*; **2n** (*-le*) jantar, estar à mesa; banquetear.

ˈ**täfeln** [ˈtɛ:fəln] (*-le*) forrar de madeira lavrada, assoalhar.

ˈ**Tafel|-obst** *n* (*-es*; *0*) fruta *f* escolhida; **~runde** *f* mesa *f* redonda; *Lit.* Távola *f* redonda; **~service** *n* serviço *m* de mesa, baixela *f*; **~tuch** *n* (*-ẹs*; *=er*) toalha *f* de mesa.

ˈ**Täfelung** [ˈtɛ:fəluŋ] *f* paineis *m/pl.*; apainelamento *m*; *Fußboden*: soalho *m* embutido.

Taft [taft] *m* (*-ẹs*; *-e*) tafetá *m*.

Tag [ta:k] *m* (*-ẹs*; *-e*) dia *m*; (*Tagung*) congresso *m*; jornada *f*; *der Jüngste* ~ o Dia do Juízo; *am* ~*e*, *bei* ~*e* de dia; *am hellichten* ~*e* em pleno dia; *am* ~*e* (*da*)*nach* no dia seguinte; *am* ~*e vor* (*dat.*) na véspera de; *über* ~*e* ⚒ à superfície da terra; *unter* ~*e* ⚒ debaixo da terra; *zu* ~*e* à luz; e-*n* ~ *um den andern* dia sim, dia não; e-*s* (*schönen*) ~*es* qualquer dia, *Vergangenheit*: um dia; *sich e-n vergnügten* ~ *machen* ir à pândega; *an den* ~ *bringen* revelar, descobrir, trazer a lume; *an den* ~ *kommen* revelar-se, descobrir-se; *an den* ~ *legen* manifestar; ~ *werden* amanhecer; *guten* ~! *vormittags*: bom dia!; *nachmittags*: boa tarde!; *in den* ~ *hinein leben* viver ao Deus dará; *pl. in* ... ~*en* daqui a (*od.* hoje a *od.* dentro de) ... dias; *vor* ... ~*en* faz ... dias; ~ *für* ~ = **2ˈaus, 2ˈein** dia por dia, todos os dias.

ˈ**Tage|bau** [ˈta:gə-] ⚒ *m* (*-s*; *0*) extra[c]ção *f* à superfície; **~blatt** *n* (*-ẹs*; *=er*), **~buch** *n* (*-ẹs*; *=er*) diário *m*; **~dieb** *m* (*-ẹs*; *-e*) mandrião *m*; **2-lang** por dias inteiros; **~lohn** *m* (*-ẹs*; *=e*) diária *f*; jornal *m*; **~löhner** [-lø:nər] *m* jornaleiro *m*; **2n 1.** (*beraten*) estar reunido em conselho (*od.* em congresso); (estar a) deliberar; **2.** (*Tag werden*) amanhecer; **~reise** *f* jornada *f*.

ˈ**Tages|-anbruch** *m* (*-ẹs*; *0*) romper *m* do dia (*bei* ao); alvorada *f*, madrugada *f*; **~bericht** *m* (*-ẹs*; *-e*) boletim *m* do dia; **~gespräch** *n* (*-ẹs*; *-e*) assunto *m* de todas as conversas; ~ *sn* ser notório; **~kasse** *f* *Thea.* bilheteira *f* (aberta de dia); **~kurs** *m* (*-es*; *-e*) ⚕ câmbio *m* do dia; **~leistung** *f* (produção *f*) diária *f*; rendimento *m* por dia; **~licht** *n* (*-ẹs*; *0*) (luz *f* do) dia *m*; **~nachrichten** *f/pl.* notícias *f/pl.* do dia; noticiário *m/sg.*; **~-ordnung** *f* ordem *f* do dia (*an der* na); **~presse** *f* (*0*) imprensa *f* diária; **~schau** *f* (*0*) *Fernsehen*: telejornal *m*; **~-zeit** *f* hora *f* do dia; **~-zeitung** *f* (jornal *m*) diário *m*.

'**tage**|**weise** por dia(s); 𝟐**werk** *n* (-*es*; *0*) trabalho *m* diário.
'**Tag**|**falter** *m* borboleta *f* diurna; 𝟐-**hell**: ~ *sn* ser (*od.* estar) pleno dia; ~ *erleuchten* acender todas as luzes.
'**täglich** ['tɛ:kliç] diário; quotidiano, cotidiano; *Astr.*, ♀, *Zool.* diurno; (*all*~) *adv. a.* todos os dias; *zweimal* ~ por dia.
tag|**s** [ta:ks] de dia, durante o dia; ~ *darauf* no dia seguinte; ~ *zuvor* na véspera; '~**s-über** de dia, durante o dia; ~'**täglich** dia por dia, todos os dias; 𝟐-**und-'nacht-gleiche** [-glaɪçə] *f* equinócio *m*.
'**Tagung** ['ta:gʊŋ] *f* jornada *f*, congresso *m*; colóquio *m*; reunião *f*; ~**steilnehmer** *m* congressista *m*.
Tai'fun [taɪ'fu:n] *m* (-*es*; -*e*) tufão *m*.
'**Taille** ['taljə] *f* cinta *f*; (*Mieder*) corpinho *m*.
'**takel**|**n** ['ta:kəln] (-*le*) aparelhar; 𝟐**ung** *f*, 𝟐**werk** *n* (-*es*; -*e*) cordame *m*, enxárcia *f*.
Takt [takt] *m* (-*es*; -*e*) ♪ compasso *m* (*im*, *nach dem* ao; *angeben* marcar; *halten* observar; *nicht halten* ir fora do; *schlagen* bater); (*Rhythmus*) cadência *f*; *Motor*: tempo *m*; *im* 3/4-~ a três tempos; *aus dem* ~ *bringen* desconcertar; *fig.* = ~*gefühl*; '𝟐-**fest** firme; ~ *sn* ⚔ ter resistência; ♪ guardar bem o compasso; *fig.* ser versado; '~**gefühl** *n* (-*es*; *0*) ta[c]to *m*, delicadeza *f*, discrição *f*; '~**ik** *f* tá[c]tica *f*; ('~**iker** *m*), '𝟐**isch** tá[c]tico (*m*); '𝟐**los** indiscreto, grosseiro, pouco delicado; '~**losigkeit** ['-lo:ziç-] *f* falta *f* de ta[c]to; indiscrição *f*; '𝟐**mäßig** compassado, cadenciado, rítmico; '~**stock** *m* (-*es*; ⸚*e*) batuta *f*; '~**strich** *m* (-*es*; -*e*) risco *m*; '𝟐**voll** discreto, delicado.
Tal [ta:l] *n* (-*es*; ⸚*er*) vale *m*; 𝟐-'**ab** (-**wärts**) vale abaixo.
Ta'lar [ta'la:r] *m* (-*es*; -*e*) hábito *m* talar; ⚖ toga *f*.
tal-'auf(**wärts**) vale acima.
Ta'lent [ta'lɛnt] *n* (-*es*; -*e*) talento *m*, jeito *m*; 𝟐'**iert** [-'ti:rt], 𝟐**voll** talentoso, com muito jeito.
'**Tal-fahrt** *f* 🚗 descida *f*; ⚓ passagem *f* (*od.* transporte *m*) rio abaixo.
Talg [talk] *m* (-*es*; -*e*) sebo *m*; '~-**absonderung** *f* seborreia *f*; '~**drüse** *f* glândula *f* sebácea; '𝟐**ig** ['-giç] seboso, sebento.
'**Talisman** ['ta:lisman] *m* (-*s*; -*e*) talismã *m*, amuleto *m*.
Talk [talk] *m* (-*es*; *0*) talco *m*; '~-**erde** *f* (*0*) magnésia *f*.
'**Tal-kessel** *m* barranco *m*.
'**Talmi** ['talmi] *n* (-*s*; *0*), ~**gold** *n* (-*es*; *0*) pechisbeque *m*.
'**Tal**|**mulde**, ~**sohle** *f* fundo *m* do vale; ~**sperre** *f* represa (*'ê) *f*, barragem *f*.
Tambu'rin [tambu'ri:n] *n* (-*s*; -*e*) pandeiro *m*, pandeireta *f*.
tampo'nieren [tampo'ni:rən] (-) ⚕ tapar, pensar.
Tand [tant] *m* (-*es*; *0*) futilidades *f*/*pl*.
Tänd|**e'lei** [tɛndə'laɪ] *f* brincadeira *f*, namorico *m*; '𝟐**eln** (-*le*): ~ (*mit*) brincar (com), namoricar (*ac.*).
Tang [taŋ] *m* (-*es*; -*e*) sargaço *m*, algas *f*/*pl*.
Tan'gente [taŋ'gɛntə] *f* tangente *f*.
Tank [taŋk] *m* (-*es*; -*s*) depósito *m*; ⚔ tanque *m*, carro *m* blindado; '𝟐**en** meter (*od.* abastecer-se de) gasolina; '~**er** *m*, '~**schiff** *n* (-*es*; -*e*) navio-tanque *m*, petroleiro *m*; '~-**stelle** *f* posto (*'ô) *m* de gasolina (*od.* de abastecimento).
'**Tanne** ['tanə] *f*, '~**n-baum** *m* (-*es*; ⸚*e*), '~**n-holz** *n* (-*es*; ⸚*er*) abeto *m*; pinheiro *m*; (*Weihnachtsbaum*) árvore *f* de Natal; '~**n-nadel** *f* (-; -*n*) agulha *f* de abeto, caruma *f*; '~**n-wald** *m* (-*es*; ⸚*er*) floresta *f* de abetos; pinhal *m*; '~**n-zapfen** *m* pinha *f*.
'**Tante** ['tantə] *f* tia *f*.
Tanti'eme [tanti'ɛ:mə] *f* participação *f* nos lucros; *Thea.* direitos *m*/*pl.* de autor.
Tanz [tants] *m* (-*es*; ⸚*e*) dança *f*; baile *m*; (*Ballett*) bailado *m*.
'**tänzeln** ['tɛntsəln] (-*le*; *h. u. sn*) dançar; *Pferd*: saracotear.
'**tanzen** ['tantsən] (-*t*; *h. u. sn*) dançar; bailar, *baiar.
'**Tänzer**(**in** *f*) *m* dançarino *m* (-a *f*); (*Berufs*𝟐) bailarino *m* (-a *f*).
'**Tanz**|**fest** *n* (-*es*; -*e*) baile *m*; ~-**fläche** *f* pista *f* de dança; ~**lehrer** *m* mestre (*od.* professor) *m* de dança; ~**lokal** *n* (-*s*; -*e*) bar *m*; 𝟐**lustig** dançarino; ~**musik** *f* (*0*) música *f* de dança; ~**schule** *f* curso *m* de dança; ~**stunde** *f* lição *f* de dança; ~-**tee** *m* (-*s*; -*s*) chá *m* dançante.
Ta'pet [ta'pe:t] *n*: *aufs* ~ *bringen* trazer à discussão; ~**e** *f* papel *m*

pintado; *gewirkte*: tapeçaria *f*; **~entür** *f* porta *f* falsa.
tape'zier|en [tape'tsi:r-] (-) forrar a papel; pôr os papéis (pintados); **2er** *m* estofador *m*, forrador *m*, armador *m*.
'tapfer ['tapfər] valente, corajoso; **2keit** *f* (*0*) valentia *f*, coragem *f*.
'tappen ['tapən] (*h. u. sn*) apalpar; *im Dunkeln* ~ andar às apalpadelas (*a. fig.*).
'täppisch ['tɛpiʃ] acanhado; mal jeitoso, lorpa, boçal.
'Tara ['ta:ra] ⚕ *f* (-; *Taren*) tara *f*.
Ta'rantel [ta'rantel] *f* (-; *-n*) tarântula *f*.
Ta'rif [ta'ri:f] *m* (-*s*; -*e*) tarifa *f*, tabela *f*, pauta *f* (*nach* à); **~lohn** *m* (-*es*; ⸗*e*) salário *m* mínimo; **2mäßig** à tabela.
'tarn|en ['tarnən] disfarçar, dissimular; ⚔ *a.* camuflar; **2kappe** *f* carapuça *f* mágica; **2ung** *f* disfarce *m*, ⚔ *a.* camuflagem *f*.
'Tasche ['taʃə] *f* bolso (*'ô) *m*, algibeira *f*; (*Beutel*, *Geld2*) bolsa (*ô) *f*; (*Hand2*, *Reise2*) malinha *f* (*stecken* meter); *fig. j-m auf der ~ liegen* viver a custa de alg.; *fig. j-n in die ~ stecken* ser superior a alg.; et. *in der ~ haben fig.* ter a.c. assegurado.
'Taschen|-ausgabe *f* edição *f* de bolso (*'ô) (*od.* de algibeira); **~buch** *n* (-*es*; ⸗*er*) livro *m* de bolso (*'ô); (*Notizbuch*) livro *m* de notas, agenda *f*; **~dieb** *m* (-*es*; -*e*) carteirista *m*; *vor ~en wird gewarnt* cuidado com os carteiristas; **~geld** *n* (-*es*; -*er*) dinheiro *m* para despesas miúdas; **~kalender** *m* agenda *f*; **~krebs** *m* (-*es*; -*e*) caranguejo *m*; **~lampe** *f* lâmpada *f* de mão; **~messer** *n* navalha *f*, canivete *m*; **~spieler** *m* prestidigitador *m*; **~tuch** *n* (-*es*; ⸗*er*) lenço *m* (de mão); **~-uhr** *f* relógio *m* de bolso (*'ô); **~wörterbuch** *n* (-*es*; ⸗*er*) dicionário *m* de bolso (*'ô), dicionário *m* portátil.
'Tasse ['tasə] *f* chávena *f*, xícara *f*.
Tasta'tur *f* teclado *m*.
'Tast|e *f* tecla *f*; *Tel.* = ~*er*; **2en** (-*e*-) apalpar, tocar; **~er** *m Tel.* manipulador *m*; ⚒ compasso *m* curvo; *Zool.* palpo *m*; **~sinn** *m* (-*es*; *0*) ta[c]to *m*.
Tat [ta:t] *f* feito *m*; (*Handlung*) a[c]ção *f*, a[c]to *m*; (*Helden2*) *a.*: façanha *f*, proeza *f*; (*Verbrechen*) crime *m*, delito *m*; *auf frischer ~* em flagrante delito; *in der ~* de fa[c]to, com efeito; realmente; *in die ~ umsetzen* realizar, levar a efeito; **'~bestand** *m* (-*es*; ⸗*e*) fa[c]tos *m/pl.*; ⚖ *a.* tipo *m* legal; *den ~ aufnehmen* registar os fa[c]tos; ⚖ proceder à instrução judiciária, instruir uma causa; **'~beweis** *m* (-*es*; -*e*) corpo *m* de delito; **'~en-drang** *m* (-*es*; *0*), **'~en-durst** *m* (-*es*; *0*) iniciativa *f*; **'2en-los** ina[c]tivo, passivo.
'Täter(in *f*) *m* ['tɛ:tər] autor(a *f*) *m*; ⚖ agente *m*, *f* do crime; criminoso *m* (-a *f*), réu *m* (ré *f*); **~schaft** *f* (*0*) culpa(bilidade) *f*.
tätig ['tɛ:tiç] a[c]tivo, *et. a.*: efe[c]tivo; *Vulkan*: em a[c]tividade; ~ *sn als* exercer (*od.* desempenhar) as funções de, fazer de; **~en** ['-igən] efe[c]tuar; **2keit** *f* a[c]tividade *f*; a[c]ção *f*; (*Verrichtung*) a[c]tuação *f*; ⚙ funções *f/pl.*
'Tätigkeits|bereich *m* (-*es*; -*e*) âmbito *m* (*od.* esfera *f od.* campo *m*) de a[c]tividade (*od.* de a[c]ção); **~bericht** *m* (-*es*; -*e*) relatório *m* de (*od.* das) a[c]tividades; **~form** *f* voz *f* a[c]tiva; **~wort** *n* (-*es*; ⸗*er*) verbo *m*.
'Tat|kraft *f* (*0*) energia *f*, a[c]tividade *f*; **2kräftig** enérgico, a[c]tivo.
'tätlich ['tɛ:tliç]: ~ *werden* vir às mãos; passar a vias de fa[c]to; praticar um a[c]to de violência; **2keit** *f* a[c]to *m* de violência; *pl.* ~*en* vias *f/pl.* de fa[c]to.
'Tat-ort *m* (-*es*; -*e*) local *m*; *e-s Verbrechens*: teatro *m*; **~besichtigung** *f* exame *m* ao local.
täto'wier|en [tɛto'vi:rən] (-) tatuar; **2ung** *f* tatuagem *f*.
'Tat|sache *f* fa[c]to *m*; **2'sächlich** real, positivo, efe[c]tivo; *adv. a.* de fa[c]to, com efeito.
'tätscheln ['tɛtʃəln] (-*le*) *v/t.* fazer festas a; acariciar.
'Tatze ['tatsə] *f* pata *f*, garra *f*.
Tau [tau] **a)** *n* (-*es*; -*e*) corda *f*; cabo *m*, ⚓ *a.* amarra *f*; **b)** *m* (-*es*; *0*) orvalho *m*.
taub [taup] *j.*: surdo; *et.*: oco (*'ô), vazio; *Gestein*: estéril; *Nessel*: morta; ~ *machen*, ~ *werden* ensurdecer; *sich ~ stellen* fazer ouvidos de mercador.
'Taube ['taubə] *f* pomba *f*, pombo *m*; *junge ~* borracho *m*.
'Tauben|schießen *n* tiro *m* aos

pombos; **~schlag** *m* (-*ęs*; ≈*e*) pombal *m*.

'**Tauber** ['taubər] *m*, '**Täuberich** ['tɔybəriç] *m* (-*ęs*; -*e*) pombo *m*.

'**Taub|-heit** *f* (*0*) surdez *f*; **~nessel** *f* (-; -*n*) ortiga *f* morta; **♀stumm** surdo-mudo; **~stummheit** *f* (*0*) surdo-mudez *f*, surdo-mutismo *m*.

'**Tauch|boot** ['taux-] *n* (-*ęs*; -*e*) submersível *m*; **♀en** *v/i*. (*h. u. sn*) mergulhar, *v/t. a.* embeber, molhar; *U-Boot*: submergir; **~er** *m* mergulhador *m*; *mit Ausrüstung*: escafandrista *m*; **~er-anzug** *m* (-*ęs*; ≈*e*) escafandro *m*; **♀fähig** submersível; **~sieder** ['-zi:dər] *m* fervedor *m* de imersão.

'**tauen** ['tauən] (*h. u. sn*) degelar; *Schnee*: derreter-se; *es taut* (*h.*) degela; (*fällt Tau*) cai orvalho.

'**Tauf|becken** ['tauf-] *n* pia *f* ba[p]tismal; **~e** *f* ba[p]tismo *m*; *aus der ~ heben* apadrinhar, ser padrinho de; amadrinhar, ser madrinha de; **♀en** ba[p]tizar.

'**Täufling** ['tɔyf-] *m* (-*s*; -*e*) ba[p]tizando *m* (-a *f*); neófito *m* (-a *f*); afilhado *m* (-a *f*).

'**Tauf|name** *m* (-*ns*; -*n*) nome *m* de ba[p]tismo; **~pate** *m* (-*n*) padrinho *m*; **~patin** *f* madrinha *f*; **~schein** *m* (-*ęs*; -*e*) certidão *f* de ba[p]tismo.

'**taug|en** ['taugən] prestar, valer, servir (*zu* para); **♀e-nichts** *m* (-*es*; -*e*) maroto (*'ô) *m*; **~lich** útil; (*befähigt*) apto; *et.*: próprio, bom (*zu* para).

'**Taumel** ['tauməl] *m* (-*s*; *0*) cambaleio *m*, vertigem *f*; *fig.* delírio *m*; **♀n** (-*le*; *h. u. sn*) cambalear; vacilar; *zu Boden ~* ir-se abaixo das pernas; **♀nd** *adj.* vacilante, titubeante.

'**Tau-punkt** *m* (-*ęs*; -*e*) ponto *m* de condensação.

Tausch [tauʃ] *m* (-*es*; -*e*) troca *f*; (*Aus♀*) permuta *f*; ⚖ permutação *f*; = *~geschäft*; '**♀en** trocar; ✝ cambiar; (*aus~*) permutar.

'**täuschen** ['tɔyʃən] enganar, iludir; (*foppen*) mistificar; (*hintergehen*) abusar de; (*prellen*) burlar; lograr; *Hoffnung*: frustrar; **~d** *adj.* ilusório; *adv.* muito.

'**Tausch|geschäft** *n* (-*ęs*; -*e*), **~handel** *m* (-*s*; *0*) (negócio *m* de) câmbio *m*.

'**Täuschung** ['tɔyʃuŋ] *f* engano *m*; ilusão *f* (*optische* de ó[p]tica).

'**tausend** ['tauzənt] **1.** mil; **2.** ♀ *n* (-*s*; -*e*) milhar *m*; *zu ~en* aos milhares; **♀er** [-dər] *m Arith.* mil *m*; (*Banknote*) nota *f* de mil; **~er'lei** [-dər'laı] mil(hares de); **~fach**, **~fältig** [-fɛltiç] milenário; *adv.* mil(hares de) vezes; **♀füßler** [-fy:slər] *m* centopeia *f*; **♀'gülden-kraut** [-'gyldən-] *n* (-*ęs*; *0*) fel-da-terra *m*, centáurea *f*; **~jährig** de mil anos, milenário; **~mal** mil vezes; **♀schön** ⚘ *n* (-*s*; -*e*) margarida-dos-prados *f*, bonina *f*; **~ste** (**♀stel** *n*) milésimo (*m*; milésima parte *f*).

'**Tau|tropfen** *m* gota (*ô) *f* de orvalho; **~werk** *n* (-*ęs*; *0*) cordame *m*; enxârcia(s *pl.*) *f*; **~wetter** *n* (tempo *m* de) degelo (*'ê) *m*; **~ziehen** *n Sport*: luta *f* de tra[c]ção à corda.

Taxa|'meter [taksa-] *m* taxímetro *m*; **~tor** [-'ksa:-] *m* (-*s*; -*en*) avaliador *m*, louvado *m*.

'**Tax|e** ['taksə] *f* taxa *f*, tarifa *f*, tabela *f*; **♀'ieren** (-) avaliar, estimar, taxar (*auf ac.* em).

'**Technik** ['tɛçnik] *f* (*0*) técnica *f*; ♪ *a.* execução *f*; **~er** *m* técnico *m*; **~um** *n* (-*s*; -*ka od.* -*ken*) escola *f* técnica.

'**technisch** ['tɛçniʃ] técnico.

Tee [te:] *m* (-*s*; -*s*) chá *m*; ⚕ infusão *f*, tisana *f*; '**~kanne** *f* bule *m*; '**~kessel** *m* chaleira *f*; '**~löffel** *m* colher *f* de chá.

Teer [te:r] *m* (-*ęs*; -*e*) alcatrão *m*, breu *m*; '**~anstrich** *m* (-*ęs*; -*e*) breadura *f*; breagem *f*; '**♀en** alcatroar, brear; '**~farbe** *f* cor (*ô) *f* de anilina; '**~jacke** ⚓ *f* oleado *m*.

'**Teerose** *f* rosa-chá *f*.

'**Teer-seife** *f* sabonete *m* de alcatrão.

'**Tee|sieb** *n* (-*ęs*; -*e*) passador *m* de chá; **~strauch** *m* (-*ęs*; ≈*er*) planta *f* de chá; **~tasse** *f* chávena *f* (de chá); **~wagen** *m* mesa *f* de chá com rodas; **~wärmer** ['-vɛrmər] *m* abafador *m*.

Teich [taıç] *m* (-*ęs*; -*e*) tanque *m*, lago *m*; (*Fisch♀*) viveiro *m*.

Teig [taık] *m* (-*es*; -*e*) massa *f*; '**♀ig** ['-giç] pastoso; abetumado; '**~waren** *f/pl.* massas *f/pl.* alimentícias.

Teil [taıl] *m u. n* (-*ęs*; -*e*) parte *f* (*zum* em; *ein großer* grande); (*An♀*) *a.* porção *f*, quota *f*, cota *f*; (*Bestand♀*) *a.* elemento *m*; '**♀bar** divisível; *Phys.* cindível; '**~barkeit** *f* (*0*) divisibilidade *f*; '**~betrag** *m* (-*ęs*; ≈*e*) parte *f* (da quantia); '**~chen**

['-çən] *n* partícula *f*; '**2en** dividir; (*auf*~) partir; (*ver*~) repartir; *mit j-m*: compartilhar; *sich in die Kosten* ~ partilhar; '**~er** ⅌ *m* divisor *m*; '**~grundstück** *n* (*-es*; *-e*) lote *m* de terreno; '**2-haben** (*L*) tomar parte, participar, compartilhar (*an dat.* em); '**~-haber** ['-ha:bər] *m* sócio *m* (*stiller* comanditário); '**2-haftig** ['-haftiç] (*gen.*) participante de, partícipe de; '**~nahme** ['-na:mə] *f* (*0*): ~ (*an dat.*) participação *f* (em); interesse (*'ê) *m* (por), simpatia *f* (por); (*Anwesenheit*) assistência *f* (a); (*Beileid*) condolência *f*, pêsames *m*/*pl.*; '**2nahm(s)los** ['-na:m-] indiferente, impassível, sem interesse (*'ê); ⚕ apático; '**~nahm(s)losigkeit** [-lo:ziç-] *f* (*0*) indiferença *f*, desinteresse (*'ê) *m*; ⚕ apatia *f*; '**2nehmen** (*L*): ~ *an* (*dat.*) tomar parte em; (*mitwirken*) *a.*: colaborar em; (*beiwohnen*) assistir a; *fig.* interessar-se por; '**2nehmend** participante; *fig.* compassivo, amigo; '**~nehmer(in** *f*) *m* ['-ne:mər-]: ~ *an* (*dat.*) participante *m*, *f* em; elemento *m* de; *Fernspr.* assinante *m*, *f*; (*Anwesender*) assistente, ouvinte, *pl. a.* assistência *f*/*sg.*, auditório *m*/*sg.*, público *m*/*sg.*; *in Zssg(n) oft* ...2 -ista (*z. B. Kongreß*2 congressista *m*); **2s** em parte; ~ ..., ~ ... já ..., já ...; meio ..., meio ...; '**~strecke** *f* zona *f*.

'**Teilung** ['taɪluŋ] *f* divisão *f*; *Phys.*, ⚗ partição *f*; (*Auf*2, *Ver*2) distribuição *f*; *Erbe*: partilha *f*; **~s-artikel** *m gr.* artigo *m* partitivo.

'**teil|weise** parcial; *adv. a.* em parte; **2zahlung** *f* prestação *f*; pagamento *m* em prestações *pl.*; *auf* ~, *pl. in* ~*en* a prestações *pl.*

Teint [tɛ̃:] *m* (*-s*; *-s*) tez *f*.

Tele'gramm [tele'gram] *n* (*-s*; *-e*) telegrama *m*; **~-adresse** *f* endereço *m* telegráfico; **~bote** *m* (*-n*) boletineiro *m*; **~formular** *n* (*-s*; *-e*) impresso *m* para telegrama.

Tele'graph [tele'gra:f] *m* (*-en*) telégrafo *m*; **~en-amt** *n* (*-es*; *"er*) estação *f* telegráfica; **~en-mast** *m* (*-es*; *-en*) poste *m* telegráfico; **~'ie** [-gra'fi:] *f* (*0*) telegrafia *f* (*drahtlose* sem fios); **2'ieren** (-) telegrafar; mandar um telegrama; **2isch** telegráfico; *adv.* por telegrama; **~'ist(in** *f*) *m* (*-en*) telegrafista *m*, *f*.

'**Teleobjektiv** ['tele-] *n* (*-s*; *-e*) teleobje[c]tiva *f*.

Tele'phon [tele'fo:n] *n* (*-s*; *-e*) telefone *m*; **~-anruf** *m* (*-es*; *-e*) chamada *f* telefónica; **~buch** *n* (*-es*; *"er*) lista *f* telefónica; **~gabel** *f* (-; *-n*) descanso *m* (do telefone); **~gespräch** *n* (*-es*; *-e*) telefonema *m*, chamada *f* telefónica (*od.* ao telefone), conversa *f* telefónica (*od.* ao telefone); **2'ieren** [-fo'ni:rən] (-) telefonar; **2isch** telefónico; *adv.* por telefone; **~'ist(in** *f*) *m* (*-en*) telefonista *m*, *f*; **~leitung** *f* linha *f* telefónica; **~netz** *n* (*-es*; *-e*) rede (*'ê) *f* telefónica; **~zelle** *f* cabine *f* telefónica; **~zentrale** *f* central *f* telefónica.

Teles'kop [telɛs'ko:p] *n* (*-s*; *-e*) telescópio *m*.

'**Teller** ['tɛlər] *m* prato *m* (*flacher* raso; *tiefer* fundo); (*Hand*2) palma *f*; **~wärmer** [-vɛrmər] *m* esquentador *m* de pratos.

Tel'lur [tɛ'lu:r] ⚗ *n* (*-s*; *0*) telúrio *m*; **2isch** telúrico.

'**Tempel** ['tɛmpəl] *m* templo *m*; **~-herr** *m* (*-n od. -en*) templário *m*.

'**Tempera...** ['tɛmpəra-]: *in Zssg(n) Mal.* à têmpera, (de) guache.

Tempera'ment [tɛmpəra'mɛnt] *n* (*-es*; *-e*) temperamento *m*, índole *f*, feitio *m*; **2los** frio; **2voll** vivo, brioso.

Tempera'tur [tɛmpəra'tu:r] *f* temperatura *f*; **~regler** [-re:klər] *m* termostato *m*.

tempe'rieren [tɛmpə'ri:rən] (-) temperar.

'**Tempo** ['tɛmpo] *n* (*-s*; *-s od. Tempi*) ♪ andamento *m*; ⊕ velocidade *f*; **2'rär** [-'rɛ:r] temporário, interino.

Ten'denz [tɛn'dɛnts] *f* tendência *f*; **2i'ös** [-i'ø:s] tendencioso.

'**Tender** ['tɛndər] *m* 🚂 ténder *m*; ⚓ aviso *m*.

'**Tenne** ['tɛnə] *f* eira *f*.

'**Tennis** ['tɛnis] *n* (-; *0*) ténis *m*; **~-schläger** *m* raqueta *f*; **~-schuh** *m* (*-es*; *-e*) sapatilha *f*; **~-spieler(in** *f*) *m* tenista *m*, *f*; jogador(a *f*) *m* de ténis.

'**Tenor**[1] ['te:nɔr] *m* (*-s*; *0*) teor *m*.

Te'nor[2] [te'no:r] *m* ♪ (*-s*; *"e*) tenor *m*.

'**Teppich** ['tɛpiç] *m* (*-s*; *-e*) tapete *m*; carpete *m*; *pl. mit* ~*en auslegen* atapetar, alcatifar; **~klopfer** *m* batedor *m* de tapetes.

Ter'min [tɛr'mi:n] *m* (-*s*; -*e*) prazo *m*; termo (*ê) *m*; (*Datum*) data *f*; ⚖ citação *f*, ~ *haben* ser chamado (a juízo); **~geschäft** ⚕ *n* (-*ẹs*; -*e*) negócio *m* a prazo; **~kalender** *m* agenda *f*; **2mäßig** no prazo; **2weise** a prazo; **~zahlung** ⚕ *f* pagamento *m* a prazo.

Ter'mite [tɛr'mi:tə] *f*, **~n-ameise** *f* térmita *f*, térmite *f*, formiga *f* branca; **~n-hügel** *m* formigueira *f*.

Terpen'tin [tɛrpɛn'ti:n] *n* (-*s*; -*e*) terebintina *f*; = **~öl** *n* (-*ẹs*; -*e*) aguarrás *f*.

Ter'rain [tɛ'rɛ̃:] *n* (-*s*; -*s*) terreno *m*; campo *m*.

Ter'rasse [tɛ'rasə] *f* terraço *m*.

Ter'rine [tɛ'ri:nə] terrina *f* para sopa, sopeira *f*, ensopadeira *f*.

'Terror ['tɛrɔr] *m* (-*s*; *0*) terror *m*; *hist.*, *Pol.* terrorismo *m*; **2i'sieren** [-i'zi:rən] (-) terrorizar; (**~'ist** *m* [-*en*]), **2'istisch** terrorista (*m*).

Terz [tɛrts] *f* terça *f*, ♪ *a.* terceira *f* (*große* maior, *kleine* menor); **~'ett** [-'tsɛt] *n* (-*ẹs*; -*e*) terceto *m*, ♪ *a.* trio *m*.

Testa'ment [tɛsta'mɛnt] *n* (-*ẹs*; -*e*) testamento *m*; **2'arisch** [-'ta:riʃ] testamentário; **~s-eröffnung** *f* abertura *f* do testamento; **~s-vollstrecker** *m* testamenteiro *m*.

'testen ['tɛstən] (-*e*-) testar.

'teuer ['tɔyər] caro; *sich* ~ *stellen* ficar caro (*od.* por muito dinheiro), *im Betrieb*, *im Verbrauch*: gastar muito, não ser económico; *j-m* ~ *zu stehen kommen* custar caro a alg.; *wie* ~ *ist ...?* quanto custa ...?; **2ung** *f* carestia *f*.

'Teufel ['tɔyfəl] *m* diabo *m*; demónio *m*; P diacho *m*; *armer* ~ pobre diabo; *des* ~*s sn* estar louco; *zum* ~*!* que diabo!, com mil diabos!; **~'ei** [-'laɪ] *f* diabrura *f*, maldade *f*; a[c]ção *f* diabólica.

'Teufels|brut *f* raça *f* diabólica; **~kerl** *m* (-*s*; -*e*) diabo *m* de homem, F levado *m* da breca.

'teuflisch ['tɔyfliʃ] diabólico, infernal.

Text [tɛkst] *m* (-*es*; -*e*) texto *m*; letra *f*, palavras *f*/*pl.*; **'~buch** *n* (-*ẹs*; ⸗*er*) livro *m* de textos; ♪ libreto *m*; *Film*: argumento *m*; **'~dichter** *m* autor *m* (*Film*: dos argumentos); ♪ libretista *m*.

Tex'til|ien [tɛks'ti:liən] *pl.* produtos *m*/*pl.* têxteis, tecidos *m*/*pl.*; **~-industrie** *f* indústria *f* têxtil; **~waren** *f*/*pl.* = **~ien**.

The'ater [te'a:tər] *n* teatro *m*; (*Vorstellung*) espe[c]táculo *m*; ~ *spielen* representar; *fig.* simular; fingir; **~-abend** *m* (-*s*; -*e*) sarau *m* teatral; **~-abonnement** *n* (-*s*; -*s*) assinatura *f*; **~besucher** *m* espe[c]tador *m*; *pl.* público *m*/*sg.*; **~dichter** *m* dramaturgo *m*; autor *m* dramático; **~karte** *f* bilhete *m* de teatro (*od.* de entrada); **~kasse** *f* bilheteira *f*; **~kritik** *f* crítica *f* teatral; **~kritiker** *m* crítico *m* teatral; **~probe** *f* ensaio *m*; **~stück** *n* (-*ẹs*; -*e*) peça *f* dramática (*od.* de teatro); **~vorstellung** *f* representação *f* teatral; **~zettel** *m* programa *m*; (*Anschlag*) cartaz *m*.

thea'tralisch [tea'tra:liʃ] teatral; dramático; *j.*: *a.* patético.

'Theke ['te:kə] F *f* balcão *m*.

'Thema ['te:ma] *n* (-*s*; *Themen*) assunto *m*; *a.* ♪ tema *m*; **2tisch** [te'ma:tiʃ] temático.

Theo'log|e [teo'lo:gə] *m* (-*n*) teólogo *m*; **~'ie** [-'gi:] *f* teologia *f*; **2isch** teológico.

Theo'ret|iker [teo're:tikər] *m* teórico *m*, teorista *m*; **2isch** teórico, teorista.

Theo'rie [teo'ri:] *f* teoria *f*.

Thera'p|eut [tera'pɔyt] *m* (-*en*) terapeuta *m*; **~eutik** *f* (*0*) terapêutica *f*; **2eutisch** terapêutico; **~ie** [-'pi:] *f* terapia *f*, terapêutica *f*.

Ther'm|al-quelle [tɛr'ma:l-] *f* águas *f*/*pl.* termais, caldas *f*/*pl.*; **'~en** *f*/*pl.* termas *f*/*pl.*; caldas *f*/*pl.*; **~o-'meter** [-mo-'] *n* termómetro *m*; **'~os-flasche** ['tɛrmɔs-] *f* garrafa-termo *f*; termo *m*; **~os'tat** [-os'ta:t] *m* (-*en*) termostato *m*.

'These ['te:zə] *f* tese *f*; dissertação *f*.

Thron [tro:n] *m* (-*ẹs*; -*e*) trono *m*; **'~-anwärter** *m* pretendente *m* (ao trono); **'~besteigung** *f* subida *f* ao trono; **'2en** estar sentado no trono; (*herrschen*) dominar; **'~folge** *f* sucessão *f* (ao trono); **'~folger** *m* príncipe *m* herdeiro; **'~-himmel** *m* docel *m*; *Rel.* pálio *m*; **'~räuber** *m* usurpador *m*; **'~rede** *f* discurso *m* da coroa; **'~verzicht** *m* (-*ẹs*; -*e*) abdicação *f*, renúncia *f* ao trono.

'Thun-fisch ['tu:n-] *m* (-*es*; -*e*) atum *m*.

'Thüring|er(in *f*) *m* ['ty:riŋər-]

turíngio *m* (-a *f*); ⁀**isch** turíngio, da Turíngia.

ˈ**Thymian** [ˈty:mia:n] *m* (*-s*; *-e*) tomilho *m*, serpão *m*, timo *m*.

Tick [tik] *m* (*-es*; *-s*) ⚕ tique *m*, tara *f*; F mania *f*, telha *f*; e-n ~ haben *fig.* F ter pancada *f* na mola; ˈ⁀**en** fazer tique-taque; ˈ~**tack** [ˈ-tak] *n* (*-s*; *0*) tique-taque *m*.

tief [ti:f] **1.** (pro)fundo; (*niedrig*) baixo, ♪ *a.* grave; *Farbe*: carregado; *Geheimnis*: grande; *Nacht*: alta; *Schnee*: espesso; *Trauer*: pesado; *Winter*: pleno; *2 Meter* ~ ... de profundidade (*od. nach hinten*: de fundo); ~ in (*dat.*) stecken estar engolfado em; ~ blicken lassen ser muito significativo, dar que pensar; *comp.* ~er legen (*ac.*) baixar o nível de; **2.** ⁀ *n* (*-es*; *-s*) depressão *f* atmosférica, baixa pressão *f*; ˈ⁀**bau** *m* (*-es*; *-bauten*) construção *f* subterrânea; ˈ~**bewegt** profundamente comovido; ˈ~**blau** muito azul; ˈ⁀**druck**(**-gebiet** *n* [*-es*; *-e*]) *m* (*-es*; *0*) (zona *f* de) depressão *f* atmosférica *od.* (de) baixa pressão *f*; ˈ⁀**druck**(**-verfahren** *n*) *m* (*-es*; *-e*) *Typ.* ocogravura *f*; ˈ⁀**e** *f* profundidade *f*; profundeza *f*; (*Abgrund*) abismo *m*, (*Grund, Hintergrund*) fundo *m*; ˈ⁀**-ebene** *f* planície *f* baixa; ˈ⁀**enmesser** *m* profundímetro *m*; ˈ⁀**enpsychologie** *f* (*0*) psicologia *f* das profundidades; ˈ⁀**enschärfe** *f Phot.* profundidade *f* de foco; ˈ⁀**ensteuer** ✈ *n* leme *m* da profundidade; ˈ⁀**gang** ⚓ *m* (*-es*; *0*) calado *m*; ˈ~**gehend** ⚓ de grande calado; *fig.* = ˈ~**greifend** radical; = ˈ~**gründig** [ˈ-gryndiç] profundo; ˈ⁀**land** *n* (*-es*; *-e od.* ⁼*er*) pais *m* baixo; planície *f* baixa; ˈ⁀**schlag** *m* (*-es*; ⁼*e*) *Sport*: golpe *m* baixo; ˈ~**schürfend** profundo, penetrante; ˈ⁀**see** *f* (*0*) oceano *m*; ˈ⁀**see-forschung** *f* investigação *f* oceanográfica; ˈ⁀**sinn** *m* (*-es*; *0*) profundidade *f* do pensamento; (*Schwermut*) melancolia *f*; ˈ~**sinnig** profundo; *j.*: pensativo; melancólico; ˈ⁀**stand** *m* (*-es*; *0*) baixo nível *m*; *Barometer u.* ⚕ depressão *f*.

ˈ**Tiegel** [ˈti:gəl] *m* caçarola *f*; (*Schmelz*⁀) cadinho *m*.

Tier [ti:r] *n* (*-es*; *-e*) animal *m*; *vierbeiniges*: *a.* besta *f*; *unvernünftiges*: bruto *m* (*a. fig.*); *wildes*: fera *f*, *kleines u. Insekt*: bicho *m*; *fig.* hohes ~ F pessoa *f* importante; ˈ~**-arzt** *m* (*-es*; ⁼*e*) (médico *m*) veterinário *m*; ˈ⁀**ärztlich** veterinário; ˈ~**bändiger** *m* domador *m* (de feras); ˈ~**freund** *m* (*-es*; *-e*) zoófilo *m*; ˈ~**garten** *m* (*-s*; ⁼) jardim *m* zoológico; tapada *f*; ˈ~**-heilkunde** *f* (*0*) veterinária *f*; ˈ⁀**isch** animal; *fig.* bestial, brutal; ˈ~**kreis** *m* (*-es*; *0*) *Astr.* zodíaco; ˈ~**kreis...**: *in Zssg(n)* zodiacal; ˈ~**kunde** *f* zoologia *f*; ˈ~**leben** *n* (*-s*; *0*) fauna *f*, vida *f* animal; ˈ~**park** (*-es*; *-s*) jardim *m* zoológico; tapada *f*; ˈ~**quälerei** *f* mau trato *m* dos animais; ˈ~**reich** *n* (*-es*; *0*) reino *m* animal; ˈ~**schau** *f* exposição *f* de feras; ↗ feira *f* de gado; ˈ~**schutz-verein** *m* (*-s*; *-e*) Sociedade *f* Prote[c]tora dos Animais; ˈ~**welt** *f* (*0*) = ~*reich*; fauna *f*; ˈ~**zeichner** *m* animalista *m*.

ˈ**Tiger** [ˈti:gər] *m* tigre *m*; ~**in** *f* tigra *f*; ~**katze** *f* gato *m* montês.

ˈ**tilg|bar** [ˈtilk-] apagável; ⚕ *a.* amortizável, extinguível; ~**en** [ˈ-gən] exterminar, extinguir, anular; (*streichen*) *a.* riscar, apagar; ⚕ *Schuld*: pagar, amortizar; ⁀**ung** [ˈ-guŋ] *f* anulação *f*; ⚕ pagamento *m*, amortização *f*; ⁀**ungs...**: *in Zssg(n)* de amortização.

Tinkˈ**tur** [tinkˈtu:r] *f* tintura *f*.

ˈ**Tinte** [ˈtintə] *f* tinta *f*; in der ~ sitzen *fig.* F ver-se em apuros; ~**n-faß** *n* (*-sses*; ⁼*sser*) tinteiro *m*; ~**n-fisch** *m* (*-es*; *-e*) lula *f*, calamar *m*; choco *m*, siba *f*; ~**nfleck** *m* (*-es*; *-e*), ~**nklecks** *m* (*-es*; *-e*) borrão *m*, nódoa *f* de tinta; ~**nstift** *m* (*-es*; *-e*) lápis-tinta *m*; ~**nwischer** *m* limpa-penas *m*.

Tip [tip] *m* (*-s*; *-s*) F *Sport*: prognóstico *m*; *a. fig.* bom conselho *m*.

ˈ**tipp|eln** [ˈtipəln] (*-le*) F andar, caminhar; ~**en**: ~ auf (*ac.*), ~ an (*ac.*) tocar (*ac.*) levemente; ⚕ da[c]tilografar, escrever à máquina; ⁀**fehler** *m* erro (*ê) *m* de da[c]tilografia; ⁀**fräulein** *n* da[c]tilógrafa *f*.

Tisch [tiʃ] *m* (*-es*; *-e*) mesa *f* (am, bei, zu à; auf dem *a.* na); *Rel.* ~ des Herrn Santa Ceia *f*; vor ~ antes da refeição; nach ~ à sobremesa; depois da refeição; zu ~ kommen vir comer, vir almoçar, vir jantar; zu ~ bitten convidar para o almoço (*ˈô) (*od.* para o jantar); ˈ~**decke** *f* toalha *f* de mesa; ˈ~**gast** *m* (*-es*; *⸚e*) convidado *m*; ˈ~**gebet** *n* (*-ẹs*; *-e*) oração *f* de graças; ˈ~**gesellschaft** *f* convidados *m/pl.*; comensais *m/pl.*; ˈ~**gespräch** *n* (*-ẹs*; *-e*) conversa *f* à mesa; ˈ~**klappe** *f* aba *f*; ˈ~**lampe** *f* candeeiro *m* de mesa.

ˈ**Tischler** [ˈtiʃlər] *m* carpinteiro *m*; (*Möbel*~) marceneiro *m*; (*Kunst*~) ebanista *m*; ~ˈ**ei** *f* carpintaria *f*; marcenaria *f*.

ˈ**Tisch|nachbar** *m* (*-s od. -n*; *-n*) vizinho *m* à mesa; ~**ordnung** *f* marcação *f* de lugares à mesa; ~**platte** *f* tampo *m* da mesa; ~**rede** *f* discurso *m* à mesa; brinde *m*; ~**tennis** *n* (-; *0*) ténis *m* de mesa; pingue-pongue *m*; ~**tuch** *n* (*-ẹs*; *⸚er*) toalha *f* de mesa; ~**wein** *m* (*-ẹs*; *-e*) vinho *m* de mesa; ~**zeit** *f* hora *f* de comer (*od.* das refeições).

Ti'tan|e [tiˈtaːnə] *m* (*-n*), ~**in** *f* titã *m*, *f*; ~**isch** titânico.

ˈ**Titel** [ˈtiːtəl] *m* título *m*; ~**bild** *n* (*-ẹs*; *-er*) vinheta *f*; ~**blatt** *n* (*-ẹs*; *⸚er*) frontispício *m*; ~**halter** *m* *Sport*: campeão *m*; ~**kopf** *m* (*-ẹs*; *⸚e*) título *m*; ~**rolle** *f* papel *m* titular; ~**träger** *m* titular *m*.

Titul|a'tur [titulaˈtuːr] *f* títulos *m/pl.*; (*Anrede*) tratamento *m*; ~ˈ**ieren** (-): ~ *als* tratar de, chamar (*ac.*).

Toast [toːst] *m* (*-es*; *-e od. -s*) brinde *m*; ˈ~**en** (*-e-*): ~ *auf* (*ac.*) brindar por; ˈ~**er**, ˈ~**röster** [ˈ-rœstər] *m* torradeira *f*.

ˈ**toben** [ˈtoːbən] raivar; estar furioso; *gegen*: vociferar, bramar, clamar; *Meer*: estar bravo; *Sturm usw.*: desencadear-se, bramir.

ˈ**Tob|sucht** [ˈtoːp-] *f* (*0*) raiva *f*; frenesi(m) *m*; *a. fig.* fúria *f*, delírio *m*; ~**süchtig** raivoso, frenético.

ˈ**Tochter** [ˈtɔxtər] *f* (-; *⸚*) filha *f*; ~**gesellschaft** ✝ *f* sucursal *f*, filial *f*.

Tod [toːt] *m* (*-ẹs*; *0*) morte *f* (*bis in ac.* até à; *auf den, e-s natürlichen* ~*es* de); falecimento *m*; *auf Leben und* ~ de vida e morte; *zu* ~*e* mortalmente; *sich zu* ~*e ärgern* morrer de aborrecimento.

ˈ**Todes|-ahnung** [ˈtoːdəs-] *f* pressentimento *m* da morte; ~**-angst** *f* (-; *⸚e*) angústia *f* mortal; *pl.* ~ *ausstehen* sofrer mil mortes; ~**-anzeige** *f* participação *f* de morte (*od.* de óbito); ~**fall** *m* (*-ẹs*; *⸚e*) morte *f*, falecimento *m* (*im* em caso de); óbito *m*; ~**gefahr** *f* perigo *m* de vida; ~**kampf** *m* agonia *f*; ~**-stoß** *m* (*-es*; *⸚e*) golpe *m* mortal (*versetzen* dar); ~**-strafe** *f* pena *f* capital; *bei* ~ sob pena de morte; ~**-stunde** *f* hora *f* suprema (*od.* da morte); ~**tag** *m* (*-ẹs*; *-e*) dia *m* da morte; aniversário *m* da morte; ~**-urteil** *n* (*-ẹs*; *-e*) sentença *f* de morte; ~**verachtung** *f* (*0*) desprezo (*ˈê) *m* da morte.

ˈ**Tod|feind** *m* (*-ẹs*; *-e*) inimigo *m* figadal; ~**krank** (*0*): ~ *sn* estar à morte, estar doente de morte.

ˈ**tödlich** [ˈtøːtliç] mortal; *adv. a.* de morte; ~ *hassen* odiar até à morte.

ˈ**tod|ˈmüde** (*0*) cansadíssimo; ~ˈ**sicher** (*0*) absolutamente seguro; (*od.* certo); ~**sünde** *f* pecado *m* mortal.

Toiˈlette [toaˈlɛtə] *f* (*Abort*) retrete *f*; casa *f* da banho; lavatório *m*; (*Kleid*) vestido *m*; ~ *machen* vestir-se, arranjar-se; ~**npapier** *n* (*-s*; *0*) papel *m* higiénico; ~**nseife** *f* sabonete *m*; ~**nspiegel** *m* psiqué *f*; ~**ntisch** *m* (*-es*; *-e*) toucador *m*.

toll [tɔl] louco; (*rasend*) frenético, furioso; *et.*: extravagante, absurdo; *Lärm*: infernal; *das ist ja* ~ é fantástico; ˈ~**e** *f* F *Haar*: poupa *f*; topete *m*; ˈ~**en** fazer algazarra, barulhar; ˈ~**-heit** *f* loucura *f*; maluqueira *f*; maluquice *f*; estravagância *f*; = ~*wut*; ˈ~**kirsche** *f* beladona *f*; ˈ~**kühn** (*0*) audacioso, audaz, temerário; ˈ~**kühnheit** *f* (*0*) audácia *f*, temeridade *f*; ˈ~**wut** *f* raiva *f*; ˈ~**wütig** raivoso, danado.

ˈ**Tolpatsch** [ˈtɔlpatʃ] *m* (*-es*; *-e*) desastrado *m*; = *Tölpel*; ~**ig** desastrado; = *tölpelhaft*.

ˈ**Tölpel** [ˈtœlpəl] *m* pateta *m*; ~**-haft** pateta; grosseiro.

Toˈmate [toˈmaːtə] *f* tomate *m*.

ˈ**Tombola** [ˈtɔmbola] *f* (-; *Tombolen*) tômbola *f*, rifa *f*.

Ton [toːn] *m* **a)** (*-ẹs*; *⸚e*) som *m*, *a. fig.* tom *m*; *Gram.* acento *m* (tónico); *der Tonleiter*: voz *f*; **b)** (*-ẹs*; *0*) barro *m*, argila *f*; ˈ~**-abnehmer** *m* «pickup» *m* (*engl.*); ˈ~**angebend**: ~ *sn* dar o tom, *fig. a.* mandar; ˈ~**-art** ♪ *f* tom *m*, tonalidade *f*; ˈ~**-aufnahme** *f* gravação *f* do som; ˈ~**band**(**-aufnahme** *f*) *n* (*-ẹs*; *⸚er*) (gravação *f* em) fita *f* magnética; ˈ~**band-gerät** *n* (*-ẹs*; *-e*) magnetofone *m*; ˈ~**dichter** *m* compositor *m*;

'~**dichtung** *f* composição *f* musical; poema *m* sinfónico.
'**tönen** ['tø:nən] *v/i.* soar; *laut*: ressoar; *v/t. Mal.* matizar.
'**Ton-erde** *f* (*0*) argila *f*; ⚗ alumina *m*; *essigsaure* ~ acetato *m* de alumina.
'**tönern** ['tø:nərn] de barro.
'**Ton|fall** *m* (*-ęs*; *0*) entoação *f*, intonação *f*, cadência *f*, tom *m*; ~**film** *m* (*-ęs*; *-e*) filme *m* sonoro; ~**(fixier)bad** *Phot. n* (*-ęs*; *⸚er*) banho *m* fixador; ~**geschirr** *n* (*-ęs*; *-e*) louça *f* de barro; ~**grube** *f* barreira *f*; 2**haltig** [-haltiç] argiloso; ~**lage** ♪ *f* tonalidade *f*; ~**leiter** *f* (-; *-n*) escala *f*; 2**los** átono, atónico.
'**Tonne** ['tɔnə] *f* tonel *m*; (*Faß*) barril *m*; *für Trockenware*: barrica *f*; ⚓ bóia *f*; *Maß*, ⚓ *u. Gewicht*: tonelada *f*; ~**n-gehalt** *m* (*-ęs*; *-e*) tonelagem *f*; ~**n-gewölbe** *n* abóbada *f* cilíndrica (*od.* de berço).
'**Ton|schiefer** *m* argilite *f*; ~**setzer** *m* compositor *m*; ~**silbe** *f* sílaba *f* tónica.
Ton'sur [tɔn'zu:r] *f* tonsura *f*, coroa *f*.
'**Tönung** ['tø:nuŋ] *f* tonalidade *f*; ♪ timbre *m*; *Mal.* matização *f*.
'**Ton|verstärker** *m* ampliador *m* (de ressonância); ~**waren** *f/pl.* louça *f/sg.* (de barro); ~**wiedergabe** *f* som *m*; reprodução *f* sonora; ~**zeichen** *n* ♪ nota *f*; *Gram.* acento *m*.
To'pas [to'pa:s] *m* (*-es*; *-e*) topázio *m*.
Topf [tɔpf] *m* (*-ęs*; *⸚e*) pote *m*; (*Blechgefäß*) lata *f*; (*Blumen*2) vaso *m*; (*Koch*2) panela *f*, *flacher*: tacho *m*.
'**Töpfer** ['tœpfər] *m* oleiro *m*; (*Ofensetzer*) estufeiro *m*; ~**-arbeit** *f* obra *f* de barro; ~'**ei** *f* olaria *f*.
'**Topf|gucker** ['-gukər] *m fig.* maricas *m*; ~**kuchen** *m* bolo (*'ô) *m*; ~**lappen** *m* pega *f*; ~**-pflanze** *f* planta *f* de vaso.
Topp [tɔp] ⚓ *m* (*-s*; *-e od. -s*) topo (*'ô) *m*, tope *m*; '2**segel** *n* sobrejoanete *f*.
Tor [to:r] **1.** *m* (*-en*) tolo *m*, doido *m*, louco *m*; **2.** *n* (*-ęs*; *-e*) portão *m*; (*Stadt*2) porta *f*; *Sport*: golo *m* (*schießen* fazer); '~**esschluß** *m* (*-sses*; *0*): *kurz vor* ~ *fig.* à última hora.
Torf [tɔrf] *m* (*-ęs*; *0*) turfa *f*; '~**boden** *m* (*-s*; *⸚*), '~**grube** *f*, '~**moor** *n* (*-ęs*; *-e*), '~**stich** *n* (*-ęs*; *-e*) turfeira *f*.
'**Tor|flügel** *m* batente *m*; ~**-heit** *f* tolice *f*, loucura *f*; disparate *m*.
'**töricht** ['tø:riçt] *j.*: tolo; doido; *et.*: disparatado, insensato.
'**Törin** ['tø:rin] *f* tola *f*, doida *f*, louca *f*.
'**torkeln** ['tɔrkəln] F (*-le*; *sn u. h.*) cambalear.
Tor'nister [tɔr'nistər] *m* mochila *f*.
torpe'dier|en [tɔrpe'di:rən] (-) torpedear; 2**ung** *f* torpedeamento *m*.
Tor'pedo [tɔr'pe:do] *m* (*-s*; *-s*) torpedo *m*; ~**boot** *n* (*-ęs*; *-e*) torpedeiro *m*; ~**boot-zerstörer** *m* contra-torpedeiro *m*; ~**flugzeug** *n* (*-ęs*; *-e*) avião *m* torpedeiro; ~**lager** *n* depósito *m* de torpedos; ~**rohr** *n* (*-ęs*; *-e*) tubo *m* lança-torpedo.
'**Tort|e** ['tɔrtə] *f* torta *f*, pastel *m*; ~'**ur** [-'tu:r] *f* tortura *f*.
'**Tor|wart** ['-vart] *m* (*-ęs*; *-e*) porteiro *m*; *Sport*: guarda-redes *m*; ~**weg** *m* (*-ęs*; *-e*) porta-cocheira *f*, portão *m*, portal *m*.
'**tosen** ['to:zən] (*-t*; *h. u. sn*) bramar, bramir, rugir; retumbar; ~**d** *adj.* retumbante.
tot [to:t] (*0*) morto (*a. fig.*), *j.*: *a.* falecido, defunto, finado; *fig.* inánime; *Ort*: deserto; *Sport*: empatado.
to'tal [to'ta:l] total; *Staat*: totalitário; 2**-ansicht** *f* vista *f* de conjunto; panorama *m*; 2**i'sator** [-i'za:tɔr] *m* (*-s*; *-en*) totalizador *m*; ~**i'tär** [-i'tɛ:r] totalitário; 2**i'tät** [-i'tɛ:t] *f* (*0*) totalidade *f*; 2**i'täts-prinzip** *n* (*-s*; *-ien*) princípio *m* totalitário.
'**töten** ['tø:tən] (*-e-*) matar; (*ermorden*) assassinar; *Nerv*: cauterizar.
'**Toten|bahre** *f* féretro *m*; ~**bett** *n* (*-ęs*; *-en*) leito *m* mortuário; 2**blaß**, 2**bleich** lívido; ~**blässe** *f* (*0*) lividez *f* (cadavérica); palidez *f* mortal; ~**feier** *f* (-; *-n*) funerais *m/pl.*; ~**fest** *n* (*-ęs*; *-e*) dia *m* de finados; ~**geläute** *n* dobre *m* de finados; ~**geleit** *n* (*-ęs*; *-e*) séquito *m* fúnebre, préstito *m* fúnebre; ~**gerippe** *n* esqueleto *m*; ~**gesang** *m* (*-ęs*; *⸚e*) canto *m* fúnebre; ~**glocke** *f* sino *m* de finados, dobre *m* de sinos; ~**gräber** [-grɛ:bər] *m* coveiro *m*; *Zool.* necróforo *m*; ~**-hemd** *n* (*-ęs*; *-en*) mortalha *f*; ~**kopf** *m* (*-ęs*; *⸚e*)

caveira *f*; *Zool.* átropos *m*; **~liste** *f* obituário *m*; **~maske** *f* máscara *f* mortuária; **~messe** *f* missa *f* de corpo presente; **~reich** *n* (*-es*; *0*) reino *m* dos mortos; **~schau** *f* autópsia *f*; **~schein** *m* (*-es*; *-e*) certidão *f* de óbito; **~starre** *f* (*0*) rigidez *f* cadavérica; **~stille** *f* (*0*) silêncio *m* sepulcral (*od.* solene); **~tanz** *m* (*-es*; *"e*) dança *f* macabra (*od.* dos mortos); **~vogel** *m* (*-s*; *"*) coruja *f*; **~wache** *f*: *die ~ halten bei* velar (*ac.*).

'**tot|fahren** (*L*) atropelar mortalmente; esmagar; **~geboren** nado-morto; nascido morto; **2geburt** *f* aborto (*'ô) *m*; **~lachen**: *sich ~* fartar-se de rir; **~schießen** (*L*) matar a tiro; **2schlag** *m* (*-es*; *"e*) homicídio *m*; **~schlagen** (*L*) matar (à pancadas), abater; *fig. die Zeit ~* fazer cera; **2schläger** *m j.*: homicida *m*; *et.*: cacete *m*; **~schweigen** (*L*) calar; passar em silêncio; *Fall*: abafar; **~stellen**: *sich ~* fingir-se morto.

'**Tötung** ['tø:tuŋ] *f* morte *f*; homicídio *m* (*fahrlässige* por imprudência, por negligência); (*Hinrichtung*) execução *f*.

Tour [tu:r] *f* ⊕ *u.* (*Rundfahrt*) volta *f*; (*Ausflug*) excursão *f*; (*Spazierfahrt*) passeio *m*; (*Weg*) itinerário *m*, rumo *m*; '**~enwagen** *m* automóvel (*od.* autocarro) *m* de turismo; '**~enzahl** *f* ⊕ número *m* de rotações; '**~en-zähler** *m* contarotações *m*.

Tou'rist [tu'rist] *m* (*-en*) turista *m*, excursionista *m*; **~en...**: *in Zssg(n)* de turismo; **~enverkehr** *m* (*-s*; *0*), **~ik** *f* (*0*) turismo *m*.

Tour|'nee [tur'ne:] *f* (*-*; *-s*) digressão *f* artística (*auf* em); (*Rundreise*) volta *f*; **~'nier** [-'ni:r] *n* (*-s*; *-e*) torneio *m*; concurso *m*.

Trab [tra:p] *m* (*-es*; *0*) trote *m* (*im* ao); *auf ~ bringen* fazer andar.

Tra'b|ant [tra'bant] *m* (*-en*) ⚔ (soldado *m* da) guarda *m*; *Astr. u. fig.* satélite *m*; '**2en** (*sn*) trotar, ir ao trote; '**~er** *m* trotador *m*; '**~rennen** *n* corridas *f/pl.* a trote.

Tracht [traxt] *f* traje *m*; andaina *f*; (*Last*) carga *f*; *~ Prügel* sova *f*; '**2en**[1] (*-e-*): *~ nach* ambicionar (*ac.*); aspirar a; pretender (*ac.*); *j-m nach dem Leben ~* atentar contra a vida de alg.; '**~en**[2] *n* ambição *f*; *Sinnen und ~* pensamento *m*, interesse (*'ê) *m*.

'**trächtig** ['trɛçtiç] prenhe; **2keit** *f* (*0*) gestação *f*.

Tradi'tion *f* tradição *f*; **2'ell** [-'nɛl] tradicional.

'**Trag|bahre** ['tra:k-] *f* maca *f*; *für Särge*: andas *f/pl.*; *in Prozessionen*: andor *m*; **~balken** *m* travessa *f*; **~band** *n* (*-es*; *"er*) suspensório *m*; **2bar** portátil; *fig.* suportável.

'**träge** ['trɛ:gə] preguiçoso; indolente; *et.*: inerte.

'**tragen** ['tra:gən] (*L*) **1.** *v/t.* trazer, levar; *Kleid*: vestir, usar; *Früchte*: produzir; *Zins*: render; (*er~, stützen*) suportar, aguentar; *Kosten*: pagar; carregar com; *Bedenken, Schuld*: ter (*an dat.* de); *sich mit dem Gedanken usw. ~* estar com ... de; *sich gut* (*schlecht*) *~ Stoff*: (não) ser muito resistente; *getragen adj.* ♪ grave; **2.** *v/i. Eis*: estar sólido; *~ bis* (*reichen*) chegar até, alcançar; (*trächtig sn*) ser prenhe; **3. 2** *n e-s Kleides*: uso *m*; **~d** *adj.* prenhe; *fig.* basilar, fundamental, principal; portador.

'**Träger** ['trɛ:gər] *m j.*: portador *m*; (*Gepäck2*) moço (*'ô) *m* (de fretes); (*Hosen2*) suspensório *m*; *fig.* representante *m*, defensor *m*; (*Inhaber*) detentor *m*, *e-s Titels*: titular *m*; ⊕ *u.* ⚠ suporte *m*, esteio *m*; **~rakete** *f* foguetão *m* portador (*od.* -veículo).

'**Trage-zeit** ['tra:gə-] *f Zool.* (tempo *m* da) gestação *f*.

'**trag|fähig** capaz; resistente; ⚒ produtivo, fértil; *~ sn a.* render; **2fähigkeit** *f* (*0*) capacidade *f* (⊕ de carga, ✈ de suporte), resistência *f*; ⚒ produ[c]tividade *f*, rendimento *m*; **2fläche** ✈ *f* asa *f*; **2gestell** *n* (*-es*; *-e*) andaime *m*, suporte *m*; = *2bahre*.

'**Trägheit** ['trɛ:khaɪt] *f* (*0*) indolência *f*, preguiça *f*; *Phys.* inércia *f*.

'**Tragik** ['tra:gik] *f* (*0*): *die ~* o (elemento *m*) trágico *m*; tragicidade *f*; **~er** *m* poeta *m* trágico.

tragi|'komisch [tragi-] tragicómico; **2ko'mödie** *f* tragicomédia *f*.

'**tragisch** trágico.

'**Trag|korb** *m* (*-es*; *"e*) alcofa *f*, canastra *f*, cesto (*ê) *m*; **~kraft** *f* (*0*) força (*ô) *f*; = *~fähigkeit*.

Tra'göd|e [tra'gø:də] *m* (*-n*) a[c]tor

m trágico; **~ie** [-diə] *f* tragédia *f*; **~in** *f* a[c]triz *f* trágica.

'**Trag|riemen** *m* correão *m*, correia *f*; ⚔ bandoleira *f*; *Lasttier*: cilha *f*; **~sattel** *m* (-*s*; ⸚) albarda *f*; **~schrauber** ['-ʃraubər] ✈ *m* autogiro *m*; **~seil** *n* (-*ės*; -*e*) tirante *m*; **~sessel** *m* cadeirinha *f*; liteira *f*; **~weite** *f* alcance *m*; *fig. a.* transcendência *f*, envergadura *f*.

'**Train|er** ['trɛːnər] *m* instrutor *m*; **2'ieren** [trɛ'niːrən] (-) treinar(-se), exercitar(-se); fazer exercícios; **~ing** ['-iŋ] *n* (-*s*; -*s*) treino *m*, exercício *m*; **~ings-anzug** *m* (-*ės*; ⸚*e*) fato *m* de macaco.

Trak't|at [trak'taːt] *m* (-*ės*; -*e*) tratado *m*; **2ieren** (-) tratar; receber; '**~or** ['-tɔr] ⊕ *m* (-*s*; -*en*) tra[c]tor *m*.

'**trällern** ['trɛlərn] (-*re*) cantarolar, trautear.

'**trampel|n**¹ ['trampəln] (-*le*) patear; *auf et.* ~ pisar a.c. aos pés; *Fahrrad*: pedalar; **2n**² *n* pateada *f*; **2tier** *n* (-*ės*; -*e*) camelo *m* (*a. fig.*), dromedário *m*.

Tran [traːn] *m* (-*ės*; -*e*) óleo *m* de fígado de bacalhau; *fig. im* ~ *sn* estar a dormir.

Tran'chier|besteck [tran'ʃiːr-] *n* (-*ės*; -*e*) talher *m* de trinchar; **2en** (-) talhar, trinchar; **~messer** *n* faca *f* de trinchar.

'**Trän|e** ['trɛːnə] *f* lágrima *f* (*ausbrechen in ac.* romper em); *pl. zu* ~*en gerührt* comovido, quase a chorar; **2en** lagrimejar; chorar; **2end** *adj.* lacrimoso; a chorar.

'**Tränen|drüse** *f* glândula *f* lacrimal; **~fluß** *m* (-*sses*; ⸚*sse*) choro (*'ô) *m*; ⚕ lacrimação *f*, epífora *f*; **~gas** *n* (-*es*; *0*) gás *m* lacrimogéneo; **~sack** *m* (-*ės*; ⸚*e*) saco *m* lacrimal; **2überströmt** banhado em lágrimas.

'**tranig** ['traːniç] gordurento; *schmecken usw.*: a óleo de fígado de bacalhau; *fig.* lento.

Trank [traŋk] *m* (-*ės*; ⸚*e*) bebida *f*; ⚕ poção *f*; *widerlicher*: beberagem *f*; (*Zauber*2) filtro *m*.

'**Tränk|e** ['trɛŋkə] *f* bebedouro *m*; **2en** dar de beber a; *Vieh*: abeberar; *et.*: molhar; (*durch*~) impregnar.

trans|-at'lantisch [trans-] transatlântico; **2'fer** [-'fɛr] *m* transferência *f*; **2for'mator** [-fɔr'maːtɔr] *m* (-*s*; -*en*) transformador *m*.

'**Transit** ['tranziːt] ✝ *m* (-*s*; -*e*), (~... de) trânsito *m*; **2iv** ['-itiːf] *gr.* transitivo.

Trans|missi'on *f* transmissão *f*; **~pa'rent** [-pa'rɛnt] **1.** *n* (-*ės*; -*e*) transparente *m*; **2.** 2 transparente.

Transpir|ati'on [transpiratsi'oːn] *f* transpiração *f*; **2'ieren** (-) transpirar.

Trans'port [trans'pɔrt] *m* (-*ės*; -*e*) transporte *m*; (*Übertrag*) saldo *m*; **~-arbeiter** *m* operário *m* de transportes; **~er** *m* = ~*schiff*; **2fähig** transportável; **~flugzeug** *n* (-*ės*; -*e*) avião *m* de transportes; **2'ieren** (-) transportar; transferir; **~mittel** *n* meio *m* de transporte; **~schiff** *n* (-*ės*; -*e*) navio-transporte *m*; **~-unternehmen** *n* empresa (*'ê) *f* de transportes; **~wesen** *n* (-*s*; *0*) transportes *m/pl.*

Tra'pez [tra'peːts] *n* (-*es*; -*e*) trapézio *m*; **~künstler(in** *f*) *m* trapezista *m, f.*

'**Trapp|e** ['trapə] *f* abetarda *f*; **2eln** (-*le*) patear, mexer os pés; *Pferd*: trotar.

Tras's|ant [tra'sant] ✝ *m* (-*en*) sacador *m*; **~at** [-'saːt] *m* (-*en*) sacado *m*; **2ieren** (-) sacar.

'**Tratte** ['tratə] ✝ *f* saque *m*.

'**Trau-altar** ['trau-] *m* (-*s*; ⸚*e*) altar *m*.

'**Traube** ['traubə] *f* cacho *m* (de uvas); **~n-lese** *f* vindima *f*; **~n-saft** *m* (-*ės*; ⸚*e*) sumo *m* de uvas; **~n-zucker** *m* (-*s*; *0*) glucose *f*, glicose *f*.

'**trauen** ['trauən] **1.** *v/i.* (*dat.*), *auf* (*ac.*) ~ confiar em; acreditar (em); *j-m*: *a.* fiar-se em, ter confiança em; *sich* ~ atrever-se (*zu* a); *dem Frieden nicht* ~ estar de pé atrás; **2.** *v/t.* casar; *sich* ~ *lassen* casar-se.

'**Trauer** ['trauər] *f* (*0*) tristeza *f*, aflição *f*; dó *m*; (*Toten*2) luto *m* (*tiefe* ~ carregado, *halbe* ~ aliviado); ~ *anlegen* tomar luto; ~ *haben, in* ~ *sn* estar de luto; **~-anzeige** *f* participação *f* de luto; **~fall** *m* (-*ės*; ⸚*e*) caso *m* de morte; **~feier** *f* (-; -*n*) exéquias *f/pl.*; **~flor** *m* (-*ės*; -*e*) crepe *m*; **~gesang** *m* (-*ės*; ⸚*e*) canto *m* fúnebre; **~-haus** *n* (-*es*; ⸚*er*) casa *f* enlutada (*od.* fúnebre *od.* de defunto); **~kleid** *n* (-*ės*; -*er*) vestido *m* de luto; **~kleidung** *f* luto *m* (*in* de; *anlegen* tomar); **~marsch** *m*

(*-es*; *=e*) marcha *f* fúnebre; **2n** (*-re*) estar de luto; ~ *um et.* afligir-se por; *a. um j-n*: chorar (*ac.*); **2nd** enlutado; **~rand** *m* (*-es*; *=er*) tarja *f* preta; **~schleier** *m* véu *m* de luto; **~spiel** *n* (*-es*; *-e*) tragédia *f*; **~weide** *f* chorão *m*; **~zeit** *f* luto *m*; **~zug** *m* (*-es*; *=e*) séquito *m* fúnebre, préstito *m* fúnebre.

'**Traufe** ['traufə] *f* goteira *f*.

'**träufeln** ['trɔyfəln] (*-le*) **1.** *v/t.* ⚕ instilar; **2.** *v/i.* (*h. u. sn*) gotejar; pingar.

'**traulich** ['trauliç] íntimo, conchegado, familiar; **2keit** *f* (*0*) intimidade *f*.

Traum [traum] *m* (*-es*; *=e*) sonho *m*; '**~bild** *n* (*-es*; *-er*) visão *f*; '**~deuter** ['-dɔytər] *m* intérprete *m* dos sonhos.

'**träum|en** ['trɔymən] sonhar (*von* com); *es träumte mir* sonhei; *das hätte ich mir nie ~ lassen* isso nem por sonhos; nunca teria imaginado tal coisa; **2er(in** *f*) *m* sonhador(a *f*) *m*; visionário *m* (-a *f*); **2e'rei** [-'raɪ] *f* sonho *m*, fantasia *f*, meditação *f*; **~erisch** sonhador, distraído, pensativo.

'**Traum|gesicht** *n* (*-es*; *-e*) visão *f*; **2-haft** visionário; fantástico; onírico; **~welt** *f* (*0*) mundo *m* fantástico (*od.* imaginado *od.* visionário).

'**traurig** ['trauriç] triste (*a. iron.*), *j.*: *a.* aflito; ~ *machen* causar tristeza (a), entristecer, afligir; **2keit** *f* tristeza *f*, aflição *f*.

'**Trau|ring** *m* (*-es*; *-e*) aliança *f*; **~schein** *m* (*-es*; *-e*) certidão *f* de casamento; **2t** querido; = **2lich**; **~ung** *f* casamento *m* (*kirchliche* religioso; *standesamtliche* civil); **~zeuge** *m* (*-n*) (**~zeugin** *f*) padrinho *m* (madrinha *f*) do casamento.

'**Treber** ['tre:bər] *pl.* bagaço *m/sg.*; bagulho *m/sg.*, borras *f/pl.*

'**Trecker** ['trɛkər] *m* tra[c]tor *m*.

Treff [trɛf] *n* (*-s*; *-s*) *Karten*: paus *m/pl.*

'**treff|en**¹ ['trɛfən] **a**) *v/t. u. v/i.* (*L*) acertar (*a. fig. erraten*), *Schuß*, *Schlag*: *a.* apanhar; *nicht ~* errar (o alvo); (*verwunden*) ferir; (*be~*), *Los*: tocar, atingir; *j-n* (*be*)*~* ser com alg., interessar a alg.; (*an~*, *begegnen*) encontrar; *Maßnahme*: tomar; *Abkommen*, *Vorbereitungen*: fazer; *auf* (*ac.*) ~ dar com, deparar com, encontrar (*ac.*); *Licht*: cair em; *Verantwortung*: caber (*j-n* a alg.); *es gut ~* ter sorte; *wie's* (*gerade*) *trifft* como calha(r); *gut getroffen Bild*: bem apanhado; **b**) *refl. sich ~* encontrar-se, reunir-se; (*geschehen*) suceder; *sich gut ~* vir a propósito; *sich getroffen fühlen* magoar-se, melindrar-se; **2en²** *n* (*Begegnung*) encontro *m*, ⚔ *a.* embate *m*; (*Zusammenkunft*) reunião *f*, congresso *m*; jornada *f*; **~end** *adj.* acertado; exa[c]to; bem apanhado; *fig. a.* justo, oportuno; **2er** *m* ⚔ acerto *m*, bom tiro *m*; *Los*: sorte *f*, prémio *m*; *Sport*: tento *m*; **~lich** excelente; *adv. a.* muito bem; **2-punkt** *m* (*-es*; *-e*) ponto *m* de reunião; ⩚ ponto *m* de interse[c]ção; **~sicher** certeiro; **2sicherheit** *f* (*0*) precisão *f*; pontaria *f*; acerto (*ê) *m*.

'**Treib|beet** ['traɪp-] *n* (*-es*; *-e*) alfobre *m*; **~-eis** *n* (*-es*; *0*) gelo (*ê) *m* flutuante.

'**treib|en**¹ ['traɪbən] (*L*) **a**) *v/t.* mover, fazer andar; (*an~*) impelir, *fig.* estimular (*a.* ⚕), dar impulso a; levar; *Metall*: amolgar; (*tun*), *Schmuggel*, *Studien*: fazer; (*be~*) praticar; *Sprachen*: estudar; *Künste*: cultivar + *art.*; *Gewerbe*: dedicar-se a; *Handwerk*: exercer; ⊕ a[c]cionar; ⚘ *Blüten*, *Knospen*: fazer brotar; *Vieh*: conduzir; *Preis*: (*in die Höhe*)~ fazer subir; *Handel* ~ negociar; fazer negócios (*mit* de); *in* (*ac.*) *hinein~* empurrar para; *Nagel*: pregar, encravar; *in die Enge ~* apertar; * acuar; *zur Eile ~* apress(ur)ar; *es zu weit ~* abusar; *et. zu weit ~* abusar de a.c.; **b**) *v/i.* (*h. u. sn*) ⚓ ir à deriva; (a)boiar; *a. Ballon*: vogar; *vor Anker*: estar surto; ⚘ brotar, germinar; *Jagd*: (*h.*) levantar a caça; *~de Kraft* força (*ô) *f* motriz; *j.*: responsável *m*, promotor *m* (*bei* de); **2en²** *n* = *2jagd*; (*Bewegung*, *Verkehr*) movimento *m*, vida *f*, tráfego *m*; (*Beschäftigung*) ocupação *f*; (*Tun*) a[c]tividade *f*.

'**Treiber** ['traɪbər] *m* condutor *m*; (*Esel2*) arrieiro *m*; almocreve *m*; (*Jagd2*) batedor *m*; (*Vieh2*) vaqueiro *m*.

'**Treib|-haus** *n* (*-es*; *=er*) estufa *f*; **~-holz** *n* (*-es*; *=er*) lenha (*od.* madeira) *f* de arribação; **~jagd** *f* batida *f*, montaria *f*; **~kraft** *f* (*-*; *=e*) força (*ô) *f* motriz; **~rad** *n* (-*ẹs*; *⸚er*) roda *f* motriz; **~riemen** *m* correia *f* (de transmissão); **~sand** *m* (-*ẹs*; *0*) areia *f* movediça; **~stoff** *m* (-*ẹs*; -*e*) combustível *m*.

'**treidel|n** ['traɪdəln] (-*le*) atoar, rebocar, levar a reboque, levar à sirga; **2pfad** *m* (-*ẹs*; -*e*) caminho *m* de reboque.

'**trenn|bar** ['trɛnba:r] separável; **~en** separar; dividir; partir; (*loslösen*) desligar; dissociar; *Ehe*: dissolver; *Freunde*: desunir; ⚡ *u. Fernspr.*: cortar, interromper; *sich* ~ *Gatten*: separar-se, *mit Scheidung*: divorciar-se; **~scharf** *Radio*: sele[c]tivo; **2schärfe** *f Radio*: sele[c]tividade *f*.

'**Trennung** ['trɛnuŋ] *f* separação *f*; divisão *f*; dissolução *f*; **~s-linie** *f* linha *f* divisória; **~s-strich** *m* (-*ẹs*; -*e*) traço *m* de separação.

trepp|-'ab [trɛp'ap] escada(s) abaixo; **~-'auf** escada(s) acima.

'**Treppe** ['trɛpə] *f* escada *f*; (*Stockwerk*) andar *m*; e-e ~ *hoch* no primeiro andar; *Geol.* lanço *m*.

'**Treppen|-absatz** *m* (-*es*; *⸚e*) patamar *m*; **~flur** (-*ẹs*; -*e*) corredor (*od.* vestíbulo) *m* da escada; **~beleuchtung** *f* iluminação (*od.* luz) *f* nas escadas; **~-geländer** *n* corrimão *m*; **~-haus** *n* (-*es*; *⸚er*) escadaria *f*; caixa *f* da escada, vão *m* da escada; **~läufer** *m* passadeira *f*; **~stufe** *f* degrau *m*; **~witz** *m* (-*es*; -*e*) disparate *m*; *ein* ~ *sn a.* não ter graça *f* nenhuma.

Tre'sor [tre'zo:r] *m* (-*s*; -*e*) tesouro *m*; (*Stahlkammer*) cofre *m*.

'**Tresse** ['trɛsə] *f* galão *m*; *pl. mit ~n besetzen* agaloar.

'**Trester** ['trɛstər] *pl.* borras *f/pl.*; bagulho *m/sg.*; bagaço *m/sg.*; **~wein** *m* (-*ẹs*; -*e*) água-pé *f*.

'**tret|en** ['tre:tən] (*L*) **1.** *v/i.* (*gehen*) ir, andar; *Fahrrad*: pedalar; (*sich stellen*) pôr-se, colocar-se; comparecer; *an* (*ac.*) *heran*~ aproximar-se de, *fig.* dirigir-se a; *auf* (*ac.*) ~ pisar (*ac.*); *Bühne usw.*: subir a; *auf der Stelle* ~ ⚔ marcar o passo; *auf j-s Seite* ~ tomar o partido de alg.; *aus* (*dat.*) ~ *Raum*: sair de; *Amt, Partei*: demitir-se de, abandonar (*ac.*); *in* (*ac.*) ~ pisar (*ac.*), *Raum, Dienst, Verbindung*: entrar em; *ins Gewehr* ~ ⚔ tomar armas; *in j-s Fußtapfen* ~ seguir o exemplo de alg.; *über die Ufer* ~ trasbordar; *j-m unter die Augen* ~ apresentar-se a alg.; *zu j-m* ~ dirigir-se a alg.; **2.** *v/t.* pisar; *den Blasebalg* ~ dar aos foles; *Maschine*: carregar no pedal; *mit Füßen* ~ calcar aos pés; *Pferd*: dar um coice; *fig. j-n*: espezinhar, maltratar; **2-mühle** *f* nora *f*; *fig.* rotina *f*; maçada *f*; **2rad** *n* (-*ẹs*; *⸚er*) tambor *m*.

treu [trɔy] fiel, leal; *auf* 2 *und Glauben* de boa fé; '**2bruch** *m* (-*ẹs*; *⸚e*) traição *f*; '**~brüchig** traidor, perjuro; '**2e** *f* fidelidade *f*, (*a. historische*) lealdade *f*; *eheliche*: fé *f*; '**2-eid** *m* (-*ẹs*; -*e*) juramento *m* de fidelidade (*schwören* prestar); '**2händer** ['-hɛndər] *m* fiel depositário *m*; '**~herzig** franco, ingénuo, cândido; '**2herzigkeit** *f* (*0*) franqueza *f*, ingenuidade *f*; candura *f*; '**~los** desleal, infiel; '**2losigkeit** ['-lo:ziç-] *f* (*0*) deslealdade *f*, infidelidade *f*; traição *f*.

Tri'angel [tri'aŋəl] *m* triângulo *m*.

Tri'bun [tri'bu:n] *m* (-*ẹs*; -*e*) tribuno *m*; **~'al** [-bu'na:l] *n* (-*s*; -*e*) tribunal *m*.

Tri'büne [tri'by:nə] *f* tribuna *f*.

Tri'but [tri'bu:t] *m* (-*ẹs*; -*e*) tributo *m*; **2pflichtig** [-pfliçtiç] tributário.

Tri'chin|e [tri'çi:nə] *f* triquina *f*; **2ös** [-çi'nø:s] triquinado; **~'ose** [-çi'no:zə] *f* triquinose *f*.

'**Trichter** ['triçtər] *m* funil *m*; ⊕ tremonha *f*; (*Schall*2) buzina *f*; megafone *m*; **2förmig** [-fœrmiç] afunilado.

Trick [trik] *m* (-*s*; -*s od.* -*e*) truque *m*; '**~-aufnahme** *f* trucagem *f*; truque *m* fotográfico; '**~film** *m* (-*ẹs*; -*e*) (filme *m* de) desenhos *m/pl.* animados.

Trieb [tri:p] *m* (-*ẹs*; -*e*) impulso *m*; (*Neigung*) inclinação *f*; ♀ rebento *m*; *natürlicher* ~ instinto *m*; '**~feder** *f* (-; -*n*) mola *f*; motor *m*; *fig.* móbil *m*; motivo *m*; '**~kraft** *f* (-; *⸚e*) força (*ô) *f* motriz; '**~rad** *n* (-*ẹs*; *⸚er*) roda *f* motriz; '**~sand** *m* (-*ẹs*; *0*) areia *f* movediça; '**~stange** *f* biela *f*; '**~wagen** *m* automotora *f*; '**~werk** *n* (-*ẹs*; -*e*) mecanismo *m*; (*Getriebe*) engrenagem *f*.

'**Trief|-auge** ['tri:f-] *n* olho (*'ô) *m* remeloso; **2-äugig** ['-ɔygiç] remeloso; **2en** pingar; estar molhado;

~ *von* escorrer (*ac.*); *Auge*: remelar; **2end**: ~ *naß sn* estar a escorrer.

Trift [trift] *f* pastagem *f*; várzea *f*; ⚓ corrente *f*; '**2ig** *Bemerkung*: justo, acertado; *Grund*: concluente, importante.

Trigono|me'trie [trigonome'tri:] *f* (*0*) trigonometria *f*; **2'metrisch** trigonométrico.

Tri'kot [tri'ko:] *m* (*n*) (*-s*; *-s*) malha *f*; **~'agen** [-o'ta:ʒən] *f*/*pl.* artigos *m*/*pl.* de malha.

'**Triller** ['trilər] *m* trilo *m*; *Gesang*: trinado *m*; **2n**[1] (*-re*) trinar, gorjear; **~n**[2] *n* trinados *m*/*pl.*, gorjeio *m*; **~pfeife** *f* apito *m*.

'**trimm|en** ['trimən] ✈ estabilizar; *Kohlen*: ⚓ levar, carregar; **2er** ⚓ *m* carvoeiro *m*; **2vorrichtung** ✈ *f* estabilizador *m*.

'**trink|bar** ['triŋkba:r] potável; ~ *sn a.* beber-se; **2becher** *m* copo *m*; **~en** (*L*) beber; *Kaffee, Tee*: tomar; **2er** *m* bebedor *m*; (*Säufer*) alcoólico *m*; F borrachão *m*; **~fest**: ~ *sn* ser bom copo; **2gefäß** *n* (*-es*; *-e*), **2glas** *n* (*-es*; *⸗er*) copo *m*; **2gelage** *n* órgia *f*, bacanal *m*; **2geld** *n* (*-es*; *-er*) gorjeta *f*; **2kur** *f* cura *f* (*od.* tratamento *m*) de águas (medicinais); **2lied** *n* (*-es*; *-er*) canção *f* ao beber; **2-spruch** *m* (*-es*; *⸗e*) brinde *m*; e-n ~ *ausbringen auf* (*ac.*) brindar por; **2wasser** *n* água *f* potável.

'**Trio** ['tri:o] *n* (*-s*; *-s*) trio *m*.

Tri'ole [tri'o:lə] *f* tresquiáltera *f*.

'**tripp|eln** ['tripəln] (*-le, sn u. h.*) andar a passos pequenos; estar a patear; **2er** ⚕ *m* gonorreia *f*.

'**Triptyk** ['triptyk] *n* (*-s*; *-s*) tríptico *m*.

Tritt [trit] *m* (*-es*; *-e*) passo *m* (*im* a); passada *f*; (*Fuß2*) pontapé *m*; (*Spur*) vestígio *m*; rasto *m*; (*Stufe*) escalão *m*; *Tür*: pedra *f*, escadas *f*/*pl.*; (*Fußbank*) banquinho *m*; ⊕ pedal *m*; *Webstuhl*: peanha *f*; ~ *fassen* ⚔ marchar ao compasso; ~ *halten* acompanhar; *auf Schritt und* ~ a cada passo; '**~brett** *n* (*-es*; *-er*) estribo *m*; '**~leiter** *f* (*-*; *-n*) escadote *m*.

Tri'umph [tri'umf] *m* (*-es*; *-e*) triunfo *m*; **~bogen** *m* arco *m* de triunfo; **2'ieren** (-) triunfar (*über ac.* de); **~marsch** *m* (*-es*; *⸗e*) marcha *f* triunfal; **~zug** *m* (*-es*; *⸗e*) cortejo *m* (*od.* viagem *f*) triunfal.

'**trocken** ['trɔkən] seco (*ê) (*a. fig.*); enxuto; ⸙ árido; *Stil*: lacónico; ~ *werden* secar; *noch nicht* ~ *hinter den Ohren sn fig.* ser fedelho; *auf dem* ~*en sitzen fig.* estar entalado, ficar em seco; *im* ~*en sitzen* estar ao abrigo; *fig.* ter um pé de meia; **2-apparat** *m* (*-es*; *-e*) secador *m*; **2batterie** ⚡ *f* pilha *f* seca; **2boden** *m* (*-s*; *⸗*) estendedoiro *m*; **2dock** *n* (*-es*; *-s od. -e*) varadoiro *m*; doca *f* flutuante; **2-element** ⚡ *n* (*-es*; *-e*) pilha *f* seca; **2futter** *n* forragem *f* seca; **2gemüse** *n* legumes *m*/*pl.* secos; **2gestell** *n* (*-es*; *-e*) secadouro *m*; **2-haube** *f* secador *m*; **2-heit** *f* (*0*) seca (*ê) *f*, secura *f*; ⸙ aridez *f*; *Wetter*: estiagem *f*; **~legen** *v*/*t.* pôr a secar, pôr a enxugar; *Land*: desaguar; *Kind*: mudar as fraldas a; *fig.* F estabelecer a proibição em; **2legung** [-le:guŋ] *f* desaguamento *m*; *fig.* estabelecimento *m* da proibição (em); **2platz** *m* estendedoiro *m*, secadouro *m*; **2ständer** *m* enxugador *m*; **2zeit** *f* (período *m* da) seca (*ê) *f*; estiagem *f*.

'**trocknen** ['trɔknən] (*-e-*) secar; (*ab*~) enxugar.

'**Troddel** ['trɔdəl] *f* (*-*; *-n*) borla *f*; *Degen*: fiador *m*.

'**Trödel** ['trø:dəl] *m* (*-s*; *0*) trapalhada *f*, tralha *f*; *pl.* coisas *f*/*pl.* velhas; **~'ei** [-'laı] *f* demora *f*; **2ig** lento, demorado; **~kram** *m* (*-es*; *0*) tarecada *f*, trastes *m*/*pl.* velhos; = *Trödel*; **~laden** *m* (*-s*; *⸗*) ferro-velho *m*; **~markt** *m* (*-es*; *⸗e*) feira *f* da ladra, feira *f* de trapos, mercado *m* de ferros-velhos; **2n** (*-le*) demorar(-se); ser lento.

'**Trödler** ['trø:tlər] *m* ferro-velho *m*; trapeiro *m*; **~in** *f* trapeira *f*, adela *f*.

Trog [tro:k] *m* (*-es*; *⸗e*) selha *f*; (*Back2*) amassadeira *f*; (*Freß2*) gamela *f*; comedouro *m*.

Tro'jan|er(**in** *f*) [tro'ja:nər-] *m* troiano *m* (-a *f*); **2isch** troiano, de Tróia.

'**trollen** ['trɔlən]: *sich* ~ ir-se embora, safar-se.

'**Trommel** ['trɔməl] *f* (*-*; *-n*) tambor *m* (*a.* ⊕); **~fell** *n* (*-es*; *-e*) pele *f* de tambor; *Anat.* (membrana *f* do) tímpano *m*; **~feuer** ⚔ *n* metralha *f*, canhoneio *m*; **2n** (*-le*) rufar o tambor; *mit den Fingern* ~ tamborilar; **~schlag** *m* (*-es*; *⸗e*) toque *m* de tam-

bor; **~stock** *m* (-*ęs*; *"e*) baqueta *f* de tambor; **~wirbel** *m* rufo *m*.
'**Trommler** [trɔmlər] *m* tambor *m*.
Trom'pete [trɔm'pe:tə] *f* trombeta *f*, corneta *f*, clarim *m*; **Ꙩn** (-*e*-) tocar (a) trombeta *usw.*; **~n-stoß** *m* (-*es*; *"e*) sinal *m* do clarim, toque *m* do clarim; **~r** *m* trombeteiro *m*, clarim *m*.
'**Trope** ['tro:pə] *f* metáfora *f*, tropo *m*; **~n** *pl.* trópicos *m/pl.*, zonas *f/pl.* tropicais; **~n-gegend** *f* região *f* tropical; **~n-helm** *m* (-*ęs*; -*e*) capacete *m* colonial; **~n-welt** *f* região *f* intertropical.
Tropf [trɔpf] *m* (-*ęs*; *"e*) pateta *m*, palerma *m*; *armer* ~ pobre diabo *m*.
'**tröpfeln** ['trœpfəln] (-*le*, *h. u. sn*) = *tropfen*.
'**tropfen** ['trɔpfən] **1.** (*h. u. sn*) gotejar, pingar, deitar; **2.** Ꙩ *m* gota (*ô) *f*, pinga *f*; **~weise** às gotas (*ô); **Ꙩzähler** *m* conta-gotas (*ô) *m*.
'**Tropf-stein** *m* (-*ęs*; *0*) estala[c]tite *f*; **~bildung** *f* concreção *f* estala[c]títica; **~-höhle** *f* gruta *f* de estala[c]tites.
Tro'phäe [tro'fɛ:ə] *f* troféu *m*.
'**tropisch** ['tro:piʃ] tropical; *fig.* trópico, metafórico.
Troß [trɔs] *m* (-*sses*; -*sse*) trem *m*, recovagem *f*, bagagem *f*; (*Gefolge*) séquito *m*.
'**Trosse** ['trɔsə] *f* cabo *m*.
Trost [tro:st] *m* (-*es*; *0*) consolação *f*, consolo (*'ô) *m*, conforto (*'ô) *m*; *nicht recht bei* ~ *sn* F ser doido; ter peneiras.
'**tröst|en** ['trø:stən] (-*e*-) consolar; **~end** *adj.*, **Ꙩer**(**in** *f*) *m* consolador (-a *f*) *m*; **~lich** consolador.
'**trost|los** *Anblick*: desconsolador, aflitivo; *Lage*: desesperado; *j.*: desconsolado, aflito; **Ꙩpreis** *m* (-*es*; -*e*) prémio *m* de consolação.
'**Tröstung** ['trø:stuŋ] *f* consolação *f*.
Trott [trɔt] *m* (-*ęs*; -*e*) trote *m* (*im* ao); '**~el** *m* pateta *m*, imbecil *m*; '**Ꙩen** (-*e*-; *h. u. sn*) trotar, ir a trote; **~oir** [-o'a:r] *n* (-*s*; -*e*) passeio *m*.
trotz [trɔts] **1.** *prp.* (*gen. u. dat.*) apesar de, não obstante (*ac.*); **2.** Ꙩ *m* (-*es*; *0*) teimosia *f*, obstinação *f*; (*dat.*) *zum* ~ a despeito de; ~ *bieten* (*dat.*) = Ꙩ*en*; '**~dem** apesar disso, a despeito disso, não obstante isso; ~ (*daß*) apesar de (que), embora; '**~en** (-*t*) opor-se (a), resistir (a), *j-m* ~ *a.* desafiar alg., *e-m Feind*, *e-r Gefahr*: enfrentar (*ac.*), fazer frente a; = ~*ig sn*; '**~ig** teimoso; obstinado; *Blick*: altivo, arrogante; ('**Ꙩkopf** *m* [-*ęs*; *"e*]), '**~köpfig** ['kœpfiç] teimoso (*m*).
trüb [try:p], '**~e** ['-bə] *Flüssigkeit*: turvo; *optisch*: opaco, *Glas* (*beschlagen*): baço; *Himmel*: coberto, nublado; *fig.* sombrio, triste; *im* '~*en fischen* pescar nas águas turvas.
'**Trubel** ['tru:bəl] *m* tumulto *m*, confusão *f*.
'**trüben** ['try:bən] turvar (*a. fig.*); *Glas*: embaciar; *Freude*: estragar; perturbar; (*verdunkeln*) escurecer; *sich* ~ *Himmel*: cobrir-se, anuviar--se.
'**Trüb|sal** ['try:pza:l] *f* (-; -*e*) aflição *f*, tristeza *f*; melancolia *f*; (*Not*) miséria *f*; tribulação *f*; ~ *blasen* F estar melancólico; **Ꙩselig** triste; melancólico; **~sinn** *m* (-*ęs*; *0*) tristeza *f*, melancolia *f*; **Ꙩsinnig** melancólico, triste, tristonho.
'**Trübung** ['try:buŋ] *f* turvação *f*, opacidade *f*; *fig.* perturbação *f* (*des Bewußtseins* mental).
'**trudeln** ['tru:dəln] (-*le*) rebolar.
'**Trüffel** ['tryfəl] *f* (-; -*n*) trufa *f*.
Trug [tru:k] *m* (-*ęs*; *0*) engano *m*; fraude *f*; '**~bild** *n* (-*ęs*; -*er*) ilusão *f*, miragem *f*, fantasma *m*.
'**trüge|n** ['try:gən] (*L*) iludir, enganar; **~risch** [-riʃ] ilusório, fictício; enganador, mentiroso.
'**Trug-schluß** *m* (-*sses*; *"sse*) sofisma *m*; paralogismo *m*; ♪ cadência *f* enganadora.
'**Truhe** ['tru:ə] *f* arca *f*, cofre *m*.
'**Trümmer** ['trymər] *pl.* destroços *m/pl.*, ruínas *f/pl.*, escombros *m/pl.*; *in* ~ *fallen* cair em ruínas, arruinar--se; *in* ~ *schlagen* destruir, arruinar; **~feld** *n* (-*ęs*; -*er*) campo *m* de ruínas; **~haufen** *m* montão *m* de destroços.
Trumpf [trumpf] *m* (-*ęs*; *"e*) trunfo *m*; *e-n* ~ *darauf setzen* ir às do cabo; '**Ꙩen** cortar.
Trunk [truŋk] *m* (-*ęs*; *"e*) bebida *f*; (*Schluck*) trago *m* (*tun* beber); = ~-*sucht*; *dem* ~ *ergeben sn* ser dado à bebedice, ser borracho; '**Ꙩen** bêbedo, embriagado; *a. fig.* ébrio; '**~enbold** [-bɔlt] *m* (-*ęs*; -*e*) alcoólico *m*; beberrão *m*; borrachão *m*; '**~en-heit** *f* (*0*) bebedeira *f*, embriaguez *f*; *fig.*

ebriedade *f*, delírio *m*; '**~sucht** *f* (*0*) alcoolismo *m*; '**2süchtig**: ~ *sn* beber, ser um alcoólico.

Trupp [trup] *m* (*-s*; *-s*) grupo *m*, bando *m*; ⚔ destacamento *m*; pelotão *m*; '**~e** *f* ⚔ tropa *f*; *Thea.* companhia *f*; elenco *m*.

'**Truppen|-ansammlung** *f* concentração *f* de tropas; **~-aushebung** *f* recrutamento *m* militar; **~bewegung** *f* movimento *m* de tropas; **~gattung** *f* arma *f*; **~schau** *f* revista *f*; **~teil** *m* (*-ẹs*; *-e*) unidade *f*; **~übungsplatz** *m* (*-es*; *⸗e*) campo *m* de treino; **~verschiebung** *f* deslocação *f* de tropas.

'**trupp-weise** em grupos, por grupos.

'**Trut|hahn** ['truːt-] *m* (*-ẹs*; *⸗e*) peru *m*; **~henne** *f* perua *f*.

'**Tschako** ['tʃako] *m* (*-s*; *-s*) barretina *f* (militar).

'**Tschech|e** ['tʃɛçə] *m* (*-n*) (**~in** *f*) checo *m* (-a *f*); **2isch** checo; (**~o-slo'wake** *m* [*-n*]), **2o-slo'wakisch** checoslovaco (*m*).

'**Tube** ['tuːbə] *f* bisnaga *f*; tubo *m*.

Tu'berk|el [tu'bɛrkəl] *f* tubérculo *m*; **2u'lös** [-u'løːs] tuberculoso; **~u'lose** [-u'loːzə] *f* tuberculose *f*.

Tuch [tuːx] *n*: **a**) (*-ẹs*; *-e*) (*~art*) fazenda *f*, pano *m*; **b**) (*-ẹs*; *⸗er*) pano *m*; (*Hals2*, *Kopf2*, *Taschen2*) lenço *m*; (*Hand2*) toalha *f* de mão; (*Schal*) cha(i)le *m*; '**~fühlung** ⚔ *f* (*0*) conta[c]to *m* (*halten* manter; *nehmen* apertar); '**~-händler** *m* fanqueiro *m*.

'**tüchtig** ['tyçtiç] hábil; capaz; *adv.* muito; a valer; *iron.* que é uma beleza; **2keit** *f* (*0*) habilidade *f*, capacidade *f*; valor *m*.

'**Tuch-waren** *f/pl.* fazendas *f/pl.*, panos *m/pl.*

'**Tück|e** ['tykə] *f* perfídia *f*, insídia *f*, maldade *f*; **2isch** pérfido, insidioso; traidor; ⚕ maligno.

Tuff [tuf] *m* (*-ẹs*; *-e*), '**~stein** *m* (*-ẹs*; *-e*) tufo *m*.

Tüft|e'lei [tyftə'laɪ] *f* subtileza *f*, subtilidade *f*; '**2eln** (*-le*) subtilizar.

'**Tugend** ['tuːgənt] *f* virtude *f*; **2haft** virtuoso.

Tüll [tyl] *m* (*-s*; *-e*) tule *m*; '**~e** *f* bico *m*.

'**Tulpe** ['tulpə] *f* tulipa *f*; **~nbaum** *m* (*-ẹs*; *⸗e*) tulipeiro *m*.

'**tummel|n** ['tuməln] (*-le*) *Pferd*: ensinar, fazer voltear, fazer caracolar; *sich* ~ mover-se (*a. sich üben*); mexer-se; **2platz** *m* (*-es*; *⸗e*) (*Spielplatz*) campo *m* de jogos; parque *m* infantil; *für Pferde*: picadeiro *m*; *fig.* arena *f*.

'**Tümmler** ['tymlər] *m* tonin(h)a *f*.

'**Tümpel** ['tympəl] *m* charco *m*, poça *f*.

Tu'mult [tu'mult] *m* (*-ẹs*; *-e*) tumulto *m*; alvoroço (*'ô) *m*; desordem *f*; **2u'arisch** [-u'aːriʃ] tumultuário, tumultuoso.

tun [tuːn] **1.** (*L*) fazer; (*handeln*) agir; *Pflicht*: cumprir; *Schritt*: dar; *et.*: *an* (*ac.*) ~ pôr em; *in* (*ac.*) ~ meter em, *Blick*: deitar a; *alle Hände voll zu ~ haben* não ter mãos a medir; *zu ~ haben mit* ter (que ver) com; *es zu ~ haben mit* ter de lidar com; *das tut nichts* (*zur Sache*) não importa, não tem importância; *es ist mir sehr darum zu ~* importa-me muito, tenho muito empenho (*daß* em que *subj.*); (*so*) ~, *als ob* (*man nichts merkt*) fingir (não notar nada); **2.** 2 *n*: *j-s* (*~ und Lassen*, *~ und Treiben*) (tudo) o que alg. faz, os a[c]tos (*od.* feitos) *m/pl.* de alg., a a[c]tividade *f* de alg.

'**Tünch|e** ['tynçə] *f* caio *m*, caiadura *f*; *fig.* verniz *m*; **2en** caiar.

'**Tu-nicht-gut** ['tuː-] *m* (*-ẹs*; *-e*) patife *m*; maroto (*'ô) *m* (*a. Kind*).

'**Tunke** ['tuŋkə] *f* molho (*'ô) *m*; **2n** molhar.

'**tunlich** ['tuːnliç] oportuno; *~st* se as circunstâncias o permitem.

'**Tunnel** ['tunəl] *m* (*-s*; *-* *od.* *-s*) túnel *m*.

'**Tüpfel** ['typfəl] *m u. n*, **~chen** [-çən] *n* ponto *m*; **2n** (*-le*) pontear, salpicar.

'**tupf|en¹** ['tupfən] tocar ao de leve; **2en²** *m* ponto *m*; pinta *f*; **~enförmig** [-fœrmiç] mosqueado.

Tür [tyːr] *f* porta *f*; (*Wagen2*) *a.* portinhola *f*; *~ und Tor öffnen* dar livre acesso (*od.* entrada); *j-n vor die ~ setzen* pôr alg. na rua; (*j-m*) *mit der ~ ins Haus fallen* dar de chofre (a alg.); *vor der ~ stehen* estar à porta; *fig.* estar iminente; *zwischen ~ und Angel* ao sair, no último momento; *pl. hinter verschlossenen ~en* à porta fechada; '**~-angel** *f* (*-*; *-n*) gonzo *m*; bisagra *f*.

'**Turban** ['turban] *m* (*-s*; *-e*) turbante *m*.
Tur'bine [tur'bi:nə] *f* turbina *f*; **~n-anlage** *f* turbinas *f/pl*.
'**Tür|drücker** *m* trinco *m*; **~flügel** *m* batente *m* (de porta), meia-porta *f*; **~füllung** *f* almofada *f* da porta; **~-hüter** *m* porteiro *m*, guarda-portão *m*.
'**Türk|e** ['tyrkə] *m* (*-n*) (**~in** *f*) turco *m* (-a *f*); **~'is** [-'ki:s] *m* (*-es*; *-e*) turquesa *f*; **≗isch** turco.
'**Türklinke** *f* tranqueta *f*.
Turm [turm] *m* (*-es*; *⸗e*) torre (*ô) *f*, *Schach*: *a*. roque *m*; (*Glocken≗*) campanário *m*; (*Wach≗*) atalaia *f*.
'**türm|en** ['tyrmən] **1.** *v/t*. acumular; *sich ~ a*. elevar-se; *Wolken*: acastelar-se; **2.** *v/i*. (*sn*) F safar-se; **≗er** *m* atalaia *m*; vigia *m*; (*Glöckner*) sineiro *m*.
'**Turm|falke** *m* (*-n*) milhafre *m*; **≗-hoch** muito alto; gigantesco; *~ über* (*dat*.) *stehen fig*. estar muito por cima de (a.c.), ser muito superior a (alg.); **~schwalbe** *f*, **~segler** *m* andorinhão *m*, guincho *m*; **~-spitze** *f* agulha (*od*. flecha) *f* de torre (*ô).
'**turn|en**¹ ['turnən] fazer (exercícios de) ginástica; **≗en**² *n*, **≗e'rei** [-ə'raɪ] *f* ginástica *f* (aplicada); **≗er(in** *f*) *m* ginasta *m*, *f*; **~erisch** ['-əriʃ] ginástico; **≗fahrt** *f* excursão *f* de um clube desportivo; **≗fest** *n* (*-es*; *-e*) festa *f* de ginástica; **≗gerät** *n* (*-es*; *-e*) aparelho *m* de ginástica; **≗-halle** *f* ginásio *m*; **≗-hose(n)** *f* (*pl*.) calções *m/pl*. (de ginástica); **≗'ier** [-'ni:r] *n* (*-s*; *-e*) torneio *m*; **≗jacke** *f* blusa *f* de treino; **≗lehrer(in** *f*) *m* professor(a *f*) *m* de ginástica (*od*. de educação física); **≗stunde** *f* aula *f* de ginástica; **≗-unterricht** *m* (*-es*; *0*) ginástica *f*; **≗verein** *m* (*-es*; *-e*) clube *m* desportivo.
'**Tür|pfosten** *m* ombreira *f* (da porta), umbral *m*; **~-rahmen** *m* almofada *f* (da porta); **~schließer** *m j*.: porteiro *m*; *et*.: fechadura *f* da porta; **~spalte** *f*: *durch die ~* pela porta encostada (*od*. entreaberta); **~-steher** ['-ʃte:ər] *m* guarda-portão *m*; **~sturz** *m* (*-es*; *⸗e*) verga *f*.
'**Turtel-taube** ['turtəl-] *f* rola *f*.
Tusch [tuʃ] *m* (*-s*; *-s*) toque *m* de clarins; fanfarra *f*; '**~e** *f* tinta *f* da China, tinta *f* de aguarela; '**≗eln** (*-le*) cochichar; '**≗en** lavar (com tinta da China), pintar a aguarela; '**~kasten** *m* (*-s*; *⸗*) caixa *f* de aguarelas; '**~zeichnung** *f* aguarela *f*.
'**Tüte** ['ty:tə] *f* cartucho *m*, saco *m* de papel (*drehen* fazer).
'**tuten** ['tu:tən] (*-e-*) tocar a buzina, ⊕ *u*. ⚓ tocar a sereia; buzinar.
'**Tüttel** ['tytəl] *m*, **~chen** [-çən] *n* ponto *m*, til *m*; *kein ~* nem ponto.
Twist [tvist] *m* (*-es*; *-e*) linha *f* de algodão.
Typ [ty:p] *m* (*-s*; *-en*), '**~e** *f* tipo *m*; *Typ*.: *a*. corpo *m*.
'**Typhus** ['ty:fus] *m* (*-*; *0*) tifo *m*; (*Unterleibs≗*) febre *f* tifóide.
'**typ|isch** ['ty:piʃ] típico; **≗us** *m* (*-*; *Typen*) tipo *m*.
Ty'rann [ty'ran] *m* (*-en*) tirano *m*; **~'ei** [-'naɪ] *f* tirania *f*; **~en-mord** *m* (*-es*; *-e*) tiranicídio *m*; **~en-mörder(in** *f*) *m* tiranicida *m*, *f*; **≗isch** tiránico; **≗i'sieren** [-i'zi:rən] (-) tiranizar.

U

U, u [uː] *n* U, u *m*.
U-Bahn *f* metro *m*.
'übel ['yːbəl] **1.** *adj.* mau [*comp.* *übler*, *sup.* *~st* pior (*a. adv.*)]; *adv.* mal; *mir ist ~, mir wird ~* não me sinto bem; tenho náuseas; *wohl oder ~* quer queira quer não; **2.** *2 n* mal *m*; *vom ~ sn a.* ser prejudicial, ser pernicioso; **~gelaunt** mal disposto, mal-humorado; **~gesinnt** mal-intencionado; **2keit** *f* (*0*) náusea *f*; vómitos *m/pl.*, enjoo (*ô) *m*, nojo *m*, *~ erregend* nauseabundo; **~nehmen** (*L*) levar a mal; **~nehmerisch** [-neːmərɪʃ] melindroso; **~riechend** fétido; *~ sn a.* cheirar mal; **2stand** *m* (*-ẹs*; *⸗e*) inconveniente *m*; **2tat** *f* má a[c]ção *f*, crime *m*, delito *m*; **2täter** *m* malfeitor *m*; **~wollen**¹: *j-m ~* querer mal a alg.; **2wollen**² *n* malquerença *f*, malevolência *f*; má vontade *f*; **~wollend** mal-querente, malévolo.
'üben ['yːbən] exercitar, praticar (*a. fig.*); estudar; *Sport*: treinar-se.
'über ['yːbər] **1.** *prp.* (*Lage, wo?*: *dat.*; *Richtung, wohin?*: *ac.*) sobre (*ô), acima de; (*mehr als*) mais de; *Fehler ~ Fehler* ... sobre (*ô) ...; ... e mais ...; *den Tag ~* durante; *Scheck ~* de; *sprechen usw.*: (acerca) de; sobre (*ô) (*s. die betr. vb.*); *~ die Straße gehen* atravessar a rua; *~ Berlin reisen* (*od. kommen*) passar por, *fliegen*: passar por cima de; (*heute*) *~* hoje a, aqui a; *~s Jahr* de aqui a um ano; *~ ...* (*hin*) por, por cima de, por sobre (*ô); *~ ...* (*hinaus* para) além de; *~ ...* (*hinweg*) por cima de; *~ et.* (*ac.*) *hinausgehen* passar (de) a.c., exceder a.c., *a. j-n* ultrapassar (*ac.*); *~ See* no ultramar; *ein Mal ~ das andere* uma vez sim, outra não; alternadamente; *~ 40* (*Jahre alt*) *sn* ter passado os 40; **2.** *adv. Gewehr ~!* ⚔ ombro armas!; *~ und ~* completamente; *j-m ~ sn* ser superior a alg.; *et. ist mir ~* (*zuviel*) estou farto de; **~'all** por toda (*ô) a parte; **2-angebot** ✝ *n* (*-ẹs*; *-e*) oferta *f* superior à demanda; **~-'anstrengen** (-) extenuar, cansar, fatigar; **2-'anstrengung** *f* esforço *m* excessivo; **~-'antworten** (*-e-*; -) entregar; **~-'arbeiten** (*-e-*; -) retocar, dar um retoque a; *Lit. a.* refundir; *sich ~* trabalhar excessivamente; cansar-se; **2-'arbeitung** *f* retoque *m*; refundição *f*; *j-s*: excesso *m* de trabalho; **~-'aus** sumamente, extremamente, sobremaneira; **2bau** *m* (*-ẹs*; *-ten*) superstrutura *f*; **2beanspruchung** *f* super-exigência *f*; desgaste *m* excessivo; **2-bein** ⚕ *n* (*-ẹs*; *-e*) sobreosso *m*, exostose *f*; **2belastung** *f* sobrecarga *f*; **~belichten** *v/t.* (*-e-*; -) *Phot.* dar exposição demais a; **2belichtung** *f* (*0*) excesso *m* de exposição; **~bewerten** (*-e-*; -) *v/t.* exagerar o valor de; **~'bieten** (*L*; -) *v/t.* oferecer mais, puxar; *Auktion*: *j-n ~* tirar o lanço a alg.; *Spiel*: reenvidar; *fig.* sobrepujar; **2bleibsel** [-blaɪpzəl] *n* resto *m*, sobejo *m*; *pl.* ⚗ resíduos *m/pl.*; *Speisen*: sobras *f/pl.*; **2blick** *m* (*-ẹs*; *-e*) vista *f* geral; vista *f* de conjunto, visão *f* de conjunto; panorama *m*, relance *m*; *fig.* ideia *f* geral; (*Zusammenfassung*) resumo *m*, sumário *m*, exposição *f* sumária; **~'blicken** (-) *v/t.* abranger com a vista; *rasch ~* lançar um olhar rápido a; *fig.* dar-se conta de, ter presente; **~'bringen** (*L*; -) levar; (*her~*) trazer; (*liefern*) entregar; *Grüße*: transmitir; **2'bringer**(**in** *f*) *m* [-'brɪŋər-] portador(a *f*) *m*; **~'brükken** *v/t.* (-) lançar uma ponte sobre (*ô); *fig.* vencer; **2'brückung** [-'brykuŋ] *f* construção *f* de uma ponte; (*Überführung*) viaduto *m*: *zur ~ fig.* para vencer; **2-'brückungshilfe** *f* crédito *m* social; **~'dachen** [-'daxən] (-) telhar, cobrir; **~'dauern** *v/t.* sobreviver a; **~'decken** (-) sobrepôr a; **~'denken** (*L*; -) *v/t.* refle[c]tir (em); **~'dies** de mais a mais, além disso; **~'drehen** (-) forçar; **2druck** *m* (*-ẹs*; *-e*) ⊕ pressão *f* excessiva; *Typ.* sobrecarga *f*; **2-druß** [-drus] *m* (*-sses*; *0*) tédio *m*;

fastio *m*; **~drüssig** [-drysiç] farto, enfastiado; **~-'eck** de través; transversalmente; **2-eifer** *m* (*-s*; *0*) zelo (*ê) *m* excessivo (*od.* exagerado); **~-eifrig** precipitado, fanático; ~ *sn a.* ser uma abelha; **~-'eignen** (*-e-*; -) transmitir, ceder; **2-'eignung** *f* transmissão *f*; **~-'eilen** (-) precipitar; **~-'eilt** precipitado; prematuro; **2-'eilung** [-'aıluŋ] *f* (*0*) precipitação *f*.

über-ein'ander um por cima do outro, um sobre (*ô) o outro; **~legen** sobrepor; *Beine* = **~schlagen** (*L*) cruzar.

über-'ein|kommen[1] (*L*; *sn*) pôr-se de acordo (*'ô), acordar, combinar, convir (*über ac.* sobre (*ô); *zu inf.*, *daß* de *inf.*); **2kommen**[2] *n*, **2kunft** [-kunft] *f* (-; *ͧe*) acordo (*'ô) *m*, convénio *m*, ajuste *m*; *Preis nach* ~ ajustado, combinado; **~stimmen** concordar (*a. gr.*); estar conforme; conjugar-se; *mit j-m* ~ estar de acordo (*'ô) com alg.; **~d** *adj.* conforme, análogo; consentâneo; *adv.* de acordo (*'ô); **2stimmung** *f* concordância *f*, harmonia *f*; *in* ~ de acordo (*'ô).

'über|-empfindlich hipersensível; **~-'essen** (*L*): *sich* ~ comer demais; *sich* (*dat.*) *et. übergegessen haben* já estar farto de comer a.c.; **~'fahren** **1.** (*L*; -) *j-n*: atropelar; trucidar; **2.** (*L*) *Meer, See*: atravessar; *Signal*: passar; **2fahrt** *f* travessia *f*, passagem *f*, traje[c]to *m*; **2fall** *m* (*-es*; *ͧe*) assalto *m*, agressão *f*, ⚔ *a.* investida *f*, ataque *m* de surpresa (*ê); **~'fallen** (*L*; -) assaltar, ⚔ *a.* atacar de surpresa (*ê); **~fällig** ✈ *u.* ⚓ atrasado; ✝ caduco; **2fall-kommando** *n* (*-s*; *-s*) esquadra *f*; **~-'fliegen** (*L*; -) *v/t.* voar sobre (*ô), voar por cima de; *fig.* correr com os olhos; **~fließen** (*L*; *sn*) trasbordar; **~'flügeln** [-'fly:gəln] (*-le*) *v/t.* sobrepujar, exceder; **2fluß** *m* (*-sses*; *0*) abastança *f* (super)abundância *f*, profusão *f* (*an dat.* de); (*2maß*) excesso *m*; *im* ~ em demasia; *zum* ~ demais a mais; **~flüssig** supérfluo; ~ *sn a.* sobejar; *fig.* ser escusado; **~'fluten** (*-e-*; -) inundar (*mit* de); **2'flutung** [-'flu:tuŋ] *f* inundação *f* (*mit* de); **~'fordern** (*-re*; -) exigir demais a; **2fracht** *f* (*0*) excesso *m* de bagagem, excesso *m* de carga; **2'fremdung** [-'frεmduŋ] *f* invasão *f* de elementos estrangeiros (*gen.* em); **'~führen**[1] transportar; **~'führen**[2] (-) trasladar; ⚖ convencer, persuadir; **~'führt** [-'fy:rt] convi[c]to; **2'führung** *f* trasla(da)ção *f*; *Verkehr*: passagem *f* aérea, viaduto *m*; **2fülle** *f* (*0*) = *2fluß*; **~'füllt** [-'fylt] repleto; apinhado; **2'füllung** *f* (*0*) repleção *f*; *wegen* ~ por estar cheio; por estar repleto; **~'füttern** (*-re*; -) dar alimento a mais a; *sich* ~ atestar-se; **2gabe** *f* entrega *f*; *Amt, Geschäft*, (*Weitergabe*) transmissão *f*; ⚔ rendição *f*; **2gang** *m* (*-es*; *ͧe*) passagem *f*; *fig.* transição *f*; *in anderen Besitz*: transferência *f*; **2gangs...**: *in Zssg(n) fig.* interino, transitório, de transição; *Kleidung*: de meia-estação; 🚂 de trânsito; **2gangs-stelle** *f* passagem *f*; **~'geben** (*L*; -) entregar; *Amt*: transmitir; *sich* ~ ⚔ render-se; ⚕ vomitar; **~gehen**[1] *v/i.* (*L*; *sn*) passar (*zu* ⚔ para [o outro lado]; *beginnen*: a); ~ *in* (*ac.*) transformar-se em; tornar-se (*ac.*); ficar (*ac.*); *in Fäulnis* ~ apodrecer; **~'gehen**[2] *v/t.* (*L*; -) passar por cima de; passar por alto; passar em silêncio; omitir; *j-n* ~ passar por alg.; não fazer caso de alg.; *bei Beförderungen*: preterir alg.; **2'gehung** [-'ge:uŋ] *f* omissão *f*; preterição *f*; **~genug** sobrado; farto; *adv.* de sobra; **2gewicht** *n* (*-es*; *0*) sobrepeso (*ê) *m*; excesso *m* de peso (*ê); *fig.* preponderância *f*; *das* ~ *bekommen* perder o equilíbrio; *fig.* ficar na maioria; ficar a preponderar; **~gießen**[1] (*L*) deitar; verter; **~'gießen**[2] (*L*; -): *mit et.* ~ deitar (*od.* verter) a.c. sobre; **~glücklich** (*0*) muito feliz; radiante; **~greifen** (*L*) ⊕ engrenar (*an ac.* com); *Übel*: ~ *auf* (*ac.*) estender-se a; alastrar para; propagar-se a; *in Rechte*: usurpar (*ac.*); **2griff** *m* (*-es*; *-e*) abuso *m*; usurpação *f* (*auf ac.* de); ⚖ atropelo *m*; **~groß** (*0*) enorme; desmedido; **2guß** *m* (*-sses*; *ͧsse*): ~ *aus* banho *m* de; (*Zucker2*) vidrado *m*.

'über|-haben (*L*) *Mantel*: trazer; (*übrig haben*) ficar com; *fig. et.* ~ *für* interessar-se por; estimar (*ac.*); *et.* ~ F estar farto de a.c.; **~-'handnehmen** (*L*) aumentar; chegar a ser excessivo; **~-hängen** **1.** *v/i.* (*L*) sobressair; pender; *Wand*: estar inclinado; **2.** *v/t.* pôr; **~-'häufen** (-) (a)cumular, sobrecarregar; cobrir (*mit* de); *j-n mit Freundlichkeiten ~* obsequiar alg.; *j-n mit Vorwürfen ~* increpar alg.; **2-'häufung** *f* excesso *m*, acumulação *f* (*mit* de); **~-'haupt** em geral, de todo; *~ nicht* nada, de modo algum (*od.* nenhum); **~-'heben** (*L*; -) dispensar; *sich ~* exceder-se (a levantar a.c.); *fig.* ufanar-se, ensoberbecer-se; **~-'heblich** [-'he:pliç] presunçoso, petulante, arrogante; **2-'heblichkeit, 2-'hebung** *f* presunção *f*, petulância *f*, arrogância *f*; **~-'heizen** (*-t*; -) aquecer demasiado; ⊕ = **~-'hitzen** [-'hitsən] (*-t*; -) sobreaquecer; **~-'höhen** [-'hø:ən] (-) fazer sobressair, alçar; **~-'höht** *a.* exagerado; **2-'höhung** [-'hø:uŋ] *f* sobrelevação *f*; alçamento *m*; altura *f* exagerada; **~-holen¹** (v)ir buscar (na outra banda); **~-'holen²** *v/t.* (-) ultrapassar (*a. fig.*); passar além de, passar para diante de; (*prüfen*) ⊕ examinar, fazer a vistoria de, limpar, arranjar; **~-'holt** *adj. fig. Ereignis*: consumado, ultrapassado; *Gegenstand*: antiquado; **~-'hören** (-) não ouvir, não reparar; (*abhören*) ouvir a lição a; **~-irdisch** ⊕ *u.* ⚡ aéreo; *Rel.* celeste, sobrenatural; **~-kippen** (*h. u. sn*) virar(-se); perder o equilíbrio; **~kleben¹** colar por cima (de); **~'kleben²** (-) colar, cobrir; **~'kleiden** (*-e-*; -): *~ mit* revestir de, forrar de; **~klug** sabichão; petulante; **~kochen** (*h. u. sn*) deitar por fora; *fig.* F deitar fora; **~'kommen** (*L*; -) **a**) *v/t.* acometer; **b**) *v/i.* (*sn*) passar para, ser transmitido; **c**) *adj.* tradicional; **~kultiviert** requintado; **~'laden** (*L*; -) sobrecarregar (*a. fig.*), abarrotar; **~'lagern** *v/t.* (*-re*; -) sobrepor(-se) a; **2'land...**: *in Zssg(n)* inter-urbano; **~'lassen** (*L*; -) abandonar (*a. refl.*); (*abtreten*) ceder; (*anheimstellen*) deixar (com); **2'lassung** [-'lasuŋ] *f* cessão *f*; entrega *f*; **2last** *f* sobrecarga *f*, sobrepeso (*'ê) *m*; **~'lasten** sobrecarregar; **2'lastung** [-'lastuŋ] *f* excesso *m* de carga; *fig.* excesso *m* de trabalho; **~laufen¹** *v/i.* (*L*; *sn*) deitar por fora, sair, *Wasser*: *a.* transvazar, trasbordar (*a. See*); ⚔ desertar; *fig. j-m läuft die Galle über* alg. irrita-se; **~'laufen²** (*L*; -) **a**) *v/t.* importunar com visitas; *Furcht, Schauer usw.*: arrepiar, dar calafrios; **b**) *adj.* muito concorrido; **2läufer** *m* desertor *m*; **~laut** ruidoso, barulhento; **~'leben** (-) *v/t.* sobreviver a; *sich ~* passar de moda; **2'lebende(r** *m*) *m, f* sobrivente *m, f*; **~'lebens-groß** de (*od.* em) tamanho sobrenatural.

'über-legen¹ pôr em cima de, pôr por cima de; *Kind*: castigar (a pancadas).

über'legen² **a**) *v/t.* (-): (*es sich*) *~* refle[c]tir (sobre), pensar (em), (*noch einmal* re)considerar (*ac.*); **b**) *adj.* superior; **2-heit** *f* (*0*) superioridade *f*.

Über-'legung [-'le:guŋ] *f* reflexão *f*; consideração *f*, raciocínio *m*, discernimento *m*; (*vorherige*) *~* premeditação *f* (*bsd.* ⚖); *ohne ~* à doida.

'über|leiten (*-e-*): *~ zu* conduzir a, levar a; *Lit. a.* servir de transição para; ⊕ transmitir a; **2leitung** *f* transmissão *f*; transição *f*; **~lesen** (*L*; -) percorrer; **~'liefern** (*-re*; -) transmitir; (*ausliefern*) entregar; **2'lieferung** *f* tradição *f*; **~'listen** [-'listən] (*-e-*; -) enganar, lograr, iludir; **2'listung** [-'listuŋ] *f* logro *m*, ludíbrio *m*; **~m** F = *über dem*; **~'machen** (-) transmitir, legar; **2macht** *f* (*0*) superioridade *f* numérica; prepotência *f*; **~mächtig** superior, prepotente; **~'malen** (-) retocar; **~'mannen** [-'manən] (-) vencer, dominar; **2maß** *n* (*-es*; *0*) excesso *m* (*an dat.* de; *im* com); *im ~ a.* em demasia; **~mäßig** excessivo, desmedido; exorbitante; *adv.* demais, em demasia; **2mensch** *m* (*-en*) super-homem *m*; **~menschlich** sobre-humano; **~-'mitteln** [-'mitəln] (*-le*; -) transmitir; (*senden*) remeter; **2'mittlung** [-'mitluŋ] *f* transmissão *f*; **~modern** ultramoderno; **~morgen** depois de amanhã; **~'müdet** [-'my:dət] estafado; **2'müdung** [-'my:duŋ] *f* fadiga *f*, cansaço *m*; **2mut** *m* (*-es*; *0*) alegria *f* doida; *kränkend*: petulância *f*, arrogância *f*; *Kind*: traquinice *f*; **~mütig** [-my:tiç] doido de alegria; atrevido, petulante, arrogante; travesso; **~-'nachten** [-'naxtən] (*-e-*; -) pernoitar; passar a noite; **~nächtig** [-nɛçtiç] tresnoitado; fatigado (de velar); ~ *aussehen* ter olheiras; 2'**nachtung** [-'naxtuŋ] *f* hospedagem *f*; *auf Rechnungen*: quarto *m*; 2**nahme** [-na:mə] *f* recepção *f*, aceitação *f*, tomada *f*; *e-s Amtes, Besitzes*: (a[c]to *m* da) posse *f*; ~ *der Macht* subida *f* ao poder; ⚓ *u. Personen*: embarque *m*, *Waren*: carga *f*, carregamento *m*; ~**natürlich** sobrenatural; ~'**nehmen** (*L*; -) *Amt, Besitz, Verantwortung*: assumir; (*an*~) aceitar; *et. von j-m*: receber; e-e *Verpflichtung* ~ comprometer-se; *sich* ~ exceder-se; abarbar-se; abusar das suas forças; ~-**ordnen** (-*e*-) antepor, prepor; ~*geordnet adj.* superior; ~**parteilich** imparcial; ~**pinseln** (-*le*; -) F retocar; rebocar; 2**produktion** *f* superprodução *f*; ~'**prüfen** (-) *v/t.* rever; examinar, dar uma vistoria a; 2'**prüfung** *f* revisão *f*; ~**quellen** brotar; ~'**quer** de través; ~'**queren** [-'kve:rən] (-) atravessar; ~'**ragen** (-) sobressair, dominar; (~*treffen*) exceder (*an dat.* em); (*vorherrschen*) predominar; ~*d adj.* predominante; *fig. a.* transcendente; ~'**raschen** [-'raʃən] (-) surpreender; 2'**raschung** [-'raʃuŋ] *f* surpresa (*ê) *f*; ~-'**rechnen** (-*e*-; -) calcular; ~'**reden** (-*e*-; -) persuadir; 2-'**redung** [-'re:duŋ] *f* persuasão *f*; ~**reich** profuso; ~ *sn an* (*dat.*) *a.* abundar em; ~-'**reichen** (-) entregar, apresentar; ~-**reichlich** (super)abundante; 2-'**reichung** [-'raıçuŋ] *f* entrega *f*; ~-**reif** (*0*) demasiado maduro; ~-'**reizen** (-*t*; -) sobreexcitar; ~-'**reizt** *adj.* nervoso; 2'**reizung** *f* sobreexcitação *f*; ~-'**rennen** (*L*; -) atropelar; *a.* ⚔ derribar, esmagar; 2-**rest** *m* (-*es*; -*e*) resto *m*; ⚗ resíduo *m*; *pl.* ~*e Speise*: sobras *f/pl.*; *sterbliche* ~*e* despojos (*'ô) *m/pl.* mortais; ~-'**rumpeln** (-*le*; -) assaltar; surpreender; tomar de surpresa; 2-'**rumpelung** [-'rumpəluŋ] *f* surpresa (*ê) *f*, assalto *m* (imprevisto); ~'**runden** (-*e*-; -) sobrepujar; ~**s** F = *über das*; ~'**säen** (-): ~ *mit* semear de, salpicar com; cobrir de; ~'**sättigen** (-): fartar; ⚗ sobressaturar; 2**schall** *m* (-*es*; *0*) suprasom *m*; 2**schall-flugzeug** *n* (-*es*; -*e*) avião *m* supersónico; ~'**schatten** (-*e*-; -) (as)sombrear; ~'**schätzen** (-*t*; -) *v/t.* sobrestimar; exagerar o valor de; *fig.* atribuir (*od.* dar) demasiada importância a; 2'**schätzung** *f* sobrestimação *f*, avaliação *f* exagerada; 2**schau** *f* (*0*) sinopse *f*; quadro *m* sinóptico; = 2*blick*; ~'**schauen** (-) abranger com a vista; ~**schäumen** sair (escumando); *fig.* ~ *vor* (*dat.*) *Freude*: rebentar de; *Wut*: espumar de; ~*d adj.* exuberante; ~'**schlafen** (*L*; -) F consultar a almofada (*od.* o travesseiro); 2-**schlag** *m* (-*es*; ⸚*e*) cálculo *m* aproximativo; ~**schlagen**[1] (*L*) *Beine*: cruzar; (*umlegen*) dobrar; ~'**schlagen**[2] (*L*; -) (*auslassen*) omitir, passar por alto; (*berechnen*) calcular; *sich* ~ voltar-se; dar voltas sobre si; *Auto*, ✈ *a.* capotar; *Funker*: saltar; *Stimme*: esganiçar-se; 2**schlaglaken** *n* lençol *m* de cima; ~**schnappen** (*sn*) ⊕ saltar; soltar-se; *Stimme*: dar uma fífia; *j.*: *fig.* ~*geschnappt sn* F ter peneiras; ~'**schneiden** (*L*; -): *sich* ~ cruzar-se; *Phys. Wellen*: interferir; *fig.* ser incompatível (um com outro); 2'**schneidung** [-'ʃnaıduŋ] *f* entrecruzamento *m*; *Phys.* interferência *f*; incompatibilidade *f*; ~'**schreiben** (*L*; -) transcrever; *Text*: intitular; ⚖ transferir; ☤ transportar, passar, averbar; 2-'**schreibung** *f* ⚖ transferência *f*, ☤ transporte *m*; ~'**schreien** (*L*; -) *v/t.* dominar com a voz, gritar mais alto que; *sich* ~ esganiçar-se; ~-'**schreitbar** [-'ʃraıtba:r] excedível; ~'**schreiten** (*L*; -) *v/t.* atravessar; *fig.* (ultra)passar, exceder; transcender; *Befugnis*: abusar de; ⚖ transgredir; violar; 2'**schreitung** [-'ʃraıtuŋ] *f* passagem *f* (*gen.* de), *e-s Flusses*: *a.* travessia *f*; ⚖ transgressão *f*, infra[c]ção *f*; *Amtsgewalt*: abuso *m*; 2**schrift** *f* título *m*; 2-**schuh** *m* (-*es*; -*e*) galocha *f*; 2**schuß** *m* (-*sses*; ⸚*sse*) excesso *m*; excedente *m*; ☤ saldo *m* (a[c]tivo); *staatlich*: *a.* superavit *m*; ~**schüssig** [-ʃysiç] excedente, a mais; ~'**schütten** (-*e*-; -): ~ *mit* cobrir de, *fig. a.* (a)cumular de; 2**schwang** *m* (-*es*; *0*) excesso *m*, transporte *m*; ~**schwemmen** (-) inundar (*mit* de); submergir; 2-'**schwemmung** [-'ʃvɛmuŋ] *f* inundação *f*; 2'**schwemmungsgebiet** *n* (-*es*; -*e*) (terreno *m*) alagadiço *m*; região *f* inundada; ~**schwenglich**

[-ʃvɛŋliç] exaltado, efusivo; **2see** *f* (*0*) Ultramar *m*, ultramar *m*; **2seebrücke** *f* estação *f* marítima; **2seedampfer** *m* transatlântico *m*; **~seeisch** [-ze:iʃ] ultramarino; **~'sehen** (*L*; -) *v/t.* abranger com a vista; (*nicht sehen*) não ver, não reparar; não dar por; *fig.* dar-se conta de; ter presente; **~'senden** (*L*; -) remeter, enviar; **2'sender** *m* remetente *m*; **2'sendung** *f* envio *m*, remessa *f*; **~setzen**[1] (*-t*) *v/t.* transportar (*od.* levar) para a outra banda; *v/i.* passar para a outra banda; **~'setzen**[2] (*-t*; -) traduzir, verter (*ins* para); **2'setzer(in** *f*) *m* tradutor(a *f*) *m*; **2'setzung** *f*: *Lit.* ~ (*ins*) tradução *f* (para *od.* + *adj.*), versão *f* (+ *adj.*); ⊕ transmissão *f*; **2'setzungs-verhältnis** *n* (*-ses*; *-se*) ⊕ desmultiplicação *f*.

'Über-sicht *f* vista *f* geral; (*tabellarische*) ~ quadro *m* (sinóptico); (*Zusammenfassung*) resumo *m*; **2lich** claro, distinto; nítido; **~lichkeit** *f* (*0*) clareza *f*; boa disposição *f*.

'über|siedeln (*-le*; *sn*) mudar (*nach* para); **2siedlung** *f* mudança *f*; (*Auswanderung*) emigração *f*; **~sinnlich** sobrenatural; transcendente; metafísico; **~'spannen** (-): **a)** ~ *mit* cobrir de; **b)** (*zu sehr spannen*) estirar muito; *fig.* exagerar; **~'spannt** [-'ʃpant] *adj. fig. et.*: exagerado; *j.*: exaltado, excêntrico; **2'spanntheit** *f* exaltação *f*, extravagância *f*; excentricidade *f*; **~'spitzen** (*-t*; -) exagerar; **~springen**[1] *v/i.* (*L*; *sn*): ~ (*auf ac.*) saltar (para); *fig.* passar (para); **~'springen**[2] *v/t.* (*L*; -) saltar por cima (de), passar por cima (de); *fig. s. a.* *~gehen*[2]; **~sprudeln** (*-le*; *sn*) jorrar, brotar, cachoar; *fig.* ~ *von Witz* ter imensa graça; **~stehen**[1] (*L*) sobressair; **~'stehen**[2] (*L*; -) *v/t.* passar; (acabar por) vencer; *glücklich* ~ sair ileso de; **~'steigen** (*L*; -) *v/t.* passar por cima de; *fig.* ultrapassar, exceder; **~'steigern** (*-re*; -) encarecer; **~'stimmen** (-) derrotar; vencer por maioria de votos; *~stimmt werden* ficar na minoria; **~'strahlen** (-) eclipsar, ofuscar; *fig.* deslumbrar; **~'streichen** (*L*; -): *mit Farbe* ~ pintar; *mit Fett* ~ untar; **~strömen** (*sn*) trasbordar; **~'strömt** inundado; **2stunde** *f* hora *f* extraordinária (de serviço), serão *m*; **~'stürzen** (*-t*; -) precipitar; **2'stürzung** [-'ʃtyrtsuŋ] *f* precipitação *f*; **~'tölpeln** [-'tœlpəln] (*-le*; -) burlar; **~'tönen** (-) dominar; **2trag** [-tra:k] *m* (*-es*; *"e*) transporte *m*; **~'tragbar** transmissível; ⚕ *a.* contagioso; **~'tragen** (*L*; -) *Amt*: confiar, *j-m* ~ *a.* encarregar alg. de; ✝ transferir; *Betrag*: *a.* transportar; ⊕, *Radio*, ⚕ (*vererben*) transmitir; *Krankheit*: contagiar, F pegar; ♪, ✍ *u.* (*abschreiben*) transcrever; (*~setzen*) traduzir, verter (*ins* para); *in ~er Bedeutung* em sentido figurado; **2'tragung** [-'tra:guŋ] *f* transporte *m*, transferência *f*; *Lit.*: ~ (*ins*) tradução *f* (para *od.* + *adj.*), versão *f* (+ *adj.*); **~'treffen** (*L*; -) exceder, ultrapassar, superar, ser superior a (*an dat.* em); **~'treiben** (*L*; -) exagerar; **2'treibung** [-'traɪbuŋ] *f* exagero (*'ê) *m*; **~treten**[1] *v/i.* (*L*; *sn*) *Fluß*: trasbordar; *Fuß*: torcer; ~ *auf* (*ac.*), ~ *zu* passar para (o outro lado); ~ *zu* *Rel.* converter-se a; **~'treten**[2] (*L*; -) *v/t.* transgredir, violar, infringir; **2'tretung** [-'tre:tuŋ] *f* violação *f*, transgressão *f*, contravenção *f*, infra[c]ção *f*; **~'trieben** [-'tri:bən] exagerado; **2tritt** *m* (*-es*; *-e*) passagem *f* (*auf ac.*, *zu* para); *Rel.* conversão *f* (*zu* a); **~'trumpfen** (-) recortar; dar sota e ás; *fig.* sobrepujar; **~'tünchen** (-) rebocar; *fig.* disfarçar; **~'völkern** [-'fœlkərn] (*-re*; -) super-povoar; **2'völkerung** *f* super-povoamento *m*; **~voll** (*0*) repleto; **~'vorteilen** [-'fɔrtaɪlən] (-) prejudicar, lograr; **~'wachen** (-) vigiar; fiscalizar; **2'wachung** [-'vaxuŋ] *f* vigilância *f*, fiscalização *f*; *polizeiliche* ~ policiamento *m*; **~'wältigen** [-'vɛltigən] (-) dominar, subjugar; *~d* *adj. fig.* imponente; **~'weisen** (*L*; -) enviar, remeter; ✝ lançar; **2'weisung** *f* envio *m*, remessa *f*; ✝ lançamento *m* (*vornehmen* fazer); **~werfen**[1] (*L*): (*sich*) ~ cobrir(-se) de, pôr; **~'werfen**[2] (*L*; -): *sich* (*mit j-m*) ~ zangar-se (com alg.), estar zangado (com alg.); **~'wiegen** (*L*; -) preponderar, estar na maioria; prevalecer (*ac.* sobre); *~d* *adj.* preponderante; *Mehrheit*: grande; *adv.* na sua maioria; **~'winden** (*L*; -) vencer; *a. Gefühle*: dominar; **2'windung** *f* dominação *f*; *fig.* ~ *kosten* ser um grande sacrifício; custar; ~'**wintern** [-'vintərn] (*-re*; -) (*v/t.* fazer) invernar, (manter durante o inverno), hibernar; ⚔ *a.* passar o inverno; ♀'**winterung** [-'vintəruŋ] *f* hibernação *f*; ~'**wölben** (-) abobadar; ~'**wuchern** (*-re*; -) cobrir inteiramente, sufocar; ♀**wurf** *m* (*-es*; *⸗e*) capa *f*, manta *f*; ♀**zahl** *f* (*0*) número *m* superior; *in der* ~ *sn* estar na maioria; ~**zählig** [-tsɛːliç]: ~ (*sn* estar) a mais, (ser) supernumerário; ~'**zeichnen** (*-e-*; -) ✝ exceder; ~'**zeugen** (-) convencer; ♀'**zeugung** *f* convicção *f*; ♀'**zeugungs-kraft** *f* (*0*) força (*ô) *f* convincente (*od.* persuasiva); ~**ziehen**[1] (*L*) *v/t. Mantel*: pôr, vestir; F (*dat.*) *eins* ~ dar uma chicotada a; ~'**ziehen**[2] (*L*; -): ~ (*mit*) cobrir (de), *Möbel*: *a.* forrar (de), *Wand*: *a.* revestir (de); ✝ *Konto*: exceder (a cobertura); *ein Bett frisch* ~ mudar a roupa da cama; *Kissen*: enfronhar; *mit Krieg* ~ invadir, levar a guerra a; ~'**zuckern** (*-re*; -) cobrir de açúcar; ♀**zug** *m* (*-es*; *⸗e*) cobertura *f*; revestimento *m*; (*Schicht*) capa *f*; *Kissen*: fronha *f*.

'**üb|ler** ['yːplər] (*comp. v. übel*) pior; ~**lich** normal, habitual, de costume; ~ *werden* generalizar-se.

'**U-Boot** *n* (*-es*; *-e*) submarino *m*.

'**übrig** ['yːbriç] restante; *das* ~*e* o resto, o demais; *pl. die* ~*en* os outros, os demais; *im* ~*en* = ~*ens*; *ein* ~*es tun* mais do que o necessário; ~ *sn* = ~*bleiben*; ~ *haben* = ~*behalten*; *nichts* ~ *haben für* não se interessar por; não estimar; ~**behalten** (*L*; -) ficar com; *ich behalte ... übrig a.* ficam-me ...; ~**bleiben** (*L*; *sn*) ficar, restar, sobrar, sobejar; ~**ens** [-gəns] de resto; aliás; a propósito; ~**lassen** (*L*) deixar; *viel zu wünschen* ~ deixar muito que desejar.

'**Übung** ['yːbuŋ] *f* exercício *m*; (*Aus*♀) *a.* prática *f*; ⚔ (*Ausbildung*) tirocínio *m* (*Manöver*) manobras *f/pl.*, (*Scheingefecht*) simulacro *m*; (*Kolleg*) aula *f* prática; (*Brauch*) uso *m*, hábito *m*; *aus der* ~ *kommen* perder o hábito, perder a prática; ~**s-flug** *m* (*-es*; *⸗e*) voo (*'ô) *m* de instrução (*od.* de experiência); ~**s-platz** *m* (*-es*; *⸗e*) ⚔ polígono *m*; campo *m* de manobras; ~**s-turm** *m* (*-es*; *⸗e*) *Feuerwehr*: casa-esqueleto *f*.

'**Ufer** ['uːfər] *n* margem *f*; borda *f*; (*Fluß*♀) *a.* ribeira *f*; *erhöhtes*: riba *f*; (*Meeres*♀) costa *f*, beira-mar *f*, praia *f*; *am* ~ (*gen.*) *Lage*: na margem de; sobre (*ô); ~**bewohner** *m* ribeirinho *m*; *am Meer*: habitante *m* do litoral; ♀**los** ilimitado, infinito, sem fim; ~**straße** *f* estrada *f* marginal.

Uhr [uːr] *f* relógio *m*; *Zeit*: hora *f* (*um* à; *wieviel?* que?); *es ist ein* ~ é uma hora; *es ist zwei* ~ são duas horas; *was ist die* ~? que horas são?; '~**feder** *f* (-; *-n*) mola *f*; '~**gehäuse** *n* caixa *f* de relógio; '~**getriebe** *n* tear *m*; '~**macher**(**ei** *f*) *m* relojoeiro *m* (relojoaria *f*); '~**werk** *n* (*-es*; *-e*) tear *m*; '~**zeiger** *m* ponteiro *m*; '~**zeit** *f* hora *f*.

'**Uhu** ['uːhu] *m* (*-s*; *-s*) bufo *m*.

Ulk [ulk] *m* (*-es*; *-e*) gracejo *m*, piada *f*, pilhéria *f*; '♀**en** gracejar; '♀**ig** engraçado; cómico; ~ *sn a.* ter piada.

'**Ulme** ['ulmə] *f* olm(eir)o *m*.

Ulti'matum [ulti'maːtum] *n* (*-s*; *-ten*) ultimato *m* (*stellen* apresentar).

'**Ultimo** ['ultimo] *m* (*-s*; *-s*) fim *m* do mês (*zum* no).

'**Ultra|kurzwelle** *f* onda *f* ultracurta *Radio*: modulação *f* de frequência; ~**schall** *m* (*-es*; *0*) ultra-som *m*; ♀**violett** ultravioleta.

um [um] **1.** *prp.* (*ac.*) **a**) *örtl.*: ~ (*... herum*) em volta de, ao (*od.* em) redor de; **b**) *zeitl.*, *Aufeinanderfolge*: a; *ungefähr*: ~ (*... herum*) cerca (*ê) de, perto de, *Uhrzeit*: pela(s); *Jahr* ~ *Jahr* por; *e-n Tag* ~ *den andern* dia sim, dia não; **c**) *Grund*: ~, ~ (*gen.*) *willen* por; por causa de, no interesse (*'ê) de, ~ (*Gottes*) *willen* por amor de (Deus); **d**) *Maß*: *zunehmen usw.* por; ~ *e-n Meter höher* um metro; ~ *so besser* tanto; ~ *et. kommen* perder a.c.; **e**) *Preis*: por, pelo preço de; ~ *keinen Preis fig.* (não) de nenhum modo; **2.** *cj.*: ~ *zu* (*inf.*) para; **3.** *adv.*: ~ *und* ~ por todos os lados; completamente; ~ *haben Schal usw.*: ter posto; ~ *sn örtl.* estar em volta de; *zeitl.* ter terminado, ter acabado.

'**um|-adressieren** (-) remeter, pôr

outro endereço (*'ê); **~ändern** (-*re*) mudar, transformar, reorganizar; **~arbeiten** (-*e*-) refazer, modificar; *Buch*: refundir.
um'arm|en [-'armən] *v/t.* (-) abraçar, dar um abraço a; **2ung** *f* abraço *m*; abarcamento *m*.
'Um|bau *m* (-*es*; -*ten*) reconstrução *f*; *fig. a.* reforma *f*, reorganização *f*; **2bauen** reconstruir; reformar, reorganizar; **2betten** (-*e*-) mudar de cama; *Leiche*: trasladar; **2biegen** (*L*) dobrar, torcer; **~biegung** *f* encurvamento *m*; **2bilden** (-*e*-) transformar; reformar; *Pol. a.* remodelar; **~bildung** *f* transformação *f*; *fig.* reorganização; *Pol. bsd. Ministerium*: remodelação *f*, recomposição *f*; **2binden** (*L*) ligar (em volta); (*a. sich dat.*) *Schlips*: pôr; *Schwert*: cingir; **2blasen** (*L*) derribar com um sopro; **2blättern** (-*re*) virar a(s) folha(s); **2blicken**: *sich* ~ olhar em volta, olhar para trás, virar a cabeça (*nach* à procura de); **2brechen**[1] (*L*) romper; ⚒ surribar; **2'brechen**[2] *Typ.* (*L*; -) compaginar, *Zeilen*: recorrer; **2bringen** (*L*) matar, assassinar; **~bruch** *m* (-*es*; ⸚*e*) ⚒ surriba *f*; *Typ.* compaginação *f*; *Pol.* revolução *f*, mudança *f* radical; **2buchen** passar para outra conta; **2drehen** *v/t.* virar, dar uma volta a; *zweimal* ~ dar duas voltas a; (*dat.*) *den Hals*: torcer; *sich* ~ virar-se, voltar-se, volver a cabeça; **~'drehung** *f* rotação *f*; volta *f*, giro *m*; **~'drehungs...**: *in Zssg(n)* de rotação; **~druck** *m* (-*es*; -*e*) reprodução *f*; **2drucken** reimprimir; **2-erziehen** (*L*; -) reeducar; **~-erziehung** *f* reeducação *f*; **2fahren**[1] (*L*) derribar; *j-n*: atropelar; **2'fahren**[2] *v/t.* (*L*; -) dar a volta de; ⚓ dobrar; rondar; **~fall** *m* (-*es*; ⸚*e*) queda *f*; derrubamento *m*; *fig.* retratação *f*, mudança *f* de opinião (*od.* de atitude); **2fallen** (*L*; *sn*) cair; tombar; *Wagen*: virar-se; *fig.* retratar-se, mudar de opinião, mudar de atitude; **~fang** *m* (-*es*; ⸚*e*) circunferência *f*, circuito *m*; ⩘ perímetro *m*; (*Ausdehnung*) extensão *f*, ♪ *a.* diapasão *f*; *körperlich*: volume *m*, *fig.* proporções *f/pl.*, envergadura *f*; **2'fangen** (*L*) abraçar; **2fang-reich** volumoso; *fig.* extenso, de grande envergadura; **2färben** retingir.

um'fass|en (-*ßt*; -) abranger, abarcar, compreender; *mit der Faust*: empunhar; ⚔ cercar, *a. fig.* envolver; **~end** *adj.* extenso, amplo; abarcador; ⚔ de contorno (*'ô); **2ung** *f* cerca (*ê) *f*, circuito *m*; ⚔ cerco (*ê) *m*, envolvimento *m*, contorno (*'ô) *m*; **2ungs-mauer** *f* (-; -*n*) muralha *f* de circunvalação.
um|'flattern *v/t.* (-*re*; -) esvoaçar em volta de; **~'fliegen** *v/t.* (*L*; -) voar em volta de; **~'fließen** (*L*; -), **~'fluten** (-*e*-; -) *v/t.* correr ao redor de, banhar; **'~formen** transformar; **'2former** *m* transformador *m*; **'2formung** *f* transformação *f*; **'2frage** *f* inquérito *m*; ~ *halten* fazer um inquérito; **~'frieden** (-*e*-; -) cercar; **2'friedung** [-'friːduŋ] *f* cerca (*ê) *f*; **'~füllen** transvasar; trasfegar; mudar (*in ac.* para); **'2füllung** *f* trasfega *f*; **'2gang** *m* (-*es*; ⸚*e*) ⩓ galeria *f*; volta *f*; *Rel.* procissão *f*; (*Verkehr*) relações *f/pl.*; ~ *haben mit* lidar com, *mit j-m* ~ *haben a.* dar-se com alg.; **'~gänglich** ['-gɛŋliç] tratável; sociável; de bem.
'Umgangs|formen *f/pl.* modos *m/pl.*; maneiras *f/pl.*, trato *m/sg.*; **~sprache** *f* linguagem *f* corrente.
um|'garnen [-'garnən] (-) enredar; *fig.* iludir; seduzir; **~'geben** (*L*; -) rodear, cercar (*mit* de); envolver; **2'gebung** [-'geːbuŋ] *f j-s persönliche*: companhia *f*, intimidade *f*; *e-s Fürsten usw.*: séquito *m*, corte (*ô) *f*; = **'2gegend** *f* arredores *m/pl.*, arrabaldes *m/pl.*; *nähere*: imediações *f/pl.*, vizinhança *f*; **'~gehen**[1] *v/i.* (*L*; *sn*) circular; *Geist*: andar; *mit j-m* ~ ter relações com, dar-se com; *mit et.* ~ tratar de, lidar com; manejar (*ac.*); *gut usw.*: tratar (*ac.*); *mit e-r Absicht usw.* ~ ter (*ac.*); **~d** *adj.* imediato; *adv.* 📯 na volta do correio; **~'gehen**[2] *v/t.* (*L*; -) dar a volta de; ⚔ envolver; *fig.* evitar; iludir; **2'gehung** [-'geː-uŋ] *f j-s*: exclusão *f*; ⚔ envolvimento *m*; *unter* ~ (*gen. od. von*) *a.* evitando (*ac. od.* que ...); **2'gehungs-straße** *f* desvio *m*; **'~gekehrt** *adj.* inverso; *adv.* às avessas; ao contrário; *und* ~ e vice versa; **'~gestalten** (-*e*-; -) transformar; remodelar; *fig.* reorganizar; **'2gestaltung** *f* transformação *f*; remo-

delação *f*; *fig. a.* reorganização *f*; ˈ**~gießen** (*L*) (*umfüllen*) transvasar; trasfegar; mudar (*in ac.* para); (*umschütten*) verter; *Lit. u.* ⊕ refundir; ˈ**~graben** (*L*) escavar; **~ˈgrenzen** (*-t*; -) limitar; demarcar; (*umzäunen*) cercar; *fig.* delimitar, determinar.

ˈ**um·gruppier|en** *v/t.* (-) mudar a disposição de, dar outra disposição a; reorganizar; recompor; **2ung** *f* mudança *f* de disposição; reorganização *f*, recomposição *f*.

um|ˈgürten (*-e-*; -) cingir; ˈ**2guß** *m* (*-sses*; *¨sse*) refundição *f*; ˈ**~-haben** (*L*) ter posto; usar, trazer; **~ˈhalsen** [-ˈhalzən] (*-t*; -) abraçar; ˈ**2-hang** *m* (*-es*; *¨e*) capa *f*; manta *f*; ˈ**~-hängen** *Bilder*: mudar (para outro lugar); (*sich dat.*) ~ pôr; ˈ**2-hängetasche** *f* sacola *f* a tiracolo; ˈ**~hauen** (*L*) abater, derribar.

umˈher em volta, em redor, em roda; **~blicken** olhar em volta; **~fahren** (*L*), **~gehen** (*L*; *sn*) andar a passear; **~-irren** (andar a) vaguear; errar; **~d** *adj.* vadio; **~laufen** (*L*) correr de um lado para o outro; **~schleichen** (*L*) (andar a) rodar; **~stehen** (*L*) estar para aí, estar a mandriar; **~ziehen** (*L*; *sn*): ~ *in* (*dat.*) andar por; **~d** *adj.* ambulante.

umˈhin: *nicht ~ können zu* não poder deixar de.

ˈ**um·hören**: *sich ~* informar-se (*nach* de).

umˈhüll|en envolver, encapar, encobrir; **2ung** *f* capa *f*; invólucro *m*; ⚘, ⊕ camisa *f*.

um-ˈjubeln (*-le*; -) acolher com júbilo, aplaudir frenèticamente.

ˈ**Um·kehr** [ˈ-keːr] *f* (*0*) volta *f*; regresso *m*; *fig.* conversão *f*; = **~ung**; **2bar** reversível; **2en** **1.** *v/t.* virar, mudar; ⅌, ⚡ *u. gr.* inverter; *alles ~* revolver tudo, remexer tudo; *s. a. umgekehrt*; **2.** *v/i.* (*sn*) voltar para trás, regressar (pelo mesmo caminho); **~ung** *f* inversão *f*.

ˈ**um·kippen** *v/t.* virar; *v/i.* (*sn*) voltar-se, virar-se; *fig.* mudar de opinião, mudar de atitude.

um-ˈklammer|n (*-re*) *v/t.* apertar, *a. fig.* agarrar-se a; **2ung** *f* aperto (*ê) *m*; ⚔ cerco (*ê) *m*.

ˈ**um|kleiden**[1] (*-e-*) mudar a roupa a; *sich ~* mudar de roupa (*od.* de fato); **~ˈkleiden**[2] (*-e-*; -) revestir (*mit* de); ˈ**2kleide·raum** *m* (*-es*; *¨e*) vestiário *m*; *kleiner*: cabine *f*; **2ˈkleidung** *f* revestimento *m*; **~knicken** dobrar, quebrar; *v/i.* (*sn*) cair; *mit dem Fuß ~* torcer o pé; **~kommen** (*L*; *sn*) perecer; morrer; *a. et.* perder-se; **2kreis** *m* (*-es*; *-e*) circuito *m*; circunferência *f*; periferia *f*; *Raum*: âmbito *m*; amplitude *f*; *im ~ von ...* numa área de ...; **~ˈkreisen** (*-t*; -) *v/t.* girar à volta de; **~krempeln** (*-le*) (*fig.* re)volver; *Hose*: arregaçar; **~laden** (*L*) carregar doutra maneira; baldear, tra(n)sbordar; **2ladung** *f* baldeação *f*, tra(n)sbordo (*ˈô) *m*; **2lage** *f* repartição *f*; quota (*od.* cota) *f* extraordinária; **~lagern**[1] (*-re*) mudar; **~ˈlagern**[2] (*-re*; -) sitiar, cercar.

ˈ**Um·lauf** *m* (*-es*; *¨e*) circulação *f*; *Astr. u.* ⊕ revolução *f*; = **~-schreiben**; *in ~ bringen, in ~ setzen* fazer circular; *im ~ sn* = **2en** (*L*) **1.** *v/i.* (*sn*) circular; **2.** *v/t.* atropelar; **~schreiben** *n* circular *f*.

ˈ**Um·laut** *m* (*-es*; *-e*) metafonia *f*.

ˈ**umlegen** mudar; (*falten*) dobrar; (*hinlegen*) deitar; ⚠ derribar, apear; abater; *Kragen, Mantel*: pôr; ⚕ *Verband* aplicar; ⚓ querenar; (*verteilen*) repartir.

ˈ**um|leiten** (*-e-*) desviar; **2leitung** *f* (via *f* de) desvio *m*; **~lenken** fazer voltar; = **~leiten**; **~lernen** mudar de método, mudar de hábito; seguir uma orientação diferente; **~liegend** (circun)vizinho; adjacente; circunjacente; **~ˈmauern** (*-re*; -) amuralhar; **~ˈnachtet** [-ˈnaxtət]: (*geistig*) ~ demente; **2ˈnachtung** [-ˈnaxtuŋ] *f* demência *f*; **~ˈnebeln** [-ˈneːbəln] (*-le*; -) ofuscar, enevoar; **~packen** mudar; **~pflanzen** (*-t*) transplantar; **2-pflanzung** *f* transplantação *f*; **~pflügen** arar, lavrar, surribar; **~polen** *v/t.* comutar; **~prägen** converter; refundir; **~quartieren** [ˈ-kvartiːrən] (-) dar outro alojamento a; *sich ~* mudar de alojamento; **~ˈrahmen** (-) encaixilhar; emoldurar; ~ *mit* enquadrar em; rodear de; **~ˈranden** [-ˈrandən] (*-e-*; -) orlar (*mit* de); *schwarz ~ a.* tarjar; **~ˈranken** (-) *v/t.* cobrir; enroscar(-se); **~räumen** mudar.

ˈ**um-rechn|en** (*-e-*): ~ *in* (*ac.*) passar para; converter em; ⅌ reduzir a; ²**ung** *f* câmbio *m*; conversão *f*; redução *f*; ²**ungs-kurs** *m* (*-es*; *-e*) câmbio *m*.

'**um|reißen**¹ (*L*) derribar, demolir; ~'**reißen**² (*L*; -) esboçar; ~**rennen** (*L*) *j-n*: atropelar; *et.*: derribar; ~'**ringen** *v/t.* (-) rodear; ²**riß** *m* (*-sses*; *-sse*) esboço (*'ô) *m*; perfil *m*, contorno (*'ô) *m*; *im großen* ~ a grandes traços; ~**rühren** remexer; ~**s** F = *um das*; ~**satteln** (*-le*) *v/t.* mudar de sela; *fig.* mudar de profissão; ²**satz** *m* (*-es*; *¨e*) movimento *m*; ²**satz-steuer** *f* (-; *-n*) imposto *m* sobre a venda; ~'**säumen** (-) cercar, orlar (*mit* de).

'**um-schalt|en** (*-e-*) ⚡ comutar; *Auto.* mudar a velocidade; ²**er** *m* comutador *m*; ²**-taste** *f* comutador *m*; ²**ung** ⚡ *f* comutação *f*; *Schreibmaschine*: comando *m od.* mudança *f* (de minúsculas para maiúsculas).

'**Um-schau** *f* (*0*) (*Rundblick*) panorama *m*; *fig.* revista *f* (*halten* passar, *in* a); ²**en**: *sich* ~ olhar em volta; olhar para trás, virar a cabeça; *sich* ~ *nach* procurar (*ac.*); *sich in der Welt* ~ ver (*od.* correr) mundo.

'**um|schaufeln** (*-le*) revolver *od.* remexer (com a pá); ~**schichtig** ['-ʃiçtiç] alternadamente; ~ *et. tun* alternar, revezar-se; ²**schichtung** *f*: *soziale* ~ revolução *f* social; ~'**schiffen** *v/t.* circum-navegar; *Kap*: dobrar; *fig.* evitar; ²'**schiffung** [-'ʃifuŋ] *f* circum-navegação *f*.

'**Um-schlag** *m* (*-es*; *¨e*) embrulho *m*; (*Brief*²) sobrescrito *m*, envelope *m*; (*Buch*²) capa *f*; (*Falte*) prega *f*, dobra *f*; ⚓ transbordo (*'ô) *m*; ⚕ *heißer*: cataplasma *m*; *kalter*: compressa *f*; (*Wechsel*) mudança *f*; ²**en** (*L*) **1.** *v/i.* (*sn*) (*kippen*) virar-se; *Wetter*: mudar; ~ *in* (*ac.*) transformar-se em; **2.** *v/t. Tuch*: pôr, (*falten*) dobrar; (*wenden*) virar; *Ärmel usw.*: arregaçar; ⚓ transbordar, mudar; ~**tuch** *n* (*-es*; *¨er*) chaile *m*, manto *m*; ~**-hafen** *m* (*-s*; *¨*) porto (*'ô) *m* de transbordo (*'ô); ~**platz** *m* (*-es*; *¨e*) ponto *m* de transbordo (*'ô).

um|'schleichen (*L*; -) espiar, rod(e)ar; ~'**schließen** (*L*; -) *v/t.* cercar, abarcar; *fig.* abranger; ~**d** *adj.* abarcador; ~'**schlingen** (*L*; -) abraçar, abarcar; ²'**schlingung** [-'ʃliŋuŋ] *f* abarcamento *m*; '~**schmeißen** F (*L*) **1.** *v/t.* deitar abaixo; **2.** *v/i.* falir; '~**schmelzen** (*L*) refundir; '~**schnallen** cingir; '~**schreiben**¹ (*L*) transcrever; (*ändern*) refundir; ⚖ *u.* ⚓ transferir; ~'**schreiben**² (*L*; -) circunscrever; *fig.* dizer por perífrase; parafrasear; '²**schreibung**¹ *f* transcrição *f*, transferência *f* (*vornehmen* fazer); ²'**schreibung**² *f* circunscrição *f*; perífrase *f*; '²**schrift** *f* transcrição *f*; *Münze*: legenda *f*, inscrição *f*; '~**schulen** mudar de escola; = ~*erziehen*; '²**schulung** *f* mudança *f* de escola; = ²*erziehung*; '~**schütten** (*-e-*) verter; entornar; ~'**schwärmen** (-) *v/t.* esvoaçar em volta de; voar em volta de; ⚔ envolver; *Frau*: adorar, fazer a corte (*ô) a, namorar; '²**schweif** *m* (*-es*; *-e*) rodeio *m*.

'**um|schwenken** virar; *fig.* mudar de atitude, mudar de opinião; ²**schwung** *m* (*-es*; *¨e*) mudança *f*, revolução *f*, reviravolta *f*; ~'**segeln** (*-le*; -) circum-navegar; *Kap*: dobrar; ²'**segelung** [-'ze:gəluŋ] *f* circum-navegação *f*; ~**sehen** (*L*): *sich* ~ olhar em volta, olhar para trás, virar a cabeça (*nach* à procura de); *sich* ~ *nach fig.* procurar; *sich in der Welt* ~ *fig.* ver (*od.* correr) mundo; *im* ² *fig.* num instante; ~**seitig** [-zaɪtiç] no verso; ~**setzbar** [-zɛtsba:r] ⚓ vendável; convertível; ~**setzen** (*-t*) ⚓ vender, colocar; ♪ transpor; ⚘ transplantar; ~ *in* (*ac.*) transformar em, converter em; ²**sich-greifen** *n* extensão *f*; propagação *f*; ²**sicht** *f* (*0*) vista *f*, panorama *m*; *fig.* cautela *f*, circunspe[c]ção *f*; ~**sichtig** ['-ziçtiç] cauteloso, prudente, circunspe[c]to; ~**sinken** (*L*; *sn*) (deixar-se) cair; ~'**sonst** de graça, gratuito; F de borla; *fig.* em vão, debalde, inùtilmente; ~**spannen**¹ ⚡ transformar; ~'**spannen**² (-) abraçar; abarcar; *fig.* abranger; ~'**spinnen** (*L*; -) cobrir de fio, envolver em fio; ~**springen** (*L*) *Wind*: mudar; (*übel*) ~ *mit* tratar à vontade (maltratar) (*ac.*); ~'**spülen** (-) banhar; ²**stand** *m* (*-es*; *¨e*) circunstância *f*; (*Lage*) situação *f*; ²**stände** *m/pl.* circunstâncias *f/pl.*, condições *f/pl.*, situação *f/sg.*; ~ *machen j.*: fazer cerimónias *f/pl.*; *j-m*: causar transtorno (*'ô) *m/sg.* a; *sich* (*dat.*) ~ *machen* incomodar-

-se; *in anderen* (*od.* *gesegneten*) ~*n* no seu estado *sg.* interessante; *unter* ~*n a.* talvez; *unter allen* ~*n* a todo o custo, a todo o transe, em todo o caso; *unter keinen* ~*n* de modo algum; **~ständlich** ['-ʃtɛntliç] *et.*: complicado; *Bericht*: circunstanciado, pormenorizado; *j.*: ceremonioso; maçador; **⁀stands-krämer** *m* formalista *m*; maçador *m*; P piegas *m*; **⁀stands-wort** *n* (-*ẹs*; ⁼*er*) advérbio *m*; **~'stehen** (*L*; -) rodear, cercar; **~stehend** *adj.* (*umseitig*) no verso; *die* ⁀*en pl.* as pessoas *f/pl.* presentes, os circunstantes *m/pl.*; **⁀steige-fahr-schein** *m* (-*ẹs*; -*e*), **⁀steige-karte** *f* [-ʃtaɪgə-] bilhete *m* de transbordo (*'ô); **~steigen** (*L*; *sn*) mudar de carro (*od.* 🚂 de comboio); **~stellen**[1] *v/t.* mudar; dispor de outra forma; *sich* ~ mudar de orientação; adaptar-se às circunstâncias; **~'stellen**[2] (-) cercar; **⁀stellung**[1] *f gr.* inversão *f*; ⊕ reorganização *f*; *fig.* nova orientação *f*; adaptação *f* (*auf ac.* a); **⁀'stellung**[2] *f* cerco (*ê) *m*; **~stempeln** (-*le*) pôr outro carimbo (*od.* selo); **~stimmen** ♪ mudar (para outra tonalidade); *fig.* demover; fazer mudar de parecer; **~stoßen** (*L*) derrubar, deitar abaixo; *fig. a.* anular, revogar; **~'stricken** (-) *fig.* iludir, seduzir; **~'stritten** [-'ʃtritən] duvidoso, discutido; **~stülpen** entornar; *Ärmel*: arregaçar; **⁀sturz** *m* (-*es*; ⁼*e*) subversão *f*; revolução *f*; **~stürzen** (-*t*) **1.** *v/t.* virar, entornar; derrubar (*a. fig.*); **2.** *v/i.* (*sn*) entornar-se, cair (*a. fig.*); **⁀stürzler** [-ʃtyrtslər] *m* reviralhista *m*; **~stürzlerisch** subversivo; **~taufen** *v/t.* mudar o nome de (*od.* a); *sich* ~ *lassen* mudar de nome; *Rel.* converter-se; **⁀tausch** *m* (-*es*; *0*) troca *f*; **~tauschen** trocar (*gegen* por); **⁀triebe** ['-tri:bə] *m/pl.* intrigas *f/pl.*; maquinações *f/pl.*, manejos *m/pl.*; **~tun** (*L*): (*sich dat.*) et. ~ pôr a.c.; *fig.* *sich* ~ ver, procurar; informar-se; **⁀'wallung** *f* circunvalação *f*; **~wälzen** (-*t*) revolver; transformar; **⁀wälzung** ['-vɛltsuŋ] *f* revolução *f*, reviravolta *f*; transtorno (*'ô) *m*; **~wandeln** (-*le*) transformar (*a.* ⚡), mudar; ✝ converter; ⚖ comutar; **⁀wandlung** *f* transformação *f*; comutação *f*; *Rel.* transubstanciação *f*; **~wechseln** (-*le*) trocar; (*abwechseln*) alternar(-se); **⁀weg** *m* (-*ẹs*; -*e*) volta *f*, desvio *m*; *a. fig.* rodeio *m*; *auf* ~*en pl. a.* indire[c]tamente; **~wehen**[1] derribar; **~'wehen**[2] (-) rodear; **⁀welt** *f* (*0*) ambiente *m*, meio *m*, **~wenden** (*L*) virar; *sich* ~ *a.* voltar-se, volver a cabeça; **~'werben** (*L*) *Frau*: namorar, cortejar; *et.*: solicitar; **~werfen** (*L*) **1.** *v/t.* derrubar, deitar abaixo; *Mantel*: pôr (nos ombros): **2.** *v/i.* *Wagen*: virar; ✝ falir, quebrar; **⁀wertung** *f* ✝ conversão *f*, revalorização *f*; *Phil.* revolução *f*; **~'wickeln** (-*le*; -) envolver; embrulhar; ⚕ ligar; **~'wogen** banhar; **~'wölken** [-'vœlkən] cobrir de nuvens; anuviar (*a. fig.*); **~'zäunen** [-'tsɔynən] (-) cercar; **⁀'zäunung** [-'tsɔynuŋ] *f* (*Zaun*) grades *m/pl.*; *Gebiet*: cercado *m*, tapada *f*; **~ziehen**[1] (*L*) **a)** *v/i.* mudar (de casa); **b)** *v/t.* mudar a roupa a; *sich* ~ mudar de roupa (*od.* de fato); **~'ziehen**[2] (*L*; -) rodear, cercar (*mit* de); **~'zingeln** [-'tsiŋəln] (-*le*; -) envolver, cercar; **⁀zug** *m* (-*ẹs*; ⁼*e*) mudança *f* (de casa); (*Festzug*) cortejo *m*; *Rel.* procissão *f*.

unab|-'änderlich ['un-] inalterável, invariável; *Beschluß*: irrevogável; **'~-hängig** independente; **'⁀-hängigkeit** *f* (*0*) independência *f*; **'~-kömmlich** indispensável; **~'lässig** contínuo, ininterrupto; **~'sehbar** imenso, ilimitado; interminável; *Folge*: incalculável; **~'setzbar** inamovível; **'⁀setzbarkeit** *f* (*0*) inamovibilidade *f*; **'~sichtlich** involuntário; *adv.* sem querer; **~'weisbar** [-'vaɪsba:r], **~'weislich** imperioso; irrecusável; ~ *sn a.* impor-se; **~'wendbar** inevitável, fatal.

'un|-achtsam distraído; descuidado; **⁀-achtsamkeit** *f* distra[c]ção *f*, inadvertência *f*, descuido *m*; **~-ähnlich** (*dat.*) diferente; pouco (*od.* nada) parecido com; **~-an'fechtbar** incontestável, indiscutível; **~-angebracht** inoportuno, descabido, despropositado; **~-angefochten** [-angəfɔxtən] tranquilo, incólume, sem ser molestado; (*unbestritten*) incontestado; ~ *lassen a.* deixar em paz; **~-angemeldet** sem ser anunciado; **~-angemessen** inconveniente; *s.* ~-*angebracht*; **~-angenehm** desagradável; *j.*: antipático; **~-angerührt, ~-angetastet** [-angətastət] inta[c]to; **~-an'nehmbar** inaceitável; **2-annehmlichkeit** *f* desgosto (*'ô) *m*, transtorno (*'ô) *m*; **~-ansehnlich** pequeno; *j. von Wuchs*: baixo; *fig.* insignificante, mesquinho; **~-anständig** indecente, indecoroso; **2-anständigkeit** *f* indecência *f*; patifaria *f*; **~-an'tastbar** [-an'tastba:r] intangível, inviolável; **~-appetitlich** repugnante; **2art** *f* (*Fehler*) vício *m*, mao costume *m*; (*Unhöflichkeit*) descortesia *f*; *Kind*: maldade *f*; **~-artig** mau, feio, travesso, ruim; (*unhöflich*) descortês; **~-ästhetisch** feio, de mau gosto (*'ô); **~-aufdringlich, ~-auffällig** discreto; **~-auf'findbar** [-'fint-]: er ist ~ não há maneira de o encontrar; **~-aufgefordert** [-gəfɔrdərt] espontâneo; **~-aufgeklärt** ainda não esclarecido; misterioso; **~-aufgeräumt** desarrumado; **~-auf'haltsam** [-'haltza:m] irresistível; **~-auf'hörlich** [-'hørliç] incessante, constante, contínuo; *adv. a.* sem cessar; **~-auf'lösbar, ~-auf'löslich** insolúvel; *fig.* indissolúvel; **~-aufmerksam** desatento, distraído; descuidado; **2-aufmerksamkeit** *f* falta *f* de atenção, distra[c]ção *f*, descuido *m*; **~-aufrichtig** falso, pouco sincero; **2-aufrichtigkeit** *f* (*0*) falta *f* de sinceridade; **~-auf'schiebbar** urgente; impreterível.

un-aus|'bleiblich [-'blaıpliç] inevitável, fatal; **~'führbar** irrealizável, impraticável, inexecutável, inexequível; **'~gebildet** não desenvolvido; *Organ*: rudimentar; *j.*: sem instrução (⚔ militar); **'~geführt** não realizado; *Mal.* esboçado; **'~gefüllt** vago, em branco; **'~geglichen** desequilibrado; **'~gesetzt** = unaufhörlich; **~'löschlich** [-'lœʃliç] indelével; **~'rottbar** [-'rɔtba:r] inexterminável; *fig.* incorrigível; **~'sprechlich** [-'ʃprɛçliç] indizível; inefável; **~'stehlich** [-'ʃte:liç] insuportável; **~'weichlich** inevitável.

'un|bändig indómito, indomável; *Freude*: exuberante; F doido; **~barmherzig** despiedoso, desumano; **2barmherzigkeit** *f* (*0*) despiedade *f*, desumanidade *f*; **~beabsichtigt** ['-bəʔapziçtiçt] involuntário; **~beachtet** despercebido (bleiben passar); ~ lassen (*ac.*) não fazer caso de; **~beanstandet** sem oposição; sem reclamação; **~beantwortet** sem resposta, por responder; **~bebaut** sem construções; ⚒ inculto, ermo (*ê); **~bedacht(sam)** inconsiderado, irrefle[c]tido; **~bedeckt** descoberto; **~bedenklich** *adv.* sem hesitar; ~ sn *et.*: não ter inconveniente, ser inofensivo; **~bedeutend** insignificante, sem importância; **~bedingt** incondicional, absoluto; *adv. a.* sem falta; ~ nötig indispensável, imprescindível; **~beeinflußt** ['-bəʔaınflust] sem ser influenciado (von por); independente (durch de); ⚖ imparcial; **~befahrbar** impraticável, intransitável; ⚓ inavegável; **~befangen** desembaraçado, despreocupado; ⚖ imparcial; (*offen*) franco; (*arglos*) ingénuo, cândido; **2befangenheit** *f* (*0*) desenvoltura *f*; ingenuidade *f*; ⚖ imparcialidade *f*; **~befleckt** sem mancha; *a. Rel.* imaculado; **~befriedigend** pouco satisfatório, nada satisfatório; **~befriedigt** descontente, insatisfeito; **~befristet** sem prazo; ~ sn *a.* não ter prazo; **~befugt** não autorizado; ⊕ estranho ao serviço; ⚖ incompetente; **~begabt** sem talento, pouco inteligente; **~beglichen** ['-begliçən] ✝ não pago; **~begreiflich** incompreensível, inconcebível; **~begrenzt** ilimitado; ~ haltbar de duração (*od.* resistência) ilimitada; **~begründet** infundido; sem fundamento; injustificado; ~ sn *a.* não ter fundamento; **2behagen** *n* (*-s*; *0*) mal-estar *m*; **~behaglich** desagradável; (*lästig*) incómodo; *Zimmer*: pouco confortável; ⚕ indisposto; ~es Gefühl = 2behagen; **~behauen** bruto, tosco (*'ô); **~behelligt** sem ser molestado; **~behindert** livre; desimpedido; *adv. a.* sem ser impedido, sem encontrar obstáculo; **~beholfen** ['-bəhɔlfən] acanhado, desajeitado; **2beholfenheit** *f* (*0*) acanhamento *m*, falta *f* de jeito; **~beirrt** ['-bəʔirt] firme; **~bekannt** desconhecido; ~ sn mit desconhecer (*ac.*), ignorar (*ac.*), não conhecer (*ac.*); die 2e ⅍ *f* a incógnita *f*; **~bekleidet** despido, nu; **~bekümmert** indiferente; (*sorglos*) despreocupado (um com); **2bekümmertheit** *f* (*0*) indiferença *f*, despreocupação *f*; **~belebt** inanimado, sem vida, inânime; *Ort*: pouco frequentado; **~belehrbar** incorrigível; fanático; **~beliebt** impopular (*bei* entre); malvisto, malquisto (*bei* por); **2beliebtheit** *f* (*0*) impopularidade *f*; falta *f* de simpatia; **~bemannt** não tripulado; sem tripulação; **~bemerkbar** imperceptível; **~bemerkt** despercebido; *adv.* sem ser notado, sem ser visto; **~bemittelt** sem meios; **~benannt** [-bənant] anónimo, sem nome; & indefinido; **~benommen**: *es bleibt j-m ~ zu* alg. está livre de; **~benutzbar** inutilizável; **~benutzt** sem proveito; *noch ~* novo; *~ lassen* (*versäumen*) deixar passar; **~beobachtet** inobservado, despercebido, sem ser notado; **~bequem** incómodo; **2bequemlichkeit** *f* incomodidade *f*; **~berechenbar** [ˈ-bərɛçənba:r] incalculável; *j.* irregular, incerto; **~berechtigt** *et.* injustificado; *j.*: não autorizado; *adv. a.* = **~berechtigter-weise** sem direito, sem fundamento, sem autorização; **~berücksichtigt**: *~ lassen* não tomar em consideração, não fazer caso de; **~berufen** sem autorização; F *~!* que o diabo seja surdo!; **~berührt** inta[c]to; **~beschadet** [-bəʃa:dət] (*gen.*) salvo (*ac.*), sem prejuízo de; **~beschädigt** inta[c]to, indemne; *j.*: ileso, são e salvo; ⚓ em boas condições; **~beschäftigt** desocupado; **~bescheiden** imodesto; indiscreto; impertinente; **2bescheidenheit** *f* (*0*) imodéstia *f*; **~bescholten** [ˈ-beʃɔltən] íntegro, irrepreensível; ⚖ sem antecedências judiciárias; **2bescholtenheit** *f* (*0*) integridade *f*, reputação *f* inta[c]ta; irrepreensibilidade *f*; **~beschränkt** ilimitado; **~beschreiblich** [ˈ-bəʃraɪpliç] indescritível; **~beschrieben** [-bəʃri:bən] em branco; **~beschützt** indefeso, desprotegido; **~beschwert** *fig. et.*: ligeiro; *j.*: despreocupado; **~beseelt** inânime, inanimado; **~besehen** sem (o) ver, sem olhar (para ...); **~besetzt** livre, desocupado; *Amt*: vago; **~besiegbar** [-bəsi:kba:r] invencível, inexpugnável; **~besoldet** sem ser pago; **~besonnen** inconsiderado, irrefle[c]tido, *j.*: *a.* imprudente; **2besonnenheit** *f* (*0*) imprudência *f*; desatino *m*; **~besorgt** descansado; **~beständig** inconstante, instável; variável; pouco seguro; **2beständigkeit** *f* instabilidade *f*; inconstância *f*; vicissitude *f*; **~bestätigt** não confirmado; **~bestechlich** incorrupto, incorruptível; íntegro; *Urteil*: obje[c]tivo; **2bestechlichkeit** *f* integridade *f* (moral); obje[c]tividade *f*; **~besteigbar** [-bəʃtaɪkba:r] inacessível; **~bestellbar** [-bəʃtɛlba:r] ✉ devolvido (ao remetente); ⚒ não arável; **~bestellt** ⚒ inculto, baldio; **~bestimmbar** indeterminável; **~bestimmt** indeterminado; indefinido; vago; indeciso; incerto; **~bestraft** impune; = *~bescholten*; **~bestreitbar** incontestável; **~bestritten** [ˈ-bəʃtritən] incontestado; incontroverso; **~beteiligt** desinteressado (*bei* em); **~betont** não acentuado, átono; **~beträchtlich** insignificante; **~beugsam** [ˈ-bɔykza:m] inflexível; *fig. a.* inabalável; **2beugsamkeit** *f* firmeza *f*; inflexibilidade *f*; **~bevölkert** despovoado, deserto; **~bewacht** não guardado; não vigiado; *Augenblick*: *a.* de fraqueza; **~bewaffnet** desarmado (*a. Auge*); sem armas; inerme; **~bewandert** pouco versado; ignorante (*in dat.* de); **~bewässert** *Land*: de sequeiro; **~beweglich** imóvel; *fig.* impassível; *~es Gut* bens *m/pl.* imóveis, bens *m/pl.* de raiz; **2beweglichkeit** *f* (*0*) imobilidade *f*; **~bewegt** imóvel; *fig.* impassível; **~beweint** não chorado; **~beweisbar** indemonstrável; *~ sn a.* não se poder provar; **~bewiesen** [-bəvi:sən] não provado; **~bewohnbar** inabitável; **~bewohnt** inabitado; despovoado; deserto; *vorübergehend*: desabitado; **~bewölkt** desanuviado, sem nuvens; **~bewußt** inconsciente (*a.* ⚕); instintivo, involuntário; *et. ist mir ~* ignoro *a.c.*, desconheço *a.c.*; *sich* (*gen.*) *~ sn* não ter a consciência de; *adv. a.* sem reparar; **~bezahlbar** impagável; **~bezahlt** não pago; por pagar; **~bezähmbar** indomável; **~bezähmt** indómito; **~bezwingbar** [ˈ-bətsviŋba:r], **~bezwinglich** invencível, inexpugnável; **2bilden** *f/pl.*: *~ der Witterung* intempérie *f/sg.*, inclemências *f/pl.* do tempo; **2bildung** *f* falta *f* de educação (*od.*

de instrução *od.* de cultura); **≈bill** *f* (-; *-bilden*) iniquidade *f*; injustiça *f*, agravo *m*; **~billig** injusto, iníquo; **~blutig** não sangrento; incruento; sem derramação de sangue; **~botmäßig** [ˈ-bo:tmɛ:siç] insubordinado, insubmisso; **≈botmäßigkeit** *f* insubordinação *f*, rebeldia *f*; **~brauchbar** inútil; ~ *sn a.* não prestar; ~ *machen* inutilizar; (*unfähig*) incapaz; **≈brauchbarkeit** *f* (*0*) inutilidade *f*; *j-s*: incapacidade *f*, inaptidão *f*; **~christlich** pouco cristão.

und [unt] e; ~ *so weiter* (*usw.*) etcétera (etc.), e assim por diante; ~ *zwar* e (precisamente), e (nomeadamente).

ˈ**Un-dank** *m* (*-ės*; *0*) ingratidão *f*; **≈bar** ingrato; **~barkeit** *f* (*0*) ingratidão *f*.

ˈ**un|datiert** [ˈ-dati:rt] sem data; **~definierbar** indefinível; **~ˈdenkbar** inconcebível, inimaginável; **~denklich** imemorial; **~deutlich** indistinto; confuso; ininteligível; *Schrift*: ilegível; **~dicht** permeável; ~ *sn a.* fechar mal; *Gefäß*: deitar; **≈ding** *n* (*-ės*; *-e*) absurdo *m*, disparate *m*; **~duldsam** intolerante; **≈duldsamkeit** *f* (*0*) intolerância *f*; **~durch·dringlich** impenetrável; *Phys.* impermeável; **~durchführbar** inexequível, inexecutável; irrealizável; impossível; **~durchlässig** impermeável; **~durchsichtig** opaco; não transparente; **≈durchsichtigkeit** *f* (*0*) opacidade *f*.

ˈ**un-eben** desigual, irregular; *Gelände, Weg*: acidentado; *nicht* ~ *sn fig.* não estar mal; **≈-heit** *f* desigualdade *f*, irregularidade *f*; sinuosidade *f*; desnível *m*; *stilistische*: deslise *m*.

ˈ**un|-echt** falso; (*nachgemacht*) imitado; (*gefälscht*) contrafeito; (*künstlich*) artificial; *Haar, Zahn*: postiço; *Farbe*: não fixo; **~-ehelich** ilegítimo, natural; **≈-ehre** *f* (*0*) desonra *f*; **~-ehrenhaft** desonroso, indigno, indecoroso; **~-ehrerbietig** irreverente; **≈-ehrerbietigkeit** *f* (*0*) irreverência *f*; **~-ehrlich** desonesto, desleal; **≈-ehrlichkeit** *f* deslealdade *f*; má fé *f*; **~-eigennützig** desinteressado, altruísta; **≈-eigennützigkeit** *f* desinteresse (*ˈê) *m*, altruísmo *m*; **~-eigentlich** impróprio.

ˈ**un-ein|gelöst** ✝ sem cobertura; **~geschränkt** ilimitado; absoluto; **~ig** desunido; em desacordo (*ˈô); **≈igkeit** *f* discórdia *f*, desacordo (*ˈô) *m*, desunião *f*; **~ˈnehmbar** [-ˈne:mba:r] ⚔ inexpugnável; **~s** = **~ig**.

ˈ**un-emp|fänglich**: ~ *für* insensível a, não susceptível de; ⚕ imune contra; **≈fänglichkeit** *f* (*0*) insensibilidade *f*; **~findlich** insensível (*gegen* a); (*stumpf*) indiferente, apático; ~ *machen* ⚕ anestesiar; **≈findlichkeit** *f* (*0*) insensibilidade *f*; apatia *f*.

unˈ**endlich** infinito, imenso; **≈keit** *f* (*0*) infinito *m*, infinidade *f*.

ˈ**un-ent|behrlich** indispensável, imprescindível; **~geltlich** gratuito; *adv. a.* de graça, grátis; **~rinnbar** [-rinba:r] inevitável; **~schieden** indeciso; pendente; *Spiel*: empatado; **≈** *n Ergebnis*: empate *m*; **~schlossen** irresoluto; **≈schlossenheit** *f* (*0*) irresolução *f*; **~schuldbar** imperdoável, indesculpável; ~ *sn a.* não ter desculpa; **~wegt** constante, tenaz; *Pol.* intransigente; **~wickelt** pouco desenvolvido, rudimentar; *Phot.* não revelado; **~wirrbar** [-virba:r] inextricável; **~zifferbar** indecifrável.

ˈ**un-er|bittlich** [ˈ-ɛrbitliç] inexorável; implacável; **~fahren** inexperiente; **≈fahrenheit** *f* (*0*) inexperiência *f*; **~findlich** incompreensível; **~forschlich** [ˈ-ɛrfɔrʃliç] inescrutável, impenetrável; **~forscht** inexplorado; **~freulich** desagradável; **~füllbar** irrealizável; **~giebig** improdutivo; **~ˈgründlich** impenetrável, insondável; **~heblich** insignificante; **~ˈhört** inaudito; nunca visto; **~kannt** [ˈ-ɛrkant] incógnito, sem ser conhecido; **~kennbar** ininteligível; incognoscível; **~klärbar, ~klärlich** inexplicável; **~läßlich** [ˈ-ɛrlɛsliç] indispensável, imprescindível; **~laubt** ilícito; não permitido; **~ledigt** por despachar; *Frage*: pendente; **~meßlich** [ˈ-ɛrmɛsliç] imenso; **~müdlich** incansável, infatigável; **~örtert**: ~ *bleiben* não (chegar a) ser discutido; ~ *lassen* não discutir; **~quicklich** pouco agradável; **~reichbar** inacessível; fora do alcance; inigualável; **~reicht** sem igual, sem par;

~sättlich ['-ɛrzɛtliç] insaciável; **~schlossen** ['-ɛrʃlɔsən] virgem; inexplorado; **~schöpflich** ['-ɛrʃœpfliç] inesgotável; **~schrocken** intrépido, destemido, intemerato, arrojado; **2schrockenheit** *f* (*0*) intrepidez *f*, desassombro *m*, arrojo *m*, ousadia *f*; **~schütterlich** ['-ɛrʃytərliç] *j.*: imperturbável; *Wille*: inabalável; **~schwinglich** exorbitante; *für j-n*: inacessível; **~setzbar, ~setzlich** *et.*: irreparável; *j.*: insubstituível; **~sprießlich** improfícuo; **~träglich** insuportável; **~wähnt**: ~ *bleiben* não ser mencionado; ~ *lassen* não fazer menção de; **~wartet** inesperado, imprevisto; *adv. a.* de improviso, inopinadamente; **~widert** sem resposta; *Liebe*: não correspondido; **~wünscht** não desejado; inoportuno; *adv.* fora de propósito; **~zogen** ['-ɛrtso:gən] mal educado, malcriado.

'**un·fähig** incapaz (*zu* de); **2keit** *f* [(*0*) incapacidade *f*.]

'**Un·fall** *m* (*-es*; *⸚e*) acidente *m*, *stärker*: desastre *m*; **~station** *f* posto (*'ô) *m* de socorros (urgentes); **~verletzte(r)** *m* sinistrado *m*; **~versicherung** *f* seguro *m* contra acidentes.

'**un·faß|bar, ~lich** inconcebível.

'**un·fehlbar** ['-fe:lba:r] infalível; **2keit** *f* (*0*) infalibilidade *f*.

'**un|fein** pouco delicado, deselegante; grosseiro; **~fern** (*gen., dat., von*) perto de, não longe de; **~fertig** incompleto, imperfeito, não acabado; **2flat** ['-fla:t] *m* (*-es*; *0*) porcaria *f*, imundície *f*; **~flätig** ['-flɛ:tiç] porco; obsceno, torpe; **~folgsam** desobediente; **~förmig** ['-fœrmiç] deforme; informe; **2förmigkeit** *f* (*0*) deformidade *f*; informidade *f*; **~förmlich** informe; **2förmlichkeit** *f* informidade *f*; **~frankiert** sem franquia; **~frei** servo; sem liberdade; *Bewegung*: acanhado; **~freiwillig** involuntário; forçado.

'**un·freundlich** pouco amável; *Wetter*: pouco agradável; *Gesicht*: carrancudo; F de poucos amigos; **2keit** *f* falta *f* de delicadeza, pouca amabilidade *f*; *Wetter*: inclemência *f*.

'**Un·friede** *m* (*-ns*; *0*) discórdia *f*.

'**un·fruchtbar** estéril (*a. fig.*); infecundo, árido; **2keit** *f* (*0*) esterilidade *f*; infertilidade *f*, aridez *f*.

'**Un|fug** *m* (*-es*; *0*) abuso *m*; *e-s Kindes*: travessura *f*; *a. Rede*: disparates *m/pl.*; *grober* ~ ⚖ desordem *f*; ~ *reden* estar a disparatar; ~ *treiben a.* fazer disparates; **2fügsam** indisciplinado; **2fühlbar** insensível; **2galant** (*-est*) deselegante; **2gangbar** intransitável, impraticável; *fig.* impossível; *Münze*: retirado da circulação; ✝ ~ *sn* não ter venda.

'**Ungar** ['uŋgar] *m* (*-n*) (**~in** *f*) húngaro *m* (-a *f*); **2isch** húngaro, da Hungria.

'**un·gastlich** pouco hospitaleiro; inóspito.

'**un·ge|achtet** ['-gə?axtət] **1.** *adj.* pouco estimado; **2.** *prp.* (*gen.*) não obstante (*ac.*), apesar de, a despeito de; **~ahndet** ['-gə?a:ndət] impune; **~ahnt** ['-gə?a:nt] imprevisto; **~bärdig** ['-gəbɛ:rdiç] rude; revoltoso; (*störrisch*) teimoso; **~beten** não convidado, não rogado; espontâneo; *~er Gast* intruso; **~beugt** direito; *fig.* firme, inabalado; **~bildet** inculto; sem educação; iletrado; **~brannt** cru; **~bräuchlich** desusado, pouco usado; obsoleto; ~ *werden* deixar de ser usado, cair em desuso; **~braucht** novo; *Geschirr usw.*: limpo.

'**Un·gebühr** *f* (*0*) inconveniência *f*; (*Ungerechtigkeit*) injustiça *f*; **2lich** inconveniente, impertinente; irreverente; (*ungerecht*) injusto; **~lichkeit** *f* impertinência *f*; falta *f* de respeito, irreverência *f*.

'**un·gebunden** *Buch*: não encadernado; *Blätter*: soltas; *fig.* livre, independente; (*zügellos*) dissoluto; *~e Rede* prosa *f*; **2·heit** *f* (*0*) liberdade *f*, independência *f*; (*Zwanglosigkeit*) à-vontade *m*.

'**un·ge|deckt** descoberto; *Tisch*: não posto; **~druckt** ['-gədrukt] *Lit.* inédito; **2duld** *f* (*0*) impaciência *f*; **~duldig** impaciente; ~ *machen* impacientar; ~ *werden* impacientar-se; **~eignet** impróprio, inadequado; pouco apropriado; *j.*: incapaz; **~fähr** ['-gəfɛ:r] aproximativo; *adv.* cerca (*ê) de, pouco mais ou menos; aproximadamente; *vor Zahlen a.* uns (umas); ~ *um ein Uhr* pela ...; *von* ~ por acaso; **~fährdet** sem perigo; **~fährlich** não perigoso, sem perigo; (*harmlos*) inofensivo; **~fäl-**

lig pouco atencioso; pouco obsequioso, descortês; **~fälscht** ['-gəfɛlʃt] genuíno, autêntico; **~färbt** ['-gəfɛrpt] de cor natural, não pintado; **~fragt** sem ser perguntado; **~füge, ~fügig** volumoso; *j.*: intratável; **~gerbt** ['-gəgɛrpt] sem curtir; não curtido; **~halten** descontente; indignado, irritado (*über ac.* com); ~ *werden* zangar-se; **~heißen** espontâneamente; **~hemmt** ['-gəhɛmt] livre; *adv. a.* sem entraves; **2heuer** *n* monstro *m*; **~heuer(lich)** monstruoso, enorme; ingente; **2heuerlichkeit** *f* monstruosidade *f*; **~hindert** ['-gəhindərt] = ~*hemmt*; **~hobelt** ['-gəho:bəlt] não aplainado; *fig.* grosseiro, rústico; **~hörig** impertinente; **2hörigkeit** *f* impertinência *f*; **~horsam**[1] *adj.* desobediente; **2horsam**[2] *m* (*-s; 0*) desobediência *f*; **~hört** ['-gəhø:rt] sem ser ouvido; *j.*: sem ser atentido; **~kämmt** ['-gə'kɛmt] despenteado, desgrenhado; **~klärt** ['-gəklɛ:rt] obscuro, inexplicado; **~künstelt** natural; **~laden** não convidado; ⚔ não carregado; **~läufig** pouco familiar; **~legen** inoportuno; ~ *kommen* não vir a jeito; **2legenheit** *f* incómodo *m*; maçada *f*; **~lehrig** indócil, pouco inteligente; **~lenk(-ig)** acanhado; mal jeitoso; **~lernt** ['-gəlɛrnt] sem preparação; **~löscht** ['-gəlœʃt] não apagado; *Kalk*: viva; **2mach** *n* (*-es; 0*) desgraça *f*, adversidade *f*; desventura *f*, males *m/pl.*; **~mein** extraordinário; *adv. a.* extremamente; **~mischt** puro; **~mütlich** pouco confortável, incómodo; *j.*: pouco simpático; **~nannt** ['-gənant] anónimo; **~nau** inexa[c]to, impreciso; **2nauigkeit** *f* inexa[c]tidão *f*, imprecisão *f*; **~niert** ['-ʒəni:rt] tranquilo; *j.*: desembaraçado; sem cerimónia; com à-vontade; **~nießbar** péssimo, intragável; ~ *sn* não se poder comer (*od.* beber); *fig.* ser insuportável; **~nügend** insuficiente; **~nügsam** difícil de contentar; **~ordnet** ['-gəˀɔrtnət] em desordem; desorganizado; *Leben*: desordinada, desregrada; **~pflastert** ['-gəpflastərt] não calçado; **~pflegt** ['-gəpfle:kt] descuidado, desleixado, descurado; **~prüft** ['-gəpry:ft] não examinado; *adv.* sem examinar; **~rächt** ['-gərɛçt] impune, não vingado; **~rade** torto; *Zahl*: ímpar; **~raten** *j.*: ruim, malvado; **~rechnet** ['-gərɛçnət] sem contar, não contado.

'**un·gerecht** injusto; **~fertigt** injustificado; **2igkeit** *f* injustiça *f*.

'**un·geregelt** ['-gəre:gəlt] não regulado; irregular.

'**un·gereimt** ['-gəraımt] não rimado; *fig.* absurdo, disparate; **2heit** *f* absurdo *m*, disparate *m*.

'**un·gern** de má vontade.

'**un·ge|rügt** ['-gəry:kt]: ~ *lassen* deixar passar; **~rührt** insensível, impassível; **~sagt** ['-gəza:kt]: ~ *bleiben* não ser mencionado; ~ *lassen* não fazer menção de; **~salzen** sem sal, ensosso, fresco; **~sattelt** ['-gəzatəlt] sem sela; **~säuert** ['-gəzɔyərt] ázimo; **~schehen**: *als* ~ ... como não sucedido; ~ *machen* desfazer; anular; *das läßt sich nicht* ~ *machen* o que lá vai, lá vai.

'**Un·geschick** *n* (*-es; 0*), **~lichkeit** *f* falta *f* de jeito; **2t** desajeitado; acanhado.

'**un·ge|schlacht** ['-gəʃlaxt] informe; *j.*: rude, grosseiro; **~schliffen** ['-gəʃlifən] impolido; *fig.* bruto, tosco; **~schmälert** ['-gəʃmɛ:lərt] inteiro; **~schminkt** ['-gəʃmiŋkt] *fig.* sem disfarce, franco; *Wahrheit*: puro; **~schoren** ['-gəʃo:rən] não tosquiado; *fig.* ~ *lassen* deixar em paz; **~schrieben** ['-gəʃri:bən] oral; **~es** *Gesetz fig.* convenção *f*, tradição *f*; **~schützt** ['-gəʃytst] indefeso, desprotegido; desamparado; **~schwächt** ['-gəʃvɛçt] não enfraquecido; com todo o vigor; **~sehen** desapercebido, sem ser visto; **~sellig** insociável, intratável; selvagem; *Zool.* solitário; **~setzlich** ilegal; **~sittet** inculto, não civilizado; bárbaro; (*wild*) selvagem; **~stalt(et)** informe; amorfo; **~stört** ['-gəʃtø:rt] imperturbado, tranquilo; *Besitz*: contínuo, incontestado; *Ruhe*: *a.* absoluto; *adv. a.* em paz; **~straft** ['-gəʃtra:ft] impune, impunido; **~stüm**[1] ['-gəʃty:m] *adj.* impetuoso; **2stüm**[2] *n* (*-es; 0*) ímpeto *m*, impetuosidade *f*; **~sund** *j.*: doentio; achacoso; *Gewohnheit*, *Klima*: malsão; *Ort*: *a.* insalubre, não higiénico; ~ *sn Speise usw.*: fazer mal (à saúde); **~tan** ['-gəta:n]: ~ *lassen* não fazer, não executar; ~ *bleiben* ficar por fazer; **~teilt** ['-gətaɪlt] indiviso, inteiro; (*einstimmig*) unânime; (*rückhaltlos*) sem reserva; **~treu** infiel; desleal; **~trübt** ['-gətry:pt] claro, transparente; *fig. a.* puro, sereno; **2tüm** ['-gəty:m] *n* (-*ės*; -*e*) monstro *m*; **~übt** sem prática; desajeitado; **~waschen** sujo; ~*es Zeug fig.* disparates *m/pl.*; **~wiß** incerto; duvidoso; *Lage*: precário; *im Ungewissen* na incerteza, na dúvida; **2wißheit** *f* incerteza *f*, dúvida *f*; **2witter** *n* temporal *m*, tempestade *f*, furacão *m*; **~wöhnlich** invulgar, extraordinário; insólito; (*seltsam*) estranho; **~wohnt** desacostumado; insólito; **~zählt** ['-gətsɛ:lt] não contado, inúmero, inumerável; **~zähmt** ['-gətsɛ:mt] indómito, indomado; **2ziefer** ['-gətsi:fər] *n* bicharada *f*, bichos *m/pl.*; **~zogen** ['-gətso:gən] mal educado; malcriado; *Kind*: *a.* ruim; (*unhöflich*) descortês, impertinente; **2gezogenheit** *f* ruindade *f*; má-criação *f*; descortesia *f*; impertinência *f*; **~zügelt** ['-gətsy:gəlt] desenfreado; **~zwungen** *fig.* desembaraçado, natural; sem constrangimento; **2zwungenheit** *f* (*0*) desembaraço *m*, naturalidade *f*; sem-cerimónia *m*.

'**Un|glaube** *m* (-*ns*; *0*) incredulidade *f*, descrença *f*; **2gläubig** incrédulo; descrente; ateu; (*heidnisch*) infiel; **2glaublich** incrível; **2glaubwürdig** não fidedigno; pouco digno de fé (*od.* de crédito); *et.*: *a.* invero(s)símil.

'**un-gleich** desigual; (*verschieden*) diferente (*dat.* de); *adv.* ~ + *comp.* sem comparação, muito; **~-artig** heterogéneo; **~förmig** ['-fœrmiç] desproporcionado; ⟨Ɐ⟩ assimétrico; **2heit** *f* desigualdade *f*; diferença *f*, disparidade *f*; **~mäßig** desigual; irregular; *Dreieck*: escaleno.

'**Un-glimpf** ['-glimpf] *m* (-*ės*; *0*) injustiça *f*; (*Schimpf*) insulto(s *pl.*) *m*, injúria *f*; **2lich** injusto, duro.

'**Un-glück** *n* (-*ės*; -*e*) desgraça *f*, desdita *f*, infelicidade *f*; calamidade *f*; *dauerndes*: infortúnio *m*; (*Pech*) má sorte *f*, pouca sorte *f*; = ~*sfall*; *ins ~ stürzen* arruinar; **2lich** infeliz, desgraçado, desditoso; calamitoso; **2licher-weise** infelizmente, por desgraça; **2selig** desditoso; malfadado; *et.*: funesto; **~s-fall** *m* (-*ės*; ⸗*e*) acidente *m*, desastre *m*; sinistro *m*; **~s-rabe** *m* (-*n*) homem *m* de pouca sorte; **~s-tag** *m* (-*ės*; -*e*) dia *m* infausto, dia *m* aziago.

'**Un|gnade** *f* (*0*) desgraça *f*; desfavor *m*; **2gnädig** pouco benévolo, de mau humor.

'**un-gültig** inválido, nulo, sem valor; ~ *machen, für* ~ *erklären* anular, invalidar; inutilizar, suprimir; **2keit** *f* (*0*) nulidade *f*, invalidade *f*, invalidez *f*; caducidade *f*; **2keitserklärung** *f* declaração *f* de invalidade; ⚖ = **2machung** [-maxuŋ] *f* invalidação *f*; anulação *f*.

'**Un|gunst** *f* (*0*) desfavor *m*, prejuízo *m*; *zu j-s ~en a.* em detrimento *m* de alg., em desabono *m* de alg.; *zu m-n ~en a.* em meu desfavor; = *Ungnade*; *der Witterung*: intempérie *f*; **2günstig** desfavorável; pouco propício; ⚓ contrário; **2gut**: *nichts für ~!* não o leve a mal; sem desfazer; **2-haltbar** insustentável; **2-handlich** difícil de manejar; **2-harmonisch** desarmonioso.

'**Un-heil** *n* (-*ės*; *0*) desgraça *f*; calamidade *f*; **2bar** incurável; irremediável; **2bringend** nefasto, funesto, fatal; **2ig** profano; (*gottlos*) impio; **2verkündend** sinistro, de mau augúrio; **2voll** funesto, calamitoso.

'**un|-heimlich** inquietante; sinistro, lúgubre, medonho; numinoso; *mir ist ~ zumute* tenho medo; **~höflich** descortês; **2-höflichkeit** *f* descortesia *f*; **2-hold** *m* (-*ės*; -*e*) monstro *m*, malvado *m*; **~-hörbar** imperceptível; *adv.* sem ruído; **~-hygienisch** nada higiénico.

Uni'form [uni'fɔrm] *f* uniforme *m*, farda *f*.

'**Unikum** ['unikum] *n* (-*s*; -*s od.* -*ka*) exemplar *m* único; *fig.* coisa *f* única; F *j.*: (tipo *m*) original.

'**un-interess|ant** sem interesse (*'ê), pouco interessante; **~iert** [-i:rt] desinteressado; indiferente.

Uni'on [uni'o:n] *f* união *f*.

univer'sal [univɛrza:l] universal; **2-erbe** *m* (-*n*) (**2-erbin** *f*) herdeiro *m* (-a *f*) universal; **2lexikon** *n* (-*s*; -*ka*) enciclopédia *f*; **2mittel** *n* panaceia *f*; **2schlüssel** *m* chave *f* universal.

Universi'tät [univɛrzi'tɛ:t] *f* universidade *f*; **~s-diener** *m* contínuo *m*; **~s-professor** *m* (-*s*; -*en*) professor *m* universitário (*od.* da universidade); lente *m*; *ordentlicher* ~ *a.* (professor *m*) catedrático *m*.

Uni'versum [uni'vɛrzum] *n* (*-s*; *0*) universo *m*.

'un-kameradschaftlich nada camarada, pouco amigo; ~ *sn a.* não ser bom companheiro.

'Unk|e ['uŋkə] *f* sapo *m* doméstico, rela *f*; **2en** F (estar a) augurar mal.

'un|kenntlich irreconhecível; desfigurado; ~ *machen* desfigurar; disfarçar; **2kenntnis** *f* (*0*) ignorância *f*; desconhecimento *m*; **~kindlich** pouco infantil; pouco filial; (*frühreif*) precoce; **~klar** pouco claro; confuso; (*trübe*) turvo; *über* (*ac.*) *im* ~*en sn* não saber bem (*ac.*); *j-n im* ~*en lassen* não informar alg.; **2klarheit** *f* falta *f* de clareza; confusão *f*; *einzelne*: ponto *m* obscuro; **~kleidsam** de mau gosto; ~ *sn* não ficar bem; **~klug** imprudente; tolo; **2klugheit** *f* imprudência *f*; tolice *f*; **~kontrollierbar** incontrolável; difícil de comprovar (*od.* de controlar *od.* de fiscalizar); **2kosten** *pl.* despesas *f/pl.*; **2kraut** *n* (*-es*; *=er*) erva *f* má; **~kultiviert** inculto; bárbaro; **~'kündbar** ✝ irremível; inconvertível; *Stellung*: permanente; ~ *sn j.*: ser inamovível; *Vertrag*: não poder ser denunciado; **~kundig** ignorante, sem conhecimentos; ~ *sn* (*gen.*) ignorar (*ac.*); ser pouco versado em; não saber (*ac.*, *inf.*); **~längst** há pouco; recentemente; **~lauter** impuro; ilícito, desleal (*a. Charakter*); **2lauterkeit** *f* impureza *f*; deslealdade *f*; **~lenksam** indócil, indómito; **~leserlich** ilegível; **~leugbar** ['-lɔykba:r] inegável, incontestável, insofismável; **~lieb**: *j-m* ~ *sn* desagradar a alg.; **~liebenswürdig** pouco amável; **~liebsam** desagradável; **2logik** *f* (*0*) falta *f* de lógica; **~logisch** ilógico; **~lösbar**, **~löslich** insolúvel; *Ehe*: indissolúvel; **2lust** *f* (*0*) falta *f* de vontade; repugnância *f*; *mit* ~ contrariado; **~lustig** mal-humorado; *adv.* de mau humor.

'un|manierlich pouco educado, de maneiras grosseiras; **~männlich** efeminado; mulherengo; (*feige*) cobarde; **2masse** *f* F quantidade *f* enorme, sem-número *m*; **~maßgeblich** incompetente, não categorizado; (*bescheiden*) despretensioso; **~mäßig** imoderado, descomedido, excessivo; **2mäßigkeit** *f* intemperança *f*, excesso *m*; **2menge** *f* quantidade *f* enorme; sem-número *m*.

'Un-mensch *m* (*-en*) monstro *m*; **2lich** desumano; bárbaro; **~lichkeit** *f* desumanidade *f*, barbaridade *f*.

'un|merklich imperceptível; **~militärisch** pouco militar, pouco garboso; paisano; **~mißverständlich** inequívoco; categórico; **~mittelbar** imediato, dire[c]to; espontâneo; **~möbliert** vazio, sem mobília; **~modern** fora da moda, antiquado; **~möglich** impossível (*ich kann* é me); *das ist* ~ *a.* não pode ser; **2möglichkeit** *f* (*0*) impossibilidade *f*; **~moralisch** imoral; **~motiviert** inexplicável, sem razão; ⚖ fictício; **~mündig** menor; **2mündigkeit** *f* (*0*) menoridade *f*; **~musikalisch** sem sensibilidade musical; ~ *sn a.* não ter ouvido, não entender de música; não ter jeito para a música; **2mut** *m* (*-es*; *0*) mau humor *m*; má disposição *f*; **~mutig** mal-humorado, de mau humor; mal disposto.

'un|nachahmlich ['-nax?a:mliç] inimitável; **~nachgiebig** inflexível; *j.*: *a.* intransigente; **~nachsichtig** inconivente, severo; **~nahbar** ['-na:ba:r] inacessível; **2natur** *f* (*0*) afe[c]tação *f*; monstruosidade *f*, perversidade *f*; **~natürlich** desnaturado, pouco natural; afe[c]tado; **~nennbar** ['-nɛnba:r] indizível, inexplicável; **~notiert** ✝ não cotizado.

'un-nötig inútil, desnecessário; (*überflüssig*) escusado; *Wort*: redundante; **~er-weise** [-tigər-] sem necessidade; inùtilmente.

'un-nütz ['-nyts] inútil; (*a. unartig*) ruim; ~ *sn a.* não servir para nada; *adv.* (*a.* **~er-weise**) = *unnötigerweise*.

'un|-ordentlich em desordem, desordenado, desarranjado; *Zimmer*: *a.* desarrumado; *j.*: desleixado; **2-ordnung** *f* desordem *f*, confusão *f*, desarranjo *m*, desalinho *m*; *in* ~ *bringen* desarranjar, pôr em desordem, desordenar; **~-organisch** inorgânico.

'un|paar(ig) impar; **~parteiisch**

imparcial; 2**parteiische(r)** *m* árbitro *m*; 2**parteilichkeit** *f* imparcialidade *f*; ~**passend** impróprio (*für* de); inconveniente, descabido; *Betragen*: incorre[c]to; *Zeit*: inoportuno; *zu* ~*er Zeit a.* a desoras, fora de tempo; ~**passierbar** intransitável; ~**päßlich** [ˈ-pɛsliç] indisposto; 2**päßlichkeit** *f* indisposição *f*; ~**persönlich** impessoal; ~**politisch** não político; impolítico; (*unklug*) *a.* pouco diplomático; ~**populär** impopular; ~**praktisch** pouco prático; ~**produktiv** improdutivo; ~**pünktlich** impontual; 2**pünktlichkeit** *f* (*0*) impontualidade *f*; falta *f* de pontualidade; ~**qualifizierbar** inqualificável; ~**rasiert** sem a barba feita, com a barba por fazer, não barbeado; 2**rat** *m* (*-es*; *0*) imundície *f*; lixo *m*; ~ *wittern fig.* ter as suas suspeitas; cheirar a caça; ~**ratsam** inoportuno; ~**recht**[1] **a**) *adj.* injusto; (*schlecht*) mau; *Zeit*: inoportuno; *zu* ~*er Zeit*: *a.* fora de tempo; **b**) *adv.* mal, sem razão; ~ *haben* não ter razão; 2**recht**[2] *n* (*-es*; *0*) injustiça *f*; *angetanes*: agravo *m*; *mit* ~, *zu* ~ injustamente, sem razão; *im* ~ *sn* não ter razão; não estar no seu direito; ~ *tun* fazer mal; *j-m*: ser injusto para com; ~**rechtmäßig** ilegítimo; ilegal; *adv. a.* sem direito; *sich* ~ *aneignen* usurpar; 2**rechtmäßigkeit** *f* ilegitimidade *f*; ilegalidade *f*; ~**redlich** desleal, desonesto; ⚖ fraudulento; 2**redlichkeit** *f* (*0*) deslealdade *f*, falta *f* de probidade; fraudulência *f*; ~**reell** desleal; de pouca confiança; pouco sério.

ˈ**un-regelmäßig** irregular, anormal; anómalo; assimétrico; 2**keit** *f* irregularidade *f*, anormalidade *f*; anomalia *f*; assimetria *f*.

ˈ**un-reif** não maduro, verde; imaturo; 2**e** *f* (*0*) falta *f* de madureza; imaturidade *f*; *fig.* falta *f* de experiência.

ˈ**un-rein** impuro; (*schmutzig*) sujo; ♪ dissonante; *ins* 2*e schreiben* fazer um rascunho; 2**lichkeit** *f* desasseio *m*, falta *f* de limpeza.

ˈ**un|rentabel** pouco lucrativo; ~ *sn a.* não render; ~**rettbar** [-rɛtba:r] perdido, fatal; ~ *sn a.* não ter salvação; *adv.* sem remédio, irremediàvelmente; ~**richtig** inexa[c]to; errado, incorre[c]to; 2**richtigkeit** *f* inexa[c]tidão *f*; incorre[c]ção *f*.

ˈ**Un-ruh** [ˈunru:] *f der Uhr*: volante *m*; ~**e** *f* inquietação *f*, desassossego *m*, agitação *f*, perturbação *f*; (*Gemurmel*) rumores *m/pl.*; ~*en pl.* distúrbios *m/pl.*; *j-m* ~ *machen*, *j-n in* ~ *versetzen* inquietar alg.; ~(**e**)**stifter** *m* amotinador *m*, revolucionário *m*, perturbador *m* da ordem pública; 2**ig** inquieto, agitado; *j.*: *a.* irrequieto, desassossegado.

ˈ**un-rühmlich** inglório.

uns [uns] (*dat. u. ac. v. wir*) nos; *betont*: a nós; *ein Freund von* ~ um amigo nosso.

ˈ**un|sachgemäß** impróprio; ~**sachlich** sem obje[c]tividade; impertinente; 2**sachlichkeit** *f* (*0*) falta *f* de obje[c]tividade; impertinência *f*; ~ˈ**sagbar** [-ˈza:kba:r], ~ˈ**säglich** [-ˈzɛ:kliç] indizível, indescritível; ~**sanft** rude, duro, áspero; ~**sauber** sujo; ~**schädlich** inofensivo; ~ *machen* neutralizar; *j-n* ~ *machen* reduzir alg. à ina[c]tividade (*od.* à ina[c]ção); ~**scharf** *Phot.* desfocado, pouco nítido; ~ *einstellen* focar mal; ~**schätzbar** [ˈ-ʃɛtsba:r] inestimável, incalculável; ~**scheinbar** de pouca aparência, pouco vistoso; (*zurückhaltend*) discreto; ~**schicklich** indecoroso, indecente; ~**schlüssig** irresoluto, indeciso; 2**schlüssigkeit** *f* (*0*) irresolução *f*, indecisão *f*; ~**schön** feio; deselegante; 2**schuld** *f* (*0*) inocência *f*; ~**schuldig** inocente; ~**schwer** fácil; ~**selbständig** *j.*: dependente; subalterno; sem personalidade, sem iniciativa; *Arbeit*: feito com auxílio alheio; 2**selbständigkeit** *f* (*0*) falta *f* de independência; falta *f* de iniciativa; falta *f* de personalidade; ~**selig** desgraçado, fatal, funesto, infausto.

ˈ**unser** [ˈunzər] **1.** (*gen. v. wir*) de nós; **2.** (o) nosso, (a) nossa; **3.** ~**e**: *das* ~, *der* ~ o nosso; *die* ~ a nossa; ~**ige** [-igə]: *das* ~, *der* ~ o nosso, *die* ~ a nossa; ~-**einer,** ~-**eins** cá nós, a gente; ~(**er**)**seits** da nossa parte; ~(**e**)**sgleichen** o nosso igual; ~**t-wegen** por (causa de) nós, por nossa causa.

ˈ**un|sicher** inseguro; (*ungewiß*) incerto; (*zweifelhaft*) duvidoso; *Existenz, Gesundheit*: precário; (*ris-*

kant) arriscado, perigoso; ~ *machen Gegend*: infestar; *j-n*: confundir; **&sicherheit** *f* incertitude *f*; incerteza *f*; inseguridade *f*, falta *f* de segurança; **~sichtbar** invisível; **&sichtbarkeit** *f* (*0*) invisibilidade *f*; **&sinn** *m* (*-es*; *0*) absurdo *m*, disparate(s *pl.*) *m*; **~sinnig** absurdo, disparatado; **&sinnigkeit** *f* (*0*) absurdidade *f*, loucura *f*; **&sitte** *f* mau hábito *m*, mau costume *m*, vício *m*; **~sittlich** imoral; **&sittlichkeit** *f* (*0*) imoralidade *f*; **~solide** ✝ de pouca confiança; *Arbeit*: mal feito; *j.*: pouco sério; *a. Leben*: desregrado, desordenado; **~sozial** anti-social, *j.*: *a.* egoísta; **~sportlich** pouco desportivo; anti-desportivo.

'**unsr(ig)e** ['unzr(ig)ə]: *das* ~, *der* ~ o nosso; *die* ~ a nossa.

'**un|statthaft** ilícito, inadmissível, proibido; **~sterblich** imortal; **&-'sterblichkeit** *f* (*0*) imortalidade *f*; **&stern** *m* (*-es*; *0*) má estrela (*'ê) *f*, má sorte *f*; **~stet(ig)** inconstante; *Charakter*: volúvel, irrequieto; *Leben*: agitado; (*schweifend*) errante; **~stillbar** insaciável; **~stimmig** ['-ʃtimiç] em desacordo (*'ô); **&stimmigkeit** *f* desacordo (*'ô) *m*; (*Zwist*) desavença *f*; **~streitig** indiscutível, incontestável; *adv. a.* sem dúvida alguma; **~sühnbar** ['-zy:nba:r] inexpiável; **&summe** *f* quantia *f* enorme; e-e ~ *Geld* um dinheirão; e-e ~ *von Arbeit* imenso; **~symmetrisch** assimétrico; **~sympathisch** antipático; **~tadelhaft, ~tadelig** impreensível, impecável; **&tat** *f* crime *m*; **~tätig** ina[c]tivo; **&tätigkeit** *f* (*0*) ina[c]tividade *f*; **~tauglich** inútil; *geistig*: inepto; *a.* ⚔ incapaz (*für* de); (*unzulänglich*) insuficiente; ~ *sn a.* não prestar; **&tauglichkeit** *f* (*0*) inutilidade *f*; *geistige*: inépcia *f*; *a.* ⚔ incapacidade *f*; (*Unzulänglichkeit*) insuficiência *f*; **~teilbar** indivisível; **&teilbarkeit** *f* (*0*) indivisibilidade *f*.

'**unten** ['untən] em baixo, por baixo, abaixo; *da* ~, *dort* ~ lá em baixo; *hier* ~ cá em baixo; *nach* ~ para baixo, abaixo; *von oben bis* ~ de cima para baixo; *von* ~ *herauf* de baixo; a subir; *weiter* (*nach*) ~ mais abaixo, mais para baixo; *siehe* ~! veja-se mais abaixo (*od.* mais adiante); ~ *in* (*dat.*) no fundo de; **~-'an**: ~ *sitzen* estar no último lugar, ter o último lugar; **~genannt** ['-gənant], **~stehend** abaixo mencionado, abaixo indicado.

'**unter** ['untər] **1.** *prp.* **a**) *örtlich*: (*Lage, wo?*: *dat., Richtung, wohin?*: *ac.*) debaixo de, sob, por baixo de, abaixo de; ~ *freiem Himmel* a céu aberto; (*zwischen, von*) entre; ~ *Tränen* entre, com; ~ *uns* entre nós; ~ *and(e)rem* entre outras coisas; ~ (*dat.*) *hervor* de debaixo de; ~ *der Hand* ✝ particularmente; ~ *vier Augen* a sós; **b**) *zeitlich*: sob; durante; ~ *dem heutigen Datum* com a data de hoje; ~ *dem 2. Mai* com a data de 2 de Maio; **c**) (*weniger als*): ~ *zehn Jahren* a menos de dez anos; ~ *dem Preis* abaixo do preço; *nicht* ~ ... não menos do que ...; ~ *aller Kritik* inqualificável; **d**) *Abhängigkeit*: sob; ~ *s-r Leitung* sob a sua dire[c]ção; **e**) *Art u. Weise*: sob, com; ~ *diesen Umständen* nestas condições; **2.** *adj.*: inferior; (*unten gelegen*) de baixo; (*nieder*) baixo; *die* ~*e Stadt* a baixa *f*; **&-abteilung** *f*, **&-abschnitt** *m* (*-es*; *-e*) subdivisão *f*; *Text*: *a.* alínea *f*; **&-arm** *m* (*-es*; *-e*) antebraço *m*; **&-art** *f* sub-espécie *f*; **&-arzt** *m* (*-es*; *⸗e*) médico *m* adjunto, assistente *m* (do médico); ⚔ tenente-médico *m*; **&-ausschuß** *m* (*-sses*; *⸗sse*) sub-comissão *f*; **&-bau** *m* (*-es*; *-ten*) infra-estrutura *f*; substrução *f*; ⊕ pedestal *m*; **~'bauen** (-) fundamentar, alicerçar; **~belichten** (*-e-*; -) *v/t.* dar pouca exposição (a); **&belichtung** *f* pouca exposição *f*; **~bewerten** (*-e-*; -) depreciar; desestimar; desprezar; **~bewußt** subconsciente; **&bewußtsein** *n* (*-s*; *0*) subconsciente *m*; **~'bieten** (*L*; -) *v/t.* oferecer melhor preço que; *Sport*: bater um recorde (de tempo); **&bilanz** *f* défice *m*; **~'binden**[1] (*L*; -) atar por baixo, ligar por baixo; **~'binden**[2] (*L*) fazer ligadura; *fig.* impedir, acabar com; **~'bleiben** (*L*; -) não ter lugar, não se realizar, não ser levado a cabo; **~'brechen** (*L*; -) interromper; quebrar; (*einstellen*) suspender; ⚡ desligar; **&'brechung** *f* interrupção *f*; suspensão *f*; **~'breiten** [-'braɪtən] (*-e-*; -) *fig.* submeter, apresentar;

~bringen (*L*) colocar; acomodar; *Gast*: alojar, hospedar; ⚔ acantonar, aquartelar; **≈bringung** [-briŋuŋ] *f* acomodação *f*; (*Wohnung*) alojamento *m*; ⚔ aquartelamento *m*; ~ *in Baracken* abarracamento *m*; *fig.* colocação *f*; **~'des(sen)** [-'dɛs(-ən)] entretanto; **≈druck** *m* (-*es*; *0*) depressão *f*; **~'drücken** (-) reprimir; *gänzlich*: suprimir; *Volk*: oprimir; submeter; (*vertuschen*) abafar; **≈'drücker** *m* opressor *m*; **≈'drückung** [-'drykuŋ] *f* repressão *f*; supressão *f*; opressão *f*; **~-ein-'ander** entre eles (nós *usw.*), uns com os outros; reciprocamente; **~-entwickelt** subdesenvolvido; **~-ernährt** subalimentado; **≈-ernährung** *f* alimentação *f* deficiente, subalimentação *f*; **≈'fangen** *n* atrevimento *m*; empreendimento *m* (arriscado); **~fassen** (-*ßt*) *v/t.* dar o braço a; *sich* ~ ir de braços dados; **~'fertigen** (-) assinar; rubricar; *der* ≈*fertigte* o abaixo-assinado; **≈führer** *m* chefe *m* subalterno; **≈'führung** *f* passagem *f* subterrânea; **≈futter** *n* forro (*'ô) *m*; **~'füttern** (-*re*; -) forrar; **≈gang** *m* (-*es*; ⸗*e*) ⚓ naufrágio *m*; (*Sinken*) afundamento *m*; *Astr.* pôr *m* (do sol), *a. fig.* ocaso *m*; *fig.* queda *f*, declínio *m*; **~'geben** subordinado, inferior, subalterno; **~geh(e)n** (*L*; *sn*) ⚓ afundar-se, ir ao fundo, ir a pique; *Astr.* pôr-se; *fig.* acabar, perecer, declinar; **~geordnet** [-gəˀɔrtnət] subordinado, subalterno; *an Bedeutung*: inferior, secundário; **≈geschoß** *n* (-*sses*; -*sse*) rés-do-chão *m*; **≈gestell** *n* (-*es*; -*e*) armação *f*; (*Fahrgestell*) «chassis» *m* (*fr.*), ✈ trem *m* de aterragem; **≈gewicht** *n* (-*es*; *0*) falta *f* de peso (*ê); **~'graben** (*L*; -) sapar, *a. fig.* minar; *Gesundheit*: estragar, dar cabo de; **≈grund** *m* (-*es*; *0*) subsolo *m*; *Mal.* fundo *m*; *Pol.* resistência *f* clandestina; **≈-grund-bahn** *f* metro(politano) *m*; **~haken** = ~*fassen*; **~halb** (*gen.*) por baixo de; abaixo de; *adv.* da parte de baixo; **≈halt** *m* (-*es*; *0*) sustento *m*; subsistência *f*; manutenção *f*; **~'halten** (*L*; -) conservar; (*ernähren*) manter, suster; *Personal*: pagar; *finanziell*: subvencionar; *im Gespräch*: entreter; *sich* ~ conversar; (*vergnügen*) divertir, distrair (*a. refl.*); **~'haltend, ~'haltsam** interessante; divertido; *Lit.* ameno.

Unter'haltung *f* conversa *f*; (*Vergnügen*) divertimento *m*, distra[c]ção *f* = *Unterhalt*; ⚠ manutenção *f*, conservação *f*; **~s-beilage** *f* suplemento *m* literário; folhetim *m*; **~s-kosten** *pl.* despesas *f/pl.* de manutenção; **~s-literatur** *f* (*0*) literatura *f* amena; **~s-musik** *f* (*0*) música *f* de salão; **~s-roman** *m* (-*es*; -*e*) romance *m* ligeiro; **~s-teil** *m* (-*es*; -*e*) folhetim *m*.

unter|'handeln (-*le*; -): ~ *über* (*ac.*) negociar (*ac.*); tratar de; **'≈händler** *m* negociador *m*; delegado *m*; ✝ agente *m*; ⚔ parlamentário *m*; **≈-'handlung** *f* negociação *f*; **'≈haus** *n* (-*es*; *0*) Câmara *f* Baixa (*od.* dos Comuns); **'≈hemd** *n* (-*es*; -*en*) camisola *f*; **~'höhlen** [-'hø:lən] (-) sapar, *a. fig.* minar; **'≈holz** *n* (-*es*; *0*) mata *f* de corte; **'≈hose(n** *pl.*) *f kurze*: cuecas *f/pl.*; *lange*: ceroulas *f/pl.*; **'~-ir-disch** subterrâneo; **~'jochen** [-'jɔxən] (-) subjugar; **'≈kiefer** *m* maxila *f* inferior; mandíbula *f*; **'≈kleid** *n* (-*es*; -*er*) combinação *f*; **'≈kleidung** *f* roupa *f* interior; **'~kommen** (*L*) encontrar alojamento; *im Beruf*: encontrar colocação; (*Raum h.*) caber; **'~kriegen** F vencer, dominar; **'≈kunft** [-kunft] *f* (-; ⸗*e*) alojamento *m*, hospedagem *f*; ⚔ aquartelamento *m*; (*Anstellung*) colocação *f*, emprego (*'ê) *m*; (*Schutz*) abrigo *m*; **'≈lage** *f* base *f* (*a. fig.*); (*Schreib*≈) pasta *f*; ⚙ borracha *f*; (*Beleg*) documento *m*; ~*n pl.* documentação *f/sg.*; papéis *m/pl.*; elementos *m/pl.*; **'≈land** *n* (-*es*; *0*) país *m* baixo; **'≈laß** [-las] *m*: *ohne* ~ sem cessar; **~'lassen** (*L*; -) deixar (*zu* de); *et.* ~ deixar-se de a.c., deixar de fazer a.c.; **≈'lassung** [-'lasuŋ] *f* omissão *f*, falta *f*; **'≈lauf** *m* (-*es*; ⸗*e*) curso *m* inferior; **~'laufen 1.** (*L*; -; *sn*): (*mit*) ~ passar inadvertido, escapar; **2.** *adj.*: *mit Blut* ~ inje[c]tado de sangue; pisado; **'~legen¹** pôr por baixo, colocar por baixo; *fig. Sinn*: atribuir; ♪ *e-n Text e-r Melodie* ~ adaptar ... à música; **~'legen²** (-) **a)** ~ *mit* forrar de; **b)** *adj.*: ~ *sn* ficar vencido; *j-m*: ser inferior (*an dat.* em); **'≈leib** *m* (-*es*; -*er*) baixo-ventre *m*; abdómen *m*; **'≈leibs...**:

in Zssg(n) ⚕ abdominal; ~ˈ**liegen** (L; -; sn) sucumbir; ⚔ a. ser vencido; fig. estar sujeito a, ser susceptível de; keinem Zweifel ~ não admitir dúvida; ˈ**2lippe** f beiço m inferior; ˈ**~m** F = unter dem; ~ˈ**malen** (-) empastar; ~ˈ**mauern** (-re; -) alicerçar, cimentar; ˈ**~mengen** (-) misturar; ˈ**2mieter** m sublocatário m; hóspede m; **~miˈnieren** (-) minar; ˈ**~mischen** misturar; **~n** F = unter den.

unter-ˈnehm|en[1] (L; -) empreender; **2en**[2] n empresa (*ˈê) f; empreendimento m; ⚔ operação f; **~end** empreendedor, de iniciativa; **2er** m industrial m, patrão m; ⚠ empreiteiro m; Theat. empresário m; **2ung** f = 2en[2]; **2ungs-geist** m (-ęs; 0) espírito m empreendedor, a. **2ungs-lust** f (0) iniciativa f; **~ungs-lustig** empreendedor, de iniciativa.

ˈ**Unter|-offizier** m (-s; -e) sargento m; **2-ordnen** (-e-) subordinar; s. a. untergeordnet; **~-ordnung** f (0) subordinação f; **~pfand** n (-ęs; ¨er) penhor m; **~prima** f (-; -men) oitavo ano m do liceu; 2ˈ**reden** (-e-; -): sich ~ conversar; conferenciar; ~ˈ**redung** [-ˈre:duŋ] f conversa f, conferência f; entrevista f.

ˈ**Unterricht** [ˈ-riçt] m (-ęs; 0) ensino m; instrução f; deutscher usw. a. lições f/pl. de ... (nehmen ter, bei com); der ~ fällt aus não há aula; **2en** [-ˈriçtən] (-e-; -): (j-n in dat.) ~ ensinar (a.c. a alg.), dar lições (de a.c. a alg.); j-n ~ instruir alg.; informar alg. (über ac. de); **~s-fach** n (-ęs; ¨er) discipline f; **~s-minister(ium** n [-s; -rien]) m Ministro m (Ministério m) de Educação Nacional od. ehm. de Instrução Pública; **~s-stunde** f aula f; **~s-wesen** n (-s; 0) ensino m; **~ung** [-ˈriçtuŋ] f (0) informação f, instrução f.

ˈ**Unter|rock** m (-ęs; ¨e) saiote m; combinação f; **2s** F = unter das; 2ˈ**sagen** (-) proibir, interdizer, vedar; **~satz** m (-es; ¨e) suporte m, esteio m; Gefäß: prat(inh)o m; Logik: menor f; 2ˈ**schätzen** (-t; -) subestimar; menosprezar; ter em pouco, não estimar bem; ~ˈ**schätzung** f apreciação f insuficiente; ~ˈ**scheidbar** [-ˈʃaɪtba:r] distinguível; discernível; 2ˈ**scheiden** (L; -) distinguir; sich von ea. ~ diferir entre si; 2ˈ**scheidend** distintivo.

Unterˈscheidung f distinção f; **~s-merkmal** n (-ęs; -e) cara[c]terística f; **~s-vermögen** n (-s; 0) discernimento m.

ˈ**Unter|schenkel** m perna f, parte f inferior da coxa; **2schieben** (L) pôr de baixo, meter por baixo; fig. substituir; j-m et. ~ imputar a.c. a alg.; **~schied** [-ʃi:t] m (-ęs; -e) diferença f; 2ˈ**schieden** [-ˈʃi:dən] adj., **2schiedlich** [-ʃi:tliç] distinto, diferente, diverso; **2schieds-los** indistintamente, sem distinção, indiscriminadamente; **2schlagen**[1] (L) Arme: cruzar; 2ˈ**schlagen**[2] (L; -) defraudar, desfalcar; Dokumente: extraviar; a. Tatsache: abafar; ocultar; ~ˈ**schlagung** [-ˈʃla:guŋ] f fraude f, dolo m, desfalque m; **~schlupf** [-ʃlupf] m (-ęs; ¨e) abrigo m, refúgio m; 2ˈ**schreiben** (L; -) assinar, subscrever (a. fig.); 2ˈ**schreiten** (L; -) Umfang usw.: não alcançar; **~schrift** f assinatura f; e-s Bildes: legenda f; **~see-boot** n (-ęs; -e) submarino m; **~see-kabel** n cabo m submarino; 2ˈ**setzt** [-ˈzɛtst] baixo(te); **2sinken** (L; sn) ir ao fundo, afundar-se; 2ˈ**spülen** (-) minar, escavar, corroer; **2st** inferior, mais baixo, (niedrigst) a. ínfimo; zu ~ no último lugar; ~ˈ**staatssekretär** m (-s; -e) subsecretário m do Estado; **~stadt** f (-; ¨e) Baixa f; **~stand** m (-ęs; ¨e) abrigo m; 2ˈ**stehen** (L; -) depender de; sich ~ zu (inf.) atrever-se a; **2stellen**[1] pôr debaixo de; 2ˈ**stellen**[2] (-) (unterordnen) subordinar; Absicht: supor; atribuir; Schuld: imputar; als wahr ~ dar como provado; 2ˈ**streichen** (L; -) sublinhar; fig. a. acentuar.

unterˈstütz|en (-t; -) apoiar; fig. proteger; (helfen) auxiliar; ✝ subvencionar, subsidiar; **2ung** f apoio m; fig. prote[c]ção f; auxílio m, socorro m; Geldmittel: subvenção f, subsídio m; **2ungs-empfänger** m subvencionado m, subsidiado m.

unterˈsuch|en (-) examinar (a. ⚕); investigar (a. forschen); inquirir; ⚗ analisar; **2ung** f exame m, ⚕ a. observação f; ⚗ análise f; polizeiliche, wissenschaftliche: investigação f, pesquisa *f*; ⚖ instrução *f* (judiciária *od.* criminal); *disziplinarische*: sindicância *f* (*anstellen* proceder a).

Untersuchungs|-ausschuß *m* (*-sses*; *⸗sse*) comissão *f* de inquérito; **~-gefängnis** *n* (*-ses*; *-se*), **~-haft** *f* (*0*) detenção *f* preventiva, prisão *f* preventiva; **~-kommission** *f* = *~ausschuß*; **~-richter** *m* juiz *m* de instrução criminal.

ˈ**Unter|tan**¹ [ˈ-ta:n] *m* (*-en*) súbdito *m*; **⁀tan**²: (*dat.*) ~ sujeito a; súbdito de; *sich* (*dat.*) ~ *machen* sujeitar; **⁀tänig** [-tɛ:niç] submisso; *~st* muito humilde; **~tasse** *f* pires *m*; **⁀tauchen** mergulhar; submergir; **~teil** *m u. n* (*-es*; *-e*) suporte *m*; **⁀'teilen** (-) subdividir; **~'teilung** *f* subdivisão *f*; **~temperatur** *f* ⚕ temperatura *f* inferior à normal; **~titel** *m* subtítulo *m*; **⁀'tunneln** [-ˈtunəln] (*-le*; -) *v/t.* abrir um túnel por baixo de; **⁀vermieten** (*-e-*; -) sublocar; **⁀wärts** [-vɛrts] para baixo; **~wäsche** *f* (*0*) roupa *f* interior; **~'wasser...**: *in Zssg(n)* ⚓, ⊕ submarino; ♀ *u. Zool.* subaquático; **⁀'wegs** [-ˈve:ks] de caminho, no caminho; ~ *nach* a caminho de; **⁀'weisen** (*L*; -) instruir, ensinar; **~'weisung** *f* instrução *f*; **~welt** *f* (*0*) inferno(s *pl.*) *m*; reino *m* dos mortos; *sozial*: refugo *m* da sociedade; **⁀'werfen** (*L*; -): (*sich*) ~ sujeitar(-se), submeter(-se); subjugar; **~'werfung** [-ˈvɛrfuŋ] *f* sujeição *f*, submissão *f* (*unter ac.* a); **⁀'wühlen** (-) sapar, minar (*a. fig.*); **⁀'würfig** [-ˈvyrfiç] submisso; **~'würfigkeit** *f* submissão *f*, humildade *f*.

unter'zeichn|en (*-e-*; -) assinar; firmar; **⁀er(in** *f*) *m* signatário *m* (-a *f*); **⁀ete(r)** [-ətə(r)] *m* (o) abaixo-assinado *m*; **⁀ung** *f* assinatura *f*.

ˈ**Unter|zeug** *n* (*-es*; *0*) roupa *f* interior; **⁀ziehen**¹ (*L*) pôr por baixo; **⁀'ziehen**² (*L*; -) (*sich*) *dat.* ~ submeter(-se) a; sujeitar(-se) a; *sich e-r Aufgabe* ~ encarregar-se de, tomar conta de.

ˈ**Un|tiefe** *f* baixio *m*; *fig.* abismo *m*; **~tier** *n* (*-es*; *-e*) monstro *m*; **⁀tilgbar** inextinguível; **⁀tragbar** insuportável; **⁀trennbar** inseparável; **⁀treu** infiel, ✝ *a.* desleal; *dat.* ~ *werden* abandonar *od.* renegar (a causa de); *sich* (*dat.*) *selbst* ~ *werden* ser inconsequente, desmentir-se a si mesmo; **~treue** *f* (*0*) infidelidade *f*, deslealdade *f*; **⁀tröstlich** desconsolado, inconsolável; **⁀trüglich** [ˈ-try:kliç] infalível, seguro; **⁀tüchtig** incapaz; **~tüchtigkeit** *f* (*0*) incapacidade *f*; **~tugend** *f* vício *m*, defeito *m*.

ˈ**un-über|brückbar** [-brykba:r] *fig.* irreconciliável; **~legt** [-le:kt] inconsiderado, irrefle[c]tido; leviano; **⁀legt-heit** *f* imprudência *f*, irreflexão *f*; leviandade *f*; **~sehbar** [-ze:ba:r] imenso, ilimitado; **~setzbar** [-zɛtsba:r] intraduzível; **~sichtlich** desordenado, confuso, difuso, intricado, complicado; *Gelände*: de orientação difícil; **~steigbar** [-ʃtaɪkba:r], **~trefflich**, **~troffen** [-trɔfən] insuperável; **~windbar** [-vintba:r], **~windlich** invencível; *Festung*: inexpugnável.

ˈ**un-um|gänglich** inevitável, indispensável; **~schränkt** [-ʃrɛŋkt] absoluto; **~stößlich** [-ʃtøsliç] irrefutável; *Behauptung*: *a.* peremptório; *Beschluß*: irrevogável; = **~stritten** incontestável; incontroverso; **~wunden** [-vundən] franco; *adv. a.* sem rodeios, sem reservas.

ˈ**un-unter|brochen** [-brɔxən] ininterrupto, contínuo; *adv. a.* sem cessar, sem interrupção; **~scheidbar** indiscernível.

ˈ**un-ver|änderlich** invariável, inalterável; imutável; **~ändert** inalterado; como sempre; ~ *sn a.* continuar na mesma; **~antwortlich** irresponsável; injustificável; (*unverzeihlich*) imperdoável; **⁀antwortlichkeit** *f* (*0*) irresponsabilidade *f*; (*Unverzeihlichkeit*) imperdoável *m*; **~arbeitet** tosco, não lavrado; *fig.* mal assimilado; **~äußerlich** inalienável; **~besserlich** incorrigível; **~bindlich** sem compromisso; facultativo; **~blümt** nu e cru; *adv.* sem rodeios; ~ *reden* F não ter papas na língua; **~brüchlich** [ˈ-fɛrbryçliç] inviolável; *Gehorsam*: cego; **~bürgt** não garantido, sem garantia; *Gerücht*: não confirmado; **~dächtig** insuspeito; **~daulich** indigesto; **~daut** mal digerido; **~dient** imerecido, indevido; **~dorben** em bom estado; *a. fig.* inta[c]to, incorrupto; puro; *Kind*: inocente, ingénuo; **~drossen** infatigável; **~-eidigt**: ~ *bleiben* não prestar juramento; **~-einbar** incompatível; **~fälscht** autêntico; (*rein*) puro; natural; **~fänglich** inofensivo; nada capcioso; **~froren** descarado; **⁲frorenheit** *f* descaramento *m*; **~gänglich** imorredouro, imperecível; eterno; **~gessen, ~geßlich** inolvidável, inesquecível; **~gleichlich** incomparável, sem igual; **~hältnismäßig** desproporcionado; *adv.* excessivamente; **~heiratet** solteiro; celibatário; **~hofft** ['-fɛrhɔft] inesperado; **~hohlen** ['-fɛrho:lən] franco, sincero; = *unverblümt*; *adv. a.* redondamente; **~käuflich** invendível; ~ *sn* não se vender; **~kauft** não vendido, que não se vendeu; **~kennbar** evidente, inconfundível; **~kürzt** completo; inteiro; *Text*: integral; *Vers*: acataléptico; **~langt** não solicitado; espontâneo; **~letzbar, ~letzlich** invulnerável; inviolável; *parlamentarisch*: imune; **⁲letzbarkeit** *f* (*0*), **⁲letzlichkeit** *f* (*0*) invulnerabilidade *f*, inviolabilidade *f*; *parlamentarische*: imunidade *f*; *Gebiet*: integridade *f*; **~letzt** ileso; são e salvo; **~mählt** solteiro; **~meidbar, ~meidlich** inevitável; **~merkt** despercebido; *adv.* sem ser notado; **~mindert** indiminuto; **~mischt** puro; **~mittelt** repentino, súbito; dire[c]to; *adv.* de repente, de improviso; **⁲mögen** *n* (*-s*; *0*) incapacidade *f*; impotência *f* (*a.* ⚕); **~mögend** incapaz; (*arm*) sem fortuna, sem meios; **~mutet** inesperado; **⁲nunft** *f* (*0*) desrazão *f*; insensatez *f*; imprudência *f*; **~nünftig** *j.*: insensato; (*unklug*) imprudente; *et.*: absurdo; *Tier*: irracional; **~-öffentlicht** inédito; **~packt** ✝ sem embalagem; **~richtet**: ~*er Dinge*, ~*er Sache* sem ter feito nada, sem ter conseguido nada; **~schämt** descarado; insolente; desavergonhado; **⁲schämtheit** *f* descaro *m*, descaramento *m*; insolência *f*, desvergonha *f*; **~schuldet** imerecido; ✝ isento de dívidas; **~sehens** de repente, inopinadamente; de improviso; **~sehrt** ileso, incólume; a salvo; *et.*: inta[c]to; **~sichert** sem seguro; **~siegbar** ['-fɛrzi:kba:r] inesgotável; **~siegelt** sem selo (*ê); ✉ ~ *sn a.* não estar lacrado; **~söhnlich** irreconciliável; implacável; *Haltung*: intransigente; **~sorgt** desamparado; **⁲stand** *m* (*-es*; *0*) insensatez *f*, falta *f* de juízo; **~ständig** insensato, desajuizado, irrefle[c]tido; **~ständlich** incompreensível; *Wort*: *a.* ininteligível; **~steuert** isento de impostos; **~sucht**: *nichts* ~ *lassen* tentar todos os meios; **~teidigt** ['-fɛrtaɪdiçt] indefeso, sem defesa; **~träglich** *j.*: intratável; *et.*: nocivo, ⚕ inassimilável; incompatível; **⁲träglichkeit** *f* (*0*) *j-s*: mau génio *m*; *e-r Sache*: nocividade, ⚕ inassimilabilidade *f*; incompatibilidade *f*; **~wandt** fixo; ~ *anblicken* fixar, fitar; **~wehrt**: *es ist j-m* ~ *zu* (*inf.*) alg. está livre de; **~weslich** ['-fɛrve:sliç] imputrescível; **~wundbar** invulnerável; **~wüstlich** ['-fɛrvy:stliç] indestrutível; **~zagt** intrépido; ~ *sn a.* não desanimar; **~zeihlich** imperdoável; **~zinslich**: ~ *sn* não vencer juros; **~zollt** *einführen*: sem pagar direitos; *noch* ~ ainda não sujeito a direitos; **~züglich** ['-fɛrtsy:kliç] imediato; *adv. a.* sem demora, a[c]to contínuo.

'**un-voll|endet** incompleto; **~kommen** imperfeito; defeituoso; **⁲kommenheit** *f* imperfeição *f*; **~ständig** incompleto; **⁲ständigkeit** *f* (*0*) estado *m* incompleto; deficiência *f*.

'**un-vor|bereitet** não preparado; *j.*: *a.* desprevenido; *et.*: *a.* improvisado; **~denklich** [-dɛŋkliç] imemorial; **~hergesehen** [-he:rgəze:ən] imprevisto; **~sichtig** imprudente, descuidado; ~ *sn a.* não ter cautela; *adv. a.*: **~sichtigerweise** a incauto; **⁲sichtigkeit** *f* imprudência *f*, descuido *m*, incauto *m*, falta *f* de cautela; improvidência *f*; **~teilhaft** desvantajoso; *gekleidet*: com mau gosto; ~ *wirken j.*: fazer má figura; *et.*: não fazer efeito.

'**un-wägbar** imponderável; **⁲keit** *f* (*0*) imponderabilidade *f*.

'**un-wahr** falso; *j.*: *a.* = **~haftig** mentiroso; **⁲heit** *f* falsidade *f*; (*Lüge*) mentira *f*; *eine* ~ *sagen* faltar à verdade; **~scheinlich** improvável, inveros(s)ímil; **⁲scheinlichkeit** *f* (*0*) improbabilidade *f*, inverosimilhança *f*.

'**un|wandelbar** imutável, inalterável; constante; **⁲wandelbarkeit** *f* imutabilidade *f*; constância *f*; **~weg-**

sam ['-ve:kza:m] intransitável, impraticável; **~weiblich**: ~ *sn* não ser próprio da mulher, não convir à mulher; **~weigerlich** ['-vaɪgərliç] necessário; forçoso; absoluto; *adv. a.* sem falta; **~weit** (*gen.*) perto de; **~wert** indigno; **2wesen** *n* (*-s*; *0*) desordem *f*; ruindade *f*; *sn* ~ *treiben* fazer das suas; **~wesentlich** não essencial; secundário; (*zufällig*) acidental, acessório; = *unwichtig*; **2wetter** *n* temporal *m*; *a. fig.* borrasca *f*; **~wichtig** insignificante, sem importância, de pouca importância; ~ *sn a.* não ter importância.

'**un-wider|legbar** [-le:kba:r], **~leglich** irrefutável; **~ruflich** irrevogável; ~ *letzter Termin* improrrogável; **~stehlich** [-ʃte:liç] irresistível.

'**un-wieder-bringlich** [-briŋliç] irreparável.

'**Un-will|e** *m* (*-ns*; *0*) indignação *f*; mau humor *m*; **2ig 1.** *adj.* mal-humorado; ~ *über* (*ac.*) indignado com, irritado com; ~ *werden* indignar-se, irritar-se; **2.** *adv.* de mau humor; **2kommen** *j.*: importuno, maçador; *et.*: inoportuno; *adv. a.* mal a propósito; **2kürlich** involuntário; *adv. a.* sem querer.

'**un-wirk|lich** irreal; **~sam** ineficaz; **2samkeit** *f* (*0*) ineficácia *f*.

'**unwirsch** ['unvirʃ] mal-humorado, rude, áspero.

'**un-wirt|lich** inóspito (*a. fig.*), inospitaleiro; **~schaftlich** pouco económico; custoso.

'**un-wissen|d** ignorante; **2-heit** *f* (*0*) ignorância *f*; **~schaftlich** sem valor científico, sem método científico, sem rigor científico; **~t-lich** inconscientemente, sem saber, sem querer.

'**un-wohl** indisposto, mal (*mir ist* sinto-me); **2sein** *n* (*-s*; *0*) indisposição *f*; incómodo *m*.

'**un|wohnlich** pouco confortável; **~würdig** indigno; (*gen.*) ~ *sn* desmerecer de; **2zahl** *f* (*0*) sem-número *m*, infinidade *f*; **~zählbar, ~zählig** ['-tsɛ:liç] inumerável, inúmero; **~zähmbar** indom(estic)ável.

'**Unze** ['untsə] *f* onça *f* (*a. Zool.*).

'**Un-zeit** *f*: *zur* ~ fora de tempo; desa[c]tual; = **2ig, 2gemäß** inoportuno; (*zu früh*) prematuro.

'**un-zer|brechlich** inquebrável; **~legbar** indesmontável; **~reißbar** ilacerável; **~störbar** ['-tsɛrʃtø:r-] indestrutível; **~trennlich** ['-tsɛrtrɛnliç] inseparável.

'**un-ziemlich** inconveniente; impertinente; irreverente; **~zivilisiert** não civilizado, inculto, bárbaro; **2zucht** *f* (*0*) impudicícia *f*; luxúria *f*; *öffentliche*: prostituição *f*; **~züchtig** impúdico; obsceno, pornográfico.

'**un-zu|frieden** descontente; **2friedenheit** *f* (*0*) descontentamento *m*; insatisfação *f*; **~gänglich** inacessível; **~länglich** insuficiente; **2länglichkeit** *f* insuficiência *f*; **~lässig** inadmissível; **~rechnungsfähig** irresponsável; imbecil; **2rechnungsfähigkeit** *f* (*0*) irresponsabilidade *f*; imbecilidade *f*; **~reichend** insuficiente; **~sammengehörig** dispar; **~sammenhängend** incoerente; **~träglich** nocivo, inconveniente; ~ *sn a.* fazer mal; **2träglichkeit** *f* nocivo *m*, inconveniente *m*; **~treffend** inexa[c]to; errado; **~verlässig** pouco seguro; pouco sério; de pouca confiança; **2verlässigkeit** *f* (*0*) falta *f* de seriedade; *j-s* ~ *a.* a pouca confiança *f* que alg. merece.

'**un|zweckmäßig** inoportuno; inconveniente; (*schädlich*) contraproducente; **~zweideutig** inequívoco; **~zweifelhaft** indubitável; *adv. a.* sem dúvida.

'**üppig** ['ypiç] ♀ exuberante; *Wald*: frondoso; (*reich*) sumptuoso, opulento, *Mahl*: *a.* opíparo, lauto; (*sinnlich*) voluptuoso; F (*übermütig*) travesso; arrogante; **2keit** *f* (*0*) exuberância *f*; opulência *f*, sumptuosidade *f*; voluptuosidade *f*.

Ur [u:r] *m* (*-es*; *-e*) *Zool.* uro *m*; '**~-abstimmung** *f* primeira votação *f*; '**~-ahn(e** *f*) *m* (*-es*; *-en*) bisavô *m* (-ó *f*); antepassado *m*; (*Stammvater*) tronco *m*; '**2-alt** velhíssimo; *et.*: *a.* antiquíssimo; *Zeit*: remoto.

U'ran [u'ra:n] *n* (*-es*; *0*) urânio *m*; **~blende** *f* pechblenda *f*, uraninite *f*.

'**ur|aufführen** estrear; **2-aufführung** *f* estreia *f*; **~bar** lavradio, cultivável, arável; ~ *machen* desbravar, arrotear, desmoitar; **2barmachung** [-maxuŋ] *f* arroteamento *m*; **2bestandteil** *m* (*-es*; *-e*) elemento *m*; **2bevölkerung** *f*, **2bewohner** *m/pl.* aborígenes *m/pl.*;

♀bild *n* (-*ės*; -*er*) original *m*; protótipo *m*, modelo (*ê) *m*; **~-eigen** intrínseco; específico; **♀-eltern** *pl.* antepassados *m/pl.*; **♀-enkel(in** *f*) *m* bisneto *m* (-a *f*); **~gemütlich** F *j.*: muito jovial; *et.*: muito aconchegado; **♀geschichte** *f* história *f* primitiva, proto-história *f*; **♀großeltern** *pl.* bisavôs *m/pl.*; **♀großmutter** *f* (-; ⸚) bisavó *f*; **♀großvater** *m* (-*s*; ⸚) bisavô *m*; **♀grund** *m* (-*ės*; ⸚*e*) origem *f*; causa *f* primária.

'**Ur-heber(in** *f*) *m* autor(a *f*) *m*; **~-recht** *n* (-*ės*; -*e*) direito *m* de autor; **~schaft** *f* (*0*) autoria *f*; **~schutz** *m* (-*es*; *0*) prote[c]ção *f* da propriedade intelectual.

U'rin [u'ri:n] *m* (-*s*; -*e*) urina *f*; ~ *lassen* = **♀'ieren** (-) urinar.

'**ur|komisch** F engraçadíssimo; **♀kraft** *f* (-; ⸚*e*) força (*ô) *f* elementar; espontaneidade *f*.

'**Ur-kund|e** *f* documento *m*; **~enfälschung** *f* falsificação *f* de documentos; **~en-sammlung** *f* arquivo *m*; **♀lich** documental; *adv.* com documentos; ~ *belegen* documentar.

'**Urlaub** ['u:rlaup] *m* (-*ės*; -*e*): (*auf*) ~ (de) licença *f*, *a.* ⚔ (*nehmen* pedir uma), (em) férias *f/pl.*; **~er** [-bər] *m* veranista *m*, turista *m*; ⚔ soldado *m* de licença; **~s-gesuch** *n* (-*ės*; -*e*) pedido (*od.* requerimento) *m* de licença; **~s-paß** *m* (-*sses*; ⸚*sse*), **~s-schein** ⚔ *m* (-*ės*; -*e*) licença *f*; **~s-zeit** *f* férias *f/pl.*; licença *f*.

'**Ur-mensch** *m* (-*en*) primeiro homem *m*; homem *m* primitivo.

'**Urne** ['urnə] *f* urna *f*.

'**ur|plötzlich** F todo de repente; **♀sache** *f* causa *f*; (*Beweggrund*) motivo *m*; (*Grund*) razão *f*; *keine* ~! não há de quê!, não tem de quê!; **~sächlich** causal; causativo; **♀schrift** *f* original *m*; **~schriftlich** (*adv.* no) original; **♀sprung(s...)** *m* (de) origem *f*, (de) procedência *f*; (originário); **~sprünglich** ['-ʃpryŋliç] primitivo, original; *fig.* espontâneo; **♀stoff** *m* (-*ės*; -*e*) ⚗ elemento *m*; ⚜ matéria *f* prima.

'**Urteil** ['urtaıl] *n* (-*ės*; -*e*) juízo *m* (*haben* fazer); ⚖ sentença *f* (*fällen* proferir, pronunciar); (*Gutachten*) parecer *m*; **♀en**: *über* (*ac.*) ~ julgar (*ac.*) (*nach* por); ⚖ *a.* sentenciar; **~s-begründung** ⚖ *f* considerandos *m/pl.*; **~s-eröffnung** *f* pronunciação *f* da sentença; **♀s-fähig** capaz de julgar; em uso da razão; criterioso; **~s-kraft** *f* (*0*) juízo *m*, razão *f* = *~svermögen*; **~s-spruch** *m* (-*ės*; ⸚*e*) sentença *f*; **~s-vermögen** *n* (-*s*; *0*) discernimento *m*; critério *m*; = *~skraft*.

'**Ur|text** *m* (-*es*; -*e*) original *m*; **~-tierchen** ['-ti:rçən] *n* protozoário *m*; **♀tümlich** ['-ty:mliç] originário; **~-urgroßeltern** *pl.* trisavôs *m/pl.*; **~-urgroßmutter** *f* (-; ⸚) trisavó *f*; **~urgroßvater** *m* (-*s*; ⸚) trisavô *m*; **~vater** *m* (-*s*; ⸚) pai *m* da humanidade; Adão *m*; **~volk** *n* (-*ės*; ⸚*er*) primeiros habitantes *m/pl.*; **~wald** *m* (-*ės*; ⸚*er*) floresta *f* virgem; selva *f*; **~welt** *f* mundo *m* antediluviano; **♀weltlich** antediluviano; **♀wüchsig** ['-vyksiç] original; dos quatro costados; *noch* ~ natural; **~zeit** *f* tempos *m/pl.* primitivos; **~zeugung** *f* geração *f* espontânea; **~zustand** *m* (-*ės*; ⸚*e*) estado *m* primitivo.

Uten'silien [utɛn'zi:liən] *pl.* utensílios *m/pl.*

Utop|ie [uto'pi:] *f* utopia *f*; **♀isch** [u'to:piʃ] utópico; **~ist** [-'pist] *m* (-*en*) utopista *m*.

'**uzen** ['u:tsən] F *v/t.* (-*t*) fazer troça de.

V

V, v [fau] V, v *m.*
Vagabun|d [vaga'bunt] *m* (*-en*) vagabundo *m*; **2'dieren** [-'di:rən] (-) vadiar, vagabundear.
va'kan|t [va'kant] vago; **2z** [-ts] *f* vaga *f.*
'Vakuum ['va:kuum] *n* (*-s*; *Vakua*) vácuo *m.*
Va'luta [va'lu:ta] *f* (*-*; *-ten*) *Kurs*: (taxa *f* de) câmbio *m*, cotização *f*; (*Währung*) moeda *f.*
'Vampir ['vampi:r] *m* (*-s*; *-e*) vampiro *m.*
Va'nille [va'nil(j)ə] *f* (*0*) baunilha *f*; *mit* ~*geschmack* abaunilhado; **~(n)-...**: *in Zssg(n)* de baunilha.
Vari|'ante [vari'antə] *f* variante *f*; *Zool. u.* ♀ variedade *f*; **~e'té** [-e'te:] *n* (*-s*; *-s*) (teatro *m*) de variedades *f/pl.*; **2'ieren** (-) variar.
Va'sall [va'zal] *m* (*-en*) vassalo *m*; **~entum** *n* (*-s*; *0*) vassalagem *f.*
'Vase ['va:zə] *f* vaso *m*, jarro *m*, floreira *f.*
Vase'line [vazə'li:nə] *f* (*0*) vaselina *f.*
'Vater ['fa:tər] *m* (*-s*; ⸚) pai *m*; *der heilige* ~ o Santo Padre; *Ihr Herr* ~ o senhor seu pai; **~haus** *n* (*-es*; ⸚*er*) casa *f* paterna; **~land** *n* (*-es*; ⸚*er*) pátria *f*; **2ländisch** [-lɛndiʃ] patriótico; *Boden*: pátrio, nacional; **~lands-liebe** *f* (*0*) patriotismo *m*, amor *m* pátrio; **~lands-verräter** *m* traidor *m* à pátria.
'väterlich ['fɛ:tərliç] paterno; *bsd. Liebe*: paternal; **~er-seits** [-zaɪts] do lado paterno, do lado do pai.
'vater|los orfão de pai; **2mord** *m* (*-es*; *-e*) parricídio *m*; **2mörder(in** *f*) *m* parricida *m*, *f*; **2schaft** *f* (*0*) paternidade *f*; **2stadt** *f* (*-*; ⸚*e*) cidade *f* natal; **2stelle** *f*: ~ *vertreten bei* ser tutor *m* de; **2-'unser** *n* padre-nosso *m.*
vegeta'bilisch [vegeta'bi:liʃ] vegetal.
Vege'tar|ier(in *f*) *m* [vege'ta:riər-] vegetariano *m* (-a *f*); **2isch** vegetariano.
Vegetati'on [vegetatsi'o:n] *f* vegetação *f.*
Ve'hikel [ve'hi:kəl] *n* veículo *m.*
'Veilchen [faɪlçən] *n* violeta *f*; **2blau** roxo.
'Veits-tanz ['faɪts-] *m* (*-es*; *0*) coreia *f.*
'Ven|e ['ve:nə] *f* veia *f*; **~en...**: *in Zssg(n)* venoso; **~en-entzündung** *f* flebite *f.*
ve'nerisch [ve'ne:riʃ] venéreo.
Venezi'an|er(in *f*) *m* [venetsi'a:nər-] veneziano *m* (-a *f*); **2isch** veneziano, de Veneza.
Ven'til [vɛn'ti:l] *n* (*-s*; *-e*) válvula *f*; **~ati'on** [-tilatsi'o:n] *f* ventilação *f*; **~'ator** [-ti'la:tɔr] *m* (*-s*; *-en*) ventilador *m*; ventoinha *f*; **2'ieren** [-ti'li:rən] (-) ventilar.
ver'ab-folg|en [fɛr-] (-) dar; ministrar, aplicar; **2ung** *f* ministração *f*; aplicação *f.*
ver-'ab-red|en (*-e-*; -) combinar (*sich mit j-m* ~ encontrar-se com alg.); (*vereinbaren*) *a.* acordar, ajustar; **2ung** *f* compromisso *m*; (*Treffen*) encontro *m*, entrevista *f*; (*Vereinbarung*) acordo (*'ô) *m*, ajuste *m.*
ver-'ab|reichen (-) = ~*folgen*; **~-säumen** (-) omitir, descuidar; **~-scheuen** (-) detestar; **~schieden** [-ʃi:dən] (*-e-*; -) *v/t.* despedir (*a. refl.*); ⚔ licenciar; *Beamte*: exonerar; *Gesetz*: votar; **2schiedung** [-ʃi:duŋ] *f* despedida *f*; ⚔ licenciamento *m*; exoneração *f.*
ver-'achten (*-e-*; -) desprezar, desdenhar.
Ver-'ächt|er(in *f*) *m* [-'ɛçtər-] desprezador(a *f*) *m*, desdenhador(a *f*) *m*; **2lich** desprezível; (*geringschätzig*) desdenhoso, *adv.* com desdém; ~ *machen* desprestigiar, desacreditar; ridicul(ar)izar.
Ver'achtung *f* (*0*) desdém *m*, desprezo (*'ê) *m.*
ver-allge'meiner|n (*-re*; -) generalizar; **2ung** *f* generalização *f.*
ver-'alte|n (*-e-*; -; *sn*) passar da moda; **~t** antiquado; ~*er Ausdruck* arcaísmo *m.*
Ve'randa [ve'randa] *f* (*-*; *-den*) varanda *f.*

ver'änderlich [-'ɛndərliç] variável (*a.* ♌); mutável; (*unbeständig*) inconstante; **2keit** *f* (*0*) variabilidade *f*, mutabilidade *f*; *Gesinnung*: inconstância *f*.
ver-'änder|n (*-re*; -) transformar, mudar, alterar, modificar; **2ung** *f* transformação *f*, mudança *f*, alteração *f*, modificação *f*; variação *f*.
ver-'ankern (*-re*; -) ⚓ ancorar; ⚡ amarrar; ⚠ cimentar, *a. fig.* consolidar.
ver-'anlag|en (-) avaliar, fixar; *j-n* ~ *Steuer*: cole[c]tar alg.; **~t** = *befähigt*; **2ung** *f Steuer*: fixação *f* (zu de), colecta *f*; *geistige*: (⚕ pre-) disposição *f*, dom *m* (natural); (*Fähigkeit*) aptidão *f*.
ver-'anlass|en (*-ßt*; -) *et.*: causar, ocasionar, provocar, originar; *j-n* ~ *zu* levar alg. a; **2ung** *f* ocasião *f*, causa *f*; motivo *m*, razão *f*; *auf* ~ (*gen.*) por iniciativa de, por incumbência de; ~ *nehmen zu* aproveitar o ensejo para.
ver'anschaulich|en *v/t.* (-) ilustrar; concretizar, dar uma ideia (plástica) de; **2ung** *f* ilustração *f*, concretização *f*, representação *f* plástica.
ver-'anschlag|en (-) avaliar (*auf ac.* em); **2ung** *f* cotização *f*.
ver-'anstalt|en (*-e-*; -) organizar, promover; **2er(in** *f*) *m* organizador(a *f*) *m*, promotor(a *f*) *m*; **2ung** *f* organização *f*; (*Feier*) a[c]to *m*, cerimónia *f*, festa *f*; *sportliche*: concurso *m*; desafio *m*; *gesellschaftliche*: reunião *f*.
ver-'antwort|en (*-e-*; -) *v/t.* responder (por), tomar a responsabilidade (de); *nicht zu* ~ *sn* não ter desculpa; *sich* ~ justificar-se (*bei* perante); **~lich** responsável (*für* de); *j-n für et.* ~ *machen* tornar alg. responsável por a.c.; **2ung** *f* responsabilidade *f*; *j-n zur* ~ *ziehen* pedir contas a alg.; **~ungs-bewußt** (**2ungs-bewußtsein** *n* [*-s*; *0*]) cônscio (consciência *f*) da sua responsabilidade; **~ungsfreudig** disposto a assumir a sua responsabilidade; **~ungs-los** irresponsável; **~ungs-voll** de grande (*od.* alta) responsabilidade.
ver-'arbeit|en (*-e-*; -) *v/t.* empregar; fabricar; ⚕ *u. fig.* digerir, assimilar; = *bearbeiten*; **2ung** *f* emprego (*'ê) *m*, uso *m*; fabricação *f*, manufa[c]tura *f*; assimilação *f*.
ver|-'argen [-'argən] (-) levar a mal; **~'ärgern** (*-re*; -) desgostar, aborrecer, irritar.
ver-'arm|en (-; *sn*) empobrecer; **2ung** *f* empobrecimento *m*; *Pol. a.* depauperação *f*.
ver'ästel|n [-'ɛstəln] (*-le*; -): *sich* ~ ramificar-se; **2ung** *f* ramificação *f*.
ver-'aus|gaben (-) gastar; *sich* ~ ficar sem recursos; *a. fig.* arruinar-se, esgotar-se; **2gabung** [-ga:buŋ] *f* desgaste *m*; esgotamento *m*; **~lagen** (-) emprestar, (*vorstrecken*) adiantar.
ver-'äußer|lich alienável; **~n** alienar, vender; **2ung** *f* venda *f*, alienação *f*.
Verb [vɛrp] *n* (*-es*; *-en*) verbo *m*.
ver-'ballhorn|en [-'balhɔrnən] F (-) estropear; **2ung** *f* abastardamento *m*.
Ver-'band *m* (*-es*; *⸚e*) associação *f*, liga *f*; grémio *m*, junta *f*; ⚔ unidade *f*, formação *f*; ⚕ ligadura *f*; **~kasten** *m* (*-s*; ⸚) farmácia *f* portátil; estojo (*'ô) *m* de cirurgia; **~zeug** *n* (*-es*; *0*) ligaduras *f/pl.*; artigos *m/pl.* de penso.
ver-'bann|en (-) desterrar, exilar, degredar; **2ung** *f* desterro (*'ê) *m*, exílio *m*; degredo (*'ê) *m*.
ver|barrika'dieren (-) *v/t.* obstruir; abarreirar; ⚔ entrincheirar; (*~rammeln*) atravancar; **~'bauen** (-) obstruir; *Geld*: gastar em obras; (*schlecht bauen*) construir mal; **~'beißen** (*L*; -): *sich* (*dat.*) *et.* ~ reprimir a.c., conter a.c.; *sich in* (*ac.*) ~ não largar (*ac.*); *fig.* aferrar-se a; **~'bergen** (*L*; -) esconder, ocultar, dissimular.
ver'besser|n (*-ßre*; -) melhorar; reformar; *Schrift*: corrigir, emendar; (*vervollkommnen*) aperfeiçoar; **2ung** *f* melhoramento *m*, ⊕ beneficiação *f*; corre[c]ção *f*; emenda *f*; aperfeiçoamento *m*; **~ungsfähig** susceptível de melhoramento; corrigível.
ver-'beug|en (-): *sich* ~ inclinar-se, abaixar a cabeça (*vor dat.* perante *ac.*); cumprimentar (*ac.*); **2ung** *f* reverência *f*, vénia *f*, cumprimento *m*.
ver|'beulen (-) amolgar, amachucar; **~'biegen** (*L*; -) torcer; **~'bie-**

ten (*L*; -) proibir, vedar, interdizer; **~'bildet** [-'bildət] deformado; *fig.* afe[c]tado; **≈'bildung** *f* deformação *f*; **~'billigen** (-) *Preis*: baixar, reduzir; *fig.* diminuir; **≈'billigung** *f* redução *f* do preço.

ver-'bind|en (*L*; -) juntar, unir; ligar (*a. Tel.*, *falsch verbunden sn* ser engano); ⚕ pensar; *Augen*: vendar; ⚗ combinar, *Metalle*: amalgamar; (*verpflichten*) obrigar; vincular; *sich ~ a.* = *sich verbünden*; *mit Schwierigkeiten usw. verbunden sn* apresentar (*ac.*), implicar (*ac.*), trazer (*ac.*); **~lich** obrigatório; (*gefällig*) solícito, amável; *~sten Dank* muitíssimo obrigado; **≈lichkeit** *f* amabilidade *f*; ⚖ cará[c]ter *m* obrigatório; obrigatoriedade *f*; ⚚ obrigação *f*; compromisso *m*; *pl.* dívidas *f/pl.*; **≈ung** *f* união *f*; *Pol. a.* liga *f*; relação *f*, *a. persönliche*: conta[c]to *m*; *eheliche*: enlace *m*; *Verkehr*, *Fernspr.*, *einzelne*: ligação *f* (*a.* ⚔), *allgemeine*: comunicação *f*; (*Gesellschaft*) associação *f* (*a. Ideen*≈); ⚗ composição *f*, composto *m*.

ver'bissen encarniçado; aferrado; = *verbohrt*.

ver'bitten (*L*; -): *sich* (*dat.*) *et.* ~ não admitir a.c., não consentir a.c.

ver'bitter|n (-*re*; -) amargar; **~t** *adj.* acrimonioso; **≈ung** *f* amargura *f*, azedume *m*.

ver|'blassen [-'blasən] (-*ßt*; -; *sn*) desbotar; *a. fig.* perder a cor, desvanecer-se; **≈'bleib** [-'blaɪp] *m* (-*es*; *0*) paradeiro *m*; **~'bleiben** (*L*; -; *sn*) ficar; permanecer; *weiter ~* continuar; *Briefschluß*: ter a honra de ser; **~'blenden** (-*e*-; -) cegar, deslumbrar; obcecar; △ revestir; **≈'blendung** *f* (*0*) cegueira *f*; deslumbramento *m*, desvairamento *m*; obcecação *f*; △ revestimento *m*; **~'blöden** [-'blø:dən] (-*e*-; -; *sn*) imbecilizar, embrutecer.

ver'blüff|en [-'blyfən] (-) desconcertar, espantar; abananar; **~end** *adj.* assombroso, estupendo; **~t** atónito, perplexo, estupefa[c]to; **≈ung** *f* perplexidade *f*, estupefa[c]ção *f*.

ver|'blühen (-; *sn*) murchar, desflorecer; passar; **~'blümt** [-'bly:mt] figurado; indire[c]to, velado; **~'bluten** (-*e*-; -; *sn*): (*sich*) ~ sangrar, perder o sangue, ficar exangue; **~'bogen** torto.

ver'bohr|en (-): *sich in* (*ac.*) ~ matutar a.c.; aferrar-se a a.c.; **~t** *adj.* obstinado; doutrineiro; **≈t-heit** *f* (*0*) obstinação *f*; aferro (*ê) *m*.

ver'borgen **1.** *v/t.* emprestar; **2.** *adj.* (*geheim*) secreto, clandestino, oculto; *Krankheit*: latente; *im ≈en* às escondidas; **≈-heit** *f* (*0*) segredo (*'ê) *m*; *j-s*: recolhimento *m*; *in der ~ leben* viver retirado, viver recolhido.

Ver'bot [fɛr'bo:t] *n* (-*es*; -*e*) proibição *f*; interdição *f*.

ver'brämen [fɛr'brɛ:mən] (-) debruar, orlar.

Ver'brauch *m* (-*es*; *0*) consumo *m*; desgaste *m*; **≈en** (-) gastar, consumir; **~er(in** *f*) *m* consumidor(a *f*) *m*; **~s-steuer** *f* (-; -*n*) imposto *m* sobre o consumo.

ver'brech|en¹ (*L*; -) *v/t.* cometer; **≈en²** *n* crime *m*.

Ver'brecher|(in *f*) *m* [-'brɛçər] criminoso *m* (-a *f*); **≈isch** criminoso; **~-album** *n* (-*s*; -*alben*) cadastro *m* criminal; **~-höhle, ~-kneipe** *f* madrigueira *f*; **~tum** *n* (-*s*; *0*) criminalidade *f*, criminosos *m/pl.*

ver'breit|en (-*e*-; -) divulgar; propagar, propalar; *Radio*: difundir; *sich über* (*ac.*) ~ estender-se por, alargar-se sobre, *fig. a.* derramar-se; **~ern** (-*re*; -) alargar; **≈erung** [-ruŋ] *f* alargamento *m*; **≈ung** *f* divulgação *f*, propagação *f*, propaganda *f*; difusão *f*, disseminação *f* (*a.* ⚡); ~ *durch den Rundfunk* radiodifusão *f*.

ver'brenn|bar combustível; **~en** (*L*; -) **1.** *v/t.* queimar, arder; *Tote*: incinerar; **2.** *v/i.* (*sn*) queimar-se; consumir-se com o fogo; (*umkommen*) morrer queimado; *sich ~* queimar-se; **≈ung** *f* combustão *f*; *Tote*: cremação *f*; incineração *f*; **≈ungsmotor** *m* (-*s*; -*en*) motor *m* de explosão; **≈ungs-ofen** *m* (-*s*; ¨) crematório *m*.

ver|'briefen [-'bri:fən] (-) confirmar (por diploma); **~'bringen** (*L*; -) passar; (*ausgeben*) gastar.

ver'brüder|n (-*re*; -): *sich ~* confraternizar; **≈ung** *f* confraternização *f*.

ver|'brühen (-) escaldar; **~'buchen** (-) assentar, registar; **~'bummeln** (-*le*; -) **1.** *v/t.* perder; **2.** *v/i.* (*sn*) levar uma vida desregrada; estroinar; **~'bummelt** *adj.* *j.*: devasso, vagabundo; **~'bunden** [-'bundən] *p. pt. v. verbinden*; *j-m sehr ~ sn* ser muito obrigado a alg.; **~'bünden** [-'byndən] (*-e-*; -): *sich ~* aliar-se, unir-se, *Bundesstaat*: confederar-se; **♀'bunden·heit** *f* (*0*) solidariedade *f*; **♀'bündete(r** *m*) *m, f* [-'byndətə(r)] aliado *m*, aliada *f*; confederado *m*, confederada *f*; **~'bürgen** (-) garantir; *sich ~ für* responder por, responsabilizar-se por; **~'bürgerlichen** [-'byrgərliçən] (-) aburguesar(-se); **~'bürgt** [-'byrkt] *adj.* autêntico; **~'büßen** (*-t*; -) expiar; **~'chromen** [-'kroːmən] (-) cromar; **♀'dacht** [-'daxt] *m* (*-es*; *0*) suspeita *f* (*auf ac.* de); *in ~ kommen, in ~ geraten* cair na suspeita; *in ~ bringen* = *~dächtigen*; **~'dächtig** [-'dɛçtiç] suspeito; **~'dächtigen** [-'dɛçtigən] *v/t.* (-) suspeitar de, desconfiar de; **♀'dächtigung** *f* suspeição *f*; **♀'dachts·moment** *n* (*-es*; *-e*) ponto *m* suspeito.

ver'damm|en [-'damən] (-) condenar; **~t!** P (raça de) diabo!; **♀nis** *f* (-; *-se*), **♀ung** *f* condenação *f*.

ver'dampf|en (-) evaporar; **♀ung** *f* evaporação *f*.

ver'danken (-) dever.

ver'dattert [-'datərt] F boquiaberto.

ver'dau|en [-'dauən] (-) digerir; **~lich** digerível; *leicht ~* fácil de digerir, de fácil digestão; *schwer ~* indigesto; **♀ung** *f* (*0*) digestão *f*; **♀ungs·beschwerden** *f/pl.* indigestão *f/sg.*; **♀ungs·mittel** *n* digestivo *m*; **♀ungs·störung** *f* indigestão *f*.

Ver'deck *n* (*-es*; *-e*) ⚓ convés *m*, coberta *f*; (*Klapp♀*) capota *f*; **♀en** (-) cobrir; *fig.* encobrir, ocultar.

ver'denken (*L*; -) levar a mal.

Ver'derb [-'dɛrp] *m* (*-es*; *0*) ruína *f*; (*Schädigung*) deterioração *f*; (*Vergeudung*) desperdício *m*; **♀en**[1] [-bən] **a**) *v/t.* (*L*; -) estragar; arruinar (*a. j-n*); (*schädigen*) deteriorar; abastardar; corromper; viciar, perverter; *fig. a.* depravar; *es mit j-m ~* perder a(s) simpatia(s) de alg.; *sich* (*dat.*) *den Magen ~* apanhar uma indigestão; **b**) *v/i.* (*L*; -; *sn*) (*verfaulen*) estragar-se; (*zugrunde gehen*) arruinar-se; *sittlich*: corromper-se; **~en**[2] *n* (*-s*; *0*) ruína *f*, perdição *f*; *ins ~ stürzen* perder, arruinar; **♀enbringend** funesto, desastroso; de perdição; **♀lich**: *leicht ~ sn* estragar-se fàcilmente; (*schädlich*) pernicioso; (*unheilvoll*) = *♀enbringend*; **~nis** *f* (-; *-se*) corrupção *f*, perversão *f*; **♀t** depravado, corrupto, perverso; **~t-heit** *f* perversidade *f*, depravação *f*.

ver|'deutlichen [-'dɔytliçən] (-) elucidar; evidenciar; tornar explícito; **~'deutschen** [-'dɔytʃən] (-) traduzir (*od.* verter) para alemão; **~'dichten** (*-e-*; -) comprimir, *a. fig.* condensar; **♀'dichtung** *f* condensação *f*; compressão *f*, concentração *f*; **~'dicken** (-) engrossar, espessar; **♀'dickung** [-'dikuŋ] *f* engrossamento *m*; espessura *f*; *am Körper*: caroço *m*; **~'dienen** (-) merecer; *Geld*: ganhar; *sich sn Brot ~* ganhar a vida; *s. a. ~dient.*

Ver'dienst (*-es*; *-e*) **a**) *n* mérito *m*; *pl. ~e um et.* serviços *m/pl.* prestados a a.c.; **b**) *m* ganho *m*; **~-ausfall** *m* (*-es*; *⸚e*) perda *f* de ganho; **~-kreuz** *n* (*-es*; *-e*) cruz *f* de mérito(s); **♀lich, ♀voll** benemérito, meritório.

ver'dient [-'diːnt] **1.** *p. pt. v. verdienen*; **2.** *adj.* meritório; *sich ~ machen um* bem merecer de; **~er'maßen** [-ər'maːsən] devidamente, merecidamente, com justiça.

ver|'dingen (*L*; -) contratar; *sich ~* ir servir; **~'dolmetschen** (-) traduzir; **~'donnern** (*-re*; -) F condenar.

ver'doppel|n (*-le*; -) dobrar, duplicar; redobrar (*a. fig.*); **♀ung** *f* duplicação *f*; redobramento *m*.

ver'dorben [-'dɔrbən] *p. pt. v. verderben*; = *verderbt*; *~er Magen* indigestão *f*; **♀-heit** *f* (*0*) perversidade *f*, depravação *f*.

ver'dorren [-'dɔrən] (-; *sn*) secar, ressequir.

ver'dräng|en (-) desalojar; *fig. a.* suplantar; *Psychologie*: reprimir; *Wasser*: deslocar; **♀ung** *f* desalojamento *m*; *Phys.* deslocamento *m*; *Psychologie*: repressão *f*.

ver'dreh|en (-) torcer; *Augen*: virar, esgazear; *Worte*: deturpar; *j-m den Kopf ~* fazer perder a cabeça a alg.; **~t** *adj. j.*: tarado; *et.*: absurdo; **♀theit** *f* extravagância *f*, loucura *f*; absurdo *m*; **♀ung** *f* ⚕ contorção *f*; *fig.* deturpação *f*.

ver'dreifachen [-'draıfaxən] (-) triplicar.
ver'drieß|en [-'dri:sən] (*L*; -) aborrecer; *sich* (*dat.*) *die Mühe nicht* ~ *lassen* não desanimar; **~lich** aborrecido; *j.*: *a.* rabugento; *Gesicht*: carrancudo; **2lichkeit** *f* desgosto (*'ô) *m*, aborrecimento *m*.
ver'drossen [-'drɔsən] **1.** *p. pt. v. verdrießen*; **2.** *adj.* = *verdrießlich*; **2-heit** *f* (*0*) mau humor *m*.
ver'drücken (-): *sich* ~ F eclipsar-se, safar-se.
ver'druckt: ~ *sn* estar errado.
Ver'druß [-'drus] *m* (*-sses*; *-sse*) desgosto (*'ô) *m*, dissabor *m*.
ver'duften (*-e-*; *-*; *sn*) evaporar(-se), perder-se; *fig.* F sumir-se, safar-se.
ver'dumm|en (-) *v/t.* (*v/i.* [*sn*]) entontecer; **2ung** *f* entontecimento *m*.
ver'dunkel|n (*-le*; -) escurecer; *a. fig.* obscurecer, ofuscar, eclipsar; ⚖ encobrir; ⚔ ocultar as luzes; **2ung** *f* obscurecimento *m*; ⚖ encobrimento *m*; ⚔ ocultação *f* das luzes.
ver'dünn|en (-) adelgaçar; *Flüssigkeit*: diluir; *Luft*: rarefazer; **2ung** *f* diluição *f*; rarefa[c]ção *f*.
ver'dunst|en (*-e-*; *-*; *sn*) evaporar(-se); **2ung** *f* (*0*) evaporação *f*.
ver'dursten (*-e-*; *-*; *sn*) morrer de sede.
ver'dutzt [-'dutst] perplexo, apar-valhado.
ver'edel|n (*-le*; -) enobrecer; (*verbessern*) melhorar; sublimar; *Rohstoffe*: refinar, afinar; acabar; 🌱 enxertar; **2ung** *f* refinação *f*, afinação *f*; acabamento *m*; 🌱 enxerto (*'ê) *m*.
ver'ehr|en (-) *v/t.* venerar, honrar, respeitar, *Rel. a.* adorar; *j-m et.* ~ obsequiar alg. com a.c.; *sehr* ~*te gnädige Frau!* Minha Senhora!; **2er(in** *f*) *m* venerador(a *f*) *m*; adorador(a *f*) *m*; **2ung** *f* respeito *m*; veneração *f*, adoração *f*; *Rel. a.* culto *m*; **~ungswürdig** venerando, venerável.
ver-'eid(ig)|en [-'aıd(ig)ən] (*-e-*; *-*; [-]) ajuramentar; **2ung** *f* ajuramentação *f*; juramento *m* (⚔ de bandeira); *Pol.* compromisso *m* de honra.
Ver'ein [-'aın] *m* (*-es*; *-e*) associação *f*, sociedade *f*; união *f*; clube *m*; *im* ~ *mit* em colaboração *f* com; **2bar** compatível; **2baren** [-ba:rən] *v/t.* (-) combinar; acordar (*a. Gehalt*); *Arbeit, Preis*: ajustar; *sich* (*nicht*) ~ *lassen* ser (in)compatível; **~barung** [-ba:ruŋ] *f* acordo (*'ô) *m* (*a. Pol.*); ajuste *m*; **2en** (-) juntar (*mit* a); (re)unir, concentrar; **2fachen** [-faxən] (-) simplificar; **~fachung** [-faxuŋ] *f* simplificação *f*; **2-heitlichen** [-haıtliçən] (-) unificar, uniformizar; **~-heitlichung** [-haıtliçuŋ] *f* unificação *f*, uniformização *f*; **2igen** (-) (re)unir; juntar; conjugar; *die* *2igten Staaten* os Estados Unidos *m/pl.*; **~igung** *f* união *f*; associação *f*; cole[c]tividade *f*; (*Kreis*) cenáculo *m*; (*Zusammenfassung*) concentração *f*; conjugação *f*; **2nahmen** [-na:mən] (-) cobrar; **2samen** [-za:mən] (-) *v/t.* isolar; *v/i.* ficar isolado, ficar só; **~samung** [-za:muŋ] *f* (*0*) isolamento *m*; **~s-haus** *n* (*-es*; *⸚er*) sede (*'ê) *f*; **~s-mitglied** *n* (*-es*; *-er*) sócio *m*; **2zeln** [-tsɛln] (*-le*; -) isolar; **2zelt**: ~ *auftretend* esporádico.
ver|-'eisen (*-t*; -) cobrir-se de gelo (*ê); *Geol.* cobrir-se de geleiras; **2-'eisung** [-'aızuŋ] *f* gelificação *f*; **~-'eiteln** [-'aıtəln] (*-le*; -) frustrar, fazer malograr, baldar; **~-'eitern** (*-re*; *-*; *sn*) supurar; ab(s)ceder; **2-'eiterung** *f* supuração *f*; ab(s)cesso *m*; **~-'ekeln** (*-le*; -): *j-m et.* ~ estragar a.c. a alg., fazer perder o gosto (*'ô) de a.c. a alg.; **~-'elenden** [-'e:lɛndən] (*-e-*; *-*; *sn*) empobrecer; ficar reduzido à miséria; **2-'elendung** [-'e:lɛnduŋ] *f* (*0*) depauperação *f*, depauperamento *m*; **~-'enden** (*-e-*; *-*; *sn*) morrer.
ver-'eng|e(r)n [-'ɛŋə(r)n] (- [*-re*; -]) estreitar; restringir; **2ung** *f* estreitamento *m*, restringimento *m*, restrição *f*.
ver-'erb|en (-) legar, deixar; (*sich*) ~ *auf* (*ac.*) transmitir(-se) a; **~t** *adj.* hereditário; **2ung** *f* transmissão *f* hereditária; **2ungs-gesetz** *n* (*-es*; *-e*) lei *f* da hereditariedade; **2ungslehre** *f* (*0*) teoria *f* da hereditariedade.
ver-'ewig|en [-'e:vigən] (-) eternizar, perpetuar; *Namen*: imortalizar; **~t** [-içt] *adj.* saudoso; defunto.
ver'fahr|en[1] **a)** (*L*; -) *v/i.* (*sn u. h.*) proceder; **b)** *v/t. Geld*: gastar (em viagens *usw.*); (*verwirren*) embrulhar, atrapalhar; *sich* ~ enganar-se,

perder-se (no caminho); **c)** *adj.* confuso; **2en²** *n* procedimento *m*; método *m*; ⊕, ⚗, ⚖ processo *m* (*einleiten* instaurar, *einstellen* arquivar).

Ver'fall *m* (*-es*; *0*) decadência *f*; declínio *m*; *a.* ⚠ ruína *f*; *Sitten*: corrupção *f*, ✝ vencimento *m*; (*Verjährung*) prescrição *f*; *in ~ geraten* = **2en 1.** (*L*; -; *sn*) decair; ⚠ desmoronar-se, ruir; ✝ vencer-se; ⚖ caducar; *j.*: *auf* (*ac.*) ~ lembrar-se de; *in* (*ac.*) ~ incorrer em; *j-m* ~ caber a alg.; **2.** *adj.* ⚠ em ruínas; ⚖ caduco; *dem Laster*: entregue a; *j-m ~ sn* estar à mercê de alg.

ver'fälsch|en (-) falsificar, falsear; viciar, adulterar; abastardar; **2ung** *f* falsificação *f*, adulteração *f*; abastardamento *m*.

ver|'fangen (*L*; -) *v/i.* valer, servir; fazer efeito; *sich* ~ embrulhar-se, atrapalhar-se, prender-se; **~'fänglich** [-'fɛŋliç] capcioso; insidioso; melindroso; **~'färben** (-): *sich* ~ mudar de cor.

ver'fass|en (*-ßt*; -) compor, escrever, *Artikel*: *a.* redigir; **2er(in** *f*) *m* autor(a *f*) *m*.

Ver'fassung *f* (*Zustand*) estado *m*, disposição *f* (*a.* ⚔), situação *f*, condição *f* (*a. pl.*); (*Staats2*) Constituição *f*; **~s-bruch** *m* (*-es*; *⸚e*) violação *f* da Constituição; **~s-gericht** *n* (*-es*; *-e*) tribunal *m* constitucional; **2s-mäßig** constitucional; **~s-mäßigkeit** *f* (*0*) constitucionalidade *f*; **~s-recht** *n* (*-es*; *0*) direito *m* constitucional; **2s-widrig** anticonstitucional, inconstitucional.

ver'faulen (-; *sn*) apodrecer.

ver'fechten (*L*; -) *v/t.* defender.

ver'fehl|en (-) falhar, errar; *Zug*: perder; *j-n*: não encontrar; *ea.* ~ desencontrar-se; *nicht ~ zu* (*inf.*) não deixar de; **~t** *adj.* errado; mal organizado; *Leben*: fracassado; **2ung** *f* falta *f*; delito *m*.

ver'feinden [-'faındən] (*-e-*; -) desavir.

ver'feiner|n [-'faınərn] (*-re*; -) refinar, requintar (*a. fig.*); (*vervollkommnen*) aperfeiçoar; **2ung** *f* requinte *m*; aperfeiçoamento *m*.

ver'femen [-'fe:mən] (-) proscrever.

ver'fett|et [-'fɛtət] adiposo; **2ung** *f* (*0*) adipose *f*; adiposidade *f*.

ver'feuern (*-re*; -) gastar.

ver'film|en (-) filmar; *Buch*: tirar um filme de; **2ung** *f* adaptação *f* cinematográfica.

ver'filzen [-'filtsən] (*-t*; -) feltrar; *fig.*: *sich* ~ enredar-se.

ver'finster|n (*-re*; -) obscurecer; *Astr. sich* ~ eclipsar-se; **2ung** *f* eclipse *m*.

ver|'flachen [-'flaxən] (-) *v/i.* (*sn*) *fig.* trivializar-se; **~'flechten** (*L*; -) entrelaçar; *fig.* implicar; **2'flechtung** [-'flɛçtuŋ] *f* entrelaçamento *m*; *fig.* interdependência *f*; **~'fliegen** (*L*; -; *sn*) evaporar-se; *a. fig.* dissipar-se; *Zeit*: passar, correr; **~'fließen** (*L*; -; *sn*) (de)correr; *Frist*: expirar; **~'flossen** [-'flɔsən] **1.** *p.pt. v. verfließen*, **2.** *adj.* antigo; ex-; **~'fluchen** (-) *v/t.* amaldiçoar; *Rel.* anatemizar; **~'flucht** *adj.* maldito; *fig.* F *a.* danado; **~!** com mil raios!; *adv.* terrìvelmente; **~'flüchtigen** [-'flyçtigən] (-): *sich* ~ volatilizar-se.

ver'flüssig|en [-'flysigən] (-) liquefazer, derreter; *Luft*: condensar; **2ung** *f* (*0*) liquefação *f*, condensação *f*.

ver'folg|en (-) perseguir; ⚖ *a.* processar; *et. weiter* ~ prosseguir, continuar; *genau*: seguir de perto; **2er** *m* perseguidor *m*; **2ung** *f* perseguição *f*; *fig.* prosseguimento *m*; **2ungs-wahn** *m* (*-es*; *0*) mania *f* da perseguição.

ver'fracht|en (*-e-*; -) fretar; embarcar; **2ung** *f* fretamento *m*; embarque *m*; **2er** *m* fretador *m*.

ver'früht [-'fry:t] prematuro; *Nachricht usw.*: antecipado.

ver'fügbar [-'fy:kba:r] disponível; **2keit** *f* (*0*) disponibilidade *f*.

ver'füg|en (-) dispor (*über ac.* de); *amtlich*: ordenar, decretar; *sich ~ nach* dirigir-se a; **2ung** *f* disposição *f*; decreto *m*; *letztwillige* ~ testamento *m*; *j-m zur ~ stehen* estar à disposição de alg.; **2ungs-recht** *n* (*-es*; *0*) direito *m* de dispor (*über ac.* de); disponibilidade *f*.

ver'führ|en (-) seduzir; *~ zu* levar a; **2er(in** *f*) *m* sedutor(a *f*) *m*; **~erisch** [-riʃ] sedutor, tentador; **2ung** *f* sedução *f*; tentação *f*.

ver|'gaffen (-): *sich ~ in* (*ac.*) perder a cabeça por; **~'gällen** [-'gɛlən] (-) amargar; *fig.* envenenar, estragar.

ver'gangen [-'gaŋən] **1.** *p.pt. v. vergehen*; **2.** *adj.* ido; transa[c]to; **2-heit** *f* (*0*) passado *m*; *gr.* pretérito *m* imperfeito; *der ~ angehören a.* ter passado para a história.

ver'gänglich [-'gɛŋliç] passageiro, transitório; efémero; **2keit** *f* (*0*) transitoriedade *f*, inconstância *f*.

ver'gas|en (*-t*; -) gas(e)ificar; *vertilgen*: gasear; **2er** ⊕ *m* carburador *m*; **2ung** *f* gas(e)ificação *f*; *Tötung*: gaseamento *m*; ⊕ carburação *f*.

ver'geb|en (*L*; -) dar; *Amt*: conferir; *Auftrag*: *a.* adjudicar; *Recht*: *a.* ceder; *zu ~ haben* dispor de; *zu ~ sn* estar vago, estar vacante; (*verzeihen*) perdoar; *Sünde*: absolver de; *sich ~ Karten*: enganar-se; *sich* (*dat.*) *et. ~* fazer um sacrifício; *sich* (*dat.*) *nichts ~* não fazer nenhum sacrifício; **~ens** em vão, debalde; **~lich** inútil, frustrado, perdido; *adv.* em vão; debalde; **2lichkeit** *f* (*0*) vaidade *f*, inutilidade *f*; **2ung** *f* perdão *m*; *Rel. a.* absolvição *f*.

ver-gegen'wärtig|en [-'vɛrtigən] (-) apresentar; *sich* (*dat.*) *~* ter presente; **2ung** *f* (*0*) apresentação *f*; a[c]tualização *f*; *Phil.* presentificação *f*.

ver'geh|en¹ (*L*; -; *sn*) passar; (*dahinschwinden*) definhar; desvanecer-se; (*zugrunde gehen*) perecer; *vor* (*dat.*) *~* morrer de; *sich an* (*dat.*) *~* violar (*ac.*); *sich ~ gegen* faltar ao respeito a; ⚖ transgredir (*ac.*); **2en²** *n* falta *f*; ⚖ crime *m*, delito *m*.

ver'geistig|en [-'gaɪstigən] (-) espiritualizar; **2ung** *f* (*0*) espiritualização *f*.

ver'gelt|en (*L*; -) pagar (*Gleiches mit Gleichem* pela mesma moeda); retribuir; *j-m s-e Güte ~* corresponder à amabilidade de alg.; *Untat*: vingar-se de; **2ung** *f* paga *f*; (*Rache*) desforra *f*; (*Strafe*) retribuição *f*; **2ungsmaßnahme** *f* represália *f*.

ver-ge'sellschaft|en (*-e-*; -) socializar, nacionalizar; **2ung** *f* socialização *f*, nacionalização *f*.

ver'gessen [-'gɛsən] **1.** (*L*; -) esquecer(-se de); olvidar; *sich ~* ser incorre[c]to; **2. 2** *n* = **2-heit** *f* (*0*) esquecimento *m*; *in ~ geraten* cair no esquecimento.

ver'geßlich [-'gɛsliç] esquecido, distraído; **2keit** *f* (*0*) falta *f* de memória; *aus ~* por distração.

ver'geud|en [-'gɔydən] (*-e-*; -) dissipar, desperdiçar; delapidar; *Zeit*: gastar; **2ung** *f* (*0*) desperdício *m*.

ver-ge'waltig|en [-gə'valtigən] (-) violar, desonrar; **2ung** *f* violação *f*.

ver-ge'wissern [-gə'visərn] (*-re*; -): *sich ~* certificar-se.

ver'gießen (*L*; -) verter; *a. fig.* derramar.

ver'gift|en (*-e-*; -) envenenar; ⚕ intoxicar; **2ung** *f* envenenamento *m*; intoxicação *f*.

ver|'gilben [-'gilbən] (-) amarelecer; **~'gilbt** *adj.* amarelado; **~'gipsen** [-'gipsən] (*-t*; -) engessar; **2'giß-mein-nicht** ⚘ [-'gis-] *n* (*-es*; *-e*) miosótis *m*; **~'gittern** [-'gitərn] (*-re*; -) gradear; **~'glasen** [-'gla:zən] (*-t*; -) *v/t.* (*v/i.* [*sn*]) envidraçar(-se); *v/t. Fenster*: pôr vidros em.

Ver'gleich *m* (*-es*; *-e*) confronto *m*, comparação *f* (*zu* com); paralelo *m* (*ziehen* estabelecer); (*Einigung*) compromisso *m*, acordo (*'ô) *m*; **2bar** comparável; **2e** (*Abk. vgl.*) vidé, ver, veja-se; **2en** (*L*; -) comparar; (*gegenüberstellen*) confrontar; *Rechnungen usw.*: conferir; *sich ~* ⚖ *u.* ✝ acordar(-se); **2end** *adj.* comparado, comparativo; **2s-weise** relativamente, em comparação.

ver'glimmen (-) ir-se apagando.

ver'gnüg|en¹ [-'gny:gən] (-): *sich ~* divertir-se (*an dat.* com); **2en²** *n* prazer *m* (*machen* dar; *es macht mir a.* tenho); *Unterhaltung*: divertimento *m*, recreio *m*; **~t** *adj.* alegre; contente, satisfeito; **2ung** *f* divertimento *m*.

Ver'gnügungs|lokal *n* (*-es*; *-e*) estabelecimento *m* de recreio(s); **2-süchtig** pândego.

ver'gold|en (*-e-*; -) dourar; **2er** *m* dourador *m*; **2ung** *f* dourado *m*, douradura *f*.

ver|'gönnen (-) permitir, conceder; **~'göttern** [-'gœtərn] (*-re*; -) deificar; *fig.* adorar, idolatrar; **~'graben** (*L*; -) enterrar; *fig. sich ~ in* (*ac.*) enfronhar-se em; **~'grämt** [-'grɛ:mt] azedado; **~'greifen** (*L*; -): *sich ~* enganar-se (na tecla *usw.*); *fig. a.* equivocar-se; *sich an* (*dat.*) *~* violar (*ac.*), atentar contra; *sich an j-m ~ a.* maltratar alg., *sich an et. ~ a.* profanar a.c.; **~'griffen**

[-ˈgrifən] **1.** *p.pt. v.* vergreifen; **2.** *adj. Buch*: esgotado.
verˈgrößer|n [-ˈgrø:sərn] (*-re*; -) engrandecer; aumentar (*a. optisch u. fig.*); *weiter machen, breiter machen* amplificar, alargar; *Phot.* ampliar; (*übertreiben*) exagerar; **2ung** *f* engrandecimento *m*, aumento *m*; amplificação *f*; *Phot.* ampliação *f*; **2ungsapparat** *m* (*-es*; *-e*) ampliador *m*; **2ungsglas** *n* (*-es*; *⸗er*) lupa *f*; microscópio *m*.
Verˈgünstigung [-ˈgynstiguŋ] *f* favor *m*, facilidade(s *pl.*) *f*; bónus *m*.
verˈgüt|en [-ˈgy:tən] (*-e-*; -) *Arbeit*: remunerar; *Geld*: reembolsar; *e-n Schaden*: reparar; *j-m et.* ~ indemnizar alg.; ⊕ afinar, * *Stahl*: revenir; **2ung** *f* remuneração *f*, reembolso *m*; reparação *f*, indemnização *f*.
verˈhaft|en (*-e-*; -) prender, deter; **2ung** *f* prisão *f*, detenção *f*.
verˈhallen (-; *sn*) perder-se.
verˈhalt|en¹ (*L*; -) reter, reprimir; *sich* ~ *et.*: ser (*zu* em relação a); ⩚ estar (*zu* para); *j.*: comportar-se, proceder (*zu* para com); reagir (*zu* contra, perante); *sich ruhig* ~ ficar quieto; **2en**² *n j-s*: atitude *f*; conduta *f*, comportamento *m*, procedimento *m*; *a. e-r Sache*: rea[c]ção *f*.
Verˈhältnis [-ˈhɛltnis] *n* (*-ses*; *-se*) relação *f*; ⩚ proporção *f*; *im* ~ *zu* em relação a; (*Liebes2*) namoro *m*; *pl.* ~*se* situação *f/sg.*, condições *f/pl.*; circunstâncias *f/pl.* (*unter dat.* em); **2mäßig** relativo; ⩚ proporcional; ~**wahl** *f* representação *f* proporcional; ~**wort** *n* (*-es*; *⸗er*) preposição *f*; ~**zahl** *f* número *m* proporcional.
Verˈhaltung ⚕ *f* retenção *f*; ~**smaßregel** *f* (-; *-n*) regra *f* de conduta, instrução *f*; dire[c]tiva *f*.
verˈhand|eln (*-le*; -) *v/t. u. v/i.* (*über ac.*) negociar (*ac.*); tratar (de); discutir (*ac.*); **2lung** *f* negociação *f*, discussão *f*, debate *m*.
verˈhäng|en (-) cobrir; *Strafe*: impor, infligir (*über ac.* a); *Belagerungszustand*: declarar; *Konkurs über* (*ac.*) ~ quebrar (*ac.*); *mit* ~*tem Zügel* à rédea solta; **2nis** *n* (*-ses*; *-se*) fatalidade *f*; (*Schicksal*) destino *m*; ~**nis-voll** fatídico, funesto.
ver|ˈhärmt [-ˈhɛrmt] acabrunhado; ~**ˈharren** (-) permanecer, ficar, continuar; (*beharren*) persistir; ~**ˈharschen** [-ˈharʃən] (-; *sn*) cicatrizar; *Schnee*: regelar; ~**ˈhärten** (*-e-*; -) endurecer; *verhärtet fig. a.* obstinado; **2ˈhärtung** *f* endurecimento *m*; ⚕ *a.* calosidade *f*, esclerose *f*; (*harte Stelle*) calo *m*; ~**ˈhaspeln** (*-le*; -): *sich* ~ embaraçar-se; ~**ˈhaßt** [-ˈhast] odioso; ~ *bei* odiado de; ~**ˈhätscheln** (*-le*; -) amimar.
Verˈhau [-ˈhau] *m* (*-es*; *-e*) estacada *f*; ⚔ abatis *m*; (*Draht2*) arame *m* farpado; **2en** F (*L*; -) espancar, dar pancada a; *sich* ~ enganar-se; ~ *werden* apanhar.
verˈheer|en [-ˈhe:rən] (-) devastar, assolar; ~**end** *adj.* devastador, assolador (*wirken* ter efeito); **2ung** *f* devastação *f*; (*Schaden*) estrago *m*.
ver|ˈhehlen (-) encobrir, dissimular, ocultar; ~**ˈheilen** (-; *sn*) sarar, cicatrizar; ~**ˈheimlichen** [-ˈhaımliçən] (-) dissimular, ocultar.
verˈheirat|en (*-e-*; -): (*sich*) ~ casar(-se); **2ung** *f* casamento *m*.
verˈheiß|en (*L*; -) prometer; **2ung** *f* promessa *f*; *Rel.* promissão *f*; ~**ungs-voll** prometedor.
verˈhelfen (*L*; -): *j-m zu et.* ~ proporcionar a.c. a alg., arranjar a.c. para alg.
verˈherrlich|en (-) glorificar, enaltecer; **2ung** *f* glorificação *f*.
verˈhetz|en (*-t*; -) incitar; **2ung** *f* incitamento *m*.
verˈhexen (*-t*; -) enfeitiçar, embruxar.
verˈhinder|n (*-re*; -) impedir (*j-n am* ... alg. de *inf.*); evitar; ~*t sn a.* ter já um compromisso; **2ung** *f* impedimento *m*.
verˈhöhn|en (-) *v/t.* escarnecer, troçar de; **2ung** *f* escárnio *m*, troça *f*.
Verˈhör [-ˈhø:r] *n* (*-es*; *-e*) interrogatório *m*; *ins* ~ *nehmen* = **2en** (-) *v/t.* interrogar; *sich* ~ entender mal.
ver|ˈhüllen (-) (en)cobrir, velar; *fig. a.* ocultar; ~**ˈhundert-fachen** [-faxən] (-) centuplicar; ~**ˈhungern** (*-re*; -; *sn*) morrer de fome; ~*hungert aussehen* ter ar de esfomeado; ~ *lassen* esfomear; ~**ˈhunzen** [-ˈhuntsən] (*-t*; -) F estropear; ~**ˈhüten** (*-e-*; -) impedir, evitar; preservar; ~*hütend adj.* impeditivo; preservativo, ⚕ *a.* profilá[c]tico;

~'**hütten** [-'hytən] (*-e-*; -) fundir; 2'**hüttung** [-'hytuŋ] *f* fundição *f*.
Ver'hütung [-'hy:tuŋ] *f* prevenção *f*, preservação *f*; ⚕ profilaxia *f*; **~s-maßnahme** *f* medida *f* preventiva; **~s-mittel** *n* preservativo *m*.
ver'hutzelt [-'hutsəlt] corcovado.
ver'innerlich|en (-) interiorizar; 2**ung** *f* interiorização *f*.
ver'irr|en (-): *sich* ~ perder-se; 2**ung** *f fig.* aberração *f*; *leichte*: deslize *m*.
ver'jagen (-) afugentar, expulsar.
ver'jähr|en (-; *sn*) prescrever, caducar; 2**ung** *f* prescrição *f*.
ver'jubeln (*-le*; -) gastar na pândega.
ver'jüng|en [-'jyŋən] (-) rejuvenescer; *Maßstab*: reduzir; ⚠ diminuir; 2**ung** *f* rejuvenescimento *m*; redução *f*, diminuição *f*.
ver'kalk|en (-) **1.** *v/t.* ⊕ calcinar; **2.** *v/i.* (*sn*) calcificar-se; endurecer; ⚕ esclerotizar; **~t** *adj.* esclerótico; 2**ung** *f* calcinação *f*, calcificação *f*; endurecimento *m*; esclerose *f*.
ver|'kannt [-'kant] **1.** *p.pt. v. verkennen*; **2.** *adj.* incompreendido; ~'**kappt** [-'kapt] encapotado; *fig.* disfarçado (*als* de); ~'**kapseln** [-'kapsəln] (*-le*; -): *sich* ~ enquistar-se.
Ver'kauf *m* (*-es*; *⸚e*) venda *f*; 2**en** vender.
Ver'käuf|er(in *f*) *m* vendedor *m* (vendedeira *f*); 2**lich** vendável, vendível; ~ *sn a.* estar para vender; vender-se (*leicht* com facilidade).
Ver'kaufs|bude *f* locanda *f*; **~-chef** *m* (*-s*; *-s*) dire[c]tor *m* da se[c]ção de vendas; **~-stand** *m* (*-es*; *⸚e*) posto (*'ô) *m* (*od.* pavilhão *m*) de venda; lugar *m*; **~-tisch** *m* (*-es*; *-e*) balcão *m*; **~wert** *m* (*-es*; *-e*) valor *m* de venda.
Ver'kehr [-'ke:r] *m* (*-es*; *0*) trânsito *m*, circulação *f*; *a.* ✈ movimento *m*, tráfego *m*; (*Straßen*2) viação *f*; *regelmäßiger*: 🚂, 📞 serviço *m*, comunicações *f/pl.*, ⚓, ✈ *a.* carreiras *f/pl.*; (*Umgang*; *in* ~ *stehen mit* ter) relações *f/pl.* (com); *brieflicher*: correspondência *f*; *in* ~ *bringen* fazer circular; 2**en** (-) **1.** *v/i.* circular; efe[c]tuar-se; *in e-m Hause* ~ frequentar (*ac.*); *mit j-m* ~ lidar com alg., dar-se com alg.; *geschlechtlich* ~ *mit* ter relações sexuais com; **2.** *v/t.* transtornar; invertir; *vgl.* 2*t*.
Ver'kehrs|-ader *f* (-; *-n*) artéria *f*; **~-ampel** *f* (-; *-n*) lanterna *f* da sinalização; **~-amt** *n* (*-es*; *⸚er*), **~büro** *n* (*-s*; *-s*) (agência *f* de) Turismo *m*; **~flugzeug** *n* (*-es*; *-e*) avião *m* de carreira; avião *m* de transportes; **~-hindernis** *n* (*-ses*; *-se*) obstáculo *m* para a circulação; **~-insel** *f* (-; *-n*) placa *f*; **~knotenpunkt** *m* (*-es*; *-e*) entroncamento *m*; **~minister(ium** *n* [*-s*; *-ministerien*]) *m* Ministro *m* (Ministério *m*) de Comunicações; **~mittel** *n* meio *m* de transporte; **~-ordnung** *f* regulamento *m* de trânsito; código *m* das estradas; **~polizei** *f* (*0*) polícia *f* de trânsito; **~polizist** *m* (*-en*) polícia *m* de trânsito; 2**reich** movimentado; **~sicherheit** *f* (*0*) segurança *f* nas estradas; **~-stauung** *f*, **~-stockung** *f* congestão *f* do trânsito; **~-störung** *f* interrupção *f* do trânsito; **~-straße** *f Stadt*: rua *f* de grande movimento; *Land*: estrada *f*, via *f* de comunicação; **~-umleitung** *f* desvio *m*; **~-unfall** *m* (*-es*; *⸚e*) acidente *m* de viação; **~vorschrift** *f* = ~*ordnung*; **~weg** *m* (*-es*; *-e*) via *f* (pública); **~wesen** *n* (*-s*; *0*) viação *f*; **~-zeichen** *n* sinal *m* de trânsito.
ver'kehrt [-'ke:rt] **1.** *p.pt. v. verkehren*; **2.** *adj.* invertido; *a. adv.* às avessas; *fig.* errado; *adv.* mal; 2**-heit** *f* perversão *f*, absurdidade *f*.
ver'keilen ⊕ (-) acunhar; F (*verprügeln*) chegar a, dar pancada em.
ver'kennen (*L*; -) desconhecer; não compreender; *nicht* ~ *a.* não negar.
ver'kett|en (*-e-*; -) encadear; *a. fig.* concatenar; 2**ung** *f* encadeamento *m*, concatenação *f*.
ver|'kitten (*-e-*; -) (a)betumar; ~'**klagen** (-): ~ (*bei*) acusar (perante); ⚖ denunciar (a); pôr demanda (*j-n* contra alg.); ~'**klammern** (*-re*; -) enganchar; ~'**klaren** (-) ⚓, ⚖ depor; ~'**klären** (-) transfigurar; 2'**klarung** [-'kla:ruŋ] *f* depoimento *m*, audiência *f*; 2'**klärung** *f* transfiguração *f*; apoteose *f*; ~'**klatschen** (-) denunciar; difamar; **~klausu'lieren** [-klauzu'li:rən] (-) clausular; ~'**kleben** (-) tapar; colar; (a)betumar; ~'**kleiden** (*-e-*; -) disfarçar; ⚠, ⊕ revestir;

Holz: forrar (*mit* de); ≗'**kleidung** *f* disfarce *m*; ⚠, ⊕ revestimento *m*; (*Holz*≗) forro (*'ô) *m*.
ver'kleiner|n [-'klaınərn] (*-re*; -) reduzir (*a*. ⚖), *a. fig.*: diminuir, apoucar; ≗**ung** *f* redução *f*, diminuição *f*; ≗**ungs-wort** *n* (*-es*; *⁼er*) diminutivo *m*.
ver|'klingen (*L*; *sn*) ir-se perdendo; ≗'**knappung** [-'knapuŋ] *f* (*0*) escassez *f*; ~'**kneifen** F (*L*; -): *sich et.* ~ desistir de a.c.; *das Lachen*: conter; ~'**knöchern** (*-re*; -; *sn*) ossificar(-se); ~*knöchert adj. fig.* burocrático; ~'**knüpfen** (-) ligar, juntar; *fig. a.* associar, combinar; ≗'**knüpfung** [-'knypfuŋ] *f* enlace *m*; *fig.* combinação *f*, associação *f*; ~'**kohlen** (-) *v/t.* (*v/i.* [*sn*]) carbonizar(-se); reduzir(-se) a carvão; *fig.* F *v/t.*: *j-n* ~ contar petas a alg.; ~'**koken** [-'ko:kən] (-) calcinar.
ver'kommen 1. *v/i.* (*L*; -; *sn*) ir-se arruinando, ir-se degenerando; *j.*: ir-se depravando; ~ *lassen* abandalhar; **2.** *adj.* arruinado; decadente, depravado; ≗**-heit** *f* (*0*) decadência *f*, depravação *f*.
ver'korken (-) arrolhar.
ver'körper|n (*-re*; -) personificar; encarnar; *sich* ~ *a.* tomar corpo; *Rolle*: representar, interpretar; ~**t** *adj.* em pessoa; ≗**ung** *f* encarnação *f*, personificação *f*; representação *f*.
ver|'krachen F *v/i.* (-; *sn*) falir, quebrar; fracassar; *sich* ~ zangar-se; ~'**kramen** (-) extraviar; ~'**kriechen** (*L*; -): *sich* ~ esconder-se; ~'**krümeln** (*-le*; -) esmigalhar; *sich* ~ *fig.* sumir-se; *Geld*: ir-se gastando; ≗'**krümmung** *f* ⚕ deformação *f*.
ver'krüppel|n (*-le*; -; *sn*) atrofiar-se; *j.*: ficar aleijado; ≗**ung** *f* atrofia *f*.
ver|'krusten [-'krustən] (*-e-*; -) incrustar; ≗'**krustung** *f* incrustação *f*; ~'**kühlen** (-): *sich* ~ constipar-se; ~'**kümmern** (*-re*; -) **1.** *v/i.* (*sn*) enfezar, estiolar(-se); ⚘, ⚕ atrofiar-se; **2.** *v/t.* perturbar, estragar; ~'**kümmert** *adj.* raquítico.
ver'künd(ig)|en (*-e-*; -) anunciar, preconizar; *laut*: proclamar; *Gesetz*: promulgar, publicar; *Urteil*: pronunciar; *Rel.* (*predigen*) pregoar; (*weissagen*) profetizar; ≗**ung** *f* publicação *f*, proclamação *f*, promulgação *f*; *Mariä* ~ Anunciação *f*.
ver'kupfer|n (*-re*; -) (a)cobrear; ≗**ung** *f* acobreado *m*.
ver'kuppeln (*-le*; -) ⊕ engatar; *j-n*: alcovitar.
ver'kürz|en (*-t*; -) reduzir, encurtar, abreviar; *Mal.* escorçar; *sich* (*dat.*) *die Zeit* ~ matar o tempo; ≗**ung** *f* redução *f*; abreviação *f*, abreviamento *m*; *Mal.* escorço (*'ô) *m*; ⚕ encurtamento *m*.
ver'lad|en (*L*; -) carregar; embarcar; ≗**e-platz** *m* (*-es*; *⁼e*) cais *m* de embarque; ≗**ung** *f* carga *f*, carregamento *m*; embarque *m*.
Ver'lag [-'la:k] *m* (*-es*; *-e*) edição *f*; = ~*sanstalt*; *in* ~ *nehmen* publicar.
ver'lager|n (*-re*; -) dislocar; ≗**ung** *f* dislocação *f*.
Ver'lags|-anstalt *f* (casa *f*) editora *f*; ~**buchhändler** *m* livreiro *m* editor; ~**buchhandlung** *f* livraria *f* editora; ~**recht** *n* (*-es*; *-e*) direitos *m/pl.* editoriais.
ver'lang|en¹ (-): ~ (*von*) pedir (a), exigir (de); *nach et.* ~ ansiar a.c.; (*a. nach j-m*) ter saudades de (alg.); ≗**en**² *n* desejo *m*; (*Forderung*) exigência *f*, reclamação *f*; (*Sehnsucht*) ânsia *f*, saudade *f* (*nach* de).
ver'länger|n [-'lɛŋərn] (*-re*; -) alongar, prolongar; *Frist*: prorrogar; ≗**ung** *f* alongamento *m*; prolongamento *m*, prorrogação *f*; ≗**ungs-schnur** *f* ⚡ extensão *f*.
ver'langsam|en (-) retardar; ≗**ung** *f* retardação *f*, retardamento *m*.
Ver'laß [-'las] *m* (*-sses*; *0*): *es ist kein* ~ *auf* (*ac.*) não se pode ter confiança *f* em.
ver'lassen 1. *v/t.* (*L*; -) deixar, abandonar; *Ort*: *a.* sair de; *sich auf* (*ac.*) ~ fiar-se em, confiar em, contar com; **2.** *adj.* abandonado; *j.*: *a.* desamparado; *Haus*: *a.* desabitado; ≗**-heit** *f* (*0*) abandono *m*, solidão *f*.
ver'läßlich [-'lɛsliç] seguro, de confiança; *j.*: sério; (*treu*) fiel; (*sicher*) certo; *Nachricht*: *a.* fidedigno.
Ver'lauf *m* (*-es*; *0*) decurso *m*, decorrer *m*; *Handlung*: *a.* marcha *f*, progresso *m*, evolução *f*; *im* ~ *des Jahres* pelo ano fora; *nach* ~ *von* ao cabo de; ≗**en** (*L*; -) *v/i.* decorrer; passar(-se); evolucionar; *gut* (*schlecht*) ~ tomar rumo (des)favo-

rável; *sich* ~ (*auseinandergehen*) dispersar-se; *Wasser*: espalhar-se, *nach Überschwemmungen*: descer; F (*sich verirren*) perder-se.
ver'laust [-'laʊst] piolhento.
ver'lautbar|en (-): ~ *lassen* comunicar; **2ung** *f* publicação *f*, comunicado *m*.
ver'lauten (-*e*-; -) constar; ~ *lassen* manifestar, mandar dizer, mandar publicar, mandar divulgar; *nichts* ~ *lassen* calar-se; *nichts von sich* (*dat.*) ~ *lassen a.* não dar notícias.
ver'leb|en (-) passar; **~t** *adj.* gasto.
ver'leg|en 1. *v/t.* (-) transferir, trasladar, mudar (*auf ac.* para); *Gegenstand*: não pôr no sítio; *Handlung*: situar; localizar; (*einbauen, legen*) assentar, colocar; (*aufschieben*) adiar; pôr no sítio; (*veröffentlichen*) publicar, editar; (*versperren*) trancar, cortar; **2.** *adj.* embaraçado; *nie um e-e Antwort* ~ *sn* estar sempre pronto a ripostar; ~ *werden* embaraçar-se; **2en-heit** *f* embaraço *m*; (*Geld*2) apuros *m/pl.*; **2er** *m* editor *m*; **2ung** *f* transferência *f*; *zeitl. a.* adiamento *m*.
ver'leiden (-*e*-; -): *j-m et.* ~ estragar a.c. a alg., fazer perder o gosto de a.c. a alg.
Ver'leih [-'laɪ] *m* (-*es*; -*e*) aluguer *m*, aluguel *m*; **2en** (*L*; -) *v/t.* emprestar; (*vermieten*) alugar; *Form, Glanz*: dar, *Titel*: *a.* conferir, *Glanz*: *a. Orden*: *a.* agraciar com, condecorar com; *Insignien*: impor; *Recht*: outorgar, conceder; (*angedeihen l.*) proporcionar; **~er(in** *f*) *m* emprestador(a *f*) *m*; (*Vermieter*[*in*]) alugador(a *f*) *m*; **~ung** *f Insignien*: imposição *f*; (*Ordens*2) condecoração *f*; *Recht*: concessão *f*; *Würde*: investidura *f*; (*Vermietung*) aluguer *m*.
ver'leit|en (-*e*-; -) induzir; *stärker*: tentar (*zu* a); **2ung** *f* indução *f*; tentação *f*.
ver'lernen (-) desaprender, esquecer.
ver'lesen (*L*; -) *v/t.* ler; fazer a leitura de; *sich* ~ enganar-se (na leitura).
ver'letz|bar [-'lɛtsba:r] vulnerável; *fig. j.*: melindroso (*leicht* muito); **~en** (-*t*; -) ferir; lesar; *fig.* faltar; *Interesse*: prejudicar; *j-n*: melindrar, ofender; **~lich** = **~***bar*; **2ung** *f* ferida *f*, lesão *f*; violação *f*, ofensa *f*.
ver'leugnen (-*e*-; -) (ar)renegar (*a. Rel.*); (*sich nicht* não se) desmentir; *sich* ~ *lassen* negar-se.
ver'leumd|en [-'lɔymdən] (-*e*-; -) caluniar, difamar; **2er(in** *f*) *m* caluniador(a *f*) *m*, difamador(a *f*) *m*; **~erisch** [-riʃ] caluniador, difamador, difamante; **2ung** *f* calúnia *f*, difamação *f*.
ver'lieb|en (-): *sich in* (*ac.*) ~ namorar-se de, apaixonar-se por; **~t** namorado, apaixonado; **2t-heit** *f* amor *m*, namoro *m*.
ver'lier|en [-'li:rən] (*L*; -) perder; *s. a. verloren*; **2er** *m* quem perde.
Ver'lies [-'li:s] *n* (-*es*; -*e*) calabouço *m*.
ver|'loben (-): *sich* ~ celebrar esponsais; ~*lobt sn* ser noivo; **2'löbnis** [-'lø:pnis] *n* (-*ses*; -*se*) noivado *m*; esponsais *m/pl.*; **2'lobte(r** *m*) *m, f* noivo *m*, -a *f*.
Ver'lobung [-'lo:bʊŋ] *f* noivado *m*; esponsais *m/pl.*; **~s-anzeige** *f* participação *f* de noivado; **~s-ring** *m* (-*es*; -*e*) aliança *f*.
ver'lock|en (-) atrair; **~end** *adj.* atra[c]tivo; **2ung** *f* atra[c]ção *f*, sedução *f*.
ver'logen [-'lo:gən] mentiroso; **2-heit** *f* (*0*) mentira *f*.
ver'lohnen (-): *sich* (*der Mühe*) ~ valer a pena.
ver'loren [-'lo:rən] **1.** *p.pt. v. verlieren*; ~ *geben* considerar perdido; **2.** *adj.*: *der* ~*e Sohn* o filho pródigo; ~*e Eier Kochk.* ovos *m/pl.* escalfados; **~gehen** (*L*) perder-se.
ver|'löschen (-) **1.** *v/i.* (*sn*) extinguir-se; **2.** *v/t.* sujar; **~'losen** (-*t*; -) sortear, rifar; **2'losung** *f* sorteio *m*, rifa *f*; **~'löten** (-*e*-; -) soldar; **~'lottern** [-'lɔtərn] (-*re*; -) desorganizar-se; *j.*: estroinar, desmoralizar-se; ~ *lassen* abandalhar; **2'lötung** [-'lø:tʊŋ] *f* soldagem *f*; *Anat.* sínfise *f*; **~'ludern** [-'lu:dərn] (-*re*; -) = ~*lottern*; **~'lumpen** (-) **1.** *v/t.* desperdiçar, (mal)gastar; **2.** *v/i.* (*sn*) desmoralizar-se.
Ver'lust [-'lʊst] *m* (-*es*; -*e*) perda *f*; (*Schade*) prejuízo *m*; ⚔ baixa *f*; **2bringend** prejudicial; **2ig**: ~ *gehen* (*gen.*) perder (*ac.*); *s-s Amtes für* ~ *erklären* demitir (das suas funções); **2reich** ⚔ sangrento.
ver|'machen (-) legar; **2'mächtnis** *n* (-*ses*; -*se*) legado *m*, património *m*; testamento *m*.

ver'mähl|en [-'mɛːlən] (-): *sich* ~ casar(-se); **⁓te(n)** [-tə(n)] *pl.* esposos *m/pl.*, casal *m/sg.*; **⁓ung** *f* casamento *m*, enlace *m*.
ver|'mahnen (-) admoestar; **⁓mahnung** *f* admoestação *f*; **~'mannigfachen** [-'maniçfaxən] (-) multiplicar.
ver'mehr|en (-) aumentar (*a. refl.*); *sich* ~ *Zool.* multiplicar-se; **⁓ung** *f* aumento *m*; multiplicação *f*.
ver'meidbar [-'maɪtbaːr] evitável.
ver'meid|en (*L*; -) evitar; **~lich** evitável; **⁓ung** *f* evitação *f*; *bei* ~ *e-r Strafe von* sob pena de ...
ver'mein|en (-) supor, julgar; **~tlich** suposto, pretenso, fictício.
ver'melden (*-e-*; -) noticiar, notificar.
ver'mengen (-) misturar; *fig. a.* confundir.
Ver'merk [-'mɛrk] *m* (*-es*; *-e*) nota *f*; **⁓en** (-) notar; *übel* ~ levar a mal.
ver'messen (*L*; -) **1.** *v/t.* medir; *Erdk.* levantar o plano topográfico; *sich* ~ enganar-se na medida; *fig. sich* ~ *zu* (*inf.*) atrever-se a; **2.** *adj.* atrevido; **⁓-heit** *f* (*0*) atrevimento *m*.
Ver'messung *f* medição *f*; levantamento *m* topográfico; **~s-kunde** *f* (*0*) geodesia *f*; ⚒ geodésia *f*; **~s-schiff** *n* (*-es*; *-e*) navio *m* hidrográfico.
ver'miet|en (*-e-*; -) alugar, arrendar; *sich* ~ *j.*: ir servir; **⁓er(in** *f*) *m* alugador(a *f*) *m*; **⁓ung** *f* aluguer *m*, aluguel *m*, arrendamento *m*.
ver'minder|n (*-re*; -) diminuir, reduzir; **⁓ung** *f* diminuição *f*, redução *f*.
ver'misch|en (-) misturar; *Zool.* cruzar; **~t** *adj.* misto; *pl. a.* vários; *~e Nachrichten a.* ocorrências várias; *~e Schriften* miscelânea *f/sg.*; **⁓ung** *f* mistura *f*, mescla *f*; cruzamento *m*.
ver|'missen (*-ßt*; -) *v/t.* dar pela (*od.* sentir a) falta de; fazer falta a; **~'mißt** [-'mist] (**⁓'mißte[r]** *m*) desaparecido (*m*).
ver'mitt|eln [-'mitəln] (*-le*; -) **1.** *v/i.* intervir; *zwischen Streitenden*: servir de medianeiro; *zwischen Meinungen usw.*: conciliar (*ac.*); **2.** *v/t.* (*zustande bringen*) facilitar, arranjar; *~d adj.* medianeiro, conciliatório; **~els(t)** por meio de, mediante; **⁓ler(in** *f*) *m* medianeiro *m* (-a *f*); mediador(a *f*) *m*, agente *m*, *f*; **⁓lung** [-luŋ] *f* mediação *f*; **⁓lungs-stelle** *f* agência *f*; central *f*; **⁓lungs-gebühr** *f* comissão *f*.
ver'modern (*-re*; -; *sn*) apodrecer.
ver'möge [-'møːgə] (*gen.*) em virtude de; **~n¹** (*L*; -) *v/t.* poder; *j-n*: levar; *nichts über j-n* ~ não ter autoridade sobre alg.; **⁓n²** *n* (*Besitz*) fortuna *f*, bens *m/pl.*; (*Macht*) poder *m*; **~nd** *adj.* abastado; ~ *sn a.* ter fortuna; **⁓ns-steuer** *f* (-; *-n*) contribuição *f* de bens; **⁓ns-verhältnisse** *n/pl.* situação *f/sg.* financeira; recursos *m/pl.*; **⁓nsverwaltung** *f* administração *f* de bens.
ver'morscht [-'mɔrʃt] podre, apodrecido.
ver'mumm|en [-'mumən] (-) disfarçar; **⁓ung** *f* disfarce *m*.
ver'mut|en (*-e-*; -) supor, presumir; suspeitar; **~lich** provável, presumível; *adv. a.* parece que, é de supor que; **⁓ung** *f* suposição *f*, conje[c]tura *f*; suspeita *f*; *gegen alle* ~ contra toda a expectativa.
ver'nach-lässig|en [-lɛsigən] (-) descurar, descuidar, desleixar, desprezar; **⁓ung** *f* descuido *m*; desleixo *m*.
ver|'nageln encravar; *~nagelt sn fig.* F ter perdido o tino; **~'narben** [-'narbən] (-; *sn*) cicatrizar; **~'narrt** [-'nart]: *in* (*ac.*) ~ *sn* estar doido por; **~'naschen** (-) gastar em gulosices; **~'nebeln** (*-le*; -) enevoar.
ver'nehm|bar [-'neːmbaːr] perceptível; **~en** (*L*; -) perceber, sentir; ouvir (dizer); (*erfahren*) *a.* saber; ⚖ (*verhören*) interrogar; *dem* ⁓ *nach* segundo consta; **~lich** distinto, claro, inteligível; **⁓ung** ⚖ *f* interrogatório *m*; **~ungs-fähig** em estado de depor.
ver'neig|en (-): *sich* ~ inclinar-se; cumprimentar (*ac.*); **⁓ung** *f* reverência *f*, vénia *f*, cumprimento *m*.
ver'nein|en (-) negar; dizer que não; **~end, ~t** *adj.* negativo; **⁓ung** *f* negação *f*.
ver'nicht|en (*-e-*; -) aniquilar; (*ausrotten*) exterminar; **⁓ung** *f* aniquilamento *m*; extermínio *m*; **⁓ungskrieg** *m* (*-es*; *-e*) guerra *f* de extermínio.
ver'nickel|n (*-le*; -) niquelar; **⁓ung** *f* niquelagem *f*.

ver'niet|en (-*e*-; -) rebitar; **2ung** *f* rebitagem *f*.

Ver'nunft [-'nunft] *f* (*0*) razão *f*, juízo *m*; *zur* ~ *bringen* chamar à razão; *zur* ~ *kommen*, ~ *annehmen* vir à razão, tomar juízo; **~ehe** *f* casamento *m* de conveniência; **2gemäß** razoável, sensato, lógico; **~glaube** *m* (-*ns*; *0*) racionalismo *m*; **~gründe** [-gryndə] *m/pl.* argumentos *m/pl.*; razões *f/pl.*

ver'nünftig [-'nynftiç] razoável, sensato.

Ver'nunft|lehre *f* (*0*) lógica *f*; **2los** irracional; **2widrig** absurdo.

ver-'öd|en [-'ø:dən] (-*e*-; -; *sn*) ficar deserto, ficar despovoado; **2ung** *f* despovoação *f*, despovoamento *m*.

ver'öffentlich|en (-) publicar; *Gesetz*: promulgar; **2ung** *f* publicação *f*; *Gesetz*: promulgação *f*.

ver'ordn|en (-*e*-; -) ordenar, decretar; ⚕ receitar, prescrever; **2ung** *f* decreto *m*, portaria *f*, ordem *f*; *städtische* ~ postura *f* camarária; ⚕ receita *f*, prescrição *f*.

ver|'pachten (-*e*-; -) arrendar, dar em arrendamento; **2'pachtung** *f* arrendamento *m*; **~'packen** (-) empacotar, embrulhar; ⚓ enfardar, embalar; **2'packung** *f* embalagem *f*; **~'passen** (-*ßt*; -) perder; *j-n* ~ desencontrar-se com alg.; **~'pesten** [-'pɛstən] (-*e*-; -) infestar; **~'petzen** F (-*t*; -) denunciar; **~'pfänden** (-*e*-; -) empenhar, penhorar; ⚖ hipotecar; **2'pfändung** *f* empenho *m*; ⚖ hipoteca *f*; **~'pflanzen** (-*t*; -) transplantar; **2'pflanzung** *f* transplantação *f*.

ver'pfleg|en (-) alimentar; (*unterhalten*) suster; *j-n* ~ *a.* dar pensão a alg.; *Heer*: abastecer; **2ung** *f* alimentação *f*; víveres *m/pl.*; *Hotel*: comida *f*; *volle* ~ pensão *f* completa; ⚔ abastecimento *m*; manutenção *f*.

ver'pflicht|en (-*e*-; -) obrigar; *j-n zu Dank* ~ penhorar alg., obsequiar alg.; *sich* ~ (*zu*) comprometer-se (a); **~end** *adj.* obrigatório, penhorante; **2ung** *f* obrigação *f*, dever *m*; compromisso *m*.

ver|'pfuschen (-) estragar; **~'plappern** (-*re*; -): *sich* ~ dar com a língua nos dentes; **~'plaudern** (-*re*; -): *sich* ~, *die Zeit* ~ perder o seu tempo no cavaco; **~'plempern** [-'plɛmpərn] F mal-gastar; (*sich*) ~ dispersar(-se); **~'pönen** [-'pø:nən] (-) proibir, desaprovar; **~'prassen** (-*ßt*; -) desperdiçar em órgias; **~provian'tieren** [-provian'ti:rən] (-) abastecer; **~'prügeln** (-*le*; -) *v/t.* desancar, dar pancada em; **~'puffen** (-; *sn*) não dar nada; **~'pulvern** [-'pulvərn] (-*re*; -) (mal)gastar; **~'pumpen** (-) F emprestar; **~'puppen** [-'pupən] (-): *sich* ~ transformar-se em crisálida; **~'pusten** (-*e*-; -) F: (*sich*) ~ descansar; **2'putz** ⚠ *m* (-*es*; *0*) reboco (*'ô) *m*; **~'putzen** ⚠ (-*t*; -) rebocar; **~'qualmen** (-) encher de fumo; gastar a fumar; **~'qualmt** cheio de fumo; **~'quer** travésso; **~'quicken** [-'kvikən] confundir; **~'quollen** [-'kvɔlən] inchado; **~'rammeln** (-*le*; -) trancar, atravancar; **~'ramschen** (-) F vender por nada; **~'rannt** [-'rant]: *fig.* ~ obstinado, *in* (*ac.*) ~ *sn* ter a mania de.

Ver'rat [-'ra:t] *m* (-*es*; *0*) traição *f*; **2en** (*L*; -) atraiçoar; *a. et.*: denunciar; *Geheimnis*: *a.* revelar; *Glauben*: quebrantar; *fig. a.* deixar ver; *sich* ~ trair-se.

Ver'räter [-'rɛ:tər] *m* traidor *m*; **~ei** *f* traição *f*; **~in** *f* traidora *f*; **2isch** atraiçoeiro.

ver|'rauchen (-) *v/i.* (*sn*) *fig.* dissipar-se; **~'räuchern** (-*re*; -) defumar; **~'rauschen** (-) passar; **~'rechnen** (-*e*-; -) descontar; *sich* ~ enganar-se na conta; **2'rechnung** *f* compensação *f*, «clearing» (*engl.*) *m*; **~'recken** (-) F (*sn*) espichar; **~'regnen** (-*e*-; -) ficar estragado com a chuva; **~'reisen** (-*t*; -) *v/i.* ir viajar; partir para uma viagem; *~reist sn a.* estar para fora; **~'renken** [-'rɛŋkən] (-) dislocar; (*sich dat.*) ~ torcer; **2'renkung** [-rɛŋkuŋ] *f* dislocação *f*, torcedura *f*; luxação *f*; **~'rennen** (*L*; -): *sich* ~ *in* (*ac.*) aferrar-se a; **~'richten** (-*e*-; -) fazer; *Gebet*: rezar; **2'richtung** *f* execução *f*; *pl.* funções *f/pl.*; *häusliche*: afazeres *m/pl.*; **~'riegeln** [-'ri:gəln] (-*le*; -) *v/t.* aferrolhar, trancar.

ver'ringer|n [-'riŋərn] (-*re*; -) diminuir, reduzir; **~nd** *adj.* abaixador; **2ung** *f* diminuição *f*, redução *f*.

ver'rinnen (*L*; -; *sn*) passar, correr, ir-se passando, ir-se correndo.

ver'roh|en (-) *v/t.* (*v/i.* [*sn*]) embrutecer; **2ung** *f* embrutecimento *m.*
ver'rosten (*-e-*; -; *sn*) enferrujar.
ver'rotte|n (*-e-*; -; *sn*) apodrecer; *a. fig.* corromper-se; **~t** *adj.* corru(p)to.
ver'rucht [-'ru:xt] infame; *j.*: *a.* malvado; *Rel.* impio; **2-heit** *f* (*0*) infâmia *f*; impiedade *f.*
ver'rück|en (-) remover; **~t** *adj.* louco, doido (*nach* por); alienado, demente; *wie* ~ à doida; ~ *werden* enlouquecer, endoidecer; **2t-heit** *f* loucura *f*, doidice *f*, demência *f.*
Ver'ruf *m* (*-es*; *0*) má fama *f*; *in* ~ *kommen* ter má fama; *in* ~ *bringen* difamar; **2en** *adj.* de má fama, de má reputação.
Vers [fɛrs] *m* (*-es*; *-e*) verso *m*; (*Bibel2*) versículo *m*; (*Strophe*) estrofe *f*; *in* ~*e bringen* pôr em verso, versificar; *sich* (*dat.*) *keinen* ~ *auf et. machen können* F não saber explicar a.c.
ver'sag|en¹ (-) **a)** *v/t.* negar, recusar; *sich* (*dat.*) *et.* ~ privar-se de a.c., desistir de a.c.; (*es*) *sich* (*dat.*) *nicht* ~ *können zu* não poder deixar de; (*schon*) ~*t sn* ter outro compromisso, estar compromitido; **b)** *v/i.* falhar, ir(-se) abaixo; ⊕ *a.* não funcionar; *Knie*: fraquejar; *Kräfte usw.*: faltar; *Stimme*: ficar presa; **2en²** *n* falha *f*, insuficiência *f*; **2er** *m* falhado *m*; *et.*: falha *f.*
ver'salzen (*-t*; -) salgar; *fig.* desmanchar.
ver'samm|eln (*-le*; -) reunir; **2-lung** *f* reunião *f*, assembleia *f*; (*Volks2*) comício *m.*
Ver'sand [-'zant] *m* (*-es*; *0*) expedição *f*, envio *m*; (*Auslands2*) exportação *f*; **~-anzeige** *f* aviso *m* (de expedição); **2bereit** pronto (a ser expedido); **2en** [-dən] (*-e-*; -; *sn*) assorear; **~haus** *n* (*-es*; *⸗er*) casa *f* de expedição; **~ung** [-duŋ] *f* assoreamento *m.*
ver'säum|en (-) *v/t. Arbeit, Pflicht, Schule*: faltar a; *Gelegenheit, Zeit, Zug*: perder; ~ *zu* (*inf.*) deixar de; **2nis** *n* (*-ses*; *-se*) falta *f*; descuido *m*; **2nis-urteil** *n* (*-s*; *-e*) condenação *f* à revelia.
'Versbau ['fɛrsbau] *m* (*-es*; *0*) versificação *f*, métrica *f.*
ver'schachern (*-re*; -) vender ao desbarato.
ver'schaffen (-) arranjar, conseguir, proporcionar.
ver'schal|en [-'ʃa:lən] (-) forrar, ⚒ cofrar; **2ung** *f* forramento *m*, forro (*'ô) *m*; ⚒ cofragem *f.*
ver'schämt [-'ʃɛ:mt] envergonhado; **2-heit** *f* (*0*) vergonha *f.*
ver'schandeln [-'ʃandəln] (*-le*; -) estragar.
ver'schanz|en (*-t*; -) entrincheirar; *sich* ~ *fig.* escusar-se (*hinter dat.* com); **2ung** *f* entrincheiramento *m*; trincheiras *f/pl.*
ver'schärf|en (-) agravar; *Tempo*: acelerar; **2ung** *f* agravamento *m*; *Tempo*: aceleração *f.*
ver|'scharren (-) soterrar; *Leiche*: enterrar; **~'scheiden¹** (*L*; -) *v/i.* (*sn*) expirar, falecer; **2'scheiden²** *n* falecimento *m*; **~'schenken** dar, fazer presente de; **~'scherzen** (*-t*; -) perder por sua falta; **~'scheuchen** (-) afugentar; *fig.* dissipar; **~'schicken** (-) expedir, enviar (*Kind*: a uma colónia infantil); ⚖ deportar; **2'schickung** *f* expedição *f*; envio *m*; transporte *m*; ⚖ deportação *f*; **~'schiebbar** [-'ʃi:pba:r] móvel; **2'schiebbarkeit** *f* (*0*) mobilidade *f*; **2'schiebe-bahnhof** *m* (*-es*; *⸗e*) estação *f* de manobras; **~'schieben** (*L*; -) remover; *zeitl.*: adiar; protelar; F, ⚕ traficar; *sich* ~ sair do sítio; *zeitl.*: ficar adiado; **2'schiebung** *f* modificação *f*; transposição *f*; *zeitl.*: adiamento *m*; F, ⚕ traficância *f.*
ver'schieden [-'ʃi:dən] **1.** *p. pt. v. verscheiden*; **2.** *adj.* diferente, distinto, diverso, *pl. a.* vários; ~ *sn a.* diferir; **~-artig** diverso, heterogéneo; **2-artigkeit** *f* diversidade *f*; heterogeneidade *f*; **2e(s)** *n* diversos *m/pl.*; *Zeitung*: ocorrências *f/pl.* diversas; **~farbig** variegado, de várias cores, polícromo; **2-heit** *f* diversidade *f*; variedade *f*; heterogeneidade *f*; **~t-lich** diversas vezes.
ver'schießen (*L*; -) **1.** *v/t.*: (*sich*) ~ esgotar (a munição); *Typ.* transpor; **2.** *v/i.* desbotar, perder a cor; *fig. sich in* (*ac.*) ~ apaixonar-se de.
ver'schiff|en (-) embarcar; enviar por navio; **2er** *m* carregador *m*; **2ung** *f* embarque *m*, transporte *m* (*Flußweg*: fluvial, *Seeweg*: marítimo); **2ungs...**: *in Zssg(n)* de embarque.

ver'schimmeln (*-le*; -) ganhar bolor.
ver'schlacken [-'ʃlakən] (-; *sn*) ficar cheio de escória.
ver'schlafen 1. (*L*; -) *v/t.*: *die Zeit* ~ acordar tarde; passar o tempo a dormir; **2.** *adj.* sonolento.
Ver'schlag *m* (*-es*; *⸗e*) tabique *m*.
ver'schlagen 1. (*L*; -) *v/t.* revestir de tábuas; *Buchseite*: perder; ⚓ desnortear, arrastar; ~ *werden* ⚓ derivar; ~ *werden nach* desviar-se para; *fig.* F vir parar em; *nichts* ~ não importar; **2.** *adj. j.*: astuto, manhoso; abispado; *Temperatur*: quebrada da friura; **2-heit** *f* (*0*) astúcia *f*, manha *f*.
ver'schlammen [-'ʃlamən] (-) *v/t.* (*v/i.* [*sn*]) encharcar(-se); **~'schlampen** [-'ʃlampən] (-) desmazelar-se.
ver'schlechter|n [-'ʃlɛçtərn] (*-re*; -): (*sich*) ~ piorar; *et.*: *a.* deteriorar; *Zustand*: *a.* agravar(-se); **2ung** *f* piora(mento *m*) *f*; agravamento *m*, deterioração *f*.
ver'schleier|n (*-re*; -) disfarçar, velar; ✝, ⚖ encobrir, falsificar; **2ung** *f* encobrimento *m*.
ver'schleim|en (-; *sn*) ficar cheio de muco; **2ung** *f* mucosidade *f*; catarro *m*.
Ver'schleiß [-'ʃlaɪs] *m* (*-es*; *-e*) ✝ venda *f* ao desbarato; ⊕ desgaste *m*; **2en** (*L*; -) ✝ vender ao desbarato; ⊕ (des)gastar; *Zeug*: puir; estragar.
ver'schlepp|en (-) *j-n*: raptar; *et.*: desviar, roubar; *zeitl.* demorar; ⚕ propagar; (*vernachlässigen*) descurar, descuidar; **2ung** *f j-s*: rapto *m*; *e-r Sache*: roubo *m*; *zeitl.*: demora *f*; ⚕ propagação *f*; (*Vernachlässigung*) descuido *m*.
ver'schleudern (*-re*; -) *Geld*: dissipar, malbaratar.
ver'schließ|bar [-'ʃliːsbaːr] com fechadura; ~ *sn a.* fechar(-se); **~en** (*L*; -) fechar a chave; (*verstopfen*) tapar; *sich* ~ *gegen*, *sich* (*dat.*) ~ fechar-se a; *s. a. verschlossen*.
ver'schlimmer|n [-'ʃlimərn] (*-re*; -): (*sich*) ~ piorar; *Zustand*, *a. fig.* (*sich*) ~ agravar(-se); **2ung** *f* agravação *f*, agravamento *m*.
ver'schlingen (*L*; -) devorar, tragar; *hastig* ~ engolir; *viel Geld* ~ custar um dinheirão; (*sich*) *mitea.* ~ entrelaçar(-se).
ver'schlissen [-'ʃlisən] *adj.* gasto; *Zeug*: puído.
ver'schlossen [-'ʃlɔsən] **1.** *p. pt. v. verschließen*; **2.** *adj. fig.* reservado, pouco comunicativo; **2-heit** *f* (*0*) reserva *f*.
ver'schlucken engolir (*a. Buchstaben*); ingerir; *sich* ~ engasgar-se (*an dat.* com).
Ver'schluß *m* (*-sses*; *⸗sse*) fecho *m*; *Flasche*: rolha (*ô) *f* de pressão; ⊕ *u. Phot.* obturador *m*; *unter* ~ (*halten* guardar) fechado; *unter Zoll*2 selado, depositado na alfândega.
ver'schlüssel|n (*-le*; -) cifrar; **2ung** *f* cifra *f*.
Ver'schluß|kappe *f* tampa *f*; **~laut** *m* (*-es*; *-e*) oclusiva *f*.
ver'schmachten (*-e-*; -; *sn*) morrer de sede; *fig.* languescer.
ver|'schmähen (-) desdenhar, desprezar; **~'schmälern** (*-re*; -) estreitar; **2'schmälerung** *f* estreitamento *m*; **~'schmelzen** (*L*; -) **1.** *v/t.* (con)fundir, amalgamar; **2.** *v/i.* fundir-se; **2'schmelzung** [-'ʃmɛltsuŋ] *f* fusão *f*; **~'schmerzen** (*-t*; -) *v/t.* aguentar, consolar-se de, esquecer; **~'schmieren** (-) tapar (com barro *usw.*); *Papier*: borrar; **~'schmitzt** [-'ʃmitst] manhoso; (*schalkhaft*) de maroto; **~'schmutzen** (*-t*; -) *v/t.* (*v/i.* [*sn*]) sujar(-se); **~'schnaufen** (-): *sich* ~ descansar; **~'schneiden** (*L*; -) *v/t.* estragar; *Wein*: adulterar; (*kastrieren*) castrar, capar; **~'schneien** (-; *sn*) cobrir(-se) de neve; *~schneit a.* nevado; **~'schnörkelt** [-'ʃnœrkəlt] com arabescos, florido; **~'schnupft** [-'ʃnupft] constipado; *fig.* amuado; **~'schnüren** (-) atar; **~'schollen** [-'ʃɔlən] desaparecido (*sn* ter); (*~klungen*) extinto; **~'schonen** (-) poupar, deixar em paz; *j-n mit et.* ~ *a.* dispensar alg. de a.c.; **~'schönern** [-'ʃøːnərn] (*-re*; -) embelezar, aformosear; *geistig*: amenizar; **2'schönerung** [-'ʃøːnəruŋ] *f* embelezamento *m*, aformoseamento *m*; **~'schossen** [-'ʃɔsən] *p. pt. v. verschießen*; **~'schränken** [-'ʃrɛŋkən] (-) cruzar; **~'schrauben** (-) aparafusar; **~'schreiben** (*L*; -) *Tinte*: gastar; ⚕ receitar; ⚖ legar; *sich* ~ enganar-se (a escrever), escrever mal; *sich dem Teufel* ~ vender a

sua alma; *sich* (*dat.*) *et.* ~ encomendar a.c.; *sich* (*dat.*) *j-n* ~ contratar alg.; 2'**schreibung** *f* prescrição *f*; (*Zusicherung*) promessa *f* (escrita); ~'**schrien** [-'ʃri:ən] mal-afamado; ~'**schroben** [-'ʃro:bən] excêntrico; *j.*: *a.* maluco; 2'**schroben-heit** *f* excentricidade *f*; *j-s*: *a.* maluquice *f*; ~'**schrotten** [-'ʃrɔtən] (*-e-*; -) vender como sucata; ⚓ desmantelar para sucata, transformar em sucata; ~'**schrumpeln** [-'ʃrumpəln] (*-le*; -) F enrugar-se; ~'**schüchtern** (*-re*; -) intimidar.

ver'schuld|en[1] (*-e-*; -) **a)** *v/t.* ter a culpa de, ser a causa de; **b)** *v/i.* (*sn*) endividar-se; 2**en**[2] *n* culpa *f*, falta *f*; 2**ung** *f* dívidas *f/pl.*; hipoteca *f*.

ver|'schütten (*-e-*; -) verter; *Weg*: entulhar; *j-n*: enterrar; ~'**schwägern** [-'ʃvɛ:gərn] (*-re*; -): *sich* ~ aparentar-se; ~'**schweigen** (*L*; -) calar, ocultar.

ver'schwend|en [-'ʃvɛndən] (*-e-*; -) dissipar, esbanjar; *Zeit*: perder; 2**er**(**in** *f*) *m* esbanjador(a *f*) *m*, pródigo *m* (-a *f*), dissipador(a *f*) *m*; mãos rotas *m*, *f*; ~**erisch** [-əriʃ] *j.*: = 2*er*; *et.*: profuso; 2**ung** *f* desperdício *m*, esbanjamento *m*, dissipação *f*; (*Überfluß*) profusão *f*; 2**ungs-sucht** *f* (*0*) prodigalidade *f*.

ver'schwiegen [-'ʃvi:gən] calado; discreto; reservado; 2-**heit** *f* (*0*) discrição *f*; reserva *f*.

ver'schwimmen (*L*; -) confundir-se.

ver'schwind|en[1] (*L*; -; *sn*) desaparecer; F safar-se; ~ *lassen* escamot(e)ar; 2**en**[2] *n* desaparecimento *m*; ~**end**: ~ *klein* ínfimo, mínimo.

ver'schwitzen (*-t*; -) F esquecer(-se de).

ver'schwommen [-'ʃvɔmən] vago, difuso; *Farbe*: esfumado; *Phot.* indistinto, pouco nítido; 2-**heit** *f* (*0*) nebulosidade *f*.

ver'schwör|en (-) abjurar; *sich* ~ conjurar-se, conspirar; 2**er**(**in** *f*) *m* conjurado *m* (-a *f*), conspirador(a *f*) *m*; 2**ung** *f* conjura *f*, conspiração *f*.

ver'sehe|n[1] (*L*; -) *v/t.* *Amt*: exercer, desempenhar; *mit Bildern usw.*: guarnecer de; *mit Bänken* ~ abancar; (*sich*) ~ *mit* abastecer(-se) de, abastar(-se) de, munir(-se) de; equipar(-se) com; *sich* ~ (*irren*) enganar-se; equivocar-se; *ehe man sich dessen versieht* sem se dar por isso; 2**n**[2] *n* engano *m*, equívoco *m* (*aus* por); erro *m*; ~**nt-lich** por engano.

ver'sehren [-'ze:rən] (-) lesar; *j-n*: *a.* ferir; *et.*: estragar.

ver'seif|en [-'zaɪfən] (-) saponificar; 2**ung** *f* saponificação *f*.

ver'send|en (*L*; -) enviar; (*absenden*) expedir, despachar; 2**ung** *f* expedição *f*, envio *m*.

ver'sengen (-) *v/t.* (*v/i.* [*sn*]) chamuscar(-se).

ver|'senkbar [-'zɛŋkba:r] submergível; ⊕ de (re)baixar; ~'**senken** (-) afundar, ⚓ *a.* meter a pique; (*untertauchen*) submergir; *ins Meer* ~ lançar ao mar; ⊕ (re)baixar; *Nagel*: rebater; embeber, mergulhar; *sich* ~ *fig.* mergulhar(-se), abismar-se; 2'**senkung** *f* submersão *f*; ⚔ *u.* ⚓ afundamento *m*; *Thea.* alçapão *m*.

ver'sessen [-'zɛsən]: ~ *auf* (*ac.*) aferrado a.

ver'setz|en (*-t*; -) *v/t.* mudar, deslocar; *in Ruhe*(*lage*): pôr: ✓ transplantar; *Beamte*: transferir; *in den Ruhestand* ~ aposentar; *Schüler* (*a.* ~*t werden*): passar de classe; *Schlag, Stoß*: vibrar; *Tritt*: dar; (*sagen*) replicar, acudir; *als Pfand*: empenhar; *j-n in Angst usw.* ~ causar (*ac.*) a alg.; *sich in e-e Lage* ~ imaginar-se; 2**ung** *f* transferência *f*; ✓ transplantação *f*; *Schule*: passagem *f* de classe; ~ *in den Ruhestand* aposentação *f*.

ver'seuch|en (-) infestar; inquinar; 2**ung** *f* infestação *f*; inquinação *f*.

'Vers-fuß *m* (*-es*; *⸚e*) pé *m* de verso.

ver'sicher|n (*-re*; -) (as)segurar; ✝ ~ (*lassen*) *a.* pôr no seguro; (*behaupten*) afirmar, asseverar; ~**t** *adj.* segurado; 2**ung** *f* afirmação *f*, garantia *f*; ✝ seguro *m*.

Ver'sicherungs|-agent *m* (*-en*) agente *m* de seguros; ~**gebühr** *f* prémio *m* de seguro; ~**gesellschaft** *f* companhia *f* de seguros; ~**police** *f* apólice *f*; ~**prämie** *f* = ~*gebühr*; ~-**summe** *f*, ~**wert** *m* valor *m* segurado; ~**wesen** *n* (*-s*; *0*) seguros *m/pl.*

ver|'sickern (*-re*; -) perder-se; ~'**siegeln** (*-le*; -) selar, lacrar; ~'**siegen** (-) secar; *a. fig.* esgotar-se; ~'**siert** [vɛr'zi:rt] versado; ~'**silbern** (*-re*; -) pratear; *fig.* F vender;

2'silberung [-'zilbəruŋ] *f* prateação *f*, prateado *m*; casquinha *f*; ~'sinken (*L*; -) afundar-se, ir a pique; *fig.* perder-se, abismar-se; *in Gedanken* ~ ensimesmar-se, ficar pensativo; ~'sinnbild(lich)en (-) simbolizar.
Versi'on [vɛrzi'oːn] *f* versão *f*.
'Vers|lehre *f* (*0*) (arte *f*) métrica *f*; ~**maß** *n* (-*es*; -*e*) metro *m*.
ver'söhn|en [-'zøːnən] (-) reconciliar; *sich* ~ *a.* fazer as pazes; ~**lich** conciliador, conciliante; *Ausgang*: satisfatório; 2**ung** *f* reconciliação *f*.
ver'sonnen [-'zɔnən] pensativo, sonhador.
ver'sorg|en (-) prover, fornecer a; *im großen*: abastecer, abastar, aprovisionar (*mit* de); *Kranke*: cuidar de; *j-n* (*unterbringen*): colocar; 2**er** *m* sustentador *m*; 2**ung** *f* abastecimento *m*; (*Lebensstellung*) futuro *m* garantido (*od.* assegurado); ~**ungsberechtigt** com direito a colocação (nos serviços públicos); 2**ungsstelle** *f* abastecedouro *m*.
ver'spät|en (-*e*-; -): *sich* ~ atrasar-se; *sich* (*um 5 Minuten*) ~ 🚂 chegar com (5 minutos de) atraso; 2**ung** *f* atraso *m* (*haben* trazer).
ver|'speisen (-*t*; -) comer, consumir; ~'**sperren** (-) trancar; *Aussicht*: tapar, impedir; *Weg*: obstruir; vedar; *a. fig.* abarreirar; ~'**spielen** (-) perder no jogo (*'ô); *Zeit*: passar a brincar, passar a jogar; ~'**spotten** (-*e*-; -) escarnecer, fazer troça de, zombar de; 2'**spottung** [-'ʃpɔtuŋ] *f* escárnio *m*; troça *f*; zombaria *f*; ~'**sprechen**[1] (*L*; -) prometer; *sich* ~ enganar-se, dizer mal; 2'**sprechen**[2] *n* promessa *f*; ~'**sprengen** (-) dispersar; ~*sprengt* disperso; ~'**spritzen** (-*t*; -) derramar, salpicar; ~'**spüren** (-) *v/t.* sentir; *Folgen*: ressentir-se de.
ver'staatlich|en (-) nacionalizar; *Kirchengut*: secularizar; *Unterricht*: oficializar; 2**ung** *f* nacionalização *f*; secularização *f*; oficialização *f*.
ver'städter|n (-*re*; -) urbanizar(-se); 2**ung** *f* urbanização *f*; urbanismo *m*.
ver'stähl|en (-) ace(i)rar; 2**ung** *f* aceração *f*.
Ver'stand *m* (-*es*; *0*) entendimento *m*, inteligência *f*, intele[c]to *m*; (*Vernunft*) razão *f*; (*Urteilskraft*) juízo *m*; *bei* ~ *sn* ter juízo.
Ver'standes|kraft *f* (-; ⸚*e*) inteligência *f*; 2**mäßig** intele[c]tual; racional; ~**mensch** *m* (-*en*) intele[c]tual *m*, racionalista *m*; ~**schärfe** *f* (*0*) inteligência *f*, perspicácia *f*; penetração *f*; lucidez *f*.
ver'ständ|ig sensato, razoável; ~**igen** [-igən] (-) informar; *sich* ~ entender-se; 2**igung** [-iguŋ] *f* entendimento *m*; *Fernspr.*: ligação *f*, comunicação *f*; ~**lich** compreensível; inteligível; *leicht* ~ fácil de entender; *allgemein* ~ ao alcance de todos.
Ver'ständnis [-'ʃtɛntnis] *n* (-*ses*; *0*) compreensão *f*, inteligência *f*; ~ *haben für* compreender (*ac.*); 2**innig** compreensivo; 2**los** insensato; *a. adv.* incompreensivo; ~**losigkeit** [-loːziç-] *f* (*0*) incompreensão *f*; 2**voll** compreensivo.
ver'stärk|en (-) reforçar; *a. sich* ~ aumentar, *Eindruck*: acentuar-se; *Radio*: amplificar; 2**er** *m Phot.* reforçador *m*; *Radio*: amplificador *m*; 2**ung** *f* reforço(s ⚔) (*'ô) *m* (*pl.*); aumento *m*; amplificação *f*.
ver'stauben (-; *sn*) ficar empoeirado, ficar cheio de pó.
ver'stauch|en [-'ʃtauxən] (-): *sich* (*dat.*) *den Fuß* ~ torcer o pé; 2**ung** *f* luxação *f*; e-e ~ *haben* ter um ... torcido.
ver'stauen (-) arrumar; ⚓ estivar.
Ver'steck [-'ʃtɛk] *n* (-*es*; -*e*) esconderijo *m*; (*Hinterhalt*) emboscada *f*; ~ *spielen* jogar às escondidas; 2**en** (-) esconder, ocultar (*vor dat.* de); ~**spiel** *n* (-*es*; -*e*) escondidas *f/pl.*; 2**t** *adj. Anspielung, Vorwurf*: indire[c]to.
ver'steh|en[1] (*L*; -) entender (*unter dat.* por), compreender, perceber; (*können*) saber; *zu* ~ *geben* dar a entender; *zu* ~ *sn* entender-se; compreender-se, perceber-se; *sich auf* (*ac.*) ~ entender de; *sich* ~ *zu* consentir em, prestar-se a; 2**en**[2] *n* inteligência *f*, compreensão *f*; *Phil. a.* hermenêutica *f*.
ver'steif|en ⊕ (-) reforçar; ⚠ apontoar; *sich* ~ ⚕ ficar teso; *fig. sich* ~ *Beziehung, Meinung*: manter-se intransigente, manter-se na intransigência; *j.*: *sich auf* (*ac.*) ~ teimar em (*inf.*); 2**ung** *f* reforço (*'ô) *m*; ⚕ anquilose *f*; *Pol.*, ⚕ paralisação *f*.
ver'steige|n (*L*; -): *sich* ~ perder-se

(nas montanhas); *fig.* *sich* ~ *zu* atrever-se a; **~rn** (*-re*; -) leiloar, arrematar; *öffentlich* ~ vender em hasta pública; **&rung** *f* leilão *m*, arrematação *f*.

ver'steiner|n [-'ʃtaɪnərn] (*-re*; -; *sn*) petrificar(-se); **&ung** *f* petrificação *f*; (*Körper*) fóssil *m*.

ver'stell|bar [-'ʃtɛlba:r] móvel; **~en** (-) deslocar, remover, ⊕ mudar; regular; (*versperren*) obstruir, *barrar, (*Aussicht*) vedar; *Schrift usw.*: disfarçar; *sich* ~ fingir, ser dissimulado; **&ung** *f* fingimento *m*, (dis-)simulação *f*.

ver'steuern (*-re*; -) *v/t.* pagar o imposto.

ver'stiegen [-'ʃti:gən] **1.** *p. pt. v. versteigen*; **2.** *adj.* extravagante, quimérico; **&-heit** *f* extravagância *f*.

ver'stimm|en (-) ♪ desafinar; *fig.* desgostar, arrufar; **~t** *adj. fig.* arrufado, amuado, melindrado; **&ung** *f* desgosto (*'ô) *m*, arrufo *m*, amuo *m*; *gegenseitige*: desavença *f*.

ver'stockt [-'ʃtɔkt] obstinado, teimoso; *Sünder*: impenitente; **&-heit** *f* (*0*) obstinação *f*, teima *f*; impenitência *f*.

ver'stohlen [-'ʃto:lən] furtivo, clandestino; *adv.* **~er-weise** furtivamente; às furtadelas.

ver'stopf|en (-) obstruir; *Loch*: tapar; *Rohr*: entupir; **&ung** *f* obstrução *f*; ⚕ prisão *f* de ventre.

ver'storben [-'ʃtɔrbən] falecido, defunto.

ver'stört [-'ʃtø:rt] perturbado, transtornado; **&heit** *f* (*0*) atordoamento *m*.

Ver'stoß *m* (*-es*; ⸚*e*): ~ (*gegen*) falta *f* (a), ⚖ infra[c]ção *f* (de); violação *f* (de); **&en** (*-t*; -) **1.** *v/t.* *j-n*: repudiar; **2.** *v/i.*: ~ *gegen* faltar a; ⚖ infringir (*ac.*); violar (*ac.*); **~ung** *f* repúdio *m*, expulsão *f*.

ver'streb|en (-) reforçar; ⚠ apontoar; **&ung** *f* reforço (*'ô) *m*; pontões *m/pl.*

ver|'streichen (*L*; -) **1.** *v/t.* tapar; *Butter*: pôr, barrar de; **2.** *v/i.* (*sn*) passar; *Frist*: vencer-se; **~'streuen** (-) espalhar, dispersar; **~'stricken** (-) envolver, enredar; **~'strömen** (-) escorrer.

ver'stümmel|n [-'ʃtymәln] (*-le*; -) mutilar; *fig. a.* estropear; **&ung** *f* mutilação *f*.

ver'stumm|en¹ (-; *sn*) emudecer; **&en²** *n*, **&ung** *f* (*0*) emudecimento *m*.

Ver'such [-'zu:x] *m* (*-es*; *-e*) ensaio *m*, tentativa *f*; *Phys. usw.*: experiência *f*; **&en** (-) *v/t.* experimentar; (*probieren*) *a.* provar; ensaiar; (*a.* ~ *zu inf.*) tentar (*inf.*); **~er(in** *f*) *m* tentador(a *f*) *m*; **~s-ballon** *m* (*-s*; *-e*; *-s*) balão *m* de ensaio; **~s-kaninchen** *n* cobaia *f*, cobaio *m*; **~s-körper** *m* proveta *f*; **~s-reaktor** *m* (*-s*; *-en*) rea[c]tor *m* de ensaio; **~s-reihe** *f* série *f* de experiências; **~s-station** *f* estação *f* (experimental) (*für* de); **&s-weise** a título de experiência (*od.* de ensaio), em regime experimental; **~ung** *f* tentação *f*; *in* ~ *führen* tentar.

ver'sumpfen [-'zumpfən] (-; *sn*) empantanar-se; F *j.*: corromper-se.

ver'sündig|en (-): *sich* ~ (*an dat.*) pecar (contra); ofender (*ac.*); **&ung** *f* pecado *m*, ofensa *f*.

ver'sunken [-'zuŋkən] *p. pt. v. versinken*; **&-heit** *f* (*0*) *fig.* meditação *f*.

ver'süßen (-) adoçar, adocicar; *fig. a.* atenuar; *Pille*: dourar.

ver|'tagen (-) adiar, transferir, protelar (*auf ac.* para); *sich* ~ interromper as sessões; **&'tagung** *f* adiamento *m*; **~'tändeln** (*-le*; -) *Zeit*: perder com ninharias; **~'täuen** [-'tɔyən] (-) amarrar, abitar.

ver'tausch|en (-) trocar; (*verwechseln*) confundir; **&ung** *f* troca *f*; confusão *f*.

ver'teidig|en [-'taɪdigən] (-) defender; **&er** *m* defensor *m*; ⚖ advogado *m* da defesa; *Sport*: = **&ung** *f* defesa *f*; *in der* ~ ⚔ na defensiva.

Ver'teidigungs|bündnis *n* (*-ses*; *-se*) aliança *f* defensiva; **~krieg** *m* (*-es*; *-e*) guerra *f* defensiva; **~minister(ium** *n* [*-s*; *-ministerien*]) *m* ministro (ministério) *m* da Defesa; **~schrift** *f* apologia *f*; **~zustand** *m* (*-es*; *0*) estado *m* de defesa.

ver'teil|en distribuir, difundir; (*austeilen*) repartir; *sich* ~ dispersar-se; **&er** *m* distribuidor *m*; **&ung** *f* distribuição *f*; repartição *f*; **&ungs...**: *in Zssg(n)* distribuidor, distributivo, de distribuição.

ver'teuer|n (*-re*; -) encarecer; **&ung** *f* encarecimento *m*, subida *f* dos preços.

ver'teufelt [-'tɔyfəlt] endiabrado, diabólico.
ver'tief|en [-tifən] (-) (a)profundar; *sich* ~ abismar-se, enfronhar-se; **2ung** *f* aprofundamento *m*; (*Höhlung*) cavidade *f*; *im Gelände*: depressão *f*; (*Aushöhlung*) escavação *f*.
ver'tier|en (-; *sn*) embrutecer; **2ung** *f* embrutecimento *m*.
ver'tilg|en (-) exterminar; (*essen*) consumir; **2ung** *f* extermínio *m*.
ver'ton|en (-) pôr em música; **2ung** *f* música *f*, composição *f*.
ver'trackt [-'trakt] F bicudo.
Ver'trag *m* (-*es*; ⸗*e*) contrato *m*; *Pol.* tratado *m*, pa[c]to *m*; (*Akbommen*) acordo (*'ô) *m*; **2en** (*L*; -) suportar, aguentar; *Kleid*: gastar; *gut* ~, *sich gut* ~ *mit* dar-se bem com; *sich wieder* ~ fazer as pazes; **2lich** por contrato, contratual, convencional.
ver'träglich [-'trɛ:kliç] *j.*: tratável, pacífico; *et.*: ⚕ assimilável; *a. fig.* ~ (*mit*) compatível (com); **2keit** *f* (*0*) *j-s*: bom génio *m*; *e-r Sache*: ⚕ cará[c]ter *m* assimilável, inocuidade *f*; *zweier Sachen mitea.*: compatibilidade *f*.
Ver'trags|-abschluß *m* (-*sses*; ⸗*sse*) conclusão *f* do contrato (*od.* do tratado); **2brüchig**: ~ *werden* faltar ao contrato, violar o tratado.
ver'trag|schließend contratante; **~s-mäßig** convencional, contratual; em conformidade com o contrato (*od.* o tratado), nos termos do contrato (*od.* do tratado); **2s-strafe** *f* multa *f* convencional; **~s-widrig** contrário ao contrato (*od.* ao tratado).
ver'trau|en[1] (-) *v/t.* confiar; *v/i.*: *j-m* ~, *auf* (*ac.*) ~ confiar em, ter confiança em; **2en**[2] *n* confiança *f* (*auf ac.*, *zu* em, *schenken* dar); *im* ~ confidencialmente; *im* ~ *auf* (*ac.*) confia(n)do em; *j-n ins* ~ *ziehen* meter alg. no segredo; **~en-erwekkend** sério, de confiança, que inspira confiança.
Ver'trauens|bruch *m* (-*es*; ⸗*e*) abuso *m* de confiança; **~frage** *f* questão *f* de (*od.* da) confiança; **~mann** *m* (-*es*; ⸗*er*, -*leute*) delegado *m*; *j-s* ~ *a.* homem *m* da confiança de alg.; **~sache** *f* caso *m* de confiança; **2-selig** crédulo; **~-stellung** *f* lugar *m* de confiança; **2voll** confiado; **~votum** *n* (-*s*; -*vota*) voto *m* de confiança; **2würdig** digno de confiança, sério.
ver'traulich confidencial; *mit j-m*: familiar, íntimo; **2keit** *f* cará[c]ter *m* confidencial; *mit j-m*: intimidade *f*.
ver'träum|en (-) passar ... a sonhar; **~t** *adj.* sonhador, absorto, enlevado.
ver'traut **1.** *p.pt. v. vertrauen*; **2.** *adj. j.*: íntimo; *a. et.*: familiar; ~ *sn mit* conhecer (*ac.*) a fundo; ~ *werden mit*, *sich* ~ *machen mit* familiarizar-se com; **2e(r** *m*) *m*, *f* íntimo *m*, íntima *f*, confidente *m*, *f*; **2-heit** *f* intimidade *f*; *a. mit et.*: familiaridade *f*.
ver'treib|en (*L*; -) expulsar, desalojar; *Schmerzen usw.*: eliminar, tirar; ⚕ *a.* curar; ✝ vender; *Nachrichten*: divulgar; *sich* (*dat.*) *die Zeit* ~ passar; **2ung** *f* expulsão *f*.
ver'tret|en (*L*; -) *v/t. j-n*: substituir; *a. Pol. u.* ✝ representar; *Meinung*, *Sache*: defender; (*dat.*) *den Weg* ~ meter-se no caminho de; *sich* (*dat.*) *die Beine* ~ F estender as pernas; *sich* (*dat.*) *den Fuß* ~ deslocar o pé; **2er(in** *f*) *m* substituto *m* (-a *f*); suplente *m*, *f*; (*Beauftragter*) representante *m*, *f*, delegado *m*, -a *f*, ✝ *a.* agente *m*, *f*; *amtliche* ~ *pl.* entidades *f/pl.* oficiais; **2ung** *f* substituição *f*; *beauftragte*, *ständige*: representação *f*, delegação *f*; *in* ~ (*gen.*) *Unterschrift*: pelo.
Ver'trieb *m* (-*es*; -*e*) venda *f*; **2en** ['-tr:bən] **1.** *p.pt. v. vertreiben*; **2.** *adj.* expulso, desterrado, deslocado.
ver|'trinken (*L*; -) gastar nas bebidas; **~'trocknen** (-*e*-; -; *sn*) secar; **~'trödeln** (-*le*; -) perder; **~'trösten** (-*e*-; -) fazer esperar; **~'tun** (*L*; -) malgastar, desperdiçar; **~'tuschen** (*L*; -) encobrir, paliar; **~'übeln** [-'y:bəln] (-*le*; -) levar a mal; **~'üben** (-) cometer; perpetrar; **~'ulken** (-) F *v/t.* fazer troça de, zombar de.
ver'un|-einigen (-) desunir; **~-glimpfen** [-glimpfən] (-) difamar; **~glücken** (-) *j.*: ser vítima de um acidente; *tödlich* ~ morrer num acidente; *et.*: malograr-se; ⚓ naufragar; **2glückte(r** *m*) *m*, *f* sinistrado *m*, -a *f*; **~reinigen** (-) sujar; ⚕ infe[c]tar; *Rel.* profanar; **~stalten** [-ʃtaltən] (-*e*-; -) desfigurar, defor-

mar, afear; *durch Fremdwörter* ~ abarbarizar; 2**staltung** [-ʃtaltuŋ] *f* deformação *f*; ~**treuen** [-trɔyən] (-) desfalcar, defraudar; *Pol.* malversar; 2**treuung** [-trɔyuŋ] *f* desfalque *m*, fraude *f*; malversação *f*; ~**zieren** (-) = ~*stalten*.

ver-'ur|sachen [-'u:rzaxən] (-) causar, produzir; ~**teilen** (-) condenar; (*wegen* por); ⚖ *a.* sentenciar; 2**teilung** *f* condenação *f* (*zu* a).

ver'viel-fältig|en [-fɛltigən] (-) multiplicar; *Bild*: reproduzir; *Phot.* tirar (mais) provas; 2**ung** *f* multiplicação *f*; reprodução *f*; 2**ungs-apparat** *m* (-*ẹs*; -*e*) multiplicador *m*.

ver'vier|fachen [-faxən] (-) quadruplicar.

ver'voll-kommn|en [-kɔmnən] (-*e*-; -) aperfeiçoar; 2**ung** *f* aperfeiçoamento *m*, perfeição *f*.

ver'voll-ständig|en [-ʃtɛndigən] (-) completar; 2**ung** *f* complemento *m*.

ver'wachs|en 1. (*L*; -) *v/i. Wunde*: cicatrizar; *Knochen*: soldar; *mitea.* ~ confundir-se; *sich mit der Zeit* ~ ir desaparecendo; **2.** *adj.* aleijado; (*buckelig*) corcovado, corcunda (*a. su.*); *Wald*: emaranhado; ~ *mit* ⚘ *u.* ⚘ aderente a; *mitea.* ~ muito juntos; *fig.* unidos; 2**ung** *f Gelenke*: sinartrose *f*; *Knochen*: soldadura *f*.

ver'wackelt [-'vakəlt] *Phot.* tremido.

ver'wahr|en (-) guardar; *gut, sorgfältig* ~ acautelar; *sich* ~ protestar; ~**losen** (-*t*; -) *v/t.* descuidar; *v/i.* (*sn*) ficar descuidado; ~**lost** [-lo:st] desleixado, descuidado; 2**losung** *f* abandono *m*; abandalhamento *m*; 2**ung** *f* custódia *f*; *gegen*: protesto *m*; ~ *einlegen* (*gegen*) protestar (contra), ⚖ recorrer (de); *in* ~ *geben* pôr em depósito *m*, depositar; *j-m*: entregar aos cuidados *m/pl.* de.

ver'waisen [-'vaɪzən] (-; *sn*) ficar órfão; *fig.* ficar desamparado.

ver'walt|en (-*e*-; -) administrar; *Amt*: exercer; 2**er**(**in** *f*) *m* administrador(a *f*) *m*; gerente *m, f*; (*Guts*2) abegão *m*; 2**ung** *f* administração *f*; gerência *f*.

Ver'waltungs|-apparat *m* (-*ẹs*; -*e*) aparelho *m* administrativo; burocracia *f*, ~**bezirk** *m* (-*ẹs*; -*e*) distrito *m*; ~**gebäude** *n* administração *f*; ~**gericht** *n* (-*ẹs*; -*e*) tribunal *m* administrativo; ~**rat** *m* (-*ẹs*; ⸚*e*) conselho *m* de administração; ~**recht** *n* direito *m* administrativo; ~**reform** *f* reforma *f* administrativa; ~**wesen** *n* (-*s*; *0*) administração *f*.

ver'wand|eln (-*le*; -) transformar, *Element*: transmutar; *a.* ⚖ converter, comutar; ⚗ reduzir; *sich* ~ *in* (*ac.*) tornar-se em; 2**lung** *f* transformação *f*; transmutação *f*; metamorfose *f*; *Strafe*: comutação *f*; *Thea.* mudança *f* de cena (*od.* de cenário).

ver'wandt [-'vant] parente (*mit* de); (*an*~) aparentado; *er ist mit mir* ~ é meu parente; *fig.* (*ähnlich*) afim; (*entsprechend*) análogo (*mit* a); 2**e**(**r** *m*) *m, f* parente *m, f*; 2**schaft** *f* parentesco *m*; (*Verwandte*) parentes *m/pl.*, parentela *f*; ⚗ *u. fig.* afinidade *f*; ~**schaftlich** de parente; *adv.* como parente; 2**schafts-grad** *m* (-*ẹs*; -*e*) parentesco *m* (*a.* ⚗).

ver'wanzt [-'vantst] infestado de percevejas.

ver'warn|en (-) advertir, admoestar; 2**ung** *f* repreensão *f*, admoestação *f*.

ver|'waschen (*L*; -) **1.** *v/t.* gastar (na lavagem); **2.** *adj.* pouco nítido; impreciso; *fig.* vago; ~'**wässern** (-*re*; -) aguar; *fig.* trivializar; ~**weben** (-) aproveitar para tecer; (*hinein*~) entretecer.

ver'wechsel|n (-*le*; -) confundir; trocar; 2**ung** *f* engano *m*, equívoco *m*, confusão *f*.

ver'wegen temerário, ousado, audaz; 2-**heit** *f* (*0*) temeridade *f*, audácia *f*, ousadia *f*.

ver'wehen (-) *v/t.* (*v/i.* [*sn*]) dispersar(-se), dissipar(-se); *Spur*: apagar(-se).

ver'wehren (-) vedar; impedir, proibir.

ver'weichlich|en (-) amimalhar, efeminar; 2**ung** *f* (*0*) amolecimento *m*; enervação *f*, efeminação *f*.

ver|'weigern (-*re*; -) recusar; (de-) negar; 2'**weigerung** *f* recusa *f*; (de)negação *f*; ~ *des Gehorsams* insubordinação *f*; ~'**weilen** (-) demorar(-se); ficar; ~'**weint** [-'vaɪnt] inchado de chorar; 2'**weis** [-'vaɪs] *m* (-*es*; -*e*) repreensão *f*, censura *f* (*erteilen* dar); ~'**weisen** (*L*; -) remeter (*an ac.* para, *auf ac.* a), referir-se (*auf ac.* a); *j-m et.* ~

repreender alg. por causa de, interdizer a.c. a alg.; (*des Landes*) ~ expulsar, desterrar; 2'**weisung** *f* referência *f*; expulsão *f*, desterro (*'ê) *m*; ~'**welken** (-) murchar.
ver'weltlich|en (-) secularizar; 2**ung** *f* (*0*) secularização *f*.
ver'wendbar [-'vɛntba:r] utilizável; 2**keit** *f* (*0*) utilidade *f*.
ver'wend|en (*-e- od. L*; -) empregar (*auf ac., für, zu* em), utilizar; (*anwenden*) aplicar; *j-n* ~ *a.* servir-se de alg. (para); *Geld, Zeit*: gastar (em); aplicar; *sich* ~ *für* interessar-se por, intervir a favor de; 2**ung** *f* emprego (*'ê) *m*, uso *m*; *fig.* intervenção *f*.
ver'werf|en (*L*; -) rejeitar, repudiar; *Rel.* condenar; ⚖ indeferir; ~**lich** rejeitável, reprovável; condenável; 2**ung** *f* rejeição *f*, repúdio *m*, condenação *f*; *Geol.* falha *f*.
ver'wert|bar aproveitável, utilizável; ~**en** (*-e-*; -) aproveitar, utilizar; ⚚ valorizar; 2**ung** *f* aproveitamento *m*, utilização *f*; valorização *f*.
ver'wes|en (*-t*; -) **1.** *v/i.* (*sn*) apodrecer, decompor-se; **2.** *v/t.* administrar; *Reich*: ser regente de; 2**er** *m* administrador *m*; *Pol.* regente *m*; 2**ung(s-prozeß** *m* [*-sses*; *-sse*]) *f* putrefa[c]ção *f*, decomposição *f*.
ver'wetten (*-e-*; -) perder em apostas.
ver'wick|eln (*-le*; -) embrulhar; *fig. a.* complicar; *in* (*ac.*) ~ implicar em; *sich in Widersprüche* ~ incorrer em; ~**elt** *adj. fig.* complicado; 2**lung** [-luŋ] *f* complicação *f*, confusão *f*; *a. Lit.* enredo (*'ê) *m*, entrecho *m*.
ver'wilder|n (*-le*; -; *sn*) voltar à selvajaria, asselvajar-se; *Garten*: não ser cuidado; *fig. j.*: embrutecer-se; *Zustände*: anarquizar; ~**t** *adj.* bárbaro, inculto; ⚘ subespontâneo; *j.*: indisciplinado; *Zustand*: anárquico; 2**ung** *f* (regresso *m* à) selvajaria *f*; anarquia *f*; falta *f* de disciplina; embrutecimento *m*.
ver|'winden (*L*; -) *v/t.* consolar-se de; ~'**wirken** (-) *v/t.* incorrer em; *Gunst*: perder; *sn Leben verwirkt haben* merecer a morte.
ver'wirklich|en (-) realizar; 2**ung** *f* realização *f*.
ver'wirr|en (-) emaranhar; *a. j-n*: confundir, perturbar; *fig. a.*: *j-n* ~ desconcertar alg.; et. ~ complicar a.c.; ~**end** *adj.* desconcertante; ~**t** *adj. Haar*: despenteado; *j.*: embaraçado; desnorteado; 2**ung** *f* confusão *f*.
ver|'wirtschaften (*-e-*; -) gastar, dissipar; ~'**wischen** (-) sujar, confundir; ~'**wittern** (*-re*; -; *sn*) decompor-se; aluir; 2'**witterung** *f* decomposição *f*; ~'**witwet** [-'vitvət] enviuvado, viúvo; ~'**wöhnen** [-'vø:nən] (-) acarinhar; amimalhar; estragar com mimos; 2'**wöhnung** [-'vø:nuŋ] *f* mim(alh)o *m*.
ver'worfen [-'vɔrfən] **1.** *p.pt. v. verwerfen*; **2.** *adj.* abje[c]to; *Rel.* réprobo; 2**-heit** *f* abje[c]ção *f*.
ver'worren [-'vɔrən] **1.** *p.pt. v. verwirren*; **2.** *adj.* confuso; 2**-heit** *f* (*0*) confusão *f*.
ver'wund|bar vulnerável; ~**en** [-'vundən] (*-e-*; -) ferir; *a. fig.* magoar.
ver'wunder|lich estranho; ~**n** (*-re*; -) *v/t.* causar surpresa a; (*sich*) ~ (*über ac.*) admirar(-se com *od.* de); *zu* ~ de estranhar, de admirar; ~**t** admirado; ~ *sn a.* = *sich* ~*n*; 2**ung** *f* admiração *f*, surpresa (*ê) *f*.
Ver'wund|ete(r) [-'vundətə(r)] *m* ferido *m*; mutilado *m*; ~**ung** *f* ferida *f*, ferimento *m*.
ver'wünsch|en (-) amaldiçoar; (*verzaubern*) encantar, enfeitiçar; ~*t!* maldito!; 2**ung** *f* maldição *f*; imprecação *f*.
ver'wurzeln (*-le*; -) enraizar, arraigar.
ver'wüst|en (*-e-*; -) devastar; 2**ung** *f* devastação *f*.
ver'zag|en (-) desanimar; 2**t-heit** *f* (*0*) desalento *m*.
ver'zählen (-): *sich* ~ enganar-se na conta (*um* por), contar mal.
ver'zahn|en (-) engrenar, endentar, engranzar; 2**ung** *f* engrenagem *f*.
ver'zapfen (-) *Getränke*: servir da pipa; ⚠ ensamblar; F *Unsinn* ~ dizer disparates.
ver'zärtel|n [-'tsɛrtəln] (*-le*; -) amimalhar; 2**ung** *f* mimo *m*.
ver'zauber|n (*-re*; -) encantar, enfeitiçar; *in* (*ac.*) ~ transformar em; 2**ung** *f* encantamento *m*.
ver'zehn-fachen [-faxən] (-) decupl(ic)ar.
Ver'zehr [-'tse:r] *m* (*-es*; *0*) consumo *m*; 2**en** consumir, comer; 2**end** *adj. fig.* ardente, consumptivo; ~**ung** *f* consumo *m*; consumpção *f*.

ver'zeich|nen (*-e-*; -) registar, assinalar; *Mal.* desenhar mal, desfigurar; **ᘊnis** *n* (*-ses*; *-se*) lista *f*, rol *m*; catálogo *m*; índice *m*.
ver'zeih|en (*L*; -) perdoar; ~ *Sie!* = *ᘊung!*; **~lich** perdoável; **ᘊung** *f* perdão *m*, desculpa *f* (*bitten um* pedir *ac.*); ~*! a.* desculpe!
ver'zerr|en (-) desfigurar; *Gesicht usw.*: torcer; **ᘊung** *f* desfiguração *f*; ⚕ contorção *f*; distorção *f*; *Radio*: vibração *f*.
ver'zetteln [-'tsɛtəln] (*-le*; -) dispersar; *Wörter usw.*: pôr em verbetes, organizar um ficheiro.
Ver'zicht [-'tsiçt] *m* (*-ɇs*; *-e*): ~ *auf* (*ac.*) renúncia *f* a; desistência *f* de; (*Thron*ᘊ) abdicação *f*; ~ *leisten* = **ᘊen** (*-e-*; -): ~ *auf* (*ac.*) renunciar a, desistir de; abdicar de; abnegar; prescindir de; **~leistung** *f* renunciação *f* (*auf ac.* a).
ver-'ziehen (*L*; -) **1. a**) *v/t. Kind*: estragar com mimos; *Mund usw.*: (dis)torcer; *das Gesicht ~ a.* fazer caretas; *keine Miene ~* nem pestanejar; **b**) *v/r.*: *sich ~ Holz*: empenar; *Tuch*: encolher; *Wolken*: dissipar-se; *fig. Gefahr*: desaparecer; *Feind*: retirar(-se); F *j.*: safar-se; **c**) *v/i.* (*zögern*) demorar; (*umziehen*) (*sn*) mudar, deslocar-se (*nach* para); **2.** *p.pt. v. verzeihen.*
ver'zier|en (-) (ad)ornar, enfeitar, guarnecer; **ᘊung** *f* adorno *m*, ornamento *m*.
ver'zinken [-'tsiŋkən] (-) zincar, galvanizar.
ver'zinnen [-'tsinən] (-) estanhar.
ver'zins|bar a juro; **~en** (*-t*; -) pagar juro (*mit* de); *sich* (*gut*) ~ render (bom) juro; *mit* $5^0/_0$ ~ pagar $5^0/_0$ de juros; **~lich** a juro; **ᘊung** [-'tsinzuŋ] *f* (*Ertrag*) rendimento *m*; (*Zinsen*) juros *m/pl.*; (*Zinsfuß*) taxa *f* de juro, percentagem *f*.
ver'zöger|n (*-re*; -) retardar; (*sich*) ~ demorar(-se); **ᘊung** *f* demora *f*; retardação *f*; * retarde *m*.
ver'zoll|bar sujeito aos direitos (de alfândega); ~ *sn*, **~en** (-) *v/t.* pagar direitos; et. *zu ~ haben* ter a.c. a declarar; **ᘊung** *f* despacho *m*, pagamento *m* de direitos (na alfândega).
ver'zück|en (-) arrebatar, extasiar; **ᘊung** *f* arrebatamento *m*, êxtase *m*, enlevo (*'ê) *m*; *in ~ geraten* extasiar-se.
ver'zuckern (*-re*; -) açucarar.
Ver'zug *m* (*-ɇs*; *0*) demora *f*, atraso *m*; *Kind*: mim(alh)o *m*; (*bei*) *Gefahr im ~* (com o) perigo iminente; (na) iminência do perigo; **~s-zinsen** *m/pl.* juros *m/pl.* de mora.
ver'zweif|eln (*-le*; -) desesperar (*an dat.* de); **ᘊlung** [-luŋ] *f* (*0*) desespero (*'ê) *m*.
ver'zweig|en [-'tsvaɪgən] (-): *sich ~* ramificar-se; **ᘊung** *f* ramificação *f*.
ver'zwickt [-'tsvikt] intri(n)cado, bicudo.
'Vesper ['fɛspər] *f* (-; *-n*) véspera(s *pl.*) *f*; **~brot** *n* (*-ɇs*; *0*) merenda *f*, lanche *m*; **~stunde, ~zeit** *f* (hora *f* das) ave-marias *pl.*
Vesti'bül [vɛsti'by:l] *n* (*-s*; *-e*) vestíbulo *m*.
Vete|'ran [vete'ra:n] *m* (*-en*) veterano *m*; **~ri'när** [-ri'nɛ:r] *m* (*-s*; *-e*) (médico *m*) veterinário *m*.
'Veto ['ve:to] *n* (*-s*; *-s*) veto *m* (*einlegen* opor); **~recht** *n* (*-ɇs*; *0*) direito *m* ao veto.
'Vetter ['fɛtər] primo *m*; **~n-schaft** *f* parentela *f*; **~n-wirtschaft** *f* nepotismo *m*.
Via'dukt [via'dukt] *m* (*-ɇs*; *-e*) viaduto *m*.
vi'brieren [vi'bri:rən] (-) vibrar.
Vieh [fi:] *n* (*-ɇs*; *0*) gado *m*; *Stück ~* cabeça *f* de gado, rês *f*; *fig. j.*: besta *f*; bruto *m*; **'~bestand** *m* (*-ɇs*; *⸚e*) número *m* de reses; **'~futter** *n* (*-s*; *0*) forragem *f*, pasto *m*; **'~-handel** *m* (*-s*; *0*) negócio *m* pecuário (*od.* de gado), comércio *m* pecuário (*od.* de gado); **'~-händler** *m* marchante *m*, negociante *m* de gado; **'ᘊisch** bestial; **'~markt** *m* (*-ɇs*; *⸚e*) feira *f* de gado; **'~seuche** *f* epizootia *f*; **'~stall** *m* (*-ɇs*; *⸚e*) estábulo *m*; **'~treiber** *m* vaqueiro *m*; **'~wagen** 🚃 *m* vagão--jaula *m*; **'~weide** *f* pasto *m*; **'~zählung** *f* recenseamento *m* pecuário; **'~zucht** *f* criação *f* de gado, pecuária *f*; **'~züchter** *m* pecuário *m*.
viel [fi:l] (*comp. mehr, sup. meist*) muito; *sehr ~* muitíssimo; *ziemlich ~* bastante; ~ *Glück!* muitas felicidades!, boa sorte!; **'~bändig** ['-bɛndiç] de muitos volumes; **'~-beschäftigt** atarefado; **'~deutig** ['-dɔytiç] ambíguo; (**'ᘊ-eck** *n* [*-ɇs*; *-e*]) **'~-eckig** polígono (*m*); **'~erlei** ['-ərlaɪ] *uv.* toda a sorte de; muitos; **'~fach** múltiplo; (*häufig*) frequente; (*wiederholt*) reiterado; *adv.* mui-

tas vezes; '♀falt *f* (*0*) multiplicidade *f*, variedade *f*; '~fältig ['-fɛltiç] = ~*fach*; '♀fältigkeit *f* (*0*) = ♀*falt*; '~farbig policromo, multic(ol)or; '♀fraß *m* (-*es*; -*e*) comilão *m*; '~genannt ['-gənant] famoso; '~gereist [-gəraɪst] muito viajado; '~gestaltig ['-gəʃtaltiç] multiforme; '♀götterei ['-gœtəraɪ] *f* (*0*) politeísmo *m*; '♀-heit *f* pluralidade *f*; (*Buntheit*) variedade *f*; (*Menge*) grande quantidade *f*; '~köpfig ['-kœpfiç] de várias cabeças; *fig.* numeroso; ~'leicht talvez, (*etwa*) por acaso, porventura; '~malig ['-ma:liç] reiterado, repetido; '~mals ['-ma:ls] muitas vezes; *danke* ~ muit(íssim)o obrigado; ~'mehr antes (pelo contrário); '~sagend significativo; '~seitig ['-zaɪtiç] polígono; *fig.* vário, vasto; *j.*: de muitas facetas; *Geist*: universal; *Wissen*: enciclopédico; '♀seitigkeit *f* (*0*) variedade *f*; *geistige*: universalidade *f*; '~sprachig [-'ʃpra:xiç] poliglоto, poliglótico; '~stimmig ['-ʃtimiç] a várias vozes; '~verheißend, '~versprechend prometedor; '♀weiberei ['-vaɪbəraɪ] *f* (*0*) poligamia *f*.

vier [fi:r] **1.** quatro; *auf allen* ~*en* de gatinhas; *unter* ~ *Augen* a sós, cara a cara; **2.** ♀ *f* quatro *m*; '~-armig ['-armiç] de quatro braços; '~beinig ['-baɪniç] de quatro pés; *Zool. a.* quadrúpede; '~blättrig ['-blɛtriç] de quatro folhas; ⚘ *a.* quadrifoliado; '♀-eck *n* (-*es*; -*e*) quadrado *m*, quadrângulo *m*; '~-eckig quadrado, quadrangular; '♀er *m Sport*, ⚓ barco *m* de quatro remadores; '♀er...: *in Zssg*(*n*) *oft* a quatro; '~er'lei ['-ər'laɪ] *uv.* quatro espécies de; '~fach, '~fältig ['-fɛltiç] quádruplo; ~*en Lohn usw.* quatro vezes o ...; '♀füßler ['-fy:slər] *m* quadrúpede *m*; '~händig ['-hɛndiç] ♪ a quatro mãos; '~hundert quatrocentos; '♀hundert-'jahr-feier *f* (-; -*n*) quarto centenário *m*; '♀hundertstel *n* quadringentésimo *m*; '~hundertste quadringentésimo; ~'jahres...: *in Zssg*(*n*) quadrienal; '~jährig ['-jɛriç] de quatro anos; '♀kampf *m* (-*es*; ⸗*e*) quadriatlo *m*; '♀ling ['-liŋ] *m* (-*s*; -*e*) quadrigémeo *m*; ♀'mächte... [-'mɛçtə] *in Zssg*(*n*) quadripartido; '~mal(ig de) quatro vezes; '~motorig ['-moto:riç] a quatro motores; quadrimotor; '~prozentig ['-protsɛntiç] a quatro por cento; '~schrötig [-ʃrœ:tiç] quadrado; *fig.* robusto; '~seitig ['-zaɪtiç] de quatro lados, quadrilateral; '~spurig ['-ʃpuriç] de quatro pistas; '~stellig ['-ʃtɛliç] de quatro algarismos; '~stimmig ['-ʃtimiç] a quatro vozes; '~stöckig ['-ʃtœkiç] de quatro andares, de quatro pisos; '~stündig ['-ʃtyndiç] de quatro horas; ~t: *zu* ~ aos quatro; '~tägig ['-tɛgiç] de quatro dias; '♀taktmotor *m* (-*s*; -*en*) motor *m* a quatro tempos; '~tausend quatro mil; '~te quarto; '~teilen (es)quartejar, dividir-se em quatro partes; '~teilig ['-taɪliç] dividido em quatro partes, quadripartido.

'**Viertel** ['firtəl] *n* quarto *m*; (*Stadt*♀) bairro *m*; ~'jahr *n* (-*es*; -*e*) trimestre *m*, três meses *m/pl.*; *Drei*♀ nove meses *m/pl.*; ♀jährlich trimestral; ~note *f* semínima *f*; ~pfund *n* quarta *f*; ~'stunde *f* (♀stündig [-ʃtyndiç] de um) quarto *m* de hora; ♀stündlich todos os quartos de hora.

'**vier|tens** ['-tɛns] (em) quarto (lugar); ~-und-zwanzig *usw.* vinte-e-quatro *usw.*; ♀'viertel-takt *m* (-*es*; -*e*) compasso *m* quaternário.

'**vierzehn** ['firtse:n] catorze, quatorze; ~ *Tage* quinze dias; ~tägig [-tɛgiç] quinzenal; ♀tel *n* décimo quarto *m*; ~te décimo quarto; *Ludwig XIV.* Luís-Quatorze.

'**Vier-zeiler** ['-tsaɪlər] *m* quadra *f*.

'**vierzig** ['firtsiç] quarenta; ♀er(in *f*) *m* [-igər-] quadragenário *m* (-a *f*); de quarenta anos *m/pl.*; *in den* ~*n* (*sn* andar) na casa dos quarenta; ~ste [-stə] (♀stel *n*) quadragésimo (*m*).

Vi'kar [vi'ka:r] *m* (-*s*; -*e*) vigário *m*.

'**Villa** ['vila] *f* (-; *Villen*) vivenda *f*, moradia *f*.

vio'lett [vio'lɛt] roxo.

Vio'lin|e [vio'li:nə] *f* violino *m*; rabeca *f*; ~'ist(in *f*) *m* violinista *m*, *f*; rabequista *m*, *f*; ~schlüssel *m* clave *f* de sol.

'**Viper** ['vi:pər] *f* (-; -*n*) víbora *f*.

virtu'os [virtu'o:s] (♀e [-zə] *m* [-*n*]) virtuoso (*m*); ♀en-tum *n* (-*es*; *0*), ♀i'tät [-zi'tɛ:t] *f* (*0*) virtuosidade *f*.

Vi'sier [vi'zi:r] *n* (-*s*; -*e*) viseira *f*; *am Gewehr*: mira *f*; **2en** (-) visar; ⚔ *a.* apontar contra; **~linie** *f* linha *f* de mira.

Visi'on [vizi'o:n] *f* visão *f*; **2'är** [-o'nɛ:r] visionário.

Vi'site [vi'zi:tə] *f* visita *f*; **~n-karte** *f* cartão *m* de visitas.

'Visum ['vi:zum] *n* (-*s*; *Visa*) visto [*m.*]

Vita'min [vita'mi:n] *n* (-*s*; -*e*) vitamina *f*; **2-arm**: ~ *sn* ter poucas vitaminas; **2reich** rico em vitaminas.

Vitri'ol [vitri'o:l] *n* (-*s*; -*e*) vitríolo *m*; **~...**: *in Zssg(n)* vitriolado.

'Vize... ['fi:tsə] *in Zssg(n) meist* vice-, ... substituto.

Vlies [fli:s] *n* (-*es*; -*e*) tosão *m* (*goldenes* de ouro).

'Vogel ['fo:gəl] *m* (-*s*; ¨) ave *f* (*Sing2* ... canora); *kleiner*: pássaro *m*; *den ~ abschießen fig.* levar a palma; **~bauer** *n u. m* gaiola *f*; **~beerbaum** *m* (-*ẹs*; ¨*e*) sorveira *f* brava; **~beere** *f* sorva *f*; **~beize** *f* altanaria *f*; **~fang** *m* (-*ẹs*; *0*) caça *f* de pássaros; **~fänger** [-fɛŋər], **~händler** *m* passar(inh)eiro *m*; **2frei** fora da lei (*erklären* pôr); **~futter** *n* (-*s*; *0*) alpista *f*, alpiste *m*; **~-haus** *n* (-*es*; ¨*er*) passareira *f*; **~-herd** *m* (-*ẹs*; -*e*) boiz *f*; **~kunde** *f* (*0*) ornitologia *f*; **~perspektive** *f* = *~schau*; **~schar** *f* passa(rinh)ada *f*; **~schau** *f* (*0*): *aus der ~* a voo (*'ô) *m* de pássaros; **~schwarm** *m* (-*ẹs*; ¨*e*) = *~schar*; **~scheuche** *f* espantalho *m*; **~steller** [-ʃtɛlər] *m* passar(inh)eiro *m*; **~-'Strauß-Politik** *f* (*0*) ilusionismo *m* político; **~wiese** *f* arraial *m*; **~zucht** *f* (*0*) criação *f* de pássaros; **~züchter** *m* passar(inh)eiro *m*; **~zug** *m* (-*ẹs*; ¨*e*) migração *f* das aves.

'Vöglein ['fø:klaɪn] *n* passarinho *m*.

Vo'kab|el [vo'ka:bəl] *f* (-; -*n*) vocábulo *m*; **~el-heft** *n* (-*ẹs*; -*e*) caderno *m* de significados; **~u'lar** [-u'la:r] *n* (-*s*; -*e*) vocabulário *m*.

Vo'kal [vo'ka:l] *m* vogal *f*; **2isch** vocálico.

Volk [fɔlk] *n* (-*ẹs*; ¨*er*) povo *m*; nação *f*; *Jagd*: bando *m*; ⚔ tropa *f*; *das gemeine ~* o vulgo *m*, a plebe *f*; (*Leute*) gente *f*.

'Völker|bund ['fœlkər-] *m* (-*ẹs*; *0*) Sociedade *f* das Nações; **~friede** *m* (-*ns*; *0*) paz *f* entre os povos; **~kunde** *f* (*0*) etnologia *f*, etnografia *f*; **~kundler** [-kuntlər] *m* etnólogo *m*, etnógrafo *m*; **2kundlich** [-kuntliç] etnológico, etnográfico; **~recht** *n* (-*ẹs*; *0*) (**2rechtlich** do) direito *m* internacional; (do) direito *m* das gentes; **~rechtler** *m* internacionalista *m*; **~schaft** *f* povo *m*; *wilde*: tribo *f*; **~wanderung** *f* migração *f*.

'völkisch ['fœlkiʃ] étnico; racista.

'volk-reich populoso.

'Volks|-abstimmung *f* plebiscito *m*; **~-auflauf** *m* (-*ẹs*; ¨*e*) motim *m*; **~-aufstand** *m* sublevação *f* popular; insurreição *f*; **~-ausgabe** *f* edição *f* popular; **~befragung** *f*, **~begehren** *n* plebiscito *m*, referendo *m*; **~bibliothek** *f* biblioteca *f* popular; **~bildung** *f* (*0*) educação *f* popular; **~brauch** *m* (-*ẹs*; ¨*e*) costume *m* nacional (*od.* popular); **~-charakter** *m* (-*s*; -*e*) cará[c]ter *m* nacional; **~dichtung** *f* poesia *f* popular; **2-eigen** nacional(izado); **~-entscheid** *m* (-*ẹs*; -*e*) referendo *m*; **~fest** *n* (-*ẹs*; -*e*) festa *f* popular (*od.* nacional); **~front** *f* Frente *f* Popular; **~gemeinschaft** *f* nação *f*; **~genosse** *m* (-*n*) compatriota *m*; **~-herrschaft** *f* (*0*) democracia *f*; **~-hochschule** *f* universidade *f* popular; **~küche** *f* cozinha *f* económica; **~kunde** *f* folclore *m*; **~kundler** [-kuntlər] *m* folclorista *m*; **2kundlich** folclorístico; **~lied** *n* (-*ẹs*; -*er*) canção *f* popular; **~meinung** *f* opinião *f* pública; **~menge** *f* multidão *f*; **~mund** *m* (-*ẹs*; *0*) voz *f* do povo; *fig.* linguagem *f* popular; **~polizei** *f* (*0*) polícia *f* popular; **~redner** *m* tribuno *m*; **~republik** *f* república *f* popular; **~schicht** *f* classe *f*; **~schule** *f* escola *f* primária; **~schullehrer(in** *f*) *m* professor(a *f*) *m* de instrução primária; **~schul-unterricht** *m* (-*ẹs*; *0*), **~schulwesen** *n* (-*s*; *0*) ensino *m* primário; **~sprache** *f* linguagem *f* vulgar; **~stamm** *m* (-*ẹs*; ¨*e*) tribo *f*; raça *f*; grupo *m* étnico; **~tanz** *m* (-*es*; ¨*e*) dança *f* popular; **~tracht** *f* traje *m* nacional (*od.* regional); **~tum** *n* (-*ẹs*; *0*) índole *f* nacional; nacionalidade *f*; **2tümlich** [-ty:mliç] popular; **~tümlichkeit** *f* (*0*) popularidade *f*; **~vertreter** *m* deputado *m*; **~vertretung** *f* representação *f* de povo; Assembleia *f* Nacional; deputados *m/pl.*; **~wirt** *m* (*-es*; *-e*) economista *m*; **~wirtschaft** *f* (*0*) economia *f* política; **~wirtschaftler** *m* economista *m*; **2wirtschaftlich** político-económico; **~wohl(fahrt** *f* [*0*]) *n* (*-es*; *0*) bem *m* público; **~zählung** *f* censo *m*; recenseamento *m*.

voll [fɔl] (+ *uv. su.* [*a.* ~*er*] *od. von od. gen.* [*bsd. mit adj.*]) cheio (de), *fig. a.* pleno (de), repleto (de); (*üppig*) opulento; P (*betrunken*) borracho; (*gänzlich, völlig*) completo, inteiro; (*~ständig, ~besetzt*) completo; = *~gepfropft*; *~e Verpflegung* pensão *f* completa; *bis an den Rand ~* a abarrotar; *eine Schürze ~* uma abada; *mit ~er Kraft, aus ~em Halse* a toda a força; *~ und ganz* inteiramente; *aus ~em Herzen* de todo o coração; *in ~em Lauf* em plena corrida; *mit ~en Segeln* a todo o pano; *für ~ nehmen* tomar a sério; **'~-auf** completamente; *~ genug a.* em abundância; **'2bad** *n* (*-es*; *⸚er*) banho *m* de imersão; **2bart** *m* (*-es*; *⸚e*) barba *f* toda; barba *f* cerrada; **~besetzt** de lotação completa; a abarrotar; **'2besitz** *m* (*-es*; *0*) plenitude *f*; **'2blut** (...: *in Zssg*[*n*]) puro sangue *m*; **'~blütig** ['-blyːtiç] pletórico; **'2blütigkeit** *f* (*0*) pletora *f*; **~'bringen** (*L*; -) realizar; **'2dampf** *m* (*-es*; *0*): *mit ~* a todo o vapor; **~-'enden** (*-e-*; -) terminar, concluir, ultimar; *Jahr*: completar; **~-'endet** *adj.* perfeito; *Tatsache, Kunst*: consumado; **'~ends** ['-ɛnts] de todo; **2-'endung** *f* conclusão *f*; perfeição *f*; *bei ~ des ersten (zweiten) usw. Jahres* ao completar um (dois *usw.*) ano(s).

Völle'rei *f* [-lə'raɪ] *f* gula *f*.

voll|'führen (-) realizar; **'~füllen** encher; **'2gas** *n* (*-es*; *0*) toda a velocidade *f*; **'2genuß** *m* (*-sses*; *0*) plenitude *f*; **'~gepfropft** ['-gəpfrɔpft] **1.** *p.pt. v. vollpfropfen*; **2.** *adj.* repleto, à cunha; **'~gießen** (*L*) encher; *j-n*: molhar; **'~gültig** válido; *Beweis*: concludente; **'2gummi** *n* (*-s*; *0*) borracha *f* maciça.

'völlig ['fœliç] completo, inteiro.

'voll|jährig [-jɛːriç] maior; **2jährigkeit** *f* (*0*) maioridade *f*; **~'kommen** perfeito; **2'kommenheit** *f* (*0*) perfeição *f*; **2korn-brot** *n* (*-es*; *-e*) pão *m* integral; **2kraft** *f* (*0*) vigor *m*, plenitude *f*, pujança *f*; **~(l)aufen** (*L*) encher-se (de água *usw.*); *~ lassen* encher (*mit* de); **~machen** encher; *Summe*: completar; *das Maß ~ fig.* ser o cúmulo; P sujar; **2macht** *f* pleno poder *m*; ✝, ⚖ procuração *f*; **2machtgeber** *m* constituinte *m*; **2matrose** *m* (*-n*) primeiro-marinheiro *m*; **2milch** *f* (*0*) leite *m* inteiro; **2mond** *m* (*-es*; *0*) lua *f* cheia; **~packen** encher; **~pfropfen** apinhar; *s. a. ~gepfropft*; **~saugen**: *sich ~ mit* abeberar-se de; **~schenken** encher (*mit* de); **~schlank** F vistoso; **~ständig** completo; integral; *adv. a.* de todo; **2ständigkeit** *f* (*0*) integridade *f*; *der ~ halber* para completar; **~stopfen** abarrotar.

voll'streck|bar [-'ʃtrɛk-] executável, exequível; **~en** (-) executar; *~d adj.* executivo, executor; **2ung** *f* execução *f*; **2ungs...**: *in Zssg*(*n*) *oft* executivo, executor, de execução.

'voll|tönend sonoro; **2treffer** *m* golpe *m* dire[c]to; (*Bomben2*) bombas *f/pl.* em cheio; **2versammlung** *f* assembleia *f* magna; sessão *f* plenária; **~wertig** (de valor) integral, valioso, válido; **~zählig** [-tsɛːliç] completo; **~'ziehen** (*L*; -) executar; *Ehe*: consumar; *Vertrag*: ratificar; *~d adj.* executivo; **2-'ziehung** *f*, **2'zug** *m* (*-es*; *0*) execução *f*, ratificação *f*; *Ehe*: consumpção *f*; **2'zugs-meldung** *f* participação *f* da execução; *e-e ~ erstatten* dar parte da execução.

Volon'tär [volɔn'tɛːr] *m* (*-s*; *-e*) voluntário *m*.

Volt [vɔlt] *n* vóltio *m*; **'~meter** *n* voltómetro *m*; **'~zahl** *f* voltagem *f*.

Vo'lumen [vo'luːmən] *n* (*-s*; *Volumina*) volume *m*.

vom [fɔm] F = *von dem*.

von [fɔn] *prp.* (*dat.*) de; *beim Passiv meist* por; *~ ... ab, ~ ... an* desde ... em diante, de ... em diante; *~ ... bis* de ... a(té); *ein Freund ~ mir* um amigo meu; *nett ~ ihm* da parte dele; *nichts ~ et. haben* não lucrar nada com a.c.; **~ein'ander** um do outro, uns dos outros, uma(s) da(s) outra(s); **~'nöten** [-'nøːtən] necessário, preciso; **~'statten** [-'ʃtatən]: *~ gehen* realizar-se; *gut ~ gehen* andar bem.

vor [fo:r] **1.** *prp.* **a)** *örtl.* (*Lage, wo?*: *dat.*; *Richtung, wohin?*: *ac.*): diante de, perante (*a. fig.*); ~ der Küste ao largo da costa; ~ dem Winde ⚓ de vento em popa; **b)** *zeitl.* (*dat.*) antes de; (*schon* ~ + *Zeitmaß*) há, faz; 5 Minuten ~ drei cinco menos três; ~ allen Dingen antes de mais nada; *fig. a.* ~ allem sobretudo; **c)** *kausal* (*dat.*) de, por; ~ Schmerz de dor; **2.** *adv.* antes; nach wie ~ (depois) como dantes, como de costume; da sei Gott ~! Deus nos livre!; **~-'ab** em primeiro lugar; **'2-abend** *m* (*-s*; *-e*) véspera *f*; am ~ (*gen.*) em vésperas de; **'2-ahnung** *f* pressentimento *m*.

vo'ran [fo'ran] à frente, adiante; **~-gehen** (*L*; *sn*) ir à frente; ir adiante; *zeitl.* preceder (*ac.*); **~kommen** (*L*) avançar; *a. fig.* fazer progressos; **~laufen** (*L*) correr à frente.

'Vor-anmeldung *f* pré-aviso *m*.

vo'ran-reiten (*L*) preceder (*ac.*).

vo'ran-schicken mandar adiante; (*bemerken*) dizer antes de mais nada.

'Vor-anschlag *m* (*-ẹs*; *⸗e*) orçamento *m*.

vo'ranschreiten (*L*) marchar à frente; **~stellen** antepor; = ~-*schicken*; (*vorwegnehmen*) antecipar; **~treiben** (*L*) levar por diante.

'Vor|-anzeige *f* anúncio *m*; **~-arbeit** *f* trabalho *m* preparatório; *Lit.* trabalho *m* anterior; trabalho *m* preliminar; **2-arbeiten** (*-e-*) adiantar o seu trabalho; *j-m*: facilitar o trabalho a, preparar o caminho para; sich ~ ⚔ ir avançando; **~-arbeiter** *m* capataz *m*.

vo'raus [fo'raus] para diante; = *voran*; im '~ de antemão, adiantado, antecipadamente; e-n Monat im '~ zahlen pagar com um mês de antecedência; **~-ahnen** pressentir; **~bestellen** encomendar com antecedência; mandar reservar; **~bezahlen** adiantar, pagar adiantado; **2-bezahlung** *f* pagamento *m* prévio; pagamento *m* adiantado; **~datieren** (-) antedatar; **~-eilen** correr adiante; *fig.* antecipar-se a, preceder; **~-fahren, ~gehen** (*L*) = *vorangehen*; **~gesetzt** *p. pt. v.* ~*setzen*; ~, daß contanto que (*subj.*); **~-haben** (*L*): et. vor j-m ~ exceder alg. em a.c.; **~laufen** (*L*) = ~*eilen*; **2sage** *f* vaticínio *m*; *a.* ⚘ prognóstico *m*; **~-sagen** predizer; prognosticar; vaticinar; **~schauen** prever; **~d** *adj.* prospe[c]tivo; **~schicken** *v/t.* mandar adiante; *fig.* (*bemerken*) dizer antes de mais nada; = ~*setzen*; **~-sehen** (*L*) prever, antever; **~setzen** (*-t*) (pres)supor, presumir; **2setzung** *f* (pres)suposto *m*; *a.* ⚕ hipótese *f*; condição *f* prévia; **2sicht** *f* (*0*) previsão *f*; **~sichtlich** presumível, presuntivo; *adv.* provàvelmente; **2-zahlung** *f* pagamento *m* antecipado.

'Vor|bau *m* (*-ẹs*; *-ten*) sacada *f*; **2-bauen** construir uma sacada; *v/i. fig.*: (*dat.*) ~ prevenir (*ac.*); evitar (*ac.*); **2bedacht**[1] premeditado; **~-bedacht**[2] *m* premeditação *f*, mit ~ premeditado; de propósito; **~bedeutung** *f* presságio *m*, agouro *m*; **~bedingung** *f* condição *f* prévia; **~behalt** *m* (*-ẹs*; *-e*) reserva *f* (unter com); **2behalten** (*L*; -) reservar; Irrtum ~ ✝ salvo erro ou omissão; **2behaltlich** (*gen.*) salvo (*ac.*); com a reserva de; **2behaltlos** sem reservas; **~behandlung** *f* tratamento *m* preliminar.

vor'bei por diante (an *dat.* de); junto de; ~ sn *zeitl.* passar de (es ist drei Uhr ~ passa das três); ter passado, ter acabado (es ist ~ já passou, já acabou); **~fahren** (*L*; *sn*), **~gehen** (*L*; *sn*), **~kommen** (*L*; *sn*) passar (an *dat.* por, ao lado de, junto de; [*besuchen*] pela casa de); **~lassen** (*L*) deixar passar; **2-marsch** *m* (*-ẹs*; *⸗e*) desfile *m*; den ~ (*gen.*) abnehmen passar revista *f* a; **~marschieren** (-) desfilar (vor *dat.* diante de); **~reden** (*-e-*): an-ea. ~ falar sem se entender; **~-schießen** (*L*) errar o alvo; **~ziehen** (*L*) passar.

'Vor-bemerkung *f* nota *f* prévia (*od.* preliminar); *Gesetz*: preâmbulo *m*.

'vor-bereit|en (*-e-*; -) preparar; **~end** *adj.* preparatório; **2ung** *f* preparação *f*; *pl.* preparativos *m/pl.*; **2ungs...**: *in Zssg(n)* preparatório, preliminar.

'Vor|bericht *m* (*-ẹs*; *-e*) relatório *m* preliminar; *Presse, Radio*: reportagem *f* preliminar; **~besprechung** *f* conferência *f* preliminar; **2bestellen** (-) mandar reservar; *Platz*: marcar; **~bestellung** *f* reserva *f*; *Platz*: marcação *f*; **2bestraft** cadastrado, ~ *sn a.* ter cadastro; **~beten** (*-e-*) recitar (uma oração).

ˈ**vor·beug|en 1.** *v/t.* (*sich*) ~ debruçar(-se), inclinar(-se) para a frente; **2.** *v/i.* (*dat.*) prevenir, evitar (*ac.*); **~end** *adj.* preventivo; preservativo; ⚕ *a.* profilá[c]tico; **2ung** *f* prevenção *f*; **2ungs·maßnahme** *f* medida *f* preventiva (*od.* ⚕ profilá[c]tica); **2ungs·mittel** *n* preservativo *m*; ⚕ remédio *m* profilá[c]tico.

ˈ**Vor·bild** *n* (*-es*; *-er*) modelo (*ê) *m*; exemplo *m*; **2en** (*-e-*) preparar; *Lit.* prefigurar; **2lich** modelar, exemplar; **~ung** *f* preparação *f*; instrução *f* preparatória; preparatórios *m/pl.*

ˈ**vor|binden** (*L*): (*sich dat.*) ~ pôr; **2bote** *m* (*-n*) precursor *m*; arauto *m*; *fig.* indício *m*; sintoma *m*; **~bringen** (*L*) trazer (para a frente); *Beweise, Gründe usw.*: apresentar, alegar, aduzir; **~christlich** anterior à era cristã; **2dach** *n* (*-es*; *⸚er*) alpendre *m*, telheiro *m*; **~datieren** (-) antedatar; **~dem** (d)antes; outrora.

ˈ**Vorder|-achse** [ˈfɔrdər-] *f* eixo *m* da frente; **~-ansicht** *f* vista *f* de frente; fachada *f*; **~-arm** *m* (*-es*; *-e*) antebraço *m*; **~bein** *n* (*-es*; *-e*) mão *f*; **~bühne** *f* proscénio *m*; **~deck** *n* (*-s*; *-s*) proa *f*, antepopa *f*; **2e** de diante, dianteiro; anterior; *die ~n Reihen* as primeiras filas; *der 2 Orient* o Próximo Oriente; **~fuß** *m* (*-es*; *⸚e*) pata *f* anterior; **~grund** *m* (*-es*; *⸚e*) primeiro plano *m*.

vor·der·ˈhand por enquanto.

ˈ**Vorder|-haus** *n* (*-es*; *⸚er*) parte *f* dianteira da casa; **~mann** *m* (*-es*; *⸚er*) homem *m* da frente; ⚔ *a.* cabo *m* de fila; ~ *halten* cobrir pela frente; **~rad** *n* (*-es*; *⸚er*) roda *f* da frente; **~rad-antrieb** *m* tra[c]ção *f* à frente; **~reihe** *f* primeira fila *f*; **~satz** *m* (*-es*; *⸚e*) *Phil.* premissa *f*, maior *f*; **~schiff** *n* (*-es*; *-e*) proa *f*; **~seite** *f* parte *f* anterior; frente *f*; △ *a.* fachada *f*; **~sitz** *m* (*-es*; *-e*) lugar *m* da frente; **2st**: *der ~e* o primeiro, o da frente; **~steven** ⚓ *m* roda *f*; **~teil** *n* (*-es*; *-e*) dianteira *f*, ⚓ proa *f*; **~tür** *f* porta *f* da frente; **~zahn** *m* (*-es*; *⸚e*) (dente *m*) incisivo *m*; **~zimmer** *n* quarto *m* da frente.

ˈ**vor|drängen** empurrar; *sich* ~ pôr-se à frente; **~dringen**¹ (*L*; *sn*) avançar; **2dringen**² *n* avanço *m*; **~dringlich** mais urgente; da primeira necessidade; **2druck** *m* (*-es*; *-e*) impresso *m*; **~-ehelich** antenupcial.

ˈ**vor·eilig** precipitado, arrebatado; **2keit** *f* (*0*) precipitação *f*.

ˈ**vor·ein·genommen** [-gənɔmən] parcial; prevenido (*für* em favor de), ~ *gegen a.* desconfiado de; **2-heit** *f* (*0*) parcialidade *f*; preconceito *m*; *gegen*: animosidade *f*.

ˈ**vor|-enthalten** (*L*; -) reter; ⚖ deter; *j-m et.* ~ privar alg. de a.c.; *Wahrheit*: ocultar; **2-enthaltung** *f* retenção *f*; ⚖ detenção *f*; **~-ˈerst** em primeiro lugar; (*einstweilen*) por agora; **~-erwähnt** mencionado atrás; **2fahr** [-faːr] *m* (*-en*) antepassado *m*; **~en** *pl. a.* avós *m/pl.*; **~fahren** (*L*; *sn*) *vor dem Hause*: parar; *vorgefahren sn* estar à porta; (*voranfahren*) passar para a frente; **2fahrt(s-recht** *n* [*-es*; *0*]) *f* (*0*) prioridade *f*; **2fall** *m* (*-es*; *⸚e*) acontecimento *m*; caso *m*; *ärgerlicher*: incidente *m*; ⚕ prolapso *m*, descenso *m*; **~fallen** (*L*) acontecer, suceder, dar-se; **2feier** *f* (-; *-n*) véspera *f* da festa, prelúdios *m/pl.* da festa; festa *f* preliminar; **~finden** (*L*) encontrar; **~flunkern** (*-re*): *j-m et.* ~ mentir a alg., contar petas a alg.; **2frage** *f* questão *f* preliminar; **2-freude** *f* alegria *f* antecipada; **2-friede** *m* (*-ns*; *-n*) paz *f* preliminar; **2frühling** *m* (*-s*; *-e*) princípios *m/pl.* da primavera.

ˈ**Vor·führ|dame** [ˈ-fyːr-] *f* manequim *m*; **2en** ⚔ levar para a frente; (*zeigen*) apresentar; *Lichtbild*: *a.* mostrar, proje[c]tar; *Film*: *a.* exibir; *Thea.* representar; *Zeugen*: produzir; **~er** *m Film*: operador *m*; **~-raum** *m* (*-es*; *⸚e*) cabine *f*; **~ung** *f* representação *f*; *Film*: apresentação *f*; exibição *f*, proje[c]ção *f*; *Platten*: audição *f*.

ˈ**Vor|gabe** *f Sport*: partido *m*; (*Behauptung*) afirmação *f*; **~gang** *m* (*-es*; *⸚e*) sucesso *m*; caso *m*; (*Natur2*) fenómeno *m*; (*Akte*), ⊕, ⚗, ⚕ processo *m*; *Beispiel*: exemplo *m* precedente; **~gänger(in** *f*) *m* [ˈ-gɛŋər-] predecessor(a *f*) *m*; antecessor(a *f*) *m*; **~garten** *m* (*-s*; *⸚*) jardim *m* da frente; *Café*: terraço *m*; **2gaukeln** (*-le*) simular, fingir; **2geben** (*L*) (*behaupten*) pretender, afirmar; *Punkte im Spiel*: dar de partido; **~gebirge** *n* cabo *m*, promontório *m*; **2gefaßt** preconcebido; *~e Meinung* preconceito *m*; **~gefühl** *n* (-*es*; -*e*) pressentimento *m*; **2gehen¹** *v/i.* (*L*; *sn*) passar para diante, passar para a frente, ir à frente; *Uhr*: estar adiantado, ir adiantado; *gegen*: proceder; ⚔ avançar; *im Rang*: preceder (*ac.*); (*geschehen*) suceder, passar-se; *bei j-m ~* passar pela casa de alg.; **~gehen²** *n* procedimento *m*; ⚔ avanço *m*; **~gelände** *n* ⚔ esplanada *f*; zona *f* neutra; **~gelege** [ˈ-gəleːgə] *n* contramarcha *f*; **2genannt** [-gənant] atrás mencionado; **~gericht** *n* (-*es*; -*e*) entrada *f*; **2gerückt** [ˈ-gərykt] *Alter*: avançado (*in dat.* de); *Stunde*: adiantado (*zu* a); **~geschichte** *f* (*0*) pré-história *f*; ⚖ antecedentes *m/pl.*; **2geschichtlich** pré-histórico; **~geschmack** *m* (-*es*; *0*) prova *f*, antegosto (*ˈô) *m*; **~gesetzte(r)** *m* superior *m*; **2gestern** anteontem (*abend* à noite, *morgen* de manhã); **2gestrig** de anteontem; **2greifen** (*L*) antecipar-se (*j-m* a alg.); **2-haben¹** (*L*) *v/t. Schürze*: ter posto; *fig.* ocupar-se de; tencionar fazer; propor-se; *für den Abend et. ~* ter um compromisso; **~haben²** *n* proje[c]to *m*, propósito *m*, intenções *f/pl.*; **~-hafen** *m* (-*s*; ⸚) anteporto (*ˈô) *m*; **~-halle** *f* vestíbulo *m*; (*Säulen2*) pórtico *m*, átrio *m*; **2-halten** (*L*) *v/t.* pôr em frente; (*zeigen*) mostrar, apresentar; *fig. j-m et. ~* repreender alg. por a.c.; *v/i.* chegar; **~-haltung** *f* repreensão *f*; **~-hand** *f* (*0*) *Pferd*: antebraço *m*; (*Vorkaufsrecht*) prioridade *f*; preferência *f*; *die ~ haben Spiel*: ser mão *f*; **2-ˈ-handen** [-ˈhandən] existente; *~ sn* existir, haver; **~-ˈhanden-sein** *n* existência *f*; **~-hang** *m* (-*es*; ⸚*e*) cortinado *m*, cortina *f*; *Thea.* pano *m* (*eiserner* de ferro); (*Tür2*) reposteiro *m*; **2-hängen** colgar; *Schloß*: pôr; **~-hänge-schloß** *n* (-*sses*; ⸚*sser*) cadeado *m*; **~-haut** *f* (-; ⸚*e*) prepúcio *m*.

ˈ**vor-her** antes (*kurz* pouco); (*im voraus*) de antemão, adiantado; *am Abend ~* na véspera; **~bestimmen** (-) predeterminar; predestinar; **2-bestimmung** *f* predeterminação *f*; predestinação *f*; **~gehen** (*L*) preceder; *~d adj.* precedente, anterior; **~ig** prévio; anterior, antigo.

ˈ**Vor-herr|schaft** *f* supremacia *f*, hegemonia *f*; predomínio *m*; **2-schen** predominar; *fig. a.* prevalecer; *~d adj.* predominante.

vorˈher|sagen, ~sehen (*L*) prever, antever.

ˈ**vor|-ˈhin** há pouco, há um bocado; **2hof** *m* átrio *m*; *Rel.* adro *m*; *Anat. des Herzens*: aurícula *f*; **2-hut** *f* vanguarda *f*; **~ig** precedente, anterior; *Mal*: última; *Zeit*: transa[c]to; **2jahr** *n* (-*es*; -*e*) ano *m* passado; **~jährig** [ˈ-jɛːriç] do ano passado; **2kämpfer** *m* defensor *m*, propugnador *m*, campeão *m*; **~kauen** mastigar; F *fig.* explicar; **2kauf** ⚖ *m* (-*es*; ⸚*e*) preempção *f*; **2kaufs-recht** *n* (-*es*; *0*) prioridade *f* de compra, preferência *f*; **2kehrung** [ˈ-keːruŋ] *f* medida *f*, disposição *f*; precaução *f* (*treffen* tomar); (*Vorrichtung*) dispositivo *m*, mecanismo *m*; **2kenntnis** *f* (-; -*se*) conhecimento *m* prévio; preparação *f*.

ˈ**vor-komm|en¹** *v/i.* (*L*; *sn*) (*auftreten*) aparecer, haver, encontrar-se; (*geschehen*) acontecer, suceder; (*scheinen*) parecer; *sich* (*dat.*) *~ wie* sentir-se como (*od. ac.*); **2en²** *n* presença *f*; ⚒ jazigos *m/pl.*; **~endenfalls** em caso afirmativo; **2nis** *n* (-*ses*; -*se*) acontecimento *m*, caso *m*.

ˈ**Vor|kriegs...**: *in Zssg(n)* de antes da guerra; **2laden** ⚖ (*L*) citar; **~ladung** *f* citação *f*, contrafé *f*; **~lage** *f Pol.* proje[c]to *m* de lei, moção *f*; (*Muster*) modelo (*ê) *m*; (*Schablone*) padrão *m*; **2lassen** (*L*) deixar passar (para a frente); *zu sich*: atender, receber; **2laufen** (*L*; *sn*) correr para a frente; *Uhr*: estar adiantado; **~läufer** *m* precursor *m*; **2läufig** provisório, interino; *adv.* por enquanto, por agora; **2laut** indiscreto, petulante, abelhudo; **~leben** *n* antecedentes *m/pl.*

ˈ**Vor-leg|e-besteck** [ˈ-leːgə-] *n* (-*es*; -*e*) talher *m* de trinchar; **2en** apresentar; *Frage, Schloß*: pôr; *Speisen*: servir; (*unterbreiten*) submeter; *Tempo*: acelerar a marcha, ir mais depressa; **~er** *m* tapete *m*; **~e-schloß** *n* (-*sses*; ⸚*sser*) cadeado *m*; **~ung** *f* apresentação *f*.

ˈ**vor-les|en** ler; **2er(in** *f*) *m* leitor(a *f*) *m*; **2ung** *f* leitura *f* (em voz alta);

Universität: curso *m* (*über ac.* de), prele[c]ção *f*, lição *f* (*halten* fazer).
'**vor|letzt** penúltimo; **2liebe** *f* predile[c]ção *f* (*für* por); **~'lieb-nehmen** (*L*) contentar-se; **~liegen** (*L*) haver, existir; *fertig* ~ estar pronto; **~d** *adj.* presente, em questão; *Nachricht*: recebido; **~lügen** (*L*): *j-m et.* ~ enganar alg., iludir alg.; fazer crer a.c. a alg.; **~m** F = *vor dem*; **~machen** ensinar; = *vorlügen*; *sich* (*dat.*) *nichts* (*od. kein X für ein U*) ~ *lassen* não se deixar enganar; **2macht(stellung** *f* [*0*]) *f* (*0*) hegemonia *f*, supremacia *f*; **~malig** ['-ma:liç] antigo, anterior; **~mals** ['-ma:ls] antigamente, anteriormente; **2marsch** *m* (*-es*; *⸚e*) avanço *m*, ofensiva *f*; **~merken** *v/t.* tomar (✝ boa) nota de; marcar; **2merkung** ['-mɛrkuŋ] *f* marcação *f*; (✝ boa) nota *f*; **2mittag** *m* (*-es*; *-e*) manhã *f*; (*morgen*) ~, *am* ~, *des* ~*s* = **~mittags** de manhã, antes do meio dia.
'**Vor-mund** *m* (*-es*; *⸚er*) tutor *m*; **~schaft** *f* tutela *f*, tutoria *f*; **2-schaftlich** tutelar; **~schafts-gericht** *n* (*-es*; *-e*) tutoria *f*.
vorn [fɔrn] à frente, em frente; (por *od.* em) diante; *von* ~ de frente; de topo (*'ô); *zeitl.* de novo; *nach* ~ *hinaus liegen* dar para a rua.
'**Vor|nahme** ['-na:mə] *f* despacho *m*, execução *f*; **~name** *m* (*-ns*; *-n*) prenome *m*; nome *m* de baptismo.
vorn-'an à frente.
'**vor-nehm** ['-ne:m] distinto; nobre; *Welt*: elegante, aristocrático; **~en** *v/t.* (*anlegen*) pôr; (*tun*) fazer, efe[c]tuar; *Untersuchung*: proceder a; *sich* (*dat.*) *et.* ~ propor-se a.c., estudar a.c., ocupar-se de a.c.; *sich j-n* ~ chamar alg., examinar alg.; **2-heit** *f* (*0*) nobreza *f*; distinção *f*; fidalguia *f*; elegância *f*; **~lich** principalmente, nomeadamente; **~st** *a.* principal.
'**vorn|-he'rein**: *von* ~ desde o princípio; de antemão; **~-'über** para a frente; *fallen*: *a.* de bruços.
'**Vor|-ort** *m* (*-es*; *-e*) subúrbio *m*; **~-orts...**: *in Zssg(n)* suburbano; dos arredores; **~platz** *m* (*-es*; *⸚e*) átrio *m*; vestíbulo *m*; *Treppe*: patamar *m*; **~posten** *m* posto (*'ô) *m* avançado; **~posten...**: *in Zssg(n)* de patrulha; **~prüfung** *f* prova *f* eliminatória; **~rang** *m* (*-es*; *⸚e*) precedência *f*, primazia *f* (*vor dat.* em, *vor j-m* sobre alg.); **~rat** *m* (*-es*; *⸚e*) provisão *f*, abastamento *m*; existências *f/pl.*; sortido *m*; *auf* ~ para armazenar; **2rätig** ['-rɛ:tiç] no armazém; ~ *sn a.* haver.
'**Vor-rats|haus** *n* (*-es*; *⸚er*) armazém *m*; **~kammer** *f* (*-*; *-n*), **~schrank** *m* (*-es*; *⸚e*), **~raum** *m* (*-es*; *⸚e*) dispensa *f*.
'**Vor|raum** *m* (*-es*; *⸚e*) vestíbulo *m*; antecâmara *f*; **2rechnen** (*-e-*): *j-m* ~ fazer o cálculo a (*od.* diante de) alg.; **~recht** *n* (*-es*; *-e*) privilégio *m*, prerrogativa *f*; **~rede** *f* prefácio *m*, prólogo *m*; **~redner** *m* preopinante *m*; **2richten** (*-e-*) dispor, aprestar, preparar; **~richtung** *f* dispositivo *m*, mecanismo *m*; **~en** *pl.* medidas *f/pl.*, disposições *f/pl.*, precauções *f/pl.* (*treffen* tomar); **2rücken**[1] **a**) *v/i.* (*sn*) ⚔ avançar; **b**) *v/t.* adiantar; **~rücken**[2] *n* avanço *m*; **~runde** *f* eliminatória *f*; **~saal** *m* (*-es*; *-säle*) antessala *f*, corredor *m*, sala *f* de espera; **2sagen** dizer, ditar; *Schule*: segredar; *Thea.* fazer de ponto; **~saison** *f* (*-*; *-s*) princípio *m* da época; **~sänger** *m* chantre *m*, antifoneiro *m*; **~satz** *m* (*-es*; *⸚e*) propósito *m* (*mit* de); **2sätzlich** ['-zɛtsliç] de propósito, premeditado; **~schein** *m*: *zum* ~ *bringen* trazer à luz; revelar; *zum* ~ *kommen* aparecer; manifestar-se; **2schicken** mandar adiante; ⚔ fazer avançar; **2schieben** (*L*) empurrar (*od.* impelir) para a frente; *Riegel*: fechar; *fig.* escusar-se com; **2schießen** (*L*) adiantar; **~schiff** *n* (*-es*; *-e*) proa *f*.
'**Vor-schlag** *m* (*-es*; *⸚e*) proposta *f* (*auf* de); ♪ «appoggiatura» *f* (*it.*); *in* ~ *bringen* = **2en** propor; **~sliste** *f* lista *f* de candidatos; **~srecht** *n* (*-es*; *0*) direito *m* de proposta.
'**vor|schneiden** (*L*) trinchar; **~-schnell** precipitado; **~schnellen** (*sn*) saltar para a frente; **~schreiben** (*L*) escrever; *fig.* prescrever; *Bedingung, Norm, Preis*: fixar; **~schreiten** (*L*) avançar; *fig.* progredir.
'**Vor-schrift** *f* prescrição *f*; *amtliche*: regulamento *m*; instrução *f*; ~ *sn* ser de rigor; **2s-mäßig** corre[c]to, regular; **2s-widrig** incorre[c]to, irregular.
'**Vor|schub** *m*: ~ *leisten* favorecer; **~schule** *f* curso *m* elementar, escola

f de instrução primária; **~schuß** *m* (*-sses*; *⸗sse*) adiantamento *m*; empréstimo *m*; **⁀schützen** (*-t*) tomar por pretexto; **⁀schweben**: *mir schwebt et. vor* tenho uma vaga ideia de a.c.; *es schwebt mir vor, zu* (*inf.*) penso em; **⁀schwindeln** (*-le*): *j-m et. ~* enganar alg.; iludir alg.; fazer crer a.c. a alg.; **⁀sehen** (*L*) prever; proje[c]tar; *sich ~* (*vor dat.*) ter cuidado com, ter cautela com, precaver-se contra; **~sehung** ['-ze:uŋ] *f* Providência *f*; **⁀setzen** (*-t*) pôr à frente (de), *j-m*: *a.* antepor (a); (*anbieten*) oferecer, servir; *sich* (*dat.*) *et. ~* propor-se.

'**Vor-sicht** *f* (*0*) cautela *f*, cuidado *m* (*üben* ter); **⁀ig** caut(elos)o, cuidadoso, prudente; *~ sn a.* ter cautela, ter cuidado; **⁀s-halber** por precaução; **~s-maßregel** *f* (*-*; *-n*) precaução *f*, providência *f* (*treffen* tomar).

'**Vor|signal** *n* (*-s*; *-e*) sinal *m* de aviso; **~silbe** *f* prefixo *m*; **⁀singen** (*L*) cantar; entoar; **⁀sintflutlich** antediluviano; **~sitz** *m* (*-es*; *-e*) presidência *f* (*übernehmen* assumir); *den ~ führen* = **⁀sitzen** (*L*) presidir (a); **~sitzende(r** *m*) *m*, *f* presidente *m*, *f*; *bei Berufsverbänden*: bastonário *m*; **~sorge** *f* precaução *f*; *~ treffen a.* tomar providências (*daß* para que *subj.*); **⁀sorgen** providenciar; **⁀sorglich** próvidente; *adv.* por precaução; **~spann** *m* (*-es*; *-e*) muda *f*; **⁀spannen** emparelhar; *acolherar; **~speise** *f* entrada *f*, acepipes *m/pl.*; **⁀spiegeln** (*-le*) simular, fingir; **~spiegelung** *f* miragem *f*, ilusão *f*; *~ falscher Tatsachen* mentira *f*, impostura *f*, falsidade *f* (*unter* com); **~spiel** *n* (*-es*; *-e*) prelúdio *m* (*a.fig.*); *Oper*: abertura *f*; *Thea.* prólogo *m*; **⁀spielen** preludiar; *j-m et. ~* tocar a.c. a alg.; **⁀sprechen** (*L*): *j-m et. ~* dizer (*od.* pronunciar) a.c. para que alg. o repita; *bei j-m ~* passar por casa de alg.; **⁀springen** (*L*) dar um salto para a frente; (v)ir a saltar; ⚠ saltar, sobressair; *~d adj.* saliente; **~sprung** *m* ⚠ (*-es*; *⸗e*) saliência *f*; *Dach*: algeroz *m*; ⊕ ressalto *m*; *Küste*: ponta *f*; (*Vorteil*) dianteira *f*; vantagem *f*; *e-n ~ gewinnen vor* (*dat.*) tomar a dianteira a; **~stadt** *f* arrabalde *m*, subúrbio *m*; **⁀städtisch** suburbano.

'**Vor-stand** *m* (*-es*; *⸗e*) dire[c]ção *f*; **~s...**: *in Zssg(n)* da dire[c]ção.

'**vor-steck|en** meter; *Kopf*: avançar; **⁀nadel** *f* (*-*; *-n*) alfinete *m*, broche *m*.

'**vor-steh|en** ⚠ (*L*) sobressair; (*dat.*, *leiten*) dirigir (*ac.*); **~end** *adj.* saliente; (*obig*) dito, mencionado; **⁀er(in** *f*) *m* dire[c]tor(a *f*) *m*; chefe *m*, *f*; *Rel.* superior(a *f*) *m*; (*Gemeinde⁀*) regedor *m*, presidente *m* da junta da freguesia; **⁀er-drüse** *f* próstata *f*; **⁀-hund** *m* (*-es*; *-e*) cão *m* perdigueiro.

'**vor-stell|en** pôr (mais) a frente; *Uhr*: adiantar; *Bild, Thea.*: representar; (*bedeuten*) *a.* significar; (*bekanntmachen*) apresentar (*a. refl.*); (*klarmachen*) fazer observar (*od.* ver); *sich* (*dat.*) *~* imaginar; *sich ~ können* fazer ideia de; calcular; **~ig**: *~ werden bei* manifestar-se junto de, fazer uma representação a, apresentar um protesto a; **⁀ung** *f j-s*: apresentação *f*; (*Begriff*) ideia *f*, noção *f*; *Thea.* representação *f*, espe[c]táculo *m*, récita *f*; (*Kritik*) repreensão *f*; (*Ermahnung*) advertência *f*; **⁀ungs-kraft** *f* (*0*) imaginação *f*; **⁀ungs-vermögen** *n* (*-s*; *0*) inteligência *f*; poder *m* de abstra[c]ção.

'**Vor|stich** *m* (*-es*; *-e*) ponto *m* adiante; **~stoß** *m* (*-es*; *⸗e*) investida *f*, ataque *m*; ⚔ *a.* avanço *m*; *Schneiderei*: pestana *f*; **⁀stoßen** (*L*) *v/i.* (*sn*) avançar; *~ gegen* investir contra, atacar (*ac.*); **~strafe** *f* pena *f* anterior; *j-s ~n* antecedências *f/pl.* judiciárias; **~strafen-register** *n* cadastro *m*; **⁀strecken** estender; *Geld*: adiantar; **~studie** *f* estudo *m* preliminar, estudo *m* preparatório; **~stufe** *f* primeiro grau *m*; curso *m* elementar; **⁀stürmen** arremessar-se; **⁀tanzen** (*-t*) iniciar a dança; exibir uma dança; **⁀täuschen** simular, fingir; *j-m ~* fazer crer a alg.

'**Vorteil** ['fɔrtaɪl] *m* (*-es*; *-e*) vantagem *f*; (*Gewinn*) proveito *m*; *j-m zum ~ gereichen* ser vantajoso para alg., redundar em proveito de alg.; **⁀-haft** vantajoso, proveitoso.

'**Vor-trag** ['-tra:k] *m* (*-es*; *⸗e*) conferência *f* (*halten* fazer, proferir); (*Bericht*) relato *m*, exposição *f*; *Dichtung*: declamação *f*, recitação *f*; ♪ interpretação *f*, execução *f*; ✝

transporte *m*; 2**en** (*L*) expor, recitar; ♪ tocar; *Lied*: cantar; ⚓ *Saldo*: transportar; ~ *auf neue Rechnung*: passar para; ~**ende**(**r** *m*) *m*, *f* conferente *m*, *f*, conferencista *m*, *f*; ~**s-abend** *m* (-*s*; -*e*) recital *m*; ~**s-art** *f* di[c]ção *f*, interpretação *f* (*a*. ♪); ~**s-künstler** *m* recitador *m*; ~**s-weise** *f* = ~*sart*.

vor'trefflich excelente, primoroso; *Arbeit*: *a*. esmerado; 2**keit** *f* (*0*) excelência *f*, primor *m*.

'**vor|treiben** (*L*) impelir; ⚒ abrir; ~**treten** (*L*) avançar; ⚔ sair da fila; ~! apresentar-se!, dar um passo em frente!; 2**tritt** *m* (-*es*; *0*) precedência *f* (*vor dat*. sobre); *j-m den* ~ *lassen* ceder o passo a alg.; 2**trupp** *m* (-*s*; -*s*) guarda *f* avançada.

vo'rüber [fo'ry:bər] passado; *es ist* ~! já passou!; ~**gehen** (*L*) passar (*an dat*. por, junto de); *im* 2 de passagem; ~**gehend** *adj*. passageiro; (*zeitweilig*) interino, temporário; *nur* ~ *da sn* estar de abalada; 2**gehende**(**r** *m*) *m*, *f* transeunte *m*, *f*; ~**ziehen** (*L*) passar.

'**Vor|-übung** *f* exercício *m* preliminar; ~**-untersuchung** *f* ⚖ inquérito *m*.

'**Vor-urteil** *n* (-*s*; -*e*) preconceito *m*; 2**s-frei**, 2**s-los** sem preconceitos, independente, imparcial.

'**Vor|väter** ['-fɛ:tər] *m*/*pl*. antepassados *m*/*pl*.; ~**verfahren** *n*, ~**verhandlung** *f* preliminares *m*/*pl*.; ~**verkauf** *m* (-*es*; ⸚*e*) venda *f* antecipada; 2**verlegen** (-) adiantar; ⚔ *Front*: avançar; 2**vorgestern** há três dias; 2**vorig** antepenúltimo; 2**wagen**: *sich* ~ atrever-se a avançar; *fig*. arriscar-se; ~**wahl** *f* eleição *f* preliminar; ~**wand** *m* (-*es*; ⸚*e*) pretexto *m*; subterfúgio *m*; 2**wärmen** aquecer.

'**vorwärts** ['forvɛrts] avante; 2**bewegung** *f* marcha *f* para diante; ⚔ avanço *m*; ~**bringen** (*L*) levar para diante; *j-n* ~ *fig*. proteger alg.; ~**kommen** (*L*; *sn*) avançar; *fig*. *a*. progredir, fazer progressos, *j*.: *a*. fazer fortuna.

vor'weg [-'vɛk] antecipadamente, primeiro; 2**nahme** [-na:mə] *f* antecipação *f*; ~**nehmen** (*L*) antecipar.

'**vor|weisen** (*L*) apresentar, mostrar; ~**werfen** (*L*) lançar à frente; *fig*. censurar, repreender (*j-m* et. alguém por a.c.); 2**werk** *n* (-*es*; -*e*) ✓ anexo *m*; ⚔ fortim *m*, baluarte *m*; ~**wiegen** (*L*) preponderar; predominar; ~**wiegend** *adj*. preponderante, predom inante; *adv*. *a*. principalmente; 2**wissen** *n* conhecimento *m* prévio; *ohne j-s* ~ *a*. sem alg. saber.

'**Vor|witz** *m* (-*es*; *0*) indiscreção *f*, curiosidade *f* indiscreta; 2**witzig** indiscreto; abelhudo; ~**woche** *f* semana *f* passada; 2**wölben** abaular; ~**wölbung** *f* abaulamento *m*; ~**wort** *n* (-*es*; -*e*) prefácio *m*; *mit e-m* ~ *versehen* prefaciar.

'**Vor-wurf** *m* (-*es*; ⸚*e*) censura *f*; repreensão *f*; responsabilidade *f* atribuída (a); (*Thema*) assunto *m*; *zum* ~ *machen* repreender; 2**s-frei** irrepreensível; 2**s-voll** repreensivo.

'**vor|zählen** contar; (*aufzählen*) enumerar; 2**zeichen** *n* augúrio *m*, presságio *m*, *a*. ⚕ *u*. ♪ sinal *m*; ~**zeichnen** (-*e*-) desenhar; *fig*. traçar, indicar.

'**vor-zeig|en** apresentar, mostrar; 2**er**(**in** *f*) *m* portador(a *f*) *m*; 2**ung** *f* apresentação *f*.

'**Vor-zeit** *f* passado *m*; tempos *m*/*pl*. remotos; 2**en** [-'tsaɪtən] antigamente, outrora; 2**ig** prematuro; *adv*. *a*. antes do tempo.

'**Vor|zensur** *f* censura *f* prévia; 2**ziehen** (*L*) tirar; *Vorhang*: correr; *fig*. preferir; *vorzuziehen* preferível; ~**zimmer** *n* antecâmara *f*, antessala *f*; sala *f* de espera; ~**zug** *m* (-*es*; ⸚*e*) **a**) preferência *f*; (*Recht*) prioridade *f*; (*Vorteil*) vantagem *f*; (*gute Eigenschaft*) mérito *m*, qualidade *f*; (*Vorrecht*) prerrogativa *f*; **b**) 🚂 desdobramento *m*; 2'**züglich** [-'tsy:kliç] ó[p]timo, primoroso, sumo; *adv*. *a*. principalmente.

'**Vorzugs...**: *in Zssg*(*n*) de preferência, preferencial; ~**preis** *m* (-*es*; -*e*) preço *m* especial (*od*. de amigo); 2**weise** de preferência.

vo'tieren [vo'ti:rən] (-) *v*/*i*. *u*. *v*/*t*. votar.

Vo'tiv-bild [vo'ti:f-] *n* (-*es*; -*er*) ex-voto *m*.

'**Votum** ['vo:tum] *n* (-*s*; *Vota*) voto *m*; (*Gutachten*) parecer *m*.

vul'gär [vul'gɛ:r] vulgar.

Vul'kan [vul'ka:n] *m* (-*es*; -*e*) vulcão *m*; 2**i'sieren** [-ani'zi:rən] (-) vulcanizar; 2**isch** vulcânico.

W

W, w [ve:] *n uv.* W, w (v dobrado) *m.*

ˈ**Waage** [ˈva:gə] *f* balança *f*; *Astr. a.* Libra *f*; (*Dezimal*2) báscula *f*; *an der Deichsel*: pau *m* da boleia; *zur* ~ *führen* à pesagem *f*; *sich die* ~ *halten* equilibrar-se, estar em equilíbrio *m*; ~**balken** *m* travessão *m*; 2**recht** horizontal.

ˈ**Waag-schale** *f* prato *m.*

ˈ**wabbelig** [ˈvabəliç] molenga.

ˈ**Wabe** [ˈva:bə] *f* favo *m.*

wach [vax] acordado, desperto; ~ *machen*, ~ *werden* acordar, despertar; ~ (*er*)*halten* desvelar, não deixar dormir; ˈ2**e** *f* guarda *f*, (*Schild*2) sentinela *f*, *Lokal*: esquadra *f*, posto (*ˈô) *m*; *Dienst* ⚓ *u.* ⚔: vigia *f*, quarto *m*; *auf* ~ *sn* estar de guarda; *auf* ~ *ziehen* montar a guarda; ˈ~**en** estar acordado, estar desperto; ~ *bei* velar (*ac.*); ~ *über* (*ac.*) vigiar (*ac.*); velar sobre, velar por, zelar por; ˈ2**feuer** *n* fogo *m* de bivaque; ˈ~**-habend** de guarda; de quarto; ˈ~**-halten** (*L*) desvelar, não deixar dormir; ˈ2**-hund** *m* (*-es*; *-e*) cão *m* de guarda; ˈ2**mannschaft** *f* esquadra *f*; (homens *m/pl.* da) guarda *f.*

Waˈ**cholder** [vaˈxɔldər] *m* zimbro *m*; ~**beere** *f* bago *m* de zimbro; ~**branntwein** *m* (*-es*; *-e*), ~**schnaps** *m* (*-es*; *⸗e*) genebra *f*; ~**strauch** *m* (*-es*; *⸗er*) zimbro *m.*

ˈ**wach|rufen** despertar; *fig.* evocar; ~**rütteln** fazer despertar.

Wachs [vaks] *n* (*-es*; *-e*) cera *f.*

ˈ**wachsam** [ˈvaxza:m] vigilante; 2**keit** *f* (*0*) vigilância *f.*

ˈ**wachs|en**[1] [ˈvaksən] **a**) *v/i.* (*L*; *sn*) crescer; *fig.* aumentar; (*steigen*) subir; *gut ge*~ *sn* ter boa figura; (*dat.*) *ge*~ *sn* estar à altura de; *e-r Sache*: *a.* dar (conta do) recado de a.c.; ~*d adj.* crescente, cada vez maior; **b**) *v/t.* (*-t*) encerar; 2**en**[2] *n* **a**) crescimento *m*; (*An*2) aumento *m*; **b**) enceramento *m.*

ˈ**wächsern** [ˈvɛksərn] de cera.

ˈ**Wachs|figur** *f* figura *f* de cera; ~**kerze** *f* círio *m*; ~**licht** *n* (*-es*; *-er*) vela *f* de cera; ~**stock** *m* (*-es*; *⸗e*) pavio *m*; ~**streichholz** *n* (*-es*; *⸗er*) cerilha *f*; ~**tuch** *n* (*-es*; *⸗er*) oleado *m*; ~**tum** *n* (*-s*; *0*) crescimento *m*; vegetação *f.*

Wacht [vaxt] *f* guarda *f.*

ˈ**Wachtel** [ˈvaxtəl] *f* (*-*; *-n*) codorniz *f*; ~**-hund** *m* (*-es*; *-e*) perdigueiro *m.*

ˈ**Wächter** [ˈvɛçtər] *m* guarda *m*; (*Leuchtturm*2) faroleiro *m*; ~**häuschen** *n* guarita *f.*

ˈ**Wacht|meister** *m* primeiro-sargento *m* (de cavalaria); F (*Schutzmann*) guarda *m*; ~**posten** *m* sentinela *f*; ~**schiff** *n* (*-es*; *-e*) vedeta *f*; (*Küsten*2) guarda-costas *m*; ~**stube** *f* corpo *m* de guarda; ~**turm** *m* (*-es*; *⸗e*) torre (*ô) *f* de observação; atalaia *f.*

ˈ**wack|(e)lig** [ˈvak(ə)liç] abalado; ~ *sn* = ~**eln** (*-le*) (estar a) abanar, (estar a) dançar; *a. fig.* estar pouco seguro; ~**er** honrado, galhardo; bravo.

ˈ**Wad|e** [ˈva:də] *f* barriga *f* da perna; ~**en-bein** *n* (*-es*; *-e*) peróneo *m*; ~**en-krampf** *m* (*-es*; *⸗e*) breca *f*; cãibra *f*; ~**en-strumpf** *m* (*-es*; *⸗e*) meia (*od.* peúga) *f* até ao joelho; *Kind*: soquete *m.*

ˈ**Waffe** [ˈvafə] *f* arma *f* (*in, unter* ~*n pl.* em); *zu den* ~*n greifen* pegar nas armas; *die* ~*n strecken* render-se.

ˈ**Waffel** [ˈvafəl] *f* (*-*; *-n*) barquilho *m*; ~**-eisen** *n* forma *f* de «talassas».

ˈ**waffen|fähig** em condições de trazer armas, apto para o serviço militar; 2**gattung** *f* arma *f*; 2**gewalt** *f* (*0*) força (*ô) *f* das armas; *mit* ~ à mão armada; 2**-händler** *m* armeiro *m*; ~**los** sem armas; *poet.* inerme; 2**rock** *m* (*-es*; *⸗e*) farda *f*; 2**ruhe** *f* (*0*) trégua(s *pl.*) *f*; 2**schein** *m* (*-es*; *-e*) licença *f* de porte de armas; 2**schmied** *m* (*-es*; *-e*) alfageme *m*; 2**stillstand** *m* (*-es*; *0*) armistício *m*; 2**tat** *f* façanha *f*, proeza *f.*

ˈ**wägbar** [ˈvɛ:kba:r] ponderável.

ˈ**Wage|hals** [ˈva:gə-] *m* (*-es*; *⸗e*) atrevido *m*, temerário *m*, arrojado *m*; **≗halsig** ['-halziç] atrevido, temerário, arrojado.

'**Wage-mut** *m* (*-es*; *0*) ousadia *f*, audácia *f*; iniciativa *f*; **≗ig** ousado, corajoso; empreendedor, de iniciativa.

'**wagen**[1] ['va:gən] *v/t*. ousar; atrever-se a; arriscar(-se); venturar; *sich an* (*ac*.) ~ abalançar-se a.

'**Wagen**[2] *m* carro *m*; 🚃 carruagem *f*, vagaõ *m*; (*Last≗*, *Leichen≗*) carroça *f*; (*Lastauto*) camião *m*; *Schreibmaschine*: carrete *m*; *Astr*. *der Große* (*Kleine*) ~ a Ursa *f* Maior (Menor).

'**wägen** ['vɛ:gən] pesar; *fig*. ponderar.

'**Wagen|-abteil** *n* (*-es*; *-e*) compartimento *m*; **~-aufbau** *m* (*-es*; *-aufbauten*) carroçaria *f*; **~bauer** *m* construtor *m* de carros; segeiro *m*; fabricante *m* de carruagens; **~führer** *m* cocheiro *m*; *Auto*: motorista *m*; * volante *m*; *Verkehrsmittel*: guarda-freio *m*; * motor(n)eiro *m*; **~gestell** *n* (*-es*; *-e*) «chassis» (*fr*.); **~-heber** *m* macaco *m* (de automóvel); **~ladung** *f* carretada *f*; 🚃 carga *f* de vagão; ✝ vagão *m* (de); **~lenker** *m* = *~führer*; *ehm*. auriga *m*; **~park** 🚃 *m* (*-s*; *-s*) material *m* rodoviário, material *m* rolante; **~schlag** *m* portinhola *f*; **~schmiere** *f* gordura *f*; **~spur** *f* rodado *m*; **~tür** *f* portinhola *f*.

Wag'gon [va'gɔŋ] *m* (*-s*; *-s*) vagão *m*, carruagem *f*.

'**wag|halsig** ['va:khalziç] arrojado; arriscado; **≗nis** *n* (*-ses*; *-se*) risco *m*, façanha *f*.

Wahl [va:l] *f* escolha *f*; *zwischen et*.: alternativa *f*; *a*. ⚖ opção *f*; *Pol*. eleição *f*; (*Abstimmung*) votação *f*.

'**wählbar** ['vɛ:lba:r] elegível; **≗keit** *f* elegibilidade *f*.

'**wahl|berechtigt** com direito a voto; ~ *sn* ter voto; *pl*. *die ≗en* os eleitores; **≗berechtigung** *f* (*0*) direito *m* ao voto; **≗beteiligung** *f* afluência *f* às urnas; *statistisch*: votação *f*; **≗bezirk** *m* (*-es*; *-e*) círculo *m* eleitoral.

'**wählen** ['vɛ:lən] escolher; *Pol*. eleger; (*stimmen*) votar; *Fernspr*. marcar (o número); *gewählt adj*. *Sprache*: culto; *stärker*: rebuscado.

'**Wahl|-enthaltung** *f* abstenção *f*; **~-ergebnis** *n* (*-ses*; *-se*) resultado *m* das eleições (*od*. do escrutínio).

'**Wähler** ['vɛ:lər] *m* eleitor *m*; ⚡ sele[c]tor *m*; **~in** *f* eleitora *f*; **≗isch** meticuloso; esquisito; *im Essen* ~ *sn a*. ter má boca; **~liste** *f* cadernos *m/pl*. eleitorais; **~schaft** *f* eleitorado *m*, eleitores *m/pl*.; **~scheibe** *f* disco *m*.

'**Wahl|fach** *n* (*-es*; *⸚er*) disciplina *f* facultativa; cadeira *f* de opção; **≗frei** facultativo; **~gang** *m* (*-es*; *⸚e*) escrutínio *m*; **~-heimat** *f* (*0*) pátria *f* adoptiva; **~kampf** *m* (*-es*; *⸚e*) campanha *f* eleitoral; **~kreis** *m* (*-es*; *-e*) círculo *m* eleitoral; **~liste** *f* lista *f* dos candidatos; * cédula *f*; **~lokal** *n* (*-s*; *-e*) assembleia *f* de voto; **≗los** indistinto, indiscriminado; **~mann** *m* (*-es*; *⸚er*) delegado *m*; **~manöver** *n* manobra *f* eleitoral; **~recht** *n* (*-es*; *0*) direito *m* de sufrágio; *allgemeines* ~ sufrágio *m* universal; *passives* ~ eligibilidade *f*; **~reform** *f* reforma *f* eleitoral; **~schwindel** *m* fraude *f* eleitoral; **~spruch** *m* (*-es*; *⸚e*) divisa *f*, lema *m*; **~tag** *m* (*-es*; *-e*) dia *m* das eleições; **~versammlung** *f* sessão *f* de propaganda eleitoral; **~verwandtschaft** *f* afinidade *f* ele[c]tiva; **~vorschlag** *m* (*-es*; *⸚e*) = *~liste*; **~vorstand** *m* (*-es*; *⸚e*) mesa *f* eleitoral; **~zettel** *m* (boletim *m* de) voto *m*, lista *f*.

Wahn [va:n] *m* (*-es*; *0*) ilusão *f*, = *~sinn*; '**~bild** *n* (*-es*; *-er*) quimera *f*; ⚕ alucinação *f*.

'**wähnen** ['vɛ:nən] julgar, presumir.

'**Wahn|gebilde** *n* = *~bild*; **~sinn** *m* (*-es*; *0*) loucura *f*, demência *f*; ⚕ *a*. alienação *f* mental; **≗sinnig** demente, louco, alienado; **~vorstellung** *f* alucinação *f*; **~witz** *m* (*-es*; *0*) loucura *f*, absurdidade *f*; **≗witzig** louco; absurdo.

wahr [va:r] verdadeiro, verídico; (*richtig*) *a*. certo; ~ *sn a*. ser verdade; (*echt*) autêntico; *nicht ~?* não é verdade?; ~ *machen* cumprir, realizar; *so ~ mir Gott helfe!* assim Deus me salve!; '**~en** *v/t*. cuidar de; *Anstand* ~ guardar a linha; *Rechte*: defender; *Schein*: salvar; *Würde*: guardar.

'**währen** ['vɛ:rən] *v/t*. durar; continuar; **~d** *prp*. (*gen*.) durante, a quando de; *cj.* enquanto (*Gegensatz*: que), ao passo que.

'**wahr|haben** (*L*): et. *nicht* ~ *wollen* não admitir (a possibilidade de) a.c.; negar a.c.; **~haft, ~'haftig** [-'haftiç] verdadeiro, verídico, sincero; *adv. a.* deveras, realmente; **2'haftigkeit** *f* (*0*) veracidade *f*; sinceridade *f*.

'**Wahrheit** *f* verdade *f*; *j-m* (*gehörig*) *die* ~ *sagen* dizer as verdades a alg., *der* ~ *zu nahe treten* faltar à verdade; **2s-gemäß** verídico, conforme a verdade; **~s-liebe** *f* amor *m* da verdade; **2s-liebend** verídico, amigo da verdade.

'**wahrlich** realmente, deveras.

'**wahrnehm|bar** ['va:rne:mba:r] perceptível, visível; **~en** (*L*) perceber, distinguir, notar; *Gelegenheit*: aproveitar; *Interessen*, *Rechte*: defender; **2ung** *f* percepção *f*, observação *f*; *Interessen*, *Rechte*: defesa *f*.

'**wahr-sag|en** adivinhar; *aus der Hand* ~ ler a sina; **2er(in** *f*) *m* quiromante, adivinho *m* (-a *f*); **2e'rei** [-'raı] *f* adivinhação *f*, quiromancia *f*.

wahr'scheinlich provável, (*) veros(s)ímil; **2keit** *f* probabilidade *f*, verosimilhança *f*; * verossemelhança *f*.

'**Wahr-spruch** *m* (-*ℯs*; ⁼*e*) veredi[c]to *m*.

'**Wahrung** ['va:ruŋ] *f* defesa *f* (*zur* em); *unter* ~ sem prejuízo *m* (*gen.* de).

'**Währung** ['vɛ:ruŋ] *f* valor *m* da moeda; *Gold*2 padrão-ouro *m*; **~s-politik** *f* (*0*) política *f* monetária; **~s-reform** *f* reforma *f* monetária; **~s-verfall** (-*ℯs*; *0*) *m* depreciação *f* monetária.

'**Wahr-zeichen** *n* símbolo *m*.

'**Waise** ['vaızə] *f* órfã *f*, órfão *m*; **~n-haus** *n* (-*es*; ⁼*er*) orfanato *m*; **~n-kind** *n* (-*ℯs*; -*er*), **~n-knabe** *m* (-*n*) órfão *m*.

Wal [va:l] *m* (-*ℯs*; -*e*) baleia *f*.

Wald [valt] *m* (-*ℯs*; ⁼*er*) floresta *f*; bosque *m*; mata *f*; '**2-arm** desarborizado; '**~brand** *m* (-*ℯs*; ⁼*e*) fogo *m* na floresta; '**~-erdbeere** *f* morango *m* silvestre; '**~frevel** *m* delito *m* florestal; '**~-horn** *n* (-*ℯs*; ⁼*er*) buzina *f*, corneta *f*; '**2ig** ['-diç] selvoso; '**~kultur** *f* silvicultura *f*; '**~land** *n* (-*ℯs*; ⁼*er*) terreno *m* selvoso, selva(s) *f*/(*pl.*); '**~lauf** *m* (-*es*; ⁼*e*) corrida *f* pelo bosque; '**~meister** ♀ *m* aspérula *f*; '**~rand** *m* (-*ℯs*; ⁼*er*) orla *f* do bosque; '**2reich** selvoso, rico de florestas; '**~schrat** [-'ʃra:t] *m* (-*ℯs*; -*e*) *Myth.* sátiro *m*; '**~schule** *f* escola *f* ao ar livre; '**~ung** ['-duŋ] *f* mata *f*; '**~wirtschaft** *f* (*0*) exploração *f* florestal; (*Lokal*) restaurante *m* na floresta.

'**Wal-fisch** ['va:l-] *m* (-*ℯs*; -*e*) baleia *f*; **~boot** *n* (-*ℯs*; -*e*), **~fahrer** *m* baleeira *f*; **~fang** *m* (-*ℯs*; ⁼*e*) pesca *f* da baleia; **~fänger** [-fɛŋər] *m* baleeiro *m*.

'**Walk|e** ['valkə] *f* pisão *m*; **2en** (a)pisoar, calcar; **~er** *m* pisoeiro *m*; **~mühle** *f* pisão *m*.

Wall [val] *m* (-*ℯs*; ⁼*e*) terrapleno *m*; valado *m*; talude *m*; dique *m*; ⚔ trincheira *f*; (*Stadt*2) circunvalação *f*.

'**Wallach** ['valax] *m* (-*ℯs*; -*e*) cavalo *m* capado, * capão *m*.

'**wall|en** ['valən] (*sn u. h.*) flutuar, ondear; (*sieden*) ferver, efervescer; = *~fahr(t)en*; **2fahrer(in** *f*) *m* peregrino *m* (-a *f*), romeiro *m* (-a *f*); **2fahrt** *f* peregrinação *f*, romaria *f*; **~fahr(t)en** (*sn*) peregrinar, ir em romaria; **2ung** *f* ondulação *f*; (*Sieden*) ebulição *f*, fervura *f*; *fig.* fervor *m*, efervescência *f*; *in* ~ *bringen* excitar; *in* ~ *geraten* excitar-se.

'**Wal|nuß** ['val-] *f* (-; ⁼*sse*) noz *f*; **~nußbaum** *m* (-*ℯs*; ⁼*e*) nogueira *f*; **~roß** *n* (-*sses*; -*sse*) morsa *f*, cavalo-marinho *m*.

'**walten** ['valtən] (-*e*-) reinar; *über* (*ac.*) *et.* ~ dominar (*ac.*); *j.*: governar (*ac.*); ~ *als* a[c]tuar de; *s-s Amtes* ~ cumprir o seu dever; *Milde* ~ *lassen* usar de; *das walte Gott!* assim seja!

'**Walz|blech** ['valts-] *n* (-*ℯs*; -*e*) folha (*ô) *f* laminada; **~e** *f* rolo (*'ô) *m*; ⊕ cilindro *m*; *auf der* ~ P a vadiar; **2en** (-*t*) ⊕ laminar, cilindrar; *Boden*: aplanar; (*tanzen*) valsar.

'**wälzen** ['vɛltsən] (-*t*) rolar, revolver (*a. refl.*); *sich* ~ *a.* dar voltas; *am Boden*: ir rolando por.

'**walzen-förmig** ['-fœrmiç] cilíndrico.

'**Walzer** ['valtsər] *m* valsa *f*.

'**Walz|maschine** *f*, **~werk** *n* (*-es*; *-e*) laminador *m*.
'**Wamme** ['vamə] *f* papada *f*.
Wams [vams] *n ehm.* gibão *m*.
Wand [vant] *f* (*-*; *⸗e*) parede *f*; (*Mauer*) muro *m*, muralha *f*; (*Fels*2) escarpa *f*; *hölzerne*: tabique *m*; *spanische* ~ biombo *m*, paravento *m*; ~ *an* ~ de paredes *pl.* meias; *mit dem Kopf durch die* ~ *wollen* ser muito teimoso, ser cabeçudo.
'**Wandel** ['vandəl] *m* mudança *f*; (*Lebens*2) vida *f*; *Handel und* ~ o comércio; ~ *schaffen* remediar, reformar; 2**bar** variável; *a. j.*: inconstante; **~gang** *m* (*-es*; *⸗e*), **~-halle** *f* sala *f* dos passos perdidos; *Thea.* vestíbulo *m*; 2**n** (*-le*) **1.** *v/i.* pass(e)ar, andar, caminhar; **2.** *v/t.* transformar.
'**Wander|-ausstellung** ['vandər-] *f* exposição *f* ambulante; **~bibliothek** *f* biblioteca *f* ambulante; **~bursche** *m* (*-n*) peregrino *m*, peão *m*; (*Handwerks*2) oficial *m* andante; **~düne** *f* medo *m* movediço; **~er** *m* caminheiro *m*, peregrino *m*, romeiro *m*, viandante *m*; excursionista *m*; turista *m*; **~fahrt** *f* excursão *f*; viagem *f*; peregrinação *f*, romaria *f*; **~falke** *m* (*-n*) falcão *m* peregrino; **~jahre** ['-ja:rə] *n/pl.* anos *m/pl.* de peregrinação; **~leben** *n* (*-s*; *0*) vida *f* nómada; 2**n**[1] (*-re*) *v/i.* (*sn*) andar, peregrinar; **~n**[2] *n* pedestrianismo *m*, excursionismo *m*; (*Verschiebung*) deslocamento *m*; **~niere** *f* rim *m* flutuante; **~schaft** *f* peregrinação *f*; **~schuh** *m* (*-es*; *-e*) sapato *m* ferrado; **~s-mann** *m* (*-es*; *-leute*) = **~er**; **~stab** *m* (*-es*; *⸗e*) bordão *m*; **~trieb** *m* (*-es*; *0*) sangue *m* andarilho; nomadismo *m*; **~ung** *f* peregrinação *f*, viagem *f* (a pé); excursão *f* (a pé); *hist.* migração *f*; **~vogel** *m* (*-s*; *⸗*) ave *f* de arribação; *fig. j.*: andarilho *m*, escuteiro *m* (livre); **~volk** *n* (*-es*; *⸗er*) povo *m* nómada.
'**Wand|gemälde** *n* pintura *f* mural (*od.* parietal); **~-haken** *m* escápula *f*; **~kalender** *m* calendário *m* de parede; **~karte** *f* mapa *m* de parede; **~leuchter** *m* aplique *m*, candelabro *m* de parede; **~lung** *f* mudança *f*, transformação *f*, metamorfose *f*; 2**lungsfähig** proteico, mutável; **~malerei** *f* pintura *f* mural, pintura *f* a fresco; **~schirm** *m* (*-es*; *-e*) biombo *m*; **~schrank** *m* (*-es*; *⸗e*) armário *m* de parede; **~tafel** *f* (*-*; *-n*) quadro *m* preto, pedra *f* lousa; **~teppich** *m* (*-es*; *-e*) tapeçaria *f*; **~tisch** *m* (*-es*; *-e*) mesa *f* de encostar; **~-uhr** *f* relógio *m* de parede.
'**Wange** ['vaŋə] *f* face *f*.
'**Wankel|mut** ['vaŋkəl-] *m* (*-es*; *0*) irresolução *f*, inconstância *f*, veleidade *f*; 2**mütig** [-my:tiç] inconstante, vacilante, versátil.
'**wanken** ['vaŋkən] vacilar; claudicar; titubear; *ins* 2 *bringen* fazer vacilar; ⚔ desmoralizar; *ins* 2 *kommen, ins* 2 *geraten* começar a vacilar; ⚔ perder o moral.
wann [van] quando.
'**Wanne** *f* banheira *f*; *runde*: tina *f*, alguidar *m*; **~n-bad** *n* (*-es*; *⸗er*) banho *m* geral, banho *m* de imersão.
Wanst [vanst] *m* (*-es*; *⸗e*) pança *f*, barriga *f*.
Want [vant] *f* ovém *m*.
'**Wanze** ['vantsə] *f* percevejo *m*.
'**Wappen** ['vapən] *n* brasão *m*, armas *f/pl.*; **~kunde** *f* (*0*) heráldica *f*; **~schild** *m* (*-es*; *-e*) escudo *m*, brasão *m*; **~spruch** (*-es*; *⸗e*) divisa *f*.
'**wappnen** ['vapnən] (*-e-*) armar (*mit* de).
'**Ware** ['va:rə] *f* mercadoria *f*; **~n** *pl. a.* géneros *m/pl.*
'**Waren|-absatz** *m* (*-es*; *0*) venda *f*; **~-aufzug** *m* (*-es*; *⸗e*) monta-cargas *m*; **~bestand** *m* (*-es*; *⸗e*) existências *f/pl.*; **~börse** *f* bolsa (*ô) *f* de mercadorias; **~-einfuhr** *f* importação *f*; **~-haus** *n* (*-es*; *⸗er*) armazém *m*; **~kunde** *f* (*0*) tecnologia *f* industrial; **~lager** *n* depósito *m*; armazém *m*; **~probe** *f* amostra *f*; **~rechnung** *f* fa[c]tura *f*; **~stempel** *m*, **~zeichen** *n* marca *f* de fábrica.
warm [varm] (*⸗er*; *⸗st*) quente; **~e** *Kleidung*, **~es** *Zeug* abafo *m*, abafamento *m*; *fig.* caloroso; *Dank*: sincero; *es ist* ~ faz calor; *mir ist* ~ tenho calor; ~ *machen* aquecer; ~ *werden* aquecer; *fig. j.*: sentir-se à vontade; ~ *anziehen* agasalhar; *sich* (*dat.*) *j-n* ~ *halten* cuidar de conservar as simpatias de alg.; '**~blütig** ['-bly:tiç] de sangue quente.
'**Wärme** ['vɛrmə] *f* (*0*) calor *m*; **~-einheit** *f* caloria *f*; **~-entwicklung** *f* calorificação *f*; 2**-erzeugend**

calorífico, calorígero, termogénico; **~-erzeugung** *f* termogenia *f*, calorificação *f*; **~grad** *m* (*-es*; *-e*) temperatura *f*, grau *m* de calor; **~lehre** *f* (*0*) termologia *f*; *Phys.* termodinâmica *f*; **2leitend** (**~leiter** *m*) condutor (*m*) do calor; **~messer** *m* termómetro *m*; calorímetro *m*.

'**wärm|en** aquecer; **2e-regler** [-re:klər] *m* termostato *m*; **2flasche** *f* botija *f*.

'**warm|herzig** caloroso; **~laufen** (*L*): *sich ~* aquecer(-se).

Warm'wasser|-heizung *f* aquecimento *m* central (a água quente); **~versorgung** *f* (instalação *f* de) água quente.

'**warn|en** ['varnən] advertir, prevenir, avisar; **2er** *m* admoestador *m*; **2ung** *f* advertência *f*, aviso *m*, prevenção *f*; ⚔ alarme *m*, rebate *m*.

'**Warte** ['vartə] *f* atalaia *f*, vigia *f*, mirante *m*, observatório *m*; **~frau** *f* *für Kinder*: ama *f* seca; (*Wärterin*) guarda *f*; **~geld** *n* (*-es*; *-er*) pensão *f*; **~halle** *f* sala *f* de espera; **2n** (*-e-*) **1.** *v/i.*: *~ auf* (*ac.*) aguardar (*ac.*), esperar (*ac. od.* por; *bis cj.* que *subj.*); *auf sich ~ lassen* fazer-se esperar, demorar(-se); **2.** *v/t.* cuidar de.

'**Wärter** ['vɛrtər] *m* guarda *m*, ⚕ enfermeiro *m*. [**~in** *f* guarda *f*.]

'**Warte-raum** *m* (*-es*; *⸗e*) sala *f* de espera.

'**Wärter|-häus-chen** *n* guarita *f*;

'**Warte|saal** *m* (*-es*; *-säle*), **~zimmer** *n* sala *f* de espera.

'**Wart-turm** ['vart-] *m* (*-es*; *⸗e*) atalaia *f*.

'**Wartung** ['vartuŋ] *f* cuidados *m/pl.*, tratamento *m*; ⊕ manutenção *f*; **~s-dienst** *m* (*-es*; *-e*) serviço *m* de manutenção.

wa'rum [va'rum] porque; *~?* porquê?

'**Warze** ['vartsə] *f* verruga *f*; (*Brust2*) bico *m* do peito, mamilo *m*.

was [vas]: *~?* o quê?; *~ sagt er?* que diz?; *~ kostet ...?* quanto custa ...?; *relativ*: (o) que, o qual; F (*et.*) alguma coisa; *~ für (ein) ...* que ...; *ach ~!* qual (+ *subst.*)!; *~ auch (immer)* o que quer que (*subj.*).

'**Wasch|-anstalt** ['vaʃ-] *f* lavandaria *f*; **2bar** lavável; **~bär** *m* (*-en*) coati-lavadeiro *m*; **~becken** *n* lavatório *m*, bacia *f*; **~blau** *n* anil *m*.

'**Wäsche** ['vɛʃə] *f* roupa *f* (branca); (*Waschung*) lavagem *f*; *große ~* dia *m* da roupa; **~bündel** *n* trouxa *f*.

'**wasch-echt** lavável; *Farbe*: de cor fixa, de cor garantida; *fig.* autêntico, da gema.

'**Wäsche|geschäft** *n* (*-es*; *-e*) camisaria *f*; **~klammer** *f* (*-*; *-n*) mola *f*; **~leine** *f* corda *f* (para estender a roupa); **~mangel** *f* (*-*; *-n*) calandra *f*.

'**waschen** ['vaʃən] (*L*) lavar; ⚗ abluir.

'**Wäscher** ['vɛʃər] *m* lavadeiro *m*; **~'ei** *f* lavandaria *f*; **~in** *f* lava(n)deira *f*.

'**Wäsche-schrank** *m* (*-es*; *⸗e*) armário-roupeiro *m*.

'**Wasch|faß** *n* (*-sses*; *⸗sser*) selha *f*; **~frau** *f* lava(n)deira *f*; **~-haus** *n* (*-es*; *⸗er*), **~küche** *f* lavadouro *m*; **~lappen** *m* luva *f* de lavar; *fig.* poltrão *m*; **~lauge** *f* barrela *f*; **~leder** *n* camurça *f*; **~maschine** *f* lavadeira *f*; máquina *f* de lavar; **~raum** *m* (*-es*; *⸗e*) lavatório(s *pl.*) *m*, lavabo(s *pl.*) *m*; **~schüssel** *f* (*-*; *-n*) lavatório *m*, bacia *f*; **~seide** *f* seda *f* lavável; **~seife** *f* sabão *m*; **~tisch** *m* (*-es*; *-e*), **~toilette** *f* lavatório *m*; **~trog** *m* (*-es*; *⸗e*) selha *f*; **~ung** *f* lavação *f*, *a.* ⚗ lavagem *f*, *a. Rel.* ablução *f*; **~wanne** *f* alguidar *m*, tina *f*; **~weib** *n* (*-es*; *-er*) lava(n)deira *f*; *fig.* tagarela *f*; **~zettel** *m* rol *m* (da roupa); *fig.* cinta *f*.

'**Wasser** ['vasər] *n* água *f* (*auf dem* na); *aufs ~ niedergehen* ✈ amarar; *sich über ~ halten* (manter-se a) flutuar; *fig.* aguentar-se; *unter ~ setzen* inundar; *unter ~ stehen* estar inundado; *zu ~ und zu Lande* por mar e terra; *zu ~ werden* desfazer-se; *j-m nicht das ~ reichen können fig.* não chegar aos calcanhares de alg.; *das ~ läuft j-m bei et. im Munde zusammen* a.c. faz crescer a água à boca de alg.; **~-abfluß** *m* (*-sses*; *⸗sse*) desaguamento *m*, desaguadouro *m*; **~-abgabe** *f* desidração *f*; **~-arm**[1] *m* (*-es*; *-e*) braço *m*; **2-arm**[2] (*⸗er*; *⸗st*) árido; *~ sn a.* ter falta de água; **~-armut** *f* (*0*) falta *f* de água; **~bad** *n* banho-maria *m*; **~ball(-spiel** *n*) *m* «water-polo» *m* (*engl.*); **~becken** *n* bacia *f*, tanque *m*; **~behälter** *m* depósito *m* de água; **~blase** *f* bolha (*ô) *f*; **2blau** azulado; **~bombe** *f* bomba *f* de profundidade; **~dampf** *m* (-*es*; ⸗*e*) vapor *m*; **♀dicht** impermeável; **~-entziehung** ⚗ *f* desidração *f*; **~fall** *m* (-*es*; ⸗*e*) cascata *f*, catarata *f*, queda *f* de água; **~farbe** *f* aguarela *f*; **~fläche** *f* toalha-de-água *f*; **~flasche** *f* garrafa *f*; **~flugzeug** *n* (-*es*; -*e*) hidr(o)avião *m*; **~flut** *f* cheia *f*, dilúvio *m*; ~*en pl.* enxurradas *f*/*pl.*; **~fracht** *f* frete *m*; **♀gekühlt** [-gəky:lt] arrefecido por água; hidroarrefecido; **~glas** *n* (-*es*; ⸗*er*) copo *m* para água; ⚗ silicato *m* de potassa; **~graben** *m* (-*s*; ⸗) rego (*ê) *m*, fosso (*'ô) *m*; **~-hahn** *m* (-*es*; ⸗*e*) torneira *f*; **♀-haltig** [-haltiç] aquífero; **♀-heil...**: *in Zssg*(*n*) hidroterápico; **~-heilkunde** *f* (*0*) hidroterapia *f*; **~-heizung** *f* aquecimento *m* central a água quente; **~-hose** *f* tromba *f* (de água).

'**wässerig** ['vɛsəriç] cheio de água, aguado, aquoso; *a. fig.* insípido; (*j-m*) *den Mund* ~ *machen* fazer crescer a água à boca (a alg.).

'**Wasser|jungfer** *f* (-; -*n*) *Zool.* libelinha *f*; **~kanne** *f* jarro *m*; *kleine*: caneca *f*; **~kessel** *m* chaleira *f*; ⊕ caldeira *f*; **~klosett** *n* (-*s*; -*e*, -*s*) retrete *m*; *s. Wasserspülung*; **~kopf** *m* (-*es*; ⸗*e*) hidrocéfalo *m*; **~kraft** *f* (*0*) força (*ô) *f* hidráulica, hulha *f* branca; **~kraftwerk** *n* (-*es*; -*e*) central *f* hidr(o)elé[c]trica; **~krug** *m* (-*es*; ⸗*e*) bilha *f*, cântaro *m*; **~kühlung** *f* refrigeração *f* por água, hidroarrefecimento *m*; **~kur** *f* tratamento *m* hidroterápico; **~landung** *f* amaragem *f*; **~lauf** *m* (-*es*; ⸗*e*) corrente *f* de água; **~leitung** *f* canalização *f*; *ehm.* aqueduto *m*; **~lilie** *f* nenúfar *m*; **~linie** *f* linha *f* de flutuação; **~mangel** *m* (-*s*; *0*) falta *f* de água, seca (*ê) *f*; **~mann** *m* (-*es*; ⸗*er*) aguadeiro *m*; *Astr.* Aquário *m*; (*Nix*) espírito *m* das águas; **~masse** *f* caudal *m*; **~melone** *f* melancia *f*; **~mühle** *f* azenha *f*; **♀n**¹ (-*re*) *v*/*i.* amarar; **~n**² *n* amaragem *f*.

'**wässern** ['vɛsərn] (-*re*) (*gießen*) regar; (*einweichen*) pôr de molho; (*verdünnen*) aguar; *Phot.* lavar.

'**Wasser|not** *f* (*0*) = ~*mangel*; **~pflanze** *f* planta *f* aquática; **~pocken** *f*/*pl.* varicela *f*/*sg.*; **~rad** *n* (-*es*; ⸗*er*) roda *f* hidráulica; ⚒ nora *f*; **~ratte** *f* rato *m* de água; *fig.* ⚓ lobo *m* do mar; *Sport*: nadador *m* entusiástico; entusiasta *m* dos desportos náuticos; **~recht** *n* (-*es*; *0*) legislação *f* fluvial; código *m* fluvial; **♀reich** abundante em água; *Fluß*: caudaloso; **~rose** *f* nenúfar *m*; **~schaden** *m* (-*s*; ⸗) estrago (*od.* prejuízo) *m* causado pela água; ⚓ avaria *f*; **~scheide** *f* linha *f* divisória das águas; **♀scheu** hidrófobo; ~ *sn a.* ter horror à água; **~schi** *m* (-*s*; -*er*) esqui *m* aquático; **~schlange** *f* serpente *f* aquática; **~schlauch** *m* mangueira *f*; **~s-not** *f* (-; ⸗*e*) cheia *f*; **~speier** ⚠ [-ʃpaɪər] *m* gárgula *f*; **~spiegel** *m* espelho *m* da água, nível *m* da água; **~sport** *m* (-*es*; *0*) desporto *m* aquático, desporto *m* náutico; **~spülung** *f* autoclismo *m*; **~stand** *m* (-*es*; ⸗*e*) nível *m*, altura *f* da água; **~stands-anzeiger** *m* nível *m*, indicador *m* da altura de água; **~stelle** *f* aguada *f*; **~stoff(-bombe** *f*) *m* (-*es*; *0*) (bomba *f* de) hidrogénio *m*; **~stoffsuperoxyd** *n* (-*es*; *0*) água *f* oxigenada; **~strahl** *m* (-*es*; -*en*) ja[c]to *m* de água, jorro (*'ô) *m*; **~straße** *f* via *f* fluvial; **~sucht** *f* (*0*) hidropisia *f*; **♀süchtig** hidrópico; **~suppe** *f* sopa *f* de jejum; **~träger** *m* aguadeiro *m*; **~transport** *m* (-*es*; -*e*) transporte *m* fluvial (*od. zur See*: marítimo); **~trog** *m* pia *f*; **~turm** *m* depósito *m* de água, castelo *m* de água; **~verdrängung** *f* deslocação *f* de água; **~versorgung** *f* (*0*) abastecimento *m* de água; serviço *m* das águas; **~waage** *f* nível *m*; **~weg** *m* (-*es*; -*e*): *auf dem* ~ por via *f* fluvial; *zur See*: por via *f* marítima; **~wellen** *f*/*pl. fig.* «mise(-en-plis)» *f*/*sg.* (*fr.*); **~werk** *n* (-*es*; -*e*) mãe-de-água *f*, central *f* hidráulica; ~ *mit Filteranlage* instalação *f* de tratamento de água; ~*e pl.* serviços *m*/*pl.* hidráulicos; **~zeichen** *n* filigrana *f*.

'**waten** ['va:tən] (-*e*-; *h. u. sn*) passar a vau; *durch Schmutz usw.*: caminhar por.

'**watschel|ig** ['va:tʃəliç] bambaleante; **~n** (-*le*; *h. u. sn*) gingar, ter andar de patos.

Watt [vat] *n* **a**) (-*es*; -*en*) *Erdk.* baixio *m*; **b**) ⚡ vátio *m*.

'**Watt|e** ['vatə] *f* algodão *m* (em rama); **~en-meer** *n* (-*es*; -*e*) estuário *m*; ꝰ'**ieren** (-) enchumaçar, acolchoar.

'**Web-art** ['ve:p-] *f* tecido *m*, textura *f*.

'**weben** ['ve:bən] tecer; *v/i. poet.* menear-se.

'**Weber** ['ve:bər] *m* tecelão *m*, tecedor *m*; ~'**ei** *f* tecelagem *f*; ~**in** *f* tecedeira *f*.

'**Web|stuhl** *m* (-*ẹs*; ⸗*e*) tear *m*; ~**waren** *f/pl.* tecidos *m/pl.*

'**Wechsel** ['vɛksəl] *m* mudança *f*; (*Änderung*) *a.* modificação *f*; (*Umschwung*) reviravolta *f*; *a. Astr.* revolução *f*; *regelmäßiger*: alternação *f*; ♰ letra *f* de câmbio (*ziehen auf* sacar sobre, *gezogen a.* girada); (*Monats*ꝰ) mensalidade *f*; (*Tausch*) troca *f*; *Devisen*: câmbio *m*; ~-**aussteller** *m* sacador *m*; ~**balg** *m* (-*ẹs*; ⸗*e*) criança *f* substituída, monstro *m*; ~**bank** *f* casa *f* de câmbio; banco *m* de desconto; ~**beziehung** *f* correlação *f*; ~**brief** *m* (-*ẹs*; -*e*) cambial *m*; ~**bürge** *m* (-*n*) abonador *m*; ~**bürgschaft** *f* aval *m*; ꝰ**fähig** apto para sacar e assinar uma letra; ~**fälle** [-fɛlə] *m/pl.* vicissitudes *f/pl.*, peripécias *f/pl.*; ~**fieber** *n* febre *f* intermitente; sezão *f*; ~**geber** *m* sacador *m*; ~**geld** *n* (-*ẹs*; -*er*) troco (*'ô) *m*; ~**gesang** *m* (-*ẹs*; ⸗*e*) canto *m* alternado, desafio *m*; ~**getriebe** *n* engrenagem *f* de velocidade; ~-**inhaber** *m* portador *m*; ~**jahre** *n/pl.* climatério *m/sg.*, menopausa *f/sg.*; ~**kurs** *m* (-*es*; -*e*) câmbio *m*, cotação *f*; ~**makler** *m* corretor *m*.

'**wechseln** (-*le*) **1.** *v/t.* (*aus*~) *u.* ♰, *Worte*: trocar; *Briefe* ~ *a.* corresponder-se; *Kleidung, Stimme, Wohnung* mudar de; **2.** *v/i.* (*ab*~) alternar; ~**d** *adj.* alternante; diverso.

'**Wechsel|nehmer** [-ne:mər] *m* cobrador *m*, portador *m* (endossado); ~**protest** *m* (-*ẹs*; -*e*) protesto *m*; ~**recht** *n* (-*ẹs*; *0*) direito *m* de câmbios; ~**schalter** ⚡ *m* comutador *m* de escada; ꝰ**seitig** [-zaɪtɪç] mútuo, recíproco; ~*e Durchdringung* interpenetração *f*; ~**seitigkeit** *f* (*0*) reciprocidade *f*; ꝰ**ständig** alterno; ~**strom** *m* (-*ẹs*; ⸗*e*) corrente *f* alterna; ~**stube** *f* casa *f* de câmbio; agência *f* de câmbio; ~**verkehr** *m* (-*s*; *0*) giro *m*; ꝰ**voll** cheio de vicissitudes; vari(eg)ado; ꝰ**weise** reciprocamente, alternativamente; ~-**wirkung** *f* a[c]ção *f* recíproca; ~**wirtschaft** *f* (*0*) cultura *f* alterna(da).

'**Wechsler** ['vɛkslər] *m* cambista *m*.

'**weck|en**[1] acordar, despertar; *a. fig.* chamar; ꝰ**en**[2] ⚔ *n* (toque *m* de) alvorada *f*; ꝰ**er** *m* (relógio *m*) despertador *m*.

'**Wedel** ['ve:dəl] *m* abanador *m*, abano *m*; (*Fliegen*ꝰ) enxota-moscas *m*; (*Staub*ꝰ) espanador *m*; (*Weih*ꝰ) hissope *m*; ꝰ**n** abanar; *mit dem Schwanz* ~ dar ao rabo.

'**weder** ['ve:dər]: ~ ... *noch* nem ... nem.

Weg[1] [ve:k] *m* (-*ẹs*; -*e*) caminho *m* (*a. fig.*, *auf dem* em, *auf halbem* a meio); (*Durchgang*) travessa *f*; (*Straße*) estrada *f*; (*Strecke*) traje[c]to *m*; ⊕ *u.* ⚓ *a.* carreira *f*; *fig.* (*Aus*ꝰ) remédio *m*; (*Mittel*ꝰ) meio *m*; *auf dem* ~*e über* (*ac.*) via; *auf mechanischem* ~*e* por via mecânica; *auf dem* ~*e* (*gen.*) *sn fig.* estar em vias *f/pl.* de; *sich auf den* ~ *machen* pôr-se a caminho; (*dat.*) *aus dem* ~*e gehen* afastar-se (de); *fig.* evitar (*ac.*); *aus dem* ~*e räumen* tirar; *a. fig.* afastar; *im* ~*e sn*, *im* ~*e stehen* estorvar (*ac.*); (*dat.*) *in den* ~ *treten* impedir o caminho a; *a. fig.* fazer frente a; *pl.* et. *in die* ~*e leiten* encaminhar a.c.

weg[2] [vɛk]: ~ *sn* não estar; *j.*: *a.* estar fora, estar ausente, ter-se ido; *fig.* F estar fora de si, estar pasmado (*vor dat.* de); ~! vamos!; ~ (*damit*)! fora!, embora!; ~ *mit j-m! a. stärker*: morra!

'**weg|-ätzen** (-*t*) tirar com corrosivo, tirar com água-forte; ⚕ cauterizar; ~**begeben** (*L*): *sich* ~ ir-se embora, sair; ~**beizen** (-*t*) = ~*ätzen*; ~**bekommen** (*L*) conseguir tirar, apanhar; ꝰ**bereiter** ['ve:k-] *m fig.* precursor *m*, pioneiro *m*; ~**blasen** (*L*) soprar; *es ist wie weggeblasen* desapareceu por completo; ~**bleiben** (*L*; *sn*) não vir; *nicht lange* ~ não se demorar; ~**blicken** desviar o olhar; ~**bringen** (*L*) levar; ~**denken** (*L*) *v/t.* prescindir de, abstrair de; ~**drängen** repelir, afastar.

'**Wege|bau** *m* (-*ẹs*; -*bauten*) construção *f* das estradas; ~**bezeichnung** *f* indicações *f/pl.* turísticas; ~**geld** *n* (-*ẹs*; -*er*) peagem *f*, portagem *f*.

'**weg-eilen** partir depressa.

'**Wege|karte** *f* itinerário *m*; **~lagerer** [-lagərər] *m* salteador *m*.

'**wegen** ['veːgən] (*gen.*, *dat.*) por (causa de); *von Amts* ~ de ofício; *von Rechts* ~ de direito, F (*eigentlich*) a bem dizer.

'**Wege|netz** *n* (*-es*; *-e*) rede (*'ê) de (*od.* das) estradas; **~rich** [-riç] ⚘ *m* (*-s*; *0*) tanchagem *f*.

'**weg|essen** (*L*): *j-m et.* ~ comer a.c. a alg.; **~fahren** (*L*) partir; **2fall** *m* (*-es*; *0*) supressão *f*; ausência *f*; **~fallen** (*L*; *sn*) cair; ficar suprimido; (*ausfallen*) não se realizar; **~fangen** (*L*) apanhar; **~fegen** varrer; **~fischen** apanhar; **~fliegen** (*L*; *sn*) levantar voo (*'ô), *Vogel*: *a.* fugir, *j.*: *a.* partir por avião; *et.*: ser levado pelo vento; **~fließen** (*L*; *sn*) ser levado pela corrente; **~führen** levar (consigo); **2gang** *m* (*-es*; *0*) saída *f*; **~geben** (*L*) *v/t.* dar; desfazer-se de; **~gehen** (*L*; *sn*) ir-se embora, sair; *beim* 2 ao partir; **~gießen** (*L*) despejar; **~haben** (*L*) ter (recebido); F *et.* ~ ser inteligente; *e-n* ~ ter bebido demais; **~hängen** guardar no guarda-fato; (*umhängen*) *Bild*: mudar; **~holen** (vir) levar; **~jagen** despedir; afugentar; **~kommen** (*L*; *sn*) (conseguir) sair (*fig. bei* de); (*abhanden kommen*) perder-se; *machen Sie, daß Sie* ~! tire-se daí!; **~können** (*L*) poder sair.

'**Weg-kreuzung** *f* cruzamento *m*.

'**weg|lassen** (*L*) *et.*: suprimir; *j-n*: deixar (sa)ir; **~laufen** (*L*) fugir; **~legen** pôr de parte, guardar; **~meißeln** (*-le*) extirpar; **~müssen** (*L*) ter que sair; **2nahme** ['-naːmə] *f* (*0*) tomada *f* (*a.* ⚔); roubo *m*; ⚖ confiscação *f*; ⚓ aprisionamento *m*; **~nehmen** (*L*) tirar; roubar; ⚓ capturar; **~packen** pôr no seu lugar, arrumar, guardar; **~radieren** (-) tirar; **~raffen** arrebatar; **~reisen** (*-t*) partir; **~reißen** (*L*) arrancar; **~reiten** (*L*) partir a cavalo; **~rollen** *v/t.* tirar; *v/i.* rebolar; **~rücken** tirar, afastar; **~rufen** (*L*) chamar; **~schaffen** levar (para fora), ⚕ eliminar; **~schenken** dar; **~scheren** cortar, *sich* ~ P ir à fava; **~scheuchen** afugentar; **~schicken** mandar; *j-n*: mandar embora; **~schieben** (*L*) tirar, afastar; empurrar; **~schleichen** (*L*; *sn*): (*sich*) ~ escapulir(-se); **~schleifen** (*L*), **~schleppen** arrastar (consigo); **~schließen** (*L*) fechar; **~schmeißen** (*L*) deitar fora; **~schnappen** apanhar; **~schneiden** (*L*) cortar; ⚕ extirpar; **~schütten** (*-e-*) despejar; **~schwemmen** = *~spülen*; **~schwimmen** (*L*; *sn*) *et.*: ser arrastado pela corrente; *j.*: partir a nadar; **~sehen** (*L*) desviar o olhar; *fig. über et.* ~ não fazer caso de a.c.; **~sehnen**: *sich* ~ estar ansioso por sair; **~ sein** (*L*) não estar, *j.*: *a.* estar fora, estar ausente; *fig.* F estar perdido (*vor dat.* de); estar arrebatado (*von* por); **~setzen** (*-t*) **1.** *v/t.* pôr de lado; **2.** *v/i.* (*sn*): ~ *über* (*ac.*) saltar por cima de; *fig. sich über* (*ac.*) ~ não se importar com; **~spülen** lavar; *Wellen*: arrastar; **~stekken** esconder; **~stehlen** (*L*): *sich* ~ furtar-se; **~stellen** pôr de lado, guardar; **~sterben** (*L*; *sn*) morrer (*über dat.* antes de acabar *ac.*); **~stoßen** (*L*) repelir, empurrar; **~streichen** (*L*) riscar.

'**weg|stürzen** (*-t*) sair (*od.* partir) precipitado; **~tragen** (*L*) levar (embora); **~treten** ⚔ (*L*; *sn*) retirar; *~getreten!* retirar!; **~tun** (*L*) = *~legen*, *~stecken*, *~werfen*; **~waschen** (*L*) lavar, limpar; **~wehen** levar; *v/i.* (*sn*) ser levado pelo vento.

'**Weg-weiser** *m* sinal *m* itinerário; *fig.* guia *m*.

'**weg|wenden** (*L*) desviar; **~werfen** (*L*) deitar fora; *sich* ~ rebaixar-se, aviltar-se, prostituir-se; *~d adj.* desdenhoso; *adv.*: *a.* com desdém; **~wischen** limpar; **~wollen** querer ir-se embora.

'**Weg-zehrung** *f* viático *m*.

'**weg|ziehen** (*L*) **1.** *v/t.* retirar; *Vorhang*: correr; **2.** *v/i.* (*sn*) ir-se (embora); (*ausziehen*) mudar (de casa); *Vögel*: ir de passagem; **2zug** *m* (*-es*; *=e*) partida *f*; (*Umzug*) mudança *f* (*nach* para).

weh [veː] **1.** *adj.* magoado, doente; *adv.* (*a.* '**~e**[1] ['-ə]): ~ *tun* doer; *j-m* ~ *tun* magoar alg.; *sich* (*dat.*) ~ *tun* magoar-se; (*o*) ~!, (*au*) ~! ai!; ~! (*dat.*) ai de ...!; **2.** 2 *n* dor *f*; *mit Ach und* ~ com grandes ais; *j-s Wohl und* ~*e* bem-estar *m*; '**2e**[2] *f* **a)** (*Schnee*2) nevão *m*; **b)** ⚕ *~n pl.* dores *f/pl.* do parto; '**~en** soprar;

Fahne: flutuar; ~ *lassen* desfraldar; '**⁀geschrei** *n* (-*ẹs*; *0*) lamúrias *f/pl.*; queixumes *m/pl.*; '**⁀klage** *f* lamento *m*, pranto *m*; '**~klagen** (*untr.*): ~ *über* (*ac.*) lamentar(-se de); '**~leidig** dolorido, plangente; '**⁀mut** *f* (*0*) melancolia *f*, tristeza *f*; saudade *f*; '**~mütig** ['-myːtiç] melancólico, triste; ~*e Erinnerung* saudade *f*.

Wehr [veːr] **a**) *f* defesa *f*; arma(s *pl.*) *f*; *Anlage* ⚔: parapeito *m*, couraça *f*; *sich zur* ~ *setzen* defender-se; **b**) *n* (-*ẹs*; -*e*) açude *m*; barragem *f*; '**~bezirk** *m* (-*ẹs*; -*e*) distrito *m* militar; '**~dienst** *m* (-*es*; *0*) serviço *m* militar; '**⁀dienst-tauglich** = ⁀-*fähig*; '**⁀en** (*dat.*) vedar; *e-m Übel*: combater (*ac.*); *sich* (*s-r Haut*) ~ defender-se (*gegen* de, contra); '**⁀fähig** apto para o serviço militar; '**⁀haft** capaz de trazer armas, resistente; ~ *machen* armar; '**~kraft** *f* (*0*) força (*ô) *f* defensiva; '**⁀los** indefeso; ~ *machen* desarmar; '**~macht** *f* (*0*) forças (*ô) *f/pl.* armadas; '**~pflicht** *f* (*0*) ('**⁀pflichtig** sujeito ao) serviço *m* militar obrigatório.

Weib [vaɪp] *n* (-*ẹs*; -*er*) mulher *f*; *poet.* esposa (*ô) *f*; '**~chen** ['-çən] *n* mulherzinha *f*; *Zool.* fêmea *f*; '**~erfeind** *m* (-*ẹs*; -*e*) misógino *m*.

'**weib|isch** ['vaɪbiʃ] efeminado, mulherengo; **~lich** feminino; ♀ *u.* *Zool.* fêmea; **⁀lichkeit** *f* (*0*) feminilidade *f*; F belo sexo *m*.

'**Weibs|bild** *n* (-*ẹs*; -*er*), **~person** *f* mulher *f*, criatura *f*; *derbe*(*s*): mulherão *m*.

weich [vaɪç] mole, brando; *j.*: *a.* meigo, sensível; *Ei*: quente; *Haut*, *Stoff*: macio; *Metall*: maleável; *fig.* doce, suave; ~ *machen* abrandar, amolecer; *fig.* suavizar; ~ *werden* abrandar, amolecer-se; *fig.* suavizar, *j.*: enternecer-se; '**⁀bild** *n* (-*ẹs*; -*er*) arredores *m/pl.*; '**⁀e** *f* *Anat.* flanco *m*, ilharga *f*; 🚂 agulha *f* (*stellen* manejar); '**~en** (*L*; *sn*) ceder, retirar(-se), retroceder; *Preise*: descer; *nicht von der Stelle* ~ não se mexer; '**⁀en-steller** ['-ʃtɛlər] *m* agulheiro *m*; '**⁀en-stellung** *f* mudança *f* de via; '**⁀en-stellwerk** *n* (-*ẹs*; -*e*) guarita *f* de sinais; '**~gekocht** *Ei*: cozido durante três minutos; '**⁀heit** *f* (*0*) moleza *f*; brandura *f*; *Haut*: maciez *f*; '**~herzig** meigo; '**~lich** mole; *j.*: *a.* molenga; '**⁀ling** *m* (-*s*; -*e*) maricas *m*, molengueirão *m*.

'**Weichsel|kirsche** ['vaɪksəl-] *f* ginja *f*; **~kirschbaum** *m* (-*ẹs*; ⸚*e*) ginjeira *f*; **~rohr** *n* (-*ẹs*; -*e*) tubo *m* de cachimbo de ginjeira.

'**Weich|teile** *pl.* entranhas *f/pl.*; **~tier** *n* (-*ẹs*; -*e*) molusco *m*.

'**Weide** ['vaɪdə] *f* **1.** ♀ salgueiro *m*; (*Korb*⁀) vime(iro) *m*; **2.** ✓ = **~land** *n* (-*ẹs*; ⸚*er*) pastagem *f*; pasto *m*, ervaçal *m*; **⁀n 1.** (-*e*-) *v/t. u. v/i.* pastar, pascer; *a. fig.* apascentar; *sich* ~ deleitar-se, regalar-se (*an dat.* com); **2.** *adj.* vimoso, vimíneo; **~nbaum** *m* (-*ẹs*; ⸚*e*) salgueiro *m*; **~nkätzchen** *n* amentilho *m* do salgueiro; **~n-korb** *m* (-*ẹs*; ⸚*e*) cesto (*ê) *m* de vime; **~n-rute** *f* vime *m*; **~platz** *m* (-*es*; ⸚*e*) pasto *m*; **~recht** *n* (-*ẹs*; -*e*) direito *m* de pastagem.

'**weid|gerecht** ['vaɪt-] de (*adv.* como) caçador consumado; **~lich** a valer; **~männisch** ['-mɛniʃ] = ~-*gerecht*.

'**weiger|n** ['vaɪgərn] (-*re*) recusar, negar; **⁀ung** *f* recusa *f*.

'**Weih|becken** ['vaɪ-] *n* pia *f* da água benta; **~bischof** *m* (-*s*; ⸚*e*) bispo *m* sufragâneo; bispo *m* coadjutor; **~e** *f* **a**) *Rel.* consagração *f*; ~*n pl.* ordenação *f/sg.*; (*Segen*) bênção *f*; *fig.* solenidade *f*; **b**) *Zool. a. m* milhafre *m*; **⁀en**: (*sich*) ~ consagrar(-se), (*widmen*) *a.* dedicar(-se); *Priester*: ordenar; *Wasser*: benzer; *geweiht Ort*: sagrado *m*; **~er** *m* tanque *m*; **~estunde** *f* cerimónia *f*, a[c]to *m* solene; **⁀e-voll** solene; **~geschenk** *n* (-*ẹs*; -*e*) oferenda *f*; **~nacht**(**en** *pl.*) *f* Natal *m/sg.*; **⁀nachtlich** de Natal.

'**Weihnachts|-abend** *m* (-*s*; -*e*) véspera *f* de Natal, consoada *f*; **~baum** *m* (-*ẹs*; ⸚*e*) árvore *f* de Natal; **~bescherung** *f* distribuição *f* de presentes de Natal; **~feier** *f* (-; -*n*), **~fest** *n* (-*es*; -*e*) festa *f* de Natal; **~geschenk** *n* (-*ẹs*; -*e*) presente *m* de Natal; **~lied** *n* (-*ẹs*; -*er*) canção *f* de Natal; **~mann** *m* (-*ẹs*; ⸚*er*) Pai *m* Natal; **~mette** *f* missa-do-galo *f*; **~-zeit** *f* (*0*) época *f* de Natal.

'**Weih|rauch-faß** *n* (-*sses*; ⸚*sser*) incensário *m*, turíbulo *m*; **~wasser** (-**becken** *n*) *n* (-*s*; *0*) (pia *f* de) água *f* benta; **~wedel** *m* hissope *m*.

weil [vaɪl] porque; como; visto que;

'2chen ['-çən] *n* bocado *m*; '2e *f* (algum) tempo *m*, momento *m*; e-e *ganze* ~ um bom bocado; *Eile mit* ~ devagar se vai longe; '~en encontrar-se, demorar-se; '2er *m* casaria *f*, aldeia *f*.

Wein [vaın] *m* (-*ęs*; -*e*) vinho *m* (*roter* tinto; *edler* generoso; *süßer* abafado); *a.* = ~*rebe*, ~*traube*; *wilder* ~ vinha *f* virgem; *j-m reinen* ~ *einschenken fig.* dizer a verdade a alg.; '~**bau** *m* (-*ęs*; *0*) viticultura *f*; ~**bauer** *m* (-*n*) vinheiro *m*, viticultor *m*; ~**beere** *f* bago *m* de uva; ~**berg** *m* (-*ęs*; -*e*) vinha *f*; ~**blatt** *n* (-*ęs*; ⸚*er*) folha (*ô) *f* de parra; ~**brand** *m* (-*s*; ⸚*e*) conhaque *m*.

'**wein|en**¹ ['vaınən] chorar; 2**en**² *n* choro *m*; *zum* ~ *bringen* fazer chorar; ~**erlich** choroso.

'**Wein|-ernte** *f* vindima *f*; ~**-essig** *m* (-*s*; *0*) vinagre *m*; ~**faß** *n* (-*sses*; ⸚*sser*) pipa *f*, barril *m*; *großes*: tonel *m*; (*Gär*2) dorna *f*; ~**flasche** *f* garrafa *f* de vinho; ~**garten** *m* (-*s*; ⸚) vinha *f*; ~**gärtner** *m* vinh(ad)eiro *m*; ~**gegend** *f* região *f* vinícola; ~**geist** *m* (-*es*; *0*) espírito *m* de vinho; álcool *m* (do comércio); ~**glas** *n* (-*es*; ⸚*er*) copo *m* de vinho; cálice *m*; ~**-handel** *m* comércio *m* de vinhos; ~**-händler** *m* negociante *m* de vinhos; ~**-handlung** *f* loja *f* de vinhos; casa *f* vinícola; ~**jahr** *n* (-*ęs*; -*e*) ano *m* vinícola; ~**karte** *f* lista *f* dos vinhos; ~**keller** *m* adega *f*; ~**kelter** *f* lagar *m*; ~**kneipe** *f* taberna *f*; ~**krampf** *m* (-*ęs*; ⸚*e*) choro *m* convulsivo; ~**land** *n* (-*ęs*; ⸚*er*) país *m* vinícola; ~**laub** *n* (-*ęs*; *0*) parra *f*; ~**laube** *f* parreira *f*, latada *f*; ~**lese** *f* vindima *f*; ~**lokal** *n* (-*s*; -*e*) restaurante *m*, bar *m*; ~**ranke** *f* sarmento *m*, pâmpano *m*; ~**rebe** *f* videira *f*, vide *f*, cepa *f*; ~**reisende**(**r**) *m* viajante *m* de vinhos; ~**säure** *f* (*0*) ácido *m* tartárico; ~**schenke** *f* taberna *f*; ~**schlauch** *m* (-*ęs*; ⸚*e*) odre *m*; ~**stein** *m* (-*ęs*; *0*) tártaro *m*; ~**stock** *m* (-*ęs*; ⸚*e*) = ~*rebe*; ~**stube** *f* bar *m*; ~**traube** *f* cacho *m* de uvas; ~**zwang** *m* (-*ęs*; *0*) consumo *m* obrigatório de vinho.

'**weise**¹ ['vaızə] sábio.

'**Weise**² *f* maneira *f*, modo *m* (*auf ac.* de, *nach* a); ♪ melodia *f*; 2**n** mostrar, indicar; *j-n an* (*ac.*) ~ remeter alg. para; ~ *aus* expulsar de; *j-m die Tür* ~ pôr alg. na rua; *von sich* (*dat.*) ~, *von der Hand* ~ não querer saber de; ~(**r**¹) *m* sábio *m*; *pl. die* ~*n aus dem Morgenlande* os Reis *m*/*pl.* Magos; *der Stein der* ~*n* a pedra *f* filosofal; ~**r**² *m* indicador *m*.

'**Weis|heit** ['vaıshaıt] *f* sabedoria *f*; ~**heits-zahn** *m* (-*ęs*; ⸚*e*) dente *m* de siso; 2**lich** prudentemente; 2**machen** fazer crer.

weiß [vaıs] branco; ~*e Haare* cãs *f*/*pl.*

'**weis-sag|en** (*untr.*) predizer, vaticinar, profetizar; 2**ung** *f* profecia *f*, vaticínio *m*.

'**Weiß|bier** *n* (-*ęs*; *0*) cerveja *f* branca; ~**blech** *n* (-*ęs*; -*e*) folha (*ô) *f* de Flandres; ~**bluten**: *bis zum* ~ até mais não poder; ~**brot** *n* (-*ęs*; -*e*) pão *m* alvo; pão *m* de trigo; ~**buche** *f*, ~**dorn** *m* (-*ęs*; *0*) espinheiro *m* alvar; ~**e 1.** *f* brancura *f*; **2.** *n* branco *m*; *im Ei*: clara *f*; 2**en** (-*t*) branquear; *Wand*: caiar; *Felle*: surrar; ~**fisch** *m* (-*ęs*; -*e*) alburnete *m*; 2**gekleidet** ['-gəklaıdət] vestido de branco; 2**gelb** branco amarelado; ~**gerber** *m* surrador *m*, peliqueiro *m*; ~**gerberei** *f* pelicaria *f*; 2**glühend** candente, incandescente; ~**glut** *f* (*0*) incandescência *f*; 2**haarig** de cabelos brancos, de cãs; ~**kohl** *m* (-*ęs*; *0*) repolho (*'ô) *m*; 2**lich** esbranquiçado; ~**ling** *m* (-*s*; -*e*) borboleta *f* da couve; ~**mehl** *n* (-*ęs*; *0*) farinha-flor *f*; ~**näherin** *f* costureira *f* de roupa branca; ~**tanne** *f* abeto *m*; ~**waren** *f*/*pl.* roupa *f*/*sg.* branca; *Geschäft*: camisaria *f*/*sg.*; lençaria *f*/*sg.*; ~**wein** *m* (-*ęs*; -*e*) vinho *m* branco; ~**zeug** *n* (-*ęs*; *0*) roupa *f* branca.

'**Weisung** *f* ordem *f*; instrução *f*; dire[c]tiva *f*.

weit [vaıt] (*ausgedehnt*) extenso, vasto; (*geräumig*) espaçoso; *a. fig.* amplo; *Kleid*: largo; *Entfernung, Weg*: grande; ~ *entfernt* longe (*von* de); *Reise*: longo; *Tür*: ~ *offen* de par em par; *2 km* ~ *von* a ... de, *wie* ~? até onde?; *wie* ~ *ist es bis* ...? que distância é até?; *es* ~ *bringen*, ~ *kommen* chegar longe; ~ *sn fig. a.* estar adiantado; ~ + *comp.*, *bei* ~*em* + *comp.* muito; *bei* ~*em* (*nicht* nem) de longe; *nicht* ~ *her sn fig.* não ser grande coisa; *so* ~ *fig.*

até este ponto; *fig. zu ~ gehen* exagerar; *a. es zu ~ treiben* abusar; *~ und breit* por toda a parte; '~-'**ab** (muito) longe, (muito) distante; '~-'**aus** de muito; '**2blick** *m* (-*es*; *0*) vistas *f/pl.* largas, perspicácia *f*; '~**blickend** de vistas largas, de grande perspicácia *f*; '**2e 1.** *f* largura *f*, amplidão *f*; *a. fig.* amplitude *f*; ⚔ calibre *m*; (*Ausdehnung*) extensão *f*; (*Entfernung*) distância *f*; *lichte ~* ⚠ vão *m*, ⊕ diámetro *m* interior; **2.** *n*: *das ~ suchen* pôr-se ao largo, fugir; '~**en** (-*e*-) alargar.

'**weiter** *comp. von weit*; *zeitl.* ulterior; *a.* (*mehr*) outro, *pl.* ~*e a.* demais; *adv.* (= *des ~en*) de mais a mais; (*dann*) a seguir; depois; *~ vorn usw.* mais para ...; *~ nichts* nada mais; *ohne ~es* sem mais nada; *bis auf ~es* por agora; † até nova ordem; *und so ~* etcétera, *~!* adiante!; ~ (+ *vb.*) continuar (a *inf.*); *~ machen Kleid*: alargar; *fig. so ~-machen* continuar; *nicht ~können* não poder mais; *nicht ~sprechen können* atrapalhar-se; *afobar-se; *das ~e* o resto *m*; ~**befördern** (-*re*; -) reexpedir; **2beförderung** *f* reexpedição *f*; ~**bilden** (-*e*-) aperfeiçoar; ~**fahren** (*L*) seguir, continuar; **2fahrt** *f* = *2reise*; ~**fliegen** (*L*; *sn*) continuar o voo (*'ô); **2flug** *m* (-*es*; *"e*) continuação *f* do voo (*'ô); ~**führen** continuar; ~**geben** (*L*) transmitir; dar depois; ~**gehen** (*L*; *sn*) passar, seguir; *a. fig.* continuar (o seu caminho); ~**helfen** (*L*) ajudar; ~**hin** mais (para lá); ~**kommen** (*L*) avançar, progredir, fazer progressos; ~**leiten** (-*e*-) transmitir, fazer seguir; **2reise** *f* continuação *f* da viagem; ~**reisen** (-*t*) prosseguir, continuar a viagem; ~**sagen** dizer a(os) outros, divulgar; **2ungen** ['-uŋən] *f/pl.* consequências *f/pl.*; dificuldades *f/pl.*; complicações *f/pl.*; ~**vermieten** (-*e*-) sublocar; ~**ziehen** (*L*) passar, seguir, continuar (o seu caminho).

'**Weit|flug** *m* (-*es*; *"e*) voo (*'ô) *m* a longa distância; **2gehend** extenso, amplo, considerável, vasto; **2-'her** de (muito) longe; **2-herzig** generoso; **2-'hin** (muito) ao longe; **2läufig** vasto, (*adv.* por) extenso; (*ausführlich*) pormenorizado; *Verwandter*: afastado; = *2schweifig*; **2-maschig** ['-maʃiç] de grandes malhas; **2reichend** extenso; *s. a. 2-tragend*; **2schauend** de vistas largas; previdente; **2schweifig** ['-ʃvaɪfiç] prolixo, verboso; '~**schweifigkeit** *f* prolixidade *f*, verbosidade *f*; **2sichtig** ['-ziçtiç] ⚕ presbita; ~**sichtigkeit** ⚕ *f* (*0*) presbitia *f*; ~-**sprung** *m* (-*es*; *"e*) salto *m* em comprimento; **2spurig** ['-ʃpu:riç] de via larga; **2tragend** de grande alcance; *fig.* transcendente; **2verbreitet** muito frequente, muito divulgado; popular; **2verzweigt** de vasta ramificação; ~**winkel-objektiv** *n* (-*s*; -*e*) lente *f* grande-angular.

'**Weizen** ['vaɪtsən] *m* (-*s*; *0*) trigo *m*; *türkischer ~* milho *m*; ~**boden** *m* (-*s*; *0*) terra *f* para trigo; ~**brot** *n* (-*es*; -*e*) pão *m* de trigo; ~**feld** *n* (-*es*; -*er*) trigal *m*; ~**mehl** *n* (-*es*; *0*) farinha *f* de trigo; *feinstes ~* flor *f* de farinha.

welch [vɛlç] **a**) ~ (*ein[e]*) ...! que ...!; **b**) '~**e(r)**, '~**es** *fragend*: que ...?; *~ von ...?* qual de ...?; *relativ*: que, o qual, a qual, os quais, as quais; *~e(r) auch immer* quem quer que *subj.*; seja quem for; *~es auch immer* o que quer que *subj.*; seja o que for; *ich habe ~e pl.* tenho alguns, tenho algumas; *ich habe ~es* tenho; '~**erlei** ['-ərlaɪ] de que espécie, de que género; *in ~ Form es auch sei* de qualquer forma.

welk [vɛlk] murcho, fanado; (*faltig*) enrugado; ⚕ débil; *~ werden* = '~**en** (*sn*) murchar; '**2-heit** ⚕ *f* (*0*) fraqueza *f*, debilidade *f*.

'**Wellblech** ['vɛl-] *n* (-*es*; *0*) chapa *f* ondulada.

'**Welle** ['vɛlə] *f* onda *f* (*a. Phys.*); (*Kälte2*) *u. fig.* vaga *f* (de); (*Erd2*) elevação *f*; (*Haar2*) ondulação *f*; *~n legen* ondular; ⊕ cilindro *m*, eixo *m*, rolo (*'ô) *m*, árvore *f*; (*Winde*) torno (*'ô) *m*; *Turnen*: volta *f*, molinete *m*; **2n** ondular; (*sich*) ~ ondear(-se).

'**Wellen|bereich** *m* (-*es*; -*e*) gama *f* de ondas; banda *f*; ~**berg** *m* (-*es*; -*e*) crista *f*; *Phys.* bojo (*'ô) *m*; ~**bewegung** *f* ondulação *f*; ~**brecher** [-brɛçər] *m* quebra-mar *m*, paredão *m*; **2förmig** [-fœrmiç] ondulatório; ~**gang** *m* (-*es*; *0*) ondulação *f*; ~-**kamm** *m* (-*es*; *"e*) crista *f* (da vaga); ~**lager** ⊕ *n* cossinete *m*; ~**länge** *f* comprimento *m* de onda; **~linie** *f* ondulação *f*; **~schlag** *m* (-*es*; ⁼*e*) golpe *m* de mar; = *~gang*; **~schwingung** *f* ondulação *f*; **~sittich** *m* (-*es*; -*e*) periquito *m*; **~tal** *n* (-*es*; ⁼*er*) côncavo *m* (das ondas).

'**Well|fleisch** *n* (-*es*; *0*) carne *f* de porco cozida; **≗ig** ondeado, ondulado; **~pappe** *f* papel *m* canelado.

Wels [vɛls] *m* (-*es*; -*e*) siluro *m*.

Welt [vɛlt] *f* mundo *m*; universo *m*; *was in aller ~ ...* que diabo ...; *zur ~ bringen* dar à luz; *aus der ~ schaffen fig.* acabar com, arranjar; '**≗-abgeschieden** *Insel usw.*: muito remoto, isolado do mundo; '**≗abgewandt** recolhido; '**~-all** *n* (-*s*; *0*) universo *m*; '**≗-anschaulich** ideológico; '**~-anschauung** *f* concepção *f* (*od.* visão *f*) do mundo; mundi-videncia *f*; filosofia *f*, ideologia *f*; '**~-ausstellung** *f* exposição *f* mundial; '**≗bekannt,** '**≗berühmt** de fama universal; notório; '**≗-bewegend** = *≗erschütternd*; '**~-bild** *n* (-*es*; -*er*) imagem *f* (*od.* visão *f*) do mundo; '**~bürger** *m* cosmopolita *m*; '**~bürgertum** *n* (-*s*; *0*) cosmopolitismo *m*; '**~dame** *f* senhora *f* da alta sociedade; '**~enbummler** *m* vagamundo *m*; '**≗-erfahren** experimentado; '**~-erfahrung** *f* (*0*) experiência *f* do mundo; '**≗-erschütternd** de repercussão universal, de transcendência universal; sensacional; '**~firma** *f* (-; -*en*) casa *f* de renome mundial; '**≗fremd** ingénuo; '**~friede(n)** *m* paz *f* universal; '**~gebäude** *n* (sistema *m* do) universo *m*; **~geschichte** *f* (*0*) história *f* universal; '**≗geschichtlich** histórico-universal; da (*od.* relativo à *od.* sobre a) história *f* universal; '**≗gewandt** elegante; *~ sn a.* ter mundo; '**~-handel** *m* (-*s*; *0*) comércio *m* internacional; '**~-herrschaft** *f* (*0*) domínio *m* do mundo, hegemonia *f* mundial; '**~karte** *f* mapa-mundi *m*; '**~kenntnis** *f* (*0*) experiência *f* do mundo; '**~kind** *n* (-*es*; -*er*) mundano *m*; '**~kirchenrat** *m* (-*es*; *0*) conselho *m* ecuménico das Igrejas; '**~krieg** *m* (-*es*; -*e*) Grande Guerra *f*, guerra *f* mundial; '**~kugel** *f* (-; -*n*) globo *m* (terrestre); '**~lage** *f* (*0*) situação *f* internacional; '**≗lich** mundano; frívolo; *Rel.* profano; secular; temporal; leigo; '**~literatur** *f* (*0*) literatura *f* universal; '**~macht** *f* Grande Potência *f*, potência *f* mundial; '**~mann** *m* (-*es*; ⁼*er*) homem *m* do mundo; '**≗männisch** ['-mɛniʃ] distinto, elegante; '**~markt** *m* (-*es*; ⁼*e*) mercado *m* mundial; '**~meer** *n* (-*es*; -*e*) oceano *m*; '**~meister** *m* campeão *m* internacional; campeão *m* do mundo; '**~meisterschaft** *f* campeonato *m* internacional, campeonato *m* do mundo; '**~politik** *f* (*0*) política *f* internacional; '**~postverein** *m* (-*s*; *0*) União *f* Postal Universal; '**~raum** *m* (-*es*; *0*) universo *m*; '**~raum-fahrer** *m* astronauta *m*; '**~reich** *n* (-*es*; -*e*) Império *m* (universal); Monarquia *f* universal; '**~reise** *f* volta *f* do mundo; '**~rekord** *m* (-*es*; -*e*) recorde *m* mundial; '**~ruf** *m* (-*es*; *0*), '**~ruhm** *m* (-*es*; *0*) fama *f* mundial; '**~schmerz** *m* (-*es*; *0*) tédio *m* da vida; '**~sprache** *f* língua *f* universal; '**~stadt** *f* (-; ⁼*e*) metrópole *f*; '**~-umseg(e)lung** *f* circumnavegação *f* do mundo, volta *f* ao mundo; '**~-untergang** *m* (-*es*; *0*) fim *m* do mundo; '**~verbesserer** *m* reformador *m* do mundo; '**~verkehr** *m* (-*s*; *0*) tráfego *m* internacional, relações *f*/*pl.* internacionais; '**~wirtschaft** *f* (*0*) economia *f* mundial; '**≗wirtschaftlich** da economia mundial; relativo à economia mundial; '**~wunder** *n* maravilha *f*, prodígio *m*.

wem [veːm] (*dat. v. wer*); *~?* a quem?; *von ~?* de quem?; '**≗fall** *m* dativo *m*.

wen [veːn] (*ac. v. wer*): *~?* (a) quem? (*a.* = *an ~?*).

'**Wende** ['vɛndə] *f* volta *f*; viragem *f*; (*Übergang*) transição *f*; (*Wechsel*) mudança *f*; = *~punkt*; **~boje** *f* baliza *f*; **~-hals** *m* (-*es*; ⁼*e*) torcicolo *m*, pápa-formigas *m*; **~kreis** *m* (-*es*; -*e*) trópico *m*.

'**Wendel-treppe** ['vɛndəl-] *f* escada *f* de caracol.

'**wenden** ['vɛndən] (*L*) virar; *Geld usw. an* (*ac.*) *~* gastar com; *postwendend* na volta do correio; *sich ~ an* (*ac.*) dirigir-se a, recorrer (par)a.

'**Wend|e-punkt** *m* (-*es*; -*e*) *fig.* momento *m* crítico, momento *m* da transição; crise *f*; **≗ig** ['vɛndiç] jeitoso, hábil; **~igkeit** *f* (*0*) jeito *m*, habilidade *f*; **~ung** *f* volta *f*; *Auto* *usw.* viragem *f*; *Weg*: curva *f*; *a. fig.* rumo *m*; *sprachliche*: locução *f*; (*Wechsel*) mudança *f*.

'**Wen-fall** *m* acusativo *m*.

'**wenig** ['ve:niç] pouco; *ein* (*klein*) ~ ... um bocad(inh)o de; *eins zu* ~ um a menos; **~er** ['-igər] menos; *in* ~ *als zwei Tagen* em menos de ...; ~ *werden* diminuir; **2keit** *f* (*0*): *meine* ~ F a minha insignificância *f*; **~st**: *das* ~*e* o menos, o mínimo; *die* ~*en* muito poucos; *am* ~*en* menos; **~stens** ['-stɛns] pelo menos, ao menos.

wenn [vɛn] se; (*falls*) caso que; *zeitl.* quando; ~ *es* (*od. dem*) *so ist* a ser assim; *als* ~, *wie* ~ (*subj.*) como se (*subj.*); *selbst* ~, ~ *auch*, ~*schon* = ~*gleich*; ~ *er auch noch so* ... por mais ... que (*subj.*); ~ *nur* contanto que (*subj.*); **~'gleich** se bem que (*subj.*), ainda que (*subj.*), embora (*subj.*).

wer [ve:r] **1.** *fragend*: quem?; ~ *da?* ⚔ quem vive?; ~ *von ...? a.* qual de ...?; **2.** *relativ*: aquele que, quem; ~ *es auch sei* quem quer que seja, seja quem for.

'**Werbe|-abteilung** ['vɛrbə-] *f* se[c]ção *f* de propaganda; **~-agent** *m* (*-en*) angariador *m*; **~blatt** *n* (*-es*; *"er*) prospecto *m*; **~büro** *n* (*-s*; *-s*) agência *f* de publicidade; **~fachmann** *m* (*-es*; *"er*, *-leute*) propagandista *m*; **~kosten** *pl.* despesas *f/pl.* de propaganda; **~leiter** *m* propagandista *m*.

'**werb|en** ['vɛrbən] (*L*) **1.** *v/t.* angariar; (*an*~) engajar; ⚔ *a.* alistar; **2.** *v/i.* ~ *für* fazer a propaganda de; *um ein Mädchen* ~ pedir a mão de, solicitar a mão de, pedir em casamento; *um j-s Gunst* ~ cortejar alg.; **2er** *m* ⚔ engajador *m*; ✝ angariador *m*; propagandista *m*; (*Freier*) pretendente *m*; **2ung** *f* (*An2*) recrutamento *m*; *e-s Freiers*: pedido *m* de casamento; ✝ propaganda *f* (*für* de).

'**Werde-gang** ['ve:rdə-] *m* (*-es*; *"e*) desenvolvimento *m*, evolução *f*, *j-s*: *a. äußerer*: carreira *f*; *innerer*: formação *f*; génese *f*; ⊕ processo *m*.

'**werd|en**[1] ['ve:rdən] (*L*; *sn*) *Hilfsverb* **a**) *fut.*: *sie* ~ *tun* farão, vão fazer; hão-de fazer; passam a fazer; *sie* ~ *es tun* fazê-lo-ão; *sie würden tun* fariam; **b**) *pass.* ser; ficar; *a. übers. durch refl. od. vb. 3. Pers. pl.*; **c**) *mit su. od. adj.*: ficar, chegar a ser, resultar, sair, tornar-se; *oft übers. durch vb. auf* -ecer (*s. die adj.*), *z.B. groß* ~ engrandecer; **d**) ~ *aus oft* resultar de; **e**) (*zum*) *su.* ~ chegar a; **f**) ~ *wollen* querer ser; *was ist aus ... geworden?* que é feito de ...?; *was soll daraus* ~? onde vai isto parar?; *es wird nichts aus* (*dat.*) *et.*: a.c. fracassa, a.c. não se realiza; *aus j-m wird nichts* alg. nunca será alguém; *nun, wird's bald?* F então, nunca mais vem?; **2en**[2] *n* desenvolvimento *m* (*im* em); evolução *f*; génese *f*; processo *m* evolutivo; gestação *f*; *Phil.* devir *m*.

'**Werder** ['vɛrdər] *m* ilhota *f*.

'**Wer-fall** *m* nominativo *m*.

'**werfen** ['vɛrfən] (*L*) atirar, lançar (*a.* ✝); ⚔ derrotar; (*gebären*) parir; *optisch*: proje[c]tar; *sich* ~ *Holz*: empenar; *sich auf* (*ac.*) ~ *fig.* dedicar-se a.

Werft [vɛrft] *f* estaleiro *m*.

Werg [vɛrk] *n* (*-es*; *0*) estopa *f*.

Werk [vɛrk] *n* (*-es*; *-e*) obra *f*; *ans* ~ *gehen* pôr mãos à obra; *ins* ~ *setzen* realizar; (*Arbeit*) *a.* labor *m*, trabalho *m*; (*Aufgabe*) tarefa *f*; ⊕ mecanismo *m*; (*Fabrik*) fábrica *f*; ⚡ central *f*; estação *f* (elé[c]trica); ⚔ fortificação *f*; *adv. am* ~*e sn j.*: estar a trabalhar; *im* ~*e sn et.*: estar a tramar-se; *zu* ~*e gehen* proceder; '**~bank** *f* (*-*; *"e*) banco *m*; '**~meister** *m* capataz *m*, contra-mestre *m*, ⚠ mestre *m* de obras; '**~schule** *f* escola-oficina *f*; '**~spionage** *f* (*0*) espionagem *f* industrial; '**~statt** *f* (*-*; *"en*), '**~stätte** *f* oficina *f*; *Kunst*: estúdio *m*; '**~stoff** *m* (*-es*; *-e*) material *m*; (*Ersatz2*) substituto *m*; (*Kunst2*) plástico *m*; '**~student** *m* (*-en*) estudante *m* que ganha a sua vida a empregar-se; '**~tag** *m* (*-es*; *-e*) dia *m* útil, dia *m* de trabalho; *an* ~*en* = '**2tags** nos dias úteis; '**2tätig**: ~ *sn* trabalhar, ter uma profissão; '**~-unterricht** *m* (*-es*; *0*) ensino *m* de trabalhos manuais; educação *f* estética; '**~zeug** *n* (*-es*; *-e*) instrumento *m* (*a. fig.*); ferramenta(s *pl.*) *f*; '**~zeug-tasche** *f* saco *m* de ferramentas.

'**Wermut** ['ve:rmu:t] *m* (*-es*; *0*) ♀ absíntio *m*; *fig.* amargura *f*; **~wein** *m* (*-es*; *-e*) vermute *m*.

wert[1] [ve:rt] (*würdig*) digno, merecedor; (*geehrt*) estimado, prezado; ~ *sn* valer; *j.*: merecer; *nicht der Rede* ~ *sn* não ser nada.

Wert[2] *m* (*-es*; *-e*) valor *m*; (*Verdienst*) mérito *m*; ~ *legen auf* (*ac.*) ligar importância a; '**~angabe** *f* declaração *f* de valor; *unter* ~ com valor *m* declarado; '**2beständig** *Börse*: consolidado; *Währung*: estabilizado, sólido; '**~beständigkeit** *f* (*0*) estabilidade *f*; '**~brief** *m* (*-es*; *-e*) carta *f* com valor declarado; '**2en** (*-e-*) avaliar, estimar; *Sport*: qualificar (*nach* por); '**2(e-)schaffend** produtivo; '**~gegenstand** *m* (*-es*; *⸗e*) obje[c]to *m* de valor; '**2ig** ⚗ valente; *zwei~* bivalente; *drei~* trivalente; '**~igkeit** ⚗ *f* (*0*) valência *f*; '**2los**: (*ganz*) ~ sem valor (algum); '**~losigkeit** ['-lo:ziç-] *f* (*0*) desvalor *m*; '**~messer** *m* medida *f* (*sn* dar; *für* de); '**~minderung** *f* depreciação *f*; '**~paket** *n* (*-es*; *-e*) encomenda *f* com valor declarado; '**~papier** *n* (*-s*; *-e*) papel *m* de crédito, título *m*; ~*e pl. a.* valores *m/pl.*; '**~sache** *f* = ~*gegenstand*; 📯 valor *m* declarado; '**2schätzen** (*-t*) estimar; '**~schätzung** *f* estima *f*; '**~(steiger)ung** *f* valorização *f*; '**~ung** *f* valoração *f*; *Sport*: qualificação *f*; '**~-urteil** *n* (*-s*; *-e*) apreciação *f*; juízo *m* valorativo; '**2voll** valioso, precioso; '**~zeichen** *n/pl.* valores *m/pl.* selados; '**~zuwachs** *m* (*-es*; *0*) acréscimo *m* de valor.

'**Wesen** ['ve:zən] *n* ser *m*, ente *m*; (*Geschöpf*) *a.* criatura *f*; (*Art*) *j-s*: índole *f*, carácter *m*, génio *m*; feitio *m*; (*Benehmen*) modos *m/pl.*; *e-r Sache*: natureza *f*; (*Kern*) essência *f*, substância *f*; *viel* ~*s machen von* fazer muito caso de; *sn* ~ *treiben* fazer das suas; **~-heit** *f* (*0*) substancialidade *f*, essência *f*; **2los** vão, ilusório; **~s-art** *f* índole *f*, modo *m* de ser; **2s-gleich** idêntico; **2t-lich** essencial, substancial; *Teil*: integrante; *adv.* sensivelmente; *vor comp. a.* muit(íssim)o; *im* ~*en* em substância.

'**Wes|fall** *m* genitivo *m*; **2-'halb**: ~? porquê?; *relativ*: pelo qual, razão essa por que.

'**Wespe** ['vɛspə] *f* vespa *f*; *große*: abelhão *m*; **~n-nest** *n* (*-es*; *-er*) vespeiro *m*.

'**wessen** ['vɛsən] **1.** ~? **a**) (*gen. v. wer*) de quem?, cujo (-a)?; **b**) (*gen. v. was*) de que?; **2.** *relativ*: cujo (-a).

West [vɛst] *m* (*-es*; *0*), '**~en** *m* (*-s*; *0*) oeste *m*, ocidente *m*; *bsd. poet.* poente *m*; '**~-afrika** *n* (*-s*; *0*) África *f* Ocidental; ('**2deutsch**) '**~-deutschland** *n* (*-s*; *0*) (da) Alemanha *f* Ocidental; '**~e** *f* colete *m*; **~'fale** [-'fa:lə] *m* (*-en*), **~'fälin** [-'fɛ:lin] *f*, **2'fälisch** [-'fɛ:liʃ] da Vestefália *f*; '**~gote** *m* (*-en*), '**2gotisch** visigodo *m*; **2-'indisch** das Índias *f/pl.* ocidentais; '**2isch** do oeste; '**2lich** ocidental, do oeste; '**~-mächte** ['-mɛçtə] *f/pl.* potências *f/pl.* ocidentais; '**~nordwest(en)** *m* oés-noroeste *m*; '**~seite** *f* lado *m* oeste; '**~südwest(en)** *m* oés-sudoeste *m*; '**2wärts** ['-vɛrts] (par)a oeste; '**~wind** *m* (*-es*; *-e*) vento *m* oeste.

'**Wett|bewerb** ['vɛt-] *m* (*-es*; *-e*) concurso *m*, competência *f*; *Sport*: *a.* provas *f/pl.*; campeonato *m*; ⚕ concorrência *f* (*unlauterer* desleal); **~bewerber(in** *f*) *m* competidor(a *f*) *m*; **~büro** *n* (*-s*; *-s*) agência *f* de apostas; **~e** *f* aposta *f*; *was gilt die* ~? quanto aposta?; *um die* ~ à porfia, ao desafio, à compita; **~-eifer** *m* (*-s*; *0*) rivalidade *f*, emulação *f*; **2-eifern** *v/i.* (*-re*) rivalizar (*an dat.* em); **2en** (*-e-*) apostar.

'**Wetter** ['vɛtər] *n* tempo *m*; (*Un2*) temporal *m*; *pl.* ⚒ ventilação *f/sg.*, *schlagende*: grisu *m/sg.*; *alle* ~! caramba!; **~bericht** *m* (*-es*; *-e*) boletim *m* meteorológico; **~dach** *n* (*-es*; *⸗er*) abrigo *m*, alpendre *m*; **~dienst** *m* (*-es*; *0*) serviço(s *pl.*) *m* meteorológico(s); **~fahne** *f* catavento *m*; *a. fig.* veleta *f*; **2fest** resistente, impermeável; **~-hahn** *m* (*-es*; *⸗e*) catavento *m*; **~-häuschen** *n* casinha *f* de higrómetro; **~karte** *f* mapa *m* meteorológico; **~kunde** *f* (*0*) meteorologia *f*; **~lage** *f* estado *m* do tempo, condições *f/pl.* atmosféricas; **~leuchten**[1] *n* corisco *m*; **2leuchten**[2] *v/i.* (*-e-*) coriscar, faiscar; **~mantel** *m* (*-s*; *⸗*) impermeável; *m* **~meldung** *f* notícia *f* meteorológica; **2n** (*-re*) trovejar; *fig.* praguejar; **~prophet** *m* (*-en*) prognosticador *m* do tempo; **~schacht** ⚒ *m* (*-es*; *⸗e*) clarabóia *f*; **~scheide** *f* limite *m* meteorológico; **~seite** *f* lado *m* do oeste; **~station** *f* posto (*'ô) *m* meteorológico; **~sturz** *m* (-*es*; ⸚*e*) brusca depressão *f* atmosférica; **~-umschlag** *m* (-*ẹs*; ⸚*e*) mudança *f* do tempo; **~vorhersage** *f* previsão *f* do tempo; **~-warte** *f* observatório *m* meteorológico; **⁀wendisch** ['-vɛndiʃ] inconsistente, versátil, volúvel; **~wolke** *f* nuvem *f* borrascosa.

'Wett|fahrt *f* corrida(s *pl.*) *f*, ⚓ regata(s *pl.*) *f*; **~kampf** *m* (-*ẹs*; ⸚*e*) desafio *m*, luta *f*, *s.* ~*bewerb*; **~kämpfer** *m* concorrente *m*; **~lauf** *m* (-*ẹs*; ⸚*e*) corrida *f*; **~läufer** *m* concorrente *m*; **⁀machen** *v/t.* reparar, compensar; **~rennen** *n* corridas *f/pl.* de cavalos; **~rudern** *n* regata *f*; **~schießen** *n* concurso *m* de tiro; **~schwimmen** *n* concurso *m* de natação; **~spiel** *n* (-*ẹs*; -*e*) encontro *m*, desafio *m*; **~streit** *m* (-*ẹs*; -*e*) concurso *m*, desafio *m*, *fig.* rivalidade *f*.

'wetz|en ['vɛtsən] (-*t*) amolar, aguçar, afiar; **⁀stahl** *m* (-*ẹs*; ⸚*e*) fuzil *m*; * chaira *f*; **⁀stein** *m* (-*ẹs*; -*e*) pedra *f* de amolar, pedra *f* de afiar.

'Wichse ['viksə] *f* graxa *f*; F (*Prügel*) pancada(s *pl.*) *f*; '**⁀n** (-*t*) engraxar; *Fußboden*: pôr cera (em), encerar.

Wicht [viçt] *m* (-*ẹs*; -*e*) sujeito *m*; joão-ninguém *m*; *armer* ~ desgraçado *m*; *erbärmlicher* ~ miserável *m*; '**~el-männchen** ['-əl-] *n* duende *m*.

'wichtig ['viçtiç] importante; ~ *sn a.* importar; ~ *tun, sich* ~ *machen* dar-se importância *f*; **⁀keit** *f* importância *f*; *stärker*: transcendência *f*; **⁀tuer** [-tu:ər] *m* presumido *m*; *ein* ~ *sn*: *a.* dar-se ares de importância; **⁀tue'rei** *f* presunção *f*; ares *m/pl.* de importância.

'Wicke ['vikə] *f* ervilha-de-cheiro *f*; (*Futter⁀*) ervilhaca *f*.

'Wickel ['vikəl] *m* novelo *m*; (*Haar⁀*) rolo (*'ô) *m*; (*Locken⁀*) bigodim *m*; ⚕ compressa *f* de ligaduras; F *beim* ~ *kriegen* apanhar, prender; **~band** *n* (-*ẹs*; ⸚*er*) faixa *f*, cueiro *m*; **~kind** *n* (-*ẹs*; -*er*) bébé *m* enfaixado; **⁀n** (-*le*) enrolar; (*ein*~) *a.* embrulhar, envolver, ⚡ bobinar; *Garn*: enovelar; *Kind*: enfaixar.

'Widder ['vidər] *m* carneiro *m*, bode *m*; *Astr.* Carneiro *m*, áries *m*.

'wider ['vi:dər] *prp.* (*ac.*) contra; **~'fahren** (*L*; *sn*) acontecer, suceder; ~ *lassen* fazer; **⁀-haken** *m* farpa *f*, barbela *f*; **⁀-hall** *m* (-*ẹs*; -*e*) eco *m*, ressonância *f*; *fig. a.* repercussão *f*; **~-hallen** ecoar, ressoar; *dröhnend*: retumbar; *fig.* repercutir; **⁀-halt** *m* (-*ẹs*; -*e*) apoio *m*, estribo *m*; **⁀lager** *n* contraforte *m*; **~'legbar** [-'le:kba:r] refutável; **~'legen** refutar, desmentir; **⁀'legung** [-'le:guŋ] *f* refutação *f*, desmentido *m*; **~lich** repugnante, nojento; *adv.* ~ *süß* de um doce nojento; **~natürlich** contrário à natureza, perverso; **~'raten** (*L*) desaconselhar; *j-m et.* ~ *a.* dissuadir alg. de a.c.; **~rechtlich** ilegal, arbitrário; **⁀rede** *f* réplica *f*; *s.* ⁀*spruch*; **⁀ruf** *m* (-*ẹs*; -*e*) revogação *f*; desmentido *m*; retra[c]tação *f*; abjuração *f*; palinódia *f*; † contra-ordem *f*; *bis auf* ~ até nova ordem; **~'rufen** (*L*; -) revogar; abjurar; desmentir(-se); retra[c]tar(-se); **~ruflich** [-ru:fliç] revogável; **⁀sacher** [-zaxər] *m* adversário *m*, rival *m*, émulo *m*; *Rel.* Satanás *m*; **⁀schein** *m* (-*ẹs*; -*e*) reflexo *m*; **~'setzen** (-*t*): *sich* ~ opor-se, resistir; **~'setzlich** [-'zɛtsliç] insubordinado, recalcitrante; **⁀'setzlichkeit** *f* (*0*) insubordinação *f*; **⁀sinn** *m* (-*ẹs*; *0*) contra-senso *m*, absurdo *m*; **~sinnig** absurdo, paradoxo; **~spenstig** [-ʃpɛnstiç] renitente, rebelde, recalcitrante; **⁀spenstigkeit** *f* (*0*) renitência *f*, obstinação *f*, rebeldia *f*; **~spiegeln** (-*le*) refle[c]tir; **~'sprechen** (*L*) (*dat.*) contradizer (*ac.*), contrariar (*ac.*), protestar contra, opor-se a; ~*d adj.* contraditório; **⁀spruch** *m* (-*ẹs*; ⸚*e*) contradição *f*, protesto *m*; antinomia *f*; *im* ~ *stehen zu* estar em desacordo (*'ô) com; **~spruchsvoll** contraditório; **⁀stand** *m* (-*ẹs*; ⸚*e*) resistência *f*, oposição *f* (*leisten fazer*); ~ *leisten a.* resistir; **~standsfähig** resistente; **~stands-los** sem resistência; **~'steh(e)n** (*L*), **~'streben**[1] resistir (a), contrariar (*ac.*); *Speise*: repugnar (a); **⁀'streben**[2] *n* resistência *f*; *mit* ~ com repugnância *f*; **⁀streit** *m* (-*ẹs*; -*e*) conflito *m*; antagonismo *m*; colisão *f*; *im* ~ *stehen mit* = **~'streiten** (*dat.*) (*L*) estar em desacordo (*'ô) com; ~*d adj.* antagónico; **~wärtig** antipático; *stärker*: repugnante; *s. a.* *widrig*; **⁀wärtigkeit** *f* adversidade *f*, contrariedade *f*, desgosto (*'ô) *m*; ♀**wille** *m* (*-ns*; *0*) relutância *f*; repugnância *f*; antipatia *f*; **~willig** contrariado; *adv. a.* de má vontade.

'**widm|en** ['vitmən] (*-e-*): (*sich*) ~ dedicar(-se); *a. Zeit*: consagrar; ♀**ung** *f* dedicatória *f*.

'**widrig** ['vi:driç] contrário; *Schicksal*: adverso; *s. a. widerwärtig*; **~enfalls** [-igən-] em caso contrário.

wie [vi:] como (*a.* ?); F *nach comp.* (= *als*) do que; ~ *man sagt* segundo, conforme; *Ausruf*: que + *adj.*!, quão + *adj.*!; *aussehen* ~ (*j.*) parecer(-se com alg.), ter o aspe[c]to de; ~ *breit usw. ist ...?* que largura *usw.* tem?; ~ *lange?* quanto tempo?, até quando?; ~ *oft?* quantas vezes?; ~ *spät ist es?* que horas são?; ~ *teuer ist ...?* quanto custa ...?; ~ *weit geht ...?* até onde chega ...?; ~ *weit ist ... gekommen?* até onde chegou ...?; ~ *weit ist es bis ...?* que distância é até ...?; ~ *sehr*, ~ *viel(e*, ~ *mancher)* quanto(s); *zeitl.* (*so*) ~ quando, assim que; ~ *der Vater, so der Sohn* qual pai tal filho; ~ *dem auch sei* seja como for; ~ *groß usw. auch (immer) ... sei* por maior *usw.* que ... seja.

'**Wiedehopf** ['vi:dəhopf] *m* (*-es*; *-e*) poupa *f*.

'**wieder** ['vi:dər] de novo, novamente, outra vez; = *~um*; *hin und* ~ uma vez por outra; ♀**-abdruck** *m* reimpressão *f*; **~-'abdrucken** reimprimir; **~-'abreisen** (*-t*) partir novamente; **~-'anfangen** (*L*) recomeçar; **~-'anknüpfen** reatar; **~-anzünden** (*-e-*) reacender; ♀**-'aufbau** *m* (*-es*; *0*) reconstrução *f*; **~-'aufbauen** reconstruir; **~-'aufblühen** voltar a florescer; *fig.* renascer; **~-'auferstehen** (*L*) ressurgir; ♀**-'auferstehung** *f* (*0*) ressureição *f*; **~-'aufführen** repetir; ♀**-aufführung** *f* repetição *f*; **~-'aufkommen** (*L*), **~-'aufleben** (*sn*) renascer; ♀**-aufnahme** *f* reassunção *f*, regresso *m a*; *Mitglied*: readmissão *f*; ♀**-'aufnahme-verfahren** *n* ⚖ revisão *f* do processo; **~-'aufnehmen** (*L*) reassumir; *Arbeit*: retomar; ⚖ rever; **~-'aufrichten** (*-e-*) repor, reedificar; ♀**-aufrichtung** *f* reedificação *f*, restauração *f*; **~-'aufrüsten** (*-e-*) rearmar(-se); ♀**-aufrüstung** *f* rearmamento *m*; ♀**-aufstieg** *m* (*-es*; *-e*) ressurgimento *m*; ♀**-'auftreten** *n* reaparecimento *m*; **~-'ausführen** reexportar; ♀**-ausführung** *f* reexportação *f*; **~-'ausgraben** (*L*) exumar; **~-'aussöhnen** reconciliar; ♀**beginn** *m* (*-es*; *0*) recomeço *m*; **~bekommen** (*L*) tornar a receber, reaver, recuperar; (*Wechselgeld*) receber de troco; *ich habe* ~ devolveram-me; **~beleben** reanimar; ♀**belebungs-versuch** *m* (*-es*; *-e*): ~ *an* (*dat.*) tentativa *f* para reanimar (*ac.*); **~bringen** (*L*) devolver; **~-'einbringen** (*L*) recuperar; *Verlust*: compensar; **~-'einführen** restabelecer, reintroduzir; ✝ importar novamente; ♀**-einführung** *f* restabelecimento *m*, reintrodução *f*; *Staatsform*: reimplantação *f*, restauração *f*; ✝ reimportação *f*; **~-'einlösen** (*-t*) desempenhar; **~-'einschiffen** reembarcar; **~-'einschlafen** (*L*) voltar a adormecer; **~-'einsetzen** (*-t*) restabelecer; *in ein Amt*: reinstalar, reintegrar, reconduzir; ♀**-einsetzung** *f* (*0*) restabelecimento *m*; *Staatsform*: restauração *f*; *j-s*: reinstalação *f*, reintegração *f*; **~-'eintreten** (*L*) voltar a entrar; ♀**-eintritt** *m* (*-es*; *0*) nova entrada *f*; regresso *m*; **~-erhalten** (*L*) = *~bekommen*, **~-erkennen** (*L*; -) reconhecer; **~-erobern** (*-re*; -) reconquistar; ♀**eroberung** *f* (*0*) reconquista *f*; **~-eröffnen** (*-e-*; -) reabrir; ♀**-eröffnung** *f* reabertura *f*; **~erscheinen** (*L*; -) reaparecer; **~-ersetzen** (*-t*; -), **~-erstatten** (*-e-*; -) restituir; *Geld*: reembolsar; **~-erzählen** (-) repetir, narrar; **~finden** (*L*) (re-)encontrar; ♀**gabe** *f* restituição *f*; *Lit.*, *Mal.*, *Ton*: reprodução *f*; *kurze* ~ resumo *m*; *Thea.* representação *f*; (*Übersetzung*) versão *f*; ♪ interpretação *f*; *Radio*: transmissão *f*; **~geben** (*L*) devolver, restituir; *Text*: reproduzir (*a. Mal.*); (*übersetzen*), *a. Gedanken*: traduzir, interpretar (*a.* ♪); *Radio*: transmitir; *kurz* ~ resumir; ♀**geburt** *f* (*0*) renascimento *m*; *Rel.* regeneração *f*; ♀**genesung** *f* (*0*) (re)convalescença *f*; restabelecimento *m*; **~gewinnen** (*L*) recuperar; reconquistar; **~'gutmachen** reparar, remediar; ♀'**gutmachung** [-maxuŋ] *f* reparação *f*;

~-**haben** (*L*) reaver; ~-ˈ**herstellen** reparar, restabelecer, restaurar, reconstituir; ♀-ˈ**herstellung** *f* reparação *f*, restabelecimento *m* (*a.* ⚕); restauração *f*; reconstituição *f*; ~-**holen**[1] ir buscar novamente; ~-ˈ**holen**[2] (-) repetir; *bsd. Dank usw.*: reiterar; ~-ˈ**holt** [-ˈhoːlt] *adv.* repetidas vezes; amiude; ♀-ˈ**holung** [-ˈhoːluŋ] *f* repetição *f*; *kurze* ~ recapitulação *f*, revisão *f*; ♀-ˈ**holungsfall** *m* (-*ės*; *0*): *im* ~*e* ⚖ em caso de reincidência; ~-**in**ˈ**standsetzen** (-*t*) = ~*herstellen*; ♀-**in**ˈ**standsetzung** *f* = ♀*herstellung*; ~**käuen** [-kɔyən] ruminar; ♀**käuer** [-kɔyər] *m* ruminante *m*; ♀**kehr** [-keːr] *f* (*0*) regresso *m*; *Jahrestag*: aniversário *m*; = ♀*holung*; ~**kehren**, ~**kommen** (*L*; *sn*) voltar, regressar; *Gelegenheit*: *a.* repetir-se (*a. Jahrestag*); *adj. regelmäßig* ~*d* periódico; *nie* ~*d* único; ♀**kunft** [-kunft] *f* (-; ⸗*e*) regresso *m*; ~**nehmen** (*L*) retomar, voltar a tomar; ~**sagen** repetir; ~**sehen**[1] (*L*) tornar a ver; ♀**sehen**[2] *n* novo encontro *m*; *auf* ~! até à vista!; até logo!; ♀**täufer** *m* anabaptista *m*; ~**um** *adv.* = *wieder*; *cj.* por outro lado, em compensação, em contrapartida; por sua vez; ~-**vereinigen** (-) reunir, reunificar; ♀**vereinigung** *f* (*0*) reunião *f*, reunificação *f*; ~**vergelten** (*L*; -) pagar, retribuir, retaliar; ♀**vergeltung** *f* represália *f*, desforra *f*, retaliamento *m*; ~**verheiraten** (-*e*-; -): *sich* ~ voltar a casar; ♀**verheiratung** *f* segundo matrimónio *m*; ♀-**verkauf** *m* (-*ės*; ⸗*e*) revenda *f*; ~-**verkaufen** (re)vender; ♀**verkäufer** *m* revendedor *m*; ~**verwendbar** reutilizável; ♀**vorlage** *f* nova apresentação *f*; ♀**wahl** *f* reeleição *f*; ~**wählbar** reelegível; ~**wählen** reeleger; ~ˈ**zulassen** (*L*) readmitir; ♀ˈ**zulassung** *f* readmissão *f*; ~ˈ**zustellen** devolver; ♀ˈ**zustellung** *f* devolução *f*, restituição *f*.

ˈ**Wiege** [ˈviːgə] *f* berço *m*; ♀**n** **1.** *v/t.* abalançar; *a. v/i.* pesar; **2.** *v/t. Fleisch*: picar; *Kind*: embalar; ~**n-druck** *m* (-*ės*; -*e*) incunábulo *m*; ~**n-fest** *n* (-*ės*; -*e*) aniversário *m*, dia *m* dos anos; ~**n-lied** *n* (-*ės*; -*er*) canção *f* de berço, canção *f* de embalar.

ˈ**wieher|n**[1] [ˈviːərn] (-*re*) rinchar, relinchar; ~*des Gelächter n* gargalada(s *pl.*) *f*; ♀**n**[2] *n* rincho *m*.

ˈ**Wiener** [ˈviːnər] *m*, ~**in** *f* vienense *m*, *f*; ♀**isch** vienense, de Viena.

ˈ**Wiese** [ˈviːzə] *f* prado *m*; ~**l** *n* doninha *f*; ~**n-blume** *f* flor *f* do prado; ~**n-grund** *m* (-*ės*; ⸗*e*) pradaria *f*; ~**n-land** *n* (-*ės*; *0*) terra *f* de prados; ~**n-kresse** *f* (*0*), ~**n-schaumkraut** *n* (-*ės*; ⸗*er*) cardamina *f*.

wie|ˈ**so** porque; ~? porquê?; ~-ˈ**viel**(**e**) quanto(s); ~ˈ**vielte** [-tə]: *der* ~? qual?; *direkt vor dem su.* que?; *den* ~*n haben wir heute?* que dia é hoje?, em que dia estamos?; ~-ˈ**weit**: ~ (...)? até que ponto (...)?; ~ˈ**wohl** se bem que (*subj.*), ainda que (*subj.*).

wild [vilt] **1.** (-*est*) selvagem, selvático; 🌱 inculto; agreste; bravio; ⚓ *u. Zool.* bravo, ♀ *a.* silvestre; *Raubtier u. fig.* feroz; *Flucht*: precipitado; *Gerücht*: fantástico; ✝ ilícito; *Kind*: vivo, traquina; *Lauf*: desenfreado; ⚕ *Fleisch*: morto; *Streik*: espontâneo; *fig.* (*irregulär*) irregular; (*wütend*) furioso, raivoso; ~ *romantisch* acidentado; ~ *machen* enfurecer, enraivecer; ~ *werden* ficar furioso, enfurecer(-se), enraivecer; ~*e Ehe* concubinato *m*; ~*es Durcheinander* caos *m*, grande desordem *f*; ~*es Tier* fera *f*; **2.** ♀ *n* (-*ės*; *0*) caça *f*, veação *f*; ˈ♀**bach** *m* (-*ės*; ⸗*e*) torrente *f*; ˈ♀**braten** *m* assado *m* de veação; ˈ♀**bret** [ˈ-brɛt] *n* (-*s*; *0*) caça *f*, veação *f*; ˈ♀**dieb** *m* (-*ės*; -*e*) caçador *m* furtivo, caçador *m* ilícito; ♀**diebe**ˈ**rei** *f* caça *f* furtiva, caça *f* ilícita; ˈ♀**ente** *f* pato *m* bravo.

ˈ**Wilde**(**r** *m*) [ˈvildə(r)] *m*, *f* selvagem *m*, *f*; ~**rer** [-rər] *m* caçador *m* furtivo, caçador *m* ilícito; ♀**rn** (-*re*) andar à caça ilícita.

ˈ**Wild**|**fang** *m* (-*ės*; ⸗*e*) traquina(s) *m*, *f*; ♀**fremd** absolutamente desconhecido (*od.* estranho); ~**gehege** *n* = ~*park*; ~-**heit** *f* (*0*) selvajaria *f*; braveza *f*; ferocidade *f*; selvagismo *m*; ~**leder** *n* camurça *f*; ~**ling** ♀ *m* (-*s*; -*e*) árvore *f* silvestre; *zu veredelnder*: cavalo *m*; ~**nis** *f* (-; -*se*) deserto *m*; ermo (*ê) *m*; selvas *f/pl.*; ~**park** *m* (-*ės*; -*s*) tapada *f*; ~**sau** *f* javalina *f*; ~**schaden** *m* (-*s*; ⸗) estrago *m* causado por animais bravos; ~**schütz**(**e**) *m* = ~*dieb*;

~schwein *n* (-*ęs*; -*e*) javali *m*; **2wachsend** silvestre, agreste.

'**Wille(n)** *m* ['vilə(n)] (-*ns*; -*n*) vontade *f*; (*Zustimmung*) consentimento *m*; *böser* ~ malquerença *f*, má fé *f*; *freier* ~ livre-arbítrio *m*; *aus freiem* ~*n* espontâneamente, mótu-próprio; *letzter* ~ *a.* testamento *m*; *j-m zu* ~*n sn, j-m den* ~*n tun* fazer as vontades a alg.; *mit* ~*n* de propósito; *wider* ~*n* contrariado; *s-n* ~*n durchsetzen* impor-se; *um* (*gen.*) *2n* por causa de; *um* (*Gottes*) *2n* por amor de (Deus).

'**willen|los** indolente, ⚕ abúlico; **2losigkeit** [-lo:ziç-] (*0*) falta *f* de vontade, inércia *f*; ⚕ abulia *f*; ~**s** disposto.

'**Willens|-äußerung** *f* expressão *f* da vontade; ~**-entscheidung** *f* decisão *f* arbitrária; ~**freiheit** *f* (*0*) livre-arbítrio *m*; ~**kraft** *f* (*0*) energia *f*, força (*ô) *f* de vontade; **2schwach** = *willenlos*; ~**schwäche** *f* (*0*) = *Willenlosigkeit*.

will|'fahren [vil-] *v/i.* (*p.pt.* [ge-] *willfahrt*): *j-m* ~ condescender para com alg., anuir à vontade de alg.; '~**fährig** ['-fɛ:riç] condescendente, complacente; '**2fährigkeit** *f* (*0*) deferência *f*, complacência *f*; '**2ig** dócil, (*bereit*~) solícito; *adv.* de boa vontade, de boa mente; '**2komm** *m* (-*s*; -*e*), 2'**kommen**[1] *n* boas-vindas *f/pl.*; ~'**kommen**[2] *adj. j.*: bem-vindo; *et.*: oportuno; *j-n* ~ *heißen* dar as boas-vindas a alg.; '**2kür** ['-ky:r] *f* (*0*) arbitrariedade *f*; *nach* ~ ao arbítrio *m*; '**2kür-herrschaft** *f* tirania *f*, despotismo *m*; '~**kürlich** arbitrário, despótico.

'**wimmeln** ['viməln] (-*le*) formigar; *von Menschen* ~ *a.* parecer um formigueiro.

'**wimmern** ['vimərn] (-*re*) gemer, choramingar.

'**Wimpel** ['vimpəl] *m* ⚓ galhardete *m*, flâmula *f*; ⚔ bandeirola *f*.

'**Wimper** ['vimpər] *f* (-; -*n*) pestana *f*; *mit der* ~ *zucken* pestanejar.

Wind [vint] *m* (-*ęs*; -*e*) vento *m*; ⚕ flato *m*, ⚓ *am* (*beim*) ~*e fahren* bolinar; *mit* (*od. vor*) *dem* ~*e* de vento em popa; *mit halbem* ~*e* com vento oblíquo; *fig.* ~ *bekommen von* (chegar a) ter conhecimento de; *in den* ~ *schlagen* não querer saber de, desprezar; '~**beutel** *m* (*Gebäck*) sonho *m*; *fig. j.*: cabeça-de-alhos *m*, *f*; '~**bruch** *m* (-*ęs*; ⸗*e*) árvores *f/pl.* derribadas pelo vento; '~**büchse** *f* espingarda *f* de pressão de ar.

'**Winde** ['vində] *f* sarilho *m*; roldana *f*; (*Garn2*) doubadora *f*, ⚘ convólvulo *m*.

'**Wind-ei** *n* (-*ęs*; -*er*) ovo (*'ô) *m* sem gema.

'**Windel** ['vindəl] *f* (-; -*n*) fralda *f*; cueiro *m*, envolta *f*; *in* ~*n schlagen* enfaixar; ~**-hose** *f* papagaio *m*; **2weich**: ~ *schlagen* espancar.

'**winden** ['vindən] (*L*) torcer; *Garn*: dobar; *Kranz*: tecer, fazer; (*sich*) ~ *et.*: ⊕ enroscar(-se *a.* ⚘); *Weg*: serpear; *sich* ~ *j.*: *vor Schmerz* torcer-se; *fig.* (*unentschlossen sn*) retorcer-se; *j-m et. aus der Hand* ~ arrancar a.c. das mãos de alg.; *in die Höhe* ~ guindar, içar; *sich* (*dat.*) *et. um die Stirn* ~ cingir a.c.

'**Wind|fahne** *f* catavento *m*; ~**fang** *m* (-*ęs*; ⸗*e*) guarda-vento *m*; **2geschützt** ['-gəʃytst] ao abrigo do vento; ~**-hose** *f* tromba *f*; ~**-hund** *m* (-*ęs*; -*e*) galgo *m*; *fig. j.*: cabeça-de-alhos *m*, *f*; *stärker*: estróina *m*.

'**windig** ['vindiç] ventoso; ~ *sn a.* fazer vento; *fig.* leviano.

'**Wind|jacke** *f* jaqueta *f* impermeável; ~**kanal** ✈ *m* (-*s*; ⸗*e*) = ~*tunnel*; ~**licht** *n* (-*ęs*; -*er*) lanterna *f*; ~**messer** *m* anemómetro *m*; ~**motor** *m* (-*s*; -*en*) aeromotor *m*; ~**mühle** *f* moinho *m* de vento; ~**pocken** *f/pl.* bexigas *f/pl.* doidas, varicela *f/sg.*; ~**rose** ⚓ *f* rosa-náutica *f*, rosa-dos-ventos *f*; **2schief** torto; ~**(schutz-)scheibe** *f* pára-brisas *m*; ~**seite** *f* lado *m* do vento; ⚓ barlavento *m*; ~**spiel** *n* (-*ęs*; -*e*) galgo *m*; ~**stärke** *f* força (*ô) *f* e velocidade *f* do vento; **2still** calmo; ~**stille** *f* (*0*) calma(ria) *f*; ⚓ *a.* bonança *f*; ~**stoß** *m* (-*es*; ⸗*e*) pé-de-vento *m*; rajada *f*; ~**strich** *m* (-*ęs*; -*e*), ~**strömung** *f* corrente *f* aérea; ~**tunnel** *m* ⊕ *u.* ✈ túnel *m* aerodinámico, túnel *m* do ar.

'**Windung** ['vinduŋ] *f* volta *f*; *Anat.* circunvolução *f*, ⊕ rosca *f*; *Weg*: curva *f*, *a. fig.* sinuosidade *f*.

Wink [viŋk] *m* (-*ęs*; -*e*) aceno *m*; sinal *m*; *fig.* aviso *m*, advertência *f*; (*Hinweis*) indicação *f*; *j-m e-n* ~ *geben fig.* avisar alg.

'**Winkel** ['viŋkəl] *m* ângulo *m*; (*Ecke*) canto *m* (*a. fig.*); *entlegener* ~ recanto *m*; *Geol.* rincão *m*; = ~*maß*; **~-advokat** *m* (*-en*) zângano *m*; **~-eisen** *n* esquadro *m*; esquadria *f*; **ᵹförmig** [-fœrmiç] (de forma) angular; **~-haken** *m* componedor *m*; **~-halbierende** *f* bissectriz *f*; **ᵹig** angular, anguloso; *Gasse*: tortuoso; **...ᵹig**: *in Zssg(n) wie acht*~ *usw.* de oito ângulos, octangular; **~maß** *n* (*-es*; *-e*) angulário *m*; **~-messer** *m* transferidor *m*; ⚓ *u.* ✈ goniómetro *m*; *Landmessung*: grafómetro *m*; **~messung** *f* goniometria *f*; **~-öffnung** ⚗ *f* abertura *f*; **~zug** *m* (*-es*; *⸗e*) subterfúgio *m*; sofisma *m*, rodeio *m*.

'**wink|en** ['viŋkən] acenar; fazer sinal; ⚓, ⚔ fazer sinais semafóricos; **ᵹer** *m j.*: sinaleiro *m*; *Auto.* indicador *m* de dire[c]ção; **ᵹzeichen** *n* ⚓, ⚔ sinal *m* semafórico.

'**winseln** ['vinzəln] (*-le*) gemer, gemir, chorami(n)gar.

'**Winter** ['vintər] *m* inverno *m*; *es wird* ~ começa o inverno; **~...**: *in Zssg(n) meist* de inverno; **~garten** *m* (*-s*; *⸗*) estufa *f*; **~grün** *n* (*-s*; *0*) pervinca *f*; **~getreide** *n* (*-s*; *0*), **~korn** *n* (*-es*; *0*) = ~*saat*; **~kurort** *m* (*-es*; *-e*) estação *f* de inverno; **ᵹlich** de inverno, invernal; **~saat** *f* semeada *f* de outono; **~schlaf** *m* (*-es*; *0*) hibernação *f*; *den* ~ *halten* hibernar; **~semester** *n* semestre *m* de inverno; **~sonnenwende** *f* solstício *m* de inverno; **~wetter** *n* invernia *f*; **~sport**(**-platz** *m* [*-es*; *⸗e*]) *m* (*-es*; *0*) (centro *m* de) desportos *m/pl.* de inverno; **~s-zeit** *f* tempo (-rada *f*) *m* do inverno; *zur* ~ no inverno; **~zeit** *f* hora *f* de inverno.

'**Winzer** ['vintsər] *m* vinhateiro *m*; vindimador *m*; **~fest** *n* (*-es*; *-e*) vindima *f*; **~messer** *m* podadeira *f*.

'**winzig** ['vintsiç] diminuto, minúsculo; *a. j.*: miúdo; *Gabe*: mesquinho.

'**Wipfel** ['vipfəl] *m* copa *f*, cume *m*.

'**Wippe** ['vipə] *f* arreburrinho *m*; **ᵹn** jogar ao arreburrinho.

wir [vi:r] nós; ~ + *su.* nós, os...

'**Wirbel** ['virbəl] *m* *Anat.* vértebra *f*; (*Haar*ᵹ) remoinho *m*; *Tier*: rodopelo *m*; (*Wasser*ᵹ, *Wind*ᵹ) re(de)moinho *m*, turbilhão *m*; ♪ (*Geigen*ᵹ) cravelha *f*; (*Trommel*ᵹ) rufo *m*; **~-anlage** *f* anexo *m* vertebral; **~bogen** *m* (*-s*; *⸗*) arco *m* vertebral; **ᵹig** turbinoso, remoinhoso; *mir wird* ~ *im Kopf* fico tonto; **ᵹn** (*-le*) **1.** *v/t.* agitar; *die Trommel* ~ rufar; **2.** *v/i.* girar, rodopiar, re(de)moinhar; ~*d adj.* = ᵹ*ig*; **~säule** *f* coluna *f* vertebral, espinha *f* dorsal; **~sturm** *m* (*-es*; *⸗e*) ciclone *m*; **~tier** *n* (*-es*; *-e*) vertebrado *m*; **~wind** *m* (*-es*; *-e*) remoinho *m*, turbilhão *m*, tufão *m*.

'**wirk|en¹** ['virkən] **1.** *v/i.* a[c]tuar (*als* de); ⊕ (⚗ re)agir; (*gut*) ~ fazer (bom) efeito; *j.*: fazer (boa) figura; *schädlich* ~ ser nocivo; **2.** *v/t.* produzir, operar; (*stricken*) fazer malha; (*weben*) tecer; **ᵹen²** *n* (*-s*; *0*) a[c]tividade *f*; a[c]tuação *f*.

'**wirklich** ['virkliç] real, efe[c]tivo; verdadeiro; *adv. a.* de fa[c]to, deveras; ᵹ*er Geheimer Rat* Conselheiro *m* titular; **ᵹkeit** *f* realidade *f*; **ᵹkeitsnah** positivo, realista; **ᵹ-keits-sinn** *m* (*-es*; *0*) realismo *m*.

'**wirksam** ['virkza:m] eficaz, eficiente, a[c]tivo; ~ *sn a.* dar efeito; **ᵹkeit** *f* a[c]ção *f*, eficácia *f*; eficiência *f*.

'**Wirk-stoff** ['virk-] *m* (*-es*; *-e*) hormona *f*; ⚗ agente *m* químico.

'**Wirkung** ['virkuŋ] *f* efeito *m*; (⚗ re)a[c]ção *f*; resultado *m*; (*Eindruck*) impressão *f*; **~s-bereich** *m* (*-es*; *-e*) âmbito *m*; ⚔ alcance *m*; **~s-feld** *n* (*-es*; *-er*) campo *m* de a[c]ção; **~s-kraft** *f* (*-*; *⸗e*) eficácia *f*, eficiência *f*; **~s-kreis** *m* (*-es*; *-e*) esfera *f* de a[c]tividade; = ~*sfeld*; **ᵹs-los** ineficaz, sem efeito, **~s-losigkeit** [-lo:ziç-] *f* (*0*) ineficácia *f*; **ᵹs-voll** eficaz; *Lit.*, *Kunst*: impressionante.

'**Wirk-waren** *f/pl.* malhas *f/pl.*

wirr [vir] confuso; *Haar*: desordenado; ~*es Durcheinander* caos *m*; '**ᵹen** *f/pl.* desordens *f/pl.*, distúrbios *m/pl.*, motins *m/pl.*; '**ᵹnis** *f* (*-*; *-se*), '**ᵹwarr** ['-var] *m* (*-s*; *0*) confusão *f*, trapalhada *f*; (*Lärm*) barulho *m*.

'**Wirsing-kohl** ['virziŋ-] *m* (*-s*; *0*) couve *f* lombarda.

Wirt [virt] *m* (*-es*; *-e*) ('**~in** *f*) dono *m* (-a *f*) da casa (*od.* do café, do restaurante *usw.*); patrão *m* (patroa *f*); (*Gast*ᵹ) gastrónomo *m*, taberneiro *m* (-a *f*); *Herberge*: estalajadeiro *m* (-a *f*), hospedeiro *m* (-a *f*); *Hotel*: hoteleiro *m* (-a *f*); (*Gastgeber*) hospedeiro *m*; anfitrião *m*; ˈ**⁓lich** hospitaleiro.

ˈ**Wirtschaft** [ˈvirtʃaft] *f* economia *f*; (*Haushalt*) governo (*ê) *m* da casa; ⸗ abegoaria *f*; = *Wirtshaus*; *iron.* (*schöne*) ⁓ (grande) desordem *f*; **⁓en** (-*e*-) *Haushalt u. Pol.*: governar; ⸗ explorar; † administrar, tratar dos negócios; **⁓er** *m* administrador *m*, gerente *m*, ecónomo *m*; **⁓erin** [-ərin] *f* governanta *f*; **⁓ler** [-lər] *m* economista *m*; **⁓lich** económico; **⁓lichkeit** *f* (*0*) economia *f*, rentabilidade *f*.

ˈ**Wirtschafts|berater** *m* conselheiro *m* económico; **⁓buch** *n* (-*es*; ⁓*er*) agenda *f* doméstica; **⁓führer** *m* grande industrial *m*; **⁓gebäude** *n/pl.* anexos *m/pl.*, dependências *f/pl.*, abegoaria *f*; **⁓geld** *n* (-*es*; -*er*) dinheiro *m* para governo (*ê) da casa; **⁓gemeinschaft** *f* (organização *f* de) cooperação *f* económica; *Europäische* ⁓ Comundade *f* Europeia de Economia; **⁓geographie** *f* (*0*) geografia *f* económica; **⁓-hilfe** *f* assistência *f* económica, auxílio *m* económico; **⁓lehre** *f* economia *f* política; *einzelne*: teoria *f* económica; **⁓lenkung** *f* dirigismo *m* económico; **⁓minister(ium** *n* [-*s*; -*ministerien*]) *m* Ministro (Ministério) *m* de Economia; **⁓politiker** *m* economista *m*; **⁓politisch** político-económico, económico--político; **⁓wissenschaft** *f* ciências *f/pl.* económicas e financeiras; **⁓wissenschaftler** *m* economista *m*.

ˈ**Wirts|-haus** *n* (-*es*; ⁓*er*) restaurante *m*; cervejaria *f*; taberna *f*; (*Rasthaus*) pousada *f*; **⁓leute** *pl.* patrões *m/pl.*, senhorio *m/sg.*

Wisch [viʃ] *m* (-*es*; -*e*) papelucho *m*; (*Stroh⁓*) molho de palha; ˈ**⁓en** esfregar; (*säubern*) limpar; *Staub*: *a.* tirar; *Mal.* esfumar; ˈ**⁓er** *m* esfregão *m*; *Mal.* esfuminho *m*; (*Feder⁓*) limpa-penas *m*; (*Scheiben⁓*) limpa-vidros *m*; *Auto*: limpa--pára-brisas *m*; ⚔ escovilhão *m*; *fig.* descompostura *f*; ˈ**⁓lappen** *m*, ˈ**⁓tuch** *n* (-*es*; ⁓*er*) rodilha *f*, esfregão *m*.

ˈ**Wisent** [ˈviːzɛnt] *m* (-*es*; -*e*) bisonte *m*.

ˈ**Wismut** [ˈvismuːt] *n* (*m*) (-*es*; *0*) bismuto *m*.

ˈ**wispern** [ˈvispərn] (-*re*) cochichar; *poet.* murmurar.

ˈ**Wiß-begier|(de)** [ˈvis-] *f* (*0*) curiosidade *f*; **⁓ig** curioso, interessado, ávido de saber.

ˈ**wiss|en**[1] (*L*) saber (*um* de); *nicht* ⁓ *a.* ignorar; *nicht* ⁓ *wohin vor Arbeit* não ter mãos a medir; *soviel ich weiß* que eu saiba; *was weiß ich!* sei lá!; *j-m für et. Dank* ⁓ agradecer a.c. a alg.; **⁓en**[2] *n* saber *m*; (*Gelehrsamkeit*) erudição *f*; (*Kenntnisse*) conhecimentos *m/pl.*; *m-s* ⁓*s* que eu saiba; *mit j-s* ⁓ com o conhecimento *m* de alg.; *ohne mein* ⁓ sem eu saber; *wider besseres* ⁓ contra a sua própria convicção; *nach bestem* ⁓ *und Gewissen* em toda a consciência.

ˈ**Wissenschaft** *f* ciência *f*; *der* ⁓ *halber* F por curiosidade; **⁓ler** [-lər] *m* erudito *m*, homem *m* de ciência, cientista *m*; **⁓lich** científico.

ˈ**Wissens|drang** *m* (-*es*; *0*), **⁓durst** *m* (-*es*; *0*) curiosidade *f*; **⁓wert** interessante.

ˈ**wissentlich** [ˈvisəntliç] consciente; *adv. a.* de propósito, de caso pensado.

ˈ**witter|n** [ˈvitərn] (-*re*) farejar; (*sichern*) tomar o vento; *fig. j. wittert Gefahr* palpita a alg. que haverá perigo; **⁓ung** *f* tempo *m*; *Jagd*: *a.* faro *m*.

ˈ**Witterungs|-einfluß** *m* (-*sses*; ⁓*sse*) influência *f* atmosférica; **⁓-umschlag** *m* (-*es*; ⁓*e*) mudança *f* de temperatura, mudança *f* de tempo; **⁓verhältnisse** *n/pl.* condições *f/pl.* atmosféricas; **⁓wechsel** *m* = ⁓*umschlag*.

ˈ**Witw|e** [ˈvitvə] *f* viúva *f*; **⁓en-geld** *n* (-*es*; -*er*), **⁓en-pension** *f* pensão *f* (à viúva *od.* de sobrevivência); **⁓enkasse** *f* montepio *m*; **⁓en-stand** *m* (-*es*; *0*) viuvez *f*; **⁓er** *m* viúvo *m*.

Witz [vits] *m* (-*es*; -*e*) graça *f*, espírito *m*; (⁓*wort*) gracejo *m*, piada *f*, pilhéria *f* (*reißen* dizer); *fig. der* ⁓ *bei et.* o essencial de a.c.; ˈ**⁓blatt** *n* (-*es*; ⁓*er*) jornal *m* humorístico; ˈ**⁓bold** [ˈ-bɔlt] *m* (-*es*; -*e*) bom ponto *m*; **⁓eˈlei** [-ˈlaɪ] *f* gracinha *f*; *grobe*: grosseria *f*; ˈ**⁓eln** (-*le*) gracejar; ~ über (*ac.*) *a.* troçar de; '**ℒig** engraçado; ~ *sn a.* ter graça.

wo [vo:] onde; ~ *auch* (*immer*) onde quer que (*subj.*); ~ *nicht* a não ser que; *heute*, ~ ... que; *i* ~! qual!; ~'**bei** *oft übers. durch ger.*; em que, no qual, na qual, pelo qual, pela qual; *örtl.* perto de que, perto do qual, perto da qual; ~? *a. örtl.* onde?; *zeitl.* quando?

'**Woche** ['vɔxə] *f* semana *f*; *pl.* ~*n*, ⚕ = ~*nbett*; *in die* ~*n kommen* dar à luz.

'**Wochen|-arbeit** *f* trabalho *m* semanal; ~**bericht** *m* (-*es*; -*e*) boletim *m* semanal; ~**bett** *n* (-*es*; -*en*) (sobre)parto *m* (*im* de); ⚕ puerpério *m*; ~**blatt** *n* (-*es*; *⸗er*) semanário *m*; ~**-end...**: *in Zssg(n)* do fim da semana, para o fim da semana; ~**-ende** *n* fim *m* da semana; ℒ**lang** (por *od.* durante) semanas inteiras; ~**lohn** *m* (-*es*; *⸗e*) salário *m* semanal; ~**markt** *m* (-*es*; *⸗e*) feira *f* semanal; ~**schau** *f Kino*: documentário *m*, jornal *m* sonoro; *Radio*: semanário *m* radiofónico; ~**schrift** *f* revista *f* semanal, hebdomadário *m*; ~**tag** *m* (-*es*; -*e*) dia *m* da semana; (*Werktag*) dia *m* útil; *pl. an* ~*en* = ℒ**tags** nos dias úteis.

'**wöchentlich** ['vœçəntliç] semanal; *adv. a.* todas as semanas; *dreimal usw.* ~ três vezes por semana.

'**wochen-weise** por semanas, semanal.

'**Wöchnerin** ['vœçnərin] *f* parturiente *f*.

wo|'durch: ~? como?, de que modo?; *örtl.* por onde?; *relativ*: pelo que, pelo qual, pela qual; ~'**fern** caso (*subj.*); contanto que (*subj.*); ~ *nicht* a não ser que (*subj.*); '~**für**[1]: ~? para que?; a favor de que?; ~'**für**[2] *relativ*: para o que, pelo qual, pela qual.

'**Woge** ['vo:gə] *f* vaga *f*, onda *f*.

wo'gegen: ~? contra que(m)?; em troca de que?; *relativ*: contra que, contra o qual, contra a qual, em troca de que, em troca do qual, em troca da qual; = *wohingegen*.

'**wogen** ondear, flutuar; *Meer*: encapelar-se; *Menschen*: agitar-se.

wo|'her donde; ~'**hin** para onde, aonde; ~**hin'gegen** enquanto que, ao passo que.

wohl[1] [vo:l] *adv.* bem [*comp.* ~*er* melhor; *sup. am* ~*sten* (o) melhor]; ~ *aber* mas, porém; (*vielleicht*) talvez, *fragend*: *a.* porventura; *vermutend*: *er hat* ~ deve ter; ~ *oder übel* quer queira, quer não; ~ *dem, der* feliz aquele que, ditoso aquele que; *ob er* ~ *kommt?* ele virá?; *es sich* ~ *sn lassen* gozar.

Wohl[2] *n* (-*es*; *0*) bem *m*; *a.* = ~*befinden*; *zum* ~*e* (*gen.*) por bem *m* de, a bem *m* de, em prol *m* de, em benefício *m* de; (*auf*) *Ihr* ~! (à sua) saúde *f*!

wohl|-'an pois bem, vamos; '~**-anständig** decoroso; ~**-'auf** bem de saúde, de boa saúde; ~! = ~*an!*; 'ℒ**befinden** *n* (-*s*; *0*) bem-estar *m*, boa saúde *f*; 'ℒ**behagen** *n* (-*s*; *0*) agrado *m*, prazer *m*; = ℒ*befinden*; '~**behalten** são e salvo; *et.*: inta[c]to, ✝ em boas condições; '~**beleibt** corpulento; 'ℒ**-ergehen** *n* = ℒ*befinden*; prosperidade *f*.

'**Wohl-fahrt** *f* (*0*) bem(-estar) *m*; = ~*spflege*; ~**s-amt** *n* serviços *m/pl.* de assistência social; ~**s-ausschuß** *m* (-*sses*; *0*) *hist.* Comité *m* de Salvação Pública; ~**s-einrichtung** *f* instituição *f* de assistência pública; ~**s-empfänger(in** *f*) *m* pensionista *m*, *f*; ~**s-pflege** *f* (*0*) assistência *f* social; *Rel.* caridade *f*, beneficência *f*.

'**wohl|feil** barato; ~**geboren** ilustríssimo; ℒ**gefallen** *n* agrado *m*; prazer *m*; ~**gefällig** agradável, aprazível; *adv. a.* com agrado, com prazer; ~**geformt** ['-gəfɔrmt] bem formado; ~**gemeint** [-gəmaɪnt] bem-intencionado, amigável; ~**gemut** ['-gəmu:t] alegre, bem disposto, contente; ~**genährt** ['-gənɛ:rt] bem nutrido; ~**geraten** *j.*: bem-educado; *et.*: bem feito; ℒ**geruch** *m* (-*es*; *⸗e*) bom cheiro *m*, fragrância *f*; perfume *m*; ℒ**geschmack** *m* (-*es*; *0*) gosto (*'ô) *m* agradável; sabor *m* agradável; bom paladar *m*; ~**gesinnt** bem-intencionado; *j-m* ~ *sn* ser amigo de alg.; ~**gesittet** de bons costumes; ~**gestalt(et)** bem proporcionado; ~**-habend** abastado; ℒ**-haben-heit** *f* (*0*) riqueza *f*; ~**ig** agradável; *Gefühl*: de bem-estar; ℒ**klang** *m* (-*es*; *0*) harmonia *f*; = ℒ*laut*; ~**klingend** harmonioso, eufónico; ℒ**laut** *m* (-*es*; *0*) eufonia *f*; ℒ**leben** *n* (-*s*; *0*) vida *f* regalada;

~meinend = *~gemeint*; **~riechend** aromático, perfumado; **~schmekkend** saboroso, gostoso; **♀sein** *n* (-*s*; *0*) saúde *f*; **♀stand** *m* (-*ẹs*; *0*) abastança *f*, prosperidade *f*; **♀tat** *f* benefício *m*, favor *m*; ⚕ alívio *m*; **♀täter(in** *f*) *m* benfeitor(a *f*) *m*; **~tätig** benéfico, caritativo; = *~-tuend*; **♀tätigkeit** *f* (*0*) beneficência *f*, caridade *f*; **~tuend** ['-tu:ɛnt] agradável; *fig. a.* simpático; **~tun** (*L*) fazer bem; *Rel. a.* bem-fazer; **~überlegt** bem refle[c]tido; **~-unterrichtet** bem informado; **~verdient** bem-merecido; *j.*: benemérito (*um* de); **~versorgt** abastado; **~verstanden** bem entendido; **~-'weislich** prudentemente; **~wollen¹** *v/i.* querer bem (a); **♀wollen²** *n* benevolência *f*, simpatia *f*; **~wollend** = *~gemeint*; benévolo; *adv.* com simpatia, com benevolência.

'**wohn|en** ['vo:nən] viver, habitar, morar, residir; *im Hotel*: estar alojado; **♀-haus** *n* (-*es*; ⸚*er*) casa *f* de habitação; **~-haft** domiciliado, residente; **♀küche** *f* quarto-cozinha *m*; **~lich** confortável, cómodo; **♀-ort** *m* (-*ẹs*; -*e*) domicílio *m*, morada *f*; **♀-raum** *m* (-*ẹs*; ⸚*e*) sala *f*; **♀-Schlafraum** *m* (-*ẹs*; ⸚*e*) quarto-salinha *m*; **♀sitz** *m* (-*es*; -*e*) domicílio *m*, residência *f*; **♀ung** *f* casa *f*, habitação *f*, morada *f*; (*Etagen♀*) andar *m*; (*Unterkunft*) alojamento *m*; (*Wohnsitz*) domicílio *m*.

'**Wohnungs|-amt** *n* (-*ẹs*; ⸚*er*) repartição *f* de alojamento; serviços *m/pl.* de alojamento; **~bau** *m* (-*ẹs*; -*bauten*) construção *f* de habitações; **~-frage** *f* (*0*) problema *m* habitacional; **~geld** *n* (-*ẹs*; -*er*) subsídio *m* de habitação; **~mangel** *m* (-*s*; *0*) falta *f* de habitações; **~miete** *f* renda *f* (da casa *usw.*); **~nachweis** *m* (-*es*; -*e*) = *~amt*; **~not** *f* (*0*) crise *f* habitacional; **~suche** *f* procura *f* de alojamento; **~tausch** *m* (-*ẹs*; *0*) troca *f* de habitação; **~-wechsel** *m* mudança *f* de domicílio; **~-zulage** *f* = *~geld*.

'**Wohn|viertel** *n* bairro *m* habitacional; **~wagen** *m* roulote *f*; **~-zentrum** *n* (-*s*; -*zentren*) centro *m* habitacional; **~zimmer** *n* sala *f* de estar.

'**wölb|en** ['vœlbən] ⚠ arquear, abobadar; *a. sich ~* abaular; *Holz*: empenar; **♀ung** *f* curva *f*; abaulamento *m*; ⚠ arqueação *f*; (*Gewölbe*) abóbada *f*.

Wolf [vɔlf] *m* (-*ẹs*; ⸚*e*) lobo (*'ô) *m*; ⊕ *Küche*: máquina *f* para (passar a) carne; ⚕ intertrigem *f*.

'**Wölfin** ['vœlfin] *f* loba (*ô) *f*.

'**Wolfram** ['vɔlfram] *n* (-*s*; *0*) tungsténio *m*, volfrâmio *m*.

'**Wolfs|-eisen** *n* cepo *m*, abrolho *m*; **~grube** *f* fojo *m* (*a.* ⚔); **~-hund** *m* (-*ẹs*; -*e*) lobecão *m*; **~-hunger** *m* (-*s*; *0*) fome *f* canina; **~milch** ♀ *f* (*0*) ésula *f*, maleiteira *f*, eufórbio *m*.

'**Wolk|e** ['vɔlkə] *f* nuvem *f*; **~enbruch** *m* (-*ẹs*; ⸚*e*) chuva *f* torrencial; *kurzer*: aguaceiro *m*; **~en-kratzer** [-kratsər] *m* arranha-céus *m*; **♀enlos** sem nuvens, límpido, desanuviado; **~enwand** *f* (-; ⸚*e*) faixa *f* de nuvens; **♀ig** nublado.

'**Woll|decke** ['vɔl-] *f* coberta *f* de lã; **~e** *f* lã *f*; ♀ cotão *m*, lanugem *f*; *sich* (*ea.*) *in die ~ geraten* F altercar; **♀en¹** *adj.* de lã; **♀en²** querer; (*wünschen*) desejar; (*beabsichtigen, behaupten*) pretender; *wie Sie ~* como quiser, como entender; *lieber ~* preferir; *wir ~ essen usw. a.* vamos ...; *wir ~ gehen* vamos (embora); *~ Sie bitte* (*inf.*) tenha a bondade de; *gelernt sn ~* requerer alguma experiência; não se improvisar; *hier* (*od. da*) *ist nichts zu ~!* F não se pode fazer nada!; Paciência!; *wenn wir alles sagen wollten, was ...* se fôssemos a dizer tudo quanto ...; *gewollt adj.* propositado; **~en³** *n* querer *m*; *Phil.* volição *f*; **~-haar** *n* (-*ẹs*; -*e*) cotão *m*; *j-s*: cabelo *m* crespo; **~-handel** *m* (-*s*; *0*) comércio *m* de lãs; **~-handlung** *f* loja *f* de lãs; **♀ig** lanoso; *Haar*: crespo; **~-industrie** *f* indústria *f* de lanifícios; **~kamm** *m* (-*ẹs*; ⸚*e*), **~kratze** ['-kratsə] *f* carda *f*; **~markt** *m* (-*ẹs*; ⸚*e*) mercado *m* de lãs; **~-schur** *f* tosquia *f*; **~spinnerei** *f* fiação *f* de lãs; **~stoff** *m* (-*ẹs*; -*e*) lã *f*.

Wol|lust ['vɔlust] *f* (-; ⸚*e*) voluptuosidade *f*, luxúria *f*; **♀lüstig** ['-lystiç] voluptuoso, lascivo.

'**Woll|waren** *f/pl.* artigos *m/pl.* de lã, lanifícios *m/pl.*; **~zeug** *n* (-*ẹs*; *0*) tecidos *m/pl.* de lã; *Kleidung*: roupa *f* de lã.

wo|'mit: ~(?) com que(?), com o qual, com a qual; *~ kann ich Ihnen* *dienen?* em que posso servi-lo?; **~'möglich** porventura; **~'nach**: *~? örtl.* atrás de que?; *zeitl.*: *~?* depois de que?; *verknüpfend*: segundo o qual, segundo a qual; *örtl.*: atrás de que, atrás do qual; atrás da qual; *zeitl.* depois de que, depois do qual, depois da qual.

'**Wonne** ['vɔnə] *f* delícia *f*; encanto *m*; *ewige*: *Rel.* glória *f*; *a.* **~gefühl** *n* (*-es*; *-e*) (sensação *f* de) enlevo (*'ê) *m*, deleite *m*; **~monat** *m* (*-es*; *-e*), **~mond** *m* (*-es*; *-e*) (mês *m* de) Maio *m*; **2trunken** extasiado; **2-voll** = *wonnig.*

'**wonnig** ['vɔniç] delicioso.

wo'r|an [vo:'ran]: *~(?)* a que(?), em que(?), onde(?); *~ leidet er?* de que sofre?; no qual, na qual; ao qual, à qual; *nicht wissen, ~ man ist* não saber a que ater-se; **~auf**: *~(?)* sobre que(?); onde(?), aonde(?), sobre o qual, sobre a qual; *zeitl.* depois de que(?); depois do qual, depois da qual; **~aus**: *~(?)* de que(?), donde(?), do qual, da qual; **~ein**: *~(?)* em que(?); onde(?); para onde(?); no qual, na qual.

'**worfeln** ['vɔrfəln] ⁄ (*-le*) joeirar, aventar.

wo'rin [vo:'rin]: *~(?)* em que(?), onde(?); no qual, na qual.

Wort [vɔrt] *n* (*-es*; *-e*, *⸗er*) palavra *f* (*a. Versprechen*; *mit e-m ~* numa); (*Ausdruck*) termo (*ê) *m*; (*Ausspruch*) frase *f*, dito *m* (*geflügeltes* célebre, histórico); sentença *f*; ⚔ senha *f*; *Rel.* Verbo *m*; *aufs ~ gehorchen* cegamente; *auf mein ~!* palavra de honra!; (*nicht*) *zu ~e kommen lassen* (não) deixar falar; *das ~ ergreifen* tomar a (*od.* usar da) palavra; *das ~ führen* falar, ser o orador; *iron.* ser fanfarrão, ostentar-se; *~ halten* cumprir; *beim ~ nehmen* lembrar; *ein ~ mitreden können* ter competência; *ein ~ mitzureden haben* ter que ser ouvido; *pl. schöne ~e* palavrinhas *f/pl.*; *viele ~e machen* falar muito, ser prolixo; *in ~en* por extenso; '**~-akzent** *m* (*-es*; *-e*) acento *m* tónico; '**2-arm** (*⸗er*; *⸗st*) lacónico; '**~-art** *f* espécie *f* de palavra; '**~bedeutungslehre** *f* (*0*) semântica *f*; '**~bildung** *f* formação *f* de palavras; '**~bruch** *m* (*-es*; *⸗e*) falta *f* de palavra, quebra *f* de palavra; '**2brüchig**: *~ sn* faltar à palavra.

'**Wört|chen** ['vœrtçən] *n* palavrinha *f*; *ein ~ mitzureden haben* ter que ser ouvido; **~er-buch** *n* (*-es*; *⸗er*) dicionário *m*; **~erbuch-verfasser** *m* dicionarista *m*, lexicógrafo *m*; **~er-verzeichnis** *n* (*-ses*; *-se*) vocabulário *m*, glossário *m*.

'**Wort|folge** *f* ordem *f* das palavras; **~führer** *m* orador *m*; porta-voz *m*; *fig.* representante *m*; **2getreu** = *2wörtlich*; **2karg** lacónico, de poucas palavras; **~klauber** ['-klaubər] *m* subtilizador *m*; **~klaube'rei** *f* logomaquia *f*, verbalismo *m*; **~körper** *m* fonema *m*; **~laut** *m* teor *m*; *im ~* no original, textualmente.

'**wörtlich** ['vœrtliç] literal, textual; *adv. a.* à letra, ao pé da letra.

'**wort|los** silencioso; *adv.* sem dizer nada; **~reich** de rico vocabulário; *Stil*: abundante; (*phrasenhaft*) verboso; **2schatz** *m* (*-es*; *0*) vocabulário *m*; **2schwall** *m* (*-es*; *0*) verbosidade *f*; **2sinn** *m* (*-es*; *0*) sentido *m* literal, significado *m* literal, acepção *f* literal; **2spiel** *n* (*-es*; *-e*) jogo (*'ô) *m* de palavras, trocadilho *m*; **2stellung** *f* = *~folge*; **2-ungetüm** *n* (*-es*; *-e*) palavrão *m*; **2wechsel** *m* discussão *f*, disputa *f*; altercação *f*; **~'wörtlich** palavra por palavra.

wo'r|über [vo:'ry:bər]: *~(?)* sobre que(?), de que(?); sobre o qual, sobre a qual, do qual, da qual, no qual, na qual; **~um**: *~(?)* em volta de que(?), em volta do qual, em volta da qual; *fig.* de que(?); **~unter**: *~(?)* debaixo de que(?), entre quem(?), entre quais pessoas(?); debaixo do qual, debaixo da qual, entre os quais, entre as quais.

wo|'selbst onde; **~'von**: *~(?)* de que(?); do qual, da qual; '**~vor**: *~(?)* diante de que(?); diante do qual, diante da qual; *~ fürchtest du dich?* que temes?; '**~zu**[1]: *~?* para que?; para que fim?; para que efeito?; **~'zu**[2] *relativ*: para o que, para o qual, para a qual.

Wrack [vrak] *n* (*-es*; *-e*, *-s*) destroços (*'ô) *m/pl.* de um navio; carcaça *f*.

'**wring|en** ['vriŋən] (*L*) torcer (a roupa); **2maschine** *f* máquina *f* de hidroextra[c]ção.

'**Wucher** ['vu:xər] *m* usura *f*; ~ *mit Waren* açambarcamento de; ~ *treiben* usurar; (**~er** *m*), **≈isch** usurário (*m*); onzenário (*m*); **≈n** (-*re*) pulular; ✝ usurar; **~ung** *f* excrescência *f*, tumor *m*; vegetações *f/pl.*; **~zins** *m* (-*es*; -*en*) interesse (*'ê) *m* usurário.

Wuchs [vuks] *m* (-*es*; ¨*e*) crescimento *m*; (*Gestalt*) estatura *f* (*schlank* elegante), talhe *m*, tamanho *m*, forma *f*.

Wucht [vuxt] *f* ímpeto *m*; (*Gewicht*) peso (*ê) *m*; *mit voller* ~ com toda a força (*ô); '**≈ig** impetuoso, pesado; *fig.* impressionante.

'**Wühl|-arbeit** ['vy:l-] *f fig.* agitação *f* clandestina; **≈en** *Pol.* agitar os espíritos, fazer propaganda subversiva; *in* (*dat.*) ~ revolver (*ac.*), remexer (*ac.*); *in der Erde*: escavar (*ac.*); **~er** *m* (agente *m*) agitador *m*, intriguista *m*; **~e'rei** [-ə'raɪ] *f* agitação *f* clandestina, propaganda *f* subversiva; **≈erisch** ['-əriʃ] sedicioso, subversivo; **~maus** *f* (-; ¨*e*) arvícola *f*.

Wulst [vulst] *m* (-*es*; ¨*e*) chumaço *m*; (*Verdickung*) rolete *m*; bojo (*'ô) *m*; ⚘ protuberância *f*; bocel *m*; '**≈ig** balofo; *Lippe*: grosso.

wund [vunt] ferido; (~*gescheuert*) esfolado, escoriado; *sich* ~*liegen* ulcerar-se, chagar-se; *sich* (*dat.*) *die Füße* ~ *laufen* esfolar os pés; ~*e Stelle* esfoladela *f*; ~*er Punkt fig.* ponto *m* delicado, ponto *m* fraco; **≈arzt** *m* (-*es*; ¨*e*) cirurgião *m*.

'**Wunde** ['vundə] *f* ferida *f*; *offene*: *a.* chaga *f*.

'**Wunder** ['vundər] *n* milagre *m* (*bsd. Rel.*); (~*werk*) maravilha *f*; (~*ding*) prodígio *m*, portento *m*; *es ist kein* ~ não é de admirar, não é de estranhar; *glauben*, ≈ *was getan zu haben* julgar ter feito maravilhas; *sich* ≈ *was auf* (*ac.*) *einbilden* julgar sabe-se lá o que de ...; *sn blaues* ~ *erleben* ver as do diabo; **≈bar** maravilhoso, prodigioso; *bsd. Rel.* milagroso; (*herrlich*) admirável; (*seltsam*) estranho; *adv.* (*ganz*) ~ à(s mil) maravilha(s); **~bild** *n* (-*es*; -*er*) imagem *f* milagrosa; **~ding** *n* (-*es*; -*e*) prodígio *m*; **~doktor** *m* (-*s*; -*en*) curandeiro *m*, charlatão *m*; **~geschichte** *f* história *f* milagrosa; **~glaube** *m* (-*ns*; *0*) crença *f* em milagres; **≈gläubig** milagreiro; **≈hübsch** muito lindo; **~kind** *n* (-*es*; -*er*) menino-prodígio *m*; **~kraft** *f* (-; ¨*e*) poder *m* milagroso, poder *m* mágico; **~kur** *f* cura *f* milagrosa; **~land** *n* (-*es*; ¨*er*) país *m* das maravilhas; **≈lich** esquisito, estranho; **~lichkeit** *f* esquisitice *f*, extravagância *f*; **≈n** (-*re*): (*sich*) ~ admirar (-se, *über ac.* de); *es soll mich doch* ~, *ob* admirar-me-ia se; **≈nehmen** (*L*) = ≈*n*; estranhar; **≈sam** estranho; **≈schön** muito formoso, magnífico; *adv.* com rara perfeição, às mil maravilhas; **~tat** *f* feito *m* milagroso, milagre *m*; (**~täter** *m*), **≈tätig** *Rel.* taumaturgo (*m*), milagreiro (*m*); **≈voll** maravilhoso, admirável, magnífico; *adv. s. a.* ≈*schön*; **~welt** *f* mundo *m* das maravilhas; **~werk** *n* (-*es*; -*e*) maravilha *f*; **~zeichen** *n* sinal *m* milagroso.

'**Wund|fieber** *n* (-*s*; *0*) febre *f* traumática; **~mal** *n* (-*es*; -*e*) (*Narbe*) cicatriz *f*; *Rel.* chaga *f*; **~starrkrampf** *m* (-*es*; *0*) tétano *m*.

Wunsch [vunʃ] *m* (-*es*; ¨*e*) desejo *m* (*nach* de); *auf* ~ a pedido *m*; *nach* ~ à vontade *f*; *nach j-s* ~ segundo os desejos de alg.; (*Glück*≈) voto *m* (*aussprechen* formular); '**~bild** *n* (-*es*; -*er*) ideal *m*.

'**Wünschel-rute** ['vynʃəl-] *f* varinha *f* mágica.

'**wünschen** ['vynʃən] desejar; *sehnsüchtig* ~ ansiar, anelar; *j-m Glück* ~ felicitar alg.; *guten Tag* ~ dar os bons dias; *ganz wie Sie* ~ como quiser; *gewünscht werden j.*: ser chamado; *et.* ✝: ser pedido; **~swert** desejável, de desejar.

'**Wunsch|konzert** *n* (-*es*; -*e*) programa *m* de música pedida pelos ouvintes; **~liste** *f* lista *f* de pedidos; **~satz** *m* (-*es*; ¨*e*) oração *f* optativa; **~traum** *m* (-*es*; ¨*e*) ideal *m*, ilusão *f*; **~zettel** *m* lista *f* de prendas pedidas.

'**Würde** ['vyrdə] *f* dignidade *f*; *akademische*: grau *m*; **≈los** indigno, indecoroso; **~losigkeit** [-lo:ziç-] *f* (*0*) falta *f* de dignidade; **~n-träger** *m* dignitário *m*; **≈voll** grave; decoroso; solene.

'**würdig** ['vyrdiç] digno; = *würdevoll*; *sich* (*gen.*) ~ *erweisen* saber corresponder a; **~en** [-gən] apreciar; julgar digno; *j-n keiner Antwort* ~ não se dignar responder a alg.; ˜ung *f* apreciação *f*; *Lit.* crítica *f*.

Wurf [vurf] *m* (-*es*; ¨*e*) arremesso *m*; *a. Spiel*: lance *m*; *Würfel*: *a.* jogada *f*; *Zool.* ninhada *f*; cria *f*; *fig.* realização *f*; '**~bahn** *f* traje[c]tória *f*.

'**Würfel** ['vyrfəl] *m* dado *m*; (*Suppen*˜) *u.* ⚕ cubo *m*; (*Zucker*˜) quadradinho *m* de açúcar; *auf Stoffen*: quadrado *m*; *der ~ ist gefallen fig.* está deitada a sorte; **~becher** *m* copo *m*; ˜**förmig** [-fœrmiç] cúbico; ˜**n** (-*le*) jogar (a)os dados; *gewürfelt adj.* quadriculado; **~spiel** *n* (-*es*; -*e*) jogo (*'ô) *m* de dados; **~spieler** *m* jogador *m* de dados; **~zucker** *m* (-*s*; *0*) açúcar *m* em quadradinhos.

'**Wurf|geschoß** *n* (-*sses*; -*sse*) arma *f* de arremesso, projé[c]til *m*; **~leine** *f* ⚓ espia *f*; **~sendung** *f* ✉ (remessa *f* por) avença *f*; **~speer** *m* (-*es*; -*e*) venábulo *m*, dardo *m*; **~weite** *f* alcance *m*.

'**würg|en** ['vyrgən] **1.** *v/t.* sufocar, estrangular; **2.** *v/i.* reprimir os vómitos; *~ an* (*dat.*) ter dificuldade em tragar (*od.* em engolir) a.c.; ˜**engel** *m* anjo *m* exterminador; ˜**er** *m Zool.* esmerilhão *m*.

Wurm [vurm] (-*es*; ¨*er*) **a)** *m* verme *m*; (*Holz*˜) caruncho *m*; (*Regen*˜) minhoca *f*; (*Eingeweide*˜) bicha *f*, lombriga *f*; oxiuro *m*; **b)** *n* F *das arme ~* coitad(inh)o *m*, -a *f*; '˜**artig** vermicular, vermiforme; '˜**en** *v/t.* mortificar, fazer embirrar a; '˜**förmig** ['-fœrmiç] vermiforme; '**~fort-satz** *m* (-*es*; ¨*e*) apêndice *m*; '**~fraß** *m* (-*es*; *0*) carcoma *f*; '**~mittel** ⚕ *n* vermicida *m*, vermífugo *m*; '˜**stichig** ['-ʃtiçiç] carunchoso.

Wurst [vurst] *f* (-; ¨*e*) chouriço *m*; (*Brat*˜, *Knack*˜) salsicha *f*; (*Blut*˜) morcela *f*; *das ist mir ~* F isso não me interessa.

'**Würstchen** ['vyrstçən] *n* salsicha *f*.

'**wurst|eln** ['vurstəln] (-*le*) F trabalhar sem entusiasmo, trabalhar sem interesse (*'ê); ˜**vergiftung** *f* intoxicação *f* por ingestão de salsichas; ˜**waren** *f/pl.* salsichas *f/pl.*

'**Würze** ['vyrtsə] *f* tempero *m*, condimento *m*; (*Bier*˜) mosto *m*; (*Geschmack usw.*) aroma *m*; *a. fig.* sabor *m*.

'**Wurzel** ['vurtsəl] *f* (-; -*n*) raiz *f* (⚕ *zweite* quadrada, *dritte* cúbica), *Gram. a.* radical *m*; (*Fuß*˜) tarso *m*; (*Hand*˜) carpo *m*; (*Mohrrübe*) cenoura *f*; *~ fassen*, *~ schlagen* lançar raízes, arraigar, pegar de estaca; **~behandlung** ⚕ *f* tratamento *m* da raiz; **~bildung** *f* radicação *f*; **~faser** *f* (-; -*n*) radícula *f*; **~-haut** *f* (-; ¨*e*) membrana *f* peri-odontal, ligamento *m* dentário; **~haut-entzündung** *f* inflamação *f* da membrana peri-odontal, inflamação *f* do ligamento dentário; **~knollen** *m* tubérculo *m*; ˜**los** *fig.* desarraigado; ˜**n** (-*le*) radicar; **~reis** *n* (-*es*; -*er*), **~schößling** *m* (-*s*; -*e*) pimpolho *m*, rebento *m* (junto ao tronco); **~stock** *m* (-*es*; ¨*e*) estirpe *f*; **~werk** *n* (-*es*; *0*) raízes *f/pl.*; **~wort** *n* (-*es*; ¨*er*), **~zeichen** ⚕ *n* radical *m*.

'**würz|en** ['vyrtsən] (-*t*) condimentar, temperar; *a. fig.* sazonar; **~ig** aromático, bem temperado; *fig.* forte, vigoroso.

Wust [vu:st] *m* (-*es*; *0*) trapalhada *f*.

wüst [vy:st] (*öde*) deserto, ermo (*ê); (*unbebaut*) inculto; (*ohne Ordnung*) desordenado; (*lärmend*) tumultuoso; *j.*: brutal; *a. Leben*: desregrado; '˜**e** *f* deserto *m*; *zur ~ machen*, '**~en** (-*e*-) devastar; '˜**ling** *m* (-*s*; -*e*) estróina *m*, perdulário *m*, libertino *m*.

Wut [vu:t] *f* (*0*) raiva *f*, fúria *f*, furor *m*; sanha *f*, mania *f*; *in ~ bringen*, *in ~ geraten* enfurecer; '**~-anfall** *m* (-*es*; ¨*e*), '**~-ausbruch** *m* (-*es*; ¨*e*) ataque *m* de cólera.

'**wüten** ['vy:tən] (-*e*-) enfurecer, raivar, estar furioso, estar zangado; *Sturm*: descencadear-se com fúria; *~ in* (*dat.*) *a.* causar estragos em; (*verwüsten*) devastar; **~d** *adj.* furioso, zangado, raivoso (*werden* ficar); *~ machen* enfurecer, zangar; *~ werden* enfurecer, enraivecer, zangar-se; *auf j-n ~ sn* estar furioso com alg.

'**wut|-entbrannt** ['-ɛntbrant], **~-schnaubend** furibundo.

'**Wüterich** ['vy:təriç] *m* (-*es*; -*e*) homem *m* feroz, homem *m* furibundo; *Pol.* tirano *m*.

X

X, x [iks] *n* X, x *m*; *Herr X* Fulano; *j-m ein X für ein U vormachen* enganar alg., vender gato por lebre.

Xan'thippe [ksan'tipə] *f fig.* megera *f.*

'X|-Beine *n/pl.*: ~ *haben*, **~-beinig** ['-baɪniç]: ~ *sn* ser cambaio; **2-beliebig** qualquer; **2-mal** não sei quantas vezes; **~-Strahlen** *m/pl.* raios X; **2-te** ['-tə]: ~ *Potenz* potência *f* x.

Xylo'graph [ksylo'gra:f] *m* (*-en*) xilógrafo *m.*

Xylo'phon [ksylo'fo:n] *n* (*-s*; *-e*) xilofone *m.*

Y

Y, y ['ypzilɔn] *n* Y, y *m.*

Yacht [jaxt] *f* = *Jacht.*

Z

Z, z [tsɛt] *n* Z, z *m*; *von A bis* ~ de cabo a rabo, de ponta a ponta.

'**Zack|e** ['tsakə] *f*, **~en**[1] *m* ponta *f*, (*Spitze*) pua *f*; ⊕ dente *m*; (*Zinne*) ameia *f*; **2en**[2] recortar, dent(e)ar; **~en-litze** *f* espiguilha *f*; **2ig** dent(e)ado; com puas; *fig.* F *j.*: bizarro.

'**zag|en** ['tsa:gən] **1.** ter medo (*ê), hesitar; **2.** 2 *n* medo (*ê) *m*; **~haft** tímido, medroso; **2haftigkeit** *f* (*0*) timidez *f*, medo (*ê) *m*.

zäh [tsɛ:] tenaz, *j.*: *a.* teimoso; *et.*: *a.* resistente, *Fleisch*: duro; '**~flüssig** espesso; (*klebrig*) viscoso; *adv.* *a.* com tenacidade; '**2flüssigkeit** *f* (*0*) dureza *f*, tenacidade *f*; viscosidade *f*.

Zahl [tsa:l] *f* número *m*; (*Ziffer*) algarismo *m*; '**~-adverb** *n* (-*s*; -*ien*) advérbio *m* numeral; '**~-amt** *n* (-*ѐs*; ⸚*er*) tesouraria *f*, contabilidade *f*.

'**zahlbar** pagável; ~ *werden* vencer.

'**zählbar** contável, numerável.

'**zahlen** pagar; ~! a conta, se faz favor!; *was habe ich zu* ~? quanto é?; **~d** *adj.* *Mitglied*: contribuinte.

'**zählen** ['tsɛ:lən] contar (*auf ac.* com; *zu s-n Kunden usw.* entre); *Bevölkerung*: recensear; *nicht bis 3* ~ *können* F ser parvo.

'**Zahlen|-angabe** *f*/*pl.* elementos *m*/*pl.* estatísticos, dados *m*/*pl.* estatísticos; **~folge** *f* série *f* de números; **2mäßig** numérico; **~material** *n* (-*s*; *0*) = ~*angabe*; **~reihe** *f* = ~*folge*; **~verhältnis** *n* (-*ses*; *0*) proporção *f* numérica; **~wert** *m* (-*ѐs*; -*e*) valor *m* numérico.

'**Zahler(in** *f*) *m* ['tsa:lər-] pagador (-a *f*) *m*.

'**Zähler** ['tsɛ:lər] *m* ⚡ *u.* ⊕ contador *m*; ♁ numerador *m*.

'**Zahl|grenze** *f* zona *f*; **~karte** *f* vale *m* de correio; **~kasse** *f* caixa *f*; **2los** inumerável; ~*e pl.* um sem-número de; **~meister** *m* ⚔ quartel-mestre *m*; ⚓ comissário *m*; **2reich** numeroso; ~*e pl. a.* grande número de; **~stelle** *f* caixa *f*; **~tag** *m* (-*ѐs*; -*e*) dia *m* de pagamento; *e-s Wechsels*: vencimento *m*; **~ung** *f* paga *f*; pagamento *m*; *an* ~*s Statt, als* ~ (*für*), *in* ~ em ... (de).

'**Zählung** ['tsɛ:luŋ] *f* numeração *f*; contagem *f*; *Statistik*: recenseamento *m*.

'**Zahlungs|-anweisung** *f* cheque *m*, *a.* **~-auftrag** *m* (-*ѐs*; ⸚*e*) ordem *f* de pagamento; **~-aufforderung** *f* aviso *m* de pagamento; **~-aufschub** *m* (-*ѐs*; ⸚*e*) prórroga *f*, moratória *f*; **~befehl** *m* (-*ѐs*; -*e*) mandado *m* de pagamento; **~bilanz** *f* balanço *m* de pagamento; **~-einstellung** *f* suspensão *f* de pagamentos; **~-empfänger** *m* recebedor *m*; destinatário *m*; **2fähig** solvente; **~fähigkeit** *f* (*0*) solvência *f*; **~frist** *f* (prazo *m* de) vencimento *m*; **~mittel** *n* moeda *f*; **~-ort** *m* (-*ѐs*; -*e*) local *m* de pagamento; **~termin** *m* (-*s*; -*e*) (dia *m* do) vencimento *m*; **2-unfähig** insolvente; **~-unfähigkeit** *f* (*0*) insolvência *f*; **~verkehr** *m* (-*s*; *0*) (serviço *m* de) pagamentos *m*/*pl.*; **~weise** *f* modo *m* de pagamentos.

'**Zahl|wort** *n* (-*ѐs*; ⸚*er*) adjectivo *m* numeral; '**~zeichen** *n* algarismo *m*.

zahm [tsa:m] manso; (*gezähmt*) domesticado, doméstico; ~ *werden* amansar, domesticar-se.

'**zähm|bar** ['tsɛ:mba:r] domável; **~en** amansar, *a.* (*bändigen*) domar; *fig.* dominar.

'**Zahmheit** ['tsa:mhaɪt] *f* (*0*) mansidão *f*.

'**Zähmung** ['tsɛ:muŋ] *f* domesticação *f*.

Zahn [tsa:n] *m* (-*ѐs*; ⸚*e*) dente *m*; *der* ~ *der Zeit fig.* a lima do tempo; *j-m auf den* ~ *fühlen fig.* examinar alg.; sondar alg.; *Zähne bekommen* = 2*en*; '**~-arzt** *m* (-*es*; ⸚*e*) médico-dentista *m*; '**~-ärztin** *f* médica-dentista *f*; '**2-ärztlich** *Behandlung*: dos dentes; *Studium*: odontológico; '**~bürste** *f* escova *f* de dentes.

'**Zähne|fletschen** ['tsɛ:nə-] *n* arreganho *m*; **~klappern** *n* tremor *m*; **~knirschen** *n* rangido *m*.

'**zahn|en**[1] ['tsa:nən] dentar; *v*/*i.* *a.* ter os dentes a nascer, estar com os dentes a nascer; **2en**[2] *n* dentição *f*.

'**Zahn|-ersatz** *m* (*-es*; *0*) dentadura *f* postiça; prótese *f*; **~fäule** *f* (*0*) cárie *f* (dos dentes); **~fleisch** *n* (*-es*; *0*) gengiva *f*; **~geschwür** *n* (*-és*; *-e*) ab[s]cesso *m* da gengiva; **~-heilkunde** *f* (*0*) medicina *f* dentária, odontologia *f*; estomatologia *f*; **~-höhle** *f* alvéolo *m*; **~-klinik** *f* clínica *f* odontológica (*od.* estomatológica); **~-kranz** *m* (*-es*; *⸚e*) coroa *f* dent[e]ada; **~leiste** *f* lámina *f* dentária; **ꝰlos** desdentado; **~lücke** *f* falta *f* (de um dente); **~nerv** *m* (*-s*; *-en*) nervo *m* dentário; **~pasta** *f* pasta *f* dentifrícia, pasta *f* dentífrica; **~pflege** *f* (*0*) higiene *f* dos dentes; **~praxis** *f* (*-*; *-praxen*) consultório *m* odontológico, consultório *m* de dentista; **~pulver** *n* pós *m/pl.* para os dentes; **~rad** *n* (*-és*; *⸚er*) roda *f* dentada; **~rad-bahn** *f* elevador *m*; **~rad-getriebe** *n* engrenagem *f*; **~schmerz** *m* (*-es*; *-en*) dor *f* de dentes; **~stein** *m* (*-és*; *-e*) tártaro *m*; P sarro *m*; **~stocher** ['-ʃtɔxər] *m* palito *m*; **~stumpf** *m* (*-és*; *⸚e*) arnela *f*; **~techniker** *m* dentista *m*; **~wasser** *n* (*-s*; *⸚*) água *f* dentifrícia; **~-werk** *n* (*-és*; *-e*) dentadura *f*; **~-wurzel** *f* (*-*; *-n*) raiz *f* do dente; **~zange** *f* boticão *m*; **~ziehen** *n* extra[c]ção *f* de dentes.

'**Zander** ['tsandər] *m* lúcio *m*.

'**Zang|e** ['tsaŋə] *f* tenaz *f*; (*Greif*ꝰ) alicate *m*; ⚕ pinça *f*; (*Geburts*ꝰ) fórceps *m*, fórcipe *m*; (*Zahn*ꝰ) boticão *m*; *pl.* ~*n* pinças *f/pl.*; **~engeburt** *f* parto *m* com fórceps.

Zank [tsaŋk] *m* (*-és*; *0*) questão *f*, disputa *f*; briga *f*, rixa *f*; '**~-apfel** *m* (*-s*; *⸚*) pomo *m* de discórdia; '**ꝰen**: (*sich*) ~ andar às bulhas (*od.* às turras); brigar, querelar; *sich mit j-m* ~ zangar-se com alg.; *sich* ~ *um*, *sich* ~ *über* (*ac.*) disputar sobre, disputar-se (*ac.*); *mit j-m* ~ ralhar com alg.

'**Zänk|er** ['tsɛŋkər] *m* querelante *m*, quezilento *m*; **ꝰisch** quezilento, embirrento, bulhento.

'**Zank|sucht** *f* (*0*) mania *f* das bulhas; mania *f* de ralhar; **ꝰsüchtig** = *zänkisch*; **~teufel** *m* = *Zänker*; *Frau*: megera *f*.

'**Zäpfchen** ['tsɛpfçən] *n Anat.* úvula *f*, campainha *f*; ⚕ supositório *m*.

'**zapfen¹** ['tsapfən] *v/t.* tirar.

'**Zapfen²** *m am Gefäß*: espiche *m*, batoque *m*, torneira *f*; ⊕ espiga *f*, clavija *f*; (*Bolzen*) perno *m*; (*Eis*ꝰ) caramelo *m*; (*Holz*ꝰ) tarugo *m*, dente *m*; ♀ cone *m*, estróbilo *m*; (*Tannen*ꝰ) pinha *f*; **ꝰförmig** [-fœrmiç] cónico; **~lager** *n* cossinete *m*; **~loch** *n* (*-és*; *⸚er*) batoque *m*; **~streich** *m* (*-és*; *-e*) toque *m* de recolher.

'**Zapf|säule** ['tsapf-] *f* bomba *f* (de gasolina); **~stelle** *f* posto (*'ô) *m* de gasolina.

'**zapp|(e)lig** ['tsap(ə)liç] inquieto; *Kind*: *a.* rabino; **~eln** (*-le*): (*mit den Armen usw.*) ~ estrebuchar; agitar (*ac.*).

Zar [tsa:r] *m* (*-en*) czar *m*; '**~in** *f* czarina *f*.

'**Zarge** ['tsargə] *f* borda *f*; caixilho *m*; encaixe *m*.

zart [tsart] tenro; terno; (*fein*) delicado; frágil; (*dünn*) delgado, ténue; (*empfindlich*) sensível, mimoso; *adv. behandeln*: com delicadeza, com ternura; '**~besaitet** melindroso, sensível; mimoso; ~ *sn a.* ser como uma sensitiva; '**~fühlend** delicado; '**ꝰgefühl** *n* (*-és*; *0*) delicadeza *f*; '**ꝰ-heit** *f* (*0*) fragilidade *f*; delicadeza *f*, *fig. a.* ternura *f*.

'**zärtlich** ['tsɛrtliç] terno, afe[c]tuoso (*zu* para com); **ꝰkeit** *f* carinho *m*, ternura *f*.

Zä'sur [tsɛ'zu:r] *f* cesura *f*; ♪ pausa *f*.

'**Zauber** ['tsaubər] *m* encanto *m*, magia *f*, feitiço *m*; *fig. a.* fascinação *f*; = **~ei**; *fauler* ~ F entrujice *f*; **~-buch** *n* (*-és*; *⸚er*) livro *m* mágico; **~'ei** *f* feitiçaria *f*, encantamento *m*, magia *f*, bruxaria *f*; **~er** *m* feiticeiro *m*; mágico *m*; bruxo *m*; = **~künstler**; **~flöte** *f* flauta *f* mágica; **~formel** *f* (*-*; *-n*) = **~spruch**; **~garten** *m* (*-s*; *⸚*) jardim *m* encantado; **ꝰ-haft** encantador; feiticeiro; mágico; fantasmagórico; **~in** *f* feiticeira *f*, maga *f*; bruxa *f*; **ꝰisch** = **ꝰhaft**; **~kraft** *f* (*-*; *⸚e*) feitiço *m*; poder *m* mágico; **~kunst** *f* (*-*; *⸚e*) magia *f*; ilusionismo *m*; **~künstler** *m* ilusionista *m*; prestidigitador *m*; **~land** *n* país *m* encantado; **~lehrling** *m* (*-s*; *-e*) feiticeiro *m* aprendiz; **~mittel** *n* feitiço *m*; **ꝰn** (*-re*) fazer habilidades (de prestidigitador); *v/t.* produzir; **~reich** *n* = **~land**; **~spiegel** *m* espelho *m* mágico; **~spruch** *m* (*-és*; *⸚e*) fórmula *f* mágica (*od.* de encantamento); conjuro *m*; **~stab** *m* (*-és*;

"e) var(inh)a *f* mágica; **~trank** *m* (-*es*; "*e*) filtro *m*, feitiço *m*; **~wort** *n* (-*es*; -*e*) palavra *f* mágica.

'**Zauder|er** ['tsaudərər] *m* (homem *m*) irresoluto *m*, (homem *m*) temporizador *m*; **2n¹** (-*re*) hesitar, temporizar; vacilar; **~n²** *n* irresolução *f*, hesitação *f*.

Zaum [tsaum] *m* (-*es*; "*e*) freio *m*, rédea *f*; *im ~e halten* refrear, *fig. a.* conter.

'**zäumen** ['tsɔymən] pôr a brida, *enfre[n]ar; *a. fig.* (em)bridar, refrear.

'**Zaum-zeug** *n* (-*es*; *0*) brida *f*, arreios *m/pl*.

Zaun [tsaun] *m* (-*es*; "*e*) sebe *f*; *gradil *m*; (*Draht2*) rede (*'ê) *f*; (*Holz2*) estacada *f*; *vom ~e brechen fig.* provocar; '**~gast** *m* (-*es*; "*e*) borlista *m*; '**~könig** *m* (-*s*; -*e*) carriça *f*; '**~pfahl** *m* (-*es*; "*e*) estaca *f*; *Wink m mit dem ~ fig.* F lembrança *f* (pouco discreta); aviso *m*.

'**zausen** ['tsauzən] arrepelar; *Haar*: desgrenhar.

'**Zebra** ['tse:bra] *n* (-*s*; -*s*) zebra *f*; **~streifen** *m* risca *f* de zebra, passadeira *f*.

'**Zech|bruder** ['tsɛç-] *m* (-*s*; ") compincha *m*; **~e** *f* despesas *f/pl*.; ⚒ mina *f*; *die ~ bezahlen müssen fig.* (ficar a) pagar o pato; **2en** (fartar-se de) beber; **~er** *m* bebedor *m*; **~e'rei** [-ə'raɪ] *f*, **~gelage** *n* órgia *f*; **~preller** ['-prɛlər] *m* burlador *m*, parasita *m*.

'**Zecke** ['tsɛkə] *f* carraça *f*.

'**Zeder** ['tse:dər] *f* (-; -*n*) cedro *m*.

Zeh [tse:] *m* (-*es*; -*en*), '**~e** *f* dedo *m* do pé; *große ~* polegar *m* do pé; ⚕ dente *m*; *auf den* '**~en(spitzen)** *f/pl*. nas pontas *f/pl*. dos pés.

zehn [tse:n] **1.** (P *a.* **~e**) dez; *etwa ~ Stück* uma dezena; *Zeitraum m von ~ Jahren* decénio *m*, década *f*; **2.** 2 *f* dez *m*; '**2-ender** ['-ɛndər] *m* veado *m* de dez galhos (*od.* pontas); '**2er** ✗ *m* dezena *f*; = *2pfennigstück*; '**2er...**: *in Zssg(n)* decimal; de dez; '**~erlei** ['-ərlaɪ] de dez espécies, de dez ... diferentes; '**~fach** dez vezes tanto; décuplo; '**~jährig** de dez anos; '**2kampf** *m* (-*es*; "*e*) decatlo *m*; '**~mal(ig)** dez vezes repetido; **2-'pfennig-stück** *n* (-*es*; -*e*) moeda *f* de dez pfennig; '**~stündig** de dez horas; '**~tägig** ['-tɛ:giç] de dez dias; **~'tausend** dez mil; **~'tausendste(l)** décimo-milésimo; '**~te¹** décimo; *am ~n Mai* no dia dez de Maio; em dez de Maio; *den ~n Mai* dez de Maio; '**2te²** *m* décima *f*; *Rel.* dízimo *m*; '**2tel** ['-təl] *n* décimo *m*, décima parte *f*; '**~tens** ['-təns] décimo, em décimo lugar.

'**zehr|en** ['tse:rən]: *an* (*dat.*) ~ enfraquecer (*ac.*), *a. fig.* consumir (*ac.*); ~ *von* viver de (*a. fig.*), alimentar-se de; **~end** *adj.* ⚕ consumptivo; **2geld** *n* (-*es*; -*er*) viático *m*; **2ung** *f* consumo *m*; comida *f*; (*Weg2*) viático *m*.

'**Zeichen** ['tsaɪçən] *n* sinal *m*; (*Ab2*) distintivo *m*, insígnia *f*; (*An2*) indício *m*, ⚕ *a.* sintoma *m*; *Astron. a.* signo *m*; (*Merk2*) *u.* ✝ marca *f*; *Rel.* milagre *m*; símbolo *m* (*a.* ⚗), (*Vor2*) augúrio *m*; (*Ton2*) acento *m*; (*Wink*, *~sprache*) senha *f*; *s-s ~s* de ofício; *j-m ein ~ geben* fazer sinal a alg.; *zum ~ (gen.)*, *zum ~, daß* em sinal de (*su.*); **~brett** *n* (-*es*; -*er*) estirador *m*; **~-erklärung** *f* explicação *f* de sinais e abreviaturas; legenda *f*; **~feder** *f* (-; -*n*) pena *f* de desenhar; **~gebung** [-ge:buŋ] *f* sinalização *f*; **~-heft** *n* (-*es*; -*e*) caderno *m* de desenho(s); **~kohle** *f* carvão *m*; **~kunst** *f* (*0*) arte *f* de desenhar; desenho *m*; **~lehrer(in** *f*) *m* professor(a *f*) *m* de desenho; **~papier** *n* (-*s*; -*e*) papel *m* para desenhar; **~setzung** [-zɛtsuŋ] *f Gram.* pontuação *f*; **~sprache** *f* linguagem *f* por senhas; **~stift** *m* (-*es*; -*e*) lápis *m*; **~stunde** *f* aula (*od.* lição) *f* de desenho; **~-unterricht** *m* (-*es*; *0*) (aulas *f/pl*. de) desenho *m*.

'**zeichn|en¹** ['tsaɪçnən] (-*e*-) desenhar; *mit Kohle*: esfumar; *Plan*: delinear, traçar, riscar; *Skizze*: esboçar; *Wäsche usw.*: marcar; (*unter~*) assinar; *e-n Betrag*: subscrever-se com; **2en²** *n* desenho *m*; **2er** *m* desenhador *m*; ✝ subscritor *m*; **~erisch** ['-ərɪʃ] gráfico; **2ung** *f* desenho *m*; ✝ subscrição *f*.

'**Zeige|finger** ['tsaɪgə-] *m* indicador *m*, **2n**: (*sich*) ~ mostrar(-se); (*angeben*) indicar, ensinar; (*ausstellen*) exibir, expor, patentear; (*erklären*) fazer ver; *Flagge*: desfraldar; *Veränderung usw.*: assinalar, acusar; *auf* (*ac.*) ~ apontar para; *sich am Fenster ~* assomar à janela; *das* *wird sich* ~ ver-se-à; **~r** *m* indicador *m*; (*Waage*) fiel *m*; (*Uhr*2) *u.* **~stock** *m* (-*es*; ⁼*e*) ponteiro *m*.

'**Zeile** *f* linha *f*; (*Reihe*) fil(eir)a *f*; *neue* ~ alínea *f*; *zwischen den* ~*n pl.* nas entrelinhas *f/pl.*; **~n-abstand** *m* (-*es*; ⁼*e*) entrelinha *f*; **~n-schalter** *m*, **~n-schalthebel** *m* ajustador *m* de entrelinhas; **2n-weise** por linhas.

'**Zeisig** ['tsaɪzig] *m* (-*es*; -*e*) pintassilgo *m*; *fig.* F *lockerer* ~ grande pândego *m*.

Zeit [tsaɪt] *f* tempo *m* (*finden* ter; *lassen* dar); (~*abschnitt*) época *f*, *hist. a.* idade *f*; *Rel.* século *m*; (*Uhr*2) hora *f*; *begrenzte*: prazo *m*; (~*raum*) período *m*; *lange* ~ *hindurch* ao longo de um grande período de tempo; ~ *meines Lebens* = 2*lebens*; *du liebe* ~! meu Deus!; *es ist* (*höchste*) ~ é tempo, são horas; *es ist auch* ~ já não é sem tempo; *auf* ~ a prazo; *für alle* ~ para (todo o) sempre; *von* ~ *zu* ~ *a.* de vez em quando; de tempo(s) a tempo(s); *zur* ~ a[c]tualmente; *zur rechten* ~ a tempo; *sich* (*dat.*) ~ *lassen*, *sich* ~ *nehmen* não precipitar nada; *kommt* ~, *kommt Rat* atrás de tempo tempo vem; *pl. in früheren* ~*en*, *vor* ~*en* antigamente, outrora; '**~-abschnitt** *m* (-*es*; -*e*) período *m*, época *f*; = ~*alter*; '**~-abstand** *m* (-*es*; ⁼*e*) espaço *m* de tempo; '**~-alter** *n a.* idade *f*; era *f*; '**~-angabe** *f* data *f*; (indicação *f* da) hora *f*; '**~-aufnahme** *f* fotografia *f* em pose; '**~-auslösung** *f*: *mit* ~ de'a[c]ção *f* retardada; '**~bestimmung** *f* cronologia *f*; '**~dauer** *f* (*0*) duração *f*; período *m*; '**2en**¹ verificar com o cronómetro; '**~en**² *n* cronometragem *f*; '**~enfolge** *f* concordância *f* dos tempos; '**~-ereignis** *n* (-*ses*; -*se*) acontecimento *m* contemporâneo; '**~folge** *f* ordem *f* cronológica; '**~funk** *m* (-*es*; *0*) a[c]tualidades *f/pl.*; crónica *f* do dia; '**~geist** *m* (-*es*; *0*) espírito (*od.* génio) *m* da época; **2gemäß** moderno, a[c]tual; oportuno; ('**~genosse** *m* [-*n*]), '**2genössisch** ['-gənœsiʃ] contemporâneo (*m*), coevo (*m*); '**~geschäft** ✝ *n* (-*es*; -*e*) operação *f* a prazo; '**~geschichte** *f* (*0*) história *f* contemporânea; '**2ig** oportuno; *adv. a.* cedo, a tempo; (*reif*) maduro; '**2igen** ['-igən] madurar, sazonar; *fig.* produzir; *Folgen*: trazer, acarretar; '**~karte** *f* assinatura *f*; passe *m*; '**~lang** *f*: e-e ~ por algum tempo, durante algum tempo; **2'lebens** durante toda a (minha *usw.*) vida; '**2lich** temporal; *das* 2*e segnen* dar a alma a Deus; '**2los** independente da moda; de todos os tempos; '**~-lupe** *f* retardador *m*; '**~lupen-aufnahme** *f* filmagem *f* com retardador *m*; '**~mangel** *m* (-*s*; *0*): *aus* ~ por falta *f* de tempo; '**~maß** ♩ *n* (-*es*; -*e*) compasso *m*, tempo *m*; '**~-messer** *m* cronómetro *m*; '**~messung** *f* cronometria *f*; '**2nah** moderno, de a[c]tualidade; '**~nehmer** ['-ne:mər] *m* apontador *m*; cronometrista *m*; '**~-ordnung** *f* ordem *f* cronológica; '**~punkt** *m* (-*es*; -*e*) momento *m*; (*Datum*) data *f*; '**~-raffer** ['-rafər] *m* acelerador *m*; '**2-raubend** demorado, (de)moroso; **~raum** *m* (-*es*; ⁼*e*) período *m*; lapso *m*; '**~rechnung** *f* cronologia *f*; *christliche usw.*: era *f*; '**~schrift** *f* revista *f*; '**~spanne** *f* = ~*raum*; '**~tafel** *f* (-; -*n*) quadro *m* cronológico; '**~-umstände** *m/pl.* circunstâncias *f/pl.*, conjuntura *f/sg.*

'**Zeitung** ['tsaɪtuŋ] *f* jornal *m*; periódico *m*, diário *m*; *poet.* notícia *f*.

'**Zeitungs|-abonnement** *n* (-*s*; -*s*) assinatura *f* de um jornal; **~-anzeige** *f* anúncio *m*; **~-artikel** *m* artigo *m* de jornal; **~-ausschnitt** *m* (-*es*; -*e*) recorte *m*; **~-austräger** *m* distribuidor *m* de jornais; **~beilage** *f* suplemento *m*; **~blatt** *n* (-*es*; ⁼*er*) = *Zeitung*; **~-ente** *f* peta *f*; **~-halter** *m* ⊕ suporte *m* (para jornais); **~herausgeber** *m* dire[c]tor *m* de um jornal; **~junge** *m* (-*n*) ardina *m*; **~mann** *m* (-*es*; -*leute*), **~schreiber** *m* jornalista *m*; **~reklame** *f* reclamo *m*; **~verkäufer(in** *f*) *m* vendedor *m* (vendedeira *f*) de jornais; **~-verleger** *m* proprietário *m* de um jornal, editor *m* de um jornal; **~-wesen** *n* (-*s*; *0*) imprensa *f*, periodismo *m*; **~wissenschaft** *f* (*0*) ciência *f* de jornalismo.

'**Zeit|-unterschied** *m* (-*es*; -*e*) diferença *f* de tempo; **~verlust** *m* (-*es*; -*e*) perda *f* de tempo; **~vertreib** *m* passatempo *m*; **2weilig** ['-vaɪliç] temporário; **2weise** de vez em quando; por momentos; **~wende** *f* época *f* de transição; viragem *f* dos tempos; **~wort** *n* (-*ės*; *⸗er*) verbo *m*; **~zeichen** *n* sinal *m* horário; **~zünder** *m* espoleta *f* automática; *mit* ~ de relógio *m*.

'Zell|e ['tsɛlə] *f* célula *f*; (*Bienen*⁀) *a.* alvéolo *m*; ⛺ cela *f*; ⚔ calabouço *m*; (*Bade*⁀), *Fernspr.*, *Film*: cabine *f*; **⁀en-förmig** [-fœrmiç] celular; **~en-gefängnis** *n* (-*ses*; -*se*) prisão *f* celular; **~en-gewebe** *n* tecido *m* celular; **~-haut** *f* (-; *⸗e*) membrana *f* celular; **⁀ig** celular; **~o'phan** [-o'fa:n] *n* (-*s*; *0*) celofã *f*; **~stoff** *m* (-*ės*; *0*) celulóide *f*; **~u'loid** [-u'lɔyt] *n* (-*s*; *0*) celulóide *f*; **~u'lose** [-u'lo:zə] *f* celulose *f*.

Zelt ['tsɛlt] *n* (-*ės*; -*e*) tenda *f*, *großes*: pavilhão *m*; (*Strand*⁀) barraca *f*; **'~bahn** *f* lona *f*; **'~dach** *n* (-*ės*; *⸗er*) toldo (*'ô) *m*; **'⁀en¹** (-*e*-) fazer campismo; **'~en²** *n* campismo *m*; **'~er** *m* palafrém *m*; **~lager** *n* acampamento *m*; **'~pflock** *m* estaca *f*; **'~platz** *m* (-*es*; *⸗e*) parque *m* de campismo; **'~stange** *f* pau *m* de fileira; **'~stock** *m* (-*ės*; *⸗e*) mastro *m*; **'~tuch** *n* (-*ės*; -*e*) lona *f*.

Ze'ment [tse'mɛnt] *m* (-*ės*; -*e*) cimento *m*; **⁀'ieren** (-) cimentar.

Ze'nit [tse'ni:t] *m* (-*ės*; *0*) zénite *m*.

zen|'sieren [tsɛn'zi:rən] (-) censurar, submeter à censura; *Schule*: classificar; **'⁀sor** ['-zɔr] *m* (-*s*; -*en*) censor *m*; **⁀'sur** [-'zu:r] *f* censura *f*; *Schule*: nota *f*, classificação *f*.

Zen'taur [tsɛn'taur] *m* (-*en*) centauro *m*.

Zenti|'gramm [tsɛnti-] *n* (-*s*; -*s*) centigrama *m*; **~'meter** *n u. m* centímetro *m*; **~'meter-maß** *n* (-*es*; -*e*) fita *f* métrica.

'Zentner ['tsɛntnər] *m* quintal *m*; cinquenta quilogramas; **⁀schwer** muito pesado; **⁀weise** aos quintais.

zen'tral [tsɛn'tra:l] central; **⁀e** *f* central *f*; **⁀-heizung** *f* aquecimento *m* central; **~i'sieren** [-i'zi:rən] (-) centralizar; **⁀i'sierung** *f* centralização *f*; **⁀stelle** *f*: ~ *für* centro *m* de.

Zentri|fu'gal-kraft [tsɛntrifu'ga:l-] *f* (-; *⸗e*) força *f* centrífuga; **~'fuge** *f* centrifugador *m*; (*Milch*⁀) desnatadeira *f*; **~pe'tal-kraft** [-pe'ta:l-] *f* (-; *⸗e*) força *f* centrípeta.

'Zentrum ['tsɛntrum] *n* (-*s*; *Zentren*) centro *m*; *Scheibe*: *a.* branco *m*.

'Zephir ['tse:fir] *m* (-*s*; -*e*) zéfiro *m*.

'Zeppelin ['tsɛpəli:n] *m* (-*s*; -*e*) zepelim *m*, dirigível *m*.

'Zepter ['tsɛptər] *n* cetro *m*.

zer|'beißen [tsɛr-] (*L*; -) partir com os dentes, trincar; **~'bersten** (*L*; -; *sn*) rebentar, rachar, estalar; **~'beulen** amachucar; **~'brechen** (*L*; -) *v/t.* (*v/i.* [*sn*]) partir(-se), quebrar(-se), despedaçar(-se); **~'brechlich** [-'brɛçliç] frágil (*a.* ~!), quebradiço; **⁀'brechlichkeit** *f* (*0*) fragilidade *f*; **~'bröckeln** *v/t.* (-*le*; -) (*v/i.* [*sn*]) esmigalhar(-se); desmoronar(-se); **~'drücken** (-) esmagar; *Stoff*: amarrotar; amachucar; F esborrachar.

Zeremo|'nie [tseremo'ni:] *f* cerimónia *f*; **~ni'ell¹** [-ni'ɛl] *n* ceremonial *m*; **⁀ni'ell²** ceremonioso.

zer|'fahren confuso; *j.*: *a.* distraído; **⁀'fahren-heit** *f* (*0*) confusão *f*, distra[c]ção *f*; **⁀'fall** *m* (-*ės*; *0*) ruína *f*, desmoronamento *m*, desagregação *f*; ⚗ decomposição *f*; *fig.* decadência *f*; desintegração *f*; **~'fallen** (*L*; -; *sn*) desmoronar-se; (*sich auflösen*) desfazer-se; desintegrar-se; *Stoffe*: decompor-se; ~ (*eingeteilt werden*) *in* (*ac.*) dividir-se em, compor-se de; *fig.* decair, estar em (plena) decadência; *mit j-m* ~ *sn* estar de relações cortadas com alg.; **~'fasern** (-*re*; -) *v/t.* (*v/i.* [*sn*]) desfiar(-se); **~'fetzen** (-*t*; -) esfarrapar; = **~'fleischen** [-'flaɪʃən] (-) dilacerar; **~'fließen** (*L*; -; *sn*) derreter-se, diluir-se, desfazer-se; **~'fressen** (*L*; -) roer, *a.* ⚗ corroer, *a. Würmer*: carcomer; *adj.* corroído, carcomido; **~'gehen** (*L*; *sn*) desfazer-se; **~'gliedern** (-*re*; -) desmembrar; *Anat.* dissecar; *fig.* dividir; analisar; **⁀'gliederung** *f* desmembramento *m*; dissecação *f*; análise *f*; **~'hacken** (-) partir; despedaçar; rachar; **~'hauen** (-) partir, despedaçar; **~'kauen** (-) esmoer, mastigar; **~'kleinern** [-'klaɪnərn] (-*re*; -) esmiuçar; *Steine*: britar; *Holz* ~ partir lenha, fazer falhas; **~'klopfen** britar; **~'klüftet** [-'klyftət] alcantilado, escabroso; **~'knirscht** [-'knirʃt] contrito; **⁀'knirschung** [-'knirʃuŋ] *f* contrição *f*; **~'knittern** (-*re*; -), **~'knüllen** (-) amarrotar, amachucar; **~'kochen** (-) desfazer(-se); **~'kratzen**

(-*t*; -) esgadanhar; **~'krümeln** (-*le*; -) esmigalhar; **~'lassen** (*L*; -) derreter; *adj.* derretido; **~'laufen** (*L*; -) desfazer-se; diluir-se; **~'legbar** [-'le:kba:r] desmontável; **~'legen** (-) decompor; *Anat.* dissecar; *Braten*: trinchar; *Vieh*: retalhar; ⊕ desmontar; desmanchar; **2'legung** [-'le:guŋ] *f* decomposição *f*; dissecação *f*; desmonte *m*; **~'lesen** *adj.* muito usado, muito lido; **~'lumpt** esfarrapado; **~'mahlen** (-) triturar; *adj.* triturado, em pó; **~'malmen** [-'malmən] (-) triturar, esmoer; *a. fig.* esmagar; **~'martern** (-*re*; -): sich das Hirn ~ quebrar a cabeça, moer os miolos; **~'mürben** (-) roer, triturar; *fig. a.* cansar; ⚔ desmoralizar; **2'mürbung** [-'myrbuŋ] *f* desgaste *m*; **~'nagen** (-) roer; **~'pflücken** (-) (d)esfolhar; *a. fig.* desfiar; **~'platzen** (-*t*; -; *sn*) (ar)rebentar, estoirar; **~'quetschen** (-) esmagar, machucar.

'Zerr-bild ['tsɛr-] *n* (-*es*; -*er*) caricatura *f*.

zer|'reiben (*L*; -) triturar; **~reißbar** [-'raɪsba:r]: leicht ~ fácil de rasgar; **~'reißen** *v/t.* (*v/i.* [*sn*]) rasgar(-se); *Faden*: partir; *in Stücke*: dilacerar, despedaçar; *Raubtier*: devorar; *Vertrag*: violar; **2'reißung** *f* laceração *f*; *fig.* violação *f*.

'zerr|en ['tsɛrən] puxar; (*dehnen*) estirar; ⚕ distender; (*schleppen*) arrastar; **2ung** *f* ⚕ distensão *f*.

zer|'rinnen (*L*; -; *sn*) desfazer-se, derreter-se, diluir-se; **2'rissenheit** [-'risənhaɪt] *f* (*0*) desunião *f*; j-s innere ~ desequilíbrio *m* moral; **~'rütten** [-'rytən] desconcertar; *Ordnung*: desorganizar; ⚕ *u.* ✝ arruinar; Nerven ~ desmoralizar; **2'rüttung** [-'rytuŋ] *f* desordem *f*; desorganização *f*; ruína *f*; desmoralização *f*; *geistige*: perturbação *f*; **~'sägen** (-) serrar; **~'schellen** (-; *sn*) despedaçar-se (an contra), *a. fig.* naufragar; **~'schlagen** (*L*; -) destroçar; sich ~ *fig.* malograr-se; wie ~ *adj. j.*: F moído; **~'schlissen** [-'ʃlisən] puído; **~'schmettern** (-*re*) esbarrar; *Glieder*: esmagar; *a. fig.* fulminar, *a.* ⚔ destroçar; **~'schneiden** (*L*) cortar (em pedaços), (re)talhar; despedaçar; *Braten*: trinchar; **~'setzen** (-*t*; -) decompor; ⚗ *a.* desagregar; *fig.* corromper; desmoralizar; **~d** *adj.* dissolvente; *fig.* destrutivo; **2'setzung** [-'zɛtsuŋ] *f* decomposição *f*; desagregação *f*; *fig.* corrupção *f*; desmoralização *f*; **~'splittern** (-*re*; -) **1.** *v/t.* estilh(aç)ar; *fig.* (sich) ~ dissipar(-se); ⚔ dispersar; *Pol.* desunir; **2.** *v/i.* (*sn*) partir-se em estilhaços, despedaçar-se; **2'splitterung** *f fig.* desunião *f*, dispersão *f*; estilhaçamento *m*; **~'sprengen** (*L*; -) quebrar, partir; ⚔ dispersar; **~'springen** (*L*; *sn*) romper-se; *Glas*, (*platzen*) estalar; **~'stampfen** triturar, pisar, quebrantar; **~'stäuben** pulverizar; **2'stäuber** [-'ʃtɔybər] *m* pulverizador *m*; **~'stochen** [-'ʃtɔxən] picado; *adj. a.* cheio de picadas; **~'stören** destruir; ⚠ *a.* deitar abaixo, demolir; *fig. a.* fazer fracassar; **~d** *adj.* destrutivo; **~'störer** [-'ʃtø:rər] *m* destruidor *m*; ⚓ *a.* contratorpedeiro *m*; **2'störung** *f* destruição *f*; demolição *f*; **~en** (*pl.*) *a.* estragos *m/pl.*; **~'störungswut** *f* selvajaria *f*, vandalismo *m*; **~'stoßen** (*L*; -) pisar, triturar, pulverizar; **~'streuen** (-) dispersar; dissipar; *j-n*: distrair, divertir; **~'streut** [-'ʃtrɔyt] *adj.* disperso; *j.*: distraído; **2'streutheit** *f* (*0*) distra[c]ção *f*; **2'streuung** [-'ʃtrɔyuŋ] dispersão *f*; *j-s*: distra[c]ção *f*; **2'streuungs-linse** *f* lente *f* divergente; **~'stückeln** [-'ʃtykəln] (-*le*; -) despedaçar; fragmentar; *Gebiet*: parcelar; *Körper*: esquartejar; *Reich*: desmembrar; **2'stückelung** *f* despedaçamento *m*; *a. fig.* desmembramento *m*; **~'teilen** (-) dividir; = zerlegen, zerstückeln; *Nebel*: dissipar; **~'trampeln** (-*le*; -) pisar; **~'trennen** (-) descoser, desfazer; **~'treten** (*L*; -) calcar aos pés; pisar; *fig.* aniquilar; **~'trümmern** [-'trymərn] (-*re*; -) destroçar; destruir; desintegrar; **2'trümmerung** *f* destroço (*'ô) *m*, destruição *f*; *a. Phys.* desintegração *f*; **2'würfnis** [-'vyrfnis] *n* (-*ses*; -*se*) desavença *f*; **~'zausen** (-*t*; -) sacudir; *Haar*: desgrenhar; *a. fig.* amarrotar.

'Zeter ['tse:tər] *n* (-*s*; *0*): ~ und 'Mordio schreien dar altos gritos, gritar: socorro!, gritar: daqui el-rei!; **~geschrei** *n* (-*es*; *0*) clamores *m/pl.*, pranto *m*, gritaria *f*; **2n** (-*re*) clamar.

'**Zettel** ['tsɛtəl] *m* papelinho *m*; (*Blatt*) folha (*ô) *f*; (*Etikett*) rótulo *m*; *e-r Kartei*: ficha *f*; *e-s Katalogs, mit Notizen*: verbete *m*; *zum Anschlagen*: cartaz *m*; *zum Ausfüllen*: boletim *m*, (*Stimm*2) *a.* lista *f*, voto *m*; ⊕ urdidura *f*; **~kasten** *m* (*-s*; *=*) ficheiro *m*.

Zeug [tsɔyk] *n* (*-es*; *-e*) fazenda *f*, tecido *m*, pano *m*; (*Kleidung*) roupa *f*; *warmes ~* abafo *m*; (*Sachen*) coisas *f/pl.*, matéria *f*, material *m*; (*Werk*2) ferramenta(s *pl.*) *f*; (*unnützes*) *~* trastes *m/pl.* inúteis; *fig. dummes ~* disparates *m/pl.*; *das ~ haben zu* ter estofo (*'ô) para; *j-m et. am ~e flicken* cortar na casaca a alg.; *was das ~ hält* F até mais não poder; *sich ins ~ legen, sich ins ~ werfen* meter-se a fundo em a.c.

'**Zeuge** ['tsɔygə] *m* (*-n*) testemunha *m, f*; *~ sn von* assistir a, presenciar (*ac.*); 2**n** **1.** *v/i.* testemunhar, depor (*für* em favor de); *~ von* mostrar, revelar; **2.** *v/t.* gerar, procriar; engendrar; **~n-aussage** *f* testemunho *m*, depoimento *m*; **~n-beweis** *m* (*-es*; *-e*) prova *f* testemunhal; **~n-vernehmung** *f* inquirição *f* das testemunhas.

'**Zeug-haus** *n* (*-es*; *=er*) arsenal *m*; (*Museum*) museu *m* militar.

'**Zeugin** ['tsɔygin] *f* testemunha *f*.

'**Zeugnis** ['tsɔyknis] *n* (*-ses*; *-se*) testemunho *m*; (*Bescheinigung*) certificado *m*; atestado *m*; (*Prüfungs*2) diploma *m*, carta *f* (de curso); **~-abschrift** *f* pública-forma *f* do diploma *usw.*

'**Zeugung** ['tsɔyguŋ] *f* geração *f*; procriação *f*; **~s-akt** *m* (*-es*; *-e*) a[c]to *m* genésico, a[c]to *m* de procriação; (*Beischlaf*) coito *m*; 2**s-fähig** prolífico; potente; **~s-glied** *n* (*-es*; *-er*) membro *m* genital; **~s-kraft** *f* (*-*; *=e*) potência *f*; força (*ô) *f* de procriação, capacidade *f* genésica; 2**s-unfähig** impotente; **~s-unfähigkeit** *f* (*0*) impotência *f*.

Zi'chorie [tsi'ço:riə] *f* chicória *f*.

'**Zick|e** ['tsikə] F *f* cabra *f*; *pl.* *~n* *fig.* tolices *f/pl.*; **~lein** ['-laın] *n* cabrito *m*.

'**Zickzack** ['tsiksak] *m* (*-es*; *-e*) zigue-zague *m*; *im ~ gehen a.* ziguezaguear; 2**förmig** [-fœrmiç] em ziguezague.

'**Ziege** ['tsi:gə] *f* cabra *f*; F *alte ~* (seu) estafermo *m*; *dumme ~* (sua) palerma *f*.

'**Ziegel** ['tsi:gəl] *m* tijolo *m*; (*Dach*2) telha *f*; **~bau** *m* (*-es*; *-bauten*) construção *f* em tijolos; **~brenner** *m* ladrilheiro *m*, tijoleiro *m*; **~brennerei** *f* = *~ei*; **~dach** *n* (*-es*; *=er*) telhado *m*; **~'ei** *f* fábrica *f* de tijolos; telhal *m*, telheira *f*; **~-erde** *f* (*0*) barro *m*, terra *f* argilosa; **~gewölbe** *n* abobadilha *f*; **~mehl** *n* (*-es*; *0*) pós *m/pl.* de ladrilho; **~-ofen** *m* (*-s*; *=*) telhal *m*; 2**rot** encarnado; **~stein** *m* (*-es*; *-e*) = *Ziegel*.

'**Ziegen|bart** *m* (*-es*; *=e*) pera (*ê) *f*; **~bock** *m* (*-es*; *=e*) bode *m*, cabrão *m*; *junger*: chibo *m*; **~-hirt** *m* (*-en*) cabreiro *m*; **~käse** *m* queijo *m* (de leite) da cabra; **~lamm** *n* (*-es*; *=er*) cabrito *m*; **~leder** *n* pelica *f*; **~melker** [-mɛlkər] *m* *Zool.* noitibó *m*; **~peter** ⚕ *m* parotidite *f*; papeira *f*.

'**Zieh|bank** ['tsi:-] *f* (*-*; *=e*) fieira *f*; **~brunnen** *m* poço *m*; cegonha *f*.

'**zieh|en**[1] ['tsi:ən] (*L*) **1.** *v/t.* puxar (*an dat.* por); (*heraus~, hervor~*), *Hut, Los*: tirar (*a. fig. Schlüsse usw.*); *Degen*: desembainhar; *Zahn*: arrancar, *Wurzel, a.* ℞: extrair; ⚕ *Blasen*: levantar; *Bilanz, Falten, Fratzen, Furchen*: fazer; *Draht*: estirar; estender; *Damm*: construir; *Faden ~* estar em ponto de fio; *Graben*: abrir; *Linie*: traçar; *Spielfigur*: jogar; *Wechsel*: sacar (*auf ac.* sobre); ⚒, *Zool.* criar, ⚘ *a.* cultivar; *sich ~ Holz*: empenar; *an sich (ac.) ~, auf sich (ac.) ~* atrair, *Aufmerksamkeit*: *a.* chamar; (*nach sich*) *~* arrastar, ⚓ rebocar; *nach sich ~ fig.* trazer consigo, acarretar; *auf Leinen ~* colar em pano cru; *durch e-e Öffnung*: passar (por); *ins Geheimnis*: meter; *ins Lächerliche ~* meter a ridículo; *j-n ins Vertrauen ~* confiar-se a alg.; *in Zweifel*: pôr em; *vor Gericht usw.*: levar a; *j-n zur Verantwortung ~* pedir contas a alg.; **2.** *v/i.* **a**) (*zugig sn*) haver corrente de ar; *Ofen, Zigarre*: ter tiragem; *Tee*: abrir; *an der Zigarre*: chupar; *fig.* F (*Eindruck m.*) pegar; *Grund*: convencer; *Ware*: vender-se; **b**) (*sn*) ir (*nach* a; *dauernd*: para); ⚔ *a.* marchar (*auf ac.* sobre); *a. Wolken*: passar; *~ durch a.* atravessar (*ac.*); (*um~*) mudar (*nach* para); *gezogen kom-*

men vir; 2**en**[2] *n* dor *f* reumática; 2**feder** *f* (-; -*n*) tira-linhas *m*; 2**-harmonika** *f* (-; -*s*) acordeão *m*; 2**ung** *f* sorteio *m*; *heute ist* ~ hoje anda a roda; 2**ungs-liste** *f* lista *f* da lotaria.

Ziel [tsi:l] *n* (-*ės*; -*e*) alvo *m* (*a.* ⚔); (*Ende*) fim *m*; (*Endpunkt*) termo (*ê) *m*; *Sport*: meta *f*; *e-s Wunsches*: obje[c]tivo *m*, (*Absicht*) *a.* finalidade *f*; ✝ prazo *m* (*auf drei Monate* a três meses de); '~**band** *n* (-*ės*; ¨*er*) meta *f*; '2**bewußt** consequente, enérgico; '2**en**[1] apontar (*auf ac.*, *nach* a), visar (*ac.*); *fig.* tender para; *j.*: aspirar a; '~**en**[2] *n* pontaria *f*; '~**fernrohr** *n* (-*ės*; -*e*) alça *f* telescópica; '~**linie** ⚓ *f* linha *f* de chegada; '2**los** desnorteado; desorientado, *j.*: *a.* indeciso; '~**scheibe** *f* alvo *m*; '2**strebig** ['-ʃtre:-biç] = 2*bewußt*; '~**strebigkeit** *f* (*0*) consequência *f*; iniciativa *f*.

'**ziem|en** ['tsi:mən]: *sich* ~ convir; 2**er** *m* lombo *m*; (*Ochsen*2) vergalho *m*; ~**lich** bastante grande; ~ *viel* bastante bem; ~ *gut* bastante; *so* ~ quase, pouco mais ou menos.

'**ziepen** ['tsi:pən] F (ar)repelar.

Zier [tsi:r] *f* (*0*) ornamento *m*, adorno (*'ô) *m*; *fig.* honra *f*, glória *f*; '~**affe** *m* (-*n*) peralta *m*; pisa-flores *m*; = ~*puppe*; '~**at** ['-a:t] *m* (-*ės*; -*e*) ornamento *m*; adorno (*'ô) *m*; '~**de** ['-də] *f* = ~*at*; *fig.* honra *f*, glória *f*; '2**en** ornar, enfeitar; decorar; *fig.* honrar; *sich* ~ fazer cerimónias; fazer-se rogado; *geziert adj. fig.* afe[c]tado; ~**e'rei** [-ə'raɪ] *f* afe[c]tação *f*; melindres *m/pl.*; '~**garten** *m* (-*s*; ¨) jardim *m*; '~**leiste** ⚠ *f* moldura *f*; friso *m*; '2**lich** gracioso; fino; elegante; '~**lichkeit** *f* (*0*) graça *f*; elegância *f*; '~**pflanze** *f* planta *f* decorativa; '~**puppe** *f* sécia *f*, casquilha *f*.

'**Ziffer** ['tsifər] *f* (-; -*n*) algarismo *m*; cifra *f*; ~**blatt** *n* (-*ės*; ¨*er*) mostrador *m*.

Ziga'rette [tsiga'rɛtə] *f* cigarro *m*.

Ziga'retten|-etui *n* (-*s*; -*s*) cigarreira *f*; ~**päckchen** *n* maço *m* de cigarros; ~**papier** *n* (-*s*; -*e*) papel *m* de fumar, mortalha *f* (*Päckchen* livro *m* de); ~**schachtel** *f* (-; -*n*) caixa *f* de cigarros; ~**spitze** *f* boquilha *f*; ~**stummel** *m* ponta *f* de cigarro; F beata *f*.

Ziga'rillo [tsiga'riljo] *m* (-*s*; -*s*) cigarilha *f*.

Zi'garre [tsi'garə] *f* charuto *m*; ~**n-abschneider** *m* corta-charutos *m*; ~**n-laden** *m* (-*s*; ¨) tabacaria *f*, estanco *m*; * charutaria *f*; ~**n-spitze** *f* boquilha *f*; ~**n-stummel** *m* ponta *f* de charuto; F beata *f*; ~**n-tasche** *f* charuteira *f*.

Zi'geuner [tsi'gɔynər] *m* cigano *m*; 2**-haft** (de) cigano; ~**in** *f* cigana *f*; 2**isch** (de) cigano; ~**junge** *m* (-*n*) ciganito *m*; ~**leben** *n* vida *f* nómada; *fig.* boémia *f*; estroinice *f*; ~**mädchen** *n* ciganita *f*; ~**sprache** *f* gíria *f* (dos ciganos).

Zi'kade [tsi'ka:də] *f* cigarra *f*.

'**Zille** ['tsilə] *f* barcaça *f*.

'**Zimbel** ['tsimbəl] *f* (-; -*n*) címbalo *m*.

'**Zimmer** ['tsimər] *n* quarto *m*; sala *f*; (*Arbeits*2, *Herren*2) escritório *m*, gabinete *m*; (*Eß*2) sala *f* de jantar; (*Schlaf*2) quarto *m* (de dormir); (*Wohn*2) sala *f* (de estar); *das* ~ *hüten* (*müssen*) não (poder) sair; ~**-antenne** *f* antena *f*; ~**-arbeit** *f* carpintaria *f*; ~**decke** *f* te[c]to *m*; ~**-einrichtung** *f* mobília *f*; ~**flucht** *f* enfiada *f* de quartos, enfiada *f* de salas; ~**-herr** *m* (-*en*) inquilino *m*, hóspede *m*; ~**höhe** *f* pé-direito *m*; ~**holz** *n* madeira *f* de construção; ~**mädchen** *n* criada *f* do quarto; ~**mann** *m* (-*ės*; -*leute*) carpinteiro *m*; ~**meister** *m* mestre *m* carpinteiro; 2**n** carpintejar; *et.* ~ construir; ~**pflanze** *f* planta *f* decorativa; ~**vermieter(in** *f*) *m* alugador(a *f*) *m* de quartos.

'**zimperlich** ['tsimpərliç] melindroso, mimoso; ~ *tun* afe[c]tar melindres.

Zimt ['tsimt] *m* (-*ės*; -*e*) canela *f*; *der ganze* ~ F todo aquilo; '~**baum** *m* (-*ės*; ¨*e*) ('~**blüte** *f* flor *f* de) caneleira *f*; '2**farben** cor-de-canela.

Zink [tsiŋk] *n* (-*ės*; *0*) zinco *m*; '~**blech** *n* (-*ės*; -*e*) chapa *f* de zinco; '~**blende** *f* blenda *f*; '~**e** ['tsiŋkə] *f* dente *m*, pua *f*; (*Holz*2) rabo-de-andorinha *m*; ♪ corneta *f*; '~**en** *m* = ~*e*; F (*Nase*) nariz *m*.

Zinn ['tsin] *n* (-*ės*; *0*) estanho *m*; '~**e** *f* ameia *f*; '2**e(r)n** de estanho; *legiert*: de peltre; '~**geschirr** *n* (-*ės*; -*e*) baixela *f* de estanho; '~**gießer** *m* picheleiro *m*; '2**-haltig** ['-haltiç] estanífero; '**~krug** *m* (-*es*; *⸚e*) caneca *f* de estanho; pichel *m*; **~'ober** [-'no:bər] *m* cinabre *m*, cinábrio *m*; '**~soldat** *m* (-*en*) soldado *m* de chumbo.

Zins ['tsins] *m* (-*es*; -*en* [*Erträge*], -*e* [*Mieten*]) interesse (*'ê) *m*, juro *m*; (*Miet*∼) renda *f*, aluguel *m*; † tributo *m*; (*Lehns*∼) censo *m*; *pl.* 3⁰/₀ ~*en* 3⁰/₀ de interesse (*'ê) (*od.* de juro); *auf* ~*en* a juros; '**~-abzug** *m* (-*es*; *⸚e*) desconto *m*; '**∼bar** tributário; = '**∼bringend** lucrativo, produtivo, rendoso; ~ *sn a.* render.

'**Zinses-zins** ['tsinzəs-] *m* (-*es*; -*en*) juro *m* composto.

'**Zins|-erhöhung** *f* aumento *m* da taxa de juros; **∼frei** isento de juros, (*abgabenfrei*) isento de impostos; gratuito; **~fuß** *m* (-*es*; *⸚e*) taxa *f* de juro; percentagem *f*; **∼los** = ∼*frei*; **∼pflichtig** ['-pfliçtiç] tributário; (*abgabepflichtig*) sujeito a impostos; **~rechnung** *f* cálculo *m* de juros; **~satz** *m* (-*es*; *⸚e*) = ~*fuß*; **~-schein** *m* (-*es*; -*e*) «coupon» (*fr.*) *m*, talão *m*; **~-senkung** *f* redução *f* da taxa de juros; **∼tragend** lucrativo, produtivo, rendoso.

'**Zipfel** ['tsipfəl] *m* ponta *f*; (*Rock*∼) cauda *f*; **~mütze** *f* carapuça *f*.

'**Zipperlein** ['tsipərlaın] F *n* gota *f*.

'**Zirbel-drüse** ['tsirbəl-] *f* glândula *f* pineal.

'**zirka** ['tsirka] cerca (*ê) de, mais ou menos, a volta de.

'**Zirkel** ['tsirkəl] *m* compasso *m*; (*Kreis*) círculo *m*, *fig. a.* grupo *m*; **∼n** (-*le*) compassar, medir a compasso.

Zirku'l|ar [tsirku'la:r] *n* (-*s*; -*e*) circular *f*; **∼'ieren** (-) circular; 🚗 *a.* efe[c]tuar-se.

'**Zirkumflex** ['tsirkumfleks] *m* (-*es*; -*e*) acento *m* circunflexo.

'**Zirkus** ['tsirkus] *m* (-; -*se*) circo *m*.

'**zirpen** ['tsirpən] estridular, cantar.

'**zisch|eln** ['tsiʃəln] (-*le*) cochichar; **~en¹** sibilar; *Thea.* assobiar; **∼en²** *n* sibilo(s *pl.*) *m*, assobios *m/pl.*; **∼laut** *m* (-*es*; -*e*) letra *f* sibilante.

zise'lieren [tsizə'li:rən] (-) cinzelar.

Zis'terne [tsis'tɛrnə] *f* cisterna *f*.

Zita'delle [tsita'dɛlə] *f* cidadela *f*, fortim *m*.

Zi'tat [tsi'ta:t] *n* (-*es*; -*e*) citação *f*.

'**Zither** ['tsitər] *f* (-; -*n*) cítara *f*; **~spieler(in** *f*) *m* citarista *m*, *f*.

zi'tieren [tsi'ti:rən] (-) citar.

Zitro'nat [tsitro'na:t] *n* (-*es*; -*e*) cidrão *m*.

Zi'trone [tsi'tro:nə] *f* limão *m*; **~n-baum** *m* (-*es*; *⸚e*) limoeiro *m*; **~n-limonade** *f* limonada *f*; **~n-presse** *f* espremedor *m*; **~n-saft** *m* (-*es*; *⸚e*) sumo *m* de limão; **~n-säure** *f* (*0*) ácido *m* cítrico; **~n-schale** *f* casca *f* de limão; **~n-wasser** *n* (-*s*; *0*) limonada *f*.

'**Zitter|-aal** ['tsitər-] *m* (-*es*; -*e*) gimnoto *m*; **~gras** *n* (-*es*; *⸚er*) bole-bole *m*; **∼ig** trémulo; **∼n¹** (-*re*) tremer; (*er*~) estremecer; ~*d adj.* trémulo; vibrante; **~n²** *n* tremor *m*; vibração *f*; **~pappel** *f* (-; -*n*) choupo *m* tremedor; **~rochen** *m Zool.* torpedo *m*.

'**Zitze** ['tsitsə] *f* teta *f*.

zi'vil [tsi'vi:l] **1.** civil; *Preis*: módico; **2. ∼** *n* (-*s*; *0*) civis *m/pl.*; *in* ~ (*gehen*, ~ *tragen* vestir) à paisana; **∼bevölkerung** *f* população *f* civil; civis *m/pl.*; **∼-ehe** *f* casamento *m* civil; **∼isati'on** [-izatsi'o:n] *f* (*0*) civilização *f*; **~i'sieren** [-i'zi:rən] (-) civilizar; **∼'ist** *m* (-*en*) civil *m*; **∼klage** *f* a[c]ção *f* civil; **∼kleidung** *f*: *in* ~ à paisana; **∼prozeß** *m* (-*sses*; -*sse*) processo *m* civil, pleito *m*; **∼prozeßordnung** *f* código *m* do processo civil; **∼recht** *n* (-*es*; *0*) direito *m* civil; **∼sache** *f* caso *m* de direito civil.

'**Zobel** ['tso:bəl] *m* zibelina *f*.

'**Zofe** ['tso:fə] *f* criada *f* grave.

'**zög|ern¹** ['tsø:gərn] (-*re*) hesitar (*mit* em, *zu* de); **∼ern²** *n* hesitação *f*.

'**Zögling** ['tsø:kliŋ] *m* (-*s*; -*e*) educando *m*; aluno *m*; pupilo *m*.

Zöli'bat [tsœli'ba:t] *n a. m* (-*es*; *0*) celibato *m*.

Zoll [tsɔl] *m* (-*es*; *⸚e*, *als Maß im pl. nach Zahlen uv.*) polegada *f*; (*Abgabe*) direitos *m/pl.* de alfândega; (*Brücken*∼, *Wege*∼) portagem *f*; = ~*amt*, = ~*tarif*, = ~*wesen*; *fig.* tributo *m*; ~ *um* ~ palmo a palmo; '**~-abfertigung** *f* despacho *m* aduaneiro (*od.* da alfândega); '**~-abkommen** *n* acordo (*'ô) *m* aduaneiro; '**~-amt** *n* (-*es*; *⸚er*) alfândega *f*; '**∼-amtlich** aduaneiro; ~ *untersuchen* examinar, rever; '**~beamte(r)** *m* empregado *m* da alfândega; '**~begleitschein** *m* (-*es*;

-*e*) guia *f* de trânsito; '**~behörde** *f* administração *f* de alfândegas; '**2dick** da grossura de uma polegada; '**~-einnahmen** *f/pl.* receitas *f/pl.* alfandegárias; '**2en** tributar, *fig. a.* prestar; '**~-erhöhung** *f* aumento *m* das taxas aduaneiras; '**~-erklärung** *f* declaração *f* para a alfândega; '**2frei** isento de direitos; '**~freiheit** *f* (*0*) isenção *f* de direitos; '**~grenze** *f* barreira *f* aduaneira; '**~-haus** *n* (-*es*; ⸚*er*) alfândega *f*; '**~kontrolle** *f* (serviços *m/pl.* da) alfândega *f*; '**~krieg** *m* (-*es*; -*e*) guerra *f* aduaneira.

'**Zöllner** ['tsœlnər] *m* empregado *m* da alfândega; *ehm.* publicano *m*.

'**zoll|pflichtig** ['-pfliçtiç] sujeito a direitos; **2revision** *f* visita *f* da alfândega; **2stab** *m* (-*es*; ⸚*e*), **2stock** *m* (-*es*; ⸚*e*) duplo metro *m* articulado; **2tarif** *m* (-*es*; -*e*) tarifa *f*, pauta *f* das alfândegas; **2verband** *m* (-*es*; ⸚*e*), **2verein** *m* (-*es*; *0*) união *f* aduaneira; **2verschluß** *m* (-*sses*; *0*): *unter* ~ selado; depositado na alfândega; **2wesen** *n* (-*s*; *0*) regime *m* aduaneiro; (serviços *m/pl.* da) alfândega *f*.

'**Zon|e** ['tso:nə] *f* zona; **~en...**: *in Zssg(n)* da zona; de zona(s), em zonas, por zonas.

Zoo [tso:] F *m* (-, -*s*; -*s*) *Abk. für zoologischer Garten m* jardim *m* zoológico.

Zoo'log|e [tsoo'lo:gə] *m* zoólogo *m*; **~'ie** [-'gi:] *f* (*0*) zoologia *f*; **2isch** zoológico.

Zopf [tsɔpf] *m* (-*es*; ⸚*e*) trança *f* (de cabelo); rabicho *m*; *alter* ~ *fig.* atraso *m*, costume *m* atrasado; '**2ig** atrasado.

Zorn [tsɔrn] *m* (-*es*; *0*) cólera *f*, ira *f*; *im* ~ = *2ig*; *in* ~ *bringen* encolerizar, irritar; *in* ~ *geraten* = *2ig werden*; '**2-entbrannt** ['-ɛntbrant] = '**2ig** irado, colérico, encolerizado; ~ *werden* encolerizar-se, irritar-se.

'**Zot|e** ['tso:tə] *f* obscenidade *f* (*reißen* dizer); **2ig** obsceno.

'**Zott|el** ['tsɔtəl] *f* melena *f*; *Anat.* vilosidade *f*; **2ig** viloso, guedelhudo, jubado.

zu [tsu:] **1.** *prp.* (*dat.*) *s. a. entsprechende su. u. vb.*; **a**) *örtl.* (*Lage*) em; (*Richtung*) (par)a; *der Weg* ~ de; ~ *j-m* (par)a casa de alg.; ~ *e-m Arzt gehen* ir a um médico; ~*r Seite* (*gen.*) ao lado de, junto a; ~ ... *hinaus* por; von ... ~ de ... a, desde ... até; **b**) *zeitl.* em; *Stunde*: a; ~*m Frühstück* ao pequeno almoço; ~*m ersten Male usw.* pela ...; **c**) *Mittel*: ~ *Fuß* a; ~ *Wagen, Schiff*: de; ~ *Lande*, ~*r See* por; **d**) *Preis*: a; **e**) *Ziel, Zweck*: para, a; ~ *j-s Gunsten* a favor de alg.; **f**) *Anlaß*: por (motivo de); quanto a, com respeito a; **g**) *Art u. Weise*: *freundlich usw.* (para) com; ~ *dreien* três a três; ~ *dritt*, ~ *Hunderten usw.* às, aos; ~ *m-r großen Freude* com grande alegria minha; **h**) *Verhältnis*: a; (*mal*) por; 2 ~ 0 *siegen* por dois a zero; **i**) *mit inf.*: a; para; de; que; **2.** *adv. ab und* ~ uma vez por outra; (*geschlossen*) fechado; ~ *sehr*, ~ *viel*, ~ *groß usw.* demasiado ..., muito ..., ... demais; *Tür* ~! fechar a porta!; *nur* ~! vamos!; **~-aller'erst** o primeiro de todos; em primeiro lugar; **~-aller'letzt** o último de todos; em último lugar; '**~bauen** tapar; '**2behör(teile** *n/pl.*) *n* ['-bəhø:r] (-*es*; -*e*) equipamento *m*; acessórios *m/pl.*; pertença(s *pl.*) *f*, ⚠ *a.* anexos *m/pl.*; '**~beißen** (*L*) morder; '**~bekommen** (*L*; -) conseguir fechar; ✝ receber por cima.

'**Zuber** ['tsu:bər] *m* cuba *f*, tina *f*.

'**zu-bereit|en** (-*e*-; -) preparar; **2ung** *f* preparação *f*; apresentação *f*.

'**zu|billigen** conceder; **~binden** (*L*) atar; ligar; *Augen*: vendar; **~blasen** (*L*) segredar; **~bleiben** (*L*; *sn*) ficar fechado; **~blinzeln** (-*le*) piscar um olho (*'ô).

'**zu-bring|en** (*L*) trazer; *Zeit*: passar; **2er-dienst** *m* (-*es*; -*e*) serviço *m* de ligação; ✈ autocarro *m*; **2erstraße** *f* acesso *m* rodoviário; **2erwagen** *m* carro *m* de ligação.

'**Zu-buße** *f* suplemento *m*, sobretaxa *f*.

Zucht [tsuxt] *f* ⚒ criação *f*; *a.* ⚘ cultura *f*; (*Rasse*) raça *f*; ⚔ disciplina *f*; *sittliche*: honestidade *f*; '**~bulle** *m* (-*n*) marel *m*; '**~-eber** *m* varrão *m*.

'**zücht|en** ['tsyçtən] (-*e*-) criar; ⚘ *u.* ⚒ cultivar; **2er** *m* criador *m*; cult(ivad)or *m*.

'**Zucht|-haus** *n* (-*es*; ⸚*er*) penitenciária *f*; = *~hausstrafe*; *lebenslängliches* ~ pena *f* maior, prisão *f* perpétua; **~-häusler** ['-hɔyslər] *m* recluso *m*; **~-hausstrafe** *f* pena *f* de prisão maior celular; **~-hengst** *m* (*-es*; *-e*) garanhão *m*; **~-henne** *f* galinha *f* de criação.

'**züchtig** ['tsyçtiç] honesto; casto; **~en** ['-igən] açoutar; *fig.* castigar; **2ung** ['-iguŋ] *f* castigo *m*.

'**zucht|los** indisciplinado, desregrado; **2losigkeit** ['-lo:ziç-] *f* (*0*) falta *f* de disciplina; imoralidade *f*; **2sau** *f* (-; *"e*) porca *f* de criação; **2schaf** *n* (*-es*; *-e*) ovelha *f* de criação; **2stier** *m* (*-es*; *-e*) marel *m*; **2stute** *f* égua *f* de criação; **2tier** *n* (*-es*; *-e*) animal *m* semental.

'**Züchtung** ['tsyçtuŋ] *f* criação *f*; ♀ *u.* ⚕ cultura *f*.

'**Zucht|vieh** *n* (*-es*; *0*) gado *m* de criação; **~wahl** *f* sele[c]ção *f*.

'**zucken** ['tsukən] palpitar; *ganzer Körper*: confranger-se; (*schaudern*) estremecer; *Blitz*: fulminar; *Flamme*: oscilar; *mit den Achseln* ~ encolher os ombros; *mit den Wimpern* ~ pestanejar.

'**zücken** ['tsykən] puxar por; *Degen*: *a.* desembainhar.

'**Zucker** ['tsukər] *m* (*-s*; *0*) açúcar *m*; **~bäcker** *m* pasteleiro *m*; confiteiro *m*; **~dose** *f* açucareiro *m*; **~fabrik** *f* refinaria *f* de açúcar; **~guß** *m* (*-sses*; *"sse*) cobertura *f* de açúcar; *mit* ~ (*kandiert*) confeitado; **2-haltig** [-haltiç] açucarado; **~-hut** *m* (*-es*; *"e*) pão-de-açúcar *m*; pilão *m*; **2ig** açucarado; **~kand** [-kant] *m* (*-s*; *0*), **~kandis** [-kandis] *m* (-; *0*) cândi *m*; *brauner*: caramelo *m*; **2-krank** (**~kranke[r]** *m*) diabético (*m*); **~krankheit** *f* (*0*) diabete(s) *f*; **~mandel** *f* (-; *-n*) amêndoa *f* doce; **2n** (*-re*) açucarar; **~rohr** *n* (*-es*; *-e*) cana *f* de açúcar; **~rohrpflanzung** *f* canavial *m* de açúcar; **~rübe** *f* beterraba *f*; **~saft** *m* (*-es*; *"e*) xarope *m*; **~stange** *f* chupa *f*; **2süß** açucarado; muito doce; *fig.* melífluo; **~wasser** *n* (*-s*; *0*) água *f* açucarada; **~werk** *n* (*-es*; *0*) doces *m/pl.*; doçaria *f*; **~zange** *f* tenaz *f* para açúcar.

'**Zuckung** ['tsukuŋ] *f* ⚕ contra[c]ção *f*, convulsão *f*, palpitação *f*.

'**zu|decken** cobrir; abafar; *Öffnung*: tapar; **~'dem** além disso, de mais a mais; **~denken** (*L*) destinar; (*hin~*) imaginar; **~diktieren** (-) impor; *Strafe*: *a.* infligir; **2drang** *m* (*-es*; *0*) afluência *f*; **~drehen** fechar; *j-m den Rücken* ~ virar as costas a alg.; **~dringlich** importuno; impertinente; abelhudo; **2-dringlichkeit** *f* importunidade *f*, impertinência *f*; **~drücken** fechar (*ein Auge* os olhos); **~-eignen** (*-e-*) dedicar; ⚖ adjudicar; (*schenken*) oferecer; *sich* (*dat.*) ~ apropriar-se; **2-eignung** *f Lit.* dedicatória *f*; **~-eilen** (*sn*): *auf* (*ac.*) ~ correr para; **~-ein'ander** um ao outro, uns aos outros, uma(s) à(s) outra(s); ~ *kommen* reunir-se; ~ *passen* quadrar; adaptar-se; **~-erkennen** (*L*; -) adjudicar; conceder; *Strafe*: infligir; **~-'erst** (em) primeiro (lugar); et. ~ *tun* começar por fazer a.c.; **~fächeln** (*-le*): *sich* (*dat.*) *Kühlung* ~ abanar-se; **~fahren** (*L*; *sn*) *schon vorauf*: ir andando; *weiter*: seguir; *schneller*: ir mais depressa; ~ *auf* (*ac.*) dirigir-se para, *hastig*: precipitar-se sobre; **2fahrt** *f* acesso *m*; **2fahrts-straße** *f* rua *f* de acesso; **2fall** *m* (*-es*; *"e*) acaso *m*; **~fallen** (*L*; *sn*) fechar-se; *fig. j-m* ~ tocar a alg.; *Los*, *Pflicht*, ⚖ (*heimfallen*) caber a alg.; (*leichtfallen*) não custar nada a alg.

'**zu-fällig** casual, acidental, fortuito; aleatório, *adv.* (= **~erweise** [-igər-]) *a.* por acaso; **2keit** *f* casualidade *f*.

'**Zufalls...**: *in Zssg*(*n*) casual, acidental.

'**zu|fassen** (*-ßt*) deitar a mão (a); **~fliegen** (*L*; *sn*): ~ *auf* (*ac.*) voar para; *fig. j-m* ~ não custar nada a alg.; **~fließen** (*L*; *sn*) afluir (*a. fig.*); *j-m et.* ~ *lassen* conceder a.c. a alg., outorgar a.c. a alg.; **2flucht** *f* (*0*) abrigo *m*, refúgio *m*, asilo *m*; (*Ausweg*) recurso *m*; *s-e* ~ *nehmen zu* recorrer a; **2fluchts-ort** *m* (*-es*; *-e*) refúgio *m*, asilo *m*; **2fluß** *m* (*-sses*; *"sse*) afluência *f* (*a. fig.*); *Erdk.* afluente *f*; **~flüstern** (*-re*) segredar; **~'folge**: (*dat.*) ~ segundo (*ac.*); em consequência de.

zu'frieden contente, satisfeito; ~ *lassen* deixar em paz; **~geben** (*L*): *sich* ~ dar-se por satisfeito; *sich mit et.* ~ contentar-se com a.c.; **2-heit** *f* (*0*) contentamento *m*, satisfação *f*; *des Gemütes*: sossego *m*; *zu j-s* ~ a contento *m* de alg.; **~stellen** satisfazer, contentar; ~d *adj.* satisfatório.

'**zu|frieren** (*L*; *sn*) gelar, cobrir-se de gelo (*ê); **~fügen** acrescentar; *Schaden usw.*: causar, infligir; **2fuhr** ['-fu:r] *f* transporte *m*; (*Versorgung*) abastecimento *m*; ⊕ entrada *f*; *Wasser*: adução *f*; **~führen** levar (a); (*dat.*) *Nahrung* ~ alimentar (*ac.*); *Kunden*: arranjar; **2führung** *f* ⊕ *u.* ⚡ conduta *f*.

Zug [tsu:k] *m* (-*es*; ⸚*e*) tirada *f*; puxada *f*; *heftiger*: puxão *m*; tra[c]ção *f*; 🚂 comboio *m* (*mit dem* de); ⚔ pelotão *m*; *Lasttiere*: récua *f*; *Ofen*: tiragem *f*; *Rauchen*: chupada *f*; *Reiter*: grupo *m*, cavalgada *f*; *Spiel*: lance *m*, muda *f*; *Trinken*: trago *m* (*auf e-n, in e-m, mit e-m* de um; *tun* dar); *Vögel*: bandada *f*; (*Atem2*) folgo *m*; fôlego *m*; (*Charakter2, Feder2*) rasgo *m*, *a.* (*Gesichts2*) traço *m*; (*Fang*) lanço *m*, F (*Fest2*) cortejo *m*; redada *f*; (*Gespann*) tiro *m*; (*Griff*) puxador *m*; (*Leichen2*) préstito *m*; (*Luft2*) corrente *f* de ar; (*Marsch*) marcha *f*; (*Trieb*) impulso *m*; (*Weg*) expedição *f*; *in e-m ~e* a eito *m*; *gut im ~e sn* estar em plena a[c]tividade *f*; *im ~e der Maßnahmen usw.* em virtude *f* de.

'**Zu|gabe** *f* suplemento *m*; acréscimo(s *pl.*) *m*; *Konzert*: número *m* extraprograma; P *Getreide, Flüssigkeiten*: semichas *f/pl.*; **~gang** *m* (-*es*; ⸚*e*) acesso *m*; entrada *f*; **2gänglich** ['-gɛŋliç] acessível.

'**Zug·brücke** *f* ponte *f* levadiça.

Züge ['tsy:gə] (= *pl. v. Zug*) (*Gesichtszüge*) feições *f/pl.*; (*Gewehrzüge*) estrias *f/pl.*, raias *f/pl.*; (*Schriftzüge*) letra *f/sg.*; *in den letzten ~n liegen* agonizar, estar na agonia.

'**zu|geben** (*L*) dar a mais; *Konzert*: tocar extraprograma; *fig.* admitir; reconhecer; (*bekennen*) confessar; (*erlauben*) permitir, deixar; **~'gegen** presente; ~ *sn bei a.* assistir a, presenciar (*ac.*); **~gehen** (*sn*) (*geschehen*) acontecer; ser possível; *nicht mit rechten Dingen* ~ parecer impossível; (*schließen*) fechar; (*schon vorangehen*) ir andando; (*schneller gehen*) ir mais depressa, acelerar o passo; (*weitergehen*) seguir (já para a frente); ~ *auf* aproximar-se de; *dem Ende* ~ aproximar-se do fim; *j-m* ~ ser enviado a alg., chegar às mãos de alg.; ~ *lassen* enviar, mandar; **2geh-frau** ['-ge:-] *f* mulher *f* a dias.

'**zu·gehör|en** (-) pertencer; **~ig** correspondente; afim; *Teil*: acessório; △ anexo; *j-m*: pertencente; **2igkeit** *f* pertença *f*; *Pol.* filiação *f* (*a. Rel.*), *zu e-m Staat*: nacionalidade *f* + *adj.*

'**Zügel** ['tsy:gəl] *m* freio *m*, *a. fig.* rédea(s *pl.*) *f* (*anziehen* apertar; *halten* ter; *lockern, schießen lassen* soltar, abandonar); (*dat.*) *die ~ anlegen* pôr freio a, (*) enfre(n)ar (*ac.*); *mit verhängtem* ~ a mata-cavalo, à rédea solta; **2los** desenfreado; abandonado; **~losigkeit** [-lo:ziç-] *f* (*0*) desenfreamento *m*, *fig. a.* libertinagem *f*, devassidão *f*; **2n** (-*le*) refrear, (*) enfre(n)ar; *fig. a.* reprimir.

'**zu|gesellen** (-) (a)juntar; *j-m*: associar, *sich ~ a.* acompanhar (*ac.*); **2geständnis** *n* (-*ses*; -*se*) concessão *f*; **~gestehen** (*L*; -) conceder; (*eingestehen*) confessar; **~getan** [-gəta:n] (*dat.*) dedicado a, afeiçoado a.

'**Zug|feder** *f* (-; -*n*) espiral *f*; **~führer** *m* 🚂 condutor *m* de (*od.* do) comboio; ⚔ comandante *m* de (*od.* do) pelotão.

'**zu·gießen** (*L*) (*schließen*) chumbar; (*hinzufügen*) deitar mais.

'**zugig** ['tsu:giç] exposto à corrente de ar; *es ist* ~ há corrente de ar.

'**Zug|kraft** *f* (-; ⸚*e*) (força [*ô] *f* de) tra[c]ção *f*; *fig.* atra[c]ção *f*; **2kräftig** ✝ de boa venda; *Thea.* de êxito; ~ *sn* atrair o público.

zu'gleich ao mesmo tempo (*mit mir* que eu); simultâneamente.

'**Zug|leine** *f* tirante *m*; ⚓ cabo *m* de reboque; **~loch** *n* (-*es*; ⸚*er*) respiradouro *m*; **~luft** *f* (*0*) corrente *f* de ar; ar *m* coado; **~maschine** *f* tra[c]tor *m*; **~mittel** *n* reclamo *m*; **~netz** *n* (-*es*; -*e*) rede (*'ê) *f* de arrastar; **~ochse** *m* (-*n*) boi *m* de lavoura; **~pferd** *n* (-*es*; -*e*) cavalo *m* de tiro; **~pflaster** *n* emplastro *m* vesicatório.

'**zu·greifen** (*L*) deitar a mão (a); *bei Tisch*: servir-se; *fig.* aproveitar a oportunidade.

zu'grunde [-'grundə]: ~ *gehen* perecer; arruinar-se; ⚓ ir a pique;

~ *legen* tomar por base, partir de; ~ *liegen* (*dat.*) servir de base a, ser o motivo de, estar na base de, estar na origem de; ~ *richten* arruinar.

'**Zug|schnur** *f* tirante *m*; **~seil** *n* (*-es*; *-e*) = *~leine*; **~tier** *n* (*-es*; *-e*) animal *m* de tiro; **~-unglück** *n* (*-es*; *-e*) desastre *m* ferroviário.

zu|'gunsten [-'gunstən] a favor de; em defesa de; **~'gute** [-'gu:tə]: ~ *halten* não levar a mal; ter em conta; *entschuldigen*) desculpar; (*dat.*) ~ *kommen* ser favorável a, trazer proveito para; beneficiar (*ac.*); reverter em favor de; *sich* (*dat.*) et. ~*tun auf* (*ac.*) ufanar-se de; **~guter'letzt** [-gu:tər'lɛtst] pelo sim, pelo não.

'**Zug|verbindung** *f* ligação *f*; **~verkehr** *m* (*-s*; *0*) circulação *f* de comboios; **~vieh** *n* (*-es*; *0*) animais *m/pl.* de tiro; **~vogel** *m* (*-s*; ¨) ave *f* de arribação; **~wind** *m* (*-es*; *-e*) corrente *f* de ar.

'**zu|-haben** (*L*) *v/t.* (*v/i.*) ter (estar) fechado; **~-haken** acolchetar; fechar com gancho; **~-halten** (*L*) **1.** *v/t.* guardar fechado; cobrir com as mãos; (*sich dat.*) ~ tapar (*ac.*); **2.** *v/i.* ~ *auf* (*ac.*) dirigir-se para; **2-hälter** ['-hɛltər] *m* rufião *m*; *cáften *m*; **~-'handen** [-'handən] ao(s) cuidado(s) de (*Abk.* a/c); **~-hängen** encobrir, velar; **~-hauen** **1.** *v/t.* talhar; *Holz*: desbastar; **2.** *v/i.* ~ *auf* (*ac.*) espancar (*ac.*); **~-heilen** (*sn*) sarar, cicatrizar; **2-'hilfe-nahme** [-na:mə]: *unter* ~ (*gen.*) com (o) auxílio de, servindo-se de, valendo-se de.

'**zu-hör|en** escutar; F ouvir; **2er(in** *f*) *m* ouvinte *m*; **2er-schaft** *f* auditório *m*.

zu-'innerst no fundo; intimamente.

'**zu|jauchzen** (*-t*), **~jubeln** (*-le*) (*dat.*) aclamar, vitorear, ovacionar (*ac.*); **~kaufen** comprar também, comprar ainda, comprar mais; *Spielkarte*: tirar; **~kehren** virar para; apresentar; *j-m den Rücken* ~ virar as costas a alg.; **~klappen** fechar; **~kleben** colar; **~klinken** ['-kliŋkən] *v/t.* fechar; **~knallen** F bater; **~knöpfen** abotoar; *zugeknöpft adj. fig.* reservado; **~kommen** (*L*; *sn*): ~ *auf* (*ac.*) vir para, vir ao encontro de; *j-m* ~ competir a alg., caber a alg., pertencer a alg.; *j-m et.* ~ *lassen* proporcionar a.c. a alg.; fazer chegar a.c. às mãos de alg., deixar a.c. (par)a alg.; (*schikken*) mandar a.c. a alg.; **~korken** (ar)rolhar; **2kost** *f* (*0*) conduto *m*, acompanhamento *m*; *ohne* ~ a seco (*ê), sem nada; **2kunft** ['-kunft] *f* (*0*) futuro *m* (*a. gr.*), porvir *m*; *in* ~ de futuro, daqui em diante; **~künftig** futuro, vindouro; **2kunfts...**: *in Zssg(n)* do futuro; vindouro; **~lächeln** (*-le*) (*dat.*) sorrir(-se par)a; **2lage** *f* aumento *m*; suplemento *m*; **~'lande** [-'landə]: *bei uns* ~ no nosso país, na nossa terra; **~langen** tomar; *bei Tisch*: servir-se; **~länglich** suficiente.

'**zu-lass|en** (*L*) admitir; (*erlauben*) permitir; *Tür*: deixar fechado; **2ung** *f* admissão *f*; autorização *f*; **2ungs-bescheinigung** *f* carteira *f* profissional; **2ungs-prüfung** *f* exame *m* de admissão (*od.* aptidão).

'**zu-lässig** admissível; (*erlaubt*) permitido, lícito; **2keit** *f* (*0*) legitimidade *f*.

'**Zu-lauf** *m* (*-es*; *0*) afluência *f*, concorrência *f*; frequência *f*; *großen* ~ *haben a.* ser muito concorrido, *Thea.* ser muito frequentado, *j.*: ter grande clientela *f*; **2en** (*L*; *sn*): *j-m* ~ vir para alg.; ~ *auf* (*ac.*) correr para; *spitz* ~ terminar em ponta.

'**zu-legen** cobrir; (*draufgeben*) acrescentar; *Gehalt*: dar mais; *sich* (*dat.*) *et.* ~ adquirir, F arranjar.

zu'leide [-'laɪdə]: *j-m et.* ~ *tun* fazer mal a alg., ofender alg., melindrar alg. (*nichts* não).

'**zu-leit|en** (*-e-*) dirigir; (*verteilen*) distribuir (entre); ⊕ levar, *Wasser*: *a.* aduzir; **2ung** ⊕ *f* conduta *f*; canalização *f*; **2ungs...**: *in Zssg(n)* ⊕ de condução; de entrada.

'**zu|lernen** aprender coisas novas; **~'letzt** em último lugar; por fim; ~ *kommen* ser o último (a chegar); **~'liebe**: (*dat.*) ~ por amor de; **~löten** (*-e-*) soldar; **~m** [tsum] = *zu dem*, *s. zu*; **~machen** **1.** *v/t.* fechar; *Rock*: abotoar; **2.** *v/i.* fechar; F (*sich beeilen*) fazer depressa, aviar-se; **~'mal** sobretudo; ~ (*da*) tanto mais (quanto é certo) que; **~mauern** (*-re*) tapar; **~'meist** na maior parte; em geral, geralmente; **~messen** (*L*) medir; *j-m sn Teil* ~ dar a ração a alg.; **~'mute** [-'mu:tə]: *mir ist nicht wohl* ~ não me sinto bem (*bei* com); **~muten** (*-e-*) exigir (*j-m* de alg.); *sich* (*dat.*) *zuviel* ~ abarbar-se, exagerar; **2mutung** ['-mu:tuŋ] *f* exigência *f*; *starke* ~ impertinência *f*; **~'nächst** **1.** *adv.* (em) primeiro (lugar); (*vorläufig*) por agora; **2.** *prp.* (*dat.*) muito perto de; **~nageln** (*-le*) pregar; **~nähen** coser; consertar; **2nahme** ['-na:mə] *f* aumento *m*, incremento *m*; *Mond*: crescer *m*; **2name** *m* (*-ns*; *-n*) apelido *m*.

'zünden ['tsyndən] (*-e-*) acender; pegar (*a. fig.*); *Motor*: fazer explosão; *fig.* ele[c]trizar, arrebatar; **~d** *adj.* vibrante.

'Zunder ['tsundər] *m* isca *f*.

'Zünder ['tsyndər] *m* ⚔ espoleta *f*.

'Zünd|holz ['tsynt-] *n* (*-es*; *ᵘer*), **~-hölzchen** ['-hœltsçən] *n* fósforo *m*; **~holz-schachtel** *f* (*-*; *-n*) caixa *f* de fósforos; **~hütchen** ['-hy:tçən] *n*, **~kapsel** *f* (*-*; *-n*) fulminante *m*; **~kerze** *f* vela *f*; **~schnur** *f* (*-*; *ᵘe*) mecha *f*; **~stoff** *m* (*-es*; *-e*) matéria *f* inflamável; **~ung** ['-duŋ] *f* inflamação *f*; *Motor*: ignição *f*.

'zu-nehmen (*L*) aumentar (*an dat.* de, em); crescer (*a. Tage, Wasser*), *Mond*: estar no crescente; *Fieber*: subir; *an Wissen*: fazer progressos; **~d** *adj.* crescente, progressivo.

'zu-neig|en: (*sich*) *dat.* ~ inclinar-se para; simpatizar com; *sich dem Ende* ~ ir-se acabando; **2ung** *f* inclinação *f* (para), simpatia *f* (para com).

Zunft [tsunft] *f* (*-*; *ᵘe*) corporação *f*.

'zünftig ['tsynftiç] em conformidade com os estatutos da corporação; F em forma.

'Zunft-wesen *n* (*-s*; *0*) corporativismo *m*.

'Zunge ['tsuŋə] *f* língua *f* (*Wort auf der* debaixo da); *Fisch*: linguado *m*; ⊕ lingueta *f*, ♪ *a.* palheta *f*; *Waage*: fiel *m*; *Weiche*: agulheta *f*; *Schnalle*: bico *m*; *fig.* (*Geschmack*) paladar *m*.

'züngeln ['tsyŋəln] (*-le*) *Feuer*: levantar-se em labaredas; *Schlange*: sibilar.

'Zungen|band *n* (*-es*; *ᵘer*) freio *m* da língua; **~blüte** ⚘ *f* flor *f* linguada; **2fertig** linguareiro; verboso; **~fertigkeit** *f* (*0*) verbosidade *f*; F lábia *f*; **~spitze** *f* ponta *f* da língua.

'Zünglein ['tsyŋlaın] *n* fiel *m*, lingueta *f*; *fig. das* ~ *an der Waage sn* decidir.

zu|'nichte [-'niçtə]: ~ *machen* (*werden*) aniquilar(-se); *Hoffnung*: frustrar(-se); *Plan*: malograr(-se); **'~-nicken**: *j-m* ~ fazer sinal da cabeça a alg., saudar alg. inclinando a cabeça; **~'nutze** [-'nutsə]: *sich* (*dat.*) ~ *machen* aproveitar-se de; utilizar (*ac.*); **~-'oberst** por cima, em cima; *das Unterste* ~ *kehren* transtornar tudo; **'~-ordnen** (*-e-*) ajuntar, agregar; coordenar; **'~packen** deitar a mão; **~'paß** [-'pas]: ~ *kommen* vir a propósito, convir, fazer jeito.

'zupf|en ['tsupfən] puxar (*an dat.* por); *Leinen*: des(en)fiar; *Wolle*: carmear; **2geige** *f* guitarra *f*.

'zu-pfropfen (ar)rolhar; tapar.

zur [tsu:r] = *zu der*, *s. zu*.

'zu-rate|n[1] (*L*) recomendar, aconselhar; **2n**[2] *n* conselho *m*; **2ziehung** *f* consultação *f*; *unter* ~ (*gen.*) consultando (*ac.*).

'zu-rechn|en (*-e-*) acrescentar, juntar (na conta); **~ungs-fähig** responsável, imputável; **2ungs-fähigkeit** *f* (*0*) responsabilidade *f* pessoal, imputabilidade *f*.

zu'recht em ordem; devidamente; **~biegen** (*L*) endireitar, destorcer; **~finden** (*L*): (*sich*) ~ poder orientar-se; encontrar saída; *sich nicht* ~ *fig.* não entender nada; **~kommen** (*L*; *sn*) chegar a tempo; *mit j-m* ~ entender-se com alg.; *mit et.* ~ *a.* conseguir arranjar a.c.; **~legen** preparar, dispor, pôr em ordem; *sich* (*dat.*) *et.* ~ *fig.* explicar-se a.c.; **~machen** arranjar, preparar; *sich* ~ *Thea.* cara[c]terizar-se; **~rücken, ~setzen** (*-t*) pôr em ordem; regular; *j-m den Kopf* ~ compor alg.; **~stellen** = *~legen*; **~weisen** (*-t*) *v/t.* ensinar o caminho a; *fig.* pôr alg. no seu lugar, pôr alg. a direito; **2weisung** *f* repreensão *f*, reprimenda *f* (*bekommen* ter).

'zu|reden[1] (*-e-*) *v/i.*: *j-m* (*gut*) ~ procurar persuadir alg., animar alg.; **2reden**[2] *n* instâncias *f/pl.*, conselho(s *pl.*) *m*; **~reichen** bastar, chegar; *j-m et.* ~ passar a.c. a alg.; **~d** *adj.* suficiente; **~reiten** (*L*) **1.** *v/t.* adestrar; **2.** *v/i.* (*sn*): *auf* (*ac.*) ~ cavalgar para; *schnell* ~ não poupar o cavalo; **2reiter** *m* picador *m*; **~-**

richten (-*e*-) preparar; arranjar; *Typ.* ajustar; *übel* ~ maltratar, *et.*: *a.* estragar; **≈richtung** *f* preparação *f*; arranjo *m*; **~riegeln** (-*le*) aferrolhar.

'zürnen ['tsyrnən] estar zangado (*j-m* com alg.).

zu'rück [tsu:'ryk] atrás, para trás; (*~geblieben*) atrasado; (*~gekehrt*) de regresso; ~ *sn a.* estar de volta; *Wechselgeld*: de troco (*'ô); *hin und* ~ ida e volta; **~begeben** (*L*; -): *sich* ~ regressar, voltar; **~behalten** (*L*; -) guardar, reter; ficar com; **~bekommen** (*L*; -) tornar a receber; recuperar; *Wechselgeld*: receber de troco (*'ô); *ich habe et.* ~ devolveram-me a.c.; **~berufen** (*L*; -) chamar; **≈berufung** *f* chamada *f*; **~beugen** inclinar para trás; **~bezahlen** reembolsar, devolver, pagar; **~bleiben** (*L*; *sn*) ficar (atrás *od.* retido); *hinter den Erwartungen* ~ não corresponder a; *~geblieben fig.* atrasado; **~blicken** olhar atrás; ~ *auf* (*ac.*) lançar um olhar retrospe[c]tivo (par)a; *fig.* ~ *können auf* (*ac.*) ter; **~bringen** (*L*) *j-n*: acompanhar (para casa); reconduzir; (*holen*) ir buscar; *et.*: trazer; levar; repor no seu lugar; (*geben*) devolver; *fig.* atrasar, *j-n*: *a.* fazer perder tempo a; ⚕ enfraquecer; *zum Gehorsam*: reduzir à; **~datieren** (-) antedatar; **~denken** (*L*): ~ *an* (*ac.*) recordar-(-se de); **~drahten** (-*e*-) telegrafar em resposta, responder por telegrama; **~drängen** repelir; fazer recuar; *fig.* reprimir; **~drehen** virar para trás; **~dürfen** (*L*) ter licença para voltar; **~-eilen** regressar depressa; correr para trás; **~-erbitten** (*L*) *v/t.* reclamar; pedir a devolução de, pedir a restituição de; **~-erhalten** (*L*; -) = *~bekommen*; **~-erinnern** (-*re*): *sich* ~ = *~denken*; **~-erobern** (-*re*; -) reconquistar; **~-erstatten** (-*e*-; -) = *~geben*; **~-erwarten** (-*e*-; -) *v/t.* esperar o regresso de; **~fahren 1.** *v/t.* reconduzir (no carro), levar para casa (no carro); **2.** *v/i.* (*sn*) voltar (de carro); *fig.* recuar assustado; **~fallen** (*L*; *sn*) cair para trás; *fig.* ~ *an, in* (*ac.*) recair em; ~ *auf* (*ac.*) recair sobre; **~finden** (*L*): (*sich*) ~ encontrar o caminho para trás (*od.* para voltar); **~fliegen** (*L*; *sn*): ~ *nach* regressar a, voar novamente para; ~ *gegen*, ~ *auf* (*ac.*) voltar-se contra; **~fließen** (*L*; *sn*) refluir; **~fordern** (-*re*) reclamar, reivindicar; **~führen** reconduzir; ~ *auf* (*ac.*) reduzir a; *auf ein Versehen* ~ atribuir a; **≈gabe** *f* restituição *f*; devolução *f*; **~geben** devolver; restituir, *Geld*: reembolsar; **~gehen** (*L*; *sn*) voltar atrás; recuar, retroceder, ⚔ *a.* retirar-se; *Fieber, Preise*: descer; *fig.* ~ *auf* (*ac.*) remontar a; partir de; ~ *lassen* devolver; **~gewinnen** (*L*) recuperar, reconquistar; **~gezogen** [-gətso:gən] retirado, recolhido; **≈gezogen·heit** *f* (*0*) retiro *m*, recolhimento *m*; **~gleiten** (*L*; *sn*) retroceder; **~greifen** (*L*): ~ *auf* (*ac.*) recorrer a; remontar a, partir de; **~haben** (*L*): ~ *wollen* reclamar, pedir a devolução de; **~-halten** (*L*) deter; reter; conter; *fig.* impedir; *sich* ~ conter-se, observar certa reserva; *mit et.* ~ abster-se de a.c.; *~d adj.* reservado, discreto; **≈-haltung** *f* reserva *f*, discreção *f*; **~-holen** ir buscar; **~kehren** (*sn*) regressar, voltar; **~klappbar** descapotável; **~klappen** abrir, desdobrar; (*hoch~*) levantar; **~kommen** (*L*; *sn*) voltar; *fig.* ficar atrás; ~ *auf* (*ac.*) voltar a falar de; ~ *von* desistir de; **~können** (*L*) poder voltar (atrás); **≈kunft** [-kunft] *f* regresso *m*; **~lassen** (*L*) deixar (atrás *od.* ficar); **≈lassung** [-lasuŋ] *f*: *unter* ~ (*gen.*) abandonando (*ac.*), deixando (ficar) (*ac.*); **~laufen** (*L*; *sn*) correr para trás; retroceder; = *~fließen*; **~legen** pôr de parte, pôr de lado; *Weg*: vencer, percorrer; *an s-n Platz* ~ repor no seu lugar, tornar a pôr no seu lugar; **~lehnen** encostar; **~melden** (-*e*-) responder; *sich* ~ participar o seu regresso; *sich bei j-m* ~ apresentar--se a alg.; **~müssen** (*L*) ter de voltar; ter de recuar; **≈nahme** [-na:mə] *f* retirada *f*; *fig. a. Äußerung*: retra[c]tação *f*; ✝ anulação *f*; ⚔ recuo *m*; **~nehmen** (*L*) *v/t.* retirar; ⚔ recuar; *Ware*: aceitar (quando devolvido), admitir a devolução; *fig.* revogar; *s-e Aussage* ~ retra[c]tar-se; *sn Wort* ~ desdizer-se; **~prallen** (*sn*) ressaltar; *j.*: recuar espantado; **~rechnen** (-*e*-) fazer remontar o seu cálculo; **~reichen**: ~ *bis* remontar a, ter a sua origem em; **~reisen** (*-t*; *sn*) voltar, regressar; **~reiten** (*L*; *sn*) voltar (a cavalo); **~rollen** *v/t.* (*v/i.* [*sn*]) rolar para trás; **~rufen** (*L*) chamar; *ins Gedächtnis ~* fazer recordar, fazer lembrar, evocar; *ins Leben ~* reanimar, ressuscitar; **~schalten** (*-e-*) *Auto*: e-n *Gang ~* passar para a velocidade inferior; **~schauen** = *~blicken*; **~scheuchen** afugentar; **~schicken** devolver; reenviar; *j-n*: mandar voltar; **~schieben** (*L*) empurrar para trás; (*weg~*) retirar; **~schlagen** (*L*) repelir (*a.* ⚔); *Ball*: devolver; *Decke*: tirar (*a. Schleier*), dobrar (para trás); *Verdeck*: abrir; **~schnellen** *v/i.* (*sn*) ressaltar; **~schrauben** *fig.* reduzir; **~schrekken 1.** *v/t.* intimidar; fazer recuar; **2.** *v/i.* (*sn*): *~* (*vor dat.*) assustar-se (com); horrorizar-se (com), recuar (diante); **~schreiben** (*L*) responder; **~sehen** (*L*) = *~blicken*; **~sehnen**: *sich ~ nach* ter saudades de; **~senden** (*L*) = *~schicken*; **~setzen** (*-t*) pôr atrás, *a. fig.* pôr de parte; *j-n ~ fig.* tratar alg. injustamente, *im Rang*: preterir alg.; *~gesetzte Ware* artigo *m* de preço reduzido, artigo *m* de refugo; **2setzung** [-zɛtsuŋ] *f* injustiça *f*; preterição *f*, postergação *f*; **~sinken** (*L*; *sn*) cair para trás; *~ in* (*ac.*) *fig.* recair em; **~springen** (*L*; *sn*) dar um salto para trás; *Ball usw.*: ressaltar; **~stehen** (*L*; *sn*) estar atrás; *fig. ~ hinter* (*dat.*) ser inferior a; *~ müssen* ter de renunciar, ter de desistir; **~stellen** *s. ~setzen*; *Uhr*: atrasar; *fig. zeitl.* deixar para mais tarde; pospor; **~stoßen** (*L*) repelir; **~strahlen** *v/t.* (*v/i.*) refle[c]tir(-se); **~streichen** (*L*) afastar; alisar; **~streifen** arregaçar; **~strömen** (*sn*) refluir; **~taumeln** (*-le*) recuar estonteado; **~telegrafieren** (-) = *~drahten*; **~tragen** (*L*) levar, voltar a trazer; repor no seu lugar; **~treiben** (*L*) repelir; *Vieh*: recolher; **~treten** (*L*; *sn*) dar um passo para trás; recuar; retroceder; *fig.* desistir; *Amt*: demitir-se; abdicar; *~ hinter* (*dat.*) ficar atrás de; **~verfolgen** (-): et. *~ bis* regressar na história de a.c. até; **~verlangen** (-) **1.** *v/t.* reclamar, pedir a devolução de, pedir a restituição de; **2.** *v/i.*: *~ nach* ter saudades de; **~versetzen** (*-t*) *Schüler*: obrigar a repetir o ano; *fig. sich ~ in* (*ac.*) transportar-se para; **~wandern** (*-re*; *sn*) regressar; repatriar-se; **~weichen** (*L*) recuar; retirar-se; *fig.* ceder; **~weisen** (*L*) repelir; (*ablehnen*) recusar; rejeitar, não aceitar; *~ auf* (*ac.*) referir-se a, indicar, *j-n*: remeter a; **2weisung** *f* repulsão *f*; (*Ablehnung*) recusa *f*; rejeição *f*; **~werfen** (*L*) repelir (*a.* ⚔); *Ball*: devolver; *Licht*: refle[c]tir; **~wirken** reagir; exercer rea[c]ção; **~wollen** querer voltar; **~zahlen** reembolsar, devolver, pagar; **2zahlung** *f* reembolso (*'ô) *m*, devolução *f*, pagamento *m*; **~ziehen** (*L*) retirar; recolher.

'**Zu-ruf** *m* (*-ės*; *-e*) grito *m*, voz *f*; *durch ~* por aclamação *f*; **2en** (*L*) gritar; (*dat.*) *Beifall ~* aclamar (*ac.*).

'**zu-rüst|en** (*-e-*) preparar, arranjar; **2ung** *f* preparativo *m* (*treffen* fazer).

'**Zu-sag|e** *f* resposta *f* afirmativa; (*Versprechen*) promessa *f*, palavra *f*; **2en 1.** *v/t.* prometer; *j-m auf den Kopf ~* dizer na cara de alg.; **2.** *v/i.* aceitar; (*gefallen*) agradar.

zu'sammen [tsuː'zamən] junto (*sn* estar); juntamente; em conjunto; (*im ganzen*) ao todo, em soma, em globo; *bsd.* ℞ *u.* ⚕ no total; *mit j-m ~ a.* em colaboração com alg.; **2-arbeit** *f* colaboração *f*, cooperação *f*; **~-arbeiten** (*-e-*) colaborar, cooperar (*an dat.* em); **~ballen**: (*sich*) *~* conglobar(-se), *a. fig.* aglomerar(-se); *Gewitter*, *Wolken*: acumular-se, acastelar-se; **2bau** ⊕ *m* (*-ės*; *-e*) montagem *f*; **~bauen** ⊕ montar; **~beißen** (*L*) *Zähne*: cerrar; **~bekommen** (*L*; -) conseguir juntar; *fig.* recordar; **~binden** (*L*) atar, ligar; **~bleiben** (*L*; *sn*) ficar reunido, ficar junto; **~brauen** misturar; *fig.* tramar; *sich ~ Wolken*: acastelar-se, acumular-se; **~brechen** (*L*; *sn*) sucumbir; ir(-se) abaixo, vir abaixo; *Firma*: *a.* quebrar; *Haus*: *a.* abater-se; *Unternehmen*: *a.* fracassar; **~bringen** (*L*) amontoar; (conseguir) juntar; *fig. wieder ~* conseguir reconciliar; **2bruch** *m* (*-ės*; *⸗e*) desmoronamento *m*, ruína *f*; *fig.* colapso *m* (*a.* ⚕), fracasso *m*, malogro *m*; ⚕ bancarrota *f*; *Pol. u.* ⚔ derrota *f*; **~drängen** apertar; = *~ballen*; concentrar; *fig.* resumir; **~drücken** comprimir; *flach*: achatar; **~fahren** (*L*; *sn*) 🚗 *usw.* chocar, embater; *fig. j.*: estremecer; **~fallen** (*L*; *sn*) cair, *et.*: *a.* abater(-se), desmoronar-se, *j.*: *a.* sucumbir; *zeitl.* coincidir (*a.* ⚖); **~faltbar** [-faltba:r] dobradiço, de dobrar; *Möbel*: articulado; **~falten** (*-e-*) dobrar; **~fassen** (*-ßt*) (*vereinigen*) reunir; concentrar, centralizar; coordenar; (*kurz*) ~ resumir; *~d adj.* resumido; *adv.* em resumo; *~de Darstellung* = **2fassung** *f* resumo *m*; *Kräfte*: concentração *f*; coordenação *f*; **~fegen** varrer, juntar (o lixo); **~finden** (*L*) encontrar-se; *sich* ~ *a.* reunir-se, juntar-se; **~fließen** (*L*) confluir; *a. fig.* confundir-se; **2fluß** *m* (*-sses*; *⸚sse*) confluência *f*; **~fügen** juntar, *Holz*: *a.* ensamblar; *a. fig.* reunir; **~führen** reunir; **~geben** (*L*) casar; **~gehen** (*L*) ir junto, andar junto; *fig.* ir conforme, andar conforme; **~gehören** (-) pertencer ao mesmo grupo *usw.*; (*zuea.gehören*) estar relacionado; *Personen*: *a.* ser companheiros; *Dinge*: fazer jogo; **~gehörig** correspondente; par; do mesmo grupo; **2gehörigkeit**(**s-gefühl** *n* [*-ęs*; *0*]) *f* (*0*) solidariedade *f*; **~gewachsen** [-gəvaksən] *Augenbrauen*: unido; *Knochen*: soldado; **~gießen** (*L*) misturar; **2-halt** *m* (*-ęs*; *0*) consistência *f*; coesão *f*; *fig.* união *f*, solidariedade *f*; **~-halten** (*L*) **1.** *v/t.* guardar junto(s); conservar intacto; (*vergleichen*) confrontar; *Geld*: poupar; **2.** *v/i.* ter consistência; segurar; *Gruppe*: estar unido, estar solidário; **2-hang** *m* (*-ęs*; *⸚e*) (co)nexo *m*, conexão *f*; coesão *f*; *a. Phys.* coerência *f*; (*Beziehung*) relação *f*; (*Verknüpfung*) concatenação *f*; *fortlaufender*: continuidade *f*; *höherer*: ordem *f*; *Text*: contexto *m*; *in ~ bringen* concatenar; *im ~ stehen* = **~-hängen**: ~ *mit* estar ligado a, relacionar-se com, prender-se com; *Zimmer*: comunicar; *~d adj.* coerente; contínuo; **~-hanglos** incoerente, desconexo; **~-hauen** despedaçar, destruir; *j-n* ~ dar cabo de alg., dar tareia a alg.; **~-häufen** amontoar; **~-heften** (*-e-*) alinhavar; *Buch*: brochar; **~-holen** ir buscar por toda a parte, juntar; recolher; **~kauern** (*-re*): *sich* ~ acocorar-se, pôr-se de cócoras; **~kaufen** comprar por toda a parte; **2klang** *m* (*-ęs*; *⸚e*) consonância *f*; ♪ acordo (*'ô) *m*; *a. fig.* harmonia *f*; **~klappbar** [-klapba:r] = *~faltbar*; **~klappen 1.** *v/t.* dobrar; *Buch*, *Messer*: fechar; **2.** *v/i.* (*sn*) cair; ⚕ ter um colapso; **~kleben** pegar; *v/i. a.* estar pegado; **~kneifen** (*L*) apertar; *Augen*: piscar; **~knüpfen** atar, ligar; **~kommen** (*L*; *sn*) reunir-se (*zu a.* em), *mit j-m ~ a.* encontrar-se com alg.; *Umstände*: concorrer, coincidir; **~krampfen** [-krampfən]: *sich* ~ confranger-se, constranger-se; **~kratzen** (*-t*) juntar; *fig. Geld*: arrebanhar; **2kunft** [-kunft] *f* (-; *⸚e*) encontro *m*; *a.* (*Besprechung*) reunião *f*; **~lassen** (*L*) deixar junto, deixar juntar-se; **~laufen** (*L*; *sn*) concorrer, acorrer em massa; *lärmend*: amotinar-se; (*~fließen*) confluir, *Farben*: confundir-se; *Linien*: convergir; *Milch*: coagular; *Stoff*: encolher; **~leben**[1] **conviver, coabitar; 2leben**[2] *n* **convívio** *m*; **vida** *f* em comum; *eheliches* ~ vida *f* conjugal; **~legbar** [-le:kba:r] = *~faltbar*; **~legen** juntar; ✝ reunir; *Aktien*: consolidar; *Geld* ~ cotizar-se; (*falten*) dobrar; **~leimen** colar; **~lesen** (*L*) respigar; *aus Büchern*: coligir; **~liegen** (*L*) estar junto; *Räume*: confinar; **~löten** (*-e-*) soldar; **~nageln** (*-le*) encravar; **~nähen**: (*wieder*) ~ (re-)coser; **~nehmen** (*L*) tomar em conjunto; (*vereinigen*) juntar, reunir; *Gedanken*: *a.* recolher, concentrar (*a. Kräfte*); *sich* ~ conter-se; fazer um esforço; *alles ~genommen* em soma; **~packen** embrulhar, empacotar; **~passen** (*-ßt*) **1.** *v/t.* ajustar, adaptar; **2.** *v/i.* condizer; fazer jogo; ⊕ ajustar; *j.*: dar-se; *Farbe*: casar-se; *Töne*: harmonizar; **~pferchen** encerrar; **2prall** *m* (*-ęs*; *-e*) choque *m*, embate *m*; **~prallen** (*sn*) chocar, embater, esbarrar; **~pressen** (*-ßt*) comprimir; **~raffen** apanhar (a toda a pressa); *Reichtum*: acumular; *sich* ~ aprumar-se; fazer um (grande) esforço (*'ô); **~rechnen** (*-e-*) somar; fazer a adição; **~reimen**: *sich* ~ explicar-se; *mit*: concordar; **~reißen** (*L*) = *~raffen*; **~rollen** enrolar; **~rotten** [-rɔtən] (*-e-*): *sich* ~ reunir-se;

abandoar-se; *Menge*: amotinar-se; **2rottung** [-rɔtuŋ] *f* motim *m*; **~rücken** *v/t.* (*v/i.*) juntar(-se), chegar(-se) (*näher* mais); **~rufen** (*L*) convocar; chamar; **~scharen**: *sich* ~ reunir-se; **~scharren** juntar; *fig. Geld*: arrebanhar; **~schichten** (*-e-*) empilhar; **~schieben** (*L*) juntar; **~schießen** (*L*) **1.** *v/t.* ⚔ aniquilar, *et.*: *a.* destruir; *Geld*: cotizar-se; **2.** *v/i.* (*sn*) juntar-se; **~schlagen** (*L*) **1.** *v/t.* (*vereinigen*) juntar; *Gerüst usw.*: armar; (*vernichten*) dar cabo de; *Hände*: bater; *die Hände (über dem Kopf)* ~ *fig.* ficar pasmado; **2.** *v/i.* (*sn*) fechar-se; *über j-m*: sepultar (*ac.*); **~schließen** (*L*) juntar, encadear; *sich* ~ unir-se; **2schluß** *m* (*-sses*; *⸚sse*) união *f*; ✝ *u. Pol. a.* fusão *f*; **~schmelzen** (*L*) *v/t.* (*v/i.* [*sn*]) derreter(-se); *Metalle*: amalgamar(-se); *v/i. fig.* ir-se diminuindo; **~schmieren** misturar; *fig.* compilar à pressa e sem critério; **~schnüren** atar; *fig. Herz*: confranger; **~schrauben** juntar por parafusos, aparafusar; **~schrecken** (*sn*) estremecer; **~schreiben** (*L*) escrever numa palavra; *Text*: compilar; **~schrumpfen** (*sn*) enrugar(-se), encolher; ⚕ atrofiar; *fig.* diminuir; **~schütten** (*-e-*) misturar; **~schweißen** (*-t*) soldar; **~setzen** (*-t*): (*sich*) ~ (*aus*) compor(-se de); ⊕ montar, armar; *sich* ~ *j.*: sentar-se juntos, reunir-se; *sich mit j-m* ~ sentar-se junto de alg.; reunir-se com alg.; **2setzung** [-zɛtsuŋ] *f* composição *f*; ⊕ montagem *f*; **~sinken** (*L*; *sn*) sucumbir; **~sitzen** (*L*): *mit j-m* ~ estar (sentado) junto de alg.; estar (reunido) com alg.; **~sparen** ir economizando; **2spiel** *n* (*-es*; *-e*) conjunto *m*; *fig. Farben*: combinação *f*; *Kräfte*: concurso *m*; **~spielen** ♪ tocar ao mesmo tempo, concertar; *Sport*: *gut* ~ formar um bom conjunto; *Thea.*: contracenar; *fig.* corresponder-se, combinar-se, entrar em combinação; **~stecken** **1.** *v/t.* segurar com alfinetes; *die Köpfe* ~ mexericar; **2.** *v/i.* estar junto; F *immer* ~ *j.*: estar sempre pegado; **~stehen** (*L*) estar junto, formar grupo(s); *fig.* fazer causa comum, ajudar-se mùtuamente; **~stellen** reunir; combinar; conjugar; ⊕ montar, armar; *schriftlich*: compilar; *Liste*: organizar; *Ergebnisse*: classificar; (*vergleichen*) comparar; **2stellung** *f* combinação *f*; composição *f*; lista *f*; compilação *f*; (*Tabelle*) quadro *m* sinóptico; **~stimmen** concordar; conjugar-se; = *~passen* 2; **~stoppeln** [-ʃtɔpəln] F (*-le*) compilar (sem método); **2stoß** *m* (*-es*; *⸚e*) choque *m*, embate *m*; *Kräfte*: *a.* colisão *f*; ⚔ encontro *m*; *fig.* conflito *m*; **~stoßen** (*L*) *v/i.* (*sn*) (*v/t.* [*h.*] fazer) chocar, (fazer) embater, (fazer) colidir; ⚓ abalroar; (*sich berühren*) tocar-se, encontrar-se; confinar; **~streichen** (*L*) cortar parte de, reduzir; **~strömen** (*sn*) confluir; *j.*: afluir, acorrer em massa; **2sturz** *m* (*-es*; *⸚e*) desmoronamento *m*; derrocada *f*; ruína *f*; **~stürzen** (*-t*; *sn*) desmoronar-se; *j.*: cair, sucumbir; **~suchen** rebuscar (*a. fig.*), ir buscar por toda a parte; **~tragen** (*L*) reunir; juntar; *Lit. a.* compilar; **~treffen**[1] (*L*) *v/i.* (*sn*) encontrar-se; reunir-se; **2treffen**[2] *n* encontro *m*; *zeitl. u. Umstände*: coincidência *f*; **~treiben** (*L*) reunir; recolher; **~treten** (*L*; *sn*) reunir-se; **2tritt** *m* (*-es*; *-e*) reunião *f*; **~trommeln** (*-le*) reunir, convocar; **~tun** (*L*) juntar; *sich* ~ *a.* unir-se, fazer causa comum; associar-se; *Interessenverbände*: mancomunar-se; **~wachsen** (*L*; *sn*) concrescer; ⚕ soldar-se; **~wehen** juntar, amontoar; **~werfen** (*L*) juntar, amontoar; *fig.* confundir; **~wickeln** (*-le*) enrolar; **~wirken**[1] *v/i.* cooperar; *Umstände*: concorrer; **2wirken**[2] *n u.* **2wirkung** *f* cooperação *f*; concurso *m*; **~wohnen** coabitar; estar na mesma casa (*mit* que); **~würfeln** (*-le*) confundir, misturar; *bunt zusammengewürfelt* misturado, variegado; **~zählen** somar; **~ziehen** (*L*) **1.** *v/t.* contrair; *Augenbrauen*: franzir; (*verengen*) estreitar, apertar; ⚕ adstringir; ⚔ concentrar; ⅍ somar, (*kürzen*) reduzir; *sich* ~ apertar-se, constranger-se; *Stoff*: encolher; *Gewitter*: acumular-se; **2.** *v/i.* (*sn*) ir viver junto; **~ziehend** *adj.* ⚕ adstringente; **2ziehung** *f* contra[c]ção *f*; concentração *f*.

'**Zu|satz** *m* (*-es*; *⸚e*) aditamento *m*; ⚖ codicilo *m*; (*Beimischung*) ingrediente *m*; **~satz...**: *in Zssg(n)* =

2sätzlich ['-zɛtsliç] adicional; suplementar; acessório; **2'schanden** [-'ʃandən]: ~ *machen* frustrar, *a.* ~ *reiten*, ~ *schlagen* estragar; ~ *werden* malograr-se, fracassar; **2schanzen** ['-ʃantsən] (*-t*) arranjar, (fazer) passar para.

'**zu-schau|en**: (*dat.*, *bei et.*) ~ ver (*ac.*), olhar (*ac.*), assistir (a), observar (*ac.*); ~, *daß* tratar de (*inf.*); **2er(in** *f*) *m* espe[c]tador(a *f*) *m*; **2erraum** *m* (*-es*; *=e*) sala *f* (de espe[c]tadores).

'**zu|schaufeln** (*-le*) entulhar; (*nachschütten*) deitar (mais); **~schicken** mandar remeter; **~schieben** (*L*) fechar; *Riegel*: correr; *fig. j-m et.* ~ fazer passar a.c. para alg.; *Eid*: deferir a; *Schuld*: atribuir a, imputar a; **~schießen** (*L*) *fig. Geld* ~ subsidiar, subvencionar.

'**Zu-schlag** *m* (*-es*; *=e*) *Auktion*: adjudicação *f*, arrematação *f*; (*~sgebühr*) suplemento *m*; sobretaxa *f*; aumento *m*; **2en** (*L*) **1.** *v/t.* fechar (a bater); *Auktion*: adjudicar; (*zurechnen*) acrescentar; *j-m die Tür vor der Nase* ~ dar com a porta na cara de alg.; **2.** *v/i.* (*sn*) bater; *Tür*: fechar-se (de golpe); **2(s)frei** isento de sobretaxa; **~(s)gebühr** *f* suplemento *m*, sobretaxa *f*; **~(s)karte** *f* bilhete *m* de sobretaxa; **~(s)-prämie** *f* prémio *m* adicional.

'**zu|schleudern** (*-re*) atirar; **~schließen** (*L*) fechar (à chave); **~schmeißen** (*L*) fechar com estrondo; **~schnallen** afivelar, apertar; **~schnappen** abocar; *Tür* (*sn*): fechar-se; **~schneiden** (*L*) talhar; **2schneider** *m* talhador *m*; **~schneien** (*sn*) cobrir-se de neve; **2schnitt** *m* (*-es*; *-e*) corte *m*; feitio *m*; *fig.* cará[c]ter *m*, estilo *m*; *j-s*: talhe *m*; **~schnüren** a(per)tar; *Stiefel*: abotinar; *j-m die Kehle* ~ estrangular alg.; **~schrauben** aparafusar; **~schreiben** (*L*) conferir (por escrito); assentar (na conta de); (*hinzufügen*) acrescentar; *fig.* atribuir, *Schuld*: *a.* imputar; *zu~ sn* dever-se; **~schreiten** (*L*; *sn*): *auf j-n* (*ac.*) ~ dirigir-se para; *tüchtig* ~ ir a passos largos; **2schrift** *f* carta *f*, participação *f*; *amtliche*: ofício *m*; **~'schulden**: *sich* (*dat.*) *et.* ~ *kommen lassen* cometer qualquer falta; cometer a falta de (*inf.*) a.c.; **2schuß** *m* (*-sses*; *=sse*) subsídio *m*, subvenção *f*; **~schütten** (*-e-*) entulhar; (*nachschütten*) deitar (mais); **~sehen** (*L*): (*bei et.*) ~ *dat.* ver (*ac.*), olhar (*ac.*), assistir (a), observar (*ac.*); ~, *daß* tratar de (*inf.*); **~sehends** a olhos vistos; **~senden** (*L*) mandar; remeter; **~setzen** (*-t*) acrescentar; (*verlieren*) perder, sacrificar (✝ dinheiro); pôr do seu (bolso *od.* dinheiro); *j-m* (*hart*) ~ apertar alg., importunar alg.; F abarrancar alg.; *et. zu~ haben* dispor de reservas; ⚕ dispor de saúde; **~sichern** (*-re*) assegurar, asseverar; prometer; **2sicherung** *f* asseveração *f*, promessa *f*; **~spielen** *Ball*: passar a; *fig.* proporcionar a; **~spitzen** (*-t*) apontar, aguçar; *sich* ~ terminar em ponta, adelgaçar; *fig.* agravar-se; **~sprechen** (*L*) adjudicar; *Telegramm*: telefonar o teor de ...; *j-m Mut* ~ animar alg.; *j-m Trost* ~, *j-m gut* ~ consolar alg., sossegar alg.; **~springen** (*L*; *sn*) acudir; *Tür*: fechar-se (de golpe); **2spruch** *m* (*-es*; *0*) conselhos *m/pl.*; (*Trost*) consolações *f/pl.*; *Rel.* assistência *f*; (*Zulauf*) afluência *f*; *viel* ~ *haben j.*: ter muita clientela; **2stand** *m* (*-es*; *=e*) estado *m*; (*Beschaffenheit*) condição *f*, condições *f/pl.* (*a. pl.*: *Lage*); situação *f/sg.*

zu'stande [-'ʃtandə]: ~ *bringen* realizar; ~ *kommen* dar-se, realizar-se; **2kommen** *n* realização *f*.

'**zu-ständig** competente; **2keit** *f* (*0*) competência *f*.

zu|'statten [-'ʃtatən]: ~ *kommen* vir a propósito; (*dat.*) reverter em favor de; '**~stecken** segurar com alfinete; *fig. j-m et.* ~ passar a.c. furtivamente a alg.; '**~stehen** (*L*) pertencer; caber, (*obliegen*) *a.* competir; '**2stell-bezirk** ['-ʃtɛl-] *m* (*-es*; *-e*) zona *f* de distribuição; '**~stellen** *Tür*: tapar; *j-m*: (*schicken*) remeter, entregar (ao domicílio), 📯 distribuir, ⚖ notificar; '**2steller** ['-ʃtelər] *m* distribuidor *m*; '**2stellung** *f* entrega *f*; envio *m*; distribuição *f*; notificação *f*; '**2stellungs...**: *in Zssg(n)* ✝ de entrega; 📯 de distribuição; ⚖ de notificação; '**~steuern** (*-re*) **1.** *v/t.* contribuir com; **2.** *v/i.* (*sn*): *auf* (*ac.*) ~

dirigir-se (par)a; seguir o rumo de.

ˈ**zu·stimm|en** concordar (com), anuir (a); estar de acordo (com); *j-m* ~ *a.* aprovar a opinião *usw.* de alg., aderir à opinião *usw.* de alg.; **~end** *adj.* afirmativo; **⁀ung** *f* assentimento *m*, consentimento *m*; adesão *f*.

ˈ**zu|stopfen** tapar; *Kleidung*: passajar; **~stoßen** (*L*) **1.** *v/t.* fechar a empurrar; **2.** *v/i.* a) (*h.*) *beim Fechten*: dar uma estocada, dar um golpe; b) (*sn*) acontecer, suceder; **~streben** dirigir-se (par)a; tender para; *geistig*: aspirar a, ambicionar (*ac.*); **⁀strom** *m* (*-és*; *0*) afluência *f*; **~strömen** (*sn*) afluir; **~stürzen** (*-t*; *sn*): *auf* (*ac.*) ~ arremessar-se para, precipitar-se sobre; **~ˈtage**: ~ *fördern* trazer à luz, pôr a descoberto; ⚒ extrair; *fig.* revelar; ~ *kommen* vir à luz, revelar-se; ~ *treten* ⚒ aflorar; *fig.* ser evidente; **⁀tat** *f* ⚗ *u. Speisen*: ingrediente *m*; *Schneiderei*: preparo *m*; **~ˈteil**: ~ *werden* cair em sorte; caber; ~ *werden lassen* fazer; **~teilen** distribuir; repartir; adjudicar; *j-n*: agregar; **⁀teilung** *f* partilha *f*; adjudicação *f*; (*Bewirtschaftung*) racionamento *m*; (*Ration*) ração *f*, capitação *f*; **~ˈtiefst** muito profundamente; **~tragen** (*L*) trazer; *fig.* contar, denunciar; *sich* ~ acontecer, suceder, ocorrer.

ˈ**Zu·träger** *m* indiscreto *m*, mexeriqueiro *m*; denunciador *m*; **~ˈei** *f* indiscreção *f*, mexeriquice *f*; denunciação *f*.

ˈ**zu·träglich** [ˈ-trɛ:kliç] (*dat.*) propício, salutar.

ˈ**zu·trau|en**[1]: *j-m et.* ~ julgar alg. capaz de a.c. (*od.* de + *inf.*); *sich* (*dat.*) *zuviel* ~ exagerar, exceder-se; **⁀en**[2] *n* confiança *f* (*zu* em); **~lich** confiado; familiar; *Kind*: meigo; *Tier*: manso; **⁀lichkeit** *f* confiança *f*, familiaridade *f*; meiguice *f*.

ˈ**zu|treffen** (*L*) ser exa[c]to, ser justo, ser verdade; estar certo; *auf* (*ac.*) ~ acontecer com, ser o caso de; **~treffend** justo, exa[c]to; certo; **⁀es** *unterstreichen* sublinhar o que interessa; *Nicht~es streichen* riscar o que não interessa; **~treiben** (*L*) *v/i.* (*sn*) ser levado pela corrente, ser levado pelo vento (*auf ac.* a); **~trinken** (*L*): *j-m* ~ beber à saúde de alg.; **⁀tritt** *m* (*-és*; *0*) entrada *f*, *a. fig.* acesso *m*; **~tun**[1] (*L*) *v/t.* juntar; *kein Auge* ~ não fechar os olhos; **⁀tun**[2] *n* intervenção *f*; *ohne mein* ~ *a.* sem eu intervir; **~-ˈungunsten** [-ˈungunstən] (*gen.*) em prejuízo de, com prejuízo de; **~-ˈunterst** ao fundo (*in dat.* de).

ˈ**zu·verlässig** [ˈ-fɛrlɛsiç] seguro, de confiança; *j.*: *a.* sério; (*treu*) fiel, *Freund*: *a.* certo; *Nachricht*: autêntico, fidedigno; **⁀keit** *f* (*0*) confiança *f*, certeza *f*; autenticidade *f*; *j-s*: seriedade *f*; **⁀-keits...**: *in Zssg(n)* ⊕ de precisão; *a. Sport*: de resistência.

ˈ**Zuversicht** [ˈ-fɛrziçt] *f* (*0*) confiança *f*, esperança *f*; **⁀lich** confiado; *Hoffnung*: firme; *adv. a.* com toda a certeza.

zu|ˈviel demais, demasiado; *2 Mark* ~ a mais; *die* ~ *berechnete Fracht usw.* o excedente de; **~ˈvor** antes, prèviamente, (em) primeiro (lugar); **~ˈvörderst** [-ˈfœrdərst] antes de mais nada.

zuˈvorkommen (*L*; *sn*) antecipar-se a; *e-r Gefahr*: *a.* prevenir (*ac.*); **~d** *adj.* obsequioso, atencioso, solícito (*gegen* para com); **⁀-heit** *f* (*0*) gentileza *f*, atenção *f*, deferência *f*.

zuˈvor·tun (*L*): *es j-m an* (*dat.*) ~ exceder alg. em.

ˈ**Zuwachs** [ˈ-vaks] *m* (*-es*; *0*) aumento *m*, incremento *m*; acréscimo *m*; *auf* ~ *berechnet* largo; **⁀en** (*L*; *sn*) fechar-se; *Wunde*: sarar; *Knochen*: soldar(-se); **~steuer** *f* (*-*; *-n*) imposto *m* de incremento.

ˈ**zu·wander|n** (*-re*; *sn*) (*einwandern*) imigrar; *auf* (*ac.*) ~ caminhar para; **⁀ung** *f* afluência *f*; (*Einwanderung*) imigração *f*.

zu|ˈwege: ~ *bringen* (*ac.*), ~ *kommen mit* conseguir fazer, chegar a fazer; **~ˈweilen** às vezes, de vez em quando, de quando em quando; ˈ**~weisen** (*L*) destinar; (*~senden*) enviar, mandar; *j-m Quartier* ~ alojar alg.; ˈ**~wenden** (*L*) (*dat.*) virar para, voltar para; *fig.* (*widmen*) dedicar a, dispensar a; *j-m et.* ~ *a.* proporcionar a.c. a alg., (*schenken*) contemplar alg. com a.c.; ˈ**⁀wendung** *f* donativo *m*; ⚖ doação *f*; **~ˈwenig** muito pouco;

~ *sn a.* não chegar; '**~werfen** (*L*) atirar (*a. Tür*); *Blick*: lançar; (*zuschütten*) entulhar.

zu'wider 1. *prp.* (*dat.*, *nachgestellt*) contra (*ac.*), contrário a; **2.** *adv.* antipático, repugnante; *j-m ~ sn a.* repugnar a alg.; **~handeln** (*-le*) (*dat.*) contrariar (*ac.*); ⚖ transgredir (*ac.*), violar (*ac.*), infringir (*ac.*); **2handlung** *f* contravenção *f*; transgressão *f*, violação *f*; **~laufen** (*L*; *sn*) (*dat.*) contrariar (*ac.*); *~d adj.* contrário a.

'**zu-winken** fazer sinal a.

'**zu-zahl|en** pagar mais, pagar (... de) sobretaxa; **2ung** *f* paga(mento *m*) *f* adicional; suplemento *m*, sobretaxa *f*.

'**zu-zählen** (*hinzufügen*) acrescentar, juntar (na conta).

'**zu|ziehen** (*L*) **1.** *v/t.* fechar; *Vorhang*: correr; (*fest ~*) apertar; *Arzt usw.*: chamar, consultar; *zu*: convidar; *sich* (*dat.*) ~ apanhar, contrair, *Unannehmlichkeiten*: ter; **2.** *v/i.* (*sn*): ~ (*nach*) chegar (a); vir (residir em); *in e-e Wohnung*: mudar(-se) para, ir instalar-se em; **2ziehung** *f* (*0*): *unter ~* (*gen.*) consultando (*ac.*), com a assistência de; **2zug** *m* (*-es*; *⸗e*): ~ (*nach*) fixação *f* de residência (em); imigração *f* (em); ⚔ reforços (*'ô) *m/pl.* (para); (*Zustrom*) afluência *f* (a); **~züglich** ['-tsy:kliç] (*gen.*) com mais (*ac.*); **~zwinkern** (*-re*) piscar um olho.

Zwang [tsvaŋ] *m* (*-es*; *0*) obrigação *f*; (*Druck*) pressão *f*, ⚖ coa[c]ção *f*; (*Gewalt*) violência *f*; ~ *sn a.* ser obrigatório, ser de rigor; *j-m ~ antun* exercer pressão sobre alg.; *sich* (*dat.*) ~ *antun* conter-se; F fazer cerimónia; *sich* (*dat.*) *keinen ~ antun a.* estar à vontade.

'**zwängen** ['tsvɛŋən] apertar; *et. durch~* fazer força (*ô) para a.c. passar por ...; *et. in* (*ac.*) ~ fazer força (*ô) para a.c. entrar em.

'**zwang-los** sem violência; *fig.* desembaraçado, íntimo; *adv.* à vontade, com à-vontade, sem cerimónia; sem ordem prefixa; **2igkeit** ['-loziç-] *f* (*0*) à-vontade *m*, desembaraço *m*.

'**Zwangs|-anleihe** *f* empréstimo *m* forçado; **~-arbeit** *f* trabalhos *m/pl.* forçados; **~bewirtschaftung** *f* fiscalização *f*; racionamento *m*; **~-enteignung** *f* expropriação *f* forçada; **~jacke** *f* camisa-de-fôrças (*ô) *f*, colete-de-forças (*'ô) *m*; **~lage** *f* posição *f* forçada; dilema *m*; *in e-r ~ a.* entre a espada e a parede; **2läufig** forçoso; ⊕ automático; **~maßnahme** *f*, **~mittel** *n* medida *f* coerciva; **~vergleich** *m* (*-es*; *-e*) concordata *f* judicial; **~verkauf** *m* (*-es*; *⸗e*) venda *f* judicial; **~versteigerung** *f* leilão *m* judicial; **~vollstreckung** *f* execução *f*; **~vorstellung** *f* alucinação *f*; obsessão *f*; **2weise** forçosamente, por força (*ô), à força (*ô); **~wirtschaft** *f* (*0*) economia *f* dirigida; dirigismo *m* económico.

'**zwanzig** ['tsvantsiç] vinte; *etwa ~ a.* uma vintena; *in den ~er Jahren* entre vinte e trinta; **2er** [-gər] *m* rapaz *m* de vinte anos; *in den ~n* na casa dos vinte (anos); **2erin** [-gərin] *f* rapariga *f* de vinte anos; **~erlei** [-gərlaɪ] de vinte espécies, de vinte ... diferentes; **~fach** vinte vezes tanto; **~jährig** de vinte anos (de idade); **~mal** vinte vezes; **~ste** [-stə] vigésimo; *Datum*, *Jahrhundert*: vinte; **2stel** *n* vigésimo *m*; **~stens** (em) vigésimo (lugar).

zwar [tsva:r] na verdade; é verdade que; ~ ..., *doch*, ~ ... *aber* embora ... (*subj.*), não deixa de; *und ~* e (precisamente), e (nomeadamente); *vor Aufzählungen*: a saber.

Zweck [tsvɛk] *m* (*-es*; *-e*) fim *m* (zu com); (*Absicht*) intenção *f*, desígnio *m*; (*Ziel*) obje[c]tivo *m*, finalidade *f*; efeito *m*; (*keinen*) ~ *haben* ser (in)útil; não fazer sentido; '**~-bestimmung** *f* finalidade *f*; '**2-dienlich** útil; oportuno; ~ *sn a.* vir a propósito; '**~e** *f* pino *m*, preguinho *m*; (*Heft2*, *Reiß2*) percevejo *m*; '**2-entsprechend** conveniente, oportuno; '**2los** inútil; '**~losigkeit** ['-lo:ziç-] *f* (*0*) inutilidade *f*; '**2mäßig** conveniente, oportuno, prático, útil; metódico; '**~mäßigkeit** *f* (*0*) conveniência *f*, utilidade *f*; oportunidade *f*; **2s** (*gen.*) com o fim de, com o obje[c]tivo de, com vista a, para (*ac. od. inf.*); '**~verband** *m* (*-es*; *⸗e*) consórcio *m*; '**2widrig** contraproducente, inoportuno.

zwei [tsvaɪ] **1.** (*gen.* ~*er*, *dat.* ~*en*)

dois, duas; *um* ~ (*Uhr*) às duas; **2.** ♀ *f* dois *m*; '**~-armig** ['-armıç], '**~beinig** ['-baınıç] de dois pés, de duas pernas; *Zool.* bípede; '**~deutig** ['-dɔytıç] ambíguo, equívoco; obsceno; '**♀deutigkeit** *f* ambiguidade *f*; equívoco *m*; obscenidade *f*; '**♀er** ⚓ *m* barco *m* de dois remos; '**~erlei** ['-ərlaı] duas espécies de, de dois (*od.* de duas) ... diferentes; duas coisas distintas; '**~fach** duplo; '**~farbig** de duas cores, bicolor.

'**Zweifel** ['tsvaıfəl] *m* dúvida *f* (*im* na; *bestehen* haver, *hegen* ter); *in* ~ *ziehen* pôr em dúvida, duvidar de; *keinem* ~ *unterliegen* (, *daß*) não haver dúvida (de que), não caber dúvida (de que); **♀-haft** duvidoso; (*ungewiß*) incerto, indeciso; (*verdächtig*) suspeito; **♀los** indubitável; *adv. a.* sem dúvida; **♀n** (*-le*) duvidar, desconfiar (*an dat.* de); **~s-fall** *m* (*-es*; *⸚e*): *im* ~ na dúvida *f*, em caso *m* de dúvida; **♀s-ohne** sem dúvida.

'**Zweifler** ['tsvaıflər] *m* céptico *m*; **♀isch** céptico.

Zweig [tsvaık] *m* (*-es*; *-e*) ramo *m*; *fig. auf keinen grünen* ~ *kommen* não ter sorte; não conseguir nada.

'**zwei'geschlechtig** bissexual.

'**Zweiggeschäft** *n* (*-es*; *-e*) sucursal *f*, filial *f*.

'**zwei-gleisig** ['-glaızıç] de via dupla.

'**Zweig|leitung** *f* derivação *f*; **~linie** *f* 🚂 ramal *m*; **~niederlassung** *f* = **~geschäft**; **~station** *f* bifurcação *f*; **~stelle** *f* delegação *f*.

'**zwei|-händig** ['-hɛndıç] bímano; ♪ a duas mãos; **♀heit** *f* (*0*) dualidade *f*; **♀hufer** ['-hu:fər] *m*, **~hufig** ['-hu:fıç] bissulco (*m*); **~'hundert** duzentos; **~'hundertste(r)** (**♀'hundertstel** *n*) ducentésimo (*m*); **~jährig** ['-jɛ:rıç] de dois anos (de idade); bienal; bisanual; **~jährlich** bienal; bisanual; **♀kampf** *m* (*-es*; *⸚e*) duelo *m*; **~köpfig** ['-kœpfıç] de duas cabeças; bicéfalo; **~mal** duas vezes; ~ *monatlich erscheinend* bimensal; ~ *wöchentlich erscheinend* bissemanal; **~malig** ['-ma:lıç] duplo; **♀master** ['-mastər] *m* barco *m* de dois mastros; **~monatlich, ♀monats...**: *in Zssg(n)* bimestral; **~motorig** ['-moto:rıç] bimotor; **♀phasen...** ['-fa:zən...]: *in Zssg(n)* bifásico; **~polig** ['-po:lıç] bipolar; **♀rad** *n* (*-es*; *⸚er*) bicicleta *f*; **~rädrig** ['-rɛ:drıç] de duas rodas; **~reihig** ['-raıiç] de duas filas; **~schneidig** de dois gumes, *fig. a.* perigoso; **~seitig** ['-zaıtıç] bilateral; *adv.* dos dois lados; **~silbig** ['-zilbıç] de duas sílabas, dissílabo, dissilábico; **♀sitzer** ['-zitsər] *m* carro (⚓ barco, ✈ avião) *m* de dois lugares; *Fahrrad*: tândem *m*; **~sitzig** ['-zitsıç] de dois lugares; **~spaltig** ['-ʃpaltıç] de duas colunas; **~sprachig** ['-ʃpra:xıç] bilingue; **~spurig** ['-ʃpu:rıç] de via dupla; **~stellig** ['-ʃtɛlıç] de dois algarismos; **~stimmig** ['-ʃtimıç] a duas vozes; **~stöckig** ['-ʃtœkıç] de dois andares, de dois pisos; **~stündig** ['ʃtyndıç] de duas horas; **~stündlich** de duas em duas horas.

zweit [tsvaıt] segundo; *Datum*: dois; *zu* ~ os dois; aos pares; *wir sind zu* ~ estamos nós dois.

'**zwei|tägig** ['-tɛ:gıç] de dois dias; **♀taktmotor** *m* (*-s*; *-en*) motor *m* a dois tempos.

'**zweit-ältest** ['-ɛltəst] segundo em idade.

'**zwei-tausend** dois mil; **~ste** [-stə] (**♀stel** *n*) segundo milésimo (*m*).

'**zweit-best** ['-bɛst] segundo em qualidade.

'**zwei|te** ['-tə] segundo; *Datum*: dois; *ein* **~r** *Mozart usw.* outro; **~teilig** ['-taılıç] dividido em duas partes, de duas partes; *Tür*: de dois batentes; **~tens** ['-təns] (em) segundo (lugar).

'**zweit|jüngst** penúltimo; **~klassig** ['-klasıç] de segunda ordem; de categoria inferior, de qualidade inferior; **~letzt** ['-lɛtst] penúltimo; **♀schrift** *f* segunda via *f*.

Zwei'viertel|note *f* breve *f*; **~takt** *m* (*-es*; *-e*) compasso *m* binário.

'**zwei|zeilig** ['-tsaılıç] *Lit.* de dois versos; **~zellig** ['-tsɛlıç] bicelular.

'**Zwerch-fell** ['tsvɛrç-] *n* (*-es*; *-e*) diafragma *m*; *das* ~ *erschüttern* F desopilar o fígado.

Zwerg [tsvɛrk] *m* (*-es*; *-e*) anão *m*; '**♀(en)-haft** ['-gən-] anão; '**~in** ['-gin] *f* anã *f*; '**~volk** *n* (*-es*; *⸚er*)

povo *m* de pigmeus; '**~wuchs** *m* (*-es; 0*) nanismo *m*.
'**Zwetsch(g)e** ['tsvetʃ(g)ə] *f* ameixa *f*; **~n-baum** *m* (*-es; ⁼e*) ameixeira *f*.
'**Zwick|el** ['tsvikəl] *m* nesga *f*; (*Strumpf*2) pinha *f*; ⚠ canto *m*; **2en** beliscar; *ehm. mit Zangen*: atenazar; *fig.* importunar; **~mühle** *f* moinho *m* duplo; *fig.* dilema *m*.
'**Zwieback** ['tsvi:bak] *m* (*-es; ⁼e*) tosta *f*; biscoito *m*.
'**Zwiebel** ['tsvi:bəl] *f* (*-; -n*) cebola *f*; (*Blumen*2) bolbo *m*; **2-artig** bolboso; **2förmig** [-fœrmiç] bulbiforme; **~gewächs** *n* (*-es; -e*) planta *f* bolbosa; **~knollen** *m* bolbo *m*; **2n** (*-le*) esfregar com cebolas; *fig.* F apertar.
'**zwie|fach** ['tsvi:-], **~fältig** ['-fɛltiç] duplo; **2gespräch** *n* (*-es; -e*) diálogo *m*; conversa *f*; colóquio *m*; **2licht** *n* (*-es; 0*) lusco-fusco *m*, meia luz *f*; **2spalt** *m* (*-es; -e*) discórdia *f*; discrepância *f*; *j-s innerer ~* dilema *m*; **~spältig** ['-ʃpɛltiç] discrepante, discordante; **2sprache** *f* conversa *f*; *~ halten mit* falar a sós com; **2tracht** *f* (*0*) discórdia *f*.
'**Zwilling** ['tsviliŋ] *m* (*-s; -e*) gémeo *m*; **~s-bruder** *m* (*-s; ⁼*) irmão *m* gémeo; **~s-paar** *n* (*-es; -e*) irmãos *m/pl.* gémeos, irmãs *f/pl.* gémeas; **~s-schwester** *f* (*-; -n*) irmã *f* gémea.
'**Zwing|e** ['tsviŋə] *f* virola *f*; (*Schrauben*2) barrilete *m*; *Folter*: tornilho *m*; **2en** (*L*) obrigar, forçar; levar; coagir; (*erreichen*) conseguir; (*be~*) dominar; *sich ~* fazer força (*ô) (zu para *inf.*); **2end** *adj.* grave, urgente; *Beweis*: concludente; **~er** *m* ⚠ baluarte *m*; (*Tier*2) jaula *f*; (*Hunde*2) canil *m*; (*Löwen*2) leoneira *f*.
'**zwinkern** ['tsviŋkərn] (*-re*): *mit den Augen ~* piscar os olhos, pestanejar.
'**zwirbeln** ['tsvirbəln] (*-le*) retorcer.
Zwirn [tsvirn] *m* (*-es; -e*) linha *f*; (*Seiden*2) retrós *m*; '**2en 1.** *adj.* de linha; **2.** *v/t.* torcer; '**~rolle** *f* carrinho *m*; '**~(s-)faden** *m* (*-s; ⁼*) linha *f*; enfiadela *f*.
'**zwischen** ['tsviʃən] *prp.* (*Lage, wo?*: *dat.*; *Richtung, wohin?*: *ac.*) entre; *gehen, sitzen*: ladeado por.
'**Zwischen|-akt** *m* (*-es; -e*) entrea[c]to *m*; **~bemerkung** *f* obje[c]ção *f*; *eine ~ machen a.* dizer entre parênteses *m/pl.*; **~bilanz** *f* balancete *m*; **~deck** *n* (*-es; -s*) entrecobertas *f/pl.*; entreponte(s *pl.*) *f*; **~ding** *n* (*-es; -e*) intermediário *m*; coisa *f* entre ... e ...; **2'durch** entrementes; **~-ergebnis** *n* (*-ses; -se*) resultado *m* provisório; **~fall** *m* (*-es; ⁼e*) incidente *m*; **~frequenz** *f* frequência *f* média; **~gang** *m* (*-es; ⁼e*), **~gericht** *n* (*-es; -e*) prato *m* de meio; **~geschoß** ⚠ *n* (*-sses; -sse*) sobreloja *f*; **~-handel** *m* (*-s; 0*) comércio *m* intermediário; **~-händler** *m* intermediário *m*, corretor *m*; **~-handlung** *f Lit.* episódio *m*; **~landung** *f* ⚓ *u.* ✈: (e-e) *~* (*vornehmen* fazer) escala *f*; **2liegend** intermédio, intermediário; **~lösung** *f* solução *f* provisória; **~pause** *f*, **~raum** *m* (*-es; ⁼e*) intervalo *m*; entremeio *m*; **~ruf** *m* (*-es; -e*) voz *f*; interrupção *f*; exclamação *f*; **~runde** *f Sport*: semifinal *f*; **~satz** *m* (*-es; ⁼e*) parêntese *m*; ♪ andamento *m* intermédio; **2schalten** (*-e-*) intercalar, interpor; interpolar; **~spiel** *n* (*-es; -e*) *Thea.* intermédio *m*; *lustiges*: entremez *m*; **2staatlich** internacional; **~station** *f* estação *f* intermédia; ⚓ *u.* ✈ escala *f*; **~stock** ⚠ *m* (*-es; ⁼e*) sobreloja *f*; **~träger** *m* indiscreto *m*, mexeriqueiro *m*; **~wand** *f* (*-; ⁼e*) parede *m* de tabique; **~zeit** *f* intervalo *m*; *in der ~ a.* entretanto.
Zwist [tsvist] *m* (*-es; -e*), '**~igkeit** *f* dissensão *f*, desavença *f*; (*Feindschaft*) inimizade *f*; (*Streit*) discórdia *f*, contenda *f*, questão *f*.
'**zwitschern** ['tsvitʃərn] (*-re*) gorjear, trinar.
'**Zwitter** ['tsvitər] *m* ser *m* híbrido; hermafrodita *m*; **2-haft** híbrido; hermafrodita, bissexual.
zwölf [tsvœlf] **1.** doze; *~ Stück* uma dúzia; **2.** 2 *f* doze *m*; '**2-eck** *n* (*-es; -e*) dodecágono *m*; '**~-eckig** dodecagonal; '**~erlei** ['-ərlaɪ] doze espécies de, de doze ... diferentes; '**~fach** duodécuplo; doze vezes tanto; **2'finger-darm** *m* (*-es; ⁼e*) duodeno *m*; '**~jährig** de doze anos (de idade); '**~mal(ig)** doze vezes

(repetido); ˈ~**seitig** [ˈ-zaɪtiç] = ~*eckig*; ˈ~**stündig** [ˈ-ʃtyndiç] de doze horas; ˈ~**tägig** [-tɛːgiç] de doze dias; ˈ~**te** [ˈ-tə] duodécimo; *Datum, Jahrhundert*: doze; 2**tel** *n* duodécimo *m*, duodécima parte *f*; ˈ~**tens** (em) duodécimo (lugar).

Zyˈan [tsyˈaːn] *n* (-*s*; *0*) cianogénio *m*; ~ˈ**kali** *n* (-*s*; *0*) cianeto *m* de potássio.

ˈ**zyklisch** [ˈtsyːkliʃ] cíclico.

Zyˈklon [tsyˈkloːn] *m* (-*s*; -*e*) ciclone *m*.

Zyˈklop [tsyˈkloːp] *m* (-*en*) ciclope *m*; 2**isch** ciclópico.

ˈ**Zyklus** [ˈtsyːklus] *m* (-; *Zyklen*) ciclo *m*; *Thea*. série *f*.

Zyˈlind|er [tsyˈlindər] *m* cilindro *m*; (*Lampen*2) chaminé *f*; (*Hut*) chapéu *m* alto; 2**er-förmig** [-fœrmiç], 2**risch** [-riʃ] cilíndrico.

ˈ**Zyni|ker** [ˈtsyːnikər] *m* cínico *m*; 2**sch** cínico.

Zyˈpress|e [tsyˈprɛsə] *f* cipreste *m*; ~**en-hain** *m* (-*ės*; -*e*) ciprestal *m*.

ˈ**Zyste** [ˈtsystə] *f* cisto *m*.

Eigennamen

Nomes próprios

A

'Aachen ['a:xən] *n* Aquisgrana *f.*
AB'C-Staaten [a:be:'tse:ʃta:ten] *m/pl.* Argentina *f*, Brasil *m* e Chile *m.*
Abes'sinien [abɛ'si:niən] *n* Abissínia *f.*
'Abraham ['a:braham] *m* Abr(a)ão *m.*
'Adalbert ['a:dalbɛrt] *m* Adalberto *m.*
'Adam ['a:dam] *m* Adão *m.*
'Adelheid ['a:dəlhaɪt] *f* Adelaide *f.*
'Adolf ['a:dɔlf] *m* Adolfo *m.*
'Adria ['a:dria] *f* Adriático *m.*
'Afrika ['a:frika] *n* África *f.*
Ä'gäische(s) Meer [ɛ'gɛ:iʃə(s) me:r] *n* Egeu *m.*
Ä'gypten [ɛ'gyptən] *n* Egipto *m.*
'Agnes ['aknɛs] *f* Inês *f.*
Al'banien [al'ba:niən] *n* Albânia *f.*
'Albert ['albɛrt] *m* Alberto *m.*
'Albrecht ['albrɛçt] *m* Alberto *m.*
Ale'xander [alɛk'sandər] *m* Alexandre *m.*
'Alfons ['alfɔns] *m* Afonso *m.*
'Alfred ['alfre:t] *m* Alfredo *m.*
Al'gerien [al'ge:riən] *n* Argélia *f.*
'Algier ['alji:r] *n* **a)** *Land*: Argélia *f*; **b)** *Stadt*: Argel *su.*
'Alpen ['alpən] *pl.* Alpes *m/pl.*
Ama'zonas [ama'tso:nas] *m*, **Ama'zonenstrom** [ama'tso:nənʃtro:m] *m* (rio *m*) Amazonas *m.*
A'merika [a'me:rika] *n* América *f.*
Amster'dam [amstər'dam] *n* Amsterdã *su.*
'Anden ['andən] *pl.* Andes *m/pl.*
An'dreas [an'dre:as] *m* André *m.*
An'gola [aŋ'go:la] *n* Angola *f.*
'Ankara ['aŋkara] *n* Angora *su.*
'Anna ['ana] *f* Ana *f.*
An'tillen [an'tilən] *f/pl.* Antilhas *f/pl.*
'Anton ['anto:n] *m* António *m.*
Ant'werpen [ant'vɛrpən] *n* Antuérpia *f.*
Apen'nin(en) [ape'ni:n(ən)] *m(pl.)* Apenino(s) *m(pl.)*.
Ä'quator [ɛ'kva:to:r] *m* Equador *m.*
A'rabien [a'ra:biən] *n* Arábia *f.*
Ar'dennen [ar'dɛnən] *pl.* Ardenas *f/pl.*
Argen'tinien [argɛn'ti:niən] *n* Argentina *f.*
'Ärmelkanal ['ɛrməlkana:l] *m* canal *m* da Mancha.
'Asien ['a:ziən] *n* Ásia *f.*
A'then [a'te:n] *n* Atenas *f.*
Äthi'opien [ɛti'o:piən] *n* Etiópia *f.*
At'lantik [at'lantik] *m* (Oceano *m*) Atlântico *m.*
'Ätna ['ɛtna] *m* Etna *m.*
'Augsburg ['auksburk] *n* Augsburgo *m.*
'August ['august] *m* Augusto *m.*
Augus'tin(us) [augus'ti:n(us)] *m* Agostinho *m.*
Aus'tralien [aus'tra:liən] *n* Austrália *f.*
A'zoren [a'tso:rən] *pl.*: ***die*** ~ os Açores *m/pl.*

B

'Babylon ['ba:bylɔn] *n* Babilónia *f.*
Bach [bax], *compositor alemão.*
'Balkan ['balka:n] *m* Balcãs *m/pl.*
'Baltikum ['baltikum] *n* Báltico *m.*
Barba'rossa [barba'rɔsa] *m* Barba-Roxa *m*, *o imperador alemão Frederico I.*
'Barlach ['barlax], *escultor e poeta alemão.*
'Basel ['ba:zəl] *n* Basileia *f.*
'Bayern ['baɪərn] *n* Baviera *f.*
'Beethoven ['be:tho:vən], *compositor alemão.*
'Belgien ['bɛlgiən] *n* Bélgica *f.*
'Belgrad ['bɛlgra:t] *n* Belgrado *su.*
Ben'galen [bɛŋ'ga:lən] *n* Bengala *m.*
Ber'lin [bɛr'li:n] *n* Berlim *f.*
Bern [bɛrn] *n* Berna *f.*
'Bernhard ['bɛrnhart] *m* Bernardo *m.*

'Bethlehem ['be:tlehɛm] *n* Belém *su.*
Bis'kaya [bis'ka:ja] Biscaia *f.*
'Bismarck ['bismark], *chanceler alemão.*
'Bodensee ['bo:dənze:] *m* Lago *m* de Constança.
'Böhmen ['bø:mən] *n* Boémia *f.*
Bo'livien [bo'li:viən] *n* Bolívia *f.*
Bonn [bɔn] *n* Bona *f.*
'Bosnien ['bɔsniən] *n* Bosnia *f.*
Brahms [bra:ms], *compositor alemão.*
'Brandenburg ['brandənburk] *n* Brandeburgo *m.*
Bra'silien [bra'zi:liən] *n* Brasil *m.*
'Braunschweig ['braunʃvaɪk] *n* Brunsvique *su.*
Brecht [brɛçt], *dramaturgo alemão.*
'Bremen ['bre:mən] *n* Brema *su.*
Bren'tano [brɛn'ta:no], *poeta alemão.*
Bre'tagne [bre'tanjə] *f*: *die* ~ a Bretanha *f.*
Bri'gitte [bri'gitə] *f* Brígida *f*, Brízida *f.*
Bri'tannien [bri'taniən] *n* Bretanha *f.*
'Brocken ['brɔkən] *m*, *pico culminante do Harz.*
'Bruckner ['bruknər], *compositor austro-alemão.*
'Brüssel ['brysəl] *n* Bruxelas *f.*
'Budapest ['bu:dapɛst] *n* Budapeste *su.*
'Bukarest ['bu:karɛst] *n* Bucareste *su.*
Bul'garien [bul'ga:riən] *n* Bulgária *f.*
Bur'gund [bur'gunt] *n* Borgonha *f.*
By'zanz [by'tsants] *n hist.* Bizâncio *su.*; Constantinopla *f.*

C

Cä'cilie [tsɛ'tsi:liə] *f* Cecília *f.*
Cal'vin [kal'vi:n] *m* Calvino *m.*
'Cäsar ['tsɛ:zar] *m* César *m.*
'Chile ['tʃi:le] *n* Chile *m.*
'China ['çi:na] *n* China *f.*
'Christoph ['kristɔf] *m* Cristóvão *m.*
'Christus ['kristus] *m* Cristo *m.*
'Coburg ['ko:burk] *n* Coburgo *m.*

D

'Dänemark ['dɛ:nəmark] *n* Dinamarca *f.*
'Danzig ['dantsiç] *n* Danzigue *f.*
Darda'nellen [darda'nɛlən] *pl.* Dardanelos *m/pl.*
Den 'Haag [den 'ha:k] *m* Haia *f.*
'Deutschland ['dɔytʃlant] *n* Alemanha *f.*
'Dietrich ['di:triç] *m* Teodorico *m.*
'Donau ['do:nau] *f* Danúbio *m.*
Doro'thea [doro'te:a] *f* Doroteia *f.*
'Droste-Hülshoff ['drɔstə-'hylshɔf], *poetisa alemã.*
'Dünkirchen ['dy:nkirçən] *n* Dunquerque *su.*
'Dürer ['dy:rər], *pintor alemão.*
'Düsseldorf ['dysəldɔrf] *n* Dusseldórfia *f.*

E

Ecua'dor [ekua'do:r] *n* Equador *m.*
'Eduard ['e:duart] *m* Eduardo *m*, Duarte *m.*
'Eichendorff ['aɪçəndɔrf], *poeta alemão.*
'Eismeer ['aɪsme:r] *n* Oceano *m* Glacial, *Nördliches* ~ Ártico *m*, *Südliches* ~ Antártico *m.*
'Elbe ['ɛlbə] *f* (rio *m*) Elba *m.*
E'lisabeth [e'li:zabet] *f* Isabel *f.*
'Elsaß ['ɛlzas] *n* Alsácia *f.*
'Else ['ɛlzə] *f* Elsa *f.*
'Emil ['e:mi:l] *m* Emílio *m.*
'England ['ɛŋlant] *n* Inglaterra *f.*
'Erich ['e:riç] *m* Erico *m.*
Ernst [ɛrnst] *m* Ernesto *m.*
'Erzgebirge ['ɛrtsgəbirgə] *n*, *cadeia de montanhas que separa a Saxónia da Checoslováquia.*
'Estland ['ɛstlant] *n* Estónia *f.*
Etsch [ɛtʃ] *f* Ádige *m.*
'Eugen ['ɔyge:n] *m* Eugénio *m.*
Eu'klid [ɔy'kli:t] *m* Euclides *m.*
'Euphrat ['ɔyfra:t] *m* Eufrates *m.*
Eu'ropa [ɔy'ro:pa] *n* Europa *f.*

F

Faust [faust] *m* Fausto *m.*
'Ferdinand ['fɛrdinant] *m* Fernando *m.*
'Fichtelgebirge ['fiçtəlgəbirgə] *n*, *maciço montanhoso na Baviera.*
'Finnland ['finlant] *n* Finlândia *f.*
'Flandern ['flandərn] *n* Flandres *f.*
Flo'renz [flo'rɛnts] *n* Florença *f.*
'Franken ['fraŋkən] *n* Francónia *f.*
'Frankfurt ['fraŋkfurt] *n* Francoforte *f* (*am Main* do Meno; *an der Oder* do Oder).
'Frankreich ['fraŋkraɪç] *n* França *f.*

Franz [frants] *m* Francisco *m.*
'Freiburg ['fraıburk] *n* Friburgo *su.*
'Friedrich ['fri:driç] *m* Frederico *m.*
'Friesland ['fri:slant] *n* Frísia *f.*

G

Ga'licien [ga'li:tsiən] *n* Galiza *f.*
Ga'lizien [ga'li:tsiən] *n* Galícia *f.*
'Gallien ['galiən] *n* Gália *f.*
Genf [gɛnf] *n* Genebra *f*; **'~er See** [ze:] *m* Lago *m* de Genebra.
'Genua ['ge:nua] *n* Génova *f.*
'Georg ['ge:ɔrk] *m* Jorge *m.*
Ge'orge [ge:'ɔrgə], *poeta alemão.*
'Gerhard ['ge:rhart] *m* Gerardo *m.*
Ger'manien [gɛr'ma:niən] *n* Germânia *f.*
'Goethe ['gø:tə], *poeta alemão.*
'Golfstrom ['gɔlfʃtro:m] *m* corrente do Golfo ('ô), «gulfstream» (*engl.*).
'Gottfried ['gɔtfri:t] *m* Godofredo *m.*
Grau'bünden [graʊ'byndən] *n* Grisões *m/pl.*
'Grete ['gre:tə] *f* Margarida *f.*
'Griechenland ['gri:çənlant] *n* Grécia *f.*
'Grillparzer ['grilpartsər], *poeta austro-alemão.*
'Grönland ['grø:nlant] *n* Gronelândia *f.*
Großbri'tannien [gro:sbri'taniən] *n* Grã-Bretanha *f.*
Gui'nea [gi'ne:a] *n* Guiné *f.*
'Gustav ['gustaf] *m* Gustavo *m.*

H

'Habsburg ['ha:psburk] *hist.* Habsburgo, *dinastia imperial alemã* (*austriaca*).
'Hamburg ['hamburk] *n* Hamburgo *su.*
'Händel ['hɛndəl], *compositor alemão.*
Han'nover [ha'no:fər] *n* Hanôver *f.*
Hans [hans] *m* João *m.*
Harz [harts] *m*, *pequeno maciço montanhoso na Alemanha Central.*
'Hauptmann ['haʊptman], *poeta alemão.*
'Hedwig ['he:tviç] *f* Hedviges *f.*
'Hegel ['he:gəl], *filósofo alemão.*
'Heidegger ['haıdɛgər], *filósofo alemão.*
'Heidelberg ['haıdəlbɛrk] *n* Heidelberga *f.*
'Heinrich ['haınriç] *m* Henrique *m.*
Heinz [haınts] *m* Henrique *m.*
'Heisenberg ['haızənbɛrk], *físico alemão.*
He'lene [he'le:nə] *f* Helena *f.*
'Helgoland ['hɛlgolant] *n* Heligolândia *f.*
'Hermann ['hɛrman] *m* Hermano *m*; *hist.* Armínio *m.*
'Hessen ['hɛsən] *n* Hesse *m.*
'Hilde ['hildə] *f* Ilda *f*; **~gard** [-gart] *f* Hildegarda *f.*
'Hinter|-indien ['hintər-] *n* Indochina *f*; **~pommern** *n* Pomerânia *f* Ulterior.
'Hiob ['hi:ɔp] *m* Job *m.*
'Hoffmann ['hɔfman], *novelista e compositor alemão.*
'Hofmannsthal ['ho:fmansta:l], *poeta austro-alemão.*
Hohen'staufen [ho:ən'ʃtaʊfən] *m*, *monte na Alemanha do Sul*; *hist. m/pl.*, *dinastia imperial alemã.*
Hohen'zollern [ho:ən'tsɔlərn] *n*, *país alemão*; *hist. m/pl.*, *dinastia alemã* (*prussiana*).
'Hölderlin ['hœldərli:n], *poeta alemão.*
'Holland ['hɔlant] *n* Holanda *f.*
'Holstein ['hɔlʃtaın] *n* Holsácia *f.*
Huch [hu:x], *poetisa alemã.*
'Humboldt ['humbɔlt]: *Alexander von ~ cientista alemão*; *Wilhelm von ~ estadista e filósofo alemão.*
'Husserl ['husɛrl], *filósofo alemão.*

I

'Ilias ['i:lias] *f* Ilíada *f.*
'Indien ['indiən] *n* a(s) Índia(s) *f*/(*pl.*).
I'rak [i'ra:k] *m* Iraque *m.*
I'ran [i'ra:n] *m* Irã *m.*
'Irland ['irlant] *n* Irlanda *f.*
'Island ['i:slant] *n* Islândia *f.*
'Israel ['israɛl] *n* Israel *m.*
I'talien [i'ta:liən] *n* Itália *f.*

J

'Jakob ['ja:kɔp] *m* Jacó *m.*
Ja'kobus [ja'ko:bus] *m*: *der Heilige ~* Santiago *m.*
'Japan ['ja:pan] *n* Japão *m.*
'Jesus ['je:zus] *m* Jesus *m.*
Jo'achim [jo'axim] *m* Joaquim *m.*
Jo'hann [jo'han] *m* João *m.*
'Josef, 'Joseph ['jo:zɛf] *m* José *m.*
Jugo'slawien [jugo'sla:viən] *n* Jugoslávia *f.*
'Jütland ['jy:tlant] *n* Jutlândia *f.*

K

ˈKaffer(n)land [ˈkafər(n)lant] *n* Cafraria *f*.
Kameˈrun [kaməˈruːn] *n* Camarão *m*, Camarões *m/pl*.
ˈKanada [ˈkanada] *n* Canadá *m*.
Kaˈnarische ˈInseln [kaˈnaːriʃə ˈinzəln] *f/pl*. Canárias *f/pl*.
Kant [kant], *filósofo alemão*.
Kap der ˈGuten ˈHoffnung [kap dər ˈguːtən ˈhɔfnuŋ] *n* Cabo *m* da Boa Esperança.
ˈKapstadt [ˈkapʃtat] *n* Cidade *f* do Cabo.
Karl [karl] *m* Carlos *m*; ~ *der Große* Carlos Magno.
ˈKärnten [ˈkɛrntən] *n* Caríntia *f*.
Karˈpaten [karˈpaːtən] *pl*. Cárpatos *m/pl*.
ˈKaspar [ˈkaspar] *m* Gaspar *m*.
ˈKaspische(s) Meer [ˈkaspiʃə(s) meːr] *n* Mar *m* Cáspio.
Kasˈtilien [kasˈtiːliən] *n* Castela *f*.
Kataˈlonien [kataˈloːniən] *n* Catalunha *f*.
Kathaˈrina [kataˈriːna] *f*, **ˈKäthe** [ˈkɛːtə] *f* Catarina *f*.
ˈKaukasus [ˈkaukazus] *m* Cáucaso *m*.
Klaus [klaus] *m* Nicolau *m*.
Kleinˈasien [klaɪnˈaːziən] *n* Ásia *f* Menor.
Kleist [klaɪst], *poeta alemão*.
ˈKoblenz [ˈkoːblɛnts] *n* Coblença *f*.
Köln [kœln] *n* Colónia *f*.
Koˈlumbien [koˈlumbiən] *n* Colúmbia *f*.
Koˈlumbus [koˈlumbus] *m* Colombo *m*.
ˈKönigsberg [ˈkøːniçsbɛrk] *n* Conisberga *f*.
ˈKonrad [ˈkɔnraːt] *m* Conrado *m*.
ˈKonstanz [ˈkɔnstants] *n* Constança *f*.
Konˈstanze [kɔnˈstantsə] *f* Constança *f*.
Kopenˈhagen [kopənˈhaːgən] *n* Copenague *su*., Copenhaga *su*.
Koˈrea [koˈreːa] *n* Coreia *f*.
ˈKorsika [ˈkɔrzika] *n* Córsega *f*.
Krim [krim] *f*: *die* ~ a Crimeia *f*.
ˈKurmark [ˈkuːrmark] *f hist*. Comarca *f* de Brandeburgo.
Kurt [kurt] *m* Conrado *m*.

L

ˈLappland [ˈlaplant] *n* Lapónia *f*.
ˈLeipzig [ˈlaɪptsiç] *n* Lípsia *f*.
ˈLettland [ˈlɛtlant] *n* Letónia *f*.
Liˈberia [liˈbeːria] *n* Libéria *f*.
ˈLibyen [ˈliːbyən] *n* Líbia *f*.
ˈLiebermann [ˈliːbərman], *pintor alemão*.
ˈLissabon [ˈlisabɔn] *n* Lisboa *f*.
Liszt [list], *compositor alemão*.
ˈLitauen [ˈlitauən] *n* Lituânia *f*.
ˈLondon [ˈlɔndɔn] *n* Londres *f*.
ˈLothar [ˈloːtar] *m* Lotário *m*.
ˈLothringen [ˈloːtriŋən] *n* Lorena *f*, *hist*. Lotaríngia *f*.
ˈLotte [ˈlɔtə] *f* Carlota *f*.
ˈLudwig [ˈluːtviç] *m* Luís *m*.
Luˈise [luˈiːzə] *f* Luísa *f*.
ˈLukas [ˈluːkas] *m* Lucas *m*.
ˈLuther [ˈlutər] *m* Lutero *m*.
Luˈzern [luˈtsɛrn] *n* Lucerna *f*.

M

Maas [maːs] *f* Mosa *m*.
Magdaˈlena [makdaˈleːna] *f* Madalena *f*.
ˈMähren [ˈmɛːrən] *n* Morávia *f*.
ˈMailand [ˈmaɪlant] *n* Milão *su*.
Main [maɪn] *m* Meno *m*.
Mainz [maɪnts] *n* Mogúncia *f*.
Mandschuˈrei [mantʃuˈraɪ] *f* Manchúria *f*.
Margaˈrete [margaˈreːtə] *f* Margarida *f*.
Maˈria [maˈriːa] *f*, **Maˈrie** [maˈriː] *f* Maria *f*.
ˈMarkus [ˈmarkus] *m* Marco *m*.
Maˈrokko [maˈrɔko] *n* Marrocos *m/pl*.
Matˈthäus [maˈtɛːus] *m* Mateus *m*.
ˈMenzel [ˈmɛntsəl], *pintor alemão*.
ˈMexiko [ˈmɛksiko] *n* México *m*.
ˈMichael [ˈmiçaɛl] *m* Miguel *m*.
ˈMittel|-amerika [ˈmitəl-] *n* América *f* Central; **~-europa** *n* Europa *f* Central; **~meer** [-meːr] *n* Mediterrâneo *m*.
Moçamˈbique [mosamˈbik] *n* Moçambique *f*.
ˈMohammed [ˈmoːhamɛt] *m* Maomé *m*.
ˈMoldau [ˈmɔldau] *f* Moldávia *f*.
Mongoˈlei [mɔŋgoˈlaɪ] *f* Mongólia *f*.
ˈMoritz [ˈmoːrits] *m* Maurício *m*.
ˈMosel [ˈmoːzəl] *f* Mosela *m*.
ˈMoses [ˈmoːzɛs] *m* Moisés *m*.
ˈMoskau [ˈmɔskau] *n* Moscovo *su*., Moscóvia *f*.
ˈMozart [ˈmoːtsart], *compositor alemão*.
ˈMünchen [ˈmynçən] *n* Munique *su*.

N

Ne'apel [ne'a:pəl] *n* Nápoles *f*.
Neu'fundland [nɔy'funtlant] *n* Terra *f* Nova.
Neu'seeland [nɔy'ze:lant] *n* Nova-Zelândia *f*.
New 'York [nju:'jɔrk] *n* Nova-Iorque *f*.
'Nieder|lande ['ni:dərlandə] *n/pl*. Neerlândia *f/sg*., Países-Baixos *m/pl*.; **~rhein** *m* Baixo-Reno *m*; **~sachsen** *n* Baixa-Saxónia *f*.
'Nietzsche ['ni:tsʃə], *filósofo alemão*.
'Nikolaus ['nikolaus] *m* Nicolau *m*.
Nil [ni:l] *m* Nilo *m*.
'Nord|-'afrika ['nɔrt-] *n* África *f* do Norte; **~-a'merika** *n* América *f* do Norte; **~deutschland** *n* Alemanha *f* do Norte; **~pol** ['-po:l] *m* Pólo *m* Norte; **~see** ['-ze:] *f* Mar *m* do Norte.
Norman'die [nɔrman'di:] *f*: *die* ~ a Normandia *f*.
'Norwegen ['nɔrve:gən] *n* Noruega *f*.
No'valis [no'va:lis], *poeta alemão*.
'Nürnberg ['nyrnbɛrk] *n* Nuremberga *f*.

O

'Ober|bayern ['o:bər-] *n* Alta-Baviera *f*; **~rhein** *m* Alto-Reno *m*.
Odys'see [ody'se:] *f* Odisseia *f*.
O'dysseus [o'dysɔys] *m* Ulisses *m*.
O'lymp [o'lymp] *m* Olimpo *m*.
'Orient ['o:riɛnt] *m* Oriente *m*.
'Ost-'asien ['ɔst-] *n* Ásia *f* Oriental.
'Österreich ['øːstəraıç] *n* Áustria *f*.
'Ost|-'indien ['ɔst-] *n* Índias *f/pl*. Orientais; **~mark** *f* Marca *f* Oriental; **~preußen** *n* Prússia *f* Oriental; **~see** *f* (Mar *m*) Báltico *m*.
'Otto ['ɔto] *m* Otão *m*.
Oze'anien [otse'a:niən] *n* Oceânia *f*.

P

Paläs'tina [palɛs'ti:na] *n* Palestina *f*.
Pa'ris [pa'ri:s] *n* Paris *f*.
'Parsifal, 'Parzival ['parsifal] *m* Persival *m*.
'Paul(us) ['paul(us)] *m* Paulo *m*.
'Peking ['pe:kiŋ] *n* Pequim *m*.
'Persien ['pɛrziən] *n* Pérsia *f*.
Pe'ru [pe'ru:] *n* Peru *m*.
'Peter ['pe:tər] *m*, **'Petrus** ['pe:trus] *m* Pedro *m*.
Pfalz [pfalts] *f* Palatinado *m*.
'Philipp ['fi:lip] *m* Filipe *m*.
Philip'pinen [fili'pi:nən] *pl*. Filipinas *f/pl*.
Pi'latus [pi'la:tus] *m* Pilato *m*.
Po'larmeer [po'la:rme:r] *n* Oceano *m* Glacial, (Mar *m*) Ártico *m*.
'Polen ['po:lən] *n* Polónia *f*.
'Pommern ['pɔmərn] *n* Pomerânia *f*.
'Portugal ['pɔrtugal] *n* Portugal *m*.
'Posen ['po:zən] *n* Posnânia *f*.
Prag [pra:k] *n* Praga *f*.
'Preußen ['prɔysən] *n* Prússia *f*.
Pyre'näen [pyrə'nɛ:ən] *pl*. Pirenéus *m/pl*.

R

'Regensburg ['re:gənsburk] *n* Ratisbona *f*.
'Reinhard ['raınhart] *m* Rainaldo *m*.
Rhein [raın] *m* Reno *m*; **'~land** ['-lant] *n* Renânia *f*.
'Rhone ['ro:nə] *f* Ródano *m*.
'Richard ['riçart] *m* Ricardo *m*.
'Riesengebirge ['ri:zəngəbirgə] *n* Serra *f* dos Gigantes, Montes *m/pl*. da Silésia.
'Rilke ['rilkə], *poeta austro-alemão*.
'Robert ['ro:bɛrt] *m* Roberto *m*.
'Roland ['ro:lant] *m* Rolão *m*, Rolando *m*, Orlando *m*.
Rom [ro:m] *n* Roma *f*.
'Röntgen ['rœntgən], *físico alemão, descobridor dos raios-X*.
Rotter'dam [rɔtər'dam] *n* Roterdão *su*.
Ruhr [ru:r] *f* Rur *m*.
Ru'mänien [ru'mɛ:niən] *n* Roménia *f*.
'Ruprecht ['ruprɛçt] *m* Ruperto *m*; *Knecht* ~ São Nicolau.
'Rußland ['ruslant] *n* Rússia *f*.

S

Saar [za:r] *f* Sarre *m*.
'Sachsen ['zaksən] *n* Saxónia *f*.
Sar'dinien [zar'di:niən] *n* Sardenha *f*.
'Schelling ['ʃɛliŋ], *filósofo alemão*.
'Schiller ['ʃilər], *poeta alemão*.
'Schlesien ['ʃle:ziən] *n* Silésia *f*.
'Schleswig ['ʃle:sviç] *n* Eslésvico *m*.
'Schopenhauer ['ʃo:pənhauər], *filósofo alemão*.
'Schottland ['ʃɔtlant] *n* Escócia *f*.
'Schubert ['ʃu:bərt], *compositor austro-alemão*.

'Schumann ['ʃu:man], *compositor alemão.*
'Schwaben ['ʃva:bən] *n* Suábia *f.*
'Schwarze(s) Meer ['ʃvartsə(s) me:r] *n* Mar *m* Negro.
'Schwarzwald ['ʃvartsvalt] *m* Floresta *f* Negra.
'Schweden ['ʃve:dən] *n* Suécia *f.*
Schweiz [ʃvaɪts] *f*: *die* ~ a Suíça *f.*
'Serbien ['zɛrbiən] *n* Sérvia *f.*
Si'birien [si'bi:riən] *n* Sibéria *f.*
Sieben'bürgen [si:bən'byrgən] *n* Transilvânia *f.*
Si'zilien [zi'tsi:liən] *n* Sicília *f.*
Skandi'navien [skandi'na:viən] *n* Escandinávia *f.*
So'phie [zo'fi:] *f* Sofia *f.*
'Sowjetrußland ['zɔvjɛt-] *n* Rússia *f* soviética.
'Spanien ['ʃpa:niən] *n* Espanha *f.*
'Sparta ['ʃparta] *n* Esparta *f.*
'Steiermark ['ʃtaɪərmark] *f* Estíria *f.*
'Stille(r) 'Ozean ['ʃtilə(r) 'o:tsea:n] *m* (Oceano *m*) Pacífico *m.*
Stock'holm [ʃtɔk'hɔlm] *n* Estocolmo *su.*
Strauss [ʃtraʊs]: *Richard* ~, *compositor alemão de óperas e de música sinfónica.*
Strauß [ʃtraʊs]: *Johann* ~, *compositor austríaco de valsas e operetas.*
'Stuttgart ['ʃtutgart] *n* Estugarda *f.*
'Süd|-'afrika ['zy:t-] *n* África *f* do Sul; **~-a'merika** *n* América *f* do Sul.
Su'dan [zu:'da:n] *m* Sudão *m.*
'Süd|deutschland ['zy:t-] *n* Alemanha *f* do Sul; **~pol** ['-po:l] *m* Pólo *m* Sul; **~see** ['-ze:] *f* (Oceano *m*) Pacífico *m*; **~see-länder** [-lɛndər] *n/pl.* Australásia *f/sg.*
'Syrien ['zy:riən] *n* Síria *f.*

T

'Tanger ['taŋər] *n* Tânger *su.*
Tehe'ran [tehe'ra:n] *n* Teerão *su.*
'Themse ['tɛmzə] *f* Tamisa *m.*
'Theodor ['te:odo:r] *m* Teodoro *m.*
'Thomas ['to:mas] *m* Tomás *m*, Tomé *m.*
'Thüringen ['ty:riŋən] *n* Turíngia *f.*
Ti'rol [ti'ro:l] *n* Tirol *m.*
'Tokio ['to:kio] *n* Tóquio *su.*
'Troja ['tro:ja] *n* Tróia *f.*
Tschechoslowa'kei [tʃɛçoslova'kaɪ] *f* Checoslováquia *f.*
Tu'nesien [tu'ne:ziən] *n* Tunísia *f.*
'Tunis ['tu:nis] *n* Tunes *f.*
Tür'kei [tyr'kaɪ] *f* Turquia *f.*

U

'Ungarn ['uŋgarn] *n* Hungria *f.*
U'ral [u'ra:l] *m rio*: Ural *m*; *montes*: Urais *m/pl.*

V

Ve'nedig [ve'ne:diç] *n* Veneza *f.*
Ver'einigte 'Staaten [fɛr'aɪniçtə 'ʃta:tən] *m/pl.* Estados-Unidos *m/pl.* (*von Nordamerika* da América do Norte, E.U.A.).
Vier'waldstätter See [fir'valtʃtɛtər ze:] *m* Lago *m* dos Quatro Cantões.
Vo'gesen [vo'ge:zən] *pl.* Vosgos *m/pl.*
Vorder|-'asien [fɔrdər-] *n* Ásia *f* Menor; **~-'indien** *n* Índia *f* inglesa.

W

'Wagner ['va:knər], *compositor alemão.*
'Walt(h)er ['valtər] *m* Gualtério *m.*
'Warschau ['varʃaʊ] *n* Varsóvia *f.*
'Weichsel ['vaɪksəl] *f* Vístula *m.*
'Westdeutschland ['vɛst-] *n* Alemanha *f* Ocidental.
West'falen [vɛst'fa:lən] *n* Vestefália *f.*
'West-'indien ['vɛst'indiən] *n* Índias *f/pl.* Ocidentais.
Wien [vi:n] *n* Viena *f* (de Áustria).
'Wilhelm ['vilhɛlm] *m* Guilherme *m.*
'Württemberg ['vyrtəmbɛrk] *n* Vurtemberga *m.*

Z

'Zürich ['tsyriç] *n* Zurique *f.*
'Zwingli ['tsviŋli] *m* Zuínglio *m.*
'Zypern ['tsy:pərn] *n* Chipre *su.*

Gebräuchliche deutsche Abkürzungen

Abreviaturas alemãs usuais

A

A.A. *Auswärtige(s) Amt* Ministério dos Negócios Estrangeiros (*od.* *das Relações Exteriores).
a.a.O. *am angegebenen Ort* no lugar citado (l.c.).
Abb. *Abbildung* ilustração, estampa, gravura.
Abg. *Abgeordneter* deputado.
Abk. *Abkürzung* abreviatura.
Abs. *Absatz* parágrafo, alínea; *Absender* remetente (Rem.).
Abschn. *Abschnitt* parágrafo, período, capítulo.
Abt. *Abteilung* se[c]ção, ⚖ vara.
a.D. *außer Dienst* na ina[c]tividade, aposentado, jubilado, *bsd.* ⚔ reformado; *an der Donau* do Danúbio.
ADAC *Allgemeiner Deutscher Automobil-Club* Automóvel Club Geral da Alemanha.
AEG *Allgemeine Elektricitäts-Gesellschaft* Companhia Geral de Ele[c]tricidade.
AG. *Aktiengesellschaft* Sociedade Anónima, Sociedade por acções, Sociedade por cotas, Sociedade por quotas.
allg. *allgemein* geral.
a.M. *am Main* do Meno.
Angekl. *Angeklagter* réu, acusado.
Anm. *Anmerkung* anotação, nota (N., n.).
a.O. *an der Oder* do Oder.
ao. Prof. *außerordentlicher Professor* professor extraordinário.
apl. Prof. *außerplanmäßiger Professor* professor além do quadro.
a. Rh. *am Rhein* do Reno.
Art. *Artikel* artigo (art.º).
a.S. *an der Saale* do Saale.
AStA *Allgemeiner Studentenausschuß* Associação Geral de Estudantes.
A.T. *Altes Testament* Velho Testamento.
Aufl. *Auflage* edição, tiragem.
Ausg. *Ausgabe* edição (ed.).

B

b. *bei* junto de, perto de, ao pé de; 📯 ao cuidado de (a/c).
Bd. *Band* volume (vol.), tomo (t.); *Bände* volumes (vols.), tomos (t.).
Bearb. *Bearbeiter* editor; *Bearbeitung* versão.
bed. *bedeutet* significa.
Bed. *Bedeutung* significado, acepção.
Beibl. *Beiblatt* suplemento (supl.).
beif. *beifolgend* junto, anexo.
beil. *beiliegend* incluso (incl.).
Bem. *Bemerkung* nota, comentário, observação, glosa.
bes. *besonders* especialmente, particularmente.
betr. *betreffend*, *betrifft*, *betreffs* com respeito a, referente (ref.^{te}) a, relativo a.
bez. *bezahlt* pago (pg.); *bezüglich* com respeito a, referente (ref.^{te}) a, relativo a.
Bez. *Bezirk* distrito, ⚖ vara, comarca.
BGB *Bürgerliche(s) Gesetzbuch* Código Civil.
Bhf. *Bahnhof* estação.
bisw. *bisweilen* por vezes.
Bl. *Blatt* folha (*ô) (fl., *pl.* fls., fols.).
Br. *Bruder* Irmão, Frei (Fr.).
br. *broschiert* brochado (br.).
BRD *Bundesrepublik Deutschland* República Federal da Alemanha.
BRT *Brutto-Register-Tonnen* toneladas brutas.
b.w. *bitte wenden!* virar!
bzw. *beziehungsweise* respe[c]tivamente.

C

ca. *circa*, *ungefähr*, *etwa* cerca (*ê) de, por volta de, aproximadamente, mais ou menos.
cand. *Kandidat* candidato.
cbm *Kubikmeter* metro cúbico.
ccm *Kubikzentimeter* centímetro cúbico.

CDU *Christlich-Demokratische Union* União Democrática Cristã.
Cie. *Compagnie* Companhia (C.ª).
cm *Zentimeter* centímetro.
Co. *Kompagnon* sócio; *Kompanie* Companhia (C.ª).
CSU *Christlich-Soziale Union* União Social Cristã.
c.t. *cum tempore* com um quarto de hora de tolerância.

D

d. *der, das* o, *die* a, *den* (*bei Daten*) em, no dia *od. unübersetzt.*
D. *Dampfer* vapor.
d. Ä. *der Ältere* sénior, Pai.
DAG *Deutsche Angestellten-Gewerkschaft* Sindicato dos empregados alemães.
DBB *Deutscher Beamtenbund* União dos funcionários alemães.
DDR *Deutsche Demokratische Republik* República Democrática Alemã.
desgl. *desgleichen* igualmente, bem assim.
DGB *Deutscher Gewerkschaftsbund* Confederação dos sindicatos alemães.
dgl. *dergleichen* coisa(s) semelhante(s).
d. Gr. *der Große* o Grande, Magno.
d. h. *das heißt* quer(e) dizer, isto é.
d. i. *das ist* isto é.
DIN *Deutsche Industrie-Norm* norma industrial alemã.
Dipl. *Diplom* diploma, diplomado, encartado.
Dipl.-Ing. *Diplomingenieur* Engenheiro.
d. J. *der Jüngere* júnior, Filho; *dieses Jahres* do ano corrente (c.te).
DM *Deutsche Mark* marco alemão.
d. M. *dieses Monats* do mês corrente (c.te).
do. *dito* o mesmo, idem (id.).
d. O. *der Obige* o atrás-mencionado, o atrás-assinado.
Doz. *Dozent* docente.
d. R. *der Reserve* na reserva.
Dr. *Doktor* Doutor, doutor, Licenciado (L.do) (jur. *der Rechte* em Direito; med. *der Medizin* em Medicina, médico; phil. *der Philosophie* em Letras; rer. nat. *der Naturwissenschaften* em Ciências Naturais; rer. pol. *der Nationalökonomie* em Ciências Económicas e Financeiras; sc. pol. *der Politischen Wissenschaft* em Ciências Políticas; theol. [*evangelisch D.*] *der Theologie* em Teologia).
Dr.-Ing. *Doktor der Ingenieurwissenschaften* Engenheiro-Doutor.
DRK *Deutsches Rotes Kreuz* Cruz Vermelha Alemã.
DRP *Deutsches Reichspatent* patente alemã registada.
Dt. *Deutsch* Alemão.
dt(sch). *deutsch* alemão.
Dtz(d). *Dutzend* dúzia.
d. u. ⚔ *dienstuntauglich* inválido, incapaz (de prestar serviço).
d. U. *der Unterzeichnete* o assinado.
d. Vf. *der Verfasser* o Autor (A.).
dz *Doppelzentner* 100 quilós.
D-Zug *Durchgangszug, Schnellzug* rápido.

E

ebd. *ebenda(selbst)* no mesmo lugar (*ib.*).
ed., edd. *edidit, ediderunt* editado por; organizado por.
E. h. *ehrenhalber honoris causa*, por distinção (*h. c.*).
eig(tl). *eigentlich* pròpriamente.
Einl. *Einleitung* Introdução (Intr.).
einz. *einzeln* separado, singular, ✝ avulso.
einschl. *einschließlich* inclusive (incl.).
entspr. *entsprechend* correspondente(mente).
erg. *ergänze* acrescentar, acrescente-se; *ergebener* atencioso (at.º).
Erl. *Erläuterung* comentário, glosa.
ev. *evangelisch* evangélico, protestante.
e. V. *eingetragener Verein* associação registada.
evtl. *eventuell* eventualmente, possìvelmente, porventura.
Ew. *Euer* Vossa (V.ª).
EWG *Europäische Wirtschaftsgemeinschaft* Comunidade Económica Europeia.
exkl. *exklusive* excepto, sem, não incluso.
Expl. *Exemplar* exemplar.
Exz. *Exzellenz* Excelência (Ex.ª).

F

f. *folgende* e seguinte (e sg.); *für* para.
Fa. *Firma* Casa.

FDP *Freie Demokratische Partei* Partido Democrático Livre.
f. d. R. *für die Richtigkeit* está conforme.
ff. *fein-fein* extra-fino, superfino; *und das Folgende* e o seguinte; *folgende Seiten* e páginas seguintes (e sgs.).
Forts. *Fortsetzung* continuação; ~ *folgt* continua.
frdl. *freundlich* amável, gentil.
Frl. *Fräulein* Senhora Dona (S.ra D), Menina (*beide stets mit Vornamen gebraucht*).

G

g *Gramm* grama.
geb. *geboren* nascido (n.), ~ *in* natural de; *geborene* filha de (*Namen der Eltern*).
geb(d). *gebunden* encadernado (enc.).
Gebr. *Gebrüder* Irmãos.
gefl. *gefällig* amável, estimado.
gegr. *gegründet* fundado.
geh. *geheftet* brochado (br.).
geistl. *geistlich* espiritual, sacro, eclesiástico.
gek. *gekürzt* abreviado, reduzido.
Ges. *Gesellschaft* Sociedade (Soc.de), Companhia (C.a).
ges. gesch. *gesetzlich geschützt* registado.
gest. *gestorben* morto (m.), falecido.
Gew. *Gewicht* peso (*ê).
gez. *gezeichnet* assinado (ass.).
G.m.b.H. *Gesellschaft mit beschränkter Haftpflicht od. Haftung* Sociedade de Responsabilidade Limitada (L.da).

H

ha *Hektar* hectare.
Hapag *Hamburg-Amerikanische Paketfahrt-Aktien-Gesellschaft* Companhia Hamburgo-Americana de Vapores.
Hauptm. *Hauptmann* Capitão.
Hbf. *Hauptbahnhof* Estação Central.
H-Bombe *Wasserstoffbombe* bomba de hidrogénio.
hg. *herausgegeben* editado, organizado (*von* por).
Hg. *Herausgeber* editor, organizador da edição.
HGB *Handelsgesetzbuch* Código Comercial.
hl. *Hektoliter* hectolitro.
Hl., hl. *Heilige(r)* São (S.), Santo (S.to), Santa (S.ta).
hrsg. = *hg.*
Hs. *Handschrift* manuscrito (ms.).

I

i. *in, im* em, no.
i. A. *im Auftrage* por poder (p.p.), por ordem (p.o.), por, pelo, pela.
i. allg. *im allgemeinen* em geral.
i. b. *im besonderen* particularmente.
i. Durchschn. *im Durchschnitt* em média.
IG *Interessengemeinschaft* Companhias reunidas; *Industriegewerkschaft* sindicato industrial.
inkl. *inklusive, einschließlich* inclusive (incl.).
i. J. *im Jahre* no ano (de).
Ing. *Ingenieur* Engenheiro (Eng.o).
i. R. *im Ruhestand* aposentado, jubilado, *bsd.* ⚔ reformado.
i. V. *in Vertretung* pelo, pela; em exercício, em substituição (de).

J

J. *Jahr* ano.
Jb. *Jahrbuch* Anuário.
Jg. *Jahrgang* ano; ⚔ classe.
Jh. *Jahrhundert* século (séc.o).
JH *Jugendherberge* albergo para jovens.
jr., jun. *junior, der Jüngere* júnior, Filho.

K

Kap. *Kapitel* capítulo (c.).
kath. *katholisch* católico.
kfm. *kaufmännisch* comercial.
Kfm. *Kaufmann* comerciante, negociante.
Kfz. *Kraftfahrzeug* automóvel.
kg *Kilogramm* quilo(grama).
KG. *Kommanditgesellschaft* comandita.
Kl. *Klasse* classe (cl.).
km *Kilometer* quilómetro.
Ko., Komp. *Kompanie* Companhia (C.a).
kons. *konservativ* conservador.
KP *Kommunistische Partei* Partido Comunista.
Kto. *Konto* conta.
kW *Kilowatt* quilowatt (kw).
kWh *Kilowattstunde* quilowatt-hora.
KZ *Konzentrationslager* campo de concentração.

L

l *Liter* litro.
l. *links* esquerdo (E.).
LDP *Liberal-Demokratische Partei* Partido Democrático Liberal.
lfd. *laufend* corrente (c.te).
Lit. *Literatur* Literatura.
L.K.W., Lkw. *Lastkraftwagen* camião.
lt. *laut* segundo, conforme.
Ltn. *Leutnant* Tenente (T.te).
luth. *lutherisch* luterano.

M

m *Meter* metro.
m. *mit* com.
M. d. B. *Mitglied des Bundestags* Deputado à Assembleia Federal; *Mitglied der Bürgerschaft* Deputado à Dieta Municipal (*nas cidades hanseáticas*).
M. d. L. *Mitglied des Landtags* Deputado à Dieta (regional).
M. d. R. *Mitglied des Reichstags* *ehm.* Deputado da Nação.
m. E. *meines Erachtens* ao meu ver.
M.E.Z. *Mitteleuropäische Zeit* Hora da Europa Central.
mg *Milligramm* miligrama.
Min. *Minute* minuto.
Mitropa *Mitteleuropäische Schlaf- und Speisewagen-Aktiengesellschaft* Companhia de Carruagens-Camas e Carruagens-Restaurantes da Europa Central, „Wagons-Lits" (*fr.*).
mm *Millimeter* milímetro.
möbl. *möbliert* mobilado.
MS. *Motorschiff* Navio-Motor.
mtl. *monatlich* mensal, por mês.
m. W. *meines Wissens* pelo que eu saiba.

N

N *Norden* Norte.
Nachf. *Nachfolger* sucessor.
nachm. *nachmittags* à tarde, da tarde.
NATO *North Atlantic Treaty Organization, Atlantik-Pakt-Organisation* Organizaçao do Pa[c]to do Atlântico Norte (OTAN).
n. Chr. *nach Christus* depois de cristo (d.C.).
NDR *Norddeutscher Rundfunk* Emissora da Alemanha do Norte.
n. J. *nächsten Jahres* do ano próximo.
n. M. *nächsten Monats* do mês seguinte, do próximo mês, do mês que vem.
N. N. *nescio nomen* nome desconhecido.
NNO *Nordnordost* Nor-nordeste.
NNW *Nordnordwest* Nor-noroeste.
NO *Nordosten* Nordeste.
No., Nr. *Numero, Nummer* número (n.º).
NS *Nachschrift* pós-escrito (Ps.).
N. T. *Neues Testament* Novo Testamento.
NW *Nordwesten* Noroeste.

O

O *Osten* Leste, Oriente.
o. *ohne* sem.
o. B. *ohne Befund* ⚕ não acusa, negativo.
od. *oder* ou.
OEZ *Osteuropäische Zeit* Hora da Europa Oriental.
O.H.G. *Offene Handelsgesellschaft* Sociedade.
o. J. *ohne Jahr* sem data (s. d.).
o. O. *ohne Ort* sem (indicação do) lugar.
o. Prof. *ordentlicher Professor* professor ordinário, catedrático, lente.

P

p. Adr. *per Adresse* ao cuidado de (a/c.).
part. *parterre* rés-do-chão (r/c.).
Pf. *Pfennig* moeda alemã, 0,01 marcos; *Pfarrer* Padre, Cura (P.e).
P.K.W., Pkw. *Personenkraftwagen* automóvel.
P.P. *praemissis praemittendis* títulos respectivos.
p.p. *der, das (die) Vorgenannte* o atrás-mencionado (a atrás-mencionada).
p.p., p.pa., ppa. *per Prokura* por procuração.
Prof. *Professor* professor.
Prov. *Provinz* província.
PS *Pferdestärke* cavalo-força (*ô), cavalo-vapor (cv).
P.S. *postscriptum, Nachschrift* pós-escrito.
PSchA *Postscheckamt* correio de cheques postais.

Q

qkm *Quadratkilometer* quilómetro quadrado.
qm *Quadratmeter* metro quadrado.

R

r. *rechts* direito (D., Dt.º).
Reg. Bez. *Regierungsbezirk* distrito administrativo.
Rel. *Religion* religião.
resp. *respektive* respectivamente.
Rh. *Rhein* Reno.
Rp(t). *Rezept* receita.

S

S *Süden* Sul.
S. *Seite* página (pág., p., *pl.* págs., pp.); *Schiff* Navio, Vapor.
s. *siehe* ver, veja(-se), vidé (v.).
Sa. *summa, Summa* soma, total.
Schw. *Schwester* Irmã, Soror.
s. d. *siehe dies, siehe dort* ver atrás.
SED *Sozialistische Einheitspartei Deutschlands* Partido Unitário Socialista Alemão.
sen. *Senior, der Ältere* sénior, Pai.
sm *Seemeile* légua marítima.
SO *Südosten* Sueste.
s. o. *siehe oben* ver atrás.
sog. *sogenannt* chamado.
SPD *Sozialdemokratische Partei Deutschlands* Partido Social-democrata Alemão.
spez. *speziell, besonders, spezial* especialmente, em especial.
spr. *sprich* pronunciar.
S. S. *Sommersemester* semestre de verão, segunda metado do ano académico alemão (Abril-Julho).
SSO *Südsüdost* Su-sueste.
SSW *Südsüdwest* Su-sudoeste.
St. *Stück* peça; *Sankt* São (S.), Santo (S.to); *Sancta* Santa (S.ta).
s. t. *sine tempore* em ponto.
Std. *Stunde* hora.
StGB *Strafgesetzbuch* Código Penal.
StPO *Strafprozeßordnung* Código do Processo Penal.
Str. *Straße* Rua (R.).
stud. *Studiosus, Student* estudante.
s. u. *siehe unten* ver adiante.
SW *Südwesten* Sudoeste.
s. Z. *seinerzeit* ao seu tempo, em tempos, outrora.

T

t *Tonne* tonelada.
tägl. *täglich* diàriamente, por dia.
teilw. *teilweise* em parte, parcial.
Tgb.-Nr. *Tagebuchnummer* número de jornal.
T. H. *Technische Hochschule* Escola Superior Técnica.
Tl. *Teil* Parte (p.).
T. U. *Technische Universität* Universidade Técnica (U.T.).

U

u. *und* e.
u. a. *und anderes* e outras coisas; *unter anderem, unter anderen* entre outros, entre outras coisas.
u. ä. *und ähnliche(s)* e (coisas) semelhantes.
u. a. m. *und anderes mehr* e outras coisas mais, etc.
U. A. w. g. *Um Antwort wird gebeten* roga-se o favor de responder.
U-Bahn *Untergrundbahn* metro(politano).
u. dgl. (m.) *und dergleichen (mehr)* e (mais) coisas semelhantes.
u. d. M. *unter dem Meeresspiegel* abaixo do nível do mar.
ü. d. M. *über dem Meeresspiegel* acima do nível do mar.
UdSSR *Union der Sozialistischen Sowjetrepubliken* União das Repúblicas Socialistas Soviéticas.
UKW *Ultrakurzwelle* onda ultracurta.
unbest. *unbestimmt* indeterminado, indefinido.
Univ. *Universität(s* da) Universidade (universitário).
UNO ['u:no] *United Nations Organization, Organisation Vereinte Nationen* Organização das Nações Unidas (ONU).
unr., unreg. *unregelmäßig* irregular.
urspr. *ursprünglich* original(mente).
usf. *und so fort* e assim por diante.
usw. *und so weiter* etcétera (etc.).
u. U. *unter Umständen* se as circunstâncias o permitem, se for possível.

V

v. *von* de; *vom* do; ⚖ *gegen* contra.
V. *Volt* vóltio.
V. *Vers* verso (v., *pl.* vv.).
v. Chr. *vor Christus* antes de Cristo (a. C.).
VEB *Volkseigener Betrieb* (*DDR*) empresa nacionalizada (*RDA*).
Verf., Vf. *Verfasser* o Autor (A., *pl.* AA.).
Verl. *Verleger* editor; *Verlag* Casa editora.

vgl. *vergleiche* comparar, conferir (cf.).
v. H. *vom Hundert*, % por cento.
v. J. *vorigen Jahres* do ano passado.
v. M. *vorigen Monats* do mês passado.
vorm. *vormals* antigamente, outrora; *vormittags* de manhã, antes do meio-dia.
Vors. *Vorsitzender* presidente.
v.T. *vom Tausend*, ‰ por mil.
VW *Volkswagen* Volkswagen.

W

W *Westen* Oeste, Ocidente.
WDR *Westdeutscher Rundfunk* Emissora da Alemanha Ocidental.
WEZ *Westeuropäische Zeit* Hora da Europa Ocidental.
W.S. *Wintersemester* semestre do inverno, primeira metade do ano académico alemão (Novembro-Fevereiro).
Wwe. *Witwe* viúva.

Z

Z. *Zahl* número, algarismo; *Zeile* linha.
z. *zu* a, para; *zum* ao, para o; *zur* à, para a.
z. B. *zum Beispiel* por exemplo (p. ex.; v. gr.).
z. D. *zur Disposition* na Disponibilidade.
z. H(d). *zu Händen* ao cuidado de (a/c.).
ZPO *Zivilprozeßordnung* Código do Processo Civil.
Zs. *Zeitschrift* Revista (Rev.).
z. S. *zur See* de mar e guerra, ...-marinha.
z. T. *zum Teil* em parte.
Ztg. *Zeitung* jornal, periódico.
Ztr. *Zentner* 50 quilos.
Ztschr. *Zeitschrift* Revista.
zus. *zusammen* em total, soma.
zw. *zwischen* entre.
z. Z(t). *zur Zeit* a[c]tualmente, presentemente, temporàriamente.

Regras da declinação dos substantivos alemães

O seguinte esquema da declinação alemã limita-se a descrever as formas actuais, sem considerar os factos históricos (das declinações forte, fraca e mista), resultando daí simplificações consideráveis e verificando-se que grande número de substantivos alemães podem ser declinados correctamente sem indicação gramatical, desde que se observem as seguintes regras:

Regra geral

1. O **dativo do plural** termina sempre em *-n*; quando o nominativo termina em **-n,** não se acrescenta outro -n (p.ex. *den Gärten*, dativo pl. de *der Garten*). Substantivos que no plural terminam em *-s*, não têm -n. A metafonia da vogal radical no plural é marcada por (¨), transformando-se

a em **ä, au** em **äu, o** em **ö, u** em **ü**

Substantivos femininos

2. Os **substantivos femininos** são todos invariáveis no singular. Não são marcados no Dicionário, quando no plural terminam em *-en* ou, depois de -e, em *-n*, ou quando, terminando no singular em **-in,** no plural terminam em *-nen*.

Exemplos:

die Frau	die Frau**en**	die Maschine	die Maschin**en**
der ,,	der ,,	der ,,	der ,,
der ,,	den ,,	der ,,	den ,,
die ,,	die ,,	die ,,	die ,,

die Lehrerin	die Lehrerin**nen**
der ,,	der ,,
der ,,	den ,,
die ,,	die ,,

Todas as excepções do plural atrás descrito aparecem no Dicionário indicadas

(*-n*)	ˈ**Leber** *f* (-; *-n*) :	die Leber, (der Leber), die Leber**n**
(¨)	ˈ**Tochter** *f* (-; ¨):	die Tochter, (der Tochter), die T**ö**chter
(¨*e*)	**Hand** *f* (-; ¨*e*) :	die Hand, (der Hand), die H**ä**nd**e**

Substantivos masculinos

3. As indicações (*-en*) ou (*-n*) referem-se nos substantivos masculinos à seguinte declinação:

der Student	die Student**en**	der Bote	die Bote**n**
des Student**en**	der ,,	des Bote**n**	der ,,
dem ,,	den ,,	dem ,,	den ,,
den ,,	die ,,	den ,,	die ,,

Substantivos masculinos e neutros

4. Substantivos masculinos e neutros declinados segundo o modelo seguinte não levem indicação no Dicionário:

der Lehrer	die Lehrer	das Fenster	die Fenster
des Lehrer**s**	der Lehrer	des Fenster**s**	der Fenster
dem Lehrer	den Lehrer**n**	dem Fenster	den Fenster**n**
den Lehrer	die Lehrer	das Fenster	die Fenster

5. **Todas as excepções** a este esquema são no Dicionário indicadas entre parênteses depois da respectiva palavra, ficando a forma do genitivo e a do plural separadas por ponto e vírgula, com os significados seguintes:

-ẹs: O genitivo pode terminar em *-s* ou *-es*:

Mann *m* (*-ẹs*; *¨er*) der Mann, des Mannes *ou* des Manns; die Männer.
Kind *n* (*-ẹs*; *-er*) das Kind, des Kindes *ou* des Kinds; die Kinder.

Nos substantivos monossilábicos são preferíveis hoje os genitivos em *-es*, sobretudo quando terminam em *-ld*, *-lg*, *-nd*. Depois de *-s* e *-z* o genitivo termina sempre em *-es*.

Exemplos:

der Wald, des Waldes
das (der) Balg, des Balges
das Rind, des Rindes
das Haus, des Hauses
der Schutz, des Schutzes

As formas do genitivo fixadas pela regra ou pelo uso são marcadas pelas seguintes indicações depois das respectivas palavras:

-s :	ˈ**Billard** *n* (*-s*; *-s*) :	das Billard, des Billards; die Billards
-es :	**Gast** *m* (*-es*; *¨e*) :	der Gast, des Gastes; die Gäste
-ens :	**Herz** *n* (*-ens*; *-en*) :	das Herz, des Herzens; die Herzen
-sses:	**Geˈbiß** *n* (*-sses*; *-sse*):	das Gebiß, des Gebisses; die Gebisse

6. O dativo dos substantivos masculinos e neutros que formam o genitivo sing. com *-(e)s* e o plural com *-e*, *-er* ou *-en* pode terminar em *-e*. O emprego deste *-e* é hoje ùnicamente determinado pela eufonia, com excepção de expressões estereotipadas (p.ex., *am Tage*) que sempre terminam em *-e*.

7. Quando uma palavra é invariável no genitivo, as indicações atrás mencionadas são substituídas por (-). Por exemplo:

ˈ**Laban** *m* (-; *-e*): der Laban, des Laban; die Labane.
Proˈnomen *n* (*-s*; - *od. Pronomina*): das Pronomen, des Pronomens; die Pronomen, *ou* Pronomina.

8. Quando uma palavra não tem plural, é independentemente do seu género marcada por (*0*) só ou ao lado da forma que indica o genitivo:

'**Güte** *f* (*0*) : die Güte, der Güte; não tem plural.
Mut *m* (-*ẹs*; *0*): der Mut, des Mutes, *ou* Muts; não tem plural.
Muß *n* (-; *0*) : das Muß, des Muß; não tem plural.

Regras da declinação dos adjectivos

As formas do adjectivo que precede o substantivo distinguem-se por três categorias:

1. O adjectivo precedido por artigo definido ou por palavra com terminação idêntica à do artigo.

der	groß[e]	Mann	die	jung[e]	Frau	das	klein[e]	Kind
des	**~en**	~es	der	**~en**	~	des	**~en**	~es
dem	**~en**	~e	der	**~en**	~	dem	**~en**	~
den	**~en**	~	die	~[e]	~	das	~[e]	~
die	**~en**	~̈er	die	**~en**	~en	die	**~en**	~er
der	**~en**	~̈er	der	**~en**	~en	der	**~en**	~er
den	**~en**	~̈ern	den	**~en**	~en	den	**~en**	~ern
die	**~en**	~̈er	die	**~en**	~en	die	**~en**	~er

Igualmente no singular e no plural a seguir a **dieser, jener, welcher, mancher, solcher,** e no plural a seguir a **alle, keine; meine, deine, seine, ihre, unsere, euere, ihre; irgendwelche, sämtliche.**

2. O adjectivo precedido por artigo indefinido ou palavra com terminação idêntica ao artigo indefinido.

ein	groß[er]	Mann	eine	jung[e]	Frau
eines	**~en**	~es	einer	**~en**	~
einem	**~en**	~	einer	**~en**	~
einen	**~en**	~	eine	~[e]	~

ein	klein[es]	Kind
eines	**~en**	~es
einem	**~en**	~
ein	**~es**	~

Igualmente a seguir a **kein, mein, dein, sein, ihr, unser, euer, ihr, folgend.**

3. O adjectivo não precedido por artigo.

		cf.			*cf.*			*cf.*
alter	Wein	(*der*)	lange	Zeit	(*die*)	frisches	Brot	(*das*)
~[en]	~es		**~er**	~	(*der*)	~[en]	~es	
~em	~	(*dem*)	**~er**	~	(*der*)	**~em**	~	(*dem*)
~en	~	(*den*)	**~e**	~	(*die*)	**~es**	~	(*das*)
~e	~e		böse	~en		**~e**	~e	(*die*)
~er	~e		**~er**	~en		**~er**	~e	(*der*)
~en	~en		**~en**	~en		**~en**	~en	(*den*)
~e	~e		**~e**	~en		**~e**	~e	(*die*)

Igualmente no singular e no plural a seguir a **manch, solch, welch,** não declinados, e no plural a seguir a **andere, einige, etliche, mehrere, verschiedene, viele, wenige, folgende.**

No genitivo plural aparecem também por vezes adjectivos a terminarem em **-en** (em vez de -er) a seguir às últimas palavras citadas.

4. Muitos adjectivos são empregados como substantivos. São declinados como os adjectivos correspondentes e são no Dicionário indicados por **-(r)**:

Reisende(r) *m/f* (= der, die Reisende, eine Reisende, ein Reisender) *der Reisende, die Reisende*: terminações idênticas às de 1.; *ein Reisender, eine Reisende*: terminações no singular idênticas às de 2., no plural às de 3.

Os adjectivos substantivados como *das Gute, ein Gutes* não foram incluídos no Dicionário; como substantivos abstractos não têm plural. No singular terminam no caso de *ein Gutes* como em 2., no de *das Gute* como em 1.

A comparação dos adjectivos

schnell, schneller, { schnell**st,** só diante de um substantivo, com desinência de adjectivo; **am** schnell**sten** como advérbio.

As comparações irregulares são indicadas no Dicionário entre parênteses curvos a seguir aos respectivos adjectivos:

a) Comparação com metafonia:

groß	(*ᵘer; ᵘßt*)	(= größer;	größt..., am größten)
hart	(*ᵘer; ᵘest*)	(= härter;	härtest..., am härtesten)
klug	(*ᵘer; ᵘst*)	(= klüger;	klügst..., am klügsten).

b) **gut** (*besser; best-*)
viel (*mehr; meist-*)

Adjectivos que terminam em **-el, -en** e **-er** sofrem muitas vezes elisão do **e** desta desinência, quando na comparação se acrescenta outra desinência com *e*, p.ex.:

dunkel: dunk**ler**; im dunk**len** Zimmer.

No Dicionário a elisão do *e* é indicada nos respectivos adjectivos em parênteses curvos, p.ex.:

dunkel (*-kl-*).

Adjectivos que não formam nem comparativo nem superlativo são indicados por (*0*), p.ex.:

lauwarm (*0*).

Pronomes

A) Os pronomes pessoais

SINGULAR					«es» pessoal neutro	«es» impessoal geral
N	ich	du; Sie	er	sie	es	es
G	meiner (mein**)	deiner (dein**)	seiner (sein**)	ihrer	seiner*) (sein**)	dessen, es
D	mir	dir; Ihnen	ihm	ihr	ihm	—
A	mich	dich; Sie	ihn	sie	es	es

PLURAL			
N	wir	ihr; Sie	sie
G	unser	euer; Ihrer	ihrer
D	uns	euch; Ihnen	ihnen
A	uns	euch; Sie	sie

Nota: Na linguagem corrente *er* e *sie* acentuados são muitas vezes substituídos por **der** e **die**.

B) O artigo definido e o pronome demonstrativo

SINGULAR		*Masculino*		
Nominativo	d*er*	dies*er*	jen*er*	solch*er*
Genitivo	d*es*	dies*es*	jen*es*	solch*es*
Dativo	d*em*	dies*em*	jen*em*	solch*em*
Acusativo	d*en*	dies*en*	jen*en*	solch*en*
		Feminino		
Nominativo	di*e*	dies*e*	jen*e*	solch*e*
Genitivo	d*er*	dies*er*	jen*er*	solch*er*
Dativo	d*er*	dies*er*	jen*er*	solch*er*
Acusativo	di*e*	dies*e*	jen*e*	solch*e*
		Neutro		
Nominativo	d*as*	dies(*es*)	jen*es*	solch*es*
Genitivo	d*es*	dies*es*	jen*es*	solch*es*
Dativo	d*em*	dies*em*	jen*em*	solch*em*
Acusativo	d*as*	dies(*es*)	jen*es*	solch*es*
PLURAL				
Nominativo	di*e*	dies*e*	jen*e*	solch*e*
Genitivo	d*er*	dies*er*	jen*er*	solch*er*
Dativo	d*en*	dies*en*	jen*en*	solch*en*
Acusativo	di*e*	dies*e*	jen*e*	solch*e*

O artigo definido pode igualmente servir de pronome demonstrativo; neste caso é acentuado e geralmente seguido por oração relativa.

---

*) Raro. **) Antiquado.

As respectivas formas acentuadas do genitivo são:

m	*f*	*n*	*pl.*
dessen	derer	(dessen)	derer; deren

O dativo do plural é: denen

Deren diz-se quando relacionado com pessoas ou coisas já mencionadas.

Exemplo:

Ich erinnere mich **derer**, die an der Konferenz teilnahmen, noch gut; es waren **deren** sieben. Sagen Sie es allen **denen**, die nicht dabei waren.

C) O artigo indefinido e os adjectivos possessivos

SINGULAR	*m*	*f*	*n*
Nominativo	ein	ein*e*	ein
Genitivo	ein*es*	ein*er*	ein*es*
Dativo	ein*em*	ein*er*	ein*em*
Acusativo	ein*en*	ein*e*	ein

Anàlogamente: **mein, dein, sein, unser, euer, ihr** e a negação de *ein*: **kein.**

O *-e-* em *unser* e *euer* sofre por vezes elisão, quando à palavra se acrescenta outra desinência: uns(e)res, uns(e)rem, *etc.*

As desinências do plural são para todos os géneros:

-e	*cf.* (*die*)
-er	(*der*)
-en	(*den*)
-e	(*die*)

Empregados como substantivos, os adjectivos possessivos e o numeral **der eine** com o artigo são declinados como **der, die Reisende**:

der Dein**e**	die Dein**e**	die Dein**en**
der ein**e**	die ein**e**	die ein**en**

Sem artigo, tomam as desinências do artigo definido:

m:	Sing.	nom.	einer	meiner	deiner	} *etc.*
		ac.	einen	meinen	deinen	
	Plur.		—	meine	deine	*etc.*

As formas do genitivo não se usam.

D) O pronome relativo

der Mann, der ...	die Frau, die ...	das Kind, das ...
„ „ , dessen	„ „ , deren	„ „ , dessen
„ „ , dem	„ „ , der	„ „ , dem
„ „ , den	„ „ , die	„ „ , das

die Männer, Frauen, Kinder, die
, deren
, denen
, die

Em vez de *der* aparecem também **welcher, welche, welches** no nominativo, no dativo e no acusativo.

E) O pronome reflexo

Acusativo	Dativo	
ich freue **mich**	ich kaufe **mir**	(a.c. [*ac.*])
du freust **dich**	du kaufst **dir**	„
Sie freuen **sich**	Sie kaufen **sich**	„
er freut **sich**	er kauft **sich**	„
sie freut **sich**	sie kauft **sich**	„
es freut **sich**	es kauft **sich**	„
wir freuen **uns**	wir kaufen **uns**	„
ihr freut **euch**	ihr kauft **euch**	„
Sie freuen **sich**	Sie kaufen **sich**	„
sie freuen **sich**	sie kaufen **sich**	„

F) O pronome interrogativo

Substantivo		**Adjectivo**			
pessoas	*coisas*	*m*	*f*	*n*	*pl.*
wer?	was?	welcher?	welche?	welches?	welche?
wessen?	wessen?				
wem?	—	*As desinências correspondem às do artigo definido.*			
wen?	was?				

G) O pronome indefinido

jemand ~es ~(em) ~(en) — **niemand** ~es ~(em) ~(en)

etwas — **nichts**

não são declinados

Adjectivo e substantivo:

jeder — **jede** — **jedes**

Desinências análogas às do artigo definido.

O emprego substantivo do genitivo é raro; o adjectivo é muitas vezes *jed***en**.

Regras da conjugação dos verbos alemães

1. Todos os verbos alemães terminam no infinito em **-en** ou **-n** p.ex. sag**en**, hande**ln**

2. Verbos que no Dicionário não são acompanhados por (*L*) seguem a conjugação regular ou, na terminologia da gramática alemã, fraca:

Indicativo e Condicional

		VOZ ACTIVA			VOZ PASSIVA*)	
Infinito do presente:		loben			gelobt werden	
Presente:	ich	lob**e**		ich	werde	gelobt
	du	lob**st**		du	wirst	
	er, sie, es	lob**t**		er, sie, es	wird	
	wir	lob**en**		wir	werden	
	ihr	lob**t**		ihr	werdet	
	sie, Sie	lob**en**		sie, Sie	werden	
Imperfeito:	ich	lob**te**		ich	wurde	gelobt
	du	lob**test**		du	wurdest	
	er, sie, es	lob**te**		er, sie, es	wurde	
	wir	lob**ten**		wir	wurden	
	ihr	lob**tet**		ihr	wurdet	
	sie, Sie	lob**ten**		sie, Sie	wurden	
Infinito do perfeito:	gelobt	haben		gelobt	worden sein	
Perfeito:	ich	habe	gelobt	ich	bin	gelobt worden
	du	hast		du	bist	
	er, sie, es	hat		er, sie, es	ist	
	wir	haben		wir	sind	
	ihr	habt		ihr	seid	
	sie, Sie	haben		sie, Sie	sind	

*) Além da voz passiva que indica o processo (o «Werden») há no Alemão, no presente e no imperfeito, a expressão, na voz passiva, de um estado que indica uma acção terminada (o «Sein»).

ich	bin	vergessen	ich	war	vergessen
du	bist		du	warst	
er, sie, es	ist		er, sie, es	war	
wir	sind		wir	waren	
ihr	seid		ihr	wart	
sie, Sie	sind		sie, Sie	waren	

Cf.: *Die Tür wird geschlossen* (processo!)
Die Tür ist geschlossen (estado!)

Note-se que no último caso o verbo (*geschlossen*) já não tem força verbal, atribuindo-se-lhe, pelo contrário, carácter adjectivo.

Mais-que-perfeito:	ich hatte gelobt du hattest gelobt *etc.*	ich war gelobt worden du warst gelobt worden *etc.*
1.º Futuro:	ich werde loben du wirst loben *etc.*	ich werde gelobt werden du wirst gelobt werden *etc.*
2.º Futuro:	ich werde gelobt haben du wirst gelobt haben *etc.*	ich werde gelobt worden sein du wirst gelobt worden sein *etc.*
Presente do condicional:	ich würde loben *etc.*	ich würde gelobt werden *etc.*
Perfeito do condicional:	ich würde gelobt haben *etc.*	ich würde gelobt worden sein *etc.*
Singular do imperativo:	lobe! loben Sie!	sei (werde) gelobt! seien Sie gelobt!
Plural:	lobt! lobet! loben Sie!	seid (werdet) gelobt! seien Sie gelobt!
Particípio do presente:	lob**end**	
perfeito:	gelobt	

3. **Conjuntivo**

Na terceira pessoa do singular o conjuntivo termina sempre em **-e**.

As restantes desinências são iguais às do indicativo.

As desinências **-st** e **-t** da segunda pessoa do singular e do plural são no presente do conjuntivo precedidas por **-e-**.

O imperfeito da voz activa do conjuntivo é igual ao do indicativo.

Para as formas do conjuntivo dos verbos auxiliares «haben», «sein», «werden» vidé (*L*) página 1232.

	VOZ ACTIVA	VOZ PASSIVA	
Presente:	ich lobe	ich werde	
	du lobest	du werdest	
	er, sie, es lobe	er, sie, es werde	
	wir loben	wir werden	gelobt
	ihr lobet	ihr werdet	
	sie, Sie loben	sie, Sie werden	
Imperfeito:	*veja indicativo*	ich würde gelobt *etc.*	
Perfeito:	ich habe gelobt *etc.*	ich sei gelobt worden *etc.*	
Mais-que-perfeito:	ich hätte gelobt *etc.*	ich wäre gelobt worden *etc.*	
1.º Futuro:	ich werde loben du werdest loben *etc.*	ich werde gelobt werden du werdest gelobt werden *etc.*	
2.º Futuro:	ich werde gelobt haben *etc.*	ich werde gelobt worden sein *etc.*	

4. Verbos acompanhados pelas indicações (*-e-*), (*-t*), (*-ßt*), (*-le*), (*-re*) ou (-) divergem em algumas formas do paradigma **«loben»** segundo o esquema seguinte.

(-e-) **ˈreden** (*-e-*)

Presente:	ich rede	**Imperfeito:**	ich redete
	du rede**st**		du redetest
	er, sie, es rede**t**		er, sie, es redete
	wir reden		*etc.*
	ihr redet		
	sie, Sie reden	**Particípio:**	geredet

(-t) **ˈreisen** (*-t*)

Presente:	ich reise
	du rei**st** (reisest)
	er, sie, es reist
	wir reisen
	ihr reist
	sie, Sie reisen

(-ßt) **ˈfassen** (*-ßt*)

Presente:	ich fasse	**Imperfeito:**	ich fa**ßt**e
	du fa**ßt** (fassest)		*etc.*
	er, sie, es fa**ßt**		
	wir fassen		
	ihr fa**ßt**		
	sie, Sie fassen	**Particípio:**	gefa**ßt**

(-le) **ˈhandeln** (*-le*)

Presente:	ich hand(e)**le**	**Imperfeito:**	ich handelte
	du handelst		*etc.*
	er, sie, es handelt	**Imperativo:**	hand**le**! handelt!
	wir handeln		
	ihr handelt		
	sie, Sie handeln	**Particípio:**	gehandelt

(-re) **ˈwandern** (*-re*)

Presente:	ich wand(e)**re**	**Imperfeito:**	ich wanderte
	du wanderst		*etc.*
	er, sie, es wandert	**Imperativo:**	wand**re**! wandert!
	wir wandern		
	ihr wandert		
	sie, Sie wandern	**Particípio:**	gewandert

(-) **stuˈdieren** (-)

Particípio perfeito: studiert, portanto **sem** o prefixo **ge-**
Perfeito: ich habe studiert

durchˈbrechen (*L*; -)

Perfeito: ich habe durchˈbrochen
(**mas: ˈdurchbrechen Perf.:** ich habe ˈdurchgebrochen)

mißˈbrauchen (-)

Perfeito: ich habe mißˈbraucht

5. **Verbos irregulares**

a) Os verbos irregulares (ou fortes) têm as mesmas desinências pessoais que os verbos regulares com excepção de três formas; *cf.* b) e c).

b) Não têm desinência na 1.ª e 3.ª pessoa do singular do Imperfeito:

ich lob**te** er, sie, es lob**te**	**mas**	ich gab er, sie, es gab

c) O particípio do perfeito termina em -en; na maior parte das vezes a vogal da radical sofre apofonia:

ich habe getr**unken**, Infinito: trinken

d) Os verbos fortes não formam o imperfeito com *-t-*, mas sim por apofonia da vogal radical.

e) Muitas vezes a vogal radical da 2.ª e 3.ª pessoa do presente também sofre apofonia:

ich fahre	wir fahren
du fährst	ihr fahrt
er, sie, es fährt	sie, Sie fahren

f) O conjuntivo do Imperfeito é muitas vezes formado por metafonia da vogal do Imperfeito do indicativo (¨).

Imperf. do indicativo: ich fuhr
Imperf. do conjuntivo: ich f**ü**hre

g) Alguns verbos que sofrem apofonia da vogal radical formam o Imperfeito e o Particípio com o *-t* dos verbos fracos. Esta conjugação é classificada de «mista»:

brennen — brannte — gebrannt

h) Quanto às formas diversas veja a lista (*L*), págs. 1232—1236.

Paradigma

ˈfahren *v/t.* e *v/i.*

	VOZ ACTIVA	VOZ PASSIVA
Presente:	ich fahre du fährst er, sie, es fährt wir fahren ihr fahrt sie, Sie fahren	ich werde gefahren du wirst gefahren *etc.*
Imperfeito:	ich fuhr du fuhrst er, sie, es fuhr wir fuhren ihr fuhrt sie, Sie fuhren	ich wurde gefahren du wurdest gefahren *etc.*
Perfeito: *v/t.* *v/i.*	ich habe gefahren ich bin gefahren	ich bin gefahren worden *etc.*

Mais-que-perfeito:	*v/t.*	ich hatte gefahren	ich war gefahren worden
	v/i.	ich war gefahren	*etc.*
1.º Futuro:		ich werde fahren *etc.*	ich werde gefahren werden *etc.*
2.º Futuro:	*v/t.*	ich werde gefahren haben	ich werde gefahren worden sein
	v/i.	ich werde gefahren sein	*etc.*
Presente do condicional:		ich würde fahren	ich würde gefahren werden
Perfeito do condicional:	*v/t.*	ich würde gefahren haben	ich würde gefahren worden sein
	v/i.	ich würde gefahren sein	*etc.*

Imperativo: Singular	fahr(e)! fahren Sie!	*) cf. nota!
Plural	fahrt! fahren Sie!	
Particípio presente:	fahrend	
perfeito:	gefahren	
Presente do conjuntivo: (Conjuntivo I)	ich fahre du fahrest *etc.*	como em *loben*, cf. 3!
Imperfeito do conjuntivo: (Conjuntivo II)	ich führe du führest er, sie, es führe wir führen ihr führet sie, Sie führen	cf. o que foi dito em 5f!

Todas as restantes formas (da voz activa e passiva) são formadas anàlogamente a «loben».

6. (*sn*) Verbos que formam o perfeito e o mais-que-perfeito da voz activa com **sein** em vez de **haben** são indicados por (*sn*):

   '**gehen** (*sn*) = «ich **bin gegangen**» (*cf.* 5, fahren no paradigma).

7. Verbos compostos são separados quando o primeiro elemento é acentuado. Em todos os verbos o acento tónico é indicado por (') antes da sílaba acentuada:

'**abfahren** (*L*; *sn*)	ich fahre ab ich fuhr ab ich bin **abgefahren** ich war abgefahren *etc.*
'**radfahren** (*L*; *sn*)	ich fahre Rad ich fuhr Rad ich bin **radgefahren** *etc.*

*) O Imperativo da voz passiva só pode ser formado de poucos verbos, p.ex. «preisen»:

sei (werde) gepriesen! Seien Sie gepriesen!
seid (werdet) gepriesen! Seien Sie gepriesen!

'durchbrechen (*L*)		ich breche durch
	v/t.	ich habe (a.c. *ac.*) 'durchgebrochen
	v/i.	ich bin 'durchgebrochen

mas

durch'brechen (*L*; -)

ich durch'breche
ich habe durch'brochen (*cf.* 4, [-]).

Todos os verbos com os prefixos *be-*, *emp-*, *ent-*, *er-*, *ge-*, *ver-*, *zer-*, nunca acentuados, seguem o modelo de «durch'brechen».

O prefixo *miß-* é inseparável no presente e no imperfeito; no particípio porém, introduz-se *-ge-* entre *miß-* e o verbo, quando *miß-* é acentuado e o verbo não tem outro prefixo:

'mißbilden (*-e-*) ich mißbilde
ich habe 'mißgebildet

'mißverstehen (*L*; -) ich 'mißverstehe
ich habe 'mißverstanden

Quando o prefixo é composto por várias partes, todo ele é separável se a parte acentuada precede imediatamente o verbo, p.ex.

hin'zufügen ich füge hin'zu
ich habe hin'zugefügt

mas

'anerkennen ich er'kenne 'an
ich habe 'anerkannt

Prefixos compostos com «be-» e «ver-» são inseparáveis do verbo:

be'antragen ich be'antrage
ich habe be'antragt

ver'unglücken ich ver'unglücke
ich bin ver'unglückt

Lista dos Verbos fortes e irregulares

(*subj.* significa *impf. subj.* O *impf. ind.* alemão pode corresponder ao *pt. perf.* e ao *pt. impf.* do Português).

backen *prs.* backe, bäckst, bäckt; *imp.* back(e); *p. pt.* gebacken.
befehlen *prs.* befehle, befiehlst, befiehlt; *impf.* befahl; *subj.* beföhle; *imp.* befiehl; *p. pt.* befohlen.
beginnen *prs.* beginne, beginnst, beginnt; *impf.* begann; *subj.* begönne (begänne); *imp.* beginn(e); *p. pt.* begonnen.
beißen *prs.* beiße, beißt, beißt; *impf.* biß, bissest; *subj.* bisse; *imp.* beiß(e); *p. pt.* gebissen.
bergen *prs.* berge, birgst, birgt; *impf.* barg; *subj.* bürge (bärge); *imp.* birg; *p. pt.* geborgen.
bersten *prs.* berste, birst (berstest), birst (berstet); *impf.* barst, barstest; *imp.* birst; *p. pt.* geborsten.
bewegen *prs.* bewege, bewegst, bewegt; *impf.* bewegte (*fig.* bewog); *imp.* beweg(e); *p. pt.* bewegt (*fig.* bewogen).
biegen *prs.* biege, biegst, biegt; *impf.* bog; *subj.* böge; *imp.* bieg(e); *p. pt.* gebogen.
bieten *prs.* biete, biet(e)st; bietet; *impf.* bot, bot(e)st; *subj.* böte; *imp.* biet(e); *p. pt.* geboten.
binden *prs.* binde, bindest, bindet; *impf.* band, band(e)st; *subj.* bände; *imp.* bind(e); *p. pt.* gebunden.
bitten *prs.* bitte, bittest, bittet; *impf.* bat, bat(e)st; *subj.* bäte; *imp.* bitte; *p. pt.* gebeten.
blasen *prs.* blase, bläst, bläst; *impf.* blies, bliesest; *subj.* bliese; *imp.* blas (blase); *p. pt.* geblasen.
bleiben *prs.* bleibe, bleibst, bleibt; *impf.* blieb (bliebst); *subj.* bliebe; *imp.* bleib(e); *p. pt.* geblieben.
braten *prs.* brate, brätst, brät; *impf.* briet, briet(e)st; *subj.* briete; *imp.* brat(e); *p. pt.* gebraten.
brechen *prs.* breche, brichst, bricht; *impf.* brach; *subj.* bräche; *imp.* brich; *p. pt.* gebrochen*).
brennen *prs.* brenne, brennst, brennt; *impf.* brannte; *subj.* brennte; *imp.* brenne; *p. pt.* gebrannt.
bringen *prs.* bringe, bringst, bringt; *impf.* brachte; *subj.* brächte; *imp.* bring(e); *p. pt.* gebracht.
denken *prs.* denke, denkst, denkt; *impf.* dachte; *subj.* dächte; *imp.* denk(e); *p. pt.* gedacht.
dringen *prs.* dringe, dringst, dringt; *impf.* drang, drangst; *subj.* dränge; *imp.* dring(e); *p. pt.* gedrungen.
dürfen *prs.* darf, darfst, darf; dürfen; *impf.* durfte; *subj.* dürfte; *imp.* —; *p. pt.* gedurft.
empfehlen *prs.* empfehle, empfiehlst, empfiehlt; *impf.* empfahl; *subj.* empföhle (empfähle); *imp.* empfiehlt; *p. pt.* empfohlen.
erlöschen *prs.* erlösche, erlischst, erlischt; *impf.* erlosch, erloschest; *subj.* erlösche; *imp.* erlisch; *p. pt.* erloschen.
essen *prs.* esse, issest (ißt), ißt; *impf.* aß, aßest; *subj.* äße; *imp.* iß; *p. pt.* gegessen.
fahren *prs.* fahre, fährst, fährt; *impf.* fuhr, fuhrst; *subj.* führe; *imp.* fahr(e); *p. pt.* gefahren.
fallen *prs.* falle, fällst, fällt; *impf.* fiel; *subj.* fiele; *imp.* fall(e); *p. pt.* gefallen.
fangen *prs.* fange, fängst, fängt; *impf.* fing; *subj.* finge; *imp.* fang(e); *p. pt.* gefangen.
fechten *prs.* fechte, fichtst, ficht; *impf.* focht, focht(e)st; *subj.* föchte; *imp.* ficht; *p. pt.* gefochten.
finden *prs.* finde, findest, findet; *impf.* fand, fand(e)st; *subj.* fände; *imp.* find(e); *p. pt.* gefunden

*) ehebrechen: daß sie ehebrechen (ehebrachen), *mas*: er bricht (brach) die Ehe, er hat die Ehe gebrochen.

flechten *prs.* flechte, flichtst, flicht; *impf.* flocht, flochtest; *subj.* flöchte; *imp.* flicht; *p. pt.* geflochten.
fliegen *prs.* fliege, fliegst, fliegt; *impf.* flog, flogst; *subj.* flöge; *imp.* flieg(e); *p. pt.* geflogen.
flieh(e)n *prs.* fliehe, fliehst, flieht; *impf.* floh, flohst; *subj.* flöhe; *imp.* flieh(e); *p. pt.* geflohen.
fließen *prs.* fließe, fließt, fließt; *impf.* floß, flossest; *subj.* flösse; *imp.* fließ(e); *p. pt.* geflossen.
fressen *prs.* fresse, frißt, frißt; *impf.* fraß, fraßest; *subj.* fräße; *imp.* friß; *p. pt.* gefressen.
frieren *prs.* friere, frierst, friert; *impf.* fror; *subj.* fröre; *imp.* frier(e); *p. pt.* gefroren.
geben *prs.* gebe, gibst, gibt; *impf.* gab; *subj.* gäbe; *imp.* gib; *p. pt.* gegeben.
gedeihen *prs.* gedeihe, gedeihst, gedeiht; *impf.* gedieh; *subj.* gediehe; *imp.* gedeih(e); *p. pt.* gediehen.
geh(e)n *prs.* gehe, gehst, geht; *impf.* ging; *subj.* ginge; *imp.* geh(e); *p. pt.* gegangen.
gelingen *prs.* es gelingt; *impf.* es gelang; *subj.* es gelänge; *imp.* geling(e); *p. pt.* gelungen.
gelten *prs.* gelte, giltst, gilt; *impf.* galt, galt(e)st; *subj.* gölte (gälte); *imp.* gilt; *p. pt.* gegolten.
genesen *prs.* genese, genest, genest; *impf.* genas, genasest; *subj.* genäse; *imp.* genese; *p. pt.* genesen.
genießen *prs.* genieße, genießt, genießt; *impf.* genoß, genossest; *subj.* genösse; *imp.* genieß(e); *p. pt.* genossen.
geschehen *prs.* es geschieht; *impf.* es geschah; *subj.* es geschähe; *imp.* —; *p. pt.* geschehen.
gewinnen *prs.* gewinne, gewinnst, gewinnt; *impf.* gewann, gewannst; *subj.* gewönne (gewänne); *imp.* gewinn(e); *p. pt.* gewonnen.
gießen *prs.* gieße, gießt, gießt; *impf.* goß, gossest; *subj.* gösse; *imp.* gieß(e); *p. pt.* gegossen.
gleichen *prs.* gleiche, gleichst, gleicht; *impf.* glich, glichst; *subj.* gliche; *imp.* gleich(e); *p. pt.* geglichen.
gleiten *prs.* gleite, gleitest, gleitet; *impf.* glitt, glittst; *subj.* glitte, glittst; *imp.* gleit(e); *p. pt.* geglitten.
graben *prs.* grabe, gräbst, gräbt; *impf.* grub, grubst; *subj.* grübe; *imp.* grab(e); *p. pt.* gegraben.
greifen *prs.* greife, greifst, greift; *imp.* griff, griffst; *subj.* griffe; *imp.* greif(e); *p. pt.* gegriffen.
haben *prs.* habe, hast, hat; *impf.* hatte; *subj.* hätte; *imp.* habe; *p. pt.* gehabt.
halten *prs.* halte, hältst, hält; *impf.* hielt, hieltst; *subj.* hielte; *imp.* halt(e); *p. pt.* gehalten.
hängen *v/i.*: *prs.* hänge, hängst, hängt; *impf.* hing, hingst; *subj.* hinge; *imp.* häng(e); *p. pt.* gehangen.
heben *prs.* hebe, hebst, hebt; *impf.* hob, hobst; *subj.* höbe; *imp.* hebe; *p. pt.* gehoben.
heißen *prs.* heiße, heißt, heißt; *impf.* hieß, hießest; *subj.* hieße; *imp.* heiß(e); *p. pt.* geheißen.
helfen *prs.* helfe, hilfst, hilft; *impf.* half, halfst; *subj.* hülfe; *imp.* hilf; *p. pt.* geholfen.
kennen *prs.* kenne, kennst, kennt; *impf.* kannte; *subj.* kennte; *imp.* kenne; *p. pt.* gekannt.
klingen *prs.* klinge, klingst, klingt; *impf.* klang, klangst; *subj.* klänge; *imp.* kling(e); *p. pt.* geklungen.
kneifen *prs.* kneife, kneifst, kneift; *impf.* kniff, kniffst; *subj.* kniffe; *imp.* kneif(e); *p. pt.* gekniffen.
kommen *prs.* komme, kommst, kommt; *impf.* kam; *subj.* käme; *imp.* komm(e); *p. pt.* gekommen.
können *prs.* kann, kannst, kann; können; *impf.* konnte; *subj.* könnte; *imp.* —; *p. pt.* gekonnt.
kriechen *prs.* krieche, kriechst, kriecht; *impf.* kroch; *subj.* kröche; *imp.* kriech(e); *p. pt.* gekrochen.
laden *prs.* lade, lädst, lädt; *impf.* lud, ludst; *subj.* lüde; *imp.* lad(e); *p. pt.* geladen.
lassen *prs.* lasse, läßt, läßt; *impf.* ließ, ließest; *subj.* ließe; *imp.* laß; *p. pt.* gelassen.
laufen *prs.* laufe, läufst, läuft; *impf.* lief, liefst; *subj.* liefe; *imp.* lauf(e); *p. pt.* gelaufen.
leiden *prs.* leide, leidest, leidet; *imp.* litt, littst; *subj.* litte; *imp.* leid(e); *p. pt.* gelitten.

leihen *prs.* leihe, leihst, leiht; *impf.* lieh, liehst; *subj.* liehe; *imp.* leih(e); *p. pt.* geliehen.
lesen *prs.* lese, liest, liest; *impf.* las, lasest; *subj.* läse; *imp.* lies; *p. pt.* gelesen.
liegen *prs.* liege, liegst, liegt; *impf.* lag; *subj.* läge; *imp.* lieg(e); *p. pt.* gelegen.
lügen *prs.* lüge, lügst, lügt; *impf.* log, logst; *subj.* löge; *imp.* lüg(e); *p. pt.* gelogen.
meiden *prs.* meide, meidest, meidet; *impf.* mied, mied(e)st; *subj.* miede; *imp.* meid(e); *p. pt.* gemieden.
messen *prs.* messe, mißt, mißt; *impf.* maß, maßest; *subj.* mäße; *imp.* miß; *p. pt.* gemessen.
mißlingen *s.* gelingen.
mögen *prs.* mag, magst, mag; mögen; *impf.* mochte; *subj.* möchte; *imp.* —; *p. pt.* gemocht.
müssen *prs.* muß, mußt, muß; müssen, müßt, müssen; *impf.* mußte; *subj.* müßte; *imp.* müsse; *p. pt.* gemußt.
nehmen *prs.* nehme, nimmst, nimmt; *impf.* nahm, nahmst; *subj.* nähme; *imp.* nimm; *p. pt.* genommen.
nennen *prs.* nenne, nennst, nennt; *impf.* nannte; *subj.* nennte; *imp.* nenne; *p. pt.* genannt.
pfeifen *prs.* pfeife, pfeifst, pfeift; *impf.* pfiff, pfiffst; *subj.* pfiffe; *imp.* pfeif(e); *p. pt.* gepfiffen.
preisen *prs.* preise, preist, preist; *impf.* pries, priesest; *subj.* priese; *imp.* preise; *p. pt.* gepriesen.
quellen (*v/i.*) *prs.* quelle, quillst, quillt; *impf.* quoll; *subj.* quölle; *imp.* quill; *p. pt.* gequollen.
raten *prs.* rate, rätst, rät; *impf.* riet, riet(e)st; *subj.* riete; *imp.* rat(e); *p. pt.* geraten.
reiben *prs.* reibe, reibst, reibt; *impf.* rieb, riebst; *subj.* riebe; *imp.* reib(e); *p. pt.* gerieben.
reißen *prs.* reiße, reißt, reißt; *impf.* riß, rissest; *subj.* risse; *imp.* reiß(e); *p. pt.* gerissen.
reiten *prs.* reite, reit(e)st, reitet; *impf.* ritt, rittst; *subj.* ritte; *imp.* reit(e); *p. pt.* geritten.
rennen *prs.* rennen, rennst, rennt; *impf.* rannte; *subj.* rennte; *imp.* renne; *p. pt.* gerannt.
riechen *prs.* rieche, riechst, riecht; *impf.* roch; *subj.* röche; *imp.* riech(e); *p. pt.* gerochen.
ringen *prs.* ringe, ringst, ringt; *impf.* rang; *subj.* ränge; *imp.* ring(e); *p. pt.* gerungen.
rinnen *prs.* rinne, rinnst, rinnt; *impf.* rann, rannst; *subj.* ränne; *imp.* rinn(e); *p. pt.* geronnen.
rufen *prs.* rufe, rufst, ruft; *impf.* rief, riefst; *subj.* riefe; *imp.* ruf(e); *p. pt.* gerufen.
saugen *prs.* sauge, saugst, saugt; *impf.* sog (saugte); *subj.* söge; *imp.* saug(e); *p. pt.* gesogen (gesaugt).
schaffen (er~) *prs.* schaffe, schaffst, schafft; *impf.* schuf, schufst; *subj.* schüfe; *imp.* schaff(e); *p. pt.* geschaffen.
scheiden *prs.* scheide, scheidest, scheidet; *impf.* schied, schied(e)st; *subj.* schiede; *imp.* scheid(e); *p. pt.* geschieden.
scheinen *prs.* scheine, scheinst, scheint; *impf.* schien, schienst; *subj.* schiene; *imp.* schein(e); *p. pt.* geschienen.
schelten *prs.* schelte, schiltst, schilt; *impf.* schalt, schaltst; *subj.* schölte; *imp.* schilt; *p. pt.* gescholten.
scheren *prs.* schere, scherst, schert; *impf.* schor, schorst; *subj.* schöre; *imp.* scher(e); *p. pt.* geschoren.
schieben *prs.* schiebe, schiebst, schiebt; *impf.* schob, schobst; *subj.* schöbe; *imp.* schieb(e); *p. pt.* geschoben.
schießen *prs.* schieße, schießt, schießt; *impf.* schoß, schossest; *subj.* schösse; *imp.* schieß(e); *p. pt.* geschossen.
schlafen *prs.* schlafe, schläfst, schläft; *impf.* schlief, schliefst; *subj.* schliefe; *imp.* schlaf(e); *p. pt.* geschlafen.
schlagen *prs.* schlage, schlägst, schlägt; *impf.* schlug, schlugst; *subj.* schlüge; *imp.* schlag(e); *p. pt.* geschlagen.
schleichen *prs.* schleiche, schleichst, schleicht; *impf.* schlich, schlichst; *subj.* schliche; *imp.* schleich(e); *p. pt.* geschlichen.
schleifen *prs.* schleife, schleifst, schleift; *impf.* schliff, schliffst; *subj.* schliffe; *imp.* schleif(e); *p. pt.* geschliffen.

schließen *prs.* schließe, schließt, schließt; *impf.* schloß, schlossest; *subj.* schlösse; *imp.* schließ(e); *p. pt.* geschlossen.
schlingen *prs.* schlinge, schlingst, schlingt; *impf.* schlang, schlangst; *subj.* schlänge; *imp.* schling(e); *p. pt.* geschlungen.
schmeißen *prs.* schmeiße, schmeißt, schmeißt; *impf.* schmiß, schmissest; *subj.* schmisse; *imp.* schmeiß(e); *p. pt.* geschmissen.
schmelzen *prs.* schmelze, schmilzt, schmilzt; *impf.* schmolz, schmolzest; *subj.* schmölze; *imp.* schmilz; *p. pt.* geschmolzen.
schneiden *prs.* schneide, schneidest, schneidet; *impf.* schnitt, schnittst; *subj.* schnitte; *imp.* schneid(e); *p. pt.* geschnitten.
schrecken (*v/i.* = er~) *prs.* schrecke, schrickst, schrickt; *impf.* schrak, schrakst; *subj.* schräke; *imp.* schrick; *p. pt.* erschrocken.
schreiben *prs.* schreibe, schreibst, schreibt; *impf.* schrieb, schriebst; *subj.* schriebe; *imp.* schreib(e); *p. pt.* geschrieben.
schreien *prs.* schreie, schreist, schreit; *impf.* schrie; *subj.* schriee; *imp.* schrei(e); *p. pt.* geschrie(e)n.
schreiten *prs.* schreite, schreitest, schreitet; *impf.* schritt, schrittst; *subj.* schritte; *imp.* schreit(e); *p. pt.* geschritten.
schweigen *prs.* schweige, schweigst, schweigt; *impf.* schwieg, schwiegst; *subj.* schwiege; *imp.* schweig(e); *p. pt.* geschwiegen.
schwellen *prs.* schwelle, schwillst, schwillt; *impf.* schwoll, schwollst; *subj.* schwölle, schwöllst; *imp.* schwill; *p. pt.* geschwollen.
schwimmen *prs.* schimme, schwimmst, schwimmt; *impf.* schwamm, schwammst; *subj.* schwömme (schwämme); *imp.* schwimm(e); *p. pt.* geschwommen.
schwinden *prs.* schwinde, schwindest, schwindet; *impf.* schwand, schwand(e)st; *subj.* schwände; *imp.* schwind(e); *p. pt.* geschwunden.
schwören *prs.* schwöre, schwörst, schwört; *impf.* schwur, schwurst; *subj.* schwüre; *imp.* schwör(e); *p. pt.* geschworen.
sehen *prs.* sehe, siehst, sieht; *impf.* sah; *subj.* sähe; *imp.* sieh(e); *p. pt.* gesehen.
sein *prs.* bin, bist, ist; sind, seid, sind; *subj. prs.* sei, sei(e)st, sei; seien, seiet, seien; *impf.* war, warst, war; waren; *subj. pret.* wäre; *imp.* sei, seid; *p. pt.* gewesen.
senden *prs.* sende, sendest, sendet; *impf.* sandte, sendete*); *subj.* sendete; *imp.* send(e); *p. pt.* gesandt, gesendet*).
singen *prs.* singe, singst, singt; *impf.* sang, sangst; *subj.* sänge; *imp.* sing(e); *p. pt.* gesungen.
sinken *prs.* sinke, sinkst, sinkt; *impf.* sank, sankst; *subj.* sänke; *imp.* sink(e); *p. pt.* gesunken.
sinnen *prs.* sinne, sinnst, sinnt; *impf.* sann, sannst; *subj.* sänne (sönne); *imp.* sinn(e); *p. pt.* gesonnen.
sitzen *prs.* sitze, sitzt, sitzt; *impf.* saß, saßest; *subj.* säße; *imp.* sitze (sitz); *p. pt.* gesessen.
sollen *prs.* soll, sollst, soll; *impf.* sollte; *subj.* sollte; *imp.* —; *p. pt.* gesollt.
spinnen *prs.* spinne, spinnst, spinnt; *impf.* spann, spannst; *subj.* spönne; *imp.* spinn(e); *p. pt.* gesponnen.
sprechen *prs.* spreche, sprichst, spricht; *impf.* sprach, sprachst; *subj.* spräche; *imp.* sprich; *p. pt.* gesprochen.
springen *prs.* springe, springst, springt; *impf.* sprang, sprangst; *subj.* spränge; *imp.* spring(e); *p. pt.* gesprungen.
stechen *prs.* steche, stichst, sticht; *impf.* stach, stachst; *subj.* stäche; *imp.* stich; *p. pt.* gestochen.
steh(e)n *prs.* stehe, stehst, steht; *impf.* stand, stand(e)st; *subj.* stände; *imp.* steh(e); *p. pt.* gestanden.
stehlen *prs.* stehle, stiehlst, stiehlt; *impf.* stahl; *imp.* stiehl; *p. pt.* gestohlen.
steigen *prs.* steige, steigst, steigt; *impf.* stieg, stiegst; *subj.* stiege; *imp.* steig(e); *p. pt.* gestiegen.
sterben *prs.* sterbe, stirbst, stirbt;

*) emissão radiofónica.

impf. starb; *subj.* stürbe; *imp.* stirb; *p. pt.* gestorben.
stinken *prs.* stinke, stinkst, stinkt; *impf.* stank, stankst; *subj.* stänke; *imp.* stink(e); *p. pt.* gestunken.
stoßen *prs.* stoße, stößt, stößt; *impf.* stieß, stießest; *subj.* stieße; *imp.* stoß(e); *p. pt.* gestoßen.
streichen *prs.* streiche, streichst, streicht; *impf.* strich, strichst; *subj.* striche; *imp.* streich(e); *p. pt.* gestrichen.
streiten *prs.* streite, streitest, streitet; *impf.* stritt, stritt(e)st; *subj.* stritte; *imp.* streit(e); *p. pt.* gestritten.
tragen *prs.* trage, trägst, trägt; *impf.* trug; *subj.* trüge; *imp.* trag(e); *p. pt.* getragen.
treffen *prs.* treffe, triffst, trifft; *impf.* traf, trafst; *subj.* träfe; *imp.* triff; *p. pt.* getroffen.
treiben *prs.* treibe, treibst, treibt; *impf.* trieb; *subj.* triebe; *imp.* treib(e); *p. pt.* getrieben.
treten *prs.* trete, trittst, tritt; *impf.* trat, trat(e)st; *subj.* träte; *imp.* tritt; *p. pt.* getreten.
trinken *prs.* trinke, trinkst, trinkt; *imp.* trank, trankst; *subj.* tränke; *imp.* trink(e); *p. pt.* getrunken.
trügen *prs.* trüge, trügst, trügt; *impf.* trog, trogst; *subj.* tröge; *imp.* trüg(e); *p. pt.* getrogen.
tun *prs.* tue, tust, tut; tun; *impf.* tat, tat(e)st; *subj.* täte; *imp.* tu(e); *p. pt.* getan.
verderben *prs.* verderbe, verdirbst, verdirbt; *impf.* verdarb; *subj.* verdürbe; *imp.* verdirb; *p. pt.* verdorben.
verdrießen *prs.* verdrieße, verdrießt, verdrießt; *impf.* verdroß, verdrossest; *subj.* verdrösse; *imp.* verdrieß(e); *p. pt.* verdrossen.
vergessen *prs.* vergesse, vergißt, vergißt; *impf.* vergaß, vergaßest; *subj.* vergäße; *imp.* vergiß; *p. pt.* vergessen.
verlieren *prs.* verliere, verlierst, verliert; *impf.* verlor; *subj.* verlöre; *imp.* verlier(e); *p. pt.* verloren.
wachsen *prs.* wachse, wächst, wächst; *impf.* wuchs, wuchsest; *subj.* wüchse; *imp.* wachse; *p. pt.* gewachsen.
wägen (er~) *prs.* wäge, wägst, wägt; *impf.* wog; *subj.* wöge; *imp.* wäg(e); *p. pt.* gewogen.
waschen *prs.* wasche, wäschst, wäscht; *impf.* wusch, wuschest; *subj.* wüsche; *imp.* wasch(e); *p. pt.* gewaschen.
weichen *prs.* weiche, weichst, weicht; *impf.* wich, wichst; *subj.* wiche; *imp.* weich(e); *p. pt.* gewichen.
weisen *prs.* weise, weist, weist; *impf.* wies, wiesest; *subj.* wiese; *imp.* weis (weise); *p. pt.* gewiesen.
wenden *prs.* wende, wendest, wendet; *impf.* wandte (wendete); *subj.* wendete; *imp.* wende; *p. pt.* gewandt (gewendet).
werben *prs.* werbe, wirbst, wirbt; *impf.* warb; *subj.* würbe; *imp.* wirb; *p. pt.* geworben.
werden *prs.* werde, wirst, wird; *impf.* wurde; *subj.* würde; *imp.* werde; *p. pt.* geworden (worden*).
werfen *prs.* werfe, wirfst, wirft; *impf.* warf, warfst; *subj.* würfe; *imp.* wirf; *p. pt.* geworfen.
wiegen *prs.* wiege, wiegst, wiegt; *impf.* wog; *subj.* wöge; *imp.* wieg(e); *p. pt.* gewogen.
winden *prs.* winde, windest, windet; *impf.* wand, wandest; *subj.* wände; *imp.* winde; *p. pt.* gewunden.
wissen *prs.* weiß, weißt, weiß; wissen, wißt, wissen; *impf.* wußte; *subj.* wüßte; *imp.* wisse; *p. pt.* gewußt.
wollen *prs.* will, willst, will; wollen; *impf.* wollte; *subj.* wollte; *imp.* wolle; *p. pt.* gewollt.
zeihen (ver~) *prs.* zeihe, zeihst, zeiht; *impf.* zieh, ziehst; *subj.* ziehe; *imp.* zeih(e); *p. pt.* geziehen.
ziehen *prs.* ziehe, ziehst, zieht; *impf.* zog, zogst; *subj.* zöge; *imp.* zieh(e); *p. pt.* gezogen.
zwingen *prs.* zwinge, zwingst, zwingt; *impf.* zwang, zwangst; *subj.* zwänge; *imp.* zwing(e); *p. pt.* gezwungen.

*) quando acompanhado pelo *p. pt.* de outros verbos.

Zahlwörter — Numerais

Die portugiesischen Grundzahlen um und dois und die Hunderte von duzentos an sowie die Ordnungszahlen haben eine besondere Form für das weibliche Geschlecht; sie lautet für die ersten beiden Zahlen uma und duas, bei den übrigen wird sie wie bei den Adjektiven durch Verwandlung der Endung -o(s) in -a(s) gebildet.

Wir geben daher im folgenden nur die männliche Form ohne Artikel.

Die portugiesischen Ordnungszahlen 13te bis 19te werden mit Hilfe von décimo und der Ordnungszahl des betreffenden Einers gebildet. Die Zehner der Ordnungszahlen haben von 20ste ab die Endung -ésimo.

Grundzahlen — Numerais cardinais

0 *null* zero
1 *eins* um, uma
2 *zwei* dois, duas
3 *drei* três
4 *vier* quatro
5 *fünf* cinco
6 *sechs* seis
7 *sieben* sete
8 *acht* oito
9 *neun* nove
10 *zehn* dez
11 *elf* onze
12 *zwölf* doze
13 *dreizehn* treze
14 *vierzehn* catorze, *quatorze
15 *fünfzehn* quinze
16 *sechzehn* dezasseis
17 *siebzehn* dezassete
18 *achtzehn* dezoito
19 *neunzehn* dezanove
20 *zwanzig* vinte
21 *einundzwanzig* vinte-e-um
22 *zweiundzwanzig* vinte-e-dois
30 *dreißig* trinta
31 *einunddreißig* trinta-e-um
40 *vierzig* quarenta
50 *fünfzig* cinquenta
60 *sechzig* sessenta
70 *siebzig* setenta
80 *achtzig* oitenta
90 *neunzig* noventa
100 *hundert* cem (*ohne angeschlossene Zahl*), cento (*vor und nach angeschlossenen Zahlen*)
101 *einhunderteins* cento-e-um
200 *zweihundert* duzentos
300 *dreihundert* trezentos
400 *vierhundert* quatrocentos
500 *fünfhundert* quinhentos
600 *sechshundert* seiscentos
700 *siebenhundert* setecentos
800 *achthundert* oitocentos
900 *neunhundert* novecentos
1000 *tausend* mil
1875 *eintausendachthundertfünfundsiebzig*, *referente ao ano*: *achtzehnhundertfünfundsiebzig* mil oito centos e setenta-e-cinco
2000 *zweitausend* dois mil
3000 *dreitausend* três mil
100000 *hunderttausend* cem mil
500000 *fünfhunderttausend* quinhentos mil
1000000 *eine Million* um milhão (de)
2000000 *zwei Millionen* dois milhões (de)
1000000000 *eine Milliarde* um bilhão (de)
2000000000 *zwei Milliarden* dois bilhões (de)
1000000000000 *eine Billion* mil bilhões (de)

Ordnungszahlen — Numerais ordinais

1. *erste* primeiro
2. *zweite* segundo
3. *dritte* terceiro
4. *vierte* quarto
5. *fünfte* quinto
6. *sechste* sexto
7. *siebente* sétimo
8. *achte* oitavo

9. *neunte* nono
10. *zehnte* décimo
11. *elfte* undécimo, décimo primeiro
12. *zwölfte* duodécimo, décimo segundo
13. *dreizehnte* décimo terceiro
14. *vierzehnte* décimo quarto
15. *fünfzehnte* décimo quinto
16. *sechzehnte* décimo sexto
17. *siebzehnte* décimo sétimo
18. *achtzehnte* décimo oitavo
19. *neunzehnte* décimo nono
20. *zwanzigste* vigésimo
21. *einundzwanzigste* vigésimo primeiro
22. *zweiundzwanzigste* vigésimo segundo
30. *dreißigste* trigésimo
31. *einunddreißigste* trigésimo primeiro
40. *vierzigste* quadragésimo
50. *fünfzigste* quinquagésimo
60. *sechzigste* sexuagésimo
70. *siebzigste* septuagésimo
80. *achtzigste* o(c)tagésimo
90. *neunzigste* nonagésimo
100. *hundertste* centésimo
101. *hunderterste* centésimo primeiro
200. *zweihundertste* ducentésimo
300. *dreihundertste* trecentésimo
400. *vierhundertste* quadringentésimo
500. *fünfhundertste* quingentésimo
600. *sechshundertste* sexcentésimo
700. *siebenhundertste* septingentésimo
800. *achthundertste* o(c)tingentésimo
900. *neunhundertste* non(in)gentésimo
1000. *tausendste* milésimo
1875. *eintausendachthundertfünfundsiebzigste* milésimo o(c)tingentésimo septuagésimo quinto
3000. *dreitausendste* trimilésimo
10000. *zehntausendste* décimo milésimo
100000. *hunderttausendste* centésimo milésimo
500000. *fünfhunderttausendste* quingentésimo milésimo
1000000. *einmillionte* milionésimo
2000000. *zweimillionte* segundo milionésimo

Bruchzahlen — Números fraccionários

$^1/_2$ *ein halb* meio, meia; $1^1/_2$ *eineinhalb*, *anderthalb* um(a) e meio (-a); $^1/_2$ *Kilo* meio quilo; $1^1/_2$ *Meilen* légua e meia; $2^1/_2$ *Meilen* duas léguas e meia.
$^1/_3$ *ein drittel* um terço (*ê); $^2/_3$ dois terços (*ê).
$^1/_4$ *ein viertel* um quarto; $^3/_4$ três quartos, três quartas partes.
$^1/_4$ *Stunde* um quarto de hora; $1^1/_4$ *Stunde* uma hora e um quarto.
$^1/_5$ *ein fünftel* um quinto, uma quinta parte; $3^4/_5$ três e quatro quintos.
$^1/_{11}$ *ein elftel* um onze avos, um undécimo; $^5/_{12}$ cinco doze avos, cinco duodécimos; $^7/_{13}$ sete treze avos, etc.

Vervielfältigungszahlen — Multiplicadores

Einfach simples, *zweifach* duplo, dois tantos, *dreifach* triplo, três tantos, *vierfach* quádruplo, quatro tantos, *fünffach* quíntuplo, cinco tantos, etc.
Einmal uma vez; *zwei-*, *drei-*, *viermal* usw. duas, três, quatro vezes, etc.; *zweimal so viel* duas vezes tanto; *noch einmal* outra vez.
Erstens, zweitens, drittens usw. primeiro, segundo, terceiro (1.º, 2.º, 3.º), etc.; em primeiro (segundo, terceiro) lugar; primeiramente.
$7+8=15$ *sieben und acht sind fünfzehn* sete e oito fazem (*od.* são) quinze.
$10-3=7$ *zehn weniger drei sind sieben* dez menos três fazem (*od.* são) sete.
$2\times3=6$ *zwei mal drei ist sechs* duas vezes três são seis.
$20:4=5$ *zwanzig (geteilt) durch vier ist fünf* vinte divididos por quatro são cinco.

Deutsche Maße und Gewichte

Medidas e Pesos alemães

a) Medidas de comprimento

1 mm *Millimeter* milímetro
1 cm *Zentimeter* centímetro
1 dm *Dezimeter* decímetro
1 m *Meter* metro
1 km *Kilometer* quilómetro
1 sm *Seemeile* légua marítima = 1852 metros

b) Medidas de capacidade

1 dl *Deziliter* decilitro
1 l *Liter* litro
1 hl *Hektoliter* hectolitro

c) Medidas de superfície

1 qmm *Quadratmillimeter* milímetro quadrado
1 qcm *Quadratzentimeter* centímetro quadrado
1 qdm *Quadratdezimeter* decímetro quadrado
1 qm *Quadratmeter* metro quadrado
1 a *Ar* are
1 ha *Hektar* hectare
1 qkm *Quadratkilometer* quilómetro quadrado
1 Morgen *jeira*

d) Medidas cúbicas

1 cmm *Kubikmillimeter* milímetro cúbico
1 ccm *Kubikzentimeter* centímetro cúbico
1 cdm *Kubikdezimeter* decímetro cúbico
1 cbm *Kubikmeter* metro cúbico
1 rm *Raummeter* metro cúbico
1 fm *Festmeter* estere
1 BRT *Bruttoregistertonne* tonelada bruta

e) Pesos

1 mg *Milligramm* miligrama
1 g *Gramm* grama
1 Pfd. *Pfund ehm.* arrátel, *jetzt* meio quilo
1 kg *Kilogramm, Kilo* quilograma, quilo
1 Ztr. *Zentner* 50 quilogramas, 50 quilos
1 dz *Doppelzentner* quintal métrico = 100 quilogramas, 100 quilos
1 t *Tonne* tonelada (métrica)

f) Quantidades

1 Dtz. *Dutzend* dúzia
1 Mandel quinze
1 Schock sessenta

Der Duden in 10 Bänden
Das Standardwerk zur deutschen Sprache

Band 1: Die Rechtschreibung
Dieses Werk ist für unsere Rechtschreibung maßgebend: über 160 000 Stichwörter und Beispiele für rechtschreibliche und grammatische Schwierigkeiten, über 300 000 Angaben zu Silbentrennung, Aussprache, Etymologie, Wortbedeutung und Wortgebrauch. 793 Seiten.

Band 2: Das Stilwörterbuch
An mehr als 100 000 praktischen Beispielen werden die stilistischen Möglichkeiten und die richtige Verwendung der Wörter im Satz erläutert. 846 Seiten.

Band 3: Das Bildwörterbuch
Über 25 000 Wörter aus allen Bereichen des Lebens, vor allem aus dem Bereich der Fachsprachen, werden durch Bilder definiert. Dabei stehen sich, nach Sachgebieten gegliedert, Bildtafel und entsprechende Wortliste gegenüber. 792 Seiten mit 368 Bildtafeln, davon 8 vierfarbig.

Band 4: Die Grammatik
Wer sich über den Aufbau unserer Sprache unterrichten will oder Deutsch als Fremdsprache lernt, kann sich auf dieses Werk verlassen. Es ist umfassend, klar und wissenschaftlich zuverlässig. 763 Seiten mit Sach- und Wortregister und einem Register für Zweifelsfragen.

Band 5: Das Fremdwörterbuch
Dieses Buch gibt nicht nur die Schreibung und Bedeutung von rund 45 000 Fremdwörtern an, sondern unterrichtet auch über deren Aussprache, Beugung und Geschlecht. 781 Seiten mit 90 000 Bedeutungsangaben.

**Band 6:
Das Aussprachewörterbuch**
Mit etwa 130 000 Stichwörtern unterrichtet es umfassend über Betonung und Aussprache sowohl der heimischen als auch der fremden Namen und Wörter. 791 Seiten.

**Band 7:
Das Herkunftswörterbuch**
Woher kommt die Redensart „In der Kreide stehen?“, woher die Wörter „Pumpernickel“ oder „Radar“? Dieser „Etymologieduden“ sagt alles über die Herkunft und die Geschichte der deutschen Wörter und der Fremdwörter. 816 Seiten.

Band 8: Die sinn- und sachverwandten Wörter und Wendungen
Wer für den gegebenen Sachverhalt den passenden Ausdruck sucht, der greift zu diesem Wortwahl- und Worterinnerungsbuch. Es enthält etwa 80 000 Wörter und Wendungen, in Gruppen gegliedert, mit Stilangaben und Bedeutungshinweisen. 797 Seiten.

Band 9: Die Zweifelsfälle der deutschen Sprache
Dieses Wörterbuch der sprachlichen Hauptschwierigkeiten klärt grammatische, stilistische und rechtschreibliche Zweifelsfragen. Es enthält Kurzartikel zu Einzelfragen sowie systematische Übersichtsartikel zur Erklärung der Zusammenhänge, in denen die Einzelfragen stehen. 784 Seiten.

**Band 10:
Das Bedeutungswörterbuch**
Die Bedeutung von mehr als 24 000 Stichwörtern des deutschen Wortschatzes wird erläutert. Durch die Kombination von Worterklärung, Anwendungsbeispielen und Bildern wird gezeigt, was ein Wort wirklich bedeutet und wie es sinnvoll eingesetzt werden kann. 815 Seiten.

Bibliographisches Institut · Mannheim/Wien/Zürich